KB084676

기출이 답이다

9급 공무원

공통과목

5개년 기출문제집

9급 공무원 채용 필수체크

❖ 아래 내용은 2024년 국가직 공무원 공개경쟁채용시험 계획 공고를 기준으로 작성되었습니다. 2025년부터 변경되는 세부 사항은 반드시 시행처의 최신 공고를 확인하시기 바랍니다.

✏ 시험방법

- 제1 · 2차 시험(병합실시): 선택형 필기
- 제3차 시험: 면접

※ 교정직 6급 이하 채용시험의 경우, 필기시험 합격자를 대상으로 실기시험(체력검사)을 실시하고 실기시험 합격자에 한하여 면접시험을 실시함

✏ 응시자격

구분	내용
응시연령	• 교정 · 보호직 제외: 18세 이상 • 교정 · 보호직: 20세 이상
학력 및 경력	• 제한 없음

✏ 시험일정(국가직)

🖉 가산점 적용

구분	가산비율	비고
취업지원대상자	과목별 만점의 10% 또는 5%	• 취업지원대상자 가점과 의사상자 등 가점은 1개만 적용 • 취업지원대상자/의사상자 등 가점과 자격증 가산점은 각각 적용
의사상자 등 (의사자 유족, 의상자 본인 및 가족)	과목별 만점의 5% 또는 3%	
직렬별 가산대상 자격증 소지자	과목별 만점의 3~5% (1개의 자격증만 인정)	

🖉 2025년부터 달라지는 제도

■ 9급 공무원 국어, 영어 과목 출제 기조 전환

지식암기 위주 **현장 직무 중심**

■ 출제 방향

국어	• 기본적인 국어 능력과 이해, 추론, 비판력 등 사고력 검증 • 배경지식이 없더라도 지문 속 정보를 활용해 문제를 풀 수 있도록 출제
영어	• 실제 업무수행에 필요한 실용적인 영어능력 검증 • 실제 활용도가 높은 어휘와 전자메일, 안내문 등 업무현장에서 접할 수 있는 소재와 형식을 활용한 문제 출제

국가직 · 지방직 · 법원직 등 공무원 채용 대비

국어 · 영어 · 한국사

왜 기출문제인가?

기출문제는 모든 시험의 기본입니다.

특히 공무원 시험은 기출 개념이 반복되고 출제되는 유형이 정해져 있습니다.

2025 시험을 위해 *시대에듀* 에서 준비했습니다.

기출이 답이다 국어 / 영어 / 한국사

7개년 기출문제집으로

공무원 시험 합격에 도전하세요!

2024년 국어 출제경향

국가직

2025년 출제기조 전환을 앞두고 새로운 문제 유형이 출제될 것으로 예상하였으나 영역별 비중이나 문제 유형은 작년과 크게 다르지 않았다. 다만 독해력을 요하는 비문학 문제들이 출제되어 체감 난도는 높았을 것이다. 2025년부터 추론형 지문 강화가 예고된 만큼 기출문제를 중심으로 독해 능력을 향상하는 데 중점을 두어 학습해야 한다.

- ■ 출제율 순위

  비문학 > 문법 > 어휘 = 고전 문학 = 현대 문학

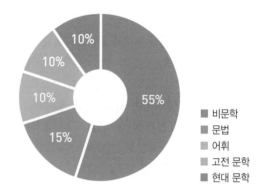

■ 비문학
■ 문법
■ 어휘
■ 고전 문학
■ 현대 문학

지방직

국가직 시험과 유사한 난도로 출제되었다. 비문학 영역의 비중이 가장 높았으나 지문의 길이가 짧고 난도가 높지 않아 평소에 꾸준히 비문학 공부를 한 수험생들이라면 문제를 푸는 데 큰 어려움이 없었을 것이다. 문학은 현대 시와 현대 소설, 고전 시가, 고전 소설 등 다양하게 출제되었으나 익숙한 작품을 제시하여 기출문제를 여러 번 풀어 본 수험생들이라면 쉽게 해결할 수 있었을 것이다.

- ■ 출제율 순위

  비문학 > 문법 > 어휘 = 고전 문학 = 현대 문학

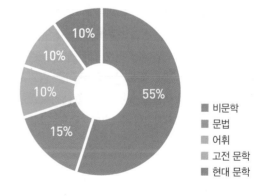

■ 비문학
■ 문법
■ 어휘
■ 고전 문학
■ 현대 문학

2024년 영어 출제경향

국가직

작년보다는 다소 어렵게 출제되었다. 특히 독해 영역에서 신화, 과학 등 내용을 빠르게 파악하기 힘든 주제가 제시되었고 문장의 길이가 길어 해석하는 데 시간이 많이 소요되었을 것이다. 2025년부터 반영될 것으로 예상되었던 새로운 문제 유형이 3문항 정도 출제되었으나 난도가 낮아 어렵지 않게 풀 수 있었을 것이다. 각 문제 유형에 맞는 풀이법을 충분히 연습한다면 2025년 시험을 대비하는 데 큰 어려움은 없을 것이다.

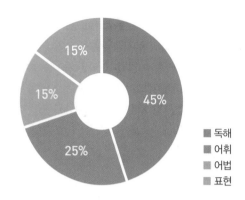

- **출제율 순위**
  독해 > 어휘 > 어법 = 표현

지방직

과년도 기출문제와 유사하게 출제되어 전체적으로 평이했으며, 국가직 시험과 비교했을 때도 높지 않은 난도였다. 그러나 독해 영역에서 다소 고민을 요하는 문제가 출제되었는데, 이는 평소 정량의 단어를 암기하고, 문장 해석 시 글의 핵심을 찾는 연습 등 대비를 충분히 했다면 큰 문제 없이 해결할 수 있었을 것으로 보인다.

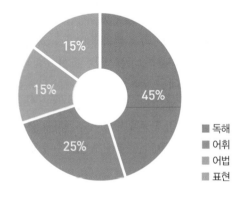

- **출제율 순위**
  독해 > 어휘 > 어법 = 표현

국가직

작년보다 비교적 쉽게 출제되었다. 전체적으로 매우 평이한 난도였으며, 작년과 유사한 수준으로 근현대사 영역 출제 비중이 높았고 사료에 대한 학습이 필수적이었다. 쉬운 문제에서 실수하지 않도록 꾸준하게 학습했다면 좋은 결과가 있었을 것이라 예상된다.

- **출제율 순위**

  일제 강점기 > 중세 > 고대 = 근대 > 근세 > 근대 태동기 = 현대 = **시대 통합**

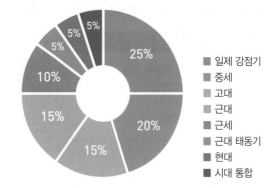

- 일제 강점기
- 중세
- 고대
- 근대
- 근세
- 근대 태동기
- 현대
- 시대 통합

지방직

작년과 유사하게 쉬운 난도로 출제되었다. 국가직 시험과 마찬가지로 근현대사의 출제 비중이 높았으며, 사료 제시형 문제 중심으로 출제되었다. 기본 개념과 기출문제만 충실히 학습했다면 충분히 고득점이 가능한 시험이었다.

- **출제율 순위**

  일제 강점기 = 중세 = 근대 = 근대 태동기 = **시대 통합** > 고대 = 선사 시대와 국가의 형성 > 현대

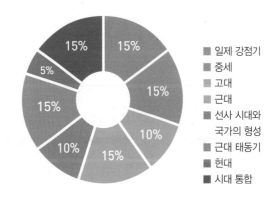

- 일제 강점기
- 중세
- 고대
- 근대
- 선사 시대와 국가의 형성
- 근대 태동기
- 현대
- 시대 통합

이 책의 구성과 특징

문제편

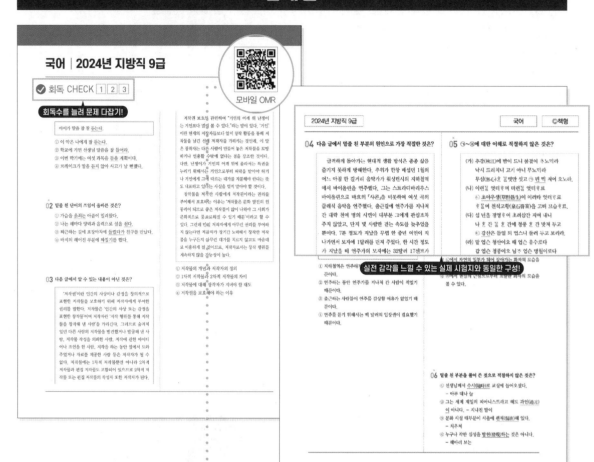

국어 | 2024년 지방직 9급

모바일 OMR

✅ 회독 CHECK 1 2 3

회독수를 늘려 문제 다잡기!

실전 감각을 느낄 수 있는 실제 시험지와 동일한 구성!

모바일 OMR 답안분석 서비스

OMR 입력　　**채점결과**　　**성적분석**

풀이 시간 측정, 자동 채점 그리고 결과 분석까지!

⏱ 00 : 24 : 27

시간측정 가능!!

문제편에 수록된 기출문제에 대한 객관적인 결과(점수, 순위)를 종합적으로 분석

❶ 스마트폰을 활용하여 QR코드 접속
❷ 시험 시간에 맞춰 풀고, 모바일 OMR로 답안 입력 (3회까지 가능)
❸ 종합적 결과 분석으로 현재 나의 합격 가능성 예측

QR코드 찍기 ▶ 로그인 ▶ 시작하기 ▶ 응시하기 ▶ 모바일 OMR 카드에 답안 입력 ▶ 채점결과&성적분석 ▶ 내 실력 확인하기

해설편

1 한눈에 훑어보기

어떤 영역에서 출제되었는지 또는 주로 출제되는 영역은 어디인지 한눈에 확인할 수 있어요!

2 정답의 이유/오답의 이유

각 문제마다 정답의 이유와 오답의 이유를 수록하여 혼자서도 학습이 가능해요!

3 난도와 영역 분석

난도와 문항별 세분화된 출제 영역 분석을 통해 부족한 영역을 확인하고 보충할 수 있어요!

4 더 알아보기

이해도를 높일 수 있도록 문제와 관련된 핵심 이론과 개념을 알기 쉽게 정리했어요!

이 책의 목차

PART 02   영어

이 책의 목차

공통과목

문제편

PART 1

국어

2024년 출제경향

국가직 9급

어휘 10%
문법 15%
고전 문학 10%
현대 문학 10%
비문학 55%

지방직 9급

어휘 10%
문법 15%
고전 문학 10%
현대 문학 10%
비문학 55%

서울시 9급 제1회

어휘 15%
문법 40%
고전 문학 15%
현대 문학 5%
비문학 25%

서울시 9급 제2회

어휘 20%
문법 35%
고전 문학 10%
현대 문학 10%
비문학 25%

법원직 9급

문법 24%
고전 문학 12%
현대 문학 40%
비문학 24%

국회직 8급

어휘 16%
문법 32%
현대 문학 8%
비문학 44%

✅ 회독 CHECK 1 2 3

01 (가)~(라)를 맥락에 따라 가장 자연스럽게 배열한 것은?

> 약물은 질병을 치료하거나 예방할 목적으로 사용되는 의약품이다. 우리 주변에는 약물이 오남용되는 경우가 있다.
>
> (가) 더구나 약물은 내성이 있어 이전보다 더 많은 양을 사용하기 마련이므로 피해는 점점 커지게 된다.
>
> (나) 오남용은 오용과 남용을 합친 말로서 오용은 본래 용도와 다르게 사용하는 일, 남용은 함부로 지나치게 사용하는 일을 가리킨다.
>
> (다) 그러므로 약물을 사용할 때는 반드시 의사나 약사와 상의하고 설명서를 확인하여 목적에 맞게 적정량을 사용해야 한다.
>
> (라) 약물을 오남용하면 신체적 피해는 물론 정신적 피해를 입을 수 있다.

① (나) – (다) – (라) – (가)
② (나) – (라) – (가) – (다)
③ (라) – (가) – (나) – (다)
④ (라) – (다) – (나) – (가)

02 다음 대화를 분석한 내용으로 가장 적절한 것은?

> 갑: 고대 노예제 사회나 중세 봉건 사회는 타고난 신분에 따라 사회적 지위가 결정되는 계급사회였지만, 현대 사회는 계급사회가 아니라고 많이들 말해. 그런데 과연 그런지 의문이야.
>
> 을: 현대 사회는 고대나 중세만큼은 아니지만 귀속지위가 성취지위를 결정하는 면이 없다고 할 수 없어. 빈부 격차에 따라 계급이 나뉘고 그에 따른 불평등이 엄연히 존재하잖아. '금수저', '흙수저'라는 유행어에서 볼 수 있듯 빈부 격차가 대물림되면서 개인의 계급이 결정되고 있어.
>
> 병: 현대 사회가 빈부 격차로 인해 계급이 나누어지는 것처럼 보인다고 해서 계급사회라고 단정할 수는 없어. 계급사회라고 말하려면 계급 체계 자체가 인간의 생활을 전적으로 규정할 수 있어야 하는데, 오늘날 각종 문화나 생활 방식 전체를 특정한 계급 논리만으로는 설명할 수 없어. 따라서 현대 사회를 계급사회로 보기는 어려워.
>
> 갑: 현대 사회의 문화가 다양하다는 것은 맞아. 하지만 인간 생활의 근간은 결국 경제 활동이고, 경제적 계급 논리로 현대 사회의 문화를 충분히 설명하고 규정할 수 있어. 또한 현대 사회에서 인간의 사회적 지위는 부모의 경제력과 직결되기 때문에 계급사회라고 말할 수 있어.

① 갑은 을의 주장 중 일부는 수용하고 일부는 반박한다.
② 을의 주장은 갑의 주장과 대립하지 않는다.
③ 갑과 병은 상이한 전제에서 유사한 결론을 도출하고 있다.
④ 병의 주장은 갑의 주장과는 대립하지 않지만 을의 주장과는 대립한다.

03 밑줄 친 부분이 표준어로 쓰인 것은?

① 그 친구는 <u>허구헌</u> 날 놀러만 다닌다.

② 닭을 <u>통째로</u> 구우니까 더 먹음직스럽다.

③ 발을 잘못 디더서 <u>하마트면</u> 넘어질 뻔했다.

④ 언니가 허리가 <u>잘룩하게</u> 들어간 코트를 입었다.

04 다음은 다의어 '알다'의 뜻풀이 중 일부이다. ㉠~㉣의 예로 적절하지 않은 것은?

> ㉠ 어떤 일을 할 능력이나 소양이 있다.
>
> ㉡ 다른 사람과 사귐이 있거나 인연이 있다.
>
> ㉢ 어떤 일에 대하여 관여하거나 관심을 가지다.
>
> ㉣ 어떤 일을 어떻게 할지 스스로 정하거나 판단하다.

① ㉠: 그 외교관은 무려 7개 국어를 할 줄 <u>안다</u>.

② ㉡: 이 두 사람은 서로 <u>알고</u> 지낸 지 오래이다.

③ ㉢: 그 사람이 무엇을 하든 내가 <u>알</u> 바 아니다.

④ ㉣: 나는 그 팀이 이번 경기에서 질 줄 <u>알았다</u>.

05 진행자의 말하기 방식에 대한 설명으로 적절하지 않은 것은?

> 진행자: 우리 시에서도 다음 달부터 시내 도심부에서의 제한 속도를 조정하기로 했습니다. 이와 관련하여, 강ㅁㅁ 교수님 모시고 말씀 듣겠습니다. 교수님, 안녕하세요?
>
> 강교수: 네, 안녕하세요?
>
> 진행자: 바뀌는 제도의 내용을 좀 더 구체적으로 설명해 주시죠.
>
> 강교수: 네, 시내 도심부 간선도로에서의 제한 속도를 기존의 70km/h에서 60km/h로 낮추는 정책입니다.
>
> 진행자: 시의회에서 이 정책 도입에 중요한 역할을 하신 것으로 아는데, 어떤 효과를 얻을 것이라고 주장하셨나요?
>
> 강교수: 차량 간 교통사고 발생 가능성을 줄이고 보행자 안전을 확보할 수 있다고 했습니다.
>
> 진행자: 그런데 일각에서는 그런 효과는 미미하고 오히려 교통체증을 유발하여 대기오염이 심화될 것이라며 이 정책에 반대합니다. 이에 대해 말씀해 주시겠어요?
>
> 강교수: 그렇지 않습니다. ○○시가 작년에 7개 구간을 대상으로 이 제도를 시험 적용해 보니, 차가 막히는 시간은 2분 정도밖에 증가하지 않았습니다. 그런데 중상 이상의 인명 사고는 26.2% 감소했습니다. 또 이산화질소와 미세먼지 같은 오염물질도 각각 28%, 21% 가량 오히려 감소한다는 연구 결과가 있습니다.
>
> 진행자: 아, 그러니까 속도를 10km/h 낮출 때 2분 정도 늦어지는 것이라면 인명 사고의 예방과 오염물질의 감소를 위해 충분히 감수할 만한 시간이라는 말씀이시군요.
>
> 강교수: 네, 맞습니다.
>
> 진행자: 교통사고를 줄이고 보행자 안전을 확보할 수 있다는 점, 교통체증 유발은 미미할 것이라는 점, 오염물질 배출이 감소할 것이라는 점에서 이번의 제한 속도 조정 정책은 훌륭한 정책이라는 것이군요. 맞습니까?
>
> 강교수: 네, 그렇게 정리할 수 있겠습니다.

① 상대방이 통계 수치를 제시한 의도를 자기 나름대로 풀어 설명한다.

② 상대방의 견해를 요약하며 자신이 이해한 바가 맞는지를 확인한다.

③ 상대방의 주장에 대한 이견을 소개하고 그에 대한 의견을 요청한다.

④ 상대방이 설명한 내용을 뒷받침할 수 있는 자신의 경험을 예시한다.

06 다음을 참고할 때, 단어의 종류가 같은 것끼리 짝 지어진 것은?

> 어떤 구성을 두 요소로만 쪼개었을 때, 그 두 요소를 직접구성요소라 한다. 직접구성요소가 어근과 어근인 단어는 합성어라 하고 어근과 접사인 단어는 파생어라 한다.

① 지우개 – 새파랗다　　② 조각배 – 드높이다
③ 짓밟다 – 저녁노을　　④ 풋사과 – 돌아가다

07 다음 시를 감상한 내용으로 적절하지 않은 것은?

> 머리가 마늘쪽같이 생긴 고향의 소녀와
> 한여름을 알몸으로 사는 고향의 소년과
> 같이 낯이 설어도 사랑스러운 들길이 있다
>
> 그 길에 아지랑이가 피듯 태양이 타듯
> 제비가 날듯 길을 따라 물이 흐르듯 그렇게
> 그렇게
>
> 천연히
>
> 울타리 밖에도 화초를 심는 마을이 있다
> 오래오래 잔광이 부신 마을이 있다
> 밤이면 더 많이 별이 뜨는 마을이 있다
>
> 　　　　　　　　　　　　　– 박용래, 「울타리 밖」 –

① 향토적 소재를 활용하여 공간 풍경을 묘사하고 있다.
② 유사한 문장 구조를 반복하여 리듬감을 조성하고 있다.
③ 화자를 표면에 나타내어 고향에 대한 상실감을 표출하고 있다.
④ 하나의 시어를 독립된 연으로 구성하여 주제 의식을 강조하고 있다.

08 다음 글에서 추론한 내용으로 가장 적절한 것은?

> 진화 개념에 대해 흔히 오해되는 측면이 있다. 첫째, 인간의 행동은 철저하게 유전적으로 결정되어 있다는 생각이다. 그런데 진화 이론이 유전자 결정론을 주장하는 것은 아니다. 인간의 행동은 유전적인 적응 성향과 이러한 적응 성향을 발달시키고 활성화되게 하는 환경으로부터의 입력이 상호작용한 결과이다.
> 둘째, 현재 인간의 마음이나 행동 체계는 오랜 진화 과정에 의한 최적의 적응 방식이라는 생각이다. 그것이 항상 맞는 것은 아니다. 가령 구석기시대의 적응 방식을 오늘날 인간이 지니고 있어 생기는 문제점이 있다. 원시시대에 사용하던 인지적 전략 등이 현재 그대로 남아 있기 때문에 문제가 생길 수 있는 것이다. 우리가 복잡한 상황에 적응하는 데는 원시시대의 적응 방식이 부적절한 경우가 있을 수 있다.

① 인간의 행동은 환경의 영향으로, 마음은 유전의 영향으로 결정된다.
② 우리에게 주어진 상황의 복잡한 정도가 클수록 인지적 전략의 최적화가 이루어진다.
③ 같은 조상을 둔 후손이라도 환경에서 얻은 정보가 다르면 행동은 다르게 나타날 수 있다.
④ 조상의 유전적 성향보다 조상이 살았던 과거 환경이 인간의 진화 방향을 우선적으로 결정한다.

09 (가)~(다)에 들어갈 한자어로 가장 적절한 것은?

> • 현실을 　(가)　 한 그 정책은 결국 실패로 돌아갔다.
> • 그는 　(나)　 이 잦아 친구들 사이에서 신의를 잃었다.
> • 이 소설은 당대의 구조적 　(다)　 을 예리하게 비판했다.

	(가)	(나)	(다)
①	度外視	食言	矛盾
②	度外視	添言	腹案
③	白眼視	食言	矛盾
④	白眼視	添言	腹案

10 다음 글에서 추론한 내용으로 적절하지 않은 것은?

> 오늘날 인터넷과 디지털 미디어를 통해 '온라인'에서의 '비대면' 접촉에 의한 상호 관계가 급속도로 확장되고 있다. '오프라인'이나 '대면'이라는 용어는 물리적 실체감이 있는 아날로그적 접촉을 가리킨다. 그런데 우리는 온라인과 오프라인을 함께 경험할 수도 있고, 이러한 이분법적인 용어로 명료하게 분리되지 않는 활동들도 많다. 예를 들어 누군가와 만나서 대화하는 중에 문자를 주고받음으로써 대면 상호작용과 온라인 상호작용을 동시에 할 수 있다.
>
> 한편 오프라인 대면 상호작용에서보다 온라인 비대면 상호작용에서 만난 사람들에게 더 끈끈한 유대감을 느끼기도 한다. 서로 관계를 형성하고 유지할 때 아날로그 상호작용 수단과 디지털 상호작용 수단을 동시에 활용할 수도 있다. 이처럼 오늘날과 같은 초연결 사회에서 우리의 경험은 비대면 혹은 대면, 온라인 혹은 오프라인 같은 이분법적 범주로 온전히 분리되지 않는다. 상호작용 양식들이 서로 겹치거나 교차하는 현상들을 이해하고자 할 때 이분법적인 범주는 심각한 한계를 지닌다.

① 이분법적 시각으로는 상호작용 양식이 교차하는 양상을 이해하기 어렵다.

② 비대면 온라인 상호작용으로는 사람들 간에 깊은 유대 관계를 형성할 수 없다.

③ 온라인 비대면 활동과 오프라인 대면 활동이 온전히 분리되어 있는 것은 아니다.

④ 오늘날에는 대면 상호작용 중에도 디지털 수단에 의한 상호 관계가 이루어질 수 있다.

11 다음 글을 이해한 내용으로 가장 적절한 것은?

> 부사는 장화와 홍련이 꿈에 나타나 자신들의 원통한 사정에 대해 고한 말을 듣고 배 좌수를 관아로 불러들였다. 부사가 물었다. "딸들이 무슨 병으로 죽었소?" 배 좌수는 머뭇거리며 답하지 못했다. 그러자 후처가 엿보고 있다가 남편이 사실을 누설할까 싶어 곧장 들어와 답했다. "제 친정은 이곳의 양반 가문입니다. 장녀 장화는 음행을 저질러 낙태한 뒤 부끄러움을 못 이기고 밤을 틈타 스스로 물에 빠져 죽었습니다. 차녀 홍련은 언니의 일이 부끄러워 스스로 목숨을 끊었습니다. 이렇게 낙태한 증거물을 바치니 부디 살펴봐 주시기 바랍니다." 부사는 그것을 보고 미심쩍어하며 모두 물러가게 했다.
>
> 이날 밤 운무가 뜰에 가득한데 장화와 홍련이 다시 나타났다. "계모가 바친 것은 실제로 제가 낙태해서 나온 것이 아니라 계모가 죽은 쥐의 가죽을 벗겨 제 이불 안에 몰래 넣어 둔 것입니다. 다시 그것을 가져다 배를 갈라 보시면 분명 허실을 알게 되실 겁니다." 이에 부사가 그 말대로 했더니 과연 쥐가 분명했다.
>
> — 「장화홍련전」에서 —

① 부사는 배 좌수의 후처가 제시한 증거를 보고 장화와 홍련의 말이 거짓이라고 확신했다.

② 배 좌수의 후처는 음행을 저지른 홍련이 스스로 물에 빠져 죽었다고 부사에게 거짓말을 하였다.

③ 장화는 배 좌수의 후처가 제시한 증거가 거짓임을 확인할 수 있는 계책을 부사에게 알려 주었다.

④ 배 좌수는 장화와 홍련이 스스로 목숨을 끊은 이유를 물어보는 부사에게 머뭇거리며 대답하지 못했다.

12 다음 문장이 들어가기에 가장 적절한 곳을 (가)~(라)에서 고르면?

> 나라에 위기가 닥쳤을 때 제 몸을 희생해 가며 나라 지키기에 나섰으되 역사책에 이름 한 줄 남기지 못한 이들이 이순신의 일기에는 뚜렷하게 기록된 것이다.

> 『난중일기』의 진면목은 7년 동안 전란을 치렀던 이순신의 인간적 고뇌가 가감 없이 드러나 있다는 데 있다. (가) 왜군이라는 외부의 적은 물론이고 임금과 조정의 끊임없는 경계와 의심이라는 내부의 적과도 싸우며, 영웅이기 이전에 한 사람의 인간으로서 느낀 극심한 심리적 고통이 잘 나타나 있다. (나) 전란 중 겪은 원균과의 갈등도 적나라하게 드러나 있어 그가 완벽한 인간이 아니라 감정에 휘둘리는 보통의 인간이었음을 보여 준다. (다) 그뿐만 아니라 이순신은 『난중일기』에서 사랑하는 가족의 이름과 함께 휘하 장수에서부터 병졸들과 하인, 백성들의 이름까지도 언급하고 있다. (라) 『난중일기』의 위대함은 바로 여기에 있다.

① (가)　　　　② (나)
③ (다)　　　　④ (라)

13 다음 글을 이해한 내용으로 가장 적절한 것은?

> 문득, 제비와 같이 경쾌하게 전보 배달의 자전거가 지나간다. 그의 허리에 찬 조그만 가방 속에 어떠한 인생이 압축되어 있을 것인고. 불안과, 초조와, 기대와…… 그 조그만 종이 위의, 그 짧은 문면(文面)은 그렇게도 용이하게, 또 확실하게, 사람의 감정을 지배한다. 사람은 제게 온 전보를 받아 들 때 그 손이 가만히 떨림을 스스로 깨닫지 못한다. 구보는 갑자기 자기에게 온 한 장의 전보를 그 봉함(封緘)을 떼지 않은 채 손에 들고 감동하고 싶은 충동을 느꼈다. 전보가 못 되면, 보통우편물이라도 좋았다. 이제 한 장의 엽서에라도, 구보는 거의 감격을 가질 수 있을 게다.
> 흥, 하고 구보는 코웃음쳐 보았다. 그 사상은 역시 성욕의, 어느 형태로서의, 한 발현에 틀림없었다. 그러나 물론 결코 부자연하지 않은 생리적 현상을 무턱대고 업신여길 의사는 구보에게 없었다. 사실 서울에 있지 않은 모든 벗을 구보는 잊은 지 오래였고 또 그 벗들도 이미 오랫동안 소식을 전하여 오지 않았다. 그들은, 모두, 지금, 무엇들을 하고 있을꼬. 한 해에 단 한 번 연하장을 보내 줄 따름의 벗에게까지, 문득 구보는 그리움을 가지려 한다. 이제 수천 매의 엽서를 사서, 그 다방 구석진 탁자 위에서…… 어느 틈엔가 구보는 가장 열정을 가져, 벗들에게 편지를 쓰고 있는 제 자신을 보았다. 한 장, 또 한 장, 구보는 재떨이 위에 생담배가 타고 있는 것도 깨닫지 못하고, 그가 기억하고 있는 온갖 벗의 이름과 또 주소를 엽서 위에 흘려 썼다…… 구보는 거의 만족한 웃음조차 입가에 띠며, 이것은 한 개 단편소설의 결말로는 결코 비속하지 않다, 생각하였다. 어떠한 단편소설의—물론, 구보는, 아직 그 내용을 생각하지 않았다.
> ─ 박태원, 「소설가 구보 씨의 일일」에서 ─

① 벗들과의 추억을 시간순으로 회상하고 있다.
② 주인공인 서술자가 주변 거리를 재현하고 있다.
③ 연상 작용에 의해 인물의 생각이 연속되고 있다.
④ 전보가 이동된 경로를 따라 사건이 전개되고 있다.

14 밑줄 친 부분과 바꾸어 쓰기에 적절하지 않은 것은?

① 나는 하루 종일 거리를 배회(徘徊)하였다. → 돌아다녔다
② 이 산의 광물 자원은 무진장(無盡藏)하다. → 여러 가지가 있다
③ 그분의 주장은 경청(傾聽)할 가치가 있다. → 귀를 기울여 들을
④ 공지문에서는 회의의 사유를 명기(明記)하지 않았다. → 밝혀 적지

15 다음 글을 감상한 내용으로 적절하지 않은 것은?

> 내 님믈 그리ᄉ와 우니다니
> 산(山) 졉동새 난 이슷ᄒ요이다
> 아니시며 거츠르신 ᄃᆞᆯ 아으
> 잔월효성(殘月曉星)이 아ᄅ시리이다
> 넉시라도 님은 ᄒᆞᆫᄃᆡ 녀져라 아으
> 벼기더시니 뉘러시니잇가
> 과(過)도 허믈도 천만(千萬) 업소이다
> ᄆᆞᆯ힛 마리신뎌
> 술읏븐뎌 아으
> 니미 나ᄅᆞᆯ ᄒᆞ마 니ᄌᆞ시니잇가
> 아소 님하 도람 드르샤 괴오쇼셔.

① 자연물을 통해 화자의 처지를 드러내고 있다.
② 천상의 존재를 통해 화자의 결백함을 나타내고 있다.
③ 설의적 표현을 활용하여 화자의 정서를 부각하고 있다.
④ 큰 숫자를 활용하여 임을 향한 화자의 그리움을 강조하고 있다.

16 다음 글에서 추론한 내용으로 적절하지 않은 것은?

> 새의 몸에서 나오는 테스토스테론은 구애 행위나 짝짓기와 밀접하게 관련된다. 따라서 번식기가 아닌 시기에는 거의 분비되지 않는데, 번식기에 나타나는 테스토스테론의 수치 변화 양상은 새의 종류에 따라 다르다.
>
> 노래참새 수컷의 테스토스테론 수치는 짝짓기에 성공하여 암컷의 수정이 이루어지는 시점을 전후하여 달라진다. 번식기가 되면 수컷은 암컷의 마음을 얻는 데 필요한 영역을 차지하려고 다른 수컷과 싸워야 한다. 이 시기 수컷의 테스토스테론 수치는 암컷의 수정이 이루어질 때까지 계속 높아진다. 그러다가 수정이 이루어지면 수컷은 곧바로 새끼를 돌볼 준비를 하게 되는데, 이때부터 그 수치는 떨어진다. 새끼가 커서 둥지를 떠나게 되면 수컷은 더 이상 영역을 지킬 필요가 없기 때문에 번식기가 끝나지 않았는데도 테스토스테론 수치는 좀 더 떨어지고, 번식기가 끝나면 테스토스테론은 거의 분비되지 않는다.
>
> 검정깃찌르레기 수컷은 테스토스테론 수치가 번식기가 되면 올라갔다가 암컷이 수정한 이후부터 번식기가 끝날 때까지 떨어지지 않는다. 이 수컷은 자신의 둥지를 지키면서 암컷과 새끼를 돌보는 대신 다른 암컷과의 짝짓기를 위해 자신의 둥지를 떠나 버린다.

① 노래참새 수컷은 번식기 동안 테스토스테론 수치가 새끼를 양육할 때보다 양육이 끝난 후에 높게 나타난다.
② 번식기 동안 노래참새 수컷의 테스토스테론 수치는 암컷의 수정이 이루어지기 전보다 이루어진 후에 낮게 나타난다.
③ 검정깃찌르레기 수컷은 암컷이 수정한 이후 번식기가 끝날 때까지 테스토스테론 수치가 떨어지지 않는다.
④ 노래참새 수컷과 검정깃찌르레기 수컷 모두 번식기의 테스토스테론 수치는 번식기가 아닌 시기의 테스토스테론 수치보다 높다.

17 다음 글을 이해한 내용으로 가장 적절한 것은?

　　A가 주장한 다중지능이론은 기존 지능이론의 대안으로 제시되었다. 그는 기존 지능이론이 언어지능이나 논리수학지능 등 인간의 인지 능력에만 초점을 맞추고 있다고 비판하면서 이뿐 아니라 신체와 정서, 대인 관계의 능력까지 포괄한 총체적 지능 개념을 창안해 냈다. 다중지능이론은 뇌과학 연구에 일정 부분 영향을 받았는데, 뇌과학 연구에 따르면 인간의 좌뇌는 분석적, 논리적 능력을 담당하고, 우뇌는 창조적, 감성적 능력을 담당한다. 다중지능이론에서는 좌뇌의 능력에만 초점을 둔 기존의 지능 검사에 대해 반쪽짜리 검사라고 혹평한다.

　　그런데 다중지능이론에 대해 비판적인 연구자들은 다음과 같은 점들을 지적한다. 우선, 다중지능이론에서 주장하는 새로운 지능의 종류들이 기존 지능이론에서 주목했던 지능의 종류들과 상호 독립적일 수 있는가 하는 점이다. 그들에 따르면, 전자는 후자의 하위 영역에 속해 있고, 둘 사이에는 유의미한 상관관계가 있으므로 서로 독립적일 수 없으며, 따라서 '다중'이라는 개념이 성립하지 않는다. 다음으로, 다중지능을 정확하게 측정할 수 있는 도구가 만들어질 수 있겠는가 하는 점이다. 그들은 지능이라는 말이 측정 가능한 인지 능력을 전제하는 것인데, 다중지능이론이 설정한 새로운 종류의 지능들을 정확하게 측정할 수 있는 도구가 만들어지기는 어려울 것이라 주장한다.

① 논리수학지능은 다중지능이론의 지능 개념에 포함되지 않는다.

② 대인 관계의 능력과 관련된 지능을 정확하게 측정할 수 있는 도구의 개발 가능성에 대해 회의적인 사람들이 있다.

③ 다중지능이론에서는 인간의 우뇌에서 담당하는 능력과 관련된 지능보다 좌뇌에서 담당하는 능력과 관련된 지능에 더 많이 주목한다.

④ 다중지능이론에 대해 비판적인 연구자들은 인간의 모든 지능 영역들이 상호 독립적이라는 이유에서 '다중' 개념이 성립하지 않는다고 주장한다.

18 다음 글을 퇴고할 때, ㉠~㉣ 중 어법상 수정할 필요가 있는 것은?

　　주지하듯이 ㉠ 기후 위기는 날이 갈수록 심각해지고 있다. 극지방의 빙하가 녹고, 유럽에는 사상 최악의 폭염과 가뭄이 발생하고 그 반대편에서는 감당하기 어려울 정도의 폭우가 쏟아져 많은 사람이 고통받고 있다. ㉡ 우리의 삶을 지속적으로 위협하는 이러한 기상 재해 앞에서 기후학자로서 자괴감이 든다. 무엇이 문제인지, 상황이 얼마나 심각한지 잘 알고 있으면서도 지구의 위기를 그저 바라만 볼 수밖에 없다.

　　그러나 우리가 기후 문제에 관심을 가지고 적극적으로 대처한다면 아직 희망이 있다. 크게는 신재생 에너지와 관련하여 ㉢ 국가 정책 수립과 국제 협약을 체결하기 위해 힘을 기울여야 한다. 작게는 일상생활에서 불필요한 소비를 줄이고 에너지 절약을 습관화해야 한다. 만시지탄(晩時之歎)일 수는 있겠으나, ㉣ 지구가 파국으로 치닫는 것을 막을 기회는 아직 남아 있다. 우리 모두 힘을 모아 지구의 위기를 극복하여야 한다.

① ㉠　　　　　　　　　② ㉡

③ ㉢　　　　　　　　　④ ㉣

19 다음 글의 빈칸에 들어갈 내용으로 가장 적절한 것은?

독자는 글을 읽을 때 생소하거나 이해하기 어려운 단어에 주시하는데, 이때 특정 단어에 눈동자를 멈추는 '고정'이 나타나며, 고정과 고정 사이에는 '이동', 단어를 건너뛸 때는 '도약'이 나타난다. 고정이 관찰될 때는 의미를 이해하려는 시도가 이루어지지만, 이동이나 도약이 관찰될 때는 이루어지지 않는다. 이를 바탕으로, K연구진은 동일한 텍스트를 활용하여 읽기 능력 하위 집단(A)과 읽기 능력 평균 집단(B)의 읽기 특성을 탐색하는 연구를 진행하였다. 독서 횟수는 1회로 제한하되 독서 시간은 제한하지 않았다.

그 결과, 눈동자의 평균 고정 빈도에서 A집단은 B집단에 비해 약 2배 많은 수치를 보였다. 그런데 총 고정 시간을 총 고정 빈도로 나눈 평균 고정 시간은 B집단이 A집단에 비해 더 높게 나타났다. 읽기 후 독해 검사에서 B집단은 A집단보다 평균 점수가 높았고, 독서 과정에서 눈동자가 이전으로 돌아가거나 이전으로 건너뛰는 현상은 모두 관찰되지 않았다. 연구진은 이를 종합하여 읽기 능력이 부족한 독자는 읽기 능력이 평균인 독자에 비해 난해하다고 느끼는 단어들이 ＿＿＿＿＿＿＿＿＿＿는 결론을 내렸다.

① 더 많지만 난해하다고 느끼는 각각의 단어를 이해하는 과정에 들이는 평균 시간은 더 적다

② 더 많고 난해하다고 느끼는 각각의 단어를 이해하는 과정에 들이는 평균 시간도 더 많다

③ 더 적지만 난해하다고 느끼는 각각의 단어를 이해하는 과정에 들이는 평균 시간은 더 많다

④ 더 적고 난해하다고 느끼는 각각의 단어를 이해하는 과정에 들이는 평균 시간도 더 적다

20 다음 글의 (가)와 (나)에 들어갈 말로 적절한 것은?

채식주의자는 고기, 생선, 유제품, 달걀 섭취 여부에 따라 다섯 가지로 나뉜다. 완전 채식주의자는 이들 모두를 섭취하지 않으며, 페스코 채식주의자는 고기는 섭취하지 않지만 생선은 먹으며, 유제품과 달걀은 개인적 선호에 따라 선택적으로 섭취한다. 남은 세 가지 채식주의자는 고기와 생선 모두를 먹지 않되 유제품과 달걀 중 어떤 것을 먹느냐의 여부로 결정된다. 이들의 명칭은 라틴어의 '우유'를 의미하는 '락토(lacto)'와 '달걀'을 의미하는 '오보(ovo)'를 사용해 정해졌는데, 예를 들어, 락토오보 채식주의자는 고기와 생선은 먹지 않으나 유제품과 달걀은 먹는다. 락토 채식주의자는 ＿(가)＿ 먹지 않으며, 오보 채식주의자는 ＿(나)＿ 먹지 않는다.

① (가): 달걀은 먹지만 고기와 생선과 유제품은
　(나): 고기와 생선과 달걀은 먹지만 유제품은

② (가): 달걀은 먹지만 고기와 생선과 유제품은
　(나): 유제품은 먹지만 고기와 생선과 달걀은

③ (가): 유제품은 먹지만 고기와 생선과 달걀은
　(나): 고기와 생선과 유제품은 먹지만 달걀은

④ (가): 유제품은 먹지만 고기와 생선과 달걀은
　(나): 달걀은 먹지만 고기와 생선과 유제품은

모바일 OMR

✔ 회독 CHECK 1 2 3

01 밑줄 친 단어와 의미가 같은 것은?

> 아이가 말을 참 잘 듣는다.

① 이 약은 나에게 잘 듣는다.
② 학교에 가면 선생님 말씀을 잘 들어라.
③ 이번 학기에는 여섯 과목을 들을 계획이다.
④ 브레이크가 말을 듣지 않아 사고가 날 뻔했다.

02 밑줄 친 단어의 쓰임이 올바른 것은?

① 가슴을 옭죄는 아픔이 밀려왔다.
② 나는 해마다 양력과 음력으로 설을 쇤다.
③ 퇴근하는 길에 포장마차에 들렸다가 친구를 만났다.
④ 바지의 해어진 부분에 짜집기를 했다.

03 다음 글에서 알 수 있는 내용이 아닌 것은?

> '저작권'이란 인간의 사상이나 감정을 창의적으로 표현한 저작물을 보호하기 위해 저작자에게 부여한 권리를 말한다. 저작물은 '인간의 사상 또는 감정을 표현한 창작물'이며 저작자란 '저작 행위를 통해 저작물을 창작해 낸 사람'을 가리킨다. 그러므로 숨겨져 있던 다른 사람의 저작물을 발견했거나 발굴해 낸 사람, 저작물 작성을 의뢰한 사람, 저작에 관한 아이디어나 조언을 한 사람, 저작을 하는 동안 옆에서 도와주었거나 자료를 제공한 사람 등은 저작자가 될 수 없다. 저작물에는 1차적 저작물뿐만 아니라 2차적 저작물과 편집 저작물도 포함되어 있으므로 2차적 저작물 또는 편집 저작물의 작성자 또한 저작자가 된다.
>
> 저작권 보호와 관련하여 "거인의 어깨 위 난쟁이는 거인보다 멀리 볼 수 있다."라는 말이 있다. '거인'이란 현재의 저작자들보다 앞서 창작 활동을 통해 저작물을 남긴 선배 저작자를 가리키는 것인데, 이 말은 창작자는 다른 사람이 만들어 놓은 저작물을 모방하거나 인용할 수밖에 없다는 점을 강조한 것이다. 다만, 난쟁이가 거인의 어깨 위에 올라서는 특권을 누리기 위해서는 거인으로부터 허락을 받아야 하거나 거인에게 그에 따르는 대가를 지불해야 한다는 뜻도 내포하고 있다는 사실을 잊지 말아야 할 것이다.
>
> 창작물을 저작한 사람에게 저작권이라는 권리를 부여해서 보호하는 이유는 '저작물은 문화 발전의 원동력이 되므로 좋은 저작물이 많이 나와야 그 사회가 문화적으로 풍요로워질 수 있기 때문'이라고 할 수 있다. 그런데 만일 저작자에게 아무런 권리를 부여하지 않는다면 저작자가 장기간 노력해서 창작한 저작물을 누구든지 아무런 대가를 치르지 않고도 마음대로 이용하게 될 것이므로, 저작자로서는 창작 행위를 계속하지 않을 가능성이 높다.

① 저작물의 개념과 저작자의 정의
② 1차적 저작물과 2차적 저작물의 차이
③ 저작물에 대해 창작자가 지녀야 할 태도
④ 저작권을 보호해야 하는 이유

04 다음 글에서 밑줄 친 부분의 원인으로 가장 적절한 것은?

> 급격하게 돌아가는 현대적 생활 방식은 종종 삶을 즐기지 못하게 방해한다. 추위가 한창 매섭던 1월의 어느 아침 한 길거리 음악가가 워싱턴시의 지하철역에서 바이올린을 연주했다. 그는 스트라디바리우스 바이올린으로 바흐의 「샤콘」을 비롯하여 여섯 곡의 클래식 음악을 연주했다. 출근길에 연주가를 지나쳐 간 대략 천여 명의 시민이 대부분 그에게 관심조차 주지 않았고, 단지 몇 사람만 걷는 속도를 늦추었을 뿐이다. 7분 정도가 지났을 무렵 한 중년 여인이 지나가면서 모자에 1달러를 던져 주었다. 한 시간 정도가 지났을 때 연주가의 모자에는 32달러 17센트가 쌓여 있었지만, <u>연주를 듣기 위해 서 있는 사람은 아무도 없었다.</u> 그 음악가인 조슈아 벨은 전 세계적으로 유명한 바이올린 연주가였으며, 평상시 그의 콘서트 입장권은 백 달러가 넘는 가격에 판매되었다.

① 지하철역은 연주하기에 적절한 장소가 아니었기 때문이다.

② 연주하는 동안 연주가를 지나쳐 간 사람이 적었기 때문이다.

③ 출근하는 사람들이 연주를 감상할 여유가 없었기 때문이다.

④ 연주를 듣기 위해서는 백 달러의 입장권이 필요했기 때문이다.

05 ㉠~㉣에 대한 이해로 적절하지 않은 것은?

> (가) 추강(秋江)에 밤이 드니 물결이 ᄎ노믹라
>   낙시 드리치니 고기 아니 무노믹라
>   무심(無心)훈 둘빗만 싯고 ㉠뷘 빈 저어 오노라.
>
> (나) 이런둘 엇더ᄒ며 뎌런둘 엇더ᄒ료
>   ㉡초야우생(草野愚生)이 이러타 엇더ᄒ료
>   ᄒ믈며 천석고황(泉石膏肓)을 고텨 므슴ᄒ료.
>
> (다) 십 년을 경영ᄒ여 초려삼간 지어 내니
>   나 ᄒ 간 둘 ᄒ 간에 청풍 ᄒ 간 맛져 두고
>   ㉢강산은 들일 듸 업스니 둘러 두고 보리라.
>
> (라) 말 업슨 청산이오 태 업슨 유수로다
>   갑 업슨 청풍이오 님ᄌ 업슨 명월이로다
>   이 중에 병 업슨 ㉣이 몸이 분별 업시 늘그리라.

① ㉠에서 욕심 없는 화자의 모습을 볼 수 있다.

② ㉡에서 속세를 그리워하는 화자의 모습을 볼 수 있다.

③ ㉢에서 자연의 일부가 되어 살아가는 화자의 모습을 볼 수 있다.

④ ㉣에서 현실의 근심으로부터 초탈한 화자의 모습을 볼 수 있다.

06 밑줄 친 부분을 풀어 쓴 것으로 적절하지 않은 것은?

① 선생님께서 <u>수시(隨時)</u>로 교실에 들어오셨다.
   – 아무 때나 늘

② 그는 세계 제일의 피아니스트라고 해도 <u>과언(過言)</u>이 아니다. – 지나친 말이

③ 문화 시설 대부분이 서울에 <u>편재(偏在)</u>해 있다.
   – 치우쳐

④ 누구나 착한 심성을 <u>발현(發現)</u>하는 것은 아니다.
   – 헤아려 보는

07 다음 글에서 추론한 내용으로 적절하지 않은 것은?

모든 문화가 감정에 관한 동일한 개념적 자원을 발전시켜 온 것은 아니다. 이를테면 미국인들은 보통 당혹감, 수치심, 죄책감, 수줍음을 구별하지만 자바 사람들은 이러한 감정을 하나의 단어로 표현한다. 감정 어휘들은 문화마다 다를 뿐만 아니라 역사적으로도 다르다. 중세 시대에는 우울감이 '검은 담즙(melan chole)'으로 인해 발생한다고 생각했기에 우울증을 '멜랑콜리(melancholy)'라고 불렀지만 오늘날 그렇게 생각하는 사람은 거의 없다. 또한 인터넷의 발명과 함께 감정 어휘는 이메일 보내기, 문자 보내기, 트위터하기에 스며든 관습에 의해서도 형성된다. 이제는 내 감정을 말로 기술하기보다 이모티콘이나 글자의 일부를 따서 표현하기도 한다. 이러한 기술 주도적인 상징의 창조와 확산은, 사람들이 자신의 감정을 묘사하기 위한 새로운 선택지를 만든다는 점에서 또 다른 역사의 발전일 것이다.

① 감정에 대한 개념적 자원은 문화에 따라 달리 형성된다.

② 동일한 감정이라도 그것을 표현하는 방식은 시대에 따라 다를 수 있다.

③ 감정 어휘를 풍부하게 갖고 있는 집단은 그렇지 않은 집단보다 기술 발전에 더 유연한 태도를 보인다.

④ 오늘날 인터넷에서 이모티콘을 사용하는 것과 같이 과거에는 없었던 감정 표현 방식이 활용되기도 한다.

08 다음 글을 이해한 내용으로 적절하지 않은 것은?

흰 달빛
자하문

달 안개
물소리

대웅전
큰 보살

바람 소리
솔 소리

범영루
뜬 그림자

흐는히
젖는데

흰 달빛
자하문

바람 소리
물소리

– 박목월, 「불국사」 –

① 시선의 이동에 따라 대상을 그려내고 있다.

② 수미상관 구조를 통해 안정감을 드러내고 있다.

③ 다양한 이미지를 활용하여 시적 분위기를 조성하고 있다.

④ 대상과의 거리를 조정하여 화자와 현실 세계의 대립을 나타내고 있다.

09 ⓐ～ⓓ을 활용하여 음운변동을 설명한 것으로 적절한 것은?

> ⓐ 교체: 한 음운이 다른 음운으로 바뀌는 현상
> ⓑ 탈락: 한 음운이 없어지는 현상
> ⓒ 첨가: 없던 음운이 새로 생기는 현상
> ⓓ 축약: 두 음운이 합쳐져 제삼의 음운으로 바뀌는 현상

① '색연필'의 발음에서는 ⓐ과 ⓒ이 나타난다.
② '외곬'의 발음에서는 ⓐ과 ⓓ이 나타난다.
③ '값지다'의 발음에서는 ⓑ과 ⓒ이 나타난다.
④ '깨끗하다'의 발음에서는 ⓒ과 ⓓ이 나타난다.

10 빈칸에 들어갈 내용으로 가장 적절한 것은?

> 프랑스에서 포도주는 간단한 식사에서 축제까지, 작은 카페의 대화에서 연회장의 교제에 이르기까지 언제 어디서나 함께한다. 포도주는 계절에 따른 어떤 날씨에도 분위기를 고양시킬 수 있어 추운 계절이 되면 따뜻한 분위기를 연출하고 한여름이 되면 서늘하거나 시원한 그늘을 떠올리는 분위기를 조성한다. 또한 배고프거나 지칠 때, 지루하거나 답답할 때, 심리적으로 불안할 때나 육체적으로 힘든 그 어느 경우에도 프랑스인들은 포도주가 절실하다고 느낀다. 프랑스에서 포도주는 장소와 시간, 상황에 관계없이 음식과 결부될 수 있는 모든 곳에 등장한다.
> 포도주가 일상의 세세한 부분에까지 결부된 탓에 프랑스 국민은 이제 포도주가 있어야 할 곳에 포도주가 없다는 사실만으로도 충격을 받는다. 르네 코티는 대통령 임기가 시작될 때 사적인 자리에서 사진을 찍은 적이 있는데 그 사진 속 탁자에는 포도주 대신 다른 술이 놓여 있었다. 이 때문에 온 국민이 들끓고 일어났다. 프랑스 국민에게 그들 자신과도 같은 포도주가 보이지 않는다는 사실은 참을 수 없는 일이었다.
> 결국 프랑스인에게 포도주란 [   ]

① 심신을 치유하는 신성한 물질과 같다.
② 자신들의 정체성을 나타내는 상징과도 같다.
③ 국가의 주요 행사에서 가장 주목받는 음료다.
④ 어느 계절에나 쉽게 분위기를 고양시킬 수 있는 음료다.

11 ⓐ～ⓓ을 고쳐 쓴 것으로 적절하지 않은 것은?

> 얼마 전 나는 유명 축구 선수의 성공 과정을 담은 다큐멘터리 프로그램을 시청했다. 방송을 본 대부분의 사람들은 ⓐ 괴로운 고난을 이겨낸 그 선수의 노력과 집념에 감동을 받았을 것이다. ⓑ 그러므로 나는 그 선수의 가족과 훈련 트레이너 등 주변 사람들에게 더 큰 감명을 받았다.
> 선수의 가족들은 선수가 전지훈련을 가거나 원정 경기를 할 때 묵묵히 뒤에서 응원하는 역할을 했고, 훈련 트레이너는 선수의 체력 증진은 물론 컨디션 조절 등에도 많은 역할을 하고 있었다. ⓒ 나는 그런 훈련 트레이너가 되는 과정이 궁금해졌다. 비록 사람들의 관심이 최고의 자리에 오른 그 선수에게로 향하는 것은 당연한 ⓓ 일로, 나는 그 가족과 훈련 트레이너의 도움이 주목받지 못하는 것 같아서 안타까웠다.

① ⓐ은 의미가 중복되므로 '고난'으로 고친다.
② ⓑ은 앞뒤 문장의 연결을 고려하여, '그러나'로 바꾼다.
③ ⓒ은 글 전체의 흐름을 고려하여 삭제한다.
④ ⓓ은 부사와의 호응을 고려하여, '일이라면'으로 수정한다.

12 강연자의 말하기 방식에 대한 설명으로 적절하지 않은 것은?

> 안녕하세요? 오늘 강연을 맡은 ○○○입니다. 저는 '사회역학'이라는 학문을 공부하고 있는데요, 혹시 '사회역학'이라는 단어를 들어 보신 적 있으신가요? 네, 별로 없네요. 간단히 말씀드리면, 질병 발생의 원인에 대한 사회적 요인을 탐구하는 분야입니다. 여러분들 표정을 보니 더 모르겠다는 표정인데요, 오늘 강연을 듣고 나면 제가 어떤 공부를 하는지 조금 더 알게 되실 겁니다.
>
> 흡연을 예로 들어서 말씀드릴게요. 저소득층에게 흡연은 적은 비용으로 스트레스를 해소할 수 있는 방편이 됩니다. 위험한 작업환경에서 일하는 노동자에게 담배를 피우면 10년 뒤에 폐암이 발생할 수 있으니 당장 금연해야 한다고 말한다면, 이 말은 그렇게 설득력이 있지는 않을 것입니다. 저소득층이 열악한 사회적 환경에서 살아남기 위해 나름의 이유로 흡연할 경우, 그 점을 고려하지 않은 금연 정책은 효과를 보기 어렵다는 의미입니다.
>
> 이러한 주장을 뒷받침하는 연구 결과가 있습니다. 하버드 보건대학원의 글로리안 소렌슨 교수 팀은 제조업 사업체 15곳의 노동자 9,019명을 대상으로 연구를 진행하면서 다음과 같은 질문을 던집니다. "안전한 사업장에서 일하는 노동자가 금연할 가능성이 더 높지 않을까? 그렇다면 산업 안전 프로그램을 진행한 사업장의 금연율은 어떻게 다를까?" 이 프로그램이 진행되고 6개월 뒤에 흡연 상태를 측정했을 때 산업 안전 프로그램을 진행한 사업장의 금연율이, 금연 프로그램만 진행한 사업장 노동자들의 금연율보다 2배 가까이 높게 나타났습니다.

① 청중의 반응을 살피면서 발표를 진행하고 있다.
② 전문가의 연구 결과를 제시하여 신뢰성을 높이고 있다.
③ 시각 자료를 제시하여 청중의 주의를 끌고 있다.
④ 특정한 상황을 가정하여 내용의 이해를 돕고 있다.

13 다음 글의 중심 내용으로 가장 적절한 것은?

> 범죄소설이 지닌 이데올로기의 뿌리는 죽음에 대한 공포이다. 범죄소설의 탄생은 자본주의의 출현이라는 사회적 조건과 맞물려 있다. 자본주의가 출현하자 죽음을 대하는 태도가 근본적으로 변화했다. 원시 사회에서는 죽음이 자연스러운 결과로 받아들여졌다. 죽음은 사람들이 스스로 준비해야 하는 것이면서, 가족과 사회로부터의 관심과 도움이 필요한 것이었다. 그러나 부르주아 사회에서는 인간이 소외되고, 소외된 인간은 노동을 하고 돈을 버는 데 없어서는 안 될 도구인 육체에 얽매이게 된다. 그에 따라 인간은 죽음에 강박관념을 갖게 되었다. 게다가 죽음은 불가피한 삶의 종결이 아니라 파국적 사고라는 견해를 갖게 된다. 죽음은 예기치 않은 사고라고, 강박적으로 바라보게 되면 폭력에 의한 죽음에 몰두하게 되고, 결국에는 살인과 범죄에 몰두하게 된다. 범죄소설에서 죽음은 인간의 운명이나 비극이 아니라 탐구의 대상이 되어버린다.

① 범죄소설은 자본주의의 출현 이후 죽음에 대한 달라진 태도에 기반을 두고 있다.
② 범죄소설은 부르주아 사회의 인간소외와 노동 문제를 다루는 문학 양식이다.
③ 범죄소설은 원시사회부터 이어져 온 죽음에 대한 보편적 공포로부터 생겨났다.
④ 범죄소설은 죽음을 예기치 못한 사고가 아닌 자연스럽고 불가피한 것으로 받아들인다.

14 다음 글을 이해한 내용으로 적절하지 <u>않은</u> 것은?

몸의 곳곳에 분포한 통점이 자극을 받아서 통각 신경을 통해 뇌로 통증 신호를 전달할 때 통증을 느낀다. 통점을 구성하는 세포의 세포막에는 통로라는 구조가 있다. 이 통로를 통해 세포의 안과 밖으로 여러 물질들이 오가면서 세포 사이에 다양한 신호를 전달한다.

통점의 세포에서 인식한 통증 신호는 통각 신경을 통해 뇌로 전달된다. 재미있는 사실은 통각 신경이 다른 감각 신경에 비해서 매우 가늘어 신호를 느리게 전달한다는 것이다. 예를 들어 몸길이가 30m인 흰긴수염고래는 꼬리에 통증이 생기면 최대 1분 후에 아픔을 느낀다.

통각 신경이 다른 감각 신경에 비해 가는 이유는 더 많이 배치되기 위해서다. 피부에는 1cm^{2}당 약 200개의 통점이 빽빽이 분포하는데, 통각 신경이 굵다면 이렇게 많은 수의 통점이 배치될 수 없다. 이렇게 통점이 빽빽이 배치되어야 아픈 부위를 정확하게 알 수 있다. 반면 내장 기관에는 통점이 1cm^{2}당 4개에 불과해 아픈 부위를 정확하게 알기 어렵다. 폐암과 간암이 늦게 발견되는 것도 폐와 간에 통점이 거의 없기 때문이다.

① 통로는 여러 물질들이 세포의 안팎으로 오가며 신호를 전달하는 구조이다.

② 통증을 느끼지 못하게 되면, 치명적인 질병에 걸려도 질병의 발견이 늦을 수 있다.

③ 통각 신경은 다른 감각 신경에 비해서 매우 가늘기 때문에, 신호의 전달이 빠르다.

④ 아픈 부위가 어디인지를 정확하게 알기 위해서는, 통점이 빽빽하게 배치되어야 한다.

15 ㉠과 ㉡에 대한 설명으로 가장 적절한 것은?

(가) **[중모리]** 그 때여 승상 부인은 심 소저를 이별허시고 애석함을 못 이기어, 글 지어 쓴 심 소저의 ㉠화상 족자를 침상을 걸어두고 때때로 증험허시더니, 일일은 족자 빛이 홀연히 검어지며 귀에 물이 흐르거늘, 승상 부인 기가 맥혀, "아이고, 이것 죽었구나! 아이고, 이를 어쩔끄나?" 이렇듯이 탄식헐 적, 이윽고 족자 빛이 완연히 새로우니, "뉘라서 건져내어 목숨이나 살었느냐? 그러허나 창해 먼먼 길의 소식이나 알겠느냐?"

– 작자 미상, 「심청가」에서 –

(나) **[중중모리]** 화공 불러들여 토끼 ㉡화상을 그린다. …(중략)…거북 연적 오징어로 먹 갈아, 천하 명산 승지간의 경개 보든 눈 그리고, 난초 지초 왼갖 향초 꽃 따먹던 입 그리고, 두견 앵무 지지 울 제 소리 듣던 귀 그리고, 봉래방장 운무 중에 내 잘 맡던 코 그리고, 만화방창 화림 중 뛰어가던 발 그리고, 대한 엄동 설한풍 어한허든 털 그리고, 신농씨 상백초 이슬 떨던 꼬리라. 두 눈은 도리도리, 두 귀는 쫑긋, 허리 늘씬허고, 꽁지 묘똑허여. …(중략)… "아나, 엿다. 별주부야. 네가 가지고 나가거라."

– 작자 미상, 「수궁가」에서–

① ㉠은 분노의 정서를 유발하는 반면, ㉡은 유쾌한 정서를 유발한다.

② ㉠은 대상이 처한 상황을 암시하며, ㉡은 대상의 외양을 드러낸다.

③ ㉠과 ㉡은 현실 공간을 배경으로 일상적인 사건을 전개해 나간다.

④ ㉠과 ㉡은 역사적 인물과 사건을 인용하여 대상을 묘사하고 있다.

16 다음 글의 '나'에 대한 이해로 가장 적절한 것은?

> 인도교와 거의 평행선을 지어 사람들의 발자국이 줄을 지어 얼음 위를 거뭇하게 색칠하였다. 인도교가 어엿하게 있음에도 불구하고 그들은 왜 얼음 위를 걸어가지 않으면 안 되었었나? 그들은 그만큼 그들의 길을 단축하지 않으면 안 되도록 무슨 크나큰 일이 있었던 것일까?……
>
> 나는 그들의 고무신을 통하여, 짚신을 통하여, 그들의 발바닥이 감촉하였을, 너무나 차디찬 얼음장을 생각하고, 저 모르게 부르르 몸서리치지 않을 수 없었다.
>
> 가방을 둘러멘 보통학교 생도가 얼음 위를 지났다. 팔짱 낀 사나이가 동저고리 바람으로 뒤를 따랐다. 빵장수가 통을 둘러메고 또 뒤를 이었다. 조바위 쓴 아낙네, 감투 쓴 노인……. 그들의 수효는 분명히 인도교 위를 지나는 사람보다 많았다.
>
> 강바람은 거의 끊임없이 불어왔다. 그 사나운 바람은 얼음 위를 지나는 사람들의 목을 움츠리게 하였다. 목을 한껏 움츠리고 강 위를 지나는 그들의 모양은 이곳 풍경을 좀 더 삭막하게 하여 놓았다.
>
> 나는 그것에 나의 마지막 걸어갈 길을 너무나 확실히 보고, 그리고 저 모르게 악연*하였다……
>
> – 박태원, 「피로」 –
>
> * 악연하다: 몹시 놀라 정신이 아찔하다.

① 얼음 위를 지나는 사람들에게 이질감을 느끼면서도 공감하고 있다.
② 대도시에서 마주하는 타인의 비정함 때문에 좌절하고 있다.
③ 인도교 위를 지나는 사람들의 어리석음을 비판적으로 바라보고 있다.
④ 생의 종말이 멀지 않았다는 사실을 확인하고 슬퍼하고 있다.

17 (가)~(라)의 전개 순서로 가장 자연스러운 것은?

> 청소년 노동자를 바라보는 시각에는 양극단이 존재한다. '경제적으로 어려운 아이들'이라는 시각과 '지나치게 돈을 좋아하는 아이들'이라는 시각이 그것이다.
> (가) 이런 시각은 비행만을 강조하기에 청소년들이 스스로 노동하고 있다는 사실을 부끄러워하거나 다른 사람들에게 숨기는 경우도 많이 발생한다.
> (나) 전자는 청소년이 노동을 선택하는 이유를 '생계비 마련' 하나만으로 축소해 버리고 피해자로만 바라본다는 점에서 문제가 있다.
> (다) 그러다 보니 생활비 마련뿐만 아니라 의미 있는 시간 활용, 부모의 눈치를 보지 않는 독립적인 생활, 진로 탐색 등 노동을 선택하는 복합적인 이유가 삭제돼 버린다.
> (라) 후자의 시각은 청소년 노동을 학생의 본분을 저버린 그릇된 행위로 만들어 버림으로써, 문제의 원인을 노동 현장의 구조적 문제가 아니라 '청소년이 노동하고 있다는 사실' 자체로 돌려 버린다.
> 두 시각 모두 도달하게 되는 결론은 청소년을 노동에서 빨리 구원해야 한다는 것이다.

① (나) – (가) – (다) – (라)
② (나) – (가) – (라) – (다)
③ (나) – (다) – (라) – (가)
④ (나) – (라) – (다) – (가)

18 ○×　⊙~②의 한자 표기로 올바른 것은?

> 　　외래어의 사용은 날로 늘어나는 추세이다. 일상적인 언어생활에서는 물론 ⊙ 공문서에서도 외래어가 남용되고 있다. 그리고 가상 ⓒ 공간에서 의사소통이 활발해지면서 국어를 과도하게 변형한 말들이 생겨나고, 이러한 말들이 ⓒ 일상의 의사소통에도 큰 영향을 미치고 있다. 이러한 상황에서 국어 사용에 대한 ② 성찰이 필요하다.

① ⊙: 共文書 　　　　　② ⓒ: 公間
③ ⓒ: 日想 　　　　　　④ ②: 省察

19 다음 글의 글쓰기 방식에 대한 설명으로 가장 적절한 것은?

> 　　인간을 움직이게 하는 두 축은 당근과 채찍, 즉 보상과 처벌이다. 우리가 의욕을 갖는 것은 당근 때문이다. 채찍을 피하기 위해서 살아가는 것도 한 방법일 테지만, 그건 너무 가혹할 것이다. 가끔이라도 웃음을 주고 피로를 풀어 주는 당근, 즉 긍정적 보상물이 있기에 고단한 일상을 감수한다. 어떤 부모에게는 아이가 꾹꾹 눌러 쓴 "엄마 아빠, 사랑해요."라는 카드가 당근이다. 어떤 직장인에게는 주말마다 떠나는 여행이 당근이다.

① 예시를 사용하여 독자의 이해를 돕고 있다.
② 전문가의 의견을 인용하여 글의 신뢰성을 높이고 있다.
③ 묻고 답하는 형식을 사용해 독자의 관심을 끌고 있다.
④ 비유를 사용하여 문제의 심각성을 강조하고 있다.

20 다음 대화를 분석한 내용으로 적절하지 않은 것은?

> 박 과장: 오늘은 우리 시에서 후원하는 '벚꽃 축제'의 홍보 방법을 논의하겠습니다. 타 지역 사람들이 축제에 찾아오게 하는 홍보 방법을 제안해 주세요.
> 김 주무관: 지역 주민들이 SNS로 정보도 얻고 소통도 하니까 우리도 SNS를 통해 홍보하는 것은 어떨까요? 지역 주민들이 많이 가입한 SNS를 선별해서 홍보하면 입소문이 날 테니까요.
> 이 주무관: 파급력을 생각하면 지역 주민보다는 대중이 널리 이용하는 라디오 광고로 홍보하는 방법이 좋을 것 같습니다. 라디오는 다양한 연령과 계층이 듣기 때문에 광고 효과가 더 클 것입니다.
> 윤 주무관: 어떤 홍보든 간에 가장 쉬운 방법이 제일 좋습니다. 우리 기관의 누리집에 홍보 자료를 올리는 방법을 추천합니다.
> 박 과장: 네, 윤 주무관의 생각에 저도 동의합니다. 우리 기관의 누리집에 홍보 자료를 올리면 시간도 적게 들고 홍보 효과도 크겠네요.

① 축제의 홍보 방안에 대해 구성원들이 토의하는 과정을 보여 주고 있다.
② 김 주무관은 지역 주민들이 SNS를 즐겨 이용한다는 사실을 근거로 제시하고 있다.
③ 이 주무관은 라디오 광고가 SNS보다 홍보 효과가 클 것이라고 추측하고 있다.
④ 박 과장은 김 주무관, 이 주무관, 윤 주무관의 제안을 비교하여 의견을 절충하고 있다.

01 가장 올바른 문장은?

① 그는 생명을 무릅쓰고 아이를 구했다.

② 아버지, 무슨 고민이 계신가요?

③ 네가 가리키는 곳은 서울역으로 보여진다.

④ 그의 간절한 소망은 입사 시험에 합격하는 것이다.

02 〈보기〉의 밑줄 친 단어에 대한 뜻풀이로 가장 옳은 것은?

───── 〈보 기〉 ─────

• 이번 행사에 응모하신 분께는 ㉠ 소정의 상품을 드립니다.

• 책이 출판된 뒤 그는 독자들로부터 많은 격려와 ㉡ 질정을 받았다.

• 각계의 여론이 ㉢ 비등한 가운데 본격적인 논의가 시작되었다.

• 사건의 본질을 ㉣ 호도하는 발언을 당장 중지하십시오.

① ㉠ '소정의'는 '작은'이라는 뜻이다.

② ㉡ '질정'은 '칭찬하거나 찬양함'이라는 뜻이다.

③ ㉢ '비등하다'는 '물이 끓듯 떠들썩하게 일어나다'라는 뜻이다.

④ ㉣ '호도하다'는 '그릇된 길로 이끌다'라는 뜻이다.

03 단어의 표준 발음으로 가장 옳지 않은 것은?

① 장대비[장대삐/장댇삐]

② 장맛비[장마삐/장맏삐]

③ 안간힘[안간힘/안깐힘]

④ 효과[효ː과/효ː꽈]

04 〈보기〉에 해당하는 것은?

───── 〈보 기〉 ─────

소설이나 희곡 따위에서, 앞으로 일어날 사건을 미리 독자에게 암시하는 것

① 葛藤

② 隱喻

③ 伏線

④ 反映

05 〈보기〉의 내용에 대한 이해로 가장 옳지 않은 것은?

───── 〈보 기〉 ─────

철은 세균을 포함한 거의 모든 생명체에 들어 있는 아주 중요한 물질이다. 하지만 사람의 몸 안에 든 철은 다 합쳐도 3g 정도에 불과하다. 철의 절반 이상은 적혈구에 분포하고 산소를 운반하는 중책을 맡고 있다. 간에도 1g 정도가 들어 있다. 해독 작용에 철 원소가 필요한 까닭이다. 오래된 적혈구를 깨는 비장에도 철이 많으리라 추측할 수 있다. 적혈구에서 나온 철은 혈액을 따라 골수로 운반되고 혈구 세포가 만들어질 때 거기에 다시 들어간다. 철은 쉼 없이 순환하지만 소화기관을 거쳐 몸 안으로 들어오는 철의 양은 하루 1~2mg에 불과하다. 마찬가지로 그만큼의 철이 매일 몸 밖으로 나간다. 하루에 빠져나가는 1.5g의 각질에도 철이 들어 있다.

① 세균에도 철이 들어 있다.

② 철은 주로 소화기관의 작용을 돕는다.

③ 간 속에 든 철은 해독 작용을 돕는다.

④ 적혈구 속의 철은 산소 운반에 관여한다.

06 〈보기 1〉을 〈보기 2〉에 삽입하려고 할 때 문맥상 가장 적절한 곳은?

──── 〈보기 1〉 ────

그런데 괴델의 불완전성에 대한 증명이 집합론을 붕괴로 이끌지 않았다. 마치 평행선 공리의 부정이 유클리드 기하학을 붕괴시키지 않고, 오히려 그것은 새로운 기하학의 탄생과 부흥을 가져왔던 것처럼, 공리계의 불완전성은 수학자의 작업이 결코 종결될 수 없음을 뜻했다.

──── 〈보기 2〉 ────

미국의 수학자 코엔은 칸토어의 연속체 가설과 선택 공리라는 잘 알려진 공리가 집합론의 공리계에 대해 결정 불가능한 명제라는 것을 증명했다. 이로써, "산술 체계를 포함하여 모순이 없는 모든 공리계에는 참이지만 증명할 수 없는 명제가 존재하며 또한 그 공리계는 자신의 무모순성을 증명할 수 없다."는 괴델의 정리는 수학의 가장 기초적인 영역인 집합론 자체 안에서 수학적 확증을 얻게 된다. (①) 결정 불가능한 명제, 진리가 끝나기에 수학이 끝나는 지점이 아니라 반대로 진리라는 이름으로 봉인되었던 기존의 체계를 벗어나서 새로운 수학이 시작되는 지점이 되었다. 이런 결정 불가능한 명제는 주어진 공리계 안에서 참임을 증명할 수 없는 명제지만 반대로 거짓임을 증명할 수도 없는 명제다. (②) 다시 말해 그 공리계 안에서 반드시 모순을 일으키지 않는 명제다. 따라서 이런 명제를 공리로 채택한다면 그 공리계 안으로 포섭할 수 있다. 모순을 일으키지 않으니 차라리 쉬운 셈이다. 하지만 여기서 중요한 사실을 하나 추가해야만 한다. (③) 이처럼 결정 불가능한 명제를 공리로 추가한다고 그 공리계가 완전한 것이 되지 않는다는 것이다. 새로운 공리계에 대해서도 또다시 결정 불가능한 명제가 있다는 것이 괴델 정리의 또 다른 의미이기 때문이다. (④)

07 음운 변동 가운데 음운의 교체가 일어나지 않는 것은?

① '낯'이 [낟]으로 발음될 때
② '줍다'가 [줍:따]로 발음될 때
③ '많다'가 [만:타]로 발음될 때
④ '나뭇잎'이 [나문닙]으로 발음될 때

08 밑줄 친 단어의 품사가 나머지와 다른 것은?

① 선생님께서는 한동안 집에 머무르셨다.
② 사진으로 젊은 시절의 어머니 모습을 보았다.
③ 음식에는 간을 알맞게 하는 것이 가장 중요하다.
④ 오랜 시간 항상 나에게 힘이 되어 주어서 고맙다.

09 〈보기 1〉의 문장에 이어질 〈보기 2〉의 (가)~(라)를 문맥에 맞게 순서대로 바르게 나열한 것은?

─── 〈보기 1〉 ───

법과 질서를 지키는 것은 시민의 의무일까?

─── 〈보기 2〉 ───

(가) 이 역시 법의 외형을 띠었다. 국가의 안전과 공공의 질서를 유지한다는 정당해 보이는 이유가 있었다. 하지만 안전과 질서라는 말은 인권을 제한하는 만능 논리로 사용되었고 권력자의 뜻에 따른 통치를 용이하게 만들었다.

(나) 한국도 그런 부정의한 시대를 겪었다. 대표적으로 헌법상 기본권을 무효화시키고 인혁당 사건을 비롯해 대규모 인권침해를 초래했던 유신시대의 헌법과 긴급조치를 떠올려보자.

(다) 대체로 법과 질서를 따라야 하는 건 맞다. 하지만 언제나 그렇다고 말할 수는 없다. 부당한 법과 질서를 지키지 않는 것도 시민의 책무이기 때문이다.

(라) 법이 부당할 수 있다는 사실은 나치의 반유대인 정책이나 남아프리카공화국의 아파르트헤이트 등 법을 통해 부정의한 사회질서가 만들어지고 집행된 경험을 통해 충분히 깨달았다. 역사는 그런 부정의한 법을 집행한 사람을 전범이라는 이름으로 재판하고 처벌하기도 했다.

① (나) - (가) - (다) - (라)

② (나) - (라) - (가) - (다)

③ (다) - (라) - (나) - (가)

④ (라) - (가) - (나) - (다)

10 훈민정음 제자 원리에 대한 설명으로 가장 옳지 않은 것은?

① 기본자와 가획자는 조음 기관의 모양을 공유한다.

② 순음은 가획될수록 음성학적 강도가 더 세진다.

③ 'ㅿ(반치음), ㄹ(리을)'은 가획자가 아닌 이체자이다.

④ 'ㅇ(옛이응), ㆆ(여린히읗)'은 조음 기관을 단순히 상형한 것이 아니라 그 자음이 발음되는 순간의 조음 기관을 상형한 것이다.

11 〈보기〉에서 밑줄 친 부분의 한자가 같은 것끼리 묶은 것은?

─── 〈보 기〉 ───

<u>백</u>척간두, 명명<u>백</u>백, <u>백</u>해무익, <u>백</u>중지세

① 백척간두, 백해무익

② 백척간두, 명명백백

③ 명명백백, 백중지세

④ 백해무익, 백중지세

12 〈보기〉의 작품에 대한 설명으로 가장 옳지 않은 것은?

─── 〈보 기〉 ───

　마침 공(公, 홍판서를 가리킴)이 또한 월색(月色)을 구경하다가 길동의 배회함으로 보고 즉시 불러 문왈(問曰): "네 무슨 흥이 있어 야심(夜深)토록 잠을 자지 아니하난다?" 길동이 공경(恭敬) 대왈(對曰): "소인이 마침 월색을 사랑함이어니와 대개 하늘이 만물을 내시매 오직 사람이 귀하오나 소인에게 이르러는 귀하옴이 없사오니 어찌 사람이라 하오리잇가. …… 소인이 평생 설운 바는 대감 정기(精氣)로 당당하온 남자 되었사오매 부생모육지은(父生母育之恩)이 깊삽거늘 그 부친을 부친이라 못하옵고 그 형을 형이라 못하오니 어찌 사람이라 하오리잇가."

① 신화나 전설에서 발견되는 영웅의 일대기와 상봉하는 구조를 지니고 있다.

② 주인공은 천상인(天上人)의 하강으로 태어나 하늘의 도움을 받는다.

③ 적서 차별, 농민 저항과 같은 당대 사회의 문제를 다루고 있다.

④ 이후 『임꺽정』이나 『장길산』과 같은 의적소설로 계승된다.

13 〈보기〉에 드러난 화자의 태도로 가장 적절한 것은?

　　　　　　── 〈보 기〉──

보리밥 픗ᄂᆞ물을 알마초 머근 후(後)에
바횟긋 믉ᄀᆞ의 슬ᄏᆞ지 노니노라
그 나믄 녀나믄 일이야 부룰 줄이 이시랴

① 不立文字
② 緣木求魚
③ 言語道斷
④ 安貧樂道

14 문장의 짜임이 다른 것은?

① 예쁜 꽃이 피었네.
② 누가 그런 일을 한다고 그래.
③ 그 집에서 오늘 돌잔치가 있어.
④ 모두가 따뜻한 봄이 오기를 기다리고 있지.

15 〈보기〉의 글쓴이가 바라본 사람들의 인식 태도와 가장 부합하는 속담은?

　　　　　　── 〈보 기〉──

　코끼리를 십 보 밖에서 보았는데 그때 동해에서 보았던 것과 방불할 만큼 크게 생겼다. 몸뚱이는 소 같고 꼬리는 나귀와 같으며, 약대 무릎에, 범의 발톱에, 털은 짧고 잿빛이며 성질은 어질게 보이고, 소리는 처량하고 귀는 구름장 같이 드리웠으며, 눈은 초생달 같고, 두 어금니는 크기가 두 아름은 되고, 길이는 한 장(丈) 남짓 되겠으며, 코는 어금니보다 길어서 구부리고 펴는 것이 자벌레 같고, 코의 부리는 굼벵이 같으며, 코끝은 누에 등 같은데, 물건을 끼우는 것이 족집게 같아서 두르르 말아 입에 집어넣는다. 때로는 코를 입부리로 생각하는 사람도 있어 다시 코 있는 데를 따로 찾아보기도 하는데, 그도 그럴 것이 코 생긴 모양이 이럴 줄이야 누가 뜻했으랴. 혹은 코끼리 다리가 다섯이라고도 하고, 혹은 눈이 쥐눈 같다고 하는 것은 대개 코끼리를 볼 때는 코와 어금니 사이를 주목하는 까닭이니, 그 몸뚱이를 통틀어서 제일 작은 놈을 집어가지고 보면 이렇게 엉뚱한 추측이 생길 만하다.

① 쇠귀에 경 읽기
② 눈 가리고 아웅한다
③ 나무만 보고 숲은 보지 못한다
④ 밤새도록 곡하고서 누구 초상인지 묻는다

16 〈보기〉의 시를 발표된 순서대로 바르게 나열한 것은?

─────〈보 기〉─────

(가) 풀이 눕는다 / 비를 몰아오는 동풍에 나부껴 / 풀은 눕고 / 드디어 울었다 / 날이 흐려서 더 울다가 / 다시 누웠다

(나) 처……ㄹ썩, 처……ㄹ썩, 척, 쏴……아. / 때린다, 부순다, 무너버린다. / 태산 같은 높은 뫼, 집채 같은 바윗돌이나, / 요것이 무어야, 요게 무어야. / 나의 큰 힘, 아느냐, 모르느냐, 호통까지 하면서, / 때린다, 부순다, 무너버린다.

(다) 그러나 집 잃은 내 몸이여, / 바라건대는 우리에게 우리의 보습 대일 땅이 있었더면! / 이처럼 떠돌으랴, 아침에 점을손에 / 새라 새롭은 탄식을 얻으면서

(라) 창밖에 밤비가 속살거려 / 육첩방은 남의 나라 / 시인이란 슬픈 천명인줄 알면서도 / 한 줄 시를 적어 볼까

① (나) - (가) - (다) - (라)
② (나) - (다) - (라) - (가)
③ (다) - (나) - (가) - (라)
④ (다) - (라) - (나) - (가)

17 〈보기〉를 통해 알 수 있는 내용으로 가장 적절하지 않은 것은?

─────〈보 기〉─────

제2차 세계대전이 끝나고 디지털 컴퓨터가 발명되자, 학자들은 자연 언어와 인공 언어의 관계를 새로운 방식으로 이해했다. 현실의 뒤죽박죽인 자연 언어를 단순화하고 분명하게 해서 전반적으로 말끔하게 정돈하려는 노력에 더해, 수학적 논리로부터 얻은 아이디어를 도구 삼아 실제 인간 언어의 복잡성을 (단순히 제거하는 대신에) 분석하기 시작했다. 컴퓨터에 기반한 지능 모델 구축이 목표였던 인공지능이라는 새로운 학문 분야가 발전하면서 더 대담한 시도가 이루어졌다. 논리 그 자체가 우리의 이성을 작동하는 사고 언어의 기초가 되어야만 한다고 주장하기에 이른 것이다. 언어를 이해하거나 말하기 위해서는 명백히 무질서한 수천 개의 언어 각각을 인간 정신 속에 어떤 식으로든 내재된 하나의 단일한 논리 언어에 대응할 수 있어야만 한다.

① 인공지능의 목표는 지능 모델의 구축이었다.
② 인공지능은 사고 언어를 개발하는 출발이 되었다.
③ 언어의 이해는 언어와 논리 언어와의 대응을 통해 가능해진다.
④ 언어 복잡성의 분석은 수학적 논리를 바탕으로 수행되었다.

18 〈보기〉에 대한 이해로 가장 옳지 않은 것은?

― 〈보 기〉 ―

　번역에서 가독성이 높다는 것은 칭찬받아 마땅하지만 늘 미덕이 되는 것은 아니다. 정확성이 뒷받침되지 않는 가독성은 이렇다 할 의미가 없기 때문이다. 가독성을 높이려고 번역하기 어렵거나 제대로 이해하지 못하는 부분은 생략해 버리고 번역하는 번역가들이 의외로 많다. 또한 쉽게 읽히기만 하면 '좋은' 번역이라고 생각하는 독자들이 생각 밖으로 많다. 거추장스럽다고 잔가지를 제거해 버리고 큰 줄기만 남겨 놓으면 나무 모습은 훨씬 가지런하고 예쁘게 보인다. 그러나 그 잘라낸 잔가지 속에 작품 특유의 문체와 심오한 의미가 들어 있다면 어떻게 될까? 원문을 모르고 번역본만 읽는 독자들은 가독성에 속아 '좋은' 번역이라고 평가하기 십상이다.

① 가독성이 좋으면 좋은 번역이라고 생각하는 독자들이 많다.
② 번역가들은 가독성뿐 아니라 정확성도 중요하게 간주하여야 한다.
③ 번역 과정에서 생략된 부분에 심오한 의미가 들어 있을 수도 있다.
④ 번역가들은 정확성을 높이기 위해 원문의 내용을 생략하고 번역하기도 한다.

19 〈보기〉의 맞춤법 규정에 해당하지 않는 것은?

― 〈보 기〉 ―

제30항 사이시옷은 다음과 같은 경우에 받치어 적는다.
　1. 순우리말로 된 합성어로서 앞말이 모음으로 끝난 경우

① 뱃길
② 잇자국
③ 잿더미
④ 핏기

20 밑줄 친 말의 쓰임이 가장 적절하지 않은 것은?

① 오늘도 우체국에 와 너에게 편지를 <u>부친다</u>.
② 그는 쓸데없는 조건을 <u>부쳐</u> 홍정을 해 왔다.
③ 나는 아직도 그에게는 실력이 <u>부친다</u>.
④ 식목일에 <u>부치는</u> 글을 써서 신문에 실었다.

모바일 OMR

✅ 회독 CHECK 1 2 3

01 음운 탈락의 유형이 다른 것은?

① 사노라면 언젠가는 좋은 날도 오겠지.
② 부엌에서 분주히 음식을 만드시던 어머니께서 말씀하셨다.
③ 한번 들러서 힘이 되는 말이라도 건네고 싶다.
④ 인성이 뛰어난 사람은 드뭅니다.

02 반의관계의 유형이 다른 것은?

① 길다 ↔ 짧다
② 살다 ↔ 죽다
③ 좋다 ↔ 나쁘다
④ 춥다 ↔ 덥다

03 두 문장에서 밑줄 친 단어의 품사가 동일한 것은?

① 하늘 높은 줄 모르고 날뛴다.
　어머니의 사랑이 하늘에 닿았다.
② 오늘이 바로 내가 태어난 날이다.
　오늘 해야 할 일을 내일로 미루지 말자.
③ 나는 네가 하라는 대로 다 했다.
　나는 네 말대로 다 했다.
④ 그는 낭만적 성향을 지는 사람이다.
　그는 낭만적인 사람이다.

04 〈보기〉에 대한 이해로 가장 옳은 것은?

─── 〈보 기〉 ───

예전에 농경사회에서 왜 아이를 많이 낳았을까? 아이들이 농사 짓는 노동력이 될 수 있고, 내가 늙으면 그들이 나를 부양해 줄 것이기 때문이다. 이처럼 부는 언제나 아래에서 위로 올라온다는 것이 부의 이전 이론의 골자다. 부모가 자녀에게 해주는 것보다 자녀가 부모에게 해주는 것이 더 크다. 생각해보면 부모는 자녀를 길어봐야 20년 남짓 키우면 끝이다. 그다음부터는 자녀가 부모를 부양한다. 그러므로 부모는 자식을 많이 낳는 것이 언제나 더 이득이었다. 부유한 가정에서 자녀를 덜 낳는 이유도 이런 맥락에서 생각해 볼 수 있다. 자녀가 훗날 나를 먹여 살려야 할 필요가 없으니 굳이 많이 낳지 않는 것이다.

① 농경사회에서 아이를 많이 낳은 이유는 피임이 불가능했기 때문이다.
② 농경사회에서 부모는 자녀를 양육했지만, 성장한 자녀 중의 일부는 부모를 부양하지 않았다.
③ 부유한 가정이 자녀를 덜 낳는 이유는 자녀에 대한 애정이 적기 때문이다.
④ 농경사회에서 아이를 많이 낳은 이유는 경제적 이해와 관련이 있다.

05 〈보기〉에서 맥락에 적절하지 않은 사자성어는?

─── 〈보 기〉 ───

인생사 ㉠ 새옹지마(塞翁之馬)라는 말이 있습니다. 국가에도 같은 말을 적용할 수 있을 것입니다. 지금 경제가 아무리 어려워도 새로운 기술을 개발하고 준비하면 언젠가 우리에게도 기회가 올 것입니다. 뒤늦게 땅을 치며 ㉡ 만시지탄(晩時之歎)하지 맙시다. ㉢ 견위수명(見危授命)의 자세로 국가의 부름에 헌신해 주십시오. 아울러 우리는 항시 조그만 일에 경거망동하지 않는 ㉣ 견문발검(見蚊拔劍)의 자세로 나아가야 할 것입니다.

① ㉠   ② ㉡
③ ㉢   ④ ㉣

06 〈보기〉의 한글 맞춤법 규정에 해당하지 않는 것은?

─── 〈보 기〉 ───

제23항 '-하다'나 '-거리다'가 붙는 어근에 '-이'가 붙어서 명사가 된 것은 그 원형을 밝히어 적는다.

① 꿀꿀이   ② 삐죽이
③ 얼룩이   ④ 홀쭉이

07 〈보기〉의 (가)~(다)를 문맥에 맞게 순서대로 바르게 나열한 것은?

─── 〈보 기〉 ───

(가) 비판적 사고를 수렴적 사소로 제한할 수 있을까? 존 듀이(John Dewey)는 비판적 사고를 반성적 사고, 즉 사고에 대한 사고인 '메타(meta) 사고'라고 강조한다. 메타 사고는 주어진 논의 체계를 반성한다는 의미에서 논의 밖의 관점을 취할 수밖에 없다. 따라서 비판적 사고는 좁은 의미에서 수렴적 사고에 해당하지만, 거기에만 한정되지는 않는다.

(나) 이러한 비판은 비판적 사고를 수렴적 사고로 제한할 뿐만 아니라 발산적 사고인 창의적 사고를 수렴적 사고와는 전혀 무관한 사고라고 전제하는 데에서 발생한다. 이런 비판이 적절한지 판단하기 위해서는 전제에 대해 곰곰이 생각해 볼 필요가 있다.

(다) 비판적 사고는 어떤 기준에 따라 개념, 판단, 논증을 평가하고 분석한다는 점에서 포괄적이다. 하지만 비판적 사고가 어떤 체계 내에서 이루어지는 수렴적 사고라는 점에서 현대 다원주의 사회에 부적합하다는 비판이 제기될 수 있다. 현대 다원주의 사회에서는 새로운 문제를 발견하고 대안을 모색하는 창의적 사고 능력이 요구된다. 그런데 기존의 주어진 논의 체계에만 국한된 비판적 사고는 시대적 요구에 둔감해 보인다.

비판적 사고를 통해서 논제에 대한 발상이 전환되기도 하고, 새로운 관점을 통해 새로운 문제를 발견하기도 하고, 새로운 대안을 제시하는 대안적 사고를 할 수도 있다. 비판적 사고는 대안 모색과 발상 전환 과정에서 논의 체계를 넘어설 수 있기 때문에 발산적 사고 일부를 포함한다.

① (가) – (나) – (다)
② (가) – (다) – (나)
③ (다) – (가) – (나)
④ (다) – (나) – (가)

08 표준 발음으로 옳지 않은 것은?

① 꽃이 피었다[피얻따].

② 늑막염[능마겸]은 가슴막염을 뜻한다.

③ 금융[그뮹] 기관에 문의했다.

④ 방이 넓고[널꼬] 깨끗하다.

09 〈보기〉의 시에 대한 설명으로 가장 옳지 않은 것은?

〈보 기〉

아무도 그에게 수심(水深)을 일러 준 일이 없기에
흰 나비는 도무지 바다 무섭지 않다.

청(靑)무우밭인가 해서 내려갔다가는
어린 날개가 물결에 절어서
공주(公主)처럼 지쳐서 돌아온다.

삼월(三月)달 바다가 꽃이 피지 않아서 서글픈
나비 허리에 새파란 초생달이 시리다.

– 김기림, 「바다와 나비」–

① 반어적인 표현을 통해 주제 의식을 강화하고 있다.

② 색채의 대비를 통해 주제를 형상화하고 있다.

③ '바다, 물결'은 냉혹한 세계를 상징한다.

④ 시각을 촉각화하여 공감각적으로 표현하고 있다.

10 〈보기〉의 작품에 대한 설명으로 가장 옳지 않은 것은?

〈보 기〉

광문은 사람됨이 외모는 극히 추악하고, 말솜씨도 남을 감동시킬 만하지 못하며, 입은 커서 두 주먹이 들락날락하고, 만석희(曼碩戲)*를 잘하고, 철괴무(鐵拐舞)*를 잘 추었다. 우리나라 아이들이 서로 욕을 할 때면, "니 형은 달문(達文)이다"라고 놀려 댔는데, 달문은 광문의 또 다른 이름이었다.

광문이 길을 가다가 싸우는 사람을 만나면 그도 역시 옷을 홀랑 벗고 싸움판에 뛰어들어, 뭐라고 시부렁대면서 땅에 금을 그어 마치 누가 바르고 누고 틀리다는 것을 판정이라도 하는 듯한 시늉을 하니, 온 저자 사람들이 다 웃어 대고 싸우던 자도 웃음이 터져, 어느새 싸움을 풀고 가 버렸다.

광문은 나이 마흔이 넘어서도 머리를 땋고 다녔다. 남들이 장가가라고 권하면, 하는 말이, "잘생긴 얼굴은 누구나 좋아하는 법이다. 그러나 사내만 그런 것이 아니라 비록 여자라도 역시 마찬가지다. 그러기에 나는 본래 못생겨서 아예 용모를 꾸밀 생각을 하지 않는다." 하였다.

* 만석희: 개성 지방의 무언 인형극
* 철괴무: 중국 전설상의 팔선(八仙)의 하나인 이철괴(李鐵拐)의 모습을 흉내 내어 추는 춤

① 외모, 말솜씨, 재주를 통해 인물이 소개되고 있다.

② 재치 있게 분쟁을 해결하는 상황이 제시되어 있다.

③ 인간의 본성에 대한 남녀의 차이가 드러나 있다.

④ 자신의 분수를 알고 욕심 없는 태도가 나타나 있다.

11 밑줄 친 부분의 띄어쓰기가 가장 옳은 것은?

① 그와 평생을 <u>함께할</u> 생각이다.

② <u>보잘 것 없지만</u> 제 성의로 알고 받아주시면 감사하겠습니다.

③ 나는 지금까지 <u>수 차례</u>의 고비를 넘겼다.

④ 식구들이 모처럼 <u>한 자리에</u> 앉아 식사를 하였다.

12 〈보기〉의 대화에서 어법에 어긋나는 문장을 모두 고른 것은?

— 〈보 기〉 —

㉠ A: 오늘 워크숍 가지? 준비는 잘 했어?

㉡ B: 어제 밤 샜어요. 안 졸려면 커피라도 마셔야 할 거 같아요.

㉢ A: 내가 살게. 커피 마시고 가려면 서둘러.

㉣ B: 왠일이세요? 아무튼 감사히 마실게요.

① ㉣

② ㉠, ㉣

③ ㉡, ㉢

④ ㉠, ㉡, ㉣

13 〈보기〉의 대화 내용을 이해한 것으로 가장 옳지 않은 것은?

— 〈보 기〉 —

A: 이 건은 임대인이 임차인에게 땅을 잘못 빌려준 게 핵심인가요?

B: 아니요. 임대인이 임차인에게 토지를 빌려준 건 문제가 없어요. 임차인이 그 토지에 건물을 지을 수가 없다는 게 문제예요.

A: 왜요? 누가 지상권이라도 설정해 놓았나요?

B: 맞아요. 임차인이 등기부 등본을 떼어 보지 않고 계약을 했어요. 임대인이야 그 땅에 건물을 지으려고 하는지 농사를 지으려고 하는지 알 필요는 없었을 테니까요.

A: 그럼 토지를 빌려준 과정 자체에는 문제가 없었다는 거네요.

① '임대'는 남에게 물건을 빌려주는 것을 말하고, '임차'는 남의 물건을 빌려 쓰는 것을 말한다.

② B는 임차인과 임대인 모두에게 문제가 있다고 생각한다.

③ 문제는 임차인이 등기부 등본을 떼어 보지 않고 계약한 것에서 비롯하고 있다.

④ 지상권이 설정된 토지도 임차인에게 빌려줄 수 있다.

14 밑줄 친 부분의 한자 표기가 옳지 않은 것은?

① 심심한 사의[謝意]를 표합니다.

② 전쟁으로 생이별을 했던 형제의 상봉[相逢]이 극적으로 이루어졌다.

③ 그 찻집에는 감미로운 클래식의 선율[線律]이 흐르고 있었다.

④ 그녀는 돌아가신 아버지 사진을 액자[額子]에 넣어 벽에 걸어 두었다.

15 〈보기〉에 나타난 서술상의 특징으로 가장 옳은 것은?

— 〈보 기〉 —

"거, 웬 소리냐? 으응? 으응?…… 거 웬 소리여? 으응? 으응?"

"그놈 동무가 친 전본가 본데, 전보가 돼서 자세는 모르겠습니다."

윤 주사는 조끼 호주머니에서 간밤의 그 전보를 꺼내어 부친한테 올립니다. 윤 직원 영감은 채듯 전보를 받아 쓰윽 들여다보더니 커다랗게 읽습니다. 물론 원문은 일문이니까 몰라보고, 윤 주사네 서사 민 서방이 번역한 그대로지요.

"종학, 사―상 관계―로, 경―시청에 피검! …… 이라니? 이게 무슨 소리냐?"

"종학이가 사상 관계로 경시청에 붙잡혔다는 뜻일 테지요!"

"사상 관계라니?"

"그놈이 사회주의에 참예를……."

"으엉?"

아까보다 더 크게 외치면서, 벌떡 뒤로 나동그라질 뻔하다가 겨우 몸을 가눕니다.

윤 직원 영감은 먼저에는 몽치로 뒤통수를 얻어맞은 것같이 멍했지만, 이번에는 앉아 있는 땅이 지함을 해서 수천 길 밑으로 꺼져 내려가는 듯 정신이 아찔했습니다.

그러나 그것은 결단코 자기가 믿고 사랑하고 하는 종학이의 신상을 여겨서가 아닙니다.

윤 직원 영감은 시방 종학이가 사회주의를 한다는 그 한 가지 사실이 진실로 옛날의 드세던 부랑당 패가 백 길 천 길로 침노하는 그것보다도 더 분하고, 물론 무서웠던 것입니다.

　　진(秦)나라를 망할 자 호(胡)라는 예언을 듣고서, 변방을 막으려 만리장성을 쌓던 진시황, 그는 진나라를 망한 자 호가 아니요, 그의 자식 호해(胡亥)임을 눈으로 보지 못하고 죽었으니, 오히려 행복이라 하겠습니다.

(중략)

　　"……그런 쳐 죽일 놈이, 깎어 죽여두 아깝잖을 놈이! 그놈이 경찰서장 허라닝개루, 생판 사회주의 허다가 뗍다 경찰서에 잽혀? 으응?…… 오사육시를 헐 놈이, 그놈이 그게 어디 당헌 것이라구 지가 사회주의를 히여? 부자 놈의 자식이 무엇이 대껴서 부랑당 패에 들어?……."

　　아무도 숨도 크게 쉬지 못하고, 고개를 떨어뜨리고 섰기 아니면 앉았을 뿐, 윤 직원 영감이 잠깐 말을 그치자 방 안은 물을 친 듯이 조용합니다.

－ 채만식, 『태평천하』 －

① 작가가 서술자의 입을 통해 내용에 간여함으로써 풍자 효과를 높이고 있다.
② 1인칭 주인공 시점에서 작중 인물과 작가의 거리를 좁혀 설득력을 얻고 있다.
③ 장면마다 시점을 바꿈으로써 극적인 아이러니를 부각하는 효과를 거두고 있다.
④ 작품 밖의 화자가 주관을 배제하고 관찰자의 시점으로 사건을 바라보고 있다.

16 〈보기〉의 밑줄 친 부분과 가장 잘 어울리는 사자성어는?

> 　한숨이 셰 한숨이 네 이닉 틈으로 드리온다
> 　고모장즈 셰살장즈 가로다지 여다지에 암돌져귀 수동져귀 빈목걸새 뚝닥 박고 용(龍) 거북 주물쇠로 수기수기 추엿는듸 병풍(屛風)이라 덜걱 져본 족자(簇子)] 라 되딍글 몬다 네 어닉 틈으로 드러온다
> 　어인지 너 온 날 밤이면 줌 못 드러 흐노라

① 狐假虎威　　　　② 目不忍見
③ 輾轉反側　　　　④ 刻舟求劍

17 밑줄 친 단어의 쓰임이 가장 적절하지 않은 것은?

① 한참을 웃었더니 수술한 자리가 땅겼다.
② 다 된 혼사를 중간에서 뻐개지 마라.
③ 그 애는 조금만 추어올리면 기고만장해진다.
④ 뜨겁게 작렬하는 태양 아래 두 사람이 걷고 있다.

18 〈보기〉의 작품에 대한 설명으로 가장 옳지 않은 것은?

> ───── 〈보 기〉 ─────
> (가) 말 업슨 청산(靑山)이오 태(態) 업슨 유수(流水)] 로다
> 　갑 업슨 청풍(淸風)이오 님즈 업슨 명월(明月)이라
> 　이 중에 병(病) 없는 이 몸이 분별(分別) 업시 늘 그리라
> (나) 내 벗이 몇이나 하니 수석(水石)과 송죽(松竹)이라
> 　동산(東山)에 달 오르니 긔 더욱 반갑고야
> 　두어라 이 다섯밖에 또 더하여 무엇하리

① (가)와 (나) 두 작품 모두 자연과 인생의 조화를 노래하고 있다.
② (가)의 경우, 자연은 대가를 요구하지 않으니 그 속에서 아무 근심 없이 살아가고자 하는 작자의 마음이 나타난다.
③ (나)는 현실적 자연관을 바탕으로 세속적 욕망을 드러내고 있다.
④ (가)와 (나) 모두 자연과 더불어 살고자 하는 시적 화자의 태도를 확인할 수 있다.

19 〈보기〉에 대한 설명으로 가장 옳지 않은 것은?

――― 〈보 기〉 ―――

수렵과 채집을 생계 수단으로 삼던 우리 조상들은 대체로 무척 건강한 삶을 살았을 것으로 추정된다. 자연에 존재하는 다양하고 풍부한 동식물을 섭취했으므로 영양 상태도 좋았을 것이며, 주거지를 계속 옮겨 다녔으므로 배설물 같은 오염원을 피할 수도 있었다. 그들의 건강을 위협했던 것은 질병보다는 주로 사냥 중에 발생한 외상이나 열매를 따러 올라간 나무에서 떨어지는 것 같은 사고였을 것이다. 그와 같은 손상에 대한 대처 방법은 주로 직접적인 경험과 직관에 의존하는 것이어서 의학이 체계적으로 발달하기는 어려웠다.

하지만 농경 기술이 발달하고 사람들이 일정한 지역에 모여 살면서부터는 상황이 크게 달라진다. 몇 안 되는 종류의 작물과 길들여진 동물에 의존하여 살게 됨에 따라 비타민 같은 필수 영양소의 섭취가 어려워지자 영양실조가 늘어난다. 많은 사람이 모여 살면서 배설물과 폐수 같은 오염물질에 의해 전염병이 발생하고, 오랜 시간 일정한 자세로 단순작업을 반복하는 농사일 때문에 골관절계 질환도 많아진다.

① 생활 방식의 변화를 시간의 흐름에 따라 설명하고 있다.

② 생활 방식에 따라 건강 상태가 달라지는 이유를 설명하고 있다.

③ 생활 방식에 따른 건강 상태를 대조하여 설명하고 있다.

④ 생활 방식으로 인해 발생하는 문제와 해결 방안을 설명하고 있다.

20 〈보기〉의 내용에 대한 이해로 가장 옳지 않은 것은?

――― 〈보 기〉 ―――

밀의 알맹이는 배유, 껍질 그리고 배아로 구성돼 있다. 이 알맹이를 통곡물 그대로 빻아 만든 가루가 통밀가루이고, 알맹이에서 껍질과 배아를 제거한 후 오직 배유만 남겨 빻은 가루가 우리가 아는 하얀 밀가루다. 껍질과 배아만 제거했을 뿐인데, 두 가루로 만든 빵의 맛은 하늘과 땅 차이다. 왜 이렇게 차이가 나는 걸까?

이는 글루텐 때문이다. 글루텐은 빵의 식감을 결정하는 핵심 성분으로, 글루테닌과 글리아딘이 물과 함께 섞이면 만들어진다. 끈적한 성질이 있어, 반죽에 열을 가했을 때 효모(이스트)가 내뿜는 이산화탄소를 잘 포집할 수 있도록 도와준다. 이렇게 부풀어 오른 빵은 푹신푹신하고 쫄깃쫄깃하다. 글루텐의 재료가 되는 글루테닌과 글리아딘은 배유에 있다. 정제된 흰 밀가루는 배유만 있으니, 당연히 글루텐이 잘 생긴다. 하지만 통밀빵은 함께 갈린 껍질과 배아가 글루텐을 잘라내 빵 반죽이 잘 부풀어 오르지 못하게 한다. 100% 통밀가루로만 만든 빵은 반죽 밀도가 높아서 조직이 치밀하고 식감이 푸석푸석하다.

① 통밀가루로 만든 빵은 흰 밀가루로 만든 빵에 비해 조직이 치밀하다.

② 통밀가루에는 글루테닌과 글리아딘이 없다.

③ 배유의 성분이 빵이 부풀어 오르는 것에 영향을 준다.

④ 흰 밀가루로 만든 빵은 통밀가루로 만든 빵에 비해 글루텐의 함량이 높다.

✔ 회독 CHECK 1 2 3

01 '해양 오염'을 주제로 연설을 한다고 할 때, 다음에 제시된 조건을 모두 충족한 것은?

> • 해양 오염을 줄일 수 있는 생활 속 실천 방법을 포함할 것
> • 설의적 표현과 비유적 표현을 활용할 것

① 바다는 쓰레기 없는 푸른 날을 꿈꾸고 있습니다. 미세 플라스틱은 바다를 서서히 죽이는 보이지 않는 독입니다. 우리의 관심만이 다시 바다를 살릴 수 있을 것입니다.

② 우리가 버린 쓰레기는 바다로 흘러갔다가 해양 생물의 몸에 축적이 되어 해산물을 섭취하면 결국 다시 우리에게 돌아오게 됩니다. 분리수거를 철저히 하고 일회용품을 줄이는 것이 바다도 살리고 우리 자신도 살리는 길입니다.

③ 여름만 되면 피서객들이 마구 버린 쓰레기로 바다가 몸살을 앓는다고 합니다. 자기 집이라면 이렇게 함부로 쓰레기를 버렸을까요? 피서객들의 양심이 모래밭 위를 뒹굴고 있습니다. 자기 쓰레기는 자기가 집으로 되가져가도록 합시다.

④ 산업 폐기물이 바다로 흘러가 고래가 죽어 가는 장면을 다큐멘터리에서 본 적이 있습니다. 이대로 가다간 인간도 고통받게 되지 않을까요? 정부에서 산업 폐기물 관리 지침을 만들고 감독을 강화하지 않는다면 바다는 쓰레기 무덤이 되고 말 것입니다.

02 다음 대화에 나타난 말하기 방식을 설명한 것으로 적절하지 않은 것은?

> 백 팀장: 이번 워크숍 장면을 사내 게시판에 올리는 게 좋겠어요. 워크숍 내용을 공유하면 좋을 것 같아서요.
> 고 대리: 전 반대합니다. 사내 게시판에 영상을 공개하는 것은 부담스러워요. 타 부서와 비교될 것 같기도 하고요.
> 임 대리: 저도 팀장님 말씀대로 정보를 공유한다는 취지는 좋다고 생각해요. 다만 다른 팀원들의 동의도 구해야 할 것 같고, 여러 면에서 우려되긴 하네요. 팀원들 의견을 먼저 들어 보고, 잘된 것만 시범적으로 한두 개 올리는 것이 어떨까요?

① 백 팀장은 팀원들에 대한 유대감을 드러내는 표현을 사용하며 자신의 바람을 전달하고 있다.

② 고 대리는 백 팀장의 제안에 반대하는 이유를 명시적으로 밝히며 백 팀장의 요청을 거절하고 있다.

③ 임 대리는 발언 초반에 백 팀장 발언의 취지에 공감하여 백 팀장의 체면을 세워 주고 있다.

④ 임 대리는 대화 참여자의 의견을 묻는 의문문을 사용하여 자신의 의견을 간접적으로 드러내고 있다.

03 관용 표현 ㉠~㉣의 의미를 풀이한 것으로 적절하지 않은 것은?

> • 그의 회사는 작년에 노사 갈등으로 ㉠ 홍역을 치렀다.
> • 우리 교장 선생님은 교육계에서 ㉡ 잔뼈가 굵은 분이십니다.
> • 유원지로 이어지는 국도에는 차가 밀려 ㉢ 입추의 여지가 없었다.
> • 그분은 세계 유수의 연구자들과 ㉣ 어깨를 나란히 하는 물리학자이다.

① ㉠: 심한 어려움을 겪었다

② ㉡: 오랫동안 일을 하여 그 일에 익숙한

③ ㉢: 돌아서 갈 수 있는 방법이 없었다

④ ㉣: 비슷한 지위나 힘을 가지는

04 다음 글에서 (가)~(다)의 순서를 자연스럽게 배열한 것은?

> 빅데이터가 부각된다는 것은 기업들이 빅데이터의 가치를 받아들이기 시작했다는 뜻이다. 여기에는 기업들이 데이터를 바라보는 시각이 변한 측면도 있다.
> (가) 기업들은 고객이 판촉 활동에 어떻게 반응하고 평소에 어떻게 행동하며 사물에 대해 어떤 태도를 보이는지 알기 위해 많은 돈을 투자해 마케팅 조사를 해 왔다.
> (나) 그런 상황에서 기업들은 SNS나 스마트폰 등 새로운 데이터 소스로부터 그러한 궁금증과 답답함을 해결할 수 있다는 것을 알게 되었다. 페이스북에 올리는 광고에 친구가 '좋아요'를 한 것에서 기업들은 궁금증과 답답함을 해결할 수 있다.
> (다) 그런데 기업들의 그런 노력이 효과가 있는 경우도 있었으나 아쉬운 점도 많았다. 쉬운 예로, 기업들은 많은 광고비를 쓰지만 그 돈이 구체적으로 어느 부분에서 효과를 내는지는 알지 못했다.
> 결국 데이터가 있는 곳에서 기업들은 점점 더 고객의 취향에 집중할 수 있게 되었으며, 이에 따라 기업들은 소셜 미디어의 빅데이터를 중요한 경영 수단으로 수용하기 시작한 것이다.

① (가) - (나) - (다)

② (가) - (다) - (나)

③ (나) - (가) - (다)

④ (다) - (나) - (가)

05 ⊙을 이해한 내용으로 적절하지 않은 것은?

> "⊙ 무진(霧津)엔 명산물이 …… 뭐 별로 없지요?" 그들은 대화를 계속하고 있었다. "별게 없지요. 그러면서도 그렇게 많은 사람들이 살고 있다는 건 좀 이상스럽거든요." "바다가 가까이 있으니 항구로 발전할 수도 있었을 텐데요." "가 보시면 아시겠지만 그럴 조건이 되어 있는 것도 아닙니다. 수심(水深)이 얕은 데다가 그런 얕은 바다를 몇백 리나 밖으로 나가야만 비로소 수평선이 보이는 진짜 바다다운 바다가 나오는 곳이니까요." "그럼 역시 농촌이군요?" "그렇지만 이렇다 할 평야가 있는 것도 아닙니다." "그럼 그 오륙만이 되는 인구가 어떻게들 살아가나요?" "그러니까 그럭저럭이란 말이 있는 게 아닙니까!" 그들은 점잖게 소리 내어 웃었다. "원, 아무리 그렇지만 한 고장에 명산물 하나쯤은 있어야지." 웃음 끝에 한 사람이 말하고 있었다.
>
> 무진에 명산물이 없는 게 아니다. 나는 그것이 무엇인지 알고 있다. 그것은 안개다. 아침에 잠자리에서 일어나서 밖으로 나오면, 밤사이에 진주해 온 적군들처럼 안개가 무진을 뺑 둘러싸고 있는 것이었다. 무진을 둘러싸고 있는 산들도 안개에 의하여 보이지 않는 먼 곳으로 유배당해 버리고 없었다.
>
> – 김승옥, 「무진기행」에서 –

① 수심이 얕아서 항구로 개발하기 어려운 공간이다.
② 산으로 둘러싸여 있고 평야가 발달하지 않은 공간이다.
③ 지역의 경제적 여건에 비해 인구가 적지 않은 공간이다.
④ 누구나 인정할 만한 지역의 명산물로 안개가 유명한 공간이다.

06 다음 글의 빈칸에 들어갈 사자성어로 적절한 것은?

> 세상에는 어려운 일들이 많지만 외국 여행 다녀온 사람의 입을 막는 것도 그중 하나이다. 특히 그것이 그 사람의 첫 외국 여행이었다면, 입 막기는 포기하고 미주알고주알 늘어놓는 여행 경험을 들어 주는 편이 정신 건강에 좋다. 그 사람이 별것 아닌 사실을 □□□□하거나 특수한 경험을 지나치게 일반화한들, 그런 수다로 큰 피해를 입는 것도 아니지 않은가?

① 刻舟求劍　　　　　② 捲土重來
③ 臥薪嘗膽　　　　　④ 針小棒大

07 다음 글을 감상한 내용으로 가장 적절한 것은?

> 어이 못 오던가 무슴 일로 못 오던가
> 너 오는 길 위에 무쇠로 성(城)을 쓰고 성안에 담 쓰고 담 안에란 집을 짓고 집 안에란 뒤주 노코 뒤주 안에 궤를 노코 궤 안에 너를 결박(結縛)ᄒ여 너코 쌍(雙)비목 외걸쇠에 용(龍)거북 ᄌ물쇠로 수기수기 ᄌ 갓더냐 네 어이 그리 아니 오던가
> 흔 들이 셔른 날이여니 날 보라 올 하루 업스랴
>
> – 작자 미상, 「어이 못 오던가」 –

① 동일 구절을 반복하여 '너'에 대한 섭섭한 감정을 표출하고 있다.
② 날짜 수를 대조하여 헤어진 기간이 길다는 것을 강조하고 있다.
③ 동일한 어휘를 연쇄적으로 나열하여 감정의 기복을 표현하고 있다.
④ 단계적으로 공간을 축소하여 '너'를 만날 수 있다는 희망을 표현하고 있다.

08 (가)와 (나)에 들어갈 말로 가장 적절한 것은?

> 특정한 작업을 수행하기 위해 신체 근육의 특정 움직임을 조작하는 능력을 운동 능력이라고 한다. 언어에 관한 운동 능력은 '발음 능력'과 '필기 능력' 두 가지인데 모두 표현을 위한 능력이다.
>
> 말로 표현하기 위해서는 발음 능력이 필요한데, 이는 음성 기관을 움직여 원하는 음성을 만들어 내는 능력이다. 이 능력은 영·유아기에 수많은 시행착오와 꾸준한 훈련을 통해 습득된다. 이렇게 발음 능력을 습득하면 음성 기관의 움직임은 자동화되어 음성 기관의 어느 부분을 언제 어떻게 움직일지를 화자가 거의 의식하지 않는다. 우리가 모어에 없는 외국어 음성을 발음하기 어려운 이유는 ___(가)___ 있기 때문이다.
>
> 글로 표현하기 위해서는 필기 능력이 필요하다. 필기에서는 글자의 모양을 서로 구별되게 쓰는 것은 기본이고 그 수준을 넘어서서 쉽게 알아볼 수 있는 모양으로 잘 쓰는 것도 필요하다. 글씨를 쓰기 위해 손을 놀리는 것은 발음을 하기 위해 음성 기관을 움직이는 것에 비해 상당히 의식적이라 할 수 있다. 그렇지만 개인의 의지와 관계없이 필체가 꽤 일정하다는 사실은 손을 놀리는 데에 ___(나)___ 의미한다.

① (가): 음성 기관의 움직임이 모어의 음성에 맞게 자동화되어
　　(나): 무의식적이고 자동적인 면이 있음을

② (가): 낯선 음성은 무의식적으로 발음하도록 훈련되어
　　(나): 유아기에 수행한 훈련이 효과적이지 않음을

③ (가): 음성 기관의 움직임이 모어의 음성에 맞게 자동화되어
　　(나): 유아기에 수행한 훈련이 효과적이지 않음을

④ (가): 낯선 음성은 무의식적으로 발음하도록 훈련되어
　　(나): 무의식적이고 자동적인 면이 있음을

09 ㉠~㉢ 중 한글 맞춤법에 맞게 쓰인 것만을 모두 고르면?

> - 혜인 씨에게 ㉠ 무정타 말하지 마세요.
> - 재아에게는 ㉡ 섭섭치 않게 사례해 주자.
> - 규정에 따라 딱 세 명만 ㉢ 선발토록 했다.
> - ㉣ 생각컨대 그의 보고서는 공정하지 못했다.

① ㉠, ㉡　　　　　　② ㉠, ㉢

③ ㉡, ㉣　　　　　　④ ㉢, ㉣

10 ㉠~㉣의 한자로 적절하지 않은 것은?

> 예정보다 지연되긴 했으나 열 시쯤에는 마애불에 ㉠ 도착할 수가 있었다. 맑은 날씨에 빛나는 햇살이 환히 비쳐 ㉡ 불상들은 불그레 물들어 있었다. 만일 신비로운 ㉢ 경지라는 말을 할 수 있다면 바로 이런 경우가 아닐지 모르겠다. 꼭 보고 싶다는 숙원이 이루어진 기쁨에 가슴이 벅차 왔다. 아마 잊을 수 없는 ㉣ 추억의 한 토막으로 남을 것 같다.

① ㉠: 到着　　　　　② ㉡: 佛像

③ ㉢: 境地　　　　　④ ㉣: 記憶

11 다음 글을 이해한 내용으로 적절하지 않은 것은?

> 사람의 '지각과 생각'은 항상 어떤 맥락, 관점 혹은 어떤 평가 기준이나 가정하에서 일어난다. 이러한 맥락, 관점, 평가 기준, 가정을 프레임이라고 한다. 지각과 생각은 인간의 모든 정신 활동을 뜻한다. 따라서 우리의 모든 정신 활동은 진공 상태에서 일어나는 것이 아니라, 어떤 맥락이나 가정하에서 일어난다. 한마디로 우리가 프레임이라는 안경을 쓰고 세상을 보고 있음을 의미한다. 간혹 어떤 사람이 자신은 어떤 프레임의 지배도 받지 않고 세상을 있는 그대로, 객관적으로 본다고 주장한다면, 그 주장은 진실이 아닐 것이다.

① 인간의 정신 활동은 프레임 없이 일어나지 않는다.

② 프레임은 인간이 세상을 바라볼 때 어떤 편향성을 가지게 한다.

③ 인간의 지각과 사고를 확장하는 과정에서 프레임은 극복해야 할 대상이다.

④ 프레임은 인간의 정신 활동에 영향을 미치는 어떤 맥락이나 평가 기준이다.

12 다음 글을 이해한 내용으로 가장 적절한 것은?

> 전 세계를 대표하는 항공기인 보잉과 에어버스의 중요한 차이점은 자동조종시스템의 활용 정도에 있다. 보잉의 경우, 조종사가 대개 항공기를 조종간으로 직접 통제한다. 조종간은 비행기의 날개와 물리적으로 연결되어 있어서 어떤 상황에서도 조종사가 조작한 대로 반응한다. 이와 다르게 에어버스는 조종간 대신 사이드스틱을 설치하여 컴퓨터가 조종사의 행동을 제한하거나 조종에 개입할 수 있게 설계되었다. 보잉에서는 조종사가 항공기를 통제할 수 있는 전권을 가지지만 에어버스에서는 컴퓨터가 조종사의 조작을 감시하고 제한한다.
>
> 보잉과 에어버스의 이러한 차이는 기계를 다루는 인간을 바라보는 관점이 서로 다른 데서 비롯된다. 보잉사를 창립한 윌리엄 보잉의 철학은 "비행기를 통제하는 최종 권한은 언제나 조종사에게 있다."이다. 시스템은 불안정하고 완벽하지 않기 때문에 컴퓨터가 조종사의 판단보다 우선시될 수 없다는 것이다. 반면 에어버스의 아버지라고 불리는 베테유는 "인간은 실수할 수 있는 존재"라고 전제한다. 베테유는 이런 자신의 신념을 토대로 에어버스를 설계함으로써 조종사의 모든 조작을 컴퓨터가 모니터링하고 제한하게 만든 것이다.

① 보잉은 시스템의 불완전성을, 에어버스는 인간의 실수 가능성을 고려하여 설계되었다.

② 베테유는 인간이 실수할 수 있는 존재라고 보지만 윌리엄 보잉은 그렇지 않다고 본다.

③ 에어버스의 조종사는 항공기 운항에서 자동조종시스템을 통제하고 조작한다.

④ 보잉의 조종사는 자동조종시스템을 사용하지 않고 항공기를 조종한다.

13 다음 글에서 추론한 내용으로 가장 적절한 것은?

공포의 상태와 불안의 상태를 구분하는 것은 쉽지 않다. 왜냐하면 두 감정을 함께 느끼거나 한 감정이 다른 감정을 유발할 때가 많기 때문이다. 가령, 무시무시한 전염병을 목도하고 공포에 빠진 사람은 자신도 언젠가 그 병에 걸릴지 모른다는 불안 상태에 빠지게 된다. 이처럼 두 감정은 서로 밀접하게 얽혀 있다는 점에서 혼동하기 쉽다. 하지만 두 감정을 야기한 원인을 따져 보면 두 감정을 명확하게 구분할 수 있다. 공포는 실재하는 객관적 위협에 의해 야기된 상태를 의미하고, 불안은 현재 발생하지 않았으며 미래에 일어날지 모르는 불명확한 위협에 의해 야기된 상태를 의미한다. 공포와 불안의 감정은 둘 다 자아와 관련되어 있지만 여기에서도 차이를 찾을 수 있다. 공포를 느끼는 것은 '나 자신'이 위험한 상황에 놓여 있다는 사실을 아는 것이고, 불안의 경험은 '나 자신'이 위해를 입을까 봐 걱정하는 것이다.

① 자신이 처한 위험한 상황을 정확히 인식하는 경우에는 공포감에 비해 불안감이 더 크다.
② 전기·가스 사고가 날까 두려워 외출하지 못하는 사람은 불안한 상태에 있는 것이다.
③ 시험에 불합격할 수 있다는 생각에 사로잡힌 사람은 공포감에 빠져 있는 것이다.
④ 과거에 큰 교통사고를 경험한 사람은 공포감은 크지만 불안감은 작다.

14 다음 글의 내용과 부합하지 않는 것은?

과학 혁명 이전 아리스토텔레스 철학은 로마 가톨릭교의 정통 교리와 결합되어 있었기 때문에 오랜 시간 동안 지배적인 영향력을 발휘하였다. 천문 분야 또한 예외는 아니었다. 아리스토텔레스의 세계관을 따라 우주의 중심은 지구이며, 모든 천체는 원운동을 하면서 지구의 주위를 공전한다는 천동설이 정설로 자리 잡고 있었다. 프톨레마이오스가 천체들의 공전 궤도를 관찰하던 도중, 행성들이 주기적으로 종전의 운동과는 반대 방향으로 움직인다는 관찰 결과를 얻었을 때도 그는 이를 행성의 역행 운동을 허용하지 않는 천동설로 설명하고자 하였다. 그래서 지구를 중심으로 공전하는 원 궤도에 중심을 두고 있는 원, 즉 주전원(周轉圓)을 따라 공전 궤도를 그리면서 행성들이 운동한다고 주장하였다.

과학과 아리스토텔레스 철학의 결별은 서서히 일어났다. 그 과정에서 일어난 가장 중요한 사건은 1543년 코페르니쿠스가 행성들의 운동 이론에 관한 책을 발간한 일이다. 코페르니쿠스는 천체의 중심에 지구 대신 태양을 놓고 지구가 태양의 주위를 공전한다고 주장하였다. 태양을 우주의 중심에 둔 코페르니쿠스의 지동설은 행성들의 운동에 대해 프톨레마이오스보다 수학적으로 단순하게 설명하였다.

① 과학 혁명 이전 시기에는 천동설이 정설로 받아들여졌다.
② 프톨레마이오스의 주전원은 지동설을 지지하고자 만든 개념이다.
③ 천동설과 지동설은 우주의 중심을 어디에 두느냐에 따라 구분된다.
④ 행성의 공전에 대한 프톨레마이오스의 설명은 코페르니쿠스의 설명보다 수학적으로 복잡하였다.

15 밑줄 친 단어가 표준어 규정에 맞게 쓰인 것은?

① 저기 보이는 게 암염소인가, 수염소인가?
② 오늘 윗층에 사시는 분이 이사를 가신대요.
③ 봄에는 여기저기에서 아지랭이가 피어오른다.
④ 그는 수업을 마치면 으레 친구들과 운동을 한다.

16 ㉠~㉣을 문맥에 맞게 수정하는 방안으로 적절한 것은?

> 난독(難讀)을 해결하려면 정독을 해야 한다. 여기서 말하는 정독은 '뜻을 새겨 가며 자세히 읽음', 즉 '정교한 독서'라는 뜻으로 한자로는 '精讀'이다. '精讀'은 '바른 독서'를 의미하는 '正讀'과 ㉠ 소리는 같지만 뜻이 다르다. 무엇이 정교한 것일까? 모든 단어에 눈을 마주치면서 제대로 인식하는 것이다. 이와 같은 ㉡ 정독(精讀)의 결과로 생기는 어문 실력이 문해력이다. 문해력이 발달하면 결국 독서 속도가 빨라져, '빨리 읽기'인 속독(速讀)이 가능해진다. 빨리 읽기는 정독을 전제로 할 때 빛을 발한다. 짧은 시간에 같은 책을 제대로 여러 번 읽을 수 있기 때문이다. 그래서 문해력의 증가는 '정교하고 빠르게 읽기', 즉 ㉢ 정속독(正速讀)에서 일어나게 되어 있다. 정독이 생활화되면 자기도 모르게 정속독의 경지에 오르게 된다. 그런 경지에 오른 사람들은 뭐든지 확실히 읽고 빨리 이해한다. 자연스레 집중하고 여러 번 읽어도 빠르게 읽으므로 시간이 여유롭다. ㉣ 정독이 빠진 속독은 곧 빼먹고 읽는 습관, 즉 난독의 일종임을 잊지 말아야 한다.

① ㉠을 '다르게 읽지만 뜻이 같다'로 수정한다.
② ㉡을 '정독(正讀)'으로 수정한다.
③ ㉢을 '정속독(精速讀)'으로 수정한다.
④ ㉣을 '속독이 빠진 정독'으로 수정한다.

17 다음 글을 감상한 내용으로 적절하지 않은 것은?

> 막바지 뙤약볕 속
> 한창 매미 울음은
> 한여름 무더위를 그 절정까지 올려놓고는
> 이렇게 다시 조용할 수 있는가.
> 지금은 아무 기척도 없이
> 정적의 소리인 듯 쟁쟁쟁
> 천지(天地)가 하는 별의별
> 희한한 그늘의 소리에
> 멍청히 빨려 들게 하구나.
>
> 사랑도 어쩌면
> 그와 같은 것인가.
> 소나기처럼 숨이 차게
> 정수리부터 목물로 들이붓더니
> 얼마 후에는
> 그것이 아무 일도 없었던 양
> 맑은 구름만 눈이 부시게
> 하늘 위에 펼치기만 하노니.
>
> – 박재삼, 「매미 울음 끝에」 –

① 갑작스럽게 변화한 자연 현상을 감각적으로 제시하고 있다.
② 청각적 이미지와 시각적 이미지를 활용하여 시상을 전개하고 있다.
③ 소나기가 그치고 맑은 구름이 펼쳐진 것을 통해 사랑의 속성을 드러내고 있다.
④ 매미 울음소리가 절정에 이르렀다가 사라진 직후의 상황을 반어법으로 표현하고 있다.

18 다음 글을 이해한 내용으로 가장 적절한 것은?

루카치는 그리스 세계를 신과 인간의 결합 정도를 가리키는 '총체성' 개념을 기준으로 세 시대로 구분하였다. 첫 번째 시대에서 후대로 갈수록 총체성의 정도는 낮아진다. 첫째는 총체성이 완전히 구현되어 있는 '서사시의 시대'이다. 호메로스의 『일리아드』와 『오디세이아』에서는 신과 인간의 세계가 하나로 얽혀 있다. 인간들이 그리스와 트로이 두 패로 나뉘어 전쟁을 벌일 때 신들도 인간의 모습을 하고 두 패로 나뉘어 전쟁에 참여했다. 둘째는 '비극의 시대'이다. 소포클레스나 에우리피데스의 비극에서는 총체성이 흔들려 신과 인간의 세계가 분리된다. 하지만 두 세계가 완전히 분리되지는 않고 신탁이라는 약한 통로로 이어져 있다. 비극에서 신은 인간의 행위에 직접 개입하지 않고 신탁을 통해서 자신의 뜻을 그저 전달하는 존재로 바뀐다. 셋째는 플라톤으로 대표되는 '철학의 시대'이다. 이 시대는 이미 계몽된 세계여서 신탁 같은 것은 신뢰할 수 없게 되었다. 신과 인간의 세계가 완전히 분리됨으로써 신의 세계는 인격적 성격을 상실하여 '이데아'라는 추상성의 세계로 바뀐다. 신의 세계와 인간의 세계는 그 사이에 어떤 통로도 존재할 수 없는, 절대적으로 분리된 세계가 되었다.

① 계몽사상은 서사시의 시대에서 철학의 시대로의 전환을 이끌었다.
② 플라톤의 이데아는 신탁이 사라진 시대의 비극적 세계를 표현한다.
③ 루카치는 각기 다른 기준에 따라 그리스 세계를 세 시대로 구분하였다.
④ 에우리피데스의 비극에 비해 『오디세이아』에서는 신과 인간의 결합 정도가 높다.

19 다음 글의 내용과 부합하지 않는 것은?

몽유록(夢遊錄)은 '꿈에서 놀다 온 기록'이라는 뜻으로, 어떤 인물이 꿈에서 과거의 역사적 인물을 만나 특정 사건에 대한 견해를 듣고 현실로 돌아온다는 특징이 있다. 이때 꿈을 꾼 인물인 몽유자의 역할에 따라 몽유록을 참여자형과 방관자형으로 구분할 수 있다. 참여자형에서는 몽유자가 꿈에서 만난 인물들의 모임에 초대를 받고 토론과 시연에 직접 참여한다. 방관자형에서는 몽유자가 인물들의 모임을 엿볼 뿐 직접 그 모임에 참여하지는 않는다. 16~17세기에 창작되었던 몽유록에는 참여자형이 많다. 참여자형에서는 몽유자와 꿈속 인물들이 동질적인 이념을 공유하고 현실의 고통스러운 문제에 대해 의견을 나누며 비판적 목소리를 낸다. 그러나 주로 17세기 이후에 창작된 방관자형에서는 몽유자가 꿈속 인물들과 함께 현실을 비판하는 것이 아니라 구경꾼의 위치에 서 있다. 이 시기의 몽유록이 통속적이고 허구적인 성격으로 변모하는 것은 몽유자의 역할 변화와 무관하지 않다.

① 몽유자가 꿈속 인물들의 모임에 직접 참여하는지, 참여하지 않는지에 따라 몽유록의 유형을 나눌 수 있다.
② 17세기보다 나중 시기의 몽유록에서는 몽유자가 현실을 비판하는 경향이 강하게 나타난다.
③ 몽유자가 모임의 구경꾼 역할을 하는 몽유록은 통속적이고 허구적인 성격이 강하다.
④ 몽유자가 꿈속 인물들과 함께 현실을 비판하는 몽유록은 참여자형에 해당한다.

20 다음 글을 이해한 내용으로 적절한 것은?

> 디지털 트윈은 현실 세계와 똑같은 가상의 세계이다. 최근 주목받고 있는 메타버스와 개념은 유사하지만 활용 목적의 측면에서 구별된다. 메타버스는 가상 세계와 현실 세계가 융합된 플랫폼으로 이용자들에게 새로운 경제·사회·문화적 경험을 제공하는 데 목적을 둔다. 반면 디지털 트윈은 현실 세계에 존재하는 사물, 공간, 환경, 공정 등을 컴퓨터상에 디지털 데이터 모델로 표현하여 똑같이 복제하고 실시간으로 서로 반응할 수 있도록 한다. 그래서 디지털 트윈의 이용자는 가상 세계에서의 시뮬레이션을 통해 미래 상황을 예측할 수 있게 된다. 디지털 트윈에 대한 수요가 증가하면서 관련 시장도 확대되고 있으며, 국내외의 글로벌 기업들은 여러 산업 분야에서 디지털 트윈을 도입하여 사전에 위험 요소를 제거하고 수익 모델의 효율성을 높이고 있다. 디지털 트윈이 이렇게 주목받는 이유는 안정성과 경제성 때문인데 현실 세계를 그대로 옮겨 놓은 가상 세계에 데이터를 전송, 취합, 분석, 이해, 실행하는 과정은 실제 실험보다 매우 빠르고 정밀하며 안전할 뿐 아니라 비용도 적게 든다.

① 디지털 트윈을 활용함에 따라 글로벌 기업들의 고용률이 향상되었다.

② 디지털 트윈의 데이터 모델은 현실 세계의 각종 실험 모델보다 경제성이 낮다.

③ 디지털 트윈에서의 시뮬레이션으로 현실 세계의 위험 요소를 찾아내고 방지할 수 있다.

④ 디지털 트윈은 현실 세계의 이용자에게 새로운 문화적 경험을 제공하는 데 목적이 있다.

모바일 OMR

✔ 회독 CHECK 1 2 3

01 ㉠~㉢의 말하기 방식을 설명한 내용으로 가장 적절한 것은?

> 김 주무관: AI에 대한 국민 이해도를 높이기 위해 설명회를 개최할 필요가 있다고 생각해요.
>
> 최 주무관: ㉠ 저도 요즘 그 필요성을 절감하고 있어요.
>
> 김 주무관: ㉡ 그런데 어떻게 준비해야 효과적으로 전달할 수 있을지 고민이에요.
>
> 최 주무관: 설명회에 참여할 청중 분석이 먼저 되어야겠지요.
>
> 김 주무관: 청중이 주로 어떤 분야에 관심이 있는지 알면 준비할 때 유용하겠네요.
>
> 최 주무관: ㉢ 그럼 청중의 관심 분야를 파악하려면 청중의 특성 중에서 어떤 것들을 조사하면 좋을까요?
>
> 김 주무관: ㉣ 나이, 성별, 직업 등을 조사할까요?

① ㉠: 상대의 의견에 대해 공감을 표현하고 있다.
② ㉡: 정중한 표현을 사용하여 직접 질문하고 있다.
③ ㉢: 자신의 반대 의사를 우회적으로 드러내고 있다.
④ ㉣: 의문문을 통해 상대의 의견을 반박하고 있다.

02 (가)~(다)를 맥락에 따라 가장 자연스럽게 배열한 것은?

> 독서는 아이들의 전반적인 뇌 발달에 큰 영향을 미친다.
>
> (가) 그에 따르면 뇌의 전두엽은 상상력을 관장하는데, 책을 읽으면 상상력이 자극되어 전두엽을 많이 사용하게 된다.
>
> (나) A 교수는 책을 읽을 때와 읽지 않을 때의 뇌 변화를 연구해서 세계적인 명성을 얻었다.
>
> (다) 이처럼 책을 많이 읽으면 전두엽이 훈련되어 전반적인 뇌 발달의 가능성이 높아지는데, 그 결과는 교육 현장에서 실증된 바 있다.
>
> 독서를 많이 한 아이는 학교에서 더 좋은 성적을 낼 뿐 아니라 언어 능력도 발달한다는 사실이 밝혀진 것이다.

① (나) - (가) - (다)
② (나) - (다) - (가)
③ (다) - (가) - (나)
④ (다) - (나) - (가)

03 ㉠~㉣을 설명한 내용으로 적절하지 않은 것은?

> • ㉠ 지원은 자는 동생을 깨웠다.
> • 유선은 도자기를 ㉡ 만들었다.
> • 물이 ㉢ 얼음이 되었다.
> • ㉣ 어머나, 현지가 언제 이렇게 컸지?

① ㉠: 동작의 주체를 나타내는 주어이다.
② ㉡: 주어와 목적어를 요구하는 서술어이다.
③ ㉢: 서술어를 꾸며주는 부사어이다.
④ ㉣: 문장의 다른 성분과 직접적으로 관련을 맺지 않는 독립어이다.

04 ⊙~@과 바꿔 쓸 수 있는 유사한 표현으로 적절하지 않은 것은?

> • 서구의 문화를 ⊙ 맹종하는 이들이 많다.
> • 안일한 생활에서 ⓛ 탈피하여 어려운 일에 도전하고 싶다.
> • 회사의 생산성을 ⓒ 제고하기 위해 노력하자.
> • 연못 위를 @ 부유하는 연잎을 바라보며 여유를 즐겼다.

① ⊙: 무분별하게 따르는
② ⓛ: 벗어나
③ ⓒ: 끌어올리기
④ @: 헤엄치는

05 (가)와 (나)를 이해한 내용으로 적절하지 않은 것은?

> (가) 청산(靑山)은 내 뜻이오 녹수(綠水)는 님의 정(情)이
> 녹수(綠水)ㅣ 흘너간들 청산(靑山)이야 변(變)홀손가
> 녹수(綠水)도 청산(靑山)을 못 니저 우러 녜여 가는고.
>
> (나) 청산(靑山)는 엇뎨ᄒᆞ야 만고(萬古)애 프르르며
> 유수(流水)는 엇뎨ᄒᆞ야 주야(晝夜)애 긋디 아니는고
> 우리도 그치디 마라 만고상청(萬古常靑)호리라.

① (가)는 '청산'과 '녹수'의 대조를 활용하여 화자가 처한 상황을 제시하고 있다.
② (나)는 시각적 심상과 청각적 심상을 활용하여 주제를 강조하고 있다.
③ (가)와 (나) 모두 대구를 활용하여 시상을 전개하고 있다.
④ (가)와 (나) 모두 설의적 표현을 활용하여 화자의 정서를 드러내고 있다.

06 다음 글의 중심 내용으로 가장 적절한 것은?

> 교환가치는 거래를 통해 발생하는 가치이며, 사용가치는 어떤 상품을 사용할 때 느끼는 가치이다. 전자가 시장에서 결정된다는 점에서 객관적이라면, 후자는 개인에 따라 다르다는 점에서 주관적이다. 상품에는 사용가치와 교환가치가 섞여 있는데, 교환가치가 아무리 높아도 '나'에게 사용가치가 없다면 해당 상품을 구매하지 않을 것이다.
>
> 하지만 이 같은 상식이 통하지 않는 경우를 종종 볼 수 있다. 예를 들어 보자. 인터넷 커뮤니티에서 백만 원짜리 공연 티켓을 판매하는데, 어떤 사람이 "이 공연의 가치는 돈으로 환산할 수 없어요." 등의 댓글들을 보고서 애초에 관심도 없던 이 공연의 티켓을 샀다. 그에게 그 공연의 사용가치는 처음에는 없었으나 많은 댓글로 인해 사용가치가 있을 것으로 잘못 판단한 것이다. 안타깝게도, 그는 그 공연에서 조금도 만족하지 못했다.
>
> 이 사례에서 볼 때 건강한 소비를 위해서는 구매하려는 상품의 사용가치가 어떤 과정을 거쳐 결정된 것인지 곰곰이 생각해봐야 한다. '나'에게 얼마나 필요한가에 대한 고민 없이 다른 사람들의 말에 휩쓸려 어떤 상품의 사용가치가 결정될 때, 그 상품은 '나'에게 쓸모없는 골칫덩이가 될 수 있다.

① 사용가치보다 교환가치가 큰 상품을 구매해야 한다.
② 상품을 구매할 때 사용가치와 교환가치를 두루 고려해야 한다.
③ 상품에 대한 다른 사람들의 평가를 반영해서 상품을 구매해야 한다.
④ 상품을 구매할 때 사용가치가 자신의 필요에 의해 결정된 것인지 신중하게 따져야 한다.

07 ㉠~㉣ 중 어색한 곳을 찾아 수정하는 방안으로 가장 적절한 것은?

조선 후기에 서학으로 불린 천주학은 '학(學)'이라는 말에서도 짐작할 수 있듯이 ㉠ 종교적인 관점에서보다 학문적인 관점에서 받아들여졌다. 당시의 유학자 중 서학 수용에 적극적인 이들까지도 서학을 무조건 따르자고 ㉡ 주장하지는 않았는데, 서학은 신봉의 대상이 아니라 분석의 대상이었기 때문이다. 그들은 조선 사회를 바로잡고 발전시키기 위해 새로운 학문과 지식이 필요하다고 생각했지만, 외부에서 유입된 사유 체계에는 양명학이나 고증학 등도 있어서 서학이 ㉢ 유일한 대안은 아니었다. 그들은 서학을 검토하며 어떤 부분은 수용했지만, 반대로 어떤 부분은 ㉣ 지향했다.

① ㉠: '학문적인 관점에서보다 종교적인 관점에서'로 수정한다.
② ㉡: '주장하였는데'로 수정한다.
③ ㉢: '유일한 대안이었다'로 수정한다.
④ ㉣: '지양했다'로 수정한다.

08 다음 글의 맥락을 고려할 때 빈칸에 들어갈 말로 가장 적절한 것은?

능숙한 필자와 미숙한 필자는 글쓰기 과정 중 '계획하기'에서 뚜렷한 차이를 보인다. 전자는 이 과정에 오랜 시간 공을 들이는 반면, 후자는 그렇지 않다. 글쓰기에서 계획하기는 글쓰기의 목적 수립, 주제 선정, 예상 독자 분석 등을 포함한다. 이 중 예상 독자 분석이 중요한 이유는 [   ] 때문이다. 글을 쓸 때 독자의 수준에 비해 너무 어려운 개념과 전문용어를 사용한다면 독자가 글을 이해하기 어렵게 된다. 글쓰기는 필자가 글을 통해 자신의 메시지를 독자에게 전달하는 행위라는 점을 고려하면 계획하기 단계에서 반드시 예상 독자를 분석해야 한다.

① 계획하기 과정이 글쓰기 전체 과정의 첫 단계이기
② 글에 어려운 개념이나 전문용어를 어느 정도 포함해야 하기
③ 필자의 메시지를 독자에게 효과적으로 전달하는 데 도움이 되기
④ 독자의 배경지식 수준을 고려해야 글의 목적과 주제가 결정되기

09 다음 시를 이해한 내용으로 적절하지 않은 것은?

> 사랑을 잃고 나는 쓰네
>
> 잘 있거라, 짧았던 밤들아
> 창밖을 떠돌던 겨울 안개들아
> 아무것도 모르던 촛불들아, 잘 있거라
> 공포를 기다리던 흰 종이들아
> 망설임을 대신하던 눈물들아
> 잘 있거라, 더 이상 내 것이 아닌 열망들아
>
> 장님처럼 나 이제 더듬거리며 문을 잠그네
> 가엾은 내 사랑 빈집에 갇혔네
>
> — 기형도, 「빈집」 —

① 대상들을 호명하며 안타까운 심정을 표현하고 있다.
② '빈집'은 상실감으로 공허해진 내면을 상징하고 있다.
③ 영탄형 어조를 활용해 이별에 따른 정서를 부각하고 있다.
④ 글 쓰는 행위를 통해 잃어버린 사랑의 회복을 열망하고 있다.

10 다음 글을 이해한 내용으로 가장 적절한 것은?

> 반드시 갚는 조건임을 강조하면서 그는 마치 성경책 위에다 오른손을 얹고 말하듯이 엄숙한 표정을 했다. 하마터면 나는 잊을 뻔했다. 그가 적시에 일깨워 주었기 망정이지 안 그랬더라면 빌려주는 어려움에만 골똘한 나머지 빌려줬다 나중에 돌려받는 어려움이 더 클 거라는 사실은 생각도 못 할 뻔했다. 그렇다. 끼니조차 감당 못 하는 주제에 막벌이 아니면 어쩌다 간간이 얻어걸리는 출판사 싸구려 번역 일 가지고 어느 해가*에 빚을 갚을 것인가. 책임이 따르는 동정은 피하는 게 상책이었다. 그리고 기왕 피할 바엔 저쪽에서 감히 두말을 못 하도록 야멸치게 굴 필요가 있었다.
>
> "병원 이름이 뭐죠?" "원 산부인곱니다." "지금 내 형편에 현금은 어렵군요. 원장한테 바로 전화 걸어서 내가 보증을 서마고 약속할 테니까 권 선생도 다시 한번 매달려 보세요. 의사도 사람인데 설마 사람을 생으로 죽게야 하겠습니까. 달리 변통할 구멍이 없으시다면 그렇게 해 보세요."
>
> 내 대답이 지나치게 더디 나올 때 이미 눈치를 챈 모양이었다. 도전적이던 기색이 슬그머니 죽으면서 그의 착하디착한 눈에 다시 수줍음이 돌아왔다. 그는 고개를 좌우로 흔들어 보였다.
>
> "원장이 어리석은 사람이길 바라고 거기다 희망을 걸기엔 너무 늦었습니다. 그 사람은 나한테서 수술 비용을 받아 내기가 수월치 않다는 걸 입원시키는 그 순간에 벌써 알아차렸어요."
>
> — 윤흥길, 「아홉 켤레의 구두로 남은 사내」에서 —
>
> * 해가(奚暇): 어느 겨를

① 서술자가 등장인물의 심리를 전지적 위치에서 전달하고 있다.
② 서술자가 등장인물이 되어 다른 등장인물의 행동을 진술하고 있다.
③ 서술자가 주인공으로서 유년 시절을 회상하며 갈등 원인을 해명하고 있다.
④ 서술자가 주관을 배제하고 외부 관찰자의 시선으로 사건을 이야기하고 있다.

11 다음 대화를 분석한 내용으로 적절하지 않은 것은?

> 은지: 최근 국민 건강 문제와 관련해 '설탕세' 부과 여부가 논란인데, 나는 설탕세를 부과해야 한 다고 생각해. 그러면 당 함유 식품의 소비가 감소하게 되고, 비만이나 당뇨병 등의 질병이 예방되니까 국민 건강 증진에 도움이 되기 때 문이야.
>
> 운용: 설탕세를 부과하면 당 소비가 감소한다고 믿을 만한 근거가 있니?
>
> 은지: 세계보건기구 보고서를 보면 당이 포함된 음료 에 설탕세를 부과하면 이에 비례해 소비가 감 소한다고 나와 있어.
>
> 재윤: 그건 나도 알아. 그런데 설탕세 부과가 질병을 예방한다는 것은 타당하지 않아. 여러 연구 결 과를 보면 당 섭취와 질병 발생은 유의미한 상 관관계가 없어.

① 은지는 첫 번째 발언에서 화제를 제시하고 있다.

② 운용은 은지의 주장에 반대하고 있다.

③ 은지는 두 번째 발언에서 자신의 주장에 대한 근거 를 제시하고 있다.

④ 재윤은 은지가 제시한 주장의 근거를 부정하고 있다.

12 ㉠~㉣에 들어갈 단어로 적절하지 않은 것은?

> • 우리 회사는 올해 최고 수익을 창출해서 전성기를 ⎡ ㉠ ⎤ 하고 있다.
> • 그는 오래 살아온 자기 명의의 집을 ⎡ ㉡ ⎤ 하려 했는데 사려는 사람이 없다.
> • 그들 사이에 ⎡ ㉢ ⎤ 이 심해서 중재자가 필요하다.
> • 제가 부족하니 앞으로 많은 ⎡ ㉣ ⎤ 을 부탁드립 니다.

① ㉠: 구가(謳歌) ② ㉡: 매수(買受)

③ ㉢: 알력(軋轢) ④ ㉣: 편달(鞭撻)

13 밑줄 친 단어의 쓰임이 올바르지 않은 것은?

① 이 일은 정말 힘에 <u>부치는</u> 일이다.

② 그와 나는 전부터 <u>알음</u>이 있던 사이였다.

③ 대문 앞에 서 있는데 대문이 저절로 <u>닫혔다</u>.

④ 경기장에는 <u>걷잡아서</u> 천 명이 넘게 온 듯하다.

14 ㉠~㉢의 한자 표기로 올바른 것은?

> • 복지부 ㉠ 장관은 의료시설이 대도시에 편중된 문 제에 대해 대책을 마련하라고 지시하였다.
> • 박 주무관은 사유지의 국유지 편입으로 발생한 주 민들의 피해를 ㉡ 보상하는 업무를 맡고 있다.
> • 김 주무관은 이 팀장에게 부서 운영비와 관련된 ㉢ 결재를 올렸다.

	㉠	㉡	㉢
①	長官	補償	決裁
②	將官	報償	決裁
③	長官	報償	決濟
④	將官	補償	決濟

15 다음 글에서 추론한 내용으로 적절하지 않은 것은?

우리는 개별적으로 고립된 채 살아가는 존재일 수 없다. 사회 속에서 여럿이 모여 '복수(複數)'의 상태로 살아갈 수밖에 없는 존재라는 것이다. 복수의 상태로 살아가는 우리는 종(種)적인 차원에서 보면 보편적이고 동등한 존재이다. 그러나 우리는 각각 유일무이성을 지닌 '단수(單數)'이기도 하다. 즉 모든 인간은 개인으로서 고유한 인격체라는 특수성을 지닌다. 사회 속에서 우리는 보편적 복수성과 특수한 단수성을 겸비한 채 살아가고 있는 셈이다. 바로 이러한 이유로 우리는 다원적 존재이다. 이러한 존재들로 구성된 다원적 사회에서는 어떠한 획일화도 시도되어서는 안 된다. 우리가 이 같은 사회에서 살아가기 위해서는 타인을 포용하는 공존의 태도가 필요하다. 공동체 정화 등을 목적으로 개별적 유일무이성을 제거하는 것은 우리가 살아가는 사회의 다원성을 파괴하는 일이다.

① 우리는 고립된 상태에서 '단수'로 살아가는 존재가 아니다.

② 우리는 다원성을 지닌 존재로서 포용적으로 공존해야 한다.

③ 개인의 유일무이성을 보존하려는 제도는 개인의 보편적 복수성을 침해한다.

④ 개인의 특수한 단수성을 제거하려는 시도는 사회의 다원성을 파괴하는 결과로 이어질 수 있다.

16 다음 글을 이해한 내용으로 적절하지 않은 것은?

매우 치라 소리 맞춰, 넓은 골에 벼락치듯 후리쳐 딱 붙이니, 춘향이 정신이 아득하여, "애고 이것이 웬일인가?" 일자(一字)로 운을 달아 우는 말이, "일편단심 춘향이 일정지심 먹은 마음 일부종사 하쟀더니 일신난처 이 몸인들 일각인들 변하리까? 일월 같은 맑은 절개 이리 힘들게 말으시오."

"매우 치라." "꽤 때리오." 또 하나 딱 부치니, "애고." 이자(二字)로 우는구나. "이부불경 이내 마음 이군불사와 무엇이 다르리까? 이 몸이 죽더라도 이도령은 못 잊겠소. 이 몸이 이러한들 이 소식을 누가 전할까? 이왕 이리 되었으니 이 자리에서 죽여 주오."

"매우 치라." "꽤 때리오." 또 하나 딱 부치니, "애고." 삼자(三字)로 우는구나. "삼청동 도련님과 삼생연분 맺었는데 삼강을 버리라 하소? 삼척동자 아는 일을 이내 몸이 조각조각 찢겨져도 삼종지도 중한 법을 삼생에 버리리까? 삼월삼일 제비같이 훨훨 날아 삼십삼천 올라가서 삼태성께 하소연할까? 애고애고 서러운지고."

– 「춘향전」에서 –

① 동일한 글자를 반복함으로써 리듬감을 조성하고 있다.

② 숫자를 활용하여 주인공이 처한 상황을 제시하고 있다.

③ 등장인물 간의 대화를 통해 주인공의 내적 갈등이 해결되고 있다.

④ 유교적 가치를 담고 있는 말을 활용하여 주인공의 의지를 드러내고 있다.

17 다음 글을 이해한 내용으로 적절하지 않은 것은?

고소설의 유통 방식은 '구연에 의한 유통'과 '문헌에 의한 유통'으로 나눌 수 있다. 구연에 의한 유통은 구연자가 소설을 사람들에게 읽어 주는 방식으로, 글을 모르는 사람들과 글을 읽을 수 있지만 남이 읽어 주는 것을 선호하는 이들을 대상으로 이루어졌다. 구연자는 '전기수'로 불렸으며, 소설 구연을 통해 돈을 벌던 전문적 직업인이었다. 하지만 이 방식은 문헌에 의한 유통에 비해 시간과 공간의 제약이 많아서 유통 범위를 넓히는 데 뚜렷한 한계가 있었다.

문헌에 의한 유통은 차람, 구매, 상업적 대여로 나눌 수 있다. 차람은 소설을 소유하고 있는 사람에게 직접 빌려서 보는 것으로, 알고 지내던 개인들 사이에서 이루어졌다. 구매는 서적 중개인에게 돈을 지불하고 책을 사는 것인데, 책값이 상당히 비쌌기 때문에 소설을 구매할 수 있는 사람은 그리 많지 않았다. 상업적 대여는 세책가에 돈을 지불하고 일정 기간 동안 소설을 빌려 보는 것이다. 세책가에서는 소설을 구매하는 것보다 훨씬 적은 비용으로 빌려 볼 수 있었기 때문에 경제적으로 넉넉하지 않은 사람도 소설을 쉽게 접할 수 있었다. 이로 인해 조선 후기 사회에서 세책가가 성행하게 되었다.

① 전기수는 글을 모르는 사람들에게 소설을 구연하였다.
② 차람은 알고 지내던 사람에게 대가를 지불하고 책을 빌려 보는 방식이다.
③ 문헌에 의한 유통은 구연에 의한 유통에 비해 시간과 공간의 제약이 적었다.
④ 조선 후기에 세책가가 성행한 원인은 소설을 구매하는 비용보다 세책가에서 빌리는 비용이 적다는 데 있다.

18 다음 글을 이해한 내용으로 가장 적절한 것은?

『삼국사기』는 본기 28권, 지 9권, 표 3권, 열전 10권의 체제로 되어 있다. 이 중 열전은 전체 분량의 5분의 1을 차지하며, 수록된 인물은 86명으로, 신라인이 가장 많고, 백제인이 가장 적다. 수록 인물의 배치에는 원칙이 있는데, 앞부분에는 명장, 명신, 학자 등을 수록했고, 다음으로 관직에 있지는 않았으나 기릴 만한 사람을 실었다.

반신(叛臣)의 경우 열전의 끝부분에 배치되어 있다. 이들을 수록한 까닭은 왕을 죽인 부정적 행적을 드러내어 반면교사로 삼는 데 있었으나, 그 목적에 부합하지 않는 내용이 있어 흥미롭다. 가령 고구려의 연개소문은 반신이지만, 당나라에 당당히 대적한 민족적 영웅의 모습도 포함되어 있다. 흔히 『삼국사기』에 대해, 신라 정통론에 기반해 있으며, 유교적 사관에 따라 당시의 지배 질서를 공고히 하고자 했다고 평가한다. 하지만 연개소문의 사례에서 볼 수 있듯 『삼국사기』는 기존 평가와 달리 다면적이고 중층적인 역사 텍스트라고 할 수 있다.

① 『삼국사기』 열전에 고구려인과 백제인도 수록되었다는 점은 이 책이 신라 정통론을 계승하지 않았다는 것을 보여준다.
② 『삼국사기』 열전에 수록된 반신 중에는 이 책에 대한 기존 평가를 다르게 할 수 있는 사례가 있다.
③ 『삼국사기』 열전에는 기릴 만한 업적이 있더라도 관직에 오르지 못한 사람은 수록되지 않았다.
④ 『삼국사기』의 체제 중에서 열전이 가장 많은 권수를 차지한다.

19 다음 글에서 추론한 내용으로 적절하지 않은 것은?

> 프랑스에서 의무교육 제도를 실시하면서 정규학교에 입학하기 어려운 지적장애아, 학습부진아를 가려내고자 하였다. 이에 기초 학습 능력 평가를 목적으로, 1905년 최초의 IQ 검사가 이루어졌다. 이 검사를 통해 비로소 인간의 지능을 구체적으로 수치화하고 객관적으로 비교할 수 있게 되었다.
>
> 이후 오랫동안 IQ가 높으면 똑똑한 사람, 그렇지 않으면 머리가 좋지 않고 학습에도 부진한 사람으로 판단했다. 물론 IQ가 높은 아이는 그렇지 않은 아이에 비해 읽기나 계산 등 사고 기능과 관련된 과목에서 높은 성취도를 보이는 경우가 많다. 이는 IQ 검사가 기초 학습에 필요한 최소 능력인 언어이해력, 어휘력, 수리력 등을 측정하기 때문이다. 학습의 기초 능력을 측정하는 IQ 검사에서 높은 점수를 받은 아이는 동일한 능력을 측정하는 학업 평가에서도 높은 점수를 받을 가능성이 크다. 하지만 문제는 IQ 검사가 인간의 지능 중 일부만을 측정한다는 점이다.

① 최초의 IQ 검사는 학습 능력이 우수한 아이를 고르기 위해 시행되었다.

② IQ 검사가 만들어지기 전에는 인간의 지능을 수치로 비교할 수 없었다.

③ IQ가 높은 아이라도 전체 지능은 높지 않을 수 있다.

④ IQ가 높은 아이가 읽기 능력이 좋을 확률이 높다.

20 다음 글에서 추론한 내용으로 적절하지 않은 것은?

> 한글은 소리를 나타내는 표음문자여서 한국어 문장을 읽는 데 학습해야 할 글자가 적지만, 한자는 음과 상관없이 일정한 뜻을 나타내는 표의문자여서 한문을 읽는 데 익혀야 할 글자 수가 훨씬 많다. 이러한 번거로움에도 한글과 달리 한자가 갖는 장점이 있다. 한글에서는 동음이의어, 즉 형태와 음이 같은데 뜻이 다른 단어가 많아 글자만으로 의미를 파악하지 못하는 경우가 많다. 하지만 한자는 그렇지 않다. 예컨대, 한글로 '사고'라고만 쓰면 '뜻밖에 발생한 사건'인지 '생각하고 궁리함'인지 구별할 수 없다. 한자로 전자는 '事故', 후자는 '思考'로 표기한다. 그런데 한자는 문맥에 따라 같은 글자가 다른 뜻으로 쓰이지는 않지만 다른 문장성분으로 사용되기도 해 혼란을 야기한다. 가령 '愛人'은 문맥에 따라 '愛'가 '人'을 수식하는 관형어일 때도, '人'을 목적어로 삼는 서술어일 때도 있는 것이다.

① 한문은 한국어 문장보다 문장성분이 복잡하다.

② '淨水'가 문맥상 '깨끗하게 한 물'일 때 '淨'은 '水'를 수식한다.

③ '愛人'에서 '愛'의 문장성분이 바뀌더라도 '愛'는 동음이의어가 아니다.

④ '의사'만으로는 '병을 고치는 사람'인지 '의로운 지사'인지 구별할 수 없다.

✔ 회독 CHECK 1 2 3

01 〈보기〉의 밑줄 친 부분에서 공통으로 일어나는 음운 현상에 대한 설명으로 가장 옳지 않은 것은?

───── 〈보 기〉 ─────

이는 국회가 <u>국민</u>을 대변하는 기관으로서 정부에 책임을 <u>묻는</u> 것이다.

① 조음 위치가 바뀌는 음운 현상이다.
② 비음 앞에서 일어나는 음운 현상이다.
③ 동화 현상이다.
④ '옳는'에서도 일어나는 음운 현상이다.

02 밑줄 친 부분의 띄어쓰기가 가장 옳지 않은 것은?

① 포기는 생각해 <u>본바가</u> 없다.
② 모두 자기 <u>생각대로</u> 결정하자.
③ 결국 돌아갈 곳은 <u>고향뿐이다.</u>
④ <u>원칙만큼은</u> 양보하기가 어렵다.

03 〈보기〉의 ㉠~㉣을 풀이한 것으로 가장 옳지 않은 것은?

───── 〈보 기〉 ─────

한때 우리나라에서는 우리의 대표적 음식이라고 할 수 있는 된장과 김치를 ㉠ 폄하한 적이 있었다. 곰팡이 균으로 만드는 된장은 암을 유발한다고 해서 ㉡ 기피하고, 맵고 짠 김치도 건강에 해롭다고 했다. 이러한 발상이 나왔던 것은 어떤 의미에서는 현대 과학의 선두 주자인 서구지향적인 가치관이 그 배경으로 깔려 있었기 때문이다. 그러나 이제는 김치연구소까지 생기고, 마늘은 새로운 형태로 변모하면서 건강식품으로 등장하고, 된장(청국장) 또한 항암 효과까지 있다고 ㉢ 각광을 받는다. 그리고 비빔밥은 다이어트 음식으로서만이 아니라, 그 맛도 이제는 국제적으로 알려졌다. 굳이 신토불이라는 말을 들먹이지 않더라도 우리의 일상적인 식문화에서 가치 있는 것을 추출해 ㉣ 천착할 필요가 있다.

① ㉠: 가치를 깎아내린
② ㉡: 꺼리거나 피하고
③ ㉢: 사회적으로 관심을
④ ㉣: 잘못된 것을 바로잡을

04 어려운 표현을 이해하기 쉬운 표현으로 다듬은 것으로 가장 적절하지 않은 것은?

① 가능성은 상존하고 있다 → 가능성은 늘 있다
② 만 65세 도래자는 → 만 65세가 되는 사람은
③ 소정의 급여를 지급함으로써 → 소액의 급여를 지급함으로써
④ 확인서 발급에 따른 편의성을 제고함 → 확인서 발급에 따른 편의성을 높임

05 〈보기 1〉을 〈보기 2〉에 삽입하려고 할 때 문맥상 가장 적절한 곳은?

─────〈보기 1〉─────

왜냐하면 학문의 세계에서는 하나의 객관적 진실이 백일하에 드러나 모든 다른 견해를 하나로 귀결시키는 일은 일어나지 않기 때문이다.

─────〈보기 2〉─────

민족이 하나로 된다면 소위 "민족의 역사"가 하나로 통합되는 것은 너무나 당연한 일이라고 생각할 수 있다. (㉠) 그러나 좀 더 곰곰이 생각해 보면 역사학을 포함한 학문의 세계에서 통합이란 말은 성립되기 어렵다. (㉡) 학문의 세계에서는 진실에 이르기 위한 수많은 대안이 제기되고 서로 경쟁하면서 발전이 이루어진다. (㉢) 따라서 그 다양한 대안들을 하나로 통합한다는 것은 학문을 말살하는 것이나 다름없다. (㉣) 학문의 세계에서는 통합이 아니라 다양성이 더 중요한 덕목인 것이다.

① ㉠
② ㉡
③ ㉢
④ ㉣

06 〈보기〉의 ㉠~㉣ 중 가리키는 대상이 나머지 셋과 다른 것은?

─────〈보 기〉─────

댁들아 ㉠ 동난지이 사오 저 장사야 네 ㉡ 물건 그 무엇이라 외치는가 사자
외골내육(外骨內肉) 양목(兩目)이 상천(上天) 전행후행(前行後行), 소(小)아리 팔족(八足) 대(大)아리 이족(二足) ㉢ 청장 아스슥하는 동난지이 사오
장사야 너무 거북하게 외치지 말고 ㉣ 게젓이라 하려무나

① ㉠
② ㉡
③ ㉢
④ ㉣

07 표준어끼리 묶었을 때 가장 옳지 않은 것은?

① 가엽다, 배냇저고리, 감감소식, 검은엿
② 눈짐작, 세로글씨, 푸줏간, 가물
③ 상관없다, 외눈퉁이, 덩쿨, 귀퉁배기
④ 겉창, 뚱딴지, 툇돌, 들랑날랑

08 외래어 표기에 대한 설명으로 가장 옳지 않은 것은?

① 짧은 모음 다음의 어말 무성 파열음 [t]는 '보닛(bonnet)'처럼 받침으로 적는다.
② 어말의 [ʃ]는 '브러쉬(brush)'처럼 '쉬'로 적는다.
③ 중모음 [ou]는 '보트(boat)'처럼 '오'로 적는다.
④ 어말 또는 자음 앞의 [f]는 '그래프(graph)'처럼 '으'를 붙여 적는다.

09 〈보기〉에 드러난 글쓴이의 삶에 대한 인식과 가장 가까운 태도가 나타나는 것은?

─────〈보 기〉─────

그렇다. 그 흉터와, 흉터 많은 손꼴은 내 어려웠던 어린 시절의 모습이요, 그것을 힘들게 참고 이겨 낸 떳떳하고 자랑스런 내 삶의 한 기록일 수 있었다. 그 나이 든 선배님의 경우처럼, 우리 누구나가 눈에 보이게든 안 보이게든 삶의 쓰라린 상처들을 겪어 가며 그 흉터를 지니고 살아가게 마련이요, 어떤 뜻에선 그 상처의 흔적이야말로 우리 삶의 매우 단단한 마디요, 숨은 값이라 할 수도 있을 것이기 때문이다.

① 흔들리지 않고 피는 꽃이 어디 있으랴 / 이 세상 그 어떤 아름다운 꽃들도 다 흔들리면서 피었나니
② 연탄재 함부로 차지 마라 / 너는 / 누구에게 한번이라도 뜨거운 사람이었느냐
③ 죽는 날까지 하늘을 우러러 / 한 점 부끄럼이 없기를 / 잎새에 이는 바람에도 나는 괴로워했다.
④ 나는 이제 너에게도 슬픔을 주겠다. / 사랑보다 소중한 슬픔을 주겠다.

10 〈보기〉의 작품에서 밑줄 친 시어에 대한 해석으로 가장 옳지 않은 것은?

> ───── 〈보 기〉 ─────
>
> 바닷가 햇빛 바른 바위 우에
> 습한 간(肝)을 펴서 말리우자.
>
> 코카서스 산중(山中)에서 도망해 온 토끼처럼
> 들러리를 빙빙 돌며 간(肝)을 지키자.
>
> 내가 오래 기르던 여윈 독수리야!
> 와서 뜯어 먹어라, 시름없이
>
> 너는 살찌고
> 나는 여위어야지, 그러나
>
> 거북이야!
> 다시는 용궁의 유혹에 안 떨어진다.
>
> 프로메테우스 불쌍한 프로메테우스
> 불 도적한 죄로 목에 맷돌을 달고
> 끝없이 침전하는 프로메테우스

① '간(肝)'은 화자가 지켜야 하는 지조와 생명을 가리킨다.

② 코카서스 산중에서 도망해 온 '토끼'는 「토끼전」과 프로메테우스 신화를 연결한다.

③ '독수리'와 '거북이'는 이 시에서 유사한 의미를 갖는 존재이다.

④ '프로메테우스'는 끝없이 침전한다는 점에서 시대의 고통이 큼을 암시한다.

11 밑줄 친 말이 어문 규범에 맞는 것은?

① 옛부터 김치를 즐겨 먹었다.

② 궁시렁거리지 말고 빨리 해 버리자.

③ 찬물을 한꺼번에 들이키지 말아라.

④ 상처가 곰겨서 병원에 가야겠다.

12 〈보기〉의 설명 중 밑줄 친 부분에 해당하는 사례가 아닌 것은?

> ───── 〈보 기〉 ─────
>
> 용언이 문장 속에 쓰일 때에는 어간에 어미가 붙어서 활용함으로써 다양한 문법적인 기능을 나타낸다. 대부분의 용언은 활용할 때에 어간이나 어미의 기본 형태가 그대로 유지되거나 혹은 다른 형태로 바뀌어도 그 현상을 일정한 규칙으로 설명할 수 있지만, 일부의 용언 가운데에는 활용할 때 '어간의 형태가 불규칙하게 활용하는 것', '어미의 형태가 불규칙하게 활용하는 것', '어간과 어미가 불규칙하게 활용하는 것'이 있다.

① 잇다 → 이으니

② 묻다(問) → 물어서

③ 이르다(至) → 이르러

④ 낫다 → 나으니

13 〈보기〉의 ㉠~㉣에 대한 이해로 가장 적절하지 않은 것은?

───── 〈보 기〉 ─────

어미를 따라 잡힌
어린 게 한 마리

큰 게들이 새끼줄에 묶여
거품을 뿜으며 헛발질할 때
게장수의 ㉠ 구럭을 빠져나와
옆으로 옆으로 ㉡ 아스팔트를 기어간다.
개펄에서 숨바꼭질하던 시절
바다의 자유는 어디 있을까
눈을 세워 ㉢ 사방을 두리번거리다
달려오는 군용 트럭에 깔려
길바닥에 터져 죽는다

㉣ 먼지 속에 썩어가는 어린 게의 시체
아무도 보지 않는 찬란한 빛

– 김광규, 「어린 게의 죽음」 –

① ㉠: 폭압으로 자유를 잃은 구속된 현실을 의미한다.
② ㉡: 자유를 위해 도달하고자 하는 미래의 공간을 나타낸다.
③ ㉢: 약자가 돌파구를 찾기 어려운 현실을 나타낸다.
④ ㉣: 주목받지 못한 채 방치된 대상의 현실을 강조한다.

14 〈보기〉의 작품에 대한 설명으로 가장 옳지 않은 것은?

───── 〈보 기〉 ─────

홍색(紅色)이 거룩하여 붉은 기운이 하늘을 뛰놀더니, 이랑이 소리를 높이 하여 나를 불러,
"저기 물 밑을 보라."
외치거늘, 급히 눈을 들어 보니, 물 밑 홍운(紅雲)을 헤치고 큰 실오라기 같은 줄이 붉기가 더욱 기이(奇異)하며, 기운이 진홍(眞紅) 같은 것이 차차 나와 손바닥 넓이 같은 것이 그믐밤에 보는 숯불 빛 같더라. 차차 나오더니, 그 위로 작은 회오리밤 같은 것이 붉기가 호박(琥珀) 구슬 같고, 맑고 통랑(通朗)하기는 호박도곤 더 곱더라.

그 붉은 위로 흘흘 움직여 도는데, 처음 났던 붉은 기운이 백지(白紙) 반 장(半張) 넓이만치 반듯이 비치며, 밤 같던 기운이 해 되어 차차 커 가며, 큰 쟁반만 하여 불긋불긋 번듯번듯 뛰놀며, 적색(赤色)이 온 바다에 끼치며, 먼저 붉은 기운이 차차 가시며, 해 흔들며 뛰놀기 더욱 자주 하며, 항 같고 독 같은 것이 좌우(左右)로 뛰놀며, 황홀(恍惚)히 번득여 양목(兩目)이 어지러우며, 붉은 기운이 명랑(明朗)하여 첫 홍색을 헤치고, 천중(天中)에 쟁반 같은 것이 수레바퀴 같아 물속으로부터 치밀어 받치듯이 올라붙으며, 항·독 같은 기운이 스러지고, 처음 붉어 겉을 비추던 것은 모여 소 혀처럼 드리워져 물속에 풍덩 빠지는 듯 싶더라.

일색(日色)이 조요(照耀)하며 물결의 붉은 기운이 차차 가시며, 일광(日光)이 청랑(淸朗)하니, 만고천하(萬古天下)에 그런 장관은 대두(對頭)할 데 없을 듯하더라.

짐작에 처음 백지(白紙) 반 장(半張)만치 붉은 기운은 그 속에서 해 장차 나려고 어리어 그리 붉고, 그 회오리밤 같은 것은 진짓 일색을 뽐아 내니 어린 기우닝 차차 가시며, 독 같고 항 같은 것은 일색이 몹시 고운 고(故)로, 보는 사람의 안력(眼力)이 황홀(恍惚)하여 도무지 헛기운인 듯싶더라.

① 여성 작가의 작품으로 한글로 쓰여 전해지고 있다.
② 해돋이의 장면을 감각적이고 생동감 있게 묘사하고 있다.
③ 현실 세계에서 있음직한 이야기를 허구적으로 구성한 갈래이다.
④ '회오리밤', '큰 쟁반', '수레바퀴'는 동일한 대상을 비유적으로 표현한 것이다.

15 〈보기〉의 ㉠에 들어갈 사자성어로 가장 적절한 것은?

― 〈보 기〉 ―

　(㉠), 오로지 베스 놈의 투지와 용맹을 길러서 금옥이네 누렁이를 꺾고 말겠다는 석구의 노력은 다시 열을 올리기 시작했다. 뿐만이 아니었다. 그는 전보다도 더 주의 깊게 베스 놈을 위해 주었고 그런 그의 정표 하나로 베스를 위해 암캐 한 마리를 더 얻어 들였을 만큼 따뜻한 배려를 아끼지 않았다.

– 이청준, 「그 가을의 내력」 –

① 泥田鬪狗

② 吳越同舟

③ 臥薪嘗膽

④ 結草報恩

16 〈보기〉의 내용에 대한 이해로 가장 옳지 않은 것은?

― 〈보 기〉 ―

　『훈민정음』 서문은 "우리나라의 말이 중국과 달라 문자로 서로 통하지 아니하므로"로 시작합니다. 말 그대로 세종대왕 당시의 말이 중국과 다르다는 것인데 '다름'에 대해 말하려면 '있음'이 전제가 되어야 합니다. 세종대왕 당시에 우리말이 있었고, 말은 하루아침에 생겨난 것이 아닐 테니 이전부터 계속 있어 왔던 것입니다. 우리에게도 말이 있고 중국에도 말이 있는데 이 둘이 서로 달라서 문자로 통하지 못한다는 것입니다. 이때의 문자는 당연히 한자입니다. 한자는 중국말을 적기 위한 것이어서 우리말을 적기에는 적합하지 않았습니다. 사실 한자로 우리말을 적는 것이 불가능한 것은 아닙니다. 고구려 때의 광개토대왕비를 보면 빼곡하게 한자가 기록되어 있는데 고구려 사람이 중국어를 적어 놓았을 리는 없습니다. 당시에 문자가 없으니 한자를 빌려 자신들이 남기고 싶은 기록을 남긴 것입니다. 한자는 뜻글자이니 한자의 뜻을 알고 문장이 어떻게 구성되는지 알면 그 뜻을 헤아려 자신의 말로 읽을 수 있습니다. … (중략) … 그런데 많은 이들이 세종대왕께서 우리글이 아닌 우리말을 만드신 것으로 오해하고 있습니다. 왜 그럴까요? 말과 글자를 같은 것으로 여기는 것은 흔한 일인데 유독 우리가 심합니다. 우리만 한글을 쓰는 것이 큰 이유입니다. 한자는 중국, 한국, 일본, 베트남 등 여러 곳에서 쓰이고 로마자는 훨씬 더 많은 나라에서 쓰입니다. 하지만 한글은 오로지 우리나라에서 우리말을 적는 데만 쓰입니다. 그러니 한글로 적힌 것은 곧 우리말이라는 등식이 성립되어 한글과 우리말을 같은 것으로 여기는 것입니다.

– 한성우, 「말의 주인이 되는 시간」 –

① 한글은 언어가 아니라 문자를 가리키는 것이다.

② 세종대왕이 만드신 것은 우리말이 아니라 우리글이다.

③ 한국어는 오로지 한글로만 표기할 수 있다.

④ 한글이 오로지 한국어를 표기하는 데 사용되기 때문에 많은 사람이 한글과 한국어를 혼동한다.

17 〈보기 1〉의 (가)~(다)에 들어갈 가장 적절한 문장을 〈보기 2〉에서 순서대로 바르게 나열한 것은?

─────〈보기 1〉─────

　생존을 위해 진화한 우리 뇌는 본능적으로 생존에 이롭고 해로운 대상을 구분하는 능력이 있다. 단맛을 내는 음식은 영양분이 많을 가능성이 높고 역겨운 냄새가 나는 음식은 부패했거나 몸에 해로울 가능성이 높다. 딱히 배우지 않아도 우리는 자연적으로 선호하거나 혐오하는 반응을 보인다. _____ (가)

　초콜릿 케이크를 한 번도 먹어보지 못한 사람이 있다고 해보자. 처음 그에게 초콜릿 케이크의 냄새나 색은 전혀 '맛있음'과 연관이 없을 것이다. 하지만 일단 맛을 본 사람은 케이크 자체만이 아니라 케이크의 냄새, 색, 촉감 등도 무의식적으로 선호하게 된다. 그러면 밸런타인데이와 같이 초콜릿을 떠올릴 수 있는 신호만으로도 강한 반응을 이끌어 낼 수 있다. _____ (나)

　인공지능과 달리 동물은 생존과 번식에 대한 생물학적 조건을 기반으로 진화했다. 생물은 생존을 위해 에너지를 구하고 환경에 반응하며 유전자를 남기기 위해 번식을 한다. 이런 본능적인 목적을 달성하기 위한 여러 종류의 세부 목표가 있다. 유념할 점은 한 기능적 영역에서 좋은 것(목적 달성에 유용한 행동과 자극)이 다른 영역에서는 전혀 도움이 되지 않고 오히려 해로울 수 있다는 사실이다.

　한 여우가 있다. 왼편에는 어린 새끼들이 금세 강물에 빠질 듯 위험하게 놀고 있고 오른쪽에는 토끼 한 마리가 뛰고 있다. 새끼도 보호해야 하고 먹이도 구해야 하는 여우는 어떤 선택을 해야 할까. _____ (다) _____ 우리는 그 과정을 의사결정이라고 한다. 우리는 의사결정을 의식적으로 한다고 생각하지만 실제로는 선택지에 대한 계산의 상당 부분이 무의식적으로 빠르게 일어나기 때문에 다행히도 행동을 하는 데 어려움이나 갈등을 많이 느끼시 않는다. 그래서 위와 같은 상황에서 여우는 두 선택지의 중요도가 비슷하더라도 중간에 멍하니 서 있지 않고 재빨리 반응한다. 그래야 순간적인 위험을 피하고 기회를 잡을 수 있다.

─────〈보기 2〉─────

㉠ 이와 더불어 동물은 경험에 따라 좋고 나쁜 것을 학습하는 능력을 가지고 있다.

㉡ 뇌는 여러 세부적인 동기와 감정적, 인지적 반응을 합쳐서 선택지에 가치를 매긴다.

㉢ 이렇듯 우리는 타고난 기본 성향과 학습 능력을 통해 특정 대상에 대한 기호를 형성한다.

	(가)	(나)	(다)
①	㉠	㉡	㉢
②	㉠	㉢	㉡
③	㉡	㉠	㉢
④	㉢	㉠	㉡

18 자신의 생각, 물건, 일 등을 낮추어 겸손하게 이르는 말로 가장 옳지 않은 것은?

① 옥고(玉稿)　　　　　　② 관견(管見)

③ 단견(短見)　　　　　　④ 졸고(拙稿)

19 밑줄 친 단어의 품사가 나머지 셋과 다른 것은?

① 여기에 다섯 명이 있다.

② 하나에 하나를 더하면 둘이다.

③ 선생님께서 세 번이나 말씀하셨다.

④ 열 사람이 할 일을 그 혼자 해냈다.

20 복합어의 조어법이 나머지 셋과 다른 것은?

① 개살구　　　　　　② 돌미나리

③ 군소리　　　　　　④ 짚신

모바일 OMR

✔ 회독 CHECK 1 2 3

01 밑줄 친 말의 쓰임이 옳지 않은 것은?

① 그는 아까운 능력을 썩히고 있다.
② 음식물 쓰레기를 썩혀서 거름으로 만들었다.
③ 나는 이제까지 부모님 속을 썩혀 본 적이 없다.
④ 그들은 새로 구입한 기계를 창고에서 썩히고 있다.

02 (가)~(라)를 고쳐 쓴 것으로 옳지 않은 것은?

> (가) 오빠는 생김새가 나하고는 많이 틀려.
> (나) 좋은 결실이 맺어졌으면 하는 바람입니다.
> (다) 내가 오직 바라는 것은 네가 잘됐으면 좋겠어.
> (라) 신은 인간을 사랑하기도 하지만 시련을 주기도 한다.

① (가): 오빠는 생김새가 나하고는 많이 달라.
② (나): 좋은 결실을 맺었으면 하는 바램입니다.
③ (다): 내가 오직 바라는 것은 네가 잘됐으면 좋겠다는 거야.
④ (라): 신은 인간을 사랑하기도 하지만 인간에게 시련을 주기도 한다.

03 사자성어의 쓰임이 적절하지 않은 것은?

① 그는 구곡간장(九曲肝腸)이 끊어지는 듯한 슬픔에 빠졌다.
② 학문의 정도를 걷지 않고 곡학아세(曲學阿世)하는 이가 있다.
③ 이유 없이 친절한 사람은 구밀복검(口蜜腹劍)일 수 있으니 조심해야 한다.
④ 신중한 태도로 문제의 본질에 접근하는 당랑거철(螳螂拒轍)의 자세가 필요하다.

04 다음 대화에서 나타난 '지민'의 의사소통 방식으로 가장 적절한 것은?

> 정수: 지난번에 너랑 같이 들었던 면접 전략 강의가 정말 유익했어.
> 지민: 그랬어? 나도 그랬는데.
> 정수: 특히 아이스크림 회사의 면접 내용이 도움이 많이 됐어.
> 지민: 맞아. 그중에서도 두괄식으로 답변하라는 첫 번째 내용이 정말 인상적이더라. 핵심 내용을 먼저 말하는 전략이 면접에서 그렇게 효과적일 줄 몰랐어.
> 정수: 어! 그래? 나는 두 번째 내용이 훨씬 더 인상적이었는데.
> 지민: 그랬구나. 하긴 아이스크림 매출 증가에 관한 통계 자료를 인용해서 답변한 전략도 설득력이 있었어. 하지만 초두 효과의 효용성도 크지 않을까 해.
> 정수: 그렇긴 해.

① 자신의 면접 경험을 예로 들어 상대방을 설득하고 있다.
② 상대방의 약점을 공략하며 상대방의 이견을 반박하고 있다.
③ 상대방의 견해를 존중하면서 자신의 의견을 제시하고 있다.
④ 상대방과의 갈등 해소를 위해 자신의 감정을 표현하고 있다.

05 다음 글에 대한 이해로 적절하지 않은 것은?

> 승상이 말을 마치기도 전에 구름이 걷히더니 노승은 간 곳이 없고 좌우를 돌아보니 팔낭자도 간 곳이 없었다. 승상이 놀라 어찌할 바를 모르는 중에 높은 대와 많은 집들이 한순간에 사라지고 자기의 몸은 작은 암자의 포단 위에 앉아 있었는데, 향로의 불은 이미 꺼져 있었고 지는 달이 창가에 비치고 있었다.
>
> 자신의 몸을 보니 백팔염주가 걸려 있고 머리를 손으로 만져보니 갓 깎은 머리털이 까칠까칠하더라. 완연한 소화상의 몸이요, 전혀 대승상의 위의가 아니었으니, 이에 제 몸이 인간 세상의 승상 양소유가 아니라 연화도량의 행자 성진임을 비로소 깨달았다.
>
> 그리고 생각하기를, '처음에 스승에게 책망을 듣고 풍도옥으로 가서 인간 세상에 환도하여 양가의 아들이 되었지. 그리고 장원급제를 하여 한림학사가 된 후 출장입상하고 공명신퇴하여 두 공주와 여섯 낭자로 더불어 즐기던 것이 다 하룻밤 꿈이었구나. 이는 필시 사부가 나의 생각이 그릇됨을 알고 나로 하여금 이런 꿈을 꾸게 하시어 인간 부귀와 남녀 정욕이 다 허무한 일임을 알게 하신 것이로다.'
>
> – 김만중, 「구운몽」에서 –

① '양소유'는 장원급제를 하여 한림학사가 되었다.
② '양소유'는 인간 세상에 환멸을 느껴 스스로 '성진'의 모습으로 되돌아왔다.
③ '성진'이 있는 곳은 인간 세상이 아니다.
④ '성진'은 자신의 외양을 통해 꿈에서 돌아왔음을 인식한다.

06 (가)~(라)의 ㉠~㉣에 대한 설명으로 적절하지 않은 것은?

> (가) 간밤의 부던 ㅂ람에 눈서리 치단 말가
>   ㉠낙락장송(落落長松)이 다 기우러 가노미라
>   ㅎ믈며 못다 핀 곳이야 닐러 무슴 ㅎ리오.
>
> (나) 철령 노픈 봉에 쉬여 넘는 져 구룸아
>   고신원루(孤臣冤淚)를 비 사마 씌여다가
>   ㉡님 계신 구중심처(九重深處)에 뿌려 본들 엇드리.
>
> (다) 이화우(梨花雨) 훗뿌릴 제 울며 잡고 이별훈 님
>   추풍낙엽(秋風落葉)에 ㉢저도 날 싱각는가
>   천리(千里)에 외로온 쑴만 오락가락 ㅎ노매.
>
> (라) 삼동(三冬)의 뵈옷 닙고 암혈(巖穴)의 눈비 마자
>   구룸 낀 볏뉘도 쐰 적이 업건마는
>   서산의 ㉣히 디다 ㅎ니 그룰 셜워 ㅎ노라.

① ㉠은 억울하게 해를 입은 충신을 가리킨다.
② ㉡은 궁궐에 계신 임금을 가리킨다.
③ ㉢은 헤어진 연인을 가리킨다.
④ ㉣은 오랜 세월을 함께한 벗을 가리킨다.

07 ㉠~㉢에 들어갈 말로 가장 적절한 것은?

> • 그들의 끈기가 이 경기의 승패를 ㉠ 했다.
> • 올해 영화제 시상식은 11개 ㉡ 으로 나뉜다.
> • 그 형제는 너무 닮아서 누가 동생이고 누가 형인지 ㉢ 할 수 없다.

	㉠	㉡	㉢
①	가름	부문	구별
②	가름	부문	구분
③	갈음	부문	구별
④	갈음	부문	구분

08 다음 글의 '동기화 단계 조직'에 따라 (가)~(마)를 배열한 것으로 가장 적절한 것은?

> 설득하는 말하기의 메시지를 조직하는 방법으로 '동기화 단계 조직'이 있다. 이 방법의 세부 단계는 다음과 같다.
> 1단계: 주제에 대한 청자의 주의나 관심을 환기한다.
> 2단계: 특정 문제를 청자와 관련지어 설명함으로써 청자의 요구나 기대를 자극한다.
> 3단계: 해결 방안을 제시하여 청자의 이해와 만족을 유도한다.
> 4단계: 해결 방안이 청자에게 어떤 도움이 되는지 구체화한다.
> 5단계: 구체적인 행동의 내용과 방법을 제시하여 특정 행동을 요구한다.

> (가) 지난주 제 친구는 일을 마친 후 자전거를 타고 집으로 돌아오다가 사고를 당해 머리를 다쳤습니다.
> (나) 여러분이 자전거를 탈 때 헬멧을 착용하면 머리를 보호할 수 있습니다.
> (다) 아마 여러분도 가끔 자전거를 타는 경우가 있을 것입니다. 그런데 매년 2천여 명이 자전거를 타다가 머리를 다쳐 고생한다고 합니다.
> (라) 만약 자전거를 타는 모든 사람이 헬멧을 착용한다면 자전거 사고를 당해도 뇌손상을 비롯한 신체 피해를 75% 줄일 수 있습니다. 또 자전거 타기가 주는 즐거움과 편리함을 안전하게 누릴 수 있습니다.
> (마) 자전거를 탈 때는 안전을 위해서 반드시 헬멧을 착용하시기 바랍니다.

① (가) - (나) - (다) - (라) - (마)
② (가) - (다) - (나) - (라) - (마)
③ (가) - (다) - (라) - (나) - (마)
④ (가) - (라) - (다) - (나) - (마)

09 다음 글에 대한 이해로 적절하지 않은 것은?

> 국가정보자원관리원과 ○○시는 빅데이터 기반의 맞춤형 복지 서비스 분석 사업을 수행했다. 국가정보자원관리원은 자체 확보한 공공 데이터와 ○○시로부터 받은 복지 사업 관련 데이터를 활용하여 '복지 공감 지도'를 제작하고, 복지 기관 접근성 분석을 통해 취약 지역 지원 방안을 제시했다.
> 복지 공감 지도는 공간 분석 시스템을 활용하여 ○○시에 소재한 복지 기관들의 다양한 지원 항목과 이를 필요로 하는 복지 대상자, 독거노인, 장애인 등의 수급자 현황을 한눈에 확인할 수 있도록 구현한 것이다. 이 지도를 활용하면 복지 혜택이 필요한 지역과 수급자를 빨리 찾아낼 수 있으며, 생필품 지원이나 방문 상담 등 복지 기관의 맞춤형 대응이 가능하고, 최적의 복지 기관 설립 위치를 선정할 수 있다.
> 이 사업을 통해 ○○시는 그동안 복지 기관으로부터 도보로 약 15분 내 위치한 수급자에게 복지 혜택이 집중되고 있는 것도 확인했다. 이에 교통이나 건강 등의 문제로 복지 기관 방문이 어려운 수급자를 위해 맞춤형 복지 서비스가 절실하게 필요한 상황임을 발견하고, 복지 셔틀버스 노선을 4개 증설할 계획을 수립했다.

① 빅데이터를 활용하여 복지 사각지대를 줄이는 방안을 마련할 수 있다.
② 복지 기관과 수급자 거주지 사이의 거리는 복지 혜택의 정도에 영향을 준다.
③ 복지 기관 접근성 분석 결과는 복지 셔틀버스 노선 증설의 근거가 된다.
④ 복지 공감 지도로 복지 혜택에 대한 수급자들의 개별 만족도를 파악할 수 있다.

10 ㉠~㉣의 사례로 적절하지 않은 것은?

> 단어의 의미가 변화하는 양상은 다양하다. 첫째, "아침 먹고 또 공부하자."에서 '아침'은 본래의 의미인 '하루 중의 이른 시간'을 가리키지 않고 '아침에 먹는 밥'이라는 의미로 쓰인다. '밥'의 의미가 '아침'에 포함되어서 '아침'만으로도 '아침밥'의 의미를 표현하게 된 것으로, ㉠ 두 개의 단어가 긴밀한 관계여서 한쪽이 다른 한쪽의 의미까지 포함하는 의미로 변화하게 된 경우이다. 둘째, '바가지'는 원래 박의 껍데기를 반으로 갈라 썼던 물건을 가리켰는데, 오늘날에는 흔히 플라스틱 바가지를 가리킨다. 이것은 ㉡ 언어 표현은 그대로인데 시대의 변화에 따라 지시 대상 자체가 바뀌어서 의미 변화가 발생한 경우이다. 셋째, '묘수'는 본래 바둑에서 만들어진 용어이지만 일상적인 언어생활에서도 '쉽게 생각해 내기 어려운 좋은 방안'이라는 의미로 사용된다. 이는 ㉢ 특수한 영역에서 사용되던 말이 일반화되면서 단어의 의미가 변화한 경우에 해당한다. 넷째, 호랑이를 두려워하던 시절에 사람들은 '호랑이'라는 이름을 직접 부르기 꺼려서 '산신령'이라고 부르기도 했는데, 이는 ㉣ 심리적인 이유로 특정 표현을 피하려다 보니 그것을 대신하는 단어의 의미에 변화가 생긴 경우이다.

① ㉠: '아이들의 코 묻은 돈'에서 '코'는 '콧물'의 의미로 쓰인다.

② ㉡: '수세미'는 원래 식물의 이름이었지만 오늘날에는 '그릇을 씻는 데 쓰는 물건'이라는 의미로 쓰인다.

③ ㉢: '배꼽'은 일반적으로 '탯줄이 떨어지면서 배의 한가운데에 생긴 자리'를 가리키지만 바둑에서는 '바둑판의 한가운데'라는 의미로 쓰인다.

④ ㉣: 무서운 전염병인 '천연두'를 꺼려서 '손님'이라고 불렀다.

11 다음 글에 대한 이해로 적절하지 않은 것은?

> △△시 시장님께
>
> 안녕하십니까? 저는 △△시에서 농장을 운영하는 □□□입니다. 이렇게 글을 쓰게 된 것은 우리 농장 근처에 신축된 골프장의 빛 공해 문제에 대해 말씀드리기 위함입니다. 빛이 공해가 될 수 있다는 말이 다소 생소하실 수도 있습니다. 하지만 지나친 야간 조명이 식물의 성장에 부정적인 영향을 끼쳐 작물 수확량을 감소시킬 수 있음은 이미 여러 연구를 통해 입증된 바 있습니다. 좀 늦었지만 △△시에서도 이 문제에 대해 경각심을 가질 필요가 있습니다. 실제로 골프장이 야간 운영을 시작했을 때를 기점으로 우리 농장의 수확률이 현저히 낮아졌음을 제가 확인했습니다. 물론, 이윤을 추구하는 골프장의 야간 운영을 무조건 막는다면 골프장 측에서 반발할 것입니다. 그래서 계절에 따라 야간 운영 시간을 조정하거나 운영 제한에 따른 손실금을 보전해 주는 등의 보완책도 필요합니다. 또한 ○○군에서도 빛 공해 문제를 해결하기 위해 야간 조명의 조도를 조정하는 프로젝트를 진행한 바 있으니 참고해 보시기 바랍니다. 모쪼록 시장님께서 이 문제에 관심을 가지고 농장과 골프장이 상생할 수 있는 정책을 펼쳐 주시기를 부탁드립니다.

① 시장에게 빛 공해로 농장이 겪는 어려움에 대해 관심을 촉구하고 있다.

② 건의에 대한 신뢰성을 높이기 위해 인용한 자료의 출처를 밝히고 있다.

③ 다른 지역에서 야간 조명으로 인한 폐해를 해결하기 위해 노력한 사례를 언급하고 있다.

④ 골프장의 야간 운영을 제한할 때 예상되는 문제점과 그 해결 방안에 대해 제시하고 있다.

12 다음 대화의 ㉠~㉫에 대한 설명으로 적절하지 않은 것은?

> 이진: 태민아, ㉠이 책 읽어 봤니?
> 태민: 아니, ㉡그 책은 아직 읽어 보지 못했어.
> 이진: 그렇구나. 이 책은 작가의 문제가 독특해서 읽어 볼 만해.
> 태민: 응, 꼭 읽어 볼게. 한 권 더 추천해 줄래?
> 이진: 그럼 ㉢저 책은 어때? 한국 대중문화를 다양한 시각에서 다룬 재미있는 책이야.
> 태민: 그래, ㉣그 책도 함께 읽어 볼게.
> 이진: (두 책을 들고 계산대로 간다.) 읽어 보겠다고 하니, 생일 선물로 ㉤이 책 두 권 사 줄게.
> 태민: 고마워. 잘 읽을게.

① ㉠은 청자보다 화자에게, ㉡은 화자보다 청자에게 가까이 있는 대상을 가리킨다.
② ㉢은 화자보다 청자에게 멀리 있는 대상을 가리킨다.
③ ㉢과 ㉣은 같은 대상을 가리킨다.
④ ㉤은 ㉡과 ㉢ 모두를 가리킨다.

13 다음 글에 대한 이해로 적절하지 않은 것은?

> 아동이 부모의 소유물 또는 종족의 유지나 국가의 방위를 위한 수단으로 간주되었던 전근대사회에서는 아동의 권리에 대한 인식이 존재하지 않았다. 산업혁명으로 봉건제도가 붕괴되고 자본주의가 탄생한 근대사회에 이르러 구빈법에 따른 국가 개입과 민간단체의 자발적인 참여로 아동보호가 시작되었다.
>
> 1922년 잽 여사는 아동권리사상을 담아 아동권리에 대한 내용을 성문화하였다. 이를 기초로 1924년 국제연맹에서는 전문과 5개의 조항으로 된 「아동권리에 관한 제네바 선언」을 채택하였다. 여기에는 "아동은 물질적으로나 정신적으로 정상적인 발달을 위해 필요한 조건이 충족되어야 한다."라든지 "아동의 재능은 인류를 위해 쓰인다는 자각 속에서 양육되어야 한다." 등의 내용이 포함되었다.
>
> 그러나 여기에서도 아동은 보호의 객체로만 인식되었을 뿐 생존, 보호, 발달을 위한 적극적인 권리의 주체로 인식되지는 않았다. 최근에 와서야 국제사회의 노력에 힘입어 아동은 보호되어야 할 수동적인 존재에서 자신의 권리를 주장할 수 있는 능동적인 존재로 자리매김할 수 있게 되었다. 1989년 유엔총회에서 채택된 「아동권리협약」이 그것이다.
>
> 우리나라는 이를 토대로 2016년 「아동권리헌장」 9개 항을 만들었다. 이 헌장은 '생존과 발달의 권리', '아동이 최선의 이익을 보장 받을 권리', '차별 받지 않을 권리', '자신의 의견이 존중될 권리' 등 유엔의 「아동권리협약」의 네 가지 기본 원칙을 포함하고 있다. 또한 전문에는 아동의 권리와 더불어 "부모와 사회, 국가와 지방자치단체는 아동의 이익을 최우선으로 고려해야 하며, 다음과 같은 아동의 권리를 확인하고 실현할 책임이 있다."라고 명시하여 아동을 둘러싼 사회적 주체들의 책임을 명확히 하였다.

① 아동의 권리에 대한 인식은 근대 이후에 형성되었다.
② 「아동권리헌장」은 「아동권리협약」을 토대로 만들어졌다.
③ 「아동권리에 관한 제네바 선언」, 「아동권리협약」, 「아동권리헌장」에는 모두 아동의 발달에 대한 내용이 들어가 있다.
④ 「아동권리에 관한 제네바 선언」은 아동을 적극적인 권리의 주체로 인식함으로써 아동의 권리에 대한 진전된 성과를 이루었다.

14 다음 시에 대한 이해로 적절하지 않은 것은?

> 봄은
> 남해에서도 북녘에서도
> 오지 않는다.
>
> 너그럽고
> 빛나는
> 봄의 그 눈짓은,
> 제주에서 두만까지
> 우리가 디딘
> 아름다운 논밭에서 움튼다.
>
> 겨울은,
> 바다와 대륙 밖에서
> 그 매운 눈보라 몰고 왔지만
> 이제 올
> 너그러운 봄은, 삼천리 마을마다
> 우리들 가슴속에서
> 움트리라.
>
> 움터서,
> 강산을 덮은 그 미움의 쇠붙이들
> 눈 녹이듯 흐물흐물
> 녹여버리겠지.
>
> – 신동엽, 「봄은」 –

① 현실을 초월한 순수 자연의 세계를 노래하고 있다.
② 희망과 신념을 드러내는 단정적 어조로 표현하고 있다.
③ 시어들의 상징적인 의미를 통해 주제를 형성하고 있다.
④ '봄'과 '겨울'의 이원적 대립으로 시상을 전개하고 있다.

15 다음 글의 전개 순서로 가장 자연스러운 것은?

> (가) 이 기관을 잘 수리하여 정련하면 그 작동도 원활하게 될 것이요, 수리하지 아니하여 노둔해지면 그 작동도 막혀 버릴 것이니 이런 기관을 다스리지 아니하고야 어찌 그 사회를 고취하여 발달케 하리오.
>
> (나) 이러므로 말과 글은 한 사회가 조직되는 근본이요, 사회 경영의 목표와 지향을 발표하여 그 인민을 통합시키고 작동하게 하는 기관과 같다.
>
> (다) 말과 글이 없으면 어찌 그 뜻을 서로 통할 수 있으며, 그 뜻을 서로 통하지 못하면 어찌 그 인민들이 서로 이어져 번듯한 사회의 모습을 갖출 수 있으리오.
>
> (라) 그뿐 아니라 그 기관은 점점 녹슬고 상하여 필경은 쓸 수 없는 지경에 이를 것이니 그 사회가 어찌 유지될 수 있으리오. 반드시 패망을 면하지 못할지라.
>
> (마) 사회는 여러 사람이 그 뜻을 서로 통하고 그 힘을 서로 이어서 개인의 생활을 경영하고 보존하는 데에 서로 의지하는 인연의 한 단체라.
>
> – 주시경, 「대한국어문법 발문」에서 –

① (마) – (가) – (다) – (나) – (라)
② (마) – (가) – (라) – (다) – (나)
③ (마) – (다) – (가) – (라) – (나)
④ (마) – (다) – (나) – (가) – (라)

16 한자 표기가 옳지 않은 것은?

① 오늘 협상에서 만족(滿足)할 만한 성과를 거두었다.
② 김 위원의 주장을 듣고 그 의견에 동의하여 재청(再請)했다.
③ 우리 지자체의 해묵은 문제를 해결(解結)할 방안이 생각났다.
④ 다수가 그 의견에 동의하지 않았기에 재론(再論)이 필요하다.

17 다음 문장이 들어가기에 가장 적절한 곳을 ㉠~㉣에서 고르면?

> 신분에 따라 문체를 고착화하는 것을 인정하지 않았던 것이다.

> 유럽이 교회로부터 정신적으로 해방된 것은 그리스와 로마의 고대 작가들에 대한 재발견을 통해서였다. ㉠ 그 이후 고대 작가들의 문체는 귀족 중심의 유럽 문화에서 모범으로 여겨졌다. ㉡ 이러한 상황은 대략 1770년대에 시작되는 낭만주의에서부터 변화하기 시작했다. ㉢ 이 낭만주의 시기에 평등과 민주주의를 꿈꿨던 신흥 시민계급은 문학에서 운문과 영웅적 운명을 귀족에게만 전속시키고 하층민에게는 산문과 우스꽝스러운 상황을 배정하는 전통 시학을 거부했다. ㉣ 고전 문학은 더 이상 문학의 규범이 아니었으며, 문학을 현실의 모방으로 인식하는 태도도 포기되었다.

① ㉠

② ㉡

③ ㉢

④ ㉣

18 다음 글에 대한 이해로 적절하지 않은 것은?

> 정거장에 나온 박은 수염도 깎은 지 오래어 터부룩한 데다 버릇처럼 자주 찡그려지는 비웃는 웃음은 전에 못 보던 표정이었다. 그 다니는 학교에서만 지싯지싯* 붙어 있는 것이 아니라 이 시대 전체에서 긴치 않게 여기는, 지싯지싯 붙어 있는 존재 같았다. 현은 박의 그런 지싯지싯함에서 선뜻 자기를 느끼고 또 자기의 작품들을 느끼고 그만 더 울고 싶게 괴로워졌다.
>
> 한참이나 붙들고 섰던 손목을 놓고, 그들은 우선 대합실로 들어왔다. 할 말은 많은 듯하면서도 지껄여 보고 싶은 말은 골라낼 수가 없었다. 이내 다시 일어나 현은,
>
> "나 좀 혼자 걸어 보구 싶네."
>
> 하였다. 그래서 박은 저녁에 김을 만나 가지고 대동강가에 있는 동일관이란 요정으로 나오기로 하고 현만이 모란봉으로 온 것이다.
>
> 오면서 자동차에서 시가도 가끔 내다보았다. 전에 본 기억이 없는 새 빌딩들이 꽤 많이 늘어섰다. 그중에 한 가지 인상이 깊은 것은 어느 큰 거리 한 뿌다귀*에 벽돌 공장도 아닐 테요 감옥도 아닐 터인데 시뻘건 벽돌만으로, 무슨 큰 분묘와 같이 된 건축이 웅크리고 있는 것이다. 현은 운전사에게 물어보니, 경찰서라고 했다.
>
>   – 이태준, 「패강랭」에서 –
>
> * 지싯지싯: 남이 싫어하는지는 아랑곳하지 아니하고 제가 좋아하는 것만 짓궂게 자꾸 요구하는 모양
> * 뿌다귀: '뿌다구니'의 준말로, 쑥 내밀어 구부러지거나 꺾어져 돌아간 자리

① '현'은 예전과 달라진 '박'의 태도가 자신의 작품 때문이라고 생각하고 있다.

② '현'은 자신과 비슷한 처지에 있는 '박'을 통해 자신을 연민하고 있다.

③ '현'은 새 빌딩들을 보고 도시가 많이 변화하고 있음을 인지하고 있다.

④ '현'은 시뻘건 벽돌로 만든 경찰서를 보고 암울한 분위기를 느끼고 있다.

19 다음 규정에 근거할 때 옳지 않은 것은?

> **한글 맞춤법 제30항**
>
> 사이시옷은 다음과 같은 경우에 받치어 적는다.
> (가) 순우리말로 된 합성어로서 앞말이 모음으로 끝나면서 뒷말의 첫소리가 된소리로 나는 것
> (나) 순우리말과 한자어로 된 합성어로서 앞말이 모음으로 끝나면서 뒷말의 첫소리가 된소리로 나는 것

① (가)에 따라 '아래+집'은 '아랫집'으로 적는다.
② (가)에 따라 '쇠+조각'은 '쇳조각'으로 적는다.
③ (나)에 따라 '전세+방'은 '전셋방'으로 적는다.
④ (나)에 따라 '자리+세'는 '자릿세'로 적는다.

20 글쓴이의 견해에 부합하는 것은?

> 문화란 공동체의 구성원들이 공유하는 생각과 행동 양식의 총체라고 할 수 있다. 문화를 연구하는 사람들의 주된 관심사는 특정 생각과 행동 양식이 하나의 공동체 안에서 전파되는 기제이다.
>
> 이에 대한 견해 중 하나는 문화를 생각의 전염이라는 각도에서 바라보는 것이다. 예컨대, 리처드 도킨스는 '밈(meme)'이라는 개념을 통해 생각의 전염 과정을 설명하고자 했다. 그에 따르면 문화는 복수의 밈으로 이루어져 있는데, 유전자에 저장된 생명체의 주요 정보가 번식을 통해 복제되어 개체군 내에서 확산되듯이, 밈 역시 유전자와 마찬가지로 공동체 내에서 복제를 통해 확산된다.
>
> 그러나 문화 전파의 기제를 설명하는 이론으로는 밈 이론보다 의사소통 이론이 더 적절해 보인다. 일례로, 요크셔 지역에 내려오는 독특한 푸딩 요리법은 누군가가 푸딩 만드는 것을 지켜본 후 그것을 그대로 따라 하는 방식으로 전파되었다기보다는 요크셔 푸딩 요리법에 대한 부모와 친척, 친구들의 설명을 통해 입에서 입으로 전파되고 공유되었을 가능성이 크다.
>
> 생명체의 경우와 달리 문화는 완벽하게 동일한 형태로 전파되지 않는다. 전파된 문화와 그것을 수용한 결과는 큰 틀에서는 비슷하더라도 세부적으로는 다를 수밖에 없다. 다시 말해 요크셔 지방의 푸딩 요리법은 다른 지방의 푸딩 요리법과 변별되는 특색을 지니는 동시에 요크셔 지방 내부에서도 가정이나 개인에 따라 약간씩의 차이를 보인다. 이는 푸딩 요리법의 수신자가 발신자가 전해 준 정보에다 자신의 생각을 덧붙였기 때문인데, 복제의 관점에서 문화의 전파를 설명하는 이론으로는 이와 같은 현상을 설명하기 어렵다. 반면, 의사소통 이론으로는 설명 가능하다. 이에 따르면 사람들은 자신이 들은 이야기를 남에게 전달할 때 들은 이야기에다 자신의 생각을 더해서 그 이야기를 전달하기 때문이다.

① 문화의 전파 기제는 밈 이론보다는 의사소통 이론으로 설명하는 것이 적절하다.
② 의사소통 이론에 따르면 문화의 수용 과정에는 수용 주체의 주관이 개입하지 않는다.
③ 의사소통 이론에 따르면 특정 공동체의 문화는 다른 공동체로 복제를 통해 전파될 수 있다.
④ 요크셔 푸딩 요리법이 요크셔 지방의 가정이나 개인에 따라 세부적인 차이를 보이는 현상은 밈 이론에 의해 설명할 수 있다.

✅ 회독 CHECK 1 2 3

국어

공통과목

01 언어 예절로 가장 적절한 것은?

① 지금부터 회장님의 말씀이 계시겠습니다.
② (시누이에게) 고모, 오늘 참 예쁘게 차려 입으셨네요?
③ (처음 자신을 소개하면서) 처음 뵙겠습니다. 박혜정입니다.
④ (다른 사람에게 자기 아내를 가리키며) 이쪽은 제 부인입니다.

02 다음 글의 주된 서술 방식은?

> 이지러는 졌으나 보름을 가제 지난 달은 부드러운 빛을 흐뭇이 흘리고 있다. 대화까지는 칠십 리의 밤길. 고개를 둘이나 넘고 개울을 하나 건너고, 벌판과 산길을 걸어야 된다. 길은 지금 긴 산허리에 걸려 있다. 밤중을 지난 무렵인지 죽은 듯이 고요한 속에서 짐승 같은 달의 숨소리가 손에 잡힐 듯이 들리며, 콩 포기와 옥수수 잎새가 한층 달에 푸르게 젖었다.

① 묘사
② 설명
③ 유추
④ 분석

03 다음 글에 대한 이해로 적절하지 않은 것은?

> 연출자가 자신의 저작권을 침해당했다고 주장하기 위해서는 우선 그가 유효한 저작권을 소유하고 있어야 한다. 즉 저작권 보호 가능성이 있는 창작물이 필요하다. 다음으로 창작적인 표현을 도용당했는지 밝혀야 하는데, 이것이 쉽지 않다. 왜냐하면 연출자가 주관적으로 창작성이 있다고 느끼는 부분일지라도 객관적인 시각에서는 이미 공연 예술 무대에서 흔히 사용되는 표현 기법일 수 있고, 저작권법상 보호 대상이 아닌 아이디어의 요소와 보호 가능한 요소인 표현이 얽혀 있는 경우가 있기 때문이다. 쉬운 예로 셰익스피어를 보자. 그의 명작 중에 선대에 있었던 작품에 의거하지 않고 탄생한 작품이 있는가. 대부분의 연출자는 선행 예술가로부터 영향을 받아 창작에 임하는 것이 너무도 당연하고 자연스럽다. 따라서 무대 연출 작업 중에서 독보적인 창작을 걸러내서 배타적인 권한인 저작권을 부여하는 것은 매우 흔치 않은 경우이고, 후발 창작을 방해하는 요소로 작용할 수도 있다. 저작권법은 창작자에게 개인적인 인센티브를 제공하여 창작을 장려함과 동시에 일반 공중이 저작물을 원활하게 이용할 수 있도록 해야 하는 두 가지 가치의 균형을 이루는 것이 목표다.

① 무대연출의 창작적인 표현의 도용 여부를 밝히기는 쉽지 않다.
② 저작권 침해를 당했다고 주장하려면 유효한 저작권을 소유하고 있어야 한다.
③ 독보적인 무대연출 작업에 저작권을 부여한다고 해서 후발 창작에 방해가 되지는 않는다.
④ 저작권법의 목표는 창작자의 창작을 장려하고 일반 공중의 저작물 이용을 원활하게 하는 것이다.

04 ㉠~㉣의 고쳐 쓰기로 적절하지 않은 것은?

파놉티콘(panopticon)은 원형 평면의 중심에 감시탑을 설치해 놓고, 주변으로 빙 둘러서 죄수들의 방이 배치된 감시 시스템이다. 감시탑의 내부는 어둡게 되어 있는 반면 죄수들의 방은 밝아 교도관은 죄수를 볼 수 있지만, 죄수는 교도관을 바라볼 수 없다. 죄수가 잘못했을 때 교도관은 잘 보이는 곳에서 처벌을 가한다. 그렇게 수차례의 처벌이 있게 되면 죄수들은 실제로 교도관이 자리에 ㉠ 있을 때조차도 언제 처벌을 받을지 모르는 공포감에 의해서 스스로를 감시하게 된다. 이렇게 권력자에 의한 정보 독점 아래 ㉡ 다수가 통제된다는 점에서 파놉티콘의 디자인은 과거 사회 구조와 본질적으로 같았다.

현대사회는 다수가 소수의 권력자를 동시에 감시할 수 있는 시놉티콘(synopticon)의 시대가 되었다. 시놉티콘에 가장 크게 기여한 것은 인터넷의 ㉢ 동시성이다. 권력자에 대한 비판을 신변 노출 없이 자유롭게 표현할 수 있게 되었기 때문이다. 정보화 시대가 오면서 언론과 통신이 발달했고, ㉣ 특정인이 정보를 수용하고 생산하게 되었다. 그로 인해 사회에서 일어나는 일에 대한 비판적 인식 교류와 부정적 현실 고발 등 네티즌의 활동으로 권력자들을 감시하는 전환이 일어났다.

① ㉠을 '없을'로 고친다.
② ㉡을 '소수'로 고친다.
③ ㉢을 '익명성'으로 고친다.
④ ㉣을 '누구나가'로 고친다.

05 ㉠~㉣에 대한 이해로 가장 적절한 것은?

㉠ 산(山)새도 오리나무
위에서 운다
산새는 왜 우노, 시메산골
영(嶺) 넘어가려고 그래서 울지

눈은 내리네, 와서 덮이네
오늘도 하룻길은
㉡ 칠팔십 리(七八十里)
돌아서서 육십 리는 가기도 했소

㉢ 불귀(不歸), 불귀, 다시 불귀
삼수갑산에 다시 불귀
사나이 속이라 잊으련만
십오 년 정분을 못 잊겠네

산에는 오는 눈, 들에는 녹는 눈
산새도 오리나무
㉣ 위에서 운다
삼수갑산 가는 길은 고개의 길

– 김소월, 「산」 –

① ㉠은 시적 화자와 상반되는 처지에 놓여 있다.
② ㉡은 시적 화자에게 놓인 방랑길을 비유한다.
③ ㉢은 시적 화자의 이국 지향 의식을 강조한다.
④ ㉣은 시적 화자가 지닌 분노의 정서를 대변한다.

06 다음 글에 대한 감상으로 적절하지 않은 것은?

> "같이 가시지. 내 보기엔 좋은 여자 같군."
>
> "그런 거 같아요."
>
> "또 알우? 인연이 닿아서 말뚝 박구 살게 될지. 이런 때 아주 뜨내기 신셀 청산해야지."
>
> 영달이는 시무룩해져서 역사 밖을 멍하니 내다보았다. 백화는 뭔가 쑤군대고 있는 두 사내를 불안한 듯이 지켜보고 있었다. 영달이가 말했다.
>
> "어디 능력이 있어야죠."
>
> "삼포엘 같이 가실라우?"
>
> "어쨌든……."
>
> 영달이가 뒷주머니에서 꼬깃꼬깃한 오백 원짜리 두 장을 꺼냈다.
>
> "저 여잘 보냅시다."
>
> 영달이는 표를 사고 삼립빵 두 개와 찐 달걀을 샀다. 백화에게 그는 말했다.
>
> "우린 뒤차를 탈 텐데……. 잘 가슈."
>
> 영달이가 내민 것들을 받아 쥔 백화의 눈이 붉게 충혈되었다. 그 여자는 더듬거리며 물었다.
>
> "아무도…… 안 가나요?"
>
> "우린 삼포루 갑니다. 거긴 내 고향이오."
>
> 영달이 대신 정 씨가 말했다. 사람들이 개찰구로 나가고 있었다. 백화가 보퉁이를 들고 일어섰다.
>
> "정말, 잊어버리지…… 않을게요."
>
> 백화는 개찰구로 가다가 다시 돌아왔다. 돌아온 백화는 눈이 젖은 채로 웃고 있었다.
>
> "내 이름 백화가 아니에요. 본명은요…… 이점례예요."
>
> 여자는 개찰구로 뛰어나갔다. 잠시 후에 기차가 떠났다.
>
> — 황석영, 「삼포 가는 길」에서 —

① 정 씨는 영달이 백화와 함께 떠날 것을 권유했군.

② 백화는 영달의 선택이 어떤 것일지 몰라 불안했군.

③ 영달은 백화를 신뢰할 수 없었기 때문에 같이 떠나지 않았군.

④ 백화가 자신의 본명을 말한 것은 정 씨와 영달에 대한 고마움의 표현이었군.

07 다음 글의 전개 순서로 가장 자연스러운 것은?

(가) 과거에는 고통만을 안겨 주었던 지정학적 조건이 이제는 희망의 조건이 되고 있습니다. 이제 한반도는 사람과 물자가 모여드는 동북아 물류와 금융, 비즈니스의 중심지가 될 것입니다. 우리가 주도해서 평화와 번영의 동북아 시대를 열어 나가야 합니다.

(나) 100년 전 우리는 수난과 비극의 역사를 겪었습니다. 해양으로 나가려는 세력과 대륙으로 진출하려는 세력이 한반도를 가운데 놓고 싸움을 벌였습니다. 마침내 우리는 국권을 상실하는 아픔을 감수해야 했습니다.

(다) 지금은 무력이 아니라 경제력이 국력을 좌우하는 시대입니다. 우리나라는 전쟁의 폐허를 극복하고 세계적인 경제 강국을 건설하고 있습니다. 우수한 인력과 세계 선두권의 정보화 기반을 갖추고 있습니다. 바다와 하늘과 땅을 연결하는 물류 기반도 손색이 없습니다.

(라) 그 아픔은 분단으로 이어져서 오늘에 이르고 있습니다. 그 과정에서는 정의가 패배하고 기회주의가 득세하는 불행한 역사를 겪었습니다. 그러나 이제 우리에게도 새로운 희망의 시대가 열리고 있습니다. 세계의 변방으로 머물러 왔던 동북아시아가 북미·유럽 지역과 함께 세계 경제의 3대 축으로 떠오르고 있습니다.

① (가) - (나) - (다) - (라)

② (가) - (라) - (나) - (다)

③ (나) - (가) - (라) - (다)

④ (나) - (라) - (다) - (가)

08 다음 대화에 대한 설명으로 가장 적절한 것은?

> A: 예은 씨. 오늘 회의 내용을 팀원들에게 공유해 주시면 좋겠네요.
>
> B: 네. 알겠습니다. 팀장님, 오늘 회의 내용을 요약 정리해서 메일로 공유하면 되겠지요?
>
> A: (고개를 끄덕이며) 맞습니다.
>
> B: 네. 그럼 회의 내용은 개조식으로 요약하고, 팀장님을 포함해서 전체 팀원에게 메일로 보내도록 하겠습니다.
>
> A: 예은 씨. 그런데 개조식으로 회의 내용을 요약하는 방식에는 문제가 있지 않을까요?
>
> B: (고개를 끄덕이며) 그렇겠네요. 개조식으로 요약할 경우 회의 내용이 과도하게 생략되어 이해가 어려울 수 있겠네요.

① A는 B에게 내용 요약 방식을 제안하고 있다.

② A와 B는 대화 중에 공감의 표지를 드러내며 상대방의 말을 듣고 있다.

③ B는 회의 내용 요약 방식에 대한 A의 문제 제기에 대해 자신이 다른 입장임을 드러내고 있다.

④ A는 개조식 요약 방식이 회의 내용을 과도하게 생략하여 이해에 어려움을 줄 수 있다고 명시하고 있다.

09 다음 글에 대한 이해로 적절하지 않은 것은?

> 올해 A시는 '청소년 의회 교실' 운영에 관한 조례를 발표함으로써 청소년들이 지방의회의 역할과 기능을 이해하고 민주 시민으로서의 소양과 자질을 함양할 수 있는 근거를 마련하였다. 청소년 의회 교실이란 청소년을 대상으로 실시하는 의회 체험 프로그램을 의미한다. 여기에 참여할 수 있는 대상은 A시에 있는 학교에 재학 중인 만 19세 미만의 청소년이다. 이 조례에 따르면 시의회 의장은 의회 교실의 참가자 선정 및 운영 방안을 결정할 수 있다. 운영 방안에는 지방자치 및 의회의 기능과 역할, 민주 시민의 소양과 자질 등에 관한 교육 내용이 포함된다. 또한 시의회 의장은 고유 권한으로 본회의장 시설 사용이 가능하도록 지원할 수 있다. 최근 A시는 '수업 시간 스마트폰 사용 제한에 관한 조례안'을 주제로 본회의장에서 첫 번째 의회 교실을 운영하였다. 참석 학생들은 1일 시의원이 되어 의원 선서를 한 후 주제에 관한 자유 발언 시간을 가졌다. 이어서 관련 조례안을 상정한 후 찬반 토론을 거쳐 전자 투표로 표결 처리하였다. 학생들이 의회 과정 전반에 대해 체험할 수 있었던 뜻깊은 시간이었다.

① A시에 있는 학교의 만 19세 미만 재학생은 청소년 의회 교실에 참여할 수 있는 대상이다.

② A시의 시의회 의장은 청소년 의회 교실의 민주 시민 소양과 관련된 교육 내용을 결정할 수 있다.

③ A시에서 시행된 청소년 의회 교실에서 시의회 의장은 본회의장 시설을 사용하도록 지원해 주었다.

④ A시의 올해 청소년 의회 교실은 의원 선서, 조례안 상정, 자유 발언, 찬반 토론, 전자 투표의 순서로 진행되었다.

10 단어에 대한 설명으로 적절하지 않은 것은?

① 가난: 한자어 '간난'에서 'ㄴ'이 탈락하면서 된 말이다.

② 어리다: '어리석다'는 뜻에서 '나이가 적다'는 뜻으로 바뀐 말이다.

③ 수탉: 'ㅎ'을 종성으로 갖고 있던 '숳'에 '닭'이 합쳐져 이루어진 말이다.

④ 점잖다: '의젓함'을 나타내는 '점잖이'에 '하다'가 붙어 형성된 말이다.

11 다음 글의 주제로 가장 적절한 것은?

예전에 '혐오'는 대중에게 관심을 끄는 말이 아니었지만, 요즘에는 익숙하게 듣는 말이 되었다. 이는 과거에 혐오가 존재하지 않았다는 말이 아니다. 단지 최근 몇 년 사이에 이 문제가 폭발하듯 가시화되었다는 뜻이다. 혐오 현상은 외계에서 뚝 떨어진 괴물이 만들어 낸 것이 아니라, 거기엔 자체의 역사와 사회적 배경이 반드시 선행한다.

이 문제를 바라볼 때 주의 사항이 있다. 혐오나 증오라는 특정 감정에 집착해선 안 된다는 것이다. 혐오가 주제인데 거기에 집중하지 말라니, 얼핏 이율배반처럼 들리지만 이는 매우 중요한 포인트다. 왜 혐오가 나쁘냐고 물어보면 많은 사람들은 이렇게 답한다. "나쁜 감정이니까 나쁘다.", "약자와 소수자를 차별하게 만드니까 나쁘다." 이 대답들은 분명 선량한 마음에서 나온 것이다. 하지만 문제의 성격을 오인하게 만들 수 있다. 혐오나 증오라는 감정에 집중할수록 우린 '달을 가리키는 손가락만 바라보는' 잘못을 범하기 쉬워진다.

인과관계를 혼동하면 곤란하다. 우리가 문제시하고 있는 각종 혐오는 자연 발생한 게 아니라 사회적으로 형성된 감정이다. 사회문제의 기원이나 원인이 아니라, 발현이며 결과다. 더 정확히 말하자면 혐오는 증상이다. 증상을 관찰하는 일은 중요하지만 거기에만 매몰되면 곤란하다. 우리는 혐오나 증오 그 자체를 사회악으로 지목해 도덕적으로 지탄하는 데서 그치지 말아야 한다.

① 혐오 현상에는 인과관계가 존재하지 않는다.

② 혐오 현상은 선량한 마음으로 바라보아야 한다.

③ 혐오 현상을 만들어 내는 근본 원인을 찾아야 한다.

④ 혐오라는 감정에 집중할수록 사회문제는 잘 보인다.

12 ㉠~㉣에 대한 이해로 적절하지 않은 것은?

有此茅亭好	이 멋진 ㉠ 초가 정자 있고
綠林細徑通	수풀 사이로 오솔길 나 있네
微吟一杯後	술 한 잔 하고 시를 읊조리면서
高座百花中	온갖 꽃 속에서 ㉡ 높다랗게 앉아 있네
丘壑長看在	산과 계곡은 언제 봐도 그대로건만
樓臺盡覺空	㉢ 누대는 하나같이 비어 있구나
莫吹紅一點	붉은 꽃잎 하나라도 흔들지 마라
老去惜春風	늙어갈수록 ㉣ 봄바람이 안타깝구나

－ 심환지, 「육각지하화원소정염운(六閣之下花園小亭拈韻)」 －

① ㉠: 시간적 흐름에 따른 시상 전개를 매개하고 있다.

② ㉡: 시적 화자의 초연한 태도를 드러내고 있다.

③ ㉢: 자연에 대비되는 쇠락한 인간사를 암시하고 있다.

④ ㉣: 꽃잎을 흔드는 부정적 이미지로 기능하고 있다.

13 밑줄 친 단어 중 사람의 몸을 지시하는 말이 포함되지 않은 것은?

① 선생님께서는 슬하에 세 명의 자녀를 두셨다고 한다.

② 그는 수완이 좋아서 사람들에게 인정을 받는다.

③ 여러 팀이 우승을 위해 긴 시간 동안 각축을 벌였다.

④ 사업단의 발족으로 미뤄 뒀던 일들이 진행되기 시작했다.

14 ⊙과 ⓒ에 대한 설명으로 가장 적절한 것은?

> (가) ⊙ 계월이 여자 옷을 벗고 갑옷과 투구를 갖춘 후 용봉황월(龍鳳黃鉞)과 수기를 잡아 행군해 별 궁에 자리를 잡았다. 그리고 군사를 시켜 보국에게 명령을 전하니 보국이 전해져 온 명령을 보고 화가 머리끝까지 났다. 그러나 보국은 예전에 계월의 위엄을 보았으므로 명령을 거역하지 못해 갑옷과 투구를 갖추고 군문에 대령했다.
>
> 이때 계월이 좌우를 돌아보며 말했다.
>
> "보국이 어찌 이다지도 거만한가? 어서 예를 갖추어 보이라."
>
> 호령이 추상과 같으니 군졸의 대답 소리로 장안이 울릴 정도였다. 보국이 그 위엄을 보고 겁을 내어 갑옷과 투구를 끌고 몸을 굽히고 들어가니 얼굴에서 땀이 줄줄 흘러내렸다.
>
> – 작자 미상, 「홍계월전」에서 –
>
> (나) 장끼 고집 끝끝내 굽히지 아니하여 ⓒ 까투리 홀로 경황없이 물러서니, 장끼란 놈 거동 보소. 콩 먹으러 들어갈 제 열두 장목 펼쳐 들고 꾸벅꾸벅 고개 조아 조츰조츰 들어가서 반달 같은 혀뿌리로 들입다 꽉 찍으니, 두 고패 둥그러지며 …(중략)… 까투리 하는 말이
>
> "저런 광경 당할 줄 몰랐던가. 남자라고 여자의 말 잘 들어도 패가하고, 계집의 말 안 들어도 망신하네."
>
> 까투리 거동 볼작시면, 상하평전 자갈밭에 자락머리 풀어 놓고 당굴당굴 뒹굴면서 가슴치고 일어앉아 잔디풀을 쥐어뜯어 애통하며, 두 발로 땅땅 구르면서 붕성지통(崩城之痛) 극진하니, 아홉 아들 열두 딸과 친구 벗님네들도 불쌍타 의논하며 조문 애곡하니 가련 공산 낙망천에 울음소리뿐이로다.
>
> – 작자 미상, 「장끼전」에서 –

① ⊙과 ⓒ은 모두 상대에 비해 우월한 지위를 가지고 있다.

② ⊙이 상대의 행동을 비판하는 반면, ⓒ은 옹호하고 있다.

③ ⊙이 갈등 상황을 타개하는 데 적극적인 반면, ⓒ은 소극적이다.

④ ⊙이 주변으로부터 호의적인 반응을 얻은 반면, ⓒ은 적대적인 반응을 얻는다.

15 밑줄 친 말의 쓰임이 올바른 것은?

① 습관처럼 중요한 말을 되뇌이는 버릇이 있다.

② 나는 친구 집을 찾아 골목을 헤매이고 다녔다.

③ 너무 급하게 밥을 먹으면 목이 메이기 마련이다.

④ 그는 어린 시절 기계에 손가락이 끼이는 사고를 당했다.

16 밑줄 친 부분의 한자 표기가 옳지 않은 것은?

① 우리 시대 영웅으로 소방관(消防官)이 있다.

② 과학자(科學者)는 청소년들이 선망하는 직업이다.

③ 그는 인공지능 연구소의 연구원(研究員)이 되었다.

④ 그는 법원의 명령에 따라 변호사(辯護事)로 선임되었다.

17 다음 글에 대한 이해로 적절하지 않은 것은?

> 르네상스가 일어나게 된 요인으로 많은 것들이 거론되어 왔지만, 의학사의 관점에서 볼 때 흥미롭고 논쟁적인 원인은 페스트이다. 페스트가 유럽의 인구를 격감시킴으로써 사회 경제 구조가 급변하게 되었고, 사람들은 재래의 전통이 지니고 있던 강력한 권위에 의문을 품기 시작했다. 예컨대 사람들은 이 무시무시한 질병을 예측하지 못한 기존의 의학적 전통을 불신하게 되었으며, 페스트로 인해 '사악한 자'들만이 아니라 '선량한 자'들까지 무차별적으로 죽는 것을 보고 이전까지 의심하지 않았던 신과 교회의 막강한 권위에 대해서도 회의하게 되었다.
>
> 속수무책으로 당할 수밖에 없었던 죽음에 대한 경험은 사람들을 여러 방향에서 변화시켰다. 사람들은 거리에 시체가 널려 있는 광경에 익숙해졌고, 인간의 유해에 대한 두려움 또한 점차 옅어졌다. 교회에서 제시한 세계관 및 사후관에 대한 신뢰가 떨어지고, 삶과 죽음 같은 인간의 본질적인 문제에 대해 새롭게 사유하기 시작했다. 중세의 지적 전통에 대한 의구심은 고대의 학문과 예술, 언어에 대한 재평가로 이어졌으며, 이에 따라 신에 대한 무조건적 찬양과 복종 대신 인간에 대한 새로운 관심과 사유가 활발해졌다.
>
> 이러한 움직임은 미술사에서 두드러지게 포착된다. 인간에 대한 관심의 증대에 따라 인체의 아름다움이 재발견되었고, 인체를 묘사하는 다양한 화법도 등장했다. 인체에 대한 관심은 보이는 부분뿐만 아니라 보이지 않는 부분에 대한 관심으로 이어졌다. 기존의 의학적 전통을 여전히 신봉하던 의사들에게 해부학적 지식은 불필요한 것으로 인식되었던 반면, 당시의 미술가들은 예술가이면서 동시에 해부학자이기도 할 만큼 인체의 내부 구조를 탐색하는 데 골몰했다.

① 전염병의 창궐은 르네상스의 발생을 설명하는 다양한 요인 가운데 하나이다.

② 페스트로 인한 선인과 악인의 무차별적인 죽음은 교회가 유지하던 막강한 권위를 약화시켰다.

③ 예술가들이 인체의 아름다움을 재발견함으로써 고대의 학문과 언어에 대한 재평가도 이루어졌다.

④ 르네상스 시기에 해부학은 의사들보다도 미술가들의 관심을 끌었다.

18 밑줄 친 부분에 어울리는 한자성어로 가장 적절한 것은?

> 추사 김정희의 '세한도'는 글씨를 쓰다 남은 먹을 버리기 아까워 그린 듯이 갈필(渴筆)의 거친 선 몇 개로 이루어져 있다. 정말 큰 기교는 겉으로 보기에는 언제나 서툴러 보이는 법이다. 그러나 대가의 덤덤한 듯, 툭 던지는 한마디는 예리한 비수가 되어 독자의 의식을 헤집는다.

① 巧言令色

② 寸鐵殺人

③ 言行一致

④ 街談巷說

19 다음 글에서 추론한 내용으로 가장 적절한 것은?

> 논리실증주의자들에 따르면, 만약 어떤 것이 과학일 경우 거기에서 사용되는 문장은 유의미하다. 그들은 유의미한 문장의 기준으로 소위 '검증 원리'라고 불리는 것을 제안했다. 검증 원리란, 경험을 통해 참이나 거짓을 검증할 수 있는 문장은 유의미하고 그렇지 않은 문장은 유의미하지 않다는 것이다. 다음 두 문장을 예로 생각해 보자.
>
>   (가) 달의 다른 쪽 표면에 산이 있다.
>   (나) 절대자는 진화와 진보에 관계하지만, 그 자체는 진화하거나 진보하지 않는다.
>
> 위 두 문장 중 경험을 통해 검증할 수 있는 것은 무엇인가? 비록 현실적으로 큰 비용이 들기는 하지만 (가)는 분명히 경험을 통해 진위를 밝힐 수 있다. 즉 우리는 (가)의 진위를 확정하기 위해서 무엇을 경험해야 하는지 알고 있다는 것이다. 이런 점에 근거하여 논리실증주의자들은 (가)는 검증할 수 있고, 유의미한 문장이라고 판단한다. 그럼 (나)는 어떠한가? 우리는 무엇을 경험해야 (나)의 진위를 확정할 수 있는가? 논리실증주의자들은 그런 것은 없다고 주장하고, 이에 (나)는 검증할 수 없고 과학에서 사용될 수 없는 무의미한 문장이라고 말한다.

① 논리실증주의자들에 따르면 무의미한 문장을 사용하는 것은 과학이 아니다.
② 논리실증주의자들에 따르면 과학의 문장들만이 유의미하다.
③ 검증 원리에 따르면 아직까지 경험되지 않은 것을 언급한 문장은 무의미하다.
④ 검증 원리에 따르면 거짓인 문장은 무의미하다.

20 다음 글에서 추론할 수 있는 것만을 〈보기〉에서 모두 고르면?

> 컴퓨터에는 자유의지가 있을까? 나아가 컴퓨터에 도덕적 의무를 귀속시킬 수 있을까? 컴퓨터는 다양한 전기회로로 구성되어 있고, 물리법칙, 프로그래밍 방식, 하드웨어의 속성 등에 따라 필연적으로 특정한 초기 상태로부터 다음 상태로 넘어간다. 마찬가지로 두 번째 상태에서 세 번째 상태로 이동하고, 이러한 과정이 계속해서 이어진다. 즉 컴퓨터는 결정론적 법칙의 지배를 받는 시스템이라는 것이다. 그럼 이러한 시스템에는 자유의지가 있을까?
>
> 결정론적 법칙의 지배를 받는 시스템의 중요한 특징은 주어진 조건에 따라 결과가 하나로 고정된다는 점이다. 다시 말해, 이러한 시스템에는 항상 하나의 선택지만 있을 뿐이다. 그런 뜻에서 결정론적 지배를 받는다는 것과 자유의지를 가진다는 것은 양립할 수 없음이 분명하다. 어떤 선택을 할 때 그것과 다른 선택을 할 수도 있다는 것은 자유의지의 필요조건이기 때문이다. 결국 결정론적 법칙의 지배를 받는 시스템은 자유의지를 가지지 않는다. 또한 자유의지를 가지지 않는 시스템에 도덕적 의무를 귀속시킬 수 없음은 당연하다.

— 〈보 기〉 —

㉠ 컴퓨터는 자유의지를 가지지 않으며 도덕적 의무의 귀속 대상일 수도 없다.
㉡ 도덕적 의무를 귀속시킬 수 있는 시스템은 결정론적 법칙의 지배를 받지 않는다.
㉢ 어떤 선택을 할 때 그것과 다른 선택을 할 수 없는 시스템은 자유의지를 가지지 않는다.

① ㉠, ㉡   ② ㉠, ㉢
③ ㉡, ㉢   ④ ㉠, ㉡, ㉢

❤ 회독 CHECK 1 2 3

01 밑줄 친 부분의 문장 성분이 나머지 셋과 다른 것은?

① 입은 비뚤어져도 말은 바로 해라.
② 호랑이도 제 말 하면 온다.
③ 아니 땐 굴뚝에 연기 날까?
④ 꿀도 약이라면 쓰다.

02 〈보기〉에서 밑줄 친 설명과 같은 문법 범주에 속하는 문장은?

─── 〈보 기〉───
(가) 온난화로 북극 빙하가 다 녹는다.
(나) 온난화가 북극 빙하를 다 녹인다.

'온난화'라는 사태와 '북극 빙하가 녹는 사태' 간에는 의미적으로 인과 관계가 성립하는데, (가)에서는 이 인과 관계를 드러내는 표지로 부사격 조사 '로'가 쓰였다. (나)는 '녹이다'라는 사동사를 사용한 문장이다. 주동문일 때 부사어 위치에 있던 '온난화'가 사동문에서는 주어 자리를 차지함으로써 '온난화'라는 현상이 '북극 빙하'라는 대상이 '녹도록' 힘을 가하는 의미로 읽힌다. 이로써 '북극 빙하가 녹는 사태'에 대하여 '온난화'가 온전히 책임을 져야 할 것처럼 보인다.

① 회사는 이것이 전파 인증을 받은 제품이라고 우긴다.
② 사장이 사장실을 넓히기 위해 직원 회의실을 좁힌다.
③ 온갖 공장에서 폐수를 정화하지도 않고 강에 버린다.
④ 이산화탄소가 적외선을 흡수하여 열이 대기에 모인다.

03 밑줄 친 단어의 품사가 다른 것은?

① 이야기를 들어 보다.
② 일을 하다가 보면 요령이 생겨서 작업 속도가 빨라진다.
③ 이런 일을 당해 보지 않은 사람은 내 심정을 모른다.
④ 식구들이 모두 집에 돌아왔나 보다.

04 가장 자연스러운 문장은?

① 지금부터 회장님의 말씀이 계시겠습니다.
② 당신이 가리키는 곳은 시청으로 보입니다.
③ 푸른 산과 맑은 물이 흐르는 계곡으로 가자!
④ 이런 곳에서 생활한다는 것이 믿겨지지 않았다.

05 띄어쓰기가 가장 옳지 않은 것은?

① 이∨일도∨이제는∨할∨만하다.
② 나는∨하고∨싶은∨대로∨할∨테야.
③ 다음부터는∨일이∨잘될∨듯∨싶었다.
④ 그녀는∨그∨사실에∨대해∨아는∨체를∨하였다.

06 〈보기〉의 ㉠을 포함하고 있는 안은문장은?

─〈보 기〉─

　관형사가 문장에 쓰이면 관형어로 기능한다. 그래서 관형사는 항상 관형어로 쓰인다. 즉 관형사는 문장에서 관형어로서 체언을 수식한다. 그런데 관형사만 관형어로 쓰이는 것이 아니라, ㉠ 관형사절이 관형어로 쓰이기도 한다. 즉 관형사절이 체언을 수식한다.

① 그는 갖은 양념으로 맛을 내었다.
② 꽃밭에는 예쁜 꽃이 활짝 피었다.
③ 오랜 가뭄 끝에 비가 내렸다.
④ 사무실 밖에서 여남은 명이 웅성대고 있었다.

07 〈보기〉에서 말하고 있는 생물 진화의 유전적 진화 원리가 아닌 것은?

─〈보 기〉─

　문화의 진화도 역시 생물의 진화에 비유해서 설명할 수 있다. 문화변동은 다음과 같은 경우에 일어난다. 첫째, 생물진화의 돌연변이처럼 그 문화체계 안에서 새로운 문화요소의 발명 또는 발견이 있어 존재하는 문화에 추가됨으로써 일어난다. 둘째, 유전자의 이동처럼 서로 다른 두 문화가 접촉함으로써 한 문화에서 다른 문화로 어떤 문화요소의 전파가 생길 때 그 문화요소를 받아들인 사회의 문화에 변화가 일어난다. 셋째, 유전자 제거처럼 어떤 문화요소가 그 사회의 환경에 부적합할 때 그 문화요소를 버리고 더 적합한 다른 문화요소로 대치시킬 때 문화변동을 일으킨다. 넷째, 유전자 유실처럼 어떤 문화요소가 한 세대에서 다음 세대로 전달될 때 잘못되어 그 문화요소가 후세에 전해지지 못하고 단절되거나 소멸될 때 문화변동이 일어난다. 그러나 생물 유기체의 진화원리를 너무 지나치게 문화의 진화에 그대로 비유해서는 안 된다. 문화는 유기체의 진화와 유사하지만 초유기체이기 때문에 생식과정에 의한 유전과는 다른 학습과 모방에 의해 진화되기 때문이다.

① 돌연변이　　　　　② 유전자 유실
③ 유전자 제거　　　　④ 적자생존

08 밑줄 친 부분의 한자 표기가 가장 옳지 않은 것은?

① 이 책에는 이론이 체계적(體系的)으로 잘 정립되어 있다.
② 신문에서 사건의 진상에 대해 자세히 보고(報誥)를 했다.
③ 그는 이미지 제고(提高)를 위한 노력을 게을리하지 않았다.
④ 그 분야 전문가이기 때문에 유명세(有名稅)를 치를 수밖에 없었다.

09 〈보기〉의 내용과 일치하는 것은?

─〈보 기〉─

　독일어식이나 일본어식으로 사용해오던 화학 용어가 국제기준에 맞는 표기법으로 바뀐다. 산업자원부 기술표준원은 주요 원소 이름 109종과 화합물 용어 325종의 새 표기법을 KS규격으로 제정, 다음 달 6일 고시해 시행키로 했다고 30일 밝혔다.
　새 표기법은 세계적으로 통용되는 발음에 가깝게 정해진 것으로, '요오드'는 '아이오딘', '게르마늄'은 '저마늄' 등으로 바뀐다. 화합물 용어도 구성 원소 이름이 드러나도록 '중크롬산칼륨'을 '다이크로뮴산칼륨'으로 표기한다.
　예외적으로 '나트륨'과 '칼륨'은 갑작스러운 표기 변경에 따른 혼란을 피하기 위해 지금까지 사용한 대로 표기를 허용하되 새 이름 '소듐', '포타슘'도 병행해 사용토록 했다. 또 '비타민'도 당분간 '바이타민'을 병행 표기한다.

－ 2005.03.30.자 ○○신문 －

① '요오드'가 '아이오딘'보다 세계적으로 통용되는 발음에 가깝다.
② '저마늄'은 화합물의 구성 원소 이름을 드러낸 표기이다.
③ '나트륨'보다는 '소듐'이 국제기준에 맞는 표기법이다.
④ '비타민'이라는 용어는 KS규격에 맞지 않으므로 쓰지 않아야 한다.

10 〈보기〉의 밑줄 친 부분에 사용된 표현법과 가장 유사한 것은?

> ─── 〈보 기〉 ───
>
> 순이, 벌레 우는 고풍한 뜰에
> 달빛이 밀물처럼 밀려왔구나.
>
> <u>달은 나의 뜰에 고요히 앉아 있다.</u>
> 달은 과일보다 향그럽다.
>
> 동해 바다 물처럼
> 푸른
> 가을
> 밤
>
> 포도는 달빛이 스며 고웁다.
> 포도는 달빛을 머금고 익는다.

① 풀은 눕고 / 드디어 울었다
② 가난하다고 해서 외로움을 모르겠는가
③ 구름은 / 보랏빛 색지 위에 / 마구 칠한 한 다발 장미
④ 아! 강낭콩꽃보다도 더 푸른 / 그 물결 위에 / 양귀비 꽃보다도 더 붉은 / 그 마음 흘러라

11 〈보기〉의 내용에 대한 이해로 가장 옳지 않은 것은?

> ─── 〈보 기〉 ───
>
> 참, 거짓을 판단할 수 있는 문장을 명제라고 한다. 문장이 나타내는 명제가 실제 세계의 사실과 일치하면 참이고 그렇지 않으면 거짓이다. 가령, '사과는 과일이다.'는 실제 세계의 사실과 일치하므로 참인 명제지만 '새는 무생물이다.'는 실제 세계의 사실과 일치하지 않으므로 거짓인 명제이다. 이와 같이 명제가 지닌 진리치가 무엇인지 밝혀 주는 조건을 진리 조건이라고 한다. 명제 논리의 진리 조건을 간략하게 살펴보면 다음과 같다. 모든 명제는 참이든지 거짓이든지 둘 중 하나여야 하며 참도 아니고 거짓도 아니거나 참이면서 거짓인 경우는 없다. 명제 P가 참이면 그 부정 명제 ~P는 거짓이고 ~P가 참이면 P는 거짓이다. 명제 P와 Q가 AND로 연결되는 P∧Q는 P와 Q가 모두 참일 때에만 참이다. 명제 P와 Q가 OR로 연결되는 P∨Q는 P와 Q 둘 중 적어도 하나가 참이기만 하면 참이 된다. 명제 P와 Q가 IF … THEN으로 연결되는 P→Q는 P가 참이고 Q가 거짓이면 거짓이고 나머지 경우에는 모두 참이 된다.

① 명제 논리에서 '모기는 생물이면서 무생물이다.'는 성립하지 않는다.
② 명제 논리에서 '파리가 새라면 지구는 둥글다.'는 거짓이다.
③ 명제 논리에서 '개가 동물이거나 컴퓨터가 동물이다.'는 참이다.
④ 명제 논리에서 '늑대는 새가 아니고 파리는 곤충이다.'는 참이다.

12 〈보기〉의 밑줄 친 부분과 표현 방식이 가장 유사한 것은?

─ 〈보 기〉 ─

<u>동짓달 기나긴 밤 한 허리를 베어내어</u>
봄바람 이불 아래 서리서리 넣었다가
사랑하는 임 오신 날 밤이거든 구비구비 펴리라

① 아아 님은 갔지마는 나는 님을 보내지 아니하였습니다.
② 무사(無事)한 세상이 병원이고 꼭 치료를 기다리는 무병(無病)이 곳곳에 있다
③ 노란 해바라기는 늘 태양같이 태양같이 하던 화려한 나의 사랑이라고 생각하라.
④ 내 마음 속 우리 님의 고운 눈썹을 / 즈믄 밤의 꿈으로 맑게 씻어서

13 〈보기〉에서 말하고자 하는 바로 가장 적절한 것은?

─ 〈보 기〉 ─

기존의 대부분의 일제 시기 근대화 문제에 관한 연구는 다양한 입장 차이에도 불구하고 대단히 대립적인 두 가지 주장으로 정리될 수 있다. 즉 일제가 조선을 지배하지 않았다면 조선에서는 근대적 변혁이 제대로 이루어지지 않았을 것이라는 주장과, 일제의 조선 지배는 한국 근대화를 압살하였기 때문에 결국 근대는 해방 이후부터 시작될 수밖에 없었다는 주장이 그것이다. 두 주장 모두 일제의 조선 지배에도 불구하고 조선인들이 주체적으로 대응했던 역사가 탈락되어 있다. 일제 시기의 역사가 한국 역사의 일부가 되기 위해서는 민족 해방 운동 같은 적극적인 항일 운동뿐만 아니라, 지배의 억압 속에서도 치열하게 삶을 영위해 가면서 자기 발전을 도모해 나간 조선인의 역사도 정당하게 평가되지 않으면 안 된다.

① 일제의 조선 지배는 한국에게서 근대화의 기회를 빼앗았다.
② 일제의 지배에 주체적으로 대응한 조선인의 역사도 정당하게 평가되어야 한다.
③ 일제가 조선을 지배하지 않았다면 조선에서는 근대화가 이루어지지 않았을 것이다.
④ 조선인들은 일제하에서도 적극적인 항일 운동으로 역사에 주체적으로 대응해 나갔다.

14 어문 규범에 맞게 표기한 것은?

① 제작년까지만 해도 겨울이 그렇게 춥지 않았지요.
② 범인은 오랫동안 치밀하게 범행을 계획한 것으로 드러났습니다.
③ 욕구가 억눌린 사람들이 공격성을 띄는 경우가 있습니다.
④ 다른 사람의 진심 어린 충고를 겸허히 받아드리는 자세가 필요합니다.

15 외래어 표기가 올바른 것으로만 묶은 것은?

① 플랭카드, 케잌, 스케줄
② 텔레비전, 쵸콜릿, 플래시
③ 커피숍, 리더십, 파마
④ 캐비닛, 로켓, 슈퍼마켓

16 〈보기〉의 밑줄 친 부분을 통해 파악할 수 있는 서술자의 의도로 가장 적절한 것은?

〈보 기〉

　　선불이에요? 근데…… 곱빼기면 오천오백 원 아니에요?

　　소희가 메뉴판을 가리키며 묻자 여자가 역시 메뉴판을 가리키며 맵게 추가하면 오백 원이라고 말했다. 모든 메뉴 아래에 빨간 고추가 그려져 있고 그 옆에 조그맣게 오백 냥이라고 적혀 있었다.

　　오백 원이나요?

　　여자가 앞치마 주머니에서 계산지를 꺼내 표시를 하고는 큰 인심 쓰듯이 말했다.

　　여기는 매운맛 소스를 안 쓰고 청양고추 유기농으로 맛을 내거든.

　　청양고추요?

　　그러니까 다만 오백 원이라도 안 받으면 장사가 안 된다고.

　　장사가 안 될지 어떨지는 알 수 없지만 육천 원이면 찌개용 돼지고기 한 근을 살 수 있다. 곱빼기도 말고 맵게도 말고 그냥 사천오백 원짜리 짬뽕을 먹을까 하다 소희는 자리에서 일어났다.

　　다음에 올게요.

　　그럼, 그러든지, 하더니 여자는 아니, 그럴 거면 빨리빨리 결정을 져야지, 젊은 사람이 어째 매가리가 없이, 하고는 계산지를 구겨 쓰레기통에 던져 넣었다. 계단을 내려오면서 소희는, 매가리가 없이, 매가리가 없이, 하고 중얼거려 보지만 그게 무슨 말인지 모른다.

① 추가 요금을 받지 않으면 장사하기 어려운 현실을 적극적으로 비판하려 했다.
② 쉽게 결정을 내리지 못하는 사람들로 인해 식당 종업원들이 겪는 고충을 전하려 했다.
③ 짬뽕 한 그릇을 사먹는 것도 망설여야 하는 청년 세대의 가난을 간접적으로 드러내려 했다.
④ 소극적인 젊은이들의 의사 표현 방식을 비판하고 적극적인 태도를 가지도록 독려하려 했다.

17 어문 규범에 맞는 단어로만 묶은 것은?

① 곰곰이, 간질이다, 닥달하다
② 통채, 발자욱, 구렛나루
③ 귀뜸, 핼쓱하다, 널찍하다
④ 대물림, 구시렁거리다, 느지막하다

18 같은 의미의 '견'자가 사용된 사자성어를 옳게 짝 지은 것은?

① 견마지로 – 견토지쟁
② 견문발검 – 견마지성
③ 견강부회 – 견물생심
④ 견원지간 – 견리사의

19 〈보기〉의 (가)~(다)에 대한 이해로 가장 적절하지 않은 것은?

─── 〈보 기〉 ───

(가) 백호 임제가 말에 올라타려 할 때 종이 나서서 말했다. "나리, 취하셨습니다. 한쪽은 짚신을 신으셨네요." 그러나 백호가 냅다 꾸짖었다. "길 오른쪽을 가는 이는 내가 가죽신을 신었다고 할 테고 길 왼쪽을 가는 이는 내가 짚신을 신었다고 할 게다. 내가 염려할 게 뭐냐." 이것으로 따져 보면 천하에서 발보다 쉽게 눈에 띄는 것이 없지만 보는 방향이 달라짐에 따라서 가죽신을 신었는지도 분간하기 어렵다.

(나) 늙은 살구나무 아래, 작은 집 한 채! 방은 시렁과 책상 따위가 삼분의 일이다. 손님 몇이 이르기라도 하면 무릎이 부딪치는 너무도 협소하고 누추한 집이다. 하지만 주인은 편안하게 독서와 구도(求道)에 열중한다. 나는 그에게 말했다. "이 작은 방에서 몸을 돌려 앉으면 방위가 바뀌고 명암이 달라지지. 구도란 생각을 바꾸는 데 달린 법, 생각이 바뀌면 그 뒤를 따르지 않을 것이 없지. 자네가 내 말을 믿는다면 자네를 위해 창문을 밀쳐줌세. 웃는 사이에 벌써 밝고 드넓은 공간으로 올라갈 걸세."

(다) 어항 속 금붕어의 시각은 우리의 시각과 다르지만, 금붕어도 둥근 어항 바깥의 물체들의 운동을 지배하는 과학 법칙들을 정식화(定式化)할 수 있을 것이다. 예컨대 힘을 받지 않는 물체의 운동을 우리라면 직선운동으로 관찰하겠지만, 어항 속 금붕어는 곡선운동으로 관찰할 것이다. 그럼에도 금붕어는 자기 나름의 왜곡된 기준 틀(Frame of Reference)을 토대로 삼아 과학 법칙들을 정식화할 수 있을 것이고, 그 법칙들은 항상 성립하면서 금붕어로 하여금 어항 바깥의 물체들의 미래 운동을 예측할 수 있도록 해줄 것이다. 금붕어가 세운 법칙들은 우리의 틀에서 성립하는 법칙들보다 복잡하겠지만, 복잡함이나 단순함은 취향의 문제이다. 만일 금붕어가 그런 복잡한 이론을 구성했다면, 우리는 그것을 타당한 실재상으로 인정해야 할 것이다.

① (가)의 임제는 사람들이 주관적 관점에서 대상을 인식한다고 여겼다.

② (나)의 집주인은 객관적 조건과 무관하게 자신만의 방식으로 대상을 수용했다.

③ (다)의 금붕어는 왜곡된 기준 틀로 과학 법칙을 수립할 수 있다.

④ (가), (나), (다)는 주관적 인식의 모순을 분명하게 밝혔다.

20 〈보기〉의 시에 대한 이해로 가장 적절한 것은?

─── 〈보 기〉 ───

돌담 기대 친구 손 붙들고
토한 뒤 눈물 닦고 코 풀고 나서
우러른 잿빛 하늘
무화과 한 그루가 그마저 가려섰다.

이봐
내겐 꽃 시절이 없었어
꽃 없이 바로 열매 맺는 게
그게 무화과 아닌가
어떤가
친구는 손 뽑아 등 다스려 주며
이것 봐
열매 속에서 속꽃 피는 게
그게 무화과 아닌가
어떤가

일어나 둘이서 검은 개굴창가 따라
비틀거리며 걷는다
검은 도둑괭이 하나가 날쌔게
개굴창을 가로지른다.

① 잿빛 하늘은 화자가 처한 현실의 반어적 형상이다.

② 화자는 굳은 의지로 전망 부재의 현실에 저항하고 있다.

③ 속으로 꽃이 핀다는 것은 화자가 내면화된 가치를 지녔음을 뜻한다.

④ 도둑괭이는 현실의 부정에 적극 맞서야 함을 일깨우는 존재다.

모바일 OMR

● 회독 CHECK 1 2 3

01 〈보기〉의 빈칸에 들어갈 단어로 가장 옳은 것은?

〈보 기〉

군락의 생산성을 높이기 위해 개미가 채택한 경영 방식은 철저한 분업제도이다. 개미사회가 성취한 분업 중에서 사회학적으로 볼 때 가장 신기한 것은 이른바 (　　) 분업이다. 여왕개미는 평생 오로지 알을 낳는 일에만 전념하고 일개미들은 그런 여왕을 도와 군락의 (　　)에 필요한 모든 제반 업무를 담당한다. 자신의 유전자를 보다 많이 후세에 남기고자 하는 것이 궁극적인 삶의 의미라는 진화학적 관점에서 볼 때, 자기 스스로 자식을 낳아 키우기를 포기하고 평생토록 여왕을 보좌하는 일개미들의 행동처럼 불가사의한 일도 그리 많지 않다.

① 경제(經濟)　　　② 번식(繁殖)
③ 국방(國防)　　　④ 교육(敎育)

02 〈보기〉의 밑줄 친 ㉠과 ㉡의 사례로 옳지 않게 짝 지은 것은?

〈보 기〉

제1항 한글 맞춤법은 표준어를 ㉠ 소리대로 적되, ㉡ 어법에 맞도록 함을 원칙으로 한다.

	㉠	㉡
①	마감	무릎이
②	며칠	없었고
③	빛깔	여덟에
④	꼬락서니	젊은이

03 〈보기〉의 밑줄 친 부분의 사례로 옳지 않은 것은?

〈보 기〉

제51항 부사의 끝음절이 분명히 '이'로만 나는 것은 '-이'로 적고, '히'로만 나거나 '이'나 '히'로 나는 것은 '-히'로 적는다.

① 꼼꼼히　　　② 당당히
③ 섭섭히　　　④ 정확히

04 〈보기〉의 ㉠~㉢에 들어갈 사자성어로 가장 적절하지 않은 것은?

〈보 기〉

투자자들은 제각기 제 살 구멍을 찾아 (　㉠　)을 서두르는 거대한 개미 떼와도 같이 이리저리 쏠리고 있었다. 어린시절 뛰놀던 동네는 재개발로 인해 (　㉡　)라 할 만큼 큰 변화가 있었다. 오래 길들인 생활의 터전을 내준 걸 후회했다. 뒤늦게 후회해 봤자 (　㉢　)이었다. 수사팀은 거기서부터 추리가 막히고 (　㉣　)에 빠져드는 느낌이었다.

① ㉠ – 자가당착
② ㉡ – 상전벽해
③ ㉢ – 만시지탄
④ ㉣ – 오리무중

05 〈보기〉의 작품에 대한 감상으로 가장 옳지 않은 것은?

> ── 〈보 기〉 ──
>
> 껍데기는 가라.
> 사월도 알맹이만 남고
> 껍데기는 가라.
>
> 껍데기는 가라.
> 동학년(東學年) 곰나루의, 그 아우성만 살고
> 껍데기는 가라.
>
> 그리하여, 다시
> 껍데기는 가라.
> 이곳에선, 두 가슴과 그곳까지 내논
> 아사달 아사녀가
> 중립(中立)의 초례청 앞에 서서
> 부끄럼 빛내며
> 맞절할지니
>
> 껍데기는 가라.
> 한라에서 백두까지
> 향그러운 흙가슴만 남고
> 그 모오든 쇠붙이는 가라.

① 반어적 어조로 현실을 풍자하였다.
② 명령과 반복의 기법을 통하여 주제를 분명하게 드러
   내었다.
③ 우리 민족이 처한 현실을 극복하려는 의지를 표현하
   였다.
④ 민족의 통일에 대한 염원을 담고 있다.

06 띄어쓰기가 가장 옳은 문장은?

① 예전에 가 본데가 어디쯤인지 모르겠다.
② 사람을 돕는데에 애 어른이 어디 있겠습니까?
③ 이 그릇은 귀한 거라 손님을 대접하는데나 쓴다.
④ 저분이 그럴 분이 아니신데 큰 실수를 하셨다.

07 〈보기〉의 설명에 해당하는 속담으로 가장 적절한 것은?

> ── 〈보 기〉 ──
>
> 훌륭한 사람 밑에서 지내면 그의 덕이 미치고 도움
> 을 받게 됨을 비유적으로 이르는 말

① 서 발 막대 거칠 것 없다
② 무른 땅에 말뚝 박기
③ 금강산 그늘이 관동 팔십 리
④ 우물에 가 숭늉 찾는다

08 음운규칙 중 동화의 예로 옳지 않은 것은?

① 권력(權力) → [궐력]
② 래일(來日) → [내일]
③ 돕는다 → [돔는다]
④ 미닫이 → [미다지]

09 〈보기〉의 ㉠~㉣ 중 조사를 포함하고 있지 않은 것은?

> ── 〈보 기〉 ──
>
> 싀미 ㉠ 기픈 ㉡ 므른 ㉢ ᄀᆞᄆᆞ래 아니 그츨씨
> ㉣ 내히 이러 바ᄅᆞ래 가ᄂᆞ니

① ㉠ – 기픈
② ㉡ – 므른
③ ㉢ – ᄀᆞᄆᆞ래
④ ㉣ – 내히

10 표준 발음법에 따라 옳지 않은 것은?

① 금융[금늉/그뮹]

② 샛길[새:낄/샏:낄]

③ 나뭇잎[나문닙/나묻닙]

④ 이죽이죽[이중니죽/이주기죽]

11 〈보기〉의 작품 설명으로 가장 옳지 않은 것은?

― 〈보 기〉 ―

　이때 뚜우하고 정오 사이렌이 울었다. 사람들은 모두 네 활개를 펴고 닭처럼 푸드덕거리는 것 같고 온갖 유리와 강철과 대리석과 지폐와 잉크가 부글부글 끓고 수선을 떨고 하는 것 같은 찰나, 그야말로 현란을 극한 정오다.

　나는 불현듯 겨드랑이 가렵다. 아하, 그것은 내 인공의 (　　)가 돋았던 자국이다. 오늘은 없는 이 (　　), 머릿속에서는 희망과 양심의 말소된 페이지가 딕셔내리 넘어가듯 번뜩였다.

　나는 걷던 걸음을 멈추고 그리고 어디한번 이렇게 외쳐 보고 싶었다.

　(　　)야 다시 돋아라.

　날자. 날자. 날자. 한번만 더 날자꾸나.

　한번만 더 날아 보잤꾸나.

① 1936년에 발표한 작가 이상의 대표작이다.

② (　　) 안에 들어갈 공통 단어는 '날개'이다.

③ 모더니즘 계열의 소설이다.

④ 결혼을 앞둔 남녀관계를 다루고 있다.

12 외래어 표기법의 기본 원칙으로 옳지 않은 것은?

① 외래어는 국어의 현용 24자모만으로 적는다.

② 외래어의 1 음운은 원칙적으로 1 기호로 적는다.

③ 받침에는 'ㄱ, ㄴ, ㄷ, ㄹ, ㅁ, ㅂ, ㅅ, ㅇ'만을 적는다.

④ 파열음 표기에는 된소리를 쓰지 않는 것을 원칙으로 한다.

13 〈보기〉의 ㉠~㉣ 중 이 글의 주제문으로 가장 적절한 것은?

― 〈보 기〉 ―

　㉠ 남녀평등 문제는 앞으로 별 의미를 갖지 못할 것이다. ㉡ 현재의 출산율은 1.17명이다. 한 부부가 아들과 딸 중 하나를 낳아 기른다는 걸 의미한다. 아들 선호사상이야 사라지지 않겠지만 평등 문제는 크게 개선될 것이다. ㉢ 높아진 평등의식도 긍정적 요인이다. 최근 각계에 여성 진출이 두드러지고 있는 것은 이런 앞날을 예고하는 것이다. ㉣ 내 딸만큼은 나처럼 키우지 않겠다는 한국 어머니들의 한(恨)이 높은 여성 교육 열기로 이어지고 쌓인 결과이기도 하다.

① ㉠   ② ㉡

③ ㉢   ④ ㉣

14 〈보기〉 작품의 전체 맥락을 고려할 때 ㉠에 들어갈 구절로 가장 적절한 것은?

> ───── 〈보 기〉 ─────
>
> 　숲은 만조다
> 　바람이란 바람 모두 밀려와 나무들 해초처럼 일렁이고
> 　일렁임은 일렁임끼리 부딪쳐 자꾸만 파도를 만든다
> 　숲은 얼마나 오래 웅웅거리는 벌떼들을 키워온 것일까
> 　아주 먼 데서 온 바람이 숲을 건드리자
> 　숨죽이고 있던 모래알갱이들까지 우우 일어나 몰려다닌다
> 　저기 거북의 등처럼 낮게 엎드린 잿빛 바위,
> 　그 완강한 침묵조차 남겨두지 않겠다는 듯
> 　(　㉠ 　)
> 　아니라 아니라고 온몸을 흔든다 스스로 범람한다
> 　숲에서 벗어나기 위해 숲은 육탈(肉脫)한다
> 　부러진 나뭇가지들 떠내려간다

① 숲은 푸르다
② 숲은 출렁거린다
③ 바다는 조용하다
④ 바다는 깊다

15 밑줄 친 단어의 성격이 다른 것은?

① 새 책
② 갖은 양념
③ 이런 사람
④ 외딴 섬

16 〈보기〉를 읽은 독자가 가질 수 있는 의문으로 가장 적절하지 않은 것은?

> ───── 〈보 기〉 ─────
>
> 　'무지개'를 '공중에 떠 있는 물방울이 햇빛을 받아 나타나는, 반원 모양의 일곱 빛깔의 줄'이라고 사전적으로 풀이하면, '무지개'가 우리에게 주는 아름다운 연상이 사라질 정도로 '무지개'는 아름다운 우리말이다. 국어의 역사를 잘 알지 못하면 '무지개'가 '물'과 '지개'로 분석될 수 있다는 사실에 언뜻 수긍하지 못할 것이다. '무지개'는 원래 '물'과 '지개'의 합성어인데, 'ㅈ' 앞에서 'ㄹ'이 탈락하여 '무지개'가 되었다. '무지개'에 '물'이 관계되는 것에 이의를 달 사람은 없을 것이므로, '물'은 이해가 되겠는데, '지개'는 무엇이냐고 묻는 사람이 있을 것이다. 문헌에 처음 보이는 형태는 '므지게'인데, 15세기 『용비어천가』나 『석보상절』과 같은 훈민정음 창제 초기의 문헌에 등장한다. '믈[水]'의 15세기 형태인 '믈'에 '지게'가 합쳐진 것으로, '지게'의 'ㅈ' 앞에서 '믈'의 'ㄹ'이 탈락한 것이다.

① '물'의 'ㄹ'이 '지개'의 'ㅈ' 앞에서 탈락한 것이라면, 탈락의 조건은 무엇일까?
② '지개'가 '지게'에서 온 말이라면, 'ㅔ'와 'ㅐ'의 차이는 어떻게 설명할까?
③ '무지개'가 '물'과 '지게'가 합쳐져 변화한 말이라면, 변화한 때는 언제일까?
④ '무지개가 뜨다', '무지개가 걸리다'는 표현은 적절한 표현일까?

17 표준어 규정에 맞지 않는 단어로만 짝 지은 것은?

① 숫양 – 숫기와

② 숫병아리 – 숫당나귀

③ 수퇘지 – 숫은행나무

④ 수캉아지 – 수탉

18 〈보기〉에 대한 설명으로 가장 옳지 않은 것은?

― 〈보 기〉 ―

어이려뇨 어이려뇨 싀어마님아 어이려뇨

쇼대남진의 밥을 담다가 놋쥬걱 잘를 부르쳐시니

이를 어이ᄒ려뇨 싀어마님아 져 아기 하 걱정 마스라

우리도 져머신 제 만히 것거 보왓노라

① 시어머니와 며느리의 대화로 작품이 전개되고 있다.

② 동일한 시어의 반복을 통해 리듬감을 형성하고 있다.

③ 인간의 범상한 욕구를 조명하여 희극적 묘미를 드러내고 있다.

④ 아랫사람의 잘못으로 인해 인물들의 갈등이 더욱 심화되고 있다.

19 밑줄 친 '당신' 중에서 인칭이 다른 것은?

① 할아버지께서는 생전에 <u>당신</u>의 장서를 소중히 다루셨다.

② <u>당신</u>에게 좋은 남편이 되도록 노력하겠소.

③ <u>당신</u>의 희생을 잊지 않겠습니다.

④ 이 일을 한 사람이 <u>당신</u>입니까?

20 〈보기〉의 (가)와 (나)의 공통점에 대한 설명으로 가장 옳지 않은 것은?

― 〈보 기〉 ―

(가) 강호(江湖)에 ᄀ을이 드니 고기마다 ᄉ져 잇다

소정(小艇)에 그물 시러 흘니 ᄯᅴ여 더져 두고

이 몸이 소일(消日)하옴도 역군은(亦君恩)이샷다

(나) 추강(秋江)에 밤이 드니 물결이 ᄎ노미라

낙시 드리치니 고기 아니 무노미라

무심(無心)ᄒᆞᆫ 달빗만 싯고 ᄇᆡᆫ빈 저어 오노라.

① 자연 속에서 한가롭게 지내는 삶을 표현하였다.

② 배를 타고 낚시를 즐기는 내용이 포함되어 있다.

③ 동일한 문학 장르의 정형시 작품들이다.

④ 임금의 은혜를 생각하는 마음이 표현되어 있다.

모바일 OMR

✅ 회독 CHECK 1 2 3

01 맞춤법에 맞는 것만으로 묶은 것은?

① 돌나물, 꼭지점, 페트병, 낚시꾼
② 흡입량, 구름양, 정답란, 칼럼난
③ 오뚝이, 싸라기, 법석, 딱다구리
④ 찻간(車間), 홧병(火病), 셋방(貰房), 곳간(庫間)

02 ㉠의 단어와 의미가 같은 것은?

> 친구에게 줄 선물을 예쁜 포장지에 ㉠ 싼다.

① 사람들이 안채를 겹겹이 싸고 있다.
② 사람들은 봇짐을 싸고 산길로 향한다.
③ 아이는 몇 권의 책을 싼 보퉁이를 들고 있다.
④ 내일 학교에 가려면 책가방을 미리 싸 두어라.

03 가장 자연스러운 문장은?

① 날씨가 선선해지니 역시 책이 잘 읽힌다.
② 이렇게 어려운 책을 속독으로 읽는 것은 하늘의 별 따기이다.
③ 내가 이 일의 책임자가 되기보다는 직접 찾기로 의견을 모았다.
④ 그는 시화전을 홍보하는 일과 시화전의 진행에 아주 열성적이다.

04 다음 글의 설명 방식으로 적절하지 않은 것은?

> 빛 공해란 인공조명의 과도한 빛이나 조명 영역 밖으로 누출되는 빛이 인간의 건강하고 쾌적한 생활을 방해하거나 환경에 피해를 주는 상태를 말한다. 국제 과학 저널인 『사이언스 어드밴스』의 '전 세계 빛 공해 지도'에 따르면, 우리나라는 빛 공해가 심각한 국가이다. 빛 공해는 멜라토닌 부족을 초래해 인간에게 수면 부족과 면역력 저하 등의 문제를 유발하고, 농작물의 생산량 저하, 생태계 교란 등의 문제를 일으킨다.

① 빛 공해의 정의를 제시하고 있다.
② 빛 공해의 주요 요인인 인공조명의 누출 원인을 제시하고 있다.
③ 자료를 인용하여 빛 공해가 심각한 국가로 우리나라를 제시하고 있다.
④ 사례를 들어 빛 공해의 악영향을 제시하고 있다.

05 ㉠, ㉡의 사례로 옳은 것만을 짝 지은 것은?

> 용언의 불규칙 활용은 크게 ㉠ 어간만 불규칙하게 바뀌는 부류, ㉡ 어미만 불규칙하게 바뀌는 부류, 어간과 어미 둘 다 불규칙하게 바뀌는 부류로 나눌 수 있다.

	㉠	㉡
①	걸음이 빠름	꽃이 노람
②	잔치를 치름	공부를 함
③	라면이 불음	합격을 바람
④	우물물을 품	목적지에 이름

06 ㉠~㉣의 의미로 적절하지 않은 것은?

> 二月ㅅ 보로매 아으 노피 ㉠현(燈)ㅅ블 다호라
> 萬人 비취실 즈싀샷다 아으 動動다리
> 三月 나며 開호 아으 滿春 들욋고지여
> ᄂᆞᆷ 브롤 ㉡즈슬 디녀 나샷다 아으 動動다리
> 四月 아니 ㉢니저 아으 오실셔 곳고리새여
> ㉣므슴다 錄事니믄 녯 나ᄅᆞᆯ 닛고신뎌 아으 動動다리
>
> － 작자 미상, 「動動」에서 －

① ㉠은 '켠'을 의미한다.
② ㉡은 '모습을'을 의미한다.
③ ㉢은 '잊어'를 의미한다.
④ ㉣은 '무심하구나'를 의미한다.

07 한자 표기가 옳은 것은?

① 그분은 냉혹한 현실(現室)을 잘 견뎌 냈다.
② 첫 손님을 야박(野薄)하게 대해서는 안 된다.
③ 그에게서 타고난 승부 근성(謹性)이 느껴진다.
④ 그는 평소 희망했던 기관에 채용(債用)되었다.

08 다음 토의에 대한 설명으로 적절하지 않은 것은?

> 사회자: 오늘의 토의 주제는 '통일 시대의 남북한 언어가 나아갈 길'입니다. 먼저 최○○ 교수님께서 '남북한 언어 차이와 의사소통'이라는 제목으로 발표해 주시겠습니다.
> 최 교수: 남한과 북한의 말은 비슷하지만 다른 점이 있습니다. 남한과 북한의 어휘 차이가 대표적입니다. 남한과 북한의 어휘 차이를 분석한 결과, …(중략)… 앞으로도 남북한 언어 차이에 대한 연구가 지속되어야 합니다.
> 사회자: 이로써 최 교수님의 발표를 마치겠습니다. 다음은 정○○ 박사님의 '남북한 언어의 동질성 회복 방안'에 대한 발표가 있겠습니다.
> 정 박사: 앞으로 통일을 대비해 남북한 언어의 다른 점을 줄여 나가는 노력이 필요합니다. 실제로도 남한과 북한의 학자들로 구성된 '겨레말큰사전 편찬위원회'에서는 남북한 공통의 사전인 『겨레말큰사전』을 만들며 서로의 차이를 이해하고 받아들이기 위한 노력을 하고 있습니다. …(중략)…
> 사회자: 그러면 질의응답이 있겠습니다. 시간상 간략하게 질문해 주시기 바랍니다.
> 청중 A: 두 분의 말씀 잘 들었습니다. 남북한 언어의 차이와 이를 극복하는 방안을 말씀하셨는데요. 그렇다면 통일 시대에 대비한 언어 정책에는 무엇이 있을까요?

① 학술적인 주제에 대해 발표 형식으로 진행되고 있다.
② 사회자는 발표자 간의 이견을 조정하여 의사결정을 유도하고 있다.
③ 발표자는 주제에 대한 자신의 견해를 밝혀 청중에게 정보를 제공하고 있다.
④ 청중 A는 발표자의 발표 내용을 확인하고 주제와 관련된 질문을 하고 있다.

09 ㉠~㉣은 '공손하게 말하기'에 대한 설명이다. ㉠~㉣을 적용한 B의 대답으로 적절하지 않은 것은?

> ㉠ 자신을 상대방에게 낮추어 겸손하게 말해야 한다.
> ㉡ 상대방의 처지를 고려하여 상대방이 부담을 갖지 않도록 말해야 한다.
> ㉢ 상대방이 관용을 베풀 수 있도록 문제를 자신의 탓으로 돌려 말해야 한다.
> ㉣ 상대방의 의견에서 동의하는 부분을 찾아 인정해 준 다음에 자신의 의견을 말해야 한다.

① ㉠ ─ A: "이번에 제출한 디자인 시안 정말 멋있었어."
　　　 ─ B: "아닙니다. 아직도 여러모로 부족한 부분이 많습니다."

② ㉡ ─ A: "미안해요. 생각보다 길이 많이 막혀서 늦었어요."
　　　 ─ B: "괜찮아요. 쇼핑하면서 기다리니 시간 가는 줄 몰랐어요."

③ ㉢ ─ A: "혹시 내가 설명한 내용이 이해 가니?"
　　　 ─ B: "네 목소리가 작아서 내용이 잘 안 들렸는데 다시 한 번 크게 말해 줄래?"

④ ㉣ ─ A: "가원아, 경희 생일 선물로 귀걸이를 사주는 것은 어때?"
　　　 ─ B: "그거 좋은 생각이네. 하지만 경희의 취향을 우리가 잘 모르니까 귀걸이 대신 책을 선물하는 게 어떨까?"

10 하버마스의 주장에 부합하는 사례로 가장 적절한 것은?

> 하버마스는 18세기부터 현대까지 미디어의 등장 배경과 발전 과정을 분석하면서, 공공 영역의 부상과 쇠퇴를 추적했다. 하버마스에게 공공 영역은 일반적 쟁점에 대한 토론과 의견을 형성하는 공공 토론의 민주적 장으로서 역할을 한다.
>
> 하버마스는 17세기와 18세기 유럽 도시의 살롱에서 당시의 공공 영역을 찾았다. 비록 소수의 사람들만이 살롱 토론 문화에 참여했으나, 공공 토론을 통해 정치적 문제를 해결하는 논리를 도입할 수 있었기 때문에 살롱이 초기 민주주의 발전에 중요한 역할을 했다고 그는 주장한다. 적어도 살롱 문화의 원칙에서 공개적 토론을 위한 공공 영역은 각각의 참석자들에게 동등한 자격을 부여했다.
>
> 그러나 하버마스에 따르면, 현대 사회에서 민주적 토론은 문화 산업의 발달과 함께 퇴보했다. 대중매체와 대중오락의 보급은 공공 영역이 공허해지는 원인으로 작용했다. 상업적 이해관계는 공공의 이해관계에 우선하게 되었다. 공공 여론은 개방적이고 합리적 토론을 통해서가 아니라 광고에서처럼 조작과 통제를 통해 형성되고 있다.
>
> 미디어가 점차 상업화되면서 하버마스가 주장한 대로 공공 영역이 침식당하고 있다. 상업화된 미디어는 광고 수입에 기대어 높은 시청률과 수익을 보장하는 콘텐츠 제작만을 선호하게 되었다. 그 결과 공적 주제에 대한 시민들의 논의와 소통의 장이 줄어들어 결과적으로 공공 영역이 축소되었다. 많은 것을 약속한 미디어는 이제 민주주의 문제의 일부로 변해 버린 것이다.

① 살롱 문화에서 특정 사회 계층에 대한 비판적인 토론은 허용되지 않았다.

② 인터넷의 발달과 보급은 상업적 광고뿐만 아니라 공익 광고도 증가시켰다.

③ 글로벌 미디어가 발달하더라도 국제 사회의 공공 영역은 공허해지지 않는다.

④ 수익성 위주의 미디어 플랫폼과 콘텐츠가 더 많아지면서 민주적 토론이 감소되었다.

11 ㉠~㉤의 전개 순서로 가장 자연스러운 것은?

> 폭설, 즉 대설이란 많은 눈이 시간적, 공간적으로 집중되어 내리는 현상을 말한다.
>
> ㉠ 그런데 눈은 한 시간 안에 5cm 이상 쌓일 수 있어 순식간에 도심 교통을 마비시키는 위력을 가지고 있다.
>
> ㉡ 또한, 경보는 24시간 신적설이 20cm 이상 예상될 때이다.
>
> ㉢ 다만, 산지는 24시간 신적설이 30cm 이상 예상될 때 발령된다.
>
> ㉣ 이때 대설의 기준으로 주의보는 24시간 새로 쌓인 눈이 5cm 이상이 예상될 때이다.
>
> ㉤ 이뿐만 아니라 운송, 유통, 관광, 보험을 비롯한 서비스 업종과 사회 전반에 영향을 미친다.

① ㉠ - ㉤ - ㉡ - ㉢ - ㉣

② ㉠ - ㉣ - ㉤ - ㉢ - ㉡

③ ㉣ - ㉡ - ㉢ - ㉠ - ㉤

④ ㉣ - ㉠ - ㉤ - ㉢ - ㉡

12 다음 글의 사례로 적절하지 않은 것은?

> 인간은 언어를 사용하며 언어는 인간의 사고, 사회, 문화를 반영한다. 인간의 지적 능력이 발달하게 된 것은 바로 언어를 사용하기 때문이다.
>
> 언어와 사고는 기본적으로 상호작용을 한다. 둘 중 어느 것이 먼저 발달하고 어떻게 영향을 주는지는 알 수 없다. 그러나 언어와 사고가 서로 깊은 관계를 맺고 있다는 사실은 여러 가지 근거를 통해서 뒷받침된다.

① 영어의 '쌀(rice)'에 해당하는 우리말에는 '모', '벼', '쌀', '밥' 등이 있다.

② 어떤 사람은 산도 파랗다고 하고, 물도 파랗다고 하고, 보행신호의 녹색등도 파랗다고 한다.

③ 일상생활에서 어떠한 사물의 개념은 머릿속에서 맴도는데도 그 명칭을 떠올리지 못할 때가 있다.

④ 우리나라는 수박(watermelon)은 '박'의 일종으로 보지만 어떤 나라는 '멜론(melon)'에 가까운 것으로 파악한다.

13 다음 글의 주된 서술 방식은?

변지의가 천 리 길을 마다하지 않고 나를 찾아왔다. 내가 그 뜻을 물었더니, 문장 공부를 하기 위해 나를 찾아왔다고 했다. 때마침 이날 우리 아이들이 나무를 심었기에 그 나무를 가리켜 이렇게 말해 주었다. "사람이 글을 쓰는 것은 나무에 꽃이 피는 것과 같다. 나무를 심는 사람은 가장 먼저 뿌리를 북돋우고 줄기를 바로잡는 일에 힘써야 한다. …(중략)… 나무의 뿌리를 북돋아 주듯 진실한 마음으로 온갖 정성을 쏟고, 줄기를 바로잡듯 부지런히 실천하며 수양하고, 진액이 오르듯 독서에 힘쓰고, 가지와 잎이 돋아나듯 널리 보고 들으며 두루 돌아다녀야 한다. 그렇게 해서 깨달은 것을 헤아려 표현한다면 그것이 바로 좋은 글이요, 사람들이 칭찬을 아끼지 않는 훌륭한 문장이 된다. 이것이야말로 참다운 문장이라고 할 수 있다."

① 서사
② 분류
③ 비유
④ 대조

14 다음 글에 대한 이해로 적절하지 않은 것은?

언어마다 고유의 표기 체계가 있는데, 이는 읽기 과정에 영향을 미친다. 알파벳 언어는 표기 체계에 따라 철자 읽기의 명료성 수준이 달라진다. 철자 읽기가 명료하다는 것은 한 글자에 대응되는 소리가 규칙적이어서 글자와 소리의 대응이 거의 일대일이라는 것을 의미한다. 그 예로 이탈리아어와 스페인어가 있다. 이 두 언어의 사용자는 의미를 전혀 모르는 새로운 단어를 발견하더라도 보자마자 정확한 발음을 할 수 있다. 이에 비해 영어는 철자 읽기의 명료성이 낮은 언어이다. 영어는 발음이 아예 나지 않는 묵음과 같은 예외도 많은 편이고 글자에 대응하는 소리도 매우 다양하다.

한편 알파벳 언어를 읽을 때 사용하는 뇌의 부위는 유사하지만 뇌의 부위에 의존하는 방식에는 차이가 있다. 영어와 이탈리아어를 읽는 사람은 동일하게 좌반구의 읽기 네트워크를 사용한다. 하지만 무의미한 단어를 읽을 때 영어를 읽는 사람은 암기된 단어의 인출과 연관된 뇌 부위에 더 의존하는 반면 이탈리아어를 읽는 사람은 음운 처리에 연관된 뇌 부위에 더 의존한다. 왜냐하면 무의미한 단어를 읽을 때 이탈리아어를 읽는 사람은 규칙적인 음운 처리 규칙을 적용하는 반면에, 영어를 읽는 사람은 암기해 둔 수많은 예외들을 떠올리기 때문이다.

① 알파벳 언어의 철자 읽기는 소리와 표기의 대응과 관련되는데, 각 소리가 지닌 특성은 철자 읽기의 명료성을 판단하는 기준이 된다.
② 영어 사용자는 무의미한 단어를 읽을 때 좌반구의 읽기 네트워크를 활용하면서 암기된 단어의 인출과 연관된 뇌 부위에 더욱 의존한다.
③ 이탈리아어는 소리와 글자의 대응이 규칙적이어서 낯선 단어를 발음할 때 영어에 비해 철자 읽기의 명료성이 높다.
④ 영어는 음운 처리 규칙에 적용되지 않는 예외들이 많아서 스페인어에 비해 소리와 글자의 대응이 덜 규칙적이다.

15 (가)~(라)에 대한 이해로 적절하지 않은 것은?

> (가) 반중(盤中) 조홍(早紅)감이 고아도 보이ᄂ다
> 　　유자 안이라도 품엄즉도 ᄒ다마ᄂ
> 　　품어 가 반기리 업슬새 글노 설워ᄒᄂ이다
>
> (나) 동짓둘 기나긴 밤을 한 허리를 버혀 내여
> 　　춘풍 니불 아래 서리서리 너헛다가
> 　　어론 님 오신 날 밤이여든 구뷔구뷔 펴리라
>
> (다) 말 업슨 청산(靑山)이오 태(態) 업슨 유수(流水)
> 　　로다
> 　　갑 업슨 청풍(淸風)이오 님주 업슨 명월(明月)이
> 　　로다
> 　　이 중에 병 업슨 이 몸이 분별 업시 늘그리라
>
> (라) 농암(籠巖)에 올라보니 노안(老眼)이 유명(猶明)
> 　　이로다
> 　　인사(人事)이 변ᄒ들 산천이ᄯ 가셀가
> 　　암전(巖前)에 모수 모구(某水 某丘)이 어제 본
> 　　듯 ᄒ예라

① (가)는 고사의 인용을 통해 돌아가신 부모님에 대한 그리움을 표현하고 있다.
② (나)는 의태적 심상을 통해 임에 대한 기다림을 표현하고 있다.
③ (다)는 대구와 반복을 통해 자연에 귀의하려는 의지를 표현하고 있다.
④ (라)는 자연과의 대조를 통해 허약해진 노년의 무력함을 표현하고 있다.

16 다음 글에 대한 이해로 가장 적절한 것은?

> 　암소의 뿔은 수소의 그것보다도 한층 더 겸허하다. 이 애상적인 뿔이 나를 받을 리 없으니 나는 마음 놓고 그 곁 풀밭에 가 누워도 좋다. 나는 누워서 우선 소를 본다.
> 　소는 잠시 반추를 그치고 나를 응시한다.
> 　'이 사람의 얼굴이 왜 이리 창백하냐. 아마 병인인가 보다. 내 생명에 위해를 가하려는 거나 아닌지 나는 조심해야 되지.'
> 　이렇게 소는 속으로 나를 심리하였으리라. 그러나 오 분 후에는 소는 다시 반추를 계속하였다. 소보다도 내가 마음을 놓는다.
> 　소는 식욕의 즐거움조차를 냉대할 수 있는 지상 최대의 권태자다. 얼마나 권태에 지질렸길래 이미 위에 들어간 식물을 다시 게워 그 시큼털털한 반소화물의 미각을 역설적으로 향락하는 체해 보임이리오?
> 　소의 체구가 크면 클수록 그의 권태도 크고 슬프다. 나는 소 앞에 누워 내 세균 같이 사소한 고독을 겸손하면서 나도 사색의 반추는 가능할는지 불가능할는지 몰래 좀 생각해 본다.
>
> 　　　　　　　　　　　　　　－ 이상, 「권태」에서 －

① 대상의 행위를 통해 글쓴이의 심리가 투사되고 있다.
② 과거의 삶을 회상하며 글쓴이의 처지를 후회하고 있다.
③ 공간의 이동을 통해 글쓴이의 무료함을 표현하고 있다.
④ 현실에 대한 글쓴이의 불만이 반성적 어조로 표출되고 있다.

17 다음 글에서 '황거칠'이 처한 상황에 어울리는 한자성어로 가장 적절한 것은?

> 황거칠 씨는 더 참을 수가 없었다. 그는 거의 발작적으로 일어섰다.
> "이 개 같은 놈들아, 어쩌면 남이 먹는 식수까지 끊으려노?"
> 그는 미친 듯이 우르르 달려가서 한 인부의 괭이를 억지로 잡아서 저만큼 내동댕이쳤다. …(중략)…
> 경찰은 발포를 ─ 다행히 공포였지만 ─ 해서 겨우 군중을 해산시키고, 황거칠 씨와 청년 다섯 명을 연행해 갔다. 물론 강제집행도 일시 중단되었었다.
> 경찰에 끌려간 사람들은 밤에도 풀려나오지 못했다. 공무집행 방해에다, 산주의 권리행사 방해, 그리고 폭행죄까지 뒤집어쓰게 되었던 것이다. 그래서 그 이튿날도 풀려 나오질 못했다. 쌍말로 썩어 갔다.
> 황거칠 씨는 모든 죄를 자기가 안아맡아서 처리하려고 했다. 그러나 그것이 뜻대로 되지 않았다. 면회를 오는 가족들의 걱정스런 얼굴을 보자, 황거칠 씨는 가슴이 아팠다. 그는 만부득이 담당 경사의 타협안에 도장을 찍기로 했다. 석방의 조건으로서, 다시는 강제집행을 방해하지 않겠다는 각서였다.
> 이리하여 황거칠 씨는 애써 만든 산수도를 포기하게 되고 '마삿등'은 한때 도로 물 없는 지대가 되고 말았다.
>
> ─ 김정한, 「산거족」에서 ─

① 同病相憐
② 束手無策
③ 自家撞着
④ 輾轉反側

18 다음 글의 특징으로 가장 적절한 것은?

> 살아가노라면
> 가슴 아픈 일 한두 가지겠는가
>
> 깊은 곳에 뿌리를 감추고
> 흔들리지 않는 자기를 사는 나무처럼
> 그걸 사는 거다
>
> 봄, 여름, 가을, 긴 겨울을
> 높은 곳으로
> 보다 높은 곳으로, 쉬임 없이
> 한결같이
>
> 사노라면
> 가슴 상하는 일 한두 가지겠는가
>
> ─ 조병화, 「나무의 철학」 ─

① 문답법을 통해 과거의 삶을 반추하고 있다.
② 반어적 표현을 활용하여 슬픔의 정서를 나타내고 있다.
③ 사물을 의인화하여 현실을 목가적으로 보여 주고 있다.
④ 설의적 표현을 활용하여 삶의 깨달음을 강조하고 있다.

19 ㉠에 들어갈 말로 가장 적절한 것은?

> 한 민족이 지닌 문화재는 그 민족 역사의 누적일 뿐 아니라 그 누적된 민족사의 정수로서 이루어진 혼의 상징이니, 진실로 살아 있는 민족적 신상(神像)은 이를 두고 달리 없을 것이다. 더구나 국보로 선정된 문화재는 우리 민족의 성력(誠力)과 정혼(精魂)의 결정으로 그 우수한 질과 희귀한 양에서 무비(無比)의 보(寶)가 된 자이다. 그러므로 국보 문화재는 곧 민족 전체의 것이요, 민족을 결속하는 정신적 유대로서 민족의 힘의 원천이라 할 것이다.
>
> 로마는 하루아침에 만들어지지 않는다는 말도 그 과거 문화의 존귀함을 말하는 것이요, (㉠)는 말도 국보 문화재가 얼마나 힘 있는가를 밝힌 예증이 된다.

① 구르는 돌에는 이끼가 끼지 않는다

② 지식은 나눌 수 있지만 지혜는 나눌 수 없다

③ 사람은 겪어 보아야 알고 물은 건너 보아야 안다

④ 그 무엇을 내놓는다고 해도 셰익스피어와는 바꾸지 않는다

20 다음 글에서 추론한 내용으로 적절하지 않은 것은?

> 과학의 개념은 분류 개념, 비교 개념, 정량 개념으로 구분할 수 있다. 식물학과 동물학의 종, 속, 목처럼 분명한 경계를 가지고 대상들을 분류하는 개념들이 분류 개념이다. 어린이들이 맨 처음에 배우는 단어인 '사과', '개', '나무' 같은 것 역시 분류 개념인데, 하위 개념으로 분류할수록 그 대상에 대한 정보가 더 많이 전달된다. 또한, 현실 세계에 적용 대상이 하나도 없는 분류 개념도 있을 수 있다. 예를 들어 '유니콘'이라는 개념은 '이마에 뿔이 달린 말의 일종임' 같은 분명한 정의가 있기에 '유니콘'은 분류 개념으로 인정되는 것이다.
>
> '더 무거움', '더 짧음' 등과 같은 비교 개념은 분류 개념보다 설명에 있어서 정보 전달에 더 효과적이다. 이것은 분류 개념처럼 자연의 사실에 적용되어야 하지만, 분류 개념과 달리 논리적 관계도 반드시 성립해야 한다. 예를 들면, 대상 A의 무게가 대상 B의 무게보다 더 무겁다면, 대상 B의 무게가 대상 A의 무게보다 더 무겁다고 말할 수 없는 것처럼 '더 무거움' 같은 비교 개념은 논리적 관계를 반드시 따라야 한다.
>
> 마지막으로 정량 개념은 비교 개념으로부터 발전된 것인데, 이것은 자연의 사실로부터 파악할 수 있는 물리량을 측정함으로써 만들어진다. 물리량을 측정하기 위해서는 몇 가지 규칙이 필요한데, 그 규칙에는 두 물리량의 크기를 비교하는 경험적 규칙과 물리량의 측정 단위를 정하는 규칙 등이 포함된다. 이러한 정량 개념은 자연에 의해서 주어지는 것이 아니라 우리가 자연현상에 수를 적용하는 과정에서 생겨나는 것이다. 정량 개념은 과학의 언어를 수많은 비교 개념 대신 수를 사용할 수 있게 하여 과학 발전의 기초가 되었다.

① '호랑나비'는 '나비'와 동일한 종에 속하지만, 나비에 비해 정보량이 적다.

② '용(龍)'은 현실 세계에 적용할 수 있는 지시물이 없더라도 분류 개념으로 인정된다.

③ '꽃'이나 '고양이'와 같은 개념은 논리적 관계를 따라야 하는 것은 아니기 때문에 비교 개념에 포함되지 않는다.

④ 물리량을 측정할 수 있는 'cm'나 'kg'과 같은 측정 단위는 자연현상에 수를 적용할 수 있게 해 주었다.

✔ 회독 CHECK 1 2 3

01 밑줄 친 부분이 바르게 쓰이지 않은 것은?

① 바쁘다더니 여긴 웬일이야?
② 결혼식이 몇 월 몇 일이야?
③ 굳은살이 박인 오빠 손을 보니 안쓰럽다.
④ 그는 주말이면 으레 친구들과 야구를 한다.

02 밑줄 친 조사의 쓰임이 옳은 것은?

① 언니는 아버지의 딸로써 부족함이 없다.
② 대화로서 서로의 갈등을 풀 수 있을까?
③ 드디어 오늘로써 그 일을 끝내고야 말았다.
④ 시험을 치는 것이 이로서 세 번째가 됩니다.

03 단어의 뜻풀이가 옳지 않은 것은? 〈변형〉

① 명후일: 오늘의 바로 다음 날
② 달포: 한 달이 조금 넘는 기간
③ 그끄저께: 오늘로부터 사흘 전의 날
④ 해거리: 한 해를 거른 간격

04 밑줄 친 부분과 바꿔 쓸 수 있는 관용 표현으로 적절하지 않은 것은?

① 몹시 가난한 형편에 누구를 돕겠느냐?
　– 가랑이가 찢어질
② 그가 중간에서 연결해 주어 물건을 쉽게 팔았다.
　– 호흡을 맞춰
③ 그는 상대편을 보고는 속으로 깔보며 비웃었다.
　– 코웃음을 쳤다
④ 주인의 말에 넘어가 실제보다 비싸게 이 물건을 샀다.
　– 바가지를 쓰고

05 ㉠~㉣에 대한 설명으로 옳지 않은 것은?

　이때는 오월 단옷날이렷다. 일 년 중 가장 아름다운 시절이라. ㉠ 이때 월매 딸 춘향이도 또한 시서 음률이 능통하니 천중절을 모를쏘냐. 추천을 하려고 향단이 앞세우고 내려올 제, 난초같이 고운 머리 두 귀를 눌러 곱게 땋아 봉황 새긴 비녀를 단정히 매었구나. …(중략)… 장림 속으로 들어가니 ㉡ 녹음방초 우거져 금잔디 좌르르 깔린 곳에 황금 같은 꾀꼬리는 쌍쌍이 날아든다. 버드나무 높은 곳에서 그네 타려 할 때, 좋은 비단 초록 장옷, 남색 명주 홑치마 훨훨 벗어 걸어 두고, 자주색 비단 꽃신을 썩썩 벗어 던져 두고, 흰 비단 새 속옷 턱밑에 훨씬 추켜올리고, 삼 겹질 그넷줄을 섬섬옥수 넌지시 들어 두 손에 갈라 잡고, 흰 비단 버선 두 발길로 훌쩍 올라 발 구른다. …(중략)… ㉢ 한 번 굴러 힘을 주며 두 번 굴러 힘을 주니 발밑에 작은 티끌 바람 쫓아 펄펄, 앞뒤 점점 멀어 가니 머리 위의 나뭇잎은 몸을 따라 흔들흔들. 오고 갈 제 살펴보니 녹음 속의 붉은 치맛자락 바람결에 내비치니, 높고 넓은 흰 구름 사이에 번갯불이 쏘는 듯 잠깐 사이에 앞뒤가 바뀌는구나. …(중략)… 무수히 진퇴하며 한참 노닐 적에 시냇가 반석 위에 옥비녀 떨어져 쟁쟁하고, '비녀, 비녀' 하는 소리는 산호채를 들어 옥그릇을 깨뜨리는 듯. ㉣ 그 형용은 세상 인물이 아니로다.

　　　　　　　　　　– 작자 미상, 「춘향전」에서 –

① ㉠: 설의적 표현을 통해 춘향이도 천중절을 당연히 알 것이라는 점을 서술하고 있다.
② ㉡: 비유법을 사용하고 음양이 조화를 이룬 아름다운 봄날의 풍경을 서술하고 있다.
③ ㉢: 음성상징어를 사용하여 춘향의 그네 타는 모습을 시각적으로 서술하고 있다.
④ ㉣: 서술자의 편집자적 논평을 통해 춘향이의 내면적 아름다움을 서술하고 있다.

06 다음 대화에 대한 설명으로 적절한 것은?

> A: 지난번 제안서 프레젠테이션을 마친 후 "검토하고 연락드리겠습니다."라고 답변을 받았는데 아직 별다른 연락이 없어서 고민이에요.
>
> B: 어떤 연락을 기다리신다는 거예요?
>
> A: 해당 사업에 관하여 제 제안서를 승낙했다는 답변이잖아요. 그런데 후속 사업 진행을 위해 지금쯤 연락이 와야 할 텐데 싶어서요.
>
> B: 글쎄요. 보통 그런 상황에서는 완곡하게 거절하는 의사 표현이라 볼 수 있어요. 그리고 해당 고객이 제안서 내용은 정리가 잘되었지만, 요즘 같은 코로나 시기에는 이전과 동일한 사업적 효과가 있을지 궁금하다고 말한 것을 보면 알 수 있죠.
>
> A: 네, 기억납니다. 하지만 궁금하다고 말한 것이지 사업을 수용하지 않는다는 것은 아니지 않나요? 답변을 할 때도 굉장히 표정도 좋고 박수도 쳤는데 말이죠. 목소리도 부드러웠고요.

① A와 B는 고객의 답변에 대해 제안서 승낙이라는 의미로 동일하게 이해한다.

② A는 동일한 사업적 효과가 있을지 궁금하다는 표현을 제안한 사업에 대한 부정적 평가라고 판단한다.

③ B는 고객이 제안서에 의문을 제기한 내용을 근거로 고객의 답변에 대해 판단한다.

④ A는 비언어적 표현을 바탕으로 하여 고객의 답변을 제안서에 대한 완곡한 거절로 해석한다.

07 다음 글의 내용과 부합하지 않는 것은?

> 무슈 리와 엄마는 재혼한 부부다. 내가 그를 아버지라고 부르기 어려운 것은 거의 그런 말을 발음해 본 적이 없는 습관의 탓이 크다.
>
> 나는 그를 좋아할뿐더러 할아버지 같은 이로부터 느끼던 것의 몇 갑절이나 강한 보호 감정─부친다움 같은 것도 느끼고 있다.
>
> 그러나 나는 그의 혈족은 아니다.
>
> 무슈 리의 아들인 현규와도 마찬가지다. 그와 나는 그런 의미에서는 순전한 타인이다. 스물두 살의 남성이고 열여덟 살의 계집아이라는 것이 진실의 전부이다. 왜 나는 이 일을 그대로 알아서는 안 되는가?
>
> 나는 그를 영원히 아무에게도 주기 싫다. 그리고 나 자신을 다른 누구에게 바치고 싶지도 않다. 그리고 우리를 비끄러매는 형식이 결코 '오누이'라는 것이어서는 안 될 것을 알고 있다.
>
> 나는 또 물론 그도 나와 마찬가지로 같은 일을 생각하고 있기를 바란다. 같은 일을─같은 즐거움일 수는 없으나 같은 이 괴로움을.
>
> 이 괴로움과 상관이 있을 듯한 어떤 조그만 기억, 어떤 조그만 표정, 어떤 조그만 암시도 내 뇌리에서 사라지는 일은 없다. 아아, 나는 행복해질 수는 없는 걸까? 행복이란, 사람이 그것을 위하여 태어나는 그 일을 말함이 아닌가?
>
> 초저녁의 불투명한 검은 장막에 싸여 짙은 꽃향기가 흘러든다. 침대 위에 엎드려서 나는 마침내 느껴 울고 만다.
>
> ─ 강신재, 「젊은 느티나무」에서 ─

① '나'는 '현규'도 '나'와 같은 감정을 갖고 있기를 기대하고 있다.

② '나'와 '현규'는 혈연적으로는 아무런 관계가 없는 타인이며, 법률상의 '오누이'일 뿐이다.

③ '나'는 '현규'에 대한 감정 때문에 '무슈 리'를 아버지로 부르는 것에 거부감을 갖고 있다.

④ '나'는 사회적 인습이나 도덕률보다는 '현규'에 대한 '나'의 감정에 더 충실해지고 싶어 한다.

08 글쓴이의 견해에 부합하는 대응으로 가장 적절한 것은?

　　정중하고 단호한 태도를 보이는 것과, 수동적이거나 공격적인 반응을 하는 것은 엄청난 차이가 있다. 수동적인 사람들은 마음속에 있는 자신의 생각을 표현하면 분란이 일어날까 봐 두려워한다. 그러나 자신의 의견을 말하지 않는 한 자신이 원하는 것을 얻을 수는 없다. 이와 반대로 공격적인 태도는 자신의 권리를 앞세워 생각해서 남을 희생시켜서라도 자신이 원하는 것을 얻으려는 것이다. 공격적인 사람은 사람들이 싫어하는 행동을 하곤 한다. 그러나 단호한 반응은 공격적인 반응과 다르다. 단호한 반응은 다른 사람의 권리를 침해하지 않으면서 자신의 권리를 존중하고 지키겠다는 것이다. 이것은 상대방을 배려하는 태도를 보여 준다. 상대방을 존중하면서도 얼마든지 자신의 의견을 내세울 수 있다. 단호한 주장은 명쾌하고 직접적이며 요점을 찌른다.
　　그럼 실제로 연습해 보자. 어느 흡연자가 당신의 차 안에서 담배를 피워도 되는지 묻는다. 당신은 담배 연기를 싫어하고 건강에 해롭다는 것도 잘 알고 있어 달갑지 않다. 어떻게 대응하는 것이 좋을까?

① 좀 그러긴 하지만, 괜찮아요. 창문 열고 피우세요.
② 안 되죠. 흡연이 얼마나 해로운데요. 좀 참아 보시겠어요.
③ 안 피우시면 좋겠어요. 연기가 해롭잖아요. 피우고 싶으시면 차를 세워 드릴게요.
④ 물어봐 줘서 고마워요. 피워도 그렇고 안 피워도 좀 그러네요. 생각해 보시고서 좋은 대로 결정하세요.

09 (가)에 들어갈 한자성어로 적절한 것은?

　　"집안 내력을 알고 보믄 동기간이나 진배없고, 성환이도 이자는 대학생이 됐으니께 상의도 오빠걸이 그렇게 알아놔라."하고 장씨 아저씨는 말하는 것이었다. 그러나 상의는 처음 만났을 때도 그랬지만 두 번째도 거부감을 느꼈다. 사람한테 거부감을 느꼈기보다 제복에 거부감을 느꼈는지 모른다. 학교규칙이나 사회의 눈이 두려웠는지 모른다. 어쨌거나 그들은 청춘남녀였으니까. 호야 할매 입에서도 성환의 이름이 나오기론 이번이 처음이 아니었다.
　　"　　(가)　　, 손주 때문에 눈물로 세월을 보내더니, 이자는 성환이도 대학생이 되었으니 할매가 원풀이 한풀이를 다 했을 긴데 아프기는 와 아프는고, 옛말 하고 살아야 하는 긴데."

　　　　　　　　　　　　　　　　　－ 박경리, 「토지」에서 －

① 오매불망(寤寐不忘)
② 망운지정(望雲之情)
③ 염화미소(拈華微笑)
④ 백아절현(伯牙絶絃)

10 (가)와 (나)에 대한 설명으로 적절하지 않은 것은?

> (가) 오백년 도읍지를 필마로 돌아드니
>   산천은 의구하되 인걸은 간 데 없네.
>   어즈버 태평연월이 꿈이런가 하노라.
>
> (나) 벌레먹은 두리기둥 빛 낡은 단청(丹靑) 풍경 소리 날려간 추녀 끝에는 산새도 비둘기도 둥주리를 마구쳤다. 큰 나라 섬기다 거미줄 친 옥좌(玉座) 위엔 여의주(如意珠) 희롱하는 쌍룡(雙龍) 대신에 두 마리 봉황(鳳凰)새를 틀어올렸다. 어느 땐들 봉황이 울었으랴만 푸른 하늘 밑 추석을 밟고 가는 나의 그림자. 패옥(佩玉) 소리도 없었다. 품석(品石) 옆에서 정일품(正一品) 종구품(從九品) 어느 줄에도 나의 몸둘 곳은 바이 없었다. 눈물이 속된 줄을 모를 양이면 봉황새야 구천(九泉)에 호곡(呼哭)하리라.

① (가)는 '산천'과 '인걸'을 대비함으로써 인생의 무상함을 드러내고 있다.

② (나)는 '쌍룡'과 '봉황'을 대비함으로써 사대주의적 역사에 대한 비판적 시각을 드러내고 있다.

③ (가)와 (나) 모두 선경후정의 기법을 사용하고 있다.

④ (가)와 (나) 모두 정해진 율격과 음보에 맞춰 시상을 전개하고 있다.

11 다음 글의 내용과 부합하는 것은?

> 미국의 어머니들은 자녀와 함께 놀이를 할 때 특정 사물에 초점을 맞추고 그 사물의 속성을 아이들에게 가르친다. 사물의 속성 자체에 관심을 기울이도록 훈련받은 아이들은 스스로 독립적인 행동을 하도록 교육받는다. 미국에서는 아이들에게 의사소통을 가르칠 때 자신의 생각을 분명하게 표현하고 말하는 사람의 입장에서 대화에 임해야 하며, 대화 과정에서 오해가 발생하면 그것은 말하는 사람의 잘못이라고 강조한다.
>
> 반면에 일본의 어머니들은 대상의 '감정'에 특별히 신경을 써서 가르친다. 특히 자녀가 말을 안 들을 때에 그러하다. 예를 들어 "네가 밥을 안 먹으면, 고생한 농부 아저씨가 얼마나 슬프겠니?", "인형을 그렇게 던져 버리다니, 저 인형이 울잖아. 담장도 아파하잖아." 같은 말들로 꾸중하는 모습을 자주 볼 수 있다. 다른 사람과의 관계에 초점을 맞춘 훈련을 받은 아이들은 자신의 생각을 드러내기보다는 행동에 영향을 받는 다른 사람들의 감정을 미리 예측하도록 교육받는다. 곧 일본에서는 아이들에게 듣는 사람의 입장에서 말할 것을 강조한다.

① 미국의 어머니는 듣는 사람의 입장, 일본의 어머니는 말하는 사람의 입장을 강조한다.

② 일본의 어머니는 사물의 속성을 아는 것이 관계를 아는 것보다 더 중요하다고 생각한다.

③ 미국의 어머니는 어떤 일을 있는 그대로 보지 말고 이면에 있는 감정을 읽어야 한다고 생각한다.

④ 미국의 어머니는 자녀가 독립적인 행동을 하도록 교육하며, 일본의 어머니는 자녀가 타인의 감정을 예측하도록 교육한다.

12 다음 글의 결론으로 가장 적절한 것은?

> 인공지능(AI)은 비즈니스 패러다임을 획기적으로 바꾸고 있다. 인공지능은 생물학 분야에도 광범위하게 영향을 미칠 것이며, 애완동물이 인공지능(AI)으로 대체될 수도 있을 것이다. 인공지능(AI)은 스스로 수학도 풀고 글도 쓰고 바둑을 두며 사람을 이길 수도 있다. 어느 영화에서처럼 실제로 인간관계를 대신할 수도 있다. 인공지능(AI)은 배우면서 성장할 수도 있다. 인공지능(AI)이 사람보다 똑똑해질 수 있을지도 모른다.
>
> 인공지능(AI)이 사람보다 똑똑해질 수 있는지는 차치하고, 인공지능(AI)이 사람을 게으르게 만들 수도 있지 않을까? 이 게으름은 우리의 건강과 행복, 그리고 일상생활의 패턴을 바꿔 놓을 수도 있다.
>
> 인공지능(AI)이 앱을 통해 좀 더 편리한 삶을 제공하여 사람의 뇌를 어떻게 바꾸는지를 일상에서 보여 주는 대표적 사례가 바로 GPS다. 불과 몇 년 전만 해도 지도를 보고 스스로 거리를 가늠하고 도착 시간을 계산했던 운전자들은 이 내비게이션의 등장으로 어디에서 어떻게 가라는 기계 속 음성에 전적으로 의존하기 시작했다. 예전의 방식으로도 충분히 잘 찾아가던 길에서조차 습관적으로 내비게이션을 켠다. 이것이 없으면 자주 다니던 길도 제대로 찾지 못하고 멀쩡한 어른도 길을 잃는다.
>
> 이와 같이 기계에 의존해서 인간이 살아가는 사례는 오늘날 우리의 두뇌가 게을러진 것을 보여 주는 여러 사례 가운데 하나일 뿐이다. 삶을 더 편하게 해 준다며 지름길을 제시하는 도구들이 도리어 우리의 기억력과 창조력을 퇴보시키고 있다. 인간을 태만하고 나태하게 만들어 뇌의 가장 뛰어난 영역인 상상력을 활용하지 않도록 만드는 것이다.

① 인간의 인공지능(AI)에 대한 독립성은 지속적으로 증가하게 될 것이다.

② 인공지능(AI)으로 인해 인간의 두뇌가 게을러지는 부작용이 발생하게 될 것이다.

③ 인공지능(AI)은 인간을 능가하는 사고력을 가질 것이다.

④ 인공지능(AI)은 궁극적으로 상상력을 가지게 될 것이다.

13 다음 글에 대한 이해로 적절한 것은?

> 국제기구인 유엔은 영어, 중국어, 러시아어, 프랑스어, 스페인어, 아랍어 등이 공용어로 사용되나 그곳에 근무하는 모든 외교관들이 이 공용어들을 전부 다 잘해야 하는 것은 아니다. 유럽연합에서의 공용어 개념도 유엔에서의 경우와 마찬가지로 여러 공용어 중 하나만 알아도 공식 업무상 불편이 없게끔 한다는 것이지 모든 유럽연합인들이 열 개가 넘는 공용어를 전부 다 배워야 하는 것은 아니다.
>
> 마찬가지 논리로 우리가 만일 한국어와 영어를 공용어로 지정한다면 이는 한국에서는 한국어와 영어 중 어느 하나를 알기만 하면 공식 업무상 불편이 없게끔 국가에서 보장한다는 뜻이지 모든 한국인들이 영어를 할 줄 알아야 된다는 뜻은 아니다. 따라서 우리가 영어를 한국어와 함께 공용어로 지정하기만 하면 모든 한국인이 영어를 잘할 수 있게 되리라는 믿음은 공용어의 개념을 제대로 이해하지 못한 데서 오는 망상에 불과하다.

① 유엔에서 근무하는 외교관들은 유엔의 공용어를 다 구사하지 않으면 안 된다.

② 유럽연합은 복수의 공용어를 지정하여 공무상 편의를 도모하였다.

③ 한국에서 영어를 공용어로 지정하면 한국인들은 영어를 다 잘할 수 있을 것이다.

④ 한국에서 머지않아 영어가 공용어로 지정될 것이다.

14 다음 글의 내용과 부합하지 않는 것은?

인터넷이 있는 곳이면 어디나 악플이 있기 마련이지만, 한국은 정도가 심하다. 악플러들 가운데는 피해의식과 열등감에 시달리는 이들이 많다고 한다. 그들에게 악플의 즐거움은 무엇인가. 자신이 올린 글한 줄에 다른 사람들이 동요하는 모습을 보면서 자기 효능감(self-efficacy)을 맛볼 수 있다. 아무에게도 영향력을 행사하지 못하고 자신의 삶과 환경을 통제하지도 못하면서 무력감에 시달리는 사람일수록 공격적인 발설로 자기 효능감을 느끼려 한다.

그런데 자기 효능감은 상대방의 반응에 좌우된다. 마구 욕을 퍼부었는데 상대방이 별로 개의치 않는다면, 계속할 마음이 사라질 것이다. 무시당했다는 생각에 오히려 자괴감에 빠질 수도 있다. 개인주의가 안착된 사회에서는 자신을 향한 비판에 대해 '그건 너의 생각'이라면서 넘겨 버리는 사람들이 많다. 말도 안 되는 욕설이나 험담이 날아오면 제정신이 아닌 사람의 소행으로 웃어넘기거나 법적인 조치를 취할 것이다.

개인주의는 여러 속성을 지니고 있지만, 자신의 존재 가치를 스스로 매긴다는 긍정적 측면이 있다. 한국에는 그런 의미에서의 개인주의가 뿌리내리지 못했다. 남에 대해 신경을 너무 곤두세운다. 그것은 두가지 차원으로 나뉘는데, 한편으로 타인에게 필요 이상의 관심을 보이면서 참견하고 타인의 영역을 침범한다. 다른 한편으로 자기에 대한 타인의 평가와 반응에 너무 예민하다. 이 두 가지 특성이 인터넷 공간에서 맞물려 악플을 양산한다. 우선 다른 사람들에게 너무 쉽게 험담을 늘어놓고 당사자에게 악담을 던진다. 그렇게 약을 올리면 상대방이 발끈하거나 움츠러든다. 이따금 일파만파로 사회가 요동을 치기도 한다. 악플러 입장에서는 재미가 쏠쏠하다. 예상했던 피드백을 즉각적으로 받으면서 자기 효능감을 맛볼 수 있기 때문이다.

① 악플러는 자신의 말에 타인이 동요하는 것을 보면서 자기 효능감을 느낀다.

② 개인주의자는 악플에 무반응함으로써 악플러를 자괴감에 빠지게 할 수 있다.

③ 자신의 삶을 잘 통제하는 악플러일수록 타인을 더욱 엄격한 잣대로 비판한다.

④ 한국에서 악플이 양산되는 것은 한국인들이 타인에 대해 신경을 많이 쓰는 것과 관계가 있다.

15 다음 글의 밑줄 친 부분이 지시하는 대상이 다른 것은?

수박을 먹는 기쁨은 우선 식칼을 들고 이 검푸른 ㉠구형의 과일을 두 쪽으로 가르는 데 있다. 잘 익은 수박은 터질 듯이 팽팽해서, 식칼을 반쯤만 밀어 넣어도 나머지는 저절로 열린다. 수박은 천지개벽하듯이 갈라진다. 수박이 두 쪽으로 벌어지는 순간, '앗!' 소리를 지를 여유도 없이 초록은 ㉡빨강으로 바뀐다. 한 번의 칼질로 이처럼 선명하게도 세계를 전환시키는 사물은 이 세상에 오직 수박뿐이다. 초록의 껍질 속에서, ㉢새까만 씨앗들이 별처럼 박힌 선홍색의 바다가 펼쳐지고, 이 세상에 처음 퍼져나가는 비린 향기가 마루에 가득 찬다. 지금까지 존재하지 않던, ㉣한바탕의 완연한 아름다움의 세계가 칼 지나간 자리에서 홀연 나타나고, 나타나서 먹히기를 기다리고 있다. 돈과 밥이 나오지 않았다 하더라도, 이것은 필시 흥부의 박이다.

— 김훈, 「수박」에서 —

① ㉠

② ㉡

③ ㉢

④ ㉣

16 (가)~(라)에 들어갈 말로 가장 적절한 것은?

> 　정철, 윤선도, 황진이, 이황, 이조년 그리고 무명씨. 우리말로 시조나 가사를 썼던 이들이다. 황진이는 말할 것도 없고 무명씨도 대부분 양반이 아니었겠지만 정철, 윤선도, 이황은 양반 중에 양반이었다.　(가)　그들이 우리말로 작품을 썼던 걸 보면 양반들도 한글 쓰는 것을 즐겨 했다는 것을 부정할 수는 없다.　(나)　허균이나 김만중은 한글로 소설까지 쓰지 않았던가.　(다)　이들이 특별한 취향을 가진 소수의 양반이었다면 이야기는 달라진다. 우리말로 된 문학 작품을 만들겠다는 생각을 가진 특별한 양반들을 제외하고 대다수 양반들은 한문을 썼기 때문에 한글을 모를 수도 있었기 때문이다. 실학자 박지원이 당시 양반 사회를 풍자한 작품「호질」은 한문으로 쓰여 있다.　(라)　한 가지 분명한 것은 양반 대부분이 한글을 이해하지 못하는 상황이었다면 정철도 이황도 윤선도도 한글로 작품을 쓰지는 않았을 것이란 사실이다.

	(가)	(나)	(다)	(라)
①	그런데	게다가	그렇지만	그러나
②	그런데	그리고	그래서	또는
③	그리고	그러나	하지만	즉
④	그래서	더구나	따라서	하지만

17 (가)~(라)의 고쳐 쓰기 방안으로 적절하지 않은 것은?

> (가) 현재 우리 구청 조직도에는 기획실, 홍보실, 감사실, 행정국, 복지국, 안전국, 보건소가 있었다.
> (나) 오늘은 우리 시청이 지양하는 '누구나 행복한 ○○시'를 실현하기 위한 추진 방안을 논의합니다.
> (다) 지난달 수해로 인한 준비 기간이 짧았기 때문에 지역 축제는 예년보다 규모가 줄어들었다.
> (라) 공과금을 기한 내에 지정 금융 기관에 납부하지 않으면 연체료를 내야 한다.

① (가): '있었다'는 문맥상 시제 표현이 적절하지 않으므로 '있다'로 고쳐 쓴다.

② (나): '지양'은 어떤 목표로 뜻이 쏠리어 향한다는 의미인 '지향'으로 고쳐 쓴다.

③ (다): '지난달 수해로 인한'은 '준비 기간'을 수식하는 절이 아니므로 '지난달 수해로 인하여'로 고쳐 쓴다.

④ (라): '납부'는 맥락상 금융 기관이 돈이나 물품 따위를 받아 거두어들인다는 '수납'으로 고쳐 쓴다.

18 다음 글을 잘못 이해한 것은?

> 서연: 여보게, 동연이.
>
> 동연: 왜?
>
> 서연: 자네가 본뜨려는 부처님 형상은 누가 언제 그렸는지 몰라도 흔히 있는 것을 베껴 놓은 걸세. 그런데 자네는 그 형상을 또다시 베껴 만들 작정이군. 자넨 의심도 없는가? 심사숙고해 보게. 그런 형상이 진짜 부처님은 아닐세.
>
> 동연: 나에겐 전혀 의심이 없네.
>
> 서연: 의심이 없다니……?
>
> 동연: 무엇 때문에 의심해서 아까운 시간을 낭비해야 하는가?
>
> 서연: 음…….
>
> 동연: 공부를 하게, 괜히 의심 말고! (허공에 걸려 있는 탱화를 가리키며) 자넨 얼마나 형상 공부를 했는가? 이 십일면관세음보살의 머리 위에는 열한 개의 얼굴들이 있는데, 그 얼굴 하나하나를 살펴나 봤는가? 귀고리, 목걸이, 손에 든 보병과 기현화란 꽃의 형태를 꼼꼼히 연구했었는가? 자네처럼 게으른 자들은 공부는 안 하고, 아무 의미 없다 의심만 하지!
>
> 서연: 자넨 정말 열심히 공부했네. 그렇다면 그 형태 속에 부처님 마음은 어디 있는지 가르쳐 주게.
>
> — 이강백, 「느낌, 극락 같은」에서 —

① 불상 제작에 대한 동연과 서연의 입장은 다르다.

② 서연은 전해지는 부처님 형상을 의심하는 인물이다.

③ 동연은 부처님 형상을 독창적으로 제작하는 인물이다.

④ 동연과 서연의 대화는 예술에 있어서 형식과 내용의 논쟁을 연상시킨다.

19 글의 통일성을 고려할 때 (가)에 들어갈 말로 가장 적절한 것은?

> 혼정신성(昏定晨省)이란 저녁에는 부모님의 잠자리를 봐 드리고 아침에는 문안을 드린다는 뜻으로 자식이 아침저녁으로 부모의 안부를 물어 살핌을 뜻하는 말로 '예기(禮記)'의 '곡례편(曲禮篇)'에 나오는 말이다. 아랫목 요에 손을 넣어 방 안 온도를 살피면서 부모님께 문안을 드리던 우리의 옛 전통은 온돌을 통한 난방 방식과 관련 깊다. 온돌을 통한 난방 방식은 방바닥에 깔려 있는 돌이 열기로 인해 뜨거워지고, 뜨거워진 돌의 열기로 방바닥이 뜨거워지면 방 전체에 복사열이 전달되는 방법이다. 방바닥 쪽의 차가운 공기는 온돌에 의해 따뜻하게 데워지므로 위로 올라가고, 위로 올라간 공기가 다시 식으면 아래로 내려와 다시 데워져 위로 올라가는 대류 현상으로 인해 결국 방 전체가 따뜻해진다. 벽난로를 통한 서양식의 난방 방식은 복사열을 이용하여 상체와 위쪽 공기를 데우는 방식인데, 대류 현상으로 바닥 바로 위 공기까지는 따뜻해지지 않는다. 그 이유는 _____(가)_____.

① 벽난로에 의한 난방은 방바닥의 따뜻한 공기가 위로 올라가 식으면 복사열로 위쪽의 공기만을 따뜻하게 하기 때문이다

② 벽난로에 의한 난방이 복사열에 의한 난방에서 대류 현상으로 인한 난방이라는 순서로 이루어졌기 때문이다

③ 대류 현상을 통한 난방 방식은 상체와 위쪽의 공기만 따뜻하게 하기 때문이다

④ 상체와 위쪽의 따뜻한 공기는 차가운 바닥으로 내려오지 않기 때문이다

20 다음 글에서 추론할 수 있는 것은?

> 포도주는 유럽 문명을 대표하는 술이자 동시에 음료수다. 우리는 대개 포도주를 취하기 위해 마시는 술로만 생각하기 쉬우나 유럽에서는 물 대신 마시는 '음료수'로서의 역할이 크다. 유럽의 많은 지역에서는 물이 워낙 안 좋아서 맨 물을 그냥 마시면 위험하기 때문에 제조 과정에서 안전성이 보장된 포도주나 맥주를 마시는 것이다. 이런 용도로 일상적으로 마시는 식사용 포도주로는 당연히 고급 포도주와는 다른 저렴한 포도주가 쓰이며, 술이 약한 사람들은 여기에 물을 섞어서 마시기도 한다.
>
> 소비의 확대와 함께, 포도주의 생산을 다른 지역으로 확산시키려는 노력도 계속되어 왔다. 포도주 생산의 확산에서 가장 큰 문제는 포도 재배가 추운 북쪽 지역으로 확대되기 힘들다는 점이다. 자연 상태에서는 포도가 자라는 북방 한계가 이탈리아 정도에서 멈춰야 했지만, 중세 유럽에서 수도원마다 온갖 노력을 기울인 결과 포도 재배가 상당히 북쪽까지 올라갔다. 대체로 대서양의 루아르강 하구로부터 크림반도와 조지아를 잇는 선이 상업적으로 포도를 재배할 수 있는 북방한계선이다.
>
> 적정한 기온은 포도주 생산 가능 여부뿐 아니라 생산된 포도주의 질을 결정하는 중요한 요인이다. 너무 추운 지역이나 너무 더운 지역에서는 포도주의 품질이 떨어질 수밖에 없다. 추운 지역에서는 포도에 당분이 너무 적어서 그것으로 포도주를 담그면 신맛이 강하게 된다. 반면 너무 더운 지역에서는 섬세한 맛이 부족해서 '흐물거리는' 포도주가 생산된다(그 대신 이를 잘 활용하면 포르토나 셰리처럼 도수를 높인 고급 포도주를 만들 수 있다). 그러므로 고급 포도주 주요 생산지는 보르도나 부르고뉴처럼 너무 덥지도 않고 너무 춥지도 않은 곳이다. 다만 달콤한 백포도주의 경우는 샤토 디켐(Château d'Yquem)처럼 뜨거운 여름 날씨가 지속하는 곳에서 명품이 만들어진다.
>
> 포도주의 수요는 전 유럽적인 데 비해 생산은 이처럼 지리적으로 제한됐기 때문에 포도주는 일찍부터 원거리 무역 품목이 됐고, 언제나 고가품 취급을 받았다. 그런데 한 가지 기억해야 할 점은 이렇게 수출되는 고급 포도주는 오래된 포도주가 아니라 바로 그 해에 만든 술이라는 점이다. 우리는 포도주는 오래될
>
> 수록 좋아진다고 믿는 경향이 있지만, 대부분의 백포도주 혹은 중급 이하 적포도주는 시간이 지날수록 오히려 품질이 떨어진다. 시간이 흐를수록 품질이 개선되는 것은 일부 고급 적포도주에만 한정된 이야기이며, 그나마 포도주를 병에 담아 코르크 마개를 끼워 보관한 이후의 일이다.

① 고급 포도주는 모두 너무 덥지도 춥지도 않은 곳에서 재배된 포도로 만들어졌다.
② 루아르강 하구로부터 크림반도와 조지아를 잇는 선은 이탈리아보다 남쪽에 있을 것이다.
③ 유럽에서 일상적으로 마시는 식사용 포도주는 저렴한 포도주거나 고급 포도주에 물을 섞은 것이다.
④ 병에 담겨 코르크 마개를 끼운 고급 백포도주는 보관 기간에 비례하여 품질이 개선되지는 않을 것이다.

모바일 OMR

✅ 회독 CHECK 1 2 3

01 〈보기〉의 밑줄 친 말 중에서 맞춤법에 맞게 쓰인 것을 옳게 짝 지은 것은?

> ─────〈보 기〉─────
>
> 휴일을 ㉠ 보내는 데에는 ㉡ 책만 한 것이 없다. 책을 읽다 보면 삶이 풍요로워짐을 느낀다. 독서의 중요성을 강조한 ㉢ 김박사님의 말씀이 떠오른다. 그런데 ㉣ 솔직이 말하면 이런 즐거움을 느끼게 된 것은 그다지 오래되지 않았다. 여태까지는 시험 문제의 답을 잘 ㉤ 맞추기 위한 목적에서 책을 읽는 것이 대부분이었기 때문이다. 이제부터는 지식과 지혜를 ㉥ 늘리고 삶을 윤택하게 하려는 목적에서 책을 ㉦ 읽으므로써 나 자신을 성장시키도록 ㉧ 해야 겠다.

① ㉠, ㉤
② ㉡, ㉥
③ ㉢, ㉦
④ ㉣, ㉧

02 밑줄 친 부분의 시제가 나머지 세 문장과 다른 것은?

① 세월이 많이 흐르긴 흘렀네. 너도 많이 늙었다.
② 너는 네 아버지 어릴 때를 꼭 닮았어.
③ 그 사람은 작년에 부쩍 늙었어.
④ 고생해서 그런지 많이 말랐네.

03 어문 규범에 맞는 표기로만 이루어진 것은?

① 아버님께서는 동생의 철없는 행동을 들으시고는 대노(大怒)하셨다.
② 차림새만 봐서는 여자인지 남자인지 갈음이 되지 않는다.
③ 새로 산 목거리가 옷과 잘 어울린다.
④ 욜로 가면 지름길이 나온다.

04 고사성어의 쓰임이 가장 옳지 않은 것은?

① 肝膽相照하던 벗이 떠나 마음이 쓸쓸하다.
② 두메 속에 사는 토박이 상놈들이 조 의정 집의 위력을 막을 수는 그야말로 螳螂拒轍이었다.
③ 우리의 거사는 騎虎之勢의 형국이니 목적을 달성할 때까지 버티어야 한다.
④ 부부의 연을 맺어 百年河淸하기 위해서는 끊임없이 노력해야 한다.

05 한글의 창제 원리에 대한 설명으로 가장 옳지 않은 것은?

① 중성자는 발음 기관의 상형을 통해 만들어졌다.
② 같은 조음 위치에 속하는 자음자들은 형태상 유사성을 지닌다.
③ 중성자는 기본자를 조합하여 초출자와 재출자를 만들었다.
④ 종성자는 따로 만들지 않았다.

06 〈보기〉의 시에 대한 이해로 가장 적절하지 않은 것은?

―――〈보 기〉―――

나는 이제 너에게도 슬픔을 주겠다.
사랑보다 소중한 슬픔을 주겠다.
겨울밤 거리에서 귤 몇 개 놓고
살아온 추위와 떨고 있는 할머니에게
귤값을 깎으면서 기뻐하던 너를 위하여
나는 슬픔의 평등한 얼굴을 보여 주겠다.
내가 어둠 속에서 너를 부를 때
단 한 번도 평등하게 웃어 주질 않은
가마니에 덮인 동사자가 다시 얼어 죽을 때
가마니 한 장조차 덮어 주지 않은
무관심한 너의 사랑을 위해
흘릴 줄 모르는 너의 눈물을 위해
나는 이제 너에게도 기다림을 주겠다.
이 세상에 내리던 함박눈을 멈추겠다.
보리밭에 내리던 봄눈들을 데리고
추워 떠는 사람들의 슬픔에게 다녀와서
눈 그친 눈길을 너와 함께 걷겠다.
슬픔의 힘에 대한 이야기를 하며
기다림의 슬픔까지 걸어가겠다.

― 정호승, 「슬픔이 기쁨에게」―

① 기쁨으로 슬픔을 이겨내자는 주제를 전달하고 있다.
② 대결과 갈등이 아닌 화합과 조화를 통한 해결을 추구한다.
③ 겉으로 보기에는 모순된 말이지만, 그 속에 진리를 담아 표현하였다.
④ 현실 비판적이고 교훈적인 성격의 시이다.

07 〈보기〉의 외래어 표기가 옳은 것을 모두 고른 것은?

―――〈보 기〉―――

㉠ 아젠다(agenda)
㉡ 시저(Caesar)
㉢ 레크레이션(recreation)
㉣ 싸이트(site)
㉤ 팸플릿(pamphlet)
㉥ 규슈(キュウシュウ, 九州)

① ㉠, ㉢, ㉣
② ㉡, ㉤, ㉥
③ ㉠, ㉡, ㉢, ㉥
④ ㉡, ㉢, ㉣, ㉤

08 〈보기〉에서 중의성이 발생한 원인이 같은 것을 옳게 짝 지은 것은?

―――〈보 기〉―――

㉠ 아버지께 꼭 차를 사드리고 싶습니다.
㉡ 철수는 아름다운 하늘의 구름을 바라보았다.
㉢ 철수는 아내보다 딸을 더 사랑한다.
㉣ 잘생긴 영수의 동생을 만났다.
㉤ 그것이 정말 사과냐?
㉥ 영희는 어제 빨간 모자를 쓰고 학교에 가지 않았다.

① ㉠, ㉡
② ㉡, ㉣
③ ㉢, ㉤
④ ㉣, ㉥

09 〈보기〉의 ㉠~㉣에 대한 설명으로 가장 옳지 않은 것은?

> ─────〈보 기〉─────
>
> 생사(生死) 길은
> 예 있으매 머뭇거리고,
> 나는 간다는 말도
> 못다 이르고 어찌 갑니까.
> 어느 가을 ㉠ 이른 바람에
> 이에 저에 떨어질 잎처럼,
> ㉡ 한 가지에 나고
> 가는 곳 모르온저.
> ㉢ 아아, ㉣ 미타찰(彌陀刹)에서 만날 나
> 도(道) 닦아 기다리겠노라.
>
> ─ 월명사, 「제망매가」 ─

① ㉠은 예상보다 빠르게 닥쳐온 불행을 의미한다.
② ㉡은 친동기 관계라는 것을 의미한다.
③ ㉢은 다른 향가 작품에서는 찾기 어려운 생생한 표현이다.
④ ㉣은 불교적 세계관을 보여준다.

10 밑줄 친 단어의 사용이 옳지 않은 것은?

① 예산을 대충 걷잡아서 말하지 말고 잘 뽑아 보시오.
② 돌아가신 어머니의 모습이 방불하게 눈앞에 떠오른다.
③ 정작 일을 서둘고 보니 당초의 예상과는 딴판으로 돈이 잘 걷히지 않았다.
④ 여러분과 여러분 가정에 행운이 가득하기를 기원하는 것으로 치사를 갈음합니다.

11 〈보기〉에서 (가), (나)에 해당하는 예로 가장 옳은 것은?

> ─────〈보 기〉─────
>
> (가) 어간 받침 'ㄴ(ㄵ), ㅁ(ㄻ)' 뒤에 결합되는 어미의 첫소리 'ㄱ, ㄷ, ㅅ, ㅈ'은 된소리로 발음한다.
> (나) 어간 받침 'ㄼ, ㄾ' 뒤에 결합되는 어미의 첫소리 'ㄱ, ㄷ, ㅅ, ㅈ'은 된소리로 발음한다.

	(가)	(나)
①	(신을) 신기다	여덟도
②	(나이가) 젊지	핥다
③	(신을) 신기다	핥다
④	(나이가) 젊지	여덟도

12 밑줄 친 의미가 나머지 셋과 다른 것은?

① 연이 바람을 <u>타고</u> 하늘로 올라간다.
② 부동산 경기를 <u>타고</u> 건축 붐이 일었다.
③ 착한 일을 한 덕분에 방송을 <u>타게</u> 됐다.
④ 그녀는 아버지의 음악적 소질을 <u>타고</u> 태어났다.

13 밑줄 친 부분의 문장 성분이 관형어가 아닌 것은?

① 아기가 <u>새</u> 옷을 입었다.
② <u>군인인</u> 형이 휴가를 나왔다.
③ 친구가 <u>나에게</u> 선물을 주었다.
④ 소녀는 <u>시골의</u> 풍경을 좋아한다.

14 밑줄 친 단어의 표기가 옳은 것은?

① 이 책은 <u>머릿말</u>부터 마음에 들었다.

② 복도에서 <u>윗층</u>에 사는 노부부를 만났다.

③ <u>햇님</u>이 방긋 웃는 듯하다.

④ <u>북엇국</u>으로 든든하게 아침을 먹었다.

15 띄어쓰기가 옳지 않은 것은?

① 너야말로 칭찬받을 만하다.

② 그 사실을 말할 수밖에 없었다.

③ 힘깨나 쓴다고 자랑하지 마라.

④ 밥은 커녕 빵도 못 먹었다.

16 의미 변화에 대한 설명으로 가장 옳지 않은 것은?

① '겨레'는 근대국어에서 '친족'을 뜻하였는데 오늘날에는 '민족'을 뜻하여 의미가 확대되었다.

② '얼굴'은 중세국어에서 '형체'를 뜻하였는데 오늘날에는 '안면'을 뜻하여 의미가 축소되었다.

③ '어리다'는 중세국어에서 '어리석다'를 뜻하였는데 오늘날에는 '나이가 적다'를 뜻하여 의미가 상승하였다.

④ '계집'은 중세국어에서 '여자'를 뜻하였는데 오늘날에는 '여자를 낮잡아 이르는 말'로 의미가 하락하였다.

17 밑줄 친 한자어를 쉬운 표현으로 바꾼 것으로 적절하지 않은 것은?

① <u>일부인</u>을 찍은 접수증을 발급한다.
→ 날짜 도장을 찍은 접수증을 발급한다.

② 굴삭기에는 굴삭 <u>시건장치</u>를 갖춰야 한다.
→ 굴삭기에는 굴삭 멈춤장치를 갖춰야 한다.

③ 소작농에게 농지를 <u>불하</u>하였다.
→ 소작농에게 농지를 매각하였다.

④ 공무상 <u>지득한</u> 사실을 누설하였다.
→ 공무상 알게 된 사실을 누설하였다.

18 〈보기〉의 작품과 형식이 다른 것은?

> ─── 〈보 기〉 ───
> 우는 거시 벅구기가 프른 거시 버들숩가.
> 이어라 이어라
> 어촌 두어 집이 닛 속의 나락들락.
> 지국총 지국총 어ᄉ와
> 말가ᄒᆞ 기픈 소희 온간 고기 뛰노ᄂᆞ다.

① 「면앙정가」

② 「오우가」

③ 「훈민가」

④ 「도산십이곡」

19 〈보기〉의 ㉠, ㉡에 들어갈 접속어에 대한 설명으로 가장 옳은 것은?

─〈보 기〉─

　많은 과학자와 기술자가 과학 연구와 기술 훈련을 위하여 외국에 갔다 돌아오고, 또 많은 외국의 기술자가 이러한 목적을 위하여 우리나라에 왔다가 돌아간다. 이러한 일은 우리의 과학 기술 발전에 커다란 영향을 주고, 또 우리의 문화생활에 새로운 변화를 일으키며 더욱 우리 사회의 근대화에 실질적인 힘이 되고 있다.

　(㉠) 이러한 선진 과학 기술을 우리의 것으로 완전히 소화하고, 다시 이것을 발전시켜 우리에게 유익하게 이용할 수 있는 만반의 계획과 태세를 갖추지 않는다면, 우리는 영원히 참다운 경제 자립을 이룩할 수 없게 될 뿐만 아니라, 경우에 따라서는 정치, 외교의 자주성을 굳게 지켜 나갈 수 없게 될 것이다.

　(㉡) 선진 기술을 어떠한 원칙에서 받아들여, 어떠한 과학 기술 분야에서부터 진흥시켜 나갈 것인가 하는 구체적인 계획을 세워서 이것을 장기적으로 계속 추진하여 나간다는 것은, 과학 기술 진흥을 위하여 가장 중요하고도 기본적인 문제가 된다.

－ 박익수, 「우리 과학 기술 진흥책」 －

① ㉠은 조건, 이유에 대한 결과를 나타내는 '순접' 기능을 한다.

② ㉡은 대등한 자격으로 이어지는 '요약' 기능을 한다.

③ ㉠은 반대, 대립되는 내용을 나타내는 '역접' 기능을 한다.

④ ㉡은 다른 내용을 도입하는 '전환' 기능을 한다.

20 〈보기〉에서 (가)~(라)를 문맥에 맞게 순서대로 바르게 나열한 것은?

─〈보 기〉─

　생물의 동면을 결정하는 인자 중에서 온도는 매우 중요하다. 하지만 이상 기온이 있듯이 기온은 변덕이 심해서 생물체가 속는 일이 많다.

(가) 하지만 위험은 날씨에 적응하지 못하고 얼어 죽는 것만이 아니다. 동면에 들어가기 위해서는 신체를 특정한 상태로 만들어야 하므로 이 과정에서 많은 에너지가 필요하다. 또 동면에서 깨어나는 것도 에너지 소모가 매우 많다.

(나) 이런 위험을 피하려면 날씨의 변덕에 구애를 받지 않고 조금 더 정확한 스케줄에 따라 동면에 들어가고 깨어날 필요가 있다. 일부 동물들은 계절 변화에 맞추어진 생체 시계나 일광 주기를 동면의 신호로 사용한다는 것이 밝혀졌다.

(다) 박쥐의 경우 동면하는 동안 이를 방해해서 깨우면 다시 동면에 들어가더라도 대다수는 깨어나지 못하고 죽어버린다. 잠시나마 동면에서 깨어나면서 에너지를 너무 많이 소모해버리기 때문이다.

(라) 흔히 '미친 개나리'라고 해서 제철도 아닌데 날씨가 조금 따뜻하다고 꽃을 피웠다가 날씨가 추워져 얼어 죽는 일이 종종 있다. 이상 기온에 속기는 동물들도 마찬가지다. 겨울이 되었는데도 날씨가 춥지 않아 벌레들이 다시 나왔다가 얼어 죽기도 한다.

① (나) → (다) → (라) → (가)

② (나) → (다) → (가) → (라)

③ (라) → (가) → (다) → (나)

④ (라) → (가) → (나) → (다)

모바일 OMR

✔ 회독 CHECK 1 2 3

01 안긴문장이 없는 것은?

① 나는 동생이 시험에 합격하기를 고대한다.
② 착한 영호는 언제나 친구들을 잘 도와준다.
③ 해진이는 울산에 살고 초희는 광주에 산다.
④ 아버지께서는 나에게 내일 가족 여행을 가자고 말씀 하셨다.

02 밑줄 친 부분이 바르게 쓰이지 않은 것은?

① 지금쯤 골아떨어졌겠지?
② 그 친구, 생각이 깊던데 책깨나 읽었겠어.
③ 갖은 곤욕과 모멸과 박대는 각오한 바이다.
④ 김 과장은 그러고 나서 서류를 보완해 달라고 했다.

03 문장 성분의 호응이 자연스러운 것은?

① 내가 강조하고 싶은 점은 우리가 고유 언어를 가졌다.
② 좋은 사람과 대화하며 함께한 일은 즐거운 시간이 었다.
③ 내 생각은 집을 사서 이사하는 것이 좋겠다고 결정 했다.
④ 그는 내 생각이 옳지 않다고 여러 사람 앞에서 말을 하였다.

04 ㉠~㉣의 고쳐 쓰기 방안으로 적절하지 않은 것은?

> ㉠ 공사하는 기간 동안 안전사고가 일어나지 않도록 유의해 주십시오.
> ㉡ 오늘 오후에 팀 전체가 모여 회의를 갖겠습니다.
> ㉢ 비상문이 열려져 있어 신속하게 대피할 수 있었다.
> ㉣ 지난밤 검찰은 그를 뇌물 수수 혐의로 구속했다.

① ㉠: '기간'과 '동안'은 의미가 중복되므로 '공사하는 기간 동안'은 '공사하는 동안'으로 고쳐 쓴다.
② ㉡: '회의를 갖겠습니다.'는 번역 투이므로 '회의하 겠습니다.'로 고쳐 쓴다.
③ ㉢: '열려져'는 '-리-'와 '-어지다'가 결합한 이중 피동 표현이므로 '열려'로 고쳐 쓴다.
④ ㉣: 동작의 대상에게 행위의 효력이 미친다는 의미 를 제시해야 하므로 '구속했다'는 '구속시켰다'로 고쳐 쓴다.

05 ㉠~㉣을 사전에 올릴 때 '한글 맞춤법 규정'에 따른 순서로 적절한 것은?

> ㉠ 곬   ㉡ 규탄
> ㉢ 곳간   ㉣ 광명

① ㉠ → ㉢ → ㉡ → ㉣
② ㉠ → ㉢ → ㉣ → ㉡
③ ㉢ → ㉠ → ㉡ → ㉣
④ ㉢ → ㉠ → ㉣ → ㉡

06 밑줄 친 말의 의미와 거리가 먼 것은?

> • 넌 얼마나 <u>오지랖이 넓기에</u> 남의 일에 그렇게 미주 알고주알 캐는 거냐?
> • 강쇠네는 입이 재고 무슨 일에나 <u>오지랖이 넓었지만,</u> 무작정 덤벙거리고만 다니는 새줄랑이는 아니었다.

① 謁見 　　　　　② 干涉
③ 參見 　　　　　④ 干與

07 다음 글에 대한 이해로 적절하지 않은 것은?

　　천국에 사는 사람들은 지옥을 생각할 필요가 없다. 그러나 우리 다섯 식구는 지옥에 살면서 천국을 생각했다. 단 하루라도 천국을 생각해 보지 않은 날이 없다. 하루하루의 생활이 지겨웠기 때문이다. 우리의 생활은 전쟁과 같았다. 우리는 그 전쟁에서 날마다 지기만 했다.

　　아버지가 평생을 통해 해 온 일은 다섯 가지이다. 채권 매매, 칼 갈기, 고층 건물 유리 닦기, 펌프 설치하기, 수도 고치기이다. 이 일들만 해 온 아버지가 갑자기 다른 일을 하겠다고 했다. 서커스단의 일이었다. 아버지는 처음 보는 꼽추 한 사람을 데리고 와 여러 가지 이야기를 했다. 처음 얼마 동안은 그의 조수로 일하면 된다고 했다. 두 사람은 자기들이 무대 위에서 해야 할 연기에 대해 이야기했다. 그러자 어머니가 아버지에게 대들었다. 우리들도 아버지를 성토했다. 아버지는 힘없이 물러섰다. 꼽추는 멍하니 앉아 우리를 보았다. 꼽추는 눈물이 핑 돌아 돌아갔다. 그의 뒷모습은 아주 쓸쓸해 보였다. 아버지의 꿈은 깨어졌다. 아버지는 무거운 부대를 메고 다시 일을 찾아 나갔다.

…(중략)…

　　어머니가 울었다. 어머니는 인쇄소 제본 공장에 나가 접지 일을 했다. 고무 골무를 끼고 인쇄물을 접었다. 나는 겁이 났다. 나는 인쇄소 공무부 조역으로 출발했다. 땀을 흘리지 않고는 아무것도 얻을 수 없다는 것을 뒤늦게 알았다. 영호와 영희도 몇 달 간격을 두고 학교를 그만두었다. 마음이 차라리 편해졌다.

우리를 해치는 사람은 없었다. 우리는 보이지 않는 보호를 받고 있었다. 남아프리카의 어느 원주민들이 일정한 구역 안에서 보호를 받듯이 우리도 이질 집단으로서 보호를 받았다. 나는 우리가 이 구역 안에서 한 걸음도 밖으로 나갈 수 없다는 것을 깨달았다. 나는 조역, 공목, 약물, 해판의 과정을 거쳐 정판에서 일했다. 영호는 인쇄에서 일했다. 나는 우리가 한 공장에서 일하는 것이 싫었다. 영호도 마찬가지였다. 그래서 영호는 먼저 철공소 조수로 들어가 잔심부름을 했다. 가구 공장에서도 일했다. 그 공장에 가 일하는 영호를 보았다. 뽀얀 톱밥 먼지와 소음 속에 서 있는 작은 영호를 보고 나는 그만두라고 했다. 인쇄 공장의 소음도 무서운 것이었으나 그곳에는 톱밥 먼지가 없었다. 우리는 죽어라 하고 일했다. 우리의 팔목은 공장 안에서 굵어 갔다. 영희는 그때 큰길 슈퍼마켓 한쪽에 자리 잡은 빵집에서 일했다. 우리가 고맙게 생각한 것은 환경이 깨끗하다는 것 하나뿐이었다.

　　우리는 무슨 일이 있든 공부는 해야 한다고 생각했다. 공부를 하지 않고는 우리 구역에서 벗어날 수가 없다고 생각했다. 세상은 공부를 한 자와 못 한 자로 너무나 엄격하게 나누어져 있었다. 끔찍할 정도로 미개한 사회였다. 우리가 학교 안에서 배운 것과는 정반대로 움직였다. 나는 무슨 책이든 손에 잡히는 대로 읽었다. 정판에서 식자로 올라간 다음에는 일을 하다 말고 원고를 읽는 버릇까지 생겼다. 동생들에게 필요하다고 느껴지는 것은 판을 들고 가 몇 벌씩 교정쇄를 내기도 했다. 영호와 영희는 나의 말을 잘 들었다. 내가 가져다준 교정쇄를 동생들은 열심히 읽었다. 실제로 우리가 이 노력으로 잃은 것은 하나도 없었다. 나는 고입 검정고시를 거쳐 방송 통신 고교에 입학했다.

− 조세희, 「난장이가 쏘아 올린 작은 공」 −

① '우리 다섯 식구'는 생존을 위해 애쓰지만 윤택한 삶을 누리기 어려운 처지에 있다.
② '아버지'는 가족들의 바람을 수용하여, 평생 해 온 일을 그만두고 새로운 일을 시작하기로 결심한다.
③ '보이지 않는 보호'는 말 그대로의 보호라기보다는 벗어날 수 없는 계층적 한계를 의미한다고 할 수 있다.
④ '우리'는 자신들의 '구역'에서 벗어날 길을 '공부를 한 자'가 됨으로써 찾을 수 있다고 여긴다.

08 글쓴이의 견해에 부합하지 않는 것은?

사물 인터넷(IoT, Internet of Things)의 정의로 '수십 억 개의 사물이 서로 연결되는 것'이라고 설명하는 것은 그리 유용하지 않다. 사물 인터넷이 무엇인지 이해하기 위해서는 '사물'에서 출발하기보다는 '인터넷'에서 출발하는 것이 좋다. 인터넷이 전 세계의 컴퓨터를 서로 소통하도록 만든다는 생각이 실현된 것이라면, 사물 인터넷은 이제 전 세계의 사물들을 '컴퓨터로 만들어' 서로 소통하도록 만든다는 생각을 실현하는 것이다. 컴퓨터는 본래 전원이 있고 칩이 있고, 이것이 통신 장치와 프로토콜을 갖게 되어 연결된 것이다. 그렇다면 이제는 전원이 있었던 전자 기기나 기계 등은 그 자체로, 전원이 없었던 일반 사물들은 새롭게 센서와 배터리, 통신 모듈이 부착되면서 컴퓨터가 되고 이렇게 컴퓨터가 된 사물들이 그들 간에 또는 인간의 스마트 기기와 네트워크로 연결되는 것이다.

현재의 인터넷과 사물 인터넷의 차이를, 혹자는 사람이 개입되는 것은 사물 인터넷이 아니라고 이야기하면서 엄격한 M2M(Machine to Machine)이라는 개념에 근거해 설명한다. 또 혹자는 사물 인터넷이 실현되려면 사람만큼 사물이 판단할 수 있어야 한다고 주장하면서 사물의 지능성을 중요시하는 경우도 있는데, 두 가지 모두 그릇된 것이다. 사물 인터넷을 제대로 이해하려면 기존 인터넷과의 차이점에 주목하기보다는 오히려 공통점을 인식하는 것이 더 중요하다. 컴퓨터를 서로 연결하는 수준에서 출발한 것이 기존의 인터넷이라면, 이제는 사물 각각이 컴퓨터가 되고, 그 사물들이 사람과 손쉽게 닿는 스마트폰, 스마트 워치 등과 서로 소통하는 것이다.

① 사물 인터넷의 개념을 파악하기 위해서는 기존 인터넷과의 공통점을 이해하는 것이 필요하다.

② 센서와 배터리, 통신 모듈 등을 갖춘 사물들이 네트워크로 연결되어 사물 인터넷으로 기능한다.

③ 사물 인터넷은 사람 수준의 지능을 가진 사물들이 네트워크상에서 인간의 개입 없이 서로 소통하는 것으로 정의된다.

④ 사물 인터넷은 컴퓨터가 아니었던 사물도 네트워크로 연결될 수 있다는 점에서 기존의 인터넷과 다르다.

09 〈보기〉는 다음 한시에 대한 감상이다. ㉠~㉣ 중 적절하지 않은 것은?

白犬前行黃犬隨	흰둥이가 앞서고 누렁이는 따라가는데
野田草際塚纍纍	들밭머리 풀섶에는 무덤이 늘어서 있네
老翁祭罷田間道	늙은이가 제사를 끝내고 밭 사이 길로 들어서자
日暮醉歸扶小兒	해 저물어 취해 돌아오는 길을 아이가 부축하네

－ 이달, 「제총요(祭塚謠)」 －

─ 〈보 기〉 ─

이달(李達, 1561~1618)이 살았던 시기를 고려할 때, 시인은 임진왜란을 겪었을 것이라 추정된다. ㉠ 이 시는 해질 무렵 두 사람이 제사를 지낸 뒤 집으로 돌아오는 상황을 노래하고 있다. ㉡ 이 시에서 무덤이 들밭머리에 늘어서 있다는 것은 전란을 겪은 마을에서 많은 이들이 갑작스러운 죽음을 맞이했음을 의미한다고 할 것이다. 여기 등장하는 늙은이와 아이는 할아버지와 손자의 관계로 파악할 수 있다. 아마도 이들은 아이의 부모이자 할아버지의 자식에 해당하는 이의 무덤에 다녀오는 길일 것이다. ㉢ 할아버지가 취한 까닭도 죽은 이에 대한 안타까움과 속상함 때문일 것이다. ㉣ 이 시는 전반부에서는 그림을 그리듯이 장면을 묘사하고 후반부에서는 정서를 표출하는 선경후정의 형식을 취하고 있다.

① ㉠　　　　　　② ㉡

③ ㉢　　　　　　④ ㉣

10 ㉠~㉣의 한자 표기로 옳은 것은?

> 과학사를 들춰 보면 기존의 학문 체계에 ㉠ 도전했다가 낭패를 본 인물들의 이야기를 자주 만날 수 있다. 대표적인 인물이 천동설을 부정하고 지동설을 주장한 갈릴레이다. 천동설을 ㉡ 지지하던 당시의 권력층은 그들의 막강한 힘을 이용하여 갈릴레이를 신의 권위에 도전하는 이단자로 욕하고 목숨까지 위협했다. 갈릴레이가 영원한 ㉢ 침묵을 ㉣ 맹세하지 않고 계속 지동설을 주장했더라면 그는 단두대의 이슬로 사라졌을지도 모른다.

① ㉠ 逃戰 ② ㉡ 持地
③ ㉢ 浸默 ④ ㉣ 盟誓

11 다음 대화에서 '정민'의 의사소통 방식으로 가장 적절한 것은?

> 상수: 요즘 짝꿍이랑 사이가 별로야.
> 정민: 왜? 무슨 일이 있었어?
> 상수: 그 애가 내 일에 자꾸 끼어들어. 사물함 정리부터 내 걸음걸이까지 하나하나 지적하잖아.
> 정민: 그런 일이 있었구나. 짝꿍한테 그런 말을 해 보지 그랬어.
> 상수: 해 봤지. 하지만 그때뿐이야. 아마 나를 자기 동생처럼 여기나 봐.
> 정민: 나도 그런 적이 있어. 작년의 내 짝꿍도 나한테 무척이나 심했거든. 자꾸 끼어들어서 너무 힘들었어. 네 얘기를 들으니 그때가 다시 생각난다. 그런데 생각을 바꿔 보니 그게 관심이다 싶더라고. 그랬더니 마음이 좀 편해졌어. 그리고 짝꿍과 솔직하게 얘기를 해 봤더니, 그 애도 자신의 잘못된 점을 고치더라고.
> 상수: 너도 그랬구나. 나도 생각을 바꾸려고 노력해 보고, 짝꿍하고 진솔한 대화를 나눠 봐야겠어.

① 상대방의 입장을 고려해 용서함으로써 갈등을 해결하고 있다.
② 자신의 경험을 들어 상대방이 해결점을 찾을 수 있도록 돕고 있다.
③ 상대방의 약점을 비판하면서 자신의 장점을 최대한 부각하고 있다.
④ 상대방이 말하는 내용을 경청하면서 그 타당성을 평가하고 있다.

12 다음에서 제시한 글의 전개 방식의 예로 가장 적절한 것은?

> '인과'는 원인과 결과를 서술하는 전개 방식이다. 어떤 현상이나 결과가 나타나게 된 원인이나 힘을 제시하고 그로 말미암아 초래된 결과를 나타내는 서술 방식이다.

① 온실 효과로 지구의 기온이 상승할 때 가장 심각한 영향은 해수면의 상승이다. 이러한 현상은 바다와 육지의 비율을 변화시켜 엄청난 기후 변화를 유발하며, 게다가 섬나라나 저지대는 온통 물에 잠기게 된다.
② 이 사회의 경제는 모두가 제로섬 요소로 구성되어 있다. 제로섬(zero-sum)이란 어떤 수를 합해서 제로가 된다는 뜻이다. 어떤 운동 경기를 한다고 할 때 이기는 사람이 있으면 반드시 지는 사람이 있게 마련이다.
③ 다음날도 찬호는 학교 담을 따라 돌았다. 그리고 고무신을 벗어 한 손에 한 짝씩 쥐고는 고양이 걸음으로 보초의 뒤를 빠져 팽이처럼 교문 안으로 뛰어들었다.
④ 벼랑 아래는 빽빽한 소나무 숲에 가려 보이지 않았다. 새털 구름이 흩어진 하늘 아래 저 멀리 논과 밭, 강을 선물 세트처럼 끼고 들어앉은 소읍의 전경은 적막해 보였다.

13 다음 진행자 'A'의 대화 진행 전략으로 적절하지 않은 것은?

> A: 여러분, 안녕하세요? 한 지방 자치 단체가 의료 취약 계층을 위한 의약품 공급 정보망 구축 사업을 진행해 오고 있는데요. 오늘은 그 관계자 한 분을 모시고 말씀을 들어 보기로 하겠습니다. 과장님, 안녕하세요?
>
> B: 네, 안녕하세요.
>
> A: 의약품 공급 정보망이라는 말이 다소 생소한데 이게 무슨 말인가요?
>
> B: 네, 약국이나 제약 회사가 의약품을 저희에게 기탁하면, 이 약품을 필요한 사회 복지 시설이나 국내외 의료 봉사 단체에 무상으로 줄 수 있도록 연결하는 사이버상의 네트워크입니다.
>
> A: 그렇군요. 그동안 이 사업에 성과가 있었다면 그럴 만한 이유가 있을 텐데요. 이에 대해 말씀해 주세요.
>
> B: 그렇습니다. 약국이나 제약 회사에서는 판매되지 않은 의약품을 기탁하고 세금 혜택을 받습니다. 그리고 복지 시설이나 봉사 단체에서는 필요한 의약품을 무상으로 지원받을 수 있습니다.
>
> A: 그렇군요. 혹시 이 사업에 걸림돌은 없나요?
>
> B: 의약품을 의사의 처방에 따라서 주는 것이 아니라 수요자가 요구하면 주는 방식이어서 전문 의약품을 제공하는 과정에 어려움이 있습니다. 처방전 발급을 부탁할 수도 없고⋯⋯.
>
> A: 그러니까 앞으로 이런 문제를 해결하기 위한 제도 정비나 의료 전문가의 지원이 좀 더 필요하다는 말씀인 것 같군요. 끝으로 이 사업에 참여하려면 어떻게 해야 하나요?
>
> B: 그건 생각보다 쉽습니다. 저희 홈페이지에 접속하셔서 회원으로 가입하시면 기부하실 때나 받으실 때나 모두 쉽게 참여하실 수 있습니다.
>
> A: 네, 간편해서 좋군요. 모쪼록 이 의약품 공급 정보망 사업이 확대되어 국내외 의료 취약 계층에 많은 도움이 되기를 바랍니다. 감사합니다.

① 상대방의 말을 들었다는 반응을 보인다.

② 상대방의 대답에서 모순점을 찾아 논리적으로 대응한다.

③ 대화의 화제가 된 일을 홍보할 수 있는 대답을 유도한다.

④ 상대방의 말을 대화의 흐름에 맞게 해석하여 상대방의 말을 보충한다.

14 다음 글에 대한 이해로 가장 적절한 것은?

> 용왕의 아들 이목(璃目)은 항상 절 옆의 작은 연못에 있으면서 남몰래 보양(寶壤) 스님의 법화(法化)를 도왔다. 문득 어느 해에 가뭄이 들어 밭의 곡식이 타들어 가자 보양 스님이 이목을 시켜 비를 내리게 하니 고을 사람들이 모두 흡족히 여겼다. 하늘의 옥황상제가 장차 하늘의 뜻을 모르고 비를 내렸다 하여 이목을 죽이려 하였다. 이목이 보양 스님에게 위급함을 아뢰자 보양 스님이 이목을 침상 밑에 숨겨 주었다. 잠시 후에 옥황상제가 보낸 천사(天使)가 뜰에 이르러 이목을 내놓으라고 하였다. 보양 스님이 뜰 앞의 배나무[梨木]를 가리키자 천사가 배나무에 벼락을 내리고 하늘로 올라갔다. 그 바람에 배나무가 꺾어졌는데 용이 쓰다듬자 곧 소생하였다(일설에는 보양 스님이 주문을 외워 살아났다고 한다). 그 나무가 근래에 땅에 쓰러지자 어떤 이가 빗장 막대기로 만들어 선법당(善法堂)과 식당에 두었다. 그 막대기에는 글귀가 새겨져 있다.
>
> － 일연, 「삼국유사」 －

① 천사의 벼락을 맞은 배나무는 저절로 소생했다.

② 천사는 이목을 죽이려다 실수로 배나무에 벼락을 내렸다.

③ 벼락 맞은 배나무로 만든 막대기가 글쓴이의 당대까지 전해졌다.

④ 제멋대로 비를 내린 보양 스님을 벌하려고 옥황상제가 천사를 보냈다.

15 ㉠에 들어갈 주장으로 가장 적절한 것은?

> 경상 지역 방언을 쓰는 사람들은 대체로 'ㅓ'와 'ㅡ'를 구별하지 못한다. 이들은 '증표(證票)'나 '정표(情表)'를 구별하여 듣지 못할 뿐만 아니라 구별하여 발음하지 못하기 십상이다. 또 이들은 'ㅅ'과 'ㅆ'을 구별하지 못하는 경우가 많다. 따라서 이들은 '살밥을 많이 먹어서 쌀이 많이 쪘다'고 말하든 '쌀밥을 많이 먹어서 살이 많이 쪘다'고 말하든 쉽게 그 차이를 알지 못한다. 한편 평안도 및 전라도와 경상도의 일부에서는 'ㅗ'와 'ㅓ'를 제대로 분별해서 발음하지 않는 경우가 종종 있다. 평안도 사람들의 'ㅈ' 발음은 다른 지역의 'ㄷ' 발음과 매우 비슷하다. 이처럼 (㉠)

① 우리말에는 지역마다 다양한 소리가 있다.
② 우리말은 지역에 따라 다양한 표준 발음법이 있다.
③ 우리말에는 지역에 따라 구별되지 않는 소리가 있다.
④ 자음보다 모음을 변별하지 못하는 지역이 더 많이 있다.

16 글의 통일성을 고려할 때 ㉠에 들어갈 문장으로 가장 적절한 것은?

> 기술 혁신의 상징으로 화려하게 등장한 이후 글로벌 아이콘이 됐던 소위 스마트폰이 그 진화의 한계에 봉착한 듯하다. 게다가 최근 들어 중국 업체들의 성장세가 만만치 않은 상황이 펼쳐지고 있다. 이런 가운데 오랜 기간 스마트폰 생산량의 수위를 지켜 왔던 기업들의 호시절도 끝난 분위기다. (㉠)
>
> 그렇다면 스마트폰 이후 글로벌 주도 산업은 무엇일까. 첫손가락에 꼽히는 것은 페이스북, 아마존, 넷플릭스, 구글을 뜻하는 '팡(FANG)'이다. 모바일 퍼스트 시대에서 소프트웨어, 플랫폼 사업에 눈뜬 기업들이다. 이들은 지난해 매출과 순이익이 크게 늘었으며 주가도 폭등했다. 하지만 이들이라고 영속 불멸하지는 않을 것이다.

① 온 국민이 절치부심(切齒腐心)하여 반성하지 않으면 안 된다.
② 정보 기술 업계의 권불십년(權不十年)이라 하지 않을 수 없다.
③ 다른 나라의 기업들을 보고 아전인수(我田引水)해야 할 때다.
④ 글로벌 위기의 내우외환(內憂外患)에 국가 간 협력이 절실하다.

17 다음 글에 대한 이해로 적절하지 않은 것은?

> 희극의 발생 조건에 대하여 베르그송은 집단, 지성, 한 개인의 존재 등을 꼽았다. 즉 집단으로 모인 사람들이 자신들의 감성을 침묵하게 하고 지성만을 행사하는 가운데 그들 중 한 개인에게 그들의 모든 주의가 집중되도록 할 때 희극이 발생한다고 보았다. 그러나 그가 말하는 세 가지 사항은 웃음을 유발하는 것이 아니라 그러한 것을 가능케 하는 조건들이다. 웃음을 유발하는 단순한 형태의 직접적인 장치는 대상의 신체적인 결함이나 성격적인 결함을 들 수 있다. 관객은 이러한 결함을 지닌 인물을 통하여 스스로 자기 우월성을 인식하고 즐거워질 수 있게 된다. 이와 관련해 "한 인물이 우리에게 희극적으로 보이는 것은 우리 자신과 비교해서 그 인물이 육체의 활동에는 많은 힘을 소비하면서 정신의 활동에는 힘을 쓰지 않는 경우이다. 어느 경우에나 우리의 웃음이 그 인물에 대하여 우리가 지니는 기분 좋은 우월감을 나타내는 것임은 부정할 수 없다."라는 프로이트의 말은 시사적이다.

① 베르그송에 의하면 희극은 관객의 감성이 집단적으로 표출된 결과이다.
② 베르그송에 의하면 집단, 지성, 한 개인의 존재는 희극 발생의 조건이다.
③ 한 개인의 신체적·성격적 결함은 집단의 웃음을 유발하는 직접적인 장치이다.
④ 프로이트에 의하면 상대적으로 정신 활동보다 육체 활동에 힘을 쓰는 상대가 희극적인 존재이다.

18 ㉠과 가장 유사한 정서가 드러나는 것은?

> 다시 방수액을 부어 완벽을 기하고 이음새 부분은 손가락으로 몇 번씩 문대어 보고 나서야 임 씨는 허리를 일으켰다. 임 씨가 일에 몰두해 있는 동안 그는 숨소리조차 내지 않고 일하는 양을 지켜보았다. ㉠저 열 손가락에 박힌 공이의 대가가 기껏 지하실 단칸방만큼의 생활뿐이라면 좀 너무하지 않나 하는 안타까움이 솟아오르기도 했다. 목욕탕 일도 그러했지만 이 사람의 손은 특별한 데가 있다는 느낌이었다. 자신이 주무르고 있는 일감에 한 치의 틈도 없이 밀착되어 날렵하게 움직이고 있는 임 씨의 열 손가락은 손가락 이상의 그 무엇이었다.
>
> 　　　　　　　　－ 양귀자, 「비 오는 날이면 가리봉동에 가야 한다」 －

① 즐거운 지상의 잔치에 / 금으로 타는 태양의 즐거운 울림 / 아침이면, / 세상은 개벽을 한다.

② 산에 / 산에 / 피는 꽃은 / 저만치 혼자서 피어 있네. // 산에서 우는 작은 새여. / 꽃이 좋아 / 산에서 / 사노라네.

③ 남편은 어디에 나가 있는지 / 아침에 소 끌고 산에 올랐는데 / 산 밭을 일구느라 고생을 하며 / 저물도록 돌아오지 못한다네.

④ 눈을 가만 감으면 굽이 잦은 풀밭 길이, / 개울물 돌돌 길섶으로 흘러가고, / 백양 숲 사립을 가린 초집들도 보이구요.

19 다음 글의 시사점으로 적절하지 않은 것은?

> 기존의 의학적 연구는 건장한 성인 남성의 몸을 표준으로 삼아 이루어지는 경우가 많았다. 예를 들어 농약과 같은 화학 물질이 몸에 들어와 어떠한 변화를 일으키는지 검토한 연구에서 생리 주기에 따라 변화하는 여성 호르몬이 그 물질과 어떤 상호 작용을 일으킬 수 있는지는 고려되지 않았다. 자동차 충돌 사고를 인체 공학적으로 시뮬레이션할 때도 특정 연령대 남성의 몸이 연구 대상으로 사용되었고, 여성의 신체 특성이나 다양한 연령대 남성의 신체적 특성은 고려되지 않았다.
>
> 특정 연령대 성인 남성의 몸을 표준화된 인체로 여겼던 사고방식은 여러 문제점을 낳고 있다. 예를 들어 대사율, 피부와 조직 두께 등을 감안한, 사람이 가장 효과적으로 일할 수 있는 사무실 온도는 21℃로 알려져 있다. 그런데 한 연구에서 남성과 여성 직장인에게 각각 선호하는 사무실 온도를 조사한 결과는 남성은 평균 22℃, 여성은 평균 25℃였다. 남성은 기존의 적정 실내 온도에 가까운 답을 했고, 여성은 더 따뜻한 사무실에서 일하기를 원했다.
>
> 이러한 차이의 이유는 무엇일까? 현재 적정 사무실 온도로 알려진 21℃는 1960년대 측정된 자료를 바탕으로 하는데, 당시 몸무게 70kg인 40세 성인 남성을 기준으로 측정된 것이다. 이러한 '표준화된 신체'를 가진 남성의 대사율은 여성이나 다른 연령대 남성들의 대사율과 다르고, 당연히 체내 열 생산의 양도 차이가 있다.

① 표준으로 삼은 대상이 나머지 대상의 특성까지 대표하지 못하므로 앞으로 의학적 연구를 하려면 하나의 표준을 정하기보다 가능한 한 다양한 대상을 선정해서 하는 것이 바람직하다.

② 현재 우리가 알고 있는 의학 지식 중에는 특정 표준 대상만을 연구한 결과인 것이 있으므로 앞으로 이런 의학 지식을 활용하려면 연구한 대상을 살펴봐서 그대로 활용할지를 결정하는 것이 바람직하다.

③ 성별이나 연령대 등에 따라 신체 조건이 같지 않으므로 근무 환경을 조성할 때 근무자들의 성별이나 연령대를 고려하는 것이 바람직하다.

④ 기존의 사무실 적정 실내 온도가 조사된 것보다 낮게 설정되어 있으므로 향후에 모든 공공 기관의 사무실 온도를 조정할 때 현재보다 설정 온도를 일률적으로 높이는 것이 바람직하다.

20 다음 글을 바탕으로 ㉠을 이해할 때 가장 적절한 것은?

> 나는 ㉠ '연극에서의 관객의 공감'에 대해 강연한 일이 있다. 나는 관객이 공감하는 것을 직접 보여 주려고 시도했다. 먼저 나는 자원자가 있으면 나와서 배우처럼 읽어 주기를 청했다. 그리고 청중에게는 연극의 관객이 되어 들어 달라고 했다. 한 사람이 앞으로 나왔다. 나는 그에게 아우슈비츠를 소재로 한 드라마의 한 장면이 적힌 종이를 건네주었다. 자원자가 종이를 받아들고 그것을 훑어볼 때 청중들은 어수선했다. 그런데 자원자의 입에서 떨어진 첫 대사는 끔찍한 내용이었다. 아우슈비츠에 관한 적나라한 증언은 너무나 충격적이어서 청중들은 완전히 압도되었다. 자원자는 청중들의 얼어붙은 듯한 침묵 속에서 낭독을 계속했다. 자원자의 낭독은 세련되지도 능숙하지도 않았다. 그러나 관객들의 열렬한 공감을 이끌어 냈다. 과거 역사가 현재의 관객들에게 생생하게 공감되었다.
>
> 이것이 끝나고 이번에는 강연장에 함께 갔던 전문 배우에게 셰익스피어의 희곡 「헨리 5세」에서 발췌한 대사를 낭독해 달라고 부탁했다. 그 대본은 400년 전 아젱쿠르 전투(백년 전쟁 당시 벌어졌던 영국과 프랑스의 치열한 전투)에서 처참하게 사망한 자들의 명단과 그 숫자를 나열한 것이었다. 그는 셰익스피어의 위대한 희곡임을 알아보자 품위 있고 고풍스럽게 큰 목소리로 낭독했다. 그는 유려한 어조로 전쟁에서 희생된 이들의 이름을 읽어 내려갔다. 그러나 청중들은 듣는 둥 마는 둥 했다. 갈수록 청중들은 낭독자 따위는 안중에도 없다는 듯이 행동했다. 그들에게 아젱쿠르 전투는 공감할 수 없는 것으로 분리된 것 같아 보였다. 앞서의 경우와는 전혀 다른 반응이었다.

① 배우의 연기력이 관객의 공감을 좌우한다.

② 비참한 죽음을 다룬 비극적인 소재는 관객의 공감을 일으킨다.

③ 훌륭한 고전이라고 해서 항상 청중의 공감을 불러일으킬 수 있는 것은 아니다.

④ 현재와 가까운 역사적 사실을 극화했다고 해서 관객의 공감 가능성이 커지지는 않는다.

모바일 OMR

✅ 회독 CHECK 1 2 3

01 다음에 해당하는 사례로 적절하지 않은 것은?

> '역전 앞'과 마찬가지로 '피해(被害)를 당하다'에도 의미의 중복이 나타난다. '피해'의 '피(被)'에 이미 '당하다'라는 의미가 포함되어 있기 때문이다.

① 형부터 먼저 해라.
② 채훈이는 오로지 빵만 좋아한다.
③ 발언자마다 각각 다른 주장을 편다.
④ 그는 예의가 바를 뿐더러 무척 부지런하다.

02 다음 대화에서 밑줄 친 부분의 표현 효과에 대한 설명으로 적절한 것은?

> 김 대리: 늦어서 죄송합니다. 일이 좀 많았습니다.
> 이 부장: 괜찮아요. 오랜만에 최 대리하고 오붓하게 대화도 나누고 시간 가는 줄 몰랐네요. 허허허.
> 김 대리: 박 부장님은 오늘 못 나오신다고 전해 달라셨어요.
> 이 부장: 그럼, 우리끼리 출발합시다.

① 자신과 상대방의 의견 차이를 최소화한다.
② 상대방에게 부담이 되는 표현을 최소화한다.
③ 화자 자신에게 혜택을 주는 표현을 최소화한다.
④ 상대방에 대한 비방을 최소화하고 칭찬을 최대화한다.

03 '청소년 인터넷 중독의 현황과 문제 해결'에 대한 글을 작성하고자 한다. 글의 내용으로 포함하기에 적절하지 않은 것은?

① 국내 최대 게임 업체의 고객 개인 정보가 유출되어 청소년들에게 성인 광고 문자가 대량 발송된 사건을 예로 제시한다.
② 인터넷에 중독되는 청소년의 비율이 해마다 증가한다는 통계를 활용하여 해당 사안이 시급히 해결되어야 할 문제임을 강조한다.
③ 사회성 결여, 의사소통 장애, 집중력 저하 등 인터넷 중독이 야기할 수 있는 부정적 현상들을 열거하여 문제의 심각성을 환기한다.
④ 청소년 대상 인터넷 중독 상담 프로그램의 개발 및 운영을 위해 할당된 예산이 부족하다는 전문가의 의견을 인용하여 해당 문제에 대한 대처가 미온적임을 지적한다.

04 밑줄 친 단어의 쓰임이 옳은 것은?

① 하노라고 한 것이 이 모양이다.
② 물품 대금은 나중에 예치금에서 자동으로 결재된다.
③ 예산을 대충 걷잡아서 말하지 말고 잘 뽑아 보세요.
④ 행운이 가득하기를 기원하는 것으로 치사를 가름합니다.

05 다음 시에 대한 감상으로 적절하지 않은 것은?

> 네 집에서 그 샘으로 가는 길은 한 길이었습니다. 그래서 새벽이면 물 길러 가는 인기척을 들을 수 있었지요. 서로 짠 일도 아닌데 새벽 제일 맑게 고인 물은 네 집이 돌아가며 길어 먹었지요. 순번이 된 집에서 물 길어 간 후에야 똬리끈 입에 물고 삽짝 들어서시는 어머니나 물지게 진 아버지 모습을 볼 수 있었지요. 집안에 일이 있으면 그 순번이 자연스럽게 양보되기도 했었구요. 넉넉하지 못한 물로 사람들 마음을 넉넉하게 만들던 그 샘가 미나리꽝에서는 미나리가 푸르고 앙금 내리는 감자는 잘도 썩어 구린내 훅 풍겼지요.
>
>   – 함민복, 「그 샘」 –

① '샘'을 매개로 공동체의 삶을 표현했다.
② 과거 시제로 회상의 분위기를 표현했다.
③ 공감각적 이미지로 이웃 간의 배려를 표현했다.
④ 구어체로 이웃 간의 정감 어린 분위기를 표현했다.

06 다음 글의 주장으로 가장 적절한 것은?

> 우리에게 친숙한 동물들의 사소한 행동을 살펴보면 그들이 자신의 환경을 개조한다는 것을 알 수 있다. 가장 단순한 생명체는 먹이가 그들에게 헤엄쳐 오게 만들고, 고등동물은 먹이를 구하기 위해 땅을 파거나 포획 대상을 추적하기도 한다. 이처럼 동물들은 자신의 목적을 위해 행동함으로써 환경을 변형시킨다. 이러한 생존 방식을 흔히 환경에 적응하는 것으로 설명한다. 그러나 이러한 설명은 생명체들이 그들의 환경 개변(改變)에 능동적으로 행동한다는 중요한 사실을 놓치고 있다.
>
> 가장 고등한 동물인 인간도 다른 생명체와 마찬가지로 생존이나 적응을 넘어서 환경에 대해 적극성을 보인다. 이는 인간의 세 가지 충동 — 사는 것, 잘 사는 것, 더 잘 사는 것 — 으로 인하여 가능하다. 잘 살기 위한 노력은 순응적이기 보다는 능동적인 모습으로 나타나게 된다. 인간도 생명체이다. 더 잘 살기 위해서는 환경에 순응할 수만은 없다.

① 인간은 환경에 적응해 왔다.
② 삶의 기술은 생존을 위한 것이다.
③ 생명체는 환경을 능동적으로 변형한다.
④ 인간은 잘 사는 것을 삶의 목표로 한다.

07 밑줄 친 부분의 활용형이 옳지 않은 것은?

① 집에 오면 그는 항상 사랑채에 머물었다.
② 나는 고향 집에 한 사나흘 머무르면서 쉴 생각이다.
③ 일에 서툰 것은 연습이 부족한 까닭이다.
④ 그는 외국어가 서투르므로 해외 출장을 꺼린다.

08 다음에 서술된 A사의 상황을 가장 적절하게 표현한 한자성어는?

> 최근 출시된 A사의 신제품이 뜨거운 호응을 얻고 있다. 이번 신제품의 성공으로 A사는 B사에게 내주었던 업계 1위 자리를 탈환했다.

① 兎死狗烹   ② 捲土重來
③ 手不釋卷   ④ 我田引水

09 다음 글의 주장으로 가장 적절한 것은?

> 예술 작품의 복제 기술이 좋아지고 있음에도 불구하고 원본을 보러 가는 이유는 무엇인가? 예술 작품의 특성상 원본 고유의 예술적 속성을 복제본에서는 느낄 수 없다고 생각하는 경향이 강하기 때문이다. 사진은 원본인지 복제본인지 중요하지 않지만, 회화는 붓 자국 하나하나가 중요하기 때문에 복제본이 원본을 대체할 수 없다고 생각하는 사람들이 많다.
>
> 그러나 이러한 생각은 잘못이다. 회화와 달리 사진의 경우, 보통은 '그 작품'이라고 지칭되는 사례들이 여러 개 있을 수 있다. 20세기 위대한 사진작가 빌 브란트가 마음만 먹었다면, 런던에 전시한 인화본의 조도를 더 낮추는 방식으로 다른 곳에 전시한 것과 다른 예술적 속성을 갖게 할 수 있었을 것이다. 이것은 사진의 경우, 작가가 재현적 특질을 선택하고 변형할 수 있는 방법이 다양함을 의미한다.

① 복제본의 예술적 가치는 원본을 뛰어넘을 수 없다.
② 복제 기술 덕분에 예술의 매체적 특성이 비슷해졌다.
③ 복제본의 재현적 특질을 변형하는 방법은 제한적이다.
④ 복제본도 원본과는 다른 별개의 예술적 특성을 담보할 수 있다.

10 밑줄 친 단어와 바꿔 쓸 수 있는 한자어로 가장 적절한 것은?

① 그는 가수가 되려는 꿈을 <u>버리고</u> 직장을 구했다.
　　→ 遺棄하고
② 휴가철인 7~8월에 <u>버려지는</u> 반려견들이 가장 많다.
　　→ 根絶되는
③ 그는 집 앞에 몰래 쓰레기를 <u>버리고</u> 간 사람을 찾고 있다.
　　→ 投棄하고
④ 취직하려면 그녀는 우선 지각하는 습관을 <u>버려야</u> 할 것이다.
　　→ 抛棄해야

11 다음 글의 ㉠~㉣에 대한 고쳐 쓰기 방안으로 적절하지 않은 것은?

> 현재 리셋 증후군이 인터넷 중독의 한 유형으로 ㉠ 꼽혀지고 있다. 리셋 증후군 환자들은 현실에서 잘못을 하더라도 버튼만 누르면 해결될 수 있다고 생각해서 아무런 죄의식이나 책임감 없이 행동한다. ㉡ '리셋 증후군'이라는 말은 1990년 일본에서 처음 생겨났는데, 국내선 1990년대 말부터 쓰이기 시작했다. 리셋 증후군 환자들은 현실과 가상을 구분하지 못하여 게임에서 실행했던 일을 현실에서 저지르고 뒤늦게 후회하는 경우가 많다. 특히, 이러한 특성을 지닌 청소년들은 무슨 일이든지 쉽게 포기하고 책임감 없는 행동을 하며, 마음에 들지 않는 사람이 있으면 ㉢ 막다른 골목으로 몰 듯 관계를 쉽게 끊기도 한다.
>
> 리셋 증후군은 행동 양상이 명확히 나타나지 않는 편이라 쉽게 판별하기 어렵고 진단도 쉽지 않다. ㉣ 이와 같이 예방을 위해 지속적으로 주위 사람들과 대화를 나누고, 현실과 인터넷 공간을 구분하는 능력을 길러야 한다.

① 불필요한 이중 피동 표현으로 어법에 맞게 ㉠을 '꼽고'로 수정한다.
② 글의 맥락상 자연스럽지 않으므로 ㉡은 첫 번째 문장 뒤로 옮긴다.
③ 앞뒤 문맥을 고려할 때 ㉢은 '칼로 무를 자르듯'으로 수정한다.
④ 앞 문장과의 연결을 고려하여 ㉣을 '그러므로'로 수정한다.

12 다음 글에서 의인화하고 있는 사물은?

> 姓은 楮이요, 이름은 白이요, 字는 無玷이다. 회계 사람이고, 한나라 중상시 상방령 채륜의 후손이다. 태어날 때 난초탕에 목욕하여 흰 구슬을 희롱하고 흰 띠로 꾸렸으므로 빛이 새하얗다. …(중략)… 성질이 본시 정결하여 武人은 좋아하지 않고 文士와 더불어 노니는데, 毛學士가 그 벗으로 매양 친하게 어울려서 비록 그 얼굴에 점을 찍어 더럽혀도 씻지 않았다.

① 대나무
② 백옥
③ 엽전
④ 종이

13 다음 보도 기사별 마무리 표현으로 적절하지 않은 것은?

보도 기사	마무리 표현
소송이나 다툼에 관한 소식	㉠
어느 쪽이 옳다고 말하기 애매한 소식	㉡
사건이 터지고 결과가 드러나기 전 소식	㉢
연예 스캔들 소식	㉣

① ㉠: 모쪼록 원만히 해결되기 바랍니다.
② ㉡: 그 의미를 새삼 돌아보게 됩니다.
③ ㉢: 현재 귀추가 주목되고 있습니다.
④ ㉣: 호사가들의 입방아에 오르내리고 있습니다.

14 다음 글에 대한 이해로 적절하지 않은 것은?

> 말뚝이: (벙거지를 쓰고 채찍을 들었다. 굿거리장단에 맞추어 양반 삼 형제를 인도하여 등장)
> 양반 삼 형제: (말뚝이 뒤를 따라 굿거리장단에 맞추어 점잔을 피우나, 어색하게 춤을 추며 등장. 양반 삼 형제 맏이는 샌님[生員], 둘째는 서방님[書房], 끝은 도련님[道令]이다. 샌님과 서방님은 흰 창옷에 관을 썼다. 도련님은 남색 쾌자에 복건을 썼다. 샌님과 서방님은 언청이이며 (샌님은 언청이 두 줄, 서방님은 한 줄이다.) 부채와 장죽을 가지고 있고, 도련님은 입이 삐뚤어졌고 부채만 가졌다. 도련님은 대사는 일절 없으며, 형들과 동작을 같이하면서 형들의 면상을 부채로 때리며 방정맞게 군다.)
> 말뚝이: (가운데쯤에 나와서) 쉬이. (음악과 춤 멈춘다.) 양반 나오신다아! 양반이라고 하니까 노론, 소론, 호조, 병조, 옥당을 다 지내고 삼정승, 육판서를 다 지낸 퇴로 재상으로 계신 양반인 줄 알지 마시오. 개잘량이라는 '양' 자에 개다리소반이라는 '반' 자 쓰는 양반이 나오신단 말이오.
> 양반들: 야아, 이놈, 뭐야아!
> 말뚝이: 아, 이 양반들, 어찌 듣는지 모르갔소. 노론, 소론, 호조, 병조, 옥당을 다 지내고 삼정승, 육판서 다 지내고 퇴로 재상으로 계신 이 생원네 삼 형제 분이 나오신다고 그리 하였소.
> 양반들: (합창) 이 생원이라네. (굿거리장단으로 모두 춤을 춘다. 도령은 때때로 형들의 면상을 치며 논다. 끝까지 그런 행동을 한다.)
> 　　　　　　　　　　　　　　　 – 작자 미상, 「봉산탈춤」에서 –

① 양반들이 자신들을 조롱하는 말뚝이에게 야단쳤군.
② 샌님과 서방님이 부채와 장죽을 들고 춤을 추며 등장했군.
③ 말뚝이가 굿거리장단에 맞춰 양반을 풍자하는 사설을 늘어놓았군.
④ 도련님이 방정맞게 굴면서 샌님과 서방님의 얼굴을 부채로 때렸군.

15 밑줄 친 부분의 띄어쓰기가 옳은 것은?

① 해도해도 너무한다.
② 빠른 시일 내 지원해 줄 것이다.
③ 이 그릇은 귀한 거라 손님 대접하는데나 쓴다.
④ 소비 절약을 호소하는 정공법 밖에 달리 도리는 없다.

16 다음 글의 공간에 대한 설명으로 적절하지 않은 것은?

> 시(市)를 남북으로 나누며 달리는 철도는 항만의 끝에 이르러서야 잘려졌다. 석탄을 싣고 온 화차(貨車)는 자칫 바다에 빠뜨릴 듯한 머리를 위태롭게 사리며 깜짝 놀라 멎고 그 서슬에 밑구멍으로 주르르 석탄 가루를 흘려보냈다.
> 집에 가 봐야 노루꼬리만큼 짧다는 겨울 해에 점심이 기다리고 있는 것도 아니어서 우리들은 학교가 파하는 대로 책가방만 던져둔 채 떼를 지어 선창을 지나 항만의 북쪽 끝에 있는 제분 공장에 갔다.
> 제분 공장 볕 잘 드는 마당 가득 깔린 멍석에는 늘 덜 건조된 밀이 널려 있었다. 우리는 수위가 잠깐 자리를 비운 틈을 타서 마당에 들어가 멍석의 귀퉁이를 밟으며 한 움큼씩 밀을 입 안에 털어 넣고는 다시 걸었다. 올올이 흩어져 대글대글 이빨에 부딪치던 밀알들이 달고 따뜻한 침에 의해 딱딱한 껍질을 불리고 속살을 풀어 입 안 가득 풀처럼 달라붙다가 제법 고무질의 질긴 맛을 낼 때쯤이면 철로에 닿게 마련이었다.
> 우리는 밀껌으로 푸우푸우 풍선을 만들거나 침목(枕木) 사이에 깔린 잔돌로 비사치기를 하거나 전날 자석을 만들기 위해 선로 위에 얹어 놓았던 못을 뒤지면서 화차가 닿기를 기다렸다.

> 드디어 화차가 오고 몇 번의 덜컹거림으로 완전히 숨을 놓으면 우리들은 재빨리 바퀴 사이로 기어 들어가 석탄 가루를 훑고 이가 벌어진 문짝 틈에 갈퀴처럼 팔을 들이밀어 조개탄을 후벼내었다. 철도 건너 저탄장에서 밀차를 밀며 나오는 인부들이 시커멓게 모습을 나타낼 즈음이면 우리는 대개 신발주머니에, 보다 크고 몸놀림이 잽싼 아이들은 시멘트 부대에 가득 든 석탄을 팔에 안고 낮은 철조망을 깨금발로 뛰어넘었다.
> 선창의 간이음식점 문을 밀고 들어가 구석 자리의 테이블을 와글와글 점거하고 앉으면 그날의 노획량에 따라 가락국수, 만두, 찐빵 등이 날라져 왔다.
> 석탄은 때로 군고구마, 딱지, 사탕 따위가 되기도 했다. 어쨌든 석탄이 선창 주변에서는 무엇과도 바꿀 수 있는 현금과 마찬가지라는 것을 우리는 알고 있었고, 때문에 우리 동네 아이들은 사철 검정 강아지였다.

– 오정희, 「중국인 거리」에서 –

① 철길 때문에 도시가 남북으로 나뉘어 있다.
② 항만 북쪽에는 제분 공장이 있고, 철도 건너에는 저탄장이 있다.
③ 선로 주변에 아이들이 넘을 수 없는 철조망이 있다.
④ 석탄을 먹을거리와 바꿀 수 있는 간이음식점이 있다.

17 다음 밑줄 친 부분의 의미를 풀어 쓴 것으로 적절한 것은?

> 2004년 1월 태국에서는 한 소년이 극심한 폐렴 증세로 사망했다. 소년의 폐는 완전히 망가져 흐물흐물해져 있었다. 분석 결과, 이전까지 인간이 감염된 적이 없는 인플루엔자 바이러스가 원인으로 밝혀졌다. 소년은 공식적으로 고병원성 조류 인플루엔자 바이러스, H5N1의 첫 사망자가 되었다. 계절 독감으로 익숙한 인플루엔자 바이러스가 이렇게 치명적일 수 있었던 것은 인간의 면역 반응 때문이다. 인류 역사상 단 한 번도 만나본 적이 없는 새로운 바이러스가 침입하자 면역계가 과민 반응을 일으켜 도리어 인체에 해를 끼친 것이다. 이런 현상을 '사이토카인 폭풍'이라 부른다. 사이토카인 폭풍은 면역 능력이 강한 젊은 층일수록 더 세게 일어난다.
>
> 만약 집에 ㉠ 좀도둑이 들었다면 작은 손해를 각오하고 인기척을 내 도둑 스스로 도망가게 하는 것이 상책이다. 그런데 만약 ㉡ 몽둥이를 들고 도둑과 싸우려 든다면 도둑은 ㉢ 강도로 돌변한다. 인체가 H5N1에 감염되면 똑같은 일이 벌어진다. 처음으로 새가 아닌 다른 숙주 몸속에 들어온 바이러스는 과민 반응한 면역계와 죽기 살기로 싸운다. 그 결과 50%가 넘는 승률로 바이러스가 승리한다. 그러나 ㉣ 승리의 대가는 비싸다. 숙주가 죽어 버렸기 때문에 바이러스 역시 함께 죽어야만 한다. 이것이 바로 악명을 떨치면서도 조류 독감의 사망 환자 수가 전 세계에서 400명을 넘기지 않는 이유다. 이 질병이 아직 사람 사이에서 감염되는 사례가 나타나지 않은 이유도 바이러스가 인체라는 새로운 숙주에 적응하지 못했기 때문으로 추정할 수 있다.

① ㉠: 면역계의 과민 반응

② ㉡: 계절 독감

③ ㉢: 치명적 바이러스

④ ㉣: 극심한 폐렴 증세

18 다음 글의 전개 순서로 가장 자연스러운 것은?

> ㉠ 1700년대 중반에 이미 미국 이주민들의 평균 소득은 영국인들의 평균 소득을 넘어섰다.
>
> ㉡ 그러나 미국은 사실 그러한 분야에서는 다른 산업 국가들에 비해 특별한 우위를 갖고 있지 않았다.
>
> ㉢ 미국 이주민들의 평균 소득이 높아지게 된 배경에는 좋은 환경으로부터 비롯된 낙관성과 자신감이 있었다. 이후로도 다소 불안정하기는 했지만 미국인들의 소득은 계속해서 크게 증가했다.
>
> ㉣ 대부분의 미국인들은 남북 전쟁 이후 급속히 경제가 성장한 이유를 농업적 환경뿐만 아니라 19세기의 과학적, 기술적 대전환, 기업가 정신과 규제가 없는 시장 경제 때문이라고 단순하게 생각하는 경향이 있다.
>
> ㉤ 미국인들이 이처럼 초기 정착기에 풍요로움을 누릴 수 있었던 것은 비옥한 토지, 풍부한 천연자원, 흑인 노동력에 힘입은 농산물 수출 덕분이었다.

① ㉠ – ㉢ – ㉤ – ㉣ – ㉡

② ㉠ – ㉣ – ㉢ – ㉡ – ㉤

③ ㉣ – ㉡ – ㉤ – ㉠ – ㉢

④ ㉣ – ㉤ – ㉡ – ㉢ – ㉠

19 다음 글을 통해 추론할 수 없는 것은?

자신의 신념과 일치하는 정보는 받아들이고 그렇지 않은 정보는 무시하는 경향을 확증 편향(confirmation bias)이라 한다. 자신의 믿음이나 견해와 일치하는 정보는 수용하고 그에 반대되는 정보는 무시하거나 부정하는 심리 경향이다. 사회 심리학자인 로버트 치알디니는 자신이 가진 기존의 견해와 일치하는 정보는 두 가지 이점을 가지고 있다고 한다. 첫째, 그러한 정보는 어떤 문제에 대해 더 이상 고민하지 않고 마음의 휴식을 취할 수 있게 해 준다. 둘째, 그러한 정보는 우리를 추론의 결과에서 자유롭게 해 준다. 즉 추론의 결과 때문에 행동을 바꿔야 할 필요가 없다. 첫째는 생각하지 않게 하고, 둘째는 행동하지 않게 함을 말한다.

일례로 특정 정치 성향을 가진 사람들을 대상으로 조사했을 때, 사람들은 반대당 후보의 주장에서는 모순을 거의 완벽하게 찾은 반면, 지지하는 당 후보의 주장에서는 모순을 절반 정도만 찾아냈다. 이 판단의 과정을 자기 공명 영상 장치로도 촬영했다. 그 결과, 자신이 동의하지 않는 정보를 접했을 때는 뇌 회로가 활성화되지 않았고, 자신이 동의하는 주장을 접했을 때는 긍정적인 반응을 보이면서 뇌 회로가 활성화되는 것을 확인할 수 있었다.

① 사람에게는 자신의 신념이나 행동을 바꾸려 하지 않는 경향이 있다.
② 사람에게는 정보를 객관적으로 판단하지 못하는 심리적 특성이 있다.
③ 사람에게는 지지자들의 말만을 듣고 자기 신념을 강화하는 경향이 있다.
④ 사람에게는 새로운 정보를 접했을 때 심리적 불안을 느끼는 특성이 있다.

20 밑줄 친 부분에서 행위의 주체가 같은 것으로만 묶은 것은?

금와왕이 이상히 여겨 유화를 방 안에 가두어 두었더니 햇빛이 방 안을 비추는데 ⊙ 몸을 피하면 다시 쫓아와서 비추었다. 이로 해서 태기가 있어 알[卵] 하나를 낳으니, 크기가 닷 되들이만 했다. 왕이 그것을 버려서 개와 돼지에게 주게 했으나 모두 먹지 않았다. 다시 길에 ⓒ 내다 버리게 했더니 소와 말이 피해서 가고 들에 내다 버리니 새와 짐승들이 덮어 주었다. 왕이 쪼개 보려고 했으나 아무리 해도 쪼개지지 않아 그 어미에게 돌려주었다. 어미가 이 알을 천으로 싸서 따뜻한 곳에 놓아두었더니 한 아이가 ⓒ 껍질을 깨고 나왔는데, 골격과 외모가 영특하고 기이했다. 겨우 일곱 살이 되었을 때, 이미 기골이 뛰어나서 범인(凡人)과 달랐다. 스스로 활과 화살을 만들어 쏘았는데 백발백중이었다. 나라 풍속에 ② 활 잘 쏘는 사람을 주몽이라고 하므로 그 아이를 '주몽'이라 했다.

금와왕에게는 일곱 아들이 있어 항상 주몽과 함께 놀았는데, 재주가 주몽을 따르지 못했다. 맏아들 대소가 왕에게 말했다. "주몽은 사람의 자식이 아닙니다. 일찍 ⓜ 없애지 않는다면 후환이 있을까 두렵습니다." 왕이 듣지 않고 주몽을 시켜 말을 기르게 하니 주몽은 좋은 말을 알아보고 적게 먹여서 여위게 기르고, 둔한 말을 ⓑ 잘 먹여서 살찌게 했다.

① ⊙, ⓒ   ② ⓒ, ②
③ ⓒ, ⓑ   ④ ②, ⓜ

모바일 OMR

◆ 회독 CHECK 1 2 3

01 〈보기〉에서 음의 첨가 현상이 일어나지 않는 것을 모두 고른 것은?

─── 〈보 기〉 ───
ㄱ 등용문   ㄴ 한여름
ㄷ 눈요기   ㄹ 송별연

① ㄱ, ㄷ   ② ㄱ, ㄹ
③ ㄴ, ㄷ   ④ ㄴ, ㄹ

02 표준 발음으로 가장 옳지 않은 것은?

① 풀꽃아[풀꼬다]
② 옷 한 벌[오탄벌]
③ 넓둥글다[넙뚱글다]
④ 늙습니다[늑씀니다]

03 〈보기〉에 대한 설명으로 가장 옳지 않은 것은?

─── 〈보 기〉 ───
거북아 거북아
머리를 내어 놓아라.
만약 내어 놓지 않으면
굽고 구워 먹겠다.

　　　　　　　　　　 – 「구지가」 –

① 향가 발생 이전의 고대시가이다.
② 환기, 명령, 가정의 어법을 지닌 주술적 노래이다.
③ 음악, 시가, 무용이 모두 어우러진 종합 예술의 성격을 띠고 있다.
④ 고조선 곽리자고의 아내 여옥이 지었다고 전해지는 순수 서정시가이다.

04 밑줄 친 단위성 의존 명사의 수량이 적은 것부터 순서 대로 바르게 나열한 것은?

① 고등어 한 손 < 양말 한 타 < 바늘 한 쌈 < 북어 한 쾌
② 고등어 한 손 < 양말 한 타 < 북어 한 쾌 < 바늘 한 쌈
③ 고등어 한 손 < 북어 한 쾌 < 양말 한 타 < 바늘 한 쌈
④ 고등어 한 손 < 바늘 한 쌈 < 양말 한 타 < 북어 한 쾌

05 〈보기〉에 제시된 소설의 시대적 배경을 시간순으로 바르게 나열한 것은?

─── 〈보 기〉 ───
ㄱ 최인훈의 「광장」
ㄴ 황석영의 「무기의 그늘」
ㄷ 한강의 「소년이 온다」
ㄹ 염상섭의 「삼대」

① ㄱ → ㄷ → ㄹ → ㄴ
② ㄱ → ㄹ → ㄷ → ㄴ
③ ㄹ → ㄱ → ㄴ → ㄷ
④ ㄹ → ㄴ → ㄱ → ㄷ

06 〈보기〉에서 설명한 문학 갈래에 해당하는 작품으로 가장 옳은 것은?

─── 〈보 기〉 ───

　조선 시대 시가문학을 대표하는 갈래이다. 고려 후기에 성립되었지만, 조선 시대의 새로운 지도 이념인 성리학을 기반으로 더욱 융성해졌다. 3장 6구의 절제된 형식과 유장한 기품을 특징으로 하고, 여러 장을 한 편에 담은 연장체 형식으로도 창작되었다.

① 「한림별곡」
② 「월인천강지곡」
③ 「상춘곡」
④ 「도산십이곡」

07 〈보기〉의 밑줄 친 부분과 문맥적 의미가 가장 가까운 것은?

─── 〈보 기〉 ───

현재 그녀는 건강이 매우 **좋다**.

① 그녀의 성격은 더할 수 없이 <u>좋다</u>.
② 서울 간 길에 한 번 뵈올 땐 혈색이 <u>좋으셨는데</u>?
③ 다음 주 토요일은 결혼식을 하기에는 매우 <u>좋은</u> 날이다.
④ 대화를 하는 그의 말투는 기분이 상쾌할 정도로 <u>좋았다</u>.

08 〈보기〉의 밑줄 친 ㉠~㉣ 중 나머지 셋과 성격이 다른 하나는?

─── 〈보 기〉 ───

　해야 솟아라. 해야 솟아라. 말갛게 씻은 얼굴 고운 ㉠<u>해야</u> 솟아라. 산 넘어 산 넘어서 어둠을 살라먹고, 산 넘어서 밤새도록 어둠을 살라먹고, 이글이글 애띈 얼굴 고운 해야 솟아라.

　달밤이 싫여, 달밤이 싫여, 눈물 같은 ㉡<u>골짜기</u>에 달밤이 싫여, 아무도 없는 뜰에 달밤이 나는 싫여…….

　해야, 고운 해야. 늬가 오면 늬가사 오면, 나는 나는 ㉢<u>청산</u>이 좋아라. 훨훨훨 깃을 치는 청산이 좋아라. 청산이 있으면 홀로래도 좋아라.

　사슴을 따라, 사슴을 따라, 양지로 ㉣<u>양지로</u> 사슴을 따라 사슴을 만나면 사슴과 놀고,

　칡범을 따라 칡범을 따라 칡범을 만나면 칡범과 놀고,……

　해야, 고운 해야. 해야 솟아라. 꿈이 아니래도 너를 만나면, 꽃도 새도 짐승도 한자리 앉아, 워어이 워어이 모두 불러 한자리 앉아 애뙤고 고운 날을 누려 보리라.

― 박두진, 「해」 ―

① ㉠
② ㉡
③ ㉢
④ ㉣

09 밑줄 친 부분의 맞춤법이 가장 옳지 않은 것은?

① 남에게 존경 받는 사람이 <u>돼라는</u> 아버지의 유언
② 존경 받는 사람이 <u>되었다</u>.
③ 남에게 존경 받는 사람이 <u>돼라</u>.
④ 존경 받는 사람이 <u>되고</u> 있다.

10 〈보기〉의 주된 설명 방식이 사용된 것으로 가장 옳은 것은?

― 〈보 기〉 ―

우리는 좋지 않은 사람을 곧잘 동물에 비유한다. 욕에 동물이 많이 등장하는 것도 동물을 나쁘게 보기 때문이다. 하지만 정말 인간이 동물보다 좋은(선한) 것일까? 베르그는 오히려 "나는 인간을 알기 때문에 동물을 사랑한다."고 말하며 이를 부정한다. 인간은 인간을 속이지만 동물은 인간을 속이지 않는다는 것을 알고 인간에게 실망한 사람들이 동물에게 더 많은 애정을 보인다. 인간보다 더 잔인한 동물이 없다는 것은 인간의 역사가 증명하고 있다. 필요 없이 다른 동물을 죽이는 일을 인간 외 어느 동물이 한단 말인가?

① 교사의 자기계발, 학부모의 응원, 교육 당국의 지원 등이 어우러져야 좋은 교육이 가능해진다. 이는 신선한 재료, 적절한 조리법, 요리사의 정성이 합쳐져 맛있는 음식이 만들어지는 것과 같다.

② 의미를 지닌 부호를 체계적으로 배열한 것을 기호라고 한다. 수학, 신호등, 언어 등이 모두 여기에 속한다. 꿀이 있음을 알리는 벌들의 춤사위도 기호라고 할 수 있는 것이다.

③ 바이러스는 세균에 비해 크기가 작으며 핵과 이를 둘러싼 단백질이 전부여서 세포라고 할 수 없다. 먹이가 있는 곳이라면 어디에서라도 증식할 수 있는 세균과 달리, 바이러스는 살아있는 생명체를 숙주로 삼아야만 번식을 할 수 있다.

④ 나물로 즐겨 먹는 고사리는 꽃도 피지 않고 씨앗도 만들지 않는다. 고사리는 홀씨라고도 하는 포자로 번식한다. 고사리와 고비 등을 양치식물이라 하는데 생김새가 양(羊)의 이빨과 비슷하다고 하여 붙은 이름이다.

11 〈보기〉에서 설명한 소설의 시점으로 가장 옳은 것은?

― 〈보 기〉 ―

소설 속의 한 등장인물이 이야기를 말하는 것으로, 부수적인 인물이 작품 속에서 주인공의 이야기를 말한다. 주인공의 환경이나 행동 등을 관찰자의 입장에서 객관적으로 서술할 수 있다.

① 1인칭 주인공 시점   ② 1인칭 관찰자 시점
③ 전지적 작가 시점   ④ 작가 관찰자 시점

12 조선 시대 대표적 문사(文士) 송강 정철이 창작한 가사가 아닌 것은?

① 「속미인곡」   ② 「면앙정가」
③ 「관동별곡」   ④ 「사미인곡」

13 〈보기〉의 ㉠~㉢에 들어갈 알맞은 낱말끼리 짝 지은 것은?

― 〈보 기〉 ―

물속에 잠긴 막대기는 굽어보이지만 실제로 굽은 것은 아니다. 이때 나무가 굽어보이는 것은 우리의 착각 때문도 아니고 눈에 이상이 있기 때문도 아니다. 나무는 정말 굽어보이는 것이다. 분명히 굽어보인다는 점과 사실은 굽지 않았다는 점 사이의 (㉠)은 빛의 굴절 이론을 통해서 해명된다.

굽어 보이는 나무도 우리의 직접적 경험을 통해서 주어지는 하나의 현실이고, 실제로는 굽지 않은 나무도 하나의 현실이다. 전자를 우리는 사물이나 사태의 보임새, 즉 (㉡)이라고 부르고, 후자를 사물이나 사태의 참모습, 즉 (㉢)이라고 부른다.

	㉠	㉡	㉢
①	葛藤	現象	本質
②	葛藤	假象	根本
③	矛盾	現象	本質
④	矛盾	假象	根本

14 밑줄 친 부분의 문장 성분이 나머지 셋과 다른 하나는?

① 이 물건은 <u>시장에서</u> 사 왔다.
② 고마운 <u>마음에서</u> 드리는 말씀입니다.
③ <u>이에서</u> 어찌 더 나쁠 수가 있겠어요?
④ <u>정부에서</u> 실시한 조사 결과가 발표되었다.

16 〈보기〉의 ㉠에 들어갈 접속 부사로 가장 옳은 것은?

─── 〈보 기〉 ───

　격분의 물결은 사람들의 주의를 동원하고 묶어내는 데는 대단히 효과적이다. 하지만 매우 유동적이고 변덕스러운 까닭에 공적인 논의와 공적인 공간을 형성하는 역할을 감당하지는 못한다. 격분의 물결은 그러기에는 통제하기도 예측하기도 어렵고, 불안정하며, 일정한 형태도 없이 쉽게 사라져 버린다. 격분의 물결은 갑자기 불어났다가 또 이에 못지않게 빠른 속도로 소멸한다. 여기서는 공적 논의를 위해 필수적인 안정성, 항상성, 연속성을 찾아볼 수 없다. (㉠) 격분의 물결은 안정적인 논의의 맥락 속에 통합되지 못한다. 격분의 물결은 종종 아주 낮은 사회적, 정치적 중요성밖에 지니지 않는 사건들과 관련하여 발생한다.

　격분 사회는 스캔들의 사회다. 이런 사회에는 침착함, 자제력이 없다. 격분의 물결에 특징적으로 나타나는 반항기, 히스테리, 완고함은 신중하고 객관적인 커뮤니케이션을 허용하지 않는다. 어떤 대화도, 어떤 논의도 불가능하다. 게다가 격분 속에서는 사회 전체에 대한 염려의 구조를 갖춘 안정적인 우리가 형성되지 않는다. 이른바 분개한 시민의 염려라는 것도 사회 전체에 대한 것이라기보다는 대체로 자신에 대한 염려일 뿐이다. (㉠) 그러한 염려는 금세 모래알처럼 흩어져 버린다.

─ 한병철, 「투명사회」에서 ─

① 그런데
② 그리고
③ 따라서
④ 하지만

15 〈보기〉에 공통적으로 적용되는 표준어 규정으로 가장 옳은 것은?

─── 〈보 기〉 ───

강낭콩, 고삿, 사글세

① 어원에서 멀어진 형태로 굳어져서 널리 쓰이는 것은, ㄱ것을 표준어로 삼는다.
② 어원적으로 원형에 더 가까운 형태가 아직 쓰이고 있는 경우에는, 그것을 표준어로 삼는다.
③ 모음의 발음 변화를 인정하여, 발음이 바뀌어 굳어진 형태를 표준어로 삼는다.
④ 비슷한 발음의 몇 형태가 쓰일 경우, 그 의미에 아무런 차이가 없고, 그중 하나가 더 널리 쓰이면, 그 한 형태만을 표준어로 삼는다.

17 〈보기〉에서 설명한 시의 표현 방법이 적용된 시구로 가장 옳은 것은?

――――〈보 기〉――――
　　본래의 의미와 의도를 더욱 효과적으로 강조하기 위해 그것을 가장하거나 위장하는 것이다. 즉 본래의 의도를 숨기고 반대되는 말로 표현하는 것으로, 표면의미(표현)와 이면의미(의도) 사이에 괴리와 모순을 통해 시적 진실을 전달하는 표현 방법이다.

① 돌담에 속삭이는 햇발같이 / 풀 아래 웃음 짓는 샘물같이

　　　　　　　　　　　　　– 김영랑, 「돌담에 속삭이는 햇발같이」

② 내가 그의 이름을 불러 주었을 때 / 그는 나에게로 와서 / 꽃이 되었다

　　　　　　　　　　　　　　　　　– 김춘수, 「꽃」

③ 산은 나무를 기르는 법으로 / 벼랑에 오르지 못하는 법으로 / 사람을 다스린다

　　　　　　　　　　　　　　　　　– 김광섭, 「산」

④ 나보기가 역겨워 / 가실 때에는 / 죽어도 아니 눈물 / 흘리오리다

　　　　　　　　　　　　　　　　　– 김소월, 「진달래꽃」

18 유사한 의미로 사용할 수 있는 사자성어가 연결된 것으로 가장 옳은 것은?

① 경국지색(傾國之色) – 경중미인(鏡中美人)
② 지록위마(指鹿爲馬) – 지란지화(芝蘭之化)
③ 목불식정(目不識丁) – 목불인견(目不忍見)
④ 폐의파관(敝衣破冠) – 폐포파립(敝袍破笠)

19 밑줄 친 서술어의 자릿수가 다른 하나는?

① 그림이 실물과 같다.
② 나는 학생이 아니다.
③ 지호가 종을 울렸다.
④ 길이 매우 넓다.

20 〈보기〉 중 외래어 표기법에 맞지 않는 단어의 개수는?

――――〈보 기〉――――
로봇(robot), 배지(badge), 타깃(target), 텔레비전(television), 플룻(flute)

① 1개
② 2개
③ 3개
④ 4개

[01~03] 다음 글을 읽고 물음에 답하시오.

(가)

오늘 저녁 이 좁다란 방의 흰 바람벽에

어쩐지 쓸쓸한 것만이 오고 간다

이 흰 바람벽에

희미한 십오 촉(十五燭) 전등이 지치운 불빛을 내어던지고

때글은 다 낡은 무명샤쯔가 어두운 그림자를 쉬이고

그리고 또 달디단 따끈한 감주나 한잔 먹고 싶다고 생각

하는 내 가지가지 외로운 생각이 헤매인다

그런데 이것은 또 어인 일인가

이 흰 바람벽에 / 내 ⊙ 가난한 늙은 어머니가 있다

내 가난한 늙은 어머니가

이렇게 시퍼러둥둥하니 추운 날인데 차디찬 물에 손은

담그고 무이며 배추를 씻고 있다

또 ⓛ 내 사랑하는 사람이 있다

내 사랑하는 어여쁜 사람이

어늬 먼 앞대 조용한 개포가의 나즈막한 집에서

그의 지아비와 마조 앉어 대구국을 끓여놓고 저녁을 먹

는다

벌써 ⓒ 어린것도 생겨서 옆에 끼고 저녁을 먹는다

[A]

그런데 또 이즈막하야 어늬 사이엔가

이 흰 바람벽엔 / 내 쓸쓸한 얼골을 쳐다보며

이러한 글자들이 지나간다

— 나는 이 세상에서 가난하고 외롭고 높고 쓸쓸하

니 살어가도록 태어났다

그리고 이 세상을 살어가는데

내 가슴은 너무도 많이 뜨거운 것으로 호젓한 것

으로 사랑으로 슬픔으로 가득 찬다

그리고 이번에는 **나를 위로하는 듯이 나를 울력하는**

듯이

눈질을 하며 주먹질을 하며 이런 글자들이 지나간다

— 하늘이 이 세상을 내일 적에 그가 가장 귀해하고

사랑하는 것들은 모두

가난하고 외롭고 높고 쓸쓸하니 그리고 언제나

넘치는 사랑과 슬픔 속에 살도록 만드신 것이다

초생달과 바구지꽃과 짝새와 당나귀가 그러하듯이

그리고 또 '프랑시쓰 쨈'과 도연명(陶淵明)과 '라

이넬 마리아 릴케'가 그러하듯이

— 백석, 「흰 바람벽이 있어」 –

(나)

우리 집도 아니고 / 일갓집도 아닌 집

고향은 더욱 아닌 곳에서

ⓔ 아버지의 침상(寢床) 없는 최후 최후의 밤은

풀벌레 소리 가득 차 있었다.

노령(露領)을 다니면서까지

애써 자래운 ⓜ 아들과 딸에게

한마디 남겨 두는 말도 없었고,

아무을만(灣)의 파선도

설룽한 니코리스크의 밤도 완전히 잊으셨다.

목침을 반듯이 벤 채.

다시 뜨시잖는 두 눈에

피지 못한 꿈의 꽃봉오리가 갈앉고,

얼음장에 누우신 듯 손발은 식어 갈 뿐

입술은 심장의 영원한 정지(停止)를 가리켰다.

때늦은 의원이 아모 말 없이 돌아간 뒤

이웃 늙은이 손으로 / 눈빛 미명은 고요히

낯을 덮었다.

우리는 머리맡에 엎디어

있는 대로의 울음을 다아 울었고

아버지의 침상 없는 최후 최후의 밤은

풀벌레 소리 가득 차 있었다

— 이용악, 「풀벌레 소리 가득 차 있었다」 –

01 (가), (나)의 공통점에 대한 설명으로 가장 적절하지 않은 것은?

① 화자가 분명하게 드러나 있다.

② 유사한 문장 구조가 반복되고 있다.

③ 시적 대상과의 대화를 통해 시상이 전개되고 있다.

④ 감각적 이미지를 활용해 시적 상황을 묘사하고 있다.

02 〈보기〉를 참고하여 [A]를 이해한 것으로 가장 적절하지 않은 것은?

─〈보 기〉─

　「흰 바람벽이 있어」에서는 일종의 스크린 역할을 하는 '흰바람벽'을 통해 자기 성찰이 이루어진다. '흰 바람벽'을 통해 시인의 추억이 지나가고, 마침내 화자의 목소리가 자막으로 처리된다. 그 목소리의 실제 주인공인 화자는 스크린 속에서 펼쳐지는 '나'를 보는 관객이 된다. '나'가 스크린을 통해 이렇게 둘로 분리되면서 '나'의 성찰은 한층 깊이를 갖게 된다.

① '이러한 글자들'은 실제로는 화자 자신의 목소리에 해당하는 것으로 볼 수 있겠군.

② 화자가 관객이 되어 '나를 위로하는 듯이 나를 울력하는 듯이' 지나가는 글자들을 바라보고 있군.

③ 화자의 목소리가 '눈질을 하며 주먹질을 하며' 지나가는 글자로 표현되면서 성찰의 깊이가 확보된다고 볼 수 있겠군.

④ '초생달', '바구지꽃', '짝새', '당나귀'와의 합일을 통해 화자 자신이 지향하고자 하는 삶에 대한 성찰을 드러냈군.

03 ㉠~㉤에 대한 설명으로 가장 적절한 것은?

① ㉠, ㉡ 모두 화자가 그리워하는 대상이다.

② ㉡, ㉣ 모두 고국을 떠나 유랑하는 삶을 살고 있다.

③ ㉡, ㉢은 고향에 대한 향수를 유발하는 대상이다.

④ ㉢, ㉤은 재회를 소망하는 시적 대상이다.

04 〈보기〉의 밑줄 친 부분에 대한 설명으로 가장 적절한 것은?

─〈보 기〉─

㉠ 그는 자기 일 밖의 <u>다른</u> 일에는 관심이 없다.

㉡ <u>한밤중</u>에 그가 나에게 전화 할 줄 몰랐다.

㉢ 노력한 <u>만큼</u> 대가가 있을 테니 선생님만큼만 공부하길 바란다.

㉣ 형님께는 햇사과를, 동생에게는 <u>햅쌀</u>을 선물로 보냈다.

① ㉠: 두 개의 형태소가 결합 된 하나의 단어이다.

② ㉡: 단어의 자격을 가지고 반드시 다른 말과 결합하여 쓰인다.

③ ㉢: 다른 형태소와 결합하지 않으면 쓰일 수 없고 형식적 의미만을 나타낸다.

④ ㉣: 음운 환경에 따라 형태가 바뀌고 실질적 의미가 아닌 문법적인 뜻을 갖는다.

[05~07] 다음 글을 읽고 물음에 답하시오.

(가)

　내가 집이 가난해서 말이 없기 때문에 간혹 남의 말을 빌려서 타곤 한다. 그런데 노둔하고 야윈 말을 얻었을 경우에는 일이 아무리 급해도 감히 채찍을 대지 못한 채 금방이라도 쓰러지고 넘어질 것처럼 전전긍긍하기 일쑤요, 개천이나 도랑이라도 만나면 또 말에서 내리곤 한다. 그래서 후회하는 일이 거의 없다. 반면에 발굽이 높고 귀가 쫑긋하며 잘 달리는 준마를 얻었을 경우에는 의기양양하여 방자하게 채찍을 갈기기도 하고 고삐를 놓기도 하면서 언덕과 골짜기를 모두 평지로 간주한 채 매우 유쾌하게 질주하곤 한다. 그러나 간혹 위험하게 말에서 떨어지는 환란을 면치 못한다.

　아, 사람의 감정이라는 것이 어쩌면 이렇게까지 달라지고 뒤바뀔 수가 있단 말인가. 남의 물건을 빌려서 잠깐 동안 쓸 때에도 오히려 이와 같은데, 하물며 진짜로 자기가 가지고 있는 경우야 더 말해 무엇하겠는가.

　그렇긴 하지만 사람이 가지고 있는 것 가운데 남에게 빌리지 않은 것이 또 뭐가 있다고 하겠는가. 임금은 백성으로부터 힘을 빌려서 존귀하고 부유하게 되는 것이요, 신하는 임금으로부터 권세를 빌려서 총애를 받고 귀한 신분이 되는 것이다. 그리고 자식은 어버이에게서, 지어미는 지아비에게서, 비복(婢僕)은 주인에게서 각각 빌리는 것이 또한 심하고도 많은데, 대부분 본래 가지고 있는 것처럼 여기기만 할 뿐 끝내 돌이켜 보려고 하지 않는다. 이 어찌 미혹된 일이 아니겠는가.

　그러다가 혹 잠깐 사이에 그동안 빌렸던 것을 돌려주는 일이 생기게 되면, **만방(萬邦)의 임금**도 독부(獨夫)가 되고, 백승(百乘)의 대부(大夫)도 고신(孤臣)이 되는 법인데, 더군다나 미천한 자의 경우야 더 말해 무엇하겠는가. **맹자(孟子)**가 말하기를 "오래도록 차용하고서 반환하지 않았으니, 그들이 자기의 소유가 아니라는 것을 어떻게 알았겠는가."라고 하였다. 내가 이 말을 접하고서 느껴지는 바가 있기에, 차마설을 지어서 그 뜻을 부연해 보았다.

－ 이곡, 「차마설(借馬說)」 －

(나)

　10월 초하루에 이자(李子)가 밖에서 돌아오니, 종들이 흙을 파서 집을 만들었는데, 그 모양이 무덤과 같았다. 이자는 어리석은 체하며 말하기를,

　"무엇 때문에 집 안에다 무덤을 만들었느냐?"

하니, 종들이 말하기를,

　"이것은 무덤이 아니라 토실입니다."

하기에,

　"어찌 이런 것을 만들었느냐?"

하였더니,

　"겨울에 화초나 과일을 저장하기에 좋고, 또 길쌈하는 부인들에게 편리하니, 아무리 추울 때라도 온화한 봄 날씨와 같아서 손이 얼어 터지지 않으므로 참 좋습니다."

하였다.

　이자는 더욱 화를 내며 말하기를,

　"여름은 덥고 겨울이 추운 것은 사시(四時)의 정상적인 이치이니, 만일 이와 반대가 된다면 곧 괴이한 것이다. 옛적 성인이, 겨울에는 털옷을 입고 여름에는 베옷을 입도록 마련하였으니, 그만한 준비가 있으면 족할 것인데, 다시 토실을 만들어서 추위를 더위로 바꿔 놓는다면 이는 하늘의 명령을 거역하는 것이다. 사람은 뱀이나 두꺼비가 아닌데, 겨울에 굴속에 엎드려 있는 것은 너무 상서롭지 못한 일이다. 길쌈이란 할 시기가 있는 것인데, 하필 겨울에 할 것이냐? 또 봄에 꽃이 피었다가 겨울에 시드는 것은 초목의 정상적인 성질인데, 만일 이와 반대가 된다면 이것은 괴이한 물건이다. 괴이한 물건을 길러서 때아닌 구경거리를 삼는다는 것은 하늘의 권한을 빼앗는 것이니, 이것은 모두 내가 하고 싶은 뜻이 아니다. 빨리 헐어 버리지 않는다면 너희를 용서하지 않겠다."

하였더니, 종들이 두려워하여 재빨리 그것을 철거하여 그 재목으로 땔나무를 마련했다. 그리하고 나니 나의 마음이 비로소 편안하였다.

－ 이규보, 「괴토실설(壞土室說)」 －

05 **(가)와 (나)의 서술상의 특징에 대한 설명으로 가장 적절한 것은?**

① 주관적인 정서를 함축적인 언어 형식으로 형상화하고 있다.

② 대화와 행동을 중심으로 사건을 현재형으로 보여 주고 있다.

③ 실재하는 사실을 들어 이에 대한 생각을 자연스럽게 드러내고 있다.

④ 현실 세계를 반영한 갈등을 중심으로 허구적 이야기를 전개하여 독자의 이해를 도모하고 있다.

06 (나)의 이자(李子) 가 비판할 대상으로 가장 적절하지 않은 것은?

① 댐 건설을 통한 안정적인 수자원 확보
② 스마트 온실을 활용한 작물 재배 및 수확
③ 로컬푸드 직매장 확충을 통한 지역 내 거래 촉진
④ 패시브 하우스 건축을 통한 연중 일정 온도 유지

07 (가)와 〈보기〉에 대한 이해로 적절한 것을 모두 고르면?

— 〈보 기〉 —

강산 죠흔 경을 **힘센 이** 닷톨 양이면
늬 힘과 늬 분으로 어이ᄒ여 엇들쏜이
진실로 금ᄒ리 업쓸씩 나도 두고 논이노라

— 김천택

㉠ (가)의 '만방의 임금'과 〈보기〉의 '힘센 이' 모두 멀리해야 할 대상이 되겠군.
㉡ (가)와 〈보기〉 모두 설의의 방식을 통해 전하고자 하는 바를 강조하고 있군.
㉢ (가)의 '맹자'와 〈보기〉의 화자 모두 소유할 수 없는 것이 있음을 이야기하고 있군.
㉣ (가)와 〈보기〉 모두 독자로 하여금 성찰의 자세를 갖출 것을 독려하고 있군.

① ㉠, ㉡　　　　② ㉠, ㉢
③ ㉡, ㉢　　　　④ ㉢, ㉣

[08~10] 다음 글을 읽고 물음에 답하시오.

1980년대 심리학자들은 어떤 단어를 보았을 때 그것과 연관된 많은 단어 중에 어떤 단어가 쉽게 떠오르는지는 그때그때 다르고, 어떻게 다른지 측정할 수 있다는 것을 발견하였다. 이를테면 'SO_P'에서 빈칸을 채워 단어를 완성하라고 하면, 최근에 '먹다'라는 단어를 보았거나 들은 사람이라면 순간적으로 'SOAP(비누)' 보다는 'SOUP(수프)'란 단어를 떠올리기 쉽다. 반면에 금방 '씻다'라는 단어를 본 사람이라면 '수프'보다 '비누'를 떠올릴 확률이 높다. 이런 현상을 '점화 효과'라 하고, '먹다'라는 말이 '수프' 생각을 점화 또는 촉발했다거나 그 말이 기폭제가 되어 '수프'가 떠올랐다고 설명한다.

점화 효과는 여러 형태로 나타난다. 머릿속에 '먹다'라는 개념이 있으면 '수프'란 말이 어렴풋이 들리거나 뿌옇게 보여도 평소보다 빨리 그 단어를 알아볼 것이다. 그리고 수프 외에도 '고기', '배고프다', '다이어트' 등 음식과 관련된 수많은 단어가 떠오른다. 여기에서 점화된 개념은 정도는 약할지라도 또다시 다른 개념을 점화할 수 있다. 이런 활성화는 호수에 물결이 일듯이 거대한 연상망의 한쪽에서 주위로 퍼져나간다. 이 현상은 현재 심리학에서 매우 흥미로운 연구 주제다.

기억 연구에서 또 하나의 큰 성과는 점화 효과가 개념이나 단어에만 국한하지 않는다는 사실을 발견한 것이다. 의식적으로 경험할 수는 없지만, 인지하지도 못한 사건이 행동과 감정을 촉발할 수 있다는 것이다. 심리학자 존 바그가 동료들과 실시한 실험은 이를 뒷받침한다. 이들은 대부분 18세에서 22세 사이인 뉴욕대학 학생들에게 단어 다섯 개가 뒤섞인 문장을 주고 거기서 단어 네 개를 뽑아 문장을 완성하라고 했다. 이때 한 집단에게는 문장 중 절반에 '깜빡하다', '대머리', '회색', '주름' 등 노인과 관련된 단어를 섞어 제시했다. 문제를 다 푼 학생은 복도 끝에 있는 실험실로 가서 다른 실험에 참여해야 했다. 이 짧은 순간이 바로 이 실험의 핵심이었다. 연구원들은 각 학생이 반대쪽 실험실까지 가는 데 걸리는 시간을 측정했다. 바그가 예상한 대로, 노인과 관련 있는 단어로 문장을 만든 학생은 그렇지 않은 학생보다 훨씬 느린 걸음으로 다른 실험실로 이동했다.

'관념운동 효과'로도 알려진 실험 결과는 점화 효과의 두 단계가 나타났다. 첫째, 주어진 단어 조합에는 '노인'이란 말이 전혀 등장하지 않았는데도 노인에 대한 개념을 점화

했다. 둘째, 이런 생각이 행동을 촉발해, 노인처럼 느리게 걷게 했다. 이 모든 결과는 실험 참가자들이 전혀 인식하지 못한 채 일어났다. 실험이 끝나고 학생들에게 제시된 단어에 공통된 주제가 있었다는 사실을 알았냐고 묻자 하나같이 몰랐다고 대답하였고, 첫 번째 실험에서 본 단어가 그 뒤의 행동에 전혀 영향을 미치지 않았다고 주장했다.

관념운동 효과는 거꾸로 나타날 수도 있다. 독일의 어느 대학에서는 뉴욕 대학에서 바그가 했던 실험을 거꾸로 실시했다. 실험에서 학생들은 1분에 30걸음을 걷는 속도로 5분 동안 실험실 안을 걸어 다녀야 했는데, 평소 속도의 약 3분의 1 수준이었다. 이 짧은 실험이 끝난 뒤 참가자들은 '깜빡하다', '늙다', '외롭다' 등 노인과 관련된 단어를 훨씬 빨리 알아보았다. 점화 효과가 어느 방향으로 나타나든 모두 일관된 반응을 보인 것이다.

08 윗글의 내용 전개 방식에 대한 설명으로 가장 적절한 것은?

① 현실적 사례를 중심으로 다양한 가설을 검증하고 있다.

② 설명 대상을 뒷받침하는 다양한 사례를 제시해 독자의 이해를 도모하고 있다.

③ 구체적인 사례를 제시하고 이와 관련되는 해결 방안과 한계를 설명하고 있다.

④ 논의 대상에 대해 구분되는 관점을 제시하고, 이에 어긋나는 반례를 분석하고 있다.

09 윗글의 내용과 가장 일치하는 것은?

① 점화 효과는 단어와 관련된 개념만을 활성화시킨다.

② 점화 효과는 일정한 방향만으로 작용한다는 특징을 지닌다.

③ 점화 효과는 의식하지 못하는 사이에 행동과 감정을 촉발할 수 있다.

④ 점화 효과는 연상망의 확장을 유도함으로써 사유의 폭을 넓힐 수 있다.

10 윗글을 바탕으로 〈보기〉의 내용을 이해한 것으로 가장 적절하지 않은 것은?

〈보 기〉

우리는 투표를 정책에 대한 자신의 평가와 가치를 반영하는 의도적 행위로 보고, 정책과 무관한 것에 영향을 받지 않는다고 생각한다. 그래서 투표소의 위치 등에는 영향을 받지 않는다고 생각한다. 그러나 2000년 애리조나 선거구에서 투표 유형을 분석한 결과, 학교 재정 지원 증가안에 찬성한 비율은 학교 안에 투표소가 설치된 경우가 그렇지 않은 경우보다 훨씬 높았다.

① 투표소의 위치가 투표 행위를 점화했다고 볼 수 있겠군.

② 학교와 관련된 개념이나 단어를 활성화하는 것으로도 비슷한 효과를 관찰할 수 있겠군.

③ 의식적이고 자율적이라고 생각했던 판단이 실은 인지하지 못한 요인으로부터 촉발된 것일 수 있겠군.

④ 학교 재정 지원 증가안에 찬성한 사람들은 투표소 위치가 투표 행위에 영향을 미쳤다고 주장할 가능성이 크겠군.

[11~13] 다음 글을 읽고 물음에 답하시오.

[앞부분 줄거리] '나'의 친정어머니는 넘어져 크게 다치는 바람에 수술을 받게 되고, '나'는 홀로 어머니의 병실을 지키게 된다. 아흔에 가까운 고령의 어머니는 수술 후 마취가 풀리면서 허공에 대고 소리치는 등 이상한 행동을 보인다.

"그놈 또 왔다. 뭘하고 있냐! 느이 오래빌 숨겨야지, 어서"

"엄마, 제발 이러시지 좀 마세요. 오빠가 어디 있다고 숨겨요?"

"그럼 느이 오래빌 벌써 잡아갔냐."

"엄마, 제발."

어머니의 손이 사방을 더듬었다. 그러다가 붕대 감긴 자기의 다리에 손이 닿자 날카롭게 속삭였다.

"가엾은 내 새끼 여기 있었구나. 꼼짝 말아. 다 내가 당할 테니."

어머니의 떨리는 손이 다리를 감싸는 시늉을 했다. ㉠그때부터 어머니의 다리는 어머니의 아들이었다. 어머니는 온몸으로 그 다리를 엄호하면서 어머니의 적을 노려보았다. 어머니의 적은 저승의 사자가 아니었다.

"군관 동무, 군관 선생님, 우리 집엔 여자들만 산다니까요."

어머니의 눈의 푸른 기가 애처롭게 흔들리면서 입가에 비굴한 웃음이 감돌았다. 나는 어머니가 환각으로 보고 있는게 무엇이라는 걸 알아차렸다. 가엾은 어머니, 차라리 저승의 사자를 보시는 게 나았을 것을⋯⋯.

어머니는 그 다리를 어디다 숨기려는지 몸부림쳤다. 그러나 어머니의 다리는 요지부동이었다.

"군관 나으리, 우리 집엔 여자들만 산다니까요. 찾아보실 것도 없다니까요. 군관 나으리."

그러나 절대절명의 위기가 어머니에게 육박해오고 있음을 난들 어쩌랴. 공포와 아직도 한 가닥 기대를 건 비굴이 어머니의 얼굴을 뒤죽박죽으로 일그러뜨리고 이마에선 구슬같은 땀이 송글송글 솟아오르고 다리를 감싼 손과 앙상한 어깨는 사시나무 떨듯 떨고 있었다.

가엾은 어머니, 하늘도 무심하시지, 차라리 죽게 하시지, 그 몹쓸 일을 두 번 겪게 하시다니⋯⋯.

"어머니, 어머니 이러시지 말고 제발 정신 차리세요."

나는 어머니의 어깨를 흔들면서 울부짖었다. 어머니는 어디서 그런 힘이 솟는지 나를 검부러기처럼 가볍게 털어내면서 격렬하게 몸부림쳤다.

"안된다. 안돼. 이 노옴. 안돼. 너도 사람이냐? 이 노옴, 이 노옴."

나는 벽까지 떠다밀린 채 와들와들 떨면서 점점 심해가는 어머니의 광란을 지켜볼 수밖에 없었다. 어머니의 몸에서 수술한 다리만 빼고는 온몸이 노한 파도처럼 출렁였다. 그래서 더욱 그 다리는 어머니의 몸이 아닌 이물질처럼 괴기스러워 보였다. 어머니의 그 다리와 아들과의 동일시가 나한테까지 옮아붙은 것처럼 나는 그 다리가 무서웠다.

"안된다 이 노옴"이라는 호통과 "군관 나으리, 군관 선생님, 군관 동무"라는 아부를 번갈아 하며 몸부림치는 서슬에 마침내 링거줄이 주사바늘에서 빠져 버렸다. 혈관에 꽂힌 채인 주사바늘을 통해 피가 역류해 환자복과 시트를 점점 물들였다. 피를 보자 어머니의 광란은 극에 달했다.

[중략 줄거리] '나'는 겨우 어머니를 진정시킨다. 과거 6・25전쟁에서 '나'의 오빠는 인민군 치하에서 어쩔 수 없이 의용군에 지원했다가 겨우 탈출하여 돌아온다. 그런데 오빠는 속속들이 망가져 있었다. 전세가 불리해져 피란을 갈 상황에 처한 가족은 예전에 살던 동네에 숨어 지내게 된다. 그러던 어느 날, 집에 들어 닥친 인민군 군관에게 발각된다.

다시 포성이 가까워지고 그들의 눈에 핏발이 서기 시작했다. 어머니는 앉으나서나 그들이 곱게 물러가기만을 축수했다.

"그저 내 자식 해코지만 마소서. 불쌍한 내 자식 해코지만 마소서."

마침내 보위군관이 작별하러 왔다. 그의 작별방법은 특이했다.

"내가 동무들같이 간사한 무리들한테 끝까지 속을 것 같소. 지금이라도 바른 대로 대시오. 이래도 바른 소리를 못하겠소?"

그가 허리에 찬 권총을 빼 오빠에게 겨누며 말했다.

"안된다. 안돼. 이 노옴 너도 사람이냐? 이 노옴."

어머니가 외마디 소리를 지르며 그의 팔에 매달렸다. 오빠는 으, 으, 으, 으, 짐승 같은 소리로 신음하는 게 고작이었다. 그가 어머니를 획 뿌리쳤다.

"이래도 이래도 바른 말을 안할 테냐? 이래도."

총성이 울렸다. 다리였다. 오빠는 으, 으, 으, 으, 같은 소리밖에 못 냈다.

"좋다. 이래도 바른 말을 안할 테냐? 이래도."

또 총성이 울렸다. 같은 말과 총성이 서너 번이나 되풀이됐다. 잔혹하게도 그 당장 목숨이 끊어지지 않게 하체만

겨냥하고 쏴댔다.

오빠는 유혈이 낭자한 가운데 기절해 꼬꾸라지고 어머니도 그가 뿌리쳐 나동그라진 자리에서 처절한 외마디 소리만 지르다가 까무라쳤다.

"죽기 전에 바른말 할 기회를 주기 위해 당장 죽이진 않겠다."

그후 군관은 다시 나타나지 않았다. 며칠만에 세상은 또 바뀌었다.

오빠의 총상은 다 치명상이 아니었는데도 며칠만에 운명했다. 출혈이 심한데다 적절한 치료를 받을 수가 없었기 때문이다.

– 박완서, 「엄마의 말뚝2」 –

11 윗글의 서술상 특징으로 가장 적절한 것은?

① 서술자가 자신의 심리적 반응과 해석을 구체적으로 제시하고 있다.

② 서술자를 장면에 따라 전환하여 사건을 입체적으로 전달하고 있다.

③ 동시에 벌어진 사건을 병렬적으로 제시하여 사건의 단서를 암시하고 있다.

④ 과거의 사건을 요약적으로 제시하여 인물 간의 갈등이 해소되는 과정을 보여주고 있다.

12 ㉠과 관련해 작품의 구절을 이해한 내용으로 가장 적절하지 않은 것은?

① '어머니'가 '온몸으로 그 다리를 엄호'하는 것은, 과거 사건에서 '아들'을 지키고자 했던 '어머니'의 마음이 담긴 것이군.

② '어머니'가 환각 속에서 보고 있는 '군관'은, 과거 사건에서 '오빠'를 해친 존재로군.

③ '나'가 '차라리 죽게 하시지'라고 생각하는 이유는, '어머니'의 환각이 매우 고통스러움을 알고 있기 때문이군.

④ '어머니'가 '나'를 '털어내면서 격렬하게 몸부림'치는 이유는, 과거 '나'가 '오빠'를 지키지 못한 것에 대한 원망 때문이군.

13 윗글의 내용에 대한 이해로 가장 적절하지 않은 것은? 〈변형〉

① 환각을 보는 '어머니'의 몸은 심하게 떨렸다.

② 주삿바늘을 통해 나온 피를 보고 '어머니'의 이상 행동이 심해졌다.

③ '보위군관'은 마을에 도착하자마자 '나'의 집을 찾아왔다.

④ '오빠'는 총에 맞아 생긴 상처로 인해 죽음에 이르게 되었다.

[14~15] 다음 글을 읽고 물음에 답하시오.

> 世·솅宗종 御·엉製·졩 訓·훈民민正·졍音ᅙᅳᆷ
> 나·랏:말ᄊᆞ·미 ㉠ 中듕國·귁·에 달·아 ㉡ 文문字·ᄍᆞᆼ·와·로 서르 ᄉᆞᄆᆞᆺ·디 아·니ᄒᆞᆯ·ᄊᆡ
> ·이런 젼·ᄎᆞ·로 어·린 百·ᄇᆡᆨ姓·셩·이 니르·고·져 ㉢ ·ᄒᆞᇙ·배 이·셔·도
> ᄆᆞ·ᄎᆞᆷ:내 제 ㉣ ·ᄠᅳ·들 시·러 펴·디 :몯ᄒᆞᇙ ·노·미 하·니·라
> ㉤ ·내 ·이·ᄅᆞᆯ 爲·윙·ᄒᆞ·야 :어엿·비 너·겨 ·새·로 ㉥ ·스·믈여·듧字·ᄍᆞᆼ·ᄅᆞᆯ ᄆᆡᇰ·ᄀᆞ노·니
> :사ᄅᆞᆷ:마·다 :ᄒᆡ·ᅇᅧ :수·ᄫᅵ 니·겨 ·날·로 ㉦ ·ᄡᅮ·메 便뼌安한·킈 ᄒᆞ·고·져 ᄒᆞᇙ ᄯᆞᄅᆞ·미니·라

14 윗글의 ㉠~㉦에 대한 설명으로 가장 적절하지 않은 것은?

① ㉠과 ㉦에서 동일한 비교의 부사격 조사를 확인할 수 있다.

② ㉡에는 다른 대상과의 비교를 표시하는 조사가 드러난다.

③ ㉢과 ㉤에서 같은 격을 표시하는 조사를 확인할 수 있다.

④ ㉣과 ㉥을 통해 체언의 끝소리와 모음 조화에 따라 목적격 조사가 다르게 실현됨을 확인할 수 있다.

15 현대 국어와의 비교를 통해 알 수 있는 음운 변화로 가장 적절하지 않은 것은?

① 'ᐧ이런'이 '이런'으로 바뀌었음을 통해 성조가 사라졌음을 알 수 있다.

② '말ᄊᆞᆷ·미'가 '말씀이'로, 'ᄆᆞᄎᆞᆷ:내'가 '마침내'로 바뀌었음을 통해 아래 아(ᐧ)가 첫 음절에서는 'ㅏ', 둘째 음절 이하에서는 'ㅡ' 또는 'ㅣ'로 바뀌었음을 알 수 있다.

③ '펴ᐧ디'가 '펴지'로 바뀌었음을 통해 'ㅣ' 모음 앞에서 구개음화가 적용되게 되었음을 알 수 있다.

④ ':몯ᄒᆞᆯ'이 '못할'로 바뀌었음을 통해 종성의 'ㄷ'이 'ㅅ'으로 발음되게 되었음을 알 수 있다.

16 〈보기〉를 참고하여 능동문을 피동문으로 바꾼 결과로 가장 적절하지 않은 것은?

───── 〈보 기〉 ─────

주어가 다른 주체에 의해서 어떤 동작을 당하거나 영향을 받는 문장을 피동문이라고 한다. 피동문을 만들 때에는 능동사 어근에 피동 접미사 '-이-, -히-, -리-, -기-'를 붙이거나, '-되다' 혹은 '-아지다/-어지다'를 사용한다.

	능동문	피동문
①	내가 웃었다.	민수가 나를 웃겼다.
②	모기가 나를 물었다.	내가 모기에게 물렸다.
③	정부가 회담을 진행하였다.	회담이 정부에 의해 진행되었다.
④	나는 바라던 것을 이루었다.	바라던 것이 이루어졌다.

17 〈보기〉의 ㉠~㉢에 들어갈 내용으로 가장 적절한 것은?

───── 〈보 기〉 ─────

• 학습 활동

주어와 서술어의 관계가 두 번 이상 나타난 문장을 겹문장이라고 한다. 홑문장보다 복잡한 겹문장의 구조를 잘 파악하려면 각 절의 주어와 서술어를 잘 파악하는 것이 중요하다.

이를 바탕으로 아래 문장의 구조를 파악해 보자.

형이 저지른 잘못이 빌미가 되었음을 동생이 밝혔다.

• 학습 활동 수행 결과

문장 전체에 주어와 서술어의 구조는 3회 나타난다. 먼저 문장 전체의 서술어는 '밝혔다'이고, 이에 해당하는 주어는 (㉠)이다. 명사절의 서술어는 '되었음'이고, 이에 해당하는 주어는 (㉡)이다. 관형사절의 서술어는 '저지른'이고, 이에 해당하는 주어는 (㉢)이다.

	㉠	㉡	㉢
①	동생이	잘못이	형이
②	동생이	빌미가	형이
③	형이	잘못이	빌미가
④	형이	빌미가	잘못이

18 〈보기〉에 대한 설명으로 가장 적절하지 않은 것은?

> ─────〈보 기〉─────
>
> 제3절 보조 용언
>
> 제47항 보조 용언은 띄어 씀을 원칙으로 하되, 경우에 따라 붙여 씀도 허용한다.
>
> 　다만, 앞말에 조사가 붙거나 앞말이 합성 용언인 경우, 그리고 중간에 조사가 들어갈 적에는 그 뒤에 오는 보조 용언은 띄어 쓴다.

① "그 일은 할 만하다."는 "그 일은 할만하다."와 같이 붙여 쓰는 것도 가능하다.

② '제47항 다만'에 따르면 "비가 올 듯도 하다."와 같이 띄어 쓰는 것만이 옳다.

③ '제47항 다만'에 따르면 "떠내려가버렸다."와 같이 적는 것은 옳지 않다.

④ '제47항 다만'에 따르면 "잘도 놀아만 나는구나!"는 앞말이 합성 용언이므로 띄어 쓴 경우에 해당한다.

[19~21] 다음 글을 읽고 물음에 답하시오.

> 　지구인들이 만들어 낸 플라스틱 양은 1950년부터 2015년까지 무려 약 83억 톤에 이른다. 2020년 유엔환경계획(UNEA)의 특별 보고서에 따르면 1950년 한 해 약 200만 톤이던 플라스틱 생산량은 갈수록 증가해 2020년에는 약 4억 톤이 되었다. 이 플라스틱은 잘 썩지 않아서 만들면 만드는 대로 지구에 쌓이고 있다.
>
> 　심지어 이 플라스틱은 생산되는 순간부터 사라질 때까지 온갖 환경호르몬과 유해 물질을 꾸준히 배출해서 더욱 문제가 된다. 특정한 종류의 플라스틱은 높은 열이나 전자레인지에 노출되면 환경호르몬이 검출된다. 안전할 것 같은 종이컵도 안쪽에 플라스틱이 코팅되어 있어서 갑상선 호르몬에 영향을 주는 과불화화합물(PFAS)이 검출되기도 한다. 폴리스티렌(PS)으로 만들어진 음료 컵 뚜껑에서는 스타이렌 같은 휘발성 유기화합물(VOC)이 나와서 많은 나라에서 이를 폴리프로필렌(PP)으로 교체하기도 하였다. 그렇게 플라스틱에서는 듣기만 해도 머리가 아프고 이름도 복잡한 온갖 해로운 물질이 쏟아져 나온다.
>
> 　한편 플라스틱이 마모되어 만들어지는 ⊙ 미세 플라스틱도 심각한 문제이다. 이는 플라스틱의 생산량과 폐기량

을 비교했을 때 오차가 너무 크다는 점에서 시작된 연구를 통해 발견되었다. 리처드 톰슨의 연구 팀에서 나머지 플라스틱이 어디로 사라졌는지 조사한 결과, 어마어마한 양의 플라스틱이 눈에 안 보일 만큼 작은 알갱이로 부서져 바닷속을 떠돌고 있음을 밝혀냈다. 미세 플라스틱은 우리가 마시는 물과 소금으로 흘러들고, 물고기 먹이가 되어 식탁 위에 올라 우리 입속으로 들어오고, 수증기와 함께 하늘로 올라가 비와 눈이 되어 전 지구에 내리고 있다.

　미세 플라스틱은 미세 섬유에서도 만들어진다. 나일론, 폴리에스터, 폴리우레탄, 아크릴 같은 합성 섬유로 만든 옷을 세탁기에 넣고 빨면 수십만 개의 미세 섬유가 빠져나온다. 너무 작아서 어디에도 걸러지지 않는 미세 섬유는 누구의 방해도 받지 않고 바다로 흘러든다. 세계자연보호연맹(IUCN)에 따르면 미세 플라스틱 오염의 약 1/3은 미세 섬유 때문이라고 한다. 이는 패스트 패션이 비판받는 이유이기도 하다. 패스트 패션은 유행하는 디자인의 옷을 마치 패스트푸드처럼 매우 신속하게 제작, 유통, 판매하는 패션 산업을 가리킨다. 누구나 부담 없이 빠르게 변하는 유행을 따라 쉽게 사 입고 쉽게 버릴 수 있도록 가격이 저렴한 합성섬유를 많이 사용하게 된다.

　플라스틱을 줄이는 것이 지구를 위해 무척 훌륭하고 중요한 일이라는 건 틀림없는 사실이다. 그러나 무턱대고 플라스틱 사용을 금지하기보다는 신중한 접근이 필요하다. 예를 들어 빨대가 문제라면 플라스틱 빨대만 금지할 것인지 빨대 자체를 금지할 것인지, 금지한다면 기업의 빨대 생산과 유통에 벌금을 물릴 것인지 소비자의 빨대 이용에 벌금을 물릴지, 그렇게 되면 아픈 사람이나 어린아이처럼 빨대가 꼭 필요한 사람들은 어떻게 할 것인지, 다른 재료로 빨대를 대신한다면 가장 편리하고 저렴하고 환경을 해치지 않는 게 무엇일지, 계속 묻고 또 물어야만 한다.

19 윗글을 이해한 내용으로 가장 적절하지 않은 것은?

① 2015년까지의 누적 플라스틱 양은 최소 약 83억 톤에 달한다.

② 플라스틱 생산량은 1950년 이후 지속적으로 증가하는 추세이다.

③ 저온에 노출되었을 때 환경호르몬이 검출되는 플라스틱이 있다.

④ 패스트 패션은 빠르게 옷을 생산하고 판매하는 의류 산업이다.

20 ㉠에 대한 이해로 가장 적절하지 않은 것은?

① 플라스틱 폐기량이 생산량보다 많은 이유에 해당한다.

② 사람이 먹는 음식에도 유입되고 있어 문제가 된다.

③ 의류를 세탁하는 과정에서 만들어지는 미세 섬유와도 관련이 있다.

④ 합성 섬유의 사용이 늘어나면 그 양이 증가할 수 있다.

21 윗글을 읽고 추론한 내용으로 가장 적절한 것은?

① 잘 썩는 플라스틱을 개발한다면 환경호르몬 문제를 해결할 수 있을 것이다.

② 폴리프로필렌(PP)에서는 휘발성 유기화합물(VOC)이 검출되지 않을 것이다.

③ 바닷물과 달리 눈과 비에서는 미세 플라스틱이 검출되지 않을 것이다.

④ 환경 오염을 줄이려면 우선적으로 기업의 플라스틱 사용을 금지해야 한다.

[22~25] 다음 글을 읽고 물음에 답하시오.

해설자, 촌장이 되어 등장. 검은 옷차림. 이해심이 많아 보이는 얼굴과 정중한 태도. 낮고 부드러운 음성으로 말한다.

촌장: 수고하시는군요, 파수꾼님.

나: 아, 촌장님. 여긴 웬일이십니까?

촌장: 추억을 더듬으러 왔습니다. 이 황야는 내가 어린 시절 야생 딸기를 따러 오곤 했던 곳이지요. 그땐 이리가 무섭지도 않았나 봐요. 여기저기 덫이 깔려 있고 망루 위의 파수꾼이 외치는데도 어린 난 딸기 따기에만 열중했었으니까요. 그 즐거웠던 옛 추억, 오늘 아침 나는 그 추억을 상기시켜 주는 편지를 받았습니다. 그래 이곳엘 찾아온 겁니다.

나: 잘 오셨습니다, 촌장님.

촌장: 오래 뵙지 못했더니 그동안 흰머리가 더 많아지셨군요.

나: 촌장님도요, 더 늙으셨어요.

촌장: 오다 보니까 저쪽 덫에 이리가 치어 있었습니다.

나: 이리요? 어느 쪽이죠?

촌장: 저쪽요, 저쪽. 찔레 덩굴 밑이던가요…….

나: 드디어 붙잡는군요!

파수꾼 나 퇴장. 촌장은 편지를 꺼내 다에게 보인다.

촌장: 이것, 네가 보낸 거니?

다: 네, 촌장님.

촌장: ㉠ 나를 이곳에 오도록 해서 고맙다. 한 가지 유감스러운 건, 이 편지를 가져온 운반인이 도중에서 읽어 본 모양이더라. "이리 떼는 없고, 흰 구름뿐." ㉡ 그 수다쟁이가 사람들에게 떠벌리고 있단다. 조금 후엔 모두들 이곳으로 몰려올 거야. 물론 네 탓은 아니다. 넌 나 혼자만을 와 달라고 하지 않았니? 몰려오는 사람들은, 말하자면 불청객이지. 더구나 어떤 사람은 도끼까지 들고 온다더라.

다: 도끼는 왜 들고 와요?

촌장: 망루를 부순다고 그런단다. "이리 떼는 없고, 흰 구름뿐." 그것이 구호처럼 외쳐지고 있어. Ⓐ 그 성난 사람들만 오지 않는다면 난 너하고 딸기라도 따러 가고 싶다. 난 어디에 딸기가 많은지 알고 있거든. 이리 떼를 주의하라는 팻말 밑엔 으레 잘 익은 딸기가 가득하단다.

다: 촌장님은 이리가 무섭지 않으세요?

촌장: 없는 걸 왜 무서워하겠니?

다: 촌장님도 아시는군요?

촌장: 난 알고 있지.

다: 아셨으면서 왜 숨기셨죠? 모든 사람들에게, 저 덫을 보러 간 파수꾼에게 왜 말하지 않은 거예요?

촌장: 말해 주지 않는 것이 더 좋기 때문이다.

(중략)

촌장: 애야, 이리 떼는 처음부터 없었다. 없는 걸 좀 두려워한다는 것이 뭐가 그렇게 나쁘다는 거냐? 지금까지 단 한 사람도 이리에게 물리지 않았단다. 마을은 늘 안전했어. 그리고 사람들은 이리 떼에 대항하기 위해서 단결했다. 그들은 질서를 만든 거야. 질서, 그게 뭔지 넌 알기나 하니? 모를 거야, 너는. 그건 마을을 지켜 주는 거란다. 물론 저 충직한 파수꾼에겐 미안해. 수천 개의 쓸모없는 덫들을 보살피고 양철 북을 요란하게 두들겼다. 허나 말이다, 그의 일생이 그저 헛되다고만 할 순 없어. 그는 모든 사람들을 위해 고귀하게 희생한 거야. 난 네가 이러한 것들을 이해하여주기 바란다. ⓑ <u>만약 네가 새벽에 보았다는 구름만을 고집한다면, 이런 것들은 모두 허사가 된다. 저 파수꾼은 늙도록 헛북이나 친 것이 되고, 마을의 질서는 무너져 버린다.</u> 애야, 넌 이렇게 모든 걸 헛되게 하고 싶진 않겠지?

다: 왜 제가 헛된 짓을 해요? 제가 본 흰 구름은 아름답고 평화로웠어요. 저는 그걸 보여 주려는 겁니다. 이제 곧 마을 사람들이 온다죠? 잘됐어요. 저는 망루 위에 올라가서 외치겠어요.

촌장: ⓒ <u>뭐라고? (잠시 동안 침묵을 지킨 후에 웃으며) 사실 우습기도 해. 이리 떼? 그게 뭐냐? 있지도 않은 그걸 이 황야에 가득 길러 놓고, 마을엔 가시 울타리를 둘렀다. 망루도 세웠고, 양철 북도 두들기고, 마을 사람들은 무서워서 떨기도 한다.</u> 아하, 언제부터 내가 이런 거짓 놀이에 익숙해졌는지 모른다만, 나도 알고는 있지. 이 모든 것이 잘못되어 있다는 걸 말이다.

다: 그럼 촌장님, 저와 같이 망루 위에 올라가요. 그리고 함께 외치세요.

촌장: 그래, 외치마.

다: 아, 이젠 됐어요!

촌장: (혼잣말처럼) …… 그러나 잘될까? 흰 구름, 허공에 뜬 그것만 가지고 마을이 잘 유지될까? 오히려 이리 떼가 더 좋은 건 아닐지 몰라.

다: 뭘 망설이시죠?

촌장: 아냐, 아무것도……. 난 아직 안심이 안 돼서 그래. ⓓ <u>(온화한 얼굴에서 혀가 날름 나왔다가 들어간다.)</u> 지금 사람들은 도끼까지 들고 온다잖니? 망루를 부순 다음엔 속은 것에 더욱 화를 낼 거야! 아마 날 죽이려고 덤빌지도 몰라. 아니 꼭 그럴 거다. 그럼 뭐냐? 지금까진 이리에게 물려 죽은 사람은 단 한 명도 없었는데, 흰 구름의 첫날 살인이 벌어진다.

다: 살인이라고요?

촌장: ⓔ <u>그래, 살인이지. (난폭하게) 생각해 보렴, 도끼에 찍힌 내 모습을. 피가 샘솟듯 흘러내릴 거다. 끔찍해.</u> 애, 너는 내가 그런 꼴이 되길 바라고 있지?

다: 아니에요, 그건!

촌장: 아니라고? 그렇지만 내가 변명할 시간이 어디 있니? 난 마을 사람들에게 왜 이리 떼를 만들었던가, 그걸 알려줘야 해. 그럼 그들도 날 이해해 줄 거야.

다: 네, 그렇게 말씀하세요.

촌장: 허나 내가 말할 틈이 없다. 사람들이 오면, 넌 흰 구름이라 외칠 거고, 사람들은 분노하여 도끼를 휘두를 테고, 그럼 나는, 나는……. (은밀한 목소리로) 애, 네가 본 그 흰 구름 있잖니, 그건 내일이면 사라지고 없는 거냐?

다: 아뇨. 그렇지만 난 오늘 외치고 싶어요.

촌장: 그것 봐. 넌 내 피를 보고 싶은 거야. 더구나 더 나쁜 건, 넌 흰 구름을 믿지도 않아. 내일이면 변할 것 같으니까, 오늘 꼭 외치려고 그러는 거지. 아하, 넌 네가 본 그 아름다운 걸 믿지도 않는구나!

다: (창백해지며) 그건, 그건 아니에요!

촌장: ⓕ <u>그래? 그럼 너는 내일까지 기다려야 해. (괴로워하는 파수꾼 다를 껴안으며) 오늘은 나에게 맡겨라. 그러면 나도 내일은 너를 따라 흰 구름이라 외칠 테니.</u>

다: 꼭 약속하시는 거죠?

촌장: 물론 약속하지.

다: 정말이죠, 정말?

촌장: 그럼. 정말 약속한다니까.

－ 이강백, 「파수꾼」 －

22 윗글에 대한 설명으로 〈보기〉에서 가장 적절한 것을 두 개 고르면?

> ───── 〈보 기〉─────
>
> ㉠ 무대 상연을 전제로 한, 연극을 공연하기 위한 글이다.
> ㉡ 장면 전환이 자유롭고 사실적인 공간 연출이 가능하다.
> ㉢ 인물의 말과 행동을 중심으로 갈등이 전개되며 사건이 현재형으로 제시된다.
> ㉣ 해설자가 작품 내부에서 사건을 관찰하며 관련 인물들의 심리를 서술하고 있다.

① ㉠, ㉡　　　　　　② ㉠, ㉢
③ ㉡, ㉢　　　　　　④ ㉢, ㉣

23 윗글을 감상한 학생들이 ㉠~㉣에 대해 설명한 내용으로 가장 적절하지 않은 것은?

① ㉠: '파수꾼 다'가 진실을 밝힌 것에 대한 '촌장'의 마음을 반어적으로 표현한 것이군.
② ㉡: '운반인'에 대한 '촌장'의 못마땅한 심정이 드러나는군.
③ ㉢: 진실이 밝혀질 것에 대한 두려움으로 '촌장'이 격앙된 반응을 보이고 있군.
④ ㉣: '촌장'의 이중적이고 위선적인 성격을 행동을 통해 관객에게 보여 주고 있군.

24 Ⓐ~Ⓓ에서 '촌장'이 '파수꾼 다'를 설득하는 방법에 대한 설명으로 가장 적절하지 않은 것은?

① Ⓐ: 진실을 밝히지 않을 경우 얻게 될 대가를 제시하며 회유하고 있다.
② Ⓑ: 개인에게 생길 부정적인 영향을 언급하며 상대의 실천 의지를 꺾고 있다.
③ Ⓒ: 끔찍한 상황을 가정하여 상대의 불안감과 동정심을 자극하고 있다.
④ Ⓓ: 시간을 벌어 위기를 모면하기 위해 거짓으로 타협하고 있다.

25 〈보기〉를 참고하여 윗글을 감상한 내용으로 가장 적절하지 않은 것은?

> ───── 〈보 기〉─────
>
> 　이 작품은 1970년대를 배경으로 하여 체제 유지를 위해 거짓말을 일삼던 지배 권력의 안보 정책을 비판하고 있다. 위선적인 독재 권력은 자신들이 집권하고 있는 체제를 안정적으로 통제하기 위해 가상의 적에 대한 두려움을 사람들에게 심어 주었다. 이러한 통제 기능을 발휘하기 위해 진실은 철저히 은폐되어야 했고 진실을 알 수 없게 소통을 차단할 필요가 있었다. 이런 이유로 진실을 말하는 개인, 언론이나 단체들을 탄압하였다. 이 작품은 이러한 현실을 우의적으로 형상화하였다.

① '이리떼'는 마을 사람들에게 '가상의 적'이며 '촌장'에게는 사회 통제의 수단이 되는군.
② '파수꾼 다'는 '가상의 적'이 실체 없는 허상임을 알지만 '흰 구름'의 진실을 혼자만 알기를 원하는군.
③ '촌장'은 체제 유지를 위해 진실을 왜곡하는 것에 대한 명분으로 마을 사람들 사이의 단결과 질서를 내세우고 있군.
④ '망루'는 위와 아래로 분할되어 망루 아래에서는 진실을 알 수 없게 소통을 차단함으로써 진실을 은폐하는 권력의 기제 역할을 하는군.

모바일 OMR

✅ 회독 CHECK 1 2 3

01 파생어로만 묶인 것은?

① 잠, 덮개, 굳세다, 덧나다
② 기쁨, 크기, 밀치다, 어린이
③ 멀리, 접칼, 곁눈질, 좁히다
④ 웃음, 밝히다, 어녹다, 여닫이
⑤ 많이, 알짜, 돋보기, 철렁거리다

02 〈보기〉에서 외래어 표기가 옳은 것은 모두 몇 개인가?

── 〈보 기〉 ──
마르세이유, 밸런타인데이, 비젼, 엠블런스,
엔도르핀, 윈도, 플루트, 코즈모폴리턴, 크리스찬

① 3개
② 4개
③ 5개
④ 6개
⑤ 7개

03 어법에 맞는 문장은?

① 올해 경제 성장율은 작년에 비해 소폭 상승할 것으로 예상된다.
② 밤이 되면서 구름양이 점점 많아져서 자정쯤부터 비가 내리겠습니다.
③ 우리나라의 회계년도는 1월 1일부터 12월 31일까지입니다.
④ 예전에는 잡지에 펜팔란이 있어서 외국인과도 편지를 주고받았다고 합니다.
⑤ 친구가 긴 머리를 싹뚝 자르고 나타나서 깜짝 놀랐습니다.

04 어법에 맞는 문장만을 〈보기〉에서 모두 고르면?

── 〈보 기〉 ──
㉠ 최근 주식이 하락세로 치닫고 있습니다.
㉡ 언제까지 네 뒤치다꺼리를 해야 하니?
㉢ 비행기 안에서 담배를 필 수 없습니다.
㉣ 청소년에게 걸맞는 스토리가 필요합니다.
㉤ 이 꽃에게 물을 너무 많이 주지 마세요.

① ㉡
② ㉠, ㉡
③ ㉡, ㉢
④ ㉣, ㉤
⑤ ㉢, ㉣, ㉤

05 밑줄 친 단어의 뜻풀이가 옳지 않은 것은?

① 한 분야에 천착(穿鑿)하면 전문가가 될 수 있다.
 → 깊이 파고들어 연구함
② 대학을 졸업한 후에 사이가 더욱 소원(疏遠)해졌다.
 → 지내는 사이가 멀고 서먹서먹해짐
③ 새로운 회사에 입사하니 동료들이 백안시(白眼視)하였다.
 → 친밀하고 반가운 감정으로 대하는 눈매
④ 행복한 삶으로 가는 첩경(捷徑)은 마음가짐에 있다.
 → 멀리 돌지 않고 가깝게 질러 통하는 길
⑤ 직원들의 사기 진작(振作)을 위해 상여금이 지급되었다.
 → 떨쳐 일어나는 상황을 조성함

06 다음 글에 대한 이해로 적절하지 않은 것은?

> 만주에 갈 때 십여 호 친족이 같이 갔다가 난리 중에 소식도 못 듣고 있는데, 오랜 시일이 지나서야 친정 사람들 소식도 혹 오가는 편에 들을 수 있었다.
>
> 시인 이육사가 북경에서 총살당했다는 소문은 한심통박하였다. 아직 젊은 나이에, 또 그렇게 꿈꾸고 바라던 조국 광복도 보지 못한 채. 그러나 조국 광복의 간절한 소망을 시로 남겼으니 그나마 다행이다. 내 손녀가 읽어 준 육사의 시에는 그가 바라는 손님은 청포를 입고 찾아올 것이라고 하얀 모시수건을 은쟁반에 준비하라고 했다. 조국 광복을 얼마나 간절하고 애틋한 마음으로 기다렸을지를 나는 안다.
>
> 해방 이듬해 시월에 이육사의 동생들인 원일, 원조, 원창 삼형제가 내가 살고 있는 돗질에 들렀다. 묘사(墓祀)를 지내러 안동에 오는 길에 외사촌 누나인 날 보러 왔던 것이다. "우리는 국수 좋아하는데 국수 좀 해 주시려는가?" 그들 중 누가 그랬다.
>
> "국수 좋아하면 더 좋지. 반찬 따로 안 해도 되고."
>
> 대답해 놓고 밀가루 반죽해서 손으로 썰어 얼른 칼국수를 해 주었다. 한 그릇씩 먹고 더 먹는 걸 보고 어찌나 흐뭇했던지 모른다. 집 앞에 있는 정자에서 자고 아침에 일어나더니 벽계(碧溪) 소리 좋다고 찬사가 대단했다.
>
> "원일이 너 거기서 시 하나 지어라." 했더니, 그렇잖아도 쓰려던 중이라 했다. 바위틈으로 졸졸 흐르는 도랑물이 큰 바위 석곽에 일단 고였다가 다시 떨어지는 그 석천(石泉)의 운치가 보통사람에게도 예사롭진 않았다.
>
> 육사 형제는 모두 여섯이다. 원기, 원삼, 원일, 원조, 원창, 원홍이다. 원삼이가 곧 육사인데, 아명은 원록이라고도 했다. 육사는 해방되기 얼마 전에 만주에서 돌아와 서울 들렀다 북경 갔다고 했다. 그 길로 붙잡혀 그 이듬해 사형당했다. 그가 바라던 청포 입은 손님도 맞이하지 못하고 마흔 살 나이에 아깝게 갔다.
>
> 원일이하고 남편하고는 동갑이라 집에 오면 늘 항렬 따지고 생일 따지며 서로 자기가 어른이라고 우기기도 했다. 고모(육사 어머니)가 안동으로 시집와 시어머니의 친정 질부가 된 때문에 양쪽으로 친척이라 항렬 따지기가 좀 복잡했다.
>
>   ― 허은 구술, 「아직도 내 귀엔 서간도 바람소리가」에서 ―

① 이육사는 서른아홉 살에 체포되었다.
② 이육사가 시를 지어 읊었던 추억을 회상하고 있다.
③ 이육사의 시에서 '청포 입은 손님'은 조국 광복을 의미한다.
④ 이육사의 어린 시절 이름은 '원록'이었다.
⑤ 이육사는 '나'의 남편보다 나이가 많았다.

07 인용 부호 속 문장에 대한 문법적 설명으로 옳지 않은 것은?

> "동생은 어떤 사람이든지 만나려 한다."
>
> 이 문장은 ㉠ '만나다'의 주체가 누구냐에 따라 중의적으로 해석된다. 즉, ㉡ '동생'이 주체가 되는 경우 '어떤 사람이든지'는 대상으로서 목적어 역할을 하고, 반대로 ㉢ '어떤 사람이든지'가 주체가 되는 경우 '동생'은 서술어의 '대상'이 된다. ㉣ 이 문장에서 '어떤'은 부정칭의 의미를 갖는다. 그리고 ㉤ '하다'는 문장의 본동사로 사용되었다.

① ㉠
② ㉡
③ ㉢
④ ㉣
⑤ ㉤

08 다음 글을 읽고 추론한 내용으로 적절하지 않은 것은?

요즘 우리가 먹는 배추가 100여 년 전의 요리책에 나오는 배추와 같다고 누가 단언할 수 있겠는가? 옛 문헌에 나오는 '배추'와 오늘날의 배추가 같은 것이라 생각하고 조선시대 배추김치를 복원할 수 있을까? 만약 비슷하게 복원했더라도 당시 사람들의 생각까지 이 음식에 담을 수 있을까? 음식의 역사를 다루면서 어떤 문헌에 이러이러한 내용이 나온다는 식으로 단순 나열만 한다면 그것은 역사가 아니다. 당시 사람들이 왜 그러한 음식을 만들어 먹을 수밖에 없었는지를 밝혀야만 그 음식의 역사에 다가갈 수 있다. 음식의 역사는 결코 에피소드 모둠이 아니다. 그 속에는 경제와 정치와 사회가 있다. (중략)

음식의 역사는 거시적인 관점에서 접근하면 사소한 것처럼 보일 수도 있다. 하지만 음식의 역사만큼 거시사와 미시사를 아우르는 것도 없다. 사람은 잘났건 못났건 누구나 먹어야 살고, 먹기 위해 경제 활동은 물론이고 사회활동도 정치활동도 하기 때문이다. 그러니 한 개인이나 사회가 무엇을 어떻게 먹고 살아왔는지를 알면 그 사회의 역사가 보인다.

① '배추'와 '배추김치'는 음식의 역사 기술과 관련된 예시로서 언급되었고, 냉면, 잡채, 빈대떡 등 여러 예시로 확장될 수 있다.

② 음식에 관한 문헌학적 고증만으로는 음식의 역사를 설명하기에 부족하므로 정치, 사회, 경제적 맥락을 살피는 과정이 수반되어야 한다.

③ 식사라는 개인의 사적인 행위는 그가 속한 사회와 불가분의 관계를 맺고 있기 때문에 미시적인 차원에 머무르지 않는다.

④ 음식의 역사가 에피소드 모둠이 아니라는 점에서 특정 음식이 등장하는 사회적 기반과 경제적 여건 등을 통찰하는 시각이 필요하다.

⑤ 음식이라는 극히 구체적이고 현실적인 차원으로부터 한 개인이 속한 정치, 경제, 사회적 상황을 추론함으로써 거시적 관점이 지니는 추상적 한계를 극복할 수 있다.

09 다음 글에 대한 이해로 적절한 것은?

20세기 이후 선진국을 중심으로 영양의 과소비가 일어나면서 고도 비만이 문제가 되었다. 전체적으로 발육 상태가 좋아지고 영양분의 섭취는 필요 이상으로 많아졌다. 이에 대한 반작용으로 날씬함의 기준은 오히려 살과 뼈가 만나는 수준의 깡마른 체형으로 역주행하였다. 그러다 보니 다이어트에 집착하는 사람들이 갈수록 늘어나게 되었고, 급기야 지나친 다이어트의 한 극단인 '신경성 식욕 부진증', 즉 '거식증'이라는 병이 생기게 되었다.

신경성 식욕 부진증은 10대 전후에서 시작해서 20대에 가장 많이 발견된다. 인구의 4% 정도까지 이 병에 걸렸을 것이라고 추정된다. 흥미롭게도 이 병에 걸린 환자는 직접 요리를 해서 다른 사람을 먹이는 것을 좋아한다. 그리고 칼로리 소모를 위해 하루 종일 쉬지 않고 움직이고 음식물의 칼로리나 영양분에 대한 지식이 해박하다. 이들은 일반적으로 머리가 좋고 자신을 완벽하게 통제하려는 완벽주의적 성향이 강하다.

신경성 식욕 부진증의 근본적인 문제는 '나는 뚱뚱하다.'라고 자신의 신체 이미지를 심각하게 왜곡한다는 것이다. 아무리 거울을 보여주며 다른 사람과 비교해도 자신은 아직 뚱뚱하고 만족스럽지 않다고 여긴다. 깡말랐음에도 불구하고 1~2kg만 늘면 무척 불편해하고, 쓸데없는 살덩이가 몸 안에 들어와 있는 것처럼 힘들어한다. 주변에서 볼 때는 별다른 문제가 없는 사람으로 보이고, 특히 부모들은 다이어트를 열심히 하는 것뿐이라며 대수롭지 않게 여긴다. 그러나 10명 중에 1명의 환자는 결국 사망에 이르는 무서운 병이다.

① 신경성 식욕 부진증 환자는 스스로 식욕을 통제하는 데 어려움을 느낀다.

② 신경성 식욕 부진증에 걸리면 건강 악화로 생명을 잃을 확률이 4% 정도이다.

③ 신경성 식욕 부진증 환자는 영양분의 섭취뿐만 아니라 음식 냄새조차 맡기를 거부한다.

④ 신경성 식욕 부진증은 영양분과 칼로리에 대해 무지하기 때문에 발병한다.

⑤ 신경성 식욕 부진증 환자의 문제는 자신의 신체에 대해 왜곡된 이미지를 갖고 있다는 것이다.

10 (가)~(마)를 논리적 순서에 맞게 나열한 것은?

(가) 앙리 르페브르가 묘사한 현대사회의 모습, 즉 일상이 지배하는 현대사회의 특징은 무엇인가? 현대사회는 덧없음을 사랑하고, 탐욕적이며, 생산적이고, 역동적이다. 그러나 사람들은 끊임없이 공허감을 느끼고, 뭔가 지속적인 것, 영원한 것, 균형 잡힌 것을 갈구하며, 소외감과 무력감을 느끼고 있다. 그것은 과거에 사람들을 견고하게 떠받쳐 주었던 양식(style)이 사라졌기 때문이라고 르페브르는 말한다. 그는 현대성(moernité), 즉 일상성(quotidienneté)의 제일 첫 번째의 특징으로 양식의 부재를 들었다.

(나) 행동방식이라는 측면에서도 일상성은 양식을 완전히 추방해 버렸다. 그리고 이러한 양식에 대한 그리움은 한층 더 진하여, 그것을 되살리려는 노력은 거의 필사적이다. 우리의 추석 명절, 차례 풍습을 생각해 보자. 제기와 의복을 고루 갖춘 명문 선비가의 차례의식을 TV화면이 비추는 것은 이 양식에 대한 현대인의 강한 노스탤지어의 표현이다. (중략) 양식은 하찮은 물건, 하찮은 행위, 무의미한 제스처 하나하나에까지 의미를 부여한다. 옛날 사람들은 모든 것을 양식에 의거해서 행동했다. 자신의 행동에 의미를 부여해 줄 양식이 사라진 오늘날, 사람들이 공허감, 권태, 무기력을 느끼는 것은 너무나 당연하다.

(다) 양식이란 무엇인가? 우선 예술분야에서 말해 본다면 한 작품을 만들기 위한 목적으로 어떤 소재와 형태를 다루는 특정의 개인적 또는 집단적 방법을 뜻한다. 이렇게 만들어진 작품은 그와 비슷한 성격의 다른 작품들과 함께 그 시대의 어떤 미학적 전형을 이룬다. 어떤 미술 유파의 양식이라든가, 또는 영국 양식의 가구라든가 하는 말이 그것이다.

(라) 그러나 양식이 사라지면 사라질수록 그것에 대한 향수는 한층 더 짙어진다. 우리의 일상생활은 양식에 대한 노스탤지어와 그에 대한 악착같은 추구로 특징지어진다고 르페브르는 말한다. 1960년대의 프랑스를 묘사한 이와 같은 현상은 1980년대의 우리나라와 너무도 비슷하다. 19세기의 농민들이 마지못해 가졌을 시골 가구들이 현대 부르주아의 거실을 장식하고 있다고 르페브르가 말했듯이, 지금 서울의 상류층 가정들은 시골 행랑채에나 있었을 투박한 원목가구를 거실의 가장 중심부에 두고 애지중지하고 있다. 골동품이나 옛 양식의 가구에 대한 취미는 단순히 개인적인 여가선용이나 고가품에 대한 취미가 아니라 양식에 대한 노스탤지어, 그리고 일상과의 단절이라는 염원을 담고 있음을 그는 우리에게 깨우쳐 준다.

(마) 또 한편으로는 개인의 행동방식을 뜻하기도 한다. 생활양식이니 행동양식이니 하는 말들이 그것이다. 옛날에는 농부의 옷장에도 양식이 있었으나 지금은 비싼 가구에도 양식이 없다. 형태, 기능, 구조의 어떤 통일성이 양식을 형성하는 것인데, 현대에 와서는 이것들이 분리되거나 마구 뒤섞였다. 대중사회의 부상은 필연적으로 양식의 종말을 고한다. 대중의 수용에 부응하는 대량생산은 기능 이외의 것에 신경을 쓸 여유가 없기 때문이다.

① (가) - (다) - (라) - (마) - (나)
② (가) - (다) - (마) - (라) - (나)
③ (다) - (나) - (가) - (라) - (마)
④ (다) - (마) - (가) - (라) - (나)
⑤ (다) - (마) - (라) - (가) - (나)

[11~12] 다음 글을 읽고 물음에 답하시오.

전통적인 농업에서는 계절적으로 또는 공간적으로 매우 다양한 작물과 품종이 재배되는 윤작(輪作)과 복작(複作)이 주류를 이루었다. 그러나 지난 수십 년에 걸쳐서 점차 한 지역에 대단위로 1년에 한 작물만을 재배하는 단작(單作)이 증대되어 왔다. 단작은 김매기, 파종, 수확 등의 기계화가 용이하고 병충해 방제, 잡초 방제 등 생산 기술의 전문화(專門化)를 쉽게 할 수 있다. 따라서 생산 효율을 높이기 위하여 노동 투입은 줄이고 기술의 투입은 극대화하는 상업적 농업으로 전환되면서 단작이 증가하는 것은 당연한 추세였다. 한편 품종적인 측면에 있어서도 각 지역에 오랫동안 잘 적응해 온 토착 품종들은 사라지고 유전적으로 개량된 소수의 품종들이 들판을 차지하게 되었다. 예를 들면 전 세계적으로 단지 6개 품종이 옥수수 생산량의 70% 이상을 차지하고 있다.

그러나 현대 농업의 단작화와 품종의 단순화는 농경지 생태계를 매우 불안정하게 만들었다. 이처럼 생태계의 다양성이 줄어들면 병, 해충, 기후 변화, 환경 변화 등에 취약해지기 때문에 예기치 못한 막대한 피해를 가져올 수 있다. 이에 대한 예는 매우 많이 찾을 수 있는데 우리나라의 벼농사 경험이 그중 하나이다.

우리나라는 1970년대 초에 통일벼를 육성하고 대대적인 보급을 하여 1976년에는 국민의 염원인 쌀의 자급이 처음으로 이루어졌다. 1978년에는 우리나라 논 전체의 70% 이상에서 통일계 품종이 재배되었다. 통일계 품종이 처음 보급되었을 때에는 우리나라 논농사에서 가장 큰 문제가 되었던 도열병이 발생하지 않았다. 그러나 해가 거듭되고 유전적으로 매우 유사한 통일계 품종들이 점차 늘어나자 새로운 도열병 균계가 생겨나 통일계 품종의 저항성이 무너짐으로써 1973년에 전국적으로 이삭목 도열병이 발생하여 큰 피해를 주었다.

11 윗글에 대한 설명으로 적절하지 않은 것은?

① 작물 재배와 관련된 여러 개념을 제시하고 있다.
② 구체적인 수치를 통해 내용의 객관성을 확보하고 있다.
③ 특정 재배 방식을 비판하며 대안을 제시하고 있다.
④ 과거와 현대의 재배 방식을 대비하여 설명하고 있다.
⑤ 여러 예시 중에서 하나를 선택하여 자세히 설명하고 있다.

12 윗글에 대한 이해로 적절하지 않은 것은?

① '복작'과 '단작'은 서로 대비되는 재배 방식에 해당한다.
② 토착 품종보다는 유전적으로 개량된 소수의 품종들이 현대 농업의 주를 이루고 있다.
③ 농업의 단작화는 생태계의 불안정화를 촉진하는 등의 문제점이 있다.
④ 우리나라는 1970년대에 통일벼를 육성하여 쌀을 자급할 수 있게 되었다.
⑤ 통일계 품종들의 유전적 유사성이 커지면서 도열병에 대한 저항성이 더욱 강화되었다.

13 다음 글에 대한 이해로 적절한 것은?

> 자신들이 살고 있는 환경에 철저하게 적응하고 있는 각 종들은 유용한 과학 지식의 방대한 원천을 제공해 주는 진화의 걸작품이다. 오늘날 살아 있는 종들은 수천 년에서 수백만 년 정도 된 것들이다. 그들의 유전자는 수많은 세대를 거치며 역경을 견뎌 왔기 때문에 그 유전자를 운반하는 유기체의 생존과 번식을 돕기 위해 극도로 복잡한 일련의 생화학적 장치들을 솜씨 있게 작동시킨다.
>
> 이것이 바로 야생종들이 인류가 살 만한 환경을 만들어 줄 뿐만 아니라 우리의 생명 유지를 도와주는 생성물들의 원천이 되는 이유이다. 이러한 산물들 중 적지 않은 부분이 약물에 관한 것들이다. 미국의 약국에서 구할 수 있는 약물의 40% 이상이 원래 식물, 동물, 곰팡이, 미생물 등에서 추출된 것이다. 예를 들어 세계에서 가장 널리 쓰이는 약인 아스피린은 살리실산에서 만들어 낸 것인데, 살리실산은 다시 톱니꼬리조팝나무의 한 종에서 발견된다. 하지만 약으로 쓰일 수 있는 자연 생성물이 들어 있는지 검사된 것은 그 종 중 극히 일부에 지나지 않는다.
>
> 새로운 항생물질과 항말라리아제 발견을 서둘러야 할 필요가 있다. 오늘날 가장 널리 쓰이는 물질들은 질병 유기체가 약에 대한 유전적 저항성을 획득함에 따라 그 효과가 점점 줄어들고 있다. 예를 들어 보편적인 포도상구균 박테리아는 잠재적으로 치명적인 병원체로서 다시 등장했고 폐렴을 일으키는 미생물은 점점 더 위험해지고 있다. 의학 연구자들은 앞으로 더욱 격렬해질 것이 분명한, 빠르게 진화하는 병원체들과의 군비 경쟁에 붙잡혀 있다. 21세기 의학의 새로운 무기를 얻기 위해서는 더 광범위한 야생종들로 관심을 돌려야 한다.

① 인간의 생명 유지에도 도움이 될 수 있기 때문에 유기체의 생존과 번식을 돕는 야생종들의 유전자를 연구해야 한다.

② 유전자 자체의 진화보다 유전자를 작동시키는 생화학적 장치들이 야생종들의 현존에 더 크게 기여했다.

③ 현재 살아남은 종들은 철저하게 환경에 적응한 결과물이므로 인간이 처한 환경 문제와는 무관하다.

④ 인간이 질병 유기체에 대한 유전적 저항성을 획득하게 되었기 때문에 새로운 항생물질과 항말라리아제 발견이 시급하다.

⑤ 의학 연구자들에게 새로운 무기가 필요한 것은 잠재적으로 치명적인 병원체들이 새롭게 등장하기 때문이다.

14 복수 표준어로 인정된 단어들의 짝이 아닌 것은?

① 굽신거리다 – 굽실거리다

② 꺼림직하다 – 꺼림칙하다

③ 남사스럽다 – 남우세스럽다

④ 두루뭉술하다 – 두리뭉실하다

⑤ 야무지다 – 야물딱지다

15 밑줄 친 부분의 띄어쓰기가 옳지 않은 것은?

① 일이 잘 될법하다.

② 오늘은 비가 올 듯도 하다.

③ 이 내용은 기억해둘 만하다.

④ 그녀는 새로 산 옷을 마음에 들어했다.

⑤ 폭우에 마을의 모든 집이 떠내려가 버렸다.

16 밑줄 친 단어의 쓰임이 옳지 않은 것은?

① 생선을 졸인다.

② 고무줄을 늘인다.

③ 안건을 회의에 부치다.

④ 매달 회비가 잘 걷힌다.

⑤ 지금 바쁘니까 이따가 오너라.

17 다음 시에 대한 설명으로 적절하지 않은 것은?

> 순이(順伊) 벌레 우는 고풍(古風)한 뜰에
> 달빛이 밀물처럼 밀려 왔구나.
>
> 달은 나의 뜰에 고요히 앉아 있다.
> 달은 과일보다 향그럽다.
>
> 동해(東海)바다 물처럼
> 푸른
> 가을
> 밤
>
> 포도는 달빛이 스며 고웁다.
> 포도는 달빛을 머금고 익는다.
>
> 순이 포도 넝쿨 밑에 어린 잎새들이
> 달빛에 젖어 호젓하구나.
>
> – 장만영, 「달·포도(葡萄)·잎사귀」 –

① 돈호법의 수사가 확인된다.
② 공감각적 심상을 통해 달빛의 이미지를 표현하고 있다.
③ 직유법을 통해 달빛을 형상화하고 있다.
④ 시적 화자는 가을밤에 동해 바다를 보며 생각에 잠겨 있다.
⑤ 시상 전개의 주요 소재들이 작품의 제목이 된 작품이다.

18 다음 설명을 참고하여 ㉠~㉢에 해당하는 사례들로 바르게 연결한 것은?

> 한글 맞춤법 제30항은 사이시옷과 관련된 조항이다. 순우리말로 된 합성어 또는 순우리말과 한자어가 결합하여 만들어진 합성어에서 앞말이 모음으로 끝날 때에, ㉠ 뒷말의 첫소리가 된소리로 나는 경우, ㉡ 뒷말의 첫소리 'ㄴ, ㅁ' 앞에서 'ㄴ' 소리가 덧나는 경우, ㉢ 뒷말의 첫소리 모음 앞에서 'ㄴㄴ' 소리가 덧나는 경우에 사이시옷을 받쳐 적는다. 이때 뒷말의 첫소리가 거센소리이거나 된소리일 경우에는 사이시옷을 표기하지 않는다.

	㉠	㉡	㉢
①	귓병	잇몸	웃어른
②	덧저고리	툇마루	깻잎
③	돗자리	뒷머리	베갯잇
④	부싯돌	빗물	훗일
⑤	절댓값	도리깻열	가윗일

19 〈보기〉의 밑줄 친 단어 중 한자어에 해당하는 것만을 모두 고르면?

> ───── 〈보 기〉 ─────
> ㉠ 그 사람은 생각이 매우 깊다.
> ㉡ 도대체 네가 하고 싶은 말이 뭐야?
> ㉢ 이제는 어차피 늦었으니 너무 서두르지 맙시다.
> ㉣ 왜 그런 일을 했는지 도무지 짐작이 가지 않는다.
> ㉤ 사과를 수확하는 해의 기후 조건이 중요하다.
> ㉥ 친구는 접시에 밥을 담고 카레 소스를 얹었다.

① ㉠, ㉡, ㉤
② ㉠, ㉢, ㉥
③ ㉡, ㉢, ㉤
④ ㉡, ㉢, ㉥
⑤ ㉢, ㉣, ㉤

20 〈보기〉에 맞는 단어를 순서대로 바르게 연결한 것은?

> ───── 〈보 기〉 ─────
>
> ㉠ 받은 공문을 다른 부서로 다시 보내어 알림 또는 그 공문
>
> ㉡ 헌법상의 조약 체결권자가 조약을 최종적으로 확인, 동의하는 절차
>
> ㉢ 입법부가 법률에 지정된 공무원의 임명과 행정부의 행정 행위를 인정하는 일
>
> ㉣ 윗사람이나 관청 등에 일에 대한 의견이나 사정 따위를 말이나 글로 보고하는 것
>
> ㉤ 납세 의무자의 신고가 없거나 신고액이 너무 적을 때에 정부가 과세 표준과 과세액을 변경하는 일
>
> ㉥ 주로 공사나 용역 따위의 큰 규모의 거래에서 수요자가 물건이나 건축 공사 따위를 공급자에게 주문함

	㉠	㉡	㉢	㉣	㉤	㉥
①	이첩 (移牒)	인준 (認准)	비준 (批准)	상신 (上申)	경정 (更正)	발주 (發注)
②	이첩 (移牒)	비준 (批准)	인준 (認准)	상신 (上申)	경정 (更正)	발주 (發注)
③	이첩 (移牒)	비준 (批准)	인준 (認准)	계고 (啓告)	갱정 (更正)	수주 (受注)
④	통첩 (通牒)	인준 (認准)	비준 (批准)	상신 (上申)	경정 (更正)	발주 (發注)
⑤	통첩 (通牒)	인준 (認准)	비준 (批准)	계고 (啓告)	갱정 (更正)	수주 (受注)

21 다음 작품에 대한 설명으로 적절한 것은?

> 창틀에 동그마니 올라앉은 그는, 등을 한껏 꼬부리고 무릎을 세운 자세 때문에 어린 아이처럼, 혹은 늙은 꼽추처럼 보인다. 어쩌면 표면장력으로 동그랗게 오므라든 한 방울의 수은을 연상시켜 그 자체의 중량으로 도르르 미끄러져 내리지나 않을까 하는 아찔한 의구심을 갖게도 한다. 그러나 창에는 철창이 둘려 있기 때문에 나는 마치 렌즈의 핀을 맞출 때처럼 객관적인 거리를 유지하며 냉정한 눈으로 그를 살필 수 있다.
>
> 그의 살갗 밑을 흐르는 혈액 속에는 표면장력이 있어 그는 늘 그렇게 자신의 표면적을 최소한으로 줄이려는 염원으로 잔뜩 웅크린 채 조심스럽게 살아가고 있는 것 같다. 미안합니다, 아주 죄송스럽군요, 하는 듯한 웃음을 언제든 필요할 때 즉시 내보낼 수 있도록 입 안쪽 어디쯤에 고여두고 있는 것 같기도 하다.
>
> 허공을 정확히 정육각형으로 조각조각 가르고 있는 창살 너머 잔잔히 깔린 비늘구름에 노을빛이 묻어 불그레하게 빛나고 있다. 나는 때때로, 특히 달 밝은 밤 창 바깥쪽에서 잠자리나 초파리의 수많은 겹눈이 안을 들여다보고 있는 듯한 느낌에 잠에서 깨어나 거의 유아적인 공포에 사로잡히곤 한다.
>
> 그는 여전히 웅크린 채 창틀에 앉아 휘익휘익 휘파람을 불고 있다. 바람 때문에 공기의 진동은 내가 있는 곳에 채 닿기도 전에 소리의 형태를 스러뜨리고 사라져버려 나는 그가 어떠한 곡조를 휘파람으로 불고 있는지 알 수 없다.
>
> – 오정희, 「불의 강」에서 –

① '나'의 '냉정한 눈'을 통해 대상의 객관적 이미지를 형상화하고 있다.

② '나'를 통한 1인칭 서술 방식으로 초점화 대상의 심리를 직접적으로 드러내고 있다.

③ 사건을 압축적으로 요약함으로써 전체 서사의 배경을 제시하고 있다.

④ 사건의 서술이 없이 인물의 외양과 시공간에 대한 묘사에 치중하고 있다.

⑤ 작품 속 장면이 '그'를 초점화하는 '나'의 시선이 움직이는 동선에 따라 바뀌고 있다.

22 다음 글에 대한 이해로 적절하지 않은 것은?

> 왜 일반적으로 말은 쉽게 하는 사람이 많지만, 글은 쉽게 써내는 사람이 적은가?
>
> 거기에 말과 글이 같으면서도 다른 점이 존재하는 것이다.
>
> 말과 글이 같으면서 다른 점은 여러 각도에서 발견할 수 있다. 우선 말은 청각에 이해시키는 점, 글은 시각에 이해시키는 점이 다르다. 말은 그 자리, 그 시간에서 사라지지만 글은 공간적으로 널리, 시간적으로 얼마든지 오래 남을 수 있는 것도 다르다. 그러나 여기서 더 중요한 지적이 있다.
>
> 먼저, 글은 말처럼 저절로 알게 되는 것이 아니라 일부러 배워야 글자도 알고, 글 쓰는 법도 알게 된다는 점이다. 말은 외국어가 아닌 이상엔 커가면서 거의 의식적인 노력 없이 배워지고, 의식적으로 연습하지 않아도 날마다 말하는 것이 절로 연습이 된다. 그래서 누구나 자기 생활만큼은 별 걱정 없이 말로 표현하고 있다. 그러나 글은 배워야 알고, 연습해야 잘 쓸 수 있다.
>
> 또 말은 머리도 꼬리도 없이 불쑥 나오는 대로, 한 마디 혹은 한두 마디로 쓰이는 경우가 거의 전부다. 한두 마디만 불쑥 나오더라도 제3자가 이해할 수 있는 환경과 표정과 함께 지껄여지기 때문이다. 연설이나 무슨 행사에서 쓰는 말 외에는 앞에 할 말, 뒤에 할 말을 꼭 꾸며가지고 할 필요가 없다.

① 음성 언어가 청각에 기반하며 순간적으로 사라지는 특성을 지니는 반면 문자 언어는 시각에 기반하며 기록으로 전승된다.

② 말의 형식이 자유로운 것은 말하는 상황과 분위기, 표정과 몸짓 등 비언어적 표현의 효과 때문이기도 하다.

③ 말은 노력하지 않아도 저절로 배울 수 있지만 글은 의식적인 노력이 필요하기 때문에 더 큰 가치를 지닌다.

④ 글은 문자를 습득하고 글의 형식을 익히는 의식적인 노력이 필요하며 연습을 통해 이를 체화해야만 쓸 수 있다.

⑤ 외국어를 배우는 상황에서는 말도 글처럼 의식적인 노력과 연습이 필요할 수 있다.

23 〈보기〉와 관련하여 다음 글을 읽고 추론한 내용으로 적절한 것은?

> (가) 사람에게는 외형의 변화와 행동 발달을 조절하는 호르몬이 있다. 성장기에는 테스토스테론이 얼굴 길이와 눈썹활 돌출 정도를 조절한다. 사춘기에 테스토스테론이 많이 분비될수록 눈썹활이 두드러지며 얼굴이 길어진다. 따라서 남자가 여자보다 눈썹활이 더 두드러지고 얼굴이 약간 더 긴 경향이 있어서 이런 얼굴을 '남성적'이라고 말한다.
>
> (나) 테스토스테론은 사춘기가 시작되게 하고 적혈구 세포를 생성하는 등 우리 몸에서 많은 역할을 담당한다. 하지만 가장 널리 알려진 특성은 공격성과의 관계다. 테스토스테론이 사람의 공격성을 직접적으로 유발하지는 않는다. 일부 동물에게서는 그런 효과가 확인되기도 하지만, 인위적으로 테스토스테론을 주입한다고 해서 그 사람이 더 높은 공격성을 보이는 것은 아니다. 다만 테스토스테론 수치와 다른 호르몬의 상호작용이 공격적 반응을 유발하며, 경쟁 상황에서는 특히 더 큰 효과가 나타나는 듯 보인다.
>
> (다) 스티브 처칠과 그의 학생 밥 케이리는 20만 년 전에서 9만 년 전 사이인 플라이스토세 중기의 두개골 13점, 3만 8,000년 전에서 1만 년 전 사이인 플라이스토세 후기의 두개골 41점을 포함하여 총 1,421점 두개골의 눈썹활 돌출 정도와 얼굴 길이를 분석했다. 양 볼 사이의 거리, 코 상단에서 치아 상단까지의 길이를 측정해 얼굴의 너비와 길이를 분석했고 눈에서 눈썹활까지의 높이로 눈 위 뼈가 얼마나 돌출되어 있는지도 측정했다.
>
> (라) 평균적으로 플라이스토세 후기의 두개골에서 눈썹활 높이가 이전 두개골에 비해 10% 낮아졌다. 또 플라이스토세 후기의 얼굴이 플라이스토세 중기보다 10% 더 짧아지고 5% 더 좁아졌다. 다양한 패턴을 띠면서도 변화는 계속되어 현대 수렵채집인과 농경인에 이르자 플라이스토세 후기 인들의 얼굴보다도 한층 더 동안인 얼굴을 발견할 수 있었다.

〈보 기〉

사람 자기가축화 가설은 자연선택이 공격성이 낮고 다정하게 행동하는 개체들에게 우호적으로 작용하여 우리가 유연하게 협력하고 의사소통할 수 있는 능력을 향상시켰을 것이라고 가정한다. 친화력이 높아질수록 협력적 의사소통 능력이 강화되는 발달 패턴을 보이고 관련 호르몬 수치가 높은 개인들이 세대를 거듭하면서 더욱 성공하게 되었다고 보는 것이다.

① 경쟁 상황에서는 테스토스테론을 주입하는 것만으로도 공격성이 높아진다.

② 사람 자기가축화 가설을 전제할 때 테스토스테론은 친화력을 저해하는 요소로서 이를 감소시키기 위한 노력의 결과가 현생 인류이다.

③ 〈보기〉에서 언급한 '관련 호르몬'이란 (나)의 '다른 호르몬'과 같은 것으로 인간의 성공 욕구를 자극함으로써 발전을 도모하게 한다.

④ 연구자들이 1,421점에 달하는 두개골의 눈썹활 및 얼굴 길이와 폭을 조사한 것은 친화력이 증가하는 인간 진화의 방향을 확인하기 위해서이다.

⑤ (라)의 '동안인 얼굴'은 눈썹활이 낮고 얼굴이 짧고 좁은 여성적인 얼굴을 말하는 것으로 인류의 사회성 발달에 여성호르몬이 필수적인 역할을 했음을 나타낸다.

[24~25] 다음 글을 읽고 물음에 답하시오.

사람을 고용해 대리로 줄을 세우거나 암표를 파는 행동이 잘못일까? 대부분의 경제학자들은 "아니다."라고 말한다. 줄서기의 도덕성에 대해 거의 공감하지 않기 때문이다. 대리로 줄을 세우기 위해 노숙자를 고용하는 경우에, 경제학자는 "도대체 뭐가 불만이죠?"라고 묻는다. 입장권을 자신이 사용하지 않고 다른 사람에게 팔고 싶은 경우에도 그들은 "내가 그렇게 하겠다는데 왜 방해하죠?"라고 묻는다.

자유 시장 체제에서는 재화를 사고 파는 행위에 대해 사회 질서나 도덕성 여부와 상관없이 구매하는 사람이 지불하려는 가격과 판매하는 사람이 원하는 가격이 일치하면 거래가 이루어 진다. 대리 줄서기에 관해 자유 시장 체제를 옹호하는 입장에는 두 가지 주장이 있다. 하나는 개인의 자유 존중에 대한 것이고, 다른 하나는 행복이나 사회적 효용의 극대화에 대한 주장이다. 첫 번째는 자유지상주의의 입장이다. 그들은 타인의 권리를 침범하지 않는 한, 원하는 재화는 무엇이든 자유롭게 사고 팔 수 있어야 한다고 주장한다. 자유지상주의자는 장기 매매 금지법에 반대하는 것과 같은 이유로 암표 매매 금지법에 반대한다. 이러한 법은 성인이 상호 동의에 따라 내린 선택을 방해함으로써 개인의 자유를 침해한다고 믿기 때문이다.

시장을 옹호하는 두 번째 주장은 경제학자에게 좀 더 친숙한 것으로 공리주의자의 입장이다. 공리주의자는 시장에서 거래가 구매자와 판매자에게 똑같이 이익을 제공하고, 결과적으로 집단의 행복이나 사회적 효용을 향상시킨다고 말한다. 돈을 지불한 사람과 돈을 받고 대리로 줄을 선 사람 사이에 거래가 성립했다는 것은 결과적으로 양측이 모두 이익을 얻었다는 뜻이다. 10만 원을 내고 대리로 줄서는 사람을 고용한 사람은 줄을 서지 않고 유명한 뮤지컬을 관람함으로써 틀림없이 행복을 느낀다. 그렇지 않다면 애당초 사람을 고용하지 않았을 것이다. 몇 시간 동안 줄을 서서 10만 원을 번 사람도 행복을 느낀다. 그렇지 않다면 애당초 그 일을 하지 않았을 것이다.

24 윗글을 읽고 추론한 내용으로 적절하지 않은 것은?

① 공리주의의 입장에서 암표 거래가 성사된다면 구매자와 판매자는 모두 행복해지고 효용은 증가한다.

② 자유지상주의자는 암표 매매가 궁극적으로 사회적 효용을 증가시키므로 암표 매매 금지법에 대하여 반대한다.

③ 자유 시장 체제를 옹호하는 주장에 따르면, 줄서기의 본질을 침범했다는 이유로 대리 줄서기를 하는 사람을 비난해서는 안 된다.

④ 자유 시장 체제에서는 사람들이 상호 유리한 방향으로 거래하는 것을 허용함으로써 재화에 가장 높은 가치를 매기는 사람에게 그 재화를 할당하게 된다.

⑤ 자유 시장 체제를 옹호하는 주장에 따르면, 시장에서의 거래는 재화를 가장 많은 대가를 지불하려는 사람에게 돌아가게 만들어 사회적 효용을 증가시킨다.

25 〈보기〉의 입장에서 윗글의 자유지상주의와 공리주의를 비판한 내용으로 적절한 것은?

〈보 기〉

콘서트나 축구 경기를 가장 간절하게 보고 싶어 하는 사람이라도 입장권을 살 만한 경제적 여유가 없을 수 있다. 그리고 어떤 경우에는 최고 가격을 내고 입장권을 손에 넣은 사람이라도 그 경험의 가치를 전혀 높게 평가하지 않을 수도 있다. 오히려 콘서트나 축구 경기에 대한 열망으로 오랜 시간 줄을 서서 어렵게 입장권을 구한 사람이 그 경험에 대한 가치와 만족을 훨씬 높게 평가할 수 있다.

① 재화의 가치를 재화에 대한 경제적 지불 능력이나 합의된 거래만으로 평가하는 것은 불완전하다.

② 재화의 가치는 자유 시장 체제의 수요와 공급에 절대적으로 의존하여 판단해야 한다.

③ 재화의 가치를 판단할 때 재화를 공급하는 판매자의 이익은 중요한 기준이 된다.

④ 재화의 가치를 판단할 때 구매자와 판매자가 모두 행복해지고 경제적 효용이 증가하는 것을 기준으로 삼아야 한다.

⑤ 재화의 경제적 가치는 재화에 대한 개인적 관심과 성향, 거래 경험에 대한 가치와 만족감에 의하여 정해진다.

국어 | 2023년 법원직 9급

모바일 OMR

✔ 회독 CHECK 1 2 3

[01~03] 다음 글을 읽고 물음에 답하시오.

　　우리는 거짓이 사실을 압도하는 사회에서 살고 있다. 사실에 사회적 맥락이 더해진 진실도 자연스레 설 자리를 잃었다. 2016년에 옥스퍼드 사전은 세계의 단어로 '탈진실'을 선정하며 탈진실화가 국지적 현상이 아니라 세계적으로 나타나는 시대적 특성이라고 진단했다. 탈진실의 시대가 시작된 것을 반증하기라도 하듯 '가짜 뉴스'가 사회적 논란거리로 떠올랐다.

　　가짜 뉴스의 정의와 범위에 대해선 의견이 여러 갈래로 나뉜다. 언론사의 오보에서부터 인터넷 루머까지 가짜 뉴스는 넓은 스펙트럼 안에서 혼란스럽게 사용되고 있다. 전문가들은 가짜 뉴스의 기준을 정하고 범위를 좁히지 않으면 비생산적인 논란만 가중될 수밖에 없다고 지적한다. 2017년 2월 한국언론학회와 한국언론진흥재단이 주최한 세미나에서는 가짜 뉴스를 '정치적·경제적 이익을 위해 의도적으로 언론 보도의 형식을 하고 유포된 거짓 정보'라고 정의하였다.

　　가짜 뉴스의 역사는 인류 커뮤니케이션의 역사만큼이나 길다. 백제 무왕이 지은 「서동요」는 선화 공주와 결혼하기 위해 그가 거짓 정보를 노래로 만든 가짜 뉴스였다. 1923년 관동 대지진이 났을 때 일본 내무성이 조선인에 대해 악의적으로 허위 정보를 퍼뜨린 일은 가짜 뉴스가 잔인한 학살로 이어진 사건이다. 이처럼 역사 속에서 늘 반복된 가짜 뉴스가 뜨거운 감자로 떠오른 것은 새삼스러운 것처럼 보이지만, 최근 일어나는 가짜 뉴스 현상을 돌아보면 이전의 사례와는 확연히 다른 점을 발견할 수 있다.

　　'21세기형 가짜 뉴스'의 특징은 논란의 중심에 글로벌 IT 기업이 있다는 점이다. 가짜 뉴스는 더 이상 동요나 입소문을 통해 퍼지지 않는다. 누구나 쉽게 이용하는 매체에 '정식 기사'의 얼굴을 하고 나타난다. 감쪽같이 변장한 가짜 뉴스들은 대중이 뉴스를 접하는 채널이 신문·방송 같은 전통적 매체에서 포털, SNS 등의 디지털 매체로 옮겨 가면서 쉽게 유통되고 확산된다.

　　㉠ 가짜 뉴스를 생산하는 이유는 '돈'이다. 뉴스와 관련된 돈은 대부분 광고에서 발생한다. 모든 광고는 광고 중개 서비스를 통하는데, 광고주가 중개업체에 돈을 지불하면 중개업체는 금액에 따라 광고를 배치한다. 높은 조회수가 나오는 사이트일수록 높은 금액의 광고를 배치하는 식이다. 뉴스가 범람하는 상황에서 이용자는 선택과 집중을 할 수밖에 없다. 그 때문에 눈길을 끄는 뉴스가 잘 팔리는 뉴스가 된다. 가짜 뉴스는 선택받을 수 있는 조건을 정확히 알고 대중을 치밀하게 속인다. 어떤 식으로든 눈에 띄고 선택받아 '돈'이 되기 위해 비윤리적이어도 개의치 않고 자극적인 요소들을 자연스럽게 포함한다. 과정이야 어떻든 이윤만 내면 성공이기 때문이다. 이런 이유로 가짜 뉴스는 혐오나 선동과 같은 자극적 요소를 담게 되고, 이렇게 만들어진 가짜 뉴스는 사회 구성원들의 통합을 방해하고 극단주의를 초래한다.

01 ㉠으로 인해 발생할 수 있는 사회적 문제로 가장 적절한 것은?

① 광고주와 중개업체 사이에 위계 관계가 발생한다.

② 소비자가 선택과 집중을 통해 뉴스를 소비하게 된다.

③ 혐오와 선동을 담은 뉴스로 인해 극단주의가 발생한다.

④ 소비자가 높은 금액을 주고 읽어야 하는 가짜 뉴스가 생산된다.

02 윗글에 대한 설명으로 가장 적절하지 않은 것은?

① 가짜 뉴스의 기준과 범위를 정하기 어려운 이유를 제시하고 있다.

② 전문성을 가진 단체가 주최한 세미나에서 정의한 가짜 뉴스의 개념을 제시하고 있다.

③ 가짜 뉴스가 논란거리로 떠오르게 된 시대의 특성을 제시하고 있다.

④ 사용 매체의 변화로 인해 발생한 가짜 뉴스의 특징을 제시하고 있다.

03 윗글을 읽고 나눈 대화로 가장 적절한 것은?

① 가짜 뉴스는 현재에도 입소문을 통해서 주로 전파되고 있어.

② 탈진실화는 아직까진 특정 국가에 한정된 일이라고 볼 수 있겠어.

③ 과거에 가짜 뉴스로 인해 많은 사람이 실제로 사망하는 사건이 벌어지기도 했었어.

④ 가짜 뉴스 현상은 과거부터 반복되어온 만큼 과거와 현재 서로 다른 점이 존재하지 않아.

04 〈보기〉의 ㉠과 ㉡을 모두 충족하는 예로 가장 적절한 것은?

──── 〈보 기〉 ────

파생어는 어근에 파생접사가 결합하여 만들어진다. 이때 접사가 어근의 앞에 결합하는 경우도 있고, ㉠ 접사가 어근의 뒤에 결합하는 경우도 있다. 또한 어근에 파생접사가 결합하여 새로운 단어가 형성될 때 ㉡ 어근의 품사가 바뀌는 경우도 있고, 바뀌지 않는 경우도 있다.

① 오늘따라 저녁노을이 유난히 새빨갛다.

② 아군의 사기를 높여야 승산이 있습니다.

③ 무엇보다 그 책은 쉽고 재미있게 읽힌다.

④ 나는 천천히 달리기가 더 어렵다.

05 ㉠~㉢ 중 〈보기〉의 밑줄 친 부분에 해당하지 않는 것은?

──── 〈보 기〉 ────

높임 표현은 높임의 대상에 따라 주체 높임, 객체 높임, 상대 높임으로 나눌 수 있다. 이 중 객체 높임은 목적어나 부사어가 나타내는 대상, 즉 서술의 객체를 높이는 방법으로 주로 특수 어휘나 부사격 조사 '께'에 의해 실현된다.

지우: 민주야, 너 내일 뭐 할 거니?

민주: 응, 내일 할머니 생신이라서 할머니 ㉠ 모시고 영화관에 가기로 했어.

지우: 와, 오랜만에 할머니도 뵙고 좋겠다.

민주: 응, 그렇지. 오늘은 할머니께 편지도 써야 할 것 같아.

지우: ㉡ 할머니께 드릴 선물은 샀어?

민주: 응, 안 그래도 할머니가 허리가 아프셔서 엄마가 안마의자를 사서 ㉢ 드린대. 나는 용돈을 조금 보태기로 했어.

지우: 아, 할머니께서 ㉣ 편찮으셨구나.

① ㉠

② ㉡

③ ㉢

④ ㉣

[06~08] 다음 글을 읽고 물음에 답하시오.

(가)

시원한 여름 저녁이었다.

바람이 불고 시커먼 구름 떼가 서편으로 몰려 달리고 있었다. 그 구름이 몰려 쌓이는 먼 서편 하늘 끝에선 이따금 칼날 같은 번갯불이 번쩍이곤 했다. 이편 하늘의 별들은 구름 사이사이에서 이상스레 파릇파릇 빛났다. 달은 구름 더미를 요리조리 헤치고 빠져나왔다가는, 새로 몰려오는 구름 더미에 애처롭게도 휘감기곤 했다. 집집의 지붕들은 깊숙하고도 싸늘한 빛으로 물들고, 대기에는 차가운 물기가 돌았다.

땅 위엔 무언지 불길한 느낌이 들도록 차단한 정적이 흘렀다. 철과 나는 베란다 위에 앉아 있었다. 막연한 원시적인 공포감 같은 소심한 느낌에 사로잡혀 무한정 묵묵히 앉아 있었다. 철은 먼 하늘가에 시선을 준 채 연방 담배를 피웠다. 이렇게 한동안 말없이 앉았다가 철은 문득 다음과 같은 얘기를 들려주었다.

(나)

형은 스물일곱 살이었고 동생은 스물두 살이었다.

형은 둔감했고 위태위태하도록 솔직했고, 결국 조금 모자란 사람이었다.

해방 이듬해 삼팔선을 넘어올 때 모두 긴장해서 숨도 제대로 쉬지 못하는 판에 큰 소리로,

"야하, 이기 바루 그 삼팔선이구나이, 야하."

이래 놔서 일행 모두의 간담을 서늘하게 한 일이 있었다. 아버지는 그때도 형을 쥐어박았고, 형은 엉엉 울었고, 어머니도 찔끔찔끔 울었다. 아버지는 애초부터 이 형을 단념하고 있었고, 어머니는 불쌍해서 이따금씩 찔끔거리곤 했다.

물론 평소에 동생에 대한 형으로서의 체모나 위신 같은 것도 전혀 신경을 쓰지 않아서, 이미 철들자부터 형을 대하는 동생의 눈언저리와 입가엔 늘 쓴웃음 같은 것이 어리어 있었으니, 하얀 살갗의 여윈 얼굴에 이 쓴웃음은 동생의 오연한 성미와 잘 어울려 있었다.

어머니는 형에 대한 아버지의 단념이나 동생의 이런 투가 더 서러웠는지도 몰랐다. 그러나 형은 아버지나 어머니나 동생의 표정에 구애 없이 하루하루가 그저 천하태평이었다.

사변이 일어나자 형제가 다 군인의 몸이 됐다.

1951년 가을, 제각기 북의 포로로 잡혀 북쪽 후방으로

인계돼 가다가 둘은 더럭 만났다. 해가 질 무렵, 무너진 통천(通川)읍 거리에서였다.

형은 대뜸 울음보를 터뜨렸다. 펄렁한 야전잠바에 맨머리 바람이었고, 털럭털럭한 군화를 끌고 있었다.

동생도 한순간은 흠칫했으나, 형이 울음을 터뜨리자 난처한 듯 살그머니 외면을 했다. 형에 비해선 주제가 조금 깔끔해서 산뜻한 초록색 군 작업복 차림이었다.

(다)

동생의 눈에선 다시 눈물이 비어져 나왔다.

형은 별안간 두 눈이 휘둥그레져서 동생의 얼굴을 멀끔히 마주 쳐다보더니,

"왜 우니, 왜 울어, 왜, 왜, 어서 그치지 못하겠니." 하면서도 도리어 제 편에서 또 울음을 터뜨리고 있었다.

이튿날, 형의 걸음걸이는 눈에 띄게 절름거렸다. 혼잣소리도 풀이 없었다.

"그만큼 걸었음 무던히 왔구만서두. 에에이, 이젠 좀 그만 걷지털, 무던히 걸었구만서두."

하고는 주위의 경비병들을 흘끔 곁눈질해 보았다. 경비병들은 물론 알은체도 안 했다. 바뀐 사람들은 꽤나 사나운 패들이었다.

그날 밤 형은 동생을 향해 쓸쓸하게 웃기만 했다.

"칠성아, 너 집에 가거든 말이다, 집에 가거든……."

하고는 또 무슨 생각이 났는지 벌쭉 웃으면서,

"히히, 내가 무슨 소릴 허니. 네가 집에 갈 땐 나두 갈 텐데, 앙 그러니? 내가 정신이 빠졌어."

(라)

한참 뒤엔 또 동생의 어깨를 그러안으면서,

"야, 칠성아!"

동생의 얼굴을 똑바로 마주 쳐다보기만 했다.

바깥은 바람이 세었다. 거적문이 습기 어린 소리를 내며 열리고 닫히곤 하였다. 문이 열릴 때마다 눈 덮인 초라한 들판이 부유스름하게 아득히 뻗었다.

동생의 눈에선 또 눈물이 비어져 나왔다.

형은 또 벌컥 성을 내며,

"왜 우니, 왜? 흐흐흐."

하고 제 편에서 더 더 울었다.

며칠이 지날수록 형의 걸음은 더 절룩거려졌다. 행렬 속에서도 별로 혼잣소릴 지껄이지 않았다. 평소의 형답지 않게 꽤나 조심스런 낯색이었다. 둘레를 두리번거리며 **경비병의 눈치를 흘끔거리기만** 했다. 이젠 밤에도 동생의 귀에

다 입을 대고 이것저것 지껄이지 않았다. 그러나 먼 개 짖는 소리 같은 것에는 여전히 흠칫흠칫 놀라곤 했다. 동생은 또 참다못해 눈물을 흘렸다. 그러나 형은 왜 우느냐고 화를 내지도 않고 울음을 터뜨리지도 않았다. 동생은 이런 형이 서러워 더 더 흐느꼈다.

(마)

그날 밤, 바깥엔 함박눈이 내렸다.

형은 불현듯 동생의 귀에다 입을 댔다.

"너, 무슨 일이 생겨두 날 **형이라구 글지 마라**, 어엉"

여느 때답지 않게 숙성한 사람 같은 억양이었다.

"울지두 말구 모르는 체만 해, 꼭."

동생은 부러 큰 소리로,

"야하, 눈이 내린다."

형이 지껄일 소리를 자기가 지금 대신하고 있다고 생각했다.

"……."

그러나 이미 형은 그저 꾹 하니 굳은 표정이었다.

동생은 안타까워 또 울었다. 형을 그러안고 귀에다 입을 대고,

"형아, 형아, 정신 차려."

이튿날, 한낮이 기울어서 어느 영 기슭에 다다르자, 형은 동생의 허벅다리를 쿡 찌르고는 걷던 자리에 털썩 주저앉고 말았다.

형의 걸음걸이를 주의해 보아 오던 한 사람이 뒤에서 **따발총을 휘둘러 쏘**았다.

형은 앉은 채 앞으로 꼬꾸라졌다. 그 사람은 총을 어깨에 둘러메면서,

"메칠을 더 살겠다구 뻐득대? 뻐득대길."

– 이호철, 「나상」 –

06 윗글에 대한 다음 설명 중 가장 적절한 것은?

① 인물의 성격을 상세하게 설명하며 희화화하고 있다.
② 이야기를 외부와 내부로 구성하여 주제를 전달하고 있다.
③ 등장인물의 내적 독백과 갈등을 통해 사건을 전개하고 있다.
④ 사건들을 병렬적으로 제시해 사건을 입체적으로 전달하고 있다.

07 〈보기〉를 참고하여 윗글을 감상한 것으로 가장 적절하지 않은 것은?

〈보 기〉

'나상'은 벌거벗은 모습이라는 뜻으로, 순수한 인간 본연의 모습을 간직한 상태를 말한다. 이 소설은 전쟁 중 포로 호송이라는 상황을 빌려 구성원을 획일화하는 사회에 대해 우회적으로 비판하고 있다. 자유를 억압하는 외부의 감시, 전쟁의 폭력성에 의해 희생되는 개인의 모습을 통해 전쟁 상황에서 근원적인 인간성의 소중함을 전달하고 있다.

① 모자라지만 '둔감하고 위태위태하도록 솔직했'던 형은 순수한 인간 본연의 모습을 간직한 인물로 볼 수 있겠군.
② 형이 '경비병의 눈치를 흘끔거리기만'하는 모습에서 개인의 자유를 억압하는 외부의 감시가 존재함을 확인할 수 있겠군.
③ '형이라구 글지 마라'고 말하는 것은 구성원을 획일화하는 사회에 대한 비판적 인식을 드러낸 것으로 볼 수 있겠군.
④ 한 사람이 '따발총을 휘둘러 쏘'는 장면에서 전쟁의 폭력성과 근원적인 인간성 상실의 모습을 확인할 수 있겠군.

08 글에 대한 이해로 가장 적절하지 않은 것은?

① '형'은 모두가 긴장한 상황임을 알고 본인도 긴장하여 아무 소리도 내지 못했다.
② '동생'의 울음을 본 '형'은 울지 말라고 하면서 본인도 울음을 터뜨리고 있다.
③ 시간이 지나 '동생'의 귀에 어떤 말도 하지 않는 '형'의 모습을 보며 '동생'은 서러워했다.
④ '형'은 평소와는 다른 억양으로 '동생'에게 자신을 모른 체하라고 했다.

[09~11] 다음 글을 읽고 물음에 답하시오.

(가)
가시리 가시리잇고 나는
ᄇ리고 가시리잇고 나는
　　위 증즐가 大平盛代(대평셩디)

날러는 엇디 살라 ᄒ고
ᄇ리고 가시리잇고 나는
　　위 증즐가 大平盛代(대평셩디)

잡ᄉ와 두어리마ᄂᆞᆫ
㉠ 선ᄒ면 아니 올셰라
　　위 증즐가 大平盛代(대평셩디)

㉡ 셜온 님 보내ᄋᆞᆸ노니 나는
가시ᄂᆞᆫ 듯 도셔 오쇼셔 나는
　　위 증즐가 大平盛代(대평셩디)

－ 작자 미상, 「가시리」 －

(나)
나 보기가 역겨워
가실 때에는
말없이 고이 보내 드리우리다.

영변(寧邊)에 약산(藥山)
㉢ 진달래꽃
아름 따다 가실 길에 뿌리우리다.

가시는 걸음걸음
놓인 그 꽃을
사뿐히 즈려밟고 가시옵소서.

나 보기가 역겨워
가실 때에는
㉣ 죽어도 아니 눈물 흘리우리다.

－ 김소월, 「진달래꽃」 －

09 (가)와 (나)의 공통점으로 가장 적절한 것은?

① 임과의 재회를 희망하는 화자의 의지가 드러나고 있다.
② 구체적인 지명을 통해 이별의 상황을 구체화하고 있다.
③ 이별 상황에 대한 체념과 화자의 자기 희생적 태도가 드러나고 있다.
④ 이별의 원인을 외부에서 찾음으로써 임에 대한 원망을 드러내고 있다.

10 ㉠~㉣에 대해 나눈 대화로 가장 적절하지 않은 것은?

① ㉠에선 화자가 임을 떠나보내는 이유가 드러나며 서러움을 절제하는 화자의 모습이 느껴져.
② ㉡에서 '셜온'의 주체를 화자로 본다면 임 역시 이별 상황을 아쉬워하고 있음을 알 수 있군.
③ ㉢은 임을 향한 변함없는 사랑을 상징하는 소재로, 화자의 분신으로도 볼 수 있겠군.
④ ㉣은 인고의 자세가 드러나는 부분으로 이별 상황에 대한 화자의 슬픔을 반어적으로 강조하고 있군.

11 (가)와 (나)의 형식상의 특징에 대한 설명으로 가장 적절한 것은?

① (가)는 (나)와 달리 수미 상관의 형식을 보이고 있다.
② (나)는 (가)와 달리 시어의 반복을 통해 운율을 형성하고 있다.
③ (가)와 (나) 모두 전통적인 3 · 3 · 2조의 3음보 율격을 보이고 있다.
④ (가)와 (나) 모두 기－승－전－결의 4단 구성을 통해 시상을 전개하고 있다.

[12~15] 다음 글을 읽고 물음에 답하시오.

(가)

구두 닦는 사람을 보면
그 사람의 손을 보면
구두 끝을 보면
㉠ 검은 것에서도 빛이 난다.
흰 것만이 빛나는 것은 아니다.

창문 닦는 사람을 보면
그 사람의 손을 보면
창문 끝을 보면
㉡ 비누 거품 속에서도 빛이 난다.
맑은 것만이 빛나는 것은 아니다.

청소하는 사람을 보면
그 사람의 손을 보면
길 끝을 보면
㉢ 쓰레기 속에서도 빛이 난다.
깨끗한 것만이 빛나는 것은 아니다.

마음 닦는 사람을 보면
그 사람의 손을 보면
마음 끝을 보면
보이지 않는 것에서도 빛이 난다.
㉣ 보이는 빛만이 빛은 아니다.
닦는 것은 빛을 내는 일

성자가 된 청소부는
청소를 하면서도 성자이며
성자이면서도 청소를 한다.

— 천양희, 「그 사람의 손을 보면」 —

(나)

왜 나는 조그마한 일에만 분개하는가
저 왕궁 대신에 왕궁의 음탕 대신에
50원짜리 갈비가 기름 덩어리만 나왔다고 분개하고
옹졸하게 분개하고 설렁탕집 돼지 같은 주인 년한테 욕
을 하고
옹졸하게 욕을 하고

한번 정정당당하게
붙잡혀 간 소설가를 위해서
언론의 자유를 요구하고 월남 파병에 반대하는
자유를 이행하지 못하고
20원을 받으러 세 번씩 네 번씩
찾아오는 야경꾼들만 증오하고 있는가

옹졸한 나의 전통은 유구하고 이제 내 앞에 정서(情緒)
로 가로놓여 있다
이를테면 이런 일이 있었다
부산에 포로수용소의 제14야전병원에 있을 때
정보원이 너스들과 스펀지를 만들고 거즈를
개키고 있는 나를 보고 포로 경찰이 되지 않는다고
남자가 뭐 이런 일을 하고 있느냐고 놀린 일이 있었다
너스들 옆에서

지금도 내가 반항하고 있는 것은 이 스펀지 만들기와
거즈 접고 있는 일과 조금도 다름없다
개의 울음소리를 듣고 그 비명에 지고
머리에 피도 안 마른 애놈의 투정에 진다
떨어지는 은행나무 잎도 내가 밟고 가는 가시밭

아무래도 나는 비켜서 있다 ⓐ 절정 위에는 서 있지
않고 암만해도 조금쯤 옆으로 비켜서 있다
그리고 조금쯤 옆에 서 있는 것이 조금쯤
비겁한 것이라고 알고 있다!

그러니까 이렇게 옹졸하게 반항한다
이발쟁이에게
땅 주인에게는 못하고 이발쟁이에게
구청 직원에게는 못하고 동회 직원에게도 못하고
야경꾼에게 20원 때문에 10원 때문에 1원 때문에
우습지 않으냐 1원 때문에

모래야 나는 얼마큼 작으냐
바람아 먼지야 풀아 나는 얼마큼 작으냐
정말 얼마큼 작으냐……

— 김수영, 「어느 날 고궁을 나오면서」 —

12 (가)의 ㉠~㉣ 중 〈보기〉의 밑줄 친 ㉮와 성격이 가장 다른 것은?

――――――――〈보 기〉――――――――

텔레비전을 끄자
㉮ 풀벌레 소리
어둠과 함께 방안 가득 들어온다
어둠 속에서 들으니 벌레 소리들 환하다
별빛이 묻어 더 낭랑하다
귀뚜라미나 여치 같은 큰 울음 사이에는
너무 작아 들리지 않는 소리도 있다
그 풀벌레들의 작은 귀를 생각한다
내 귀에는 들리지 않는 소리들이 드나드는
까맣고 좁은 통로들을 생각한다
그 통로의 끝에 두근거리며 매달린
여린 마음들을 생각한다
발뒤꿈치처럼 두꺼운 내 귀에 부딪쳤다가
되돌아간 소리들을 생각한다
브라운관이 뿜어낸 현란한 빛이
내 눈과 귀를 두껍게 채우는 동안
그 울음소리들은 수 없이 나에게 왔다가
너무 단단한 벽에 놀라 되돌아갔을 것이다
하루살이처럼 전등에 부딪쳤다가
바닥에 새카맣게 떨어졌을 것이다
크게 밤공기를 들이쉬니
허파 속으로 그 소리들이 들어온다
허파도 별빛이 묻어 조금은 환해진다

① ㉠　　　　　　　　　② ㉡
③ ㉢　　　　　　　　　④ ㉣

13 (나)에 대한 이해로 가장 적절하지 않은 것은?

① 화자는 일상적 경험들을 나열하여 삶을 성찰하고 있어.
② 화자는 비속어 사용을 통해 자신의 속된 모습을 솔직하게 노출하고 있어.
③ 화자는 과거로부터 지속된 옹졸한 태도가 체질화되었음을 고백하고 있어.
④ 화자는 미비한 자연물과의 대비를 통해 자신의 왜소함을 극복하고 있어.

14 (가)와 (나)의 공통점으로 가장 적절하지 않은 것은?

① 대조적 의미의 시구를 제시하여 시상을 전개하고 있다.
② 일상적 시어를 사용하여 시적 정황을 드러내고 있다.
③ 유사한 문장구조의 반복을 통해 운율을 형성하고 있다.
④ 역설적 인식을 통해 대상에 대한 화자의 태도를 드러낸다.

15 (나)의 ⓐ의 삶을 구현하고 있는 인물로 가장 보기 어려운 경우는?

① 악덕 기업의 제품 불매 운동에 참여하고 있는 중학생
② 불합리한 외교조약에 대해 반대시위를 벌이는 시민
③ 자신에게 불리한 인사 평가 제도에 대해 불평하는 회사원
④ 대기업의 노동 착취에 대해 비판적 논조의 기사를 쓴 기자

16 〈보기 1〉을 바탕으로 〈보기 2〉를 탐구한 내용으로 가장 적절하지 <u>않은</u> 것은?

― 〈보기 1〉 ―

ⓐ 시제 선어말 어미 없이 과거 시제를 표현하는 경우가 있었음

ⓑ 서술어의 주체를 높이는 방법 중 하나로 선어말 어미를 사용하였음

ⓒ 현대 국어에서 두음 법칙의 적용을 받는 단어들이 두음 법칙의 적용을 받지 않았음

ⓓ 특정 부류의 모음이 같이 나타나는 모음조화 현상이 엄격히 지켜졌음

ⓔ 주어의 인칭에 따라 의문형 어미가 달리 나타나는 경우가 있었음

― 〈보기 2〉 ―

ⓐ 남기 새 닢 나니이다
[나무에 새 잎이 났습니다.]

ⓑ 이 사르미 내 닐온 뜨들 아느녀
[이 사람이 내가 이른 뜻을 아느냐?]

ⓒ 大王이 出슈ᄒ샤디 뉘 바르래 드러가려 ᄒᄂ뇨
[대왕이 출령하시되 "누가 바다에 들어가려 하느냐?"]

① ⓐ의 '나니이다'에서 ㉠을 확인할 수 있군.

② ⓒ의 '出슈ᄒ샤디'에서 ㉡을 확인할 수 있군.

③ ⓑ의 '닐온'에서 ㉢을, '뜨들'에서 ㉣을 확인할 수 있군.

④ ⓑ의 '아ᄂ녀'와 ⓒ의 'ᄒᄂ뇨'에서 ㉤을 확인할 수 있군.

[17~19] 다음 글을 읽고 물음에 답하시오.

(가)
임이여 강을 건너지 마오 公無渡河
임은 마침내 강을 건너는구료 公竟渡河
물에 빠져 죽으니 墮河而死
㉠ 이 내 임을 어이할꼬 當奈公何

― 작자 미상, 「공무도하가」 ―

(나)
고인(古人)도 날 못 보고 나도 고인 못 뵈
고인을 못 봐도 녀든 길 알픠 잇너
녀든 길 알픠 잇거든 아니 녀고 엇졀고

― 이황, 「도산십이곡」 ―

(다)
　한숨아 셰 한숨아 네 어늬 틈으로 드러온다
　고모장ᄌ 셰살장ᄌ 가로다지 여다지에 암돌져귀 수돌져귀 비목걸새 뚝닥 박고 용(龍) 거북 ᄌ물쇠로 수기수기 ᄎ엿ᄂ디 병풍(屛風)이라 덜걱 져븐 족자(簇子) l 라 ᄃᄃ글 ᄆ다네 어늬 틈으로 드러온다
　어인지 너 온 날 밤이면 좀 못 드러 ᄒ노라

― 작자 미상 ―

17 (가)~(다)의 공통점으로 가장 적절한 것은?

① 과장적 표현을 통해 화자의 처지를 드러내고 있다.

② 의문형 진술을 활용하여 화자의 정서를 드러내고 있다.

③ 유사한 문장구조의 반복을 통해 시적 의미를 강조하고 있다.

④ 반어적 표현을 통해 시적 상황을 거부하는 화자를 표현하고 있다.

18 (가)의 밑줄 친 ㉠과 가장 유사한 정서가 드러나는 것은?

① 혹시나 하고 나는 밖을 기웃거린다 / 나는 풀이 죽는다 / 빗발은 한 치 앞을 못 보게 한다 / 왠지 느닷없이 그렇게 퍼붓는다 / 지금은 어쩔 수가 없다고
　　　　　　　　　　　　　　　　　　　　　　－ 김춘수, 「강우」

② 겨울 되자 온 세상 수북이 눈은 내려 / 저마다 하얗게 하얗게 분장하지만 / 나는 / 빈 가지 끝에 홀로 앉아 / 말없이 / 먼 지평선을 응시하는 한 마리 / 검은 까마귀가 되리라
　　　　　　　　　　　　　　　　　　　　　　－ 오세영, 「자화상 2」

③ 그런 사람들이 / 이 세상에서 알파이고 / 고귀한 인류이고 / 영원한 광명이고 다름 아닌 시인이라고
　　　　　　　　　　　　　　　　　　　－ 김종삼, 「누군가 나에게 물었다」

④ 동방은 하늘도 다 끝나고 / 비 한 방울 내리잖는 그때에도 / 오히려 꽃은 빨갛게 피지 않는가 / 내 목숨을 꾸며 쉬임 없는 날이여
　　　　　　　　　　　　　　　　　　　　　　－ 이육사, 「꽃」

19 (나)와 (다)의 형식적 특징에 대한 설명으로 가장 적절하지 않은 것은?

① (나)는 각 장이 4음보의 전통적인 율격으로 되어 있다.

② (다)는 중장이 다른 장에 비해 현저히 길어진 구성을 취하고 있다.

③ (나)와 (다)는 모두 초장, 중장, 종장의 3장 구성으로 되어 있다.

④ (다)는 (나)와 달리 종장의 첫 음보 음절 수가 지켜지지 않고 있다.

[20~22] 다음 글을 읽고 물음에 답하시오.

'수오재(守吾齋)*'라는 이름은 큰형님이 자기 집에 붙인 이름이다. 나는 처음에 이 이름을 듣고 이상하게 생각했다.

"나와 굳게 맺어져 있어 서로 떨어질 수 없는 사물 가운데 나[吾]보다 더 절실한 것은 없다. 그러니 굳이 지키지 않아도 어디로 가겠는가. 이상한 이름이다."

내가 장기로 귀양 온 뒤에 혼자 지내면서 곰곰이 생각해 보다가, 하루는 갑자기 이 의문점에 대해 해답을 얻게 되었다. 나는 벌떡 일어나서 말했다.

"천하 만물 가운데 지킬 것은 하나도 없지만, 오직 나[吾]만은 지켜야 한다. 내 밭을 지고 달아날 자가 있는가. 밭은 지킬 필요가 없다. 내 집을 지고 달아날 자가 있는가. 집도 지킬 필요가 없다. 내 정원의 여러 가지 꽃나무나 과일나무들을 뽑아 갈 자가 있는가. 그 뿌리는 땅속에 깊이 박혔다. 내 책을 훔쳐 없앨 자가 있는가. 성현의 경전이 세상에 퍼져 물이나 불처럼 흔한데, 누가 감히 없앨 수 있겠는가. 내 옷이나 양식을 훔쳐서 나를 옹색하게 하겠는가. 천하에 있는 실이 모두 내가 입을 옷이며, 천하에 있는 곡식이 모두 내가 먹을 양식이다. 도둑이 비록 훔쳐 간대야 한두 개에 지나지 않을 테니, 천하의 모든 옷과 곡식을 없앨 수 있겠는가. 그러니 천하 만물은 모두 지킬 필요가 없다.

그런데 오직 ㉠ 나[吾]라는 것만이 잘 달아나서, 드나드는 데 일정한 법칙이 없다. 아주 친밀하게 붙어 있어서 서로 배반하지 못할 것 같다가도, 잠시 살피지 않으면 어디든지 못 가는 곳이 없다. 이익으로 꾀면 떠나가고, 위험과 재앙이 겁을 주어도 떠나간다. 마음을 울리는 아름다운 음악 소리만 들어도 떠나가며, 눈썹이 새까맣고 이가 하얀 미인의 요염한 모습만 보아도 떠나간다. 한 번 가면 돌아올 줄을 몰라서, 붙잡아 만류할 수가 없다. 그러니 천하에 나[吾]보다 더 잃어버리기 쉬운 것은 없다. 어찌 실과 끈으로 묶고 빗장과 자물쇠로 잠가서 나를 굳게 지키지 않겠는가."

나는 나를 잘못 간직했다가 잃어버렸던 자다. 어렸을 때 과거가 좋게 보여서, 10년 동안이나 과거 공부에 빠져들었다. 그러다가 결국 처지가 바뀌어 조정에 나아가 검은 사모관대*에 비단 도포를 입고, 12년 동안이나 대낮에 미친 듯이 큰길을 뛰어다녔다. 그러다가 또 처지가 바뀌어 한강을 건너고 문경 새재를 넘게 되었다. 친척과 조상의 무덤을 버리고 곧바로 아득한 바닷가의 대나무 숲에 달려와서야 멈추게 되었다. 이때에는 나[吾]에게 물었다.

"너는 무엇 때문에 여기까지 왔느냐? 여우나 도깨비에게 흘려서 끌려왔느냐? 아니면 바다 귀신이 불러서 왔는가? 네 가정과 고향이 모두 초천에 있는데, 왜 그 본바닥으로 돌아가지 않느냐?"

그러나 나[吾]는 끝내 멍하니 움직이지 않으며 돌아갈 줄을 몰랐다. 얼굴빛을 보니 마치 얽매인 곳에 있어서 돌아가고 싶어도 돌아가지 못하는 것 같았다. 그래서 결국 붙잡아 이곳에 함께 머물렀다. 이때 둘째 형님도 나[吾]를 잃고 나를 쫓아 남해 지방으로 왔는데, 역시 나[吾]를 붙잡아서 그곳에 함께 머물렀다.

오직 내 큰형님만 나[吾]를 잃지 않고 편안히 단정하게 수오재에 앉아 계시니, 본디부터 지키는 것이 있어서 나[吾]를 잃지 않았기 때문이 아니겠는가. 이게 바로 큰형님이 그 거실에 수오재라고 이름 붙인 까닭일 것이다. 큰형님은 언제나 말씀하셨다.

"아버님께서 내게 태현(太玄)이라고 자를 지어 주셔서, 나는 오로지 내 태현을 지키려고 했다네. 그래서 내 거실에다가 그렇게 이름을 붙인 거지."

하지만 이것은 핑계다. 맹자가 말씀하시기를 "무엇을 지키는 것이 큰가? 몸을 지키는 것이 크다."라고 했으니, 이 말씀이 진실이다. 내가 스스로 말한 내용을 써서 큰형님께 보이고, 수오재의 기로 삼는다.

－ 정약용, 「수오재기」 －

* 수오재: 나를 지키는 집
* 사모관대: 벼슬아치의 예복

20 윗글의 서술상 특징으로 가장 적절하지 않은 것은?

① 글쓴이가 얻은 깨달음의 내용을 열거를 통해 제시하고 있다.

② 대상에 대한 의문을 타인과의 문답 과정을 통해 해소하고 있다.

③ 옛 성현의 말을 인용하여 자신의 주장에 설득력을 높이고 있다.

④ 서두에 대상에 대한 의문을 제시함으로써 독자의 흥미를 유발하고 있다.

21 윗글을 이해한 내용으로 가장 적절하지 않은 것은?

① '큰형님'은 자신의 집 거실에 직접 '수오재'라는 이름을 붙였다.

② '나'는 과거에 급제하여 관직에 나아가 10년 이상 나랏일을 했다.

③ '나'는 '수오재'에 대해 생긴 의문에 대한 해답을 장기에 와서 얻는다.

④ '둘째 형님'은 '나'와 마찬가지로 귀양을 왔으나, 깨달음을 얻지 못했다.

22 ㉠에 대한 설명으로 가장 적절한 것은?

① 누가 훔쳐 가기 쉬운 밭과 달리, 스스로 달아나기를 잘한다.

② 나를 옹색하게 만드는 옷과 달리, 유혹에 쉽게 떠나가지 않는다.

③ 널리 퍼져 없애기 어려운 책과 달리, 살피지 않으면 금세 달아난다.

④ 누군가 가져가면 돌아오지 않는 양식과 달리, 떠났다가도 곧 돌아온다.

[23~25] 다음 글을 읽고 물음에 답하시오.

　　프레임(frame)은 영화와 사진 등의 시각 매체에서 화면 영역과 화면 밖의 영역을 구분하는 경계로서의 틀을 말한다. 카메라로 대상을 포착하는 행위는 현실의 특정한 부분만을 떼어내 프레임에 담는 것으로, 찍은 사람의 의도와 메시지를 ㉠ 내포한다. 그런데 문, 창, 기둥, 거울 등 주로 사각형이나 원형의 형태를 갖는 물체들을 이용하여 프레임 안에 또 다른 프레임을 만드는 경우가 있다. 이런 기법을 '이중 프레이밍', 그리고 안에 있는 프레임을 '이차 프레임'이라 칭한다. 이차 프레임의 일반적인 기능은 크게 세 가지로 구분할 수 있다. 먼저, 화면 안의 인물이나 물체에 대한 시선 ㉡ 유도 기능이다. 대상을 틀로 에워싸기 때문에 시각적으로 강조하는 효과가 있으며, 대상이 작거나 구도의 중심에서 벗어나 있을 때도 존재감을 부각하기가 용이하다. 또한 프레임 내 프레임이 많을수록 화면이 다층적으로 되어, 자칫 밋밋해질 수 있는 화면에 깊이감과 입체감이 부여된다. 광고의 경우, 설득력을 높이기 위해 이차 프레임 안에 상품을 위치시켜 주목을 받게 하는 사례들이 있다.

　　다음으로, 이차 프레임은 작품의 주제나 내용을 암시하기도 한다. 이차 프레임은 시각적으로 내부의 대상을 외부와 분리하는데, 이는 곧잘 심리적 단절로 이어져 구속, 소외, 고립 따위를 ㉢ 환기한다. 그리고 이차 프레임 내부의 대상과 외부의 대상 사이에는 정서적 거리감이 조성되기도 한다. 어떤 영화들은 작중 인물을 문이나 창을 통해 반복적으로 보여 주면서, 그가 세상으로부터 격리된 상황을 암시하거나 불안감, 소외감 같은 인물의 내면을 시각화하기도 한다.

　　마지막으로, 이차 프레임은 '이야기 속 이야기'인 액자형 서사 구조를 지시하는 기능을 하기도 한다. 일례로, 어떤 영화는 작중 인물의 현실 이야기와 그의 상상에 따른 이야기로 구성되는데, 카메라는 이차 프레임으로 사용된 창을 비추어 한 이야기의 공간에서 다른 이야기의 공간으로 들어가거나 빠져 나온다. 그런데 현대에 이를수록 시각 매체의 작가들은 이차 프레임의 ㉣ 범례에서 벗어나는 시도들로 다양한 효과를 끌어내기도 한다. 가령 이차 프레임 내부 이미지의 형체를 식별하기 어렵게 함으로써 관객의 지각 행위를 방해하여, 강조의 기능을 무력한 것으로 만들거나 서사적 긴장을 유발하기도 한다. 또 문이나 창을 봉쇄함으로써 이차 프레임으로서의 기능을 상실시켜 공간이나

인물의 폐쇄성을 드러내기도 한다. 혹은 이차 프레임 내의 대상이 그 경계를 넘거나 파괴하도록 하여 호기심을 자극하고 대상의 운동성을 강조하는 효과를 낳는 사례도 있다.

23 윗글에 대한 다음 설명 중 가장 적절하지 않은 것은?

① 이차 프레임의 기능을 병렬적으로 나열하고 있다.
② 이차 프레임이 사용되는 다양한 예시를 제시하고 있다.
③ 이차 프레임의 효과에 대한 전문가의 견해를 인용하고 있다.
④ 프레임, 이중 프레이밍, 이차 프레임의 개념을 정의하고 있다.

24 문맥상 ㉠~㉣의 의미로 가장 적절하지 않은 것은?

① ㉠: 어떤 성질이나 뜻 따위를 속에 품음
② ㉡: 사람이나 물건을 목적한 장소나 방향으로 이끎
③ ㉢: 탁한 공기를 맑은 공기로 바꿈
④ ㉣: 예시하여 모범으로 삼는 것

25 윗글을 이해한 내용으로 가장 적절한 것은?

① 프레임 밖의 영역에는 찍은 사람의 의도와 메시지가 담긴다.
② 이차 프레임 안의 대상과 밖의 대상 사이에는 거리감이 조성되기도 한다.
③ 이차 프레임 내 대상의 크기가 작을 경우에는 대상의 존재감이 강조되기 어렵다.
④ 이차 프레임 안의 화면을 식별하기 어렵게 만들 경우, 역설적으로 대상을 강조하는 효과가 발생한다.

모바일 OMR

✔ 회독 CHECK 1 2 3

01 안긴문장의 유형이 다른 것은?

① 아이들은 장난을 좋아하기 마련이에요.
② 이러다가는 버스를 놓치기 십상이다.
③ 공부가 어렵기는 해도 결국 저 하기 나름이에요.
④ 비가 많이 오기 때문에 공사를 할 수 없다.
⑤ 나는 하루도 달리기를 거른 기억이 없다.

02 어법에 맞지 않는 문장은?

① 독감 유행이 지나가는 대로 다시 올게.
② 우리는 서로 걸맞는 짝이 아니라는 데 의견이 일치했다.
③ 컴퓨터에 익숙지 않으면 인공지능 시대를 살아가는 데 어려움이 크다.
④ 돌이켜 생각건대, 김 선생님은 정말 누구에게나 존경받을 만한 분이오.
⑤ 저는 솔직히 기대치도 않은 선물을 받아서 고마웠어요.

03 ㉠과 같은 표현 기법이 활용된 것은?

> 아아 ㉠ <u>광고의 나라에 살고 싶다</u>
> 사랑하는 여자와 더불어
> 행복과 희망만 가득찬
> 절망이 꽃피는, 광고의 나라
>
> — 함민복, 「광고의 나라」에서 —

① 나 보기가 역겨워 가실 때에는 / 죽어도 아니 눈물 흘리오리다
② 이 마을 전설이 주저리주저리 열리고
③ 내 마음은 나그네요 / 그대 피리를 불어주오
④ 구름에 달 가듯이 / 가는 나그네
⑤ 어둠은 새를 낳고, 돌을 / 낳고, 꽃을 낳는다

04 다음 글에 대한 이해로 적절한 것은?

> 현대에 들어서 성격에 대한 체계적인 접근은 프로이트를 중심으로 하는 정신역동학에서 이루어졌다. 지그문트 프로이트는 인간 행동에 미치는 무의식의 영향을 강조하면서 무의식이 억압된 욕구에 의해 형성된다고 주장했는데 개인이 스스로의 욕구를 조절하는 방식을 성격이라고 보았다. 어려서부터 자신의 욕구가 좌절되고 충족되는 과정을 통해 성격이 형성되고 그중에서 충족될 수 없는 욕구와 그를 둘러싼 갈등이 무의식으로 억압된다는 것이다. 그런데 정신역동학은 성격의 형성 과정과 성격이 개인행동에 미치는 영향에는 관심이 있었지만, 성격을 유형화하려는 시도는 하지 않았다.

융은 다른 정신역동학자와 달리 오랫동안 역사와 문화를 공유한 집단의 구성원들에게 존재하는 무의식을 강조했다. 이 때문에 융은 부모와 아이의 상호 작용이라는 개인적 요인보다는 집단무의식 수준의 보편적 원리들이 작동하여 성격이 형성된다고 보았다. 특히 융은 인간의 정신이 대립원리에 의해 작동한다고 주장했는데, 대립원리란 개인 내에 존재하는 대립 혹은 양극적인 힘이 갈등을 야기하고, 이 갈등이 정신 에너지를 생성한다는 것을 의미한다. 이 같은 융의 주장을 근거로 1940년대 MBTI와 같은 유형론적 성격 이론이 만들어지기도 하였다.

1980년대 이후 유전학과 뇌과학 등 생물학적 방법론이 크게 발전하면서 성격에 대한 접근은 새로운 전기를 마련한다. 부모의 양육 방식 등 환경을 강조한 정신역동학에 비해 유전적으로 타고나는 기질의 중요성을 뒷받침하는 증거들이 발견되기 시작한 것이다. 특히 내향성과 외향성은 성격 형성에 대한 기질의 영향을 잘 보여 주는 특성이다. 이처럼 인간의 행동에 영향을 미치는 보편적인 특성을 발견하려는 노력이 이어졌고 그 결과 성격 5요인 모델과 같은 특성론적 성격 이론이 확립되었다.

① 프로이트는 개인이 자신의 욕구를 적절한 방법으로 해결하는 데 관심을 두고, 이를 조절하는 방식을 유형화하였다.

② 생물학적 방법론은 정신역동학이 전제하는 욕구의 억압 조절 문제에 관심을 가지며 부모의 양육 태도를 강조했다.

③ 융 이전의 정신역동학자들은 집단의 구성원들에게 존재하는 무의식 수준의 보편적인 원리가 성격 형성에 영향을 미친다고 보았다.

④ 유전학의 발전에 따른 일련의 발견들은 인간이 지닌 보편적 특성들을 통해 개인의 성격을 설명하고자 하는 이론으로 발전하였다.

⑤ 외향성과 내향성은 서로 대립하며 정신적 에너지를 창출하는 일종의 정신 작용으로 받아들여지며, 유형론적 성격 이론이 해체되는 계기를 가져왔다.

05 다음은 받침 'ㅎ'의 발음에 대한 자료이다. 이를 바탕으로 이끌어 낸 규칙으로 옳지 않은 것은?

자료 1. 놓고 → [노코]
　　　　 않던 → [안턴]
　　　　 닳지 → [달치]
자료 2. 않네 → [안네]
　　　　 뚫는 → [뚤는 → 뚤른]
자료 3. 닿소 → [다:쏘]
　　　　 많소 → [만:쏘]
　　　　 싫소 → [실쏘]
자료 4. 놓는 → [논는]
　　　　 쌓네 → [싼네]
자료 5. 낳은 → [나은]
　　　　 않은 → [아는]
　　　　 싫어도 → [시러도]
---

① 'ㅎ(ㄶ, ㅀ)' 뒤에 'ㅅ'이 결합되는 경우에는, 'ㅅ'을 [ㅆ]으로 발음한다.

② 'ㄶ, ㅀ' 뒤에 'ㄴ'이 결합되는 경우에는, 'ㅎ'을 발음하지 않는다.

③ 'ㅎ' 뒤에 'ㄴ'이 결합되는 경우에는, 'ㅎ'을 발음하지 않는다.

④ 'ㅎ(ㄶ, ㅀ)' 뒤에 모음으로 시작된 어미나 접미사가 결합되는 경우에는, 'ㅎ'을 발음하지 않는다.

⑤ 'ㅎ(ㄶ, ㅀ)' 뒤에 'ㄱ, ㄷ, ㅈ'이 결합되는 경우에는, 뒤 음절 첫소리와 합쳐서 [ㅋ, ㅌ, ㅊ]으로 발음한다.

06 다음 글에 대한 이해로 적절한 것은?

> 표현적 글쓰기는 왜 그렇게 효과가 있을까? 우리가 흔히 경시하는 고통스러운 감정을 마주해야 되기 때문이다. 우리는 자수성가를 칭송하고 강인한 사람을 미화하는 세상에 살고 있다. 이 문화적 메시지와 그것이 우리에게 가하는 모든 압박 때문에 우리는 우리의 욕구를 간과하도록 배운다. 심지어 나약하다는 느낌을 갖거나 힘든 감정을 품었다고 스스로를 혐오하기도 한다. 표현적 글쓰기는 종일 꾹꾹 참고 발설하지 않은 취약한 측면을 찾아내고 그것에 대해 경청할 기회를 주기 때문에 효과가 있는 것이다.
>
> 또한 글쓰기 과정이 다른 사람을 염두에 두지 않았다는 점도 매우 중요하다. 우리는 보통 타인이 볼 글을 쓸 때, 스스로 검열하고 글이 충분히 좋은지에 관심을 두게 된다. 그러나 표현적 글쓰기는 그렇지 않다. 두서없고, 누가 읽기에도 적합하지 않은 글을 쓴 후 버리면 된다. 이것은 자신이 가진 모든 감정과 교감하는 데 도움을 줄 수 있다.

① 표현적 글쓰기는 고통스러운 감정을 피하는 데 효과가 있다.

② 표현적 글쓰기는 자수성가를 칭송하고 강인한 사람을 미화하는 데 필요하다.

③ 표현적 글쓰기는 타인을 의식하여 스스로 검열하는 특징을 지닌다.

④ 표현적 글쓰기는 참고 발설하지 않은 것에 대해 경청할 기회를 준다.

⑤ 표현적 글쓰기는 두서없이 편하게 써서 간직하도록 고안되었다.

07 ㉠, ㉡에 들어갈 내용으로 적절한 것은?

> 최후통첩 게임에서 두 참가자는 일정한 액수의 돈을 어떻게 분배할지를 놓고 각각 나름의 결정을 내리게 된다. 먼저 A에게 1,000원짜리 100장을 모두 준 다음 그 돈을 다른 한 사람인 B와 나누라고 지시한다. 이때 A는 자기가 제안하는 액수를 받아들일지 말지 결정할 권리가 B에게 있다는 사실을 알고 있다. 만약 B가 그 제안을 수용하면, 두 사람은 A가 제안한 액수만큼 각각 받는다. 만약 B가 그 제안을 거절하면, 아무도 그 돈을 받지 못한다. 이는 일회적 상호작용으로서, 결정할 수 있는 기회는 단한번뿐이고 두 사람은 서로에 대해서 전혀 모르는 사이이다. 그들은 어떤 결정을 내릴 것인가? 만약 두 사람이 모두 자기 이익에 충실한 개인들이라면, A는 아주 적은 액수의 돈을 제안하고 B는 그 제안을 받아들일 것이다. A가 단 1,000원만 제안하더라도, B는 그 제안을 받아들여야 한다. 왜냐하면 B는 (㉠) 둘 중 하나를 선택해야 하기 때문이다. 만약 상대방이 합리적 자기 이익에 충실하다고 확신한다면, A는 결코 1,000원 이상을 제안하지 않을 것이다. 그 이상을 제안하는 일은 상대방의 이익을 배려한 것으로 자신의 이익을 불필요하게 줄이기 때문이다. 이것이 이기적인 개인들에게서 일어날 상황이다.
>
> 하지만 현실에서는 이런 상황은 절대 일어나지 않는다. 실험결과에 따르면, 사람들은 낮은 액수의 제안을 받으면 거절하는 경향이 있다. 이 연구에서 나타난 명백한 결과에 따르면 총액의 25% 미만을 제안할 경우 그 제안은 거절당할 가능성이 상당히 높다. 비록 자기의 이익이 최대화되지 않더라도 제안이 불공평하다고 생각하면 거절하는 것으로 보인다. 액수를 반반으로 나누고자 하는 사람이 제일 많다는 점은 이를 지지해 준다. 결과적으로 이 실험은 (㉡)는 것을 보여 준다.

① ㉠: 제안한 1,000원을 받든가, 한 푼도 받지 못하든가
   ㉡: 인간의 행동이 경제적 이득에 의해서 움직인다

② ㉠: 1,000원보다 더 적은 금액을 받든가, 제안한 1,000원을 받든가
   ㉡: 인간이 공정성과 상호 이득을 염두에 두고 행동한다

③ ㉠: 제안한 1,000원을 받든가, 한 푼도 받지 못하든가

   ㉡: 인간의 행동이 경제적 이득에 의해서만 움직이지 않는다

④ ㉠: 1,000원보다 더 적은 금액을 받든가, 제안한 1,000원을 받든가

   ㉡: 인간의 행동이 경제적 이득에 의해서만 움직이지 않는다

⑤ ㉠: 제안한 1,000원을 받든가, 한 푼도 받지 못하든가

   ㉡: 인간이 공정성과 상호 이득을 염두에 두고 행동하지 않는다

08 다음 글에 서술된 '나이브 아트'에 대한 설명으로 적절한 것만을 〈보기〉에서 모두 고르면?

> 정규 미술 교육을 받지 않고, 어떤 화파에도 영향을 받지 않은 예술 경향을 나이브 아트라고 한다. 우리말로 소박파라고도 불리지만 특정한 유파를 가리키기보다 작가의 경향을 가리키는 말이다.
>
> 나이브 아트는 개인적인 즐거움을 주제로 형식에 얽매이지 않는 특징을 보인다. 우리에게 잘 알려진 나이브 아트 예술가로는 앙리 루소, 앙드레 보샹, 모리스 허쉬필드, 루이 비뱅, 그랜마 모지스 등이 있다. 이들은 서양 미술의 기본 규칙인 원근법, 명암법, 구도 등에 구속되지 않는 평면적 화면, 단순하지만 강렬한 색채, 자세한 묘사 등을 특징으로 보여 준다.
>
> 전업 화가가 아닌 본업이 따로 있어 낮은 취급을 받던 아웃사이더 예술이었지만, 독일 출신의 컬렉터이자 비평가 빌헬름 우데가 루소, 보샹 등의 화가들을 발굴하며 하나의 예술 영역으로 자리 잡는다. 이후 나이브 아트는 피카소와 같은 기존 미술의 권위와 전통에 반하는 그림을 그리려는 화가들의 주목을 받으며 현대미술의 탄생에도 적지 않은 영향을 끼쳤다.

〈보 기〉

㉠ 나이브 아트에 속하는 화가로 루소, 보샹 등이 있다.
㉡ 나이브 아트는 특정한 유파를 가리킨다.
㉢ 나이브 아트 작가들은 서양 미술의 기본 규칙을 따르고자 한다.
㉣ 현대미술은 나이브 아트의 탄생에 결정적인 영향을 끼쳤다.

① ㉠   ② ㉢

③ ㉠, ㉡   ④ ㉡, ㉢

⑤ ㉠, ㉢, ㉣

09 다음 시에 대한 이해로 적절하지 않은 것은?

마른 잎사귀에 도토리알 얼굴 부비는 소리 후두둑 뛰어내려 저마다 멍드는 소리 멍석 위에 나란히 잠든 반들거리는 몸 위로 살짝살짝 늦가을 햇볕 발 디디는 소리 먼 길 날아온 늦은 잠자리 채머리 떠는 소리 맷돌 속에서 껍질 타지며 가슴 동당거리는 소리 사그락사그락 고운 뼛가루 저희끼리 소근대며 어루만져 주는 소리 보드랍고 찰진 것들 물속에 가라앉으며 안녕 안녕 가벼운 것들에게 이별 인사하는 소리 아궁이 불 위에서 가슴이 확 열리며 저희끼리 다시 엉기는 소리 식어 가며 단단해지며 서로 핥아 주는 소리

도마 위에 다갈빛 도토리묵 한 모

모든 소리들이 흘러 들어간 뒤에 비로소 생겨난 저 고요
저토록 시끄러운, 저토록 단단한,

– 김선우, 「단단한 고요」 –

① '도토리묵'이 만들어지는 과정을 청각적 이미지를 중심으로 형상화하고 있다.
② 나무에 매달린 도토리에서부터 묵으로 엉길 때까지의 과정을 형상화하고 있다.
③ 상반된 시어인 '고요'와 '시끄러운'을 병치시켜 역설의 미학을 보여 주고 있다.
④ 시적 대상인 도토리를 의인화하여 표현하고 있다.
⑤ 자연과의 교감을 통한 인간에 대한 이해를 보여 주고 있다.

10 (가)~(라)를 논리적 순서에 맞게 나열한 것은?

(가) 아동 정신의학자 존 볼비는 엄마와 아이 사이의 애착을 연구하면서 처음으로 이 현상에 관심을 갖게 되었다. 그가 처음 연구를 시작할 때만 해도 아이가 엄마와 계속 붙어 있으려고 하는 이유는 먹을 것을 얻기 위해서라는 생각이 지배적이었다.

(나) 아동 정신의학자로 활동하며 연구를 이어간 끝에, 볼비는 엄마와의 애착관계가 불안정한 아이는 정서 발달과 행동발달에 큰 문제가 생길 수 있음을 알게 됐다. 또한 아이가 애착을 느끼는 대상이 아이를 세심하게 돌보고 보살필 때 아이는 보호받는 기분, 안전함, 편안함을 느끼고, 이는 아이가 건강하게 발달해서 생존할 확률을 높이는 요소라는 사실을 밝혀냈다.

(다) 애착이란 시간이 흐르고 멀리 떨어져 있어도 유지되는 강력한 정서적 유대감으로 정의할 수 있다. 특정한 사람과 어떻게든 가까이 있고 싶은 감정이 애착의 핵심이지만 상대가 반드시 똑같이 느껴야 하는 것은 아니다.

(라) 하지만 볼비는 아이가 엄마와 분리되면 엄청나게 괴로워하며, 다른 사람이 돌봐 주거나 먹을 것을 줘도 그러한 고통이 해소되지 않는다는 사실을 발견했다. 엄마와 아이의 유대에 뭔가 특별한 것이 있다는 의미였다.

① (가) – (나) – (다) – (라)
② (가) – (다) – (나) – (라)
③ (나) – (가) – (다) – (라)
④ (다) – (가) – (라) – (나)
⑤ (다) – (라) – (가) – (나)

11 다음 글에 대한 이해로 적절하지 않은 것은?

오픈AI사에서 개발해 내놓은 '챗지피티(chatGPT)'의 열기가 뜨겁다. 챗지피티는 인터넷에 존재하는 다양한 텍스트 데이터를 학습해 구축된 인공지능으로, 사용자와 채팅을 통해 상호작용하는 형식으로 사용자의 요구에 응답한다. 예를 들어 "3+4를 계산하는 파이썬 코드를 짜 줘"라고 요구하면, 챗지피티는 실제로 작동하는 코드를 출력해서 알려 준다. 뒤이어 "같은 작업을 R에서 사용하는 코드로 짜 줘"라고 말하면, 대화의 맥락을 파악하고 같은 기능의 R 코드를 제공한다.

우리는 어떻게 시시각각 신기술로 무장하는 인공지능과 '함께' 살아갈 수 있을까? 첫째, '인공지능이 해 줄 수 있는 일'과 '인간이 할 필요가 없는 일'이 동의어가 아니라는 점을 명확히 인지해야 한다. 다시 말해, 인공지능이 잘 할 수 있는 일이라고 해서 인간이 그것을 할 줄 몰라도 된다는 것이 아니라는 것이다. 둘째, 인공지능을 지혜롭게 사용하려면 인공지능이 가진 성찰성의 한계를 이해해야 한다. 챗지피티의 흥미로운 특징은 매우 성찰적인 인공지능인 척하지만, 사실은 매우 형편없는 자기반성 능력을 갖추고 있다는 데 있다.

인공지능의 기능에 대해 성찰하는 것은 결국 인간의 몫이지, 기계의 역할이 아니다. 물론 인공지능은 다양한 상호작용을 통해 스스로의 오류를 교정하고 최적화하는 기능을 탑재하고 있다. 머신러닝(machine learning)이라는 개념이 바로 그것이다. 그러나 이 메커니즘은 명백하게도 인간 사용자의 특성과 의사에 따라 좌우될 수 있다. 사용자 경험을 통해 성능을 향상시켜 가고있는 구글 번역기는 영어-스페인어 사이의 전환은 훌륭하게 수행하지만 영어-한국어 사이의 전환은 그만큼 잘하지 못한다. 그 사용자의 수가 적기 때문이다. 사회의 소수자는 인공지능의 메커니즘에서도 소수자이다. 다시 말해, 인공지능에 대해 성찰하는 역할만큼은 인간이 인공지능에게 맡기지 말아야 할 영역이다.

인공지능의 범람 속에서 살아남는 방법은, 인공지능과 '함께 살아가는 인간'이 되는 것이다. 인공지능을 과소평가하지 않고, 또한 인간 스스로의 가치와 주체성도 과소평가하지 않는, 용감하고 당당한 인간으로 살아가고자 하는 태도가 필요하다.

① 인간은 인공지능과 공존하는 방법을 모색해 인공지능을 지혜롭게 사용해야 한다.
② 인공지능을 활용한 머신러닝에도 인간 사용자의 특성이 반영된다.
③ 인공지능이 글쓰기를 잘 수행하더라도 인간은 글쓰기 능력을 길러야 한다.
④ 인공지능을 지혜롭게 사용할 수 있으려면 인공지능이 가진 성찰성의 한계를 이해해야 한다.
⑤ 인공지능은 스스로 양질의 정보를 가려낼 수 있어 자신의 오류를 교정하고 최적화한다.

12 다음 글은 글쓰기의 자세에 대한 것이다. (가)~(마)에 대한 이해로 적절하지 않은 것은?

> (가) 이 세상 모든 사물 가운데 귀천과 빈부를 기준으로 높고 낮음을 정하지 않는 것은 오직 문장뿐이다. 그리하여 가난한 선비라도 무지개같이 아름다운 빛을 후세에 드리울 수 있으며, 아무리 부귀하고 세력 있는 자라도 문장에서는 모멸당할 수 있다.
>
> (나) 배우는 자는 마땅히 자기 역량에 따라 알맞게 쓸 뿐이다. 억지로 남을 본떠서 자기 개성을 잃어버리지 않도록 하는 것이야말로 글쓰기의 본령이다.
>
> (다) 글이란 것은 뜻을 나타내면 그만일 뿐이다. 제목을 놓고 붓을 잡은 다음 갑자기 옛말을 생각하고 억지로 고전의 사연을 찾으며 뜻을 근엄하게 꾸미고 글자마다 장중하게 만드는 것은 마치 화가를 불러서 초상을 그릴 적에 용모를 고치고 나서는 것과 같다.
>
> (라) 문장에 뜻을 두는 사람들이 첫째로 주의할 것은 자기를 속이지 않는 것이다. 자기를 속이지 않는 것에서 출발하면 마음이 이치에 통하고 온갖 관찰력이 환하게 밝아질 것이다.
>
> (마) 대체 글이란 조화다. 마음속에서 이루어진 문장은 반드시 정교하게 되나 손끝으로 이루어진 문장은 정교하게 되지 않으니, 진실로 그러하다.

① (가): 글쓰기에서 훌륭한 문장은 빈부귀천에 따라 높고 낮음이 정해진다.

② (나): 글쓰기에서 중요한 것은 남과는 다른 자기만의 개성을 표현하는 것이다.

③ (다): 글에서 중요한 것은 꾸미는 것보다 뜻을 정확하게 나타내는 것이다.

④ (라): 글쓰기에서 중요한 것은 진솔하게 표현하는 것이다.

⑤ (마): 글은 마음으로부터 이뤄져 조화를 이루는 것이 중요하다.

13 밑줄 친 동사의 쓰임이 옳지 않은 것은?

① 씻어 놓은 상추를 채반에 <u>받쳤다</u>.

② 마을 이장이 소에게 <u>받쳐서</u> 꼼짝을 못 한다.

③ 그녀는 세운 무릎 위에 턱을 <u>받치고</u> 앉아 있었다.

④ 양복 속에 두꺼운 내복을 <u>받쳐서</u> 입으면 옷맵시가 나지 않는다.

⑤ 고추가 워낙 값이 없어서 백 근을 시장 상인에게 <u>받혀도</u> 변변한 옷 한 벌 사기가 힘들다.

14 밑줄 친 피동 표현이 옳지 않은 것은?

① 이 글은 두 문단으로 <u>나뉜다</u>.

② 들판이 온통 눈으로 <u>덮인</u> 광경이 장관이었다.

③ 벌목꾼에게 <u>베인</u> 나무가 여기저기에 쌓여 있다.

④ 아무리 생각해 보아도 <u>짚히는</u> 바가 없다.

⑤ 안개가 <u>걷히고</u> 파란 하늘이 나타났다.

15 밑줄 친 부분의 띄어쓰기가 맞는 것은?

① 일이 있어서 숙제를 <u>못했다</u>.

② 총금액이 <u>얼마 되지 않는다</u>.

③ <u>한달간</u> 전국 일주 여행을 하고 돌아왔다.

④ 현대사회의 <u>제문제</u>에 대한 토론을 하였다.

⑤ 이번 방학에 무엇을 <u>해야 할 지</u> 모르겠다.

16 다음 단어의 로마자 표기로 옳은 것은?

	종로	여의도	신라
①	Jongro	Yeouido	Silla
②	Jongno	Yeouido	Silla
③	Jongro	Yeoeuido	Sinla
④	Jongno	Yeoeuido	Silla
⑤	Jongno	Yeoeuido	Sinla

17 다음 글에 대한 이해로 적절한 것은?

　　환경 보호는 정도의 차이는 있을지라도 모든 사람의 이익에 도움이 되는 일이라고 주장하는 사람도 있다. 초창기 환경 운동의 목표는 전통적인 자연 보호, 곧 특정 습지의 특정 조류를 보호하려는 좁은 생각을 극복하는 것이었다. 그렇지만 특정 종의 동물이나 식물에 대한 사랑에서는 열정적 투쟁 욕구가 생겨나는 반면, 대상을 특정하지 않은 자연 사랑은 어딘지 모르게 산만한 게 사실이다. 바로 그래서 생겨나는 것이 올슨 패러독스이다. 이것은 특별한 공동 이해관계로 묶인 소규모 그룹이 얼굴을 맞대고 단호히 일을 추진할 때, 대단히 애매한 일반적 이해를 가진 익명의 대규모 집단보다 훨씬 더 뛰어난 추진력을 보인다는 것이다. 이런 역설대로 소규모 그룹에는 로비할 좋은 기회가 주어지며, 마찬가지로 특정 사안을 반대하는 지역 저항 운동이 성공을 거둔다. 그렇기 때문에 포괄적 의미에서 환경 정책이 아주 까다로워진다.

　　무조건적인 타당성을 갖는 환경법을 요구하는 환경 정책은 애초부터 좌절될 수밖에 없다. 비록 나라와 문화마다 정도가 매우 다르기는 하지만, 현대화 과정에서 족벌에 대한 충성심을 넘어서서 다른 가치를 더욱 중시하는 충성심이 발달했다. 환경 정책은 이 과정에서 중요한 기회를 얻는다. 이기적 이해관계를 넘어서서 환경 전체를 바라보는 안목이 현대화 과정에서 발달했기 때문이다. 동시에 물론 자신의 직접적인 생활 환경을 지키려는 각오도 환경 정책에 결정

적 영향을 미친다. 이처럼 환경 운동은 완전히 보편적 방향으로 발달하기는 힘들다. 우선 자신의 이해관계부터 생각하는 인간의 본성 탓에 근본적 긴장은 항상 사라지지 않기 때문이다.

① 현대화 과정에서 부각된 인간의 이기적 이해관계는 인간이 가진 자연 지배권에 대한 인식과 함께 발달하게 되었다.

② 환경 운동은 특정 생물 집단의 번식과 지속성을 보전하는 것에서 시작하여 궁극적으로 자연 경관의 보호를 목적으로 한다.

③ 환경 운동에서 발생하는 올슨 패러독스는 근본적으로 해소되기 어렵다.

④ 환경 운동은 대규모 집단의 이해관계가 소규모 집단의 이해관계와 일치할 때 이루어지는 과정이라고 할 수 있다.

⑤ 환경 운동은 생물학적 다양성을 위한 공리주의 원칙에 따라 진행되어야 하며, 이 과정에서 개인의 이기심은 환경 운동을 위한 직접적인 동기로 작용하지 않는다.

18 밑줄 친 단어의 표기가 맞지 않는 것은?

① 그들은 서로 인사말을 주고받았다.

② 아이들은 등굣길이 마냥 즐거웠다.

③ 빨랫줄에 있는 빨래를 걷어라.

④ 마굿간에는 말 두 마리가 있다.

⑤ 요즘은 셋방도 구하기 힘들다.

19 ㉠, ㉡에 들어갈 한자성어로 적절한 것은?

> 　　김 첨지도 이 불길한 침묵을 짐작했는지도 모른다. 그렇지 않으면 대문에 들어서자마자 전에 없이, "이 난장맞을 년, 남편이 들어오는데 나와 보지도 않아, 이 오라질 년."이라고 고함을 친 게 수상하다. 이 고함이야말로 제 몸을 엄습해 오는 무시무시한 증을 쫓아 버리려는 (㉠)인 까닭이다.
>
> 　　하여간 김 첨지는 방문을 왈칵 열었다. 구역을 나게 하는 추기 ― 떨어진 삿자리 밑에서 나온 먼지내, 빨지 않은 기저귀에서 나는 똥내와 오줌내, 가지각색 때가 켜켜이 앉은 옷 내, 병인의 땀 섞은 내가 섞인 추기가 무던 김 첨지의 코를 찔렀다.
>
> 　　방 안에 들어서며 설렁탕을 한구석에 놓을 사이도 없이 주정꾼은 목청을 있는 대로 다 내어 호통을 쳤다. "이런 오라질 년. (㉡) 누워만 있으면 제일이야! 남편이 와도 일어나지를 못해?"라는 소리와 함께 발길로 누운 이의 다리를 몹시 찼다. 그러나 발길에 차이는 건 사람의 살이 아니고 나뭇등걸과 같은 느낌이 있었다.
>
> 　　　　　　　　　　　　　　　　　― 현진건, 「운수 좋은 날」에서 ―

	㉠	㉡
①	노심초사(勞心焦思)	주야불식(晝夜不息)
②	허장성세(虛張聲勢)	전전반측(輾轉反側)
③	절치부심(切齒腐心)	전전반측(輾轉反側)
④	노심초사(勞心焦思)	주야장천(晝夜長川)
⑤	허장성세(虛張聲勢)	주야장천(晝夜長川)

20 ㉠에 들어갈 내용으로 적절한 것은?

> 　　신석기 시대에 들어 농사가 시작되면서 여성의 역할은 더욱 증대되었다. 농사는 야생 곡물이 밀집한 지역에서 이를 인위적으로 재생산함으로써 시작되었다. 이처럼 농사는 채집 활동의 연장선상에서 발생하였기 때문에 처음에는 주로 여성이 담당하였다. 더욱이 당시 농업 기술은 보잘것없었고, 이를 극복할 별다른 방법도 없었다. 이러한 단계에서 인간들이 풍요로운 생활을 누리기 위해서는 종족 번식, 곧 여성의 출산력이 무엇보다 중요하였다.
>
> 　　그러나 신석기 시대 중후반에는 농경이 본격적으로 발전하면서 광활한 대지의 개간이나 밭갈이에는 엄청난 노동력과 강한 근력이 요구되었다. 농사는 더 이상 여성의 섬세함만으로 해낼 수 없는 아주 고된 일로 바뀌었다. 마침 이 무렵, 집짐승 기르기가 시작되면서 남성들은 더 이상 사냥감을 찾아 산야를 헤맬 필요가 없게 되었다. 사냥 활동에서 벗어난 남성들은 생산 활동의 새로운 주인공이 되었다. 그리고 여성들은 보조자로 밀려나서 주로 집안일이나 육아를 담당하게 되었다. 이로써 남성이 주요 생산 활동을 담당하게 되고, (㉠)

① 남성과 여성의 사회적 위상과 역할이 달라지게 되었다.
② 여성은 생산 활동에서 완전히 배제되기 시작하였다.
③ 남성이 남성으로서의 제 역할을 하게 되었다.
④ 남성은 여성을 씨족 공동체의 일원으로 인정하지 않게 되었다.
⑤ 사냥 활동에서 여성이 남성의 역할을 대체하게 되었다.

21 ㉠에 대한 설명으로 적절한 것은?

> 일본 문학의 세계가 여자들에게 열려 있긴 했어도 ㉠ 헤이안 시대의 여성들은 그 시대 대부분의 책에서는 자신들의 목소리를 발견할 수 없었을 것이다. 그리하여 한편으로는 읽을거리를 늘리기 위해, 그리고 다른 한편으로는 그들만의 독특한 취향에 상응하는 읽을거리를 손에 넣기 위해 여성들은 그들만의 고유한 문학을 창조해 냈다. 그 문학을 기록하기 위해 여성들은 그들에게 허용된 언어를 음성으로 옮긴 가나분카쿠를 개발하기에 이르렀는데, 이 언어는 한자 구조가 거의 배제된 것이 특징이다. 이는 여성들에게만 국한되어 쓰이면서 '여성들의 글자'로 알려지게 되었다.
> 발터 벤야민은 "책을 획득하는 방법 중에서도 책을 직접 쓰는 것이야말로 가장 칭송할 만한 방법으로 평가받을 수 있다"라고 논평했던 적이 있다. 헤이안 시대의 여자들도 깨달았듯이 어떤 경우에는 책을 직접 쓰는 방법만이 유일한 길일 수가 있다. 헤이안 시대의 여자들은 그들만의 새로운 언어로 일본 문학사에서, 아마도 전 시대를 통틀어 가장 중요한 작품 몇 편을 남겼다. 무라사키 부인이 쓴 『겐지 이야기』와 작가 세이 쇼나곤의 『마쿠라노소시』가 그 예이다.
> 『겐지 이야기』, 『마쿠라노소시』 같은 책에서는 남자와 여자의 문화적 · 사회적 삶이 소상하게 나타나지만, 그 당시 궁정의 남자 관리들이 대부분 시간을 할애했던 정치적 술책에 대해서는 거의 관심을 보이지 않는다. 언어와 정치 현장으로부터 유리되어 있었기 때문에 세이 쇼나곤과 무라사키 부인조차도 이런 활동에 대해서는 풍문 이상으로 묘사할 수 없었다. 어떤 예이든 이런 여성들은 근본적으로 그들 자신을 위해 글을 쓰고 있었다. 다시 말해 그들 자신의 삶을 향해 거울을 받쳐 들고 있었던 셈이다.

① 읽을거리에 대한 열망을 문학 창작의 동력으로 삼았다.
② 창작 국면에서 자신들의 언어를 작품에 그대로 담아내지 못했다.
③ 궁정에서 일어나는 정치적 행위에 대하여 치밀하게 묘사하였다.
④ 한문학에 대한 지식을 바탕으로 문학 창작에 참여하였다.
⑤ 문필 활동은 남성의 전유물이었기 때문에 남성적 취향의 문학 독서를 수행하였다.

22 밑줄 친 외래어 표기가 옳은 것은?

① 송년(送年) 모임이 회사 앞 부페 식당에서 있을 예정이다.
② 저 남자 배우는 애드립에 능해서 연기가 자연스럽게 느껴진다.
③ 점심시간이 끝나자 사람들은 재스민 차를 마시기 시작했다.
④ 여행 정보 팜플렛을 얻으러 회사 근처의 여행사 사무실에 다녀왔다.
⑤ 유머가 있고 내용이 가벼운 꽁트 프로그램을 한 편 보기로 했다.

[23~24] 다음 글을 읽고 물음에 답하시오.

사람과 상황이 서로 영향을 미치는 방식들을 몇 가지 소개해 보도록 하겠다.

첫째는 상황이 사람을 선택하는 경우다. 모든 사람이 자신이 원하는 상황에 놓일 수는 없다. 제한된 상황은 우리로 하여금 '무엇'을 할 수 있는 기회를 박탈하기도 한다. 예를 들어 아무것도 선택할 수 없는 경제적 어려움에 처해 있거나 부모의 학대로 인해 지속적인 피해를 입고 있는 상황처럼 자신의 의지나 책임이 아닌 절대적 상황이 그런 경우다. 이때 사람들은 상대적 박탈감이나 무력감을 경험하게 된다.

둘째는 사람이 상황을 선택하는 경우다. 이때는 자신의 욕망이나 목표에 맞는 기회를 제공하는 상황을 선택할 수 있다. 우리는 일상을 살아가면서 굉장히 합리적인 판단을 한다. 예를 들어 몸이 아프면 상황을 설명하고 조퇴를 할 수도 있다. 그런데 사회적 압력이나 압박들이 단순히 직장에서 일어나는 상황이 아니고 보다 더 본질적인 경우가 있다.

예를 들어 경제적 불균형처럼 자기가 가지고 있는 아주 왜곡된 관념들로 치닫기 시작하면 상황이 사람을 지배할 수도 있다. 자신의 자존감을 지키기 위해서는 타인에게 해를 가해서라도 그런 상황을 유지하려는 것이다. 그러나 대부분의 사람들은 스스로 상황을 지배해 나가기 때문에 범죄를 저지르지 않는다. 그래서 상황이 사람을 선택하느냐, 아니면 사람이 상황을 선택하느냐에 따라 결과는 엄청나게 달라진다.

상황에 따라 사람의 다른 측면이 점화되기도 한다. 사람들이 공통적으로 갖고 있는 공손함이나 공격성 등은 상황에 따라 점화되는 것이 다르다. 우리가 읽거나 들었던 단어 또는 정보가 우리의 생각이나 행동에 미묘한 변화를 일으킬 수 있고 이러한 현상을 '점화 효과'라고 한다.

23 윗글의 서술 방식에 대한 설명으로 적절하지 않은 것은?

① 설명하는 내용에 대한 예를 제시하고 있다.
② 서로 다른 내용을 대비하여 제시하고 있다.
③ 설명하는 내용에 대한 개념을 제시하고 있다.
④ 설명하는 내용을 병렬적 구조로 제시하고 있다.
⑤ 설명하는 내용에 대한 실험 결과를 제시하고 있다.

24 윗글에 대한 이해로 적절하지 않은 것은?

① 사람과 상황은 서로 영향을 끼친다.
② 경제적 불균형에 처하면 대부분의 사람들은 스스로 상황을 지배할 수 없다.
③ 부모의 학대와 같은 상황은 선택할 수 없는 절대적 상황이다.
④ 몸이 아플 때 상황을 설명하고 조퇴하는 것은 합리적 판단의 일종이다.
⑤ 사람들이 공통적으로 가진 공격성이라도 상황에 따라 다르게 점화된다.

25 다음 시에 대한 이해로 적절한 것만을 〈보기〉에서 모두 고르면?

1
첫닭 울고 둘째 닭 울더니
작은 별 큰 별 떨어지는데
문을 들락거리며
살짝이 살짝이 행인은 길 떠날 채비하네

2
나그네 새벽 틈타 떠나렸더니
주인은 안 된다며 보내질 않네
채찍을 손에 쥔 채 못 이긴 척 돌아서니
닭만 괜스레 번거롭게 했구나

― 이병연, 「조발(早發)」―

---〈보 기〉---
㉠ '첫닭'은 시간적 배경을 드러낸다.
㉡ '나그네'와 '주인'의 관계가 닭 울음으로 인해 달라진다.
㉢ '살짝이 살짝이'는 '행인'의 조심스러운 심리를 나타내고 있다.
㉣ 화자는 '나그네'와 '주인'을 관찰의 대상으로 삼고 있다.

① ㉠
② ㉡
③ ㉡, ㉢
④ ㉠, ㉢, ㉣
⑤ ㉠, ㉡, ㉢, ㉣

국어 | 2022년 법원직 9급

모바일 OMR

✅ 회독 CHECK 1 2 3

[01~03] 다음 글을 읽고 물음에 답하시오.

20세기의 두드러진 특징 중 하나는 세계 모든 나라에서 학교라 불리는 교육 기관들이 엄청나게 빠른 속도로 성장했으며, 각국의 학생들이 교육을 받기 위해 학교로 몰려들었다는 것이다. 예를 들어 한국의 대학생 수는 1945년 약 8000명이었지만, 2010년 약 350만 명으로 증가했다. 무엇이 학교를 이토록 팽창하게 만들었을까? ㉠ 학교 팽창의 원인은 학습 욕구 차원, 경제적 차원, 정치적 차원, 사회적 차원에서 설명될 수 있다.

먼저 학습 욕구 차원에서, 인간은 지적·인격적 성장을 위한 학습 욕구를 지니고 있다. 그리고 부모들은 자식의 지적·인격적 성장을 바라는 마음이 있다. 특히 한국인은 배움에 높은 가치를 부여하기 때문에, 한국 사회에서는 부모가 자식에게 최선의 배움의 기회를 제공하는 것이 부모가 자식에게 해주어야 할 의무로 인식되는 경향이 있다. 이러한 학습에 대한 욕구가 학교를 팽창하게 만드는 요인 중 하나인 것이다.

다음으로 경제적 차원에서 학교는 산업사회가 성장하는 데 있어서 필수적인 인력 양성 기관의 역할을 담당하였다. 전통적인 농경사회에서는 특별한 기능이나 기술의 훈련이 필요하지 않았지만, 산업사회에서는 훈련받은 인재가 필요하였다. 이러한 산업사회의 과제를 해결하기 위한 기관이 학교였다. 산업 수준이 더욱 고도화됨에 따라 학교 교육의 기간도 장기화된다. 경제 규모의 확대와 산업 기술 수준의 향상은 학교를 팽창하게 만드는 요인 중 하나인 것이다.

다음으로 정치적 차원에서 학교는 국민통합을 이룰 수 있는 장치였다. 통일국가에서는 언어, 역사의식, 가치관, 국가이념 등을 모든 국가 구성원들에게 가르쳐야 했다. 그리고 국민통합 교육은 사교육에 맡겨둘 수 없었다. 이러한 맥락에서 학교에서의 의무교육제도는 국민통합 교육을 위한 국가적 필요에 의해 시작된 것으로 볼 수 있다. 국민통합의 필요는 학교를 팽창하게 만드는 요인 중 하나인 것이다.

마지막으로 사회적 차원에서 학교의 팽창은 현대사회가 학력 사회로 변화된 데에 기인한다. 신분제도가 무너진 뒤 그 자리를 채운 학력제도에서, 학력은 각자의 능력을 판단하는 잣대로 활용되었다. 막스 베버 는 그의 저서 『경제와 사회』에서 사회적으로 대접받고 높은 관직에 오르기 위해서 과거에는 명문가의 족보가 필요했지만, 오늘날에는 학력증명이 있어야 한다고 주장했다. 나아가 그는 높은 학력을 가진 사람은 사회경제적으로 높은 지위를 독점할 수 있다고 기술한 바 있다. 현대사회의 학력 사회로의 변모는 학교가 팽창하게 되는 요인 중 하나인 것이다.

01 윗글의 전개 방식에 대한 설명으로 가장 적절하지 않은 것은?

① 의문문을 활용하여 독자의 궁금증을 유발하고 있다.

② 특정 현상의 원인을 다양한 차원에서 병렬적으로 제시하고 있다.

③ 특정 현상을 대략적인 수치 자료를 예로 제시하며 설명하고 있다.

④ 특정 현상의 역사적 의의를 제시하며 현대사회가 나아가야 할 방향을 제시하고 있다.

02 윗글을 읽고 난 후, ㉠에 대해 보인 반응으로 가장 적절하지 않은 것은?

① 갑: 학습 욕구 차원에서, 인간은 자신의 내적 성장에 대한 욕구가 있기 때문일 거야.

② 을: 경제적 차원에서, 산업 기술 수준이 향상됨에 따라 필요한 훈련된 인력을 기르는 역할을 학교가 담당하기 때문일 거야.

③ 병: 정치적 차원에서, 국가의 가치관, 언어, 역사의식 등을 국가 구성원에게 가르치는 일이 학교를 통해 이루어지기 때문일 거야.

④ 정: 사회적 차원에서, 산업 수준이 더욱 고도화되면서 산업사회의 과제를 해결하기 위한 기관이 학교이기 때문일거야.

03 윗글의 [막스 베버]와 〈보기〉의 A, B의 견해를 비교한 내용으로 가장 적절한 것은?

――― 〈보 기〉 ―――

　학교 교육이 사회의 평등장치인가에 대해 사회학자 A와 B는 상반된 견해를 가진다. A는 학교가 학생들의 능력에 따라 성적을 주고, 그 성적에 따라 상급학년에 진급시키고 졸업시켜, 상급학교에 진학시키므로 학력은 개인의 능력에 따라 차별화된다고 본다. 또한 높은 학력을 통해 능력을 인정받은 개인은 희소가치가 높은 노동을 제공함으로써 높은 소득을 얻고 계층 상승을 이룰 수 있다고 본다.

　반면, B는 상급 학교의 진학은 개인의 능력만을 반영하지 않고 부모의 사회적 지위와 소득의 영향을 받는다고 본다. 또한 학교 교육을 통해 계층 상승을 이룰 수 있는 사람들은 대개 기존부터 중류층 이상이었던 사람들이라고 주장한다. 나아가 상류층일수록 학력이 낮아도 높은 지위에 쉽게 오르는 경향이 있다고 이야기한다.

① A와 달리, 막스 베버는 고학력을 취득한 사람이 저학력을 취득한 사람보다 능력이 뛰어나다고 생각한다.

② B와 달리, 막스 베버는 사회경제적으로 높은 지위를 차지하기 위해서 개인의 학력보다 부모의 지위가 중요하다고 생각한다.

③ A와 막스 베버는 모두 학력을 통해 높은 계층의 지위를 차지할 수 있다고 생각한다.

④ B와 막스 베버는 모두 높은 관직에 오르기 위해서는 명문가에서 태어나는 것이 뛰어난 학력을 가지는 것보다 중요하다고 생각한다.

04 〈보기〉의 문장에 대한 설명으로 가장 적절하지 않은 것은?

――― 〈보 기〉 ―――

• 나는 ㉠ 동생이 산 사탕을 먹었다.
• ㉡ 철수가 산책했던 공원은 부산에 있다.
• 민경이는 ㉢ 숙소로 돌아가기를 원한다.
• 지금은 ㉣ 학교에 가기에 늦은 시간이다.

① ㉠은 안은문장의 목적어를 수식하는 관형절이다.

② ㉡은 안은문장의 주어를 수식하는 부사절이다.

③ ㉢은 조사 '를'과 결합하여 안은문장의 목적어로 쓰이고 있다.

④ ㉣은 조사 '에'와 결합하여 안은문장의 부사어로 쓰이고 있다.

[05~08] 다음 글을 읽고 물음에 답하시오.

기업은 다른 기업들과의 경쟁에서 이기고, 자신이 설정한 경영 목표를 달성하기 위해서 기업의 사업 내용과 목표 시장 범위를 결정하는데, 이를 기업전략이라고 한다. 즉 기업전략은 다양한 사업의 포트폴리오*를 전사적(全社的) 차원에서 어떻게 ㉠ 구성하고 조정할 것인가를 결정하는, 즉 참여할 사업을 결정하는 것이라고 할 수 있다.

기업전략의 구체적 예로 기업 다각화 전략을 들 수 있다. 기업 다각화 전략은 한 기업이 복수의 산업 또는 시장에서 복수의 사업을 영위하기 위한 전략으로, 제품 다각화 전략, 지리적 시장 다각화 전략, 제품 시장 다각화 전략으로 크게 구분된다. 이는 다시 제품이나 판매 지역 측면에서 관련된 사업에 종사하는 관련 다각화와 관련이 없는 사업에 종사하는 비관련 다각화로 구분된다. 리처드 러멜트는 미국의 다각화 기업을 구분하며, 관련 사업에서 70% 이상의 매출을 올리는 기업을 관련 다각화 기업, 70% 미만의 매출을 올리는 기업을 비관련 다각화 기업으로 명명했다.

기업 다각화는 범위의 경제성을 창출함으로써 수익 증대에 ㉡ 기여한다. 범위의 경제성이란 하나의 기업이 동시에 복수의 사업 활동을 하는 것이, 복수의 기업이 단일의 사업 활동을 하는 것보다 총비용이 적고 효율적이라는 이론이다. 범위의 경제성은 한 기업이 여러 제품을 동시에 생산할 때, 투입되는 요소 중 공통적으로 투입되는 생산요소가 존재하기 때문에 투입 요소 비용이 적게 발생한다는 사실을 통해 설명된다.

또한 다각화된 기업은 기업 내부 시장을 활용함으로써 새로운 가치를 ㉢ 창출할 수 있다. 여러 사업부에서 나오는 자금을 통합하여 활용할 수 있는 내부 자본시장을 갖추었을 뿐 아니라 여러 사업부에서 훈련된 인력을 전출하여 활용할 수 있는 내부 노동시장도 갖추었기 때문이다. 새로운 인력을 채용하여 교육시키는 데 많은 시간과 비용이 들어감을 고려하면, 다각화된 기업은 신규 기업에 비해 훨씬 ㉣ 우월한 위치에서 경쟁할 수 있다.

한편 다각화를 함으로써 기업은 사업 부문들의 경기 순환에서 오는 위험을 줄일 수 있다. 예를 들어 기업의 주력 사업이 반도체, 철강, 조선과 같이 불경기와 호경기가 반복적으로 순환되는 사업 분야일수록, 기업은 (a) 분야의 다각화를 함으로써 경기가 불안정할 때에도 자금 순환의 안정성을 비교적 (b)할 수 있다.

* 포트폴리오: 다양한 투자 대상에 분산하여 자금을 투입하여 운용하는 일

05 윗글에 대한 설명으로 가장 적절한 것은?

① 특정 개념이 성립하게 된 배경을 설명한 후, 개념의 역사적 의의를 서술하고 있다.

② 특정 개념의 장단점을 소개한 후, 단점을 극복하는 방안들을 서술하고 있다.

③ 특정 개념의 구체적 예를 제시한 후, 예에 해당하는 내용을 상세하게 설명하고 있다.

④ 특정 개념을 바라보는 다양한 학자들의 견해를 비교하며 절충안을 도출하고 있다.

06 윗글의 문맥을 고려하여, 윗글의 a, b 부분에 들어갈 단어를 가장 적절하게 추론한 것은?

	a	b
①	비관련	확보
②	비관련	제거
③	관련	확보
④	관련	제거

07 윗글에 대한 이해로 가장 적절한 것은?

① 범위의 경제성에 의하면 한 기업이 제품A, 제품B를 모두 생산하는 것은, 서로 다른 두 기업이 각각 제품A, 제품B를 생산하는 것보다 비효율적이다.

② 다각화된 기업은 여러 사업부에서 나오는 자금을 통합하여 활용할 수 없다.

③ 신규 기업은 새로운 인력을 채용하고 교육하는 것에 부담이 있다.

④ 리처드 러멜트에 의하면, 관련 사업에서 50%의 매출을 올리는 기업은 관련 다각화 기업이다.

08 밑줄 친 단어 ㉠~㉣의 사전적 의미로 가장 적절하지 않은 것은?

① ㉠: 몇 가지 부분이나 요소들을 모아서 일정한 전체를 짜 이룸

② ㉡: 도움이 되도록 이바지함

③ ㉢: 사업 따위를 처음으로 이루어 시작함

④ ㉣: 다른 것보다 나음

09 〈보기 1〉을 참고하여 〈보기 2〉의 ㉠~㉣에 대해 설명한 내용으로 가장 적절하지 않은 것은?

〈보기 1〉

중세국어에서 의문문은 해당 의문문이 의문사에 대한 대답을 요구하는 설명 의문문인지, 가부(可否)에 대한 대답을 요구하는 판정 의문문인지, 의문문의 주어가 몇 인칭인지, 상대 높임 등급이 어떠한지 등에 따라 다양한 방법으로 실현되었다.

예를 들어, 체언에 의문 보조사가 붙는 경우 설명 의문문이면 의문 보조사 '고'가, 판정 의문문이면 의문 보조사 '가'가 결합되었다. 청자가 주어가 되는 2인칭 주어 의문문에서는 어미 '-ㄴ다'가 사용되었으며, ᄒᆞ라체 상대 높임 등급에서 설명 의문문은 '-뇨'가 사용되었다.

〈보기 2〉

• ㉠: 이 ᄯᆞ리 너희 종가(이 딸이 너희의 종인가?)
• ㉡: 얻논 藥이 므스것고(얻는 약이 무엇인가?)
• ㉢: 네 信ᄒᆞᄂᆞᆫ다 아니 ᄒᆞᄂᆞᆫ다(네가 믿느냐 아니 믿느냐?)
• ㉣: 究羅帝가 이제 어듸 잇ᄂᆞ뇨(구라제가 이제 어디 있느냐?)

① ㉠은 판정 의문문이므로 의문 보조사 '가'가 사용되었다.

② ㉡은 설명 의문문이므로 의문 보조사 '고'가 사용되었다.

③ ㉢의 주어는 2인칭 청자이므로 어미 '-ㄴ다'가 사용되었다.

④ ㉣은 판정 의문문이므로 어미 '-뇨'가 사용되었다.

[10~13] 다음 글을 읽고 물음에 답하시오.

(가)

셔경(西京)이 아즐가 셔경(西京)이 셔울히마르는
　　위 두어렁셩 두어렁셩 다링디리
닷곤 딕 아즐가 닷곤 딕 쇼셩경 고외마른
　　위 두어렁셩 두어렁셩 다링디리
여히므론 아즐가 여히므론 질삼뵈 브리시고
　　위 두어렁셩 두어렁셩 다링디리
괴시란딕 아즐가 괴시란딕 우러곰 좃니노이다
　　위 두어렁셩 두어렁셩 다링디리

구스리 아즐가 구스리 바회예 디신들
　　위 두어렁셩 두어렁셩 다링디리
긴힛똔 아즐가 긴힛똔 그츠리잇가 나는
　　위 두어렁셩 두어렁셩 다링디리
즈믄 히를 아즐가 즈믄 히를 외오곰 녀신들
　　위 두어렁셩 두어렁셩 다링디리
신(信)잇든 아즐가 신(信)잇든 그츠리잇가 나는
　　위 두어렁셩 두어렁셩 다링디리

대동강(大同江) 아즐가 대동강(大同江) 너븐디 몰라셔
　　위 두어렁셩 두어렁셩 다링디리
빅 내여 아즐가 빅 내여 노흔다 샤공아
　　위 두어렁셩 두어렁셩 다링디리
네 가시 아즐가 네 가시 럼난디 몰라셔
　　위 두어렁셩 두어렁셩 다링디리
녈 빈예 아즐가 녈 빈예 연즌다 샤공아
　　위 두어렁셩 두어렁셩 다링디리
대동강(大同江) 아즐가 대동강(大同江) 건넌편 고즐여
　　위 두어렁셩 두어렁셩 다링디리
빅 타들면 아즐가 빅 타들면 것고리이다 나는
　　위 두어렁셩 두어렁셩 다링디리

－ 작자 미상, 「서경별곡(西京別曲)」 －

(나)

딩아 돌하 당금(當今)에 계샹이다
딩아 돌하 당금(當今)에 계샹이다
션왕셩딕(先王聖代)예 노니ᄋᆞ와지이다

삭삭기 셰몰애 별헤 나는
삭삭기 셰몰애 별헤 나는
구은 밤 닷 되를 심고이다
㉠ 그 바미 우미 도다 삭나거시아
그 바미 우미 도다 삭나거시아
유덕(有德)ᄒᆞ신 님 여히ᄋᆞ와지이다

옥(玉)으로 련(蓮)ㅅ고즐 사교이다
옥(玉)으로 련(蓮)ㅅ고즐 사교이다
바회 우희 접듀(接柱)ᄒᆞ요이다
그 고지 삼동(三同)이 퓌거시아
그 고지 삼동(三同)이 퓌거시아
유덕(有德)ᄒᆞ신 님 여히ᄋᆞ와지이다

므쇠로 텰릭*을 물아 나는
므쇠로 텰릭을 물아 나는
텰ㅅ(鐵絲)로 주롬 바고이다
㉡ 그 오시 다 헐어시아
그 오시 다 헐어시아
유덕(有德)ᄒᆞ신 님 여히ᄋᆞ와지이다

므쇠로 한 쇼를 디여다가
므쇠로 한 쇼를 디여다가
텰슈산(鐵樹山)애 노호이다
㉢ 그 쇠 텰초(鐵草)를 머거아
그 쇠 텰초(鐵草)를 머거아
유덕(有德)ᄒᆞ신 님 여히ᄋᆞ와지다

㉣ 구스리 바회예 디신들
구스리 바회예 디신들
긴힛든 그츠리잇가
즈믄 히를 외오곰 녀신들
즈믄 히를 외오곰 녀신들
신(信)잇든 그츠리잇가

－ 작자 미상, 「정석가(鄭石歌)」 －

* 텰릭: 철릭. 무관이 입던 공복(公服)

10 (가)와 (나)의 공통점으로 가장 적절한 것은?

① 시적 대상에 대한 원망의 정서가 드러난다.

② 화자의 생활 터전에 대한 애정이 드러난 부분이 있다.

③ 임과 이별하고 싶지 않아 하는 화자의 모습이 드러난다.

④ 불가능한 상황이 일어나야 이별하겠다고 이야기하며 화자의 의지를 드러내고 있다.

11 (가)의 형식적 측면에 대한 설명으로 가장 적절하지 않은 것은?

① 4음보의 전통적인 율격을 지니고 있다.

② 악률을 맞추기 위한 여음구가 사용되었다.

③ 설의적 표현을 사용하여 정서를 드러내고 있다.

④ 음성상징어를 활용한 후렴구를 사용하여 운율을 형성하고 있다.

12 ㉠~㉣ 중 그 성격이 가장 다른 하나는?

① ㉠   ② ㉡

③ ㉢   ④ ㉣

13 다음 밑줄 친 부분 중에서 (가)의 대동강 과 가장 유사한 성격을 지닌 것은?

① 살어리 살어리랏다 청산(靑山)애 살어리랏다 / 멀위랑 드래랑 먹고, 청산(靑山)애 살어리랏다 / 얄리얄리 얄랑셩 얄라리 얄라

② 수양산(首陽山) 브라보며 이제(夷齊)를 한(恨)ᄒᆞ노라 / 주려 주글진들 채미(採薇)도 ᄒᆞᄂᆞᆫ 것가 / 비록애 푸새엣 거신들 긔 뉘 싸헤 낫ᄃᆞ니

③ 추강(秋江)에 밤이 드니 물결이 차노매라 / 낚시 드리우니 고기 아니 무노매라 / 무심(無心)한 달빛만 싣고 빈 배 저어 오노라

④ 비 갠 둑에 풀빛이 고운데 / 남포에서 임 보내며 슬픈 노래 부르네 / 대동강 물이야 언제나 마르려나 / 이별 눈물 해마다 푸른 물결 보태나니

14 〈보기〉는 단어의 사전적 정의이다. 〈보기〉를 참고할 때 밑줄 친 부분이 문법적으로 가장 옳지 않은 것은?

> ───── 〈보 기〉 ─────
>
> –던 「어미」
> 1) 앞말이 관형어 구실을 하게 하고, 과거의 어떤 상태를 나타내는 어미
> 2) 앞말이 관형어 구실을 하게 하고 어떤 일이 과거에 완료되지 않고 중단되었다는 미완(未完)의 의미를 나타내는 어미
>
> –던지 「어미」
> 막연한 의문이 있는 채로 그것을 뒤 절의 사실과 관련시키는 데 쓰는 연결 어미
>
> –든 「어미」
> '–든지'의 준말
>
> –든지 「어미」
> 1) 나열된 동작이나 상태, 대상들 중에서 어느 것이든 선택될 수 있음을 나타내는 연결 어미
> 2) 실제로 일어날 수 있는 여러 가지 중에서 어느 것이 일어나도 뒤 절의 내용이 성립하는 데 아무런 상관이 없음을 나타내는 연결 어미

① 싫든 좋든 이 길로 가는 수밖에 없다.
② 밥을 먹던지 말던지 네 맘대로 해라.
③ 어제 같이 봤던 영화는 참 재밌었다.
④ 집에 가든지 학교에 가든지 해라.

15 A, B, C에 들어갈 중세국어의 형태를 가장 올바르게 짝 지은 것은?

> ───── 〈보 기〉 ─────
>
> 현대국어 관형격 조사 '의'에 해당하는 중세국어 관형격 조사는 '익/의', 'ㅅ'가 있다. 선행체언이 무정물일 때는 'ㅅ'이 쓰이고, 유정물일 때는 모음조화에 따라 '익/의'가 쓰인다. 다만 유정물이라도 종교적으로 높은 대상 등 존칭의 대상일 때는 'ㅅ'가 쓰인다.
>
> · ___A___ 말쓰미 中國에 달아
> (나라의 말이 중국과 달라)
> · ___B___ 쁘들 거스디 아니ᄒ노니
> (사람의 뜻을 거스르지 않는데)
> · 世尊 ___C___ 神力으로 뒤외의 ᄒ샨 사ᄅ미라
> (세존*의 신통력으로 되게 하신 사람이다.)
>
> * 세존: 석가모니의 다른 이름. 세상에서 가장 존귀한 존재라는 뜻이다.

	A	B	C
①	나라이	사ᄅ미	의
②	나라의	사ᄅ믜	ㅅ
③	나랏	사ᄅ미	ㅅ
④	나랏	사ᄅ믜	ㅅ

16 [A]와 [B]에서 일어난 음운 변동의 공통점으로 가장 적절한 것은?

> [A] 복면[봉면], 받는[반는], 잡목[잠목]
> [B] 난로[날로], 권리[궐리], 신라[실라]

① 앞에 오는 자음의 조음 위치에 동화되는 음운 변동이다.
② 앞에 오는 자음의 조음 방법에 동화되는 음운 변동이다.
③ 뒤에 오는 자음의 조음 위치에 동화되는 음운 변동이다.
④ 뒤에 오는 자음의 조음 방법에 동화되는 음운 변동이다.

17 다음 ㉠~㉣을 통해 인용절에 대해 탐구한 내용으로 가장 적절하지 않은 것은?

> ㉠ 성민이 승아에게 "밥을 먹거라"라고 말했다.
> / 성민이 승아에게 밥을 먹으라고 말했다.
> ㉡ 성민은 "나는 승아를 만나고 싶다"라고 말했다.
> / 성민은 자기가 승아를 만나고 싶다고 말했다.
> ㉢ 성민은 승아에게 "먼저 들어갑니다"라고 말했다.
> / 성민은 승아에게 먼저 들어간다고 말했다.
> ㉣ 성민은 어제 "오늘 떠나고 싶어"라고 말했다.
> / 성민은 어제 떠나고 싶다고 말했다.

① ㉠을 통해 직접 인용절에서 사용된 명령형 종결 어미가 간접 인용절에서는 다른 형태로 나타남을 알 수 있다.

② ㉡을 통해 직접 인용절에 사용된 인칭 대명사는 간접 인용절에서 지시 대명사로 달라짐을 알 수 있다.

③ ㉢을 통해 직접 인용절에서 사용된 상대 높임 표현이 간접 인용절에서는 나타나지 않음을 알 수 있다.

④ ㉣을 통해 직접 인용절의 시간 표현이 간접 인용절에서 해당 문장을 발화하는 시점을 기준으로 달라짐을 알 수 있다.

18 다음 문장에 대한 설명으로 가장 적절하지 않은 것은?

> 눈이 녹으면 남은 발자국 자리마다 꽃이 피리니.

① 자립 형태소는 5개이다.

② 의존 형태소는 9개이다.

③ 실질 형태소는 8개이다.

④ 7개의 어절, 19개의 음절로 이루어진 문장이다.

19 〈보기〉의 ㉠~㉣에 대한 설명으로 가장 적절하지 않은 것은?

> ─── 〈보 기〉 ───
>
> 음운의 변동은 한 음운이 다른 음운으로 바뀌는 교체, 한 음운이 없어지는 탈락, 새로운 음운이 생기는 첨가, 두 음운이 하나의 음운으로 합쳐지는 축약으로 구분된다. 한 단어가 발음될 때 이 네 가지 변동 중 둘 이상이 나타나는 경우도 있고 하나의 음운이 두 번 이상의 음운 변동을 겪기도 한다.
>
> ㉠ 꽃잎[꼰닙]   ㉡ 맏며느리[만며느리]
> ㉢ 닫혔다[다쳗따]   ㉣ 넓죽하다[넙쭈카다]

① ㉠~㉣은 모두 음운이 교체되는 현상이 일어난다.

② ㉠과 ㉡에서는 공통적으로 음운의 첨가가 일어난다.

③ ㉢에서는 두 개의 음운이 하나로 축약되는 현상이 일어난다.

④ ㉣에서는 음운의 탈락과 축약이 일어난다.

[20~22] 다음 글을 읽고 물음에 답하시오.

　구보는, 약간 자신이 있는 듯싶은 걸음걸이로 전차 선로를 두 번 횡단하여 화신상회 앞으로 간다. 그리고 저도 모를 사이에 그의 발은 백화점 안으로 들어서기조차 하였다. 젊은 내외가, 너댓 살 되어 보이는 아이를 데리고 그곳에 가 승강기를 기다리고 있었다. 이제 그들은 식당으로 가서 그들의 오찬을 즐길 것이다. 흘낏 구보를 본 그들 내외의 눈에는 자기네들의 행복을 자랑하고 싶어하는 마음이 엿보였는지도 모른다. 구보는, 그들을 업신여겨 볼까 하다가, 문득 생각을 고쳐, 그들을 축복하여 주려 하였다. 사실, 4, 5년 이상을 같이 살아왔으면서도, 오히려 새로운 기쁨을 가져 이렇게 거리로 나온 젊은 부부는 구보에게 좀 다른 의미로서의 부러움을 느끼게 하였는지도 모른다. 그들은 분명히 가정을 가졌고, 그리고 그들은 그곳에서 당연히 그들의 행복을 찾을게다.

　승강기가 내려와 서고, 문이 열려지고, 닫혀지고, 그리고 젊은 내외는 수남이나 복동이와 더불어 구보의 시야를 벗어났다.

　구보는 다시 밖으로 나오며, 자기는 어디 가 행복을 찾을까 생각한다. 발 가는 대로, 그는 어느 틈엔가 안전지대에 가 서서, 자기의 두 손을 내려다보았다. 한 손의 단장과 또 한 손의 공책과 ― 물론 구보는 거기에서 행복을 찾을 수는 없다.

　안전지대 위에, 사람들은 서서 전차를 기다린다. 그들에게, 행복은 알 수 없다. 그러나 그들은 분명히 갈 곳만은 가지고 있었다.

　전차가 왔다. 사람들은 내리고 또 탔다. 구보는 잠깐 머엉하니 그곳에 서 있었다. 그러나 자기와 더불어 그곳에 있던 온갖 사람들이 모두 저 차에 오르는 것을 보았을 때, 그는 저 혼자 그곳에 남아 있는 것에 외로움과 애달픔을 맛본다. 구보는, 움직인 전차에 뛰어올랐다.

…(중략)…

　구보는 고독을 느끼고, 사람들 있는 곳으로, 약동하는 무리들이 있는 곳으로, 가고 싶다 생각한다. 그는 눈앞에 경성역을 본다. 그곳에는 마땅히 인생이 있을 게다. 이 낡은 서울의 호흡과 또 감정이 있을 게다. 도회의 소설가는 모름지기 이 도회의 항구와 친하여야 한다. 그러나 물론 그러한 직업 의식은 어떻든 좋았다. 다만 구보는 고독을 삼등 대합실 군중 속에 피할 수 있으면 그만이다. 그러나 오히려 고독은 그곳에 있었다. 구보가 한 옆에 끼여 앉을 수도 없

게시리 사람들은 그곳에 빽빽하게 모여 있어도, 그들의 누구에게서도 인간 본연의 온정을 찾을 수는 없었다. 그네들은 거의 옆의 사람에게 한마디 말을 건네는 일도 없이, 오직 자기네들 사무에 바빴고, 그리고 간혹 말을 건네도, 그것은 자기네가 타고 갈 열차의 시각이나 그러한 것에 지나지 않았다. 그네들의 동료가 아닌 사람에게 그네들은 변소에 다녀올 동안의 그네들 짐을 부탁하는 일조차 없었다. 남을 결코 믿지 않는 그네들의 눈은 보기에 딱하고 또 가엾었다.

　구보는 한구석에 가 서서 그의 앞에 앉아 있는 노파를 본다. 그는 뉘 집에 드난을 살다가 이제 늙고 또 쇠잔한 몸을 이끌어 결코 넉넉하지 못한 어느 시골, 딸네 집이라도 찾아 가는지 모른다. 이미 굳어 버린 그의 안면 근육은 어떠한 다행한 일에도 펴질 턱 없고, 그리고 그의 몽롱한 두 눈은 비록 그의 딸의 그지없는 효양(孝養)을 가지고도 감동시킬 수 없을지 모른다. 노파 옆에 앉은 중년의 시골 신사는 그의 시골서 조그만 백화점을 경영하고 있을 게다. 그의 점포에는 마땅히 주단포목도 있고, 일용 잡화도 있고, 또 흔히 쓰이는 약품도 갖추어 있을 게다. 그는 이제 그의 옆에 놓인 물품을 들고 자랑스러이 차에 오를 게다. 구보는 그 시골 신사가 노파와의 사이에 되도록 간격을 가지려고 노력하는 것을 발견하고, 그리고 그를 업신여겼다. 만약 그에게 얕은 지혜와 또 약간의 용기를 주면 그는 삼등 승차권을 주머니 속에 간수하고 일, 이등 대합실에 오만하게 자리잡고 앉을 게다.

　문득 구보는 그의 얼굴에서 부종(浮腫)을 발견하고 그의 앞을 떠났다. 신장염. 그뿐 아니라, 구보는 자기 자신의 만성 위확장을 새삼스러이 생각해 내지 않으면 안 되었다. 그러나 구보가 매점 옆에까지 갔었을 때, 그는 그곳에서도 역시 병자를 보지 않으면 안 되었다. 40여 세의 노동자. 전경부(前頸部)의 광범한 팽륭(澎隆). 돌출한 안구. 또 손의 경미한 진동. 분명한 '바세도우씨'병. 그것은 누구에게든 결코 깨끗한 느낌을 주지는 못한다. 그의 좌우에는 좌석이 비어 있어도 사람들은 그곳에 앉으려 들지 않는다. 뿐만 아니라, 그에게서 두 칸통 떨어진 곳에 있던 아이 업은 젊은 아낙네가 그의 바스켓 속에서 꺼내다 잘못하여 시멘트 바닥에 떨어뜨린 한 개의 복숭아가, 굴러 병자의 발 앞에까지 왔을 때, 여인은 그것을 쫓아와 집기를 단념하기조차 하였다.

　구보는 이 조그만 사건에 문득, 흥미를 느끼고, 그리고

그의 '대학노트'를 펴 들었다. 그러나 그가, 문 옆에 기대어 섰는 캡 쓰고 린네르 즈메에리 양복 입은 사나이의, 그 온갖 사람에게 의혹을 갖는 두 눈을 발견하였을 때, 구보는 또 다시 우울 속에 그곳을 떠나지 않으면 안 된다.

– 박태원, 「소설가 구보 씨의 일일」 –

20 윗글에 대한 설명으로 가장 적절한 것은?

① 주인공의 행동을 우스꽝스럽게 묘사하며 조롱하고 있다.

② 특정 인물의 내면 심리를 중심으로 이야기가 전개되고 있다.

③ 인물 간의 갈등을 부각하여 주제의식을 선명하게 드러내고 있다.

④ 대화 장면을 자세하고 빈번하게 제시하여 인물들의 성격을 직접적으로 제시하고 있다.

21 윗글에 대한 이해로 가장 적절한 것은?

① 구보는 '노파'의 가난하고 고된 삶을 상상해 보며, 그녀의 생기 없는 외양에 대해 생각한다.

② 구보는 '중년의 시골 신사'가 삼등 승차권을 가지고 이등 대합실에 자리잡고 있는 모습을 목격하고 그를 업신여기고 있다.

③ 구보는 만성 위확장을 앓고 있는 '40여 세의 노동자'가 불결한 느낌을 준다고 생각하지만 그의 곁에 가서 앉는다.

④ 구보는 '양복 입은 사나이'가 온갖 사람을 불신하는 모습을 목격하고 분노를 느낀다.

22 〈보기〉를 참고하여 윗글을 감상한 내용으로 가장 적절하지 않은 것은?

〈보 기〉

「소설가 구보 씨의 일일」은 1930년대 무력한 지식인인 소설가 구보의 내면의식과 그의 눈에 비친 경성의 일상을 그려내고 있다. 경성역, 화신상회(백화점), 안전지대, 전차 등 근대화가 진행되며 나타난 경성의 새로운 풍경들은 구보의 시선에 포착된다.

① 화신상회에서 구보는 행복해 보이는 가족을 바라보며 부러움을 느끼다가 그들을 업신여기려 한다.

② 발 가는 대로 걸어가 안전지대에 도착하는 구보의 모습으로 보아, 구보는 목표나 방향이 없는 무력한 지식인의 모습을 드러낸다고 이해할 수 있다.

③ 구보가 움직인 전차에 뛰어오른 이유는 안전지대에 혼자 남는 것에 외로움을 느꼈기 때문이다.

④ 구보가 경성역으로 향한 이유는 사람들 사이에서 고독을 피하기 위해서이다.

[23] 〈보기〉와 다음 시를 읽고 물음에 답하시오.

─── 〈보 기〉 ───

고향에 고향에 돌아와도
그리던 고향은 아니러뇨.

산꿩이 알을 품고
뻐꾸기 제철에 울건만,

마음은 제 고향 지니지 않고
머언 항구(港口)로 떠도는 구름.

오늘도 뫼 끝에 홀로 오르니
흰 점 꽃이 인정스레 웃고,

어린 시절에 불던 풀피리 소리 아니 나고
메마른 입술에 쓰디쓰다.

고향에 고향에 돌아와도
그리던 하늘만이 높푸르구나.

─ 정지용, 「고향」 ─

넓은 벌 동쪽 끝으로
옛이야기 지줄대는 실개천이 휘돌아 나가고,
얼룩백이 황소가
해설피 금빛 게으른 울음을 우는 곳,

── 그곳이 차마 꿈엔들 잊힐 리야.

질화로에 재가 식어지면
비인 밭에 밤바람 소리 말을 달리고
엷은 졸음에 겨운 늙으신 아버지가
짚베개를 돌아 고이시는 곳,

── 그곳이 차마 꿈엔들 잊힐 리야.

흙에서 자란 내 마음
파아란 하늘빛이 그리워
함부로 쏜 화살을 찾으려
풀섶 이슬에 함초롬 휘적시던 곳,

── 그곳이 차마 꿈엔들 잊힐 리야.

전설(傳說) 바다에 춤추는 밤물결 같은
검은 귀밑머리 날리는 어린 누이와
아무렇지도 않고 예쁠 것도 없는
사철 발 벗은 아내가
따가운 햇살을 등에 지고 이삭 줍던 곳,

── 그곳이 차마 꿈엔들 잊힐 리야.

하늘에는 성근 별
알 수도 없는 모래성으로 발을 옮기고,
서리 까마귀 우지짖고 지나가는 초라한 지붕,
흐릿한 불빛에 돌아앉아 도란도란거리는 곳,

── 그곳이 차마 꿈엔들 잊힐 리야.

─ 정지용, 「향수」 ─

23 위의 시와 〈보기〉를 비교 감상한 내용으로 가장 적절한 것은?

① 위의 시와 〈보기〉 모두 과거의 추억을 잃어버린 현실을 쓸쓸히 드러내고 있다.

② 〈보기〉와 달리 위의 시는 고향과의 거리감, 단절감을 드러내고 있다.

③ 위의 시와 〈보기〉 모두 자연물에 인격을 부여하여 대상을 형상화하고 있다.

④ 〈보기〉와 달리 위의 시는 다양한 감각적 심상을 통해 화자의 정서를 드러내고 있다.

24 〈보기〉를 바탕으로 아래 ㉠~㉢을 분석한 내용으로 가장 적절하지 않은 것은?

---〈보 기〉---

문장 성분은 문장의 주된 골격을 이루는 주성분, 주로 주성분의 내용을 수식하는 부속 성분, 다른 문장 성분과 관계를 맺지 않는 독립 성분으로 나누어진다. 주성분에는 주어, 서술어, 목적어, 보어가 있고, 부속 성분에는 부사어, 관형어가 있으며, 독립 성분에는 독립어가 있다.

㉠ 아이가 작은 침대에서 예쁘게 잔다.
㉡ 그는 친구의 딸을 며느리로 삼았다.
㉢ 앗, 영희가 뜨거운 물을 엎질렀구나!

① ㉠~㉢은 모두 관형어가 존재한다.

② ㉠~㉢의 주성분의 개수가 일치한다.

③ ㉠의 부속 성분의 개수는 ㉡, ㉢보다 많다.

④ ㉡은 ㉠과 달리 필수적 부사어가 존재한다.

25 〈보기〉는 이어진문장과 안은문장에 대해 정리한 것이다. 탐구의 결과로 가장 적절하지 않은 것은?

---〈보 기〉---

• 이어진문장: 둘 이상의 홑문장이 대등하거나 종속적으로 이어진문장

㉠ 동생은 과일은 좋아하지만, 야채는 싫어한다.
  동생은 야채는 싫어하지만, 과일은 좋아한다.

㉡ 철수가 오면 그들은 출발할 것이다.
  그들이 출발하면 철수가 올 것이다.

• 안은문장: 홑문장을 전체 문장의 한 성분으로 안고 있는 문장

㉢ 언니는 그 아이가 학생임을 알았다.

㉣ 책을 읽던 영수가 수지에게 다가왔다.

※ ㉢과 ㉣의 밑줄 친 부분은 안긴문장임

---

① 이어진문장은 두 문장이 '대조'나 '조건'의 의미 관계로 연결되기도 하는군.

② 이어진문장은 앞뒤 문장의 순서가 바뀌어도 동일한 의미를 나타내는군.

③ 안긴문장은 안은문장에서 명사처럼 쓰이거나 명사를 꾸미는 등 다양한 역할을 하는군.

④ 안긴문장과 안은문장의 주어는 같을 수도 있고 서로 다를 수도 있군.

✅ 회독 CHECK 1 2 3

01 〈보기〉의 ㉠~㉤에 대한 설명 중 옳지 않은 것은?

───〈보 기〉───

㉠ 우리 사무실은 도심에 있어 비교적 교통이 편리하다.
㉡ 천세나 만세를 누리소서!
㉢ 그 일은 어제 끝냈어야 했다.
㉣ 넷에 넷을 더하면 여덟이다.
㉤ 한창 크는 분야라서 지원자가 많다.

① ㉠의 '비교적'은 관형사이다.
② ㉡의 '만세'는 명사이다.
③ ㉢의 '어제'는 부사이다.
④ ㉣의 '여덟'은 수사이다.
⑤ ㉤의 '크는'은 동사이다.

02 밑줄 친 말 중 문법적 기능이 다른 것은?

① 그것참, 신기하군그래.
② 그를 만나야만 모든 원인을 밝힐 수 있다.
③ 그것이 금덩이라도 나는 안 가진다.
④ 얼마 되겠느냐마는 살림에 보태어 쓰도록 해.
⑤ 용서해 주시기만 하면요 정말 감사하겠습니다.

03 밑줄 친 단어의 뜻풀이가 옳지 않은 것은?

① 그는 줄목을 무사히 넘겼다.
   → 일의 진행 과정에서 가장 중요한 대목
② 그 사람들도 선걸음으로 그리 내달았다.
   → 이미 내디뎌 걷고 있는 그대로의 걸음
③ 겨울 동안 갈무리를 했던 산나물을 팔았다.
   → 물건 따위를 잘 정리하거나 간수함
④ 그는 인물보다 맨드리가 쓰레기꾼 축에 섞이기는 아까웠다.
   → 옷을 입고 매만진 맵시
⑤ 그녀는 잔입으로 출근 시간이 되기만을 기다렸다.
   → 음식을 조금만 먹음

04 어법에 맞는 문장은?

① 그 회사는 품질 면에서 세계 최고이다.
② 내 생각은 네가 잘못을 인정하면 해결될 것이다.
③ 지도자는 자유 수호와 인권을 보장하는 것을 목표로 삼아야 한다.
④ 이사회는 재무 지표 현황과 개선 계획을 수립, 다음 달부터 시행하기로 하였다.
⑤ 이 여론조사 결과는 현재 무엇을 시급히 개선해야 한다는 점을 말해주고 있다.

05 다음 글의 논지와 가까운 것은?

　　괴테는 인간의 목표가 각자의 개성과 존엄성을 통해 보편성에 이르는 데 있다고 보았다. 즉 그는 자연이라는 근원에서 나온 개체에 대해서는 자연과 동일한 권리를 부여하였지만, 개체와 근원 사이에 존재하는 중간 단계에 대해서는 상대적으로 관심이 적었다. 그리하여 나폴레옹이 그의 조국을 점령하였을 때에 그는 피히테만큼 열성적으로 활동하지는 않았다. 물론 그도 자기 민족의 자유를 원했고 조국에 대해 깊은 애정을 표시했지만, 그의 마음을 더욱 사로잡은 것은 인간성이나 인류와 같은 관념이었다. 이런 점에서 볼 때, 괴테는 집단의식보다는 개인의 존엄성을 더 중시했다고 할 수 있다.

　　그런데 이전보다 훨씬 다양한 집단에 속한 채 살아야 하는 현대인에게는 개인과 집단의 관계를 어떻게 설정하느냐 하는 문제가 더욱 중요하게 떠오른다. 이러한 문제가 발생할 때 다수의 논리를 내세워 개인의 의지를 배제한다면 그것은 바람직한 해결책이라 할 수 없다. 현대사회가 추구하는 효율성의 원칙만을 내세워 집단을 개인의 우위에 두면 '진정한 인간성'이 계발되기 어렵다. 그러므로 우리는 개인이 조직 사회에 종속됨으로써 정신적 독립성을 잃게 되는 위험성을 항상 경계해야 한다.

　　오늘날 우리는 괴테의 의미를 새롭게 발견한다. 그는 현대의 공기를 마셔 보지 않았지만 대단히 현대적인 시각에서 우리에게 충고를 하고 있다. 지금 진행되고 있는 이 무서운 드라마를 끝내기 위해서는 모든 사람이 다 함께 '진정한 인간성'을 추구해야 한다. 물질적 편리함을 위해 정신적 고귀함을 간단히 양보해 버리고, 집단의 목적을 위해 개인의 순수성을 쉽게 배제해 버리는 세태 속에서 우리는 자신의 혼을 가진 인간으로 살기 위해 노력해야 한다. 이런 점에서, 순수하고 고결한 인간성을 부르짖는 괴테의 외침은 사람 자체를 존중하는 마음이 사라져 가는 오늘날의 심각한 병폐를 함께 치유하자는 세계사적 선서의 의미를 지닌다. 모든 사람들이 각자 '진정한 인간성'을 행동으로 실천한다면, 현대 사회의 비인간화 현상은 극복될 수 있을 것이다.

① 개인과 집단 사이에는 갈등이 있을 수 없다. 집단의 이익이 개인의 이익이며, 개인의 이익이 집단의 이익이다.

② 개인이 집단의 목적에 맹목적으로 따르는 것은 민주 시민의 올바른 자세가 아니다. 비판이 없는 집단은 자기 발전이 없다.

③ 개인의 존엄성은 상대적인 것이다. 따라서 개인도 자기 목소리만을 높일 것이 아니라 집단의 목표에 부합하도록 노력해야 한다.

④ 진정한 인간성은 이기주의와는 다르다. 개인의 독립성을 지나치게 주장하여 운영에 차질을 주면 그것도 바람직하지 않다.

⑤ 다수의 논리를 내세워 개인의 의지를 꺾는 것도 잘못이지만, 개인의 의지가 다수의 논리를 무시하는 것은 더 큰 문제이다.

06 〈보기〉의 관점에서 ㉠을 비판한 것으로 적절한 것은?

　　원칙적으로 사람들은 제1 언어 습득 연구에 대한 양극단 중 하나의 입장을 취할 수 있을 것이다. ㉠극단적 행동주의자적 입장은 어린이들이 백지 상태, 즉 세상이나 언어에 대해 아무런 전제된 개념을 갖지 않은 깨끗한 서판을 갖고 세상에 나오며, 따라서 어린이들은 환경에 의해 형성되고 다양하게 강화된 예정표에 따라 서서히 조건화된다고 주장하였다. 또 반대쪽 극단에 있는 구성주의의 입장은 어린이들이 매우 구체적인 내재적 지식과 경향, 생물학적 일정표를 갖고 세상에 나온다는 인지주의적 주장을 할 뿐만 아니라 주로 상호 작용과 담화를 통해 언어 기능을 배운다고 주장한다. 이 두 입장은 연속선상의 양극단을 나타내며, 그 사이에는 다양한 입장들이 있을 수 있다.

――〈보 기〉――

　　생득론자는 언어 습득이 생득적으로 결정되며, 우리는 주변의 언어에 대해 체계적으로 인식할 수 있도록 되어 있어서 결과적으로 언어의 내재화된 체계를 구축하는 유전적 능력을 타고난다고 주장한다.

① 언어 습득에 대한 연구에서 실제적 언어 사용의 양상이 무시될 가능성이 크다.
② 아동의 언어 습득을 관장하는 유전자의 실체가 확인될 때까지는 행동주의는 불완전한 가설일 뿐이다.
③ 아동은 단순히 문법적으로 정확한 문장을 만드는 방법을 배우는 것이 아니라 의사소통 방법을 배우는 것이다.
④ 아동의 언어 습득은 특정 언어공동체의 일원이 되는 핵심 과정인데, 행동주의는 공동체 구성원들과의 상호 작용이 차지하는 중요성을 간과하고 있다.
⑤ 아동의 언어 습득이 외적 자극인 환경에 의해 전적으로 형성된다고 보는 행동주의 모델은 배우거나 들어본 적 없는 표현을 만들어내는 어린이 언어의 창조성을 설명하지 못한다.

07 '도산 노인'의 생각에 대한 이해로 옳지 않은 것은?

　　「도산십이곡」은 도산 노인이 지은 것이다. 노인이 이를 지은 것은 무엇 때문인가. 우리나라의 가곡은 대체로 음란하여 족히 말할 것이 없으니 「한림별곡」과 같은 것도 문인의 입에서 나왔으나, 교만하고 방탕하며 겸하여 점잖지 못하고 장난기가 있어 더욱 군자가 숭상해야 할 바가 아니다. 다만 근세에 이별의 「육가」라는 것이 있어 세상에 성대하게 전해지는데, 저것보다 낫기는 하나 또한 세상을 희롱하는 불공한 뜻만 있으며, 온유돈후의 실질이 적은 것을 애석하게 여겼다.

　　노인은 평소 음악을 이해하지는 못하나 오히려 세속의 음악이 듣기 싫은 것을 알아, 한가히 살면서 병을 돌보는 여가에 무릇 성정에서 느낌이 일어나는 것을 매양 시로 나타내었다. 그러나 지금의 시는 옛날의 시와는 달라서 읊을 수는 있어도 노래로 부를 수는 없다. 만약 노래로 부르려면 반드시 시속의 말로 엮어야 되니, 대개 우리나라 음절이 그렇게 하지 않고서는 안 되기 때문이다.

　　그래서 내가 일찍이 대략 이별의 노래를 본떠 도산육곡이란 것을 지은 것이 둘이니, 그 하나는 언지(言志)이고 다른 하나는 언학(言學)이다. 아이들로 하여금 아침저녁으로 익혀서 노래하게 하여 안석에 기대어 이를 듣고자 했다. 또한 아이들로 하여금 스스로 노래하고 춤추고 뛰게 한다면, 비루하고 더러운 마음을 깨끗이 씻어버리고, 느낌이 일어나 두루 통하게 될 것이니 노래하는 자와 듣는 자가 서로 유익함이 없지 않을 것이다.

　　돌이켜보면 나의 자취가 자못 어그러졌으니, 이 같은 한가한 일이 혹시나 시끄러운 일을 야기하게 될지 모르겠고, 또 곡조에 얹었을 때 음절이 맞는지도 알 수 없어 우선 한 부를 베껴 상자 속에 담아 두고, 때때로 꺼내 완상하여 스스로를 반성하며, 또 훗날에 보는 자가 이를 버리거나 취하기를 기다릴 따름이다.

－ 이황, 「도산십이곡발」 －

① 우리말 노래가 대체로 품격이 떨어진다고 보아 만족하지 못하고 있었다.

② 우리나라에서 한시를 노래로 부르는 전통을 되살리려고 한다.

③ 자신이 지은 노래를 부르는 아이들에게도 유익함이 있을 것이라 생각한다.

④ 자신이 노래를 지은 것을 불만스럽게 생각할 사람이 있을 수 있다고 예상한다.

⑤ 자신이 지은 노래가 후세에 전해져서 평가의 대상이 될 것을 기대한다.

08 다음 시에 대한 이해로 적절하지 않은 것은?

> 아버지는 두 마리의 두꺼비를 키우셨다
>
> 해가 말끔하게 떨어진 후에야 퇴근하셨던 아버지는 두꺼비부터 씻겨 주고 늦은 식사를 했다 동물 애호가도 아닌 아버지가 녀석에게만 관심을 갖는 것 같아 나는 녀석을 시샘했었다 한번은 아버지가 녀석을 껴안고 주무시는 모습을 보았는데 기회는 이때다 싶어서 살짝 만져 보았다 그런데 녀석이 독을 뿜어내는 통에 내 양 눈이 한동안 충혈되어야 했다 아버지, 저는 두꺼비가 싫어요
>
> 아버지는 이윽고 식구들에게 두꺼비를 보여주는 것조차 꺼리셨다 칠순을 바라보던 아버지는 날이 새기 전에 막일판으로 나가셨는데 그때마다 잠들어 있던 녀석을 깨워 자전거 손잡이에 올려놓고 페달을 밟았다
>
> 두껍아 두껍아 헌집 줄게 새집 다오
>
> 아버지는 지난 겨울, 두꺼비집을 지으셨다 두꺼비와 아버지는 그 집에서 긴 겨울잠에 들어갔다 봄이 지났으나 잔디만 깨어났다
>
> 내 아버지 양 손엔 우툴두툴한 두꺼비가 살았었다
>
> – 박성우, 「두꺼비」 –

① 화자가 '아버지, 저는 두꺼비가 싫어요'라고 말한 것은 아버지의 고생스러운 삶에서 서러움과 연민을 느꼈기 때문이다.

② 이 시는 아이의 시선과 동요의 가사를 활용하여 아버지의 희생적인 삶을 돌아보게 하면서 감동을 주고 있다.

③ 이 시는 첫 줄과 마지막 줄에 제시된 아버지와 두꺼비의 호응 관계를 통해 시적 의미를 강조하고 있다.

④ 이 시에서 '두꺼비'는 아버지를 기다리는 자식들을 의미한다.

⑤ '아버지는 그 집에서 긴 겨울잠에 들어갔다'는 표현에서 아버지가 돌아가셨다는 것을 알 수 있다.

09 다음 글에 대한 이해로 적절하지 않은 것은?

정신에 대한 전통적인 설명에 따르면, 인간의 육체는 비물질적 실체인 영혼으로 가득 차 있으며 그 영혼이 때때로 유령이나 귀신의 모습으로 나타난다. 그러나 이 이론은 극복할 수 없는 문제에 부딪힌다. 그 유령이 어떻게 유형의 물질과 상호 작용하는가? 무형의 비실체가 어떻게 번쩍이고 쿡 찌르고 삑 소리를 내는 외부 세계에 반응하고 팔다리를 움직이게 만드는가? 그뿐 아니라 정신은 곧 뇌의 활동임을 보여 주는 엄청난 증거들도 극복할 수 없는 문제다. 오늘날 밝혀진 바에 따르면, 비물질적이라 생각했던 영혼도 칼로 해부되고, 화학물질로 변질되고, 전기로 나타나거나 사라지고, 강한 타격이나 산소 부족으로 인해 소멸되곤 한다. 현미경으로 보면 뇌는 풍부한 정신과 완전히 일치하는 대단히 복잡한 물리적 구조를 갖고 있다.

정신을 어떤 특별한 형태의 물질에서 발생하는 것으로 보는 견해도 있다. 피노키오는 목수 제페토가 발견한, 말하고 웃고 움직이는 마법의 나무에서 생명력을 얻는다. 그러나 애석한 일이지만 그런 신비의 물질은 어디에서도 발견되지 않았다. 우선 뇌 조직이 그 신비의 물질이 아닌가 생각해 볼 수 있다. 다윈은 뇌가 정신을 '분비한다'고 적었고, 최근에 철학자 존 설은 유방의 세포 조직이 젖을 만들고 식물의 세포 조직이 당분을 만드는 것처럼, 뇌 조직의 물리화학적 특성들이 정신을 만들어 낸다고 주장했다. 그러나 뇌 종양 조직이나 접시 안의 배양 조직은 물론이고 모든 동물의 뇌 조직에도 똑같은 종류의 세포막, 기공, 화학물질들이 존재한다는 사실을 생각해 보라. 그 모든 신경세포 조직이 동일한 물리화학적 특성들을 갖고 있지만, 그것들 모두가 인간과 같은 지능을 보이진 않는다. 물론 인간 뇌를 구성하는 세포 조직의 어떤 측면이 우리의 지능에 필수적인 것은 사실이지만, 그 물리적 특성들로는 충분하지 않다. 벽돌의 물리적 특성으로는 음악을 설명하기에 불충분한 것과 같다. 중요한 것은 신경세포 조직의 '패턴' 속에 존재하는 어떤 것이다.

① 다윈과 존 설은 뇌 조직이 인간 정신의 근원이라고 주장했다.
② 인간의 뇌를 구성하는 세포 조직의 물리적 특성은 인간 지능의 필요충분조건이다.
③ 지능에 대한 전통적 설명 방식은 내적 모순으로부터 자유롭지 않다.
④ 뇌의 물리적 특성보다 신경세포 조직의 '패턴' 속에 존재하는 어떤 것이 중요하다.
⑤ 뇌와 정신이 밀접하게 연결되어 있음을 시각적으로 확인할 수 있는 물리적 증거가 있다.

10 〈보기〉는 국어 단모음 체계의 변화를 보여 주고 있다. 〈보기〉에 대한 설명으로 적절하지 않은 것은?

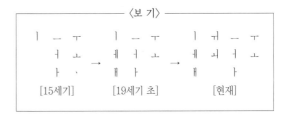

[15세기] [19세기 초] [현재]

① 모음들이 연쇄적으로 조음 위치의 변화를 겪는 현상이 발견된다.
② 국어 역사에서 후설 저모음이 존재했던 것으로 추측된다.
③ 단모음의 개수는 점차 늘어난 것으로 보인다.
④ 모음 중에서 음소 자체가 소멸된 것이 있다.
⑤ 일부 이중모음의 단모음화가 발견된다.

11 (가)~(마)를 논리적 순서에 맞게 나열한 것은?

> (가) 작센의 아우구스투스 2세는 독일 마이센 성의 연금술사인 요한 프리드리히 뵈트거를 가두고 황금을 만들라 명한다. 하지만 실패를 거듭하자 아우구스투스는 화학 반응으로 금을 만들 수 없다는 결론을 내리고 금과 맞먹는 대체품으로 백자를 만들라 명령한다. 뵈트거는 백자를 만들기 위해 대리석이나 뼛가루를 사용했지만 번번이 실패한다. 그는 1708년, 3년 만에 마이센에서 고령토 광산을 발견했고 장석 성분을 추가해 백자의 성분 문제를 해결한다.
>
> (나) 18세기 대항해 시대가 열리면서 유럽은 상류층에서 살롱 문화가 급속하게 번진다. 살롱에서 담론을 펼칠 때 아프리카 커피와 중국 차를 마시는 게 최고의 호사였으며, 백자는 거기에 품격을 더했다. 하지만 백자를 만드는 기술은 중국인들만의 비밀이었기 때문에 유럽은 비싼 가격을 중국에 지불하면서 백자를 수입할 수밖에 없었다.
>
> (다) 또 발터 폰 치른하우스의 도움으로 렌즈와 거울을 이용한 1400도 가마가 가능해졌다. 하늘에서의 고온과 땅에서의 고령토, 그러니까 천지의 조화를 통해 백자가 만들어졌고, 뵈트거는 이 결과를 기록에 남겼다. 이후 마이센의 백자기술이 오스트리아 빈, 프랑스 스트라스부르, 덴마크 코펜하겐, 이탈리아 피렌체, 영국 런던 등으로 유출되면서 백자의 유럽 생산 시대가 열렸다.
>
> (라) 이탈리아의 메디치 포슬린을 비롯하여 유럽 각지에서 백자를 만들려는 다양한 시도가 있었다. 흰색을 내는 온갖 재료를 사용했지만 유리를 섞어 만드는 수준이었다. 실패의 원인은 백자의 주원료인 고령토를 알지 못했고, 1100도 이상의 가마를 만들지 못했던 데 있다. 중국 백자의 제조 비밀은 유럽의 과학기술도 밝혀내지 못했던 것이다.
>
> (마) 17세기 유럽 전역에 백자의 인기가 폭발적이었다. 중국의 백자가 유럽에 들어오자 '하얀 금'이라 불리며 비싼 가격에 거래되었다. 유럽의 왕실과 귀족들은 백자를 비롯한 중국적 취향을 '시누아즈리'라면서 바로크나 로코코 양식과 결합시킨다.

① (가) - (다) - (나) - (라) - (마)
② (가) - (다) - (마) - (나) - (라)
③ (가) - (마) - (라) - (나) - (다)
④ (마) - (가) - (다) - (라) - (나)
⑤ (마) - (나) - (라) - (가) - (다)

[12~13] 다음 글을 읽고 물음에 답하시오.

> (가) '테라포밍'은 지구가 아닌 다른 외계의 천체 환경을 인간이 살 수 있도록 변화시키는 것을 말하는데 현재까지 최적의 후보로 꼽히는 행성은 바로 화성이다. 화성은 육안으로도 붉은 빛이 선명하기에 '火(불 화)' 자를 써서 화성(火星)이라고 부르며, 서양에서는 정열적인 전쟁의 신이기도 한 '마르스'와 함께 '레드 플래닛', 즉 '붉은 행성'으로도 일컬어진다. 화성이 이처럼 붉은 이유는 표면의 토양에 철과 산소의 화합물인 산화철이 많이 포함돼 있기 때문인데, 녹슨 쇠가 불그스름해지는 것과 같은 원리로 보면 된다. 그렇다면 이런 녹슨 행성인 화성을 왜 '테라포밍' 1순위로 선정했을까? 또한 어떤 과정을 통해서 이 화성을 인간이 살 수 있는 푸른 별로 바꿀 수 있을까?
>
> (나) 영화 「레드 플래닛」을 보면 이런 '테라포밍'의 계획이 잘 나타나 있다. 21세기 초, 자원 고갈과 생태계 오염 등으로 지구의 환경이 점점 악화되자, 화성을 새로운 인류의 터전으로 바꾸기 위해서 이끼 종자를 가득 담은 무인 로켓이 화성으로 발사된다. 이끼가 번식해 화성 표면을 덮으면 그들이 배출하는 산소가 모여 궁극적으로는 인간이 호흡할 수 있는 대기층이 형성되기 때문이다. 그로부터 50여 년 후, 마침내 화성에 도착한 선발대는 희박하기는 하지만 화성의 공기가 사람이 숨 쉴 수 있을 정도로 바뀌었음을 알게 된다.
>
> (나) 그렇다면 영화가 아닌 현실에서 화성을 변화시키는 일은 가능할까? 시간이 걸리고 힘든 일이지만 가능성은 있다. 화성의 극지방에는 '극관'이라고 부르는 드라이아이스로 추정되는 하얀 막 같은 것이 존재하는데, 이것을 녹여 화성에 공기를 공급한다는 것이다. 극관에 검은 물질을 덮어 햇빛을 잘 흡수하게 만든 후 온도가 상승하면 극관이 자연스럽게 녹을 수 있도록 하는 방법인 것이다. 이 검은 물질을 자기 복제가 가능한 것

으로 만들면 소량을 뿌려도 시간이 지나면서 극관 전체를 덮게 될 것이다.

(라) 자기 복제가 가능한 검은 물질이 바로 「레드 플래닛」에 나오는 이끼이다. 유전 공학에 의해 화성처럼 혹독한 환경에서도 성공적으로 번식할 수 있는, 지의류 같은 이끼의 변종을 만들어 내어 화성의 극관 지역에 투하한다. 그들이 뿌리를 내리고 성공적으로 번식할 경우 서서히 태양광선 흡수량이 많아지고 극관은 점점 녹게 될 것이다. 그러나 이런 방법을 택하더라도 인간이 직접 호흡하며 돌아다니게 될 때까지는 최소 몇 백 년의 시간이 걸릴 것이다.

(마) 지금은 거의 불가능하다고 여겨지는 일들이지만 인류는 언제나 불가능한 일들을 불굴의 의지로 해결해 왔다. 화성 탐사선이 발사되고 반세기가 안 된 오늘날 인류는 화성을 지구 환경으로 만들 꿈을 꾸고 있다. 최소 몇 백 년이 걸릴 수도 있는 이 '테라포밍'도 언젠가는 인류의 도전 앞에 무릎을 꿇게 될 것이 분명하다. 그래서 아주 먼 훗날 우리의 후손들은 화성을 볼 때, 붉게 빛나는 별이 아니라 지구와 같은 초록색으로 반짝이는 화성을 볼 수 있게 될지도 모른다. 그렇다면 그때에는 화성을 '녹성(綠星)' 또는 '초록별'이라 이름을 바꿔 부르게 되지 않을까?

12 (가)~(마)에 대한 설명으로 적절하지 않은 것은?

① (가): 대상의 특성을 설명하고 화제를 제시하고 있다.

② (나): 예를 통해 화제에 대한 이해를 돕고 있다.

③ (다): 화제를 현실화할 수 있는 방법을 제시하고 있다.

④ (라): 귀납을 통해 화제의 실현 가능성을 증명하고 있다.

⑤ (마): 화제에 대한 긍정적 전망으로 글을 마무리하고 있다.

13 '테라포밍' 계획의 핵심이 되는 최종적인 작업은?

① 화성의 극관을 녹이는 일

② 인류가 화성에 이주하는 일

③ 화성에 대기층을 만드는 일

④ 화성의 온도를 상승시키는 일

⑤ 극관을 검은 물질로 덮는 일

14 ㉠~㉤의 외래어 표기법 규정 중 〈보기〉의 내용과 관련성이 높은 것은?

> 제1장 표기의 기본 원칙
> 　제2항 ㉠ 외래어의 1 음운은 원칙적으로 1 기호로 적는다.
> 　제4항 ㉡ 파열음 표기에는 된소리를 쓰지 않는 것을 원칙으로 한다.
>
> 제2장 표기 일람표
>
> 제3장 표기 세칙
>
> 제4장 인명, 지명 표기의 원칙
> 　제1절 표기 원칙
> 　제2항 ㉢ 제3장에 포함되어 있지 않은 언어권의 인명, 지명은 원지음을 따르는 것을 원칙으로 한다.
> 　제3항 ㉣ 원지음이 아닌 제3국의 발음으로 통용되고 있는 것은 관용을 따른다.
> 　제4항 ㉤ 고유 명사의 번역명이 통용되는 경우 관용을 따른다.

―〈보 기〉―

안녕하십니까? 12시 뉴스입니다. 오늘부터는 우크라이나 지명을 러시아어가 아닌 우크라이나어를 기준으로 전해드립니다. 대표적으로 수도인 키예프는 '키이우'로, 제2의 도시 하리코프는 '하르키우'로, 서부의 리비프는 '르비우'로 바꿔 부릅니다.

① ㉠   ② ㉡

③ ㉢   ④ ㉣

⑤ ㉤

15 밑줄 친 부분의 띄어쓰기가 옳지 않은 것은?

① 비가 올성싶다.

② 자네가 이야기를 좀 하게나그려.

③ 집을 떠나온 지 어언 3년이 지났다.

④ 복도에서 친구가 먼저 나에게 알은척했다.

⑤ 그는 불황을 타개하기 위해 사업 차 외국에 나갔다.

16 밑줄 친 용언의 활용이 옳은 것은?

① 벼가 익으니 들판이 누래.

② 그는 시장에 드르지 않고 집에 왔다.

③ 아이들은 기단 작대기 끝에 헝겊을 매달았다.

④ 추위에 손이 고와서 글씨를 제대로 쓸 수가 없다.

⑤ 그가 내 옆구리를 냅다 질르는 바람에 눈을 떴다.

17 〈보기〉의 밑줄 친 부분을 한자성어로 바꾸었을 때 적절하지 않은 것은?

─── 〈보 기〉 ───

　무릇 지도자는 항상 귀를 열어 두어야 한다. 만약 정치를 행하는 데 ㉠ 문제가 있는데도 주위의 충고를 귀 기울여 듣지 않는다면 아집의 정치를 행하는 잘못을 저지를 수 있다. 만약 자신의 아집으로 잘못을 저지르게 된다면 자신의 과오를 인정하고 이를 바로잡도록 노력해야 한다. 왜냐하면 ㉡ 진실은 숨길 수 없고 거짓은 드러나기 마련이기 때문이다.

　자신의 과오를 인정하지 않고 주변의 충고를 듣지 않는 지도자는 결국 ㉢ 순리와 정도에서 벗어나 잘못된 판단을 내리거나 시대착오적인 결정을 강행하는 우를 범하기가 쉽다. 대개 이런 지도자 주변에는 충직한 사람이 별로 없고, ㉣ 지도자의 눈을 가린 채 지도자에게 제멋대로 조작되거나 잘못된 내용을 전달하고 지도자의 힘을 빌려 권세를 휘두르려고만 하는 무리만이 판을 칠 뿐이다. 만약 이런 상태가 지속된다면 결국 그 나라는 ㉤ 혼란과 무질서와 불의만이 판을 치는 혼탁한 상태가 될 것임이 자명하다.

① ㉠: 호질기의(護疾忌醫)

② ㉡: 장두노미(藏頭露尾)

③ ㉢: 도행역시(倒行逆施)

④ ㉣: 지록위마(指鹿爲馬)

⑤ ㉤: 파사현정(破邪顯正)

18 다음 글에서 말하는 '그릇' 도식의 사례로 적절하지 않은 것은?

　존슨의 상상력 이론은 '영상 도식(Image Schema)'과 '은유적 사상(Metaphorical Mapping)'이라는 두 축을 중심으로 전개된다. 영상 도식이란 신체적 활동을 통해 직접 발생하는 소수의 인식 패턴들이며, 시대와 문화를 넘어 거의 보편적으로 나타나는 인식의 기본 패턴들이다. 존슨은 '그릇(Container)', '균형(Balance)', '강제(Compulsion)', '연결(Link)', '원-근(Near-Far)', '차단(Blockage)', '중심-주변(Center-Periphery)', '경로(Path)', '부분-전체(Part-Whole)' 등의 영상 도식을 예로 들고 있다. 우리는 영상 도식들을 물리적 대상은 물론 추상적 대상들에 '사상(Mapping)'함으로써 사물을 구체적 대상으로 식별하며, 동시에 추상적 개념들 또한 구체화할 수 있다. 예를 들어 우리는 '그릇' 도식을 방이나 건물같은 물리적 대상에 사상함으로써 그것들을 안과 밖이 있는 대상으로 인식하게 된다. 또 '그릇' 도식을 꿈이나 역사 같은 추상적 대상에 사상함으로써 '꿈속에서'나 '역사 속으로'와 같은 표현을 사용하고 이해할 수 있다.

① 사랑받는 사람의 심장은 기쁨으로 가득 차 있다.

② 원수를 기다리는 그의 눈에는 분노가 담겨 있었다.

③ 전화기에서 들려온 말은 나를 두려움 속에 몰아넣었다.

④ 우리의 관계는 더 이상의 진전 없이 막다른 길에 부딪쳤다.

⑤ 지구의 반대편에서 출발한 비행기가 드디어 시야에 들어오고 있다.

19 다음 글에 대한 이해로 적절한 것은?

> 이순신 장군의 동상이 보이는 거리의 나무 의자에 앉아서도 마찬가지였다. 처음 얼마 동안 말을 하지 않았다. 토요일 오후의 인파가 동생과 동생 친구의 옆으로 흘러넘쳤다. 나무 의자들 앞쪽, 공중전화 부스도 전부 사람들로 메워졌다. 둘의 기분은 아주 우울했다. 즐거운 일이 없었다. 둘은 아직도 많은 사람들이 어떤 치명적인 질병에 걸려 헤어나지 못한다고 믿고 있었다.
>
> 그날 친구는 한참 만에야 입을 열었다.
>
> "나는 협박과 유혹을 받고 있다."
>
> 그의 표정은 굳어져 있었다. 얼굴을 들 때는 지나치게 심각해 보였다.
>
> "왜 그래?"
>
> 동생이 물었다. 친구는 바짝 다가앉으며 말했다.
>
> "박쥐 때문야."
>
> "박쥐라니?"
>
> "벌써 잊었니?"
>
> 동생은 소스라치듯 물었다.
>
> "그는 대학에 있잖아."
>
> "그가 나를 협박하고 있어."
>
> "어디서?"
>
> "신문을 봐야 알지. 그가 우두머리가 돼 왔어."
>
> "빌어먹을!"
>
> 동생이 소리쳤다.
>
> 전화 차례를 기다리던 몇 사람이 둘을 돌아보았다. 그들은 이내 아무 일도 아니라는 듯 고개를 돌렸다.
>
> "사실, 놀랄 일은 아닌데."
>
> 동생도 친구의 얼굴을 닮아 가며 말했다.
>
> "그다운 결정 아냐?"
>
> "물론 그래."
>
> "그런데 네가 그에게서 받는 협박은 어떤 거야?"
>
> "나를 자기와 가까운 자리에 앉히겠다는 거야."
>
> 침울한 목소리였다. 동생은 할 말을 잃었다. 친구가 이야기했다.
>
> "그가 나를 불렀을 때 나는 참을 수 없었어. 과장이 오히려 놀라워하며 급히 가보라고 해 나는 그의 방으로 갔었지. 다들 부러워하는 눈치였어. 그런데도 나는 붉은 카펫이 깔려 있는 그의 방 바로 그 앞에서 마음 문은 더욱 굳게 닫히고, 하늘처럼 높아야 할 제일 우두머리는 위선적인 인간, 기회주의자, 그리고 우리를 짓밟은 끄나풀이라는 생각밖에는 할 수가 없었어. 그는 웃고 있었어. 나의 손을 잡아 흔들면서 말야. '지난 얘기지만 나는 대학에 있을 때부터 자네가 훌륭한 젊은이라는 점을 인정했었지. 물론 자네의 약점이 어떤 건지도 잘 알고 있었지만. 지난 이야기는 그만하구, 다음 주부터 이 옆방으로 와 일해 주게.' 알겠니? 그러면 자기가 나를 끌어주겠다는 거야."
>
> 이때의 친구는 아주 짧은 동안 동생이 처음 보는 표정을 지었다.
>
> "간단히 말해 한편이 되자는 거야."
>
> 하고 동생의 친구는 말했다.
>
> "그는 너의 이용 가치를 생각한 거다."
>
> 이번에는 동생이 말했다.
>
> "학교에서 우리를 괴롭힌 인간이 밖에서 달라져야 될 까닭은 없잖아?"
>
> "없지."
>
> "그는 너에게서 뭘 원하는 걸까?"
>
> "그야 충성이지. 자기가 못 갖고 있는 것을 내가 갖고 있다고 믿었을지도 모를 테구."
>
> – 조세희, 「육교 위에서」에서 –

① 동생과 동생의 친구는 공중전화 부스 앞에서 순서를 기다리고 있다.

② 동생과 동생의 친구는 대학에 다닐 때부터 '박쥐'로 불리는 '그'를 알고 있었다.

③ '박쥐'로 불리는 '그'는 대학에 있을 때 동생과 동생의 친구에게 인간적으로 대해주었다.

④ 동생은 자신의 친구가 '박쥐'로 불리는 '그'의 제안에 동의하는 것이 좋겠다고 생각하였다.

⑤ 동생은 '박쥐'로 불리는 '그'가 동생의 친구가 다니는 회사에 우두머리로 부임해 온 것을 신문에서 보았다.

20 어문 규범에 맞는 문장은?

① 다음 주에 뵈요.

② 아이들이 오순도순 이야기를 나누었다.

③ 이 자리를 빌어 감사의 말씀을 드립니다.

④ 술을 마신 다음날 그는 북엇국을 먹었다.

⑤ 네가 그 내용을 요약토록 해라.

[21~22] 다음 글을 읽고 물음에 답하시오.

그것은 알렉산드르 2세가 통치하던 최근의, 우리 시대의 일이었다. 그 시대는 문명과 진보의 시대이고, ㉠ 제반 문제점들의 시대, 그리고 러시아의 ㉡ 부흥 등등의 시대였다. 또한 불패의 러시아 군대가 적군에게 내어준 세바스토폴에서 돌아오고, 전 러시아가 흑해 함대의 괴멸에 축전을 거행하고, 하얀 돌벽의 모스크바가 이 기쁜 사건을 맞이하여 이 함대 승무원들의 생존자들을 영접하고 경축하며, 그들에게 러시아의 좋은 보드카 술잔을 대령하며, 러시아의 훌륭한 풍습에 따라 빵과 소금을 대접하며 그들의 발 앞에 엎드려 절하던 때였다. 또한 그때는 ㉢ 형안의 신인 정치가와 같은 러시아가 소피아 사원에서 기도를 올리겠다는 꿈이 깨어짐에 슬퍼하고, 전쟁 중에 사망하여 조국의 가슴을 가장 미어지도록 아프게 한 위대한 두 인물(한 사람은 위에 언급된 사원에서 가능한 한 신속히 기도를 하고자 하는 열망에 불탔던 사람으로 발라히야 들판에서 전사했는데, 그 벌판에 두 기병중대를 남겼다. 다른 한 사람은 부상자들에게 차와 타인의 돈과 시트를 나누어주었지만 아무 것도 훔친 것은 없었던 훌륭한 사람이었다.)의 상실을 슬퍼하고 있을 때였다. 또한 그것은 위대한 인물들이, 이를테면 사령관들, 행정관들, 경제학자들, 작가들, 웅변가들, 그리고 특별한 사명이나 목적은 없지만 그래도 위대한 사람들이 사방에서, 인간 활동의 모든 분야에서 러시아에 버섯처럼 자라나고 있을 때였다. 또 모든 범죄자들을 ㉣ 응징하기 시작한 사회 여론이 모스크바의 배우를 기념하는 자리에서 축배사로 울려 퍼질 만큼 확고히 된 때이다. 페테르부르크에서 구성된 ㉤ 준엄한 위원회가 악덕 위원들을 잡아서 그들의 죄상을 폭로하고 처벌하기 위해 남쪽으로 달려가던 때이고, 모든 도시에서 세바스토폴의 영웅들에게 연설을 곁들여 오찬을 대접하고 팔과 다리를 잃은 그들을 다리 위나 거리에서 마주치면 코페이카 은화를 주곤 하던 때였다.

– 톨스토이, 「데카브리스드들」에서 –

21 윗글의 서술 방식에 대한 설명으로 적절한 것은?

① 두 개의 특수한 대상에서 어떤 징표가 일치하고 있음을 드러내고 있다.

② 시대적 상황을 서술하기 위해 다양한 사건을 나열하고 있다.

③ 어떤 일이나 내용을 이해시키기 위해서 구체적 사례를 들고 있다.

④ 인물의 행동 변화 과정을 통해서 사건의 진행 과정을 이야기하고 있다.

⑤ 저자의 판단이 참임을 구체적 근거를 들어 논리적으로 보여주고 있다.

22 밑줄 친 ㉠~㉤의 뜻풀이로 적절하지 않은 것은?

① ㉠: 어떤 것과 관련된 모든 것

② ㉡: 쇠퇴하였던 것이 다시 일어남

③ ㉢: 빛나는 눈

④ ㉣: 잘못을 깨우쳐 뉘우치도록 징계함

⑤ ㉤: 태도나 상황 따위가 튼튼하고 굳음

23 다음 글을 토대로 하여 인물 간의 관계를 예상한 것으로 적절하지 않은 것은?

　　오행에서 상생이란 기르고, 북돋우고, 촉진한다는 의미를 지닌다. 상극이란 억압하고, 구속하고, 통제한다는 의미를 지닌다. 오행 사이에는 모두 상생과 상극의 관계가 존재한다. 상생 관계가 성립되지 않으면 사물의 발전과 성장은 기대할 수 없다. 상극 관계가 없으면 사물이 발전하고 성장하는 중에 균형과 조화를 유지할 수 없다. 상생 관계는 목생화, 화생토, 토생금, 금생수, 수생목이고 상극 관계는 목극토, 토극수, 수극화, 화극금, 금극목이다.

　　「서유기」의 등장인물은 오행의 생극 관계로 형상화되어있다. 작품에서 삼장은 오행 가운데 수에 속한다. 삼장과 상생 관계에 있는 인물은 목인 저팔계이고 상극 관계에 있는 인물은 화인 손오공이다. 삼장이 제자들 가운데 특별히 저팔계를 편애하는 것은 그들이 상생 관계에 있기 때문이고, 손오공에게 각박한 것은 상극 관계에 있기 때문이다. 그런데 삼장과 손오공 사이에는 상극 관계만 존재하는 것이 아니라 상생 관계도 존재한다. 손오공은 화인 동시에 금이기도 하기 때문이다. 금이 수를 낳는 상생 관계이므로 손오공과 삼장 사이는 상호 보완의 관계이기도 하다. 그러므로 손오공은 서행 길을 가는 동안 삼장의 앞길을 가로막는 요괴들을 물리칠 뿐만 아니라 삼장이 미망에 갇혀 빠져나오지 못하고 불안해할 때마다 그를 정신적으로 인도하여 깨달음에 이르게 한다. 마지막으로 사오정은 오행에서 토에 속한다. 사오정은 참을성 많고 침착하며 사려 깊은 인물로 형상화되고 있으며 갈등을 조정하는 역할을 맡고 있다.

① 손오공과 저팔계 사이에는 상생 관계가 존재한다.
② 손오공과 저팔계 사이에는 상극 관계가 존재한다.
③ 손오공과 사오정 사이에는 상극 관계가 존재한다.
④ 삼장과 저팔계 사이에는 상생 관계가 존재한다.
⑤ 사오정과 저팔계 사이에는 상극 관계가 존재한다.

24 다음 글에 대한 이해로 적절한 것은?

　　데이터 권력은 역사의 객관적이고 원본에 입각한 사실 기록의 방식과 해석에도 심각한 변화를 일으킨다. 디지털 기록은 알고리즘 분석을 위해 축적되는 재료에 불과하고, 개별의 구체적 가치와 질감을 거세한 무색무취의 건조한 데이터가 된다. 이용자들의 정서 데이터는 데이터베이스 어딘가에 데이터 조각으로 저장되지만, 누군가에 의해 알고리즘 명령으로 호출되기 전까지 그 어떤 사건사적·사회사적 의미도 만들어내지 못한다. 어떤 데이터를 선별적으로 남기고 무엇을 포기할 것인가에 대한 고민이나, 왜 특정의 데이터가 사회적 의미를 지니는지 등에 관한 역사성과 객관성을 중시하는 역사기록학적 물음들은, 오늘날 인간 활동으로 뿜어져 나오는 비정형 데이터에 의존한 많은 닷컴 기업들에 그리 중요하지 않다. 데이터 취급을 통해 생존을 도모하는 데이터 기업 자본은 거대한 데이터 센터를 구축해 인간의 움직임과 활동, 감정의 흐름 모두를 실시간으로 저장해 필요에 의해 잘 짜인 알고리즘으로 원하는 정보 패턴이나 관계를 찾는 데 골몰한다. 진본성이나 공공성을 담지한 공식 기록을 선별해 남기려는 역사학적 관심사는, 이 새로운 무차별적인 기억과 감정적 흐름의 공장을 돌리는 데이터 권력 질서와 자주 경합하거나 때론 데이터 권력에 의해 억압당한다.

　　새로운 데이터 권력의 질서 속에서는 개별적 기록이 지닌 가치와 진실 등 그 사회사적 사건의 특수한 흔적들이 거의 완전히 지워진다. 지배적 알고리즘의 산식에는 개인적 차이, 감수성, 질감들이 무시되고 이리저리 움직이고 부유하는 집단 욕망들의 경향과 패턴을 포착하는 것만이 중요하다.

① 공적이고 질적으로 의미 있는 데이터를 선별하려는 역사기록학적 시도는 데이터 권력에 의해 방해받는다.
② 거대한 기업을 경영하는 데이터 권력은 개인들의 섬세한 차이를 기록한 데이터의 가치를 높이 평가한다.
③ 데이터 가공을 통해 생존하는 데이터 기업은 알고리즘 산식을 이용하여 데이터를 체계적으로 저장한다.
④ 데이터 권력의 지배적 알고리즘을 수용함으로써 역사학은 개인과 사회의 관계를 더 잘 파악할 수 있다.
⑤ 역사학은 데이터 센터에 저장된 비정형 데이터를 활용함으로써 집단의 움직임을 파악하려 시도한다.

25 다음 글에 대한 이해로 적절한 것은?

한나라 무제는 춘추학자 동중서의 헌책을 받아들여, 도가나 법가의 사상을 멀리하고 그때까지 제자백가의 하나에 지나지 않았던 유가의 사상을 한나라의 정통 사상으로 인정했다.

그렇다면 무엇 때문에 제자백가 중에서 유가가 정통 사상의 지위를 얻을 수 있었을까? 당시 유가 외의 유력한 사상으로는 도가와 법가가 있었다. 법가는 법률에 의한 강제 지배를 국가 통치의 최상 형태라고 주장한다. 이러한 사상은 전국 시대 한비에 의해 이론화되고, 이사에 의해 시황제 치하 진나라의 통치에 실제로 이용되었다. 그러나 법에 의한 지배가 실효성을 갖기 위해서는 그것을 뒷받침할 만한 국가 권력, 구체적으로는 강대한 군사력이나 용의주도하게 구축된 경찰 조직을 필요로 한다. 진나라의 시황제는 그것을 실현하여 중국 최초의 중앙집권적 국가를 만들었으나, 진나라는 곧 붕괴해 버리고 말았다. 법에 의한 지배를 유지하는 일이 국가의 경제적인 측면에서는 대단히 큰 부담이 되었던 것이다.

한나라 초기의 위정자나 사상가는 이러한 역사를 반성하는 인식을 공통적으로 갖고 있었다. 가의는 「과진론」을 통해 진나라가 실행한 법치주의의 가혹함을 혹독하게 비난하였다. 그리고 항우와 치열한 천하 쟁탈의 싸움을 벌인 끝에 한나라를 세운 고조 유방은 비용이 많이 드는 법가 사상을 채용할 만한 국가적 여유를 갖고 있지 못했다.

한편 무위자연을 주창하는 도가는 전란으로 피폐해진 한나라 초기의 국가 정세 및 백성들의 사정에 가장 적합한 사상이었다. 사실 문제 시대에 도가 사상이 일세를 풍미했던 적도 있었다. 그렇지만 결국 외부적 강제를 부정하는 도가 사상은 국가의 지배 이데올로기가 될 수 없었다. 한나라가 국력을 회복하고 국가의 여러 가지 제도를 정비함에 따라 도가 사상은 결국 후퇴하지 않을 수 없었던 것이다.

여기에서 등장한 것이 효제충신의 가족 도덕을 근간으로 하는 유가 사상이다. 당시 '리(里)'라고 불린 촌락 공동체는 생활관습이나 가치관을 구현하는 '부로(父老)'와 일반 촌락민인 '자제(子弟)'로 구성되어 있었는데, 공동체 내부의 인간관계는 흡사 가족생활이 연장된 것 같은 모습을 보여주고 있었다. 즉, 촌락 공동체에서는 자연 발생적으로 유교적인 윤리나 규범이 지켜지고 있었던 것이다.

여기에서 만약 국가가 유교적 권위를 승인하고 촌락공동체에서 행해지고 있는 윤리나 규범을 국가 차원에까지 횡적으로 확대 적용한다면 절대주의적인 황제 권력을 확립하는 가장 유효한 수단이 될 것이었다. 부로를 존경하는 향리의 자제는 동시에 황제를 숭배하는 국가의 좋은 백성이 될 것이 틀림없었다. 무제는 가족 도덕이 국가의 지배 이데올로기로서 그대로 기능할 수 있는 점에 매력을 느껴 유교를 국교로 정했던 것이다.

① 도가를 통치 이념으로 채택할 경우 비용이 많이 드는 약점이 있었다.
② 한나라 초기에는 법가의 경제 정책에 대한 비판적 논의가 활발했다.
③ 한나라 가의에 의해 도가 사상이 사상계를 주도하게 되었다.
④ 유교가 국교로 지정되기 이전부터 한나라의 촌락 공동체는 유교의 도덕규범을 준수하고 있었다.
⑤ 도가의 무정부주의적 성격은 한나라의 국가 정비를 정면에서 가로막았다.

인생의 실패는 성공이 얼마나 가까이 있는지도 모르고 포기했을 때 생긴다.

– 토마스 에디슨 –

PART 2
영어

2024년 출제경향

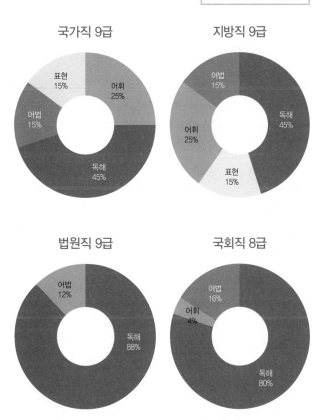

국가직 9급

표현 15%
어휘 25%
어법 15%
독해 45%

지방직 9급

어법 15%
독해 45%
어휘 25%
표현 15%

법원직 9급

어법 12%
독해 88%

국회직 8급

어법 16%
어휘 4%
독해 80%

01 밑줄 친 부분에 들어갈 말로 적절한 것은?

> Obviously, no aspect of the language arts stands alone either in learning or in teaching. Listening, speaking, reading, writing, viewing, and visually representing are _____.

① distinct

② distorted

③ interrelated

④ independent

[02~05] 밑줄 친 부분의 의미와 가장 가까운 것을 고르시오.

02

> The money was so cleverly concealed that we were forced to abandon our search for it.

① spent

② hidden

③ invested

④ delivered

03

> To appease critics, the wireless industry has launched a $12 million public-education campaign on the drive-time radio.

① soothe

② counter

③ enlighten

④ assimilate

04

> Center officials play down the troubles, saying they are typical of any start-up operation.

① discern

② dissatisfy

③ underline

④ underestimate

05

> She worked diligently and had the guts to go for what she wanted.

① was anxious

② was fortunate

③ was reputable

④ was courageous

06 밑줄 친 부분 중 어법상 옳지 않은 것은?

> ① Despite the belief that the quality of older houses is superior to ② those of modern houses, the foundations of most pre-20th-century houses are dramatically shallow ③ compared to today's, and have only stood the test of time due to the flexibility of ④ their timber framework or the lime mortar between bricks and stones.

07 밑줄 친 부분이 어법상 옳지 않은 것은?

① They are not interested in reading poetry, <u>still more</u> in writing.

② <u>Once confirmed</u>, the order will be sent for delivery to your address.

③ <u>Provided that</u> the ferry leaves on time, we should arrive at the harbor by morning.

④ Foreign journalists hope to cover as <u>much news</u> as possible during their short stay in the capital.

08 우리말을 영어로 바르게 옮긴 것은?

① 지원자 수가 증가하고 있어서 우리는 기쁘다.
→ We are glad that the number of applicants is increasing.

② 나는 2년 전에 그에게서 마지막 이메일을 받았다.
→ I've received the last e-mail from him two years ago.

③ 어젯밤에 그가 잔 침대는 꽤 편안했다.
→ The bed which he slept last night was quite comfortable.

④ 그들은 영상으로 새해 인사를 교환했다.
→ They exchanged New Year's greetings each other on screen.

[09~11] 밑줄 친 부분에 들어갈 말로 적절한 것을 고르시오.

09

Brian
Hi, can I get some information on your city tour?
11:21

Ace Tour
Thank you for contacting us. Do you have any specific questions?
11:22

Brian
_____
_____
11:22

Ace Tour
It'll take you to all the major points of interest in the city.
11:23

Brian
How much is it?
11:24

Ace Tour
It's 50 dollars per person for a four-hour tour.
11:24

Brian
OK. Can I book four tickets for Friday afternoon?
11:25

Ace Tour
Certainly. I will send you the payment information shortly.
11:25

① How long is the tour?

② What does the city tour include?

③ Do you have a list of tour packages?

④ Can you recommend a good tour guide book?

10

A: Thank you. We appreciate your order.

B: You are welcome. Could you send the goods by air freight? We need them fast.

A: Sure. We'll send them to your department right away.

B: Okay. I hope we can get the goods early next week.

A: If everything goes as planned, you'll get them by Monday.

B: Monday sounds good.

A: Please pay within 2 weeks. Air freight costs will be added on the invoice.

B: _____

A: I am afraid the free delivery service is no longer available.

① I see. When will we be getting the invoice from you?

② Our department may not be able to pay within two weeks.

③ Can we send the payment to your business account on Monday?

④ Wait a minute. I thought the delivery costs were at your expense.

11

A: Have you found your phone?

B: Unfortunately, no. I'm still looking for it.

A: Have you contacted the subway's lost and found office?

B: _____.

A: If I were you, I would do that first.

B: Yeah, you are right. I'll check with the lost and found before buying a new phone.

① I went there to ask about the phone

② I stopped by the office this morning

③ I haven't done that yet, actually

④ I tried searching everywhere

12 Northeastern Wildlife Exposition에 관한 다음 글의 내용과 일치하는 것은?

NORTHEASTERN WILDLIFE EXPOSITION(NEWE)
—

Admission ticket for Saturday, March 30th, 2024
■ **Price:** $40.00
■ **Opening hours:** 10:00 a.m. – 6:00 p.m.

Kids 10 and under are free. Entry to shows and lectures are first-come, first-served. All venues open rain or shine.

March 20th is the last day to buy tickets online for the 2024 Northeastern Wildlife Exposition.

Please note: Purchasing NEWE tickets in advance is the best way to guarantee entry into all exhibits. NEWE organizers may discontinue in-person ticket sales should any venue reach capacity.

① 10세 어린이는 입장료 40불을 지불해야 한다.

② 공연과 강연의 입장은 선착순이다.

③ 비가 올 경우에는 행사장을 닫는다.

④ 입장권은 온라인으로만 구매할 수 있다.

13 다음 글의 내용과 일치하지 않는 것은?

The tragedies of the Greek dramatist Sophocles have come to be regarded as the high point of classical Greek drama. Sadly, only seven of the 123 tragedies he wrote have survived, but of these perhaps the finest is *Oedipus the King*. The play was one of three written by Sophocles about Oedipus, the mythical king of Thebes (the others being *Antigone* and *Oedipus at Colonus*), known collectively as the Theban plays. Sophocles conceived each of these as a separate entity, and they were written and produced several years apart and out of chronological order. *Oedipus the King* follows the established formal structure and it is regarded as the best example of classical Athenian tragedy.

① A total of 123 tragedies were written by Sophocles.

② *Antigone* is also about the king Oedipus.

③ The Theban plays were created in time order.

④ *Oedipus the King* represents the classical Athenian tragedy.

14 다음 글의 주제로 적절한 것은?

It seems incredible that one man could be responsible for opening our eyes to an entire culture, but until British archaeologist Arthur Evans successfully excavated the ruins of the palace of Knossos on the island of Crete, the great Minoan culture of the Mediterranean was more legend than fact. Indeed its most famed resident was a creature of mythology: the half-man, half-bull Minotaur, said to have lived under the palace of mythical King Minos. But as Evans proved, this realm was no myth. In a series of excavations in the early years of the 20th century, Evans found a trove of artifacts from the Minoan age, which reached its height from 1900 to 1450 B.C.: jewelry, carvings, pottery, altars shaped like bull's horns, and wall paintings showing Minoan life.

① King Minos' successful excavations

② Appreciating artifacts from the Minoan age

③ Magnificence of the palace on the island of Crete

④ Bringing the Minoan culture to the realm of reality

15 다음 글의 제목으로 적절한 것은?

Currency debasement of a good money by a bad money version occurred via coins of a high percentage of precious metal, reissued at lower percentages of gold or silver diluted with a lower value metal. This adulteration drove out the good coin for the bad coin. No one spent the good coin, they kept it, hence the good coin was driven out of circulation and into a hoard. Meanwhile the issuer, normally a king who had lost his treasure on interminable warfare and other such dissolute living, was behind the move. They collected all the good old coins they could, melted them down and reissued them at lower purity and pocketed the balance. It was often illegal to keep the old stuff back but people did, while the king replenished his treasury, at least for a time.

① How Bad Money Replaces Good

② Elements of Good Coins

③ Why Not Melt Coins?

④ What Is Bad Money?

16 다음 글의 흐름상 어색한 문장은?

In spite of all evidence to the contrary, there are people who seriously believe that NASA's Apollo space program never really landed men on the moon. These people claim that the moon landings were nothing more than a huge conspiracy, perpetuated by a government desperately in competition with the Russians and fearful of losing face. ① These conspiracy theorists claim that the United States knew it couldn't compete with the Russians in the space race and was therefore forced to fake a series of successful moon landings. ② Advocates of a conspiracy cite several pieces of what they consider evidence. ③ Crucial to their case is the claim that astronauts never could have safely passed through the Van Allen belt, a region of radiation trapped in Earth's magnetic field. ④ They also point to the fact that the metal coverings of the spaceship were designed to block radiation. If the astronauts had truly gone through the belt, say conspiracy theorists, they would have died.

17 주어진 문장이 들어갈 위치로 적절한 것은?

> Tribal oral history and archaeological evidence suggest that sometime between 1500 and 1700 a mudslide destroyed part of the village, covering several longhouses and sealing in their contents.

From the village of Ozette on the westernmost point of Washington's Olympic Peninsula, members of the Makah tribe hunted whales. (①) They smoked their catch on racks and in smokehouses and traded with neighboring groups from around the Puget Sound and nearby Vancouver Island. (②) Ozette was one of five main villages inhabited by the Makah, an Indigenous people who have been based in the region for millennia. (③) Thousands of artifacts that would not otherwise have survived, including baskets, clothing, sleeping mats, and whaling tools, were preserved under the mud. (④) In 1970, a storm caused coastal erosion that revealed the remains of these longhouses and artifacts.

18 주어진 글 다음에 이어질 글의 순서로 적절한 것은?

> Interest in movie and sports stars goes beyond their performances on the screen and in the arena.

(A) The doings of skilled baseball, football, and basketball players out of uniform similarly attract public attention.

(B) Newspaper columns, specialized magazines, television programs, and Web sites record the personal lives of celebrated Hollywood actors, sometimes accurately.

(C) Both industries actively promote such attention, which expands audiences and thus increases revenues. But a fundamental difference divides them: What sports stars do for a living is authentic in a way that what movie stars do is not.

① (A) - (C) - (B)   ② (B) - (A) - (C)

③ (B) - (C) - (A)   ④ (C) - (A) - (B)

[19~20] 밑줄 친 부분에 들어갈 말로 적절한 것을 고르시오.

19

_____. Nearly every major politician hires media consultants and political experts to provide advice on how to appeal to the public. Virtually every major business and special-interest group has hired a lobbyist to take its concerns to Congress or to state and local governments. In nearly every community, activists try to persuade their fellow citizens on important policy issues. The workplace, too, has always been fertile ground for office politics and persuasion. One study estimates that general managers spend upwards of 80 % of their time in verbal communication—most of it with the intent of persuading their fellow employees. With the advent of the photocopying machine, a whole new medium for office persuasion was invented—the photocopied memo. The Pentagon alone copies an average of 350,000 pages a day, the equivalent of 1,000 novels.

① Business people should have good persuasion skills

② Persuasion shows up in almost every walk of life

③ You will encounter countless billboards and posters

④ Mass media campaigns are useful for the government

20

It is important to note that for adults, social interaction mainly occurs through the medium of language. Few native-speaker adults are willing to devote time to interacting with someone who does not speak the language, with the result that the adult foreigner will have little opportunity to engage in meaningful and extended language exchanges. In contrast, the young child is often readily accepted by other children, and even adults. For young children, language is not as essential to social interaction. So-called 'parallel play', for example, is common among young children. They can be content just to sit in each other's company speaking only occasionally and playing on their own. Adults rarely find themselves in situations where _____.

① language does not play a crucial role in social interaction

② their opinions are readily accepted by their colleagues

③ they are asked to speak another language

④ communication skills are highly required

✔ 회독 CHECK 1 2 3

[01~04] 밑줄 친 부분의 의미와 가장 가까운 것을 고르시오.

01

> While Shakespeare's comedies share many similarities, they also differ markedly from one another.

① softly
② obviously
③ marginally
④ indiscernibly

02

> Jane poured out the strong, dark tea and diluted it with milk.

① washed
② weakened
③ connected
④ fermented

03

> The Prime Minister is believed to have ruled out cuts in child benefit or pensions.

① excluded
② supported
③ submitted
④ authorized

04

> If you let on that we are planning a surprise party, Dad will never stop asking you questions.

① reveal
② observe
③ believe
④ possess

05 밑줄 친 부분에 들어갈 말로 가장 적절한 것은?

> Automatic doors in supermarkets _____ the entry and exit of customers with bags or shopping carts.

① ignore
② forgive
③ facilitate
④ exaggerate

06 밑줄 친 부분 중 어법상 옳지 않은 것은?

> One of the many ① virtues of the book you are reading ② is that it provides an entry point into *Maps of Meaning*, ③ which is a highly complex work ④ because of the author was working out his approach to psychology as he wrote it.

07 밑줄 친 부분이 어법상 옳지 않은 것은?

① You must plan <u>not to spend</u> too much on the project.

② My dog <u>disappeared</u> last month and hasn't been seen since.

③ I'm sad that the people <u>who</u> daughter I look after are moving away.

④ I bought a book on my trip, and it was <u>twice as expensive as</u> it was at home.

08 우리말을 영어로 잘못 옮긴 것은?

① 그는 이곳에서 일하는 것이 흥미롭다는 것을 알았다.
→ He found it exciting to work here.

② 그녀는 나에게 일찍 떠날 것이라고 언급했다.
→ She mentioned me that she would be leaving early.

③ 나는 그가 오는 것을 원하지 않았다.
→ I didn't want him to come.

④ 좀 더 능숙하고 경험 많은 선생님이었다면 그를 달리 대했을 것이다.
→ A more skillful and experienced teacher would have treated him otherwise.

[09~11] 밑줄 친 부분에 들어갈 말로 가장 적절한 것을 고르시오.

09

A: Charles, I think we need more chairs for our upcoming event.

B: Really? I thought we already had enough chairs.

A: My manager told me that more than 350 people are coming.

B: _____

A: I agree. I am also a bit surprised.

B: Looks like I'll have to order more then. Thanks.

① I wonder if the manager is going to attend the event.

② I thought more than 350 people would be coming.

③ That's actually not a large number.

④ That's a lot more than I expected.

10

A: Can I get the document you referred to at the meeting yesterday?

B: Sure. What's the title of the document?

A: I can't remember its title, but it was about the community festival.

B: Oh, I know what you're talking about.

A: Great. Can you send it to me via email?

B: I don't have it with me. Mr. Park is in charge of the project, so he should have it.

A: _____

B: Good luck. Hope you get the document you want.

① Can you check if he is in the office?

② Mr. Park has sent the email to you again.

③ Are you coming to the community festival?

④ Thank you for letting me know. I'll contact him.

11

> A: Hello, can I ask you a question about the presentation next Tuesday?
>
> B: Do you mean the presentation about promoting the volunteer program?
>
> A: Yes. Where is the presentation going to be?
>
> B: Let me check. It is room 201.
>
> A: I see. Can I use my laptop in the room?
>
> B: Sure. We have a PC in the room, but you can use yours if you want.
>
> A: _____
>
> B: We can meet in the room two hours before the presentation. Would that work for you?
>
> A: Yes. Thank you very much!

① A computer technician was here an hour ago.

② When can I have a rehearsal for my presentation?

③ Should we recruit more volunteers for our program?

④ I don't feel comfortable leaving my laptop in the room.

12 다음 이메일의 내용과 일치하지 않는 것은?

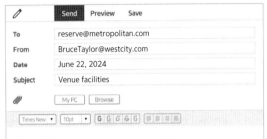

Dear Sir,

I am writing to ask for information about Metropolitan Conference Center.

We are looking for a venue for a three-day conference in September this year. We need to have enough room for over 200 delegates in your main conference room, and we would also like three small conference rooms for meetings. Each conference room needs wi-fi as well. We need to have coffee available mid-morning and mid-afternoon, and we would also like to book your restaurant for lunch on all three days.

In addition, could you please let me know if there are any local hotels with discount rates for Metropolitan clients or large groups? We will need accommodations for over 100 delegates each night.

I look forward to hearing from you.

Best regards,

Bruce Taylor, Event Manager

① 주 회의실은 200명 이상의 대표자를 수용할 수 있어야 한다.

② wi-fi가 있는 작은 회의실 3개가 필요하다.

③ 3일간의 저녁 식사를 위한 식당 예약이 필요하다.

④ 매일 밤 100명 이상의 대표자를 위한 숙박시설이 필요하다.

13 다음 글의 내용과 일치하지 않는 것은?

According to the historians, neckties date back to 1660. In that year, a group of soldiers from Croatia visited Paris. These soldiers were war heroes whom King Louis XIV admired very much. Impressed with the colored scarves that they wore around their necks, the king decided to honor the Croats by creating a military regiment called the Royal Cravattes. The word *cravat* comes from the word *Croat*. All the soldiers in this regiment wore colorful scarves or cravats around their necks. This new style of neckwear traveled to England. Soon all upper class men were wearing cravats. Some cravats were quite extreme. At times, they were so high that a man could not move his head without turning his whole body. The cravats were made of many different materials from plaid to lace, which made them suitable for any occasion.

① A group of Croatian soldiers visited Paris in 1660.

② The Royal Cravattes was created in honor of the Croatian soldiers wearing scarves.

③ Some cravats were too uncomfortable for a man to move his head freely.

④ The materials used to make the cravats were limited.

14 다음 글의 주제로 적절한 것은?

In recent years Latin America has made huge strides in exploiting its incredible wind, solar, geothermal and biofuel energy resources. Latin America's electricity sector has already begun to gradually decrease its dependence on oil. Latin America is expected to almost double its electricity output between 2015 and 2040. Practically none of Latin America's new large-scale power plants will be oil-fueled, which opens up the field for different technologies. Countries in Central America and the Caribbean, which traditionally imported oil, were the first to move away from oil-based power plants, after suffering a decade of high and volatile prices at the start of the century.

① booming oil industry in Latin America

② declining electricity business in Latin America

③ advancement of renewable energy in Latin America

④ aggressive exploitation of oil-based resources in Latin America

15 다음 글의 제목으로 적절한 것은?

Every organization has resources that it can use to perform its mission. How well your organization does its job is partly a function of how many of those resources you have, but mostly it is a function of how well you use the resources you have, such as people and money. You as the organization's leader can always make the use of those resources more efficient and effective, provided that you have control of the organization's personnel and agenda, a condition that does not occur automatically. By managing your people and your money carefully, by treating the most important things as the most important, by making good decisions, and by solving the problems that you encounter, you can get the most out of what you have available to you.

① Exchanging Resources in an Organization

② Leaders' Ability to Set up External Control

③ Making the Most of the Resources: A Leader's Way

④ Technical Capacity of an Organization: A Barrier to Its Success

16 다음 글의 흐름상 어색한 문장은?

Critical thinking sounds like an unemotional process but it can engage emotions and even passionate responses. In particular, we may not like evidence that contradicts our own opinions or beliefs. ① If the evidence points in a direction that is challenging, that can rouse unexpected feelings of anger, frustration or anxiety. ② The academic world traditionally likes to consider itself as logical and free of emotions, so if feelings do emerge, this can be especially difficult. ③ For example, looking at the same information from several points of view is not important. ④ Being able to manage your emotions under such circumstances is a useful skill. If you can remain calm, and present your reasons logically, you will be better able to argue your point of view in a convincing way.

17 주어진 글 다음에 이어질 글의 순서로 적절한 것은?

Computer assisted language learning(CALL) is both exciting and frustrating as a field of research and practice.

(A) Yet the technology changes so rapidly that CALL knowledge and skills must be constantly renewed to stay apace of the field.

(B) It is exciting because it is complex, dynamic and quickly changing—and it is frustrating for the same reasons.

(C) Technology adds dimensions to the domain of language learning, requiring new knowledge and skills for those who wish to apply it into their professional practice.

① (A) - (C) - (B)   ② (B) - (A) - (C)

③ (B) - (C) - (A)   ④ (C) - (B) - (A)

18 주어진 문장이 들어갈 위치로 적절한 것은?

> But she quickly popped her head out again.

The little mermaid swam right up to the small window of the cabin, and every time a wave lifted her up, she could see a crowd of well-dressed people through the clear glass. Among them was a young prince, the handsomest person there, with large dark eyes. (①) It was his birthday, and that's why there was so much excitement. (②) When the young prince came out on the deck, where the sailors were dancing, more than a hundred rockets went up into the sky and broke into a glitter, making the sky as bright as day. (③) The little mermaid was so startled that she dove down under the water. (④) And look! It was just as if all the stars up in heaven were falling down on her. Never had she seen such fireworks.

[19~20] 밑줄 친 부분에 들어갈 말로 적절한 것을 고르시오.

19

Javelin Research noticed that not all Millennials are currently in the same stage of life. While all Millennials were born around the turn of the century, some of them are still in early adulthood, wrestling with new careers and settling down. On the other hand, the older Millennials have a home and are building a family. You can imagine how having a child might change your interests and priorities, so for marketing purposes, it's useful to split this generation into Gen Y.1 and Gen Y.2. Not only are the two groups culturally different, but they're in vastly different phases of their financial life. The younger group is financial beginners, just starting to show their buying power. The latter group has a credit history, may have their first mortgage and is raising young children. The _____ in priorities and needs between Gen Y.1 and Gen Y.2 is vast.

① contrast
② reduction
③ repetition
④ ability

20

Cost pressures in liberalized markets have different effects on existing and future hydropower schemes. Because of the cost structure, existing hydropower plants will always be able to earn a profit. Because the planning and construction of future hydropower schemes is not a short-term process, it is not a popular investment, in spite of low electricity generation costs. Most private investors would prefer to finance _____, leading to the paradoxical situation that although an existing hydropower plant seems to be a cash cow, nobody wants to invest in a new one. Where public shareholders/owners (states, cities, municipalities) are involved, the situation looks very different because they can see the importance of the security of supply and also appreciate long-term investments.

① more short-term technologies
② all high technology industries
③ the promotion of the public interest
④ the enhancement of electricity supply

영어 | 2024년 서울시 9급

모바일 OMR

✅ 회독 CHECK 1 2 3

영어
소방직공무원

[01~03] 밑줄 친 부분의 의미와 가장 가까운 것은?

01

> After receiving an attractive job offer from a renowned company, she finally chose to spurn it in order to pursue her dream of starting her own business.

① contemplate   ② postpone

③ decline   ④ denounce

02

> Ever since the Red Sox traded Babe Ruth to the Yankees in 1918, Boston sports fans have learned to take the good with the bad. They have seen more basketball championships than any other city but haven't boasted a World Series title in over 75 years.

① waived   ② yielded

③ renounced   ④ bragged

03

> Nell has a singular talent for getting into trouble; the other morning, she managed to break her leg, insult a woman at the post office, drop some eggs at the grocery store, paint her bedroom green, and cut down the big maple tree in the next-door neighbor's front yard.

① conventional   ② exceptional

③ martial   ④ plural

[04~05] 밑줄 친 부분에 들어갈 말로 가장 적절한 것은?

04

> Instead of giving us an innovative idea on the matter in hand, the keynote speaker brought up a(n) _____ which was lengthy and made us feel tedium for quite a while.

① brainstorming   ② witticism

③ epigraph   ④ platitude

05

> It has rained so little in California for the last six years that forest rangers need to be especially _____ in watching for forest fires.

① vigilant   ② relaxed

③ indifferent   ④ distracted

[06~07] 밑줄 친 부분에 들어갈 말로 가장 적절한 것은?

06

> A: Sorry to keep you waiting, Ms. Krauss.
> B: Well, I see that you've got a lot on your plate today. I won't keep you any longer.
> A: Don't worry, Ms. Krauss. We'll get your order done on time.
> B: Should I give you a call?
> A: _____

① Well, you're a good customer. Let me see what I can do.

② No need for that. Come at 11:00 and I'll have your documents ready.

③ Tomorrow morning? No sweat. Can you get the documents to me before noon?

④ I'm afraid that might be difficult. I've got a lot of orders to complete this morning.

07

> A: Did you see Emily's new haircut?
> B: Yes, she chopped it all off _____!
> A: I was so surprised. It's so different form before.
> B: She said she needed a change.
> A: Well, it definitely suits her.
> B: Agreed, she looks fantastic!

① over the moon

② out of the blue

③ up in the air

④ under the weather

08 밑줄 친 부분 중 어법상 가장 옳은 것은?

> ① Despite the inconsistent and fairly sparse laboratory data regarding groupthink, the theory has been believed to have explanatory potential. ② Some of this continued confidence undoubtedly stems in part from a series of creative historical analysis that have been advanced to substantiate the model's various hypotheses. ③ Surely, we must be careful of such historical analysis for several reasons, as we cannot be certain that contradictory examples have not overlook. ④ Such case studies, however, do have the virtue of looking at cases which the antecedent conditions were strong enough to create the conditions deemed necessary by the model.

[09~10] 밑줄 친 부분 중 어법상 가장 옳지 않은 것은?

09

> Research shows that tea drinkers can ① enjoy greater protection from heart disease, cancer, and stress, ② no matter how type of brew they choose. Experts say the antioxidants in tea leaves confer major health benefits. ③ That's why we admire how some creative cooks went beyond the cup to ④ find tasty ways to meld tea with their appetizers, meals, and desserts.

10

> The rise of the modernist novel and poetry ① were accompanied between 1910 and 1930 by the rise of literary criticism ② as we know it. This is a kind of literary criticism ③ very different from the one that had existed in the nineteenth century, ④ not only in attitude but in vocation too, as criticism became increasingly academic and technical.

11 〈보기〉의 문장 다음에 이어질 글의 순서로 가장 적절한 것은?

─〈보 기〉─

During the first few times you choose to celebrate the achievements of members of the group, you may want to explain your thinking behind the small ceremony. By simply stating your intention to thank members of the group for their courage of hard work, people become aware of the meaning of the celebration and are less apt to dismiss it.

(A) It is quite possible as you begin this process that the member of the group being honored will feel self-conscious and awkward.

(B) Coupled with the fact that the event being celebrated is based on authentic achievement, it is likely that the members of the group will feel encouraged to participate in future celebrations.

(C) This is a natural response, especially in groups that do not know each other well or in organizations in which celebration is not a part of the culture.

① (B) - (A) - (C)
② (B) - (C) - (A)
③ (C) - (A) - (B)
④ (C) - (B) - (A)

12 글의 내용과 가장 일치하지 않는 것은?

The work of human body's immune system is carried out by the body's trillions of immune cells and specialized molecules. The first line of defense lies in the physical barriers of the skin and mucous membranes*, which block and trap invaders. A second, the innate system, is composed of cells including phagocytes*, whose basic job is to eat the invaders. In addition to these immune cells, many chemical compounds respond to infection and injury, move in to destroy pathogens*, and begin repairing tissue. The body's third line of defense is a final, more specific response. Its elite fighting units are trained on the job; that is, they are created in response to a pathogen that the body has not seen before. Once activated in one part of the body, the adaptive system functions throughout, and it memorizes the antigens* (a substance that provokes an immune system response). The next time they come along, the body hits back quicker and harder.

*mucous membranes: 점막
*phagocytes: 포식세포
*pathogens: 병원체
*antigens: 항원

① 면역체계의 첫 번째 방어선은 피부와 점막의 물리적 장벽에 있다.

② 면역체계의 두 번째 방어선의 기본 역할은 침입자를 소멸시키는 것이다.

③ 면역체계의 세 번째 방어선은 몸에 이전부터 지니고 있던 병원체에 반응한다.

④ 몸의 적응 시스템은 항원을 기억하여 차후 이 항원에 대해 더 빠르고 강하게 반격한다.

[13~14] 〈보기〉의 문장이 들어갈 위치로 가장 적절한 것은?

13

――― 〈보 기〉 ―――
International management is applied by managers of enterprises that attain their goals and objectives across unique multicultural, multinational boundaries.

The term management is defined in many Western textbooks as the process of completing activities efficiently with and through other individuals. (①) The process consists of the functions or main activities engaged in by managers. These functions or activities are usually labeled planning, organizing, staffing, coordinating(leading and motivating), and controlling. (②) The management process is affected by the organization's home country environment, which includes the shareholders, creditors, customers, employees, government, and community, as well as technological, demographic, and geographic factors. (③) These business enterprises are generally referred to as international corporations, multinational corporations(MNCs), or global corporations. (④) This means that the process is affected by the environment where the organization is based, as well as by the unique culture, including views on ethics and social responsibility, existing in the country or countries where it conducts its business activities.

14

――― 〈보 기〉 ―――
This kind of development makes us realize that removing safety hazards is far better than creating alarms to detect them.

Spinoff technology can help to make our homes and communities safer and more comfortable places to live. Most people are aware that carbon monoxide(CO) buildup in our homes can be very dangerous. This may come from a faulty furnace or fireplace. (①) Consequently, some people have carbon monoxide detectors in their homes, but these detectors only alert them if the level of carbon monoxide is unsafe. (②) However, using space technology, NASA developed an air-conditioning system that can not only detect dangerous amounts of carbon monoxide, but actually oxidizes the toxic gases into harmless carbon dioxide. (③) In addition to helping people to have clean air, having access to clean water is also of major importance for everyone. NASA engineers have been working with private companies to create better systems for clean, drinkable water for astronauts in space. (④) These systems, which have been developed for the astronauts, can quickly and affordably cleanse any available water. This is a major advantage to the people on Earth who live in remote or developing areas where water is scarce or polluted.

15 (A)와 (B)에 들어갈 말로 가장 적절한 것은?

Antibiotics are among the most commonly prescribed drugs for people. Antibiotics are effective against bacterial infections, such as strep throat, some types of pneumonia, eye infections, and ear infections. But these drugs don't work at all against viruses, such as those that cause colds or flu. Unfortunately, many antibiotics prescribed to people and to animals are unnecessary.   (A) , the overuse and misuse of antibiotics help to create drug-resistant bacteria. Here's how that might happen. When used properly, antibiotics can help destroy disease-causing bacteria.   (B) , if you take an antibiotic when you have a viral infection like the flu, the drug won't affect the viruses making you sick.

	(A)	(B)
①	However	Instead
②	Furthermore	Therefore
③	On the other hand	For example
④	Furthermore	However

[16~17] 글의 제목으로 가장 적절한 것은?

16

The assumption that politics and administration could be separated was ultimately disregarded as utopian. Wilson and Goodnow's idea of apolitical public administration proved unrealistic. A more realistic view—the so-called "politics school"—is that politics is very much a part of administration. The politics school maintains that in a pluralistic political system in which many diverse groups have a voice, public administrators with considerable knowledge play key roles. Legislation, for instance, is written by public administrators as much as by legislators. The public bureaucracy is as capable of engendering support for its interests as any other participant in the political process, and public administrators are as likely as any to be part of a policymaking partnership. Furthermore, laws are interpreted by public administrators in their execution, which includes many and often unforeseen scenarios.

① How to Cope with Unpredictable Situations in Politics
② Public Administrators' Surprising Influence in a Political System
③ Repetitive Attempts to Separate the Politics form Administration
④ Loopholes of the View that Politics and Administration are Inseparable

17

We are living in perhaps the most exciting times in all of human history. The technological advances we are witnessing today are giving birth to new industries that are producing devices, systems, and services that were once only reflected in the realm of science fiction and fantasy. Industries are being completely restructured to become better, faster, stronger, and safer. You no longer have to settle for something that is "close enough," because customization is reaching levels that provide you with exactly what you want or need. We are on the verge of releasing the potential of genetic enhancement, nanotechnology, and other technologies that will lead to curing many diseases and maybe even slowing the aging process itself. Such advances are due to discoveries in separate fields to produce these wonders. In the not so distant future, incredible visions of imagination such as robotic surgeons that keep us healthy, self-driving trucks that deliver our goods, and virtual worlds that entertain us after a long day will be commonplace. If ever there were a time that we were about to capture perfection, it is now—and the momentum is only increasing.

① The Era of Unprecedented Technological Advancements
② Struggles with Imperfect Solutions in Modern Industries
③ Historical Perspectives on Technological Progress
④ The Stagnant State of Contemporary Industries

[18~19] 밑줄 친 부분에 들어갈 말로 가장 적절한 것은?

18

Emotional strength isn't about maintaining a stiff upper lip, being stoic or never showing emotion—actually, it's the opposite. "Emotional strength is about having the skills you need to regulate your feelings," says psychotherapist Amy Morin. "You don't need to chase happiness all the time. Instead, you can develop the courage you need to work through uncomfortable feelings, like anxiety and sadness." Someone with emotional strength, for instance, will know when to shift their emotional state, says Morin. "If their anxiety isn't serving them well, they have strategies they can use to calm themselves. They also have the ability to tolerate difficult emotions, but they do so by _____ them, not suppressing them. They don't distract themselves from painful feelings, like loneliness.

① exaggerating   ② pursuing
③ embracing   ④ ignoring

19

Like many small organisms, fungi are often overlooked, but their planetary significance is outsize. Plants managed to leave water and grow on land only because of their collaboration with fungi, which acted as their root systems for millions of years. Even today, roughly 90 percent of plants and nearly all the world's trees depend on fungi, which supply crucial minerals by breaking down rock and other substances. They can also be a scourge, eradicating forests and killing humans. At times, they even seem to _____ . When Japanese researchers released slime molds into mazes modeled on Tokyo's streets, the molds found the most efficient route between the city's urban hubs in a day, instinctively recreating a set of paths almost identical to the existing rail network. When put in a miniature floor map of Ikea, they quickly found the shortest route to the exit.

① gather   ② breed

③ enjoy   ④ think

20

Species (or higher taxa) may go extinct for two reasons. One is "real" extinction in the sense that the lineage has died out and left no descendants. For modern species, the meaning is unambiguous, but for fossils real extinction has to be distinguished from *pseudoextinction*. Pseudoextinction means that the taxon appears to go extinct, but only because of an error or artifact in the evidence, and not because the underlying lineage really ceased to exist. For instance, _____ . As a lineage evolves, later forms may look sufficiently different from earlier ones that a taxonomist may classify them as different species, even though there is a continuous breeding lineage. This may be because the species are classified phenetically, or it may be because the taxonomist only has a few specimens, some from early in the lineage and some from late in the lineage such that the continuous lineage is undetectable.

① clues for extinction are found in many regions

② a lineage may disappear temporarily from the fossil record

③ a continuously evolving lineage may change its taxonomic name

④ some divergent lineages have been fully identified

[01~04] 밑줄 친 부분의 의미와 가장 가까운 것을 고르시오.

01

Jane wanted to have a small wedding rather than a fancy one. Thus, she planned to invite her family and a few of her <u>intimate</u> friends to eat delicious food and have some pleasant moments.

① nosy
② close
③ outgoing
④ considerate

02

The <u>incessant</u> public curiosity and consumer demand due to the health benefits with lesser cost has increased the interest in functional foods.

① rapid
② constant
③ significant
④ intermittent

03

Because of the pandemic, the company had to <u>hold off</u> the plan to provide the workers with various training programs.

① elaborate
② release
③ modify
④ suspend

04

The new Regional Governor said he would <u>abide by</u> the decision of the High Court to release the prisoner.

① accept
② report
③ postpone
④ announce

05 밑줄 친 부분 중 어법상 옳지 않은 것은?

While advances in transplant technology have made ① <u>it</u> possible to extend the life of individuals with end-stage organ disease, it is argued ② <u>that</u> the biomedical view of organ transplantation as a bounded event, which ends once a heart or kidney is successfully replaced, ③ <u>conceal</u> the complex and dynamic process that more ④ <u>accurately</u> represents the experience of receiving an organ.

06 어법상 옳지 않은 것은?

① All assignments are expected to be turned in on time.

② Hardly had I closed my eyes when I began to think of her.

③ The broker recommended that she buy the stocks immediately.

④ A woman with the tip of a pencil stuck in her head has finally had it remove.

08 다음 글의 내용과 일치하지 않는 것은?

Are you getting enough choline? Chances are, this nutrient isn't even on your radar. It's time choline gets the attention it deserves. A shocking 90 percent of Americans aren't getting enough choline, according to a recent study. Choline is essential to health at all ages and stages, and is especially critical for brain development. Why aren't we getting enough? Choline is found in many different foods but in small amounts. Plus, the foods that are rich in choline aren't the most popular: think liver, egg yolks and lima beans. Taylor Wallace, who worked on a recent analysis of choline intake in the United States, says, "There isn't enough awareness about choline even among health-care professionals because our government hasn't reviewed the data or set policies around choline since the late '90s."

① A majority of Americans are not getting enough choline.

② Choline is an essential nutrient required for brain development.

③ Foods such as liver and lima beans are good sources of choline.

④ The importance of choline has been stressed since the late '90s in the U.S.

07 우리말을 영어로 잘못 옮긴 것은?

① 내 고양이 나이는 그의 고양이 나이의 세 배이다.
→ My cat is three times as old as his.

② 우리는 그 일을 이번 달 말까지 끝내야 한다.
→ We have to finish the work until the end of this month.

③ 그녀는 이틀에 한 번 머리를 감는다.
→ She washes her hair every other day.

④ 너는 비가 올 경우에 대비하여 우산을 갖고 가는 게 낫겠다.
→ You had better take an umbrella in case it rains.

09 다음 글의 내용과 일치하는 것은?

Around 1700 there were, by some accounts, more than 2,000 London coffeehouses, occupying more premises and paying more rent than any other trade. They came to be known as penny universities, because for that price one could purchase a cup of coffee and sit for hours listening to extraordinary conversations. Each coffeehouse specialized in a different type of clientele. In one, physicians could be consulted. Others served Protestants, Puritans, Catholics, Jews, literati, merchants, traders, Whigs, Tories, army officers, actors, lawyers, or clergy. The coffeehouses provided England's first egalitarian meeting place, where a man chatted with his tablemates whether he knew them or not.

① The number of coffeehouses was smaller than that of any other business.

② Customers were not allowed to stay for more than an hour in a coffeehouse.

③ Religious people didn't get together in a coffeehouse to chat.

④ One could converse even with unknown tablemates in a coffeehouse.

[10~11] 밑줄 친 부분에 들어갈 말로 알맞은 것을 고르시오.

10

A: I got this new skin cream from a drugstore yesterday. It is supposed to remove all wrinkles and make your skin look much younger.

B: _____

A: Why don't you believe it? I've read in a few blogs that the cream really works.

B: I assume that the cream is good for your skin, but I don't think that it is possible to get rid of wrinkles or magically look younger by using a cream.

A: You are so pessimistic.

B: No, I'm just being realistic. I think you are being gullible.

① I don't buy it.

② It's too pricey.

③ I can't help you out.

④ Believe it or not, it's true.

11

A: I'd like to go sightseeing downtown. Where do you think I should go?

B: I strongly suggest you visit the national art gallery.

A: Oh, that's a great idea. What else should I check out?

B: _____

A: I don't have time for that. I need to meet a client at three.

B: Oh, I see. Why don't you visit the national park, then?

A: That sounds good. Thank you!

① This is the map that your client needs. Here you go.

② A guided tour to the river park. It takes all afternoon.

③ You should check it out as soon as possible.

④ The checkout time is three o'clock.

12 두 사람의 대화 중 자연스럽지 않은 것은?

① A: He's finally in a hit movie!

B: Well, he's got it made.

② A: I'm getting a little tired now.

B: Let's call it a day.

③ A: The kids are going to a birthday party.

B: So, it was a piece of cake.

④ A: I wonder why he went home early yesterday.

B: I think he was under the weather.

13 다음 글의 제목으로 알맞은 것은?

The feeling of being loved and the biological response it stimulates is triggered by nonverbal cues: the tone in a voice, the expression on a face, or the touch that feels just right. Nonverbal cues—rather than spoken words—make us feel that the person we are with is interested in, understands, and values us. When we're with them, we feel safe. We even see the power of nonverbal cues in the wild. After evading the chase of predators, animals often nuzzle each other as a means of stress relief. This bodily contact provides reassurance of safety and relieves stress.

① How Do Wild Animals Think and Feel?

② Communicating Effectively Is the Secret to Success

③ Nonverbal Communication Speaks Louder than Words

④ Verbal Cues: The Primary Tools for Expressing Feelings

14 다음 글의 주제로 알맞은 것은?

There are times, like holidays and birthdays, when toys and gifts accumulate in a child's life. You can use these times to teach a healthy nondependency on things. Don't surround your child with toys. Instead, arrange them in baskets, have one basket out at a time, and rotate baskets occasionally. If a cherished object is put away for a time, bringing it out creates a delightful remembering and freshness of outlook. Suppose your child asks for a toy that has been put away for a while. You can direct attention toward an object or experience that is already in the environment. If you lose or break a possession, try to model a good attitude ("I appreciated it while I had it!") so that your child can begin to develop an attitude of nonattachment. If a toy of hers is broken or lost, help her to say, "I had fun with that."

① building a healthy attitude toward possessions

② learning the value of sharing toys with others

③ teaching how to arrange toys in an orderly manner

④ accepting responsibility for behaving in undesirable ways

15 다음 글의 요지로 알맞은 것은?

Many parents have been misguided by the "self-esteem movement," which has told them that the way to build their children's self-esteem is to tell them how good they are at things. Unfortunately, trying to convince your children of their competence will likely fail because life has a way of telling them unequivocally how capable or incapable they really are through success and failure. Research has shown that how you praise your children has a powerful influence on their development. Some researchers found that children who were praised for their intelligence, as compared to their effort, became overly focused on results. Following a failure, these same children persisted less, showed less enjoyment, attributed their failure to a lack of ability, and performed poorly in future achievement efforts. Praising children for intelligence made them fear difficulty because they began to equate failure with stupidity.

① Frequent praises increase self-esteem of children.

② Compliments on intelligence bring about negative effect.

③ A child should overcome fear of failure through success.

④ Parents should focus on the outcome rather than the process.

16 밑줄 친 부분에 들어갈 말로 알맞은 것은?

In recent years, the increased popularity of online marketing and social media sharing has boosted the need for advertising standardization for global brands. Most big marketing and advertising campaigns include a large online presence. Connected consumers can now zip easily across borders via the internet and social media, making it difficult for advertisers to roll out adapted campaigns in a controlled, orderly fashion. As a result, most global consumer brands coordinate their digital sites internationally. For example, Coca-Cola web and social media sites around the world, from Australia and Argentina to France, Romania, and Russia, are surprisingly _____. All feature splashes of familiar Coke red, iconic Coke bottle shapes, and Coca-Cola's music and "Taste the Feeling" themes.

① experimental

② uniform

③ localized

④ diverse

17 다음 글의 흐름상 어색한 문장은?

In our monthly surveys of 5,000 American workers and 500 U.S. employers, a huge shift to hybrid work is abundantly clear for office and knowledge workers. ① <u>An emerging norm is three days a week in the office and two at home, cutting days on site by 30% or more.</u> You might think this cutback would bring a huge drop in the demand for office space. ② <u>But our survey data suggests cuts in office space of 1% to 2% on average, implying big reductions in density not space.</u> We can understand why. High density at the office is uncomfortable and many workers dislike crowds around their desks. ③ <u>Most employees want to work from home on Mondays and Fridays.</u> Discomfort with density extends to lobbies, kitchens, and especially elevators. ④ <u>The only sure-fire way to reduce density is to cut days on site without cutting square footage as much.</u> Discomfort with density is here to stay according to our survey evidence.

18 주어진 문장이 들어갈 위치로 알맞은 것은?

> They installed video cameras at places known for illegal crossings, and put live video feeds from the cameras on a Web site.

Immigration reform is a political minefield. (①) About the only aspect of immigration policy that commands broad political support is the resolve to secure the U.S. border with Mexico to limit the flow of illegal immigrants. (②) Texas sheriffs recently developed a novel use of the Internet to help them keep watch on the border. (③) Citizens who want to help monitor the border can go online and serve as "virtual Texas deputies." (④) If they see anyone trying to cross the border, they send a report to the sheriff's office, which follows up, sometimes with the help of the U.S. Border Patrol.

19 주어진 글 다음에 이어질 글의 순서로 알맞은 것은?

> All civilizations rely on government administration. Perhaps no civilization better exemplifies this than ancient Rome.

(A) To rule an area that large, the Romans, based in what is now central Italy, needed an effective system of government administration.

(B) Actually, the word "civilization" itself comes from the Latin word *civis*, meaning "citizen."

(C) Latin was the language of ancient Rome, whose territory stretched from the Mediterranean basin all the way to parts of Great Britain in the north and the Black Sea to the east.

① (A) - (B) - (C)

② (B) - (A) - (C)

③ (B) - (C) - (A)

④ (C) - (A) - (B)

20 밑줄 친 부분에 들어갈 말로 알맞은 것은?

Over the last fifty years, all major subdisciplines in psychology have become more and more isolated from each other as training becomes increasingly specialized and narrow in focus. As some psychologists have long argued, if the field of psychology is to mature and advance scientifically, its disparate parts (for example, neuroscience, developmental, cognitive, personality, and social) must become whole and integrated again. Science advances when distinct topics become theoretically and empirically integrated under simplifying theoretical frameworks. Psychology of science will encourage collaboration among psychologists from various sub-areas, helping the field achieve coherence rather than continued fragmentation. In this way, psychology of science might act as a template for psychology as a whole by integrating under one discipline all of the major fractions/factions within the field. It would be no small feat and of no small import if the psychology of science could become a model for the parent discipline on how to combine resources and study science _____.

① from a unified perspective

② in dynamic aspects

③ throughout history

④ with accurate evidence

✅ 회독 CHECK 1 2 3

[01~04] 밑줄 친 부분의 의미와 가장 가까운 것을 고르시오.

01

Further explanations on our project will be given in subsequent presentations.

① required
② following
③ advanced
④ supplementary

02

Folkways are customs that members of a group are expected to follow to show courtesy to others. For example, saying "excuse me" when you sneeze is an American folkway.

① charity
② humility
③ boldness
④ politeness

03

These children have been brought up on a diet of healthy food.

① raised
② advised
③ observed
④ controlled

04

Slavery was not done away with until the nineteenth century in the U.S.

① abolished
② consented
③ criticized
④ justified

05 밑줄 친 부분에 들어갈 말로 가장 적절한 것은?

Voters demanded that there should be greater _____ in the election process so that they could see and understand it clearly.

① deception
② flexibility
③ competition
④ transparency

06 밑줄 친 부분 중 어법상 옳지 않은 것은?

One reason for upsets in sports—① in which the team ② predicted to win and supposedly superior to their opponents surprisingly loses the contest—is ③ what the superior team may not have perceived their opponents as ④ threatening to their continued success.

07 밑줄 친 부분이 어법상 옳지 않은 것은?

① I should have gone this morning, but I was feeling a bit ill.

② These days we do not save as much money as we used to.

③ The rescue squad was happy to discover an alive man.

④ The picture was looked at carefully by the art critic.

08 우리말을 영어로 잘못 옮긴 것은?

① 우리는 그의 연설에 감동하게 되었다.
  → We were made touching with his speech.

② 비용은 차치하고 그 계획은 훌륭한 것이었다.
  → Apart from its cost, the plan was a good one.

③ 그들은 뜨거운 차를 마시는 동안에 일몰을 보았다.
  → They watched the sunset while drinking hot tea.

④ 과거 경력 덕분에 그는 그 프로젝트에 적합하였다.
  → His past experience made him suited for the project.

[09~10] 밑줄 친 부분에 들어갈 말로 가장 적절한 것을 고르시오.

09

A: Pardon me, but could you give me a hand, please?

B: _____

A: I'm trying to find the Personnel Department. I have an appointment at 10.

B: It's on the third floor.

A: How can I get up there?

B: Take the elevator around the corner.

① We have no idea how to handle this situation.

② Would you mind telling us who is in charge?

③ Yes. I could use some help around here.

④ Sure. Can I help you with anything?

10

A: You were the last one who left the office, weren't you?

B: Yes. Is there any problem?

A: I found the office lights and air conditioners on this morning.

B: Really? Oh, no. Maybe I forgot to turn them off last night.

A: Probably they were on all night.

B: _____

① Don't worry. This machine is working fine.

② That's right. Everyone likes to work with you.

③ I'm sorry. I promise I'll be more careful from now on.

④ Too bad. You must be tired because you get off work too late.

11 두 사람의 대화 중 자연스럽지 않은 것은?

① A: How would you like your hair done?

　B: I'm a little tired of my hair color. I'd like to dye it.

② A: What can we do to slow down global warming?

　B: First of all, we can use more public transportation.

③ A: Anna, is that you? Long time no see! How long has it been?

　B: It took me about an hour and a half by car.

④ A: I'm worried about Paul. He looks unhappy. What should I do?

　B: If I were you, I'd wait until he talks about his troubles.

12 다음 글의 제목으로 가장 적절한 것은?

Well-known author Daniel Goleman has dedicated his life to the science of human relationships. In his book *Social Intelligence* he discusses results from neuro-sociology to explain how sociable our brains are. According to Goleman, we are drawn to other people's brains whenever we engage with another person. The human need for meaningful connectivity with others, in order to deepen our relationships, is what we all crave, and yet there are countless articles and studies suggesting that we are lonelier than we ever have been and loneliness is now a world health epidemic. Specifically, in Australia, according to a national Lifeline survey, more than 80% of those surveyed believe our society is becoming a lonelier place. Yet, our brains crave human interaction.

① Lonely People

② Sociable Brains

③ Need for Mental Health Survey

④ Dangers of Human Connectivity

13 다음 글의 주제로 가장 적절한 것은?

Certainly some people are born with advantages (e.g., physical size for jockeys, height for basketball players, an "ear" for music for musicians). Yet only dedication to mindful, deliberate practice over many years can turn those advantages into talents and those talents into successes. Through the same kind of dedicated practice, people who are not born with such advantages can develop talents that nature put a little farther from their reach. For example, even though you may feel that you weren't born with a talent for math, you can significantly increase your mathematical abilities through mindful, deliberate practice. Or, if you consider yourself "naturally" shy, putting in the time and effort to develop your social skills can enable you to interact with people at social occasions with energy, grace, and ease.

① advantages some people have over others

② importance of constant efforts to cultivate talents

③ difficulties shy people have in social interactions

④ need to understand one's own strengths and weaknesses

14 다음 글의 요지로 가장 적절한 것은?

Dr. Roossinck and her colleagues found by chance that a virus increased resistance to drought on a plant that is widely used in botanical experiments. Their further experiments with a related virus showed that was true of 15 other plant species, too. Dr. Roossinck is now doing experiments to study another type of virus that increases heat tolerance in a range of plants. She hopes to extend her research to have a deeper understanding of the advantages that different sorts of viruses give to their hosts. That would help to support a view which is held by an increasing number of biologists, that many creatures rely on symbiosis, rather than being self-sufficient.

① Viruses demonstrate self-sufficiency of biological beings.

② Biologists should do everything to keep plants virus-free.

③ The principle of symbiosis cannot be applied to infected plants.

④ Viruses sometimes do their hosts good, rather than harming them.

15 다음 글의 내용과 일치하지 않는 것은?

The traditional way of making maple syrup is interesting. A sugar maple tree produces a watery sap each spring, when there is still lots of snow on the ground. To take the sap out of the sugar maple tree, a farmer makes a slit in the bark with a special knife, and puts a "tap" on the tree. Then the farmer hangs a bucket from the tap, and the sap drips into it. That sap is collected and boiled until a sweet syrup remains—forty gallons of sugar maple tree "water" make one gallon of syrup. That's a lot of buckets, a lot of steam, and a lot of work. Even so, most of maple syrup producers are family farmers who collect the buckets by hand and boil the sap into syrup themselves.

① 사탕단풍나무에서는 매년 봄에 수액이 생긴다.
② 사탕단풍나무의 수액을 얻기 위해 나무껍질에 틈새를 만든다.
③ 단풍나무시럽 1갤런을 만들려면 수액 40갤런이 필요하다.
④ 단풍나무시럽을 만들기 위해 기계로 수액 통을 수거한다.

16 다음 글의 흐름상 어색한 문장은?

I once took a course in short-story writing and during that course a renowned editor of a leading magazine talked to our class. ① He said he could pick up any one of the dozens of stories that came to his desk every day and after reading a few paragraphs he could feel whether or not the author liked people. ② "If the author doesn't like people," he said, "people won't like his or her stories." ③ The editor kept stressing the importance of being interested in people during his talk on fiction writing. ④ Thurston, a great magician, said that every time he went on stage he said to himself, "I am grateful because I'm successful." At the end of the talk, he concluded, "Let me tell you again. You have to be interested in people if you want to be a successful writer of stories."

17 주어진 글 다음에 이어질 글의 순서로 가장 적절한 것은?

> Just a few years ago, every conversation about artificial intelligence (AI) seemed to end with an apocalyptic prediction.

> (A) More recently, however, things have begun to change. AI has gone from being a scary black box to something people can use for a variety of use cases.
>
> (B) In 2014, an expert in the field said that, with AI, we are summoning the demon, while a Nobel Prize winning physicist said that AI could spell the end of the human race.
>
> (C) This shift is because these technologies are finally being explored at scale in the industry, particularly for market opportunities.

① (A) - (B) - (C)
② (B) - (A) - (C)
③ (B) - (C) - (A)
④ (C) - (A) - (B)

18 주어진 문장이 들어갈 위치로 가장 적절한 것은?

> Yet, requests for such self-assessments are pervasive throughout one's career.

> The fiscal quarter just ended. Your boss comes by to ask you how well you performed in terms of sales this quarter. How do you describe your performance? As excellent? Good? Terrible? (①) Unlike when someone asks you about an objective performance metric (e.g., how many dollars in sales you brought in this quarter), how to subjectively describe your performance is often unclear. There is no right answer. (②) You are asked to subjectively describe your own performance in school applications, in job applications, in interviews, in performance reviews, in meetings—the list goes on. (③) How you describe your performance is what we call your level of self-promotion. (④) Since self-promotion is a pervasive part of work, people who do more self-promotion may have better chances of being hired, being promoted, and getting a raise or a bonus.

[19~20] 밑줄 친 부분에 들어갈 말로 가장 적절한 것을 고르시오.

19

We live in the age of anxiety. Because being anxious can be an uncomfortable and scary experience, we resort to conscious or unconscious strategies that help reduce anxiety in the moment—watching a movie or TV show, eating, video-game playing, and overworking. In addition, smartphones also provide a distraction any time of the day or night. Psychological research has shown that distractions serve as a common anxiety avoidance strategy. _____, however, these avoidance strategies make anxiety worse in the long run. Being anxious is like getting into quicksand-the more you fight it, the deeper you sink. Indeed, research strongly supports a well-known phrase that "What you resist, persists."

① Paradoxically

② Fortunately

③ Neutrally

④ Creatively

20

How many different ways do you get information? Some people might have six different kinds of communications to answer— text messages, voice mails, paper documents, regular mail, blog posts, messages on different online services. Each of these is a type of in-box, and each must be processed on a continuous basis. It's an endless process, but it doesn't have to be exhausting or stressful. Getting your information management down to a more manageable level and into a productive zone starts by _____. Every place you have to go to check your messages or to read your incoming information is an in-box, and the more you have, the harder it is to manage everything. Cut the number of in-boxes you have down to the smallest number possible for you still to function in the ways you need to.

① setting several goals at once

② immersing yourself in incoming information

③ minimizing the number of in-boxes you have

④ choosing information you are passionate about

영어 | 2022년 국가직 9급

모바일 OMR

✔ 회독 CHECK 1 2 3

[01~03] 밑줄 친 부분의 의미와 가장 가까운 것을 고르시오.

01

For years, detectives have been trying to unravel the mystery of the sudden disappearance of the twin brothers.

① solve
② create
③ imitate
④ publicize

02

Before the couple experienced parenthood, their four-bedroom house seemed unnecessarily opulent.

① hidden
② luxurious
③ empty
④ solid

03

The boss hit the roof when he saw that we had already spent the entire budget in such a short period of time.

① was very satisfied
② was very surprised
③ became extremely calm
④ became extremely angry

[04~05] 밑줄 친 부분에 들어갈 말로 가장 적절한 것을 고르시오.

04

A mouse potato is the computer _____ of television's couch potato: someone who tends to spend a great deal of leisure time in front of the computer in much the same way the couch potato does in front of the television.

① technician
② equivalent
③ network
④ simulation

05

Mary decided to _____ her Spanish before going to South America.

① brush up on
② hear out
③ stick up for
④ lay off

06 어법상 옳은 것은?

① A horse should be fed according to its individual needs and the nature of its work.

② My hat was blown off by the wind while walking down a narrow street.

③ She has known primarily as a political cartoonist throughout her career.

④ Even young children like to be complimented for a job done good.

07 다음 글의 내용과 일치하지 않는 것은?

Umberto Eco was an Italian novelist, cultural critic and philosopher. He is widely known for his 1980 novel *The Name of the Rose*, a historical mystery combining semiotics in fiction with biblical analysis, medieval studies and literary theory. He later wrote other novels, including *Foucault's Pendulum* and *The Island of the Day Before*. Eco was also a translator: he translated Raymond Queneau's book *Exercices de style* into Italian. He was the founder of the Department of Media Studies at the University of the Republic of San Marino. He died at his Milanese home of pancreatic cancer, from which he had been suffering for two years, on the night of February 19, 2016.

① *The Name of the Rose* is a historical novel.

② Eco translated a book into Italian.

③ Eco founded a university department.

④ Eco died in a hospital of cancer.

08 밑줄 친 부분 중 어법상 옳지 않은 것은?

To find a good starting point, one must return to the year 1800 during ① which the first modern electric battery was developed. Italian Alessandro Volta found that a combination of silver, copper, and zinc ② were ideal for producing an electrical current. The enhanced design, ③ called a Voltaic pile, was made by stacking some discs made from these metals between discs made of cardboard soaked in sea water. There was ④ such talk about Volta's work that he was requested to conduct a demonstration before the Emperor Napoleon himself.

09 다음 글의 제목으로 가장 적절한 것은?

Lasers are possible because of the way light interacts with electrons. Electrons exist at specific energy levels or states characteristic of that particular atom or molecule. The energy levels can be imagined as rings or orbits around a nucleus. Electrons in outer rings are at higher energy levels than those in inner rings. Electrons can be bumped up to higher energy levels by the injection of energy—for example, by a flash of light. When an electron drops from an outer to an inner level, "excess" energy is given off as light. The wavelength or color of the emitted light is precisely related to the amount of energy released. Depending on the particular lasing material being used, specific wavelengths of light are absorbed (to energize or excite the electrons) and specific wavelengths are emitted (when the electrons fall back to their initial level).

① How Is Laser Produced?

② When Was Laser Invented?

③ What Electrons Does Laser Emit?

④ Why Do Electrons Reflect Light?

10 다음 글의 흐름상 가장 어색한 문장은?

Markets in water rights are likely to evolve as a rising population leads to shortages and climate change causes drought and famine. ① But they will be based on regional and ethical trading practices and will differ from the bulk of commodity trade. ② Detractors argue trading water is unethical or even a breach of human rights, but already water rights are bought and sold in arid areas of the globe from Oman to Australia. ③ Drinking distilled water can be beneficial, but may not be the best choice for everyone, especially if the minerals are not supplemented by another source. ④ "We strongly believe that water is in fact turning into the new gold for this decade and beyond," said Ziad Abdelnour. "No wonder smart money is aggressively moving in this direction."

[11~12] 밑줄 친 부분에 들어갈 말로 가장 적절한 것을 고르시오.

11

A: I heard that the university cafeteria changed their menu.

B: Yeah, I just checked it out.

A: And they got a new caterer.

B: Yes. Sam's Catering.

A: _____?

B: There are more dessert choices. Also, some sandwich choices were removed.

① What is your favorite dessert

② Do you know where their office is

③ Do you need my help with the menu

④ What's the difference from the last menu

12

A: Hi there. May I help you?

B: Yes, I'm looking for a sweater.

A: Well, this one is the latest style from the fall collection. What do you think?

B: It's gorgeous. How much is it?

A: Let me check the price for you. It's $120.

B: _____.

A: Then how about this sweater? It's from the last season, but it's on sale for $50.

B: Perfect! Let me try it on.

① I also need a pair of pants to go with it

② That jacket is the perfect gift for me

③ It's a little out of my price range

④ We are open until 7 p.m. on Saturdays

[13~14] 우리말을 영어로 잘못 옮긴 것을 고르시오.

13 ① 우리가 영어를 단시간에 배우는 것은 결코 쉬운 일이 아니다.

→ It is by no means easy for us to learn English in a short time.

② 우리 인생에서 시간보다 더 소중한 것은 없다.

→ Nothing is more precious as time in our life.

③ 아이들은 길을 건널 때 아무리 조심해도 지나치지 않다.

→ Children cannot be too careful when crossing the street.

④ 그녀는 남들이 말하는 것을 쉽게 믿는다.

→ She easily believes what others say.

14

① 커피 세 잔을 마셨기 때문에, 그녀는 잠을 이룰 수 없다.
→ Having drunk three cups of coffee, she can't fall asleep.

② 친절한 사람이어서, 그녀는 모든 이에게 사랑받는다.
→ Being a kind person, she is loved by everyone.

③ 모든 점이 고려된다면, 그녀가 그 직위에 가장 적임인 사람이다.
→ All things considered, she is the best-qualified person for the position.

④ 다리를 꼰 채로 오랫동안 앉아 있는 것은 혈압을 상승시킬 수 있다.
→ Sitting with the legs crossing for a long period can raise blood pressure.

15 밑줄 친 (A), (B)에 들어갈 말로 가장 적절한 것은?

Beliefs about maintaining ties with those who have died vary from culture to culture. For example, maintaining ties with the deceased is accepted and sustained in the religious rituals of Japan. Yet among the Hopi Indians of Arizona, the deceased are forgotten as quickly as possible and life goes on as usual.   (A)   , the Hopi funeral ritual concludes with a break-off between mortals and spirits. The diversity of grieving is nowhere clearer than in two Muslim societies— one in Egypt, the other in Bali. Among Muslims in Egypt, the bereaved are encouraged to dwell at length on their grief, surrounded by others who relate to similarly tragic accounts and express their sorrow.   (B)   , in Bali, bereaved Muslims are encouraged to laugh and be joyful rather than be sad.

	(A)	(B)
①	However	Similarly
②	In fact	By contrast
③	Therefore	For example
④	Likewise	Consequently

16 밑줄 친 부분에 들어갈 말로 가장 적절한 것은?

Scientists have long known that higher air temperatures are contributing to the surface melting on Greenland's ice sheet. But a new study has found another threat that has begun attacking the ice from below: Warm ocean water moving underneath the vast glaciers is causing them to melt even more quickly. The findings were published in the journal *Nature Geoscience* by researchers who studied one of the many "ice tongues" of the Nioghalvfjerdsfjorden Glacier in northeast Greenland. An ice tongue is a strip of ice that floats on the water without breaking off from the ice on land. The massive one these scientists studied is nearly 50 miles long. The survey revealed an underwater current more than a mile wide where warm water from the Atlantic Ocean is able to flow directly towards the glacier, bringing large amounts of heat into contact with the ice and _____ the glacier's melting.

① separating
② delaying
③ preventing
④ accelerating

17 다음 글의 제목으로 가장 적절한 것은?

Do people from different cultures view the world differently? A psychologist presented realistic animated scenes of fish and other underwater objects to Japanese and American students and asked them to report what they had seen. Americans and Japanese made about an equal number of references to the focal fish, but the Japanese made more than 60 percent more references to background elements, including the water, rocks, bubbles, and inert plants and animals. In addition, whereas Japanese and American participants made about equal numbers of references to movement involving active animals, the Japanese participants made almost twice as many references to relationships involving inert, background objects. Perhaps most tellingly, the very first sentence from the Japanese participants was likely to be one referring to the environment, whereas the first sentence from Americans was three times as likely to be one referring to the focal fish.

① Language Barrier Between Japanese and Americans
② Associations of Objects and Backgrounds in the Brain
③ Cultural Differences in Perception
④ Superiority of Detail-oriented People

18 주어진 문장이 들어갈 위치로 가장 적절한 곳은?

Thus, blood, and life-giving oxygen, are easier for the heart to circulate to the brain.

People can be exposed to gravitational force, or g-force, in different ways. It can be localized, affecting only a portion of the body, as in getting slapped on the back. It can also be momentary, such as hard forces endured in a car crash. A third type of g-force is sustained, or lasting for at least several seconds. (①) Sustained, body-wide g-forces are the most dangerous to people. (②) The body usually withstands localized or momentary g-force better than sustained g-force, which can be deadly because blood is forced into the legs, depriving the rest of the body of oxygen. (③) Sustained g-force applied while the body is horizontal, or lying down, instead of sitting or standing tends to be more tolerable to people, because blood pools in the back and not the legs. (④) Some people, such as astronauts and fighter jet pilots, undergo special training exercises to increase their bodies' resistance to g-force.

19 다음 글의 요지로 가장 적절한 것은?

If someone makes you an offer and you're legitimately concerned about parts of it, you're usually better off proposing all your changes at once. Don't say, "The salary is a bit low. Could you do something about it?" and then, once she's worked on it, come back with "Thanks. Now here are two other things I'd like..." If you ask for only one thing initially, she may assume that getting it will make you ready to accept the offer (or at least to make a decision). If you keep saying "and one more thing...," she is unlikely to remain in a generous or understanding mood. Furthermore, if you have more than one request, don't simply mention all the things you want—A, B, C, and D; also signal the relative importance of each to you. Otherwise, she may pick the two things you value least, because they're pretty easy to give you, and feel she's met you halfway.

① Negotiate multiple issues simultaneously, not serially.
② Avoid sensitive topics for a successful negotiation.
③ Choose the right time for your negotiation.
④ Don't be too direct when negotiating salary.

20 주어진 글 다음에 이어질 글의 순서로 가장 적절한 것은?

Today, Lamarck is unfairly remembered in large part for his mistaken explanation of how adaptations evolve. He proposed that by using or not using certain body parts, an organism develops certain characteristics.

(A) There is no evidence that this happens. Still, it is important to note that Lamarck proposed that evolution occurs when organisms adapt to their environments. This idea helped set the stage for Darwin.

(B) Lamarck thought that these characteristics would be passed on to the offspring. Lamarck called this idea *inheritance of acquired characteristics*.

(C) For example, Lamarck might explain that a kangaroo's powerful hind legs were the result of ancestors strengthening their legs by jumping and then passing that acquired leg strength on to the offspring. However, an acquired characteristic would have to somehow modify the DNA of specific genes in order to be inherited.

① (A) - (C) - (B)
② (B) - (A) - (C)
③ (B) - (C) - (A)
④ (C) - (A) - (B)

✔ 회독 CHECK 1 2 3

[01~03] 밑줄 친 부분의 의미와 가장 가까운 것을 고르시오.

01

School teachers have to be <u>flexible</u> to cope with different ability levels of the students.

① strong   ② adaptable
③ honest   ④ passionate

02

Crop yields <u>vary</u>, improving in some areas and falling in others.

① change   ② decline
③ expand   ④ include

03

I don't feel inferior to anyone <u>with respect to</u> my education.

① in danger of   ② in spite of
③ in favor of   ④ in terms of

04 밑줄 친 부분에 들어갈 말로 가장 적절한 것은?

Sometimes we _____ money long before the next payday.

① turn into
② start over
③ put up with
④ run out of

[05~06] 어법상 옳지 않은 것을 고르시오.

05 ① He asked me why I kept coming back day after day.
② Toys children wanted all year long has recently discarded.
③ She is someone who is always ready to lend a helping hand.
④ Insects are often attracted by scents that aren't obvious to us.

06 ① You can write on both sides of the paper.
② My home offers me a feeling of security, warm, and love.
③ The number of car accidents is on the rise.
④ Had I realized what you were intending to do, I would have stopped you.

[07~08] 우리말을 영어로 잘못 옮긴 것을 고르시오.

07 ① 나는 단 한 푼의 돈도 낭비할 수 없다.

→ I can afford to waste even one cent.

② 그녀의 얼굴에서 미소가 곧 사라졌다.

→ The smile soon faded from her face.

③ 그녀는 사임하는 것 외에는 대안이 없었다.

→ She had no alternative but to resign.

④ 나는 5년 후에 내 사업을 시작할 작정이다.

→ I'm aiming to start my own business in five years.

08 ① 식사를 마치자마자 나는 다시 배고프기 시작했다.

→ No sooner I have finishing the meal than I started feeling hungry again.

② 그녀는 조만간 요금을 내야만 할 것이다.

→ She will have to pay the bill sooner or later.

③ 독서와 정신의 관계는 운동과 신체의 관계와 같다.

→ Reading is to the mind what exercise is to the body.

④ 그는 대학에서 의학을 공부했으나 결국 회계 회사에서 일하게 되었다.

→ He studied medicine at university but ended up working for an accounting firm.

09 두 사람의 대화 중 가장 어색한 것은?

① A: I like this newspaper because it's not opinionated.

   B: That's why it has the largest circulation.

② A: Do you have a good reason for being all dressed up?

   B: Yeah, I have an important job interview today.

③ A: I can hit the ball straight during the practice but not during the game.

   B: That happens to me all the time, too.

④ A: Is there any particular subject you want to paint on canvas?

   B: I didn't do good in history when I was in high school.

10 밑줄 친 부분에 들어갈 말로 가장 적절한 것은?

A: Hey! How did your geography test go?

B: Not bad, thanks. I'm just glad that it's over! How about you? How did your science exam go?

A: Oh, it went really well. _____. I owe you a treat for that.

B: It's my pleasure. So, do you feel like preparing for the math exam scheduled for next week?

A: Sure. Let's study together.

B: It sounds good. See you later.

① There's no sense in beating yourself up over this

② I never thought I would see you here

③ Actually, we were very disappointed

④ I can't thank you enough for helping me with it

11 주어진 글 다음에 이어질 글의 순서로 가장 적절한 것은?

> For people who are blind, everyday tasks such as sorting through the mail or doing a load of laundry present a challenge.

> (A) That's the thinking behind Aira, a new service that enables its thousands of users to stream live video of their surroundings to an on-demand agent, using either a smartphone or Aira's proprietary glasses.
>
> (B) But what if they could "borrow" the eyes of someone who could see?
>
> (C) The Aira agents, who are available 24/7, can then answer questions, describe objects or guide users through a location.

① (A) - (B) - (C)

② (A) - (C) - (B)

③ (B) - (A) - (C)

④ (C) - (A) - (B)

12 주어진 문장이 들어갈 위치로 가장 적절한 곳은?

> The comparison of the heart to a pump, however, is a genuine analogy.

> An analogy is a figure of speech in which two things are asserted to be alike in many respects that are quite fundamental. Their structure, the relationships of their parts, or the essential purposes they serve are similar, although the two things are also greatly dissimilar. Roses and carnations are not analogous. (①) They both have stems and leaves and may both be red in color. (②) But they exhibit these qualities in the same way; they are of the same genus. (③) These are disparate things, but they share important qualities: mechanical apparatus, possession of valves, ability to increase and decrease pressures, and capacity to move fluids. (④) And the heart and the pump exhibit these qualities in different ways and in different contexts.

13 다음 글의 제목으로 가장 적절한 것은?

One of the areas where efficiency can be optimized is the work force, through increasing individual productivity—defined as the amount of work (products produced, customers served) an employee handles in a given time. In addition to making sure you have invested in the right equipment, environment, and training to ensure optimal performance, you can increase productivity by encouraging staffers to put an end to a modern-day energy drain: multitasking. Studies show it takes 25 to 40 percent longer to get a job done when you're simultaneously trying to work on other projects. To be more productive, says Andrew Deutscher, vice president of business development at consulting firm The Energy Project, "do one thing, uninterrupted, for a sustained period of time."

① How to Create More Options in Life
② How to Enhance Daily Physical Performance
③ Multitasking is the Answer for Better Efficiency
④ Do One Thing at a Time for Greater Efficiency

14 글의 흐름상 가장 어색한 문장은?

The skill to have a good argument is critical in life. But it's one that few parents teach to their children. ① We want to give kids a stable home, so we stop siblings from quarreling and we have our own arguments behind closed doors. ② Yet if kids never get exposed to disagreement, we may eventually limit their creativity. ③ Children are most creative when they are free to brainstorm with lots of praise and encouragement in a peaceful environment. ④ It turns out that highly creative people often grow up in families full of tension. They are not surrounded by fistfights or personal insults, but real disagreements. When adults in their early 30s were asked to write imaginative stories, the most creative ones came from those whose parents had the most conflict a quarter-century earlier.

[15~16] 다음 글의 내용과 일치하지 않는 것을 고르시오.

15

Christopher Nolan is an Irish writer of some renown in the English language. Brain damaged since birth, Nolan has had little control over the muscles of his body, even to the extent of having difficulty in swallowing food. He must be strapped to his wheelchair because he cannot sit up by himself. Nolan cannot utter recognizable speech sounds. Fortunately, though, his brain damage was such that Nolan's intelligence was undamaged and his hearing was normal; as a result, he learned to understand speech as a young child. It was only many years later, though, after he had reached 10 years, and after he had learned to read, that he was given a means to express his first words. He did this by using a stick which was attached to his head to point to letters. It was in this 'unicorn' manner, letter-by-letter, that he produced an entire book of poems and short stories, *Dam-Burst of Dreams*, while still a teenager.

① Christopher Nolan은 뇌 손상을 갖고 태어났다.

② Christopher Nolan은 음식을 삼키는 것도 어려웠다.

③ Christopher Nolan은 청각 장애로 인해 들을 수 없었다.

④ Christopher Nolan은 10대일 때 책을 썼다.

16

In many Catholic countries, children are often named after saints; in fact, some priests will not allow parents to name their children after soap opera stars or football players. Protestant countries tend to be more free about this; however, in Norway, certain names such as Adolf are banned completely. In countries where infant mortality is very high, such as in Africa, tribes only name their children when they reach five years old, the age in which their chances of survival begin to increase. Until that time, they are referred to by the number of years they are. Many nations in the Far East give their children a unique name which in some way describes the circumstances of the child's birth or the parents' expectations and hopes for the child. Some Australian aborigines can keep changing their name throughout their life as the result of some important experience which has in some way proved their wisdom, creativity or determination. For example, if one day, one of them dances extremely well, he or she may decide to re-name him/herself 'supreme dancer' or 'light feet'.

① Children are frequently named after saints in many Catholic countries.

② Some African children are not named until they turn five years old.

③ Changing one's name is totally unacceptable in the culture of Australian aborigines.

④ Various cultures name their children in different ways.

17 다음 글의 요지로 가장 적절한 것은?

In one study, done in the early 1970s when young people tended to dress in either "hippie" or "straight" fashion, experimenters donned hippie or straight attire and asked college students on campus for a dime to make a phone call. When the experimenter was dressed in the same way as the student, the request was granted in more than two-thirds of the instances; when the student and requester were dissimilarly dressed, the dime was provided less than half the time. Another experiment showed how automatic our positive response to similar others can be. Marchers in an antiwar demonstration were found to be more likely to sign the petition of a similarly dressed requester and to do so without bothering to read it first.

① People are more likely to help those who dress like themselves.

② Dressing up formally increases the chance of signing the petition.

③ Making a phone call is an efficient way to socialize with other students.

④ Some college students in the early 1970s were admired for their unique fashion.

18 (A)와 (B)에 들어갈 말로 가장 적절한 것은?

Duration shares an inverse relationship with frequency. If you see a friend frequently, then the duration of the encounter will be shorter. Conversely, if you don't see your friend very often, the duration of your visit will typically increase significantly. (A) , if you see a friend every day, the duration of your visits can be low because you can keep up with what's going on as events unfold. If, however, you only see your friend twice a year, the duration of your visits will be greater. Think back to a time when you had dinner in a restaurant with a friend you hadn't seen for a long period of time. You probably spent several hours catching up on each other's lives. The duration of the same dinner would be considerably shorter if you saw the person on a regular basis. (B) , in romantic relationships the frequency and duration are very high because couples, especially newly minted ones, want to spend as much time with each other as possible. The intensity of the relationship will also be very high.

	(A)	(B)
①	For example	Conversely
②	Nonetheless	Furthermore
③	Therefore	As a result
④	In the same way	Thus

[19~20] 밑줄 친 부분에 들어갈 말로 가장 적절한 것을 고르시오.

19

One of the most frequently used propaganda techniques is to convince the public that the propagandist's views reflect those of the common person and that he or she is working in their best interests. A politician speaking to a blue-collar audience may roll up his sleeves, undo his tie, and attempt to use the specific idioms of the crowd. He may even use language incorrectly on purpose to give the impression that he is "just one of the folks." This technique usually also employs the use of glittering generalities to give the impression that the politician's views are the same as those of the crowd being addressed. Labor leaders, businesspeople, ministers, educators, and advertisers have used this technique to win our confidence by appearing to be _____ .

① beyond glittering generalities

② just plain folks like ourselves

③ something different from others

④ better educated than the crowd

20

As a roller coaster climbs the first lift hill of its track, it is building potential energy—the higher it gets above the earth, the stronger the pull of gravity will be. When the coaster crests the lift hill and begins its descent, its potential energy becomes kinetic energy, or the energy of movement. A common misperception is that a coaster loses energy along the track. An important law of physics, however, called the law of conservation of energy, is that energy can never be created nor destroyed. It simply changes from one form to another. Whenever a track rises back uphill, the cars' momentum—their kinetic energy—will carry them upward, which builds potential energy, and roller coasters repeatedly convert potential energy to kinetic energy and back again. At the end of a ride, coaster cars are slowed down by brake mechanisms that create _____ between two surfaces. This motion makes them hot, meaning kinetic energy is changed to heat energy during braking. Riders may mistakenly think coasters lose energy at the end of the track, but the energy just changes to and from different forms.

① gravity

② friction

③ vacuum

④ acceleration

✅ 회독 CHECK 1 2 3

[01~02] 밑줄 친 부분의 의미와 가장 가까운 것은?

01

> Norwegians led by Roald Amundsen arrived in Antarctica's Bay of Whales on January 14, 1911. With dog teams, they prepared to race the British to the South Pole. Amundsen's ship, *Fram*, loaned by renowned Arctic explorer Fridtjof Nansen, was the elite polar vessel of her time.

① famous
② intrepid
③ early
④ notorious

02

> In her presentation, she will give a lucid account of her future plan as a member of this organization.

① loquacious
② sluggish
③ placid
④ perspicuous

[03~05] 밑줄 친 부분에 들어갈 말로 가장 적절한 것은?

03

> People need to _____ skills in their jobs in order to be competitive and become successful.

① abolish
② accumulate
③ diminish
④ isolate

04

> Manhattan has been compelled to expand skyward because of the _____ of any other direction in which to grow. This, more than any other thing, is responsible for its physical majesty.

① absence
② decision
③ exposure
④ selection

05

> _____ is using someone else's exact words or ideas in your writing, and not naming the original writer or book, magazine, video, podcast, or website where you found them.

① citation
② presentation
③ modification
④ plagiarism

06 두 사람의 대화 중 가장 어색한 것은?

① A: I need to ask you to do me a favor.
   B: Sure thing, what is it?
② A: I'm afraid I have to close my account.
   B: OK, please fill out this form.
③ A: That was a beautiful wedding.
   B: I'll say. And the wedding couple looked so right for each other.
④ A: I bought this jacket last Monday and already the zipper was broken. I'd like a refund.
   B: OK, I will fix the zipper.

07 어법상 가장 옳은 것은?

① The poverty rate is the percentage of the population which family income falls below an absolute level.

② Not surprisingly, any college graduate would rather enter the labor force in a year of economic expansion than in a year of economic contraction.

③ It is hard that people pick up a newspaper without seeing some newly reported statistic about the economy.

④ Despite the growth is continued in average income, the poverty rate has not declined.

08 어법상 가장 옳지 않은 것은?

① With nothing left, she would have to cling to that which had robbed her.

② Send her word to have her place cleaning up.

③ Alive, she had been a tradition, a duty, and a care.

④ Will you accuse a lady to her face of smelling bad?

09 어법상 가장 옳지 않은 것은?

① An ugly, old, yellow tin bucket stood beside the stove.

② It is the most perfect copier ever invented.

③ John was very frightening her.

④ She thought that he was an utter fool.

[10~11] 밑줄 친 부분 중 어법상 가장 옳지 않은 것은?

10

People have opportunities to behave in sustainable ways every day when they get dressed, and fashion, when ① creating within a broad understanding of sustainability, can sustain people as well as the environment. People have a desire to make ② socially responsible choices regarding the fashions they purchase. As designers and product developers of fashion, we are challenged to provide responsible choices. We need to stretch the perception of fashion to remain ③ open to the many layers and complexities that exist. The people, processes, and environments ④ that embody fashion are also calling for new sustainable directions. What a fabulous opportunity awaits!

11

Newspapers, journals, magazines, TV and radio, and professional or trade publications ① provide further ② information that may help interpret the facts ③ given in the annual report or on developments since the report ④ published.

[12~13] 글의 흐름상 가장 어색한 문장은?

12

Tropical forests are incredibly rich ecosystems, which provide much of the world's biodiversity. ① However, even with increased understanding of the value of these areas, excessive destruction continues. There are a few promising signs, however. ② Deforestation in many regions is slowing as governments combat this practice with intensive tree planting. Asia, for example, has gained forest in the last decade, primarily due to China's large-scale planting initiatives. ③ One part of this challenge is to allow countries a more equitable share of the revenue from pharmaceutical products originating in the tropical forests. Moreover, the number of reserves designated for conservation of biodiversity is increasing worldwide with particularly strong gains in South America and Asia. ④ Unfortunately, despite these gains, the capacity for humans to destroy forests continues to appear greater than their ability to protect them.

13

In the early 1980s, a good friend of mine discovered that she was dying of multiple myeloma, an especially dangerous, painful form of cancer. I had lost elderly relatives and family friends to death before this, but I had never lost a personal friend. ① I had never watched a relatively young person die slowly and painfully of disease. It took my friend a year to die, and ② I got into the habit of visiting her every Saturday and taking along the latest chapter of the novel I was working on. This happened to be *Clay's Ark*. With its story of disease and death, it was thoroughly inappropriate for the situation. But my friend had always read my novels. ③ She insisted that she no longer wanted to read this one as well. I suspect that neither of us believed she would live to read it in its completed form—④ although, of course, we didn't talk about this.

14 글의 요지로 가장 적절한 것은?

From computers to compact-disc players, railway engines to robots, the origins of today's machines can be traced back to the elaborate mechanical toys that flourished in the eighteenth century. As the first complex machines produced by man, automata represented a proving ground for technology that would later be harnessed in the industrial revolution. But their original uses were rather less utilitarian. Automata were the playthings of royalty, both as a form of entertainment in palaces and courts across Europe and as gifts sent from one ruling family to another. As a source of amusement, the first automata were essentially scaled-down versions of the elaborate mechanical clocks that adorned cathedrals. These clocks provided the inspiration for smaller and increasingly elaborate automata. As these devices became more complicated, their time-keeping function became less important, and automata became first and foremost mechanical amusements in the form of mechanical theaters or moving scenes.

① The history of machine has less to do with a source of amusement.

② Modern machine has a non-utilitarian origin.

③ Royalty across Europe was interested in toy industry.

④ The decline of automata is closely associated with the industrial revolution.

15 글의 내용과 가장 일치하지 않는 것은?

When Ali graduated, he decided he didn't want to join the ranks of commuters struggling to work every day. He wanted to set up his own online gift-ordering business so that he could work from home. He knew it was a risk but felt he would have at least a fighting chance of success. Initially, he and a college friend planned to start the business together. Ali had the idea and Igor, his friend, had the money to invest in the company. But then just weeks before the launch, Igor dropped a bombshell: he said he no longer wanted to be part of Ali's plans. Despite Ali's attempts to persuade him to hang fire on his decision. Igor said he was no longer prepared to take the risk and was going to beat a retreat before it was too late. However, two weeks later Igor stole a march on Ali by launching his own online gift-ordering company. Ali was shell-shocked by this betrayal, but he soon came out fighting. He took Igor's behaviour as a call to arms and has persuaded a bank to lend him the money he needs. Ali's introduction to the business world has certainly been a baptism of fire, but I'm sure he will be really successful on his own.

① 본래 온라인 선물주문 사업은 Ali의 계획이었다.

② Igor가 먼저 그 사업에서 손을 떼겠다고 말했다.

③ Igor가 Ali보다 앞서서 자기 소유의 선물주문 회사를 차렸다.

④ Ali는 은행을 설득하여 Igor에게 돈을 빌려주게 했다.

[16~17] (A)와 (B)에 들어갈 말로 가장 적절한 것은?

16

Scientists are working on many other human organs and tissues. For example, they have successfully generated, or grown, a piece of liver. This is an exciting achievement since people cannot live without a liver. In other laboratories, scientists have created a human jawbone and a lung. While these scientific breakthroughs are very promising, they are also limited. Scientists cannot use cells for a new organ from a very diseased or damaged organ. ___(A)___, many researchers are working on a way to use stem cells to grow completely new organs. Stem cells are very simple cells in the body that can develop into any kind of complex cells, such as skin cells or blood cells and even heart and liver cells. ___(B)___, stem cells can grow into all different kinds of cells.

	(A)	(B)
①	Specifically	For example
②	Additionally	On the other hand
③	Consequently	In other words
④	Accordingly	In contrast

17

To speak of 'the aim' of scientific activity may perhaps sound a little ___(A)___ ; for clearly, different scientists have different aims, and science itself (whatever that may mean) has no aims. I admit all this. And yet it seems that when we speak of science we do feel, more or less clearly, that there is something characteristic of scientific activity; and since scientific activity looks pretty much like a rational activity, and since a rational activity must have some aim, the attempt to describe the aim of science may not be entirely ___(B)___ .

	(A)	(B)
①	naive	futile
②	reasonable	fruitful
③	chaotic	acceptable
④	consistent	discarded

18 〈보기〉의 문장 다음에 이어질 글의 순서로 가장 적절한 것은?

─〈보 기〉─

The child that is born today may possibly have the same faculties as if he had been born in the days of Noah; if it be otherwise, we possess no means of determining the difference.

(A) That development is entirely under the control of the influences exerted by the society in which the child may chance to live.

(B) If such society be altogether denied, the faculties perish, and the child grows up a beast and not a man; if the society be uneducated and coarse, the growth of the faculties is early so stunted as never afterwards to be capable of recovery; if the society be highly cultivated, the child will be cultivated also, and will show, more or less, through life the fruits of that cultivation.

(C) Hence each generation receives the benefit of the cultivation of that which preceded it.

(D) But the equality of the natural faculties at starting will not prevent a vast difference in their ultimate development.

① (A) - (B) - (D) - (C)
② (A) - (D) - (B) - (C)
③ (D) - (A) - (B) - (C)
④ (D) - (B) - (A) - (C)

[19~20] 밑줄 친 부분에 들어갈 말로 가장 적절한 것은?

19

It is quite clear that people's view of what English should do has been strongly influenced by what Latin does. For instance, there is (or used to be— it is very infrequently observed in natural speech today) a feeling that an infinitive in English should not be split. What this means is that you should not put anything between the *to* which marks an infinitive verb and the verb itself: you should say *to go boldly* and never *to boldly go*. This 'rule' is based on Latin, where the marker of the infinitive is an ending, and you can no more split it from the rest of the verb than you can split *-ing* from the rest of its verb and say *goboldlying* for *going boldly*. English speakers clearly do not feel that *to* and *go* belong together _____ *go* and *-ing*. They frequently put words between this kind of *to* and its verb.

① less closely than
② as closely as
③ more loosely than
④ as loosely as

20

A company may be allowed to revalue non-current assets. Where the fair value of non-current assets increases this may be reflected in an adjustment to the value of the assets shown in the statement of financial position. As far as possible, this should reflect the fair value of assets and liabilities. However, the increase in value of a non-current asset does not necessarily represent _____ for the company. A profit is made or realized only when the asset is sold and the resulting profit is taken through the income statement. Until this event occurs prudence—supported by common sense—requires that the increase in asset value is retained in the balance sheet. Shareholders have the right to any profit on the sale of company assets, so the shareholders' stake (equity) is increased by the same amount as the increase in asset valuation. A revaluation reserve is created and the balance sheet still balances.

① the fair value

② an actual cost

③ an immediate profit

④ the value of a transaction

영어 | 2021년 국가직 9급

✅ 회독 CHECK 1 2 3

[01~03] 밑줄 친 부분의 의미와 가장 가까운 것을 고르시오.

01

Privacy as a social practice shapes individual behavior in conjunction with other social practices and is therefore central to social life.

① in combination with
② in comparison with
③ in place of
④ in case of

02

The influence of Jazz has been so pervasive that most popular music owes its stylistic roots to jazz.

① deceptive
② ubiquitous
③ persuasive
④ disastrous

03

This novel is about the vexed parents of an unruly teenager who quits school to start a business.

① callous
② annoyed
③ reputable
④ confident

04 밑줄 친 부분에 들어갈 말로 가장 적절한 것은?

A group of young demonstrators attempted to _____ the police station.

① line up
② give out
③ carry on
④ break into

05 다음 글의 내용과 일치하는 것은?

The most notorious case of imported labor is of course the Atlantic slave trade, which brought as many as ten million enslaved Africans to the New World to work the plantations. But although the Europeans may have practiced slavery on the largest scale, they were by no means the only people to bring slaves into their communities: earlier, the ancient Egyptians used slave labor to build their pyramids, early Arab explorers were often also slave traders, and Arabic slavery continued into the twentieth century and indeed still continues in a few places. In the Americas some native tribes enslaved members of other tribes, and slavery was also an institution in many African nations, especially before the colonial period.

① African laborers voluntarily moved to the New World.
② Europeans were the first people to use slave labor.
③ Arabic slavery no longer exists in any form.
④ Slavery existed even in African countries.

06 어법상 옳은 것은?

① This guide book tells you where should you visit in Hong Kong.

② I was born in Taiwan, but I have lived in Korea since I started work.

③ The novel was so excited that I lost track of time and missed the bus.

④ It's not surprising that book stores don't carry newspapers any more, doesn't it?

07 다음 글의 제목으로 가장 적절한 것은?

Warming temperatures and loss of oxygen in the sea will shrink hundreds of fish species—from tunas and groupers to salmon, thresher sharks, haddock and cod—even more than previously thought, a new study concludes. Because warmer seas speed up their metabolisms, fish, squid and other water-breathing creatures will need to draw more oxygen from the ocean. At the same time, warming seas are already reducing the availability of oxygen in many parts of the sea. A pair of University of British Columbia scientists argue that since the bodies of fish grow faster than their gills, these animals eventually will reach a point where they can't get enough oxygen to sustain normal growth. "What we found was that the body size of fish decreases by 20 to 30 percent for every 1 degree Celsius increase in water temperature," says author William Cheung.

① Fish Now Grow Faster than Ever

② Oxygen's Impact on Ocean Temperatures

③ Climate Change May Shrink the World's Fish

④ How Sea Creatures Survive with Low Metabolism

08 밑줄 친 부분 중 어법상 옳지 않은 것은?

Urban agriculture (UA) has long been dismissed as a fringe activity that has no place in cities; however, its potential is beginning to ① <u>be realized</u>. In fact, UA is about food self-reliance: it involves ② <u>creating</u> work and is a reaction to food insecurity, particularly for the poor. Contrary to ③ <u>which</u> many believe, UA is found in every city, where it is sometimes hidden, sometimes obvious. If one looks carefully, few spaces in a major city are unused. Valuable vacant land rarely sits idle and is often taken over—either formally, or informally—and made ④ <u>productive</u>.

09 주어진 문장이 들어갈 위치로 가장 적절한 것은?

> For example, the state archives of New Jersey hold more than 30,000 cubic feet of paper and 25,000 reels of microfilm.

Archives are a treasure trove* of material: from audio to video to newspapers, magazines and printed material—which makes them indispensable to any History Detective investigation. While libraries and archives may appear the same, the differences are important. (①) An archive collection is almost always made up of primary sources, while a library contains secondary sources. (②) To learn more about the Korean War, you'd go to a library for a history book. If you wanted to read the government papers, or letters written by Korean War soldiers, you'd go to an archive. (③) If you're searching for information, chances are there's an archive out there for you. Many state and local archives store public records—which are an amazing, diverse resource. (④) An online search of your state's archives will quickly show you they contain much more than just the minutes of the legislature—there are detailed land grant* information to be found, old town maps, criminal records and oddities such as peddler license applications.

*treasure trove: 귀중한 발굴물(수집물)

*land grant: (대학·철도 등을 위해) 정부가 주는 땅

10 다음 글의 흐름상 가장 어색한 문장은?

The term burnout refers to a "wearing out" from the pressures of work. Burnout is a chronic condition that results as daily work stressors take their toll on employees. ① The most widely adopted conceptualization of burnout has been developed by Maslach and her colleagues in their studies of human service workers. Maslach sees burnout as consisting of three interrelated dimensions. The first dimension—emotional exhaustion—is really the core of the burnout phenomenon. ② Workers suffer from emotional exhaustion when they feel fatigued, frustrated, used up, or unable to face another day on the job. The second dimension of burnout is a lack of personal accomplishment. ③ This aspect of the burnout phenomenon refers to workers who see themselves as failures, incapable of effectively accomplishing job requirements. ④ Emotional labor workers enter their occupation highly motivated although they are physically exhausted. The third dimension of burnout is depersonalization. This dimension is relevant only to workers who must communicate interpersonally with others (e.g. clients, patients, students) as part of the job.

[11~12] 밑줄 친 부분에 들어갈 말로 가장 적절한 것을 고르시오.

11

A: Were you here last night?

B: Yes. I worked the closing shift. Why?

A: The kitchen was a mess this morning. There was food spattered on the stove, and the ice trays were not in the freezer.

B: I guess I forgot to go over the cleaning checklist.

A: You know how important a clean kitchen is.

B: I'm sorry. _____

① I won't let it happen again.

② Would you like your bill now?

③ That's why I forgot it yesterday.

④ I'll make sure you get the right order.

12

A: Have you taken anything for your cold?

B: No, I just blow my nose a lot.

A: Have you tried nose spray?

B: _____

A: It works great.

B: No, thanks. I don't like to put anything in my nose, so I've never used it.

① Yes, but it didn't help.

② No, I don't like nose spray.

③ No, the pharmacy was closed.

④ Yeah, how much should I use?

13 다음 글의 내용과 일치하지 않는 것은?

Deserts cover more than one-fifth of the Earth's land area, and they are found on every continent. A place that receives less than 25 centimeters (10 inches) of rain per year is considered a desert. Deserts are part of a wider class of regions called drylands. These areas exist under a "moisture deficit," which means they can frequently lose more moisture through evaporation than they receive from annual precipitation. Despite the common conceptions of deserts as hot, there are cold deserts as well. The largest hot desert in the world, northern Africa's Sahara, reaches temperatures of up to 50 degrees Celsius (122 degrees Fahrenheit) during the day. But some deserts are always cold, like the Gobi Desert in Asia and the polar deserts of the Antarctic and Arctic, which are the world's largest. Others are mountainous. Only about 20 percent of deserts are covered by sand. The driest deserts, such as Chile's Atacama Desert, have parts that receive less than two millimeters (0.08 inches) of precipitation a year. Such environments are so harsh and otherworldly that scientists have even studied them for clues about life on Mars. On the other hand, every few years, an unusually rainy period can produce "super blooms," where even the Atacama becomes blanketed in wildflowers.

① There is at least one desert on each continent.

② The Sahara is the world's largest hot desert.

③ The Gobi Desert is categorized as a cold desert.

④ The Atacama Desert is one of the rainiest deserts.

[14~15] 우리말을 영어로 가장 잘 옮긴 것을 고르시오.

14 ① 나는 너의 답장을 가능한 한 빨리 받기를 고대한다.
→ I look forward to receive your reply as soon as possible.
② 그는 내가 일을 열심히 했기 때문에 월급을 올려 주겠다고 말했다.
→ He said he would rise my salary because I worked hard.
③ 그의 스마트 도시 계획은 고려할 만했다.
→ His plan for the smart city was worth considered.
④ Cindy는 피아노 치는 것을 매우 좋아했고 그녀의 아들도 그랬다.
→ Cindy loved playing the piano, and so did her son.

15 ① 당신이 부자일지라도 당신은 진실한 친구들을 살 수는 없다.
→ Rich as if you may be, you can't buy sincere friends.
② 그것은 너무나 아름다운 유성 폭풍이어서 우리는 밤새 그것을 보았다.
→ It was such a beautiful meteor storm that we watched it all night.
③ 학위가 없는 것이 그녀의 성공을 방해했다.
→ Her lack of a degree kept her advancing.
④ 그는 사형이 폐지되어야 하는지 아닌지에 대한 에세이를 써야 한다.
→ He has to write an essay on if or not the death penalty should be abolished.

[16~17] 밑줄 친 부분에 들어갈 말로 가장 적절한 것을 고르시오.

16

Social media, magazines and shop windows bombard people daily with things to buy, and British consumers are buying more clothes and shoes than ever before. Online shopping means it is easy for customers to buy without thinking, while major brands offer such cheap clothes that they can be treated like disposable items—worn two or three times and then thrown away. In Britain, the average person spends more than £1,000 on new clothes a year, which is around four percent of their income. That might not sound like much, but that figure hides two far more worrying trends for society and for the environment. First, a lot of that consumer spending is via credit cards. British people currently owe approximately £670 per adult to credit card companies. That's 66 percent of the average wardrobe budget. Also, not only are people spending money they don't have, they're using it to buy things _____. Britain throws away 300,000 tons of clothing a year, most of which goes into landfill sites.

① they don't need
② that are daily necessities
③ that will be soon recycled
④ they can hand down to others

17

Excellence is the absolute prerequisite in fine dining because the prices charged are necessarily high. An operator may do everything possible to make the restaurant efficient, but the guests still expect careful, personal service: food prepared to order by highly skilled chefs and delivered by expert servers. Because this service is, quite literally, manual labor, only marginal improvements in productivity are possible. For example, a cook, server, or bartender can move only so much faster before she or he reaches the limits of human performance. Thus, only moderate savings are possible through improved efficiency, which makes an escalation of prices _____. (It is an axiom of economics that as prices rise, consumers become more discriminating.) Thus, the clientele of the fine-dining restaurant expects, demands, and is willing to pay for excellence.

① ludicrous

② inevitable

③ preposterous

④ inconceivable

18 주어진 글 다음에 이어질 글의 순서로 가장 적절한 것은?

To be sure, human language stands out from the decidedly restricted vocalizations of monkeys and apes. Moreover, it exhibits a degree of sophistication that far exceeds any other form of animal communication.

(A) That said, many species, while falling far short of human language, do nevertheless exhibit impressively complex communication systems in natural settings.

(B) And they can be taught far more complex systems in artificial contexts, as when raised alongside humans.

(C) Even our closest primate cousins seem incapable of acquiring anything more than a rudimentary communicative system, even after intensive training over several years. The complexity that is language is surely a species-specific trait.

① (A) - (B) - (C)

② (B) - (C) - (A)

③ (C) - (A) - (B)

④ (C) - (B) - (A)

19 다음 글의 주제로 가장 적절한 것은?

During the late twentieth century socialism was on the retreat both in the West and in large areas of the developing world. During this new phase in the evolution of market capitalism, global trading patterns became increasingly interlinked, and advances in information technology meant that deregulated financial markets could shift massive flows of capital across national boundaries within seconds. 'Globalization' boosted trade, encouraged productivity gains and lowered prices, but critics alleged that it exploited the low-paid, was indifferent to environmental concerns and subjected the Third World to a monopolistic form of capitalism. Many radicals within Western societies who wished to protest against this process joined voluntary bodies, charities and other non-governmental organizations, rather than the marginalized political parties of the left. The environmental movement itself grew out of the recognition that the world was interconnected, and an angry, if diffuse, international coalition of interests emerged.

① The affirmative phenomena of globalization in the developing world in the past

② The decline of socialism and the emergence of capitalism in the twentieth century

③ The conflict between the global capital market and the political organizations of the left

④ The exploitative characteristics of global capitalism and diverse social reactions against it

20 다음 글에 나타난 Johnbull의 심경으로 가장 적절한 것은?

In the blazing midday sun, the yellow egg-shaped rock stood out from a pile of recently unearthed gravel. Out of curiosity, sixteen-year-old miner Komba Johnbull picked it up and fingered its flat, pyramidal planes. Johnbull had never seen a diamond before, but he knew enough to understand that even a big find would be no larger than his thumbnail. Still, the rock was unusual enough to merit a second opinion. Sheepishly, he brought it over to one of the more experienced miners working the muddy gash deep in the jungle. The pit boss's eyes widened when he saw the stone. "Put it in your pocket," he whispered. "Keep digging." The older miner warned that it could be dangerous if anyone thought they had found something big. So Johnbull kept shoveling gravel until nightfall, pausing occasionally to grip the heavy stone in his fist. Could it be?

① thrilled and excited

② painful and distressed

③ arrogant and convinced

④ detached and indifferent

01 밑줄 친 부분의 의미와 가장 가까운 것은?

> For many compulsive buyers, the act of purchasing, rather than what they buy, is what leads to gratification.

① liveliness

② confidence

③ tranquility

④ satisfaction

[02~04] 밑줄 친 부분에 들어갈 말로 가장 적절한 것을 고르시오.

02

> Globalization leads more countries to open their markets, allowing them to trade goods and services freely at a lower cost with greater _____.

① extinction

② depression

③ efficiency

④ caution

03

> We're familiar with the costs of burnout: Energy, motivation, productivity, engagement, and commitment can all take a hit, at work and at home. And many of the _____ are fairly intuitive: Regularly unplug. Reduce unnecessary meetings. Exercise. Schedule small breaks during the day. Take vacations even if you think you can't afford to be away from work, because you can't afford not to be away now and then.

① fixes

② damages

③ prizes

④ complications

04

> The government is seeking ways to soothe salaried workers over their increased tax burdens arising from a new tax settlement system. During his meeting with the presidential aides last Monday, the President _____ those present to open up more communication channels with the public.

① fell on

② called for

③ picked up

④ turned down

05 밑줄 친 부분의 의미와 가장 가까운 것은?

> In studying Chinese calligraphy, one must learn something of the origins of Chinese language and of how they were originally written. However, except for those brought up in the artistic traditions of the country, its aesthetic significance seems to be very difficult to apprehend.

① encompass

② intrude

③ inspect

④ grasp

[06~07] 우리말을 영어로 잘못 옮긴 것을 고르시오.

06 ① 그의 소설들은 읽기가 어렵다.

     → His novels are hard to read.

② 학생들을 설득하려고 해 봐야 소용없다.

     → It is no use trying to persuade the students.

③ 나의 집은 5년마다 페인트칠 된다.

     → My house is painted every five years.

④ 내가 출근할 때 한 가족이 위층에 이사 오는 것을 보았다.

     → As I went out for work, I saw a family moved in upstairs.

07 ① 경찰 당국은 자신의 이웃을 공격했기 때문에 그 여성을 체포하도록 했다.

     → The police authorities had the woman arrested for attacking her neighbor.

② 네가 내는 소음 때문에 내 집중력을 잃게 하지 말아라.

     → Don't let me distracted by the noise you make.

③ 가능한 한 빨리 제가 결과를 알도록 해 주세요.

     → Please let me know the result as soon as possible.

④ 그는 학생들에게 모르는 사람들에게 전화를 걸어 성금을 기부할 것을 부탁하도록 시켰다.

     → He had the students phone strangers and ask them to donate money.

08 어법상 옳은 것은?

① My sweet-natured daughter suddenly became unpredictably.

② She attempted a new method, and needless to say had different results.

③ Upon arrived, he took full advantage of the new environment.

④ He felt enough comfortable to tell me about something he wanted to do.

09 다음 글의 제목으로 가장 적절한 것은?

The definition of 'turn' casts the digital turn as an analytical strategy which enables us to focus on the role of digitalization within social reality. As an analytical perspective, the digital turn makes it possible to analyze and discuss the societal meaning of digitalization. The term 'digital turn' thus signifies an analytical approach which centers on the role of digitalization within a society. If the linguistic turn is defined by the epistemological* assumption that reality is constructed through language, the digital turn is based on the assumption that social reality is increasingly defined by digitalization. Social media symbolize the digitalization of social relations. Individuals increasingly engage in identity management on social networking sites(SNS). SNS are polydirectional, meaning that users can connect to each other and share information.

*epistemological: 인식론의

① Remaking Identities on SNS
② Linguistic Turn Versus Digital Turn
③ How to Share Information in the Digital Age
④ Digitalization Within the Context of Social Reality

10 주어진 글 다음에 이어질 글의 순서로 가장 적절한 것은?

Growing concern about global climate change has motivated activists to organize not only campaigns against fossil fuel extraction consumption, but also campaigns to support renewable energy.

(A) This solar cooperative produces enough energy to power 1,400 homes, making it the first large-scale solar farm cooperative in the country and, in the words of its members, a visible reminder that solar power represents "a new era of sustainable and 'democratic' energy supply that enables ordinary people to produce clean power, not only on their rooftops, but also at utility scale."

(B) Similarly, renewable energy enthusiasts from the United States have founded the Clean Energy Collective, a company that has pioneered "the model of delivering clean power-generation through medium-scale facilities that are collectively owned by participating utility customers."

(C) Environmental activists frustrated with the UK government's inability to rapidly accelerate the growth of renewable energy industries have formed the Westmill Wind Farm Co-operative, a community-owned organization with more than 2,000 members who own an onshore wind farm estimated to produce as much electricity in a year as that used by 2,500 homes. The Westmill Wind Farm Co-operative has inspired local citizens to form the Westmill Solar Co-operative.

① (C) - (A) - (B)
② (A) - (C) - (B)
③ (B) - (C) - (A)
④ (C) - (B) - (A)

11 밑줄 친 부분에 들어갈 말로 가장 적절한 것은?

> A: Did you have a nice weekend?
>
> B: Yes, it was pretty good. We went to the movies.
>
> A: Oh! What did you see?
>
> B: *Interstellar*. It was really good.
>
> A: Really? _____
>
> B: The special effects. They were fantastic. I wouldn't mind seeing it again.

① What did you like the most about it?

② What's your favorite movie genre?

③ Was the film promoted internationally?

④ Was the movie very costly?

12 두 사람의 대화 중 가장 어색한 것은?

① A: I'm so nervous about this speech that I must give today.

　B: The most important thing is to stay cool.

② A: You know what? Minsu and Yujin are tying the knot!

　B: Good for them! When are they getting married?

③ A: A two-month vacation just passed like one week. A new semester is around the corner.

　B: That's the word. Vacation has dragged on for weeks.

④ A: How do you say 'water' in French?

　B: It is right on the tip of my tongue, but I can't remember it.

13 다음 글의 내용과 일치하지 않는 것은?

> Women are experts at gossiping, and they always talk about trivial things, or at least that's what men have always thought. However, some new research suggests that when women talk to women, their conversations are far from frivolous, and cover many more topics (up to 40 subjects) than when men talk to other men. Women's conversations range from health to their houses, from politics to fashion, from movies to family, from education to relationship problems, but sports are notably absent. Men tend to have a more limited range of subjects, the most popular being work, sports, jokes, cars, and women. According to Professor Petra Boynton, a psychologist who interviewed over 1,000 women, women also tend to move quickly from one subject to another in conversation, while men usually stick to one subject for longer periods of time. At work, this difference can be an advantage for men, as they can put other matters aside and concentrate fully on the topic being discussed. On the other hand, it also means that they sometimes find it hard to concentrate when several things have to be discussed at the same time in a meeting.

① 남성들은 여성들의 대화 주제가 항상 사소한 것들이라고 생각해 왔다.

② 여성들의 대화 주제는 건강에서 스포츠에 이르기까지 매우 다양하다.

③ 여성들은 대화하는 중에 주제의 변환을 빨리한다.

④ 남성들은 회의 중 여러 주제가 논의될 때 집중하기 어렵다.

14 다음 글의 흐름상 적절하지 않은 문장은?

There was no divide between science, philosophy, and magic in the 15th century. All three came under the general heading of 'natural philosophy'. ① Central to the development of natural philosophy was the recovery of classical authors, most importantly the work of Aristotle. ② Humanists quickly realized the power of the printing press for spreading their knowledge. ③ At the beginning of the 15th century Aristotle remained the basis for all scholastic speculation on philosophy and science. ④ Kept alive in the Arabic translations and commentaries of Averroes and Avicenna, Aristotle provided a systematic perspective on mankind's relationship with the natural world. Surviving texts like his *Physics*, *Metaphysics*, and *Meteorology* provided scholars with the logical tools to understand the forces that created the natural world.

15 어법상 옳지 않은 것은?

① Fire following an earthquake is of special interest to the insurance industry.

② Word processors were considered to be the ultimate tool for a typist in the past.

③ Elements of income in a cash forecast will be vary according to the company's circumstances.

④ The world's first digital camera was created by Steve Sasson at Eastman Kodak in 1975.

[16~17] 밑줄 친 부분에 들어갈 말로 가장 적절한 것을 고르시오.

16

The slowing of China's economy from historically high rates of growth has long been expected to _____ growth elsewhere. "The China that had been growing at 10 percent for 30 years was a powerful source of fuel for much of what drove the global economy forward", said Stephen Roach at Yale. The growth rate has slowed to an official figure of around 7 percent. "That's a concrete deceleration", Mr. Roach added.

① speed up   ② weigh on

③ lead to   ④ result in

17

As more and more leaders work remotely or with teams scattered around the nation or the globe, as well as with consultants and freelancers, you'll have to give them more _____. The more trust you bestow, the more others trust you. I am convinced that there is a direct correlation between job satisfaction and how empowered people are to fully execute their job without someone shadowing them every step of the way. Giving away responsibility to those you trust can not only make your organization run more smoothly but also free up more of your time so you can focus on larger issues.

① work   ② rewards

③ restrictions   ④ autonomy

18 다음 글의 요지로 가장 적절한 것은?

"In Judaism, we're largely defined by our actions," says Lisa Grushcow, the senior rabbi at Temple Emanu-El-Beth Sholom in Montreal. "You can't really be an armchair do-gooder." This concept relates to the Jewish notion of tikkun olam, which translates as "to repair the world." Our job as human beings, she says, "is to mend what's been broken. It's incumbent on us to not only take care of ourselves and each other but also to build a better world around us." This philosophy conceptualizes goodness as something based in service. Instead of asking "Am I a good person?" you may want to ask "What good do I do in the world?" Grushcow's temple puts these beliefs into action inside and outside their community. For instance, they sponsored two refugee families from Vietnam to come to Canada in the 1970s.

① We should work to heal the world.

② Community should function as a shelter.

③ We should conceptualize goodness as beliefs.

④ Temples should contribute to the community.

19 (A)와 (B)에 들어갈 말로 가장 적절한 것은?

Ancient philosophers and spiritual teachers understood the need to balance the positive with the negative, optimism with pessimism, a striving for success and security with an openness to failure and uncertainty. The Stoics recommended "the premeditation of evils," or deliberately visualizing the worst-case scenario. This tends to reduce anxiety about the future: when you soberly picture how badly things could go in reality, you usually conclude that you could cope.   (A) , they noted, imagining that you might lose the relationships and possessions you currently enjoy increases your gratitude for having them now. Positive thinking,   (B) , always leans into the future, ignoring present pleasures.

	(A)	(B)
①	Nevertheless	in addition
②	Furthermore	for example
③	Besides	by contrast
④	However	in conclusion

20 주어진 문장이 들어갈 위치로 가장 적절한 것은?

> And working offers more than financial security.

> Why do workaholics enjoy their jobs so much? Mostly because working offers some important advantages. (①) It provides people with paychecks—a way to earn a living. (②) It provides people with self-confidence; they have a feeling of satisfaction when they've produced a challenging piece of work and are able to say, "I made that". (③) Psychologists claim that work also gives people an identity; they work so that they can get a sense of self and individualism. (④) In addition, most jobs provide people with a socially acceptable way to meet others. It could be said that working is a positive addiction; maybe workaholics are compulsive about their work, but their addiction seems to be a safe—even an advantageous—one.

✔ 회독 CHECK 1 2 3

[01~04] 밑줄 친 부분의 의미와 가장 가까운 것을 고르시오.

01

Extensive lists of microwave oven models and styles along with candid customer reviews and price ranges are available at appliance comparison websites.

① frank
② logical
③ implicit
④ passionate

02

It had been known for a long time that Yellowstone was volcanic in nature and the one thing about volcanoes is that they are generally conspicuous.

① passive
② vaporous
③ dangerous
④ noticeable

03

He's the best person to tell you how to get there because he knows the city inside out.

① eventually
② culturally
③ thoroughly
④ tentatively

04

All along the route were thousands of homespun attempts to pay tribute to the team, including messages etched in cardboard, snow and construction paper.

① honor
② compose
③ publicize
④ join

05 어법상 옳은 것은?

① The traffic of a big city is busier than those of a small city.
② I'll think of you when I'll be lying on the beach next week.
③ Raisins were once an expensive food, and only the wealth ate them.
④ The intensity of a color is related to how much gray the color contains.

06 우리말을 영어로 가장 잘 옮긴 것은?

① 몇 가지 문제가 새로운 회원들 때문에 생겼다.
→ Several problems have raised due to the new members.

② 그 위원회는 그 건물의 건설을 중단하라고 명했다.
→ The committee commanded that construction of the building cease.

③ 그들은 한 시간에 40마일이 넘는 바람과 싸워야 했다.
→ They had to fight against winds that will blow over 40 miles an hour.

④ 거의 모든 식물의 씨앗은 혹독한 날씨에도 살아남는다.
→ The seeds of most plants are survived by harsh weather.

07 우리말을 영어로 잘못 옮긴 것은?

① 인간은 환경에 자신을 빨리 적응시킨다.
→ Human beings quickly adapt themselves to the environment.

② 그녀는 그 사고 때문에 그녀의 목표를 포기할 수밖에 없었다.
→ She had no choice but to give up her goal because of the accident.

③ 그 회사는 그가 부회장으로 승진하는 것을 금했다.
→ The company prohibited him from promoting to vice-president.

④ 그 장난감 자동차를 조립하고 분리하는 것은 쉽다.
→ It is easy to assemble and take apart the toy car.

08 다음 글의 요지로 가장 적절한 것은?

Listening to somebody else's ideas is the one way to know whether the story you believe about the world—as well as about yourself and your place in it—remains intact. We all need to examine our beliefs, air them out and let them breathe. Hearing what other people have to say, especially about concepts we regard as foundational, is like opening a window in our minds and in our hearts. Speaking up is important. Yet to speak up without listening is like banging pots and pans together: even if it gets you attention, it's not going to get you respect. There are three prerequisites for conversation to be meaningful: 1. You have to know what you're talking about, meaning that you have an original point and are not echoing a worn-out, hand-me-down or pre-fab argument; 2. You respect the people with whom you're speaking and are authentically willing to treat them courteously even if you disagree with their positions; 3. You have to be both smart and informed enough to listen to what the opposition says while handling your own perspective on the topic with uninterrupted good humor and discernment.

① We should be more determined to persuade others.

② We need to listen and speak up in order to communicate well.

③ We are reluctant to change our beliefs about the world we see.

④ We hear only what we choose and attempt to ignore different opinions.

09 다음 글의 제목으로 가장 적절한 것은?

The future may be uncertain, but some things are undeniable: climate change, shifting demographics, geopolitics. The only guarantee is that there will be changes, both wonderful and terrible. It's worth considering how artists will respond to these changes, as well as what purpose art serves, now and in the future. Reports suggest that by 2040 the impacts of human-caused climate change will be inescapable, making it the big issue at the centre of art and life in 20 years' time. Artists in the future will wrestle with the possibilities of the post-human and post-Anthropocene—artificial intelligence, human colonies in outer space and potential doom. The identity politics seen in art around the #MeToo and Black Lives Matter movements will grow as environmentalism, border politics and migration come even more sharply into focus. Art will become increasingly diverse and might not 'look like art' as we expect. In the future, once we've become weary of our lives being visible online for all to see and our privacy has been all but lost, anonymity may be more desirable than fame. Instead of thousands, or millions, of likes and followers, we will be starved for authenticity and connection. Art could, in turn, become more collective and experiential, rather than individual.

① What will art look like in the future?
② How will global warming affect our lives?
③ How will artificial intelligence influence the environment?
④ What changes will be made because of political movements?

10 다음 글의 내용과 일치하지 않는 것은?

The Second Amendment of the U.S. Constitution states: "A well-regulated Militia, being necessary to the security of a free State, the right of the people to keep and bear Arms, shall not be infringed." Supreme Court rulings, citing this amendment, have upheld the right of states to regulate firearms. However, in a 2008 decision confirming an individual right to keep and bear arms, the court struck down Washington, D.C. laws that banned handguns and required those in the home to be locked or disassembled. A number of gun advocates consider ownership a birthright and an essential part of the nation's heritage. The United States, with less than 5 percent of the world's population, has about 35~50 percent of the world's civilian-owned guns, according to a 2007 report by the Switzerland-based Small Arms Survey. It ranks number one in firearms per capita. The United States also has the highest homicide-by-firearm rate among the world's most developed nations. But many gun-rights proponents say these statistics do not indicate a cause-and-effect relationship and note that the rates of gun homicide and other gun crimes in the United States have dropped since highs in the early 1990's.

① In 2008, the U.S. Supreme Court overturned Washington, D.C. laws banning handguns.
② Many gun advocates claim that owning guns is a natural-born right.
③ Among the most developed nations, the U.S. has the highest rate of gun homicides.
④ Gun crimes in the U.S. have steadily increased over the last three decades.

11 두 사람의 대화 중 가장 어색한 것은?

① A: When is the payment due?

　B: You have to pay by next week.

② A: Should I check this baggage in?

　B: No, it's small enough to take on the plane.

③ A: When and where shall we meet?

　B: I'll pick you up at your office at 8 : 30.

④ A: I won the prize in a cooking contest.

　B: I couldn't have done it without you.

12 밑줄 친 부분에 들어갈 말로 가장 적절한 것은?

> A: Thank you for calling the Royal Point Hotel Reservations Department. My name is Sam. How may I help you?
>
> B: Hello, I'd like to book a room.
>
> A: We offer two room types: the deluxe room and the luxury suite.
>
> B: _____?
>
> A: For one, the suite is very large. In addition to a bedroom, it has a kitchen, living room and dining room.
>
> B: It sounds expensive.
>
> A: Well, it's $200 more per night.
>
> B: In that case, I'll go with the deluxe room.

① Do you need anything else

② May I have the room number

③ What's the difference between them

④ Are pets allowed in the rooms

13 밑줄 친 (A), (B)에 들어갈 말로 가장 적절한 것은?

> Advocates of homeschooling believe that children learn better when they are in a secure, loving environment. Many psychologists see the home as the most natural learning environment, and originally the home was the classroom, long before schools were established. Parents who homeschool argue that they can monitor their children's education and give them the attention that is lacking in a traditional school setting. Students can also pick and choose what to study and when to study, thus enabling them to learn at their own pace. ___(A)___, critics of homeschooling say that children who are not in the classroom miss out on learning important social skills because they have little interaction with their peers. Several studies, though, have shown that the home-educated children appear to do just as well in terms of social and emotional development as other students, having spent more time in the comfort and security of their home, with guidance from parents who care about their welfare. ___(B)___, many critics of homeschooling have raised concerns about the ability of parents to teach their kids effectively.

	(A)	(B)
①	Therefore	Nevertheless
②	In contrast	In spite of this
③	Therefore	Contrary to that
④	In contrast	Furthermore

14 다음 글의 주제로 가장 적절한 것은?

> For many people, work has become an obsession. It has caused burnout, unhappiness and gender inequity, as people struggle to find time for children or passions or pets or any sort of life besides what they do for a paycheck. But increasingly, younger workers are pushing back. More of them expect and demand flexibility—paid leave for a new baby, say, and generous vacation time, along with daily things, like the ability to work remotely, come in late or leave early, or make time for exercise or meditation. The rest of their lives happens on their phones, not tied to a certain place or time—why should work be any different?

① ways to increase your paycheck

② obsession for reducing inequity

③ increasing call for flexibility at work

④ advantages of a life with long vacations

15 주어진 글 다음에 이어질 글의 순서로 가장 적절한 것은?

> Past research has shown that experiencing frequent psychological stress can be a significant risk factor for cardiovascular disease, a condition that affects almost half of those aged 20 years and older in the United States.

> (A) Does this mean, though, that people who drive on a daily basis are set to develop heart problems, or is there a simple way of easing the stress of driving?
>
> (B) According to a new study, there is. The researchers noted that listening to music while driving helps relieve the stress that affects heart health.
>
> (C) One source of frequent stress is driving, either due to the stressors associated with heavy traffic or the anxiety that often accompanies inexperienced drivers.

① (A) - (C) - (B)

② (B) - (A) - (C)

③ (C) - (A) - (B)

④ (C) - (B) - (A)

16 다음 글의 흐름상 가장 어색한 문장은?

When the brain perceives a threat in the immediate surroundings, it initiates a complex string of events in the body. It sends electrical messages to various glands, organs that release chemical hormones into the bloodstream. Blood quickly carries these hormones to other organs that are then prompted to do various things. ① The adrenal glands above the kidneys, for example, pump out adrenaline, the body's stress hormone. ② Adrenaline travels all over the body doing things such as widening the eyes to be on the lookout for signs of danger, pumping the heart faster to keep blood and extra hormones flowing, and tensing the skeletal muscles so they are ready to lash out at or run from the threat. ③ The whole process is called the fight-or-flight response, because it prepares the body to either battle or run for its life. ④ Humans consciously control their glands to regulate the release of various hormones. Once the response is initiated, ignoring it is impossible, because hormones cannot be reasoned with.

17 주어진 문장이 들어갈 위치로 가장 적절한 것은?

It was then he remembered his experience with the glass flask, and just as quickly, he imagined that a special coating might be applied to a glass windshield to keep it from shattering.

In 1903 the French chemist, Edouard Benedictus, dropped a glass flask one day on a hard floor and broke it. (①) However, to the astonishment of the chemist, the flask did not shatter, but still retained most of its original shape. (②) When he examined the flask he found that it contained a film coating inside, a residue remaining from a solution of collodion that the flask had contained. (③) He made a note of this unusual phenomenon, but thought no more of it until several weeks later when he read stories in the newspapers about people in automobile accidents who were badly hurt by flying windshield glass. (④) Not long thereafter, he succeeded in producing the world's first sheet of safety glass.

18 다음 글의 내용과 일치하지 않는 것은?

Dubrovnik, Croatia, is a mess. Because its main attraction is its seaside Old Town surrounded by 80-foot medieval walls, this Dalmatian Coast town does not absorb visitors very well. And when cruise ships are docked here, a legion of tourists turn Old Town into a miasma of tank-top-clad tourists marching down the town's limestone-blanketed streets. Yes, the city of Dubrovnik has been proactive in trying to curb cruise ship tourism, but nothing will save Old Town from the perpetual swarm of tourists. To make matters worse, the lure of making extra money has inspired many homeowners in Old Town to turn over their places to Airbnb, making the walled portion of town one giant hotel. You want an "authentic" Dubrovnik experience in Old Town, just like a local? You're not going to find it here. Ever.

① Old Town은 80피트 중세 시대 벽으로 둘러싸여 있다.

② 크루즈 배가 정박할 때면 많은 여행객이 Old Town 거리를 활보한다.

③ Dubrovnik 시는 크루즈 여행을 확대하려고 노력해 왔다.

④ Old Town에서는 많은 집이 여행객 숙소로 바뀌었다.

19 밑줄 친 (A), (B)에 들어갈 말로 가장 적절한 것은?

When an organism is alive, it takes in carbon dioxide from the air around it. Most of that carbon dioxide is made of carbon-12, but a tiny portion consists of carbon-14. So the living organism always contains a very small amount of radioactive carbon, carbon-14. A detector next to the living organism would record radiation given off by the carbon-14 in the organism. When the organism dies, it no longer takes in carbon dioxide. No new carbon-14 is added, and the old carbon-14 slowly decays into nitrogen. The amount of carbon-14 slowly   (A)   as time goes on. Over time, less and less radiation from carbon-14 is produced. The amount of carbon-14 radiation detected for an organism is a measure, therefore, of how long the organism has been   (B) . This method of determining the age of an organism is called carbon-14 dating. The decay of carbon-14 allows archaeologists to find the age of once-living materials. Measuring the amount of radiation remaining indicates the approximate age.

	(A)	(B)
①	decreases	dead
②	increases	alive
③	decreases	productive
④	increases	inactive

20 밑줄 친 부분에 들어갈 말로 가장 적절한 것은?

All creatures, past and present, either have gone or will go extinct. Yet, as each species vanished over the past 3.8-billion-year history of life on Earth, new ones inevitably appeared to replace them or to exploit newly emerging resources. From only a few very simple organisms, a great number of complex, multicellular forms evolved over this immense period. The origin of new species, which the nineteenth-century English naturalist Charles Darwin once referred to as "the mystery of mysteries," is the natural process of speciation responsible for generating this remarkable ＿＿＿＿＿＿＿ with whom humans share the planet. Although taxonomists presently recognize some 1.5 million living species, the actual number is possibly closer to 10 million. Recognizing the biological status of this multitude requires a clear understanding of what constitutes a species, which is no easy task given that evolutionary biologists have yet to agree on a universally acceptable definition.

① technique of biologists

② diversity of living creatures

③ inventory of extinct organisms

④ collection of endangered species

✔ 회독 CHECK 1 2 3

01 밑줄 친 부분에 들어갈 말로 가장 적절한 것은?

> The issue with plastic bottles is that they're not _____, so when the temperatures begin to rise, your water will also heat up.

① sanitary
② insulated
③ recyclable
④ waterproof

[02~04] 밑줄 친 부분의 의미와 가장 가까운 것을 고르시오.

02

> Strategies that a writer adopts during the writing process may alleviate the difficulty of attentional overload.

① complement
② accelerate
③ calculate
④ relieve

03

> The cruel sights touched off thoughts that otherwise wouldn't have entered her mind.

① looked after
② gave rise to
③ made up for
④ kept in contact with

04

> The school bully did not know what it was like to be shunned by the other students in the class.

① avoided
② warned
③ punished
④ imitated

05 어법상 옳은 것은?

① Of the billions of stars in the galaxy, how much are able to hatch life?
② The Christmas party was really excited and I totally lost track of time.
③ I must leave right now because I am starting work at noon today.
④ They used to loving books much more when they were younger.

06 밑줄 친 부분의 의미와 가장 가까운 것은?

> After Francesca made a case for staying at home during the summer holidays, an uncomfortable silence fell on the dinner table. Robert was not sure if it was the right time for him to tell her about his grandiose plan.

① objected to
② dreamed about
③ completely excluded
④ strongly suggested

07 밑줄 친 부분 중 어법상 옳지 않은 것은?

> Elizabeth Taylor had an eye for beautiful jewels and over the years amassed some amazing pieces, once ① <u>declaring</u> "a girl can always have more diamonds." In 2011, her finest jewels were sold by Christie's at an evening auction ② <u>that</u> brought in $115.9 million. Among her most prized possessions sold during the evening sale ③ <u>were</u> a 1961 bejeweled timepiece by Bulgari. Designed as a serpent to coil around the wrist, with its head and tail ④ <u>covered</u> with diamonds and having two hypnotic emerald eyes, a discreet mechanism opens its fierce jaws to reveal a tiny quartz watch.

08 우리말을 영어로 잘못 옮긴 것은?

① 보증이 만료되어서 수리는 무료가 아니었다.
  → Since the warranty had expired, the repairs were not free of charge.

② 설문지를 완성하는 누구에게나 선물카드가 주어질 예정이다.
  → A gift card will be given to whomever completes the questionnaire.

③ 지난달 내가 휴가를 요청했더라면 지금 하와이에 있을 텐데.
  → If I had asked for a vacation last month, I would be in Hawaii now.

④ 그의 아버지가 갑자기 작년에 돌아가셨고, 설상가상으로 그의 어머니도 병에 걸리셨다.
  → His father suddenly passed away last year, and what was worse, his mother became sick.

09 밑줄 친 (A), (B)에 들어갈 말로 가장 적절한 것은?

> Assertive behavior involves standing up for your rights and expressing your thoughts and feelings in a direct, appropriate way that does not violate the rights of others. It is a matter of getting the other person to understand your viewpoint. People who exhibit assertive behavior skills are able to handle conflict situations with ease and assurance while maintaining good interpersonal relations. _____(A)_____, aggressive behavior involves expressing your thoughts and feelings and defending your rights in a way that openly violates the rights of others. Those exhibiting aggressive behavior seem to believe that the rights of others must be subservient to theirs. _____(B)_____, they have a difficult time maintaining good interpersonal relations. They are likely to interrupt, talk fast, ignore others, and use sarcasm or other forms of verbal abuse to maintain control.

	(A)	(B)
①	In contrast	Thus
②	Similarly	Moreover
③	However	On one hand
④	Accordingly	On the other hand

10 다음 글의 주제로 가장 적절한 것은?

The e-book applications available on tablet computers employ touchscreen technology. Some touchscreens feature a glass panel covering two electronically-charged metallic surfaces lying face-to-face. When the screen is touched, the two metallic surfaces feel the pressure and make contact. This pressure sends an electrical signal to the computer, which translates the touch into a command. This version of the touchscreen is known as a resistive screen because the screen reacts to pressure from the finger. Other tablet computers feature a single electrified metallic layer under the glass panel. When the user touches the screen, some of the current passes through the glass into the user's finger. When the charge is transferred, the computer interprets the loss in power as a command and carries out the function the user desires. This type of screen is known as a capacitive screen.

① how users learn new technology

② how e-books work on tablet computers

③ how touchscreen technology works

④ how touchscreens have evolved

11 밑줄 친 부분에 들어갈 말로 가장 적절한 것은?

A: Oh, another one! So many junk emails!

B: I know. I receive more than ten junk emails a day.

A: Can we stop them from coming in?

B: I don't think it's possible to block them completely.

A: _____?

B: Well, you can set up a filter on the settings.

A: A filter?

B: Yeah. The filter can weed out some of the spam emails.

① Do you write emails often

② Isn't there anything we can do

③ How did you make this great filter

④ Can you help me set up an email account

12 우리말을 영어로 잘못 옮긴 것은?

① 나는 네 열쇠를 잃어버렸다고 네게 말한 것을 후회한다.

→ I regret to tell you that I lost your key.

② 그 병원에서의 그의 경험은 그녀의 경험보다 더 나빴다.

→ His experience at the hospital was worse than hers.

③ 그것은 내게 지난 24년의 기억을 상기시켜준다.

→ It reminds me of the memories of the past 24 years.

④ 나는 대화할 때 내 눈을 보는 사람들을 좋아한다.

→ I like people who look me in the eye when I have a conversation.

13 두 사람의 대화 중 가장 자연스러운 것은?

① A: Do you know what time it is?

　B: Sorry, I'm busy these days.

② A: Hey, where are you headed?

　B: We are off to the grocery store.

③ A: Can you give me a hand with this?

　B: OK. I'll clap for you.

④ A: Has anybody seen my purse?

　B: Long time no see.

14 다음 글의 제목으로 가장 적절한 것은?

Louis XIV needed a palace worthy of his greatness, so he decided to build a huge new house at Versailles, where a tiny hunting lodge stood. After almost fifty years of labor, this tiny hunting lodge had been transformed into an enormous palace, a quarter of a mile long. Canals were dug to bring water from the river and to drain the marshland. Versailles was full of elaborate rooms like the famous Hall of Mirrors, where seventeen huge mirrors stood across from seventeen large windows, and the Salon of Apollo, where a solid silver throne stood. Hundreds of statues of Greek gods such as Apollo, Jupiter, and Neptune stood in the gardens; each god had Louis's face!

① True Face of Greek Gods

② The Hall of Mirrors vs. the Salon of Apollo

③ Did the Canal Bring More Than Just Water to Versailles?

④ Versailles: From a Humble Lodge to a Great Palace

15 글의 흐름상 가장 어색한 문장은?

Philosophers have not been as concerned with anthropology as anthropologists have with philosophy. ① Few influential contemporary philosophers take anthropological studies into account in their work. ② Those who specialize in philosophy of social science may consider or analyze examples from anthropological research, but do this mostly to illustrate conceptual points or epistemological distinctions or to criticize epistemological or ethical implications. ③ In fact, the great philosophers of our time often drew inspiration from other fields such as anthropology and psychology. ④ Philosophy students seldom study or show serious interest in anthropology. They may learn about experimental methods in science, but rarely about anthropological fieldwork.

16 밑줄 친 부분에 들어갈 말로 가장 적절한 것은?

All of us inherit something: in some cases, it may be money, property or some object—a family heirloom such as a grandmother's wedding dress or a father's set of tools. But beyond that, all of us inherit something else, something _____, something we may not even be fully aware of. It may be a way of doing a daily task, or the way we solve a particular problem or decide a moral issue for ourselves. It may be a special way of keeping a holiday or a tradition to have a picnic on a certain date. It may be something important or central to our thinking, or something minor that we have long accepted quite casually.

① quite unrelated to our everyday life

② against our moral standards

③ much less concrete and tangible

④ of great monetary value

17 다음 글의 요지로 가장 적절한 것은?

Evolutionarily, any species that hopes to stay alive has to manage its resources carefully. That means that first call on food and other goodies goes to the breeders and warriors and hunters and planters and builders and, certainly, the children, with not much left over for the seniors, who may be seen as consuming more than they're contributing. But even before modern medicine extended life expectancies, ordinary families were including grandparents and even great-grandparents. That's because what old folk consume materially, they give back behaviorally—providing a leveling, reasoning center to the tumult that often swirls around them.

① Seniors have been making contributions to the family.

② Modern medicine has brought focus to the role of old folk.

③ Allocating resources well in a family determines its prosperity.

④ The extended family comes at a cost of limited resources.

18 주어진 글 다음에 이어질 글의 순서로 가장 적절한 것은?

Nowadays the clock dominates our lives so much that it is hard to imagine life without it. Before industrialization, most societies used the sun or the moon to tell the time.

(A) For the growing network of railroads, the fact that there were no time standards was a disaster. Often, stations just some miles apart set their clocks at different times. There was a lot of confusion for travelers.

(B) When mechanical clocks first appeared, they were immediately popular. It was fashionable to have a clock or a watch. People invented the expression "of the clock" or "o'clock" to refer to this new way to tell the time.

(C) These clocks were decorative, but not always useful. This was because towns, provinces, and even neighboring villages had different ways to tell the time. Travelers had to reset their clocks repeatedly when they moved from one place to another. In the United States, there were about 70 different time zones in the 1860s.

① (A) - (B) - (C)

② (B) - (A) - (C)

③ (B) - (C) - (A)

④ (C) - (A) - (B)

19 주어진 문장이 들어갈 위치로 가장 적절한 것은?

> But there is also clear evidence that millennials, born between 1981 and 1996, are saving more aggressively for retirement than Generation X did at the same ages, 22~37.

> Millennials are often labeled the poorest, most financially burdened generation in modern times. Many of them graduated from college into one of the worst labor markets the United States has ever seen, with a staggering load of student debt to boot. (①) Not surprisingly, millennials have accumulated less wealth than Generation X did at a similar stage in life, primarily because fewer of them own homes. (②) But newly available data providing the most detailed picture to date about what Americans of different generations save complicates that assessment. (③) Yes, Gen Xers, those born between 1965 and 1980, have a higher net worth. (④) And that might put them in better financial shape than many assume.

20 다음 글의 내용과 일치하지 않는 것은?

> Carbonate sands, which accumulate over thousands of years from the breakdown of coral and other reef organisms, are the building material for the frameworks of coral reefs. But these sands are sensitive to the chemical make-up of sea water. As oceans absorb carbon dioxide, they acidify—and at a certain point, carbonate sands simply start to dissolve. The world's oceans have absorbed around one-third of human-emitted carbon dioxide. The rate at which the sands dissolve was strongly related to the acidity of the overlying seawater, and was ten times more sensitive than coral growth to ocean acidification. In other words, ocean acidification will impact the dissolution of coral reef sands more than the growth of corals. This probably reflects the corals' ability to modify their environment and partially adjust to ocean acidification, whereas the dissolution of sands is a geochemical process that cannot adapt.

① The frameworks of coral reefs are made of carbonate sands.

② Corals are capable of partially adjusting to ocean acidification.

③ Human-emitted carbon dioxide has contributed to the world's ocean acidification.

④ Ocean acidification affects the growth of corals more than the dissolution of coral reef sands.

✅ 회독 CHECK 1 2 3

01 주어진 글 다음에 이어질 글의 순서로 가장 적절한 것은?

Now we stand at the edge of a turning point as we face the rise of a coming wave of technology that includes both advanced AI and biotechnology. Never before have we witnessed technologies with such transformative potential, promising to reshape our world in ways that are both awe-inspiring and daunting*.

(A) With AI, we could create systems that are beyond our control and find ourselves at the mercy of algorithms that we don't understand. With biotechnology, we could manipulate the very building blocks of life, potentially creating unintended consequences for both individuals and entire ecosystem.

(B) With biotechnology, we could engineer life to tackle diseases and transform agriculture, creating a world that is healthier and more sustainable. But on the other hand, the potential dangers of these technologies are equally vast and profound.

(C) On the one hand, the potential benefits of these technologies are vast and profound. With AI, we could unlock the secrets of the universe, cure diseases that have long eluded* us and create new forms of art and culture that stretch the bounds of imagination.

*daunt: 겁먹게(기죽게) 하다.

*elude: (사물이) ~에게 이해되지 않다.

① (B) - (A) - (C)　　② (B) - (C) - (A)

③ (C) - (A) - (B)　　④ (C) - (B) - (A)

02 다음 빈칸에 들어갈 말로 가장 적절한 것은?

Controversy over new art-making technologies is nothing new. Many painters recoiled at the invention of the camera, which they saw as a debasement of human artistry. Charles Baudelaire, the 19th-century French poet and art critic, called photography "art's most mortal enemy." In the 20th century, digital editing tools and computer-assisted design programs were similarly dismissed by purists for requiring too little skill of their human collaborators. What makes the new breed of A.I. image generating tools different is not just that they're capable of producing beautiful works of art with minimal effort. It's how they work. These tools are built by scraping millions of images from the open web, then teaching algorithms to recognize patterns and relationships in those images and generate new ones in the same style. That means that artists who upload their works to the internet may be unwittingly*

_____.

*unwittingly: 자신도 모르게, 부지불식간에

① helping to train their algorithmic competitors

② sparking a debate over the ethics of A.I.-generated art

③ embracing digital technology as part of the creative process

④ acquiring the skills of utilizing internet to craft original creations

03 Duke Kahanamoku에 대한 다음 글의 내용과 가장 일치하지 않는 것은?

Duke Kahanamoku, born August 26, 1890, near Waikiki, Hawaii, was a Hawaiian surfer and swimmer who won three Olympic gold medals for the United States and who for several years was considered the greatest freestyle swimmer in the world. He was perhaps most widely known for developing the flutter kick, which largely replaces the scissors kick. Kahanamoku set three universally recognized world records in the 100-yard freestyle between July 5, 1913, and September 5, 1917. In the 100-yard freestyle Kahanamoku was U.S. indoor champion in 1913, and outdoor titleholder in 1916-17 and 1920. At the Olympic Games in Stockholm in 1912, he won the 100-metre freestyle event, and he repeated that triumph at the 1920 Olympics in Antwerp, Belgium, where he also was a member of the victorious U.S. team in the 800-metre relay race. Kahanamoku also excelled at surfing, and he became viewed as one of the icons of the sport. Intermittently* from the mid-1920s, Kahanamoku was a motion-picture actor. From 1932 to 1961 he was sheriff* of the city and county of Honolulu. He served in the salaried office of official greeter of famous personages for the state of Hawaii from 1961 until his death.

*intermittently: 간헐적으로
*sheriff: 보안관

① 하와이 출신의 서퍼이자 수영 선수로 올림픽 금메달리스트이다.
② 그는 플러터 킥을 대체하는 시저스 킥을 개발한 것으로 널리 알려져 있다.
③ 벨기에 앤트워프 올림픽의 800미터 계주에서 우승한 미국팀의 일원이었다.
④ 그는 1920년대 중반부터 간헐적으로 영화배우로도 활동했다.

04 다음 빈칸에 들어갈 말로 가장 적절한 것은?

The understandings that children bring to the classroom can already be quite powerful in the early grades. For example, some children have been found to hold onto their preconception of a flat earth by imagining a round earth to be shaped like a pancake. This construction of a new understanding is guided by a model of the earth that helps the child explain how people can stand or walk on its surface. Many young children have trouble giving up the notion that one-eighth is greater than one-fourth, because 8 is more than 4. If children were blank slates, just telling them that the earth is round or that one-fourth is greater than one-eighth would be _____. But since they already have ideas about the earth and about numbers, those ideas must be directly addressed in order to transform or expand them.

① familiar
② adequate
③ improper
④ irrelevat

05 Urban farming에 관한 다음 글의 내용과 가장 일치하지 않는 것은?

Urban farming, also known as urban agriculture, involves growing food within city environments, utilizing spaces like rooftops, abandoned buildings, and community gardens. This sustainable practice is gaining traction* in cities across the world, including New York, Chicago, San Francisco, London, Amsterdam, and Berlin, as well as in many African and Asian cities where it plays a crucial role in food supply and local economies. Urban farming not only helps reduce carbon footprints by minimizing transport emissions but also increases access to fresh, healthy food in urban areas. It bolsters* local economies by creating jobs and keeping profits within the community. Additionally, urban farms enhance cityscapes, improve air quality, conserve water, provide educational opportunities, promote biodiversity, connect people with nature, and improve food security by producing food locally, making cities more resilient to disruptions like natural disasters.

*traction: 흡입력, 견인력

*bolster: 강화시키다

① 옥상, 버려진 건물, 그리고 공동체 정원과 같은 공간을 활용하여 도시 환경 내에서 식량을 재배하는 것이다.

② 지속 가능한 관행으로 식량 공급과 지역 경제에서 중요한 역할을 하는 많은 아프리카와 아시아를 포함한 세계의 도시들에서 인기를 얻고 있다.

③ 운송 배출을 최소화하여 탄소 발자국을 줄이는 것을 도울 뿐만 아니라 도시 지역에서 신선하고 건강한 식량에 대한 접근성을 증가시킨다.

④ 생물 다양성을 촉진하고, 지역에서 식량을 생산함으로써 식량의 안정성을 향상시키나, 자연 재해와 같은 혼란에 대한 도시의 회복력은 약화시킨다.

06 밑줄 친 "unfinished animals."가 다음 글에서 의미하는 바로 가장 적절한 것은?

Ideas or theories about human nature have a unique place in the sciences. We don't have to worry that the cosmos will be changed by our theories about the cosmos. The planets really don't care what we think or how we theorize about them. But we do have to worry that human nature will be changed by our theories of human nature. Forty years ago, the distinguished anthropologist said that human beings are "unfinished animals." What he meant is that it is human nature to have a human nature that is very much the product of the society that surrounds us. That human nature is more created than discovered. We "design" human nature, by designing the institutions within which people live. So we must ask ourselves just what kind of a human nature we want to help design.

① stuck in an incomplete stage of development

② shaped by society rather than fixed by biology

③ uniquely free from environmental context

④ born with both animalistic and spiritual aspect

07 다음 글의 내용을 한 문장으로 요약하고자 한다. 빈칸 (A), (B)에 들어갈 말로 가장 적절한 것은?

> Passive House is a standard and an advanced method of designing buildings using the precision of building physics to ensure comfortable conditions and to deeply reduce energy costs. It removes all guesswork from the design process. It does what national building regulations have tried to do. Passive House methods don't affect "buildability", yet they close the gap between design and performance and deliver a much higher standard of comfort and efficiency than government regulations, with all their good intentions, have managed to achieve. When we use Passive House methods, we learn how to use insulation and freely available daylight, in the most sensible way and in the right amounts for both comfort and energy efficiency. This is, I believe, fundamental to good design, and is the next step we have to make in the evolution of our dwellings and places of work. The improvements that are within our grasp are potentially transformative for mankind and the planet.

⇩

> Passive House utilizes precise building physics to ensure comfort and energy efficiency, _____(A)_____ traditional regulations and offering transformative potential for ____(B)____ design.

	(A)	(B)
①	persisting	sustainable
②	persisting	unsustainable
③	surpassing	unsustainable
④	surpassing	sustainable

08 다음 글의 밑줄 친 부분 중 문맥상 낱말의 쓰임이 가장 적절하지 않은 것은?

> Today, there is only one species of humans, Homo sapiens, left in the world. But that one species, despite the fact that it is over 99.9 percent genetically ① identical, has adapted itself to a wide array of disparate environments. And while some degree of human genetic variation results from each society's adaptation to its own unique environment, the cultural adaptations that each society makes in so adjusting itself will, in their turn, exact some further degree of ② variation on that society's genetic makeup. In other words, we are so entangled with our local ecologies that not only do we humans ③ transform the environment as we cull from it the various resources upon which we come to depend but also the environment, which we have so transformed, transforms us in its turn: at times exerting upon us profound biological pressures. In those regions of the world, for example, where our environmental exploitation has included the domestication of cattle-northern Europe, for instance, or East Africahuman populations have ④ reduced adult lactose* tolerance: the ability to digest milk past infancy.
>
> *lactose: 유당, 젖당

09 주어진 글 다음에 이어질 글의 순서로 가장 적절한 것은?

> Briefly consider a metaphor that plays a significant role in how we live our daily lives: Time Is Money.

(A) We often speak of time as if it were money—for example, in everyday expressions such as "You're wasting my time," "This device will save you hours of work," "How will you spend your weekend?" and "I've invested a lot of time in this relationship."

(B) Every metaphor brokers what is made visible or invisible; this one highlights how time is like money and obscures* ways it is not. Time thus becomes something that we can waste or lose, and something that diminishes as we grow older. It is abstracted in a very linear, orderly fashion.

(C) This metaphor, however, fails to disclose important phenomenological aspects of time, such as how it may speed up or slow down, depending on our engagement with what we are doing. We may instead conceive of time as quite fluid—as a stream, for example—thought we lose sight of this to the extent that we have adopted the worldview of Time Is Money.

*obscure: 모호하게 하다

① (A) - (B) - (C)
② (A) - (C) - (B)
③ (B) - (A) - (C)
④ (C) - (B) - (A)

10 다음 글의 밑줄 친 부분 중, 어법상 틀린 것은?

His last thought were for his wife. "He is afraid she would ① hardly be able to bear it," he said to Burnet, the bishop* who was allowed to be with him the last few days. Tears came into his eyes when he spoke of her. The last day came, and Lady Russell brought the three little children to say good-bye for ever to their father. "Little Fubs" was only nine, her sister Catherine seven, and the baby three years old, too young to realize his loss. He kissed them all ② calmly, and sent them away. His wife stayed and they ate their last meal together. Then they kissed in silence, and silently she left him. When she had gone, Lord Russel broke down completely. "Oh, what a blessing she has been to me!" he cried. "It is a great comfort to me to leave my children in such a mother's care; she has promised me to take care of ③ her for their sake; she will do it," he added resolutely. Lady Russell returned heavy-hearted to the sad home ④ to which she would never welcome him again. On July 21st, 1683, she was a widow, and her children fatherless. They left their dreary London house, and went to an old abbey in the country.

*bishop: 주교(성직자)

11 The gig economy에 관한 다음 글의 내용과 가장 일치하지 않는 것은?

The gig economy, referring to the workforce of people engaged in freelance and side-hustle work*, is growing rapidly in the United States, with 36% of employed participants in a 2022 McKinsey survey identifying as independent workers, up from 27% in 2016. This workforce includes a wide range of jobs from highly-paid professionals like lawyers to lower-earning roles like delivery drivers. Despite the flexibility and autonomy it offers, most independent workers desire more stable employment; 62% prefer permanent positions due to concerns over job security and benefits. The challenges faced by gig workers include limited access to healthcare, housing, and other basic needs, with a significant reliance on government assistance. Technological advancements have facilitated the rise in independent work, making remote and freelance jobs more accessible and appealing. The trend reflects broader economic pressures such as inflation and job market dynamics, influencing individuals to choose gig work for survival, flexibility, or enjoyment.

*side-hustle work: 부업

① 조사에 참가한 사람들 중 독립 근로자의 비율이 2016년의 27%에서 36%까지 상승하였다.

② 대부분의 독립 근로자들은 안정적인 고용보다는 직업이 제공하는 유연성과 자율성을 선호하고 있다.

③ 근로자들이 직면한 어려움에는 의료, 주거 및 기타 기본 요구 사항에 대한 제한된 접근성이 포함된다.

④ 기술 발전은 독립 근로의 증가를 촉진하여 원격 및 프리랜서 일자리를 접근하기 쉽고 매력적인 것으로 만들고 있다.

12 주어진 글 다음에 이어질 글의 순서로 가장 적절한 것은?

We come to know and relate to the world by way of categories.

(A) The notion of an animal species, for instance, might in one setting best be thought of as described by folklore and myth, in another as a detailed legal construct, and in another as a system of scientific classification.

(B) Ordinary communication is the most immediate expression of this faculty. We refer to things through sounds and words, and we attach ideas to them that we call concepts.

(C) Some of our categories remain tacit*; others are explicitly governed by custom, law, politics, or science. The application of category systems for the same things varies by context and in use.

*tacit: 암묵적인, 무언의

① (B) - (A) - (C)
② (B) - (C) - (A)
③ (C) - (A) - (B)
④ (C) - (B) - (A)

13 다음 글에 나타난 화자의 심경으로 가장 적절한 것은?

It's three in the morning, and we are making our way from southern to northern Utah, when the weather changes from the dry chill of the desert to the freezing gales* of an alpine winter. Ice claims the road. Snowflakes flick against the windshield like tiny insects, a few at first, then so many the road disappears. We push forward into the heart of the storm. The van skids* and jerks*. The wind is furious, the view out the window pure white. Richard pulls over. He says we can't go any further. Dad takes the wheel, Richard moves to the passenger seat, and Mother lies next to me and Audrey on the mattress. Dad pulls onto the highway and accelerates, rapidly, as if to make a point, until he has doubled Richard's speed. "Shouldn't we drive slower?" Mother asks. Dad grins. "I'm not driving faster than our angels can fly." The van is still accelerating. To fifty, then to sixty. Richard sits tensely, his hand clutching the armrest, his knuckles bleaching each time the tires slip. Mother lies on her side, her face next to mine, taking small sips of air each time the van fishtails*, then holding her breath as Dad corrects and it snakes back into the lane. She is so rigid, I think she might shatter. My body tenses with hers; together we brace a hundred times for impact.

*gale: 강풍, 돌풍
*skid: 미끄러지다
*jerk: 홱 움직이다
*fishtail: (차량)뒷부분이 좌우로 미끄러지다

① excited and thrilled
② anxious and fearful
③ cautious but settled
④ comfortable and relaxed

14 글의 흐름으로 보아, 주어진 문장이 들어가기에 가장 적절한 곳은?

However, there are now a lot of issues with the current application of unmanned distribution.

The city lockdown policy during COVID-19 has facilitated the rapid growth of numerous takeaways, vegetable shopping, community group buying, and other businesses. (①) Last-mile delivery became an important livelihood support during the epidemic. (②) At the same time, as viruses can be transmitted through aerosols, the need for contactless delivery for last-mile delivery* has gradually increased, thus accelerating the use of unmanned logistics to some extent. (③) For example, the community space is not suitable for the operation of unmanned delivery facilities due to the lack of supporting logistics infrastructure. (④) In addition, the current technology is unable to complete the delivery process and requires the collaboration of relevant space as well as personnel to help dock unmanned delivery nodes.

*last-mile delivery: 최종 단계의 배송

15 주어진 글 다음에 이어질 글의 순서로 가장 적절한 것은?

> People are too seldom interested in having a genuine exchange of points of view where a desire to understand takes precedence over the desire to convince at any price.

(A) Yet conflict isn't just an unpopular source of pressure to act. There's also a lot of energy inherent to it, which can be harnessed to create positive change, or, in other words, improvements, with the help of a skillful approach. Basically, today's misery is the starting shot in the race towards a better future.

(B) A deviating opinion is quickly accompanied by devaluation, denigration*, insults, or even physical confrontations. If you look at the "discussions" taking place on social media networks, you don't even have to look to such hot potatoes as the refugee crisis or terrorism to see a clear degradation in the way people exchange opinions.

(C) You probably know this from your own experience, too, when you have succeeded in finding a constructive solution to a conflict and, at the end of an arduous* clarification process, realize that the successful outcome has been worth all the effort.

> *denigration: 명예훼손
> *arduous: 몹시 힘든 고된

① (B) - (A) - (C)
② (B) - (C) - (A)
③ (C) - (A) - (B)
④ (C) - (B) - (A)

16 다음 중 Belus Smawley에 대한 내용과 가장 일치하지 않는 것은?

> Belus Smawley grew up on a farm with his parents and six siblings. In his freshman years, he was tall and able to jump higher than any other boy, trying to improve his leaping ability by touching higher and higher limbs of the oak tree on their farm. This is where his first jump shot attempt is said to have taken place. When Belus Smawley started using his shot regularly, he became the leading scorer. At the age of 18, he got accepted for a position on an AAU18 basketball team. He finished high school afterwards and got an All-American athletic scholarship for Appalachian State University (majoring in history and physical education). He became player-coach until he went to the Navy. He started playing in their basketball team and refined his jump shot. He got married and either worked as a high school teacher and basketball coach or further pursued his NBA basketball career playing fulltime for several teams. Eventually he focused on family and his teaching career, becoming the principal of a junior high school.

① 부모님과 여섯 형제와 함께 농장에서 자랐다.
② 나무의 더 높은 가지를 만지면서 점프 연습을 하였다.
③ 애팔래치아 주립대학교에서 전미 체육 장학금을 받았다.
④ 결혼 후 NBA 농구 선수로서 한 팀에서 활동했다.

17 글의 흐름으로 보아, 주어진 문장이 들어가기에 가장 적절한 곳은?

> It might be understandable, then, for us to want to expect something similar from our machines: to know not only what they think they see but where, in particular, they are looking.

> Humans, relative to most other species, have distinctly large and visible sclera*—the whites of our eyes—and as a result we are uniquely exposed in how we direct our attention, or at the very least, our gaze. (①) Evolutionary biologists have argued, via the "cooperative eye hypothesis," that this must be a feature, not a bug: that it must point to the fact that cooperation has been uncommonly important in our survival as a species, to the point that the benefits of shared attention outweigh* the loss of a certain degree of privacy or discretion*. (②) This idea in machine learning goes by the name of "saliency*": the idea is that if a system is looking at an image and assigning it to some category, then presumably some parts of the image were more important or more influential than others in making that determination. (③) If we could see a kind of "heat map" that highlighted these critical portions of the image, we might obtain some crucial diagnostic information that we could use as a kind of sanity check to make sure the system is behaving the way we think it should be. (④)
>
> *sclera: (눈의)공막
> *outweigh: 보다 더 크다
> *discretion: 신중함
> *saliency: 특징, 중요점

18 다음 (A), (B), (C) 중, 어법상 옳은 것끼리 고른 것은?

> The climate of the irrigated plains can be glimpsed in the murals. The summer sun beats down on the hard ground, and the king himself is shaded by a large umbrella. War, often present, is also carved in vivid detail. In or about 878 BC, three men are depicted (A) (fleeing / fled) from a city which has probably been captured. Dressed in long robes, they jump into the Euphrates River (B) (which / where) one is swimming while the others hug a lifebuoy to their chests. Like a long pillow, the lifebuoy consists of the skin of an animal, inflated with air. As the hands of the refugees (C) (is / are) clutching the inflated lifebuoy, and as much of their breath is expended in blowing air into it, they can only stay afloat by swimming with their legs. Whether they reached the opposite shore will never be known.

	(A)	(B)	(C)
①	fleeing	which	is
②	fleeing	where	are
③	fled	which	is
④	fled	where	are

19 다음 글의 내용과 가장 일치하지 않는 것은?

When the Dutch arrived in the 17th century in what's now New York City, their encounters with the indigenous peoples, known as the Lenape, were, at first, mostly amicable, according to historical records. They shared the land and traded guns, beads and wool for beaver furs. The Dutch even "purchased" Manahatta island from the Lenape in 1626. The transaction, enforced by the eventual building of wall around New Amsterdam, marked the very beginning of the Lenape's forced mass migration out of their homeland. The wall, which started showing up on maps in the 1660s, was built to keep out the Native Americans and the British. It eventually became Wall Street, and Manahatta became Manhattan, where part of the Lenape trade route, known as Wickquasgeck, became Brede weg, later Broadway. The Lenape helped shape the geography of modern-day New York City, but other traces of their legacy have all but vanished.

① 네덜란드인과 르나페 원주민들은 총과 동물의 털을 교환하는 무역을 했다.

② 이후에 월스트리트가 된 지역에 지어진 벽은 르나페 원주민이 영국인을 막기 위해 세웠다.

③ 르나페 원주민의 무역로의 일부가 나중에 브로드웨이가 되었다.

④ 르나페 원주민은 현대 뉴욕시의 지형을 형성하는 데 도움을 주었다.

20 다음 글의 밑줄 친 부분 중 어법상 가장 틀린 것은?

Today, we take for granted that the media and the celebrity culture it sustains have created new forms of publicness, ① through which we might have intimate relationships with people we have never met. Thanks to media technologies we ② are brought ever closer to the famous, allowing us to enjoyan illusion of intimacy with them. To a greater or lesser degree, we have internalized celebrities, unconsciously made them a part of our consciousness, just ③ as if they were, infact, friends. Celebrities take up permanent residence in our inner lives as well, ④ become central to our reveries* and fantasies, guides to action, to ambition. Now, indeed, celebrity culture can be permanently insinuated* into our sensibilities, as many of us carry them, their traits, and our relationships with them around as part of our mental luggage.

*reverie: 몽상

*insinuate: 암시하다, 일부가 되다

21 다음 글의 빈칸에 들어갈 말로 가장 적절한 것은?

Festivals are significant cultural events that showcase tradition, heritage and community spirit globally. They serve as platforms to celebrate diversity, with each festival reflecting unique traditions like Brazil's Carnival or India's Diwali. Festivals also commemorate* historical moments, such as Independence Day in the US or Bastille Day in France. Additionally, they preserve customs and rituals that strengthen personal and cultural identity, while fostering strong community ties through shared activities. Festivals reflect societal values, promote local crafts and arts, enhance spirituality, and attract tourism, which facilitates cultural exchange and understanding. Seasonal festivals, like Holi in India, align with natural cycles, celebrating times of renewal. Ultimately, participating in festivals reinforces community and individual identity, contributing to a global narrative that _____.

*commemorate: 기념하다

① makes the participants forget their daily concerns and pains

② values diversity and encourages mutual respect and understanding

③ allows people to break the link between personal life and social life

④ keeps the festivals from determining how people think about themselves

22 밑줄 친 you've been thrown a curve ball이 다음 글에서 의미하는 바로 가장 적절한 것은?

Life is full of its ups and downs. One day, you may feel like you have it all figured out. Then, in a moment's notice, you've been thrown a curve ball. You're not alone in these feelings. Everyone has to face their own set of challenges. Learning how to overcome challenges will help you stay centered and remain calm under pressure. Everyone has their own preferences for how to face a challenge in life. However, there are a few good tips and tricks to follow when the going gets tough. There's no need to feel ashamed for asking for help. Whether you choose to rely on a loved one, a stranger, a mentor, or a friend, there are people who want to help you succeed. You have to be open and willing to accept support. People who come to your aid truly do care about you. Be open to receiving help when you need it.

① 어려운 상황에 직면하다.

② 흥미로운 상황을 맞이하게 되다.

③ 대안적인 방법을 적용하게 되다.

④ 정면 승부를 피하여 에둘러 가다.

23 다음 중 글에 설명된 사회적 지배력과 번식 성공 사이의 관계를 가장 잘 요약한 것은?

Social dominance* refers to situations in which an individual or a group controls or dictates others' behavior primarily in competitive situations. Generally, an individual or group is said to be dominant when "a prediction is being made about the course of future interactions or the outcome of competitive situations". Criteria for assessing and assigning dominance relationships can vary from one situation to another. It is difficult to summarize available data briefly, but generally it has been found that dominant individuals, when compared to subordinate individuals, often have more freedom of movement, have priority of access to food, gain higher-quality resting spots, enjoy favorable grooming relationships, occupy more protected parts of a group, obtain higher-quality mates, command and regulate the attention of other group members, and show greater resistance to stress and disease. Despite assertions that suggest otherwise, it really is not clear how powerful the relationship is between an individual's dominance status and its lifetime reproductive success.

*dominance: 지배, 우세

① 하위 개체에 비해 모든 지배적인 개체는 평생 동안 높은 번식 성공률을 보인다.

② 개체의 우세 상태와 평생 번식 성공 사이의 관계는 다면적이며 명확하게 정립되어 있다고 할 수는 없다.

③ 사회적 지배력을 갖춘 존재는 음식 및 짝과 같은 자원에 대한 접근을 통해 번식 성공에 영향을 미친다.

④ 하위 개체는 스트레스 수준이 높지 않기 때문에 평생 번식 성공률이 더 높은 경향이 있다.

24 다음 글의 주제로 가장 적절한 것은?

While mindfulness meditation is generally safe, concerns arise from its side effects like panic attacks and psychosis*, which are seldom reported and poorly understood in academic studies. Critics argue the rapid adoption of mindfulness by organizations and educational systems may inappropriately shift societal issues to individuals, suggesting that personal stress is due to a lack of meditation rather than addressing systemic causes like environmental pollution or workplace demands. Critics like Professor Ronald Purser suggest that mindfulness may make individuals more compliant* with adverse conditions instead of empowering them to seek change. Despite these concerns, the critique isn't against mindfulness itself but against its promotion as a universal solution by entities resistant to change. For a more thorough understanding of mindfulness' benefits and risks, long-term and rigorously controlled studies are essential.

*psychosis: 정신 질환
*compliant: 순응하는

① the criticism regarding the safety and societal implications of the widespread adoption of mindfulness meditation

② the social and national measures which are taken to relieve personal stress and prevent social and cultural confusion

③ the basic elements of mindfulness that must precede the resolution of social problems rather than individual problems

④ the disadvantages that individuals and societies face due to the meditation performed improperly and the lack of meditation

25 Mike Mansfield에 관한 다음 글의 내용과 가장 일치하지 않는 것은?

A man of few words and great modesty, Mike Mansfield often said he did not want to be remembered. Yet, his fascinating life story and enormous contributions are an inspiration for all who follow. Mike Mansfield was born in New York City on March 16, 1903. Following his mother's death when Mike was 7, his father sent him and his two sisters to Great Falls, Montana, to be raised by an aunt and uncle there. At 14, he lied about his age in order to enlist in the U.S. Navy for the duration of World War I. Later, he served in the Army and the Marines, which sent him to the Philippines and China, awakening a lifelong interest in Asia. Mike Mansfield's political career was launched in 1942 when he was elected to the U.S. House of Representatives*. He served five terms from Montana's 1st District. In 1952, he was elected to the U.S. Senate* and re-elected in 1958, 1964 and 1970. His selection as Democratic Assistant Majority Leader* was followed by election in 1961 as Senate Majority Leader. He served in that capacity until his retirement from the Senate in 1977, longer than any other Majority Leader in history.

*House of Representatives: 하원

*Senate: 상원

*Majority Leader: 다수당 원내대표

① 말수가 적고 겸손했으며 자신이 기억되지 않기를 원했었다.

② 모친이 사망한 이후 친인척의 보살핌을 받았다.

③ 군 복무 중 아시아 파병을 계기로 아시아에 대한 관심이 커졌다.

④ 상원의원에 5번 당선되었으며 가장 긴 다수당 원내대표를 역임했다.

모바일 OMR

01 Choose the one that is closest in meaning to the underlined word.

> Few people would think that the humble drinks can was anything special. But to a materials engineer, it is high technology. Look at the requirements. As far as possible we want to avoid seams. The can must not leak, should use as little metal as possible, and be recyclable. We have to choose a metal that is <u>ductile</u> to the point that it can be drawn into a single-piece can body from one small slug of metal. It must not corrode in beer or coke and, of course, it must be nontoxic. And it must be light and must cost almost nothing.

① brittle

② plausible

③ pliable

④ seductive

⑤ rigid

02 Which of the following best fits in the blank?

> If you do not know a language, the words (and sentences) of that language will be mainly incomprehensible, because the relationship between speech sounds and the meanings they represent is generally _____. When you are acquiring a language, you have to learn that the sounds represented by the letter *house* signify the concept "house"; if you know French, this same meaning is represented by *maison*; if you know Russian, by *dom*; if you know Spanish, by *casa*. The same sequence of sounds can represent different meanings in different languages. For example, the word *bolna* means "speak" in Hindi-Urdu and "aching" in Russian.

① iconic

② arbitrary

③ logical

④ systematic

⑤ predictable

03 Which of the following is NOT grammatically correct?

> Gender-variable differentiation is ① <u>reflected</u> in the relative frequency ② <u>with</u> which men and women use the same lexical items or ③ <u>other</u> linguistic features. If, as is often asserted, female English speakers use words such as *lovely* and *nice* more often than ④ <u>are</u> male speakers, we can claim that in this respect English speakers ⑤ <u>clearly</u> exhibit gender-variable differentiation.

04 Which of the following is NOT true according to the passage?

Life in the big city has always had its drawbacks. Compared to small towns and rural communities, huge metropolitan areas like Los Angeles and New York are typically plagued by higher crime rates, more pollution, and high costs of living. But another major problem—traffic-choked highways—is quickly rising to the top of the list for many major cities. With drivers in some large cities now spending the equivalent of more than two workweeks per year stuck in traffic, gridlock is starting to stunt economic growth as businesses and young professionals choose not to move to metropolitan areas with chronically congested roads. To combat this problem, many political and business leaders are advocating the widening of existing highways into "superhighways" of nine or more lanes in each direction. Phoenix, Arizona, for example, plans to expand a 12-mile stretch of interstate 10 from 14 lanes to an average of 22 lanes. Atlanta, George, may widen a stretch of interstate 75 to 23 lanes. Both Houston, Texas, and Washington D.C., also hope to bring segments of their highways up to 18 lanes or more. Building bigger roads, they hope, will end bottlenecks, allowing the ever-growing number of vehicles to move freely and keeping the area economically competitive.

① Enormous metropolitan areas often suffer from more crime rates, greater pollution levels, and high costs of living.

② Traffic congestion is becoming a major issue in big cities.

③ The economic growth is being promoted by gridlock as businesses and young professionals opt against relocating to urban areas with persistently trafficated roads.

④ Numerous political and business leaders are promoting the expansion of current highways into "superhighways" with nine or more lanes in each direction.

⑤ Constructing larger roads is expected to help reduce traffic congestion.

05 Which of the following best fits in the blank?

People in all countries and in all walks of life have gossiped for centuries. Psychologists have studied both the positive and negative impacts of this form of human communication. According to some researchers, gossip reinforces moral boundaries in a community. Gossip can also foster a sense of belonging to a certain group. However, gossip has many negative effects as well. Gossip can be used as a tool to isolate and ostracize people. When singled out and embarrassed by harmful rumors, individuals become depressed and lonely. Despite gossip's negative effect, it remains to be ubiquitous. Gossip exists in the workplace, in school, and in social groups. Seemingly, gossip will never go away. You must _____.
You must refuse to participate in such damaging communication. Try to re-direct the conversation in a way that focuses on something positive.

① do your best to rise above it

② take a more proactive role in disseminating it

③ identify the sources and motives of the rumors

④ utterly disregard its presence

⑤ create rumors to offset the negative ones

06 Which of the following is NOT grammatically correct?

> AI may ① enable achieving educational priorities in better ways, at scale, and with lower costs. Addressing varied unfinished learning of students due to the pandemic is a policy priority, and AI may improve the adaptivity ② of learning resources to students' strengths and needs. Improving teaching jobs is a priority, and via ③ automated assistants or other tools, AI may provide teachers greater support. AI may also enable teachers to extend the support they ④ offer individual students when they run out of time. Developing resources that are responsive to the knowledge and experiences students bring to their learning is a priority, and AI may enable greater customizability of curricular resources to meet local needs. ⑤ As seen in voice assistants, mapping tools, shopping recommendations, essay-writing capabilities, and other familiar applications, AI may enhance educational services.

07 Which of the following is the most appropriate title of the passage?

> Artists themselves have no role in the interpretation of art, while scientists are the only consumers with sufficient observational skill to provide science's organized skepticism. The interpretation of art can be manifold and the artist's intention can be to provoke a multitude of interpretations— sometimes, the more interpretations the better. The scientist, on the other hand, must aspire to convey only one possible interpretation—the correct interpretation. What follows from this is that clarity is an imperative in science in a way that it is not in other cultural endeavors. Where multiple interpretations are encouraged, obscurity can be a virtue but where the aspiration is to produce only one interpretation, clarity is to be preferred. Obscurity is also privacy, and privacy is an obstacle to organized skepticism. It follows, from the fact that observation and skepticism are virtues in the pursuit of knowledge about the natural world, that clarity is also a virtue. There is an irony here, since science should seek maximum clarity and accessibility even while acknowledging that the only proper assessors of a scientific claim are small elites, while artists often seek obscurity or multiple interpretations even while accepting that the proper assessors are the public.

① How Scientists Analyze Art with Clear Perspectives
② Scientific Analysis of Artistic Ambiguity
③ How Scientists Create Artistic Interpretations
④ Importance of Precision in Art and Science
⑤ How Art and Science Interpret Clarity and Obscurity

08 Which of the following best fits in the blank?

> The US has one of the highest prisoner _____ rates in the world: over 70% of incarcerated people who are released from prison in the US will be rearrested within five years of their release date. That is not an accident. Our system of mass incarceration sets people up to fail as they leave the prison system and try to reintegrate into society.

① racism   ② recidivism

③ reincarnation   ④ jailbreak

⑤ release

09 Which of the following is the most logical sequence to complete the passage?

> All of the gasoline now pumped into automobile and airplane tanks began as crude oil formed millions of years ago beneath ocean floors.
>
> (A) This crude oil, lighter than both water and rock, drifted upward through microscopic spaces in the rock until it was stopped by a layer of dense, impermeable rock and forced to collect. Today, oil companies drill down into these reservoirs to extract this energy-rich petroleum: sent it to oil refineries, and convert it into fuel for vehicles.
>
> (B) In ancient seas, when tiny aquatic plants and animals died, they sank to the bottom. Sand and mud settled over them. This process was repeated over and over again, each time burying large quantities of organic material and pushing it deeper and deeper into the earth as new layers accumulated on top.
>
> (C) The heavy weight of the sediment created pressure and temperatures above 150° Fahrenheit, and the subterranean organic matter began to "cook." Over time, the heat transformed it into a liquid hydrogen and carbon substance.

① (A) - (B) - (C)

② (B) - (A) - (C)

③ (B) - (C) - (A)

④ (C) - (A) - (B)

⑤ (C) - (B) - (A)

10 Which of the following best fits in the blank?

> Suppose that we have an issue where the majority favors one policy, but the minority, which favors a different policy, cares much more strongly about it than the majority. Cases of this kind occur quite often. The fox-hunting debate may be a good example. Most people hold fairly negative views about fox-hunting, even if they do not hold strong moral views about the rights of animals. They see it as an archaic, snobbish, and generally distasteful spectacle; given the chance, they would vote to ban it. The fox-hunters themselves are a small minority, but they mostly feel very strongly that they should be allowed to continue hunting. It is an important social event in many rural communities, and people's livelihoods depend on it. A political judgement about fox-hunting ought to consider not only the number of preferences on either side, but also the strength of those preferences. It does not seem right that a lukewarm majority should in all cases _____ a passionate minority.

① deceive

② respect

③ follow

④ protect

⑤ override

11 Which of the following is NOT used appropriately in the context?

> Equality is recognizing that, as human beings, we all have the same value. This means we all have the same rights, we should all receive the same level of respect, and we have the same access to opportunities. Equity, however, is about everyone achieving equal ① outcomes. We all have the same value and deserve a good life, but we all start from a ② different place. We experience the world in our own unique way. It is because of these differences that we sometimes need to be treated ③ differently for us all to live equally. Equality, for example, would be giving everyone the ④ different type of ladder to pick mangoes at the top of a tree. ⑤ Equity would be realizing that not everyone can use the same type of ladder and providing another way for them to reach the mangoes at the top of the tree.

12 Which of the following best fits in the blank?

> Serious problems arise for utilitarianism when we remind ourselves that it enjoins us to bring about the best consequences. What does this mean? It doesn't mean the best consequences for me alone, or for my family or friends, or any other person taken individually. No, what we must do is, roughly, as follows: we must add up the separate satisfactions and frustrations of everyone likely to be affected by our choice, the satisfactions in one column, the frustrations in the other. We must total each column for each of the options before us. That is what it means to say the theory is _____. And then we must choose that option which is most likely to bring about the best balance of totaled satisfactions over totaled frustrations. Whatever act would lead to this outcome is the one we ought morally to perform—it is where our moral duty lies. And that act quite clearly might not be the same one that would bring about the best results for me personally, or for my family or friends, or for a lab animal.

① aggregative

② optimistic

③ ideal

④ individual specific

⑤ realistic

13 Which of the following is the most appropriate title of the passage?

More recently, some political philosophers have claimed that when we take part in elections, we agree to comply with the government that emerges and the laws it enacts. This looks more promising: we do at least have a free choice as to whether to vote or not, and there would be no point in holding elections unless people recognized the government that emerged as legitimate. But unfortunately there still seems to be a gap between voting and registering your consent. What if you deeply disagree with both parties, but vote because you think that one is slightly less bad than the other? Or what if you think that although you have in a sense consented to the overall package of policies that the winning party has announced in its manifesto, there are a few items that you find quite repugnant—and you had no chance to vote on these individually? Perhaps the voters' consent can help explain why governments have legitimate authority, but not why individual citizens have an obligation to obey the law.

① The Reason Why Elections Work

② Discordance between Voting and Voter Consent

③ Inaccuracies in Policies the Government Makes

④ The Perfect Alignment of Consent and Obligation

⑤ The Nexus of Policies and Government Legitimacy

14 Which of the following best fits in the blank?

Because adult stem cells can be obtained directly from the body of a willing donor, research with these cells has raised few ethical questions to date. This is not the case with embryonic stem cells, which are generally obtained from very early embryos. Most techniques for harvesting embryonic stem cells cause the destruction of an embryo. For this reason, individuals who regard the embryo as entitled to the rights and protections of any human being object to such work. This concern has made government funding of embryonic stem cell research an important political issue. Groups seeking to protect embryos oppose such research as unethical. Other groups support such research as essential for saving human lives and argue that it would be unethical to restrict research. It is possible, however, that in the not-too-distant future, both ethical concerns will be _____. Some recent experiments have suggested that there may be ways to extract a small number of stem cells from an early embryo without damaging the embryo itself. Other experiments have shown that it is possible to switch "on" a small number of genes that reprogram adult cells to look and function like pluripotent embryonic stem cells. Such a technique would do away with the need to involve embryos at all. It also might make it possible to tailor specific therapies to the needs of each individual patient. Approaches like these, if successful, might allow potentially lifesaving research to go forward while avoiding any destruction of embryonic life.

① repeated due to technology advancement

② solved with the advent of new stem cell regulations

③ clarified with more experiments

④ made more serious by new research skills

⑤ addressed with a technological solution

15 Which of the following is NOT used appropriately in the context?

We have developed our techniques for probabilistic reasoning in the context of static worlds, in which each random ① variable has a single fixed value. For example, when repairing a car, we assume that whatever is broken remains broken during the process of diagnosis; our job is to infer the state of the car from observed evidence, which also remains ② fixed. Now consider a slightly different problem: treating a diabetic patient. As in the case of car repair, we have evidence such as recent insulin doses, food intake, blood sugar measurements, and other ③ physical signs. The task is to assess the current state of the patient, including the actual blood sugar level and insulin level. Given this information, we can make a decision about the patient's food intake and insulin dose. Unlike the case of car repair, here the ④ static aspects of the problem are essential. Blood sugar levels and measurements thereof can ⑤ change rapidly over time, depending on recent food intake and insulin doses, metabolic activity, the time of day, and so on. To assess the current state from the history of evidence and to predict the outcomes of treatment actions, we must model these changes.

16 Which of the following best fits in the blank?

The way people think about problems varies greatly. Everyone is unique, but psychologists believe there are 5 different kinds of problem-solvers in the world: questioners, ideators, diggers, doers, and reasoners. As for reasoners, they are the people who like to keep things simple. When they deal with a complex problem, they prefer to focus on the most important elements. They don't want to worry about small details, which means they solve problems more quickly than other people. Also, for reasoners, the "best" solution is the solution that they came up with. Unfortunately, they also have a hard time listening to other people's ideas. As a result, people sometimes assume that they can be seen as _____.

① solicitous
② conceited
③ accommodative
④ sluggish
⑤ sanguine

17 Which of the following best fits in the blanks (A), (B), and (C)?

Many of features which characterize the turn-taking system of conversation are invested with meaning by their users. Even within a broadly defined community of speakers, there is often sufficient (A) _____ to cause misunderstanding. For example, some individuals expect that participation in a conversation will be very active, that speaking rate will be relatively fast, with almost no pausing between turns, and with some overlap or even completion of the other's turn. This is one conversational style. It has been called a high involvement style. It differs (B) _____ from another style in which speakers use a slower rate, expect longer pauses between turns, do not overlap, and avoid interruption or completion of the other's turn. This non-interrupting, non-imposing style has been called a high considerateness style. When a speaker who typically uses the first style gets into a conversation with a speaker who normally uses the second style, the talk tends to become one-sided. The active participation style will tend to overwhelm the other style. Neither speaker will necessarily recognize that it is the conversational styles that are slightly different. Instead, the more rapid-fire speaker may think the slower-paced speaker just does not have much to say, is shy, and perhaps boring or even stupid. In return he or she is likely to be viewed as noisy, pushy, domineering, selfish, and even tiresome. Features of conversational style will often be interpreted as (C) _____ .

	(A)	(B)	(C)
①	inconsistency	minimally	individual characteristics
②	difficulty	fundamentally	emotional attributes
③	confusion	superficially	cultural properties
④	resemblance	basically	personal experiences
⑤	variation	substantially	personality traits

18 Which of the following is NOT grammatically correct?

The sun consists of a plasma—a material that is not a gas, a liquid, or a solid. Instead, a plasma is made up of charged particles, ① which make them a powerful conductor of electricity. In addition to these strong electronic fields, the sun ② is also packed with magnetic fields. Magnetic field lines wrap around the sun ③ like an enormous birdcage. The sun's magnetism powers a "solar wind" ④ that flings one million tons of plasma outward every second—plasma that travels at one million miles per hour. Sometimes this event can create powerful plasma explosions called solar flares, which release ⑤ the energy equivalent of hundreds of millions of megatons of dynamite. When this energy heads toward Earth, we feel the effects of a solar storm.

19 Which of the following is the most logical sequence to complete the passage?

> At a young age, we begin to make decisions about how we look, who we hang out with, and how we spend our time. In making these choices, we may either be trying to fit in or to belong.
>
> (A) Fitting in involves changing ourselves to match situations, such as wearing the right clothes, playing the most popular sport, or hanging out with the "best" social groups; however, it may cause feelings of anxiety or loneliness.
>
> (B) In addition, young people who feel pressured to fit in in ways that aren't healthy to their overall identities may end up participating in unhealthy relationships or going along with the crowd.
>
> (C) Belonging is something else. It is letting ourselves be seen and known as we really are—being our true or authentic selves. It is wearing clothing that makes us feel good or that allows us to show our uniqueness to people we can be our authentic selves with.
>
> (D) It is easier in the sense that it doesn't require going against the norm. However, it is shame-based and implies to young people that they are not good enough. As we strive to conform to the expectations of others, we lose the sense of belonging to our real selves.
>
> But it doesn't come easy. Being different can make us feel vulnerable—exposed to emotional uncertainty and risk. But it is this same vulnerability that becomes the foundation on which courage is built.

① (A) - (B) - (C) - (D)
② (A) - (D) - (B) - (C)
③ (B) - (A) - (D) - (C)
④ (C) - (A) - (D) - (B)
⑤ (C) - (D) - (B) - (A)

20 Which of the following is the most appropriate title of the passage?

> People usually associate innovation with technology and products when, in fact, there are many significant process and service innovations that we experience every day. This mistaken belief takes its roots in the fact that the production processes are invisible to the end-users; similarly, services are intangible. As a result, less attention is drawn to them. Identifying how something can be produced more efficiently, in greater quantities or at a lesser cost, certainly involves considerable ingenuity and will undoubtably create genuine value. Also, since our economies are increasingly service-oriented, there are many opportunities to create value by imagining better ways of providing them. Thus, processes and services are important to keep in mind when looking for ways to innovate. In addition, with the advent of Software-as-a-Service (SaaS) and subscription-based computing models, functionalities that were previously provided as products are now moving into the realm of services.

① Ignoring Process and Service Innovations
② Focusing Solely on Technological Innovation
③ Beyond Products: Embracing Process and Service Innovations
④ Omitting Process and Service Innovation Significance
⑤ Innovation Limited to Technology and Product

21 Which of the following is NOT grammatically correct?

No matter ① what it looks like on television crime shows, posting bail after an arrest is no simple matter. When a suspect is arrested, he or she is first taken to a police station to be processed. The police officer in charge then records the suspect's personal information (name, address, birthday, appearance) along with information about the ② alleged crime. Next, the officer conducts a criminal background check, takes the suspect's fingerprints and mug shots, confiscates any personal property (to be returned later), and ③ places the suspect in a jail cell. For less serious crimes, suspects may be allowed to post bail immediately after ④ booking. For more serious crimes, suspects have to wait sometimes as long as two days, for a bail hearing, at which point a judge will determine if the accused is eligible for bail and at what cost. The amount of bail ⑤ depends on the severity of the crime.

22 Which of the following is the most appropriate main idea?

Bruce Friedman, who blogs regularly about the use of computers in medicine, also has described how the Internet has altered his mental habits, "I now have almost totally lost the ability to read and absorb a longish article on the web or in print," he wrote earlier this year. A pathologist who has long been on the faculty of the University of Michigan Medical School, Friedman elaborated on his comment in a telephone conversation with me. His thinking, he said, has taken on a "staccato" quality, reflecting the way he quickly scans short passages of text from many sources online. "I can't read *War and Peace* anymore," he admitted. "I've lost the ability to do that. Even a blog post of more than three or four paragraphs is too much to absorb. I skim it."

The anecdotes alone don't prove much. And we still await the long-term neurological and psychological experiments that will provide a definitive picture of how Internet use affects cognition. But a recently published study of online research habits, conducted by scholars from University College London, suggests that we may well be in the midst of a sea change in the way we read and think. As part of the five-year research program, the scholars examined computer logs documenting the behavior of visitors to two popular research sites, one operated by the British Library and one by a U.K. educational consortium, that provide access to journal articles, e-books, and other sources of written information. They found that people using the sites exhibited "a form of skimming activity," hopping from one source to another and rarely returning to any source they'd already visited. They typically read no more than one or two pages of an article or book before they would "bounce" out to another site. Sometimes they'd save a long article, but there's no evidence that they ever went back and actually read it.

① There is an increasing number of people who skim and quickly jump between sources without deeply engaging with the content.

② In-depth studies on the long-term effects of internet use on cognition will provide conclusive evidence on how it impacts only our thinking processes.

③ People tend to thoroughly scan through brief excerpts of text from various online sources.

④ Although individuals might bookmark or save lengthy articles, there is no evidence to suggest that they revisit and read them later.

⑤ People are experiencing a transformative change in the way they read and think due to their online research habits, skimming and quickly jumping between sources.

23 Where does the given sentence best fit in the passage?

> Morphology of plants also may be influenced by UV.

The most destructive effect of UV radiation on plants involves damage to DNA that results in mutations. Physiological effects also can occur, such as reductions in biomass production and non-stomatal aspects of photosynthesis. The damage to DNA and photosynthesis caused by UV radiation can be partially repaired by plants during both the day and the night. (A) Studies have been conducted with a specific cultivar of rice that is more UV-sensitive in that it exhibits greater growth inhibition and leaf browning than another cultivar of rice when subjected to UV-B radiation. (B) The UV-sensitive cultivar was deficient in both photo-repair during the day and excision repair of DNA during the night compared with the UV-tolerant cultivar. (C) Orange trees growing at very high altitudes in the Andes Mountains near Quito in Ecuador have a more branched appearance than the same scion growing at low elevations in a Mediterranean climatic zone at Riverside, California. (D) The effect was eliminated by installing UV-absorbing screens above the orange trees, indicating the excessive branching may be due to an effect of the high UV in the Andes on the meristems of the branches. (E) Protection against high UV may occur in plants by epidermal cells or leaf hairs that contain phenolic compounds.

① (A)

② (B)

③ (C)

④ (D)

⑤ (E)

24 Which of the following can be inferred from the passage?

Over the years, countless numbers of men and women have paid large sums of money for a treatment commonly known as *cell therapy*. Their reason was simple: They believed lamb-cell injections could help them maintain their youth. Such people apparently don't know that animal cells, when injected into the human body, are destroyed by the immune system. Others in a similar pursuit of youth have tried *chelation therapy*, which is supposed to pull heavy metals like lead and mercury from the body. Proponents claim that the treatments improve cell function, inhibit the aging process, and prevent heart disease, all by eliminating poison from the body, yet research shows no such effect. In fact, critics question the idea of there being poisons in the body to begin with, suggesting that the therapy has nothing to treat. Other seekers of the fountain of youth use Human Growth Hormone (HGH) tablets or sprays. These sprays and tablets can allegedly accomplish everything from eliminating wrinkles to improving memory and concentration. Yet such treatments have no research backing up these claims. There is, however, evidence that HGH in any form may produce side effects like an increased risk of cancer and cardiovascular disease.

① Therapies designed to keep people young are generally ineffective.

② It is better to rely on cell therapy more than chelation therapy.

③ HGH tablets are appealing to seekers of youth because of their fewer side effects.

④ Therapies for staying younger should be available for everyone, not just for those rich enough to afford them.

⑤ Treatments designed to help people maintain youth invariably do more harm than good.

25 Which of the following is true according to the passage?

It's accepted wisdom that oil and water don't mix. The water and oil molecules have distinct chemical properties that don't interact well together. You may have seen this if you've attempted to make a salad dressing by shaking together oil and vinegar (which is mostly water), which gives a temporary suspension that quickly separates. There is a large energy cost to breaking apart and mixing the water and oil layers. The secret to blending them together is to add an extra ingredient known as a "surfactant" or emulsifier. The name surfactant is derived from "surface active." It highlights that these molecules work at the surface or interface to bridge the interactions between oil and water. This is similar to how detergents are able to remove grease from your dishes. Many vinaigrette recipes call for emulsifiers without specifically mentioning their crucial emulsifying role. Key examples are mustard and garlic, which contain "mucilage"—a mix of carbohydrates— that can act as emulsifiers. So if your vinegar/oil salad dressings are separating, make sure you're adding enough of these ingredients (which also contain wonderful flavor chemicals). Commercial salad dressings also contain naturally sourced emulsifying carbohydrates. These will often be listed on the ingredients as generic "vegetable gum" or similar, and you may need to read the label and delve a little deeper into the food additive number to find out the source. Researchers have raised questions about synthetic emulsifiers used in processed food, as studies in mice suggest they have health risks. It's too early to say exactly what this means for humans.

① Water and oil molecules have identical chemical properties.

② Shaking is an essential method for the formation of permanent mixing of oil and vinegar.

③ Mustard and garlic contain molecules that act as a bridge between oil and water.

④ Salad dressings on the market only contain artificial food additives.

⑤ The effects of chemical additives on the human body have been verified.

✔ 회독 CHECK 1 2 3

01 Henry Molaison에 대한 다음 글의 내용과 가장 일치하지 않는 것은?

Henry Molaison, a 27-year-old man, suffered from debilitating seizures* for about a decade in the 1950s. On September 1, 1953, Molaison allowed surgeons to remove a section of tissue from each side of his brain to stop the seizures. The operation worked, but Molaison was left with permanent amnesia*, unable to form new memories. This tragic outcome led to one of the most significant discoveries in 20th century brain science: the discovery that complex functions like learning and memory are linked to specific regions of the brain. Molaison became known as "H.M." in research to protect his privacy. Scientists William Scoville studied Molaison and nine other patients who had similar surgeries, finding that only those who had parts of their medial temporal lobes* removed experienced memory problems, specifically with recent memory. He discovered that a specific structure in the brain was necessary for normal memory. Molaison's life was a series of firsts, as he couldn't remember anything he had done before. However, he was able to acquire new motor skills over time. Studies of Molaison allowed neuroscientists to further explore the brain networks involved in conscious and unconscious memories, even after his death in 2008.

*seizure: 발작

*amnesia: 기억 상실증

*medial temporal lobe: 내측 측두엽

① 외과의사들이 발작을 멈추기 위해 그의 뇌의 양쪽에서 조직의 한 부분을 제거하게 했다.

② 수술 결과는 학습과 기억과 같은 복잡한 기능들이 뇌의 특정 영역과 연결되어 있다는 발견으로 이어졌다.

③ 살아가면서 이전에 한 일을 조금씩 기억할 수 있었지만, 시간이 지나면서 운동 능력이 약화되었다.

④ 그에 대한 연구는 의식적 기억 및 무의식적 기억과 관련된 뇌의 연결 조직을 더 탐구할 수 있게 하였다.

02 다음 글의 밑줄 친 부분 중, 어법상 가장 틀린 것은?

Humans have an inborn affinity* for nature that goes beyond the tangible benefits we derive from the microbes, plants, and animals of the biomes* ① in which we live. The idea that nature in the form of landscapes, plants, and animals ② are good for our well-being is old and can be traced to Charles Darwin or earlier. This idea was called biophilia by psychologist Erich Fromm and was studied by Harvard ant biologist Edward O. Wilson and Stephen Kellert. In 1984, Wilson published *Biophilia*, which was followed by another book, The Biophilia Hypothesis, ③ edited by Kellert and Wilson, in 1995. Their biophilia hypothesis is ④ that humans have a universal desire to be in natural settings.

*affinity: 친밀감

*biome: 생물군계(生物群系)

03 다음 글의 내용과 가장 일치하지 않는 것은?

Life on Earth faced an extreme test of survivability during the Cryogenian Period*, which began 720 million years ago. The planet was frozen over most of the 85 million-year period. But life somehow survived during this time called "Snowball Earth". Scientists are trying to better understand the start of this period. They believe a greatly reduced amount of the sun's warmth reached the planet's surface as its radiation bounced off the white ice sheets. Also, they said the fossils found in black shale and identified as seaweed are a sign that livable water environments were more widespread at the time than they once believed. The findings of some research support the idea that the planet was more of a "Slushball Earth" with melting snow. This enabled the earliest forms of complex life to survive in areas once thought to have been frozen solid. The researchers said the most important finding was that ice-free, open water conditions existed in place during the last part of so-called "the Ice Age". The findings demonstrate that the world's oceans were not completely frozen. It means areas of habitable refuge existed where multicellular organisms could survive.

*Cryogenian Period: 크라이오제니아기

(600~850만 년 전 시기)

① 지구는 8천 5백만 년의 대부분의 기간 동안 얼어 있었지만 생명체는 살아남았다.

② 과학자들은 "눈덩이 지구" 기간 동안에도 지구의 표면에 다다른 태양의 온기가 크게 감소하지 않았다고 믿고 있다.

③ "슬러시볼 지구"의 기간 동안에 초기 형태의 복잡한 생명체가 생존하는 것은 가능했다.

④ 연구결과 "빙하 시대" 후반기의 세계의 바다가 완전히 얼지 않았다는 것이 입증되었다.

04 다음 빈칸에 들어갈 말로 가장 적절한 것은?

As global temperatures rise, so do sea levels, threatening coastal communities around the world. Surprisingly, even small organisms like oysters _____. Oysters are keystone species with ripple effects* on the health of their ecosystems and its inhabitants. Just one adult oyster can filter up to fifty gallons of water in a single day, making waterways cleaner. Healthy oyster reefs also provide a home for hundreds of other marine organisms, promoting biodiversity and ecosystem balance. As rising sea levels lead to pervasive flooding, oyster reefs act as walls to buffer storms and protect against further coastal erosion.

*ripple effect: 파급효과

① can come to our defense

② can be the food for emergency

③ may be contaminated by microplastics

④ can increase the income of local residents

05 다음 글의 내용을 한 문장으로 요약하고자 한다. 빈칸 (A), (B)에 들어갈 말로 가장 적절한 것은?

The myth of the taste map, which claims that different sections of the tongue are responsible for specific tastes, is incorrect, according to modern science. The taste map originated from the experiments of German scientist David Hänig in the early 1900s, which found that the tongue is most sensitive to tastes along the edges and not so much at the center. However, this has been misinterpreted over the years to claim that sweet is at the front of the tongue, bitter is at the back, and salty and sour are at the sides. In reality, different tastes are sensed by taste buds* all over the tongue. Taste buds work together to make us crave or dislike certain foods, based on our long-term learning and association. For example, our ancestors needed fruit for nutrients and easy calories, so we are naturally drawn to sweet tastes, while bitterness in some plants serves as a warning of toxicity. Of course, different species in the animal kingdom also have unique taste abilities: carnivores do not eat fruit and therefore do not crave sugar like humans do.

*taste bud: 미뢰

⇩

The claim that different parts of the tongue are responsible for specific tastes has been proven to be ___(A)___ by modern science, and the taste preferences are influenced by the ___(B)___ history.

	(A)	(B)
①	correct	evolutionary
②	false	evolutionary
③	false	psychological
④	correct	psychological

06 다음 글의 밑줄 친 부분 중 어법상 가장 틀린 것은?

Language is the primary means ① by which people communicate with one another. Although most creatures communicate, human speech is more complex, more creative, and ② used more extensively than the communication systems of other animals. Language is an essential part of what it means to be human and is a basic part of all cultures. Linguistic anthropology is concerned with understanding language and its relation to culture. Language is an amazing thing ③ what we take for granted. When we speak, we use our bodies—our lungs, vocal cords, mouth, tongue, and lips—to produce noises of varying tone and pitch. And, somehow, when we and others ④ do this together, we are able to communicate with one another, but only if we speak the same language. Linguistic anthropologists want to understand the variation among languages and how language is structured, learned, and used.

07 글의 흐름으로 보아, 주어진 문장이 들어가기에 가장 적절한 곳은?

> Healthcare chatbots have been purposed to solve this problem and ensure proper diagnosis and advice for people from the comfort of their homes.

People have grown hesitant to approach hospitals or health centers due to the fear of contracting a disease or the heavy sum of consultation fees. (①) This leads them to self-diagnose themselves based upon unverified information sources on the Internet. (②) This often proves harmful effects on the person's mental and physical health if misdiagnosed and improper medicines are consumed. (③) Based upon the severity of the diagnosis, the chatbot prescribes over the counter treatment or escalates the diagnosis to a verified healthcare professional. (④) Interactive chatbots that have been trained on a large and wide variety of symptoms, risk factors, and treatment can handle user health queries with ease, especially in the case of COVID-19.

08 주어진 글 다음에 이어질 글의 순서로 가장 적절한 것은?

> Sports fan depression is a real phenomenon that affects many avid* sports fans, especially during times of disappointment or defeat.

(A) Fans may experience a decrease in mood, appetite, and sleep quality, as well as an increase in stress levels and a heightened risk of developing anxiety or depression. There are many factors that can contribute to sports fan depression, including personal investment in a team's success, social pressures to support a particular team, and the intense media coverage and scrutiny that often accompanies high-profile sports events.

(B) For many fans, their emotional investment in their favorite teams or athletes can be so intense that losing or failing to meet expectations can lead to feelings of sadness, frustration, and even depression. Research has shown that sports fan depression can have a range of negative effects on both mental and physical health.

(C) To mitigate the negative effects of sports fan depression, it's important for fans to maintain a healthy perspective on sports and remember that they are ultimately just games. Engaging in self-care activities such as exercise, spending time with loved ones, and seeking support from a mental health professional can also be helpful.

*avid: 열심인

① (A) - (C) - (B)   ② (B) - (A) - (C)

③ (B) - (C) - (A)   ④ (C) - (B) - (A)

09 Roald Dahl에 관한 다음 글의 내용과 가장 일치하지 않는 것은?

> Roald Dahl (1916-1990) was born in Wales of Norwegian parents. He spent his childhood in England and, at age eighteen, went to work for the Shell Oil Company in Africa. When World War II broke out, he joined the Royal Air Force and became a fighter pilot. At the age of twenty-six he moved to Washington, D.C., and it was there he began to write. His first short story, which recounted his adventures in the war, was bought by *The Saturday Evening Post*, and so began a long and illustrious career. After establishing himself as a writer for adults, Roald Dahl began writing children's stories in 1960 while living in England with his family. His first stories were written as entertainment for his own children, to whom many of his books are dedicated. Roald Dahl is now considered one of the most beloved storytellers of our time.

① 어린 시절을 영국에서 보냈고, 18세에 아프리카에서 일했다.

② 2차 세계대전이 발발했을 때는 공군에 입대하여 조종사가 되었다.

③ 전쟁에서 자신의 모험을 다룬 첫 번째 단편 소설을 썼다.

④ 성인을 위한 작가가 된 뒤 영국에서 가족과 떨어져 혼자 살면서 글을 썼다.

10 다음 글에서 전체 흐름과 가장 관계없는 문장은?

> One of the most interesting discoveries in the field of new sources of sustainable energy is bio-solar energy from jellyfish. Scientists have discovered that the fluorescent protein in this animal can be used to generate solar energy in a more sustainable way than current photovoltaic* energy. How is this energy generated? ① The process involves converting the jellyfish's fluorescent protein into a solar cell that is capable of generating energy and transferring it to small devices. ② There has been constant criticism that the natural environment is being damaged by reckless solar power generation. ③ The main advantage of using these living beings as a natural energy source is that they are a clean alternative that does not use fossil fuels or require the use of limited resources. ④ Although this project is still currently in the trial phase, the expectation is that this source of energy will be able to be expanded and become a green alternative for powering the type of small electronic devices that are becoming more and more common.
>
> *photovoltaic: 광전기성의

11 주어진 글 다음에 이어질 글의 순서로 가장 적절한 것은?

> On the human level, a cow seems simple. You feed it grass, and it pays you back with milk. It's a trick whose secret is limited to cows and a few other mammals (most can't digest grass).

> (A) A cow's complexity is even greater. In particular, a cow (plus a bull) can make a new generation of baby cows. This is a simple thing on a human level, but inexpressibly complex on a microscopic level.
>
> (B) Seen through a microscope, though, it all gets more complicated. And the closer you look, the more complicated it gets. Milk is not a single substance, but a mixture of many. Grass is so complex that we still don't fully understand it.
>
> (C) You don't need to understand the details to exploit the process: it's a straightforward transformation from grass into milk, more like chemistry—or alchemy*—than biology. It is, in its way, magic, but it's rational magic that works reliably. All you need is some grass, a cow and several generations of practical knowhow.
>
> *alchemy: 연금술

① (B) - (A) - (C)   ② (B) - (C) - (A)

③ (C) - (A) - (B)   ④ (C) - (B) - (A)

12 글의 흐름으로 보아, 주어진 문장이 들어가기에 가장 적절한 곳은?

> But here it's worth noting that more than half the workforce has little or no opportunity for remote work.

> COVID-19's spread flattened the cultural and technological barriers standing in the way of remote work. One analysis of the potential for remote work to persist showed that 20 to 25 percent of workforces in advanced economies could work from home in the range of three to five days a week. (①) This is four to five times more remote work than pre-COVID-19. (②) Moreover, not all work that can be done remotely should be; for example, negotiations, brainstorming, and providing sensitive feedback are activities that may be less effective when done remotely. (③) The outlook for remote work, then, depends on the work environment, job, and the tasks at hand, so hybrid* work setups, where some work happens on-site and some remotely, are likely to persist. (④) To unlock sustainable performance and well-being in a hybrid world, the leading driver of performance and productivity should be the sense of purpose work provides to employees, not compensation.
>
> *hybrid: 혼합체

13 Sigmund Freud에 관한 다음 글의 내용과 가장 일치하지 않는 것은?

Sigmund Freud was a doctor of psychology in Vienna, Austria at the end of the nineteenth century. He treated many patients with nervous problems through his "talk cure." For this type of treatment, Freud simply let his patients talk to him about anything that was bothering them. While treating his patients, he began to realize that although there were events in a patient's past that she or he might not remember consciously, these events could affect the person's actions in her or his present life. Freud called the place where past memories were hidden the unconscious mind. Images from the unconscious mind might show up in a person's dreams or through the person's actions. Freud wrote a book about his theories about the unconscious mind and dreaming in 1899. The title of the book was "The Interpretation of Dreams"

① 오스트리아의 정신과 의사였다.

② 신경 문제가 있는 환자들을 대화를 통해 치료했다.

③ 기억이 나지 않는 과거는 환자에게 영향을 미치지 못한다고 주장했다.

④ "꿈의 해석"이라는 책을 썼다.

14 다음 글의 요지로 가장 적절한 것은?

All emotions tell us something about ourselves and our situation. But sometimes we find it hard to accept what we feel. We might judge ourselves for feeling a certain way, like if we feel jealous, for example. But instead of thinking we should not feel that way, it's better to notice how we actually feel. Avoiding negative feelings or pretending we don't feel the way we do can backfire*. It's harder to move past difficult feelings and allow them to fade if we don't face them and try to understand why we feel that way. You don't have to dwell on your emotions or constantly talk about how you feel. Emotional awareness simply means recognizing, respecting, and accepting your feelings as they happen.

*backfire: 역효과를 내다

① 부정적인 감정은 잘 조절해서 표현해야 한다.

② 과거의 부정적 감정은 되도록 빨리 극복해야 한다.

③ 감정을 수용하기 어렵다면 전문가의 도움을 받아야 한다.

④ 우리의 감정을 인식하고 존중하며 그대로 받아들여야 한다.

15 주어진 글 다음에 이어질 글의 순서로 가장 적절한 것은?

> At the level of lawmaking, there is no reason why tech giants should have such an ironclad grip on technological resources and innovation.

> (A) As the Daily Wire's Matt Walsh has pointed out, for example, if you don't buy your kid a smartphone, he won't have one. There is no need to put in his hand a device that enables him to indulge his every impulse without supervision.
>
> (B) At the private and personal level, there's no reason why they should have control of your life, either. In policy, politics, and our personal lives, it should not be taken as "inevitable" that our data will be sold to the highest bidder, our children will be addicted to online games, and our lives will be lived in the metaverse.
>
> (C) As a free people, we are entitled to exert absolute control over which kinds of digital products we consume, and in what quantities. Most especially, parents should control what tech products go to their kids.

① (B) - (A) - (C)　　　② (B) - (C) - (A)
③ (C) - (A) - (B)　　　④ (C) - (B) - (A)

16 글의 흐름으로 보아, 주어진 문장이 들어가기에 가장 적절한 곳은?

> These may appear as challenges which may be impossible to address because of the uncertainty in our ability to predict future climate.

> Global warming is a reality man has to live with. (①) This is a very important issue to recognize, because, of all the parameters that affect human existence, on planet earth, it is the food security that is of paramount importance to life on earth and which is most threatened by global warming. (②) Future food security will be dependent on a combination of the stresses, both biotic and abiotic*, imposed by climate change, variability of weather within the growing season, development of cultivars* more suited to different ambient* conditions, and, the ability to develop effective adaptation strategies which allow these cultivars to express their genetic potential under the changing climate conditions. (③) However, these challenges also provide us the opportunities to enhance our understanding of soil-plant-atmosphere interaction and how one could utilize this knowledge to enable us achieve the ultimate goal of enhanced food security across all areas of the globe. (④)

*abiotic: 비생물적인
*cultivar: 품종
*ambient: 주변의

17 다음 글의 밑줄 친 부분 중, 어법상 가장 틀린 것은?

Anthropologist Paul Ekman proposed in the 1970s that humans experience six basic emotions: anger, fear, surprise, disgust, joy, and sadness. However, the exact number of emotions ① disputing, with some researchers suggesting there are only four, and others counting as many as 27. Additionally, scientists debate whether emotions are universal to all human cultures or whether we're born with them or learn them through experience. ② Despite these disagreements, emotions are clear products of activity in specific regions of the brain. The amygdala* and the insula or insular cortex* are two representative brain structures most ③ closely linked with emotions. The amygdala, a paired, almond-shaped structure deep within the brain, integrates emotions, emotional behavior, and motivation. It interprets fear, helps distinguish friends from foes, and identifies social rewards and how to attain ④ them. The insula is the source of disgust. The experience of disgust may protect you from ingesting poison or spoiled food.

*amygdala: 편도체
*insula cortex: 대뇌 피질

18 다음 글의 주제로 가장 적절한 것은?

Do you want to be a successful anchor? If so, keep this in mind. As an anchor, the individual will be called upon to communicate news and information to viewer during newscasts, special reports and other types of news programs. This will include interpreting news events, adlibbing, and communicating breaking news effectively when scripts are not available. Anchoring duties also involve gathering and writing stories. The anchor must be able to deliver scripts clearly and effectively. Strong writing skills, solid news judgement and a strong sense of visual storytelling are essential skills. This individual must be a self-starter who cultivates sources and finds new information as a regular part of job. Live reporting skills are important, as well as the ability to adlib and describe breaking news as it takes place.

① difficulties of producing live news
② qualifications to become a news anchor
③ the importance of the social role of journalists
④ the importance of forming the right public opinion

19 다음 글의 내용과 가장 일치하지 않는 것은?

Modern sculpture is generally considered to have begun with the work of French sculptor Auguste Rodin. Rodin, often considered a sculptural Impressionist, did not set out to rebel against artistic traditions, however, he incorporated novel ways of building his sculpture that defied classical categories and techniques. Specifically, Rodin modeled complex, turbulent, deeply pocketed surfaces into clay. While he never self-identified as an Impressionist, the vigorous, gestural modeling he employed in his works is often likened to the quick, gestural brush strokes* aiming to capture a fleeting moment that was typical of the Impressionists. Rodin's most original work departed from traditional themes of mythology and allegory*, in favor of modeling the human body with intense realism, and celebrating individual character and physicality.

*brush stroke: 붓놀림

*allegory: 우화, 풍자

① 현대 조각은 일반적으로 로댕의 작품에서 시작된 것으로 여겨진다.

② 로댕은 고전적인 기술을 거부하며 조각품을 만드는 새로운 방법을 통합했다.

③ 로댕은 자신을 인상파라고 밝히며 인상파의 전형적인 붓놀림을 보여주었다.

④ 로댕의 가장 독창적인 작품은 신화와 우화의 전통적인 주제에서 벗어나고자 했다.

20 다음 글의 주제로 가장 적절한 것은?

Cosmetics became so closely associated with portraiture that some photography handbooks included recipes for them. American photographers also, at times, used cosmetics to retouch negatives and prints, enlivening women's faces with traces of rouge. Some customers with dark skin requested photographs that would make them look lighter. A skin lightener advertisement that appeared in an African American newspaper in 1935 referenced this practice by promising that its product could achieve the same look produced by photographers: a lighter skin Cop free of blemishes*. By drawing attention to the face and encouraging cosmetics use, portrait photography heightened the aesthetic valuation of smooth and often light-colored skin.

*blemish: (피부 등의) 티

① side effects of excessive use of cosmetics

② overuse of cosmetics promoted by photographers

③ active use of cosmetics to make the face look better

④ decreased use of cosmetics due to advances in photography

21 다음 글의 밑줄 친 부분 중 문맥상 낱말의 쓰임이 가장 적절하지 않은 것은?

"Play is something done for its own sake." says psychiatrist Stuart Brown, author of "Play" He writes: "It's voluntary, it's pleasurable, it offers a sense of engagement, it takes you out of time. And the act itself is more important than the outcome." With this definition in mind, it's easy to recognize play's potential benefits. Play ① nurtures relationships with oneself and others. It ② relieves stress and increases happiness. It builds feelings of empathy, creativity, and collaboration. It supports the growth of sturdiness* and grit. When children are deprived of opportunities for play, their development can be significantly ③ enhanced. Play is so important that the United Nations High Commission on Human Rights declared it a ④ fundamental right of every child. Play is not frivolous*. It is not something to do after the "real work" is done. Play is the real work of childhood. Through it, children have their best chance for becoming whole, happy adults.

*sturdiness: 강건함
*frivolous: 경박한, 하찮은

22 다음 빈칸에 들어갈 말로 가장 적절한 것은?

Lewis Pugh is a British endurance swimmer, who is best known for his long-distance swims in cold and open waters. He swims in cold places as a way to draw attention to the urgent need to protect the world's oceans and waterways from the effects of climate change and pollution. In 2019, Pugh decided to swim in Lake Imja, which is located in the Khumbu region of Nepal, near Mount Everest. After a failed first attempt, Lewis had a debrief* to discuss the best way to swim at 5,300 meters above sea level. He is usually very aggressive when he swims because he wants to finish quickly and get out of the cold water. But this time he showed _____ and swam slowly.

*debrief: 평가회의

① grief
② anger
③ humility
④ confidence

23 다음 글에서 전체 흐름과 가장 관계없는 문장은?

Fast fashion is a method of producing inexpensive clothing at a rapid pace to respond to the latest fashion trends. With shopping evolving into a form of entertainment in the age of fast fashion, customers are contributing to what sustainability experts refer to as a throwaway culture. This means customers simply discard products once they are deemed useless rather than recycling or donating them. ① The consumers are generally satisfied with the quality of fast fashion brand clothing. ② As a result, these discarded items add a huge burden to the environment. ③ To resolve the throwaway culture and fast fashion crisis, the concept of sustainability in fashion is brought to the spotlight. ④ Sustainable fashion involves apparel, footwear, and accessories that are produced, distributed, and utilized as sustainably as possible while taking into account socio-economic and environmental concerns.

24 다음 글의 요지로 가장 적절한 것은?

Wrinkles are a sure sign of aging, and may also hint that bone health is on the decline. Researchers at Yale School of Medicine found that some women with deepening and worsening skin wrinkles also had lower bone density, independent of age and factors known to influence bone mass. Skin and bones share a common building-block protein, type 1 collagen, which is lost with age, says study author Dr. Lubna Pal. Wrinkles between the eyebrows—the vertical lines above the bridge of the nose—appear to be the strongest markers of brittle* bones, she says. Long-term studies are needed, but it appears the skin reflects what's happening at the level of the bone, says Pal.

*brittle: 잘 부러지는

① 나이가 들면서 주름이 생기는 것은 당연한 현상이다.
② 골밀도 감소와 주름 생성의 관계에 관해서는 연구가 더 필요하다.
③ 여성이 남성보다 주름이 더 많이 생기는 이유는 골밀도 차이 때문이다.
④ 주름은 단지 피부 노화와만 연관된 것이 아니라 뼈 건강 상태와도 연관이 있다.

25 다음 글의 내용과 가장 일치하지 않는 것은?

> Meditation can improve your quality of life thanks to its many psychological and physical benefits. Mindfulness-based interventions, such as meditation, have been shown to improve mental health, specifically in the area of stress, according to a study in the Clinical Psychology Review. When faced with a difficult or stressful moment, our bodies create cortisol, the steroid hormone responsible for regulating stress and our natural fight-or-flight response, among many other functions. Chronic stress can cause sustained and elevated levels of cortisol, which can lead to other negative effects on your health, including cardiovascular* and immune systems and gut health. Meditation, which focuses on calming the mind and regulating emotion, can help to reduce chronic stress in the body and lower the risk of its side effects.
>
> *cardiovascular: 심혈관계의

① Meditation benefits us both mentally and physically.

② Cortisol is released in a stressful situation.

③ Stress does not usually affect our cardiovascular systems.

④ Meditation can help lower chronic stress in the body.

01 Choose the one that is closest in meaning to the underlined word.

> Efforts by European governments to shield households and businesses from higher energy costs have obvious benefits, not least <u>mitigating</u> inflationary pressures. But they carry much larger costs, which the European Commission should be highlighting, rather than ignoring.

① worsening
② increasing
③ alleviating
④ enhancing
⑤ aggravating

02 Which of the following best fits in the blank?

> A food desert is an area or neighborhood where people, for various reasons, have _____ to fresh, whole, and healthy foods. A lot of people tend to use the United States Department of Agriculture's (USDA) definition: "in urban food deserts, a significant percentage of the neighborhood's residents live more than one mile away from a fresh food provider such as a supermarket or farmers' market; in rural areas, a food desert must be at least ten miles away from a fresh food source."

① limited access
② uneasy moments
③ complicating emotions
④ limited distribution
⑤ uneasy preference

03 Which of the following is NOT grammatically correct?

> We should think of Cultural Intelligence as being something ① <u>that</u> we can continuously improve and ② <u>develop</u> over the duration of our lives. The difficulty is in acquiring it. We do this ③ <u>through</u> our experiences, but also with knowledge ④ <u>impart</u> by other people whom we trust—and who trust us ⑤ <u>enough</u> to give us their knowledge.

04 Which of the following can be inferred from the passage?

> Obesity represents the most serious health problem in the United States today. Almost 60 percent of adults in the US are either overweight or obese. This is not just a problem of appearance. Obesity often leads to serious health problems such as diabetes, heart attacks, high blood pressure, and even some forms of cancer.
>
> Medical professionals typically define obesity using the Body Mass Index (BMI). BMI can easily be calculated through dividing a person's weight in kilograms by the square of the person's height in meters. A normal or healthy BMI would be less than 25. A person with BMI between 25 and 29.9 would be considered overweight. A BMI of 30 to 34.9 is mildly obese, while 35 to 39.9 is substantially obese. People with BMI measures of 40 and over are considered extremely obese.

① More than half of Americans have a BMI over 30.

② Anyone with a BMI over 30 will develop cancer.

③ More than 60 percent of Americans do not know their BMI.

④ Few Americans have a BMI over 35.

⑤ A person is usually considered obese if his or her BMI is 30.

05 Which of the following is true according to the passage?

> Most people think cockroaches are disgusting. And if you've ever turned on a kitchen light, to find them skittering for dark corners, you probably agree. But of the thousands of species out there, only a few can be considered pests. There are well over 4,000 described species of cockroach around the world, with some experts estimating that there are another 5,000 species that have yet to be classified by taxonomists. Their classification is actually a point of contention—and I won't take a position on which suborder they're in, or how many families they consist of. An estimated 60 to 70 species can be found in the continental United States, but most people are likely to interact with no more than a dozen of them—depending on where they live.

① All cockroaches are harmful.

② There might be around 9,000 species of cockroach in the world according to some experts.

③ There is consensus about what sub-type 5,000 unclassified species of cockroach are in.

④ Most Americans can encounter about 24 different kinds of cockroach in their homes.

⑤ It is easy to figure out how many families cockroaches live in in the United States.

06 Which of the following is the most appropriate title of the passage?

In some cases, a state may be externally sovereign in the sense of being independent and of not belonging to another state. However, its national tasks may be controlled from the outside, for example by a dominant neighboring state. International cooperation and integration between states make it increasingly difficult to argue that all public power in a state comes from the people or another internal source of sovereignty. International cooperation, and the creation of permanent international organizations that comprise several states, is increasingly necessary. Technological progress in the area of transportation and communication has made it more and more irrelevant where goods and services are produced, a trend captured by the term globalization. As people and economies become interconnected, decisions taken in one state may have an impact on the people in another state.

① A State and its National Tasks
② Public Power and Sovereignty
③ Global Technological Progress
④ International Relationship and Independence
⑤ Globalization and International Cooperation

07 Which of the following is true about Hendra according to the passage?

In Sept. 1994, a violent disease began among a group of racehorses in a small town in Australia. The first victim was a female horse that was last seen eating grass beneath a fruit tree. Within hours, the horse's health declined rapidly. Three people worked to save the animal—the horse's trainer, an assistant, and a veterinarian. Nevertheless, the horse died two days later, leaving the cause of her death uncertain.

Within two weeks, most of the other horses in the stable became ill as well. All had high fevers, difficulty breathing, facial swelling, and blood coming from their noses and mouths. Meanwhile, the trainer and his assistant also became ill, and within days, the trainer was dead, too. Laboratory analysis finally discovered the root of the problem: The horses and men had been infected by a virus, Hendra. This virus had originated in bats that lived in the tree where the first horse had been eating grass. The virus passed from the bats to the horse, then to other horses and to people—with disastrous results.

① Its symptoms in humans include high fevers, difficulty breathing, and facial swelling.
② It can be fatal to both humans and horses.
③ Horses got infected after eating the contaminated grass near the stable.
④ It can be transmitted from humans to animals.
⑤ Humans got infected directly from bats.

08 Which of the following is the most logical sequence to complete the passage?

> We often worry about what others will think of us because of our clothes. But researchers are beginning to think that our clothing has an equally powerful effect on how we see ourselves. Researchers report that there is science behind our style.
>
> (A) The scientists also believe that other kinds of symbolic clothes can influence the behavior of the people wearing them. A police officer's uniform or a judge's robe, for example, increases the wearer's feeling of power or confidence.
>
> (B) In their research, researchers had some participants wear white lab coats similar to the ones scientists or doctors wear. Other participants wore their normal clothes. The participants took a test that measured their ability to pay attention.
>
> (C) The people wearing the white coats performed better than the people in regular clothes. Researchers think that the white coats made the participants feel more confident and careful.

① (A) - (B) - (C)

② (A) - (C) - (B)

③ (B) - (A) - (C)

④ (B) - (C) - (A)

⑤ (C) - (A) - (B)

09 Which of the following best fits in the blank?

> Nine judges, called Justices, work for the Supreme Court, and they all listen to every case presented to them. The President chooses the people that he wants to serve on the Court, and the Senate confirms or rejects each of the President's choices. He or she will remain on the Supreme Court for life. It is a great honor to be selected to serve on the Supreme Court, because it shows that the President and the Senate trust you to interpret the Constitution fairly. The Supreme Court has the power of _____. This means they have the power to determine if a law is constitutional. If the Justices decide the law does not line up with the Constitution, the law is invalid forever. It is a very difficult job, and often the Court is split 5-4 on tough decisions because everyone reads the Constitution differently.

① judicial review

② social discourse

③ legislative action

④ legal organization

⑤ extrajudicial opinion

10 Where does the given sentence best fit in the passage?

> This piece of evidence leads experts to believe that the underground city was built to protect the city's residents from enemies.

In 1963, a resident of the Cappadocia region of Turkey was doing some renovations on his house. When he knocked down one of his walls, he was surprised to find a hidden room carved into the stone. He explored the room, and found that it led to an underground city. (A) The underground city is over 60 meters deep—deep enough for 20-story building. (B) It contains massive stone doors that could only be opened or closed from the inside. (C) More than 20,000 people could hide inside it. Over 600 doors lead to the city, hidden under and around existing homes. The hidden city had its own religious centers, livestock stables, kitchens, and even schools. (D) However, experts are not sure exactly how old the underground city is, because any records of its construction and use have disappeared. (E)

① (A)

② (B)

③ (C)

④ (D)

⑤ (E)

11 Which of the following best fits in the blank?

> _____. The Portion Cap Ruling, commonly known as the soda ban, was to restrict the sale of sugary drinks larger than 16 ounces in restaurants, movie theaters, sports arenas and delis. The New York State Court of Appeals issued its final decision on the Portion Cap Ruling. The New York City Board of Health, in adopting the 'Sugary Drinks Portion Cap Rule', exceeded the scope of its regulatory authority. Without any legislative delegation or guidance, the Board engaged in law-making and thus violated the legislative jurisdiction of the City Council of New York.

① New York City lost its final appeal to limit the sale of sugary drinks larger than 16 ounces.

② Portion sizes have grown exponentially over the years and rates of obesity have skyrocketed.

③ We need to change our food environment if we want to reduce obesity rates.

④ The negative effects of sugary drink over-consumption on New Yorkers' health are evident.

⑤ We hope that we can all work together to promote a healthier food environment for our children to grow up in.

12 Which of the following is NOT grammatically correct?

> The Titanic was the most magnificent ship. It had luxuries and all comforts. It had electric light and heat, electric elevators, a swimming pool, a Turkish bath, libraries, etc. Most of the passengers were emigrants ① who were coming to America with hopes of a better life. The Titanic began to cross the Atlantic ocean on April 10. Nobody on the ship realized how much danger the ship was in. On April 14, at 11:40 p.m., an iceberg ② was spotted straight ahead. The captain tried to reverse the direction of his ship, but he couldn't because the Titanic was traveling too fast and it was too big. It hit the iceberg and started to sink. The Titanic originally had had 32 lifeboats, but 12 of them ③ had been removed to make the ship look better. While the ship was sinking, rich people ④ had put on the lifeboats. By the time the third-class were allowed to come up from their cabins, most of the lifeboats ⑤ had already left.

13 Which of the following is true according to the passage?

> Early movie star Anna May Wong, who broke into Hollywood during the silent film era, will become the first Asian American to appear on US currency, a century after she landed her first leading role. Wong's image, with her trademark blunt bangs and pencil-thin eyebrows, will feature on the back of new quarters from Monday. The design is the fifth to emerge from the American Women Quarters Program, which highlights pioneering women in their respective fields. The other four quarters, all put into production this year, feature poet and activist Maya Angelou; the first American woman in space, Sally Ride; Cherokee Nation leader Wilma Mankiller; and suffragist Nina Otero-Warren. The latter two were, along with Wong, selected with input from the public.

① Maya Angelou and Sally Ride were chosen by public supports.

② Wong's honor signifies a shift in the Hollywood's representation of women.

③ Anna May Wong was never recognized for her achievements during her lifetime.

④ Wong was the only woman considered for the American Women Quarters Program.

⑤ Five new quarters are produced to recognize pioneering women from various fields in the US.

14 Which of the following best fits in the blank?

> Have you ever been told not to say something? It is very common for families to have rules about what can or cannot be said at home, but governments do the very same thing. When a government passes a law restricting what people or organizations can say, it is called _____ .

① detention

② oppression

③ censorship

④ persecution

⑤ crackdown

15 Which of the following best fits in the blank?

> When most people think of the Civil Rights Movement and the people who led it, they think of Martin Luther King, Jr., Malcolm X, Medgar Evers, and other men. But in reality, women were very important participants in the movement. Though women at the time were expected to _____ , many women became leaders of organizations and protests. However, they are often forgotten in history. Rosa Parks is the most well-known woman in the Civil Rights Movement, but the way her story is told makes her seem like more of a symbol than the important leader that she really was.

① implement the rules

② activate their thoughts

③ rebel against society

④ participate more actively

⑤ play a background role

16 Which of the following is NOT grammatically correct?

> Marine debris which is known to cause entanglement ① includes derelict fishing gear such as nets and mono-filament line and also six-pack rings and fishing bait box strapping bands. This debris can cause death by drowning, suffocation, strangulation, starvation through reduced ② feeding efficiency, and injuries. Particularly affected ③ is seals and sea lions, probably due to their very inquisitive nature of investigating objects in their environment. Entanglement rates in these animals of up to 7.9% of a population ④ have been recorded. Furthermore, in some instances entanglement is a threat to the recovery of already ⑤ reduced population sizes. An estimated 58% of seal and sea lion species are known to have been affected by entanglement including the Hawaiian monk seal, Australian sea lions, New Zealand fur seals and species in the Southern Ocean.

17 Which of the following can be inferred from the passage?

> When it comes to making a cup of coffee, capsules have a reputation for being environmentally unfriendly, as they are often hard to recycle. While coffee is prepared in a variety of ways, coffee capsules have risen in popularity. Despite their popularity, capsules have long divided coffee drinkers who are conscious of the effect their caffeine habit has on the environment. The small plastic or aluminum pods have been criticized for being energy-intensive to produce and for causing unnecessary waste. But new research by the University of Quebec in Canada suggests that pods may not be as wasteful as preparing coffee using a traditional coffee maker, looking at the broader life cycle of a single cup from production to the amount of waste that ends up in a landfill.

① Capsules are wasteful and should be banned.
② New research suggests how to reduce the amount of waste from making coffee.
③ All coffee drinkers look for environmentally friendly products.
④ Capsules may not be as wasteful as other coffee-making methods.
⑤ Capsules are the most popular way of making coffee in the world.

18 Which of the following is NOT mentioned in the passage?

> When cases increase and transmission accelerates, it's more likely that new dangerous and more transmissible variants emerge, which can spread more easily or cause more severe illness. Based on what we know so far, vaccines are proving effective against existing variants, especially at preventing severe disease, hospitalization and death. However, some variants are having a slight impact on the ability of vaccines to guard against mild disease and infection. Vaccines are likely to stay effective against variants because of the broad immune response they cause. It means that virus changes or mutations are unlikely to make vaccines completely ineffective. WHO continues to constantly review the evidence and will update its guidance as we find out more.

① when variants show up
② the effectiveness of vaccines
③ how vaccines respond to variants
④ what makes vaccines always work
⑤ the role of WHO

19 Which of the following is the most appropriate title of the passage?

> The James Webb Space Telescope can add another cosmic accomplishment to its list: The space observatory has been used to confirm the existence of an exoplanet for the first time. The celestial body is almost exactly the same size as the Earth. The rocky world is 41 light-years away in the Octans constellation. Previous data collected by NASA had suggested the planet might exist. A team of researchers, led by staff astronomers Kevin Stevenson and Jacob Lustig-Yaeger observed the target using Webb. "There is no question that the planet is there. Webb's pristine data validate it," Lustig-Yaeger said in a statement. The planet's discovery was announced Wednesday at the 241st meeting of the American Astronomical Society in Seattle.

① The Indispensable Role of NASA in Astronomy

② The James Webb Space Telescope's Discovery of a Planet

③ How to Use Space Exploration for Scientific Research

④ How Many Exoplanets the James Webb Space Telescope Has Found

⑤ The Controversy over the James Webb Space Telescope's Capability

20 Which of the following is true according to the passage?

> Something was happening to books in 2020 that questions about human existence really were encouraging reading. Certainly, as the first reports came in of pandemic book sales, it did seem that people were at least buying more books. In the UK, physical book sales rose by 6 percent in the week prior to the first national lockdown, paperback fiction sales increased by 35 percent week on week, and Waterstones reported a 400 percent increase of online sales week on week. Physically closed, libraries reported significant growth in new digital users, with Hampshire County Council, for example, seeing an increase in loans of 770 percent. In Denmark, statistics showed that book sales increased by 5.6 percent in 2020 despite shops being closed. In addition, more people than ever subscribed to book streaming services in 2020.

① In 2020 people had less interest in questions about human existence.

② The pandemic created a moment for boosting sales of books.

③ More books were sold in Denmark than in the UK.

④ More people than ever visited libraries in 2020.

⑤ The pandemic has stimulated Denmark's economy.

21 Which of the following can be inferred from the passage?

> While relationships impact the bottom line in any organization, in the not-for-profit world relationships take on even greater importance. Whether you run the local soup kitchen or a membership organization for civil engineers, maintaining good relationships with your members, volunteers, and donors is critical to your success.
>
> In part, this comes from the fact that nonprofits are often seen as not really being businesses, even though many of them have multibillion dollar budgets. But the biggest reason that relationships matter to nonprofits is that the very nature of the operation relies on goodwill and volunteerism. Relationships are the foundation of the reputation and awareness that your public relationships and other marketing efforts have built. And without those relationships chances are no one would be donating or volunteering for anything. So if you don't have strong communal relationships with your constituencies, your organization will soon cease to survive. This is why it is critical to continuously measure the nature and efficacy of your relations.

① The success of a non-profit organization depends on the strength of its relationships with key stakeholders.

② The role of non-profit organizations is important for the survival and success of society.

③ People can make a lot of money based on the public relationships with major organizations.

④ Non-profit organizations do not necessarily focus on marketing for publicity.

⑤ People tend to donate and volunteer for the sake of enhancement of their own self-efficacy.

22 Which of the following is the most appropriate title of the passage?

> The majestic structures of ancient Rome have survived for millennia. But how did their construction materials help to keep giant buildings like the Pantheon and the Colosseum standing for more than 2,000 years? Roman concrete, in many cases, has proven to be longer-lasting than modern concrete, which can deteriorate within decades. Now, scientists behind a new study say they have uncovered the mystery ingredient that allowed the Romans to make their construction material so durable and build elaborate structures in challenging places such as docks, sewers and earthquake zones. A research team analyzed 2,000-year-old concrete samples from a city wall in central Italy. They found that white chunks in the concrete, gave the concrete the ability to heal cracks that formed over time. The white chunks previously had been overlooked as evidence of poor-quality raw material.

① The History of Roman Engineering

② The Durability of Ancient Roman Concrete

③ The Use of Concrete in Modern Construction

④ The Challenge of Building Structures in Earthquake Zones

⑤ The Discovery of a New Type of Concrete in Ancient Rome

23 Which of the following best fits in the blank?

> The term "herd behavior" comes from the behavior of animals in groups, particularly when they are in a dangerous situation such as escaping a predator. All of the animals band closely together in a group and, in panic mode, move together as a unit. It is very unusual for a member of the herd to stray from the movement of the unit. The term also applies to human behavior, and it usually describes large numbers of people acting the same way at the same time. It often has a(n) _____ , as people's actions are driven by emotion rather than by thinking through a situation. Human herd behavior can be observed at large-scale demonstrations, riots, strikes, religious gatherings, sports events, and outbreaks of mob violence. When herd behavior sets in, an individual person's judgment and opinion-forming process shut down as he or she automatically follows the group's movement and behavior.

① rational reasoning
② difference with animals
③ feature of objects
④ demonstrative event
⑤ implication of irrationality

24 Which of the following is the most appropriate title of the passage?

> California has been struck by a final round of storms, bringing more rain and snow to a state. Rain and snow were expected Monday overnight and into early Tuesday morning in parts of the state. Although weather should improve this week, many areas are currently at risk of floods and landslides. Storms have battered California in recent weeks, flooding communities and forcing evacuations. The back-to-back deluges have eroded roads and felled trees, making each successive storm more liable to cause serious damage as soils weaken. One to three feet of snow fell in parts of California's Sierra Nevada range over the weekend. As of Monday, eight million people remain under flood watch on California's central coast, and more than 38,600 customers in the state remained without power on Monday.

① The Biggest Loser of Californian Weather
② How to Prepare for the Unpredictability of Rain and Storm
③ Devastated California after a Series of Storms
④ The Causes and Consequences of Floods in California
⑤ California's Self-Inflicted Disaster of Snow Storms

25 Which of the following is the most logical sequence to complete the passage?

> SHANGHAI, June 9—Tens of thousands of students and others held a protest rally and marched through the streets of this city today in a demonstration of continued defiance of the Communist leadership.
>
> (A) Estimates of the crowd by reporters and diplomats ranged from about 40,000 to more than 100,000. The rally, coming amid reports that security police were making arrests of participants in the democracy movement in Beijing, reflected a contrast between the two cities.
>
> (B) While the atmosphere in Beijing is solemn and fearful, the events of the day in Shanghai indicate a mood of continued anger and defiance in China's largest and economically most important city.
>
> (C) The demonstrators, led by students from Shanghai's many universities and technical institutes, marched to recorded funeral songs lamenting the thousands killed in Beijing when troops crushed the protest movement there.

① (A) - (C) - (B)

② (B) - (A) - (C)

③ (B) - (C) - (A)

④ (C) - (A) - (B)

⑤ (C) - (B) - (A)

01 (A), (B), (C)의 각 네모 안에서 어법에 맞는 표현으로 가장 적절한 것은?

The selection of the appropriate protective clothing for any job or task (A) is / are usually dictated by an analysis or assessment of the hazards presented. The expected activities of the wearer as well as the frequency and types of exposure, are typical variables that input into this determination. For example, a firefighter is exposed to a variety of burning materials. Specialized multilayer fabric systems are thus used (B) to meet / meeting the thermal* challenges presented. This results in protective gear that is usually fairly heavy and essentially provides the highest levels of protection against any fire situation. In contrast, an industrial worker who has to work in areas (C) where / which the possibility of a flash fire exists would have a very different set of hazards and requirements. In many cases, a flame-resistant coverall worn over cotton work clothes adequately addresses the hazard.

*thermal: 열의

	(A)	(B)	(C)
①	is	to meet	where
②	is	meeting	which
③	are	meeting	where
④	are	to meet	which

02 다음 글의 내용을 한 문장으로 요약하고자 한다. 빈칸 (A), (B)에 들어갈 말로 가장 적절한 것은?

In India, approximately 360 million people—one-third of the population—live in or very close to the forests. More than half of these people live below the official poverty line, and consequently they depend crucially on the resources they obtain from the forests. The Indian government now runs programs aimed at improving their lot by involving them in the commercial management of their forests, in this way allowing them to continue to obtain the food and materials they need, but at the same time to sell forest produce. If the programs succeed, forest dwellers will be more prosperous, but they will be able to preserve their traditional way of life and culture, and the forest will be managed sustainably, so the wildlife is not depleted.

⇩

The Indian government is trying to _____(A)_____ the lives of the poor who live near forests without _____(B)_____ the forests.

	(A)	(B)
①	improve	ruining
②	control	preserving
③	improve	limiting
④	control	enlarging

03 다음 글의 내용을 한 문장으로 요약하고자 한다. 빈칸 (A), (B)에 들어갈 말로 가장 적절한 것은?

> In the absence of facial cues or touch during pandemic, there is a greater need to focus on other aspects of conversation, including more emphasis on tone and inflection, slowing the speed, and increasing loudness without sounding annoying. Many nuances* of the spoken word are easily missed without facial expression, so eye contact will assume an even greater importance. Some hospital workers have developed innovative ways to try to solve this problem. One of nurse specialists was deeply concerned that her chronically sick young patients could not see her face, so she printed off a variety of face stickers to get children to point towards. Some hospitals now also provide their patients with 'face—sheets' that permit easier identification of staff members, and it is always useful to reintroduce yourself and colleagues to patients when wearing masks.
>
> *nuance: 미묘한 차이, 뉘앙스

⇩

> Some hospitals and workers are looking for ____(A)____ ways to ____(B)____ conversation with patients during pandemic.

	(A)	(B)
①	alternative	complement
②	bothering	analyze
③	effective	hinder
④	disturbing	improve

04 주어진 글 다음에 이어질 글의 순서로 가장 적절한 것은?

> Once they leave their mother, primates have to keep on making decisions about whether new foods they encounter are safe and worth collecting.

> (A) By the same token, if the sampler feels fine, it will reenter the tree in a few days, eat a little more, then wait again, building up to a large dose slowly. Finally, if the monkey remains healthy, the other members figure this is OK, and they adopt the new food.
>
> (B) If the plant harbors a particularly strong toxin, the sampler's system will try to break it down, usually making the monkey sick in the process. "I've seen this happen," says Glander. "The other members of the troop are watching with great interest—if the animal gets sick, no other animal will go into that tree. There's a cue being given—a social cue."
>
> (C) Using themselves as experiment tools is one option, but social primates have found a better way. Kenneth Glander calls it "sampling." When howler monkeys move into a new habitat, one member of the troop will go to a tree, eat a few leaves, then wait a day.

① (A) - (B) - (C)
② (B) - (A) - (C)
③ (C) - (B) - (A)
④ (C) - (A) - (B)

05 다음 글의 Zainichi에 관한 내용으로 가장 일치하지 않는 것은?

Following Japan's defeat in World War II, the majority of ethnic Koreans (1-1.4 million) left Japan. By 1948, the population of ethnic Koreans settled around 600,000. These Koreans and their descendants are commonly referred to as Zainichi (literally "residing in Japan"), a term that appeared in the immediate postwar years. Ethnic Koreans who remained in Japan did so for diverse reasons. Koreans who had achieved successful careers in business, the imperial bureaucracy, and the military during the colonial period or who had taken advantage of economic opportunities that opened up immediately after the war—opted to maintain their relatively privileged status in Japanese society rather than risk returning to an impoverished and politically unstable post-liberation Korea. Some Koreans who repatriated* were so repulsed by the poor conditions they observed that they decided to return to Japan. Other Koreans living in Japan could not afford the train fare to one of the departure ports, and among them who had ethnic Japanese spouses and Japanese-born, Japanese-speaking children, it made more sense to stay in Japan rather than to navigate the cultural and linguistic challenges of a new environment.

*repatriate: 본국으로 송환하다

① 주로 제2차 세계대전 이후에 일본에 남은 한국인들과 후손을 일컫는다.
② 전쟁 후에 경제적인 이득을 취한 사람들도 있었다.
③ 어떤 사람들은 한국에 갔다가 다시 일본으로 돌아왔다.
④ 한국으로 돌아갈 교통비를 마련하지 못한 사람들은 일본인과 결혼했다.

06 다음 빈칸에 들어갈 말로 가장 적절한 것은?

There are a few jobs where people have had to _____. We see referees and umpires using their arms and hands to signal directions to the players—as in cricket, where a single finger upwards means that the batsman is out and has to leave the wicket*. Orchestra conductors control the musicians through their movements. People working at a distance from each other have to invent special signals if they want to communicate. So do people working in a noisy environment, such as in a factory where the machines are very loud, or lifeguards around a swimming pool full of school children.

*wicket: (크리켓에서) 삼주문

① support their parents and children
② adapt to an entirely new work style
③ fight in court for basic human rights
④ develop their signing a bit more fully

07 다음 글의 내용과 가장 일치하지 않는 것은?

Opponents of the use of animals in research also oppose use of animals to test the safety of drugs or other compounds. Within the pharmaceutical industry, it was noted that out of 19 chemicals known to cause cancer in humans when taken, only seven caused cancer in mice and rats using standards set by the National Cancer Instituted(Barnard and Koufman, 1997). For example, and antidepressant, nomifensin, had minimal toxicity in rats, rabbits, dogs, and monkeys yet caused liver toxicity and anemia* in humans. In these and other cases, it has been shown that some compounds have serious adverse reactions in humans that were not predicted by animal testing resulting in conditions in the treated humans that could lead to disability, or even death. And researchers who are calling for an end to animal research state that they have better methods available such as human clinical trials, observation aided by laboratory of autopsy tests.

*anemia: 빈혈

① 한 기관의 실험 결과 동물과 달리 19개의 발암물질 중에 7개는 인간에게 영향을 미쳤다.

② 어떤 약물은 동물 실험 때와 달리 인간에게 간독성과 빈혈을 일으켰다.

③ 동물 실험에서 나타난 결과가 인간에게는 다르게 작용될 수 있다.

④ 동물 실험을 반대하는 연구자들은 대안적인 방법들을 제시하고 있다.

08 다음 중 문맥상 낱말의 쓰임이 가장 적절하지 않은 것은?

Cold showers are any showers with a water temperature below 70°F. They may have health benefits. For people with depression, cold showers can work as a kind of gentle electroshock therapy. The cold water sends many electrical impulses to your brain. They jolt* your system to ① increase alertness, clarity, and energy levels. Endorphins, which are sometimes called happiness hormones, are also released. This effect leads to feelings of well-being and ② optimism. For people that are obese, taking a cold shower 2 or 3 times per week may contribute to increased metabolism. It may help fight obesity over time. The research about how exactly cold showers help people lose weight is ③ clear. However, it does show that cold water can even out certain hormone levels and heal the gastrointestinal* system. These effects may add to the cold shower's ability to lead to weight loss. Furthermore, when taken regularly, cold showers can make our circulatory system more efficient. Some people also report that their skin looks better as a result of cold showers, probably because of better circulation. Athletes have known this benefit for years, even if we have only ④ recently seen data that supports cold water for healing after a sport injury.

*jolt: 갑자기 덜컥 움직이다
*gastrointestinal: 위장의

09 다음 글의 내용을 한 문장으로 요약하고자 한다. 빈칸 (A), (B)에 들어갈 말로 가장 적절한 것은?

Researchers have been interested in the habitual ways a single individual copes with conflict when it occurs. They've called this approach conflict styles. There are several apparent conflict styles, and each has its pros and cons. The collaborating style tends to solve problems in ways that maximize the chances that the best result is provided for all involved. The pluses of a collaborating style include creating trust, maintaining positive relationship, and building commitment. However, it's time consuming and it takes a lot of energy to collaborate with another during conflict. The competing style may develop hostility in the person who doesn't achieve their goals. However, the competing style tends to resolve a conflict quickly.

⇩

The collaborating style might be used for someone who put a great value in ___(A)___, while a person who prefers ___(B)___ may choose the competing style.

	(A)	(B)
①	financial ability	interaction
②	saving time	peacefulness
③	mutual understanding	time efficiency
④	effectiveness	consistency

10 주어진 글 다음에 이어질 글의 순서로 가장 적절한 것은?

The historical evolution of Conflict Resolution gained momentum in the 1950s and 1960s, at the height of the Cold War, when the development of nuclear weapons and conflict between the superpowers seemed to threaten human survival.

(A) The combination of analysis and practice implicit in the new ideas was not easy to reconcile with traditional scholarly institutions or the traditions of practitioners such as diplomats and politicians.

(B) However, they were not taken seriously by some. The international relations profession had its own understanding of international conflict and did not see value in the new approaches as proposed.

(C) A group of pioneers from different disciplines saw the value of studying conflict as a general phenomenon, with similar properties, whether it occurs in international relations, domestic politics, industrial relations, communities, or between individuals.

① (B) - (A) - (C)

② (B) - (C) - (A)

③ (C) - (A) - (B)

④ (C) - (B) - (A)

11 (A), (B), (C)의 각 네모 안에서 어법에 맞는 표현으로 가장 적절한 것은?

The key to understanding economics is accepting (A) that / what there are always unintended consequences. Actions people take for their own good reasons have results they don't envision or intend. The same is true with geopolitics*. It is doubtful that the village of Rome, when it started its expansion in the seventh century BC, (B) had / have a master plan for conquering the Mediterranean world five hundred years later. But the first action its inhabitants took against neighboring villages set in motion a process that was both constrained by reality and (C) filled / filling with unintended consequences. Rome wasn't planned, and neither did it just happen.

*geopolitics: 지정학

	(A)	(B)	(C)
①	that	had	filled
②	what	had	filling
③	what	have	filled
④	that	have	filling

12 다음 빈칸에 들어갈 말로 가장 적절한 것을 고르시오.

Water and civilization go hand-in-hand. The idea of a "hydraulic* civilization" argues that water is the unifying context and justification for many large-scale civilizations throughout history. For example, the various multi-century Chinese empires survived as long as they did in part by controlling floods along the Yellow River. One interpretation of the hydraulic theory is that the justification for gathering populations into large cities is to manage water. Another interpretation suggests that large water projects enable the rise of big cities. The Romans understood the connections between water and power, as the Roman Empire built a vast network of aqueducts* throughout land they controlled, many of which remain intact. For example, Pont du Gard in southern France stands today as a testament to humanity's investment in its water infrastructure. Roman governors built roads, bridges, and water systems as a way of _____.

*hydraulic: 수력학의

*aqueduct: 송수로

① focusing on educating young people

② prohibiting free trade in local markets

③ concentrating and strengthening their authority

④ giving up their properties to other countries

13 주어진 글 다음에 이어질 글의 순서로 가장 적절한 것은?

Ambiguity is so uncomfortable that it can even turn good news into bad. You go to your doctor with a persistent stomachache. Your doctor can't figure out what the reason is, so she sends you to the lab for tests.

(A) And what happens? Your immediate relief may be replaced by a weird sense of discomfort. You still don't know what the pain was! There's got to be an explanation somewhere.

(B) A week later you're called back to hear the results. When you finally get into her office, your doctor smiles and tells you the tests were all negative.

(C) Maybe it is cancer and they've just missed it. Maybe it's worse. Surely they should be able to find a cause. You feel frustrated by the lack of a definitive answer.

① (B) - (A) - (C)
② (B) - (C) - (A)
③ (C) - (A) - (B)
④ (C) - (B) - (A)

14 글의 흐름으로 보아, 주어진 문장이 들어가기에 가장 적절한 곳은?

The effect, however, was just the reverse.

How we dress for work has taken on a new element of choice, and with it, new anxieties. (①) The practice of having a "dress-down day" or "casual day," which began to emerge a decade or so ago, was intended to make life easier for employees, to enable them to save money and feel more relaxed at the office. (②) In addition to the normal workplace wardrobe, employees had to create a "workplace casual" wardrobe*. (③) It couldn't really be the sweats and T-shirts you wore around the house on the weekend. (④) It had to be a selection of clothing that sustained a certain image—relaxed, but also serious.

*wardrobe: 옷, 의류

15 다음 글의 밑줄 친 부분 중 어법상 가장 틀린 것은?

You should choose the research method ① that best suits the outcome you want. You may run a survey online that enables you to question large numbers of people and ② provides full analysis in report format, or you may think asking questions one to one is a better way to get the answers you need from a smaller test selection of people. ③ Whichever way you choose, you will need to compare like for like. Ask people the same questions and compare answers. Look for both similarities and differences. Look for patterns and trends. Deciding on a way of recording and analysing the data ④ are important. A simple self created spreadsheet may well be enough to record some basic research data.

16 다음 글의 요지로 가장 적절한 것은?

Some criminal offenders may engage in illegal behavior because they love the excitement and thrills that crime can provide. In his highly influential work *Seductions of Crime*, sociologist Jack Katz argues that there are immediate benefits to criminality that "seduce" people into a life of crime. For some people, shoplifting and vandalism* are attractive because getting away with crime is a thrilling demonstration of personal competence. The need for excitement may counter fear of apprehension and punishment. In fact, some offenders will deliberately seek out especially risky situations because of the added "thrill". The need for excitement is a significant predictor of criminal choice.

*vandalism: 기물 파손

① 범죄를 줄이기 위해서 재소자를 상대로 한 교육이 필요하다.
② 범죄 행위에서 생기는 흥분과 쾌감이 범죄를 유발할 수 있다.
③ 엄격한 형벌 제도와 법 집행을 통해 강력 범죄를 줄일 수 있다.
④ 세밀하고 꼼꼼한 제도를 만들어 범죄 피해자를 도울 필요가 있다.

17 다음 빈칸에 들어갈 말로 가장 적절한 것은?

In one classic study showing the importance of attachment, Wisconsin University psychologists Harry and Margaret Harlow investigated the responses of young monkeys. The infants were separated from their biological mothers, and two surrogate* mothers were introduced to their cages. One, the wire mother, consisted of a round wooden head, a mesh of cold metal wires, and a bottle of milk from which the baby monkey could drink. The second mother was a foam-rubber form wrapped in a heated terry-cloth blanket. The infant monkeys went to the wire mother for food, but they overwhelmingly preferred and spent significantly more time with the warm terry-cloth mother. The warm terry-cloth mother provided no food, but did provide _____.

*surrogate: 대리의

① jobs
② drugs
③ comfort
④ education

18 다음 글의 밑줄 친 부분 중 어법상 가장 틀린 것은?

I was released for adoption by my biological parents and ① spend the first decade of my life in orphanages. I spent many years thinking that something was wrong with me. If my own parents didn't want me, who could? I tried to figure out ② what I had done wrong and why so many people sent me away. I don't get close to anyone now because if I do they might leave me. I had to isolate ③ myself emotionally to survive when I was a child, and I still operate on the assumptions I had as a child. I am so fearful of being deserted ④ that I won't venture out and take even minimal risks. I am 40 years old now, but I still feel like a child.

19 다음 글의 밑줄 친 부분 중 어법상 가장 틀린 것은?

Music can have psychotherapeutic* effects that may transfer to everyday life. A number of scholars suggested people ① to use music as psychotherapeutic agent. Music therapy can be broadly defined as being 'the use of music as an adjunct to the treatment or rehabilitation of individuals to enhance their psychological, physical, cognitive or social ② functioning'. Positive emotional experiences from music may improve therapeutic process and thus ③ strengthen traditional cognitive/behavioral methods and their transfer to everyday goals. This may be partially because emotional experiences elicited by music and everyday behaviors ④ share overlapping neurological pathways responsible for positive emotions and motivations.

*psychotherapeutic: 심리 요법의

20 다음 빈칸에 들어갈 말로 가장 적절한 것은?

Cultural interpretations are usually made on the basis of _____ rather than measurable evidence. The arguments tend to be circular. People are poor because they are lazy. How do we "know" they are lazy? Because they are poor. Promoters of these interpretations rarely understand that low productivity results not from laziness and lack of effort but from lack of capital inputs to production. African farmers are not lazy, but they do lack soil nutrients, tractors, feeder roads, irrigated plots, storage facilities, and the like. Stereotypes that Africans work little and therefore are poor are put to rest immediately by spending a day in a village, where backbreaking labor by men and women is the norm.

① statistics

② prejudice

③ appearance

④ circumstances

21 글의 흐름으로 보아, 주어진 문장이 들어가기에 가장 적절한 곳은?

> But the demand for food isn't elastic*; people don't eat more just because food is cheap.
>
> *elastic: 탄력성 있는

> The free market has never worked in agriculture and it never will. (①) The economics of a family farm are very different than a firm's: When prices fall, the firm can lay off people and idle factories. (②) Eventually the market finds a new balance between supply and demand. (③) And laying off farmers doesn't help to reduce supply. (④) You can fire me, but you can't fire my land, because some other farmer who needs more cash flow or thinks he's more efficient than I am will come in and farm it.

22 다음 글의 주제로 가장 적절한 것은?

> Daily training creates special nutritional needs for an athlete, particularly the elite athlete whose training commitment is almost a fulltime job. But even recreational sport will create nutritional challenges. And whatever your level of involvement in sport, you must meet these challenges if you're to achieve the maximum return from training. Without sound eating, much of the purpose of your training might be lost. In the worst-case scenario, dietary problems and deficiencies may directly impair training performance. In other situations, you might improve, but at a rate that is below your potential or slower than your competitors. However, on the positive side, with the right everyday eating plan your commitment to training will be fully rewarded.

① how to improve body flexibility

② importance of eating well in exercise

③ health problems caused by excessive diet

④ improving skills through continuous training

23 다음 글의 주제로 가장 적절한 것은?

A very well-respected art historian called Ernst Gombrich wrote about something called "the beholder's share". It was Gombrich's belief that a viewer "completed" the artwork, that part of an artwork's meaning came from the person viewing it. So you see—there really are no wrong answers as it is you, as the viewer who is completing the artwork. If you're looking at art in a gallery, read the wall text at the side of the artwork. If staff are present, ask questions. Ask your fellow visitors what they think. Asking questions is the key to understanding more—and that goes for anything in life—not just art. But above all, have confidence in front of an artwork. If you are contemplating an artwork, then you are the intended viewer and what you think matters. You are the only critic that counts.

① 미술 작품의 가치는 일정 부분 정해져 있다.

② 미술 작품을 제작할 때 대중의 요구를 반영해야 한다.

③ 미술 작품은 감상하는 사람으로 인하여 비로소 완성된다.

④ 미술 감상의 출발은 작가의 숨겨진 의도를 파악하는 것이다.

24 Argentina에 관한 다음 글의 내용과 가장 일치하지 않는 것은?

Argentina is the world's eighth largest country, comprising almost the entire southern half of South America. Colonization by Spain began in the early 1500s, but in 1816 Jose de San Martin led the movement for Argentine independence. The culture of Argentina has been greatly influenced by the massive European migration in the late nineteenth and early twentieth centuries, primarily from Spain and Italy. The majority of people are at least nominally Catholic, and the country has the largest Jewish population (about 300,000) in South America. From 1880 to 1930, thanks to its agricultural development, Argentina was one of the world's top ten wealthiest nations.

① Jose de San Martin이 스페인으로부터의 독립운동을 이끌었다.

② 북미 출신 이주민들이 그 문화에 많은 영향을 끼쳤다.

③ 남미지역 중에서 가장 많은 유대인들이 살고 있는 곳이다.

④ 농업의 발전으로 한때 부유한 국가였다.

25 Sonja Henie에 관한 다음 글의 내용과 가장 일치하지 않는 것은?

> Sonja Henie is famous for her skill into a career as one of the world's most famous figure skaters—in the rink and on the screen. Henie, winner of three Olympic gold medals and a Norwegian and European champion, invented a thrillingly theatrical and athletic style of figure skating. She introduced short skirts, white skates, and attractive moves. Her spectacular spins and jumps raised the bar for all competitors. In 1936, Twentieth-Century Fox signed her to star in One in a Million, and she soon became one of Hollywood's leading actresses. In 1941, the movie 'Sun Valley Serenade' received three Academy Award nominations which she played as an actress. Although the rest of Henie's films were less acclaimed, she triggered a popular surge in ice skating. In 1938, she launched extravagant touring shows called Hollywood Ice Revues. Her many ventures made her a fortune, but her greatest legacy was inspiring little girls to skate.

① 피겨 스케이터와 영화배우로서의 업적으로 유명하다.

② 올림픽과 다른 대회들에서 좋은 성적을 거두었다.

③ 출연한 영화가 1941년에 영화제에서 3개 부문에 수상했다.

④ 어린 여자아이들에게 스케이트에 대한 영감을 주었다.

✔ 회독 CHECK 1 2 3

01 Choose the one that is closest in meaning to the underlined word.

> People see themselves differently from how they see others. They are immersed in their own sensations, emotions, and cognitions at the same time that their experience of others is dominated by what can be observed externally. This distinction in the information that people possess when perceiving themselves versus others affects how people evaluate their own and others' behavior. People often view their own actions as caused by situational constraints, while viewing others' actions as caused by those others' internal <u>dispositions</u>. An example would be a person arriving late for a job interview and ascribing that lateness to bad traffic while his interviewer attributed it to personal irresponsibility.

① abhorrences

② indemnities

③ inducements

④ infatuations

⑤ temperaments

02 Choose the one that is closest in meaning to the underlined expression.

> The details of the latest deal were <u>hammered out</u> by the US Secretary of State and his Russian counterpart.

① settled   ② canceled

③ criticized   ④ renounced

⑤ argued about

03 Which of the following is NOT grammatically correct?

> Two partial solar eclipses—when the moon ① <u>blocks</u> part of the solar disc in the sky—will occur in 2022. The first will be visible in southern South America, parts of Antarctica, and over parts of the Pacific and the Southern Oceans. On April 30, the moon will pass between the Earth and the sun, with the maximum eclipse ② <u>occurring</u> at 20:41 UTC*, when up to 64 percent of the sun's disc will be covered by the moon. To see the greatest extent of the eclipse, viewers will have to ③ <u>position</u> in the Southern Ocean, west of the Antarctic Peninsula. However, eclipse chasers in the southernmost parts of Chile and Argentina will be able to see around 60 percent of the sun ④ <u>blotted</u> out by the moon. Protective eyewear is needed to safely view all phases of a partial solar eclipse. Even though the sun may not appear as ⑤ <u>bright</u> in the sky, staring at it directly can seriously injure your eyes.
>
> *UTC: Universal Time Coordinated

04 Which of the following best fits in the blanks (A) and (B)?

> "There! That's the life we lead. It's enough to make one cry. One works and does one's utmost; one wears oneself out, getting no sleep at night, and racks one's brain over what to do for the best. And then what happens? To begin with, the public is ignorant and (A) _____ . I give them the very best operetta, a dainty masque and first-rate music-hall artists. But do you suppose that's what they want? They don't appreciate anything of that sort. They want a clown; what they ask for is (B) _____ ."

	(A)	(B)
①	assiduous	popularity
②	sensible	sensation
③	boorish	vulgarity
④	peculiar	intelligence
⑤	bragging	improvisation

05 Which of the following is the most appropriate title of the passage?

> Fluid materials such as clay and finger paints are excellent media through which children can express anger as well as curiosity about body parts and functions. With clay, children can tear and pound harmlessly, and they can also create human figures that often have anatomically correct parts. With clay, sand, or blocks, they can be safely destructive and will learn that their own destructive impulses are not necessarily harmful and should not frighten them. Sometimes the pleasure of creating is enhanced by the anticipation of destroying what one has created. With dolls, children can create family scenes and explore family-related anxieties. If they are allowed to communicate freely when using hand puppets, children can reveal some of their innermost feelings, in actions or words, since it is not they but the puppets who are communicating. Adults need to exert control over the behavior of young children, so they must place restrictions on free expression with materials. For example, clay can be pounded, pulled apart, or squashed but should not be thrown at the wall or at other children. However, adults should try to remember that if they are overly restrictive, the play will lose some of its emotional value for children. They should also realize that even a young child can make a distinction between knocking over a block structure that he or she has created and knocking over the furniture in the classroom.

① Various Kinds of Fluid Materials

② Individual Differences in Play

③ The Influence of Culture on Play

④ Developing Expressivity through Play

⑤ Pros and Cons of Using Fluid Materials in Play

06 Which of the following is the most logical sequence to complete the passage?

> The "lessons-of-history" is indeed a familiar phrase, so much so that the lessons are sometimes learned too well. History never repeats itself exactly; no historical situation is the same as any other; even two like events differ in that the first has no precedent, while the second has. But even in this respect, history can teach a lesson— namely that nothing ever stays the same. The only unchanging thing in human affairs is the constancy of change itself. The process of history is unique, but nonetheless intelligible. Each situation and event is distinct, but each is connected to all the foregoing and succeeding ones by a complex web of cause and effect, probability and accident.

> (A) The unique present, just as each unique point in the past, is utterly unintelligible unless we understand the history of how it came to be. While history is a record of unique happenings, it is something more than chaos.
>
> (B) The present may be the consequence of accidents, or of irresistible forces, but in either case the present consequences of past events are real and irreversible.
>
> (C) To perceive the elements of order in the chaotic record of past events is the great task of the historian. Events, people, groups and institutions fall into certain classes that exhibit at least partial regularities.

① (A) - (C) - (B)

② (B) - (A) - (C)

③ (B) - (C) - (A)

④ (C) - (A) - (B)

⑤ (C) - (B) - (A)

07 According to the passage, which of the following would NOT be considered a transactive memory source?

> Search engines have changed the way we use the Internet, putting vast sources of information just a few clicks away. But a recent study shows that websites—and the Internet—are changing much more than technology itself. They are changing the way our memories function. Dr. Wegner's latest study, "Google Effects on Memory: Cognitive Consequences of Having Information at Our Fingertips," shows that when people have access to search engines, they remember fewer facts and less information because they know they can rely on "search" as a readily available shortcut. Wegner believes the new findings show that the Internet has become part of a transactive memory source, a method by which our brains compartmentalize information. First hypothesized by Wegner in 1985, transactive memory exists in many forms, as when a husband relies on his wife to remember a relative's birthday. "It is this whole network of memory where you don't have to remember everything in the world yourself," he says. "You just have to remember who knows it." Now computers and technology as well are becoming virtual extensions of our memory.

① Reminder apps that notify you of upcoming events

② A photo album of your childhood

③ GPS devices that help you find your way with saved routes

④ A written list of your passwords for different websites

⑤ Cell phones with your contact list

08 Which of the following is true according to the passage?

> It may happen that someone gets away, apparently unharmed, from the spot where he has suffered a shocking accident, for instance, a train collision. In the course of the following weeks, however, he develops a series of grave psychical and motor symptoms, which can be ascribed only to his shock or whatever else happened at the time of the accident. He has developed a "traumatic neurosis." This appears quite incomprehensible and is therefore a novel fact. The time that elapsed between the accident and the first appearance of the symptoms is called the "incubation period," a transparent allusion to the pathology of infectious disease. It is the feature one might term *latency*.

① The recurrence of suffering after a shocking accident is a well-known fact.

② A "traumatic neurosis" appears when one is infected by a virus.

③ The term *latency* does not have any relation to infectious disease.

④ A "traumatic neurosis" refers to the shock one feels right after an accident.

⑤ *Latency* refers to the period when the impact of the shocking events remains dormant.

09 Which of the following best fits in the blank?

> Being present to another person—a sustained, caring attention—can be seen as a basic form of compassion. Careful attention to another person also enhances empathy, letting us catch more of the fleeting facial expressions and other such cues that attune us to how that person actually feels in the moment. But if our attention "blinks,"
> _____.

① we may be more attentive to the person

② our empathy will be enhanced

③ we are less attuned to the behavior of the person

④ we may miss those signals

⑤ we do feel apathy for the person

10 Which of the following is NOT grammatically correct?

"Love yourself and recognize the common humanity in the experience," says researcher David Sbarra. This is called "self-compassion." People who express feelings of loving themselves ① and who recognize they are not alone and other people have felt what they feel have more resilience when dealing with a breakup. You know how ② frustrating it is when you're freaked out and someone tells you to "relax." That's part of the problem with learning self-compassion after a breakup. Anxiety will keep you away from breaking through to being kind and loving with yourself, but you can't force yourself away from the anxiety, and you certainly can't beat yourself up further. Personality plays a big part in how you react, and ③ women tending to handle it with more self-compassion than men. Be kinder to yourself after a breakup, keeping your experience in perspective. Many people experience a painful and difficult breakup, and you're not alone. A breakup is part of the human experience, and ④ realizing you are a part of a collective can help shift your perception to a healthier place. Dr. Sbarra also recommends ⑤ remaining mindful, and in the present. Notice when you feel anger or jealousy, and accept and release it—don't judge it, even if you struggle with releasing it.

11 Which of the following best fits in the blanks (A) and (B)?

Yet the paradox is that scientific methodology is the product of human hands and thus cannot reach some permanent truth. We build scientific theories to organize and manipulate the world, to reduce phenomena into manageable units. Science is based on reproducibility and manufactured objectivity. As strong as that makes its ability to generate claims about matter and energy, it also makes scientific knowledge (A) _____ to the existential, visceral nature or human life, which is unique and subjective and unpredictable. Science may provide the most useful way to organize empirical, reproducible data, but its power to do so is predicated on its (B) _____ to grasp the most central aspects of human life: hope, fear, love, hate, beauty, envy, honor, weakness, striving, suffering, virtue, etc.

	(A)	(B)
①	inapplicable	inability
②	irrelevant	loathing
③	comparable	remnant
④	integral	mundanity
⑤	conform	merits

12 Which of the following is NOT grammatically correct?

The capability ① to form memory is critical to the strategic adaptation of an organism ② to changing environmental demands. Observations ③ indicating that sleep benefits memory ④ date back to the beginning of experimental memory research, and since then ⑤ has been fitted with quite different concepts.

13 Which of the following is NOT used appropriately in the context?

> For years, critics have argued about the ancient Greek play *Oedipus Rex*. Some have argued that Oedipus knows nothing of his guilt until the end of the play, when it is revealed that he murdered his own father. Others have insisted that Oedipus is aware all along of his ① guilt. According to this point of view, Oedipus, the brilliant solver of riddles, could not possibly have ② ignored the mounting evidence that he was the murderer of the king. Just how or why this debate has raged for so many years remains a mystery. The correct interpretation is so obvious. Oedipus knows from the beginning that he is ③ innocent. He just pretends to be ignorant of the truth. For example, when a servant tells the story of the king's murder, he uses the word 'bandits.' But when Oedipus repeats his story, he uses the ④ singular form 'bandit.' Sophocles provides clues like this one all the way through the play. Thus, it's hard to understand why anyone would think that Oedipus did not know the truth about his ⑤ crime.

14 Choose the one that is closest in meaning to the underlined word.

> Is talent a bad thing? Are we all equally talented? No and no. The ability to quickly climb the learning curve of any skill is obviously a very good thing, and, like it or not, some of us are better at it than others. So why, then, is it such a bad thing to favor "naturals" over "strivers"? What's the downside of television shows like *America's Got Talent, The X Factor*, and *Child Genius*? Why shouldn't we separate children as young as seven or eight into two groups: those few children who are "gifted and talented" and the many, many more who aren't? What harm is there, really, in a talent show being named a "talent show"? In my view, the biggest reason a preoccupation with talent can be harmful is simple: By shining our spotlight on talent, we risk leaving everything else in the shadows. We inadvertently send the message that these other factors—including grit—don't matter as much as they really do.

① deliberately
② incoherently
③ concomitantly
④ surreptitiously
⑤ unintentionally

15 Which of the following is NOT grammatically correct?

> If AI is given more agency and takes over what humans used to do, ① how do we then attribute moral responsibility? Who is responsible for the harms and benefits of the technology when humans delegate agency and decisions to AI? The first problem is that an AI system can take actions and make decisions that have ethical consequences, but is not aware of what it does and not capable of moral thought and ② hence cannot hold morally responsible for what it does. Machines can be agents but not moral agents ③ since they lack consciousness, free will, emotions, the capability to form intentions, and the like. For example, on an Aristotelian view, only humans can perform voluntary actions and deliberate about their actions. If this is true, the only solution is to make humans responsible for what the machine does. ④ Humans then delegate agency to the machine, but retain the responsibility. However, this solution faces several problems. An AI system may make its decisions and actions very quickly, for example, in high-frequency trading or in a self-driving car, ⑤ which gives the human too little time to make the final decision or to intervene. How can humans take responsibility for such actions and decisions?

16 Which of the following best fits in the blank?

> People rely on _____ to be "normal"— amounts that are typical, expected, and not unusual. Normal rain and snow melt are necessary for consistent agriculture, to feed Earth's 7.3 billion humans. All plants and animals are adapted to a normal amount of moisture for their environment. However, "normal" does not always happen.

① circulation
② precipitation
③ sewage
④ drought
⑤ irrigation

17 What is the passage mainly about?

Trying new things requires a willingness to take risks. However, risk taking is not binary. I'd bet that you're comfortable taking some types of risk and find other types quite uncomfortable. You might not even see the risks that are comfortable for you to take, discounting their riskiness, but are likely to amplify the risk of things that make you more anxious. For example, you might love flying down a ski slope at lightning speed or jumping out of airplanes, and don't view these activities as risky. If so, you're blind to the fact that you're taking on significant physical risks. Others, like me who are not physical risk takers, would rather sip hot chocolate in the ski lodge or buckle themselves tightly into their airplane seats. Alternately, you might feel perfectly comfortable with social risks, such as giving a speech to a large crowd. This doesn't seem risky at all to me. But others, who might be perfectly happy jumping out of a plane, would never think to give a toast at a party.

① Taking both physical and social risks benefits us.

② We should separate risk into two categories: physical risk and social risk.

③ Taking physical risks poses a great challenge to the author.

④ Perception of riskiness differs from person to person.

⑤ The willingness to take risks is a prerequisite for success.

18 Which of the following best fits in the blanks (A), (B) and (C)?

All I could do was to offer you an opinion upon one minor point—a woman must have money and a room of her own if she is to write fiction. I am going to develop in your presence as fully and freely as I can the train of thought which led me to think so. Perhaps if I lay bare the ideas, the prejudices, that lie behind this statement, you will find that they have some (A) _____ upon women and some upon fiction. At any rate, when a subject is highly controversial—and any question about sex is that—one cannot hope to tell the truth. One can only show how one came to hold whatever opinion one does hold. One can only give one's audience the chance of (B) _____ their own conclusions as they observe the limitations, the prejudices and the idiosyncrasies of the speaker. Fiction here is likely to contain more truth than fact. Therefore, I propose, making use of all the liberties and (C) _____ of a novelist, to tell you the story of the two days that preceded my coming here.

	(A)	(B)	(C)
①	bearing	drawing	licenses
②	relieving	writing	imaginations
③	showing	drowning	creativities
④	relevance	throwing	obligations
⑤	giving	collecting	jobs

19 Which of the following is true according to the passage?

> Have human beings permanently changed the planet? That seemingly simple question has sparked a new battle between geologists and environmental advocates over what to call the time period we live in. According to the International Union of Geological Sciences, we are officially in the Holocene epoch, which began 11,700 years ago after the last major ice age. But that label is outdated, some experts say. They argue for "Anthropocene"—from *anthropo*, for "man," and *cene*, for "new"—because humankind has caused mass extinctions of plant and animal species, polluted the oceans and altered the atmosphere, among other lasting impacts. However, many stratigraphers (scientists who study rock layers) criticize the idea, saying clear-cut evidence for a new epoch simply isn't there. According to them, when we start naming geologic-time terms, we need to define what exactly the boundary is, where it appears in the rock strata. Anthropocene is more about pop culture than hard science. The crucial question is specifying exactly when human beings began to leave their mark on the planet: The atomic era, for instance, has left traces of radiation in soils around the globe, while deeper down in the rock strata, agriculture's signature in Europe can be detected as far back as 900 A.D. The "Anthropocene," a stratigrapher says, "provides eye-catching jargon, but from the geologic side, I need the bare-bones facts that fit the code." Some Anthropocene proponents concede that difficulty. But don't get bogged down in the mud, they say, just stipulate a date and move on. Will Steffen, who heads Australia National University's Climate Change Institute, says that the new name sends a message: "It will be another strong reminder to the general public that we are now having undeniable impacts on the environment at the scale of the planet as a whole, so much so that a new geological epoch has begun."

① The geologists do not want the environmentalists to have an edge over them by favoring the action of renaming the time period.

② The stratigraphers need to consider the culture in renaming the time period of the Earth.

③ The environmental advocates believe that human beings will get aware of their rampant activities which cause destruction if the time period of the Earth is renamed.

④ The geologists believe that the changes caused by human beings have been going on for a short time.

⑤ Some Anthropocene proponents agree with stratigraphers that it is difficult to find samples in the mud.

20 Which of the following can be inferred from the passage?

> Many people around the world work to consider consumer ethics and make ethical consumer choices in their everyday lives in response to the troubling conditions that plague global supply chains and the human-made climate crisis. In a system of consumer signs, those who make the ethical choice to purchase fair trade, organic, locally grown and sustainable goods are also often seen as morally superior to those who don't know, or don't care to make these kinds of purchases.

In the landscape of consumer goods, being an ethical consumer awards one with heightened cultural capital and a higher social status in relation to other consumers. For example, buying a hybrid vehicle signals to others that one is concerned about environmental issues, and neighbors passing by the car in the driveway might even view the car's owner more positively. However, someone who can't afford to replace their 20-year-old car may care about the environment just as much, but they would be unable to demonstrate this through their patterns of consumption. It is likely that those they encounter will assume them to be poor and undereducated. They may experience disrespect and disregard on a daily basis, despite how they behave toward others.

① Someone who does not replace his polluting diesel car with a hybrid model is not an ethical consumer.

② What we buy is often related to our cultural and educational capital, and consumption patterns can reinforce existing social hierarchies.

③ Increasing consumption of goods is a desirable goal of an ethical consumer.

④ Consumption is the means of practicing a truly ethical life.

⑤ People with more cultural capital are likely to be morally superior to those with low levels of cultural capital.

21 Which of the following best fits in the blank?

Inventing Eastern Europe was a project of philosophical and geographical synthesis carried out by the men and women of the Enlightenment. Obviously, the lands of Eastern Europe were not in themselves invented or fictitious; those lands and the people who lived in them were always quite real, and did indeed lie relatively to the east of other lands that lay relatively to the west. The project of invention was not merely a matter of endowing those real lands with invented or mythological attributes, though such endowment certainly flourished in the eighteenth century. The Enlightenment's accounts were not flatly false or fictitious; on the contrary, in an age of increasingly ambitious traveling and more critical observation, those lands were more frequently visited and thoroughly studied than ever before. The work of invention lay in the synthetic association of lands, which drew upon both fact and fiction, to produce the general rubric of Eastern Europe. That rubric represented an aggregation of general and associative observations over a diverse domain of lands and peoples. It is in that sense that Eastern Europe is a cultural construction, that is, _____ _____ of the Enlightenment.

① a fictitious idea

② an unconscious projection

③ a geographical mapping

④ an intellectual invention

⑤ a delirious dream

22 Where does the given sentence best fit in the passage?

> Humans have symbolic language, elaborate social and political institutions, codes of law, literature and art, ethics, and religion; humans build roads and cities, travel by motorcars, ships, and airplanes, and communicate by means of telephones, computers, and televisions.

> Chimpanzees are the closest relatives of Homo sapiens, our species. (A) There is a precise correspondence bone by bone between the skeletons of a chimpanzee and a human. Humans bear young like apes and other mammals. (B) Humans have organs and limbs similar to birds, reptiles, and amphibians; these similarities reflect the common evolutionary origin of vertebrates. (C) However, it does not take much reflection to notice the distinct uniqueness of our species. (D) Conspicuous anatomical differences between humans and apes include bipedal gait and an enlarged brain. Much more conspicuous than the anatomical differences are the distinct behaviors and institutions. (E)

① (A)   ② (B)

③ (C)   ④ (D)

⑤ (E)

23 Which of the following is NOT grammatically correct?

> If you're not into sport, you're probably planning to avoid university sports teams like the plague, ① <u>determined</u> to avoid reliving the horrible memories of sports classes in school ② <u>etching</u> in your memory. Don't rule out ③ <u>playing</u> sports at university at some level, though. Not only are there a vast array of possible sports to play at university, but there are also a wide range of ability levels, ④ <u>catering</u> for everyone from the very sporty to the complete novice. If you do find a sports club that suits you, here are some of the ways it will improve your university experience and not just by ⑤ <u>helping</u> you work off last night's pizza.

24 Which of the following is the most appropriate title of the passage?

> Identifying sleep patterns is difficult due to the lack of regular, high quality surveys. A 2004 study, however, found that average sleep duration is 7 hours, with two-thirds of the people surveyed sleeping 5.5-8.5 hours per night. About a third reported at least one episode of difficulty sleeping on a majority of nights. Whether sleep duration has decreased is hard to determine. According to one study (1983-2005), average adult sleep duration increased by 50 minutes, the prevalence of short sleep (less than 6 hours) decreased from 15% to 10%, and the prevalence of long sleep (greater than 9 hours) increased from 16% to 28%. Evidence on trends in children's sleep is inconclusive. However, a more recent study found that children's sleep increased by about 1 hour over the past century. Even if sleep has not worsened, experts emphasize that insufficient sleep duration is an important public health issue.

① Are We Really Sleep-Deprived?
② How are Sleep Disorders Diagnosed?
③ What are the Different Types of Sleep Disorders?
④ Why Do We Need Sufficient Sleep?
⑤ What are the Consequences of Sleep Deprivation?

25 Which of the following does NOT fit in the passage?

> Cartography is both a highly technical and a somewhat artistic pursuit, combining the tools of mathematics and engineering with those of graphic design. ① Maps should be accurate, portraying matter as it really exists rather than as distorted, improperly located, or mislabeled information. They should be visually easy to use, prominently displaying the material a user needs without clutter from unnecessary information. ② This is why road maps, for example, usually do not show mountains and hills except in the simplest ways. ③ Until the 1970s, most maps were being drawn with ink pens and rulers, but now they are composed on computers and printed by machine. To do so would add many extra lines to a map that is already filled with lines representing roads. ④ In converting geographic data from their original form on Earth's surface to a simplified form on a map, we must make many decisions about how this information should be represented. ⑤ No matter how we draw a map, we cannot possibly make it show the world exactly as it is in all its detail, nor would we want it to. Scale and projection are two fundamental properties of maps that determine how information is portrayed.

✅ 회독 CHECK 1 2 3

01 다음 글의 내용을 한 문장으로 요약하고자 한다. 빈칸 (A)와 (B)에 들어갈 말로 가장 적절한 것은?

Microorganisms are not calculating entities. They don't care what they do to you any more than you care what distress you cause when you slaughter them by the millions with a soapy shower. The only time a pathogen* cares about you is when it kills you too well. If they eliminate you before they can move on, then they may well die out themselves. This in fact sometimes happens. History, Jared Diamond notes, is full of diseases that "once caused terrifying epidemics and then disappeared as mysteriously as they had come." He cites the robust but mercifully transient English sweating sickness, which raged from 1485 to 1552, killing tens of thousands as it went, before burning itself out. Too much efficiency is not a good thing for any infectious organism.

*pathogen: 병원체

⇩

The more _____(A)_____ pathogens are, the faster it is likely be to _____(B)_____ .

	(A)	(B)
①	weaker	disappear
②	weaker	spread
③	infectious	spread
④	infectious	disappear

02 밑줄 친 "drains the mind"가 위 글에서 의미하는 바로 가장 적절한 것은?

If the writing is solid and good, the mood and temper of the writer will eventually be revealed and not at the expense of the work. Therefore, to achieve style, begin by affecting none—that is, draw the reader's attention to the sense and substance of the writing. A careful and honest writer does not need to worry about style. As you become proficient in the use of language, your style will emerge, because you yourself will emerge, and when this happens you will find it increasingly easy to break through the barriers that separate you from other minds and at last, make you stand in the middle of the writing. Fortunately, the act of composition, or creation, disciplines the mind; writing is one way to go about thinking, and the practice and habit of writing drains the mind.

① to heal the mind
② to help to be sensitive
③ to satisfy his/her curiosity
④ to place oneself in the background

03 (A), (B), (C)의 각 네모 안에서 어법에 맞는 표현으로 가장 적절한 것은?

> Some of our dissatisfactions with self and with our lot in life are based on real circumstances, and some are false and simply (A) perceive / perceived to be real. The perceived must be sorted out and discarded. The real will either fall into the changeable or the unchangeable classification. If it's in the latter, we must strive to accept it. If it's in the former, then we have the alternative to strive instead to remove, exchange, or modify it. All of us have a unique purpose in life; and all of us are gifted, just (B) different / differently gifted. It's not an argument about whether it's fair or unfair to have been given one, five, or ten talents; it's about what we have done with our talents. It's about how well we have invested (C) them / those we have been given. If one holds on to the outlook that their life is unfair, then that's really holding an offense against God.

	(A)	(B)	(C)
①	perceive	different	them
②	perceive	differently	those
③	perceived	different	them
④	perceived	differently	those

04 주어진 글 다음에 이어질 글의 순서로 가장 적절한 것은?

> People assume that, by charging a low price or one lower than their competitors, they will get more customers. This is a common fallacy.

> (A) It is, therefore, far better to have lower-volume, higher-margin products and services as you start; you can always negotiate to reduce your price if you are forced to, but it is rare that you will be able to negotiate an increase.
>
> (B) It is because when you charge reduced prices compared to your competition, you attract the lower end of the customer market. These customers want more for less and often take up more time and overhead in your business. They may also be your most difficult customers to deal with and keep happy.
>
> (C) You also, ironically, repel* the better customers because they will pay a higher price for a higher level of product or service. We have seen many competitors come into the market and charge day rates that aren't sustainable. They often struggle even to fill their quota, and soon enough they give up and move on to doing something else.
>
> *repel: 쫓아 버리다

① (B) - (A) - (C)
② (B) - (C) - (A)
③ (C) - (A) - (B)
④ (C) - (B) - (A)

05 다음 글의 밑줄 친 부분 중 어법상 가장 틀린 것은?

Children who enjoy writing are often interested in seeing ① their work in print. One informal approach is to type, print, and post their poetry. Or you can create a photocopied anthology* of the poetry of many child writers. But for children who are truly dedicated and ambitious, ② submit a poem for publication is a worthy goal. And there are several web and print resources that print children's original poetry. Help child poets become familiar with the protocol* for submitting manuscripts (style, format, and so forth). Let them choose ③ which poems they are most proud of, keep copies of everything submitted, and get parent permission. Then celebrate with them when their work is accepted and appear in print. Congratulate them, ④ publicly showcase their accomplishment, and spread the word. Success inspires success. And, of course, if their work is rejected, offer support and encouragement.

*anthology: 문집, 선집
*protocol: 규약, 의례

06 글의 흐름으로 보아, 주어진 문장이 들어가기에 가장 적절한 곳은?

With love and strength from the tribe, the tiny seeds mature and grow tall and crops for the people.

In the Pueblo indian culture, corn is to the people the very symbol of life. (①) The Corn Maiden "grandmother of the sun and the light" brought this gift, bringing the power of life to the people. (②) As the corn is given life by the sun, the Corn Maiden brings the fire of the sun into the human bodies, giving man many representations of his love and power through nature. (③) Each Maiden brings one seed of corn that is nurtured with love like that given to a child and this one seed would sustain the entire tribe forever. (④) The spirit of the Corn Maidens is forever present with the tribal people.

07 다음 빈칸에 들어갈 말로 가장 적절한 것은?

Beeches, oaks, spruce and pines produce new growth all the time, and have to get rid of the old. The most obvious change happens every autumn. The leaves have served their purpose: they are now worn out and riddled with insect damage. Before the trees bid them adieu, they pump waste products into them. You could say they are taking this opportunity to relieve themselves. Then they grow a layer of weak tissue to separate each leaf from the twig it's growing on, and the leaves tumble to the ground in the next breeze. The rustling leaves that now blanket the ground—and make such a satisfying scrunching sound when you scuffle through them—are basically _____.

① tree toilet paper
② the plant kitchen
③ lungs of the tree
④ parents of insects

08 글의 흐름상 가장 어색한 문장은?

Fiction has many uses and one of them is to build empathy. When you watch TV or see a film, you are looking at things happening to other people. Prose fiction is something you build up from 26 letters and a handful of punctuation marks, and you, and you alone, using your imagination, create a world and live there and look out through other eyes. ① You get to feel things, and visit places and worlds you would never otherwise know. ② Fortunately, in the last decade, many of the world's most beautiful and unknown places have been put in the spotlight. ③ You learn that everyone else out there is a me, as well. ④ You're being someone else, and when you return to your own world, you're going to be slightly changed.

09 다음 빈칸에 들어갈 말로 가장 적절한 것은?

The seeds of willows and poplars are so minuscule* that you can just make out two tiny dark dots in the fluffy flight hairs. One of these seeds weighs a mere 0.0001 grams. With such a meagre energy reserve, a seedling can grow only 1-2 millimetres before it runs out of steam and has to rely on food it makes for itself using its young leaves. But that only works in places where there's no competition to threaten the tiny sprouts. Other plants casting shade on it would extinguish the new life immediately. And so, if a fluffy little seed package like this falls in a spruce or beech forest, the seed's life is over before it's even begun. That's why willows and poplars _____.

*minuscule: 아주 작은

① prefer settling in unoccupied territory
② have been chosen as food for herbivores
③ have evolved to avoid human intervention
④ wear their dead leaves far into the winter

10 다음 글의 밑줄 친 부분 중 문맥상 낱말의 쓰임이 가장 적절하지 않은 것은?

Good walking shoes are important. Most major athletic brands offer shoes especially designed for walking. Fit and comfort are more important than style; your shoes should feel ① supportive but not tight or constricting. The uppers should be light, breathable, and flexible, the insole moisture-resistant, and the sole ② shock-absorbent. The heel wedge should be ③ lowered, so the sole at the back of the shoe is two times thicker than at the front. Finally, the toe box should be ④ spacious, even when you're wearing athletic socks.

① supportive
② shock-absorbent
③ lowered
④ spacious

11 다음 글의 요지로 가장 알맞은 것은?

If your kids fight every time they play video games, make sure you're close enough to be able to hear them when they sit down to play. Listen for the particular words or tones of voice they are using that are aggressive, and try to intervene before it develops. Once tempers have settled, try to sit your kids down and discuss the problem without blaming or accusing. Give each kid a chance to talk, uninterrupted, and have them try to come up with solutions to the problem themselves. By the time kids are elementary-school age, they can evaluate which of those solutions are win-win solutions and which ones are most likely to work and satisfy each other over time. They should also learn to revisit problems when solutions are no longer working.

① Ask your kids to evaluate their test.
② Make your kids compete each other.
③ Help your kids learn to resolve conflict.
④ Teach your kids how to win an argument.

12 다음 글의 요지로 가장 적절한 것은?

There's a current trend to avoid germs at all cost. We disinfect our bathrooms, kitchens, and the air. We sanitize our hands and gargle with mouthwash to kill germs. Some folks avoid as much human contact as possible and won't even shake your hand for fear of getting germs. I think it's safe to say that some people would purify everything but their minds. Remember the story of "the Boy in the Bubble"? He was born without an immune system and had to live in a room that was completely germ free, with no human contact. Of course, everyone should take prudent measures to maintain reasonable standards of cleanliness and personal hygiene, but in many cases, aren't we going overboard? When we come in contact with most germs, our body destroys them, which in turn strengthens our immune system and its ability to further fight off disease. Thus, these "good germs" actually make us healthier. Even if it were possible to avoid all germs and to live in a sterile environment, wouldn't we then be like "the Boy in the Bubble"?

① 세균에 감염되지 않도록 개인의 위생 환경 조성이 필요하다.
② 면역 능력이 상실된 채로 태어난 유아에 대한 치료가 시급하다.
③ 지역사회의 방역 능력 강화를 위해 국가의 재정 지원이 시급하다.
④ 과도하게 세균을 제거하려고 하는 것이 오히려 면역 능력을 해친다.

13 다음 글의 밑줄 친 부분을 어법상 바르게 고친 것이 아닌 것은?

> ① Knowing as the Golden City, Jaisalmer, a former caravan center on the route to the Khyber Pass, rises from a sea of sand, its 30-foot-high walls and medieval sandstone fort ② shelters carved spires and palaces that soar into the sapphire sky. With its tiny winding lanes and hidden temples, Jaisalmer is straight out of The Arabian Nights, and so little has life altered here ③ which it's easy to imagine yourself back in the 13th century. It's the only fortress city in India still functioning, with one quarter of its population ④ lived within the walls, and it's just far enough off the beaten path to have been spared the worst ravages of tourism. The city's wealth originally came from the substantial tolls it placed on passing camel caravans.

① Knowing → Known
② shelters → sheltering
③ which → that
④ lived → lives

14 다음 글에서 필자가 주장하는 바로 가장 적절한 것은?

> The learned are neither apathetic* nor indifferent regarding the world's problems. More books on these issues are being published than ever, though few capture the general public's attention. Likewise, new research discoveries are constantly being made at universities, and shared at conferences worldwide. Unfortunately, most of this activity is self-serving. With the exception of science—and here, too, only selectively—new insights are not trickling* down to the public in ways to help improve our lives. Yet, these discoveries aren't simply the property of the elite, and should not remain in the possession of a select few professionals. Each person must make his and her own life's decisions, and make those choices in light of our current understanding of who we are and what is good for us. For that matter, we must find a way to somehow make new discoveries accessible to every person.
>
> *apathetic: 냉담한, 무관심한
>
> *trickle: 흐르다

① 학자들은 연구 논문을 작성할 때 주관성을 배제해야 한다.
② 새로운 연구 결과에 모든 사람이 접근할 수 있게 해야 한다.
③ 소수 엘리트 학자들의 폐쇄성을 극복할 계기를 마련해야 한다.
④ 학자들이 연구 과정에서 겪는 어려움을 극복하도록 도와야 한다.

15 다음 글의 주제로 가장 알맞은 것은?

Language gives individual identity and a sense of belonging. When children proudly learn their language and are able to speak it at home and in their neighborhood, the children will have a high self-esteem. Moreover, children who know the true value of their mother tongue will not feel like they are achievers when they speak a foreign language. With improved self-identity and self-esteem, the classroom performance of a child also improves because such a child goes to school with less worries about linguistic marginalization*.

*linguistic marginalization: 언어적 소외감

① the importance of mother tongue in child development
② the effect on children's foreign language learning
③ the way to improve children's self-esteem
④ the efficiency of the linguistic analysis

16 다음 글의 주제로 가장 적절한 것은?

Many animals are not loners. They discovered, or perhaps nature discovered for them, that by living and working together, they could interact with the world more effectively. For example, if an animal hunts for food by itself, it can only catch, kill, and eat animals much smaller than itself—but if animals band together in a group, they can catch and kill animals bigger than they are. A pack of wolves can kill a horse, which can feed the group very well. Thus, more food is available to the same animals in the same forest if they work together than if they work alone. Cooperation has other benefits: The animals can alert each other to danger, can find more food (if they search separately and then follow the ones who succeed in finding food), and can even provide some care to those who are sick and injured. Mating and reproduction are also easier if the animals live in a group than if they live far apart.

① benefits of being social in animals
② drawbacks of cooperative behaviors
③ common traits of animals and humans
④ competitions in mating and reproduction

17 다음 글의 밑줄 친 부분 중 문맥상 낱말의 쓰임이 가장 적절하지 않은 것은?

My own curiosity had been encouraged by my studies in philosophy at university. The course listed the numerous philosophers that we were supposed to study and I thought at first that our task was to learn and absorb their work as a sort of secular Bible. But I was ① delighted to discover that my tutor was not interested in me reciting their theories but only in helping me to develop my own, using the philosophers of the past as stimulants not authorities. It was the key to my intellectual ② freedom. Now I had official permission to think for myself, to question anything and everything and only agree if I thought it right. A ③ good education would have given me that permission much earlier. Some, alas, never seem to have received it and go on reciting the rules of others as if they were sacrosanct*. As a result, they become the unwitting* ④ opponents of other people's worlds. Philosophy, I now think, is too important to be left to professional philosophers. We should all learn to think like philosophers, starting at primary school.

*sacrosanct: 신성불가침의

*unwitting: 자신도 모르는

18 (A), (B), (C)의 괄호 안에서 어법에 맞는 표현으로 가장 적절한 것은?

Looking back, scientists have uncovered a mountain of evidence (A) [that / what] Mayan leaders were aware for many centuries of their uncertain dependence on rainfall. Water shortages were not only understood but also recorded and planned for. The Mayans enforced conservation during low rainfall years, tightly regulating the types of crops grown, the use of public water, and food rationing*. During the first half of their three-thousand-year reign, the Mayans continued to build larger underground artificial lakes and containers (B) [stored / to store] rainwater for drought months. As impressive as their elaborately decorated temples (C) [did / were], their efficient systems for collecting and warehousing water were masterpieces in design and engineering.

*rationing: 배급

	(A)	(B)	(C)
①	that	to store	were
②	what	stored	did
③	that	to store	did
④	what	stored	were

19 주어진 글 다음에 이어질 글의 순서로 가장 적절한 것은?

> Religion can certainly bring out the best in a person, but it is not the only phenomenon with that property.

> (A) People who would otherwise be self-absorbed or shallow or crude or simply quitters are often ennobled by their religion, given a perspective on life that helps them make the hard decisions that we all would be proud to make.
>
> (B) Having a child often has a wonderfully maturing effect on a person. Wartime, famously, gives people an abundance of occasions to rise to, as do natural disasters like floods and hurricanes.
>
> (C) But for day-in, day-out lifelong bracing, there is probably nothing so effective as religion: it makes powerful and talented people more humble and patient, it makes average people rise above themselves, it provides sturdy support for many people who desperately need help staying away from drink or drugs or crime.

① (B) - (A) - (C)

② (B) - (C) - (A)

③ (C) - (A) - (B)

④ (C) - (B) - (A)

20 주어진 글 다음에 이어질 글의 순서로 가장 적절한 것은?

> More people require more resources, which means that as the population increases, the Earth's resources deplete* more rapidly.
>
>   *deplete: 고갈시키다, 대폭 감소시키다

> (A) Population growth also results in increased greenhouse gases, mostly from CO_2 emissions. For visualization, during that same 20th century that saw fourfold population growth, CO_2 emissions increased twelvefold.
>
> (B) The result of this depletion is deforestation and loss of biodiversity as humans strip the Earth of resources to accommodate rising population numbers.
>
> (C) As greenhouse gases increase, so do climate patterns, ultimately resulting in the long-term pattern called climate change.

① (A) - (B) - (C)

② (B) - (A) - (C)

③ (B) - (C) - (A)

④ (C) - (A) - (B)

21 다음 글에서 전체 흐름과 관계없는 문장은?

Medical anthropologists with extensive training in human biology and physiology study disease transmission patterns and how particular groups adapt to the presence of diseases like malaria and sleeping sickness. ① Because the transmission of viruses and bacteria is strongly influenced by people's diets, sanitation, and other behaviors, many medical anthropologists work as a team with epidemiologists* to identify cultural practices that affect the spread of disease. ② Though it may be a commonly held belief that most students enter medicine for humanitarian reasons rather than for the financial rewards of a successful medical career, in developed nations the prospect of status and rewards is probably one incentive. ③ Different cultures have different ideas about the causes and symptoms of disease, how best to treat illnesses, the abilities of traditional healers and doctors, and the importance of community involvement in the healing process. ④ By studying how a human community perceives such things, medical anthropologists help hospitals and other agencies deliver health care services more effectively.

*epidemiologist: 유행[전염]병학자

22 주어진 글 다음에 이어질 글의 순서로 가장 적절한 것은?

Sequoya (1760?~1843) was born in eastern Tennessee, into a prestigious family that was highly regarded for its knowledge of Cherokee tribal traditions and religion.

(A) Recognizing the possibilities writing had for his people, Sequoya invented a Cherokee alphabet in 1821. With this system of writing, Sequoya was able to record ancient tribal customs.

(B) More important, his alphabet helped the Cherokee nation develop a publishing industry so that newspapers and books could be printed. School-age children were thus able to learn about Cherokee culture and traditions in their own language.

(C) As a child, Sequoya learned the Cherokee oral tradition; then, as an adult, he was introduced to Euro-American culture. In his letters, Sequoya mentions how he became fascinated with the writing methods European Americans used to communicate.

① (B) - (A) - (C)
② (B) - (C) - (A)
③ (C) - (A) - (B)
④ (C) - (B) - (A)

23 Peanut Butter Drive에 관한 다음 안내문의 내용과 가장 일치하지 않는 것은?

SPREAD THE LOVE

Fight Hunger During the Peanut Butter Drive

Make a contribution to our community by helping local families who need a little assistance. We are kicking off our 4th annual area-wide peanut butter drive to benefit children, families and seniors who face hunger in Northeast Louisiana.

Peanut butter is a much needed staple at Food Banks as it is a protein-packed food that kids and adults love. Please donate peanut butter in plastic jars or funds to the Monroe Food Bank by Friday, March 29th at 4:00 pm. Donations of peanut butter can be dropped off at the food bank's distribution center located at 4600 Central Avenue in Monroe on Monday through Friday, 8:00 am to 4:00 pm. Monetary donations can be made here or by calling 427-418-4581.

For other drop-off locations, visit our website at https://www.foodbanknela.org

---

① 배고픈 사람들에게 도움을 주려는 행사이다.
② 토요일과 일요일에도 땅콩버터를 기부할 수 있다.
③ 전화를 걸어 금전 기부를 할 수도 있다.
④ 땅콩버터를 기부하는 장소는 여러 곳이 있다.

24 다음 글에 나타난 화자의 심경으로 가장 적절한 것은?

Our whole tribe was poverty-stricken*. Every branch of the Garoghlanian family was living in the most amazing and comical poverty in the world. Nobody could understand where we ever got money enough to keep us with food in our bellies. Most important of all, though, we were famous for our honesty. We had been famous for honesty for something like eleven centuries, even when we had been the wealthiest family in what we liked to think was the world. We put pride first, honest next, and after that we believed in right and wrong. None of us would take advantage of anybody in the world.

*poverty-stricken: 가난에 시달리는

---

① peaceful and calm
② satisfied and proud
③ horrified and feared
④ amazed and astonished

25 다음 글의 내용과 가장 일치하지 않는 것은?

Despite the increasing popularity of consuming raw foods, you can still gain nutrients from cooked vegetables. For example, our body can absorb lycopene more effectively when tomatoes are cooked. (Keep in mind, however, that raw tomatoes are still a good source of lycopene.) Cooked tomatoes, however, have lower levels of vitamin C than raw tomatoes, so if you're looking to increase your levels, you might be better off sticking with the raw. Whether you decide to eat them cooked or raw, it's important not to dilute* the health benefits of tomatoes. If you're buying tomato sauce or paste, choose a variety with no salt or sugar added—or better yet, cook your own sauce at home. And if you're eating your tomatoes raw, salt them sparingly and choose salad dressings that are low in calories and saturated fat.

*dilute: 희석하다, 묽게 하다

① 토마토를 요리하여 먹었을 때, 우리의 몸은 리코펜을 더 효과적으로 흡수할 수 있다.

② 더 많은 비타민C를 섭취하고 싶다면 생토마토보다 조리된 토마토를 섭취하는 것이 낫다.

③ 토마토 소스를 구입하고자 한다면, 소금이나 설탕이 첨가되지 않은 것으로 골라야 한다.

④ 생토마토를 섭취 시 소금을 적게 넣거나, 칼로리가 적은 드레싱을 선택하도록 한다.

✅ 회독 CHECK 1 2 3

01 Which of the following best fits in the blank?

> Jack Nicklaus's success on the golf course, and the _____ increase in the size of his bank account, had made him the envy of all professional golfers.

① concomitant
② oscillating
③ festering
④ fledgling
⑤ vignette

02 Which of the following best fits in the blank?

> Draconian laws are the first written code of laws drawn up at Athens, believed to have been introduced in 621 or 620 B.C. by a statesman named Draco. Although their details are obscure, they apparently covered a number of offences. The modern adjective "Draconian," meaning excessively _____, reflects the fact that penalties laid down in the code were extremely severe: pilfering received the same punishment as murder—death. A 4th-century B.C. politician quipped that Draco wrote his laws not in ink, but in blood.

① benign
② vigilant
③ harsh
④ auspicious
⑤ propitious

03 Which of the following is NOT grammatically correct?

> A renaissance man is a person who ① is skilled in many fields and has a broad range of learning in many subjects. The term, renaissance man, ② originates from the artists and scholars of European Renaissance, ③ such as Leonardo Da Vinci or Michelangelo. In Renaissance period, educated men ④ aspired becoming a multi-talented man. They ⑤ were expected to speak several languages, to appreciate literature and art, and to be good sportsmen as well.

04 Which of the following is grammatically correct?

① The 3rd International Geography Conference will held in Seoul.
② I was so hurted when Susan left me.
③ If the weather had been better, I would have been sitting in the garden when he arrived.
④ It is very kind with him to invite me over for his 80th birthday party.
⑤ She has came up with some amazing scheme to double her income.

05 Choose the pair of words that are closest in meaning to the underlined words.

> "In one picture, I could read my non-existence in the clothes my mother had worn before I can remember her. There is a kind of (A) <u>stupefaction</u> in seeing a familiar being dressed differently," writes Roland Barthes in *Camera Lucida* as he searches through family photographs from before his birth. In that single picture, Barthes tells us, the young child rejoins the frail old woman he nursed through her last illness: "She had become my little girl, uniting for me with that essential child she was in her first photograph." There he finds his mother's assertive gentleness, her kindness. There he finds not only his mother but the qualities of their relationship, a (B) <u>congruence</u> between "my mother's being and my grief at her death."

	(A)	(B)
①	amazement	discrepancy
②	wonder	distinctiveness
③	happiness	harmony
④	astonishment	accordance
⑤	contentment	conformance

06 Where does the given sentence best fit in the passage?

> It eventually turned out that the signal was indeed a false alarm due to human error: a computer operator had by mistake inserted into the U.S. warning system computer a training tape simulating the launch of 200 Soviet ICBMs.

> Missile detection systems, like all complex technologies, are subject to malfunctions and to ambiguities of interpretation. (A) We know of at least three false alarms given by the American detection system. (B) For example, on November 9, 1979 the U.S. army general serving as watch officer for the U.S. system phoned then-Under-Secretary of Defense William Perry in the middle of the night to say, "My warning computer is showing 200 ICBMs in flight from the Soviet Union to the United States." (C) But the general concluded that the signal was probably a false alarm, Perry did not awaken President Carter, and Carter did not push the button and needlessly kill a hundred million Soviets. (D) We also know of at least one false alarm given by the Russian detection system: a single non-military rocket launched in 1995 from an island off Norway towards the North Pole was misidentified by the automatic tracking algorithm of Russian radar as a missile launched from an American submarine. (E) These incidents illustrate an important point: A warning signal is not unambiguous.

① (A) ② (B)
③ (C) ④ (D)
⑤ (E)

07 Which of the following is NOT grammatically correct?

> Job satisfaction is not universal in middle adulthood. ① For some people, work becomes increasingly stressful as dissatisfaction with working conditions or with the nature of the job mount. ② In some cases, conditions become so bad that the result is burnout or a decision to change jobs. Burnout occurs when workers experience dissatisfaction, disillusionment, frustration, and weariness from their jobs. It occurs most often in jobs that involve helping others, and ③ it often strikes those who initially were the most idealistic and driven. In some ways, such workers may be overcommitted to their jobs, and ④ the realization that they can make only minor dents in huge societal problems such as poverty and medical care can be disappointing and demoralizing. Thus, ⑤ the idealism with which they may have entered a profession is replaced by pessimism and the attitude that it is impossible to provide any kind of meaningful solution to a problem.

08 Which of the following is NOT true according to the passage?

> There is a mode of vital experience—experience of space and time, of the self and others, of life's possibilities and perils—that is shared by men and women all over the world today. I will call this body of experience "modernity." To be modern is to find ourselves in an environment that promises us adventure, power, joy, growth, transformation of ourselves and the world—and, at the same time, that threatens to destroy everything we have, everything we know, everything we are. Modern environments and experiences cut across all boundaries of geography and ethnicity, of class and nationality, of religion and ideology: in this sense, modernity can be said to unite all mankind. But it is a paradoxical unity, a unity of disunity: it pours us all into a maelstrom of perpetual disintegration and renewal, of struggle and contradiction, of ambiguity and anguish.

① Modernity refers to a mode of experience that is shared by people in the world.

② Modernity finds us in an environment that threatens to destroy everything we have.

③ Modernity separates mankind according to the different geographical locations.

④ Modernity is a mode of experience that encompasses life's possibilities and perils.

⑤ Modernity traverses boundaries of ethnicity, nationality, and ideology.

09 Which of the following best fits in the blank?

> The slogan "Global Britain" first gained currency in the months after the country's vote to leave the European Union in 2016. Theresa May deployed the phrase five times when she addressed the Conservative Party conference for the first time as prime minister. Days later it was the title of Boris Johnson's first policy speech as Mrs May's foreign secretary. What it meant in practice, beyond an attempt to reassure Britons that Brexit would not mean autarky, remained hazy. The idea is finally being fleshed out. On March 16th Mr Johnson's government published "Global Britain in a Competitive Age", a 114-page "integrated review" of the country's foreign, security, defence and aid policy, billed as the most radical such review since the end of the cold war. In many ways, _____. The text is free of the ebullient jingoism beloved of Mr Johnson and his cabinet. Many observers had anticipated a pivot away from Europe, where Britain is locked in diplomatic trench warfare with the EU, towards the rising powers of Asia.

① it defies expectations

② it gains popularity

③ it conforms to Brexit

④ this subscribes to the party's recommendations

⑤ this overlooks the country's economical situations

10 Which of the following is the most logical sequence of the four parts to complete the passage?

> According to the theories of physics, if we were to look at the Universe one second after the Big Bang, what we would see is a 10-billion degree sea of neutrons, protons, electrons, anti-electrons (positrons), photons, and neutrinos.

> (A) As it continued to cool, it would eventually reach the temperature where electrons combined with nuclei to form neutral atoms.
>
> (B) But when the free electrons were absorbed to form neutral atoms, the Universe suddenly became transparent.
>
> (C) Then, as time went on, we would see the Universe cool, the neutrons either decaying into protons and electrons or combining with protons to make deuterium (an isotope of hydrogen).
>
> (D) Before this "recombination" occurred, the Universe would have been opaque because the free electrons would have caused light (photons) to scatter the way sunlight scatters from the water droplets in clouds.

> Those same photons—the afterglow of the Big Bang known as cosmic background radiation—can be observed today.

① (A) - (B) - (C) - (D)

② (A) - (C) - (B) - (D)

③ (B) - (A) - (D) - (C)

④ (C) - (A) - (D) - (B)

⑤ (C) - (D) - (B) - (A)

11 Which of the following is the most appropriate title of the passage?

> Human population growth, rising incomes and preference shifts will considerably increase global demand for nutritious food in the coming decades. Malnutrition and hunger still plague many countries, and projections of population and income by 2050 suggest a future need for more than 500 megatonnes (Mt) of meat per year for human consumption. Scaling up the production of land-derived food crops is challenging, because of declining yield rates and competition for scarce land and water resources. Land-derived seafood (freshwater aquaculture and inland capture fisheries; we use seafood to denote any aquatic food resource, and food from the sea for marine resources specifically) has an important role in food security and global supply, but its expansion is also constrained. Similar to other land-based production, the expansion of land-based aquaculture has resulted in substantial environmental externalities that affect water, soil, biodiversity and climate, and which compromise the ability of the environment to produce food. Despite the importance of terrestrial aquaculture in seafood production, many countries—notably China, the largest inland-aquaculture producer—have restricted the use of land and public waters for this purpose, which constrains expansion. Although inland capture fisheries are important for food security, their contribution to total global seafood production is limited and expansion is hampered by ecosystem constraints. Thus, to meet future needs (and recognizing that land-based sources of fish and other foods are also part of the solution), we ask whether the sustainable production of food from the sea has an important role in future supply.

① The Rise of Global Food Demand
② The Future of Food from the Sea
③ Climate Change and Biodiversity Loss
④ Food-producing Sectors in the Ocean
⑤ Edible Food from the Sea and Marine Culture

12 Which of the following best fits in the blanks (A), (B) and (C)?

> Congress is considering a series of bills that, if passed into law, would (A) _____ changes to the Endangered Species Act that could shift control of conservation measures to state and local governments, accelerate decisions about whether species need protecting, and (B) _____ courts' power to overturn decisions to lift or loosen species protections, the Associated Press (AP) reports. Many Democrats and wildlife advocates argue that the proposed changes will put the world's biodiversity at risk. "The wildlife extinction package is an extreme and all-encompassing assault on the Endangered Species Act," Bob Dreher, senior vice president of conservation programs at the nonprofit conservation organization Defenders of Wildlife, says in a statement posted by YubaNet.com. "These bills discard science, increasing the likelihood of harm to species and habitat, create hurdles to protecting species, and (C) _____ citizen's ability to enforce the law in court, while delegating authority for species management to states—or even corporations and individuals—that are ill-equipped to assume it."

	(A)	(B)	(C)
①	initiate	hinder	rectify
②	bolster	indulge	remedy
③	nullify	expand	ruin
④	instruct	widen	block
⑤	institute	limit	undermine

13 Which of the following is NOT mentioned in the passage?

In the first week of May 2000, unseasonably heavy rain drenched the rural town of Walkerton, Canada. As the rainstorms passed, Walkerton's residents began to fall ill in their hundreds. With ever more people developing gastroenteritis and bloody diarrhoea, the authorities tested the water supply. They discovered what the water company had been keeping quiet for days: the town's drinking water was contaminated with a deadly strain of E. coli. It transpired that bosses at the water company had known for weeks that the chlorination system on one of the town's wells was broken. During the rain, their negligence had meant that run-off from farmland had carried residues from manure straight into the water supply. A day after the contamination was revealed, three adults and a baby died from their illnesses. Over the next few weeks, three more people succumbed. In total, half of Walkerton's 5,000-strong population were infected in just a couple of weeks.

① when and where the incident happened

② main causes of the disease outbreak

③ compensation for damage by the water company

④ the number of deaths in the town

⑤ the population size of the town

14 Which of the following best fits in the blank?

In most instances, it is illegal for representatives of two or more companies to secretly set similar prices for their products. This practice, known as price fixing, is generally held to be an anticompetitive act. Companies that _____ in this manner are generally trying to ensure higher prices for their products than would be generally available if markets are functioning freely.

① flout   ② scalp

③ endue   ④ collude

⑤ censure

15 Choose the one that is closest in meaning to the underlined expression.

There is serious concern the poison may have been moved somewhere that we don't know about by other people who are at large and determined to carry out an attack.

① not disengaged

② not yet confined

③ disguised in group

④ vanished with people

⑤ secretly camouflaged

16 Which of the following is NOT grammatically correct?

> In Europe, rules on positive discrimination ① are being discussed in each country. The rules state that ② companies should give women ③ preference for non-executive posts where there is no better-qualified male candidate, until women reach a total of 40% in the boardroom. The draft law ④ made it possible to fine the companies which ignore the rules. ⑤ If endorsing, the rules will take seven years to come into force.

17 Which of the following is NOT grammatically correct?

> The distance to the stars can seem unfathomably immense. Physicist Freeman Dyson at Princeton suggests that, ① to reach them, we might learn something from the voyages of the Polynesians thousands of years ago. Instead of trying to make one extended journey across the Pacific, which ② would likely to have ended in disaster, they went island hopping, spreading across the ocean's landmasses one at a time. ③ Each time they reached an island, they would create a permanent settlement and then move on to the next island. He posits ④ that we might create intermediate colonies in deep space in the same way. The key to this strategy would be the comets, which, along with rogue planets that have somehow ⑤ been ejected from their solar systems, might litter the path to the stars.

18 Which of the following best fits in the blank?

> In the early years of Christianity, Easter was the main holiday; the birth of Jesus was not celebrated. In the fourth century, church officials decided to declare the birth of Jesus as a holiday. Unfortunately, the Bible does not mention date for his birth (a fact Puritans later pointed out in order to deny the legitimacy of the celebration). Although some evidence suggests that his birth _____ in the spring (why would shepherds be herding in the middle of winter?), Pope Julius I chose December 25. It is commonly believed that the church chose this date in an effort to adopt and absorb the traditions of the pagan Saturnalia festival.

① may have occurred

② might not occur

③ should occur

④ ought not occur

⑤ could not have occurred

19 Which of the following is true according to the passage?

> Power is something we are often uncomfortable naming and talking about explicitly. In our everyday talk, power has a negative moral vibe: "power-mad", "power-hungry", "power trip". But power is no more inherently good or evil than fire or physics. It just is. The only question is whether we will try to understand and harness it. In the culture and mythology of democracy, power is supposed to reside with the people. Here's my simple definition of power—it's the capacity to ensure that others do as you would want them to do. Civic power is that capacity exercised by citizens in public, whether in elections or government or in social and economic arenas. Power in civic life takes many forms: force, wealth, state action, ideas, social norms, numbers. And it flows through many conduits: institutions, organizations, networks, laws and rules, narratives and ideologies. Map these forms and conduits against each other, and you get what we think of as "the power structure." The problem today is that too many people aren't able to draw, read or follow such a map. Too many people are profoundly illiterate in power. As a result, it has become ever easier for those who do understand how power operates in civic life to wield a disproportionate influence and fill the void created by the ignorance of the majority.

① Power is the word that is widely welcomed and comfortably discussed.

② We citizens do not have the right to discuss and harness the logic of power.

③ Civic power is the capacity mainly exercised by officials in the government.

④ In everyday life, the majority of people tend to skillfully map the civic power.

⑤ Relations between the forms and conduits of power help identify its structure.

20 Which of the following is the most logical sequence of the three parts to complete the passage?

> In contrast to a growing number of scholars in other fields, economists have contributed relatively little to recent critiques of consumer society. With a few notable exceptions, contemporary economists have been hesitant to entertain questions about the relationship of consumption to quality of life.

> (A) Economists, moreover, are typically unwilling to engage in critical discussion of values and preferences. In the absence of such discussion, it is easily assumed that the existing configuration of consumer choice is optimal.
>
> (B) Otherwise, it would not be occurring. Actually the implications of the model are even stronger, as we shall see.
>
> (C) Their reluctance is not difficult to explain. Most economists subscribe to a model that holds that as long as standard assumptions are satisfied, consumption must be yielding welfare.

① (A) - (B) - (C)
② (B) - (A) - (C)
③ (B) - (C) - (A)
④ (C) - (A) - (B)
⑤ (C) - (B) - (A)

21 Which of the following best fits in the blank?

> Black Death, pandemic that ravaged Europe between 1347 and 1351, took a proportionately greater toll of life than any other known epidemic or war up to that time. The consequences of this violent catastrophe were many. A cessation of wars and a sudden slump in trade immediately followed but were only of short duration. A more lasting and serious consequence was the drastic reduction of the amount of land under cultivation, due to the deaths of so many labourers. This proved to be the ruin of many landowners. The shortage of labour compelled them to substitute wages or money rents in place of labour services in an effort to keep their tenants. There was also a general rise in wages for artisans and peasants. These changes brought a new _____ to the hitherto rigid stratification of society.

① fluidity

② violence

③ medicine

④ boundary

⑤ monarchy

22 Which of the following best fits in the blanks (A), (B) and (C)?

> Modern online disinformation exploits the attention-driven business model that powers most of the internet as we currently know it. Platforms like Google and Facebook make (A) _____ amounts of money grabbing and capturing our attention so they can show us paid advertisements. That attention is gamed using algorithms that measure what content we engage with and automatically show us more content like it. The problem, of course, emerges when these algorithms automatically recommend and (B) _____ our worst tendencies. As humans, we evolved to respond more strongly to negative stimuli than positive ones. These algorithms detect that and (C) _____ it, selecting content that sends us down increasingly negative rabbit holes.

	(A)	(B)	(C)
①	staggering	abridge	underestimate
②	astounding	compress	enunciate
③	staggering	amplify	reinforce
④	astounding	enlarge	revamp
⑤	awesome	compress	underpin

23 Which of the following does NOT fit in the passage?

① For at least 3,000 years, a fluctuating proportion of the world's population has believed that the end of the world is imminent. Scholars dispute its origins, but it seems likely that the distinctive construction of apocalyptic narratives that inflects much environmentalism today began around 1200 B.C., in the thought of the Iranian prophet Zoroaster, or Zarathustra. ② Notions of the world's gradual decline were widespread in ancient civilizations. ③ But Zoroaster bequeathed to Jewish, Christian and later secular models of history a sense of urgency about the demise of the world. From Zealots of Roman Judaea to the Branch Davidians, so many believers have fought and died in fear and hope of impending apocalypse, while some others including Nazis and communists have adopted apocalyptic rhetoric, again with catastrophic results as prophecies of crisis and conflict inexorably fulfil themselves. ④ Yet arguably similar rhetoric strategies have provided the green movement with some of its most striking successes. ⑤ Eurasians have not always believed that their world will end someday. With this in mind, it is crucial that we consider the past and future role of the apocalyptic narrative in environmental and radical ecological discourse.

24 Which of the following best fits in the blank?

Cells are considered the foundation of life, but viruses—with all their genetic diversity—may share in that role. Our planet's earliest viruses and cells likely evolved in an intertwined and often symbiotic relationship of predator and prey. Evidence even suggests that viruses may have started out as cells but _____ _____. This dependent relationship began a long history of coevolution. Viruses living in cells cause their hosts to adapt, and those changes then cause viruses to adapt in a never ending cycle of one-upmanship.

① injected many primitive characteristics into early cellular ancestors

② lost their autonomy as they evolved to thrive as parasites on other cells

③ transmitted to humans via saliva in a mosquito's bite and gotten independent from them

④ handed over through a cell's membrane by using receptors and continually modified

⑤ exposed to a weakened virus and recognized that specific invader

25 Which of the following is the most appropriate title of the passage?

> Variation in a characteristic that is a result of genetic information from the parents is called inherited variation. Children usually look a little like their father, and a little like their mother, but they will not be identical to either of their parents. This is because they get half of their DNA and inherited features from each parent. Each egg cell and each sperm cell contains half of the genetic information needed for an individual. When these join at fertilization a new cell is formed with all the genetic information needed for an individual. Here are some examples of inherited variation in humans: eye colour, hair colour, skin colour, lobed or lobeless ears, ability to roll your tongue. Gender is inherited variation too, because whether you are male or female is a result of the genes you inherited from your parents.

① The Causes of Gender Difference
② Child and Parent Identification
③ Genetic Identification and DNA
④ Inherited Causes of Variation
⑤ Cause and Effect of Social Inheritance

PART 3
한국사

2024년 출제경향

국가직 9급

- 시대 통합 5%
- 현대 5%
- 일제 강점기 25%
- 근대 15%
- 근대 태동기 5%
- 근세 10%
- 중세 20%
- 고대 15%

지방직 9급

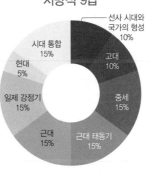

- 선사 시대와 국가의 형성 10%
- 고대 10%
- 중세 15%
- 근대 태동기 15%
- 근대 15%
- 일제 강점기 15%
- 현대 5%
- 시대 통합 15%

서울시 9급 제1회

- 선사 시대와 국가의 형성 10%
- 고대 10%
- 중세 20%
- 근세 10%
- 근대 태동기 10%
- 근대 20%
- 일제 강점기 10%
- 현대 10%

서울시 9급 제2회

- 선사 시대와 국가의 형성 5%
- 고대 15%
- 중세 20%
- 근세 5%
- 근대 태동기 15%
- 근대 10%
- 일제 강점기 15%
- 현대 15%

법원직 9급

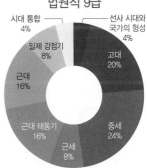

- 선사 시대와 국가의 형성 4%
- 고대 20%
- 중세 24%
- 근세 8%
- 근대 태동기 16%
- 근대 16%
- 일제 강점기 8%
- 시대 통합 4%

회독 CHECK 1 2 3

01 밑줄 친 '이 나라'에 대한 설명으로 옳은 것은?

> 5세기 후반 가야의 주도 세력으로 성장한 이 나라는 낙동강 유역이라는 지리적 이점과 풍부한 철을 활용하여 후기 가야 연맹의 맹주가 되었다.

① 진흥왕에 의해 멸망하였다.
② 사비로 천도하고 국호를 남부여로 하였다.
③ 지방 행정 구역을 5경 15부 62주로 나누었다.
④ 평양으로 수도를 옮기고 남진 정책을 추진하였다.

02 고려의 경제 상황에 대한 설명으로 옳은 것은?

① 진대법이라는 구휼 제도를 시행하였다.
② 건원중보가 발행되었으나 널리 이용되지 못하였다.
③ 광산 경영 방식에서 덕대제가 유행하기 시작하였다.
④ 전통적 농업 기술을 정리한 『농사직설』이 편찬되었다.

03 다음 자료에 대한 설명으로 옳은 것은?

> 조선이라는 땅덩어리는 실로 아시아의 요충을 차지하고 있어 그 형세가 반드시 다툼을 불러올 것이다. 조선이 위태로우면 중동(中東)의 형세도 위급해진다. 따라서 러시아가 강토를 공략하려 한다면 반드시 조선이 첫 번째 대상이 될 것이다. …(중략)… 러시아를 막을 수 있는 조선의 책략은 무엇인가? 오직 중국과 친하며, 일본과 맺고, 미국과 연합함으로써 자강을 도모하는 길뿐이다.

① 강화도 조약 체결 이전 조선에 널리 퍼졌다.
② 흥선대원군이 척화비를 세우는 계기가 되었다.
③ 이만손 등 영남 유생들의 반발을 불러일으켰다.
④ 청에 영선사로 파견된 김윤식에 의해 소개되었다.

04 (가)에 들어갈 말로 옳은 것은?

> 정부의 개화 정책이 추진되면서 구식 군인과 도시 하층민이 반발하였다. 제대로 봉급을 받지 못한 구식 군인들이 난을 일으키고 도시 하층민이 여기에 합세하였으나 청군에 의해 진압되었다. 이후 청은 조선에 군대를 주둔시키고 조선의 내정에 개입하였다. 또 (가) 을 체결하여 조선이 청의 속방임을 명문화하고 청 상인의 내륙 진출을 인정받았다.

① 한성 조약
② 톈진 조약
③ 제물포 조약
④ 조청상민수륙무역장정

05 위화도 회군 이후에 있었던 사실로 옳지 않은 것은?

① 과전법이 실시되었다.
② 정몽주가 살해되었다.
③ 한양으로 도읍을 이전하였다.
④ 황산 대첩에서 왜구를 토벌하였다.

06 다음의 논설을 작성한 인물에 대한 설명으로 옳은 것은?

> 이 날을 목 놓아 우노라[是日也放聲大哭]. …(중략)…
> 천하만사가 예측하기 어려운 것도 많지만, 천만 뜻밖
> 에 5개조가 어떻게 제출되었는가. 이 조건은 비단 우
> 리 한국뿐 아니라 동양 삼국이 분열할 조짐을 점차
> 만들어 낼 것이니 이토[伊藤] 후작의 본의는 어디에
> 있는가?

①『한성순보』를 창간하였다.
②『한국통사』를 저술하였다.
③「독사신론」을 발표하였다.
④『황성신문』의 주필을 역임하였다.

07 밑줄 친 '왕'의 재위 기간에 편찬된 서적으로 옳은 것은?

> • 왕은 집현전을 계승한 홍문관을 설치하고 중단되
>   었던 경연을 다시 열었다.
> • 왕은 훈구 세력을 견제하기 위해 사림 세력을 등용
>   하였다.

① 대전통편
② 동사강목
③ 동국여지승람
④ 훈민정음운해

08 밑줄 친 '반란'에 대한 설명으로 옳은 것만을 모두 고르면?

> 웅천주 도독 헌창이 반란을 일으켜, 무진주·완산
> 주·청주·사벌주 네 주의 도독과 국원경·서원경·
> 금관경의 사신 및 여러 군현의 수령들을 위협하여 자
> 신의 아래에 예속시키려 하였다.

> ㉠ 천민이 중심이 된 신분 해방 운동 성격을 가졌다.
> ㉡ 반란 세력은 국호를 '장안', 연호를 '경운'이라 하
>   였다.
> ㉢ 주동자의 아버지가 왕이 되지 못한 것에 대한 불
>   만으로 일어났다.
> ㉣ 무열왕 직계가 단절되고 내물왕계가 다시 왕위를
>   차지하는 결과를 가져왔다.

① ㉠, ㉡
② ㉠, ㉣
③ ㉡, ㉢
④ ㉢, ㉣

09 다음 사건 이후에 있었던 사실로 옳은 것은?

> 홍서봉 등이 한(汗)의 글을 받아 되돌아왔는데, 그 글
> 에, "대청국의 황제는 조선의 관리와 백성들에게 알
> 린다. 짐이 이번에 정벌하러 온 것은 원래 죽이기를
> 좋아하고 얻기를 탐해서가 아니다. 본래는 늘 서로
> 화친하려고 했는데, 그대 나라의 군신이 먼저 불화의
> 단서를 야기시켰다."라고 하였다.

① 삼전도비가 세워졌다.
② 이괄이 난을 일으켰다.
③ 인조가 강화도로 피난하였다.
④ 정봉수가 용골산성에서 항전하였다.

10 (가)~(라)를 시기순으로 바르게 나열한 것은?

> (가) 13도 창의군이 결성되었다.
> (나) 지방군은 10정으로 조직하였다.
> (다) 친위 부대인 장용영을 설치하였다.
> (라) 중앙군은 2군 6위제로 운영하였다.

① (나) → (라) → (가) → (다)
② (나) → (라) → (다) → (가)
③ (라) → (나) → (가) → (다)
④ (라) → (나) → (다) → (가)

11 밑줄 친 '이 회의' 이후에 있었던 사실로 옳지 않은 것은?

> 미국, 영국, 소련 3국의 외무 장관이 모인 이 회의에서는 한국의 민주주의적 임시 정부 수립과 이를 위한 미·소공동위원회의 설치, 최대 5년간의 신탁통치 방안 등이 결정되었다.

① 5·10 총선거가 실시되었다.
② 좌우 합작 7원칙이 발표되었다.
③ 조선 건국 준비 위원회가 결성되었다.
④ 반민족 행위 특별 조사위원회가 구성되었다.

12 밑줄 친 '가람'에 대한 설명으로 옳은 것은?

> 우리 왕후께서는 좌평 사택적덕의 따님으로 지극히 오랜 세월에 선인(善因)을 심어 이번 생에 뛰어난 과보를 받아 만민을 어루만져 기르시고 삼보(三寶)의 동량(棟梁)이 되셨기에 능히 가람을 세우시고, 기해년 정월 29일에 사리를 받들어 맞이하셨다. 원하옵나니, 영원토록 공양하고 다함이 없이 이 선(善)의 근원을 배양하여, 대왕 폐하의 수명은 산악과 같이 견고하고 치세는 천지와 함께 영구하며, 위로는 정법을 넓히고 아래로는 창생을 교화하게 하소서.

① 목탑의 양식을 간직한 석탑이 있다.
② 대리석으로 만든 10층 석탑이 있다.
③ 성주산문을 개창한 낭혜 화상의 탑비가 있다.
④ 돌을 벽돌 모양으로 만들어 쌓은 모전석탑이 있다.

13 조선 세조 대에 있었던 사실로 옳은 것만을 모두 고르면?

> ㉠ 사병을 혁파하였다.
> ㉡ 집현전을 폐지하였다.
> ㉢ 『경국대전』을 완성하였다.
> ㉣ 6조 직계제를 시행하였다.

① ㉠, ㉢
② ㉠, ㉣
③ ㉡, ㉢
④ ㉡, ㉣

14 (가)~(라)는 대한민국 임시정부와 관련한 사실이다. 이를 시기순으로 바르게 나열한 것은?

> (가) 한인애국단 창설
> (나) 한국광복군 창설
> (다) 국민대표회의 개최
> (라) 주석 · 부주석제로 개헌

① (가) → (다) → (나) → (라)
② (가) → (라) → (다) → (나)
③ (다) → (가) → (나) → (라)
④ (다) → (나) → (가) → (라)

16 (가)의 재위 기간에 있었던 사실로 옳은 것은?

> 강조의 군사들이 궁문으로 마구 들어오자, 목종이 모면할 수 없음을 깨닫고 태후와 함께 목 놓아 울며 법왕사로 옮겼다. 잠시 후 황보유의 등이 　(가)　을/를 받들어 왕위에 올렸다. 강조가 목종을 폐위하여 양국공으로 삼고, 군사를 보내 김치양 부자와 유행간 등 7인을 죽였다.

① 윤관이 별무반 편성을 건의하였다.
② 외적이 침입하여 국왕이 복주(안동)로 피난하였다.
③ 서희의 외교 담판으로 강동 6주 지역을 획득하였다.
④ 불교 경전을 집대성한 초조대장경 조판이 시작되었다.

15 (가) 시기에 있었던 사실로 옳은 것은?

① 경성제국대학이 설립되었다.
② 근대 교육기관인 육영공원이 설립되었다.
③ 일본에서 2 · 8 독립선언서가 발표되었다.
④ 보안회의 주도로 일본의 황무지 개간권 반대 운동이 일어났다.

17 (가)와 (나) 사이의 시기에 있었던 사실로 옳은 것은?

> (가) 순종의 인산일을 기하여 '동양 척식 주식회사를 철폐하라!', '일본인 지주에게 소작료를 바치지 말자!' 등의 격문을 내건 운동이 일어났다.
> (나) 광주에서 한국인 학생과 일본인 학생 사이에 일어난 충돌을 계기로 학생들이 총궐기하는 운동이 일어났다.

① 신간회가 창설되었다.
② 진단학회가 설립되었다.
③ 진주에서 조선 형평사가 창립되었다.
④ 대구에서 국채보상운동이 시작되었다.

18 1930년대에 있었던 사실로 옳은 것은?

① 비밀결사인 조선건국동맹이 결성되었다.
② 중국 관내에서 조선의용대가 창설되었다.
③ 연해주 지역에 대한광복군 정부가 설립되었다.
④ 서일을 총재로 하는 대한독립군단이 조직되었다.

19 밑줄 친 '이 나라'의 문화유산으로 옳지 않은 것은?

> 송나라 사신 서긍은 그의 저술에서 이 나라 자기의 빛깔과 모양에 대해, "도자기의 빛깔이 푸른 것을 사람들은 비색이라고 부른다. 근래에 와서 만드는 솜씨가 교묘하고 빛깔도 더욱 예뻐졌다. 술그릇의 모양은 오이와 같은데, 위에 작은 뚜껑이 있고 연꽃이나 엎드린 오리 모양을 하고 있다. 또, 주발, 접시, 사발, 꽃병 등도 있었다."라고 하였다.

① 안동 봉정사 극락전
② 구례 화엄사 각황전
③ 예산 수덕사 대웅전
④ 영주 부석사 무량수전

20 다음에서 설명하는 단체는?

> • '가갸날'을 제정하였다.
> • 기관지인 『한글』을 창간하였다.

① 국문연구소
② 조선광문회
③ 대한자강회
④ 조선어연구회

✅ 회독 CHECK 1 2 3

01 신석기 시대에 대한 설명으로 옳지 않은 것은?

① 가락바퀴와 뼈바늘로 옷이나 그물을 만들었다.

② 군장이 죽으면 그의 권력을 상징하는 고인돌을 만들었다.

③ 동물 뼈나 조개껍데기로 된 목걸이나 팔찌를 만들어 착용하였다.

④ 일부 지역에서는 농경이 시작되어 조, 피, 수수 등을 재배하였다.

02 다음과 같은 법이 있었던 국가에 대한 설명으로 옳지 않은 것은?

> • 사람을 죽이면 즉시 사형에 처한다.
> • 남에게 상처를 입히면 곡식으로 배상한다.
> • 남의 물건을 훔친 자는 그 집의 노비로 삼는데, 스스로 죄를 면제받고자 하는 자는 50만을 내야 한다.

① 동맹이라는 제천 행사가 있었다.

② 상, 대부, 장군 등의 관직을 두었다.

③ 위만이 준왕을 몰아내고 왕이 되었다.

④ 중국의 한과 한반도 남부 사이에서 중계무역을 하였다.

03 (가) 국가에 대한 설명으로 옳은 것은?

> (가) 의 호암사에는 정사암이란 바위가 있다. 나라에서 장차 재상을 의논할 때에 뽑을 후보 서너 명의 이름을 써서 상자에 넣고 봉해서 바위 위에 두었다. 얼마 후에 열어 보고 이름 위에 도장이 찍힌 자국이 있는 사람을 재상으로 삼았다. 이런 까닭에 정사암이라 했다.
>
> — 『삼국유사』 —

① 6좌평과 16관등제를 마련하였다.

② 태학이라는 교육기관을 설립하였다.

③ 인안이라는 독자적인 연호를 사용하였다.

④ 골품에 따라 관등이나 관직 승진에 제한이 있었다.

04 (가)에 해당하는 인물로 옳은 것은?

> (가) 은/는 중앙아시아와 인도지역의 다섯 천축국을 순례하고 각국의 지리, 풍속, 산물 등에 관한 기행문을 남겼다. 이 기행문은 중국의 둔황 막고굴에서 발견되었으며 현재 프랑스 국립도서관에 있다.

① 원광

② 원효

③ 의상

④ 혜초

05 (가)에 해당하는 기구로 옳은 것은?

> 비로소 ☐(가)☐ 을 설치했다. 판사 최무선의 말을 따른 것이다. 이때에 원나라의 염초 장인 이원이 최무선과 같은 동네 사람이었다. 최무선이 몰래 그 기술을 물어서 집의 하인들에게 은밀하게 배워서 시험하게 하고 조정에 건의했다.
>
> 　　　　　　　　　　　　　　　－ 「고려사절요」 －

① 교정도감
② 대장도감
③ 식목도감
④ 화통도감

06 (가) 문화유산에 대한 설명으로 옳은 것은?

> ☐(가)☐ 은/는 1377년 청주 흥덕사에서 인쇄한 것이다. 독일 구텐베르크가 인쇄한 책보다 70여 년 앞서 간행된 것으로 밝혀졌다. 현재 유네스코 세계 기록 유산으로 등재되어 있다.

① 최윤의 등이 지은 의례서를 인쇄한 것이다.
② 몽골의 침략을 물리치려는 염원을 담고 있다.
③ 현존하는 금속활자본 중에서 가장 오래된 것이다.
④ 우리나라 풍토에 맞는 처방과 약재 등이 기록되어 있다.

07 병인양요에 대한 설명으로 옳지 않은 것은?

① 프랑스 함대가 강화부를 점령하였다.
② 외규장각이 소실되고 의궤 등을 약탈당했다.
③ 어재연이 강화도 광성보 전투에서 전사하였다.
④ 프랑스 선교사와 천주교도가 처형당한 것이 원인이 되었다.

08 밑줄 친 '이 의거'를 일으킨 단체에 대한 설명으로 옳은 것은?

> 김구는 상하이 각 신문사에 편지를 보내 자신이 이 의거의 주모자임을 스스로 밝혔다. 이 편지에서 김구는 윤봉길이 휴대한 폭탄 두 개는 자신이 특수 제작하여 직접 건넨 것이며, 일본 민간인을 포함하여 다른 나라 사람이 무고한 피해를 입지 않도록 신중을 기하라고 당부하였음을 강조하였다.

① 이봉창이 단원으로 활동하였다.
② 고종의 밀명을 받아 결성되었다.
③ 「조선 혁명 선언」을 활동 지침으로 삼았다.
④ 일제가 날조한 105인 사건으로 와해되었다.

09 다음 주장을 내세운 민족 운동은?

> 1. 오늘날 우리의 이 행동은 정의와 인도 그리고 생존과 존엄함을 지키기 위한 민족적 요구에서 나온 것이니, 오직 자유로운 정신을 발휘할 것이며 결코 배타적 감정으로 치닫지 말라.
> 1. 마지막 한 사람까지 마지막 한순간까지 민족의 정당한 의사를 마음껏 발표하라.
> 1. 일체의 행동은 무엇보다 질서를 존중하며, 우리의 주장과 태도를 어디까지나 떳떳하고 정당하게 하라.

① 3·1운동
② 6·10 만세 운동
③ 물산 장려 운동
④ 민립 대학 설립 운동

10 다음 결의 사항을 실현하기 위해 일어난 사건에 대한 설명으로 옳은 것은?

> 1. 고부성을 격파하고 군수 조병갑의 목을 베어 매달 것
> 1. 군기창과 화약고를 점령할 것
> 1. 군수에게 아첨하여 백성을 침탈한 탐욕스러운 아전을 쳐서 징벌할 것
> 1. 전주 감영을 함락하고 서울로 곧바로 향할 것

① 혜상공국 폐지 등의 정강을 발표하였다.
② 집강소를 설치하고 폐정개혁을 시도하였다.
③ 별기군에 비해 차별을 받던 구식 군인들이 일으켰다.
④ 13도 창의군을 조직하고 서울 진공 작전을 추진하였다.

11 다음 상소문이 올라간 국왕 대에 있었던 사실로 옳은 것은?

> 불교는 몸을 닦는 근본이며 유교는 나라를 다스리는 근원입니다. 몸을 닦는 것은 내생을 위한 것이며 나라를 다스리는 일은 곧 오늘의 할 일입니다. 오늘은 극히 가깝고 내생은 지극히 먼 것이니, 가까운 것을 버리고 먼 것을 구하는 일이 그릇된 일이 아니겠습니까.

① 개경에 나성을 쌓았다.
② 전시과 제도를 처음 실시하였다.
③ 전국의 주요 지역에 12목을 설치하였다.
④ 「노비안검법」을 실시하여 호족 세력을 약화시켰다.

12 밑줄 친 '왕'의 재위 기간에 있었던 사실로 옳은 것은?

> 당초에 강홍립 등이 압록강을 건너게 된 것은 왕이 명 조정의 지원군 요청을 거부하기 어려워 출사시킨 것이었다. 우리나라는 애초부터 그들을 원수로 대하지 않아 싸울 뜻이 없었다. 그래서 왕이 강홍립에게 비밀리에 명령을 내려 오랑캐와 몰래 통하게 하였던 것이다.

① 전국에 「대동법」을 실시하였다.
② 허준이 『동의보감』을 편찬하였다.
③ 자의 대비의 복상 문제로 예송이 일어났다.
④ 청과 국경을 정하기 위해 백두산정계비를 세웠다.

13 (가), (나)에 해당하는 건축물을 옳게 짝지은 것은?

> (가) 은 고려시대 건축물이며 배흘림기둥과 주심포양식으로 단아하면서도 세련된 아름다움을 담고 있다.
> (나) 은 우리나라에 남아 있는 조선 시대 건축물 중 유일한 5층 목탑이다.

	(가)	(나)
①	영주 부석사 무량수전	김제 금산사 미륵전
②	영주 부석사 무량수전	보은 법주사 팔상전
③	합천 해인사 장경판전	김제 금산사 미륵전
④	합천 해인사 장경판전	보은 법주사 팔상전

14 (가)~(라)를 시기 순으로 바르게 나열한 것은?

> (가) 지주에게 결작이라 하여 토지 1결당 미곡 2두씩을 부담시켰다.
> (나) 전세를 풍흉에 관계없이 토지 1결당 미곡 4~6두로 고정시켰다.
> (다) 조세는 토지 1결당 수확량 300두의 10분의 1 수취를 원칙으로 삼았다.
> (라) 조세를 토지 비옥도와 풍흉의 정도에 따라 1결당 최고 20두에서 최하 4두로 하였다.

① (다) → (라) → (가) → (나)
② (다) → (라) → (나) → (가)
③ (라) → (다) → (가) → (나)
④ (라) → (다) → (나) → (가)

15 다음과 같이 주장한 인물에 대한 설명으로 옳은 것은?

> 이용할 줄 모르니 생산할 줄 모르고, 생산할 줄 모르니 백성은 나날이 궁핍해지는 것이다. 비유하건대, 대체로 재물은 우물과 같다. 퍼내면 가득 차고, 버려두면 말라 버린다. 그러므로 비단을 입지 않아서 나라에 비단 짜는 사람이 없게 되면, 여공이 쇠퇴한다. 쭈그러진 그릇을 싫어하지 않고 기교를 숭상하지 않아서 공장이 숙련되지 못하면 기예가 망하게 된다.

① 청과의 통상과 수레의 이용을 주장하였다.
② 양명학을 연구하여 강화학파를 형성하였다.
③ 토지의 매매를 제한하는 한전론을 주장하였다.
④ 지전설을 주장하여 중국 중심의 세계관을 비판하였다.

16 다음 창립 취지문을 발표한 단체에 대한 설명으로 옳은 것은?

> 우리 사회에서도 여성운동이 제기된 것은 또한 이미 오래되었다. 그러나 회고하여 보면 여성운동은 거의 분산되어 있었다. 그것에는 통일된 조직이 없었고 통일된 목표와 정신도 없었다. …(중략)… 우리가 실제로 우리 자체를 위해, 우리 사회를 위해 분투하려면 우선 조선 자매 전체의 역량을 공고히 단결하여 운동을 전반적으로 전개하지 않으면 아니 된다.

① 호주제 폐지 운동을 전개하였다.
② 여학교 설립을 주장하는 「여권통문」을 발표하였다.
③ 어린이날을 제정하고 잡지 『어린이』를 창간하였다.
④ 봉건적 인습 타파, 여성 노동자의 임금 차별 철폐 등을 주장했다.

17 다음 법령이 반포된 시기는?

> 제1조 대한국은 세계 만국에 공인된 자주 독립한 제국이다.
> 제2조 대한 제국의 정치는 이전으로부터 500년이 내려왔고 이후로도 만세에 걸쳐 변치 않을 전제 정치이다.
> 제3조 대한국 대황제는 무한한 군권을 향유하니 공법에서 말한바 자립 정체이다.
> 제4조 대한국 신민이 대황제가 향유하는 군권을 침해할 행위가 있으면 신민의 도리를 잃은 자로 인정할 것이다.

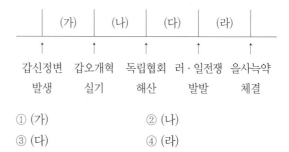

	(가)	(나)	(다)	(라)	
갑신정변 발생	갑오개혁 실기	독립협회 해산	러·일전쟁 발발	을사늑약 체결	

① (가)　　　　　　　　② (나)
③ (다)　　　　　　　　④ (라)

18 (가)~(라)의 사건을 시기 순으로 바르게 나열한 것은?

> (가) 남쪽 지방에서 반란군이 봉기하였다. 가장 심한 자들은 운문을 거점으로 한 김사미와 초전의 효심이었다. 이들은 유랑민을 불러 모아 주현을 습격하여 노략질하였다.
>
> (나) 진주의 난민들이 소동을 일으킨 것은 오로지 전 우병사 백낙신이 탐욕을 부려 수탈하였기 때문입니다. …(중략)… 이에 민심이 들끓고 노여움이 일제히 폭발해서 전에 듣지 못하던 변란으로 나타난 것입니다.
>
> (다) 여러 주·군에서 공물과 조세를 보내지 않아 나라의 씀씀이가 궁핍하게 되었으므로 왕이 사자를 보내 독촉하였다. 이로 인해 도적들이 곳곳에서 벌떼처럼 일어났다. 원종과 애노 등이 사벌주를 근거지로 반란을 일으켰다.
>
> (라) 평서 대원수는 급히 격문을 띄우노라. …(중략)… 조정에서는 서쪽 땅을 더러운 흙처럼 버렸다. 심지어 권세 있는 집의 노비들도 서쪽 사람을 보면 반드시 평안도 놈이라 일컫는다. 서쪽 땅에 있는 자로서 어찌 억울하고 원통하지 않겠는가.

① (가) → (다) → (나) → (라)
② (가) → (다) → (라) → (나)
③ (다) → (가) → (나) → (라)
④ (다) → (가) → (라) → (나)

19 (가), (나) 사이에 있었던 사실로 옳지 않은 것은?

> (가) 조선은 오랫동안 제후국으로서 중국에 대해 정해진 전례가 있다는 것은 다시 의논할 여지가 없다. …(중략)… 이번에 제정한 수륙 무역 장정은 중국이 속방을 우대하는 뜻이니만큼, 다른 조약 체결국들이 모두 똑같은 이익을 균점하도록 하는 데 있지 않다.
>
> (나) 제1조 청국은 조선국이 완전무결한 독립 자주국임을 확인한다. 아울러 조선의 청에 대한 공물 헌납 등은 장래에 완전히 폐지한다.
> 제4조 청국은 군비 배상금으로 은 2억 냥을 일본국에 지불할 것을 약정한다.

① 영국이 거문도를 점령하였다.
② 한·청 통상조약이 체결되었다.
③ 김옥균 등이 갑신정변을 일으켰다.
④ 청과 일본 사이에 전쟁이 발발하였다.

20 다음 법령에 의해 실시된 정책에 대한 설명으로 옳은 것은?

> 제1조 본법은 헌법에 의거하여 농지를 농민에게 적정히 분배함으로써 …(중략)… 농민 생활의 향상 내지 국민 경제의 균형과 발전을 기함을 목적으로 한다.
> 제12조 농지의 분배는 농지의 종목, 등급 및 농가의 능력 기타에 기준한 점수제에 의거하되 1가당 총경영면적 3정보를 초과하지 못한다.

① 한국민주당과 지주층의 반발로 중단되었다.
② 주택 개량, 도로 및 전기 확충 등도 추진하였다.
③ 유상 매수, 유상 분배의 방식으로 시행되었다.
④ 자작농이 감소하고 소작농이 증가하는 결과를 낳았다.

01 〈보기〉에서 청동기 시대에 대한 설명으로 옳은 것을 모두 고른 것은?

───── 〈보 기〉 ─────

㉠ 청동기가 보급된 이후에도 농기구는 주로 돌이나 나무로 만들었다.

㉡ 명도전, 오수전 등이 출토되어 우리나라와 중국의 교역이 활발했음을 알 수 있다.

㉢ 비파형 동검과 미송리형 토기를 만들었다.

㉣ 청동기 시대에는 마을 주변에 방어를 위해 목책이나 환호를 둘렀다.

① ㉠, ㉡, ㉢

② ㉠, ㉡, ㉣

③ ㉠, ㉢, ㉣

④ ㉡, ㉢, ㉣

02 〈보기〉의 (가)에 들어갈 단체의 이름으로 가장 옳은 것은?

───── 〈보 기〉 ─────

이 시기의 독립운동은 대체로 무력 항쟁을 기본으로 하여 독립군을 양성하거나 지원하는 방법을 택했다. 그러나 독립 후의 국가에 대해서는 대한제국의 회복을 주장하는 측과 주권재민의 공화국을 건설하려는 측의 노선 차이가 있었다. 대한제국의 회복을 추구하는 대표적 단체는 (가) 를 들 수 있는데, 한말에 최익현과 더불어 의병 전쟁에 참가한 바 있던 임병찬이 주도한 이 단체는 전라도 지역을 중심으로 활동하였다.

① 신민회

② 대한광복회

③ 독립의군부

④ 대한광복군정부

03 〈보기〉의 사건을 시간 순으로 바르게 나열한 것은?

───── 〈보 기〉 ─────

㉠ 서희는 거란과 담판을 해 강동 6주를 확보하였다.

㉡ 강조의 정변을 구실로 거란이 침입해 왔다.

㉢ 개경이 함락되자 현종이 나주로 피난하였다.

㉣ 강감찬이 이끄는 고려군이 귀주대첩에서 거란군을 격파하였다.

① ㉠ - ㉡ - ㉢ - ㉣

② ㉠ - ㉣ - ㉡ - ㉢

③ ㉡ - ㉠ - ㉣ - ㉢

④ ㉡ - ㉢ - ㉣ - ㉠

04 〈보기〉의 (가)~(라)에 대한 설명으로 가장 옳은 것은?

───── 〈보 기〉 ─────

조선 왕조 개창 당시 관리의 경제적 기반을 보장하기 위해 (가) 을/를 시행하였다. 이는 경기 지방의 토지를 대상으로 했으며, 관리 사후 지급받은 토지를 국가에 반납하는 것이었다. 하지만 관리 사후 아내가 재혼하지 않았으면 그 전부 혹은 일부를 (나) (으)로 지급했으며, 부모가 모두 죽고 자손이 20세 미만이면 이들의 부양을 위해 (다) (으)로 주어졌다. 이후 세조는 이러한 제도를 고쳐 (라) 을/를 시행하여, 그 지급 대상을 축소했다.

① (가)는 '과전법'으로, 현직 관리에게만 지급한 것이다.

② (나)는 '전시과'로, 전지와 시지를 나누어 주는 것이다.

③ (다)는 '구분전'으로, 수조권을 지급하는 것이다.

④ (라)는 '직전법'으로 그 시행에 따라 수신전이 폐지되었다.

05 〈보기〉에서 서적과 인물에 대한 설명으로 옳은 것을 모두 고른 것은?

─〈보기〉─

ⓛ 한용운은 『조선불교유신론』을 지어 불교를 한층 현대적이고 사회개혁적인 방향으로 개혁하려고 했다.

ⓛ 장지연은 『동사강목』을 지어 서양식 역사 서술 체계를 적극 도입하였는데 이를 신사체(新史體)라 불렀다.

ⓒ 신채호는 『독사신론』 등의 사론을 발표하여 만주와 부여족을 중심에 둔 새로운 역사 체계를 세우기 시작했다.

ⓔ 『말의 소리』를 지은 주시경은 국어연구학회를 창립하였는데, 이것이 뒷날 조선어연구회의 모체가 되었다.

① ㉠, ㉡, ㉢

② ㉠, ㉡, ㉣

③ ㉠, ㉢, ㉣

④ ㉡, ㉢, ㉣

06 〈보기〉의 사건을 시간 순으로 바르게 나열한 것은?

─〈보기〉─

㉠ 고국천왕이 을파소를 국상으로 등용하여 진대법을 실시했다.

㉡ 백제가 평양성 전투에서 고국원왕을 전사시켰다.

㉢ 신라가 대가야를 병합했다.

㉣ 신라가 우산국을 복속시켜 영토에 편입했다.

① ㉠ - ㉡ - ㉢ - ㉣

② ㉠ - ㉡ - ㉣ - ㉢

③ ㉡ - ㉠ - ㉢ - ㉣

④ ㉡ - ㉢ - ㉠ - ㉣

07 〈보기〉의 글을 쓴 인물에 대한 설명으로 가장 옳은 것은?

─〈보기〉─

이 모임이 파한 연후에 마땅히 명예와 이익을 버리고 산림에 은둔하여 동사(同社)를 결성하고 항상 선정을 익히고 지혜를 고르게 하기에 힘쓰고 예불과 독경을 하고 나아가서는 노동하기에도 힘쓰자. 각기 소임에 따라 경영하고 인연에 따라 심성을 수양하여 한평생을 자유롭게 지내며, 멀리 달사와 진인의 고행을 좇는다면 어찌 기쁘지 않으리오.

① 불교사를 중심으로 설화와 야사를 수록한 역사책을 저술하였다.

② 돈오점수와 정혜쌍수를 바탕으로 결사운동을 전개하였다.

③ 천태종을 개창하였고, 교종을 중심으로 선종을 통합하고자 하였다.

④ 통일신라 이전 고승 30여 명의 전기를 지었다.

08 〈보기〉의 특별담화문을 발표한 대통령의 재임 시기에 있었던 사실로 가장 옳은 것은?

─〈보기〉─

"광역 및 기초 단체장과 의원을 뽑는 이번 선거를 계기로, 우리나라는 전면적인 지방자치를 실시하게 됩니다. …… 지방자치는 주민 개개인의 건설적 에너지가 지역 발전으로 수렴이 되고, 나아가서 국가발전으로 이바지하는 데 참뜻이 있습니다."

① 금융실명제를 실시하고, 하나회를 해체하였다.

② 여소야대 정국을 돌파하기 위하여 3당 합당을 하였다.

③ 평양에서 남북정상회담을 갖고 6 · 15 남북공동선언을 발표하였다.

④ 친일반민족행위 진상규명위원회를 조직하였다.

09 〈보기〉의 단체에 대한 설명으로 가장 옳은 것은?

───── 〈보 기〉 ─────

안창호, 양기탁, 이승훈이 중심이 되어 조직한 비밀 결사 단체로, 국권을 회복한 뒤 공화정체의 국가를 수립하고자 하였다. 이를 위해서는 실력 양성에 온 힘을 쏟아야 한다고 규정하고 무엇보다 국민을 새롭게 할 것을 주장하였다.

① 일본의 황무지 개간권 요구 반대
② 교육·산업 진흥을 위한 지회 설치
③ 대성학교, 오산학교 설립
④ 금주·금연을 통한 모금 운동 전개

10 〈보기〉의 정책을 실시한 왕에 대한 설명으로 가장 옳은 것은?

───── 〈보 기〉 ─────

• 창덕궁에 규장각을 설치하고 개혁정치의 중심 공간으로 삼았다.
• 화성을 건설하고 자주 화성 행차에 나섰다.
• 시전 상인의 금난전권을 폐지하는 신해통공을 추진하였다.

① 『병학통』과 『무예도보통지』를 편찬하였다.
② 『속대전』과 『속오례의』 등을 편찬하여 문예 부흥의 기틀을 마련하였다.
③ 백두산 아래에 정계비를 설치하여 청나라와 경계선을 정하였다.
④ 1760년 청계천 준설 사업을 실시하였다.

11 〈보기〉의 (가)~(다)에 들어갈 사건을 시간 순으로 바르게 나열한 것은?

───── 〈보 기〉 ─────

병인박해 ― 　(가)　 ― 문수산성·정족산성 전투 ― 　(나)　 ― 신미양요 ― 　(다)

	(가)	(나)	(다)
①	제너럴셔먼호 사건	척화비 건립	오페르트 도굴 사건
②	제너럴셔먼호 사건	오페르트 도굴 사건	척화비 건립
③	오페르트 도굴 사건	제너럴셔먼호 사건	척화비 건립
④	오페르트 도굴 사건	척화비 건립	제너럴셔먼호 사건

12 〈보기〉의 밑줄 친 ㉠, ㉡에 대한 설명으로 가장 옳지 않은 것은?

───── 〈보 기〉 ─────

- 대원군은 이 ㉠ 변란으로 인하여 다시 정권을 잡았으며, 크고 중요한 벼슬자리가 많이 바뀌었다. …… 대세를 좇는 무리들은 다시 운현궁으로 돌아오니 수레와 말이 구름과 같았다. 민씨 일가는 모두 숨어서 나타나지 못했다. …… 왕후는 충주에 있으면서 몰래 사람을 보내 소식을 보냈으며, 민태호에게 밀사를 보내 청국 정부에 급박함을 알리도록 명하였다.

- "가히 아까운 일이다. 일류 재사(才士)가 일본인에게 팔려 이러한 ㉡ 큰일을 저질렀다." …… "저들 일본인이 어찌 다른 나라의 백성을 위하여 남의 아름다운 덕을 진실로 도와 이루고자 하는 사람이겠는가 …… 김옥균이 망명하여 도쿄에 있으면서 다시 거사를 도모하려 했으나 저들은 이내 추방하여 오가사와라 섬에 유폐시켰으니 어찌 그를 아껴서 도와준다고 하겠는가."

① ㉠의 책임을 물어 청은 흥선대원군을 자국으로 압송하였다.

② ㉠의 결과, 조선은 일본과 제물포 조약을 체결하여 배상금을 지불하였다.

③ ㉡의 영향으로 청과 일본은 향후 조선에 군대 파병 시 서로 알린다는 내용의 톈진 조약을 체결하였다.

④ ㉡의 결과, 조선은 청과 조·청 상민 수륙 무역 장정을 체결하여 청이 조선에 간섭하는 근거가 되었다.

13 〈보기〉의 (가) 왕의 재위 기간에 발생한 일로 가장 옳은 것은?

───── 〈보 기〉 ─────

기록에 의하면 지금으로부터 1,800여 년 전 ___(가)___ 13년에 이 섬을 정벌하여 조선의 영토로 삼은 것이 오늘 우리 땅이 되게 된 시초의 것만은 틀림없다. 그 당시 이 섬은 우산국이라는 별개의 독립한 나라였는데, 육지로 가장 가까운 곳이 수로(水路) 400리 가량 떨어진 강원도 울진뿐인데 충무공같은 해상의 전략가나 군함도 없이 이 우산국을 쳐서 무찌른 당시 이야기가 흥미롭다.

－『별건곤』－

① 불교를 공인하였다.

② 마한을 복속시켰다.

③ 왕호를 중국식 호칭인 '왕'으로 정하였다.

④ 남진 정책을 펼쳐 국내성에서 평양으로 천도하였다.

14 〈보기〉의 나라에 대한 설명으로 가장 옳은 것은?

───── 〈보 기〉 ─────

10월에 지내는 제천 행사는 국중대회로서 동맹이라 부른다. 그 나라의 풍속에 혼인을 할 때에는 말로 미리 정한 다음, 여자 집에서 본채 뒤에 작은 집을 짓는데 그 집을 서옥이라 부른다.

① 함경도 동해안 지역에 위치하였으며, 민며느리제, 가족 공동 무덤이 있었다.

② 5부족 연맹체로, 왕 아래 대가들이 사자, 조의, 선인 등을 거느렸다.

③ 단궁, 과하마, 반어피가 유명하였고, 제천 행사로는 무천이 있었으며, 족외혼, 책화 등의 풍습이 있었다.

④ 왕 아래 마가, 우가, 저가, 구가 등이 사출도를 다스렸다.

15 조선 시대의 과학기술과 관련된 설명으로 가장 옳지 않은 것은?

① 측우기를 사용하여 강우량을 측정하였다.

② 휴대용으로 작은 앙부일구를 제작하였다.

③ 당시 동아시아 의학을 종합한 의서인 『의방유취』가 편찬되었다.

④ 향약을 이용하여 처방할 수 있는 방법을 기록한 『향약구급방』이 편찬되었다.

16 〈보기〉의 내용과 관련된 시기에 있었던 사실로 가장 옳은 것은?

─ 〈보 기〉 ─

다른 한편으로 지방자치를 실시하여 민의 창달의 길을 강구하고, 교육제도를 개정하여 교화 보급의 신기원을 이루었고, 게다가 위생시설의 개선을 촉진하였다. …… 일본인과 조선인 사이의 차별 대우를 철폐하고 동시에 조선인 소장층 중 유력자를 발탁하는 방법을 강구하여, 군수·학교장 등에 발탁된 자가 적지 않다.

① 치안유지법 제정

② 보통학교 명칭을 소학교로 개칭

③ 조선사상범 보호 관찰령 제정

④ 조선형사령·조선태형령 제정

17 원(元) 간섭기에 대한 설명으로 가장 옳은 것은?

① 원의 도움으로 정치도감의 개혁은 성공하였다.

② 국왕 측근 세력이 응방을 통해 관리의 인사를 담당하였다.

③ 고려의 풍속을 바꾸지 않는다는 원칙에 따라 왕실 용어도 그대로 유지되었다.

④ 친원 세력은 고려를 원의 행성(行省)으로 만들고자 시도하였다.

18 〈보기〉에서 조선 후기 실학과 북학에 관한 설명으로 옳은 것을 모두 고른 것은?

─ 〈보 기〉 ─

㉠ 유형원은 농촌 사회의 안정을 위해 토지 재분배가 필요하다고 주장했다.

㉡ 이익은 전라도 부안의 우반동에서 제자들을 양성했다.

㉢ 18세기 중엽 이후 청나라를 배우자는 학풍을 '북학'이라 한다.

㉣ 박지원은 농업 관계 저술인 『과농소초』를 펴내기도 했다.

㉤ 홍대용은 『우서』에서 지구 자전설을 주장하고, 다른 별들에도 우주인이 있을 수 있다는 것을 피력했다.

① ㉠, ㉡, ㉤

② ㉠, ㉢, ㉣

③ ㉡, ㉢, ㉣

④ ㉡, ㉢, ㉤

19 〈보기〉의 (가)~(라) 시기에 있었던 사실을 옳게 짝지은 것은?

─ 〈보 기〉 ─

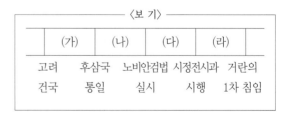

	(가)	(나)	(다)	(라)	
고려 건국		후삼국 통일	노비안검법 실시	시정전시과 시행	거란의 1차 침입

① (가) - 역분전 지급

② (나) - 12목 설치

③ (다) - 과거제 도입

④ (라) - 광군 설치

20 〈보기〉의 사건을 시간 순으로 바르게 나열한 것은?

─── 〈보 기〉 ───

㉠ 윤보선이 대통령으로 취임하였다.

㉡ 내각책임제 개헌안이 의결되어 총선거가 실시되었다.

㉢ 이승만 대통령의 하야로 허정 과도정부가 구성되었다.

㉣ 마산 시민들의 3·15 부정선거 규탄 시위를 전개하였다.

① ㉢ - ㉡ - ㉠ - ㉣

② ㉢ - ㉡ - ㉣ - ㉠

③ ㉣ - ㉢ - ㉠ - ㉡

④ ㉣ - ㉢ - ㉡ - ㉠

01 〈보기〉의 사건을 시간 순으로 바르게 나열한 것은?

〈보 기〉

㉠ 장수왕은 백제의 수도 한성을 점령한 후 한강 유역을 차지하였다.

㉡ 진흥왕은 고구려와 백제를 모두 공격하여 한강 유역을 차지하였다.

㉢ 근초고왕은 마한의 여러 소국을 복속시키고 고구려의 평양성을 공격하였다.

㉣ 가야 연맹을 중앙 집권 국가로 발전하지 못하였고, 마지막으로 대가야가 신라에 병합됨으로써 해체되었다.

① ㉠ - ㉡ - ㉢ - ㉣
② ㉡ - ㉢ - ㉣ - ㉠
③ ㉢ - ㉠ - ㉡ - ㉣
④ ㉣ - ㉢ - ㉠ - ㉡

02 〈보기〉 이후 발생한 사건으로 가장 옳은 것은?

〈보 기〉

나라 안의 모든 주군(州郡)에서 공물과 부세를 보내지 않아, 창고가 텅텅 비어 나라 재정이 궁핍하였다. 왕이 사신을 보내 독촉하니 곳곳에서 도적이 벌떼처럼 일어났다. 이때 원종(元宗)과 애노(哀奴) 등이 사벌주를 근거지로 하여 반란을 일으켰다.

① 견훤이 경주를 침략하고 경순왕을 옹립하였다.
② 당나라가 문무왕의 동생 김인문을 신라왕으로 임명하고 군대를 동원하였다.
③ 백제 의자왕이 신라의 서쪽 지역을 공격하여 대야성 등 40여 성을 함락시켰다.
④ 혜공왕을 마지막으로 무열왕계가 단절되었다.

03 〈보기〉의 사건을 시간 순으로 바르게 나열한 것은?

〈보 기〉

㉠ 장문휴의 수군으로 당의 산둥지방을 공격하였다.

㉡ 정혜공주묘, 정효공주묘를 만들었다.

㉢ 전성기를 맞이하여 중국인들이 해동성국이라 불렀다.

① ㉠ - ㉡ - ㉢
② ㉠ - ㉢ - ㉡
③ ㉡ - ㉠ - ㉢
④ ㉢ - ㉠ - ㉡

04 〈보기〉에서 무신정변 이후 나타난 사건을 옳게 짝지은 것은?

〈보 기〉

㉠ 최충헌이 교열도감을 설치하여 권력 기관으로 삼았다.

㉡ 일부 무신들은 왕실과 혼인을 시도하였다.

㉢ 서방이 설치되어 행정 실무 능력을 갖춘 문신들이 등용되었다.

㉣ 정변을 축하하기 위해 연산에 개태사를 세웠다.

① ㉠, ㉡
② ㉠, ㉢
③ ㉡, ㉢
④ ㉡, ㉣

05 〈보기〉의 사료에 해당하는 국가에 대한 설명으로 가장 옳은 것은?

― 〈보 기〉 ―

12월에 지내는 제천행사는 국중 대회로 날마다 마시고 먹고 노래하고 춤춘다. 이름을 '영고'라 하였다. 이때는 형옥을 중단하고 죄수를 풀어주었다. 형이 죽으면 형수를 아내로 삼는다. 여름에 사람이 죽으면 모두 얼음을 넣어 장사 지낸다. 사람을 죽여서 순장하는데 많을 때는 백 명가량이나 된다.

– 『삼국지』「위서」동이전 –

① 국읍에 천군을 두어 천신에 대한 제사를 주관하였다.

② 국왕을 중심으로 가장 유력한 대가인 우가, 마가, 저가, 구가 등이 주요 국가 정책을 논의하였다.

③ 혼인 풍속으로 민며느리제가 있었다.

④ 왕 아래 상가, 대로, 패자, 고추가 등의 관료 조직이 있었다.

06 고려시대에 대한 설명으로 가장 옳지 않은 것은?

① 전민변정도감에서 노비 소유권 소송을 처리했다.

② 응방을 통해 왕실에서 경제적 이익을 추구하였다.

③ 전시과 제도를 통해 관료에게 전지와 시지를 지급하였다.

④ 호장은 국가에서 경제적 보수를 받지 않았다.

07 〈보기 1〉과 〈보기 2〉 사이에 발생한 사건으로 가장 옳지 않은 것은?

― 〈보기 1〉 ―

몽고군이 이르니 우종주와 유홍익은 양반들과 더불어 모두 성을 버리고 도망치고 말았다. 다만 노비군과 천민들이 힘을 합하여 몽고군을 물리쳤다.

– 『고려사절요』 –

― 〈보기 2〉 ―

6월 원나라 연호인 지정을 쓰지 않고 교지를 내렸다.

– 『고려사』 –

① 화통도감을 설치하여 각종 화약 무기를 제조했다.

② 일본 원정을 위해 정동행성이 설치되었다.

③ 새로운 지배 세력으로 권문세족이 출현했다.

④ 『삼국유사』, 『제왕운기』 등의 역사서가 편찬되었다.

08 〈보기〉의 글이 작성된 시대의 정책으로 가장 옳지 않은 것은?

― 〈보 기〉 ―

7조 왕이 백성을 다스린다고 해서 집집마다 가거나 날마다 그들을 살펴보는 것은 아닙니다. 그러므로 수령을 나누어 보내어 백성의 이익과 손해를 살피게 하는 것입니다. … 요청하건대 외관을 두시옵소서.

– 『시무 28조』 –

① 5도 양계를 기틀로 한 지방 제도를 마련하였다.

② 향촌의 안정을 도모하기 위해 오가작통제와 호패법이 시행되었다.

③ 군현을 지방관이 파견되는 주현과 파견되지 않는 속현으로 구분하였다.

④ 향·부곡·소는 향리가 행정 업무를 담당하였다.

09 〈보기〉의 글이 작성된 시기의 학문에 대한 설명으로 가장 옳은 것은?

> ─── 〈보 기〉 ───
>
> 하늘에서 본다면 어찌 안과 밖의 구별이 있겠느냐? 그러니 각각 자기 나라 사람끼리 서로 사랑하고, 자기 임금을 높이며, 자기 나라를 지키고, 자기 풍속을 좋게 여기는 것은 중국이나 오랑캐나 마찬가지다.
>
> ─ 『의산문답』 ─

① 정약용은 중국이 세계의 중심이라는 세계관을 거부하고 지구 자전설을 주장했다.

② 박지원은 서양 서적을 참고하여 거중기 등 건축 기계를 제작했다.

③ 홍대용은 청나라에 다녀와 쓴 『열하일기』에서 청문물을 소개했다.

④ 이긍익은 우리나라 역대 문화를 백과사전식으로 정리하였다.

10 〈보기〉의 (가) 시기에 대한 설명으로 가장 옳지 않은 것은?

> ─── 〈보 기〉 ───
>
> ___(가)___ (이)란 종래의 붕당 정치가 변질된 형태인 일당전제화마저 거부하고 특정 가문이 권력을 독점하는 정치형태를 말한다. 순조, 헌종, 철종의 3대 60여 년 동안 왕정과 왕권은 이름뿐이었다. 정권은 안동 김씨 또는 풍양 조씨 등 외척의 사유물이 되었다.

① 인간주의, 평등주의를 부르짖은 동학이 농촌 사회를 중심으로 교세를 확장했다.

② 부유한 농민들은 군포를 피하기 위해 양반 신분을 위조하거나 사들였다.

③ 지방민의 불만이 평안도와 삼남지방에서 민중 봉기로 표출되었다.

④ 노비 인구를 제도적으로 줄이기 위한 노비종모법이 확정되었다.

11 조선과 후금의 관계에 대한 설명으로 가장 옳은 것은?

① 후금은 조선에 숙질 관계를 요구했다.

② 조선은 후금의 사신 용골대를 참수하고 항전 의지를 보였다.

③ 후금은 시장을 열어 교역할 것을 조선에 요구했다.

④ 후금이 황제를 칭하자 조선은 명과 연합하여 선전포고를 하였다.

12 조선후기 노비제에 대한 설명으로 가장 옳지 않은 것은?

① 균역법 실시 이후 공노비의 신공은 점진적으로 감소되어 노가 1필로 줄고, 비의 신공은 폐지되었다.

② 공노비의 신공과 양인의 군역 부담이 동일해지면서 공노비 유지의 실익이 없어졌다.

③ 노비의 해방과 양인의 확대가 종모법을 통해 촉진되었다.

④ 1894년 노비세습제가 폐지되었다.

13 〈보기〉의 내용을 주도한 세력이 취한 정책으로 가장 옳지 않은 것은?

> ─── 〈보 기〉 ───
>
> 1. 외국인에게 의지하지 말고 관민이 합심하여 황제권을 공고히 할 것
> 2. 외국과의 이권에 관한 계약과 조약은 해당 부처의 대신과 중추원 의장이 함께 날인하여 시행할 것
> 3. 재정은 탁지부에서 전담하여 맡고 예산과 결산을 국민에게 공포할 것

① 『독립신문』을 발간하고 독립문을 건설하였다.

② 태양력과 '건양' 연호를 사용하고 단발령을 실시하였다.

③ 중대한 범죄는 공판하되 피고의 인권을 존중할 것을 주장하였다.

④ 만민공동회를 열어 러시아 내정 간섭을 규탄하였다.

14 〈보기〉의 (가)에 달어갈 나라에 대한 설명으로 가장 옳은 것은?

― 〈보 기〉 ―

_____(가)_____ 은/는 본래 우리와 혐의가 없는 나라입니다. 공연히 남의 말만 듣고 틈이 생기게 된다면 우리의 위신이 손상될 뿐 아니라, 이를 구실로 침략해 온다면 장차 이를 어떻게 막을 것입니까?

― 「일성록」 영남만인소 ―

① 거문도를 불법 점령하였다.
② 일본과 포츠머스강화조약을 맺었다.
③ 외규장각의 문서와 문화재를 약탈하였다.
④ 제너럴셔먼호 사건을 구실로 광성보를 공격하였다.

15 〈보기〉의 사설이 나온 이후 일어난 사실로 가장 옳지 않은 것은?

― 〈보 기〉 ―

오호라! 저 개, 돼지만도 못한 소위 우리 정부 대신이란 자들이 영달과 이득을 바라고 거짓된 위협에 겁을 먹고서 머뭇거리고 벌벌 떨면서 달갑게 나라를 파는 도적이 되어, 4천년 강토와 5백년 종사를 남에게 바치고 2천만 목숨을 몰아 다른 사람의 노예로 만들었으니, …… 아! 원통하고 분하도다. 우리 남의 노예가 된 2천만 동포여! 살았느냐? 죽었느냐? 단군 기자 이래 4천년 국민 정신이 하룻밤 사이에 별안간 망하고 끝났도다! 아! 원통하고 원통하도다! 동포여 동포여!

① 헤이그에서 열린 제2차 만국평화회의에 특사가 파견되었다.
② 초대 통감으로 이토 히로부미가 임명되었다.
③ 일본이 러시아와의 전쟁을 개시했다.
④ 일본이 대한제국 군대를 강제로 해산시켰다.

16 〈보기〉에서 일제강점기 민족해방운동에 대한 설명으로 옳은 것을 모두 고른 것은?

― 〈보 기〉 ―

㉠ 민족유일당운동의 결과 「조선의 농민 및 노동자의 임무에 관한 태제」가 발표되었다.
㉡ 고종의 밀칙을 받아 대한독립의군부가 조직되었다.
㉢ 신채호는 「조선혁명선언」에서 민중직접혁명론을 주장했다.
㉣ 「대한민국건국강령」은 안창호의 삼균주의를 이론적 틀로 삼았다.

① ㉠, ㉡   ② ㉠, ㉣
③ ㉡, ㉢   ④ ㉢, ㉣

17 〈보기〉의 강령을 발표한 독립운동 세력에 대한 설명으로 가장 옳지 않은 것은?

― 〈보 기〉 ―

본 당은 혁명적 수단으로써 원수이며 적인 일본의 침탈 세력을 박멸하여 5천년 독립 자주해 온 국토와 주권을 회복하고 정치, 경제, 교육의 평등에 기초를 둔 진정한 민주공화국을 건설하여 국민 전체의 생활 평등을 확보하고 나아가 세계 인류의 평등과 행복을 촉진한다.

① 의열단을 중심으로 조선혁명당, 한국독립당 등이 참여하여 만들었다.
② 민족주의 계열과 사회주의 계열이 만든 중국 관내 최대 규모의 통일전선 정당이었다.
③ 민주공화국 수립, 토지 국유화 등을 내걸고 항일 운동을 전개하였다.
④ 김구 등 임시정부를 고수하려는 세력이 탈당하면서 통일전선 정당으로서의 성격이 약해졌다.

18 〈보기〉의 자료가 공포된 이후에 일어난 일로 가장 옳지 않은 것은?

─── 〈보 기〉 ───

유구한 역사와 전통에 빛나는 우리들 대한 국민은 기미 3 · 1운동으로 대한민국을 건립하여 세계에 선포한 위대한 독립 정신을 계승하여 이제 민주 독립 국가를 재건함에 있어서 정의, 인도와 동포애로써 민족의 단결을 공고히하며 모든 사회적 폐습을 타파하고 민주주의 제제도를 수립하여 정치, 경제, 사회, 문화의 모든 영역에 있어서 각인의 기회를 균등히 하고 능력을 최고도로 발휘케 하며 각인의 책임과 의무를 완수케 하여……

① 제주4 · 3사건이 발생했다.

② 친일청산을 위해 '반민특위'가 설치되었다.

③ 북한에 조선민주주의인민공화국이 수립되었다.

④ '유상매수, 유상분배'의 원칙에 따라 농지개혁이 실시되었다.

19 〈보기〉의 사건을 시간 순으로 바르게 나열한 것은?

─── 〈보 기〉 ───

㉠ 5 · 18 민주화 운동
㉡ 12 · 12 군사 반란
㉢ 부마 민주 항쟁
㉣ 4 · 13 호헌 조치

① ㉢ - ㉠ - ㉡ - ㉣

② ㉢ - ㉡ - ㉠ - ㉣

③ ㉣ - ㉡ - ㉢ - ㉠

④ ㉣ - ㉢ - ㉡ - ㉠

20 〈보기〉의 사건을 시간 순으로 나열할 때 세 번째에 해당하는 사건은?

─── 〈보 기〉 ───

㉠ 남북 기본 합의서 채택
㉡ 6 · 15 남북 공동 선언
㉢ 남북 동시 유엔 가입
㉣ 남북조절위원회 설치

① ㉠

② ㉡

③ ㉢

④ ㉣

✅ 회독 CHECK 1 2 3

01 다음 유물이 사용된 시대에 대한 설명으로 옳은 것은?

> 미송리식 토기, 팽이형 토기, 붉은 간 토기

① 비파형 동검이 사용되었다.
② 오수전 등의 화폐가 사용되었다.
③ 아슐리안형 주먹도끼가 사용되었다.
④ 철이 많이 생산되어 낙랑과 왜에 수출되었다.

02 밑줄 친 '왕'에 대한 설명으로 옳은 것은?

> 16년 겨울 10월, 왕이 질양(質陽)으로 사냥을 갔다가 길에 앉아 우는 자를 보았다. 왕이 말하기를 "아! 내가 백성의 부모가 되어 백성들이 이 지경에 이르게 하였으니 나의 죄로다." …(중략)… 그리고 관리들에게 명하여 매년 봄 3월부터 가을 7월까지 관청의 곡식을 내어 백성들의 식구 수에 따라 차등 있게 빌려주었다가, 10월에 이르러 상환하게 하는 것을 법규로 정하였다.
>
> — 『삼국사기』 —

① 낙랑군을 축출하였다.
② 진대법을 시행하였다.
③ 백제의 침입으로 전사하였다.
④ 영락이라는 독자적인 연호를 사용하였다.

03 (가)에 대한 설명으로 옳은 것은?

> 신돈이 ___(가)___ 을/를 설치하자고 요청하자, …(중략)… 이제 도감이 설치되었다. …(중략)… 명령이 나가자 권세가 중에 전민을 빼앗은 자들이 그 주인에게 많이 돌려주었으며, 전국에서 기뻐하였다.
>
> — 『고려사』 —

① 시전의 물가를 감독하는 임무를 담당하였다.
② 국가재정의 출납과 회계 업무를 총괄하였다.
③ 불법적으로 점유된 토지와 노비를 조사하였다.
④ 부족한 녹봉을 보충하고자 관료에게 녹과전을 지급하였다.

04 다음과 같이 말한 인물에 대한 설명으로 옳은 것은?

> 우리나라가 곧 고구려의 옛 땅이다. 그리고 압록강의 안팎 또한 우리의 지역인데 지금 여진이 그 사이에 몰래 점거하여 저항하고 교활하게 대처하고 있어서 …(중략)… 만일 여진을 내쫓고 우리 옛 땅을 되찾아서 성보(城堡)를 쌓고 도로를 통하도록 하면 우리가 어찌 사신을 보내지 않겠는가?
>
> — 『고려사』 —

① 목종을 폐위하였다.
② 귀주에서 거란군을 물리쳤다.
③ 여진을 몰아내고 동북 9성을 쌓았다.
④ 소손녕과 담판하여 강동 6주를 획득하였다.

05 밑줄 친 '이곳'에 대한 설명으로 옳은 것은?

> • 장수왕은 남진정책의 일환으로 수도를 <u>이곳</u>으로 천도하였다.
> • 묘청은 <u>이곳</u>으로 수도를 옮길 것을 주장하였다.

① 쌍성총관부가 설치되었다.
② 망이·망소이가 반란을 일으켰다.
③ 제너럴 셔먼호 사건이 발생하였다.
④ 1923년 조선 형평사가 결성되었다.

06 다음 전투 이후에 일어난 사건으로 옳은 것만을 모두 고르면?

> 이근행이 군사 20만 명의 대군을 이끌고 매소성(買肖城)에 머물렀다. 우리 군사가 공격하여 달아나게 하고 전마 30,380필을 얻었는데, 남겨놓은 병장기도 그 정도 되었다.
>
> ─ 『삼국사기』 ─

> ㉠ 웅진도독부가 설치되었다.
> ㉡ 김흠돌이 반란을 일으켰다.
> ㉢ 교육 기관인 국학이 설립되었다.
> ㉣ 복신과 도침이 부여풍과 함께 백제 부흥 운동을 일으켰다.

① ㉠, ㉡
② ㉠, ㉣
③ ㉡, ㉢
④ ㉢, ㉣

07 다음 사건을 시기순으로 바르게 나열한 것은?

> (가) 신라의 우산국 복속
> (나) 고구려의 서안평 점령
> (다) 백제의 대야성 점령
> (라) 신라의 금관가야 병합

① (가) → (나) → (다) → (라)
② (가) → (라) → (나) → (다)
③ (나) → (가) → (라) → (다)
④ (나) → (다) → (가) → (라)

08 고려 시대 문화유산에 대한 설명으로 옳지 않은 것은? 〈변형〉

① 황해도 사리원 성불사 응진전은 다포 양식의 건물이다.
② 월정사 팔각 9층 석탑은 원의 석탑을 모방하여 제작하였다.
③ 여주 고달사지 승탑은 통일 신라의 팔각원당형 양식을 계승하였다.
④ 『직지심체요절』은 세계기록유산으로 등재된 현존하는 가장 오래된 금속활자본이다.

09 조선 시대 지도와 천문도에 대한 설명으로 옳지 않은 것은?

① 대동여지도는 거리를 알 수 있도록 10리마다 눈금을 표시하였다.

② 혼일강리역대국도지도는 중국에서 들여온 곤여만국전도를 참고하였다.

③ 천상열차분야지도는 하늘을 여러 구역으로 나누고 별자리를 표시한 그림이다.

④ 동국지도는 정상기가 실제 거리 100리를 1척으로 줄인 백리척을 적용하여 제작하였다.

10 (가)에 대한 설명으로 옳지 않은 것은?

> 임진왜란 이후에 우의정 유성룡도 역시 미곡을 거두는 것이 편리하다고 주장하였으나, 일이 성취되지 못하였다. 1608년에 이르러 좌의정 이원익의 건의로 (가) 을/를 비로소 시행하여, 민결(民結)에서 미곡을 거두어 서울로 옮기게 하였다.
>
> － 『만기요람』 －

① 장시의 확대에 기여하였다.

② 지주에게 결작을 부과하였다.

③ 공납의 폐단을 막기 위해 실시하였다.

④ 공인에게 비용을 지급하고 필요 물품을 조달하였다.

11 (가) 인물이 추진한 정책으로 옳지 않은 것은?

> 선비들 수만 명이 대궐 앞에 모여 만동묘와 서원을 다시 설립할 것을 청하니, (가) 이/가 크게 노하여 한성부의 조례(皂隷)와 병졸로 하여금 한강 밖으로 몰아내게 하고 드디어 천여 곳의 서원을 철폐하고 그 토지를 몰수하여 관에 속하게 하였다.
>
> － 『대한계년사』 －

① 사창제를 실시하였다.

② 『대전회통』을 편찬하였다.

③ 비변사의 기능을 강화하였다.

④ 통상 수교 거부 정책을 추진하였다.

12 다음과 같은 선포문을 발표하면서 성립한 정부의 정책으로 옳지 않은 것은?

> 제1조 대한민국은 민주공화제로 함
> …(중략)…
> 민국 원년 3월 1일 우리 대한민족이 독립을 선언한 뒤 …(중략)… 이제 본 정부가 전 국민의 위임을 받아 조직되었으니 전 국민과 더불어 전심(專心)으로 힘을 모아 국토 광복의 대사명을 이룰 것을 선서한다.

① 독립 공채를 발행하였다.

② 기관지로 독립신문을 발간하였다.

③ 비밀 행정 조직인 연통부를 설치하였다.

④ 재정 확보를 위하여 전환국을 설립하였다.

13 밑줄 친 '나'가 집권하여 추진한 사실로 옳은 것은?

> 나는 우리 국민이 선천적으로 타고난 재질을 최대한으로 활용하여 다각적인 생산 활동을 더욱 활발하게 하고, …(중략)… 공산품 수출을 진흥시키는 데 가일층 노력할 것을 요망합니다. 끝으로 나는 오늘 제1회 「수출의 날」 기념식에 즈음하여 …(중략)… 이 뜻깊은 날이 자립경제를 앞당기는 또 하나의 계기가 될 것을 기원합니다.

① 대통령 직선제 개헌을 추진하였다.
② 3 · 1 민주 구국 선언을 발표하였다.
③ 반민족 행위 특별 조사 위원회를 구성하였다.
④ 베트남 파병에 필요한 조건을 명시한 브라운 각서를 체결하였다.

14 다음과 같이 상소한 인물이 속한 붕당에 대한 설명으로 옳은 것만을 모두 고르면?

> 상소하여 아뢰기를, "신이 좌참찬 송준길이 올린 차자를 보았는데, 상복(喪服) 절차에 대하여 논한 것이 신과는 큰 차이가 있었습니다. 장자를 위하여 3년을 입는 까닭은 위로 '정체(正體)'가 되기 때문이고 또 전중(傳重: 조상의 제사나 가문의 법통을 전함)하기 때문입니다. …(중략)… 무엇보다 중요한 것은 할아버지와 아버지의 뒤를 이은 '정체'이지, 꼭 첫째이기 때문에 참최 3년복을 입는 것은 아닙니다."라고 하였다.
> － 『현종실록』 －

> ㉠ 기사환국으로 정권을 장악하였다.
> ㉡ 인조반정을 주도하여 집권세력이 되었다.
> ㉢ 정조 시기에 탕평정치의 한 축을 이루었다.
> ㉣ 이이와 성혼의 문인을 중심으로 형성되었다.

① ㉠, ㉡   ② ㉠, ㉢
③ ㉡, ㉣   ④ ㉢, ㉣

15 (나) 시기에 일어난 사실로 옳은 것은?

> (가) 삼포왜란이 발발하였다.
> ↓
> (나)
> ↓
> (다) 임진왜란이 발발하였다.

① 을사사화가 일어났다.
② 『경국대전』이 반포되었다.
③ 『향약집성방』이 편찬되었다.
④ 금속활자인 갑인자가 주조되었다.

16 다음 법령이 시행된 시기에 있었던 사실로 옳은 것은?

> 제1조 회사의 설립은 조선 총독의 허가를 받아야 한다.
> 제5조 회사가 본령이나 본령에 따라 나오는 명령과 허가 조건을 위반하거나 공공질서와 선량한 풍속에 반하는 행위를 할 때 조선 총독은 사업의 정지, 지점의 폐쇄, 또는 회사의 해산을 명할 수 있다.

① 산미 증식 계획이 폐지되었다.
② 국가 총동원법이 제정되었다.
③ 원료 확보를 위한 남면북양 정책이 추진되었다.
④ 보통학교 수업 연한을 4년으로 정한 조선 교육령이 공포되었다.

17 다음과 같은 결의문에 근거하여 시행된 조치로 옳은 것은?

> 소총회는 …(중략)… 한국 인민의 대표가 국회를 구성하여 중앙정부를 수립할 수 있도록 선거를 시행함이 긴요하다고 여기며, 총회의 의결에 따라 국제연합 한국 임시위원단이 접근할 수 있는 지역에서 결의문 제2호에 기술된 계획을 시행함이 동 위원단에 부과된 임무임을 결의한다.

① 미 군정청이 설치되었다.
② 5·10 총선거가 실시되었다.
③ 좌우 합작 위원회가 구성되었다.
④ 미·소 공동 위원회가 개최되었다.

18 (가), (나) 조약 사이의 시기에 있었던 사실로 옳은 것은?

> (가) 제10관 일본국 인민이 조선국 지정의 각 항구에 머무는 동안에 죄를 범한 것이 조선국 인민에 관계되는 사건일 때에는 일본국 관원이 재판한다.
> (나) 제4관 중국 상인이 조선의 양화진 및 한성에 영업소를 개설할 경우를 제외하고, 각종 화물을 내륙으로 운반하여 상점을 차리고 파는 것을 허가하지 않는다. 단, 내륙행상이 필요한 경우 지방관의 허가서를 받아야 한다.

① 개항장에서는 일본 화폐가 통용되었다.
② 러시아가 압록강 유역의 산림 채벌권을 획득하였다.
③ 황국 중앙 총상회가 조직되어 상권 수호 운동을 전개하였다.
④ 함경도의 방곡령에 불복하여 일본 상인이 손해 배상을 요구하였다.

19 밑줄 친 '14개 조목'에 해당하는 것만을 모두 고르면?

> 이제부터는 다른 나라를 의지하지 않으며 융성하도록 나라의 발걸음을 넓히고 백성의 복리를 증진하여 자주독립의 터전을 공고하게 할 것입니다. …(중략)… 이에 저 소자는 14개 조목의 홍범(洪範)을 하늘에 계신 우리 조종의 신령 앞에 맹세하노니, 우러러 조종이 남긴 업적을 잘 이어서 감히 어기지 않을 것입니다.

> ㉠ 탁지아문에서 조세 부과
> ㉡ 왕실과 국정 사무의 분리
> ㉢ 지계 발급을 위한 지계아문 설치
> ㉣ 대한 천일 은행 등 금융기관 설립

① ㉠, ㉡
② ㉠, ㉣
③ ㉡, ㉢
④ ㉢, ㉣

20 (가) 시기에 볼 수 있었던 모습으로 옳지 않은 것은?

① 소학교에 등교하는 조선인 학생
② 황국 신민 서사를 암송하는 청년
③ 제국신문 기사를 작성하는 기자
④ 쌍성보에서 항전하는 한국독립당 군인

✅ 회독 CHECK 1 2 3

01 밑줄 친 '주먹도끼'가 사용된 시대에 대한 설명으로 옳은 것은?

> 이 유적은 경기도 연천군 한탄강 언저리에 넓게 위치하고 있다. 이곳에서 아슐리안 계통의 주먹도끼가 다량으로 출토되어 더욱 많은 관심이 집중되었다. 이곳에서 발견된 주먹도끼는 그 존재 유무로 유럽과 동아시아 문화가 나뉘어진다고 한 모비우스의 학설을 무너뜨리는 결정적 증거가 되었다.

① 동굴이나 바위 그늘, 강가의 막집 등에서 살았다.
② 내부에 화덕이 있는 움집이 일반적인 주거 형태였다.
③ 토기를 만들어 음식을 조리하거나 식량을 저장하였다.
④ 구릉에 마을을 형성하고 그 주변에 도랑을 파고 목책을 둘렀다.

02 (가) 군사 조직에 대한 설명으로 옳은 것은?

> 고려 정부는 몽골과 강화를 맺고 개경으로 환도하였다. 대몽항전에 적극적이었던 (가) 은/는 개경 환도를 반대하고 반란을 일으켰다. 이어 진도로 근거지를 옮기면서 항쟁을 전개하였다.

① 포수, 사수, 살수의 삼수병으로 편제되었다.
② 윤관의 건의로 편성된 기병 중심의 부대였다.
③ 도적을 잡기 위해 설치한 야별초에서 시작되었다.
④ 양계 지방에서 국경 지역 방어를 맡았던 상비적인 전투부대였다.

03 다음과 같은 주장을 한 인물은?

> 일단 강화를 맺고 나면 저 적들의 욕심은 물화를 교역하는 데 있습니다. …(중략)… 저들이 비록 왜인이라고 하나 실은 양적(洋賊)입니다. 강화의 일이 한번 이루어지면 사학(邪學)의 서적과 천주의 상(像)이 교역하는 가운데 섞여 들어갈 것입니다.

① 박규수　　　　　② 최익현
③ 김홍집　　　　　④ 김윤식

04 다음에서 설명하는 신문은?

> • 서재필이 정부 지원을 받아 창간하였다.
> • 한글판을 발행하여 서양의 문물과 제도를 소개하였다.
> • 영문판을 발행하여 국내 사정을 외국인에게도 전달하였다.

① 제국신문　　　　② 독립신문
③ 한성순보　　　　④ 황성신문

05 (가), (나)에 들어갈 왕의 업적으로 옳은 것은?

> 삼국의 역사서로는 고구려에 『유기』가 있었는데, 영양왕 때 이문진이 이를 간추려 『신집』 5권을 편찬하였다. 백제에서는 ☐(가)☐ 시기에 고흥이 『서기』를, 신라에서는 ☐(나)☐ 시기에 거칠부가 『국사』를 편찬하였다.

① (가) - 국호를 남부여로 바꾸었다.
② (가) - 동진으로부터 불교를 받아들여 공인하였다.
③ (나) - 화랑도를 국가적 조직으로 개편하였다.
④ (나) - 병부를 처음으로 설치하여 군권을 장악하였다.

06 다음 문화재와 이를 통해 알 수 있는 내용의 연결이 옳지 않은 것은?

① 사택지적비 - 백제가 영산강 유역까지 영역을 확장하였다.
② 임신서기석 - 신라에서 청년들이 유교 경전을 공부하였다.
③ 충주 고구려비 - 고구려가 5세기에 남한강 유역까지 진출하였다.
④ 호우명 그릇 - 5세기 초 고구려와 신라가 밀접한 관계를 맺고 있었다.

07 밑줄 친 '곽재우'에 대한 설명으로 옳지 않은 것은?

> 여러 도에서 의병이 일어났다. …(중략)… 도내의 거족(巨族)으로 명망 있는 사람과 유생 등이 조정의 명을 받들어 의(義)를 부르짖고 일어나니 소문을 들은 자들은 격동하여 원근에서 이에 응모하였다. …(중략)… 호남의 고경명·김천일, 영남의 곽재우·정인홍, 호서의 조헌이 가장 먼저 일어났다.
> — 『선조수정실록』 —

① 홍의장군이라 칭하였다.
② 의령을 거점으로 봉기하였다.
③ 행주산성에서 일본군을 크게 무찔렀다.
④ 익숙한 지리를 활용한 기습 작전으로 일본군에 타격을 주었다.

08 다음과 같은 취지로 전개된 운동에 대한 설명으로 옳은 것은?

> 지금 우리들은 정신을 새로이 하고 충의를 떨칠 때이니, 국채 1,300만 원은 우리 대한 제국의 존망에 직결된 것입니다. 이것을 갚으면 나라가 보존되고 이것을 갚지 못하면 나라가 망할 것은 필연적인 사실이나, 지금 국고에서는 도저히 갚을 능력이 없으며, 만일 나라에서 갚지 못한다면 그때는 이미 삼천리 강토는 내 나라 내 민족의 소유가 못 될 것입니다.
> — 『대한매일신보』 —

① 조선 형평사를 조직하였다.
② 조선 물산 장려회를 조직하였다.
③ 신사 참배 거부 운동을 전개하였다.
④ 1907년 대구에서 시작되어 전국으로 확산되었다.

09 (가), (나)에 들어갈 말을 바르게 연결한 것은?

> 조선 시대 과거 제도에는 문과 · 무과 · 잡과가 있었는데, 이 가운데 문과를 가장 중시하였다. 『경국대전』에 따르면 문과 시험 업무는 (가) 에서 주관하고, 정기 시험인 식년시는 (나) 마다 실시하는 것이 원칙이었다.

	(가)	(나)
①	이조	2년
②	이조	3년
③	예조	2년
④	예조	3년

10 다음 원칙이 발표된 이후에 있었던 사실로 옳지 않은 것은?

> • 조선의 민주 독립을 보장한 삼상 회의 결정에 의하여 남북을 통한 좌우 합작으로 민주주의 임시 정부를 수립할 것
> • 토지 개혁에 있어서 몰수, 유조건 몰수, 체감매상 등으로 토지를 농민에게 무상으로 나누어 주며, …(중략)… 민주주의 건국 과업 완수에 매진할 것
> • 입법 기구에 있어서는 일체 그 권능과 구성 방법 운영에 관한 대안을 본 합작 위원회에서 작성하여 적극적으로 실행을 기도할 것

① 3 · 15 부정선거에 대항하여 4 · 19 혁명이 일어났다.
② 친일파를 청산하기 위한 「반민족행위처벌법」이 공포되었다.
③ 제헌 국회에서 대통령에 이승만, 부통령에 이시영을 선출하였다.
④ 임시 민주 정부 수립을 논의하기 위해 제1차 미 · 소 공동 위원회가 개최되었다.

11 밑줄 친 '그'에 대한 설명으로 옳은 것은?

> 그는 화엄종을 중심으로 교종을 통합하고 해동 천태종을 창시하여 선종까지 포섭하려 하였다. 그러나 그의 사후에 교단은 다시 분열되었고, 권력층과 밀착되어 타락하는 양상까지 나타났다.

① 이론적인 교리 공부와 실천적인 수행을 아우를 것을 주장하였다.
② 참선과 독경은 물론 노동에도 힘을 쓰자고 하면서 결사를 제창하였다.
③ 삼국 시대 이래 고승들의 전기를 정리하여 『해동고승전』을 편찬하였다.
④ 백련사를 결성하여 극락왕생을 기원하는 참회와 염불 수행을 강조하였다.

12 (가) 시기에 있었던 사실로 옳지 않은 것은?

① 인조반정이 발생하였다.
② 영창 대군이 사망하였다.
③ 강홍립이 후금에 항복하였다.
④ 청에 인질로 끌려갔던 봉림 대군이 귀국하였다.

13 여름 휴가를 맞아 강화도로 답사 여행을 떠나고자 한다. 다음 중 유적(지)과 주제의 연결이 옳지 않은 것은?

	유적(지)	주제
①	외규장각	동학 농민 운동
②	고려궁지	대몽 항쟁
③	고인돌	청동기 문화
④	광성보	신미양요

14 조선 시대 붕당의 상황에 대한 설명으로 옳지 않은 것은?

① 선조 대 – 사림이 동인과 서인으로 분열하였다.
② 광해군 대 – 북인이 집권하였다.
③ 인조 대 – 남인이 정권을 독점하였다.
④ 숙종 대 – 서인이 노론과 소론으로 갈라졌다.

15 조선 세종 대에 있었던 사실로 옳지 않은 것은?

① 갑인자를 주조하였다.
② 화통도감을 설치하였다.
③ 역법서인 『칠정산』을 편찬하였다.
④ 간의를 만들어 천체를 관측하였다.

16 다음과 같은 강령을 발표한 단체의 활동으로 옳은 것은?

> 一. 우리는 정치적, 경제적 각성을 촉진함
> 一. 우리는 단결을 공고히 함
> 一. 우리는 기회주의를 일체 부인함

① 조선 민립 대학 기성회를 창립하였다.
② 파리 강화 회의에 대표를 파견하였다.
③ 6 · 10 만세 운동을 사전에 계획하였다.
④ 광주 학생 항일 운동이 일어나자 조사단을 파견하였다.

17 다음 글을 쓴 인물에 대한 설명으로 옳은 것은?

> 세상에서 동명왕의 신이(神異)한 일을 많이 말한다. …(중략)… 지난 계축년 4월에 『구삼국사』를 얻어 「동명왕 본기」를 보니 그 신기한 사적이 세상에서 얘기하는 것보다 더하였다. 그러나 처음에는 믿지 못하고 귀신이나 환상이라고만 생각하였는데, 두세 번 반복하여 읽어서 점점 그 근원에 들어가니 환상이 아닌 성스러움이며, 귀신이 아닌 신성한 이야기였다.

① 사실의 기록보다 평가를 강조한 강목체 사서를 편찬하였다.
② 단군부터 고려 충렬왕 때까지의 역사를 서사시로 기록하였다.
③ 단군신화와 전설 등 민간에서 전승되는 자료를 광범위하게 수록하였다.
④ 김부식의 『삼국사기』에 동명왕의 신이한 사적이 생략되어 있다고 평하였다.

18 1910년대에 있었던 사실로 옳은 것은?

① 중국 화북 지방에서 조선 독립 동맹이 결성되었다.
② 만주에서 참의부, 정의부, 신민부 등 3부가 조직되었다.
③ 임병찬이 주도한 독립 의군부는 항일 운동을 전개하였다.
④ 조선 혁명군이 양세봉의 지휘 아래 영릉가에서 일본군을 격파하였다.

19 다음 주장을 한 인물에 대한 설명으로 옳은 것은?

> 우리 조선의 역사적 발전의 전 과정은 가령 지리적 조건, 인종학적 골상, 문화 형태의 외형적 특징 등 다소의 차이는 인정되더라도, 다른 문화 민족의 역사적 발전 법칙과 구별되어야 하는 독자적인 것이 아니다. 세계사적인 일원론적 역사 법칙에 의해 다른 민족과 거의 같은 궤도로 발전 과정을 거쳐왔다.

① 민족정신으로서 조선 국혼을 강조하였다.

② 민족주의 사학을 계승하여 조선의 얼을 강조하였다.

③ 마르크스 유물 사관을 바탕으로 한국사를 연구하였다.

④ 진단 학회를 조직하여 문헌 고증을 중시하는 실증주의 사학을 정립하였다.

20 6·25 전쟁 중 있었던 사실로 옳지 않은 것은?

① 국군과 유엔군이 인천 상륙 작전을 감행하였다.

② 대통령 직선제를 포함한 발췌 개헌안이 국회에서 통과되었다.

③ 이승만 정부가 북한 송환을 거부하는 반공 포로를 석방하였다.

④ 미국이 한반도를 미국의 태평양 지역 방위선에서 제외한다는 애치슨 선언을 발표하였다.

모바일 OMR

✅ 회독 CHECK 1 2 3

01 청동기 시대에 대한 설명으로 가장 옳지 않은 것은?

① 금속 도구가 만들어지면서 석기 농기구는 사라지고 농업이 발전하였다.

② 동검, 청동거울, 청동방울 등을 제작하였다.

③ 생산력이 발전하면서 사유재산제와 계급이 발생하였다.

④ 일상생활에서 민무늬 토기가 이용되었다.

02 〈보기〉의 유물·유적에 대한 설명으로 가장 옳지 않은 것은?

─〈보 기〉─

(가) 무령왕릉

(나) 영광탑

(다) 강서대묘

(라) 미륵사지 석탑

① (가) - 중국 남조의 영향을 받은 벽돌 무덤이다.

② (나) - 발해 때 세워진 5층 벽돌탑이다.

③ (다) - 도교의 영향을 받은 벽화가 그려져 있다.

④ (라) - 무구정광대다라니경이 발견되었다.

03 〈보기〉의 ㉠에 들어갈 것으로 가장 옳은 것은?

─〈보 기〉─

고종 12년(1225)에 최우(崔瑀)가 자신의 집에 ㉠ 을 두고 백관의 인사를 다루었는데 문사(文士)를 뽑아 이에 속하게 하고 필자적(必者赤)이라 불렀다.

─『고려사』─

① 교정도감
② 도방
③ 중방
④ 정방

04 〈보기〉의 ㉠에 들어갈 책으로 가장 옳은 것은?

─〈보 기〉─

세종이 예문제학 정인지 등에 명하여 ㉠ 을/를 지었다. 처음에 고려 최성지가 충선왕을 따라 원나라에 들어가서 『수시력』을 얻어 돌아와서 추보하여 사용하였다. 그러나 일원교식(일식과 월식이 같이 생기는 것)과 오행성이 움직이는 도수에 관해 곽수경의 산술을 알지 못하였다. 조선이 개국해서도 역법은 『수시력』을 그대로 썼다. 『수시력』에 일월교식 등이 빠졌으므로 임금이 정인지·정초·정흠지 등에게 명하여 추보하도록 하니 ……

─『연려실기술』─

①『향약채취월령』
②『의방유취』
③『농사직설』
④『칠정산내외편』

05 〈보기 1〉의 밑줄 친 '이 왕'이 시행한 정책을 〈보기 2〉에서 모두 고른 것은?

─── 〈보기 1〉 ───

이 왕은 반대 세력을 무력으로 제압하고 자신의 신변을 보호하기 위한 친위부대로 장용영을 설치하였다. 장용영은 기존에 국왕의 호위를 담당하던 숙위소를 폐지하고 새롭게 조직을 갖추어 편성된 부대다.

─── 〈보기 2〉 ───

㉠ 탕평의 의지를 반영하여 성균관 입구에 탕평비를 세웠다.
㉡ 상공업을 진흥시키기 위해 통공정책을 단행하였다.
㉢ 젊은 관료의 재교육을 위해 초계문신제도를 시행하였다.

① ㉡
② ㉢
③ ㉡, ㉢
④ ㉠, ㉡, ㉢

06 〈보기〉의 내용과 시기적으로 가장 먼 것은?

─── 〈보기〉 ───

신고산이 우루루 화물차 가는 소리에
금붙이 쇠붙이 밥그릇마저 모조리 긁어 갔고요
어랑어랑 어허야
이름 석 자 잃고서 족보만 들고 우누나

① 조선식량관리령을 시행하여 곡물을 강제로 공출하였다.
② 여자정신근로령을 통해 여성에 대한 강제동원이 이루어졌다.
③ 기업정비령과 기업허가령을 시행하여 기업 통제를 강화하였다.
④ 어업령, 삼림령, 광업령 등을 제정하여 각종 자원을 독점하기 시작하였다.

07 〈보기〉는 광복 전후의 사건들을 나열한 것이다. 사건을 시간순으로 바르게 나열한 것은?

─── 〈보기〉 ───

㉠ 카이로 선언
㉡ 모스크바 3국 외상회의
㉢ 포츠담 선언
㉣ 얄타회담
㉤ 5·10 총선거

① ㉠ - ㉢ - ㉣ - ㉡ - ㉤
② ㉠ - ㉣ - ㉢ - ㉡ - ㉤
③ ㉣ - ㉠ - ㉢ - ㉤ - ㉡
④ ㉣ - ㉢ - ㉠ - ㉤ - ㉡

08 〈보기〉의 밑줄 친 '나'에 대한 설명으로 가장 옳은 것은?

─── 〈보기〉 ───

지금 농사를 하고자 하는 사람은 토지를 얻고, 농사를 하지 않는 사람은 토지를 얻지 못하도록 한다. 즉 여전(閭田)의 법을 시행하면 나의 뜻을 이룰 수 있을 것이다. …… 무릇 1여의 토지는 1여의 사람들로 하여금 공동으로 경작하게 하고, 내 땅 네 땅의 구분 없이 오직 여장의 명령만을 따른다. 매 사람마다의 노동량은 매일 여장이 장부에 기록한다. 가을이 되면 무릇 오곡의 수확물을 모두 여장의 집으로 보내어 그 식량을 분배한다. 먼저 국가에 바치는 공세를 제하고, 다음으로 여장의 녹봉을 제하며, 그 나머지를 날마다 일한 것을 기록한 장부에 의거하여 여민들에게 분배한다.

① 『북학의』를 저술하였다.
② 『성호사설』을 저술하였다.
③ 『반계수록』을 저술하였다.
④ 『목민심서』를 저술하였다.

09 〈보기〉의 밑줄 친 '이 사건'에 대한 설명으로 가장 옳지 않은 것은?

─── 〈보 기〉 ───

(가) 전에는 개화당을 꾸짖는 자도 많이 있었으나, 개화가 이롭다는 것을 말하면 듣는 사람들도 감히 크게 반대하지 않았다. 그런데 이 사건을 겪은 뒤부터 조정과 민간에서 모두 "이른바 개화당이라고 하는 자들은 충의를 모르고 외국인과 연결하여 나라를 팔고 겨레를 배반하였다."라고 말하고 있다.

─ 『윤치호 일기』 ─

(나) 임오군란 이후부터 청은 우리나라에 자주 내정간섭을 하였다. 나는 청나라 당으로 지목되었고, 청국이 우리의 자주권을 침해하는 데 분노해 이 사건을 일으켰던 이는 일본 당으로 지목되었다. 그 후 일이 허사로 돌아가자 세상은 그를 역적이라 하였는데, 나는 정부에 몸을 담고 있어 그를 공격할 수밖에 없었다. 그러나 그 마음은 결코 다른 나라에 있지 않았고, 애국하는 데 있었다.

─ 『속음청사』 ─

① 이 사건을 진압한 청은 조선과 조청상민수륙무역장정을 체결하였다.
② 우정총국의 낙성 축하연을 기회로 정변을 일으켜 새로운 정부를 수립하였다.
③ 이 사건의 주모자들은 청과 종속 관계를 청산하여 자주독립을 확고히 하고자 하였다.
④ 이 사건 이후 청과 일본은 톈진 조약을 체결해 향후 조선으로 군대 파견 시 상대국에게 알리도록 하였다.

10 〈보기〉의 밑줄 친 '법'에 대한 설명으로 가장 옳은 것은?

─── 〈보 기〉 ───

12월에 새 왕이 즉위하자, 대사헌(大司憲) 조준(趙浚) 등이 또 상소하여 토지제도에 대해 논하여 말하기를, "하늘이 재앙을 내린 것을 후회하시어 흉악한 무리들을 이미 멸망시켰으며 신돈(辛旽)이 이미 제거되었으니, 마땅히 사전(私田)을 모두 없애 이 민(民)이 부유하고 장수하는 영역을 여는 것, 이것이 그 기회입니다. …… 이를 규정된 법으로 정하셔서 백성과 더불어 다시 시작하십시오. ……"라고 하였다.
3년 5월 도평의사사(都評議使司)에서 토지를 지급하는 법을 정할 것을 청하니, 그 의견대로 하였다.

① 전지와 시지를 지급하였다.
② 경기 지역의 토지만 지급하였다.
③ 현직 관리에게만 토지를 지급하였다.
④ 토지에 부과하는 세금을 4~6두로 고정하였다.

11 〈보기〉의 제도를 시행한 국가에 대한 설명으로 가장 옳은 것은?

─── 〈보 기〉 ───

나라에서 장차 재상을 뽑을 때에 후보 서너 명의 이름을 써서 상자에 넣고 봉해 이를 호암사에 있는 바위에 두었다. 얼마 뒤에 가지고 와서 열어보고 이름 위에 도장이 찍혀 있는 사람을 재상으로 삼았다.

① 지방 통치를 위해 욕살과 처려근지를 파견하였다.
② 전국을 5방으로 나누고 그 책임자를 방령이라고 불렀다.
③ 각 주에 정을 두고 진골 출신의 장군이 지휘하였다.
④ 제5관등 이상의 귀족들이 모여 주요 국사를 처리하였다.

12 〈보기 1〉의 사건이 있었던 시대의 화폐를 〈보기 2〉에서 모두 고른 것은?

─── 〈보기 1〉 ───

왕이 명령하기를, "백성들을 부유하게 하고 나라에 이익을 가져오게 하는 데 돈보다 중요한 것은 없다. …… 그러므로 이제 비로소 금속을 녹여 돈을 만드는 법령을 제정한다. 부어서 만든 돈 15,000꾸러미를 재추와 문무 양반과 군인들에게 나누어 주어 돈 통용의 시초로 삼고 돈에 새기는 글은 해동통보라 한다. ……"라고 하였다.

─── 〈보기 2〉 ───

| ㉠ 조선통보 | ㉡ 해동중보 |
| ㉢ 십전통보 | ㉣ 삼한통보 |

① ㉠, ㉢   ② ㉠, ㉣

③ ㉡, ㉢   ④ ㉡, ㉣

13 〈보기〉에서 동학농민군의 폐정개혁 12개 조항으로 옳지 않은 것을 모두 고른 것은?

─── 〈보 기〉 ───

㉠ 횡포한 부호를 엄히 다스린다.
㉡ 불량한 유림과 양반의 무리를 징벌한다.
㉢ 외국인에게 의지하지 말고 관민이 협력하여 전제 황권을 공고히 한다.
㉣ 무명의 잡세는 모두 폐지한다.
㉤ 중대 범죄를 공판하되 피고의 인권을 존중한다.

① ㉠, ㉢

② ㉢, ㉤

③ ㉠, ㉡, ㉣

④ ㉡, ㉢, ㉤

14 〈보기〉의 기록은 독립 운동에 참여한 인물의 회고록이다. 이 인물이 소속된 단체로 가장 옳은 것은?

─── 〈보 기〉 ───

나는 목숨을 걸고 탈출하여 …… 충칭으로 가는 길에 6,000리 장정의 길에 나섰고 …… 이범석 장군의 부관이 되어 시안에 있는 제2지대로 찾아가서 OSS 특별 훈련을 받았다. 국내 지하 공작원으로 진입하려고 하던 때에 투항을 맞이하였다.

① 조선의용군

② 한인애국단

③ 한국광복군

④ 동북항일연군

15 〈보기〉의 내용이 발표된 이후의 일제 정책으로 가장 옳은 것은?

─── 〈보 기〉 ───

1. 우리는 황국 신민이다. 충성으로써 군국(君國)에 보답한다.
2. 우리들 황국 신민은 서로 믿고 아끼고 협력하여 단결을 공고히 한다.
3. 우리들 황국 신민은 괴로움을 참고 몸과 마음을 굳세게 하는 힘을 길러 황도(皇道)를 선양한다.

① 토지조사사업을 실시하였다.

② 치안유지법을 제정하였다.

③ 조선 사상범 예방 구금령을 제정하였다.

④ 공업화로 인한 일본 내 식량 부족 문제 해결을 위한 산미증식 계획을 실시하였다.

16 〈보기〉의 ㉠ 인물에 대한 설명으로 가장 옳은 것은?

〈보 기〉

6월 27일에 사람들이 말하기를, ____㉠____의 교역선 2척이 단산포(旦山浦)에 도착했다고 한다. …… 28일 당의 천자가 보내는 사신들이 이곳으로 와 만나보았다. …… 밤에 ____㉠____의 견대당매물사(遣大唐賣物使)인 최훈(崔暈) 병마사(兵馬使)가 찾아와서 위문하였다.

– 『입당구법순례행기』 –

---

① 『화랑세기』를 저술하였다.

② 당의 등주를 공격하였다.

③ 적산 법화원을 건립하였다.

④ 웅천주를 근거지로 반란을 일으켰다.

17 〈보기〉의 조약이 체결된 해에 일어난 사건으로 가장 옳은 것은?

〈보 기〉

제3국 침해나 내란으로 인하여 대한제국 황실의 안녕과 영토 보전에 위험이 있을 경우 대일본제국 정부는 신속하게 상황에 따라 필요한 조치를 취할 수 있다. 그리고 대한제국 정부는 이러한 대일본제국의 행동이 용이하도록 충분한 편의를 제공한다. 대일본제국 정부는 앞 조관의 목적을 성취하기 위하여 군사 전략상 필요한 지점을 상황에 따라 수용할 수 있다.

---

① 일본의 제물포에 있는 러시아 군함을 공격하며 러일 전쟁을 일으켰다.

② 일본이 불법으로 독도를 자국 영토로 편입하였다.

③ 일본이 대한제국 군대를 강제 해산시켰다.

④ 일본이 헤이그특사 파견을 빌미삼아 고종을 강제 퇴위시켰다.

18 〈보기〉의 인물이 활동하던 시기에 해당하는 설명으로 가장 옳은 것은?

〈보 기〉

• 새로 창건한 귀법사의 주지가 되었다.

• 불교 대중화에 관심이 있어 「보현십원가」를 지었다.

• 화엄학에 대한 주석서를 쓰는 등 화엄 교학을 정비하였다.

---

① 강조를 토벌한다는 명분으로 거란이 침략하였다.

② 대장경에 대한 주석서인 교장을 간행하였다.

③ 중국에 승려들을 보내 법안종을 수용하였다.

④ 현화사를 창건하였다.

19 〈보기〉의 사건을 시간순으로 바르게 나열한 것은?

〈보 기〉

㉠ 이여송이 거느린 5만여 명의 명나라 지원군이 조선군과 합하여 평양성을 탈환하였다.

㉡ 왜군이 총공격을 가해오자 이순신 함대는 한산도 앞바다로 적을 유인하여 대파하였다.

㉢ 권율이 행주산성에서 1만여 명의 병력으로 전투를 벌여 3만여 명의 병력으로 공격해 온 일본군을 물리쳤다.

㉣ 진주에서 목사 김시민이 3,800여 명의 병력으로 2만여 명의 일본군을 맞아 성을 방어하는 데 성공했다.

---

① ㉡ – ㉣ – ㉠ – ㉢

② ㉡ – ㉣ – ㉢ – ㉠

③ ㉣ – ㉡ – ㉠ – ㉢

④ ㉣ – ㉡ – ㉢ – ㉠

20 대한민국 임시정부가 〈보기〉의 체제 개편을 하기 이전에 한 활동으로 가장 옳은 것은?

―――――〈보 기〉―――――

대한민국 임시정부는 헌법을 개정하여 집단지도체제인 국무위원제를 채택했다. 즉, 5~11인의 국무위원 가운데 한 사람을 주석으로 선출하되, 주석은 대통령이나 국무령과 같이 특별한 권한을 갖지 않고 다만 회의를 주재하는 권한만 갖게 했다.

① 이승만을 탄핵하고 박은식을 임시 대통령으로 추대했다.

② 조소앙의 삼균주의에 기초한 건국 강령을 반포하였다.

③ 의열 투쟁을 전개하고자 한인애국단을 조직하였다.

④ 한국 국민당을 조직하여 정당정치를 운영하였다.

✔ 회독 CHECK 1 2 3

01 다음 풍습이 있었던 나라에 대한 설명으로 옳은 것은?

> • 가족이 죽으면 시체를 가매장하였다가 나중에 그 뼈를 추려서 가족 공동 무덤인 커다란 목곽에 안치하였다.
> • 목곽 입구에는 죽은 자가 먹을 양식으로 쌀을 담은 항아리를 매달아 놓기도 하였다.
>
> ─『삼국지』 위서 동이전 ─

① 민며느리제라는 혼인 풍습이 있었다.
② 제가가 별도로 사출도를 다스렸다.
③ 소도라는 신성 구역이 존재하였다.
④ 무천이라는 제천 행사를 열었다.

02 우리나라 유네스코 세계 유산에 대한 설명으로 옳지 않은 것은?

① 미륵사지에는 목탑 양식의 석탑이 있다.
② 정림사지에는 백제의 5층 석탑이 남아 있다.
③ 능산리 고분군에는 계단식 돌무지 무덤이 있다.
④ 무령왕릉에는 무덤 주인공을 알려주는 지석이 있었다.

03 조선 시대의 관청에 대한 설명으로 옳은 것은?

① 사간원 ─ 교지를 작성하였다.
② 한성부 ─ 시정기를 편찬하였다.
③ 춘추관 ─ 외교 문서를 작성하였다.
④ 승정원 ─ 국왕의 명령을 출납하였다.

04 (가)에 대한 설명으로 옳은 것은?

> 3·1 운동 직후에 만들어진 ┌(가)┐ 은/는 연통제라는 비밀 행정 조직을 만들었으며, 국내 인사와의 연락과 이동을 위해 교통국을 두었다. 또 외교 선전물을 간행하여 일제 침략의 부당성을 널리 알리고자 하였다. 그러나 이러한 활동은 뚜렷한 성과를 내지 못하였다. 그러한 가운데 ┌(가)┐ 의 활동 방향을 두고 외교 운동 노선과 무장 투쟁 노선 사이에서 갈등이 빚어지기도 하였다.

① 외교 운동을 위해 미국에 구미 위원부를 설치하였다.
② 비밀 결사 운동을 추진하고자 독립 의군부를 만들었다.
③ 이인영, 허위 등을 중심으로 서울 진공 작전을 추진하였다.
④ 영국인 베델을 발행인으로 한 대한매일신보를 창간하였다.

05 다음 (가), (나) 승려에 대한 설명으로 옳은 것은?

> (가) 중국 유학에서 돌아와 부석사를 비롯한 여러 사원을 건립하였으며, 문무왕이 경주에 성곽을 쌓으려 할 때 만류한 일화로 유명하다.
> (나) 진골 귀족 출신으로 대국통을 역임하였으며, 선덕 여왕에게 황룡사 9층탑의 건립을 건의하였다.

① (가)는 모든 것이 한마음에서 나온다는 일심사상을 제시하였다.
② (가)는 『화엄일승법계도』를 만들었다.
③ (나)는 『왕오천축국전』이라는 여행기를 남겼다.
④ (나)는 이론과 실천을 같이 강조하는 교관겸수를 제시하였다.

06 (가) 왕에 대한 설명으로 옳은 것은?

> 당 현종 개원 7년에 대조영이 죽으니, 그 나라에서 사사로이 시호를 올려 고왕(高王)이라 하였다. 아들 ___(가)___ 이/가 뒤이어 왕위에 올라 영토를 크게 개척하니, 동북의 모든 오랑캐가 겁을 먹고 그를 섬겼으며, 또 연호를 인안(仁安)으로 고쳤다.
>
> － 『신당서』 －

① 수도를 상경성으로 옮겼다.
② '해동성국'이라고 불릴 만큼 전성기를 이루었다.
③ 장문휴를 시켜 당의 등주(산둥성)를 공격하였다.
④ 고구려 유민과 말갈족을 이끌고 동모산에 도읍을 정하였다.

07 (가)~(라) 국왕 대에 있었던 사실로 옳지 않은 것은?

> 조선 시대 국가를 운영하는 핵심 법전인 『경국대전』은 세조 대에 그 편찬이 시작되어 ___(가)___ 대에 완성되었다. 이후 여러 차례의 전쟁으로 혼란에 빠진 국가 체제를 수습하고 새로운 정치 · 사회적 변화에 대응하기 위해 법전 정비가 필요하게 되었다. 이에 따라 ___(나)___ 대에 『속대전』을 편찬하였으며, ___(다)___ 대에 『대전통편』을, 그리고 ___(라)___ 대에는 『대전회통』을 편찬하였다.

① (가) － 홍문관을 두어 집현전을 계승하였다.
② (나) － 서원을 붕당의 근거지로 인식하여 대폭 정리하였다.
③ (다) － 사도 세자의 무덤을 옮기고 화성을 축조하였다.
④ (라) － 삼정의 문란을 바로잡기 위해 삼정이정청을 설치하였다.

08 밑줄 친 '사건'의 명칭은?

> 중종에 의해 등용된 조광조는 현량과를 통해 사림을 대거 등용하였다. 그는 3사의 언관직을 통해 개혁을 추진해 나갔고, 위훈 삭제를 주장하기도 하였다. 이러한 움직임은 반발을 불러일으켰으며, 중종도 급진적인 개혁 조치에 부담을 느껴 조광조 등을 제거하였다. 이 사건으로 사림은 큰 피해를 입었다.

① 갑자사화　　　　② 기묘사화
③ 무오사화　　　　④ 을사사화

09 (가), (나)에 대한 설명으로 옳은 것은?

> ___(가)___ 역사서의 저자는 다음과 같은 글을 지어 왕에게 바쳤다. "성상 전하께서 옛 사서를 널리 열람하시고, '지금의 학사 대부는 모두 오경과 제자의 책과 진한(秦漢) 역대의 사서에는 널리 통하여 상세히 말하는 이는 있으나, 도리어 우리나라의 사실에 대하여서는 망연하고 그 시말(始末)을 알지 못하니 심히 통탄할 일이다. 하물며 신라 · 고구려 · 백제가 나라를 세우고 정립하여 능히 예의로써 중국과 통교한 까닭으로 범엽의 『한서』나 송기의 『당서』에는 모두 열전이 있으나 국내는 상세하고 국외는 소략하게 써서 자세히 실리지 않았다. …(중략)… 일관된 역사를 완성하고 만대에 물려주어 해와 별처럼 빛나게 해야 하겠다.'라고 하셨다."
>
> ___(나)___ 역사서에는 다음과 같은 서문이 실려 있다. "부여씨와 고씨가 망한 다음에 김씨의 신라가 남에 있고, 대씨의 발해가 북에 있으니 이것이 남북국이다. 여기에는 마땅히 남북국사가 있어야 할 터인데, 고려가 그것을 편찬하지 않은 것은 잘못이다."

① (가)는 동명왕의 업적을 칭송한 영웅 서사시이다.
② (가)는 불교를 중심으로 고대 설화를 수록하였다.
③ (나)는 만주 지역까지 우리 역사의 범위를 확장하였다.
④ (나)는 고조선부터 고려에 이르는 역사를 체계적으로 정리하였다.

10 다음 주장을 한 실학자가 쓴 책은?

> 토지를 겸병하는 자라고 해서 어찌 진정으로 빈민을 못살게 굴고 나라의 정치를 해치려고 했겠습니까? 근본을 다스리고자 하는 자라면 역시 부호를 심하게 책망할 것이 아니라 관련 법제가 세워지지 않은 것을 걱정해야 할 것입니다. …(중략)… 진실로 토지의 소유를 제한하는 법령을 세워, "어느 해 어느 달 이후로는 제한된 면적을 초과해 소유한 자는 더는 토지를 점하지 못한다. 이 법령이 시행되기 이전부터 소유한 것에 대해서는 아무리 광대한 면적이라 해도 불문에 부친다. 자손에게 분급해 주는 것은 허락한다. 만약에 사실대로 고하지 않고 숨기거나 법령을 공포한 이후에 제한을 넘어 더 점한 자는 백성이 적발하면 백성에게 주고, 관(官)에서 적발하면 몰수한다."라고 하면, 수십 년이 못 가서 전국의 토지 소유는 균등하게 될 것입니다.

① 반계수록　　　　　② 성호사설
③ 열하일기　　　　　④ 목민심서

11 (가) 시기에 있었던 사실로 옳은 것은?

> 한국을 식민지로 삼은 일제는 헌병에게 경찰 업무를 부여한 헌병 경찰제를 시행했다. 헌병 경찰은 정식 재판 없이 한국인에게 벌금 등의 처벌을 가하거나 태형에 처할 수도 있었다. 한국인은 이처럼 강압적인 지배에 저항해 3·1 운동을 일으켰으며, 일제는 이를 계기로 지배 정책을 전환했다. 일제가 한국을 병합한 직후부터 3·1 운동이 벌어진 때까지를 ▢(가)▢ 시기라고 부른다.

① 토지 조사령이 공포되었다.
② 창씨 개명 조치가 시행되었다.
③ 초등 교육 기관의 명칭이 국민학교로 변경되었다.
④ 전쟁 물자 동원을 내용으로 한 국가 총동원법이 적용되었다.

12 밑줄 친 '그'에 대한 설명으로 옳은 것은?

> 한국 국민당을 이끌던 그는 독립운동 세력을 통합하고자 한국 독립당을 결성해 항일 운동을 주도하였다. 광복 직후 귀국한 그는 정부 수립을 위한 활동을 이어나갔으며, 남한 단독 선거가 결정되자 김규식과 더불어 남북 협상을 위해 평양을 방문하기도 하였다.

① 좌우 합작 위원회를 구성해 좌우 합작 7원칙을 발표하였다.
② 광복 직후 안재홍 등과 함께 조선 건국 준비 위원회를 만들었다.
③ 무장 항일 투쟁을 위해 하와이로 건너가 대조선 국민 군단을 결성하였다.
④ 모스크바 3국 외상 회의의 결정 사항이 알려지자 신탁 통치 반대 운동을 펼쳤다.

13 제헌 국회에 대한 설명으로 옳은 것은?

① 반민족 행위 특별 조사 위원회를 구성하였다.
② 한·일 기본 조약 체결에 반대하는 성명을 내놓았다.
③ 통일 3대 원칙이 언급된 7·4 남북 공동 성명을 발표하였다.
④ 통일 주체 국민 회의에서 대통령을 뽑는다는 내용의 개헌안을 통과시켰다.

14 밑줄 친 '그'에 대한 설명으로 옳은 것은?

> 고종이 즉위한 직후에 실권을 장악한 그는 러시아를 견제하기 위해 천주교 선교사를 통해 프랑스와 교섭하려 했다. 하지만 천주교를 금지해야 한다는 유생의 주장이 높아지자 다수의 천주교도와 선교사를 잡아들여 처형한 병인박해를 일으켰다. 이후 고종의 친정이 시작됨에 따라 물러난 그는 임오군란이 일어났을 때 잠시 권력을 장악했지만, 청군의 개입으로 곧 물러났다.

① 미국에 보빙사라는 사절단을 파견하였다.
② 전국 여러 곳에 척화비를 세우도록 했다.
③ 국경을 획정하고자 백두산정계비를 세웠다.
④ 통리기무아문을 설치하고 그 아래에 12사를 두었다.

15 밑줄 친 '이 왕'에 대한 설명으로 옳은 것은?

> 백제 개로왕은 장기와 바둑을 좋아하였는데, 도림이 고하기를 "제가 젊어서부터 바둑을 배워 꽤 묘한 수를 알게 되었으니 개로왕께 알려드리기를 원합니다."라고 하였다. …(중략)… 개로왕이 (도림의 말을 듣고) 나라 사람을 징발하여 흙을 쪄서 성(城)을 쌓고 그 안에는 궁실, 누각, 정자를 지으니 모두가 웅장하고 화려하였다. 이로 말미암아 창고가 비고 백성이 곤궁하니, 나라의 위태로움이 알을 쌓아 놓은 것보다 더 심하게 되었다. 그제야 도림이 도망을 쳐 와서 그 실정을 고하니 이 왕이 기뻐하여 백제를 치려고 장수에게 군사를 나누어 주었다.
>
> － 『삼국사기』 －

① 평양으로 도읍을 천도하였다.
② 진대법을 처음으로 시행하였다.
③ 낙랑군을 점령하고 한 군현 세력을 몰아내었다.
④ 신라에 침입한 왜군을 낙동강 유역에서 물리쳤다.

16 다음 설명에 해당하는 문화 유산은?

> 이 건물은 주심포 양식에 맞배지붕 건물로 기둥은 배흘림 양식이다. 1972년 보수 공사 중에 공민왕 때 중창하였다는 상량문이 나와 우리나라에서 가장 오래된 목조 건물로 보고 있다.

① 서울 흥인지문
② 안동 봉정사 극락전
③ 영주 부석사 무량수전
④ 합천 해인사 장경판전

17 (가) 단체에 대한 설명으로 옳은 것은?

> 아관파천 이후 러시아의 영향력이 강화되고 열강의 이권 침탈이 가속화되었다. 이러한 가운데 서재필 등은 │ (가) │을/를 만들었다. │ (가) │은/는 고종에게 자주 독립을 굳건히 하고 내정 개혁을 단행하라는 내용이 담긴 상소문을 제출하였으며, 만민 공동회를 개최하여 외국의 간섭과 일부 관리의 부정부패를 비판하였다.

① 교육 입국 조서를 작성해 공포하였다.
② 영은문이 있던 자리 부근에 독립문을 세웠다.
③ 개혁의 기본 강령인 홍범 14조를 발표하였다.
④ 일본에 진 빚을 갚자는 국채 보상 운동을 일으켰다.

18 (가) 시기의 사실로 옳지 않은 것은?

무신 정권 몰락

↓

(가)

↓

공민왕 즉위

① 만권당이 만들어졌다.
② 정동행성이 설치되었다.
③ 쌍성총관부가 수복되었다.
④ 『제왕운기』가 저술되었다.

19 밑줄 친 '이 나라'의 경제 상황에 대한 설명으로 옳지 않은 것은?

> 이 나라에는 관리에게 정해진 면적의 토지에서 조세를 거둘 수 있는 권리를 나누어주는 전시과라는 제도가 있었다. 농민은 소를 이용해 깊이갈이를 하기도 했으며, 시비법의 발달로 휴경지가 점차 줄어들었다. 밭농사는 2년 3작의 윤작법이 점차 보급되었다. 이 나라의 말기에는 직파법 대신 이앙법이 남부 지방 일부에 보급될 정도로 논농사에 변화가 나타났다. 또한 이암에 의해 중국 농서인 『농상집요』도 소개되었다.

① 재정을 운영하는 관청으로 삼사를 두었다.
② 공물 부과 기준이 가호에서 토지로 바뀌었다.
③ 생산량의 10분의 1에 해당하는 조세를 거두었다.
④ '소'라는 행정구역의 주민이 국가에서 필요로 하는 물품을 생산하였다.

20 (가) 시기에 있었던 일로 옳은 것은?

|————|————(가)————|————|
신미양요   갑오개혁

① 을사늑약 체결
② 정미의병 발생
③ 오페르트 도굴 미수 사건
④ 조·미 수호 통상 조약 체결

01 밑줄 친 '그'에 대한 설명으로 옳은 것은?

> 이날 소정방이 부총관 김인문 등과 함께 기벌포에 도착하여 백제 군사와 마주쳤다. …(중략)… 소정방이 신라군이 늦게 왔다는 이유로 군문에서 신라 독군 김문영의 목을 베고자 하니, <u>그</u>가 군사들 앞에 나아가 "황산 전투를 보지도 않고 늦게 온 것을 이유로 우리를 죄주려 하는구나. 죄도 없이 치욕을 당할 수는 없으니, 결단코 먼저 당나라 군사와 결전을 한 후에 백제를 쳐야겠다."라고 말하였다.

① 살수에서 수의 군대를 물리쳤다.
② 김춘추의 신라 왕위 계승을 지원하였다.
③ 청해진을 설치하고 해상 무역을 전개하였다.
④ 대가야를 정벌하여 낙동강 유역을 확보하였다.

02 다음 사건이 있었던 시기의 신라 국왕에 대한 설명으로 옳은 것은?

> 이찬 이사부가 하슬라주 군주가 되어, '우산국 사람이 우매하고 사나워서 위엄으로 복종시키기는 어려우니 계책을 써서 굴복시키는 것이 좋겠다.'라고 생각하였다. 이에 나무로 사자 모형을 많이 만들어 배에 나누어 싣고 우산국 해안에 이르러, 속임수로 통고하기를 "만약에 너희가 항복하지 않는다면 곧바로 이 맹수들을 풀어 너희를 짓밟아 죽이겠다."라고 하였다. 그 나라 사람이 두려워 즉시 항복하였다.

① 독서삼품과를 실시하였다.
② 국호를 '신라'로 확정하였다.
③ 관료전을 지급하고 녹읍을 폐지하였다.
④ 장문휴를 보내 당의 등주를 공격하였다.

03 밑줄 친 '이 나라'에 대한 설명으로 옳은 것은?

> • <u>이 나라</u>에서 귀하게 여기는 것에는 태백산의 토끼, 남해부의 다시마, 책성부의 된장, 부여부의 사슴, 막힐부의 돼지, 솔빈부의 말, 현주의 베, 옥주의 면, 용주의 명주, 위성의 철, 노성의 쌀 등이 있다.
> — 『신당서』 —
>
> • <u>이 나라</u>의 땅은 영주(營州)의 동쪽 2천 리에 있으며, 남으로는 신라와 서로 접한다. 월희말갈에서 동북으로 흑수말갈에 이르는데, 사방 2천 리, 호는 십여 만, 병사는 수만 명이다.
> — 『구당서』 —

① 중앙에 6좌평의 관제를 마련하였다.
② 9서당 10정의 군사 조직을 갖추었다.
③ 지방을 5경 15부 62주로 편성하였다.
④ 제가 회의에서 국가의 중대사를 결정하였다.

04 밑줄 친 '왕'의 업적으로 옳은 것은?

> 풍토에 따라 곡식을 심고 가꾸는 법이 다르니, 고을의 경험 많은 농부를 각 도의 감사가 방문하여 농사 짓는 방법을 알아본 후 아뢰라고 <u>왕</u>께서 명령하셨다. 이어 <u>왕</u>께서 정초와 변효문 등을 시켜 감사가 아뢴 바 중에서 꼭 필요하고 중요한 것만을 뽑아 『농사직설』을 편찬하게 하셨다.

① 공법을 제정하였다.
② 한양으로 도읍을 옮겼다.
③ 『경국대전』을 완성하였다.
④ 조광조를 등용하여 개혁 정치를 실시하였다.

05 밑줄 친 '이들'에 해당하는 것은?

> 이들의 과거 응시와 벼슬을 제한한 것은 우리나라의 옛 법이 아니다. 그런데 『경국대전』을 편찬한 뒤부터 이들을 금고(禁錮)하였으니, 아직 백 년이 채 되지 않았다. 또한 다른 나라에 이러한 법이 있다는 말은 듣지 못했다. 경대부(卿大夫)의 자식인데 오직 어머니가 첩이라는 이유만으로 대대로 이들의 벼슬길을 막아, 비록 훌륭한 재주와 쓸만한 자질이 있어도 이를 발휘할 수 없게 하였으니, 참으로 안타깝다.

① 향리
② 노비
③ 서얼
④ 백정

06 밑줄 친 '왕'의 재위 기간에 있었던 일로 옳은 것은?

> • 평농서사 권신(權信)이 대상(大相) 준홍(俊弘)과 좌승(佐丞) 왕동(王同) 등이 반역을 꾀한다고 참소하자 왕이 이들을 내쫓았다.
> • 왕이 쌍기의 건의를 받아 처음으로 과거를 실시하였다. 시(詩) · 부(賦) · 송(頌) 및 시무책을 시험하여 진사를 뽑았으며, 더불어 명경업 · 의업 · 복업 등도 뽑았다.

① 노비안검법을 제정하였다.
② 전민변정도감을 설치하였다.
③ 토지 제도로서 전시과를 시행하였다.
④ 12목을 설치하고 지방관을 파견하였다.

07 다음 글은 어떤 사건이 일어났을 때 발표되었는가?

> 1. 마산, 서울 기타 각지의 데모는 주권을 빼앗긴 국민의 울분을 대신하여 궐기한 학생들의 순수한 정의감의 발로이며 부정과 불의에는 언제나 항거하는 민족 정기의 표현이다.
>   …(중략)…
> 3. 합법적이고 평화적인 데모 학생에게 총탄과 폭력을 거리낌 없이 남용하여 참극을 빚어낸 경찰은 자유와 민주를 기본으로 한 대한민국의 국립 경찰이 아니라 불법과 폭력으로 권력을 유지하려는 일부 정부 집단의 사병이다.
>
> — 「대학 교수단 4 · 25 선언문」 —

① 4 · 19 혁명
② 5 · 18 민주화 운동
③ 6 · 3 시위
④ 6 · 29 민주화 선언

08 밑줄 친 '이 시기'에 있었던 사실로 옳은 것은?

> 이 시기의 불교 조각은 지역에 따라 다양하게 제작되었다. 처음에는 하남 하사창동의 철조 석가여래 좌상과 같은 대형 철불이 많이 제작되었다. 또한 덩치가 큰 석불이 유행하였는데, 논산 관촉사 석조 미륵보살 입상이 대표적이다. 이 불상은 큰 규모에 비해 조형미는 다소 떨어지지만, 소박한 지방 문화의 모습을 잘 보여 준다.

① 성골 출신의 국왕이 재위하였다.
② 지방 세력으로 호족이 존재하였다.
③ 풍양 조씨 등 특정 가문이 정권을 장악하였다.
④ 성리학에 투철한 사림 세력이 정국을 주도하였다.

09 역사서에 대한 설명으로 옳은 것만을 모두 고르면?

> ㉠ 김부식의 『삼국사기』에는 단군 신화가 수록되어 있다.
> ㉡ 이규보의 『동명왕편』은 고구려 계승 의식을 강조하였다.
> ㉢ 안정복의 『동사강목』은 기사 본말체로 역사를 서술하였다.
> ㉣ 유득공의 『발해고』에는 남북국이라는 용어가 사용되었다.

① ㉠, ㉡
② ㉠, ㉢
③ ㉡, ㉣
④ ㉢, ㉣

10 밑줄 친 '나'가 국왕으로 재위하던 기간에 있었던 일은?

> 팔순 동안 내가 한 일을 만약 나 자신에게 묻는다면 첫째는 탕평책인데, 스스로 '탕평'이란 두 글자가 부끄럽다.
> 둘째는 균역법인데, 그 효과가 승려에게까지 미쳤다.
> 셋째는 청계천 준설인데, 만세에 이어질 업적이다.
> …(하략)…
>
> - 『어제문업(御製問業)』 -

① 장용영이 창설되었다.
② 나선 정벌이 단행되었다.
③ 홍경래의 난이 발생하였다.
④ 『동국문헌비고』가 편찬되었다.

11 (가) 시기에 있었던 사실로 옳은 것은?

① 독립문이 건립되었다.
② 통감부가 설치되었다.
③ 동양 척식 주식회사가 설립되었다.
④ 임진왜란 때 소실된 경복궁이 중건되었다.

12 밑줄 친 '왕'의 재위 기간에 있었던 일로 옳은 것은?

> 왕의 어릴 때 이름은 모니노이며, 신돈의 여종 반야의 소생이었다. 어떤 사람은 "반야가 낳은 아이가 죽어서 다른 아이를 훔쳐서 길렀는데, 공민왕이 자신의 아들이라고 칭하였다."라고 하였다. 왕은 공민왕이 죽은 뒤 이인임의 추대로 왕위에 올랐다. 이후 이인임, 염흥방, 임견미 등이 권력을 잡아 극심하게 횡포를 부렸다.

① 이종무가 왜구의 소굴인 대마도를 정벌하였다.
② 삼별초가 반란을 일으켜 대몽 항쟁을 계속하였다.
③ 쌍성총관부를 공격해 철령 이북 지역을 수복하였다.
④ 요동 정벌을 위해 출병한 이성계가 위화도에서 회군하였다.

13 다음과 관련된 운동에 대한 설명으로 옳은 것은?

① 가뭄과 홍수로 인해 중단되었다.

② 조선 총독부의 회사령에 맞서기 위해 전개되었다.

③ 일부 사회주의자는 자본가 계급을 위한 운동이라고 비판하였다.

④ 조선에 사는 일본인이 일본 자본에 대항하기 위해 일으켰다.

14 다음과 같은 대통령 선출 방식이 포함된 헌법의 내용으로 옳지 않은 것은?

> 제39조 ① 대통령은 통일 주체 국민 회의에서 토론 없이 무기명 투표로 선거한다.
>
> ② 통일 주체 국민 회의에서 재적 대의원 과반수의 찬성을 얻은 자를 대통령 당선자로 한다.

① 대통령은 국회를 해산할 수 있다.

② 대통령의 임기는 7년으로 하며, 중임할 수 없다.

③ 대법원장은 대통령이 국회의 동의를 얻어 임명한다.

④ 대통령은 국정 전반에 걸쳐 필요한 긴급 조치를 할 수 있다.

15 다음 사건을 시기순으로 바르게 나열한 것은?

> (가) 신라의 한강 유역 확보
> (나) 관산성 전투
> (다) 백제의 웅진 천도
> (라) 고구려의 평양 천도

① (가) → (라) → (나) → (다)

② (나) → (다) → (가) → (라)

③ (다) → (나) → (가) → (라)

④ (라) → (다) → (가) → (나)

16 (가) 인물에 대한 설명으로 옳은 것은?

> 군대를 이끌고 통주성 남쪽으로 나가 진을 친 [(가)   ]은/는 거란군에게 여러 번 승리를 거두었다. 하지만 자만하게 된 그는 결국 패해 거란군의 포로가 되었다. 거란의 임금이 그의 결박을 풀어 주며 "내 신하가 되겠느냐?"라고 물으니, [(가)   ]은/는 "나는 고려 사람인데 어찌 너의 신하가 되겠느냐?"라고 대답하였다. 재차 물었으나 같은 대답이었으며, 칼로 살을 도려내며 물어도 대답은 같았다. 거란은 마침내 그를 처형하였다.

① 묘청의 난을 진압하였다.

② 별무반의 편성을 건의하였다.

③ 목종을 폐위하고 현종을 옹립하였다.

④ 거란과 협상하여 강동 6주 지역을 고려 영토로 확보하였다.

17 밑줄 친 '저'에 대한 설명으로 옳은 것은?

> 올해 초가을에 비로소 저는 책을 완성하여 그 이름을 『성학집요』라고 하였습니다. 이 책에는 임금이 공부해야 할 내용과 방법, 정치하는 방법, 덕을 쌓아 실천하는 방법과 백성을 새롭게 하는 방법이 실려 있습니다. 또한 작은 것을 미루어 큰 것을 알게 하고 이것을 미루어 저것을 밝혔으니, 천하의 이치가 여기에서 벗어나지 않을 것입니다. 따라서 이것은 저의 글이 아니라 성현의 글이옵니다.

① 예안향약을 만들었다.
②『동호문답』을 저술하였다.
③ 백운동 서원을 건립하였다.
④ 왕자의 난 때 죽임을 당했다.

18 밑줄 친 '나'에 대한 설명으로 옳은 것만을 모두 고르면?

> 오늘날 사람은 모두 법에 의하여 생활하고 있는데 실제로 사람을 죽인 자가 벌을 받지 않고 생존할 도리는 없는 것이다. …(중략)… 나는 한국의 의병이며 지금 적군의 포로가 되어 와 있으므로 마땅히 만국공법에 의해 처단되어야 할 것으로 생각한다.

> ㉠ 일본에서 순국하였다.
> ㉡ 한인 애국단 소속이었다.
> ㉢『동양평화론』을 집필하였다.
> ㉣ 연해주에서 의병 투쟁을 전개하였다.

① ㉠, ㉡
② ㉠, ㉣
③ ㉡, ㉢
④ ㉢, ㉣

19 다음 조항을 포함한 법률에 대한 설명으로 옳지 않은 것은?

> 제1조 일본 정부와 통모하여 한·일 합병에 적극 협력한 자, 한국의 주권을 침해하는 조약 또는 문서에 조인한 자와 이를 모의한 자는 사형 또는 무기 징역에 처하고, 그 재산과 유산의 전부 혹은 2분의 1 이상을 몰수한다.

① 이 법률은 제헌 국회에서 제정되었다.
② 이 법률은 농지 개혁법이 제정된 후 제정되었다.
③ 이 법률에 의해 반민 특위와 특별 재판부가 구성되었다.
④ 이 법률에 의해 친일 경력을 지닌 고위 경찰 간부가 체포되었다.

20 다음 글은 (가)의 부탁을 받고 (나)가 지은 것이다. (가)와 (나)에 대한 설명으로 옳은 것은?

> 우리는 '외교', '준비' 등의 미련한 꿈을 버리고 민중 직접 혁명의 수단을 취함을 선언하노라. 조선 민족의 생존을 유지하자면 강도 일본을 쫓아내야 하고, 강도 일본을 쫓아내려면 오직 혁명으로써만 가능하니, 혁명이 아니고는 강도 일본을 쫓아낼 방법이 없는 바이다.

① (가)는 조선 의용대를 결성하였고, (나)는 '국혼'을 강조하였다.
② (가)는 신흥 무관 학교를 세웠고, (나)는 형평사를 창립하였다.
③ (가)는 조선 건국 동맹을 조직하였고, (나)는 식민 사학의 한국사 정체성론을 반박하였다.
④ (가)는 황포 군관 학교에서 훈련받았고, (나)는 민족주의 역사 서술의 기본 틀을 제시하였다.

✔ 회독 CHECK 1 2 3

01 〈보기〉의 밑줄 친 '이 나라'에 대한 설명으로 가장 옳은 것은?

──── 〈보 기〉 ────

이 나라에서는 해마다 10월이면 하늘에 제사를 지내는데, 주야로 술을 마시며 노래를 부르고 춤추니 이를 무천이라 한다. 또 호랑이를 신으로 여겨 제사지낸다.

① 마가, 우가, 저가 등 관직을 두었다.
② 철이 많이 생산되어 왜, 낙랑 등에 수출하였다.
③ 소노부를 비롯한 5부가 정치적 자치력을 갖고 있었다.
④ 다른 읍락을 함부로 침범하면 노비, 소 등으로 변상하는 책화가 있었다.

02 조선 시대 지방 행정에 대한 설명으로 가장 옳지 않은 것은?

① 전국 모든 군현에 수령이 파견되었다.
② 향리는 6방으로 나누어 실무를 맡았다.
③ 중앙에서 유향소를 통해 경재소를 통제하였다.
④ 인구를 늘리는 것이 수령의 중요한 임무 중 하나였다.

03 〈보기〉는 백제 어느 왕대의 사실이다. 백제의 이 왕과 대립하였던 고구려의 왕은?

──── 〈보 기〉 ────

겨울 11월에 왕이 돌아가셨다. 옛 기록[古記]에 다음과 같이 전한다. "백제는 나라를 연 이래 문자로 일을 기록한 적이 없는데 이때에 이르러 박사(博士) 고흥(高興)을 얻어 『서기(書記)』를 갖추게 되었다."

① 동천왕
② 장수왕
③ 문자명왕
④ 고국원왕

04 〈보기〉 내용의 발표에 대한 설명으로 가장 옳은 것은?

──── 〈보 기〉 ────

우리보다 먼저 문명 개화한 나라들을 보면 남녀평등권이 있는지라. 어려서부터 각각 학교에 다니며, 각종 학문을 다 배워 이목을 넓히고, 장성한 후에 사나이와 부부의 의를 맺어 평생을 살더라도 그 사나이에게 조금도 압제를 받지 아니한다. 이처럼 대접을 받는 것은 다름 아니라 그 학문과 지식이 사나이 못지 않은 까닭에 그 권리도 일반과 같으니 어찌 아름답지 않으리오.

① 평양의 양반 부인들이 발표하였다.
② 발표를 계기로 찬양회가 조직되었다.
③ 교육 입국 조서 발표의 배경이 되었다.
④ 이 발표에 따라 한성 사범 학교가 설립되었다.

05 〈보기〉의 정책이 실시된 왕대에 대한 설명으로 가장 옳은 것은?

――― 〈보 기〉 ―――
재위 9년 봄 정월에 교를 내려 내외 관료의 녹읍을 폐지하고, 1년 단위로 조(租)를 차등 있게 하사하는 것을 항식(恒式)으로 삼았다.

① 독서삼품과를 실시하였다.
② 유교 교육을 강화하기 위해 국학을 설치하였다.
③ 국학을 태학감으로 고치고 박사와 조교 등을 두었다.
④ 국학에 공자와 10철 등의 화상을 안치하여 유교 교육을 강화하였다.

06 〈보기〉의 밑줄 친 '이 단체'에 대한 설명으로 가장 옳은 것은?

――― 〈보 기〉 ―――
이 단체는 조선 국권 회복단의 박상진이 풍기 광복단과 제휴하여 조직하였다. 무력 투쟁을 통한 독립을 목표로 하였고, 군자금 모집, 독립군 양성, 무기 구입, 친일 부호 처단 등 활동을 전개하였다.

① 독립군 양성을 위한 신흥 강습소를 설치하였다.
② 블라디보스토크에 최초의 임시 정부를 수립하였다.
③ 무력 항쟁의 의지를 담은 대한 독립 선언서를 발표하였다.
④ 공화주의 이념에 따라 공화 정치를 실현하는 것을 목표로 하였다.

07 〈보기〉에서 (가)의 인명과 그의 저술을 옳게 짝 지은 것은?

――― 〈보 기〉 ―――
진성왕 8년(894) 봄 2월에 ___(가)___ 이 시무 10여 조를 올리자, 왕이 이를 좋게 여겨 받아들이고 아찬으로 삼았다.

① 김대문 – 『화랑세기』
② 김대문 – 『계원필경』
③ 최치원 – 『제왕연대력』
④ 최치원 – 『한산기』

08 〈보기〉의 밑줄 친 인물이 왕으로 즉위하여 활동하던 기간에 있었던 사실로 가장 옳은 것은?

――― 〈보 기〉 ―――
개경으로 돌아온 강조(康兆)는 김치양 일파를 제거함과 동시에 국왕마저 폐한 후 살해하였다. 이 같은 소용돌이 속에서 대량원군이 임금으로 즉위하였다.

① 부모의 명복을 빌기 위해 현화사(玄化寺)를 창건했다.
② 거란의 침입에 대비하기 위하여 광군 30만을 조직했다.
③ 강동 6주의 땅을 고려 영토로 편입시켰다.
④ 재조대장경의 각판 사업에 착수했다.

09 〈보기〉의 내용 중 옳은 것을 모두 고른 것은?

---- 〈보 기〉----

㉠ 정상기는 최초로 백 리를 한 자로 축소한 『동국여지도』를 만들어 우리나라의 지도 제작 수준을 한 단계 높였다.

㉡ 국어에 대한 연구도 활발하여 신경준의 『고금석림』과 유희의 『언문지』가 나왔다.

㉢ 유득공은 『동사강목』을 지어 고조선부터 고려 말까지의 우리 역사를 체계적으로 정리하였다.

㉣ 이중환의 『택리지』는 각 지역의 경제 생활까지 포함하여 집필되었다.

㉤ 허준의 『동의보감』은 우리나라뿐 아니라 중국 및 일본의 의학 발전에 큰 영향을 끼쳤는데, 예방의학에 중점을 둔 것이다.

① ㉠, ㉡
② ㉡, ㉤
③ ㉢, ㉣
④ ㉣, ㉤

10 〈보기〉와 관련된 왕에 대한 설명으로 가장 옳은 것은?

---- 〈보 기〉----

• 불교의 힘으로 나라를 세웠으므로 사찰을 서로 빼앗지 말 것.

• 사찰을 지을 때에는 도선의 풍수사상에 맞게 지을 것.

• 연등회와 팔관회를 성실하게 지킬 것.

• 농민의 요역과 세금을 가볍게 하여 민심을 얻고 부국안민을 이룰 것.

① 중국에서 귀화한 쌍기의 건의에 따라 과거(科擧) 제도를 시행하였다.

② 귀순한 호족에게 성(姓)을 내려주어 포섭하였다.

③ 경제 개혁을 수행하여 전시과(田柴科)를 실시하였다.

④ 관료 제도를 안정시키기 위해 공복(公服)을 등급에 따라 제정하였다.

11 〈보기〉의 (가)에 들어갈 군대로 가장 옳은 것은?

---- 〈보 기〉----

"제가 전날에 패한 원인은 적들이 모두 말을 탔고, 우리는 보병으로 전투한 까닭에 대적할 수 없었기 때문입니다."라고 하자, 이때 비로소 __(가)__ 을/를 만들기로 하였다.

－『고려사』－

① 광군
② 도방
③ 별무반
④ 삼별초

12 〈보기〉의 조선의 천주교 전파 상황을 순서대로 바르게 나열한 것은?

---- 〈보 기〉----

㉠ 이승훈이 북경에서 서양 신부에게 영세를 받고 돌아왔다.

㉡ 윤지충이 모친상 때 신주를 불사르고 천주교 의식을 행하였다.

㉢ 이수광이 『지봉유설』에서 마테오 리치의 『천주실의』를 소개하였다.

㉣ 황사영이 북경에 있는 프랑스인 주교에게 군대를 동원하여 조선에서 신앙과 포교의 자유를 보장받을 수 있도록 청하는 서신을 보내려다 발각되었다.

① ㉠ － ㉡ － ㉣ － ㉢
② ㉠ － ㉢ － ㉣ － ㉡
③ ㉢ － ㉠ － ㉡ － ㉣
④ ㉢ － ㉡ － ㉠ － ㉣

13 〈보기〉의 법을 한국에 적용한 이후 일본이 벌인 일로 가장 옳지 않은 것은?

─── 〈보 기〉───

- 정부는 전시에 국가 총동원상 필요할 때는 정하는 바에 따라 제국 신민을 징용하여 총동원 업무에 종사하게 할 수 있다.
- 정부는 전시에 국가 총동원상 필요할 때는 칙령이 정하는 바에 따라 물자의 생산·수리·배급·양도 및 기타의 처분·사용·소비·소지 및 이동에 관해 필요한 명령을 내릴 수 있다.

① 학도 지원병제와 징병제를 시행하였다.
② 헌병 경찰 제도를 실시하였다.
③ 국민 징용령을 공포하였다.
④ 여자 근로 정신령을 만들었다.

14 〈보기〉의 글에 대한 설명으로 가장 옳지 않은 것은?

─── 〈보 기〉───

우리나라는 실로 신종 황제의 은혜를 입어 임진왜란 때 나라가 폐허가 되었다가 다시 존재하게 되었고 백성은 거의 죽었다가 다시 소생하였으니, 우리나라의 나무 한 그루와 풀 한 포기와 백성의 터럭 하나하나에도 황제의 은혜가 미치지 않은 것이 없습니다. 그런즉 오늘날 크게 원통해 하는 것이 온 천하에 그 누가 우리와 같겠습니까?

① 송시열이 제출하였다.
② 효종에게 올린 글이다.
③ 북벌 정책에 대해 논하였다.
④ 청의 문물 수용을 건의하였다.

15 〈보기〉의 글을 저술한 인물에 대한 설명으로 가장 옳지 않은 것은?

─── 〈보 기〉───

옛 사람이 이르기를, 나라는 없어질 수 있으나 역사는 없어질 수 없다고 하였으니, 그것은 나라는 형체이고 역사는 정신이기 때문이다. 이제 한국의 형체는 허물어졌으나, 정신만이라도 오로지 남아 있을 수 없는 것인가.

① 유교구신론을 써서 유교의 개혁을 주장하였다.
② 식민 사학 중 정체성론의 근거를 무너뜨리는 데에 기여하였다.
③ 대한민국 임시 정부의 2대 대통령을 역임하였다.
④ 『한국독립운동지혈사』를 저술하였다.

16 〈보기〉에서 역사적 사건을 시간순으로 바르게 나열한 것은?

─── 〈보 기〉───

㉠ 임오군란
㉡ 강화도 조약
㉢ 갑신정변
㉣ 톈진 조약

① ㉠ - ㉡ - ㉢ - ㉣
② ㉠ - ㉣ - ㉡ - ㉢
③ ㉡ - ㉠ - ㉢ - ㉣
④ ㉡ - ㉢ - ㉠ - ㉣

17 〈보기〉에서 이름과 활동을 옳게 짝지은 것은?

〈보 기〉

㉠ 이제현 – 만권당에서 원의 학자들과 교류하였다.

㉡ 안향 – 공민왕이 중영한 성균관의 대사성이 되었다.

㉢ 이색 – 충렬왕 때 고려에 성리학을 본격적으로 소개하였다.

㉣ 정몽주 – 역사서 『사략』을 저술하였다.

---

① ㉠　　　　　　　　② ㉡

③ ㉢　　　　　　　　④ ㉣

18 〈보기 1〉의 선언문을 발표한 정부 시기에 있었던 사실을 〈보기 2〉에서 모두 고른 것은?

〈보기 1〉

남과 북은 … 쌍방 사이의 관계가 나라와 나라 사이의 관계가 아닌 통일을 지향하는 과정에서 잠정적으로 형성되는 특수 관계라는 것을 인정하고, …

제1조 남과 북은 서로 상대방의 체제를 인정하고 존중한다.

제4조 남과 북은 상대방을 파괴·전복하려는 일체 행위를 하지 아니한다.

〈보기 2〉

㉠ 남북한 동시 유엔(UN) 가입

㉡ 서울 올림픽 개최

㉢ 금융 실명제 실시

㉣ 6·29 선언

---

① ㉠, ㉡　　　　　　② ㉡, ㉢

③ ㉡, ㉣　　　　　　④ ㉢, ㉣

19 〈보기〉의 밑줄 친 '이 조직'의 활동으로 가장 옳지 않은 것은?

〈보 기〉

김원봉이 이끈 이 조직은 1920년대에 국내와 상하이를 중심으로 활발한 의거 활동을 전개하였다.

---

① 독립 지사들에게 잔인한 고문을 일삼던 종로 경찰서에 폭탄을 던져 큰 피해를 주었다.

② 동양 척식 주식회사에 들어가 그 간부를 사살하고 경찰과 시가전을 벌이기도 하였다.

③ 상하이 홍커우 공원에서 열린 일본군의 상하이 점령 축하 기념식장에 폭탄을 던져 일본군을 살상하였다.

④ 일제 식민 지배의 중심기관인 조선 총독부에 폭탄을 던졌다.

20 〈보기〉의 (가) 기구에 대한 설명으로 가장 옳은 것은?

〈보 기〉

임시로 　(가)　를 설치하였는데, … 이것은 일시적인 전쟁 때문에 설치한 것으로서, 국가의 중요한 모든 일을 다 맡긴 것은 아니었다. 그런데 오늘에 와서 … 의정부는 한갓 헛이름만 지니고 6조는 모두 그 직임을 상실하였다.

---

① 오직 군사 문제만을 다루었다.

② 고종 대에 폐지되었다.

③ 세종 대에 설치되었다.

④ 임진왜란이 끝난 후 위상이 추락하였다.

01 〈보기〉의 밑줄 친 '이 시대'와 가장 관련이 없는 것은?

―〈보 기〉―

이 시대에는 농경이 더욱 발달하여 조, 기장, 수수 등 다양한 잡곡이 재배되었다. 한반도 남부 지역에는 벼 농사도 보급되었다. 한편 돼지와 같은 가축을 우리에 가두고 기르는 일도 흔해졌다. 사람들은 농경이 이루어지는 강가나 완만한 구릉에 마을을 이루어 살았다. 농경의 발달로 생산력이 늘어나자 인구가 늘어나고 빈부 차이와 계급이 발생하였다. 또한 식량을 둘러싼 집단 간의 싸움이 자주 일어나면서 마을에는 방어 시설이 만들어지기도 하였다.

① 고인돌
② 반달 돌칼
③ 민무늬 토기
④ 슴베찌르개

02 〈보기〉의 정책을 실시한 신라의 왕에 대한 설명으로 가장 옳은 것은?

―〈보 기〉―

• 병부를 설치하여 왕이 직접 병권을 장악하고, 상대 등을 설치하여 재상의 지위를 부여하였다.
• 김해 지역의 금관가야를 정복하여 낙동강으로 진출하는 길을 열었다.

① 백제 성왕과 동맹하여 고구려가 장악했던 한강 유역을 차지했다.
② 우산국으로 불리던 울릉도를 정복하여 영토로 편입하였다.
③ 백관의 공복을 제정하여 귀족을 관료로 등급화시켰다.
④ 신라 역사상 최대 영역을 확보했다.

03 문화 통치 시기 일제의 조선 통치에 대한 설명으로 가장 옳은 것은?

① 토지 조사 사업을 실시하여 근대적 토지 소유 관계를 확립하고, 식민지 지주 소작제를 수립하였다.
② 식량 생산을 대폭 늘려 일본으로 더 많은 쌀을 가져가기 위해 이른바 산미 증식 계획을 세워 추진하였다.
③ 일본 자본가들의 과잉 자본을 조선에 투자하고, 전쟁에 필요한 필수품 조달을 위해 군수 공업을 위주로 하는 공업화 정책이 추진되었다.
④ 우리 민족을 일본 국민으로 동화시키기 위해 민족 말살 정책을 추진했다.

04 〈보기〉의 상황을 한국 전쟁의 전개 과정에 따라 순서대로 바르게 나열한 것은?

―〈보 기〉―

㉠ 유엔군이 인천 상륙 작전에 성공하였다.
㉡ 중국군이 대규모 병력을 파견하기 시작하였다.
㉢ 판문점 부근에서 휴전 회담이 열리기 시작하였다.
㉣ 이승만 정부가 반공 포로 석방 조치를 실행하였다.

① ㉠ - ㉡ - ㉢ - ㉣
② ㉠ - ㉢ - ㉣ - ㉡
③ ㉡ - ㉠ - ㉢ - ㉣
④ ㉡ - ㉣ - ㉠ - ㉢

05 고려 시대 왕들의 교육 제도 정비 내용으로 가장 옳은 것은?

① 숙종 대에 서적포라는 국립 출판사를 두어 책을 간행하였다.

② 예종 대에는 사립 학교 구재(九齋)를 설치하였다.

③ 문종은 양현고라는 장학 재단을 설치하여 운영하였다.

④ 고려의 국립 대학 국자감은 충선왕 대에 국학으로 개칭되었다.

06 조선 시기의 과거 제도에 대한 설명으로 가장 옳지 않은 것은?

① 생원과 진사를 선발하는 사마시의 1차 시험(초시)에서는 합격자의 수를 각 도의 인구 비율로 배분하였다.

② 문과의 정기 시험에는 현직 관원도 응시할 수 있었고, 합격하면 관품을 1~4계 올려주었다.

③ 조선 시기에는 고려 시기와 달리 과거를 보지 않고 관직으로 진출할 수 있는 음서 제도가 폐지되었다.

④ 무과 식년시는 3년에 한 번씩 시행했고, 서얼도 응시할 수 있었다.

07 〈보기〉의 ㉠에 들어갈 단체의 활동에 대한 설명으로 가장 옳지 않은 것은?

─── 〈보 기〉 ───

1896년 4월 7일에 창간된 이 신문은 1899년 12월 4일 폐간될 때까지 약 3년 8개월 동안 발간되었다. 최초의 민간 신문인 동시에 처음으로 한글 전용과 띄어쓰기를 시도하며 한글판, 영문판을 발행하였다. ㉠ 와/과 만민 공동회의 정치적 활동을 옹호하고 대변하였다.

① 대한국 국제를 반포하였다.

② 반러 운동을 적극적으로 전개하였다.

③ 독립문 건립과 독립공원 조성을 추진하였다.

④ 계몽적, 사회적, 정치적 주제의 토론회를 개최하였다.

08 〈보기〉는 어느 동포의 강제 이주에 대한 회고록이다. 이 동포가 강제 이주되기 전에 거주하던 '㉠ 지역'에 대한 설명으로 가장 옳은 것은?

─── 〈보 기〉 ───

우즈베키스탄의 늪 지대에 내팽겨쳐진 고려인들은 땅굴 속에서 겨울을 난 후 늪지를 메워 목화 농사를 해야만 했다. 그러나 우리 가족을 먹여 살릴 삼촌 두 명은 농장에서 일한 경험도 없는 데다, ㉠ 에 살 때 광부 일을 했기 때문에 일자리를 찾아 탄광 도시 카라간다로 갔다. … 고려인들의 주식인 쌀은 물론이고 간장, 된장도 전혀 구할 수가 없었다. 할 수 없이 우즈베키스탄 사람들이 먹는 보리빵으로 끼니를 때웠다. 그것도 아주 부족했다.

① 일제는 독립군을 토벌한다는 명목으로 조선인 마을을 파괴하였으며, 경신참변을 일으켜 조선인들을 대량 살육하기도 하였다.

② 1905년 이후 민족 운동가들이 독립운동을 위한 정치적 망명을 시작해 여러 곳에 한인 집단촌이 형성되고 많은 민족 단체와 학교가 설립되었으며, 항일 의병 및 독립운동이 활발히 전개되었다.

③ 1923년 대지진이 발생했는데, 조선인들이 우물에 독을 탔다는 유언비어가 퍼져 적어도 6,000명의 조선인들이 학살당하였다.

④ 태평양 전쟁 발발 후에는 수백명의 조선인 청년들이 미군에 입대하여 일본군과 싸웠다.

09 〈보기〉와 관련된 왕에 대한 설명으로 가장 옳은 것은?

> ─────〈보 기〉─────
> • 종친을 정치에 참여시켜 왕실의 울타리를 튼튼하게 만들었다.
> • 진관 체제를 실시하여 변방 중심의 방어 체제를 전국적인 지역 중심 방어 체제로 바꾸었다.
> • 퇴직 관료에게도 지급하던 과전을 현직 관료에게만 지급하는 직전법으로 바꾸었다.
> • 호적 사업과 호패법을 강화하고 보법을 실시하였다.

① 왕자들의 권력 투쟁이 일어난 경복궁을 피하여 응봉산 자락에 창덕궁을 새로 건설하였다.

② 이종무를 파견하여 왜구의 소굴인 쓰시마(대마도)를 정벌하게 하였다.

③ 조카를 몰아내고 왕위를 차지했으나, 왕권을 안정시키고 중앙 집권 체제를 강화하는 데 기여하였다.

④ 『경국대전』 편찬을 완료하여 반포하고, 우리나라 통사인 『동국통감』 편찬을 완료했다.

10 〈보기〉에 해당하는 기관으로 가장 옳은 것은?

> ─────〈보 기〉─────
> • 1894년 국정 전반에 걸쳐 개혁을 수행하기 위해 신설된 기관
> • 3개월 동안 개혁 법령을 토의, 공포한 입법 기구
> • 총재 김홍집을 비롯하여 유길준 등 개혁 관료들이 주도

① 교전소

② 집강소

③ 군국기무처

④ 삼정이정청

11 〈보기〉에서 설명하는 기록물에 해당하는 것은?

> ─────〈보 기〉─────
> • 조선 후기 국정 운영 내용을 매일 정리한 기록이다.
> • 국왕의 일기 형식으로 작성되었다.
> • 유네스코 세계 기록 유산으로 등재되었다.

① 『승정원 일기』

② 『비변사등록』

③ 『조선왕조실록』

④ 『일성록』

12 〈보기〉의 내용과 직접적인 관련이 가장 없는 것은?

> ─────〈보 기〉─────
> 조선은 실로 아시아의 요충을 차지하여 지리적으로 반드시 쟁탈의 대상이 될 것인 바, 조선이 위태로워지면 중앙 및 동아시아의 정세도 날로 위급해질 것이므로 러시아가 영토를 확장하려 한다면 반드시 조선으로부터 시작할 것이다. … 그렇다면, 오늘날 조선의 책략은 러시아를 막는 일보다 더 급한 것이 없을 것이다. 러시아를 막는 책략은 무엇인가? 중국과 친하고 일본과 맺고, 미국과 연결함으로써 자강을 도모할 따름이다.

① 이만손 등이 만인소를 올렸다.

② 일본과 제물포 조약을 체결하였다.

③ 고종은 척사윤음을 내려 유생들의 불만을 달랬다.

④ 청나라 사람 황준헌이 작성한 『조선책략』의 내용이다.

13 고려의 중앙 정치 제도에 대한 설명으로 가장 옳지 않은 것은?

① 중서문하성과 추밀원의 합좌 기구인 식목도감은 국가의 재정 회계를 관장하였다.

② 상서성의 6부가 각기 국무를 분담하였지만, 중서문하성에 강하게 예속되어 있었다.

③ 추밀원은 추부라고도 불렸는데 군기를 관장하고 왕명을 출납하는 등 중요한 기능을 담당했다.

④ 고려는 중서성과 문하성을 합해 중서문하성이라는 단일 기구를 만들어 정치의 최고 관부로 삼았다.

15 〈보기 1〉에서 나타나는 폐단을 해결하기 위한 정책과 관련하여 바르게 서술한 것을 〈보기 2〉에서 모두 고른 것은?

─── 〈보기 1〉 ───

여러 도감에 바치는 물품은 각 고을에서 현물로 바치려고 해도 여러 궁방에서 방납하는 것을 이롭게 여겨 각 고을에다 협박을 가하여 손을 쓸 수 없도록 합니다. 그러고는 그들의 사물(私物)로 자신에게 납부하게 하고 억지로 높은 값을 정하는데 거위나 오리 한 마리의 값이 소나 말 한 마리이며 조금만 시일을 지체하면 갑절로 징수합니다.

－『선조실록』－

─── 〈보기 2〉 ───

㉠ 풍흉에 관계없이 토지 1결당 4~6두의 세금을 징수했다.

㉡ 공물을 토지의 결수에 따라 쌀, 무명, 동전 등으로 납부하게 했다.

㉢ 이 정책의 실시로 정부에 관수품을 조달하는 공인이 등장했다.

① ㉠　　　　　　　　　② ㉡

③ ㉠, ㉡　　　　　　　④ ㉡, ㉢

14 〈보기〉의 사건을 시간순으로 바르게 나열한 것은?

─── 〈보 기〉 ───

㉠ 고구려의 평양 천도

㉡ 백제군의 평양성 공격

㉢ 고구려의 낙랑군 · 대방군 축출

㉣ 위군의 침략으로 환도성 함락

① ㉠ － ㉡ － ㉢ － ㉣

② ㉡ － ㉠ － ㉣ － ㉢

③ ㉢ － ㉣ － ㉠ － ㉡

④ ㉣ － ㉢ － ㉡ － ㉠

16 〈보기〉의 조선 후기 호락 논쟁에 대한 설명 중 성격이 다른 것은?

─── 〈보 기〉 ───

㉠ 조선을 중화로, 청을 오랑캐로 보는 명분론으로 이어진다.

㉡ 조선 후기 실학 운동으로 이어지는 사상적 기반이 되었다.

㉢ 주로 충청도 지역의 학자들이 중심이 되었다.

㉣ 대표적인 학자로는 한원진이 있다.

① ㉠　　　　　　　　　② ㉡

③ ㉢　　　　　　　　　④ ㉣

17 〈보기〉의 선언문이 발표된 이후에 일어난 변화로 가장 옳은 것은?

―― 〈보 기〉 ――

오늘 우리는 전 세계 이목이 우리를 주시하는 가운데 40년 독재 정치를 청산하고 희망찬 민주 국가를 건설하기 위한 거보를 전 국민과 함께 내딛는다. 국가의 미래요 소망인 꽃다운 젊은이를 야만적인 고문으로 죽여 놓고 그것도 모자라 뻔뻔스럽게 국민을 속이려 했던 현 정권에게 국민의 분노가 무엇인지를 분명히 보여주고, 국민적 여망인 개헌을 일방적으로 파기한 4·13폭거를 철회시키기 위한 민주 장정을 시작한다.

① 해방 이후 단절되었던 일본과의 국교가 정상화되었다.

② 내각 책임제와 양원제 국회를 특징으로 하는 개헌이 이루어졌다.

③ 장기적인 경제 발전을 위해 경제 개발 5개년 계획을 수립하였다.

④ 연임이 안 되는 임기 5년의 대통령을 직선제로 선출하게 되었다.

18 〈보기〉의 밑줄 친 '왕'의 재위 기간에 일어난 일이 아닌 것은?

―― 〈보 기〉 ――

재위 12년 신미년에 왕이 거칠부 및 대각찬 구진, 각찬 비태, 잡찬 탐지, 잡찬 비서, 파진찬 노부, 파진찬 서력부, 대아찬 비차부, 아찬 미진부 등 여덟 장군에게 명하여 백제와 더불어 고구려를 공격하도록 하였다. 백제인들이 먼저 평양을 공격하여 깨트리자, 거칠부 등은 승기를 타서 죽령 바깥, 고현 이내의 10군을 빼앗았다.

― 『삼국사기』 ―

① 대가야를 정벌하여 가야 연맹을 소멸시켰다.

② 인재를 양성하기 위하여 화랑도를 국가적 조직으로 개편하였다.

③ 자장의 건의를 받아들여 황룡사 9층 목탑을 건립하였다.

④ 신라의 역사를 정리하여 국사를 편찬하였다.

19 〈보기〉에서 일제 강점기의 의식주 변화에 해당하는 것을 모두 고른 것은?

―― 〈보 기〉 ――

㉠ 음식 조리 과정에서 왜간장, 조미료 등을 사용하였다.

㉡ 도시 인구 급증의 후유증으로 토막(土幕)집이 등장하였다.

㉢ 일제 말 여성들이 일본식 노동복인 몸뻬의 착용을 강요당하였다.

㉣ 경성의 경우, 북촌에는 조선인이, 남촌에는 일본인이 주로 거주하였다.

① ㉠, ㉢

② ㉠, ㉣

③ ㉡, ㉢, ㉣

④ ㉠, ㉡, ㉢, ㉣

20 〈보기〉에서 ㉠에 들어갈 나라에 대한 설명으로 가장 옳은 것은?

―― 〈보 기〉 ――

신(臣) 아무개가 아룁니다. 본국 숙위원의 보고를 접하니, 지난 건녕 4년 7월에 ㉠ 의 하정사(賀正使)인 왕자 대봉예가 호소문을 올려 그들이 우리보다 위에 있도록 허락해 주기를 청했다고 합니다. 삼가 칙지를 받들건대, "나라 이름의 선후는 본래 강약을 따져서 칭하는 것이 아니다. 조정 제도의 등급을 지금 어떻게 성쇠를 가지고 고칠 수가 있겠는가. 그동안의 관례대로 함이 당연하니, 이 지시를 따르도록 하라."라는 내용이었습니다.

― 『고운집』 ―

① 마진, 태봉 등의 국호를 사용하였다.

② 당으로부터 해동성국이라는 칭호를 들었다.

③ 백제의 부흥을 내걸고 완산주에 도읍을 정했다.

④ 지금의 황해도 지역에 패강진이라는 군진을 개설하였다.

✔ 회독 CHECK 1 2 3

01 다음 시가를 지은 왕의 재위 기간에 있었던 사실은?

> 펄펄 나는 저 꾀꼬리
> 암수 서로 정답구나
> 외로울사 이 내 몸은
> 뉘와 더불어 돌아가랴

① 진대법을 시행하였다.
② 낙랑군을 축출하였다.
③ 졸본에서 국내성으로 천도하였다.
④ 율령을 반포하여 중앙 집권 체제를 강화하였다.

02 밑줄 친 '유학자'에 대한 설명으로 옳은 것은?

> 풍기군수 주세붕은 고려 시대 유학자의 고향인 경상도 순흥면 백운동에 회헌사(晦軒祠)를 세우고, 1543년에 교육 시설을 더해서 백운동 서원을 건립하였다.

① 해주향약을 보급하였다.
② 원 간섭기에 성리학을 국내로 소개하였다.
③ 『성학십도』를 저술하여 경연에서 강의하였다.
④ 일본의 동정을 담은 『해동제국기』를 저술하였다.

03 밑줄 친 '왕'에 대한 설명으로 옳은 것은?

> 1919년 3월 1일 탑골 공원에서 민족 대표 33인이 서명한 독립 선언서가 낭독되었다. 이 공원에 있는 탑은 왕이 세운 것으로 경천사 10층 석탑의 영향을 받았다.

① 우리나라 전쟁사를 정리한 『동국병감』을 편찬하였다.
② 우리나라 역대 문장의 정수를 모은 『동문선』을 편찬하였다.
③ 6조 직계제를 실시하여 국왕 중심의 정치 체제를 구축하였다.
④ 한양으로 다시 천도하면서 이궁인 창덕궁을 창건하였다.

04 (가) 인물에 대한 설명으로 옳은 것은?

> (가) 이/가 올립니다. "지방의 경우에는 관찰사와 수령, 서울의 경우에는 홍문관과 육경(六卿), 그리고 대간(臺諫)들이 모두 능력 있는 사람을 천거하게 하십시오. 그 후 대궐에 모아 놓고 친히 여러 정책과 관련된 대책 시험을 치르게 한다면 인물을 많이 얻을 수 있을 것입니다. 이는 역대 선왕께서 하지 않으셨던 일이요, 한나라의 현량과와 방정과의 뜻을 이은 것입니다. 덕행은 여러 사람이 천거하는 바이므로 반드시 헛되거나 그릇되는 일이 없을 것입니다."

① 기묘사화로 탄압받았다.
② 조의제문을 사초에 실었다.
③ 문정왕후의 수렴청정을 지지하였다.
④ 연산군의 생모 윤씨를 폐비하는 데 동조하였다.

05 신석기 시대 유적과 유물을 바르게 연결한 것만을 모두 고르면?

> ㉠ 양양 오산리 유적 – 덧무늬 토기
> ㉡ 서울 암사동 유적 – 빗살무늬 토기
> ㉢ 공주 석장리 유적 – 미송리식 토기
> ㉣ 부산 동삼동 유적 – 아슐리안형 주먹도끼

① ㉠, ㉡
② ㉠, ㉣
③ ㉡, ㉢
④ ㉢, ㉣

06 (가) 시기에 신라에서 있었던 사실은?

> 고구려의 침입으로 한성이 함락되자, 수도를 웅진으로 옮겼다.
>
> ↓
>
> (가)
>
> ↓
>
> 성왕은 사비로 도읍을 옮겼다.

① 대가야를 정복하였다.
② 황초령 순수비를 세웠다.
③ 거칠부가 『국사』를 편찬하였다.
④ 이차돈의 순교를 계기로 불교가 공인되었다.

07 시기별 대외 교류에 관한 설명으로 옳지 않은 것은?

① 백제: 노리사치계가 일본에 불경과 불상을 전하였다.
② 통일 신라: 장보고가 청해진을 설치하여 해상권을 장악하였다.
③ 고려: 예성강 하구의 벽란도가 국제항으로 번성하였다.
④ 조선: 명과의 교류에서 중강 개시와 책문 후시가 전개되었다.

08 우리나라 세계 유산과 세계 기록 유산에 대한 설명으로 옳은 것만을 모두 고르면?

> ㉠ 공주 송산리 고분군에는 전축분인 6호분과 무령왕릉이 있다.
> ㉡ 양산 통도사는 금강 계단 불사리탑이 있는 삼보 사찰이다.
> ㉢ 남한산성은 병자호란 때 인조가 피난했던 산성이다.
> ㉣ 『승정원 일기』는 역대 왕의 훌륭한 언행을 『실록』에서 뽑아 만든 사서이다.

① ㉠, ㉡
② ㉡, ㉢
③ ㉠, ㉡, ㉢
④ ㉠, ㉢, ㉣

09 다음은 발해 수도에 대한 답사 계획이다. 각 수도에 소재하는 유적에 대한 탐구 내용으로 옳은 것만을 모두 고르면?

발해 유적
답사 계획서

📅 일시	출발 ○○○○년 ○월 ○○일 귀국 ○○○○년 ○월 ○○일
👥 인원	○○명
📍 장소	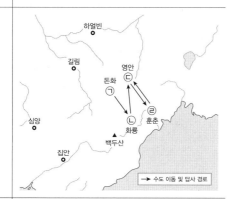
📖 탐구 내용	㉠ 정효공주 무덤을 찾아 벽화에 그려진 인물들의 복식을 탐구한다. ㉡ 용두산 고분군을 찾아 벽돌 무덤의 특징을 탐구한다. ㉢ 오봉루 성문터를 찾아 성의 구조를 당의 장안성과 비교해 본다. ㉣ 정혜공주 무덤을 찾아 고구려 무덤과의 계승성을 탐구한다.

① ㉠, ㉡
② ㉠, ㉣
③ ㉡, ㉢
④ ㉢, ㉣

10 다음 상소문을 올린 왕대에 있었던 사실은?

> 석교(釋敎)를 행하는 것은 수신(修身)의 근본이요, 유교를 행하는 것은 이국(理國)의 근원입니다. 수신은 내생의 자(資)요, 이국은 금일의 요무(要務)로서, 금일은 지극히 가깝고 내생은 지극히 먼 것인데도 가까움을 버리고 먼 것을 구함은 또한 잘못이 아니겠습니까.

① 양경과 12목에 상평창을 설치하였다.
② 균여를 귀법사 주지로 삼아 불교를 정비하였다.
③ 국자감에 7재를 두어 관학을 부흥하고자 하였다.
④ 전지(田地)와 시지(柴地)를 지급하는 경정 전시과를 실시하였다.

11 이승만 정부의 경제 정책으로 옳지 않은 것은?

① 한·미 원조 협정을 체결하였다.
② 농지 개혁에 따른 지가 증권을 발행하였다.
③ 제분, 제당, 면방직 등 삼백 산업을 적극 지원하였다.
④ 제1차 경제 개발 5개년 계획을 추진하였다.

12 중·일 전쟁 이후 조선 총독부가 시행한 민족 말살 정책이 아닌 것은?

① 아침마다 궁성요배를 강요하였다.
② 일본에 충성하자는 황국 신민 서사를 암송하게 하였다.
③ 공업 자원의 확보를 위하여 남면북양 정책을 시행하였다.
④ 황국 신민 의식을 강화하고자 소학교를 국민학교로 개칭하였다.

13 밑줄 친 '조약'에 대한 설명으로 옳지 않은 것은?

> 1905년 8월 4일 오후 3시, 우리가 앉아 있는 곳은 새거모어 힐의 대기실. 루스벨트의 저택이다. 새거모어 힐은 루스벨트의 여름용 대통령 관저로 3층짜리 저택이다. …(중략)… 대통령과 마주하자 나는 말했다. "감사합니다. 각하. 저는 대한제국 황제의 친필 밀서를 품고 지난 2월에 헤이 장관을 만난 사람입니다. 그 밀서에서 우리 황제는 1882년에 맺은 <u>조약</u>의 거중 조정 조항에 따른 귀국의 지원을 간곡히 부탁했습니다."

① 영사재판권이 인정되었다.
② 임오군란을 계기로 체결되었다.
③ 최혜국 대우 조항이 포함되었다.
④『조선책략』의 영향을 받았다.

14 고려 시대 향리에 대한 설명으로 옳은 것만을 모두 고르면?

> ㉠ 부호장 이하의 향리는 사심관의 감독을 받았다.
> ㉡ 상층 향리는 과거로 중앙 관직에 진출할 수 있었다.
> ㉢ 일부 향리의 자제들은 기인으로 선발되어 개경으로 보내졌다.
> ㉣ 속현의 행정 실무는 향리가 담당하였다.

① ㉠
② ㉠, ㉡
③ ㉡, ㉢, ㉣
④ ㉠, ㉡, ㉢, ㉣

15 밑줄 친 '이 농법'에 대한 설명으로 옳은 것만을 모두 고르면?

> 대개 <u>이 농법</u>을 귀중하게 여기는 이유는 다음과 같다. 두 땅의 힘으로 하나의 모를 서로 기르는 것이고, …(중략)… 옛 흙을 떠나 새 흙으로 가서 고갱이를 씻어 내어 더러운 것을 제거하는 것이다. 무릇 벼를 심는 논에는 물을 끌어들일 수 있는 하천이나 물을 댈 수 있는 저수지가 꼭 필요하다. 이러한 것이 없다면 볏논이 아니다.
>
> －『임원경제지』－

> ㉠ 세종 때 편찬된 『농사직설』에도 등장한다.
> ㉡ 고랑에 작물을 심도록 하였다.
> ㉢『경국대전』의 수령칠사 항목에서도 강조되었다.
> ㉣ 직파법보다 풀 뽑는 노동력을 절약할 수 있었다.

① ㉠, ㉡
② ㉠, ㉣
③ ㉡, ㉢
④ ㉢, ㉣

16 밑줄 친 '헌법'이 시행 중인 시기에 일어난 사건은?

> 이 <u>헌법</u>은 한 사람의 집권자가 긴급 조치라는 형식적인 법 절차와 권력 남용으로 양보할 수 없는 국민의 기본 인권과 존엄성을 억압하였다. 그리고 이러한 권력 남용에 형식적인 합법성을 부여하고자 …(중략)… 입법, 사법, 행정 3권을 한 사람의 집권자에게 집중시키고 있다.

① 부·마 민주 항쟁이 일어났다.
② 국민 교육 헌장을 선포하였다.
③ 7·4 남북 공동 성명이 발표되었다.
④ 한·일 협정 체결을 반대하는 6·3 시위가 있었다.

17 밑줄 친 '회의'에서 있었던 사실은?

> 본 회의는 2천만 민중의 공정한 뜻에 바탕을 둔 국민적 대화합으로 최고의 권위를 가지고 국민의 완전한 통일을 공고하게 하며, 광복 대업의 근본 방침을 수립하여 우리 민족의 자유를 만회하며 독립을 완성하기를 기도하고 이에 선언하노라. …(중략)… 본 대표 등은 국민이 위탁한 사명을 받들어 국민적 대단결에 힘쓰며 독립운동이 나아갈 방향을 확립하여 통일적 기관 아래에서 대업을 완성하고자 하노라.

① 대한민국 건국 강령이 상정되었다.
② 박은식이 임시 대통령으로 선출되었다.
③ 민족 유일당 운동 차원에서 조선 혁명당이 참가하였다.
④ 임시 정부를 대체할 새로운 조직을 만들자는 주장이 나왔다.

18 다음 법령에 따라 시행된 사업에 대한 설명으로 옳은 것은?

> 제1조 토지의 조사 및 측량은 본령에 따른다.
> 제4조 토지 소유자는 조선 총독이 정한 기간 내에 주소, 성명 또는 명칭 및 소유지의 소재, 지목, 자 번호, 사표, 등급, 지적, 결수를 임시토지조사국장에게 신고해야 한다. 단, 국유지는 보관 관청이 임시토지조사국장에게 통지해야 한다.

① 농상공부를 주무 기관으로 하였다.
② 역둔토, 궁장토를 총독부 소유로 만들었다.
③ 토지 약탈을 위해 동양 척식 회사를 설립하였다.
④ 춘궁 퇴치, 농가 부채 근절을 목표로 내세웠다.

19 개항기 무역에 대한 설명으로 옳지 않은 것은?

① 개항장에서 조선인 객주가 중개 활동을 하였다.
② 조·청 무역 장정으로 청국에서의 수입액이 일본을 앞질렀다.
③ 일본 상인은 면제품을 팔고, 쇠가죽·쌀·콩 등을 구입하였다.
④ 조·일 통상 장정의 개정으로 곡물 수출이 금지되기도 하였다.

20 밑줄 친 '그'에 대한 설명으로 옳은 것은?

> 군역에 뽑힌 장정에게 군포를 거두었는데, 그 폐단이 많아서 백성들이 뼈를 깎는 원한을 가졌다. 그런데 사족들은 한평생 한가하게 놀며 신역(身役)이 없었다. …(중략)… 그러나 유속(流俗)에 끌려 이행되지 못하였으나 갑자년 초에 그가 강력히 나서서 귀천이 동일하게 장정 한 사람마다 세납전(歲納錢) 2민(緡)을 바치게 하니, 이를 동포전(洞布錢)이라고 하였다.
>
> – 『매천야록』 –

① 만동묘 건립을 주도하였다.
② 군국기무처 총재를 역임하였다.
③ 통리기무아문을 폐지하고 5군영을 부활하였다.
④ 탕평 정치를 정리한 『만기요람』을 편찬하였다.

✅ 회독 CHECK 1 2 3

01 다음에 해당하는 나라에 대한 설명으로 옳은 것은?

> • 은력(殷曆) 정월에 지내는 제천 행사는 나라에서 여는 대회로 날마다 먹고 마시고 노래하고 춤추는데, 이를 영고라 하였다. 이때 형옥을 중단하고 죄수를 풀어주었다.
> • 국내에 있을 때의 의복은 흰색을 숭상하며, 흰 베로 만든 큰 소매 달린 도포와 바지를 입고 가죽신을 신는다. 외국에 나갈 때는 비단옷·수 놓은 옷·모직옷을 즐겨입는다.
>
> - 『삼국지』 위서 동이전 -

① 사람이 죽으면 뼈만 추려 가족 공동 무덤인 목곽에 안치하였다.
② 읍군이나 삼로라고 불린 군장이 자기 영역을 다스렸다.
③ 가축 이름을 딴 마가, 우가, 저가, 구가 등이 있었다.
④ 천신을 섬기는 제사장인 천군이 있었다.

02 (가) 나라에 대한 설명으로 옳은 것은?

> 북쪽 구지에서 이상한 소리로 부르는 것이 있었다. …(중략)… 구간(九干)들은 이 말을 따라 모두 기뻐하면서 노래하고 춤을 추었다. 자줏빛 줄이 하늘에서 드리워져서 땅에 닿았다. 그 줄이 내려온 곳을 따라가 붉은 보자기에 싸인 금으로 만든 상자를 발견하고 열어보니, 해처럼 둥근 황금알 여섯 개가 있었다. 알 여섯이 모두 변하여 어린아이가 되었다. …(중략)… 가장 큰 알에서 태어난 수로(首露)가 왕위에 올라 (가) 를/을 세웠다.
>
> - 『삼국유사』 -

① 해상 교역을 통해 우수한 철을 수출하였다.
② 박, 석, 김씨가 교대로 왕위를 계승하였다.
③ 경당을 설치하여 학문과 무예를 가르쳤다.
④ 정사암 회의를 통해 재상을 선발하였다.

03 (가)에 들어갈 기구로 옳은 것은?

> 고려 시대 중서문하성과 중추원의 고위 관료들은 도병마사와 (가) 에서 국가의 중요한 일을 논의하였다. 도병마사에서는 국방과 군사 문제를 다루었고, (가) 에서는 제도와 격식을 만들었다.

① 삼사   ② 상서성
③ 어사대   ④ 식목도감

04 (가)에 대한 설명으로 옳은 것은?

> 건국 초부터 북진 정책을 추진한 고려는 발해를 멸망시킨 (가) 를/을 견제하고 송과 친선 관계를 맺었다. 이에 송과 대립하던 (가) 는/은 고려를 경계하여 여러 차례 고려에 침입하였다.

① 강조의 정변을 구실로 고려를 침략하였다.
② 고려에 동북 9성을 돌려달라고 요구하였다.
③ 다루가치를 배치하여 고려의 내정을 간섭하였다.
④ 쌍성총관부를 두어 철령 이북의 땅을 지배하였다.

05 (가)에 들어갈 기구로 옳은 것은?

> • 무릇 관직을 받은 자의 고신(임명장)은 5품 이하일 때는 [(가)] 과/와 사간원의 서경(署經)을 고려하여 발급한다.
> • [(가)]는/은 시정(時政)을 논하고, 모든 관원을 규찰하며, 풍속을 바르게 하는 등의 일을 맡는다.
>
> — 『경국대전』 —

① 사헌부   ② 교서관
③ 승문원   ④ 승정원

06 밑줄 친 '그'에 대한 설명으로 옳은 것은?

> 그가 왕에게 아뢰었다. "삼교는 솥의 발과 같아서 하나도 없어서는 안 됩니다. 지금 유교와 불교는 모두 흥하는데 도교는 아직 번성하지 않으니, 소위 천하의 도술(道術)을 갖추었다고 할 수 없습니다. 엎드려 청하오니 당에 사신을 보내 도교를 구해 와서 나라 사람들을 가르치게 하소서."
>
> — 『삼국사기』 —

① 당나라와 동맹을 체결하였다.
② 천리장성의 축조를 맡아 수행하였다.
③ 수나라의 군대를 살수에서 격퇴하였다.
④ 남진 정책을 추진하여 한성을 점령하였다.

07 (가) 인물에 대한 설명으로 옳은 것은?

> [(가)] 가/이 귀산 등에게 말하기를 "세속에도 5계가 있으니, 첫째는 충성으로써 임금을 섬기는 것, 둘째는 효도로써 어버이를 섬기는 것, 셋째는 신의로써 벗을 사귀는 것, 넷째는 싸움에 임하여 물러서지 않는 것, 다섯째는 생명 있는 것을 죽이되 가려서 한다는 것이다. 그대들은 이를 실행함에 소홀히 말라." 라고 하였다.
>
> — 『삼국사기』 —

① 모든 것이 한마음에서 나온다는 일심 사상을 제시하였다.
② 화엄 사상을 연구하여 「화엄일승법계도」를 작성하였다.
③ 왕에게 수나라에 군사를 청하는 글을 지어 바쳤다.
④ 인도를 여행하여 『왕오천축국전』을 썼다.

08 (가), (나)에 들어갈 이름을 바르게 연결한 것은?

> [(가)] 는/은 『북학의』를 저술하여 청의 선진 기술을 적극적으로 수용할 것과 상공업 육성 등을 역설하였다. 한편, [(나)] 는/은 중국 및 일본의 방대한 자료를 참고하여 『해동역사』를 편찬함으로써, 한·중·일 간의 문화 교류를 잘 보여주었다.

	(가)	(나)
①	박지원	한치윤
②	박지원	안정복
③	박제가	한치윤
④	박제가	안정복

09 다음 사건을 시기순으로 바르게 나열한 것은?

> (가) 정중부와 이의방이 정변을 일으켰다.
> (나) 최충헌이 이의민을 제거하고 권력을 잡았다.
> (다) 충주성에서 천민들이 몽골군에 맞서 싸웠다.
> (라) 이자겸이 척준경과 더불어 난을 일으켰다.

① (가) → (나) → (라) → (다)
② (가) → (다) → (나) → (라)
③ (라) → (가) → (나) → (다)
④ (라) → (가) → (다) → (나)

10 (가) 지역에 대한 설명으로 옳은 것은?

> 나는 삼한(三韓) 산천의 음덕을 입어 대업을 이루었다. (가) 는/은 수덕(水德)이 순조로워 우리나라 지맥의 뿌리가 되니 대업을 만대에 전할 땅이다. 왕은 춘하추동 네 계절의 중간달에 그곳에 가 100일 이상 머물러서 나라를 안녕케 하라.
> ― 『고려사』 ―

① 이곳에 대장도감을 설치하여 재조대장경을 만들었다.
② 지눌이 이곳에서 수선사 결사 운동을 펼쳤다.
③ 망이 · 망소이가 이곳에서 봉기하였다.
④ 몽골이 이곳에 동녕부를 두었다.

11 다음 내용의 역사서에 대한 설명으로 옳은 것은?

> 왕께서는 "우리나라 사람들은 유교 경전과 중국 역사에 대해서는 자세히 말하는 사람이 있으나 우리나라의 사실에 이르러서는 잘 알지 못하니 매우 유감이다. 중국 역사서에 우리 삼국의 열전이 있지만 상세하게 실리지 않았다. 또한, 삼국의 고기(古記)는 문체가 거칠고 졸렬하며 빠진 부분이 많으므로, 이런 까닭에 임금의 선과 악, 신하의 충과 사악, 국가의 안위 등에 관한 것을 다 드러내어 그로써 후세에 권계(勸戒)를 보이지 못했다. 마땅히 일관된 역사를 완성하고 만대에 물려주어 해와 별처럼 빛나도록 해야 하겠다."라고 하셨습니다.

① 불교를 중심으로 신화와 설화를 정리하였다.
② 유교적인 합리주의 사관에 따라 기전체로 서술되었다.
③ 단군 조선을 우리 역사의 시작으로 본 통사이다.
④ 진흥왕의 명을 받아 거칠부가 편찬하였다.

12 밑줄 친 '이 왕'에 대한 설명으로 옳은 것은?

> 문무왕이 왜병을 진압하고자 감은사를 처음 창건하려 했으나, 끝내지 못하고 죽어 바다의 용이 되었다. 뒤이어 즉위한 이 왕이 공사를 마무리하였다. 금당 돌계단 아래에 동쪽을 향하여 구멍을 하나 뚫어 두었으니, 용이 절에 들어와서 돌아다니게 하려고 마련한 것이다. 유언에 따라 유골을 간직해 둔 곳은 대왕암(大王岩)이라고 불렀다.
> ― 『삼국유사』 ―

① 건원이라는 독자적인 연호를 사용하였다.
② 국학을 설립하여 유학을 교육하였다.
③ 백성에게 처음으로 정전을 지급하였다.
④ 진골 출신으로서 처음 왕위에 올랐다.

13 밑줄 친 '왕'의 재위 기간에 있었던 사실로 옳은 것은?

> 왕은 노론과 소론, 남인을 두루 등용하였으며 젊은 관료들을 재교육하기 위해 초계문신제를 시행하였다. 또 서얼 출신의 유능한 인사를 규장각 검서관으로 등용하였다.

① 동학이 창시되었다.
②『대전회통』이 편찬되었다.
③ 신해통공이 시행되었다.
④ 홍경래의 난이 발생하였다.

14 (가) 인물에 대한 설명으로 옳은 것은?

> 철종이 죽고 고종이 어린 나이로 왕이 되자, 고종의 아버지인 　(가)　가/이 실권을 장악하였다. 　(가)　는/은 임진왜란 때 불탄 후 방치되어 있던 경복궁을 중건하였다. 이때 원납전이라는 기부금을 징수하는 일이 벌어졌으며 당백전이라는 화폐도 발행되었다.

①「대한국 국제」를 만들어 공포하였다.
② 서원을 대폭 줄이는 정책을 추진하였다.
③ 우정총국 개국 축하연을 이용해 정변을 일으켰다.
④ 황쭌셴의『조선책략』을 가져와 널리 유포하였다.

15 (가) 단체의 활동에 대한 설명으로 옳은 것은?

> 탑골 공원에 모인 수많은 학생과 시민이 독립 선언식을 거행하고 만세를 부르며 거리를 행진하였다. 이후 만세 시위는 전국으로 확산하였다. 이 운동을 계기로 독립운동가 사이에는 독립운동을 더욱 조직적으로 전개하자는 공감대가 형성되어 　(가)　가/이 만들어졌다. 　(가)　는/은 구미 위원부를 설치하는 등 적극적으로 독립운동을 펼쳐 나갔다.

①「대동단결 선언」을 발표하였다.
② 국내와의 연락을 위해 교통국을 두었다.
③ 독립군을 양성하기 위해 신흥 무관 학교를 설립하였다.
④「조선 혁명 선언」을 강령으로 삼아 의열 투쟁을 전개하였다.

16 (가) 시기에 있었던 사실로 옳은 것은?

> | 평양의 관민이 제너럴셔먼호를 불태웠다. |
> | :---: |
> | ↓ |
> | (가) |
> | ↓ |
> | 미군이 광성보를 공격해 점령하였다. |

① 고종이 홍범 14조를 발표하였다.
② 일본의 운요호가 초지진을 포격하였다.
③ 오페르트가 남연군의 묘 도굴을 시도하였다.
④ 차별 대우에 불만을 품은 군인이 임오군란을 일으켰다.

17 밑줄 친 '이 단체'에 대한 설명으로 옳은 것은?

> 1920년대 국내에서는 일본과 타협해 실익을 찾자는 자치 운동이 대두하였다. 비타협적인 민족주의자들은 이를 경계하면서 사회주의 세력과 연대하고자 하였다. 사회주의 세력도 정우회 선언을 발표해 비타협적 민족주의 세력과 제휴를 주장하였다. 그 결과 비타협적 민족주의 세력과 사회주의 세력은 1927년 2월에 이 단체를 창립하고 이상재를 회장으로 추대하였다.

① 조선 물산 장려회를 조직해 물산 장려 운동을 펼쳤다.
② 고등 교육 기관을 설립하기 위해 민립 대학 설립 운동을 시작하였다.
③ 문맹 퇴치와 미신 타파를 목적으로 브나로드 운동을 전개하였다.
④ 광주 학생 항일 운동의 진상을 조사하고 이를 알리는 대회를 개최하고자 하였다.

18 다음과 같은 내용이 담긴 조약에 대한 설명으로 옳은 것은?

> 일본 정부는 그 대표자로 한국 황제 밑에 1명의 통감을 두되, 통감은 전적으로 외교에 관한 사항을 관리하기 위하여 경성에 주재하고 친히 한국 황제를 만날 수 있는 권리를 가진다. 또한, 일본 정부는 한국의 개항장 및 일본 정부가 필요하다고 인정하는 지역에 이사관을 설치할 권리를 가지며, 이사관은 통감의 지휘 하에 종래 재(在) 한국 일본 영사에게 속하였던 모든 권리를 집행한다.

① 조선 총독부를 설치한다는 조항이 포함되어 있다.
② 헤이그 특사 사건 직후 일제의 강요로 체결되었다.
③ 방곡령 시행 전에 미리 통보해야 한다는 합의가 실려 있다.
④ 일본의 중재 없이 국제적 성격을 가진 조약을 체결할 수 없다는 내용이 담겨 있다.

19 (가)에 대한 설명으로 옳은 것은?

> 1945년 12월 모스크바에서 미국, 소련, 영국의 외무장관들은 한국 문제를 논의하였다. 이 회의에서 미국, 소련, 영국, 중국이 최장 5년간 신탁 통치를 시행한다는 합의가 이루어졌다. 또 미국과 소련이 　(가)　을/를 개최해 민주주의 임시 정부 수립 문제에 대해 논의하기로 했다. 이 합의에 따라 1946년 3월 서울에서 　(가)　이/가 시작되었다.

① 미·소 양측의 의견 차이로 결렬되었다.
② 조선 건국 준비 위원회를 조직하는 성과를 냈다.
③ 민주 공화제를 핵심으로 한 제헌 헌법을 만들었다.
④ 유엔 감시하의 총선거로 정부를 수립한다는 결정을 내렸다.

20 (가) 시기에 있었던 사실로 옳은 것은?

```
├──────────────┼──(가)──┼──────────────┤
4·19 혁명이 일어나다.        유신 헌법이 공포되다.
```

① 반민족 행위 처벌법이 제정되다.
② 7·4 남북 공동 성명이 발표되다.
③ 남북한이 유엔에 동시 가입하다.
④ 5·18 민주화 운동이 일어나다.

✅ 회독 CHECK 1 2 3

01 〈보기〉에서 설명하는 시대의 문화 유산으로 옳은 것은?

─── 〈보 기〉 ───
- 주로 움집에서 거주하였다.
- 유적은 주로 큰 강이나 해안 지역에서 발견된다.
- 농경 생활을 시작하였고, 조·피 등을 재배하였다.

① 고인돌
② 세형 동검
③ 거친무늬 거울
④ 빗살무늬 토기

02 〈보기〉는 대한민국 헌법 개정을 시기순으로 나열한 것이다. (가)와 (나)에 들어갈 내용으로 옳은 것은?

─── 〈보 기〉 ───

제6차	제7차	제8차	제9차
1969년	1972년	1980년	1987년
대통령 3선 허용	유신 헌법 대통령 간선제 (임기 6년)	(가) (7년 단임)	(나) (5년 단임)

(가)   (나)

① 대통령 간선제   대통령 직선제
② 대통령 직선제   대통령 직선제
③ 대통령 간선제   대통령 간선제
④ 대통령 직선제   대통령 간선제

03 〈보기〉의 밑줄 친 '이 법'을 제정한 왕의 업적으로 옳은 것은?

─── 〈보 기〉 ───
임진왜란 이후 군역 대신 군포를 징수하여 1년에 2필을 납부하게 하였다. 그런데 군적이 제대로 정리되지 않았고, 지방관의 농간까지 겹쳐 실제 납부액이 훨씬 많았다. 이에 이 법을 제정하여 군포 부담을 절반으로 줄여 주었다.

①『속대전』을 편찬하였다.
②『대전통편』을 편찬하였다.
③『대전회통』을 편찬하였다.
④『경국대전』을 편찬하였다.

04 〈보기〉는 동학 농민 전쟁에 관련된 주요 사건을 표로 나타낸 것이다. 청·일 전쟁이 발발된 시기는?

─── 〈보 기〉 ───

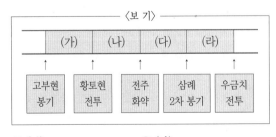

① (가)　　　　② (나)
③ (다)　　　　④ (라)

05 〈보기〉의 사건이 있었던 시기의 사실로 가장 옳은 것은?

> ───── 〈보 기〉 ─────
>
> 가을 9월에 고구려 왕 거련(巨璉)이 군사 3만 명을 이끌고 왕도(王都) 한성을 포위하였다. 왕은 성문을 닫고 나가 싸우지 않았다. … 왕은 곤궁하여 어찌할 바를 모르다가, 기병 수십을 거느리고 성문을 나가 서쪽으로 도망쳤다. 고구려인이 쫓아가 그를 살해하였다.
>
> ─『삼국사기』─

① 성왕이 신라군에게 살해되었다.
② 신라가 건원이라는 연호를 사용하였다.
③ 을지문덕이 살수에서 수의 군대를 물리쳤다.
④ 고구려가 중국의 남북조와 동시에 교류하였다.

06 〈보기〉에서 발해 문화가 고구려를 계승하였음을 보여주는 문화 유산을 모두 고른 것은?

> ───── 〈보 기〉 ─────
>
> ㉠ 온돌 장치　　　㉡ 벽돌 무덤
> ㉢ 굴식 돌방 무덤　　㉣ 주작대로

① ㉠, ㉡
② ㉠, ㉢
③ ㉡, ㉣
④ ㉢, ㉣

07 〈보기〉의 (가)~(라)에 대한 설명으로 가장 옳은 것은?

> ───── 〈보 기〉 ─────
>
> (가) 한국 광복군　　(나) 한인 애국단
> (다) 한국 독립군　　(라) 조선 혁명군

① (가) - 미 전략 사무국(OSS)과 협력하여 국내 진공 작전을 계획하였다.
② (나) - 중국 관내 최초의 한인 무장 부대로, 중국 국민당 정부의 지원을 받았다.
③ (다) - 양세봉이 이끄는 군대로, 영릉가 전투와 흥경성 전투에서 일본군을 격퇴하였다.
④ (라) - 지청천이 이끄는 군대로, 항일 중국군과 함께 쌍성보 전투, 동경성 전투 등에서 일본군을 격퇴하였다.

08 〈보기〉와 같이 기록된 고려 무신 정권기 집권자는?

> ───── 〈보 기〉 ─────
>
> 경주 사람이다. 아버지는 소금과 체(篩)를 파는 것을 업(業)으로 하였고, 어머니는 연일현(延日縣) 옥령사(玉靈寺)의 노비였다. … 그는 수박(手搏)을 잘했기에 의종의 총애를 받아 대정에서 별장으로 승진하였고, … 그가 무신 정변 때 참여하여 죽인 사람이 많으므로 중랑장(中郞將)으로 임명되었다가 얼마 후 장군으로 승진하였다.
>
> ─『고려사』 권128, 반역전 ─

① 최충헌
② 김준
③ 임연
④ 이의민

09 〈보기〉의 법령이 실시된 시기에 일어난 민주화 운동으로 가장 옳은 것은?

> ───── 〈보 기〉 ─────
>
> 모두 9차례 발표된 법령으로 마지막으로 선포된 9호에 따르면 헌법을 부정·반대 또는 개정을 요구하거나 이를 보도하면 영장 없이 체포할 수 있었다. 이로 인해 많은 학생, 지식인, 야당 정치인, 기자 등이 구속되었다.

① 3선 개헌 반대 운동이 일어났다.
② 3·1 민주 구국 선언이 발표되었다.
③ 민주 헌법 쟁취 국민 운동 본부가 결성되었다.
④ 신민당이 직선제 개헌을 위한 서명 운동을 전개하였다.

10 〈보기〉의 밑줄 친 '왕'이 재위하던 시기에 대한 설명으로 가장 옳은 것은?

─── 〈보 기〉 ───

왕이 명령하여 노비를 안검하고 시비를 살펴 분별하게 하였다. (이 때문에) 종이 그 주인을 배반하는 자가 헤아릴 수 없을 정도였다. 이 때문에 윗사람을 능멸하는 기풍이 크게 행해지니, 사람들이 모두 원망하였다. 왕비가 간절히 말렸는데도 듣지 않았다.

① 서경 천도를 추진하였다.
② 광덕, 준풍 등의 연호를 사용하였다.
③ 지방관을 파견하고 향리 제도를 마련하였다.
④ 기인 제도를 최초로 실시하여 호족들을 통제하였다.

11 〈보기〉의 (가), (나) 문서에 대한 설명으로 가장 옳지 않은 것은?

─── 〈보 기〉 ───

(가) 대한제국의 정치는 이전으로 보면 500년 전래하시고 이후로 보면 만세에 걸쳐 불변하오실 전제 정치니라.
(나) 외국인에게 의부 아니하고 관민이 동심 합력하여 전제 황권을 견고케 할 것.

① (가)에서는 입법·사법·행정의 모든 권력이 황제에게 있음을 천명하였다.
② (나)에서는 정부의 예산과 결산을 인민에게 공표할 것을 주장하였다.
③ (나)를 수용한 고종은 조칙 5조를 반포하였다.
④ (가)에 따른 전제 정치 선포에 반발하며 독립 협회는 의회 개설 운동을 전개하였다.

12 〈보기〉의 (가), (나) 시기 사이에 있었던 사실로 가장 옳은 것은?

─── 〈보 기〉 ───

(가) 고구려는 백제를 선제 공격하였다가 패하고 고국원왕이 전사하는 위기를 맞았다.
(나) 왜의 침입을 받은 신라를 구원하기 위해 원병을 보내고 낙동강 하류까지 진출하였다.

① 수도를 평양성으로 천도하였다.
② 낙랑군을 축출하고 대동강 유역을 차지하였다.
③ 요서 지역에 대해 선제 공격을 감행하였다.
④ 태학을 설립하고 율령을 반포하여 체제 안정화 정책을 실시하였다.

13 〈보기〉의 (가) 인물에 대한 설명으로 가장 옳은 것은?

─── 〈보 기〉 ───

• 태조는 정예 기병 5천 명을 거느리고 공산(公山) 아래에서 __(가)__ 을/를 맞아서 크게 싸웠다. 태조의 장수 김락과 신숭겸은 죽고 모든 군사가 패하였으며, 태조는 겨우 죽음을 면하였다.
• __(가)__ 이/가 크게 군사를 일으켜 고창군(古昌郡)의 병산 아래에 가서 태조와 싸웠으나 이기지 못하였다. 전사자가 8천여 명이었다.

① 오월에 사신을 보내 교류하였다.
② 송악에서 철원으로 도읍을 옮겼다.
③ 기훤, 양길의 휘하에서 세력을 키웠다.
④ 예성강을 중심으로 성장한 해상 세력이다.

14 〈보기〉의 사건들을 일어난 순서대로 바르게 나열한 것은?

― 〈보 기〉 ―
㉠ 동아일보와 조선일보가 창간되었다.
㉡ 동경 유학생들이 2·8 독립 선언을 하였다.
㉢ 순종의 국장일에 만세 시위 사건이 일어났다.
㉣ 조선어 학회가 한글 맞춤법 통일안을 발표하였다.

① ㉠ - ㉢ - ㉡ - ㉣
② ㉡ - ㉠ - ㉢ - ㉣
③ ㉢ - ㉣ - ㉡ - ㉠
④ ㉣ - ㉠ - ㉢ - ㉡

15 〈보기〉의 사건들을 일어난 순서대로 바르게 나열한 것은?

― 〈보 기〉 ―
㉠ 남인이 제2차 예송을 통해 집권하였다.
㉡ 노론과 소론이 민비를 복위하는 과정을 거쳐 집권하였다.
㉢ 서인은 허적이 역모를 꾸몄다고 고발하여 남인을 축출하고 집권하였다.
㉣ 남인은 장희빈이 낳은 왕자가 세자로 책봉되는 과정을 거쳐 집권하였다.

① ㉠ - ㉢ - ㉣ - ㉡
② ㉡ - ㉣ - ㉢ - ㉠
③ ㉢ - ㉠ - ㉡ - ㉣
④ ㉣ - ㉢ - ㉠ - ㉡

16 〈보기〉에서 고려 시대 회화 작품을 모두 고른 것은?

― 〈보 기〉 ―
㉠ 고사관수도
㉡ 부석사 조사당 벽화
㉢ 예성강도
㉣ 송하보월도

① ㉠, ㉢   ② ㉠, ㉣
③ ㉡, ㉢   ④ ㉡, ㉣

17 〈보기〉에 나타난 사건과 시기상 가장 먼 것은?

― 〈보 기〉 ―
처음 충주 부사 우종주가 매양 장부와 문서로 인하여 판관 유홍익과 틈이 있었는데, 몽골군이 장차 쳐들어온다는 말을 듣고 성 지킬 일을 의논하였다. 그런데 의견상 차이가 있어서 우종주는 양반 별초를 거느리고, 유홍익은 노군과 잡류별초를 거느리고 서로 시기하였다. 몽골군이 오자 우종주와 유홍익은 양반 등과 함께 다 성을 버리고 도주하고, 오직 노군과 잡류만이 힘을 합하여 쳐서 이를 쫓았다.

① 처인성에서 몽골 장수를 사살하였다.
② 진주의 공·사노비와 합주의 부곡민이 합세하였다.
③ 수도를 강화도로 옮기고 주민을 산성과 섬으로 피난시켰다.
④ 몽골군이 경주의 황룡사 9층탑을 불태웠다.

18 〈보기〉의 제도가 처음 시행된 시기의 군사 제도에 대한 설명으로 가장 옳은 것은?

― 〈보 기〉 ―
경성과 지방의 군사에 보인을 지급하는 데 차등이 있다. 장기 복무하는 환관도 2보를 지급한다. 장정 2인을 1보로 하고, 갑사에게는 2보를 지급한다. 기병, 수군은 1보 1정을 준다. 보병, 봉수군은 1보를 준다. 보인으로서 취재에 합격하면 군사가 될 수 있다.

① 중앙군을 5군영으로 편성하였다.
② 2군 6위가 중앙과 국경을 수비하였다.
③ 지방군은 진관 체제를 바탕으로 조직되었다.
④ 양반부터 노비까지 모두 속오군에 편입시켰다.

19 〈보기〉와 같은 주장을 편 인물에 대한 설명으로 가장 옳은 것은?

— 〈보 기〉 —

토지 소유를 제한하는 법령을 세우십시오. 모년 모월 이후부터 제한된 토지보다 많은 자는 더 가질 수 없고, 그 법령 이전부터 소유한 것은 비록 광대한 면적이라 해도 불문에 부치며, 그 자손에게 분급해 주는 것은 허락하고, 혹시 사실대로 하지 않고 숨기거나 법령 이후에 제한을 넘어 더 점유한 자는 백성이 적발하면 백성에게 주고, 관아에서 적발하면 관아에서 몰수하십시오. 이렇게 한다면 수십 년이 못 가서 전국의 토지는 균등하게 될 것입니다.

— 『한민명전의』 —

① 『북학의』를 저술하여 청 문물의 수용을 역설하였다.
② 「양반전」, 「호질」 등을 지어 놀고먹는 양반을 비판하였다.
③ 화폐 제도의 문제점을 지적하며 폐전론을 주장하였다.
④ 마을 단위로 토지를 공동 경작하여 분배할 것을 제안하였다.

20 〈보기〉의 자료와 관련된 개혁의 내용으로 가장 옳은 것은?

— 〈보 기〉 —

• 청 나라에 의존하는 생각을 끊어버리고 자주 독립의 터전을 튼튼히 세운다.
• 왕실에 관한 사무와 나라 정사에 관한 사무는 반드시 분리시키고 서로 뒤섞지 않는다.
• 조세나 세금을 부과하는 것과 경비를 지출하는 것은 모두 탁지아문에서 관할한다.
• 의정부와 각 아문의 직무와 권한을 명백히 제정한다.
• 지방 관제를 빨리 개정하여 지방 관리의 직권을 제한한다.

① 지방에 진위대를 설치하고, 건양이라는 연호를 제정하였다.
② 내각 제도를 수립하고, 인민 평등권 확립과 조세 개혁 등을 추진하였다.
③ 의정부를 내각으로 개편하고, 지방 제도를 8도에서 23부로 바꾸었다.
④ 전라도 53군에 자치적 민정 기구인 집강소가 설치되었다.

✅ 회독 CHECK 1 2 3

01 (가) 시기의 생활상에 대한 설명으로 옳은 것은?

> 1935년 두만강 가의 함경북도 종성군 동관진에서 한반도 최초로 ☐(가)☐ 시대 유물인 석기와 골각기 등이 발견되었다. 발견 당시 일본에서는 ☐(가)☐ 시대 유물이 출토되지 않은 상황이었다.

① 반달 돌칼을 이용하여 벼를 수확하였다.
② 넓적한 돌 갈판에 옥수수를 갈아서 먹었다.
③ 사냥이나 물고기잡이 등을 통해 식량을 얻었다.
④ 영혼 숭배 사상이 있어 사람이 죽으면 흙 그릇 안에 매장하였다.

02 (가) 인물에 대한 설명으로 옳은 것은?

> 신종 원년 사노비 만적 등이 북산에서 땔나무를 하다가 공사의 노비들을 모아 모의하기를, "우리가 성 안에서 봉기하여 먼저 ☐(가)☐ 등을 죽인다. 이어서 각각 자신의 주인을 죽이고 천적(賤籍)을 불태워 삼한에서 천민을 없게 하자. 그러면 공경장상이라도 우리가 모두 할 수 있을 것이다."라고 하였다.

① 정방을 설치하여 인사권을 장악하였다.
② 치안 유지를 위해 야별초를 설립하였다.
③ 이의방을 제거하고 권력을 장악하였다.
④ 봉사 10조를 올려 사회 개혁안을 제시하였다.

03 조선 전기 문화에 대한 설명으로 옳은 것은?

① 『어우야담』을 비롯한 야담 · 잡기류가 성행하였다.
② 유서(類書)로 불리는 백과사전이 널리 편찬되었다.
③ 『동문선』이 편찬되어 우리 문학의 독자성을 강조하였다.
④ 중인층을 중심으로 시사가 결성되어 문학 활동을 벌였다.

04 다음 자료에 나타난 사상에 대한 설명으로 옳은 것은?

> 군신, 부자, 부부, 붕우, 장유의 윤리는 인간의 본성에 부여된 것으로서 천지를 통하는 만고불변의 이치이고, 위에 존재하는 것으로서 도(道)가 됩니다. 이에 대해 배, 수레, 군사, 농사, 기계가 국민에게 편리하고 나라에 이롭게 하는 것은 외형적인 것으로서 기(器)가 됩니다. 신이 변혁을 꾀하고자 하는 것은 기(器)이지 도(道)가 아닙니다.

① 왜양일체론(倭洋一體論)을 주장하였다.
② 근대 문물 수용의 사상적 기반이 되었다.
③ 갑신정변 주도 세력의 견해를 대변하였다.
④ 우등한 사회가 열등한 사회를 지배하는 것이 당연하다고 보았다.

05 (가)에 들어갈 기관으로 옳은 것은?

> 5월에 조서를 내리기를 "개경 내의 사람들이 역질에 걸렸으니 마땅히 ⎡ (가) ⎤을/를 설치하여 이들을 치료하고, 또한 시신과 유골은 거두어 묻어서 비바람에 드러나지 않게 할 것이며, 신하를 보내어 동북도와 서남도의 굶주린 백성을 진휼하라."라고 하였다.
>
> 　　　　　　　　　　　　　　　　　　－「고려사」－

① 의창
② 제위보
③ 혜민국
④ 구제도감

06 밑줄 친 '이 지역'에 대한 설명으로 옳은 것은?

> 장수왕은 군사 3만을 거느리고 백제를 침공하여 왕도인 이 지역을 함락시켜, 개로왕을 살해하고 남녀 8천 명을 사로잡아 갔다.

① 망이, 망소이가 반란을 일으켰다.
② 고려 문종 대에 남경이 설치되었다.
③ 보조국사 지눌이 수선사 결사를 주도하였다.
④ 고려 태조가 북진 정책의 전진 기지로 삼았다.

07 다음 사건이 일어난 왕의 재위 기간에 있었던 사실로 옳은 것은?

> 그들 조선군은 비상한 용기를 가지고 응전하면서 성벽에 올라 미군에게 돌을 던졌다. 창칼로 상대하는데 창칼이 없는 병사들은 맨손으로 흙을 쥐어 적군 눈에 뿌렸다. 모든 것을 각오하고 한 걸음 한 걸음 다가드는 적군에게 죽기로 싸우다 마침내 총에 맞아 죽거나 물에 빠져 죽었다.

① 군포에 대한 양반들의 면세 특권이 폐지되었다.
② 금난전권을 제한하려는 통공 정책이 시작되었다.
③ 결작세가 신설되면서 지주들의 부담이 증가하였다.
④ 영정법이 제정되어 복잡한 전세 방식이 일원화되었다.

08 (가)~(라)에 해당하는 사실로 옳지 않은 것은?

(가)	(나)	(다)	(라)
낙랑군 축출	광개토대왕릉비 건립	살수 대첩 승리	안시성 전투 승리

그 오른쪽에 고구려 멸망

① (가) – 백제 침류왕이 불교를 받아들였다.
② (나) – 고구려 영양왕이 요서 지방을 선제 공격하였다.
③ (다) – 백제가 신라 대야성을 공격하여 함락시켰다.
④ (라) – 신라가 매소성에서 당군을 격파하였다.

09 밑줄 친 '이 책'에 대한 설명으로 옳은 것은?

> 신(臣)이 이 책을 편수하여 바치는 것은 …(중략)… 중국은 반고부터 금국에 이르기까지, 동국은 단군으로부터 본조(本朝)에 이르기까지 처음 일어나게 된 근원을 간책에서 다 찾아보아 같고 다른 것을 비교하여 요점을 취하고 읊조림에 따라 장을 이루었습니다.

① 성리학적 유교 사관이 반영되어 대의명분을 강조하였다.

② 국왕, 훈신, 사림이 서로 합의하여 통사 체계를 구성하였다.

③ 원 간섭기에 중국과 구별되는 우리 역사의 독자성을 강조하였다.

④ 왕명으로 단군 조선에서 고려 말까지의 역사를 노래 형식으로 정리하였다.

10 다음 그래프에 표시된 시기에 일어난 사회 현상으로 옳지 않은 것은?

(물가 지수)

(서울 신문 1946. 2. 6.)

① 해외로부터 귀환인이 급증하여 식량이 부족했다.

② 38도선 분할 점령 이후 식료품 부문의 생산이 크게 위축되었다.

③ 미군정이 재정 적자를 메우기 위해 화폐를 과도하게 발행했다.

④ 미곡 수집제 폐지, 토지 개혁 실시를 주장하는 대규모 시위가 일어났다.

11 밑줄 친 '왕'의 재위 기간에 있었던 사실로 옳은 것은?

> 나라 안의 여러 군현에서 공부(貢賦)를 바치지 않으니 창고가 비어 버리고 나라의 쓰임이 궁핍해졌다. 왕이 사신을 보내어 독촉하자, 이로 말미암아 곳곳에서 도적이 벌떼처럼 일어났다. 이때 원종과 애노 등이 사벌주에 웅거하여 반란을 일으켰다.

① 발해가 멸망하였다.

② 국학을 설치하였다.

③ 최치원이 시무책 10여 조를 건의하였다.

④ 장보고의 건의에 따라 청해진이 설치되었다.

12 독도가 대한민국의 영토임을 알 수 있는 자료로 옳은 것만을 모두 고르면?

> ㉠ 일본의 『은주시청합기』(1667년)
> ㉡ 일본의 「삼국접양지도」(1785년)
> ㉢ 일본의 태정관 지령문(1877년)
> ㉣ 일본의 시마네현 고시(1905년)

① ㉠, ㉡, ㉢

② ㉠, ㉡, ㉣

③ ㉠, ㉢, ㉣

④ ㉡, ㉢, ㉣

13 (가)에 대한 설명으로 옳은 것은?

문화 통치의 일환으로 한글 신문의 발행이 허용되었다. 이에 따라 　(가)　이/가 창간되었다. 　(가)　은/는 자치 운동을 모색하던 이광수의 「민족적 경륜」을 실어 비판받기도 하였으나, '일장기 말소 사건'으로 일제로부터 정간 처분을 받기도 하였다.

① 한글 보급 운동에 앞장서 『한글원본』을 만들었다.
② 브나로드 운동이라는 농촌 계몽 운동을 전개하였다.
③ 『개벽』, 『신여성』, 『어린이』 등의 잡지를 발행하였다.
④ 신간회가 결성되자 신간회 본부와 같은 역할을 하게 되었다.

14 (가) 인물에 대한 설명으로 옳은 것은?

김춘추가 당나라에 들어가 군사 20만을 요청해 얻고 돌아와서 　(가)　을/를 보며 말하기를, "죽고 사는 것이 하늘의 뜻에 달렸는데, 살아 돌아와 다시 공과 만나게 되니 얼마나 다행한 일입니까?"라고 하였다. 이에 　(가)　이/가 대답하기를, "저는 나라의 위엄과 신령함에 의지하여 두 차례 백제와 크게 싸워 20성을 빼앗고 3만여 명을 죽이거나 사로잡았습니다. 그리고 품석 부부의 유골이 고향으로 되돌아왔으니 천행입니다."라고 하였다.

－『삼국사기』－

① 황산벌에서 백제군을 물리쳤다.
② 화랑이 지켜야 할 세속오계를 제시하였다.
③ 진덕 여왕의 뒤를 이어 신라왕으로 즉위하였다.
④ 당에서 숙위 활동을 하다가 부대총관이 되어 신라로 돌아왔다.

15 (가), (나) 신분층에 대한 설명으로 옳지 않은 것은?

오래도록 막혀 있으면 반드시 터놓아야 하고, 원한은 쌓이면 반드시 풀어야 하는 것이 하늘의 이치다. 　(가)　와/과 　(나)　에게 벼슬길이 막히게 된 것은 우리나라의 편벽된 일로 이제 몇백 년이 되었다. 　(가)　은/는 다행히 조정의 큰 성덕을 입어 문관은 승문원, 무관은 선전관에 임명되고 있다. 그런데도 우리들 　(나)　은/는 홀로 이 은혜를 함께 입지 못하니 어찌 탄식조차 없겠는가?

① (가)의 신분 상승 운동은 (나)에게 자극을 주었다.
② (가)는 수차례에 걸친 집단 상소를 통해 관직 진출의 제한을 없애 줄 것을 요구하였다.
③ (나)에 해당하는 인물로는 정조 때 규장각 검서관으로 등용된 유득공, 박제가, 이덕무 등이 있다.
④ (나)는 주로 기술직에 종사하며 축적한 재산과 탄탄한 실무 경력을 바탕으로 신분 상승을 추구하였다.

16 다음 자료에 나타난 사상에 대한 설명으로 옳은 것은?

사람이 곧 하늘이라. 그러므로 사람은 평등하며 차별이 없나니, 사람이 마음대로 귀천을 나눔은 하늘을 거스르는 것이다. 우리 도인은 차별을 없애고 선사의 뜻을 받들어 생활하기를 바라노라.

① 이 사상에 대해 순조 즉위 이후 대탄압이 가해졌다.
② 이 사상을 바탕으로 『동경대전』과 『용담유사』가 편찬되었다.
③ 이 사상을 근거로 몰락한 양반의 지휘 아래 평안도에서 난이 일어났다.
④ 이 사상을 근거로 단성에서 시작된 농민 봉기는 진주로 이어졌다.

17 다음은 우리나라 경제 성장 과정을 시간순으로 나열한 것이다. (가)에 들어갈 내용으로 옳은 것은?

> 수출액 100억 달러를 돌파하다.
>
> ↓
>
> 제2차 석유 파동으로 경제가 침체에 빠지다.
>
> ↓
>
> (가)
>
> ↓
>
> 경제 협력 개발 기구에 가입하다.

① 제3차 경제 개발 5개년 계획이 실시되다.
② 저금리, 저유가, 저달러의 3저 호황을 경험하다.
③ 베트남 파병을 시작하고 브라운 각서를 체결하다.
④ 일본과 대일 청구권 문제에 합의하고 한·일 기본 조약을 체결하다.

18 다음 법령이 실시된 기간에 있었던 사실로 옳은 것은?

> 제1조 국체를 변혁 또는 사유 재산제를 부인할 목적으로 결사를 조직하거나 그 정을 알고 이에 가입하는 자는 10년 이하의 징역 또는 금고에 처함
> 제2조 전조의 제1항의 목적으로 그 목적한 사항의 실행에 관하여 협의한 자는 7년 이하의 징역 또는 금고에 처함

① 조선 태형령이 공포되었다.
② 경성 제국 대학이 설립되었다.
③ 물산 장려 운동이 시작되었다.
④ 학도 지원병 제도가 실시되었다.

19 다음 사실이 있었던 시기의 향촌 사회에 대한 설명으로 옳지 않은 것은?

> 황해도 봉산 사람 이극천이 향전(鄕戰) 때문에 투서하여 그와 알력이 있는 사람들을 무고하였는데, 내용이 감히 말할 수 없는 문제에 저촉되었다.

① 향전의 전개 속에서 수령의 권한이 강화되었다.
② 신향층은 수령과 그를 보좌하는 향리층과 결탁하였다.
③ 수령은 경재소와 유향소를 연결하여 지방 통치를 강화하였다.
④ 재지사족은 동계와 동약을 통해 향촌 사회에 대한 영향력을 유지하려 하였다.

20 다음 자료가 발표된 이후의 사실에 해당하지 않는 것은?

> 우리는 3천만 한국 인민과 정부를 대표하여 삼가 중·영·미·소·캐나다 기타 제국의 대일 선전이 일본을 격패케 하고 동아를 재건하는 가장 유효한 수단이 됨을 축하하여 이에 특히 다음과 같이 성명한다.
> 1. 한국 전 인민은 현재 이미 반침략 전선에 참가하였으니 한 개의 전투 단위로서 추축국에 선전한다.
> 2. 1910년의 합방 조약과 일체의 불평등 조약의 무효를 거듭 선포하며 아울러 반(反) 침략 국가인 한국에 있어서의 합리적 기득권익을 존중한다.
> …(중략)…
> 5. 루스벨트·처어칠 선언의 각조를 견결히 주장하며 한국 독립을 실현키 위하여 이것을 적용하여 민주 진영의 최후 승리를 축원한다.

① 한국 광복군은 김원봉이 이끌던 조선 의용대의 병력을 통합하였다.
② 영국군의 요청에 따라 인도, 미얀마 전선에 한국 광복군이 파견되었다.
③ 조선 독립 동맹은 조선 의용대 화북지대를 기반으로 조선 의용군을 조직하였다.
④ 대한민국 임시 정부는 김구를 주석으로 하는 단일 지도 체제를 만들고 대한민국 건국 강령을 제정하였다.

모바일 OMR

01 밑줄 친 '왕'의 재위 기간에 있었던 사실로 옳은 것은?

> 이찬 이사부가 왕에게 "국사라는 것은 임금과 신하들의 선악을 기록하여, 좋고 나쁜 것을 만대 후손들에게 보여 주는 것입니다. 이를 책으로 편찬해 놓지 않는다면 후손들이 무엇을 보고 알겠습니까?"라고 아뢰었다. 왕이 깊이 동감하고 대아찬 거칠부 등에게 명하여 선비들을 널리 모아 그들로 하여금 역사를 편찬하게 하였다.
>
> ─ 『삼국사기』 ─

① 정전 지급

② 국학 설치

③ 첨성대 건립

④ 북한산 순수비 건립

02 다음 정책을 시행한 국왕 대에 있었던 사실로 옳은 것은?

> • 광덕, 준풍 등의 연호를 사용하였다.
> • 개경을 고쳐 황도라 하고 서경을 서도라고 하였다.

① 노비안검법을 시행하였다.

② 전시과 제도를 시행하였다.

③ 개경에 국자감을 설립하였다.

④ 12목을 설치하고 지방관을 파견하였다.

03 다음과 같은 활동을 펼친 인물에 대한 설명으로 옳은 것은?

> • 대한매일신보에 애국적인 논설을 썼다.
> • 유교 개혁의 뜻을 담은 『유교구신론』을 집필하였다.

① 적극적인 의열 활동을 위해 한인 애국단을 만들었다.

② 일본의 침략상을 폭로하는 『한국통사』를 저술하였다.

③ 실증 사학의 입장에서 연구하는 진단학회를 조직하였다.

④ 김원봉의 요청을 받아들여 「조선 혁명 선언」을 작성하였다.

04 (가) 단체로 옳은 것은?

> [(가)] 발기취지(發起趣旨)
> 인간 사회는 많은 불합리를 산출한 동시에 그 해결을 우리에게 요구하고 있다. 여성 문제는 그중의 하나이다. …… 과거의 조선 여성 운동은 분산되어 있었다. 그것에는 통일된 조직이 없었고 통일된 지도 정신도 없었고 통일된 항쟁이 없었다. …… 우리는 우선 조선 자매 전체의 역량을 공고히 단결하여 운동을 전반적으로 전개하지 아니하면 아니 된다.
>
> ─ 동아일보, 1927. 5. 11. ─

① 근우회

② 신간회

③ 신민회

④ 정우회

05 다음 글에서 설명하고 있는 문화 유산은?

> 이곳은 원래 성종의 형인 월산대군(月山大君)의 집이 있던 곳으로, 선조가 임진왜란 뒤 임시 거처로 사용하면서 정릉동 행궁으로 불리었고, 광해군 때는 경운궁이라 하였다. 아관파천 후 고종이 이곳에 머물렀다. 주요 건물로는 중화전, 함녕전, 석조전 등이 있다.

① 경복궁
② 경희궁
③ 창덕궁
④ 덕수궁

06 밑줄 친 '이 나라'에서 볼 수 있는 모습으로 적절한 것은?

> <u>이 나라</u>는 대군왕이 없으며, 읍락에는 각각 대를 잇는 장수(長帥)가 있다. …… <u>이 나라</u>의 토질은 비옥하며, 산을 등지고 바다를 향해 있어 오곡이 잘 자라며 농사짓기에 적합하다. 사람들의 성질은 질박하고, 정직하며 굳세고 용감하다. 소나 말이 적고, 창을 잘 다루며 보전(步戰)을 잘한다. 음식, 주거, 의복, 예절은 고구려와 흡사하다. 그들은 장사를 지낼 적에는 큰 나무 곽(槨)을 만드는데 길이가 십여 장(丈)이나 되며 한쪽 머리를 열어 놓아 문을 만든다.
>
> － 「삼국지」 위서 동이전 －

① 민며느리를 받아들이는 읍군
② 위만에게 한나라의 침입을 알리는 장군
③ 5월에 씨를 뿌리고 하늘에 제사를 지내는 천군
④ 국가의 중요한 일을 논의하고 있는 마가와 우가

07 다음 사건이 일어난 왕의 재위 기간에 대한 설명으로 옳은 것은?

> 임꺽정은 양주 백정으로, 성품이 교활하고 날래고 용맹스러웠다. 그 무리 수십 명이 함께 다 날래고 빨랐는데, 도적이 되어 민가를 불사르고 소와 말을 빼앗고, 만약 항거하면 몹시 잔혹하게 사람을 죽였다. 경기도와 황해도의 아전과 백성들이 임꺽정 무리와 은밀히 결탁하여, 관에서 잡으려 하면 번번이 먼저 알려주었다.

① 동인과 서인의 붕당이 형성되었다.
② 문정 왕후가 수렴청정하며 불교를 옹호하였다.
③ 삼포에서 4~5천 명의 일본인이 난을 일으켰다.
④ 조광조가 내수사 장리의 폐지, 소격서 폐지 등을 주장하였다.

08 밑줄 친 '이 부대'에 대한 설명으로 옳은 것은?

> 윤관이 아뢰기를, "신이 적의 기세를 보건대 예측하기 어려울 정도로 굳세니, 마땅히 군사를 쉬게 하고 군관을 길러서 후일을 기다려야 할 것입니다. 또 신이 싸움에서 진 것은 적은 기병(騎兵)인데 우리는 보병(步兵)이라 대적할 수가 없었기 때문입니다."라 하였다. 이에 그가 건의하여 처음으로 <u>이 부대</u>를 만들었다.

① 정종 2년에 설치되었다.
② 귀주 대첩에서 큰 활약을 하였다.
③ 여진족에 대처하기 위해 조직되었다.
④ 응양군, 용호군, 신호위 등의 2군과 6위로 편성되었다.

09 밑줄 친 '이 나라'에 대한 설명으로 옳은 것은?

> <u>이 나라</u>는 삼한의 종족이며, 지금의 고령에 있었다. 건원 원년(479)에 그 국왕 하지(荷知)는 사신을 보내 남제에 공물을 바쳤다. 남제에서는 국왕 하지에게 "보국장군 본국왕"을 제수하였다.

① 관산성 전투에서 국왕이 전사하였다.
② 울릉도를 정복해서 영토로 편입하였다
③ 호남 동부 지역까지 세력을 확장하였다.
④ 신라를 도와 낙동강 유역에 진출한 왜를 격파하였다.

10 다음 설명에 해당하는 발해 왕의 재위 기간에 통일 신라에서 일어난 상황으로 옳은 것은?

> • 대흥이란 독자적인 연호를 사용하였다.
> • 수도를 중경 → 상경 → 동경으로 옮겼다.
> • 일본에 보낸 외교 문서에 천손(하늘의 자손)이라 표현하였다.
> • 당과 친선 관계를 맺으며 당의 문물을 도입하여 체제를 정비하였다.

① 녹읍 폐지
② 청해진 설치
③ 『삼대목』 편찬
④ 독서삼품과 설치

11 밑줄 친 '그'의 저술로 옳은 것은?

> 서울의 노론 집안에서 태어난 <u>그</u>는 「양반전」을 지어 양반 사회의 허위를 고발하였다. 그는 또한 한전론을 주장하였으며, 상공업 진흥에도 관심을 기울여 수레와 선박의 이용 등에 대해서도 주목하였다.

① 『북학의』 ② 『과농소초』
③ 『의산문답』 ④ 『지봉유설』

12 (가) 시기에 있었던 일로 옳은 것은?

```
        |              (가)              |
  이종무의 대마도 정벌      전분 6등법과 연분 9등법 시행
```

① 과전법 공포
② 이시애의 반란
③ 『농사직설』 편찬
④ 정도전의 요동 정벌 추진

13 (가) 시기에 있었던 일로 옳은 것은?

> 강화도 조약을 체결하였다.
> ↓
> (가)
> ↓
> 청에 영선사를 파견하였다.

① 군국기무처를 두고 여러 건의 개혁안을 처리하였다.
② 개화 정책을 추진할 기구로 통리기무아문을 설치하였다.
③ 국정 개혁의 기본 방향을 담은 홍범 14조를 공포하였다.
④ 구본신참의 개혁 원칙을 정하고 대한국 국제를 선포하였다.

14 세계 유산으로 등재된 것이 아닌 것은?

① 종묘

② 화성

③ 한양 도성

④ 남한산성

15 다음과 같은 주제로 토론회를 개최한 단체에 대한 설명으로 옳은 것은?

일자	주제
1897.8.29.	조선에 급선무는 인민의 교육
1897.9.5.	도로 수정하는 것이 위생에 제일 방책
⋮	⋮
1897.12.26.	인민의 귀로 듣고 눈으로 보는 것을 개명케 하려면 우리나라 신문지며 다른 나라 신문지들을 널리 반포하는 것이 제일 긴요함

① 헌정 연구회의 활동을 계승하여 월보를 간행하고 지회를 설치하였다.

② 국민 계몽을 위해 회보를 발간하고 만민 공동회 등 대규모 집회를 열었다.

③ 보부상 중심의 단체로 황권 강화를 통한 부국강병을 행동 지침으로 삼았다.

④ 일본이 황무지 개간을 구실로 토지를 약탈하려 하자 대중적 반대 운동을 벌였다.

16 밑줄 친 '그'의 활동으로 옳은 것은?

> 경술년(1910)에 여러 형제들이 모여서 같이 만주로 갈 준비를 하였다. ⋯⋯ 그(1867~1932)는 1만여 석의 재산과 가옥을 모두 팔고 큰집, 작은 집이 함께 압록강을 건너 떠났다. 그는 만주에서 독립군 양성 기관인 신흥 강습소를 설립하였다.

① 조선어 학회 사건으로 옥고를 치렀다.

② 독립운동 단체인 경학사를 조직하였다.

③ 3 · 1 운동 민족 대표 33인 중 한 명이었다.

④ '삼균주의'에 입각한 한국 국민당을 결성하였다.

17 밑줄 친 '새 헌법'에 대한 설명으로 옳은 것은?

> 정부에서는 6월 15일 국회에서 통과된 개헌안을 이송받자 이날 긴급 국무 회의를 소집하고 정식으로 이를 공포하였다. 이로써 개정된 새 헌법은 16일 0시를 기해 효력을 발생케 되었다. 새 헌법이 공포됨으로써 16일부터는 실질적인 내각 책임 체제의 정부를 갖게 되었으며 허정 수석 국무위원은 자동으로 국무 총리가 된다.
>
> - 경향신문. 1960. 6. 16. -

① 임시 수도 부산에서 개정되었다.

② '사사오입'의 논리로 통과되었다.

③ 통일 주체 국민 회의 설치를 규정한 조항이 있다.

④ 민의원과 참의원으로 구성된 국회 조항이 있다.

18 다음 사건 이후에 일어난 일로 옳은 것은?

> 개경을 떠나 피난 중인 왕이 안성현을 안성군으로 승격시켰다. 홍건적이 양광도를 침입하자 수원은 항복하였는데, 작은 고을인 안성만이 홀로 싸워 승리함으로써 홍건적이 남쪽으로 내려오지 못하게 하였기 때문이다.

① 화약 무기를 사용해 진포 해전에서 승리하였다.

② 처인성 전투에서 적의 장수 살리타를 사살하였다.

③ 기철 일파를 제거하고 쌍성총관부의 관할 지역을 수복하였다.

④ 적의 침략을 물리치기 위한 염원에서 팔만대장경을 만들었다.

19 (가)와 (나) 사이의 시기에 있었던 일로 옳은 것은?

> (가) 남인들이 대거 관직에서 쫓겨나고 허적과 윤휴 등이 처형되었다.
> (나) 인현 왕후가 복위되고 노론과 소론이 정계에 복귀하였다.

① 송시열과 김수항 등이 처형당하였다.

② 서인과 남인이 두 차례에 걸쳐 예송을 전개하였다.

③ 서인 정치에 한계를 느낀 정여립이 모반을 일으켰다.

④ 청의 요구에 따라 조총 부대를 영고탑으로 파견하였다.

20 다음의 사건을 시기순으로 바르게 나열한 것은?

> (가) 제헌 국회가 구성되어 헌법을 제정하였다.
> (나) 여운형과 김규식은 좌우 합작 위원회를 조직하였다.
> (다) 조선 건국 동맹을 기반으로 조선 건국 준비 위원회가 조직되었다.
> (라) 민주주의 임시 정부 수립을 논의하기 위해 제1차 미·소 공동 위원회가 열렸다.

① (가) – (다) – (나) – (라)

② (나) – (다) – (라) – (가)

③ (다) – (라) – (나) – (가)

④ (라) – (나) – (가) – (다)

회독 CHECK 1 2 3

01 〈보기〉의 밑줄 친 '그'의 저술로 가장 옳은 것은?

─── 〈보 기〉 ───

그는 당나라로 가던 도중 진리는 마음속에 있음을 깨닫고 유학을 포기하였다. 여러 종파의 갈등을 보다 높은 수준에서 융화, 통일시키려 하였으므로, 훗날 화쟁국사(和諍國師)로 추앙받았다.

① 『해동고승전』
② 『대승기신론소』
③ 『왕오천축국전』
④ 『화엄일승법계도』

02 〈보기〉의 개헌 시기를 순서대로 바르게 나열한 것은?

─── 〈보 기〉 ───

㉠ 대통령 3회 연임 허용
㉡ 대통령 직선제 및 5년 단임
㉢ 대통령 직선제, 국회 양원제
㉣ 대통령은 통일 주체 국민 회의에서 간선

① ㉠ - ㉡ - ㉣ - ㉢
② ㉡ - ㉢ - ㉠ - ㉣
③ ㉢ - ㉠ - ㉣ - ㉡
④ ㉣ - ㉡ - ㉢ - ㉠

03 〈보기〉의 글을 쓴 학자의 주장에 대한 설명으로 가장 옳은 것은?

─── 〈보 기〉 ───

검소하다는 것은 물건이 있어도 남용하지 않는 것을 말하는 것이지 자신에게 물건이 없다 하여 스스로 단념하는 것을 말하는 것이 아니다. 지금 우리나라 안에는 구슬을 캐는 집이 없고 시장에 산호 따위의 보배가 없다. 또 금과 은을 가지고 가게에 들어가도 떡을 살 수 없는 형편이다. …… 이것은 물건을 이용하는 방법을 모르기 때문이다. 이용할 줄 모르니 생산할 줄 모르고, 생산할 줄 모르니 백성은 나날이 궁핍해지는 것이다.

① 균전론을 내세워 사농공상 직업에 따라 토지를 분배하여 자영농을 육성할 것을 주장하였다.
② 상공업을 육성하고 선박, 수레, 벽돌 등 발달된 청의 기술을 적극적으로 수용하자고 제안하였다.
③ 처음에는 여전론, 이후에는 정전제를 내세워 자영농 육성을 위한 토지 제도 개혁을 주장하였다.
④ 통일 신라와 발해가 병립한 시기를 남북국 시대로 설정하여 발해를 우리 역사의 체계 속에 적극적으로 포용하였다.

04 조선 후기 광업에 대한 설명으로 가장 옳지 않은 것은?

① 정부의 통제 정책으로 잠채가 사라졌다.
② 자본과 경영이 분리된 생산 방식이었다.
③ 청과의 무역으로 은의 수요가 증가하였다.
④ 17세기 이후 민간인의 광산 채굴을 허용하였다.

05 고려의 지방 제도에 대한 설명으로 옳은 것을 〈보기〉에서 모두 고른 것은?

> ─── 〈보 기〉 ───
>
> ㉠ 양계 지역은 계수관이 관할하였다.
> ㉡ 수령이 파견된 주현보다 수령이 파견되지 않은 속현의 수가 많았다.
> ㉢ 성종 때 12목이 설치되었다.
> ㉣ 향·소·부곡 등의 특수 행정 조직이 있었다.

① ㉠, ㉡, ㉢
② ㉠, ㉡, ㉣
③ ㉠, ㉢, ㉣
④ ㉡, ㉢, ㉣

06 〈보기〉의 ㉠에 해당하는 인물에 대한 설명으로 가장 옳은 것은?

> ─── 〈보 기〉 ───
>
> (㉠)의 노비인 만적 등 여섯 명이 북산(北山)에 나무하러 갔다가 공사(公私) 노비들을 모아 놓고 말하기를, "장군과 재상이 어찌 타고난 씨가 따로 있겠는가? 때만 만나면 누구나 될 수 있는 것이다. 우리라고 어찌 뼈 빠지게 일만 하고 채찍 아래에서 고통만 당하겠는가?"라고 하였다. …(중략)… "각자 자기 주인들을 때려 죽이고 노비 문서를 불태워버리자. 이로써 이 나라에 다시는 천인이 없게 하면, 공경장상을 우리들이 모두 차지할 수 있을 것이다."라고 하였다.

① 교정도감을 설치하여 국정을 장악하는 한편 도방을 통해 군사적 기반을 강화하였다.
② 노비안검법을 실시하여 억울하게 노비가 된 자를 해방하였다.
③ 풍수지리설을 앞세워 서경 천도를 적극 추진하였다.
④ 딸들을 왕에게 시집보내어 권력을 잡고 척준경과 함께 난을 일으켰다.

07 〈보기〉의 사설이 발표되는 계기가 된 사건에 대한 설명으로 가장 옳은 것은?

> ─── 〈보 기〉 ───
>
> …… 그러나 슬프도다. 저 개돼지만도 못한 이른바 우리 정부의 대신이란 자들은 자기 일신의 영달과 이익이나 바라면서 위협에 겁먹어 머뭇대거나 벌벌 떨며 나라를 팔아먹는 도적이 되기를 감수하였던 것이다. 아, 4,000년의 강토와 500년의 사직을 다른 나라에 갖다 바치고, 2,000만 국민을 타국의 노예가 되게 하였으니, …… 아! 원통한지고, 아! 분한지고. 우리 2,000만 타국인의 노예가 된 동포여! 살았는가, 죽었는가? 단군, 기자 이래 4,000년 국민 정신이 하룻밤 사이에 갑자기 망하고 말 것인가. 원통하고 원통하다. 동포여! 동포여!

① 친러 성향의 내각이 수립되어 러시아의 정치적 간섭이 강화되었고, 열강의 이권 침탈도 심해졌다.
② 러·일 전쟁 승리 이후 일본은 대한제국의 외교권을 박탈하는 조약을 체결하여 대한제국을 일본의 보호국으로 만들었다.
③ 일본은 헤이그 특사 파견을 문제 삼아 고종 황제를 강제로 퇴위시키고, 대한제국의 군대를 해산하는 조약을 체결했다.
④ 총리 대신 이완용과 조선 통감 데라우치 사이에 조약이 체결되어 국권을 상실하였다.

08 〈보기〉의 고려 토지 제도 (가)~(라) 각각에 대한 설명으로 가장 옳지 않은 것은?

〈보 기〉

(가) 조신(朝臣)이나 군사들의 관계(官階)를 따지지 않고 그 사람의 성품, 행동의 선악(善惡), 공로의 크고 작음을 보고 차등 있게 역분전을 지급하였다.

(나) 경종 원년 11월에 비로소 직관(職官), 산관(散官)의 각 품(品)의 전시과를 제정하였다.

(다) 목종 원년 12월에 양반 및 군인들의 전시과를 개정하였다.

(라) 문종 30년에 양반 전시과를 다시 개정하였다.

① (가) - 후삼국 통일 전쟁에 공이 있는 사람들에게 지급하였다.

② (나) - 인품을 반영하여 토지를 지급하였다.

③ (다) - 실직이 없는 산관은 토지 지급 대상에서 제외되었다.

④ (라) - 현직 관리에게만 토지가 지급되고, 문·무관의 차별이 거의 사라졌다.

09 〈보기〉의 정책이 시행된 왕대에 대한 설명으로 가장 옳은 것은?

〈보 기〉

백성들이 육전[육의전(六矣廛)] 이외에는 허가받은 시전 상인들과 같이 장사를 할 수 있도록 하셨다. 채제공이 아뢰기를 "(전략) 마땅히 평시서(平市署)로 하여금 20, 30년 사이에 새로 벌인 영세한 가게 이름을 조사해 내어 모조리 없애도록 하고, 형조와 한성부에 분부하여 육전이 아니라면 난전이라 하여 잡혀 오는 자들을 처벌하지 말도록 할 뿐만 아니라 잡아 온 자를 처벌하시면, 장사하는 사람들은 서로 매매하는 이익이 있을 것이고 백성들도 가난에 대한 걱정이 없어질 것입니다. 그 원망은 신이 스스로 감당하겠습니다."라고 하니 왕께서 따랐다.

① 법령을 정비하여 속대전을 편찬하였다.

② 청과 국경선을 정하고 백두산정계비를 세웠다.

③ 조세 제도를 개편하여 영정법을 시행하였다.

④ 인재를 양성하기 위해 초계문신제를 시행하였다.

10 〈보기〉에서 설명하는 책의 제목으로 가장 옳은 것은?

〈보 기〉

• 1433년(세종 15)에 편찬되었다.
• 각종 병론(病論)과 처방을 적었다.
• 전통적인 경험에 기초했다.
• 조선의 약재를 중시했다.

① 『향약집성방』

② 『동의보감』

③ 『금양잡록』

④ 『칠정산』

11 〈보기 1〉의 밑줄 친 '이 법'에 대한 옳은 설명을 〈보기 2〉에서 모두 고른 것은?

〈보기 1〉

영의정 이원익이 아뢰기를, "각 고을에서 바치는 공물이 각급 관청의 방납인들에 의해 중간에서 막혀 물건 하나의 가격이 몇 배 또는 몇 십 배, 몇 백 배가 되어 그 폐단이 이미 고질화되었습니다. 그러니 지금 마땅히 별도로 하나의 청을 설치하여 이 법을 시행하도록 하소서."라고 하니 왕이 따랐다.

〈보기 2〉

㉠ 이 법이 실시된 뒤 현물 징수가 완전히 없어졌다.
㉡ 처음에는 경기도에서 시험적으로 시행되었다.
㉢ 과세 기준을 가호 단위에서 토지 결수로 바꾸었다.
㉣ 풍흉의 정도에 따라 조세 액수를 조정하였다.

① ㉠, ㉡

② ㉠, ㉢

③ ㉡, ㉢

④ ㉢, ㉣

12 〈보기〉의 유물들이 발견되는 시대에 대한 설명으로 가장 옳은 것은?

— 〈보 기〉 —

- 이른 민무늬 토기
- 덧무늬 토기
- 눌러찍기무늬 토기
- 빗살무늬 토기

① 세형 동검, 잔무늬 거울 등을 사용하였다.
② 고인돌과 돌널무덤을 사용하였다.
③ 공주 석장리 유적과 청원 두루봉 동굴 유적이 대표적인 유적지이다.
④ 갈돌과 갈판 등 간석기를 사용하였다.

13 〈보기〉에서 설명하는 나라의 법률로 가장 옳지 않은 것은?

— 〈보 기〉 —

은력(殷曆) 정월에 하늘에 제사를 지내며 나라에서 대회를 열어 연일 마시고 먹고 노래하고 춤추는데, 영고(迎鼓)라고 한다. 이때 형옥(刑獄)을 중단하여 죄수를 풀어 주었다.

－ 『삼국지』 권30, 「위서」 30 오환선비동이전 －

① 남에게 상처를 입힌 자는 곡식으로 갚게 했다.
② 도둑질을 하면 그 물건의 12배를 변상케 했다.
③ 형벌이 매우 엄하여 사람을 죽인 사람은 사형에 처하고 그 집안 사람은 노비로 삼았다.
④ 남녀 간에 간음을 하거나 투기하는 부인은 모두 죽였다.

14 〈보기〉의 글을 쓴 인물의 주장과 같은 입장에 대한 설명으로 가장 옳은 것은?

— 〈보 기〉 —

우리 조선의 역사적 발전의 전 과정은 가령, 지리적 조건, 인종학적 골상, 문화 형태의 외형적 특징 등에서 다소의 차이는 인정되더라도, 외관적인 소위 특수성은 다른 문화 민족의 역사적 발전 법칙과 구별되어야 하는 독자적인 것은 아니며, 세계사적·일원론적인 역사 법칙에 의해 다른 여러 민족과 거의 같은 궤도로 발전 과정을 거쳐온 것이다.

① 민족 정신을 강조하여 우리의 고유한 특색과 전통을 찾았다.
② 신채호와 박은식의 사학을 계승하였다.
③ 역사학의 주관적 해석을 배제하고 문헌 고증을 중시하였다.
④ 한국사의 발전 과정을 사회 경제 사학의 관점에서 서술하였다.

15 〈보기〉의 사건들을 시간순으로 바르게 나열한 것은?

— 〈보 기〉 —

㉠ 신라 － 건원(建元)이라는 독자적인 연호를 만들었다.
㉡ 가야 － 대가야가 멸망하면서 가야 연맹이 완전히 해체되었다.
㉢ 고구려 － 낙랑군을 완전히 몰아내고 대동강 유역을 확보하였다.
㉣ 백제 － 수도인 한성이 함락되고 왕이 죽자 도읍을 웅진으로 옮겼다.

① ㉠ － ㉡ － ㉢ － ㉣
② ㉡ － ㉢ － ㉣ － ㉠
③ ㉢ － ㉣ － ㉠ － ㉡
④ ㉣ － ㉠ － ㉡ － ㉢

16 〈보기〉의 밑줄 친 '왕'에 대한 설명으로 가장 옳은 것은?

─── 〈보 기〉 ───
왕이 행차에서 돌아와 그 대나무로 피리를 만들어 월성의 천존고(天尊庫)에 간직하였다. 이 피리를 불면 적병이 물러가고 병이 나으며, 가뭄에는 비가 오고 장마에는 날씨가 개며, 바람이 잦아지고 물결이 평온해졌다. 이를 만파식적이라 부르고 나라의 보물이라 칭하였다.

── 「삼국유사」 ──

① 녹읍을 부활시켰다.
② 9주 5소경을 설치하였다.
③ 정전을 지급하였다.
④ 고구려 부흥 운동을 지원하였다.

17 〈보기〉의 조약이 체결된 이후에 일어난 사건으로 가장 옳지 않은 것은?

─── 〈보 기〉 ───
〈제1관〉 조선국은 자주국으로서 일본국과 평등한 권리를 보유한다.
〈제7관〉 조선의 연해 도서는 지극히 위험하므로 일본의 항해자가 자유로이 해안을 측량함을 허가한다.

① 만동묘가 철폐되었다.
② 이범윤이 간도 시찰원으로 파견되었다.
③ 통리기무아문이 설치되었다.
④ 영남 유생들이 만인소를 올렸다.

18 〈보기〉의 조선 시대 사건을 시간순으로 바르게 나열한 것은?

─── 〈보 기〉 ───
㉠ 기묘사화　　㉡ 을묘왜변
㉢ 계유정난　　㉣ 무오사화

① ㉠ - ㉡ - ㉢ - ㉣
② ㉡ - ㉢ - ㉣ - ㉠
③ ㉢ - ㉣ - ㉠ - ㉡
④ ㉣ - ㉠ - ㉡ - ㉢

19 〈보기〉는 동학 농민군이 제시한 「폐정 개혁안」 12개조 중 일부이다. 이 중 갑오개혁에 반영된 것을 모두 고른 것은?

─── 〈보 기〉 ───
㉠ 무명의 잡다한 세금은 일체 거두지 않는다.
㉡ 토지는 균등히 나누어 경작한다.
㉢ 왜와 통하는 자는 엄중히 징벌한다.
㉣ 젊어서 과부가 된 여성의 재혼을 허용한다.

① ㉠, ㉡　　　　② ㉠, ㉣
③ ㉡, ㉢　　　　④ ㉢, ㉣

20 〈보기〉의 독립운동 단체 결성 시기를 순서대로 바르게 나열한 것은?

─── 〈보 기〉 ───
㉠ 조선 의용대
㉡ 의열단
㉢ 참의부
㉣ 대한 광복회
㉤ 근우회

① ㉠ - ㉡ - ㉢ - ㉤ - ㉣
② ㉡ - ㉢ - ㉤ - ㉠ - ㉣
③ ㉢ - ㉣ - ㉤ - ㉡ - ㉠
④ ㉣ - ㉡ - ㉢ - ㉤ - ㉠

01 (가), (나) 사이의 시기에 있었던 사실로 가장 옳지 않은 것은?

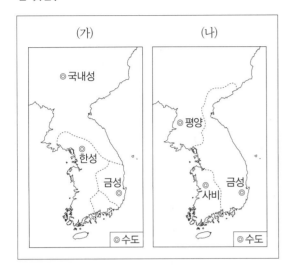

① 태조왕이 옥저를 복속하였다.
② 진흥왕이 화랑도를 개편하였다.
③ 장수왕이 남진 정책을 추진하였다.
④ 지증왕이 국호를 '신라'로 정하였다.

02 (가)에 대한 설명으로 가장 옳지 않은 것은?

> (가) 건국강령
>
> 1. 우리나라는 우리 민족이 반만년 이래로 같은 말과 글과 국토와 주권과 경제와 문화를 가지고 공동한 민족정기를 길러온, 우리끼리 형성하고 단결한 고정적 집단의 최고조직임
> 2. 우리나라의 건국 정신은 삼균제도의 역사적 근거를 두었으니 ⋯ 이는 사회 각 계급·계층이 지력과 권력과 부력의 향유를 균평하게 하여 국가를 진흥하며 태평을 보전유지하라고 한 것이니, 홍익인간과 이화세계하자는, 우리 민족의 지켜야 할 최고의 공리임

① 충칭에서 정규군인 한국광복군을 창설하였다.
② 1941년 일제에 대일 선전 성명서를 발표하였다.
③ 조선의용대 화북지대를 조선의용군으로 개편하였다.
④ 민족혁명당과 사회주의 계열 단체 인사가 합류하였다.

03 (가)와 (나) 사이에 있었던 사실로 가장 옳은 것은?

> (가) 명군 도독 이여송이 대병력의 관군을 거느리고 곧바로 평양성 밖에 다다라 제장에게 부서를 나누어 본성을 포위하였습니다. … 조선의 장군들이 군사를 거느리고 가서 매복하고 함께 대로로 나아가니 왜적들은 사방으로 도망가다가 복병의 요격을 입었습니다.
>
> (나) 화의가 나라를 망친 것은 어제 오늘의 일이 아니고 옛날부터 그러하였으나 오늘날처럼 심한 적은 없었습니다. 명은 우리나라에는 부모의 나라이고 노적은 우리나라에는 부모의 원수입니다. … 어찌 차마 이런 시기에 다시 화의를 제창할 수 있겠습니까?

① 강홍립이 이끄는 조선군은 후금에 항복하였다.
② 신립 장군은 충주에서 일본군에게 패배하였다.
③ 인조는 삼전도에 나가 굴욕적인 항복을 하였다.
④ 조선은 왜구의 약탈을 근절하고자 대마도를 정벌하였다.

04 밑줄 친 '방법'에 대한 설명으로 가장 옳은 것은?

> 남편은 세상을 떴으나 뱃속에 아기가 있었지요. …… 포대기에 쌓인 갓난아기 장정으로 군적에 올려서 문이 닳도록 찾아와 군포를 바치라고 독촉하고 어제는 아기를 업고 관가에 점호를 받으러 갔다오. …… 점호라고 받고 돌아오니 아기는 이미 죽어 있었지요.

> 이 시에서 나타낸 조세제도를 감면한 뒤 발생한 재정 부족 문제를 해결한 **방법**은 무엇일까요?

① 관료전을 지급하고 녹읍을 폐지하였다.
② 풍흉에 관계 없이 일정하게 조세를 거두었다.
③ 부유한 양민에게 선무군관포를 내게 하였다.
④ 토지 소유자에게 공납을 쌀·동전 등으로 내게 하였다.

05 (가) 시기에 해당하는 사실로 가장 옳은 것은?

> 노비를 상세히 조사하고 살펴서 옳고 그름을 따져 밝혀내도록 명하였다. 주인을 배반하는 노비들이 이루 다 셀 수가 없을 정도였다. 이로 말미암아 상전을 능멸하는 풍조가 크게 일어나 사람들이 모두 탄식하고 원망하므로 왕비가 간절하게 간언하였으나, 왕이 받아들이지 않았다.

↓

> (가)

↓

> 가을 7월. 교(敎)하기를, "양민이 된 노비들은 해가 점차 멀어지면 반드시 그 본래의 주인을 가벼이 보고 업신여기게 된다. … 만약 그 주인을 욕하는 자가 있으면, 다시 천민으로 되돌려 부리게 할 것이다."라고 하였다.

① 강조가 정변을 일으켰다.
② 거란이 개경을 점령하였다.
③ 전시과가 처음으로 제정되었다.
④ 공신들에게 역분전이 지급되었다.

06 (가) 국가에 대한 설명으로 가장 옳지 않은 것은?

> 김해·고령 등 ┌(가)┐ 고분군 7곳, 유네스코 세계 문화 유산 됐다.
> 　　　　유네스코 "고대 문명의 주요 증거"
> 한반도 남부에 남아 있는 유적 7곳을 묶은 고분군이 유네스코 세계 문화 유산 됐다. … ┌(가)┐ 은/는 기원 전후부터 562까지 주로 낙동강 유역을 중심으로 번성한 작은 나라들의 총칭이다.
> 　　　　　　　　　　　　　　- 2023. 9. 18. ㅁㅁ 일보 -

① 낙동강 하류의 변한 지역에서 성장하였다.
② 철기를 활발히 생산하여 주변국에 수출하였다.
③ 골품에 따라 관등이나 관직 승진에 제한이 있었다.
④ 금관가야를 중심으로 전기 가야 연맹이 결성되었다.

07 (가), (나) 사이 시기에 있었던 사실로 가장 옳은 것은?

> (가) 봉화백(奉化伯) 정도전 · 의성군(宜城君) 남은과 부성군(富城君) 심효생(沈孝生) 등이 여러 왕자들을 해치려 꾀하다가 성공하지 못하고 형벌에 복종하여 참형을 당하였다.
>
> (나) 상왕이 말하기를, "만일 물리치지 못하고 항상 침노만 받는다면, 한(漢)나라가 흉노에게 욕을 당한 것과 무엇이 다르겠는가. … 구주(九州)에서 온 왜인만은 구류하여 경동하는 일이 없게 하라. 또 우리가 약한 것을 보이는 것은 불가하니, 후일의 환이 어찌 다함이 있으랴." 하고, 곧 이종무를 삼군 도체찰사로 명하여, 중군을 거느리게 하였다.

① 경연이 폐지되었다.
② 홍문관이 설치되었다.
③ 6조 직계제가 시행되었다.
④ 위화도 회군이 단행되었다.

08 (가) 국가에 대한 설명으로 가장 옳은 것은?

> (가) 에는 각각 우두머리가 있어서 세력이 강대한 사람은 스스로 신지라 하고, 다음은 읍차라 하였다. … 귀신을 믿기 때문에 국읍에 각각 한 사람씩 세워 천신의 제사를 주관하게 하는데, 이를 천군이라 부른다.
>
> − 『삼국지』 「위서 동이전」 −

① 무천이라는 제천행사가 있었다.
② 화백회의에서 중요한 일을 결정하였다.
③ 여러 개의 소국으로 구성된 연맹체였다.
④ 사출도라 불리는 독자적인 영역이 있었다.

09 밑줄 친 '왕'에 대한 설명으로 가장 옳은 것은?

> 신라가 사신을 보내 왕에게 말하기를 "왜인이 그 국경에 가득 차 성을 부수었으니, 노객은 백성된 자로서 왕에게 귀의하여 분부를 청합니다."라고 하였다. … 10년(400)에 보병과 기병 5만을 보내(신라를) 구원하게 하였다.

① 태학을 설립하고 율령을 반포하였다.
② 마한을 병합하고 평양을 공격하였다.
③ 마립간이라는 왕호를 처음 사용하였다.
④ 요동을 포함한 만주 일대를 장악하였다.

10 (가), (나) 집단에 대한 설명으로 가장 옳은 것은?

> 효종의 사망과 관련하여 인조의 계비 자의대비의 복제(服制)가 쟁점이 되었다. (가) 은/는 효종이 적장자가 아니라는 근거를 들어 왕과 사대부에게 같은 예가 적용되어야 한다는 입장을 내세웠다. 반면 (나) 은/는 왕에게는 일반 사대부와 다른 예가 적용되어야 한다고 주장하였다.

① (가) − 인조반정으로 몰락하였다.
② (가) − 경신환국으로 정권을 장악하였다.
③ (나) − 노론과 소론으로 분화되었다.
④ (나) − 송시열을 중심으로 세력을 확대하였다.

11 (가)~(다) 사건을 일어난 순서대로 옳게 나열한 것은?

> (가) 황사영 백서 사건이 일어났다.
> (나) 이승훈이 최창현·홍낙민 등과 함께 서소문 밖에서 참수되었다.
> (다) 윤지충과 권상연을 사형에 처하고, 진산군(珍山郡)은 현(縣)으로 강등하라는 명이 내려졌다.

① (가) - (나) - (다)
② (나) - (가) - (다)
③ (다) - (가) - (나)
④ (다) - (나) - (가)

12 (가)~(다) 국가에 대한 설명으로 가장 옳은 것은?

> 조선은 김기수와 김홍집을 수신사로 (가) 에 파견하였다. (나) 에는 김윤식을 영선사로 삼아 무기제조 기술 등을 배우는 유학생을 보냈다. 또한 조선은 민영익 등을 보빙사로 (다) 에 파견하였다.

① (가) - 흥선 대원군을 자국으로 납치하였다.
② (나) - 조선과 강화도 조약을 맺었다.
③ (다) - 거문도를 불법 점령하였다.
④ (가)와 (나) - 톈진 조약을 체결하였다.

13 다음 정책과 같은 목적으로 시행된 것은?

> 신라 왕 김부가 항복해 오니 그를 경주의 사심관으로 임명하여 부호장 이하의 관직 등에 관한 일을 맡게 하였다. 이에 여러 공신들 역시 이를 본받아 각각 자기 주의 사심관이 되게 하였다.

① 기인제도
② 북진정책
③ 정혜쌍수
④ 독서삼품과

14 (가)에 들어갈 내용으로 가장 옳지 않은 것은?

> ○○: 고려 시대 중서문하성의 낭사와 어사대의 관원을 합쳐서 불렀다. 이들은 (가) 의 역할을 담당하였다.
> ─ 「한국사 용어 사전」 ─

① 왕의 잘못을 논하는 간쟁
② 중추원의 추밀과 함께 법제와 격식 제정
③ 관원 임명시 동의 여부에 서명할 수 있는 서경
④ 잘못된 왕명을 시행하지 않고 되돌려 보내는 봉박

15 (가)~(다)를 일어난 순서대로 가장 옳게 나열한 것은?

> (가) 전라도 각지에 집강소가 설치되었다.
> (나) 고부에서 만석보가 허물어졌다.
> (다) 청과 일본이 시모노세키 조약을 체결하였다.

① (가) - (나) - (다)
② (가) - (다) - (나)
③ (나) - (다) - (가)
④ (나) - (가) - (다)

16 (가)~(다) 사건이 일어난 순서대로 바르게 나열된 것은?

> (가) 이미 우리 고향을 현으로 승격하고 또 수령을 두어 어루만지고 위로하더니, 돌이켜 다시 군대를 일으켜 토벌하러 와서 우리 어머니와 아내를 옥에 가두었으니 그 뜻은 어디에 있는가?
>
> (나) 의천이 불전과 경서 1,000권을 바치고, 또 흥왕사에 교장도감을 둘 수 있기를 아뢰었다. 요와 송에서 책을 사들여 4,000권에 이를 정도로 많았는데 죄다 간행하였으며, 천태종을 처음 열어 국청사에 두었다.
>
> (다) 성균관을 다시 정비하고 이색을 판개성부사 겸 성균대사성으로 삼았다. … 이색이 다시 가르치는 방법을 정하고 매일 명륜당에 앉아서 경전을 나누어 수업하였는데, 강의를 마치면 함께 논쟁하느라 지루함을 잊을 정도였다.

① (가) - (나) - (다)
② (나) - (가) - (다)
③ (나) - (다) - (가)
④ (다) - (나) - (가)

17 (가), (나)에 대한 설명으로 옳은 것만으로 연결된 것은?

> • (가) 은/는 본래 고구려의 별종이다. … 무리를 이끌고 동쪽으로 가서 계루부의 옛 땅을 차지하고 동모산에 성을 쌓고 살았다.
> • 부여씨가 망하고 고씨가 망하게 되니 김씨가 그 남쪽 땅을 차지하고 대씨가 그 북쪽 땅을 차지하여 (나) 라 하였다. 이것을 남북국이라 한다.

──〈보 기〉──
㉠ (가)은/는 고구려의 왕족 출신이다.
㉡ (가)은/는 당의 산둥반도를 공격하였다.
㉢ (나)은/는 거란의 침략으로 멸망하였다.
㉣ (나)의 군사제도로 9서당 10정이 있었다.

① ㉠
② ㉢
③ ㉠, ㉢
④ ㉡, ㉣

18 밑줄 친 '왕'이 다스리던 시기에 있었던 사실로 가장 옳은 것을 〈보기〉에서 모두 고른 것은?

> 왕 3년(889) 나라 안의 여러 주(州) · 군(郡)에서 공물과 조세를 보내지 않아 나라의 창고가 텅 비어 나라의 씀씀이가 궁핍하게 되었으므로 왕이 사자를 보내 독촉하였다. 이로 말미암아 도적들이 곳곳에서 벌떼처럼 일어났다.

──〈보 기〉──
㉠ 적고적의 난이 발생하였다.
㉡ 김헌창의 반란이 진압되었다.
㉢ 만적이 신분 해방을 주창하였다.
㉣ 원종과 애노가 사벌주에서 봉기하였다.

① ㉠, ㉢
② ㉠, ㉣
③ ㉡, ㉢
④ ㉡, ㉣

19 밑줄 친 '후(煦)'에 대한 설명으로 가장 옳은 것은?

> 후(煦)는 문종의 넷째 아들로서 송나라 황제와 이름이 같으므로 그것을 피하여 자(字)로 행세하였다. 문종이 여러 아들에게, "누가 승려가 되어 복전(福田)의 이익을 짓겠느냐?"라고 물으니 후(煦)가, "상(上)의 명령대로 하겠다." 하고, 출가하여 영통사(靈通寺)에 거처하였다. 그는 송나라에 들어가 법을 구하려 했으나 문종이 허락하지 않았다. 하지만 후(煦)는 송나라로 들어가 황제를 만나 여러 절을 다니며 법을 묻겠다고 하였다.

① 교관겸수를 제창하였다.
② 『왕오천축국전』을 남겼다.
③ 유불 일치설을 주장하였다.
④ 수선사 결사를 조직하였다.

20 (가)~(라) 사건이 일어난 순서대로 바르게 나열된 것은?

> (가) 삼가 말하건대 남의 무덤을 파는 것은 예의가 없는 행동에 가깝지만 무력을 동원하여 백성들을 도탄 속에 빠뜨리는 것보다 낫기 때문에 하는 수 없이 그렇게 하였습니다.
> (나) 정족 산성 수성장 양헌수가 … 우리 군사들이 좌우에 매복했다가 일제히 총탄을 퍼부었습니다. 저들은 죽은 자가 6명이고 아군은 죽은 자가 1명입니다.
> (다) 흉악한 적들을 무찌르다가 수많은 총알을 고슴도치의 털처럼 맞아서 순직하였으니 … 죽은 진무중군 어재연에게 특별히 병조 판서와 지삼군부사의 관직을 내리노라.
> (라) 일본국 인민이 조선국의 각 항구에서 머무르는 동안 죄를 범한 것이 조선국 인민과 관계되는 사건일 때에는 모두 일본국 관원이 심판한다.

① (가) - (나) - (다) - (라)
② (가) - (다) - (라) - (나)
③ (나) - (가) - (다) - (라)
④ (나) - (다) - (라) - (가)

21 (가)~(다)에 대한 설명으로 가장 옳지 않은 것은?

> (가) 대한 정부는 일본 정부가 추천한 일본인 1명을 재정고문으로 삼아 대한 정부에 용빙하여 재무에 관한 사항은 일체 그의 의견을 물어서 시행해야 한다.
> (나) 한국 정부는 금후 일본국 정부의 중개를 거치지 않고서는 국제적 성질을 가진 어떠한 조약이나 약속을 하지 않을 것을 약속한다.
> (다) 러시아는 일본이 한국에서 정치상 군사상 및 경제상의 특수한 이익을 갖는다는 것을 승인하고 일본 정부가 한국에서 필요하다고 인정하는지도, 보호 및 감리의 조치에 대해 방해하거나 간섭하지 않을 것을 약속한다.

① (가) 조약 체결로 메가타는 화폐 정리 사업을 실시하였다.
② (나) 조약 체결로 청과 일본간의 간도협약이 체결되었다.
③ (다) 조약 이후 일본은 독도를 불법 점령하였다.
④ (가) - (다) - (나) 순서로 조약이 체결되었다.

22 다음 법령이 시행되던 시기의 모습으로 가장 옳은 것은?

> 제1조 회사의 설립은 조선 총독의 허가를 받아야 한다.
> 제2조 조선 밖에서 설립된 회사가 한국에 본점 또는 지점을 설치하고자 하는 경우, 조선 총독의 허가를 받아야 한다.
> 제3조 조선 밖에서 설립되어 조선에서 사업을 운영하는 것을 목적으로 하는 회사가 그 사업을 경영하는 경우, 조선에 본점 또는 지점을 설립하여야 한다.

① 국민학교에 등교하는 학생의 모습
② 대한 광복회를 체포하려는 헌병 경찰의 모습
③ 치안유지법에 의해 구금되는 독립운동가의 모습
④ 농촌 진흥 운동을 홍보하는 조선 총독부 직원의 모습

23 다음 사건이 있었던 시기에 대한 설명으로 가장 옳은 것은?

> 평서 대원수는 급히 격문을 띄우노니 관서 지역의 부로자제와 공사천민은 모두 이 격문을 들으라. … 조정에서는 관서 지역을 썩은 흙과 같이 버렸다. 심지어 권세 있는 집의 노비들도 서토 사람만 보면 반드시 '평안도 놈'이라고 말한다. 어찌 억울하고 원통하지 않은 자 있겠는가. … 이제 격문을 띄워 먼저 여러 고을의 군후에게 알리노니, 절대로 동요하지 말고 성문을 활짝 열어 우리 군대를 맞으라.

① 왕실과 혼인을 맺은 일부 가문이 정권을 장악하였다.
② 유득공 등 서얼들을 규장각 검서관으로 임용하였다.
③ 대동법을 처음 실시하여 공납을 토지 기준으로 걷었다.
④ 육의전을 제외한 시전 상인들의 금난전권을 철폐하였다.

24 밑줄 친 '㉠, ㉡'에 대한 설명으로 가장 옳은 것은?

> 이지영이 장군이 되었다. 그가 최충수 집의 비둘기를 빼앗았는데, 최충수가 화가 나서 그 형인 ㉠ 최충헌에게 그 사실을 아뢰고 ㉡ 이의민 부자를 죽이자고 하니, 최충헌이 그렇게 하자고 하였다. 이의민이 미타산 별장에 갔을 때, 최충헌 등이 가서 그를 죽이고 머리를 저자에 내걸었다. 당시 이지순은 대장군이었고, 이지광은 장군이었는데, 변란의 소식을 듣고 가동을 이끌고 길에서 싸웠다.
>
> 　　　　　　　　　　　　　　　　 － 「고려사」 －

① ㉠ － 하층민 출신의 권력자였다.
② ㉠ － 교정도감을 설치하여 국정을 장악하였다.
③ ㉡ － 개혁안 봉사 10조를 올렸다.
④ ㉡ － 정방을 통해 인사권을 장악하였다.

25 밑줄 친 '국왕'에 대한 설명으로 가장 옳지 않은 것은?

> 국왕은 현륭원(顯隆園)을 수원에 봉안하고 1년에 한 번씩 참배할 준비를 하였다. 옛 규례에는 한강을 건널 때 용배[龍舟]를 사용하였으나, 그 방법이 불편한 점이 많다 하여 배다리의 제도로 개정하고 묘당으로 하여금 그 세목을 만들어 올리게 하였다. 그러나 뜻에 맞지 않았기에 국왕은 주교지남(舟橋指南)을 편찬하였다.

① 탕평비를 세웠다.
② 장용영을 설치하였다.
③ 『무예도보통지』를 간행하였다.
④ 초계문신 제도를 시행하였다.

01 밑줄 친 '이 단체'의 활동으로 옳은 것을 〈보기〉에서 모두 고른 것은?

> 정부의 지원을 받아 설립된 이 단체는 고종에게 아래의 문서를 재가 받았어요.
>
> 1. 외국인에게 의지하지 말고 관민이 합심하여 황제권을 공고히 할 것.
> 2. 외국과의 이권에 관한 계약과 조약은 해당 부처의 대신과 중추원 의장이 함께 날인하여 시행할 것.

〈보 기〉

㉠ '구국 운동 상소문'을 지었다.
㉡ 고종 강제 퇴위 반대 운동에 앞장섰다.
㉢ 일제의 황무지 개간권 요구에 반대하였다.
㉣ 러시아의 내정 간섭과 이권요구에 반대하였다.

① ㉠, ㉡   ② ㉠, ㉣
③ ㉡, ㉢   ④ ㉢, ㉣

02 다음 법령에 따라 추진된 사업이 실시되었던 시기의 모습으로 가장 옳은 것은?

> 1. 토지의 조사 및 측량은 이 영에 의한다.
> …(중략)…
> 4. 토지의 소유자는 조선 총독이 정하는 기간 내에 그 주소, 성명·명칭 및 소유지의 소재, 지목, 자번호, 사방의 경계표, 등급, 지적, 결수를 임시 토지 조사 국장에게 신고하여야 한다. 다만, 국유지는 보관 관청에서 임시 토지 조사 국장에게 통지하여야 한다.
> ......

① 국민부가 조선 혁명당을 결성하는 모습
② 러시아에 대한 광복군 정부가 조직되는 모습
③ '신여성', '삼천리' 등의 잡지가 발행되는 모습
④ 연해주의 한국인이 중앙 아시아로 강제 이주 되는 모습

03 (가)~(다) 사건을 일어난 순서대로 가장 바르게 나열한 것은?

> (가) 이고 등이 임종식, 이복기, 한뢰를 비롯하여 왕을 모시던 문관 및 대소 신료들을 살해하였다. 정중부 등이 왕을 모시고 궁으로 돌아왔다.
> (나) 김부식이 군대를 모아서 서경을 공격하였다. 서경이 함락되자 조광은 스스로 불에 뛰어들어 죽었다.
> (다) 최사전의 회유에 따라 척준경은 마음을 돌려 계책을 정하고 이자겸을 제거하였다.

① (나) – (가) – (다)   ② (나) – (다) – (가)
③ (다) – (가) – (나)   ④ (다) – (나) – (가)

04 (가), (나) 시기 사이에 있었던 사실만을 〈보기〉에서 모두 고른 것은?

| (가) 수신사 김홍집이 가져와 유포한 황준헌의 사사로운 책자를 보노라면, …… 러시아·미국·일본은 같은 오랑캐입니다. …… | (나) 이미 국모의 원수를 생각하며 이를 갈았는데, … 이에 감히 먼저 의병을 일으키고서 마침내 이 뜻을 세상에 포고하노라. …… |

〈보 기〉
㉠ 관민 공동회가 개최되었다.
㉡ 교육 입국 조서가 반포되었다.
㉢ 영국이 거문도를 불법 점령하였다.
㉣ 나철이 대종교를 창시하였다.

① ㉠, ㉡
② ㉠, ㉣
③ ㉡, ㉢
④ ㉢, ㉣

05 다음 사실이 있었던 시대에 대한 내용으로 옳은 것을 〈보기〉에서 모두 고른 것은?

엄수안은 영월군의 향리로 키가 크고 담력이 있었다. 나라의 법에 향리에게 아들 셋이 있으면 아들 하나는 벼슬하는 것이 허락되어서, 엄수안은 관례에 따라 중방서리로 보임되었다. 원종 때 과거에 급제하여 도병마녹사에 임명되었다.

〈보 기〉
㉠ 주현이 속현보다 적었다.
㉡ 모든 군현에 수령이 파견되었다.
㉢ 중서문하성의 낭사는 어사대와 함께 대간으로 불렸다.
㉣ 전국을 8도로 나누고 그 아래 부·목·군·현을 두었다.

① ㉠, ㉡
② ㉡, ㉣
③ ㉠, ㉢
④ ㉢, ㉣

06 다음 주장이 제기된 시기의 문화적 특징으로 옳은 것을 〈보기〉에서 모두 고른 것은?

폐를 끼치는 것으로는 담배만한 것이 없습니다. 추위를 막지도 못하고 요깃거리도 못 되면서 심는 땅은 반드시 기름져야 하고 흙을 덮고 김매는 수고는 대단히 많이 드니 어찌 낭비가 아니겠습니까? 그리고 장사치들이 왕래하며 팔고 있어 이에 쓰는 돈이 적지 않습니다. 조정에서 전황(錢荒)에 대해 걱정하고 있는데, 그 근원을 따져 보면 여기에서 비롯된 것이 아니라고는 장담할 수 없습니다. 만약 담배 재배를 철저히 금한다면 곡물을 산출하는 땅이 더욱 늘어나고 농사에 힘쓰는 백성들이 더욱 많아질 것입니다.

〈보 기〉
㉠ 문화 인식의 폭이 확대되어 백과 사전류의 저서가 편찬되었다.
㉡ 격식에 구애받지 않고 감정을 표현하는 사설시조가 유행하였다.
㉢ 주자소가 설치되어 계미자를 비롯한 다양한 활자를 주조하였다.

① ㉠
② ㉠, ㉡
③ ㉡
④ ㉡, ㉢

07 (가) 지역에 대한 설명으로 옳은 것을 〈보기〉에서 모두 고른 것은?

> 몽골의 대군이 경기 지역으로 침입하자 최이가 재추 대신들을 모아 놓고 (가) 천도를 의논하였다. 사람들은 옮기기를 싫어하였으나 최이의 세력이 두려워서 감히 한마디도 발언하는 자가 없었다. 오직 유승단이 "작은 나라가 큰 나라를 섬기는 것은 도리에 맞는 일이니, 예로써 섬기고 믿음으로써 사귀면 그들도 무슨 명목으로 우리를 괴롭히겠는가? 성곽과 종사를 내버리고 섬에 구차히 엎드려 세월을 보내면서 장정들을 적의 칼날에 죽게 만들고, 노약자들을 노예로 잡혀가게 하는 것은 국가를 위한 계책이 아니다." 라고 반대하였다.

— 〈보 기〉 —

㉠ 동녕부가 설치되었다.
㉡ 조선왕조실록 사고가 세워졌다.
㉢ 망이·망소이의 난이 일어났다.

① ㉠
② ㉠, ㉡
③ ㉡
④ ㉡, ㉢

08 (가) 단체에 대한 설명으로 옳은 것을 〈보기〉에서 모두 고른 것은?

> 최현배, 이극로 등이 중심이 된 (가) 은/는 '표준어 및 외래어 표기법 통일안'을 제정하는 등 한글 표준화에 기여하였다. 이에 일제는 1942년 (가) 을/를 독립운동 단체로 간주하여 회원들을 대거 검거하였다. 일제는 이들을 고문하여 자백을 강요하였고 이윤재, 한징이 옥사하였다.

— 〈보 기〉 —

㉠ 국문 연구소를 설립하였다.
㉡ 한글 맞춤법 통일안을 만들었다.
㉢ 『우리말 큰사전』 편찬을 준비하였다.
㉣ 『개벽』, 『어린이』 등의 잡지를 발행하였다.

① ㉠, ㉡
② ㉠, ㉢
③ ㉡, ㉢
④ ㉡, ㉣

09 ㉠ 이후에 일어난 사건으로 가장 옳은 것은?

> 대한제국 대황제는 대프랑스 대통령에게 글을 보냅니다. 일본은 우리나라에 ㉠ 불의한 일을 자행하였습니다. 다음은 그에 대한 증거입니다. 첫째, 우리 정무대신이 조인하였다고 운운하는 것은 정당하지 않으며 위협을 받아 강제로 이루어진 것입니다. 둘째, 저는 조인을 허가한 적이 없습니다. 셋째, 정부회의 운운하나 국법에 의거하지 않고 회의를 한 것이며 일본인들이 강제로 가둔 채 회의한 것입니다. 상황이 그런즉 이른바 조약이 성립되었다고 일컫는 것은 공법을 위배한 것이므로 의당 무효입니다. 당당한 독립국이 이러한 일로 국체가 손상당하였으므로 원컨대 대통령께서는 즉시 공사관을 이전처럼 우리나라에 다시 설치해주시기를 바랍니다.

① 포츠머스 조약이 체결되었다.
② 이사청에 관리가 파견되었다.
③ 러시아가 용암포를 점령하고 조차를 요구하였다.
④ 제1차 한·일협약(한일 외국인 고문 용빙에 관한 협정서)이 조인되었다.

10 (가), (나) 시기 사이에 있었던 사실로 가장 옳은 것은?

> (가) 영락 5년 왕은 패려(稗麗)가 …… 하지 않는다고 생각하고 친히 군사를 이끌고 가서 토벌하였다. 부산(富山)·부산(負山)을 지나 염수(鹽水) 가에 이르렀다. 600~700영(營)을 격파하니, 노획한 소·말·양의 수가 헤아릴 수 없이 많았다.
>
> (나) 고구려왕 거련(巨璉)이 병사 3만 명을 거느리고 한성을 포위하였다. 고구려 사람들이 병사를 네 방면의 길로 나누어 협공하고 또 바람을 이용해서 불을 질러 성문을 태우니, 성 밖으로 나가 항복하려는 자도 있었다. 임금은 기병 수십 명을 거느리고 성문을 나가 서쪽으로 달아났는데, 고구려 병사에게 살해되었다.

① 신라에 병부가 설치되었다.

② 고구려가 평양으로 천도하였다.

③ 고이왕이 좌평과 관등제의 기본 골격을 마련하였다.

④ 백제군의 공격으로 고국원왕이 전사하였다.

11 (가)에 들어갈 내용으로 옳은 것을 〈보기〉에서 모두 고른 것은?

> 평택현감 변징원이 하직하니, 임금이 그를 내전으로 불러 만났다. 임금이 변징원에게 "그대는 이미 수령을 지냈으니, 백성을 다스리는 데 무엇을 먼저 하겠는가?"라고 물었다. 이에 변징원이 "마땅히 칠사(七事)를 먼저 할 것입니다"라고 하였다. 임금이 "칠사라는 것은 무엇인가?"라고 질문하니, 변징원이 대답하기를, _____(가)_____
>
> ─ 『성종실록』 ─

> ─────── 〈보 기〉 ───────
> ㉠ 호구를 늘리는 것입니다.
> ㉡ 농상(農桑)을 성하게 하는 것입니다.
> ㉢ 역을 고르게 부과하는 것입니다.
> ㉣ 사송(詞訟)을 간략하게 하는 것입니다.

① ㉠

② ㉠, ㉡

③ ㉠, ㉡, ㉢

④ ㉠, ㉡, ㉢, ㉣

12 다음 조약이 조인된 시기를 연표에서 가장 옳게 고른 것은?

> 제3조 각 당사국은 타 당사국의 행정 지배하에 있는 영토와 각 당사국이 타 당사국의 행정 지배하에 합법적으로 들어갔다고 인정하는 금후의 영토에 있어서 타 당사국에 대한 태평양 지역에 있어서의 무력 공격을 자국의 평화와 안전을 위태롭게 하는 것이라 인정하고 공통한 위험에 대처하기 위하여 각자의 헌법상의 수속에 따라 행동할 것을 선언한다.
>
> 제4조 상호적 합의에 의하여 미합중국의 육군, 해군과 공군을 대한민국의 영토 내와 그 부근에 배치하는 권리를 대한민국은 이를 허여하고 미합중국은 이를 수락한다.

	(가)	(나)	(다)	(라)	
대한민국 정부수립		6·25 전쟁 발발	제2차 개정헌법 공포	5·16 군사정변	한일 기본 조약조인

① (가)

② (나)

③ (다)

④ (라)

13 다음 연설을 한 대통령의 집권기에 일어난 사실로 가장 옳은 것은?

> 저는 이 순간 엄숙한 마음으로 헌법 제76조 제1항의 규정에 의거하여, 「금융실명 거래 및 비밀보장에 관한 대통령 긴급명령」을 반포합니다. …… 금융실명제에 대한 우리 국민의 합의와 개혁에 대한 강렬한 열망에 비추어 국회의원 여러분이 압도적인 지지로 승인해 주실 것을 믿어 의심치 않습니다. 친애하는 국민 여러분, 드디어 우리는 금융실명제를 실시합니다. 이 시간 이후 모든 금융거래는 실명으로만 이루어집니다. 금융실명제가 실시되지 않고는 이 땅의 부정부패를 원천적으로 봉쇄할 수가 없습니다.

① YH 무역 사건이 일어났다.
② 제4차 경제 개발 계획이 추진되었다.
③ 국민 기초 생활 보장법이 시행되었다.
④ 한국이 경제 협력 개발 기구(OECD)에 가입하였다.

14 (가)~(라)를 시대순으로 가장 바르게 연결한 것은?

> (가) 견훤이 후백제를 건국하였다.
> (나) 신문왕이 관료전을 지급하였다.
> (다) 광개토 대왕이 왜군을 격퇴하였다.
> (라) 선왕 시기에 '해동성국'으로 불렸다.

① (가) – (다) – (나) – (라)
② (나) – (다) – (라) – (가)
③ (다) – (나) – (라) – (가)
④ (라) – (나) – (다) – (가)

15 밑줄 친 '법'을 시행한 나라에 대한 설명으로 가장 옳은 것은?

> 백성들에게 금하는 법 8조를 만들었다. 사람을 죽인 자는 즉시 죽이고, 남에게 상처를 입힌 자는 곡식으로 갚는다. 도둑질한 자는 노비로 삼는다. 용서받고자 하는 자는 한 사람마다 50만 전을 내야 한다. …… 여자들은 모두 정숙하여 음란하고 편벽된 짓을 하지 않았다.
> – 「한서」 –

① 서옥제라는 혼인 풍습이 있었다.
② 해마다 영고라는 제천행사를 열었다.
③ 목지국의 지배자가 왕으로 추대되었다.
④ 한 무제가 보낸 군대의 침공으로 멸망하였다.

16 다음 사건이 일어난 왕의 시기에 있었던 사실로 가장 옳은 것은?

> 소손녕: 그대 나라는 신라 땅에서 일어났고, 고구려 땅은 우리 땅인데 너희들이 쳐들어와 차지하였다.
> 서   희: 우리는 고구려를 계승하여 나라 이름을 고려라 하였다. 땅의 경계를 논한다면 그대 나라의 동경도 다 우리 땅이다.

① 발해가 멸망하였다.
② 이자겸이 난을 일으켰다.
③ 최충이 9재 학당을 설치하였다.
④ 중앙 관제를 2성 6부로 정비하였다.

17 ㉠을 비판한 사례로 가장 옳은 것은?

근세 조선사에서 유형원 · 이익 · 이수광 · 정약용 · 서유구 · 박지원 등 이른바 '현실학파(現實學派)'라고 불러야 할 우수한 학자가 배출되어, 우리의 경제학적 영역에 대한 선물로 남겨준 업적이 결코 적지 않다. …… ㉠ 후쿠다 도쿠조(福田德三)는 조선에서 봉건제도의 존재를 전면적으로 부정했다는 점에서 그에 승복할 수 없는 것이다.

① 백남운이 『조선사회경제사』를 저술하였다.
② 이병도, 손진태 등이 『진단학보』를 발간하였다.
③ 조선사 편수회 인사들이 청구학회를 결성하였다.
④ 신채호가 대한매일신보에 『독사신론』을 연재하였다.

18 (가) 인물에 대한 설명으로 가장 옳은 것은?

당에서 유학하고 돌아온 　(가)　은/는 '모든 존재가 서로 의존하며 조화를 이루고 있다.'라는 사상을 강조하여 통일 직후 신라 사회를 통합하는 데 큰 역할을 하였다. 또한 　(가)　은/는 부석사를 중심으로 많은 제자를 양성하여 교단을 형성하고 각지에 사찰을 세웠다. 또한, 현세에서 겪는 고난을 구제받고자 하는 관음 신앙을 전파하였다.

① 무애가를 지어 불교 대중화에 기여하였다.
② 『화엄일승법계도』를 지어 화엄 사상을 정립하였다.
③ 불교 교단을 통합하기 위해 천태종을 개창하였다.
④ 인도와 중앙아시아를 여행하고 『왕오천축국전』을 저술하였다.

19 다음 사건이 일어난 시기에 볼 수 있는 모습으로 가장 옳은 것은?

전제상정소에서 다음과 같이 논의하였다. "우리나라는 지질의 고척(膏堉)이 남쪽과 북쪽이 같지 아니합니다. 하지만 그 전품(田品)의 분등(分等)을 8도를 통한 표준으로 계산하지 않고 있습니다. 다만 1도(道)로써 나누었기 때문에 납세의 경중(輕重)이 다릅니다. 부익부 빈익빈이 심해지니 옳지 못한 일입니다. 여러 도의 전품을 통고(通考)하여 6등급으로 나눈다면 전품이 바로잡힐 것이며 조세도 고르게 될 것입니다." 임금은 이를 그대로 따랐다.

① 3포 왜란으로 입은 피해를 걱정하는 어부
② 벽란도에서 송나라 선원과 흥정하는 상인
③ 『농가집성』의 내용을 읽으며 공부하는 농부
④ 불법적인 상행위를 감시하는 경시서 관리

20 다음 주장을 펼친 인물에 대한 설명으로 가장 옳은 것은?

국가는 마땅히 한 집의 생활에 맞추어 재산을 계산해서 토지 몇 부(負)를 1호의 영업전으로 한다. 땅이 많은 자는 빼앗아 줄이지 않고 미치지 못하는 자도 더 주지 않으며, 돈이 있어 사고자 하는 자는 비록 천백 결이라도 허락하여 주고, 땅이 많아서 팔고자 하는 자는 다만 영업전 몇 부 이외에는 허락하여 준다.

① 한국사의 독자적인 정통론을 체계화하였다.
② 『목민심서』와 『경세유표』 등의 저술을 남겼다.
③ 나라를 좀먹는 여섯 가지의 폐단을 지적하였다.
④ 신분에 따라 차등 있게 토지를 분배하는 균전론을 내세웠다.

21 다음 사건과 관련 있는 내용으로 가장 옳은 것은?

> 왕이 어머니 윤씨가 왕비자리에서 쫓겨나고 죽은 것이 성종의 후궁인 엄씨와 정씨의 참소 때문이라 여기고, 밤에 그들을 궁정에 결박해 놓고 손으로 함부로 치고 짓밟았다.
>
> — 『조선왕조실록』 —

① 수양대군이 단종을 내쫓고 왕위에 올랐다.
② 조광조를 비롯한 많은 사림이 피해를 입었다.
③ 연산군이 훈구파들을 제거하고 권력을 강화하였다.
④ 이조 전랑의 임명 문제를 둘러싸고 사림간 대립이 일어났다.

22 ㉠ 기간에 일어난 사실로 가장 옳은 것은?

> 임금이 대광 박술희에 말하였다. "짐은 미천한 가문에서 일어나 그릇되게 사람들의 추대를 받아 몸과 마음을 다하여 노력한 지 19년 만에 삼한을 통일하였다. 외람되게 ㉠ 25년 동안 왕위에 있었으니 몸은 이미 늙었으나 후손들이 사사로운 정에 치우치고 욕심을 함부로 부려 나라의 기강을 어지럽힐까 크게 걱정된다. 이에 훈요를 지어 후세에 전하니 바라건대 아침저녁으로 살펴 길이 귀감으로 삼기 바란다."

① 공산 전투가 전개되었다.
② 노비안검법이 시행되었다.
③ 수덕만세라는 연호가 등장하였다.
④ 최승로가 시무 28조를 제시하였다.

23 (가), (나) 시기 사이에 있었던 사실로 가장 옳은 것은?

> (가) 진흥왕이 이사부에게 토벌을 명하고 사다함에 보좌하게 하였다. …… 이사부가 군사를 이끌고 다다르자, 대가야가 모두 항복하였다.
>
> — 『삼국사기』 —
>
> (나) 백제군 한 사람이 1,000명을 당해냈다. 신라군은 이에 퇴각하였다. 이와 같이 진격하고 퇴각하길 네 차례에 이르러, 계백은 힘이 다하여 죽었다.
>
> — 『삼국사기』 —

① 백제가 웅진으로 천도하였다.
② 소수림왕이 불교를 수용하였다.
③ 신라가 기벌포에서 당군을 물리쳤다.
④ 고구려가 수나라 군대를 살수에서 격퇴하였다.

24 다음 헌법이 적용된 시기에 일어난 사실로 가장 옳은 것은?

> 제38조 ① 대통령은 통일에 관한 중요정책을 결정하거나 변경함에 있어서, 국론통일을 위하여 필요하다고 인정할 때에는 통일 주체 국민 회의의 심의에 붙일 수 있다.
> 　　② 제1항의 경우에 통일 주체 국민 회의에서 재적대의원 과반수의 찬성을 얻은 통일정책은 국민의 총의로 본다.
> 제40조 통일 주체 국민 회의는 국회의원 정수의 3분의 1에 해당하는 수의 국회의원을 선거한다.

① 광주 대단지 사건이 일어났다.
② 7·4 남북 공동 성명이 발표되었다.
③ 국가 보위 비상 대책 위원회가 조직되었다.
④ 전태일이 근로기준법 준수를 요구하며 분신하였다.

25 밑줄 친 '신'이 속한 붕당에 대한 설명으로 가장 옳은 것은?

> 소현 세자가 일찍 세상을 뜨고 효종이 인조의 제2 장
> 자로서 종묘를 이었으니, 대왕대비께서 효종을 위하
> 여 3년의 상복을 입어야 할 것은 예제로 보아 의심할
> 것이 없는데, 지금 그 기간을 줄여 1년으로 했습니
> 다. 대체로 3년의 상복은 장자를 위하여 입는데 그가
> 할아버지, 아버지의 정통을 이을 사람이기 때문입니
> 다. 지금 효종으로 말하면 대왕대비에게는 이미 적자
> 이고, 또 왕위에 올라 존엄한 몸인데, 그의 복제에서
> 는 3년 상복을 입을 수 없는 자와 동등하게 되었으
> 니, 어디에 근거를 둔 것인지 신(臣)은 모르겠습니다.

① 노론과 소론으로 분열되었다.
② 기사환국을 통해 재집권하였다.
③ 인목대비의 폐위를 주장하였다.
④ 성혼의 학파를 중심으로 형성되었다.

✅ 회독 CHECK 1 2 3

01 (가) 시기에 있었던 사실로 가장 옳은 것은?

〈○○ 왕조 계보도〉

원종 ─ 충렬왕 ─ 충선왕 ─ 충숙왕 ─ 충혜왕 ─ 충목왕 ─ 충정왕 ─ 공민왕
└──────────────────(가)──────────────────┘

① 서경 유수 조위총이 난을 일으켰다.
② 정동행성 이문소가 내정을 간섭하였다.
③ 홍건적의 침입으로 왕이 복주로 피신하였다.
④ 삼별초가 진도와 제주도에서 항쟁을 전개하였다.

02 밑줄 친 '이 기구'에 대한 설명으로 가장 옳지 않은 것은?

> • 앞서 이 기구의 사람들이 향중(鄕中)에서 권위를 남용하여 불의한 짓을 행하니, 그 폐단이 많았습니다. 그래서 선왕께서 폐지하였던 것입니다. 간사한 아전을 견제하고 풍속을 바로잡는 것은 수령이 해야 할 일인데, 만약 모두 이 기구에 위임한다면 수령은 할 일이 없지 않겠습니까?
> • 전하께서 다시 이 기구를 세우고 좌수와 별감을 두도록 하였는데, 나이가 많고 덕망이 높은 자를 추대하여 좌수로 일컫고, 그 다음으로 별감이라 하여 한 고을을 규찰하고 관리하게 하였다.
>
> — 『성종실록』 —

① 경재소를 통해 중앙의 통제를 받았다.
② 향촌 사회의 풍속을 교화하는 데 기여하였다.
③ 수령을 보좌하고 향리를 감찰하는 역할을 하였다.
④ 전통적 공동 조직에 유교 윤리를 가미하여 만들었다.

03 밑줄 친 '왕'에 대한 설명으로 가장 옳은 것은?

> 이때에 이르러 왕 또한 불교를 일으키려고 하였으나, 여러 신하들이 믿지 않고 이런저런 불평을 많이 하였으므로 왕이 근심하였다. …… 이차돈이 왕에게 아뢰기를, "바라건대 하찮은 신의 목을 베어 여러 사람들의 논의를 진정시키십시오."라고 하였다.
>
> — 『삼국사기』 —

① 이사부를 파견하여 우산국을 복속시켰다.
② 광개토 대왕의 지원으로 왜군을 격파하였다.
③ 대가야를 정복하여 가야 연맹을 해체시켰다.
④ 상대등을 설치하여 정치 조직을 강화하였다.

04 다음 군대가 창설된 시기를 연표에서 옳게 고른 것은?

> 개항 후 국방을 강화하고 근대화하기 위하여 윤웅렬이 중심이 되어 5군영으로부터 80명을 선발하여 별기군을 창설하였다. 또한 서울의 일본 공사관에 근무하는 공병소위 호리모토를 교관으로 초빙하였다.

	(가)	(나)	(다)	(라)	
통리기무아문 설치	기기창 설치	군국기무처 설치	원수부 설치	통감부 설치

① (가)
② (나)
③ (다)
④ (라)

05 (가), (나) 사이 시기에 있었던 사실로 가장 옳은 것은?

> (가) 남과 북은 상대방에 대하여 무력을 사용하지 않으며 상대방을 무력으로 침략하지 아니한다. …… 민족 전체의 복리 향상을 도모하기 위하여 자원의 공동 개발, 민족 내부 교류로서의 물자 교류, 합작 투자 등 경제 교류와 협력을 실시한다.
>
> (나) 남과 북은 나라의 통일을 위한 남측의 연합제 안과 북측의 낮은 단계의 연방제 안이 서로 공통성이 있다고 인정하고 앞으로 이 방향에서 통일을 지향시켜 나가기로 하였다.

① 남북 조절 위원회가 설치되었다.
② 금강산 관광 사업이 시작되었다.
③ 제2차 남북 정상 회담이 개최되었다.
④ 남북 이산 가족 상봉이 최초로 이루어졌다.

06 (가)~(라) 제도를 시행된 순서대로 바르게 나열한 것은?

> (가) 그 사람의 성품과 행동의 선악, 공로의 크고 작음을 참작하여 역분전을 차등 있게 주었다.
>
> (나) 문무의 백관으로부터 부병(府兵)과 한인(閑人)에 이르기까지 과(科)에 따라 받지 않은 자가 없었으며, 또한 과에 따라 땔나무를 베어낼 땅도 지급하였다.
>
> (다) 경기는 사방의 근본이니 마땅히 과전을 설치하여 사대부를 우대한다. 무릇 경성에 거주하여 왕실을 시위(侍衛)하는 자는 직위의 고하에 따라 과전을 받는다.
>
> (라) 경상도 · 전라도 · 충청도는 상등, 경기도 · 강원도 · 황해도 3도는 중등, 함길도 · 평안도는 하등으로 삼으며 …… 각 도의 등급과 토지 품질의 등급으로써 수세하는 수량을 정한다.

① (가) − (나) − (다) − (라)
② (가) − (나) − (라) − (다)
③ (나) − (가) − (다) − (라)
④ (나) − (다) − (라) − (가)

07 (가), (나) 격문이 발표된 사이의 시기에 있었던 사실로 옳은 것을 〈보기〉에서 모두 고른 것은?

> (가) 우리가 의로운 깃발을 들어 이곳에 이름은 그 뜻이 결코 다른 데 있지 아니하고 창생을 도탄 속에서 건지고 국가를 반석 위에 두고자 함이다. 안으로는 양반과 탐학한 관리의 목을 베고 밖으로 횡포한 강적의 무리를 내몰고자 함이다.
>
> (나) 일본 오랑캐가 분란을 야기하고 군대를 출동하여 우리 임금님을 핍박하고 우리 백성들을 뒤흔들어 놓았으니 어찌 차마 말할 수 있겠습니까. …… 지금 조정의 대신들은 망령되이 자신의 몸만 보전하고자 위로는 임금님을 협박하고 아래로는 백성들을 속이며 일본 오랑캐와 내통하여 삼남 백성들의 원망을 샀습니다.

― 〈보 기〉 ―

㉠ 조선 정부가 개혁 기구인 교정청을 설치하였다.
㉡ 동학 농민군과 관군이 전주 화약을 체결하였다.
㉢ 조선 정부가 조병갑을 파면하고 박원명을 고부 군수로 임명하였다.
㉣ 동학 교도들이 전라도 삼례에서 교조 신원을 요구하는 집회를 벌였다.

① ㉠, ㉡
② ㉠, ㉣
③ ㉡, ㉢
④ ㉢, ㉣

08 밑줄 친 '그'에 대한 설명으로 옳은 것을 〈보기〉에서 모두 고른 것은?

> 참찬문하부사 하륜 등이 청하였다. "정몽주의 난에 만일 그가 없었다면, 큰일이 거의 이루어지지 못하였을 것이고, 정도전의 난에 만일 그가 없었다면, 또한 어찌 오늘이 있었겠습니까? …… 청하건대, 그를 세워 세자를 삼으소서." 임금이 말하기를, "경 등의 말이 옳다."하고, 드디어 도승지에게 명하여 도당에 전지하였다. "…… 나의 동복(同腹) 아우인 그는 개국하는 초에 큰 공로가 있었고, 또 우리 형제 4, 5인이 성명(性命)을 보전한 것이 모두 그의 공이었다. 이제 명하여 세자를 삼고, 또 내외의 여러 군사를 도독하게 한다."

〈보 기〉
㉠ 영정법을 도입하였다.
㉡ 호패법을 시행하였다.
㉢ 경국대전을 편찬하였다.
㉣ 6조 직계제를 실시하였다.

① ㉠, ㉡
② ㉠, ㉢
③ ㉡, ㉣
④ ㉢, ㉣

09 밑줄 친 '왕'의 재위 기간에 있었던 사실로 가장 옳은 것은?

> 왕은 윤관이 이끄는 별무반을 파견하여 여진을 정벌한 후 동북쪽에 9개의 성을 쌓아 방어하도록 하였다.

① 광덕, 준풍이라는 연호를 사용하였다.
② 최승로가 시무 28조의 개혁안을 제시하였다.
③ 양현고를 설치하여 관학을 진흥시키고자 하였다.
④ 의천 등의 건의를 받아들여 주전도감을 설치하였다.

10 밑줄 친 '개혁'의 사례로 가장 옳은 것은?

> 사진 속 건물은 조광조의 학문과 덕행을 추모하기 위해 설립된 심곡 서원이다. 그는 사림의 여론을 바탕으로 왕도 정치를 실현하기 위한 개혁을 추진하였으나 훈구 대신들의 반발로 사사되었다. 그러나 선조 때 사림이 정치 주도권을 장악하면서 신원되었고, 그를 추모하는 서원이 여러 곳에 설립되었다.

① 현량과 실시
② 비변사 폐지
③ 9재 학당 설립
④ 삼정이정청 설치

11 밑줄 친 '왕'의 재위 시기에 있었던 사실로 옳은 것을 〈보기〉에서 모두 고른 것은?

> 주전도감에서 왕에게 아뢰기를 "나라의 백성이 돈을 사용하는 것의 유리함을 이해하고 그것을 편리하다고 생각하게 되었으니 이 사실을 종묘에 고하십시오."라고 하였다. 이 해에 또 은병도 만들어 화폐로 사용하였는데, 그 제도는 은 한 근으로 만들되 우리나라의 지형을 따서 만들었고, 민간에서는 활구라고 불렀다.

〈보 기〉
㉠ 해동통보가 발행되었다.
㉡ 의천이 화폐 주조를 건의하였다.
㉢ 원의 화폐인 지원보초가 유통되었다.
㉣ 저화라고 불린 지폐가 제작되어 사용되었다.

① ㉠, ㉡
② ㉠, ㉢
③ ㉡, ㉣
④ ㉢, ㉣

12 자료에 나타난 운동에 대한 설명으로 가장 옳은 것은?

> 진주성 내 동포들이 궐기하여 형평사라는 단체를 조직하여 계급 타파 운동을 개시할 것이라고 한다. …… 어떤 자는 고기를 먹으면서 존귀한 대우를 받고, 어떤 자는 고기를 제공하면서 비천한 대우를 받는다. 이는 공정한 천리(天理)에 따를 수 없는 일이다.

① 백정에 대한 차별 철폐를 요구하였다.
② 공사 노비 제도가 폐지되는 결과를 가져왔다.
③ 향·부곡·소를 일반 군현으로 승격할 것을 주장하였다.
④ 평안도 지역에 대한 차별과 지배층의 수탈에 항거하였다.

13 자료를 통해 알 수 있는 전쟁의 영향으로 가장 옳은 것은?

> 건주(建州)의 여진족이 왜적을 무찌르는 데 2만 명의 병력을 지원하겠다고 하자, 명군 장수 형군문이 허락하려 하였다. 그러나 명 사신 양포정은 만약 이를 허락한다면 명과 조선의 병력, 조선의 산천 형세를 여진족이 알게 될 수 있다고 하여 거절하였다.

① 4군 6진이 개척되었다.
② 일본의 도자기 문화가 발달하였다.
③ 부산포, 제포, 염포에 왜관이 설치되었다.
④ 황룡사 9층 목탑 등 문화재가 소실되었다.

14 (가), (나) 시기 사이에 있었던 사실로 가장 옳은 것은?

> (가) 왕 41년 겨울 10월, 백제왕이 군사 3만 명을 거느리고 평양성을 공격하였다. 왕이 군사를 이끌고 방어하다가 화살에 맞았다. 23일에 왕이 죽었다. 고국 언덕에 장사지냈다.
>
> － 『삼국사기』 고구려본기 －
>
> (나) 왕 32년 가을 7월, 왕이 신라를 습격하기 위하여 직접 보병과 기병 50명을 거느리고 밤에 구천에 이르렀는데, 신라의 복병이 나타나 그들과 싸우다가 왕이 난병들에게 살해되었다. 시호를 성이라 하였다.
>
> － 『삼국사기』 백제본기 －

① 수가 고구려를 침입하였다.
② 고구려가 평양으로 천도하였다.
③ 백제가 나·당 연합군의 공격을 받았다.
④ 당이 매소성 전투에서 신라에 패하였다.

15 밑줄 친 '이들'에 대한 설명으로 가장 옳은 것은?

> 이들의 첫 벼슬은 후단사이며, 두 번째 오르면 병사(兵史)·창사(倉史)가 되고, 세 번째 오르면 주·부·군·현의 사(史)가 되며, 네 번째 오르면 부병정(副兵正)·부창정(副倉正)이 되며, 다섯 번째 오르면 부호정(副戶正)이 되고, 여섯 번째 오르면 호정이 되며, 일곱 번째 오르면 병정·창정이 되고, 여덟 번째 오르면 부호장이 되고, 아홉 번째 오르면 호장(戶長)이 된다.
>
> － 『고려사』 －

① 자손이 음서의 혜택을 받았다.
② 속현의 조세와 공물의 징수, 노역 징발 등을 담당하였다.
③ 수군, 조례, 역졸, 조졸 등으로 칠반천역이라고도 불렸다.
④ 수령의 행정 실무를 보좌하는 세습적인 아전으로 활동하였다.

16 (가) 종교가 반영된 문화 유산의 사례로 가장 적절한 것은?

> 불로장생과 신선이 되기를 추구하는 ___(가)___ 은/는 삼국에 전래 되어 귀족 사회를 중심으로 유행했으며 예술에도 많은 영향을 주었다. 7세기 고구려의 연개소문은 귀족과 연결된 불교 세력을 억누르기 위해 ___(가)___ 을/를 장려하는 정책을 펼쳤다.

17 (가) 붕당에 대한 설명으로 옳은 것만을 〈보기〉에서 모두 고른 것은?

> ___(가)___ 은/는 반정을 주도하여 정권을 잡은 이후 훈련도감을 비롯하여 새로 설치된 어영청, 총융청, 수어청의 병권을 장악하여 권력 유지의 기반으로 삼았다.

〈보 기〉
㉠ 북벌론을 주장하였다.
㉡ 인목 대비의 폐위를 주장하였다.
㉢ 조식 학파를 중심으로 형성되었다.
㉣ 예송 논쟁으로 남인과 대립하였다.

① ㉠, ㉡ ② ㉠, ㉣
③ ㉡, ㉢ ④ ㉢, ㉣

18 (가)~(라) 사건이 일어난 순서대로 바르게 나열된 것은?

> (가) 운요호가 강화도의 초지진을 포격하고 군대를 영종도에 상륙시켜 살인과 약탈을 자행하였다.
> (나) 독일 상인 오페르트가 덕산군에 상륙하여 남연군의 무덤을 도굴하다가 실패하고 돌아갔다.
> (다) 미군이 강화도의 초지진을 함락하고 광성보를 공격하였다.
> (라) 프랑스군이 강화도의 주요 시설을 불태우고 외규장각 도서를 약탈하였다.

① (가) - (나) - (라) - (다)
② (나) - (라) - (가) - (다)
③ (다) - (나) - (가) - (라)
④ (라) - (나) - (다) - (가)

19 (가) 국가에 대한 설명으로 가장 옳은 것은?

> ___(가)___ 에서는 본래 소노부에서 왕이 나왔으나 점점 미약해져서 지금은 계루부에서 왕위를 차지하고 있다. 절노부는 대대로 왕실과 혼인을 하였으므로 그 대인은 고추가(古鄒加)의 칭호를 더하였다. 모든 대가(大加)들은 스스로 사자·조의·선인을 두었는데, 그 명단을 모두 왕에게 보고하여야 한다. …… 감옥은 없고 범죄자가 있으면 제가들이 모여서 평의하여 사형에 처하고 처자는 몰수하여 노비로 삼는다.
> ─ 『삼국지』 위서 동이전 ─

① 혼인 풍속으로 서옥제가 있었다.
② 신성 지역인 소도가 존재하였다.
③ 영고라고 하는 제천 행사를 개최하였다.
④ 읍락의 경계를 중시하여 책화라는 풍습이 있었다.

20 자료에 나타난 민족 운동에 대한 설명으로 가장 옳은 것은?

> 동대문 밖에서 다시 한 번 일대 시위 운동이 일어났다. 이 날은 태황제의 인산날이었으므로 망곡하러 모인 군중이 수십 만이었다. 인산례(因山禮)가 끝나고 융희제(순종)와 두 분의 친왕 이하 여러 관료와 궁속들이 돌아오다가 청량리에 이르렀다. 이때 곡 소리와 만세 소리가 일시에 폭발하여 천지가 진동하였다.

① 신간회의 후원으로 확산되었다.
② 대한민국 임시 정부 수립에 영향을 주었다.
③ 준비 과정에서 천도교와 조선 공산당 등이 연대하였다.
④ 한국인 학생과 일본인 학생 사이의 충돌에서 비롯되었다.

21 (가), (나) 국왕에 대한 설명으로 가장 옳은 것은?

> • ＿(가)＿ 은/는 붕당의 이익을 대변하던 이조 전랑의 후임자 천거권과 3사 관리 선발 관행을 혁파하고, 탕평 의지를 내세우기 위해 성균관 앞에 탕평비를 세웠다.
> • ＿(나)＿ 은/는 초계문신제를 실시하여 개혁 세력을 육성하였으며, 통공 정책을 실시하여 육의전을 제외한 시전의 금난전권을 폐지하였다.

① (가) - 장용영을 설치하여 군사권을 장악하였다.
② (가) - 조선과 청의 국경을 정하는 백두산정계비를 세웠다.
③ (나) - 『대전통편』을 편찬하여 법령을 정비하였다.
④ (나) - 삼정의 문란을 개혁하기 위해 삼정이정청을 설치하였다.

22 다음 사실을 시기순으로 바르게 나열한 것은?

> (가) 강희맹이 경기 지역의 농사 경험을 토대로 『금양잡록』을 편찬하였다.
> (나) 신속이 벼농사 중심의 수전 농법을 소개한 『농가집성』을 편찬하였다.
> (다) 이암이 중국 화북 지역의 농사법을 반영한 『농상집요』를 도입하였다.
> (라) 정초, 변효문 등이 왕명에 의해 우리나라 풍토에 맞는 농법을 정리한 『농사직설』을 편찬하였다.

① (가) - (다) - (나) - (라)
② (나) - (다) - (라) - (가)
③ (다) - (라) - (가) - (나)
④ (다) - (라) - (나) - (가)

23 밑줄 친 '이 책'에 대한 설명으로 가장 옳은 것은?

> 이 책은 보각국사 일연의 저서로 왕력(王歷)·기이(紀異)·흥법(興法)·탑상(塔像)·의해(義解)·신주(神呪)·감통(感通)·피은(避隱)·효선(孝善) 등 9편목으로 구성되어 있다. 여러 고대 국가의 역사, 불교 수용 과정, 탑과 불상, 고승들의 전기, 효도와 선행 이야기 등 불교사와 관련된 일화를 중심으로 서술한 것이 특징이다.

① 기전체 형식으로 서술되었다.
② 현존하는 가장 오래된 역사서이다.
③ 단군의 건국 이야기가 수록되었다.
④ 대의 명분을 중시하는 성리학적 사관을 반영하였다.

24 (가) 인물에 대한 설명으로 가장 옳은 것은?

> • 황보인, 김종서 등이 역모를 품고 몰래 안평 대군과 연결하고, 환관들과 은밀히 내통하여 날짜를 정하여 반란을 꾀하고자 하였다. 이에 (가) 와/과 정인지, 한확, 박종우, 한명회 등이 그 기미를 밝혀 그들을 제거하였다.
> • (가) 이/가 명하기를, "집현전을 없애고, 경연을 정지하며, 거기에 소장하였던 서책은 모두 예문관에서 관장하게 하라."라고 하였다.

① 전민변정도감을 설치하였다.
② 『석보상절』을 한글로 번역하여 편찬하였다.
③ 불교 종파를 선·교 양종으로 병합하였다.
④ 정여립 모반 사건을 계기로 기축옥사를 일으켰다.

25 (가) 나라에 대한 설명으로 가장 옳은 것은?

> (가) 의 문화 및 세력 범위를 추정할 수 있는 유물들

① 상, 대부, 장군 등의 관직을 두었다.
② 읍군, 삼로 등이 하호를 통치하였다.
③ 계루부 출신의 왕이 5부의 대가들과 함께 통치하였다.
④ 사람이 죽으면 가매장한 다음 뼈만 추려 목곽에 안치하였다.

✔ 회독 CHECK 1 2 3

01 (가)에 들어갈 법령이 제정된 이후의 사실로 가장 옳은 것은?

> (가)
> 제4조 제국 신민을 징용하여 총동원 업무에 종사하게 할 수 있다. 단, 병역법의 적용을 방해하지 않는다.
> 제7조 노동 쟁의의 예방 혹은 해결에 관하여 필요한 명령을 내리거나 작업소의 폐쇄, 작업 혹은 노무의 중지 등 노동 쟁의에 관한 행위의 제한 혹은 금지를 행할 수 있다.
> 제8조 물자의 생산·수리·배급·양도 기타의 처분, 사용·소비·소지 및 이동에 관하여 필요한 명령을 내릴 수 있다.

① 중국 본토에서 중·일 전쟁이 발발하였다.
② 백남운이 『조선사회경제사』를 저술하였다.
③ 조선 사상범 예방 구금령이 제정·공포되었다.
④ 양세봉의 조선 혁명군이 영릉가 전투에서 승리하였다.

02 자료의 의병에 대한 설명으로 옳은 것을 〈보기〉에서 모두 고른 것은?

> 군사장은 미리 군비를 신속히 정돈하여 철통과 같이 함에 한 방울의 물도 샐 틈이 없는지라. 이에 전군에 명령을 전하여 일제히 진군을 재촉하여 동대문 밖으로 진격할 때, 대군은 긴 뱀의 형세로 천천히 전진하게 하고, …… 3백 명을 인솔하고 선두에 서서 동대문 밖 삼십 리 되는 곳에 나아가 전군이 모이기를 기다려 일거에 서울로 공격하여 들어가기로 계획하더니, 전군이 모이는 시기가 어긋나고 일본군이 갑자기 진격해 오는지라. 여러 시간을 격렬히 사격하다가 후원군이 이르지 않아 할 수 없이 퇴진하였다.

> ───── 〈보 기〉 ─────
> ㉠ 고종이 해산 권고 조칙을 내리자 대부분 해산하였다.
> ㉡ 13도 창의군을 결성하여 서울 진공 작전을 시도하였다.
> ㉢ 각국 영사관에 교전 단체로 인정해 줄 것을 요구하였다.
> ㉣ 의병 잔여 세력이 활빈당 등의 무장 결사를 조직하였다.

① ㉠, ㉡
② ㉠, ㉣
③ ㉡, ㉢
④ ㉢, ㉣

03 다음 개헌이 이루어진 정부 시기에 있었던 사실로 가장 옳은 것은?

> 제55조 대통령과 부통령의 임기는 4년으로 한다. 단, 재선에 의하여 1차 중임할 수 있다. 대통령이 궐위된 때에는 부통령이 대통령이 되고 잔임 기간 중 재임한다.
> 부칙　이 헌법 공포 당시의 대통령에 대하여는 제55조 제1항 단서의 제한을 적용하지 아니한다.
> — 대한민국 관보 제1228호 —

① 소련, 중국과 교류를 확대하였다.
② 일본과 국교 정상화를 추진하였다.
③ 진보당 사건으로 조봉암을 처형하였다.
④ 지방 자치제를 전면적으로 실시하였다.

04 (가), (나) 사이의 시기에 있었던 사실로 가장 옳은 것은?

> (가) 기묘사화가 일어나 사림이 피해를 입었다.
> (나) 서인이 반정을 일으켜 정권을 장악하였다.

① 동인이 남인과 북인으로 분화하였다.
② 환국을 거치며 노론과 소론이 갈라섰다.
③ 1차 예송에서 승리한 서인이 집권하였다.
④ 조광조가 훈구 세력의 위훈 삭제를 주장하였다.

05 다음 유물들이 대표하는 시기의 사회 모습으로 가장 옳은 것은?

① 처음으로 농경이 시작되었다.
② 권력을 가진 지배자가 등장하였다.
③ 뗀석기를 주로 이용하였다.
④ 주로 동굴에 거주하거나 막집에 살았다.

06 밑줄 친 '나라'에 대한 설명으로 가장 옳은 것은?

> 이 나라는 남쪽으로는 진한과 북쪽으로는 고구려·옥저와 맞닿아 있고, 동쪽으로는 큰 바다에 닿았으니 오늘날 조선 동쪽이 모두 그 지역이다. 호수는 2만이다. …… 대군장이 없고 한 시대 이래로 후·읍군·삼로라는 관직이 있어 하호를 다스렸다.
> — 『삼국지』 위서 동이전 —

① 1세기 초 왕호를 사용하였다.
② 민며느리제라는 혼인 풍습이 있었다.
③ 목지국의 지배자가 왕으로 추대되었다.
④ 해마다 무천이라는 제천 행사를 열었다.

07 밑줄 친 ㉠~㉣에 대한 해석으로 적절하지 <u>않은</u> 것은?

> 옛날 ㉠ 환인의 아들 환웅이 천부인 3개와 3,000명의 무리를 이끌고 태백산 신단수 밑에 내려왔는데, 이곳을 신시라 하였다. 그는 ㉡ 풍백, 우사, 운사로 하여금 인간의 360여 가지의 일을 주관하게 하였는데 그중에서 곡식, 생명, 질병, 형벌, 선악 등 다섯 가지 일이 가장 중요한 것이었다. 이로써 인간 세상을 교화시키고 인간을 널리 이롭게 하였다. 이때 ㉢ 곰과 호랑이가 사람이 되기를 원하므로 환웅은 쑥과 마늘을 주고 …… 곰은 금기를 지켜 21일 만에 여자로 태어났고 환웅과 혼인하여 아들을 낳았다. 이가 곧 ㉣ 단군 왕검이었다.

① ㉠ – 천손 사상으로 부족의 우월성을 과시했다.
② ㉡ – 고조선의 농경 사회 모습이 반영되어 있다.
③ ㉢ – 특정 동물을 수호신으로 여기는 샤머니즘이 존재했다.
④ ㉣ – 정치적 지배자와 제사장이 일치된 사회였음을 알 수 있다.

08 밑줄 친 (가)~(라)에 대한 설명으로 옳은 것을 〈보기〉에서 모두 고른 것은?

> 대한민국 임시 정부는 1921년을 고비로 (가) 위기 상태에 빠졌다. 임시 정부 내에서 (나) 독립운동의 노선을 둘러싼 갈등도 나타났다. 각계의 독립운동 지도자들은 이 국면을 타개하고자 국민 대표 회의를 열어 독립운동의 새로운 방향을 모색하였다. 하지만 임시 정부의 진로 문제를 놓고 (다) 개조파와 창조파가 대립하여 회의는 결렬되었다. 이후 (라) 지도 체제가 개편되었지만 대한민국 임시 정부는 한동안 침체 상태에 빠졌다.

― 〈보 기〉 ―

㉠ (가) – 교통국과 연통제 조직이 일제에 발각되었다.
㉡ (나) – 외교 활동에 대한 무장 투쟁론자의 비판이 거세졌다.
㉢ (다) – 주로 외교론을 비판하는 무장 투쟁론자들로 구성되었다.
㉣ (라) – 헌법을 고쳐 대통령 중심의 집단 지도 체제로 전환하였다.

① ㉠, ㉡　　　　　　② ㉠, ㉣
③ ㉡, ㉢　　　　　　④ ㉢, ㉣

09 다음 강령을 발표한 단체에 대한 설명으로 가장 옳은 것은?

> • 우리는 완전한 독립 국가 건설을 기함.
> • 우리는 전 민족의 정치적, 경제적, 사회적 기본 요구를 실현할 수 있는 민주주의 정권 수립을 기함.
> • 우리는 일시적 과도기에 있어서 국내 질서를 자주적으로 유지하며 대중 생활의 확보를 기함.

① 자유당을 창당하였다.
② 조선 인민 공화국의 수립을 선포하였다.
③ 독립 촉성 중앙 협의회의 결성을 주도하였다.
④ 38도선을 넘어 북한 지도부와 남북 협상을 가졌다.

10 (가), (나)에 대한 설명으로 옳은 것을 〈보기〉에서 모두 고른 것은?

> 숙종 때에 이르러 여러 차례 　(가)　 이/가 발생하면서 붕당 간의 대립은 더욱 격화되었다. 숙종은 집권 붕당이 바뀔 때마다 상대 당의 인사들을 정계에서 축출하였다. 숙종 말년에 노론과 소론은 왕위 계승을 놓고 대립하였을 뿐만 아니라 왕권을 위협하기까지 하였다. 이후 연이어 즉위한 영조와 정조는 붕당 정치의 폐해를 줄이기 위해 　(나)　 을/를 시행하였다.

> ─── 〈보 기〉 ───
> ㉠ (가)에 들어갈 용어는 예송이다.
> ㉡ (나)에 들어갈 용어는 탕평책이다.
> ㉢ (가)의 과정에서 송시열이 죽임을 당하였다.
> ㉣ (나)의 정책을 펴기 위해 5군영을 설치하였다.

① ㉠, ㉡　　　　　　② ㉠, ㉢
③ ㉡, ㉢　　　　　　④ ㉡, ㉣

11 지도의 (가)~(라) 중 다음 성명서가 발표된 장소로 옳은 것은?

> 1. 한국의 전체 인민은 현재 이미 반침략 전선에 참가해오고 있으며, 이제 하나의 전투 단위로서 추축국에 선전한다.
> 2. 1910년 한·일 '병합'과 일체의 불평등 조약은 무효이며, 아울러 반침략 국가가 한국에서 합리적으로 얻은 기득권익이 존중될 것임을 거듭 선포한다.
> 3. 한국, 중국과 서태평양에서 왜구를 완전히 몰아내기 위하여 최후의 승리를 거둘 때까지 혈전한다.

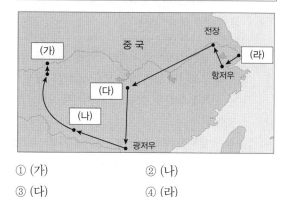

① (가)　　　　　　② (나)
③ (다)　　　　　　④ (라)

12 밑줄 친 ㉠, ㉡의 내용으로 옳은 것은?

> • 투표는 ㉠ 이 헌법 제39조의 규정에 따라 토론 없이 무기명으로 투표 용지에 후보자 성명을 기입하는 방법으로 진행되었다. 투표 결과는 찬성 2,357표, 반대는 한 표도 없이 무효 2표로 박정희 후보를 선출하였다.
> • 집권 준비를 마친 전두환은 통일 주체 국민 회의를 통해 제11대 대통령으로 선출되었다. 그러나 국민의 반발과 악화된 국제 여론을 의식하여 개헌을 단행하였다. ㉡ 새 헌법에 따라 실시된 선거에서 전두환은 다시 대통령에 당선되었다.

① ㉠ - 대통령의 연임을 3회까지만 허용한다.
② ㉠ - 대통령이 국회를 해산할 권한을 갖는다.
③ ㉡ - 대통령의 임기는 5년으로 한다.
④ ㉡ - 통일 주체 국민 회의에서 대통령을 선출한다.

13 (가)~(다)를 일어난 순서대로 바르게 나열한 것은?

> (가) 은병을 만들어 화폐로 썼는데, 은 한 근으로 만들되 우리나라 지형을 본떴다. 민간에서는 활구라 불렀다.
>
> (나) 원년 11월에 처음으로 직관과 산관 각 품의 전시과를 제정하였는데, 관품의 높고 낮음은 따지지 않고 단지 인품으로만 이를 정하였다.
>
> (다) 도평의사사에서 상서하여 과전을 지급하는 법을 정할 것을 청하니, 그 의견을 따랐다. …… 경기는 사방의 근본이므로 마땅히 과전을 두어 사대부를 우대한다.

① (가) - (나) - (다)
② (가) - (다) - (나)
③ (나) - (가) - (다)
④ (나) - (다) - (가)

14 이 시기 백제왕의 업적으로 옳은 것을 〈보기〉에서 모두 고른 것은?

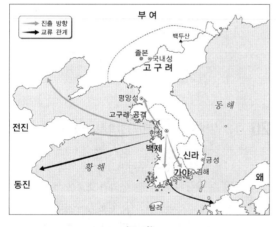

> ─── 〈보 기〉 ───
> ㉠ 남으로 마한을 통합하였다.
> ㉡ 왕위의 부자 상속이 확립되었다.
> ㉢ 중앙 관청을 22부로 확대하였다.
> ㉣ 좌평 제도와 관등제를 마련하였다.

① ㉠, ㉡　　　　　　② ㉠, ㉣
③ ㉡, ㉢　　　　　　④ ㉢, ㉣

15 (ㄱ), (ㄴ) 조약이 체결된 시기로 옳은 것은?

> (ㄱ) 제7관 일본국 인민은 본국의 현행 여러 화폐를 사용해 조선국 인민이 소유한 물품과 교환할 수 있다. 조선국 인민은 그 교환한 일본국의 여러 화폐로 일본국에서 생산한 여러 가지 화물을 구매할 수 있다.
>
> (ㄴ) 제6칙 이후 조선국 항구에 거주하는 일본 인민은 양미와 잡곡을 수출입할 수 있다.

	(가)	(나)	(다)	(라)	
1866	1871	1875	1880	1883
병인양요	신미양요	운요호 사건	원산 개항	인천 개항

① (가)　　　　　　② (나)
③ (다)　　　　　　④ (라)

16 다음 자료의 주장을 한 일제 강점기 역사 연구 활동에 대한 설명 중 가장 옳은 것은?

> 조선 민족의 발전사는 그 과정이 아시아적이라고 하더라도 사회 구성의 내면적 발전 법칙 그 자체는 오로지 세계사적인 것이며, 삼국 시대의 노예제 사회, 통일 신라기 이래의 동양적 봉건 사회, 이식 자본주의 사회는 오늘날에 이르기까지 조선 역사의 단계를 나타내는 보편사적인 특징이다.

① 일선동조론을 유포하였다.
② 실증 사학의 영향을 받았다.
③ 대표적인 인물로 백남운이 있다.
④ 진단학회를 결성하여 진단학보를 발간하였다.

17 (가) 인물에 대한 설명으로 가장 옳은 것은?

> 8도의 선비들이 서원을 건립하여 명현을 제사하고 …… 그 폐단이 백성의 생활에 미쳤다. (가) 은/는 만동묘를 철폐하고 폐단이 큰 서원을 각 도에 명하여 철폐하도록 하였다. 선비들 수만 명이 대궐 앞에 모여 만동묘와 서원을 다시 설립할 것을 청하니, (가) 이/가 크게 노하여 한성부의 조례와 병졸로 하여금 한강 밖으로 몰아내게 하고 ……드디어 1천여 개소의 서원을 철폐하고 그 토지를 몰수하여 관에 속하게 하였다. 이 때문에 선비들의 기운이 크게 막혔다.

① 일본에 조사 시찰단을 파견하였다.
② 은결을 색출하고 호포제를 실시하였다.
③ 탕평파를 육성하고 탕평비를 건립하였다.
④ 『대전통편』을 편찬해 통치 체제를 정비하였다.

18 (가)~(라)를 일어난 순서대로 바르게 나열한 것은?

> (가) 성왕이 군사를 보내 고구려를 공격하였다.
> (나) 온조는 한강 하류에 이르러 도읍을 정하였다.
> (다) 태조왕이 동옥저를 정벌하고 빼앗아 성읍으로 삼았다.
> (라) 법흥왕이 율령을 반포하고, 처음으로 관리의 공복을 정하였다.

① (가) – (나) – (다) – (라)
② (나) – (다) – (라) – (가)
③ (나) – (가) – (라) – (다)
④ (다) – (가) – (나) – (라)

19 (가) 시기에 발생한 사건으로 가장 옳지 않은 것은?

> 태조가 포정전에서 즉위하여 국호를 고려라 하고 연호를 고쳐 천수라 하였다.
>
> – 『고려사』 –

↓

> (가)

↓

> 고려군의 군세가 크게 성한 것을 보자 갑옷을 벗고 창을 던져 견훤이 탄 말 앞으로 와서 항복하니 이에 적병이 기세를 잃어 감히 움직이지 못하였다. …… 신검이 두 동생 및 문무 관료와 함께 항복하였다.
>
> – 『고려사』 –

① 고려군이 고창에서 견훤의 후백제군을 패퇴시켰다.
② 신라의 경순왕은 스스로 나라를 고려에 넘겨주었다.
③ 왕건이 이끄는 군대가 후백제의 금성을 함락하였다.
④ 발해국 세자 대광현과 수만 명이 고려에 귀화하였다.

20 다음 성명서가 발표된 시점으로 가장 옳은 것은?

> 마음 속의 38선이 무너지고야 땅 위의 38선도 철폐될 수 있다. …… 나는 통일된 조국을 건설하려다 38선을 베고 쓰러질지언정, 일신의 구차한 안일을 위하여 단독 정부를 세우는 데는 협력하지 않겠다.

	(가)	(나)	(다)	(라)	
8 · 15 광복		정읍 발언	제2차 미 · 소 공동 위원회 개최	5 · 10 총선거	대한민국 정부 수립

① (가)　　　　　　② (나)
③ (다)　　　　　　④ (라)

21 (가) 세력에 대한 설명으로 가장 옳은 것은?

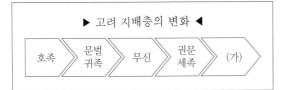

① 성리학을 통해 불교의 폐단을 지적하였다.
② 주로 음서를 통하여 관직에 진출하였다.
③ 권력을 앞세워 대규모 농장을 소유하였다.
④ 친원적 성향의 이들은 도평의사사를 장악하였다.

22 다음 격문과 관련이 깊은 역사적 사건에 대한 설명으로 가장 옳은 것은?

> 검거자를 즉시 우리의 힘으로 구출하자.
> 교내에 경찰관 침입을 절대 반대하자.
> 조선인 본위의 교육 제도를 확립하자.
> 민족 문화와 사회 과학 연구의 자유를 획득하자.
> 전국 학생 대표자 회의를 개최하라.

① 원산에서 일제 강점기 최대 규모의 노동 쟁의를 일으켰다.
② 전국으로 확대되어 이듬해까지 동맹 휴학 투쟁이 계속되었다.
③ 민족 산업의 보호와 육성을 위해 국산품 애용 등을 주장하였다.
④ 순종의 국장일에 학생들이 만세 시위를 벌이고 시민들이 가세하였다.

23 (가)~(라)를 일어난 순서대로 바르게 나열한 것은?

> (가) 서일을 총재로 조직된 대한 독립군단은 일본군을 피해 러시아 영토인 자유시로 집결하였다.
> (나) 김좌진이 이끄는 북로 군정서군이 백운평 전투와 천수평, 어랑촌 전투에서 대승을 거두었다.
> (다) 일본군이 청산리 대첩 패전에 대한 보복으로 간도 동포를 무차별로 학살하였다.
> (라) 참의부, 정의부, 신민부의 3부가 혁신 의회와 국민부로 재편되었다.

① (가) – (나) – (다) – (라)
② (나) – (다) – (가) – (라)
③ (나) – (라) – (가) – (다)
④ (라) – (다) – (나) – (가)

24 자료에 해당하는 시기의 경제 상황에 대한 설명으로 가장 옳은 것은?

> "내 조금 시험해 볼 일이 있어 그대에게 만 금(萬金)을 빌리러 왔소." 하였다. 변씨는 "그러시오." 하고 곧 만 금을 내주었다. …… 대추, 밤, 감, 배, 석류, 귤, 유자 등의 과실을 모두 두 배 값으로 사서 저장하였다. 허생이 과실을 몽땅 사들이자 온 나라가 잔치나 제사를 치르지 못하게 되었다. 그런지 얼마 아니 되어서 두 배 값을 받은 장사꾼들이 도리어 열 배의 값을 치렀다.

① 지대 납부 방식이 타조법으로 바뀌었다.
② 상품 작물 재배가 늘면서 쌀에 대한 수요가 줄었다.
③ 상인 자본이 장인에게 돈을 대는 선대제가 성행하였다.
④ 정부에서 덕대를 직접 고용해 광산 개발을 주도하였다.

25 다음의 상황이 전개된 시기를 연표에서 옳게 고른 것은?

> 일본은 러시아의 발틱 함대를 격파하고 승기를 잡았지만, 전쟁 비용이 거의 바닥이 나고 있었다. 러시아도 국민의 봉기로 혼란에 빠져들고 있었다. 이에 양국은 한국에서 일본의 정치·군사·경제 등에 관한 특수 권익을 인정하는 내용의 포츠머스 조약을 체결하였다.

	(가)	(나)	(다)	(라)	
임오 군란		거문도 사건	갑오 개혁	대한제국 설립	국권 강탈

① (가)　　　　　　　② (나)

③ (다)　　　　　　　④ (라)

미래는 현재 우리가 무엇을 하는가에 달려있다.

– 마하트마 간디 –

시대에듀의
면접 도서 시리즈 라인업

지방직 공무원 면접
(교육행정직)

소방공무원 면접

국가직 공무원1 면접

국가직 공무원2 면접
(행정직)

국가직 공무원2 면접
(기술직)

※ 도서의 이미지 및 구성은 변경될 수 있습니다.

기출이 답이다

9급 공무원

공통과목
(국어·영어·한국사)

5개년 기출문제집

시대에듀

정가 **31,000원** (1·2권 포함)

발행일 2024년 10월 15일 | **발행인** 박영일 | **책임편집** 이해욱

편저 시대공무원시험연구소 | **발행처** (주)시대고시기획

등록번호 제10-1521호 | **대표전화** 1600-3600 | **팩스** (02)701-8823

주소 서울시 마포구 큰우물로 75 [도화동 538 성지B/D] 9F

학습문의 www.sdedu.co.kr

평균 99.9% 안심도서

13350

ISBN 979-11-383-7592-4

※ 이 책은 저작권법에 의해 보호를 받는 저작물이므로 동영상 제작 및 무단전재와 복제를 금합니다.

국가직 · 지방직 · 법원직 등 공무원 채용 대비

2025

안심도서
항균 99.9%

기출이
답이다

편저 | 시대공무원시험연구소

9급 아마데우스

공통과목
(국어·영어·한국사)

5개년 기출문제집

해설편

시대에듀

2025 공무원 시험도

기출이 답이다를
선택해야 하는 이유?

하나, 공무원 최다 기출문제집 라인업
9 · 7급, 직렬별, 경찰공무원까지 자신에게 맞는 기출문제집 선택 가능

둘, 가독성을 높인 깔끔한 구성
보여주기 위한 복잡한 구성은 NO! 실속파 수험생의 입장에서 꼭 필요한 내용만 수록

셋, 모바일 OMR 답안 분석 서비스
기출문제에 대한 객관적인 결과(점수, 순위)를 종합적으로 분석

**공무원 최다
기출문제집
라인업**

**꼭 필요한
내용만 수록**

**모바일 OMR
답안 분석 서비스
제공**

**시대
에듀**

끝까지 책임진다! 시대에듀!
QR코드를 통해 도서 출간 이후 발견된 오류나 개정법령, 변경된 시험 정보, 최신기출문제, 도서 업데이트 자료 등이 있는지 확인해
보세요! **시대에듀 합격 스마트 앱**을 통해서도 알려 드리고 있으니 구글 플레이나 앱 스토어에서 다운받아 사용하세요.
또한, 파본 도서인 경우에는 구입하신 곳에서 교환해 드립니다.

편집진행 박종옥 · 정유진　|　**표지디자인** 박종우　|　**본문디자인** 박지은 · 고현준

공통과목

해설편

끝까지 책임진다! 시대에듀!

QR코드를 통해 도서 출간 이후 발견된 오류나 개정법령, 변경된 시험 정보, 최신기출문제, 도서 업데이트 자료 등이 있는지 확인해 보세요! **시대에듀 합격 스마트 앱**을 통해서도 알려 드리고 있으니 구글 플레이나 앱 스토어 에서 다운받아 사용하세요. 또한, 파본 도서인 경우에는 구입하신 곳에서 교환해 드립니다.

합격의 공식 시대에듀 www.sdedu.co.kr

PART 1

국어

한눈에 훑어보기

✔ 영역 분석

어휘   09   14
2문항, 10%

문법   03   04   06
3문항, 15%

고전 문학   11   15
2문항, 10%

현대 문학   07   13
2문항, 10%

비문학   01   02   05   08   10   12   16   17   18   19   20
11문항, 55%

✔ 빠른 정답

01	02	03	04	05	06	07	08	09	10
②	②	②	④	④	①	③	③	①	②

11	12	13	14	15	16	17	18	19	20
③	④	③	②	④	①	②	③	①	④

✔ 점수 체크

구분	1회독	2회독	3회독
맞힌 문항 수	/ 20	/ 20	/ 20
나의 점수	점	점	점

01 난도 ★☆☆   정답 ②

비문학 > 글의 순서 파악

[정답의 이유]

- (나)에서는 '오남용'의 의미를 설명하고 있으므로, '약물의 오남용'이라는 화제가 처음으로 제시된 두 번째 문장 뒤에 오는 것이 적절하다.
- (라)에서는 약물을 오남용하면 신체적 · 정신적 피해를 입을 수 있다는 내용을 제시하고 있으므로, 약물 오남용의 폐해를 언급한 (가) 앞에 오는 것이 적절하다.
- (가)에서는 약물이 내성이 있어 신체적 · 정신적 피해가 점점 더 커진다는 내용을 제시하고 있으며, 접속어 '더구나'는 이미 있는 사실에 새로운 사실을 더하는 의미를 가지므로 약물 오남용 피해를 언급한 (라) 다음에 오는 것이 적절하다.
- (다)에서는 '그러므로'라는 접속어를 사용하여 적절한 약물 복용법에 대해 언급하고 있으므로 약물 오남용의 폐해에 대해 설명한 (가) 뒤에 오는 것이 적절하다.

따라서 문맥에 맞게 순서대로 나열한 것은 ② (나) - (라) - (가) - (다)이다.

02 난도 ★★☆   정답 ②

비문학 > 화법

[정답의 이유]

② 을은 빈부 격차에 따라 계급이 나뉘고 이것이 대물림되면서 개인의 계급이 결정되고 있다며 현대 사회가 계급사회라고 주장하고 있다. 갑 역시 현대 사회에서 인간의 사회적 지위는 부모의 경제력과 직결된다는 점을 근거로 현대 사회가 계급사회라고 주장하고 있다. 따라서 을의 주장은 갑의 주장과 대립하지 않는다.

[오답의 이유]

① 을은 귀속지위가 성취지위를 결정하는 면이 있다고 하며 현대 사회가 계급사회라고 주장하고 있다. 갑은 현대 사회에서 인간의 사회적 지위는 부모의 경제력과 직결되기 때문에 현대 사회가 계급사회라고 주장한다. 이를 통해 갑은 을과 같은 주장을 하고 있으며, 을의 주장 중 일부는 수용하고 일부는 반박했다는 내용은 적절하지 않음을 확인할 수 있다.

③ 병은 오늘날 각종 문화나 생활 방식 전체를 특정한 계급 논리만으로 설명할 수 없다며 현대 사회를 계급사회로 보기 어렵다는 결론을 내리고 있다. 반면, 갑은 경제적 계급 논리로 현대 사회의 문화를 충분히 설명하고 규정할 수 있으며, 현대 사회는 계급사회라는 결론을 내리고 있다. 이를 통해 갑과 병은 상이한 전제로 서로 다른 결론을 내리고 있다는 것을 확인할 수 있다.

④ 병은 현대 사회를 계급사회로 보기는 어렵다고 주장하며, 갑과 을은 현대 사회가 계급사회라고 주장하고 있으므로 병은 갑과 을 모두와 대립한다. 이를 통해 병의 주장은 갑의 주장과는 대립하지 않지만 을의 주장과는 대립한다는 내용은 적절하지 않음을 확인할 수 있다.

03 난도 ★☆☆　　　　　　　　　　정답 ②

문법 > 표준어 규정

[정답의 이유]

② 통째로(○): '나누지 아니한 덩어리 전부'를 의미하는 말은 '통째'이다.

[오답의 이유]

① 허구헌(×) → 허구한(○): '날, 세월 따위가 매우 오래다.'를 의미하는 말은 '허구하다'이므로 '허구한'이라고 써야 한다.

③ 하마트면(×) → 하마터면(○): '조금만 잘못하였더라면'을 의미하는 말로 위험한 상황을 겨우 벗어났을 때에 쓰는 말은 '하마터면'이다.

④ 잘룩하게(×) → 잘록하게(○): '기다란 물건의 한 군데가 패어들어가 오목하다.'를 의미하는 말은 '잘록하다'이므로 '잘록하게'라고 써야 한다.

04 난도 ★★☆　　　　　　　　　　정답 ④

문법 > 의미론

[정답의 이유]

④ '나는 그 팀이 이번 경기에 질 줄 알았다.'에서 '알다'는 '어떠한 사실에 대하여 그러하다고 믿거나 생각하다.'라는 의미이므로 ②의 예로 적절하지 않다. ②의 의미로 쓰인 예시로는 '네 일은 네가 알아서 해라.' 등이 있다.

[오답의 이유]

① '그 외교관은 무려 7개 국어를 할 줄 안다.'의 '알다'는 '어떤 일을 할 능력이나 소양이 있다.'라는 의미이므로 ㉠의 예로 적절하다.

② '이 두 사람은 서로 알고 지낸 지 오래이다.'의 '알다'는 '다른 사람과 사귐이 있거나 인연이 있다.'라는 의미이므로 ㉡의 예로 적절하다.

③ '그 사람이 무엇을 하든 내가 알 바 아니다.'의 '알다'는 '어떤 일에 대하여 관여하거나 관심을 가지다.'라는 의미이므로 ㉢의 예로 적절하다.

05 난도 ★★☆　　　　　　　　　　정답 ④

비문학 > 화법

[정답의 이유]

④ 진행자는 시내 도심부에서의 제한 속도 조정이라는 화제에 대하여 강 교수에게 질문하고, 강 교수의 말을 요약·정리하고 있다. 진행자가 자신의 경험을 예로 들어 강 교수가 설명한 내용을 뒷받침하는 부분은 나타나지 않는다.

[오답의 이유]

① 강교수가 ○○시에서 제도를 시험 적용한 결과를 통계 수치로 제시하자, 진행자는 '아, 그러니까 속도를 10km/h 낮출 때 2분 정도 늦어지는 것이라면 인명 사고의 예방과 오염물질의 감소를 위해 충분히 감수할 만한 시간이라는 말씀이시군요.'라며 강교수의 의도를 자기 나름대로 풀어 설명하고 있다.

② 진행자는 '교통사고를 줄이고 보행자 안전을 확보할 수 있다는 점, 교통체증 유발은 미미할 것이라는 점, 오염물질 배출이 감소할 것이라는 점에서 이번의 제한 속도 조정 정책은 훌륭한 정책이라는 것이군요. 맞습니까?'라며 강 교수의 견해를 요약하고 자신이 이해한 바가 맞는지 확인하고 있다.

③ 진행자는 '그런데 일각에서는 그런 효과는 미미하고 오히려 교통체증을 유발하여 대기오염이 심화될 것이라며 이 정책에 반대합니다. 이에 대해 말씀해 주시겠어요?'라며 강 교수의 주장에 대해 반대하는 일각의 견해를 소개하고 그에 대한 강 교수의 의견을 요청하고 있다.

06 난도 ★★☆　　　　　　　　　　정답 ①

문법 > 형태론

[정답의 이유]

① •'지우개'는 어근 '지우-'에 '그러한 행위를 하는 간단한 도구'의 뜻을 더하는 접미사 '-개'가 결합한 파생어이다.
•'새파랗(다)'는 어근 '파랗-'에 '매우 짙고 선명하게'의 뜻을 더하는 접두사 '새-'가 결합한 파생어이다.

[오답의 이유]

② •'조각배'는 어근 '조각'과 어근 '배'가 결합한 합성어이다.
•'드높이(다)'는 어근 '드높-'에 사동의 뜻을 더하는 접미사 '-이-'가 결합한 파생어이다. 이때 '드높-'은 어근 '높-'에 '심하게' 또는 '높이'의 뜻을 더하는 접두사 '드-'가 결합한 파생어이다.

③ •'짓밟(다)'는 어근 '밟-'에 '마구, 함부로'의 뜻을 더하는 접두사 '짓-'이 결합한 파생어이다.
•'저녁노을'은 어근 '저녁'과 어근 '노을'이 결합한 합성어이다.

④ •'풋사과'는 어근 '사과'에 '처음 나온' 또는 '덜 익은'의 뜻을 더하는 접두사 '풋-'이 결합한 파생어이다.
•'돌아가(다)'는 어근 '돌-'과 어근 '가-'가 연결 어미 '-아'를 매개로 하여 결합한 합성어이다.

07 난도 ★★☆   정답 ③

현대 문학 > 현대 시

[정답의 이유]

③ 제시된 작품은 화자가 표면에 드러나지 않으며, 아름다운 고향의 풍경과 이에 대한 그리움이 나타날 뿐 고향에 대한 상실감은 나타나지 않는다.

[오답의 이유]

① '마늘쪽', '들길', '아지랑이', '제비' 등 향토적 소재를 사용하여 고향의 풍경을 묘사하고 있다.

② 2연의 '~가(이) ~듯', 4연의 '-ㄴ 마을이 있다'처럼 유사한 문장 구조를 반복하여 리듬감을 조성하고 있다.

④ 3연에서 '천연히'라는 하나의 시어로 독립적인 연을 구성하여 주제 의식을 강조하고 있다.

작품 해설

박용래, 「울타리 밖」

• 갈래: 자유시, 서정시

• 성격: 서정적, 향토적, 자연친화적

• 주제: 자연과 인간이 어우러진 고향에 대한 그리움, 자연과 인간이 조화된 아름다운 세계에 대한 소망

• 특징
  - 시각적인 이미지를 활용하여 풍경을 묘사함으로써 회화성을 살림
  - 동일한 연결 어미를 반복하여 다양한 소재의 동질적 속성을 부각함
  - 하나의 시어로 독립적인 연을 구성하여 주제 의식을 강조함

08 난도 ★★☆   정답 ③

비문학 > 추론적 읽기

[정답의 이유]

③ 1문단의 '인간의 행동은 유전적인 적응 성향과 이러한 적응 성향을 발달시키고 활성화되게 하는 환경으로부터의 입력이 상호작용한 결과이다.'를 통해 유전적인 적응 성향이 동일하더라도 환경에서 얻은 정보가 다르면 행동은 다르게 나타날 수 있음을 추론할 수 있다.

[오답의 이유]

① 1문단에서 인간의 행동은 유전적인 적응 성향과 환경으로부터의 입력이 상호작용한 결과라고 하였으므로 인간의 행동은 환경의 영향이 아니라 유전과 환경의 상호작용으로 결정된다는 것을 알 수 있다. 그리고 인간의 마음이 유전의 영향으로 결정된다는 내용은 제시되지 않았다.

② 2문단에서 '우리가 복잡한 상황에 적응하는 데는 원시시대의 적응 방식이 부적절한 경우가 있을 수 있다.'라고 하였지만, 주어진 상황의 복잡한 정도가 클수록 인지적 전략의 최적화가 이루어진다는 내용은 제시되지 않았다.

④ 1문단에서 '인간의 행동은 유전적인 적응 성향과 이러한 적응 성향을 발달시키고 활성화되게 하는 환경으로부터의 입력이 상호작용한 결과이다.'라고 하였지만, 유전과 환경 중 어느 것이 인간의 진화 방향을 우선적으로 결정하는지는 제시되지 않았다.

09 난도 ★★☆   정답 ①

어휘 > 한자어

[정답의 이유]

(가) 度外視(법도 도, 바깥 외, 볼 시): 상관하지 아니하거나 무시함

(나) 食言(먹을 식, 말씀 언): 한번 입 밖에 낸 말을 도로 입속에 넣는다는 뜻으로, 약속한 대로 지키지 아니함을 이르는 말

(다) 矛盾(창 모, 방패 순): 어떤 사실의 앞뒤, 또는 두 사실이 이치상 어긋나서 서로 맞지 않음을 이르는 말

[오답의 이유]

• 白眼視(흰 백, 눈 안, 볼 시): 남을 업신여기거나 무시하는 태도로 흘겨봄

• 添言(더할 첨, 말씀 언): 덧붙여 말함

• 腹案(배 복, 책상 안): 겉으로 드러내지 아니하고 마음속으로만 생각함. 또는 그런 생각

10 난도 ★★☆   정답 ②

비문학 > 추론적 읽기

[정답의 이유]

② 2문단의 '한편 오프라인 대면 상호작용에서보다 온라인 비대면 상호작용에서 만난 사람들에게 더 끈끈한 유대감을 느끼기도 한다.'를 통해 비대면 온라인 상호작용으로 사람들 간에 깊은 유대 관계를 형성할 수 있음을 추론할 수 있다.

[오답의 이유]

① 2문단의 '상호작용 양식들이 서로 겹치거나 교차하는 현상들을 이해하고자 할 때 이분법적인 범주는 심각한 한계를 지닌다.'를 통해 이분법적 시각으로는 상호작용 양식이 교차하는 양상을 이해하기 어려움을 추론할 수 있다.

③ 2문단의 '이처럼 오늘날과 같은 초연결 사회에서 우리의 경험은 비대면 혹은 대면, 온라인 혹은 오프라인 같은 이분법적 범주로 온전히 분리되지 않는다.'를 통해 온라인 비대면 활동과 오프라인 대면 활동이 온전히 분리되어 있지 않음을 추론할 수 있다.

④ 1문단의 '예를 들어 누군가와 만나서 대화하는 중에 문자를 주고받음으로써 대면 상호작용과 온라인 상호작용을 동시에 할 수 있다.'를 통해 오늘날에는 대면 상호작용 중에도 디지털 수단에 의한 상호 관계가 이루어질 수 있음을 추론할 수 있다.

11 난도 ★☆☆   정답 ③

고전 문학 > 고전 산문

[정답의 이유]

③ 후처는 장화가 음행을 저질러 부끄러움을 못 이기고 스스로 물에 빠져 죽었다고 하며 부사에게 이를 입증하는 증거물을 제시하였다. 그날 밤 장화와 홍련이 나타나 '다시 그것을 가져다 배

를 갈라 보시면 분명 허실을 알게 되실 겁니다.'라며 후처가 제시한 증거가 거짓임을 확인할 수 있는 계책을 부사에게 알려 주었다.

오답의 이유

① 1문단의 '부사는 그것을 보고 미심쩍어하며 모두 물러가게 했다.'를 통해 부사는 배 좌수의 후처가 제시한 증거를 보고 장화와 홍련의 말이 거짓이라고 확신하지 않았음을 알 수 있다.

② 1문단의 '장녀 장화는 음행을 저질러 낙태한 뒤 부끄러움을 못 이기고 밤을 틈타 스스로 물에 빠져 죽었습니다.'를 통해 후처가 음행을 저질러 스스로 물에 빠져 죽었다고 한 것은 홍련이 아닌 장화임을 알 수 있다.

④ 1문단의 '딸들이 무슨 병으로 죽었소?'를 통해 부사가 배 좌수에게 물어본 것은 장화와 홍련이 스스로 목숨을 끊은 이유가 아님을 알 수 있다.

작품 해설

작자 미상, 「장화홍련전」

• 갈래: 고전 소설, 가정 소설, 계모갈등형 소설
• 성격: 전기적, 교훈적
• 주제: 계모의 흉계로 인한 가정의 비극과 권선징악
• 특징
  – 인물의 대화와 내면 심리 묘사를 통해 사건을 전개함
  – 고전 소설의 전형적 서술방식인 순행적 구성과 서술자의 개입이 나타남
  – 후처제의 제도적 모순과 가장의 무책임함을 다룸으로써 현실의 모순을 비판함

12 난도 ★☆☆   정답 ④

비문학 > 글의 순서 파악

정답의 이유

④ 제시된 문장의 '나라에 위기에 닥쳤을 때 제 몸을 희생해 가며 나라 지키기에 나섰으되 역사책에 이름 한 줄기 남기지 못한 이들'은 (라) 앞의 '휘하 장수에서부터 병졸들과 하인, 백성들'을 가리킨다. 또한 '이들이 이순신의 일기에는 뚜렷하게 기록된 것'은 『난중일기』의 위대함'과도 자연스럽게 연결되므로 제시된 문장은 (라)에 위치하는 것이 적절하다.

13 난도 ★★☆   정답 ③

현대 문학 > 현대 소설

정답의 이유

③ 제시된 작품은 주인공이 서울 거리를 배회하며 느낀 것들을 의식의 흐름에 따라 서술하고 있다. 주인공 '구보'는 '전보 배달 자전거'를 보고 '전보를 그 봉함(封緘)을 떼지 않은 채 손에 들고 감동하고 싶은 충동'을 느끼다가 '서울에 있지 않은 모든 벗'을 떠올리고 '가장 열정을 가져, 벗들에게 편지를 쓰고 있는 제 자신'을 생각한다. 따라서 제시된 작품은 연상 작용에 의해 인물의 생각이 연속되고 있다고 볼 수 있다.

오답의 이유

① 제시된 작품에서 '구보'는 벗들이 오랫동안 소식을 전하여 오지 않았다고 생각하며 그들에게 엽서를 쓰는 자신을 떠올리고 있을 뿐 벗들과의 추억을 시간순으로 회상하고 있지는 않다.

② 제시된 작품에서 '문득, 제비와 같이 경쾌하게 전보 배달의 자전거가 지나간다.'처럼 서술자가 주변 거리의 모습을 재현하고 있긴 하지만 서술자는 주인공 '구보'가 아닌 작품 외부의 서술자이다.

④ 제시된 작품에서 '구보'는 '전보 배달 자전거'를 보고 전보를 받고 싶다고 생각하고 '오랫동안 소식을 전하여 오지' 않는 '벗들'에게 엽서를 쓰는 자신을 떠올리고 있을 뿐 전보가 이동된 경로를 따라 사건이 전개되고 있지는 않다.

작품 해설

박태원, 「소설가 구보 씨의 일일」

• 갈래: 중편 소설, 모더니즘 소설, 심리 소설, 세태 소설
• 성격: 묘사적, 관찰적, 심리적, 사색적
• 주제: 1930년대 무기력한 소설가의 눈에 비친 도시의 일상과 그의 내면 의식
• 특징
  – 주인공의 하루 여정에 따라 사건이 전개되는 여로형 구성
  – 특별한 줄거리 없이 주인공의 의식의 흐름에 따라 서술됨
  – 당대 서울의 모습과 세태를 구체적으로 보여줌

14 난도 ★★☆   정답 ②

어휘 > 한자어

정답의 이유

② '무진장(無盡藏)하다'는 '다함이 없이 굉장히 많다.'라는 의미이므로 '무진장하다'를 '여러 가지가 있다'로 바꾸어 쓰는 것은 적절하지 않다.

오답의 이유

① '배회(徘徊)하다'는 '아무 목적도 없이 어떤 곳을 중심으로 어슬렁거리며 이리저리 돌아다니다.'라는 의미이므로 '배회하였다'를 '돌아다녔다'로 바꾸어 쓰는 것은 적절하다.

③ '경청(傾聽)하다'는 '귀를 기울여 듣다.'라는 의미이므로 '경청할'을 '귀를 기울여 들을'로 바꾸어 쓰는 것은 적절하다.

④ '명기(明記)하다'는 '분명히 밝히어 적다.'라는 의미이므로 '명기하지'를 '밝혀 적지'로 바꾸어 쓰는 것은 적절하다.

15 난도 ★★☆   정답 ④

고전 문학 > 고전 운문

정답의 이유

④ '과(過)도 허믈도 천만(千萬) 업소이다'에서 큰 숫자가 나타나기는 하지만 이는 화자 자신에게는 잘못도 허물도 전혀 없다는 의미로, 결백을 주장하는 것이다. 따라서 큰 숫자를 활용하여 임을 향한 화자의 그리움을 강조하고 있다는 내용은 적절하지 않다.

오답의 이유

① '산(山) 졉동새 난 이슷ᄒᆞ요이다'에서 화자는 임을 그리워하는 자신과 '졉동새'가 비슷하다며 자연물인 '졉동새'에게 감정을 이입하여 자신의 처지를 드러내고 있다.

② '잔월효성(殘月曉星)이 아ᄅᆞ시리이다'의 '잔월효성'은 지는 달과 새벽 별을 가리키는데 화자는 '달'과 '별'이라는 천상의 존재를 통해 자신의 결백을 나타내고 있다.

③ '벼기더시니 뉘러시니잇가'에서 화자는 설의적 표현을 통하여 자신에게 허물이 있다고 우기던 이, 즉 자신을 모함한 이에 대한 원망을 드러내고 있다. 또한 '니미 나ᄅᆞᆯ ᄒᆞ마 니ᄌᆞ시니잇가'라는 설의적 표현을 통하여 임이 자신을 잊었을까 염려하는 마음을 나타내고 있다.

작품 해설

정서, 「정과정」

- 갈래: 고려 가요
- 성격: 충신연주지사(忠臣戀主之詞)
- 주제: 자신의 결백과 임금에 대한 충절
- 특징
  - 3단 구성, 낙구의 감탄사 존재 등 향가의 영향이 남아 있음
  - 감정이입을 통하여 전통적인 정서인 한의 이미지를 표현함
  - 자신의 결백과 억울함을 자연물에 의탁하여 표현함

16 난도 ★★★　　　　　　　　　정답 ①

비문학 > 추론적 읽기

정답의 이유

① 2문단의 '그러다가 수정이 이루어지면 수컷은 곧바로 새끼를 돌볼 준비를 하게 되는데, 이때부터 그 수치는 떨어진다. 새끼가 커서 둥지를 떠나게 되면 수컷은 더 이상 영역을 지킬 필요가 없기 때문에 번식기가 끝나지 않았는데도 테스토스테론 수치는 좀 더 떨어지고, 번식기가 끝나면 테스토스테론은 거의 분비되지 않는다.'를 통해 노래참새 수컷의 테스토스테론 수치는 새끼를 돌볼 준비를 할 때 떨어져서 새끼가 둥지를 떠나면, 즉 양육이 끝나면 그 수치가 더 낮아짐을 알 수 있다.

오답의 이유

② 2문단의 '그러다가 수정이 이루어지면 수컷은 곧바로 새끼를 돌볼 준비를 하게 되는데, 이때부터 그 수치는 떨어진다.'를 통해 번식기 동안 노래참새 수컷의 테스토스테론 수치는 암컷의 수정이 이루어지기 전보다 이루어진 후에 낮게 나타난다고 추론할 수 있다.

③ 3문단의 '검정깃찌르레기 수컷은 테스토스테론 수치가 번식기가 되면 올라갔다가 암컷이 수정한 이후부터 번식기가 끝날 때까지 떨어지지 않는다.'를 통해 검정깃찌르레기 수컷은 암컷이 수정한 이후 번식기가 끝날 때까지 테스토스테론 수치가 떨어지지 않는다고 추론할 수 있다.

④ 2문단의 '번식기가 끝나면 테스토스테론은 거의 분비되지 않는다.'를 통해 노래참새 수컷의 테스토스테론은 번식기에 분비되고 번식기가 끝나면 분비되지 않음을 확인할 수 있다. 그리고 3

문단의 '검정깃찌르레기 수컷은 테스토스테론 수치가 번식기가 되면 올라갔다가 암컷이 수정한 이후부터 번식기가 끝날 때까지 떨어지지 않는다.'를 통해 검정깃찌르레기 수컷의 테스토스테론 수치는 번식기가 끝날 때까지는 떨어지지 않지만 끝나면 떨어짐을 확인할 수 있다. 따라서 노래참새 수컷과 검정깃찌르레기 수컷 모두 번식기의 테스토스테론 수치가 번식기가 아닌 시기의 테스토스테론 수치보다 높다는 것을 추론할 수 있다.

17 난도 ★★★　　　　　　　　　정답 ②

비문학 > 사실적 읽기

정답의 이유

② 2문단의 '다중지능이론이 설정한 새로운 종류의 지능들을 정확하게 측정할 수 있는 도구가 만들어지기는 어려울 것이라 주장한다.'를 통해 대인 관계의 능력과 관련된 지능을 정확하게 특정할 수 있는 도구의 개발 가능성에 대해 회의적인 사람들이 있음을 알 수 있다.

오답의 이유

① 1문단의 '그는 기존 지능이론이 언어지능이나 논리수학지능 등 인간의 인지 능력에만 초점을 맞추고 있다고 비판하면서 이뿐 아니라 신체와 정서, 대인 관계의 능력까지 포괄한 총체적 지능 개념을 창안해 냈다.'를 통해 다중지능이론은 언어지능이나 논리수학지능뿐 아니라 신체와 정서, 대인 관계의 능력까지 포괄한 총체적 지능임을 알 수 있다. 따라서 논리수학지능은 다중지능이론의 지능 개념에 포함되지 않는다.

③ 1문단의 '다중지능이론에서는 좌뇌의 능력에만 초점을 둔 기존의 지능 검사에 대해 반쪽짜리 검사라고 혹평한다.'를 통해 다중지능이론에서는 인간의 우뇌에서 담당하는 능력과 관련된 지능보다 좌뇌에서 담당하는 능력과 관련된 지능에 더 많이 주목함을 알 수 있다.

④ 2문단의 "그들에 따르면, 전자는 후자의 하위 영역에 속해 있고, 둘 사이에는 유의미한 상관관계가 있으므로 서로 독립적일 수 없으며, 따라서 '다중'이라는 개념이 성립하지 않는다."를 통해 다중지능이론에 대해 비판적인 연구자들은 인간의 모든 지능 영역들이 상호 독립적이라는 이유에서 '다중' 개념이 성립하지 않는다고 주장함을 알 수 있다.

18 난도 ★★☆　　　　　　　　　정답 ③

비문학 > 작문

정답의 이유

③ '과'로 연결되는 병렬 구조에서는 앞과 뒤의 문법 구조가 대등하게 호응해야 한다. '국가 정책 수립과 국제 협약을 체결하기 위해'는 '국가 정책 수립(구)'과 '국제 협약을 체결하기 위해(절)'의 호응 구조가 어색하다. 따라서 '국가 정책을 수립하고 국제 협약을 체결하기 위해'로 수정하는 것이 적절하다.

19 난도 ★★★ 정답 ①

비문학 > 추론적 읽기

정답의 이유

① '고정'은 독자가 글을 읽을 때 생소하거나 이해하기 어려운 단어에 눈동자를 멈추는 것으로, 평균 고정 빈도가 높다는 것은 생소하거나 이해하기 어려운 단어의 수가 많음을 의미하고, 평균 고정 시간이 낮다는 것은 단어를 이해하는 데 드는 시간이 더 적다는 것을 의미한다. 따라서 읽기 능력이 부족한 독자는 읽기 능력이 평균인 독자에 비하여 이해하기 어려운 단어의 수가 많고, 단어를 이해하는 데 드는 시간은 더 적으므로 빈칸에는 '더 많지만 난해하다고 느끼는 각각의 단어를 이해하는 과정에 들이는 평균 시간은 더 적다'가 들어가는 것이 적절하다.

20 난도 ★★☆ 정답 ④

비문학 > 추론적 읽기

정답의 이유

④ 제시된 글에 따르면 락토오보 채식주의자와 락토 채식주의자, 오보 채식주의자는 고기와 생선은 모두 먹지 않되 유제품과 달걀 섭취 여부에 따라 구분된다. '락토'는 '우유'를 의미하고, '오보'는 '달걀'을 의미하는데 락토오보 채식주의자는 유제품과 달걀을 먹으므로 각 채식주의자는 그 명칭에 해당하는 식품을 먹는다는 것을 알 수 있다. 이에 따라 락토 채식주의자는 유제품은 먹지만 고기와 생선과 달걀은 먹지 않고 오보 채식주의자는 달걀은 먹지만 고기와 생선과 유제품은 먹지 않는다는 것을 추론할 수 있다. 따라서 (가)에는 '유제품은 먹지만 고기와 생선과 달걀은'이 들어가는 것이 적절하고, (나)에는 '달걀은 먹지만 고기와 생선과 유제품은'이 들어가는 것이 적절하다.

국어 | 2024년 지방직 9급

한눈에 훑어보기

✅ 빠른 정답

01	02	03	04	05	06	07	08	09	10
②	②	②	③	②	④	③	④	①	②
11	**12**	**13**	**14**	**15**	**16**	**17**	**18**	**19**	**20**
④	③	①	③	②	①	③	④	①	④

✅ 점수 체크

구분	1회독	2회독	3회독
맞힌 문항 수	/ 20	/ 20	/ 20
나의 점수	점	점	점

---

01   난도 ★☆☆   정답 ②

문법 > 의미론

[정답의 이유]

② '아이가 말을 참 잘 듣는다.'의 '듣다'는 '다른 사람의 말을 받아들여 그렇게 하다.'라는 뜻이다. '학교에 가면 선생님 말씀을 잘 들어라.'의 '듣다' 역시 같은 의미로 쓰였다.

[오답의 이유]

① '이 약은 나에게 잘 듣는다.'의 '듣다'는 '주로 약 따위가 효험을 나타내다.'라는 뜻이다.

③ '이번 학기에는 여섯 과목을 들을 계획이다.'의 '듣다'는 '수업이나 강의 따위에 참여하여 어떤 내용을 배우다.'라는 뜻이다.

④ '브레이크가 말을 듣지 않아 사고가 날 뻔했다.'의 '듣다'는 '기계, 장치 따위가 정상적으로 움직이다.'라는 뜻이다.

02   난도 ★★☆   정답 ②

문법 > 한글 맞춤법

[정답의 이유]

② 쇤다(○): '쇠다'는 '명절, 생일, 기념일 같은 날을 맞이하여 지내다.'라는 의미로 제시된 문장에서 적절하게 쓰였다.

[오답의 이유]

① 옭죄는(×) → 옥죄는(○): '옥여 바싹 죄다.'를 뜻하는 단어는 '옥죄다'이므로 '옥죄는'이라고 써야 한다.

③ 들렸다가(×) → 들렀다가(○): '지나가는 길에 잠깐 들어가 머무르다.'를 뜻하는 단어는 '들르다'이다. '들르다'는 어미 '−어' 앞에서 어간의 끝소리 '_'가 탈락하는 '_' 탈락 용언이며 '들러', '들르니', '들러서' 등으로 활용한다. 따라서 '들렀다가'라고 써야 한다.

④ 짜집기(×) → 짜깁기(○): '직물의 찢어진 곳을 그 감의 올을 살려 본디대로 흠집 없이 짜서 깁는 일'을 뜻하는 단어는 '짜깁기'이다.

03   난도 ★★☆   정답 ②

비문학 > 사실적 읽기

[정답의 이유]

② 1문단에서 '저작물에는 1차적 저작물뿐만 아니라 2차적 저작물과 편집 저작물도 포함되어 있으므로 2차적 저작물 또는 편집 저작물의 작성자 또한 저작자가 된다.'라며 1차적 저작물과 2차적 저작물 모두 저작물에 포함된다고 설명하고 있긴 하지만 이 둘의 차이에 대한 내용은 나타나지 않는다.

오답의 이유
① 1문단에서 저작물은 '인간의 사상 또는 감정을 표현한 창작물'이며 저작자는 '저작 행위를 통해 저작물을 창작해 낸 사람'을 가리킨다고 하였다. 이를 통해 저작물의 개념과 저작자의 정의를 알 수 있다.

③ 2문단에서 창작자는 다른 사람이 만들어 놓은 저작물을 모방하거나 인용할 수밖에 없지만, 선배 저작자들의 허락을 받거나 그에 따른 대가를 지불해야 한다고 하였다. 이를 통해 저작물에 대해 창작자가 지녀야 할 태도를 알 수 있다.

④ 3문단에서 창작물을 저작한 사람에게 저작권이라는 권리를 부여해서 보호하는 이유는 '저작물은 문화 발전의 원동력이 되므로 좋은 저작물이 많이 나와야 그 사회가 문화적으로 풍요로워질 수 있기 때문'이라고 하였다. 이를 통해 저작권을 보호해야 하는 이유를 알 수 있다.

04 난도 ★★☆   정답 ③

비문학 > 사실적 읽기
정답의 이유
③ '급격하게 돌아가는 현대적 생활 방식은 종종 삶을 즐기지 못하게 방해한다.'와 '출근길에 연주가를 지나쳐 간 대략 천여 명의 시민이 대부분 그에게 관심조차 주지 않았고, 단지 몇 사람만 걷는 속도를 늦추었을 뿐이다.'를 통해 출근하는 사람들이 연주를 감상할 여유가 없었기 때문에 연주를 듣기 위해 서 있는 사람은 아무도 없었다는 것을 추론할 수 있다.

오답의 이유
① 제시된 글에 지하철역은 연주하기에 적절한 장소가 아니라는 내용은 나타나지 않는다.

② 출근길에 대략 천여 명의 시민이 연주가를 지나쳐 갔다고 했으므로 연주하는 동안 연주가를 지나쳐 간 사람이 적었기 때문이라는 내용은 적절하지 않다.

③ 조슈아 벨은 세계적으로 유명한 바이올린 연주가이며 평상시 그의 콘서트 입장권이 백 달러가 넘는 가격에 판매되지만, 그의 지하철역 연주를 듣기 위해 백 달러의 입장권이 필요한 것은 아니다.

05 난도 ★★☆   정답 ②

고전 문학 > 고전 운문
정답의 이유
② ○ '초야우생(草野愚生)'은 '시골에 묻혀서 사는 어리석은 사람'이라는 의미로, (나)의 화자는 '초야우생(草野愚生)이 이러타 엇더ᄒ료'라며 자연을 벗 삼아 사는 삶의 자세를 강조하고 있다.

오답의 이유
① (가)는 가을 달밤의 풍류와 정취를 즐기며 유유자적하는 삶을 나타낸 작품이다. ⊙ '빈 비'는 세속의 욕심을 초월한 삶의 경지를 의미하므로, 욕심 없는 화자의 모습을 볼 수 있다.

③ (다)는 자연에 은거하며, 자연과 한데 어울리는 물아일체(物我一體)의 경지를 드러낸 작품이다. 따라서 ○ '강산(江山)'을 통해 자연의 일부가 되어 살아가는 화자의 모습을 볼 수 있다.

④ (라)는 자연을 벗 삼아 유유자적하게 살고 싶은 마음을 나타낸 작품이다. 따라서 ② '이 몸'을 통해 자연에 묻혀서 현실의 근심으로부터 초탈한 화자의 모습을 볼 수 있다.

작품 해설

(가) 월산 대군, 「추강에 밤이 드니 ~」
- 갈래: 평시조, 단시조
- 성격: 한정가, 낭만적, 풍류적, 탈속적
- 주제: 가을 달밤의 풍류와 정취
- 특징
  – 대구법을 통하여 가을밤 강가의 정적인 분위기를 표현함
  – '빈 배'를 통하여 무욕의 경지를 형상화함

(나) 이황, 「도산십이곡」
- 갈래: 평시조, 연시조
- 성격: 교훈적, 관조적, 예찬적, 회고적
- 주제: 자연에 동화된 삶(전 6곡), 학문 수양에 정진하는 마음(후 6곡)
- 특징
  – 생경한 한자어가 많이 사용된 강호가도의 대표적 작품
  – 자연과 학문에 대한 진지한 성찰이 드러나 있으며, 화자 자신의 심경을 노래함

(다) 송순, 「십 년을 경영ᄒ여 ~」
- 갈래: 평시조, 단시조
- 성격: 강호한정가, 전원적, 관조적, 풍류적
- 주제: 자연귀의(自然歸依), 안빈낙도(安貧樂道), 물아일체(物我一體)
- 특징
  – 안빈낙도(安貧樂道)의 삶이 잘 드러남
  – 중장에서 '근경(近景)'을, 종장에서 '원경(遠景)'을 제시함

(라) 성혼, 「말 업슨 청산이오 ~」
- 갈래: 평시조, 단시조
- 성격: 풍류적, 한정가
- 주제: 자연을 벗 삼는 즐거움
- 특징
  – 학문에 뜻을 두고 살아가는 옛 선비의 생활상을 그림
  – '업슨'이라는 말의 반복으로 운율감을 느낌

06 난도 ★★☆   정답 ④

어휘 > 한자어
정답의 이유
④ '발현(發現)하다'는 '속에 있거나 숨은 것이 밖으로 나타나다. 또는 나타나게 하다.'라는 뜻이다. 따라서 '발현하는'을 '헤아려 보는'으로 풀어 쓴 것은 적절하지 않다.

오답의 이유
① 수시(隨時)로: 아무 때나 늘

② 과언(過言): 지나치게 말을 함. 또는 그 말

③ 편재(偏在)하다: 한곳에 치우쳐 있다.

07 난도 ★★☆   정답 ③

비문학 > 추론적 읽기

정답의 이유

③ 제시된 글에서는 기술 주도적인 상징의 창조와 확산은 사람들이 자신의 감정을 묘사하기 위한 새로운 선택지를 만든다고 하였다. 하지만 이를 통해 감정 어휘를 풍부하게 갖고 있는 집단은 그렇지 않은 집단보다 기술 발전에 더 유연한 태도를 보이는지는 추론할 수 없다.

오답의 이유

① '모든 문화가 감정에 관한 동일한 개념적 자원을 발전시켜 온 것은 아니다. 이를테면 미국인들은 보통 당혹감, 수치심, 죄책감, 수줍음을 구별하지만 자바 사람들은 이러한 감정을 하나의 단어로 표현한다.'를 통해 감정에 대한 개념적 자원은 문화에 따라 달리 형성된다는 것을 추론할 수 있다.

② "감정 어휘들은 문화마다 다를 뿐만 아니라 역사적으로도 다르다. 중세 시대에는 우울감이 '검은 담즙(melan chole)'으로 인해 발생한다고 생각했기에 우울증을 '멜랑콜리(melancholy)'라고 불렀지만 오늘날 그렇게 생각하는 사람은 거의 없다."를 통해 동일한 감정이라도 그것을 표현하는 방식은 시대에 따라 다를 수 있다는 것을 추론할 수 있다.

④ '또한 인터넷의 발명과 함께 감정 어휘는 이메일 보내기, 문자 보내기, 트위터하기에 스며든 관습에 의해서도 형성된다. 이제는 내 감정을 말로 기술하기보다 이모티콘이나 글자의 일부를 따서 표현하기도 한다.'를 통해 오늘날 인터넷에서 이모티콘을 사용하는 것과 같이 과거에는 없었던 감정 표현 방식이 활용되기도 한다는 것을 추론할 수 있다.

08 난도 ★★☆   정답 ④

현대 문학 > 현대 시

정답의 이유

④ 제시된 작품은 화자의 주관적인 정서는 배제하고 불국사의 고즈넉한 분위기와 경치를 묘사하는 것에 집중하고 있다. 따라서 대상과의 거리를 조정하여 화자와 현실 세계의 대립을 나타내고 있다는 설명은 적절하지 않다.

오답의 이유

① '자하문 – 대웅전 큰 보살 – 범영루'로 시선을 이동하며 대상을 그려내고 있다.

② 1, 2연과 7, 8연에서 '달 안개', '바람 소리'만 바꾸는 변형된 수미상관 구조를 사용하여 시의 구조적 안정감을 드러내고 있다.

③ '바람 소리, 솔 소리, 물 소리' 등 청각적 이미지와 '달 안개, 흰 달빛' 등 시각적 이미지를 활용하여 불국사의 고즈넉한 분위기를 조성하고 있다.

작품 해설

박목월, 「불국사」

· 갈래: 자유시, 서정시

· 성격: 전통적, 회화적, 정적

· 주제: 불국사의 고요하고 신비로운 정경

· 특징

  – 주관적 감정 표현을 배제하여 대상을 묘사함

  – 시각적, 청각적 이미지 등 감각적 이미지를 활용함

  – 명사 중심의 절제된 언어와 3음절 중심의 느린 호흡으로 여백의 미를 형성함

09 난도 ★★☆   정답 ①

문법 > 음운론

정답의 이유

① 색연필 → [색년필]: 'ㄴ' 첨가(첨가) → [생년필]: 비음화(교체)

'색연필'은 '색'과 '연필'의 합성어로 앞 단어가 자음으로 끝나고 뒤 단어가 '여'로 시작하여 'ㄴ' 첨가가 일어나고, 'ㄴ'의 영향으로 앞 단어의 자음 'ㄱ'이 'ㅇ'으로 바뀌어 [생년필]로 발음된다.

오답의 이유

② 외곬 → [외골/웨골]: 자음군 단순화(탈락)

'외곬'은 받침 'ㄽ'의 'ㅅ'이 탈락하여 [외골/웨골]로 발음된다. 참고로 표준 발음법 제4항 [붙임] 규정에 따라 'ㅚ'는 이중 모음으로 발음하는 것도 인정되어 'ㅞ'로도 발음할 수 있다.

③ 값지다 → [갑지다]: 자음군 단순화(탈락) → [갑찌다]: 된소리되기(교체)

'값지다'는 받침 'ㅄ'의 'ㅅ'이 자음군 단순화로 탈락하고, 받침 'ㅂ'의 영향으로 'ㅈ'이 된소리로 바뀌어 [갑찌다]로 발음한다.

④ 깨끗하다 → [깨끋하다]: 음절의 끝소리 규칙(교체) → [깨끄타다]: 자음 축약(축약)

'깨끗하다'는 받침 'ㅅ'이 음절의 끝소리 규칙으로 'ㄷ'으로 바뀌고, 'ㄷ'이 'ㅎ'과 합쳐져 'ㅌ'으로 축약되어 [깨끄타다]로 발음된다.

10 난도 ★★☆   정답 ②

비문학 > 추론적 읽기

정답의 이유

② 빈칸의 앞 문장 '프랑스 국민에게 그들 자신과도 같은 포도주가 보이지 않는다는 사실은 참을 수 없는 일이었다.'를 통해 프랑스 국민은 포도주를 자신과 같은 존재로 여김을 알 수 있다. 따라서 빈칸에 들어갈 내용으로 가장 적절한 것은 '자신들의 정체성을 나타내는 상징과도 같다.'이다.

오답의 이유

① '또한 배고프거나 지칠 때, 지루하거나 답답할 때, 심리적으로 불안할 때나 육체적으로 힘든 그 어느 경우에도 프랑스인들은 포도주가 절실하다고 느낀다.'를 통해 포도주가 프랑스인의 심신을 치유하는 의미를 지니고 있음을 알 수 있다. 하지만 제시문에 프랑스인이 포도주를 신성한 물질로 여긴다는 내용은 나타나지 않는다.

③ 제시된 글에 프랑스에서 포도주는 간단한 식사에서 축제까지, 작은 카페의 대화에서 연회장의 교제에 이르기까지 언제 어디서나 함께한다는 내용이 나타나긴 하지만 국가의 주요 행사에서 가장 주목받는다는 내용은 나타나지 않는다. 또한 빈칸 앞의 내용을 포괄하지 않기 때문에 빈칸에 들어갈 내용으로 적절하지 않다.

④ '포도주는 계절에 따른 어떤 날씨에도 분위기를 고양시킬 수 있어 추운 계절이 되면 따뜻한 분위기를 연출하고 한여름이 되면 서늘하거나 시원한 그늘을 떠올리는 분위기를 조성한다.'를 통해 포도주는 어느 계절에나 쉽게 분위기를 고양시킬 수 있는 음료라는 것을 알 수 있지만, 빈칸 앞의 내용을 포괄하지 않기 때문에 빈칸에 들어갈 내용으로 적절하지 않다.

11 난도 ★★☆　　　　　　　　　　　정답 ④

비문학 > 작문

정답의 이유

④ '비록'은 '−ㄹ지라도', '−지마는'과 같은 어미가 붙는 용언과 함께 쓰이는 부사이다. 따라서 부사 '비록'과의 호응을 고려하여 '일로'는 '일일지라도' 또는 '일이지만' 등으로 수정하는 것이 적절하다.

오답의 이유

① '고난'은 '괴로움과 어려움을 아울러 이르는 말'이라는 뜻이므로 '괴로운 고난'은 괴롭다는 의미가 중복된다. 따라서 '괴로운 고난'을 '고난'으로 고치는 것은 적절하다.

② 제시된 글에서는 방송을 본 대부분의 사람들은 '선수'의 노력과 집념에 감동을 받았지만, 나는 그 선수의 '주변 사람들'에게 더 큰 감명을 받았다고 서술하고 있다. 따라서 '그러므로'를 상반된 내용을 이어주는 '그러나'로 바꾸는 것은 적절하다.

③ 제시된 글은 유명 축구 선수의 성공에 주변 사람들이 많은 역할을 하고 있다는 내용을 서술하고 있다. 따라서 훈련 트레이너가 되는 과정이 궁금해졌다는 것은 글의 흐름과 관련이 없으므로 삭제하는 것이 적절하다.

12 난도 ★☆☆　　　　　　　　　　　정답 ③

비문학 > 화법

정답의 이유

③ 제시된 강연에서 강연자가 시각 자료를 제시하는 부분은 나타나지 않는다.

오답의 이유

① 1문단의 '여러분들 표정을 보니 더 모르겠다는 표정인데요, 오늘 강연을 듣고 나면 제가 어떤 공부를 하는지 조금 더 알게 되실 겁니다.'를 통해 강연자가 청중의 반응을 살피면서 발표를 진행하고 있음을 알 수 있다.

② 3문단의 '이러한 주장을 뒷받침하는 연구 결과가 있습니다. 하버드 보건대학원의 글로리안 소런슨 교수 팀은 제조업 사업체 15곳의 노동자 9,019명을 대상으로 연구를 진행하면서 다음과 같은 질문을 던집니다.'를 통해 강연자가 전문가의 연구 결과를 제시하여 신뢰성을 높이고 있음을 알 수 있다.

④ 강연자는 위험한 작업환경에서 일하는 노동자에게 금연해야 한다고 말하는 상황을 가정하여 내용의 이해를 돕고 있다.

13 난도 ★★☆　　　　　　　　　　　정답 ①

비문학 > 사실적 읽기

정답의 이유

① 제시된 글에서는 '범죄소설의 탄생은 자본주의의 출현이라는 사회적 조건과 맞물려 있다.'라고 하며, 원시사회에서는 죽음이 자연스러운 결과로 받아들여졌지만 부르주아 사회에서 죽음은 파국적 사고로 바뀌었다고 하였다. 이를 보았을 때 중심 내용으로 가장 적절한 것은 '범죄소설은 자본주의의 출현 이후 죽음에 대한 달라진 태도에 기반을 두고 있다.'이다.

오답의 이유

② 부르주아 사회의 인간소외와 노동 문제는 범죄소설이 탄생하게 된 배경에 해당하는 것으로, 범죄소설이 다루는 주제는 아니다.

③ 제시된 글에 따르면, 원시사회에서는 죽음이 자연스러운 결과로 받아들여졌고 자본주의 출현 이후 달라진 죽음에 대한 견해가 범죄소설에 반영되었다고 하였다. 따라서 범죄소설이 원시사회부터 이어져 온 죽음에 대한 보편적 공포로부터 생겨났다는 내용은 적절하지 않다.

④ 제시된 글에 따르면, 자본주의 출현 이후 죽음을 예기치 않은 사고라고 바라보게 되면서 살인과 범죄에 몰두하고, 범죄소설이 탄생하였다. 죽음을 자연스럽고 불가피한 것으로 받아들인 것은 원시사회이므로 적절하지 않다.

14 난도 ★☆☆　　　　　　　　　　　정답 ③

비문학 > 사실적 읽기

정답의 이유

③ 2문단의 '재미있는 사실은 통각 신경이 다른 감각 신경에 비해서 매우 가늘어 신호를 느리게 전달한다는 것이다.'를 통해 통각 신경은 매우 가늘어서 신호의 전달이 느림을 확인할 수 있다.

오답의 이유

① 1문단의 '이 통로를 통해 세포의 안과 밖으로 여러 물질들이 오가면서 세포 사이에 다양한 신호를 전달한다.'를 통해 확인할 수 있다.

② 3문단의 '폐암과 간암이 늦게 발견되는 것도 폐와 간에 통점이 거의 없기 때문이다.'를 통해 통점이 없어 통증을 느끼지 못하게 되면, 치명적인 질병에 걸려도 질병의 발견이 늦을 수 있음을 확인할 수 있다.

④ 3문단의 '이렇게 통점이 빽빽이 배치되어야 아픈 부위를 정확하게 알 수 있다.'를 통해 확인할 수 있다.

15 난도 ★★☆   정답 ②

고전 문학 > 고전 산문

정답의 이유

② (가)에서 '승상 부인'은 ⊙의 빛이 검어지며 귀에 물이 흐르자 심 소저가 죽었다고 탄식했고, ⊙의 빛이 완연히 새로워지자 심 소 저가 살았다고 여겼다. 이를 통해 (가)의 ⊙은 심 소저가 처한 상 황을 암시한다는 것을 알 수 있다. (나)의 ㉡에는 '토끼'의 눈, 입, 귀, 코, 발, 털, 꼬리 등 외양이 그려져 있다. 따라서 ㉡은 대 상인 '토끼'의 외양을 드러낸다는 것을 알 수 있다.

오답의 이유

① (가)에서 '승상 부인'은 ⊙을 보고 "아이고, 이것 죽었구나! 아니 고, 이를 어쩔끄나?"라며 안타까움을 드러내고 있다. (나)의 ㉡ 에는 토끼의 외양이 그려져 있을 뿐 유쾌한 정서를 유발하고 있 지는 않다.

③ (가)의 ⊙은 '족자 빛이 홀연히 검어지고, 귀에 물이 흐르거'나 '족자 빛이 완연히 새로'워진다고 하였으므로 일상적인 사건이라 고 볼 수 없다. (나)의 ㉡ 역시 '용궁'을 배경으로 별주부에게 토 끼 화상을 전달하고 있으므로 현실 공간을 배경으로 일상적인 사건을 전개해 나간다는 설명은 적절하지 않다.

④ (나)의 ㉡은 '신농씨'라는 중국 고대 제왕, 즉 역사적 인물을 인용 하여 대상을 묘사하고 있지만 (가)에는 역사적 인물과 사건의 인 용이 나타나지 않는다.

작품 해설

(가) 작자 미상, 「심청가」
- 갈래: 판소리 사설
- 성격: 교훈적, 비현실적, 우연적
- 주제: 심청의 지극한 효성
- 특징
  - 일상어와 한문 투의 표현이 혼재함
  - 당시 서민들의 생활과 가치관이 드러남

(나) 작자 미상, 「수궁가」
- 갈래: 판소리 사설
- 성격: 교훈적, 비현실적, 우연적
- 주제: 헛된 욕망에 대한 경계, 위기에서 벗어나는 지혜
- 특징
  - 조선 시대 판소리 중 유일하게 우화적 성격을 띰
  - 표면적 주제와 이면적 주제가 동시에 나타남

16 난도 ★★★   정답 ①

현대 문학 > 현대 소설

정답의 이유

① '나'는 인도교 대신 얼음 위를 걸어가는 사람들을 보며 '인도교가 어엿하게 있음에도 불구하고 그들은 왜 얼음 위를 걸어가지 않으 면 안 되었나?'라고 이질감을 느끼고 있다. 그와 동시에 '그들의 발바닥이 감촉하였을, 너무나 차디찬 얼음장을 생각하고, 저 모르 게 부르르 몸서리치지 않을 수 없었다'며 그들에게 공감하고 있다.

오답의 이유

② '나'는 목을 움츠리고 얼음 위를 걸어가는 사람들을 바라보며, 그 모습이 풍경을 삭막하게 만들었다고 생각한다. 그리고 그 길을 걸어갈 '나' 또한 그 풍경의 일부가 될 것이라 생각하며 자신도 모르게 악연하다고 하였다. 따라서 '나'가 대도시에서 마주하는 타인의 비정함 때문에 좌절하고 있다고 이해한 것은 적절하지 않다.

③ '나'는 인도교 대신 얼음 위를 걷는 사람들을 관찰하고 있을 뿐, 인도교 위를 지나는 사람들의 어리석음을 비판적으로 바라보고 있지는 않다.

④ '나'는 인도교 대신 얼음 위를 걷는 사람들을 보며 '나'가 처해 있 는 현실을 자각하고 자신도 모르게 악연한다. 따라서 '나'가 생의 종말이 멀지 않았다는 사실을 확인하고 슬퍼하고 있다고 이해한 것은 적절하지 않다.

작품 해설

박태원, 「피로」
- 갈래: 단편 소설, 세대 소설, 심리 소설
- 성격: 교훈적, 비현실적, 우연적
- 주제: 한 소설가의 일상과 그의 내면 의식
- 특징
  - 특별한 사건이나 갈등, 인과적인 사건 전개가 뚜렷하지 않음
  - 인물의 내면세계에 대한 섬세한 묘사가 나타남

17 난도 ★★☆   정답 ③

비문학 > 글의 순서 파악

정답의 이유

- (나)에서 '전자'는 도입부의 '경제적으로 어려운 아이들이라는 시 각'에 해당하므로 도입부 다음에 오는 것이 적절하다.
- (다)에서 '생활비 마련' 외에 노동을 선택하는 복합적인 이유가 삭 제된다고 하였다. 따라서 '생계비 마련'을 언급한 (나) 뒤에 오는 것이 적절하다.
- (라)에서 '후자의 시각'은 도입부의 '지나치게 돈을 좋아하는 아이 들이라는 시각'에 해당한다. (나)와 (다)에서는 '경제적으로 어려 운 아이들'에 대한 내용이 제시되었으므로 새롭게 '후자의 시각' 을 언급한 (라)는 (나)와 (다)의 뒤에 오는 것이 적절하다.
- (가)의 '비행'은 (라)에 나오는 '학생의 본문을 저버린 그릇된 행 위'에 해당하므로 (라)의 뒤에 오는 것이 적절하다.

따라서 글의 순서를 자연스럽게 배열한 것은 ③ (나) - (다) - (라) - (가)이다.

18 난도 ★★☆　　　　　　　　　　정답 ④

어휘 > 한자어

[정답의 이유]

④ 省察(살필 성, 살필 찰)(○): 자기의 마음을 반성하고 살핌

[오답의 이유]

① 共文書(함께 공, 글월 문, 글 서)(×) → 公文書(공변될 공, 글월 문, 글 서)(○): 공공 기관이나 단체에서 공식으로 작성한 서류

② 公間(공변될 공, 사이 간)(×) → 空間(빌 공, 사이 간)(○): 아무 것도 없는 빈 곳, 물리적으로나 심리적으로 널리 퍼져 있는 범 위, 영역이나 세계를 이르는 말

③ 日想(날 일, 생각 상)(×) → 日常(날 일, 항상 상)(○): 날마다 반 복되는 생활

19 난도 ★★☆　　　　　　　　　　정답 ①

비문학 > 글의 전개 방식

[정답의 이유]

① 제시된 글은 인간을 움직이게 하는 두 축인 '보상과 처벌'을 설명 하며 아이가 꾹꾹 눌러 쓴 카드, 직장인이 주말마다 떠나는 여행 등을 예로 들어 설명하고 있다.

[오답의 이유]

② 제시된 글에 전문가의 의견을 인용한 부분은 나타나지 않는다.

③ 제시된 글에 묻고 답하는 형식은 나타나지 않는다.

④ 인간을 움직이게 하는 두 축인 보상과 처벌을 '당근'과 '채찍'에 비유하고 있지만 이를 설명하고 있을 뿐 문제의 심각성을 강조 하고 있지는 않다.

20 난도 ★☆☆　　　　　　　　　　정답 ④

비문학 > 화법

[정답의 이유]

④ 박 과장은 두 번째 발언에서 누리집에 홍보 자료를 올리자는 윤 주무관의 의견에 동의하고 있으나 김 주무관, 이 주무관의 제안 과 비교하며 의견을 절충하고 있지는 않다.

[오답의 이유]

① 제시된 대화는 구성원들이 '벚꽃 축제'의 홍보 방안에 대하여 논 의하는 과정을 보여 주고 있다.

② 김 주무관은 '지역 주민들이 SNS로 정보도 얻고 소통도 하니까 우리도 SNS를 통해 홍보하는 것은 어떨까요?'라고 말하며 지역 주민들이 SNS를 즐겨 이용한다는 사실을 근거로 SNS를 통한 홍보 방안을 제시하고 있다.

③ 이 주무관은 '라디오는 다양한 연령과 계층이 듣기 때문에 광고 효과가 더 클 것입니다.'라고 말하며 라디오 광고가 SNS보다 홍 보 효과가 클 것이라고 추측하고 있다.

국어 | 2024년 제1회 서울시 9급

빠른 정답

01	02	03	04	05	06	07	08	09	10
④	③	①	③	②	①	③	①	③	④
11	12	13	14	15	16	17	18	19	20
①	②	④	③	③	②	②	④	④	②

점수 체크

구분	1회독	2회독	3회독
맞힌 문항 수	/ 20	/ 20	/ 20
나의 점수	점	점	점

---

01 난도 ★★☆   정답 ④

문법 > 통사론

[정답의 이유]

④ 제시된 문장의 주어는 '그의 간절한 소망은'이고 서술어는 '입사 시험에 합격하는 것이다'로 주어와 서술어의 호응이 자연스럽다.

[오답의 이유]

① '무릅쓰다'는 '힘들고 어려운 일을 참고 견디다.'라는 의미로, 목적어 '생명을'과 연결이 부자연스럽다. 따라서 '그는 위험을 무릅쓰고 아이를 구했다.' 또는 '그는 죽음을 무릅쓰고 아이를 구했다.'라고 쓰는 것이 적절하다.

② 높이려는 대상의 신체 부분, 소유물, 생각 등을 높임으로써 주체를 간접적으로 높이는 간접 높임에서는 '계시다'와 같은 높임의 어휘를 사용하지 않고, 서술어에 높임 선어말 어미 '-(으)시-'를 사용한다. 따라서 '아버지, 무슨 고민이 있으신가요?'라고 쓰는 것이 적절하다.

③ '보여지다'는 동사 '보다'의 어간 '보-'에 피동 접미사 '-이-'와 통사적 피동 표현인 '-어지다'를 결합한 것으로 불필요한 이중 표현이 사용되었다. 따라서 피동 접미사만을 사용한 '보이다'로 쓰는 것이 적절하다.

02 난도 ★★☆   정답 ③

어휘 > 한자어

[정답의 이유]

③ 비등(沸騰)하다: 물이 끓듯 떠들썩하게 일어나다.

[오답의 이유]

① 소정(所定): 정해진 바

② 질정(叱正): 꾸짖어 바로잡음

④ 호도(糊塗)하다: 명확하게 결말을 내지 않고 일시적으로 감추거나 흐지부지 덮어 버리다.

03 난도 ★★★   정답 ①

문법 > 표준어 규정

[정답의 이유]

① 장대비[장대삐/장댇삐](×) → [장때비](○): '빗줄기가 굵고 거세게 좍좍 내리는 비'라는 의미의 '장대비'는 [장때비]로 발음하는 것이 적절하다.

오답의 이유

② 장맛비[장마삐/장맏삐](○): 표준어 규정 제30항에 따르면 'ㄱ, ㄷ, ㅂ, ㅅ, ㅈ'으로 시작하는 단어 앞에 사이시옷이 올 때는 이들 자음만을 된소리로 발음하는 것을 원칙으로 하되, 사이시옷을 [ㄷ]으로 발음하는 것도 허용한다고 하였다. 따라서 '장맛비'는 [장마삐/장맏삐]로 발음하는 것을 모두 허용한다.

③ 안간힘[안깐힘/안간힘](○): 표준어 규정 제28항에 따르면 표기상으로는 사이시옷이 없더라도 관형격 기능을 지니는 사이시옷이 있어야 할(휴지가 성립되는) 합성어의 경우에는, 뒤 단어의 첫소리 'ㄱ, ㄷ, ㅂ, ㅅ, ㅈ'을 된소리로 발음한다고 하였다. 따라서 '안간힘'은 [안깐힘]으로 발음하는 것이 원칙이다. 다만, 현실에서는 [안간힘]으로 발음하는 경우가 많아 이 역시 표준발음으로 인정되었다.

④ 효과[효:과/효:꽈](○): '효과'는 된소리로 발음할 이유가 없어 [효:과]로 발음하는 것이 원칙이다. 다만, 현실에서는 [효:꽈]로 발음하는 경우가 많아 이 역시 표준발음으로 인정되었다.

04 난도 ★★☆　　　　　　　　　　　정답 ③

어휘 > 한자어

정답의 이유

③ 伏線(엎드릴 복, 선 선): 소설이나 희곡 따위에서, 앞으로 일어날 사건을 미리 독자에게 암시하는 것

오답의 이유

① 葛藤(칡 갈, 등나무 등): 소설이나 희곡에서, 등장인물 사이에 일어나는 대립과 충돌 또는 등장인물과 환경 사이의 모순과 대립을 이르는 말

② 隱喩(숨을 은, 깨달을 유): 사물의 상태나 움직임을 암시적으로 나타내는 수사법

④ 反映(돌이킬 반, 비출 영): 다른 것에 영향을 받아 어떤 현상이 나타남. 또는 어떤 현상을 나타냄

05 난도 ★☆☆　　　　　　　　　　　정답 ②

비문학 > 사실적 읽기

정답의 이유

② 제시된 글에서 철이 소화기관의 작용을 돕는다는 내용은 나타나지 않는다.

오답의 이유

① '철은 세균을 포함한 거의 모든 생명체에 들어 있는 아주 중요한 물질이다.'를 통해 세균에도 철이 들어 있다는 것을 확인할 수 있다.

③ '간에도 1g 정도가 들어 있다. 해독 작용에 철 원소가 필요한 까닭이다.'를 통해 간 속에 든 철이 해독 작용을 돕는다는 것을 확인할 수 있다.

④ '철의 절반 이상은 적혈구에 분포하고 산소를 운반하는 중책을 맡고 있다.'를 통해 적혈구 속의 철이 산소 운반에 관여한다는 것을 확인할 수 있다.

06 난도 ★★★　　　　　　　　　　　정답 ①

비문학 > 글의 순서 파악

정답의 이유

〈보기 1〉의 '그런데 괴델의 불완전성에 대한 증명이 집합론을 붕괴로 이끌지 않았다.'를 볼 때 〈보기 1〉 앞에는 공리계의 불완전성에 대한 괴델의 증명과 관련된 내용이 제시되어야 한다. 또한 〈보기 1〉의 마지막 문장 '마치 평행선 공리의 부정이 유클리드 기하학을 붕괴시키지 않고 ～ 공리계의 불완전성은 수학자의 작업이 결코 종결될 수 없음을 뜻했다.'를 볼 때 〈보기 1〉의 뒤에는 공리계의 불완전성으로 수학자의 작업이 종결되지 않음, 즉 새로운 수학의 탄생으로 이어진다는 내용이 제시되어야 한다.

①의 앞부분을 보면 '산술 체계를 포함하여 모순이 없는 모든 공리계에는 참이지만 증명할 수 없는 명제가 존재하며 또한 그 공리계는 자신의 무모순성을 증명할 수 없다.'라는 괴델의 불완전성에 대한 증명을 제시하고 있으며, ①의 뒷부분을 보면 '결정 불가능한 명제, 진리가 끝나기에 수학이 끝나는 지점이 아니라 ～ 새로운 수학이 시작되는 지점이 되었다.'라는 결정 불가능한 명제가 새로운 수학의 시작되는 지점이 되었다는 내용을 제시하고 있다. 따라서 〈보기 1〉은 ①에 삽입하는 것이 문맥상 가장 적절하다.

07 난도 ★★☆　　　　　　　　　　　정답 ③

문법 > 음운론

정답의 이유

③ '많다'는 어간 '많-'의 'ㅎ'과 어미 '-다'의 'ㄷ'이 합쳐져 'ㅌ'으로 축약되는 거센소리되기가 일어나 [만:타]로 발음한다.

오답의 이유

① '낮'은 받침소리로는 'ㄱ, ㄴ, ㄷ, ㄹ, ㅁ, ㅂ, ㅇ'의 7개 자음만 발음한다는 음절의 끝소리 규칙에 따라 'ㅈ'이 [ㄷ]으로 교체되어 [낟]으로 발음한다.

② '줍다'는 어간 '줍-'의 받침 'ㅂ' 뒤에 오는 'ㄷ'이 [ㄸ]으로 교체되는 된소리되기가 일어나 [줍:따]로 발음한다.

④ '나뭇잎'은 '나무'와 '잎'이 결합한 합성어로, 뒤 단어의 첫음절이 '이'로 시작하는 경우 [ㄴ]음이 첨가된다는 음운 첨가가 일어난다. 또한 음절의 끝소리 규칙에 따라 '나뭇잎'의 받침 'ㅅ, ㅍ'이 각각 [ㄷ], [ㅂ]으로 교체되므로 [나묻닙]으로 발음된다. 이때 받침 [ㄷ]은 [ㄴ] 앞에서 비음 [ㄴ]으로 교체되는 비음화가 일어나 최종적으로 [나문닙]으로 발음한다.

08 난도 ★☆☆　　　　　　　　　　　정답 ①

문법 > 형태론

정답의 이유

① '머무르다'는 '도중에 멈추거나 일시적으로 어떤 곳에 묵다.'라는 의미의 동사이다.

오답의 이유

② '젊다'는 '나이가 한창때에 있다.'라는 의미의 형용사이다.

③ '알맞다'는 '일정한 기준, 조건, 정도 따위에 넘치거나 모자라지 아니한 데가 있다.'라는 의미의 형용사이다.

④ '고맙다'는 '남이 베풀어 준 호의나 도움 따위에 대하여 마음이 흐뭇하고 즐겁다.'라는 의미의 형용사이다.

09 난도 ★★☆   정답 ③

비문학 > 글의 순서 파악

정답의 이유

- (다)의 '대체로 법과 질서를 따라야 하는 건 맞다.'라는 문장은 '법과 질서를 지키는 것이 시민의 의무일까?'라는 〈보기 1〉의 질문에 대한 답이므로 〈보기 1〉 뒤에 오는 것이 적절하다.
- (라)에서는 '법이 부당할 수 있다는 사실은 ~ 법을 통해 부정의한 사회질서가 만들어지고 집행된 경험을 통해 충분히 깨달았다.'라며 법이 부당할 수 있다는 내용을 제시하고 있다. 따라서 '부당한 법과 질서를 지키지 않는 것도 시민의 책무'라고 언급한 (다) 뒤에 오는 것이 절하다.
- (나)의 '한국도'라는 표현을 통해 (나) 앞에는 한국 이외의 다른 나라에서 겪은 부정의한 시대에 대한 설명이 와야 함을 추론할 수 있다. 따라서 '나치의 반유대인 정책이나 남아프리카공화국의 아파르트헤이트'를 언급한 (라) 뒤에 오는 것이 적절하다.
- (가)의 내용을 통하여 '이'가 가리키는 것은 법의 외형을 가지고 있지만 권력자가 통치를 용이하게 만드는 수단임을 알 수 있다. 따라서 (가)는 '유신시대의 헌법과 긴급조치'를 언급한 (나) 뒤에 오는 것이 적절하다.

따라서 문맥에 맞게 순대로 나열한 것은 ③ (다) – (라) – (나) – (가)이다.

10 난도 ★★★   정답 ④

문법 > 고전 문법

정답의 이유

④ 'ㆁ'은 아음(어금닛소리) 'ㄱ'의 이체자이고, 'ㆆ'은 후음(목구멍소리) 'ㅇ'에 획을 더한 가획자이다. 이체자는 소리의 세기와 상관없이 만들어진 글자이고, 가획자는 소리의 세기가 강해짐에 따라 기본자에 획을 더해 만든 글자이다. 따라서 자음 'ㆁ, ㆆ'이 발음되는 순간의 조음 기관을 상형한 것이라는 설명은 적절하지 않다.

오답의 이유

① 훈민정음의 기본자는 'ㄱ, ㄴ, ㅁ, ㅅ, ㅇ'으로 조음 기관의 모양을 본떠서 만들었다. 가획자는 소리의 세기에 따라 기본자에 획을 하나 또는 둘을 더해 만든 것으로 'ㅋ, ㄷ, ㅌ, ㅂ, ㅍ, ㅈ, ㅊ, ㆆ, ㅎ' 등이 있다. 따라서 기본자와 가획자는 조음 기관의 모양을 공유한다는 설명은 적절하다.

② 가획자는 소리의 세기에 따라 기본자에 획을 더하여 만든 것이다. 순음 'ㅁ'에 획을 더하면 'ㅂ', 'ㅍ'이 되고 그 글자가 나타내는 소리의 세기는 더욱 세진다. 따라서 순음은 가획될수록 음성학적 강도가 더 세진다는 설명은 적절하다.

③ 'ㅿ, ㄹ'은 소리의 세기와 상관없이 획을 더하여 만든 이체자이다.

더 알아보기

훈민정음 자음 체계

자음 체계	상형 원리	기본자	가획자	이체자
어금닛소리 [牙音(아음)]	象舌根閉喉之形 (혀뿌리가 목구멍을 막는 모양을 상형)	ㄱ	ㅋ	ㆁ
혓소리 [舌音(설음)]	象舌附上齶之形 (혀가 윗잇몸에 붙는 모양을 상형)	ㄴ	ㄷ, ㅌ	ㄹ
입술소리 [脣音(순음)]	象口形 (입의 모양을 상형)	ㅁ	ㅂ, ㅍ	
잇소리 [齒音(치음)]	象齒形 (이의 모양을 상형)	ㅅ	ㅈ, ㅊ	ㅿ
목구멍소리 [喉音(후음)]	象喉形 (목구멍의 모양을 상형)	ㅇ	ㆆ, ㅎ	

11 난도 ★★☆   정답 ①

어휘 > 한자어

정답의 이유

① • 백척간두(百尺竿頭: 일백 백, 자 척, 낚싯대 간, 머리 두): 백 자나 되는 높은 장대 위에 올라섰다는 뜻으로, 몹시 어렵고 위태로운 지경을 이르는 말
- 백해무익(百害無益: 일백 백, 해로울 해, 없을 무, 더할 익): 해롭기만 하고 하나도 이로운 바가 없음

오답의 이유

- 명명백백(明明白白: 밝을 명, 밝을 명, 흰 백, 흰 백): 의심할 여지가 없이 아주 뚜렷함
- 백중지세(伯仲之勢: 맏 백, 버금 중, 갈 지, 기세 세): 서로 우열을 가리기 힘든 형세

12 난도 ★★★   정답 ②

고전 문학 > 고전 소설

정답의 이유

② 일반적으로 영웅 소설의 주인공은 천상인의 하강으로 태어나 조력자의 도움을 받아 어려움을 이겨 내는 운명론적 전개를 보인다. 하지만 제시된 작품에서 길동은 홍 판서의 서자로 태어났으며, 탁월한 무예와 지략으로 누구의 도움도 받지 않고 위기를 극복하며 주체적으로 운명을 개척한다. 따라서 주인공이 천상인의 하강으로 태어나 하늘의 도움을 받는다는 설명은 적절하지 않다.

오답의 이유

① 신화나 전설에서 발견되는 영웅의 일대기는 '고귀한 혈통-비정상적 출생-비범한 능력-어려서 위기를 겪고 죽을 고비에 이름-조력자를 만나 위기를 벗어남-자라서 다시 위기에 부딪힘-위기를 극복해 승리자가 됨'과 같은 구조를 갖는다. 제시된 작품 역시 '판서의 아들-시비 춘섬에게서 태어난 서자-총명하

고 도술에 능함 – 계모가 자객을 시켜 죽이려 함 – 자객을 죽이고 위기를 벗어남 – 나라에서 길동을 잡아들이려 함 – 율도국의 왕이 됨'이라는 영웅의 일대기와 상통하는 구조를 지니고 있다.

③ 제시된 작품은 주인공 홍길동을 당시에 소외 계층으로 여겨졌던 서자로 설정하여 적서 차별과 비리가 만연한 관료 사회 등을 비판하고 있다.

④ 제시된 작품에서 길동은 도적의 무리를 규합하여 활빈당이라는 조직을 만들고, 이를 근간으로 탐관오리를 응징하고 어려운 백성을 구제한다. 이러한 의적 소설 계보는 『임꺽정』이나 『장길산』 등으로 계승된다.

작품 해설

허균, 「홍길동전」
• 갈래: 고전 소설, 국문 소설, 영웅 소설
• 성격: 현실 비판적, 영웅적, 전기적
• 주제: 적서 차별과 봉건적 계급 타파, 탐관오리 규탄과 빈민 구제
• 특징
  – 최초의 한글 소설
  – 사회 제도의 불합리성을 다룬 사회 소설의 선구적 작품

13 난도 ★★☆　　　　　　　　　　　정답 ④

고전 문학 > 고전 시가

정답의 이유

④ 제시된 작품에서 화자는 '보리밥과 풋나물을 알맞게 먹고 바위에서 실컷 놀겠다'며 자연 속에서 한가롭고 소박하게 사는 즐거움을 노래하고 있다. 따라서 제시된 작품에서 드러나는 화자의 태도로 가장 적절한 것은 '가난한 생활을 하면서도 편안한 마음으로 도를 즐겨 지킴'을 의미하는 安貧樂道(안빈낙도)이다.
• 安貧樂道: 편안할 안, 가난할 빈, 즐길 낙, 길 도

오답의 이유

① 不立文字(불립문자): 불도의 깨달음은 마음에서 마음으로 전하는 것이므로 말이나 글에 의지하지 않는다는 말
• 不立文字: 아닐 불, 설 립, 글월 문, 글자 자

② 緣木求魚(연목구어): 나무에 올라가서 물고기를 구한다는 뜻으로, 도저히 불가능한 일을 굳이 하려 함을 비유적으로 이르는 말
• 緣木求魚: 인연 연, 나무 목, 구할 구, 물고기 어

③ 言語道斷(언어도단): 말할 길이 끊어졌다는 뜻으로, 어이가 없어서 말하려 해도 말할 수 없음을 이르는 말
• 言語道斷: 말씀 언, 말씀 어, 길 도, 끊을 단

작품 해설

윤선도, 「만흥(漫興)」
• 갈래: 평시조, 연시조(전6수)
• 성격: 자연 친화적, 강호 한정가
• 주제: 자연 속에 묻혀 생활하는 즐거움과 임금의 은혜
• 특징
  – '자연'과 '속세'를 의미하는 대조적 시어를 사용함
  – 중국 고사를 인용하여 작가의 안분지족, 자연 친화, 현실 도피적 태도를 드러냄

14 난도 ★★☆　　　　　　　　　　　정답 ③

문법 > 통사론

정답의 이유

③ '그 집에서 오늘 돌잔치가 있어.'는 주어가 '돌잔치가'이고 서술어는 '있어'로, 주어와 서술어가 하나씩 있는 홑문장이다.

오답의 이유

① '예쁜 꽃이 피었네.'는 '(꽃이) 예쁘다'라는 관형절을 안은문장이다.

② '누가 그런 일을 한다고 그래.'는 '누가 그런 일을 한다'라는 인용절을 안은문장이다.

④ '모두가 따뜻한 봄이 오기를 기다리고 있지.'는 '봄이 오다'라는 문장이 전체 문장에서 목적어 역할을 하는 명사절을 안은문장이다.

15 난도 ★★☆　　　　　　　　　　　정답 ③

고전 문학 > 고전 수필

정답의 이유

제시된 글에서 글쓴이는 코끼리의 외양에 대하여 구체적이고 상세하게 묘사하고, 코끼리의 모습에 대한 사람들의 의견을 제시하고 있다. '혹은 코끼리 다리가 다섯이라고도 하고, 혹은 눈이 쥐눈 같다고 하는 것은 대개 코끼리를 볼 때는 코와 어금니 사이를 주목하는 까닭이니 ~ 이렇게 엉뚱한 추측이 생길 만하다.'를 볼 때 글쓴이는 부분만 보고 전체를 보지 못하는 사람들의 태도를 지적하고 있다. 따라서 글쓴이가 바라본 사람들의 인식 태도와 가장 부합하는 속담은 '부분만 보고 전체는 보지 못하는 근시안적인 행동을 비유적으로 이르는 말'인 '나무만 보고 숲은 보지 못한다'이다.

오답의 이유

① 쇠귀에 경 읽기: 소의 귀에 대고 경을 읽어 봐야 단 한 마디도 알아듣지 못한다는 뜻으로, 아무리 가르치고 일러 주어도 알아듣지 못하거나 효과가 없는 경우를 이르는 말

② 눈 가리고 아웅 한다: 실제로 보람도 없을 일을 공연히 형식적으로 하는 체하며 부질없는 짓을 함을 비유적으로 이르는 말

④ 밤새도록 곡하고서 누구 초상인지 묻는다: 죽었다고 하여 밤새도록 슬피 울었으나 누가 죽었는지도 모르고 있다는 뜻으로, 애써 일을 하면서도 그 일의 내용이나 영문을 모르고 맹목적으로 하는 행동을 비꼬는 말

작품 해설

박지원, 「상기(象記)」

- 갈래: 고전 수필, 기(記)
- 성격: 교훈적, 묘사적
- 주제: 획일적 이치로 만물을 바라보는 고정 관념의 경계
- 특징
  - 작가의 경험을 바탕으로 철학적 진리를 전달함
  - 문답법을 사용하여 주장을 논리적으로 입증함
  - 논리적 근거를 들어 사회 통념을 반박함

16 난도 ★★★   정답 ②

현대 문학 > 현대 시

정답의 이유

- (나)는 최남선의 신체시 「해에게서 소년에게」로, 1908년 11월 『소년』창간호에 발표되었다. 선진 문화를 수용하여 힘 있고 활기찬 새 사회를 건설하고자 하는 열망을 담은 작품이다.
- (다)는 김소월의 「바라건대는 우리에게 우리의 보습 대일 땅이 있었더면」으로, 1925년 시집 『진달래꽃』을 통하여 발표되었다. 땅을 빼앗긴 절망적 현실과 현실 극복 의지를 담은 작품이다.
- (라)는 윤동주의 「쉽게 씌어진 시」로, 작자가 일본 유학 중이던 1942년에 창작되었으며 1947년 『경향신문』에 처음으로 발표되었다. 일제 강점기 어두운 현실 상황과 화자의 자아 성찰, 현실 극복에 대한 의지를 담은 작품이다.
- (가)는 김수영의 「풀」로, 1968년 5월 발표되었다. 작가가 1968년 6월 사고로 죽기 직전 쓴 마지막 작품으로 민중의 끈질긴 생명력과 민중을 억압하는 세력을 각각 '풀'과 '바람'에 비유하여 강인한 의지로 고통을 이겨내는 민중의 모습을 담은 작품이다.

따라서 〈보기〉의 시를 발표된 순서대로 바르게 나열한 것은 ② (나) − (다) − (라) − (가)이다.

작품 해설

(가) 김수영, 「풀」

- 갈래: 자유시, 주지시, 참여시
- 성격: 상징적, 주지적, 비판적, 참여적, 의지적
- 주제: 민중의 끈질긴 생명력
- 특징
  - 상징적 시어의 대립 구조를 통해 주제를 드러냄
  - 반복법과 대구법을 사용하여 리듬감을 형성함

(나) 최남선, 「해에게서 소년에게」

- 갈래: 신체시
- 성격: 계몽적, 낙관적
- 주제: 소년에 대한 희망과 기대
- 특징
  - 최초의 신체시
  - 남성적 어조를 사용함

(다) 김소월, 「바라건대는 우리에게 우리의 보습 대일 땅이 있었더면」

- 갈래: 자유시, 서정시
- 성격: 저항적, 의지적, 현실 참여적
- 주제: 땅을 잃은 슬픔과 되찾고자 하는 의지
- 특징
  - 절망에서 의지적 어조로의 변화로 시상을 전개함
  - 영탄법과 도치법을 통하여 고통을 이겨내고자 하는 의지를 드러냄

(라) 윤동주, 「쉽게 씌어진 시」

- 갈래: 자유시, 서정시
- 성격: 고백적, 성찰적, 반성적, 의지적
- 주제: 암담한 현실 속에서의 자기 성찰과 현실 극복 의지
- 특징
  - 자기 성찰적 태도에서 미래 지향적 태도로 시상의 전환이 나타남
  - 이미지의 명암 대비를 통하여 화자의 내면을 드러냄

17 난도 ★★☆   정답 ②

비문학 > 사실적 읽기

정답의 이유

② '논리 그 자체가 우리의 이성을 작동하는 사고 언어의 기초가 되어야만 한다고 주장하기에 이른 것이다.'를 통해 인공지능이라는 새로운 학문 분야가 발전하면서 논리 그 자체가 사고 언어의 기초가 되어야만 한다는 주장이 나왔음을 알 수 있다. 하지만 인공지능이 사고 언어를 개발하는 출발이 되었는지는 나타나지 않는다.

오답의 이유

① '컴퓨터에 기반한 지능 모델 구축이 목표였던 인공지능이라는 새로운 학문 분야가 발전하면서 더 대담한 시도가 이루어졌다.'를 통해 인공지능의 목표는 지능 모델의 구축이었다는 것을 알 수 있다.

③ '언어를 이해하거나 말하기 위해서는 명백히 무질서한 수천 개의 언어 감각을 인간 정신 속에 어떤 식으로든 내재된 하나의 단일한 논리 언어에 대응할 수 있어야만 한다.'를 통해 언어의 이해는 언어와 논리 언어와의 대응을 통해 가능해진다는 것을 알 수 있다.

④ '수학적 논리로부터 얻은 아이디어를 도구 삼아 실제 인간 언어의 복잡성을 (단순히 제거하는 대신에) 분석하기 시작했다.'를 통해 언어 복잡성의 분석은 수학적 논리를 바탕으로 수행되었다는 것을 알 수 있다.

18 난도 ★★☆　　　　　　　　　　　　　　　　정답 ④

비문학 > 사실적 읽기

[정답의 이유]

④ '가독성을 높이려고 번역하기 어렵거나 제대로 이해하지 못하는 부분은 생략해 버리고 번역하는 번역가들이 의외로 많다.'를 통해 번역가들은 가독성을 높이기 위해 원문의 내용을 생략하고 번역하기도 함을 알 수 있다.

[오답의 이유]

① "또한 쉽게 읽히기만 하면 '좋은' 번역이라고 생각하는 독자들이 생각 밖으로 많다."를 통해 가독성이 좋으면 좋은 번역이라고 생각하는 독자들이 많음을 확인할 수 있다.

② '정확성이 뒷받침되지 않는 가독성은 이렇다 할 의미가 없기 때문이다.'를 통해 번역가들은 가독성뿐 아니라 정확성도 중요하게 간주하여야 함을 확인할 수 있다.

③ '그러나 그 잘라낸 잔가지 속에 작품 특유의 문체와 심오한 의미가 들어 있다면 어떻게 될까?'를 통해 번역 과정에서 생략된 부분에 심오한 의미가 들어있을 수 있음을 확인할 수 있다.

19 난도 ★★☆　　　　　　　　　　　　　　　　정답 ④

문법 > 한글 맞춤법

[정답의 이유]

④ '핏기'는 순우리말인 '피'와 한자어인 '기(氣)'가 결합한 합성어로, [피끼] 또는 [핃끼]로 발음한다. 따라서 한글 맞춤법 제30항 '2.'의 순우리말과 한자어로 된 합성어로서 앞말이 모음으로 끝나고 뒷말의 첫소리가 된소리로 나는 경우에 해당한다.

[오답의 이유]

①·②·③ 모두 순우리말로 된 합성어이다. 앞말이 모음으로 끝나고 뒷말의 첫소리가 된소리로 나는 경우로, 사이시옷을 받치어 적는다.

① '뱃길'은 순우리말인 '배'와 '길'이 결합한 합성어로 [배낄] 또는 [밷낄]로 발음한다.

② '잇자국'은 순우리말인 '이'와 '자국'이 결합한 합성어로 [이짜국] 또는 [읻짜국]으로 발음한다.

③ '잿더미'는 순우리말인 '재'와 '더미'가 결합한 합성어로 [재떠미] 또는 [잳떠미]로 발음한다.

20 난도 ★★☆　　　　　　　　　　　　　　　　정답 ②

문법 > 의미론

[정답의 이유]

② 조건을 부쳐(×) → 조건을 붙여(○): 제시된 문장에서 '조건, 이유, 구실 따위를 딸리게 하다.'라는 의미로 사용되었으므로 '붙이다'가 적절하다.

[오답의 이유]

① 편지를 부친다(○): '편지나 물건 따위를 일정한 수단이나 방법을 써서 상대에게로 보내다.'라는 뜻의 '부치다'가 사용되었으므로 적절하다.

③ 실력이 부친다(○): '모자라거나 미치지 못하다.'라는 뜻의 '부치다'가 사용되었으므로 적절하다.

④ 부치는 글(○): '어떤 행사나 특별한 날에 즈음하여 어떤 의견을 나타내다.'라는 뜻의 '부치다'가 사용되었으므로 적절하다.

한눈에 훑어보기

✓ 영역 분석

어휘   05   14   16   17
4문항, 20%

문법   01   02   03   06   08   11   12
7문항, 35%

고전 문학   10   18
2문항, 10%

현대 문학   09   15
2문항, 10%

비문학   04   07   13   19   20
5문항, 25%

✓ 빠른 정답

01	02	03	04	05	06	07	08	09	10
③	②	①	④	④	④	④	②	①	③
11	12	13	14	15	16	17	18	19	20
①	④	②	③	①	③	④	③	④	②

✓ 점수 체크

구분	1회독	2회독	3회독
맞힌 문항 수	/ 20	/ 20	/ 20
나의 점수	점	점	점

01 난도 ★★☆   정답 ③

문법 > 음운론

정답의 이유

③ '들러서'의 기본형 '들르다'는 모음 'ㅡ'로 끝나는 어간이 모음 'ㅓ'와 결합할 때 'ㅡ'가 탈락하는 'ㅡ' 탈락 용언이다. 따라서 'ㄹ' 탈락 용언인 나머지와 음운 탈락의 유형이 다르다.

오답의 이유

① '사노라면'의 기본형 '살다'는 용언 어간의 끝소리 'ㄹ'이 어미 '-노라면'의 첫소리 'ㄴ' 앞에서 탈락하는 'ㄹ' 탈락 용언이다.

② '만드시던'의 기본형 '만들다'는 용언 어간의 끝소리 'ㄹ'이 선어말 어미 '-시-'의 첫소리 'ㅅ' 앞에서 탈락하는 'ㄹ' 탈락 용언이다.

④ '드뭅니다'의 기본형 '드물다'는 용언 어간의 끝소리 'ㄹ'이 어미 '-ㅂ니다'의 첫소리 'ㅂ' 앞에서 탈락하는 'ㄹ' 탈락 용언이다.

02 난도 ★★☆   정답 ②

문법 > 의미론

정답의 이유

② 두 단어 사이를 상호 배타적인 두 구역으로 나누어 중간항이 없는 반의어를 '상보 반의어'라 하고, 두 단어 사이에 중간항이 존재하는 경우를 '정도 반의어', 마주 선 방향에 따라 상대적으로 관계를 형성하는 반의어를 '방향 반의어'라고 한다. '살다 ↔ 죽다'는 중간항이 없는 상보 반의어이다. 따라서 정도 반의어인 나머지와 반의관계의 유형이 다르다.

오답의 이유

①·③·④ '길다 ↔ 짧다', '좋다 ↔ 나쁘다', '춥다 ↔ 덥다'는 중간항이 있으며 두 단어를 동시에 부정하는 것이 가능한 정도 반의어이다.

더 알아보기

반의관계

상보 반의어	• 의미 영역이 배타적으로 양분되는 것으로, 중간항이 없다. • 한쪽 단어를 부정하면 다른 쪽 단어를 긍정하게 된다. • 두 단어를 동시에 부정하거나 긍정하면 모순이 발생한다. 예 남자:여자, 죽다:살다, 있다:없다, 알다:모르다
정도 반의어	• 정도를 표현하는 것으로, 중간항이 있다. • 두 단어를 동시에 부정하거나 긍정할 수 있다. 예 높다:낮다, 밝다:어둡다, 덥다:춥다, 뜨겁다:차갑다
방향 반의어	• 마주 선 방향에 따라 상대적 관계를 형성한다. • 관계 또는 이동의 측면에서 의미의 대립을 갖는다. 예 위:아래, 부모:자식, 형:동생, 가다:오다

03 난도 ★★☆
정답 ①

문법 > 형태론

정답의 이유

① '하늘 높은 줄 모르고 날뛴다.'의 '하늘'과 '어머니의 사랑이 하늘에 닿았다.'의 '하늘'은 모두 명사이다.

오답의 이유

② '오늘이 바로 내가 태어난 날이다.'의 '오늘'은 '지금 지나가고 있는 이날'을 뜻하는 명사이고, '오늘 해야 할 일을 내일로 미루지 말자.'의 '오늘'은 '지금 지나가고 있는 이날에'를 뜻하는 부사이다.

③ '나는 네가 하라는 대로 다 했다.'의 '대로'는 '어떤 모양이나 상태와 같이'를 뜻하는 의존 명사이고, '나는 네 말대로 다 했다.'의 '대로'는 '앞에 오는 말에 근거하거나 달라짐이 없음'을 나타내는 보조사이다.

④ '그는 낭만적 성향을 지닌 사람이다.'의 '낭만적'은 '현실에 매이지 않고 감상적이고 이상적으로 사물을 대하는'을 뜻하는 관형사이고, '그는 낭만적인 사람이다.'의 '낭만적'은 '현실에 매이지 않고 감상적이고 이상적으로 사물을 대하는 것'을 뜻하는 명사이다.

04 난도 ★☆☆
정답 ④

비문학 > 사실적 읽기

정답의 이유

④ '예전에 농경사회에서 왜 아이를 많이 낳았을까? 아이들이 농사짓는 노동력이 될 수 있고, 내가 늙으면 그들이 나를 부양해 줄 것이기 때문이다.'를 통해 농경사회에서 아이를 많이 낳은 이유는 경제적 이해와 관련이 있음을 알 수 있다.

오답의 이유

① 농경사회에서 피임이 불가능했기 때문에 아이를 많이 낳았다는 내용은 나타나지 않는다.

② 제시된 글에서 부모는 자녀를 20년 남짓 키우면 끝이고 그다음부터는 자녀가 부모를 부양한다고 하였다. 성장한 자녀 중의 일부는 부모를 부양하지 않았다는 내용은 나타나지 않는다.

③ '부유한 가정에서 자녀를 덜 낳는 이유도 이런 맥락에서 생각해 볼 수 있다. 자녀가 훗날 나를 먹여 살려야 할 필요가 없으니 굳이 많이 낳지 않는 것이다.'를 통해 부유한 가정은 자녀가 부모를 먹여 살려야 할 필요가 없기 때문에 많이 낳지 않았음을 알 수 있다.

05 난도 ★★★
정답 ④

어휘 > 한자성어

정답의 이유

④ 견문발검(見蚊拔劍)은 모기를 보고 칼을 뺀다는 뜻으로, 사소한 일에 크게 성내어 덤빔을 이르는 말이다. 그러나 〈보기〉에서는 조그만 일에 경거망동하지 않는 자세로 나아가야 한다고 했으므로 '견문발검'은 맥락에 적절하지 않은 사자성어이다.

• 見蚊拔劍: 볼 견, 모기 문, 뺄 발, 칼 검

오답의 이유

① 새옹지마(塞翁之馬): 인생의 길흉화복은 변화가 많아서 예측하기 어렵다는 말

• 塞翁之馬: 변방 새, 늙은이 옹, 갈 지, 말 마

② 만시지탄(晚時之歎): 시기에 늦어 기회를 놓쳤음을 안타까워하는 탄식

• 晚時之歎: 늦을 만, 때 시, 갈 지, 탄식할 탄

③ 견위수명(見危授命): 나라의 위태로운 지경을 보고 목숨을 바쳐 나라를 위해 싸우는 것을 말함

• 見危授命: 볼 견, 위태할 위, 줄 수, 목숨 명

06 난도 ★★☆
정답 ③

문법 > 한글 맞춤법

정답의 이유

③ 한글 맞춤법 제23항 [붙임]에 따르면 '-하다'나 '-거리다'가 붙을 수 없는 어근에 '-이'나 또는 다른 모음으로 시작하는 접미사가 붙어서 명사가 된 것은 그 원형을 밝히어 적지 아니한다. '얼룩'은 '얼룩하다'나 '얼룩거리다'가 나타나지 않으므로 한글 맞춤법 제23항 [붙임]의 규정을 따라 '얼루기'라고 적어야 한다.

오답의 이유

① '꿀꿀이'는 '-거리다'가 붙는 어근 '꿀꿀'에 '-이'가 붙어서 명사가 된 것으로 그 원형을 밝히어 적는다.

② '삐죽이'는 '-거리다'가 붙는 어근 '삐죽'에 '-이'가 붙어서 명사가 된 것으로 그 원형을 밝히어 적는다.

④ '홀쭉이'는 '-하다'가 붙는 어근 '홀쭉'에 '-이'가 붙어서 명사가 된 것으로 그 원형을 밝히어 적는다.

07 난도 ★★☆
정답 ④

비문학 > 글의 순서 파악

정답의 이유

• (다)에서는 비판적 사고와 그에 대한 비판이라는 글의 화제를 제시하고 있으므로 글의 도입에 오는 것이 적절하다.

• (나)의 '이러한 비판'은 (다)의 '비판적 사고가 어떤 체계 내에서 이루어지는 수렴적 사고라는 점에서 현대 다원주의 사회에 부적합하다는 비판'을 가리키므로 (다) 다음에 오는 것이 적절하다.

• (나)에서 비판적 사고를 수렴적 사고로 제한하는 전제에 대해 생각해 볼 필요가 있다고 하였으므로 비판적 사고가 좁은 의미에서 수렴적 사고에 해당하지만, 거기에만 한정되지는 않는다는 내용을 제시한 (가)는 (나) 다음에 오는 것이 적절하다. 또한 마지막 문단에서 비판적 사고가 대안적 사고를 할 수도 있기 때문에 발산적 사고 일부를 포함한다며, 비판적 사고가 수렴적 사고에 한정되지 않는 구체적인 내용이 나타나므로 (가)는 마지막 문단 앞에 와야 한다.

따라서 문맥에 맞게 순서대로 나열한 것은 ④ (다) - (나) - (가)이다.

문법 > 표준어 규정

정답의 이유

② 늑막염[능마겸](×) → [능망념](○): 표준어 규정 제29항에 따르면 합성어 및 파생어에서, 앞 단어나 접두사의 끝이 자음이고 뒤 단어나 접미사의 첫음절이 '이, 야, 여, 요, 유'인 경우에는 'ㄴ' 음을 첨가하여 [니, 냐, 녀, 뇨, 뉴]로 발음한다. 이에 따라 '늑막'과 '염'이 결합한 합성어인 '늑막염'도 앞 단어가 'ㄱ'으로 끝나고 뒤 단어가 '여'로 시작하므로 'ㄴ' 음을 첨가하여 [늑막념]으로 발음한다. 그리고 표준어 규정 제18항에 따라 'ㄱ'이 'ㄴ' 앞에서 [ㅇ]으로 발음되는 비음화가 일어나므로 [능망념]이 표준 발음이 된다.

오답의 이유

① 피었다[피얻따](○): 표준어 규정 제22항에 따르면 '되어' '피어' 같은 용언의 어미는 [어]로 발음함을 원칙으로 하되, [여]로 발음함도 허용한다. 또한 받침소리로는 'ㄱ, ㄴ, ㄷ, ㄹ, ㅁ, ㅂ, ㅇ'의 7개 자음만 발음한다는 제8항의 규정과 받침 'ㄱ(ㄲ, ㅋ, ㄳ, ㄺ), ㄷ(ㅅ, ㅆ, ㅈ, ㅊ, ㅌ), ㅂ(ㅍ, ㄼ, ㄿ, ㅄ)' 뒤에 연결되는 'ㄱ, ㄷ, ㅂ, ㅅ, ㅈ'은 된소리로 발음한다는 제23항의 규정에 따라 따라서 '피었다'는 [피어따/피얻따]로 발음한다.

③ 금융[금늉](○): '금융(金融)'은 한자어로 이루어진 합성어로, 앞 단어가 'ㅁ'으로 끝나고 뒤 단어가 '유'로 시작한다. 따라서 표준어 규정 제29항에 의해 'ㄴ' 음을 첨가하여 [금늉]이라고 발음하는 것이 원칙이다. 그런데 표준어 규정 제29항 '다만'에서는 '금융'을 [그뮹]으로 발음할 수 있다고 하였다. 따라서 '금융'은 [금늉/그뮹]으로 발음한다.

④ 넓고[널꼬](○): 표준어 규정 제10항에 따르면 겹받침 'ㄳ', 'ㄵ', 'ㄼ, ㄽ, ㄾ', 'ㅄ'은 어말 또는 자음 앞에서 각각 [ㄱ, ㄴ, ㄹ, ㅂ]으로 발음한다. '넓고'는 받침 'ㄼ' 뒤에 자음이 이어지므로 [널꼬]로 발음한다.

현대 문학 > 현대 시

정답의 이유

① 제시된 작품은 새로운 세계에 대한 동경과 그에 따른 좌절감을 '흰색'과 '푸른색'의 선명한 색채 이미지의 대비를 통하여 표현한 작품이다. 작품에 반어적인 표현을 통해 주제 의식을 강화하는 부분은 나타나지 않는다.

오답의 이유

② '흰나비'와 '바다', '새파란 초생달'이라는 색채의 대비를 통하여 새로운 세계에 대한 동경과 그에 따른 좌절이라는 주제를 형상화하고 있다.

③ '바다, 물결'은 현실을 모르는 순진한 '흰나비'가 시련을 겪는 냉혹한 현실 세계를 상징한다.

④ 3연에서 '새파란 초생달이 시리다.'라며 시각을 촉각화한 공감각적 심상을 통해 가혹한 현실에 좌절하는 존재를 표현하고 있다.

김기림, 「바다와 나비」

· 갈래: 자유시, 서정시
· 성격: 주지적, 감각적, 상징적
· 주제: 새로운 세계에 대한 동경과 좌절감, 낭만적 꿈의 좌절과 냉혹한 현실 인식
· 특징
　– 시각적 이미지 위주의 색채 대비가 두드러짐
　– 구체적 소재를 통해 추상적 관념을 표현함
　– 감정을 절제한 객관적인 태도로 제시함

고전 문학 > 고전 산문

정답의 이유

③ "잘생긴 얼굴은 누구나 좋아하는 법이다. 그러나 사내만 그런 것이 아니라 비록 여자라도 역시 마찬가지이다."라는 '광문'의 말을 통해 인간 본성에 대한 남녀의 차이는 없다는 것을 확인할 수 있다.

오답의 이유

① '광문은 사람됨이 외모는 극히 추악하고, 말솜씨도 남을 감동시킬 만하지 못하며, 입은 커서 두 주먹이 들락날락하고, 만석희(曼碩戲)를 잘하고, 철괴무(鐵拐舞)를 잘 추었다.'에서 외모, 말솜씨, 재주를 통해 '광문'이 소개되고 있음을 확인할 수 있다.

② '광문'이 싸우는 사람을 만나면 옷을 벗고 싸움판에 뛰어들어 판정이라도 하는 듯한 시늉을 하는 등 재치 있게 분쟁을 해결하는 상황이 제시되어 있다.

④ 사람들이 '광문'에게 장가가라고 권하자, '나는 본래 못생겨서 아예 용모를 꾸밀 생각을 하지 않는다.'라며 자신의 분수를 알고 욕심 없는 태도를 드러낸다.

박지원, 「광문자전」

· 갈래: 한문 소설, 단편 소설, 풍자 소설
· 성격: 사실적, 풍자적
· 주제: 권모술수가 만연한 사회에 대한 풍자, 신의 있고 정직한 삶에 대한 예찬
· 특징
　– 주인공의 일화를 나열해 조선 후기 사회의 모습을 사실적으로 묘사함
　– '광문'이라는 걸인을 예찬하며 권위적이고 가식적인 양반 사회에 대한 풍자 효과를 높임
　– 모든 인간은 평등하다는 작가의 근대적 가치관이 반영됨

11 난도 ★★☆ 정답 ①

정답의 이유

① 함께할(○): '함께하다'는 '경험이나 생활 따위를 얼마 동안 더불어 하다.'라는 뜻의 한 단어이므로 붙여 써야 한다.

오답의 이유

② 보잘∨것∨없지만(×) → 보잘것없지만(○): '보잘것없다'는 '볼 만한 가치가 없을 정도로 하찮다.'라는 뜻의 한 단어이므로 붙여 써야 한다.

③ 수∨차례의(×) → 수차례의(○): '수차례'는 '여러 차례'라는 뜻의 한 단어이므로 붙여 써야 한다.

④ 한∨자리에(×) → 한자리에(○): '한자리'는 '같은 자리'라는 뜻의 한 단어이므로 붙여 써야 한다.

12 난도 ★★☆ 정답 ④

문법 > 한글 맞춤법

정답의 이유

㉠ 워크샵(×) → 워크숍(○): 'workshop'은 '워크숍'으로 써야 한다. 따라서 '오늘 워크숍 가지?'라고 쓰는 것이 적절하다.

㉡ 샜어요(×) → 새웠어요(○): '한숨도 자지 아니하고 밤을 지내다.'라는 뜻의 단어는 '새우다'이다. 따라서 '어제 밤 새웠어요.'라고 쓰는 것이 적절하다.

㉢ 웬일이세요(×) → 웬일이세요(○): '어찌 된 일. 의외의 뜻'을 나타내는 단어는 '웬일'이다. 따라서 '웬일이세요?'라고 쓰는 것이 적절하다.

13 난도 ★☆☆ 정답 ②

비문학 > 화법

정답의 이유

② '아니요. 임대인이 임차인에게 토지를 빌려준 건 문제가 없어요.'라고 말한 부분을 통해 B는 임대인에게는 문제가 없다고 생각함을 알 수 있다.

오답의 이유

① A와 B의 첫 번째 대화를 통해 임대인은 땅을 빌려준 사람이고 임차인은 땅을 빌리는 사람임을 확인할 수 있다. 이를 볼 때 '임대'는 남에게 물건을 빌려주는 것을 말하고, '임차'는 남의 물건을 빌려 쓰는 것을 말한다는 것을 알 수 있다.

③ A와 B의 대화를 통하여 임차인이 빌린 토지에 건물을 지을 수 없다는 게 문제라는 것을 알 수 있다. 여기에 B가 '맞아요. 임차인이 등기부 등본을 떼어 보지도 않고 계약을 했어요.'라고 말한 부분을 통해 문제는 임차인이 등기부 등본을 떼어 보지 않고 계약한 것에서 비롯되고 있음을 알 수 있다.

④ B가 '임대인이 임차인에게 토지를 빌려준 건 문제가 없어요.'라고 말한 부분과 A가 '누가 지상권이라도 설정해 놓았나요?', '그럼 토지를 빌려준 과정 자체에는 문제가 없었다는 거네요.'라고 말한 부분을 통해 지상권이 설정된 토지도 임차인에게 빌려줄 수 있음을 알 수 있다.

14 난도 ★★☆ 정답 ③

어휘 > 한자어

정답의 이유

③ 선율(線律: 줄 선, 법 률)(×) → 선율(旋律: 돌 선, 법 률)(○): '소리의 높낮이가 길이나 리듬과 어울려 나타나는 음의 흐름'을 나타내는 '선율'은 '旋律'로 표기한다.

오답의 이유

① 사의(謝意: 사례할 사, 뜻 의)(○): 감사하게 여기는 뜻

② 상봉(相逢: 서로 상, 만날 봉)(○): 서로 만남

④ 액자(額子: 이마 액, 아들 자)(○): 그림, 글씨, 사진 따위를 끼우는 틀

15 난도 ★★☆ 정답 ①

현대 문학 > 현대 소설

정답의 이유

① '물론 원문은 일문이니까 몰라보고, 윤 주사네 서사 민 서방이 번역한 그대로지요.'처럼 서술자가 작품에 직접 개입함으로써 '윤 직원'의 무식함을 희화화하여 풍자 효과를 높이고 있다.

오답의 이유

②·③·④ 제시된 작품은 전지적 작가 시점으로, 판소리 사설과 비슷한 문체와 경어체 사용 등을 통해 인물에 대한 작가의 생각과 판단을 직접적으로 드러내고, 독자와의 거리를 좁히면서 작중 인물에 대한 풍자와 조롱을 극대화하고 있다.

작품 해설

채만식, 「태평천하」

- 갈래: 중편 소설, 풍자 소설, 가족사 소설
- 성격: 풍자적, 비판적, 반어적
- 주제: 일제 강점기의 한 지주 집안의 세대 간 갈등과 몰락
- 특징
  - 왜곡된 인식을 지닌 인물을 통해 당대 현실을 풍자함
  - 과장법, 반어법, 희화화를 통해 대상을 풍자함
  - 서술자가 직접 개입하여 독자와 거리를 좁히고 부정적 인물을 희화화함

16 난도 ★★☆ 정답 ③

어휘 > 한자성어

정답의 이유

③ 제시된 작품은 삶의 고뇌를 나타내는 '한숨'을 의인화하여 시름에서 벗어나고자 하는 마음을 표현하고 있다. 종장인 '어인지 너 온 날 밤이면 줌 못 드러 ᄒ노라'에는 한숨을 쉬며 잠을 이루지 못하는 화자의 모습이 나타난다. 이를 볼 때 '줌 못 드러 ᄒ노라'와 가장 잘 어울리는 사자성어는 '누워서 몸을 이리저리 뒤척이며 잠을 이루지 못함'을 뜻하는 輾轉反側(전전반측)이다.

- 輾轉反側: 구를 전, 구를 전, 돌이킬 반, 곁 측

오답의 이유
① 狐假虎威(호가호위): 남의 권세를 빌려 위세를 부림
- 狐假虎威: 여우 호, 거짓 가, 범 호, 위엄 위
② 目不忍見(목불인견): 눈앞에 벌어진 상황 따위를 눈 뜨고는 차마 볼 수 없음
- 目不忍見: 눈 목, 아닐 불, 참을 인, 볼 견
④ 刻舟求劍(각주구검): 융통성 없이 현실에 맞지 않는 낡은 생각을 고집하는 어리석음을 이르는 말
- 刻舟求劍: 새길 각, 배 주, 구할 구, 칼 검

작품 해설

작자 미상, 「한숨아 셰 한숨아 ~」
- 갈래: 사설시조
- 성격: 해학적, 정서적
- 주제: 그칠 줄 모르는 삶의 시름으로부터 벗어나고 싶은 마음
- 특징
  - 한숨을 의인화하여 삶의 애환을 해학적으로 표현함
  - 일상의 사물을 활용하여 정서를 진솔하게 표현함
  - 의인법, 반복법, 열거법, 설의법을 사용함

17 난도 ★★☆   정답 ④

어휘 > 혼동 어휘

정답의 이유

④ 작렬하는(×) → 작열하는(○): '불 따위가 이글이글 뜨겁게 타오르다.'를 뜻하는 단어는 '작열하다'이므로 '작열하는'이라고 써야 한다.

오답의 이유

① 땅겼다(○): '몹시 단단하고 팽팽하게 되다.'를 뜻하는 단어는 '땅기다'이므로 '땅겼다'라고 쓰는 것은 적절하다.
② 뼈개지(○): '거의 다 된 일을 완전히 어긋나게 하다.'를 뜻하는 단어는 '뼈개다'이므로, '뼈개지'라고 쓰는 것은 적절하다.
③ 추어올리면(○): '실제보다 과장되게 칭찬하다.'를 뜻하는 단어는 '추어올리다'이므로, '추어올리면'이라고 쓰는 것은 적절하다.

18 난도 ★★☆   정답 ③

고전 문학 > 고전 운문

정답의 이유

③ (나)는 물, 바위, 소나무, 대나무, 달 등의 자연물을 의인화하고 그 자연물의 속성을 예찬하는 작품이다. 화자는 다섯 가지 자연물을 '내 벗'이라고 칭하면서 소개하고 있으며, 세속적 욕망은 나타나지 않는다.

오답의 이유

① · ④ (가)는 자연을 벗 삼아 유유자적하게 살고 싶은 마음을 나타낸 것으로, 자연과 합일된 경지에서 자연에 귀의하여 달관의 여유를 추구하고자 하는 의지가 드러난다. (나)는 다섯 가지 자연물을 '내 벗'이라 칭하며 자연과의 조화를 추구하고 하고 있다. 화자는 '두어라 이 다섯밖에 또 더하여 무엇하리'라며 다섯 가지 자연물과 더불어 살고자 한다.

② (가)에서 청산은 말 없고 물은 형태가 없으며, 청풍은 값이 없고 명월은 주인이 따로 없다. 화자는 '이 중에 병(病) 없슨 이 몸이 분별(分別) 업시 늘그리라'라며 대가를 요구하지 않는 자연 속에서 아무 근심 없이 살아가고자 한다.

작품 해설

(가) 성혼, 「말 업슨 청산이오 ~」
- 갈래: 평시조, 단시조
- 성격: 풍류적, 한정가
- 주제: 자연을 벗 삼는 즐거움
- 특징
  - 자연과 합일된 물아일체의 경지가 드러남
  - '업슨'이라는 말의 반복으로 운율을 형성함
  - 학문에 뜻을 두고 살아가는 옛 선비의 생활상이 나타남

(나) 윤선도, 「오우가」
- 갈래: 연시조
- 성격: 예찬적, 영탄적, 찬미적
- 주제: 자연의 다섯 가지 벗(물, 바위, 소나무, 대나무, 달)을 예찬
- 특징
  - 의인법, 대구법, 대조법 등을 사용함
  - 자연물을 의인화하고 그 자연물의 속성을 예찬함
  - 아름다운 우리말을 사용함

19 난도 ★★☆   정답 ④

비문학 > 사실적 읽기

정답의 이유

④ 〈보기〉는 수렵과 채집, 농경과 정착이라는 생활 방식에 따른 건강 상태의 차이를 설명하고 있다. 수렵과 채집 시기에는 외상이나 사고가 건강을 위협했고, 일정한 지역에 모여 살면서부터는 영양실조, 전염병, 골관절계 질환이 생겼다며 생활 방식으로 인해 발생하는 건강 문제를 설명하고 있긴 하지만 이에 대한 해결 방안은 제시되지 않는다.

오답의 이유

① 〈보기〉는 수렵과 채집을 생계 수단으로 삼던 때와 일정한 지역에 모여 살기 시작한 이후의 시간의 흐름에 따라 달라진 인간의 생활 방식과 그에 따른 건강 상태의 차이를 설명하고 있다.

② 〈보기〉에 따르면 수렵과 채집 시기에는 자연에 존재하는 다양하고 풍부한 동식물을 섭취하여 영양 상태가 좋았으며, 주거지를 옮겨 오염원을 피할 수 있었다. 하지만 농경 기술이 발달하고 일정한 지역에 모여 살면서 몇 안 되는 작물과 동물에 의존하여 영양실조가 늘고, 많은 사람이 모여 살면서 오염물질에 의해 전염병이 발생하며, 단순작업 반복으로 골관절계 질환도 많아졌다. 이처럼 제시문은 생활 방식에 따라 건강 상태가 달라지는 이유를 설명하고 있다.

④ 〈보기〉는 수렵과 채집을 생계 수단으로 삼던 때와 일정한 지역에 모여 살기 시작한 이후의 건강 상태를 대조의 방식으로 설명하고 있다.

비문학 > 사실적 읽기

정답의 이유

② 〈보기〉에 따르면 밀 알맹이는 배유, 껍질, 배아로 구성되어 있는데, 이 알맹이를 그대로 빻아 만든 가루가 통밀가루이다. 그리고 글루텐의 재료가 되는 글루테닌과 글리아딘은 배유에 있다. 따라서 통밀가루에는 글루테닌과 글리아딘이 없다는 내용은 적절하지 않다.

오답의 이유

① 2문단의 '100% 통밀가루로만 만든 빵은 반죽 밀도가 높아서 조직이 치밀하고 식감이 푸석푸석하다.'를 통해 통밀가루로 만든 빵은 흰 밀가루로 만든 빵에 비해 조직이 치밀함을 알 수 있다.

③ 〈보기〉에 따르면 빵이 부풀어 오르는 것은 글루텐 때문인데, 글루텐의 재료가 되는 그루테닌과 글리아딘은 배유에 있다. 따라서 배유의 성분이 빵이 부풀어 오르는 것에 영향을 준다고 이해한 것은 적절하다.

④ 2문단의 '정제된 흰 밀가루는 배유만 있으니, 당연히 글루텐이 잘 생긴다. 하지만 통밀빵은 함께 갈린 껍질과 배아가 글루텐을 잘라내 빵 반죽이 잘 부풀어 오르지 못하게 한다.'를 통해 흰 밀가루로 만든 빵은 통밀가루로 만든 빵에 비해 글루텐 함량이 높음을 알 수 있다.

국어 | 2023년 국가직 9급

한눈에 훑어보기

빠른 정답

01	02	03	04	05	06	07	08	09	10
③	①	③	②	④	④	①	①	②	④
11	12	13	14	15	16	17	18	19	20
③	①	②	②	④	④	④	④	②	③

점수 체크

구분	1회독	2회독	3회독
맞힌 문항 수	/ 20	/ 20	/ 20
나의 점수	점	점	점

---

01 난도 ★★☆   정답 ③

비문학 > 작문

[정답의 이유]

③ '자기 집이라면 이렇게 함부로 쓰레기를 버렸을까요?'에서 설의적 표현이 쓰였고, '바다가 몸살을 앓는다고 합니다.'와 '양심이 모래밭 위를 뒹굴고 있습니다.'에서 비유적 표현이 쓰였다. 또한 마지막에 '자기 쓰레기는 자기가 집으로 되가져가도록 합시다.'라며 생활 속 실천 방법을 포함하였다.

[오답의 이유]

① '바다는 쓰레기 없는 푸른 날을 꿈꾸고 있습니다.', '미세 플라스틱은 바다를 서서히 죽이는 보이지 않는 독입니다.' 등 비유적 표현을 쓰긴 했지만, 설의적 표현이 쓰이지 않았으며 생활 속 실천 방법도 포함하지 않았다.

② '분리수거를 철저히 하고 일회용품을 줄이는 것'이라는 생활 속 실천 방법을 포함하긴 했지만 설의적 표현과 비유적 표현이 쓰이지 않았다.

④ '인간도 고통받게 되지 않을까요?'에서 설의적 표현이, '바다는 쓰레기 무덤'에서 비유적 표현이 쓰였지만, 해양 오염을 줄일 수 있는 생활 속 실천 방법을 포함하지 않았다.

02 난도 ★☆☆   정답 ①

비문학 > 화법

[정답의 이유]

① 백 팀장은 '워크숍 장면을 사내 게시판에 올리면 좋겠다'는 바람을 전달하고 있다. 하지만 팀원들에 대한 유대감을 드러내는 표현은 사용하지 않았다.

[오답의 이유]

② 고 대리는 '사내 게시판에 영상을 공개하는 것은 부담스러워요. 타 부서와 비교될 것 같기도 하고요.'라며 백 팀장의 제안에 반대하는 이유를 명시적으로 밝히고 있다.

③ 임 대리는 '팀장님 말씀대로 정보를 공유한다는 취지는 좋겠다고 생각해요.'라며 백 팀장의 발언 취지에 공감하고 있다.

④ 임 대리는 '팀원들 의견을 먼저 들어보고, 잘된 것만 시범적으로 한두 개 올리는 것이 어떨까요?'라며 의견을 묻는 의문문을 사용해 자신의 의견을 간접적으로 드러내고 있다.

03 난도 ★★☆　　　　　　　　　　　　정답 ③

어휘 > 관용 표현

정답의 이유

③ '입추의 여지가 없다'는 송곳 끝도 세울 수 없을 정도라는 뜻으로, 발 들여놓을 데가 없을 정도로 많은 사람이 꽉 들어찬 경우를 비유적으로 이르는 속담이다.

오답의 이유

① 홍역을 치르다[앓다]: 몹시 애를 먹거나 어려움을 겪다.

② 잔뼈가 굵다: 오랜 기간 일정한 곳이나 직장에서 일을 하여 그 일에 익숙하다.

④ 어깨를 나란히 하다: 서로 비슷한 지위나 힘을 가지다.

04 난도 ★★☆　　　　　　　　　　　　정답 ②

비문학 > 글의 순서 파악

정답의 이유

• (가)에서는 기업들이 많은 돈을 투자해 마케팅 조사를 해 왔다는 화제를 제시하고 있으므로 처음에 위치하는 것이 적절하다.

• (다)의 '기업들의 그런 노력'은 (가)에 나오는 '많은 돈을 투자해 마케팅 조사를 해 왔다.'를 가리키므로 (가) 뒤에 위치하는 것이 적절하다.

• (나)의 '그런 상황'은 (다)에 나오는 '기업들은 많은 광고비를 쓰지만 그 돈이 구체적으로 어느 부분에서 효과를 내는지는 알지 못했다.'를 가리키므로 (다) 뒤에 위치하는 것이 적절하다.

따라서 글의 순서를 자연스럽게 배열한 것은 ② (가) - (다) - (나)이다.

05 난도 ★☆☆　　　　　　　　　　　　정답 ④

현대 문학 > 현대 소설

정답의 이유

④ 제시된 작품에서 '그들'은 "무진(霧津)엔 명산물이 …… 뭐 별로 없지요?", "원, 아무리 그렇지만 한 고장에 명산물 하나쯤은 있어야지."라며 무진에 명산물이 없다는 대화를 나누고 있다. 무진에 명산물이 있고 그것이 안개라고 여기는 사람은 서술자뿐이다. 따라서 무진이 누구나 인정할 만한 지역의 명산물로 안개가 유명한 공간이라는 설명은 적절하지 않다.

오답의 이유

① "바다가 가까이 있으니 항구로 발전할 수도 있었을 텐데요?"와 "가 보시면 아시겠지만 ~ 수심(水深)이 얕은 데다가 얕은 바다를 몇백 리나 밖으로 나가야만 비로소 수평선이 보이는 진짜 바다가 나오는 곳이니까요."를 통해 무진은 수심이 얕아서 항구로 개발하기 어려운 공간임을 알 수 있다.

② "그렇지만 이렇다 할 평야가 있는 것도 아닙니다."와 '무진을 둘러싸고 있는 산들도'를 통해 무진은 산으로 둘러싸여 있고 평야가 발달하지 않은 공간임을 알 수 있다.

③ "그럼 그 오륙만이 되는 인구가 어떻게들 살아가나요?"를 통해 무진은 지역 여건에 비하여 인구가 적지 않은 공간임을 알 수 있다.

작품 해설

김승옥, 「무진기행」

• 갈래: 단편 소설

• 성격: 상징적, 암시적

• 주제: 이상과 현실 사이에서 갈등하는 현대인의 허무 의식

• 특징
－ 서정적이고 몽환적인 분위기가 강함
－ 배경(안개)을 통해 서술자의 의식을 표출함

06 난도 ★★☆　　　　　　　　　　　　정답 ④

어휘 > 한자성어

정답의 이유

④ 내용상 빈칸에는 별것 아닌 사실을 부풀려 말한다는 뜻의 사자성어가 들어가야 한다. 따라서 '작은 일을 크게 불리어 떠벌린다.'라는 뜻의 針小棒大(침소봉대)가 들어가는 것이 적절하다.

• 針小棒大: 바늘 침, 작을 소, 막대 봉, 큰 대

오답의 이유

① 刻舟求劍(각주구검): 융통성 없이 현실에 맞지 않는 낡은 생각을 고집하는 어리석음을 이르는 말

• 刻舟求劍: 새길 각, 배 주, 구할 구, 칼 검

② 捲土重來(권토중래): 땅을 말아 일으킬 것 같은 기세로 다시 온다는 뜻으로, 한 번 실패하였으나 힘을 회복하여 다시 쳐들어옴을 이르는 말

• 捲土重來: 말 권, 흙 토, 무거울 중, 올 래

③ 臥薪嘗膽(와신상담): 불편한 섶에 몸을 눕히고 쓸개를 맛본다는 뜻으로, 원수를 갚거나 마음먹은 일을 이루기 위하여 온갖 괴로움과 외로움을 참고 견딤을 이르는 말

• 臥薪嘗膽: 누울 와, 섶 신, 맛볼 상, 쓸개 담

07 난도 ★★☆　　　　　　　　　　　　정답 ①

고전 문학 > 고전 운문

정답의 이유

① 초장에서 '못 오던가'라는 구절을 반복하여 오지 않는 임에 대한 섭섭한 감정을 표출하고 있다.

오답의 이유

② 종장의 '흔 둘이 서른 날이여니 날 보라 올 하루 업스랴'는 한 달이 삼십 일인데 날 보러 올 하루가 없겠냐며 오지 않는 임에 대한 섭섭한 마음을 드러내는 구절이다. 날짜 수의 대조나 헤어진 기간이 길다는 내용은 나타나지 않는다.

③ 중장에서 '성', '담', '뒤주', '궤' 등을 연쇄적으로 나열하고 있긴 하지만 임이 오지 못하는 이유를 추측할 뿐 감정의 기복이 나타나지는 않는다.

④ 중장에서 '성-담-집-뒤주-궤'로 공간을 단계적으로 축소하여 오지 않는 임에 대한 섭섭한 마음을 나타내고 있다.

작자 미상, 「어이 못 오던가 ~」

- 갈래: 사설시조
- 성격: 해학적, 과장적
- 주제: 임을 기다리는 안타까운 마음
- 특징
  - 사물을 연쇄적으로 나열하여 오지 않는 임에 대한 간절한 마음을 드러냄
  - 임을 기다리는 안타까운 마음을 해학과 과장을 통해 나타냄

08 난도 ★★★ 정답 ①

비문학 > 추론적 읽기

정답의 이유

(가) 2문단에서 '발음 능력을 습득하면 음성 기관의 움직임은 자동화되어 음성 기관의 어느 부분을 언제 어떻게 움직일지를 화자가 거의 의식하지 않는다.'라고 하였으므로 모어에 없는 외국어 음성을 발음하기 어려운 이유는 음성 기관의 움직임이 영ㆍ유아기에 습득된 모어를 기준으로 자동화되었기 때문임을 추론할 수 있다. 따라서 (가)에 들어갈 말로는 '음성 기관의 움직임이 모어의 음성에 맞게 자동화되어'가 적절하다.

(나) 3문단에서 '글씨를 쓰기 위해 손을 놀리는 것은 ~ 상당히 의식적이라 할 수 있다.'라며 필기가 의식적이라고 하였지만 다음 문장의 '그렇지만 개인의 의지와 관계없이 필체가 꽤 일정하다'는 내용을 볼 때 (나)에는 필기에도 어느 정도 무의식적인 면이 개입된다는 내용이 나와야 함을 알 수 있다. 따라서 (나)에 들어갈 말로는 '무의식적이고 자동적인 면이 있음을'이 적절하다.

09 난도 ★☆☆ 정답 ②

문법 > 한글 맞춤법

정답의 이유

㉠ㆍ㉢ 무정타(○)/선발토록(○): 한글 맞춤법 제40항에 따르면 어간의 끝음절 '하'의 'ㅏ'가 줄고 'ㅎ'이 다음 음절의 첫소리와 어울려 거센소리로 될 적에는 거센소리로 적는다. 이때 어간의 끝음절이 울림소리 [ㄴ, ㅁ, ㅇ, ㄹ]로 끝나면 'ㅏ'는 줄고 'ㅎ'만 남아 뒷말과 결합하여 거센소리로 표기된다. 따라서 '무정하다'와 '선발하도록'은 어간 '무정'과 '선발'의 끝음절이 울림소리인 'ㅇ, ㄹ'이므로 '무정타', '선발토록'으로 줄여 쓰는 것이 적절하다.

오답의 이유

㉡ㆍ㉣ 섭섭치(×) → 섭섭지(○)/생각컨대(×) → 생각건대(○): 한글 맞춤법 제40항 [붙임 2]에 따르면 어간의 끝음절 '하'가 아주 줄 적에는 준 대로 적는다. 이때 어간의 끝음절이 안울림소리 [ㄱ, ㅂ, ㅅ(ㄷ)]로 끝나면 '하'가 아주 준다. 따라서 '섭섭하다'와 '생각하건대'는 어간 '섭섭'과 '생각'의 끝음절이 안울림소리인 'ㅂ, ㄱ'이므로 '섭섭지'와 '생각건대'로 쓰는 것이 적절하다.

한글 맞춤법 제40항

어간의 끝음절 '하'의 'ㅏ'가 줄고 'ㅎ'이 다음 음절의 첫소리와 어울려 거센소리로 될 적에는 거센소리로 적는다.

본말	준말	본말	준말
간편하게	간편케	다정하다	다정타
연구하도록	연구토록	정결하다	정결타
가하다	가타	흔하다	흔타

[붙임 1] 'ㅎ'이 어간의 끝소리로 굳어진 것은 받침으로 적는다.

않다	않고	않지	않든지
그렇다	그렇고	그렇지	그렇든지
아무렇다	아무렇고	아무렇지	아무렇든지
어떻다	어떻고	어떻지	어떻든지
이렇다	이렇고	이렇지	이렇든지
저렇다	저렇고	저렇지	저렇든지

[붙임 2] 어간의 끝음절 '하'가 아주 줄 적에는 준 대로 적는다.

본말	준말	본말	준말
거북하지	거북지	넉넉하지 않다	넉넉지 않다
생각하건대	생각건대	못하지 않다	못지않다
생각하다 못해	생각다 못해	섭섭하지 않다	섭섭지 않다
깨끗하지 않다	깨끗지 않다	익숙하지 않다	익숙지 않다

[붙임 3] 다음과 같은 부사는 소리대로 적는다.

결단코	결코	기필코	무심코
아무튼	요컨대	정녕코	필연코
하마터면	하여튼	한사코	

10 난도 ★★☆ 정답 ④

어휘 > 한자어

정답의 이유

④ 記憶(기록할 기, 생각할 억)(×) → 追憶(쫓을 추, 생각할 억)(○)
- 기억(記憶): 이전의 인상이나 경험을 의식 속에 간직하거나 도로 생각해 냄
- 추억(追憶): 지나간 일을 돌이켜 생각함. 또는 그런 생각이나 일

오답의 이유

① 도착(倒着: 이를 도, 붙을 착)(○): 목적한 곳에 다다름
② 불상(佛像: 부처 불, 모양 상)(○): 부처의 형상을 표현한 상
③ 경지(境地: 지경 경, 땅 지)(○): 몸이나 마음, 기술 따위가 어떤 단계에 도달해 있는 상태

11 난도 ★★☆ 정답 ③

비문학 > 사실적 읽기

정답의 이유

③ 제시된 글에 따르면 인간의 지각과 생각은 프레임을 바탕으로 이루어진다. 따라서 지각과 사고를 확장하는 과정에서 프레임을 극복해야 하는 대상이라고 이해한 내용은 적절하지 않다.

오답의 이유

① '인간의 모든 정신 활동은 진공 상태에서 일어나는 것이 아니라, 어떤 맥락이나 가정하에서 일어난다.'라고 하였다. 여기서 맥락이나 가정은 프레임을 의미하므로 인간의 정신 활동은 프레임 없이 일어나지 않는다고 이해한 것은 적절하다.

② '어떤 사람이 자신은 어떤 프레임의 지배도 받지 않고 세상을 있는 그대로 객관적으로 본다고 주장한다면, 그 주장은 진실이 아닐 것이다.'라고 하였으므로 프레임이 어떤 편향성을 가지게 하는 개념이라고 이해한 것은 적절하다.

④ '사람의 지각과 생각은 인간의 모든 정신 활동을 뜻하고 항상 어떤 맥락, 관점 혹은 어떤 평가 기준이나 가정하에서 일어난다.', '이러한 맥락, 관점, 평가 기준, 가정을 프레임이라고 한다.'라고 하였으므로 프레임이 인간의 정신 활동에 영향을 미치는 어떤 맥락이나 평가 기준이라고 이해한 것은 적절하다.

12 난도 ★★☆ 정답 ①

비문학 > 사실적 읽기

정답의 이유

① 2문단에서 '시스템은 불안정하고 완벽하지 않기 때문에 컴퓨터가 조종사의 판단보다 우선시 될 수 없다는 것이다.'라고 하였으며, '인간은 실수할 수 있는 존재'라는 에어버스의 아버지 베테유의 전제를 언급하였다. 이를 통해 보잉은 시스템의 불안정성을, 에어버스는 인간의 실수 가능성을 고려하여 설계되었음을 알 수 있다.

오답의 이유

② 2문단에서 베테유는 인간은 실수할 수 있는 존재라고 전제하였다. 하지만 윌리엄 보잉은 시스템이 불안정하고 완벽하지 않아 조종사의 판단보다 우선시될 수 없다고 여겼을 뿐, 이것이 인간이 실수하지 않는 존재라고 본 것은 아니다.

③ 1문단에서 에어버스는 컴퓨터가 조종사의 조작을 감시하고 제한한다고 하였다. 이를 통해 에어버스의 조종사는 자동조종시스템의 통제를 받음을 알 수 있다.

④ 1문단에서 보잉과 에어버스의 중요한 차이점이 자동 조종 시스템의 활용 정도에 있으며 보잉의 경우 대개 항공기를 조종간으로 직접 통제한다고 하였으므로 보잉의 조종사가 자동 조종 시스템을 아예 활용하지 않는다고 볼 수 없다.

13 난도 ★★★ 정답 ②

비문학 > 추론적 읽기

정답의 이유

② 제시된 글에서 '불안은 현재 발생하지 않았으며 미래에 일어날지 모르는 불명확한 위협에 의해 야기된 상태를 의미한다.'라고 하였다. 따라서 전기·가스 사고가 날까 두려워 외출하지 못하는 사람은 불안한 상태에 있다고 추론할 수 있다.

오답의 이유

① 제시된 글에서 '공포를 느끼는 것은 나 자신이 위험한 상황에 놓여 있다는 사실을 아는 것'이라고 하였다. 따라서 자신이 처한 위험한 상황을 정확히 인식하는 경우는 불안감에 비해 공포감이 더 클 것이다.

③ 제시된 글에서 '공포는 실재하는 객관적 위협에 의해 야기된 상태를 의미하고, 불안은 현재 발생하지 않았으며 미래에 일어날지 모르는 불명확한 위협에 의해 야기된 상태'라고 하였다. 따라서 시험에 불합격할 수 있다는 생각에 사로잡힌 사람은 공포감이 아닌 불안감에 빠져 있을 것이다.

④ 제시된 글에서 '공포의 상태와 불안의 상태를 구분하는 것은 쉽지 않다. 왜냐하면 두 감정을 함께 느끼거나 한 감정이 다른 감정을 유발할 때가 많기 때문이다.'라고 하였다. 따라서 과거에 큰 교통사고를 경험한 사람은 미래에 일어날지 모르는 교통사고를 걱정하게 되기 때문에 공포감과 동시에 불안감도 크다.

14 난도 ★★★ 정답 ②

비문학 > 사실적 읽기

정답의 이유

② 1문단의 '프톨레마이오스가 천체들의 공전 궤도를 관찰하던 도중, ~ 즉 주전원(周轉圓)을 따라 공전 궤도를 그리면서 행성들이 운동한다고 주장하였다.'라는 내용을 통해 주전원은 지동설을 지지하고자 만든 개념이 아니라 프톨레마이오스가 자신의 관찰 결과를 천동설로 설명하기 위해 도입한 것임을 알 수 있다.

오답의 이유

① 1문단의 '과학 혁명 이전 아리스토텔레스 철학은 ~ 지구의 주위를 공전한다는 천동설이 정설로 자리 잡고 있었다.'라는 내용을 통해 과학 혁명 이전 시기에는 천동설이 정설로 받아들여졌음을 알 수 있다.

③ 1문단의 '아리스토텔레스의 세계관을 따라 ~ 천동설이 정설로 자리 잡고 있었다.'와 2문단의 '코페르니쿠스는 천체의 중심에 지구 대신 태양을 놓고 지구가 태양의 주위를 공전한다고 주장하였다.'라는 내용을 통해 천동설은 우주의 중심을 지구라 여기고 지동설은 우주의 중심을 태양이라 여김을 알 수 있다. 따라서 천동설과 지동설은 우주의 중심을 어디에 두느냐에 따라 구분된다.

④ 2문단의 '태양을 우주의 중심에 둔 코페르니쿠스의 ~ 수학적으로 단순하게 설명하였다.'라는 내용을 통해 행성의 공전에 대한 프톨레마이오스의 설명은 코페르니쿠스의 설명보다 수학적으로 복잡하였음을 알 수 있다.

15 난도 ★☆☆

정답 ④

문법 > 표준어 규정

정답의 이유

④ 으레(○): 표준어 규정 제10항에 따라 '으레'를 표준어로 삼는다.

오답의 이유

① 수염소(×) → 숫염소(○): 표준어 규정 제7항에서 '수'와 뒤의 말이 결합할 때, 발음상 [ㄴ(ㄴ)] 첨가가 일어나거나 뒤의 예사소리가 된소리가 되는 경우 사이시옷과 유사한 효과를 보이는 것이라 판단하여 '수'에 'ㅅ'을 붙인 '숫'을 표준어형으로 규정하고 있다. 이러한 경우는 '숫양[순냥], 숫염소[순념소], 숫쥐[숟쮜]'만 해당하므로 '숫염소'로 표기하는 것이 적절하다.

② 윗층(×) → 위층(○): 표준어 규정 제12항 '다만 1.'에 따르면 '웃-' 및 '윗-'은 명사 '위'에 맞추어 '윗-'으로 통일하지만 된소리나 거센소리 앞에서는 '위-'로 한다고 하였으므로 '위층'으로 표기하는 것이 적절하다.

③ 아지랭이(×) → 아지랑이(○): 표준어 규정 제9항 [붙임 1]에 따르면 '아지랑이'는 'ㅣ' 역행 동화가 일어나지 아니한 형태를 표준어로 삼는다고 하였으므로 '아지랑이'로 표기하는 것이 적절하다.

16 난도 ★☆☆

정답 ③

비문학 > 작문

정답의 이유

③ 제시된 글에서 '정교한 독서'라는 뜻의 '정독'은 한자로 '精讀'이라 하였고, '빨리 읽기'라는 뜻의 '속독'은 한자로 '速讀'이라 하였다. 따라서 '정교하고 빠르게 읽기'를 뜻하는 '정속독'은 '精速讀'으로 표기하는 것이 적절하다.

오답의 이유

① '정교한 독서'라는 뜻의 '정독(精讀)'과 '바른 독서'라는 뜻의 '정독(正讀)'은 소리는 같지만 뜻이 다르다. 따라서 ㉠을 '다르게 읽지만 뜻이 같다'로 수정하는 것은 적절하지 않다.

② ㉡ 앞부분에서 '무엇이 정교한 것일까? 모든 단어에 눈을 마주치면서 제대로 인식하는 것이다.'라고 하였으므로 ㉡은 '정교한 독서'를 뜻하는 '정독(精讀)'임을 알 수 있다. 따라서 '정독(正讀)'으로 수정하는 것은 적절하지 않다.

④ ㉣ 뒷부분에서 '빼먹고 있는 습관, 즉 난독의 일종임을 잊지 말아야 한다.'라고 하였으며 제시된 글의 첫 문장에서 '난독을 해결하려면 정독을 해야 한다.'라고 하였으므로 ㉣에는 '정독이 빠진 속독'이 들어가야 한다. 따라서 '속독이 빠진 정독'으로 수정하는 것은 적절하지 않다.

17 난도 ★★☆

정답 ④

현대 문학 > 현대 시

정답의 이유

④ 1연에서 매미 울음소리가 절정에 이르렀다가 사라진 직후의 상황을 '정적의 소리'라고 표현하였다. 이는 원래 표현하려는 의미와 반대로 표현하는 반어법이 사용된 것이 아니라, 울음이 사라지고 고요한 상태인 '정적'을 '쟁쟁쟁'이라는 시끄러운 소리로 표현한 역설법이 사용된 것이다.

오답의 이유

① '매미 울음', '정적의 소리인 듯 쟁쟁쟁' 등의 청각적 이미지, '뙤약볕', '소나기', '맑은 구름만 눈이 부시게' 등의 시각적 이미지, '그늘의 소리' 등의 공감각적 이미지를 활용하여 절정이었던 매미 울음소리가 잦아들고 고요해진 상황을 감각적으로 제시하고 있다.

② '매미 울음', '정적의 소리인 듯 쟁쟁쟁' 등의 청각적 이미지, '맑은 구름만 눈이 부시게', '하늘 위에 펼쳐지기만 하노니' 등 시각적 이미지를 활용하여 시상을 전개하고 있다.

③ 2연에서 사랑의 속성을 세차게 들이붓다가 어느 순간 아무 일 없었던 양 멈추는 '소나기'에 비유하여 표현하였다.

작품 해설

박재삼, 「매미 울음 끝에」

• 갈래: 자유시, 서정시
• 성격: 관찰적, 감각적, 낭만적, 유추적
• 주제: 매미의 울음을 통해 본 사랑의 본질적 속성
• 특징
　– 다양한 감각적 심상을 활용하여 대상을 표현함
　– 역설법을 통해 매미 울음소리가 잦아든 상황을 제시함
　– 자연 현상(매미 울음소리)과 인생(사랑)의 공통된 속성에서 주제를 이끌어 냄

18 난도 ★★★

정답 ④

비문학 > 사실적 읽기

정답의 이유

④ '호메로스의 『일리아드』와 『오디세이아』에서는 신과 인간의 세계가 하나로 얽혀 있다.'와 '소포클레스나 에우리피데스의 비극에서는 총체성이 흔들려 신과 인간의 세계가 분리된다.'를 통해 『오디세이아』가 에우리피데스의 비극에 비해 신과 인간의 결합 정도가 높음을 알 수 있다.

오답의 이유

① '철학의 시대'가 '이미 계몽된 세계'라는 내용은 있으나 계몽사상이 '서사시의 시대'에서 '철학의 시대'로의 전환을 이끌었다는 내용은 제시되지 않았다.

② '비극의 시대'는 신과 인간이 분리되나 신탁이라는 약한 통로로 이어져 있고, 플라톤으로 대표되는 '철학의 시대'는 신탁을 신뢰할 수 없는, 신과 인간이 완전히 분리된 세계이다. 따라서 플라톤의 이데아가 표현하는 것은 '철학의 세계'이지 '비극적 세계'가 아니다.

③ '루카치는 그리스 세계를 신과 인간의 결합 정도를 가리키는 '총체성' 개념을 기준으로 세 시대로 구분하였다.'를 통해 루카치는 그리스 세계를 '총체성'이라는 단일한 개념을 기준으로 시대를 구분하였음을 알 수 있다.

19 난도 ★★☆ 정답 ②

비문학 > 사실적 읽기

정답의 이유

② '16~17세기에 창작되었던 몽유록에는 참여자형이 많다. 참여자형에서는 몽유자와 꿈속 인물들이 동질적인 이념을 공유하고 현실의 고통스러운 문제에 대해 의견을 나누며 비판적 목소리를 낸다.'라고 하였으므로 몽유자가 현실을 비판하는 경향이 강하게 나타나는 시기는 16~17세기임을 알 수 있다.

오답의 이유

① 제시된 글에 따르면, 몽유록은 몽유자의 역할에 따라 참여자형과 방관자형으로 구분할 수 있다. 참여자형에서는 몽유자가 꿈에서 만난 인물들의 모임에 직접 참여하지만, 방관자형에서는 모임을 엿볼 뿐 직접 참여하지는 않는다. 이를 통해 몽유자가 꿈속 인물들의 모임에 직접 참여하는지, 참여하지 않는지에 따라 몽유록의 유형을 나눌 수 있음을 알 수 있다.

③ '그러나 주로 17세기 이후에 창작된 방관자형에서는 ~ 이 시기의 몽유록이 통속적이고 허구적인 성격으로 변모하는 것은 몽유자의 역할 변화와 무관하지 않다.'를 통해 몽유자가 구경꾼 역할을 하는 몽유록은 통속적이고 허구적인 성격이 강하다는 것을 알 수 있다.

④ '참여자형에서는 몽유자와 꿈속 인물들이 동질적인 이념을 공유하고 현실의 고통스러운 문제에 대해 의견을 나누며 비판적 목소리를 낸다.'를 통해 몽유자가 꿈속 인물들과 함께 현실을 비판하는 몽유록은 참여자형에 해당함을 알 수 있다.

20 난도 ★★☆ 정답 ③

비문학 > 사실적 읽기

정답의 이유

③ '국내외의 글로벌 기업들은 여러 산업 분야에서 디지털 트윈을 도입하여 사전에 위험 요소를 제거하고 수익 모델의 효율성을 높이고 있다.'를 통해 디지털 트윈에서의 시뮬레이션으로 현실 세계의 위험 요소를 찾아내고 방지할 수 있음을 알 수 있다.

오답의 이유

① 디지털 트윈을 활용함에 따라 글로벌 기업들의 고용률이 향상되었다는 내용은 제시되어 있지 않다.

② 디지털 트윈이 주목받는 이유는 안정성과 경제성 때문이며, 가상 세계에 데이터를 전송, 취합, 분석, 이해, 실행하는 과정은 실제 실험보다 비용이 적게 든다고 하였다. 따라서 디지털 트윈의 데이터 모델은 현실 세계의 각종 실험 모델보다 경제성이 높음을 알 수 있다.

④ 이용자들에게 새로운 경제·사회·문화적 경험을 제공하는 데 목적을 둔 것은 메타버스이다. 디지털 트윈은 현실 세계에 존재하는 것을 컴퓨터상에 똑같이 복제하고 실시간으로 반응할 수 있도록 하는 데 목적이 있다.

국어 | 2023년 지방직 9급

한눈에 훑어보기

✅ 영역 분석

어휘　　04　12　14
3문항, 15%

문법　　03　13
2문항, 10%

고전 문학　05　16
2문항, 10%

현대 문학　09　10
2문항, 10%

비문학　01　02　06　07　08　11　15　17　18　19　20
11문항, 55%

✅ 빠른 정답

01	02	03	04	05	06	07	08	09	10
①	①	③	④	②	④	④	③	④	②

11	12	13	14	15	16	17	18	19	20
②	②	④	①	③	③	②	②	①	①

✅ 점수 체크

구분	1회독	2회독	3회독
맞힌 문항 수	/ 20	/ 20	/ 20
나의 점수	점	점	점

01 난도 ★☆☆　　　　　　　　　　정답 ①

비문학 > 화법

[정답의 이유]

① 최 주무관은 AI에 대한 국민 이해도를 높이기 위해 설명회를 개최할 필요가 있다는 김 주무관의 의견에 대하여 '저도 요즘 그 필요성을 절감하고 있어요.'라고 말하며 공감을 표현하고 있다.

[오답의 이유]

② 김 주무관은 어떻게 준비해야 효과적으로 전달할 수 있을지 고민이라고 말하며 최 주무관의 의견을 듣고 싶다는 것을 간접적으로 표현하고 있다.

③ 최 주무관은 '그럼 청중의 관심 분야를 파악하려면 청중의 특성 중에서 어떤 것들을 조사하면 좋을까요?'라며 청중 분석에 대한 구체적인 방안을 묻고 있으므로 자신의 반대 의사를 우회적으로 드러내고 있다고 볼 수 없다.

④ 김 주무관은 '나이, 성별, 직업 등을 조사할까요?'라는 의문문을 통해 자신의 답변에 확신을 얻고자 하는 것이지 상대의 의견을 반박하고 있는 것은 아니다.

02 난도 ★★☆　　　　　　　　　　정답 ①

비문학 > 글의 순서 파악

[정답의 이유]

• (나)에서는 독서가 뇌 발달에 끼치는 영향에 대한 A 교수의 연구를 소개하고 있으므로 화제를 제시하는 첫 문장 '독서는 아이들의 전반적인 뇌 발달에 큰 영향을 미친다.'의 뒤에 오는 것이 적절하다.

• (가)의 '그'는 (나)의 A 교수를 가리키므로 (나) 뒤에 오는 것이 적절하다.

• (다)의 '이처럼'은 앞에 나오는 내용을 받아 뒷문장과 이어주는 기능을 하는 접속어이다. '이처럼' 뒤에 책을 많이 읽으면 전두엽이 훈련되어 뇌 발달의 가능성이 높아진다는 내용을 제시하고 있으므로 (다) 앞에도 독서와 전두엽의 관계에 대한 내용이 나와야 한다. 그러므로 책을 읽으면 상상력이 자극되어 전두엽을 많이 사용하게 된다는 내용의 (가) 뒤에 오는 것이 적절하다.

따라서 맥락에 따라 가장 자연스럽게 배열한 것은 ① (나) - (가) - (다)이다.

03 난도 ★★☆   정답 ③

문법 > 통사론

정답의 이유

③ ⓒ '얼음이'는 부사어가 아니고, 서술어 '되다' 앞에서 말을 보충해 주는 역할을 하는 보어이다.

오답의 이유

① ㉠ '지원은'은 서술어 '깨우다'의 주체인 주어이다.

② ㉡ '만들었다'는 문맥상 '노력이나 기술 따위를 들여 목적하는 사물을 이루다.'라는 뜻이며, 이 경우 '~이/가 …을/를 만들다'와 같이 쓰이므로 주어와 목적어를 요구하는 두 자리 서술어임을 알 수 있다.

④ ⓔ '어머나'는 문장에서 다른 성분과 직접적으로 관련을 맺지 않는 독립어로, 생략되어도 문장이 성립한다.

04 난도 ★★☆   정답 ④

어휘 > 한자어

정답의 이유

④ '부유(浮遊)하다'는 '물 위나 물속, 또는 공기 중에 떠다니다.'라는 뜻이고, '헤엄치다'는 '사람이나 물고기 따위가 물속에서 나아가기 위하여 팔다리를 젓거나 지느러미를 움직이다.'라는 뜻이므로 '헤엄치는'은 ⓔ과 바꿔 쓸 수 없다.

오답의 이유

① '맹종(盲從)하다'는 '옳고 그름을 가리지 않고 남이 시키는 대로 덮어놓고 따르다.'라는 뜻이므로 '무분별하게 따르는'과 바꿔 쓸 수 있다.

② '탈피(脫皮)하다'는 '일정한 상태나 처지에서 완전히 벗어나다.'라는 뜻이므로 '벗어나'와 바꿔 쓸 수 있다.

③ '제고(提高)하다'는 '수준이나 정도 따위를 끌어올리다.'라는 뜻이므로 '끌어올리기'와 바꿔 쓸 수 있다.

05 난도 ★★☆   정답 ②

고전 문학 > 고전 운문

정답의 이유

② (나)에서는 '청산(靑山)', '유수(流水)' 등과 같은 시각적 심상을 활용하여 항상 푸른 청산과 밤낮으로 흐르는 유수처럼 학문 수양에 끊임없이 정진하겠다는 의지를 강조하고 있다. (나)에서 청각적 심상은 나타나지 않는다.

오답의 이유

① (가)는 변하지 않는 '청산(靑山)'과 변하는 '녹수(綠水)'를 대조하여 임에 대한 '나'의 변함없는 사랑을 나타내고 있다.

③ (가)는 '청산(靑山)은 내 뜻이오 녹수(綠水)는 님의 정(情)이'에서 대구를 활용하여 시상을 전개하였고, (나)는 '청산(靑山)는 엇뎨ㅎ야 만고(萬古)애 프르르며 / 유수(流水)는 엇뎨ㅎ야 주야(晝夜)애 긋디 아니는고'에서 대구를 활용하여 시상을 전개하였다.

④ (가)는 '청산(靑山)이야 변(變)홀손가'에서 설의적 표현을 활용하여 '임'에 대한 변함없는 사랑을 나타내고 있다. (나)는 '유수(流水)는 엇뎨ㅎ야 주야(晝夜)애 긋디 아니는고'에서 설의적 표현을

활용하여 유수가 그치지 않고 밤낮으로 흐르는 것처럼 학문 수양에 정진하겠다는 의지를 나타내고 있다.

작품 해설

(가) 황진이, 「청산은 내 뜻이오 ~」
- 갈래: 평시조, 단시조
- 성격: 감상적, 상징적, 은유적
- 주제: 임을 향한 변함없는 사랑
- 특징
  - 시어의 대비를 통하여 주제를 강조함
  - 임에 대한 마음을 자연물에 대입함

(나) 이황, 「청산는 엇뎨ㅎ야 ~」
- 갈래: 평시조, 연시조
- 성격: 관조적, 교훈적, 한정가
- 주제: 끊임없는 학문 수양에 대한 의지
- 특징
  - 총 12수로 이루어진 연시조 『도산십이곡』 중 제11곡
  - 생경한 한자어를 많이 사용한 강호가도의 대표적 작품
  - 설의법, 대구법 등을 사용하여 주제를 강조함

06 난도 ★☆☆   정답 ④

비문학 > 사실적 읽기

정답의 이유

④ 1문단에서는 교환가치가 아무리 높아도 '나'에게 사용가치가 없다면 상품을 구매하지 않는다고 설명하였으며, 2문단에서는 댓글로 인해 공연 티켓의 사용가치를 잘못 판단한 사례를 제시하였다. 그리고 3문단에서는 건강한 소비를 위해 상품이 '나'에게 얼마나 필요한가에 대한 고민이 필요하다고 하였으므로 제시된 글의 중심 내용으로는 '상품을 구매할 때 사용가치가 자신의 필요에 의해 결정된 것인지 신중하게 따져야 한다.'가 가장 적절하다.

오답의 이유

① 사용가치보다 교환가치가 큰 상품을 구매해야 한다는 내용은 나타나지 않는다.

② 상품에는 사용가치와 교환가치가 섞여 있다고 하였으나 3문단에서 '건강한 소비를 위해서는 구매하려는 상품의 사용가치가 어떤 과정을 거쳐 결정된 것인지 곰곰이 생각해 봐야 한다.'라고 하였으므로 상품을 구매할 때 고려해야 하는 것은 상품의 사용가치임을 알 수 있다. 따라서 '상품을 구매할 때 사용가치와 교환가치를 두루 고려해야 한다.'는 중심 내용으로 적절하지 않다.

③ 3문단에서 '다른 사람들의 말에 휩쓸려 어떤 상품의 사용가치가 결정될 때, 그 상품은 '나'에게 쓸모없는 골칫덩이가 될 수 있다.'라고 하였으므로 '상품에 대한 다른 사람들의 평가를 반영해서 상품을 구매해야 한다.'는 중심 내용으로 적절하지 않다.

07 난도 ★★☆　　　　　　　　　　정답 ④

비문학 > 작문

정답의 이유

④ '그들은 서학을 검토하며 어떤 부분은 수용했지만' 뒤에 '반대로'를 덧붙였으므로 ㉣에는 '수용하다'와 상반되는 단어가 와야 한다. ㉣의 '지향하다'는 '어떤 목표로 뜻이 쏠리어 향하다.'라는 뜻이며, 이는 '수용하다'와 상반되는 단어가 아니므로 '더 높은 단계로 오르기 위하여 어떠한 것을 하지 아니하다.'라는 뜻의 '지양하다'로 수정하는 것이 적절하다.

오답의 이유

① 천주학의 '학(學)'은 '학문'을 의미하므로 ㉠을 '학문적 관점에서보다 종교적인 관점에서'로 수정하는 것은 적절하지 않다.

② 조선 후기에 서학은 신봉의 대상이 아니라 분석의 대상이었다. 따라서 서학 수용에 적극적인 이들도 무조건 따르자고 주장하지는 않았을 것이므로 ㉡을 '주장하였는데'로 수정하는 것은 적절하지 않다.

③ 외부에서 유입된 사유 체계에는 '양명학'이나 '고증학' 등도 있다고 하였으므로 ㉢을 '유일한 대안이었다'로 수정하는 것은 적절하지 않다.

08 난도 ★☆☆　　　　　　　　　　정답 ③

비문학 > 추론적 읽기

정답의 이유

③ 빈칸 뒤의 내용을 살펴보면, 글을 쓸 때 독자의 수준을 고려하지 않고 너무 어려운 개념과 전문용어를 사용하면 독자가 글을 이해하기 어렵다고 하였다. 또한 글쓰기는 필자가 글을 통해 자신의 메시지를 독자에게 전달하는 행위이기 때문에 계획하기 단계에서 반드시 예상 독자를 분석해야 한다고 하였다. 따라서 빈칸에 들어갈 말로 가장 적절한 것은 '필자의 메시지를 독자에게 효과적으로 전달하는 데 도움이 되기'이다.

오답의 이유

① 계획하기 과정이 글쓰기 과정 중 첫 단계라는 내용은 제시되지 않았다.

② '글을 쓸 때 독자의 수준에 비해 너무 어려운 개념과 전문용어를 사용한다면 독자가 글을 이해하기 어렵게 된다.'라고 하였으므로 예상 독자의 수준에 따라 어려운 개념과 전문용어를 적절히 사용해야 한다.

④ 독자의 배경지식에 따라 글의 목적과 주제가 결정된다는 내용은 제시되지 않았다.

09 난도 ★★☆　　　　　　　　　　정답 ④

현대 문학 > 현대 시

정답의 이유

④ 화자는 글을 쓰는 행위를 통해 사랑을 잃은 후의 절망과 공허한 마음을 나타내고 있다. 잃어버린 사랑의 회복을 열망하는 마음은 드러나지 않는다.

오답의 이유

① '짧았던 밤', '겨울 안개', '촛불', '흰 종이', '눈물', '열망' 등을 호명하며 이별에 대한 안타까운 심정을 드러내고 있다.

② 화자는 사랑을 잃은 뒤 '가엾은 내 사랑'을 '빈집'에 가두었다. 이를 통해 '빈집'은 사랑을 잃은 절망적인 공간이자, 사랑을 잃은 화자의 공허한 내면을 상징한다는 것을 알 수 있다.

③ '밤들아', '안개들아', '촛불들아' 등 대상을 부르는 돈호법과 '나는 쓰네', '빈집에 갇혔네' 등 감탄형 어미 '-네'의 반복적 사용을 통해 영탄적 어조로 이별에 따른 공허함과 절망감을 부각하고 있다.

작품 해설

기형도, 「빈집」

- 갈래: 자유시, 서정시
- 성격: 애상적, 비유적, 독백적
- 주제: 사랑을 잃은 공허함과 절망
- 특징
  - 영탄적 어조를 사용하여 화자의 감정을 부각함
  - 대상을 열거하며 화자의 상실감을 강조함
  - 사랑을 잃은 화자의 공허함과 절망적 내면을 빈집으로 형상화함

10 난도 ★☆☆　　　　　　　　　　정답 ②

현대 문학 > 현대 소설

정답의 이유

② 제시된 작품의 서술자는 등장인물인 '나'이다. '나'는 주인공인 '그'의 행동을 관찰하고 심리를 추측한다. 즉, 제시된 작품은 주인공이 아닌 '나'가 작품 속 서술자가 되어 주인공을 관찰하여 서술하는 1인칭 관찰자 시점을 취하고 있다.

오답의 이유

① 서술자인 '나'는 대화나 행동, 표정 등을 통하여 '그'의 심리를 추측할 뿐 전지적 위치에서 심리를 전달하고 있지 않다.

③ 서술자인 '나'는 작품의 주인공이 아니라 관찰자이며, 유년 시절을 회상하며 갈등 원인을 해명하고 있지 않다.

④ 서술자인 '나'는 관찰자로 '그'의 행동을 진술하고 있으며, '끼니조차 감당 못 하는 주제에 막벌이가 아니면 어쩌다 간간이 얻어걸리는 출판사 싸구려 번역 일 가지고 어느 해가에 빚을 갚을 것인가.'를 통해 '그'에 대해 주관적인 판단을 내리고 있음을 확인할 수 있다.

작품 해설

윤흥길, 「아홉 켤레의 구두로 남은 사내」

- 갈래: 중편 소설, 세태 소설
- 성격: 비판적, 사실적, 현실 고발적
- 주제: 산업화로 소외된 계층의 삶과 그에 대한 연민
- 특징
  - 상징적 소재와 관련된 행위로 인물의 심리와 성격을 드러냄
  - 사실적 문체를 통해 현실의 모순을 예리하게 지적함

11 난도 ★☆☆　　　　　　　　　정답 ②

비문학 > 화법

정답의 이유

② 운용은 설탕세를 부과하면 당 소비가 감소한다는 은지의 발언에 대하여 믿을 만한 근거가 있냐고 질문하고 있을 뿐 은지의 주장에 반대하고 있지는 않다.

오답의 이유

① 은지는 첫 번째 발언에서 '설탕세 부과 여부'라는 화제를 제시하고 있다.

③ 은지는 두 번째 발언에서 '세계보건기구 보고서'를 자신의 주장에 대한 근거로 제시하고 있다.

④ 재윤은 '그런데 설탕세 부과가 질병을 예방한다는 것은 타당하지 않아. 여러 연구 결과를 보면 당 섭취와 질병 발생은 유의미한 상관관계가 없어.'라며 은지가 제시한 주장의 근거를 부정하고 있다.

12 난도 ★★☆　　　　　　　　　정답 ②

어휘 > 한자어

정답의 이유

② 매수(買受: 살 매, 받을 수)(×) → 매수(買售: 살 매, 팔 수)(○)
- 買受(매수): 물건을 사서 넘겨받음
- 買售(매수): 물건을 팔고 사는 일

오답의 이유

① 구가(謳歌: 노래할 구, 노래 가)(○): 여러 사람이 입을 모아 칭송하여 노래함 / 행복한 처지나 기쁜 마음 따위를 거리낌 없이 나타냄. 또는 그런 소리

③ 알력(軋轢: 삐걱거릴 알, 수레에 칠 력)(○): 수레바퀴가 삐걱거린다는 뜻으로, 서로 의견이 맞지 아니하여 사이가 안 좋거나 충돌하는 것을 이르는 말

④ 편달(鞭撻: 채찍 편, 매질할 달)(○): 경계하고 격려함

13 난도 ★☆☆　　　　　　　　　정답 ④

문법 > 한글 맞춤법

정답의 이유

④ 걷잡아서(×) → 겉잡아서(○): '걷잡다'는 '한 방향으로 치우쳐 흘러가는 형세 따위를 붙들어 잡다. / 마음을 진정하거나 억제하다.'라는 의미이다. 제시된 문장에서는 '겉으로 보고 대강 짐작하여 헤아리다.'라는 의미로 사용되었으므로 '겉잡다'가 적절하다.

오답의 이유

① 부치는(○): 모자라거나 미치지 못하다.

② 알음(○): 사람끼리 서로 아는 일

③ 닫혔다(○): 열린 문짝, 뚜껑, 서랍 따위가 도로 제자리로 가 막히다.

14 난도 ★★☆　　　　　　　　　정답 ①

어휘 > 한자어

정답의 이유

㉠ 長(길 장, 벼슬 관): 국무를 나누어 맡아 처리하는 행정 각부의 우두머리

㉡ 補償(기울 보, 갚을 상): 남에게 끼친 손해를 갚음 / 국가 또는 단체가 적법한 행위에 의하여 국민이나 주민에게 가한 재산상의 손실을 갚아 주기 위하여 제공하는 대상

㉢ 決裁(결정할 결, 마를 재): 결정할 권한이 있는 상관이 부하가 제출한 안건을 검토하여 허가하거나 승인함

오답의 이유

- 將官(장수 장, 벼슬 관): 군사를 거느리는 우두머리

- 報償(갚을 보, 갚을 상): 남에게 진 빚 또는 받은 물건을 갚음

- 決濟(결정할 결, 건널 제): 증권 또는 대금을 주고받아 매매 당사자 사이의 거래 관계를 끝맺는 일

15 난도 ★★☆　　　　　　　　　정답 ③

비문학 > 추론적 읽기

정답의 이유

③ 제시된 글에서 우리는 '사회 속에서 여럿이 모여 복수의 상태로 살아갈 수밖에 없는 존재'이며 동시에 '각각 유일무이성을 지닌 단수'라고 하였다. 또한 '개별적 유일무이성을 제거하는 것은 우리가 살아가는 사회의 다원성을 파괴하는 일'이라고 하였다. 하지만 개인의 유일무이성을 보존하려는 제도가 개인의 보편적 복수성을 침해하는지의 여부는 제시된 글에 나타나 있지 않다.

오답의 이유

① 제시된 글에서 '우리는 개별적으로 고립된 채 살아가는 존재일 수 없다. 사회 속에서 여럿이 모여 '복수(複數)'의 상태로 살아갈 수밖에 없는 존재라는 것이다.'라고 하였으므로 우리는 고립된 상태에서 '단수'로 살아가는 존재가 아니라는 내용은 적절하다.

② 제시된 글에서 '바로 이러한 이유로 우리는 다원적 존재이다.', '우리가 이 같은 사회에서 살아가기 위해서는 타인을 포용하는 공존의 태도가 필요하다.'라고 하였으므로 우리는 다원성을 지닌 존재로서 포용적으로 공존해야 한다는 내용은 적절하다.

④ 제시된 글에서 '공동체 정화 등을 목적으로 개별적 유일무이성을 제거하는 것은 우리가 살아가는 사회의 다원성을 파괴하는 일이다.'라고 하였으므로 개인의 특수한 단수성을 제거하려는 시도는 사회의 다원성을 파괴하는 결과로 이어질 수 있다는 내용은 적절하다.

16 난도 ★★☆　　　　　　　　　정답 ③

고전 문학 > 고전 산문

정답의 이유

③ 제시된 작품에서 주인공 춘향은 이도령에 대한 굳은 절개를 드러내고 매를 맞는 자신의 상황에 대해 한탄하고 있을 뿐, 대화를 통하여 주인공의 내적 갈등이 해결되고 있지는 않다.

오답의 이유

① '일편단심, 일정지심, 일부종사, 일신난처, 일각인들, 일월 같은' 과 '이부불경, 이군불사, 이 몸이, 이왕 이리 되었으니, 이 자리 에서', '삼청동, 삼생연분, 삼강을, 삼척동자, 삼종지도, 삼생에, 삼월삼일, 삼십삼천, 삼태성께'에서 동일한 글자를 반복하여 리 듬감을 조성하고 있다.

② '일자(一字)', '이자(二字)', '삼자(三字)' 등 숫자를 활용하여 춘향 이 매를 맞는 상황과 매를 맞으면서도 이도령에 대한 절개를 지 키려는 모습을 제시하고 있다.

④ '일부종사(한 남편만을 섬김)', '이부불경(두 남편을 공경할 수 없 음)', '이군불사(두 임금을 섬기지 않음)', '삼종지도(여자가 따라 야 할 세 가지 도리)' 등 유교적 가치를 담고 있는 말을 활용하여 이도령에 대한 절개를 지키려는 춘향의 의지를 드러내고 있다.

17 난도 ★★☆ 정답 ②

비문학 > 사실적 읽기

정답의 이유

② 2문단의 '차람은 소설을 소유하고 있는 사람에게 직접 빌려서 보 는 것으로, 알고 지내던 개인들 사이에서 이루어졌다.'를 통해 차람은 알고 지내던 사람에게 책을 빌려 보는 방식임을 알 수 있 다. 하지만 대가를 지불했는지의 여부는 제시된 글에서 확인할 수 없다.

오답의 이유

① 1문단의 '구연에 의한 유통은 구연자가 소설을 사람들에게 읽어 주는 방식으로, 글을 모르는 사람들과 글을 읽을 수 있지만 남이 읽어 주는 것을 선호하는 이들을 대상으로 이루어졌다.'를 통해 전기수가 글을 모르는 사람들에게 소설을 구연하였다고 이해한 것은 적절하다.

③ 1문단의 '하지만 이 방식은 문헌에 의한 유통에 비해 시간과 공 간의 제약이 많아서 유통 범위를 넓히는 데 뚜렷한 한계가 있었 다.'를 통해 문헌에 의한 유통은 구연에 의한 유통에 비해 시간 과 공간의 제약이 적었다고 이해한 것은 적절하다.

④ 2문단의 '세책가에서는 소설을 구매하는 것보다 훨씬 적은 비용 으로 빌려 볼 수 있었기 때문에 경제적으로 넉넉하지 않은 사람 도 소설을 쉽게 접할 수 있었다. 이로 인해 조선 후기 사회에서 세책가가 성행하게 되었다.'를 통해 조선 후기에 세책가가 성행 한 원인은 소설을 구매하는 비용보다 세책가에서 빌리는 비용이 적다는 데 있다고 이해한 것은 적절하다.

18 난도 ★★★ 정답 ②

비문학 > 사실적 읽기

정답의 이유

② 반신이지만 민족적 영웅의 모습으로 기록된 연개소문의 사례는 『삼국사기』가 신라 정통론에 기반에 있다는 기존의 평가와는 다 르게 다면적이고 중층적인 역사 텍스트임을 보여주는 근거이다. 따라서 열전에 수록된 반신 중 『삼국사기』에 대한 기존 평가를 다르게 할 수 있는 사례가 있다고 이해한 것은 적절하다.

오답의 이유

① 1문단의 '이 중 열전은 전체 분량의 5분의 1을 차지하며, 수록된 인물은 86명으로, 신라인이 가장 많고, 백제인이 가장 적다.'와 2문단의 '가령 고구려의 연개소문은 반신이지만, 당나라에 당당 히 대적한 민족적 영웅의 모습도 포함되어 있다.'에서 『삼국사 기』에는 신라인뿐만 아니라 백제인과 고구려인도 포함되어 있음 을 확인할 수 있다. 그러나 2문단에 따르면, 『삼국사기』는 신라 정통론에 기반해 당시 지배 질서를 공고히 하고자 했다고 평가 받으므로 『삼국사기』가 신라 정통론을 계승하지 않았다고 단정 할 수 없다.

③ 1문단에서 '수록 인물의 배치에는 원칙이 있는데, 앞부분에는 명 장, 명신, 학자 등을 수록했고, 다음으로 관직에 있지는 않았으 나 기릴 만한 사람을 실었다.'라고 하였으므로 『삼국사기』 열전 에는 관직에 오르지 못한 사람이더라도 기릴 만한 업적이 있으 면 수록되었다는 것을 알 수 있다.

④ 1문단의 『삼국사기』는 본기 28권, 지 9권, 표 3권, 열전 10권의 체제로 되어 있다. 이 중 열전은 전체 분량의 5분의 1을 차지하 며, 수록된 인물은 86명으로, 신라인이 가장 많고, 백제인이 가 장 적다.'를 통해 『삼국사기』의 체제 중 가장 많은 권수를 차지하 는 것은 '본기'임을 알 수 있다.

19 난도 ★★☆ 정답 ①

비문학 > 추론적 읽기

정답의 이유

① 1문단의 '프랑스에서 의무교육 제도를 실시하면서 정규학교에 입학하기 어려운 지적장애아, 학습부진아를 가려내고자 하였다. 이에 기초 학습 능력 평가를 목적으로, 1905년 최초의 IQ 검사가 이루어졌다.'를 통해 IQ 검사가 정규학교에 입학하기 어려운 지 적장애아, 학습부진아를 가려내고자 시행되었음을 알 수 있다.

오답의 이유

② 1문단의 '이 검사를 통해 비로소 인간의 지능을 구체적으로 수치 화하고 객관적으로 비교할 수 있게 되었다.'를 통해 IQ 검사가 만들어진 이후에야 인간의 지능을 구체적으로 수치화할 수 있었 음을 파악할 수 있다. 따라서 IQ 검사가 만들어지기 전에는 인 간의 지능을 수치로 비교할 수 없었음을 추론할 수 있다.

③ 2문단의 '하지만 문제는 IQ 검사가 인간의 지능 중 일부만을 측 정한다는 점이다.'를 통해 IQ 검사가 인간의 지능 중 일부만 측 정한다는 것을 알 수 있다. 따라서 IQ가 높은 아이라도 전체 지 능은 높지 않을 수 있음을 추론할 수 있다.

④ 2문단의 '이는 IQ 검사가 기초 학습에 필요한 최소 능력인 언어 이해력, 어휘력, 수리력 등을 측정하기 때문이다.'를 통해 IQ 검 사가 읽기 능력과 관련된 언어이해력, 어휘력 등을 측정한다는 것을 알 수 있다. 따라서 IQ가 높은 아이가 읽기 능력이 좋을 확 률이 높다는 것을 추론할 수 있다.

비문학 > 추론적 읽기

정답의 이유

① '그런데 한자는 문맥에 따라 같은 글자가 다른 뜻으로 쓰이지는 않지만 다른 문장성분으로 사용되기도 해 혼란을 야기한다.'에서 한자는 문맥에 따라 같은 글자가 다른 문장성분으로 사용되기도 한다는 것을 알 수 있지만 한국어 문장보다 문장성분이 복잡하다는 내용은 나타나지 않는다.

오답의 이유

② 제시된 글에서 '愛人'은 문맥에 따라 '愛'가 '人'을 수식하는 관형어일 때도, '人'을 목적어로 삼는 서술어일 때도 있다고 하였다. 따라서 '淨水'가 문맥상 '깨끗하게 한 물'일 때 '淨'은 '水'를 수식하는 관형어로 사용되었음을 추론할 수 있다. 만일 '淨水'가 '물을 깨끗하게 하다.'라는 의미로 사용되었다면, '淨'은 '水'를 목적어로 삼는 서술어일 것이다.

③ '한글에서는 동음이의어, 즉 형태와 음이 같은데 뜻이 다른 단어가 많아 글자만으로 의미를 파악하지 못하는 경우가 많다.'라고 하였으므로 한글에서 동음이의어는 형태와 음은 같지만 뜻이 다른 단어이다. 하지만 한자는 '문맥에 따라 같은 글자가 다른 뜻으로 쓰이지는 않지만 다른 문장성분으로 사용되기도 해 혼란을 야기한다.'를 통해 문장성분이 달라져도 뜻은 달라지지 않기 때문에 동음이의어가 아님을 확인할 수 있다. 따라서 '愛人'에서 '愛'의 문장성분이 바뀌더라도 '愛'의 뜻은 바뀌지 않기 때문에 동음이의어가 아님을 추론할 수 있다.

④ '한글에서는 동음이의어, 즉 형태와 음이 같은데 뜻이 다른 단어가 많아 글자만으로 의미를 파악하지 못하는 경우가 많다.'를 통해 한글은 글자만으로 의미를 파악하는 못하는 경우가 많음을 알 수 있다. 또한, 한글로 '사고'라고만 쓰면 '뜻밖에 발생한 사건'인지 '생각하고 궁리함'인지 알 수 없다고 예시를 제시하고 있으므로 한글로 적힌 '의사'만으로는 '병을 고치는 사람'인지 '의로운 지사'인지 구별할 수 없다고 추론할 수 있다.

한눈에 훑어보기

영역 분석

어휘 03 04 15 18
4문항, 20%

문법 01 02 07 08 11 12 19 20
8문항, 40%

고전 문학 06 14
2문항, 10%

현대 문학 09 10 13
3문항, 15%

비문학 05 16 17
3문항, 15%

빠른 정답

01	02	03	04	05	06	07	08	09	10
①	①	④	③	②	③	③	②	①	③
11	12	13	14	15	16	17	18	19	20
④	③	②	③	③	③	②	①	②	④

점수 체크

구분	1회독	2회독	3회독
맞힌 문항 수	/ 20	/ 20	/ 20
나의 점수	점	점	점

---

01 난도 ★★☆ 정답 ①

문법 > 음운론

정답의 이유

① '국민[궁민]'에서는 '국'의 'ㄱ'과 '민'의 'ㅁ'이 결합하면서 비음 [ㅁ]의 영향으로 [ㄱ]이 [ㅇ]으로 바뀌는 비음화 현상이 일어난다. 이때 [ㄱ]의 조음 방법이 파열음에서 비음으로 바뀌었을 뿐 연구개음이라는 조음 위치는 바뀌지 않았다. '묻는[문는]'도 마찬가지로 '묻'의 'ㄷ'과 '는'의 'ㄴ'이 결합하면서 비음 [ㄴ]의 영향으로 [ㄷ]이 [ㄴ]으로 바뀌는 비음화 현상이 일어난다. 이때 [ㄷ]의 조음 방법이 파열음에서 비음으로 바뀌었을 뿐 치조음이라는 조음 위치는 바뀌지 않았다. 따라서 '국민'과 '묻는'에서 조음 위치가 바뀌는 음운 현상이 일어났다는 설명은 적절하지 않다.

오답의 이유

② '국민'과 '묻는' 모두 비음 'ㅁ', 'ㄴ'의 영향으로 'ㄱ', 'ㄷ'이 비음 [ㅇ], [ㄴ]으로 바뀌는 비음화 현상이 일어났다.

③ 동화란 인접한 두 음운이 서로 닮는 현상을 말한다. 그중 자음 동화는 음절 끝의 자음이 뒤에 오는 자음과 만날 때 어느 한쪽 또는 양쪽이 서로 닮아서 소리가 바뀌는 현상을 의미한다. 대표적인 자음 동화 현상에는 비음화가 있다.

④ '읊는'은 자음군 단순화가 일어나 [읖는]이 되고, 끝소리 규칙이 적용되어 [읍는]이 된다. 이때 'ㅂ'은 'ㄴ'의 영향을 받아 비음 [ㅁ]으로 바뀌어 비음화가 일어나고 [음는]으로 발음된다. 따라서 '읊는'에서도 비음화가 일어남을 알 수 있다.

---

02 난도 ★☆☆ 정답 ①

문법 > 한글 맞춤법

정답의 이유

① 본바가(×) → 본∨바가(○): '바'는 앞에서 말한 내용 그 자체나 일 따위를 나타내는 의존 명사이며, 앞에 온 '본'의 수식을 받으므로 '본∨바가'와 같이 띄어 써야 한다.

오답의 이유

② 생각대로(○): '대로'는 '따로따로 구별됨'을 나타내는 보조사이므로 앞말에 붙여 써야 한다.

③ 고향뿐이다(○): '뿐'은 '그것만이고 더는 없음' 또는 '오직 그렇게 하거나 그러하다는 것'을 나타내는 보조사이므로 앞말에 붙여 써야 한다.

④ 원칙만큼은(○): '만큼'은 앞말에 한정됨을 나타내는 보조사이므로 앞말에 붙여 써야 한다.

03 난도 ★☆☆

정답 ④

어휘 > 한자어

정답의 이유

④ '천착(穿鑿)하다'는 '어떤 원인이나 내용 따위를 따지고 파고들어 알려고 하거나 연구하다.'라는 뜻이므로 ② '천착할'을 '잘못된 것을 바로잡을'로 풀이한 것은 적절하지 않다.

오답의 이유

① '폄하(貶下)하다'는 '가치를 깎아내리다.'라는 뜻이므로 ⊙ '폄하한'을 '가치를 깎아내린'으로 풀이한 것은 적절하다.

② '기피(忌避)하다'는 '꺼리거나 싫어하여 피하다.'라는 뜻이므로 ⓒ '기피하고'를 '꺼리거나 피하고'로 풀이한 것은 적절하다.

③ '각광(脚光)'은 '사회적 관심이나 흥미'라는 뜻이므로 ⓒ '각광을'을 '사회적으로 관심을'로 풀이한 것은 적절하다.

04 난도 ★★☆

정답 ③

어휘 > 한자어

정답의 이유

③ '소정(所定)'은 '정해진 바'를 의미하고 '소액(少額)'은 '적은 금액'을 의미하므로 '소정의 급여를 지급함으로써'를 '소액의 급여를 지급함으로써'로 다듬은 것은 적절하지 않다.

오답의 이유

① '상존(常存)하다'는 '언제나 존재하다.'라는 의미이므로 '가능성은 상존하고 있다'를 '가능성은 늘 있다'로 다듬은 것은 적절하다.

② '도래자(到來者)'는 '어떤 시기가 된 사람'이라는 의미이므로 '만 65세 도래자'는 '만 65세가 되는 사람은'으로 다듬은 것은 적절하다.

④ '제고(提高)하다'는 '수준이나 정도 따위를 끌어올리다.'라는 의미이므로 '확인서 발급에 따른 편의성을 제고함'을 '확인서 발급에 따른 편의성을 높임'으로 다듬은 것은 적절하다.

05 난도 ★★☆

정답 ②

비문학 > 글의 순서 파악

정답의 이유

② '왜냐하면'이라는 인과관계의 접속어가 나왔으므로 〈보기 1〉의 앞부분에는 '하나의 객관적 진실이 백일하에 드러나 모든 다른 견해를 하나로 귀결시키는 일이 일어나지 않기 때문'의 결과가 나와야 함을 알 수 있다. 이와 관련된 내용은 '학문의 세계에서 통합이란 말은 성립되기 어렵다.'이므로 〈보기 1〉은 ⓒ에 들어가는 것이 적절하다.

06 난도 ★☆☆

정답 ③

고전 문학 > 고전 운문

정답의 이유

③ ⓒ '청장'은 게젓이 담겨 있는 진하지 않은 간장을 가리킨다.

오답의 이유

① · ② · ④ 장사가 팔려고 하는 ⊙ '동난지이', ⓒ '물건'은 모두 ②
'게젓'을 가리킨다.

작품 해설

작자 미상, 「댁들아 동난지이 사오 ~」

• 갈래: 사설시조
• 성격: 풍자적, 해학적
• 주제: 현학적인 태도에 대한 비판
• 특징
  – 대화의 방식과 의성어를 사용하여 생동감을 유발함
  – 게젓 장수의 현학적 태도를 풍자적 어조로 표현함

07 난도 ★★☆

정답 ③

문법 > 표준어 규정

정답의 이유

③ • 외눈퉁이(×) → 애꾸눈이/외눈박이(○): '애꾸눈이/외눈박이'는 복수 표준어로 인정하나 '외눈퉁이', '외대박이'는 비표준어이다.

• 덩쿨(×) → 넝쿨/덩굴(○): '넝쿨/덩굴'은 복수 표준어로 인정하나 '덩쿨'은 비표준어이다.

• 상관없다(○), 귀퉁배기(○): '관계없다/상관없다', '귀퉁머리/귀퉁배기'는 모두 복수 표준어이다.

오답의 이유

① 가엾다(○), 배냇저고리(○), 감감소식(○), 검은엿(○): '가엾다/가엽다', '깃저고리/배내옷/배냇저고리', '감감무소식/감감소식', '갱엿/검은엿'은 모두 복수 표준어이다.

② 눈짐작(○), 세로글씨(○), 푸줏간(○), 가물(○): '눈대중/눈어림/눈짐작', '내리글씨/세로글씨', '고깃간/푸줏간', '가뭄/가물'은 모두 복수 표준어이다.

④ 겉창(○), 뚱딴지(○), 툇돌(○), 들랑날랑(○): '덧창/겉창', '돼지감자/뚱딴지', '댓돌/툇돌', '들락날락/들랑날랑'은 모두 복수 표준어이다.

08 난도 ★★☆

정답 ②

문법 > 외래어 표기법

정답의 이유

② 외래어 표기법 제3장 제3항에 따르면 어말의 [ʃ]는 '시'로 적는다. 이에 따라 'brush[brʌʃ]'는 '브러시'로 적는다.

오답의 이유

① 외래어 표기법 제3장 제1항에 따르면 짧은 모음 다음의 어말 무성 파열음([p], [t], [k])은 받침으로 적는다. 이에 따라 'bonnet [bɑ:nət]'은 '보닛'으로 적는다.

③ 외래어 표기법 제3장 제8항에 따르면 중모음은 각 단모음의 음가를 살려서 적되, [ou]는 '오'로, [auə]는 '아워'로 적는다. 이에 따라 'boat[boʊt]'는 '보트'로 적는다.

④ 외래어 표기법 제3장 제3항에 따르면 어말 또는 자음 앞의 [s], [z], [f], [v], [θ], [ð]는 '으'를 붙여 적는다. 이에 따라 'graph[græf]'는 '그래프'로 적는다.

09 난도 ★☆☆　　　　　　　　　　정답 ①

현대 문학 > 현대 수필 · 현대 시

정답의 이유

〈보기〉에서 글쓴이는 자신의 흉터를 어려웠던 어린 시절을 힘들게 참고 이겨낸 떳떳하고 자랑스러운 삶의 기록으로 인식하고 있다. 흉터는 시련과 고난을 극복하는 과정에서 더욱 성숙해진 우리의 삶을 보여주는 흔적이다.

① '이 세상 그 어떤 아름다운 꽃들도 다 흔들리면서 피었나니'를 통해 우리의 삶도 고난과 역경 속에서 성숙해진다는 깨달음을 보여주고 있다. 따라서 〈보기〉에 드러난 글쓴이의 삶에 대한 인식과 가장 가깝다.

오답의 이유

② '너는 / 누구에게 한번이라도 뜨거운 사람이었느냐'를 통해 타인을 위해 자신을 희생하는 이타적인 삶의 가치를 제시하고 있다.

③ '죽는 날까지 하늘을 우러러 / 한 점 부끄럼이 없기를'을 통해 화자의 순수한 삶에 대한 의지와 부끄러움 없는 삶에 대한 소망을 드러내고 있다.

④ '사랑보다 소중한 슬픔을 주겠다.'를 통해 타인에 대한 관심과 공감이 중요하다는 것을 드러내고 있다.

작품 해설

이청준, 「아름다운 흉터」

- 갈래: 현대 수필
- 성격: 교훈적, 성찰적, 고백적
- 주제: 흉터를 아름답게 인식하게 된 계기와 참된 삶에 대한 소망
- 특징
  - 진솔한 자기 고백적 문체로 인생의 의미를 전달함
  - 자신의 경험을 통해 흉터가 지닌 참된 의미와 가치를 깨달음

10 난도 ★★☆　　　　　　　　　　정답 ③

현대 문학 > 현대 시

정답의 이유

③ 제시된 작품에서 '독수리'는 간을 뜯어 먹고 살쪄야 하는 존재로, 화자가 키우고자 하는 내면의 자아를 의미한다. 하지만 '거북이'는 화자를 유혹하는 존재로, 화자가 경계해야 할 대상이다. 따라서 '독수리'와 '거북이'가 이 시에서 유사한 의미를 갖는 존재라는 해석은 적절하지 않다.

오답의 이유

① 제시된 작품에서 '간(肝)'은 화자가 지켜야 하는 지조와 생명, 훼손될 수 없는 인간의 양심과 존엄성 등을 상징한다. 화자는 '습한 간(肝)을 펴서 말리우자'라며 더럽혀진 양심의 존엄성을 회복하려는 다짐을 나타내고 있다.

② 제시된 작품에서 '코카서스'는 인간을 위해 불을 훔친 죄로 바위에 묶여 독수리에게 간을 쪼아 먹히는 형벌을 받은 프로메테우스 신화에 등장하는 공간이다. 그리고 '토끼'는 용궁의 유혹에 빠져 간을 잃을 뻔했던 「토끼전」에 등장하는 인물이다. 따라서 '코

카서스 산중(山中)에서 도망해 온 토끼'는 프로메테우스 신화와 「토끼전」을 연결하는 역할을 한다고 볼 수 있다.

④ 제시된 작품에서 '프로메테우스'는 목에 맷돌을 달고 '끝없이 침전'한다. 화자는 끝없는 고통을 감내하는 프로메테우스를 통하여 시대의 고통을 감내하겠다는 자기희생의 의지를 다지고 있다.

작품 해설

윤동주, 「간(肝)」

- 갈래: 자유시, 서정시
- 성격: 저항적, 의지적, 우의적
- 주제: 양심의 회복과 고난 극복의 의지
- 특징
  - 「토끼전」과 프로메테우스 신화를 결합하여 시상을 전개함
  - 정신적 자아와 육체적 자아의 대립을 통해 자아 성찰과 자기희생의 의지를 표현함

11 난도 ★★☆　　　　　　　　　　정답 ④

문법 > 한글 맞춤법

정답의 이유

④ 곰겨서(○): '곰기다'는 '곪은 자리에 딴딴한 멍울이 생기다.'라는 뜻으로 문맥상 적절하게 사용되었다.

오답의 이유

① 옛부터(×) → 예부터(○): '옛'은 지나간 때를 의미하는 관형사이므로 조사와 결합할 수 없다. 따라서 아주 먼 과거를 의미하는 명사인 '예'를 사용하여 '예부터'로 표기하는 것이 적절하다.

② 궁시렁거리지(×) → 구시렁거리지(○): '못마땅하여 군소리를 듣기 싫도록 자꾸 하다.'라는 의미의 '구시렁거리지'로 표기하는 것이 적절하다.

③ 들이키지(×) → 들이켜지(○): 문맥상 '물이나 술 따위의 액체를 단숨에 마구 마시다.'라는 의미를 나타내는 경우에는 '들이켜다'를 사용하는 것이 적절하다. '들이키다'는 '안쪽으로 가까이 옮기다.'라는 의미이므로 적절하지 않다.

12 난도 ★★★　　　　　　　　　　정답 ③

문법 > 형태론

정답의 이유

③ '이르다(至)'는 '이르러'로 활용되는 용언으로 '러' 불규칙 활용에 해당한다. 어간 '이르-'에 모음으로 시작하는 어미 '-어'가 결합할 때 어미 '-어'가 '-러'로 바뀌므로 어미의 형태가 불규칙하게 활용되는 사례에 해당한다.

오답의 이유

① '잇다'는 '이으니'로 활용되는 용언으로 'ㅅ' 불규칙 활용에 해당한다. 어간 '잇-'에 모음으로 시작하는 어미 '-으니'가 결합할 때 어간의 'ㅅ'이 탈락하므로 어간의 형태가 불규칙하게 활용되는 사례에 해당한다.

② '묻다(問)'는 '물어서'로 활용되는 용언으로 'ㄷ' 불규칙 활용에 해당한다. 어간 '묻-'에 모음으로 시작하는 어미 '-어서'가 결합할 때 어간의 'ㄷ'이 'ㄹ'로 바뀌므로 어간의 형태가 불규칙하게 활용되는 사례에 해당한다.

④ '낫다'는 '나으니'로 활용되는 용언으로 'ㅅ' 불규칙 활용에 해당한다. 어간 '낫-'에 모음으로 시작하는 어미 '-으니'가 결합할 때 어간의 'ㅅ'이 탈락하므로 어간의 형태가 불규칙하게 활용되는 사례에 해당한다.

13 난도 ★★☆   정답 ②

현대 문학 > 현대 시

정답의 이유

② '아스팔트'는 '군용 트럭'이 다니는 공간이며, '어린 게'는 달려오는 군용 트럭에 깔려 '길바닥'에서 터져 죽는 존재이다. 이를 통해 '아스팔트', '군용 트럭', '길바닥'은 자유와 생명을 억압하는 폭력적인 현실을 나타냄을 알 수 있다. 따라서 ⓒ '아스팔트'가 자유를 위해 도달하고자 하는 미래의 공간을 나타낸다고 이해한 것은 적절하지 않다.

오답의 이유

① 제시된 작품에서 '게'들은 '구럭'에서 '새끼줄에 묶여 거품을 뿜으며 헛발질'하고 있다. 이처럼 '구럭'은 게들의 자유를 구속하는 대상이다. 이를 통해 ⓒ의 '구럭'이 폭압으로 자유를 잃은 구속된 현실을 의미한다는 것을 알 수 있다.

③ 어린 게는 바다의 자유를 찾아 사방을 두리번거리다가 군용 트럭에 깔려 죽는다. 이를 통해 ⓒ '사방'은 현실을 벗어나기 어려운 상황을 나타낸다는 것을 알 수 있다.

④ 군용 트럭에 깔려 길바닥에 터져 죽은 어린 게는 먼지 속에 썩어 가고, 아무도 이를 보지 못한다. 이를 통해 ⓒ '먼지'는 주목받지 못한 채 방치된 대상의 현실을 강조한다는 것을 알 수 있다.

작품 해설

김광규, 「어린 게의 죽음」
- 갈래: 자유시, 서정시
- 성격: 비판적, 우화적
- 주제: 인간의 삶을 억압하는 부정적 현실에 대한 비판
- 특징
  - 대조적 이미지의 시어를 병치하여 시적 의미를 강화함(어린 게 ↔ 군용트럭)
  - 어린 게의 죽음을 통해 독재 체제하에서 숨져가는 젊은이들에 대한 안타까움이 드러남

14 난도 ★☆☆   정답 ③

고전 문학 > 고전 산문

정답의 이유

③ 제시된 작품은 함흥 판관으로 부임한 남편을 따라 명승고적을 유람하던 의유당 남씨가 귀경대에서 일출을 구경하고 난 후 느낀 감흥을 기록한 수필이다.

오답의 이유

① 제시된 작품은 내간체로 쓰인 기행 수필로, 내간체는 한글 창제 이후 사대부 여성들이 일상어를 사용하여 말하듯이 써 내려간 문체를 말한다. 내간체라는 명칭은 여성들이 주고받던 순 한글로 된 편지인 내간(內簡)에서 비롯되었다.

② '짐작에 처음 백지(白紙) 반 장(半張)만치 붉은 기운은 그 속에서 해 장차 나려고 어리어 그리 붉고, ~ 보는 사람의 안력(眼力)이 황홀(恍惚)하여 도무지 헛기운인 듯싶더라.'에서 일출 장면을 색채어와 비유적 표현을 사용하여 감각적이고 생동감 있게 묘사하고 있다.

④ '회오리밤', '큰 쟁반', '수레바퀴'는 모두 '해'를 비유적으로 표현한 것이다.

작품 해설

의유당 남씨, 「동명일기」
- 갈래: 고전 수필, 한글 수필, 기행문
- 성격: 묘사적, 사실적, 비유적, 주관적
- 주제: 귀경대에서 본 일출의 장관
- 특징
  - 시간의 흐름에 따른 구성
  - 순수 우리말과 비유적 표현을 사용해 월출과 일출을 사실적으로 묘사함

15 난도 ★★☆   정답 ③

어휘 > 한자성어

정답의 이유

③ 〈보기〉에서는 금옥이네 누렁이를 꺾기 위한 석구의 노력을 보여 주고 있다. 따라서 ⓒ에는 '불편한 섶에 몸을 눕히고 쓸개를 맛본다는 뜻으로, 원수를 갚거나 마음먹은 일을 이루기 위하여 온갖 어려움과 괴로움을 참고 견딤을 비유적으로 이르는 말'인 臥薪嘗膽(와신상담)이 들어가는 것이 가장 적절하다.
- 臥薪嘗膽: 누울 와, 땔나무 신, 맛볼 상, 쓸개 담

오답의 이유

① 泥田鬪狗(이전투구): 자기의 이익을 위하여 비열하게 다툼을 비유적으로 이르는 말
- 泥田鬪狗: 진흙 이, 밭 전, 싸움 투, 개 구

② 吳越同舟(오월동주): 서로 적의를 품은 사람들이 한자리에 있게 된 경우나 서로 협력하여야 하는 상황을 비유적으로 이르는 말
- 吳越同舟: 나라 이름 오, 넘을 월, 같을 동, 배 주

④ 結草報恩(결초보은): 죽은 뒤에라도 은혜를 잊지 않고 갚음을 이르는 말
- 結草報恩: 맺을 결, 풀 초, 갚을 보, 은혜 은

16 난도 ★☆☆　　　　　　　　　　　정답 ③

비문학 > 사실적 읽기

정답의 이유

③ '사실 한자로 우리말을 적는 것이 불가능한 것은 아닙니다.'를 통해 한국어는 한자로도 적을 수 있음을 알 수 있다.

오답의 이유

① · ② '그런데 많은 이들이 세종대왕께서 우리글이 아닌 우리말을 만드신 것으로 오해하고 있습니다. 왜 그럴까요? 말과 글자를 같은 것으로 여기는 것은 흔한 일인데 유독 우리가 심합니다. 우리만 한글을 쓰는 것이 큰 이유입니다.'를 통해 한글은 언어가 아닌 문자를 가리키는 것이며 세종대왕이 만드신 것은 우리말이 아닌 우리글임을 알 수 있다.

④ '하지만 한글은 오로지 우리나라에서 우리말을 적는 데만 쓰입니다. 그러니 한글로 적힌 것은 곧 우리말이라는 등식이 성립되어 한글과 우리말을 같은 것으로 여기는 것입니다.'를 통해 한글은 오로지 한국어를 표기하는 데 사용되며 이 때문에 많은 사람이 한글과 한국어를 혼동한다는 것을 알 수 있다.

17 난도 ★★★　　　　　　　　　　　정답 ②

비문학 > 추론적 읽기

정답의 이유

(가) ㉠에서는 '이와 더불어'라는 표현을 사용하여 동물은 경험에 따라 좋고 나쁜 것을 학습하는 '능력'을 가지고 있다고 하였다. 〈보기 1〉의 1문단에서 우리 뇌는 본능적으로 생존에 이롭게 해로운 대상을 구분하는 '능력'이 있다고 제시하고 있으므로 (가)에는 ㉠이 들어가는 것이 가장 적절하다.

(나) ㉢에서는 '이렇듯'이라는 표현을 사용하여 우리는 기본 성향과 학습 능력을 통해 특정 대상에 대한 기호를 형성한다고 요약 · 정리하고 있다. 〈보기 1〉의 1문단에서 우리 뇌는 본능적으로 생존에 이롭고 해로운 대상을 구분하는 능력이 있다고 제시하였고, 2문단에서 초콜릿 케이크를 한 번도 먹어보지 못한 사람이 맛을 본 '경험', 즉 학습이 이루어진 뒤에 어떻게 초콜릿을 선호하게 되는지가 나타난다. 따라서 (나)에는 이 내용을 정리하는 ㉢이 들어가는 것이 가장 적절하다.

(다) 〈보기 1〉의 5문단에서 '우리는 그 과정을 의사결정이라고 한다.'라고 하였으므로 (다)에는 의사결정 과정에 대한 내용이 와야 한다. 또한 ㉡에서 뇌는 여러 세부적인 동기와 감정적, 인지적 반응을 합쳐서 선택지에 가치를 매긴다고 하였고 〈보기 1〉의 5문단에서 선택지에 대한 세부적인 내용이 언급되므로 (다)에는 ㉡이 들어가는 것이 가장 적절하다.

18 난도 ★★☆　　　　　　　　　　　정답 ①

어휘 > 한자어

정답의 이유

① 옥고(玉稿)는 '훌륭한 원고라는 뜻으로, 다른 사람의 원고를 높여 이르는 말'을 의미한다. 따라서 '자신의 생각, 물건, 일 등을 낮추어 겸손하게 이르는 말'과는 거리가 멀다.

오답의 이유

② 관견(管見): 대롱 구멍으로 사물을 본다는 뜻으로, 좁은 소견이나 자기의 소견을 겸손하게 이르는 말

③ 단견(短見): 자기의 생각이나 의견을 겸손하게 이르는 말

④ 졸고(拙稿): 자기나 자기와 관련된 사람의 원고를 겸손하게 이르는 말

19 난도 ★☆☆　　　　　　　　　　　정답 ②

문법 > 형태론

정답의 이유

② '더하면 둘이다'의 '둘'은 사물의 수량이나 순서를 나타내는 수사이다. 수사는 일반적으로 관형어의 수식을 받을 수 없으며, 복수 접미사 '-들, -네, -희' 등에 의해 복수가 될 수 없다. 또한 수 관형사와 달리 조사와 결합할 수 있다.

오답의 이유

① '다섯 명이 있다'의 '다섯'은 의존 명사 '명'을 수식하는 수관형사이다.

③ '세 번이나 말씀하셨다'의 '세'는 의존 명사 '번'을 수식하는 수관형사이다.

④ '열 사람이 할 일을'의 '열'은 명사 '사람'을 수식하는 수관형사이다.

20 난도 ★★☆　　　　　　　　　　　정답 ④

문법 > 형태론

정답의 이유

④ '짚신'은 어근 '짚'과 어근 '신'이 결합한 것으로, 어근끼리 만나 이루어진 합성어이다.

오답의 이유

① '개살구'는 '살구'에 '야생 상태의'라는 뜻을 더하는 접두사 '개-'가 결합한 파생어이다.

② '돌미나리'는 '미나리'에 '야생으로 자라는'의 뜻을 더하는 접두사 '돌-'이 결합한 파생어이다.

② '군소리'는 '소리'에 '쓸데없는'의 뜻을 더하는 접두사 '군-'이 결합한 파생어이다.

국어 | 2022년 국가직 9급

한눈에 훑어보기

✅ 빠른 정답

01	02	03	04	05	06	07	08	09	10
③	②	④	③	②	④	①	②	④	③
11	**12**	**13**	**14**	**15**	**16**	**17**	**18**	**19**	**20**
②	②	④	①	④	③	④	①	③	①

✅ 점수 체크

구분	1회독	2회독	3회독
맞힌 문항 수	/ 20	/ 20	/ 20
나의 점수	점	점	점

01 난도 ★★☆   정답 ③

문법 > 의미론

정답의 이유

③ 속을 썩혀(×) → 속을 썩여(○): '걱정이나 근심 따위로 마음이 몹시 괴로운 상태가 되게 만들다.'라는 의미로 사용되었으므로 '썩이다'가 적절하다.

오답의 이유

① 능력을 썩히고(○): '물건이나 사람 또는 재능 따위가 쓰여야 할 곳에 제대로 쓰이지 못하고 내버려진 상태로 있게 하다.'라는 뜻의 '썩히다'가 쓰였으므로 적절하다.

② 쓰레기를 썩혀서(○): '유기물이 부패 세균에 의하여 분해됨으로써 원래의 성질을 잃어 나쁜 냄새가 나고 형체가 뭉개지는 상태가 되게 하다.'라는 뜻의 '썩히다'가 쓰였으므로 적절하다.

④ 기계를 썩히고(○): '물건이나 사람 또는 재능 따위가 쓰여야 할 곳에 제대로 쓰이지 못하고 내버려진 상태로 있게 하다.'라는 뜻의 '썩히다'가 쓰였으므로 적절하다.

02 난도 ★★☆   정답 ②

문법 > 통사론

정답의 이유

② 우리말에는 피동보다 능동 표현을 쓰는 것이 자연스러우므로 '맺어졌으면'을 '맺었으면'으로 고쳐 쓴 것은 적절하다. 하지만 '어떤 일이 이루어지기를 기다리는 간절한 마음'을 뜻하는 단어는 '바람'이며, '바램'은 비표준어이다.

오답의 이유

① '틀리다'는 '셈이나 사실 따위가 그르게 되거나 어긋나다.'를 의미한다. 따라서 '비교가 되는 두 대상이 서로 같지 아니하다.'의 뜻을 가진 '다르다'가 적절한 표현이다.

③ '내가 오직 바라는 것은 ~ 좋겠어.'는 주어와 서술어의 호응이 맞지 않으므로 서술어를 '좋겠다는 거야.'로 고쳐 쓴 것은 적절하다.

④ '주다'는 주어, 목적어, 부사어를 필수로 요구하는 세 자리 서술어이므로 '인간에게'라는 필수적 부사어를 추가하여 고쳐 쓴 것은 적절하다.

더 알아보기

표준어 규정 제11항

다음 단어에서는 모음의 발음 변화를 인정하여, 발음이 바뀌어 굳어진 형태를 표준어로 삼는다. (ㄱ을 표준어로 삼고, ㄴ을 버림)

ㄱ	ㄴ
나무라다	나무래다
바라다	바래다

→ '나무래다, 바래다'는 방언으로 해석하여 '나무라다, 바라다'를 표준어로 삼았다. 그런데 근래 '바라다'에서 파생된 명사 '바람'을 '바램'으로 잘못 쓰는 경향이 있다. '바람[風]'과의 혼동을 피하려는 심리 때문인 듯하다. 그러나 동사가 '바라다'인 이상 그로부터 파생된 명사가 '바램'이 될 수는 없다. '바라다'의 활용형으로, '바랬다, 바래요'는 비표준형이고 '바랐다, 바라요'가 표준형이 된다. '나무랐다, 나무라요'도 '나무랬다, 나무래요'를 취하지 않는다.

03 난도 ★☆☆   정답 ④

어휘 > 한자성어

정답의 이유

④ 당랑거철(螳螂拒轍)은 제 역량을 생각하지 않고, 강한 상대나 되지 않을 일에 덤벼드는 무모한 행동거지를 비유적으로 이르는 말이다. 제시된 문장에서는 신중한 태도와 관련된 사자성어를 사용해야 하므로 무모한 행동을 비유하는 말인 '당랑거철'은 적절하지 않다.
- 螳螂拒轍: 사마귀 당, 사마귀 랑, 막을 거, 바큇자국 철

오답의 이유

① 구곡간장(九曲肝腸): 굽이굽이 서린 창자라는 뜻으로, 깊은 마음속 또는 시름이 쌓인 마음속을 비유적으로 이르는 말
- 九曲肝腸: 아홉 구, 굽을 곡, 간 간, 창자 장

② 곡학아세(曲學阿世): 바른길에서 벗어난 학문으로 세상 사람에게 아첨함
- 曲學阿世: 굽을 곡, 배울 학, 언덕 아, 세대 세

③ 구밀복검(口蜜腹劍): 입에는 꿀이 있고 배 속에는 칼이 있다는 뜻으로, 말로는 친한 듯하나 속으로는 해칠 생각이 있음을 이르는 말
- 口蜜腹劍: 입 구, 꿀 밀, 배 복, 칼 검

04 난도 ★☆☆   정답 ③

비문학 > 화법

정답의 이유

③ 지민이 '하긴 아이스크림 매출 증가에 관한 통계 자료를 인용해서 답변한 전략도 설득력이 있었어.'라고 말한 부분을 통해 상대방의 견해를 존중하고 있음을 확인할 수 있다. 또한 '하지만 초두 효과의 효용성도 크지 않을까 해.'라고 말한 부분을 통해 자신의 의견을 제시하고 있음을 확인할 수 있다. 이러한 지민의 발화에는 공손성의 원리 중 자신의 의견과 다른 사람의 의견 사이

의 차이점을 최소화하고, 자신의 의견과 다른 사람의 의견의 일치점을 극대화하는 '동의의 격률'이 사용되었다.

오답의 이유

① 지민이 면접 전략 강의에 대한 자신의 의견을 제시하고 있으나, 면접 경험을 예로 들어 정수를 설득하고 있는 것은 아니다.

② 지민이 정수의 약점을 공략하거나 정수의 이견을 반박하는 발화는 확인할 수 없다.

④ 지민이 '맞아. 그중에서도 두괄식으로 답변하라는 첫 번째 내용이 정말 인상적이더라.'라고 말한 부분을 통해 자신의 감정을 표현하고 있음을 확인할 수 있으나, 상대방과의 갈등 해소를 위한 감정 표현이라고 볼 수는 없다.

더 알아보기

공손성의 원리

대화를 할 때 공손하지 않은 표현은 최소화하고, 공손하고 정중한 표현은 최대화한다.

요령의 격률	상대방에게 부담이 되는 표현은 최소화하고, 상대방에게 이익이 되는 표현은 최대화한다.
관용의 격률	자신에게 이익이 되는 표현은 최소화하고, 자신에게 부담이 되는 표현은 최대화한다.
찬동(칭찬)의 격률	상대방을 비난하는 표현은 최소화하고, 상대방을 칭찬하는 표현은 최대화한다.
겸양의 격률	자신을 칭찬하는 표현은 최소화하고, 자신을 낮추거나 자신을 비방하는 표현은 최대화한다.
동의의 격률	상대방의 의견과 불일치하는 표현은 최소화하고, 상대방의 의견과 일치하는 표현은 최대화한다.

05 난도 ★★☆   정답 ②

고전 문학 > 고전 산문

정답의 이유

② 3문단의 '이는 필시 사부가 ~ 허무한 일임을 알게 하신 것이로다.'에서 성진의 사부인 육관 대사가 성진에게 가르침을 주기 위해 꿈을 꾸게 하였음을 확인할 수 있다. 또한 1문단의 '승상이 말을 마치기도 전에 구름이 걷히더니 노승은 간 곳이 없고 좌우를 돌아보니 팔낭자도 간 곳이 없었다.'에서 육관 대사가 꿈속에서 노승으로 나타나 성진이 꿈에서 깰 수 있도록 하였음을 추론할 수 있다. 따라서 양소유가 인간 세상에 환멸을 느껴 스스로 성진의 모습으로 되돌아왔다는 설명은 적절하지 않다.

오답의 이유

① 3문단의 '그리고 장원급제를 하여 한림학사가 된 후 출장입상하고'에서 꿈속의 양소유가 장원급제를 하여 한림학사가 되었음을 확인할 수 있다.

③ 2문단의 '이에 제 몸이 인간 세상의 승상 양소유가 아니라 연화도량의 행자 성진임을 비로소 깨달았다.'에서 성진은 인간 세상이 아닌 연화도량에 있음을 확인할 수 있다.

④ 2문단의 '자신의 몸을 보니 ~ 완연한 소화상의 몸이요, 전혀 대승상의 위의가 아니었으니'에서 성진은 자신의 외양을 보고 꿈에서 돌아왔음을 인식했다는 것을 확인할 수 있다.

작품 해설

김만중, 「구운몽」

- 갈래: 고전 소설, 국문 소설, 몽자류 소설
- 성격: 불교적, 유교적, 도교적, 우연적, 전기적, 비현실적
- 주제
  - 인생무상의 깨달음을 통한 허무의 극복
  - 불교적 인생관에 대한 각성
- 특징
  - '현실-꿈-현실'의 이원적 환몽 구조를 취하는 몽자류 소설의 효시
  - 천상계가 현실적 공간, 인간계가 비현실적 공간으로 설정됨
  - 꿈속 양소유의 삶은 영웅 소설의 구조를 지님
  - 유교적, 불교적, 도교적 사상이 작품에 반영되어 있음

06 난도 ★★☆ 정답 ④

고전 문학 > 고전 운문

정답의 이유

④ (라)는 임금의 승하를 애도하는 마음을 노래한 시조이다. '서산의 히 다다 ᄒ니 그룰 셜워 ᄒ노라.'에서 해가 진다는 표현은 임금의 승하를 비유적으로 나타낸 것으로 ② '히'는 '임금'을 의미한다.

오답의 이유

① (가)는 수양 대군의 횡포를 비판하는 시조이다. '눈서리'는 '시련' 또는 '수양 대군의 횡포'를 의미하는데, 눈서리로 인해 낙락장송이 다 기울어 간다고 하였으므로 ⊙ '낙락장송'은 수양 대군에 의해 억울하게 희생된 '충신'들을 의미한다.

② (나)는 임금에게 버림받고 괴로운 마음을 나타낸 시조이다. 화자는 구름에게 님이 계신 곳에 비를 뿌려 달라고 하며 자신의 억울함을 호소하고자 하므로 ⓒ '님'은 '궁궐에 계신 임금'을 의미한다.

③ (다)는 이별한 임을 그리워하는 마음을 드러낸 시조이다. 화자는 지는 낙엽을 보며 이별한 임이 자신을 생각하는지 궁금해하고 있으므로 ⓒ '저'는 '이별한 임'을 의미한다.

작품 해설

(가) 유응부, 「간밤의 부던 ᄇ람에 ~」

- 갈래: 평시조, 절의가
- 성격: 우국적, 풍자적
- 주제: 수양 대군의 횡포에 대한 비판과 인재 희생에 대한 걱정
- 특징
  - 시간의 흐름에 따라 시상을 전개함
  - 자연물에 함축적 의미를 부여함(눈서리: 세조의 횡포, 낙락장송: 충신)
  - 주제를 우회적으로 표현함

(나) 이항복, 「철령 노픈 봉에 ~」

- 갈래: 평시조, 연군가
- 성격: 풍유적, 비탄적, 우의적
- 주제: 억울한 심정 호소와 귀양길에서의 정한

- 특징
  - '님'은 궁궐(구중심처)에 계신 임금, 즉 광해군을 가리킴
  - 임금을 떠나는 자신의 억울한 마음을 자연물에 빗대어 표현함

(다) 계랑, 「이화우(梨花雨) 훗쑐릴 제 ~」

- 갈래: 평시조, 서정시
- 성격: 애상적, 감상적, 여성적
- 주제: 이별의 슬픔과 임에 대한 그리움
- 특징
  - 임과 헤어진 뒤의 시간적 거리감과 임과 떨어져 있는 공간적 거리감이 조화를 이룸
  - 시간의 흐름과 하강적 이미지를 통해 시적 화자의 정서를 심화함

(라) 조식, 「삼동(三冬)의 뵈옷 닙고 ~」

- 갈래: 평시조, 연군가
- 성격: 애도적, 유교적
- 주제: 임금의 승하를 애도함
- 특징
  - 군신유의(君臣有義)의 유교 정신을 잘 보여줌
  - 중종 임금이 승하했다는 소식을 듣고 애도함

07 난도 ★☆☆ 정답 ①

어휘 > 혼동 어휘

정답의 이유

⊙ '승부나 등수 따위를 정하는 일'이라는 뜻을 가진 '가름'을 쓰는 것이 적절하다.

ⓒ '일정한 기준에 따라 분류하거나 나누어 놓은 낱낱의 범위나 부분'이라는 뜻을 가진 '부문(部門)'을 쓰는 것이 적절하다.

ⓒ '성질이나 종류에 따라 갈라놓음'이라는 뜻을 가진 '구별(區別)'을 쓰는 것이 적절하다.

오답의 이유

- 갈음: 다른 것으로 바꾸어 대신함
- 부분(部分): 전체를 이루는 작은 범위 또는 전체를 몇 개로 나눈 것의 하나
- 구분(區分): 일정한 기준에 따라 전체를 몇 개로 갈라 나눔

더 알아보기

'가름'과 '갈음'

가름	쪼개거나 나누어 따로따로 되게 하는 일 예 둘로 가름
	승부나 등수 따위를 정하는 일 예 이기고 지는 것은 대개 외발 싸움에서 가름이 났다.
갈음	다른 것으로 바꾸어 대신함 예 새 책상으로 갈음하였다.

08 난도 ★★★　　　　　　　　　　　　　　　정답 ②

비문학 > 화법

정답의 이유

1단계: (가)에서 친구가 자전거를 타다가 사고를 당해 머리를 다쳤
　　　 다는 이야기를 제시함으로써 주제에 대한 청자의 주의나 관
　　　 심을 환기하고 있다.

2단계: (다)에서 청자인 '여러분'이 자전거를 타는 경우를 언급함으
　　　 로써 자전거 사고 문제를 청자와 관련지어 설명하고 있다.

3단계: (나)에서 헬멧을 착용하면 머리를 보호할 수 있다고 언급함
　　　 으로써 문제에 대한 해결 방안을 제시하고 있다.

4단계: (라)에서 헬멧을 착용한다면 신체 피해를 줄일 수 있고, 즐
　　　 거움과 편리함을 안전하게 누릴 수 있다고 언급함으로써 해
　　　 결 방안이 청자에게 어떤 도움이 되는지 구체화하고 있다.

5단계: (마)에서 자전거를 탈 때 반드시 헬멧을 착용해야 한다고 언
　　　 급함으로써 특정 행동을 요구하고 있다.

따라서 동기화 단계 조직에 따라 순서대로 배열하면 ② (가) − (다)
− (나) − (라) − (마)이다.

09 난도 ★★☆　　　　　　　　　　　　　　　정답 ④

비문학 > 사실적 읽기

정답의 이유

④ 2문단에서 복지 공감 지도로 수급자 현황을 한눈에 확인함으로
써 복지 기관의 맞춤형 대응이 가능하고, 최적의 복지 기관 설립
위치를 선정할 수 있음을 확인할 수 있다. 그러나 복지 공감 지
도로 복지 혜택에 대한 수급자들의 개별 만족도를 파악할 수 있
는 것은 아니다.

오답의 이유

① 1문단의 '국가정보자원관리원과 ○○시는 빅데이터 기반의 맞춤
형 복지 서비스 분석 사업을 수행했다.'에서 빅데이터 기반의 맞
춤형 복지 서비스 분석 사업을 활용하고 있음을 확인할 수 있다.
또한 1문단의 '국가정보자원관리원은 ~ 취약 지역 지원 방안을
제시했다.'에서 이 사업을 통해 복지 사각지대를 줄이는 방안이
제시되었음을 확인할 수 있다.

② 3문단의 '이 사업을 통해 ○○시는 그동안 복지 기관으로부터 도
보로 약 15분 내 위치한 수급자에게 복지 혜택이 집중되고 있는
것도 확인했다.'에서 복지 기관과 수급자 거주지 사이의 거리가
복지 혜택의 정도에 영향을 주고 있음을 확인할 수 있다.

③ 3문단의 '이에 ~ 복지 셔틀버스 노선을 4개 증설할 계획을 수립
했다.'에서 복지 기관 접근성 분석 결과를 통해 복지 셔틀버스
노선을 증설하기로 하였음을 확인할 수 있다.

10 난도 ★★★　　　　　　　　　　　　　　　정답 ③

비문학 > 추론적 읽기

정답의 이유

③ '탯줄이 떨어지면서 배의 한가운데에 생긴 자리'를 뜻하는 '배꼽'
이 바둑판에서 '바둑판의 한가운데'의 뜻으로 쓰이는 것은 일반
적으로 쓰이는 말이 특수한 영역에서 사용되는 경우에 해당한
다. 따라서 ⓒ의 사례로 적절하지 않다.

오답의 이유

① '코'는 '포유류의 얼굴 중앙에 튀어나온 부분'을 의미하지만, '아
이들의 코 묻은 돈'에서의 '코'는 '콧구멍에서 흘러나오는 액체',
즉 '콧물'이라는 의미를 포함하는 방향으로 변화한 것이다.

② '수세미'는 본래 식물의 이름으로, 과거에 설거지할 때 그릇을 씻
는 데 쓰는 물건을 만드는 재료였다. 그러나 이후 '수세미'는 설
거지할 때 그릇을 씻는 데 쓰는 물건이라는 의미로 변하였으므
로 지시 대상 자체가 바뀐 사례로 볼 수 있다.

④ 과거의 사람들은 전염병인 '천연두'에 대해 심리적인 두려움이
있었기 때문에 이를 대신하여 '손님'이라고 불렀다. 이후 '손님'은
'천연두'를 일상적으로 이르는 말이 되었다.

더 알아보기

단어 의미 변화의 원인

• 언어적 원인
　– 전염: 특정한 단어와 어울리면서 의미가 변하는 현상이다.
　　예 결코 우연한 일이 아니었다.
　　　→ '별로', '결코' 등은 긍정과 부정에 모두 쓰이던 표현이었
　　　　 는데, 부정적 표현과 자주 어울리면서 부정적 표현에만
　　　　 쓰이게 되었다.
　– 생략: 단어의 일부분이 생략되면서 생략된 부분의 의미가 남은
　　부분에 감염되는 현상이다.
　　예 아침을 먹었다.
　　　→ '밥'이 생략되어도 '아침'이 '아침밥'의 의미를 갖는다. '머
　　　　 리(머리카락)', '코(콧물)'도 같은 예이다.
　– 민간 어원: 민간에 전해오는 이야기에 의해 의미가 변하는 현
　　상이다.
　　예 행주치마
　　　→ 원래는 '행자승이 걸치는 치마'라는 뜻으로 행주산성과
　　　　 전혀 관련이 없었으나, 행주산성 이야기의 영향을 받아
　　　　 '행주산성의 치마'라는 의미로 쓰이게 되었다.
• 역사적 원인
　– 지시물의 변화
　　예 바가지
　　　→ 원래는 '박을 두 쪽으로 쪼개 만든 그릇'을 의미했으나,
　　　　 '나무, 플라스틱 등으로 만든 그릇'을 지칭하는 말로 바뀌
　　　　 었다.

- 지시물에 대한 정서적 태도의 변화

  예 나일론

    → 원래는 질기고 강하고 좋은 의미로 쓰였지만, 새롭고 좋은 소재들이 나오면서 나일론은 좋지 않은 부정적인 의미로 바뀌었다. 이러한 변화로 '나일론 환자'는 '가짜 환자'라는 뜻으로 사용된다.

- 지시물에 대한 지식의 변화

  예 해가 뜨고 진다.

    → 원래는 '지구를 중심으로 해가 돈다.'는 생각에서 나온 표현이었지만, 과학 지식의 발달로 지금은 '지구가 돈다.'라는 의미로 사용된다.

- 심리적 원인(금기에 의한 변화)

  예 손님(홍역), 마마(천연두), 산신령(호랑이), 돌아가시다(죽다)

11 난도 ★☆☆　　　　정답 ②

비문학 > 사실적 읽기

정답의 이유

② 지나친 야간 조명이 식물의 성장에 부정적 영향을 끼쳐 작물 수확량을 감소시킬 수 있음이 여러 연구를 통해 입증된 바 있다는 내용을 근거로 들어 건의에 대한 신뢰성을 높이고 있다. 하지만 인용한 자료의 출처를 밝히고 있지는 않다.

오답의 이유

① '하지만 지나친 야간 조명이 식물의 성장에 부정적인 영향을 끼쳐 작물 수확량을 감소시킬 수 있음은 이미 여러 연구를 통해 입증된 바 있습니다.'와 '실제로 골프장이 야간 운영을 시작했을 때를 기점으로 우리 농장의 수확률이 현저히 낮아졌음을 제가 확인했습니다.'에서 글쓴이는 △△시 시장에게 빛 공해로 농장이 겪는 어려움에 대해 관심을 촉구하고 있음을 확인할 수 있다.

③ '또한 ○○군에서도 빛 공해 문제를 해결하기 위해 야간 조명의 조도를 조정하는 프로젝트를 진행한 바 있으니 참고해 보시기 바랍니다.'에서 다른 지역의 사례를 언급하고 있음을 확인할 수 있다.

④ '물론, 이윤을 추구하는 골프장의 야간 운영을 무조건 막는다면 골프장 측에서 반발할 것입니다.'에서 예상되는 문제점을 제시하고 있으며, '그래서 계절에 따라 야간 운영 시간을 조정하거나 운영 제한에 따른 손실금을 보전해 주는 등의 보완책도 필요합니다.'에서 그에 따른 해결 방안에 대해 제시하고 있음을 확인할 수 있다.

12 난도 ★★☆　　　　정답 ②

비문학 > 화법

정답의 이유

② ⓒ에서 '저'는 말하는 이와 듣는 이로부터 멀리 있는 대상을 가리키는 지시 관형사이다. 따라서 ⓒ이 화자보다 청자에게 멀리 있는 대상을 가리킨다는 설명은 적절하지 않다.

오답의 이유

① ㉠에서 '이'는 말하는 이에게 가까이 있는 대상을 가리키는 지시 관형사이고 ㉡에서 '그'는 듣는 이에게 가까이 있는 대상을 가리키는 지시 관형사이므로 ㉠은 청자보다 화자에게, ㉡은 화자보다 청자에게 가까이 있는 대상을 가리킨다.

③ 이진이가 ⓒ을 추천한 후에 태민이가 ⓔ을 읽어 보겠다고 하였으므로, ⓒ과 ⓔ은 모두 한국 대중문화를 다양한 시각에서 다룬 재미있는 책을 가리킨다.

④ 이진이가 두 책을 들고 계산대로 가는 상황에서 '이 책' 두 권을 사 주겠다고 하였으므로, ⓜ은 앞에서 언급한 ⓒ과 ⓔ을 모두 가리킨다.

더 알아보기

'이', '그', '저'

- 의미

  - 이: 말하는 이에게 가까이 있거나 말하는 이가 생각하고 있는 대상을 가리킬 때 쓰는 말
  - 그: 듣는 이에게 가까이 있거나 듣는 이가 생각하고 있는 대상을 가리킬 때 쓰는 말
  - 저: 말하는 이와 듣는 이로부터 멀리 있는 대상을 가리킬 때 쓰는 말

- 품사

구분	특징	예문
관형사	후행하는 체언을 수식	• 이 사과가 맛있게 생겼다. • 그 책을 좀 줘 봐. • 저 거리에는 항상 사람이 많다.
대명사	조사와 결합할 수 있음	• 이보다 더 좋을 수는 없다. • 그는 참으로 좋은 사람이다. • 이도 저도 다 싫다.

13 난도 ★★★　　　　정답 ④

비문학 > 사실적 읽기

정답의 이유

④ 3문단의 '그러나 여기에서도 아동은 ~ 적극적인 권리의 주체로 인식되지는 않았다.'를 통해 「아동권리에 관한 제네바 선언」에서 아동을 적극적인 권리의 주체로 인식하지 않았음을 확인할 수 있다. 아동이 자신의 권리를 주장할 수 있는 능동적인 존재로 자리매김할 수 있게 된 것은 1989년 유엔총회에서 채택된 「아동권리협약」에서이다.

오답의 이유
① 1문단의 '산업혁명으로 봉건제도가 붕괴되고 자본주의가 탄생한 근대사회에 이르러 ~ 아동보호가 시작되었다.'에서 아동의 권리에 대한 인식이 근대사회 이후에 형성되었음을 확인할 수 있다.

② 3문단의 '1989년 유엔총회에서 채택된 「아동권리협약」이 그것이다.'와 4문단의 '우리나라는 이를 토대로 2016년 「아동권리헌장」 9개 항을 만들었다.'에서 「아동권리헌장」은 「아동권리협약」을 토대로 만들어졌음을 확인할 수 있다.

③ 2문단에서는 「아동권리에 관한 제네바 선언」에 '아동은 물질적으로나 정신적으로 정상적인 발달을 위해 필요한 조건이 충족되어야 한다.'라는 내용이 포함되었다고 제시하고 있다. 또한 4문단에서는 「아동권리협약」을 토대로 만든 「아동권리헌장」에 '생존과 발달의 권리'라는 원칙을 포함하였다고 제시하고 있다. 따라서 「아동권리에 관한 제네바 선언」, 「아동권리협약」, 「아동권리 헌장」에는 모두 아동의 발달에 대한 내용이 들어가 있음을 확인할 수 있다.

14 난도 ★★☆ 　　　　　　　　 정답 ①

현대 문학 > 현대 시

정답의 이유

① 제시된 작품은 '봄'과 '겨울'의 대립적인 이미지를 통해 통일에 대한 염원을 나타낸 현실 참여적인 시이다. 따라서 현실을 초월한 순수 자연의 세계를 노래한 것이라는 설명은 적절하지 않다.

오답의 이유

② '오지 않는다', '움튼다', '움트리라' 등의 단정적 어조를 사용해 자주적인 통일에 대한 희망과 신념을 드러내고 있다.

③ '봄'은 통일을, '겨울'은 분단의 현실을, '남해', '북녘', '바다와 대륙 밖'은 한반도의 외부 세력을, '눈보라'는 분단의 아픔과 고통을, '쇠붙이'는 군사적 대립과 긴장을 상징한다. 이처럼 시어들의 상징적인 의미를 통해 '자주적이고 평화적인 통일에 대한 염원'이라는 주제를 형성하고 있다.

④ '봄'은 통일을 의미하는 긍정적인 시어이고, '겨울'은 분단을 의미하는 부정적인 시어이다. 이러한 시어들의 이원적 대립을 통해 시상을 전개하고 있다.

작품 해설

신동엽, 「봄은」

• 갈래: 자유시, 참여시
• 성격: 저항적, 의지적, 현실 참여적
• 주제: 자주적이고 평화적인 통일에 대한 염원
• 특징
　– 단정적 어조로 통일에 대한 화자의 확고한 의지를 표현함
　– 상징법, 대유법, 대조법 등 다양한 표현 방법을 사용함

15 난도 ★★☆ 　　　　　　　　 정답 ④

비문학 > 글의 순서 파악

정답의 이유

• (마)에서는 사회는 여러 사람의 뜻이 통해야 한다는 화제를 제시하고 있으므로 글의 처음에 오는 것이 적절하다.

• (다)에서는 뜻이 서로 통하여 번듯한 사회의 모습을 갖추려면 '말과 글'이 필요하다는 내용을 제시하고 있으므로 (마)의 다음에 오는 것이 적절하다.

• (나)에서는 '이러므로'라는 접속 표현을 사용하여 사회가 조직되는 근본이 '말과 글'임을 제시하고 있으므로 (다)의 다음에 오는 것이 적절하다.

• (가)에서는 '이 기관'을 잘 수리하여 다스려야 한다는 내용을 제시하고 있으므로 '말과 글'을 '기관'에 빗대어 표현한 (나)의 다음에 오는 것이 적절하다.

• (라)에서는 '기관'을 쓸 수 없는 지경에 이르면 사회가 유지될 수 없다는 내용을 제시하고 있으므로 '기관'을 수리하지 않으면 작동이 막혀 버릴 것이라고 제시한 (가)의 다음에 오는 것이 적절하다.

따라서 글의 전개 순서로 가장 자연스러운 것은 ④ (마) – (다) – (나) – (가) – (라)이다.

16 난도 ★★☆ 　　　　　　　　 정답 ③

어휘 > 한자어

정답의 이유

③ 해결(解結: 풀 해, 맺을 결)(×) → 해결(解決: 풀 해, 결정할 결) (○): 제기된 문제를 해명하거나 얽힌 일을 잘 처리함

오답의 이유

① 만족(滿足: 찰 만, 발 족)(○): 마음에 흡족함

② 재청(再請: 다시 재, 청할 청)(○): 회의할 때에 다른 사람의 동의에 찬성하여 자기도 그와 같이 청함을 이르는 말

④ 재론(再論: 다시 재, 논의할 론)(○): 이미 논의한 것을 다시 논의함

17 난도 ★★☆ 　　　　　　　　 정답 ④

비문학 > 추론적 읽기

정답의 이유

④ 제시된 문장의 앞에는 신분에 따라 문체를 고착화하는 것을 인정하지 않았다는 구체적인 사례나 진술이 언급되어야 한다. 따라서 '이 낭만주의 시기에 ~ 전통 시학을 거부했다.'라는 문장 뒤에 '신분에 따라 문체를 고착화하는 것을 인정하지 않았던 것이다.'의 문장이 이어지는 것이 자연스러우므로 ㉣에 들어가는 것이 적절하다.

현대 문학 > 현대 소설

[정답의 이유]

① '정거장에 나온 박은 수염도 깎은 지 오래어 터부룩한 데다 버릇처럼 자주 찡그려지는 비웃는 웃음은 전에 못 보던 표정이었다.'에서 '현'이 '박'의 외양을 보고 '박'이 예전과 달라졌음을 인식하고 있다는 것을 확인할 수 있다. 그러나 '현은 박의 그런 지싯지싯함에서 선뜻 자기를 느끼고 또 자기의 작품들을 느끼고 그만 더 울고 싶게 괴로워졌다.'에서 박의 모습을 통해 자신의 작품들을 떠올리고는 있으나, '박'의 달라진 태도가 자신의 작품 때문이라고 생각하는 내용은 확인할 수 없으므로 적절하지 않은 이해이다.

[오답의 이유]

② '현은 박의 그런 지싯지싯함에서 선뜻 자기를 느끼고 또 자기의 작품들을 느끼고 그만 더 울고 싶게 괴로워졌다.'에서 '현'이 시대 상황에 적응하지 못하는 자신과 비슷한 처지에 있는 '박'을 통해 자신을 연민하고 있음을 확인할 수 있다.

③ '오면서 자동차에서 시가도 가끔 내다보았다. 전에 본 기억이 없는 새 빌딩들이 꽤 많이 늘어섰다.'에서 '현'이 자동차에서 새 빌딩들을 보면서 도시가 많이 변화하고 있음을 인지하고 있다는 것을 확인할 수 있다.

④ '그중에 한 가지 인상이 깊은 것은 ~ 시뻘건 벽돌만으로, 무슨 큰 분묘와 같이 된 건축이 웅크리고 있는 것이다. 현은 운전사에게 물어보니, 경찰서라고 했다.'에서 시뻘건 벽돌로 만든 경찰서를 '분묘'로 표현한 것을 통해 '현'이 경찰서를 보고 암울한 분위기를 느끼고 있음을 확인할 수 있다.

작품 해설

이태준, 「패강랭」

- 갈래: 단편 소설
- 성격: 현실 비판적
- 주제
  - 일본의 식민지 지배 정책에 대한 비판
  - 식민지 지식인의 비감(悲感)
- 특징
  - 일제 강점기 말의 시대 상황을 사실적으로 반영함
  - 일제의 식민지 지배 정책에 대한 시대적 고뇌를 펼쳐 보임
  - '패강랭'은 대동강 물이 찬 것을 의미함(계절적으로 겨울을 의미하고, 시대적으로 일제 치하의 암흑과 같은 현실을 상징함)

문법 > 한글 맞춤법

[정답의 이유]

③ 전셋방(×) → 전세방(○): '전세방'은 한자어인 '전세(傳貰)'와 '방(房)'이 결합한 합성어로서, 제시된 규정에 해당하지 않는다. 따라서 '전세방'으로 적는 것이 적절하다.

[오답의 이유]

① 아랫집(○): '아랫집'은 순우리말인 '아래'와 '집'으로 이루어진 합성어로서, 앞말이 모음으로 끝나면서 뒷말의 첫소리가 된소리로 나는 것이다. 따라서 (가)에 따라 사이시옷을 받치어 적는 것이 적절하다.

② 쇳조각(○): '쇳조각'은 순우리말인 '쇠'와 '조각'으로 이루어진 합성어로서, 앞말이 모음으로 끝나면서 뒷말의 첫소리가 된소리로 나는 것이다. 따라서 (가)에 따라 사이시옷을 받치어 적는 것이 적절하다.

④ 자릿세(○): '자릿세'는 순우리말인 '자리'와 한자어인 '세(貰)'가 결합한 합성어로서, 앞말이 모음으로 끝나면서 뒷말의 첫소리가 된소리로 나는 것이다. 따라서 (나)에 따라 사이시옷을 받치어 적는 것이 적절하다.

더 알아보기

사이시옷 표기

- 순우리말로 된 합성어

뒷말의 첫소리가 된소리로 나는 것	바닷가, 선짓국, 모깃불, 냇가, 찻집, 아랫집
'ㄴ, ㅁ' 앞에서 'ㄴ' 소리가 덧나는 것	잇몸, 아랫마을, 아랫니, 빗물, 냇물, 뒷머리
모음 앞에서 'ㄴㄴ' 소리가 덧나는 것	베갯잇, 나뭇잎, 뒷일, 뒷입맛, 댓잎, 깻잎

- 순우리말과 한자어로 된 합성어

뒷말의 첫소리가 된소리로 나는 것	찻잔(차+盞), 전셋집(傳貰+집), 머릿방(머리+房)
'ㄴ, ㅁ' 앞에서 'ㄴ' 소리가 덧나는 것	제삿날(祭祀+날), 훗날(後+날), 툇마루(退+마루)
모음 앞에서 'ㄴㄴ' 소리가 덧나는 것	예삿일(例事+일), 훗일(後+일), 가욋일(加外+일)

- 한자어: 곳간(庫間), 셋방(貰房), 숫자(數字), 찻간(車間), 툇간(退間), 횟수(回數)

비문학 > 사실적 읽기

[정답의 이유]

① 3문단의 '그러나 문화 전파의 기제를 설명하는 이론으로는 밈 이론보다 의사소통 이론이 더 적절해 보인다.'에서 문화의 전파 기제는 의사소통 이론으로 설명하는 것이 적절함을 확인할 수 있다.

[오답의 이유]

② 4문단의 '이에 따르면 사람들은 자신이 들은 이야기를 남에게 전달할 때 들은 이야기에다 자신의 생각을 더해서 그 이야기를 전달하기 때문이다.'를 통해 의사소통 이론에 따르면 문화의 수용 과정에서 수용 주체의 주관이 개입한다는 것을 확인할 수 있다.

③ 2문단의 '밈 역시 유전자와 마찬가지로 공동체 내에서 복제를 통해 확산된다.'에서 복제를 통해 문화가 전파될 수 있다는 이론은 의사소통 이론이 아닌 밈 이론임을 확인할 수 있다.

④ 4문단의 '복제의 관점에서 문화의 전파를 설명하는 이론으로는 이와 같은 현상을 설명하기 어렵다.'에서 복제의 관점에서 문화의 전파를 설명하는 이론인 밈 이론에 의해 요크셔 푸딩 요리법의 전파 현상을 설명하기 어렵다는 것을 확인할 수 있다.

국어 | 2022년 지방직 9급

한눈에 훑어보기

✅ 영역 분석

어휘   13   16   18
3문항, 15%

문법   01   10   15
3문항, 15%

고전 문학   12   14
2문항, 10%

현대 문학   05   06
2문항, 10%

비문학   02   03   04   07   08   09   11   17   19   20
10문항, 50%

✅ 빠른 정답

01	02	03	04	05	06	07	08	09	10
③	①	③	②	②	③	④	②	④	④
11	**12**	**13**	**14**	**15**	**16**	**17**	**18**	**19**	**20**
③	①	③	③	④	④	③	②	①	④

✅ 점수 체크

구분	1회독	2회독	3회독
맞힌 문항 수	/ 20	/ 20	/ 20
나의 점수	점	점	점

---

01 난도 ★★☆   정답 ③

문법 > 통사론

정답의 이유

③ 처음 뵙겠습니다. 박혜정입니다(○): 국립국어원 '표준 언어 예절'에 따르면, 처음 자기 자신을 직접 소개할 때에는 '처음 뵙겠습니다.'로 인사한 다음 '저는 ○○○입니다.'라고 자신의 이름을 밝힌다고 하였다. 따라서 이는 언어 예절을 지킨 문장이다.

오답의 이유

① 계시겠습니다(×) → 있으시겠습니다(○): 높이려는 대상의 신체 부분, 소유물, 생각 등을 높임으로써 주체를 간접적으로 높이는 간접 높임에서는 '계시다'와 같은 특수 어휘를 사용하지 않고, 서술어에 높임 선어말 어미 '-(으)시-'를 사용하여 높임의 뜻을 실현한다. 따라서 '회장님의 말씀이 있으시겠습니다.'라고 쓰는 것이 적절하다.

② 고모(×) → 형님/아가씨/아기씨(○): '시누이'는 '남편의 누나나 여동생'을 이르는 말로, 남편의 누나를 지칭할 때는 '형님'을 쓰고, 남편의 여동생을 지칭할 때는 '아가씨/아기씨'를 쓴다. 시누이에게 '고모'라는 말을 쓰는 경우 자녀의 이름을 활용해 '○○ 고모'라고 부를 수 있다.

④ 부인입니다(×) → 아내/집사람/안사람/처입니다(○): 다른 사람에게 자기 아내를 가리킬 때는 '아내, 집사람, 안사람, 처'라고 표현하는 것이 적절하다. '부인'은 '남의 아내를 높여 이르는 말'로 자신의 아내를 소개할 때는 쓰지 않는다.

02 난도 ★☆☆   정답 ①

비문학 > 글의 전개 방식

정답의 이유

① 제시된 글에서는 달빛과 밤길의 풍경을 다양한 감각을 활용해 묘사하고 있다. 따라서 제시된 글의 주된 서술 방식은 어떤 대상의 이미지를 그림을 그리듯 생생하게 전달하는 '묘사'이다.

오답의 이유

② '설명'은 어떤 지식이나 정보를 제공하기 위해 사용하는 방식이다.

③ '유추'는 비슷한 대상의 특징을 제시하고 그러한 특징을 다른 대상에 비교하여 설명하는 방식이다.

④ '분석'은 하나의 관념이나 대상을 구성 요소로 나누어 설명하는 방식이다.

작품 해설

이효석, 「메밀꽃 필 무렵」

- 갈래: 단편 소설
- 성격: 낭만적, 묘사적, 서정적
- 주제: 떠돌이 삶의 애환과 혈육의 정
- 특징
  - 낭만적이고 서정적인 문체가 두드러짐
  - 대화에 의해 등장인물 간의 관계에 대한 암시와 추리가 드러남
  - 과거는 요약적 서술로, 현재는 장면적 서술(묘사)로 제시함

03 난도 ★★☆   정답 ③

비문학 > 사실적 읽기

정답의 이유

③ '무대연출 작업 중에서 독보적인 창작을 걸러내서 배타적인 권한인 저작권을 부여하는 것은 매우 흔치 않은 경우이고, 후발 창작을 방해하는 요소로 작용할 수도 있다.'에서 독보적인 무대연출 작업에 저작권을 부여한다면 후발 창작에 방해가 될 수 있다는 것을 확인할 수 있다.

오답의 이유

① '창작적인 표현을 도용당했는지 밝혀야 하는데, 이것이 쉽지 않다.'에서 무대연출의 창작적인 표현의 도용 여부를 밝히기 쉽지 않다는 것을 확인할 수 있다.

② '연출자가 자신의 저작권을 침해당했다고 주장하기 위해서는 우선 그가 유효한 저작권을 소유하고 있어야 한다.'에서 저작권 침해를 당했다고 주장하려면 유효한 저작권을 소유하고 있어야 함을 확인할 수 있다.

④ '저작권법은 창작자에게 개인적인 인센티브를 제공하여 창작을 장려함과 동시에 일반 공중이 저작물을 원활하게 이용할 수 있도록 해야 하는 두 가지 가치의 균형을 이루는 것이 목표다.'에서 저작권법의 목표는 창작을 장려하고 저작물 이용을 원활하게 하는 것임을 확인할 수 있다.

04 난도 ★☆☆   정답 ②

비문학 > 작문

정답의 이유

② 파놉티콘이란 교도관이 다수의 죄수를 감시하는 시스템으로, 이는 권력자에 의한 정보 독점 아래 다수가 통제되는 구조이다. 따라서 ⓒ에는 그대로 '다수'가 들어가는 것이 적절하다.

오답의 이유

① ⓐ의 앞부분에서는 교도관은 죄수들을 바라볼 수 있지만, 죄수들은 교도관을 바라볼 수 없는 구조인 파놉티콘에 대해 제시하였다. 따라서 죄수들은 교도관이 실제로 없어도 그 사실을 알 수 없으므로 ⓐ을 '없음'로 고치는 것이 적절하다.

③ ⓒ의 뒷부분에서는 인터넷에서 권력자에 대한 비판을 신변 노출 없이 자유롭게 표현할 수 있게 되었다고 제시하였다. 이는 인터넷에서는 어떤 행위를 한 사람이 누구인지 드러나지 않는다는 것이므로 ⓒ을 '익명성'으로 고치는 것이 적절하다.

④ ⓓ의 앞부분에서는 인터넷에서 권력자에 대한 비판을 신변 노출 없이 자유롭게 표현할 수 있게 되었다고 제시하였고, ⓓ의 뒷부분에서는 네티즌의 활동으로 권력자들을 감시하는 전환이 일어났다고 제시하였다. 따라서 다수가 자유롭게 정보를 수용하고 생산할 수 있기 때문에 권력자를 감시하게 된 것이므로 ⓓ을 '누구나가'로 고치는 것이 적절하다.

05 난도 ★★☆   정답 ②

현대 문학 > 현대 시

정답의 이유

② ⓛ '칠팔십 리(七八十里)'는 화자에게 주어진 고통스러운 유랑의 길을 의미한다.

오답의 이유

① ⓐ '산(山)새'는 시메산골 영(嶺)을 넘어가지 못해서 울고, 화자는 삼수갑산에 돌아가지 못해서 슬퍼한다. 따라서 '산(山)새'는 화자와 같은 처지에 놓여 있는 화자의 감정이 이입된 자연물이므로 화자와 상반되는 처지에 놓여 있다는 설명은 적절하지 않다.

③ ⓒ '불귀(不歸), 불귀, 다시 불귀'는 다시 돌아가지 못한다는 뜻으로, 고향에 돌아갈 수 없는 안타까움을 반복을 통해 강조하고 있다. 따라서 화자의 이국 지향 의식을 강조한다는 설명은 적절하지 않다.

④ ⓓ '위에서 운다'는 울고 있는 산새의 모습을 의미하며 화자가 지닌 애상의 정서를 대변하고 있으므로 화자가 지닌 분노의 정서를 대변한다는 설명은 적절하지 않다.

작품 해설

김소월, 「산」

- 갈래: 자유시, 서정시
- 성격: 민요적, 향토적, 애상적
- 주제: 이별의 정한과 그리움
- 특징
  - 대체로 7 · 5조 3음보의 민요조 율격
  - 반복법을 통해 운율을 형성함
  - 감정 이입을 활용해 화자의 비애를 노래함

06 난도 ★☆☆   정답 ③

현대 문학 > 현대 소설

정답의 이유

③ 백화와 함께 떠날 것을 권유하는 정 씨에게 '어디 능력이 있어야죠.'라고 말하는 부분을 통해 영달이 자신의 경제적인 능력 때문에 고민하다 결국 백화와 함께 떠나지 않았음을 알 수 있다. 따라서 백화를 신뢰할 수 없었기 때문에 백화와 함께 떠나지 않은 것이 아니므로 이는 적절하지 않다.

오답의 이유

① 정 씨의 '같이 가시지. 내 보기엔 좋은 여자 같군.', '또 알우? 인연이 닿아서 말뚝 박구 살게 될지. 이런 때 아주 뜨내기 신셀 청산해야지.'라는 말을 통해 정 씨가 영달에게 백화와 함께 떠날 것을 권유하고 있음을 알 수 있다.

② '백화는 뭔가 쑤군대고 있는 두 사내를 불안한 듯이 지켜보고 있었다.'를 통해 백화는 정 씨와 영달을 바라보면서 영달의 선택이 어떤 것일지 몰라 불안해하고 있음을 알 수 있다.

④ '영달이가 내민 것들을 받아 쥔 백화의 눈이 붉게 충혈되었다.'를 통해 백화는 정 씨와 영달의 배려에 대한 고마움과 헤어짐에 대한 아쉬움을 느끼고 있음을 알 수 있다. 그 이후에 백화가 '내 이름은 백화가 아니에요. 본명은…… 이점례예요.'라고 하는 부분을 통해 자신의 진짜 모습을 뜻하는 본명을 밝힘으로써 영달에 대한 고마움을 표현하고 있음을 알 수 있다.

07 난도 ★★☆　　　　　　　　　　　　　　　정답 ④

비문학 > 글의 순서 파악

정답의 이유

• (나)에서는 과거 한반도가 특수한 지정학적 조건으로 인해 국권을 상실하는 아픔을 겪었다는 글의 화제를 제시하고 있으므로 글의 도입에 오는 것이 적절하다.

• (라)에서는 '그 아픔'이라는 표현을 사용해 아픔으로 인한 결과와 극복을 논하며 과거에서 현재로 이어지는 내용을 제시하고 있으므로 한반도의 아픔을 제시한 (나)의 다음에 오는 것이 적절하다.

• (다)에서는 '지금은'이라는 표현으로 현재를 나타내고 있고, 경제력이 국력을 좌우하는 시대라며 우리나라는 전쟁의 폐허를 극복하고 세계적인 경제 강국을 건설하고 있다는 내용을 제시하고 있으므로 과거의 아픔과 새로운 희망을 제시한 (라)의 다음에 오는 것이 적절하다.

• (가)에서는 과거에는 고통을 주었던 한반도의 지정학적 조건이 이제는 희망의 조건이 될 것이라는 미래의 내용을 제시하고 있으므로 글의 마지막에 오는 것이 적절하다.

따라서 글의 전개 순서로 가장 자연스러운 것은 ④ (나) – (라) – (다) – (가)이다.

08 난도 ★☆☆　　　　　　　　　　　　　　　정답 ②

비문학 > 화법

정답의 이유

② A와 B는 대화 중에 고개를 끄덕이면서 상대방의 말에 공감을 나타내고 있으므로 적절하다.

오답의 이유

① A는 B에게 내용 요약 방식을 제안하고 있는 것이 아니라 B가 언급한 개조식 요약 방식에 대하여 '문제가 있지 않을까요?'라며 문제를 제기하고 있다.

③ B는 회의 내용 요약 방식에 대한 A의 문제 제기에 고개를 끄덕이면서 동의하고 있다.

④ A는 개조식 요약 방식이 문제가 있다고만 언급하였다. 회의 내용을 과도하게 생략하고 이해에 어려움을 줄 수 있다고 언급한 사람은 B이다.

09 난도 ★★☆　　　　　　　　　　　　　　　정답 ④

비문학 > 사실적 읽기

정답의 이유

④ '참석 학생들은 1일 시의원이 되어 의원 선서를 한 후 주제에 관한 자유 발언 시간을 가졌다. 이어서 관련 조례안을 상정한 후 찬반 토론을 거쳐 전자 투표로 표결 처리하였다.'에서 의원 선서, 자유 발언, 조례안 상정, 찬반 토론, 전자 투표의 순서로 회의가 진행되었음을 확인할 수 있다.

오답의 이유

① '여기에 참여할 수 있는 대상은 A시에 있는 학교에 재학 중인 만 19세 미만의 청소년이다.'에서 A시에 있는 학교의 만 19세 미만 재학생이 청소년 의회 교실에 참여할 수 있는 대상임을 확인할 수 있다.

② '이 조례에 따르면 시의회 의장은 의회 교실의 참가자 선정 및 운영 방안을 결정할 수 있다. 운영 방안에는 지방자치 및 의회의 기능과 역할, 민주 시민의 소양과 자질 등에 관한 교육 내용이 포함된다.'에서 시의회 의장이 민주 시민의 소양과 관련된 교육 내용을 결정할 수 있음을 확인할 수 있다.

③ '또한 시의회 의장은 고유 권한으로 본회의장 시설 사용이 가능하도록 지원할 수 있다.'와 '최근 ~ 본회의장에서 첫 번째 의회 교실을 운영하였다.'에서 시의회 의장이 본회의장 시설을 사용하도록 지원하였음을 확인할 수 있다.

10 난도 ★★☆　　　　　　　　　　　　　　　정답 ④

문법 > 의미론

정답의 이유

④ '언행이나 태도가 의젓하고 신중하다.'를 의미하는 '점잖다'는 '어리다, 젊다'를 의미하는 '점다'에 '-지 아니하다'가 결합하여 '점지 아니하다'가 되었고, 이를 축약하여 오늘날의 '점잖다'가 된 것으로 볼 수 있다.

오답의 이유

① '살림살이가 넉넉하지 못함 또는 그런 상태'를 의미하는 '가난'은 한자어인 '간난(艱難)'에서 'ㄴ'이 탈락하여 만들어진 단어이다.

② '어리다'는 중세국어에서 '어리석다'라는 뜻으로 쓰이다가 현대국어에서 '나이가 적다.'라는 뜻으로 의미가 이동하였다.

③ '닭의 수컷'을 의미하는 '수탉'의 '수'는 역사적으로 '숳'과 같이 'ㅎ'을 맨 마지막 음으로 가지고 있는 말이었으나 현대에 와서는 'ㅎ'이 모두 떨어진 형태를 기본적인 표준어로 규정하였다. 이러한 흔적으로 인해 'ㅎ'이 뒤의 예사소리와 만나면 거센소리로 나는 것을 인정하여 '숳'에 '둙(닭)'이 결합할 때 '수탉'이라고 하였다.

비문학 > 사실적 읽기

정답의 이유

③ 제시된 글에서 혐오 현상은 자체의 역사와 사회적 배경이 반드시 선행하며 사회문제의 기원이나 원인이 아니라 발현이며 결과라고 하였다. 또한 혐오 그 자체를 사회악으로 지목해 도덕적으로 지탄하는 데서 그쳐서는 안 된다고 하였다. 이를 통해 글쓴이가 혐오 현상을 바르게 이해하기 위해서는 이를 만들어 내는 사회문제를 찾는 것이 중요하다고 주장하고 있음을 알 수 있다. 따라서 '혐오 현상을 만들어 내는 근본 원인을 찾아야 한다.'가 주제로 적절하다.

오답의 이유

① 1문단의 '혐오 현상은 외계에서 뚝 떨어진 괴물이 만들어 낸 것이 아니라, 거기엔 자체의 역사와 사회적 배경이 반드시 선행한다.'에서 혐오 현상에는 인과관계가 존재한다는 것을 알 수 있다. 따라서 '혐오 현상에는 인과관계가 존재하지 않는다.'는 주제로 적절하지 않다.

② 2문단의 '왜 혐오가 나쁘냐고 물어보면 많은 사람들은 이렇게 답한다. ~ 이 대답들은 분명 선량한 마음에서 나온 것이다. 하지만 문제의 성격을 오인하게 만들 수 있다.'에서 혐오 현상을 선량한 마음으로 바라보면 안 된다는 것을 알 수 있다. 따라서 '혐오 현상은 선량한 마음으로 바라보아야 한다.'는 주제로 적절하지 않다.

④ 2문단의 '혐오나 증오라는 특정 감정에 집착해선 안 된다는 것이다.', "혐오나 증오라는 감정에 집중할수록 우린 '달을 가리키는 손가락만 바라보는' 잘못을 범하기 쉬워진다."에서 혐오라는 감정에 집중해서는 안 된다는 것을 알 수 있다. 따라서 '혐오라는 감정에 집중할수록 사회문제는 잘 보인다.'는 주제로 적절하지 않다.

고전 문학 > 고전 운문

정답의 이유

① 화자는 '초가 정자'가 있고 오솔길이 나 있는 곳에서 술을 마시며 시를 읊조리고 있다. 따라서 ⊙ '초가 정자'는 화자가 묘사한 풍경 속의 일부일 뿐, 시간적 흐름에 따른 시상 전개를 매개하고 있는 것이 아니다.

오답의 이유

② 화자는 자연 속에서 '높다랗게' 앉아서 술을 마시며 시를 읊조리고 있다. 따라서 ⓒ '높다랗게'를 통해 시적 화자의 초연한 태도를 파악할 수 있다.

③ '산과 계곡'인 자연은 언제나 변함없이 그대로지만, 인간이 만든 '누대'는 비어 있다고 하였으므로 ⓒ '누대'는 자연과 대비되는 쇠락한 인간사를 암시한다고 볼 수 있다.

④ '봄바람'은 꽃잎을 흔드는 주체이며, 화자는 '붉은 꽃잎 하나라도 흔들지 마라'라고 하였다. 따라서 ② '봄바람'은 꽃잎을 흔드는 부정적 이미지로 기능하고 있음을 알 수 있다.

어휘 > 한자어

정답의 이유

③ '각축(角逐: 뿔 각, 쫓을 축)'은 '서로 이기려고 다투며 덤벼듦'이라는 뜻으로, 이 단어에는 사람의 몸을 지시하는 말이 포함되지 않았다.

오답의 이유

① '슬하(膝下: 무릎 슬, 아래 하)'는 '무릎의 아래'라는 뜻으로, '어버이나 조부모의 보살핌 아래. 주로 부모의 보호를 받는 테두리 안'을 이른다.

② '수완(手腕: 손 수, 팔 완)'은 '일을 꾸미거나 치러 나가는 재간 / 손목의 잘록하게 들어간 부분'을 이른다.

④ '발족(發足: 필 발, 발 족)'은 '어떤 조직체가 새로 만들어져서 일이 시작됨 또는 그렇게 일을 시작함'을 이른다.

고전 문학 > 고전 산문

정답의 이유

③ (가)에서는 계월의 명령에 화가 머리끝까지 난 보국이 억지로 갑옷과 투구를 갖추고 군문에 대령하자 계월이 보국에게 예를 갖추라고 명령하면서 보국과의 갈등 상황을 타개하고자 하는 적극적인 태도를 보인다. 그러나 (나)에서는 까투리가 장끼의 고집에 경황없이 물러서며 갈등 상황을 해결하는 데 소극적인 태도를 보인다.

오답의 이유

① (가)에서는 계월이 보국에게 명령하는 것을 통해 계월이 보국에 비해 우월한 지위를 가지고 있음을 확인할 수 있다. 그러나 (나)에서는 장끼의 고집을 꺾지 못하는 까투리의 모습을 통해 까투리가 장끼에 비해 우월한 지위를 가지고 있지 않음을 확인할 수 있다.

② (가)에서는 계월이 보국의 행동을 거만하다고 비판하고 있으며, (나)에서도 까투리가 장끼의 행동을 보고 '저런 광경 당할 줄 몰랐던가. ~ 계집의 말 안 들어도 망신하네.'라고 하며 장끼의 행동을 비판하고 있음을 확인할 수 있다.

④ (가)에서는 계월의 호령에 '군졸의 대답 소리로 장안이 울릴 정도였다.'라고 묘사한 것을 통해 계월이 주변으로부터 두려움의 반응을 얻었음을 확인할 수 있다. (나)에서는 '아홉 아들 열두 딸과 친구 벗님네들도 불쌍타 의논하며' 장끼의 죽음에 대해 까투리를 위로하고 있으므로 까투리는 주변으로부터 호의적인 반응을 얻었음을 확인할 수 있다.

작품 해설

(가) 작자 미상, 「홍계월전」

- 갈래: 고전 소설, 군담 소설, 영웅 소설
- 성격: 전기적, 영웅적
- 주제: 홍계월의 영웅적 면모와 고난 극복
- 특징
  - 주인공의 고행담과 이를 극복하는 과정을 서술함(전형적인 영웅 일대기적 구조)
  - 중국 명나라를 배경으로 한 소설로, 여성을 우월하게 그림
  - 봉건적 사회 질서에서 벗어나고자 하는 여성들의 욕구를 반영함
  - 남장 모티프를 확인할 수 있음

(나) 작자 미상, 「장끼전」

- 갈래: 고전 소설, 우화 소설
- 성격: 우화적, 교훈적, 풍자적
- 주제: 남존여비와 재가 금지에 대한 비판
- 특징
  - 동물을 의인화하여 풍자의 효과를 높임
  - 남존여비, 여성의 재가 금지 등 당시의 유교 윤리를 비판함
  - 판소리 사설의 문체가 작품 곳곳에 드러남

15 난도 ★★★　　　　　　　정답 ④

문법 > 통사론

정답의 이유

④ 끼이는(○): '벌어진 사이에 들어가 죄이고 빠지지 않게 되다.'를 뜻하는 '끼이다'는 '끼다'의 피동사이므로 '끼이는'은 문장에서 적절하게 쓰였다.

오답의 이유

① 되뇌이는(×) → 되뇌는(○): '같은 말을 되풀이하여 말하다.'를 뜻하는 단어는 '되뇌다'이므로, '되뇌는'으로 고쳐 써야 한다.

② 헤매이고(×) → 헤매고(○): '갈 바를 몰라 이리저리 돌아다니다.'를 뜻하는 단어는 '헤매다'이므로, '헤매고'로 고쳐 써야 한다.

③ 메이기(×) → 메기(○): '뚫려 있거나 비어 있는 곳이 막히거나 채워지다.'를 뜻하는 단어는 '메다'이므로, '메기'로 고쳐 써야 한다.

16 난도 ★★☆　　　　　　　정답 ④

어휘 > 한자어

정답의 이유

④ 변호사(辯護事: 말 잘할 변, 보호할 호, 일 사)(×) → 변호사(辯護士: 말 잘할 변, 보호할 호, 선비 사)(○): 법률에 규정된 자격을 가지고 소송 당사자나 관계인의 의뢰 또는 법원의 명령에 따라 피고나 원고를 변론하며 그 밖의 법률에 관한 업무에 종사하는 사람

오답의 이유

① 소방관(消防官: 꺼질 소, 막을 방, 벼슬 관)(○): 소방 공무원을 일상적으로 이르는 말

② 과학자(科學者: 품등 과, 배울 학, 놈 자)(○): 과학을 전문적으로 연구하는 사람

③ 연구원(研究員: 갈 연, 궁구할 구, 관원 원)(○): 연구에 종사하는 사람

17 난도 ★☆☆　　　　　　　정답 ③

비문학 > 사실적 읽기

정답의 이유

③ 2문단에서 중세의 지적 전통에 대한 의구심이 고대의 학문과 예술, 언어에 대한 재평가로 이어졌고 이에 따라 인간에 대한 관심이 많아졌다고 하였으며, 3문단에서 인간에 대한 관심의 증대로 인해 인체의 아름다움이 재발견되었다고 하였다. 따라서 예술가들이 인체의 아름다움을 재발견함으로써 고대의 학문과 언어에 대한 재평가도 이루어졌다는 이해는 적절하지 않다.

오답의 이유

① 1문단의 '르네상스가 일어나게 된 요인으로 많은 것들이 거론되어 왔지만, 의학사의 관점에서 볼 때 흥미롭고 논쟁적인 원인은 페스트이다.'를 통해 페스트라는 전염병이 르네상스가 일어나게 된 요인 중 하나임을 확인할 수 있다.

② 1문단의 "페스트로 인해 '사악한 자'들만이 아니라 '선량한 자'들까지 무차별적으로 죽는 것을 보고 이전까지 의심하지 않았던 신과 교회의 막강한 권위에 대해서도 회의하게 되었다."를 통해 페스트로 인한 선인과 악인의 무차별적인 죽음은 교회의 권위를 약화시켰음을 확인할 수 있다.

④ 3문단의 '기존의 의학적 전통을 여전히 신봉하던 의사들에게 해부학적 지식은 불필요한 것으로 인식되었던 반면, 당시의 미술가들은 예술가이면서 동시에 해부학자이기도 할 만큼 인체의 내부 구조를 탐색하는 데 골몰했다.'를 통해 르네상스 시기의 해부학은 의사들이 아닌 미술가들의 관심을 끌었음을 확인할 수 있다.

18 난도 ★★☆　　　　　　　정답 ②

어휘 > 한자성어

정답의 이유

② 밑줄 친 부분은 '간단한 말로도 남을 감동하게 하거나 남의 약점을 찌를 수 있음'을 의미하는 寸鐵殺人(촌철살인)과 어울린다.
  - 寸鐵殺人: 마디 촌, 쇠 철, 죽일 살, 사람 인

오답의 이유

① 巧言令色(교언영색): 아첨하는 말과 알랑거리는 태도
  - 巧言令色: 교묘할 교, 말씀 언, 명령할 영, 빛 색

③ 言行一致(언행일치): 말과 행동이 하나로 들어맞음 또는 말한 대로 실행함
  - 言行一致: 말씀 언, 다닐 행, 하나 일, 이를 치

④ 街談巷說(가담항설): 거리나 항간에 떠도는 소문
  - 街談巷說: 거리 가, 말씀 담, 거리 항, 말씀 설

19 난도 ★★☆   정답 ①

비문학 > 추론적 읽기

정답의 이유

① '논리실증주의자들에 따르면, 만약 어떤 것이 과학일 경우 거기에서 사용되는 문장은 유의미하다.'와 '(나)는 검증할 수 없고 과학에서 사용될 수 없는 무의미한 문장이라고 말한다.'를 통해 과학에서 사용될 수 없는 문장은 무의미한 문장임을 확인할 수 있다. 따라서 논리실증주의자들에 따르면 무의미한 문장을 사용하는 것은 과학이 아니라는 점을 추론할 수 있다.

오답의 이유

② '논리실증주의자들에 따르면, 만약 어떤 것이 과학일 경우 거기에서 사용되는 문장은 유의미하다.'를 통해 과학에서 사용되는 문장이 유의미하다는 것은 파악할 수 있다. 하지만 과학의 문장들만 유의미하다는 내용을 추론할 수는 없다.

③ '검증 원리란, 경험을 통해 참이나 거짓을 검증할 수 있는 문장은 유의미하고 그렇지 않은 문장은 유의미하지 않다는 것이다.'를 통해 경험으로 검증할 수 없는 문장은 유의미하지 않다는 사실을 파악할 수 있다. 하지만 아직까지 경험되지 않은 것을 언급한 문장이 무의미하다는 내용을 추론할 수는 없다.

④ '검증 원리란, 경험을 통해 참이나 거짓을 검증할 수 있는 문장은 유의미하고 그렇지 않은 문장은 유의미하지 않다는 것이다.'를 통해 검증할 수 없는 문장은 무의미한 문장임을 확인할 수 있다. 하지만 검증 원리에 따라 '거짓'을 검증할 수 있는 문장은 유의미하다고 할 수 있다.

20 난도 ★★☆   정답 ④

비문학 > 추론적 읽기

정답의 이유

㉠ 1문단의 '즉 컴퓨터는 결정론적 법칙의 지배를 받는 시스템이라는 것이다.'와 2문단의 '결국 결정론적 법칙의 지배를 받는 시스템은 자유의지를 가지지 않는다. 또한 자유의지를 가지지 않는 시스템에 도덕적 의무를 귀속시킬 수 없음은 당연하다.'를 통해 결정론적 법칙의 지배를 받는 시스템인 컴퓨터는 자유의지를 가지지 않으며 도덕적 의무의 귀속 대상이 아님을 추론할 수 있다.

㉡ 2문단의 '결국 결정론적 법칙의 지배를 받는 시스템은 자유의지를 가지지 않는다. 또한 자유의지를 가지지 않는 시스템에 도덕적 의무를 귀속시킬 수 없음은 당연하다.'를 통해 도덕적 의무를 귀속시킬 수 있는 시스템은 결정론적 법칙의 지배를 받지 않음을 추론할 수 있다.

㉢ 2문단의 '어떤 선택을 할 때 그것과 다른 선택을 할 수도 있다는 것은 자유의지의 필요조건이기 때문이다.'를 통해 어떤 선택을 할 때 그것과 다른 선택을 할 수 없는 시스템은 자유의지를 가지지 않음을 추론할 수 있다.

국어 | 2022년 제1회 서울시 9급

한눈에 훑어보기

✓ 영역 분석

어휘   08   18
2문항, 10%

문법   01   02   03   04   05   06   14   15   17
9문항, 45%

고전 문학   12
1문항, 5%

현대 문학   10   16   20
3문항, 15%

비문학   07   09   11   13   19
5문항, 25%

✓ 빠른 정답

01	02	03	04	05	06	07	08	09	10
①	②	④	②	③	②	④	②	③	①

11	12	13	14	15	16	17	18	19	20
②	④	②	②	③	③	④	①	④	③

✓ 점수 체크

구분	1회독	2회독	3회독
맞힌 문항 수	/ 20	/ 20	/ 20
나의 점수	점	점	점

---

01   난도 ★☆☆   정답 ①

문법 > 통사론

정답의 이유

① '말은'은 서술어 '해라'의 대상이 되는 목적어이며, '체언+보조사'의 형식이다. 따라서 목적격 조사를 사용하여 '말을'로 대체할 수 있다.

오답의 이유

② '호랑이도'는 서술어 '온다'의 주체인 주어이며, '체언+보조사'의 형식이다. 따라서 주격 조사를 사용하여 '호랑이가'로 대체할 수 있다.

③ '연기'는 서술어 '날까'의 주체인 주어이며, 체언 뒤에 주격 조사 '가'가 생략된 형식이다.

④ '꿀도'는 서술어 '쓰다'의 주체인 주어이며, '체언+보조사'의 형식이다. 따라서 주격 조사를 사용하여 '꿀이'로 대체할 수 있다.

더 알아보기

문장 성분

주성분	주어	• 서술어가 나타내는 동작이나 상태의 주체가 되는 말 • 주격 조사 '이, 가, 에서, 께서'나 보조사 '은, 는'과 결합
	서술어	• 주어의 움직임, 상태, 성질 따위를 서술하는 말 • 문장의 구조를 결정
	목적어	• 서술어의 동작이나 행위의 대상 • 목적격 조사 '을, 를'은 생략될 수 있으며 보조사와 결합 가능
	보어	• 서술어 '되다/아니다' 앞에서 말을 보충해 주는 역할 • 보격 조사 '이, 가'와 결합하며, '되다/아니다' 바로 앞에 위치하는 경우가 많음
부속 성분	관형어	• '대상을 나타내는 말(체언)' 앞에서 꾸며 주는 역할 • '-ㄴ, -는, -ㄹ'로 끝을 맺거나 관형격 조사 '의'가 활용되기도 함
	부사어	• 주로 '서술어, 관형어, 다른 부사어, 문장 전체'를 꾸며 주는 역할 • 부사어는 기본적으로 부속 성분이지만 '필수 부사어'의 경우 주성분에 해당
독립 성분	독립어	'부름, 감탄, 놀람, 응답' 등 문장 내에서 독립적으로 쓰이는 말

문법 > 통사론

[정답의 이유]

② '좁히다'는 '좁다'의 어간 '좁-'에 사동 접미사 '-히-'가 결합하여 만들어진 사동사이다.

[오답의 이유]

① '우기다'는 주어 '회사는'이 스스로 행하는 동작을 나타내는 주동사이다. 따라서 문장의 주체가 자기 스스로 행하지 않고 남에게 그 행동이나 동작을 하게 함을 나타내는 사동사가 아니다.

③ '버리다'는 주어 '공장에서'가 스스로 행하는 동작을 나타내는 주동사이다. 따라서 문장의 주체가 자기 스스로 행하지 않고 남에게 그 행동이나 동작을 하게 함을 나타내는 사동사가 아니다.

④ '모이다'는 '모으다'에 피동 접미사 '-이-'가 결합하여 만들어진 피동사이다. 피동사는 남의 행동을 입어서 행하여지는 동작을 나타내는 동사이므로 문장의 주체가 자기 스스로 행하지 않고 남에게 그 행동이나 동작을 하게 함을 나타내는 사동사가 아니다.

문법 > 형태론

[정답의 이유]

④ '돌아왔나 보다'에서 '보다'는 '앞말이 뜻하는 행동이나 상태를 추측하거나 어렴풋이 인식하고 있음'을 나타내는 보조 형용사이다.

[오답의 이유]

① '들어 보다'에서 '보다'는 '어떤 행동을 시험 삼아 함'을 나타내는 보조 동사이다.

② '하다가 보면'에서 '보다'는 '앞말이 뜻하는 행동을 하는 과정에서 뒷말이 뜻하는 사실을 새로 깨닫게 되거나, 뒷말이 뜻하는 상태로 됨'을 나타내는 보조 동사이다.

③ '당해 보지'에서 '보다'는 '어떤 일을 시험 삼아 함'을 나타내는 보조 동사이다.

더 알아보기

보조 용언

• 본용언과 연결되어 그것의 뜻을 보충하는 역할을 하는 용언이다.

• 혼자서 독립적으로 쓰이지 못하고, 보조적 의미를 지닌다.

　예 나는 사과를 먹어 버렸다. / 그는 잠을 자고 싶다.

• 보조 용언에는 보조 동사, 보조 형용사가 있다.

보조 동사	본동사와 연결되어 그 풀이를 보조하는 동사 예 감상을 적어 두다. / 그는 학교에 가 보았다.
보조 형용사	본용언과 연결되어 의미를 보충하는 역할을 하는 형용사 예 먹고 싶다. / 예쁘지 아니하다.

• 보조 동사와 보조 형용사의 구별

않다	보조 동사	예 책을 보지 않는다. 예 그는 이유도 묻지 않고 돈을 빌려주었다.
	보조 형용사	예 옳지 않다. 예 일이 생각만큼 쉽지 않다.

못하다	보조 동사	예 눈물 때문에 말을 잇지 못했다. 예 배가 아파 밥을 먹지 못한다.
	보조 형용사	예 음식 맛이 좋지 못하다. 예 먹다 못해 음식을 남겼다.
하다	보조 동사	예 노래를 부르게 한다. 예 주방은 늘 청결해야 한다.
	보조 형용사	예 생선이 참 싱싱하기도 하다. 예 길도 멀고 하니 일찍 출발해라.
보다	보조 동사	예 그런 책은 읽어 본 적이 없다. 예 말을 들어 보자.
	보조 형용사	예 열차가 도착했나 보다. 예 한 대 때릴까 보다.

문법 > 통사론

[정답의 이유]

② 보입니다(○): '보이다'는 '보다'의 어간 '보-'에 피동 접미사 '-이-'가 결합한 것이다. '눈으로 대상의 존재나 형태적 특징을 알게 되다.'를 의미하는 피동사이므로 적절하게 사용되었다.

[오답의 이유]

① 계시겠습니다(×) → 있으시겠습니다(○): 주체인 '회장님'을 직접 높이지 않고 주어와 관련된 '말씀'을 높이는 간접 높임의 경우에는 특수 어휘 '계시다'를 쓰지 않고 높임의 선어말 어미 '-(으)시-'를 붙여야 한다.

③ 푸른 산과 맑은 물이 흐르는(×) → 푸른 산이 있고 맑은 물이 흐르는(○): 주어와 서술어의 호응이 맞지 않으므로 주어인 '푸른 산'의 서술어를 추가해야 한다.

④ 믿겨지지(×) → 믿기지/믿어지지(○): '믿겨지다'는 피동사 '믿기다'에 통사적 피동 표현인 '-어지다'가 결합된 이중 피동이다. 이중 피동은 국어 문법에 어긋나므로 '믿기지'나 '믿어지지'로 써야 한다.

문법 > 한글 맞춤법

[정답의 이유]

③ 듯∨싶었다(×) → 듯싶었다(○): '듯싶다'는 '앞말이 뜻하는 사건이나 상태 따위를 짐작하거나 추측함'을 나타내는 보조 형용사이므로 붙여 써야 한다.

[오답의 이유]

① 할∨만하다(○): '할∨만하다'의 '만하다'는 '앞말이 뜻하는 행동을 하는 것이 가능함'을 나타내는 보조 형용사이다. 한글 맞춤법 제47항 '보조 용언은 띄어 씀을 원칙으로 하되, 경우에 따라 붙여 씀도 허용한다.'라는 규정에 따라 '할∨만하다'와 '할만하다' 둘 다 옳은 표현이다.

② • 싶은∨대로(○): '싶은 대로'의 '대로'는 '어떤 모양이나 상태와 같이'라는 뜻을 가진 의존 명사이므로 앞말과 띄어 써야 한다.

- 할∨테야(○): '할 테야'의 '테야'는 의존 명사 '터'에 서술격 조사 '이다'의 활용형인 '이야'가 결합하여 만들어진 '터이야'가 줄어든 말이다. 따라서 의존 명사 '터'는 앞말과 띄어 써야 한다.
④ 아는∨체를(○): '아는∨체를'의 '체'는 '그럴듯하게 꾸미는 거짓 태도나 모양'이라는 뜻을 가진 의존 명사이므로 앞말과 띄어 써야 한다.

06 난도 ★★☆   정답 ②

문법 > 통사론

[정답의 이유]
② '예쁜'은 '꽃이 예쁘다'라는 절에서 주어 '꽃이'를 생략하고 어간 '예쁘–'에 관형사형 어미 '–ㄴ'을 결합한 관형사절이므로 제시된 문장은 관형사절을 포함하고 있는 문장이다.

[오답의 이유]
① '갖은'은 '골고루 다 갖춘' 또는 '여러 가지의'라는 뜻을 가진 관형사이므로 제시된 문장은 홑문장이다.
③ '오랜'은 '이미 지난 동안이 긴'이라는 뜻을 가진 관형사이므로 제시된 문장은 홑문장이다.
④ '여남은'은 '열이 조금 넘는 수의'라는 뜻을 가진 관형사이므로 제시된 문장은 홑문장이다.

더 알아보기

관형절을 안은문장
- 문장에서 관형어의 기능을 하는 절을 안은문장이다.
- 관형사형 어미 '–(으)ㄴ, –는, –(으)ㄹ, –던' 등이 사용된다.
예 이 옷은 어제 내가 입은 옷이다. / 어려서부터 내가 먹던 맛이 아니다.
- 관형절에는 관계 관형절과 동격 관형절이 있다.

관계 관형절	• 안긴문장의 문장 성분이 생략되어 있는 문장을 말한다. • 안긴문장과 안은문장의 문장 성분이 같은 경우 생략된다. 예 영희가 그린 그림이 전시되었다. → 영희가 (그림을) 그렸다. 예 좁은 골목을 뛰어 다녔다. → (골목이) 좁다.
동격 관형절	• 안긴문장의 문장 성분이 생략되지 않은 문장을 말한다. • 안긴문장, 즉 관형절은 그 자체로 완전한 문장이 된다. 예 나는 철수가 착한 사람이라는 사실을 알고 있다. → 철수는 착한 사람이다. 예 철수는 영희가 많이 아프다는 소식을 들었다. → 영희가 많이 아프다.

07 난도 ★☆☆   정답 ④

비문학 > 사실적 읽기

[정답의 이유]
④ 적자생존이란 '환경에 적응하는 생물만이 살아남고, 그렇지 못한 것은 도태되어 멸망하는 현상'이라는 뜻으로, 〈보기〉에서는 확인할 수 없다.

[오답의 이유]
① '첫째, 생물진화의 돌연변이처럼 그 문화체계 안에서 새로운 문화요소의 발명 또는 발견이 있어 존재하는 문화에 추가됨으로써 일어난다.'에서 확인할 수 있다.
② '넷째, 유전자 유실처럼 어떤 문화요소가 한 세대에서 다음 세대로 전달될 때 잘못되어 그 문화요소가 후세에 전해지지 못하고 단절되거나 소멸될 때 문화변동이 일어난다.'에서 확인할 수 있다.
③ '셋째, 유전자 제거처럼 어떤 문화요소가 그 사회의 환경에 부적합할 때 그 문화요소를 버리고 더 적합한 다른 문화요소로 대치시킬 때 문화변동을 일으킨다.'에서 확인할 수 있다.

08 난도 ★★★   정답 ②

어휘 > 한자어

[정답의 이유]
② 보고(報誥: 갚을 보, 고할 고)(×) → 보고(報告: 갚을 보, 아뢸 고)(○): 일에 관한 내용이나 결과를 말이나 글로 알림

[오답의 이유]
① 체계적(體系的: 몸 체, 이을 계, 과녁 적)(○): 일정한 원리에 따라서 낱낱의 부분이 짜임새 있게 조직되어 통일된 전체를 이루는 것
③ 제고(提高: 끌 제, 높을 고)(○): 수준이나 정도 따위를 끌어올림
④ 유명세(有名稅: 있을 유, 이름 명, 세금 세)(○): 세상에 이름이 널리 알려져 있는 탓으로 당하는 불편이나 곤욕을 속되게 이르는 말

09 난도 ★☆☆   정답 ③

비문학 > 사실적 읽기

[정답의 이유]
③ 1문단에서 독일어식이나 일본어식으로 사용해 오던 화학 용어를 국제기준에 맞는 표기법으로 바꾼다고 하였으며, 3문단에서 예외적으로 '나트륨'과 '칼륨'은 갑작스러운 표기 변경에 따른 혼란을 줄이기 위해서 지금까지 사용한 대로 표기를 허용하되 새 이름인 '소듐'과 '포타슘'도 병행 표기한다고 하였다. 이를 통해 '나트륨'보다는 '소듐'이 국제기준에 맞는 표기법임을 알 수 있다.

[오답의 이유]
① 2문단의 "새 표기법은 세계적으로 통용되는 발음에 가깝게 정해진 것으로, '요오드'는 '아이오딘', '게르마늄'은 '저마늄' 등으로 바뀐다."에서 새 발음인 '아이오딘'이 '요오드'보다 세계적으로 통용되는 발음에 가깝다는 것을 확인할 수 있다.
② 2문단의 "화합물 용어도 구성 원소 이름이 드러나도록 '중크롬산칼륨'을 '다이크로뮴산칼륨'으로 표기한다."를 통해 화합물의 구성 원소 이름을 드러낸 표기는 '다이크로뮴산칼륨'이라는 것을 알 수 있다. '저마늄'은 '게르마늄'을 세계적으로 통용되는 발음에 가깝게 바꾼 표기이다.
④ 3문단의 "또 '비타민'도 당분간 '바이타민'을 병행 표기한다."에서 '비타민'도 당분간 병행해 사용하기로 했음을 확인할 수 있다.

10 난도 ★☆☆ 　　　　　　　　　　　　　 정답 ①

정답의 이유

① 〈보기〉의 '달은 나의 뜰에 고요히 앉아 있다'에서 '달'이 '앉아 있다'라고 표현함으로써 '달'에 사람의 인격을 부여한 의인법이 사용되었다. 또한 '풀은 눕고 / 드디어 울었다'에서도 '풀'이 '울었다'라고 표현함으로써 의인법이 사용되었다.

오답의 이유

② '가난하다고 해서 외로움을 모르겠는가'에서는 쉽게 판단할 수 있는 사실을 의문형으로 만들어 독자가 스스로 판단하게 하는 설의법이 사용되었다.

③ '구름은 / 보랏빛 색지 위에 / 마구 칠한 한 다발 장미'에는 'A는 B이다'와 같은 형태로 원관념과 보조관념을 동일시하여 비유하는 은유법이 사용되었다.

④ '아! 강낭콩꽃보다도 더 푸른 / 그 물결 위에 / 양귀비꽃보다도 더 붉은 / 그 마음 흘러라'에는 감탄하는 말로 감정을 강하게 표현하는 영탄법과 두 사물을 견주어서 어느 한 사물을 선명히 표현하는 비교법이 사용되었다.

작품 해설

장만영, 「달 · 포도 · 잎사귀」
- 갈래: 자유시, 서정시
- 성격: 서정적, 회화적, 관조적
- 주제: 달밤의 그윽한 정취, 가을 달밤의 아름다운 서정
- 특징
  - 선명한 이미지를 통한 감각적 표현으로 서정적 분위기를 조성함
  - 고요하고 담담한 어조를 통해 시상을 전개함

더 알아보기

의인법, 설의법, 은유법, 비교법

의인법	사람이 아닌 대상에 인격을 부여해 사람인 것처럼 표현하는 방법으로, 화자의 감정이 이입되기도 한다. 의인법을 사용하면 독자에게 생생한 느낌을 전달할 수 있다. 예 방안에 켜 있는 촛불, 누구와 이별하였관대 겉으로 눈물 지고 속타는 줄 모르는고
설의법	누구나 다 아는 사실을 의문 형식으로 표현하여 필자가 의도하는 방향으로 독자가 결론을 내리도록 하는 수사법이다. 예 가난하다고 해서 사랑을 모르겠는가 예 그곳이 차마 꿈엔들 잊힐 리야
은유법	원관념과 보조관념의 관계를 직접적으로 드러내지 않는 비유법으로, 'A는 B이다' 또는 'A인 B'의 형태를 사용한다. 원관념이 생략된 채 보조관념만 제시되는 경우도 있다. 예 내 마음은 호수요, 그대 노 저어 오오 예 고독은 나의 광장
비교법	속성이 비슷한 두 대상을 놓고, 어느 한쪽을 강조하는 방법이다. 예 강낭콩 꽃보다 더 푸른 그 물결

11 난도 ★★☆ 　　　　　　　　　　　　　 정답 ②

정답의 이유

② '명제 P와 Q가 IF … THEN으로 연결되는 P→Q는 P가 참이고 Q가 거짓이면 거짓이고 나머지 경우에는 모두 참이 된다.'의 명제 논리를 적용할 때, '파리가 새라면(P)'은 거짓이고 '지구는 둥글다(Q)'는 참이므로 이 명제는 참이 된다.

오답의 이유

① '모든 명제는 참이든지 거짓이든지 둘 중 하나여야 하며 참도 아니고 거짓도 아니거나 참이면서 거짓인 경우는 없다.'의 명제 논리를 적용할 때 '모기는 생물이면서 무생물이다'는 참이든지 거짓이든지 둘 중 하나여야 한다는 조건에 맞지 않으므로 성립하지 않는 명제이다.

③ '명제 P와 Q가 OR로 연결되는 P∨Q는 P와 Q 둘 중 적어도 하나가 참이기만 하면 참이 된다.'의 명제 논리를 적용할 때, '개가 동물이거나(P)'는 참이고 '컴퓨터가 동물이다(Q)'는 거짓이므로 이 명제는 참이 된다.

④ '명제 P와 Q가 AND로 연결되는 P∧Q는 P와 Q가 모두 참일 때에만 참이다.'의 명제 논리를 적용할 때, '늑대는 새가 아니고(P)'는 참이고, '파리는 곤충이다(Q)'도 참이므로, 이 명제는 참이 된다.

12 난도 ★★☆ 　　　　　　　　　　　　　 정답 ④

정답의 이유

④ 〈보기〉의 밑줄 친 부분은 추상적인 시간(밤)을 베어낸다고 표현하여 추상적 관념을 구체화하는 표현 방식이 사용되었다. '내 마음 속 우리 님의 고운 눈썹을 / 즈믄 밤의 꿈으로 맑게 씻어서'에서도 추상적 관념인 '밤의 꿈'으로 눈썹을 맑게 씻는다고 표현하였으므로 추상적 관념을 구체화하는 표현 방식이 사용되었다.

오답의 이유

① '아아 님은 갔지마는 나는 님을 보내지 아니하였습니다.'에는 '아아'라는 감탄사를 사용하여 감정을 강하게 표현하는 영탄법이 사용되었고, 님은 갔지만 나는 님을 보내지 아니하였다고 함으로써 모순된 표현으로 진리를 나타내는 역설법이 사용되었다.

② '무사(無事)한세상이병원이고꼭치료를기다리는무병(無病)이곳곳에있다'에는 띄어쓰기를 하지 않음으로써 무의식의 내면 심리를 표현하는 자동기술법이 사용되었다.

③ '노란 해바라기는 늘 태양같이 태양같이 하던 화려한 나의 사랑이라고 생각하라.'에는 '~같이'의 연결어를 사용하여 비유하는 직유법과, '태양같이'라는 시어를 되풀이한 반복법이 사용되었다.

13 난도 ★★☆　　　　　　　　　　　　정답 ②

비문학 > 사실적 읽기

[정답의 이유]

② 제시된 글에서는 일제 시기 근대화 문제에 관한 두 가지 주장에서 모두 조선인들이 주체적으로 대응했던 역사가 탈락되어 있으며 억압 속에서도 자기 발전을 도모해 나간 조선인의 역사가 정당하게 평가되어야 한다고 말한다. 따라서 제시된 글의 주제는 '일제의 지배에 주체적으로 대응한 조선인의 역사도 정당하게 평가되어야 한다.'가 가장 적절하다.

14 난도 ★☆☆　　　　　　　　　　　　정답 ②

문법 > 한글 맞춤법

[정답의 이유]

② 오랫동안(○): '오랫동안'은 '시간상으로 썩 긴 동안'이라는 뜻을 가진 명사이다. '오랜동안'으로 잘못 표기하는 경우가 있으므로 주의해야 한다.

[오답의 이유]

① 제작년(×) → 재작년(○): '지난해의 바로 전 해'라는 의미로 사용되었으므로 '재작년'으로 표기한다.

③ 띄는(×) → 띠는(○): '감정이나 기운 따위를 나타내다.'라는 의미로 사용되었으므로 '띠는'으로 표기한다.

④ 받아드리는(×) → 받아들이는(○): '다른 사람의 의견이나 비판 따위를 찬성하여 따르다. 또는 옳다고 인정하다.'라는 의미로 사용되었으므로 '받아들이는'으로 표기한다.

15 난도 ★☆☆　　　　　　　　　　　　정답 ③

문법 > 외래어 표기법

[정답의 이유]

③ • 커피숍(○): 'coffee shop'은 '커피샵'이 아닌 '커피숍'이 옳은 표기이다.
　• 리더십(○): 'leadershop'은 '리더쉽'이 아닌 '리더십'이 옳은 표기이다.
　• 파마(○): 'permanent'는 '펌', '퍼머'가 아닌 '파마'가 옳은 표기이다.

[오답의 이유]

① • 플랭카드(×) → 플래카드(○): 'placard'는 '플랭카드'가 아닌 '플래카드'가 옳은 표기이다.
　• 케익(×) → 케이크(○): 'cake'는 '케익'이 아닌 '케이크'가 옳은 표기이다.
　• 스케줄(○): 'schedule'은 '스케쥴'이 아닌 '스케줄'이 옳은 표기이다.

② • 텔레비전(○): 'television'은 '텔레비젼'이 아닌 '텔레비전'이 옳은 표기이다.
　• 쵸콜릿(×) → 초콜릿(○): 'chocolate'은 '쵸콜릿'이 아닌 '초콜릿'이 옳은 표기이다.
　• 플래시(○): 'flash'는 '플래쉬'가 아닌 '플래시'가 옳은 표기이다.

④ • 캐비넷(×) → 캐비닛(○): 'cabinet'은 '캐비넷'이 아닌 '캐비닛'이 옳은 표기이다.
　• 로켓(○): 'rocket'은 '로케트'가 아닌 '로켓'이 옳은 표기이다.
　• 슈퍼마켓(○): 'supermarket'은 '수퍼마켓'이 아닌 '슈퍼마켓'이 옳은 표기이다.

16 난도 ★★☆　　　　　　　　　　　　정답 ③

현대 문학 > 현대 소설

[정답의 이유]

③ 제시된 작품에서 소희는 짬뽕 한 그릇을 주문하려고 하다가 결국 금액적인 문제로 인해 사먹는 것을 포기하고 자리에서 일어난다. 그리고 가게 직원인 여자는 '젊은 사람이 어째 매가리가 없이'라고 하면서 계산지를 구겨 쓰레기통에 넣는다. 이러한 여자의 말과 행동을 통해 가난한 청년 세대의 모습을 간접적으로 드러내려 했음을 알 수 있다.

17 난도 ★☆☆　　　　　　　　　　　　정답 ④

문법 > 한글 맞춤법

[정답의 이유]

④ 대물림, 구시렁거리다, 느지막하다(○): '대물림, 구시렁거리다, 느지막하다'는 모두 어문 규범에 맞는 단어이다.

[오답의 이유]

① 닥달하다(×) → 닦달하다(○): '닦달하다'는 '남을 단단히 윽박질러서 혼을 내다.'를 뜻하며, '닥달하다'는 잘못된 표기이다.

② • 통채(×) → 통째(○): '통째'는 '나누지 아니한 덩어리 전부'를 뜻하며, '통채'는 잘못된 표기이다.
　• 발자욱(×) → 발자국(○): '발자국'은 '발로 밟은 자리에 남은 모양'을 뜻하며, '발자욱'은 잘못된 표기이다.
　• 구렛나루(×) → 구레나룻(○): '구레나룻'은 '귀밑에서 턱까지 잇따라 난 수염'을 뜻하며, '구렛나루'는 잘못된 표기이다.

③ • 귀뜸(×) → 귀띔(○): '귀띔'은 '상대편이 눈치로 알아차릴 수 있도록 미리 슬그머니 일깨워 줌'을 뜻하며, '귀뜸'은 잘못된 표기이다.
　• 핼쓱하다(×) → 핼쑥하다/해쓱하다(○): '핼쑥하다'와 '해쓱하다'는 '얼굴에 핏기가 없고 파리하다.'를 뜻하며, '핼쓱하다'는 잘못된 표기이다.

어휘 > 한자성어

정답의 이유

① • 견마지로(犬馬之勞): 개나 말 정도의 하찮은 힘이라는 뜻으로, 윗사람에게 충성을 다하는 자신의 노력을 낮추어 이르는 말
　　 − 犬馬之勞: 개 견, 말 마, 갈 지, 수고로울 로
　• 견토지쟁(犬兔之爭): 개와 토끼의 다툼이라는 뜻으로, 두 사람의 싸움에 제삼자가 이익을 봄을 이르는 말
　　 − 犬兔之爭: 개 견, 토끼 토, 갈 지, 다툴 쟁

오답의 이유

② • 견문발검(見蚊拔劍): 모기를 보고 칼을 뺀다는 뜻으로, 사소한 일에 크게 성내어 덤빔을 이르는 말
　　 − 見蚊拔劍: 볼 견, 모기 문, 뺄 발, 칼 검
　• 견마지성(犬馬之誠): 임금이나 나라에 바치는 충성을 낮추어 이르는 말
　　 − 犬馬之誠: 개 견, 말 마, 갈 지, 정성 성

③ • 견강부회(牽强附會): 이치에 맞지 않는 말을 억지로 끌어 붙여 자기에게 유리하게 함
　　 − 牽强附會: 끌 견, 강할 강, 붙을 부, 모일 회
　• 견물생심(見物生心): 어떠한 실물을 보게 되면 그것을 가지고 싶은 욕심이 생김
　　 − 見物生心: 볼 견, 만물 물, 날 생, 마음 심

④ • 견원지간(犬猿之間): 개와 원숭이의 사이라는 뜻으로, 사이가 매우 나쁜 두 관계를 비유적으로 이르는 말
　　 − 犬猿之間: 개 견, 원숭이 원, 갈 지, 사이 간
　• 견리사의(見利思義): 눈앞의 이익을 보면 의리를 먼저 생각함
　　 − 見利思義: 볼 견, 이로울 리, 생각 사, 옳을 의

비문학 > 추론적 읽기

정답의 이유

④ (가), (나), (다)는 주관적 인식의 모순을 밝힌 것이 아니라, 대상을 인식하는 주관적인 관점에 대해 이야기하고 있다.

오답의 이유

① (가)에서 임제가 "길 오른쪽을 가는 이는 내가 가죽신을 신었다고 할 테고 길 왼쪽을 가는 이는 내가 짚신을 신었다고 할 게다. 내가 염려할 게 뭐냐."라고 말한 것을 통해 임제는 사람들이 주관적 관점에서 대상을 인식한다고 여김을 확인할 수 있다.

② (나)에서 서술자가 "이 작은 방에서 몸을 돌려 앉으면 방위가 바뀌고 명암이 달라지지. 구도란 생각을 바꾸는 데 달린 법, 생각이 바뀌면 그 뒤를 따르지 않을 것이 없지."라고 말한 것을 통해 집주인은 자신만의 방식으로 집을 수용하고 있음을 확인할 수 있다.

③ (다)에서 '그럼에도 금붕어는 자기 나름의 왜곡된 기준 틀(Frame of Reference)을 토대로 삼아 과학 법칙들을 정식화할 수 있을 것이고'라고 언급한 부분을 통해 금붕어는 왜곡된 기준 틀로 과학 법칙을 수립할 수 있음을 확인할 수 있다.

현대 문학 > 현대 시

정답의 이유

③ 제시된 작품은 사물의 생태적 속성에서 삶의 참된 가치를 발견하고 있는 김지하의 「무화과」라는 시이다. 속으로 꽃이 핀다는 것은 밖으로 꽃을 피우는 삶보다도 더 아름답고 의미 있는 화자의 내면화된 가치를 의미한다.

오답의 이유

① '잿빛 하늘'은 화자가 처한 부정적 현실을 나타내고 있다. 따라서 화자가 처한 현실을 반어적으로 형상화한 것이라 볼 수 없다.

② 화자가 현실에 저항하고 있는 모습은 드러나지 않았다.

④ '검은 도둑괭이'는 부정적 현실 속에서 영악하게 살아가는 존재이자 자본가, 정치인을 상징한다. 따라서 현실의 부정에 적극 맞서야 함을 일깨우는 존재라 볼 수 없다.

작품 해설

김지하, 「무화과」

• 갈래: 자유시, 서정시
• 성격: 상징적, 대화적
• 주제: 암울한 현실 상황 속에서 삶의 참된 가치를 추구하는 삶
• 특징
　− 사물의 생태적 속성에서 삶의 의미와 가치를 발견하고 있음
　− 대화 형식을 통해 절망과 위로의 구조를 보임

국어 | 2022년 제2회 서울시 9급

한눈에 훑어보기

✓ 영역 분석

어휘   04   07
2문항, 10%

문법   02   03   06   08   09   10   12   15   17   19
10문항, 50%

고전 문학   18   20
2문항, 10%

현대 문학   05   11   14
3문항, 15%

비문학   01   13   16
3문항 15%

✓ 빠른 정답

01	02	03	04	05	06	07	08	09	10
②	③	④	①	①	④	③	②	①	③
11	12	13	14	15	16	17	18	19	20
④	③	①	②	③	④	②	④	①	④

✓ 점수 체크

구분	1회독	2회독	3회독
맞힌 문항 수	/ 20	/ 20	/ 20
나의 점수	점	점	점

---

01 난도 ★☆☆   정답 ②

비문학 > 추론적 읽기

정답의 이유

② 제시된 글에 따르면 개미사회는 철저한 분업제도로 이루어진다. '자신의 유전자를 보다 많이 후세에 남기고자 하는 것이 궁극적인 삶의 의미라는 진화학적 관점에서 볼 때'라는 부분과 '자기 스스로 자식을 낳아 키우기를 포기하고 평생토록 여왕을 보좌하는 일개미들의 행동'이라는 부분을 통해 여왕개미가 평생 오로지 알을 낳는 일에만 전념할 수 있도록 일개미들은 번식에 필요한 모든 제반 업무를 담당한다는 것을 알 수 있다. 따라서 빈칸에 들어갈 단어로는 '붇고 늘어서 많이 퍼짐'이라는 뜻을 가진 '번식(繁殖)'이 가장 적절하다.

02 난도 ★★☆   정답 ③

문법 > 한글 맞춤법

정답의 이유

③ 표준어를 '소리나는 대로 적는다.'는 것은 표준어를 적을 때 발음에 따라 적는다는 뜻으로, 이를테면 [나무]라고 소리 나는 표준어는 '나무'로 적는 것이다. '어법에 맞도록 한다.'는 것은 뜻을 파악하기 쉽도록 각 형태소의 본모양을 밝혀 적는다는 말이므로, 이를테면 '꽃'은 '꽃이[꼬치], 꽃만[꼰만], 꽃과[꼳꽈]' 등으로 소리 나지만 그 본모양에 따라 '꽃' 한 가지로 적는 것이다. 따라서 '빛깔'은 [빋깔]로 소리 나지만 형태소의 본모양을 밝혀 '빛깔'로 적었으므로 이는 ㉠이 아닌 ㉡의 사례에 해당하고 '여덟에'는 [여덜베]로 소리 나지만 형태소의 본모양을 밝혀 '여덟에'로 적었으므로 ㉡의 사례에 해당한다.

오답의 이유

① '마감(막-+-암)'은 한글 맞춤법 제19항 [붙임]에 따라 어간의 원형을 밝히어 적지 않은 사례에 해당하므로 ㉠의 사례이고, '무릎이'는 [무르피]로 소리 나지만 형태소의 본모양을 밝혀 '무릎이'로 적었으므로 ㉡의 사례이다.

② '며칠'은 한글 맞춤법 제27항 [붙임 2]에 따라 어원이 분명하지 아니한 것은 원형을 밝히어 적지 않은 사례에 해당하므로 ㉠의 사례이고, '없었고'는 [업썯꼬]로 소리 나지만 형태소의 본모양을 밝혀 '없었고'로 적었으므로 ㉡의 사례이다.

④ '꼬락서니'는 한글 맞춤법 제20항 [붙임]에 따라 '-이' 이외의 모음으로 시작된 접미사가 붙어서 된 말은 그 명사의 원형을 밝히어 적지 않은 사례에 해당하므로 ㉠의 사례이고, '젊은이'는 [절므니]로 소리 나지만 형태소의 본모양을 밝혀 '젊은이'로 적었으므로 ㉡의 사례이다.

03 난도 ★★★　　　　　　　　　　정답 ④

문법 > 한글 맞춤법

[정답의 이유]

④ 한글 맞춤법 제51항에 따르면 '정확히'는 부사의 끝음절이 '히'로만 나는 단어이므로 밑줄 친 부분의 사례로 적절하지 않다.

[오답의 이유]

① · ② · ③ '꼼꼼히, 당당히, 섭섭히'는 부사의 끝음절이 '이'나 '히'로 나는 사례이므로 적절하다.

04 난도 ★★☆　　　　　　　　　　정답 ①

어휘 > 한자성어

[정답의 이유]

① ㉠에는 '제각기 살아 나갈 방법을 꾀함'이라는 뜻을 가진 각자도생(各自圖生)이 들어가야 한다. 따라서 '같은 사람의 말이나 행동이 앞뒤가 서로 맞지 아니하고 모순됨'이라는 뜻을 가진 자가당착(自家撞着)은 ㉠에 들어가기에 적절하지 않다.

　• 各自圖生: 각각 각, 스스로 자, 그림 도, 날 생
　• 自家撞着: 스스로 자, 집 가, 칠 당, 붙을 착

[오답의 이유]

② 상전벽해(桑田碧海): 뽕나무밭이 변하여 푸른 바다가 된다는 뜻으로, 세상일의 변천이 심함을 비유적으로 이르는 말

　• 桑田碧海: 뽕나무 상, 밭 전, 푸를 벽, 바다 해

③ 만시지탄(晚時之歎): 시기에 늦어 기회를 놓쳤음을 안타까워하는 탄식

　• 晚時之歎: 늦을 만, 때 시, 갈 지, 탄식할 탄

④ 오리무중(五里霧中): 오 리나 되는 짙은 안개 속에 있다는 뜻으로, 무슨 일에 대하여 방향이나 갈피를 잡을 수 없음을 이르는 말

　• 五里霧中: 다섯 오, 마을 리, 안개 무, 가운데 중

05 난도 ★★☆　　　　　　　　　　정답 ①

현대 문학 > 현대 시

[정답의 이유]

① 제시된 작품에서는 명령적 어조를 사용함으로써 부정적인 현실 상황을 거부하는 화자의 의지를 표현하고 있으나, 반어적 어조는 드러나지 않았다.

[오답의 이유]

② '가라'라는 명령형 종결 어미를 반복적으로 사용함으로써 부정적인 현실 상황을 거부하고, 순수한 민족 통일의 삶을 추구하자는 주제를 분명하게 드러내고 있다.

③ '껍데기는 가라', '쇠붙이는 가라'와 같이 직설적인 명령적 어조를 통해 우리 민족이 처한 부정적인 현실을 극복하려는 의지가 드러나고 있음을 확인할 수 있다.

④ '중립(中立)의 초례청 앞에 서서 / 부끄럼 빛내며 / 맞절할지니'에서 이념과 대립을 뛰어넘은 화합의 장소에서 우리 민족이 혼인하는 모습을 나타낸 것을 통해 민족의 통일에 대한 염원을 노래하고 있음을 확인할 수 있다.

> **작품 해설**
>
> 신동엽, 「껍데기는 가라」
> • 갈래: 자유시, 참여시
> • 성격: 현실 참여적, 저항적
> • 주제: 순수한 민족 통일의 삶 추구
> • 특징
> 　– 반복적인 표현과 대조적인 시어의 사용으로 주제 의식을 강조함
> 　– 직설적 표현으로 부정적인 인식을 드러냄

06 난도 ★★★　　　　　　　　　　정답 ④

문법 > 한글 맞춤법

[정답의 이유]

④ 아니신데(○): '아니신데'에 쓰인 '-ㄴ데'는 뒤 절에서 어떤 일을 설명하거나 묻거나 시키거나 제안하기 위하여 그 대상과 상관되는 상황을 미리 말할 때에 쓰는 연결 어미이다. 어미는 앞말과 붙여 써야 하므로 '아니신데'와 같이 붙여 쓰는 것이 적절하다.

[오답의 이유]

① 본데가(×) → 본∨데가(○): '본 데가'에 쓰인 '데'는 '곳'이나 '장소'의 뜻을 나타내는 의존 명사이므로 앞말과 띄어 써야 한다.

② 돕는데에(×) → 돕는∨데에(○): '돕는 데에'에 쓰인 '데'는 '일'이나 '것'의 뜻을 나타내는 의존 명사이므로 앞말과 띄어 써야 한다.

③ 대접하는데나(×) → 대접하는∨데나(○): '대접하는 데나'에 쓰인 '데'는 '경우'의 뜻을 나타내는 의존 명사이므로 앞말과 띄어 써야 한다.

> **더 알아보기**
>
> '데'의 띄어쓰기
> • '데'가 '곳, 장소, 일, 것, 경우' 등과 같이 쓰일 때는 의존 명사이므로 앞말과 띄어 써야 한다.
> 　예 의지할 데가 없는 사람
> • '-ㄴ데'는 뒤 절에서 어떤 일을 설명하거나 묻거나 시키거나 제안하기 위하여 그 대상과 상관되는 상황을 미리 말할 때에 쓰는 연결 어미이므로 앞말과 붙여 써야 한다.
> 　예 그 사람이 정직하기는 한데 이번 일에는 적합지 않다.

어휘 > 속담

정답의 이유

③ 〈보기〉의 설명에 어울리는 속담은 '금강산 그늘이 관동 팔십 리'
가 적절하다. '금강산 그늘이 관동 팔십 리'라는 속담은 금강산의
아름다움이 관동 팔십 리 곧 강원도 지방에 널리 미친다는 뜻으
로, 훌륭한 사람 밑에서 지내면 그의 덕이 미치고 도움을 받게
됨을 비유적으로 이르는 말이다.

오답의 이유

① 서 발 막대 거칠 것 없다: 서 발이나 되는 긴 막대를 휘둘러도 아
무것도 거치거나 걸릴 것이 없다는 뜻으로, 가난한 집안이라 세
간이 아무것도 없음을 비유적으로 이르는 말 / 주위에 조심스러
운 사람도 없고 아무것도 거리낄 것이 없음을 비유적으로 이르
는 말

② 무른 땅에 말뚝 박기: 몹시 하기 쉬운 일을 비유적으로 이르는
말 / 세도 있는 사람이 힘없고 연약한 사람을 업신여기고 학대함
을 비유적으로 이르는 말

④ 우물에 가 숭늉 찾는다: 모든 일에는 질서와 차례가 있는 법인데
일의 순서도 모르고 성급하게 덤빔을 비유적으로 이르는 말

문법 > 음운론

정답의 이유

② 한자음 '라, 래, 로, 뢰, 루, 르'가 단어의 첫머리에 올 적에는,
'나, 내, 노, 뇌, 누, 느'로 적는다는 한글 맞춤법 제12항에 따라
'래일(來日)'의 'ㄹ'이 'ㄴ'으로 바뀌어 [내일]로 발음된다. 이는 음
운 동화가 아닌 두음 법칙과 관련된 현상이다.

오답의 이유

① '권력(權力)'은 비음인 'ㄴ'이 유음인 'ㄹ'을 만나 유음인 'ㄹ'로 바
뀌어 [궐력]으로 발음된다. 이는 'ㄴ'이 'ㄹ'에 동화되어 [ㄹ]로 바
뀌는 유음화 현상이 적용된 것으로 동화의 예로 적절하다.

③ '돕는다'는 파열음인 'ㅂ'이 비음인 'ㄴ'을 만나 비음인 'ㅁ'으로 바
뀌어 [돔는다]로 발음된다. 이는 'ㅂ'이 'ㄴ'에 동화되어 [ㅁ]으로
바뀌는 비음화 현상이 적용된 것으로 동화의 예로 적절하다.

④ '미닫이'는 받침 'ㄷ'이 접미사의 모음 'ㅣ'와 결합하면서 구개음
인 [ㅈ]으로 바뀌어 [미다지]로 발음된다. 이는 치조음인 'ㄷ, ㅌ'
이 모음 'ㅣ'의 조음 위치에 가까워져 경구개음 'ㅈ, ㅊ'으로 바뀌
는 구개음화 현상이 적용된 것으로 동화의 예로 적절하다.

음운 변동

교체	자음 동화	자음과 자음이 만났을 때, 어느 한쪽이 다른 쪽의 영향을 받아 그와 같거나 비슷한 다른 자음으로 바뀌는 현상 • 유음화: 비음 'ㄴ'이 주변 유음의 영향으로 'ㄹ'로 변하는 현상 • 비음화: 'ㅂ, ㄷ, ㄱ'이 비음 앞에서 'ㅁ, ㄴ, ㅇ'으로 변하는 현상
	구개음화	끝소리가 'ㄷ', 'ㅌ'인 형태소가 모음 'ㅣ'나 반모음 'ㅣ[j]'로 시작되는 형식 형태소와 만나면 구개음 'ㅈ', 'ㅊ'이 되거나, 'ㄷ' 뒤에 형식 형태소 '히'가 올 때 'ㅎ'과 결합하여 이루어진 'ㅌ'이 'ㅊ'이 되는 현상
	두음 법칙	단어의 첫머리에 올 수 있는 자음이 제약되는 현상
	음절의 끝소리 규칙	받침의 자음에는 7개의 자음(ㄱ, ㄴ, ㄷ, ㄹ, ㅁ, ㅂ, ㅇ)만이 올 수 있다는 규칙
	경음화 현상	예사소리였던 것이 된소리로 바뀌는 현상 • 받침 'ㄱ, ㄷ, ㅂ' 뒤에 연결되는 'ㄱ, ㄷ, ㅂ, ㅅ, ㅈ'은 된소리로 발음함 • 어간 받침 'ㄴ, ㅁ' 뒤에 결합되는 어미의 첫소리 'ㄱ, ㄷ, ㅅ, ㅈ'은 된소리로 발음함 • 어간 받침 'ㄼ, ㄾ' 뒤에 결합되는 어미의 첫소리 'ㄱ, ㄷ, ㅅ, ㅈ'은 된소리로 발음함 • 한자어에서 'ㄹ' 받침 뒤에 연결되는 'ㄷ, ㅅ, ㅈ'은 된소리로 발음함 • 관형사형 '-(으)ㄹ' 뒤에 연결되는 'ㄱ, ㄷ, ㅂ, ㅅ, ㅈ'은 된소리로 발음함
첨가		'ㄴ' 첨가: 합성어 및 파생어에서 앞 단어나 접두사의 끝이 자음이고 뒤 단어나 접미사의 첫음절이 '이, 야, 여, 요, 유'인 경우에는, 'ㄴ' 음을 첨가하여 [니, 냐, 녀, 뇨, 뉴]로 발음함
축약		• 자음 축약(거센소리되기): 평음 'ㄱ, ㄷ, ㅂ, ㅈ'이 'ㅎ'과 인접할 경우 두 자음이 합쳐져서 격음 'ㅋ, ㅌ, ㅍ, ㅊ'으로 축약되는 현상 • 모음 축약: 두 개의 모음이 만나 하나의 모음으로 축약되는 현상
탈락		• 자음군 단순화: 음절 끝에 겹받침이 올 경우, 둘 중 하나의 자음이 탈락하는 현상 • 'ㄹ' 탈락 　– 어간 끝 받침 'ㄹ'이 'ㄴ, ㅂ, ㅅ'으로 시작하는 어미 또는 어미 '-오' 앞에서 탈락함 　– 합성어나 파생어를 형성할 때, 주로 'ㄴ, ㄷ, ㅅ, ㅈ' 앞에서 탈락함 • 'ㅎ' 탈락: 어간 끝 받침 'ㅎ'이 모음으로 시작하는 어미 앞에서 탈락함 • 'ㅡ' 탈락: 어간 말 모음 'ㅡ'가 모음으로 시작하는 어미 앞에서 탈락함

09 난도 ★★☆
정답 ①

문법 > 고전 문법

정답의 이유

① '기픈'은 어간 '깊-'에 어미 '-은'이 결합한 것으로, 조사를 포함하고 있지 않다.

오답의 이유

② '므른'은 명사 '믈(물)'에 보조사 '은'이 결합한 것으로, 조사를 포함하고 있다.

③ 'ᄀᆞ모래'는 명사 'ᄀᆞ물(가뭄)'에 부사격 조사 '애'가 결합한 것으로, 조사를 포함하고 있다.

④ '내히'는 명사 '내ㅎ(냇물)'에 주격 조사 '이'가 결합한 것으로, 조사를 포함하고 있다.

10 난도 ★★☆
정답 ③

문법 > 표준어 규정

정답의 이유

③ 표준어 규정 제30항에 따르면 사이시옷 뒤에 '이' 음이 결합되는 경우에는 [ㄴㄴ]으로 발음한다고 하였다. 따라서 '나뭇잎'은 [나문닙]으로만 발음할 수 있다.

오답의 이유

① 표준어 규정 제29항에 따르면 합성어 및 파생어에서, 앞 단어나 접두사의 끝이 자음이고 뒤 단어나 접미사의 첫음절이 '이, 야, 여, 요, 유'인 경우에는 'ㄴ' 음을 첨가하여 [니, 냐, 녀, 뇨, 뉴]로 발음한다고 하였다. 다만, '금융'의 경우 'ㄴ' 음을 첨가하여 발음하되, 표기대로 발음할 수 있다고 하였으므로 [금늉/그뮹] 모두 허용된다.

② 표준어 규정 제30항에 따르면 'ㄱ, ㄷ, ㅂ, ㅅ, ㅈ'으로 시작하는 단어 앞에 사이시옷이 올 때는 이들 자음만을 된소리로 발음하는 것을 원칙으로 하되, 사이시옷을 [ㄷ]으로 발음하는 것도 허용한다고 하였다. 따라서 '샛길'은 [새:낄/샏:낄] 모두 허용된다.

④ 표준어 규정 제29항에 따르면 합성어 및 파생어에서 앞 단어나 접두사의 끝이 자음이고 뒤 단어나 접미사의 첫음절이 '이, 야, 여, 요, 유'인 경우에는, 'ㄴ' 음을 첨가하여 [니, 냐, 녀, 뇨, 뉴]로 발음한다고 하였다. 다만, '이죽이죽'의 경우 'ㄴ' 음을 첨가하여 발음하되, 표기대로 발음할 수 있다고 하였으므로 [이중니죽/이주기죽] 모두 허용된다.

11 난도 ★☆☆
정답 ④

현대 문학 > 현대 소설

정답의 이유

④ 작품의 주인공인 '나'는 생활 능력이 없어 모든 것을 아내에게 의지하고 살아가는 인물이다. 따라서 결혼을 앞둔 남녀관계가 아니므로 적절하지 않은 설명이다.

오답의 이유

① 제시된 작품은 1936년에 발표한 소설로, 1930년대 일제 강점기 지식인의 무기력한 삶을 보여주고 있다.

② 작품의 주인공인 '나'는 날개가 돋는 것을 느끼고, '날자. 날자. 날자. 한번만 더 날자꾸나.'라고 생각하며 내면적 자아의 회복과 이상을 추구하게 된다. 따라서 괄호 안에 들어갈 공통 단어는 자유와 이상을 뜻하는 '날개'이다.

③ 모더니즘 계열의 소설이란 기성 문학의 형식과 관습에 대해 반발하는 실험적이고 전위적인 경향의 소설을 말한다. 이 작품은 의식의 흐름 기법을 통해 무기력한 당대 지식인의 내면세계를 다룬 모더니즘 계열의 대표적인 소설이다.

작품 해설

이상, 「날개」
- 갈래: 단편 소설, 모더니즘 소설
- 성격: 고백적, 상징적
- 주제: 무기력한 삶에서 벗어나 본래의 자아를 회복하려는 의지
- 특징
  - 의식의 흐름 기법을 사용해 인물의 내면세계를 드러냄
  - 근대 지식인들의 모순된 자의식을 보여 준 작품임

12 난도 ★☆☆
정답 ③

문법 > 외래어 표기법

정답의 이유

③ 외래어 표기법 제1장 제3항에 따르면 받침에는 'ㄱ, ㄴ, ㄹ, ㅁ, ㅂ, ㅅ, ㅇ'만을 쓴다.

오답의 이유

① 외래어 표기법 제1장 제1항에 따르면 외래어는 국어의 현용 24 자모만으로 적는다.

② 외래어 표기법 제1장 제2항에 따르면 외래어의 1 음운은 원칙적으로 1 기호로 적는다.

④ 외래어 표기법 제1장 제4항에 따르면 파열음 표기에는 된소리를 쓰지 않는 것을 원칙으로 한다.

더 알아보기

외래어 표기법 제1장 제3항

국어의 받침은 'ㄱ, ㄴ, ㄷ, ㄹ, ㅁ, ㅂ, ㅇ'을 쓴다. 이와 비슷하게 외래어의 받침도 'ㄱ, ㄴ, ㄹ, ㅁ, ㅂ, ㅅ, ㅇ'을 이용해서 적는다. 'ㄷ' 대신 'ㅅ'을 쓰는 이유는 외래어와 조사를 연결했을 때 '로켓(rocket)'의 경우 [로케드로]가 아닌 [로케스로], '로봇(robot)'의 경우 [로보들]이 아닌 [로보슬]과 같이 발음하기 때문이다.

굳모닝 → 굿모닝	디스켙 → 디스켓	슈퍼마켙 → 슈퍼마켓
커피숖 → 커피숍	핱라인 → 핫라인	라켙 → 라켓

13 난도 ★★☆ 정답 ①

비문학 > 사실적 읽기

정답의 이유

① 〈보기〉에서는 앞으로 남녀평등 문제가 큰 의미가 없을 것이라는 내용을 전달하고 있다. 따라서 이 글의 주제문으로는 ㉠이 적절하다.

오답의 이유

② ㉡은 한 부부가 아이를 하나만 낳아 기른다는 내용에 대한 근거이므로 이 글의 주제문으로 적절하지 않다.

③ ㉢은 앞으로 남녀평등 문제가 큰 의미가 없을 것이라는 내용에 대한 근거이므로 이 글의 주제문으로 적절하지 않다.

④ ㉣은 평등의식이 높아진 이유에 대한 설명이므로 이 글의 주제문으로 적절하지 않다.

14 난도 ★★☆ 정답 ②

현대 문학 > 현대 시

정답의 이유

② ㉠의 다음 구절에서 '아니라 아니라고 온몸을 흔든다 스스로 범람한다'라고 하였으므로. ㉠에 들어갈 구절은 숲의 역동성이 느껴지는 '숲은 출렁거린다'가 적절하다.

오답의 이유

① 숲의 동적인 모습을 제시하였을 뿐, 숲이 푸르다는 이미지를 제시한 것이 아니므로 적절하지 않다.

③ 바다의 동적인 이미지를 활용해 숲을 역동적으로 묘사하였을 뿐, 바다의 조용한 이미지를 제시한 것이 아니므로 적절하지 않다.

④ 바다의 동적인 이미지를 활용해 숲을 역동적으로 묘사하였을 뿐, 바다의 깊은 이미지를 제시한 것이 아니므로 적절하지 않다.

15 난도 ★★★ 정답 ③

문법 > 형태론

정답의 이유

③ '이런'은 '상태, 모양, 성질 따위가 이와 같다.'라는 뜻을 가진 형용사 '이렇다'의 어간 '이렇-'에 관형사형 어미 '-ㄴ'이 결합한 형태이므로 관형사가 아닌 형용사이다. '이런'은 '상태, 모양, 성질 따위가 이러한'이라는 뜻을 가진 관형사도 있는데, 문장에서 주어를 서술하는 서술어의 역할을 할 때는 형용사로 볼 수 있다.

오답의 이유

① '새'는 '사용하거나 구입한 지 얼마 되지 아니한'이라는 뜻을 가진 관형사이다.

② '갖은'은 '골고루 다 갖춘. 또는 여러 가지의'라는 뜻을 가진 관형사이다.

④ '외딴'은 '외따로 떨어져 있는'이라는 뜻을 가진 관형사이다.

16 난도 ★★☆ 정답 ④

비문학 > 사실적 읽기

정답의 이유

④ 제시된 글은 '무지개'라는 단어의 형태에 관해 설명한 것이지 그 표현 방식에 관해 설명한 것이 아니다. 따라서 '무지개가 뜨다', '무지개가 걸리다'라는 표현과 관련된 내용은 〈보기〉에서 확인할 수 없으므로 글을 읽고 가질 수 있는 의문으로 적절하지 않다.

오답의 이유

① "'무지개'는 원래 '물'과 '지개'의 합성어인데, 'ㅈ' 앞에서 'ㄹ'이 탈락하여 '무지개'가 되었다."에서 '물'의 'ㄹ'이 '지개'의 'ㅈ' 앞에서 탈락했다고 제시하였으므로 이는 글을 읽고 가질 수 있는 의문으로 적절하다.

② "'물[水]'의 15세기 형태인 '믈'에 '지게'가 합쳐진 것으로, '지게'의 'ㅈ' 앞에서 '믈'의 'ㄹ'이 탈락한 것이다."에서 '무지개'가 물과 '지게'가 합쳐져 변화했다고 제시하였으므로 이는 글을 읽고 가질 수 있는 의문으로 적절하다.

③ "'지개'는 무엇이냐고 묻는 사람이 있을 것이다. 문헌에 처음 보이는 형태는 '므지게'인데"에서 '지개'가 '지게'에서 온 말이라고 제시하였으므로 이는 글을 읽고 가질 수 있는 의문으로 적절하다.

17 난도 ★★★ 정답 ②

문법 > 표준어 규정

정답의 이유

② 숫병아리(×) → 수평아리(○), 숫당나귀(×) → 수탕나귀(○): 표준어 규정 제7항에 따르면 '수'는 역사적으로 '수ㅎ'과 같이 'ㅎ'을 맨 마지막 음으로 가지고 있는 말이었으나 현대에 와서는 이러한 'ㅎ'이 모두 떨어졌으므로 떨어진 형태를 기본적인 표준어로 규정하였다. 다만 'ㅎ'의 흔적이 남아 있는 현대의 단어들은 '수ㅎ'이 뒤의 예사소리와 결합하였을 때 거센소리로 축약되는 일이 흔하여 그 언어 현실을 존중한다고 하였다. '수평아리, 수탕나귀'는 '수ㅎ'의 흔적이 남아 있는 단어 중 하나로, '병아리'와 '당나귀'에 접두사 '수ㅎ'이 결합하여 만들어졌다. 따라서 '숫병아리, 숫당나귀'는 표준에 규정에 맞지 않는 단어이다.

오답의 이유

① • 숫양(○): 표준어 규정에 따르면 '수'와 뒤의 말이 결합할 때, 발음상 [ㄴ(ㄴ)] 첨가가 일어나거나 뒤의 예사소리가 된소리가 되는 경우 사이시옷과 유사한 효과를 보이는 것이라 판단하여 '수'에 'ㅅ'을 붙인 '숫'을 표준어형으로 규정하였다. 이러한 경우는 '숫양[순냥], 숫염소[순념소], 숫쥐[순쮜]'만 해당하므로 '숫양'은 표준어 규정에 맞는 단어이다.

• 숫기와(×) → 수키와(○): '수ㅎ'이 뒤의 예사소리와 결합하면 거센소리로 축약되는 언어 현실을 존중한다고 하였으므로 접두사 '수ㅎ'에 '기와'가 결합하면 '수키와'가 된다. 따라서 '숫기와'가 아닌 '수키와'가 표준어 규정에 맞는 단어이다.

③ • 수퇘지(○): '수ㅎ'이 뒤의 예사소리와 결합하면 거센소리로 축약되는 언어 현실을 존중한다고 하였으므로 접두사 '수ㅎ'에 '돼지'가 결합하면 '수퇘지'가 된다. 따라서 '수퇘지'는 표준어 규정에 맞는 단어이다.

• 숫은행나무(×) → 수은행나무(○): 수컷을 이르는 접두사는 '수-'로 통일한다는 표준어 규정에 따라 '수은행나무'가 표준어에 해당한다.

④ 수캉아지(○), 수탉(○): '수ㅎ'이 뒤의 예사소리와 결합하면 거센소리로 축약되는 언어 현실을 존중한다고 하였으므로 접두사 '수ㅎ'에 '강아지, 닭'이 결합하면 '수캉아지, 수탉'이 된다. 따라서 '수캉아지'와 '수탉'은 표준어 규정에 맞는 단어이다.

더 알아보기

표준어 규정 제7항

수컷을 이르는 접두사는 '수-'로 통일한다. (ㄱ을 표준어로 삼고, ㄴ을 버림)

ㄱ	ㄴ	ㄱ	ㄴ
수꿩	수퀑/숫꿩	수사돈	숫사돈
수나사	숫나사	수소	숫소
수놈	숫놈	수은행나무	숫은행나무

다만 1. 다음 단어에서는 접두사 다음에서 나는 거센소리를 인정한다. 접두사 '암-'이 결합되는 경우에도 이에 준한다. (ㄱ을 표준어로 삼고, ㄴ을 버림)

ㄱ	ㄴ	ㄱ	ㄴ
수캉아지	숫강아지	수탕나귀	숫당나귀
수캐	숫개	수톨쩌귀	숫돌쩌귀
수컷	숫것	수퇘지	숫돼지
수키와	숫기와	수평아리	숫병아리
수탉	숫닭		

다만 2. 다음 단어의 접두사는 '숫-'으로 한다. (ㄱ을 표준어로 삼고, ㄴ을 버림)

ㄱ	ㄴ	ㄱ	ㄴ
숫양	수양	숫쥐	수쥐
숫염소	수염소		

18 난도 ★★★　　　　　　　　　　　정답 ④

고전 문학 > 고전 운문

정답의 이유

④ 제시된 작품은 며느리의 한을 이야기한 시조로, 남편에 대한 아내의 원망이 드러날 뿐 아랫사람으로 인한 인물들의 갈등은 제시되지 않았다.

오답의 이유

① '어이려뇨 어이려뇨 싀어마님아 어이려뇨 / 쇼대남진의 밥을 담다가 놋쥬걱 잘를 부르쳐시니 이를 어이ㅎ려뇨 싀어마님아'에서 며느리가 남편에 대한 원망으로 인해 주걱을 부러뜨린 행위를 시어머니께 이야기하며 걱정하고 있고, '져 아기 하 걱정 마스라'에서 시어머니는 며느리를 위로하고 있다. 따라서 시어머니와 며느리의 대화로 작품이 전개되고 있음을 확인할 수 있다.

② '어이려뇨'라는 시어를 반복함으로써 리듬감을 형성하고 있다.

③ 남편의 밥을 담다가 놋주걱을 부러뜨렸다는 행동은 인간의 범상한 욕구로 볼 수 있는 남편에 대한 아내의 원망이 투영된 것으로 볼 수 있다. 이를 통해 남성 중심의 가부장적 사회 제도가 지닌 부조리를 해학적으로 그리면서 며느리의 한을 표현하고 있다.

작품 해설

작자 미상, 「어이려뇨 어이려뇨 ～」

• 갈래: 사설시조
• 성격: 풍자적, 해학적
• 주제: 남편의 못된 행실에 대한 비판과 시집살이의 한
• 특징
  - 남편에 대한 원망을 주걱을 부러뜨리는 행위로 나타냄
  - 남성 중심의 가부장적인 사회 제도를 풍자함

19 난도 ★★☆　　　　　　　　　　　정답 ①

문법 > 형태론

정답의 이유

① '당신'은 앞에서 이미 말하였거나 나온 바 있는 사람을 도로 가리키는 3인칭 대명사인 '자기'를 아주 높여 이르는 말이다. 따라서 제시된 문장에서는 주어인 '할아버지'를 가리킨다.

오답의 이유

② 제시된 문장에서 쓰인 '당신'은 부부 사이에서 상대편을 높여 이르는 2인칭 대명사이다.

③ 제시된 문장에서 쓰인 '당신'은 문어체에서 상대편을 높여 이르는 2인칭 대명사이다.

④ 제시된 문장에서 쓰인 '당신'은 듣는 이를 가리키는 2인칭 대명사이다.

더 알아보기

특정 대상의 지시 여부에 따른 대명사의 종류

미지칭 대명사	• 누군지는 알지 못하지만 특정 대상을 가리키는 대명사 • 누구 예 (초인종 소리를 듣고) 누구세요?
부정칭 대명사	• 특정 대상을 지칭하지 않는 대명사 • 누구, 아무 예 그 일은 누구나 할 수 있는 일이다.
재귀 대명사	• 앞에 나온 3인칭 주어를 다시 반복할 때 사용하는 대명사 • 자기, 저, 당신 예 할머니께서는 생전에 당신의 장서를 아끼셨다.

고전 문학 > 고전 운문

정답의 이유

④ (가)의 '이 몸이 소일(消日)하옴도 역군은(亦君恩)이샷다'에서 임금의 은혜에 감사하는 태도를 확인할 수 있다. 그러나 (나)에서는 자연 속에서 한가롭게 지내는 삶만 나타날 뿐, 임금에 은혜에 감사하는 태도는 확인할 수 없다.

오답의 이유

① (가)의 '강호(江湖)에 ᄀ을이 드니 고기마다 술져 잇다'와 (나)의 '낙시 드리치니 고기 아니 무노ᄆᆡ라 / 무심(無心)ᄒᆞᆫ 달빗만 싯고 븬빈 저어 오노라'에서 자연 속에서 한가롭게 지내는 화자의 삶을 확인할 수 있다.

② (가)의 '소정(小艇)에 그물 시러 흘니 씌여 더져 두고'와 (나)의 '낙시 드리치니 고기 아니 무노ᄆᆡ라'에서 화자가 배를 타고 낚시를 즐기고 있음을 확인할 수 있다.

③ (가)와 (나)는 모두 고려 말기부터 발달한 3장 6구 45자 내외, 3·4조(4·4조)의 4음보 정형시인 평시조이다.

작품 해설

(가) 맹사성, 「강호사시가」
- 갈래: 평시조, 연시조(전 4수)
- 성격: 풍류적, 전원적, 낭만적
- 주제: 강호에서의 한가로운 삶과 임금의 은혜에 대한 감사
- 특징
  - 자연에 대한 예찬과 유교적 충의가 함께 드러남
  - 각 연마다 형식을 통일하여 안정감을 드러내고 주제를 부각함

(나) 월산 대군, 「추강(秋江)에 밤이 드니 ～」
- 갈래: 평시조, 단시조
- 성격: 풍류적, 낭만적, 탈속적
- 주제: 쓸쓸한 가을 달밤의 풍류와 정취 및 세속에 대한 초월과 무욕
- 특징
  - 가을밤을 배경으로 무욕의 경지를 감각적으로 그려냄
  - 대표적인 강호 한정가로 옛 선비의 탈속적 정서가 잘 드러남

한눈에 훑어보기

✓ 빠른 정답

01	02	03	04	05	06	07	08	09	10
②	③	①	②	④	④	②	②	③	④

11	12	13	14	15	16	17	18	19	20
③	③	③	①	④	①	②	④	④	①

✓ 점수 체크

구분	1회독	2회독	3회독
맞힌 문항 수	/ 20	/ 20	/ 20
나의 점수	점	점	점

---

01 난도 ★★☆   정답 ②

문법 > 한글 맞춤법

[정답의 이유]

② 흡입량(○), 구름양(○), 정답란(○), 칼럼난(○): '흡입량(吸入+量)'과 '정답란(正答+欄)'은 한자어와 한자어가 결합한 것으로 '량'과 '란'을 단어의 첫머리에 온 것으로 보지 않기 때문에 두음 법칙을 적용하지 않는다. 그러나 '구름양(구름+量)'은 고유어와 한자어가 결합한 것이고, '칼럼난(column+欄)'은 외래어와 한자어가 결합한 것이므로 두음 법칙을 적용하여 표기한다.

- 한글 맞춤법 제11항에 의하면, 한자음 '랴, 려, 례, 료, 류, 리'가 단어의 첫머리에 올 적에는 두음 법칙에 따라 '야, 여, 예, 요, 유, 이'로 적고, 단어의 첫머리 이외의 경우에는 본음대로 적는다. 다만, 고유어나 외래어 뒤에 결합한 한자어는 독립적인 한 단어로 인식이 되기 때문에 두음 법칙이 적용된다.

- 한글 맞춤법 제12항에 의하면, 한자음 '라, 래, 로, 뢰, 루, 르'가 단어의 첫머리에 올 적에는 두음 법칙에 따라 '나, 내, 노, 뇌, 누, 느'로 적고, 단어 첫머리 이외의 경우는 두음 법칙이 적용되지 않으므로 본음대로 적는다. 다만, 고유어나 외래어 뒤에 결합하는 경우에는 한자어 형태소가 하나의 단어로 인식되므로 두음 법칙이 적용된 형태로 적는다.

[오답의 이유]

① 꼭지점(×) → 꼭짓점(○): 한글 맞춤법 제30항에 따르면, 순우리말과 한자어로 된 합성어로서 앞말이 모음으로 끝나고 뒷말의 첫소리가 된소리로 나는 경우 사이시옷을 받치어 적는다. '꼭짓점'은 고유어 '꼭지'와 한자어 '점(點)'이 결합한 합성어이며, 뒷말의 첫소리가 된소리로 나기 때문에 사이시옷을 밝혀 적는다. 따라서 '꼭짓점'으로 표기하는 것이 적절하다.

③ 딱다구리(×) → 딱따구리(○): 한글 맞춤법 제23항에 따르면, '-하다'나 '-거리다'가 붙는 어근에 '-이'가 붙어서 명사가 된 것은 그 원형을 밝히어 적고, '-하다'나 '-거리다'가 붙을 수 없는 어근에 '-이'나 다른 모음으로 시작하는 접미사가 붙어서 명사가 된 것은 그 원형을 밝히어 적지 않는다. 따라서 '딱따구리'로 표기하는 것이 적절하다.

④ 홧병(火病)(×) → 화병(火病)(○): 한글 맞춤법 제30항에 따르면, 두 음절로 된 한자어 중 '곳간(庫間)', '셋방(貰房)', '숫자(數字)', '찻간(車間)', '툇간(退間)', '횟수(回數)'에만 사이시옷이 들어간다. 따라서 '화병(火病)'에는 사이시옷을 표기하지 않는다.

02 난도 ★★☆   정답 ③

문법 > 의미론

정답의 이유

③ '포장지에 싼다'의 '싸다'는 '물건을 안에 넣고 보이지 않게 씌워 가리거나 둘러 말다.'라는 의미이다. 이와 같은 의미로 사용된 것은 '책을 싼 보퉁이'의 '싸다'이다.

오답의 이유

① '안채를 겹겹이 싸고'의 '싸다'는 '어떤 물체의 주위를 가리거나 막다.'라는 의미로 사용되었다.

② '봇짐을 싸고'의 '싸다'는 '어떤 물건을 다른 곳으로 옮기기 좋게 상자나 가방 따위에 넣거나 종이나 천, 끈 따위를 이용해서 꾸리다.'라는 의미로 사용되었다.

④ '책가방을 미리 싸'의 '싸다'는 '어떤 물건을 다른 곳으로 옮기기 좋게 상자나 가방 따위에 넣거나 종이나 천, 끈 따위를 이용해서 꾸리다.'라는 의미로 사용되었다.

03 난도 ★★☆   정답 ①

문법 > 통사론

정답의 이유

① 연결 어미 '-니'는 앞말이 뒷말의 원인이나 근거, 전제 따위가 됨을 나타내는 것으로, '날씨가 선선해지다.'와 '책이 잘 읽힌다.'가 자연스럽게 연결되었다. 또한 문장의 주어가 '책'이므로 피동 표현인 '읽히다'가 적절하게 사용되었다.

오답의 이유

② '속독(速讀)'은 '책 따위를 빠른 속도로 읽음'이라는 뜻으로 '읽다'라는 의미를 포함하고 있다. 따라서 '속독(速讀)'은 뒤에 오는 '읽는'과 의미가 중복되므로, '책을 속독으로 읽는 것은'을 '책을 속독하는 것은'이나 '책을 빠른 속도로 읽는 것은'으로 수정하는 것이 적절하다.

③ '직접 찾기로'에서 '찾다'의 목적어가 생략되어 있으므로, 목적어인 '책임자를'을 넣어 '책임자를 직접 찾기로'라고 수정하는 것이 적절하다.

④ '시화전을 홍보하는 일'과 '시화전의 진행'의 문법 구조가 다르므로 병렬 구조로 배치하기에 어색하다. 따라서 '그는 시화전을 홍보하는 일과 시화전을 진행하는 일에 아주 열성적이다.'로 수정하거나 '그는 시화전의 홍보와 진행에 아주 열성적이다.'로 수정하는 것이 적절하다.

04 난도 ★☆☆   정답 ②

비문학 > 글의 전개 방식

정답의 이유

② '빛 공해란 인공조명의 과도한 빛이나 조명 영역 밖으로 누출되는 빛이'에서 빛 공해의 주요 요인이 인공조명의 과도한 빛이라는 사실을 제시하고 있지만, 인공조명의 누출 원인을 제시하는 부분은 찾을 수 없다.

오답의 이유

① '빛 공해란 인공조명의 과도한 빛이나 조명 영역 밖으로 누출되는 빛이 인간의 건강하고 쾌적한 생활을 방해하거나 환경에 피해를 주는 상태를 말한다.'에서 빛 공해의 정의를 제시하고 있다.

③ "국제 과학 저널인 『사이언스 어드밴스』의 '전 세계 빛 공해 지도'에 따르면, 우리나라는 빛 공해가 심각한 국가이다."에서 자료를 인용하여 우리나라가 빛 공해가 심각한 국가임을 제시하고 있다.

④ '빛 공해는 멜라토닌 부족을 초래해 인간에게 수면 부족과 면역력 저하 등의 문제를 유발하고, 농작물의 생산량 저하, 생태계 교란 등의 문제를 일으킨다.'에서 사례를 들어 빛 공해의 악영향을 제시하고 있다.

05 난도 ★★★   정답 ④

문법 > 형태론

정답의 이유

④ • '품'의 기본형 '푸다'는 '퍼, 푸니'로 활용되는 용언으로, '우' 불규칙 활용에 해당한다. 어간 '푸-'의 'ㅜ'가 모음으로 시작하는 어미 '-어' 앞에서 탈락하므로 어간만 불규칙하게 바뀌는 예로 적절하다.

• '이름'의 기본형 '이르다'는 '이르러, 이르니'로 활용되는 용언으로, '러' 불규칙 활용에 해당한다. 어간 '이르-'에 모음으로 시작하는 어미 '-어'가 결합할 때 어미 '-어'가 '-러'로 바뀌므로 어미만 불규칙하게 바뀌는 예로 적절하다.

오답의 이유

① • '빠름'의 기본형 '빠르다'는 '빨라, 빠르니'로 활용되는 용언으로, '르' 불규칙 활용에 해당한다. 어간 '빠르-'의 '르'가 모음 어미 앞에서 'ㄹㄹ'로 바뀌기 때문에 어간만 불규칙하게 바뀌는 예로 적절하다.

• '노람'의 기본형 '노랗다'는 '노래, 노라니'로 활용되는 용언으로, 'ㅎ' 불규칙 활용에 해당한다. 어간 '노랗-'의 'ㅎ'이 탈락하고 어미 '-아/어'가 '-애/에'로 바뀌기 때문에 어간과 어미 모두 불규칙하게 바뀌는 예에 해당한다.

② • '치름'의 기본형 '치르다'는 '치러, 치르니'로 활용되는 용언으로, 용언의 어간 '치르-'의 'ㅡ'가 어미 '-아/어' 앞에서 탈락하는 규칙 활용을 한다.

• '함'의 기본형 '하다'는 '하여, 하니'로 활용되는 용언으로, '여' 불규칙 활용에 해당한다. 이 경우 어미의 '-아'가 '-여'로 바뀌므로 어미만 불규칙하게 바뀌는 예로 적절하다.

③ • '불음'의 기본형 '붇다'는 '불어, 불으니'로 활용되는 용언으로, 'ㄷ' 불규칙 활용에 해당한다. 용언의 어간 '붇-'의 'ㄷ'이 모음 어미 앞에서 'ㄹ'로 바뀌므로 어간만 불규칙하게 바뀌는 예로 적절하다.

• '바람'의 기본형 '바라다'는 '바라, 바라니'로 활용되는 용언으로, 규칙 활용을 한다.

용언의 불규칙 활용

• 어간이 바뀌는 경우

'ㅅ' 불규칙	어간 끝 받침 'ㅅ'이 모음 어미 앞에서 탈락하는 경우 예 짓다: 짓고, 짓지, 지어, 지으니
'ㅂ' 불규칙	어간 끝 받침 'ㅂ'이 모음 어미 앞에서 '오/우'로 바뀌는 경우 예 덥다: 덥고, 덥지, 더워, 더우니
'ㄷ' 불규칙	어간 끝 받침 'ㄷ'이 모음 어미 앞에서 'ㄹ'로 바뀌는 경우 예 깨닫다: 깨닫고, 깨닫지, 깨달아, 깨달으니
'ㄹ' 불규칙	'ㄹ'로 끝나는 어간 뒤에 어미 '-아/어'가 결합하여 'ㄹ' 가 'ㄹㄹ'로 바뀌는 경우 예 흐르다: 흐르고, 흐르지, 흘러, 흘러서
'ㅜ' 불규칙	어간이 모음 'ㅜ'로 끝날 때 '-아/어'와 결합하면 'ㅜ'가 탈락하는 경우 예 푸다: 푸고, 푸지, 퍼(푸+어), 퍼서(푸+어서)

• 어미가 바뀌는 경우

'여' 불규칙	어간 '하-' 뒤에 어미 '-아'가 결합하여 '하여'로 바뀌어 나타나는 경우 예 하다: 하고, 하지, 하러, 하여(해)
'러' 불규칙	'르'로 끝나는 어간 뒤에 어미 '-어'가 결합하여 '-러'로 바뀌어 나타나는 경우 예 푸르다: 푸르고, 푸르지, 푸르니, 푸르러, 푸르렀다

• 어간과 어미 둘 다 바뀌는 경우

'ㅎ' 불규칙	어간이 'ㅎ'으로 끝날 때, 'ㅎ'이 탈락하고 어미의 형태 도 바뀌는 경우 예 하얗다: 하얗고, 하얗지, 하야니, 하얘(하양+아)

06 난도 ★★☆ 　　　　　　　　　　　　　　　정답 ④

고전 문학 > 고전 운문

정답의 이유

④ ② '므슴다'는 '무심하구나'가 아니라, '무엇 때문에'라는 뜻으로
쓰였다.

오답의 이유

① ㉠ '현'의 기본형인 '혀다'는 '켜다'의 옛말이다.

② ㉡ '즈슬'은 '즛'에 목적격 조사 '을'이 결합한 것이며, '즛'은 '모
습'의 옛말이다.

③ ㉢ '니저'는 '닛다'의 어간 '닛-'에 어미 '-어'가 결합한 것이며,
'닛다'는 '잊다'의 옛말이다.

작품 해설

작자 미상, 「동동(動動)」

• 갈래: 고려 가요
• 성격: 서정적, 민요적, 송축적, 비유적
• 주제: 임에 대한 송축(頌祝)과 임에 대한 연모
• 특징
　– 전 13장의 분연체 구성
　– 각 월별로 세시 풍속 또는 계절적 특성을 소재로 시상을 전개함
　– 송축과 찬양, 떠나 버린 임에 대한 원망과 한스러움, 그리움 등
　　을 표현함
　– 임을 향한 여인의 정서를 노래한 월령체 고려 가요
• 현대어 풀이

> 2월 보름(연등일)에 아아 높이 켠 등불 같구나
> 만인을 비추실 모습이시도다
> 3월 지나며 핀 아아 늦봄의 진달래꽃이여
> 남이 부러워할 모습을 지니고 태어나셨구나
> 4월을 아니 잊고 아아 오셨구나 꾀꼬리 새여
> 무엇 때문에 녹사(綠事)님은 옛날을 잊고 계신가

07 난도 ★★☆ 　　　　　　　　　　　　　　　정답 ②

어휘 > 한자어

정답의 이유

② 야박(野薄: 들 야, 얇을 박)하다(○): 야멸차고 인정이 없다.

오답의 이유

① 현실(現室: 나타날 현, 집 실)(×) → 현실(現實: 나타날 현, 열매
실)(○): 현재 실제로 존재하는 사실이나 상태

③ 근성(謹性: 삼갈 근, 성품 성)(×) → 근성(根性: 뿌리 근, 성품
성)(○): 뿌리가 깊게 박힌 성질

④ 채용(債用: 빚 채, 쓸 용)(×) → 채용(採用: 캘 채, 쓸 용)(○)
　• 채용(債用): 돈이나 물건 따위를 빌려서 씀
　• 채용(採用): 사람을 골라서 씀

08 난도 ★☆☆ 　　　　　　　　　　　　　　　정답 ②

비문학 > 화법

정답의 이유

② 사회자가 최 교수와 정 박사 간의 이견을 조정하여 의사결정을
유도하는 부분은 나타나 있지 않다. 제시된 글에서 사회자는 토
의 주제와 발표자, 발표 주제를 청중에게 소개하고, 질의응답을
진행하는 역할을 하고 있다.

오답의 이유

① '통일 시대의 남북한 언어가 나아갈 길'이라는 학술적인 주제로 최
교수는 '남북한 언어 차이와 의사소통', 정 박사는 '남북한 언어의
동질성 회복 방안'에 대해 발표하는 형식으로 진행되고 있다.

③ 최 교수는 남북한 언어 차이에 대한 연구가 지속되어야 한다는
견해를, 정 박사는 남북한 공통 사전을 만드는 등 서로의 차이를
줄여나가기 위한 노력이 필요하다는 견해를 밝혀 청중에게 정보
를 제공하고 있다.

④ 청중 A는 '남북한 언어의 차이와 이를 극복하는 방안을 말씀하
셨는데요.'라며 두 발표자의 발표 내용을 확인하고 있다. 또한,
'통일 시대에 대비한 언어 정책에는 무엇이 있을까요?'라며 토의
주제인 '통일 시대의 남북한 언어가 나아갈 길'과 관련된 질문을
하고 있다.

더 알아보기

토의 과정에서 사회자의 역할

• 토의 참여자들에게 토의 문제를 명확하게 규정해 준다.
• 토의 사항에 대해 적극적이고 진지하게 의견을 교환하도록 유도
한다.
• 중간 중간 내용을 요약하고 종합하여, 결론을 얻을 수 있도록 토
의 방향을 유도한다.
• 발언 기회를 균등하고 공정하게 배분한다.
• 토의자들 사이의 갈등과 의견 충돌 등을 조정하고 해결한다.

09 난도 ★☆☆   정답 ③

비문학 > 화법

정답의 이유

③ '네 목소리가 작아서 내용이 잘 안 들렸다.'라고 말하는 것은 화
자가 문제를 자신의 탓으로 돌려 말하는 것이 아니라 상대방의
탓으로 돌려 말하는 것이다. 따라서 상대방이 관용을 베풀 수 있
도록 문제를 자신의 탓으로 돌려 말하기가 적용되지 않았음을
알 수 있다.

오답의 이유

① 상대방의 칭찬에 '아직도 여러모로 부족한 부분이 많습니다.'라
고 대답함으로써 자신을 낮추어 겸손하게 말하고 있다. 이처럼
자신을 칭찬하는 표현은 최소화하고, 자신을 낮추거나 자신을
비방하는 표현은 최대화하는 것은 '겸양의 격률'과 관계가 있다.

② 약속에 늦어 미안해하는 A에게 '쇼핑하면서 기다리니 시간 가는
줄 몰랐어요.'라고 함으로써 상대방이 부담을 갖지 않도록 배려
하여 말하고 있다. 상대방에게 부담이 되는 표현은 최소화하고,
상대방에게 이익이 되는 표현은 최대화하는 것은 '요령의 격률'
과 관계가 있다.

④ 친구의 생일 선물로 귀걸이를 사주자고 하는 A의 제안에 '그거
좋은 생각이네.'라고 상대방의 의견에 동의한 후, '하지만 경희의
취향을 우리가 잘 모르니까 귀걸이 대신 책을 선물하는 게 어떨
까?'라고 자신의 의견을 말하고 있다. 상대방의 의견과 불일치하
는 표현은 최소화하고, 상대방의 의견과 일치하는 표현은 최대
화하는 것은 '동의의 격률'과 관계가 있다.

더 알아보기

대화의 원리

• 협력의 원리
　– 대화의 목적을 성공적으로 이루기 위해서는 대화 참여자들이
　　서로 협력해야 한다.
　– 양의 격률, 질의 격률, 관련성의 격률, 태도의 격률
• 공손성의 원리
　– 대화를 할 때 공손하지 않은 표현은 최소화하고, 공손하고 정
　　중한 표현은 최대화한다.
　– 요령의 격률, 관용의 격률, 찬동(칭찬)의 격률, 겸양의 격률, 동
　　의의 격률
• 순서 교대의 원리
　– 대화 참여자가 적절하게 역할을 교대해 가면서 말을 주고받아,
　　정보가 원활하게 순환되도록 한다.
　– 혼자서 너무 길게 말을 하거나, 대화를 독점하지 않도록 한다.

10 난도 ★★☆   정답 ④

비문학 > 추론적 읽기

정답의 이유

④ 3문단의 '하버마스에 따르면, 현대 사회에서 민주적 토론은 문화
산업의 발달과 함께 퇴보했다.'와 4문단의 '상업화된 미디어는
광고 수입에 기대어 높은 시청률과 수익을 보장하는 콘텐츠 제
작만을 선호하게 되었다. 그 결과 공적 주제에 대한 시민들의 논
의와 소통의 장이 줄어들어 결과적으로 공공 영역이 축소되었
다.'를 볼 때, 하버마스는 미디어가 상업화될수록 민주적 토론이
이루어지는 공공 영역이 축소된다고 주장하고 있다. 따라서 ④
'수익성 위주의 미디어 플랫폼과 콘텐츠가 더 많아지면서 민주적
토론이 감소되었다.'는 이러한 하버마스의 주장에 부합하는 사
례로 적절하다.

오답의 이유

① 2문단의 '적어도 살롱 문화의 원칙에서 공개적 토론을 위한 공공
영역은 각각의 참석자들에게 동등한 자격을 부여했다.'를 통해 살
롱 문화에서는 공개적이고 자유로운 토론이 이루어졌음을 알 수
있다. 따라서 살롱 문화에서 특정 사회 계층에 대한 비판적인 토론
이 허용되지 않았다는 것은 하버마스의 주장에 부합하지 않는다.

② 3문단의 '공공 여론은 개방적이고 합리적 토론을 통해서가 아니
라 광고에서처럼 조작과 통제를 통해 형성되고 있다.'와 4문단의
'상업화된 미디어는 광고 수입에 기대어 높은 시청률과 수익을
보장하는 콘텐츠 제작만을 선호하게 되었다.', '공적 주제에 대한
시민들의 논의와 소통의 장이 줄어들어 결과적으로 공공 영역이
축소되었다.'를 통해 인터넷의 발달과 보급이 상업적 광고를 증
가시켰을 것이라는 점은 추론할 수 있지만 공익 광고를 증가시
켰을 것이라는 점은 추론할 수 없다.

③ 3문단의 '대중매체와 대중오락의 보급은 공공 영역이 공허해지
는 원인으로 작용했다.'를 통해 글로벌 미디어가 발달하더라도
국제 사회의 공공 영역은 공허해지지 않는다는 것은 하버마스의
주장에 부합하지 않음을 알 수 있다.

11 난도 ★★☆   정답 ③

비문학 > 글의 순서 파악

정답의 이유

- ㉣에서는 '이때'라는 지시어를 통해 앞의 내용을 이어받아 대설 '주의보'의 기준에 대해 설명하고 있다. 제시된 글의 첫 번째 문장에서 '대설'의 정의를 제시하고 있으므로 대설의 기준에 대해 설명하는 ㉣이 첫 번째 문장의 뒤에 오는 것이 자연스럽다.
- ㉡에서는 병렬의 접속어 '또한' 뒤에 '경보'의 상황을 제시하고 있으므로 ㉡ 앞에는 '경보'와 유사한 다른 개념, '주의보'가 오는 것이 자연스럽다. 따라서 ㉣ 뒤에는 ㉡이 위치하는 것이 적절하다.
- ㉢에서는 '다만' 뒤에 '산지'에서는 경보 발령 상황이 다름을 제시하고 있으므로 ㉢은 ㉡ 뒤에 오는 것이 자연스럽다.
- ㉠에서는 전환의 접속어 '그런데'가 온 뒤, 눈이 얼마나 위험한지에 대해 제시하고 있으므로 ㉠은 ㉢ 뒤에 오는 것이 자연스럽다.
- ㉤에서는 '이뿐만 아니라' 뒤에 폭설이 미치는 영향에 대해 추가적으로 설명하고 있으므로 ㉤은 폭설의 위력에 대해 설명한 ㉠ 뒤에 오는 것이 자연스럽다.

따라서 전개 순서로 가장 자연스러운 것은 ③ ㉣ − ㉡ − ㉢ − ㉠ − ㉤이다.

12 난도 ★★☆   정답 ③

문법 > 언어와 국어

정답의 이유

③ 제시된 글은 언어와 사고가 서로 깊은 관계를 맺고 상호작용을 한다는 점을 설명하고 있다. 하지만 어떤 사물의 개념이 머릿속에서 맴도는데도 그 명칭을 떠올리지 못하는 것은 언어와 사고가 상호작용을 하는 사례로 보기 어렵다.

오답의 이유

① 쌀을 주식으로 삼는 우리나라 문화권에서 '쌀'과 관련된 단어가 구체화되어 '모', '벼', '쌀', '밥' 등으로 다양하게 표현되고 있다는 것은 사회와 문화가 언어의 분화 · 발전에 영향을 준다는 것을 의미한다. 따라서 언어와 사고가 상호작용을 하는 사례로 볼 수 있다.

② '산', '물', '보행 신호의 녹색등'의 실제 색은 다르지만 모두 '파랗다'라고 표현하는 것은 색에 대해 범주화된 사고가 언어로 나타난다는 것을 의미한다. 따라서 언어와 사고가 상호작용을 하는 사례로 볼 수 있다.

④ 우리나라는 수박을 '박'의 일종으로 인식하여 '수박'이라고 부르지만, 어떤 나라는 '멜론(melon)'과 유사한 것으로 인식하여 'watermelon'이라고 부른다. 이는 인간의 사고가 언어에 반영된다는 것을 보여주는 사례이다.

더 알아보기

언어와 사고

- **언어 우위설**: 사고 과정 없이도 언어는 존재할 수 있지만, 언어 없이는 사고가 불가능하다.

  예 뜻도 모르는 팝송을 따라 부른다.

- **사고 우위설**: 언어 없이도 사고가 가능하지만, 표현하기 어려울 뿐이다.

  예 영화를 보고 너무 좋았는데, 왜 좋았는지 말로 표현하지는 못한다.

- **상호 의존설**: 언어와 사고는 서로 깊은 관계를 맺고 있으며, 서로에게 영향을 준다. 언어 없이는 사고가 불완전하고, 사고 없이는 언어를 생각할 수 없다.

13 난도 ★☆☆   정답 ③

비문학 > 글의 전개 방식

정답의 이유

③ 제시된 글은 '사람이 글을 쓰는 것은 나무에 꽃이 피는 것과 같다.'라고 하며 '글쓰기'를 '나무에 꽃이 피는 것'에 빗대어 설명하고 있다. 따라서 제시된 글의 주된 서술 방식은 '비유'이다.

오답의 이유

① '서사'는 어떤 대상이나 사건을 시간의 흐름에 따라 설명하는 서술 방식이다.

② '분류'는 유사한 특성을 지닌 대상들을 일정한 기준으로 묶어서 설명하는 서술 방식이다.

④ '대조'는 둘 이상의 대상 간에 상대적인 성질이나 차이점을 중심으로 설명하는 서술 방식이다.

14 난도 ★★☆   정답 ①

비문학 > 사실적 읽기

정답의 이유

① 1문단의 '알파벳 언어는 표기 체계에 따라 철자 읽기의 명료성 수준이 달라진다.'를 통해 철자 읽기의 명료성을 판단하는 기준이 각 소리가 지닌 특성이라는 설명이 적절하지 않음을 확인할 수 있다.

오답의 이유

② 2문단의 '영어와 이탈리아어를 읽는 사람은 동일하게 좌반구의 읽기 네트워크를 사용한다. 하지만 무의미한 단어를 읽을 때 영어를 읽는 사람은 암기된 단어의 인출과 연관된 뇌 부위에 더 의존하는 반면 이탈리아어를 읽는 사람은 음운 처리에 연관된 뇌 부위에 더 의존한다.'를 통해 적절한 내용임을 확인할 수 있다.

③ 1문단의 '철자 읽기가 명료하다는 것은 한 글자에 대응되는 소리가 규칙적이어서 글자와 소리의 대응이 거의 일대일이라는 것을 의미한다. 그 예로 이탈리아어와 스페인어가 있다.'와 '이에 비해 영어는 철자 읽기의 명료성이 낮은 언어이다.'를 통해 적절한 내용임을 확인할 수 있다.

④ 1문단의 '영어는 철자 읽기의 명료성이 낮은 언어이다. 영어는 발음이 아예 나지 않는 묵음과 같은 예외도 많은 편이고 글자에 대응하는 소리도 매우 다양하다.'를 통해 적절한 내용임을 확인할 수 있다.

15 난도 ★★☆ 　　　　　　　　　　　　　　　　　정답 ④

고전 문학 > 고전 운문

[정답의 이유]

④ (라)는 불변하는 '자연'과 변하는 '인사(人事)'의 대조를 통해 변함없는 자연을 예찬하고 있다.

[오답의 이유]

① (가)는 돌아가신 부모님을 생각하고 서러워하는 마음을 노래한 박인로의 시조로, 중국 회귤 고사를 인용하여 주제를 효과적으로 드러내고 있다.

② (나)는 임을 기다리는 애틋한 마음이 잘 드러나는 황진이의 시조로, '서리서리', '구뷔구뷔' 등의 의태어를 사용하여 임에 대한 그리움과 애틋한 마음을 잘 표현하고 있다.

③ (다)는 자연을 벗 삼는 즐거움을 노래한 성혼의 시조로, '−이오, −로다'의 대구 표현을 사용하고 '업슨'을 반복함으로써 자연에 귀의하려는 의지를 드러내고 있다.

작품 해설

(가) 박인로, 「반중(盤中) 조홍(早紅)감이 ~」
• 갈래: 평시조, 연시조(전 4수)
• 성격: 사친가(思親歌)
• 주제: 효심(孝心), 풍수지탄(風樹之嘆)
• 특징
　− '조홍시가(早紅枾歌)'라고도 알려짐
　− 육적의 '회귤 고사'와 관련 있음

> [회귤 고사]
> 중국 삼국 시대 오나라에 육적이라는 자가 있었다. 여섯 살 때, 원술이라는 사람을 찾아갔다가 그가 내놓은 귤 중에서 세 개를 몰래 품속에 넣었는데, 하직 인사를 할 때 그 귤이 굴러 나와 발각이 되었다. 그때 원술이 사연을 물으니, 육적은 집에 가지고 가서 어머니께 드리려 하였다고 하므로, 모두 그의 효심에 감격하였다고 한다. 이 일을 '회귤 고사' 또는 '육적 회귤'이라고 하며 '부모에 대한 효성의 뜻'으로 쓰인다.

(나) 황진이, 「동짓돌 기나긴 밤을 ~」
• 갈래: 평시조, 단시조
• 성격: 감상적, 낭만적, 연정적
• 주제: 임을 기다리는 애틋한 마음
• 특징
　− 추상적인 시간을 구체적인 사물로 형상화함
　− 참신한 비유와 의태어로 순우리말의 묘미를 잘 살림
　− 여성의 내면 심리를 섬세하게 보여줌

(다) 성혼, 「말 업슨 청산(靑山)이오 ~」
• 갈래: 평시조, 단시조
• 성격: 풍류적, 한정가
• 주제: 자연을 벗 삼는 즐거움
• 특징
　− 학문에 뜻을 두고 살아가는 옛 선비의 생활상을 그림
　− 대구법, 반복법, 의인법 등을 사용함
　− '업슨'이라는 말의 반복으로 운율감이 느껴짐

(라) 이현보, 「농암(籠巖)에 올라보니 ~」
• 갈래: 평시조, 단시조
• 성격: 자연 귀의적, 한정가
• 주제: 고향에서의 한정과 자연 귀의
• 특징
　− 작가가 만년에 고향에 돌아와 지은 '농암가(籠岩歌)'
　− 전원생활의 즐거움을 노래한 귀거래사(歸去來辭)

16 난도 ★★☆ 　　　　　　　　　　　　　　　　　정답 ①

현대 문학 > 현대 수필

[정답의 이유]

① 글쓴이는 반추하는 소의 행위에 대해 '식욕의 즐거움조차 냉대할 수 있는 지상 최대의 권태자다.'라고 하였으며, 자신도 사색의 반추가 가능할지에 대해 생각하고 있다. 따라서 '소'라는 대상의 행위를 통해 글쓴이의 심리가 투사되고 있다고 이해할 수 있다.

[오답의 이유]

② 제시된 글에 과거의 삶을 회상하거나 처지를 후회하는 내용은 나타나지 않았다.

③ 제시된 글의 공간적 배경은 풀밭이며, 공간의 이동은 나타나지 않았다.

④ 제시된 글에서 현실에 대한 불만을 반성적 어조로 드러내는 부분을 찾아볼 수 없다.

작품 해설

이상, 「권태」
• 갈래: 경수필
• 성격: 사색적, 초현실주의적
• 주제: 환경의 단조로움과 일상적인 생활의 연속 속에서 느끼는 권태로움
• 특징
　− 대상을 주관적이고 개성적으로 인식함
　− 대상을 바라보는 글쓴이의 심리가 만연체의 문장으로 드러남
　− 일상적인 생활과 단조로운 주변 환경 속에서 느끼는 심리를 묘사함

17 난도 ★★☆   정답 ②

어휘 > 한자성어

[정답의 이유]

② 제시된 글에서 황거칠은 식수권을 지키기 위해 저항했지만, 결국 경찰에 연행되고 가족들의 걱정에 석방을 조건으로 타협안에 도장을 찍게 된다. 이러한 황거칠의 상황에 어울리는 한자성어는 '손을 묶은 것처럼 어찌할 도리가 없어 꼼짝 못 함'을 의미하는 束手無策(속수무책)이다.
- 束手無策: 묶을 속, 손 수, 없을 무, 꾀 책

[오답의 이유]

① 同病相憐(동병상련): 같은 병을 앓는 사람끼리 서로 가엾게 여긴다는 뜻으로, 어려운 처지에 있는 사람끼리 서로 가엾게 여김을 이르는 말
- 同病相憐: 같을 동, 병들 병, 서로 상, 불쌍히 여길 련

③ 自家撞着(자가당착): 같은 사람의 말이나 행동이 앞뒤가 서로 맞지 아니하고 모순됨
- 自家撞着: 스스로 자, 집 가, 칠 당, 붙을 착

④ 輾轉反側(전전반측): 누워서 몸을 이리저리 뒤척이며 잠을 이루지 못함
- 輾轉反側: 구를 전, 구를 전, 돌이킬 반, 곁 측

작품 해설

김정한, 「산거족」
- 갈래: 단편 소설, 사실주의 소설
- 성격: 비판적
- 주제
  - 소외된 사람들의 생존 문제
  - 서민들의 생존권을 위협하는 지배 세력에 대한 비판
- 특징
  - 전지적 작가 시점
  - 1960년대 빈민촌인 '마삿등'을 배경으로 함
  - 간결한 문장을 사용해 사건 전개를 빠르게 진행함

18 난도 ★★☆   정답 ④

현대 문학 > 현대 시

[정답의 이유]

④ 제시된 시는 '살아가노라면 / 가슴 아픈 일 한두 가지겠는가', '사노라면 / 가슴 상하는 일 한두 가지겠는가'와 같은 설의적 표현을 사용함으로써 아픔이 있더라도 인내하며 소임을 다해 살아가야 한다는 깨달음을 강조하고 있다.

[오답의 이유]

① '살아가노라면 / 가슴 아픈 일 한두 가지겠는가', '사노라면 / 가슴 상하는 일 한두 가지겠는가'와 같은 의문형 문장을 사용하고 있지만, 이는 쉽게 판단할 수 있는 사실을 의문의 형식으로 표현하여 상대편이 스스로 판단하게 하는 설의적 표현일 뿐이다. 따라서 질문과 답을 제시하는 문답법이 사용되었다는 표현은 적절하지 않다.

② 말하고자 하는 바를 반대로 표현하는 반어적 표현은 사용되지 않았다.

③ 나무를 의인화하고는 있지만, 현실을 목가적으로 보여준다는 설명은 적절하지 않다. '목가적'은 농촌처럼 소박하고 평화로우며 서정적인 것을 의미한다.

작품 해설

조병화, 「나무의 철학」
- 갈래: 자유시, 서정시
- 성격: 사색적
- 주제: 바람직한 삶의 자세에 대한 성찰
- 특징
  - 설의적 표현을 반복적으로 사용함
  - 한결같은 모습으로 서 있는 나무를 의인화하여 표현함

19 난도 ★★☆   정답 ④

비문학 > 추론적 읽기

[정답의 이유]

④ 제시된 글에서는 국보 문화재를 '우리 민족의 성력(誠力)과 정혼(精魂)의 결정으로 그 우수한 질과 희귀한 양에서 무비(無比)의 보(寶)가 된 자'이자 '민족의 힘의 원천'이라고 설명하고 있으며, ㉠의 뒷부분인 '국보 문화재가 얼마나 힘 있는가를 밝힌 예증이 된다.'를 볼 때 ㉠에는 이런 존귀한 국보 문화재가 얼마나 힘이 있는지 드러내는 말이 들어가야 한다. 따라서 ㉠에는 문화의 영향과 힘을 나타내는 '그 무엇을 내놓는다고 해도 셰익스피어와는 바꾸지 않는다'는 문장이 들어가는 것이 가장 적절하다.

[오답의 이유]

① 구르는 돌에는 이끼가 끼지 않는다: 부지런하고 꾸준히 노력하는 사람은 침체되지 않고 계속 발전한다는 말

② 지식은 나눌 수 있지만 지혜는 나눌 수 없다: 쉽게 전달되는 지식과는 다르게 스스로 터득해야 하는 지혜의 중요성을 강조하는 말

③ 사람은 겪어 보아야 알고 물은 건너 보아야 안다: 사람의 마음이란 겉으로 언뜻 보아서는 알 수 없으며 함께 오랫동안 지내보아야 알 수 있음을 이르는 말

20 난도 ★★☆   정답 ①

비문학 > 추론적 읽기

[정답의 이유]

① 1문단의 '하위 개념으로 분류할수록 그 대상에 대한 정보가 더 많이 전달된다.'를 통해 하위 개념인 호랑나비는 상위 개념인 나비에 비해 정보량이 더 많다는 사실을 추론할 수 있다. 따라서 호랑나비는 나비에 비해 정보량이 적다는 설명은 적절하지 않다.

오답의 이유

② 1문단에서 유니콘은 현실 세계에 적용 대상이 없어도 분류 개념으로 인정된다고 하였기 때문에, 용(龍) 역시 현실 세계에 적용할 수 있는 지시물이 없더라도 분류 개념으로 인정될 수 있다는 것을 추론할 수 있다.

③ 2문단을 보면, 비교 개념은 '더 무거움'이나 '더 짧음'과 같이 논리적 관계이므로 꽃이나 고양이는 비교 개념에 포함되지 않는다.

④ 3문단의 '정량 개념은 ~ 자연의 사실로부터 파악할 수 있는 물리량을 측정함으로써 만들어진다.'와 '정량 개념은 ~ 우리가 자연현상에 수를 적용하는 과정에서 생겨나는 것이다.'를 통해 물리량을 측정하는 'cm'나 'kg'과 같은 측정 단위가 자연현상에 수를 적용할 수 있게 해 주었다는 것을 추론할 수 있다.

국어 | 2021년 지방직 9급

한눈에 훑어보기

✓ 영역 분석

어휘   03   04   09
3문항, 15%

문법   01   02   17
3문항, 15%

고전 문학   05
1문항, 5%

현대 문학   07   15   18
3문항, 15%

비문학   06   08   11   12   13   14   16   19   20
9문항, 45%

통합   10
1문항, 5%

✓ 빠른 정답

01	02	03	04	05	06	07	08	09	10
②	③	①	②	④	③	③	③	①	④
11	12	13	14	15	16	17	18	19	20
④	②	②	③	①	①	④	③	④	④

✓ 점수 체크

구분	1회독	2회독	3회독
맞힌 문항 수	/ 20	/ 20	/ 20
나의 점수	점	점	점

01 난도 ★★☆   정답 ②

문법 > 한글 맞춤법

정답의 이유

② 몇 일(×) → 며칠(○): 한글 맞춤법 제27항 [붙임 2]에 따르면 '어원이 분명하지 아니한 것은 원형을 밝히어 적지 아니한다.'라고 하였으므로 이에 따라 '며칠'로 적는 것이 옳다. '몇+일'로 분석하여 '몇 일'로 적는 경우는 잘못된 표현이다.

오답의 이유

① 웬일(○): '어찌 된 일, 의외의 뜻'을 나타낼 때는 '왠일'이 아닌 '웬일'을 쓴다.

③ 박인(○): '손바닥, 발바닥 따위에 굳은살이 생기다.'의 의미로 쓰일 때는 '박이다'가 맞다.

④ 으레(○): '틀림없이 언제나'를 뜻하는 '으레'는 '모음이 단순화한 형태를 표준어로 삼는다.'라는 표준어 규정 제1부 제10항에 따라 '으례'를 버리고 '으레'를 표준어로 삼는다.

더 알아보기

한글 맞춤법 제27항

둘 이상의 단어가 어울리거나 접두사가 붙어서 이루어진 말은 각각 그 원형을 밝히어 적는다.

꺾꽂이	꽃잎	부엌일	웃옷
첫아들	칼날	헛웃음	홀몸
겉늙다	굶주리다	낮잡다	맞먹다
새파랗다	엇나가다	엿듣다	헛되다

[붙임 1] 어원은 분명하나 소리만 특이하게 변한 것은 변한 대로 적는다.

할아버지	할아범

[붙임 2] 어원이 분명하지 아니한 것은 원형을 밝히어 적지 아니한다.

골병	골탕	끌탕	며칠
아재비	오라비	업신여기다	부리나케

→ '며칠'은 '몇 년 몇 월 몇 일'처럼 '몇'이 공통되는 것으로 인식하여 '몇 일'로 쓰는 일이 많다. 그러나 '몇 일'이라고 하면 [며딜]로 소리가 나야 한다. 이러한 점은 '몇 월'이 [며둴]로 발음되는 것에서 알 수 있다. 그러나 실제 발음은 [며칠]이라서 '몇일'로 적으면 표준어 [며칠]을 나타낼 수 없다. 따라서 '몇'과 '일'의 결합으로 보지 않고 소리 나는 대로 '며칠'로 적는다.

[붙임 3] '이[齒, 虱]'가 합성어나 이에 준하는 말에서 '니' 또는 '리'로 소리 날 때에는 '니'로 적는다.

| 덧니 | 사랑니 | 송곳니 | 앞니 |
| 어금니 | 윗니 | 젖니 | 틀니 |

02 난도 ★☆☆　　　　　　　　　　　정답 ③

문법 > 한글 맞춤법

정답의 이유

③ 오늘로써(○): '로써'는 '오늘' 뒤에서 어떤 일의 기준이 되는 시간임을 나타내는 격 조사로 적절하게 사용되었다.

오답의 이유

① 딸로써(×) → 딸로서(○): 지위나 신분 또는 자격을 나타내는 격 조사이므로 '로서'를 사용해야 한다.

② 대화로서(×) → 대화로써(○): 어떤 일의 수단이나 도구를 나타내는 격 조사이므로 '로써'를 사용해야 한다.

④ 이로서(×) → 이로써(○): 시간을 셈할 때 셈에 넣는 한계를 나타내거나 어떤 일의 기준이 되는 시간임을 나타내는 격 조사이므로 '로써'를 사용해야 한다.

더 알아보기

조사 '로서'와 '로써'

• 로서
　－ 지위나 신분 또는 자격을 나타내는 격 조사
　　예 그것은 교사로서 할 일이 아니다.
　－ (예스러운 표현으로) 어떤 동작이 일어나거나 시작되는 곳을 나타내는 격 조사
　　예 이 문제는 너로서 시작되었다.
• 로써
　－ 어떤 물건의 재료나 원료를 나타내는 격 조사
　　예 밀가루로써 빵을 만든다.
　－ 어떤 일의 수단이나 도구를 나타내는 격 조사
　　예 대화로써 갈등을 풀 수 있을까?
　－ 시간을 셈할 때 셈에 넣는 한계를 나타내거나 어떤 일의 기준이 되는 시간임을 나타내는 격 조사
　　예 고향을 떠난 지 올해로써 20년이 된다.

03 난도 ★★☆　※'정답 없음' 처리된 문항으로, 신지를 교체하여 수록함　정답 ①

어휘 > 고유어

정답의 이유

① '명후일'은 '내일의 다음 날'인 모레를 뜻하며, '오늘의 바로 다음 날'은 '내일'이다.

오답의 이유

② 달포: 한 달이 조금 넘는 기간

③ 그끄저께: 그저께의 전날, 오늘로부터 사흘 전의 날

④ 해거리: 한 해를 거름 또는 그런 간격

04 난도 ★★☆　　　　　　　　　　　정답 ②

어휘 > 관용 표현

정답의 이유

② 호흡을 맞춰(×) → 다리(를) 놓아(○): '호흡을 맞추다'는 '일을 할 때 서로의 행동이나 의향을 잘 알고 처리하여 나가다.'를 뜻하므로 '연결해 주어'와 바꿔 쓸 수 있는 표현이 아니다. '일이 잘되게 하기 위하여 둘 또는 여럿을 연결하다.'를 뜻하는 '다리(를) 놓다'라는 관용 표현이 바꿔 쓰기에 적절하다.

오답의 이유

① 가랑이가 찢어질(○): '가랑이가 찢어지다'는 '몹시 가난한 살림살이를 비유적으로 이르는 말'이므로 '몹시 가난한'과 '가랑이가 찢어질'은 바꿔 쓰기에 적절하다.

③ 코웃음을 쳤다(○): '코웃음을 치다'는 '남을 깔보고 비웃다.'라는 뜻이므로 '깔보며 비웃었다.'와 '코웃음을 쳤다.'는 바꿔 쓰기에 적절하다.

④ 바가지를 쓰고(○): '바가지를 쓰다'는 '요금이나 물건 값을 실제보다 비싸게 지불하여 억울한 손해를 보다.'라는 뜻이므로, '실제보다 비싸게'와 '바가지를 쓰고'는 바꿔 쓰기에 적절하다.

05 난도 ★★☆　　　　　　　　　　　정답 ④

고전 문학 > 고전 산문

정답의 이유

④ 편집자적 논평은 고전 소설에서 흔히 찾을 수 있는 것으로, 서술자가 글이나, 말, 사건 등에 대해 직접 개입하여 자신의 사상이나 지식 등을 적당히 배합시켜 논하거나 비평하는 것을 말한다. ㉣에서 '그 형용은 세상 인물이 아니로다.'라는 것은 서술자가 직접 평가한 것이므로 편집자적 논평은 맞으나, 춘향이의 내면적 아름다움을 서술한 것은 아니다. ㉣ 앞에 제시된 내용으로 볼 때 그네를 타는 춘향이의 외면적 아름다움에 대한 논평으로 보는 것이 맞다.

오답의 이유

① 설의적 표현이란 누구나 쉽게 판단할 수 있는 사실에 대해 의문문의 형식으로 표현하여 필자가 의도하는 생각을 강조하는 표현이다. ㉠에서는 '－ㄹ쏘냐'와 같이 설의적 표현을 사용하여 춘향이도 천중절을 당연히 알 것이라는 점을 강조하고 있다.

② ㉡에서는 '황금 같은 꾀꼬리'와 같이 비유법(직유법)을 사용하였으며, '꾀꼬리는 쌍쌍이 날아든다.'라고 하여 음양이 조화를 이루고, '녹음방초 우거져 금잔디 좌르르 깔린'을 통해 아름다운 봄날의 풍경을 서술하였다.

③ 음성상징어란 소리와 의미의 관계가 필연적인 것으로 여겨지는 단어로, 의성어와 의태어를 아우르는 말이다. ㉢에서는 '펄펄', '흔들흔들'과 같은 의태어(음성상징어)를 사용하여 춘향의 그네 타는 모습을 시각적으로 서술하고 있다.

비문학 > 화법

정답의 이유

③ B는 고객이 제안서의 사업적 효과에 '요즘 같은 코로나 시기에는 이전과 동일한 사업적 효과가 있을지 궁금하다'라고 의문을 제기한 내용을 근거로 제안서에 대한 고객의 답변을 '완곡하게 거절하는 의사 표현'이라고 판단하였다.

오답의 이유

① 고객의 '검토하고 연락을 드리겠습니다.'라는 답변을 A는 제안서 승낙이라고 이해했으나 B는 완곡하게 거절하는 의사 표현으로 이해하였다.

② '동일한 사업적 효과가 있을지 궁금하다'라는 표현을 B는 제안한 사업에 대한 부정적 평가라고 판단하였으며, A는 궁금함을 표현한 것뿐이라고 판단하였다.

④ A는 '표정도 좋고 박수도 쳤는데 말이죠. 목소리도 부드러웠고요.'와 같이 표정, 몸짓, 목소리 톤과 같은 비언어적 표현을 바탕으로 하여 고객의 답변을 제안서에 대한 승낙으로 판단하였다.

현대 문학 > 현대 소설

정답의 이유

③ '내가 그를 아버지라고 부르기 어려운 것은 거의 그런 말을 발음해 본 적이 없는 습관의 탓이 크다.'라고 하였으므로 무슈 리를 아버지라 부르기 어려운 것은 현규와 관계가 없다.

오답의 이유

① '나는 또 물론 그도 나와 마찬가지로 같은 일을 생각하고 있기를 바란다.'라고 하였으므로 '나'는 현규도 나와 같은 감정을 갖고 있기를 기대하고 있다는 것을 추측할 수 있다.

② '무슈 리와 엄마는 재혼한 부부다.', '그러나 나는 그의 혈족은 아니다. 무슈 리의 아들인 현규와도 마찬가지다. 그와 나는 그런 의미에서는 순전한 타인이다.'라고 하였으므로 '나'와 현규가 혈연적으로 아무 관계도 없는 타인이며 법률상의 '오누이'일 뿐이라는 것을 알 수 있다.

④ "우리를 비끄러매는 형식이 결코 '오누이'라는 것이어서는 안 될 것을 알고 있다."와 '아아, 나는 행복해질 수는 없는 걸까? 행복이란, 사람이 그것을 위하여 태어나는 그 일을 말함이 아닌가?'라고 하였으므로 '나'는 사회적 인습이나 도덕률보다 현규에 대한 '나'의 감정에 더 충실해지고 싶어 한다는 것을 알 수 있다.

작품 해설

강신재, 「젊은 느티나무」
- 갈래: 단편 소설, 성장 소설
- 성격: 서정적, 낭만적
- 주제: 현실의 굴레를 극복한 남녀의 순수한 사랑
- 특징
  - 감각적 이미지를 사용함
  - '나'의 내적인 독백 형식으로 서술함

비문학 > 사실적 읽기

정답의 이유

③ 글쓴이의 견해는 수동적이거나 공격적인 반응이 아닌, 정중하고 단호한 태도를 보이라는 것이다. 이에 가장 부합하는 대응은 ③이다. '안 피우시면 좋겠어요.'라며 자신의 주장을 직접적이고 단호하게 말하면서 '연기가 해롭다'고 명쾌한 근거를 내세우고 있다. 동시에 '피우고 싶으시면 차를 세워 드리겠다.'라며 흡연할 수 있는 권리를 침해하지 않고 상대방을 배려하고 있다.

오답의 이유

① 담배 연기를 싫어하면서도 '괜찮아요.'라고 말하는 것은 자신의 권리를 존중하고 지키는 단호한 태도가 아니다.

② '좀 참아 보시겠어요.'는 담배를 피고 싶어하는 다른 사람의 권리를 침해하는 것이므로 상대방을 배려하는 태도를 보여주는 단호한 반응이라고 할 수 없다.

④ '생각해 보시고서 좋을 대로 결정하세요.'라는 표현은 상대를 배려하는 정중한 표현이지만, '피워도 그렇고 안 피워도 좀 그러네요.'라는 대응은 담배 연기를 싫어하는 자신의 견해를 단호하게 드러내는 것이 아니다.

어휘 > 한자성어

정답의 이유

① (가) 바로 뒤에 나오는 '손주 때문에 눈물로 세월을 보내더니, 이자는 성환이도 대학생이 되었으니 할매가 원풀이 한풀이를 다 했을 긴데'를 보면 할매가 손주인 성환을 걱정하며 눈물로 세월을 보냈다고 했으므로 '자나 깨나 잊지 못함'을 뜻하는 오매불망(寤寐不忘)이 적절하다.

- 寤寐不忘: 깰 오, 잠잘 매, 아닐 불, 잊을 망

오답의 이유

② 망운지정(望雲之情): 자식이 객지에서 고향에 계신 어버이를 생각하는 마음
- 望雲之情: 바랄 망, 구름 운, 갈 지, 뜻 정

③ 염화미소(拈華微笑): 말로 통하지 아니하고 마음에서 마음으로 전하는 일
- 拈華微笑: 집을 염, 빛날 화, 작을 미, 웃음 소

④ 백아절현(伯牙絕絃): 자기를 알아주는 참다운 벗의 죽음을 슬퍼함
- 伯牙絕絃: 맏 백, 어금니 아, 끊을 절, 악기 줄 현

작품 해설

박경리, 「토지」
- 갈래: 장편 소설, 가족사 소설
- 성격: 사실적, 역사적
- 주제: 우리 민족의 애환과 강인함
- 특징
  - 민중의 모습을 사실적으로 보여줌
  - 가족 이야기를 근간으로 함
  - 방언을 사용하여 현실감을 부여함

10 난도 ★★★

통합 > 고전 운문 · 현대 시

정답의 이유

④ (가)는 '오백년/도읍지를/필마로/돌아드니'와 같이 3 · 4조, 4음보의 정해진 율격과 음보를 바탕으로 시상을 전개하고 있다. 반면 (나)는 산문시로, 율격과 음보에 구애받지 않고 시상을 전개하고 있다.

오답의 이유

① (가)에서는 영원히 변함없는 자연물인 '산천'과 멸망한 고려의 인간사를 뜻하는 '인걸'을 대비하여, 패망한 고려에 대한 슬픔과 인생의 무상함을 드러내고 있다.

② (나)에서는 '큰 나라 섬기다 거미줄 친 옥좌(玉座) 위엔 여의주(如意珠) 희롱하는 쌍룡(雙龍) 대신에 두 마리 봉황(鳳凰)새를 틀어 올렸다.'라고 하여 중국 황제의 휘장인 '쌍룡'과 조선 왕의 휘장인 '봉황'을 대비하고 거미줄 친 옥좌를 통해 이제 몰락해버린 조선 왕조를 회상하며 사대주의에 물든 역사를 비판하는 시각을 드러내고 있다.

③ 선경후정(先景後情)은 시에서 앞부분에 자연경관이나 사물에 대한 묘사를 먼저하고 뒷부분에 자기의 감정이나 정서를 그려내는 구성을 말한다. (가)의 경우, 먼저 고려의 옛 도읍지의 모습을 제시한 후 고국의 멸망을 안타까워하는 화자의 심정을 드러내고 있으며, (나)의 경우, 먼저 퇴락하고 황폐해진 궁궐의 모습을 보여준 뒤 망국에 대한 화자의 슬픔과 극복 의지를 드러내고 있어 모두 선경후정의 기법을 사용하고 있음을 알 수 있다.

작품 해설

(가) 길재, 「오백년 도읍지를 ~」
- 갈래: 평시조
- 성격: 회고적, 애상적, 감상적
- 주제: 망국의 한(恨)과 인생무상(人生無常)
- 특징
  - 자연과 인간이 대조를 이룸
  - 조선이 건국되었을 때, 고려 유신인 길재가 옛 도읍지 개성을 돌아보고 옛 왕조에 대한 회고의 정을 노래함
  - 대조법, 영탄법 등의 표현 방법이 사용됨

(나) 조지훈, 「봉황수」
- 갈래: 산문시, 서정시
- 성격: 회고적, 민족적
- 주제: 망국의 비애
- 특징
  - 고전적 소재를 이용하여 역사적 현실에 대한 비판 의식을 드러냄
  - 선경후정의 방법으로 시상을 전개함
  - 감정 이입의 수법을 통해 화자의 정서를 드러냄

11 난도 ★☆☆

비문학 > 사실적 읽기

정답의 이유

④ 1문단에 따르면 미국의 아이들은 '스스로 독립적인 행동을 하도록 교육받는다.'라고 하였고, 2문단에 따르면 일본의 아이들은 '자신의 생각을 드러내기보다는 행동에 영향을 받는 다른 사람들의 감정을 미리 예측하도록 교육받는다.'라고 하였으므로 글의 내용과 부합한다.

오답의 이유

① 1문단의 '자신의 생각을 분명하게 표현하고 말하는 사람의 입장에서 대화에 임해야'를 통해 미국의 어머니는 말하는 사람의 입장을 강조한다는 것을 알 수 있으며, 2문단의 '일본에서는 아이들에게 듣는 사람의 입장에서 말할 것을 강조한다.'라는 내용을 통해 일본의 어머니는 듣는 사람의 입장에서 말할 것을 강조한다는 것을 알 수 있다.

② 1문단에서 미국의 어머니는 '특정 사물에 초점을 맞추고 그 사물의 속성을 아이들에게 가르친다.'라고 하였고, 2문단에서 일본의 어머니는 아이들에게 '다른 사람과의 관계에 초점을 맞춘 훈련'을 한다고 하였다. 따라서 사물의 속성에 초점을 맞추는 것은 미국 어머니의 교육법이다.

③ 미국 어머니가 이면에 있는 감정을 읽어야 한다고 생각하는 것은 지문의 내용과는 거리가 멀다. 오히려 행동 이면에 있는 다른 사람들의 감정을 예측하는 것은 일본 어머니의 교육법에 가깝다.

12 난도 ★★☆

비문학 > 추론적 읽기

정답의 이유

② 1문단에서 '인공지능(AI)이 사람보다 똑똑해질 수 있을지도 모른다.'라고 하며 인공지능의 발전 가능성에 대하여 이야기하였고, 2문단에서는 '인공지능(AI)이 사람을 게으르게 만들 수도 있지 않을까?'라는 질문을 던졌다. 3문단에서는 인공지능(AI)으로 인해 인간의 두뇌가 게을러진 사례로 GPS를 제시하며, 4문단에서는 이런 삶을 편하게 해주는 도구들이 인간의 두뇌를 나태하게 만들고 기억력과 창조력, 상상력을 퇴보시켰다고 주장하였다. 따라서 결론으로 가장 적절한 것은 '인공지능(AI)으로 인해 인간의 두뇌가 게을러지는 부작용이 발생하게 될 것이다.'이다.

오답의 이유

① 4문단을 보면 '이와 같이 기계에 의존해서 인간이 살아가는 사례는 오늘날 우리의 두뇌가 게을러진 것을 보여 주는 여러 사례 가운데 하나일 뿐이다.'라고 하며, 인간의 기계에 대한 종속성을 문제 삼고 있다. 따라서 인공지능에 대한 독립성이 지속적으로 증가하게 될 것이라는 내용은 잘못된 것이다.

③ 1문단에서 '인공지능(AI)이 사람보다 똑똑해질 수 있을지도 모른다.'라고 하였으나, 이는 1문단만의 부분적인 내용이고 글 전체를 아우르는 결론으로 볼 수는 없다.

④ 4문단에서 기계에 의존하는 삶이 '뇌의 가장 뛰어난 영역인 상상력을 활용하지 않도록 만드는 것'이라는 내용은 있으나, 인공지

능이 궁극적으로 상상력을 가지게 될 것이라는 내용은 확인할 수 없으므로, 결론으로 적절하지 않다.

13 난도 ★★☆   정답 ②

비문학 > 사실적 읽기

정답의 이유

② 1문단에서 '유럽연합에서의 공용어 개념도 ~ 열 개가 넘는 공용어를 다 배워야 하는 것은 아니다.'라고 하며 여러 공용어 중 하나만 알아도 공식 업무상 불편이 없게끔 한다고 하였다. 따라서 유럽연합이 복수의 공용어를 지정하여 공무상 편의를 도모하였다고 이해한 것은 적절하다.

오답의 이유

① 1문단에 따르면, '그곳에 근무하는 모든 외교관들이 이 공용어들을 전부 다 잘해야 하는 것은 아니다.'라고 하였으므로 유엔에서 근무하는 외교관들은 유엔의 공용어를 다 구사하지 않으면 안 된다는 이해는 적절하지 않다.

③ 2문단에 따르면, '우리가 만일 한국어와 영어를 공용어로 지정한다면 이는 한국에서는 한국어와 영어 중 어느 하나를 알기만 하면 공식 업무상 불편이 없게끔 국가에서 보장한다는 것이지 모든 한국인들이 영어를 할 줄 알아야 된다는 뜻은 아니다.'라고 하였으므로 한국에서 영어를 공용어로 지정하면 한국인들은 영어를 다 잘할 수 있을 것이라는 이해는 적절하지 않다.

④ 2문단에서는 '우리가 만일 한국어와 영어를 공용어로 지정한다면'이라며 가상의 상황을 가정하였을 뿐, 실제로 머지않아 영어가 공용어로 지정될 것이라는 내용은 확인할 수 없다.

14 난도 ★★☆   정답 ③

비문학 > 사실적 읽기

정답의 이유

③ 1문단에서 '자신의 삶과 환경을 잘 통제하지도 못하면서 무력감에 시달리는 사람일수록 공격적인 발설로 자기 효능감을 느끼려 한다.'라고 하였으나, 자신의 삶을 잘 통제하는 악플러일수록 타인을 더욱 엄격한 잣대로 비판한다는 내용은 드러나지 않았다.

오답의 이유

① 1문단의 '자신이 올린 글 한 줄에 다른 사람들이 동요하는 모습을 보면서 자기 효능감을 맛볼 수 있다.'를 통해 확인할 수 있다.

② 2문단의 '마구 욕을 퍼부었는데 상대방이 별로 개의치 않는다면 계속할 마음이 사라질 것이다. 무시당했다는 생각에 오히려 자괴감에 빠질 수도 있다.'와 '개인주의가 안착된 사회에서는 자신을 향한 비판에 대해 그건 너의 생각이라면서 넘겨버리는 사람이 많다.'를 통해 개인주의자는 악플에 무반응함으로써 악플러를 자괴감에 빠지게 할 수 있음을 확인할 수 있다.

④ 3문단의 '한국에서는 ~ 개인주의가 뿌리내리지 못했다. 남에 대해 신경을 너무 곤두세운다. 그것은 두 가지 차원으로 나뉘는데, ~ 이 두 가지 특성이 인터넷 공간에서 맞물려 악플을 양산한다.'를 통해 한국에서 악플이 양산되는 것은 한국인들이 타인에 대해 신경을 많이 쓰는 것과 관계가 있음을 알 수 있다.

15 난도 ★☆☆   정답 ①

현대 문학 > 현대 수필

정답의 이유

① ㉠의 '구형'은 '검푸른 구형의 과일'이라는 표현을 보았을 때 수박의 겉모양을 가리킨다. 반면 ㉡ '빨강', ㉢ '새까만 씨앗들이 별처럼 박힌 선홍색의 바다', ㉣ '한바탕의 완연한 아름다움의 세계'는 수박을 반으로 가른 후 나타나는 수박의 속을 가리킨다.

오답의 이유

② 수박이 두 쪽으로 벌어지는 순간 초록은 빨강으로 바뀐다고 하였으므로 ㉡ '빨강'은 수박의 속을 말한다는 것을 알 수 있다.

③ ㉢ '새까만 씨앗들이 별처럼 박힌 선홍색의 바다'는 까만 씨앗이 박힌 수박의 붉은 속을 묘사한 것이다.

④ ㉣ '한바탕의 완연한 아름다움의 세계'는 칼이 지나간 자리에서 나타났으며, 먹히기를 기다리고 있다고 하였으므로 수박의 속을 가리킨다.

더 알아보기

수필의 종류

- 경수필
  - 일정한 형식에서 벗어나 작가 개인의 취향이나 체험, 느낌 등을 자유롭게 표현한 수필
  - 중수필에 비해 문장과 내용이 가벼움
  - 정서적 · 주관적 · 자기 고백적 · 신변잡기적(身邊雜記的) 성격
- 중수필
  - 어떠한 현상에 논리적으로 접근하여 객관적으로 서술한 수필
  - 경수필에 비해 내용이 무겁고, 논증과 설명이 주를 이룸
  - 비평적 성격

16 난도 ★★☆   정답 ①

비문학 > 추론적 읽기

정답의 이유

(가) 앞부분에는 양반 중의 양반인 '정철, 윤선도, 이황'이 우리말로 시조나 가사를 썼다고 하였고, 뒷부분에는 '이것을 보면 양반들도 한글 쓰는 것을 즐겨 했다는 것을 부정할 수 없다.'라고 하였다. 따라서 두 내용을 연결하는 전환의 접속어 '그런데'가 와야 한다.

(나) 앞부분에는 '양반들도 한글 쓰는 것을 즐겨 했다.'라는 내용이 오고, 뒷부분에는 '허균이나 김만중은 한글로 소설까지 쓰지 않았던가.'라고 하며 앞 내용을 보강하는 내용이 나온다. 따라서 첨가 · 보충의 접속어인 '게다가'나 '더구나'가 오는 것이 적절하다.

(다) 앞부분에서는 '허균이나 김만중은 한글로 소설까지 썼다.'라고 하였고, 뒷부분에서는 앞 내용과 반전되는 '이들이 특별한 취향을 가진 소수의 양반이었다면 이야기가 달라진다.'라는 내용이 나온다. 따라서 역접의 접속어인 '그렇지만'이나 '하지만'이 나와야 한다.

(라) 앞부분을 보면 '대다수 양반들은 한문을 썼기 때문에 한글을 모를 수도 있기 때문이다.'라고 하였으나, 뒷부분에는 '양반 대부분이 한글을 이해하지 못하는 상황이었다면 정철도 이황도 윤선도도 한글로는 작품을 쓰지 않았을 것'이라 하여 앞 내용과는 반대의 내용이 나온다. 따라서 (라)에는 역접의 접속어인 '그러나' 혹은 '하지만'이 들어가야 한다.

더 알아보기

접속 부사의 종류

그러나	앞의 내용과 뒤의 내용이 상반될 때 쓰는 접속 부사 예 아내는 조용히 그러나 단호하게 말했다.
그리고	단어, 구, 절, 문장 따위를 병렬적으로 연결할 때 쓰는 접속 부사 예 초등학교, 중학교, 고등학교 그리고 대학교
그런데	화제를 앞의 내용과 관련시키면서 다른 방향으로 이끌어 나갈 때 쓰는 접속 부사 예 아 그렇군요. 그런데 왜 그때는 말씀을 안 하셨습니까?
	앞의 내용과 상반되는 내용을 이끌 때 쓰는 접속 부사 예 동생은 벌써 숙제를 하고 나갔어요. 그런데 저는 아직 숙제를 못했어요.
그래서	앞의 내용이 뒤의 내용의 원인이나 근거, 조건 따위가 될 때 쓰는 접속 부사 예 어제는 많이 아팠어요. 그래서 결석했어요.
그러므로	앞의 내용이 뒤의 내용의 이유나 원인, 근거가 될 때 쓰는 접속 부사 예 나는 생각한다. 그러므로 존재한다.
따라서	앞에서 말한 일이 뒤에서 말할 일의 원인, 이유, 근거가 됨을 나타내는 접속 부사 예 원윳값이 많이 올랐다. 따라서 국내 기름값도 조만간 오를 것이다.
하지만	서로 일치하지 아니하거나 상반되는 사실을 나타내는 두 문장을 이어 줄 때 쓰는 접속 부사 예 아버지가 무엇을 원하는지 명백했다. 하지만 나는 얼른 대답하지 못했다.

---

17 난도 ★★☆ 　　　　　　　　　　　　　정답 ④

문법 > 통사론

정답의 이유

④ '수납(收納)'은 '돈이나 물품 따위를 받아 거두어들임'을 의미하는 말로, 기관에서 고객에게 돈을 받을 때 쓰이는 단어이다. (라)와 같이 내가 공과금을 기관에 내는 경우에는 '세금이나 공과금 따위를 관계 기관에 냄'을 의미하는 말인 '납부(納付)'를 쓰는 것이 적절하다.

오답의 이유

① '현재'라는 문장 전체를 수식하는 부사가 있으므로 과거 시제 선어말 어미 '-었-'이 결합한 서술어 '있었다'와 시제 호응이 맞지 않는다. 따라서 '있다'로 고쳐 쓰는 것은 적절하다.

② '지양(止揚)'은 '더 높은 단계로 오르기 위하여 어떠한 것을 하지 아니함'을 의미한다. 그러나 제시된 문장에서는 '실현하기 위한 추진 방안'에 대해 논의하므로 '어떤 목표로 뜻이 쏠리어 향함'을 뜻하는 '지향(志向)'으로 고쳐 쓰는 것은 적절하다.

③ 준비 기간이 짧았던 원인이 '지난달 수해' 때문이므로, 까닭이나 근거 따위를 나타내는 연결 어미 '-여'를 사용하여 '지난달 수해로 인하여'로 고쳐 쓰는 것은 적절하다.

---

18 난도 ★★☆ 　　　　　　　　　　　　　정답 ③

현대 문학 > 희곡

정답의 이유

③ 서연의 '자네가 본뜨려는 부처님 형상은 누가 언제 그렸는지 몰라도 흔히 있는 것을 베껴 놓은 걸세. 그런데 자네는 그 형상을 또다시 베껴 만들 작정이군.'이라는 말과 동연의 '공부를 하게, 괜히 의심 말고!', '자네처럼 게으른 자들은 공부는 안 하고, 아무 의미 없이 의심만 하지!'라는 말을 보면 동연은 부처의 형상을 연구하는 인물이므로 동연이 부처님 형상을 독창적으로 제작하는 인물이 아님을 알 수 있다.

오답의 이유

① · ④ 동연은 불상의 완벽한 형태 속에 부처의 마음이 있다고 믿으며 서연은 부처의 마음을 깨달아야 진정한 불상을 만들 수 있다고 믿는다. 따라서 불상 제작에 대한 동연과 서연의 입장은 다르다. 또한 완벽한 형태 속에 부처의 마음이 있다고 믿는 형식론자인 동연과 부처의 마음을 깨달아야 진정한 불상을 만들 수 있다는 내용론자인 서연의 대화는 예술에 있어서 형식과 내용의 논쟁을 연상시킨다.

② 서연은 '자네가 본뜨려는 부처님 형상은 누가 언제 그렸는지 몰라도 흔히 있는 것을 베껴 놓은 걸세.', '그런 형상이 진짜 부처님은 아닐세.'라고 얘기하며 전해지는 부처님 형상을 의심하고 있다.

작품 해설

이강백, 「느낌, 극락 같은」

- 갈래: 희곡
- 성격: 비현실적, 환상적
- 주제: 예술의 본질적 가치에 대한 깨달음
- 특징
  - 역순행적 구성
  - 불상을 제작하는 과정에서 드러나는 인물 사이의 갈등을 통해 주제를 드러냄

비문학 > 추론적 읽기

정답의 이유

④ 온돌을 통한 전통적인 난방 방식은 '방바닥에 깔려 있는 돌이 열기로 인해 뜨거워지고, 뜨거워진 돌의 열기로 방바닥이 뜨거워지면 방 전체에 복사열이 전달되는 방법'이다. 반면 벽난로를 통한 서양식 난방 방식은 '복사열을 이용하여 상체와 위쪽 공기를 데우는 방식'이다. (가)에 들어갈 말은 벽난로를 통한 서양식 난방 방식에서 바닥 바로 위 공기까지 따뜻해지지 않는 이유이므로 상체와 위쪽의 따뜻한 공기는 대류 현상으로 차가운 바닥까지 내려오지 않는다는 내용이 들어가는 것이 가장 적절하다.

오답의 이유

① 벽난로를 통한 난방 방식은 복사열을 이용해 상체와 위쪽 공기를 데우는 방식이며, 대류 현상으로 바닥 바로 위 공기까지는 따뜻해지지 않으므로 방바닥의 따뜻한 공기가 위로 올라간다는 것은 틀린 내용이다.

② 벽난로에 의한 난방은 복사열을 이용하여 상체와 위쪽 공기만 데우는 방식이므로 바닥쪽 공기가 열을 받아 따뜻하게 데워져서 위로 올라가고, 차가워지면 다시 바닥으로 내려와 데워지는 대류 현상은 일어나지 않는다.

③ 찬 공기와 따뜻한 공기가 순환하는 대류 현상을 이용한 난방 방식은 방 전체가 따뜻해지므로 상체와 위쪽의 공기만 따뜻하게 한다는 것은 틀린 내용이다.

비문학 > 추론적 읽기

정답의 이유

④ 4문단에서는 '시간이 흐를수록 품질이 개선되는 것은 일부 고급 적포도주를 병에 담아 코르크 마개를 끼워 보관한 경우에 한정된 이야기'라고 하였으며, '고급 백포도주'에 대한 언급은 없다. 따라서 고급 백포도주에 코르크 마개를 끼워도 보관 기간에 비례하여 품질이 개선되지 않을 것이라는 점을 추론할 수 있다.

오답의 이유

① 3문단에 따르면, '너무 더운 지역에서는 섬세한 맛이 부족해서 흐물거리는 포도주가 생산되나 이를 잘 활용하면 포르토나 셰리처럼 도수를 높인 고급 포도주를 만들 수도 있다.'라고 하였으며, 또 '달콤한 백포도주의 경우는 샤토 디켐처럼 뜨거운 여름 날씨가 지속하는 곳에서 명품이 만들어진다.'라고 하였다. 따라서 고급 포도주는 모두 너무 덥지도 춥지도 않은 곳에서 재배된 포도로 만들어졌다는 내용은 적절하지 않다.

② 2문단에서는 '자연 상태에서는 포도가 자라는 북방 한계가 이탈리아 정도에서 멈춰야 했으나, 중세 유럽에서 수도원마다 온갖 노력을 기울인 결과 포도 재배가 가능한 북방한계선이 상당히 북쪽까지 올라갔다.'라고 하였으며, '대체로 대서양의 루아르강 하구로부터 크림반도와 조지아를 잇는 선'이 북방한계선이라고 하였다. 따라서 북방한계선인 '루아르강 하구로부터 크림반도와 조지아를 잇는 선'은 이탈리아보다 북쪽에 있을 것이므로 '이탈리아보다 남쪽에 있을 것'이라고 한 내용은 적절하지 않다.

③ 1문단을 보면 유럽에서 '일상적으로 마시는 식사용 포도주로는 저렴한 포도주가 쓰이며, 술이 약한 사람은 여기(저렴한 포도주)에 물을 섞어 마시기도 한다.'라고 하였으므로 식사용 포도주는 저렴한 포도주에 물을 섞어 마시는 것이지 고급 포도주에 물을 섞어 마시는 것은 아니다.

한눈에 훑어보기

✅ 영역 분석

어휘   04   17
2문항, 10%

문법   01 02 03 05 07 08 10 11 12 13 14 15 16
13문항, 65%

고전 문학   09   18
2문항, 10%

현대 문학   06
1문항, 5%

비문학   19   20
2문항, 10%

✅ 빠른 정답

01	02	03	04	05	06	07	08	09	10
②	③	④	④	①	①	②	②	③	①
11	**12**	**13**	**14**	**15**	**16**	**17**	**18**	**19**	**20**
②	④	③	④	④	③	②	①	①	③

✅ 점수 체크

구분	1회독	2회독	3회독
맞힌 문항 수	/ 20	/ 20	/ 20
나의 점수	점	점	점

---

01 난도 ★★★   정답 ②

문법 > 한글 맞춤법

정답의 이유

ⓒ 책만∨한(○): 한글 맞춤법 제41항에 따르면 조사는 그 앞말에 붙여 쓴다고 하였다. '만'은 '하다, 못하다'와 함께 쓰여 앞말이 나타내는 대상이나 내용 정도에 달함을 나타내는 보조사이고, '한'은 동사 '하다'의 활용형이다. 따라서 '책만∨한'과 같이 '만'은 앞말과 붙여 쓰고, '한'은 앞말과 띄어 써야 한다.

ⓗ 늘리고(○): '지혜를 늘리다.'와 같은 표현에서는 '재주나 능력 따위를 나아지게 하다.'라는 뜻을 가진 '늘리다'를 쓰는 것이 적절하다.

오답의 이유

㉠ 보내는∨데에는(○): 한글 맞춤법 제42항에 따르면 의존 명사는 띄어 쓴다고 하였다. '데'는 '경우'의 뜻을 나타내는 의존 명사이므로 '보내는∨데에는'과 같이 앞말과 띄어 써야 한다.

ⓒ 김박사님의(×) → 김∨박사님의(○): 한글 맞춤법 제48항에 따르면 성과 이름, 성과 호 등은 붙여 쓰고, 이에 덧붙는 호칭어, 관직명 등은 띄어 쓴다고 하였다. 따라서 관직명인 '박사'는 '김∨박사님의'와 같이 앞말과 띄어 써야 한다.

ⓔ 솔직이(×) → 솔직히(○): 한글 맞춤법 제51항에 따르면 부사의 끝음절이 분명히 '이'로만 나는 것은 '-이'로 적고, '히'로만 나거나 '이'나 '히'로 나는 것은 '-히'로 적는다고 하였다. 또한 '-하다'가 붙는 어근 뒤에는 '-히'로 적는다고 하였으므로 '솔직이'가 아닌 '솔직히'로 쓰는 것이 적절하다.

ⓜ 맞추기(×) → 맞히기(○): '둘 이상의 일정한 대상들을 나란히 놓고 비교하여 살피다.'라는 뜻을 가진 '맞추다'는 '답안지를 정답과 맞추다.'와 같은 경우에 쓸 수 있다. '문제에 대한 답을 틀리지 않게 하다.'라는 뜻을 가진 '맞히다'는 '답을 맞히다.'로 쓰는 것이 옳은 표현이므로 '맞추기'가 아닌 '맞히기'로 쓰는 것이 적절하다.

ⓐ 읽으므로써(×) → 읽음으로써(○): '으로써'는 주로 '-ㅁ/음' 뒤에 붙어 어떤 일의 이유를 나타내는 격 조사이다. 따라서 '읽음으로써'로 쓰는 것이 적절하다.

ⓞ 해야∨겠다(×) → 해야겠다(○): '-겠-'은 주체의 의지를 나타내는 어미로 쓰였으므로 '해야겠다'와 같이 앞말과 붙여 쓰는 것이 적절하다.

02 난도 ★★☆   정답 ③

문법 > 통사론

정답의 이유

③ '늙었어'에 쓰인 '-었-'은 이야기하는 시점에서 볼 때 사건이나 행위가 이미 일어났음을 나타내는 어미로, 과거 시제를 나타낸다.

오답의 이유

①·②·④ '늙었다, 닮았어, 말랐네'에 쓰인 '-었/았-'은 이야기하는 시점에서 볼 때 완료되어 현재까지 지속되거나 현재에도 영향을 미치는 상황을 나타내는 어미로, 현재 시제를 나타낸다.

03 난도 ★★☆   정답 ④

문법 > 한글 맞춤법

정답의 이유

④ 욜로(○): '욜로'는 '요리'를 강조하여 이르는 말인 '요리로'의 준말이다. 따라서 '욜로 가면 지름길이 나온다.'는 어문 규범에 맞는 표기로 이루어진 문장이다.

오답의 이유

① 대노(大怒)(×) → 대로(大怒)(○): '크게 화를 냄'이라는 뜻을 가진 단어는 '대노'가 아닌 '대로(大怒)'로 쓰는 것이 적절하다. 따라서 '아버님께서는 동생의 철없는 행동을 들으시고는 대로(大怒)하셨다.'로 고쳐야 어문 규범에 맞는 표기로 이루어진 문장이다.

② 갈음(×) → 가름(○): '쪼개거나 나누어 따로따로 되게 하는 일'이라는 뜻을 가진 단어는 '가름'이며, '갈음'은 '다른 것으로 바꾸어 대신함'이라는 뜻이다. 따라서 '차림새만 봐서는 여자인지 남자인지 가름이 되지 않는다.'로 고쳐야 어문 규범에 맞는 표기로 이루어진 문장이다.

③ 목거리(×) → 목걸이(○): '귀금속이나 보석 따위로 된 목에 거는 장신구'라는 뜻을 가진 단어는 '목걸이'이며, '목거리'는 '목이 붓고 아픈 병'이라는 뜻이다. 따라서 '새로 산 목걸이가 옷과 잘 어울린다.'로 고쳐야 어문 규범에 맞는 표기로 이루어진 문장이다.

04 난도 ★★★   정답 ④

어휘 > 한자성어

정답의 이유

④ 부부의 연을 맺는다는 문장에 어울리는 고사성어는 '부부가 되어 한평생을 사이좋게 지내고 즐겁게 함께 늙음'이라는 뜻을 가진 百年偕老(백년해로)이다. 百年河淸(백년하청)은 '중국의 황허강(黃河江)이 늘 흐려 맑을 때가 없다는 뜻으로, 아무리 오랜 시일이 지나도 어떤 일이 이루어지기 어려움을 이르는 말'이다.

- 百年偕老: 일백 백, 해 년, 함께 해, 늙을 로
- 百年河淸: 일백 백, 해 년, 강물 하, 맑을 청

오답의 이유

① 肝膽相照(간담상조): 서로 속마음을 털어놓고 친하게 사귐
- 肝膽相照: 간 간, 쓸개 담, 서로 상, 비출 조

② 螳螂拒轍(당랑거철): 제 역량을 생각하지 않고, 강한 상대나 되지 않을 일에 덤벼드는 무모한 행동거지를 비유적으로 이르는 말
- 螳螂拒轍: 사마귀 당, 사마귀 랑, 막을 거, 바큇자국 철

③ 騎虎之勢(기호지세): 호랑이를 타고 달리는 형세라는 뜻으로, 이미 시작한 일을 중도에서 그만둘 수 없는 경우를 비유적으로 이르는 말
- 騎虎之勢: 말탈 기, 범 호, 갈 지, 기세 세

05 난도 ★★☆   정답 ①

문법 > 고전 문법

정답의 이유

① 한글의 창제 원리에서 모음 기본자 'ㆍ, ㅡ, ㅣ'는 각각 '하늘, 땅, 사람'의 모양을 본떠 만들어졌으며 기본자를 합하여 초출자와 재출자가 만들어졌다. 발음 기관의 상형을 통해 만들어진 글자는 자음 기본자이다.

오답의 이유

② 한글은 'ㄴ, ㄷ, ㅌ'과 같이 기본자에 획을 더해 만들어졌기 때문에 같은 위치에서 소리 나는 글자들의 모양이 비슷하다.

③ 모음 기본자인 'ㅡ, ㅣ'에 'ㆍ'를 한 번 합하여 초출자 'ㅗ, ㅜ, ㅏ, ㅓ'를 만들었고, 'ㅗ, ㅜ, ㅏ, ㅓ'에 'ㆍ'를 한 번 더 합하여 재출자 'ㅛ, ㅠ, ㅑ, ㅕ'를 만들었다.

④ 종성자를 따로 만들지 않고, 종성 표기에는 초성자를 다시 쓰도록 하였다.

06 난도 ★★☆   정답 ①

현대 문학 > 현대 시

정답의 이유

① 제시된 작품에서는 '슬픔'을 이타적인 존재로, '기쁨'을 이기적인 존재로 표현하여, '이기적인 삶에 대한 반성과 더불어 사는 삶의 추구'라는 주제를 전달하고 있다. 따라서 '기쁨으로 슬픔을 이겨 내자'는 이 작품의 주제로 보기 어렵다.

오답의 이유

② 화자는 소외되고 가난한 이들에 대한 연민과 애정을 갖고 더불어 사는 삶을 추구하고 있다.

③ '사랑보다 소중한 슬픔을 주겠다.'에서 슬픔에 대한 일반적인 통념을 뒤집은 역설적 표현을 사용하여 슬픔의 이타적인 힘을 강조하고 있다.

④ 타인의 고통에 개의치 않고 타인에게 무관심한 현실을 비판하며, 더불어 사는 삶을 추구해야 한다는 교훈을 전달하고 있다.

작품 해설

정호승, 「슬픔이 기쁨에게」
- 갈래: 자유시, 서정시
- 성격: 교훈적, 비판적, 의지적
- 주제: 이기적인 삶에 대한 반성과 더불어 사는 삶의 추구
- 특징
  - 역설적 표현을 활용하여 주제를 효과적으로 드러내고 있음
  - '슬픔'과 '기쁨'이라는 추상적 개념을 의인화하여 말을 건네는 방식으로 시상을 전개함

문법 > 외래어 표기법

[정답의 이유]

ⓛ 시저(○): 'Caesar'는 외래어 표기법 제4장 제1절 제3항 '원지음이 아닌 제3국의 발음으로 통용되고 있는 것은 관용을 따른다.'라는 규정에 따라 '시저'로 적어야 한다.

ⓜ 팸플릿(○): 'pamphlet'은 '팜플렛'이 아닌 '팸플릿'이 옳은 표기이다.

ⓗ 규슈(○): 'Kyûshû[九州]'는 '큐슈'가 아닌 '규슈'가 옳은 표기이다.

[오답의 이유]

㉠ 아젠다(×) → 어젠다(○): 'agenda'는 '아젠다'가 아닌 '어젠다'가 옳은 표기이다.

ⓒ 레크레이션(×) → 레크리에이션(○): 'recreation'은 '레크레이션'이 아닌 '레크리에이션'이 옳은 표기이다.

ⓔ 싸이트(×) → 사이트(○): 'site'는 '싸이트'가 아닌 '사이트'가 옳은 표기이다.

문법 > 의미론

[정답의 이유]

ⓛ '아름다운'이 '하늘'을 수식한다고 볼 때 '하늘이 아름답다.'로 해석될 수 있고, '아름다운'이 '하늘의 구름'을 수식한다고 볼 때 '하늘의 구름이 아름답다.'로 해석될 수도 있다. 이는 수식 범위의 중의성에 해당한다.

ⓔ '잘생긴'이 '영수'를 수식한다고 볼 때 '영수가 잘생겼다.'로 해석될 수 있고, '잘생긴'이 '영수의 동생'을 수식한다고 볼 때 '영수의 동생이 잘생겼다.'로 해석될 수도 있다. 이는 수식 범위의 중의성에 해당한다.

[오답의 이유]

㉠ '차'가 '식물의 잎이나 뿌리, 과실 따위를 달이거나 우리거나 하여 만든 마실 것을 통틀어 이르는 말'을 뜻하는 것인지, '바퀴가 굴러서 나아가게 되어 있는, 사람이나 짐을 실어 옮기는 기관'을 뜻하는 것인지 파악하기 어렵다. 따라서 하나의 단어가 두 가지 이상의 의미로 해석되므로 어휘적 중의성에 해당한다.

ⓒ 아내가 딸을 사랑하는 정도보다 철수가 딸을 사랑하는 정도가 더 크다는 의미와, 철수가 아내를 사랑하는 정도보다 철수가 딸을 사랑하는 정도가 더 크다는 의미로 해석될 수 있다. 이는 비교 대상의 중의성에 해당한다.

ⓜ '사과'가 '사과나무의 열매'를 뜻하는 '사과'인지, '잘못을 용서함'을 뜻하는 '사과'인지 파악하기 어렵다. 따라서 하나의 단어가 두 가지 이상의 의미로 해석되므로 어휘적 중의성에 해당한다.

ⓗ 영희가 어제 '학교'에 가지 않고 '다른 곳'에 간 것인지, '빨간 모자'가 아닌 '다른 모자'를 쓰고 간 것인지 파악하기 어렵다. 두 가지 이상의 의미로 해석될 여지가 있으므로 부정의 중의성에 해당한다.

고전 문학 > 고전 운문

[정답의 이유]

③ '아아'는 낙구의 첫머리에 쓰인 감탄사로, 10구체 향가의 특징이다. 따라서 다른 향가 작품에서 찾아보기 어렵다는 설명은 적절하지 않다.

[오답의 이유]

① '이른 바람'은 누이의 요절을 암시하는 표현이므로 예상보다 빠르게 닥쳐온 불행을 의미한다는 설명은 적절하다.

② '한 가지에 나고'는 화자와 누이가 같은 부모에게서 태어났다는 표현이므로 친동기 관계를 의미한다는 설명은 적절하다.

④ '미타찰'은 누이와 재회하고자 하는 불교의 극락세계로, 불교적 세계관을 보여준다는 설명은 적절하다.

문법 > 형태론

[정답의 이유]

① 걷잡아서(×) → 겉잡아서(○): 제시된 문장에서는 '겉으로 보고 대강 짐작하여 헤아리다.'라는 의미로 사용되었으므로 '겉잡다'가 적절하다.

[오답의 이유]

② 방불하게(○): '방불하게'는 '흐릿하거나 어렴풋하다.'라는 뜻을 가진 '방불하다'의 활용형이므로 적절한 표현이다.

③ 서둘고(○): '서둘고'는 '어떤 일을 예정보다 빠르게 혹은 급하게 처리하려고 한다.'라는 뜻을 가진 '서두르다'의 준말 '서둘다'의 활용형이므로 적절한 표현이다.

④ 갈음합니다(○): '갈음합니다'는 '다른 것으로 바꾸어 대신하다.'라는 뜻을 가진 '갈음하다'의 활용형이므로 적절한 표현이다.

문법 > 표준어 규정

[정답의 이유]

(가) '젊지'에서 어간 '젊-'과 어미 '-지'가 만나면 어미의 첫소리 [ㅈ]은 된소리로 바뀌어 [점찌]로 발음하므로 (가)에 해당하는 예로 적절하다.

(나) '핥다'의 어간 '핥-'과 어미 '-다'가 만나면 어미의 첫소리 [ㄷ]은 된소리로 바뀌어 [할따]로 발음하므로 (나)에 해당하는 예로 적절하다.

[오답의 이유]

(가) '신기다'는 '신다'의 어간 '신-'에 사동 접미사 '-기-'가 붙어서 만들어진 단어이다. 이때 피동, 사동의 접미사 '-기-'는 된소리로 발음하지 않는다고 하였으므로 [신기다]로 발음한다. 따라서 (가)에 해당하는 예가 될 수 없다.

(나) '여덟도'는 명사 '여덟'과 조사 '도'가 결합한 형태이다. 이때 자음군 단순화가 일어나 겹받침의 'ㅂ'이 탈락하고 [여덜도]로 발음하므로 (나)에 해당하는 예가 될 수 없다.

더 알아보기

표준어 규정 제24항

어간 받침 'ㄴ(ㄵ), ㅁ(ㄻ)' 뒤에 결합되는 어미의 첫소리 'ㄱ, ㄷ, ㅅ, ㅈ'은 된소리로 발음한다.

신고[신:꼬]	껴안다[껴안따]
앉고[안꼬]	얹다[언따]
삼고[삼:꼬]	더듬지[더듬찌]
닮고[담:꼬]	젊지[점:찌]

다만, 피동, 사동의 접미사 '-기-'는 된소리로 발음하지 않는다.

안기다	감기다	굶기다	옮기다

- '용언 어간 뒤'와 '어미'라는 문법적 조건이 충족되어야 한다.
- 체언의 경우 같은 음운 조건이라도 된소리로 발음하지 않는다.
- 비음 중에서 'ㄴ, ㅁ'만 제시된 것은 'ㅇ'으로 끝나는 용언 어간이 없기 때문이다.

표준어 규정 제25항

어간 받침 'ㄼ, ㅌ' 뒤에 결합되는 어미의 첫소리 'ㄱ, ㄷ, ㅅ, ㅈ'은 된소리로 발음한다.

넓게[널께]	핥다[할따]	훑소[훌쏘]	떫지[떨:찌]

- 어간이 'ㄼ, ㅌ'으로 끝나는 용언의 활용형에서만 일어난다.
- '여덟'과 같이 'ㄼ'으로 끝나는 체언 뒤에서는 경음화가 일어나지 않는다.

12 난도 ★☆☆　　　　　　　　　　　　정답 ④

문법 > 의미론

정답의 이유

④ '소질을 타고'에 쓰인 '타다'는 '복이나 재주, 운명 따위를 선천적으로 지니다.'라는 의미이다. 따라서 이는 ①, ②, ③에 쓰인 '타다'와 동음 이의어이므로 의미가 다르다.

오답의 이유

①·②·③의 '타다'는 다의어이다.

① '연이 바람을 타고'에 쓰인 '타다'는 '바람이나 물결, 전파 따위에 실려 퍼지다.'라는 의미로 사용되었다.

② '부동산 경기를 타고'에 쓰인 '타다'는 '어떤 조건이나 시간, 기회 등을 이용하다.'라는 의미로 사용되었다.

③ '방송을 타게'에 쓰인 '타다'는 '바람이나 물결, 전파 따위에 실려 퍼지다.'라는 의미로 사용되었다.

더 알아보기

동음 이의어와 다의어의 비교

동음 이의어	• 소리는 같으나 다른 의미를 갖는 경우를 말한다. • 우연히 소리만 같을 뿐, 단어들 사이에 의미적 연관성은 없다. • 사전에서 별개의 항목으로 분류한다.
다의어	• 소리가 같고 의미적으로도 밀접한 관련을 갖는 경우를 말한다. • 사전에서 같은 항목으로 묶는다.

13 난도 ★☆☆　　　　　　　　　　　　정답 ③

문법 > 통사론

정답의 이유

③ '나' 뒤에 부사어 자격을 가지게 하는 격 조사 '에게'가 붙어 서술어 '주었다'가 미치는 대상을 나타내고 있으므로 부사어이다.

오답의 이유

① 관형사 '새'가 목적어인 '옷을'을 꾸미고 있으므로 관형어이다.

② '군인'과 서술격 조사 '이다'가 붙은 관형절이 주어인 '형이'를 꾸미고 있으므로 관형어이다.

④ '시골'에 관형격 조사 '의'가 붙어 목적어 '풍경을'을 꾸미고 있으므로 관형어이다.

14 난도 ★★☆　　　　　　　　　　　　정답 ④

문법 > 한글 맞춤법

정답의 이유

④ 북엇국(○): 한글 맞춤법 제30항에 따르면 순우리말로 된 합성어, 순우리말과 한자어로 된 합성어, 그리고 두 음절로 된 일부 한자어에서 사이시옷을 받치어 적는다고 하였다. '북엇국'은 한자어인 '북어(北魚)'와 순우리말인 '국'이 결합한 합성어로서, 앞말이 모음으로 끝나고 뒷말의 첫소리가 된소리로 나는 경우이므로 사이시옷을 받치어 적는 것이 적절하다.

오답의 이유

① 머릿말(×) → 머리말(○): '머리말'은 순우리말인 '머리'와 '말'이 결합한 합성어이나, [머리말]로 발음되기 때문에 사이시옷을 받치어 적지 않는다. 사이시옷은 뒷말의 첫소리가 된소리로 나거나, 'ㄴ' 또는 'ㄴㄴ' 소리가 덧날 때 받치어 적을 수 있다.

② 윗층(×) → 위층(○): '위층'은 순우리말인 '위'와 한자어 '층(層)'이 결합한 합성어로서, 거센소리 앞에서는 사이시옷을 받치어 적지 않고 '위'로 적는다.

③ 햇님(×) → 해님(○): '해님'은 순우리말인 '해'와 '님'이 결합한 합성어이나, [해님]으로 발음되기 때문에 사이시옷을 받치어 적지 않는다.

15 난도 ★☆☆　　　　　　　　　　　정답 ④

문법 > 한글 맞춤법

정답의 이유

④ 밥은∨커녕(×) → 밥은커녕(○): '은커녕'은 보조사 '은'에 보조사 '커녕'이 결합한 말로, 앞말을 지정하여 어떤 사실을 부정하는 뜻을 강조하는 보조사이므로 앞말에 붙여 써야 한다.

오답의 이유

① • 너야말로(○): '너야말로'에서 '야말로'는 강조하여 확인하는 뜻을 나타내는 보조사이므로 앞말에 붙여 쓴다.

　• 칭찬받을∨만하다(○): '만하다'는 앞말이 뜻하는 행동을 하는 것이 가능함을 나타내는 보조 형용사이므로 앞말과 띄어 씀을 원칙으로 하되, 경우에 따라 붙여 씀도 허용한다.

② 말할∨수밖에(○): '수'는 '어떤 일을 할 만한 능력이나 어떤 일이 일어날 가능성'이라는 뜻을 가진 의존 명사이므로 앞말과 띄어 쓴다. 또한 '밖에'는 '피할 수 없는'의 뜻을 나타내는 보조사이므로 앞말에 붙여 쓴다.

③ • 힘깨나(○): '깨나'는 어느 정도 이상의 뜻을 나타내는 보조사이므로 앞말과 붙여 쓴다.

　• 자랑하지∨마라(○): 보조 동사 '말다'가 명령형으로 쓰일 때 '−지 마라'의 구성으로 쓰이므로 본용언과 띄어 써야 한다.

16 난도 ★★☆　　　　　　　　　　　정답 ③

문법 > 의미론

정답의 이유

③ '어리다'는 중세국어에서 '어리석다'라는 뜻이었다가 오늘날에는 '나이가 적다'라는 뜻으로 의미가 이동하였다. 따라서 의미가 상승하였다는 설명은 적절하지 않다.

오답의 이유

① '겨레'는 근대국어에서 '친척, 인척'이라는 뜻이었다가 오늘날에는 '민족'이라는 뜻으로 의미가 확대되었으므로 적절한 설명이다.

② '얼굴'은 중세국어에서 '모습, 형체'라는 뜻이었다가 오늘날에는 '안면'이라는 뜻으로 의미가 축소되었으므로 적절한 설명이다.

④ '계집'은 중세국어에서 평칭의 용법으로 '여자'라는 뜻이었다가 오늘날에는 '여자를 낮잡아 이르는 말'이라는 뜻으로 의미가 하락하였으므로 적절한 설명이다.

17 난도 ★★☆　　　　　　　　　　　정답 ②

어휘 > 한자어

정답의 이유

② 멈춤장치(×) → 잠금장치(○): '시건장치'는 '문 따위를 잠그는 장치'를 뜻하는 말로, '잠금장치'로 바꾸어 쓸 수 있다. '멈춤장치'는 잘못된 표현이다.

오답의 이유

① 날짜 도장(○): '일부인'은 '서류 따위에 그날그날의 날짜를 찍게 만든 도장'을 뜻하는 말로, '날짜 도장'으로 바꾸어 쓸 수 있다.

③ 매각(○): '불하'는 '국가 또는 공공 단체의 재산을 개인에게 팔아 넘기는 일'을 뜻하는 말로, '물건을 팔아버림'을 뜻하는 '매각'과 바꾸어 쓸 수 있다.

④ 알게 된(○): '지득하다'는 '깨달아 알다.'를 뜻하는 말로, '알게 된'이라는 표현과 바꾸어 쓸 수 있다.

18 난도 ★☆☆　　　　　　　　　　　정답 ①

고전 문학 > 고전 운문

정답의 이유

① 〈보기〉에 제시된 작품은 윤선도의 「어부사시사」로, 연시조(전 40수)에 해당한다. 어촌에서 자연을 즐기며 한가롭게 살아가는 여유와 흥취를 노래하였다. 반면 「면앙정가」는 송순이 지은 가사로, 자연을 즐기는 풍류와 임금의 은혜에 대한 감사를 노래한 작품이다.

오답의 이유

② 「오우가」는 윤선도가 지은 연시조로, 다섯 가지 자연물의 덕에 대해 예찬한 작품이다.

③ 「훈민가」는 정철이 지은 연시조로, 백성을 교화하기 위해 유교적 윤리의 실천을 노래한 작품이다.

④ 「도산십이곡」은 이황이 지은 연시조로, 자연에 묻혀 살고 싶은 소망과 학문 수양에 대한 변함없는 의지를 노래한 작품이다.

더 알아보기

연시조와 가사

연시조	• 한 제목 밑에 내용상으로 여러 수의 평시조를 엮어 나간 시조이다. • 맹사성의 「강호사시가」, 주세붕의 「오륜가」, 이황의 「도산십이곡」, 이이의 「고산구곡가」, 정철의 「훈민가」, 이현보의 「어부사」 등이 여기에 해당한다.
가사	• 조선 초기 사대부 계층에 의해 자리 잡은 문학 양식이다. • 3 · 4조, 4 · 4조의 음수율과 4음보 연속체의 형식을 가진 교술 문학이다. • 대체로 정극인의 「상춘곡」을 가사의 효시로 본다. • 송순의 「면앙정가」, 백광홍의 「관서별곡」, 정철의 「사미인곡」, 「속미인곡」, 「성산별곡」, 「관동별곡」 등이 여기에 해당한다.

19 난도 ★★☆　　　　　　　　　　　정답 ③

비문학 > 추론적 읽기

정답의 이유

③ ㉠에는 앞의 내용과 뒤의 내용이 상반될 때 쓰는 접속 부사인 '그러나'가 들어가는 것이 적절하다. 따라서 '역접'의 기능을 한다는 설명은 적절하다.

오답의 이유

① ㉠에는 반대되는 내용을 나타내는 '역접'의 기능을 하는 접속 부사가 들어가야 하므로 조건, 이유에 대한 결과를 나타내는 '순접' 기능을 한다는 설명은 적절하지 않다.

② ⓛ에는 앞에서 말한 일이 뒤에서 말한 일의 근거가 됨을 나타내는 접속 부사인 '따라서'가 들어가야 하므로 대등한 자격으로 이어지는 '요약' 기능을 한다는 설명은 적절하지 않다.

④ ⓛ에는 앞에서 말한 일이 뒤에서 말한 일의 근거가 됨을 나타내는 접속 부사인 '따라서'가 들어가야 하므로 다른 내용을 도입하는 '전환' 기능을 한다는 설명은 적절하지 않다.

20 난도 ★★☆ 　　　　　　　　　　　　　　　　정답 ③

비문학 > 글의 순서 파악

[정답의 이유]

- (라)에서는 이상 기온으로 인한 생물체의 피해 사례를 제시하고 있으므로, 생물체가 이상 기온에 속는 경우가 많다고 언급한 1문단 다음에 오는 것이 적절하다.

- (가)에서는 '하지만'이라는 접속 표현을 사용하여 이상 기온으로 인한 생물체의 피해가 얼어 죽는 것뿐만 아니라 다른 위험도 있다는 내용을 제시하고 있으므로 생물체가 이상 기온으로 인해 얼어 죽기도 한다고 언급한 (라)의 다음에 오는 것이 적절하다.

- (다)에서는 동면에서 깨어날 때 많은 에너지를 소모하게 되면 죽을 수도 있다는 사례를 제시하고 있으므로 동면에서 깨어나는 것도 에너지 소모가 매우 많다고 언급한 (가)의 다음에 오는 것이 적절하다.

- (나)에서는 위험을 피하기 위해 이상 기온에 영향을 받지 않고 조금 더 정확한 스케줄에 따라 동면에 들어가고 깨어날 필요가 있다는 내용을 제시하고 있으므로 이상 기온으로 인해 동면에서 깨어나다가 죽을 수도 있다는 위험을 언급한 (다)의 다음에 오는 것이 적절하다.

따라서 문맥에 맞게 순서대로 나열한 것은 ③ (라) → (가) → (다) → (나)이다.

한눈에 훑어보기

✅ 영역 분석

어휘   02 06 10
3문항, 15%

문법   01 03 04 05
4문항, 20%

고전 문학   09 14
2문항, 10%

현대 문학   07 18
2문항, 10%

비문학   08 11 12 13 15 16 17 19 20
9문항, 45%

✅ 빠른 정답

01	02	03	04	05	06	07	08	09	10
③	①	④	④	②	①	②	③	④	④
11	**12**	**13**	**14**	**15**	**16**	**17**	**18**	**19**	**20**
②	①	②	③	③	②	①	③	④	③

✅ 점수 체크

구분	1회독	2회독	3회독
맞힌 문항 수	/ 20	/ 20	/ 20
나의 점수	점	점	점

01 난도 ★★☆   정답 ③

문법 > 통사론

정답의 이유

③ 제시된 문장은 '해진이는 울산에 산다.'라는 문장과 '초희는 광주에 산다.'라는 문장을 대등적 연결 어미 '-고'를 사용하여 연결한 것으로, 대등적으로 이어진문장이다.

오답의 이유

① '동생이 시험에 합격하기'가 명사절로 안긴문장으로, 제시된 문장에서 목적어의 역할을 한다.

② '(영호는) 착하다'가 관형절로 안긴문장이다. 관형절의 주어 '영호'와 안은문장의 주어 '영호'가 동일하여 관형절의 주어가 생략되었으며, 이러한 관형절을 관계 관형절이라 한다.

④ '내일 가족 여행을 가자.'라는 문장을 인용 조사 '고'를 활용해 연결한 것으로, 인용절로 안긴문장이다.

더 알아보기

문장의 종류

홑문장	• 주어와 서술어가 하나씩 있어서 둘 사이의 관계가 한 번만 이루어지는 문장이다. • 간결하고 명쾌하게 의미를 전달할 수 있다. • 본용언과 보조 용언이 결합하여 서술어로 쓰인 문장은 홑문장이다. • 대칭 서술어(마주치다, 다르다, 같다, 비슷하다, 악수하다)가 사용된 문장은 홑문장이다.

겹문장	• 주어와 서술어의 관계가 두 번 이상 이루어지는 문장이다. • 복잡한 내용을 전달할 수 있지만, 너무 복잡해지면 오히려 의미 전달이 어려워질 수 있다. • 종류	

이어진 문장	개념	둘 이상의 절이 연결 어미에 의하여 결합된 문장
	종류	• 대등하게 이어진문장 • 종속적으로 이어진문장
안은 문장	개념	한 개의 홑문장이 다른 문장 속에 한 성분으로 들어가 있는 문장
	종류	• 명사절을 안은문장 • 서술절을 안은문장 • 관형절을 안은문장 • 부사절을 안은문장 • 인용절을 안은문장

02 난도 ★★☆   정답 ①

어휘 > 혼동 어휘

정답의 이유

① 골아떨어지다(×) → 곯아떨어지다(○): '몹시 곤하거나 술에 취하여 정신을 잃고 자다.'라는 의미의 단어는 '곯아떨어지다'이다. '골아떨어지다'는 잘못된 표기이다.

오답의 이유

② 깨나(○): '깨나'는 어느 정도 이상의 뜻을 나타내는 보조사로, 적절하게 사용되었다.

③ 곤욕(○): '곤욕(困辱)'은 심한 모욕 또는 참기 힘든 일을 의미하는 말로, 적절하게 사용되었다.

④ 그러고 나서(○): '그러고'는 '그리하고'가 줄어든 말이고, '나다'는 동사 뒤에서 '-고 나다' 구성으로 쓰여 앞말이 뜻하는 행동이 끝났음을 나타내는 보조 동사이다. 문맥상 어떤 행동을 마친 후에 서류를 보완해 달라는 의미이므로, '그러고 나서'는 적절하게 사용되었다.

03 난도 ★★☆   정답 ④

문법 > 통사론

정답의 이유

④ 인용절 '내 생각이 옳지 않다.'를 안은문장으로, 간접 인용을 나타내는 격 조사 '고'의 쓰임이 적절하며 문맥상으로도 자연스럽다.

오답의 이유

① 주어 '내가 강조하고 싶은 점은'과 서술어 '가졌다'의 호응이 적절하지 않으므로, '내가 강조하고 싶은 점은 우리가 고유 언어를 가졌다는 것이다.'라고 고치는 것이 자연스럽다.

② 주어 '좋은 사람과 대화하며 함께한 일은'과 서술어 '시간이었다'의 호응이 적절하지 않으므로, '좋은 사람과 대화하며 함께한 일은 즐거운 경험(일)이었다.'라고 고치는 것이 자연스럽다.

③ 주어 '내 생각은'과 서술어 '결정했다'의 호응이 적절하지 않으므로, '내 생각은 집을 사서 이사하는 것이 좋겠다는 것이었다.' 또는 '나는 집을 사서 이사하는 것이 좋겠다고 생각했다.'라고 고치는 것이 자연스럽다.

04 난도 ★★★   정답 ④

문법 > 통사론

정답의 이유

④ '구속하다'는 '법원이나 판사가 피의자나 피고인을 강제로 일정한 장소에 잡아 가두다.'라는 뜻으로, 이미 동작의 대상에게 행위의 효력이 미치는 의미를 가지고 있는 '구속하다'를 그대로 써도 의미가 통한다. 따라서 사동의 접미사 '-시키다'를 활용하여 '구속시키다'로 고쳐 쓰는 것은 적절하지 않다.

오답의 이유

① '기간'은 '어느 때부터 다른 어느 때까지의 동안'을, '동안'은 '어느 한때에서 다른 한때까지 시간의 길이'를 의미하므로 의미가 중복된다. 따라서 '공사하는 동안'으로 고쳐 쓰는 것은 적절하다.

② '회의를 갖다'는 영어를 직역한 번역 투 표현이므로, '여럿이 모여 의논하다.'라는 의미의 '회의하다'로 고쳐쓰는 것이 적절하다. 따라서 '회의를 갖겠습니다'를 '회의하겠습니다'로 고쳐 쓰는 것은 적절하다.

③ '열려져'는 동사 어간 '열-'에 피동 접사 '-리-'와 통사적 피동 표현인 '-어지다'가 붙은 이중 피동 표현이다. 따라서 피동 접사만을 이용한 '열려'로 고쳐 쓰는 것이 적절하다.

더 알아보기

잘못된 사동 표현

• 접사 '-시키다'의 과도한 사용: '-시키다'를 '-하다'로 바꿀 수 있는 경우에는 '-시키다' 대신 '-하다'를 사용한다.
　예 내가 사람을 <u>소개시켜</u> 줄게. (×)
　　→ 내가 사람을 <u>소개해</u> 줄게. (○)
　예 방과 거실을 <u>분리시킬</u> 벽을 만들었다. (×)
　　→ 방과 거실을 <u>분리할</u> 벽을 만들었다. (○)

• 사동 접사의 과도한 사용
　예 그를 만날 생각에 마음이 <u>설레인다</u>. (×)
　　→ 그를 만날 생각에 마음이 <u>설렌다</u>. (○)
　예 사람들 사이를 비집고 <u>끼여들었다</u>. (×)
　　→ 사람들 사이를 비집고 <u>끼어들었다</u>. (○)

05 난도 ★☆☆   정답 ②

문법 > 한글 맞춤법

정답의 이유

② 한글 맞춤법 제4항의 규정에 따른 사전 등재 순서를 고려하면, ㉠ → ㉢ → ㉣ → ㉡이 적절하다.

더 알아보기

한글 자모의 사전 등재 순서(한글 맞춤법 제4항)

자음	ㄱ ㄲ ㄴ ㄷ ㄸ ㄹ ㅁ ㅂ ㅃ ㅅ ㅆ ㅇ ㅈ ㅉ ㅊ ㅋ ㅌ ㅍ ㅎ
모음	ㅏ ㅐ ㅑ ㅒ ㅓ ㅔ ㅕ ㅖ ㅗ ㅘ ㅙ ㅚ ㅛ ㅜ ㅝ ㅞ ㅟ ㅠ ㅡ ㅢ ㅣ
받침 글자	ㄱ ㄲ ㄳ ㄴ ㄵ ㄶ ㄷ ㄹ ㄺ ㄻ ㄼ ㄽ ㄾ ㄿ ㅀ ㅁ ㅂ ㅄ ㅅ ㅆ ㅇ ㅈ ㅊ ㅋ ㅌ ㅍ ㅎ

06 난도 ★★☆ 정답 ①

어휘 > 한자어

정답의 이유

① '오지랖(이) 넓다'는 '쓸데없이 지나치게 아무 일에나 참견하는 면이 있다.'를 뜻하고, '謁見(아뢸 알, 나타날 현)'은 '지체가 높고 귀한 사람을 찾아가 뵘'을 뜻하므로, 서로 의미가 통하지 않는다.

오답의 이유

② 干涉(간섭할 간, 건널 섭): 직접 관계가 없는 남의 일에 부당하게 참견함

③ 參見(참여할 참, 볼 견): 자기와 별로 관계없는 일이나 말 따위에 끼어들어 쓸데없이 아는 체하거나 이래라저래라 함

④ 干與(간섭할 간, 더불 여): 어떤 일에 간섭하여 참여함

07 난도 ★☆☆ 정답 ②

현대 문학 > 현대 소설

정답의 이유

② 2문단의 '이 일들만 해 온 아버지가 갑자기 다른 일을 하겠다고 했다. 서커스단의 일이었다.'와 '그러자 어머니가 아버지에게 대들었다. ~ 아버지의 꿈은 깨어졌다. 아버지는 무거운 부대를 메고 다시 일을 찾아 나갔다.'를 통해 아버지는 가족들의 바람을 수용하여 그동안 해 온 일과 전혀 다른 새로운 일인 서커스단의 일을 포기했음을 확인할 수 있다. 따라서 아버지가 평생 해 온 일을 그만두고 새로운 일을 시작하기로 결심했다는 설명은 적절하지 않다.

오답의 이유

① 1문단의 '우리의 생활은 전쟁과 같았다. 우리는 그 전쟁에서 날마다 지기만 했다.'와 3문단에서 등장 인물(어머니, 나, 영호, 영희)들이 열악한 환경에서 일하는 모습을 볼 때, '우리 다섯 식구'는 생존을 위해 노력하고 있지만 윤택한 삶을 영위하기 어려운 처지에 있다는 것을 확인할 수 있다.

③ 3문단의 '우리는 보이지 않는 보호를 받고 있었다. ~ 나는 우리가 이 구역 안에서 한 걸음도 밖으로 나갈 수 없다는 것을 깨달았다.'에서 '보호'라는 명칭을 확인할 수 있다. 하지만 4문단의 '공부를 하지 않고는 우리 구역에서 벗어날 수가 없다고 생각했다.'라는 표현을 통해 '보호'의 의미가 부정적 의미로 사용되고 있음을 알 수 있다. 또한 '구역'에서 벗어난다는 것은 문맥상 생존을 위해 전쟁과 같은 삶을 살아가는 하층민의 처지에서 벗어나는 것을 의미하므로, 여기서의 '보호'는 벗어날 수 없는 계층적 한계를 의미한다고 할 수 있다.

④ 4문단의 '공부를 하지 않고는 우리 구역에서 벗어날 수가 없다고 생각했다. 세상은 공부를 한 자와 못 한 자로 너무나 엄격하게 나누어져 있었다.'를 통해 '우리'는 '구역'에서 벗어날 방법을 '공부를 한 자'가 됨으로써 찾을 수 있다고 여김을 확인할 수 있다.

작품 해설

조세희, 「난장이가 쏘아 올린 작은 공」

• 갈래: 중편 소설, 연작 소설
• 성격: 현실 비판적, 사회 고발적
• 주제: 산업화 과정의 모순, 도시 빈민들의 궁핍한 삶과 고통
• 특징
  – 1970년대 산업화 시기, 무허가 판자촌을 배경으로 함
  – 각 부마다 서술자가 전환됨(주인공의 전환)
  – 현실의 모순을 동화적이고 상징적으로 표현함
  – 객관적이면서 짧은 문체를 활용하여 사태를 충격적으로 전달함
  – 소외된 삶을 살아가던 사회 소시민 계층을 '난장이'로 형상화함

08 난도 ★☆☆ 정답 ③

비문학 > 사실적 읽기

정답의 이유

③ 2문단의 '혹자는 사람이 개입되는 것은 사물 인터넷이 아니라고 이야기하면서'와 '혹자는 사물 인터넷이 실현되려면 사람만큼 사물이 판단할 수 있어야 한다고 주장하면서 사물의 지능성을 중요시하는 경우도 있는데, 두 가지 모두 그릇된 것이다.'를 통해 사물 인터넷은 사람 수준의 지능을 가진 사물들이 네트워크상에서 인간의 개입 없이 서로 소통하는 것을 의미한다는 설명은 글쓴이의 견해에 부합하지 않음을 알 수 있다.

오답의 이유

① 2문단의 '사물 인터넷을 제대로 이해하려면 기존 인터넷과의 차이점에 주목하기보다는 오히려 공통점을 인식하는 것이 더 중요하다.'를 통해 사물 인터넷의 개념을 파악하기 위해서는 기존 인터넷과의 공통점을 이해하는 것이 필요함을 알 수 있다.

② 1문단의 '사물 인터넷은 이제 전 세계의 사물들을 컴퓨터로 만들어 서로 소통하도록 만든다는 생각을 실현하는 것이다.'와 '전원이 있었던 전자 기기나 기계 등은 그 자체로, 전원이 없었던 일반 사물들은 새롭게 센서와 배터리, 통신 모듈이 부착되면서 컴퓨터가 되고 이렇게 컴퓨터가 된 사물들이 그들 간에 또는 인간의 스마트 기기와 네트워크로 연결되는 것이다.'를 통해 센서와 배터리 등을 갖춘 사물들이 네트워크로 연결되어 사물 인터넷으로 기능한다는 사실을 알 수 있다.

④ 1문단의 '인터넷이 전 세계의 컴퓨터를 서로 소통하도록 만든다는 생각이 실현된 것이라면, 사물 인터넷은 이제 전 세계의 사물들을 컴퓨터로 만들어 서로 소통하도록 만든다는 생각을 실현하는 것이다.'와 '전원이 없었던 일반 사물들은 새롭게 센서와 배터리, 통신 모듈이 부착되면서 ~ 그들 간에 또는 인간의 스마트 기기와 네트워크로 연결되는 것이다.'를 통해 사물 인터넷은 컴퓨터가 아니었던 사물도 네트워크로 연결될 수 있다는 점에서 기존의 인터넷과 다르다는 사실을 알 수 있다.

09 난도 ★★☆　　　　　　　　　　　　정답 ④

고전 문학 > 고전 운문

[정답의 이유]

④ 제시된 작품은 직접적으로 정서가 표출되지 않고 장면 묘사가 주를 이루고 있다. 따라서 후반부에 정서를 표출하는 선경후정의 형식을 취하고 있다는 설명은 적절하지 않다.

[오답의 이유]

① 3구의 '늙은이가 제사를 끝내고'와 4구의 '해 저물어 취해 돌아오는 길을 아이가 부축하네'를 통해 '늙은이'와 '아이' 두 사람이 제사를 지낸 뒤 집으로 돌아오는 상황임을 알 수 있다.

② 시인이 살았던 시기를 고려할 때 시인은 임진왜란을 겪었을 것으로 추정하고 있기 때문에, 2구의 '들밭머리 풀섶에는 무덤이 늘어서 있네'가 전란으로 인해 많은 이들이 갑작스럽게 죽었음을 의미한다는 설명은 적절하다.

③ 제사를 지내고 취해 돌아오는 시적 상황을 고려할 때, 할아버지는 먼저 죽은 이(자식)에 대한 안타까움과 속상함 때문에 술을 마셨으리라는 것을 짐작할 수 있다.

> **작품 해설**
>
> **이달, 「제총요(祭塚謠)」**
> - 갈래: 한시(7언 절구)
> - 성격: 묘사적, 서정적
> - 주제: 전쟁의 참혹함과 남겨진 이들의 슬픔
> - 특징
>   - 기-승-전-결의 구성
>   - 직접적인 정서가 나타나지 않고 장면 묘사가 주를 이룸
>   - 서정적인 장면 묘사(흰둥이, 누렁이, 들밭머리 풀섶, 밭, 해 저물어 취해 돌아오는 길)와 현실의 참혹함(임진왜란으로 인한 무덤, 제사)이 공존함

10 난도 ★★☆　　　　　　　　　　　　정답 ④

어휘 > 한자어

[정답의 이유]

④ 盟誓(맹세할 맹, 맹세할 세)(○): 일정한 약속이나 목표를 꼭 실천하겠다고 다짐함

[오답의 이유]

① 逃戰(도망할 도, 싸울 전)(×) → 挑戰(돋울 도, 싸울 전)(○): 어려운 사업이나 기록 경신 따위에 맞섬을 비유적으로 이르는 말

② 持地(가질 지, 땅 지)(×) → 支持(지탱할 지, 가질 지)(○): 어떤 사람이나 단체 따위의 주의·정책·의견 따위에 찬동하여 이를 위하여 힘을 씀 또는 그 원조

③ 浸默(적실 침, 잠잠할 묵)(×) → 沈默(잠길 침, 잠잠할 묵)(○): 어떤 일에 대하여 그 내용을 밝히지 아니하거나 비밀을 지킴 또는 그런 상태

11 난도 ★★☆　　　　　　　　　　　　정답 ②

비문학 > 화법

[정답의 이유]

② 상수의 이야기에 대한 정민의 반응인 '나도 그런 적이 있어.'를 보았을 때, 정민은 자신의 경험을 들어 상수가 스스로 해결점을 찾도록 도와주고 있다. 이는 공감적 듣기의 적극적인 들어주기에 해당한다.

[오답의 이유]

① 정민은 상수의 짝꿍과 연관이 없는 제삼자로, 이야기를 듣는 역할을 수행하고 있다. 따라서 정민이 상대의 입장을 고려해 용서함으로써 갈등을 해결한다는 설명은 적절하지 않다.

③ 정민은 이전에 겪은 자신의 경험을 이야기하여 상수에게 도움을 주려고 할 뿐, 상수를 비판하면서 스스로의 장점을 부각하고 있지는 않다.

④ 정민은 '왜? 무슨 일이 있었어?' 등의 말을 하며 상수의 말을 경청하고 있지만, 상수의 말에 대한 타당성을 평가하고 있지는 않다.

12 난도 ★★☆　　　　　　　　　　　　정답 ①

비문학 > 글의 전개 방식

[정답의 이유]

① '해수면 상승'을 결과로 보면, '온실 효과로 지구의 기온이 상승하는 것'이 그 원인이다. 또, '해수면 상승'이 원인이 되어 '기후 변화와 섬나라나 저지대가 침수되는 것'이라는 결과가 나타난다. 따라서 '인과'의 전개 방식이 사용된 예로 적절하다.

[오답의 이유]

② '제로섬(zero-sum)'의 개념을 설명하는 '정의'의 방식과 운동 경기를 예로 들어 설명하는 '예시'의 방식이 사용되었다.

③ 찬호가 학교에 몰래 들어가는 장면을 시간의 흐름에 따라 서술하는 '서사'의 방식이 사용되었다.

④ 소읍의 전경을 눈앞에 보이듯이 생생하게 표현하는 '묘사'의 방식이 사용되었다.

13 난도 ★★☆　　　　　　　　　　　　정답 ②

비문학 > 화법

[정답의 이유]

② 진행자 'A'는 '의료 취약 계층을 위한 의약품 공급 정보망 구축 사업'에 대한 정보를 관계자 'B'의 말을 통해 청자에게 제공하고 있다. 진행자 'A'는 질문하기와 요약하기 등의 방식을 활용하고 있으나, 상대방 대답의 모순점을 찾아 논리적으로 대응하고 있지는 않다.

[오답의 이유]

① 진행자 'A'는 관계자 'B'의 말을 듣고 '그렇군요.', '네, 간편해서 좋군요.' 등 상대방의 말을 들었다는 반응을 보인다.

③ 진행자 'A'는 대화의 화제인 '의료 취약 계층을 위한 의약품 공급 정보망 구축 사업'과 관련된 용어의 뜻, 사업 성과의 이유, 사업의 걸림돌, 사업 참여 방법 등에 대해 질문함으로써, 관계자 'B'가 홍보할 수 있는 대답을 유도한다.

④ 진행자 'A'는 관계자 'B'의 답변에 대해 '그러니까 앞으로 이런 문제를 해결하기 위한 제도 정비나 의료 전문가의 지원이 좀 더 필요하다는 말씀인 것 같군요.'라고 대화의 흐름에 맞게 해석하여 상대방의 말을 보충하고 있다.

14 난도 ★☆☆ 정답 ③

고전 문학 > 고전 산문

정답의 이유

③ 제시된 글에서 '그 나무가 근래에 땅에 쓰러지자 어떤 이가 빗장 막대기로 만들어 선법당(善法堂)과 식당에 두었다.'의 '근래에'라는 표현을 통해 벼락 맞은 배나무로 만든 막대기가 글쓴이의 당대까지 전해졌음을 짐작할 수 있다.

오답의 이유

① '천사가 배나무에 벼락을 내리고 하늘로 올라갔다. 그 바람에 배나무가 꺾어졌는데 용이 쓰다듬자 곧 소생하였다(일설에는 보양 스님이 주문을 외워 살아났다고 한다).'를 통해 벼락을 맞은 배나무가 저절로 소생했다는 설명이 적절하지 않음을 알 수 있다.

② '옥황상제가 보낸 천사(天使)가 뜰에 이르러 이목을 내놓으라고 하였다. 보양 스님이 뜰 앞의 배나무[梨木]를 가리키자 천사가 배나무에 벼락을 내리고 하늘로 올라갔다.'를 통해 천사는 보양 스님이 가리킨 배나무[梨木]를 이목으로 착각하여 벼락을 내린 것이지 이목을 죽이려 실수로 배나무에 벼락을 내린 것이 아님을 알 수 있다.

④ '보양 스님이 이목을 시켜 비를 내리게 하니'를 통해 보양 스님이 비를 내렸다는 설명이 적절하지 않음을 알 수 있다. 그리고 '하늘의 옥황상제가 장차 하늘의 뜻을 모르고 비를 내렸다 하여 이목을 죽이려 하였다.'를 통해 옥황상제가 천사를 보낸 것은 보양 스님이 아니라 이목을 죽이기 위해서였음을 짐작할 수 있다.

작품 해설

일연, 「보양이목설화(寶壤梨木說話)」

• 갈래: 설화
• 성격: 상징적, 신이적(神異的), 종교적
• 주제: 승려 보양(寶壤)의 행적
• 특징
 – 불교적 색채와 함께 도교적 색채가 나타남
 – 수신신앙(水神信仰)과 불교가 시간의 흐름에 따라 섞인 것으로 추정됨
 – 일종의 언어유희가 나타남

이목(璃目)	이목(梨木)
이무기, 서해 용왕의 아들	배나무

 – 『삼국유사』에 수록됨

> **일연, 『삼국유사』**
> 고려 충렬왕 때 승려 일연이 쓴 역사책으로, 단군 · 기자 · 대방 · 부여의 사적(史跡)과 신라 · 고구려 · 백제의 역사를 기록하였고, 불교에 관한 기사 · 신화 · 전설 · 시가 등을 풍부하게 수록하였다.

15 난도 ★☆☆ 정답 ③

비문학 > 추론적 읽기

정답의 이유

③ 제시된 글은 '경상 지역 방언을 쓰는 사람들'과 '평안도 및 전라도와 경상도 일부'에서 구별하지 못하는 특정 발음에 대하여 말하고 있다. 경상 지역에서는 'ㅓ'와 'ㅡ'를 구별하지 못하고, 평안도 및 전라도와 경상도 일부에서는 'ㅗ'와 'ㅓ'를 분별하지 못하며, 평안도 사람들의 'ㅈ' 발음은 다른 지역의 'ㄷ' 발음과 매우 비슷하다는 등 지역에 따라 특정 모음과 자음 소리가 구별되지 않는다는 것이다. 따라서 ㉠에 들어갈 주장으로는 '우리말에는 지역에 따라 구별되지 않는 소리가 있다.'가 적절하다.

오답의 이유

① 지역마다 다양한 소리가 있다는 것이 올바른 주장이 되려면 각 지역의 다양한 소리(또는 특징적인 소리)가 제시되어야 하는데, 특정 발음을 발음하지 못한다는 것 외에 다른 예시는 찾아볼 수 없으므로 ㉠에 들어갈 주장으로는 적절하지 않다.

② 제시된 글에서 말하는 내용은 특정 단어, 특정 음운을 발음하지 못하는 지역이 있다는 것이다. 이는 지역마다 다른 표준 발음법이 있다는 설명이 아니므로 ㉠에 들어갈 주장으로는 적절하지 않다.

④ 제시된 글에서 자음보다 모음을 변별하지 못하는 지역이 더 많다는 내용을 찾아볼 수 없고, 일부 지역에서 소리를 구별하여 듣지 못하는 사례를 제시했을 뿐이므로 ㉠에 들어갈 주장으로는 적절하지 않다.

16 난도 ★★☆ 정답 ②

비문학 > 추론적 읽기

정답의 이유

② 1문단의 '스마트폰이 그 진화의 한계에 봉착한 듯하다.', '스마트폰 생산량의 수위를 지켜 왔던 기업들의 호시절도 끝난 분위기다.'와 2문단의 '하지만 이들이라고 영속 불멸하지는 않을 것이다.'로 미루어 ㉠에는 영원한 성공은 없다는 내용이 들어가야 한다. 따라서 '권세는 십 년을 가지 못한다는 뜻으로, 아무리 높은 권세라도 오래가지 못함을 이르는 말'인 권불십년(權不十年)이 들어가는 것이 적절하다.

• 權不十年: 권세 권, 아닐 불, 열 십, 해 년

오답의 이유

① 절치부심(切齒腐心): 몹시 분하여 이를 갈며 속을 썩임
 • 切齒腐心: 끊을 절, 이 치, 썩을 부, 마음 심

③ 아전인수(我田引水): 자기 논에 물 대기라는 뜻으로, 자기에게만 이롭게 되도록 생각하거나 행동함을 이르는 말
 • 我田引水: 나 아, 밭 전, 끌 인, 물 수

④ 내우외환(內憂外患): 나라 안팎의 여러 가지 어려움
 • 內憂外患: 안 내, 근심 우, 바깥 외, 근심 환

17 난도 ★★☆
정답 ①

비문학 > 사실적 읽기

정답의 이유

① '집단으로 모인 사람들이 자신들의 감성을 침묵하게 하고 지성만을 행사하는 가운데 그들 중 한 개인에게 그들의 모든 주의가 집중되도록 할 때 희극이 발생한다고 보았다.'를 통해 희극이 관객의 감성이 집단적으로 표출된 결과라는 설명이 적절하지 않음을 알 수 있다. '관객은 이러한 결함을 지닌 인물을 통하여 스스로 자기 우월성을 인식하고 즐거워질 수 있게 된다.'에서 희극은 관객 개개인이 결함을 지닌 인물에 비하여 자기 우월성을 인식함으로써 발생한다는 사실을 확인할 수 있다.

오답의 이유

② '희극의 발생 조건에 대하여 베르그송은 집단, 지성, 한 개인의 존재 등을 꼽았다.'를 통해 적절한 내용임을 확인할 수 있다.

③ '웃음을 유발하는 단순한 형태의 직접적인 장치는 대상의 신체적인 결함이나 성격적인 결함을 들 수 있다.'를 통해 적절한 내용임을 확인할 수 있다.

④ '한 인물이 우리에게 희극적으로 보이는 것은 우리 자신과 비교해서 그 인물이 육체의 활동에는 많은 힘을 소비하면서 정신의 활동에는 힘을 쓰지 않는 경우이다.'라는 프로이트의 말을 통해 적절한 내용임을 확인할 수 있다.

18 난도 ★★☆
정답 ③

현대 문학 > 현대 소설

정답의 이유

㉠에는 노력에 비해 대가가 크지 않은 상황에 대한 안타까움의 정서가 드러난다.

③ 제시된 작품은 김창협의 「산민(山民)」으로, 가혹한 정치와 관리들의 횡포로 인해 백성들이 고통스럽게 사는 모습을 사실적으로 표현한 한시이다. '남편'이 아침에 소를 끌고 산에 올라 산 밭을 일구며 고생을 하지만 저물도록 돌아오지 못하는 상황에 대한 안타까운 마음을 드러내고 있다.

오답의 이유

① 제시된 작품은 박남수의 「아침 이미지」로, 아침의 활기와 생동감을 드러낸 작품이다.

② 제시된 작품은 김소월의 「산유화」로, 존재의 고독감을 순수한 존재인 '꽃'과 '새'를 통해 드러내고 있다.

④ 제시된 작품은 김상옥의 「사향(思鄕)」으로, 눈앞에 그려질 듯이 그리운 고향을 표현하고 있다.

작품 해설

양귀자, 「비 오는 날이면 가리봉동에 가야 한다」

• 갈래: 단편 소설, 연작 소설
• 성격: 비판적, 사실적, 현실적
• 주제
　- 일상적인 인물들의 갈등과 화해
　- 탐욕에 대한 반성과 이해와 존중의 중요성
• 특징
　- 1980년대 도시 변두리에 사는 서민의 삶을 사실적으로 그려냄
　- 계층의 차이가 '두터운 벽'으로 구분됨
　- 전개에 따라 타인에 대한 불신이 이해로 변화함

19 난도 ★☆☆
정답 ④

비문학 > 사실적 읽기

정답의 이유

1문단의 논지는 기존의 의학적 연구는 '특정 연령대의 건장한 성인 남성의 몸'을 표준으로 삼아 이루어져 왔기 때문에 여성과 다양한 연령대 남성의 신체적 특성은 고려되지 않았다는 것이다. 이어지는 2문단에서 '사무실의 적정 온도'를 예시로 들어 연구와 현실 간의 차이를 나타내고 있으며, 마지막 3문단에서 이러한 차이가 발생한 이유를 설명하면서 기존의 의학적 연구의 문제점을 지적한 1문단의 내용을 뒷받침하고 있다.

④ 제시된 글은 근로자의 성별과 다양한 연령대를 고려하지 않은 일률적인 대상을 표준으로 연구가 이루어지는 것에 대해 문제를 제기하고 있다. 따라서 다양한 대상의 고려 없이 설정 온도를 '일률적으로 높이는 것'은 제시된 글의 시사점으로 적절하지 않다.

오답의 이유

① 기존의 의학적 연구에서 표준으로 삼았던 건장한 성인 남성의 신체는 모든 성별과 연령대를 반영할 수 없으므로 다양한 대상을 선정하여 의학적 연구를 해야 한다는 주장은 제시된 글의 시사점으로 적절하다.

② 특정 표준 대상만을 연구한 결과는 해당 대상을 살펴봐서 활용 유무를 결정해야 한다는 주장은 제시된 글의 시사점으로 적절하다.

③ 의학적 연구의 표준이었던 '건장한 성인 남성의 몸'과 달리 성별이나 연령대 등에 따라 신체 조건이 같지 않으므로, 근무 환경을 조성할 때 근무자들의 성별이나 연령대를 고려하는 것이 바람직하다는 주장은 제시된 글의 시사점으로 적절하다.

비문학 > 추론적 읽기

정답의 이유

③ 1문단에서 '자원자'는 아우슈비츠를 소재로 한 드라마 대본을 세련되지도 능숙하지도 않게 낭독했지만, 관객들의 열렬한 공감을 이끌어 냈다. 2문단에서 '전문 배우'는 셰익스피어의 희곡 「헨리 5세」에서 발췌한 대사를 품위 있고 고풍스럽게 큰 목소리로 낭독했지만, 공감을 얻지 못했다. 따라서 훌륭한 고전이라고 해서 항상 청중의 공감을 불러일으키는 것은 아니라는 설명은 적절하다.

오답의 이유

① 2문단에서 '전문 배우'가 품위 있고 고풍스럽게 큰 목소리로 유려한 어조로 낭독했지만 청중의 공감을 얻지 못했다는 사실을 통해 배우의 연기력이 관객의 공감을 좌우하지 않을 수 있다는 사실을 짐작할 수 있다.

② 1문단의 아우슈비츠를 소재로 한 드라마 대본과 2문단의 아젱쿠르 전투를 소재로 한 셰익스피어의 희곡 모두 비참한 죽음을 다룬 비극적인 소재의 이야기이다. 하지만 셰익스피어의 희곡은 관객의 공감을 얻지 못했으므로, 비참한 죽음을 다룬 비극적인 소재는 관객의 공감을 일으킨다는 설명은 적절하지 않다.

④ 1문단에서 역사적 사건인 아우슈비츠의 이야기를 소재로 한 드라마가 관객들의 열렬한 공감을 이끌어냈다는 사실을 통해 현재와 가까운 역사적 사실을 극화했다고 해서 관객의 공감 가능성이 커지지는 않는다는 설명은 적절하지 않음을 알 수 있다.

✔ 영역 분석

어휘　　04　08　10
3문항, 15%

문법　　01　07　15
3문항, 15%

고전 문학　12　14　20
3문항, 15%

현대 문학　05　16
2문항, 10%

비문학　02　03　06　09　11　13　17　18　19
9문항, 45%

✔ 빠른 정답

01	02	03	04	05	06	07	08	09	10
④	②	①	①	③	③	①	②	④	③
11	12	13	14	15	16	17	18	19	20
①	④	②	③	②	③	③	①	④	③

✔ 점수 체크

구분	1회독	2회독	3회독
맞힌 문항 수	/ 20	/ 20	/ 20
나의 점수	점	점	점

01 난도 ★☆☆ 　　　　정답 ④

문법 > 의미론

[정답의 이유]

④ 의미의 중복 사례에 해당하지 않는다. 참고로 '바를 뿐더러'는 '−ㄹ뿐더러'가 하나의 어미이므로 '바를뿐더러'로 붙여 써야 한다.

- −ㄹ뿐더러: 어떤 일이 그것만으로 그치지 않고 나아가 다른 일이 더 있음을 나타내는 연결 어미
- 무척: 다른 것과 견줄 수 없이

[오답의 이유]

① '부터'와 '먼저' 모두 '시작' 또는 '순서상 앞섬'의 의미를 가지고 있으므로 의미의 중복에 해당한다.

- 부터: 어떤 일이나 상태 따위에 관련된 범위의 시작임을 나타내는 보조사
- 먼저: 시간적으로나 순서상으로 앞서서

② '오로지'와 '만' 모두 '한정'의 의미를 가지고 있으므로 의미의 중복에 해당한다.

- 오로지: 오직 한 곬으로
- 만: 다른 것으로부터 제한하여 어느 것을 한정함을 나타내는 보조사

③ '마다'와 '각각' 모두 '하나하나'의 혹은 '낱낱'의 의미를 가지고 있으므로 의미의 중복에 해당한다.

- 마다: '낱낱이 모두'의 뜻을 나타내는 보조사
- 각각: 사람이나 물건의 하나하나마다

02 난도 ★☆☆ 　　　　정답 ②

비문학 > 화법

[정답의 이유]

② '이 부장'은 늦어서 죄송하다는 김 대리에게 괜찮다고 말하며, 상대방에게 부담이 되는 표현을 최소화하고 있다. 이는 공손성의 원리 중 '요령의 격률'에 해당한다. '요령의 격률'은 상대방에게 부담이 되는 표현은 최소화하고, 상대방에게 이익이 되는 표현은 최대화하는 것이다.

[오답의 이유]

① 자신과 상대방의 의견 차이를 최소화하는 것은 공손성의 원리 중 '동의의 격률'에 해당한다.

③ 화자 자신에게 혜택을 주는 표현을 최소화하는 것은 공손성의 원리 중 '관용의 격률'에 해당한다.

④ 상대방에 대한 비방을 최소화하고 칭찬을 최대화하는 것은 공손성의 원리 중 '칭찬의 격률'에 해당한다.

03 난도 ★★☆ 정답 ①

비문학 > 작문

정답의 이유

① '게임 업체의 고객 개인 정보 유출로 청소년들에게 성인 광고 문자가 대량으로 발송된 사건'은 '청소년의 인터넷 중독'에 대한 사례가 아닌 '개인 정보 유출로 인한 문제'의 사례에 해당한다.

오답의 이유

② '인터넷에 중독된 청소년의 비율 증가에 관한 통계 자료'는 '청소년 인터넷 중독의 현황'에 대한 근거로서 활용할 수 있으므로 글의 내용으로 포함하기에 적절하다.

③ '인터넷 중독이 야기할 수 있는 부정적 현상들을 열거'하는 것은 '청소년 인터넷 중독의 문제'에 대한 심각성을 환기하여 '청소년 인터넷 중독의 문제 해결에 대한 필요성'으로 논지를 전개할 수 있으므로 글의 내용으로 포함하기에 적절하다.

④ '청소년 대상 인터넷 중독 상담 프로그램에 대한 예산 부족'에 대해 전문가의 의견을 인용하는 것은 '청소년 인터넷 중독의 적극적인 문제 해결에 대한 필요성'으로 논지를 전개할 수 있으므로 글의 내용으로 포함하기에 적절하다.

04 난도 ★★☆ 정답 ①

어휘 > 혼동 어휘

정답의 이유

① 하노라고(○): '-노라고'는 동사 어간 뒤에 붙어 '자기 나름대로 꽤 노력했음을 나타내는 연결 어미'이다. 따라서 '하노라고'로 표기해야 한다.

오답의 이유

② 결재된다(×) → 결제된다(○): '결재(決裁)'는 '결정할 권한이 있는 상관이 부하가 제출한 안건을 검토하여 허가하거나 승인하다.'라는 의미이다. 제시된 문장에서는 '증권 또는 대금을 주고받아 매매 당사자 사이의 거래 관계가 끝나다.'라는 의미로 사용되었으므로 '결제(決濟)되다'로 표기해야 한다.

③ 걷잡아서(×) → 겉잡아서(○): '걷잡다'는 '한 방향으로 치우쳐 흘러가는 형세 따위를 붙들어 잡다. / 마음을 진정하거나 억제하다.'라는 의미이다. 제시된 문장에서는 '겉으로 보고 대강 짐작하여 헤아리다.'라는 의미로 사용되었으므로 '겉잡다'로 표기해야 한다.

④ 가름합니다(×) → 갈음합니다(○): '가름하다'는 '쪼개거나 나누어 따로따로 되게 하다. / 승부나 등수 따위를 정하다.'라는 의미이다. 제시된 문장에서는 '다른 것으로 바꾸어 대신하다.'라는 의미로 사용되었으므로 '갈음하다'로 표기해야 한다.

더 알아보기

연결 어미 '-노라고'와 '-느라고'

- -노라고: (동사 어간 뒤에 붙어) 자기 나름대로 꽤 노력했음을 나타내는 연결 어미

  예 하노라고 했는데 마음에 드실지 모르겠습니다.

  예 제 딴에는 열심히 쓰노라고 쓴 게 이 모양이다.

- -느라고: (동사 어간이나 어미 '-으시-' 뒤에 붙어) 앞 절의 사태가 뒤 절의 사태에 목적이나 원인이 됨을 나타내는 연결 어미

  예 영희는 웃음을 참느라고 딴 데를 보았다.

  예 철수는 어제 책을 읽느라고 밤을 새웠다.

  예 먼 길을 오느라고 힘들었겠다.

05 난도 ★★☆ 정답 ③

현대 문학 > 현대 시

정답의 이유

③ '서로 짠 일도 아닌데 ~ 네 집이 돌아가며 길어 먹었지요.'와 '집 안에 일이 있으면 그 순번이 자연스럽게 양보되기도 했었구요.'를 통해 이웃 간의 배려에 대한 표현을 찾아볼 수는 있다. 그러나 '미나리가 푸르고(시각적 이미지)', '잘도 썩어 구린내 훅 풍겼지요(후각적 이미지).'에서 감각적 이미지가 사용된 것은 확인할 수 있으나, 하나의 감각에서 다른 감각으로 전이되는 공감각적 이미지는 찾을 수 없다.

오답의 이유

① '네 집이 돌아가며 길어 먹었지요.'와 '집안에 일이 있으면 그 순번이 자연스럽게 양보되기도 했었구요.'를 통해 '샘'은 이웃 간의 정과 배려를 느끼게 하는 소재임을 알 수 있다. 따라서 '샘'을 매개로 공동체의 삶을 표현하였다는 설명은 적절하다.

② '길이었습니다', '있었지요', '먹었지요', '했었구요', '풍겼지요' 등의 과거 시제를 사용하고 있으며 이를 통해 과거를 회상하는 분위기를 표현하였다.

④ '-었지요', '-었구요' 등 구어체 표현으로 이웃 간의 정감 어린 분위기를 표현하였다.

작품 해설

함민복, 「그 샘」

- 갈래: 산문시, 서정시
- 성격: 향토적, 회상적
- 주제: 바람직한 공동체의 삶과 이웃 간의 배려와 정
- 특징
  - 과거 시제를 사용하여 회상적 분위기를 조성함
  - 구어체 종결 어미를 사용하여 정감 어린 분위기를 형성함
  - 시각적·후각적 심상과 같은 다양한 이미지를 사용함

비문학 > 사실적 읽기

정답의 이유

③ 1문단의 '생명체들이 그들의 환경 개변(改變)에 능동적으로 행동한다는 중요한 사실을 놓치고 있다.'와 2문단의 '가장 고등한 동물인 인간도 다른 생명체와 마찬가지로 생존이나 적응을 넘어서 환경에 대해 적극성을 보인다.'를 통해 제시된 글의 주장은 '생명체는 환경을 능동적으로 변형한다.'임을 알 수 있다.

오답의 이유

① 2문단의 '인간도 다른 생명체와 마찬가지로 생존이나 적응을 넘어서 환경에 대해 적극성을 보인다.', '더 잘 살기 위해 환경에 순응할 수만은 없다.'를 통해 인간이 환경에 적응하는 것을 넘어 환경을 적극적으로 개조해 왔다는 것을 알 수 있다. 따라서 '인간은 환경에 적응해 왔다.'는 적절하지 않다.

② 2문단의 '인간도 다른 생명체와 마찬가지로 생존이나 적응을 넘어 환경에 대해 적극성을 보인다. 이는 인간의 세 가지 충동 ─ 사는 것, 잘 사는 것, 더 잘 사는 것 ─ 으로 인하여 가능하다.'라는 내용을 통해 인간이 생존을 넘어서 환경에 대해 적극성을 보이는 것은 '충동'이 있었기 때문임을 알 수 있다. 따라서 '삶의 기술은 생존을 위한 것이다.'는 적절하지 않다.

④ '인간의 세 가지 충동 ─ 사는 것, 잘 사는 것, 더 잘 사는 것 ─ 으로 인하여 가능하다.'는 내용을 통해 '인간은 잘 사는 것을 삶의 목표로 한다.'라는 내용은 옳다는 것을 알 수 있지만, 제시된 글에서 주장하는 '인간이 잘 살기 위해 환경에 순응하지 않고 능동적으로 행동한다.'는 내용이 포함되어 있지 않아 이를 가장 적절한 주장이라고 볼 수 없다.

문법 > 형태론

정답의 이유

① 머물었다(×) → 머물렀다(○): 표준어 규정 제16항에 따르면 '머무르다'와 준말인 '머물다' 모두 표준어로서 사용된다. 다만, '머무르다'의 경우 모음 어미가 연결될 때에는 준말의 활용형을 인정하지 않으므로(표준어 규정 제16항 비고) '머물었다'로 쓰는 것은 잘못된 표기이다. 또한 '머무르다'의 어간 '머무르-'에 모음 어미가 연결될 때에는 '르'가 'ㄹㄹ'로 바뀌는 '르' 불규칙 활용을 한다. 따라서 '머물렀다'가 올바른 표기이다.

오답의 이유

② 머무르면서(○): '머무르다'는 어간 '머무르-'에 두 가지 이상의 움직임이나 사태 따위가 동시에 겸하여 있음을 나타내는 연결 어미인 '-면서'를 결합한 형태이므로 '머무르면서'는 올바른 표기이다.

③ 서툰(○): '서투르다'와 준말인 '서툴다'는 모두 표준어이며, '서툴다'에 관형사형 어미 '-ㄴ'이 결합한 형태이므로 '서툰'은 올바른 표기이다.

④ 서투르므로(○): '서투르다'의 어간 '서투르-'에 까닭이나 근거를 나타내는 연결 어미인 '-므로'를 결합한 형태이므로 '서투르므로'는 올바른 표기이다.

더 알아보기

머무르다, 서두르다, 서투르다

• 의미

구분	의미	활용
머무르다	• 도중에 멈추거나 일시적으로 어떤 곳에 묵다. • 더 나아가지 못하고 일정한 수준이나 범위에 그치다.	머물러, 머무르니
서두르다	• 일을 빨리 해치우려고 급하게 바삐 움직이다. • 어떤 일을 예정보다 빠르게 혹은 급하게 처리하려고 하다.	서둘러, 서두르니
서투르다	• 일 따위에 익숙하지 못하여 다루기에 설다. • 전에 만난 적이 없어 어색하다.	서툴러, 서투르니

• 표준어 규정 제16항
준말과 본말이 다 같이 널리 쓰이면서 준말의 효용이 뚜렷이 인정되는 것은, 두 가지를 다 표준어로 삼는다.

본말	준말	비고
머무르다	머물다	모음 어미가 연결될 때에는 준말의 활용형을 인정하지 않음
서두르다	서둘다	
서투르다	서툴다	

→ 본말 '머무르다, 서두르다, 서투르다'와 준말 '머물다, 서둘다, 서툴다'의 비고란에 '모음 어미가 연결될 때에는 준말의 활용형을 인정하지 않음'이라고 단서를 붙였는데, 이는 준말의 활용형을 제한한 것이다. 따라서 '머물어, 서둘어서, 서툴었다'는 '머물러, 서둘러서, 서툴렀다'로 쓰는 것이 옳다.

어휘 > 한자성어

정답의 이유

② '이번 신제품의 성공으로 A사는 B사에게 내주었던 업계 1위 자리를 탈환했다.'라는 부분을 통해 '땅을 말아 일으킬 것 같은 기세로 다시 온다는 뜻으로, 한 번 실패하였으나 힘을 회복하여 다시 처들어옴'을 이르는 말인 捲土重來(권토중래)가 A사의 상황을 가장 적절하게 표현하였다는 것을 알 수 있다.

• 捲土重來: 말 권, 흙 토, 무거울 중, 올 래

오답의 이유

① 兎死狗烹(토사구팽): 토끼가 죽으면 토끼를 잡던 사냥개도 필요 없게 되어 주인에게 삶아 먹힌다는 뜻으로, 필요할 때는 쓰고 필요 없을 때는 야박하게 버리는 경우를 이르는 말

• 兎死狗烹: 토끼 토, 죽을 사, 개 구, 삶을 팽

③ 手不釋卷(수불석권): 손에서 책을 놓지 아니하고 늘 글을 읽음

• 手不釋卷: 손 수, 아닐 불, 풀 석, 책 권

④ 我田引水(아전인수): 자기 논에 물 대기라는 뜻으로, 자기에게만 이롭게 되도록 생각하거나 행동함을 이르는 말

• 我田引水: 나 아, 밭 전, 끌 인, 물 수

더 알아보기

'우정'과 관련된 한자성어

肝膽相照 (간담상조)	서로 속마음을 털어놓고 친하게 사귐
管鮑之交 (관포지교)	관중과 포숙의 사귐이란 뜻으로, 우정이 아주 돈독한 친구 관계를 이르는 말
金蘭之交 (금란지교)	쇠처럼 단단하고 난초 향기처럼 그윽한 사귐의 의리를 맺는다는 뜻으로, 친구 사이의 매우 두터운 정을 이르는 말
莫逆之間 (막역지간)	서로 거스르지 않는 사이라는 뜻으로, 허물이 없는 아주 친한 사이를 이르는 말
伯牙絕絃 (백아절현)	자기를 알아주는 참다운 벗의 죽음을 슬퍼함
水魚之交 (수어지교)	물이 없으면 살 수 없는 물고기와 물의 관계라는 뜻으로, 아주 친밀하여 떨어질 수 없는 사이를 비유적으로 이르는 말
芝蘭之交 (지란지교)	지초(芝草)와 난초(蘭草)의 교제라는 뜻으로, 벗 사이의 맑고도 고귀한 사귐을 이르는 말
竹馬故友 (죽마고우)	대말을 타고 놀던 벗이라는 뜻으로, 어릴 때부터 같이 놀며 자란 벗
知音 (지음)	마음이 서로 통하는 친한 벗을 비유적으로 이르는 말

---

09 난도 ★★☆ 정답 ④

비문학 > 사실적 읽기

[정답의 이유]

④ 제시된 글은 예술 작품의 특성상 원본 고유의 예술적 속성을 복제본에서는 느낄 수 없다고 생각하는 경향이 강한 사회적 통념에 대해 반박하고 있다. 빌 브란트의 사진 작품을 그 근거로 들어 '빌 브란트가 마음만 먹었다면, 런던에 전시한 인화본의 조도를 더 낮추는 방식으로 다른 곳에 전시한 것과 다른 예술적 속성을 갖게 할 수 있었을 것이다.'라고 주장한다. 따라서 '복제본도 원본과는 다른 별개의 예술적 특성을 담보할 수 있다.'를 글의 주장으로 보는 것이 가장 적절하다.

[오답의 이유]

① 제시된 글에서 복제본과 원본의 예술적 가치에 대해 언급한 부분은 없다.

② 1문단을 보면 예술 작품의 복제 기술이 좋아지고 있음에도 예술 작품의 특성상 원본 고유의 예술적 속성을 복제본에서는 느낄 수 없다고 생각하는 경향이 강하다고 하였으며, 2문단에서는 회화에 비해 원본인지 복제본인지 중요하지 않게 생각되는 사진 또한 작가가 재현적 특질을 선택하고 변형할 수 있는 방법이 다양하여 다른 예술적 속성을 갖게 할 수 있다고 하였으므로 복제 기술 덕분에 예술의 매체적 특성이 비슷해졌다는 내용은 적절하지 않다.

③ 2문단에서 '사진의 경우, 작가가 재현적 특질을 선택하고 변형할 수 있는 방법이 다양함을 의미한다.'라고 하였으므로 복제본의 재현적 특질을 변형하는 방법은 제한적이라고 한 내용은 적절하지 않다.

---

10 난도 ★★☆ 정답 ③

어휘 > 한자어

[정답의 이유]

③ '쓰레기를 버리다'에서 '버리다'는 '가지거나 지니고 있을 필요가 없는 물건을 내던지거나 쏟거나 하다.'라는 의미로 쓰였고, '投棄(투기)하다'는 '내던져 버리다'라는 의미를 지니므로 바꿔 쓸 수 있다.

[오답의 이유]

① '꿈을 버리다'에서 '버리다'는 '품었던 생각을 스스로 잊다.'라는 의미로 쓰였고, '遺棄(유기)하다'는 '내다 버리다.'라는 의미를 지니므로 바꿔 쓰기에 적절하지 않다.

② '반려견을 버리다'에서 '버리다'는 '가지거나 지니고 있을 필요가 없는 물건을 내던지거나 쏟거나 하다.'라는 의미로 쓰였고, '根絕(근절)되다'는 '다시 살아날 수 없도록 아주 뿌리째 없애 버려지다.'라는 의미를 지니므로 바꿔 쓰기에 적절하지 않다.

④ '습관을 버리다'에서 '버리다'는 '못된 성격이나 버릇 따위를 떼어 없애다.'라는 의미로 쓰였고, '抛棄(포기)하다'는 '자기의 권리나 자격, 물건 따위를 내던져 버리다.'라는 의미를 지니므로 바꿔 쓰기에 적절하지 않다.

---

11 난도 ★★☆ 정답 ①

비문학 > 작문

[정답의 이유]

① '꼽혀지다'는 '꼽다'의 어간 '꼽-'에 피동 접미사 '-히-'와 통사적 피동 표현인 '-어지다'를 결합한 것으로 불필요한 이중 피동 표현인 것은 맞다. 그러나 '현재 리셋 증후군이 인터넷 중독의 한 유형으로 꼽혀지고 있다.'에서 문장의 주어는 '리셋 증후군'이므로, 서술어에는 피동 표현을 능동 표현으로 바꾼 '꼽고 있다'가 아니라 피동 표현을 사용하되 이중 피동을 해소한 '꼽히고 있다'로 수정하여야 한다. 따라서 '꼽혀지고'를 '꼽고'로 수정하는 것은 적절하지 않다.

[오답의 이유]

② ㉡은 '리셋 증후군'이라는 말이 언제부터 쓰이기 시작하였는지를 설명하고 있고, ㉡ 앞의 문장은 '리셋 증후군 환자들의 증상'에 대해 설명하고 있다. 따라서 ㉡을 첫 번째 문장 뒤로 옮겨 '리셋 증후군'이라는 말이 언제부터 쓰이기 시작하였는지를 설명한 뒤 '리셋 증후군 환자들의 증상'을 설명하는 것은 글의 흐름상 적절하다.

③ '막다른 골목'은 '더는 어떻게 할 수 없는 절박한 경우를 비유적으로 이르는 말'이고, '칼로 무를 자르듯'은 '깊은 고민 없이, 쉽게'를 의미한다. ㉢이 포함된 문장은 '마음에 들지 않는 사람이 있으면 '깊은 고민 없이, 쉽게' 관계를 끊는다는 의미이므로 '막다른 골목'을 '칼로 무를 자르듯'으로 수정하는 것은 적절하다.

④ '이와 같이'는 앞에서 설명한 내용을 다시 한 번 정리할 때 사용하고, '그러므로'는 앞에서 설명한 내용이 뒤에서 설명할 내용의 원인이나 근거가 될 때 사용한다. ㉣ 앞 문장은 '리셋 증후군의 판별과 진단의 어려움'에 대해 설명하고 있고, ㉣ 뒤 문장은 '리

셋 증후군을 예방하기 위한 방법'에 대해 설명하고 있다. 따라서 '이와 같이'를 원인과 근거의 관계를 나타내는 '그러므로'로 수정하는 것은 적절하다.

더 알아보기

잘못된 이중 피동 표현

• 피동 접사 '-이-, -하-, -리-, -가-' + 통사적 피동 표현 '-어지다'
  예 이 소설책은 잘 읽혀지지(읽-+-히-+-어지지) 않는다. (×)
  → 이 소설책은 잘 읽히지 않는다. (○)
• '되어지다', '-지게 되다'
  예 그가 성공할 것이라고 생각되어진다. (×)
  → 그가 성공할 것이라고 생각된다. (○)
  예 가기 싫어도 학원에 가지게 된다. (×)
  → 가기 싫어도 학원에 가게 된다. (○)

12 난도 ★★★　　　　　　　　　　　정답 ④

고전 문학 > 고전 산문

[정답의 이유]

④ 성이 '楮(닥나무 저)'라는 것은 종이의 원료인 닥나무를 설명한 것이며, 이름이 '白(흰 백)', 자가 '無玷(없을 무, 이지러질 점)'이라는 것은 하얗고 깨끗한 종이의 특성을 설명한 것이다. '회계'는 종이가 최초로 생산된 곳을 말하며, '채륜의 후손'이라는 것은 종이를 발명한 채륜에게서 비롯되었음을 말한다. 또한 붓을 의인화한 '毛學士(털 모, 배울 학, 선비 사)'가 '그 얼굴에 점을 찍어 더럽혀도 씻지 않았다.'라고 한 데서도 종이라는 것을 유추할 수 있다.

작품 해설

이첨, 「저생전」

• 갈래: 가전체
• 성격: 풍자적, 우의적, 교훈적
• 주제: 선비로서의 올바른 삶을 권유함
• 특징
  – 종이를 의인화해서 지은 가전체 작품
  – 작가의 자전적인 삶의 내용이 반영되어 있음
  – 구체적인 예를 들어 인물의 행적과 인물을 평가함

13 난도 ★★☆　　　　　　　　　　　정답 ②

비문학 > 작문

[정답의 이유]

② '그 의미를 새삼 돌아보게 됩니다.'라는 표현은 보도 기사의 내용이 사회적으로 중요한 의미가 있어 사건으로 인한 교훈 등을 다시 한 번 강조하고 환기할 때 적절한 표현이다. 어느 쪽이 옳다고 말하기 애매한 소식은 '앞으로도 양측의 의견은 팽팽히 대립될 것으로 보입니다.', '논란이 이어지고 있습니다.' 등 중립을 지키는 표현을 사용하는 것이 적절하다.

오답의 이유

① 소송이나 다툼에 관한 소식에서 원만히 해결되기를 바란다는 표현은 적절하다.
③ '귀추'는 '일이 되어 가는 형편'을 의미하므로 사건이 터지고 아직 결과가 드러나기 전의 소식에서 귀추가 주목되고 있다는 표현을 쓰는 것은 적절하다.
④ '호사가'는 '남의 일에 특별히 흥미를 가지고 말하기 좋아하는 사람'을 의미하므로 연예 스캔들 소식이 호사가들의 입방아에 오르내리고 있다는 표현은 적절하다.

14 난도 ★★☆　　　　　　　　　　　정답 ③

고전 문학 > 고전 산문

[정답의 이유]

③ 말뚝이는 굿거리장단에 맞추어 양반 삼 형제를 인도하면서 등장하였으나 말뚝이가 '양반 나오신다아!'라고 하며 양반을 풍자하는 사설을 늘어놓기 전 음악과 춤은 멈추었다. 따라서 말뚝이가 굿거리장단에 맞춰 양반을 풍자하는 사설을 늘어놓은 것은 아니다.

오답의 이유

① 말뚝이의 "개잘량이라는 '양' 자에 개다리소반이라는 '반' 자 쓰는 양반이 나오신단 말이오."라는 말 뒤에 양반들은 "야아, 이놈, 뭐야아!"라며 자신들을 조롱하는 말뚝이를 야단치고 있다.
② 양반 삼 형제가 '말뚝이 뒤를 따라 굿거리장단에 맞추어 점잔을 피우나, 어색하게 춤을 추며 등장'한다고 한 부분과 '샌님과 서방님은 언청이이며(샌님은 언청이가 두 줄, 서방님은 한 줄이다) 부채와 장죽을 가지고 있고'에서 샌님과 서방님이 부채와 장죽을 들고 춤을 추며 등장했음을 알 수 있다.
④ '도련님은 대사는 일절 없으며, 형들과 동작을 같이하면서 형들의 면상을 부채로 때리며 방정맞게 군다.'에서 도련님이 방정맞게 굴면서 샌님과 서방님의 얼굴을 부채로 때렸음을 알 수 있다.

작품 해설

작자 미상, 「봉산탈춤」

• 갈래: 가면극
• 성격: 평민적, 해학적, 풍자적
• 주제: 양반의 허세와 위선에 대한 풍자와 조롱
• 특징
  – 등장인물의 재담 구조가 반복되면서 관중의 흥미를 북돋움
  – 언어적 유희, 열거, 과장, 희화화 등을 통해 양반을 조롱하고 해학과 풍자로 웃음을 유발함
  – 비속어와 한자어가 함께 사용되는 언어의 양면성을 보임

15 난도 ★☆☆

문법 > 한글 맞춤법

정답의 이유

② 시일∨내(○): '시일 내'에서 '내(內)'는 '(일부 시간적, 공간적 범위를 나타내는 명사와 함께 쓰여) 일정한 범위의 안'이라는 의미를 갖는 의존 명사이다. 한글 맞춤법 제42항에 따르면 '의존 명사는 띄어 쓴다.'라고 했으므로 '시일∨내'로 띄어 쓰는 것이 옳다.

오답의 이유

① 해도해도(×) → 해도∨해도(○): '해도 해도'는 '하다'의 어간 '하-'에 어미 '-아도'가 결합되고, 강조를 위해 반복한 표현이다. '해도해도'가 표준국어대사전에 합성어로 등재되지 않았으므로 '해도∨해도'로 띄어 쓰는 것이 옳다.

③ 대접하는데나(×) → 대접하는∨데나(○): '대접하는데나'에서 '데'는 '경우'의 뜻을 나타내는 의존 명사이다. 한글 맞춤법 제42항에 따르면 '의존 명사는 띄어 쓴다.'라고 했으므로 '대접하는∨데나'로 띄어 쓰는 것이 옳다.

④ 정공법∨밖에(×) → 정공법밖에(○): '정공법밖에'에서 '밖에'는 '그것 말고는', '그것 이외에는'의 뜻을 나타내는 보조사이다. 따라서 '정공법밖에'로 붙여 쓰는 것이 옳다.

더 알아보기

의존 명사 '내'와 접사 '-내'
- 의존 명사 '내': 일정한 범위의 안
  - 예 범위∨내 / 건물∨내 / 일주일∨내
- 접사 '-내'
  - (기간을 나타내는 일부 명사 뒤에 붙어) '그 기간의 처음부터 끝까지'의 뜻을 더하고 부사를 만드는 접미사
    - 예 봄내 / 여름내 / 저녁내
  - (때를 나타내는 몇몇 명사 뒤에 붙어) '그때까지'의 뜻을 더하고 부사를 만드는 접미사
    - 예 마침내 / 끝내

16 난도 ★★☆

현대 문학 > 현대 소설

정답의 이유

③ 5문단의 '철도 건너 저탄장에서 밀차를 밀며 나오는 인부들이 시커멓게 모습을 나타낼 즈음이면 우리는 대개 신발주머니에, 보다 크고 몸놀림이 잽싼 아이들은 시멘트 부대에 가득 든 석탄을 팔에 안고 낮은 철조망을 깨금발로 뛰어넘었다.'를 통해 아이들이 철조망을 쉽게 넘을 수 있었음을 알 수 있다.

오답의 이유

① 1문단의 '시(市)를 남북으로 나누며 달리는 철도는 항만의 끝에 이르러서야 잘려졌다.'를 통해 철길 때문에 도시가 남북으로 나뉘어 있음을 알 수 있다.

② 2문단의 '항만의 북쪽 끝에 있는 제분 공장'과 5문단의 '철도 건너 저탄장에서'를 통해 항만 북쪽에는 제분 공장이 있고 철도 건너에는 저탄장이 있음을 알 수 있다.

④ 6문단의 '선창의 간이음식점 문을 밀고 들어가 구석 자리의 테이블을 와글와글 점거하고 앉으면 그날의 노획량에 따라 가락국수, 만두, 찐빵 등이 날라져 왔다.'와 7문단의 '석탄은 때로 군고구마, 딱지, 사탕 따위가 되기도 했다. 어쨌든 석탄이 선창 주변에서는 무엇과도 바꿀 수 있는 현금과 마찬가지라는 것을 우리는 알고 있었고'를 통해 석탄을 먹을거리와 바꿀 수 있는 간이음식점이 있음을 알 수 있다.

17 난도 ★★☆

비문학 > 추론적 읽기

정답의 이유

③ ⓒ '강도'는 도둑이 위험한 존재로 돌변한 것으로, 면역계로 인해 변이된 '치명적 바이러스'를 의미한다. 제시된 글에서 '그런데 만약 몽둥이를 들고 도둑과 싸우려 든다면 도둑은 강도로 돌변한다.'라는 문장은 단 한 번도 만나본 적이 없는 새로운 바이러스가 침입하자 면역계가 과민 반응을 일으켜 도리어 인체에 해를 끼치는 것을 비유한 말이다.

오답의 이유

① ⊙ '좀도둑'은 적은 피해를 일으키는 존재이므로 '계절 독감'이나 '인플루엔자 바이러스'를 의미한다.

② ⓛ '몽둥이'는 도둑을 위협적인 강도로 돌변하게 만드는 것이므로 '면역계의 과민 반응'을 의미한다.

④ '숙주가 죽어 버렸기 때문에 바이러스 역시 함께 죽어야만 한다.'라는 문장에서 ⓔ '승리의 대가'가 '바이러스의 죽음'을 의미한다는 사실을 유추할 수 있다.

18 난도 ★★☆

비문학 > 글의 순서 파악

정답의 이유

- ⊙은 1700년대 중반 미국 이주민들의 평균 소득이 영국인들의 평균 소득을 넘어섰음을 설명하는 문장이고, ⓒ은 미국 이주민들의 평균 소득이 높아진 배경을 설명하는 문장이다. 따라서 ⓒ은 ⊙ 뒤에 오는 것이 적절하다.

- ⑩은 초기 정착기 미국인들이 풍요로울 수 있었던 것은 비옥한 토지, 천연자원, 노동력 때문이라고 설명하고 있는데, '이처럼'이라는 말을 통해 ⑩ 앞에는 '미국인들의 풍요로움'에 대한 설명이 필요함을 알 수 있다. 따라서 ⑩은 ⓒ 뒤에 오는 것이 적절하다.

- ⊙, ⓒ, ⑩의 내용은 초기 정착기인 1700년대 중반에 대해 다루고 있으며, ⓔ은 ⊙, ⓒ, ⑩에서 다룬 급속한 경제 성장기 이후의 19세기를 설명하고 있다. 따라서 ⓔ은 ⑩ 뒤에 오는 것이 적절하다.

- ⓔ은 대부분의 미국인들은 경제 성장의 이유를 과학적·기술적 대전환, 기업과 정신과 규제가 없는 시장 경제 등으로 생각하는데 이는 잘못된 생각이라고 설명하고 있고, ⓛ은 '그러한' 분야에서 미국이 다른 산업 국가들에 비해 특별한 우위를 갖고 있지 않았음을 설명하는 문장이다. ⓛ 앞에는 미국이 특별한 우위를 갖고 있지 않은 '그러한 분야'가 어떠한 분야인지에 대한 설명이 필요하므로 ⓛ은 ⓔ 뒤에 오는 것이 적절하다.

따라서 글의 전개 순서로 가장 자연스러운 것은 ① ㉠ – ㉢ – ㉤ – ㉣ – ㉡이다.

비문학 > 추론적 읽기

[정답의 이유]

④ 제시된 글에서 설명하는 '확증 편향'이란 '자신의 신념과 일치하는 정보는 받아들이고 그렇지 않은 정보는 무시하는 경향'으로, 1문단에 '자신의 믿음이나 견해와 일치하는 정보는 수용하고 그에 반대되는 정보는 무시하거나 부정하는 심리 경향이다.'라는 확증 편향에 대한 설명은 있지만, 이를 통해 새로운 정보를 접했을 때 사람들이 심리적 불안을 느낀다는 내용을 추론할 수는 없다.

[오답의 이유]

① 1문단의 '자신의 신념과 일치하는 정보는 받아들이고 그렇지 않은 정보는 무시하는 경향을 확증 편향(confirmation bias)이라 한다. 자신의 믿음이나 견해와 일치하는 정보는 수용하고 그에 반대되는 정보는 무시하거나 부정하는 심리 경향이다.'를 통해 사람에게는 자신의 신념이나 행동을 바꾸려 하지 않는 경향이 있음을 추론할 수 있다.

② 2문단의 '특정 정치 성향을 가진 사람들을 대상으로 조사했을 때, 사람들은 반대당 후보의 주장에서는 모순을 거의 완벽하게 찾은 반면, 지지하는 당 후보의 주장에서는 모순을 절반 정도만 찾아냈다.'를 통해 사람에게는 정보를 객관적으로 판단하지 못하는 심리적 특성이 있음을 추론할 수 있다.

③ 1문단의 '자신의 믿음이나 견해와 일치하는 정보는 수용'하고 '그러한 정보는 어떤 문제에 대해 더 이상 고민하지 않고 마음의 휴식을 취할 수 있게 해 준다.'와 2문단의 '자신이 동의하는 주장을 접했을 때는 긍정적인 반응을 보이면서 뇌 회로가 활성화되는 것'을 통해 사람에게는 지지자들의 말만을 듣고 자기 신념을 강화하는 경향이 있음을 추론할 수 있다.

고전 문학 > 고전 산문

[정답의 이유]

㉢ 껍질을 깨고 나온 주체는 '주몽'이다.

㉥ 둔한 말을 잘 먹여서 살찌게 한 사람은 '주몽'이다.

[오답의 이유]

㉠ 몸을 피하는 주체는 방 안을 비추는 햇빛을 피하는 '유화'이다.

㉡ 알을 내다 버리게 한 것은 '금와왕'이다.

㉣ '활을 잘 쏘는'의 주체는 '사람'으로, 특정인을 지칭할 수 없다.

㉤ 주몽을 없애려는 대상으로, 금와왕의 맏아들 '대소' 또는 그 외 주몽을 해하고자 하는 세력을 의미한다.

작품 해설

「주몽 신화」

• 갈래: 건국 신화

• 성격: 영웅적, 서사적

• 주제: '주몽'의 탄생과 고구려 건국의 내력

• 특징
  – 고구려의 건국 과정이 나타남
  – 영웅의 일대기를 서술함
  – 사람이 알에서 태어나는 '난생(卵生) 설화'

국어 | 2020년 서울시 9급

한눈에 훑어보기

✔ 빠른 정답

01	02	03	04	05	06	07	08	09	10
②	①	④	②	③	④	②	②	①	③
11	12	13	14	15	16	17	18	19	20
②	②	③	④	①	③	④	④	④	①

✔ 점수 체크

구분	1회독	2회독	3회독
맞힌 문항 수	/ 20	/ 20	/ 20
나의 점수	점	점	점

---

01 난도 ★★☆   정답 ②

문법 > 표준어 규정

[정답의 이유]

㉠·㉣ 표준어 규정 제29항 [붙임 2]의 '다만'에 따르면, '6·25[유기오], 3·1절[사밀쩔], 송별연[송벼련], 등용문[등용문]과 같은 단어에서는 [ㄴ(ㄹ)] 음을 첨가하여 발음하지 않는다고 하였다. 따라서 ㉠의 '등용문'과 ㉣의 '송별연'에서는 음의 첨가 현상이 일어나지 않는다.

[오답의 이유]

㉡·㉢ 표준어 규정 제29항에 따르면, 합성어 및 파생어에서 앞 단어나 접두사의 끝이 자음이고 뒤 단어나 접미사의 첫음절이 '이, 야, 여, 요, 유'인 경우에는 [ㄴ] 음을 첨가하여 [니, 냐, 녀, 뇨, 뉴]로 발음한다고 하였다. 따라서 ㉡의 '한여름'은 [한녀름]으로 발음해야 하고 ㉢의 '눈요기'는 [눈뇨기]로 발음해야 하므로 ㉡과 ㉢에서는 음의 첨가 현상이 일어난다.

02 난도 ★★☆   정답 ①

문법 > 표준어 규정

[정답의 이유]

① 풀꽃아[풀꼬다](×) → [풀꼬차](○): 표준어 규정 제13항에 따르면 홑받침이나 쌍받침이 모음으로 시작된 조사나 어미, 접미사와 결합되는 경우에는 제 음가대로 뒤 음절 첫소리로 옮겨 발음한다고 하였다. 따라서 '풀꽃아'는 명사 '풀꽃'과 조사 '아'가 결합된 것이므로 받침을 뒤 음절 첫소리로 옮겨 [풀꼬차]로 발음해야 한다.

[오답의 이유]

② 옷 한 벌[오탄벌](○): 표준어 규정 제12항 [붙임 2]에 따르면 받침 'ㅎ(ㄶ, ㅀ)' 뒤에 'ㄱ, ㄷ, ㅈ'이 결합되는 경우에는 뒤 음절 첫소리와 합쳐서 [ㅋ, ㅌ, ㅊ]으로 발음하고, 'ㄷ'으로 발음되는 'ㅅ, ㅈ, ㅊ, ㅌ'의 경우에도 이에 준한다고 하였다. 따라서 '옷 한 벌'은 [오탄벌]로 발음해야 한다.

③ 넓둥글다[넙뚱글다](○): 표준어 규정 제10항에 따르면 겹받침 'ㄳ', 'ㄵ', 'ㄼ, ㄽ, ㄾ', 'ㅄ'은 어말 또는 자음 앞에서 각각 [ㄱ, ㄴ, ㄹ, ㅂ]으로 발음한다고 하였다. 다만 '넓-'은 '넓죽하다[넙쭈카다]'와 '넓둥글다[넙뚱글다]'의 경우 [넙]으로 발음한다고 하였으므로 '넓둥글다'는 [넙뚱글다]로 발음해야 한다.

④ 늙습니다[늑씀니다](○): 표준어 규정 제11항에 따르면 겹받침 'ㄺ, ㄻ, ㄿ'은 어말 또는 자음 앞에서 각각 [ㄱ, ㅁ, ㅂ]으로 발음한다고 하였으므로 '늙습니다'는 [늑씀니다]로 발음해야 한다.

03 난도 ★☆☆
정답 ④

고전 문학 > 고전 운문

정답의 이유

④ 고조선 곽리자고의 아내 여옥이 지었다고 전해지는 순수 서정 시가는 남편을 잃은 슬픔을 애절하게 표현한 고대 가요인 「공무 도하가」이다.

오답의 이유

① 향가는 신라 시대부터 고려 전기까지 창작된 시가 양식이다. 「구 지가」는 가야의 시조인 수로왕의 탄생을 기원하는 고대 가요이 므로 향가 발생 이전의 고대 시가에 해당한다.

② 「구지가」의 1구에서는 거북이를 부르며 주의를 '환기'하고, 2구 에서는 머리를 내어 놓으라고 '명령'하며, 3구에서는 내어놓지 않을 경우에 대한 '가정'을, 4구에서는 구워 먹겠다는 '위협'을 하 고 있다. 따라서 환기, 명령, 가정의 어법을 사용한 주술적 노래 라는 설명은 적절하다.

③ 고대 가요는 음악, 시가, 무용이 각각 분화되기 전의 양식으로서 하나로 어우러진 종합 예술의 성격을 띠고 있다.

더 알아보기

고대 가요의 주요 작품

작품명	작자	연대	내용	성격	출전
구지가 (龜旨歌)	구간 (九干) 등	신라 유리왕	수로왕의 강림을 기원하는 노래로 '영신군가(迎神君歌)' 라고도 함	집단적, 주술적	『삼국유사』
황조가 (黃鳥歌)	유리왕	고구려 유리왕	꾀꼬리의 정다운 모습을 보고 자신의 외로움을 슬퍼함	개인적, 서정적	『삼국사기』
공무도 하가 (公無渡 河歌)	백수 광부의 처	고조선	물에 빠져 죽은 남편을 애도함	개인적, 서정적	『해동역사』
정읍사 (井邑詞)	작자 미상	백제	행상 나간 남편을 근심하는 아내의 마음을 담음	개인적, 서정적	『악학궤범』
해가 (海歌)	강릉의 백성들	신라	용에게 납치된 수로 부인을 구하기 위해 노래를 부름	집단적, 주술적	『삼국유사』

04 난도 ★★★
정답 ②

어휘 > 고유어

정답의 이유

② '고등어 한 손'은 고등어 2마리를 의미하고, '양말 한 타'는 양말 12개를 의미하며, '북어 한 쾌'는 북어 20마리를 의미하고, '바늘 한 쌈'은 바늘 24개를 의미한다.

05 난도 ★★☆
정답 ③

현대 문학 > 현대 소설

정답의 이유

ⓒ 염상섭의 「삼대」는 3·1 운동 전후 일제 강점기 중산층 가문 내 부의 세대 갈등을 사실적으로 묘사한 소설이다.

㉠ 최인훈의 「광장」은 해방 이후부터 6·25 전쟁까지 혼란스러운 시대의 남북 분단과 이데올로기 문제를 비판적 관점에서 그려낸 소설이다.

㉡ 황석영의 「무기의 그늘」은 베트남 전쟁의 어두운 이면을 보여주 고 있는 소설이다.

ⓒ 한강의 「소년이 온다」는 1980년대 5·18 광주 민주화 운동을 배 경으로 하여 개인의 고통과 내면을 드러낸 소설이다.

따라서 제시된 소설의 시대적 배경을 시간순으로 나열하면 ③ ⓔ → ㉠ → ㉡ → ⓒ이다.

06 난도 ★★☆
정답 ④

고전 문학 > 고전 운문

정답의 이유

④ 고려 후기에 성립되어 3장 6구의 절제된 형식을 가지며 연장체 형식으로도 창작된 조선 시대 시가 문학의 대표 갈래는 '시조'이 다. 「도산십이곡」은 퇴계 이황이 지은 전 12수로 구성된 연시조 로 자연 친화적 삶의 추구와 학문 수양에 대한 변함없는 의지를 노래한다.

오답의 이유

① 「한림별곡」은 고려 고종 때 한림 제유가 지은 경기체가로 신진 사대부들의 학문적 자부심과 의욕적 기개 및 귀족들의 향락적 풍류 생활과 퇴영적 기풍을 노래하였다.

② 「월인천강지곡」은 조선 세종이 지은 악장으로 석가모니의 일대 기를 서사시 형식으로 노래하였다.

③ 「상춘곡」은 정극인이 지은 가사로 봄의 완상과 안빈낙도를 노래 하였다.

07 난도 ★☆☆
정답 ②

문법 > 의미론

정답의 이유

② 〈보기〉의 밑줄 친 부분의 '좋다'는 '신체적 조건이나 건강 상태가 보통 이상의 수준이다.'라는 의미이므로 '혈색이 좋으셨는데?'의 '좋다'와 문맥적 의미가 가장 가깝다.

오답의 이유

① '성격은 좋다.'의 '좋다'는 '성품이나 인격 따위가 원만하거나 선 하다.'라는 의미이다.

③ '매우 좋은 날이다.'의 '좋다'는 '날짜나 기회 따위가 상서롭다.'라 는 의미이다.

④ '말투는 기분이 상쾌할 정도로 좋았다.'의 '좋다'는 '말씨나 태도 따위가 상대의 기분을 언짢게 하지 아니할 만큼 부드럽다.'라는 의미이다.

08 난도 ★☆☆　　　　　　　　　　　　　　정답 ②

현대 문학 > 현대 시

정답의 이유

② '골짜기'는 부정적 현실을 나타낸 시어로 이상적 세계와 대조된다.

오답의 이유

①·③·④ '해, 청산, 양지'는 모두 이상적 세계를 상징한다.

① '해'는 민족이 꿈꾸는 이상적 세계를 상징하는 시어이다.

③ '청산'은 갈등과 대립이 제거된 이상적 세계를 상징하는 시어이다.

④ '양지'는 볕이 바로 드는 곳으로 밝은 세상을 상징하는 시어이다.

작품 해설

박두진, 「해」

- 갈래: 서정시
- 성격: 상징적, 예언적, 미래 지향적
- 주제: 화합과 공존의 세계에 대한 소망
- 특징
  - 상징적이고 대립적인 시어를 사용하여 이상 세계를 드러냄
  - 어휘와 구절의 반복적 사용으로 주제를 강조함

09 난도 ★★☆　　　　　　　　　　　　　　정답 ①

문법 > 한글 맞춤법

정답의 이유

① 돼라는(×) → 되라는(○): 한글 맞춤법 제35항 [붙임 2]에 따르면 어간 모음 'ㅚ' 뒤에 '-어'가 결합하여 'ㅙ'로 줄어드는 경우, 'ㅙ'로 적는다고 하였다. 그러나 간접 인용절에 쓰여 명령의 뜻을 나타내는 종결 어미 '-라'가 어간 '되-' 뒤에 결합할 때는 '되어라(돼라)'가 아닌 '되라'로 적어야 하므로 '되라는'이 맞는 표기이다.

오답의 이유

② 되었다(○): '되었다'는 어간 '되-'에 과거 시제 선어말 어미 '-었-'과 어말 어미 '-다'가 결합한 형태이므로 올바른 표기이다.

③ 돼라(○): '돼라'는 어간 '되-'에 명령의 뜻을 나타내는 종결 어미 '-어라'가 결합한 '되어라'의 축약형이므로 올바른 표기이다.

④ 되고(○): '되고'는 어간 '되-'에 어미 '-고'가 결합한 형태이므로 올바른 표기이다.

10 난도 ★★☆　　　　　　　　　　　　　　정답 ③

비문학 > 글의 전개 방식

정답의 이유

③ 〈보기〉의 '인간은 인간을 속이지만 동물은 인간을 속이지 않는다는 것을 알고 인간에게 실망한 사람들이 동물에게 더 많은 애정을 보인다.'에서 동일 범주에 속한 대상의 차이를 들어 설명하는 '대조'를 사용하고 있음을 알 수 있다. 선지에서도 세균은 먹이가 있는 곳이라면 어디에서라도 증식할 수 있지만, 바이러스는 생명체를 숙주로 삼아야만 번식을 한다는 차이점을 들어 설명하고 있으므로 '대조'의 방식을 사용하였음을 알 수 있다.

오답의 이유

① 좋은 교육을 가능하게 하는 요소들과 맛있는 음식을 만들기 위한 요소들을 비교하면서 설명하고 있다. 따라서 같은 종류의 것 또는 비슷한 것에 기초하여 다른 사물을 미루어 추측하는 '유추'의 방식을 사용하였음을 알 수 있다.

② 기호의 의미를 설명하고 기호에 속하는 것들의 사례를 제시하고 있다. 따라서 어떤 말이나 사물의 뜻을 명백히 밝혀 규정하는 '정의'의 방식과 구체적인 사례를 들어 설명하는 '예시'의 방식을 사용하였음을 알 수 있다.

④ 고사리와 고비 등을 양치식물로 묶어서 설명하는, '분류'의 방식을 사용하였음을 알 수 있다.

11 난도 ★★☆　　　　　　　　　　　　　　정답 ②

현대 문학 > 현대 소설

정답의 이유

② 〈보기〉에서 설명한 소설의 시점은 '1인칭 관찰자 시점'이다. 1인칭 관찰자 시점이란 주인공이 아닌 '나'가 작품 속 서술자가 되어 주인공을 관찰하여 서술하는 것이다. 이 시점은 인물의 심리나 내면에 개입할 수 없어 서술자가 관찰한 그대로 제시되며 긴장감을 조성할 수 있다. 대표적인 작품으로는 주요섭의 「사랑 손님과 어머니」가 있다.

오답의 이유

① 1인칭 주인공 시점이란 '나'가 자신의 이야기를 서술하는 것이며, '나'는 이야기의 주인공이자 서술자이다. 이 시점은 주인공의 내면 심리를 제시하는 데 효과적이며, 독자에게 신뢰감과 친근감을 줄 수 있다. 대표적인 작품으로는 이상의 「날개」가 있다.

③ 전지적 작가 시점이란 서술자가 전지전능한 신과 같은 위치에서 모든 것을 다 아는 상태로 서술하는 것을 말한다. 이 시점은 서술자가 각 등장인물의 내면과 심리까지 묘사·설명·제시할 수 있다. 대표적인 작품으로는 염상섭의 「삼대」가 있다.

④ 작가 관찰자 시점이란 서술자가 외부 관찰자의 위치에서 사건을 관찰하여 전달하는 것이다. 이 시점은 객관적으로 사건과 대상을 전달하므로 인물의 내면 심리 묘사와 명확한 해설이 어렵다. 대표적인 작품으로는 황순원의 「소나기」가 있다.

12 난도 ★☆☆　　　　　　　　　　　　　　정답 ②

고전 문학 > 고전 운문

정답의 이유

② 「면앙정가」는 송강 정철의 작품이 아닌 조선 명종 때의 문신인 송순의 작품이다.

오답의 이유

① 「속미인곡」은 송강 정철이 임금에 대한 충정을 임을 그리워하는 여인의 심정에 빗대어 표현한 작품이다.

③ 「관동별곡」은 송강 정철이 관동 지방의 절경을 유람하면서 연군과 애민 정신을 나타낸 작품이다.

④ 「사미인곡」은 송강 정철이 관직에서 물러나 고향인 전남 창평에 있을 때 임금을 향한 변함없는 충정을 나타낸 작품이다.

13 난도 ★★★ 정답 ③

어휘 > 한자어

정답의 이유

ⓒ 나무가 분명히 굽어 보이지만 실제로 굽지 않았다고 하였으므로 ⓒ에 들어갈 한자어는 '어떤 사실의 앞뒤, 또는 두 사실이 이치상 어긋나서 서로 맞지 않음을 이르는 말'인 '矛盾(창 모, 방패 순)'이 적절하다.

ⓛ 사물이나 사태의 보임새를 의미하는 한자어가 들어가야 하므로 '인간이 지각할 수 있는, 사물의 모양과 상태'를 뜻하는 말인 '現象(나타날 현, 코끼리 상)'이 적절하다.

ⓒ 사물이나 사태의 참모습을 의미하는 한자어가 들어가야 하므로 '본디부터 가지고 있는 사물 자체의 성질이나 모습'을 뜻하는 '本質(근본 본, 바탕 질)'이 적절하다.

오답의 이유

- 葛藤(칡 갈, 등나무 등): 칡과 등나무가 서로 얽히는 것과 같이, 개인이나 집단 사이에 목표나 이해관계가 달라 서로 적대시하거나 충돌함 또는 그런 상태
- 假象(거짓 가, 코끼리 상): 주관적으로는 실제 있는 것처럼 보이나 객관적으로는 존재하지 않는 거짓 현상
- 根本(뿌리 근, 근본 본): 사물의 본질이나 본바탕

14 난도 ★★☆ 정답 ④

문법 > 통사론

정답의 이유

④ '정부에서'에 쓰인 '에서'는 단체를 나타내는 명사 뒤에 붙어 앞말이 주어임을 나타내는 격 조사이다. 따라서 '정부에서'의 문장 성분은 주어이다.

오답의 이유

① '시장에서'에 쓰인 '에서'는 앞말이 행동이 이루어지고 있는 처소의 부사어임을 나타내는 격 조사이다. 따라서 '시장에서'의 문장 성분은 부사어이다.

② '마음에서'에 쓰인 '에서'는 앞말이 근거의 뜻을 갖는 부사어임을 나타내는 격 조사이다. 따라서 '마음에서'의 문장 성분은 부사어이다.

③ '이에서'에서 쓰인 '에서'는 앞말이 비교의 기준이 되는 점의 뜻을 갖는 부사어임을 나타내는 격 조사이다. 따라서 '이에서'의 문장 성분은 부사어이다.

15 난도 ★★★ 정답 ①

문법 > 표준어 규정

정답의 이유

① 표준어 규정 제5항에 따르면 '강낭콩, 고삿, 사글세, 울력성당'과 같이 어원에서 멀어진 형태로 굳어져서 널리 쓰이는 것은 그것을 표준어로 삼는다고 하였다.

오답의 이유

② 표준어 규정 제5항 '다만, 어원적으로 원형에 더 가까운 형태가 아직 쓰이고 있는 경우에는 그것을 표준어로 삼는다.'의 예로는 '갈비, 갓모, 굴젓, 말곁, 물수란, 밀뜨리다, 적이, 휴지'가 있다.

③ 표준어 규정 제11항 '모음의 발음 변화를 인정하여, 발음이 바뀌어 굳어진 형태를 표준어로 삼는다.'의 예로는 '-구려, 깍쟁이, 나무라다, 미수, 바라다, 상추' 등이 있다.

④ 표준어 규정 제17항 '비슷한 발음의 몇 형태가 쓰일 경우, 그 의미에 아무런 차이가 없고 그중 하나가 더 널리 쓰이면, 그 한 형태만을 표준어로 삼는다.'의 예로는 '거든그리다, 구어박다, 귀고리, 귀띔, 귀지, 까딱하면' 등이 있다.

16 난도 ★★☆ 정답 ③

비문학 > 추론적 읽기

정답의 이유

※ 앞부분의 ⓒ을 ⓒ-1로, 뒷부분의 ⓒ을 ⓒ-2로 표기함

③ ⓒ-1의 앞에서 격분의 물결은 공적 논의를 위해 필수적인 안정성, 항상성, 연속성을 찾아볼 수 없다고 제시하였고, ⓒ-1의 뒤에서는 격분의 물결은 안정적인 논의의 맥락 속에 통합되지 못한다고 제시하였다. ⓒ-2의 앞에서 격분 속에서는 사회 전체에 대한 염려의 구조가 아닌 자신에 대한 염려일 뿐이라고 제시하였고, ⓒ-2의 뒤에서는 그러한 염려는 금세 모래알처럼 흩어져 버릴 것이라고 제시하였다. 따라서 ⓒ-1과 ⓒ-2의 맥락을 고려할 때, ⓒ에 들어갈 접속 부사로는 앞에서 말한 일이 뒤에서 말할 일의 원인, 이유, 근거가 됨을 나타내는 접속 부사인 '따라서'가 적절하다.

17 난도 ★★☆ 정답 ④

현대 문학 > 현대 시

정답의 이유

④ 〈보기〉에서 설명한 시의 표현 방법은 본래의 의도를 숨기고 반대되는 말로 표현하는 방법인 반어법이다. 제시된 김소월의 「진달래꽃」에서는 임이 떠나가는 슬픈 상황에서 죽어도 눈물을 흘리지 않을 것이라는 반어법을 활용하여 임과의 이별로 인한 슬픔을 효과적으로 강조하고 있다.

오답의 이유

① 제시된 김영랑의 「돌담에 속삭이는 햇발같이」에서는 '같이'를 활용해 원관념을 보조 관념에 빗대어 표현하는 직유법을 사용하고 있다.

② 제시된 김춘수의 「꽃」에서는 의미 있는 존재를 '꽃'으로 표현해 상징법을 사용하고 있고, 움직일 수 없는 '꽃'이 나에게로 왔다고 표현하여 의인법을 사용하고 있다.

③ 제시된 김광섭의 「산」에서는 '법으로'를 반복해 반복법을 사용하고 있고, 무정물인 산이 '사람을 다스린다'라고 표현하여 의인법을 사용하고 있다.

더 알아보기

반어법, 직유법

반어법	본래 말하고자 하는 뜻과는 반대되는 말이나 상황으로 의미를 강조하는 수사법이다. • 언어적 반어법: 일반적인 반어법이다. 겉으로 드러나는 의미와 대립되는 의미를 강조하기 위하여 사용한다. • 상황적 반어법: 주로 서사 작품에서 많이 사용된다. 등장인물이 작중 상황과 어울리지 않는 행동을 하거나 사건의 진행과는 정반대의 결과가 나타난다. 이러한 과정에서 독자는 부조리나 모순 등을 더욱 강하게 느끼게 된다.
직유법	원관념과 보조 관념을 '~같이', '~처럼', '~양', '~듯' 등을 사용하여 직접적으로 연결하는 방법이다. 예 그는 여우처럼 교활하다. 예 내 누님같이 생긴 꽃이여

---

18 난도 ★★☆　　　정답 ④

어휘 > 한자성어

정답의 이유

④ 폐의파관(敝衣破冠)은 '해어진 옷과 부서진 갓이란 뜻으로, 초라한 차림새를 비유적으로 이르는 말'이다. 폐포파립(敝袍破笠) 또한 '해어진 옷과 부서진 갓이란 뜻으로, 초라한 차림새를 비유적으로 이르는 말'이므로 폐의파관(敝衣破冠)과 같은 의미이다.

- 敝衣破冠: 해질 폐, 옷 의, 깨뜨릴 파, 갓 관
- 敝袍破笠: 해질 폐, 두루마기 포, 깨뜨릴 파, 삿갓 립

오답의 이유

① • 경국지색(傾國之色): 임금이 혹하여 나라가 기울어져도 모를 정도의 미인이라는 뜻으로, 뛰어나게 아름다운 미인을 이르는 말
　　− 傾國之色: 기울 경, 나라 국, 갈 지, 빛 색
　• 경중미인(鏡中美人): 거울에 비친 미인이라는 뜻으로, 실속 없는 일을 비유적으로 이르는 말
　　− 鏡中美人: 거울 경, 가운데 중, 아름다울 미, 사람 인

② • 지록위마(指鹿爲馬): 윗사람을 농락하여 권세를 마음대로 함을 이르는 말 / 모순된 것을 끝까지 우겨서 남을 속이려는 짓을 비유적으로 이르는 말
　　− 指鹿爲馬: 가리킬 지, 사슴 록, 할 위, 말 마
　• 지란지화(芝蘭之化): 지초와 난초의 감화라는 뜻으로, 좋은 친구와 사귀면 자연히 그 아름다운 덕에 감화됨을 이르는 말
　　− 芝蘭之化: 지초 지, 난초 란, 갈 지, 될 화

③ • 목불식정(目不識丁): 아주 간단한 글자인 '丁'자를 보고도 그것이 '고무래'인 줄을 알지 못한다는 뜻으로, 아주 까막눈임을 이르는 말
　　− 目不識丁: 눈 목, 아닐 불, 알 식, 고무래 정
　• 목불인견(目不忍見): 눈앞에 벌어진 상황 따위를 눈 뜨고는 차마 볼 수 없음
　　− 目不忍見: 눈 목, 아닐 불, 참을 인, 볼 견

---

19 난도 ★★☆　　　정답 ④

문법 > 통사론

정답의 이유

④ 서술어의 자릿수는 문장에서 서술어가 필요로 하는 문장 성분의 개수를 의미한다. '길이 매우 넓다.'에서 '길이'는 주어이고, '매우'는 부사어이다. 그러나 '매우'는 필수적 부사어가 아니므로 '넓다'는 주어만 필요한 한 자리 서술어이다.

오답의 이유

① '그림이 실물과 같다.'에서 '그림이'는 주어이고, '실물과'는 필수적 부사어이다. 따라서 '같다'는 두 자리 서술어이다.

② '나는 학생이 아니다.'에서 '나는'은 주어이고, '학생이'는 보어이다. 따라서 '아니다'는 두 자리 서술어이다.

③ '지호가 종을 울렸다.'에서 '지호가'는 주어이고, '종을'은 목적어이다. 따라서 '울리다'는 두 자리 서술어이다.

더 알아보기

서술어의 자릿수

문장에서 필요한 문장 성분의 수가 달라지는데, 서술어에 따른 필수 성분의 수를 '서술어의 자릿수'라고 한다.

구분	필요 성분	서술어의 종류	예문
한 자리 서술어	주어	자동사	꽃이 피다.
		형용사	꽃이 예쁘다.
		체언+서술격 조사	철수는 학생이다.
두 자리 서술어	주어, 목적어	타동사	철수가 책을 읽는다.
	주어, 보어	되다, 아니다	철수는 선생님이 되었다.
	주어, (필수) 부사어	대칭 서술어	철수는 영희와 싸웠다.
세 자리 서술어	주어, 목적어, 부사어	주다, 받다, 삼다, 여기다, 넣다	철수는 선생님께 선물을 드렸다.

---

20 난도 ★★☆　　　정답 ①

문법 > 외래어 표기법

정답의 이유

① 플룻(×) → 플루트(○): 'flute'은 '플룻'이 아닌 '플루트'가 옳은 표기이다.

오답의 이유

- 로봇(○): 'robot'은 '로보트'가 아닌 '로봇'이 옳은 표기이다.
- 배지(○): 'badge'는 '뱃지'가 아닌 '배지'가 옳은 표기이다.
- 타깃(○): 'target'은 '타켓, 타게트'가 아닌 '타깃'이 옳은 표기이다.
- 텔레비전(○): 'television'은 '텔러비젼'이 아닌 '텔레비전'이 옳은 표기이다.

한눈에 훑어보기

✔ 영역 분석

문법 04 14 15 16 17 18
6문항, 24%

고전 문학 05 06 07
3문항, 12%

현대 문학 01 02 03 11 12 13 22 23 24 25
10문항, 40%

비문학 08 09 10 19 20 21
6문항, 24%

✔ 빠른 정답

01	02	03	04	05	06	07	08	09	10
③	④	①	④	③	③	③	②	③	④
11	12	13	14	15	16	17	18	19	20
①	④	③	①	④	①	①	④	③	①
21	22	23	24	25					
②	②	③	②	②					

✔ 점수 체크

구분	1회독	2회독	3회독
맞힌 문항 수	/ 25	/ 25	/ 25
나의 점수	점	점	점

---

01 난도 ★★☆　　　　　　　　　　정답 ③

현대 문학 > 현대 시

[정답의 이유]

③ (가)는 고향을 떠나 쓸쓸하고 외로운 처지인 화자가 흰 바람벽을 보며 삶을 성찰하고 있는 작품으로 화자의 의식의 흐름에 따라 시상이 전개된다. (나)는 아버지를 잃은 슬픔을 돌아가신 아버지에 대한 객관적 장면 제시를 통해 전달하고 있는 작품으로 화자는 감정을 최대한 절제하여 시상을 전개하고 있다. 이를 통해 두 작품 모두 시적 대상과의 대화를 통해 시상이 전개되고 있지 않다는 것을 확인할 수 있다.

[오답의 이유]

① (가)는 고향을 떠난 화자가 '흰 바람벽'에 비친 내면 풍경을 바라보며 자신의 삶을 성찰하는 모습을 그린 작품으로, 화자가 분명하게 드러나 있다. (나)는 화자가 고향이 아닌 이국의 땅에서 죽음을 맞이한 아버지의 모습을 절제된 어조로 전달하고 있는 작품으로, 화자가 분명하게 드러나 있다.

② (가)는 '흰 바람벽에 ~ 오고간다', '흰 바람벽에 ~ 헤매인다' 등에서 유사한 문장 구조가 반복되고 있으며, (나)는 '우리 집도 아니고 / 일가집도 아닌 집' 등에서 유사한 문장 구조가 반복되고 있다.

④ (가)는 '어두운 그림자(시각적)', '달디단 따끈한 감주(미각적, 촉각적)' 등의 감각적 이미지를 활용하여 외롭고 쓸쓸한 화자의 처지와 화자의 소박한 소망을 나타내고 있다. (나)는 '풀벌레 소리(청각적)', '얼음장에 누우신 듯(촉각적)', '눈빛 미명(시각적)' 등의 감각적 이미지를 활용하여 아버지가 죽은 상황을 나타내고 있다.

02 난도 ★★★　　　　　　　　　　정답 ④

현대 문학 > 현대 시

[정답의 이유]

④ '초생달', '바구지꽃', '짝새', '당나귀'는 하찮고 여리게 보이지만 '하늘이 가장 귀해하고 사랑하는' 순수하고 고결한 존재들로, 화자가 동질감을 느끼는 존재들이다. 화자는 이들을 통해 자신의 삶에 의미를 부여하고 자기 위안을 하고 있는 것이지 이들과의 합일을 통해 자신이 지향하고자 하는 삶에 대한 성찰을 드러내고 있는 것은 아니다.

[오답의 이유]

① 화자는 '흰 바람벽'을 통해 자신의 내면을 비추고 성찰한다. 〈보기〉에서는 화자의 목소리가 자막으로 처리된다고 하였으므로 '이러한 글자들'은 화자 자신의 목소리에 해당함을 알 수 있다.

② 〈보기〉에서 목소리의 실제 주인공인 화자는 스크린 속에서 펼쳐지는 '나'를 보는 관객이 된다고 하였다. 따라서 화자가 관객이 되어 '나를 위로하는 듯이 나를 울력하는 듯이' 지나가는 글자들을 바라보고 있다고 이해할 수 있다.

③ "하늘이 이 세상을 내일 적에 그가 가장 귀해하고 사랑하는 것들은 모두 ~ '라이넬 마리아 릴케'가 그러하듯이"라는 화자의 목소리는 '눈질을 하며 주먹질을 하며' 지나가는 글자로 표현된다. 화자는 이를 통해 자신의 가난하고 외롭고 높고 쓸쓸한 운명은 하늘이 귀해하고 사랑하기 때문이라 여기며 자신의 힘겨운 삶을 긍정적으로 수용하고 성찰의 깊이를 확보하고 있다.

03 난도 ★★☆   정답 ①

현대 문학 > 현대 시

정답의 이유

① (가)의 ㉠ '가난한 늙은 어머니'와 ㉡ '내 사랑하는 사람'은 모두 쓸쓸하고 외로운 처지의 '나'가 그리워하는 대상이다.

오답의 이유

② '노령', '아무을만', '설릉한 니코리스크의 밤'을 볼 때 ㉣ '아버지'는 고국을 떠나 러시아에서 유랑하는 삶을 살고 있음을 확인할 수 있다. 하지만 ㉡ '내 사랑하는 사람'은 '어늬 먼 앞대 조용한 개포가의 나지막한 집에서' '지아비'와 '어린것'과 지내고 있는 인물로, 유랑하는 삶을 살고 있다고 보기 어렵다.

③ ㉡ '내 사랑하는 사람'은 쓸쓸한 화자에게 고향의 향수를 유발하는 그리움의 대상이라 볼 수 있지만, ㉢ '어린 것'은 화자와 직접적으로 관련된 대상이 아니므로 고향의 향수를 유발하는 대상이라 볼 수 없다.

④ ㉢ '어린 것'은 '내 사랑하는 사람'을 떠올릴 때 그와 함께 있는 대상이고, ㉤ '아들과 딸'은 갑작스럽게 죽은 '아버지'를 바라보는 '우리'이다. 따라서 ㉢과 ㉤ 모두 재회를 소망하는 시적 대상으로 보기 어렵다.

작품 해설

(가) 백석, 「흰 바람벽이 있어」

- 갈래: 자유시, 서정시
- 성격: 회고적, 의지적
- 주제: 고단한 삶 속에서도 고결함을 잃지 않으려는 삶의 자세
- 특징
  - 감각적 이미지를 통하여 회자의 정서를 구체적으로 제시함
  - 화자의 의식의 흐름에 따라 시상이 전개됨

(나) 이용악, 「풀벌레 소리 가득 차 있었다」

- 갈래: 자유시, 서정시
- 성격: 비극적, 회고적, 묘사적, 서사적
- 주제: 아버지의 비참한 죽음과 일제 강점기 유랑민의 비애
- 특징
  - 비극적 상황을 객관적으로 묘사함
  - 감정을 절제하여 표현함
  - 수미상관의 구조를 통해 시상을 강조함

04 난도 ★★☆   정답 ④

문법 > 형태론

정답의 이유

④ 목적격 조사 '을/를'은 문장 안에서 체언이나 체언 구실을 하는 말 뒤에 붙어 목적어 자격을 가지게 하는 격 조사로 앞에 오는 체언의 받침 유무에 따라 '을', '를'로 형태가 바뀌며 실질적 의미를 가지지 않는다.

오답의 이유

① '다른'은 '당장 문제가 되거나 해당되는 것 이외의'라는 뜻의 관형사로 하나의 형태소이자 한 단어이다. '없다'는 용언의 어간 '없-'과 종결 어미 '-다' 두 개의 형태소가 결합한 하나의 단어이다.

② '한밤중'의 '한-'은 '한창인'의 뜻을 더하는 접두사로, 단독으로 쓰이지 아니하고 항상 다른 어근이나 단어에 붙으며 단어의 자격을 가지지 않는다. '줄'은 어떤 방법, 셈속 따위를 나타내는 의존 명사로 의미가 형식적이어서 다른 말과 결합하여 쓰이지만, 단어의 자격을 가진다.

③ '노력한 만큼'의 '만큼'은 앞의 내용에 상당한 수량이나 정도를 나타내는 의존 명사로, 다른 형태소와 결합하지 않아도 쓰일 수 있다. '선생님만큼만'의 '만큼'은 체언의 뒤에 붙어 앞말과 비슷한 정도나 한도임을 나타내는 격 조사로, 형식적 의미를 나타내고 다른 형태와 결합하지 않으면 쓰일 수 없다.

더 알아보기

형태소와 단어

- 형태소: 뜻을 가진 가장 작은 말의 단위
- 종류
  - 자립성의 유무에 따라

자립 형태소	• 다른 말에 의존하지 아니하고 혼자 설 수 있는 형태소 • 체언(명사, 대명사, 수사), 수식언(관형사, 부사), 독립언(감탄사)
의존 형태소	• 다른 말에 의존하여 쓰이는 형태소 • 조사, 접사, 용언(동사, 형용사)의 어간, 용언(동사, 형용사)의 어미

  - 의미의 기능에 따라

실질 형태소	• 구체적인 대상이나 동작, 상태를 표시하는 형태소 • 체언(명사, 대명사, 수사), 수식언(관형사, 부사), 독립언(감탄사), 용언(동사, 형용사)의 어간
형식 형태소	• 실질 형태소에 붙어 주로 말과 말 사이의 관계를 표시하는 형태소 • 조사, 접사, 용언(동사, 형용사)의 어미

- 단어: 분리하여 자립적으로 쓸 수 있는 말, 또는 그 말의 뒤에 붙어서 문법적 기능을 나타내는 말

고전 문학 > 고전 수필

정답의 이유

③ (가)는 말을 빌려 타는 경험을 통해 소유에 대한 성찰과 깨달음을 드러내고 있다. (나)는 집 안에 마련한 토실을 허문 경험을 통해 자연이 질서에 순응하는 삶에 대한 깨달음을 드러내고 있다. 따라서 (가)와 (나)가 실재하는 사실을 들어 이에 대한 생각을 자연스럽게 드러내고 있다는 설명은 적절하다.

오답의 이유

① (가)와 (나) 모두 주관적인 정서를 함축적인 언어 형식으로 형상화하고 있지 않다. 주관적인 정서를 함축적으로 형상화하는 문학 갈래로는 '시'가 대표적이다.

② (나)는 '나'와 '종들'의 대화와 행동을 중심으로 사건을 현재형으로 보여 주고 있지만 (가)에서는 인물 간의 대화와 행동이 나타나지 않는다.

④ (가)와 (나)는 모두 허구적 이야기가 아닌 글쓴이의 경험을 통한 성찰을 나타내고 있다.

고전 문학 > 고전 수필

정답의 이유

③ (나)의 '이자(李子)'는 '여름은 덥고 겨울이 추운 것은 사시(四時)의 정상적인 이치이니, 만일 이와 반대가 된다면 곧 괴이한 것이다.'라며 자연 질서에 순응하는 삶을 추구하고 있다. 따라서 로컬푸드 직매장 확충을 통한 지역 내 거래 촉진은 자연의 질서를 거스르는 행위가 아니므로 '이자(李子)'가 비판할 대상에 해당하지 않는다.

오답의 이유

① · ② · ④ 댐 건설, 스마트 온실, 패시브 하우스 건축은 모두 자연의 질서를 거스르는 것이므로 '이자(李子)'가 비판할 대상에 해당한다.

고전 문학 > 고전 수필

정답의 이유

ⓛ (가)는 '더 말해 무엇하겠는가', '이 어찌 미혹된 일이 아니겠는가.' 등 설의의 방식을 통해 진정한 소유란 없으니 겸허한 자세를 취해야 한다는 깨달음을 강조하고 있다. 〈보기〉 또한 '어이ᄒ여 엇들쏜이(어떻게 얻겠는가)'라며 설의의 방식을 통하여 세속적인 힘이 미치지 못하는 자연 속의 삶에 대한 만족을 강조하고 있다.

ⓒ (가)의 '맹자'는 '오래도록 차용하고서 반환하지 않았으니, 그들이 자기의 소유가 아니라는 것을 어떻게 알았겠는가.'라고 말하며 인간에게 진정한 자기의 소유는 없다는 것을 이야기하고 있다. 〈보기〉 또한 '자연'은 누리는 것을 금할 사람이 없다며, '자연'을 소유할 수 없는 것으로 설정하고 있다.

오답의 이유

㉠ 〈보기〉의 '힘센 이'는 속세의 권세를 가진 자로 '나'는 '힘센 이'가 서로 다투는 세태를 비판적으로 제시한다. 이를 볼 때 '힘센 이'는 멀리해야 할 대상으로 볼 수 있다. (가)의 '만방의 임금'은 백성으로부터 힘을 빌려 존귀하게 되었다가 빌렸던 것을 돌려주면 독부가 되는 인물로, 글쓴이가 잘못된 소유 관념에 대한 경계를 제시하기 위하여 예로 든 것이지 멀리해야 할 대상으로 볼 수는 없다.

㉣ (가)는 말을 빌려 탄 경험을 토대로 진정한 소유의 의미를 되새기는 교훈적 수필로, 독자로 하여금 성찰의 자세를 갖출 것을 독려한다고 볼 수 있다. (나)는 세속적인 힘이 미치지 못하는, 자연을 즐기는 삶에 대한 만족감을 표현한 시조로, 독자에게 성찰의 자세를 갖출 것을 독려하지는 않는다.

작품 해설

(가) 이곡, 「차마설」

- 갈래: 한문 수필, 설
- 성격: 체험적, 교훈적, 경험적, 예시적
- 주제: 소유에 대한 성찰과 깨달음
- 특징
  - '사실+의견'의 2단 구성
  - 유추의 방식을 통해 개인적 체험을 보편적인 것으로 일반화함

(나) 이규보, 「괴토실설」

- 갈래: 한문 수필, 설
- 성격: 체험적, 교훈적, 자연친화적
- 주제: 자연의 질서에 순응하는 삶 추구
- 특징
  - 대화 형식으로 삶의 이치를 알게 쉽게 풀어 놓음
  - 글쓴이의 주장을 직접적으로 제시함

비문학 > 글의 전개 방식

정답의 이유

② 제시된 글은 '점화 효과'에 대하여 설명하면서 'SOAP(비누)'과 'SOUP(수프)'의 단어를 예로 들고 있다. 또한 관념운동 효과에 대한 실험을 제시하여 점화 효과가 개념이나 단어에만 국한하지 않는다는 사실을 설명하고 있다. 이를 통해 제시된 글은 설명 대상을 뒷받침하는 다양한 사례를 제시해 독자의 이해를 도모하고 있음을 확인할 수 있다.

오답의 이유

① · ③ · ④ 제시된 글은 점화 효과를 설명하기 위하여 여러 사례를 구체적으로 제시하고 있지만, 현실적 사례를 중심으로 다양한 가설을 검증하고 있지 않으며, 문제의 해결 방안이나 한계를 설명하고 있지는 않다. 또한, 점화 효과에 대해 구분되는 관점이나 반례를 제시하고 있지도 않다.

비문학 > 사실적 읽기

정답의 이유

③ 3문단의 '의식적으로 경험할 수는 없지만, 인지하지도 못한 사건이 행동과 감정을 촉발할 수 있다는 것이다.'를 통해 점화 효과는 의식하지 못하는 사이에 행동과 감정을 촉발할 수 있음을 알 수 있다.

오답의 이유

① 3문단의 '기억 연구에서 또 하나의 큰 성과는 점화 효과가 개념이나 단어에만 국한하지 않는다는 사실을 발견한 것이다. 의식적으로 경험할 수는 없지만, 인지하지도 못한 사건이 행동과 감정을 촉발할 수 있다는 것이다.'를 통해 점화 효과는 개념이나 단어만 활성화시키는 것이 아니라 행동과 감정을 촉발할 수도 있음을 알 수 있다.

② 5문단의 '관념운동 효과는 거꾸로 나타날 수도 있다.'와 '점화 효과가 어느 방향으로 나타나든 모두 일관된 반응을 보인 것이다.'를 통해 점화 효과는 어느 방향으로든 나타날 수 있음을 알 수 있다.

④ 2문단의 '여기에서 점화된 개념은 정도는 약할지라도 또다시 다른 개념을 점화할 수 있다. 이런 활성화는 호수에 물결이 일 듯이 거대한 연상망의 한쪽에서 주위로 퍼져나간다.'를 통해 점화 효과는 연상망의 확장을 유도함을 알 수 있다. 하지만 제시문에 점화 효과가 사유의 폭을 넓힐 수 있다는 내용은 나타나지 않는다.

비문학 > 추론적 읽기

정답의 이유

④ 〈보기〉에 따르면 투표를 하는 사람은 투표를 정책에 대한 자신의 평가와 가치를 반영하는 의도적 행위로 보고, 투표소의 위치 등에는 영향을 받지 않는다고 생각한다. 이를 볼 때 학교 재정 지원 증가안에 찬성한 사람들은 투표소의 위치가 투표 행위에 영향을 미치지 않았다고 주장할 가능성이 크다.

오답의 이유

① 3문단에서는 인지하지도 못한 사건이 행동과 감정을 촉발할 수 있다고 하였다. 이를 볼 때 투표자가 의식하지 못한 투표소의 위치가 투표 행위를 점화했다고 볼 수 있다고 이해한 것은 적절하다.

② 제시된 글의 2문단에서는 머릿속에 '먹다'라는 개념이 있으면 '수프' 또는 음식과 관련된 단어를 점화할 수 있다고 하였으므로, 학교와 관련된 개념이나 단어를 활성화하는 것으로도 〈보기〉와 비슷한 효과를 관찰할 수 있다고 이해한 것은 적절하다.

③ 〈보기〉에서 우리는 투표를 정책에 대한 자신의 평가와 가치를 반영하는 의도적 행위로 본다고 하였다. 하지만 학교 재정 지원 증가안에 찬성한 비율은 학교 안에 투표소가 설치된 경우가 훨씬 높았다. 제시된 글의 3문단에서는 인지하지도 못한 사건이 행동을 촉발할 수 있다고 하였으므로, 의식적이고 자율적이라고 생각했던 판단이 실은 인지하지 못한 요인으로 촉발된 것일 수 있다고 이해한 것은 적절하다.

현대 문학 > 현대 소설

정답의 이유

① 제시된 작품은 1인칭 주인공 시점으로, 서술자인 '나'는 환각 상태인 어머니를 관찰하고 있다. 서술자는 '가엾은 어머니, 하늘도 무심하시지, 차라리 죽게 하시지, 그 몹쓸 일을 두 번 겪게 하시다니⋯⋯.', '어머니의 그 다리와 아들과의 동일시가 나한테까지 옮아붙은 것처럼 나는 그 다리가 무서웠다.' 등 전쟁으로 아들을 잃은 일을 환각 속에서 경험하고 있는 어머니의 모습을 보며 자신의 심리적 반응을 구체적으로 제시하고 있다.

오답의 이유

② 제시된 작품은 딸을 서술자로 삼아, 전쟁으로 아들을 잃은 어머니의 상처에서 비롯된 사건을 전달하고 있으며, 장면에 따라 서술자가 전환되지 않는다.

③ '나'는 어머니가 병원에서 이상 행동을 보인 사건과 과거 회상을 통하여 그 원인이 된 사건을 제시하고 있다. 동시에 벌어진 사건을 병렬적으로 제시하고 있지 않다.

④ '나'는 회상을 통해 과거의 사건을 생생하고 구체적으로 전달함으로써 사건의 비극성을 더욱 부각하고 있으며, 과거 회상 장면에서는 인민군 군관이 '나'의 오빠를 죽이면서 인물 간의 갈등이 절정에 달한다. 따라서 과거의 사건을 요약적으로 제시하여 인물 간의 갈등이 해소되는 과정을 보여주고 있다는 내용은 적절하지 않다.

현대 문학 > 현대 소설

정답의 이유

④ 어머니가 '나'를 털어내면서 격렬하게 몸부림치는 이유는 '나'가 오빠를 지키지 못한 것에 대한 원망 때문이 아니라, 환각 상태에서 '나'를 오빠를 죽인 인민군 군관'으로 착각하고 있기 때문이다.

오답의 이유

① 어머니는 환각 상태에서 전쟁 당시 아들을 죽인 군관의 모습을 본다. 어머니는 아들을 지키기 위해 붕대가 감긴 자신의 다리를 아들로 여기고 온몸으로 다리를 엄호한다.

② 어머니가 환각 속에서 보고 있는 군관은 과거 전쟁 당시 오빠에게 권총을 쏘아 오빠를 해친 존재이다.

③ '나'는 과거 오빠의 죽음이 어머니에게 얼마나 고통스러운 경험이었는지를 알기 때문에 그 일을 두 번 겪는 것보다 차라리 죽는 것이 낫다고 생각하고 있다.

13 난도 ★★☆ ※ 중복 정답 처리된 문항으로, 선지를 교체하여 수록함 정답 ③

현대 문학 > 현대 소설

정답의 이유

③ '나'의 가족은 예전에 살던 동네에 숨어 지내다가 집에 들이닥친 인민군 군관에게 발각되고, 이후 '보위군관'이 찾아와 오빠에게 총상을 입혔다. 제시된 작품에서 '보위군관'이 마을에 도착하자마자 '나'의 집을 찾았다는 내용은 나타나지 않는다.

오답의 이유

① '공포와 아직도 한 가닥 기대를 건 비굴이 어머니의 얼굴을 뒤죽박죽으로 일그러뜨리고 이마에선 구슬 같은 땀이 송글송글 솟아오르고 다리를 감싼 손과 앙상한 어깨는 사시나무 떨 듯 떨고 있었다.'를 통해 환각을 보는 '어머니'의 몸이 심하게 떨렸음을 알 수 있다.

② '아부를 번갈아 하며 몸부림치는 서슬에 마침내 링거줄이 주사바늘에서 빠져 버렸다. 혈관에 꽂힌 채인 주사바늘을 통해 피가 역류해 환자복과 시트를 점점 물들였다.'를 통해 주삿바늘을 통해 나온 피을 보고 어머니의 이상 행동이 심해졌음을 알 수 있다.

④ '오빠의 총상은 다 치명상이 아니었는데도 며칠만에 운명했다.'를 통해 오빠는 총에 맞아 생긴 상처로 인해 죽음에 이르게 되었음을 알 수 있다.

작품 해설

박완서, 「엄마의 말뚝2」

• 갈래: 전후 소설, 중편 소설, 연작 소설
• 성격: 자전적, 회상적
• 주제: 전쟁이 남긴 상처와 분단 극복의 의지
• 특징
  – 1인칭 주인공 시점
  – 현재 시점에서 과거를 회상하는 역순행적 구성을 취함

14 난도 ★★★ 정답 ①

문법 > 고전 문법

정답의 이유

① ㉠ '中듕國·귁·에'는 '중국과'로 해석할 수 있으며, '에'는 비교 부사격 조사이다. ㉃ '·뿌·메'는 '씀에, 사용함에'로 해석할 수 있고, '쓰+움+에'로 분석된다. 여기에 쓰인 '에'는 처소 부사격 조사이다. 따라서 ㉠과 ㉃에서 동일한 비교의 부사격 조사를 확인할 수 있다는 설명은 적절하지 않다.

오답의 이유

② ㉡ '文문字·쭝·와·로'는 '한자와는'으로 해석할 수 있으며, 다른 대상과의 비교를 나타내는 조사 '와'가 쓰였다.

③ ㉢ '·홇·배'는 '하는 바가'로 해석할 수 있으며 '배'는 '바+ㅣ'로 분석된다. 이때 'ㅣ'는 주격 조사에 해당한다. ㉤ '·내'는 '내가'로 해석할 수 있으며 '나+ㅣ'로 분석된다. 이때 'ㅣ'는 주격 조사에 해당한다.

④ ㉥ '·뜨·들'은 '뜻을'로 해석할 수 있으며, '뜯+을'이 이어적기로 표기한 것이다. 조사 앞에 음성 모음 'ㅡ'가 쓰였으므로, 목적격

조사 '을'이 쓰였다. ㉦ '·스·믈여·듧字·쭝·를'은 '스물 여덟 글자를'로 해석할 수 있으며, 조사 앞에 양성 모음 'ㆍ'가 쓰였으므로, 목적격 조사 '을'이 쓰였다. 이를 통해 체언의 끝소리와 모음 조화에 따라 목적격 조사가 다르게 실현됨을 확인할 수 있다.

15 난도 ★★★ 정답 ④

문법 > 고전 문법

정답의 이유

④ ':몯홀'은 현대 국어에서 '못할'로 바뀌었다. 현대 국어에서 음절의 끝소리 규칙으로 'ㅅ'은 'ㄷ'으로 발음되므로, ':몯홀'이 '못할'로 바뀌었음을 통해 종성의 'ㄷ'이 'ㅅ'으로 발음되게 되었음을 알 수 있다는 내용은 적절하지 않다.

오답의 이유

① '·이런'의 'ㆍ'은 성조를 나타내는 방점이다. 현대 국어에서 방점을 표기하지 않고 '이런'으로 바뀐 것을 볼 때 성조가 사라졌음을 알 수 있다.

② '말쏨·미(말씀이)'의 'ㆍ'는 현대 국어에서 'ㅡ'로 바뀌었다. 'ᄆ·춤:내(마침내)'에서 'ᄆ'의 'ㆍ'는 현대 국어에서 'ㅏ'로 바뀌었고, '춤'의 'ㆍ'는 현대 국어에서 'ㅣ'로 바뀌었다. 이를 통해 아래 아(ㆍ)는 첫 음절에서 'ㅏ', 둘째 음절 이하에서는 'ㅡ' 또는 'ㅣ'로 바뀌었음을 알 수 있다.

③ '펴·디'가 '펴지'로 바뀌었음을 통해 'ㄷ'이 'ㅣ' 모음의 영향으로 'ㅈ'으로 바뀌는 구개음화가 적용되었음을 알 수 있다.

16 난도 ★☆☆ 정답 ①

문법 > 통사론

정답의 이유

① '민수가 나를 웃겼다.'는 능동사 '웃었다'의 어근 '웃–'에 사동 접미사 '–기–'가 결합하여 만들어진 사동사 '웃겼다'가 있는 사동문이다. 또한, 목적어 '나를'이 있고, '웃겼다'를 '웃게 하다'로 해석하면 자연스러운 것으로 보아 제시된 문장은 피동문이 아닌 사동문임을 알 수 있다.

오답의 이유

② '내가 모기에게 물렸다.'는 능동사 '물었다'의 어간 '물–'에 피동 접미사 '–이–'가 결합하여 만들어진 피동사 '물렸다'가 있는 피동문이다.

③ '회담이 정부에 의해 진행되었다.'는 명사 '진행'에 피동의 의미를 더하는 접미사 '–되다'가 결합하여 만들어진 피동사 '진행되었다'가 있는 피동문이다.

④ '바라던 것이 이루어졌다.'는 능동사 '이루었다'의 어간 '이루–'에 피동의 의미를 더하는 보조 용언 '–어지다'가 결합하여 만들어진 피동사 '이루어졌다'가 있는 피동문이다.

17 난도 ★★☆

정답 ①

문법 > 통사론

정답의 이유

⊙ '형이 저지른 잘못이 빌미가 되었음을 동생이 밝혔다.'에서 '형이 저지른 잘못이 빌미가 되었음'을 밝힌 주체는 '동생'이므로 ⊙에 는 '동생이'가 들어가야 한다.

ⓒ 명사절 '잘못이 빌미가 되었음'은 '잘못이 빌미가 되었다'에 명사 형 어미 '-(으)ㅁ'이 결합한 것으로 전체 문장에서 목적어 역할 을 한다. '빌미가 되었다'의 주체는 '잘못'이므로 ⓒ에는 '잘못이' 가 들어가야 한다.

ⓒ 관형사절 '형이 저지른'은 '형이 (잘못을) 저지르다'라는 절에 관 형사형 어미 '-(으)ㄴ'이 결합한 것으로 전체 문장에서 관형어 역할을 한다. '(잘못을) 저지르다'의 주체는 '형'이므로 ⓒ에는 '형 이'가 들어가야 한다.

18 난도 ★★☆

정답 ④

문법 > 한글 맞춤법

정답의 이유

④ 제47항 다만에 따르면 앞말에 조사가 붙는 경우 뒤에 오는 보조 용언은 띄어 쓴다. 이를 통해 '놀아만 나는구나'의 본용언 '놀아' 에 조사 '만'이 결합하였으므로 뒤에 오는 보조 용언을 띄어 썼음 을 확인할 수 있다.

오답의 이유

① 제47항에서 보조 용언은 띄어 씀을 원칙으로 하되, 경우에 따라 붙여 씀도 허용한다고 하였다. 따라서 보조 용언 '만하다'는 '그 일은 할 만하다.'와 같이 띄어 쓰는 것을 원칙으로 하되 '그 일은 할만하다.'로 붙여 쓰는 것도 가능하다.

② 제47항 다만에 따르면 중간에 조사가 들어갈 적에는 그 뒤에 오 는 보조 용언은 띄어 쓴다. '듯하다'는 붙여 쓰지만 '듯'과 '하다' 사 이에 조사 '도'가 들어가므로 뒤에 오는 '하다'는 띄어 써야 한다.

③ 제47항 다만에 따르면 앞말이 합성 용언인 경우 그 뒤에 오는 보 조 용언은 띄어 쓴다. '떠내려가다'는 '뜨다', '내리다', '가다'가 결 합한 합성 동사이므로 뒤에 오는 보조 용언 '버렸다'는 띄어 써야 한다. 따라서 '떠내려가버렸다'와 같이 적는 것은 옳지 않으며 '떠내려가 버렸다'로 써야 한다.

19 난도 ★☆☆

정답 ③

비문학 > 사실적 읽기

정답의 이유

③ 2문단의 '특정한 종류의 플라스틱은 높은 열이나 전자레인지에 노출되면 환경호르몬이 검출된다.'를 통해 고온이나 전자레인지 에 노출되면 환경호르몬이 검출되는 플라스틱이 있음을 알 수 있다.

오답의 이유

① 1문단의 '지구인들이 만들어 낸 플라스틱 양은 1950년부터 2015년까지 무려 약 83억 톤에 이른다.'를 통해 2015년까지의 누적 플라스틱 양은 최소 83억 톤에 달함을 알 수 있다.

② 1문단의 '2020년 유엔 환경계획(UNEA)의 특별 보고서에 따르 면 1950년 한 해 약 200만 톤이던 플라스틱 생산량을 갈수록 증 가해 2020년에는 약 4억 톤이 되었다.'를 통해 플라스틱 생산량 은 1950년 이후 지속적으로 증가하는 추세임을 알 수 있다.

④ 4문단의 '패스트 패션은 유행하는 디자인의 옷을 마치 패스트푸 드처럼 매우 신속하게 제작, 유통, 판매하는 패션 산업을 가리킨 다.'를 통해 패스트 패션은 빠르게 옷을 생산하고 판매하는 의류 산업임을 알 수 있다.

20 난도 ★★☆

정답 ①

비문학 > 사실적 읽기

정답의 이유

① 3문단에서 '이는 플라스틱의 생산량과 폐기량을 비교했을 때 오 차가 너무 크다는 점에서 ~ 어마어마한 양의 플라스틱이 눈에 안 보일 만큼 작은 알갱이로 부서져 바닷속을 떠돌고 있음을 밝 혀냈다.'라고 하였으므로, 플라스틱 생산량과 폐기량이 차이가 나고 많은 양이 미세 플라스틱으로 바닷속을 떠돌고 있음을 알 수 있다. 이를 통해 플라스틱 생산량이 폐기량보다 많음을 추측 할 수 있다. 따라서 ⊙이 플라스틱 폐기량이 생산량보다 많은 이 유에 해당한다는 내용은 적절하지 않다.

오답의 이유

② 3문단의 '미세 플라스틱은 우리가 마시는 물과 소금으로 흘러들 고, 물고기 먹이가 되어 식탁 위에 올라 우리 입속으로 들어오 고, 수증기와 함께 하늘로 올라가 비와 눈이 되어 전 지구에 내 리고 있다.'를 통해 미세 플라스틱이 사람이 먹는 음식에도 유입 되고 있어 문제가 됨을 알 수 있다.

③·④ 4문단의 '미세 플라스틱은 미세 섬유에서도 만들어진다.'와 '나일론, 폴리에스터, 폴리우레탄, 아크릴 같은 합성 섬유로 만 든 옷을 세탁기에 넣고 빨면 수십만 개의 미세 섬유가 빠져나온 다.'를 통해 의류를 세탁하는 과정에서 만들어지는 미세 섬유와 미세 플라스틱이 관련이 있고, 합성 섬유의 사용이 늘면 미세 플 라스틱의 양도 증가할 수 있음을 알 수 있다.

21 난도 ★★☆

정답 ②

비문학 > 추론적 읽기

정답의 이유

② 2문단에서 '폴리스티렌(PS)으로 만들어진 음료 컵 뚜껑에서는 스타이렌 같은 휘발성 유기화합물(VOC)이 나와서 많은 나라에 서 이를 폴리프로필렌(PP)으로 교체하기도 하였다.'라고 하였으 므로 폴리프로필렌(PP)에서는 휘발성 유기화합물(VOC)이 검출 되지 않을 것임을 추론할 수 있다.

오답의 이유

① 2문단에서 '심지어 이 플라스틱은 생산되는 순간부터 사라질 때까 지 온갖 환경호르몬과 유해 물질을 꾸준히 배출해서 더욱 문제가 된다.'라고 하였으므로 플라스틱은 사라질 때까지 환경호르몬을 배출함을 알 수 있다. 이를 볼 때 잘 썩는 플라스틱을 개발한다 고 해서 환경호르몬 문제를 해결할 수는 없음을 추론할 수 있다.

③ 3문단에서 '미세 플라스틱은 우리가 마시는 물과 소금으로 흘러들고, 물고기 먹이가 되어 식탁 위에 올라 우리 입속으로 들어오고, 수증기와 함께 하늘로 올라가 비와 눈이 되어 전 지구에 내리고 있다.'라고 하였으므로 비와 눈에서도 미세 플라스틱이 검출될 수 있음을 추론할 수 있다.

④ 5문단에서 '그러나 무턱대고 플라스틱 사용을 금지하기보다는 신중한 접근이 필요하다.'라고 하였으나 이를 통해 환경 오염을 줄이기 위해 우선적으로 기업의 플라스틱 사용을 금지해야 한다는 내용은 추론할 수 없다.

---

22 난도 ★★☆ 정답 ②

현대 문학 > 희곡

정답의 이유

㉠ 제시된 작품의 갈래는 희곡으로, 무대 상연을 목적으로 하여 쓴 연극의 대본이다.

㉢ 희곡은 작품의 사건, 줄거리, 주제 등이 등장인물의 대화와 행동으로 전달되며, 공연을 보는 관객들의 눈앞에 일어나는 사건을 표현하기 때문에 사건이 현재형으로 제시된다.

오답의 이유

㉡ 희곡은 무대 상연을 목적으로 한 문학 장르이기 때문에 장면 전환이 자유롭지 않고, 여러 가지 공간적·시간적 제약이 따른다.

㉣ 희곡은 서술자의 개입 없이 무대 위 등장인물들의 행동이나 대화를 통해 사건이 관객에게 전달된다.

---

23 난도 ★★☆ 정답 ③

현대 문학 > 희곡

정답의 이유

③ ㉢은 '촌장'이 이리 떼가 없다는 진실을 밝히려고 하는 '파수꾼 다'를 달래기 위하여 보이는 반응이다.

오답의 이유

① '촌장'은 이리 떼가 없다는 진실이 밝혀지기를 꺼리고 있다. 따라서 이리 떼가 없다고 편지를 쓴 '파수꾼 다'에게 ㉠과 같이 말한 것은 '촌장'의 마음을 반어적으로 표현한 것이다.

② '파수꾼 다'는 이리 떼가 없다는 편지를 썼고, 이를 운반한 '운반인'은 도중에 편지를 읽어 마을 사람들이 사실을 알게끔 하였다. '촌장'은 진실이 밝혀지기를 원하지 않으므로 ㉡에는 '운반인'에 대한 '촌장'의 못마땅한 심정이 드러난다.

④ '촌장'은 '파수꾼 다'에게 이리 떼가 없다고 외치겠다고 하며 안심시킨다. 하지만 ㉣과 같이 혀를 날름거린다. 이는 '파수꾼 다'를 속이려는 '촌장'의 이중적이고 위선적인 성격을 관객에게 보여 준다.

---

24 난도 ★★☆ 정답 ②

현대 문학 > 희곡

정답의 이유

② ⑧에서 '촌장'은 진실이 밝혀지면 덫을 보러 간 파수꾼의 수고가 허사가 되고, 마을의 질서는 무너져 버린다고 이야기하고 있다.

이는 진실을 밝히면 전체가 혼란해질 것이라는 논리로, 개인에게 생길 부정적인 영향을 언급하며 상대의 실천 의지를 꺾고 있는 것이 아니다.

오답의 이유

① ⓐ에서 '촌장'은 '파수꾼 다'에게 사람들만 오지 않으면 딸기를 따러 가고 싶다고 하면서, 진실을 밝히지 않으면 얻게 될 대가를 언급하며 '파수꾼 다'를 회유하고 있다.

③ ⓒ에서 '촌장'은 자신에게 도끼가 찍혀 피가 흘러내린다는 끔찍한 상황을 가정하여 말함으로써 '파수꾼 다'의 불안감과 동정심을 자극하고 있다.

④ ⓓ에서 '촌장'은 실제로는 진실을 밝힐 마음이 없지만, 시간을 벌어 위기를 모면하기 위하여 '내일은 너를 따라 흰 구름'이라 외치겠다는 거짓말로 '파수꾼 다'와 타협하고 있다.

---

25 난도 ★★☆ 정답 ②

현대 문학 > 희곡

정답의 이유

② 〈보기〉를 참고하였을 때, 제시된 작품은 체제 유지를 위하여 사람들에게 '가상의 적'에 대한 두려움을 심어 주었던 지배 권력을 비판하는 작품임을 알 수 있다. 이 작품의 '이리 떼'는 '가상의 적'에 해당하는데, '파수꾼 다'는 '이리 떼'가 실체 없는 허상임을 알고 '이리 떼는 없고, 흰 구름뿐'이라는 편지를 통해 사람들에게 진실을 알리고자 한다. 따라서 '파수꾼 다'는 진실을 혼자만 알기를 원한다는 내용은 적절하지 않다.

오답의 이유

① 제시된 작품에서 '이리 떼'는 마을 사람들에게 두려움을 안기는 '가상의 적'에 해당하며, '촌장'에게는 마을의 질서를 만들고 유지하는 통제의 수단에 해당한다.

③ '촌장'은 '이리 떼' 덕분에 마을 사람들이 단결하고 질서가 생겼다며, '이리 떼'가 있다고 거짓말한 것에 대한 명분으로 마을 사람들 사이의 단결과 질서를 내세우고 있다.

④ '망루' 위에서는 '이리 떼'가 있는지 없는지 확인할 수 있지만 '망루' 아래에서는 이를 확인할 수 없다. 이처럼 위와 아래로 분할된 망루는 진실을 알 수 없게 소통을 차단함으로써 진실을 은폐하는 권력의 기제 역할을 한다.

작품 해설

이강백, 「파수꾼」

- 갈래: 희곡, 단막극, 풍자극
- 성격: 상징적, 우화적, 풍자적, 교훈적
- 주제: 진실이 왜곡된 사회에 대한 비판
- 특징
  - 당대 현실을 우화적으로 풍자함
  - 상징성이 강한 인물과 소재를 사용하여 주제를 나타냄
  - 이솝 우화 「양치기 소년과 이리」를 차용하여 시대 상황을 풍자함

국어 | 2024년 국회직 8급

한눈에 훑어보기

✔ 영역 분석

어휘   05 16 19 20
4문항, 16%

문법   01 02 03 04 07 14 15 18
8문항, 32%

현대 문학   17 21
2문항, 8%

비문학   06 08 09 10 11 12 13 22 23 24 25
11문항, 44%

✔ 빠른 정답

01	02	03	04	05	06	07	08	09	10
⑤	③	②	①	③	②	⑤	⑤	⑤	②
11	12	13	14	15	16	17	18	19	20
③	⑤	①	⑤	④	①	④	④	③	②
21	22	23	24	25					
④	③	④	②	①					

✔ 점수 체크

구분	1회독	2회독	3회독
맞힌 문항 수	/ 25	/ 25	/ 25
나의 점수	점	점	점

---

01 난도 ★★☆   정답 ⑤

문법 > 형태론

정답의 이유

⑤ • '많이'는 용언의 어간 '많-'에 부사 파생 접미사 '-이'가 결합한 파생어이다.
   • '알짜'는 '진짜'의 뜻을 더하는 접두사 '알-'이 결합한 파생어이다.
   • '돋보기'는 용언의 어간 '돋보-'에 명사 파생 접미사 '-기'가 결합한 파생어이다.
   • '철렁거리다'는 어근 '철렁'에 동사 파생 접미사 '-거리다'가 결합한 파생어이다.

오답의 이유

① • '잠'은 용언의 어간 '자-'에 명사 파생 접미사 '-ㅁ'이 결합한 파생어이다.
   • '덮개'는 용언의 어간 '덮-'에 명사 파생 접미사 '-개'가 결합한 파생어이다.
   • '굳세다'는 용언의 어간 '굳-'과 '세-'가 결합한 합성어이다.
   • '덧나다'는 용언의 어간 '나-'에 '겹쳐 신거나 입는'을 뜻하는 접두사 '덧-'이 결합한 파생어이다.

② • '기쁨'은 용언의 어간 '기쁘-'에 명사 파생 접미사 '-ㅁ'이 결합한 파생어이다.
   • '크기'는 용언의 어간 '크-'에 명사 파생 접미사 '-기'가 결합한 파생어이다.
   • '밀치다'는 용언의 어간 '밀-'에 강조의 뜻을 더하는 접미사 '-치-'가 결합한 파생어이다.
   • '어린이'는 용언의 어간 '어리-'에 관형사형 어미 '-ㄴ'이 붙고 사람의 뜻을 나타내는 어근 '이'가 결합한 합성어이다.

③ • '멀리'는 용언의 어간 '멀-'에 부사 파생 접미사 '-이'가 결합한 파생어이다.
   • '접칼'은 용언의 어간 '접-'과 명사 '칼'이 결합한 합성어이다.
   • '곁눈질'은 어근 '곁눈'에 '그 신체 부위를 이용한 어떤 행위'를 뜻하는 접미사 '-질'이 결합한 파생어이다.
   • '좁히다'는 용언의 어간 '좁-'에 사동의 뜻을 더하는 접미사 '-히-'가 결합한 파생어이다.

④ • '웃음'은 용언의 어간 '웃-'에 명사 파생 접미사 '-음'이 결합한 파생어이다.
   • '밝히다'는 용언의 어간 '밝-'에 사동의 뜻을 더하는 접미사 '-히-'가 결합한 파생어이다.
   • '어녹다'는 용언의 어간 '얼-'과 용언의 어간 '녹-'이 결합한 합성어이다.

- '여닫이'는 용언의 어간 '여닫-'에 명사 파생 접미사 '-이'가 결합한 파생어이다.

02 난도 ★★☆ 　　　　　　　　　　　　정답 ③

문법 > 외래어 표기법

정답의 이유

③ ・밸런타인데이(○): 'Valentine Day'는 '발렌타인데이'가 아닌 '밸런타인데이'가 옳은 표기이다.
- 엔도르핀(○): 'endorphin'은 '엔돌핀'이 아닌 '엔도르핀'이 옳은 표기이다.
- 윈도(○): 'window'는 '윈도우'가 아닌 '윈도'가 옳은 표기이다.
- 플루트(○): 'flute'는 '플룻'이 아닌 '플루트'가 옳은 표기이다.
- 코즈모폴리턴(○): 'cosmopolitan'은 '코스모폴리탄'이 아닌 '코즈모폴리턴'이 옳은 표기이다.

오답의 이유

- 마르세이유(×) → 마르세유(○): 'Marseille'는 '마르세이유'가 아닌 '마르세유'가 옳은 표기이다.
- 비젼(×) → 비전(○): 'vision'은 '비젼'이 아닌 '비전'이 옳은 표기이다.
- 엠블런스(×) → 엠뷸런스(○): 'ambulance'는 '엠블런스'가 아닌 '엠뷸런스'가 옳은 표기이다.
- 크리스챤(×) → 크리스천(○): 'christian'은 '크리스챤'이 아닌 '크리스천'이 옳은 표기이다.

03 난도 ★★☆ 　　　　　　　　　　　　정답 ②

문법 > 한글 맞춤법

정답의 이유

② 구름양(○): 한글 맞춤법 제11항에 따르면, 한자음 '랴, 려, 례, 료, 류, 리'가 단어 첫머리에 올 적에는 두음 법칙에 따라 '야, 여, 예, 요, 유, 이'로 적고, 단어의 첫머리 이외의 경우에는 본음대로 적는다. 다만, 고유어나 외래어 뒤에 결합한 한자어는 독립적인 한 단어로 인식이 되기 때문에 두음 법칙이 적용된다. '구름양(구름+量)'은 고유어와 한자어가 결합한 것이므로 두음 법칙을 적용하여 표기한다.

오답의 이유

① 성장율(×) → 성장률(○): 한글 맞춤법 제11항 [붙임 1]에 따르면, 한자음 '랴, 려, 례, 료, 류, 리'가 단어 첫머리가 아닌 경우에는 두음 법칙이 적용되지 않는다. 따라서 '성장율'이 아닌 '성장률'로 적는다.

③ 회계년도(×) → 회계연도(○): 한글 맞춤법 제10항에 따르면, 한자음 '녀, 뇨, 뉴, 니'가 단어 첫머리에 올 적에는 두음 법칙에 따라 '여, 요, 유, 이'로 적고, 단어의 첫머리 이외의 경우 본음대로 적는다. 다만 접두사처럼 쓰이는 한자가 붙어서 된 말이나 합성어에서 뒷말의 첫소리가 'ㄴ' 소리로 나더라도 두음 법칙에 따라 적는다. 따라서 '회계(會計)'와 '연도(年度)'가 결합한 합성어는 두음 법칙을 적용하여 '회계연도'로 적는다.

④ 펜팔란(×) → 펜팔난(○): 한글 맞춤법 제12항에 따르면, 한자음 '라, 래, 로, 뢰, 루, 르'가 단어의 첫머리에 올 적에는 두음 법칙에 따라 '나, 내, 노, 뇌, 누, 느'로 적고 단어의 첫머리 이외의 경우 본음대로 적는다. 다만 고유어나 외래어 뒤에 결합하는 경우에는 한자어 형태소가 하나의 단어로 인식되므로 두음 법칙을 적용하여 '펜팔난'으로 적는다.

⑤ 싹뚝(×) → 싹둑(○): 한글 맞춤법 제5항에 따르면, 한 단어 안에서 뚜렷한 까닭 없이 나는 된소리는 다음 음절의 첫소리를 된소리로 적는다. 다만, 'ㄱ, ㅂ' 받침 뒤에 연결되는 'ㄱ, ㄷ, ㅂ, ㅅ, ㅈ'은 언제나 된소리로 소리 나므로 이러한 경우에는 된소리로 표기하지 않는다. 따라서 '싹둑'으로 적는다.

더 알아보기

두음 법칙(한글 맞춤법 규정 제11항)

한자음 '랴, 려, 례, 료, 류, 리'가 단어의 첫머리에 올 적에는 두음 법칙에 따라 '야, 여, 예, 요, 유, 이'로 적는다. (ㄱ을 취하고, ㄴ을 버림)

ㄱ	ㄴ	ㄱ	ㄴ
양심(良心)	량심	용궁(龍宮)	룡궁
역사(歷史)	력사	유행(流行)	류행
예의(禮儀)	례의	이발(理髮)	리발

다만, 다음과 같은 의존 명사는 본음대로 적는다.

리(里): 몇 리냐?
리(理): 그럴 리가 없다.

[붙임 1] 단어의 첫머리 이외의 경우에는 본음대로 적는다.

개량(改良)	선량(善良)	수력(水力)	협력(協力)
사례(謝禮)	혼례(婚禮)	와룡(臥龍)	쌍룡(雙龍)
하류(下流)	급류(急流)	도리(道理)	진리(眞理)

다만, 모음이나 'ㄴ' 받침 뒤에 이어지는 '렬, 률'은 '열, 율'로 적는다. (ㄱ을 취하고 ㄴ을 버림)

ㄱ	ㄴ	ㄱ	ㄴ
나열(羅列)	나렬	분열(分裂)	분렬
치열(齒列)	치렬	선열(先烈)	선렬
비열(卑劣)	비렬	진열(陳列)	진렬
규율(規律)	규률	선율(旋律)	선률
비율(比率)	비률	전율(戰慄)	전률
실패율(失敗率)	실패률	백분율(百分率)	백분률

[붙임 2] 외자로 된 이름을 성에 붙여 쓸 경우에도 본음대로 적을 수 있다.

신립(申砬)	최린(崔麟)	채륜(蔡倫)	하륜(河崙)

[붙임 3] 준말에서 본음으로 소리 나는 것은 본음대로 적는다.

국련(국제 연합)	한시련(한국 시각 장애인 연합회)

[붙임 4] 접두사처럼 쓰이는 한자가 붙어서 된 말이나 합성어에서, 뒷말의 첫소리가 'ㄴ' 또는 'ㄹ' 소리로 나더라도 두음 법칙에 따라 적는다.

역이용(逆利用)	연이율(年利率)
열역학(熱力學)	해외여행(海外旅行)

[붙임 5] 둘 이상의 단어로 이루어진 고유 명사를 붙여 쓰는 경우나 십진법에 따라 쓰는 수(數)도 붙임 4에 준하여 적는다.

서울여관	신흥이발관	육천육백육십육(六千六百六十六)

04 난도 ★★☆　　　　　　　　　　　정답 ①

문법 > 한글 맞춤법

[정답의 이유]

ⓒ 뒤치다꺼리(○): '뒤에서 일을 보살펴서 도와주는 일'을 뜻하는 단어는 '뒤치다꺼리'이다. 따라서 '언제까지 네 뒤치다꺼리를 해야 하니?'는 어법에 맞는 문장이다.

[오답의 이유]

㉠ 하락세로 치닫고(×) → 하락세를 보이고(○): '치닫다'는 '위쪽으로 달려 올라가다.'라는 뜻으로 '하락세'와 호응이 어색하다. 따라서 '최근 주식이 하락세를 보이고 있습니다.'와 같이 써야 한다.

ⓒ 필 수 없습니다(×) → 피울 수 없습니다(○): '어떤 물질에 불을 붙여 연기를 빨아들이었다가 내보내다.'를 뜻하는 단어는 '피우다'이다. 따라서 '비행기 안에서 담배를 피울 수 없습니다.'와 같이 써야 한다.

ⓔ 걸맞는(×) → 걸맞은(○): '걸맞다'는 형용사이기 때문에 관형사형 어미 '-는'과 결합할 수 없다. 따라서 '청소년에게 걸맞은 스토리가 필요합니다.'와 같이 써야 한다.

ⓜ 꽃에게(×) → 꽃에(○): '에게'는 유정 명사와 결합하는 부사격 조사이므로 무정 명사인 '꽃'과 어울려 쓸 수 없다. 따라서 '이 꽃에 물을 너무 많이 주지 마세요.'와 같이 써야 한다.

05 난도 ★★☆　　　　　　　　　　　정답 ③

어휘 > 한자어

[정답의 이유]

③ 백안시(白眼視: 흰 백, 눈 안, 볼 시): 남을 업신여기거나 무시하는 태도로 흘겨봄

[오답의 이유]

① 천착(穿鑿: 뚫을 천, 뚫을 착): 어떤 원인이나 내용을 따지고 파고들어 알려고 하거나 연구함

② 소원(疏遠: 트일 소, 멀 원): 지내는 사이가 두텁지 아니하고 거리가 있어서 서먹서먹함

④ 첩경(捷徑: 이길 첩, 지름길 경): 멀리 돌지 않고 가깝게 질러 통하는 길

⑤ 진작(振作: 떨칠 진, 지을 작): 떨쳐 일어남. 또는 떨쳐 일으킴

06 난도 ★★☆　　　　　　　　　　　정답 ②

비문학 > 사실적 읽기

[정답의 이유]

② '나'가 이육사의 동생 '원일'에게 시를 지어 보라고 말한 장면은 나타나지만 이육사가 시를 지어 읊었던 추억을 회상하는 장면은 제시되지 않았다.

[오답의 이유]

① '그 길로 붙잡혀 그 이듬해 사형당했다. 그가 바라던 청포 입은 손님도 맞이하지 못하고 마흔 살의 나이로 아깝게 갔다.'를 통해 이육사는 서른아홉 살에 체포되었고 그 이듬해인 마흔 살에 사형당했음을 알 수 있다.

③ '내 손녀가 읽어 준 육사의 시에는 그가 바라는 손님은 청포를 입고 찾아올 것이라고 하얀 모시수건을 은쟁반에 준비하라고 했다. 조국 광복을 얼마나 간절하고 애틋한 마음으로 기다렸을지를 나는 안다.'를 통해 이육사의 시에서 '청포 입은 손님'은 조국 광복을 의미함을 알 수 있다.

④ '원삼이가 곧 육사인데, 아명은 원록이라고도 했다.'를 통해 이육사의 어린 시절 이름은 '원록'이었음을 알 수 있다.

⑤ '원일이하고 남편하고는 동갑이라 집에 오면 늘 항렬 따지고 생일 따지며 서로 자기가 어른이라고 우기기도 했다.'라고 하였으며, 제시된 작품에서 '원일'은 이육사의 동생이라고 하였으므로 이육사는 '나'의 남편보다 나이가 많음을 알 수 있다.

07 난도 ★★☆　　　　　　　　　　　정답 ⑤

문법 > 통사론

[정답의 이유]

⑤ 제시된 문장에서 '하다'는 본동사 '만나다'의 뜻을 보충하여 '앞말이 뜻하는 행동이나 상태를 의도하거나 바람'을 나타내는 보조 동사로 사용되었다.

[오답의 이유]

①·②·③ 제시된 문장에서 '만나다'의 주체가 '동생'인 경우 '어떤 사람이든지'는 서술어 '만나려 한다'의 목적어 역할을 하여 '동생이 사람들을 만나려 한다.'로 해석된다. 또한 '만나다'의 주체가 '어떤 사람이든지'인 경우 '동생'은 서술어 '만나려 한다'의 대상이 되어 '사람들이 동생을 만나려 한다.'로 해석된다. 이처럼 '만나다'의 주체가 누구냐에 따라 중의적으로 해석된다.

④ 제시된 문장에서 '어떤'은 정해지지 아니한 사람을 가리키는 부정칭의 의미를 갖는다.

08 난도 ★★☆　　　　　　　　　　　정답 ⑤

비문학 > 추론적 읽기

[정답의 이유]

⑤ 제시된 글에서 음식의 역사는 경제와 정치와 사회가 담겨 있으며 거시사와 미시사를 아우르고 있다고 서술하고 있다. 그러나 음식의 역사를 다룰 때 거시적 관점이 지니는 추상적 한계에 대한 내용은 제시되지 않았으며 이를 극복할 수 있다는 언급도 나타나지 않았다.

오답의 이유

① 1문단에서 "요즘 우리가 먹는 배추가 100여 년 전의 요리책에 나오는 배추와 같다고 누가 단언할 수 있겠는가? 옛 문헌에 나오는 '배추'와 오늘날의 배추가 같은 것이라 생각하고 조선시대 배추김치를 복원할 수 있을까?"라며 음식의 역사 기술과 관련된 예시로 '배추'와 '배추김치'를 언급하였다. 이를 통해 과거부터 전해 내려와 역사를 담고 있는 음식인 냉면, 잡채, 빈대떡 등으로 확장될 수 있음을 추론할 수 있다.

② 1문단의 '음식의 역사를 다루면서 어떤 문헌에 이러이러한 내용이 나온다는 식으로 단순 나열만 한다면 그것은 역사가 아니다. ~ 음식의 역사는 결코 에피소드 모둠이 아니다. 그 속에는 경제와 정치와 사회가 있다.'를 통해 음식에 관한 문헌학적 고증만으로는 음식의 역사를 설명하기에 부족하므로 정치, 사회, 경제적 맥락을 살피는 과정이 수반되어야 한다는 것을 추론할 수 있다.

③ 2문단의 '하지만 음식의 역사만큼 거시사와 미시사를 아우르는 것도 없다. 사람은 잘났건 못났건 누구나 먹어야 살고 먹기 위해 경제 활동은 물론이고 사회활동도 정치활동도 하기 때문이다.'를 통해 식사라는 개인의 사적인 행위는 그가 속한 사회와 불가분의 관계를 맺고 있으며 미시적인 차원에 머무르지 않음을 추론할 수 있다.

④ 1문단의 '당시 사람들이 왜 그러한 음식을 만들어 먹을 수밖에 없었는지를 밝혀야만 그 음식의 역사에 다가갈 수 있다. 음식의 역사는 결코 에피소드 모둠이 아니다. 그 속에는 경제와 정치와 사회가 있다.'를 통해 음식의 역사에 다가가기 위해서는 특정 음식이 등장하는 사회적 기반과 경제적 여건 등을 통찰하는 시각이 필요함을 추론할 수 있다.

09 난도 ★★☆ 정답 ⑤

비문학 > 사실적 읽기

정답의 이유

⑤ 3문단의 "신경성 식욕 부진증의 근본적인 문제는 '나는 뚱뚱하다.'라고 자신의 신체 이미지를 심각하게 왜곡한다는 것이다."를 통해 신경성 식욕 부진증 환자의 문제는 자신의 신체에 대해 왜곡된 이미지를 갖고 있는 것임을 알 수 있다.

오답의 이유

① 2문단의 '이들은 일반적으로 머리가 좋고 자신을 완벽하게 통제하려는 완벽주의적 성향이 강하다.'를 볼 때 신경성 식욕 부진증 환자는 자신을 통제하려는 성향이 강하므로, 스스로 식욕을 통제하는 데 어려움을 느낀다고 이해한 것은 적절하지 않다.

② 3문단의 '그러나 10명 중에 1명의 환자는 결국 사망에 이르는 무서운 병이다.'를 볼 때 신경성 식욕 부진증에 걸리면 생명을 잃을 확률이 10% 정도이므로 신경성 식욕 부진증에 걸리면 건강 악화로 생명을 잃을 확률이 4% 정도라고 이해한 것은 적절하지 않다.

③ 2문단의 '흥미롭게도 이 병에 걸린 환자는 직접 요리를 해서 다른 사람을 먹이는 것을 좋아한다.'를 볼 때 신경성 식욕 부진증 환자는 요리하는 것을 좋아하므로 음식 냄새조차 거부한다고 이해한 것은 적절하지 않다.

④ 2문단의 '그리고 칼로리 소모를 위해 하루 종일 쉬지 않고 움직이고 음식물의 칼로리나 영양분에 대한 지식이 해박하다.'를 볼 때 신경성 식욕 부진증 환자는 칼로리나 영양분에 대한 지식이 해박하므로 신경성 식욕 부진증이 영양분과 칼로리에 대해 무지하기 때문에 발병한다고 이해한 것은 적절하지 않다.

10 난도 ★★★ 정답 ②

비문학 > 글의 순서 파악

정답의 이유

• (가)에서는 앙리 르페브르가 말한 현대사회의 특징을 언급하면서 독자의 관심을 끌고 있으며, '현대 사회에서 양식의 부재'라는 화제를 제시하고 있으므로 글의 처음에 오는 것이 적절하다.

• (다)에서는 양식이란 한 작품을 만들기 위한 목적으로 어떤 소재와 형태를 다루는 특정의 개인적 또는 집단적 방법을 뜻한다며, 예술분야에서의 양식을 정의하고 있다. 따라서 '양식'이라는 화제를 언급한 (가) 다음에 오는 것이 적절하다.

• (마)에서는 양식이 생활양식이나 행동양식처럼 개인의 행동방식을 뜻하기도 한다며 또 다른 양식의 정의를 제시하고 있다. 따라서 예술분야에서의 양식에 대해 언급했던 (다) 다음에 오는 것이 적절하다.

• (라)에서는 양식이 사라질수록 그에 대한 향수는 짙어지고 현대인의 일상생활은 양식에 대한 노스탤지어와 그에 대한 추구로 특징지어진다는 르페브르의 말을 제시하고 있다. 따라서 현대에는 양식이 없다고 언급한 (마) 다음에 오는 것이 적절하다.

• (나)에서는 행동방식이라는 측면에서도 일상성은 양식을 추방해 버렸고, 추석 명절 명문 선비가의 차례의식을 TV화면이 비추는 것이 양식에 대한 현대인의 강한 노스탤지어의 표현이라는 내용을 제시하였다. 따라서 양식이 사라질수록 현대인의 일상생활은 양식에 대한 향수가 짙어진다는 것을 언급한 (라) 다음에 오는 것이 적절하다. 또한 자신의 행동에 의미를 부여해 줄 양식이 사라진 오늘날 사람들이 공허감, 권태, 무기력을 느끼는 것은 당연하다며 전반적인 내용을 정리하고 있으므로 글의 가장 마지막에 오는 것이 적절하다.

따라서 논리적 순서에 맞게 나열한 것은 ② (가) – (다) – (마) – (라) – (나)이다.

11 난도 ★★☆ 정답 ③

비문학 > 글의 전개 방식

정답의 이유

③ 제시된 글에서는 현대 농업의 단작화와 품종의 단순화가 농경지 생태계를 매우 불안정하게 만들었다며 특정 재배 방식에 대한 비판을 드러내고 있다. 하지만 그에 따른 대안을 제시하고 있지는 않다.

오답의 이유

① 1문단에서 '윤작(輪作)', '복작(複作)', '단작(單作)' 등 작물 재배와 관련된 여러 개념을 제시하고 있다.

② 1문단의 '예를 들면 전 세계적으로 단지 6개 품종이 옥수수 생산량의 70% 이상을 차지하고 있다.'와 3문단의 '1978년에는 우리나라 논 전체의 70% 이상에서 통일계 품종이 재배되었다.'를 보면, 구체적인 수치를 통해 내용의 객관성을 확보하고 있음을 확인할 수 있다.

④ 1문단에서 전통적인 농업에서는 윤작과 복작이 주류를 이루었지만, 지난 수십 년에 걸쳐서 단작이 증대되어 왔다고 제시하며 과거와 현대의 재배 방식을 대비하여 설명하고 있다.

⑤ 2문단에서 현대 농업의 단작화와 품종의 단순화로 인한 생태계의 다양성 감소가 예기치 못한 피해를 가져올 수 있다고 하며, '이에 대한 예는 매우 많이 찾을 수 있는데 우리나라의 벼농사 경험이 그중 하나이다.'라고 하였다. 이에 대해 3문단에서 구체적으로 설명하고 있다.

12 난도 ★★☆ 　　　　　　　　　　　정답 ⑤

비문학 > 사실적 읽기

정답의 이유

⑤ 3문단의 '그러나 해가 거듭되고 유전적으로 매우 유사한 통일계 품종들이 점차 늘어나자 새로운 도열병 균계가 생겨나 통일계 품종의 저항성이 무너짐으로써 1973년에 전국적으로 이삭목 도열병이 발생하여 큰 피해를 주었다.'를 통해 유사한 통일계 품종들이 늘어나서 도열병에 대한 저항성이 무너졌음을 알 수 있다.

오답의 이유

① '복작'은 계절적 또는 공간적으로 매우 다양한 작물과 품종이 재배되는 방식이고, '단작'은 한 지역에 대단위로 1년에 한 작물만을 재배하는 방식이므로 서로 대비되는 재배 방식이다.

② 1문단의 '한편 품종적인 측면에 있어서도 각 지역에 오랫동안 잘 적응해 온 토착 품종들은 사라지고 유전적으로 개량된 소수의 품종들이 들판을 차지하게 되었다.'를 통해 토착 품종보다는 유전적으로 개량된 소수의 품종들이 현대 농업의 주를 이루고 있음을 알 수 있다.

③ 2문단의 '그러나 현대 농업의 단작화와 품종의 단순화는 농경지 생태계를 매우 불안정하게 만들었다.'를 통해 농업의 단작화는 생태계의 불안정화를 촉진하는 등의 문제점이 있음을 알 수 있다.

④ 3문단의 '우리나라는 1970년대 초에 통일벼를 육성하고 대대적인 보급을 하여 1976년에는 국민의 염원인 쌀의 자급이 처음으로 이루어졌다.'를 통해 우리나라는 1970년대에 통일벼를 육성하여 쌀을 자급할 수 있게 되었음을 알 수 있다.

13 난도 ★★☆ 　　　　　　　　　　　정답 ①

비문학 > 사실적 읽기

정답의 이유

① 2문단에서 '이것이 바로 야생종들이 인류가 살 만한 환경을 만들어 줄 뿐만 아니라 우리의 생명 유지를 도와주는 생성물들의 원천이 되는 이유이다.'라고 하였고, 3문단에서 '21세기 의학의 새로운 무기를 얻기 위해서는 더 광범위한 야생종들로 관심을 돌려야 한다.'라고 하였으므로, 인간의 생명 유지에도 도움이 될

수 있기 때문에 유기체의 생존과 번식을 돕는 야생종들의 유전자를 연구해야 한다고 이해한 것은 적절하다.

오답의 이유

② 1문단의 '그들의 유전자는 수많은 세대를 거치며 역경을 견뎌 왔기 때문에 그 유전자를 운반하는 유기체의 생존과 번식을 돕기 위해 극도로 복잡한 일련의 생화학적 장치들을 솜씨 있게 작동시킨다.'를 통해 수많은 세대를 거친 유전자의 진화가 야생종의 생존과 번식을 돕는 생화학적 장치들을 작동시킨다는 것을 확인할 수 있다.

③ 1문단의 '자신들이 살고 있는 환경에 철저하게 적응하고 있는 각종들은 유용한 과학 지식의 방대한 원천을 제공해 주는 진화의 걸작품이다.'를 통해 현재 살아남은 종들은 철저하게 환경에 적응한 결과물이라는 것을 알 수 있다. 하지만 2문단에서 야생종들이 인류가 살 만한 환경을 만들어주고 우리의 생명 유지를 도와주는 생명물들의 원천이라고 하였으므로 인간이 처한 환경 문제와는 무관하다고 이해한 것은 적절하지 않다.

④ 3문단의 '오늘날 가장 널리 쓰이는 물질들은 질병 유기체가 약에 대한 유전적 저항성을 획득함에 따라 그 효과가 점점 줄어들고 있다.'를 통해 인간이 질병 유기체에 대한 유전적 저항성을 획득한 것이 아니라 질병 유기체가 약에 대한 유전적 저항성을 획득했음을 알 수 있다.

⑤ 3문단의 '오늘날 가장 널리 쓰이는 물질들은 질병 유기체가 약에 대한 유전적 저항성을 획득함에 따라 그 효과가 점점 줄어들고 있다. 예를 들어 보편적인 포도상구균 박테리아는 잠재적으로 치명적인 병원체로서 다시 등장했고 폐렴을 일으키는 미생물은 점점 더 위험해지고 있다.'를 통해 질병 유기체가 약에 대한 저항성을 획득함에 따라 오늘날 쓰이는 항생물질들의 효과가 점점 줄어들고 기존의 질병 유기체나 미생물들이 더 위험해지고 있음을 알 수 있다. 잠재적으로 치명적인 병원체들이 새롭게 등장하기 때문에 의학 연구자들에게 새로운 무기가 필요한 것이 아니다.

14 난도 ★☆☆ 　　　　　　　　　　　정답 ⑤

문법 > 표준어 규정

정답의 이유

⑤ '야무지다'는 '사람의 성질이나 행동, 생김새 따위가 빈틈이 없이 꽤 단단하고 굳세다.'라는 뜻의 단어이다. '야물딱지다'는 잘못된 표기이다.

오답의 이유

① '굽실거리다'는 '고개나 허리를 자꾸 가볍게 구푸렸다 펴다.'라는 뜻의 단어이고 복수 표준어는 '굽신거리다'이다.

② '꺼림칙하다'는 '마음에 걸려서 언짢고 싫은 느낌이 있다.'라는 뜻의 단어이고 복수 표준어는 '꺼림직하다'이다.

③ '남우세스럽다'는 '남에게 놀림과 비웃음을 받을 듯하다.'라는 뜻의 단어이고 복수 표준어는 '남사스럽다'이다.

④ '두루뭉술하다'는 '모나거나 튀지 않고 둥그스름하다. 말이나 행동 따위가 철저하거나 분명하지 아니하다.'라는 뜻의 단어이고 복수 표준어는 '두리뭉실하다'이다.

문법 > 한글 맞춤법

[정답의 이유]

④ 들어했다(×) → 들어∨했다(○): 한글 맞춤법 제47항의 해설에서 '-아/-어 하다'가 구(句)에 결합하는 경우에는 띄어 쓴다고 하였으므로 '들어∨하다'로 띄어 써야 한다.

[오답의 이유]

① 될법하다(○): 한글 맞춤법 제47항에서 보조 용언은 띄어 씀을 원칙으로 하되, 경우에 따라 붙여 씀도 허용한다고 하였으므로 보조 용언 '법하다'는 앞말과 붙여 쓰는 것이 허용된다.

② 올∨듯도∨하다(○): 한글 맞춤법 제47항 '다만'에서 중간에 조사가 들어갈 적에는 그 뒤에 오는 보조 용언은 띄어 쓴다고 하였으므로 보조 용언 '하다'를 앞말과 띄어 써야 한다.

③ 기억해둘∨만하다(○): 한글 맞춤법 제47항에서 보조 용언은 띄어 씀을 원칙으로 하되, 경우에 따라 붙여 씀도 허용한다고 하였으므로 보조 용언 '두다'는 앞말과 붙여 씀이 허용되어 '기억해두다'로 붙여 쓸 수 있다. 다만 보조 용언이 거듭 나타나는 경우 앞의 보조 용언만을 붙여 쓸 수 있으므로 뒤에 붙는 보조 용언 '만하다'는 앞말과 띄어 써야 한다.

⑤ 떠내려가∨버렸다(○): '떠내려가다'는 용언 '뜨다'와 '내려가다'가 결합한 합성 용언이므로 붙여 쓴다. 참고로 '떠내려가∨버렸다'는 한글 맞춤법 제47항 '다만'에서 앞말이 합성 용언인 경우 그 뒤에 오는 보조 용언은 띄어 쓴다고 하였으므로 띄어 쓰는 것이 적절하다.

어휘 > 혼동 어휘

[정답의 이유]

① 졸인다(×) → 조린다(○): '졸이다'는 '찌개, 국, 한약 따위의 물을 증발시켜 분량을 적어지게 하다.'라는 뜻이다. 제시된 문장에서는 '양념을 한 고기나 생선, 채소 따위를 국물에 넣고 바짝 끓여서 양념이 배어들게 하다.'를 뜻하는 '조리다'를 쓰는 것이 적절하다.

[오답의 이유]

② 늘인다(○): '늘이다'는 '본디보다 더 길어지게 하다.'라는 뜻으로 문맥상 적절하게 쓰였다.

③ 부치다(○): '부치다'는 '어떤 문제를 다른 곳이나 다른 기회로 넘기어 맡기다.'라는 뜻으로 문맥상 적절하게 쓰였다.

④ 걷히다(○): '걷히다'는 '여러 사람에게서 돈이나 물건 따위가 거두어지다.'라는 뜻으로 문맥상 적절하게 쓰였다.

⑤ 이따가(○): '이따가'는 '조금 지난 뒤에'라는 뜻으로 문맥상 적절하게 쓰였다.

현대 문학 > 현대 시

[정답의 이유]

④ 3연에서 가을밤의 정취를 '동해 바다 물처럼' 푸르다고 표현하며 시각적 이미지를 강조하고 대상의 의미를 심화하고 있다. 시적 화자가 동해 바다를 보며 생각에 잠겨 있는 것이 아니다.

[오답의 이유]

① 1연과 5연에서 시적 청자인 '순이'를 부르는 것을 통해 돈호법이 사용되었음을 확인할 수 있다.

② 2연에서 '달은 과일보다 향그럽다.'라며 공감각적 심상(시각의 후각화)을 통해 달빛의 이미지를 표현하고 있다.

③ 1연에서 '달빛이 밀물처럼 밀려 왔구나.'라며 직유법을 사용하여 달빛을 형상화하고 있다.

⑤ 제시된 작품은 제목인 '달', '포도', '잎사귀'를 시상 전개의 주요 소재로 사용하여 가을밤 달빛이 비치는 뜰의 정취를 감각적으로 표현하고 있다.

작품 해설

장만영, 「달·포도(葡萄)·잎사귀」

- 갈래: 자유시, 서정시
- 성격: 서정적, 낭만적, 회화적
- 주제: 가을 달밤의 아름다운 정취
- 특징
  - 감각적 이미지를 사용하여 정경을 묘사함
  - 대화체의 어조를 통하여 친근한 느낌을 형성함
  - 의도적인 사행 배치(3연)를 통하여 시각적 이미지와 시적 의미를 강조함

문법 > 한글 맞춤법

[정답의 이유]

④ • 부싯돌: '부싯돌(부시+돌)'은 순우리말이 결합하여 만들어진 합성어이고, 뒷말의 첫소리가 된소리로 나 [부시똘/부싣똘]로 발음하므로 사이시옷을 받쳐 적는다. 따라서 ㉠의 사례에 해당한다.

• 빗물: '빗물(비+물)'은 순우리말이 결합하여 만들어진 합성어이고, 뒷말의 첫소리 'ㅁ' 앞에서 'ㄴ' 소리가 덧나 [빈물]로 발음하므로 사이시옷을 받쳐 적는다. 따라서 ㉡의 사례에 해당한다.

• 훗일: '훗일(後+일)'은 한자어와 순우리말이 결합하여 만들어진 합성어이고, 뒷말의 첫소리 모음 앞에서 'ㄴㄴ' 소리가 덧나 [훈:닐]로 발음하므로 사이시옷을 받쳐 적는다. 따라서 ㉢의 사례에 해당한다.

국어

실전동형모의고사

오답의 이유

① • 귓병: '귓병(귀+病)'은 순우리말과 한자어가 결합하여 만들어 진 합성어이고, 뒷말의 첫소리가 된소리로 나 [귀뼝/귇뼝]으로 발음하므로 사이시옷을 받쳐 적는다. 따라서 ㉠의 사례에 해당한다.

• 잇몸: '잇몸(이+몸)'은 순우리말이 결합하여 만들어진 합성어이고, 뒷말의 첫소리 'ㅁ' 앞에서 'ㄴ' 소리가 덧나 [인몸]으로 발음하므로 사이시옷을 받쳐 적는다. 따라서 ㉡의 사례에 해당한다.

• 웃어른: '웃어른(웃-+어른)'은 '어른'에 '위'의 뜻을 더하는 접두사 '웃-'이 결합하여 만들어진 파생어이다. 따라서 ㉢의 사례에 해당하지 않는다.

② • 덧저고리: '덧저고리(덧-+저고리)'는 '저고리'에 '거듭된 또는 겹쳐 신거나 입는'의 뜻을 더하는 접두사 '덧-'이 결합하여 만들어진 파생어이다. 따라서 ㉠의 사례에 해당하지 않는다.

• 툇마루: '툇마루(退+마루)'는 한자어와 순우리말이 결합하여 만들어진 합성어이고, 뒷말의 첫소리 'ㅁ' 앞에서 'ㄴ' 소리가 덧나 [퇸:마루/퉫:마루]로 발음하므로 사이시옷을 받쳐 적는다. 따라서 ㉡의 사례에 해당한다.

• 깻잎: '깻잎(깨+잎)'은 순우리말이 결합하여 만들어진 합성어이고 뒷말의 첫소리 모음 앞에서 'ㄴㄴ' 소리가 덧나 [깬닙]으로 발음하므로 사이시옷을 받쳐 적는다. 따라서 ㉢의 사례에 해당한다.

③ • 돗자리: '돗자리'는 한글 맞춤법 제7항의 'ㄷ' 소리로 나는 받침 중에서 'ㄷ'으로 적을 근거가 없는 것은 'ㅅ'으로 적는다는 규정에 따라 '돋자리'로 적지 않고 '돗자리'로 적은 것이다. 따라서 ㉠의 사례에 해당하지 않는다.

• 뒷머리: '뒷머리(뒤+머리)'는 순우리말이 결합하여 만들어진 합성어이고, 뒷말의 첫소리 'ㅁ' 앞에서 'ㄴ' 소리가 덧나 [뒨:머리]로 발음하므로 사이시옷을 받쳐 적는다. 따라서 ㉡의 사례에 해당한다.

• 베갯잇: '베갯잇(베개+잇)'은 순우리말이 결합하여 만들어진 합성어이고, 뒷말의 첫소리 모음 앞에서 'ㄴㄴ' 소리가 덧나 [베갠닏]으로 발음하므로 사이시옷을 받쳐 적는다. 따라서 ㉢의 사례에 해당한다.

⑤ • 절댓값: '절댓값(絕對+값)'은 한자어와 순우리말이 결합하여 만들어진 합성어이고, 뒷말의 첫소리가 된소리로 나 [절때깝/절땓깝]으로 발음하므로 사이시옷을 받쳐 적는다. 따라서 ㉠의 사례에 해당한다.

• 도리깻열: '도리깻열(도리깨+열)'은 순우리말이 결합하여 만들어진 합성어이고, 뒷말의 첫소리 모음 앞에서 'ㄴㄴ' 소리가 덧나 [도리깬녈]로 발음하므로 사이시옷을 받쳐 적는다. 따라서 ㉡의 사례에 해당하지 않는다.

• 가욋일: '가욋일(加外+일)'은 한자어와 순우리말이 결합하여 만들어진 합성어이고, 뒷말의 첫소리 모음 앞에서 'ㄴㄴ' 소리가 덧나 [가왼닐/가웬닐]로 발음하므로 사이시옷을 받쳐 적는다. 따라서 ㉢의 사례에 해당한다.

---

19 난도 ★★☆   정답 ③

어휘 > 한자어

정답의 이유

㉡ 도대체(都大體): 다른 말은 그만두고 요점만 말하자면

㉢ 어차피(於此彼): 이렇게 하든지 저렇게 하든지. 또는 이렇게 되든지 저렇게 되든지

㉤ 사과(沙果): 사과나무의 열매

오답의 이유

㉠ · ㉣ · ㉥ '생각', '도무지', '접시'는 순우리말이다.

---

20 난도 ★★☆   정답 ②

어휘 > 한자어

정답의 이유

㉠ 이첩(移牒): 받은 공문이나 통첩을 다른 부서로 다시 보내어 알림. 또는 그 공문이나 통첩

㉡ 비준(批准): 조약을 헌법상의 조약 체결권자가 최종적으로 확인, 동의하는 절차

㉢ 인준(認准): 입법부가 법률에 지정된 공무원의 임명과 행정부의 행정 행위를 인정하는 일

㉣ 상신(上申): 윗사람이나 관청 등에 일에 대한 의견이나 사정 따위를 말이나 글로 보고함

㉤ 경정(更正): 납세 의무자의 신고가 없거나 신고액이 너무 적을 때에 정부가 과세 표준과 과세액을 변경하는 일

㉥ 발주(發注): 물건을 보내 달라고 주문함. 주로 공사나 용역 따위의 큰 규모의 거래에서 이루어진다.

오답의 이유

• 통첩(通牒): 행정 관청이 그 소관 사무에 관하여 관하의 기관이나 직원 또는 공공 단체 따위에 대하여 어떤 사항을 통지하는 일

• 계고(啓告): 윗사람이나 관청 등에 일에 대한 의견이나 사정 따위를 말이나 글로 보고함

• 갱정(更正): 경정(更正)의 비표준어

• 수주(受注): 주문을 받음. 주로 물건을 생산하는 업자가 제품의 주문을 받는 것을 이르는 말이다.

---

21 난도 ★★☆   정답 ④

현대 문학 > 현대 소설

정답의 이유

④ 제시된 작품은 사건의 서술이나 인물 간의 갈등, 대화 장면 등이 나타나지 않고 '나'와 관찰하는 '그'의 외양과 시공간에 대한 묘사가 주로 나타난다.

오답의 이유

① '그러나 창에는 철창이 둘려 있기 때문에 나는 마치 렌즈의 핀을 맞출 때처럼 객관적인 거리를 유지하며 냉정한 눈으로 그를 살필 수 있다.'를 통해 '나'가 '냉정한 눈'을 통해 대상을 관찰하고 있음을 알 수 있다. 그러나 관찰 대상인 '그'의 객관적 이미지를 형상화하고 있지는 않다.

② '나'는 1인칭 서술 방식을 통해 '그'의 모습과 시공간을 묘사하고 있기는 하지만 대상의 심리를 직접적으로 드러내고 있지는 않다.

③ 제시된 작품에서 '나'는 '그'의 모습과 시공간을 관찰하고 묘사하고 있지만, 사건을 압축적으로 요약하여 서사의 배경을 제시하고 있지는 않다.

⑤ 제시된 작품에서 '나'의 시선은 관찰의 대상인 '그'에게 고정되어 있다.

22 난도 ★★☆   정답 ③

비문학 > 사실적 읽기

정답의 이유

③ '먼저, 글은 말처럼 저절로 알게 되는 것이 아니라 일부러 배워야 글자도 알고, 글 쓰는 법도 알게 된다는 점이다.'를 통해 말은 저절로 배울 수 있지만, 글을 배우는 것은 의식적인 노력이 필요하다는 것을 확인할 수 있다. 그러나 글이 말보다 더 큰 가치를 지닌다는 내용은 제시된 글에 나타나지 않는다.

오답의 이유

① '우선 말은 청각에 이해시키는 점, 글은 시각에 이해시키는 점이 다르다. 말은 그 자리, 그 시간에서 사라지지만 글은 공간적으로 널리, 시간적으로 얼마든지 오래 남을 수 있는 것도 다르다.'를 통해 음성 언어는 청각에 기반하며 순간적으로 사라지지만, 문자 언어는 시각에 기반하며 기록으로 전승된다는 것을 알 수 있다.

② '또 말은 머리도 꼬리도 없이 불쑥 나오는 대로, 한 마디 혹은 한두 마디로 쓰이는 경우가 거의 전부다. 한두 마디만 불쑥 나오더라도 제3자가 이해할 수 있는 환경과 표정과 함께 지껄여지기 때문이다.'를 통해 말은 말하는 환경과 표정 같은 비언어적 표현의 효과 때문에 형식이 자유롭다는 것을 알 수 있다.

④ '그러나 글은 배워야 알고, 연습해야 잘 쓸 수 있다.'를 통해 글은 문자를 습득하고 글의 형식을 익히는 의식적인 노력이 필요하고 연습을 해야 쓸 수 있음을 알 수 있다.

⑤ '말은 외국어가 아닌 이상엔 커가면서 거의 의식적인 노력 없이 배워지고, 의식적으로 연습하지 않아도 날마다 말하는 것이 절로 연습된다.'를 통해 외국어를 배우는 상황에서는 말도 글처럼 의식적으로 노력하고 연습해야 함을 알 수 있다.

23 난도 ★★★   정답 ④

비문학 > 추론적 읽기

정답의 이유

④ 〈보기〉의 '사람 자기 가축화 가설'에 따르면 인간은 친화력이 증가하고 협력적 의사소통 능력이 강화되는 방향으로 발달하였다. (가)에서는 테스토스테론이 많이 분비될수록 눈썹활이 두드러지며 얼굴이 길어진다고 하였고, (나)에서는 테스토스테론 수치와 다른 호르몬의 상호작용이 공격적 반응을 유발한다고 하였다. (라)에 따르면 연구자들이 1,421점에 달하는 두개골의 눈썹활 및 얼굴 길이와 폭을 조사한 결과 프라이스토세 중기에서 현대로 올수록 눈썹활 높이가 낮아지고, 얼굴 길이는 짧아지고 폭도 좁아졌다. 이를 통해 인간은 진화하면서 점점 테스토스테론 수

치가 줄었다고 추론할 수 있다. 인간의 공격적 반응을 유발하는 호르몬 수치가 줄었다는 것은 반대로 인간의 친화력 향상 및 협력적 의사소통 능력 강화와 관련 지을 수 있으므로, 연구자들이 1,421점에 달하는 두개골의 눈썹활 및 얼굴 길이와 폭을 조사한 것은 친화력이 증가하는 인간 진화의 방향을 확인하기 위해서라고 추론한 것은 적절하다.

오답의 이유

① (나)의 '일부 동물에게서는 그런 효과가 확인되기도 하지만, 인위적으로 테스토스테론을 주입한다고 해서 그 사람이 더 높은 공격성을 보이는 것은 아니다.'를 통해 테스토스테론을 주입해도 공격성이 높아지지 않음을 알 수 있다.

② 사람 자기가축화 가설은 친화력이 높아질수록 협력적 의사소통 능력이 강화되는 발달 패턴을 보이고 관련 호르몬 수치가 높은 개인들이 세대를 거듭하면서 더욱 성공하게 되었다고 본다. 하지만 이것만으로는 테스토스테론이 친화력을 저해하는 요소인지는 알 수 없다.

③ 〈보기〉에서 언급한 '관련 호르몬'은 친화력 향상과 협력적 의사소통 능력 강화와 관련된 호르몬이고, (나)의 '다른 호르몬'은 테스토스테론 수치와 상호작용하여 공격적 반응을 유발하는 호르몬이다. 따라서 두 호르몬이 같은 것이라 보기는 어렵다.

⑤ (가)의 "따라서 남자가 여자보다 눈썹활이 더 두드러지고 얼굴이 약간 더 긴 경향이 있어서 이런 얼굴을 '남성적'이라고 말한다."를 통해 눈썹활이 두드러지고 긴 얼굴을 '남성적'이라고 함을 알 수 있다. 하지만 제시된 글에는 눈썹활이 낮고 얼굴이 짧고 좁은 얼굴을 '여성적'이라고 말한다는 언급은 없으며, 여성 호르몬과 관련된 내용도 나타나지 않는다.

24 난도 ★★☆   정답 ②

비문학 > 추론적 읽기

정답의 이유

② 2문단의 '그들은 타인의 권리를 침범하지 않는 한, 원하는 재화는 무엇이든 자유롭게 사고 팔 수 있어야 한다고 주장한다.'를 통해 자유지상주의자는 거래의 자유를 중요시함을 알 수 있다. 또한 3문단의 '공리주의자는 시장에서 거래가 구매자와 판매자에게 똑같이 이익을 제공하고, 결과적으로 집단의 행복이나 사회적 효용을 향상시킨다고 말한다.'를 통해 공리주의자는 시장에서의 거래가 사회적 효용을 향상시킨다고 주장함을 알 수 있다. 따라서 자유지상주의자는 암표 매매가 궁극적으로 사회적 효용을 증가시키므로 암표 매매 금지법에 대하여 반대한다고 추론한 것은 적절하지 않다.

오답의 이유

① 3문단의 '공리주의자는 시장에서 거래가 구매자와 판매자에게 똑같이 이익을 제공하고, 결과적으로 집단의 행복이나 사회적 효용을 향상시킨다고 말한다.'를 통해 공리주의의 입장에서 암표 거래가 성사된다면 구매자와 판매자는 모두 행복해지고 효용은 증가함을 알 수 있다.

③ · ④ · ⑤ 2문단의 '자유 시장 체제에서는 재화를 사고 파는 행위에 대해 사회 질서나 도덕성 여부와 상관없이 구매하는 사람이

지불하려는 가격과 판매하는 사람이 원하는 가격이 일치하면 거래가 이루어진다.'를 통해 자유 시장 체제를 옹호하는 입장에서는 상호 유리한 방향으로 거래하는 것을 허용하고 이를 통해 사회적 효용이 증가된다고 여김을 알 수 있다. 따라서 자유 시장 체제를 옹호하는 입장에서는 줄서기의 본질을 침범했다는 이유로 대리 줄서기를 하는 사람을 비난할 수는 없으며, 자유 시장에서의 거래는 지불하려는 가격과 판매하는 사람이 원하는 가격이 일치할 때 이루어지기 때문에 재화에 가장 높은 가치를 매기는 사람에게 재화를 할당하게 되므로 사회적 효용을 증가시킨다.

25 난도 ★★★ 정답 ①

비문학 > 비판적 읽기

정답의 이유

① 〈보기〉에 따르면 콘서트나 축구 경기를 보고 싶어 하는 사람이라도 경제적 지불 능력이 없을 수 있으며, 경제적 지불 능력이 있다고 하더라도 그에 대한 만족감이 크지 않을 수 있다. 또한 콘서트나 축구 경기에 대한 열망이 크면 오랜 시간 줄을 서서 입장권을 구하더라도 그 경험에 대한 만족도가 클 수 있다. 즉, 〈보기〉의 입장에서 재화의 가치는 경제적 지불 능력이나 거래 결과의 효용성만으로 판단할 수 없는 것이다. 하지만 자유 시장 체제를 옹호하는 자유시장주의와 공리주의의 입장에서는 재화의 가치를 단순히 재화에 대한 경제적 지불 능력이나 합의된 거래만으로 평가하므로, 이러한 평가가 불완전하다는 의견은 자유지상주의와 공리주의를 비판한 내용으로 적절하다.

오답의 이유

② 재화의 가치는 자유 시장 체제의 수요와 공급에 절대적으로 의존하여 판단해야 한다는 의견은 자유 시장 체제를 옹호하는 입장에 해당하므로 자유지상주의와 공리주의를 비판한 내용으로 적절하지 않다.

③ · ④ 재화의 가치를 판단할 때 재화를 공급하는 판매자의 이익은 중요한 기준이 된다는 의견이나 재화의 가치를 판단할 때 구매자와 판매자의 행복이나 경제적 효용이 증가하는 것으로 기준을 삼아야 한다는 의견은 자유 시장 체제를 옹호하는 공리주의자의 입장에 해당한다.

⑤ 〈보기〉의 입장에 따르면 재화의 가치는 개인에 따라 다르게 평가할 수 있는 것으로, 거래 성립 과정이나 거래 결과의 효용성만으로 판단할 수 없다. 하지만 제시된 문장은 재화의 가치를 거래의 자유나 사회적 효용만으로 판단하는 자유지상주의와 공리주의를 비판하는 내용이라 보기 어렵다.

국어 | 2023년 법원직 9급

한눈에 훑어보기

✓ 영역 분석

어휘   24
1문항, 4%

문법   04 05 16
3문항, 12%

고전 문학   17 18 19 20 21 22
6문항, 24%

현대 문학   06 07 08 12 13 14 15
7문항, 28%

비문학   01 02 03 23 25
5문항, 20%

통합   09 10 11
3문항, 12%

✓ 빠른 정답

01	02	03	04	05	06	07	08	09	10
③	①	③	②	④	②	③	①	③	②
11	12	13	14	15	16	17	18	19	20
④	④	④	④	④	④	②	①	④	②
21	22	23	24	25					
④	③	③	③	②					

✓ 점수 체크

구분	1회독	2회독	3회독
맞힌 문항 수	/ 25	/ 25	/ 25
나의 점수	점	점	점

01 난도 ★☆☆   정답 ③

비문학 > 사실적 읽기

[정답의 이유]

③ 5문단의 "어떤 식으로든 눈에 띄고 선택받아 '돈'이 되기 위해 비윤리적이어도 개의치 않고 자극적인 요소들을 자연스럽게 포함한다. ~ 이런 이유로 가짜 뉴스는 혐오나 선동과 같은 자극적 요소를 담게 되고, 이렇게 만들어진 가짜 뉴스는 사회 구성원들의 통합을 방해하고 극단주의를 초래한다."를 통해 확인할 수 있다.

[오답의 이유]

① 5문단에서 '뉴스와 관련된 돈은 대부분 광고에서 발생한다. 모든 광고는 광고 중개 서비스를 통하는데, 광고주가 중개업체에 돈을 지불하면 중개업체는 금액에 따라 광고를 배치한다.'라고 하였으나 이를 통해 광고주와 중계업체 사이에 위계 관계가 발생하는지는 알 수 없다.

② 5문단의 '뉴스가 범람하는 상황에서 이용자는 선택과 집중을 할 수밖에 없다.'를 통해 소비자가자 선택과 집중을 통해 뉴스를 소비하게 되는 것은 뉴스가 범람하는 상황 때문임을 알 수 있다.

④ 5문단의 '뉴스와 관련된 돈은 대부분 광고에서 발생한다. ~ 높은 조회수가 나오는 사이트일수록 높은 금액의 광고를 배치하는 식이다.'를 통해 사이트에 높은 금액을 지불하는 것은 소비자가 아닌 광고주임을 알 수 있다. 소비자가 높은 금액을 주고 가짜 뉴스를 읽는다는 내용은 제시된 글에 나타나지 않는다.

02 난도 ★★☆   정답 ①

비문학 > 사실적 읽기

[정답의 이유]

① 2문단에서 가짜 뉴스의 정의와 범위에 대해서 의견이 여러 갈래로 나뉜다고 하였다. 하지만 가짜 뉴스의 기준과 범위를 정하기 어려운 이유는 나타나지 않는다.

[오답의 이유]

② 2문단에서 한국언론학회와 한국언론진흥재단이 주최한 세미나에서 가짜 뉴스를 '정치적·경제적 이익을 위해 의도적으로 언론 보도의 형식을 하고 유포된 거짓 정보'라고 정의하였다. 이를 통해 제시된 글이 전문성을 가진 단체가 주최한 세미나에서 정의한 가짜 뉴스의 개념을 제시하고 있음을 알 수 있다.

③ 1문단에서 "2016년에 옥스퍼드 사전은 세계의 단어로 '탈진실'을 선정하며 탈진실화가 국지적 현상이 아니라 세계적으로 나타나는 시대적 특성이라고 진단했다."라며 '탈진실'이라는 시대적 특성을 제시한 다음 가짜 뉴스가 사회적 논란거리로 떠올랐다고

하였다. 이를 통해 제시된 글이 가짜 뉴스가 논란거리로 떠오르게 된 시대의 특성을 제시하고 있음을 확인할 수 있다.

④ 4문단에서 대중이 뉴스를 접하는 채널이 신문·방송과 같은 전통적 매체에서 포털이나 SNS 등의 디지털 매체로 옮겨 가면서 가짜 뉴스는 누구나 쉽게 이용하는 매체에 '정식 기사'의 얼굴을 하고 나타나며 이는 쉽게 유통되고 확산되는 특징을 갖는다고 하였다. 이를 통해 제시된 글이 사용 매체의 변화로 인해 발생한 가짜 뉴스의 특징을 제시하고 있음을 알 수 있다.

03 난도 ★☆☆   정답 ③

비문학 > 사실적 읽기

정답의 이유

③ 3문단의 '1923년 관동 대지진이 났을 때 일본 내무성이 조선인에 대해 악의적으로 허위 정보를 퍼뜨린 일은 가짜 뉴스가 잔인한 학살로 이어진 사건이다.'를 통해 과거에 가짜 뉴스로 인해 많은 사람이 실제로 사망하는 사건이 벌어졌다는 것을 확인할 수 있다.

오답의 이유

① 4문단의 '가짜 뉴스는 더 이상 동요나 입소문을 통해 퍼지지 않는다.'를 통해 가짜 뉴스가 현재에는 입소문을 통해 전파되지 않음을 확인할 수 있다.

② 1문단의 "2016년에 옥스퍼드 사전은 세계의 단어로 '탈진실'을 선정하며 탈진실화가 국지적 현상이 아니라 세계적으로 나타나는 시대적 특성이라고 진단했다."를 통해 탈진실화는 특정 국가에 한정된 것이 아닌 세계적으로 나타나는 현상임을 확인할 수 있다.

④ 3문단의 '이처럼 역사 속에서 늘 반복된 가짜 뉴스가 뜨거운 감자로 떠오른 것은 새삼스러운 것처럼 보이지만, 최근 일어나는 가짜 뉴스 현상을 돌아보면 이전의 사례와는 확연히 다른 점을 발견할 수 있다.'를 통해 가짜 뉴스 현상은 과거와 현재가 확연히 다른 양상을 보임을 확인할 수 있다.

04 난도 ★★★   정답 ②

문법 > 통사론

정답의 이유

② '사기를 높여야'에서 동사 '높이다'는 형용사 '높다'의 어근 '높-' 뒤에 사동의 접미사 '-이-'가 결합한 것으로, 접사가 어근 뒤에 결합하였고 형용사인 '높다'가 동사 '높이다'로 품사가 바뀌었음을 확인할 수 있다. 따라서 ㉠과 ㉡을 모두 충족하는 예로 가장 적절하다.

오답의 이유

① '저녁노을이 유난히 새빨갛다'에서 형용사 '새빨갛다'는 형용사 '빨갛다' 앞에 접두사 '새-'가 결합한 것으로, 접사가 어근 앞에 결합하였고 품사는 바뀌지 않음을 확인할 수 있다. 따라서 ㉠과 ㉡ 모두 충족하지 못하는 예이다.

③ '책은 쉽고 재미있게 읽힌다'에서 동사 '읽히다'는 동사 '읽다'의 어근 '읽-' 뒤에 피동의 접미사 '-히-'가 결합한 것으로, 접사가 어근 뒤에 결합하였고 품사는 바뀌지 않음을 확인할 수 있다. 따라서 ㉠은 충족하지만 ㉡은 충족하지 못하는 예이다.

④ '천천히 달리기가'에서 동사 '달리기'는 동사 '달리다'의 어간 '달리-'에 명사형 전성 어미 '-기'가 결합한 것으로 접사가 결합하지 않았고 품사도 바뀌지 않음을 확인할 수 있다. 따라서 ㉠과 ㉡ 모두 충족하지 못하는 예이다.

05 난도 ★★☆   정답 ④

문법 > 통사론

정답의 이유

④ ㉣ '편찮으셨구나'는 '아프다'의 높임 어휘인 '편찮다'의 어간 '편찮-'에 높임 선어말 어미 '-으시-'가 결합한 것으로 주체인 '할머니'를 높인다.

오답의 이유

① ㉠ '모시고'는 '데리다'의 높임 어휘인 '모시다'의 활용형으로, 객체인 '할머니'를 높인다.

② ㉡ '할머니께'는 '할머니'에 높임의 부사격 조사 '께'가 결합한 것으로, 객체인 '할머니'를 높인다.

③ ㉢ '드린는'는 '주다'의 높임 어휘인 '드리다'의 활용형으로, 객체인 '할머니'를 높인다.

06 난도 ★★☆   정답 ②

현대 문학 > 현대 소설

정답의 이유

② '철'이 '나'에게 6·25 전쟁 때 북한군의 포로가 되었던 어느 형제에 관한 이야기를 들려주는 (가)의 내용이 외부 이야기이고 이 형제의 이야기가 구체적으로 전개되는 (나)~(마)의 내용이 내부 이야기이다. 따라서 이야기를 외부와 내부로 구성하여 주제를 전달하고 있다는 설명은 적절하다.

오답의 이유

① (나)에서 '형은 둔감했고 위태위태하도록 솔직했고, 결국 조금 모자란 사람이었다.', '물론 평소에 동생에 대한 형으로서의 체모나 위신 같은 것도 전혀 신경을 쓰지 않아서, ~ 하얀 살갗의 여윈 얼굴에 이 쓴웃음은 동생의 오연한 성미와 잘 어울려 있었다.' 등을 통해 인물의 성격을 상세하게 설명하고 있음을 알 수 있다. 그러나 인물을 희화화하고 있지는 않다.

③ 제시된 작품은 등장인물의 내적 독백이 아닌 대화를 중심으로 사건이 전개되고 있다.

④ 제시된 작품은 사건들을 병렬적으로 제시하고 있지 않다.

현대 문학 > 현대 소설

정답의 이유

③ '너, 무슨 일이 생겨두 날 형이라구 글지 마라'라는 말에는 자신의 죽음으로 인해 동생이 불이익을 받을까 염려하는 마음이 담겨 있다. 따라서 구성원을 획일화하는 사회에 대한 비판적 인식을 드러낸 것이라는 내용은 적절하지 않다.

오답의 이유

① 제시된 작품에서 '형'은 둔감하고 어수룩하여 현실에 잘 적응하지 못하지만, 솔직하고 천진난만한 인물이다. 따라서 모자라리만큼 둔감하고 위태위태하도록 솔직했던 형은 순수한 인간 본연의 모습을 간직한 인물로 볼 수 있다.

② 제시된 작품에서 '형'은 '주의의 경비병들을 흘끔 곁눈질해' 보며 눈치를 살피다가 점점 천진한 모습을 잃어 '밤에도 동생의 귀에다 입을 대고 이것저것 지껄이'지 않고, 동생이 울어도 '왜 우느냐고 화를 내지도 않고 울음을 터뜨리지도' 않는다. 이러한 상황을 볼 때 형이 경비병의 눈치를 흘끔거리기만 하는 모습에서 개인의 자유를 억압하는 외부의 감시가 존재함을 확인할 수 있다.

④ 제시된 작품에서 '형'은 아픈 다리 때문에 힘들어하다가 '주의해 보아 오던 한 사람이 뒤에서 따발총을 휘둘러' 쏘아 죽고 만다. 이를 통해 전쟁의 폭력성과 근원적인 인간성 상실의 모습을 확인할 수 있다.

현대 문학 > 현대 소설

정답의 이유

① (나)를 보면, 해방 이듬해 삼팔선을 넘을 때 모두가 긴장해서 숨도 제대로 쉬지 못하는 상황에서 형이 "야하, 이기 바루 그 삼팔선이구나이, 야하."라고 말해서 모두를 놀라게 했던 일을 제시하고 있다. 따라서 형은 모두가 긴장한 상황임을 알고 본인도 긴장하여 아무 소리도 내지 못했다고 이해한 것은 적절하지 않다.

오답의 이유

② (다)와 (라)에서 눈물을 흘리는 동생의 모습을 보고 왜 우냐고 화를 내면서도 눈물을 터뜨리는 형의 모습을 확인할 수 있다.

③ (라)의 '이젠 밤에도 동생의 귀에다 입을 대고 이것저것 지껄이지 않았다. ~ 동생은 또 참다못해 눈물을 흘렸다. 그러나 형은 왜 우느냐고 화를 내지도 않고 울음을 터뜨리지도 않았다. 동생은 이런 형이 서러워 더 더 흐느꼈다.'를 통해 시간이 지나 동생의 귀에 어떤 말도 하지 않는 형의 모습을 보며 서러워하는 동생의 모습을 확인할 수 있다.

④ (마)에서 형은 동생에게 "너, 무슨 일이 생겨두 날 형이라구 글지 마라, 어엉"이라며 평소와 다른 숙성한 사람 같은 억양으로 말하는 장면을 제시하고 있다.

작품 해설

이호철, 「나상」

- 갈래: 단편 소설, 액자 소설
- 성격: 비판적, 실존적
- 주제: 근원적 인간성의 소중함과 극한 상황에서 모색하는 올바른 삶의 자세
- 특징
  - 외부 이야기와 내부 이야기의 서술 시점이 다름
  - 전쟁의 폭력성과 이로 인한 인간성 상실을 강조함
  - 외부와 내부를 넘나드는 인물을 통해 과거와 현재를 교차하여 주제를 확장함

통합 > 고전 운문 · 현대 시

정답의 이유

③ (가)에서는 '잡ᄉᆞ와 두어리마ᄂᆞᆫ / 선ᄒᆞ면 아니 올셰라'라며 이별의 상황을 체념하고 수용하는 모습과 자기 희생적인 태도가 나타난다. (나)에서는 '나 보기가 역겨워 / 가실 때에는 / 말없이 고이 보내 드리우리다'라며 이별의 상황을 받아들이는 체념적 태도가 나타나고 '가시는 걸음걸음 / 놓인 그 꽃을 / 사뿐히 즈려밟고 가시옵소서.'에서 임에 대한 원망을 초극한 희생적인 사랑이 나타난다.

오답의 이유

① ⓛ (가)의 '가시ᄂᆞᆫ 듯 도셔 오쇼셔 나ᄂᆞᆫ'을 통해 사랑하는 임과 재회하기를 바라는 화자의 소망을 확인할 수 있다. (나)에서는 임과 이별하고 싶지 않은 마음을 표현하고는 있으나 임과의 재회를 희망하는 모습은 나타나지 않는다.

② (나)에서는 '영변(寧邊)에 약산(藥山)'이라는 구체적인 지명이 나타나지만 (가)에서는 나타나지 않는다.

④ (가)와 (나) 모두 이별의 원인을 외부에서 찾고 있지 않다.

통합 > 고전 운문 · 현대 시

정답의 이유

② '셜온'의 주체를 화자로 본다면 ⓒ '셜온 님'은 '나'를 서럽게 하는 임이라고 해석되고 '셜온'의 주체를 임으로 본다면 ⓒ '셜온 님'은 이별을 서러워하는 임이라고 해석된다. 따라서 임 역시 이별 상황을 아쉬워하고 있다는 것은 '셜온'의 주체를 임으로 본 경우이다.

오답의 이유

① ⓛ '선ᄒᆞ면 아니 올셰라'에서 서운하면 사랑하는 임이 돌아오지 않을까 하여 임을 보내드린다며 화자가 임을 떠나보내는 이유를 제시하고 있다.

③ 영변의 약산에 핀 ⓒ '진달래꽃'을 임이 떠나는 길에 뿌리겠다고 하는 것은 떠나는 임에 대한 축복이며 화자의 사랑과 정성을 의미한다. 또한 '진달래꽃'은 시적 화자의 분신으로, 이것을 밟고 가라고 하는 것은 화자의 헌신과 희생을 보여주는 것이다.

④ 임이 떠나는 상황에서도 죽어도 눈물을 흘리지 않겠다고 함으로써 인고의 자세를 보여주고 있으나 실제로는 반어법을 통해 이별의 상황에서 느끼는 슬픔을 강조하고 있다.

11 난도 ★★★   정답 ④

통합 > 고전 운문 · 현대 시

정답의 이유

④ (가)와 (나) 모두 기-승-전-결의 4단 구성을 통해 시상을 전개하고 있다. (가)는 '이별의 슬픔(기)-임에 대한 원망(승)-이별에 대한 체념(전)-재회의 소망(결)'의 구성으로 시상이 전개되며, (나)는 '이별의 정한(기)-떠나는 임에 대한 축복(승)-희생적 사랑(전)-이별의 정한 극복(결)'의 구성으로 시상이 전개된다.

오답의 이유

① 수미 상관은 첫 번째 연이나 행을 마지막 연이나 행에 다시 반복하는 것을 의미한다. 이를 고려했을 때 (나)에서는 1연의 '나 보기가 역겨워 / 가실 때에는 / 말없이 고이 보내 드리우리다.' 시구가 동일하게 4연에서도 반복되어 수미 상관이 나타나는 것을 확인할 수 있다. (가)에서는 수미 상관 형식이 나타나지 않는다.

② (가)에서는 음악적 효과를 위해 '나ᄂ'이라는 여음과 '위 증즐가 大平盛代(대평성대)'라는 후렴구를 사용하고 있으며, '가시리 가시리잇고 / ᄂ리고 가시리잇고'라는 시구에서 반복을 통해 운율을 형성하고 있다.

③ (가)에서는 '가시리/가시리/잇고'와 같이 3 · 3 · 2조의 3음보 율격을 보이나 (나)에서는 '나 보기가/역겨워/가실 때에는'과 같이 7 · 5조의 3음보 율격을 보인다.

작품 해설

(가) 작자 미상, 「가시리」
- 갈래: 고려 가요
- 성격: 애상적, 서정적, 소극적, 자기희생적
- 주제: 이별의 정한(情恨)
- 특징
 - '기-승-전-결'의 4단 구성
 - 간결하고 함축적인 시어를 사용함
 - 민족 전통 정서인 '한'을 잘 나타냄

(나) 김소월, 「진달래꽃」
- 갈래: 자유시, 서정시
- 성격: 서정적, 애상적, 민요적, 향토적
- 주제: 이별의 정한(情恨)과 그 승화
- 특징
 - '기-승-전-결'의 4단 구성
 - 7 · 5조, 3음보의 민요적 율격을 사용함
 - 반어법을 통해 이별의 정한(情恨)을 표현

12 난도 ★★☆   정답 ④

현대 문학 > 현대 시

정답의 이유

〈보기〉의 ㉮ '풀벌레 소리'는 '텔레비전'이라는 문명과 대비되는 것으로, 자연을 가리킨다. 텔레비전을 끄자 비로소 들리는 풀벌레 소리는 시적 화자에게 긍정적인 의미로 인식되는 대상이다.

④ (가)의 ㉣ '보이는 빛'은 누구에게나 돋보이는 것이다. (가)의 화자는 사소하거나 보잘것없지만 가치를 지니는 대상을 긍정적으로 여기고 있으므로 '보이는 빛'은 화자가 긍정적으로 인식하는 대상이 아니다. 따라서 '보이는 빛'은 ㉮의 '풀벌레 소리'와 성격이 가장 다르다.

오답의 이유

① · ② · ③ ㉠ '검은 것', ㉡ '비누 거품', ㉢ '쓰레기'는 모두 보잘것없지만 가치를 지니는 것으로, 화자가 긍정적으로 인식하는 대상이다. 따라서 ㉮의 '풀벌레 소리'와 성격이 유사하다.

작품 해설

김기택, 「풀벌레들의 작은 귀를 생각함」
- 갈래: 자유시, 서정시
- 성격: 감각적, 고백적, 주지적
- 주제: 문명적 삶에 대한 반성과 자연과의 교감
- 특징
 - 문명과 자연을 대조하여 문명에 대한 비판적 시각을 드러냄
 - 감각적 표현을 활용하여 시의 이미지를 형상화함
 - 화자의 경험을 새롭게 깨달은 점을 고백적 어조로 나타냄

13 난도 ★★☆   정답 ④

현대 문학 > 현대 시

정답의 이유

④ 화자는 7연에서 '모래', '바람', '먼지', '풀' 등 미비한 자연물과 '나'의 왜소한 모습을 대비하여 조그마한 일에만 분개하는 자신을 자조하며 반성적인 태도를 드러내고 있다. 따라서 화자가 미비한 자연물과의 대비를 통해 자신의 왜소함을 극복하고 있다는 이해는 적절하지 않다.

오답의 이유

① 설렁탕집 갈비가 기름 덩어리만 나왔다고 분개한 일, 돈을 받으러 여러 번 찾아오는 야경꾼들을 증오한 일, 포로수용소의 야전병원에서 일하며 너스들과 스펀지를 만들고 거즈를 개고 있는 나에게 정보원이 남자가 이런 일을 하냐고 놀렸던 일 등 일상적 경험을 나열하고 있다. 이러한 경험을 통해 화자는 사소한 일에만 분개하는 자신의 소시민적 모습을 성찰하고 있다.

② '설렁탕집 돼지 같은 주인 년', '머리에 피도 안 마른 애놈' 등의 시구를 통해 화자가 비속어를 사용함으로써 자신의 속된 모습을 노출하고 있다.

③ 3연의 '옹졸한 나의 전통은 유구하고 이제 내 앞에 정서(情緒)로 가로놓여 있다'를 통해 화자는 과거로부터 지속된 옹졸한 태도가 체질화되었음을 고백하고 있다.

14 난도 ★★☆ 정답 ④

현대 문학 > 현대 시

정답의 이유

④ (가)에서는 '검은 것에서도 빛이 난다' 등 역설적 인식을 통하여 사소한 것에 대한 긍정적인 태도를 드러내고 있다. 하지만 (나)에서는 역설적 인식이 드러나지 않는다.

오답의 이유

① (가)에서는 '검은 것', '비누 거품', '쓰레기', '보이지 않는 것' 등 사소하거나 보잘것없는 것들과 '흰 것', '맑은 것', '깨끗한 것', '보이는 빛' 등 돋보이는 것들의 대조를 통하여 시상을 전개하고 있다. (나)에서는 '언론의 자유 요구, 월남 파병 반대' 등 사회적으로 중요한 본질적인 일과 갈비가 기름 덩어리만 나왔다고 분개하고, 찾아오는 야경꾼들을 증오하는 등 사소한 일을 대조하고 있다. 또한 '왕궁', '땅 주인', '구청 직원', '동회 직원' 등 권력이나 힘을 가진 자와 '설렁탕집 주인, 이발쟁이, 야경꾼' 등 힘없는 자와 대조하여 시상을 전개하고 있다.

② (가)에서는 '구두 닦는 사람', '창문 닦는 사람', '청소하는 사람' 등 일상에서 자주 볼 수 있는 시어를 사용하여 시적 정황을 드러내고 있다. (나)에서도 '50원짜리 갈비', '설렁탕집', '개 울음소리' 등 일상적 시어를 사용하여 시적 정황을 사실적이고 구체적으로 드러내고 있다.

③ (가)에서는 '…는 사람을 보면 / 그 사람의 손을 보면 / … 끝을 보면 / …에서도 빛이 난다. / …만이 빛나는 것은 아니다.'라는 문장 구조를 반복하여 운율을 형성하고 있다. (나)는 7연에서 '얼마큼 작으냐'라는 문장을 반복하여 운율을 형성하고 있다.

15 난도 ★☆☆ 정답 ③

현대 문학 > 현대 시

정답의 이유

③ ⓐ의 '절정 위'는 부정적 현실에 대하여 적극적으로 비판하고 저항하는 삶을 의미한다. 그런데 자신에게 불리한 인사 평가 제도에 대해 불평하는 회사원은 부정적 현실에 대하여 저항한다기보다는 개인의 이익을 추구하는 모습이라 볼 수 있다. 또한 불만에 대하여 직접 나서서 해결하지 않고 그저 불평만 하는 것은 소극적 태도에 해당한다. 따라서 ⓐ의 삶을 구현하고 있는 인물로 보기 어렵다.

오답의 이유

① 악덕 기업의 제품 불매 운동에 참여하고 있는 중학생은 부정적 현실에 대하여 적극적으로 비판하고 저항하는 '절정 위'의 삶을 구현하고 있는 인물이다.

② 불합리한 외교조약에 대해 반대시위를 벌이는 시민은 부정적 현실에 대하여 적극적으로 비판하고 저항하는 '절정 위'의 삶을 구현하는 인물이다.

④ 대기업의 노동 착취에 대해 비판적 논조의 기사를 쓴 기자는 부정적 현실에 대하여 적극적으로 비판하고 저항하는 '절정 위'의 삶을 구현하는 인물이다.

작품 해설

(가) 천양희, 「그 사람의 손을 보면」

• 갈래: 자유시, 서정시

• 성격: 사색적, 교훈적, 예찬적

• 주제: 자신이 맡은 일을 성실하게 수행하는 삶의 가치

• 특징

　－ 동일한 시어나 시구, 유사한 문장 구조를 반복하여 운율을 형성함

　－ 대조적인 의미의 시구를 제시하여 주제를 부각함

　－ 시선의 이동에 따른 시상 전개를 보여 줌

(나) 김수영, 「어느 날 고궁을 나오면서」

• 갈래: 자유시, 서정시

• 성격: 자기 반성적, 현실 비판적, 자조적

• 주제: 부정한 권력과 사회 부조리에 저항하지 못하는 소시민의 자기반성

• 특징

　－ 실제 경험을 바탕으로 구체적인 사건들을 나열함

　－ 상황을 대비함으로써 주제를 선명히 드러냄

　－ 자조적인 독백을 통하여 반성적 태도를 보임

16 난도 ★★★ 정답 ④

문법 > 고전 문법

정답의 이유

④ ⓑ의 주어는 '이 사ᄅ미'이고 ⓒ의 주어는 '大王이'로 모두 3인칭이다. 주어의 인칭이 동일하므로 ⓑ와 ⓒ를 통해 주어의 인칭에 따라 의문형 어미가 달리 나타나는 경우가 있었는지 확인할 수 없다.

오답의 이유

① ⓐ의 '나니이다'는 동사 '나다'의 어간 '나–'에 객관적 믿음의 선어말 어미 '–니–'와 상대 높임의 선어말 어미 '–이–'가 결합한 것이다. 이것이 '났습니다'라고 해석되는 것으로 보아 중세국어에는 과거 시제 선어말 어미 없이 과거를 표현하였음을 확인할 수 있다.

② ⓒ에서 서술어 '出슝ᄒ샤딕'는 '출령ᄒ–'에 주체 높임의 선어말 어미 '–샤–'와 종속적 연결 어미 '–딕'가 결합한 것이다. 이를 통해 중세국어에는 서술어의 주체를 높이는 방법 중 하나로 선어말 어미를 사용하였음을 확인할 수 있다.

③ ⓑ에서 '닐온'의 기본형은 '니르다'이며 현대국어에서는 두음 법칙이 적용되어 '이르다'로 쓰인다. 이를 통해 현대국어에서는 두음 법칙의 적용을 받는 단어들이 중세국어에서는 두음 법칙의 적용을 받지 않았음을 확인할 수 있다. ⓑ에서 '뜨들'은 '뜻'을 의미하는 '뜯'에 목적격 조사 '을'이 결합한 것이다. 중세국어의 목적격 조사에는 '올'과 '을'이 있는데 '뜯'에 음성모음인 '_'가 왔으므로 모음조화 현상에 의해 목적격 조사도 이와 동일한 음성모음 '_'가 사용된 '을'이 결합하였다. 이를 통해 중세국어에는 특정 부류의 모음이 같이 나타나는 모음조화 현상이 엄격히 지켜졌다는 것을 알 수 있다.

더 알아보기

중세국어의 의문형 어미

• 주어가 1·3인칭인 경우

판정의문문 (의문사 無)	– 상대방에게 '예', '아니요'의 대답을 요구하는 의문문 – '아' 계열의 의문형 어미 사용: -ㄴ가, -잇가, -녀 등 예 가 잇ᄂᆞᆫ가(가 있는가?), 미드니잇가(믿었습니까?) 등
설명의문문 (의문사 有)	– 상대방에게 구체적인 설명을 요구하는 의문문 – '오' 계열의 의문형 어미 사용: -ㄴ고, -잇고, -뇨 등 예 어듸 가난고(어디 가는가?), 가리잇고(가겠습니까?) 등

• 주어가 2인칭인 경우: 의문사와 상관없이 의문형 어미 '-ㄴ다/는다'를 사용

예 네 엇뎨 안다(네가 어떻게 알았니?)

---

17 난도 ★★☆　　　　　　　　　정답 ②

고전 문학 > 고전 운문

정답의 이유

② (가)에서는 '이 내 임을 어이할꼬'라는 의문형 진술을 통해 사랑하는 임의 죽음에 대한 슬픔과 체념을 드러내고 있다. (나)에서는 '녀든 길 알픠 잇거든 아니 녀고 엇절고'라는 의문형 진술을 통해 학문에 정진하겠다는 의지를 드러내고 있다. (다)에서는 '한숨아 세 한숨아 네 어늬 틈으로 드러온다'라는 의문형 진술을 통해 화자의 답답한 심정을 드러내고 있다.

오답의 이유

① (다)의 중장에서 화자는 다양한 문과 자물쇠 등을 열거하며 시름을 막고 싶은 화자의 마음을 과장해서 표현하고 있다. (가)와 (나)에서는 과장적 표현을 사용하고 있지 않다.

③ (나)는 '고인(古人)도 날 못 보고 나도 고인 못 뵈'에서, (다)는 '네 어늬 틈으로 드러온다'에서 유사한 문장 구조의 반복이 나타나지만 (가)는 유사한 문장 구조의 반복이 나타나지 않는다.

④ (가), (나), (다) 모두 반어적 표현을 사용하고 있지 않다.

---

18 난도 ★★☆　　　　　　　　　정답 ①

고전 문학 > 고전 운문

정답의 이유

① ㉠에서는 임의 죽음에 대한 체념의 정서가 나타난다. 이와 가장 유사한 정서가 드러나는 것은 김춘수의 「강우」이다. '지금은 어쩔 수가 없다고'라는 구절에서 슬픔과 체념의 정서가 드러남을 확인할 수 있다.

오답의 이유

② 오세영의 「자화상2」에서는 세속적 욕심을 버리고 빈 가지 끝에 홀로 앉아 먼 지평선을 응시하는 까마귀와 같이 순결하고 고고한 삶을 살아가겠다는 의지적 태도를 보여준다.

③ 김종삼의 「누군가 나에게 물었다」에서 화자는 일상적 삶을 살아가는 평범한 사람들이 시인임을 강조하며 '그런 사람들'에 대한 예찬적 태도를 보여준다.

④ 이육사 「꽃」에서는 하늘도 다 끝나고 비 한 방울 내리지 않는 고난의 상황에서도 '오히려 꽃은 빨갛게 피지 않는가'라고 하며 현실 극복 의지를 보여준다.

---

19 난도 ★☆☆　　　　　　　　　정답 ④

고전 문학 > 고전 운문

정답의 이유

④ (나)와 (다)는 각각 연시조와 사설시조로, 시조는 종장의 첫 음보가 3음절로 고정된다는 형식적 특징을 갖는다. (나)와 (다) 종장의 첫 음보는 '녀든 길'과 '어인지'이므로 두 작품 모두 종자의 첫 음보 음절 수가 3음절로 지켜지고 있음을 확인할 수 있다.

오답의 이유

① (나)는 평시조로, 4음보의 전통적인 율격으로 이루어져 있다.

② (다)는 사설시조로, 중장이 다른 장에 비해 길어진 구성을 취한다.

③ (나)와 (다) 모두 시조이며, 시조는 초장, 중장, 종장의 3장 구성으로 이루어진다는 특징이 있다.

작품 해설

(가) 작자 미상, 「공무도하가」

• 갈래: 고대 가요

• 성격: 서정적, 애상적, 체념적

• 주제: 임의 죽음으로 인한 이별의 슬픔과 한

• 특징

　– '물'의 상징적 의미를 중심으로 시상을 전개함

　– 시적 화자의 절박한 심정을 직접적으로 표현함

(나) 이황, 「도산십이곡」

• 갈래: 평시조, 연시조

• 성격: 교훈적, 관조적, 예찬적, 회고적

• 주제: 자연에 동화된 삶과 학문 수양에 정진하는 마음

• 특징

　– 총12수의 연시조로 내용상 '언지(言志)' 전 6곡과 '언학(言學)' 후 6곡으로 나뉨

　– 자연과 학문에 대한 진지한 성찰이 드러남

　– 현실을 도피하여 자연을 벗 삼아 지내면서 쓴 강호가도의 대표적인 작품

(다) 작자 미상, 「한숨아 세 한숨아 ~」

• 갈래: 사설시조

• 성격: 해학적, 과장적, 수심가(愁心歌)

• 주제: 그칠 줄 모르는 시름

• 특징

　– 한숨을 의인화하여 삶의 애환을 해학적으로 표현함

　– 반복법, 열거법 등을 사용하여 화자의 심정을 표현함

고전 문학 > 고전 수필

정답의 이유

② 제시된 작품은 '수오재'에 대한 의문 제기로 시작하여 자문자답을 통해 대상에 대한 의미를 밝히고, '나'를 잃고 살았던 과거의 삶을 반성하고 본질적 자아를 지키는 것이 바로 '나'를 지키는 것임을 깨달아 가는 과정을 보여준다. 따라서 대상에 대한 의문을 타인과의 문답 과정을 통해 해소하고 있다는 설명은 적절하지 않다.

오답의 이유

① '내 밭을 지고 달아날 자가 있는가. 밭은 지킬 필요가 없다. 내 집도 지고 달아날 자가 있는가. 집도 지킬 필요가 없다. ~ 그러니 천하 만물은 모두 지킬 필요가 없다.'와 '이익으로 꾀면 떠나가고, 위험과 재앙이 겁을 주어도 떠나간다. ~ 어찌 실과 끈으로 묶고 빗장과 자물쇠로 잠가서 나를 굳게 지키지 않겠는가.'를 통해 열거의 방식으로 깨달음의 내용을 제시하고 있음을 알 수 있다.

③ '맹자가 말씀하시기를 ~ 이 말씀이 진실이다.'를 통해 옛 성현의 말을 인용하여 본질적 자아를 지키는 것이 중요하다는 자신의 주장에 설득력을 높이고 있음을 알 수 있다.

④ "나와 굳게 맺어져 있어 서로 떨어질 수 없는 사물 가운데 나[吾]보다 더 절실한 것은 없다. 그러니 굳이 지키지 않아도 어디로 가겠는가. 이상한 이름이다."를 통해 서두에서 대상에 대한 의문을 제기하며 독자의 관심과 흥미를 유발하고 있음을 알 수 있다.

고전 문학 > 고전 수필

정답의 이유

④ '이때 둘째 형님도 나[吾]를 잃고 나를 쫓아 남해 지방으로 왔는데, 역시 나[吾]를 붙잡아서 그곳에 함께 머물렀다.'를 통해 둘째 형님 역시 귀양을 와서 본질적 자아를 찾았음을 알 수 있다.

오답의 이유

① '이게 바로 큰형님이 그 거실에 수오재라고 이름 붙인 까닭일 것이다.'를 통해 알 수 있다.

② '그러다가 결국 처지가 바뀌어 조정에 나아가 검은 사모관대에 비단 도포를 입고, 12년 동안이나 대낮에 미친 듯이 큰길을 뛰어다녔다.'를 통해 '나'가 과거에 급제하여 10년 이상 나랏일을 하였음을 알 수 있다.

③ '내가 장기로 귀양 온 뒤에 혼자 지내면서 곰곰이 생각해 보다가, 하루는 갑자기 이 의문점에 대해 해답을 얻게 되었다.'를 통해 '나'는 수오재에 대해 생긴 의문에 대한 해답을 장기에 와서 얻었음을 알 수 있다.

고전 문학 > 고전 수필

정답의 이유

③ '내 책을 훔쳐 없앨 자가 있는가. 성현의 경전이 세상에 퍼져 물이나 불처럼 흔한데, 누가 감히 없앨 수 있겠는가.'를 통해 책은 널리 퍼져 없애기 어렵다는 것을 확인할 수 있으며, '아주 친밀하게 붙어 있어서 서로 배반하지 못할 것 같다가도, 잠시 살피지 않으면 어디든지 못가는 곳이 없다.'를 통해 ㉠ '나[吾]'는 살피지 않으면 금세 달아난다는 것을 확인할 수 있다.

오답의 이유

① '내 밭을 지고 달아날 자가 있는가. 밭은 지킬 필요가 없다.'를 통해 누가 훔쳐 가기 쉬운 밭이라는 설명이 적절하지 않음을 확인할 수 있다.

② '내 옷이나 양식을 훔쳐서 나를 옹색하게 하겠는가.'를 통해 옷이 나를 옹색하게 만든다는 설명이 적절하지 않으며, '마음을 울리는 아름다운 음악 소리만 들어도 떠나가며, 눈썹이 새까맣고 이가 하얀 미인의 요염한 모습만 보아도 떠나간다.'를 통해 유혹에 쉽게 떠나가지 않는다는 설명이 적절하지 않음을 확인할 수 있다.

④ '한 번 가면 돌아올 줄을 몰라서, 붙잡아 만류할 수가 없다.'를 통해 떠났다가도 곧 돌아온다는 설명이 적절하지 않음을 확인할 수 있다.

작품 해설

정약용, 「수오재기」

- 갈래: 고전 수필, 한문 수필
- 성격: 자성적, 회고적, 교훈적
- 주제: 본질적 자아를 지키는 것의 중요성
- 특징
  - 경험과 사색, 자문자답을 통하여 사물의 의미를 도출하고 삶에 대하여 성찰함
  - 의문을 제기하고 그에 대한 깨달음을 얻어 가는 과정을 통하여 독자의 공감을 유발함

비문학 > 사실적 읽기

정답의 이유

③ 제시된 글에서 이차 프레임의 효과에 대한 전문가의 견해를 인용하고 있지 않다.

오답의 이유

① 이차 프레임의 일반적인 기능을 세 가지로 나누어 제시하고 있으며, '먼저', '다음으로', '마지막으로'라는 표지를 사용하여 병렬적으로 나열하고 있다.

② 광고에서 이차 프레임을 활용해 상품을 주목받도록 하거나 영화에서 작중 인물을 문이나 창을 통해 반복적으로 보여주며 세상으로부터 격리된 상황을 시각화하는 등 이차 프레임이 사용되는 다양한 예시를 제시하고 있다.

④ '프레임(frame)은 영화와 사진 등의 시각 매체에서 화면 영역과 화면 밖의 영역을 구분하는 경계로서의 틀을 말한다.'와 "문, 창, 기둥, 거울 등 주로 사각형이나 원형의 형태를 갖는 물체들을 이용하여 프레임 안에 또 다른 프레임을 만드는 경우가 있다. 이런 기법을 '이중 프레이밍', 그리고 안에 있는 프레임을 '이차 프레임'이라 칭한다."에서 프레임, 이중 프레이밍, 이차 프레임의 개념을 제시하고 있다.

24 난도 ★☆☆   정답 ③

어휘 > 한자어

정답의 이유

③ 환기(喚起)는 문맥상 '주의나 여론, 생각 따위를 불러일으킴'을 의미한다.

25 난도 ★★☆   정답 ②

비문학 > 사실적 읽기

정답의 이유

② 2문단에서 '그리고 이차 프레임 내부의 대상과 외부의 대상 사이에는 정서적 거리감이 조성되기도 한다.'라고 하였으므로 이차 프레임 안의 대상과 밖의 대상 사이에 거리감이 조성되기도 한다는 이해는 적절하다.

오답의 이유

① 1문단에서 '카메라로 대상을 포착하는 행위는 현실의 특정한 부분만을 떼어내 프레임에 담는 것으로, 찍은 사람의 의도와 메시지를 내포한다.'라고 하였으므로 프레임 밖의 영역에 찍은 사람의 의도와 메시지가 담긴다는 이해는 적절하지 않다.

③ 1문단에서 '대상을 틀로 에워싸기 때문에 시각적으로 강조하는 효과가 있으며, 대상이 작거나 구도의 중심에서 벗어나 있을 때도 존재감을 부각하기가 용이하다.'라고 하였으므로 이차 프레임 내 대상의 크기가 작을 경우 대상의 존재감이 강조되기 어렵다는 이해는 적절하지 않다.

④ 3문단에서 '가령 이차 프레임 내부 이미지의 형체를 식별하기 어렵게 함으로써 관객의 지각 행위를 방해하여, 강조의 기능을 무력한 것으로 만들거나 서사적 긴장을 유발하기도 한다.'라고 하였으므로 이차 프레임 안의 화면을 식별하기 어렵게 만들 경우 역설적으로 대상을 강조하는 효과가 발생한다는 이해는 적절하지 않다.

국어 | 2023년 국회직 8급

✓ 빠른 정답

01	02	03	04	05	06	07	08	09	10
⑤	②	①	④	③	④	③	①	⑤	④
11	12	13	14	15	16	17	18	19	20
⑤	①	②	④	②	②	③	④	⑤	①
21	22	23	24	25					
①	③	⑤	②	④					

✓ 점수 체크

구분	1회독	2회독	3회독
맞힌 문항 수	/ 25	/ 25	/ 25
나의 점수	점	점	점

---

01 난도 ★★☆　　　　　　　　　　　정답 ⑤

문법 > 통사론

[정답의 이유]

⑤ '달리기를 거른'은 '달리기를 거르다'라는 절에 관형사형 어미 '-(으)ㄴ'을 결합한 것으로 관형절로 안긴문장이다.

[오답의 이유]

① '장난을 좋아하기'는 '장난을 좋아하다'라는 절에 명사형 어미 '-기'를 결합한 것으로 명사절로 안긴문장이다.

② '버스를 놓치기'는 '버스를 놓치다'라는 절에 명사형 어미 '-기'를 결합한 것으로 명사절로 안긴문장이다.

③ '공부가 어렵기', '저 하기'는 '공부가 어렵다', '저 하다'라는 절에 각각 명사형 어미 '-기'를 결합한 것으로 명사절로 안긴문장이다.

④ '비가 많이 오기'는 '비가 많이 오다'라는 절에 명사형 어미 '-기'를 결합한 것으로 명사절로 안긴문장이다.

02 난도 ★★☆　　　　　　　　　　　정답 ②

문법 > 한글 맞춤법

[정답의 이유]

② 걸맞는(×) → 걸맞은(○): '걸맞다'는 '두 편을 견주어 볼 때 서로 어울릴 만큼 비슷하다.'라는 의미의 형용사이므로 어간 '걸맞-'에 관형사형 어미 '-은'을 결합하여 '걸맞은'으로 표기하는 것이 적절하다. 참고로 형용사는 동사와 달리 현재 시제 선어말 어미 '-는/ㄴ-' 또는 관형사형 어미 '-는'과 결합할 수 없으며 명령형·청유형을 만들 수 없다.

[오답의 이유]

① 지나가는∨대로(○): '대로'는 '어떤 상태나 행동이 나타나는 그 즉시'를 의미하는 의존 명사로 '지나가는∨대로'와 같이 앞말과 띄어 쓰는 것이 적절하다.

③·④ 익숙지(○)/생각건대(○): 한글 맞춤법 제40항 [붙임 2]에 따르면 어간의 끝음절 '하'가 아주 줄 적에는 준 대로 적는다고 하였다. '익숙지'와 '생각건대'는 어간의 끝음절 '하'가 아주 줄어든 경우이므로 '익숙하지'와 '생각하건대'의 '하'가 탈락해 '익숙지', '생각건대'로 표기하는 것이 적절하다.

⑤ 기대치도(○): 한글 맞춤법 제40항에 따르면 어간의 끝음절 '하'의 'ㅏ'가 줄고 'ㅎ'이 다음 음절의 첫소리와 어울려 거센소리로 될 적에는 거센소리로 적는다고 하였다. '기대치도'는 어간의 끝음절 '하'의 'ㅏ'가 줄고 'ㅎ'이 다음 음절의 첫소리와 어울려 거센소리가 되는 경우이므로 '기대하지도'의 'ㅏ'가 탈락해 '기대치도'로 표기하는 것이 적절하다.

현대 문학 > 현대 시

정답의 이유

제시된 작품에서 화자는 '광고의 나라에 살고 싶다'고 하였으나 전체 내용을 볼 때 '광고의 나라'는 '절망이 꽃피는' 부정적인 곳이다. 이를 통해 ㉠에는 실제로 표현하려는 것과는 반대로 표현하는 반어법이 사용되었음을 알 수 있다.

① '임'이 떠나가는 슬픈 상황에서 죽어도 눈물을 흘리지 않겠다며 화자의 슬픔을 반어적으로 표현하는 반어법이 사용되었다.

오답의 이유

② '전설이 주저리주저리 열리고'에서 '전설'이라는 추상적 개념을 '열리다'로 구체화시켜 표현하는 추상적 개념의 구체화가 사용되었다.

③ '내 마음은 나그네요'에서 '내 마음'을 그와 비슷한 성격을 가지고 있는 '나그네'에 빗대어 표현하는 은유법이 사용되었다.

④ '구름에 달 가듯이 / 가는 나그네'에서 '~듯이'를 사용하여 원관념과 보조 관념을 직접 연결시키는 직유법이 사용되었다.

⑤ '어둠은 새를 낳고, 돌을 / 낳고, 꽃을 낳는다'에서 '어둠'이라는 무생물을 생물인 것처럼 '새', '돌', '꽃'을 낳는다고 표현한 활유법이 사용되었다. 또한, '새를 낳고', '돌을 낳고' 등 유사한 문장 구조가 반복되는 대구법이 사용되었다.

> **작품 해설**
>
> 함민복, 「광고의 나라」
> - 갈래: 자유시, 서정시
> - 성격: 비판적, 풍자적
> - 주제: 광고와 소비에 물든 현대인의 삶
> - 특징
>   - 특정 시어의 반복을 통해 주제를 강조함
>   - 반어법을 사용하여 상업주의의 성격을 비판함
>   - 운문과 산문의 교차, 이상 시의 패러디 등 다양한 기법을 활용함

비문학 > 사실적 읽기

정답의 이유

④ 3문단에서 '이처럼 인간의 행동에 영향을 미치는 보편적인 특성을 발견하려는 노력이 이어졌고 그 결과 성격 5요인 모델과 같은 특성론적 성격 이론이 확립되었다.'라고 하였으므로 유전학의 발전에 따른 일련의 발견들이 인간의 행동에 영향을 미치는 보편적 특성을 통해 개인의 성격을 설명하고자 하는 특성론적 성격 이론 확립에 영향을 주었음을 알 수 있다.

오답의 이유

① 1문단의 '지그문트 프로이트는 ~ 개인이 스스로의 욕구를 조절하는 방식을 성격이라고 보았다.'와 '정신역동학은 성격의 형성 과정과 성격이 개인행동에 미치는 영향에는 관심이 있었지만, 성격을 유형화하려는 시도는 하지 않았다.'를 통해 프로이트는 개인이 스스로 욕구를 조절하는 방식을 성격이라고 보았으며, 성격을 유형화하려는 시도는 하지 않았음을 알 수 있다.

② 3문단의 '부모의 양육 방식 등 환경을 강조한 정신역동학에 비해 유전적으로 타고나는 기질의 중요성을 뒷받침하는 증거들이 발견되기 시작한 것이다.'를 통해 부모의 양육 방식 등 환경을 강조한 정신역동학과는 달리 생물학적 방법론은 유전적으로 타고나는 기질의 중요성을 강조하였음을 알 수 있다.

③ 2문단의 '융은 다른 정신역동학자와 달리 오랫동안 역사와 문화를 공유한 집단의 구성원들에게 존재하는 무의식을 강조했다. 이 때문에 융은 부모와 아이의 상호작용이라는 개인적 요인보다는 집단무의식 수준의 보편적 원리들이 작동하여 성격이 형성된다고 보았다.'를 통해 집단의 구성원들에게 존재하는 무의식 수준의 보편적 원리가 성격 형성에 영향을 미친다고 주장한 것은 융 이전의 정신역동학자들이 아닌 융임을 알 수 있다.

⑤ 2문단의 '인간의 정신이 대립원리에 의해 작동한다고 주장했는데, 대립원리란 개인 내에 존재하는 대립 혹은 양극적인 힘이 갈등을 야기하고, 이 갈등이 정신 에너지를 생성한다는 것을 의미한다.'를 통해 융은 인간의 정신이 개인 내에 존재하는 대립 혹은 양극적인 힘이 갈등을 초래하고, 이 갈등이 정신 에너지를 생성하는 대립원리에 의해 작동한다고 주장하였으며, 이 주장을 근거로 1940년대 MBTI와 같은 유형론적 성격 이론이 만들어졌음을 알 수 있다. 외향성과 내향성은 이와 달리 기질이 성격 형성에 영향을 끼친다는 것을 보여주는 특성이며, 유형론적 성격 이론이 해체되는 계기와는 관련이 없다.

문법 > 표준어 규정

정답의 이유

③ '자료 4.'의 '놓는', '쌓네'를 보면, 'ㅎ' 뒤에 'ㄴ'이 결합하였고 각각 [논는], [싼네]로 발음한다. 이를 통해 'ㅎ' 뒤에 'ㄴ'이 결합되는 경우에는 'ㅎ'을 [ㄴ]으로 발음한다는 규칙을 이끌어 낼 수 있다(표준어 규정 제12항).

오답의 이유

① '자료 3.'의 '닳소', '많소', '싫소'를 보면, 'ㅎ, ㄶ, ㅀ' 뒤에 'ㅅ'이 결합하였고 각각 [다:쏘], [만:쏘], [실쏘]로 발음한다. 이를 통해 'ㅎ(ㄶ, ㅀ)' 뒤에 'ㅅ'이 결합되는 경우에는 'ㅅ'을 [ㅆ]으로 발음한다는 규칙을 이끌어 낼 수 있다.

② '자료 2.'의 '않네', '뚫는'을 보면, 'ㄶ, ㅀ' 뒤에 'ㄴ'이 결합하였고 이때 'ㅎ'이 탈락하여 각각 [안네], [뚤른]으로 발음한다. 이를 통해 'ㄶ, ㅀ' 뒤에 'ㄴ'이 결합되는 경우에는 'ㅎ'을 발음하지 않는다는 규칙을 이끌어 낼 수 있다.

④ '자료 5.'의 '낳은', '않은', '싫어도'를 보면, 'ㅎ, ㄶ, ㅀ' 뒤에 모음으로 시작된 어미 '-은'과 '-어'가 결합하였고 이때 'ㅎ'이 탈락하여 각각 [나은], [아는], [시러도]로 발음한다. 이를 통해 'ㅎ(ㄶ, ㅀ)' 뒤에 모음으로 시작된 어미나 접미사가 결합되는 경우에는 'ㅎ'을 발음하지 않는다는 규칙을 이끌어 낼 수 있다.

⑤ '자료 1.'의 '놓고', '않던', '닳지'를 보면, 'ㅎ, ㄶ, ㅀ' 뒤에 'ㄱ, ㄷ, ㅈ'이 결합하였고 각각 [노코], [안턴], [달치]로 발음한다. 이를 통해 'ㅎ(ㄶ, ㅀ)' 뒤에 'ㄱ, ㄷ, ㅈ'이 결합되는 경우에는 뒤 음절 첫소리와 합쳐서 [ㅋ, ㅌ, ㅊ]으로 발음한다는 규칙을 이끌어 낼 수 있다.

더 알아보기

'ㅎ'의 발음(표준어 규정 제12항)

받침 'ㅎ'의 발음은 다음과 같다.

- 'ㅎ(ㄶ, ㅀ)' 뒤에 'ㄱ, ㄷ, ㅈ'이 결합되는 경우에는, 뒤 음절 첫소리와 합쳐서 [ㅋ, ㅌ, ㅊ]으로 발음한다.

놓고[노코]	좋던[조ː턴]	쌓지[싸치]
많고[만ː코]	않던[안턴]	닳지[달치]

[붙임 1] 받침 'ㄱ(ㄺ), ㄷ, ㅂ(ㄼ), ㅈ(ㄵ)'이 뒤 음절 첫소리 'ㅎ'과 결합되는 경우에도, 역시 두 음을 합쳐서 [ㅋ, ㅌ, ㅍ, ㅊ]으로 발음한다.

각하[가카]	먹히다[머키다]	밝히다[발키다]
맏형[마텽]	좁히다[조피다]	넓히다[널피다]
꽂히다[꼬치다]	앉히다[안치다]	

[붙임 2] 규정에 따라 'ㄷ'으로 발음되는 'ㅅ, ㅈ, ㅊ, ㅌ'의 경우에도 이에 준한다.

옷 한 벌[오탄벌]	낮 한때[나탄때]	꽃 한 송이[꼬탄송이]
숱하다[수타다]		

- 'ㅎ(ㄶ, ㅀ)' 뒤에 'ㅅ'이 결합되는 경우에는, 'ㅅ'을 [ㅆ]으로 발음한다.

닿소[다ː쏘]	많소[만ː쏘]	싫소[실쏘]

- 'ㅎ' 뒤에 'ㄴ'이 결합되는 경우에는, [ㄴ]으로 발음한다.

놓는[논는]	쌓네[싼네]

[붙임] 'ㄶ, ㅀ' 뒤에 'ㄴ'이 결합되는 경우에는, 'ㅎ'을 발음하지 않는다.

않네[안네]	않는[안는]
뚫네[뚤네→뚤레]	뚫는[뚤는→뚤른]

- 'ㅎ(ㄶ, ㅀ)' 뒤에 모음으로 시작된 어미나 접미사가 결합되는 경우에는, 'ㅎ'을 발음하지 않는다.

낳은[나은]	놓아[노아]	쌓이다[싸이다]　많아[마ː나]
않은[아는]	닳아[다라]	싫어도[시러도]

06 난도 ★☆☆　　　　　　　　　　　　정답 ④

비문학 > 사실적 읽기

정답의 이유

④ 1문단에서 '표현적 글쓰기는 종일 꾹꾹 참고 발설하지 않은 취약한 측면을 찾아내고 그것에 대해 경청할 기회를 주기 때문에 효과가 있는 것이다.'라고 하였으므로 표현적 글쓰기가 참고 발설하지 않은 것에 대해 경청할 기회를 준다고 이해한 것은 적절하다.

오답의 이유

① 1문단의 '표현적 글쓰기는 왜 그렇게 효과가 있을까? 우리가 흔히 경시하는 고통스러운 감정을 마주해야 되기 때문이다.'를 통해 표현적 글쓰기는 고통스러운 감정을 마주하는 것임을 알 수 있다.

② 1문단에 따르면, 우리는 자수성가를 칭송하고 강인한 사람을 미화하는 세상에 살고 있을 뿐이다. 표현적 글쓰기는 꾹꾹 참고 발설하지 않은 우리의 취약한 측면을 찾아내고 그것에 대해 경청할 기회를 제공하는 것이지, 자수성가를 칭송하고 강인한 사람을 미화하는 역할을 하지는 않는다.

③ 2문단의 '또한 글쓰기 과정이 다른 사람을 염두에 두지 않았다는 점도 매우 중요하다. 우리는 보통 타인이 볼 글을 쓸 때, 스스로 검열하고 글이 충분히 좋은지에 관심을 두게 된다. 그러나 표현적 글쓰기는 그렇지 않다. 두서없고, 누가 읽기에도 적합하지 않은 글을 쓴 후 버리면 된다.'를 통해 표현적 글쓰기는 타인을 염두에 두지 않는다는 것을 알 수 있다.

⑤ 2문단의 '두서없고, 누가 읽기에도 적합하지 않은 글을 쓴 후 버리면 된다.'를 통해 표현적 글쓰기는 두서없이 편하게 쓴 후 버려도 되도록 고안되었음을 알 수 있다.

07 난도 ★★☆　　　　　　　　　　　　정답 ③

비문학 > 추론적 읽기

정답의 이유

㉠ A에게 1,000원짜리 100장을 모두 준 다음 그 돈을 다른 한 사람인 B와 나누라고 하였을 때 B가 A의 제안을 수용하면, 두 사람은 A가 제안한 액수만큼 각각 받게 되지만 B가 그 제안을 거절하면, 아무도 그 돈을 받지 못한다. 두 사람이 모두 자기 이익에 충실한 개인들이라면, A가 단 1,000원만 제안하더라도 B는 그 제안을 받아들여야 한다. 제안을 거절한다면 둘 다 한 푼도 받지 못하기 때문이다. 따라서 ㉠에 들어갈 적절한 내용은 '제안한 1,000원을 받든가, 한 푼도 받지 못하든가'이다.

㉡ 2문단의 실험 결과에서 사람들은 자기의 이익이 최대화되지 않더라도 제안이 불공평하다고 생각하면 거절하는 모습을 보였다. 이는 인간이 경제적 이익에 의해서만 움직이는 것이 아님을 보여주는 것이다. 따라서 ㉡에 들어갈 적절한 내용으로는 '인간의 행동이 경제적 이득에 의해서만 움직이지 않는다'이다.

08 난도 ★☆☆　　　　　　　　　　　　정답 ①

비문학 > 사실적 읽기

정답의 이유

㉠ 2문단의 '우리에게 잘 알려진 나이브 아트 예술가로는 앙리 루소, 앙드레 보샹, 모리스 허쉬필드, 루이 비뱅, 그랜마 모지스 등이 있다.'를 통해 확인할 수 있다.

오답의 이유

㉡ 1문단의 '특정한 유파를 가리키기보다 작가의 경향을 가리키는 말이다.'를 통해 나이브 아트는 특정한 유파가 아닌 작가의 경향을 가리키는 말임을 알 수 있다.

㉢ 2문단의 '서양 미술의 기본 규칙인 원근법, 명암법, 구도 등에 구속되지 않는 평면적 화면, 단순하지만 강렬한 색채, 자세한 묘사 등을 특징으로 보여 준다.'를 통해 나이브 아트 작가들은 서양 미술의 기본 규칙에 구속되지 않는다는 것을 알 수 있다.

ⓔ 3문단의 '나이브 아트는 피카소와 같은 기존 미술의 권위와 전통에 반하는 그림을 그리려는 화가들의 주목을 받으며 현대미술의 탄생에도 적지 않은 영향을 끼쳤다.'를 통해 나이브 아트가 현대미술의 탄생에 영향을 끼쳤음을 알 수 있다.

09 난도 ★★☆   정답 ⑤

현대 문학 > 현대 시

정답의 이유

⑤ 도토리묵이 만들어지는 과정을 통해 도토리묵에 대한 개성적 통찰을 보여 주고 있다. 제시된 작품에서 자연과의 교감을 통한 인간에 대한 이해는 나타나지 않는다.

오답의 이유

① · ② 1연에서는 '~하는 소리'의 반복적 제시와 '후두둑', '사그락사그락' 같은 음성 상징어를 통하여 청각적 이미지를 중심으로 도토리묵이 만들어지는 과정을 형상화하고 있다.
- 마른 잎사귀에 도토리알 얼굴 부비는 소리: 도토리가 나무에 매달려 있는 모습
- 후두둑 뛰어내려 저마다 멍드는 소리: 나무에서 도토리가 떨어지는 모습
- 반들거리는 몸 위로 살짝살짝 늦가을 햇볕 발 디디는 소리: 햇볕에서 건조되고 있는 모습
- 맷돌 속에서 껍질 타지며 가슴 동당거리는 소리, 사그락사그락 고운 뼛가루 저희끼리 소근대며 어루만져주는 소리: 으깨어져 부서지는 모습
- 가벼운 것들에게 이별 인사하는 소리: 가루가 된 도토리가 물에 가라앉는 모습
- 식어가며 단단해지며 서로 핥아주는 소리: 도토리묵이 응고되는 모습

③ 3연의 '모든 소리들이 흘러 들어간 뒤에 비로소 생겨난 저 고요 / 저토록 시끄러운, 저토록 단단한,'에서 상반된 시어인 '고요'와 '시끄러운'을 활용한 역설법을 통해 도토리묵을 만들면서 생겨난 소리를 품고 있는 도토리묵의 단단함을 효과적으로 드러내고 있다.

④ '저희끼리 소근대며 어루만져주는 소리', '물속에 가라앉으며 안녕 안녕 가벼운 것들에게 이별 인사하는 소리' 등을 통해 도토리를 의인화하여 표현하고 있음을 알 수 있다.

작품 해설

김선우, 「단단한 고요」
- 갈래: 자유시, 서정시
- 성격: 감각적, 창의적, 개성적, 산문적, 묘사적
- 주제: 도토리묵에 대한 개성적(새로운) 인식
- 특징
  - 시적 대상을 의인화하여 나타냄
  - 청각적 이미지를 통해 시적 대상을 효과적으로 드러냄
  - 명사형 종결어미의 반복, 도치법, 역설법 등을 통하여 시상을 전개함

10 난도 ★★☆   정답 ④

비문학 > 글의 순서 파악

정답의 이유

- (다)에서는 '애착'이라는 화제를 제시하고 있으므로 글의 처음에 오는 것이 적절하다.
- (가)에서는 '애착'에 대하여 존 볼비가 연구를 시작한 내용을 제시하고 있으므로 (다)의 뒤에 오는 것이 적절하다.
- (라)에서는 '하지만'이라는 역접의 접속 부사 뒤에 아이가 애착의 대상인 엄마와 분리되었을 때 괴로워하며, 다른 사람이 돌보아 주어도 고통이 해소되지 않는다는 내용이 이어진다. 따라서 아이가 엄마와 계속 붙어 있으려고 하는 이유는 단지 먹을 것을 얻기 위해서라는 내용을 담고 있는 (가) 뒤에 오는 것이 적절하다.
- (나)에서는 '애착'에 대한 연구의 최종 결과를 제시하고 있으므로 글의 마지막에 오는 것이 적절하다.

따라서 글을 논리적 순서에 맞게 나열한 것은 ④ (다) – (가) – (라) – (나)이다.

11 난도 ★★☆   정답 ⑤

비문학 > 사실적 읽기

정답의 이유

⑤ 제시된 글에 인공지능이 다양한 상호작용을 통해 스스로의 오류를 교정하고 최적화하는 기능, 즉 머신러닝을 탑재하고 있다는 언급은 있으나 스스로 양질의 정보를 가려낼 수 있다는 언급은 없다.

오답의 이유

① 4문단에서 '인공지능의 범람 속에서 살아남는 방법은, 인공지능과 '함께 살아가는 인간'이 되는 것이다.'라고 하였으므로 인간은 인공지능과 공존하는 방법을 모색해 인공지능을 지혜롭게 사용해야 한다고 이해한 것은 적절하다.

② 3문단에서 '인공지능은 다양한 상호작용을 통해 스스로의 오류를 교정하고 최적화하는 기능을 탑재하고 있다. 머신러닝(machine learning)이라는 개념이 바로 그것이다. 그러나 이 메커니즘은 명백하게도 인간 사용자의 특성과 의사에 따라 좌우될 수 있다.'라고 하였으므로 머신러닝에도 인간 사용자의 특성이 반영된다고 이해한 것은 적절하다.

③ 2문단에서 '인공지능이 잘 할 수 있는 일이라고 해서 인간이 그것을 할 줄 몰라도 된다는 것이 아니라는 것이다.'라고 하였으므로 인간이 글쓰기를 잘 수행하더라도 인간은 글쓰기 능력을 길러야 한다고 이해한 것은 적절하다.

④ 2문단에서 '둘째, 인공지능을 지혜롭게 사용하려면 인공지능이 가진 성찰성의 한계를 이해해야 한다.'라고 하였으므로 인공지능을 지혜롭게 사용할 수 있으려면 인공지능이 가진 성찰성의 한계를 이해해야 한다고 이해한 것은 적절하다.

12 난도 ★☆☆

정답 ①

비문학 > 사실적 읽기

정답의 이유

① (가)의 '이 세상 모든 사물 가운데 귀천과 빈부를 기준으로 높고 낮음을 정하지 않는 것은 오직 문장뿐이다.'를 통해 훌륭한 문장은 빈부귀천에 따라 높고 낮음이 정해지지 않는다는 것을 알 수 있다.

오답의 이유

② (나)의 '남을 본떠서 자기 개성을 잃어버리지 않도록 하는 것이야말로 글쓰기의 본령이다.'를 통해 글쓰기에서 중요한 것은 자기 개성을 표현하는 것임을 알 수 있다.

③ (다)의 '글이란 것은 뜻을 나타내면 그만일 뿐이다.'와 '뜻을 근엄하게 꾸미고 글자마다 장중하게 만드는 것은 마치 화가를 불러서 초상을 그릴 적에 용모를 고치고 나서는 것과 같다.'를 통해 글에서 중요한 것은 꾸미는 것보다 뜻을 정확하게 나타내는 것임을 알 수 있다.

④ (라)의 '문장에 뜻을 두는 사람들이 첫째로 주의할 것은 자기를 속이지 않는 것이다.'를 통해 글쓰기에서 중요한 것은 진솔하게 표현하는 것임을 알 수 있다.

⑤ (마)의 '글이란 조화다. 마음속에서 이루어진 문장은 반드시 정교하게 되나 손끝으로 이루어진 문장은 정교하게 되지 않으니, 진실로 그러하다.'를 통해 글은 마음으로부터 이뤄져 조화를 이루는 것이 중요함을 알 수 있다.

13 난도 ★★☆

정답 ②

어휘 > 혼동 어휘

정답의 이유

② 소에게 받쳐서(×) → 소에게 받혀서(○): 문맥상 '머리나 뿔 따위에 세차게 부딪다.'라는 의미로 사용되었으므로 '받히다'로 쓰는 것이 적절하다.

오답의 이유

① 채반에 밭쳤다(○): '밭치다'는 '구멍이 뚫린 물건 위에 국수나 야채 따위를 올려 물기를 빼다.'라는 뜻으로 문맥상 적절하게 쓰였다.

③ 턱을 받치고(○): '받치다'는 '물건의 밑이나 옆 따위에 다른 물체를 대다.'라는 뜻으로 문맥상 적절하게 쓰였다.

④ 내복을 받쳐서(○): '받치다'는 '옷의 색깔이나 모양이 조화를 이루도록 함께 하다.'라는 뜻으로 문맥상 적절하게 쓰였다.

⑤ 시장 상인에게 받혀도(○): '받히다'는 '한꺼번에 많은 양의 물품을 사게 하다.'라는 뜻으로 문맥상 적절하게 쓰였다.

14 난도 ★★☆

정답 ④

문법 > 통사론

정답의 이유

④ 짚히는(×) → 짚이는(○): '짚이다'는 '짚다'의 어간 '짚-'에 피동 접미사 '-이-'가 결합하여 만들어진 피동사이다. 따라서 '짚히다'로 표기하는 것은 적절하지 않다.

오답의 이유

① 나뉜다(○): '나뉘다'는 '나누다'의 어간 '나누-'에 피동 접미사 '-이-'가 결합하여 만들어진 피동사이다.

② 덮인(○): '덮이다'는 '덮다'의 어간 '덮-'에 피동 접미사 '-이-'가 결합하여 만들어진 피동사이다.

③ 베인(○): '베이다'는 '베다'의 어간 '베-'에 피동 접미사 '-이-'가 결합하여 만들어진 피동사이다.

⑤ 걷히고(○): '걷히다'는 '걷다'의 어간 '걷-'에 피동 접미사 '-히-'가 결합하여 만들어지 피동사이다.

더 알아보기

능동과 피동

- 능동: 주체가 스스로 움직이거나 작용을 하는 것
- 피동: 주체가 다른 힘에 의하여 움직이거나 작용을 하는 것
- 피동문의 종류

파생적 피동문 (단형 피동)	• 용언의 어간에 피동 접미사 '-이-, -히-, -리-, -기-'를 붙여서 만든다. 예 경찰이 도둑을 잡았다. (능동) → 도둑이 경찰에게 잡혔다. (피동) • 명사에 접미사 '-되다, -받다, -당하다'를 붙여서 만든다. 예 철수는 영희를 사랑했다. (능동) → 영희는 철수에게 사랑받았다. (피동)
통사적 피동문 (장형 피동)	용언의 어간에 보조 용언 '-어지다, -게 되다'를 붙여 만든다. 예 쓰레기를 버린다. (능동) → 쓰레기가 버려진다. (피동)

15 난도 ★★☆

정답 ②

문법 > 한글 맞춤법

정답의 이유

② 총금액(○): '총-'은 '전체를 합한'의 뜻을 더하는 접두사이므로 뒤의 말에 붙여 써야 한다.

오답의 이유

① 못했다(×) → 못∨했다(○): '못 하다'는 동사 '하다'에 부사 '못'이 결합한 것으로, 이때 '못'은 동사가 나타내는 동작을 할 수 없다거나 상태가 이루어지지 않았다는 부정의 뜻을 나타내는 부사로 사용되었다. 따라서 제시된 문장에서는 '못∨하다'와 같이 띄어 써야 한다. 참고로 '어떤 일을 일정한 수준에 못 미치게 하거나, 그 일을 할 능력이 없다.'라는 의미로 쓰일 때에는 '못하다'와 같이 하나의 동사로 붙여 쓴다.

③ 한달간(×) → 한∨달간(○): '달'은 '한 해를 열둘로 나눈 것 가운데 하나의 기간을 세는 단위'를 의미하는 의존 명사이다. 한글 맞춤법 제42항에 따르면 '의존 명사는 띄어 쓴다.'라고 하였으므로 '한∨달간'으로 띄어 쓰는 것이 적절하다. '-간'은 '동안'의 뜻을 더하는 접미사이므로 앞의 말에 붙여 써야 한다.

④ 제문제(×) → 제∨문제(○): '제'는 '여러'의 뜻을 나타내는 관형사이다. 따라서 '제∨문제'로 띄어 쓰는 것이 적절하다.

⑤ 해야∨할∨지(×) → 해야∨할지(○): '-ㄹ지'는 추측에 대한 막연한 의문이 있는 채로 그것을 뒤 절의 사실이나 판단과 관련시키는 데 쓰는 연결 어미이므로 앞의 말에 붙여 써야 한다. '지'가 어떤 일이 있었던 때로부터 지금까지의 동안을 나타내는 의존 명사로 쓰일 때는 앞의 말에 띄어 쓴다.

16 난도 ★★☆   정답 ②

문법 > 로마자 표기법

정답의 이유

② • 국어의 로마자 표기법 제3장 제1항에 따르면 자음 사이에서 동화 작용이 일어나는 경우 음운 변화에 따라 적는다고 하였다. 따라서 '종로'는 'ㄹ'이 비음인 'ㅇ'을 만나 비음인 'ㄴ'으로 바뀌는 비음화가 일어나 [종노]로 발음되므로 'Jongno'로 표기하는 것이 적절하다.

• 국어의 로마자 표기법 제2장 제1항 [붙임 1]에 따르면 'ㅢ'는 'ㅣ'로 소리 나더라도 'ui'로 적는다고 하였다. 따라서 '여의도'는 [여의도] 또는 [여이도]로 발음되지만 'Yeouido'라고 표기하는 것이 적절하다.

• 국어의 로마자 표기법 제3장 제1항에 따르면 자음 사이에서 동화 작용이 일어나는 경우 음운 변화에 따라 적는다고 하였다. 따라서 '신라'는 비음 'ㄴ'이 유음 'ㄹ'을 만나 유음인 'ㄹ'로 바뀌는 유음화가 일어나 [실라]로 발음되므로 'Silla'라고 표기하는 것이 적절하다.

17 난도 ★★★   정답 ③

비문학 > 추론적 읽기

정답의 이유

③ 2문단에서 '우선 자신의 이해관계부터 생각하는 인간의 본성 탓에 근본적 긴장은 항상 사라지지 않기 때문이다.'라고 하였으므로 인간은 본성적으로 자신의 이해관계부터 생각하기 때문에 환경 운동이 보편적 방향으로 발달하기 어렵다는 것을 알 수 있다. 여기서 말하는 이해관계는 '올슨 패러독스'와 관련된다. '올슨 패러독스'는 특별한 공동 이해관계로 묶인 소규모 그룹이 얼굴을 맞대고 단호히 일을 추진할 때, 대단히 애매한 일반적 이해를 가진 익명의 대규모 집단보다 훨씬 더 뛰어난 추진력을 보인다는 것으로, 자신의 이해관계를 먼저 생각하는 인간의 본성으로 인해 올슨 패러독스가 근본적으로 해소되기 어렵다는 것을 파악할 수 있다.

오답의 이유

① 2문단의 '이기적 이해관계를 넘어서서 환경 전체를 바라보는 안목이 현대화 과정에서 발달했기 때문이다.'를 통해 현대화 과정에서 발달한 것은 이기적 이해관계를 넘어선 환경 전체를 바라보는 안목임을 알 수 있다. 따라서 현대화 과정에서 인간의 이기적 이해관계가 부각되었다고 이해한 것은 적절하지 않다.

② 1문단에서 '초창기 환경 운동의 목표는 전통적인 자연 보호, 곧 특정 습지의 특정 조류를 보호하려는 좁은 생각을 극복하는 것이었다.'라고 하였으므로 환경 운동은 특정 생물 집단의 번식과

지속성을 보전하는 것에서 시작했다고 이해한 것은 적절하지 않다.

④ 1문단의 '이것은 특별한 공동 이해관계로 묶인 소규모 그룹이 얼굴을 맞대고 단호히 일을 추진할 때, 대단히 애매한 일반적 이해를 가진 익명의 대규모 집단보다 훨씬 더 뛰어난 추진력을 보인다는 것이다.'를 통해 환경 운동에 있어서 애매한 일반적 이해를 가진 대규모 집단보다 특별한 공동 이해관계로 묶인 소규모 그룹이 더 뛰어난 추진력을 보임을 알 수 있다. 따라서 환경 운동은 대규모 집단의 이해관계가 소규모 집단의 이해관계와 일치할 때 이루어지는 과정이라고 이해한 것은 적절하지 않다.

⑤ 2문단의 '동시에 물론 자신의 직접적인 생활 환경을 지키려는 각 오도 환경 정책에 결정적 영향을 미친다.'를 통해 개인의 이기심이 환경 운동에 영향을 미침을 알 수 있다. 따라서 개인의 이기심은 환경 운동을 위한 직접적인 동기로 작용하지 않는다고 이해한 것은 적절하지 않다. 또한, 제시된 글에서 '공리주의'와 관련된 내용은 나타나지 않는다.

18 난도 ★☆☆   정답 ④

문법 > 한글 맞춤법

정답의 이유

④ 마굿간(×) → 마구간(○): 한자어로 이루어진 합성어에는 사이시옷을 넣지 않는 것이 원칙이다. 따라서 '마구간(馬廄間)'으로 표기하는 것이 적절하다.

오답의 이유

① 인사말(○): 한글 맞춤법 제30항에 따르면, 순우리말과 한자어로 된 합성어로서 앞말이 모음으로 끝난 경우 뒷말의 첫소리 'ㄴ, ㅁ' 앞에서 'ㄴ' 소리가 덧날 때 사이시옷을 받치어 적는다. '인사말'은 '인사(人事)+말'과 같이 한자어와 순우리말로 구성된 합성어이며, 앞말이 모음으로 끝났지만 [인산말]과 같이 'ㄴ' 소리가 덧나지 않고 [인사말]로 발음되므로 사이시옷을 받치어 적지 않는다.

② 등굣길(○): 한글 맞춤법 제30항에 따르면, 순우리말과 한자어로 된 합성어로서 앞말이 모음으로 끝난 경우 뒷말의 첫소리가 된소리로 날 때 사이시옷을 받치어 적는다. '등굣길'은 '등교(登校)+길'과 같이 한자어와 순우리말로 구성된 합성어이며, [등교낄/등굗낄]처럼 뒷말의 첫소리가 된소리로 발음되므로 사이시옷을 받치어 적는다.

③ 빨랫줄(○): 한글 맞춤법 제30항에 따르면, 순우리말로 된 합성어로서 앞말이 모음으로 끝나는 경우 뒷말의 첫소리가 된소리로 날 때 사이시옷을 받치어 적는다. '빨랫줄'은 '빨래+줄'과 같이 순우리말로 구성된 합성어이며, [빨래쭐/빨랟쭐]처럼 뒷말의 첫소리가 된소리로 발음되므로 사이시옷을 받치어 적는다.

⑤ 셋방(○): 한글 맞춤법 제30항에 따르면, 두 음절로 된 한자어 중 '곳간(庫間)', '셋방(貰房)', '숫자(數字)', '찻간(車間)', '툇간(退間)', '횟수(回數)'에는 사이시옷을 받치어 적는다.

19 난도 ★☆☆　　　　　　　　　　정답 ⑤

어휘 > 한자성어

정답의 이유

㉠ 아내가 죽었을지도 모른다는 불길함을 없애기 위해 김 첨지가 고함을 치는 장면과 관련된 한자성어로는 '실속은 없으면서 큰소리치거나 허세를 부림'을 의미하는 허장성세(虛張聲勢)가 적절하다.
- 虛張聲勢: 빌 허, 베풀 장, 소리 성, 기세 세

㉡ 일어나지 못하고 계속 누워 있는 아내의 모습과 관련된 한자성어로는 '밤낮으로 쉬지 아니하고 연달아'를 의미하는 주야장천(晝夜長川)이 적절하다.
- 晝夜長川: 낮 주, 밤 야, 길 장, 내 천

오답의 이유

- 노심초사(勞心焦思): 몹시 마음을 쓰며 애를 태움
  - 勞心焦思: 수고로울 노, 마음 심, 그을릴 초, 생각 사
- 주야불식(晝夜不息): 밤낮으로 쉬지 아니함
  - 晝夜不息: 낮 주, 밤 야, 아닐 불, 숨쉴 식
- 전전반측(輾轉反側): 누워서 몸을 이리저리 뒤척이며 잠을 이루지 못함
  - 輾轉反側: 구를 전, 구를 전, 돌이킬 반, 곁 측
- 절치부심(切齒腐心): 몹시 분하여 이를 갈며 속을 썩임
  - 切齒腐心: 끊을 절, 이 치, 썩을 부, 마음 심

> **작품 해설**
>
> 현진건, 「운수 좋은 날」
> - 갈래: 단편 소설, 사실주의 소설
> - 성격: 반어적, 사실적, 비극적
> - 주제: 일제 강점기 하층민의 비참한 생활상
> - 특징
>   - 일제강점기 도시 하층민의 비극적인 삶을 잘 드러냄
>   - 제목에서 반어적인 표현을 사용하여 비극성을 강조함
>   - 문체, 인물의 성격, 배경, 작품의 주제 등이 유기적으로 작용하여 사실성을 높임

20 난도 ★★☆　　　　　　　　　　정답 ①

비문학 > 추론적 읽기

정답의 이유

① 제시된 글에 따르면, 신석기 시대 초반에는 여성이 농사를 담당하였고 여성의 출산력이 중요하게 여겨졌기 때문에 상대적으로 여성의 사회적 위상이 높았다. 그러나 신석기 시대 중후반에는 집짐승을 기르기 시작하면서 남성들이 생산 활동의 새로운 주인공이 되었고, 여성들은 보조자로 밀려나 주로 집안일이나 육아를 담당하게 되었다고 하였으므로 ㉠에 들어갈 내용으로는 '남성과 여성의 사회적 위상과 역할이 달라지게 되었다.'가 가장 적절하다.

오답의 이유

② 2문단의 '여성들은 보조자로 밀려나서 주로 집안일이나 육아를 담당하게 되었다.'를 통해 여성이 생산 활동의 보조자로 밀려났을 뿐 완전히 배제된 것은 아님을 확인할 수 있다.

③ 제시된 글에서는 신석기 시대에 남성과 여성의 사회적 위상과 역할이 어떻게 바뀌었는지를 설명하고 있으며, 남성이 남성으로서의 제 역할을 하였는지에 대한 내용은 나타나지 않는다.

④ 2문단에서 신석기 시대 중후반 이후 남성은 생산 활동의 주인공이 되고 여성들은 보조자 역할을 하면서 집안일이나 육아를 담당하게 되었다고 하였다. 그러나 여성을 공동체 일원으로 인정하는지 하지 않았는지에 대한 내용은 나타나지 않는다.

⑤ 2문단의 '마침 이 무렵, 집짐승 기르기가 시작되면서 남성들은 더 이상 사냥감을 찾아 산야를 헤맬 필요가 없게 되었다. 사냥 활동에서 벗어난 남성들은 생산 활동의 새로운 주인공이 되었다.'를 통해 집짐승 기르기가 시작되면서 남성들이 사냥에서 벗어난 것일 뿐 여성이 남성을 대체한 것이 아님을 확인할 수 있다.

21 난도 ★★☆　　　　　　　　　　정답 ①

비문학 > 사실적 읽기

정답의 이유

① 1문단의 '그리하여 한편으로는 읽을거리를 늘리기 위해, 그리고 다른 한편으로는 그들만의 독특한 취향에 상응하는 읽을거리를 손에 넣기 위해 여성들은 그들만의 고유한 문학을 창조해 냈다.'를 통해 헤이안 시대 여성들이 읽을거리에 대한 열망을 문학 창작의 동력으로 삼았다는 것을 알 수 있다.

오답의 이유

② 1문단의 '그 문학을 기록하기 위해 여성들은 그들에게 허용된 언어를 음성으로 옮긴 가나분카쿠를 개발하기에 이르렀는데, 이 언어는 한자 구조가 거의 배제된 것이 특징이다.'를 통해 헤이안 시대 여성들은 자신이 창작한 문학을 기록하기 위해 '가나분카쿠'라는 언어를 개발하였다는 것을 알 수 있다. 따라서 창작 국면에서 자신들의 언어를 작품에 그대로 담아내지 못했다는 설명은 적절하지 않다.

③ 3문단의 『겐지 이야기』, 『마쿠라노소시』 같은 책에서는 남자와 여자의 문화적·사회적 삶이 소상하게 나타나지만, ~ 언어와 정치 현장으로부터 유리되어 있었기 때문에 세이 쇼나곤과 무라사키 부인조차도 이런 활동에 대해서는 풍문 이상으로 묘사할 수 없었다.'를 통해 헤이안 시대 여성들은 정치에 대해서는 거의 관심을 보이지 않았고 정치 현장으로부터 유리되어 있었기 때문에 풍문 이상으로 묘사할 수 없었다는 것을 알 수 있다. 따라서 궁정에서 일어나는 정치적 행위에 대하여 치밀하게 묘사하였다는 설명은 적절하지 않다.

④ 1문단의 '그 문학을 기록하기 위해 여성들은 그들에게 허용된 언어를 음성으로 옮긴 가나분카쿠를 개발하기에 이르렀는데, 이 언어는 한자 구조가 거의 배제된 것이 특징이다.'를 통해 헤이안 시대 여성들이 개발한 언어는 한자 구조가 거의 배제되어 있음을 알 수 있다. 따라서 한문학에 대한 지식을 바탕으로 문학 창작에 참여하였다는 설명은 적절하지 않다.

⑤ 1문단의 '그리하여 한편으로는 읽을거리를 늘리기 위해, 그리고 다른 한편으로는 그들만의 독특한 취향에 상응하는 읽을거리를 손에 넣기 위해 여성들은 그들만의 고유한 문학을 창조해 냈다.'를 통해 헤이안 시대 여성들은 자신들의 취향에 상응하는 읽을거리를 위하여 그들만의 문학을 만들었음을 알 수 있다. 따라서 문필 활동은 남성의 전유물이었기 때문에 남성적 취향의 문학 독서를 수행했다는 설명은 적절하지 않다.

22 난도 ★★☆ 　　　　　　　　　　　　정답 ③

문법 > 외래어 표기법

정답의 이유

③ 재스민(○): 'jasmine'은 '쟈스민', '자스민'이 아닌 '재스민'이 옳은 표기이다.

오답의 이유

① 부페(×) → 뷔페(○): 'buffet'는 '부페'가 아닌 '뷔페'가 옳은 표기이다.

② 애드립(×) → 애드리브(○): 'ad lib'는 '애드립'이 아닌 '애드리브'가 옳은 표기이다.

④ 팜플렛(×) → 팸플릿(○): 'pamphlet'은 '팜플렛'이 아닌 '팸플릿'이 옳은 표기이다.

⑤ 꽁트(×) → 콩트(○): 'conte'는 '꽁트'가 아닌 '콩트'가 옳은 표기이다.

23 난도 ★★☆ 　　　　　　　　　　　　정답 ⑤

비문학 > 사실적 읽기

정답의 이유

⑤ 제시된 글은 사람과 상황이 서로 영향을 미치는 방식을 소개하고 있는데, 설명하는 내용에 대한 실험과 그 결과는 나타나지 않는다.

오답의 이유

① '예를 들어 아무것도 선택할 수 없는 경제적 어려움에 처해 있거나 ~ 자신의 의지나 책임이 아닌 절대적 상황이 그런 경우다.', '예를 들어 몸이 아프면 상황을 설명하고 조퇴를 할 수도 있다.' 등과 같이 사람과 상황이 서로 영향을 미치는 방식을 구체적인 예를 들어 설명하고 있다.

② '상황이 사람을 선택하는 경우'와 '사람이 상황을 선택하는 경우'라는 서로 다른 내용을 대비하여 제시하고 있다.

③ 5문단의 '우리가 읽거나 들었던 단어 또는 정보가 우리의 생각이나 행동에 미묘한 변화를 일으킬 수 있고 이러한 현상을 '점화 효과'라고 한다.'에서 '점화 효과'에 대한 개념을 제시하고 있다.

④ 사람과 상황이 서로 영향을 미치는 방식을 '첫째', '둘째'와 같이 병렬적 구조로 제시하고 있다.

24 난도 ★★★ 　　　　　　　　　　　　정답 ②

비문학 > 사실적 읽기

정답의 이유

② 4문단의 '예를 들어 경제적 불균형처럼 자기가 가지고 있는 아주 왜곡된 관념들로 치닫기 시작하면 상황이 사람을 지배할 수도 있다. ~ 그러나 대부분의 사람들은 스스로 상황을 지배해 나가기 때문에 범죄를 저지르지 않는다.'에서 경제적 불균형에 처하면 상황이 사람을 지배하는 경우가 생길 수도 있지만 대부분의 사람들은 스스로 상황을 지배해 나갈 수 있다고 하였다.

오답의 이유

① 제시된 글에 따르면 상황이 사람을 선택할 수도 있고, 사람이 상황을 선택할 수도 있다. 따라서 사람과 상황이 서로 영향을 끼친다고 이해한 것은 적절하다.

③ 2문단에서 '예를 들어 아무것도 선택할 수 없는 경제적 어려움에 처해 있거나 부모의 학대로 인해 지속적인 피해를 입고 있는 상황처럼 자신의 의지나 책임이 아닌 절대적 상황이 그런 경우다.'라고 하였으므로 부모의 학대와 같은 상황을 자신의 의지나 책임이 아닌 절대적 상황이라고 이해한 것은 적절하다.

④ 3문단에서 '우리는 일상을 살아가면서 굉장히 합리적인 판단을 한다. 예를 들어 몸이 아프면 상황을 설명하고 조퇴를 할 수도 있다.'라고 하였으므로 몸이 아플 때 상황을 설명하고 조퇴하는 것을 합리적 판단의 일종이라고 이해한 것은 적절하다.

⑤ 5문단에서 '사람들이 공통적으로 갖고 있는 공손함이나 공격성 등은 상황에 따라 점화되는 것이 다르다.'라고 하였으므로 사람들이 공통적으로 가진 공격성이라도 상황에 따라 다르게 점화된다고 이해한 것은 적절하다.

25 난도 ★★☆ 　　　　　　　　　　　　정답 ④

고전 문학 > 고전 운문

정답의 이유

㉠ 제시된 작품에서 '첫닭'은 '새벽'이라는 시간적 배경을 나타낸다.

㉢ 작품에서는 새벽에 조심스럽게 떠날 채비를 하는 행인의 모습을 '살짝이 살짝이'라고 표현하고 있다.

㉣ 작품의 화자는 새벽을 틈타 떠나려는 '나그네'와 안 된다며 보내질 않는 '주인'을 관찰하고 있다.

오답의 이유

㉡ 닭이 울기 전 '나그네'와 '주인'이 어떤 관계였는지, 닭 울음 이후 두 사람 사이의 관계가 어떻게 달라졌는지는 나타나지 않는다.

국어 | 2022년 법원직 9급

한눈에 훑어보기

✅ 영역 분석

어휘 08
1문항, 4%

문법 04 09 14 15 16 17 18 19 24 25
10문항, 40%

고전 문학 10 11 12 13
4문항, 16%

현대 문학 20 21 22 23
4문항, 16%

비문학 01 02 03 05 06 07
6문항, 24%

✅ 빠른 정답

01	02	03	04	05	06	07	08	09	10
④	④	③	②	③	①	③	③	④	③
11	**12**	**13**	**14**	**15**	**16**	**17**	**18**	**19**	**20**
①	④	④	②	③	④	②	②	②	②
21	**22**	**23**	**24**	**25**					
①	①	③	②	②					

✅ 점수 체크

구분	1회독	2회독	3회독
맞힌 문항 수	/ 25	/ 25	/ 25
나의 점수	점	점	점

01 난도 ★☆☆   정답 ④

비문학 > 글의 전개 방식

정답의 이유

④ 제시된 글에서는 학교 팽창의 원인을 학습 욕구 차원, 경제적 차원, 정치적 차원, 사회적 차원으로 나누어 설명하고 있다. 그러나 학교 팽창의 원인에 대한 역사적 의의나 현대사회가 나아가야 할 방향은 제시하지 않았다.

오답의 이유

① 1문단의 '무엇이 학교를 이토록 팽창하게 만들었을까?'를 통해 의문문을 활용하여 독자의 궁금증을 유발하고 있음을 확인할 수 있다.

② 학교 팽창의 원인을 학습 욕구 차원, 경제적 차원, 정치적 차원, 사회적 차원으로 나누어 문단별로 설명함으로써 특정 현상의 원인을 병렬적으로 제시하고 있음을 확인할 수 있다.

③ 1문단의 '예를 들어 한국의 대학생 수는 1945년 약 8000명이었지만, 2010년 약 350만 명으로 증가했다.'를 통해 학교가 팽창하게 된 현상에 대해 수치 자료를 예로 제시하며 설명하고 있음을 확인할 수 있다.

02 난도 ★★☆   정답 ④

비문학 > 추론적 읽기

정답의 이유

④ 3문단의 '경제적 차원에서 학교는 산업사회가 성장하는 데 있어서 필수적인 인력 양성 기관의 역할을 담당하였다. ~ 이러한 산업사회의 과제를 해결하기 위한 기관이 학교였다. 산업 수준이 더욱 고도화됨에 따라 학교 교육의 기간도 장기화된다.'를 통해 산업 수준이 더욱 고도화되면서 산업사회의 과제를 해결하기 위한 기관이 학교이기 때문에 학교가 팽창되었다는 것은 사회적 차원이 아니라 경제적 차원에서 바라보는 관점임을 확인할 수 있다.

오답의 이유

① 2문단의 '먼저 학습 욕구 차원에서, 인간은 지적 · 인격적 성장을 위한 학습 욕구를 지니고 있다.'를 통해 확인할 수 있다.

② 3문단의 '다음으로 경제적 차원에서 학교는 산업사회가 성장하는 데 있어서 필수적인 인력 양성 기관의 역할을 담당하였다.'를 통해 확인할 수 있다.

③ 4문단의 '다음으로 정치적 차원에서 학교는 국민통합을 이룰 수 있는 장치였다. 통일국가에서는 언어, 역사의식, 가치관, 국가이념 등을 모든 국가 구성원들에게 가르쳐야 했다. ~ 학교에서의 의무교육제도는 국민통합 교육을 위한 국가적 필요에 의해 시작된 것으로 볼 수 있다.'를 통해 확인할 수 있다.

03 난도 ★★★

비문학 > 추론적 읽기

정답의 이유

③ 5문단의 '막스 베버는 그의 저서 『경제와 사회』에서 ~ 나아가 그는 높은 학력을 가진 사람은 사회경제적으로 높은 지위를 독점할 수 있다고 기술한 바 있다.'와 〈보기〉의 'A는 학교가 학생들의 능력에 따라 성적을 주고, ~ 높은 학력을 통해 능력을 인정받은 개인은 희소가치가 높은 노동을 제공함으로써 높은 소득을 얻고 계층 상승을 이룰 수 있다고 본다.'를 통해 막스 베버와 A는 모두 학력을 통해 높은 계층의 지위를 차지할 수 있다고 생각함을 알 수 있다.

오답의 이유

① 5문단의 '학력은 각자의 능력을 판단하는 잣대로 활용되었다. 막스 베버는 ~ 높은 학력을 가진 사람은 사회경제적으로 높은 지위를 독점할 수 있다고 기술한 바 있다.'와 〈보기〉의 'A는 학교가 학생들의 능력에 따라 성적을 주고, ~ 높은 학력을 통해 능력을 인정받은 개인은 희소가치가 높은 노동을 제공함으로써 높은 소득을 얻고 계층 상승을 이룰 수 있다고 본다.'를 통해 막스 베버와 A는 모두 고학력을 취득한 사람이 저학력을 취득한 사람보다 능력이 뛰어나다고 생각함을 확인할 수 있다.

② 5문단의 '막스 베버는 그의 저서 『경제와 사회』에서 ~ 과거에는 명문가의 족보가 필요했지만, 오늘날에는 학력증명이 있어야 한다고 주장했다. 나아가 그는 높은 학력을 가진 사람은 사회경제적으로 높은 지위를 독점할 수 있다고 기술한 바 있다.'와 〈보기〉의 'B는 상급 학교의 진학은 개인의 능력만을 반영하지 않고 부모의 사회적 지위와 소득의 영향을 받는다고 본다.'를 통해 B는 막스 베버와 달리 사회경제적으로 높은 지위를 차지하기 위해서는 개인의 학력보다 부모의 지위가 중요하다고 생각함을 확인할 수 있다.

④ 5문단의 '막스 베버는 그의 저서 『경제와 사회』에서 ~ 높은 학력을 가진 사람은 사회경제적으로 높은 지위를 독점할 수 있다고 기술한 바 있다.'와 〈보기〉의 'B는 상급 학교의 진학은 개인의 능력만을 반영하지 않고 부모의 사회적 지위와 소득의 영향을 받는다고 본다.'를 통해 B는 막스 베버와 달리 높은 관직에 오르기 위해서는 명문가에서 태어나는 것이 뛰어난 학력을 가지는 것보다 중요하다고 생각함을 확인할 수 있다.

04 난도 ★☆☆

문법 > 통사론

정답의 이유

② '철수가 산책했던'은 관형사형 어미 '-던'이 결합한 관형절로, 주어 '공원은'을 수식하는 관형절이다. 따라서 부사절이라는 설명은 적절하지 않다.

오답의 이유

① '동생이 산'은 관형사형 어미 '-ㄴ'이 결합한 관형절이며, 목적어 '사탕을'을 수식하고 있다.

③ '숙소로 돌아가기'는 명사형 어미 '-기'가 결합한 명사절이며, 목적격 조사 '를'과 결합하여 안은문장의 목적어로 쓰이고 있다.

④ '학교에 가기'는 명사형 어미 '-기'가 결합한 명사절이며, 부사격 조사 '에'와 결합하여 안은문장의 부사어로 쓰이고 있다.

더 알아보기

명사절을 안은문장
- 문장에서 주어, 목적어, 관형어, 부사어 등의 기능을 하는 명사절을 안은문장이다.
- 명사형 어미 '-(으)ㅁ, -기'와 '-는 것' 등이 사용된다.
  예 영희가 그 일에 관여했음이 밝혀졌다. (주어)
  예 아침에 네가 일어나기를 기다렸다. (목적어)
  예 너는 말하기 전에 한 번 더 생각해 보아라. (관형어)
  예 네가 노력하기에 따라 결과가 달라진다. (부사어)
  예 이상 기후 현상이 나타난다는 것은 사실이다. (주어)

관형절을 안은문장
- 문장에서 관형어의 기능을 하는 절을 안은문장이다.
- 관형사형 어미 '-(으)ㄴ, -는, -(으)ㄹ, -던' 등이 사용된다.
  예 이 옷은 어제 내가 입은 옷이다.
  예 어려서부터 내가 먹던 맛이 아니다.

부사절을 안은문장
- 문장에서 부사어의 기능을 하는 절을 안은문장이다.
- '-게, -도록' 등이 사용된다.
  예 그 집은 조명이 아름답게 장식되어 있다.
  예 나는 철수가 편히 쉴 수 있도록 자리를 비켜주었다.

05 난도 ★★☆

비문학 > 글의 전개 방식

정답의 이유

③ 제시된 글에서는 '기업전략'이라는 개념을 소개하고 구체적인 예로 '기업 다각화 전략'을 제시하여 자세히 설명하고 있다.

오답의 이유

① '기업 전략'이나 '기업 다각화 전략'이 성립하게 된 배경이나 역사적 의의를 서술하지 않았다.

② '기업 다각화 전략'의 장점을 제시하였으나, 단점 또는 단점을 극복하는 방안들을 서술하지 않았다.

④ '리처드 러멜트'라는 학자의 구분법을 소개하였으나, 다양한 학자들의 견해를 비교하지 않았다.

06 난도 ★★★

비문학 > 추론적 읽기

정답의 이유

① 불경기와 호경기가 반복적으로 순환되는 사업의 경우 안정적으로 경제성을 창출하기 위해 '비관련' 분야의 다각화를 해야 함을 추론할 수 있으므로 a에는 '비관련'이 들어가야 한다. 또한 다각화 전략을 활용하면 경기가 불안정할 때에도 자금 순환의 안정성을 확보할 수 있으므로 b에는 '확보'가 들어가야 한다.

07 난도 ★★☆　　　　　　　　　　　정답 ③

비문학 > 사실적 읽기

[정답의 이유]

③ 4문단의 '새로운 인력을 채용하여 교육시키는 데 많은 시간과 비용이 들어감을 고려하면, 다각화된 기업은 신규 기업에 비해 훨씬 우월한 위치에서 경쟁할 수 있다.'를 통해 신규 기업은 새로운 인력을 채용하고 교육하는 것에 부담이 있음을 확인할 수 있다.

[오답의 이유]

① 3문단의 '범위의 경제성이란 하나의 기업이 동시에 복수의 사업 활동을 하는 것이, 복수의 기업이 단일의 사업 활동을 하는 것보다 총비용이 적고 효율적이라는 이론이다.'를 통해 한 기업이 제품A, 제품B를 모두 생산하는 것이 서로 다른 두 기업이 각각 제품A, 제품B를 생산하는 것보다 효과적임을 확인할 수 있다.

② 4문단의 '또한 다각화된 기업은 기업 내부 시장을 활용함으로써 새로운 가치를 창출할 수 있다. 여러 사업부에서 나오는 자금을 통합하여 활용할 수 있는 내부 자본시장을 갖추었을 뿐 아니라'를 통해 다각화된 기업은 여러 사업부에서 나오는 자금을 통합하여 활용할 수 있음을 확인할 수 있다.

④ 2문단의 '리처드 러멜트는 미국의 다각화 기업을 구분하며, 관련 사업에서 70% 이상의 매출을 올리는 기업을 관련 다각화 기업, 70% 미만의 매출을 올리는 기업을 비관련 다각화 기업으로 명명했다.'를 통해 리처드 러멜트에 의하면 관련 사업에서 70% 이상의 매출을 올리는 기업이 관련 다각화 기업임을 확인할 수 있다.

08 난도 ★★☆　　　　　　　　　　　정답 ③

어휘 > 한자어

[정답의 이유]

③ '창출(創出: 비롯할 창, 날 출)'이란 '전에 없던 것을 처음으로 생각하여 지어내거나 만들어 냄'이라는 의미이다. '사업 따위를 처음으로 이루어 시작함'이라는 의미를 가진 단어는 '창업(創業: 비롯할 창, 업 업)'이다.

[오답의 이유]

① 구성(構成: 얽을 구, 이룰 성): 몇 가지 부분이나 요소들을 모아서 일정한 전체를 짜 이룸 또는 그 이룬 결과

② 기여(寄與: 부칠 기, 더불 여): 도움이 되도록 이바지함

④ 우월(優越: 넉넉할 우, 넘을 월): 다른 것보다 나음

09 난도 ★★☆　　　　　　　　　　　정답 ④

문법 > 고전 문법

[정답의 이유]

④ ㉣은 의문사 '어듸(어디)'에 대한 답을 요구하는 설명 의문문이며 'ᄒᆞ라체' 상대 높임 등급이므로 어미 '-뇨'가 사용된 것이다.

[오답의 이유]

① ㉠의 '이 ᄯᆞ리 너희의 종인가?'는 가부(可否)에 대한 대답을 요구하는 판정 의문문이므로 의문 보조사 '가'가 사용된 것이다.

② ㉡의 '얻는 약이 무엇인가?'는 의문사 '무엇'에 대한 답을 요구하는 설명 의문문이므로 의문 보조사 '고'가 사용된 것이다.

③ ㉢의 '네가 믿느냐 아니 믿느냐?'는 2인칭 주어 의문문이므로 어미 '-ㄴ다'가 사용된 것이다.

10 난도 ★★☆　　　　　　　　　　　정답 ③

고전 문학 > 고전 운문

[정답의 이유]

③ 제시된 작품 중 (가)는 이별의 정한을 노래한 고려 가요이고, (나)는 임과 영원히 함께 하고 싶은 소망을 노래한 고려 가요이다. (가)에서는 '질삼뵈 ᄇᆞ리시고 ~ 우러곰 좃니노이다'를 통해 생업의 기반인 길쌈하던 베를 버리고 임을 쫓아가겠다는 화자의 태도를 드러내고 있고, (나)에서는 '구운 밤, 옥 연꽃, 무쇠 옷, 무쇠 소'를 소재로 불가능한 상황을 설정해 임과 이별하지 않겠다는 화자의 의지를 드러내고 있다. 따라서 (가)와 (나)는 모두 임과 이별하고 싶지 않아 하는 화자의 모습이 드러남을 확인할 수 있다.

[오답의 이유]

① (가)에서는 '비 내여 노ᄒᆞ다 샤공아'를 통해 임이 떠나간 배를 내어놓은 사공을 원망하고 있는데, 이는 임에 대한 원망을 사공에게 전가한 표현이다. 따라서 (가)에서만 시적 대상에 대한 원망의 정서가 드러나고 있다.

② (가)에서는 '닷곤 ᄃᆡ 쇼셩경 고ᄋᆡ마른'을 통해 자신이 거주하는 공간인 서경에 대해 애정을 드러내고 있다. 따라서 (가)에서만 자신이 거주하는 공간에 대한 애정을 드러내고 있다.

④ (나)에서는 '구운 밤, 옥 연꽃, 무쇠 옷, 무쇠 소'를 소재로 불가능한 상황을 설정하여 이러한 상황이 일어나야만 임과 이별하겠다고 이야기하고 있는데, 이는 임과 절대로 이별하지 않겠다는 화자의 의지를 드러낸 표현이다. 따라서 (나)에서만 불가능한 상황을 설정해 화자의 의지를 드러내고 있다.

11 난도 ★☆☆　　　　　　　　　　　정답 ①

고전 문학 > 고전 운문

[정답의 이유]

① (가)는 고려 시대 평민들이 부르던 노래인 고려 가요로, 3음보와 3 · 3 · 2조(3 · 3 · 3조)의 음수율이 나타난다. 따라서 3음보의 전통적인 율격을 가진 문학 갈래이므로 4음보의 율격을 지녔다는 설명은 적절하지 않다.

[오답의 이유]

② 고려 가요에서는 연마다 반복되는 여음구(후렴구)가 등장하여 음악성을 부여하고 있다.

③ '긴힛ᄯᆞᆫ 그츠리잇가', '신(信)잇ᄃᆞᆫ 그츠리잇가'라는 설의적 표현을 사용하여 임에 대한 믿음이 끊어지지 않을 것이라는 화자의 정서를 드러내고 있다.

④ '위 두어렁셩 두어렁셩 다링디리'는 악기 소리를 활용한 후렴구로, 경쾌한 리듬감을 형성하고 있다.

더 알아보기

고려 가요의 특징

형식	대체로 3 · 3 · 2조 3음보로 분연체이며, 후렴구 또는 조흥구가 발달했다.
작자	미상(未詳)의 평민층 작품으로 어느 개인의 창작이라기보다는 구전되는 동안에 민요적 성격을 띠게 된 것으로 본다.
내용	• 남녀 간의 애정, 이별의 아쉬움, 자연 예찬 등 민중들의 소박하고 풍부한 정서를 진솔하게 표현하였다. • 조선 시대에는 고려 가요를 남녀상열지사라고 하여 많은 작품이 삭제되었다.

12 난도 ★☆☆　　　　　　　　　　정답 ④

고전 문학 > 고전 운문

정답의 이유

④ '구스리'는 '구슬이 바위에 떨어져도 끈이 끊어지지 않는다'는 상황에 활용된 소재로, 화자의 사랑과 믿음을 의미한다고 볼 수 있다.

오답의 이유

① · ② · ③ '그 바미(구운 밤)', '그 오시(무쇠 옷)', '그 쇠(무쇠 소)'는 불가능한 상황에 활용된 소재로, 임과 절대로 이별하지 않겠다는 화자의 의지를 나타낸다.

13 난도 ★★☆　　　　　　　　　　정답 ④

고전 문학 > 고전 운문

정답의 이유

④ (가)의 '대동강'은 임이 떠나가는 이별의 공간을 의미한다. 제시된 작품은 임과의 이별을 노래한 정지상의 「송인(送人)」이라는 한시로, '남포'는 임을 보내는 이별의 공간을 의미한다.

오답의 이유

① 제시된 작품은 삶의 고뇌와 비애를 노래한 작자 미상의 「청산별곡(靑山別曲)」이라는 고려 가요로, '청산(靑山)'은 화자가 동경하는 세계이자 현실 도피의 공간을 의미한다.

② 제시된 작품은 수양 대군의 왕위 찬탈에 항거하는 작가의 의지를 드러낸 성삼문의 시조로, '수양산(首陽山)'은 중국 고사 속 인물인 백이와 숙제가 살던 곳 또는 수양 대군을 의미한다.

③ 제시된 작품은 가을밤을 배경으로 무욕을 노래한 월산 대군의 시조로, '추강(秋江)'은 화자가 있는 공간적 배경을 의미한다.

작품 해설

(가) 작자 미상, 「서경별곡」

• 갈래: 고려 가요

• 성격: 적극적, 직설적

• 주제: 이별의 정한

• 특징

  – 적극적인 태도로 임과의 이별을 거부함

  – 3음보의 율격, 분연체, 후렴구 등 고려 가요의 전형성을 지님

(나) 작자 미상, 「정석가」

• 갈래: 고려 가요

• 성격: 민요적, 송축가

• 주제: 임에 대한 영원한 사랑

• 특징

  – 불가능한 상황을 설정하여 임에 대한 영원한 사랑을 노래함

  – 반복을 통해 상황과 정서를 강조함

14 난도 ★☆☆　　　　　　　　　　정답 ②

문법 > 한글 맞춤법

정답의 이유

② 제시된 문장에서는 '실제로 일어날 수 있는 여러 가지 중에서 어느 것이 일어나도 뒤 절의 내용이 성립하는 데 아무런 상관이 없음을 나타내는 연결 어미'인 '–든지'가 오는 것이 적절하므로 '밥을 먹든지 말든지 네 맘대로 해라.'가 맞는 표현이다. '–던지'는 막연한 의문이 있는 채로 그것을 뒤 절의 사실과 관련시키는 데 쓰는 연결 어미이므로 '얼마나 춥던지 손이 곱아 펴지지 않았다.'와 같이 쓸 수 있다.

오답의 이유

① 밑줄 친 부분의 '–든'은 실제로 일어날 수 있는 여러 가지 중에서 어느 것이 일어나도 뒤 절의 내용이 성립하는 데 아무런 상관이 없음을 나타내는 연결 어미인 '–든지'의 준말이다. 제시된 문장에서는 싫든지 좋든지 이 길로 가는 수밖에 없음을 나타내고 있으므로 어미가 적절하게 쓰였다.

③ 밑줄 친 부분의 '–던'은 앞말이 관형어 구실을 하게 하고, 과거의 어떤 상태를 나타내는 어미이므로 문장에서 적절하게 쓰였다.

④ 밑줄 친 부분의 '–든지'는 실제로 일어날 수 있는 여러 가지 중에서 어느 것이 일어나도 뒤 절의 내용이 성립하는 데 아무런 상관이 없음을 나타내는 연결 어미이므로 문장에서 적절하게 쓰였다.

더 알아보기

−더라, −던, −든지(한글 맞춤법 제56항)

- 지난 일을 나타내는 어미는 '−더라, −던'으로 적는다. (ㄱ을 취하고, ㄴ을 버림)

ㄱ	ㄴ
지난겨울은 몹시 춥더라.	지난겨울은 몹시 춥드라.
깊던 물이 얕아졌다.	깊든 물이 얕아졌다.
그렇게 좋던가?	그렇게 좋든가?
그 사람 말 잘하던데!	그 사람 말 잘하든데!
얼마나 놀랐던지 몰라.	얼마나 놀랐든지 몰라.

- 물건이나 일의 내용을 가리지 아니하는 뜻을 나타내는 조사와 어미는 '(−)든지'로 적는다. (ㄱ을 취하고, ㄴ을 버림)

ㄱ	ㄴ
배든지 사과든지 마음대로 먹어라.	배던지 사과던지 마음대로 먹어라.
가든지 오든지 마음대로 해라.	가던지 오던지 마음대로 해라.

---

15 난도 ★★☆　　　　　　　　　　　정답 ③

문법 > 고전 문법

정답의 이유

A: '나라'는 무정물이므로 중세국어의 관형격 조사는 'ㅅ'이 쓰인다. 따라서 '나라+ㅅ'의 형태인 '나랏'으로 써야 한다.

B: '사룸'은 유정물이며 양성 모음이므로 중세국어의 관형격 조사는 '익'가 쓰인다. 따라서 '사룸+익'의 형태인 '사르믹'로 써야 한다.

C: '世尊(세존)'은 유정물이며 종교적으로 높은 대상이므로 중세국어의 관형격 조사는 'ㅅ'이 쓰인다. 따라서 '世尊+ㅅ'의 형태인 '世尊ㅅ'으로 써야 한다.

---

16 난도 ★☆☆　　　　　　　　　　　정답 ④

문법 > 음운론

정답의 이유

④ [A]에서 일어난 음운 변동은 '비음화'로, 앞에 오는 자음인 'ㄱ, ㄷ, ㅂ'이 뒤에 오는 자음인 비음 'ㄴ, ㅁ'을 만나 같은 조음 방법인 비음 'ㅇ, ㄴ, ㅁ'으로 바뀐 것이다. [B]에서 일어난 음운 변동은 '유음화'로, 앞에 오는 자음인 비음 'ㄴ'이 뒤에 오는 자음인 유음 'ㄹ'을 만나 같은 조음 방법인 유음 'ㄹ'로 바뀐 것이다. 따라서 [A]와 [B]에서 일어난 음운 변동은 앞의 자음이 뒤의 오는 자음의 조음 방법에 동화되는 음운 변동이다.

더 알아보기

자음 동화

자음과 자음이 만났을 때, 어느 한쪽이 다른 쪽의 영향을 받아 그와 같거나 비슷한 다른 자음으로 바뀌는 현상이다.

- 비음화: 비음(ㄴ, ㅁ, ㅇ)이 아닌 자음이 비음으로 바뀌어 발음되는 현상이다. 받침 'ㄱ(ㄲ, ㅋ, ㄳ, ㄺ), ㄷ(ㅅ, ㅆ, ㅈ, ㅊ, ㅌ, ㅎ), ㅂ(ㅍ, ㄼ, ㄿ, ㅄ)'은 'ㄴ, ㅁ' 앞에서 [ㅇ, ㄴ, ㅁ]으로 발음한다.

[ㄱ]+[ㄴ, ㅁ]→[ㅇ]+[ㄴ, ㅁ]	국물[궁물], 깎는[깡는], 키읔만[키응만], 몫몫이[몽목씨], 긁는[긍는]
[ㄷ]+[ㄴ, ㅁ]→[ㄴ]+[ㄴ, ㅁ]	걷는[건는], 옷맵시[온맵씨], 있는[인는], 잊는[인는], 쫓는[쫀는], 붙는[분는], 놓는[논는]
[ㅂ]+[ㄴ, ㅁ]→[ㅁ]+[ㄴ, ㅁ]	입는[임는], 앞마당[암마당], 밟는[밤는], 읊는[음는], 없는[엄는]

- 유음화: 'ㄴ'은 'ㄹ'의 앞이나 뒤에서 [ㄹ]로 발음한다. 첫소리 'ㄴ'이 'ㅀ', 'ㄾ' 뒤에 연결되는 경우에도 [ㄹ]로 발음한다.

[ㄴ]+[ㄹ]→[ㄹ]+[ㄹ]	난리[날리], 광한루[광할루]
[ㄹ]+[ㄴ]→[ㄹ]+[ㄹ]	줄넘기[줄럼끼], 핥는지[할른지], 뚫는[뚤른], 핥네[할레]

---

17 난도 ★★☆　　　　　　　　　　　정답 ②

문법 > 통사론

정답의 이유

② ㉡에서는 직접 인용절이 간접 인용절로 바뀔 때, 인용격 조사 '라고'가 '고'로 달라지고 큰따옴표가 없어짐을 알 수 있다. 또한 1인칭 대명사인 '나'가 앞에서 이미 말하였거나 나온 바 있는 사람을 도로 가리키는 3인칭 대명사인 '자기'로 달라짐을 알 수 있다. 따라서 지시 대명사로 달라졌다는 설명은 적절하지 않다.

오답의 이유

① ㉠에서는 직접 인용절이 간접 인용절로 바뀔 때, 인용격 조사 '라고'가 '고'로 달라지고 큰따옴표가 없어짐을 알 수 있다. 또한 명령형 어미인 '−거라'가 명령형 어미인 '−으라'로 바뀌어 다른 형태로 나타남을 알 수 있다.

③ ㉢에서는 직접 인용절이 간접 인용절로 바뀔 때, 인용격 조사 '라고'가 '고'로 달라지고 큰따옴표가 없어짐을 알 수 있다. 또한 상대 높임 표현에서 하십시오체의 종결 어미인 '−ㅂ니다'가 '−다'로 바뀌어 직접 인용절에서 사용된 상대 높임 표현이 간접 인용절에서는 나타나지 않음을 알 수 있다.

④ ㉣에서는 직접 인용절이 간접 인용절로 바뀔 때, 인용격 조사 '라고'가 '고'로 달라지고 큰따옴표가 없어짐을 알 수 있다. 또한 직접 인용절의 시간 표현인 '오늘'이 간접 인용절에서는 말하는 시점을 기준으로 '어제'로 바뀌었음을 알 수 있다.

더 알아보기

간접 인용절과 직접 인용절

간접 인용절	화자의 표현으로 바꾸어서 인용하는 방법으로, 부사격 조사 '고'를 사용한다. 예 조카가 나에게 삼촌은 덥지 않냐고 물었다.
직접 인용절	원래 말해진 그대로 인용하는 방법으로, 부사격 조사 '라고'를 사용한다. 예 조카가 나에게 "삼촌은 덥지 않으세요?"라고 물었다.

18 난도 ★★☆   정답 ②

문법 > 형태론

정답의 이유

② 제시된 문장의 형태소는 '눈(명사)/이(조사)/녹-(어간)/-으면(어미)/남-(어간)/-은(어미)/발(명사)/자국(명사)/자리(명사)/마다(조사)/꽃(명사)/이(조사)/피-(어간)/-리-(선어말 어미)/-니(어말 어미)'로 나눌 수 있다. 의존 형태소는 어간, 어미, 조사, 접사로, 제시된 문장에서 의존 형태소는 '이, 녹-, -으면, 남-, -은, 마다, 이, 피-, -리-, -니'이므로 총 10개이다.

오답의 이유

① 자립 형태소는 명사, 대명사, 수사, 관형사, 부사, 감탄사로, 제시된 문장에서 자립 형태소는 '눈, 발, 자국, 자리, 꽃'이므로 총 5개이다.

③ 실질 형태소는 명사, 대명사, 수사, 관형사, 부사, 감탄사, 용언의 어간으로, 제시된 문장에서 실질 형태소는 '눈, 녹-, 남-, 발, 자국, 자리, 꽃, 피-'이므로 총 8개이다.

④ 어절은 띄어쓰기의 단위로, 제시된 문장은 '눈이/녹으면/남은/발자국/자리마다/꽃이/피리니'와 같이 총 7개의 어절로 이루어져 있다. 음절은 말소리의 단위로, 제시된 문장은 총 19개의 음절로 이루어져 있다.

19 난도 ★★☆   정답 ②

문법 > 음운론

정답의 이유

② ㉠의 '꽃잎'은 음절의 끝소리 규칙(교체), 'ㄴ' 첨가(첨가), 비음화(교체)가 일어나 [꼰닙]으로 발음되고, ㉡의 '맏며느리'는 비음화(교체)가 일어나 [만며느리]로 발음된다. 따라서 음운의 첨가는 ㉠에서만 나타났으므로 적절하지 않은 설명이다.

오답의 이유

① ㉠의 '꽃잎'은 음절의 끝소리 규칙과 비음화의 음운 교체가 일어나고, ㉡의 '맏며느리'는 비음화의 음운 교체가 일어난다. 또한 ㉢의 '닫혔다'는 음절의 끝소리 규칙과 된소리되기, 구개음화의 음운 교체가 일어나고, ㉣의 '넓죽하다'는 된소리되기의 음운 교체가 일어난다. 따라서 ㉠~㉣은 모두 음운이 교체되는 현상이 일어난다는 설명은 적절하다.

③ ㉢ '닫혔다'는 어근 '닫-'의 받침 'ㄷ'과 접미사 '-히-'의 'ㅎ'이 [ㅌ]으로 축약되고, 'ㅌ'이 'ㅊ'으로 바뀌는 구개음화가 일어났다. 따라서 'ㄷ'과 'ㅎ' 두 개의 음운이 하나로 축약되는 현상이 일어난다는 설명은 적절하다.

④ ㉣의 '넓죽하다'는 자음군 단순화(탈락), 된소리되기(교체), 거센소리되기(축약)가 일어나 [넙쭈카다]로 발음되므로 음운의 탈락과 축약이 일어난다는 설명은 적절하다.

20 난도 ★★☆   정답 ②

현대 문학 > 현대 소설

정답의 이유

② 제시된 작품은 일제 강점기 지식인인 구보가 거리를 배회하면서 보고 생각한 것을 나열하는 방식으로 사건이 전개되는 소설이다. 따라서 특정 인물의 내면 심리를 중심으로 이야기가 전개되고 있다는 설명은 적절하다.

오답의 이유

① 주인공의 행동을 우스꽝스럽게 묘사하며 조롱하는 것은 작품에 나타나지 않았다.

③ 주인공이 예술가로서의 삶과 일상적인 삶의 행복 사이에서 갈등하는 인물의 내적 갈등은 확인할 수 있으나, 인물과 인물 간의 갈등이 드러나지 않았다.

④ 제시된 작품에서는 한 인물의 내적 독백을 통해 사건을 전개하고 있을 뿐, 대화 장면을 빈번하게 제시하지 않았다.

21 난도 ★★☆   정답 ①

현대 문학 > 현대 소설

정답의 이유

① '구보는 한구석에 가 서서 그의 앞에 앉아 있는 노파를 본다. ~ 이미 굳어 버린 그의 안면 근육은 어떠한 다행한 일에도 펴질 턱 없고, 그리고 그의 몽롱한 두 눈은 비록 그의 딸의 그지없는 효양(孝養)을 가지고도 감동시킬 수 없을지 모른다.'를 통해 구보가 '노파'의 가난한 삶을 상상하면서 그녀의 외양을 묘사해 고단한 삶을 표현하고 있음을 확인할 수 있다. 따라서 구보가 '노파'의 가난한 삶을 상상해 보며 그녀의 생기 없는 외양에 대해 생각한다는 것은 적절하다.

오답의 이유

② '구보는 그 시골 신사가 ~ 만약 그에게 얄은 지혜와 또 약간의 용기를 주면 그는 삼등 승차권을 주머니 속에 간수하고 일, 이등 대합실에 오만하게 자리잡고 앉을 게다.'를 통해 구보가 '중년의 시골 신사'의 행동을 상상해 보며 그의 거만한 행동에 대해 비판하고 있음을 확인할 수 있다. 따라서 '중년의 시골 신사'의 행동을 목격한 것이 아니라 상상한 것이다.

③ '문득 구보는 그의 얼굴에서 부종(浮腫)을 발견하고 그의 앞을 떠났다. 신장염. 그뿐 아니라, 구보는 자기 자신의 만성 위확장을 새삼스러이 생각해 내지 않으면 안 되었다.'를 통해 만성 위확장은 구보가 중년 신사의 부종을 보고 연상한 병이므로 '40여 세의 노동자'가 앓고 있는 것이 아님을 확인할 수 있다. 또한

"40여 세의 노동자. ~ 분명한 '바세도우씨'병. 그것은 누구에게 든 결코 깨끗한 느낌을 주지는 못한다."를 통해 구보는 '40여 세 의 노동자'가 불결한 느낌을 준다고 생각하고 있음을 확인할 수 있으나, 그의 곁에 가서 앉는 행동은 하지 않았다.

④ '그러나 그가, 문 옆에 기대어 섰는 캡 쓰고 린네르 즈메에리 양 복 입은 사나이의, 그 온갖 사람에게 의혹을 갖는 두 눈을 발견 하였을 때, 구보는 또 다시 우울 속에 그곳을 떠나지 않으면 안 된다.'를 통해 구보는 '양복 입은 사나이'가 타인을 의심하고 불 신하는 모습을 목격하고 실망하였음을 확인할 수 있다. 따라서 '양복 입은 사나이'의 행동에 분노를 느낀 것은 아니다.

22 난도 ★★☆   정답 ①

현대 문학 > 현대 소설

정답의 이유

① '흘낏 구보를 본 그들 내외의 눈에는 자기네들의 행복을 자랑하 고 싶어하는 마음이 엿보였는지도 모른다. 구보는, 그들을 업신 여겨 볼까 하다가, 문득 생각을 고쳐, 그들을 축복하여 주려 하 였다.'를 통해 구보는 행복해 보이는 가족을 바라보며 축복해 주 려 하였음을 확인할 수 있으므로 그들을 업신여기려 한다는 것 은 적절하지 않다.

오답의 이유

② '구보는 다시 밖으로 나오며, 자기는 어디 가 행복을 찾을까 생 각한다. 발 가는 대로, 그는 어느 틈엔가 안전지대에 가 서서, 자 기의 두 손을 내려다보았다.'를 통해 구보는 방향성이나 목표가 없이 배회하고 있음을 확인할 수 있다.

③ '그러나 자기와 더불어 그곳에 있던 온갖 사람들이 모두 저 차에 오르는 것을 보았을 때, 그는 저 혼자 그곳에 남아 있는 것에 외 로움과 애달픔을 맛본다. 구보는, 움직인 전차에 뛰어올랐다.'를 통해 구보가 혼자 남아 있는 것에 대한 외로움을 느끼고 움직이 는 전차에 뛰어올랐음을 확인할 수 있다.

④ '구보는 고독을 느끼고, 사람들 있는 곳으로, 약동하는 무리들이 있는 곳으로, 가고 싶다 생각한다. 그는 눈앞에 경성역을 본다. ~ 다만 구보는 고독을 삼등 대합실 군중 속에 피할 수 있으면 그만이다.'를 통해 구보가 고독을 피하기 위해 경성역으로 향했 음을 확인할 수 있다.

23 난도 ★★☆   정답 ③

현대 문학 > 현대 시

정답의 이유

③ 제시된 작품은 가난하지만 평화로웠던 고향의 모습을 회상하며 고향에 대한 그리움을 노래한 시로, '옛이야기 지줄대는 실개천 이 휘돌아 나가고'에서 자연물을 의인화하여 고향의 평화로운 풍 경을 제시하고 있음을 확인할 수 있다. 〈보기〉의 작품은 고향 상 실의 아픔을 노래한 시로, '흰 점 꽃이 인정스레 웃고'에서 자연 물을 의인화하여 자연은 인간과 달리 예전과 변함이 없음을 표 현하고 있다. 따라서 제시된 작품과 〈보기〉의 작품 모두 자연물 에 인격을 부여하여 대상을 형상화하고 있다는 것은 적절하다.

오답의 이유

① 〈보기〉의 '어린 시절에 불던 풀피리 소리 아니 나고 / 메마른 입 술에 쓰디쓰다.'에서 과거의 추억을 잃어버린 상실감을 청각적 심상과 미각적 심상으로 나타내고 있음을 확인할 수 있다. 그러 나 제시된 작품에서는 과거의 추억을 잃어버린 현실을 씁쓸하게 드러내는 부분을 확인할 수 없다.

② 〈보기〉의 '고향에 고향에 돌아와도 / 그리던 하늘만이 높푸르구 나.'에서 변해 버린 고향에 대한 거리감을 드러내고 있음을 확인 할 수 있다. 그러나 제시된 작품에서는 고향과의 거리감, 단절감 을 드러내는 부분을 확인할 수 없다.

④ 제시된 작품에서는 시각, 청각, 촉각, 공감각 등 다양한 감각적 심상을 통해 고향의 모습을 형상화하고 있고, 〈보기〉의 작품에 서는 시각, 청각, 미각 등 다양한 감각적 심상을 통해 고향의 모 습을 형상화하고 있다. 따라서 제시된 작품과 〈보기〉의 작품 모 두 다양한 감각적 심상을 활용하고 있다.

작품 해설

정지용, 「고향」
- 갈래: 자유시, 서정시
- 성격: 낭만적, 회고적, 애상적
- 주제: 고향 상실과 인생무상
- 특징
  - 다양한 감각적 이미지를 통해 고향을 형상화함
  - 수미상관 구조를 통해 운율을 형성하고 의미를 강조함

정지용, 「향수」
- 갈래: 자유시, 서정시
- 성격: 향토적, 묘사적, 감각적
- 주제: 고향에 대한 그리움
- 특징
  - 감각적 심상을 활용하여 대상을 선명하게 묘사하고 있음
  - 후렴구가 반복되는 병렬식 구조로 구성하고 있음

24 난도 ★★☆   정답 ②

문법 > 통사론

정답의 이유

② ㉠의 주성분은 주어 '아이가', 서술어 '잔다'로 총 2개이고, ㉡의 주성분은 주어 '그는', 목적어 '딸을', 서술어 '삼았다'로 총 3개이 며, ㉢의 주성분은 주어 '영희가', 목적어 '물을', 서술어 '엎질렀 구나'로 총 3개이다. 따라서 ㉠~㉢의 주성분의 개수가 일치한다 는 설명은 적절하지 않다.

오답의 이유

① ㉠의 관형어는 '작은', ㉡의 관형어는 '친구의', ㉢의 관형어는 '뜨 거운'이다. 따라서 ㉠~㉢은 모두 관형어가 존재한다는 설명은 적절하다.

③ ㉠의 부속 성분은 관형어 '작은', 부사어 '침대에서', 부사어 '예쁘 게'로 총 3개이고, ㉡의 부속 성분은 관형어 '친구의', 부사어 '며 느리로' 총 2개이며, ㉢의 부속 성분은 관형어 '뜨거운'으로 총

1개이다. 따라서 ㉠의 부속 성분의 개수가 ㉡, ㉢보다 많다는 설명은 적절하다.

④ ㉠의 부사어 '침대에서'와 '예쁘게'는 필수적 부사어가 아닌 문장에서 생략해도 문장의 구성에 영향을 주지 않는 수의적 부사어이고, ㉡의 부사어 '며느리로'는 서술어 '삼았다'가 필요로 하는 필수적 부사어이다. 따라서 ㉡은 ㉠과 달리 필수적 부사어가 존재한다는 설명은 적절하다.

---

25 난도 ★★☆   정답 ②

문법 > 통사론

 정답의 이유

② ㉠은 대등하게 이어진문장이므로 앞뒤 문장의 순서가 바뀌어도 동일한 의미를 나타내지만, ㉡은 종속적으로 이어진문장이므로 앞뒤 문장의 순서를 바꾸면 문장이 성립되지 않거나 의미가 변화하므로 적절하지 않다.

 오답의 이유

① ㉠은 앞 절과 뒤 절이 '대조'의 의미 관계를 갖는 연결 어미 '-지만'으로 연결된 대등하게 이어진문장이고, ㉡은 앞 절과 뒤 절이 '조건'의 의미 관계를 갖는 연결 어미 '-면'으로 연결된 종속적으로 이어진문장이다.

③ ㉢은 문장에서 명사처럼 기능하는 절인 명사절을 안은문장이고, ㉣은 문장에서 관형어로 기능하는 절인 관형절을 안은문장이다.

④ ㉢에서 안은문장의 주어는 '언니는'이고, 안긴문장의 주어는 '아이가'이므로 주어가 서로 다르다. ㉣에서 안은문장의 주어는 '영수가'이고, 안긴문장의 주어도 '영수가'이므로 주어가 같다.

한눈에 훑어보기

 영역 분석

어휘   03   17   22
3문항, 12%

문법   01   02   04   10   14   15   16   20
8문항, 32%

고전 문학   07
1문항, 4%

현대 문학   08   19
2문항, 8%

비문학   05   06   09   11   12   13   18   21   23   24   25
11문항, 44%

빠른 정답

01	02	03	04	05	06	07	08	09	10
①	③	⑤	①	②	⑤	②	④	②	①
11	12	13	14	15	16	17	18	19	20
⑤	④	③	⑤	③	⑤	⑤	④	②	②
21	22	23	24	25					
②	⑤	③	①	④					

점수 체크

구분	1회독	2회독	3회독
맞힌 문항 수	/ 25	/ 25	/ 25
나의 점수	점	점	점

---

01 난도 ★☆☆   정답 ①

문법 > 형태론

[정답의 이유]

① ㉠에서 쓰인 '비교적'은 후행하는 체언 '교통'을 수식하는 것이 아니라 형용사 '편리하다'를 수식하므로 관형사가 아니라 부사이다.

[오답의 이유]

② ㉡에서 쓰인 '만세' 뒤에 목적격 조사 '를'이 결합하였으므로 명사이다.

③ ㉢에서 쓰인 '어제'는 용언 '끝냈어야 했다'를 수식하므로 부사이다.

④ ㉣에서 쓰인 '여덟'은 뒤에 서술격 조사 '이다'가 결합하였으므로 수사이다.

⑤ ㉤에서 쓰인 '크는'은 '수준이나 능력 따위가 높은 상태가 되다.'의 의미로 사용되었으며, '크다'의 어간 '크–'에 관형사형 어미 '–는'이 결합하였으므로 동사이다.

---

02 난도 ★★☆   정답 ③

문법 > 형태론

[정답의 이유]

③ '–라도'는 설사 그렇다고 가정하여도 다른 경우와 마찬가지로 상관없음을 나타내는 연결 어미이다.

[오답의 이유]

① '그래'는 청자에게 문장의 내용을 강조함을 나타내는 보조사이다.

② '만'은 무엇을 강조하는 뜻을 나타내는 보조사이다.

④ '마는'은 앞의 사실을 인정을 하면서도 그에 대한 의문이나 그와 어긋나는 상황 따위를 나타내는 보조사이다.

⑤ '요'는 청자에게 존대의 뜻을 나타내는 보조사이다.

더 알아보기

조사

- 개념: 체언이나 부사, 어미 등에 붙어 그 말과 다른 말과의 문법적 관계를 표시하거나 그 말의 뜻을 도와주는 품사이다.
- 특징
  - 홀로 쓰일 수 없는 의존 형태소로, 반드시 다른 말에 붙어서 사용된다.
  - 자립성이 없지만, 앞말과 쉽게 분리되기 때문에 단어로 인정한다.
  - 여러 개 겹쳐서 사용할 수 있다.
  - 대체로 형태의 변화가 없지만, 서술격 조사 '이다'의 경우 활용을 한다.
  - 앞말의 조건에 따라 이형태 '은/는, 이/가, 을/를'이 존재한다.

- **종류**
  - 격 조사: 체언이나 체언 구실을 하는 말 뒤에 붙어 앞말이 다른 말에 대하여 갖는 일정한 자격을 나타내는 조사이다.
  - 접속 조사: 둘 이상의 사물이나 사람을 같은 자격으로 이어 주는 구실을 하는 조사이다.
  - 보조사: 선행하는 체언. 부사. 활용 어미 등에 붙어서 어떤 특별한 의미를 더해 주는 조사이다.

03 난도 ★★☆   정답 ⑤

어휘 > 고유어

정답의 이유

⑤ '그녀는 잔입으로 출근 시간이 되기만을 기다렸다.'에서 쓰인 '잔입'은 '자고 일어나서 아직 아무것도 먹지 아니한 입'을 의미한다.

04 난도 ★★☆   정답 ①

문법 > 통사론

정답의 이유

① 주어 '회사는'과 서술어 '세계 최고이다'의 호응이 맞고, '~는 ~이다'의 서술 방식을 활용하였으므로 어법에 맞는 문장이다.

오답의 이유

② 주어 '생각은'과 서술어 '해결될 것이다'의 호응이 맞지 않으므로 이를 '내 생각은 네가 잘못을 인정하면 (이 문제가) 해결될 것이라는 것이다.' 또는 '나는 네가 잘못을 인정하면 해결될 것이라고 생각한다.'로 고쳐야 한다.

③ 접속 조사 '와'로 연결된 '자유 수호'와 '인권을 보장하는 것'은 대등한 문법적 단위가 아니므로 '자유 수호와 인권을 보장하는 것을'이라는 부분을 '자유를 수호하는 것과 인권을 보장하는 것을' 또는 '자유 수호와 인권 보장을'로 고쳐야 한다.

④ '재무 지표 현황'은 '수립'의 대상으로 적절하지 않으므로 '재무 지표 현황과 개선 계획을 수립'이라는 부분을 '재무 지표 현황을 파악하고 개선 계획을 수립하여'로 고쳐야 한다.

⑤ 목적어 '무엇을'과 서술어 '개선해야 한다'의 호응이 맞지 않으므로 '무엇을 시급히 개선해야 한다는 점을'이라는 부분을 '무엇을 시급히 개선해야 하는지를'로 고쳐야 한다.

05 난도 ★★☆   정답 ②

비문학 > 사실적 읽기

정답의 이유

② 1문단에서는 '괴테는 집단의식보다는 개인의 존엄성을 더 중시했다고 할 수 있다.'라고 하였으며, 2문단에서는 '그러므로 우리는 개인이 조직 사회에 종속됨으로써 정신적 독립성을 잃게 되는 위험성을 항상 경계해야 한다.'라고 주장하고 있다. 따라서 제시된 글의 논지로 '개인이 집단의 목적에 맹목적으로 따르는 것은 민주 시민의 올바른 자세가 아니다. 비판이 없는 집단은 자기 발전이 없다.'가 가장 적절하다.

오답의 이유

① 2문단에서 '현대인에게는 개인과 집단의 관계를 어떻게 설정하느냐 하는 문제가 더욱 중요하게 떠오른다.', '문제가 발생할 때 다수의 논리를 내세워 개인의 의지를 배제한다면 바람직한 해결책이라 할 수 없다.'라고 하였으므로 개인과 집단 사이에 갈등이 있을 수 없다는 진술은 글의 논지가 될 수 없다.

③ 3문단에서 '집단의 목적을 위해 개인의 순수성을 쉽게 배제해 버리는 세태 속에서 우리는 자신의 혼을 가진 인간으로 살기 위해 노력해야 한다.'라고 하였으므로 개인이 집단의 목표에 부합하도록 노력해야 한다는 진술은 글의 논지가 될 수 없다.

④ 2문단에서 '개인이 조직 사회에 종속됨으로써 정신적 독립성을 잃게 되는 위험성을 항상 경계해야 한다.'라고 언급하였으므로 개인의 독립성을 지나치게 주장하는 것은 바람직하지 않다는 진술은 글의 논지가 될 수 없다.

⑤ 2문단에서 '다수의 논리를 내세워 개인의 의지를 배제한다면 그것은 바람직한 해결책이라 할 수 없다.'라며 다수의 논리를 내세워 개인의 의지를 꺾는 것은 잘못이라고 하였으나 개인의 의지가 다수의 논리를 무시하는 것이 더 큰 문제라고는 언급하지 않았다.

06 난도 ★★★   정답 ⑤

비문학 > 추론적 읽기

정답의 이유

⑤ 언어 습득이 생득적으로 결정된다고 주장하는 생득론자의 관점에서는 배우거나 들어본 적 없는 표현을 만들어내는 어린이 언어의 창조성을 설명할 수 있다. 그러나 언어 습득이 환경에 의해 형성되는 것이라고 주장하는 극단적 행동주의자의 관점에서는 어린이가 배우거나 들어본 적 있는 표현만 습득할 수 있다고 본다. 따라서 생득론자가 어린이 언어의 창조성을 설명하지 못하는 극단적 행동주의자의 관점을 비판한 것은 적절하다.

오답의 이유

① 〈보기〉의 생득론자는 극단적 행동주의자가 주장하는 아동의 언어 습득 방법에 대한 관점을 비판하였으나 언어 습득에 대한 연구 자체를 비판하지는 않았으므로 적절하지 않다.

② 인간이 언어를 체계적으로 인식하는 유전적 능력을 타고난다는 주장은 생득론자의 입장이다. 따라서 유전자의 실체를 확인해야 한다는 것은 극단적 행동주의자의 입장에서 생득론자 입장을 비판한 내용이므로 적절하지 않다.

③ 구성주의의 입장은 상호 작용과 담화를 통해 언어 기능을 배운다는 것으로, 의사소통 방법을 배우는 것은 구성주의의 입장에서 제시한 내용이므로 적절하지 않다.

④ 상호 작용의 중요성을 강조한 것은 생득론자가 아닌 구성주의의 입장이므로 적절하지 않다.

07 난도 ★★★ 정답 ②

고전 문학 > 고전 산문

정답의 이유

② 2문단의 '지금의 시는 옛날의 시와는 달라서 읊을 수는 있어도 노래로 부를 수는 없다.'를 통해 우리나라에서 한시를 노래로 부르는 전통이 있었음을 확인할 수 있다. 그러나 도산 노인이 한시를 노래로 부르는 전통을 되살리려 했다는 내용은 나타나지 않는다.

오답의 이유

① 1문단의 '우리나라의 가곡은 대체로 음란하여 족히 말할 것이 없으니 「한림별곡」과 같은 것도 문인의 입에서 나왔으나, 교만하고 방탕하며 겸하여 점잖지 못하고 장난기가 있어 더욱 군자가 숭상해야 할 바가 아니다.'를 통해 우리말 노래는 대체로 품격이 떨어진다고 생각하여 도산 노인이 우리말 노래에 만족하지 못하고 있음을 확인할 수 있다.

③ 3문단의 '또한 아이들로 하여금 스스로 노래하고 춤추고 뛰게 한다면, 비루하고 더러운 마음을 깨끗이 씻어버리고, 느낌이 일어나 두루 통하게 될 것이니 노래하는 자와 듣는 자가 서로 유익함이 없지 않을 것이다.'를 통해 도산 노인은 자신이 만든 노래를 부르는 아이들에게 유익함이 있을 것이라고 여김을 확인할 수 있다.

④ 4문단의 '나의 자취가 ~ 시끄러운 일을 야기하게 될지 모르겠고', '또 훗날에 보는 자가 이를 버리거나'를 통해 도산 노인은 자신이 노래를 지은 것을 누군가는 불만스럽게 생각할 수 있다고 예상함을 확인할 수 있다.

⑤ 4문단의 '우선 한 부를 베껴 상자 속에 담아 두고, 때때로 꺼내 완상하여 스스로를 반성하며, 또 훗날에 보는 자가 이를 버리거나 취하기를 기다릴 따름이다.'를 통해 도산 노인은 자신이 지은 노래가 후세에 전해져서 평가의 대상이 될 것을 기대하고 있음을 확인할 수 있다.

작품 해설

이황, 「도산십이곡발」

- 갈래: 발문(跋文)
- 성격: 객관적, 비평적
- 주제: 「도산십이곡」을 쓰게 된 동기와 감회
- 특징
  - 작가 자신을 제3자의 위치에 놓고 객관적으로 서술함
  - 작가의 유교적 세계관이 드러남

08 난도 ★★☆ 정답 ④

현대 문학 > 현대 시

정답의 이유

④ 6연의 '내 아버지 양 손엔 우툴두툴한 두꺼비가 살았었다'를 통해 이 시에서 '두꺼비'는 아버지의 울퉁불퉁한 손을 의미함을 확인할 수 있다. 따라서 '두꺼비'가 아버지를 기다리는 자식들을 의미한다는 설명은 적절하지 않다.

오답의 이유

① 2연의 '그런데 녀석이 독을 뿜어내는 통에 내 양 눈이 한동안 충혈되어야 했다 아버지, 저는 두꺼비가 싫어요'를 통해 화자는 아버지의 손이 그렇게 거칠어질 정도로 고달프게 살아가는 것이 싫다고 언급하고 있음을 확인할 수 있다. 따라서 아버지의 고생스러운 삶에서 서러움과 연민을 느꼈다는 설명은 적절하다.

② 2연의 '아버지가 녀석에게만 관심을 갖는 것 같아 나는 녀석을 시샘했었다'와 4연의 '두껍아 두껍아 헌집 줄게 새집 다오'를 통해 아이의 시선과 동요의 가사를 활용하여 화자가 아버지의 고달픈 삶을 바라보고 있음을 확인할 수 있다. 따라서 아버지의 희생적인 삶을 돌아보게 하면서 감동을 주고 있다는 설명은 적절하다.

③ 1연의 '아버지는 두 마리의 두꺼비를 키우셨다'와 6연의 '내 아버지 양 손엔 우툴두툴한 두꺼비가 살았었다'를 통해 1연에 제시된 두꺼비가 아버지의 거친 손을 의미함을 확인할 수 있다. 따라서 첫 줄과 마지막 줄에 제시된 아버지와 두꺼비의 호응 관계를 통해 시적 의미를 강조하고 있다는 설명은 적절하다.

⑤ 5연의 '아버지는 지난 겨울, 두꺼비집을 지으셨다 두꺼비와 아버지는 그 집에서 긴 겨울잠에 들어갔다 봄이 지났으나 잔디만 깨어났다'를 통해 아버지가 지난 겨울에 돌아가셨음을 확인할 수 있으므로 적절하다.

작품 해설

박성우, 「두꺼비」

- 갈래: 자유시, 서정시
- 성격: 회상적, 비유적, 애상적
- 주제: 고달픈 삶을 살았던 아버지에 대한 회상
- 특징
  - 고달픈 생을 살다 돌아가신 아버지를 회상하면서 그리움과 연민의 감정을 은유적으로 표현함
  - 아버지의 우툴두툴한 손을 '두꺼비'에 비유함

09 난도 ★★☆ 정답 ②

비문학 > 사실적 읽기

정답의 이유

② 2문단에 따르면 동물의 뇌 조직에도 똑같이 존재하는 '신경세포 조직들이 동일한 물리화학적 특성들을 갖고 있지만, 그것들 모두가 인간과 같은 지능을 보이지는 않는다. 물론 인간 뇌를 구성하는 세포 조직의 어떤 측면이 우리의 지능에 필수적인 것은 사실이지만, 그 물리적 특성들로는 충분하지 않다.'라고 하였다. 따라서 인간의 뇌를 구성하는 세포 조직의 물리적 특성이 인간 지능의 필요충분조건이라고 이해한 것은 적절하지 않다.

오답의 이유

① 2문단에서 다윈은 뇌가 정신을 '분비한다'고 하였고, 존 설은 '뇌 조직의 물리화학적 특성들이 정신을 만들어 낸다.'고 주장하였다. 따라서 다윈과 존 설은 뇌 조직이 인간 정신의 근원이라고 주장했다고 이해한 것은 적절하다.

③ 1문단에서 인간의 육체는 비물질적 실체인 영혼으로 가득 차 있다는 정신에 대한 전통적인 설명은 유령이 유형의 물질과 어떻게 상호 작용하는지, 정신이 뇌의 활동임을 보여 주는 증거들과 같이 극복할 수 없는 문제에 부딪힌다고 하였으므로 지능에 대한 전통적 설명 방식이 내적 모순으로부터 자유롭지 않다고 이해한 것은 적절하다.

④ 2문단에서 "인간 뇌를 구성하는 세포 조직의 어떤 측면이 우리의 지능에 필수적인 것은 사실이지만, 그 물리적 특성들로는 충분하지 않다. ~ 중요한 것은 신경세포 조직의 '패턴' 속에 존재하는 어떤 것이다."라고 하였으므로 뇌의 물리적 특성보다 '패턴' 속에 존재하는 어떤 것이 중요하다고 이해한 것은 적절하다.

⑤ 1문단에서 '현미경으로 보면 뇌는 풍부한 정신과 완전히 일치하는 대단히 복잡한 물리적 구조를 갖고 있다.'라고 하였으므로 뇌와 정신이 밀접하게 연결되어 있음을 확인할 수 있는 물리적 증거가 있다고 이해한 것은 적절하다.

10 난도 ★★★   정답 ①

문법 > 고전 문법

정답의 이유

① 15세기 국어에서 현대국어로 오는 과정에서 모음들이 연쇄적으로 조음 위치의 변화를 겪는 현상은 발견되지 않았다.

오답의 이유

② 15세기 국어의 단모음 체계에서부터 'ㅏ'가 후설 저모음이었음을 확인할 수 있으므로 적절하다.

③ 국어 단모음의 개수가 15세기에는 7개, 19세기 초에는 8개, 현재는 10개이므로 단모음의 개수가 점차 늘어났다는 설명은 적절하다.

④ 15세기 국어의 단모음이었던 'ㆍ'가 현대국어로 오면서 소멸되었으므로 모음 중에서 음소 자체가 소멸된 것이 있다는 설명은 적절하다.

⑤ 15세기 국어의 이중모음이었던 'ㅐ, ㅔ, ㅚ, ㅟ'가 현대국어로 오면서 단모음으로 변화했으므로 일부 이중모음의 단모음화가 발견된다는 설명은 적절하다.

11 난도 ★★☆   정답 ⑤

비문학 > 글의 순서 파악

정답의 이유

제시된 글은 유럽에서 중국의 백자가 유행하게 되면서 백자를 제조하는 기술을 찾아낸 과정을 설명한 글이다.

• (마)에서는 17세기 유럽 전역에서 백자가 인기를 끌게 된 상황을 제시하고 있으므로 글의 처음에 오는 것이 적절하다.

• (나)에서는 18세기 유럽에서 번진 살롱 문화에 대해 언급하면서 살롱 문화에 품격을 더하는 백자를 만드는 기술은 알 수가 없었다는 내용을 제시하였으므로 17세기에 대해 설명한 (가)의 다음에 오는 것이 적절하다.

• (라)에서는 유럽에서 백자를 만들려는 다양한 시도가 있었으나 백자의 주원료인 고령토를 알지 못했고, 가마의 비밀을 밝혀내지

못했다는 내용을 제시하고 있으므로 고령토와 가마의 비밀을 푸는 과정을 나타낸 (가)와 (다) 앞에 오는 것이 적절하다.

• (가)에서는 1708년에 뵈트거가 독일 마이센에서 백자의 주원료인 고령토 광산을 발견했고 백자의 성분 문제를 해결했다는 내용을 제시하고 있으므로 백자의 제조 비밀에 대해 언급했던 (라)의 다음에 오는 것이 적절하다.

• (다)에서는 '또'라는 접속 표현을 사용하여 백자의 제조 비밀 중 하나인 1400도의 가마가 완성되었다는 내용을 제시하고 있으므로, 백자의 주원료인 고령토를 발견했다고 언급한 (가)의 다음에 오는 것이 적절하다. 또한 백자 제작 기술이 완성되어 유럽의 여러 국가로 백자 기술이 유출되면서 백자의 유럽 생산 시대가 열렸다고 제시하고 있으므로 글의 마지막에 오는 것이 적절하다.

따라서 논리적 순서에 맞게 나열한 것은 ⑤ (마) – (나) – (라) – (가) – (다)이다.

12 난도 ★★☆   정답 ④

비문학 > 글의 전개 방식

정답의 이유

④ (라)에서는 화성을 변화시키는 '테라포밍'의 계획을 구체적으로 설명하고 있을 뿐, 개별적인 사실로부터 일반적인 명제를 이끌어 내는 귀납의 방법을 사용하고 있지는 않다.

오답의 이유

① (가)에서는 화성의 특성을 설명하고 인간이 살 수 있도록 변화시키는 것을 말하는 '테라포밍'에 대해 제시하고 있다.

② (나)에서는 영화 「레드 플래닛」을 예로 들어 '테라포밍'에 대해 구체적으로 설명하고 있다.

③ (다)에서는 '영화가 아닌 현실에서 화성을 변화시키는 일이 가능할까?'라고 질문을 던지며 '테라포밍'을 현실화할 수 있는 방법을 제시하고 있다.

⑤ (마)에서는 언젠가 '테라포밍'이 가능하게 될 것이라며 긍정적인 전망을 제시하고 있다.

13 난도 ★★★   정답 ③

비문학 > 사실적 읽기

정답의 이유

③ (나)에서 '이끼가 번식해 화성 표면을 덮으면 그들이 배출하는 산소가 모여 궁극적으로는 인간이 호흡할 수 있는 대기층이 형성되기 때문이다.'라고 언급한 부분을 통해 '테라포밍' 계획의 핵심이 되는 마지막 작업은 인간이 화성에서 살 수 있도록 공기를 공급하는 대기층을 만들어 주는 일임을 확인할 수 있다.

오답의 이유

① (라)에서 '극관은 점점 녹게 될 것이다. 그러나 이런 방법을 택하더라도 인간이 직접 호흡하며 돌아다니게 될 때까지는 최소 몇 백 년의 시간이 걸릴 것이다.'라고 언급한 부분을 통해 화성의 극관을 녹이는 일은 '테라포밍' 계획의 최종적인 작업이 아님을 확인할 수 있다.

② (가)에서 '테라포밍은 지구가 아닌 다른 외계의 천체 환경을 인간이 살 수 있도록 변화시키는 것을 말하는데'라고 언급한 부분을 통해 '테라포밍' 계획은 인간이 살 수 있도록 천체 환경을 변화시키는 것을 의미함을 확인할 수 있다. 따라서 인류가 화성에 이주하는 일은 '테라포밍' 계획의 작업이라 할 수 없다.

④ (다)에서 '극관에 검은 물질을 덮어 햇빛을 잘 흡수하게 만든 후 온도가 상승하면 극관이 자연스럽게 녹을 수 있도록 하는 방법인 것이다.'라고 언급한 부분을 통해 화성의 온도를 상승시키는 일은 극관을 녹이기 위한 과정임을 확인할 수 있다. 따라서 이 작업은 '테라포밍' 계획의 핵심이 되는 최종 작업이라 할 수는 없다.

⑤ (다)에서 '극관에 검은 물질을 덮어 햇빛을 잘 흡수하게 만든 후 온도가 상승하면 극관이 자연스럽게 녹을 수 있도록 하는 방법인 것이다.'라고 언급한 부분을 통해 극관을 검은 물질로 덮는 일은 햇빛을 잘 흡수하게 만들기 위한 과정임을 확인할 수 있다. 따라서 이 작업은 '테라포밍' 계획의 핵심이 되는 최종 작업이라 할 수는 없다.

14 난도 ★☆☆   정답 ③

문법 > 외래어 표기법

정답의 이유

③ 〈보기〉에서 우크라이나 지명을 러시아어가 아닌 우크라이나어를 기준으로 바꿔 부른다는 것은 ⓒ '제3장에 포함되어 있지 않은 언어권의 인명, 지명은 원지음을 따르는 것을 원칙으로 한다.'와 관련된 내용이다. 'Ankara'를 '앙카라'로, 'Gandhi'를 '간디'로 표기하는 것을 예로 들 수 있다.

오답의 이유

① 'fighting'을 '화이팅'으로 적고, 'film'를 '필름'으로 적는 것은 하나의 음운인 'f'를 2개의 기호인 'ㅎ'과 'ㅍ'으로 적는다는 의미이다. 하지만 ㉠ '외래어의 1 음운은 원칙적으로 1 기호로 적는다.'라는 규정에 따라 'f'는 반드시 'ㅍ'으로 적어야 한다. 따라서 'fighting'은 '파이팅', 'file'은 '파일', 'family'는 '패밀리', 'fantasy'는 '판타지'로 표기한다.

② ㉡ '파열음 표기에는 된소리를 쓰지 않는 것을 원칙으로 한다.'라는 규정에 따라 'cafe'는 '까페'가 아니라 '카페'로, 'game'은 '께임'이 아니라 '게임'으로 표기한다.

④ ㉣ '원지음이 아닌 제3국의 발음으로 통용되고 있는 것은 관용을 따른다.'라는 규정에 따라 'Hague'는 '헤이그', 'Caesar'는 '시저'로 표기한다.

⑤ ㉤ '고유 명사의 번역명이 통용되는 경우 관용을 따른다.'라는 규정에 따라 'Pacific Ocean'은 '태평양', 'Black Sea'는 '흑해'로 표기한다.

15 난도 ★★☆   정답 ⑤

문법 > 한글 맞춤법

정답의 이유

⑤ 사업∨차(×) → 사업차(○): 밑줄 친 부분에 쓰인 '-차'는 '목적'의 뜻을 더하는 접미사이므로 앞에 오는 단어에 붙여 써야 한다.

오답의 이유

① 올성싶다/올∨성싶다(○): 밑줄 친 부분에 쓰인 '성싶다'는 앞말이 뜻하는 상태를 어느 정도 느끼고 있거나 짐작함을 나타내는 말로 보조 형용사이다. 한글 맞춤법 제47항 '보조 용언(보조 동사, 보조 형용사)은 띄어 씀을 원칙으로 하되, 경우에 따라 붙여 씀도 허용한다.'라는 규정에 따라 '올∨성싶다'와 '올성싶다' 둘 다 옳은 표현이다.

② 하게나그려(○): 밑줄 친 부분에 쓰인 '그려'는 청자에게 문장의 내용을 강조함을 나타내는 보조사이므로 앞말에 붙여 써야 한다.

③ 떠나온∨지(○): 밑줄 친 부분에 쓰인 '지'는 '어떤 일이 있었던 때로부터 지금까지의 동안을 나타내는 말'을 뜻하는 의존 명사이므로 앞말과 띄어 써야 한다.

④ 알은척했다/알은∨척했다(○): 밑줄 친 부분에 쓰인 '척하다'는 '앞말이 뜻하는 행동이나 상태를 거짓으로 그럴듯하게 꾸밈을 나타내는 말'로 보조 동사이다. 한글 맞춤법 제47항 '보조 용언(보조 동사, 보조 형용사)은 띄어 씀을 원칙으로 하되, 경우에 따라 붙여 씀도 허용한다.'라는 규정에 따라 '알은∨척했다'와 '알은척했다' 둘 다 옳은 표현이다.

더 알아보기

보조 용언의 띄어쓰기(한글 맞춤법 제47항)

보조 용언도 하나의 단어이므로 띄어 쓰는 것이 원칙이나 경우에 따라서는 붙여 쓰는 것이 허용되기도 하고 아예 붙여 쓰는 것만 허용하는 경우도 있다. 붙여 쓰는 것이 허용되는 경우는 다음의 두 가지이다.

- '본용언+-아/-어+보조 용언'의 구성
  예 사과를 먹어 보았다. (○) / 사과를 먹어보았다. (○)
- '관형사형+보조 용언(의존 명사+하다/싶다)'의 구성
  예 아는 체하다. (○) / 아는체하다. (○)

16 난도 ★★☆   정답 ③

문법 > 형태론

정답의 이유

③ 기단(○): '기다랗다'는 '매우 길거나 생각보다 길다.'를 뜻하는 '기다랗다'의 준말로 'ㅎ' 불규칙 활용을 한다. 따라서 '기대, 기다니, 기다소, 기단' 등으로 활용되기 때문에 '기단'으로 쓰는 것이 적절하다.

오답의 이유

① 누래(×) → 누레(○): '누렇다'는 '익은 벼와 같이 다소 탁하고 어둡게 누르다.'를 뜻하는 형용사로, 'ㅎ' 불규칙 활용을 한다. 따라서 '누레, 누러니, 누런' 등으로 활용되기 때문에 '누레'로 쓰는 것이 적절하다.

② 드르지(×) → 들르지(○): '들르다'는 '지나는 길에 잠깐 들어가 머무르다.'를 뜻하는 동사로, '르' 불규칙 활용을 한다. 따라서 '들러, 들르니, 들르지' 등으로 활용되기 때문에 '들르지'로 쓰는 것이 적절하다.

④ 고와서(×) → 곱아서(○): '곱다'는 '손가락이나 발가락이 얼어서 감각이 없고 놀리기가 어렵다.'를 뜻하는 형용사로, 규칙 활용을 한다. 따라서 어간과 어미의 형태가 변하지 않으므로 '곱아서'로 쓰는 것이 적절하다.

⑤ 질르는(×) → 지르는(○): '지르다'는 '팔다리나 막대기 따위를 내뻗치어 대상물을 힘껏 건드리다.'를 뜻하는 동사로, '르' 불규칙 활용을 한다. 따라서 '질러, 지르니, 지르는' 등으로 활용되기 때문에 '지르는'으로 쓰는 것이 적절하다.

17 난도 ★★☆　　　　　　　　　　정답 ⑤

어휘 > 한자성어

정답의 이유

⑤ 파사현정(破邪顯正)은 '불교에서 사견(邪見)과 사도(邪道)를 깨고 정법(正法)을 드러내는 일을 의미하며, 그릇된 생각을 버리고 올바른 도리를 행함을 비유해 이르는 말'이다. ⓜ과 어울리는 한자성어는 아수라장(阿修羅場)으로, '싸움이나 그 밖의 다른 일로 큰 혼란에 빠진 곳 또는 그런 상태'를 의미한다.
　• 破邪顯正: 깨뜨릴 파, 간사할 사, 나타날 현, 바를 정
　• 阿修羅場: 언덕 아, 닦을 수, 그물 라, 마당 장

오답의 이유

① 호질기의(護疾忌醫): 병을 숨겨 의사에게 보여 주지 않는다는 뜻으로, 남에게 충고받기를 꺼려 자신의 잘못을 숨기려 함을 이르는 말
　• 護疾忌醫: 보호할 호, 병 질, 꺼릴 기, 의원 의

② 장두노미(藏頭露尾): 머리를 감추었으나 꼬리가 드러나 있다는 뜻으로, 진실은 감추려 해도 모습을 드러냄을 이르는 말 / 진실이 드러날까 봐 전전긍긍하는 태도를 이르는 말
　• 藏頭露尾: 감출 장, 머리 두, 이슬 노, 꼬리 미

③ 도행역시(倒行逆施): 차례나 순서를 바꾸어서 행함
　• 倒行逆施: 넘어질 도, 다닐 행, 거스를 역, 베풀 시

④ 지록위마(指鹿爲馬): 윗사람을 농락하여 권세를 마음대로 함을 이르는 말 / 모순된 것을 끝까지 우겨서 남을 속이려는 짓을 비유적으로 이르는 말
　• 指鹿爲馬: 가리킬 지, 사슴 록, 할 위, 말 마

18 난도 ★★★　　　　　　　　　　정답 ④

비문학 > 추론적 읽기

정답의 이유

④ '관계'가 '막다른 길에 부딪쳤다'고 한 것은 안과 밖이 나뉜 대상으로 인식한 것이 아니라 관계가 끝났다는 것을 표현한 것이므로, '그릇' 도식이 아닌 '차단' 도식의 사례로 볼 수 있다.

오답의 이유

① 신체의 일부인 '심장'이 '기쁨으로 가득 차 있다'고 한 것은 '심장'이라는 대상을 기쁨이 있는 안과 밖이 나뉜 대상으로 표현한 것이므로, 이는 '그릇' 도식의 사례로 적절하다.

② 신체의 일부인 '눈'에 '분노가 담겨 있었다'고 한 것은 '눈'이라는 대상을 분노가 있는 안과 밖이 나뉜 대상으로 표현한 것이므로, 이는 '그릇' 도식의 사례로 적절하다.

③ '들려온 말'이 '나를 두려움 속에 몰아넣었다'고 한 것은 '두려움'이라는 대상을 안과 밖이 나뉜 대상으로 표현한 것이므로, 이는 '그릇' 도식의 사례로 적절하다.

⑤ '비행기'가 '시야에 들어오고 있다'고 한 것은 '시야'라는 대상을 비행기가 들어온 안과 밖이 나뉜 대상으로 표현한 것이므로, 이는 '그릇' 도식의 사례로 적절하다.

19 난도 ★☆☆　　　　　　　　　　정답 ②

현대 문학 > 현대 소설

정답의 이유

② 동생과 친구의 대화 중 '박쥐 때문야. / 박쥐라니? / 벌써 잊었니? / 동생은 소스라치듯 물었다. / 그는 대학에 있잖아.'라고 언급한 부분을 통해 동생과 동생의 친구는 대학에 다닐 때부터 '박쥐'로 불리는 '그'의 존재를 알고 있음을 확인할 수 있다.

오답의 이유

① '이순신 장군의 동상이 보이는 거리의 나무 의자에 앉아서도 마찬가지였다. ~ 토요일 오후의 인파가 동생과 동생 친구의 옆으로 흘러넘쳤다. 나무 의자들 앞쪽, 공중전화 부스도 전부 사람들로 메워졌다.'를 통해 동생과 동생의 친구는 나무 의자에 앉아 있음을 확인할 수 있다.

③ '학교에서 우리를 괴롭힌 인간이 밖에서 달라져야 될 까닭은 없잖아?'라고 말한 것을 통해 '박쥐'로 불리는 '그'는 대학에서 동생과 동생의 친구를 괴롭혔음을 확인할 수 있다.

④ 동생이 친구에게 '그는 너의 이용 가치를 생각한 거다.'라고 말한 것을 통해 동생은 자신의 친구가 그의 제안에 동의하지 않기를 바라고 있음을 확인할 수 있다.

⑤ 동생과 친구의 대화 중 동생의 '어디서?'란 질문에 친구가 '신문을 봐야 알지. 그가 우두머리가 돼 왔어.'라고 대답한 부분을 통해 동생은 '박쥐'로 불리는 '그'가 동생의 친구가 다니는 회사에 우두머리로 부임해 온 사실을 알지 못했음을 확인할 수 있다.

20 난도 ★★☆　　　　　　　　　　정답 ②

문법 > 한글 맞춤법

정답의 이유

② 오순도순(○): '정답게 이야기하거나 의좋게 지내는 모양'을 뜻하는 부사로, '오손도손'보다 큰 느낌을 준다.

오답의 이유

① 뵈요(×) → 봬요(○): 한글 맞춤법 제35항 [붙임 2]의 모음 'ㅚ' 뒤에 '-어, -었-'이 어울려 'ㅙ, ㅙㅆ'으로 될 적에도 준 대로 적는다는 규정에 따라 '봬요(← 뵈어요)'로 쓰는 것이 적절하다.

③ 빌어(×) → 빌려(○): '빌리다'는 '어떤 일을 하기 위해 기회를 이용하다.'를 뜻하는 동사로, '빌리어(빌려), 빌리니' 등으로 활용되기 때문에 '빌려'로 쓰는 것이 적절하다.

④ 북어국(×) → 북엇국(○): '북엇국'은 '북어를 잘게 뜯어 파를 넣고 달걀을 풀어 끓인 장국'을 뜻하는 명사로, 사이시옷을 첨가해 '북엇국'으로 쓰는 것이 적절하다.

⑤ 요약토록(×) → 요약도록(○): 한글 맞춤법 제40항 [붙임 2]에 따르면 '하'가 줄어드는 기준은 '하' 앞에 오는 받침의 소리로, '하' 앞의 받침의 소리가 [ㄱ, ㄷ, ㅂ]이면 '하'가 통째로 줄고 그 외의 경우에는 'ㅎ'이 남는다. 따라서 '요약하도록'의 '하'가 통째로 줄어든 형태인 '요약도록'으로 쓰는 것이 적절하다.

21 난도 ★★☆   정답 ②

비문학 > 글의 전개 방식

[정답의 이유]

② 제시된 글은 알렉산드르 2세가 통치하던 시대의 상황을 서술하기 위해 전쟁 후의 다양한 사건을 나열하고 있다.

[오답의 이유]

① 두 개의 특수한 대상에서 어떤 징표가 일치하고 있음을 드러내는 것을 '유추'라고 하는데, 제시된 글에서는 유추의 서술 방식이 사용되지 않았다.

③ 구체적 사례를 제시하고 있으나, 어떤 일이나 내용을 이해시키기 위한 목적으로 구체적인 사례를 든 것이 아니므로 적절하지 않다.

④ 사건의 진행 과정을 이야기하고는 있으나, 인물의 행동 변화 과정을 제시하지는 않았으므로 적절하지 않다.

⑤ 시대적 상황을 설명하는 글일 뿐, 저자의 판단이 참임을 구체적 근거를 들어 논리적으로 보여 주고 있는 글이 아니므로 적절하지 않다.

22 난도 ★☆☆   정답 ⑤

어휘 > 한자어

[정답의 이유]

⑤ '준엄(峻嚴: 높을 준, 엄할 엄)'은 '조금도 타협함이 없이 매우 엄격하다.'를 뜻하는 형용사 '준엄하다'의 어근이다. '태도나 상황 따위가 튼튼하고 굳다.'를 뜻하는 말은 '확고(確固: 굳을 확, 굳을 고)하다'이다.

[오답의 이유]

① 제반(諸般: 모든 제, 옮길 반): 어떤 것과 관련된 모든 것

② 부흥(復興: 다시 부, 일어날 흥): 쇠퇴하였던 것이 다시 일어남 또는 그렇게 되게 함

③ 형안(炯眼: 빛날 형, 눈 안): 빛나는 눈 또는 날카로운 눈매

④ 응징(膺懲: 가슴 응, 혼날 징): 잘못을 깨우쳐 뉘우치도록 경계함

23 난도 ★★☆   정답 ③

비문학 > 추론적 읽기

[정답의 이유]

③ 제시된 글에 따르면 손오공의 오행은 '화, 금', 사오정의 오행은 '토'임을 알 수 있다. 따라서 손오공과 사오정의 상극 관계는 '화생토' 또는 '토생금'으로 이는 모두 상생 관계에 해당하기 때문에 둘 사이에는 상극 관계가 아닌 상생 관계가 존재한다고 볼 수 있다.

[오답의 이유]

① 손오공(화, 금)과 저팔계(목) 사이에는 '목생화'의 상생 관계가 존재한다.

② 손오공(화, 금)과 저팔계(목) 사이에는 '금극목'의 상극 관계가 존재한다.

④ 삼장(수)과 저팔계(목) 사이에는 '수생목'의 상생 관계가 존재한다.

⑤ 사오정(토)과 저팔계(목) 사이에는 '목극토'의 상극 관계가 존재한다.

24 난도 ★★☆   정답 ①

비문학 > 사실적 읽기

[정답의 이유]

① 1문단의 '진본성이나 공공성을 담지한 공식 기록을 선별해 남기려는 역사학적 관심사는 ~ 데이터 권력의 질서와 자주 경합하거나, 데이터 권력에 의해 억압당한다.'를 통해 역사기록학적 시도가 데이터 권력에 의해 방해받는다고 이해한 것이 적절함을 알 수 있다.

[오답의 이유]

② 1문단의 '디지털 기록은 알고리즘 분석을 위해 축적되는 재료에 불과하고, 개별의 구체적 가치와 질감을 거세한 무색무취의 건조한 데이터가 된다.'와 2문단의 '새로운 데이터 권력의 질서 속에서는 개별적 기록이 지닌 가치와 진실 등 그 사회적 사건의 특수한 흔적들이 거의 완전히 지워진다.'를 통해 데이터 권력이 개인들의 섬세한 차이를 기록한 데이터의 가치를 높이 평가한다고 이해한 것이 적절하지 않음을 알 수 있다.

③ 1문단의 '데이터 취급을 통해 생존을 도모하는 데이터 기업 자본은 거대한 데이터 센터를 구축해 인간의 움직임과 활동, 감정의 흐름 모두를 실시간으로 저장해 필요에 의해 잘 짜인 알고리즘으로 원하는 정보 패턴이나 관계를 찾는 데 골몰한다.'를 통해 데이터 기업은 거대한 데이터를 실시간으로 저장하고, 알고리즘으로도 정보 관계를 찾는다는 것을 알 수 있으므로 알고리즘 산식을 이용하여 데이터를 저장한다고 이해한 것이 적절하지 않음을 알 수 있다.

④ 2문단의 '지배적 알고리즘의 산식에는 개인적 차이, 감수성, 질감들이 무시되고 이리저리 움직이고 부유하는 집단 욕망들의 경향과 패턴을 포착하는 것만이 중요하다.'를 통해 지배적 알고리즘을 수용함으로써 역사학이 개인과 사회의 관계를 더 잘 파악할 수 있다고 이해한 것이 적절하지 않음을 알 수 있다.

⑤ 1문단에 '역사성과 객관성을 중시하는 역사기록학적 물음들은, ~ 비정형 데이터에 의존한 많은 닷컴 기업들에 그리 중요하지 않다.'라는 설명만 있을 뿐, 역사학이 비정형 데이터를 활용하여 집단의 움직임을 파악하려 시도한다는 진술은 확인할 수 없다.

25 난도 ★★★   정답 ④

비문학 > 사실적 읽기

정답의 이유

④ 5문단에서 '즉, 촌락 공동체에서는 자연 발생적으로 유교적인 윤리나 규범이 지켜지고 있었던 것이다.'라고 하였으므로 유교가 국교로 지정되기 이전부터 한나라의 촌락 공동체에서는 유교적인 윤리나 규범이 지켜지고 있었다는 것을 확인할 수 있다. 또한 6문단에서 '무제는 가족 도덕이 국가의 지배 이데올로기로서 그대로 기능할 수 있는 점에 매력을 느껴 유교를 국교로 정했던 것이다.'라고 하였으므로 촌락 공동체의 유교적인 윤리나 규범에 매력을 느끼고 그 이후에 유교를 국교로 정했음을 확인할 수 있다.

오답의 이유

① 2문단의 '법에 의한 지배를 유지하는 일이 국가의 경제적인 측면에서는 대단히 큰 부담이 되었던 것이다.'를 통해 '도가'가 아니라 '법가'를 통치 이념으로 채택할 경우 경제적인 측면에서 비용이 많이 드는 약점이 있음을 확인할 수 있다.

② 법에 의한 지배를 유지하는 일이 경제적 측면에서 큰 부담이 되었고, 이에 대해 3문단에서 '한나라 초기의 위정자나 사상가는 이러한 역사를 반성하는 인식을 공통적으로 갖고 있었다.'라고 하였으므로 경제 정책에 대해 비판한 것이 아니라 '법에 의한 지배'가 효과적인지에 대한 논의가 활발했음을 알 수 있다.

③ 3문단의 '가의는「과진론」을 통해 진나라가 실행한 법치주의의 가혹함을 혹독하게 비판하였다.'를 통해 한나라 가의는 법가 사상을 비판하였음을 확인할 수 있다. 하지만 가의에 의해 도가 사상이 사상계를 주도하게 되었는지에 대한 내용은 파악할 수 없다.

⑤ 4문단의 '외부적 강제를 부정하는 도가 사상은 국가의 지배 이데올로기가 될 수 없었다. 한나라가 국력을 회복하고 국가의 여러 가지 제도를 정비함에 따라 도가 사상은 결국 후퇴하지 않을 수 없었던 것이다.'를 통해 도가의 무정부주의적 성격이 한나라의 국가 정비를 정면에서 가로막았다는 설명이 적절하지 않음을 알 수 있다.

작은 기회로부터 종종 위대한 업적이 시작된다.

– 데모스테네스 –

PART 2

영어

영어 | 2024년 국가직 9급

한눈에 훑어보기

✔ 영역 분석

어휘   01   02   03   04   05
5문항, 25%

독해   12   13   14   15   16   17   18   19   20
9문항, 45%

어법   06   07   08
3문항, 15%

표현   09   10   11
3문항, 15%

✔ 빠른 정답

01	02	03	04	05	06	07	08	09	10
③	②	①	④	④	②	①	①	②	④
11	12	13	14	15	16	17	18	19	20
③	②	③	④	①	④	③	②	②	①

✔ 점수 체크

구분	1회독	2회독	3회독
맞힌 문항 수	/ 20	/ 20	/ 20
나의 점수	점	점	점

---

01 난도 ★☆☆   정답 ③

어휘 > 단어

정답의 이유

첫 번째 문장에서 언어 과목의 어떤 측면도 학습이나 교습에서 서로 분리되어 있지 않다고 했으므로 문맥상 밑줄에는 stands alone(분리되다)과 반대되는 뜻을 가진 단어가 와야 함을 유추할 수 있다. 따라서 밑줄 친 부분에 들어갈 말로 적절한 것은 ③ 'interrelated(서로 밀접하게 연관된)'이다.

오답의 이유

① 뚜렷한, 구별되는
② 왜곡된
④ 독자적인

본문해석

분명히, 언어 과목의 어떤 측면도 학습이나 교습에서 서로 분리되어 있지 않다. 듣기, 말하기, 읽기, 쓰기, 보기, 그리고 시각적 표현은 서로 밀접하게 연관되어 있다.

VOCA

- obviously   확실히[분명히]
- aspect   측면, 양상
- stand alone   독립하다, 분리되다, 혼자[따로] 떨어져 있다
- visually representing   시각적으로 나타내기

---

02 난도 ★☆☆   정답 ②

어휘 > 단어

정답의 이유

밑줄 친 concealed는 conceal(숨기다, 감추다)의 과거분사형으로 '숨겨진, 감춰진'이라는 뜻이다. 이와 의미가 가장 가까운 것은 ② 'hidden(숨겨진)'이다.

오답의 이유

① 사용된
③ 투자된
④ 배달된

본문해석

그 돈은 매우 교묘하게 숨겨져 있어서 우리는 그것에 대한 수색을 포기하도록 강요당했다.

VOCA

- be forced to   ~하도록 강요 당하다
- abandon   그만두다, 포기하다

03 난도 ★☆☆ 　　　　　　　　　　　　　정답 ①

어휘 > 단어

정답의 이유

밑줄 친 appease는 '달래다, 진정시키다'라는 뜻으로, 이와 의미가 가장 가까운 것은 ① 'soothe(진정시키다)'이다.

오답의 이유

② 반박하다, 대응하다

③ 교화하다

④ 동화되다[동화시키다]

본문해석

반대자들을 달래기 위해 그 무선사업자들은 출퇴근 시간대 라디오 방송에서 1,200만 달러의 공교육 캠페인을 시작했다.

VOCA

• critic 비평가, 반대자

• launch 시작[개시/착수]하다

• public-education campaign 공교육 캠페인

• drive-time 드라이브 타임(출퇴근 시간같이 하루 중 많은 사람들이 차를 운전하는 시간대)

04 난도 ★☆☆ 　　　　　　　　　　　　　정답 ④

어휘 > 어구

정답의 이유

밑줄 친 play down은 '경시하다'라는 뜻으로, 이와 의미가 가장 가까운 것은 ④ 'underestimate(과소평가하다)'이다.

오답의 이유

① 식별하다, 알아차리다

② 만족시키지 않다

③ 강조하다

본문해석

센터 관계자들은, 그것들이 전형적인 신생기업의 운영 방식이라고 말하면서, 그 문제들을 경시한다.

VOCA

• typical 전형적인, 대표적인

• start-up 신생기업

05 난도 ★☆☆ 　　　　　　　　　　　　　정답 ④

어휘 > 어구

정답의 이유

밑줄 친 had the guts는 '~할 용기가 있었다'라는 뜻으로, 이와 의미가 가장 가까운 것은 ④ 'was courageous(용감했다)'이다.

오답의 이유

① 걱정했다

② 운이 좋았다

③ 평판이 좋았다

본문해석

그녀는 부지런히 일했고 자신이 원하는 것을 시도할 용기가 있었다.

VOCA

• diligently 부지런히, 열심히

• go for ~을 시도하다, 찬성하다

06 난도 ★☆☆ 　　　　　　　　　　　　　정답 ②

어법 > 비문 찾기

정답의 이유

② those 앞에 be superior to(~보다 더 뛰어나다)가 있으므로 the quality of older houses(옛날 오래된 주택의 품질)와 those of modern houses(현대의 주택들의 품질)를 비교하고 있음을 알 수 있다. 여기서 those는 단수명사(quality)를 받고 있으므로 those → that이 되어야 한다.

오답의 이유

① 전치사 Despite 다음에 명사(구)인 the belief that the quality of older houses is superior to those of modern houses가 왔으므로 어법상 적절하게 사용되었다. the belief 다음의 that절 (that the quality of older houses is superior to those of modern houses)은 명사(the belief)를 가리키는 동격의 that절이다.

③ compared to의 비교 대상이 the foundations of most pre-20th-century houses와 today's이고, 문맥상 20세기 이전 주택의 기초는 오늘날의 주택 기초와 비교가 되는, 즉 수동의 의미이므로 과거분사(compared)가 적절하게 사용되었다.

④ their가 주절의 주어(the foundations ~ houses)를 받고 있으므로 어법상 대명사의 복수형으로 적절하게 사용되었다.

본문해석

예전의 오래된 주택의 품질이 현대 주택의 품질보다 우수하다는 믿음에도 불구하고, 대부분 20세기 이전 주택의 기초는 오늘날의 주택에 비해 기반이 극히 얕으며, 그것들의 목재 구조의 유연성이나 벽돌과 돌 사이의 석회 모르타르 덕분에 시간의 시험을 견뎌왔을 뿐이다.

VOCA

• be superior to ~보다 더 뛰어나다

• foundation (건물의) 토대[기초]

• dramatically 극적으로, 인상적으로

• shallow 얄팍한, 얕은

• stand 견디다

• flexibility 신축성, 유연성

• timber 목재

• framework (건물 등의) 뼈대[골조]

• lime mortar 석회 모르타르

더 알아보기

양보 접속사 vs. 양보 전치사

• 양보 접속사

though[although, even if, even though]+주어+동사: 비록 ~
이지만, ~라 하더라도

예 Sometimes, even though you may want to apologize, you
just may not know how.

(때로는, 사과하고 싶을지라도 단지 방법을 모를 수도 있다.)

예 Though I loved reading about biology, I could not bring
myself to dissect a frog in lab.

(나는 생물학에 관해 읽는 것을 좋아했지만, 아무리 해도 실험
실에서 개구리를 해부할 수 없었다.)

• 양보 전치사

despite[in spite of]+명사[명사상당어구]: 비록 ~이지만, ~라
하더라도

예 The US government began to feed poor children during
the Great Depression despite the food shortage.

(미국 정부는 식량 부족에도 불구하고 대공황 동안 가난한 아
이들에게 급식을 시작했다.)

예 Despite the common conceptions of deserts as hot, there
are cold deserts as well.

(사막은 덥다는 일반적 개념에도 불구하고, 추운 사막도 있다.)

07 난도 ★★☆ 　　　　　　　　정답 ①

어법 > 비문 찾기

정답의 이유

① still more는 '하물며 ~은 말할 것도 없이'라는 의미의 비교급 관
용구문으로, 긍정문에서는 still more를, 부정문에서는 still less
를 쓴다. 제시된 문장은 부정문(are not interested in)이므로
still more → still less가 되어야 한다.

오답의 이유

② 밑줄 친 Once confirmed 다음에 목적어가 없으므로 주어와 동사
가 생략된 분사구문이라는 것을 알 수 있다. 따라서 confirmed의
주어가 주절의 주어(the order)와 같고 수동의 의미이므로 어법
상 과거분사(confirmed)가 적절하게 사용되었다.

③ 밑줄 친 provided (that)은 '~을 조건으로, ~한다면'이라는 뜻
으로, 조건 부사절을 이끄는 분사형 접속사로 적절하게 사용되
었다.

④ news는 셀 수 없는 명사이고, much가 수식하고 있으므로 어법
상 적절하게 사용되었다.

본문해석

① 그들은 시를 읽는 것에 관심이 없으며, 하물며 시를 쓰는 것은
더 아니다(관심이 없다).

② (주문이) 확인되면, 주문은 귀하의 주소로 발송될 것이다.

③ 페리가 정시에 출발한다면, 우리는 아침까지 항구에 도착해야
한다.

④ 외신 기자들은 단기간 수도에 체류하는 동안 가능한 한 많은 뉴
스를 취재하기를 바란다.

VOCA

• still less 하물며 ~은 아니다
• confirm 확인하다
• provided that ~라면
• ferry 연락선[(카)페리]
• cover 취재[방송/보도]하다

더 알아보기

still[much] more vs. still[much] less

• still[much] more: 하물며 ~은 말할 것도 없이

긍정의미 강화표현으로 긍정문 다음에 사용된다.

예 Everyone has a right to enjoy his liberty, much more his
life.

(누구나 자유를 누릴 권리가 있으며, 자신의 삶은 말할 것도
없다.)

• still[much] less: 하물며 ~은 아니다

부정의미 강화표현으로 부정문 다음에 사용된다.

예 I doubt Clemson will even make the finals, much less win.

(Clemson이 우승은 고사하고 하물며 결승까지 진출할지도 의
심스럽다.)

예 The students are not interested in reading poetry, still less
in writing.

(학생들은 시를 쓰는 것은 고사하고, 시를 읽는 것도 관심이
없다.)

08 난도 ★★☆ 　　　　　　　　정답 ①

어법 > 영작하기

정답의 이유

① '감정 형용사(glad)+that ~'에서 that은 감정의 이유를 보충·
설명하는 부사절을 이끄는 접속사이며, 주어(We)가 기쁜 이유
(the number of applicants is increasing)를 설명하고 있으므
로 어법상 적절하게 사용되었다. 또한, that절의 주어(the
number of applicants)는 '~의 수'라는 뜻의 'the number of+
복수명사+단수동사' 구문이므로 단수동사 is가 적절하게 사용
되었다.

오답의 이유

② 과거 부사구(two years ago)가 있으므로 I've received → I
received가 되어야 한다.

③ 관계대명사 which 다음에 불완전한 절이 와야 하는데, 1형식 완전자동사(sleep)가 왔으므로 어법상 적절하지 않다. 따라서 which → where(관계부사) 또는 on which(전치사+관계대명사)가 되어야 한다.

④ 'exchange A with B'는 'A를 B와 교환하다'라는 뜻으로, A(사람) 앞에는 전치사 with를 함께 써야 한다. 따라서 each other → with each other가 되어야 한다. each other는 '서로'라는 뜻의 대명사로, 부사처럼 단독으로 사용할 수 없다.

VOCA
- applicant 지원자
- increase 증가하다, 인상되다
- comfortable 편(안)한, 쾌적한
- exchange 교환하다[주고받다]

09 난도 ★☆☆　　　　　　　　정답 ②

표현 > 일반회화

정답의 이유

밑줄 앞에서 Ace Tour는 'Do you have any specific questions(혹시 구체적으로 궁금한 점이 있으신가요)?'라고 물었고, 뒤에서 'It'll take you to all the major points of interest in the city(도시의 흥미로운 주요 장소들을 모두 안내해 드릴 겁니다).'라고 대답했으므로 밑줄 친 부분에 들어갈 말로 적절한 것은 ② 'What does the city tour include(시티 투어에는 무엇이 포함되어 있나요)?'이다.

오답의 이유

① 투어 기간은 얼마나 됩니까?
③ 패키지여행 리스트가 있나요?
④ 좋은 여행 안내서를 추천해 주실 수 있나요?

본문해석

Brian: 안녕하세요, 시티 투어에 대한 정보를 얻을 수 있을까요?
Ace Tour: 문의주셔서 감사합니다. 혹시 구체적으로 궁금한 점이 있으신가요?
Brian: <u>시티 투어에는 무엇이 포함되어 있나요?</u>
Ace Tour: 도시의 흥미로운 주요 장소들을 모두 안내해 드릴 겁니다.
Brian: 얼마인가요?
Ace Tour: 4시간 투어에 1인당 50달러입니다.
Brian: 알겠어요. 금요일 오후 티켓 4장을 예약할 수 있을까요?
Ace Tour: 물론입니다. 곧 결제정보를 보내드리겠습니다.

VOCA
- specific 구체적인
- of interest 흥미있는
- book 예약하다
- payment information 결제정보

10 난도 ★☆☆　　　　　　　　정답 ④

표현 > 일반회화

정답의 이유

밑줄 앞에서 A가 'Air freight costs will be added on the invoice(송장에 항공운임이 추가될 겁니다).'라고 한 다음 'I am afraid the free delivery service is no longer available(죄송하지만, 무료배송 서비스는 더 이상 제공되지 않습니다).'라고 했으므로 대화의 흐름상 밑줄 친 부분에 들어갈 말로 적절한 것은 ④ 'Wait a minute. I thought the delivery costs were at your expense(잠시만요. 배송비는 귀사에서 부담하는 줄 알았어요).'이다.

오답의 이유

① 알겠습니다. 송장은 언제 받게 될까요?
② 저희 부서가 2주 안에 결제하지 못할 수도 있어요.
③ 월요일에 저희가 귀사의 법인 계좌로 결제액을 송금해도 될까요?

본문해석

A: 감사합니다. 주문해주셔서 감사합니다.
B: 천만에요. 항공화물로 물품을 보내주실 수 있나요? 저희는 빨리 물건이 필요해요.
A: 네. 지금 바로 귀하의 부서로 보내겠습니다.
B: 알겠습니다. 다음 주 초에 물건을 받을 수 있으면 좋겠어요.
A: 모든 것이 일정대로 진행된다면 월요일까지 받을 수 있을 거예요.
B: 월요일 좋아요.
A: 2주 안에 결제 부탁드립니다. 송장에 항공운임이 추가될 겁니다.
B: <u>잠시만요. 배송비는 귀사에서 부담하는 줄 알았어요.</u>
A: 죄송하지만, 무료배송 서비스는 더 이상 제공되지 않습니다.

VOCA
- appreciate 고마워하다
- goods 상품, 제품
- by air freight 항공편으로
- air freight cost 항공운임
- add 합하다[더하다]
- invoice 송장

11 난도 ★☆☆　　　　　　　　정답 ③

표현 > 일반회화

정답의 이유

밑줄 앞에서 A가 'Have you contacted the subway's lost and found office(지하철 분실물 센터에 연락해 봤어요)?'라고 물었고, 뒤에서 'If I were you, I would do that first(나라면 먼저 그렇게 하겠어요).'라고 했으므로 밑줄 친 부분에 들어갈 말로 적절한 것은 ③ 'I haven't done that yet, actually(사실, 아직 안 했어요)'이다.

오답의 이유

① 전화에 대해 문의하러 그곳에 갔어요
② 오늘 아침 사무실에 들렀어요
④ 모든 곳을 다 찾아봤어요

본문해석

A: 휴대폰을 찾았나요?

B: 유감스럽게도, 못 찾았어요. 아직 찾고 있어요.

A: 지하철 분실물 센터에 연락해 봤어요?

B: 사실, 아직 안 했어요.

A: 나라면 먼저 그렇게 하겠어요.

B: 네, 맞는 말이에요. 새 휴대폰을 사기 전에 분실물 센터에 문의해 볼게요.

VOCA
- unfortunately 유감스럽게도
- lost and found 분실물 보관소
- check with ~에 문의[조회]하다

12 난도 ★☆☆　　　　　　　　　　　정답 ②

독해 > 세부 내용 찾기 > 내용 (불)일치

정답의 이유

두 번째 문장에서 'Entry to shows and lectures are first-come, first-served.'라고 했으므로 글의 내용과 일치하는 것은 ② '공연과 강연의 입장은 선착순이다.'이다.

오답의 이유

① 첫 번째 문장에서 'Kids 10 and under are free(10세 이하 어린이는 무료입니다).'라고 했으므로 글의 내용과 일치하지 않는다.

③ 세 번째 문장에서 'All venues open rain or shine(모든 행사장은 날씨와 관계없이 운영합니다).'이라고 했으므로 글의 내용과 일치하지 않는다.

④ 마지막 문장에서 'NEWE organizers may discontinue in-person ticket sales should any venue reach capacity (NEWE 주최 측은 행사장이 수용 인원에 도달하면 현장 입장권 판매를 중단할 수 있습니다).'라고 했으므로 현장 판매도 한다는 것을 유추할 수 있다.

본문해석

북동부 야생동물 박람회(NEWE)

2024년 3월 30일 토요일 입장권

■ 가격: $40.00

■ 개장시간: 오전 10:00 – 오후 6:00

10세 이하 어린이는 무료입니다. 공연과 강연 입장은 선착순입니다. 모든 행사장은 날씨와 관계없이 운영합니다.

3월 20일은 2024 북동부 야생동물 박람회 입장권 온라인 구매 마지막 날입니다.

참고: NEWE 입장권을 사전에 구매하는 것이 모든 전시장 입장을 보장하는 최선의 방법입니다. NEWE 주최 측은 행사장이 수용 인원에 도달하면 현장 입장권 판매를 중단할 수 있습니다.

VOCA
- admission ticket 입장권
- entry 입장
- lecture 강의, 강연
- first-come, first-served 선착순
- rain or shine 날씨에 관계 없이
- guarantee 보장[약속]하다
- discontinue 중단하다
- reach ~에 이르다[도달하다]
- capacity 용량, 수용력

13 난도 ★★☆　　　　　　　　　　　정답 ③

독해 > 세부 내용 찾기 > 내용 (불)일치

정답의 이유

네 번째 문장에서 '~ they were written and produced several years apart and out of chronological order(그것들은 몇 년 간격으로 연대순을 벗어나 집필·제작되었다).'라고 했으므로 글의 내용과 일치하지 않는 것은 ③ 'The Theban plays were created in time order(테베의 희곡들은 시대순으로 창작되었다).'이다.

오답의 이유

① 소포클레스는 총 123편의 비극을 썼다. → 두 번째 문장에서 'Sadly, only seven of the 123 tragedies he wrote have survived(애석하게도, 그가 쓴 123편의 비극 중 단지 7편만 남아 있지만) ~'라고 했으므로 글의 내용과 일치한다.

② Antigone도 오이디푸스 왕에 관한 것이다. → 세 번째 문장에서 'The play was one of three written by Sophocles about Oedipus, the mythical king of Thebes (the others being *Antigone* and *Oedipus at Colonus*)[그 희곡은 테베의 신화적인 오이디푸스 왕에 대해 쓴 세 편 중 하나(나머지는 *Antigone*와 *Oedipus at Colonus*이다)인데] ~'라고 했으므로 글의 내용과 일치한다.

④ *Oedipus the King*은 고전적인 아테네 비극을 대표한다. → 마지막 문장에서 '*Oedipus the King* follows the established formal structure and it is regarded as the best example of classical Athenian tragedy(*Oedipus the King*은 정해진 형식적 구조를 따르며, 아테네 고전 비극의 가장 좋은 예로 여겨지고 있다).'라고 했으므로 글의 내용과 일치한다.

본문해석

그리스 극작가 소포클레스의 비극은 그리스 고전극의 절정으로 여겨지게 되었다. 애석하게도, 그가 쓴 123편의 비극 중 단지 7편만 남아 있지만, 이 중에서 가장 빼어난 작품은 *Oedipus the King*일 것이다. 그 희곡은 테베의 신화적인 오이디푸스 왕에 대해 쓴 세 편 중 하나(나머지는 *Antigone*와 *Oedipus at Colonus*이다)인데, 일괄적으로 테베의 희곡이라고 알려져 있다. 소포클레스는 이 희곡들을 각각 별개의 작품으로 구상했고, 그것들은 몇 년 간격으로 연대순을 벗어나 집필·제작되었다. *Oedipus the King*은 정해진 형식적 구조를 따르며, 아테네 고전 비극의 가장 좋은 예로 여겨지고 있다.

VOCA

- dramatist 극작가
- be regarded as ~로 여겨지다
- survive 살아남다, 생존[존속]하다
- mythical 신화적인, 신화[전설]상의
- collectively 전체적으로, 일괄하여
- conceive 생각해 내다, 착상하다
- separate 별개의
- entity 독립체
- chronological order 연대순

14 난도 ★★☆ 정답 ④

독해 > 대의 파악 > 제목, 주제

정답의 이유

제시문은 고고학자 Arthur Evans가 크노소스 궁전의 유적과 미노스 시대의 유물을 발굴해서 신화로만 여겨졌던 미노스 문명이 사실로 드러났다는 내용이다. 세 번째 문장에서 'But as Evans proved, this realm was no myth(그러나 Evans가 증명했듯이, 이 왕국은 신화가 아니었다).'라고 했고, 마지막 문장에서 'In a series of excavations in the early years of the 20th century, Evans found a trove of artifacts from the Minoan age(20세기 초 일련의 발굴에서, Evans는 미노스 시대의 유물들을 발견했는데) ~'라고 했으므로, 글의 주제로 적절한 것은 ④ 'Bringing the Minoan culture to the realm of reality(미노스 문명을 현실 영역으로 가져오기)'이다.

오답의 이유

① 미노스 왕의 성공적인 발굴
② 미노스 시대의 유물 감상하기
③ 크레타 섬 궁전의 웅장함

본문해석

한 사람이 전체 문명에 대한 우리의 눈을 뜨게 할 수 있다는 것은 믿기 힘든 것처럼 보이지만, 영국의 고고학자 Arthur Evans가 크레타섬에 있는 크노소스 궁전의 유적을 성공적으로 발굴하기 전까지 지중해의 위대한 미노스 문명은 사실보다는 전설에 가까웠다. 실제로 그곳의 가장 유명한 거주자는 신화에 나오는 생명체인 반인반우의 미노타우로스로, 전설적인 미노스 왕의 궁전 아래에서 살았다고 한다. 그러나 Evans가 증명했듯이, 이 왕국은 신화가 아니었다. 20세기 초 일련의 발굴에서, Evans는 기원전 1900년부터 1450년까지 최고로 번창했던 미노스 시대의 유물들을 발견했는데 보석, 조각품, 도자기, 황소 뿔 모양의 제단, 그리고 미노스 문명의 삶을 보여주는 벽화 등이었다.

VOCA

- be responsible for ~을 맡다, 담당하다
- archaeologist 고고학자
- excavate 발굴하다
- ruins 유적, 폐허
- Minoan culture 미노스 문명

- realm 왕국
- excavation 발굴
- trove 귀중한 발견물[수집품]
- reach its height 절정에 도달하다, 최고로 번창하다
- carving 조각품
- pottery 도자기
- altar 제단

15 난도 ★★☆ 정답 ①

독해 > 대의 파악 > 제목, 주제

정답의 이유

첫 번째 문장에서 '나쁜 버전의 화폐에 의한 좋은 화폐의 가치 저하는 귀금속 함량이 높은 동전이 더 낮은 가치의 금속과 희석되어 낮은 함량의 금 또는 은을 함유하여 재발행되는 방식으로 나타났다.'라고 한 다음, 뒷부분에서 왕이 좋은 화폐를 나쁜 화폐로 대체하는 방법을 설명하고 있으므로 글의 제목으로 적절한 것은 ① 'How Bad Money Replaces Good(나쁜 화폐가 좋은 화폐를 대체하는 법)'이다.

오답의 이유

② 좋은 동전의 요소
③ 동전을 녹이는 게 어때?
④ 나쁜 화폐는 무엇인가?

본문해석

나쁜 버전의 화폐에 의한 좋은 화폐의 가치 저하는 귀금속 함량이 높은 동전이 더 낮은 가치의 금속과 희석되어 금이나 은 함량이 더 낮은 동전으로 재발행되는 방식으로 나타났다. 이러한 변질은 나쁜 동전으로 좋은 동전을 몰아냈다. 아무도 좋은 동전을 사용하지 않았고, 보관했으므로, 좋은 동전은 유통되지 않았고 비축되기에 이르렀다. 한편, 이러한 조치의 배후에는 발행인(대부분 왕)이 있었는데, 왕은 끝없이 계속된 전쟁과 그 밖의 다른 방탕한 생활로 국고를 탕진한 상황이었다. 그들은 모을 수 있는 모든 좋은 옛날 동전을 모았으며, 그것들을 녹여서 더 낮은 순도로 재발행하고 그 잔액을 착복했다. 오래된 동전을 계속 가지고 있는 것은 종종 불법이었지만, 사람들은 그렇게 했고, 한편 왕은 최소한 잠깐 동안은 그의 국고를 보충했다.

VOCA

- currency 화폐, 통화
- debasement 저하, 하락
- occur 일어나다, 생기다
- reissue 재발행하다
- dilute 희석하다
- adulteration 불순물 섞기, 변질
- drive out 몰아내다, 쫓아내다
- circulation 유통, 순환
- hoard 비축, 축적, 저장
- interminable 끝없는
- warfare 전쟁

- dissolute 방탕한
- purity 순도
- pocket 착복하다, 횡령하다
- balance 차액, 차감, 잔액
- replenish 다시 채우다, 보충하다
- treasury 국고

- cite (이유·예를) 들다[끌어내다], 인용하다
- crucial to ~에 있어서 아주 중대한
- the Van Allen belt 밴 앨런 벨트(지구를 둘러싸고 있는 방사능을 가진 층)
- trap 가두다
- magnetic field 자기장

16 난도 ★★☆   정답 ④

독해 > 글의 일관성 > 무관한 어휘·문장

정답의 이유

제시문은 미국의 달 착륙이 미국 정부가 꾸며낸 음모론이라고 믿는 사람들의 주장에 관한 내용이다. 이런 음모론 옹호자들이 가장 결정적인 증거로 인용하는 것은 우주비행사들이 지구를 벗어나기 위해 밴 앨런 벨트를 통과하지 못했을 것이라는 주장이다. ③에서 'Crucial to their case is the claim that astronauts never could have safely passed through the Van Allen belt(그들의 논거에서 아주 중요한 것은 우주비행사들이 밴 앨런 벨트를 결코 안전하게 통과할 수 없었을 것이라는 주장이다) ~'라고 했고, 제시문의 마지막 문장에서 'If the astronauts had truly gone through the belt, say conspiracy theorists, they would have died(음모론자들은 말하기를, 만약 우주비행사들이 정말로 밴 앨런 벨트를 통과했다면 그들은 죽었을 것이라고 한다).'라고 했는데, ④에서는 우주선의 금속 덮개가 방사선을 차단하도록 설계되었다고 했으므로 글의 흐름상 어색한 문장은 ④이다.

본문해석

모든 반대되는 증거에도 불구하고, 나사의 아폴로 우주 프로그램이 실제로 사람들을 달에 착륙시킨 적이 없다고 진지하게 믿는 사람들이 있다. 이 사람들은 주장하기를 달 착륙은 러시아와의 필사적인 경쟁과 체면 깎이는 것을 염려한 미국 정부에 의해 영속된 거대한 음모에 불과했다고 했다. 이들 음모론자들의 주장은 미국이 우주 경쟁에서 러시아와 경쟁할 수 없다는 것을 알았고, 그래서 일련의 성공적인 달 착륙을 꾸며낼 수밖에 없었다는 것이다. 음모론 옹호자들은 자신들이 증거라고 생각하는 몇 가지를 인용한다. 그들의 논거에서 아주 중요한 것은 우주비행사들이 지구의 자기장인 밴 앨런 벨트(지구를 둘러싸고 있는 방사능을 가진 층)를 결코 안전하게 통과할 수 없었을 것이라는 주장이다. 그들은 또한 우주선의 금속 덮개가 방사선을 차단하도록 설계되었다는 사실을 지적한다. 음모론자들은 말하기를, 만약 우주비행사들이 정말로 밴 앨런 벨트를 통과했다면 그들은 죽었을 것이라고 한다.

VOCA

- claim (~이 사실이라고) 주장하다
- conspiracy 음모
- perpetuate 영속하게 하다, 불멸하게 하다
- in competition with ~와 경쟁하여
- lose face 체면을 잃다
- fake 위조[날조/조작]하다, 꾸며내다
- advocate 옹호자

17 난도 ★★☆   정답 ③

독해 > 글의 일관성 > 문장 삽입

정답의 이유

주어진 문장은 '부족의 구전 역사와 전해지는 증거에 따르면 1500년에서 1700년 사이의 어느 시기에 진흙 사태가 마을을 파괴했고 그 바람에 일부 전통 가옥 내부의 물건들이 봉인되었다'는 내용이다. ③ 앞 문장에서 'Ozette 마을은 수천 년 동안 그 지역에 기반을 둔 원주민인 Makah족이 살았던 다섯 개의 주요 마을 중 하나였다.'라고 했고, ③ 다음 문장에서 '그렇지 않았다면, 남아 있지 않았을 바구니, 의복, 요, 포경 도구를 포함한 수천 개의 유물들이 진흙 아래에 보존되어 있었다.'라고 했으므로 글의 흐름상 주어진 문장이 들어갈 위치로 적절한 것은 ③이다.

본문해석

워싱턴의 올림픽 반도 최서단에 위치한 Ozette 마을에서 Makah 부족민들이 고래를 사냥했다. 그들은 자신들의 어획물을 선반과 훈제실에서 훈제했으며, 주변의 Puget Sound와 인근의 Vancouver섬에서 온 이웃 부족들과 물물교환했다. Ozette 마을은 수천 년 동안 그 지역에 기반을 둔 원주민인 Makah족이 살았던 다섯 개의 주요 마을 중 하나였다. 부족의 구전 역사와 고고학적 증거는, 1500년에서 1700년 사이의 어느 시기에 진흙 사태가 마을 일부를 파괴했는데, 몇몇 전통 가옥들을 뒤덮고 그 내부에 있던 것들을 봉인했다고 시사한다. 그렇지 않았다면, 남아 있지 않았을 바구니, 의복, 요, 포경 도구를 포함한 수천 개의 유물들이 진흙 아래에 보존되어 있었다. 1970년, 폭풍이 해안침식을 일으켰으며, 이들 전통 가옥과 유물의 잔해가 드러났다.

VOCA

- westernmost 가장 서쪽의, 서단의
- smoke 훈제하다
- catch 잡은 것, 포획한 것
- rack 선반, 받침대, 시렁
- smokehouse 훈제실, 훈연장
- trade with ~와 무역[거래]하다
- neighboring 이웃의, 근처[인근]의
- inhabit 살다, 거주하다
- indigenous 토착의, 원산의
- archaeological 고고학의
- mudslide 진흙 사태
- longhouse (미국에서 일부 원주민들의) 전통 가옥
- seal 봉하다, 봉인하다
- preserve 보존하다
- coastal erosion 해안침식

독해 > 글의 일관성 > 글의 순서

정답의 이유

주어진 글에서 유명 영화배우와 운동선수에 대한 관심은 그들의 영화와 경기장에서의 활약을 넘어선다고 하였다. 따라서 문맥상 주어진 글 다음에는 할리우드 영화배우들의 사생활을 취재하는 언론에 대한 내용인 (B)가 오는 것이 적절하며, 다음으로는 '마찬가지로(similarly)' 숙련된 운동선수들의 평상시 행동도 대중의 관심을 받는다는 내용인 (A)로 이어지는 것이 자연스럽다. 마지막으로, 이들 '두 산업(Both industries)'이 '그런 관심(such attention)'을 활성화하는 것은 관객을 늘리고 수입을 증대하기 위한 것이지만, 기본적으로 영화배우와 운동선수들에게는 근본적인 차이가 있다고 마무리하는 (C)가 오는 것이 적절하다. 따라서 주어진 글 다음에 이어질 글의 순서로 적절한 것은 ② '(B) – (A) – (C)'이다.

본문해석

유명 영화배우와 운동선수에 대한 관심은 영화와 경기장에서의 그들의 활약을 넘어선다.

(B) 신문 칼럼, 전문적인 잡지, 텔레비전 프로그램, 웹사이트들은 때로 유명한 할리우드 배우들의 사생활을 정확하게 기록한다.

(A) 마찬가지로, 기량이 뛰어난 야구, 축구, 농구 선수들이 유니폼을 입지 않고 하는 평상시 행동도 대중의 관심을 끈다.

(C) 두 산업 모두 적극적으로 그러한 관심을 활성화하여, 관객을 늘리고 따라서 수입을 증가시킨다. 그러나 근본적인 차이가 그들을 구분한다. 유명 운동선수들이 생계를 위해 하는 일은 허구를 연기하는 영화배우들과는 다르게 진짜라는 것이다.

VOCA

• go beyond 넘어서다
• out of uniform 평복[사복]으로
• attract 불러일으키다[끌다]
• expand 확대[확장/팽창]시키다
• revenue 수입, 수익
• fundamental 근본적인, 기본적인
• authentic 진정성 있는, 진짜인

독해 > 빈칸 완성 > 단어 · 구 · 절

정답의 이유

밑줄 다음에는 다양한 계층의 사람들이 자신들의 이익을 위해 여러 방법으로 설득하는 사례가 나열되어 있다. 정치인들은 대중을 설득하기 위해, 사업체와 이익 단체들은 정부를 설득하기 위해, 지역사회 활동가들은 시민들을 설득하기 위해, 직장에서 일반 관리자들은 동료를 설득하기 위해 노력한다고 했으므로 밑줄 친 부분에 들어갈 말로 적절한 것은 ② 'Persuasion shows up in almost every walk of life(설득은 삶의 거의 모든 분야에서 나타난다).'이다.

오답의 이유

① 사업가는 설득력이 있어야 한다

③ 수많은 광고판과 포스터를 만나게 될 것이다

④ 대중 미디어 캠페인은 정부에 유익하다

본문해석

설득은 삶의 거의 모든 분야에서 나타난다. 거의 모든 주요 정치인들이 대중에 어필하는 법을 조언하는 미디어 컨설턴트와 정치 전문가를 고용한다. 실질적으로 모든 주요 기업과 특수 이익 집단은 그 관심사를 의회 또는 주 정부와 지방정부에 전달하기 위해 로비스트를 고용해 왔다. 거의 모든 지역사회에서 활동가들은 중요한 정책 문제에 대해 동료 시민들을 설득하려고 노력한다. 직장도 역시 언제나 사무실 정치와 설득하기에 좋은 현장이었다. 한 연구는 추정하기를, 일반 관리자들이 그들의 시간 80% 이상을 언어적 의사소통에 소비하는데, 그 대부분이 동료 직원들을 설득하는 의도라고 한다. 복사기의 출현으로, 사무실에서의 설득을 위한 완전히 새로운 매체가 발명되었는데, 바로 복사된 메모이다. 미국의 국방부에서만 1일 평균 35만 페이지를 복사하는데, 이것은 소설 1,000권에 해당하는 분량이다.

VOCA

• persuasion 설득
• show up 나타나다, 등장하다
• walk 영역, 부문, 분야, 사회[경제]적 지위, 직업
• appeal 호소하다, 관심을 끌다
• virtually 사실상, 실질적으로, 거의
• special–interest group 특수 이익 집단
• concern 관심사, 사건, 이해관계
• fertile 활동하기에 좋은, 비옥한
• with the intent of ~할 의도를 가지고
• with the advent of ~의 출현으로
• photocopy 복사하다
• the Pentagon 미국 국방부
• equivalent 상당하는 대등한

독해 > 빈칸 완성 > 단어 · 구 · 절

정답의 이유

제시문은 사회적 상호작용에서 언어가 차지하는 비중이 성인과 어린아이가 서로 다르다는 내용이다. 성인의 경우 사회적 상호작용이 주로 언어를 통해서 발생하지만, 어린아이의 경우 사회적 상호작용에 언어가 그다지 필수적인 것이 아니라고 했다. 밑줄 앞 문장에서 어린아이들 사이에서 흔한 '평행 놀이'를 예로 들면서 아이들은 서로 별말 없이 혼자 놀면서 그냥 옆에 앉아만 있는 상태에도 만족할 수 있다고 했다. 또 밑줄 문장의 앞부분에서 'Adults rarely find themselves in situations where(성인들은 ~ 상황에 처하는 경우가 거의 없다) ~'라고 했으므로 밑줄에는 앞 문장의 평행 놀이 경우와는 상반되는 상황이 들어가야 함을 유추할 수 있다. 따라서 밑줄 친 부분에 들어갈 말로 적절한 것은 ① 'language does not play a crucial role in social interaction(언어가 사회적 상호작용에서 중요한 역할을 하지 않는)'이다.

오답의 이유

② 그들의 의견이 동료들에 의해 선뜻 받아들여지는

③ 그들이 다른 언어를 사용하도록 요청받는

④ 의사소통 능력이 매우 요구되는

본문해석

성인의 경우 사회적 상호작용이 주로 언어 수단을 통해 이루어진다는 데 주목하는 것이 중요하다. 성인 원어민들이 그 언어를 사용하지 않는 누군가와의 상호작용에 시간을 할애하려는 경우는 거의 없으며, 그 결과 성인 외국인은 유의미하면서 폭넓은 언어 교환에 참여할 기회가 거의 없을 것이다. 반대로, 어린아이는 종종 다른 아이들에 의해, 심지어 성인들에 의해서도 선뜻 받아들여진다. 어린아이들의 경우 언어는 사회적 상호작용에 필수적인 것이 아니다. 예를 들어, 소위 '평행 놀이'는 어린아이들 사이에서 흔하다. 그들은 가끔 말하고 혼자 놀면서도 단지 서로 옆에 앉아 있는 것만으로도 만족할 수 있다. 성인들은 <u>언어가 사회적 상호작용에서 중요한 역할을 하지 않는</u> 상황에 처하는 경우가 거의 없다.

VOCA

- interaction 상호작용
- occur 일어나다, 발생하다
- devote to ~에 전념하다
- engage in 참여하다, 관련하다
- readily 선뜻, 기꺼이
- essential 필수적인, 극히 중요한
- parallel play 평행 놀이
- crucial 중대한, 결정적인

한눈에 훑어보기

✔ 영역 분석

어휘 01 02 03 04 05
5문항, 25%

독해 12 13 14 15 16 17 18 19 20
9문항, 45%

어법 06 07 08
3문항, 15%

표현 09 10 11
3문항, 15%

✔ 빠른 정답

01	02	03	04	05	06	07	08	09	10
②	②	①	①	③	④	③	②	④	④
11	12	13	14	15	16	17	18	19	20
②	③	④	③	③	③	③	④	①	①

✔ 점수 체크

구분	1회독	2회독	3회독
맞힌 문항 수	/ 20	/ 20	/ 20
나의 점수	점	점	점

---

01 난도 ★☆☆ 　　　　　　　　　　　 정답 ②

어휘 > 단어

[정답의 이유]

밑줄 친 markedly는 '현저하게'라는 뜻으로, 이와 의미가 가장 가까운 것은 ② 'obviously(분명하게)'이다.

[오답의 이유]

① 부드럽게

③ 조금만, 가까스로

④ 분별할 수 없게

본문해석

> 셰익스피어의 희극들은 많은 유사점을 갖고 있지만, 그것들은 또한 서로 현저하게 다르다.

VOCA

• similarity 유사성, 닮음

• differ from ~와 다르다

02 난도 ★☆☆ 　　　　　　　　　　　 정답 ②

어휘 > 단어

[정답의 이유]

밑줄 친 diluted는 'dilute(희석하다)'의 과거형으로, 이와 의미가 가장 가까운 것은 ② 'weakened(약화시켰다)'이다.

[오답의 이유]

① 세척했다

③ 연결했다

④ 발효시켰다

본문해석

> Jane은 진한 흑차를 따르고 그것을 우유로 희석했다.

03 난도 ★☆☆ 　　　　　　　　　　　 정답 ①

어휘 > 어구

[정답의 이유]

밑줄 친 ruled out은 'rule out(제외하다)'의 과거형으로, 이와 의미가 가장 가까운 것은 ① 'excluded(제외했다)'이다.

오답의 이유

② 지지했다

③ 제출했다

④ 재가했다

> **본문해석**
>
> 수상은 육아 수당 또는 연금 삭감을 <u>제외했던</u> 것으로 여겨진다.

> **VOCA**
>
> • Prime Minister 수상
> • be believed to ~로 여겨지다
> • cuts 삭감, 감축, 인하
> • child benefit (정부가 지급하는) 육아 수당
> • pension 연금, 생활 보조금

04 난도 ★☆☆ 정답 ①

어휘 > 어구

> 정답의 이유

밑줄 친 let on은 '(비밀을) 말하다, 털어놓다'라는 뜻으로, 이와 의미가 가장 가까운 것은 ① 'reveal(밝히다, 폭로하다)'이다.

> 오답의 이유

② 관찰[관측]하다

③ 믿다

④ 소유하다

> **본문해석**
>
> 우리가 깜짝 파티를 계획하고 있다고 네가 <u>털어놓으면</u>, 아빠는 네게 질문을 멈추지 않을 거야.

05 난도 ★☆☆ 정답 ③

어휘 > 단어

> 정답의 이유

빈칸 앞에 '슈퍼마켓의 자동문'이 있고, 빈칸 다음에 'the entry and exit of customers with bags or shopping carts(가방이나 쇼핑 카트를 지닌 고객의 출입)'라고 했으므로 문맥상 빈칸에는 슈퍼마켓 자동문의 역할을 나타내는 말이 와야 한다. 따라서 빈칸에 들어갈 말로 적절한 것은 ③ 'facilitate(용이하게 하다)'이다.

> 오답의 이유

① 무시하다, 묵살하다

② 용서하다

④ 과장하다

> **본문해석**
>
> 슈퍼마켓의 자동문은 가방이나 장바구니를 든 고객의 출입을 <u>용이하게 한다.</u>

06 난도 ★☆☆ 정답 ④

어법 > 비문 찾기

> 정답의 이유

④ 전치사구인 because of 다음에는 명사(구)가 와야 하는데, 여기서는 절(the author was working out his approach to psychology as he wrote it)이 왔으므로 because of → because로 고쳐야 한다.

> 오답의 이유

① one of 다음에 복수명사(virtues)가 어법상 바르게 사용되었으며, virtues를 수식하는 수 형용사인 many가 적절하게 사용되었다.

② 문장의 주어가 One이므로 단수동사(is)가 수일치되어 어법상 바르게 사용되었다.

③ 밑줄 친 which 앞의 Maps of Meaning과 which 다음에 오는 동사(is)가 있고 불완전한 문장이 왔으므로, which는 주격 관계대명사가 계속적 용법으로 올바르게 사용되었다.

> **본문해석**
>
> 여러분이 읽고 있는 책의 여러 덕목 중 하나는 *Maps of Meaning*에 대한 진입점을 제공한다는 것이며, *Maps of Meaning*은 상당히 복잡한 작품인데, 작가가 그것을 집필할 때 심리에 대한 자신의 접근법을 끌어냈기 때문이다.

> **VOCA**
>
> • virtue 미덕, 덕목
> • entry point 입구, 진입 지점
> • work out 이끌어내다, ~을 계획해[생각해] 내다
> • psychology 심리, 심리학

07 난도 ★★☆ 정답 ③

어법 > 비문 찾기

> 정답의 이유

③ 관계대명사 who 다음에 daughter가 있고, 이어지는 절(I look after)이 목적어가 없는 불완전한 절이므로, 주격 관계대명사가 아닌 소유격 관계대명사가 와야 한다. 따라서 who → whose가 되어야 한다. that절에서 주어는 the people(관계대명사의 선행사), 동사는 are moving away이다.

> 오답의 이유

① plan은 to부정사를 목적어로 취하는 동사로, to부정사의 부정은 'not+to부정사'이므로 not to spend가 어법상 올바르게 사용되었다.

② disappear는 '사라지다, 없어지다'라는 뜻의 자동사이다. 따라서 수동태로 쓸 수 없으며, 뒤에 last month라는 과거 시점 부사구가 있으므로 과거동사(disappeared)가 올바르게 사용되었다.

④ '~배만큼 ~한[하게]'이란 의미를 지닌 배수사 비교 구문은 '배수사+as+형용사/부사+as'이며, 2형식 동사 was의 주격 보어는 형용사이므로 twice as expensive as가 올바르게 사용되었다.

본문해석

① 프로젝트에 너무 많은 돈을 쓰지 않도록 계획해야 한다.
② 내 개가 지난달에 사라졌고 그 이후로 보이지 않았다.
③ 내가 돌봐주는 딸의 부모들이 이사 가게 되어 유감이다.
④ 나는 여행 중에 책을 한 권 샀는데, 그것은 본국에서보다 두 배나 더 비쌌다.

VOCA

- look after 돌봐주다, 보살피다
- move away 이사[이전]하다
- at home 본국에서

더 알아보기

수동태로 쓸 수 없는 동사

- 목적어를 갖지 않는 자동사는 수동태로 쓸 수 없다.

appear, disappear, occur, happen, remain, come, arrive 등

예 My dog disappeared last month and hasn't been seen since.
(내 개가 지난달에 사라졌고 그 이후로 보이지 않았다.)

예 I'll be there whatever happens.
(나는 무슨 일이 있어도 거기 갈 것이다.)

예 All passengers should arrive at the railway station on time. (○)
All passengers should be arrived at the railway station on time. (×)
(모든 승객은 제시간에 기차역에 도착해야 한다.)

- 대상의 성질 또는 상태를 나타내는 상태동사는 수동태로 쓸 수 없다.

have, resemble, cost, weigh, equal, lack 등

예 Tom resembles his father. (○)
His father is resembled by Tom. (×)
(Tom은 그의 아버지를 닮았다.)

예 This area lacks enough rain for rice farming.
(이 지역은 벼농사를 짓기에는 비가 부족하다.)

08 난도 ★★☆　　　　　　　　　　정답 ②

어법 > 영작하기

정답의 이유

② mention은 3형식 동사이기 때문에 수여동사로 쓸 수 없으므로 간접목적어(me) 앞에 전치사 to를 써야 한다. 따라서 mentioned me that → mentioned to me that이 되어야 한다. leave(떠나다)는 진행형으로 가까운 미래를 나타낼 수 있는 왕래발착동사로 would be leaving이 올바르게 사용되었다.

오답의 이유

① find가 to부정사를 목적어로 취하는 경우 'find＋가목적어(it)＋목적격 보어＋to부정사'의 구조로 'to부정사가 목적격 보어한 것을 알다[생각하다]'라는 뜻을 갖는다. 그런데 목적어인 'to work

here(이곳에서 일하는 것)'가 '흥미를 느끼게 된' 것이 아니라 '흥미를 유발하는 것'이므로, 목적격 보어로 능동의 현재분사인 exciting이 올바르게 사용되었다.

③ 'want＋목적어＋to부정사'는 '목적어가 to부정사 하기를 원하다'의 뜻이므로, 목적격 보어로 to come이 올바르게 사용되었다.

④ 형용사 skillful과 experienced가 등위접속사 and로 병렬되어 뒤의 명사 teacher를 수식하고 있다. 또한 '좀 더 능숙하고 경험 많은 선생님이었다면 그를 달리 대했을 것'이라며 과거 사실의 반대를 가정하고 있으므로, 가정법 과거완료로 '조동사 과거형＋have p.p.'가 올바르게 사용되었다.

더 알아보기

4형식으로 쓸 수 없는 완전타동사

다음 동사는 수여동사로 사용할 수 없는 완전타동사이다.

believe, explain, describe, announce, introduce, say, mention, prove, suggest, confess, propose 등	＋(to＋사람)＋that절[의문사절]

예 Police believe (that) the man may be armed.
(경찰은 그 남자가 무기를 갖고 있을지도 모른다고 생각한다.)

예 She explained to them what to do in an emergency. (○)
She explained them what to do in an emergency. (×)
(그녀는 비상시에는 어떻게 해야 하는지를 그들에게 설명했다.)

cf. that절 또는 의문사절을 직접목적어로 취하는 4형식 동사

tell, convince, inform, notify, remind 등	＋간접목적어(사람)＋that절[의문사절]

예 They've told us (that) they're not coming.
(그들은 오지 않을 거라고 우리에게 말했다.)

예 Will you tell me what I should do next?
(이제 내가 다음에 뭘 해야 하는지 알려 줄래?)

예 The doctor advised to me(→ me) that I should stop smoking.
(의사는 나에게 내가 금연해야 한다고 충고했다.)

09 난도 ★☆☆　　　　　　　　　　정답 ④

표현 > 일반회화

정답의 이유

A와 B는 행사에 사용할 의자를 더 주문해야 하는지에 대해 대화를 나누고 있다. 빈칸 뒤에서 A가 'I agree. I am also a bit surprised(맞아요. 저도 조금 놀랐어요).'라고 하자 B가 'Looks like I'll have to order more then(그럼 더 주문해야 할 것 같네요).'이라고 했으므로, 빈칸에는 예상한 것보다 참석자가 많아서 놀랐다는 내용이 들어가야 한다. 따라서 빈칸에 들어갈 말로 가장 적절한 것은 ④ 'That's a lot more than I expected(내가 예상했던 것보다 훨씬 더 많네요).'이다.

오답의 이유

① 그 매니저가 행사에 참석할지 궁금해요.
② 나는 350명 이상 참석할 것으로 생각했어요.
③ 그다지 많은 수는 아니에요.

본문해석

A: Charles, 곧 있을 행사에 의자가 더 필요할 것 같아요.

B: 정말요? 의자가 이미 충분하다고 생각했는데요.

A: 매니저가 350명 이상 오신다고 말했어요.

B: 내가 예상했던 것보다 훨씬 더 많네요.

A: 맞아요. 저도 조금 놀랐어요.

B: 그럼 더 주문해야 할 것 같네요. 감사합니다.

VOCA

• upcoming 다가오는, 곧 있을

• look like ～할 것 같다

• attend 참석하다

10 난도 ★☆☆　　　　　　　　　　　　　정답 ④

표현 > 일반회화

정답의 이유

대화는 어제 회의에서 언급했던 문서를 이메일로 요청하는 상황으로, B가 빈칸 앞에서 'I don't have it with me. Mr. Park is in charge of the project, so he should have it(내가 그것을 가지고 있지 않아요. Mr. Park이 프로젝트 담당자이니까 가지고 있을 겁니다).'라고 했고, 빈칸 다음에서 'Hope you get the document you want(원하는 문서를 받으시길 바랍니다).'라고 했으므로, 대화의 흐름상 빈칸에 들어갈 말로 적절한 것은 ④ 'Thank you for letting me know. I'll contact him(알려주셔서 감사합니다. 그에게 연락해 볼게요.).'이다.

오답의 이유

① 그가 사무실에 있는지 확인해 주시겠습니까?

② Mr. Park이 당신에게 다시 이메일을 보냈어요.

③ 지역 축제에 오시나요?

본문해석

A: 어제 회의에서 언급했던 문서를 받을 수 있을까요?

B: 네. 문서 제목이 뭐지요?

A: 제목은 기억이 나지 않는데, 지역 축제에 관한 것이었어요.

B: 네, 무엇을 얘기하고 계신지 알아요.

A: 좋아요. 그것을 내게 이메일로 보내주실 수 있나요?

B: 내가 그것을 가지고 있지 않아요. Mr. Park이 프로젝트 담당자이니까 갖고 있을 겁니다.

A: 알려주셔서 감사합니다. 그에게 연락해 볼게요.

B: 행운을 빌어요. 원하는 문서를 받으시길 바랍니다.

VOCA

• refer to 언급[지칭]하다

• community 주민, 지역 사회

• via (특정한 사람·시스템 등을) 통하여

• in charge of ～을 맡아서, 담당해서

11 난도 ★☆☆　　　　　　　　　　　　　정답 ②

표현 > 일반회화

정답의 이유

대화는 다음 주 화요일에 있을 프레젠테이션에 관해 A가 B에게 질문하는 상황으로, 빈칸 다음에서 B가 프레젠테이션 2시간 전에 강의실에서 만날 수 있다고 하였으므로, 대화의 흐름상 빈칸에는 프레젠테이션 전에 미리 만나야 하는 이유와 관련된 내용이 들어가야 함을 유추할 수 있다. 따라서 빈칸에 들어갈 말로 가장 적절한 것은 ② 'When can I have a rehearsal for my presentation(프레젠테이션 리허설은 언제 할 수 있나요?)'이다.

오답의 이유

① 컴퓨터 기술자가 한 시간 전에 여기에 왔어요.

③ 우리 프로그램을 위해 더 많은 자원봉사자를 모집해야 할까요?

④ 회의실에 내 노트북을 두고 가는 게 불편해요.

본문해석

A: 안녕하세요, 다음 주 화요일에 있을 프레젠테이션에 대해 질문을 해도 될까요?

B: 자원봉사 프로그램 홍보에 대한 프레젠테이션 말인가요?

A: 네. 프레젠테이션 장소는 어디인가요?

B: 확인해 보겠습니다. 201호입니다.

A: 그렇군요. 회의실에서 노트북을 사용할 수 있나요?

B: 물론입니다. 회의실에 PC가 있긴 한데 원하시면 본인 것을 사용하실 수 있어요.

A: 프레젠테이션 리허설은 언제 할 수 있나요?

B: 프레젠테이션 2시간 전에는 회의실에서 만날 수 있어요. 괜찮으신가요?

A: 네. 정말 감사합니다!

VOCA

• promote 홍보하다

• laptop 휴대용[노트북] 컴퓨터

• rehearsal 리허설, 예행연습

• Would that work for you? 괜찮으세요?

• technician 기술자, 기사

• recruit 모집하다[뽑다]

12 난도 ★☆☆　　　　　　　　　　　　　정답 ③

독해 > 세부 내용 찾기 > 내용 (불)일치

정답의 이유

이메일에서 'we would also like to book your restaurant for lunch on all three days(3일 내내 귀사의 레스토랑에 점심식사를 예약하고 싶습니다).'라고 했으므로 이메일의 내용과 일치하지 않는 것은 ③ '3일간의 저녁 식사를 위한 식당 예약이 필요하다.'이다.

오답의 이유

① 'We need to have enough room for over 200 delegates in your main conference room(귀사의 주 회의실에 200명 이상의 대표자를 수용할 수 있는 충분한 공간이 필요하며) ~'이라고 했으므로 내용과 일치한다.

② '~ we would also like three small conference rooms for meetings. Each conference room needs wi-fi as well(회의를 위한 소회의실도 3곳이 필요합니다. 각 회의실에는 와이파이도 필요합니다.)'이라고 했으므로 내용과 일치한다.

④ 'We will need accommodations for over 100 delegates each night(매일 밤 100명 이상의 대표단 숙소가 필요합니다.)'라고 했으므로 내용과 일치한다.

본문해석

담당자님께,

Metropolitan Conference Center에 대한 정보를 요청하고자 메일 드립니다.

저희는 올해 9월에 3일 동안 컨퍼런스를 위한 장소를 찾고 있습니다. 귀사의 주 회의실에 200명 이상의 대표자를 수용할 수 있는 충분한 공간이 필요하며, 회의를 위한 소회의실도 3곳이 필요합니다. 각 회의실에는 와이파이도 필요합니다. 오전과 오후 중간에 커피를 마실 수 있어야 하고, 3일 내내 귀사의 레스토랑에 점심식사를 예약하고 싶습니다.

더불어, 메트로폴리탄 고객이나 대규모 단체를 위한 할인이 적용되는 현지 호텔이 있는지 알려주시겠습니까? 매일 밤 100명 이상의 대표단 숙소가 필요합니다.

회신 기다리겠습니다.

안부를 전하며,

Bruce Taylor, 행사 매니저 드림

VOCA

• venue (콘서트·스포츠 경기·회담 등의) 장소
• delegate 대표(자)
• available 구할[이용할] 수 있는
• book 예약하다
• discount rate 할인율
• accommodation 숙박 시설

13 난도 ★☆☆   정답 ④

독해 > 세부 내용 찾기 > 내용 (불)일치

정답의 이유

마지막 문장에서 'The cravats were made of many different materials from plaid to lace(cravat는 격자무늬부터 레이스까지 많은 다른 재료들로 제작되어) ~'라고 했으므로 글의 내용과 일치하지 않는 것은 ④ 'The materials used to make the cravats were limited(cravat를 만드는 데 사용된 재료는 제한적이었다.)'이다.

오답의 이유

① 1660년 한 무리의 크로아티아 군인이 파리를 방문했다. → 첫 번째, 두 번째 문장에서 'According to the historians, neckties date back to 1660. In that year, a group of soldiers from Croatia visited Paris(역사학자들에 따르면, 넥타이는 1660년까지 거슬러 올라간다. 그 해에, 크로아티아에서 온 한 무리의 군인들이 파리를 방문했다.)'라고 했으므로 글의 내용과 일치한다.

② Royal Cravattes는 스카프를 두른 크로아티아 군인들을 기리기 위해 만들어졌다. → 네 번째 문장에서 '~ the king decided to honor the Croats by creating a military regiment called the Royal Cravattes(왕은 Royal Cravattes라고 불리는 군사 연대를 만들어 크로아티아인들을 기리기로 결정했다.)'라고 했으므로 글의 내용과 일치한다.

③ 일부 cravat는 남자가 머리를 자유자재로 움직이기에는 너무 불편했다. → 열 번째 문장에서 'At times, they were so high that a man could not move his head without turning his whole body(때로, 그것들이 너무 높아서 남자가 온몸을 돌리지 않고는 자신의 머리를 움직일 수 없었다.)'라고 했으므로 글의 내용과 일치한다.

본문해석

역사학자들에 따르면, 넥타이는 1660년까지 거슬러 올라간다. 그 해에, 크로아티아에서 온 한 무리의 군인들이 파리를 방문했다. 이 군인들은 루이 14세가 매우 존경했던 전쟁 영웅들이었다. 그들이 목에 걸었던 색깔이 있는 스카프에 감명받은 왕은 Royal Cravattes라고 불리는 군사 연대를 만들어 크로아티아인들을 기리기로 결정했다. cravat라는 단어는 크로아티아어 단어로부터 생겼다. 이 연대의 모든 군인들은 다양한 색깔의 스카프 또는 cravat를 목에 걸었다. 이 새로운 스타일의 목에 두르는 물건은 영국으로 이동했다. 곧 모든 상류층 남자들이 cravat를 착용하고 있었다. 일부 cravat는 꽤 극단적이었다. 때로, 그것들이 너무 높아서 남자가 온몸을 돌리지 않고는 자신의 머리를 움직일 수 없었다. cravat는 격자무늬부터 레이스까지 많은 다른 재료들로 제작되어, 어떤 행사에도 어울렸다.

VOCA

• historian 사학자
• date back ~까지 거슬러 올라가다
• admire 존경하다, 칭찬하다
• impressed with ~에 감동하다, 깊은 감명을 받다
• honor ~에게 영광을 베풀다
• military regiment 군대 연대
• come from ~에서 생겨나다
• cravat 크라바트(넥타이처럼 매는 남성용 스카프)
• plaid 격자[타탄(tartan)무늬] 천
• suitable for ~에 알맞은[어울리는]
• occasion 행사[의식/축하]

14 난도 ★☆☆

정답 ③

독해 > 대의 파악 > 제목, 주제

정답의 이유

도입부에서 최근 라틴 아메리카는 풍력, 태양열, 지열 및 바이오 연료 에너지 자원을 활용하는 데 큰 진전을 이루어서 전력 부문의 석유 의존도를 낮추기 시작했다고 했고, 마지막 문장에서 'Countries in Central America and the Caribbean, ~ were the first to move away from oil-based power plants(중앙 아메리카와 카리브해 국가들은 ~ 석유 기반 발전소로부터 가장 먼저 벗어났다) ~'라고 했으므로 글의 주제로 적절한 것은 ③ 'advancement of renewable energy in Latin America(라틴 아메리카의 재생 에너지 발전)'이다.

오답의 이유

① 호황을 누리고 있는 라틴 아메리카의 석유 산업
② 감소하는 라틴 아메리카의 전기 사업
④ 라틴 아메리카의 공격적인 석유 기반 자원 개발

본문해석

최근 몇 년 동안 라틴 아메리카는 엄청난 풍력, 태양열, 지열 및 바이오 연료 에너지 자원을 활용하는 데 막대한 진전을 이루었다. 라틴 아메리카의 전력 부문은 이미 석유에 대한 의존도를 점차 낮추기 시작했다. 라틴 아메리카는 2015년에서 2040년 사이에 전력 생산량을 거의 두 배로 늘릴 것으로 예상된다. 사실상 라틴 아메리카의 새로운 대규모 발전소 중 석유를 연료로 사용하는 발전소가 거의 없을 것이고, 이는 다른 기술을 위한 장을 열어줄 것이다. 중앙 아메리카와 카리브해 국가들은 전통적으로 석유를 수입했는데, 금세기 초 10년 동안 높고 불안정한 (석유) 가격으로 고통받은 후에 석유 기반 발전소로부터 가장 먼저 벗어났다.

VOCA

- stride 진전
- exploit 이용하다
- geothermal 지열의
- biofuel 바이오 연료
- energy resource 동력 자원
- electricity sector 전기 부분
- gradually 서서히
- decrease 줄다[감소하다]
- dependence 의존, 의지
- output 생산량, 산출량
- practically 사실상, 거의
- power plant 발전소
- oil-fueled 기름을 연료로 쓰는
- open up ~을[이] 가능하게 하다[가능해지다]
- volatile 변덕스러운, 불안한
- boom 호황을 맞다, 번창[성공]하다
- advancement 발전, 진보
- renewable energy 재생 에너지
- aggressive 공격적인[대단히 적극적인]

15 난도 ★★☆

정답 ③

독해 > 대의 파악 > 제목, 주제

정답의 이유

두 번째 문장에서 조직의 직무 수행은 자원을 얼마나 갖고 있느냐의 역할이라기보다는 보유 자원을 얼마나 잘 활용하느냐의 역할이라고 했고, 세 번째 문장에서 'You as the organization's leader can always make the use of those resources more efficient and effective(여러분은 조직의 리더로서 항상 이러한 자원을 더 능률적이고 효과적으로 사용할 수 있는데) ~'라고 했다. 마지막 문장에서 조직의 리더로서 주어진 자원을 효율적으로 이용할 수 있는 구체적인 방법을 제시하고 있으므로 글의 제목으로 적절한 것은 ③ 'Making the Most of the Resources: A Leader's Way(자원을 최대한 활용하기: 리더의 길)'이다.

오답의 이유

① 조직 내 자원 교환하기
② 외부 통제를 설정하는 리더의 능력
④ 조직의 기술적 역량: 성공을 가로막는 장벽

본문해석

모든 조직은 임무를 수행하기 위해 사용할 수 있는 자원을 가지고 있다. 조직이 얼마나 직무를 잘 수행하느냐는 부분적으로 이러한 자원을 얼마나 많이 가지고 있느냐에 달려있지만, 대부분 인력과 자금 같은 보유 자원을 얼마나 잘 활용하느냐에 달려있다. 조직의 인사와 정책에 대한 통제권을 가지고 있다는 조건하에, 여러분은 조직의 리더로서 항상 이러한 자원을 더 능률적이고 효과적으로 사용할 수 있는데, 이는 자동적으로 발생하는 조건이 아니다. 인력과 자금을 신중하게 관리하고, 가장 중요한 일을 가장 중요하게 취급하고, 좋은 결정을 내리고, 직면한 문제를 해결함으로써 여러분은 여러분이 이용 가능한 것들을 최대한 활용할 수 있다.

VOCA

- resource 자원, 재원
- mission 임무
- function 기능, 역할
- make use of ~을 이용하다, 활용하다
- efficient 능률적인, 유능한
- effective 효과적인
- personnel 인원[직원들]
- agenda 의제[안건] (목록)
- occur 일어나다, 발생하다
- automatically 자동적으로
- treat 대하다[다루다/취급하다/대우하다]
- encounter 접하다[마주치다]
- set up 설립[수립]하다
- external 외부의[외부적인]
- capacity 용량, 수용력
- barrier 장애물[장벽]

독해 > 글의 일관성 > 무관한 어휘 · 문장

[정답의 이유]

제시문은 비판적 사고 과정에서 드러나는 감정을 잘 관리하여 자신의 의견을 설득력 있게 주장해야 한다는 내용이다. ③ 앞 문장에서 '학계는 전통적으로 스스로 논리적이고 감정이 없는 것으로 여기는 것을 좋아하기 때문에, 감정을 드러낼 경우, 이는 특히 어려울 수 있다.'라고 했고, ③ 다음 문장에서 감정을 관리하는 것은 유용한 기술이라고 했다. ③은 '예를 들어, 동일한 정보를 여러 관점에서 보는 것이 중요하지 않다.'라는 내용이므로 글의 흐름상 어색한 문장이다.

본문해석

비판적 사고는 감정적이지 않은 과정처럼 들리지만, 감정과 심지어 격렬한 반응을 끌어들일 수 있다. 특히, 우리는 우리 자신의 의견이나 신념에 반하는 증거를 좋아하지 않을 수도 있다. 만약 그 증거가 도전적인 방향을 향하면, 그것은 예상치 못한 분노, 좌절감 또는 불안감을 불러일으킬 수 있다. 학계는 전통적으로 스스로 논리적이고 감정이 없다고 여기는 것을 좋아하기 때문에, 감정을 드러낼 경우, 이는 특히 어려울 수 있다. <u>예를 들어, 동일한 정보를 여러 관점에서 보는 것은 중요하지 않다.</u> 그런 상황에서 여러분의 감정을 관리할 수 있는 것은 유용한 기술이다. 만약 여러분이 침착함을 유지하고 논리적으로 자신의 이유를 제시할 수 있다면, 여러분은 자신의 관점을 설득력 있는 방법으로 더 잘 주장할 수 있을 것이다.

VOCA

- unemotional 감정을 드러내지 않는, 침착한
- engage (주의 · 관심을) 사로잡다[끌다]
- passionate 열정적인, 열렬한
- evidence 증거, 흔적
- contradict 부정[부인]하다, 반박하다
- point (특정 방향으로) 향하다[향하게 되다]
- challenging 도전적인, 도전 의식을 북돋우는
- rouse (어떤 감정을) 불러일으키다[자아내다]
- unexpected 예기치 않은, 예상 밖의, 뜻밖의
- emerge 드러나다, 알려지다
- circumstance 환경, 상황, 정황
- remain (없어지지 않고) 남다
- present 보여 주다[나타내다/묘사하다]
- argue 주장하다, 논증하다
- convincing 설득력 있는, (승리 등이) 확실한

독해 > 글의 일관성 > 글의 순서

[정답의 이유]

주어진 글에서 컴퓨터 보조언어학습(CALL)이 흥미와 좌절감을 동시에 준다고 했으므로, 문맥상 그 두 가지 감정을 주는 이유를 설명하는 (B)가 오는 것이 자연스럽다. (C)에서 '기술(Technology)'이 언어학습 영역에서 새로운 차원을 더해 주어 실무에 적용하려는 사람들에게 새로운 지식과 기술을 요구한다고 했고, (A)에서 '그러나(Yet)' 그 기술(the technology)이 너무 빨리 변해서 따라잡으려면 컴퓨터 보조언어학습의 지식과 기술도 끊임없이 갱신되어야 한다고 했으므로, 흐름상 (C)가 오고 다음에 (A)가 와야 한다. 따라서 주어진 글 다음에 이어질 순서로 적절한 것은 ③ '(B) – (C) – (A)'이다.

본문해석

컴퓨터 보조언어학습(CALL)은 연구 및 실습 분야로서 흥미로우면서 좌절감을 주기도 한다.

(B) 그것은 복잡하고 역동적이면서 빠르게 변하기 때문에 흥미로운데, 같은 이유로 인해 좌절감을 주기도 한다.

(C) 기술은 언어학습 영역에 차원을 더하여 전문적인 실습에 적용하려는 사람들에게 새로운 지식과 기술을 요구한다.

(A) 하지만 그 기술은 너무 빠르게 변해서 CALL 지식과 기술이 그 분야에서 발맞추기 위해서는 끊임없이 갱신되어야 한다.

VOCA

- assist 돕다, 도움이 되다
- frustrating 좌절감을 주는
- dynamic 역동적인
- dimension 차원, 관점
- domain 영역[분야], (책임의) 범위
- apply 꼭 들어맞다, 적용되다,
- constantly 끊임없이, 계속
- renewed 새롭게 한, 회복된, 갱신된
- apace 발맞추어, 빨리

18 난도 ★☆☆　　　　　　　　　　정답 ④

독해 > 글의 일관성 > 문장 삽입

정답의 이유

주어진 문장에서 '그러나 인어공주(she)가 재빨리 다시 머리를 내밀 었다.'라고 했으므로 주어진 문장은 물속으로 들어가는 내용 다음에 위치해야 한다. ④ 앞 문장의 후반부에서 '~ she dove down under the water(그녀는 물속으로 들어갔다.)'라고 했으므로 주어 진 문장이 들어갈 위치로 적절한 것은 ④이다.

본문해석

인어공주는 선실의 작은 창문까지 헤엄쳐 올라갔고, 파도가 그녀를 들어올릴 때마다. 그녀는 투명한 유리를 통해 옷을 잘 차려입은 사 람들의 무리를 볼 수 있었다. 그중에 커다란 검은 눈을 가진 젊은 왕자가 있었는데, 그곳에서 가장 잘생긴 사람이었다. 그날은 왕자의 생일이었고, 그것이 바로 그토록 신나는 이유였다. 젊은 왕자가 선 원들이 춤추고 있는 갑판으로 나왔을 때, 100개가 넘는 폭죽이 하 늘로 올라갔다가 반짝이면서 부서져서 하늘을 낮처럼 밝게 만들었 다. 인어공주는 너무 놀라서 물속으로 들어갔다. 그러나 그녀는 재 빨리 다시 머리를 내밀었다. 이것 봐! 마치 하늘에 있는 모든 별들이 그녀에게로 떨어지는 것 같았다. 그녀는 그런 불꽃놀이를 본 적이 없었다.

VOCA

• pop 잠깐[불쑥] 내놓다
• mermaid 인어
• lift 들어올리다[올리다]
• rocket 폭죽
• glitter 반짝반짝 빛나다
• startled ~에 놀란
• dive 잠수하다
• firework 불꽃놀이

19 난도 ★★☆　　　　　　　　　　정답 ①

독해 > 빈칸 완성 > 단어 · 구 · 절

정답의 이유

제시문은 모든 밀레니얼 세대가 현재 같은 삶의 단계에 있는 것이 아니라고 하면서, 나이에 따라 Y.1세대와 Y.2세대로 구분하여 설 명하고 있다. 다섯 번째 문장에서 'Not only are the two groups culturally different, but they're in vastly different phases of their financial life(두 집단은 문화적으로 다를 뿐만 아니라, 재정 적으로도 크게 다른 단계에 있다.)'라고 했고, 이후에서 더 어린 집 단(The younger group)과 후자의 집단(The latter group)의 차이 를 서술하고 있다. 따라서 빈칸에 들어갈 말로 적절한 것은 ① 'contrast(차이)'이다.

오답의 이유

② 축소, 삭감
③ 반복, 재현
④ 능력, 역량

본문해석

Javelin Research는 모든 밀레니얼 세대가 현재 같은 삶의 단계에 있는 것은 아니라는 것을 주목했다. 모든 밀레니얼 세대는 세기의 전환기에 출생했지만, 그들 중 일부는 아직 성인 초기 단계에 있어 서, 새로운 직업과 씨름하면서 정착하고 있다. 반면에, 더 나이가 많 은 밀레니얼 세대는 집이 있고 가족을 형성하고 있다. 여러분은 아 이를 갖는 것이 여러분의 관심사와 우선순위를 어떻게 바꿀 수 있 는지 상상해볼 수 있을 것이다. 따라서 마케팅적인 목적을 위해 이 세대를 Y.1세대와 Y.2세대로 나누는 것이 유용하다. 두 집단은 문화 적으로 다를 뿐만 아니라, 재정적으로도 크게 다른 단계에 있다. 나 이가 더 어린 집단은 재정적으로 초보자로, 이제 막 그들의 구매력 을 보여주기 시작한다. 후자의 집단은 신용 기록이 있고, 그들의 첫 번째 대출을 받았을 수도 있고 어린아이들을 키우고 있다. Y.1세대 와 Y.2세대 사이의 우선순위와 필요의 차이는 방대하다.

VOCA

• notice 주목하다, 관심을 기울이다
• Millennials 밀레니얼 세대(1980년대에서 2000년대 사이에 태어난 세대)
• currently 현재는, 지금은
• adulthood 성인(임), 성년
• wrestle with ~을 해결하려고 애쓰다
• settle down 정착하다
• priority 우선순위
• split 분열되다, 의견이 갈리다; 분열시키다
• vastly 대단히, 엄청나게
• phase 단계[시기/국면]
• financial 금융[재정]의
• mortgage (담보) 대출(금), 융자(금)
• vast 어마어마핸[방대한/막대한]

독해 > 빈칸 완성 > 단어 · 구 · 절

정답의 이유

제시문은 자유화된 시장에서 비용 압박이 기존 수력 발전 계획과 미래의 수력 발전 계획에 미치는 서로 다른 영향에 대한 내용이다. 두 번째 문장에서 'Because of the cost structure, existing hydropower plants will always be able to earn a profit(비용 구조 때문에 기존 수력 발전소는 항상 이익을 얻을 수 있을 것이다).'라고 한 다음에, 세 번째 문장에서 미래의 수력 발전 계획과 건설은 단기적인 과정이 아니기 때문에, 낮은 발전 비용에도 불구하고 대중적인 투자가 아니라고 했다. 빈칸 앞에서 '대부분의 민간 투자자들은 ~에 자금을 조달하는 것을 선호할 것'이라고 했고, 빈칸 다음에서 '기존 수력 발전소가 고수익 사업처럼 보이지만 아무도 새로운 곳에 투자하기를 원하지 않는 역설적인 상황으로 이어진다.'라고 했으므로 빈칸에는 '단기적인 투자'와 관련된 내용이 와야 함을 알 수 있다. 따라서 빈칸에 들어갈 말로 적절한 것은 ① 'more short-term technologies(더 단기적인 기술)'이다.

오답의 이유

② 모든 첨단 기술 산업
③ 공익의 증진
④ 전력 공급의 향상

본문해석

자유화된 시장에서 비용 압력은 기존의 그리고 미래의 수력 발전 계획에 다른 영향을 미친다. 비용 구조 때문에 기존 수력 발전소는 항상 이익을 얻을 수 있을 것이다. 미래의 수력 발전 계획과 건설은 단기간의 프로세스가 아니기 때문에, 낮은 발전 비용에도 불구하고 대중적인 투자가 아니다. 대부분 민간 투자자들은 <u>더 단기적인 기술</u>에 자금을 조달하는 것을 선호할 것이고, 이는 기존 수력 발전소가 고수익 사업처럼 보이지만 누구도 새로운 곳(수력 발전소)에 투자하기를 원하지 않는 역설적인 상황으로 이어진다. 공공 주주들/소유자들(주. 시. 지방자치단체)이 관련된 경우, 상황은 매우 다르게 보이는데, 그들이 공급 안정성의 중요성을 이해할 수 있고 장기적인 투자를 높이 평가하기 때문이다.

VOCA

- cost pressure 비용 압박
- have effects on ~에 영향을 미치다
- existing 기존의, 현재 사용되는
- hydropower 수력 전기(력)
- scheme 계획, 제도, 책략
- cost structure 원가구조
- short-term process 단기간의 프로세스
- investment 투자
- electricity generation costs 발전(전기 생산) 비용
- prefer to ~보다 선호하다
- finance 자금[재원]을 대다
- paradoxical 역설적인
- cash cow 고수익[효자] 상품[사업]
- shareholder 출자자, 주주
- municipality 지방자치제, 지방자치제 당국
- security 안전, 무사(safety), 안전 확보
- appreciate (가치를) 정당하게 평가하다, 높이 평가하다
- public interest 공익, 일반 대중의 관심
- enhancement 고양, 증진, 증대, 강화
- electricity supply 전력 공급

한눈에 훑어보기

✅ 영역 분석

어휘 01 02 03 04 05
5문항, 25%

독해 11 12 13 14 15 16 17 18 19 20
10문항, 50%

어법 08 09 10
3문항, 15%

표현 06 07
2문항, 10%

✅ 빠른 정답

01	02	03	04	05	06	07	08	09	10
③	④	②	④	①	②	②	①	②	①
11	12	13	14	15	16	17	18	19	20
①	③	③	③	④	②	①	③	④	③

✅ 점수 체크

구분	1회독	2회독	3회독
맞힌 문항 수	/ 20	/ 20	/ 20
나의 점수	점	점	점

01 난도 ★☆☆   정답 ③

어휘 > 단어

정답의 이유

밑줄 친 spurn은 '퇴짜 놓다, 거절하다'의 뜻으로, 이와 의미가 가장 가까운 것은 ③ 'decline(거절하다, 사양하다)'이다.

오답의 이유
① 생각하다[예상하다]
② 연기하다, 미루다
④ 비난하다, 매도하다

본문해석

그녀는 유명한 회사로부터 매력적인 일자리 제안을 받은 후에, 창업의 꿈을 추구하기 위해 결국 그것을 거절하기로 결정했다.

VOCA
• attractive 마음을 끄는, 매력적인
• renowned 유명한
• choose ~하기를 원하다[결정하다]
• pursue 추구하다

02 난도 ★☆☆   정답 ④

어휘 > 단어

정답의 이유

밑줄 친 boasted는 '뽐내다, 자랑하다'의 뜻인 boast의 과거(분사)형으로, 이와 의미가 가장 가까운 것은 ④ 'bragged(자랑했다)'이다.

오답의 이유
① 포기했다
② 항복[굴복]했다
③ 포기했다

본문해석

1918년 Red Sox가 Babe Ruth를 Yankees로 트레이드한 이후로, 보스턴 스포츠 팬들은 좋은 점뿐만 아니라 나쁜 점도 받아들이는 법을 알게 되었다. 그들은 다른 어떤 도시보다 더 많은 농구 선수권 대회를 보았지만, 75년 이상 동안 월드 시리즈 타이틀을 자랑하지 못했다.

VOCA
• trade (스포츠에서 선수를) 트레이드하다
• take the good with the bad 좋은 점뿐만 아니라 나쁜 점도 받아들이다

03 난도 ★☆☆   정답 ②

어휘 > 단어

정답의 이유

밑줄 친 singular는 '뛰어난, 두드러진'의 뜻으로, 이와 의미가 가장 가까운 것은 ② 'exceptional(이례적일 정도로 우수한, 특출한)'이다.

오답의 이유
① 극히 평범한[인습적인]
③ 전쟁의
④ 복수형의

본문해석

Nell은 문제를 일으키는 데 두드러진 재능이 있다. 다른 날 아침, 그녀는 자신의 다리를 부러뜨리고, 우체국에서 여성을 모욕하고, 식료품점에서 계란을 떨어뜨리고, 침실을 녹색으로 칠하고, 이웃집 앞마당에 있는 큰 단풍나무를 베어 쓰러뜨렸다.

VOCA
• get into trouble 말썽이 나다, 문제를 일으키다
• insult 모욕하다
• cut down 베어 쓰러뜨리다
• maple tree 단풍나무
• front yard 앞뜰, 앞마당

04 난도 ★☆☆   정답 ④

어휘 > 단어

정답의 이유

빈칸이 있는 문장에서 '~ which was lengthy and made us feel tedium for quite a while.'이라고 했으므로 빈칸에는 장황하고(lengthy) 지루한(tedium) 것과 관련된 단어가 들어가야 함을 유추할 수 있다. 따라서 빈칸에 들어갈 말로 적절한 것은 ④ 'platitude(진부한 이야기)'이다.

오답의 이유
① 브레인스토밍
② 경구, 명언
③ 비문[비명]

본문해석

기조연설자는 우리에게 당면한 문제에 대해 혁신적인 아이디어를 제시하는 대신, 진부한 이야기를 장황하게 늘어놓아서 우리가 꽤 오랫동안 지루함을 느끼게 만들었다.

VOCA
• innovative 획기적인
• matter in hand 당면한 문제
• keynote speaker 기조연설자
• bring up (화제를) 꺼내다
• lengthy 너무 긴, 장황한
• tedium 지루함

05 난도 ★☆☆   정답 ①

어휘 > 단어

정답의 이유

빈칸 앞부분에서 'It has rained so little in California for the last six years that forest rangers need to be especially(지난 6년간 캘리포니아에 비가 너무 적게 내려서 산림 경비원들은 특히 ~해야 한다).'라고 했고, 빈칸 뒷부분에서 'in watching for forest fires(산불을 조심하는 데)'라고 했으므로, 문맥상 빈칸에는 '경계하는'을 의미하는 단어가 들어가야 함을 유추할 수 있다. 따라서 빈칸에 들어갈 말로 적절한 것은 ① 'vigilant(바짝 경계하는, 조금도 방심하지 않는)'이다.

오답의 이유
② 느긋한, 여유 있는
③ 무관심한
④ 산만[산란]해진

본문해석

지난 6년간 캘리포니아에 비가 너무 적게 내려서 산림 경비원들은 산불을 조심하는 데 특히 주의를 기울여야 한다.

VOCA
• forest ranger 산림 감시[경비]원

06 난도 ★☆☆   정답 ②

표현 > 일반회화

정답의 이유

A가 'We'll get your order done on time(주문하신 시간에 맞춰 드리겠습니다).'이라고 하자 B가 'Should I give you a call(제가 전화해야 하나요)?'이라고 물었으므로 빈칸에 들어갈 말로 적절한 것은 ② 'No need for that. Come at 11:00 and I'll have your documents ready(그럴 필요 없어요. 11시에 오시면 서류를 준비해 드릴게요).'이다.

오답의 이유
① 좋은 고객이시군요. 제가 무엇을 할 수 있는지 알아보겠습니다.
③ 내일 아침이요? 걱정하지 마세요. 정오 전에 서류를 내게 가져다주실 수 있나요?
④ 그건 어려울 것 같아요. 오늘 아침에 완료해야 할 주문이 많아요.

본문해석

A: 기다리게 해서 죄송해요, Ms. Krauss.
B: 음, 오늘은 일이 많으시네요. 더 이상은 붙잡지 않겠어요.
A: 걱정하지 마세요, Ms. Krauss. 주문하신 시간에 맞춰 드리겠습니다.
B: 제가 전화해야 하나요?
A: 그럴 필요 없어요. 11시에 오시면 서류를 준비해 드릴게요.

VOCA
• get a lot on your plate 할 일이 엄청 많다
• No sweat (감탄사적으로) 걱정마라

07 난도 ★☆☆　　　　　　　　　　　　정답 ②

표현 > 일반회화

<u>정답의 이유</u>

A가 'Did you see Emily's new haircut(Emily의 새로운 헤어스타일 봤니)?'이라고 물었고, 빈칸 다음에 A가 'I was so surprised. It's so different form before(정말 깜짝 놀랐어. 이전과 너무 다른 모습이야).'이라고 했으므로 빈칸에는 A가 놀란 것과 관련 있는 표현이 들어가야 함을 유추할 수 있다. 따라서 빈칸에 들어갈 말로 적절한 것은 ② 'out of the blue(갑자기, 난데없이)'이다.

<u>오답의 이유</u>

① 하늘을 둥둥 떠다니는 듯한[너무나도 황홀한]
③ 아직 미정인
④ 몸이 좀 안 좋은

<u>본문해석</u>

A: Emily의 새로운 헤어스타일 봤니?
B: 응, 갑자기 머리를 다 잘라버렸어!
A: 정말 깜짝 놀랐어. 이전과 너무 다른 모습이야.
B: 변화가 필요했다고 그녀가 말했어.
A: 음, 확실히 잘 어울려.
B: 맞아, 정말 멋있어 보여!

<u>VOCA</u>

• chop ~ off　~을 (~에서) 잘라내다
• suit　어울리다

08 난도 ★★★　　　　　　　　　　　　정답 ①

어법 > 정문 찾기

<u>정답의 이유</u>

① '~함에도 불구하고'라는 뜻의 전치사 despite 다음에는 명사 또는 명사상당어구가 와야 하므로, 명사(laboratory data)가 어법상 적절하게 사용되었다. 또한, '~로 여겨지다'의 뜻인 be believed to가 현재완료시제(has been believed to)로 올바르게 사용되었다.

<u>오답의 이유</u>

② 'some of+단수명사'는 단수동사로, 'some of+복수명사'는 복수동사로 수일치해야 하므로 Some of this continued confidence 다음에 단수동사(stems)가 올바르게 사용되었다. 'historical analysis that have been ~'에서 that은 analysis를 수식하는 주격 관계대명사로 analysis가 단수명사이므로 that 다음에 동사 have been → has been이 되어야 한다.

③ 'cannot be certain that ~'은 '~을 확신할 수 없다'의 뜻으로, 이 문장에서 that절은 명사절로 사용되었다. that절의 overlook 다음에 목적어가 없어 수동태가 되어야 하므로 have not overlook → have not been overlooked가 되어야 한다.

④ which 다음에 완전한 문장이 왔으므로 which는 cases를 수식하는 관계대명사가 아니라 관계부사의 역할임을 알 수 있다. 따라서 which → in which가 되어야 한다.

<u>본문해석</u>

집단 사고에 관한 일관성 없고 상당히 희박한 실험실 데이터에도 불구하고, 그 이론은 설명이 가능한 것으로 여겨져 왔다. 이 지속적인 신뢰 중 일부는 의심할 여지 없이 모델의 다양한 가설을 입증하기 위해 발전되어 온 일련의 창의적인 역사적 분석에서 유래한다. 물론, 우리는 몇 가지 이유로 그러한 역사적 분석에 주의해야 하는데, 모순된 사례들이 간과되지 않았다고 확신할 수 없기 때문이다. 그러나 그러한 사례 연구는 선행 조건들이 그 모델에 의해 필요하다고 여겨지는 조건을 생성할 만큼 충분히 강력했던 사례들을 보는 미덕이 있다.

<u>VOCA</u>

• inconsistent　일관성 없는, 내용이 다른[모순되는]
• sparse　드문, (밀도가) 희박한
• explanatory　이유를 밝히는, 설명하기 위한
• potential　가능성이 있는, 잠재적인
• stem　비롯되다, 생기다
• analysis　분석 연구
• substantiate　입증하다
• contradictory　모순되는
• virtue　미덕, 덕목
• antecedent　선행 사건
• deem　(~로) 여기다[생각하다]

<u>더 알아보기</u>

관계대명사 vs. 관계부사

• 관계대명사는 문장 속에서 주어, 보어 또는 목적어 역할, 즉 명사를 대신하므로 관계대명사절은 불완전한 문장이다.

예 She never listened to the advice <u>which</u> I gave it to her.
　(그녀는 내가 그녀에게 했던 조언을 결코 듣지 않았다.)
　→ which는 선행사 advice를 수식하는 목적격 관계대명사로 관계절에서 목적어 역할을 하며, 관계절은 목적어(it)가 없는 불완전한 절이다.

예 I met a student yesterday in the cafeteria <u>who</u> said she knew you.
　(나는 어제 너를 알고 있다고 말한 한 여학생을 식당에서 만났다.)
　→ who는 선행사 a student를 수식하는 주격 관계대명사로 관계절에서 주어 역할을 하며, 관계절은 주어(a student)가 없는 불완전한 절이다.

• 관계부사는 부사를 대신하므로 관계부사절은 부사가 없어도 가능한 완전한 문장이다.

예 Trees must be fitted for the places <u>where</u> they live.
　(나무들은 그들이 살고 있는 장소에 맞아야 한다.)
　→ where는 선행사 the places를 수식하는 관계부사로 관계절에서 부사의 역할을 하며, 관계절은 완전한 문장이다. 이때 관계부사 where는 전치사+관계대명사(in which)로 바꿔쓸 수 있다.

어법 > 비문 찾기

정답의 이유

② no matter how 다음에는 형용사/부사가 오고, no matter what 다음에는 명사가 오는데, how 다음에 명사(type)가 왔으므로 no matter how → no matter what이 되어야 한다.

오답의 이유

① 조동사(can) 다음에 동사원형(enjoy)으로 올바르게 사용되었다.
③ That's why는 '그래서 ~하다'의 뜻으로, 'That's why+주어+동사'의 형태로 사용되므로, 어법상 올바르게 사용되었다.
④ 밑줄 친 find는 '목적(~하기 위해서)'을 나타내는 부정사의 부사적 용법으로 올바르게 사용되었다.

본문해석

연구에 따르면 차를 마시는 사람들은 어떤 종류의 차를 선택하든지 심장병, 암, 그리고 스트레스로부터 더 큰 보호를 누릴 수 있다고 한다. 전문가들은 찻잎에 들어있는 산화 방지제가 주요한 건강상의 이점을 준다고 말한다. 그래서 우리는 몇몇 창의적인 요리사들이 전채 요리, 식사, 그리고 디저트와 차를 혼합해서 차 한 잔 이상으로 맛있는 방법을 찾아낸 것에 감탄하고 있다.

VOCA

• enjoy　누리다
• brew　(커피 · 차를) 끓이다[만들다]
• antioxidant　산화[노화] 방지제
• confer　수여[부여]하다
• go beyond　~을 초과하다
• meld　섞다, 혼합하다

더 알아보기

no matter+의문사[how/what]: '아무리 ~ 하든지 간에, ~ 할지라도'

• no matter how+형용사/부사+주어+동사(완전한 문장): no matter how는 however로 바꿔쓸 수 있다.
예 No matter how *fast* you go, you never move anywhere.
= However *fast* you go, you never move anywhere.
(아무리 빨리 간다고 해도 당신은 절대 어느 곳으로도 갈 수 없다.)
예 No matter how we draw a map, we cannot possibly make it show the world exactly as it is in all its detail, nor would we want it to.
(우리가 지도를 어떻게 그리든지 간에, 우리는 세상의 모든 상세한 부분을 있는 그대로 정확하게 보여줄 수 없으며 또 그것을 원하지도 않을 것이다.)
• no matter what(의문대명사)+주어+동사(불완전한 문장): what은 의문대명사로, what절의 주어, 목적어, 보어가 될 수 있다.
예 No matter what you heard, it's not the truth. → what은 heard의 목적어
(네가 무엇을 들었든지 상관없이, 그것은 진실이 아니다.)

• no matter what(의문형용사)+명사+주어+동사(불완전한 문장): 'what+명사'는 명사구로 what절의 주어, 목적어, 보어가 될 수 있다.
예 Research shows that tea drinkers can enjoy greater protection from heart disease, cancer, and stress, no matter what type of brew they choose. → what type of brew는 choose의 목적어
(연구에 따르면 차를 마시는 사람들은 어떤 종류의 차를 선택하든지 간에, 심장병, 암, 그리고 스트레스로부터 더 큰 보호를 누릴 수 있다고 한다.)
예 One can only show how one came to hold no matter what opinion one does hold. → what opinion은 hold의 목적어
(어떤 의견을 가지고 있든지 간에, 자신이 어떻게 그런 의견을 갖게 되었는지 단지 보여줄 수 있을 뿐이다.)

어법 > 비문 찾기

정답의 이유

① 밑줄 친 were accompanied는 주어(The rise of the modernist novel and poetry)가 단수이므로 were accompanied → was accompanied가 되어야 한다.

오답의 이유

② 밑줄 친 as we know it은 '우리가 그것을 알고 있는 대로'라는 뜻으로, as가 접속사로 올바르게 사용되었다. 이때 it은 앞에 나오는 literary criticism을 가리킨다.
③ 'very different from the one ~'은 명사(criticism)를 수식하는 형용사절로 앞에 which is가 생략되었고, the one은 criticism을 받으며 전치사(from)의 목적어로 사용되었다.
④ not only A but (also) B는 'A뿐만 아니라 B도'의 뜻으로 A와 B 모두 강조할 때 사용하는 표현이다. 이때 A와 B는 병렬구조로 같은 구조를 가져야 하는데, 밑줄 친 부분에서 in attitude, in vocation으로 올바르게 사용되었다.

본문해석

모더니즘 소설과 시의 등장은 1910년과 1930년 사이에 우리가 현재 알고 있는 대로의 문학비평의 발생에 의해 동반되었다. 이는 19세기에 있었던 문학비평과는 매우 다른 종류의 문학비평이며, 비평이 점차 학문적이고 전문적으로 발전하면서 태도뿐만 아니라 직업적인 면에서도 그러했다.

VOCA

• attitude　태도[자세], 사고방식
• vocation　천직, 소명
• academic　학리적인, 학문의
• technical　전문적인

11 난도 ★★☆ 정답 ①

독해 > 글의 일관성 > 글의 순서

정답의 이유

주어진 글에서 '기념행사에서 구성원들의 업적을 축하하고 노고에 대해 말함으로써 사람들에게 기념행사의 의미를 인식하게 한다'고 하였으므로, 문맥상 '기념행사가 진정한 성취를 기반으로 하고, 이와 결부되어 구성원들이 향후 기념행사에 참여하도록 장려받는다'고 말한 (B)가 오는 것이 자연스럽다. 다음으로는 (B) 마지막 문장의 '향후 기념행사(future celebrations)'를 '이 과정(this process)'으로 받는 (A)가 오는 것이 적절하며, (A)의 마지막에서 '~ the member of the group being honored will feel self-conscious and awkward(기념 대상이 된 구성원은 남의 시선을 의식해서 어색해할 수도 있다).'라고 하였으므로, 문맥상 'This is a natural response(이것은 자연스러운 반응인데) ~'로 시작하는 (C)로 이어지는 것이 자연스럽다. 따라서 〈보기〉의 문장 다음에 이어질 글의 순서로 적절한 것은 ① '(B) – (A) – (C)'이다.

본문해석

여러분이 그룹 구성원들의 업적을 축하하기 위해 선택한 처음 몇 번 동안, 그 작은 행사 뒤에 숨겨진 여러분의 생각을 설명하고 싶을지도 모른다. 그저 그룹 구성원들의 노고에 대한 용기에 감사하는 여러분의 의도를 말함으로써, 사람들은 그 기념행사의 의미를 인식하게 되고 그것을 덜 무시하게 된다.
(B) 그 기념행사가 진정한 성취를 기반으로 한다는 사실과 결부되어, 그룹 구성원들은 향후 기념행사 참여를 장려받게 될 것이다.
(A) 이 과정을 시작하면 그 단체에서 기념 대상이 된 구성원은 남의 시선을 의식해서 어색해할 수도 있다.
(C) 이것은 자연스러운 반응인데, 특히 서로 간에 잘 모르는 단체, 기념행사 문화가 없는 조직에서 그러하다.

VOCA

- state (정식으로) 말하다[쓰다]
- apt to ~하는 경향이 있다
- dismiss 묵살[일축]하다
- self-conscious 남의 시선을 의식하는
- awkward 어색한
- coupled with ~와 결부된
- authentic 진짜인, 정확한
- encouraged 격려받은, 고무된
- participate 참가하다, 관여하다

12 난도 ★★☆ 정답 ③

독해 > 세부 내용 찾기 > 내용 (불)일치

정답의 이유

③ 여섯 번째 문장에서 '~ they are created in response to a pathogen that the body has not seen before(그것들은 인체가 이전에는 보지 못했던 병원균에 대한 대응으로 생성된다는 것이다).'라고 했으므로 글의 내용과 일치하지 않는다.

오답의 이유

① 두 번째 문장에서 'The first line of defense lies in the physical barriers of the skin and mucous membranes, which block and trap invaders(첫 번째 방어선은 침입자를 막고 가두는 피부와 점막의 물리적 장벽에 놓여 있다).'라고 했으므로 글의 내용과 일치한다.
② 세 번째 문장에서 'A second, the innate system, is composed of cells including phagocytes, whose basic job is to eat the invaders(두 번째로, 선천적인 (면역)체계는 포식세포를 포함한 세포들로 구성되어 있는데, 그것들의 기본적인 임무는 침입자를 잡아먹는 것이다).'라고 했으므로 글의 내용과 일치한다.
④ 제시문의 마지막 부분에서 '~ it memorizes the antigens ~ The next time they come along, the body hits back quicker and harder(적응 체계는 항원을 기억한다 ~ 다음에 그것들이 오면, 인체는 더욱더 신속하고 강력하게 반격한다).'라고 했으므로 글의 내용과 일치한다.

본문해석

인체 면역체계의 임무는 수조 개의 면역세포와 전문화된 분자들에 의해 수행된다. 첫 번째 방어선은 침입자를 막고 가두는 피부와 점막의 물리적 장벽에 놓여 있다. 두 번째로, 선천적인 (면역)체계는 포식세포를 포함한 세포들로 구성되어 있는데, 그것들의 기본적인 임무는 침입자를 잡아먹는 것이다. 이러한 면역세포들 외에도, 많은 화합물들이 감염과 부상에 반응하여 병원균을 파괴하고 세포조직을 복구하기 시작한다. 인체의 세 번째 방어선은 최종적이고 보다 구체적인 대응이다. (병원균에 맞서 싸우는) 인체의 정예 전투부대는 임무에 대해 훈련받는데, 다시 말하면, 그것들은 인체가 이전에는 보지 못했던 병원균에 대한 대응으로 생성된다는 것이다. 일단 인체의 한 부분에서 활성화되면, 적응 체계는 전체적으로 기능하며, 항원(면역체계 반응을 일으키는 물질)을 기억한다. 다음에 그것들이 오면, 인체는 더욱더 신속하고 강력하게 반격한다.

VOCA

- immune system 면역체계
- carry out 수행하다
- trillion 1조
- immune cell 면역세포
- specialized 전문적인, 전문화된
- molecule 분자
- physical barrier 물리적 장벽
- innate 선천적인, 타고난
- chemical compound 화합물
- infection 감염, 전염병
- tissue (세포들로 이뤄진) 조직
- activated 활성화된
- memorize 기억하다, 암기하다
- provoke (특정한 반응을) 유발하다
- come along 함께 가다[오다]
- hit back 응수하다[되받아치다]

독해 > 글의 일관성 > 문장 삽입

정답의 이유

제시문의 처음부터 ③ 이전까지는 경영의 정의와 경영 과정에 영향을 주는 요인에 대한 내용이고, ③ 다음부터 끝까지는 국제 기업에 영향을 주는 환경적 요인에 대한 내용이다. ③ 다음 문장의 'These business enterprises(이들 비즈니스 기업)'은 〈보기〉의 '~ enterprises that attain their goals and objectives across unique multicultural, multinational boundaries(고유한 다문화, 다국적 경계를 넘어 그들의 목표와 목적을 달성하는 기업).'으로 받아 이러한 기업이 국제 기업, 다국적 기업(MNC) 또는 글로벌 기업이라 불린다고 설명하고 있으므로 〈보기〉의 문장이 들어갈 위치로 적절한 것은 ③이다.

본문해석

경영이라는 용어는 다수의 서양 교과서에서 다른 개인들과 함께, 그리고 다른 개인들을 통해 효율적으로 활동을 완료하는 과정으로 정의된다. 그 과정은 경영자들이 참여하는 기능이나 주요 활동으로 이루어진다. 이러한 기능이나 활동은 보통 계획, 조직, 인력 배치, 조정(주도적이고 동기부여를 하는), 통제라는 라벨을 붙여 분류된다. 그 경영 과정은 기술적, 인구통계학적, 지리적 요인뿐만 아니라 주주, 채권자, 고객, 직원, 정부, 지역사회를 포함하는 조직이 속한 자국의 환경에 의해 영향을 받는다. <u>국제 경영은 고유한 다문화, 다국적 경계를 넘어 그들의 목표와 목적을 달성하는 기업의 경영자들에 의해 적용된다.</u> 이러한 비즈니스 기업은 일반적으로 국제 기업, 다국적 기업(MNC) 또는 글로벌 기업이라고 불린다. 이것이 의미하는 바는 그 과정이 조직이 기반을 두고 있는 환경에 의해 영향을 받을 뿐만 아니라, 조직이 사업 활동을 수행하는 국가 또는 복수 국가 내 존재하는 윤리와 사회적 책임에 대한 견해를 포함한 고유한 문화에 의해서도 영향을 받는다는 것이다.

VOCA

- label　라벨을 붙여 분류[명시]하다
- staffing　직원 채용
- shareholder　주주
- creditor　채권자
- demographic　인구 통계(학)의
- enterprise　기업, 회사
- attain　달성하다, 얻다
- conduct　실시하다, 수행하다

독해 > 글의 일관성 > 문장 삽입

정답의 이유

〈보기〉 문장이 'This kind of development(이러한 종류의 개발)'로 시작하고 있으므로 새로운 개발을 소개하는 내용 다음에 온다는 것을 유추할 수 있다. ③ 앞 문장에서 NASA가 우주기술을 사용해서 위험한 양의 일산화탄소를 감지할 수 있을 뿐만 아니라, 실제로 그 유독가스를 인체에 무해한 이산화탄소로 산화시킬 수 있는 에어컨 시스템을 개발했다고 했고, ③ 다음 문장에서 'In addition to helping people to have clean air, ~'라며 공기를 정화하는 것 이외에 깨끗한 물을 이용하게 쉽게 만들어 주는 것 또한 중요하다고 하였으므로 〈보기〉의 문장이 들어갈 위치는 ③이 적절하다.

본문해석

스핀오프(spinoff) 기술은 우리의 집과 지역사회를 살기에 더 안전하고 편안한 장소로 만드는 데 도움을 줄 수 있다. 대다수 사람들은 우리들의 집에 일산화탄소가 축적되면 매우 위험할 수 있다는 사실을 알고 있다. 이것은 결함이 있는 용광로나 벽난로에서 나올 수 있다. 그 결과, 일부 사람들은 자신들의 집에 일산화탄소 감지기를 가지고 있지만, 이러한 감지기는 일산화탄소 수준이 안전하지 않을 때만 경보를 발한다. 그러나 우주기술을 사용하여, NASA는 위험한 양의 일산화탄소를 감지할 수 있을 뿐만 아니라, 실제로 그 유독가스를 인체에 무해한 이산화탄소로 산화시킬 수 있는 에어컨 시스템을 개발했다. <u>이러한 종류의 개발은 우리에게 안전 위험 요소를 제거하는 것이 그것을 감지하는 경보를 만드는 것보다 훨씬 더 낫다는 것을 깨닫게 한다.</u> 사람들이 깨끗한 공기를 갖게 도와주는 것 외에, 깨끗한 물을 이용하기 쉽게 하는 것도 모든 사람들에게 매우 중요하다. NASA 공학자들은 우주에서 우주 비행사들이 마실 수 있는 깨끗한 물을 위한 더 나은 시스템을 만들기 위해 민간 회사들과 협력해 오고 있다. 우주 비행사들을 위해 개발된 이 시스템은 사용 가능한 물을 신속하고 감당 가능한 비용으로 정화할 수 있다. 이것은 지구상에서 외딴 지역 또는 물이 부족하거나 오염된 개발지역에서 살고 있는 사람들에게 중요한 혜택이다.

VOCA

- carbon monoxide(CO)　일산화탄소
- buildup　강화, 증강
- faulty　결점이 있는, 불완전한
- furnace　아궁이, 난로, 용광로
- alert　알리다, 경보를 발하다
- oxidize　산화시키다, 녹슬게 하다
- toxic gas　유독가스
- hazard　위험 (요소)
- affordably　알맞게, 감당할 수 있게
- cleanse　세척하다
- scarce　부족한, 드문
- polluted　오염된, 더럽혀진

독해 > 빈칸 완성 > 연결어

정답의 이유

(A) 앞 문장에서 'Unfortunately, many antibiotics prescribed to people and to animals are unnecessary(불행하게도, 사람들과 동물들에게 처방되는 많은 항생제는 불필요하다).'라고 했고, (A) 다음에서 항생제 남용과 오용은 약제내성균의 생성을 돕는다고 했으므로 빈칸 (A)에는 첨가의 의미인 Furthermore가 적절하다.

(B) 앞 문장에서 'When used properly, antibiotics can help destroy disease-causing bacteria(적절하게 사용될 경우, 항생제는 질병을 일으키는 박테리아를 파괴하는 데 도움이 될 수 있다).'라고 했고, (B) 다음에서 독감과 같은 바이러스 감염에 걸렸을 경우 항생제를 복용하면, 그 약은 여러분을 아프게 만드는 바이러스에 영향을 끼치지 않을 것이라고 했으므로 빈칸 (B)에는 서로 반대되는 내용을 연결하는 접속사 However가 적절하다.

본문해석

항생제는 사람들에게 가장 흔하게 처방되는 약품 중 하나다. 항생제는 패혈성 인후염, 일부 유형의 폐렴, 눈 감염, 귀 감염과 같은 박테리아 감염에 효과적이다. 하지만 이 약들은 감기나 독감의 원인이 되는 바이러스에는 전혀 효과가 없다. 불행하게도, 사람들과 동물들에게 처방되는 많은 항생제는 불필요하다. (A) 게다가, 항생제 남용과 오용은 약제내성균의 생성을 돕는다. 어떻게 그런 일이 일어나는지는 다음과 같다. 적절하게 사용될 경우, 항생제는 질병을 일으키는 박테리아를 파괴하는 데 도움이 될 수 있다. (B) 하지만, 독감과 같은 바이러스 감염에 걸렸을 때 항생제를 복용하면, 그 약은 여러분을 아프게 만드는 바이러스에 영향을 주지 않을 것이다.

VOCA

• antibiotic 항생제
• prescribe 처방하다
• bacterial infection 박테리아 감염
• strep throat 패혈성 인후염
• pneumonia 폐렴
• work (약이 사람에게) 잘 든다, 효과가 있다
• overuse 남용
• misuse 오용, 악용
• drug-resistant bacteria 약제내성균

독해 > 대의 파악 > 제목, 주제

정답의 이유

제시문은 정치가 행정의 많은 부분을 차지한다는 내용으로, 입법 과정에서 상당한 지식을 가진 행정관들이 중요한 역할을 하고 있으며, 정책 입안에서 동반자 관계가 될 가능성이 높다고 했다. 또한, 다섯 번째 문장에서 'Legislation, for instance, is written by public administrators as much as by legislators(예를 들어, 법률 제정은 입법자들만큼 행정관들에 의해서도 작성된다).'라고 했고, 마지막 문장에서 'Furthermore, laws are interpreted by public administrators in their execution(게다가 법률은 법률 집행에서 행정관들에 의해 해석되는데) ~'이라고 했으므로 글의 제목으로 적절한 것은 ② 'Public Administrators' Surprising Influence in a Political System(정치 체제에서 행정관들의 놀라운 영향력)'이다.

오답의 이유

① 정치에서 예측 불가능한 상황에 대처하는 방법
③ 행정으로부터 정치를 분리하려는 반복적 시도
④ 정치와 행정이 분리할 수 없다는 관점의 허점

본문해석

정치와 행정이 분리될 수 있다는 가정은 결국 이상주의적(비현실적)이라고 무시되었다. Wilson과 Goodnow의 정치와 무관한 공공 행정에 대한 개념은 비현실적인 것으로 판명되었다. 더 현실적인 관점인 이른바 '정치학파'는 정치가 행정의 많은 부분을 차지한다는 것이다. 정치학파는 다양한 집단이 목소리를 내는 다원적인 정치 체제에서 행정관들이 상당한 지식을 사용하여 핵심 역할을 하고 있다고 주장한다. 예를 들어, 법률 제정은 입법자들만큼 행정관들에 의해서도 작성된다. 정부 관료제는 정치 과정에서 다른 참여자들과 마찬가지로 자신의 이익을 위한 지지를 이끌어낼 수 있으며, 행정관들도 정책 입안에 대한 동반자 관계의 일부가 될 가능성이 높다. 게다가 법률은 법률 집행에서 행정관들에 의해 해석되는데, 이것은 많은 경우 예측하지 못한 뜻밖의 시나리오를 포함한다.

VOCA

• assumption 가정, 추정
• disregard ~을 묵살[무시]하다, ~에 주의하지 않다
• utopian 이상향의, 이상적이지만 비현실적인
• apolitical 정치에 무관심한, 어떤 정파[정당]에 관련되지 않은
• public administration 공공 행정
• unrealistic 비현실적인, 비현실주의의
• pluralistic 여러 직업을 겸한
• diverse 가지각색의, 다양한
• legislation 법률의 제정, 입법 행위
• legislator 입법자, 국회[의회]의원
• public bureaucracy 정부 관료제
• engender (어떤 감정·상황을) 낳다[불러일으키다]
• policymaking 정책 입안
• partnership 동반자 관계
• unforeseen 예측하지 못한, 뜻밖의

17 난도 ★★☆ 정답 ①

독해 > 대의 파악 > 제목, 주제

정답의 이유

첫 번째 문장에서 'We are living in perhaps the most exciting times in all of human history(우리는 아마 인류 역사상 가장 흥미로운 시기에 살고 있을 것이다).'라고 한 다음에, 세 번째 문장에서 'Industries are being completely restructured to become better, faster, stronger, and safer(산업은 더 좋고, 더 빠르고, 더 강하고, 더 안전하도록 완전히 재구성되고 있다).'라고 했다. 그리고 마지막 부분에서 가까운 미래에 우리를 건강하게 해주는 로봇 외과의사, 우리의 상품을 배달하는 자율주행 트럭, 그리고 긴 하루를 마친 후 우리를 즐겁게 해주는 가상 세계와 같은 상상 속 놀라운 일들이 일상화될 것이라고 했으므로 글의 제목으로 적절한 것은 ① 'The Era of Unprecedented Technological Advancements(유례없는 기술 발전의 시대)'이다.

오답의 이유

② 현대산업의 불완전한 해결책과의 고투
③ 기술의 발전에 대한 역사적 관점
④ 동시대 산업의 침체 상태

본문해석

우리는 아마 인류 역사상 가장 흥미로운 시기에 살고 있을 것이다. 오늘날 우리가 목격하고 있는 기술의 발전은 한때 과학 소설과 판타지 영역에서만 나타났던 장치, 시스템 및 서비스를 생산하는 새로운 산업을 일으키고 있다. 산업은 더 좋고, 더 빠르고, 더 강하고, 더 안전하도록 완전히 재구성되고 있다. 당신은 더 이상 '충분히 가까운' 무언가에 만족할 필요가 없는데, 맞춤화가 여러분이 원하고 필요로 하는 것을 정확하게 제공하는 수준에 도달하고 있기 때문이다. 우리는 유전학 발전의 가능성, 나노 기술, 많은 질병을 치료하고 심지어 노화 과정 자체를 늦출 수 있는 다른 기술을 공개하려는 시점에 있다. 그러한 발전은 이런 놀라운 것들을 생산하는 별개의 분야에서의 발견 덕분이다. 그리 머지않은 미래에, 우리를 건강하게 해주는 로봇 외과의사, 우리의 상품을 배달하는 자율주행 트럭, 그리고 긴 하루를 마친 후 우리를 즐겁게 해주는 가상 세계와 같은 상상 속 놀라운 일들이 일상화될 것이다. 우리가 완벽함을 포착하려는 시기가 있다면, 그것은 지금이고 그 가속도가 붙었을 뿐이다.

VOCA

• advance 진전, 발전
• witness 목격하다
• give birth to ~을 일으키다, ~의 원인이 되다
• realm 영역[범위]
• restructure 구조를 조정하다[개혁하다]
• settle for ~으로 만족하다, ~을 (불만스럽지만) 받아들이다
• customization 주문에 따라 만듦
• be on the verge of ~하기 직전에
• genetic 유전의, 유전학의
• enhancement 고양, 증진
• nanotechnology 나노 기술

• surgeon 외과의사
• commonplace 보통인, 흔해 빠진
• momentum 탄력[가속도]

18 난도 ★★☆ 정답 ③

독해 > 빈칸 완성 > 단어 · 구 · 절

정답의 이유

제시문은 감정적인 힘은 감정을 보이지 않고 억누르는 것이 아니라 감정을 조절하는 기술을 갖는 것이라는 내용을 담고 있다. 네 번째 문장에서 '~ you can develop the courage you need to work through uncomfortable feelings, like anxiety and sadness(여러분은 불안과 슬픔 같은 불편한 감정을 극복하는 용기를 키울 수 있습니다).'라고 한 다음에 다섯 번째 문장에서 감정적인 힘을 가진 사람은 언제 그들의 감정 상태를 전환해야 하는지를 알 것이라고 했다. 빈칸이 있는 문장의 앞부분에서 그들은 '힘든 감정을 견디는 능력(the ability to tolerate difficult emotions)'을 갖고 있는데, 그들은 '그것들을 억누르지 않는다(not suppressing them)'고 했으므로, 문맥상 빈칸에는 not suppressing them과 동일한 의미를 가진 단어가 들어가야 함을 유추할 수 있다. 따라서 빈칸에 들어갈 말로 적절한 것은 ③ 'embracing(포용하는)'이다.

오답의 이유

① 과장하는
② 추구하는
④ 무시하는

본문해석

감정적인 힘은 불굴의 정신을 유지하는 것, 금욕적인 것, 또는 감정을 전혀 드러내지 않는 것이 아니라, 그 반대이다. "감정적인 힘은 감정조절에 필요한 기술을 갖는 것에 대한 것입니다."라고 심리치료사 Amy Morin이 말한다. "여러분은 항상 행복을 추구할 필요는 없습니다. 대신, 여러분은 불안과 슬픔 같은 불편한 감정을 극복하는 용기를 키울 수 있습니다." 예를 들어, 감정적인 힘이 있는 사람은 언제 그들의 감정 상태를 전환해야 하는지 알 것이라고 Morin은 말한다. "만약 불안한 감정이 그들에게 쓸모가 없다면, 그들은 자신들을 진정시키기 위해 사용할 수 있는 전략을 갖고 있습니다. 그들은 또한 힘든 감정을 견디는 능력이 있지만, 그 감정들을 억누르지 않고 그것들을 포용함으로써 그렇게 합니다. 그들은 외로움과 같은 고통스러운 감정에서 주의를 딴 데로 돌리지 않습니다."

VOCA

• stiff upper lip 불굴의 정신
• stoic 금욕주의자, 극기심이 강한 사람
• regulate 조절[조정]하다
• psychotherapist 심리치료사
• shift 이동하다[되다], 자세를 바꾸다
• calm 진정시키다
• tolerate 참다, 견디다
• suppress (감정 · 감정 표현을) 참다[억누르다]
• distract from ~에서 (주의를) 딴 데로 돌리다

19 난도 ★★☆　　　　　　　　　　　정답 ④

독해 > 빈칸 완성 > 단어 · 구 · 절

정답의 이유

제시문은 유기체로서의 곰팡이가 지구상에서 식물과 인간에게 끼치는 영향력을 설명하는 내용으로, 전반부에서는 곰팡이가 식물의 성장에 매우 중요한 역할을 하고 있다고 했다. 빈칸 다음 문장에서 일본 도쿄의 거리를 모형으로 한 미로에 곰팡이를 방출하자 하루 만에 도시 중심부 사이에서 가장 효율적인 경로를 찾았으며, 본능적으로 기존 철도 네트워크와 거의 동일한 경로를 재현했다고 했으므로, 빈칸에 들어갈 적절한 말은 ④ 'think(생각하다)'이다.

오답의 이유

① 모으다
② 사육하다[재배하다]
③ 즐기다

본문해석

다수의 작은 유기체들처럼, 곰팡는 종종 간과되지만, 지구상에서 그들의 중요성은 지대하다. 식물들이 물을 떠나 육지에서 성장할 수 있었던 것은 오직 수백만 년 동안 식물의 뿌리 시스템으로 역할을 다했던 곰팡이와 협력했기 때문이다. 심지어 오늘날에도, 식물의 약 90%와 전 세계적으로 거의 모든 수목이 곰팡이에 의존해서 사는데, 곰팡이는 바위와 다른 물질들을 분해함으로써 중요한 미네랄을 공급한다. 그것들은 또한 숲을 박멸하고 인류를 죽이는 재앙이 될 수도 있다. 때때로, 그것들은 심지어 생각하는 것처럼 보인다. 일본의 연구원들이 도쿄의 거리를 모형으로 만든 미로에 점액 곰팡이를 방출하자, 그 곰팡이들은 하루 만에 도시의 중심부들 사이에서 가장 효율적인 경로를 찾았으며, 기존 철도망과 거의 동일한 일련의 경로를 본능적으로 재현했다. 이케아의 소형 바닥 지도에 넣었을 때도, 그것들은 출구로 가는 최단 경로를 재빨리 찾았다.

VOCA

• organism 유기체
• fungi fungus(균류, 곰팡이류)의 복수
• overlook 간과하다
• planetary 행성의, 지구(상)의
• significance 중요성, 중대성
• outsize 대형의
• collaboration 공동작업[연구]
• act as ~으로서의 역할을 하다[맡다]
• supply 공급하다
• crucial 중대한, 결정적인
• mineral 무기물, 미네랄
• break down 고장나다, 실패하다, 아주 나빠지다
• substance 물질, 실체, 본질
• scourge 재앙, 골칫거리
• eradicate 근절하다, 뿌리뽑다
• slime 끈적끈적한 물질, 점액
• mold 곰팡이
• maze 미로

• model on ~을 본떠서 만들다
• identical 동일한, 똑같은

20 난도 ★★★　　　　　　　　　　　정답 ③

독해 > 빈칸 완성 > 단어 · 구 · 절

정답의 이유

제시문에서 종의 멸종에는 두 가지 이유가 있는데, 그중 하나는 '실제 멸종(real extinction)'이라고 했다. 세 번째 문장에서 화석의 경우 실제 멸종은 '유사 별종(pseudoextinction)'과 구별되어야 한다고 했고, 네 번째 문장에서 '~ but only because of an error or artifact in the evidence, and not because the underlying lineage really ceased to exist(유사 별종은 단지 그 흔적에서의 오류 또는 인공물 때문일 뿐이고, 근원적인 혈통이 실제 소멸했기 때문이 아니라고)'라고 유사 별종을 정의했다. 빈칸 앞의 'For instance(예를 들면)'로 미루어 빈칸에는 유사 별종의 예시가 들어감을 유추할 수 있다. 따라서 빈칸에 들어갈 적절한 말은 ③ 'a continuously evolving lineage may change its taxonomic name(계속 진화하는 혈통은 그것의 분류학적 명칭을 바꿀 수도 있다)'이다.

오답의 이유

① 다수의 지역에서 멸종의 단서가 발견되고 있다
② 어떤 혈통은 화석 기록에서 일시적으로 사라질 수도 있다
④ 일부 서로 다른 혈통들이 완전히 파악되었다

본문해석

종(또는 더 높은 분류군)은 두 가지 이유로 멸종할 수 있다. 하나는 혈통이 사라지고 후손이 없다는 점에서 '실제' 멸종이다. 현대의 종에게 그 의미는 명백하지만, 화석에 있어서는 실제 멸종과 '유사 멸종'이 구별되어야 한다. 유사 멸종은 그 분류군이 멸종한 것처럼 보이지만, 그것은 단지 흔적에서의 오류 또는 인공물 때문일 뿐이고, 근원적인 혈통이 실제 소멸했기 때문이 아니라는 것을 의미한다. 예를 들어, 계속적으로 진화하는 혈통은 그것의 분류학적 명칭을 바꿀 수도 있다. 혈통이 진화함에 따라 이후의 형태는 이전의 형태와 충분히 다르게 보일 수 있어서, 연속적인 번식 혈통이 있을지라도, 분류학자는 그것을 다른 종으로 분류할 수 있다. 이것은 종이 표형적으로 분류되었기 때문이거나 분류학자가 단지 소수의 표본만 가지고 있는데, 일부는 혈통 초기의 것이고, 일부는 혈통 후기의 것이어서, 연속적인 혈통을 발견할 수 없기 때문일지도 모른다.

VOCA

• species 종
• taxa taxon(분류군)의 복수
• in the sense that ~라는 점에서
• unambiguous 모호하지 않은[분명한/확실한]
• pseudoextinction 유사[의사] 멸종(한 종(種)이 전혀 다른 종으로 발전하는 것)
• artifact 인공물
• underlying 기초를 이루는, 근원적인
• taxonomic 분류법의, 분류학의

- evolve 진화하다
- taxonomist 분류학자
- phenetic system 표형적 분류. 다수의 형질이 총체적으로 가지는 유사성의 정도를 기본으로 하여 생물집단의 종류의 구성을 분류하는 방법
- classify 분류[구분]하다
- specimen 표본, 시료
- undetectable 발견[탐지, 검출]될 수 없는

영어 | 2023년 국가직 9급

한눈에 훑어보기

✅ 영역 분석

어휘   01   02   03   04
5문항, 25%

독해   08   09   13   14   15   16   17   18   19   20
9문항, 45%

어법   05   06   07
4문항, 20%

표현   10   11   12
2문항, 10%

✅ 빠른 정답

01	02	03	04	05	06	07	08	09	10
②	②	④	①	③	④	②	④	④	①
11	**12**	**13**	**14**	**15**	**16**	**17**	**18**	**19**	**20**
②	③	③	①	②	②	③	③	③	①

✅ 점수 체크

구분	1회독	2회독	3회독
맞힌 문항 수	/ 20	/ 20	/ 20
나의 점수	점	점	점

---

01   난도 ★☆☆   정답 ②

어휘 > 단어

【정답의 이유】

밑줄 친 intimate는 '친한'의 뜻으로 이와 의미가 가장 가까운 것은 ② 'close(친한)'이다.

【오답의 이유】

① 참견하기 좋아하는

③ 외향적인

④ 사려 깊은

본문해석

> Jane은 화려한 결혼식보다는 작은 결혼식을 하고 싶었다. 따라서 그녀는 가족과 그녀의 친한 친구 몇 명을 초대해 맛있는 음식을 먹고 즐거운 시간을 보내려고 계획했다.

VOCA

• fancy   화려한, 값비싼

• rather than   ~보다는

02   난도 ★☆☆   정답 ②

어휘 > 단어

【정답의 이유】

밑줄 친 incessant는 '끊임없는'의 뜻으로 이와 의미가 가장 가까운 것은 ② 'constant(끊임없는)'이다.

【오답의 이유】

① 빠른

③ 중요한

④ 간헐적인

본문해석

> 더 적은 비용으로 얻는 건강상 이점으로 인한 끊임없는 대중의 호기심과 소비자 수요가 기능성 식품에 대한 관심을 증가시켰다.

VOCA

• public   일반인[대중]의

• consumer demand   소비자 수요

• due to   ~에 기인하는, ~때문에

• benefit   혜택, 이득

• functional food   기능성[건강 보조] 식품

03 난도 ★☆☆　　　　　　　　　　정답 ④

어휘 > 어구

정답의 이유

밑줄 친 hold off는 '미루다'의 뜻으로 이와 의미가 가장 가까운 것은 ④ 'suspend(연기하다)'이다.

오답의 이유

① 정교하게 만들다

② 풀어 주다, 석방[해방]하다

③ 수정하다

본문해석

전국적인 유행병 때문에 그 회사는 직원들에게 다양한 연수 프로그램을 제공하려는 계획을 미뤄야 했다.

VOCA

• pandemic　전국[전 세계]적인 유행병

• provide A with B　A에게 B를 제공하다

04 난도 ★☆☆　　　　　　　　　　정답 ①

어휘 > 어구

정답의 이유

밑줄 친 abide by는 '준수하다, 지키다'의 뜻으로 이와 의미가 가장 가까운 것은 ① 'accept(받아들이다, 수용하다)'이다.

오답의 이유

② 보고하다

③ 미루다

④ 발표하다

본문해석

신임 지방 주지사는 그 죄수를 석방하라는 고등법원의 결정을 준수할 것이라고 말했다.

VOCA

• Regional Governor　지방 주지사

• the High Court　고등법원

• release　풀어주다, 석방하다

05 난도 ★★★　　　　　　　　　　정답 ③

어법 > 비문 찾기

정답의 이유

③ 밑줄 친 conceal의 주어는 단수명사(the biomedical view)이므로 3인칭 단수동사로 수일치해야 한다. 따라서 conceal → conceals가 되어야 한다.

오답의 이유

① 'make+it(가목적어)+목적격 보어+to부정사(진목적어)'는 'to부정사하는 것을 목적격 보어하게 만들다'라는 뜻이다. 이때 it은 가목적어로 진목적어(to extend the life of individuals

with end-stage organ disease)를 대신하고 있으므로 올바르게 사용되었다.

② 'it(가주어)+is argued+that(진주어)' 구문에서 가주어(it)와 진주어(that 이하)가 올바르게 사용되었으며, 명사절 접속사 that 다음에 완전한 문장이 왔으므로 어법상 적절하다.

④ accurately는 동사(represents)를 수식하는 부사로 올바르게 사용되었다.

본문해석

이식 기술의 발전은 말기 장기(臟器) 질환 환자의 생명 연장을 가능하게 만들었지만, 장기이식을 일단 심장이나 신장을 성공적으로 교체하면 끝나는 한계성 사건으로 보는 생물 의학적인 견해는 장기이식 경험을 더 정확하게 보여주는 복잡하고 역동적인 과정을 숨기고 있다고 주장되고 있다.

VOCA

• advance　진전, 발전

• transplant　이식, 이식하다

• extend　연장하다

• end-stage　말기의

• biochemical　생물 의학적인

• organ transplantation　장기이식

• bounded　경계[한계]가 있는

• kidney　신장, 콩팥

• replace　바꾸다[교체하다]

• conceal　숨기다, 감추다

• accurately　정확하게

• represent　나타내다, 보여주다

06 난도 ★★☆　　　　　　　　　　정답 ④

어법 > 비문 찾기

정답의 이유

④ '사역동사(have)+목적어+목적격 보어'는 '목적어를 ~하도록 하다'의 뜻으로 목적어와 목적격 보어의 관계가 능동이면 원형부정사를, 수동이면 과거분사를 목적격 보어로 취한다. had it remove에서 목적어 it이 가리키는 것은 the tip of a pencil인데, 문맥상 연필 끝은 머리에서 제거되는 수동의 관계에 있으므로 remove → removed가 되어야 한다.

오답의 이유

① 'be expected to+동사원형'은 '~할 것으로 기대된다'의 뜻이다. 과제(assignments)는 제출되는 수동의 대상이므로, 어법상 to be turned in이 올바르게 사용되었다.

② 'Hardly+had+주어+과거분사 ~ when+주어+과거동사'는 '~하자마자 …했다'의 뜻으로, 어법상 올바르게 사용되었다.

③ '주장·요구·명령·제안·조언·권고 동사+that절'에서 that절의 동사는 '(should)+동사원형'을 쓰므로 recommended that 다음에 should가 생략되어, 동사원형 형태인 buy가 올바르게 사용되었다.

본문해석

① 모든 과제는 제시간에 제출될 것으로 예상된다.

② 나는 눈을 감자마자 그녀를 생각하기 시작했다.

③ 그 중개인은 그녀에게 즉시 주식을 사라고 권했다.

④ 머리에 연필심이 박힌 여자가 마침내 그것을 제거받았다.

VOCA

- assignment 과제, 임무
- turn in 제출하다
- broker 중개인
- stock (주로 복수로) 주식
- stick 찌르다(stick-stuck-stuck)

더 알아보기

사역동사+목적어+목적격 보어: '목적어를 ~하도록[당하도록] 하다'

'사역동사(have, make, let 등)+목적어+목적격 보어'에서 목적어와 목적격 보어가 능동 관계이면 목적격 보어로 원형부정사가 오고, 수동 관계이면 목적격 보어로 과거분사가 온다.

make	목적어를 ~하도록[당하도록] 만들다	• make/have/let+목적어+목적격 보어(원형부정사): 능동
have	목적어를 ~하도록[당하도록] 하다	
let	목적어를 ~하도록[당하도록] 허락하다	• make/have/let+목적어+목적격 보어(과거분사): 수동

예 He made his secretary fill orders and handle meetings with clients.

(그는 비서가 주문을 이행하고 고객들과의 회의를 진행하도록 했다.)

예 She refused to let her question ignored by the upper management.

(그녀는 고위 경영진들에 의해 그녀의 질문이 무시되는 것을 거부했다.)

07 난도 ★★☆   정답 ②

어법 > 영작하기

정답의 이유

② 전치사 by는 동작의 완료를, until은 동작의 지속을 나타내는 동사와 함께 사용된다. finish는 '~을 마치다'의 뜻으로 동작의 완료를 나타내는 동사이므로, until → by가 되어야 한다.

오답의 이유

① '배수사+as+형용사/부사+as'의 배수사 비교 구문은 '~배만큼 …한[하게]'라는 뜻이다. '내 고양이'와 '그의 고양이'를 비교하고 있으므로, as 다음에 his cat이 소유대명사 his(그의 것=그의 고양이)가 올바르게 사용되었다.

③ 습관은 현재시제로 쓰므로 washes가 올바르게 사용되었다.

④ 'had better+동사원형'은 '~하는 편이 낫다'의 뜻으로 동사원형 take가 올바르게 사용되었다. in case는 '~에 대비하여'의 뜻으로 조건 부사절을 이끄는 접속사구이다. 시간 · 조건 부사절에서 현재시제가 미래시제를 대신하므로, 어법상 현재시제 rains가 올바르게 사용되었다.

VOCA

- every other day 이틀에 한 번, 격일로
- in case ~에 대비하여
- had better ~하는 편이 낫다

더 알아보기

현재시제의 쓰임

- 현재의 사실, 동작, 상태를 나타낸다.

  예 She looks very happy.

  (그녀는 매우 행복해 보인다.)

- 현재의 습관, 반복적 동작을 나타낸다.

  예 She washes her hair every other day.

  (그녀는 이틀에 한 번 머리를 감는다.)

- 객관적인 진리, 사실, 격언, 사회적인 통념을 나타낸다.

  예 The early birds catch the worm.

  (일찍 일어나는 새가 벌레를 잡는다.)

- 왕래발착(go, come, arrive, leave, begin, start 등) 동사는 미래 부사구와 함께 쓰여 미래를 나타낸다.

  예 The flight to Seoul arrives ten o'clock tomorrow evening.

  (서울행 비행기는 내일 저녁 10시에 도착할 거야.)

- 시간 · 조건 부사절에서 현재시제가 미래시제를 대신한다.

  예 Employees are entitled to use sick leave if an illness prevents them from performing their duties.

  (직원들은 질병으로 인해 직무를 수행하지 못할 경우 병가를 사용할 권리가 있다.)

  예 The bus will depart after everyone fastens their safety belts.

  (버스는 모든 사람이 안전벨트를 맨 후에 출발할 것이다.)

08 난도 ★☆☆   정답 ④

독해 > 세부 내용 찾기 > 내용 (불)일치

정답의 이유

마지막 문장에서 'Taylor Wallace, who worked on a recent analysis of choline intake in the United States, says, "There isn't enough awareness about choline even among health-care professionals because our government hasn't reviewed the data or set policies around choline since the late '90s."(최근 미국의 콜린 섭취량에 대한 분석을 시행한 Taylor Wallace는 "우리 정부가 90년대 후반 이후로 콜린에 관한 데이터를 검토하거나 정책을 수립하지 않았기 때문에 보건 전문가들 사이에서조차 그것에 대해 잘 모른다"라고 말한다).'라고 했으므로, 글의 내용과 일치하지 않는 것은 ④ 'The importance of choline has been stressed since the late '90s in the U.S(미국에서 90년대 후반부터 콜린의 중요성이 강조되었다)'.이다.

오답의 이유

① 대다수 미국인들은 콜린을 충분히 섭취하고 있지 않다. → 네 번째 문장에서 'A shocking 90 percent of Americans aren't getting enough choline, according to a recent study(최근 연구에 따르면, 충격적이게도 미국인의 90%가 콜린을 충분히 섭취하고 있지 않다고 한다).'라고 했으므로 글의 내용과 일치한다.

② 콜린은 두뇌 발달에 필요한 필수 영양소이다. → 다섯 번째 문장에서 'Choline ~ is especially critical for brain development(콜린은 ~ 특히 두뇌 발달에 매우 중요하다).'라고 했으므로 글의 내용과 일치한다.

③ 간과 리마콩과 같은 음식은 콜린의 좋은 공급원이다. → 여덟 번째 문장에서 'Plus, the foods that are rich in choline aren't the most popular: think liver, egg yolks and lima beans(게다가 콜린이 풍부한 음식은 그다지 인기가 없다. 간, 달걀노른자, 리마콩을 생각해 보라).'라고 했으므로 글의 내용과 일치한다.

본문해석

당신은 콜린을 충분히 섭취하고 있는가? 아마 이 영양소는 심지어 당신의 레이더에 없을(알지도 못할) 것이다. 이제 콜린이 관심을 받을 만한 때이다. 최근 연구에 따르면, 충격적이게도 미국인의 90%가 콜린을 충분히 섭취하고 있지 않다고 한다. 콜린은 모든 연령과 (발달) 단계에서 건강에 필수적이며, 특히 두뇌 발달에 매우 중요하다. 왜 우리는 (콜린을) 충분히 섭취하고 있지 않을까? 콜린은 다양한 음식에서 발견되지만, 극소량이다. 게다가 콜린이 풍부한 음식은 그다지 인기가 없다. 간, 달걀노른자, 리마콩을 생각해 보라. 최근 미국의 콜린 섭취량에 대한 분석을 시행한 Taylor Wallace는 "우리 정부가 90년대 후반 이후로 콜린에 관한 데이터를 검토하거나 정책을 수립하지 않았기 때문에 보건 전문가들 사이에서조차 그것에 대해 잘 모른다."라고 말한다.

VOCA

• choline 콜린(비타민 B 복합체의 하나)
• chances are 아마 ~할 것이다
• nutrient 영양소, 영양분
• radar 레이더
• deserve ~을 받을 만하다, 마땅히 ~할 만하다
• essential 필수적인
• critical for ~에 매우 중요한
• lima bean 리마콩(연녹색의 둥글납작한 콩)
• intake 섭취(량)
• awareness 의식[관심]
• set policy 정책을 설정하다

독해 > 세부 내용 찾기 > 내용 (불)일치

정답의 이유

마지막 문장에서 '~ where a man chatted with his tablemates whether he knew them or not(그곳에서 아는 사람이든 모르는 사람이든 같은 테이블에 앉은 사람들과 대화를 나눴다).'이라고 했으므로 글의 내용과 일치하는 것은 ④ 'One could converse even with unknown tablemates in a coffeehouse(커피 하우스에서 같은 테이블에 앉은 사람들은 심지어 모르는 사람과도 대화할 수 있었다).'이다.

오답의 이유

① 커피 하우스의 수는 다른 어느 사업체 수보다도 적었다. → 첫 번째 문장에서 '~ occupying more premises and paying more rent than any other trade(다른 어느 업종보다도 더 많은 부지를 점유하고 더 많은 임차료를 내고 있었다고 한다).'라고 했으므로 글의 내용과 일치하지 않는다.

② 고객들은 커피 하우스에 한 시간 이상 머무를 수 없었다. → 두 번째 문장에서 '~ because for that price one could purchase a cup of coffee and sit for hours listening to extraordinary conversations(누구나 그 가격(1페니)에 커피 한 잔을 사면 몇 시간이고 앉아 특별한 대화들을 들을 수 있었기 때문이었다).'라고 했으므로 글의 내용과 일치하지 않는다.

③ 종교인들은 잡담하기 위해 커피 하우스에 모이지 않았다. → 마지막에서 두 번째 문장에서 'Others served Protestants, Puritans, Catholics, Jews, ~ actors, lawyers, or clergy(다른 곳들은 개신교도들, 청교도들, 천주교도들, 유대인들, ~ 배우들, 변호사들, 성직자들을 대접했다).'라고 했으므로 글의 내용과 일치하지 않는다.

본문해석

일설에 의하면, 1700년경 런던에 2,000개가 넘는 커피 하우스가 있었으며, 다른 어느 업종보다도 더 많은 부지를 점유하고 더 많은 임차료를 내고 있었다고 한다. 그것들은 'penny universities'로 알려지게 되었는데, 누구나 그 가격(1페니)에 커피 한 잔을 사면 몇 시간이고 앉아 특별한 대화들을 들을 수 있었기 때문이었다. 각각의 커피 하우스는 각기 다른 유형의 고객층을 전문으로 했다. 한 곳에서는 의사들이 상담받을 수 있었다. 다른 곳들은 개신교도들, 청교도들, 천주교도들, 유대인들, 문인들, 상인들, 무역 상인들, 휘그당원들, 토리당원들, 육군 장교들, 배우들, 변호사들, 성직자들을 대접했다. 커피 하우스는 영국 최초로 평등주의적 만남의 장소를 제공했고, 그곳에서 아는 사람이든 모르는 사람이든 같은 테이블에 앉은 사람과 대화를 나눴다.

VOCA

• by some accounts 일설에 의하면[따르면]
• occupy 차지하다
• premises 부지[지역], 구내
• specialized 전문적인, 전문화된
• clientele 모든 고객들

- clergy 성직자들
- egalitarian 평등주의(자)의
- tablemate 함께 식사하는 사람

10 난도 ★★☆   정답 ①

표현 > 일반회화

정답의 이유

A가 어제 새로 산 스킨 크림의 효능을 말하는 대화로 A가 빈칸 앞에서 'It is supposed to remove all wrinkles and make your skin look much younger(이것은 모든 주름을 없애주고 피부를 훨씬 어려 보이게 해줄 거야).'라고 말하고, 빈칸 다음에서 'Why don't you believe it(왜 안 믿는 거니)?'라고 했으므로 대화의 흐름상 B가 빈칸에서 크림의 효과를 믿지 않는다고 말했음을 유추할 수 있다. 따라서 빈칸에 들어갈 말로 알맞은 것은 ① 'I don't buy it(난 안 믿어).'이다.

오답의 이유

② 너무 비싸.

③ 난 널 도와줄 수 없어.

④ 믿거나 말거나 사실이야.

본문해석

A: 어제 약국에서 이 새 스킨 크림을 샀어. 이것은 모든 주름을 없애주고 피부를 훨씬 어려 보이게 해줄 거야.

B: 난 안 믿어.

A: 왜 안 믿는 거니? 난 블로그들에서 이 크림이 정말 효과 있다는 글도 읽었어.

B: 그 크림이 피부에는 좋겠지만, 크림 하나 쓴다고 주름이 없어지거나 마법처럼 더 어려 보이게 하는 게 가능하다고 생각하지 않아.

A: 넌 너무 비관적이야.

B: 아니야. 난 그냥 현실적인 거야. 난 네가 잘 속아 넘어가는 것 같아.

VOCA

- be supposed to ~하기로 되어 있다
- wrinkle 주름
- work 효과가 나다[있다]
- assume 추정[상정]하다
- get rid of 제거하다, 끝내다
- pessimistic 비관적인
- gullible 잘 속아 넘어가는
- pricey 돈[비용]이 드는, 비싼

11 난도 ★☆☆   정답 ②

표현 > 일반회화

정답의 이유

대화에서 시내 관광을 원하는 A가 빈칸 앞에서 'What else should I check out(또 어떤 것을 봐야 하나요)?'이라고 물었고, 빈칸 다음에서 그럴 시간이 없다고 했으므로 빈칸에는 B가 추천한 관광 장소와 그 소요 시간에 관한 내용이 와야 함을 유추할 수 있다. 따라서

빈칸에 들어갈 말로 알맞은 것은 ② 'A guided tour to the river park. It takes all afternoon(강 공원으로 가는 가이드 투어요. 오후 내내 걸려요).'이다.

오답의 이유

① 이게 당신의 고객에게 필요한 지도예요. 여기 있어요.

③ 가능한 한 빨리 그걸 봐야 해요.

④ 체크아웃 시간은 3시입니다.

본문해석

A: 시내 관광을 하고 싶어요. 제가 어디로 가야 한다고 생각해요?

B: 국립 미술관을 방문하는 것을 강력히 추천해요.

A: 아, 좋은 생각이네요. 또 어떤 것을 봐야 하나요?

B: 강 공원으로 가는 가이드 투어요. 오후 내내 걸려요.

A: 그럴 시간이 없어요. 3시에 고객을 만나야 하거든요.

B: 아, 그렇군요. 그러면 국립 공원을 방문해보는 건 어때요?

A: 좋네요. 감사합니다!

VOCA

- go sightseeing 구경을 다니다
- check out (흥미로운 것을) 살펴보다[보다]

12 난도 ★★☆   정답 ③

표현 > 일반회화

정답의 이유

A가 아이들이 생일 파티에 갈 거라고 하자 B가 'So, it was a piece of cake(그래서 그건 식은 죽 먹기였어).'라고 대답한 ③의 대화가 자연스럽지 않다.

본문해석

① A: 그가 마침내 흥행작에 출연했어!

  B: 그래, 그는 성공했구나.

② A: 나 이제 좀 피곤해.

  B: 오늘은 여기까지 하자.

③ A: 아이들이 생일 파티에 갈 거야.

  B: 그래서 그건 식은 죽 먹기였어.

④ A: 어제 그가 왜 집에 일찍 갔는지 궁금해.

  B: 내 생각엔 그가 몸이 안 좋았던 거 같아.

VOCA

- get it made 잘 풀리다, (부러울 정도로) 잘되다
- call it a day ~을 그만하기로 하다
- wonder 궁금해하다
- under the weather 몸이 안 좋은

13 난도 ★★☆   정답 ③

독해 > 대의 파악 > 제목, 주제

정답의 이유

주어진 글은 비언어적 신호의 중요성에 관한 내용이다. 두 번째 문장에서 'Nonverbal cues—rather than spoken words—make us feel that the person we are with is interested in, understands, and values us(비언어적인 신호는 말보다, 우리가 함께 있는 사람이 우리에게 관심을 갖고 이해하고 우리를 소중하게 여긴다는 것을 느끼게 한다).'라고 했으므로, 글의 제목으로 알맞은 것은 ③ 'Nonverbal Communication Speaks Louder than Words(비언어적 소통이 말보다 더 크게 말한다[중요하다])'이다.

오답의 이유

① 야생동물들은 어떻게 생각하고 느낄까?
② 효과적으로 의사소통하는 것이 성공의 비결이다.
④ 언어적 신호: 감정을 표현하는 주요 도구

본문해석

사랑받는다는 느낌과 그것이 자극하는 생물학적 반응은 목소리의 톤, 얼굴 표정 혹은 딱 맞는 느낌의 손길 같은 비언어적인 신호에 의해 촉발된다. 비언어적인 신호는 말보다, 우리가 함께 있는 사람이 우리에게 관심을 갖고 이해하고 우리를 소중하게 여긴다는 것을 느끼게 한다. 우리는 그것들과 함께할 때, 안전하다고 느낀다. 우리는 심지어 야생에서도 비언어적인 신호의 힘을 본다. 포식자들의 추적을 피한 후에, 동물들은 종종 스트레스 해소의 수단으로 서로 코를 비빈다. 이러한 신체적 접촉은 안전에 대한 확신을 제공하고 스트레스를 덜어준다.

VOCA

- biological 생물체의
- stimulate 자극[격려]하다
- trigger 촉발시키다
- nonverbal 비언어적인
- cue 신호
- value 소중하게[가치 있게] 생각하다[여기다]
- evade 피하다[모면하다]
- chase 추적, 추격
- predator 포식자, 포식 동물
- nuzzle 코[입]를 비비다
- as a means of ~의 수단으로서
- bodily 신체의
- reassurance 안심시키는 말[행동]
- relieve 없애[덜어] 주다

14 난도 ★★☆   정답 ①

독해 > 대의 파악 > 제목, 주제

정답의 이유

제시문은 자녀에게 물건에 대한 '건강한 비의존성(healthy nondependency)'을 가르치는 방법을 설명하고 있다. 두 번째 문장

에서 'You can use these times to teach a healthy nondependency on things(당신은 이 시기를 물건에 대한 건강한 비의존성을 가르치기 위해 이용할 수 있다).'라고 하면서 당신의 자녀를 장난감들로 둘러싸지 말고 그것들을 바구니에 정돈하고 한 번에 바구니 하나씩 꺼내놓으라고 했다. 또한 당신이 소유물을 잃어버리거나 망가뜨린 경우, 자녀가 물건에 집착하지 않는 태도를 기를 수 있도록 "난 그것을 가지고 있는 동안 감사했어!"라는 좋은 태도를 모범으로 보이려고 노력하라고 했으므로, 글의 주제로 알맞은 것은 ① 'building a healthy attitude toward possessions (소유물에 대한 건강한 태도를 형성하기)'이다.

오답의 이유

② 다른 사람들과 장난감을 공유하는 것의 가치를 배우기
③ 장난감을 질서정연하게 정리하는 방법을 가르치기
④ 바람직하지 않은 방식으로 행동하는 것에 대한 책임을 받아들이기

본문해석

명절과 생일처럼 아이의 삶에 장난감과 선물이 쌓이는 시기가 있다. 당신은 이 시기를 물건에 대한 건강한 비의존성을 가르치기 위해 이용할 수 있다. 당신의 자녀를 장난감들로 둘러싸지 마라. 대신 그것들을 바구니들에 정리해 한 번에 바구니 하나씩 꺼내놓고 가끔 바구니들을 교체해라. 소중한 물건이 잠시 치워지면, 그것을 꺼내오는 것은 즐거운 기억과 관점의 신선함을 만들어 낸다. 가령 당신의 자녀가 한동안 치워둔 장난감을 요구한다고 가정해 보자. 당신은 이미 주위(환경)에 있는 물건이나 경험으로 관심을 이끌 수 있다. 당신이 소유물을 잃어버리거나 망가뜨린 경우, 당신의 자녀가 물건에 집착하지 않는 태도를 기를 수 있도록 "난 그것을 가지고 있는 동안 감사했어!"라는 좋은 자세를 모범으로 보이려고 노력하라. 아이의 장난감이 망가지거나 분실된 경우, 아이가 "재미있게 가지고 놀았어."라고 말하도록 도와줘라.

VOCA

- accumulate 모으다, 축적하다
- nondependency 비의존성
- surround 둘러싸다, 에워싸다
- arrange 정리하다, 배열하다
- rotate 회전하다[시키다]
- occasionally 가끔
- cherish 소중히 여기다, 아끼다
- put away 넣다[치우다]
- bring out ~을 꺼내다
- delightful 정말 기분 좋은[마음에 드는]
- outlook 관점, 세계관, 인생관
- suppose 가령[만약] ~이라고 하다
- direct 안내하다, 지휘하다, 총괄하다
- possession 소유물, 소지, 보유

15 난도 ★★☆　　　　　　　　　　　　　　정답 ②

독해 > 대의 파악 > 요지, 주장

정답의 이유

제시문은 부모가 자녀를 칭찬하는 방식이 아이들의 발달에 미치는 영향에 대한 내용이다. 네 번째 문장에서 노력보다 지능으로 칭찬받은 아이들은 결과에 지나치게 집착하게 된다는 사실을 발견했다고 했으며, 마지막 문장에서는 아이들의 지능을 칭찬하는 것은 그들로 하여금 어려움을 두려워하게 만드는데, 그것은 그들이 실패를 어리석음과 동일시하기 때문이라고 했다. 따라서 글의 요지로 알맞은 것은 ② 'Compliments on intelligence bring about negative effect(지능에 대한 칭찬은 부정적인 영향을 초래한다).'이다.

오답의 이유

① 잦은 칭찬이 아이들의 자존감을 증가시킨다.

③ 아이는 성공을 통해 실패에 대한 두려움을 극복해야 한다.

④ 부모들은 과정보다 결과에 집중해야 한다.

본문해석

많은 부모들이 '자존감 운동'에 의해 잘못 인도되었는데, 그 운동은 자녀들의 자존감을 개발하는 방식이 자녀들이 얼마나 어떤 일을 잘하는지 말하는 것이라고 알려준다. 안타깝게도, 당신의 자녀들에게 그들의 능력을 확신시키는 것은 실패할 가능성이 큰데, 그것은 인생이 아이들에게 성공과 실패를 통해 실제로 그들이 얼마나 유능하거나 무능한지를 명백히 알려주기 때문이다. 연구는 당신이 자녀를 칭찬하는 방식이 그들의 발달에 강력한 영향을 미친다는 것을 보여주었다. 일부 연구자들은 노력에 비해 지능에 대해 칭찬받은 아이들이 결과에 지나치게 집착하게 된다는 사실을 발견했다. 실패 후, 이 아이들은 끈기를 덜 보였고, 덜 즐거워했으며, 실패를 그들의 능력 부족 탓으로 돌리며, 향후 성취를 위한 노력에서 저조한 성과를 보였다. 아이들의 지능을 칭찬하는 것은 그들로 하여금 어려움을 두려워하게 만드는데, 그것은 그들이 실패를 어리석음과 동일시하기 때문이다.

VOCA

- misguide 잘못 이끌다
- build 만들어 내다, 창조[개발]하다
- self-esteem 자부심
- convince 납득시키다, 확신시키다
- competence 능숙함, 능숙도
- unequivocally 명백히
- capable ~을 할 수 있는
- as compared to ~과 비교하여
- overly 너무, 몹시
- persist 집요하게 계속하다
- attribute ~ to ~을 …의 탓으로 돌리다
- equate 동일시하다
- stupidity 어리석음, 우둔

16 난도 ★★☆　　　　　　　　　　　　　　정답 ②

독해 > 빈칸 완성 > 단어 · 구 · 절

정답의 이유

제시문은 소비자들의 온라인 활동이 활발해짐에 따라 글로벌 브랜드의 광고 표준화에 대한 필요성이 대두되고 있다는 내용이다. 세 번째 문장에서는 온라인상에서 연결된 소비자들이 인터넷과 소셜 미디어를 통해 국경을 넘나들어서 광고주들이 통제되고, 질서정연한 방식으로 캠페인을 펼치기 어렵다고 했다. 빈칸 앞 문장에서는 대부분 글로벌 브랜드들이 자신들의 디지털 사이트들을 국제적으로 대등하게 조정한다고 했고, 빈칸 다음 문장에서 친숙한 코카콜라의 붉은색과 상징적인 병 모양, 음악, 주제 등을 특징으로 한다고 했다. 따라서 빈칸에 들어갈 말로 알맞은 것은 ② 'uniform(획일적인)'이다.

오답의 이유

① 실험적인

③ 국지적인

④ 다양한

본문해석

최근 온라인 마케팅과 소셜 미디어 공유의 인기가 증가하면서 글로벌 브랜드의 광고 표준화에 대한 필요성이 커졌다. 대부분의 대형 마케팅 및 광고 캠페인은 대규모 온라인상에서의 영향력을 포함한다. (온라인상에서) 연결된 소비자들은 인터넷과 소셜 미디어를 통해 국경을 쉽게 넘나들 수 있게 되었는데, 이것은 광고주들로 하여금 통제되고 질서정연한 방식으로 맞춤화된 캠페인을 전개하는 것을 어렵게 한다. 그 결과, 대부분의 글로벌 소비자 브랜드들은 전 세계적으로 그들의 디지털 사이트를 대등하게 조정한다. 예를 들어, 코카콜라의 웹사이트와 소셜 미디어 사이트들은 호주와 아르헨티나에서부터 프랑스, 루마니아, 러시아에 이르기까지 놀랄 만큼 전 세계적으로 획일적이다. 모든 것이 친숙한 코카콜라의 붉은색, 코카콜라의 상징적인 병 모양, 코카콜라의 음악, "Taste the Feeling"이라는 주제 등을 특징으로 한다.

VOCA

- boost 신장시키다, 북돋우다
- advertising 광고
- standardization 표준화
- online presence 온라인상에서의 존재감, 영향력
- zip 쌩[획] 하고 가다[나아가게 하다]
- via 경유하여[거쳐]
- roll out 출시하다, 시작하다
- orderly 정돈된, 정연한
- coordinate ~을 대등하게 조정하다, 통합[일원화]하다
- feature 특징을 이루다

독해 > 글의 일관성 > 무관한 어휘 · 문장

정답의 이유

제시문은 하이브리드 근무 방식, 즉 사무실 출근과 재택근무를 병행하는 근무 형태가 점점 늘어나서 사무실에서 근무하는 일수가 줄어들었지만, 사무실 공간은 별로 줄지 않고 사무실 공간의 밀집도가 크게 낮아졌다는 내용이다. ③ 앞 문장에서 사무실에서의 고밀집도는 불편하고 많은 근로자들이 그들의 책상 주변이 붐비는 것을 싫어한다고 했고, ③ 다음 문장에서 밀집도로 인한 불편함은 로비, 주방, 엘리베이터까지 연장된다고 했다. 따라서 글의 흐름상 어색한 문장은 ③ 'Most employees want to work from home on Mondays and Fridays(대부분의 직원이 월요일과 금요일에 재택근무하기를 원한다).'이다.

본문해석

미국의 근로자 5,000명과 미국의 고용주 500명을 대상으로 매월 실시하는 우리의 설문조사에 따르면, 사무직 및 지식근로자 사이에서 하이브리드 근무로의 대규모 전환이 매우 뚜렷하게 보인다. 새롭게 나타난 표준은 1주일 중 3일은 사무실에서, 2일은 집에서 근무하는 것으로 현장근무일수가 30% 이상 줄었다. 당신은 이러한 단축으로 인해 사무실 공간 수요가 크게 감소될 것이라고 생각할 수도 있다. 그러나 우리의 설문조사 데이터는 사무실 공간은 평균 1~2%의 축소를 보여주는데, 이는 공간이 아닌 밀집도의 큰 감소를 시사한다. 우리는 그 이유를 이해할 수 있다. 사무실에서의 고밀집도는 불편하며 많은 근로자가 그들의 책상 주변이 붐비는 것을 싫어한다. 대부분의 직원이 월요일과 금요일에 재택근무하기를 원한다. 밀집도로 인한 불편함은 로비, 주방, 특히 엘리베이터까지 연장된다. 밀집도를 낮출 수 있는 유일하고 확실한 방법은 (사무실의) 평방 피트를 줄이지 않고 현장근무일을 줄이는 것이다. 우리의 조사 증거에 따르면, 밀집도에 대한 불편함은 앞으로도 계속될 것이다.

VOCA

- huge shift 엄청난 입장변화/전환
- hybrid 혼성체, 혼합물
- abundantly 풍부하게
- emerging 최근 생겨난
- norm 규범, 규준
- cutback 삭감, 감축
- imply 암시[시사]하다
- reduction 축소, 삭감
- density 밀도(빽빽한 정도)
- extend 연장하다
- sure-fire 확실한, 틀림없는
- reduce 줄이다[축소하다]
- square footage 평방 피트
- be here to stay 우리 생활의 일부이다

독해 > 글의 일관성 > 문장 삽입

정답의 이유

주어진 문장에서 '그들은 불법적인 국경 횡단 장소로 알려진 곳에 비디오카메라를 설치했고 실시간 비디오 자료를 웹사이트에 올렸다.'라고 했으므로 주어진 문장의 앞에는 They가 가리키는 대상이, 주어진 문장 다음에는 실시간 비디오 자료를 웹사이트에 올린 결과가 나와야 한다. They는 ③ 앞 문장의 불법 이민자들을 단속하는 Texas sheriffs를 가리키며, 새로운 인터넷 활용법(a novel use of the Internet)은 카메라를 설치하고 불법 국경 횡단자들이 찍힌 비디오 자료를 실시간으로 웹사이트에 올리는 것을 의미한다. ③ 다음 문장에서 국경 감시를 돕고자 하는 시민들은 온라인에 접속해 가상 보안관 역할을 할 수 있다고 했으므로 이것이 실시간 비디오 자료를 웹사이트에 올린 결과가 된다. 따라서 주어진 문장이 들어갈 위치로 알맞은 것은 ③이다.

본문해석

이민 개혁은 정치적 지뢰밭이다. 광범위한 정치적 지지를 받는 이민 정책의 거의 유일한 측면은 불법 이민자들의 흐름을 제한하기 위해 멕시코와 미국 사이 국경을 안전하게 지키겠다는 결의이다. 텍사스 보안관들은 최근에 그들의 국경 감시를 돕기 위해 새로운 인터넷 활용법을 개발했다. 그들은 불법적인 국경 횡단 장소로 알려진 곳에 비디오 카메라를 설치했고, 카메라의 실시간 비디오 자료를 웹사이트에 올렸다. 국경 감시를 돕고자 하는 시민들은 온라인에 접속해 '가상 텍사스 보안관' 역할을 할 수 있다. 국경을 넘으려는 사람을 발견하면 그들은 보안관 사무실에 보고서를 보내고, 이것은 때로 미국 국경 순찰대의 도움으로 추가 조사된다.

VOCA

- immigration 이민
- reform 개혁[개선]
- minefield 지뢰밭
- command (받아야 할 것을) 받다, 요구하다, 강요하다
- resolve 결심[결의]
- secure 획득[확보]하다
- illegal immigrant 불법 입국[체류]자
- sheriff 보안관
- novel 새로운, 신기한
- install 설치[설비]하다
- illegal 불법적인
- video feed 비디오 자료
- virtual 가상의
- follow up (방금 들은 내용에 대해) 더 알아보다

오영
한동규쌤

19 난도 ★★☆   정답 ③

독해 > 글의 일관성 > 글의 순서

정답의 이유

주어진 글은 모든 문명(civilization)이 정부 행정에 의존하고, 고대 로마의 문명이 가장 대표적 예시라는 내용이므로, 주어진 글에서 언급된 civilization이 라틴어의 *civis*에서 유래했다는 (B)로 이어지는 것이 자연스럽다. (B) 다음으로는 라틴어가 고대 로마의 언어였으며 로마의 영토에 대해 부연 설명하고 있는 (C)가 와야 한다. 마지막으로, 로마의 방대한 영토(an area that large)를 통치하기 위한 '효과적인 정부 행정 시스템(an effective system of government administration)'의 필요성을 말한 (A)로 마무리하는 것이 자연스럽다. 따라서 글의 순서로 알맞은 것은 ③ '(B) - (C) - (A)'이다.

본문해석

모든 문명은 정부 행정에 의존한다. 아마 고대 로마보다 이것을 대표적인 예시로 더 잘 보여주는 문명은 없을 것이다.

(B) 사실, '문명'이라는 단어 자체는 '시민'을 의미하는 라틴어 *civis* 에서 유래했다.

(C) 라틴어는 고대 로마의 언어였으며, 로마의 영토는 지중해 유역부터 북쪽의 영국 일부와 동쪽의 흑해까지 뻗어 있었다.

(A) 그렇게 넓은 영토를 통치하기 위해, 현재의 이탈리아 중부에 기반을 두고 있었던 로마인들은 효과적인 정부 행정 시스템이 필요했다.

VOCA

• rely on 의존하다
• administration 관리[행정]
• exemplify 전형적인 예가 되다
• come from ～에서 나오다
• territory 지역, 영토
• stretch 뻗어 있다
• basin 유역
• rule 통치하다, 다스리다
• based in ～에 기반을 둔

20 난도 ★★★   정답 ①

독해 > 빈칸 완성 > 단어 · 구 · 절

정답의 이유

제시문은 심리학의 하위분야들에 대한 통합의 필요성과 이 과정에서 심리 과학이 통합의 중추 역할을 할 것이라는 내용으로, 글의 세 번째 문장에서 'Science advances when distinct topics become theoretically and empirically integrated under simplifying theoretical frameworks(과학은 서로 다른 별개의 주제들이 단순화된 이론적 틀 아래에서 이론적, 경험적으로 통합될 때 발전한다).'라고 했다. 또한 빈칸 앞 문장에서 이러한 방식으로 심리 과학은 그 분야 내 모든 주요 분과/분파를 '하나의 학문하에(under one discipline)' 통합함으로써 심리학 전체에 대한 본보기 역할을 할 수 있을 것이라고 했으므로 빈칸 문장 앞부분의 'how to combine

resources and study science(자료를 결합하고 과학을 연구하는 방법)'를 수식하는 빈칸에 들어갈 말로 알맞은 것은 ① 'from a unified perspective(통합된 관점에서)'임을 유추할 수 있다.

오답의 이유

② 역동적인 측면에서
③ 역사를 통틀어
④ 정확한 증거를 가지고

본문해석

지난 50년 동안 심리학의 모든 주요 하위분야는 교육이 점점 전문화되고 그 초점이 좁아짐에 따라 서로 점점 더 고립되어 왔다. 일부 심리학자들이 오랫동안 주장해 온 것처럼, 심리학 분야가 과학적으로 성숙해지고 발전하려면 그것의 이질적인 부분들 [예를 들어, 신경과학, 발달 (심리학), 인지 (심리학), 성격 (심리학), 사회 (심리학)]이 다시 하나가 되고 통합되어야 한다. 과학은 서로 다른 별개의 주제들이 단순화된 이론적 틀 아래에서 이론적, 경험적으로 통합될 때 발전한다. 심리 과학은 여러 하위영역의 심리학자들 간의 협업을 장려하여 이 분야가 지속적인 분열보다는 일관성을 성취하도록 도울 것이다. 이러한 방식으로 심리 과학은 그 분야 내 모든 주요 분과/분파를 하나의 학문하에 통합함으로써 심리학 전체에 대한 본보기 역할을 할 수 있을 것이다. 심리 과학이 통합된 관점에서 자료를 결합하고 과학을 연구하는 방법에 대한 모 학문의 모범이 될 수 있다면, 이는 결코 작은 업적이 아니며 그 중요도 또한 작지 않을 것이다.

VOCA

• subdiscipline 학문분야의 하위 구분
• isolated from ～에서 고립된
• in focus 초점[핀트]이 맞아
• mature (충분히) 발달하다
• advance 증진되다[진전을 보다]
• disparate 이질적인
• neuroscience 신경 과학
• developmental 발달[개발]상의
• cognitive 인식[인지]의
• integrate 통합시키다[되다]
• theoretically 이론상
• empirically 실증적으로
• simplify 간소화[단순화]하다
• framework 체제, 체계
• encourage 권장[장려]하다
• achieve 달성하다, 성취하다
• coherence 일관성
• fragmentation 균열, 분절
• act as ～으로서의 역할을 하다[맡다]
• template 견본, 본보기
• fraction 부분, 일부
• faction 파별, 파당
• model 모범, 귀감
• feat 위업, 개가

영어 | 2023년 지방직 9급

한눈에 훑어보기

✓ 영역 분석

어휘 01 02 03 04 05
5문항, 25%

독해 12 13 14 15 16 17 18 19 20
9문항, 45%

어법 06 07 08
3문항, 15%

표현 09 10 11
3문항, 15%

✓ 빠른 정답

01	02	03	04	05	06	07	08	09	10
②	④	①	①	④	③	③	①	④	③
11	12	13	14	15	16	17	18	19	20
③	②	②	④	④	④	②	②	①	③

✓ 점수 체크

구분	1회독	2회독	3회독
맞힌 문항 수	/ 20	/ 20	/ 20
나의 점수	점	점	점

01 난도 ★☆☆ 정답 ②

어휘 > 단어

[정답의 이유]

밑줄 친 subsequent는 '차후의, 그 다음의'의 뜻으로, 의미가 가장 가까운 것은 ② 'following(그 다음에 나오는)'이다.

[오답의 이유]

① 필수의
③ 선진의
④ 보충의, 추가의

본문해석

우리의 프로젝트에 대한 추가적인 설명은 <u>차후의</u> 프레젠테이션에서 제공될 것이다.

VOCA

• further 그 이상의
• explanation 설명

02 난도 ★☆☆ 정답 ④

어휘 > 단어

[정답의 이유]

밑줄 친 courtesy는 '공손함, 정중함'이라는 뜻으로, 의미가 가장 가까운 것은 ④ 'politeness(공손함, 예의바름)'이다.

[오답의 이유]

① 자선, 자비
② 겸손, 겸양
③ 대담, 배짱

본문해석

사회적 관행은 한 집단의 구성원들이 다른 사람들에게 공손함을 보이기 위해 따라야 하는 관습이다. 예를 들어, 재채기를 할 때 "실례합니다."라고 말하는 것은 미국의 사회적 관행이다.

VOCA

• folkway 민속, 사회적 관행
• custom 관습, 풍습, 관행
• be expected to ~하도록 기대된다, 예상된다
• follow 따르다[따라 하다]
• sneeze 재채기하다

03 난도 ★☆☆   정답 ①

어휘 > 어구

정답의 이유

bring up은 '~을 기르다[양육하다]'라는 뜻인데, 주어진 문장에서는 수동의 뜻인 '양육되어지다'로 사용되었으므로, 의미가 가장 가까운 것은 ① 'raised(길러진)'이다.

오답의 이유

② 조언받은
③ 관찰된
④ 관리[운영/통제]된

본문해석

이 아이들은 건강에 좋은 음식을 주식으로 먹고 **양육되었다.**

VOCA

• on a diet of ~을 주식[먹이]으로
• healthy food 건강에 좋은 음식

04 난도 ★★☆   정답 ①

어휘 > 어구

정답의 이유

do away with은 '~을 폐지하다'라는 뜻인데, 주어진 문장에서는 수동의 의미로 쓰였으므로, 의미가 가장 가까운 것은 ① 'abolished (폐지된)'이다.

오답의 이유

② 합의된
③ 비판된
④ 정당화된

본문해석

노예제는 19세기까지 미국에서 **폐지되지** 않았다.

VOCA

• slavery 노예, 노예제도

05 난도 ★☆☆   정답 ④

어휘 > 단어

정답의 이유

주어진 문장의 뒷부분에서 'so that they could see and understand it clearly(그들이 그것을 명확하게 보고 이해할 수 있도록)'이라고 했고, 앞부분에서 '유권자들은 선거 과정에서 더 많은 ~이 있어야 한다고 요구했다.'라고 했으므로, 밑줄 친 부분에 들어갈 말로 가장 적절한 것은 ④ 'transparency(투명성)'이다.

오답의 이유

① 속임, 속임수
② 융통성, 유연성
③ 경쟁, 경쟁 상대

본문해석

유권자들은 선거 절차를 명확히 보고 이해할 수 있도록 선거 과정에서 더 많은 **투명성**이 있어야 한다고 요구했다.

VOCA

• voter 투표자, 유권자
• demand 요구하다
• election process 선거 과정
• so that can ~할 수 있도록

06 난도 ★★☆   정답 ③

어법 > 비문 찾기

정답의 이유

③ what은 선행사를 포함하는 관계대명사로 다음에 불완전한 절이 와야 하는데, what 다음에 'the superior team may not have perceived their opponents ~ their continued success'인 완전한 절이 왔다. 따라서 동사(is) 다음에 명사절 접속사 that이 와야 하므로, what → that이 되어야 한다.

오답의 이유

① in which(전치사+관계대명사) 다음에 완전한 절인 'the team ~ surprisingly loses the contest'가 왔으므로, 적절하게 사용되었다.

② predicted는 바로 앞의 명사(the team)를 수식하는 분사로, the team은 승리할 것이라고 '예측되는' 대상이므로 과거분사인 predicted가 적절하게 사용되었다. 이때 predicted 앞에는 'which was'가 생략된 것이다. 문맥상 관계사절(in which the team predicted to win ~ loses the contest)의 동사는 loses 이다.

④ 'perceive A as B'는 'A를 B라고 여기다'의 뜻으로, their opponents가 '위협하는' 것이므로, 능동의 현재분사 threatening 이 적절하게 사용되었다.

본문해석

스포츠에서 우승할 것으로 예상되고 상대 팀보다 우세할 것으로 추정되는 팀이 놀랍게도 경기에서 지는 뜻밖의 패배의 한 가지 이유는 우세한 팀이 상대 팀을 자신의 지속적인 성공에 위협적이라고 여기지 않았을 수도 있기 때문이다.

VOCA

• upset 뜻밖의 패배
• predict 예측[예견]하다
• supposedly 추정상, 아마
• superior to ~보다 뛰어난
• opponent (시합·논쟁 등의) 상대
• surprisingly 놀랍게도
• threatening 위협적인
• continued 지속적인

관계대명사 what

- 선행사를 포함하는 관계대명사 what은 '~하는 것'의 뜻으로, the thing which[that]로 쓸 수 있다. 관계대명사 what은 명사절을 이끌며 문장에서 주어, 목적어, 보어 역할을 한다.

  예 They are fully able to discern what concerns their business. (to discern의 목적어)

  (그들은 자신들의 사업과 관련된 것을 완전히 분별할 수 있다.)

- what=선행사+관계대명사

  예 She didn't understand what I said. = She didn't understand the fact that I said.

  (그녀는 내가 한 말을 이해하지 못했다.)

- 관계대명사 what vs. 접속사 that

  관계대명사 what과 접속사 that은 둘 다 명사절을 이끌고 what 다음에는 불완전한 절이, 접속사 that 다음에는 완전한 절이 온다.

  예 I believe what he told me.

  (나는 그가 내게 말한 것을 믿는다.)

  → what이 believe의 목적어가 되는 명사절을 이끌며, what 이하는 불완전한 문장이다.

  예 I can't believe that he's only 17.

  (나는 그가 겨우 17세라는 것을 믿을 수 없다.)

  → that이 believe의 목적어가 되는 명사절을 이끌며, that 이하는 완전한 문장이다.

07 난도 ★★☆ 　　　　　　　　　　　정답 ③

어법 > 비문 찾기

정답의 이유

③ alive는 '살아 있는'의 뜻으로 서술적 용법으로만 쓰이는 형용사이므로, an alive man → a living man이 되어야 한다. 그 밖에 서술적 용법으로만 사용되는 형용사로는 alive, asleep, afloat 등이 있다.

오답의 이유

① 'should have p.p.'는 '~했어야 했는데 (안 했다)'의 뜻으로, 'but I was feeling a bit ill'에 하지 않은 이유가 나오고 있으므로 어법상 적절하게 사용되었다.

② 'as ~ as' 원급 비교 구문에서 두 번째 as 다음에 'we used to'가 왔으므로, as가 접속사로 적절하게 사용되었다. 'used to 동사원형'은 '(~하곤) 했다'라는 뜻으로 과거의 습관을 나타내는 표현으로 to 다음에 save money가 생략되었다.

④ '자동사+전치사'인 look at은 '~을 보다'의 뜻으로, 수동태로 전환할 때 전치사를 생략할 수 없으므로, was looked at이 적절하게 사용되었다. 이 문장을 능동태로 바꾸면 'The art critic looked at the picture carefully.'가 된다.

① 나는 오늘 아침에 갔어야 했는데, 몸이 좀 안 좋았다(그래서 못 갔다).

② 요즘 우리는 예전에 그랬던 것만큼 많은 돈을 저축하지 않는다.

③ 구조대는 살아있는 남자를 발견해서 기뻤다.

④ 그 그림은 미술 평론가에 의해 주의 깊게 관찰되었다.

- a bit 조금, 약간
- save 모으다, 저축하다
- rescue squad 구조대
- discover 발견하다, 찾다
- art critic 미술 비평가

형용사가 서술적 용법으로 사용되는 경우

- afraid, alone, ashamed, alive, asleep, alike, awake, aware 등 'a-' 형용사는 서술적 용법(주격 보어, 목적격 보어)으로만 사용되며 한정적 용법으로는 쓰일 수 없다.

  예 He caught a living tiger. (○)

  He caught an alive tiger. (×)

  (그는 살아있는 호랑이를 잡았다.)

  예 He caught a tiger alive. (○)

  (그는 호랑이 한 마리를 산 채로 잡았다.)

- alert, aloof 등은 한정적 용법, 서술적 용법 모두 사용된다.

  예 An alert guard stopped the robbers.

  (기민한 경비원이 강도들을 막았다.)

  예 Being aware of this, you will be alert and attentive to meaning.

  (이것을 알게 되면, 여러분은 방심하지 않고 의미에 주의를 기울일 것이다.)

- 형용사 다음에 to부정사, 전치사구, that절이 연결되면 서술적 용법으로 사용된다. -able, likely, famous, sure 등은 한정적 용법과 서술적 용법 둘 다 가능한데, to부정사, 전치사구, that절과 함께 나올 때 서술적 용법으로 사용된다.

  예 the most likely cause of the problem

  (그 문제의 가장 유력한 원인)

  예 Children who live in the country's rural areas are very likely to be poor.

  (시골 지역에 사는 어린이들은 가난할 가능성이 매우 높다.)

- well, unwell, ill, poorly, faint 등 건강 상태를 나타내는 형용사는 서술적 용법으로만 사용된다.

  예 I have been well. (나는 그동안 건강하게 지냈다.)

  예 Jane felt unwell and went home.

  (Jane은 몸이 좋지 않아서 집에 갔다.)

어법 > 영작하기

정답의 이유

① 'He made us touched with his speech.'의 수동태 문장으로, 목적어인 us는 '감동을 주는' 것이 아니라 '감동을 받는' 것이므로 touching → touched가 되어야 한다.

오답의 이유

② apart from은 '~은 차치하고, ~은 제외하고'라는 뜻의 전치사구로, 뒤에 명사(its cost)가 온 것 역시 적절하다. 부정대명사 one은 the plan 대신 사용되었다.

③ 'while drinking hot tea'는 분사구문으로, 주절과 부사절의 주어가 they로 같기 때문에 부사절에서 they were를 생략하였다. 또한 they는 차를 '마시는' 능동적인 대상이므로 능동의 의미인 현재분사 drinking은 적절하게 사용되었다.

④ '사역동사(make)+목적어+목적격 보어'에서 목적어 him 다음에 '어울리는, 적당한'이라는 뜻의 형용사 suited가 목적격 보어로 적절하게 사용되었다.

표현 > 일반회화

정답의 이유

대화에서 A가 빈칸 앞에서 도움을 요청하고 빈칸 다음에서 인사과를 찾는다고 말했으므로, 대화의 흐름상 빈칸에는 B가 도와주겠다고 말하는 내용이 들어가야 함을 유추할 수 있다. 따라서 빈칸에 들어갈 말로 가장 적절한 것은 ④ 'Sure. Can I help you with anything(물론이죠. 무엇을 도와드릴까요)?'이다.

오답의 이유

① 우리는 이 상황을 어떻게 처리해야 할지 모르겠어요.

② 담당자가 누구인지 말씀해 주시겠어요?

③ 네. 여기 도움이 필요해요.

본문해석

A: 죄송하지만, 좀 도와주실 수 있나요?

B: 물론이죠. 무엇을 도와드릴까요?

A: 인사과를 찾으려 하고 있어요. 10시에 약속이 있어요.

B: 3층에 있어요.

A: 어떻게 올라가죠?

B: 모퉁이를 돌아서 엘리베이터를 타세요.

VOCA

• give a hand 도와주다

• Personnel Department 인사과

• have no idea 전혀 모르다

• in charge of ~을 맡은, 담당인

• could use some help 도움이 필요하다

표현 > 일반회화

정답의 이유

대화는 A가 B에게 사무실 전등과 에어컨을 끄지 않고 퇴근한 것에 대해 주의를 주는 상황으로, 빈칸 앞에서 A가 'Probably they were on all night.'이라고 했으므로, 빈칸에 들어갈 말로 가장 적절한 것은 ③ 'I'm sorry. I promise I'll be more careful from now on(죄송합니다. 앞으로 더 조심하겠습니다).'이다.

오답의 이유

① 걱정하지 마세요. 이 기계는 잘 작동하고 있어요.

② 맞아요. 모든 사람들이 당신과 함께 일하는 것을 좋아해요.

④ 안됐군요. 너무 늦게 퇴근해서 피곤하시겠어요.

본문해석

A: 마지막으로 퇴근하셨죠, 그렇죠?

B: 네. 무슨 문제라도 있나요?

A: 오늘 아침에 사무실 전등과 에어컨이 켜져 있는 것을 발견했어요.

B: 정말요? 아, 이런. 아마 어젯밤에 그것들을 끄는 것을 깜빡 잊었나 봐요.

A: 아마 밤새 켜져 있었을 거예요.

B: 죄송합니다. 앞으로 더 조심하겠습니다.

VOCA

• turn off (전기·가스·수도 등을) 끄다

• from now on 이제부터, 향후

표현 > 일반회화

정답의 이유

A가 오랜만에 만나서 얼마 만에 보는 건지 물었는데, 차로 한 시간 반 정도 걸렸다는 B의 대답은 어색하다. 따라서 대화 중 자연스럽지 않은 것은 ③이다.

본문해석

① A: 머리는 어떻게 해 드릴까요?

   B: 머리 색깔이 좀 싫증나서요. 염색하고 싶어요.

② A: 지구 온난화를 늦추기 위해 우리가 할 수 있는 일은 무엇일까요?

   B: 우선, 대중교통을 더 많이 이용할 수 있어요.

③ A: Anna, 당신이에요? 오랜만이에요! 이게 얼마 만이죠?

   B: 차로 한 시간 반 정도 걸렸어요.

④ A: Paul이 걱정돼요. 불행해 보여요. 어떻게 해야 하죠?

   B: 내가 당신이라면, 그가 자기 문제에 대해 말할 때까지 기다릴 거예요.

VOCA

• be tired of ~에 질리다

• dye 염색하다

• slow down 속도를 늦추다

- global warming 지구 온난화
- public transportation 대중교통
- be worried about ~에 대해 걱정하다

12 난도 ★★★   정답 ②

독해 > 대의 파악 > 제목, 주제

정답의 이유

주어진 글은 인간 관계학의 유명한 작가 Daniel Goleman의 주장을 바탕으로 인간의 뇌가 얼마나 사교적인지를 주장하는 내용이다. 세 번째 문장에서 'we are drawn to other people's brains whenever we engage with another person.'이라고 했고, 마지막 문장에서 'Yet, our brains crave human interaction.'이라고 했으므로, 글의 제목으로 가장 적절한 것은 ② 'Sociable Brains(사교적인 두뇌)'이다.

오답의 이유

① 외로운 사람들
③ 정신 건강 조사의 필요성
④ 인간 연결성의 위험

본문해석

저명한 작가 Daniel Goleman은 인간관계 과학에 평생을 바쳐 왔다. 그의 저서 'Social Intelligence'에서 그는 인간의 뇌가 얼마나 사교적인지 설명하기 위해 신경사회학의 결과를 논한다. Goleman에 따르면, 우리는 다른 사람과 관계를 맺을 때마다 다른 사람의 뇌에 마음이 끌린다고 한다. 우리의 관계를 깊이 있게 하기 위해 다른 사람들과의 의미 있는 연결에 대한 인간의 욕구는 우리 모두가 갈망하는 것이지만, 우리는 그 어느 때보다 더 외로우며 이제 외로움은 세계적인 유행병이 되었음을 시사하는 수많은 기사와 연구들이 있다. 특히 호주에서 전국적인 Lifeline 설문조사에 따르면, 조사 대상자의 80% 이상이 우리 사회가 더 외로운 곳이 되어가고 있다고 생각한다. 하지만 우리의 뇌는 인간 간의 상호 작용을 갈망한다.

VOCA

- well-known 유명한, 잘 알려진
- dedicate 전념하다
- sociable 사교적인, 붙임성 있는
- be drawn to (마음이) 끌리다
- engage with ~와 관계를 맺다
- connectivity 연결(성)
- deepen 깊어지다[깊게 하다]
- crave 갈망[열망]하다
- epidemic (유행성) 전염병
- interaction 상호 작용

13 난도 ★☆☆   정답 ②

독해 > 대의 파악 > 제목, 주제

정답의 이유

주어진 글은 어떤 사람들은 선천적으로 특별한 재능을 가지고 태어나지만, 그렇지 않은 사람이라도 오랜 기간 꾸준한 연습을 통해서 재능을 발달시키고 성공할 수 있다고 주장하는 글이다. 두 번째 문장에서 'Yet only dedication to mindful, deliberate practice over many years ~ advantages into talents and those talents into successes.'라고 했고, 세 번째 문장에서 동일한 종류의 헌신적인 연습을 통해 그러한 장점을 갖고 태어나지 않은 사람들도 재능을 개발할 수 있다고 했으므로, 글의 주제로 가장 적절한 것은 ② 'importance of constant efforts to cultivate talents(재능을 키우기 위한 지속적인 노력의 중요성)'이다.

오답의 이유

① 일부 사람들이 다른 사람들에 비해 가지고 있는 장점들
③ 수줍음 많은 사람들이 사회적 상호 작용에서 겪는 어려움들
④ 자신의 강점과 약점에 대한 이해의 필요성

본문해석

확실히 어떤 사람들은 장점을 가지고 태어난다(예를 들어, 기수들의 신체적 크기, 농구선수들의 키, 음악가들의 음악에 대한 '귀'). 하지만 오랜 기간에 걸쳐 의도적이고 계획적으로 연습에 전념해야만 이러한 장점을 재능으로, 그리고 그 재능을 성공으로 바꿀 수 있다. 동일한 종류의 헌신적인 연습을 통해 그러한 장점을 가지고 태어나지 않은 사람들도 자연이 그들이 닿을 수 있는 곳보다 좀 더 멀리 놓아둔(타고나지 않은) 재능을 개발할 수 있다. 예를 들어, 여러분이 수학적인 재능을 타고나지 않았다고 느낄지라도 의식적이고, 계획적인 연습을 통해 여러분의 수학적 능력을 크게 개발할 수 있다. 혹은 여러분이 스스로 '천성적으로' 수줍음이 많다고 생각한다면 사교적 능력을 개발하기 위해 시간과 노력을 들이는 것은 여러분이 사교적인 행사에서 사람들과 활기차게, 우아하게, 편안하게 교류할 수 있도록 만든다.

VOCA

- certainly 틀림없이, 분명히
- be born with 타고나다
- advantage 유리한 점, 장점
- jockey 기수
- height 키[신장]
- dedication 전념, 헌신
- mindful ~을 염두에 두는[의식하는]
- deliberate 신중한, 의도[계획]적인
- nature 천성, 본성
- significantly 상당히[크게]
- enable ~을 할 수 있게 하다
- interact with ~와 상호 작용을 하다
- occasion (특별한) 행사, 의식, 축하
- with energy 힘차게

독해 > 대의 파악 > 요지, 주장

정답의 이유

주어진 글은 Dr. Roossinck가 우연히 발견한 사실, 즉 바이러스가 식물에 미치는 이로운 영향에 대한 내용이다. 첫 문장에서 'a virus increased resistance to drought on a plant(바이러스가 식물의 가뭄에 대한 저항력을 증가시킨다)'고 했고, 세 번째 문장에서 다른 종류의 바이러스가 식물의 내열성을 증가시키는 실험을 하고 있다고 했다. 마지막에서 두 번째 문장에서 다른 종류의 바이러스가 그들의 숙주들에게 주는 이점을 더 깊이 있게 이해하기 위해 연구를 확장하기를 희망한다고 했으므로, 글의 요지로 가장 적절한 것은 ④ 'Viruses sometimes do their hosts good, rather than harming them(바이러스는 때로 숙주에게 해가 되기보다는 도움이 된다).'이다.

오답의 이유

① 바이러스는 생물학적 존재들의 자급자족을 증명한다.
② 생물학자들은 식물에 바이러스가 없는 상태로 유지하기 위해 모든 것을 해야 한다.
③ 공생의 원리는 감염된 식물에는 적용될 수 없다.

본문해석

Roossinck 박사와 그녀의 동료들은 바이러스가 식물학 실험에서 널리 사용되는 식물의 가뭄에 대한 저항력을 증가시킨다는 사실을 우연히 발견했다. 관련 바이러스를 이용한 추가실험은 그 사실이 15종의 다른 식물 종에서도 사실이라는 것을 보여주었다. Roossinck 박사는 현재 다양한 식물의 내열성을 증가시키는 또 다른 유형의 바이러스 연구를 위한 실험을 수행하고 있다. 그녀는 다양한 종류의 바이러스가 그들의 숙주들에게 주는 이점을 더 깊이 있게 이해하기 위해 그녀의 연구를 확장하기를 희망한다. 이는 많은 생물들이 자급자족보다는 공생에 의존한다는 점점 더 많은 생물학자들이 주장하는 견해를 뒷받침하는 데 도움이 될 것이다.

VOCA

- colleague 동료
- by chance 우연히, 뜻밖에
- resistance 저항[반대]
- drought 가뭄
- botanical 식물(학)의
- experiment 실험
- related 동족[동류]의
- species 종
- heat tolerance 내열성
- a range of 다양한
- extend 연장하다
- host (기생 생물의) 숙주
- support 지지[옹호/재청]하다
- biologist 생물학자
- creature 생물
- rely on ~에 의지[의존]하다
- symbiosis 공생
- self-sufficient 자급자족할 수 있는

독해 > 세부 내용 찾기 > 내용 (불)일치

정답의 이유

주어진 글은 사탕단풍나무 수액을 채취해서 시럽을 만드는 과정을 설명하는 내용이다. 마지막 문장에서 '대부분의 단풍나무시럽 생산자들은 손으로 통을 수거하고, 직접 수액을 끓여 시럽으로 만든다.'고 했으므로, 글의 내용과 일치하지 않는 것은 ④ '단풍나무시럽을 만들기 위해 기계로 수액 통을 수거한다.'이다.

오답의 이유

① 두 번째 문장에서 'A sugar maple tree produces a watery sap each spring, ~'이라고 했으므로, 글의 내용과 일치한다.
② 세 번째 문장에서 'To take the sap out of the sugar maple tree, a farmer makes a slit in the bark with a special knife, ~'라고 했으므로, 글의 내용과 일치한다.
③ 다섯 번째 문장 후반부에서 '~ forty gallons of sugar maple tree "water" make one gallon of syrup.'이라고 했으므로, 글의 내용과 일치한다.

본문해석

단풍나무시럽을 만드는 전통적인 방법은 흥미롭다. 매년 봄, 사탕단풍나무는 땅에 여전히 많은 눈이 있을 때 물기가 많은 수액을 생산한다. 사탕단풍나무에서 수액을 채취하기 위해 농부는 특수한 칼로 나무껍질에 틈을 만들고 나무에 '수도꼭지'를 단다. 그리고 나서 농부가 꼭지에 통을 걸면, 수액이 그 안으로 떨어진다. 채취된 수액은 달콤한 시럽이 남을 때까지 끓여지는데, 사탕단풍나무 '물' 40갤론이 시럽 1갤론을 만든다. 이는 수많은 통, 수많은 증기, 수많은 노동을 의미한다. 그렇기는 하지만, 대부분의 단풍나무시럽 생산자들은 손으로 통을 수거하고, 직접 수액을 끓여 시럽으로 만드는 가족 단위의 농부들이다.

VOCA

- sugar maple tree 사탕단풍나무
- watery 물기가 많은
- sap 수액
- slit 구멍[틈]
- bark 나무껍질
- tap 수도꼭지
- hang 걸다, 매달다
- drip 방울방울[뚝뚝] 흘리다[떨어뜨리다]
- collect 모으다, 수집하다
- boil 끓다[끓이다]

16 난도 ★☆☆

독해 > 글의 일관성 > 무관한 어휘 · 문장

정답의 이유

주어진 글은 단편소설 쓰기 수업에서 필자가 들었던 경험에 대한 내용이다. 수업 중에 한 유명한 편집자가 작가는 사람들에게 관심을 갖는 것이 중요하다고 강조한 것을 제시했는데, ④는 마술사가 무대에 오를 때마다 스스로에게 말했던 내용이므로, 글의 흐름상 어색한 문장이다.

본문해석

나는 언젠가 단편소설 쓰기 강좌를 들은 적이 있는데, 그 강좌 중에 선두적인 잡지의 한 유명한 편집자가 우리 수업에서 강연했다. 그는 매일 자신의 책상에 오는 수십 편의 이야기들 중에서 어느 것이든 하나를 골라 몇 단락만 읽어도 그 작가가 사람들을 좋아하는지 아닌지를 느낄 수 있다고 말했다. "작가가 사람들을 좋아하지 않는다면, 사람들도 그 또는 그녀의 이야기를 좋아하지 않을 것"이라고 그는 말했다. 그 편집자는 소설 쓰기 강연에서 사람들에게 관심을 갖는 것의 중요성을 계속해서 강조했다. 위대한 마술사 Thurston은 그가 무대에 오를 때마다 스스로에게 "나는 성공했으니 감사한다."라고 말했다고 했다. 강연 끝부분에서, 그는 "다시 한 번 말씀드리겠습니다. 성공적인 이야기 작가가 되고 싶다면 사람들에게 관심을 가져야 합니다."라며 끝맺었다.

VOCA

• renowned 유명한, 명성 있는

• leading 선두적인

• dozens of 수십의, 많은

• stress 강조하다

• conclude 결론[판단]을 내리다

17 난도 ★★☆

독해 > 글의 일관성 > 글의 순서

정답의 이유

주어진 문장에서 몇 년 전만 해도 인공지능(AI)에 대한 종말론적인 예측으로 끝나는 것 같다고 했으므로, 주어진 문장 다음에는 'In 2014'로 시작하는 (B)에서 AI에 대한 부정적인 의견들을 서술하는 것이 자연스럽다. 그런 다음에 however로 시작하는 (A)에서 AI에 대한 과거의 부정적인 의견이 최근 긍정적인 것으로 바뀌었다고 서술하는 내용으로 이어지는 것이 적절하며, 마지막으로 (A)에서 설명한 변화를 This shift로 받는 (C)로 이어져야 한다. 따라서 글의 순서로 가장 적절한 것은 ② '(B) - (A) - (C)'이다.

본문해석

몇 년 전만 해도, 인공지능(AI)에 대한 모든 대화는 종말론적인 예측으로 끝나는 것 같았다.

(B) 2014년에 이 분야의 한 전문가는 말하기를, 우리가 AI로 악마를 소환하고 있다고 했으며, 한 노벨상을 수상한 물리학자는 AI가 인류의 종말을 불러올 수 있다고 말했다.

(A) 하지만 최근에는 상황이 달라지기 시작했다. AI는 무서운 블랙박스에서 사람들이 다양한 활용 사례에 이용할 수 있는 것으로 변했다.

(C) 이러한 변화는 이 기술들이 마침내 업계에서 특히 시장 기회를 위해 대규모로 탐색되고 있기 때문이다.

VOCA

• apocalyptic 종말론적

• prediction 예측, 예견

• summon 호출하다, (오라고) 부르다

• demon 악령, 악마

• spell (보통 나쁜 결과를) 가져오다[의미하다]

• shift (위치 · 입장 · 방향의) 변화

• at scale 대규모로

18 난도 ★★☆   정답 ②

독해 > 글의 일관성 > 문장 삽입

정답의 이유

'그렇지만(Yet)'으로 시작하는 주어진 문장의 앞에는 상반되는 내용이 나와야 한다. ② 앞 문장에서 '정답은 없다.'라고 했는데, 주어진 문장에서 '그러한 자기 평가에 대한 요청은 한 사람의 경력 전반에 걸쳐 만연하다.'라고 했으므로, 주어진 문장이 들어갈 위치로 적절한 것은 ②이다. 또한 ② 다음 문장의 입학, 입사, 면접, 성과 검토, 회의 등이 주어진 문장의 'pervasive throughout one's career'를 부연 설명하고 있으며, 주어진 문장의 such self-assessments는 앞부분의 'how to subjectively describe your performance(주관적으로 여러분의 성과를 설명하는 법)'을 받는다.

본문해석

회계 분기가 막 끝났다. 여러분의 상사가 여러분에게 이번 분기의 매출에서 여러분이 얼마나 좋은 성과를 보였는지 물어보기 위해 잠시 들른다. 여러분은 어떻게 자신의 성과를 설명할 것인가? 매우 뛰어남? 훌륭함? 나쁨? 누군가가 여러분에게 객관적인 성과 지표(예를 들어, 이번 분기에 몇 달러의 매출을 가져왔는지)에 대해 물어볼 때와는 다르게, 주관적으로 여러분의 성과를 설명하는 법은 종종 불분명하다. 정답은 없다. 그렇지만, 그러한 자기 평가에 대한 요청은 한 사람의 경력 전반에 걸쳐 만연하다. 여러분은 입학지원서, 입사지원서, 면접, 성과 검토, 회의 등에서 여러분의 성과를 주관적으로 설명할 것을 요구받고, 이런 목록은 계속 이어진다. 여러분이 자신의 성과를 설명하는 법이 소위 말하는 자기 홍보의 수준이다. 자기 홍보는 업무의 일부로 만연되었기 때문에 자기 홍보를 더 많이 하는 사람들이 채용되고, 승진되고, (연봉) 인상 또는 상여금을 받을 기회가 더 많을 수 있다.

VOCA

• self-assessment 자기 평가
• pervasive 만연한, 널리 퍼진
• fiscal 회계의, 재정의
• in terms of ~에 있어서
• objective 객관적인
• metric 측정기준
• subjectively 주관적으로
• what we call 소위, 이른바
• self-promotion 자기 홍보
• get a raise 급여를 인상받다

19 난도 ★☆☆   정답 ①

독해 > 빈칸 완성 > 단어 · 구 · 절

정답의 이유

제시문은 우리는 불안의 시대에 살고 있으며, 우리의 불안 회피 전략은 오히려 불안을 가중시킨다는 내용이다. 빈칸 문장에 역접의 접속사인 'however'가 있으므로 앞에 상반되는 내용이 나와야 하는데, 빈칸 앞 문장에서 스마트폰처럼 밤낮으로 주의를 산만하게 하는 것들이 불안 회피 전략 역할을 한다고 했고, 빈칸 다음에서 이러한 회피 전략은 결국에는 불안을 더욱 가중시킨다는 모순을 지적하고 있으므로, 빈칸에 들어갈 말로 가장 적절한 것은 ① 'Paradoxically(역설적으로)'이다.

오답의 이유

② 다행스럽게도
③ 중립적으로
④ 독창적으로

본문해석

우리는 불안의 시대에 살고 있다. 불안해하는 것은 불편하고 무서운 경험이 될 수 있으므로, 우리는 영화나 TV쇼 시청하기, 먹기, 비디오게임 하기, 과로하기 등 순간의 불안을 줄이는 데 도움이 되는 의식적 또는 무의식적 전략들에 의지한다. 또한, 스마트폰은 낮이든 밤이든 언제든지 주의를 산만하게 만들기도 한다. 심리학 연구는 주의를 산만하게 하는 것들이 일반적인 불안 회피 전략의 역할을 한다는 것을 보여주었다. 그러나 역설적으로, 이러한 회피 전략은 결국에는 불안을 더욱 가중시킨다. 불안해하는 것은 들어가면 헤어나오지 못하는 모래 속에 빠지는 것과 같아서 여러분이 그것에 맞서 싸울수록 더 깊이 가라앉는다. 실제로, 연구는 "여러분이 저항하는 것은 지속된다."라는 잘 알려진 문구를 강력하게 지지한다.

VOCA

• anxiety 불안(감), 염려
• resort to ~에 의지하다
• conscious 의식하는, 자각하는
• reduce 줄이다[축소하다]
• overworking 과로, 혹사
• distraction 정신을 산만하게 만드는 것
• serve as ~의 역할을 하다
• avoidance 회피, 방지
• in the long run 결국에는
• get into 처하다[처하게 만들다]
• quicksand 유사, 헤어나기 힘든[위험한] 상황
• fight 싸우다[전투하다]
• sink 가라앉다[빠지다]
• resist 저항[반대]하다
• persist 집요하게[고집스럽게/끈질기게] 계속하다

20 난도 ★★☆ 정답 ③

독해 > 빈칸 완성 > 단어 · 구 · 절

정답의 이유

주어진 글은 정보를 효율적인 방식으로 얻기 위해서 메일 수신함을 간소화할 필요성과 관리 방법을 서술하는 내용이다. 빈칸 다음 문장의 후반부에서 메일 수신함이 많을수록 관리하기 어려워진다고 했고, 마지막 문장에서 'Cut the number of in-boxes you have down to the smallest number possible for you ~'라고 했으므로, 빈칸에 들어갈 말로 가장 적절한 것은 ③ 'minimizing the number of in-boxes you have(여러분이 가진 메일 수신함의 수를 최소화하는 것)'이다.

오답의 이유

① 한 번에 여러 목표를 설정하는 것
② 들어오는 정보에 몰두하는 것
④ 여러분이 열중해 있는 정보를 선택하는 것

본문해석

여러분은 얼마나 다양한 방법으로 정보를 얻는가? 어떤 사람들은 문자 메시지, 음성 메일, 종이 문서, 일반우편, 블로그 게시물, 다양한 온라인 서비스의 메시지라는 6가지 서로 다른 종류의 통신 수단에 응답해야 할지도 모른다. 이것들은 각각 일종의 메일 수신함으로, 지속적으로 처리되어야 한다. 그것은 끝없는 과정이지만, 기진맥진하거나 스트레스 받을 필요는 없다. 정보 관리를 더 관리하기 쉬운 수준으로 낮추고 생산적인 영역으로 전환하는 것은 여러분이 가진 메일 수신함의 수를 최소화하는 것으로 시작한다. 여러분이 메시지를 확인하거나 수신 정보를 읽으러 가야 하는 모든 장소는 메일 수신함이며, 메일 수신함이 많을수록 모든 것을 관리하기가 더 어려워진다. 여러분이 해야 하는 방식으로 여전히 기능하기 위해서 메일 수신함의 수를 가능한 한 최소한으로 줄여라.

VOCA

• in-box 메일 수신함[미결 서류함]
• process 처리하다
• on a continuous basis 지속적으로
• exhausting 기진맥진하게 만드는
• stressful 스트레스가 많은
• manageable 관리[감당/처리]할 수 있는
• productive 생산적인
• zone 구역
• minimize 최소화하다
• incoming 도착하는, 들어오는
• function 기능하다[작용하다]

영어 | 2022년 국가직 9급

한눈에 훑어보기

✔ 영역 분석

어휘 01 02 03 04 05
5문항, 25%

독해 07 09 10 15 16 17 18 19 20
9문항, 45%

어법 06 08 13 14
4문항, 20%

표현 11 12
2문항, 10%

✔ 빠른 정답

01	02	03	04	05	06	07	08	09	10
①	②	④	②	①	①	④	②	①	③
11	12	13	14	15	16	17	18	19	20
④	③	②	④	②	④	③	④	①	③

✔ 점수 체크

구분	1회독	2회독	3회독
맞힌 문항 수	/ 20	/ 20	/ 20
나의 점수	점	점	점

---

01 난도 ★☆☆ 정답 ①

어휘 > 단어

[정답의 이유]

밑줄 친 unravel은 '(미스터리 등을) 풀다'의 뜻으로 이와 의미가 가장 가까운 것은 ① 'solve(풀다)'이다.

[오답의 이유]

② 창조하다

③ 모방하다

④ 알리다, 광고[홍보]하다

본문해석

수년 동안, 형사들은 쌍둥이 형제의 갑작스러운 실종에 대한 미스터리를 풀기 위해 애썼다.

VOCA

• detective 형사, 수사관

• mystery 수수께끼, 미스터리

• sudden 갑작스러운, 급작스러운

• disappearance 실종, 잠적

02 난도 ★☆☆ 정답 ②

어휘 > 단어

[정답의 이유]

밑줄 친 opulent는 '호화로운'의 뜻으로 이와 의미가 가장 가까운 것은 ② 'luxurious(호화로운)'이다.

[오답의 이유]

① 숨겨진

③ 비어 있는

④ 단단한

본문해석

부부가 부모가 되기 전에는 침실 4개짜리 집이 불필요하게 호화로운 것 같았다.

VOCA

• parenthood 부모임

• seem ~인 것 같다[듯하다]

• unnecessarily 불필요하게

03 난도 ★☆☆

어휘 > 어구

[정답의 이유]

밑줄 친 hit the roof는 '몹시 화가 나다'의 뜻으로 이와 의미가 가장 가까운 것은 ④ 'became extremely angry(매우 화가 났다)'이다.

[오답의 이유]

① 매우 만족했다

② 매우 놀랐다

③ 매우 침착해졌다

본문해석

사장은 우리가 그렇게 짧은 기간에 전체 예산을 이미 다 써버린 것을 보고 몹시 화를 냈다.

VOCA

• boss 사장, 상사

• entire 전체의, 온

• budget 예산, (지출 예상) 비용

• period of time 기간

04 난도 ★★☆

정답 ②

어휘 > 단어

[정답의 이유]

카우치 포테이토는 텔레비전만 보며 많은 시간을 보내는 사람을 뜻하는 말이다. 마우스 포테이토는 텔레비전의 카우치 포테이토에 상응하는 표현이므로 빈칸에 들어갈 말로 가장 적절한 것은 ② 'equivalent(상응하는 것)'이다.

[오답의 이유]

① 기술자

③ 망

④ 모의실험

본문해석

마우스 포테이토는 컴퓨터에서 텔레비전의 카우치 포테이토에 상응하는 것이다. 즉, 카우치 포테이토가 텔레비전 앞에서 하는 것과 같은 방식으로 컴퓨터 앞에서 많은 여가 시간을 보내는 경향이 있는 사람이다.

VOCA

• mouse potato (일 · 오락을 위해) 컴퓨터 앞에서 시간을 많이 보내는 사람

• couch potato 오랫동안 가만히 앉아 텔레비전만 보는 사람

• tend to (~하는) 경향이 있다

• leisure 여가

05 난도 ★☆☆

정답 ①

어휘 > 어구

[정답의 이유]

빈칸 다음에서 Spanish(스페인어)를 목적어로 취하고, 'before going to South America(남아메리카로 가기 전에)'라고 했으므로 빈칸에는 Mary가 남아메리카에 가기 전에 해야 할 행동에 관한 동사가 들어가야 함을 유추할 수 있다. 따라서 빈칸에 들어갈 말로 가장 적절한 것은 ① 'brush up on(~을 복습하다)'이다.

[오답의 이유]

② 끝까지 듣다

③ ~을 변호하다, 옹호하다

④ 그만하다, 해고하다

본문해석

Mary는 남아메리카로 가기 전에 스페인어를 복습하기로 결심했다.

06 난도 ★★☆

정답 ①

어법 > 정문 찾기

[정답의 이유]

① 문장의 주어가 '말(A horse)'이고 feed는 '먹이를 주다'라는 뜻의 타동사이므로 수동태(should be fed)로 올바르게 쓰였으며, 주어(A horse)와 대명사(its)의 수일치도 적절하다.

[오답의 이유]

② 분사구문의 주어는 주절의 주어와 동일한 경우에만 생략할 수 있다. 여기서 주절의 주어는 '나의 모자(My hat)'이고, 부사절(while walking down a narrow street)의 주어는 '나(I)'이므로 부사절의 주어와 be동사를 생략할 수 없다. 따라서 while walking → while I walked[was walking]이 되어야 한다.

③ 주어(She)가 정치 만화가(political cartoonist)로 '알려진' 것이므로 수동태로 쓰는 것이 적절하다. 따라서 She has known → She has been known이 되어야 한다.

④ good은 형용사로 '좋은'이라는 의미이고, well은 부사로 '잘'이라는 의미이다. 여기서는 과거분사인 done을 수식하므로 good(형용사) → well(부사)이 되어야 한다.

본문해석

① 말은 개별적인 필요와 일의 성질에 따라 먹이를 공급받아야 한다.

② 내가 좁은 길을 걷는 동안, 바람에 의해 모자가 날아갔다.

③ 그녀는 경력 내내 정치 만화가로 주로 알려져 왔다.

④ 어린아이들조차도 잘된 일에 대해서는 칭찬받기를 좋아한다.

VOCA

• feed 먹이를 주다

• individual 각각[개개]의

• nature 천성, 본성, 종류, 유형

• blow off (바람 입김에) 날리다; (바람 입김에) 날려 보내다

• primarily 주로

• compliment 칭찬하다

독해 > 세부 내용 찾기 > 내용 (불)일치

[정답의 이유]

마지막 문장에서 'He died at his Milanese home of pancreatic cancer, from which he had been suffering for two years(그는 2년간 앓았던 췌장암으로 밀라노의 자택에서 사망했다) ~'라고 했으므로 글의 내용과 일치하지 않는 것은 ④ 'Eco died in a hospital of cancer(Eco는 암으로 병원에서 죽었다).'이다.

[오답의 이유]

① *The Name of the Rose*는 역사소설이다. → 두 번째 문장에서 *The Name of the Rose*는 역사 미스터리 소설이라고 했으므로 내용과 일치한다.

② Eco는 책을 이탈리아어로 번역했다. → 네 번째 문장에서 Eco는 Raymond Queneau의 책 *Exercices de style*을 이탈리아어로 번역했다고 했으므로 글의 내용과 일치한다.

③ Eco는 대학 학부를 설립했다. → 다섯 번째 문장에서 Eco는 산 마리노 공화국 대학교의 미디어학과 설립자였다고 했으므로 글의 내용과 일치한다.

본문해석

Umberto Eco는 이탈리아의 소설가, 문화 평론가, 철학자였다. 그는 1980년 소설 *The Name of the Rose*로 널리 알려졌는데, 그것은 역사 미스터리로, 소설 속에서 기호학과 성서 분석, 중세 연구, 문학 이론을 결합한 작품이다. 그는 후에 *Foucault's Pendulum*과 *The Island of the Day Before*를 포함한 다른 소설들을 썼다. 번역가이기도 했던 Eco는 Raymond Queneau의 책 *Exercices de style*을 이탈리아어로 번역했다. 그는 산 마리노 공화국 대학교 미디어학과의 설립자였다. 그는 2016년 2월 19일 밤에 2년간 앓았던 췌장암으로 밀라노의 자택에서 사망했다.

VOCA

- novelist 소설가
- cultural critic 문화 평론가
- be widely known for ～로 널리 알려져 있다
- combine with ～와 결합되다
- semiotics 기호학
- biblical analysis 성서 분석
- translator 번역가, 통역사
- founder 창립자, 설립자
- pancreatic cancer 췌장암
- suffer from ～로 고통받다

어법 > 비문 찾기

[정답의 이유]

② that절의 주어가 a combination of silver, copper, and zinc로 단수명사이므로 were → was로 고쳐야 한다.

[오답의 이유]

① which의 선행사는 때를 나타내는 the year 1800이므로 during which가 올바르게 쓰였다. '전치사+관계대명사(during which)'는 관계부사 when으로 대체할 수 있다.

③ 주어인 The enhanced design이 수식받는 대상이므로 과거분사(called)가 올바르게 쓰였다.

④ 원인과 결과를 나타내는 'so[such] ~ that' 구문에서 형용사나 부사를 수식할 때는 so를, 명사를 수식할 때는 such를 쓴다. 지문에서 talk는 '세평, 소문'이라는 뜻의 불가산명사이므로 such가 올바르게 쓰였다.

본문해석

좋은 출발점을 찾기 위해서는 최초의 현대식 전기 배터리가 개발된 1800년으로 돌아가야 한다. 이탈리아인 Alessandro Volta는 은과 구리, 아연의 조합이 전류 생성에 이상적이라는 것을 발견했다. 볼타의 전지라고 불리는 그 향상된 디자인은 바닷물에 적신 판지 디스크 사이에 이러한 금속 디스크들을 쌓아 올림으로써 만들어졌다. Volta의 연구에 대한 소문이 자자해 그는 Napoleon 황제 앞에서 직접 시연하라는 요청을 받았다.

VOCA

- starting point 출발점[기점]
- electric battery 전지
- combination 조합[결합](물)
- copper 구리, 동
- zinc 아연
- electrical current 전류
- enhanced 향상된
- stack 쌓다[포개다]; 쌓이다, 포개지다
- soaked 흠뻑 젖은
- talk 소문[이야기]
- conduct 수행하다
- demonstration 시연

전치사+관계대명사=관계부사

- 관계부사(where, when, how, why)는 선행사를 수식하는 형용사절을 이끌면서, 그 절에서 선행사를 대신하는 부사 역할을 한다.
- 관계부사는 '부사+접속사'의 역할을 하며, '전치사+관계대명사(which)'로 바꿀 수 있다.
- 관계부사의 종류

선행사	관계부사	전치사+which
시간(the time)	when	at which, on which, in which 등
장소(the place)	where	at which, on which, in which, to which 등
방법(the way)	how	in which 등
이유 (the reason)	why	for which 등

예 I don't know *the exact time*.＋The TV show will finish at *the exact time*.

= I don't know the exact time which the TV show will finish at. → 관계대명사

= I don't know the exact time at which the TV show will finish. → 전치사+관계대명사

= I don't know the exact time when the TV show will finish. → 관계부사 – 시간

(나는 그 TV 쇼가 끝나는 정확한 시간을 모른다.)

09 난도 ★★☆   정답 ①

독해 > 대의 파악 > 제목, 주제

정답의 이유

첫 번째 문장에서 'Lasers are possible because of the way light interacts with electrons(레이저는 빛이 전자와 상호작용하는 방식 때문에 발생 가능하다).'라고 레이저의 발생 원리를 제시한 후에, 구체적으로 전자의 특징과 전자가 빛에 반응하여 특정 파장을 방출하는 방식을 설명하고 있으므로 글의 제목으로 가장 적절한 것은 ① 'How Is Laser Produced(레이저는 어떻게 생성되는가)?'이다.

오답의 이유

② 레이저는 언제 발명되었는가?

③ 레이저는 어떤 전자들을 방출하는가?

④ 전자들은 왜 빛을 반사하는가?

레이저는 빛이 전자와 상호작용하는 방식 때문에 (발생이) 가능하다. 전자는 특정 원자 또는 분자의 특정한 에너지 준위 혹은 상태로 존재한다. 에너지 준위는 고리 또는 핵 주위의 궤도로 상상될 수 있다. 외부 고리의 전자는 내부 고리의 전자보다 에너지 준위가 더 높다. 전자는, 예를 들어, 섬광과 같은 에너지 주입에 의해 더 높은 에너지 준위로 상승할 수 있다. 전자가 외부에서 내부 에너지 준위로 떨어지면, '잉여' 에너지가 빛으로 발산된다. 발산된 빛의 파장 또는 색은 방출되는 에너지의 양과 정확하게 관련이 있다. 사용되는 특정 레이저 재료에 따라 (전자에 동력을 제공하거나 자극하기 위해) 특정 파장의 빛이 흡수되고, (전자가 초기 준위로 떨어질 때) 특정 파장이 방출된다.

VOCA

- interact with ～와 상호작용을 하다
- electron 전자
- energy level [물리] 에너지 준위, 맹렬히 활동하는 힘
- state 상태
- characteristic of ～에 특유한
- atom 원자
- molecule 분자
- ring 고리, 고리 모양의 것
- orbit 궤도
- nucleus 핵
- bump up 올리다, 인상하다
- injection 주입, 투여
- a flash of light 섬광
- drop from ～에서 떨어지다[떨어뜨리다]
- give off 발산하다, 방출하다, 뿜다
- wavelength 파장
- emit 발산하다, 방출하다, 내뿜다
- absorb 흡수하다
- energize 동력을 제공하다, 작동시키다
- excite 자극하다
- fall back to ～까지 후퇴하다
- initial 초기의, 처음의

10 난도 ★★☆   정답 ③

독해 > 글의 일관성 > 무관한 어휘 · 문장

정답의 이유

제시문은 수리권(water rights) 시장의 현황과 수리권의 중요성에 관한 내용인데, ③은 증류수의 효과에 대한 설명이므로 글의 흐름상 어색한 문장은 ③ 'Drinking distilled water can be beneficial, ～ by another source(증류수를 마시는 것은 유익할 수 있지만, ～ 최선의 선택은 아닐 수 있다).'이다.

인구 증가가 (물) 부족으로 이어지고 기후 변화가 가뭄과 기근을 초래함에 따라 수리권 시장은 변화할 것으로 보인다. 그러나 그것은 지역적이고 윤리적인 무역 관행을 기초로 할 것이며, 대부분의 상품 거래와는 다를 것이다. 반대자들은 물 거래가 비윤리적이고 심지어 인권 침해라고 주장하지만, 이미 수리권은 오만에서 호주까지 세계의 건조 지역에서 매매된다. 증류수를 마시는 것은 유익할 수 있지만, 특히 미네랄이 다른 공급원에 의해 보충되지 않는다면, 모두에게 최선의 선택이 아닐 수 있다. Ziad Abdelnour는 말하기를 "우리는 물이 향후 10년 동안과 그 이후에 사실상 새로운 금으로 바뀔 것이라고 굳게 믿습니다."라고 했다. "스마트 머니가 공격적으로 이 방향으로 움직이는 게 놀라운 일이 아닙니다."

VOCA

- water rights 수리권(수자원을 독점적으로 사용할 수 있는 권리)
- evolve 변하다, 진화하다
- lead to ～로 이어지다
- drought 가뭄
- famine 기근
- ethical 윤리적인, 도덕적인
- trading practices 무역 관행
- the bulk of ～의 대부분
- commodity 상품
- detractor 비방가, 반대자
- breach 침해
- arid 건조한
- distilled water 증류수
- beneficial 이로운
- supplement 보충하다
- smart money 스마트 머니(전문적인 지식을 갖고 투자·투기한 돈)
- aggressively 공격적으로

11 난도 ★☆☆ 정답 ④

표현 > 일반회화

정답의 이유

대학교의 구내식당 메뉴 변경과 새로운 음식 공급업체를 구한 것에 대해 이야기하고 있는 상황이다. 빈칸 다음에서 B가 디저트 메뉴 선택지가 많아졌고, 일부 샌드위치 메뉴가 없어졌다고 말하고 있으므로 빈칸에 들어갈 말로 가장 적절한 것은 ④ 'What's the difference from the last menu(예전 메뉴와 다른 점이 무엇인가요)'이다.

오답의 이유

① 가장 좋아하는 디저트는 무엇인가요
② 그들의 사무실이 어디 있는지 아시나요
③ 메뉴에 관해 내 도움이 필요한가요

본문해석

A: 대학교 구내식당 메뉴가 바뀌었다고 들었어요.
B: 맞아요, 내가 방금 확인했어요.
A: 그리고 새로운 공급업체를 구했대요.
B: 맞아요, Sam's Catering이에요.
A: 예전 메뉴와 다른 점이 무엇인가요?
B: 디저트 메뉴 선택지가 많아졌어요. 그리고 일부 샌드위치 메뉴는 없어졌어요.

VOCA

- cafeteria 구내식당, 카페테리아
- caterer 음식 공급자

12 난도 ★☆☆ 정답 ③

표현 > 일반회화

정답의 이유

빈칸 앞에서 A가 스웨터 가격이 120달러라고 하고, 빈칸 다음에서 A가 다른 스웨터를 권하면서 50달러로 세일 중이라고 했으므로 문맥상 B가 처음 제안받은 스웨터의 가격이 비싸다고 말했음을 유추할 수 있다. 따라서 빈칸에 들어갈 말로 가장 적절한 것은 ③ 'It's a little out of my price range(제가 생각한 가격대를 좀 넘네요)'이다.

오답의 이유

① 그것과 어울리는 바지도 한 벌 필요해요
② 그 재킷은 저를 위한 완벽한 선물이에요
④ 토요일엔 오후 7시까지 영업합니다

본문해석

A: 안녕하세요. 도와드릴까요?
B: 네, 스웨터를 찾고 있어요.
A: 음, 이게 가을 컬렉션으로 나온 최신 스타일입니다. 어떠세요?
B: 멋지네요. 얼마예요?
A: 가격 확인해드릴게요. 120달러예요.
B: 제가 생각한 가격대를 좀 넘네요.
A: 그럼 이 스웨터는 어떠세요? 지난 시즌에 나온 건데, 50달러로 세일 중이에요.
B: 완벽해요! 입어볼게요.

VOCA

- gorgeous (아주) 멋진
- try on 입어보다
- go with 어울리다
- price range 가격대, 가격폭

13 난도 ★☆☆   정답 ②

어법 > 영작하기

[정답의 이유]

② 비교급을 사용해 최상급의 뜻을 나타내는 표현으로, as 앞에 비교급 more precious가 쓰였으므로 as → than으로 고쳐야 한다.

[오답의 이유]

① 난이형용사(easy, difficult 등)가 'It is easy[difficult 등]+to부정사' 구문으로 적절하게 쓰였으며, for us는 to부정사(to learn)의 의미상의 주어이다. 부사구 'by no means(결코 ~이 아닌)'가 삽입되었다.

③ cannot ~ too는 '아무리 ~해도 지나치지 않다'라는 뜻의 조동사 관용표현으로 적절하게 사용되었다. 주절의 주어와 부사절의 주어가 children으로 일치하므로 부사절의 주어를 생략하고 'when+현재분사(when crossing)'로 적절하게 쓰였다.

④ 관계대명사 what은 선행사를 포함하며, 동사 believes의 목적어로 명사절을 이끌고 있다.

VOCA

• by no means   결코 ~이 아닌
• precious   소중한
• cross   (가로질러) 건너다; 가로지르다, 횡단하다

더 알아보기

원급과 비교급으로 최상급 표현하기

최상급	주어+동사+the 최상급
원급	부정 주어(No one/Nothing, No other one/thing)+동사+as 원급 as+주어로 썼던 명사
비교급	• 부정 주어(No one/Nothing, No other one/thing)+동사+비교급 than+주어로 썼던 명사 • 주어로 썼던 명사+동사+비교급 than+any other+단수명사

예 Time is the most precious in our life.
(시간은 우리 삶에서 가장 중요하다.)
= *Nothing* is more precious than time in our life.
= Time is more precious than *anything else* in our life.
= *Nothing* is as precious as time in our life.

예 This is the most expensive watch in the world.
(이것은 세상에서 가장 비싼 시계이다.)
= This is more expensive than *any other watch* in the world.
= *No other watch* in the world is as expensive as this.

14 난도 ★★☆   정답 ④

어법 > 영작하기

[정답의 이유]

④ '~한 채로'의 동시 상황을 나타내는 'with+목적어+분사' 구문에서 목적어와 분사의 관계가 능동이면 현재분사, 수동이면 과거분사를 사용한다. 다리가 '꼬여지는' 것이므로 crossing → crossed가 되어야 한다.

[오답의 이유]

① 그녀가 커피 세 잔을 마신 시점이 잠을 이룰 수 없던 시점보다 이전이므로 완료형 분사구문(Having drunk)이 올바르게 사용되었다.

② As she is a kind person이라는 부사절의 분사구문(Being a kind person)으로 이때 Being은 생략할 수도 있다.

③ 주절의 주어(she)와 부사절의 주어(all things)가 다를 때 분사구문의 주어를 표시해 주는 독립분사구문으로, 부사절의 주어인 All things는 고려되는 대상이므로 수동형인 과거분사(considered)가 적절하게 쓰였다. 이때 All things (being) considered에서 being이 생략되었다.

VOCA

• fall asleep   잠들다
• best-qualified   가장 적임인
• position   직위, 지위
• raise   올리다[인상하다/높이다]
• blood pressure   혈압

15 난도 ★★☆   정답 ②

독해 > 빈칸 완성 > 연결어

[정답의 이유]

다양한 애도 문화에 관한 글이다. 빈칸 (A) 앞 문장에서 'Yet among the Hopi Indians of Arizona, the deceased are forgotten as quickly as possible and life goes on as usual(하지만 애리조나의 Hopi 인디언들 사이에서는 고인이 가능한 한 빨리 잊히고 삶은 평소처럼 계속된다).'이라고 한 다음에, 빈칸 (A) 뒤에서 'the Hopi funeral ritual concludes with a break-off between mortals and spirits(Hopi의 장례 의식은 인간과 영혼 사이의 단절로 끝난다).'라고 했으므로 문맥상 빈칸 (A)에는 In fact 또는 Therefore가 들어가는 것이 적절하다. 빈칸 (B) 앞에서 유족들이 슬픔에 깊이 몰입하기를 권장하는 이집트에 관해서 서술하고, 빈칸 (B) 다음에 'in Bali, bereaved Muslims are encouraged to laugh and be joyful rather than be sad(발리에서는 이슬람교 유족들이 슬퍼하기보다는 웃고 기뻐하도록 권장된다).'라고 하면서 죽음을 애도하는 이집트와 발리의 대조적인 방식을 서술하고 있으므로 문맥상 빈칸 (B)에는 By contrast가 들어가는 것이 적절하다. 따라서 (A), (B)에 들어갈 말로 가장 적절한 것은 ②이다.

망자와의 관계 유지에 대한 믿음은 문화마다 다르다. 예를 들면, 일본의 종교의식에서는 고인과의 유대를 유지하는 것이 받아들여지고 지속된다. 하지만 애리조나의 Hopi 인디언들 사이에서는 고인이 가능한 한 빨리 잊히고 삶은 평소처럼 계속된다. (A) 실제로, Hopi의 장례 의식은 인간과 영혼 사이의 단절로 마무리된다. 애도의 다양성이 두 이슬람교 사회, 즉 이집트와 발리에서보다 더 극명한 곳은 없다. 이집트의 이슬람교도 사이에서 유족들은 비극적인 이야기에 유사하게 공감하고, 그들의 슬픔을 표현하는 다른 사람들에게 둘러싸여 슬픔에 오래 잠겨있도록 권장된다. (B) 반대로, 발리에서는 이슬람교 유족들이 슬퍼하기보다는 웃고 기뻐하도록 권장된다.

VOCA

- tie (강한) 유대(관계)
- vary 다르다
- the deceased 고인
- sustain 계속하다, 지속하다
- ritual 의식
- funeral 장례
- conclude with ~로 마무리짓다
- break-off 단절, 분리
- mortal (특히 아무 힘없는 일반 보통) 사람[인간]
- diversity 다양성
- grieve 비통해하다, 애도하다
- the bereaved 유족
- dwell on ~을 곱씹다, 숙고하다
- at length 오래
- grief 슬픔
- relate to ~에 공감하다
- tragic 비극적인
- account (있었던 일에 대한) 설명[이야기/말]

16 난도 ★★☆　　　　　　　　　　정답 ④

독해 > 빈칸 완성 > 단어 · 구 · 절

정답의 이유

세 번째 문장에서 'Warm ocean water moving underneath the vast glaciers is causing them to melt even more quickly(거대한 빙하 아래에서 움직이는 따뜻한 바닷물이 빙하를 훨씬 더 빨리 녹게 하고 있다).'라고 했으며, 뒷부분에서 이와 관련된 구체적인 연구 결과에 관해 제시하고 있으므로 빈칸에 가장 적절한 것은 빙하가 더 빨리 녹는 과정에 대한 표현인 ④ 'accelerating(가속화하는)'이다.

오답의 이유

① 분리시키는
② 지연시키는
③ 방지하는

과학자들은 더 높아진 대기 온도로 인해 그린란드 빙하의 표면이 녹고 있다는 것을 오래 전부터 알고 있었다. 하지만 새로운 연구는 아래로부터 빙하를 공격하기 시작한 또 다른 위협을 발견했는데, 거대한 빙하 아래에서 움직이는 따뜻한 바닷물이 빙하를 훨씬 더 빨리 녹게 하고 있다는 사실이다. 이 연구 결과는 그린란드 북동부에 위치한 빙하 79N(Nioghalvfjerdsfjorden Glacier)의 많은 'ice tongue' 중 하나를 연구한 연구자들에 의해 *Nature Geoscience*지에 실렸다. ice tongue은 육지의 빙하와 분리되지 않은 채로 물 위를 떠다니는 좁고 긴 얼음 조각이다. 이 과학자들이 연구한 그 거대한 ice tongue은 길이가 거의 50마일이다. 이 조사는 대서양에서 나온 따뜻한 물이 폭 1마일 이상의 수중 해류를 이루어 빙하로 직접 흘러갈 수 있으며, 많은 양의 열을 얼음과 접촉시켜 빙하가 녹는 것을 가속화하는 것을 밝혀냈다.

VOCA

- contribute to ~의 원인이 되다, ~에 기여하다
- ice sheet 대륙빙하
- glacier 빙하
- finding (조사 · 연구 등의) 결과, 결론
- strip 가느다랗고 긴 조각, 좁고 기다란 육지[바다]
- massive 거대한
- reveal 밝히다, 드러내다
- current 흐름, 해류, 기류

독해 > 대의 파악 > 제목, 주제

[정답의 이유]

첫 문장에서 'Do people from different cultures view the world differently(다른 문화권의 사람들은 세상을 다르게 볼까)?'라고 질문하고, 이에 대한 답변으로 한 심리학자의 실험 결과를 제시하고 있다. 일본과 미국 학생들에게 동일한 수중 물체의 애니메이션 장면을 보여주었을 때 서로 다른 것에 초점을 두었다는 예시를 들어 서로 다른 문화권의 사람들이 세상을 어떻게 다르게 보는지 설명하고 있으므로 글의 제목으로 적절한 것은 ③ 'Cultural Differences in Perception(인지에 있어서의 문화적 차이)'이다.

[오답의 이유]

① 일본인과 미국인 사이의 언어 장벽
② 뇌 안에서의 사물과 배경의 관련성
④ 꼼꼼한 사람들의 우수성

[본문해석]

다른 문화권의 사람들은 세상을 다르게 볼까? 한 심리학자가 일본과 미국 학생들에게 물고기와 다른 수중 물체의 사실적인 애니메이션 장면을 보여주며 그들이 본 것을 보고하도록 요구했다. 미국인들과 일본인들은 초점 물고기 수에 대해서는 거의 동일한 수를 언급했지만, 일본인들은 물, 바위, 거품, 그리고 비활동적인 동식물을 포함한 배경 요소들에 대해 60% 이상 더 많이 언급했다. 게다가, 일본과 미국의 참가자들은 활동적인 동물을 포함한 움직임에 대해서는 거의 동일한 수를 언급했지만, 일본의 참가자들은 비활동적인 배경 물체와 관련된 관계에 대해 거의 두 배 가까이 더 많이 언급했다. 아마도 가장 강력하게, 일본인 참가자들의 첫 문장은 환경을 나타내는 문장일 가능성이 높았던 반면, 미국인 참가자들의 첫 문장은 초점 물고기를 가리키는 문장이었을 가능성이 3배 더 많았다.

[VOCA]

- reference 언급
- focal 중심의, 초점의
- inert 비활성의, 비활동적인
- tellingly 강력하게
- language barrier 언어 장벽
- association 연상, 유대, 제휴

독해 > 글의 일관성 > 문장 삽입

[정답의 이유]

주어진 문장이 Thus(따라서)로 시작하므로 주어진 문장은 이전 문장의 결과를 설명하고 있음을 알 수 있다. 따라서, 주어진 문장 앞에는 '혈액이 뇌로 더 잘 순환될 수 있는 상황'이 제시되어야 한다. ④ 앞에서 앉거나 서 있는 대신 신체를 수평으로 하거나 누울 때 가해지는 중력은 혈액이 다리가 아닌 등에 울혈하기 때문에 사람들이 더 잘 견딜 수 있다고 했으므로 문맥상 주어진 문장이 들어갈 위치로 가장 적절한 곳은 ④이다.

[본문해석]

사람들은 다양한 방식으로 중력(g-force)에 노출될 수 있다. 그것은 등을 두드릴 때처럼 신체의 한 부위에만 영향을 미치는 국부적인 것일 수 있다. 그것은 또한 자동차 충돌사고 시 겪는 강한 힘처럼 순간적일 수도 있다. 중력의 세 번째 유형은 최소 몇 초 동안 이어지는 지속적인 것이다. 전신에 걸친 지속적인 중력이 사람들에게 가장 위험하다. 신체는 보통 지속적인 중력보다 국소적이거나 순간적인 중력을 더 잘 견디는데, 지속적인 중력은 혈액이 다리로 몰려 신체 나머지 부분에서 산소를 빼앗기 때문에 치명적일 수 있다. 앉거나 서 있는 대신 신체를 수평으로 하거나 누울 때 가해지는 지속적인 중력은 혈액이 다리가 아닌 등에 울혈하기 때문에 사람들이 더 잘 견딜 수 있는 경향이 있다. 따라서 심장이 혈액과 생명을 주는 산소를 뇌로 순환시키기 더 쉽다. 우주 비행사와 전투기 조종사 같은 일부 사람들은 중력에 대한 신체 저항을 증가시키기 위해 특별한 훈련 연습을 받는다.

[VOCA]

- circulate 순환시키다, 보내다
- gravitational force 중력, 인력
- localize 국한시키다[국부적이 되게 하다]
- momentary 순간적인
- endure 견디다
- sustain 지속[계속]시키다
- withstand 견디다, 참다
- deadly 치명적인
- deprive 빼앗다, 부족하게 하다
- horizontal 가로의, 수평의
- tend to ~하는 경향이 있다
- tolerable 참을 수 있는, 견딜 수 있는
- pool (피가) 울혈하다
- astronaut 우주비행사
- undergo 받다, 겪다
- resistance 저항

영어

안동과목

독해 > 대의 파악 > 요지, 주장

정답의 이유

첫 문장 후반부에서 '~ you're usually better off proposing all your changes at once.'라며, 제안에 대한 협상을 한꺼번에 제시할 것을 조언하고 있다. 이어서 원하는 것을 한 가지씩 차례로 요구했을 경우 그로 인해 부정적인 결과가 야기될 수 있음을 암시하고 있다. 따라서 글의 요지로 가장 적절한 것은 ① 'Negotiate multiple issues simultaneously, not serially(여러 문제를 연속적이 아니라 동시에 협상해라).'이다.

오답의 이유

② 성공적인 협상을 위해 민감한 주제를 피하라.

③ 여러분의 협상을 위해 알맞은 시간을 선택하라.

④ 임금 협상을 할 때 너무 직설적으로 하지 마라.

본문해석

만약 누군가 여러분에게 제안하고 여러분이 그 일부에 대해 정당하게 걱정된다면, 보통 여러분의 모든 변경 요청을 한꺼번에 제안하는 것이 더 낫다. "월급이 좀 적어요. 어떻게 좀 해주시겠어요?"라고 말하고 나서 그녀가 작업을 마치면 "고맙습니다. 이제 제가 원하는 다른 두 가지가 있는데…"라고 말하지 마라. 처음에 한 가지만 요구한다면, 그녀는 그 한 가지가 해결된다면 여러분이 그 제안을 받아들일 준비가 되어 있다고 (적어도 결정을 내릴 준비가 되어 있다고) 생각할지 모른다. 만약 여러분이 계속해서 "그리고 한 가지 더…"라고 말한다면, 그녀는 관대하거나 이해심 많은 기분으로 계속 있지 않을 가능성이 높다. 게다가, 만약 여러분의 요구사항이 한 가지 이상이라면, 그 모든 것들을 A, B, C, D라고 단순히 언급하지 말고, 그것들 각각이 여러분에게 갖는 상대적 중요성에 대한 신호를 보내라. 그러지 않으면, 그녀는 여러분에게 제공하기 상당히 쉽다는 이유로 여러분이 가장 덜 중요하게 여기는 두 가지를 고르고, 여러분과 타협했다고 느낄지도 모른다.

VOCA

• legitimately 정당하게, 합법적으로

• be concerned about ~에 관심을 가지다, 걱정하다

• better off ~하는 것이 더 나은

• at once 동시에, 한번에

• initially 초기에, 처음에

• assume 추정하다, 가정하다

• relative 상대적인

• otherwise 그렇지 않으면

• meet ~ halfway ~와 타협[절충]하다

• negotiate 협상하다

• simultaneously 동시에, 일제히

• serially 연속으로

독해 > 글의 일관성 > 글의 순서

정답의 이유

주어진 글에서 두 번째 문장의 certain characteristics는 (B)의 첫 문장에서 these characteristics로 이어지고, (B)의 this idea에 관한 예시를 (C)에서 For example로 설명하고 있다. 마지막으로 획득형질 유전을 위해서는 DNA 변형이 필요하다는 (C)의 내용을 (A)에서 this로 받아 이것이 일어난다는 증거는 없지만 Lamarck의 가설이 Darwin의 장을 마련하는 데 도움이 되는 중요한 의미가 있다고 마무리 짓는 것이 자연스럽다. 따라서 글의 순서로 가장 적절한 것은 ③ '(B) − (C) − (A)'이다.

본문해석

오늘날, Lamarck는 적응이 어떻게 진화하는지에 대한 잘못된 설명으로 대부분 부당하게 기억된다. 그는 특정 신체 부위를 사용하거나 사용하지 않음으로써 유기체가 특정 형질을 발달시킨다고 제안했다.

(B) Lamarck는 이러한 형질이 자손에게 전해질 것이라고 생각했다. Lamarck는 이 발상을 '획득형질 유전'이라고 불렀다.

(C) 예를 들어, Lamarck는 캥거루의 강력한 뒷다리는 그 조상들이 점프로 그들의 다리를 강화시키고, 그 획득된 다리 힘을 자손에게 전한 결과라고 설명할 수 있다. 그러나 획득된 형질이 유전되려면 특정 유전자의 DNA를 어떻게든 변형시켜야 할 것이다.

(A) 이것이 일어난다는 증거는 없다. 그럼에도 불구하고, 유기체가 자신의 환경에 적응할 때 진화가 일어난다고 한 Lamarck의 제안에 주목하는 것은 중요하다. 이 발상은 Darwin을 위한 장을 마련하는 데 도움이 되었다.

VOCA

• unfairly 부당하게, 불공평하게

• adaptation 적응, 순응

• organism 유기체, 생물

• adapt to ~에 적응하다

• set the stage for ~을 위한 장을 마련하다

• pass on 넘겨주다, 물려주다, 전달하다

• offspring 자식, 자손, 새끼

• inheritance 유전

• acquire 획득하다, 얻다

• ancestor 조상

• somehow 어떻게든

• modify 변형하다, 수정하다

• gene 유전자

영어 | 2022년 지방직 9급

한눈에 훑어보기

✓ 영역 분석

어휘 01 02 03 04
4문항, 20%

독해 11 12 13 14 15 16 17 18 19 20
10문항, 50%

어법 05 06 07 08
4문항, 20%

표현 09 10
2문항, 10%

✓ 빠른 정답

01	02	03	04	05	06	07	08	09	10
②	①	④	④	②	②	①	①	④	④
11	12	13	14	15	16	17	18	19	20
③	③	④	③	③	③	①	①	②	②

✓ 점수 체크

구분	1회독	2회독	3회독
맞힌 문항 수	/ 20	/ 20	/ 20
나의 점수	점	점	점

---

01 난도 ★☆☆   정답 ②

어휘 > 단어

정답의 이유

밑줄 친 flexible은 '융통성 있는'의 뜻으로 이와 의미가 가장 가까운 것은 ② 'adaptable(적응할 수 있는)'이다.

오답의 이유

① 강한

③ 정직한

④ 열정적인

본문해석

> 학교 교사들은 학생들의 다양한 능력 수준에 대처하기 위해 융통성이 있어야 한다.

VOCA

• cope with ~에 대처하다

02 난도 ★☆☆   정답 ①

어휘 > 단어

정답의 이유

밑줄 친 vary는 '달라지다[다르다]'의 뜻으로 이와 의미가 가장 가까운 것은 ① 'change(변하다, 달라지다)'이다.

오답의 이유

② 줄어들다

③ 확장되다

④ 포함하다

본문해석

> 곡물 수확량은 달라지는데, 일부 지역에서는 개선되고 다른 지역에서는 하락한다.

VOCA

• crop yields 곡물 수확량

• improving 개량[개선]하는

• falling 하락하는; 감퇴하는

03 난도 ★☆☆ 　　　　　　　　　　　　　　　　정답 ④

어휘 > 어구

[정답의 이유]

밑줄 친 with respect to는 '~에 관하여'의 뜻으로 이와 의미가 가장 가까운 것은 ④ 'in terms of(~에 관하여)'이다.

[오답의 이유]

① ~의 위기에 처한

② ~에도 불구하고

③ ~에 찬성하여

[본문해석]

나의 교육에 관하여 나는 누구에게도 열등하다고 느끼지 않는다.

[VOCA]

• inferior to ~보다 열등한

04 난도 ★☆☆ 　　　　　　　　　　　　　　　　정답 ④

어휘 > 어구

[정답의 이유]

빈칸 다음의 목적어(money)와 부사구(long before the next payday)로 미루어 문맥상 빈칸에는 급여일 전에 돈과 관련된 표현이 들어감을 유추할 수 있으므로 빈칸에 들어갈 말로 가장 적절한 것은 ④ 'run out of(~을 다 써버리다)'이다.

[오답의 이유]

① ~으로 변하다

② 다시 시작하다

③ ~을 참다

[본문해석]

때때로 우리는 다음 급여일 훨씬 이전에 돈을 다 써버린다.

[VOCA]

• payday 급여[임금] 지급일

05 난도 ★★☆ 　　　　　　　　　　　　　　　　정답 ②

어법 > 비문 찾기

[정답의 이유]

② 문장의 주어(Toys children wanted all year long)가 복수명사(Toys)이므로 동사가 복수형이어야 한다. 이때 children wanted all year long은 toys를 수식하는 관계대명사절로 목적격 관계대명사(that)가 생략되었다. 또한 장난감이 '버려지는' 것이므로 능동태가 아닌 수동태를 써야 한다. 따라서 has recently discarded → have recently been discarded가 되어야 한다.

[오답의 이유]

① ask의 직접목적어인 간접의문문의 어순이 '의문사(why)+주어+동사'로 올바르게 사용되었다. keep은 동명사를 목적어로 취하는 동사로 '계속 ~하다'의 뜻이므로 kept coming이 올바르게 사용되었다.

③ 주격 관계대명사 who의 선행사가 단수명사(someone)이므로 관계사절의 동사(is)의 수일치가 올바르게 사용되었다. 'be ready to+동사원형'은 '~할 준비가 되어 있다'의 뜻이며, 'lend[give] a (helping) hand'는 '도움을 주다'의 뜻이다.

④ 주어(insects)가 냄새에 '이끌리는' 것이므로 수동태(are often attracted by scents)로 올바르게 사용되었으며 빈도부사(often)는 be동사 다음에 위치한다. 또한 관계대명사 that의 선행사가 scents이므로 관계사절의 동사 aren't의 수일치도 올바르게 사용되었다.

[본문해석]

① 그는 내게 왜 매일 계속 돌아왔는지 물었다.

② 아이들이 일 년 내내 원했던 장난감들이 최근 버려졌다.

③ 그녀는 언제나 도움을 줄 준비가 되어 있는 사람이다.

④ 곤충들은 종종 우리에게는 분명하지 않은 냄새에 이끌린다.

[VOCA]

• discard (불필요한 것을) 버리다, 폐기하다

• be attracted by ~에 마음을 빼앗기다, 매혹되다

• scent 냄새

• obvious 분명한[명백한]

06 난도 ★★☆ 　　　　　　　　　　　　　　　　정답 ②

어법 > 비문 찾기

[정답의 이유]

② a feeling of 다음에 명사 A, B, and C가 병렬 구조로 이어지는데, warm은 형용사이므로 warm → warmth가 되어야 한다.

[오답의 이유]

① 'both+복수명사'이므로 sides가 올바르게 사용되었다. write는 '(글자·숫자를) 쓰다'라는 뜻의 자동사로 쓰였다.

③ The number of(~의 수)는 단수 취급하므로 단수동사(is)가 올바르게 사용되었다.

④ 가정법 과거완료에서 if가 생략되면, 주어와 동사가 도치되어 'Had+주어+p.p.'가 되므로 'Had I realized ~'로 올바르게 사용되었다. 또한 what you were intending to do는 realized의 목적어가 되는 간접의문문이므로 '의문사(what)+주어+동사'의 어순이 올바르게 사용되었다.

[본문해석]

① 너는 종이의 양면에 글을 쓸 수 있다.

② 나의 집은 내게 안정감, 따뜻함 그리고 사랑의 느낌을 준다.

③ 자동차 사고의 수가 증가하고 있다.

④ 네가 무엇을 하려고 했는지 알았더라면, 내가 너를 말렸을 텐데.

[VOCA]

• offer 내놓다[제공하다]

• be on the rise 증가하고 있다

• intend to ~할 작정이다, ~하려고 생각하다

더 알아보기

자동사로도 쓰이는 타동사

• 타동사와 자동사 둘 다 쓰이는 동사

동사	자동사/타동사	동사	자동사/타동사
sell	팔리다/팔다	photograph	사진이 잘 나오다/~의 사진을 찍다
read	(~하게) 읽히다/~을 읽다	write	써지다/~을 쓰다
peel	벗겨지다/~을 벗기다	wash	씻기다/~을 씻다
eat	식사하다/~을 먹다	open	열리다/~을 열다

예 The door opened. → 자동사: 열리다

(그 문이 열렸다.)

예 She opened the door. → 타동사: ~을 열다

(그녀는 그 문을 열었다.)

예 This pen won't write. → 자동사: 써지다

(이 펜은 [글씨가] 잘 안 써진다.)

예 Ellen hopes to write a book about her experiences one day. → 타동사: ~을 쓰다

(Ellen은 언젠가는 자신의 경험에 대한 책을 쓰고 싶어 한다.)

• 동사의 상태를 설명하는 양태부사와 함께 쓸 경우 '주어+자동사 +양태부사'로 쓰며, 수동의 의미로 해석한다.

예 The book sold *well* and was reprinted many times.

→ 자동사: 팔리다

(그 책은 잘 팔려서 여러 번 재인쇄되었다.)

예 Most supermarkets sell a range of organic products.

→ 타동사: 팔다

(대부분 슈퍼마켓들이 다양한 유기농 제품들을 판다.)

예 We have to eat *well* to be healthy. → 자동사: 식사하다

(우리는 건강해지기 위해 잘 먹어야 한다.)

예 I don't eat meat. → 타동사: ~을 먹다

(나는 고기[육류]를 안 먹는다.)

예 Sally just doesn't photograph *well*. → 자동사: 사진이 잘 나오다

(Sally는 그냥 사진이 잘 안 받는다.)

예 He has photographed some of the world's most beautiful scenes. → 타동사: ~의 사진을 찍다

(그는 세계에서 가장 아름다운 장면들 중 일부의 사진을 찍었다.)

어법 > 영작하기

[정답의 이유]

① afford to는 '~할 여유가 있다'의 뜻으로 주어진 우리말이 단 한 푼의 돈도 낭비할 수 '없다'이므로 can → cannot이 되어야 한다.

[오답의 이유]

② fade from은 '~에서 사라지다'의 뜻이며, fade는 자동사로 올바르게 사용되었다.

③ have no alternative but to는 '~하는 것 외에는 대안이 없다 [~할 수밖에 없다]'라는 뜻의 관용표현으로, to 다음에 동사원형 (resign)이 올바르게 사용되었다. have no choice but to와 같 은 뜻이다.

④ aim은 to부정사를 목적어로 취하는 동사이므로 to start가 올바 르게 사용되었으며, 현재진행시제(I'm aiming)가 '~할 작정이 다'의 뜻으로 미래시제를 대신해서 올바르게 사용되었다. in five years는 '5년 후에'의 뜻으로 사용되었다.

VOCA

• resign 사임하다

• aim 목표하다, 작정이다

더 알아보기

자주 출제되는 준동사 관용표현

cannot help -ing/cannot but+동사원형/have no choice [alternative] but to 동사원형: '~하지 않을 수 없다, ~하는 수밖에 없다, ~하는 것 외에 대안이 없다'

예 We couldn't but *cry* over the war victims.

(우리는 전쟁 희생자들을 보고 울지 않을 수 없었다.)

예 I can't help *thinking* he knows more than he has told us.

(나는 그가 우리에게 말한 것보다 더 많은 것을 알고 있다고 생 각할 수밖에 없다.)

예 She had no choice but to *give up* her goal because of the accident.

(그녀는 그 사고 때문에 그녀의 목표를 포기할 수밖에 없었다.)

예 We have no alternative but to *withdraw*.

(우리는 철수하는 수밖에 없다.)

08 난도 ★★☆   정답 ①

어법 > 영작하기

정답의 이유

① 부정어가 문두에 오면 주어와 동사가 도치된다. '~하자마자 ~했다'는 'No sooner+had+주어+p.p.+than+주어+과거동사'이므로 I have finishing → had I finished가 되어야 한다.

오답의 이유

② 주어진 우리말이 '~해야만 할 것이다'이므로 'will have to+동사원형(will have to pay)'이 올바르게 사용되었다. sooner or later는 '조만간'이라는 뜻이다.

③ 관계대명사 what의 관용표현으로 'A is to B what C is to D'는 'A와 B의 관계는 C와 D의 관계와 같다'의 뜻이다.

④ end up −ing는 '결국 ~하게 되다'라는 의미의 표현으로 올바르게 사용되었다.

더 알아보기

관계대명사 what의 관용표현

what we[they, you] call = what is called = what one calls	소위, 이른바, 말하자면
what one is[was, used to be] what one has what one does	현재[과거]의 인격, 인물, 본성 소유물 행동
A is to B what C is to D = A is to B as C is to D = What C is to D, A is to B = As C is to D, (so) A is to B	A와 B에 대한 관계는 C와 D에 대한 관계와 같다

예 They experience what is called jet lag.
(그들은 소위 시차를 경험한다.)

예 Reading is to the mind what food is to the body.

= *Reading* is to the mind as food is to the body.

= What food is to the body, reading is to the mind.

= As food is to the body, (so) reading is to the mind.

(독서와 정신에 대한 관계는 음식과 몸에 대한 관계와 같다.)

예 Words are to language what notes are to music.
(단어와 언어의 관계는 음표와 음악의 관계와 같다.)

09 난도 ★☆☆   정답 ④

표현 > 일반회화

정답의 이유

④ A가 캔버스에 그리고 싶은 '대상(subject)'이 있는지 물었는데, B가 고등학교 때 역사 과목(subject)을 잘하지 못했다고 대답했으므로 적절한 응답이 아니다.

본문해석

① A: 나는 이 신문이 편견이 없어서 좋아.

    B: 그 점이 그 신문이 판매 부수가 가장 많은 이유야.

② A: 잘 차려입은 이유라도 있는 거니?

    B: 응, 오늘 중요한 면접이 있어.

③ A: 나는 연습 때는 공을 똑바로 칠 수 있지만, 경기 중에는 칠 수 없어.

    B: 나도 항상 그래.

④ A: 캔버스에 그리고 싶은 특별한 대상이 있니?

    B: 나는 고등학교 때 역사 과목을 잘하지 못했어.

VOCA

• opinionated 자기 의견을 고집하는, 독선적인

• circulation (신문·잡지의) 판매 부수

• dress up 옷을 갖춰[격식을 차려] 입다

• subject (그림·사진 등의) 대상[소재], 과목

10 난도 ★☆☆   정답 ④

표현 > 일반회화

정답의 이유

시험 결과에 대한 대화로 빈칸 앞에서 B가 과학 시험에 대해 묻자 A가 시험을 잘 봤다고 말하고, 빈칸 다음에서 'I owe you a treat for that.'라고 했으므로 B가 시험과 관련하여 A에게 도움을 줬다는 것을 유추할 수 있다. 따라서 빈칸에 들어갈 말로 가장 적절한 것은 ④ 'I can't thank you enough for helping me with it(도와줘서 정말 고마워)'이다.

오답의 이유

① 이 일로 자책해도 소용없어

② 여기서 너를 만날 줄은 몰랐어

③ 사실, 우리는 매우 실망했어

본문해석

A: 이봐! 지리학 시험은 어땠어?

B: 나쁘지 않아. 고마워. 난 그저 끝나서 기뻐! 넌 어때? 과학 시험은 어땠어?

A: 오, 정말 잘 봤어. 도와줘서 정말 고마워. 내가 한턱낼게.

B: 천만에. 그러면, 다음 주에 예정된 수학 시험을 준비하고 싶니?

A: 물론이야. 같이 공부하자.

B: 좋은 생각이야. 나중에 봐.

VOCA

• geography 지리학

• go (일의 진행이 어떻게) 되다[되어 가다]

• owe 빚지다, 신세지다

• treat 대접, 한턱

• beat oneself up (~을 두고) 몹시 자책하다

11 난도 ★★☆　　　　　　　　　　정답 ③

독해 > 글의 일관성 > 글의 순서

정답의 이유

주어진 글은 시각장애인들에게는 일상적인 모든 일들이 어렵다는
내용으로, 주어진 문장의 'people who are blind'는 (B)의 they로
연결된다. (B)의 다른 사람의 눈을 '빌리다(borrow)'라는 개념은
'That's the thinking ~'으로 구체적으로 설명하는 (A)로 이어지는
것이 자연스럽다. 마지막으로 직원과 연결되어 실시간 영상으로 송
출하는 (A) 이후의 상황을 'can then answer questions, ~'라고
부연 설명하는 (C)로 연결하는 것이 자연스럽다. 따라서 글의 순서
로 가장 적절한 것은 ③ '(B) – (A) – (C)'이다.

본문해석

시각 장애인들에게 우편물 분류나 한 무더기의 빨래 세탁과 같은
일상적인 일은 힘겨운 일이다.
(B) 하지만 만약 그들이 볼 수 있는 누군가의 눈을 '빌릴' 수 있다면
　어떨까?
(A) 그것은 수천 명의 사용자들이 스마트폰이나 Aira 전매특허의 안
　경을 사용하여 그들 주변 환경의 실시간 영상을 상시 대기 직원
　에게 스트리밍할 수 있게 해주는 새로운 서비스인 Aira를 지지
　하는 생각이다.
(C) 연중무휴 이용 가능한 Aira 직원들은, 그러면, 질문에 답하고 사
　물을 설명하거나, 사용자에게 위치를 안내할 수 있다.

VOCA

- sort　분류하다
- a load of　많은, 한 짐의
- laundry　세탁물
- present　(문제 등을) 야기하다[겪게 하다]
- challenge　도전, 문제, 과제
- behind　뒤에서 (지지[후원]하는)
- stream　스트림 처리하다(데이터 전송을 연속적으로 이어서 하다)
- on-demand　요구만 있으면 (언제든지)
- what if　~면 어쩌지[~라면 어떻게 될까]?
- available 24/7　연중무휴로 이용 가능한
- guide　안내하여 데려가다[보여주다]

12 난도 ★★★　　　　　　　　　　정답 ③

독해 > 글의 일관성 > 문장 삽입

정답의 이유

주어진 문장의 역접 접속사(however)로 미루어 앞의 내용과 대조
되는 내용임을 유추할 수 있다. 주어진 문장에서 심장과 펌프를 비
교하는 것은 진정한 비유라고 했으므로 그 이전에는 비유가 될 수
없는 것에 대한 내용이 제시되었을 것을 유추할 수 있다. ③ 이전
문장에서 장미와 카네이션이 비유가 될 수 없는 이유로 같은 속에
속하는 장미와 카네이션이 같은 방식으로 특성들을 보여주고 있기
때문이라고 했는데, ③ 바로 다음 문장에서 'These are disparate
things, but they share important qualities(그것들은 서로 전혀
다른 것들이지만, 중요한 특성들을 공유한다) ~'라고 했으므로 글
의 흐름이 앞서 서술한 장미와 카네이션의 경우와는 대조적인 방향
으로 나감을 알 수 있다. 따라서 주어진 문장이 들어갈 위치로 적절
한 곳은 ③이다.

본문해석

비유는 두 사물이 아주 근본적인 여러 면에서 비슷하다고 주장되는
수사적 표현이다. 비록 그 두 사물이 전혀 다름에도 불구하고, 그것
들의 구조, 부분과의 관계, 또는 그것들이 기여하는 본질적인 목적
이 유사하다. 장미와 카네이션은 유사하지 않다. 그것들은 둘 다 줄
기와 잎을 가지고 있으며 둘 다 빨간색이다. 그러나 그것들은 같은
속이기 때문에, 같은 방식으로 이러한 특성들을 드러낸다. 하지만
심장을 펌프에 비교하는 것은 진정한 비유이다. 그것들은 서로 전혀
다른 것들이지만, 중요한 특성들, 즉 역학적인 장치(기관), 밸브(판
막)의 보유, 압력 증감 능력, 액체를 흐르게 하는 능력 등을 공유한
다. 그리고 심장과 펌프는 이러한 특성들을 다른 상황에서 다른 방
식으로 보여준다.

VOCA

- genuine　진짜의, 진품의
- analogy　비유, 유사점
- figure of speech　비유적 표현
- assert　~을 단언하다, 주장하다
- fundamental　근본[본질]적인
- serve　도움이 되다, 기여하다
- dissimilar　같지 않은, 다른
- analogous　유사한, 비슷한, 닮은
- stem　(식물의) 줄기
- exhibit　(감정·특질 등을) 보이다[드러내다]
- genus　(생물 분류상의) 속(屬)
- disparate　다른, 공통점이 없는
- mechanical　기계(상)의, 역학적인
- apparatus　기구, 장치, 기관
- fluid　유체(流體), 유동체
- context　맥락, 전후 사정, 상황

13 난도 ★★☆ 　　　　　　　　　　　　　정답 ④

독해 > 대의 파악 > 제목, 주제

정답의 이유

제시문은 생산성 향상을 통한 효율성 최적화에 관한 글로, 개인의 생산성 향상 방법을 제시하고 있다. 마지막 문장에서 'do one thing, uninterrupted, for a sustained period of time.'이라고 했으므로 글의 제목으로 가장 적절한 것은 ④ 'Do One Thing at a Time for Greater Efficiency(효율성을 더 높이려면 한 번에 한 가지 일을 하라)'이다.

오답의 이유

① 인생에서 더 많은 선택지를 만드는 방법

② 일상적 신체 능력 향상법

③ 멀티태스킹은 더 나은 효율성을 위한 답이다

본문해석

효율성이 최적화될 수 있는 분야 중 하나는 노동력인데, 직원 한 명이 주어진 시간 안에 처리하는 작업량(제품 생산량, 고객 서비스량)으로 정의되는 개인 생산성 향상을 통해 가능하다. 최적의 성과를 내기 위해 적절한 장비와 환경 및 교육에 대한 투자 외에도, 직원들이 현대의 에너지 소모인 '멀티태스킹'을 하지 않도록 함으로써 생산성을 높일 수 있다. 연구에 따르면, 동시에 다른 프로젝트들을 수행하려 할 때 한 가지 작업을 완료하는 데 25~40% 더 오래 걸린다고 한다. 컨설팅 회사 The Energy Project의 사업 개발 부사장인 Andrew Deutscher는 생산성을 더 높이기 위해서 "한 가지 일을, 중단 없이, 지속적인 기간 동안 하세요."라고 말한다.

VOCA

- efficiency 효율성
- optimize 최적화하다, 가장 효과적으로 하다
- work force 노동자, 노동력
- define 정의하다
- invest 투자하다
- equipment 설비
- optimal 최고의, 최적의
- staffer 직원
- drain (많은 시간·돈 등을) 고갈시키는[잡아먹는] 것
- multitasking 멀티태스킹, 동시에 몇 가지의 일을 하는 것
- put an end to ~을 끝내다, 그만두게 하다
- simultaneously 동시에, 일제히
- uninterrupted 중단되지 않은, 연속되는

14 난도 ★★☆ 　　　　　　　　　　　　　정답 ③

독해 > 글의 일관성 > 무관한 어휘·문장

정답의 이유

제시문은 논쟁의 기술이 인생에서 매우 중요하다는 내용으로 갈등 상황에서 창의력을 더욱 키울 수 있다는 것이 글의 요지이다. ②번 문장에서 아이들이 의견 충돌에 노출되지 않는다면, 우리는 결국 그들의 창의력을 제한하는 것일지도 모른다고 했고, ④번 문장에서 '~ highly creative people often grow up in families full of tension(창의력이 뛰어난 사람들은 종종 갈등이 많은 가정에서 성장한다).'이라고 했다. 따라서 글의 흐름상 가장 어색한 문장은 ③ 'Children are most creative when they are free to brainstorm with lots of praise and encouragement in a peaceful environment(어린이들은 평화로운 환경에서 많은 칭찬과 격려로 자유롭게 브레인스토밍을 할 때 가장 창의적이다).'이다.

본문해석

좋은 논쟁을 하는 기술은 인생에서 매우 중요하다. 하지만 이것은 부모들이 자녀들에게 거의 가르치지 않는 기술이다. 우리는 아이들에게 안정적인 가정을 주기 원해서 형제자매가 서로 싸우지 못하게 하고 우리들만 비밀리에 논쟁한다. 하지만 아이들이 의견 충돌에 노출되지 않는다면, 우리는 결국 그들의 창의력을 제한하는 것일지도 모른다. 아이들은 평화로운 환경에서 칭찬과 격려를 많이 받으며 자유롭게 브레인스토밍을 할 때 가장 창의적이다. 창의력이 뛰어난 사람들은 종종 갈등이 많은 가정에서 성장한 것으로 밝혀진다. 그들은 주먹다짐이나 인신공격이 아니라, 실제적인 의견 충돌에 둘러싸여 있다. 30대 초반의 성인들이 상상의 이야기를 써달라고 요청받았을 때, 가장 창의적인 이야기들은 25년 전 가장 심한 갈등을 겪은 부모를 둔 이들로부터 나왔다.

VOCA

- critical 중요한
- stable 안정적인
- sibling 형제자매
- quarrel 다투다, 언쟁하다
- behind closed doors 비밀리에, 밀실에서
- expose 노출시키다
- disagreement 의견 차이, 의견 충돌
- fistfight 주먹다짐
- insult 모욕
- imaginative 상상의
- conflict 갈등

15 난도 ★★☆　　　　　　　　　　　　　　　　　정답 ③

독해 > 세부 내용 찾기 > 내용 (불)일치

정답의 이유

다섯 번째 문장에서 '청력은 정상적이었다(his hearing was normal)'라고 했으므로 글의 내용과 일치하지 않는 것은 ③ 'Christopher Nolan은 청각 장애로 인해 들을 수 없었다.'이다.

오답의 이유

① Christopher Nolan은 뇌 손상을 갖고 태어났다. → 두 번째 문장에서 'Brain damaged since birth, ~'라고 했으므로 글의 내용과 일치한다.

② Christopher Nolan은 음식을 삼키는 것도 어려웠다. → 두 번째 문장에서 'even to the extent of having difficulty in swallowing food.'라고 했으므로 글의 내용과 일치한다.

④ Christopher Nolan은 10대일 때 책을 썼다. → 마지막 문장에서 'he produced an entire book of poems and short stories, *Dam-Burst of Dreams*, while still a teenager.'라고 했으므로 글의 내용과 일치한다.

본문해석

Christopher Nolan은 영어권에서 패 유명한 아일랜드의 작가이다. Nolan은 선천적으로 뇌 손상을 갖고 태어났기 때문에 신체의 근육을 거의 통제할 수 없었는데, 심지어 음식을 삼키는 것조차 힘들었다. 그는 혼자 똑바로 앉을 수 없기 때문에 휠체어에 묶여 있어야 했다. Nolan은 알아들을 수 있는 말소리를 낼 수 없었다. 그러나 다행히도, 그의 뇌 손상이 지능이 손상되지 않고 청력은 정상인 정도였기 때문에, 그 결과, 그는 어렸을 때 말을 이해하는 것을 배웠다. 그러나 그가 10세가 된 후에 그리고 읽기를 배운 지 여러 해가 지나고 나서야 비로소 그는 자신의 첫 단어를 표현할 수 있는 수단을 갖게 되었다. 그는 글자를 가리키도록 머리에 붙어 있는 막대기를 사용함으로써 그것을 했다. 그가 아직 10대일 때 시와 단편으로 이루어진 *Dam-Burst of Dreams*라는 책 한 권을 만들어 냈는데, 바로 한 글자씩 하는 이런 '유니콘'의 방식을 통한 것이었다.

VOCA

· renown　명성, 유명
· have control over　~을 관리하다[~을 제어하다]
· to the extent of　~할[일] 정도까지
· swallow　삼키다
· strap　(끈으로) 묶다
· utter　말하다
· recognizable　인식 가능한
· attach　붙이다

16 난도 ★★☆　　　　　　　　　　　　　　　　　정답 ③

독해 > 세부 내용 찾기 > 내용 (불)일치

정답의 이유

마지막에서 두 번째 문장에서 'Some Australian aborigines can keep changing their name throughout their life(호주의 어떤 원주민들은 그들의 이름을 일생 동안 계속해서 바꿀 수 있는데) ~'라고 했으므로 글의 내용과 일치하지 않는 것은 ③ 'Changing one's name is totally unacceptable in the culture of Australian aborigines(이름을 바꾸는 것은 호주 원주민들의 문화에서 전혀 용납될 수 없다).'이다.

오답의 이유

① 많은 가톨릭 국가에서 아이들은 종종 성인의 이름을 따서 이름 지어진다. → 첫 번째 문장에서 'In many Catholic countries, children are often named after saints ~'라고 했으므로 글의 내용과 일치한다.

② 일부 아프리카 아이들은 5살이 될 때까지 이름이 지어지지 않는다. → 세 번째 문장에서 'In countries ~ such as in Africa, tribes only name their children when they reach five years old, ~'라고 했으므로 글의 내용과 일치한다.

④ 여러 문화권에서 다른 방식으로 자녀의 이름을 짓는다. → 제시문 전체를 통해 알 수 있다.

본문해석

많은 가톨릭 국가에서, 아이들은 종종 성인의 이름을 따서 이름지어진다. 실제로, 일부 성직자들은 부모들이 아이들의 이름을 드라마 스타나 축구 선수의 이름을 따서 짓는 것을 허락하지 않을 것이다. 개신교 국가들은 이것에 대해 더 자유로운 경향이 있다. 그러나, 노르웨이에서는 Adolf 같은 특정 이름들은 완전히 금지된다. 아프리카에서와 같이 영아 사망률이 매우 높은 나라들에서는 부족들은 아이들이 다섯 살이 되어서야 이름을 짓는데, 이때가 아이들의 생존 가능성이 높아지기 시작하는 나이이다. 그때까지, 아이들은 자신들의 연령으로 불린다. 극동의 많은 나라들은 아이들에게 출생 상황이나 아이에 대한 부모의 기대와 희망을 어떤 식으로든 묘사하는 특별한 이름을 지어준다. 호주의 어떤 원주민들은 그들의 이름을 일생 동안 계속해서 바꿀 수 있는데, 이는 지혜와 창의성 또는 결단력을 어떤 식으로든 증명하는 몇몇 중요한 경험의 결과이다. 예를 들어, 어느 날 그들 중 한 명이 춤을 아주 잘 춘다면, 그 또는 그녀는 자신의 이름을 '최고의 무용수' 또는 '빛나는 발'로 바꾸기로 결정할 수도 있다.

VOCA

· saint　성인
· soap opera　(텔레비전·라디오) 연속극[드라마]
· protestant　개신교
· ban　금지하다
· infant　유아, 젖먹이, 아기
· mortality　사망률
· be referred to　~로 언급되다, 불리다
· circumstance　상황, 환경
· aborigine　원주민; (보통 Aborigine) 오스트레일리아 원주민

- determination 결심, 투지
- unacceptable 받아들일 수 없는

17 난도 ★★☆ 정답 ①

독해 > 대의 파악 > 요지, 주장

정답의 이유

제시문은 실험을 통해 사람들이 자신과 비슷한 복장을 한 사람들에게 더 긍정적으로 반응한다는 것이 밝혀졌다는 내용이므로 글의 요지로 가장 적절한 것은 ① 'People are more likely to help those who dress like themselves(사람들은 자신들처럼 옷 입은 사람들을 도와줄 가능성이 더 크다).'이다.

오답의 이유

② 격식을 갖춘 옷차림은 탄원서 서명의 가능성을 높인다.

③ 전화를 거는 것은 다른 학생들과 어울리는 효율적인 방법이다.

④ 1970년대 초반 일부 대학생들은 자신들만의 독특한 패션으로 동경 받았다.

본문해석

젊은이들이 'hippie(히피)' 또는 'straight(단정한)' 패션으로 입는 경향이 있던 1970년 초 시행된 한 연구에서, 히피 또는 단정한 복장을 한 실험자들이 캠퍼스에서 학생들에게 전화를 걸기 위해 10센트 동전을 빌려달라고 요청했다. 실험자가 학생과 같은 방식으로 옷을 입었을 때, 그 요청은 3분의 2 이상이 받아들여졌고, 학생과 요청자가 서로 다른 방식으로 옷 입었을 때, 동전은 절반보다 적게 제공되었다. 또 다른 실험은 우리의 긍정적인 반응이 비슷한 복장을 한 다른 사람들에게 얼마나 자동적일 수 있는지를 보여주었다. 반전 시위 참가자들은 비슷하게 옷을 입은 요청자들의 탄원서에 서명하는데, 먼저 그것을 읽지도 않고 그렇게 할 가능성이 더 큰 것으로 밝혀졌다.

VOCA

- don ~을 입다, 쓰다, 신다
- attire 의복
- dime 다임(미국 · 캐나다의 10센트짜리 동전)
- experimenter 실험자
- grant 승인하다
- instance 사례, 경우
- dissimilarly 닮지 않게, 다르게
- antiwar demonstration 반전 시위
- petition 탄원서
- formally 형식상, 정식으로
- socialize with ~와 어울리다, 교제하다
- admire 숭배하다, 동경하다

18 난도 ★★★ 정답 ①

독해 > 빈칸 완성 > 연결어

정답의 이유

① 빈칸 (A) 앞부분에서 지속 시간과 빈도는 반비례 관계로, 친구를 자주 만나면 지속 시간이 줄어들고 자주 만나지 않으면 지속 시간이 늘어난다고 했고, 빈칸 (A) 다음에서 그에 대한 구체적인 예시를 제시하고 있으므로 빈칸 (A)에 들어갈 말로 가장 적절한 것은 'For example(예를 들어)'이다.

빈칸 (B) 앞부분에서 정기적으로 만나는 사람과의 식사 시간은 짧다고 했는데, 빈칸 (B) 다음에서 연인 관계에서는 지속 시간과 빈도가 둘 다 매우 길다고 했으므로 빈칸 (B) 앞 · 뒤의 상황이 대조적이다. 따라서 빈칸 (B)에 들어갈 말로 가장 적절한 것은 'Conversely(반대로)'이다.

오답의 이유

② 그럼에도 불구하고 – 게다가

③ 그러므로 – 결과적으로

④ 같은 방법으로 – 따라서

본문해석

지속 시간은 빈도와 반비례한다. 만약 여러분이 친구를 자주 만난다면, 만남의 시간은 더 짧아질 것이다. 반대로 친구를 그다지 자주 보지 않으면, 방문 지속 시간은 일반적으로 상당히 늘어날 것이다. (A) 예를 들어, 만약 여러분이 친구를 매일 본다면, 여러분은 사건이 전개되면서 일어나는 일들에 대해 알 수 있기 때문에 여러분의 방문 지속 시간이 짧을 수 있다. 하지만, 만약 여러분이 친구를 일 년에 두 번만 본다면, 여러분의 방문 지속 시간은 더 길어질 것이다. 오랫동안 보지 못했던 친구와 식당에서 저녁 식사를 했던 때를 생각해 봐라. 여러분은 아마도 서로의 삶을 따라잡는 데 몇 시간을 보냈을 것이다. 만약 여러분이 그 사람을 정기적으로 본다면, 같은 저녁 식사 시간은 상당히 짧을 것이다. (B) 반대로, 연인 관계에서는 빈도와 지속 시간이 모두 매우 높은데, 커플들, 특히 최근에 사귄 커플들은 서로 가능한 한 많은 시간을 보내고 싶어 하기 때문이다. 관계의 강도 또한 매우 높을 것이다.

VOCA

- duration 지속 시간
- inverse relationship 반비례
- keep up with 시류[유행]를 따르다; ~에 밝다, 정통하다
- unfold 전개하다, 일어나다, 진행되다
- think back (~을) 돌이켜 생각하다[보다]
- catch up on (밀린 일을) 보충하다[따라잡다]
- on a regular basis 정기적으로
- minted 최근에 생겨난[생산된, 발명된]
- intensity 격렬함, 강렬함, 강도

19 난도 ★★★　　　　　　　　　　　정답 ②

독해 > 빈칸 완성 > 단어 · 구 · 절

정답의 이유

제시문은 지도자들이 자신들이 대변하는 일반 대중들과 같아 보이려고 사용하는 보편적인 선전 기술에 대한 내용이다. 빈칸 앞부분에서 '~ have used this technique to win our confidence by appearing(~처럼 보임으로써 우리의 신뢰를 얻기 위해 이 기술을 사용해 왔다) ~'라고 했으므로 문맥상 빈칸에 들어갈 말로 적절한 것은 ② 'just plain folks like ourselves(우리들 같이 평범한 사람들인 것처럼)'이다.

오답의 이유

① 화려한 추상어를 넘어선
③ 남들과는 다른 무언가
④ 군중보다 교육을 더 잘 받은

본문해석

가장 자주 사용되는 선전 기술 중 하나는 선전자의 견해가 보통 사람의 견해를 반영하고 있으며 그 또는 그녀가 그들의 최선의 이익을 위해 일하고 있다고 대중을 설득하는 것이다. 블루칼라(육체노동자) 청중에게 말하는 정치인은 소매를 걷어붙이고 넥타이를 풀고 군중들이 사용하는 특정 관용구를 사용하려고 시도할 수 있다. 그는 심지어 자신이 '그들 중 한 명일 뿐'이라는 인상을 주려고 일부러 (맞춤법이) 부정확한 언어를 사용할 수도 있다. 이 기술은 또한 정치가의 견해가 연설을 듣는 대중의 견해와 같다는 인상을 주기 위해 화려한 추상어를 사용한다. 노동 지도자들, 사업가들, 성직자들, 교육자들, 그리고 광고주들은 우리들 같이 평범한 사람들인 것처럼 보임으로써 우리의 신뢰를 얻기 위해 이 기술을 사용해 왔다.

VOCA

• propaganda 선전
• convince 설득하다
• blue-collar 블루칼라[육체노동자]의
• roll up (소매, 바지 등을) 걷다
• undo 풀다[열다/끄르다]
• attempt 시도하다, 애써 해보다
• employ 쓰다[이용하다]
• glittering generality 화려한 추상어, 미사여구(어떤 인물, 제품 또는 주장을 돋보이도록 하기 위해 호의적인 반응을 얻어낼 수 있는 단어들을 사용하는 선전 기술)
• address 연설하다
• advertiser 광고주
• appear ~처럼 보이다

20 난도 ★★☆　　　　　　　　　　　정답 ②

독해 > 빈칸 완성 > 단어 · 구 · 절

정답의 이유

제시문은 롤러코스터가 작동하면서 발생하는 에너지에 관한 내용이다. 빈칸 앞 문장에서 '~ roller coasters repeatedly convert potential energy to kinetic energy and back again.'이라고 했고, 빈칸 다음 문장에서 '~ makes them hot, meaning kinetic energy is changed to heat energy during braking.'이라고 했다. 또한 빈칸 다음의 'between two surfaces(두 표면 사이에서)'로 미루어 보아, 빈칸에 들어갈 말로 가장 적절한 것은 ② 'friction(마찰 저항)'임을 유추할 수 있다.

오답의 이유

① 중력
③ 진공
④ 가속

본문해석

롤러코스터는 트랙의 첫 번째 오르막 언덕을 오를 때, 위치에너지를 만들고 있다. 더 위로 올라갈수록, 끌어당기는 중력이 더 강해질 것이다. 롤러코스터가 오르막 언덕을 넘어 하강하기 시작할 때, 그것의 위치에너지는 운동에너지, 즉 이동에너지가 된다. 일반적인 오해는 롤러코스터가 트랙을 따라 에너지를 잃는다는 것이다. 그러나, 에너지 보존의 법칙이라고 불리는 물리학의 중요한 법칙은 에너지가 결코 생성되거나 파괴될 수 없다는 것이다. 그것은 단지 한 형태에서 다른 형태로 바뀔 뿐이다. 트랙이 오르막으로 되돌아올 때마다, 롤러코스터의 운동량─운동에너지─가 그것들을 위로 운반하여 위치에너지를 만들고 롤러코스터는 반복적으로 위치에너지를 운동에너지로 변환하고 다시 되돌린다. 탑승 마지막 구간에서, 롤러코스터 차체는 두 표면 사이에서 마찰 저항을 일으키는 브레이크 장치에 의해 속도를 늦춘다. 이 움직임은 그것들을 뜨겁게 만드는데, 이는 속도를 줄이는 동안 운동에너지가 열에너지로 바뀐다는 것을 의미한다. 탑승객들은 롤러코스터가 트랙의 끝에서 에너지를 잃는다고 잘못 생각할 수도 있지만, 에너지는 단지 다른 형태로 바뀔 뿐이다.

VOCA

• potential energy 위치에너지
• pull 인력
• gravity 중력
• crest (산 따위의) 꼭대기에 이르다
• descent 하강, 강하
• kinetic energy 운동에너지
• misperception 오인, 오해
• the law of conservation of energy 에너지 보존의 법칙
• momentum 운동량
• convert 전환시키다[개조하다]
• slow down [속도 · 진행]을 늦추다
• mistakenly 잘못하여, 실수로

한눈에 훑어보기

✓ 영역 분석

어휘   01   02   03   04   05
5문항, 25%

독해   12   13   14   15   16   17   18   19   20
9문항, 45%

어법   07   08   09   10   11
5문항, 25%

표현   06
1문항, 5%

✓ 빠른 정답

01	02	03	04	05	06	07	08	09	10
①	④	②	①	④	④	②	②	③	①
11	12	13	14	15	16	17	18	19	20
④	③	③	②	④	③	①	③	②	③

✓ 점수 체크

구분	1회독	2회독	3회독
맞힌 문항 수	/ 20	/ 20	/ 20
나의 점수	점	점	점

---

01 난도 ★☆☆   정답 ①

어휘 > 단어

[정답의 이유]

밑줄 친 renowned는 '유명한'이라는 뜻으로, 이와 의미가 가장 가까운 것은 ① 'famous(유명한)'이다.

[오답의 이유]

② 용감무쌍한

③ 초기의

④ 악명 높은

본문해석

Roald Amundsen이 이끄는 노르웨이인들이 1911년 1월 14일 남극의 Whales 만에 도착했다. 개 무리와 함께, 그들은 영국인들을 남극까지 경주하게 할 준비를 했다. 유명한 북극 탐험가 Fridtjof Nansen이 대여한 Amundsen의 배 *Fram*은 당시 정예의 극지방 선박이었다.

VOCA

• arrive in ~에 도착하다
• race (동물·자동차를) 경주하게 하다
• loan 빌려주다, 대여하다
• Arctic 북극의, 북극 지방의
• explorer 답사[탐사]자, 탐험가
• polar 북극[남극]의, 극지의
• vessel (대형) 선박[배]

---

02 난도 ★☆☆   정답 ④

어휘 > 단어

[정답의 이유]

밑줄 친 lucid는 '명쾌한, 명료한'이라는 뜻으로, 이와 의미가 가장 가까운 것은 ④ 'perspicuous(명쾌한)'이다.

[오답의 이유]

① 말이 많은

② 느릿느릿 움직이는, 부진한

③ 차분한[얌전한]

본문해석

그녀는 발표에서 이 조직의 일원으로서 자신의 미래 계획에 대해 명쾌한 설명을 할 것이다.

VOCA

- presentation 발표[설명], 프레젠테이션
- account 기술, 설명, 해석
- organization 조직(체), 단체, 기구

03 난도 ★☆☆　　　　　　　　　　정답 ②

어휘 > 단어

정답의 이유

빈칸 다음에 명사(skills)가 있으므로, 빈칸에는 '기술(skills)'을 목적어로 취하는 동사가 와야 하는데, 끝부분의 부사구(in order to be competitive and become successful)로 미루어 문맥상 빈칸에는 사람들이 경쟁력을 갖추고 성공하기 위해 직장에서 해야 할 필요가 있는 의미의 동사가 들어가야 함을 유추할 수 있다. 따라서 빈칸에 들어갈 말로 가장 적절한 것은 ② 'accumulate(축적하다)'이다.

오답의 이유

① 폐지하다
③ 줄이다, 약화시키다
④ 격려하다, 고립시키다

본문해석

사람들은 직장에서 경쟁력을 갖추고 성공하기 위해 기술을 축적할 필요가 있다.

VOCA

- need to ~을 할 필요가 있다
- competitive 경쟁력 있는, 뒤지지 않는
- successful 성공한, 성공적인

04 난도 ★★★　　　　　　　　　　정답 ①

어휘 > 단어

정답의 이유

빈칸 앞에 because of가 있으므로, 빈칸에는 Manhattan이 어쩔 수 없이 하늘로 확장되어야 했던 '이유'와 관련된 단어가 들어가야 함을 짐작할 수 있다. 빈칸 다음에 'any other direction in which to grow'가 있으므로, 문맥상 성장할 다른 방향이 '없음(absence)'이 자연스럽다. 따라서 빈칸에 들어갈 말로 가장 적절한 것은 ① 'absence(없음)'이다.

오답의 이유

② 결정
③ 노출
④ 선발, 선택

본문해석

Manhattan은 성장할 다른 방향이 없기 때문에 어쩔 수 없이 하늘로 확장될 수밖에 없었다. 이것은 다른 무엇보다도 그것의 물리적인 장엄함에 책임이 있다.

VOCA

- be compelled to 하는 수 없이 ~하다
- expand 확대[확장/팽창]되다
- skyward 하늘 쪽으로, 위로
- be responsible for ~에 책임이 있다
- physical 물질의, 물질[물리]적인
- majesty 장엄함, 위풍당당함

05 난도 ★☆☆　　　　　　　　　　정답 ④

어휘 > 단어

정답의 이유

빈칸 다음에서 'using someone else's exact words or ideas(다른 사람의 단어나 아이디어를 출처를 밝히지 않고 그대로 사용하는 것)'이라고 했으므로, 빈칸에 들어갈 말로 가장 적절한 것은 ④ 'plagiarism(표절)'이다.

오답의 이유

① 인용
② 발표
③ 수정

본문해석

표절은 다른 사람의 단어나 아이디어를 여러분의 글에 그대로 사용하고, 원작자나 여러분이 그것을 발견한 책, 잡지, 비디오, 팟캐스트, 웹사이트를 밝히지 않는 것이다.

VOCA

- exact 정확한, 정밀한
- name 이름을 대다[밝히다/확인하다]
- podcast 팟캐스트, 인터넷망을 통해 다양한 콘텐츠를 제공하는 서비스

06 난도 ★☆☆　　　　　　　　　　정답 ④

표현 > 일반회화

정답의 이유

대화에서 A가 지난 월요일에 산 재킷의 지퍼가 고장 나서 환불을 원한다고 했는데, 지퍼를 고쳐주겠다고 한 B의 대답은 흐름상 어색하다. 따라서 대화 중 가장 어색한 것은 ④이다.

본문해석

① A: 부탁이 있어요.
　 B: 물론이죠, 무엇인가요?
② A: 제 계좌를 해지해야 할 것 같아요.
　 B: 네, 이 양식을 작성해 주세요.
③ A: 아름다운 결혼식이었어요.
　 B: 동감이에요. 그리고 결혼한 그 커플이 서로 너무 잘 맞아보였어요.
④ A: 지난 월요일 이 재킷을 샀는데 벌써 지퍼가 고장 났어요. 환불하고 싶어요.
　 B: 알겠습니다, 지퍼를 고쳐드릴게요.

VOCA

- sure thing (제안 · 요청에 대한 대답으로) 네[응]
- afraid 걱정하는[불안한]
- close account 계정을 폐지하다
- fill out 작성하다, 기입하다
- refund 환불(금)
- fix 수리하다, 바로잡다

07 난도 ★★★ 정답 ②

어법 > 정문 찾기

정답의 이유

② would rather A than B는 'B하기보다는 차라리 A하겠다'라는 뜻으로, would rather와 than 다음에 동사원형이 나와야 한다. would rather 다음에 동사원형(enter)이 왔고, than 다음에 enter the labor force가 생략되었으므로 어법상 적절하게 사용되었다.

오답의 이유

① 관계대명사 which 다음에 완전한 문장이 왔고, 문맥상 '그 인구의 가족소득'이라는 뜻이어야 한다. 따라서 소유격 관계대명사가 들어가야 하므로 which → whose가 되어야 한다.
③ 난이형용사(hard)는 'It+be+난이형용사+의미상 주어(for+목적격)+to부정사' 구조로 사용해야 하므로, that people pick up → for people to pick up이 되어야 한다.
④ 전치사 Despite 다음에는 절이 올 수 없으므로, Despite → Although[Though]가 되어야 한다.

본문해석

① 빈곤율은 가족소득이 절대수준 이하로 떨어지는 인구 비율이다.
② 당연히, 대졸자들은 경기가 위축되는 해보다 경기가 확장되는 해에 노동력에 진입할 것이다.
③ 사람들은 경제에 관한 새로 보고된 통계를 보지 않고는 신문을 집어 들기 어렵다.
④ 평균 소득 성장이 지속되고 있음에도 불구하고, 빈곤율은 감소하지 않았다.

VOCA

- poverty rate 빈곤율
- percentage of the population 인구 비율
- family income 가족소득
- fall below 이하가 되다, ~을 하회하다, ~에 미치지 않다
- absolute level 절대수준
- not surprisingly 놀랄 것 없이, 당연히
- labor force 노동력, 노동 인구
- economic expansion 경기 확장
- economic contraction 경기 위축
- average income 평균임금
- decline 줄어들다, 감소[축소/위축]하다[되다]

더 알아보기

난이형용사 구문

- 난이형용사의 종류

난이도	easy, simple, hard, tough, difficult, impossible 등
고락	joy, painful, pleasant, amusing, interesting, delightful, entertaining, comfortable 등
우량도	super, wonderful, fantastic, great, miserable, terrible, awful 등
안전도	safe, dangerous, unhealthy 등

- 난이형용사 구문 유형

It(가주어)+be+난이형용사+to부정사+목적어 (O)
= 일반주어+be+난이형용사+to부정사 (목적어가 주어 자리로 이동)
예 We were easy to find *the house*. (×)
  → *The house* was easy to find. (O)
  = It was for us easy to find *the house*. (O)
   (그 집을 찾는 것은 쉬웠다.)

- to부정사의 의미상의 주어가 문장의 주어가 될 수 없다.
It(가주어)+be+난이형용사+to부정사+전치사
= 일반주어+be+난이형용사+to부정사+전치사(전치사 생략 불가)
예 *Jane's plan* was hard for me to object. (×)
  → It was hard for me to object to *Jane's plan*. (O)
  = *Jane's plan* was hard for me to object to. (O)
   (나는 Jane의 계획에 반대하기 어려웠다.)

- that절을 가져올 수 없다(to부정사만 가능).
예 It is hard that we please him. (×)
  → It is hard for us to please him. (O)
   (우리가 그를 기쁘게 해주기는 어렵다.)

- 수동형은 to부정사로 쓸 수 없다.
예 The problem is easy to be solved. (×)
  → The problem is easy to solve. (O)
   (그 문제는 풀기에 쉬웠다.)

08 난도 ★★☆ 정답 ②

어법 > 비문 찾기

정답의 이유

② have가 사역동사로 쓰일 경우, 목적어와 목적격 보어의 관계가 능동이면 원형부정사를, 수동이면 과거분사(p.p.)를 사용한다. 여기서 그녀의 장소는 '청소되는' 것이므로, cleaning → cleaned가 되어야 한다.

오답의 이유

① 'with+목적어+현재분사[과거분사]' 분사구문으로 부대상황을 나타내고 있으며, '남은' 것이 아무것도 없는 수동의 의미이므로 과거분사(left)가 적절하게 사용되었다. 'she would have to cling to that which ~'에서 that은 대명사이자 관계대명사

which의 선행사이며, 관계사절(which had robbed her.)의 시제가 그것에 매달려야 했던 시점인 과거시제보다 이전이므로 과거완료(had robbed) 시제가 적절하게 사용되었다.

③ 부사절(While she was alive)의 분사구문에서 While she being이 생략되어 Alive만 남은 구조이다.

④ 'accuse A of B'는 'A를 B의 이유로 비난[기소]하다'라는 뜻으로, 전치사 of가 적절하게 쓰였다.

본문해석
① 아무것도 남지 않은 상태에서, 그녀는 그녀를 강탈했던 그것에 매달려야만 했을 것이다.
② 그녀에게 집을 청소하라고 전해주세요.
③ 살아 있는 동안, 그녀는 전통이자 의무이자 보살핌이었다.
④ 여자에게 악취가 난다고 면전에서 비난할 것인가?

VOCA
• cling to ~에 매달리다, ~을 고수하다
• rob (사람 · 장소를[에서]) 털다[도둑질하다]
• clean up (~을) 치우다[청소하다]
• alive 살아 있는
• tradition 전통
• duty 직무, 임무

더 알아보기
with 분사구문: with+목적어+-ing[p.p.] '목적어가 ~한 채로'
• with 분사구문은 'with+목적어+현재분사[과거분사]'로 '목적어가 ~한 채, ~하고서'라는 뜻이다. 부대상황을 강조하기 위해 사용하며, 연속동작(and)이나 동시동작(while)으로 해석한다.
• with 분사구문의 유형

with+명사+현재분사(-ing)	부사절의 주어와 동사가 능동 관계일 때
with+명사+과거분사(p.p.)	부사절의 주어와 동사가 수동 관계일 때
with+명사+(being)+형용사, 부사(구), 전치사(구)	being은 주로 생략됨

예 I can't do my homework while all this noise was going on.
→ I can't do my homework with all this noise going on.
(이 모든 소음이 계속되는 상황에서 나는 숙제를 할 수 없다.)

예 Amy was listening to music and her eyes were closed.
→ Amy was listening to music with her eyes closed.
(Amy는 눈을 감고서 음악을 감상하고 있었다.)

예 We lay in bed with the window open. (형용사 open)
(우리는 창문을 열어놓은 채 침대에 누웠다.)

예 She was knitting, with the television on. (부사 on)
(그녀는 텔레비전을 켜놓은 채 뜨개질을 하고 있었다.)

예 Helen was waiting for her mother with her back against the wall. (전치사 against)
(Helen은 벽에 등을 기대고 그녀의 어머니를 기다리고 있었다.)

09 난도 ★★★   정답 ③

어법 > 비문 찾기

정답의 이유
③ 부사 very는 동사를 수식할 수 없으므로, very를 생략하거나 'John was very frightening to her.'로 쓸 수 있다.

오답의 이유
① 자동사 stood 다음에 전치사 beside가 '~옆에'라는 뜻으로 적절하게 사용되었다. 참고로 부사 besides는 '게다가, 덧붙여'라는 뜻이다. 또한 명사 앞에서 형용사가 2개 이상 쓰이는 경우 '대 · 소+모양+성질 · 상태+신 · 구+색깔+재료+명사'의 순서로 사용되므로, ugly(모양)+old(신 · 구)+yellow(색깔)+tin(재료)+bucket(명사)의 어순으로 적절하게 사용되었다.
② ever invented는 '지금까지 발명된'의 뜻으로, 최상급인 the most perfect가 적절하게 사용되었다.
④ 형용사 utter(완전한, 순전한)가 명사 fool(바보)을 수식하고 있으므로, 어법상 적절하게 사용되었다.

본문해석
① 못생기고 낡은 노란색 양철 양동이가 난로 옆에 서 있었다.
② 그것은 지금까지 발명된 복사기 중 가장 완벽한 복사기다.
③ John은 그녀를 겁주고 있었다.
④ 그녀는 그가 완전한 바보라고 생각했다.

VOCA
• tin bucket 양철통
• stand (특정한 곳에) 세[위치해] 있다
• beside 옆에
• perfect 완벽한[완전한/온전한]
• invent 발명하다
• frighten 겁먹게[놀라게] 만들다

10 난도 ★★☆   정답 ①

어법 > 비문 찾기

정답의 이유
① 'when creating within a broad understanding of sustainability'에서 creating 다음에 목적어가 없으므로, 문맥상 creating의 의미상의 주어 fashion이 '창조되는'의 의미가 되어야 한다. 따라서 creating → created가 되어야 한다.

오답의 이유
② 부사 socially가 형용사인 responsible을 적절하게 수식하고 있다.
③ 2형식 동사인 remain 다음에 형용사 open이 적절하게 쓰였다.
④ that이 The people, processes, and environments를 선행사로 받는 주격 관계대명사로 적절하게 쓰였다.

영어
응용과목

사람들은 매일 옷을 입을 때 지속 가능한 방식으로 행동할 기회를 갖고 있으며, 패션이 지속 가능성에 대한 폭넓은 이해 안에서 만들어질 때 환경뿐만 아니라 사람들도 살아가게 할 수 있다. 사람들은 그들이 구매하는 패션에 관하여 사회적으로 책임감 있는 선택을 하려는 욕구가 있다. 우리는 패션 디자이너와 제품 개발자로서, 책임감 있는 선택권을 제공해야 한다. 우리는 패션에 대한 인식을 확장하여 존재하는 많은 층과 복잡성에 대한 개방성을 유지할 필요가 있다. 패션을 구현하는 사람과 과정, 환경 또한 지속 가능한 새로운 방향을 요청하고 있다. 정말 멋진 기회가 기다리고 있다!

VOCA

- behave 처신[행동]하다
- sustainable 지속 가능한
- get dressed 옷을 입다
- sustain (필요한 것을 제공하여) 살아가게[존재하게/지탱하게] 하다
- regarding ~에 관하여[대하여]
- purchase 구입[구매/매입]하다
- be challenged to 도전을 받다
- stretch 늘이다, 늘어지다
- perception 인식
- layer 막[층/겹/켜]
- complexity 복잡성, 복잡함
- embody 상징[구현]하다
- call for ~을 필요로 하다, (공식적으로) 요구하다
- fabulous 엄청난, 굉장한
- await (어떤 일이 사람 앞에) 기다리다

11 난도 ★★☆   정답 ④

어법 > 비문 찾기

정답의 이유

④ publish는 '출판하다'라는 뜻의 타동사인데, published 다음에 목적어가 없고 문맥상 주어(the report)가 '출판되는' 것이어야 하므로 published → was published가 되어야 한다.

오답의 이유

① 문장의 주어가 'Newspapers, journals, magazines, TV and radio, and professional or trade publications'로 복수명사이므로, 동사(provide)의 수일치가 적절하다.

② information은 불가산명사이므로 무관사명사로 적절하게 사용되었다.

③ the facts는 연례 보고서에서 '주어진' 것이므로 과거분사(given)가 적절하게 사용되었다.

본문해석

신문, 저널, 잡지와 TV, 라디오, 그리고 전문적인 출판물 혹은 무역 간행물은 연례 보고서에 제시된 사실 또는 보고서가 출판된 이후의 발전에 관한 사실을 설명하는 데 도움이 될 수 있는 추가 정보를 제공한다.

VOCA

- journal 저널, 학술지
- professional 전문적인
- provide 제공하다
- interpret 설명[해석]하다
- annual report 연례 보고서

12 난도 ★★☆   정답 ③

독해 > 글의 일관성 > 무관한 어휘 · 문장

정답의 이유

주어진 글은 많은 지역에서 나무심기를 통해 산림 파괴와 싸우고 보호구역을 지정해서 산림 보호를 위해 노력하지만, 숲을 보호하는 능력보다 숲을 파괴하는 능력이 더 크다는 내용이다. ③ 앞 문장에서 지난 10년 동안 '중국의 대규모 식재 계획(China's large-scale planting initiatives)'의 결과로 아시아에서 산림 파괴 속도가 느려지고 있다는 것을 예로 들었으며, ③ 다음 문장에서 '게다가, 생물 다양성 보존을 위해 지정된 보호구역의 수는 전 세계적으로 남아메리카와 아시아에서 특히 강력한 이익과 함께 전 세계적으로 증가하고 있다.'라고 했는데, ③은 열대우림에서 유래한 약학적 생산물의 수익을 국가들에게 더 공평하게 분배하도록 허용한다는 내용이므로, 글의 흐름상 가장 어색한 문장은 ③이다.

본문해석

열대우림은 믿을 수 없을 정도로 풍부한 생태계이며, 세계의 생물 다양성의 많은 부분을 제공한다. 그러나 이들 지역(열대우림)의 가치에 대한 이해가 높아졌음에도 불구하고, 과도한 파괴가 계속되고 있다. 하지만 몇 가지 희망적인 징후들이 있다. 정부가 집중적인 나무 심기로 이 관행과 싸우면서, 많은 지역의 산림 파괴[벌채]가 느려지고 있다. 예를 들어, 아시아는 주로 중국의 대규모 식재 계획으로 인해 지난 10년 동안 숲을 얻었다. 이 도전의 한 부분은 열대우림에서 유래한 약학적 생산물의 수익을 국가들에게 더 공평하게 분배하도록 허용하는 것이다. 게다가 생물 다양성 보존을 위해 지정된 보호구역의 수는 특히 남아메리카와 아시아에서 강력한 이익과 함께 전 세계적으로 증가하고 있다. 불행하게도, 이러한 이득에도 불구하고, 인간이 숲을 보호하는 능력보다 숲을 파괴하는 능력이 지속적으로 더 큰 것으로 보인다.

VOCA

- tropical forest 열대우림
- incredibly 믿을 수 없을 정도로, 엄청나게
- ecosystem 생태계
- biodiversity 생물 다양성
- increased 증가한
- excessive 지나친, 과도한
- destruction 파괴, 파멸
- promising 유망한, 촉망되는
- deforestation 삼림 벌채[파괴]
- region 지방, 지역

13 난도 ★★☆　　　　　　　　　　정답 ③

독해 > 글의 일관성 > 무관한 어휘 · 문장

정답의 이유

주어진 글은 화자의 친구가 다발성 골수종으로 투병 중에 화자가 그녀를 방문할 때마다 들고 간 질병과 죽음에 관한 소설을 친구가 항상 읽었다는 내용이다. ③ 바로 앞 문장에서 'But my friend had always read my novels.'라고 했는데, ③에서 '그녀는 더 이상 이 책을 읽고 싶지 않다고 주장했다.'라고 했으므로, 글의 흐름상 가장 어색한 문장은 ③이다.

본문해석

1980년대 초, 나의 좋은 친구는 자신이 특히 위험하고 고통스러운 암인 다발성 골수종으로 죽어가고 있다는 것을 알았다. 나는 이 전에 나이 든 친척들과 가족의 친구들을 죽음으로 잃은 적이 있지만, 개인적인 친구를 잃은 적은 없었다. 나는 비교적 젊은 사람이 병으로 서서히 고통스럽게 죽는 것을 본 적이 없었다. 내 친구가 죽는 데 1년이 걸렸고, 나는 매주 토요일마다 그녀를 찾아가고 내가 작업하고 있는 소설의 가장 최근 챕터를 가지고 가는 습관이 생겼다. 이 것은 우연히도 'Clay's Ark'였다. 그것은 질병과 죽음에 대한 이야기였으므로, 그 상황에는 완전히 부적절했다. 하지만 내 친구는 항상 나의 소설을 읽었다. 그녀는 더 이상 이 책을 읽고 싶지 않다고 주장했다. 물론, 우리가 이것에 대해 얘기하지는 않았지만, 나는 우리 둘 다 그녀가 살아서 그 책을 완성된 형태로 읽을 것이라고 믿지 않았을 것을 어렴풋이 알아챘다.

VOCA

- discover 발견하다, 찾다[알아내다]
- die of ～로 죽다
- multiple myeloma 다발성 골수종
- cancer 암
- elderly 연세가 드신
- relative 친척
- relatively 비교적
- disease 질병, 병, 질환
- get into (특정한 습관을) 들이다
- habit of ～하는 버릇[습관]
- take along 가지고[데리고] 가다
- happen 우연히[마침] ～하다[이다]
- inappropriate for ～에 대해 부적절한, ～에 어울리지 않는
- situation 상황, 처지, 환경
- insist 고집하다[주장하다/우기다]
- suspect ～이 아닌가 의심하다, (위험 · 음모 따위를) 어렴풋이 느끼다[알아채다]

14 난도 ★★☆　　　　　　　　　　정답 ②

독해 > 대의 파악 > 요지, 주장

정답의 이유

② 주어진 글은 오늘날 기계의 기원이었던, 18세기 최초의 복잡한 기계인 '오토마타(automata)'에 대한 내용이다. 세 번째 문장에서 'But their original uses were rather less utilitarian(하지만 그들의 원래 용도는 덜 실용적이었다).'라고 했고, 네 번째 문장에서 '오토마타는 왕족의 장난감들로, 유럽 전역의 궁전과 궁정 안에서 오락의 한 형태이자 한 지배 가문이 다른 가문에게 보내는 선물'이라고 했으므로, 글의 요지로 가장 적절한 것은 ② 'Modern machine has a non-utilitarian origin(현대 기계는 비실용적인 기원을 가지고 있다).'이다.

오답의 이유

① 기계의 역사는 오락의 근원과는 관련이 적다.
③ 유럽 전역의 왕족들은 장난감 산업에 관심이 있었다.
④ 오토마타의 쇠퇴는 산업혁명과 밀접한 관련이 있다.

본문해석

컴퓨터부터 CD 플레이어, 철도기관차부터 로봇에 이르기까지 오늘날 기계의 기원은 18세기에 번성했던 정교한 기계식 장난감으로 거슬러 올라갈 수 있다. '오토마타(automata)'는 인간이 생산한 최초의 복잡한 기계로서 후에 산업혁명에 사용될 기술에 대한 검증의 장을 대표했다. 하지만 그것들의 원래 용도는 오히려 덜 실용적이었다. 오토마타는 왕족의 장난감이었으며, 유럽 전역의 궁전과 궁정에서 일종의 오락 형태이자, 한 지배 가문이 다른 가문에게 보내는 선물이었다. 오락의 원천으로서, 최초의 오토마타는 본질적으로 대성당을 장식하는 정교한 기계식 시계들의 축소판이었다. 이 시계들은 더 작아지고 더 정교해진 오토마타에 영감을 주었다. 이러한 장치들이 더 복잡해지면서, 그들의 시간 기록 기능은 덜 중요해졌으며, 오토마타는 기계식 극장이나 움직이는 장면 형태에서, 최초의 가장 중요한 기계식 오락물이 되었다.

VOCA

- be traced back ～로부터 시작되다
- elaborate 정교한
- mechanical toy 기계 장치가 달린 장난감
- flourish 번창하다
- automata automaton(자동 기계 장치)의 복수형
- represent 대표[대신]하다
- prove 입증[증명]하다
- harness 이용[활용]하다
- industrial revolution 산업혁명
- utilitarian 실용적인
- plaything 노리개(장난감처럼 가지고 노는 사람 · 물건)
- royalty 왕족(들)
- amusement 오락, 놀이
- time-keeping 시간[근무 시간]을 엄수하는
- foremost 가장 중요한[유명한], 맨 앞에 위치한

15 난도 ★★☆ 정답 ④

독해 > 세부 내용 찾기 > 내용 (불)일치

정답의 이유

마지막에서 두 번째 문장에서, 'He ~ has persuaded a bank to lend him the money he needs.'에서 Ali는 은행을 설득하여 자신이 필요한 돈을 빌려주게 했다고 했으므로, 글의 내용과 일치하지 않는 것은 ④ 'Ali는 은행을 설득하여 Igor에게 돈을 빌려주게 했다.'이다.

오답의 이유

① 두 번째 문장에서, 'He wanted to set up his own online gift-ordering business so that he could work from home(그는 집에서 일할 수 있도록 온라인 선물 주문 사업을 시작하기를 원했다).'라고 했으므로, 글의 내용과 일치한다.

② 여섯 번째 문장에서 '~ he said he no longer wanted to be part of Ali's plans(그는 더 이상 Ali의 계획에 참여하고 싶지 않다고 말했다).'라고 했으므로, 글의 내용과 일치한다.

③ 아홉 번째 문장에서 '~Igor stole a march on Ali by launching his own online gift-ordering company(Igor는 그의 온라인 선물 주문 회사를 설립함으로써 Ali의 사업을 가로챘다).'라고 했으므로, 글의 내용과 일치한다.

본문해석

Ali가 졸업했을 때, 그는 매일 일하기 위해 고군분투하는 통근자들의 대열에 합류하고 싶지 않다고 결심했다. 그는 집에서 일할 수 있도록 온라인 선물 주문 사업을 시작하고 싶었다. 그는 그것이 위험하다는 것을 알았지만 적어도 성공할 가능성이 있다고 느꼈다. 처음에, 그는 대학 친구와 함께 사업을 시작하기로 계획했다. Ali는 아이디어를 가지고 있었고 그의 친구인 Igor는 회사에 투자할 자금이 있었다. 그러나 출시 몇 주 전에 Igor는 폭탄선언을 했다. 그는 더 이상 Ali의 계획에 참여하고 싶지 않다고 말했다. Ali가 그(Igor)에게 결정을 연기하도록 설득했음에도 불구하고, Igor가 말하기를 자신은 더 이상 위험을 감수할 준비가 되지 않았으며 너무 늦기 전에 철수할 것이라고 했다. 하지만, 2주 뒤에 Igor는 그의 온라인 선물 주문 회사를 설립함으로써 Ali의 사업을 가로챘다. Ali는 이 배신에 충격을 받았지만, 곧 맞서 싸웠다. 그는 Igor의 행동을 적절한 조치가 필요한 사태로 간주했으며, 은행을 설득하여 자신이 필요한 돈을 빌렸다. Ali가 사업에 입문한 것은 분명 힘든 시작이었지만, 나는 그가 스스로 정말 성공할 것이라고 확신한다.

VOCA

- rank　(사람들·사물들의) 줄[열]
- commuter　통근자
- struggling　발버둥 치는, 기를 쓰는, 분투하는
- set up　설립[수립]하다, 준비하다
- online gift-ordering business　온라인 선물 판매 사업
- risk　위험 요소[요인]
- invest　투자[출자]하다
- launch　(상품을) 출시[출간]하다
- drop a bombshell　폭탄선언[발언]을 하다
- attempt　시도
- persuade　설득하다, 설득하여 ~하게 하다
- hang fire　결단을 못 내리다, 꾸물대다
- beat a retreat　서둘러 가 버리다[돌아가다]
- steal a march on　선손을 쓰다, ~을 앞지르다
- shell-shocked　(곤경에 처해) 어쩔 줄 모르는
- betrayal　배신, 배반
- come out fighting　(무언가에) 강하게 반응하다
- baptism of fire　(새 직장·활동의) 힘든 시작[첫 경험]

16 난도 ★★☆ 정답 ③

독해 > 빈칸 완성 > 연결사

정답의 이유

③ 주어진 글은 병들거나 손상된 장기의 세포를 새로운 장기에 사용할 수 없으므로, 많은 연구자들이 복잡한 세포로 발전할 수 있는 줄기세포를 사용하는 방법을 연구하고 있다는 내용이다. 빈칸 (A) 앞 문장에서 과학자들은 병들거나 손상된 장기의 세포를 새로운 장기에 사용할 수 없다고 했고, (A) 다음 문장에서 과학자들이 새로운 장기를 성장시키기 위해 줄기세포 연구를 하고 있다고 했으므로, 빈칸 (A)에는 원인과 결과를 나타내는 Consequently(결과적으로) 또는 Accordingly(그런 이유로)가 적절하다. 빈칸 (B) 앞 문장에서 줄기세포는 피부 세포나 혈액세포, 심지어 심장과 간 세포와 같은 어떤 종류의 복잡한 세포로도 발전할 수 있는 신체의 매우 단순한 세포라고 하면서 줄기세포의 특징을 설명했는데, (B) 다음 문장에서 'stem cells can grow into all different kinds of cells(줄기세포는 모든 다른 종류의 세포로 자랄 수 있다).'라고 (B) 앞 문장에서 언급된 줄기세포의 특징을 간략하게 다시 말하고 있으므로, 빈칸 (B)에는 앞부분을 부연설명하는 In other words(다시 말해서)가 적절하다.

본문해석

과학자들은 많은 다른 인간의 장기와 조직에 대해 연구하고 있다. 예를 들어, 그들은 성공적으로 간 조각을 생성하거나 성장시켰다. 이것은 흥미로운 성과인데, 사람은 간 없이는 살 수 없기 때문이다. 다른 실험실에서 과학자들은 인간의 턱뼈와 폐를 만들었다. 이러한 과학적 발전은 매우 유망하지만, 그 역시 제한적이다. 과학자들은 매우 병들거나 손상된 장기의 세포를 새로운 장기에 사용할 수 없다. (A) 그 결과, 많은 연구자들은 완전히 새로운 장기를 성장시키기 위해 줄기세포를 사용하는 방법을 연구하고 있다. 줄기세포는 신체의 매우 단순한 세포인데, 피부세포나 혈액세포, 심지어 심장과 간 세포와 같이 매우 복잡한 세포로 발달할 수 있다. (B) 다시 말하면, 줄기세포는 모든 다른 종류의 세포로 자랄 수 있다.

VOCA

- human organs　인간 장기
- tissue　(세포들로 이뤄진) 조직
- generate　발생시키다, 만들어 내다
- liver　간
- achievement　업적, 성취한 것

- jawbone (아래)턱뼈
- lung 폐, 허파
- breakthrough 돌파구
- promising 유망한, 촉망되는
- stem cell 줄기세포
- grow into ~로 성장하다

17 난도 ★★☆ 　　　　　　　　정답 ①

독해 > 빈칸 완성 > 단어

정답의 이유

① 빈칸 (A) 다음 문장에서 과학자들은 서로 다른 목표를 갖고 있고 과학 자체에는 목표가 없다는 내용으로 미루어 문맥상 과학적 활동의 목표를 말하는 것은 의미가 없다는 내용이 와야 함을 유추할 수 있으므로, 빈칸 (A)에는 'naive(순진한)'가 적절하다. 빈칸 (B) 앞부분에서 과학적 활동은 이성적 활동인 것처럼 보이고, 이성적 활동에는 어떤 목표가 있어야만 하기 때문에 '과학적 목표를 설명하려는 시도가 완전히 ~하지는 않을 수도 있다'라고 했으므로, 문맥상 빈칸 (B)에는 'futile(헛된, 쓸데없는)'이 적절하다.

본문해석

과학적 활동의 '목표'에 대해 말하는 것은 어쩌면 약간 (A) 순진하게 들릴지도 모른다. 그것은 분명하게, 다른 과학자들이 다른 목표를 갖고 있으며, 과학 그 자체는 (그것이 무엇을 의미하든 간에) 목표가 없기 때문이다. 나는 이 모든 것을 인정한다. 그렇지만 과학에 대해 말할 때, 우리는 과학적 활동의 특징적인 무언가가 있다는 것을 다소 명확하게 느끼는 것처럼 보인다. 그리고 과학적 활동은 거의 이성적인 활동인 것처럼 보이고 이성적인 활동은 어떤 목표가 있어야만 하기 때문에, 과학의 목표를 설명하려는 시도가 완전히 (B) 헛된 것은 아닐 수도 있다.

VOCA

- speak of ~에 대해 말하다
- aim 목표
- admit 인정[시인]하다
- more or less 거의, 약[대략]

18 난도 ★★☆ 　　　　　　　　정답 ③

독해 > 글의 일관성 > 글의 순서

정답의 이유

주어진 문장은 오늘날에 태어나는 아이가 노아의 시대에 태어난 아이와 동일한 능력을 갖고 태어난다는 것을 전제로 하고 만약 그렇지 않다고 해도 그 차이를 알 수 없다는 내용이므로, 주어진 문장 다음에는 역접의 접속사 But으로 시작하여 선천적인 능력은 동일해도 궁극적인 발달에선 큰 차이가 있다는 내용의 (D)가 와야 자연스럽다. (D)의 마지막에 언급된 'a vast difference in their ultimate development(궁극적인 능력 발달에서의 엄청난 차이)'를 (A)에서 That development로 받아 '그 발달은 전적으로 아이가 살

지도 모르는 사회에 의해 행사되는 영향력의 통제 아래 있다.'라는 내용으로 이어지는 것이 자연스럽다. (A) 후반부의 'by the society in which the child may chance to live'를 (B)의 'If such society be altogether denied,'로 받고, (B)에서 교양 없는 사회와 교양 있는 사회에서 자라는 예시를 다양하게 들고 난 후에 'Hence(이런 이유로)'로 시작하는 (C)에서 '각 세대는 이전 세대의 함양의 혜택을 받는다.'라는 내용으로 마무리하는 것이 적절하다. 따라서 글의 순서로 가장 적절한 것은 ③ '(D) - (A) - (B) - (C)'이다.

본문해석

아마 오늘날 태어나는 아이는 노아 시대에 태어난 아이와 동일한 능력을 갖고 있을 수 있다. 그렇지 않다고 해도 우리는 그 차이를 판단할 방법이 없다.

(D) 그러나 시작할 때의 선천적인 능력의 동등함이 궁극적인 능력 발달에서의 엄청난 차이를 막지는 못할 것이다.

(A) 그 발달은 전적으로 아이가 살 기회가 있는 사회에 의해 행사되는 영향력의 통제 아래 있다.

(B) 만약 그러한 사회가 완전히 부정된다면, 그 능력은 소멸되고 아이는 인간이 아닌 짐승으로 성장한다. 만약 사회가 교양 없고 고상하지 않다면, 능력의 성장은 그 후에 절대 회복할 수 없을 정도로 일찍부터 저해당할 것이다. 만약 사회가 고도로 교양 있다면, 아이도 역시 함양될 것이고 그 함양의 결실을 일생을 통해 다소나마 보여줄 것이다.

(C) 이런 이유로, 각 세대는 이전 세대의 함양의 혜택을 받는다.

VOCA

- possibly 아마
- faculty (사람이 타고나는 신체적 · 정신적) 능력[기능]
- possess (자질 · 특징을) 지니다[갖추고 있다]
- determine 알아내다, 밝히다
- exert (권력 · 영향력을) 가하다[행사하다]
- perish 소멸되다
- uneducated 교육을 못 받은, 배운 데 없는, 무지한
- coarse 거친
- stunted 성장[발달]을 저해당한
- recovery 회복
- cultivated 세련된, 교양 있는
- cultivation 경작, 재배, 함양
- hence 이런 이유로
- precede ~에 앞서다[선행하다]
- ultimate 궁극[최종]적인, 최후의

독해 > 빈칸 완성 > 단어 · 구 · 절

정답의 이유

주어진 글은 영어에서 부정사와 −ing의 규칙에 관한 내용이다. 글의 전반부에서 영어에서 부정사를 나타내는 to와 동사 사이에는 아무것도 들어가서는 안 된다고 했고, 그것은 부정사의 표기가 마침이 되어야 하는 라틴어에서 유래했다고 했는데, 그것은 '−ing'의 경우에도 마찬가지라고 했다. 빈칸 문장에서 '영어 사용자들은 분명히 'to'와 'go'가, 'go'와 '−ing'만큼 ~하게 세트로 묶여있다고 느끼지는 않는다.'라고 했는데, 빈칸 다음 문장에서 '그들은 자주 이런 종류의 'to'와 동사 사이에 단어들을 넣는다.'라고 했으므로, 문맥상 'to'와 'go'가 'go'와 '−ing'만큼 한 세트로 밀접하게 묶여있을 필요는 없음을 유추할 수 있다. 빈칸이 포함된 that절 앞에 not이 있는 것에 유의했을 때, 빈칸에 들어갈 말로 가장 적절한 것은 ② 'as closely as(~만큼 밀접하게)'이다.

오답의 이유

① ~보다 덜 밀접하게

③ ~보다 더 느슨하게

④ ~만큼 느슨하게

본문해석

영어가 무엇을 해야 하는지에 대한 사람들의 관점이 라틴어가 무엇을 하는지에 의해 크게 영향을 받아왔다는 것은 꽤 분명하다. 예를 들어, 영어에서 부정사는 분리되어서는 안 된다는 느낌이 있다. (혹은 있었는데, 그것은 오늘날 자연스러운 구어에서는 매우 드물게 관찰된다.) 이것이 의미하는 바는 부정사를 표시하는 'to'와 동사 사이에 아무것도 넣으면 안 된다는 것인데, 즉 'to go boldly'라고 말해야지 'to boldly go'라고 말해서는 안 된다는 것이다. 이 '규칙'은 라틴어를 바탕으로 한 것으로, 라틴어에서 부정사의 표기는 마침이 되어야 하며 그것을 동사의 나머지 부분으로부터 분리할 수 없는 것은 '−ing'를 동사의 나머지 부분으로부터 분리하여 'going boldly'를 'goboldlying'라고 말할 수 없는 것과 같다. 영어 사용자들은 분명히 'to'와 'go'가, 'go'와 '−ing'만큼 밀접하게 세트로 묶여있다고 느끼지는 않는다. 그들은 자주 이런 종류의 'to'와 동사 사이에 단어들을 넣는다.

VOCA

• influence 영향을 주다[미치다]

• infrequently 드물게

• observe 관찰[관측/주시]하다

• infinitive 동사원형, 부정사

• split (작은 부분들로) 나뉘다[나누다]

• marker 표시[표지]

• belong together (물건이) 세트로 되어 있다

독해 > 빈칸 완성 > 단어 · 구 · 절

정답의 이유

두 번째 문장에서 '비유동자산의 적정가치가 증가하는 경우, 이것이 재무상태표에 표시된 자산가치의 조정에 반영될 수 있다.'라고 했는데, 빈칸 다음 문장에서 'A profit is made or realized only when the asset is sold and the resulting profit is taken through the income statement(이익은, 자산이 매각되고 그 결과에 따른 이익이 손익계산서로 받아들여져야만 발생하거나 실현된다).'라고 했으므로, 비유동자산의 가치 증가가 곧 기업의 '현재' 이익을 나타내진 않는다는 것을 유추할 수 있다. 따라서 빈칸에 들어갈 말로 가장 적절한 것은 ③ 'an immediate profit(즉각적인 이익)'이다.

오답의 이유

① 적정가치

② 실제 원가

④ 거래 가치

본문해석

기업은 비유동자산을 재평가하는 것이 허용될 수 있다. 비유동자산의 적정가치가 증가하는 경우, 이것이 재무상태표에 표시된 자산가치의 조정에 반영될 수 있다. 가능한 한, 이것은 자산과 부채의 적정가치를 반영해야 한다. 그러나 비유동자산의 가치 증가가 반드시 기업의 즉각적인 이익을 의미하지는 않는다. 이익은, 자산이 매각되고 그 결과에 따른 이익이 손익계산서로 받아들여져야만 발생하거나 실현된다. 이러한 일이 일어날 때까지 (상식으로 뒷받침되는) 신중함은 자산가치의 증가를 대차대조표에 유지할 것을 요구한다. 주주는 기업 자산의 매각에 따른 어떠한 이익도 얻을 권리가 있으므로, 주주들의 지분은 자산평가의 증가액과 동일한 금액만큼 증가한다. 재평가적립금이 생성되고 대차대조표는 여전히 잔액이 맞아떨어진다.

VOCA

• revalue 재평가하다, (통화를) 평가 절상하다

• non-current assets 비유동자산

• fair value (판매 · 과세 등의 기준으로서의) 적정가치

• adjustment 수정[조정]

• financial position 재무상태

• liabilities 부채

• income statement 손익계산서

• occur 일어나다, 발생하다

• prudence 사려 분별, 조심, 빈틈없음

• support 지지[옹호/재청]하다

• common sense 상식, 양식

• asset value 자산가치

• retain 유지[보유]하다

• balance sheet 대차대조표, 재정증명서

• shareholder 주주

• stake 지분

• asset valuation 자산평가

• revaluation reserve 재평가적립금

• balance (계산 · 장부 잔액이) 맞아떨어지다

한눈에 훑어보기

✅ 영역 분석

어휘 01 02 03 04
4문항, 20%

독해 05 07 09 10 13 16 17 18 19 20
10문항, 50%

어법 06 08 14 15
4문항, 20%

표현 11 12
2문항, 10%

✅ 빠른 정답

01	02	03	04	05	06	07	08	09	10
①	②	②	④	④	②	③	③	④	④

11	12	13	14	15	16	17	18	19	20
①	②	④	④	②	①	②	③	④	①

✅ 점수 체크

구분	1회독	2회독	3회독
맞힌 문항 수	/ 20	/ 20	/ 20
나의 점수	점	점	점

---

01 난도 ★★☆　　　　　　　　　　정답 ①

어휘 > 어구

정답의 이유

밑줄 친 in conjunction with는 '~와 함께'의 뜻으로 이와 의미가 가장 가까운 것은 ① 'in combination with(~와 결합하여)'이다.

오답의 이유

② ~에 비해서

③ ~ 대신에

④ ~의 경우

본문해석

사회적 관행으로서의 사생활은 다른 사회적 관행과 함께 개인의 행위를 형성하므로 사회생활의 중심이 된다.

VOCA

• shape　형성하다, 형태를 주다

• privacy　사생활

• practice　관행

• be central to　~의 중심이 되다

02 난도 ★☆☆　　　　　　　　　　정답 ②

어휘 > 단어

정답의 이유

밑줄 친 pervasive는 '만연하는, 널리 퍼지는'의 뜻으로 이와 의미가 가장 가까운 것은 ② 'ubiquitous(어디에나 있는, 아주 흔한)'이다.

오답의 이유

① 기만적인, 현혹하는

③ 설득력 있는

④ 처참한

본문해석

재즈의 영향은 너무 만연해서 대부분의 대중음악은 재즈에 그 양식의 뿌리를 두고 있다.

VOCA

• owe A to B　A는 B 덕분이다, A를 B에게 빚지다

• stylistic　양식의

03 난도 ★★☆ 　　　　　　　　　　　　　　　정답 ②

어휘 > 단어

정답의 이유

밑줄 친 vexed는 '짜증 난, 화난'의 뜻으로 이와 의미가 가장 가까운 것은 ② 'annoyed(짜증 난, 약이 오른)'이다.

오답의 이유

① 냉담한, 무정한
③ 평판이 좋은
④ 자신감 있는

본문해석

이 소설은 사업을 시작하기 위해 학교를 그만 둔 다루기 힘든 한 10대 청소년의 짜증 난 부모에 관한 것이다.

VOCA

• vexed 화가 난, 짜증 난, 골치 아픈
• unruly 제멋대로 구는, 다루기 힘든
• quit 그만두다

04 난도 ★★☆ 　　　　　　　　　　　　　　　정답 ④

어휘 > 어구

정답의 이유

밑줄 친 부분 다음의 the police station으로 미루어 문맥상 시위자들의 행위로 가장 적절한 표현은 ④ 'break into(침입하다, 난입하다)'이다.

오답의 이유

① 줄을 서다
② ~을 나눠 주다
③ 계속하다[가다]

본문해석

한 무리의 젊은 시위자들이 경찰서에 난입하려고 시도했다.

VOCA

• demonstrator 시위 참가자, 논쟁자
• attempt 시도하다

05 난도 ★★☆ 　　　　　　　　　　　　　　　정답 ④

독해 > 세부 내용 찾기 > 내용 (불)일치

정답의 이유

마지막 문장에서 '~ and slavery was also an institution in many African nations(또한 노예제도는 다수의 아프리카 국가들에서는 하나의 관행이었다)'라고 했으므로 글의 내용과 일치하는 것은 ④ 'Slavery existed even in African countries(노예제도는 심지어 아프리카 국가들에도 존재했다).'이다.

오답의 이유

① 아프리카 노동자들이 자발적으로 아메리카 대륙으로 이주했다. → 첫 번째 문장에서 'The most notorious case of imported labor is of course the Atlantic slave trade(수입 노동의 가장 악명 높은 사례는 당연히 대서양 노예매매인데) ~'라고 했으므로 글의 내용과 일치하지 않는다.

② 유럽인들은 노예 노동을 이용한 최초의 사람들이었다. → 두 번째 문장에서 '~ earlier, the ancient Egyptians used slave labor to build their pyramids, early Arab explorers were often also slave traders(일찍이 고대 이집트인들은 그들의 피라미드 건설에 노예 노동을 이용했고, 초기 아랍의 탐험가들은 종종 노예 상인이었으며) ~'라고 했으므로 글의 내용과 일치하지 않는다.

③ 아랍의 노예제도는 더 이상 어떠한 형태로도 존재하지 않는다. → 두 번째 문장의 마지막 부분에서 '~ and Arabic slavery continued into the twentieth century and indeed still continues in a few places(아랍의 노예제도는 20세기까지 계속되었고, 실제로 몇몇 지역에서는 여전히 지속되고 있다).'라고 했으므로 글의 내용과 일치하지 않는다.

본문해석

수입 노동의 가장 악명 높은 사례는 당연히 대서양 노예매매인데, 이것은 대규모 농장을 운영하기 위해 천만 명에 달하는 아프리카인 노예들을 아메리카 대륙으로 이주시켰다. 그러나 유럽인들이 노예제도를 가장 대규모로 실행하기는 했지만, 그들이 노예를 자신들의 지역사회로 데려온 유일한 사람들이 결코 아니었다. 일찍이 고대 이집트인들은 그들의 피라미드 건설에 노예 노동을 이용했고, 초기 아랍의 탐험가들은 종종 노예 상인이었으며, 아랍의 노예제도는 20세기까지 계속되었고, 실제로 몇몇 지역에서는 여전히 지속되고 있다. 아메리카 대륙에서 일부 원주민 부족들은 다른 부족의 원주민들을 노예로 삼았으며, 또한 노예제도는 특히 식민지 시대 이전에 다수의 아프리카 국가들에서는 하나의 관습이었다.

VOCA

• notorious 악명 높은
• enslave 노예로 만들다
• plantation 대규모 농장
• slavery 노예제도
• by no means 결코 ~이 아닌
• tribe 부족
• institution 관습, 제도
• colonial 식민지의
• voluntarily 자발적으로

06 난도 ★★☆   정답 ②

어법 > 정문 찾기

정답의 이유

② since는 '~ 이래로'의 뜻으로 since가 포함된 전명구 또는 시간 부사절의 시제는 과거이며, 주절의 시제는 '기간'을 나타내는 현재완료 또는 현재완료진행이 사용된다. 따라서 have lived의 현재완료시제와 since I started의 과거시제가 모두 바르게 사용되었다.

오답의 이유

① 간접의문문의 어순은 '의문사＋주어＋동사'가 되어야 하므로 where should you visit → where you should visit가 되어야 한다.

③ 감정유발동사(excite)는 주어가 감정의 원인일 경우 현재분사 (-ing)를 쓰고, 주어가 감정을 느끼는 경우 과거분사(-ed)를 쓴다. 소설이 흥미진진한 감정을 일으키는 것이므로 excited → exciting이 되어야 한다.

④ 부가의문문에서 주절이 부정문일 때 긍정부가의문문을 사용하고, 긍정문일 때 부정부가의문문을 사용한다. 동사가 be동사의 부정(is not)이므로 doesn't it → is it이 되어야 한다.

본문해석

① 이 안내책자는 여러분이 홍콩에서 어디를 방문해야 하는지를 알려준다.

② 나는 대만에서 태어났지만, 일을 시작한 이래로 나는 한국에서 살고 있다.

③ 그 소설은 너무 재미있어서 나는 시간 가는 줄 몰랐고 버스를 놓쳤다.

④ 서점들이 더 이상 신문을 취급하지 않는 것은 놀랍지 않다. 그렇지요?

VOCA
- lose track of time 시간 가는 줄 모르다
- carry (가게에서 품목을) 취급하다

07 난도 ★★☆   정답 ③

독해 > 대의 파악 > 제목, 주제

정답의 이유

제시문은 기후 변화와 물고기의 크기 감소에 관한 내용으로, 주제문은 따뜻한 수온과 바닷물 속의 산소 감소가 물고기의 크기를 줄어들게 할 것이라는 연구 결과를 언급하고 있는 첫 번째 문장이다. 그 이후에 구체적인 연구 내용에 대해 제시하고 있으므로 글의 제목으로 가장 적절한 것은 글의 중심 소재인 climate change, shrink, fish가 모두 포함된 ③ 'Climate Change May Shrink the World's Fish(기후 변화가 세계의 물고기 크기를 줄어들게 할 수 있다)'이다.

오답의 이유

① 현재 어류는 이전보다 더 빨리 성장한다

② 해양 온도에 미치는 산소의 영향

④ 해양생물이 낮은 신진대사로 생존하는 법

본문해석

따뜻해지는 기온과 바닷물 속 산소의 감소는 참치와 그루퍼부터 연어, 진환도상어, 해덕, 대구에 이르기까지 수백 종의 어종을 이전에 생각했던 것보다 더 많이 줄어들게 할 것이라고 새로운 연구는 결론지었다. 더 따뜻해진 바다는 신진대사를 활성화하기 때문에, 물고기와 오징어, 다른 수중 호흡 생물들은 바다에서 더 많은 산소를 흡수해야 할 것이다. 동시에, 온도가 상승하는 바다는 이미 해양의 많은 곳에서 산소 이용 가능성을 감소시키고 있다. University of British Columbia의 과학자 두 명은 주장하기를, 물고기의 몸통이 그들의 아가미보다 더 빠르게 자라기 때문에, 이 동물들은 결국 정상적으로 성장을 지속할 수 있을 만큼의 충분한 산소를 얻지 못하게 될 것이라고 한다. 저자 William Cheung은 말하기를, "우리가 발견한 것은 수온이 1도 상승할 때마다 물고기의 크기가 20~30퍼센트 줄어든다는 것이다."라고 한다.

VOCA
- shrink 줄어들게[오그라지게] 하다
- grouper 그루퍼(농엇과(科)의 식용어)
- thresher shark 진환도상어
- haddock 해덕(대구와 비슷하나 그보다 작은 바다 고기)
- cod 대구
- metabolism 신진대사
- draw (연기나 공기를) 들이마시다[빨아들이다]
- argue 주장하다
- gill 아가미

08 난도 ★★☆   정답 ③

어법 > 비문 찾기

정답의 이유

③ which 앞에 선행사가 없고, which 다음 문장이 목적어가 없는 불완전한 문장이다. Contrary to(전치사) 다음에는 명사 또는 명사구[절]가 와야 하므로, which → what이 되어야 한다. 이때 what은 동사(believe)의 목적어 역할을 하며, 명사절을 이끈다.

오답의 이유

① 타동사 realize의 뒤에 목적어가 없고, 주어 its potential은 '인식되는' 대상이므로 to부정사의 수동 형태(to be realized)가 올바르게 사용되었다.

② involve는 동명사를 목적어로 취하는 완전타동사로, creating은 타동사 involve의 목적어로 쓰였으므로 동명사 creating이 올바르게 사용되었다.

④ made 앞에 is가 생략된 수동태이다. 단수 주어(Valuable vacant land)에 맞춰 be동사가 is로 수일치되어 (is) made가 되었으며, 목적격 보어로 형용사 productive가 올바르게 사용되었다.

도시 농업(UA)은 오랫동안 도시에서는 마땅한 장소가 없는 비주류 활동이라고 무시되어 왔다. 그러나, 그것의 잠재력이 인식되기 시작하고 있다. 사실, 도시 농업(UA)은 식량 자립에 관한 것이다. 그것은 일자리 창출을 포함하며, 특히 가난한 사람들을 위한 식량 불안정에 대한 반응이다. 많은 사람들이 믿는 것과는 반대로, 도시 농업(UA)은 모든 도시에서 발견되는데, 그곳에서 이것은 때로 숨겨져 있거나, 때로는 확연히 보인다. 주의 깊게 살펴보면, 대도시에서는 사용되지 않는 공간이 거의 없다. 귀중한 공터는 방치된 곳이 거의 없고, 공식적으로든 비공식적으로든 종종 점유되어 있으며, 생산적이다.

VOCA

- dismiss 묵살하다, 일축하다, 치부하다
- fringe 비주류, 주변, 변두리
- self−reliance 자립, 자기 의존
- insecurity 불안정
- obvious 명백한, 분명한
- vacant 빈
- idle 사용되지 않고 있는, 노는
- take over 차지하다, 인수하다

더 알아보기

관계대명사 vs. what
- 선행사가 있으면 관계대명사가, 선행사가 없으면 what이 온다.

선행사	접속사	관계절 형태
있다	관계대명사 (that/ which / who/ whom)	주어+동사 동사+목적어
없다	what	불완전한 절(주어 또는 목적어가 없음)

- 관계대명사절은 선행사를 수식하는 형용사절이며, 불완전 문장이 이어진다.
- what절은 선행사가 없고 명사절(주어, 목적어, 보어 역할)이며, 불완전한 문장이 이어진다.
  예 I don't want to remember what they did to me.
    → what they did to me=to remember의 목적어
    (난 그들이 내게 한 짓을 기억하고 싶지 않다.)
  예 What is a medium size in Japan is a small size in here.
    → What is a medium size in Japan=문장의 주어
    (일본에서 중 사이즈는 여기서 소 사이즈이다.)
  예 That is what I mean.
    → what I mean=문장의 보어
    (그것이 내가 의미하는 것이다.)
- what=선행사+관계대명사
  예 She didn't understand what I said.
    =She didn't understand the fact that I said.
    (그녀는 내가 한 말을 이해하지 못했다.)

독해 > 글의 일관성 > 문장 삽입

정답의 이유

For example(예를 들어)로 시작하는 주어진 문장에서 '다수의 자료를 보관하고 있는 뉴저지주의 기록보관소'의 예시를 구체적으로 제시하고 있으므로 주어진 문장 이전에는 '기록보관소의 다양한 자료 보관'에 대한 일반적인 내용이 제시되어야 한다. ④ 앞의 문장에서 'Many state and local archives ~ an amazing, diverse resource(대다수 주 정부 기록보관소와 지역 기록보관소는 ~ 놀랍도록 다양한 자료들이다).'라고 한 다음에, 'For example, the state archives of New Jersey(예를 들어, 뉴저지의 주 기록보관소는) ~'로 이어지는 것이 자연스럽다. 따라서 주어진 문장이 들어갈 위치로 가장 적절한 곳은 ④이다.

본문해석

기록보관소는 오디오에서 비디오, 신문, 잡지, 인쇄물들까지 자료들의 귀중한 발굴물이다. 이것이 그것들을 어떠한 역사 탐지 조사에서도 필수적으로 만든다. 도서관과 기록보관소가 동일하게 보일 수 있지만, 그 차이는 중요하다. 기록보관소의 수집품들은 거의 항상 1차 자료들로 구성되어 있지만, 도서관은 2차 자료들을 보유한다. 한국 전쟁에 대해 좀 더 배우기 위해, 여러분은 역사책을 보러 도서관에 갈 것이다. 정부 문서나 한국 전쟁 당시 군인들이 쓴 편지를 읽고 싶다면, 여러분은 기록보관소로 갈 것이다. 만약 정보를 찾고 있다면, 여러분을 위한 기록보관소에 있을 가능성이 있다. 대다수 주 정부 기록보관소와 지역 기록보관소는 공적인 기록을 저장하는데, 그것들은 놀랍도록 다양한 자료들이다. 예를 들어, 뉴저지의 주 기록보관소는 30,000입방 피트 이상의 문서와 25,000릴 이상의 마이크로 필름을 보유하고 있다. 주 정부 기록물을 온라인으로 검색하면, 입법부의 회의록보다 훨씬 더 많은 내용이 포함되어 있음을 즉시 보여줄 것이다. 정부 무상 불하지에 대한 자세한 정보가 발견될 수 있으며, 옛 마을지도, 범죄 기록 그리고 행상인 면허 신청서같이 특이한 것들도 발견된다.

VOCA

- archive 기록[공문서]보관소
- cubic feet 입방 피트
- reel (실·밧줄·녹음테이프·호스 등을 감는) 릴, 감는 틀
- treasure trove 보고, 매장물, 귀중한 발견
- indispensable 불가결의, 필수적인
- investigation 조사, 연구
- be made up of ~로 구성되다
- primary source (연구·조사 등의) 1차 자료
- secondary source 2차 자료(집필자가 원저작물이 아닌 다른 저작물을 통해 정보를 얻은 자료)
- chances are 아마 ~일 것이다, ~할 가능성이 충분하다
- diverse 다양한
- minutes 회의록
- legislature 입법부, 입법 기관
- land grant (대학·철도의 부지로서) 정부가 주는 땅, 무상 불하지

- oddity 괴짜, 괴상한 사람, 이상한 물건
- peddler 행상인

10 난도 ★★☆   정답 ④

독해 > 글의 일관성 > 무관한 어휘·문장

정답의 이유

제시문은 번아웃의 개념을 설명하는 글로, 번아웃이라는 용어의 개념을 감정의 소진, 개인적 성취감의 결여, 비인격화라는 세 가지 측면으로 나누어 설명하고 있다. ④는 번아웃과 반대되는 동기부여에 관한 내용이므로 글의 흐름상 가장 어색한 문장이다.

본문해석

번아웃(burnout)이라는 용어는 업무 압박으로부터 '소진되는[지치는]' 것을 의미한다. 번아웃은 일상의 업무 스트레스 요인이 직원들에게 피해를 준 결과 생기는 만성적인 질환이다. 가장 널리 채택된 번아웃에 대한 개념화는 사회복지 노동자들에 대한 연구에서 Maslach와 그녀의 동료들에 의해 개발되었다. Maslach는 번아웃이 세 가지 상호 관련된 측면으로 구성되어 있다고 보았다. 첫 번째 측면인 '감정의 소진'은 사실상 번아웃 현상의 핵심이다. 근로자들은 피곤하고, 좌절하고, 기진맥진하거나 직장에서 더 이상 일할 수 없다고 느낄 때 '감정의 소진'을 겪는다. 번아웃의 두 번째 측면은 개인적 성취감의 결여이다. 이러한 번아웃 현상의 측면은 자신을 실패자로 보면서 효과적으로 직무요건을 달성할 수 없다고 여기는 근로자들을 가리킨다. 감정 노동자들은 신체적으로 지쳤지만 매우 의욕적으로 그들의 일을 시작한다. 번아웃의 세 번째 측면은 비인격화이다. 이러한 측면은 일의 일부로 타인들(예를 들면, 고객, 환자, 학생들)과 대면하여 의사소통해야 하는 근로자들만 해당된다.

VOCA

- burnout 극도의 피로
- wear out 지치다
- chronic condition 만성질환
- take a[its] toll on ~에 큰 피해[타격]를 주다
- dimension 규모, 차원, 관점
- used up 몹시 지친
- depersonalization 몰개인화, 비인격화
- relevant 관련 있는, 적절한

11 난도 ★☆☆   정답 ①

표현 > 일반회화

정답의 이유

부엌의 위생 상태를 지적한 A가 빈칸 앞에서 'You know how important a clean kitchen is(깨끗한 주방이 얼마나 중요한지 알잖아요).'라고 했고, B가 빈칸 앞에서 'I'm sorry(죄송합니다).'라고 했으므로 빈칸에 들어갈 B의 답변으로 가장 적절한 것은 ① 'I won't let it happen again(다시는 이런 일이 일어나지 않게 할게요).'이다.

오답의 이유

② 계산서를 지금 드릴까요?
③ 그게 제가 어제 그것을 잊어버린 이유예요.
④ 주문한 음식이 제대로 나오도록 할게요.

본문해석

A: 어젯밤에 여기 있었나요?
B: 네. 마감 교대조로 일했어요. 왜 그러세요?
A: 오늘 아침에 주방이 엉망인 상태였어요. 스토브에 음식이 튀어 있었고, 제빙그릇은 냉동고에 있지 않았어요.
B: 제가 청소 체크리스트 점검을 잊어버린 것 같아요.
A: 깨끗한 주방이 얼마나 중요한지 알잖아요.
B: 죄송합니다. 다시는 이런 일이 일어나지 않게 할게요.

VOCA

- shift 교대 조
- mess 엉망인 상태
- spatter 튀기다
- ice tray 제빙그릇
- freezer 냉동고
- go over ~을 점검하다

12 난도 ★☆☆   정답 ②

표현 > 일반회화

정답의 이유

A가 감기에 걸린 B에게 비강 스프레이를 추천하는 상황의 대화문이다. 빈칸 앞에서 A가 비강 스프레이를 써봤는지 물었고, 대화의 마지막에 B가 'I don't like to put anything in my nose, so I've never used it(나는 코에 무엇이든 넣는 걸 싫어해서 사용해 본 적이 없어).'이라고 했으므로 B는 비강 스프레이 종류를 좋아하지 않아서 사용하지 않았다는 것을 알 수 있다. 따라서 빈칸에 적절한 것은 ② 'No, I don't like nose spray(아니, 난 비강 스프레이를 싫어해).'이다.

오답의 이유

① 응, 근데 도움이 되지 않았어.
③ 아니, 약국이 닫았어.
④ 응, 얼마나 써야 해?

A : 감기를 낫게 하기 위해 무엇을 좀 먹었니?

B : 아니, 나는 그냥 코를 많이 풀어.

A : 비강 스프레이 써봤어?

B : 아니, 난 비강 스프레이를 싫어해.

A : 그거 효과가 좋아.

B : 아니, 괜찮아. 나는 코에 무엇이든 넣는 걸 싫어해서 사용해 본 적이 없어.

VOCA

- pharmacy 약국
- take (약을) 먹다
- blow one's nose 코를 풀다
- nose spray 비강 스프레이

13 난도 ★☆☆ 　　　　　　　　　　정답 ④

독해 > 세부 내용 찾기 > 내용 (불)일치

정답의 이유

열 번째 문장에서 'The driest deserts, such as Chile's Atacama Desert, have parts(칠레의 Atacama 사막 같은 가장 건조한 사막에는 ~ 지역들이 있다) ~'라고 했으므로 글의 내용과 일치하지 않는 것은 ④ 'The Atacama Desert is one of the rainiest deserts (Atacama 사막은 비가 가장 많이 내리는 사막 중 하나이다).'이다. Atacama 사막은 연간 강수량이 2mm 미만인 가장 건조한 사막 중 하나이다.

오답의 이유

① 각 대륙에 적어도 하나의 사막이 있다. → 첫 번째 문장에서 '~ they are found on every continent(그것들은 모든 대륙에서 발견된다).'라고 했으므로 글의 내용과 일치한다.

② Sahara는 세계에서 가장 큰 더운 사막이다. → 여섯 번째 문장에서 'The largest hot desert in the world, northern Africa's Sahara, reaches temperatures of up to 50 degree Celsius(세계에서 가장 큰 더운 사막인 북아프리카의 Sahara는 최대 섭씨 50도의 온도에 도달한다) ~'라고 했으므로 글의 내용과 일치한다.

③ Gobi 사막은 추운 사막으로 분류된다. → 일곱 번째 문장에서 'But some deserts are always cold, like the Gobi Desert in Asia(하지만 아시아의 Gobi 사막 같은 일부 사막은 항상 춥다) ~'라고 했으므로 글의 내용과 일치한다.

본문해석

사막은 지구 육지의 1/5 이상을 덮고 있으며, 모든 대륙에서 발견된다. 일 년에 25센티미터(10인치) 미만의 비가 오는 장소는 사막으로 여겨진다. 사막은 건조 지역이라고 불리는 광범위한 지역의 일부이다. 이러한 지역들은 '수분 부족'인 상태인데, 그것은 이 지역들이 연간 강수량보다 증발을 통해서 수분을 더 많이 잃을 수 있다는 것을 의미한다. 사막은 덥다는 일반적 개념에도 불구하고, 추운 사막도 있다. 세계에서 가장 큰 더운 사막인 북아프리카의 Sahara 사막

은 낮 동안 최대 섭씨 50도(화씨 122도)의 온도에 도달한다. 하지만 아시아의 Gobi 사막과 세계에서 가장 큰 남극과 북극의 극지방 사막 같은 일부 사막은 항상 춥다. 다른 사막들에는 산이 많다. 오직 20퍼센트의 사막들만이 모래로 뒤덮여 있다. 칠레의 Atacama 사막 같은 가장 건조한 사막에는 1년에 강수량이 2mm(0.08인치) 미만인 지역들이 있다. 그러한 환경은 너무 황량하고 비현실적이어서 심지어 과학자들은 화성의 생명체에 대한 단서를 찾기 위해 그것들을 연구해 왔다. 반면에, 몇 년마다, 유난히 비가 많이 오는 시기는 'super blooms'를 만들어낼 수 있는데, 심지어 Atacama 사막조차도 야생화들로 뒤덮이게 된다.

VOCA

- continent 대륙
- moisture deficit 수분 부족
- evaporation 증발
- precipitation 강수, 강수량
- conception 이해, 개념
- antarctic 남극
- arctic 북극
- mountainous 산이 많은, 산지의
- harsh 혹독한
- otherworldly 비현실적인, 초자연적인
- super bloom 슈퍼 블룸(사막에 일시적으로 들꽃이 많이 피는 현상)

14 난도 ★☆☆ 　　　　　　　　　　정답 ④

어법 > 영작하기

정답의 이유

④ '~도 역시 그렇다'는 표현은 긍정문의 경우는 so를 사용하며, so 다음에서 주어와 동사가 도치된다. 이때 동사가 일반 동사이면 do를 대신 써서 도치해야 하는데, 주어가 her son이고 동사가 일반 동사의 과거형인 loved이므로 did를 사용하여 'so did her son'이 올바르게 쓰였다.

오답의 이유

① 'look forward to -ing'는 '~하기를 고대하다'의 뜻으로 이때 to는 전치사이다. 따라서 목적어로 동명사가 와야 하므로 to receive → to receiving이 되어야 한다.

② rise는 자동사로 목적어를 가질 수 없는데, rise 다음에 목적어(my salary)가 있으므로 rise → raise가 되어야 한다.

③ '~할 만한 가치가 있다'는 'be worth -ing'를 써야 하므로 worth considered → worth considering이 되어야 한다.

더 알아보기

'역시 그렇다' *vs.* '역시 그렇지 않다'

- so+조동사[be동사]+주어: '주어도 역시 그렇다'
  - 예 Jane went to the movies, and so did her sister.
    (Jane은 영화를 보러 갔고, 그녀의 여동생도 그랬다.)
  - 예 The answers people have come up with have changed a lot. So has science itself.
    (사람들이 생각해낸 해답은 많이 달라졌다. 과학 그 자체도 그렇다.)
- neither[nor]+조동사[be동사]+주어: '주어도 역시 그렇지 않다'
  - 예 They didn't believe his story, and neither did I.
    (그들은 그의 이야기를 믿지 않았고, 나도 믿지 않았다.)
  - 예 Not all companies seek to accomplish the same goals, nor do they operate with identical cultures.
    (모든 회사가 동일한 목표를 달성하고자 하는 것은 아니며, 동일한 문화로 운영되는 것도 아니다.)

---

15 난도 ★☆☆   정답 ②

어법 > 영작하기

정답의 이유

② '너무 ~해서 …하다'라는 표현은 'so[such] ~ that'의 부사절 접속사 구문으로 쓴다. 'such ~ that' 표현의 경우 such 다음에 관사가 바로 오는 어순에 주의해야 한다. 'such+a[an]+형용사+명사'의 어순으로 바르게 사용되었다.

오답의 이유

① 'as if'는 '마치 ~인 것처럼'이라는 뜻의 접속사이므로 우리말 해석과 일치하지 않는다. '~일지라도'라는 양보의 의미가 되려면 '형용사[명사]+as+주어+동사'의 어순이 되어야 하므로 as if → as가 되어야 한다.

③ 'keep A −ing'는 'A가 계속 ~하게 하다'라는 의미이므로 우리말과 일치하지 않는 문장이다. 'A가 B 하는 것을 방해하다'라는 표현은 'keep A from B(−ing)'로 해야 한다. 따라서 kept her advancing → kept her from advancing으로 고쳐야 한다.

④ if는 바로 다음에 or not과 함께 쓸 수 없으므로 if가 whether로 바뀌거나 or not을 문장 끝으로 이동시켜야 한다.

VOCA

- sincere 진실한
- advance 전진하다, 나아가다, 진보[향상]하다
- meteor 유성
- abolish 폐지하다

---

16 난도 ★☆☆   정답 ①

독해 > 빈칸 완성 > 단어 · 구 · 절

정답의 이유

제시문은 영국인들의 온라인 쇼핑을 통한 소비 행태를 설명하는 내용으로, 두 번째 문장에서 소비자들은 온라인 쇼핑으로 고민 없이 옷을 사고 주요 의류 브랜드들이 저가의 옷들을 공급하기 때문에 소비자들은 그것들을 사서 두세 번 입고 버리는 일회용품 취급한다는 온라인 쇼핑의 문제점을 설명하고 있다. 빈칸 앞에서 '~ they're using it to buy things(그들은 ~한 물건을 사기 위해서도 돈을 쓰고 있다) ~'라고 했고, 빈칸 다음 문장에서 영국은 1년에 30만 톤의 의류를 버리는데, 그것의 대부분이 쓰레기 매립지로 간다고 했으므로 문맥상 빈칸에는 ① 'they don't need(그들이 필요하지 않은)' 물건을 구입하는 데 돈을 쓰고 있다는 내용이 들어가는 것이 적절하다.

오답의 이유

② 생활필수품인

③ 곧 재활용될

④ 그들이 다른 사람들에게 물려줄 수 있는

본문해석

소셜 미디어, 잡지 그리고 상점 진열장은 사람들에게 사야 할 것을 매일 쏟아내고, 영국 소비자들은 과거 어느 때보다 더 많은 옷과 신발을 구매하고 있다. 온라인 쇼핑은 소비자들이 고민하지 않고 쉽게 구매할 수 있으며 동시에 주요 브랜드들이 그러한 저가의 옷들을 공급하고 있기 때문에, 그 옷들은 두세 번 정도 입고 버려지는 일회용품처럼 취급될 수도 있다는 것을 의미한다. 영국에서, 일반 사람들은 매년 1,000파운드 이상을 새로운 의류 구입에 할애하며, 이는 그들의 수입 중 약 4%에 해당한다. 그것은 많은 것처럼 들리지 않을지도 모르지만, 그 수치에는 사회와 환경에 대한 두 가지 훨씬 더 우려되는 추세(경향)가 숨어 있다. 첫째, 소비자 지출의 많은 부분이 신용카드를 통해 이루어진다. 영국인들은 현재 신용카드 회사에 성인 1인당 거의 670파운드의 빚을 지고 있다. 이것은 평균 의류구입비 예산의 66%이다. 또한, 사람들은 가지고 있지 않은 돈을 소비할 뿐만 아니라, 필요하지 않은 물건을 사기 위해서도 돈을 쓰고 있다. 영국은 1년에 30만 톤의 의류를 버리는데, 그것의 대부분이 쓰레기 매립지로 간다.

VOCA

- bombard 퍼붓다[쏟아붓다]
- disposable 일회용의, 처분할 수 있는, 마음대로 쓸 수 있는
- income 소득, 수입
- figure 수치
- via (특정한 사람 · 시스템 등을) 통하여
- approximately 거의, 대략, 대체로
- wardrobe 옷장, 옷
- budget 예산
- landfill 쓰레기 매립지
- necessity(necessities) 필요(성), 필수품, 불가피한 일
- recycle 재활용하다
- hand down to ~로 전하다, 물려주다

독해 > 빈칸 완성 > 단어 · 구 · 절

정답의 이유

빈칸 앞부분의 'Thus, only moderate savings are possible through improved efficiency, ~'에서 향상된 효율성을 통해서는 단지 중간 정도의 비용 절감만 가능하다고 했고, 그것은 가격 상승을 ~하게 만든다고 했으므로 서비스의 향상(세심한 개인적 서비스)을 위해서 가격 상승이 불가피한 것을 유추할 수 있다. 빈칸 다음에서 'Thus, the clientele of the fine-dining restaurant expects, ~'라고 탁월함을 위해 지불할 준비가 되어 있다고 언급하고 있으므로 밑줄 친 부분에 들어갈 말로 가장 적절한 것은 ② 'inevitable(불가피한)'이다.

오답의 이유

① 터무니없는

③ 엉뚱한

④ 상상도 할 수 없는

본문해석

탁월함은 고급 레스토랑에서는 절대적인 전제 조건인데, 그 이유는 청구되는 가격이 필연적으로 높기 때문이다. 운영자는 식당을 효율적으로 만들기 위해 가능한 할 수 있는 모든 것을 하겠지만, 손님들은 여전히 세심한 개인적 서비스, 즉 고도로 숙련된 주방장에 의해 (손님들의) 주문대로 음식이 준비되고 숙련된 서버가 서빙하는 것을 기대한다. 이 서비스는, 말 그대로, 육체노동이기 때문에, 오직 미미한 생산성 향상만이 가능하다. 예를 들어, 요리사, 서버 또는 바텐더는 인간 수행의 한계에 도달하기까지 단지 조금만 더 빨리 움직일 수 있다. 따라서 향상된 효율성을 통해 약간의 절약만이 가능하여 가격 상승이 불가피하다. (가격 상승에 따라 소비자들이 더 안목 있게 된다는 것은 경제학의 자명한 이치이다.) 따라서 고급 레스토랑의 고객은 탁월함을 기대하고, 요구하며, 기꺼이 탁월함에 대한 비용을 지불한다.

VOCA

• excellence 뛰어남, 탁월함

• absolute 절대적인

• prerequisite 전제 조건

• skilled 숙련된

• manual labor 수공일, 육체노동

• marginal 미미한

• only so much 제한된, 고작 이 정도까지인, 한계가 있는

• moderate 적절한, 적당한

• escalation 상승

• axiom 자명한 이치, 공리, 격언

• discriminating 안목 있는

• clientele (어떤 기관 · 상점 등의) 모든 의뢰인들[고객들]

독해 > 글의 일관성 > 글의 순서

정답의 이유

주어진 글은 인간의 언어가 다른 동물들의 의사소통 체계와 비교하여 정교하다고 설명하고 있으므로 (C)의 영장류들조차도 기초적인 의사소통 체계 이상을 갖지 못한다는 내용으로 연결될 수 있다. 이어서 (A)에서 That said와 nevertheless를 사용해서 인간 외의 다른 많은 종들도 자연 환경에서 복잡한 의사소통을 한다는 내용으로 이어지는 게 자연스럽다. 결론적으로 (A)의 many species를 (B)에서 they로 받고, (A)의 '자연적 환경(natural settings)'과 대치되는 표현으로 (B)의 '인위적인 상황(artificial contexts)'을 제시하고 있다. 따라서 주어진 글 다음에 이어지는 글의 순서로 적절한 것은 ③ '(C) - (A) - (B)'이다.

본문해석

분명히, 인간의 언어는 원숭이나 영장류들의 명백히 제한된 발성보다 뛰어나다. 게다가 그것은 다른 형태 동물의 의사소통을 훨씬 능가하는 정교함을 보여준다.

(C) 심지어 우리와 가장 가까운 영장류 사촌들조차 수년 동안 집중적인 훈련을 거친 이후에도 기초적인 의사소통 체계 이상의 것은 습득하지 못하는 것처럼 보인다. 언어라는 복잡성은 확실히 한 종에만 국한된 고유한 특성이다.

(A) 그렇긴 해도, 인간의 언어에는 훨씬 못 미치지만, 그럼에도 불구하고 많은 종들이 자연환경에서 인상적으로 복잡한 의사소통 체계를 보인다.

(B) 그리고 그것들은 인간과 함께 키워질 때처럼, 인위적인 환경에서 훨씬 더 복잡한 체계를 배울 수 있다.

VOCA

• decidedly 확실히, 분명히, 단호히

• vocalization 발성(된 단어 · 소리), 발성(하기)

• ape 유인원

• sophistication 교양, 세련

• exhibit 드러내다, 보여주다

• artificial 인위적인, 인공적인

• context 상황, 환경

• primate 영장류

• incapable of ~할 수 없는

• rudimentary 가장 기본[기초]적인

• communicative 의사 전달의

• complexity 복잡성, 복잡함

• species-specific 한 종에만 국한된

• trait 특성

독해 > 대의 파악 > 제목, 주제

정답의 이유

제시문은 세계 자본주의의 영향과 반응에 관한 내용의 글이다. 세계화가 좋은 결과를 가지고 오긴 했지만, 저임금 노동자들을 착취하고 독점적 형태의 자본주의가 되었다고 비판하고, 이로 인해 자발적으로 민간단체 등에 가입하거나, 국제적 연합 세력 등이 생겨나는 등 여러 사회적 반응들이 나타났다고 기술하고 있으므로 글의 주제로 가장 적절한 것은 ④ 'The exploitative characteristics of global capitalism and diverse social reactions against it(세계 자본주의의 착취적인 성격과 그에 대한 다양한 사회적 반응들)'이다.

오답의 이유

① 과거 개발도상국에서 세계화에 대한 긍정적인 현상들
② 20세기의 사회주의의 쇠퇴와 자본주의의 출현
③ 세계 자본 시장과 좌익 정치 조직 간의 갈등

본문해석

20세기 후반에 사회주의는 서양과 개발도상국의 넓은 지역에서 후퇴하고 있었다. 시장 자본주의의 발전이라는 새로운 국면 동안, 세계의 무역 거래 형태는 점점 상호 연결되었고, 정보 기술의 발달은 규제가 해제된 금융 시장이 순식간에 국가 경계를 초월하여 거대한 자본의 흐름을 바꿀 수 있었다는 것을 의미했다. '세계화'는 무역을 활성화하고, 생산성 향상을 고취하고, 가격을 낮췄지만, 비평가들은 그것이 저임금 노동자들을 착취했고 환경 문제에 무관심하며, 제3세계 자본주의라는 독점적인 형태의 지배를 받게 했다고 주장했다. 이러한 과정에 대해 항의하고 싶었던 서양 사회의 많은 급진주의자들은 소외된 좌파 정당보다는 자발적인 단체들, 자선 단체 그리고 다른 비정부 단체들에 가입했다. 환경 운동 자체는 세계가 서로 연결되어 있다는 인식에서 성장했으며, 만약 확산된다면 분노한 국제 이익 연합세력들이 출현했다.

VOCA

• retreat 후퇴, 철수
• interlink 연결하다
• deregulate 규제를 철폐하다
• boundary 경계
• allege 주장하다
• indifferent 무관심한
• subject A to B A를 B에 복종[종속]시키다
• monopolistic 독점적인
• marginalize (특히 사회의 진보에서) 처지다, 사회에서 소외되다
• interconnect 연결하다
• diffuse 분산되다, 확산되다
• coalition 연합(체)
• exploitative 착취적인

독해 > 대의 파악 > 분위기, 어조, 심경

정답의 이유

제시문은 우연히 특이한 돌을 발견한 어린 광부 Johnbull이 그것을 다른 광부에게 보여준 다음에 그 광부가 보인 반응을 보고 마음속으로 그 돌이 정말 보석일 수도 있다고 기대한다는 내용이다. 마지막 문장 'Could it be(과연 그럴까)?'로 미루어 그 돌이 진짜 다이아몬드일지도 모른다는 기대감을 지니고 있음을 유추할 수 있으므로 Johnbull의 심경으로 가장 적절한 것은 ① 'thrilled and excited (신나고 흥분한)'이다.

오답의 이유

② 고통스럽고 낙담한
③ 거만하고 확신에 찬
④ 무심하고 무관심한

본문해석

이글거리는 한낮의 태양 아래, 최근에 캐낸 자갈 더미에서 노란 달걀 모양의 돌멩이가 눈에 띄었다. 16살의 광부 Komba Johnbull은 호기심에 그것을 집어 들고 피라미드 모양의 납작한 면을 만지작거렸다. Johnbull은 다이아몬드를 본 적이 없었지만, 아무리 큰 발견물이라고 해도 그의 엄지손톱보다 크지 않을 거라는 사실 정도는 충분히 알고 있었다. 그럼에도 불구하고, 그 돌멩이는 다른 사람의 의견을 들어볼 만큼 충분히 특이했다. 그는 조심스럽게 정글 깊숙한 곳에서 진흙투성이 틈을 작업하고 있는 더 경험이 많은 광부들 중한 명에게 그것을 가지고 갔다. 현장 감독은 그 돌을 보고 눈이 휘둥그레졌다. "그것을 주머니에 넣어라," 그가 속삭였다. "계속해서 캐라." 그 나이 많은 광부는 누군가가 그들이 뭔가 대단한 것을 발견했다고 생각한다면 위험해질 수 있다고 그에게 경고했다. 그래서 Johnbull은 해질 때까지 계속해서 삽질하면서, 가끔 멈추어 그의 주먹에 있는 그 무거운 돌을 움켜잡았다. 과연 그럴까?

VOCA

• blazing 불타는 듯한
• stand out 눈에 띄다, 두드러지다
• unearth 파다
• gravel 자갈
• merit 받을 만하다[자격/가치가 있다]
• second opinion 다른 사람의 의견
• sheepishly 소심하게
• gash (바위 등의) 갈라진 금[틈]
• pit boss (광산의) 현장 감독
• dig 파다
• shovel 삽, 부삽, 삽으로 푸다

한눈에 훑어보기

✔ 영역 분석

어휘   01   02   03   04   05
5문항, 25%

독해   09   10   13   14   16   17   18   19   20
9문항, 45%

어법   06   07   08   15
4문항, 20%

표현   11   12
2문항, 10%

✔ 빠른 정답

01	02	03	04	05	06	07	08	09	10
④	③	①	②	④	④	②	②	④	①
11	12	13	14	15	16	17	18	19	20
①	③	②	②	③	②	④	①	③	②

✔ 점수 체크

구분	1회독	2회독	3회독
맞힌 문항 수	/ 20	/ 20	/ 20
나의 점수	점	점	점

---

01 난도 ★☆☆   정답 ④

어휘 > 단어

[정답의 이유]

밑줄 친 gratification은 '만족감, 큰 기쁨'의 뜻으로 이와 의미가 가장 가까운 것은 ④ 'satisfaction(만족)'이다.

[오답의 이유]

① 원기, 활기
② 신뢰, 자신감
③ 평온, 고요

본문해석

많은 충동 구매자들에게 그들이 무엇을 구매하는지보다 구매를 하는 행위가 만족으로 이어지는 것이다.

VOCA

- compulsive   강제적인, 충동적인
- purchase   구매하다, 사다
- lead to   ~을 야기하다, ~로 이어지다
- gratification   만족감

02 난도 ★☆☆   정답 ③

어휘 > 단어

[정답의 이유]

빈칸 앞에서 더 낮은 비용으로 상품과 서비스를 자유롭게 거래할 수 있게 해준다고 했으므로 문맥상 빈칸에는 긍정적인 표현이 와야 한다. 따라서 빈칸에 들어갈 말로 가장 적절한 것은 ③ 'efficiency (효율)'이다.

[오답의 이유]

① 멸종
② 불경기, 우울증
④ 조심, 경고

본문해석

세계화는 더 많은 나라들이 그들의 시장을 개방하도록 이끌어서, 그들이 더 낮은 가격에 더 높은 효율로 상품과 서비스를 자유롭게 거래할 수 있게 한다.

03 난도 ★★☆   정답 ①

어휘 > 단어

[정답의 이유]

빈칸 앞부분에서는 번아웃의 대가에 대해 언급하고 있고, 빈칸 다음에 번아웃에서 벗어날 수 있는 방법들(Regularly unplug. Reduce unnecessary meetings. Exercise. Schedule small breaks during the day. Take vacations ~)이 열거되고 있으므로 문맥상 빈칸에 가장 적절한 것은 ① 'fixes(해결책들)'이다.

[오답의 이유]

② 손해들

③ 상들

④ (복잡한) 문제들

본문해석

우리는 번아웃(극도의 피로)의 대가에 대해 잘 알고 있다. 즉, 에너지, 동기부여, 생산성, 참여와 헌신이 직장에서나 가정에서나 모두 타격을 입을 수 있다. 그리고 해결책들의 대다수가 상당히 직관적이다. 정기적으로 코드를 뽑아라. 불필요한 회의를 줄여라. 운동을 하라. 낮에 잠깐 동안의 휴식을 일정에 넣어라. 여러분이 직장을 벗어날 수 없다고 생각할지라도 휴가를 내라. 왜냐하면 때로 여러분은 떠나지 못하는 것을 감당할 수 없기 때문이다.

VOCA

- engagement 약속, 업무, 참여
- commitment 약속, 헌신
- take a hit 타격을 입다
- intuitive 직감에 의한, 직감하는
- afford ~할 여유가 있다, ~할 수 있다
- now and then 때때로, 가끔

04 난도 ★★☆   정답 ②

어휘 > 어구

[정답의 이유]

제시문은 정부가 증가된 세금 부담을 완화시키기 위해 해결책을 모색하고 있다는 내용으로 빈칸 다음에서 '~ those present to open up more communication channels with the public(참석자들에게 대중들과 더 많은 소통 채널을 열 것을)'이라고 했으므로 문맥상 빈칸에 들어갈 말로 가장 적절한 것은 ② 'called for(요청했다)'이다. 'call for A to부정사'는 'A에게 ~할 것을 요청하다'이다.

[오답의 이유]

① ~ 위에 떨어졌다

③ ~을 (차에) 태웠다

④ ~을 거절했다

본문해석

정부는 새로운 세금 정산 제도로 인해 늘어난 세금 부담에 대해 급여 노동자들을 달래기 위한 방안을 모색하고 있다. 지난 월요일 대통령 보좌관들과의 회의 동안, 대통령은 참석자들에게 대중들과의 더 많은 소통 채널을 열 것을 요청했다.

VOCA

- soothe 달래다
- salaried 봉급을 받는
- tax settlement 세금 정산
- presidential aides 대통령 보좌관
- present 참석한

05 난도 ★★☆   정답 ④

어휘 > 어구

[정답의 이유]

밑줄 친 apprehend는 '이해하다, 파악하다'의 뜻으로 이와 의미가 가장 가까운 것은 ④ 'grasp(파악하다)'이다.

[오답의 이유]

① 포함하다

② 침입하다

③ 검사하다

본문해석

중국의 서예를 공부할 때, 중국어의 기원과 그것이 원래 어떻게 쓰였는지 배워야 한다. 하지만, 그 나라의 예술적 전통에서 자란 사람들을 제외하고는, 그것의 미적인 의미를 파악하기는 매우 어려운 것처럼 보인다.

VOCA

- calligraphy 서예, 달필
- bring up 기르다, 양육하다
- aesthetic 미적인
- significance 중요성, 의미

06 난도 ★★☆ 정답 ④

어법 > 영작하기

정답의 이유

④ '지각동사+목적어+원형부정사[-ing/p.p.]'인데, 목적어(a family)가 위층에 '이사 오는' 능동 관계이므로 moved → moving이 되어야 한다.

오답의 이유

① '수일치'와 '형용사+to부정사'에 대한 문제이다. 주어(His novels)는 복수명사이므로 복수동사(are)가 올바르게 쓰였으며, to부정사(to read)가 난이형용사(hard, easy, difficult 등)를 수식하여 '~하기 …하다'로 올바르게 사용되었다.

② 'It is no use -ing(~해도 소용없다)'는 동명사의 관용표현이므로 'It is no use trying ~'이 올바르게 사용되었다.

③ 주어(My house)가 페인트 칠해지는 것이므로 수동태(is painted)가 올바르게 쓰였다. '매 ~마다'는 'every+기수+복수명사(every five years)'로 올바르게 사용되었다.

VOCA

• persuade 설득하다
• move in 이사 오다

더 알아보기

지각동사+목적어+원형부정사/현재분사(-ing)/과거분사(p.p.): '목적어가 ~하는 것을 …하다'

see, watch, observe	보다	
notice	알아채다	+목적어+원형부정사/현재분사(-ing) → 능동
hear, listen to	듣다	+목적어+과거분사(p.p.) → 수동
feel	느끼다	

예 We noticed them *coming* in. → 능동
(우리는 그들이 들어오는 것을 알아챘다.)

예 Even dogs yawn in response to seeing their owners or even strangers *yawn*. → 능동
(심지어 개들도 그들의 주인이나 심지어 낯선 사람들이 하품하는 것을 보고 반응하여 하품을 한다.)

예 I heard the door *shut* by itself. → 수동
(나는 문이 저절로 닫히는 소리를 들었다.)

07 난도 ★★★ 정답 ②

어법 > 영작하기

정답의 이유

② '사역동사+목적어+원형부정사[p.p.]' 문제이다. 사역동사 let은 과거분사를 목적격 보어로 취할 수 없으므로 목적어와 목적격 보어가 수동 관계일 경우 'let+목적어+be+p.p.'로 나타낸다. 따라서 distracted → be distracted가 되어야 한다.

오답의 이유

① 사역동사(had) 다음에 목적어(the woman)가 '수동(체포되는) 관계'이므로 목적격 보어에 과거분사(arrested)가 올바르게 사용되었다.

③ 사역동사(let) 다음에 목적어(me)가 '능동(아는 관계)'이므로 동사원형(know)이 올바르게 사용되었다.

④ 사역동사(had) 다음에 목적어(the students)가 '능동(전화를 걸다, 요청하다) 관계'이므로 동사원형(phone, ask)이 올바르게 사용되었으며, phone과 ask가 접속사(and)로 연결되었다. 'ask+목적어+to부정사'는 '목적어에게 ~할 것을 부탁하다'의 뜻으로 올바르게 사용되었다.

VOCA

• distract 집중이 안 되게 하다
• police authorities 경찰 당국
• donate 기부하다

더 알아보기

사역동사+목적어+원형부정사/과거분사(p.p.): '목적어를 ~하도록(당하도록) 하다'

make	~하게 만들다	+목적어+원형부정사 → 능동
have	~하게 하다	+목적어+p.p. → 수동
let	~하도록 허락하다	+목적어+원형부정사 → 능동
		+목적어+be p.p. → 수동

예 The mother made her daughter *clean* the room. → 능동
(어머니는 딸에게 방청소를 시켰다.)

예 He had his political enemies *imprisoned*. → 수동
(그는 그의 정적들을 투옥시켰다.)

예 I will let you *know* if I can accompany you on your walk. → 능동
(내가 산책에 동행할 수 있는지 네게 알려 줄게.)

08 난도 ★★☆ 정답 ②

어법 > 정문 찾기

정답의 이유

② 병렬 구조와 needless to say에 대한 문제이다. 접속사(and)로 연결된 과거시제 동사(attempted와 had)가 병렬 구조를 이루어 올바르게 쓰였다. needless to say는 '~는 말할 것도 없이'라는 뜻의 관용표현이다.

오답의 이유

① 2형식 동사(become)는 주격 보어를 취하는 동사로 주격 보어에는 명사나 형용사가 와야 하므로 unpredictably → unpredictable이 되어야 한다.

③ upon -ing는 '~하자마자'의 뜻으로, 전치사(upon) 다음에 명사 상당어구가 와야 하므로 Upon arrived → Upon arriving [arrival]이 되어야 한다.

④ enough는 형용사 혹은 부사 다음에서 후치 수식하므로 enough comfortable → comfortable enough가 되어야 한다.

본문해석

① 나의 다정한 딸이 갑자기 예측할 수 없게 되었다.

② 그녀는 새로운 방법을 시도했고, 말할 것도 없이 다른 결과가 나왔다.

③ 도착하자마자, 그는 새로운 환경을 최대한 활용했다.

④ 그는 자신이 하고 싶었던 것에 대해 내게 말할 만큼 충분히 편하게 느꼈다.

VOCA

• sweet-natured 다정한, 상냥한

• unpredictably 예측할 수 없게

• take advantage of ~을 이용하다, ~을 기회로 활용하다

09 난도 ★★☆ 정답 ④

독해 > 대의 파악 > 제목, 주제

정답의 이유

제시문은 '디지털 전환(digital turn)'의 정의와 사회적 현실에서의 역할, 개인에게 미치는 영향에 대해 서술하고 있으므로 글의 제목으로 가장 적절한 것은 ④ 'Digitalization Within the Context of Social Reality(사회적 현실의 맥락 안에서의 디지털화)'이다.

오답의 이유

① SNS에서 정체성 다시 만들기

② 언어적 전환 대 디지털 전환

③ 디지털 시대의 정보 공유 방법

본문해석

'전환'의 정의는 우리가 사회적 현실에서 디지털화의 역할에 집중할 수 있도록 하는 분석 전략으로써 디지털 전환을 묘사한다. 분석적 관점으로 보면, 디지털 전환은 디지털화의 사회적 의미를 분석하고 토론하는 것을 가능하게 한다. 따라서 '디지털 전환'이라는 용어는 한 사회 내에서 디지털화의 역할에 초점을 맞춘 분석적 접근 방식을 의미한다. 만약 언어적 전환이 언어를 통해 현실이 구성된다는 인식론적 가정에 의해 정의된다면, 디지털 전환은 사회적 현실이 점점 디지털화에 의해 정의된다는 가정에 기반을 둔다. 소셜 미디어는 사회적 관계의 디지털화를 상징한다. 개인들은 더욱더 소셜 네트워킹 사이트(SNS)상에서의 정체성 관리에 관여한다. SNS는 다방향적인데, 이는 사용자가 서로 연결되고 정보를 공유할 수 있다는 것을 의미한다.

VOCA

• definition 정의

• cast 던지다, 제시하다

• perspective 관점

• signify 의미하다

• center on 초점을 맞추다

• linguistic 언어적인

• assumption 가정

• engage in 관여하다

• polydirectional 다방향의

10 난도 ★★★ 정답 ①

독해 > 글의 일관성 > 글의 순서

정답의 이유

주어진 글의 마지막 부분에 재생에너지(renewable energy) 캠페인이 조직되었다는 내용이 나오는데, (C)의 첫 문장에서 '~ the UK government's inability to rapidly accelerate the growth of renewable energy industries ~'라고 했으므로 문맥상 (C)로 이어지는 것이 적절하다. (C)의 마지막 문장에 언급된 'the Westmill Solar Co-operative'를 (A)의 'This solar cooperative'로 받는다. (B)에서 'Similarly'로 시작하면서 미국에서도 재생에너지를 지지하는 Clean Energy Collective가 설립되었다고 마무리하고 있으므로 주어진 글 다음에 이어질 글의 순서로 가장 적절한 것은 ① '(C) – (A) – (B)'이다.

본문해석

세계 기후 변화에 대하여 증가하는 우려는 활동가들이 화석 연료 추출 소비에 대한 반대 캠페인뿐만 아니라 재생에너지 지원 캠페인도 조직하도록 동기를 부여해 왔다.

(C) 재생에너지 산업 성장을 신속하게 가속화하는 데 대한 영국 정부의 무능력함에 좌절한 환경 운동가들은 Westmill Wind Farm Co-operative를 결성했는데, 이는 2,000명 이상 회원이 있는 지역사회 소유 단체이며, 연간 2,500가구의 소비량만큼의 전력을 생산하는 것으로 추정되는 육상 풍력 발전단지를 소유하고 있다. Westmill Wind Farm Co-operative는 지역 시민들에게 Westmill Solar Co-operative를 만들도록 고무시켰다.

(A) 이 태양열 협동조합은 1,400가구에 전력을 공급하기에 충분한 에너지를 생산하여, 국내 최초의 대규모 태양열 농장 협동조합이 되었으며, 회원들에 따르면, 이 태양열 발전은 "일반인들이 자신의 옥상에서뿐만 아니라 공익사업 규모로도 청정 전력을 생산할 수 있는 지속 가능하고 '민주적인' 에너지 공급의 새로운 시대"를 대표한다는 가시적인 신호이다.

(B) 유사하게, 미국의 재생에너지 지지자들은 Clean Energy Collective를 설립했는데, 이 기업은 '참여하는 공공 설비 소비자들에 의해 공동으로 소유된 중간 규모의 설비를 통해 청정 전력 발전을 가져올 모델'을 개척해 왔다.

VOCA

• extraction 추출

• reminder 상기시키는 것

• sustainable 지속 가능한

• utility (수도 전기 가스 같은) 공익사업, 공공 설비

• enthusiast 열렬한 지지자

• pioneer 개척하다

• collectively 집합적으로, 총괄하여

• frustrate 좌절감을 주다, 불만스럽게 만들다

• inability 무능, 불능

• accelerate 가속화되다, 가속화하다

• onshore 육지의

• inspire 고무하다

11 난도 ★☆☆　　　　　　　　　　　정답 ①

표현 > 일반회화

정답의 이유

B가 빈칸 앞에서 'It was really good.'이라고 했고, 빈칸 다음에서 그 영화의 특수효과가 환상적이었다고 했으므로 문맥상 빈칸에는 A가 B에게 영화에서 좋았던 점을 구체적으로 물어보는 표현이 와야 함을 유추할 수 있다. 따라서 빈칸에는 ① 'What did you like the most about it(어떤 점이 가장 좋았어)?'이 가장 적절하다.

오답의 이유

② 네가 가장 좋아하는 영화 장르가 뭐야?

③ 그 영화는 국제적으로 홍보되었니?

④ 그 영화는 매우 비쌌니?

본문해석

A: 주말 잘 보냈어?

B: 응, 꽤 괜찮았어. 우리는 영화 보러 갔었어.

A: 오! 뭘 봤는데?

B: Interstellar. 정말 좋아.

A: 정말? 어떤 점이 가장 좋았어?

B: 특수효과야. 정말 환상적이었어. 다시 봐도 좋을 것 같아.

VOCA

- special effect 특수효과
- mind 꺼리다

12 난도 ★☆☆　　　　　　　　　　　정답 ③

표현 > 일반회화

정답의 이유

A가 두 달 방학이 일주일처럼 지나갔다고 하면서 시간의 빠름을 말하고 있는데, B가 '내 말이 그 말이야. 방학이 몇 주 동안 느릿느릿 지나갔어.'라고 했으므로 앞뒤가 맞지 않는 어색한 대화는 ③이다.

본문해석

① A: 오늘 내가 해야 하는 이 연설 때문에 너무 떨려.

　 B: 가장 중요한 건 침착함을 유지하는 거야.

② A: 그거 알아? 민수와 유진이가 결혼한대!

　 B: 잘됐다! 그들은 언제 결혼하니?

③ A: 두 달 방학이 마치 일주일처럼 지나갔어. 새 학기가 코앞이야.

　 B: 내 말이 그 말이야. 방학이 몇 주 동안 느릿느릿 지나갔어.

④ A: '물'을 프랑스어로 어떻게 말해?

　 B: 기억이 날 듯 말 듯한데, 그게 기억이 안 나.

VOCA

- tie the knot 결혼하다
- be around the corner 목전에 닥치다, 임박하다
- drag on 질질 끌다, 계속되다
- on the tip of one's tongue 혀끝에서 맴도는, 기억이 날 듯 안 나는

13 난도 ★★☆　　　　　　　　　　　정답 ②

독해 > 세부 내용 찾기 > 내용 (불)일치

정답의 이유

제시문은 여성과 남성의 대화 방식의 차이에 관한 글이다. 세 번째 문장에서 'Women's conversations range from health to their houses, from politics to fashion, ~ but sports are notably absent.'라고 하면서 여성들은 대화의 주제 범위가 다양하지만 스포츠에 대한 대화는 없다고 했으므로 글의 내용과 일치하지 않는 것은 ② '여성들의 대화 주제는 건강에서 스포츠에 이르기까지 매우 다양하다.'이다.

오답의 이유

① 첫 번째 문장에서 '~ and they always talk about trivial things, or at least that's what men have always thought.'라고 했으므로 글의 내용과 일치한다.

③ 다섯 번째 문장에서 '~ women also tend to move quickly from one subject to another in conversation, ~'라고 했으므로 글의 내용과 일치한다.

④ 마지막 문장에서 '~ they sometimes find it hard to concentrate when several things have to be discussed at the same time in a meeting.'이라고 했으므로 글의 내용과 일치한다.

본문해석

여성들은 수다에 능숙하고, 그들은 항상 사소한 것들에 대해 이야기한다. 혹은 적어도 남성들은 항상 그렇게 생각해 왔다. 하지만 몇몇 새로운 연구는 여성들이 여성들과 대화할 때, 그들의 대화는 하찮음과는 거리가 멀고, 남성들이 다른 남성들과 대화할 때보다 더 많은 주제(최대 40개의 주제)를 다루고 있다는 것을 시사한다. 여성들의 대화는 건강부터 집에 관한 것까지, 정치부터 패션까지, 영화에서 가족까지, 교육에서 관계 문제까지를 총망라하지만, 스포츠는 눈에 띄게 없다. 남성들은 더 제한된 범위의 주제를 가지는 경향이 있는데, 가장 인기 있는 것은 일, 스포츠, 농담, 자동차, 여성들이다. 1,000명이 넘는 여성들을 인터뷰했던 심리학자인 Petra Boynton 교수에 의하면 여성들은 또한 대화 중에 한 주제에서 다른 주제로 빠르게 이동하는 경향이 있는 반면, 남성들은 대체로 더 오랫동안 한 주제를 고수한다. 직장에서, 이러한 차이점은 남성들에게 장점으로 작용할 수 있는데, 그들은 다른 문제들을 제쳐두고 토의하는 주제에 온전하게 집중할 수 있기 때문이다. 다시 말하면, 이것은 또한 때로 회의에서 여러 가지 일을 동시에 논의해야 할 때 남성들이 그것들에 집중하기 힘들다는 것을 의미한다.

VOCA

- be an expert at ~에 능숙하다
- frivolous 시시한, 하찮은
- notably 특히, 현저히
- psychologist 심리학자
- stick to ~을 고수하다

14 난도 ★★☆ 정답 ②

독해 > 글의 일관성 > 무관한 어휘 · 문장

정답의 이유

제시문은 15세기 과학, 철학, 미술의 구분이 없었을 때 아리스토텔레스의 철학이 학자들에게 어떤 영향을 주었는지에 관한 글이므로 글의 흐름상 적절하지 않은 문장은 ② 'Humanists quickly realized the power of the printing press for spreading their knowledge(인문주의자들은 자신들의 지식을 전파하는 인쇄기의 위력을 빠르게 깨달았다).'이다.

본문해석

15세기에는 과학, 철학, 미술 사이에 구분이 없었다. 세 분야 모두 '자연 철학'의 일반적인 주제에 포함되어 있었다. 자연 철학 발전의 중심이 되는 것은 고전적인 작가들의 회복이었는데, 가장 중요한 것이 아리스토텔레스의 작품이었다. 인문주의자들은 자신들의 지식을 전파하는 인쇄기의 위력을 빠르게 깨달았다. 15세기 초에 아리스토텔레스는 철학과 과학에서 모든 학문적 성찰의 기초가 되었다. Averroes와 Avicenna의 아랍어 번역본과 주석 속에서 생생하게 살아 있는 아리스토텔레스는 자연계와 인류의 관계에 대한 체계적인 관점을 제공했다. Physics, Metaphysics, Meteorology 같은 현존하는 그의 저서들은 학자들에게 자연 세계를 창조한 힘을 이해할 수 있는 논리적인 도구들을 제공했다.

VOCA

- heading 제목, 주제
- central to ~에 중심이 되는
- humanist 인문주의자
- printing press 인쇄기
- scholastic 학자의, 학문적인
- speculation 사색, 성찰; 추론, 추측
- perspective 관점, 시각
- Metaphysics 형이상학
- Meteorology 기상학

15 난도 ★★☆ 정답 ③

어법 > 비문 찾기

정답의 이유

③ vary는 '다르다'라는 뜻의 자동사이므로 will be vary → will vary가 되어야 한다.

오답의 이유

① 'of+추상명사'는 형용사 역할을 하며 '~한'으로 해석하므로 be 동사 다음에 of special interest는 보어로 어법에 맞게 쓰였다.

② 과거 시간 부사(in the past)가 있으므로 과거시제(were)가 올바르게 쓰였다. consider는 'consider+목적어+(to be)+형/명'으로 쓰이는 5형식 동사로 수동태가 되면 'be considered+(to be)+형/명'이 되므로 were considered to be the ultimate tool for a typist로 올바르게 사용되었다.

④ 과거 시간 부사(in 1975)가 있으므로 과거시제(was)가 올바르게 쓰였다. 주어(The world's first digital camera)가 '만들어지는' 수동 관계이므로 수동태(was created)가 올바르게 쓰였다.

본문해석

① 지진 후에 뒤따르는 화재는 보험 업계에서 특히 관심이 있다.
② 워드 프로세서는 과거에 타자수에게 최고의 도구로 여겨졌다.
③ 현금 예측에서 소득의 요소들은 회사 상황에 따라 달라질 것이다.
④ 세계 최초의 디지털 카메라는 1975년 Eastman Kodak에서 Steve Sasson에 의해서 만들어졌다.

VOCA

- insurance industry 보험 업계
- ultimate 최고의, 궁극적인
- element 요소
- circumstance 상황, 환경

16 난도 ★★☆ 정답 ②

독해 > 빈칸 완성 > 단어 · 구 · 절

정답의 이유

빈칸 다음의 'growth elsewhere'와 이후 문장에서 30년 동안 10% 성장을 지속해 왔던 중국이 세계 경제를 앞으로 나아가게 한 강력한 동력원이었는데, 성장률이 공식적으로 약 7%로 둔화되었다고 했으므로 문맥상 빈칸에는 중국 경제의 둔화가 다른 나라들의 성장에 어떤 영향을 미치는지에 대한 내용이 와야 함을 유추할 수 있다. 따라서 빈칸에 들어갈 말로 가장 적절한 것은 ② 'weigh on(압박하다)'이다.

오답의 이유

① 속도를 더 내다
③ 이어지다
④ 결과적으로 ~이 되다

본문해석

역사적으로 높은 성장률로부터 중국 경제의 둔화는 다른 곳의 성장을 압박할 것으로 오랫동안 예상되어 왔다. "30년 동안 10% 성장해 왔던 중국은 세계 경제를 앞으로 나아가게 한 많은 것들에 대한 강력한 동력원이었습니다."라고 Yale대의 Stephen Roach는 말했다. 성장률이 공식적인 수치로는 약 7%대로 둔화되었다. "그것은 명확한 감속입니다."라고 Roach가 덧붙였다.

VOCA

- rate 비율, 속도, 등급, 평가하다
- weigh on 압박하다, 무거운 짐이 되다
- source 근원, 원천
- figure 수치
- concrete 실제의, 명확한, 구체적인
- deceleration 감속

17 난도 ★★☆ 　　　　　　　　　　　　　정답 ④

독해 > 빈칸 완성 > 단어 · 구 · 절

정답의 이유

빈칸 다음 문장에서 'The more trust you bestow, the more others trust you.'라고 했고, 직무 만족도와 완전한 직무 수행을 위해 얼마나 권한을 부여받았는지의 사이에는 직접적인 상관관계가 있다고 했으므로 빈칸에 들어갈 말로 가장 적절한 것은 ④ 'autonomy(자율성)'이다.

오답의 이유

① 일

② 보상

③ 제한

본문해석

점점 더 많은 리더들이 원격으로 일하거나, 컨설턴트와 프리랜서뿐만 아니라 전국이나 전 세계에 흩어져 있는 팀과 함께 일하게 됨에 따라 여러분은 그들에게 더 많은 자율성을 주어야 할 것이다. 여러분이 더 많은 신뢰를 줄수록, 다른 사람들은 여러분을 더욱더 신뢰한다. 나는 직무 만족도와 업무 매 단계마다 그들을 그림자처럼 따라다니는 사람 없이 완벽하게 자신들의 업무를 수행하기 위해 권한을 얼마나 부여받았는지의 사이에는 직접적인 상관관계가 있다는 것을 확신한다. 신뢰하는 사람들에게 책임을 나누어 주는 것은 조직을 원활하게 돌아갈 수 있게 할 뿐만 아니라, 여러분의 시간을 더 자유롭게 해서 여러분이 더 큰 문제에 집중할 수 있도록 할 수 있다.

VOCA

- remotely 멀리서, 원격으로
- scattered 흩어져 있는
- bestow 수여[부여]하다
- correlation 연관성, 상관관계
- empower 권한을 주다
- execute 수행하다
- shadow 그림자처럼 따라다니다, 미행하다
- give away 거저 주다, 나누어 주다
- free up ~을 해방하다, 풀어주다; 해소하다

18 난도 ★★☆ 　　　　　　　　　　　　　정답 ①

독해 > 대의 파악 > 요지, 주장

정답의 이유

제시문은 유대교의 교리에 기초하여 우리가 행할 의무를 설명하는 글로, 중반에서 인간으로서의 '우리의 일은 우리 자신과 서로를 돌보는 것뿐만 아니라 우리 주변에 더 나은 세상을 만드는 것이 우리에게 주어진 의무이다.'라는 Lisa Grushcow의 주장을 보여주고 있다. 따라서 이 글의 요지로 가장 적절한 것은 ① 'We should work to heal the world(우리는 세상을 고치기 위해 노력해야 한다).'이다.

오답의 이유

② 공동체는 피난처로서 기능을 해야 한다.

③ 우리는 선을 믿음으로 개념화해야 한다.

④ 사원들은 지역사회에 기여해야 한다.

본문해석

"유대교에서, 우리는 대체로 우리의 행동에 의해 정의됩니다."라고 Montreal의 Emanu-El-Beth Sholom 사원의 수석 랍비인 Lisa Grushcow가 말한다. "당신은 실제로 탁상공론적인 공상적 사회 개혁론자가 될 수 없어요." 이 개념은 tikkun olam이라는 유대교 관념과 관련 있는데, '세상을 고치기 위해서'로 번역된다. 그녀는, 인간으로서의 "우리의 일은 망가진 것을 고치는 것입니다. 우리 자신과 서로를 돌보는 것뿐만 아니라 우리 주변에 더 나은 세상을 만드는 것이 우리에게 주어진 의무입니다."라고 말한다. 이러한 철학은 선을 봉사에 기반을 둔 무언가로 개념화한다. "내가 좋은 사람인가?"라고 묻는 대신에, 여러분은 "내가 세상에서 어떤 이로운 일을 할 수 있을까?"라고 물어보고 싶을지도 모른다. Grushcow의 사원은 이러한 믿음을 그들의 공동체 안팎에서 행동으로 옮긴다. 예를 들어, 그들은 1970년대에 베트남 출신의 두 난민 가족이 캐나다로 오도록 후원했다.

VOCA

- Judaism 유대교
- define 규정하다, 정의하다
- rabbi [유대인 목사 · 학자 · 교사에 대한 존칭으로] 선생
- armchair 탁상공론의
- do-gooder 공상적 사회 개혁론자
- Jewish 유대인[유대교]의
- mend 고치다, 수리하다
- incumbent on ~에게 의무로 지워지는
- conceptualize 개념화하다
- sponsor 후원하다
- refugee 난민

독해 > 빈칸 완성 > 연결어

정답의 이유

③ 제시문은 균형의 중요성에 대한 내용으로, 이에 대한 예시로 스토아 학파의 사상을 들어 설명하고 있다. 스토아 학자들은 최악의 상황을 의도적으로 시각화할 것을 권고했으며, (A) 앞 문장에서 'This tends to reduce anxiety about the future(이것이 미래에 대한 걱정을 줄여주는 경향이 있다).'라고 했고, 빈칸 (A) 다음에서 'increases your gratitude for having them now(현재 소유하고 있는 것에 대한 감사를 증가시킨다)'라고 했으므로 (A)에는 부연 설명하는 'Besides(게다가)' 혹은 'Furthermore(더군다나)'가 적절하다.

빈칸 (B) 앞 문장에서 부정적 사고(imagining that you might lose the relationships and possessions you currently enjoy ~)에 대해 말하고 있는데, (B) 문장에서 'Positive thinking ~ always leans into the future, ignoring present pleasures.'라고 했으므로, (B)에는 대조를 뜻하는 'by contrast(반면에)'가 적절하다.

오답의 이유

① 그럼에도 불구하고 – 게다가
② 뿐만 아니라 – 예를 들어
④ 그러나 – 결론적으로

본문해석

고대 철학자들과 영적 스승들은 긍정적인 것과 부정적인 것, 낙관주의와 비관주의, 성공과 보장을 위한 노력과 실패와 불확실성에 대한 열린 마음에 대하여 균형을 유지하는 것의 필요성을 이해했다. 스토아 학자들은 '악을 미리 생각하기', 즉 최악의 상황을 의도적으로 시각화할 것을 권고했다. 이것은 미래에 대한 걱정을 줄여주는 경향이 있다. 여러분이 현실에서 상황이 얼마나 악화될 수 있는지를 냉정하게 그려낼 때, 여러분은 보통 대처할 수 있다고 결론 내린다. (A) 게다가, 그들은 지적하기를, 여러분이 현재 누리고 있는 관계와 소유물을 잃게 될 수도 있다고 상상하는 것은 현재 그것들을 소유하고 있는 것에 대한 감사를 증가시킨다고 했다. (B) 반면에, 긍정적인 사고는 항상 미래에 의지하고, 현재의 즐거움을 무시한다.

VOCA

• spiritual 영적인, 정신의
• optimism 낙관주의
• pessimism 비관주의
• strive 분투하다
• Stoics 스토아 학파
• premeditation 미리 생각함, 미리 계획함
• deliberately 고의로, 의도적으로
• visualize 마음속에 그려보다, 상상하다
• soberly 냉정하게
• cope 대처하다
• gratitude 감사
• lean ~에 기울어지다; ~에 기대다

독해 > 글의 일관성 > 문장 삽입

정답의 이유

주어진 문장은 일이 재정적 보장 이상을 제공한다는 내용이다. ② 앞에 생계유지 수단인 봉급 지급 내용이 있으므로 주어진 문장이 들어갈 위치로 가장 적절한 것은 ②이다.

본문해석

왜 일 중독자들은 그들의 업무를 그렇게 즐길까? 그 이유는 주로 일이 몇 가지 중요한 이점들을 제공하기 때문이다. 그것은 사람들에게 생계유지 수단인 봉급을 제공한다. 그리고 일은 재정적인 보장 이상을 제공한다. 그것은 사람들에게 자신감을 주는데, 그들은 도전적인 작업을 생산하고 "내가 해냈어."라고 말할 수 있을 때 만족감을 느낀다. 심리학자들은 일이 또한 사람들에게 정체성을 준다고 주장한다. 그들은 자아와 개성을 느낄 수 있도록 일한다. 게다가, 대부분의 일은 사람들에게 다른 사람을 만나기 위한 사회적으로 용인된 방법을 제공한다. 일은 긍정적인 중독이라고 말할 수 있다. 아마도 일 중독자들은 그들의 일에 대해 강박적일 수 있지만, 그들의 중독은 안전하고 심지어 이로운 것처럼 보인다.

VOCA

• financial 재정적인
• advantage 이점, 이익
• provide A with B A에게 B를 제공하다
• paycheck 급료, 봉급
• earn a living 생계를 유지하다
• challenging 도전적인, 힘든
• individualism 개성
• acceptable 용인되는
• compulsive 강박적인
• advantageous 이로운

영어 | 2020년 국가직 9급

한눈에 훑어보기

✓ 빠른 정답

01	02	03	04	05	06	07	08	09	10
①	④	③	①	④	②	③	②	①	④
11	12	13	14	15	16	17	18	19	20
④	③	②	③	③	④	④	③	①	②

✓ 점수 체크

구분	1회독	2회독	3회독
맞힌 문항 수	/ 20	/ 20	/ 20
나의 점수	점	점	점

---

01 난도 ★☆☆　　　　　　　　　　　　　정답 ①

어휘 > 단어

[정답의 이유]

밑줄 친 candid는 '솔직한, 정직한'의 뜻으로 이와 의미가 가장 가까운 것은 ① 'frank(솔직한)'이다.

[오답의 이유]

② 논리적인

③ 암시된

④ 열정적인

[본문해석]

전자레인지 모델과 스타일에 대한 광범위한 목록은 솔직한 고객 리뷰 및 가격대와 함께 가전제품 비교 웹사이트에서 이용할 수 있다.

[VOCA]

- extensive (다루는 정보가) 광범위한, 폭넓은
- microwave oven 전자레인지
- price range 가격대
- appliance (가정용) 기기, 전기 제품[기구]

02 난도 ★★☆　　　　　　　　　　　　　정답 ④

어휘 > 단어

[정답의 이유]

밑줄 친 conspicuous는 '눈에 잘 띄는, 뚜렷한'의 뜻으로 이와 의미가 가장 가까운 것은 ④ 'noticeable(뚜렷한, 현저한)'이다.

[오답의 이유]

① 수동적인

② 수증기가 가득한

③ 위험한

[본문해석]

Yellowstone이 사실상 화산 작용에 의해 만들어졌다는 것은 오랫동안 알려져 있었으며, 화산의 한 가지 특징은 일반적으로 눈에 잘 띈다는 것이다.

[VOCA]

- for a long time 오랫동안, 장기간
- volcanic 화산 작용에 의해 만들어진, 화산의
- in nature 사실상, 현실적으로

03 난도 ★☆☆　　　　　　　　　　　정답 ③

어휘 > 어구

[정답의 이유]

밑줄 친 inside out은 '(안팎을) 뒤집어'라는 뜻으로, know ~ inside out은 '~을 (자기 손바닥 들여다보듯이) 환하게 알다'의 의미이다. 따라서 문맥상 그가 도시를 '속속들이 환하게' 알고 있기 때문에 길을 안내할 적임자라는 것이므로 정답은 ③ 'thoroughly(완전히, 철저히)'이다.

[오답의 이유]

① 결국, 종내
② 문화적으로
④ 시험적으로, 망설이며

[본문해석]

그는 그 도시에 대해 속속들이 알고 있기 때문에, 당신에게 그곳에 어떻게 가는지 알려줄 적임자이다.

04 난도 ★★☆　　　　　　　　　　　정답 ①

어휘 > 어구

[정답의 이유]

밑줄 친 pay tribute to는 '~에게 경의를 표하다'의 뜻으로 이와 의미가 가장 가까운 것은 ① 'honor(존경하다, 경의를 표하다)'이다.

[오답의 이유]

② 구성하다
③ 공표하다
④ 참여하다

[본문해석]

판지에, 눈에, 공작용 판지에 새겨진 메시지를 포함하여 그 팀에게 경의를 표하려는 수천 개의 소박한 시도들이 길을 따라 있었다.

[VOCA]

- homespun 소박한
- tribute 헌사[찬사], 공물
- etch 아로새기다
- cardboard 판지
- construction paper 공작용 판지

05 난도 ★★☆　　　　　　　　　　　정답 ④

어법 > 정문 찾기

[정답의 이유]

④ be related to는 '~와 관계가 있다'의 뜻으로 전치사(to)의 목적어로 간접의문문이 왔다. 간접의문문의 어순은 '의문사+형용사+명사+주어+동사'이므로 'how much gray the color contains'로 올바르게 사용되었다.

[오답의 이유]

① 대명사(those)가 받는 대상이 단수명사(the traffic)이므로 those → that이 되어야 한다.
② 시간·조건 부사절에서 현재시제가 미래시제를 대신하므로 when절의 I'll be lying → I am lying이 되어야 한다.
③ '~하는 사람들'은 'the+형용사'이므로 the wealth → the wealthy가 되어야 한다.

[본문해석]

① 대도시의 교통은 소도시의 그것보다 더 혼잡하다.
② 다음 주에 해변에 누워 있을 때, 나는 너를 생각할 거야.
③ 건포도는 한때 값비싼 음식이어서 부유한 사람들만 그것을 먹었다.
④ 색의 명도는 그 색이 얼마나 회색을 포함하고 있는지와 관련되어 있다.

[VOCA]

- raisin 건포도
- intensity 강도, 명도
- contain ~이 들어 있다

[더 알아보기]

간접의문문의 어순

- 의문사가 이끄는 명사절이 문장의 일부가 되는 것을 간접의문문이라고 한다.
- 간접의문문의 어순은 '의문사+주어+동사'이다.

예 How much she pays for her clothes or where she buys them does not interest her husband.
(그녀가 옷값을 얼마나 내는지 혹은 어디서 구입하는지는 남편의 관심을 끌지 못한다.)

예 I don't know how old this building is.
(나는 이 건물이 몇 년 된 건물인지 모른다.)

- 의문대명사와 의문부사

의문대명사	who, what, which+불완전한 절
의문부사	when, where, why, how+완전한 절

예 I don't know what the password is.
(비밀번호가 뭔지 모르겠어요.)

예 Could you tell me how I can get there?
(제가 거기에 어떻게 갈 수 있는지 말씀해 주시겠어요?)

06 난도 ★★☆   정답 ②

어법 > 영작하기

정답의 이유

② '주장, 요구, 명령, 제안'을 나타내는 동사 다음에 that절이 오는 경우 that절의 동사는 '(should)+동사원형'이 되어야 하므로 동사원형(cease)이 적절하게 사용되었다. cease는 자동사 · 타동사 둘 다 가능한데, 제시된 문장에서는 자동사로 쓰였다.

오답의 이유

① raise는 '발생시키다'라는 의미의 타동사로 목적어가 필요하다. have raised 다음에 목적어가 없으므로 수동태인 have been raised 또는 '(사건 등이) 발생하다'는 의미의 자동사인 arise를 써서 have arisen으로 고쳐야 한다.

③ 주절의 시제는 과거(had to fight)인데 종속절의 시제가 미래(will blow)이므로 비문이다. 주절의 시제가 과거일 경우 종속절의 시제는 과거 또는 과거완료가 되어야 하므로 will blow → blew로 고쳐야 한다.

④ survive는 자동사로 '살아남다', 타동사로 '~보다 더 오래 살다'라는 뜻으로, 주어진 우리말에서 '살아남는다'라고 제시되었으므로 자동사로 사용되어야 한다. 따라서 are survived by → survive로 고쳐야 한다.

VOCA

• command 명령하다, 지시하다

• cease 중지하다, 그만두다

• harsh 혹독한, 가혹한

07 난도 ★★☆   정답 ③

어법 > 영작하기

정답의 이유

③ promote는 타동사로 '승진시키다'의 뜻인데 promote의 목적어가 없고, 의미상 목적어인 him이 승진되는 것이므로 promoting → being promoted가 되어야 한다. 한편 prohibit은 완전타동사로서 'prohibit+목적어+from -ing'는 '목적어가 ~하는 것을 금지하다'의 뜻으로 적절하게 사용되었다.

오답의 이유

① 주어(Human beings)와 동사(adapt)의 수일치가 적절하며, 재귀대명사인 themselves 역시 올바르게 사용되었다.

② 'have no choice but to부정사' 구문은 '~하지 않을 수 없다'의 뜻으로 but 다음에 to부정사가 올바르게 사용되었다. cannot help but 동사원형, cannot help -ing로도 쓸 수 있다.

④ 가주어-진주어 구문으로 가주어(It), 진주어(to assemble and take apart the toy car)가 올바르게 사용되었다. 일반적으로 가주어-진주어 구문에는 난이형용사(easy, difficult 등)가 사용된다.

VOCA

• adapt (상황에) 적응하다

• assemble 조립하다; 모으다

• take apart 분해하다

08 난도 ★★☆   정답 ②

독해 > 대의 파악 > 요지, 주장

정답의 이유

제시문은 대화에서의 듣기와 말하기의 조화가 중요하다는 내용으로, 대화에서의 듣기의 역할을 언급하고 경청 없이 말하는 것은 존중받지 못할 것이라고 설명하고 있다. 따라서 글의 요지로 적절한 것은 원만한 의사소통을 위해 상대방의 말을 잘 듣고, 동시에 자신의 의견을 목소리를 내어 주장해야 한다는 두 가지를 다 포함하는 ② 'We need to listen and speak up in order to communicate well(우리는 의사소통을 잘 하기 위해서 경청하고 의견을 거리낌 없이 말할 필요가 있다).'이다.

오답의 이유

① 우리는 다른 사람들을 설득하기 위해 더 단호해야 한다.

③ 우리는 우리가 보는 세상에 대한 믿음을 바꾸기를 주저한다.

④ 우리는 오직 우리가 선택한 것만 듣고 다른 의견들을 무시하려고 한다.

본문해석

다른 사람의 생각을 듣는다는 것은 여러분 자신과 세상 안에서의 여러분의 위치뿐만 아니라, 여러분이 세상에 대해 믿는 이야기가 온전한지 알 수 있는 한 가지 방법이다. 우리는 모두 우리의 신념을 살펴보고, 그것들을 환기하고 그것들이 숨쉬게 할 필요가 있다. 다른 사람들이, 특히 우리가 기본적이라고 여기는 개념에 대해 말해야 하는 것을 듣는 것은 우리 정신과 마음에서 창문을 여는 것과 같다. 의견을 내는 것은 중요하다. 하지만 듣지 않고 의견을 내는 것은 냄비와 팬을 동시에 세게 치는 것과 같다. 비록 그것이 관심을 끌지라도, 존중받지는 못할 것이다. 대화가 의미를 갖기 위해서는 세 가지 전제 조건이 있다. 1. 여러분이 무엇에 대해 말하고 있는지 알아야 한다. 이는 여러분이 독창적인 요점을 가지고 있으며 진부하고 물려받은 또는 미리 만들어낸 주장을 그대로 따라 하지 않는다는 것을 의미한다. 2. 여러분과 이야기하고 있는 사람들을 존중하고, 비록 그들의 입장에 동의하지 않더라도 기꺼이 그들을 정중하게 대해야 한다. 3. 여러분은 계속해서 좋은 유머와 안목을 가지고 주제에 대한 자신의 관점을 다루면서 상대방이 말하는 것을 경청할 만큼 충분히 영리하고 정보를 잘 알아야 한다.

VOCA

• intact 온전한

• air out 환기하다

• foundational 기본의, 기초적인

• prerequisite 전제 조건

• worn-out 진부한, 흔해 빠진; 낡은

• hand-me-down 물려받은

• argument 주장, 논쟁

• authentically 진정으로, 확실하게

• courteously 예의바르게, 공손하게

• informed (특정 주제 · 상황에 대해) 잘 아는

• opposition (사업 · 경기 등에서의) 상대측

• perspective 관점, 시각

- uninterrupted 중단되지 않는, 연속된
- discernment 안목

09 난도 ★★☆ 　　　　　　　　　　정답 ①

독해 > 대의 파악 > 제목, 주제

정답의 이유

첫 번째 문장과 두 번째 문장에서 '미래'와 '변화'라는 핵심 소재를 제시하였으며, 이후에 미래는 불확실한 것이고 변화하는 미래에 예술이 어떤 기능을 하고, 변화에 반응하는 예술의 모습은 어떨지 구체적인 예시를 들면서 설명하고 있다. 따라서 글의 제목으로 가장 적절한 것은 ① 'What will art look like in the future(미래에 예술은 어떤 모습일 것인가)?'이다.

오답의 이유

② 지구온난화는 우리의 삶에 어떻게 영향을 미칠 것인가?
③ 인공지능은 환경에 어떻게 영향을 미칠 것인가?
④ 정치 운동으로 인해 어떤 변화가 생길 것인가?

본문해석

미래는 불확실할지도 모르지만 기후 변화, 인구통계의 변화, 지정학 같은 어떤 것들은 부인할 수 없는 명백한 사실이다. 단 한 가지 확실한 것은 변화가 있으리라는 점인데, 그 변화는 좋을 수도 있고 끔찍할 수도 있다. 예술이 현재와 미래에 어떤 목적을 제공할지 뿐만 아니라, 이러한 변화에 예술가들이 어떻게 대응할지 고려할 가치가 있다. 보고서는 시사하기를 2040년까지 인간이 초래한 기후 변화의 영향은 피할 수 없을 것이며, 이는 20년 후 예술과 삶의 중심에서 큰 쟁점이 될 것이라고 한다. 미래의 예술가들은 포스트 휴먼과 포스트 인류세의 가능성, 즉 인공지능, 외계의 인간 식민지, 잠재적 파멸과 씨름할 것이다. #미투(MeToo)와 Black Lives Matter 운동을 중심으로 예술에서 보이는 정체성 정치는 환경주의, 국경 정치, 이주가 더욱 확실하게 뚜렷해지면서 성장할 것이다. 예술은 더욱 다양해질 것이고 우리가 기대하는 것만큼 '예술처럼 보이지' 않을 수도 있다. 미래에, 우리는 모두가 볼 수 있는 온라인에서 보여지는 우리의 삶에 지치고 우리의 사생활이 거의 없어지면, 익명성이 명성보다 더 바람직할 수도 있다. 수천, 수백만의 '좋아요'와 팔로워들 대신, 우리는 진실성과 관계를 갈망하게 될 것이다. 결과적으로, 예술은 개인적이기보다는 더 집단적이고 경험적인 것이 될 수 있다.

VOCA

- demographics 인구 통계 (자료)
- geopolitics 지정학
- guarantee 굳은 약속, 확약
- inescapable 피할 수 없는
- wrestle with ~을 해결하려고 애쓰다
- post-human 포스트 휴먼
- Anthropocene 인류세
- identity politics 정체성 정치학
- Black Lives Matter BLM 운동(아프리카계 미국인에 대한 경찰의 잔인함에 대항하는 비폭력 시민불복종 옹호 운동)
- come into focus (상황 따위가) 뚜렷해지다

- anonymity 익명(성)
- desirable 바람직한
- authenticity 진짜임, 진실성, 진정성
- collective 집단의, 공동의

10 난도 ★★☆ 　　　　　　　　　　정답 ④

독해 > 세부 내용 찾기 > 내용 (불)일치

정답의 이유

제시문의 마지막 문장에서 미국의 총기 관련 범죄들이 1990년 최고치 이후로 감소해 왔다고 총기 소유권 지지자들이 언급한다고 했으므로 글의 내용과 일치하지 않는 것은 ④ 'Gun crimes in the U.S. have steadily increased over the last three decades(미국에서 총기 관련 범죄는 지난 30년간 꾸준히 증가해 왔다).'이다.

오답의 이유

① 2008년에 미국 대법원은 권총을 금지하는 워싱턴 DC 법안을 번복했다. → 세 번째 문장에서 법원이 권총을 금지하는 워싱턴 DC 법안을 폐지했다고 언급하고 있으므로 글의 내용과 일치한다.
② 대다수 총기 지지자들은 총기 소지가 생득권이라고 주장한다. → 네 번째 문장에서 언급하고 있으므로 글의 내용과 일치한다.
③ 선진국 중에서 미국은 총기에 의한 살인율이 가장 높다. → 일곱 번째 문장에서 언급하고 있으므로 글의 내용과 일치한다.

본문해석

미국 헌법 수정조항 제2조는, '잘 통제된 민병대는 자유주(남북 전쟁 전에 노예를 사용하지 않던 주)의 안보에 필수적이므로 무기를 소지하고 휴대할 국민의 권리는 침해될 수 없다.'라고 명시하고 있다. 대법원 판결들은 이 조항을 인용하면서 총기 규제에 대한 주의 권리를 유지해 왔다. 하지만 2008년 개인의 무기 소지와 휴대권에 대한 확인 판결에서, 법원은 개인의 총기소지 금지와 가정 내 권총을 잠가 두거나 분해할 것을 요구하는 워싱턴 DC 법안을 폐지했다. 많은 총기 지지자들은 총기 소유권을 생득권이자 국가 유산의 필수적인 부분으로 간주한다. 스위스에 본부를 두고 있는 Small Arms Survey의 2007년 보고서에 따르면, 전 세계 인구의 5%보다 적은 미국은 세계 민간 소유 총기의 약 35~50%를 차지하고 있다. 미국은 1인당 총기 소지에서 1위를 차지한다. 미국은 또한 선진국 중에서 총기에 의한 살인율이 가장 높다. 그러나 많은 총기 소유권 지지자들은 이 통계수치가 인과관계를 나타내지 못한다고 말하며, 미국의 총기 살인과 다른 총기 관련 범죄율은 1990년대 초 최고치 이후 떨어졌다고 언급한다.

VOCA

- Second Amendment 미국 헌법 수정조항 제2조
- constitution 헌법
- well-regulated 규칙이 잘 선
- militia 민병대, 의용군
- security 안보, 방위; 보장
- uphold (법·원칙 등을) 유지시키다[옹호하다]
- regulate 규제[통제/단속]하다
- firearm (소지가 가능한 권총 등의) 화기

- strike down (법정에서) 법률의 폐기를 결정하다
- birthright 생득권
- civilian-owned 민간 소유의
- per capita 1인당
- homicide 살인
- proponent (어떤 사상·행동 방침의) 지지자

11 난도 ★☆☆ 정답 ④

표현 > 일반회화

정답의 이유

④ 요리 대회에서 입상했다는 A의 말에 대한 응답으로 마치 자신이 상을 탄 것처럼 얘기하는 B의 대답은 대화의 흐름상 어색하다.

본문해석

① A: 납부 기한이 언제입니까?
  B: 다음 주까지 내셔야 합니다.
② A: 이 짐을 부쳐야 할까요?
  B: 아니요. 기내에 갖고 탈 만큼 충분히 작네요.
③ A: 우리 언제 어디서 만날까?
  B: 8시 30분에 네 사무실로 태우러 갈게.
④ A: 요리 대회에서 상 탔어요.
  B: 당신이 없었다면 전 그것을 못했을 거예요.

VOCA

- payment 지급, 납입
- due (돈을) 지불해야 하는
- check ~ in (비행기 등을 탈 때) ~을 부치다
- pick ~ up ~을 (차에) 태우러 가다, 태우다

12 난도 ★☆☆ 정답 ③

표현 > 일반회화

정답의 이유

빈칸 앞에서 A가 디럭스룸과 스위트룸 두 가지 객실을 제시하고, 빈칸 다음에서 A가 스위트룸의 특징을 설명하고 있으므로 빈칸에는 두 객실의 차이점을 묻는 ③ 'What's the difference between them(그것들의 차이점은 무엇이죠)'이 적절하다.

오답의 이유

① 또 필요한 게 있으신가요
② 객실 번호를 알 수 있을까요
④ 객실에 반려동물이 허용되나요

본문해석

A: Royal Point 호텔 예약 부서에 전화 주셔서 감사합니다. 제 이름은 Sam입니다. 무엇을 도와드릴까요?
B: 안녕하세요. 객실을 예약하고 싶어요.
A: 저희는 디럭스룸과 럭셔리 스위트룸 두 가지 타입을 제공하고 있습니다.

B: 그것들의 차이점은 무엇이죠?
A: 우선, 스위트룸은 매우 넓습니다. 침실 이외에도 주방, 거실, 식당이 있습니다.
B: 비쌀 것 같네요.
A: 네, 1박에 200달러 이상입니다.
B: 그러면, 저는 디럭스룸으로 할게요.

VOCA

- suite (호텔의) 스위트룸(연결된 몇 개의 방으로 이루어진 공간)
- in addition to ~에 더하여, 게다가
- in that case 그런 경우에는[그렇다면]

13 난도 ★☆☆ 정답 ②

독해 > 빈칸 완성 > 연결어

정답의 이유

② 제시문은 홈스쿨링에 대한 찬반 입장을 서술하는 글이다. (A) 앞에서 홈스쿨링의 장점을 언급하였고, (A) 다음에는 홈스쿨링 반대자들의 의견을 제시하고 있으므로 (A)에는 대조의 연결사 In contrast(그에 반해서)가 적절하다. (B) 바로 앞 문장에서 홈스쿨링으로 학습한 아이들의 발달에 문제가 없다는 연구 결과를 제시하고, (B) 다음에서는 비평가들이 홈스쿨링을 하는 부모의 능력에 대한 우려를 제기한다고 하였으므로 (B)에는 양보의 연결사인 In spite of this(그럼에도 불구하고)가 적절하다.

오답의 이유

① 그러므로 - 그럼에도 불구하고
③ 그러므로 - 그와는 반대로
④ 그에 반해서 - 더욱이

본문해석

홈스쿨링을 지지하는 사람들은 아이들이 안정감 있고 애정 어린 환경에 있을 때 더 잘 배운다고 믿는다. 많은 심리학자들은 집을 가장 자연스러운 학습 환경으로 보고 있으며, 원래 집은 학교가 설립되기 훨씬 전에 교실이었다. 홈스쿨링을 하는 부모들은 자녀의 교육을 관찰할 수 있고 전통적인 학교 환경에서의 부족한 관심을 줄 수 있다고 주장한다. 학생들은 또한 무엇을 공부할지, 언제 공부할지 선택할 수 있어서 그들 자신의 속도로 학습할 수 있게 한다. (A) 그에 반해서, 홈스쿨링을 비판하는 사람들은 교실에 있지 않은 아이들은 또래와의 상호작용이 거의 없기 때문에 중요한 사회적 기능을 배우는 것을 놓친다고 말한다. 그렇지만 여러 연구들은 가정에서 교육받은 아이들이 그들의 행복에 신경을 쓰는 부모의 지도로 편안하고 안정적인 가정에서 더 많은 시간을 보내면서, 사회적이고 감정적인 발달에 있어 다른 학생들만큼 잘하는 것처럼 보인다는 것을 제시했다. (B) 그럼에도 불구하고, 많은 홈스쿨링 비판자들은 아이들을 효과적으로 가르칠 수 있는 부모의 능력에 대한 우려를 제기해 왔다.

VOCA

- advocate 옹호자, 지지자; 옹호하다
- pick and choose 까다롭게 고르다

- at one's own pace 자신만의 속도로
- critic (무엇의 나쁜 점을 특히 공적으로) 비판하는 사람; 비평가
- miss out on ~을 놓치다
- in terms of ~면에서

더 알아보기

연결사의 종류

구분	연결사	의미
예시	for example, for instance	예를 들면
결과	thus, therefore, as a result	그러므로, 그 결과
결론	in conclusion, accordingly	결과적으로
열거	likewise, first of all, to begin with, finally, at last	마찬가지로, 우선, 마지막으로
부연	also, in addition, additionally, moreover, furthermore, besides	게다가
유사	similarly, likewise, in the same way	유사하게, 마찬가지로
요약	in brief[short], in summary, to sum up, to summarize	간단히 말하자면
반복	in other words, that is (to say), namely	다시 말하면, 즉
강조	in fact, indeed, above all, needless to say	사실은, 무엇보다도, 말할 필요도 없이
역접	but, however, still, though, nevertheless, nonetheless, despite, after all	그러나, 그럼에도 불구하고, ~에도 불구하고, 결국에는
비교·대조	on the other hand, in[by] contrast, on the contrary, while, contrary to, instead, rather	반면에, 대조적으로, 정반대로, ~와는 반대로, 대신에, 오히려

14 난도 ★★☆   정답 ③

독해 > 대의 파악 > 제목, 주제

정답의 이유

제시문은 과거에는 강박적으로 일에 몰두했지만 최근에는 여가와 업무의 유연성을 중요하게 생각한다는 내용으로, 세 번째 문장에서 'But increasingly, younger workers are pushing back(하지만 점점 젊은 근로자들이 반발하고 있다).'라고 한 다음에 근무 유연성에 대한 예로 원격 근무, 유급 출산 휴가, 넉넉한 휴가 기간, 출퇴근 시간의 유연성, 여가 확보 등을 제시하고 있으므로 글의 주제로 적절한 것은 ③ 'increasing call for flexibility at work(직장에서의 유연성에 대한 요구의 증가)'이다.

오답의 이유

① 급여를 인상시키는 방법
② 불평등을 감소시키려는 강박
④ 긴 휴가가 있는 생활의 장점

본문해석

많은 사람들에게 일은 강박이 되었다. 사람들이 급여를 위해 하는 일 외에 아이들, 열정적으로 하는 취미 활동, 반려동물, 혹은 어떤 종류의 생활을 위해서든 시간을 내려고 애쓰면서, 강박은 극도의 피로, 불행, 성 불평등을 초래했다. 하지만 점점 젊은 근로자들이 반발하고 있다. 그들 중 더 많은 이들이 유연성을 기대하고 요구하는데, 예를 들어 원격 근무, 늦은 출근이나 이른 퇴근 혹은 운동이나 명상을 위해 시간을 내는 것 같은 일상적인 것과 더불어 신생아를 위한 유급 휴가와 넉넉한 휴가 기간 등이다. 그들 생활의 나머지 부분이 특정한 장소나 시간에 얽매이지 않고 전화기상에서 일어나는데, 일이라고 달라야 할 이유가 있는가?

VOCA

- obsession 강박 관념
- burnout 극도의 피로
- inequity 불공평
- paycheck 급료
- push back 반발하다; 미루다
- remotely 원격으로, 멀리서
- tied to ~에 얽매이다

15 난도 ★☆☆   정답 ③

독해 > 글의 일관성 > 글의 순서

정답의 이유

주어진 글은 빈번한 심리적 스트레스 경험이 심혈관계 질병의 주요 원인이 될 수 있다는 내용이므로 가장 흔한 스트레스 원인 중 하나인 운전을 언급하는 (C)와 연결되는 것이 자연스럽다. (A)에서 this로 받아서 운전과 심장 질병과의 관계와 스트레스를 줄일 방안에 대해 묻는다. (B)에서 그에 대한 대답으로 '있다(there is)'라고 이어지며, 운전 중 음악 청취라는 방법을 소개한다. 따라서 주어진 글 다음에 이어질 글의 순서로 가장 적절한 것은 ③ '(C) - (A) - (B)'이다.

본문해석

과거의 연구는 빈번한 심리적 스트레스를 경험하는 것이 미국의 20세 이상 성인 중 거의 절반에게 영향을 주는 질환인 심혈관계 질병의 주요 위험 요인이 될 수 있다는 것을 보여주었다.

(C) 빈번한 스트레스의 한 가지 원인은 운전인데, 그것은 교통체증과 연관된 스트레스 요인 때문이거나 초보 운전자들에게 흔히 동반되는 불안 때문이다.

(A) 그렇지만, 이것이 매일 운전하는 사람들은 심장 질병에 걸리도록 예정되어 있다는 의미일까? 그게 아니면 운전 스트레스를 덜어줄 간단한 방법이 있을까?

(B) 새로운 연구에 따르면, (그 방법이) 있다. 연구원들은 운전하면서 음악을 듣는 것이 심장 건강에 영향을 미치는 스트레스를 완화시키는 데 도움이 된다고 언급했다.

- risk factor 위험 요인, 위험 요소
- cardiovascular 심혈관의
- on a daily basis 매일
- be set to ~하도록 예정되어 있다
- stressor 스트레스 요인
- accompany (일·현상 등이) 동반되다

16 난도 ★★☆ 정답 ④

독해 > 글의 일관성 > 무관한 어휘·문장

정답의 이유

제시문은 뇌가 위험을 인지한 상황에서 여러 신체 기관과 호르몬들이 어떻게 작용하는지 설명하는 글이다. ①~③은 위험 상황에서 부신이 아드레날린을 분비하여 동공을 넓히고, 혈액과 여분의 호르몬이 계속 흘러가도록 심장을 더 빠르게 펌프질하고, 골격근을 긴장시켜 위험에 반격하거나 달아날 준비를 시키는 등의 신체 반응이 일어난다고 했다. 하지만 '인간이 의식적으로 분비샘을 조절한다'는 ④는 다음 문장인 '호르몬은 설득되지 않는다'는 내용과도 논리적으로 이어지지 않으므로 흐름상 어색한 문장이다.

본문해석

뇌가 인접한 환경에서 위험을 감지하면, 뇌는 신체에서 복잡한 일련의 일을 시작한다. 뇌는 화학적 호르몬을 혈류로 내보내는 기관인 여러 분비샘에 전기 메시지를 보낸다. 혈액은 다양한 활동을 하도록 촉진되는 다른 기관들로 이러한 호르몬을 빠르게 운반한다. 예를 들어, 신장 위에 있는 부신은 신체의 스트레스 호르몬인 아드레날린을 만들어낸다. 아드레날린은 위험 신호를 살피기 위해 동공을 확장시키고, 혈액과 여분의 호르몬이 계속 흘러가도록 심장을 더 빠르게 펌프질하고, 골격근을 긴장시켜 위험에 반격하거나 위험으로부터 도망칠 준비를 하는 것 같은 일을 하면서 온몸을 돌아다닌다. 이 전체 과정은 투쟁-도피 반응이라고 불리는데, 그것은 신체가 살기 위해 싸우거나 도망치도록 준비시키기 때문이다. <u>인간은 다양한 호르몬의 분비를 조절하기 위해 분비샘을 의식적으로 통제한다.</u> 일단 이 반응이 시작되면 그것을 무시하는 것은 불가능한데, 호르몬들은 설득될 수 없기 때문이다.

VOCA

- perceive 인지하다, 감지하다
- initiate 시작하다
- a string of 여러 개의, 일련의
- gland (분비)샘
- adrenal glands 부신
- pump out (많은 양의) ~을 쏟아 내다[만들어 내다]
- be on the lookout for 세심히 살피다
- tense (사람·근육·신경 등을) 긴장시키다, 팽팽하게 하다
- skeletal muscle 골격근
- lash out at (~을) 마구 몰아세우다; 공격하다
- fight-or-flight response 투쟁-도피 반응(긴박한 위협 앞에서 자동적으로 나타나는 생리적 각성 상태)

- consciously 의식하여, 의식적으로
- regulate 조절[조정]하다; 규제하다
- reason with ~을 설득하다

17 난도 ★★☆ 정답 ④

독해 > 글의 일관성 > 문장 삽입

정답의 이유

제시문은 우연히 유리 플라스크를 깨뜨린 실수 때문에 안전유리를 발명하게 된 화학자에 대한 내용으로 시간 순서대로 전개되었다. 주어진 문장의 마지막 부분에서 '~ he imagined that a special coating might be applied to a glass windshield to keep it from shattering(그는 유리창이 산산조각 나는 것을 막기 위해서 앞 유리창에 특수 코팅이 적용될 수 있을 것이라고 상상했다).'이라고 했으므로 주어진 문장은 'Not long thereafter, he succeeded in producing the world's first sheet of safety glass(그 후 얼마 지나지 않아, 그는 세계 최초로 안전유리를 생산하는 데 성공했다).'라는 마지막 문장 앞인 ④에 들어가는 것이 적절하다.

본문해석

1903년 프랑스 화학자 Edouard Benedictus는 어느 날 단단한 바닥에 유리 플라스크를 떨어뜨려 깨뜨렸다. 그러나 놀랍게도 플라스크는 산산조각 나지 않았으며, 여전히 원래 형태를 대부분 유지하고 있었다. 그가 플라스크를 살폈을 때 (플라스크) 안쪽에 필름 코팅이 있는 것을 발견했는데, 잔여물이 플라스크에 담아두었던 콜로디온 용액에 남아 있었다. 그는 이 특이한 현상을 기록해두었으나, 몇 주 뒤 자동차 사고로 날아온 앞유리 파편에 의해 중상을 입은 사람들에 관한 기사를 읽고 나서야 그것에 관해 생각하게 되었다. <u>바로 그때 그는 유리 플라스크에 관한 자신의 경험을 떠올렸고, 그는 재빨리 유리창이 산산조각 나는 것을 막기 위해서 앞 유리창에 특수 코팅이 적용될 수 있을 것이라고 상상했다.</u> 그 후 얼마 지나지 않아, 그는 세계 최초의 안전유리를 생산하는 데 성공했다.

VOCA

- flask (화학실험용) 플라스크
- apply to ~에 적용되다
- windshield (자동차의) 앞유리
- astonishment 깜짝 놀람
- shatter 산산이 부서지다, 산산조각 나다
- retain 계속 유지하다
- contain ~이 들어 있다
- collodion [화학] 콜로디온
- phenomenon 현상
- thereafter 그 후에
- succeed in ~에 성공하다

독해 > 세부 내용 찾기 > 내용 (불)일치

정답의 이유

네 번째 문장에서 Dubrovnik 시는 크루즈 관광을 억제하는 데 주도적이었다고 했으므로 글의 내용과 일치하지 않는 것은 ③ 'Dubrovnik 시는 크루즈 여행을 확대하려고 노력해 왔다.'이다.

오답의 이유

① 두 번째 문장에서 도시의 주요 관광명소가 80피트 중세 시대 벽으로 둘러싸인 해안가의 Old Town이라고 했으므로 글의 내용과 일치한다.

② 세 번째 문장에서 크루즈 배가 정박하면 Old Town은 탱크톱을 입은 관광객들이 거리를 활보한다고 했으므로 글의 내용과 일치한다.

④ 다섯 번째 문장에서 여분의 돈을 벌 수 있다는 유혹은 Old Town의 많은 집주인들이 자신들의 집을 Airbnb(숙박업소)로 바꾸도록 자극해서, 마을의 성벽 부분을 거대한 하나의 호텔이 되게 했다고 했으므로 글의 내용과 일치한다.

본문해석

크로아티아의 Dubrovnik은 엉망인 상태이다. 이 곳의 주요 관광명소가 80피트의 중세 시대 벽으로 둘러싸인 해안가의 Old Town이기 때문에 이 달마티안식 해안 마을은 방문객들을 잘 받아들이지 못한다. 그리고 크루즈 배가 이곳에 정박하면, 탱크톱을 입은 관광객 무리가 석회암으로 덮인 거리를 활보하면서 Old Town의 분위기를 불쾌하게 만든다. 그렇다. Dubrovnik 시는 크루즈 관광을 억제하려고 적극적으로 대책을 강구했지만, 어떤 것도 끊임없이 몰려드는 관광객 무리로부터 Old Town을 구할 수는 없을 것이다. 설상가상으로, 여분의 돈을 벌 수 있다는 유혹은 Old Town의 많은 집주인들을 자극해서 자신들의 집을 Airbnb(숙박업소)로 만들어, 마을의 성벽 부분을 거대한 하나의 호텔이 되게 했다. Old Town 시가지에서 지역 주민처럼 '진짜' Dubrovnik를 경험하기 원하는가? 여러분은 이 곳에서 그것을 발견하지 못할 것이다. 영원히.

VOCA

- medieval 중세의
- legion (특정한 유형의) 많은 사람들; 군단, 부대
- miasma (지저분한·불쾌한) 공기[기운]
- clad ~(옷)을 입은
- limestone 석회암
- blanketed ~로 덮인
- proactive 사전 대책을 강구하는
- curb 억제하다, 제한하다
- perpetual 끊임없이 계속되는, 영원한
- swarm (사람·동물의) 무리, 떼
- lure 유혹
- turn over (권리·책임 등을) 넘기다
- authentic 진정한, 진짜의

독해 > 빈칸 완성 > 단어·구·절

정답의 이유

(A)의 앞 문장에서 탄소-14가 질소로 붕괴된다고 하였으므로 (A)에는 시간이 지남에 따라 탄소-14의 양은 '감소한다(decreases)'는 내용이 와야 한다. (B)의 앞 문장에서 'Over time, less and less radiation from carbon-14 is produced(시간이 흐르면서 탄소-14에서 나오는 방사선의 양이 점점 줄어든다).'라고 했으므로 생물이 '죽은(dead)' 지 오래될수록 탄소-14 방사선의 양이 점점 더 줄어든다는 것을 유추할 수 있다. 따라서 (A), (B)에 들어갈 말로 가장 적절한 것은 ① (A) 'decreases(감소하다)' – (B) 'dead(죽은)'이다.

오답의 이유

② 증가하다 – 살아있는
③ 감소하다 – 생산적인
④ 증가하다 – 활발하지 않은

본문해석

유기체가 살아있을 때, 그것은 주변의 공기로부터 이산화탄소를 흡수한다. 이산화탄소의 대부분은 탄소-12로 이루어져 있지만, 아주 소량은 탄소-14로 구성된다. 그래서 살아있는 유기체는 언제나 매우 적은 양의 방사성 탄소인 탄소-14를 포함하고 있다. 살아있는 유기체 옆의 측정기는 유기체에서 탄소-14에 의해 방출된 방사선을 기록한다. 유기체가 죽으면 그 유기체는 더 이상 이산화탄소를 흡수하지 않는다. 새로운 탄소-14가 더해지지 않으며, 오래된 탄소-14는 서서히 질소로 자연 붕괴한다. 탄소-14의 양은 시간이 지남에 따라 서서히 (A) 감소한다. 시간이 흐르면서 탄소-14에서 나오는 방사선의 양이 점점 줄어든다. 따라서 유기체에서 감지된 탄소-14 방사선의 양은 유기체가 (B) 죽은 지 얼마나 되었는지를 측정하는 척도이다. 유기체의 나이를 결정짓는 이러한 방법을 방사성 탄소-14 연대측정법이라고 한다. 탄소-14의 붕괴는 고고학자들이 이전에 살이었던 물질의 연대를 알아낼 수 있게 해준다. 남아있는 방사선의 양을 측정하면 대략적인 연대를 알 수 있다.

VOCA

- organism 유기체, (극도로 작은) 생물체
- take in 흡수하다, 섭취하다
- radioactive 방사성[능]의
- detector 탐지기, 측정기
- give off (냄새·열·빛 등을) 내다[발하다]
- decay (방사성 물질이) 자연 붕괴하다; 부패하다
- nitrogen 질소
- as time goes on 시간이 지남에 따라, 갈수록
- measure (판단·측정의) 척도[기준]
- archaeologist 고고학자
- indicate (사실임·존재함을) 나타내다, 보여주다
- approximate 거의 정확한, 근사한, 대략의

20 난도 ★★☆   정답 ②

독해 > 빈칸 완성 > 단어·구·절

[정답의 이유]

제시문은 수많은 종들이 과거에 사라졌고, 앞으로 멸종할 것이지만 이를 대체하기 위해 새로운 종들이 계속해서 등장하고 있다는 내용이다. 빈칸 앞 문장에서 소수의 단순한 유기체로부터 대단히 많은 복잡한 다세포적 형태들이 오랜 기간에 걸쳐 진화했다고 하였고, 빈칸 다음 문장에서 '~ the actual number is possibly closer to 10 million(실제 숫자는 아마 1천만에 가까울 것이다).'이라고 했으므로 빈칸에 가장 적절한 것은 ② 'diversity of living creatures(생명체의 다양성)'이다.

[오답의 이유]

① 생물학자들의 기술

③ 멸종 유기체의 목록

④ 멸종 위기 종 모음

본문해석

과거와 현재의 모든 생물들은 이미 사라졌거나 앞으로 멸종할 것이다. 그러나 과거 38억 년 지구 생명체 역사에 걸쳐 각 종들이 사라지면 새로운 종들이 필연적으로 등장해서 이들을 대신하거나 새로 생겨난 자원을 소비했다. 아주 단순한 소수의 유기체로부터 대단히 많은 복잡한 다세포적 형태들이 이 어마어마한 기간 동안 진화했다. 19세기 영국의 박물학자인 Charles Darwin이 한때 '불가사의 중의 불가사의'라고 언급했던 새로운 종의 기원은 인간이 지구를 공유하고 있는 이 놀라운 생명체의 다양성을 발생시키는 자연스러운 종 형성의 과정이다. 분류학자들이 현재 150만의 생물 종을 인지하고 있지만, 실제 숫자는 아마 1천만에 가까울 것이다. 이러한 다수의 생물학적 상태를 인식하는 것은 무엇이 하나의 종을 이루는지에 대한 명확한 이해가 필요한데, 이것은 진화생물학자들이 보편적으로 수용 가능한 하나의 정의에 대해 아직 합의하지 못했음을 감안하면 쉬운 일이 아니다.

VOCA

• extinct 멸종된

• vanish 사라지다, 없어지다

• inevitably 필연적으로, 불가피하게

• exploit 이용하다, 착취하다

• multicellular 다세포의

• evolve 진화하다, 발달하다

• refer to A as B A를 B라고 언급하다

• speciation 종 형성, 종 분화

• taxonomist 분류학자

• constitute ~을 구성하다[이루다]

• have yet to+동사원형 아직 ~하지 않았다

영어 | 2020년 지방직 9급

한눈에 훑어보기

✓ 영역 분석

어휘   01   02   03   04   06
5문항, 25%

독해   09   10   14   15   16   17   18   19   20
9문항, 45%

어법   05   07   08   12
4문항, 20%

표현   11   13
2문항, 10%

✓ 빠른 정답

01	02	03	04	05	06	07	08	09	10
②	④	②	①	③	④	③	②	①	③

11	12	13	14	15	16	17	18	19	20
②	①	②	④	③	③	①	③	④	④

✓ 점수 체크

구분	1회독	2회독	3회독
맞힌 문항 수	/ 20	/ 20	/ 20
나의 점수	점	점	점

01 난도 ★★☆   정답 ②

어휘 > 단어

정답의 이유

빈칸 다음에서 'so when the temperatures begin to rise, your water will also heat up.'이라고 했으므로 문맥상 빈칸에는 온도와 관련된 문제점을 언급하고 있음을 알 수 있다. 따라서 플라스틱 병이 단열 처리가 되지 않아 기온이 올라가면 병 안의 물 온도 역시 올라가는 게 자연스러우므로 빈칸에는 ② 'insulated(단열 처리가 된)'가 적절하다.

오답의 이유

① 위생적인

③ 재활용할 수 있는

④ 방수의

본문해석

플라스틱병에 관련된 문제는 그것이 단열 처리가 되지 않아서, 온도가 상승하기 시작하면, 당신의 물도 뜨거워질 것이라는 것이다.

02 난도 ★☆☆   정답 ④

어휘 > 단어

정답의 이유

밑줄 친 alleviate는 '완화하다'의 뜻으로 이와 의미가 가장 가까운 것은 ④ 'relieve(덜어주다, 완화하다)'이다.

오답의 이유

① 보완하다

② 가속화하다

③ 계산하다

본문해석

작가가 글을 쓰는 과정에서 취하는 전략은 주의력 과부하의 어려움을 완화할 수도 있다.

VOCA

- strategy   (특정 목표를 위한) 전략[계획]
- adopt   (특정한 방식이나 자세를) 쓰다, 취하다
- attentional   주의력의
- overload   과부하

03 난도 ★★☆   정답 ②

어휘 > 어구

정답의 이유

밑줄 친 touched off는 '촉발했다, 발단이 되었다'의 뜻으로 이와 의미가 가장 가까운 것은 ② 'gave rise to(일으켰다, 유발했다)'이다.

오답의 이유

① ~을 보살펴 주었다

③ (손실 따위를) 보상했다

④ ~와 접촉[연락]을 유지했다

본문해석

그 잔인한 광경은 그렇지 않다면(보지 않았다면) 그녀의 마음속에 떠오르지 않았을 생각을 불러일으켰다.

VOCA

• enter one's mind 생각이 떠오르다, 마음에 떠오르다

04 난도 ★☆☆   정답 ①

어휘 > 단어

정답의 이유

밑줄 친 shunned는 '피해지는, 소외당하는'의 뜻으로 이와 의미가 가장 가까운 것은 ① 'avoided(피해지는)'이다. 학교에서 남을 괴롭히는 학생과 나머지 학생들의 관계를 생각해 보면 단어의 뜻을 몰라도 그 의미를 추론할 수 있다.

오답의 이유

② 경고받는

③ 처벌받는

④ 모방되는

본문해석

학교 불량배는 반에서 다른 학생들에 의해 피해지는 게 어떤 것인지 알지 못했다.

VOCA

• school bully 학교에서 남을 괴롭히는 학생

05 난도 ★★☆   정답 ③

어법 > 정문 찾기

정답의 이유

③ 왕래발착 동사(start)는 예정된 미래(at noon today)를 나타낼 때 현재시제나 현재진행시제를 사용하므로 현재진행시제(am starting)를 쓴 것은 어법상 적절하다.

오답의 이유

① 가산명사(stars)는 much로 받을 수 없으므로 How much → How many가 되어야 한다.

② 감정유발동사(~한 감정을 일으키다)는 현재분사인 경우 '~한 감정을 일으키는'의 의미이며, 과거분사인 경우 '~한 감정을 가진'을 뜻한다. excite는 감정유발동사로 크리스마스 파티가 신이 나는 감정을 유발하는 것이므로 excited → exciting이 되어야 한다.

④ 과거의 규칙적인 습관이지만 지금은 하지 않을 때 'used to+동사원형(~하곤 했다)'을 사용하므로 loving → love가 되어야 한다.

본문해석

① 은하계에 있는 수십억 개의 별들 중에서 생명체를 부화할 수 있는 것은 얼마나 될까?

② 크리스마스 파티가 너무 신나서 나는 시간 가는 줄 몰랐다.

③ 나는 오늘 정오에 업무를 시작할 예정이기 때문에 지금 당장 떠나야만 한다.

④ 그들은 더 어렸을 때 책을 훨씬 더 좋아하곤 했다.

VOCA

• hatch 부화시키다

• lose track of time 시간 가는 줄 모르다

06 난도 ★★☆   정답 ④

어휘 > 어구

정답의 이유

밑줄 친 made a case for는 '~에 대해 (긍정적인) 의견을 주장했다'의 뜻으로 이와 의미가 가장 가까운 것은 ④ 'strongly suggested (강력하게 제안했다)'이다.

오답의 이유

① ~에 반대했다

② ~을 꿈꾸었다

③ 전적으로 배제했다

본문해석

Francesca가 여름 휴가 동안 집에서 머물 것을 주장한 후에, 불편한 침묵이 저녁 식탁을 엄습했다. Robert는 지금이 그녀에게 그의 거창한 계획에 대해 말할 적기인지 확신하지 못했다.

VOCA

• fall on ~을 엄습하다; ~에 떨어지다

• grandiose (너무) 거창한

어법 > 비문 찾기

정답의 이유

③ 부사구(Among her most prized possessions sold during the evening sale)를 강조하기 위해 문두로 이동시킬 경우 주어와 동사가 도치된다. 주어(a 1961 bejeweled timepiece)가 단수이 므로 동사는 were → was가 되어야 한다.

오답의 이유

① 분사구문의 의미상 주어인 Elizabeth Taylor가 선언한 것이므로 능동을 의미하는 현재분사(declaring)가 올바르게 쓰였다.

② 관계대명사 that의 선행사는 an evening auction이며, that절 에 주어가 없으므로 주격 관계대명사로 적절하게 쓰였다.

④ 'with 분사구문(with+목적어+목적격 보어)'에서 목적어(its head and tail)가 다이아몬드로 '덮였다'는 수동 의미이므로 과 거분사(covered)가 올바르게 사용되었다.

본문해석

Elizabeth Taylor는 아름다운 보석들을 보는 안목이 있었고, 수년에 걸쳐 놀라운 보석 몇 점을 수집하였으며, 한 번은 "여자라면 언제나 더 많은 다이아몬드를 가질 수 있다."라고 단언했다. 2011년 그녀의 가장 최상품의 보석들이 Christie(경매회사)의 어느 저녁 경매에서 1억 1,590만 달러에 팔렸다. 그날 저녁 경매에서 팔린 그녀의 가장 소중한 소유물 중에는 1961년 불가리가 만든 보석으로 장식된 시 계 한 점이 있었다. 손목을 휘감아 도는 뱀 형상으로 디자인되었으 며, 머리와 꼬리는 다이아몬드로 덮여 있고, 최면을 거는 듯한 두 개 의 에메랄드 눈을 가진 이 정교한 기계장치는 작은 수정 시계를 드 러내기 위해 무시무시한 턱을 벌린다.

VOCA

• have an eye for ~을 보는 안목이 있다
• amass 모으다, 축적하다
• declare 선언하다, 단언하다
• bring in (이익 · 이자를) 가져오다
• prized 소중한
• bejeweled 보석으로 장식한, 보석을 두른
• timepiece 시계
• serpent (특히 큰) 뱀
• coil (고리 모양으로) 감다, 휘감다
• hypnotic 최면을 거는 듯한
• discreet 신중한, 조심스러운
• fierce 사나운, 맹렬한
• quartz watch 수정(발진식) 시계

더 알아보기

with 분사구문: with+-ing[p.p.] '목적어가 ~한 채로'

• with[without]+목적어+-ing[p.p.]의 형태로 '목적어가 ~핸[하지 않은] 채로'의 뜻이다.

• 목적어와 목적격 보어[-ing/p.p.]의 관계가 능동이면 현재분사 [-ing], 수동이면 과거분사[p.p.]를 사용한다.

예 With sunshine *streaming* through the window Hugh found it impossible to sleep. → 능동
(햇빛이 창을 통해서 계속 비치고 있어서, Hugh는 자는 게 불 가능하다는 걸 알았다.)

예 Amy was listening to music with her eyes *closed*. → 수동
(Amy는 눈을 감고서 음악을 감상하고 있었다.)

• with+신체의 일부+-ing/p.p. 주요 표현

– with one's eyes closed: 눈을 감은 채로
– with one's legs crossed: 다리를 꼰 채로
– with one's heart beating: 심장이 두근대면서
– with one's eyes blinking: 두 눈을 깜박이면서
– with one's arms folded: 팔짱을 낀 채로
– with tears rolling down one's face: 눈물을 흘리며

어법 > 영작하기

정답의 이유

② 복합관계대명사는 명사절이나 부사절을 이끌며 동시에 절 내에 서 주어, 목적어, 보어의 역할을 한다. whomever(anyone whom)는 목적격으로 쓰이는데, 주어 자리에 있으므로 주격 복 합관계대명사 whoever로 고쳐야 한다. 참고로, whoever가 이 끄는 명사절이 전치사 to의 목적어이다.

오답의 이유

① 보증이 만료된 시점이 더 이전의 일이므로 과거완료(had p.p.) 를 사용한 것은 적절하며, '무료로'라는 표현인 free of charge 역시 올바르게 쓰였다. 또한 expire는 자동사이므로 능동태(had expired)로 올바르게 사용되었다.

③ if절과 주절의 시제가 다르므로 혼합가정법임을 알 수 있다. if절 에는 가정법 과거완료시제(had asked)가, 주절에는 가정법 과 거시제(would be)가 모두 올바르게 쓰였다.

④ 과거 부사구인 last year가 있으므로 과거시제(passed)가 올바 르게 사용되었으며, '설상가상으로(what was worse)' 역시 과 거시제에 맞게 올바르게 사용되었다.

VOCA

- warranty (품질 등의) 보증, 보증서
- expire 만료되다, 만기가 되다
- free of charge 무료로
- questionnaire 설문지
- pass away 사망하다[돌아가시다]
- what is worse 설상가상으로, 엎친 데 덮친 격으로

더 알아보기

복합관계대명사

- 복합관계대명사(관계사+ever)는 명사절 또는 부사절(양보) 역할을 한다.

복합관계대명사	명사절	부사절
whoever [whomever/ whosever]	any one who [whom/whose] (~하는 사람이면 누구나)	no matter who (~하는 사람이면 누구든지 간에)
whichever	anything that (~하는 것이면 어느 것이든)	no matter which (~하는 것이면 어느 것이든지 간에)
whatever	anything that (~하는 것이면 무엇이든)	no matter what (~하는 것이면 무엇이든지 간에)

예 Whoever made this cake is a real artist. → 명사절
(누구든 이 케이크를 만든 사람은 진짜 예술가이다.)

예 I'll be there whatever happens. → 부사절
(나는 무슨 일이 있어도 거기 갈 것이다.)

- whoever vs. whomever: 주격(whoever)과 목적격(whomever)을 선택하는 문제가 주로 출제된다.

예 Whoever says that is a liar. → 주격
(누구든 그 말을 하는 사람은 거짓말쟁이이다.)

예 He was free to marry whomever he chose. → 목적격
(그는 누구든지 자기가 선택하는 사람과 자유롭게 결혼할 수 있었다.)

09 난도 ★☆☆ 정답 ①

독해 > 빈칸 완성 > 연결어

정답의 이유

① (A) 앞부분에서 확신에 찬 행동에 대한 설명이 나오고, (A) 다음에는 이와는 대조적으로 공격적 행동에 대한 설명이 등장하므로 (A)에는 대조의 연결어인 'In contrast(그에 반해서)'가 적절하다. (B) 앞 문장에서 공격적인 행동을 보이는 사람들은 타인의 권리가 자신의 권리보다 중요하지 않게 여기는 것 같다고 하였고, (B) 다음에서 그들은 원만한 대인관계를 유지하기 힘들다는 결과가 나오므로 (B)에는 인과의 연결어인 'Thus(따라서)'가 적절하다.

오답의 이유

② 마찬가지로 – 게다가
③ 그러나 – 한편으로는
④ 그런 이유로 – 다른 한편으로는

본문해석

확신에 찬 행동은 타인의 권리를 침해하지 않는 직접적이고 적절한 방식으로 여러분의 권리를 옹호하고, 여러분의 생각과 감정을 표현하는 것을 포함한다. 그것은 다른 사람이 여러분의 관점을 이해하도록 하는 것의 문제이다. 확신에 찬 행동 기술을 보이는 사람들은 원만한 대인관계를 유지하면서 갈등 상황을 쉽고 자심감 있게 처리할 수 있다. (A) 그에 반해서, 공격적인 행동은 공공연하게 타인의 권리를 침해하는 방식으로 여러분의 생각과 감정을 표현하고 여러분의 권리를 옹호하는 것을 포함한다. 공격적인 행동을 보이는 사람들은 다른 사람들의 권리가 그들의 권리보다 덜 중요해야만 한다고 믿는 것 같다. (B) 따라서 그들은 원만한 대인관계를 유지하는 데 어려움을 겪는다. 그들은 통제력을 유지하기 위해 말을 중단시키고, 빠르게 말하고, 타인을 무시하며, 비꼬거나 언어폭력의 다른 형태를 사용할 가능성이 있다.

VOCA

- assertive 적극적인, 확신에 찬
- stand up for ~을 옹호하다
- violate 위반하다, 침해하다
- viewpoint (어떤 주제에 대한) 관점[시각]
- conflict 갈등; 상충하다
- assurance 확신, 확실성; 확언
- aggressive 공격적인
- subservient 덜 중요한[부차적인]
- sarcasm 빈정댐, 비꼼
- abuse 남용, 오용, 학대

10 난도 ★☆☆　　　　　　　　　　　정답 ③

독해 > 대의 파악 > 제목, 주제

[정답의 이유]

제시문의 핵심 소재는 터치스크린 기술로, 저항식 스크린과 정전식 스크린의 두 가지 작동 방식을 설명하고 있으므로 글의 주제로 적절한 것은 ③ 'how touchscreen technology works(터치스크린 기술이 작동하는 방식)'이다.

[오답의 이유]

① 사용자들이 새로운 기술을 배우는 방식
② 전자책이 태블릿 컴퓨터에서 작동하는 방식
④ 터치스크린이 진화한 방식

본문해석

태블릿 컴퓨터에서 이용 가능한 전자책 애플리케이션은 터치스크린 기술을 이용한다. 일부 터치스크린은 전자식으로 충전된 마주 놓여 있는 두 개의 금속판을 덮고 있는 유리 패널을 포함한다. 화면을 터치하면 두 금속판은 압력을 감지하고 전류를 연결한다. 이 압력은 컴퓨터에 전기 신호를 보내는데, 이것이 터치를 명령어로 전환한다. 이 버전의 터치스크린은 화면이 손가락의 압력에 반응하기 때문에 저항식 (터치) 스크린으로 알려져 있다. 다른 태블릿 컴퓨터는 유리 패널 아래에 전기가 통하는 한 개의 금속층을 특징으로 한다. 사용자가 화면을 터치하면 전류 일부가 유리를 통과해 사용자의 손가락으로 전해진다. 전하가 이동하면 컴퓨터는 에너지의 손실을 명령어로 해석하고 사용자가 원하는 기능을 수행한다. 이러한 유형의 스크린은 정전식 (터치) 스크린이라고 알려져 있다.

VOCA

• employ　(기술·방법을) 이용하다[쓰다]
• feature　특별히 포함하다, 특징으로 삼다
• face-to-face　마주 보는
• make contact　(전류를) 연결하다
• command　명령, 명령어, 명령하다
• resistive　저항성의, 저항력이 있는
• react to　~에 반응하다
• electrify　전기를 통하게 하다
• current　전류
• charge　전하(電荷)
• interpret　(특정한 뜻으로) 해석[이해]하다
• capacitive　전기 용량의

11 난도 ★☆☆　　　　　　　　　　　정답 ②

표현 > 일반회화

[정답의 이유]

빈칸 앞에서 B가 정크 메일을 완전히 막을 수는 없다고 했고, 빈칸 다음에서 B가 'you can set up a filter on the settings.'라고 했으므로 대화의 흐름상 빈칸에 적절한 것은 대처 방안을 묻는 ② 'Isn't there anything we can do(우리가 할 수 있는 게 없을까)'이다.

[오답의 이유]

① 이메일 자주 쓰니
③ 이 훌륭한 차단 프로그램을 어떻게 만들었니
④ 이메일 계정 만드는 것 좀 도와줄래

본문해석

A: 저런, 또 왔어! 정크 메일이 너무 많이 와!
B: 맞아. 난 하루에도 열 통 이상씩 받아.
A: 정크 메일이 들어오는 걸 막을 수 있을까?
B: 완전히 차단하기는 힘들 것 같아.
A: 우리가 할 수 있는 게 없을까?
B: 글쎄. 설정에서 차단 프로그램을 설치할 수 있어.
A: 차단 프로그램?
B: 그래. 차단 프로그램이 스팸 메일 일부를 거를 수 있거든.

VOCA

• block　막다, 차단하다
• weed out　거르다, 추려내다

12 난도 ★☆☆　　　　　　　　　　　정답 ①

어법 > 영작하기

[정답의 이유]

① regret은 목적어로 to부정사와 동명사를 모두 취할 수 있지만, 그 의미가 다르다. 'regret+to부정사'는 '(미래에) ~하게 되어 유감이다'이며, 'regret+동명사'는 '(과거의 일을) 후회하다'이다. 주어진 우리말에서는 '(과거에) 네 열쇠를 잃어버렸다고 말한 것'을 후회한다고 했으므로 to tell → telling이 되어야 한다.

[오답의 이유]

② 소유대명사(hers)가 올바르게 쓰였는지 묻는 문제로 비교 대상이 his experience이므로 her experience를 의미하는 소유대명사 hers가 올바르게 사용되었다.
③ 통보·고지·환기류의 동사에는 advise(조언하다), inform(알리다), remind(상기시키다), convince(확신시키다) 등이 있는데 이러한 '알리다'의 의미를 가지는 동사들은 '~에게'에 해당하는 사람이나 대상이 목적어로 나온 후에 전하는 내용은 주로 'of 전치사구' 또는 that절 형태로 온다. remind도 이러한 유형의 동사이므로 목적어인 me 다음에 전하는 내용이 'of 전치사구'로 올바르게 표현되었다.
④ look A in the eye는 'A의 눈을 똑바로 쳐다보다'의 뜻이므로 look me in the eye가 올바르게 사용되었다. 또한 선행사 people이 사람이고 관계절에서 주어 역할을 하므로 주격 관계대명사 who가 올바르게 사용되었다.

13 난도 ★☆☆　　　　　　　　　　　정답 ②

표현 > 일반회화

정답의 이유

A가 어디로 가는지 묻고, B가 식료품점으로 향한다고 대답했으므로 대화 중 가장 자연스러운 것은 ②이다.

본문해석

① A: 지금 몇 시인지 아니?

　 B: 미안, 내가 요즘 바빠.

② A: 이봐, 어디로 가는 길이야?

　 B: 우리는 식료품점으로 가.

③ A: 이것 좀 도와줄래?

　 B: 그래. 너를 위해 박수 칠게.

④ A: 내 지갑 본 사람 있니?

　 B: 오랜만이야.

VOCA

• head　(특정 방향으로) 가다[향하다]

• be off to　~로 떠나다

14 난도 ★☆☆　　　　　　　　　　　정답 ④

독해 > 대의 파악 > 제목, 주제

정답의 이유

제시문은 오두막 한 채만 있었으나 50년에 걸친 공사 끝에 화려한 방들로 가득한 거대한 궁전으로 변모했다는 내용이다. 따라서 글의 제목으로 가장 적절한 것은 오두막에서 궁전으로 변하는 과정을 표현한 ④ 'Versailles: From a Humble Lodge to a Great Palace(베르사유: 초라한 오두막에서 거대한 궁전으로)'이다.

오답의 이유

① 그리스 신들의 진짜 얼굴

② 거울의 방 vs. 아폴로의 방

③ 운하가 베르사유에 단지 물 이상의 것을 가져왔는가?

본문해석

루이 14세는 자신의 위대함에 걸맞은 궁전이 필요해서 베르사유에 거대한 새 집을 짓기로 결정했는데, 그곳에는 아주 작은 사냥꾼 오두막 한 채가 있었다. 거의 50년에 걸친 노동 후에 이 작은 사냥꾼 오두막은 4분의 1마일 길이의 웅장한 궁전으로 탈바꿈했다. 강에서 물을 끌어오고 습지대에서 물을 빼내기 위해 운하가 파내졌다. 베르사유는 거울의 방과 아폴로의 방처럼 공들여 장식한 방들로 가득했다. 유명한 '거울의 방'에는 17개의 거대한 거울이 17개의 커다란 창문 맞은편에 배열되어 있으며, '아폴로의 방'에는 순은으로 만들어진 왕좌가 놓여 있었다. 아폴로, 주피터, 넵튠 같은 그리스 신들의 조각상 수백여 점이 정원에 있었는데, 각각의 신은 루이의 얼굴을 하고 있었다!

VOCA

• lodge　오두막

• transform into　~로 변형시키다

• canal　운하, 수로

• drain　배수관, 물을 빼내다

• marshland　습지대

• elaborate　정성을 들인, 정교한

• solid　순-, 순수한(다른 물질이 섞이지 않은)

• throne　왕좌, 왕위

• statue　조각상

• humble　변변찮은, 작은; 겸손한

15 난도 ★★☆　　　　　　　　　　　정답 ③

독해 > 글의 일관성 > 무관한 어휘·문장

정답의 이유

첫 번째 문장에서 철학자들은 인류학에 별다른 관심을 가지지 않았다고 언급하며, 이를 뒷받침하는 근거들을 제시하여 자신의 주장을 전개시키고 있다. 하지만 ③은 철학자들이 인류학이나 심리학 같은 다른 분야에서 영감을 얻는다는 내용이므로 글의 흐름과 맞지 않는다.

본문해석

철학자들은 인류학자들이 철학에 관심을 가진 것만큼 인류학에 관심을 가진 적이 없다. 그들의 연구에서 인류학 연구들을 고려하는 영향력 있는 현대 철학자들은 거의 없다. 사회과학의 철학을 전공한 사람들은 인류학 연구의 사례를 고려하거나 분석할 수도 있지만, 대부분 개념적 요점이나 인식론적 차이를 설명하거나 인식론적 또는 윤리적 함의를 비판하기 위해 이것을 한다. 실제로, 우리 시대의 위대한 철학자들은 종종 인류학이나 심리학 같은 다른 분야에서 영감을 얻었다. 철학을 공부하는 학생들은 좀처럼 인류학을 공부하거나 진지한 관심을 거의 보이지 않는다. 그들은 과학에서 실험 방법에 대해 배울지도 모르지만, 인류학적 현장 연구에 대해서는 거의 배우지 않는다.

VOCA

• anthropology　인류학

• influential　영향력 있는, 영향력이 큰

• contemporary　현대의, 당대의; 동시대의

• take into account　~을 고려하다

• specialize in　~을 전문으로 하다

• illustrate　설명하다, 예증하다

• conceptual　개념의

• epistemological　인식론의

• distinction　차이, 대조

• ethical　윤리적인, 도덕적으로 옳은

• implication　함축, 함의

• fieldwork　현장 연구

독해 > 빈칸 완성 > 단어 · 구 · 절

정답의 이유

첫 번째 문장에서 우리는 '유형의 유산(돈, 재산, 가보 등)'을 물려받는다고 했다. 두 번째 다음 문장에서 하지만 우리는 '무형의 유산'도 물려받는데, 그것은 '심지어 우리가 완전히 인식하지 못하는 어떤 것(something we may not even be fully aware of)'이라고 했고, 다음 문장에서 일상생활 방식, 문제 해결 방식, 전통을 지키는 방식 등의 추상적인 것들을 예로 들었다. 따라서 빈칸에 들어갈 말로 적절한 것은 ③ 'much less concrete and tangible(훨씬 덜 구체적이고 덜 유형적인)'이다.

오답의 이유

① 우리 일상생활과는 아주 관련 없는

② 우리의 도덕적 기준에 반하는

④ 엄청난 금전적 가치를 가진

본문해석

우리는 모두 무언가를 물려받는다. 어떤 경우, 그것은 돈이나 재산이 될 수도 있고, 할머니의 웨딩드레스나 아버지의 공구세트 같이 집안의 가보인 어떤 물건일 수도 있다. 하지만 그것 이상으로 우리는 모두 다른 어떤 것, 즉 훨씬 덜 구체적이고 덜 유형적인 어떤 것, 심지어 우리가 완전히 인식할 수 없는 것도 물려받는다. 그것은 일상 업무를 하는 방식일 수도 있고, 특정 문제를 해결하거나 도덕적 문제를 스스로 결정하는 방식일 수도 있다. 그것은 휴일을 지키는 특별한 방식일 수도 있고 특정한 날에 소풍을 가는 전통일 수도 있다. 그것은 우리 사고에 중요하거나 중심이 되는 것이거나, 또는 우리가 오랫동안 아주 무심코 받아들여 온 사소한 것일 수도 있다.

VOCA

- inherit 상속받다, 물려받다
- property 재산, 소유물; 부동산
- heirloom (집안의) 가보
- casually 무심코, 문득, 우연히, 아무 생각 없이
- unrelated 관련[관계] 없는
- tangible 유형의, 분명히 실제하는, 만질 수 있는
- of value 가치 있는
- monetary 금전상의

독해 > 대의 파악 > 요지, 주장

정답의 이유

제시문의 도입부에서 진화론적 입장에 따라 소비하는 양에 비해 기여하는 게 없어 보이는 노인들에게 자원이 적게 분배되는 것이 합리적이라는 내용이 전개되지만, 세 번째 문장의 But 이하에서 노인들의 정신적 지주로서의 역할을 설명하기 위해 어조가 전환된다. 네 번째 문장에서 '노인들이 물질적으로 소비한 것을 행동으로 돌려주기 때문'이라고 했으므로 글의 요지로 적절한 것은 ① 'Seniors have been making contributions to the family(노인들은 가족에 기여해 왔다).'이다.

오답의 이유

② 현대 의학은 노인들의 역할에 초점을 맞추고 있다.

③ 가족 내에서 자원을 잘 분배하는 것이 가족의 번영을 결정한다.

④ 대가족은 제한된 자원이라는 대가를 치른다.

본문해석

진화론적으로, 생존을 희망하는 종이라면 그것의 자원을 신중하게 관리해야 한다. 그것은 식량과 먹기 좋은 것들은 분명히 우선적으로 양육자들과 전사들, 사냥꾼들, 농부들, 건설자들 그리고 아이들에게 돌아가고, 노인들에게는 그다지 남아있는 게 없다는 것을 뜻하는데, 노인들은 기여하는 것보다는 소비하는 게 더 많아 보일지도 모른다. 그러나 현대 의학이 기대 수명을 연장하기 전에도 보통의 가정에는 조부모와 심지어 증조부모까지 있었다. 그것은 노인들이 물질적으로 소비한 것을 행동으로 돌려주는데, 그들이 종종 가족 주변에 휘몰아치는 소동에서 균형 잡히고 합리적인 중심을 제공하기 때문이다.

VOCA

- evolutionarily 진화론적으로, 진화로
- call ∼에 대한 요구
- goody 먹기 좋은 것, 매력적인 것
- breeder 사육자
- life expectancy 기대 수명, 평균 수명
- leveling 평등화, 균일화
- tumult 소란, 소동
- swirl 소용돌이치다, 빙빙 돌다
- allocate 할당하다
- prosperity 번영, 번성
- extended family 대가족
- come at a cost 대가가 따르다

독해 > 글의 일관성 > 글의 순서

정답의 이유

주어진 글은 '오늘날(Nowadays)' 시계에 대한 일반론적인 관점을 서술하는 문장으로 시작하며 두 번째 문장에서 '산업화 시대 이전(Before industrialization)'에는 시간을 알기 위해 해나 달을 이용했다고 했으므로, 주어진 글 다음에는 기계식 시계의 첫 등장을 서술한 (B)가 적절하다. (C)의 These clocks는 (B)의 mechanical clocks와 연결되고, (C)에서 표준시가 없었기 때문에 발생하는 문제점에 대해 소개한 것은 몇 마일 떨어진 철도역의 사례를 들어 좀더 구체적인 예시를 들어 설명한 (A)로 이어지므로 글의 순서는 ③ '(B) − (C) − (A)'가 적절하다.

본문해석

오늘날 시계는 우리의 삶을 너무 많이 지배해서 시계가 없는 삶은 상상하기가 어렵다. 산업화 이전에 대부분의 사회는 시간을 보기 위해 해나 달을 이용했다.

(B) 기계식 시계가 처음 등장했을 때, 그것들은 즉시 인기가 있었다. 시계나 손목시계를 갖는 것이 유행이었다. 사람들은 시간을 보는 이 새로운 방식을 나타내기 위해 'of the clock', 즉 'o'clock' 이라는 표현을 만들어냈다.

(C) 이러한 시계들은 장식용이었지만 항상 유용한 것은 아니었다. 마을과 지방, 심지어 이웃 동네마다 시간을 표시하는 방식이 달랐기 때문이었다. 여행자들은 한 장소에서 다른 곳으로 이동할 때마다 반복해서 시계를 다시 맞춰야 했다. 1860년대에 미국에는 약 70개의 서로 다른 표준시간대가 있었다.

(A) 철도망이 증가하면서 표준시가 없다는 사실은 재앙과 같았다. 종종, 몇 마일 떨어져 있는 역들이 그들의 시계를 서로 다른 시간대에 맞췄다. 여행객들에게는 어마어마한 혼란이 있었다.

VOCA

- dominate 지배하다
- industrialization 산업화
- tell the time 시계를 보다[볼 줄 알다]
- decorative 장식이 된, 장식용의
- time zone 표준시간대

독해 > 글의 일관성 > 문장 삽입

정답의 이유

주어진 문장이 역접의 접속사 But으로 시작하므로 앞 문장에는 이와 반대되는 내용이 와야 한다는 것을 알 수 있다. 주어진 문장은 밀레니얼 세대는 X세대가 같은 나이대에 했던 것보다 저축을 더 공격적으로 하고 있다는 내용으로, 주어진 문장 앞에는 밀레니얼 세대가 X세대보다 경제적으로 궁핍하다는 내용이 오게 될 것임을 추론할 수 있으므로 주어진 문장이 들어갈 위치는 ④가 적절하다. ④ 다음 문장의 them은 주어진 문장의 millennials를 받으며, 공격적으로 저축함으로써 재정 형편이 더 나아진다는 내용으로 자연스럽게 연결된다.

본문해석

밀레니얼 세대는 현대에 들어서 가장 가난하고 가장 재정적으로 부담을 지고 있는 세대라는 꼬리표가 종종 붙는다. 그들 중 대다수가 대학을 졸업해서 그것도 학자금 대출이라는 엄청난 빚을 진 채로 미국이 여태까지 본 최악의 노동시장 중 하나로 진입했다. 놀랄 것도 없이 밀레니얼 세대는 X세대가 비슷한 나이대에 했던 것보다 부를 덜 축적했는데, 그 이유는 그들 중 극소수만이 집을 소유하고 있기 때문이다. 그러나 서로 다른 세대의 미국인들이 저축한 것에 대해 현재까지 가장 상세한 설명을 제공하는 새롭게 이용 가능한 자료가 그러한 평가를 복잡하게 만든다. 그렇다. 1965년에서 1980년 사이에 태어난 X세대는 순자산이 더 많다. 그러나 1981년에서 1996년 사이에 태어난 밀레니얼 세대는 X세대가 같은 연령대인 22~37세에 했던 것보다 은퇴를 위해 더 공격적으로 저축하고 있다는 명백한 근거도 있다. 그리고 그것이 많은 사람들이 예측하는 것보다 그들을 더 나은 재정 상태에 놓이게 할지도 모른다.

VOCA

- millennials 밀레니얼 세대(1981~1996년 사이에 태어난 세대로 IT에 능통하고 대학교육을 받은 사람이 많지만 경기 불황으로 취직에 어려움을 겪어 평균 소득이 다른 세대보다 낮음)
- aggressively 공격적으로
- label 꼬리표를 붙이다
- staggering 충격적인, 엄청난
- to boot 그것도(앞서 한 말에 대해 다른 말을 덧붙일 때)
- accumulate 모으다, 축적하다
- to date 지금까지, 오늘에 이르기까지
- net worth 순자산
- assume 추정하다

독해 > 세부 내용 찾기 > 내용 (불)일치

정답의 이유

여섯 번째 문장에서 해양 산성화는 산호의 성장보다 산호초 모래의 용해에 더 영향을 줄 것이라고 했으므로 글의 내용과 일치하지 않는 것은 ④ 'Ocean acidification affects the growth of corals more than the dissolution of coral reef sands(해양 산성화는 산호초 모래의 용해보다 산호의 성장에 더 영향을 끼친다).'이다.

오답의 이유

① 산호초의 뼈대는 탄산염 모래로 만들어진다. → 첫 번째 문장에서 'Carbonate sands, ~ are the building material for the frameworks of coral reefs.'라고 했으므로 글의 내용과 일치한다.

② 산호는 부분적으로 해양 산성화에 적응할 수 있다. → 마지막 문장에서 'This probably reflects the corals' ability to modify their environment and partially adjust to ocean acidification, ~'라고 했으므로 글의 내용과 일치한다.

③ 인간이 배출한 이산화탄소는 전 세계 해양 산성화에 기여했다. → 세 번째 문장과 네 번째 문장에서 설명하고 있으므로 글의 내용과 일치한다.

본문해석

탄산염 모래는 산호와 다른 암초 유기체들의 분해로부터 수천 년에 걸쳐 축적되었으며, 산호초 뼈대를 만드는 재료이다. 하지만 이 모래는 바닷물의 화학적 구성 요소에 민감하다. 해양이 이산화탄소를 흡수하면서 특정 시점에 산성화되자, 탄산염 모래는 그저 용해되기 시작한다. 전 세계 해양은 인간이 배출한 이산화탄소의 약 3분의 1을 흡수해 왔다. 모래가 용해되는 속도는 상층 해수의 산성도와 크게 관련이 있었고, 해양 산성화에 산호의 성장보다 열 배나 더 민감했다. 다시 말해서, 해양 산성화는 산호의 성장보다 산호초 모래의 용해에 더욱 영향을 줄 것이다. 이것은 아마도 자신의 환경을 바꾸고 해양 산성화에 부분적으로 적응하는 산호초의 능력을 반영하는 반면, 모래의 용해는 적응할 수 없는 지구 화학적 과정이다.

VOCA

• carbonate sand 탄산염 모래
• breakdown 분해
• organism 유기체
• make-up 구성 (요소)
• acidify 산성화되다
• dissolve 용해되다
• overlie ~위에 가로놓이다
• modify (더 알맞도록) 변경하다, 바꾸다
• adjust 적응하다, 조정[조절]하다
• geochemical 지구 화학적
• adapt (새로운 용도·상황에) 맞추다[조정하다]

영어 | 2024년 법원직 9급

한눈에 훑어보기

✅ 영역 분석

독해　01 02 03 04 05 06 07 08 09 11 12 13
　　　　14 15 16 17 19 21 22 23 24 25
22문항, 88%

어법　10 18 20
3문항, 12%

✅ 빠른 정답

01	02	03	04	05	06	07	08	09	10
④	①	②	②	④	②	④	④	①	③
11	**12**	**13**	**14**	**15**	**16**	**17**	**18**	**19**	**20**
②	②	②	③	①	④	②	②	②	④
21	**22**	**23**	**24**	**25**					
②	①	②	①	④					

✅ 점수 체크

구분	1회독	2회독	3회독
맞힌 문항 수	/ 25	/ 25	/ 25
나의 점수	점	점	점

---

01 난도 ★★★　　　　　　정답 ④

독해 > 글의 일관성 > 글의 순서

정답의 이유

주어진 글에서 지금 우리는 인공지능과 생명공학을 모두 포함하는 첨단기술의 물결 상승에 직면하여 전환점의 가장자리에 있으며, 우리는 이런 변형 기술을 이전에 결코 목격하지 못했다고 하였다. 글의 흐름상 (C) 첫 번째 문장의 these technologies는 주어진 글에서 말한 '변형 기술'을 의미하므로 주어진 글 다음에는 (C)가 오는 것이 적절하다. 또한, (C)에서 변형 기술 중 하나인 인공지능의 이점에 대해 설명하고 있으므로, (C) 다음에는 또 다른 변형 기술 중 하나인 생명공학의 이점에 대해 설명하는 (B)가 오는 것이 자연스럽다. (B)의 마지막 문장에서 '하지만 다른 한편으로(But on the other hand)' 이들 기술의 잠재적인 위험 역시 방대하고 심오하다고 했으므로, 인공지능과 생명공학의 위험성에 대해서 설명하는 (A)가 와야 한다. 따라서 주어진 글 다음에 이어질 글의 순서로 적절한 것은 ④ '(C) - (B) - (A)'이다.

본문해석

이제 우리는 인공지능과 생명공학을 모두 포함하는 앞으로 다가올 첨단기술의 물결 상승에 직면하면서 전환점의 가장자리에 서 있다. 우리는 경외심을 불러일으키는 동시에 우리를 기죽게 하는 방식으로 우리 세계의 구조를 다시 만드는 혁신적인 잠재력을 가진 그러한 변형 기술을 이전에 결코 목격한 적이 없다.

(C) 한편으로는, 이 기술들의 잠재적인 이점들은 방대하고 심오하다. 인공지능을 통해, 우리는 우주의 비밀을 풀 수 있고, 오랫동안 우리에게 이해되지 않았던 질병들을 치료할 수 있고, 상상의 경계를 넓히는 새로운 형태의 예술과 문화를 창조할 수 있다.

(B) 생명공학 기술로, 우리는 생명을 조작하여 질병과 싸우고 농업을 변화시켜 더 건강하고 지속 가능한 세상을 만들 수 있다. 그러나 다른 한편으로, 이러한 기술들의 잠재적인 위험은 똑같이 방대하고 심오하다.

(A) 인공지능을 사용하면, 우리가 통제할 수 없는 시스템을 만들고 이해할 수 없는 알고리즘의 영향을 받을 수 있다. 생명공학을 사용하면 생명의 구성 요소를 조작하여 잠재적으로 개인과 생태계 전체에 의도하지 않은 결과를 초래할 수 있다.

VOCA

• biotechnology　생명공학
• witness　(사건 · 사고를) 목격하다
• transformative　변화시키는, [언어] 변형의
• potential　가능성이 있는, 잠재적인

- promising 유망한, 촉망되는
- reshape 모양[구조]을 고치다
- awe-inspiring 경외심을 불러일으키는, 장엄한
- on the one hand 한편으로는
- stretch 늘이다, 뻗어 있다[펼쳐지다/이어지다], 이어지다[계속되다]
- engineer (일을) 꾀하다[획책하다]
- tackle (힘든 문제 · 상황과) 씨름하다
- sustainable 지속 가능한
- at the mercy of ~의 처분(마음)대로
- algorithm 알고리즘
- manipulate 다루다[조작하다/처리하다]
- unintended 의도하지 않은
- ecosystem 생태계

02 난도 ★★☆   정답 ①

독해 > 빈칸 완성 > 단어 · 구 · 절

정답의 이유

다섯 번째, 여섯 번째 문장에서 새로운 인공지능 이미지 생성 도구의 품종을 다르게 만드는 것은 최소한의 노력으로 아름다운 예술 작품을 생산할 수 있기 때문이 아니라 그것들이 작동하는 방식이라고 했다. 그리고 일곱 번째 문장에서 'These tools are built by scraping millions of images from the open web, then teaching algorithms to recognize patterns and relationships in those images and generate new ones in the same style(이 도구들은 오픈 웹으로부터 수백만 개의 이미지를 긁어낸 다음, 알고리즘에게 해당 이미지의 패턴과 관계를 인식하고 동일한 스타일로 새로운 이미지를 생성하도록 교육하여 만들어진다).'이라고 했고 빈칸 문장의 앞부분에서 그것을 다시 설명하고 있으므로, 빈칸에 들어갈 말로 가장 적절한 것은 ① 'helping to train their algorithmic competitors (그들의 알고리즘 경쟁자들을 훈련시키는 것을 돕고 있을)'이다.

오답의 이유

② 인공지능으로부터 발생한 예술의 윤리성에 대한 논쟁을 유발하고 있을
③ 창조적 과정의 부분으로 디지털 기술을 수용하고 있을
④ 독창적인 창작물을 만들기 위해 인터넷 활용 기술을 습득하고 있을

본문해석

새로운 예술 제작 기술에 대한 논란은 새로운 것이 아니다. 많은 화가들이 카메라의 발명에 흠칫 놀랐는데, 그들이 그것을 인간의 예술성을 저하시키는 것으로 보았기 때문이다. 19세기 프랑스 시인이자 예술 비평가인 Charles Baudelaire는 사진을 '예술의 가장 치명적인 적'이라고 불렀다. 20세기에, 디지털 편집 도구와 컴퓨터 지원 디자인 프로그램이 순수주의자들에 의해 유사하게 묵살되었는데, 인간 (협력자)들의 기술을 너무 적게 요구한다는 이유 때문이었다. 새로운 인공지능 이미지 생성 도구의 품종을 다르게 만드는 것은 단지 그것들이 최소한의 노력으로 아름다운 예술 작품을 생산할 수 있다는 것이 아니다. 그것은 바로 그것들이 작동하는 방식이다. 이

도구들은 오픈 웹으로부터 수백만 개의 이미지를 긁어낸 다음, 알고리즘에게 해당 이미지의 패턴과 관계를 인식하고 동일한 스타일로 새로운 이미지를 생성하도록 교육하여 만들어진다. 그것은 인터넷에 자신들의 작품을 올리는 예술가들이 자신들도 모르게 <u>그들의 알고리즘 경쟁자들을 훈련시키는 것</u>을 돕고 있을 수도 있다는 것을 의미한다.

VOCA

- controversy 논란
- art-making 작품 활동
- recoil 움찔하다[흠칫 놀라다]
- debasement (품위 · 품질의) 저하
- artistry 예술가적 기교
- mortal 치명적인, 대단히 심각한
- dismiss 묵살[일축]하다
- purist 순수주의자
- collaborator 공동 연구자[저자], 합작자
- breed 품종
- minimal 아주 적은, 최소의
- scrape (무엇을 떼어 내기 위해) 긁다, 긁어내다
- algorithmic 알고리즘의
- competitor 경쟁자[경쟁 상대]
- spark 촉발시키다, 유발하다
- a debate over ~에 대한 토론
- embrace 받아들이다[수용하다]
- acquire 습득하다[얻다]
- utilize 활용[이용]하다
- craft 공들여 만들다

03 난도 ★☆☆   정답 ②

독해 > 세부 내용 찾기 > 내용 (불)일치

정답의 이유

② 두 번째 문장에서 'He was perhaps most widely known for developing the flutter kick, which largely replaces the scissors kick(그는 아마 플러터 킥을 개발한 것으로 가장 널리 알려졌는데, 그것은 주로 시저스 킥을 대체하는 영법이다).'이라고 했으므로, 글의 내용과 일치하지 않는다.

오답의 이유

① 첫 번째 문장에서 'Duke Kahanamoku ~ was a Hawaiian surfer and swimmer who won three Olympic gold medals ~'라고 했으므로 글의 내용과 일치한다.
③ 다섯 번째 문장에서 '~ at the 1920 Olympics in Antwerp, Belgium, where he also was a member of the victorious U.S. team in the 800-metre relay race.'라고 했으므로 글의 내용과 일치한다.
④ 일곱 번째 문장에서 'Intermittently from the mid-1920s, Kahanamoku was a motion-picture actor.'라고 했으므로 글의 내용과 일치한다.

1890년 8월 26일 하와이 와이키키 근처에서 태어난 Duke Kahanamoku는 하와이의 서퍼이자 수영선수로 미국을 위해 3개의 올림픽 금메달을 땄고 몇 년 동안 세계에서 가장 위대한 자유형 수영선수로 여겨졌다. 그는 아마 플러터 킥(flutter kick)을 개발한 것으로 가장 널리 알려졌는데, 그것은 주로 시저스 킥(scissors kick)을 대체하는 영법이다. Kahanamoku는 1913년 7월 5일과 1917년 9월 5일 사이에 1000야드 자유형에서 세 개의 세계 기록을 세웠다. Kahanamoku는 1000야드 자유형에서 1913년 미국 실내 챔피언이었고 1916~17년, 1920년에는 실외 타이틀 보유자였다. 1912년 스톡홀름 올림픽에서 그는 100미터 자유형 경기에서 우승했고, 1920년 벨기에 앤트워프 올림픽에서 그 승리를 반복했는데, 그곳에서 800미터 계주에서 승리한 미국 팀의 일원으로도 활약했다. Kahanamoku는 또한 서핑에 뛰어났으며, 그 스포츠의 아이콘 중 하나로 여겨지게 되었다. 1920년대 중반부터 Kahanamoku는 간헐적으로 영화배우로 활동했다. 1932년부터 1961년까지 그는 호놀룰루시와 카운티의 보안관이었다. 그는 1961년부터 사망할 때까지 하와이주에서 유명인사들을 맞이하는 공식 접객원으로 유급 관리직으로 근무했다.

VOCA

- surfer 서퍼
- freestyle 자유형(수영)
- be most widely known for ~로 가장 널리 알려져 있다
- replace 대신[대체]하다
- indoor 실내의, 실내용의
- outdoor 옥외[야외]의
- titleholder 선수권 보유자(champion)
- triumph 업적[승리], 대성공
- victorious 승리한, 승리를 거둔; 승리로 끝나는
- excel at ~에 뛰어나다
- view as ~으로 간주하다
- icon 우상[아이콘]
- official 공식적인[공적인]
- greeter (식당·상점 등에서) 손님을 맞이하는 사람
- personage 저명인사, 명사

04 난도 ★★★   정답 ②

독해 > 빈칸 완성 > 단어·구·절

정답의 이유

제시문은 아이들은 이미 저학년 때부터 자신들 고유의 이해[생각]을 갖고 있다는 내용이다. 빈칸 앞 문장에서 'Many young children have trouble giving up the notion that one-eighth is greater than one-fourth, because 8 is more than 4(많은 어린 아이들이 8이 4보다 크기 때문에 8분의 1이 4분의 1보다 크다는 개념을 포기하는 데 어려움을 겪는다).'라고 했고, 빈칸 문장의 앞부분의 'If children were blank slates, just telling them that the earth is round or that one-fourth is greater than one-

eighth would be(만약 아이들이 백지상태라면, 지구가 둥글다거나 4분의 1이 8분의 1보다 크다고 말하는 것만으로도 ~ 것이다) ~.'로 미루어 빈칸에는 blank slates(백지상태)에 적합한 단어가 들어가야 함을 유추할 수 있다. 따라서 빈칸에 들어갈 말로 적절한 것은 ② 'adequae(충분한)'이다.

오답의 이유

① 친밀한
③ 부적당한
④ 무관한

아이들이 교실로 가져오는 이해는 이미 저학년에 꽤 강력할 수 있다. 예를 들어, 일부 아이들은 둥근 지구를 팬케이크처럼 생겼다고 상상함으로써 평평한 지구에 대한 선입견을 고수하는 것으로 밝혀졌다. 이러한 새로운 이해의 구성은 아이들이 어떻게 사람들이 지구의 표면에서 서 있거나 걸을 수 있는지를 설명하도록 도와주는 지구 모형에 의해 인도된다. 많은 어린 아이들이 8이 4보다 크기 때문에 8분의 1이 4분의 1보다 크다는 개념을 포기하는 데 어려움을 겪는다. 만약 아이들이 백지상태라면, 지구가 둥글다거나 4분의 1이 8분의 1보다 크다고 말하는 것만으로도 충분할 것이다. 하지만 아이들은 이미 지구와 숫자에 대한 개념을 가지고 있기 때문에, 그것들을 변형하거나 확장하기 위해서는 그러한 개념들이 직접적으로 다루어져야 한다.

VOCA

- bring to ~로 가지고 오다
- preconception 선입견
- have trouble ~하는 데 어려움을 겪다
- notion 관념, 생각
- blank slates 백지상태
- address 고심하다[다루다]
- transform 변형시키다
- expand 확장되다[시키다]

05 난도 ★★☆   정답 ④

독해 > 세부 내용 찾기 > 내용 (불)일치

정답의 이유

④ 마지막 문장에서 'Additionally, urban farms ~ making cities more resilient to disruptions like natural disasters(게다가, 도시 농장은 ~ 자연재해와 같은 파괴에 대하여 도시를 더 회복력이 있도록 만든다).'라고 했으므로 글의 내용과 일치하지 않는다.

오답의 이유

① 첫 번째 문장에서 'Urban farming ~ involves growing food within city environments, utilizing spaces like rooftops, abandoned buildings, and community gardens.'라고 했으므로 글의 내용과 일치한다.

② 두 번째 문장에서 'This sustainable practice is gaining traction in cities across the world ~ as well as in many African and Asian cities where it plays a crucial role in food supply and local economies.'라고 했으므로 글의 내용과 일치한다.

③ 세 번째 문장에서 'Urban farming not only helps reduce carbon footprints by minimizing transport emissions but also increases access to fresh, healthy food in urban areas.'라고 했으므로 글의 내용과 일치한다.

본문해석

도시 농업이라고도 알려진 도시 농사는 옥상, 버려진 빌딩, 커뮤니티 가든 같은 공간을 활용하여 도시 환경 내에서 식량을 재배하는 것을 포함한다. 이 지속 가능한 관행은 식량 공급과 지역 경제에서 중요한 역할을 하는 다수의 아프리카와 아시아 도시뿐만 아니라 뉴욕, 시카고, 샌프란시스코, 런던, 암스테르담, 베를린을 포함한 전 세계의 도시에서 견인력을 얻고 있다. 도시 농업은 운송 배출을 최소화함으로써 탄소 발자국을 줄이는 것을 도울 뿐만 아니라 도시 지역에서 신선하고 건강한 식량에 대한 접근성을 높인다. 그것은 일자리를 창출하고 지역사회 내에서 이익을 유지함으로써 지역 경제를 강화시킨다. 게다가, 도시 농장은 도시 경관을 높이고, 대기질을 개선하고, 물을 보존하고, 교육 기회를 제공하고, 생물 다양성을 촉진하고, 사람들과 자연을 연결하고, 지역에서 식량을 생산함으로써 식량 안전 보장을 향상시켜서, 자연재해와 같은 파괴에 대하여 도시를 더 회복력이 있도록 만든다.

VOCA

- urban farming 도시 농업
- involve 수반[포함]하다
- reduce 줄이다[축소하다]
- carbon footprint 탄소 발자국
- minimize 최소화하다
- transport 수송하다
- emission 배출물, 배기가스
- access 접근하다, 들어가다, 이용하다
- profit 이익, 수익, 이윤
- enhance 높이다[향상시키다]
- cityscape 도시 경관, 도시 사진
- promote 촉진[고취]하다
- biodiversity 생물의 다양성
- resilient 회복력 있는
- disruption 파괴, 분열, 붕괴

독해 > 세부 내용 찾기 > 지칭 추론

정답의 이유

밑줄 친 'unfinished animals' 다음 문장에서 'What he meant is that it is human nature to have a human nature that is very much the product of the society that surrounds us(그가 의미한 것은 인간 본성이 우리를 둘러싸고 있는 사회의 산물이라는 것이다.)'라고 했고 다음 문장에서 '인간 본성은 발견된 것보다는 창조된 것에 가깝다.'라고 했으므로, 밑줄 친 'unfinished animals'가 의미하는 바로 적절한 것은 ② 'shaped by society rather than fixed by biology(생물학에 의해 고정된 것이기보다는 오히려 사회에 의해 형성된)'이다.

오답의 이유

① 불완전한 발달단계에 갇혀있는
③ 환경적 맥락에서 독특하게 자유로운
④ 동물적인 면과 정신적인 면을 겸비하여 태어난

본문해석

인간 본성에 대한 생각이나 이론은 과학에서 독특한 위치를 차지한다. 우리는 우주에 대한 우리의 이론에 의해 우주가 바뀔 것이라고 걱정할 필요가 없다. 그 행성들은 우리가 그것들에 대해 무엇을 생각하거나 어떻게 이론을 세우든 상관하지 않는다. 하지만 우리는 인간 본성에 대한 우리의 이론에 의해 인간 본성이 바뀔 것이라는 사실을 걱정해야 한다. 40년 전, 저명한 인류학자는 인간은 '미완성된 동물'이라고 말했다. 그가 의미한 바는 인간 본성이 우리를 둘러싸고 있는 사회의 산물이라는 것이다. 인간 본성은 발견된 것보다는 창조된 것에 가깝다. 우리는 사람들이 살고 있는 시설을 디자인함으로써 인간 본성을 '디자인'한다. 그래서 우리는 우리가 디자인하는 것을 돕고자 하는 인간 본성이 어떤 종류의 것인지 우리 스스로에게 물어야 한다.

VOCA

- unique 유일무이한, 독특한
- have a place 위치를 차지하다, 존재하다
- cosmos 우주
- planet 행성
- theorize 이론을 제시하다[세우다]
- distinguished 유명한, 성공한
- anthropologist 인류학자
- unfinished 완료되지[끝나지] 않은
- surround 둘러싸다, 에워싸다
- design 설계하다
- institution 시설, 제도[관습]
- stuck 움직일 수 없는[꼼짝 못하는]
- incomplete 불완전한, 미완성의
- fixed 고정된
- environmental context 환경적 맥락
- animalistic 동물성의

독해 > 빈칸 완성 > 단어 · 구 · 절

정답의 이유

(A) 네 번째 문장에서 'Passive House methods don't affect "buildability", yet they close the gap between design and performance and deliver a much higher standard of comfort and efficiency than government regulations(패시브 하우스 방식은 '시공성'에 영향을 미치지 않지만, 디자인과 성능 사이의 차이를 줄이고 모든 좋은 의도를 가지고 정부 규제가 달성한 것보다 훨씬 높은 수준의 편안함과 효율성을 제공한다) ~.'라고 했으므로, 빈칸 (A)에 들어갈 말로 적절한 것은 'surpassing(능가하는)'이다.

(B) 마지막에서 두 번째 문장에서 'This is, I believe, fundamental to good design, and is the next step we have to make in the evolution of our dwellings and places of work(나는 이것이 좋은 디자인의 기본이며, 우리가 거주지와 작업 장소의 진화에서 해야 할 다음 단계라고 믿는다).'라고 한 다음에 마지막 문장에서 'The improvements that are within our grasp are potentially transformative for mankind and the planet(우리가 파악할 수 있는 개선 사항은 잠재적으로 인류와 지구를 변화시키는 힘이 있다).'라고 했으므로, 빈칸 (B)에 들어갈 말로 적절한 것은 'sustainable(지속 가능한)'이다.

오답의 이유

① 고집하는 – 지속 가능한
② 고집하는 – 지속 불가능한
③ 능가하는 – 지속 불가능한

본문해석

패시브 하우스는 쾌적한 조건을 보장하고 에너지 비용을 깊이 절감하기 위해 건물 물리학의 정밀도를 사용하여 건물을 설계하는 표준적이고 진보적인 방식이다. 그것은 설계 과정에서 모든 추측을 제거한다. 그것은 국가의 건축 규제가 하려고 노력했던 것을 수행한다. 패시브 하우스 방식은 '시공성'에 영향을 미치지 않지만, 디자인과 성능 사이의 차이를 줄이고 모든 좋은 의도를 가지고 정부 규제가 달성한 것보다 훨씬 높은 수준의 편안함과 효율성을 제공한다. 패시브 하우스 방식을 사용할 때, 단열재와 자유롭게 이용할 수 있는 일광에 대한 사용법을 가장 합리적인 방법으로, 쾌적함과 에너지 효율성 모두를 위한 적합한 양으로 사용하는 방법으로 배운다. 나는 이것이 좋은 디자인의 기본이며, 우리가 거주지와 작업 장소의 진화에서 해야 할 다음 단계라고 믿는다. 우리가 파악할 수 있는 개선 사항은 잠재적으로 인류와 지구를 변화시키는 힘이 있다.

↓

Passive House는 편안함과 에너지 효율성을 보장하기 위해 정밀한 건물 물리학을 활용하여 전통적인 규제를 (A) 능가하며 (B) 지속 가능한 디자인을 위한 변형 잠재력을 제공한다.

VOCA

- Passive House 패시브 하우스(단열재 등을 이용해 내부 열이 밖으로 새어 나가는 것을 막음으로써 에너지 사용량을 절감하는 집. 외부 에너지원을 적극적으로 활용하지 않고 내부의 에너지를 보존한다는 의미에서 붙은 이름)
- precision 정확(성), 정밀(성), 신중함
- ensure 반드시 ~하게[이게] 하다, 보장하다
- guesswork 짐작, 추측
- regulation 규칙, 법령, 기본통달
- buildability 시공성
- performance 실적, 성과
- deliver 내놓다[산출하다]
- efficiency 효율(성), 능률
- achieve 달성하다, 성취하다
- insulation 절연[단열/방음] 처리[처리용 자재]
- daylight 햇빛, 일광
- sensible 분별[양식] 있는, 합리적인
- fundamental 근본[본질]적인
- evolution 진화
- dwelling 주거(지), 주택
- within one's grasp 이해할 수 있는
- utilize 활용[이용]하다

독해 > 글의 일관성 > 무관한 어휘 · 문장

정답의 이유

제시문의 네 번째 문장에서 '우리는 우리의 지역 생태계와 너무 얽혀 있어서, ~ 환경을 변형시킬 뿐만 아니라 그렇게 변형시킨 환경도, 우리를 결국 변형시킨다.'라고 했다. ④ 문장의 앞부분의 '소의 가축화를 포함한 환경적 착취가 있는 세계의 지역들인 북유럽과 동아프리카의 인간 개체군'과 ④ 다음의 'adult lactose tolerance: the ability to digest milk past infancy(유아기를 지나 우유를 소화하는 능력인 성인 유당 내성)'로 미루어 환경의 변형(소의 가축화로 인한 우유 소비량 증가)이 인간 유전자의 변형(성인 유당 내성 증가)을 가져왔다는 의미가 되어야 하므로 reduced(감소시켰다) → increased(증가시켰다)가 되어야 한다.

오늘날 인류는 호모 사피엔스라는 한 종밖에 남아 있지 않다. 하지만 그 한 종은, 유전적으로 99.9%가 넘는 유전적 동일성이 있음에도 불구하고, 다양한 이질적인 환경에 적응했다. 그리고 인간의 유전적 변이는 각 사회가 자신의 고유한 환경에 적응함으로써 발생하지만, 각 사회가 그 자체를 조정함으로써 이루어지는 문화적 적응은, 결국, 그 사회의 유전적 구성에 어느 정도 더 변이를 강요하게 될 것이다. 다시 말해서, 우리는 우리의 지역 생태계와 너무 얽혀 있어서, 우리가 의존하게 된 다양한 자원을 인간이 환경으로부터 도태시키면서 환경을 변형시킬 뿐만 아니라 그렇게 변형시킨 환경도, 우리를 결국 변형시킨다. 때로는 우리에게 심오한 생물학적 압력을 가한다. 예를 들어, 소의 가축화를 포함한 우리의 환경적 착취가 있는 세계의 지역들에서, 이를 테면, 북유럽이나 동아프리카 인간 개체군은 유아기를 지나 우유를 소화하는 능력인 성인 유당 내성을 감소(→ 증가)시켰다.

VOCA

- species 종(생물 분류의 기초 단위)
- genetically 유전적으로 결정되는/전해지는
- identical 동일한, 똑같은
- array (인상적인) 집합체[모음/무리]
- disparate 서로 전혀 다른, 이질적인
- genetic variation 유전 변이
- result from 기인하다
- adaptation 각색, 적응
- exact 강요하다, 부득이 ~하게 하다
- makeup 조립, 구성
- be entangled with ~에 걸려들다, 말려들다 ; ~에 관련되다
- local ecology 지역 생태계
- cull (특정 동물을 그 수를 제한하기 위해) 도태시키다
- exert 가하다[행사하다]
- domestication 가축화
- digest (음식을) 소화하다
- past 지난, 최근의
- infancy (발달의) 초창기[초기]

09 난도 ★★☆   정답 ①

독해 > 글의 일관성 > 글의 순서

[정답의 이유]

주어진 글에서 우리가 일상생활에서 중요하게 생각하는 '시간은 돈이다.'라는 비유를 간단히 생각해 보라고 했으므로 주어진 글 다음에는 '시간은 돈이다.'라는 비유를 우리가 일상생활에서 사용하는 경우를 부연·설명하는 (A)로 이어지는 것이 자연스럽다. (C)에서 'This metaphor, however, fails to disclose important phenomenological aspects of time(그러나 이 비유는 시간의 중요한 현상학적 측면을 밝히지 못한다) ~'이라고 했으므로, (C)는 글의 흐름상 'Every metaphor brokers what is made visible or invisible(모든 비유는 눈에 보이거나 보이지 않게 되는 것을 중개

한다)'이라고 비유의 일반적인 점을 설명하는 (B) 다음에 와야 한다. 따라서 주어진 글 다음에 이어질 글의 순서로 적절한 것은 ① '(A) – (B) – (C)'이다.

우리가 일상생활을 하는 데 중요한 역할을 하는 비유를 간단히 생각해 보라. 시간은 돈이다.

(A) 우리는 종종 시간이 돈인 것처럼 이야기한다. 예를 들어, 다음과 같은 일상적인 표현에서 그렇다. "넌 내 시간을 낭비하고 있어." "이 장치는 여러분이 일하는 시간을 절약할 것이다." "당신은 주말을 어떻게 보낼 것입니까?" "나는 이 관계에 많은 시간을 투자했어요."

(B) 모든 비유는 눈에 보이거나 보이지 않게 되는 것을 중개한다. 이것은 시간이 얼마나 돈과 같은지를 강조하고, 얼마나 그렇지 않은지를 모호하게 한다. 따라서 시간은 우리가 낭비하거나 잃을 수 있는 것이 되고, 나이가 들면서 줄어들 수 있는 것이 된다. 그것은 매우 선형적이고 질서정연한 방식으로 추출된다.

(C) 그러나 이 비유는 시간의 중요한 현상학적 측면, 예를 들어 우리가 하는 일에 대한 우리의 참여에 따라 시간이 얼마나 빨라지거나 느려지는지 밝히지 못한다. 대신에 우리는 시간을 흐르는 시냇물처럼 꽤 유동적이라고 생각할 수도 있는데, 예를 들어, 우리가 시간은 돈이라는 세계관을 채택했을 정도로 우리는 이것을 보지 못한다.

VOCA

- briefly 간단히, 일시적으로
- metaphor 비유, 은유
- broker 중개하다
- visible 가시적인, 뚜렷한
- invisible 보이지 않는, 볼 수 없는
- highlight 강조하다
- diminish 깎아내리다, 폄하하다
- abstract 추출하다, 끌어내다
- linear 선의, 선으로 된
- orderly 정돈된, 정연한
- fashion 방법, 방식, 풍(風)
- fail 실패하다, ~하지 못하다
- disclose 밝히다[폭로하다]
- phenomenological 현상학적인, 현상론의
- speed up 속도를 더 내다[높이다]
- slow down [속도·진행]을 늦추다
- engagement 관계함, 참여
- conceive 마음속으로 하다[품다], 상상하다
- fluid 유동[가변]적인
- lose sight of ~을 잃다, 안보이다
- to the extent ~ 어느 정도로
- worldview 세계관

10 난도 ★★☆ 정답 ③

어법 > 비문 찾기

정답의 이유

③ 밑줄 친 her 앞의 'she has promised me to take care of'와 her 다음의 'for their sake(그들을 위해)'로 미루어 보아 문맥상 her는 문장의 주어인 she와 동일 대상임을 유추할 수 있으므로, her → herself가 되어야 한다.

본문해석

그의 마지막 생각은 그의 아내를 위한 것이었다. "그는 그녀가 그것을 견디지 못할까 봐 염려합니다."라고 그가 지난 며칠 동안 자신과 함께 있도록 허락받은 버넷 주교에게 말했다. 그가 그녀에 대해 말했을 때 그의 눈에는 눈물이 고였다. 마지막 날이 왔고, Lady Russel은 세 명의 아이들을 데리고 그들의 아버지에게 영원한 작별을 고했다. '리틀 펩스'는 겨우 아홉 살이었고, 그녀의 여동생 캐서린은 일곱 살이었고, 아기는 세 살이었기에 그의 상실을 인지하기에는 너무 어렸다. 그는 침착하게 그들에게 입맞추었고, 그들을 보냈다. 그의 아내는 머물렀고 그들은 함께 마지막 식사를 했다. 그러고 나서 그들은 침묵 속에서 키스했고, 그녀는 조용히 그를 떠났다. 그녀가 떠나자, Lord Russel은 완전히 무너졌다. "오, 그녀는 나에게 얼마나 큰 축복인가요!"라고 그는 울부짖었다. "아이들을 그런 어머니의 보살핌 속에 내버려 둔다는 것은 나에게 큰 위안입니다. 그녀는 그들을 위해 그녀 자신을 돌보겠다고 약속했고, 그녀는 그렇게 할 거예요."라고 그는 단호하게 덧붙였다. Lady Russell은 무거운 마음으로 그녀가 다시는 그를 맞이할 수 없을 슬픈 집으로 돌아갔다. 1683년 7월 21일. 그녀는 과부였고, 그녀의 아이들은 아버지가 없었다. 그들은 음산한 런던 집을 떠나 시골의 오래된 수도원으로 갔다.

VOCA

- allow 허락하다, 용납하다
- silence 고요, 적막
- break down 감정을 주체하지 못하다[허물어지다]
- blessing 다행스러운 것, 좋은 점
- promise 약속하다
- resolutely 단호히, 결연히
- dreary 음울한, 지루한
- abbey 대수도원

11 난도 ★☆☆ 정답 ②

독해 > 세부 내용 찾기 > 내용 (불)일치

정답의 이유

② 세 번째 문장에서 'Despite the flexibility and autonomy it offers, most independent workers desire more stable employment(대부분의 독립 근로자는 유연성과 자율성에도 불구하고 보다 안정적인 고용을 원한다) ~.'라고 했으므로 글의 내용과 일치하지 않는다.

오답의 이유

① 첫 번째 문장에서 '~ is growing rapidly in the United States, with 36% of employed participants in a 2022 McKinsey survey identifying as independent workers, up from 27% in 2016.'라고 했으므로 글의 내용과 일치한다.

③ 네 번째 문장에서 'The challenges faced by gig workers include limited access to healthcare, housing, and other basic needs, ~'라고 했으므로 글의 내용과 일치한다.

④ 다섯 번째 문장에서 'Technological advancements have facilitated the rise in independent work, making remote and freelance jobs more accessible and appealing.'이라고 했으므로 글의 내용과 일치한다.

본문해석

프리랜서 및 부업에 종사하는 사람들의 노동력을 지칭하는 긱 이코노미(gig economy)가 미국에서 빠르게 성장하고 있으며, 2022년 McKinsey survey에서 고용된 참가자 중 36%가 독립 근로자로 확인되었는데, 이는 2016년 27%에서 증가한 수치이다. 이 노동력에는 변호사와 같은 고임금 전문가부터 배달 기사와 같은 저소득자까지 다양한 직업이 포함된다. 대부분의 독립 근로자는 유연성과 자율성에도 불구하고 보다 안정적인 고용을 원하며, 62%는 고용 안정성과 혜택에 대한 우려로 인해 정규직을 선호한다. 긱 경제 근로자(gig worker)가 직면한 어려움에는 의료, 주택 및 기타 기본 요구 사항에 대한 제한된 접근성과 정부 지원에 크게 의존하는 것이 포함된다. 기술 발전은 독립 근로의 증가를 촉진하여 원격 및 프리랜서 일자리를 접근하기 쉽고 매력적인 것으로 만들고 있다. 이러한 추세는 인플레이션 및 고용 시장 역동성 같은 광범위한 경제적 압력을 반영하여 개인이 생존, 유연성 또는 즐거움을 위해 긱 경제 근무를 선택하는 데 영향을 미친다.

VOCA

- gig economy 긱 이코노미, 임시직 선호 경제(일자리에 계약직이나 프리랜서 등을 주로 채용하는 현상)
- workforce (모든) 노동자[직원]
- identify as ~라고 밝히다
- a wide range of 광범위한, 다양한
- flexibility 유연성, 융통성
- autonomy 자율[자주](성)
- stable employment 안정된 고용
- challenge 도전
- face 직면하다
- gig worker 긱 경제 근로자(계약직이나 임시직으로 일하는 프리랜서처럼 소속된 곳이 없는 근로자)
- reliance 의존, 의지
- facilitate 가능하게[용이하게] 하다
- appealing 매력적인, 흥미로운
- dynamic 원동력, 역동적인
- gig work 긱 경제 근무(정규직보다는 임시직, 계약직을 선호하는 사회에서의 업무나 일)

12 난도 ★★☆ 　　　　　　　　　　　　정답 ②

독해 > 글의 일관성 > 글의 순서

정답의 이유

주어진 글에서 우리는 '범주의 방식에 의해(by way of categories)' 세상을 알고 관계를 맺게 된다고 했으므로, 주어진 글 다음에는 주어진 문장의 범주의 방식을 'this faculty(이러한 능력)'로 지칭하며, 통상적인 의사소통의 범주화 과정을 설명하는 (B)가 오는 것이 자연스럽다. (C)에서 암묵적으로 유지되는 범주와 명시적으로 지배되는 범주를 비교한 다음에 마지막 문장에서 'The application of category systems for the same things varies by context and in use(동일한 사물에 대한 범주 시스템의 적용은 맥락과 용도에 따라 다르다.)'라고 했으므로, (C) 다음에는 예를 들어 동물 종은 민속과 신화에 의해 묘사되는 것처럼 다른 환경에서는 법적 구성물로, 또 다른 환경에서는 과학적 분류체계로 간주될 수 있다고 설명한 (A)가 와야 한다. 따라서 주어진 글 다음에 이어질 글의 순서로 적절한 것은 ② '(B) − (C) − (A)'이다.

본문해석

우리는 범주의 방식에 의해 세상을 알고 관계를 맺게 된다.
(B) 통상적인 의사소통이 이 능력의 가장 즉각적인 표현이다. 우리는 소리와 말을 통해 사물을 언급하고, 우리가 개념이라고 부르는 아이디어를 그 안에 붙인다.
(C) 우리의 범주 중 일부는 암묵적으로 유지된다. 다른 범주는 관습, 법, 정치 또는 과학에 의해 명시적으로 지배된다. 동일한 사물에 대한 범주 시스템의 적용은 맥락과 용도에 따라 다르다.
(A) 예를 들어, 동물 종의 개념은 어떤 환경에서는 민속과 신화에 의해 묘사되는 것처럼, 다른 환경에서는 세부적인 법적 구성물로, 또 다른 환경에서는 과학적 분류 체계로 가장 잘 간주될 수 있다.

VOCA

• relate to ～와 관계가 있다
• category 범주
• ordinary 보통의, 일상적인
• communication 의사소통, 연락
• immediate 즉각적인
• faculty 능력[기능]
• attach 붙이다, 첨부하다
• concept 개념
• explicitly 명쾌하게
• govern 통치하다[다스리다]
• application 적용, 응용
• category system 범주 체계
• notion 개념, 관념, 생각
• detailed 상세한
• legal construct 법적 구조(구조물)
• scientific classification 과학적 분류

13 난도 ★☆☆ 　　　　　　　　　　　　정답 ②

독해 > 대의 파악 > 분위기, 어조, 심경

정답의 이유

마지막 문장에서 'My body tenses with hers; together we brace a hundred times for impact(내 몸은 엄마와 함께 긴장하고, 우리는 함께 충격에 대해 백 번을 대비한다.)'라고 했으므로, 글에 나타난 화자의 심경으로 적절한 것은 ② 'anxious and fearful(불안하고 두려운)'이다.

오답의 이유

① 흥분하고 오싹한
③ 조심스럽지만 안정된
④ 편안하고 긴장을 푼

본문해석

지금은 새벽 3시이고, 우리는 남부에서 북부 유타 주로 가고 있는데, 날씨가 사막의 메마른 추위에서 고산 지역의 겨울 매서운 강풍으로 바뀌고 있다. 얼음이 도로를 차지한다. 눈송이가 작은 곤충들처럼 자동차 앞유리에 가볍게 튕기고, 처음에는 몇 개, 그러고 나서 아주 많은 도로가 사라진다. 우리는 폭풍의 중심부를 향해서 앞으로 나아간다. 밴이 미끄러지고 홱 움직인다. 바람은 맹렬하고, 창밖의 풍경은 순백이다. Richard가 차를 한 쪽에 댄다. 우리는 더 이상 갈 수 없다고 그가 말한다. 아빠가 핸들을 잡고, Richard는 조수석으로 이동하고, 엄마는 나와 Audrey 옆에 매트리스 위에 눕는다. 아빠는 고속도로에 들어가서 마치 주장을 입증하는 것처럼, Richard의 속도의 두 배가 될 때까지 빠르게 속도를 더했다. "우리 더 천천히 운전해야 하지 않을까요?"라고 엄마가 묻는다. 아빠는 씨익 웃는다. "나는 천사들이 날 수 있는 것보다 더 빨리 운전하지 않아." 밴은 여전히 속도를 내고 있다. 50에서 60으로, Richard는 긴장된 상태로 앉아 손으로 팔걸이를 잡고 있는데, 타이어가 미끄러질 때마다 손가락 마디가 하얗게 된다. 엄마는 내 옆자리에 얼굴을 내 옆으로 하고 누워서 밴의 뒷부분이 좌우로 미끄러질 때마다 조금씩 공기를 들이마시고는, 아빠가 바로잡고 차로로 돌아가자 숨을 죽인다. 엄마는 너무 경직되어 있어서, 내 생각에, 엄마가 산산조각이 날지도 모르겠다. 내 몸은 엄마와 함께 긴장하고, 우리는 함께 충격에 대해 백 번을 대비한다.

VOCA

• make one's way 나아가다, 가다
• freezing 꽁꽁 얼게[너무나] 추운
• alpine 고산의, 알프스의
• claim 얻다, 차지하다
• snowflake 눈송이
• flick 가볍게 치다, 홱 튀기다
• windshield (자동차 앞부분의) 방풍 유리
• furious 맹렬한, 사나운
• pull over 차[보트]를 한쪽에 대다
• take the wheel 핸들[타륜]을 잡다, 운전하다
• passenger seat (자동차의) 조수석
• make a point 주장을 입증하다

- tensely 긴장하여, 긴박하여
- clutch ~ 꽉 쥐다
- armrest (의자 등의) 팔걸이
- knuckle 손가락 관절, 손가락 마디
- lane 차선, 차로
- shatter 산산이 부수다, 박살내다
- tense with ~으로 긴장한
- brace 재빨리 대비하다
- impact 영향, 충격

14 난도 ★★☆   정답 ③

독해 > 글의 일관성 > 문장 삽입

[정답의 이유]

주어진 문장은 현재 무인 유통의 적용에는 많은 문제가 있다는 내용이다. ③ 앞 문장에서 바이러스가 에어로졸을 통해 바이러스를 전염시킬 수 있기 때문에 최종 단계의 배송을 위한 비접촉식 배송의 필요성이 점차 증가하여 무인 물류 사용이 어느 정도 가속화되었다고 했고, 'For example(예를 들어)'로 시작하는 ③ 다음 문장에서 무인 물류 유통의 문제점을 구체적으로 예를 들어서 설명하고 있으므로 주어진 문장이 들어가기에 적절한 곳은 ③이다.

본문해석

COVID-19 기간의 도시 봉쇄 정책은 수많은 테이크아웃, 야채 쇼핑, 커뮤니티 단체 구매 및 기타 비즈니스의 급속한 성장을 촉진했다. 최종 단계의 배송은 전염병 기간 동안 중요한 생계 지원이 되었다. 동시에 에어로졸을 통해 바이러스를 전염시킬 수 있기 때문에 최종 단계의 배송을 위한 비접촉식 배송의 필요성이 점차 증가하여 무인 물류 사용이 어느 정도 가속화되었다. 그러나 현재 무인 유통의 적용에는 많은 문제가 있다. 예를 들어 커뮤니티 공간은 지원 물류 인프라의 부족으로 인해 무인 배송 시설 운영에 적합하지 않다. 게다가, 현재 기술은 배송 과정을 완료할 수 없으며 무인 배송 노드의 도킹을 돕기 위해 관련 공간뿐만 아니라 인력의 협업이 필요하다.

VOCA

- lockdown 봉쇄
- facilitate 가능하게[용이하게] 하다
- livelihood support 생계 지원
- epidemic 유행병, 유행성 (전염병)
- transmit 전염시키다
- contactless 비접촉식의
- accelerate 가속되다, 가속화하다
- unmanned (기계 · 차량 등이) 무인의
- logistics 물류, 화물, 택배
- distribution (상품의) 유통(기구), 판매망
- suitable 적합한, 알맞은
- logistics infrastructure 물류 인프라
- collaboration 협력, 공동, 협업
- relevant 관계가 있는, (~에 있어서) 적절한
- personnel 전 직원, 인원

15 난도 ★★☆   정답 ①

독해 > 글의 일관성 > 글의 순서

[정답의 이유]

주어진 글은 사람들은 이해하려는 욕구가 설득하려는 욕구보다 우선하는 경우에는 관점의 교환에는 거의 관심이 없다고 했으므로, 예상을 벗어난 일탈적인 의견은 순식간에 평가절하, 명예훼손, 모욕, 심지어 물리적인 대립을 동반한다는 내용의 (B)로 이어져야 한다. (B)의 마지막에서 '논쟁'이 벌어지는 경우 사람들의 의견 교환 방식이 확실히 저하된다고 했으므로, '그러나 갈등은 단지 행동하기 위한 인기 없는 압력의 원천이 아니다.'라는 문장으로 시작하는 (A)가 와야 한다. (A)의 마지막 문장인 'Basically, today's misery is the starting shot in the race towards a better future.'를 (C)의 첫 문장에서 'You probably know this from your own experience, too ~'라며 'this'로 받아서 마무리짓고 있다. 따라서 주어진 글 다음에 이어질 글의 순서로 적절한 것은 ① '(B) – (A) – (C)'이다.

본문해석

사람들은 이해하려는 욕구가 어떤 대가를 치르더라도 설득하려는 욕구보다 우선하는 경우의 진정한 관점을 교환하는 것에는 거의 관심이 없다.

(B) 예상을 벗어난 일탈적인 의견은 순식간에 평가절하, 명예훼손, 모욕, 심지어 물리적인 대립이 동반된다. 소셜 미디어 네트워크에서 벌어지고 있는 '논쟁'을 보면, 난민 사태나 테러 같은 뜨거운 감자를 볼 필요도 없이 사람들의 의견 교환방식이 확실히 저하된다.

(A) 그러나 갈등은 단지 행동하기 위한 인기 없는 압력의 원천이 아니다. 또한 갈등에는 많은 에너지가 내재되어 있으며, 이는 능숙한 접근법의 도움으로 긍정적인 변화, 다시 말해, 개선을 창출하는 데 활용될 수 있다. 기본적으로 오늘의 고통은 더 나은 미래를 향한 경주의 출발점이다.

(C) 갈등에 대한 건설적인 해결책을 찾는 데 성공하고, 고된 해명 과정의 끝에서 성공적인 결과가 모든 노력의 가치가 있음을 깨달았을 때, 여러분은 아마 여러분 자신의 경험을 통해서도 이 사실을 알고 있을 것이다.

VOCA

- genuine 진짜의, 진품의
- take precedence over ~보다 우위에 서다, 우선하다
- convince 납득시키다, 확신시키다
- at any price 어떤 대가를 치르더라도
- deviate (일상 · 예상 등을) 벗어나다
- devaluation 평가 절하
- hot potato 뜨거운 감자, 난감한 문제[상황 등]
- degradation 저하, 악화
- inherent 내재하는
- harness (동력원 등으로) 이용[활용]하다
- approach 접근법, 처리 방법
- misery 고통, 빈곤

- clarification 설명, 해명
- outcome 결과, 성과, 소산

16 난도 ★☆☆ 　　　　　　　　　　정답 ④

독해 > 세부 내용 찾기 > 내용 (불)일치

[정답의 이유]

④ 마지막에서 두 번째 문장에서 'He got married and ~ pursued his NBA basketball career playing fulltime for several teams(그는 결혼했고 ~ 여러 팀에서 풀타임 선수로 활약하면서 NBA 농구 경력을 계속 이어갔다).'라고 했으므로 글의 내용과 일치하지 않는다.

[오답의 이유]

① 첫 번째 문장에서 'Belus Smawley grew up on a farm with his parents and six siblings.'라고 했으므로 글의 내용과 일치한다.

② 두 번째 문장의 후반부에서 '~ trying to improve his leaping ability by touching higher and higher limbs of the oak tree on their farm.'이라고 했으므로 글의 내용과 일치한다.

③ 여섯 번째 문장에서 'He ~ and got an All-American athletic scholarship for Appalachian State University ~'라고 했으므로 글의 내용과 일치한다.

본문해석

Belus Smawley는 부모님과 여섯 형제와 함께 농장에서 자랐다. 1학년 때, 그는 키가 컸고 다른 어떤 소년보다 더 높이 뛸 수 있었고, 그들의 농장에 있는 참나무의 더 높은 나뭇가지를 만지면서 자신의 점프력을 향상시키려고 노력했다. 이곳이 그의 첫 번째 점프슛 시도가 있었던 곳이라고 한다. Belus Smawley가 자신의 슛을 규칙적으로 사용하기 시작했을 때, 그는 최고 득점자가 되었다. 18세에, 그는 AAU18 농구팀에 합격했다. 그는 고등학교를 마치고 나서 Appalachian 주립대학교(역사와 체육 전공)에서 전미 체육 장학금을 받았다. 그는 해군에 가기 전까지 선수 겸 코치가 되었다. 그는 그들의 농구팀에서 뛰기 시작했고 점프슛 기량을 갈고 닦았다. 그는 결혼했고 고등학교 교사이자 농구 코치로 근무하거나 여러 팀에서 풀타임 선수로 활약하면서 NBA 농구 경력을 계속 이어갔다. 마침내, 그는 가족과 교사 경력에 집중하여 중학교 교장이 되었다.

VOCA

- sibling 형제자매[동기]
- limb 나뭇가지
- oak tree 오크나무
- scorer (스포츠의) 득점자
- All-American 미국을 대표하는
- athletic 운동선수의, 체육의
- scholarship 장학금
- refine 갈고 닦다
- pursue 추구하다, 추진하다

17 난도 ★★★ 　　　　　　　　　　정답 ②

독해 > 글의 일관성 > 문장 삽입

[정답의 이유]

주어진 문장에서 '그러면, 우리가 기계로부터 무언가 비슷한 것을 기대하는 것을 이해할 수 있을 것이다.'로 미루어 주어진 문장의 앞에는 '무언가 비슷한 것(something similar)'과 관련된 내용이 나와야 함을 유추할 수 있다. ② 앞 문장에서 관심을 공유함으로써 얻는 이익이 어느 정도 사생활 또는 행동의 자유의 상실보다 크다는 점에서, 협력이 한 종으로서 우리의 생존에 있어 현저하게 중요했다는 사실을 지적해야 한다고 했으므로, 그 내용을 주어진 문장에서 'something similar'로 받고 있다. 또 ② 다음 문장에서 'This idea in machine learning goes by the name of "saliency"(기계 학습에서 이러한 생각은 '중요점'이라는 이름에 의거해서 판단한다).'라고 했으므로, 글의 흐름상 주어진 문장이 들어가기에 적절한 곳은 ②이다.

본문해석

인간은 대부분의 다른 종에 비해 뚜렷하게 크고 눈에 보이는 공막(눈의 흰자)을 가지고 있으며, 그 결과 우리는 특이하게도 주의를 기울이는 방식, 다시 말해 시선이 드러난다. 진화 생물학자들은 '협력적 눈 가설'을 통해 이것은 결함이 아니라 특징임에 틀림없다고 주장했다. 즉, 관심을 공유함으로써 얻는 이익이 어느 정도 사생활 또는 행동의 자유의 상실보다 크다는 점에서, 협력이 한 종으로서 우리의 생존에 있어 현저하게 중요했다는 사실을 지적해야 한다는 것이다. 그러면, 우리가 기계로부터 무언가 비슷한 것을 기대하는 것을 이해할 수 있을 것이다. 즉, 그것들(기계들)이 무엇을 본다고 생각하는지 뿐만 아니라, 특히 어디를 보고 있는지를 아는 것이다. 기계 학습에서 이러한 생각은 '중요점'이라는 이름에 의거해서 판단한다. 시스템이 이미지를 보고 어떤 범주에 할당한다면, 아마도 이미지의 일부분이 그러한 결정을 내리는 데 다른 부분보다 더 중요하거나 더 영향력이 있었을 것이라는 것이다. 이미지의 이러한 중요한 부분을 강조하는 일종의 '적외선 열지도'를 볼 수 있다면, 시스템이 우리가 생각하는 방식으로 작동하는지 확인하기 위한 일종의 정상성 점검으로 사용할 수 있는 중요한 진단 정보를 얻을 수 있을 것이다.

VOCA

- relative to ~에 관하여
- gaze 응시하다[바라보다]
- evolutionary biologist 진화 생물학자
- via 경유하여[거쳐], 통하여
- hypothesis 가설
- bug 결함, 불량한 곳
- uncommonly 두드러지게, 현저하게
- survival 생존, 유물
- assign 맡기다[배정하다/부과하다]
- presumably 아마, 짐작건대
- determination 투지, 결정
- heat map 적외선 열지도
- portion 부분[일부]

- obtain 얻다[구하다/입수하다]
- crucial 중대한, 결정적인
- diagnostic 진단의
- sanity 온전한 정신 (상태)

18 난도 ★☆☆ 정답 ②

어법 > 정문 찾기

정답의 이유

(A) 앞부분의 'three men are depicted'와 (A) 다음의 'from a city'로 미루어 세 명의 남자가 도시로부터 '달아나는'의 능동의 뜻이므로, 빈칸 (A)에는 현재분사인 fleeing이 적절하다.

(B) 앞에 장소 명사인 'the Euphrates River'가 있고 (B) 다음 문장이 'one is swimming ~'으로 완전한 문장이므로 빈칸 (B)에는 관계부사 where가 적절하다.

(C) 문장의 주어가 'the hands of the refugees'로 복수명사이다. 따라서 빈칸 (C)에는 복수동사인 are가 적절하다.

본문해석

벽화에서 관개된 평원의 기후를 어렴풋이 감지할 수 있다. 여름 태양이 단단한 지면에 쨍쨍 내리쬐고, 왕이 커다란 우산에 의해 그늘이 드리워져 있다. 종종 있는 전쟁 모습도 생생하고 세밀하게 조각되어 있다. 대략 기원전 878년에 세 명의 남자들이 포로로 사로잡힌 것으로 추정되는 도시에서 달아나고 있는 모습이 묘사되어 있다. 긴 옷을 입은 그들은 유프라테스 강으로 뛰어들었는데, 그곳에서 한 사람은 헤엄치고 있고 두 사람은 구명정을 가슴에 껴안고 있다. 긴 베개처럼 생긴 구명정은 동물의 피부로 되어 있으며, 공기를 넣어 부풀렸다. 난민들은 손으로 구명정을 움켜쥐고 있고, 구명정에 공기를 불어넣는 데 숨이 많이 들어가는 만큼 다리로 헤엄쳐야만 물 위에 떠 있을 수 있다. 그들이 반대편 해안에 도달했는지 아닌지는 결코 알 수 없다.

VOCA

- irrigated 관개된
- glimpse 잠깐[언뜻] 보다, 깨닫다, 이해하다
- mural 벽화
- beat down (햇볕이) 쨍쨍 내리쬐다
- vivid 생생한
- in detail 상세하게
- depict 묘사하다[그리다]
- fleeing 도망치는
- capture 포로로 잡다, 억류하다
- lifebuoy 구명용품
- pillow 베개
- inflate (공기나 가스로) 부풀리다[부풀다]
- refugee 난민, 망명자
- clutch (꽉) 움켜잡다
- afloat (물에) 뜬

더 알아보기

관계부사

- 관계부사의 종류

관계부사	선행사
when	시간(the time, the day, the year 등)을 나타내는 명사
where	장소(the place, the house, the station 등)를 나타내는 명사
why	이유(the reason)를 나타내는 명사
how	방법(the way)을 나타내는 명사 * 관계부사 how는 선행사(the way)와 관계부사(how)를 함께 쓸 수 없다.

예 Celebrities often compete in *television competitions* where they raise awareness of charities. → (장소 television competitions = where)
(유명인사들은 자선단체에 대한 인식을 높이는 텔레비전 대회에서 종종 경쟁한다.)

예 It's hard to know ~~the way how~~ a magician performs his tricks. (×)
It's hard to know the way[how] a magician performs his tricks. (○)
(마술사가 트릭을 쓰는 방법을 알기 어렵다.)

- 관계부사 vs. 관계대명사

구분	선행사	관계절
관계부사	있음	• 관계부사 다음에는 완전한 문장이 온다. • 관계부사는 '전치사+관계대명사'로 바꾸어 쓸 수 있다.
관계대명사	있음	• 관계대명사 다음에는 불완전한 문장이 온다. • 관계대명사는 관계절 안에서 주어, 목적어 역할을 한다.

예 He proposed creating a space where musicians would be able to practice for free. → 관계부사(where = in which)
(그는 음악가들이 무료로 연습할 수 있는 공간을 만들자고 제안했다.)

예 She wants to rent the apartment which she saw last Sunday. → 관계대명사(which)
(그녀는 지난 일요일에 보았던 아파트를 빌리고 싶어한다.)

19 난도 ★☆☆ 정답 ②

독해 > 세부 내용 찾기 > 내용 (불)일치

정답의 이유

② 다섯 번째, 여섯 번째 문장에서 'The wall ~ was built to keep out the Native Americans and the British. It eventually became Wall Street(그 장벽은 ~ 북미 원주민과 영국인들의 출입을 금지하기 위해 세워졌다. 그것은 결국 월스트리트가 되었으며) ~'라고 했으므로 글의 내용과 일치하지 않는다.

오답의 이유

① 두 번째 문장에서 'They shared the land and traded guns, beads and wool for beaver furs.'라고 했으므로 글의 내용과 일치한다.

③ 마지막에서 두 번째 문장의 후반부에서 '~ where part of the Lenape trade route, known as Wickquasgeck, became Brede weg, later Broadway.'라고 했으므로 글의 내용과 일치한다.

④ 마지막 문장에서 'The Lenape helped shape the geography of modern-day New York City, ~'라고 했으므로 글의 내용과 일치한다.

본문해석

네덜란드인들이 17세기에 현재의 뉴욕시에 도착했을 때, 역사적 기록에 따르면 Lenape로 알려진 원주민들과의 만남은 처음에는 대부분 우호적이었다. 그들은 땅을 공유했고 총, 구슬, 양모를 비버의 모피와 교역했다. 네덜란드인들은 심지어 1626년에 Lenape로부터 Manahatta 섬을 '구매'했다. 결국 뉴 암스테르담 주변에 장벽을 건설함으로써 시행된 그 거래는 Lenape가 그들의 고향을 떠나도록 하는 강제적인 대량 이주의 시작을 알렸다. 그 장벽은 1660년대에 지도에 나타나기 시작했는데, 북미 원주민과 영국인들의 출입을 금지하기 위해 세워졌다. 그것은 결국 월스트리트가 되었으며, Manahatta는 맨해튼이 되었고, 그곳에서 Wickquasgeck로 알려진 Lenape 통상로의 일부는 Brede weg가 되었는데, 후에 브로드웨이가 되었다. Lenape는 현대 뉴욕시의 지리학적 형태를 형성하는 데 도움을 주었지만, 그들의 유산의 다른 흔적들은 거의 사라졌다.

VOCA

- encounter 만남[접촉/조우]
- indigenous 원산의[토착의]
- amicable 우호적인, 원만한
- trade 거래[교역/무역]하다
- bead 구슬, 염주, 묵주
- transaction 거래, 매매
- enforce 집행[시행/실시]하다
- eventual 궁극[최종]적인
- forced 강제적인, 강요된
- mass migration 집단 이주
- keep out (~에) 들어가지 않다
- trace 추적하다, (추적하여) 찾아내다
- legacy 유산
- vanish 사라지다

20 난도 ★★☆ 정답 ④

어법 > 비문 찾기

정답의 이유

④ become 앞의 문장이 Celebrities(주어) take up(동사) permanent residence(목적어) in our inner lives as well(전명구)로 완전한 문장이고 콤마(,) 앞에 접속사가 없으므로 become → becoming이 되어야 한다.

본문해석

오늘날, 우리는 미디어와 그것이 유지하는 유명인 문화가 우리가 만난 적이 없는 사람들과 친밀한 관계를 가질 수 있는 새로운 형태의 공공성을 만들어 냈다는 것을 당연한 것으로 여긴다. 미디어 기술 덕분에 우리는 유명인들과 더욱 가까워지고, 그들과 친밀한 관계를 갖는 환상을 즐기게 한다. 어느 정도 우리는 유명인들을 내면화하고, 마치 그들이 실제로 친구인 것처럼 무의식적으로 우리 의식의 일부로 만들었다. 유명인들은 우리 내면의 삶에서도 영구적인 거주지를 차지하고, 우리의 몽상과 환상, 행동 지침, 야망의 중심이 된다. 많은 사람들이 유명인들의 특성과 그들과의 관계를 우리의 정신적 수하물의 일부로 소지하고 다니기 때문에, 사실, 유명인 문화는 영구적으로 우리 감성의 일부가 될 수 있다.

VOCA

- take for granted 당연한 것으로 여기다, ~을 당연한 것이라고 생각하다
- celebrity culture 유명인 문화(유명인, 연예인 등이 사람들 사이에 과도하게 언급되고 그들의 사생활까지 관심의 대상이 되는 현상)
- sustain 살아가게[존재하게/지탱하게] 하다
- publicness 공공화된 것[상태]
- intimate 친(밀)한
- illusion 오해[착각]
- intimacy 친밀함
- to a greater or lesser degree 어느 정도
- internalized 내면화된
- take up 차지하다[쓰다]
- permanent 영구적인
- residence 주택, 거주지
- sensibility 감성[감수성]
- trait 특성

가정법

• as if / as though 가정법

과거	주어+동사+as if[as though]+주어+과거 동사	마치 ～인 것처럼
과거완료	주어+동사+as if[as though]+주어+had p.p.	마치 ～이었던 것처럼

예 Two to eight months of not exercising at all will reduce your fitness level to as if you never *exercised* before.
(2～8개월 동안 전혀 운동을 하지 않는 것은 여러분의 건강 척도를 마치 이전에 전혀 운동을 한 적이 없는 것처럼 만든다.)

예 He looked at me as if I *were* mad.
(그는 마치 나를 미친 사람인 것처럼 쳐다봤다.)

예 He looks as if he *had seen* a ghost.
(그는 마치 귀신이라도 본 것처럼 보인다.)

• 기타 가정법

기타 가정법	의미
I wish 가정법	～라면 좋을[좋았을] 텐데
without 가정법	～이 없다면
It is high time 가정법 과거	～할 시간이다(그러나 하지 않았다)

예 It's high time we *pulled* together and *got* the job done right.
(우리가 마음을 다잡고 일을 제대로 할 때이다.)

예 Sometimes I wish I *had* never *been* born.
(가끔은 태어나지 않았으면 좋았을 때도 있다.)

• 자주 쓰이는 가정법 관련 표현

표현	의미
What if	～하면 어쩌지
as it were(= so to speak)	말하자면
if not all	전부는 아니지만
if anything	사실은
if any	만약에 있다면, 만일 있다 해도
if at all	기왕에 ～할 거면

21 난도 ★★☆   정답 ②

독해 > 빈칸 완성 > 단어 · 구 · 절

정답의 이유

첫 번째 문장에서 '축제는 전 세계적으로 전통, 유산, 공동체 정신을 소개하는 의미 있는 문화 행사이다.'라고 했고, 두 번째 문장에서 'They serve as platforms to celebrate diversity, with each festival reflecting unique traditions(축제는 다양성을 기념하는 플랫폼 역할을 하는데, 각각의 축제들은 독특한 전통을 반영한다)～'라고 했다. 다섯 번째 문장에서 'Festivals reflect societal values, promote local crafts and arts, enhance spirituality,

and attract tourism, which facilitates cultural exchange and understanding(축제는 사회적 가치를 반영하고 지역 공예와 예술을 장려하며 영성을 강화하고 관광을 유치하여 문화 교류와 이해를 촉진한다).'이라고 했고, 빈칸 문장의 앞부분에서 '궁극적으로 축제에 참여하면 공동체와 개인의 정체성을 강화하며 ～ 글로벌 서사에 기여한다.'라고 했으므로, 빈칸에 들어갈 말로 적절한 것은 ② 'values diversity and encourages mutual respect and understanding(다양성을 중시하고 상호 존중과 이해를 장려하는)' 이다.

오답의 이유

① 참가자들이 그들의 일상적인 걱정과 고통을 잊게 만드는
③ 사람들이 개인적인 삶과 사회적인 삶 사이의 연결고리를 끊게 해주는
④ 축제가 사람들이 그들 자신에 대해 어떻게 생각하는지 결정하지 못하게 하는

본문해석

축제는 전 세계적으로 전통, 유산, 공동체 정신을 소개하는 의미 있는 문화 행사이다. 그것들은 다양성을 기념하는 플랫폼 역할을 하는데, 브라질의 카니발이나 인도의 등명제(Diwali) 같은 각각의 축제들은 독특한 전통을 반영한다. 축제는 또한 미국의 독립기념일이나 프랑스의 혁명기념일 같은 역사적인 순간을 기념한다. 또한 그것들은 개인적, 문화적 정체성을 강화하는 관습과 의식을 보존하고 공유 활동을 통해 강한 공동체 유대감을 형성한다. 축제는 사회적 가치를 반영하고 지역 공예와 예술을 장려하며 영성을 강화하고 관광을 유치하여 문화 교류와 이해를 촉진한다. 인도의 홀리(Holi) 같은 계절적인 축제는 자연 주기와 일치하여 소생의 시간을 기념한다. 궁극적으로 축제에 참여하면 공동체와 개인의 정체성을 강화하며 다양성을 중시하고 상호 존중과 이해를 장려하는 글로벌 서사에 기여한다.

VOCA

• showcase 진열[전시]하다, 소개하다
• community spirit 공동체 의식
• globally 전세계적[전체적]으로
• celebrate 기념하다, 축하하다
• diversity 상이(점), 다양(성)
• Bastille Day 프랑스의 혁명기념일
• preserve 보존하다, 유지하다
• ritual 의식 절차
• strengthen ～을 강화하다, 증강시키다
• cultural identity 문화정체감
• foster 조성하다, 발전시키다
• societal value 사회적 가치
• promote 촉진[고취]하다
• enhance 높이다[향상시키다]
• spirituality 정신성, 영성
• align with ～에 맞추어 조정하다
• natural cycle 자연적 주기
• reinforce 강화하다, 보강하다

- diversity 다양성, 포괄성
- encourage 권장[장려]하다
- mutual 상호간의, 서로의
- allow 허락하다, 용납하다

22 난도 ★☆☆ 정답 ①

독해 > 세부 내용 찾기 > 지칭 추론

[정답의 이유]

제시문의 첫 번째 문장에서 'Life is full of its ups and downs(인생은 굴곡으로 가득 차 있다).'라고 했고, 다섯 번째 문장에서 'Everyone has to face their own set of challenges(모든 사람은 그들만의 어려운 상황에 직면해야 한다).'라고 했으므로, 밑줄 친 you've been thrown a curve ball이 의미하는 바로 적절한 것은 ① '어려운 상황에 직면하다.'이다.

본문해석

인생은 굴곡으로 가득 차 있다. 어느 날, 여러분은 모든 것을 완벽하게 알아냈다고 느낄지도 모른다. 그러고 나서, 당장 여러분은 어려운 상황에 직면한다. 이러한 감정 속에 여러분만 있는 것이 아니다. 모든 사람은 그들만의 어려운 상황에 직면해야 한다. 어려움을 극복하는 방법을 배우는 것은 여러분이 중심을 잡고 압박감 속에서 침착할 수 있도록 도와줄 것이다. 누구나 인생에서 어려움에 직면하는 방법에 대해 그들 자신의 선호가 있다. 그러나 상황이 힘들어지면 따라야 할 몇 가지 좋은 조언과 요령이 있다. 도움을 요청하는 것을 부끄러워할 필요가 없다. 여러분이 사랑하는 사람, 낯선 사람, 멘토, 또는 친구 중 누구에게 의지하기를 선택하든 간에, 여러분이 성공하는 것을 돕고 싶은 사람들이 있다. 여러분은 개방적이어야 하고 기꺼이 지원을 수락해야 한다. 여러분을 돕기 위해 오는 사람들은 진심으로 여러분을 아끼고 있다. 도움이 필요할 때 순순히 도움을 받으십시오.

VOCA

- ups and downs 성쇠, 부침
- a moment's notice 당장, 즉석에서
- a curve ball 예기치 못한 문제, 사건, 일, 예상하지 못한 상황
- throw a curve ball 커브로 던지다, 속이다, 유쾌하지 못한 방법으로 놀라게 하다
- set of challenges 일련의 어려움들
- overcome 극복하다
- stay centered 중심을 잡다
- under pressure 압력을 받는
- preference 좋아하기, (~에 대한) 애호
- tip 조언, 경고, 암시, 힌트
- trick 비결, 요령, 교묘한 방법[수법]
- be open to ~을 순순히 받아들이다

23 난도 ★☆☆ 정답 ②

독해 > 대의 파악 > 요지, 주장

[정답의 이유]

마지막 문장에서 'Despite assertions that suggest otherwise, it really is not clear how powerful the relationship is between an individual's dominance status and its lifetime reproductive success(그렇지 않다는 주장에도 불구하고, 개체의 지배적 지위와 평생의 번식 성공 사이의 관계가 얼마나 강력한지는 명확하지 않다).'라고 했으므로 사회적 지배력과 번식 성공 사이의 관계를 가장 잘 요약한 것은 ② '개체의 우세 상태와 평생 번식 성공 사이의 관계는 다면적이며 명확하게 정립되어 있다고 할 수는 없다.'이다.

본문해석

사회적 지배는 개인이나 집단이 주로 경쟁 상황에서 다른 사람의 행동을 통제하거나 지시하는 상황을 말한다. 일반적으로 개인이나 집단이 '미래의 상호 작용 과정이나 경쟁 상황의 결과에 대해 예측이 이루어지고 있을 때' 지배적이라고 한다. 지배적 관계를 평가하고 할당하는 기준은 상황마다 다를 수 있다. 이용 가능한 데이터를 간략하게 요약하는 것은 어렵지만 일반적으로 지배적인 개인은 종속된 개인과 비교할 때 종종 더 많은 이동의 자유를 가지며, 음식에 대한 접근의 우선순위를 가지고, 더 높은 품질의 휴식 공간을 얻고, 유리한 몸단장 관계를 즐기고, 집단의 더 보호된 부분을 차지하고, 더 높은 품질의 짝을 얻고, 다른 집단 구성원의 관심을 지시하고 규정하며, 스트레스와 질병에 더 큰 저항력을 보이는 것으로 밝혀졌다. 그렇지 않다는 주장에도 불구하고, 개체의 지배적 지위와 평생의 번식 성공 사이의 관계가 얼마나 강력한지는 명확하지 않다.

VOCA

- refer to 언급[지칭]하다
- dictate 구술하다
- prediction 예측, 예견
- interaction 상호 작용
- competitive 경쟁을 하는
- criterion (판단이나 결정을 위한) 기준(복수형 criteria)
- assess 재다[가늠하다]
- assign 맡기다[배정하다/부과하다]
- vary from ~ to ~에서 …까지 다양하다
- summarize 요약하다
- dominant 우세한, 지배적인
- compared to ~와 비교하여
- subordinate 종속된
- higher-quality 높은 품질
- grooming 차림새, 몸단장
- occupy 차지하다, 사용하다[거주하다]
- resistance 저항, 내성
- assertion 주장, 행사
- status 신분[자격], 지위
- lifetime 일생, 평생, 생애
- reproductive 재생[재현]하는, 복사하는

독해 > 대의 파악 > 제목, 주제

정답의 이유

첫 번째 문장에서 '마음 챙김 명상은 일반적으로 안전하지만, 공황 발작과 정신 질환 같은 부작용 발생의 우려가 있는데, 학계 연구에서 드물게 보고되고, 알려져 있지 않다.'라고 했고, 마지막 문장에서 'For a more thorough understanding of mindfulness' benefits and risks(마음 챙김의 유익성과 위해성에 대한 보다 철저한 이해를 위해서) ~.'라고 했다. 따라서 글의 주제로 적절한 것은 ① 'the criticism regarding the safety and societal implications of the widespread adoption of mindfulness meditation(마음 챙김 명상에 대한 안정성과 광범위한 채택의 사회적 영향에 관한 비판)'이다.

오답의 이유

② 개인적인 스트레스를 해소하고 사회적 · 문화적 혼란을 방지하기 위해 취해지는 사회적 · 국가적 조치

③ 개인의 문제보다는 사회적 문제의 해결에 선행되어야 하는 마음 챙김의 기본적인 요소들

④ 부적절하게 수행된 명상과 명상의 부족으로 인해 개인과 사회가 직면하는 불이익

본문해석

마음 챙김 명상은 일반적으로 안전하지만, 공황 발작과 정신 질환 같은 부작용 발생의 우려가 있는데, 학계 연구에서 드물게 보고되고, 알려져 있지 않다. 비평가들은 조직과 교육 시스템에 의한 마음 챙김에 대한 신속한 채택이 부적절하게 사회 문제를 개인에게 옮길 수 있다고 주장하는데, 이는 개인적인 스트레스는 환경 오염이나 직장 요구 같은 전체에 영향을 주는 원인을 고심하기보다 차라리 명상 부족에서 기인한 것이라는 사실을 시사한다. Ronald Purser 교수 같은 비평가들은 마음 챙김이 개인에게 변화를 추구하도록 권한을 부여하는 대신 불리한 조건에 더 순응하도록 만들 수 있다고 제의했다. 이러한 우려에도 불구하고, 그 비판은 마음 챙김 그 자체에 반대하는 것이 아니라 변화에 저항하는 주체들에 의한 보편적인 해결책으로서의 그것의 추진에 반대하는 것이다. 마음 챙김의 유익성과 위해성에 대한 보다 철저한 이해를 위해서, 장기적이면서 엄격하게 통제된 연구가 필수적이다.

VOCA

- mindfulness meditation 마음 챙김 명상
- arise from ~에서 발생하다[일어나다]
- side effect 부작용
- panic 극심한 공포, 공황
- attack 공격하다, 덤벼들다
- argue 주장하다, 논증하다
- adoption 채택
- inappropriately 부적합하게, 온당치 않게
- shift 옮기다, 이동하다
- societal 사회의
- address 고심하다[다루다]

- systemic 전체[전신]에 영향을 주는
- cause 원인, 이유
- workplace 직장, 업무 현장
- demand 요구 (사항), 일[부담]
- adverse 부정적인, 불리한
- empower 권한을 주다, 자율권을 주다
- critique 평론
- entity 독립체
- resistant to ~에 대해 저항하는
- rigorously 엄격히, 엄밀히
- controlled 세심히 관리[통제/조정]된
- implication 영향[결과], 함축, 암시
- relieve 없애[덜어] 주다, 완화하다
- confusion 혼란, 혼동
- precede ~에 앞서다[선행하다]
- resolution 결의안, 해결
- disadvantage 불리한 점, 약점, 난점
- improperly 적절하지 않게

독해 > 세부 내용 찾기 > 내용 (불)일치

정답의 이유

④ 마지막에서 세 번째 문장에서 'In 1952, he was elected to the U.S. Senate and re-elected in 1958, 1964 and 1970(1952년에, 그는 미국 상원의원으로 선출되었고 1958년, 1964년, 1970년에 재선되었다).'라고 4번의 연도가 나오므로, 글의 내용과 일치하지 않는다.

오답의 이유

① 첫 번째 문장에서 'A man of few words and great modesty, Mike Mansfield often said he did not want to be remembered.'라고 했으므로 글의 내용과 일치한다.

② 네 번째 문장에서 'Following his mother's death ~ his father sent him and his two sisters to Great Falls, Montana, to be raised by an aunt and uncle there.'라고 했으므로 글의 내용과 일치한다.

③ 여섯 번째 문장에서 'Later, he served in the Army and the Marines, which sent him to the Philippines and China, awakening a lifelong interest in Asia.'라고 했으므로 글의 내용과 일치한다.

본문해석

말수가 적고 겸손한 사람인 Mike Mansfield는 종종 기억되고 싶지 않다고 말했다. 하지만, 그의 매혹적인 인생 이야기와 엄청난 기여는 그를 따르는 모든 사람들에게 영감을 준다. Mike Mansfield는 1903년 3월 16일 뉴욕에서 태어났다. Mike가 일곱 살 때 어머니가 사망한 후, 그의 아버지는 Mike와 두 여동생을 Montana주 Great Fall로 보냈으며, 그곳에서 이모와 삼촌 밑에서 양육되었다. 열네 살에, 그는 세계 1차 대전 동안 미 해군에 입대하기 위해 자신의 나이에 대해 거짓말을 했다. 나중에, 그는 육군과 해병대에서 복무했는데, 필리핀과 중국에 파병되어, 아시아에 대한 평생의 관심이 눈뜨게 되었다. Mike Mansfield의 정치 경력은 1942년 그가 미국 하원의원으로 선출되던 해에 시작되었다. 그는 Montana주 제1구역에서 5번의 임기를 봉사했다. 1952년에, 그는 미국 상원의원으로 선출되었고 1958년, 1964년, 1970년에 재선되었다. 그가 민주당 다수당 원내부대표로 선출된 후에 1961년에 상원의 다수당 원내대표로 선출되었다. 그는 1977년에 상원에서 은퇴할 때까지 그 직무를 수행했는데, 이는 역사상 다른 다수당 원내대표보다 더 길었다.

VOCA

- modesty 겸손
- fascinating 대단히 흥미로운, 매력적인
- contribution 기여, 공헌
- inspiration 영감
- follow (~의 뒤를) 따라가다[오다]
- enlist 요청하(여 얻)다
- duration 지속, (지속되는) 기간
- awakening 사람을 깨닫게[놀라게] 하는
- launch 개시[출시/진수/발사](하는 행사)
- re-elect (어떤 사람을) 다시 선출하다

영어 | 2024년 국회직 8급

한눈에 훑어보기

✔ 영역 분석

어휘   01
1문항, 4%

독해   02 04 05 07 08 09 10 11 12 13 14 15
          16 17 19 20 22 23 24 25
20문항, 80%

어법   03 06 18 21
4문항, 16%

✔ 빠른 정답

01	02	03	04	05	06	07	08	09	10
③	②	④	③	①	④	⑤	②	③	⑤

11	12	13	14	15	16	17	18	19	20
④	①	②	⑤	④	②	⑤	①	②	③

21	22	23	24	25					
④	⑤	③	①	③					

✔ 점수 체크

구분	1회독	2회독	3회독
맞힌 문항 수	/ 25	/ 25	/ 25
나의 점수	점	점	점

---

01 난도 ★☆☆   정답 ③

어휘 > 단어

정답의 이유

밑줄 친 ductile은 '연성인, 잡아 늘일 수 있는'의 뜻이므로 밑줄 친 단어와 그 의미가 가장 가까운 것은 ③ 'pliable(유연한, 잘 휘어지는)'이다.

오답의 이유

① 깨지기 쉬운
② 그럴듯한
④ 고혹적인
⑤ 엄격한

본문해석

보잘것없는 음료수 캔이 특별한 것이라고 생각하는 사람은 거의 없을 것이다. 하지만 재료 공학자에게 그것은 첨단 기술이다. 필요조건을 보라. 가능한 한 우리는 이음매를 피하기를 원한다. 캔은 새지 않아야 하고, 가능한 한 금속을 조금 사용해야 하며, 재활용할 수 있어야 한다. 우리는 작은 하나의 금속 조각으로부터 일체형 캔 본체로 끌어들일 수 있을 정도로 연성이 있는 금속을 선택해야 한다. 맥주나 콜라에 부식되지 않아야 하며, 물론 무독성이어야 한다. 그리고 그것은 가볍고, 비용이 거의 들지 않아야 한다.

VOCA

• humble 보잘것없는
• drinks can 음료수 캔
• materials engineer 물질 엔지니어, 재료 공학자
• requirement 필요조건, 요건
• seam 솔기, 이음매
• leak 새다
• metal 금속
• recyclable 재활용 가능한
• draw into ~에 끌어들이다
• corrode 부식하다
• nontoxic 무독성의

02 난도 ★★☆   정답 ②

독해 > 빈칸 완성 > 단어·구·절

정답의 이유

빈칸이 있는 문장에서, 언어를 모르면 그 언어의 단어와 문장을 이해하기 어렵다고 하며 단어의 소리와 의미의 관계에 대해 설명하고 있다. 또한, 빈칸 다음 문장에서 한 언어를 습득할 때는 글자에 의해 표현되는 소리가 의미하는 개념을 배워야 한다고 했고 그 예로 영어에서 '집'을 뜻하는 house는 프랑스어에서는 maison, 러시아어에서는 dom, 스페인어에서는 casa로 각각 다르다고 하였다. 이는 '언어를 구성하는 형태와 내용이 본질적으로 관련이 없고 자의적으로 형성되었다'는 언어의 자의성에 대한 설명으로 문맥상 빈칸에 들어갈 알맞은 말은 ② 'arbitrary(임의적인)'이다.

오답의 이유

① ~의 상징[아이콘]이 되는

③ 논리적인

④ 체계적인

⑤ 예측[예견]할 수 있는

본문해석

만약 여러분이 한 언어를 모른다면, 그 언어의 단어들(과 문장들)을 주로 이해할 수 없을 것인데, 일반적으로 말소리와 그것들이 나타내는 의미 사이의 관계는 임의적이기 때문이다. 한 언어를 습득할 때, 여러분은 글자 house로 표현되는 소리가 '집'이라는 개념을 의미한다는 것을 배워야 한다. 만약 여러분이 프랑스어를 안다면, 이 동일한 의미는 'maison'으로, 러시아어를 안다면 'dom'으로, 스페인어를 안다면 'casa'로 표현된다. 동일한 일련의 연속적인 소리는 다른 언어들에서 다른 의미를 나타낼 수 있다. 예를 들어, 'bolna'라는 단어는 힌디어-우르두어로는 '말하다'를, 러시아어로는 '아프다'를 의미한다.

VOCA

• incomprehensible 이해할 수 없는

• represent 말로 표현하다

• acquire 습득하다[얻다]

• signify 의미하다, 뜻하다

• sequence (연속적으로 일어나는) 순서, 차례

03 난도 ★★☆   정답 ④

어법 > 비문 찾기

정답의 이유

④ are는 바로 앞의 than 이전의 'female English speakers use words such as lovely and nice more often'에서 동사인 use를 받는 대동사가 되어야 하므로, are → do가 되어야 한다. than 다음에 주어(male speakers)와 동사(do)가 도치되었다.

본문해석

성별 변수의 차별성은 남성과 여성이 동일한 어휘 항목 또는 다른 언어학적 특징을 사용하는 상대적 빈도에서 반영된다. 흔히 주장하듯이, 영어권의 여성 화자들이 남성 화자들보다 'lovely(사랑스러운)'라는 말과 'nice(멋진)'라는 단어를 더 자주 쓴다면, 우리는 이 점에서 영어권의 여성 화자가 명확하게 성별 변수의 차별성을 나타낸다고 할 수 있다.

VOCA

• differentiation 차이, 구별

• reflect 나타내다[반영하다]

• relative 비교상의, 상대적인

• frequency 빈도

• lexical item 어휘 항목(어휘 목록(lexicon)을 이루는 단위, 단어에 해당)

• linguistic 언어(학)의

• feature 특색, 특징

• assert 주장하다

• claim 주장하다

• exhibit (감정·특질 등을) 보이다[드러내다]

더 알아보기

대동사 do

• 대동사는 이미 앞에 언급된 술어부분(동사+문장성분+수식어) 전체를 대신 받는 동사이다.

  – 앞에 일반동사가 있으면 do가, be동사가 있으면 be동사가 대동사가 된다.

  – 의문문에서 대답할 때 질문의 동사를 대신한다.

  예 Does he like ice cream? Yes, he does.

    (그는 아이스크림을 좋아하니? 응, 좋아해.)

  예 He said he wouldn't see her again, but he did.

    (그는 그녀를 다시는 보지 못할 거라고 말했지만, 그는 그녀를 보았다.)

  예 My friends were at the concert yesterday, but I was not.

    (어제 친구들은 콘서트에 참석했지만, 나는 가지 않았다.)

  예 Internet has changed our lives much faster than it did one hundred years ago.

    (인터넷은 100년 전에 그랬던 것보다 우리들의 삶을 더 빠르게 바꾸었다.)

• do는 도치구문에서 본동사를 대신해서 사용된다.

  예 You need that money more than do I.

    → than 다음에 주어 동사가 도치됨

    (너는 나보다 그 돈이 더 필요하다.)

  예 As the demand rises, so do prices.

    → so 다음에 주어 동사가 도치됨

    (수요가 증가하면 가격도 오른다.)

독해 > 세부 내용 찾기 > 내용 (불)일치

정답의 이유

③ 기업과 젊은 전문가들이 지속적으로 교통이 혼잡한 도시 지역으로 이전하는 것을 반대함에 따라 경제 성장이 교통 정체에 의해 촉진되고 있다. → 네 번째 문장에서 '~ gridlock is starting to stunt economic growth as businesses and young professionals choose not to move to metropolitan areas with chronically congested roads(기업들과 젊은 전문가들이 만성적으로 혼잡한 도로가 있는 대도시 지역으로 이동하지 않기로 선택함에 따라 교통 체증이 경제 성장을 저해하기 시작했다).'라고 했으므로 글의 내용과 일치하지 않는다.

오답의 이유

① 거대한 대도시 지역은 종종 더 많은 범죄율, 더 큰 오염 수준 및 높은 생활비로 고통받는다. → 첫 번째 문장에서 '~ huge metropolitan areas like Los Angeles and New York are typically plagued by higher crime rates, more pollution, and high costs of living(로스앤젤레스와 뉴욕 같은 거대한 대도시 지역들은 전형적으로 더 높은 범죄율, 더 많은 공해, 그리고 높은 생활비로 골머리를 앓고 있다).'라고 했으므로 글의 내용과 일치한다.

② 교통 체증은 대도시에서 주요 이슈가 되고 있다. → 세 번째 문장에서 'But another major problem—traffic-choked highways—is quickly rising to the top of the list for many major cities(그러나 또 다른 주요 문제—교통 체증이 심한 고속도로—는 많은 주요 도시들에서 빠르게 그 순위가 상승하고 있다).'라고 했으므로 글의 내용과 일치한다.

④ 수많은 정·재계 지도자들이 현재의 고속도로를 각 방향으로 9차선 이상의 '슈퍼하이웨이'로 확장하는 방안을 추진하고 있다. → 다섯 번째 문장에서 '~ many political and business leaders are advocating the widening of existing highways into "superhighways" of nine or more lanes in each direction(많은 정·재계 지도자들이 기존 고속도로를 각 방향으로 9차선 또는 그 이상의 '슈퍼하이웨이'로 확장하는 것을 옹호하고 있다).'이라고 했으므로 글의 내용과 일치한다.

⑤ 더 큰 도로를 건설하는 것은 교통 체증을 줄이는 데 도움이 될 것으로 예상된다. → 마지막 문장에서 'Building bigger roads, ~ will end bottlenecks, allowing the ever-growing number of vehicles to move freely(더 큰 도로를 건설하는 것은 병목 현상을 종식시켜 계속 늘어나는 차량이 자유롭게 이동하고) ~'라고 했으므로, 글의 내용과 일치한다.

본문해석

대도시에서의 생활은 항상 단점을 가지고 있다. 작은 마을과 시골 지역사회와 비교할 때, 로스앤젤레스와 뉴욕 같은 거대한 대도시 지역들은 전형적으로 더 높은 범죄율, 더 많은 공해, 그리고 높은 생활비로 골머리를 앓고 있다. 그러나 또 다른 주요 문제—교통 체증이 심한 고속도로—는 많은 주요 도시들에서 빠르게 그 순위가 상승하고 있다. 현재 일부 대도시의 운전자들이 연간 2주 이상의 기간을 교통 체증에 갇혀 허비하고 있으며, 기업들과 젊은 전문가들이 만성적으로 혼잡한 도로가 있는 대도시 지역으로 이동하지 않기로 선택함에 따라 교통 체증이 경제 성장을 저해하기 시작했다. 이 문제를 해결하기 위해, 많은 정·재계 지도자들이 기존 고속도로를 각 방향으로 9차선 또는 그 이상의 '슈퍼하이웨이(superhighway)'로 확장하는 것을 옹호하고 있다. 예를 들어, 애리조나주 피닉스는 10번 주간 고속도로의 12마일 차로를 14차선에서 평균 22차선으로 확장할 계획이다. 조지아주 애틀랜타는 75번 주간 고속도로를 23차선으로 확장할 것이다. 텍사스주 휴스턴과 워싱턴 D.C.도 고속도로의 일부 구간을 18차선 또는 그 이상으로 확장하기를 희망하고 있다. 더 큰 도로를 건설하는 것은 병목 현상을 종식시켜 계속 늘어나는 차량이 자유롭게 이동하고 그 지역을 경제적으로 경쟁력 있게 유지할 수 있을 것이라고 기대하고 있다.

VOCA

- drawback 결점, 문제점
- compared to ~와 비교하여
- metropolitan 대도시[수도]의
- plague 괴롭히다, 성가시게 하다
- choked 막힌
- equivalent 해당하는, 맞먹는, 동등한
- stuck in ~에 갇힌
- gridlock 교통 정체
- stunt 방해하다
- chronically 만성적으로
- congested 밀집한
- combat ~와 싸우다, ~을 상대로 항쟁하다
- advocate 지지하다, 옹호하다
- widening 넓히는 것, 확대
- interstate 주(州) 사이의
- segment 부분, 구획
- bottleneck 교통 체증이 생기는 지점
- ever-growing 점점 커지는, 계속 늘어나는
- competitive 경쟁의, 경쟁적인

독해 > 빈칸 완성 > 단어 · 구 · 절

[정답의 이유]

제시문은 가십(gossip)의 긍정적인 영향과 부정적인 영향을 설명하는 내용으로, 빈칸 앞 문장에서 가십은 직장, 학교, 사회적인 그룹 등 어디에나 있으며 결코 없어지지 않을 것처럼 보인다고 했다. 빈칸 다음 문장에서 'You must refuse to participate in such damaging communication.'이라고 했으므로, 빈칸에는 해로운 의사소통에 참여하는 것을 거부하는 것과 관련된 내용이 와야 함을 유추할 수 있다. 따라서 빈칸에 들어갈 말로 적절한 것은 ① 'do your best to rise above it(그것에 초연하려고 최선을 다하다)'이다.

[오답의 이유]

② 그것을 퍼뜨리는 데 보다 주도적인 역할을 하다

③ 소문의 출처와 동기를 밝혀내다

④ 그것의 존재를 완전히 무시하다

⑤ 부정적인 영향을 상쇄하기 위해 소문을 만들다

본문해석

사람들은 모든 나라와 모든 계층에서 수 세기 동안 남 얘기(gossip)를 해왔다. 심리학자들은 이러한 형태의 인간 의사소통의 긍정적인 영향과 부정적인 영향을 모두 연구해 왔다. 일부 연구자들에 따르면, 가십(gossip)은 공동체에서 도덕적인 경계를 강화한다. 가십은 또한 특정 집단에 소속감을 조성할 수 있다. 그러나, 가십은 많은 부정적인 영향도 가지고 있다. 가십은 사람들을 고립시키고 따돌리는 도구로 사용될 수 있다. 해로운 소문들에 의해 선정되어 당황하면, 개인들은 의기소침해지고 외로워진다. 가십의 부정적인 영향에도 불구하고, 그것은 아주 흔한 일이다. 가십은 직장, 학교, 그리고 사회적인 집단에 존재한다. 겉으로 보기에, 가십은 절대 사라지지 않을 것이다. 당신은 그것에 초연하려고 최선을 다해야 한다. 당신은 그러한 해로운 의사소통에 참여하는 것을 거부해야 한다. 무언가 긍정적인 것에 초점을 맞추는 방식으로 그 대화를 전환하려고 노력해라.

VOCA

• walk of life 직업, 신분, 계급

• gossip 소문, 험담, 험담[남 얘기]을 하다

• impact 영향, 충격

• reinforce 강화하다

• foster 조성하다, 발전시키다, 아이를 맡아 기르다[위탁 · 양육하다]

• isolate 격리하다, 고립시키다

• ostracize 외면하다[배척하다]

• single out 선발하다, 선정하다

• ubiquitous 어디에나 있는, 아주 흔한

• seemingly 외견상으로, 겉보기에는

• rise above ~에 초연하다

• take a role 역할을 맡다

• disseminate 퍼뜨리다[전파하다]

• identify 확인하다[알아보다]

• disregard 무시[묵살]하다

• offset 상쇄[벌충]하다

어법 > 비문 찾기

[정답의 이유]

offer A to B는 'B에게 A를 제공하다'의 뜻이므로, ④ offer individual students → offer to individual students가 되어야 한다. offer의 직접목적어는 support로 관계대명사 that의 선행사이다.

본문해석

AI는 더 나은 방식, 규모, 더 낮은 비용으로 교육 우선 사항을 달성하게 할 수 있다. 팬데믹으로 인한 학생들의 다양한 미완성 학습을 해결하는 것이 정책적 우선 사항이며, AI는 학생들의 강점과 필요에 따라 학습 자원의 적응력을 향상시킬 수 있다. 교사의 직무 개선이 우선 사항이며, 자동화된 보조원 또는 기타 도구를 통해서 AI는 교사에게 더 큰 지원을 제공할 수 있다. AI는 또한 교사가 시간이 부족할 때 개별 학생에게 교사가 제공하는 지원을 확장할 수 있도록 할 수 있다. 학생들이 학습에 가져온 지식과 경험에 반응하는 자원을 개발하는 것이 우선 사항이며, AI는 지역의 요구를 충족시키기 위해 교육과정 자원을 더 맞춤화할 수 있다. 음성 보조원, 매핑 도구, 쇼핑 추천, 에세이 작성 기능 및 기타 친숙한 애플리케이션에서 보이는 것처럼, AI는 교육적인 서비스를 향상시킬 수 있다.

VOCA

• priority 우선 사항, 우선권

• address (문제)를 역점을 두어 다루다

• varied 가지가지의, 가지각색의

• adaptivity 적응성, 순응성

• automated 자동화된, 자동의

• assistant 조수, 보조원

• extend 확장하다, 확대하다

• responsive 대답하는, 응하는

• customizability 맞춤화

• curricular 교육과정의

• enhance 높이다[향상시키다]

더 알아보기

수여동사의 3형식 전환

• 수여동사는 '~에게 …하다'의 뜻을 가진 동사로, 목적어를 2개[직접목적어(D.O.), 간접목적어(I.O.)] 취한다.

• 수여동사는 4형식 문장에서 사용되며, S+V+I.O.+D.O.의 문장 구조를 가진다.

• 수여동사는 '~에게'에 해당하는 간접목적어 앞에 전치사를 붙여 3형식으로 전환할 수 있다.

 − 4형식: S+V+I.O.+D.O.

 − 3형식: S+V+D.O.+전치사구(전치사+I.O.)

 예 Mom *made* me an apple pie. (4형식)

 → Mom *made* an apple pie for me. (3형식)

• 수여동사의 3형식 전환 시 전치사

to+I.O.	give, offer, pass, write, lend, send, show, bring, hand
for+I.O.	get, buy, make, secure, choose, leave, cook, prepare
of+I.O.	ask, inquire, require, request, demand, beg

예 He poured some wine into a glass and *gave* it to her.
(그는 와인을 잔에 조금 부었고, 그것을 그녀에게 주었다.)

예 When I got home, Stephano was busy *preparing* lunch for me.
(집에 도착했을 때, Stephano는 내게 점심을 차려 주느라 바빴다.)

예 The teacher *asked* a question of the students.
(선생님은 학생들에게 질문을 하나 했다.)

07 난도 ★★☆　　　　　　　　　　　　　　　정답 ⑤

독해 > 세부 내용 찾기 > 제목, 주제

정답의 이유

제시문은 예술과 과학의 해석에 대한 접근과 차이를 설명하는 내용으로, 첫 번째 문장에서 과학자들은 과학의 조직화된 회의론을 제공하는 충분한 관찰 기술을 가진 유일한 소비자인 반면 예술가들은 자신들의 예술을 해석하는 데 아무런 역할을 하지 않는다고 했다. 또한, 다섯 번째 문장에서 'Where multiple interpretations are encouraged, obscurity can be a virtue but where the aspiration is to produce only one interpretation, clarity is to be preferred(다양한 해석이 장려되는 분야에서는 모호함이 미덕이 될 수 있지만, 단 하나의 해석을 생산하는 것이 목표인 분야에서는 명료함이 선호된다).'라고 했고, 마지막 문장에서 '~ since science should seek maximum clarity and accessibility even while acknowledging that the only proper assessors of a scientific claim are small elites, while artists often seek obscurity or multiple interpretations even while accepting that the proper assessors are the public(과학은 과학적 주장에 대한 유일한 적절한 평가자가 소수의 엘리트라는 사실을 인정하면서도 최대의 명료함과 접근 가능성을 추구해야 하는 반면, 예술가들은 적절한 평가자가 대중이라는 것을 인정하면서도 종종 모호함이나 다양한 해석을 추구하기 때문이다).'라고 하였으므로 글의 제목으로 적절한 것은 ⑤ 'How Art and Science Interpret Clarity and Obscurity(예술과 과학이 명료함과 모호함을 해석하는 방법)'이다.

오답의 이유

① 과학자들이 명확한 시각으로 예술을 분석하는 법

② 예술적 모호성에 대한 과학적 분석

③ 과학자들이 예술적 해석을 만드는 방법

④ 예술과 과학에서 정밀함의 중요성

본문해석

과학자들은 과학의 조직화된 회의론을 제공하기에 충분한 관찰 기술을 가진 유일한 소비자인 반면, 예술가들은 그들 스스로 예술을 해석하는 데 아무런 역할을 하지 않는다. 예술에 대한 해석은 다양할 수 있고 예술가의 의도는 다양한 해석을 유발하는 것일 수 있다—때로는 해석이 많을수록 더 좋다. 반면에, 과학자는 단 하나의 가능한 해석—정확한 해석을 전달하는 것을 열망해야 한다. 이것으로부터 이어지는 것은, 과학에서는 명확성이 다른 문화적 노력과는 달리 필수적이라는 것이다. 다양한 해석이 장려되는 분야에서는 모호함이 미덕이 될 수 있지만, 단 하나의 해석을 생산하는 것이 목표인 분야에서는 명료함이 선호된다. 모호함은 또한 사적인 것이고, 사적인 것은 조직화된 회의적인 태도에 대한 장애물이다. 관찰과 회의가 자연계의 지식을 추구하는 데 있어 미덕이라는 사실로부터, 명료함 또한 미덕이라는 결론이 나온다. 여기에 모순이 있는데, 과학은 과학적 주장에 대한 유일한 적절한 평가자가 소수의 엘리트라는 사실을 인정하면서도 최대의 명료함과 접근 가능성을 추구해야 하는 반면, 예술가들은 적절한 평가자가 대중이라는 것을 인정하면서도 종종 모호함이나 다양한 해석을 추구하기 때문이다.

VOCA

• interpretation 해석, 이해, 설명
• sufficient 충분한, 족한
• observational 관찰[관측]의, 감시의
• organized 조직화된, 조직적인
• skepticism 회의론[설], 무신론
• manifold (수가) 많은, 여러 가지의
• provoke 유발하다
• a multitude of 다수의
• aspire 열망[염원]하다
• convey 전달하다[전하다]
• imperative 반드시 해야 하는, 긴요한
• obscurity 모호함, 모호한 것
• obstacle 장애, 장애물
• in the pursuit of ~을 추구하여
• accessibility 접근 (가능성), 접근하기 쉬움
• acknowledge 인정하다
• assessor 평가자

08 난도 ★★☆

정답 ②

독해 > 빈칸 완성 > 단어 · 구 · 절

[정답의 이유]

빈칸 뒷부분에서 'over 70% of incarcerated people who are released from prison in the US will be rearrested within five years of their release date(미국에서 출소한 수감자의 70% 이상이 출소일로부터 5년 이내에 재검거될 것이다).'라고 하였고, 마지막 문장에서 미국의 집단 수감 시스템이 사람들이 감옥을 떠나 다시 사회에 통합하려는 것을 실패하게 만든다고 하였으므로 빈칸에 들어갈 말로 적절한 것은 ② 'recidivism(재범)'이다.

[오답의 이유]

① 인종 차별

③ 환생

④ 탈옥

⑤ 출소

본문해석

미국은 세계에서 재소자 재범률이 높은 나라 중 하나인데, 미국에서 출소한 수감자의 70% 이상이 출소일로부터 5년 이내에 재검거될 것이다. 그것은 우연이 아니다. 우리의 집단 수감 시스템은 사람들이 감옥 시스템을 떠나 사회에 재통합하려고 할 때 실패하게 만든다.

VOCA

• recidivism 재범

• incarcerate 감금[투옥]하다

• release 풀어 주다, 석방[해방]하다

• rearrest 재검거하다

• release date 출소일

• mass 대량의, 대규모의, 대중적인

• incarceration 투옥, 감금, 유폐

• reintegrate 재통합하다

09 난도 ★★★

정답 ③

독해 > 글의 일관성 > 글의 순서

[정답의 이유]

주어진 문장 후반부의 millions of years ago beneath ocean floors(수백만 년 전 해저)는 In ancient seas(고대의 바다에서)로 시작하는 (B)로 이어지는 것이 자연스럽다. (B) 마지막의 as new layers accumulated on top(그 위에 새로운 층이 쌓이면서)은 (C)의 'sediment(퇴적물)'로 이어진다. (C) 마지막 문장의 'a liquid hydrogen and carbon substance(액체 수소와 탄소 물질)'는 (A)의 'crude oil(원유)'로 이어진다. 따라서 주어진 글의 다음에 이어질 글의 순서로 적절한 것은 ③ '(B) – (C) – (A)'이다.

본문해석

오늘날 자동차와 비행기 탱크에 주입되는 모든 휘발유는 수백만 년 전 해저에서 원유가 형성되면서 시작되었다.

(B) 고대의 바다에서는 작은 수생식물과 동물들이 죽으면 그것들은 바닥으로 가라앉았다. 그 위에 모래와 진흙이 떨어져 자리 잡았다. 이런 과정이 계속 반복되었고, 그때마다 많은 양의 유기물을 묻고, 그 위에 새로운 층이 쌓이면서 점점 더 깊숙이 바닥으로 밀려 들어갔다.

(C) 퇴적물의 무거운 무게로 인해 압력과 화씨 150도 이상의 온도가 발생했고, 지하의 유기물이 '조리'되기 시작했다. 시간이 지나면서, 그 열기가 그것을 액체 수소와 탄소 물질로 변환시켰다.

(A) 물과 바위보다 가벼운 이 원유는 바위의 미세한 공간을 통해 위로 떠다니다가 고밀도의 불침투성 바위층에 의해 멈춰져 강제로 모이게 되었다. 오늘날 석유 회사들은 에너지가 풍부한 이 석유를 추출하기 위해 이 저류층을 시추하여 정유공장으로 보내 차량 연료로 전환한다.

VOCA

• pump into ~에 쏟아 붓다[주입하다]

• crude oil 원유

• ocean floor 대양저

• aquatic plant 수생식물

• settle (한동안) 머물다[남아 있다]

• bury 묻다[매장하다]

• quantity 양, 수량, 분량

• accumulated 축적된, 누적된

• sediment 침전물, 퇴적물

• pressure 압박, 압력

• subterranean 지하의

• organic matter 유기물

• transform 변형시키다

• liquid hydrogen 액체 수소

• carbon 탄소

• substance 물질

• drift 떠가다, 표류[부유]하다

• microscopic 미세한, 현미경으로 봐야만 보이는

• dense 빽빽한, 밀집한

• impermeable 통과시키지 않는, 불침투성의

• extract 추출하다

• energy-rich 고에너지의

• petroleum 석유

• oil refinery 정유공장

• convert into ~으로 바꾸다[전환하다]

독해 > 빈칸 완성 > 단어·구·절

정답의 이유

제시문은 어떤 이슈에 대해 미온적인 다수가 찬성하는 정책과 열정적인 소수가 찬성하는 정책 사이에서 결정할 때는 선호하는 사람들의 수뿐만 아니라 그 선호도의 강도를 고려해야 한다는 내용이다. 빈칸 문장의 앞부분 'It does not seem right that a lukewarm majority should in all cases'와 빈칸 다음의 'a passionate minority'로 미루어 빈칸에 들어갈 말로 적절한 것은 ⑤ 'override (우선하다)'이다.

오답의 이유

① 속이다
② 경의를 표하다
③ 따르다
④ 보호하다

본문해석

다수가 한 정책을 찬성하지만, 다른 정책을 찬성하는 소수가 그것에 대해 훨씬 더 강하게 관심을 갖고 있는 문제가 있다고 가정해 보자. 이런 경우는 꽤 자주 발생한다. 여우 사냥 논쟁이 좋은 예가 될 수 있다. 대부분 사람들은 동물의 권리에 대해 강한 도덕적 견해를 가지고 있지 않더라도 여우 사냥에 대해 상당히 부정적인 견해를 가지고 있다. 그들은 그것을 구식이고, 속물적이며, 일반적으로 혐오스러운 행사로 본다. 기회가 주어진다면, 그들은 그것을 금지하는 데 표를 던질 것이다. 여우 사냥꾼들은 소수이지만, 대부분 그들이 사냥을 계속하도록 허용되어야 한다고 매우 강하게 생각한다. 그것은 많은 농촌 사회에서 중요한 사회적 행사이며, 사람들의 생계가 그것에 달려 있다. 여우 사냥에 대한 정치적 판단은 둘 중 하나를 선호하는 사람들의 수뿐만 아니라 그 선호도의 강도도 고려해야 한다. 미온적인 다수가 모든 경우에서 열정적인 소수보다 우선해야 한다는 것은 정당한 것 같지 않다.

VOCA

• favor 찬성하다
• occur 일어나다, 발생하다
• fox-hunting 여우 사냥
• debate 토론[토의/논의]
• archaic 낡은, 폐물이 된
• snobbish 속물적인, 고상한 체하는
• distasteful 불쾌한, 혐오스러운
• spectacle 구경거리[행사]
• ban 금(지)하다
• preference 선호(도), 애호
• lukewarm 미적지근한, 미온적인
• passionate 열정적인, 열렬한

독해 > 글의 일관성 > 무관한 어휘·문장

정답의 이유

제시문은 평등(equality)과 공평(equity)의 차이를 설명한 내용으로, 평등은 우리가 모두 동일한 가치와 권리를 지니고 태어났으며 동일한 존엄을 받고 기회에 대한 동일한 접근성을 지닌 것을 뜻한다고 했다. 공평은 모든 사람들이 동일한 결과를 얻는 것으로, 사람마다 자신만의 독특한 방식으로 세계를 경험한다고 했다. 여섯 번째 문장에서 'It is because of these differences that we sometimes need to be treated differently for us all to live equally(이러한 차이들 때문에 모두가 동등하게 삶을 영위하려면 때로 다르게 대우받아야 한다).'라고 했고, 마지막 문장에서 공평은 모든 사람이 동일한 종류의 사다리를 사용할 수 없다는 것을 깨닫고 나무 꼭대기에 있는 망고에 도달할 수 있는 또 다른 방법을 제공하는 것이라고 했으므로 글의 문맥상 ④ different → same이 되어야 한다.

본문해석

평등은, 인간으로서, 우리가 모두 동일한 가치를 지니고 있다는 사실을 인식하는 것이다. 이것은 우리가 모두 동일한 권리를 가지고 있고, 동일한 수준으로 존중받아야 하며, 기회에 대한 동일한 접근성을 가지고 있어야 한다는 것을 의미한다. 그러나 공평은 모든 사람이 동등한 결과물을 달성하는 것이다. 우리는 모두 동일한 가치를 가지고 있고 좋은 삶을 살 자격이 있지만, 모두 다른 장소에서 출발한다. 우리는 자신만의 독특한 방식으로 세상을 경험한다. 이러한 차이들 때문에 모두가 동등하게 삶을 영위하려면 때로 다르게 대우받아야 한다. 예를 들어, 평등은 모든 사람에게 나무 꼭대기에서 망고를 딸 수 있는 <u>다른 → 동일한</u> 종류의 사다리를 제공하는 것이다. 공평은 모든 사람이 동일한 종류의 사다리를 사용할 수 없다는 것을 깨닫고 나무 꼭대기에 있는 망고에 도달할 수 있는 또 다른 방법을 제공하는 것이다.

VOCA

• equality 평등, 균등
• access 접근
• opportunity 기회
• equity 공평, 공정
• achieve 달성하다, 성취하다
• outcome 결과
• deserve ~을 받을 만하다[누릴 자격이 있다]
• unique 유일무이한, 독특한
• treat 대하다[다루다/취급하다]

독해 > 빈칸 완성 > 단어 · 구 · 절

[정답의 이유]

네 번째 문장의 후반부에서 'we must add up the separate satisfactions and frustrations of everyone likely to be affected by our choice(우리는 우리의 선택에 의해 영향을 받을 가능성이 있는 모든 사람들의 개별적인 만족과 좌절을 합산해야 하는데) ~'라고 했고, 빈칸 앞 문장에서 우리는 우리 앞에 놓인 각각의 선택지에 대해 각 열의 합계를 내야 한다고 했다. 또 빈칸 다음 문장에서 '좌절의 총합보다 만족의 총합에 대한 최선의 균형(the best balance of totaled satisfactions over totaled frustrations)'을 유발할 가능성이 가장 높은 선택지를 선택해야 한다고 했으므로 빈칸에 들어갈 적절한 것은 ① 'aggregative(집합적인)'이다.

[오답의 이유]

② 낙관적인
③ 이상적인
④ 개인 특유의
⑤ 현실적인

본문해석

공리주의가 우리에게 최선의 결과를 가져오도록 요구한다는 것을 우리 자신에게 상기시킬 때 공리주의에 심각한 문제가 발생한다. 이것은 무엇을 의미하는가? 이것은 나 혼자만을 위한 것이거나 내 가족 또는 친구들, 개인적으로 취해진 다른 어떤 사람들을 위한 최선의 결과를 의미하지 않는다. 아니, 우리가 해야 할 일은 대략 다음과 같다. 우리는 우리의 선택에 의해 영향을 받을 가능성이 있는 모든 사람들의 개별적인 만족과 좌절을 합산해야 하는데, 만족을 한 쪽 열에, 좌절을 다른 열에 두어야 한다. 우리는 우리 앞에 놓인 각각의 선택지에 대해 각 열의 합계를 내야 한다. 그것이 바로 그 이론이 집합적이라고 말하는 것의 의미이다. 그러고 나서 좌절의 총합보다 만족의 총합에 대한 최선의 균형을 유발할 가능성이 가장 높은 그 선택지를 선택해야 한다. 이러한 결과를 초래할 수 있는 행동이 무엇이든지 간에 우리가 도덕적으로 수행해야 할 행동이다—바로 여기에 우리의 도덕적 의무가 있다. 그리고 그 행동은 개인적으로 나, 또는 가족이나 친구들, 실험동물을 위한 최선의 결과를 가져다줄 동일한 행동이 아닐 수도 있다.

VOCA

· arise 생기다, 발생하다
· utilitarianism 공리주의
· remind 상기시키다
· enjoin 명하다, 요구하다
· bring about ~을 유발[초래]하다
· add up (조금씩) 늘어나다, 합산하다
· satisfaction 만족(감), 흡족
· frustration 불만, 좌절감
· total 합계[총] ~이 되다
· perform 행하다[수행하다/실시하다]
· lab animal 실험동물

독해 > 세부 내용 찾기 > 제목, 주제

[정답의 이유]

세 번째 문장에서 'But unfortunately there still seems to be a gap between voting and registering your consent(그러나 불행하게도 투표를 하는 것과 여러분의 동의를 등록하는 것 사이에는 여전히 격차가 있는 것 같다).'라고 한 다음에 양쪽 당 모두 동의하지 않지만, 그중에서 덜 나쁜 쪽에 투표한 경우와 여러분이 투표한 정당의 정책에 대부분 동의하지만, 그중 일부 정책을 매우 싫어해도 개별 정책에 대해 따로 투표할 수 없는 경우를 예로 들었다. 그리고 마지막 문장에서 'Perhaps the voters' consent can help explain why governments have legitimate authority, but not why individual citizens have an obligation to obey the law(아마도 유권자들의 동의는 정부가 합법적인 권한이 있는 이유를 설명하는 데는 도움이 되겠지만, 개별 시민들이 법을 준수해야 할 의무가 있는 이유를 설명하는 데는 도움이 되지 못할 것이다).'라고 했으므로, 글의 제목으로 적절한 것은 ② 'Discordance between Voting and Voter Consent(투표와 유권자 동의의 불일치)'이다.

[오답의 이유]

① 선거가 작동하는 이유
③ 정부 정책의 부정확성
④ 동의와 의무의 완벽한 일치
⑤ 정책과 정부의 합법성에 대한 연계

본문해석

최근 몇몇 정치철학자들은 우리가 선거에 참여하면 우리는 새로 등장하는 정부와 그 정부가 제정하는 법을 준수하는 데 동의하는 것이라고 주장했다. 이것은 더 유망한 것처럼 보인다. 우리는 적어도 투표 여부에 대해 자유로운 선택을 할 수 있고, 사람들이 등장한 정부를 합법적인 정부로 인정하지 않는 한 선거를 실시하는 것은 의미가 없기 때문이다. 그러나 불행하게도 투표를 하는 것과 여러분의 동의를 등록하는 것 사이에는 여전히 격차가 있는 것 같다. 만약 여러분이 두 당에 모두 매우 동의할 수 없지만, 한 쪽이 다른 쪽보다 약간 덜 나쁘다고 생각하기 때문에 투표한다면 어떨까? 또는 승리한 정당이 선언문에서 발표한 종합적인 정책에 어떤 의미에서는 동의했다고 생각하지만, 여러분이 상당히 혐오스럽다고 생각하는 몇 가지 항목이 있고, 이것들에 대해 개별적으로 투표할 기회가 없다면 어떨까? 아마도 유권자들의 동의는 정부가 합법적인 권한이 있는 이유를 설명하는 데는 도움이 되겠지만, 개별 시민들이 법을 준수해야 할 의무가 있는 이유를 설명하는 데는 도움이 되지 못할 것이다.

VOCA

· claim 승인을 요구하다, 주장하다
· comply with 순응하다, 지키다, 준수하다
· emerge 나오다[모습을 드러내다]
· enact 제정하다
· promising 유망한, 촉망되는
· legitimate 정당한, 타당한, 적당한
· register 등록[기재]하다, 신고하다

- consent 동의[허락], 동의[허락]하다
- slightly 약간, 조금
- manifesto 성명서[선언문]
- repugnant 불쾌한[혐오스러운]
- obligation 의무

14 난도 ★★☆   정답 ⑤

독해 > 빈칸 완성 > 단어 · 구 · 절

정답의 이유

세 번째 문장에서 'Most techniques for harvesting embryonic stem cells cause the destruction of an embryo(배아 줄기세포를 수확하는 대부분 기술은 배아의 파괴를 야기한다).'라고 했고, 배아를 생명체로 보는 측에서는 배아 줄기세포 채취를 비윤리적이라고 반대하지만, 다른 측에서는 줄기세포 연구가 인간의 생명을 구하는 필수적인 연구라는 면에서 지지한다고 했다. 또한 빈칸 다음 문장에서 일부 최근의 실험들은 배아 자체를 손상시키지 않고 초기 배아로부터 소수의 줄기세포를 추출할 수 있는 방법이 있을 수 있다는 사실을 시사했다고 했으므로, 문맥상 빈칸에 들어갈 적절한 것은 ⑤ 'addressed with a technological solution(기술적인 해법으로 처리되는)'이다.

오답의 이유

① 기술 발전으로 반복되는
② 새로운 줄기세포 규제의 출현으로 해결된
③ 더 많은 실험으로 명확해진
④ 새로운 연구 기술에 의해 더 심각해진

본문해석

성체 줄기세포는 자발적인 기증자의 신체에서 직접 얻을 수 있기 때문에, 이 세포들을 이용한 연구는 지금까지 거의 윤리적인 의문을 일으키지 않았다. 이것은 일반적으로 매우 초기의 배아로부터 얻어지는 배아 줄기세포의 경우에는 해당되지 않는다. 배아 줄기세포를 수확하는 대부분 기술은 배아의 파괴를 야기한다. 이런 이유로, 배아를 인간의 권리와 보호를 받을 권리가 있다고 여기는 개인들은 이러한 작업을 반대한다. 이러한 우려는 배아 줄기세포 연구에 대한 정부의 자금 지원을 중요한 정치적 이슈로 만들었다. 배아를 보호하려는 단체들은 이러한 연구가 비윤리적이라고 반대한다. 다른 단체들은 그러한 연구를 인간의 생명을 구하는 필수적인 것으로 지지하고 연구를 제한하는 것이 비윤리적이라고 주장한다. 그러나 머지않은 미래에 두 가지 윤리적인 우려는 기술적인 해법으로 처리될 수 있을 것이다. 일부 최근의 실험들은 배아 자체를 손상시키지 않고 초기 배아로부터 소수의 줄기세포를 추출할 수 있는 방법이 있을 수 있다는 사실을 시사했다. 다른 실험들은 성체 세포가 다능성 배아 줄기세포처럼 보이고 기능하도록 재프로그래밍하는 소수의 유전자 스위치를 '켜는' 것이 가능하다는 것을 보여주었다. 이러한 기술은 배아를 모두 배양할 필요성을 없앨 것이다. 또한 개별 환자의 필요에 따라 특정 치료법을 맞춤화하는 것이 가능할 수도 있다. 이 접근법이 성공한다면, 배아 생명의 파괴를 피하면서 잠재적으로 생명을 구하는 연구를 진행할 수 있을 것이다.

VOCA
- adult stem cell 성체 줄기세포
- willing 기꺼이 하는, 자발적인
- donor 기부자, 기증자
- to date 지금까지
- embryonic 초기의, 배아의
- embryo 배아
- cause ~을 야기하다[초래하다]
- regard as ~으로 여기다
- entitled to ~할 권리[자격]가 있는
- address [어려운 문제 등을] 다루다, 처리하다
- switch 전환하다, 바꾸다
- gene 유전자
- pluripotent 다능성(多能性)의
- tailor 맞추다[조정하다]
- potentially 잠재적으로
- lifesaving 인명구조의

15 난도 ★★☆   정답 ④

독해 > 글의 일관성 > 무관한 어휘 · 문장

정답의 이유

제시문에서 자동차를 수리할 때는 관찰된 증거로부터 자동차의 상태를 추론하지만, 당뇨병 환자를 치료할 때는 환자의 실제 혈당 수치와 인슐린 수치를 바탕으로 환자의 음식 섭취량과 인슐린 투여량을 결정하되, 혈당 수치와 측정값은 시간이 지남에 따라 빠르게 변하는 것을 고려해야 한다고 하였다. 따라서 정적인 증거에 의해 결정되는 자동차 수리와는 달리 당뇨병 환자 치료는 동적인 증거에 의해 결정됨을 파악할 수 있으므로 글의 흐름상 ④ 'static(정적인) → dynamic(동적인)'이 되어야 한다.

본문해석

우리는 각각의 확률 변수가 하나의 고정된 값을 갖는 정적 세계의 맥락에서 확률적 추론 기술을 개발했다. 예를 들어, 자동차를 수리할 때, 우리는 고장 난 부분이 진단 과정에서 고장 난 상태로 남아 있다고 가정하고, 관찰된 증거로부터 자동차의 상태를 추론하는 것이 우리의 일이며, 이 역시 고정된 상태로 남아 있다. 이제 약간 다른 문제인 당뇨병 환자를 치료하는 것을 고려해 보라. 자동차 수리의 경우와 마찬가지로, 최근 인슐린 투여량, 음식 섭취량, 혈당 측정 및 기타 신체적 징후와 같은 증거가 있다. 이 작업은 실제 혈당 수치와 인슐린 수치를 포함한 환자의 현재 상태를 평가하는 것이다. 이러한 정보를 바탕으로, 환자의 음식 섭취량과 인슐린 투여량을 결정할 수 있다. 자동차 수리의 경우와 달리, 여기서는 문제의 정적인 → 동적인 측면이 필수적이다. 혈당 수치와 측정값은 시간이 지남에 따라 최근 음식 섭취량과 인슐린 투여량, 대사 활동, 하루 중 시간대 등에 따라 빠르게 변할 수 있다. 증거 이력으로부터 현재 상태를 평가하고 치료 조치의 결과를 예측하기 위해 우리는 이러한 변화를 모형화해야 한다.

VOCA

- probabilistic reasoning 확률 추론
- in the context of ~의 맥락에서
- static 고정된[고정적인]
- random variable 확률 변수
- fixed value 고정된 형태
- assume 당연한 것으로 여기다, 당연하다고 생각하다
- diagnosis 진단
- infer 추론하다
- observed evidence 관찰된 증거
- diabetic 당뇨병 환자(용)의
- insulin dose 인슐린 투여량
- food intake 식품 섭취
- blood sugar measurement 혈당 측정
- assess 재다[가늠하다]
- blood sugar level 혈당치
- make a decision 결정하다
- thereof 그것의
- metabolic activity 대사 활동

16 난도 ★★☆   정답 ②

독해 > 빈칸 완성 > 단어·구·절

정답의 이유

빈칸 앞 문장에서 추론가들은 자신들이 제시한 해결책이 최선이라고 여기며 다른 사람들의 아이디어를 듣는 데 어려움을 겪는다고 하였으므로 문맥상 빈칸에 들어갈 적절한 말은 ② 'conceited(자만심이 강한, 젠체하는)'이다.

오답의 이유

① 전념하는
③ 적응[순응]적인
④ 지지부진한
⑤ 낙천적인

본문해석

사람들이 문제에 대해 생각하는 방식은 매우 다양하다. 모든 사람들이 독특하지만, 심리학자들은 세상에는 5가지 다른 유형의 문제 해결자인 질문자, 발상가, 문제를 파고드는 사람, 행동가, 추론가가 있다고 믿는다. 추론가에 관해서 말하면, 그들은 일을 단순하게 유지하는 것을 좋아하는 사람들이다. 복잡한 문제를 다룰 때, 그들은 가장 중요한 요소들에 집중하는 것을 선호한다. 그들은 작은 세부 사항에 대해 걱정하는 것을 원하지 않는데, 이것이 그들이 다른 사람들보다 더 빨리 문제를 해결한다는 것을 의미한다. 또한, 추론가들에게 있어서 '최선'의 해결책은 자신들이 제시한 해결책이다. 불행하게도, 그들은 또한 다른 사람들의 아이디어를 듣는 데 어려움을 겪는다. 그 결과, 사람들은 때때로 그들이 자만심이 강한 것으로 보일 수 있다고 가정한다.

VOCA

- problem-solver 문제 해결자
- questioner 질문자
- ideator 발상가
- reasoner 추론가
- prefer 선호하다
- come up with 제시[제안]하다
- assume 생각하다, 가정하다, 추측하다

17 난도 ★★☆   정답 ⑤

독해 > 빈칸 완성 > 단어·구·절

정답의 이유

⑤ 빈칸 (A) 앞에서 'Even within a broadly defined community of speakers, there is often sufficient'라고 했고, (A) 다음의 'to cause misunderstanding'으로 미루어 빈칸 (A)에는 '오해를 일으킬 만큼' 충분히 다르다는 의미의 단어가 들어가야 함을 유추할 수 있다. 따라서 빈칸 (A)에 들어갈 적절한 말은 'variation(차이)'이다. 빈칸 (B) 앞부분에서 언급한 참여도가 높은 대화 스타일의 특징과 빈칸 (B) 다음에 언급된 'from another style in which speakers use a slower rate, ~ and avoid interruption or completion of the other's turn.'으로 미루어 빈칸 (B)에는 두 대화 스타일이 매우 다르다는 것을 나타내는 단어가 들어가야 함을 유추할 수 있다. 따라서 빈칸 (B)에 들어갈 적절한 말은 'substantially(상당히)'이다. 빈칸 (C) 앞 문장에서 빨리 말하는 화자는 더 느리게 말하는 화자를 그저 수줍음 많고, 지루하고 멍청한 사람으로, 더 느리게 말하는 화자는 빨리 말하는 화자를 시끄럽고, 거만하고, 이기적이고, 지겨운 사람이라고 생각할 수 있다고 했고, 빈칸 (C) 앞에서 'Features of conversational style will often be interpreted as'라고 했으므로, 빈칸 (C)에 들어갈 적절한 말은 'personality traits(성격 특성)'이다.

오답의 이유

① 불일치 - 최소한의 - 개인적 특성
② 어려움 - 근본적으로 - 감정적 속성
③ 혼란 - 표면적으로 - 문화재
④ 유사성 - 기본적으로 - 개인적인 경험

교대로 말을 주고받는 대화 시스템을 특징짓는 많은 기능들은 사용자들에 의해 의미를 띠게 된다. 심지어 광범위하게 정의된 화자들의 집단 내에서도, 오해를 일으킬 수 있는 (A) 차이가 종종 있다. 예를 들어, 어떤 사람들은 대화 참여가 매우 활발하고 말하는 속도가 비교적 빠르며, 대화 사이에 일시 정지가 거의 없으며, 상대방의 차례와 겹치거나 심지어 상대방이 말을 끝내는 것을 기대한다. 이것이 하나의 대화 스타일이다. 이것은 참여도가 높은 스타일이라고 불린다. 이것은 화자가 더 느린 속도로 말하고, 차례 중간에 더 오래 멈추고 겹치지 않으며, 상대방의 차례가 끝나거나 중단되는 것을 피하는 또 다른 스타일과는 (B) 상당히 다르다. 방해받지 않고, 강요하지 않는 이런 스타일은 배려심이 높은 스타일이라고 불린다. 일반적으로 첫 번째 스타일의 화자가 두 번째 스타일의 화자와 대화를 나눌 때, 대화가 일방적으로 진행되는 경향이 있다. 참여도가 높은 적극적인 스타일의 화자가 다른 스타일 화자를 압도하는 경향이 있다. 두 화자가 모두 서로 대화 스타일이 약간 다르다는 것을 반드시 인식하는 것은 아니다. 대신, 속사포 쏘아대듯 빠르게 말하는 화자는 더 느리게 말하는 화자를 그저 할 말이 별로 없고, 수줍음이 많으며, 아마 지루하거나 심지어 멍청한 사람이라고 생각할 수 있다. 반대로, 그 또는 그녀는 시끄럽고, 억지스럽고, 거만하고, 이기적이고, 심지어 지겨운 사람이라고 여겨질 가능성이 높다. 대화 스타일의 특징은 종종 (C) 성격 특성으로 해석된다.

- characterize ~의 특색을 이루다, 특징짓다
- turn-taking 돌아가면서 (교대로) 하는 것
- invest with (특정한 자질·특징 등을) 띠게 하다
- misunderstanding 오해, 잘못 생각함
- participation 참가, 참여
- speaking rate 발화 속도
- interruption (말을) 가로막음[방해함]
- considerateness 사려 깊음, 배려심 있음
- rapid-fire 잇따라 쏘아 대는, 속사포 같은
- pushy 억지가 센, 밀어붙이는
- domineering 오만한, 거만한
- tiresome 피곤한, 지겨운

18 난도 ★★☆　　　　　　　　　　정답 ①

어법 > 비문 찾기

정답의 이유

관계대명사 which의 선행사가 복수명사(charged particles)로 관계사절의 동사(make)가 복수형 동사로 적절하게 사용되었다. 이때 목적어(them)는 단수명사인 a plasma를 가리키고 있으므로, ① 'which make them → which make it'이 되어야 한다.

태양은 기체, 액체, 고체가 아닌 물질인 플라즈마로 구성되어 있다. 대신, 플라즈마는 전하를 띤 입자들로 구성되어 있는데, 그것들은 플라즈마를 강력한 전기 전도체로 만든다. 이러한 강력한 전자기장뿐만 아니라, 태양은 자기장으로 가득 차 있다. 자기장 선들이 거대한 새장처럼 태양을 둘러싸고 있다. 태양의 자력은 매초 백만 톤의 플라즈마를 바깥쪽으로 날리는 '태양풍'을 일으키는데, 플라즈마는 시속 100만 마일로 이동한다. 때때로 이 사건은 수억 메가톤의 다이너마이트에 해당하는 에너지를 방출하는 태양 표면의 폭발(solar flare)이라고 불리는 강력한 플라즈마 폭발을 일으킬 수 있다. 이 에너지가 지구를 향하면, 우리는 태양 폭풍의 영향을 느낀다.

- consist of ~로 구성되다
- plasma 플라즈마
- particle 미립자
- conductor (열·전기·소리 등의) (전)도체
- electricity 전기
- be packed with ~으로 가득 차다
- magnetic field 자기장, 자장
- wrap 싸다[둘러싸다]
- magnetism 자성(磁性), 자력
- solar wind 태양풍(風)
- fling 던지다[내밀다]
- outward 밖으로 향하는
- explosion 폭발, 폭파
- solar flare 태양 표면의 폭발
- release 놓아 주다[날려 보내다/방출하다]
- equivalent 동등한[맞먹는]
- megaton 메가톤(폭발력 측정 단위. TNT 100만 톤 상당)
- solar storm 태양 폭풍

19 난도 ★★★　　　　　　　　　　정답 ②

독해 > 글의 일관성 > 글의 순서

정답의 이유

두 번째 문장의 '~ we may either be trying to fit in or to belong.' 다음에는 문맥상 'Fitting in involves changing ourselves to match situations, ~'라고 환경에 우리 자신을 맞추는 방식을 설명하는 (A)가 와야 한다. 또한 (A) 마지막의 'feelings of anxiety or loneliness'를 (D)에서 'It is easier in the sense that it doesn't require going against the norm.'이라고 부연 설명하고 있으므로 (A) 뒤에는 (D)가 오는 것이 자연스럽다. (D) 마지막 부분을 보면, 다른 사람의 기대에 맞추려고 애쓰면 우리의 진정한 자아에 대한 소속감을 상실한다고 했는데, (B)에서 '게다가(In addition)' 다른 사람에게 맞추려는 압박감에 건강하지 못한 관계에 참여하거나 대중에 편승하게 된다고 하면서 환경에 자신을 맞추는 방식의 또 다른 단점을 언급하고 있으므로 (D) 다음에 (B)가 오는 것이 적절하다. 마지막으로 (C)에서 소속한다는 것은 있는 그대로의 우리의 진

정한 또는 진짜 자신으로 알려지도록 하는 것이라고 설명한 다음에, '다르다는 것은 우리에게 감정적인 불확실성과 위험에 노출된 취약성'을 느끼게 만들 수 있지만, '~ this same vulnerability that becomes the foundation on which courage is built.'라고 결론을 맺고 있다. 따라서 글의 순서로 가장 적절한 것은 ② '(A) – (D) – (B) – (C)'이다.

본문해석

어린 나이에, 우리는 우리가 어떻게 보이는지, 누구와 어울릴지, 시간을 어떻게 보낼지 결정하기 시작한다. 이런 선택을 하면서, 우리는 맞추려고 하거나 소속감을 느끼려고 노력할 것이다.

(A) 맞춘다는 것은 상황에 맞게 우리 자신을 변화하는 것으로, 예를 들어 적절한 옷을 입고, 가장 인기 있는 스포츠를 하거나, '최고'의 사교적인 단체들과 함께 어울리는 것 등을 포함하지만, 그것은 불안감이나 외로움을 유발할 수 있다.

(D) 그것은 규범을 반대할 필요가 없다는 점에서 더 쉽다. 하지만, 그것은 수치심을 기반으로 하며 젊은이들에게 자신들이 충분하지 않다는 것을 암시한다. 타인의 기대에 순응하려고 애쓰다 보면, 진정한 자아에 대한 소속감을 상실한다.

(B) 게다가, 전반적으로 자신들의 정체성에 건전하지 않은 방식으로 맞춰야 한다는 압박감을 느낀 젊은이들은 결국 건강하지 못한 관계에 참여하거나 대중에 편승하게 될 수 있다.

(C) 소속한다는 것은 다른 것이다. 그것은 우리 자신을 보이는 것이고, 있는 그대로의 우리의 진정한 또는 진짜 자신으로 알려지도록 하는 것이다. 그것은 우리를 기분 좋게 하거나 우리가 진정한 자신이 될 수 있는 사람들에게 우리의 독특함을 보여줄 수 있도록 해주는 옷을 입는 것이다.

하지만 그것은 쉽지 않다. 남들과 다르다는 것은 우리에게 감정적인 불확실성과 위험에 노출된 취약성을 느끼게 만들 수 있다. 하지만 용기를 만드는 기반이 되는 것은 바로 이러한 취약성이다.

VOCA

- hang out with ~와 시간을 보내다
- fit in 맞추다, 정하다
- require 필요하다, 요구하다
- norm 규범, 기준
- shame-based 수치심에 사로잡힌
- strive 분투하다
- conform 따르다[순응하다]
- feel pressured to 반드시 ~해야 한다고 생각하다
- end up 결국 (어떤 처지에) 처하게 되다
- authentic 진본[진품]인
- uniqueness 독특성, 고유성
- vulnerable 취약한, 연약한
- exposed to ~에 드러내다
- uncertainty 불확실성, 반신반의
- vulnerability 취약성

독해 > 세부 내용 찾기 > 제목, 주제

정답의 이유

여섯 번째 문장에서 'Thus, processes and services are important to keep in mind when looking for ways to innovate(따라서 혁신 방법을 찾을 때 프로세스와 서비스를 염두에 두는 것이 중요하다).'라고 한 다음에, 마지막에서 서비스형 소프트웨어(SaaS)와 구독 기반 컴퓨팅 모델의 출현으로 이전에 제품으로 제공되던 기능이 이제 서비스의 영역으로 이동하고 있다고 했으므로 글의 제목으로 적절한 것은 ③ 'Beyond Products: Embracing Process and Service Innovations(제품을 넘어서: 프로세스 및 서비스 혁신에 대한 수용)'이다.

오답의 이유

① 프로세스 및 서비스 혁신에 대한 무시
② 기술적인 혁신에만 집중
④ 프로세스 및 서비스 혁신의 중요성 간과
⑤ 기술 및 제품에 한정된 혁신

본문해석

실제로 우리가 매일 경험하는 중요한 프로세스 및 서비스 혁신이 많은 경우에, 사람들은 일반적으로 혁신을 기술 및 제품과 연관시킨다. 이러한 잘못된 믿음은 생산 프로세스가 최종 사용자에게 보이지 않고, 마찬가지로 서비스도 무형적이라는 사실에 그 뿌리를 두고 있다. 그 결과, 더 적은 관심이 그것들에 간다. 어떤 것을 더 효율적으로, 더 많은 양 또는 더 적은 비용으로 생산할 수 있는 방법을 발견하는 것은 확실하게 상당한 독창성을 수반하며, 의심할 여지 없이 진정한 가치를 창출할 것이다. 또한, 우리 경제가 점점 더 서비스 지향적으로 되고 있기 때문에, 더 나은 서비스 제공 방법을 상상함으로써 가치를 창출할 수 있는 기회도 많다. 따라서 혁신 방법을 찾을 때 프로세스와 서비스를 염두에 두는 것이 중요하다. 게다가, 서비스형 소프트웨어(SaaS)와 구독 기반 컴퓨팅 모델의 출현으로 이전에 제품으로 제공되던 기능이 이제 서비스의 영역으로 이동하고 있다.

VOCA

- associate 관련시키다
- mistaken 잘못된, (생각이) 틀린
- take roots in ~에 뿌리를 박다
- invisible 눈에 보이지 않는, 감추어진
- end-user 최종 사용자
- intangible 만질 수 없는, 무형의
- identify 찾다, 발견하다
- ingenuity 기발한 재주, 재간, 독창성
- genuine 진짜의, 진품의
- service-oriented 서비스 지향적인, 봉사 위주의
- with the advent of ~의 도래(출현)으로(에 따라)
- Software-as-a-Service 서비스형 소프트웨어
- subscription-based 구독 기반의
- functionality 기능성, (컴퓨터 · 전자 장치의) 기능
- realm 영역[범위]

어법 > 비문 찾기

정답의 이유

book은 타동사로 '(피의자에 대해) 기록하다'의 뜻인데, booking 다음에 목적어가 없고 용의자가 '기록되는' 수동의 의미이므로 수동태가 되어야 한다. 이때, 전치사(after) 다음에는 명사 상당어구가 와야 하므로, ④ 'booking → being booked'가 되어야 한다.

본문해석

텔레비전 범죄 쇼에서 어떻게 보여지든, 체포 후 보석금을 내는 것은 간단한 문제가 아니다. 용의자가 체포되면, 우선 그 또는 그녀는 절차를 진행하기 위해 경찰서로 이송된다. 그러고 나서 담당 경찰관이 용의자의 신상 정보(이름, 주소, 생일, 용모)를 범죄 혐의 정보와 함께 기록한다. 다음에, 경찰관은 범죄경력조회를 수행하고 용의자의 지문과 범인 식별용 사진인 머그샷을 찍고 (추후 반환될) 모든 개인 재산을 압수하고 용의자를 구치소에 수감한다. 덜 심각한 범죄의 경우, 용의자는 경찰 기록부에 기록된 후에 바로 보석이 허용될 수 있다. 좀 더 심각한 범죄의 경우, 용의자는 때때로 보석 심리를 위해 2일 정도 기다려야 하는데, 그때 판사가 피고인의 보석 가능 여부와 보석금을 결정한다. 보석금 액수는 범죄의 심각성에 달려 있다.

VOCA

- post (보석금을) 내다
- bail 보석
- arrest 체포하다
- suspect 혐의자, 용의자
- alleged 가정의, 추정의
- criminal background check 범죄경력조회
- mug shot 범인 식별용 얼굴 사진
- confiscate 몰수[압수]하다
- book [피의자를] 경찰 기록부에 기록하다
- bail hearing 보석 심리
- determine (공식적으로) 확정[결정]하다
- accused 피의자[피고(인)]
- be eligible for ～할 자격이 있다
- severity 심각성

독해 > 대의 파악 > 요지, 주장

정답의 이유

두 번째 단락에서 인터넷 검색 습관이 개인의 사고와 읽기에 미치는 영향에 대한 실험 결과를 설명하는데, 두 번째 문장의 후반부에서 실험 결과에 대해 '～ suggests that we may well be in the midst of a sea change in the way we read and think.'라고 했다. 마지막에서 세 번째 문장에서 사이트를 사용하는 사람들이 여러 사이트를 빠르게 점프하듯이 이동하는 '훑어보기 활동(skimming activity)'을 한다는 것을 발견했다고 했으므로, 글의 요지로 적절한 것은 ⑤ 'People are experiencing a transformative change in the way they read and think due to their online research habits, skimming and quickly jumping between sources(사람들은 출처 사이를 훑어보고 재빨리 점프하듯이 이동하는 자신들의 온라인 검색 습관으로 인해 읽고 생각하는 방식에서 변혁적인 변화를 겪고 있다).'이다.

오답의 이유

① 콘텐츠에 깊이 관여하지 않고 출처를 대충 훑어보고 빠르게 다른 것으로 이동하는 사람들이 늘어나고 있다.
② 인터넷 사용이 인지에 미치는 장기적인 영향의 심층 연구는 인터넷이 우리의 사고 과정에만 영향을 미치는지에 대한 결정적인 증거를 제공할 것이다.
③ 사람들은 다양한 온라인 소스의 간략한 발췌 텍스트를 철저하게 스캔하는 경향이 있다.
④ 개인이 긴 기사를 북마크하거나 저장할 수는 있지만, 후에 재방문해서 그것들을 읽었다고 볼 수 있는 증거는 없다.

본문해석

의학 분야에서의 컴퓨터 사용에 대해 정기적으로 블로그에 기록하는 Bruce Friedman은 인터넷이 그의 정신적 습관을 어떻게 바꾸어 놓았는지 설명했다. "나는 이제 웹이나 인쇄물에 있는 긴 기사를 읽고 흡수하는 능력을 거의 완전히 상실했어요."라고 그는 연초에 썼다. 미시간 대학교 의과대학 교수로 오랫동안 재직해 온 병리학자인 Friedman은 나와의 전화 통화에서 자신의 의견을 자세히 설명했다. 그의 말에 따르면, 그의 사고는 '스타카토'의 특성을 띠는데, 다수의 온라인 자료로부터 짧은 텍스트를 빠르게 스캔하는 그의 방식을 반영한다고 했다. "나는 더 이상 '전쟁과 평화'를 읽을 수 없어요."라고 그는 시인했다. "나는 그렇게 할 수 있는 능력을 상실했어요. 심지어 서너 단락 이상의 블로그 게시물도 파악하기에 너무 많아요. 나는 그것을 대충 훑어보지요."

일화들만으로는 많은 것을 증명할 수 없다. 그리고 우리는 여전히 인터넷 사용이 인지에 어떻게 영향을 미치는지에 대한 확실한 그림을 제공할 장기적이고 신경학적 그리고 심리학적 실험들을 기다린다. 하지만 University College London의 학자들에 의해 실시된 온라인 탐색 습관에 대한 최근 발표된 연구는 우리가 읽고 생각하는 방식에 있어 변화의 바다 한복판에 있을 수도 있음을 시사한다. 5년간 연구 프로그램의 일환으로, 학자들은 저널 기사, 전자책, 그리고 다른 출처의 문서 정보에 접근할 수 있는 영국 도서관과 영국의 교육 컨소시엄에 의해 운영되는 두 개의 인기 있는 연구 사이트 방문자들의 행동을 기록하는 컴퓨터 로그를 조사했다. 그들은 그 사이트를 사용하는 사람들이 한 출처에서 다른 출처로 점프하여 이동하는데, 그들이 이미 방문했던 출처로는 거의 돌아가지 않는 일종의 '훑어보기 활동'을 보인다는 것을 발견했다. 그들은 다른 사이트로 '이동'하기 전에, 일반적으로 한두 페이지 이하의 기사나 책을 읽는다. 때로 그들은 긴 기사를 저장하기는 했지만, 그들이 되돌아가서 실제로 그것을 읽었다는 증거는 없다.

VOCA

- blog 블로그를 기록하다
- absorb (정보를) 받아들이다

- longish 꽤[약간] 긴
- pathologist 병리학자
- elaborate 자세히 말[설명]하다
- take on (성질·기운 등을) 띠다
- skim 훑어보다
- anecdote 일화
- await 기다리다
- neurological 신경의, 신경학의
- cognition 인식, 인지
- in the midst of ~의 한가운데에
- consortium 컨소시엄, 협력단

23 난도 ★★☆ 정답 ③

독해 > 글의 일관성 > 문장 삽입

[정답의 이유]

주어진 문장에서 '식물의 형태학도 자외선에 의해 영향을 받을 수 있다.'라고 했는데, (C) 다음에서 에콰도르 키토 근처 안데스 산맥의 매우 높은 고도에서 자라는 오렌지 나무는 캘리포니아 리버사이드의 지중해 기후대의 낮은 고도에서 자라는 동일한 어린 가지보다 더 가지가 갈라진 외형을 가지고 있다고 했으므로, 문맥상 주어진 문장이 들어갈 위치로 적절한 곳은 (C)이다.

본문해석

식물에 대한 자외선의 가장 파괴적인 영향은 돌연변이를 일으키는 DNA의 손상과 관련 있다. 생물량 생산의 감소와 광합성의 비기공적인 측면과 같은 생리학적인 영향이 발생할 수 있다. 식물은 낮과 밤 동안에 자외선에 의한 DNA 손상과 광합성 손상을 부분적으로 복구할 수 있다. 중파장 자외선(UV-B)의 복사에너지를 쬐었을 때 다른 벼 품종보다 더 큰 성장 억제와 잎 갈변 현상을 나타낸다는 점에서, 자외선에 더 민감한 특정 벼 품종을 대상으로 연구가 진행되었다. 자외선에 민감한 품종은 자외선에 내성이 있는 품종에 비해 주간의 광복구(photo-repair)와 야간의 DNA 절제수복(excision repair of DNA)이 모두 부족했다. <u>식물 형태학도 자외선에 의해 영향을 받을 수 있다.</u> 에콰도르 키토 근처 안데스 산맥의 매우 높은 고도에서 자라는 오렌지 나무는 캘리포니아 리버사이드의 지중해 기후대의 낮은 고도에서 자라는 동일한 어린 가지보다 더 가지가 갈라진 외형을 가지고 있다. 그 효과는 오렌지 나무 위에 자외선을 흡수하는 스크린을 설치함으로써 제거되었는데, 이는 과도하게 갈라진 가지 모양은 안데스 산맥의 높은 자외선이 가지의 분열에 미치는 영향 때문일 수 있음을 나타낸다. 높은 자외선에 대한 보호 작용이 식물에서 페놀 화합물을 포함한 표피 세포나 잎 털에 의해 발생할 수 있다.

VOCA

- UV radiation 자외선 복사
- mutation 돌연변이 (과정)
- biomass 생물량(어떤 지역 내의 단위 면적[체적]당 수치로 표시된 생물의 현존량)
- non-stomatal 비기문, 비기공

- aspect 측면, 양상
- photosynthesis 광합성
- cultivar 품종
- UV-sensitive 자외선에 민감한
- inhibition 억제, 금지
- browning [식물] 갈변
- deficient 부족한[결핍된]
- UV-tolerant 자외선 저항력이 있는
- morphology 형태학
- branched 가지가 있는, 가지가 갈라진
- scion 어린 가지, 접가지
- elevation 고도, 높이
- climatic zone 기후대
- install 정착하게[자리잡게] 하다
- UV-absorbing 자외선을 흡수하는
- meristem (식물)분열 조직
- epidermal cell 표피세포
- phenolic compound 페놀성 화합물

24 난도 ★★☆ 정답 ①

독해 > 대의 파악 > 추론

[정답의 이유]

세 번째 문장에서 cell therapy의 효과에 대해서 '~ animal cells, when injected into the human body, are destroyed by the immune system(동물 세포가 인체에 주사되었을 때 면역 체계에 의해 파괴된다).'이라고 했고, 다섯 번째 문장의 후반부에서 chelation therapy의 효과에 대해서 '~ yet research shows no such effect(그러한 효과를 보여주는 연구가 없다).'라고 했다. 마지막 문장에서 HGH tablets or spray의 효과에 대해서 'There is, however, evidence that HGH in any form may produce side effects like an increased risk of cancer and cardiovascular disease(그러나 어떤 형태로든 HGH가 암과 심혈관 질환의 위험 증가 같은 부작용을 일으킬 수 있다는 증거가 있다).'라고 했으므로, 주어진 글에서 추론할 수 있는 것은 ① 'Therapies designed to keep people young are generally ineffective(사람들의 젊음을 유지하기 위해 고안된 치료법은 일반적으로 효과가 없다).'이다.

[오답의 이유]

② 중금속 제거 요법보다는 세포 (주입) 요법에 더 의존하는 것이 더 낫다.

③ HGH 정제는 부작용이 더 적기 때문에 젊음을 추구하는 사람들에게 매력적이다.

④ 젊음을 더 유지하려는 치료법들은 단지 그 비용을 충분히 감당할 수 있는 부유한 사람들만을 위한 것이 아니라 모든 사람들이 이용할 수 있어야 한다.

⑤ 사람들이 젊음을 유지하도록 돕기 위해 고안된 치료법은 언제나 항상 좋은 점보다는 해로운 점이 더 많다.

수년에 걸쳐 수많은 남성들과 여성들이 세포 주입 요법으로 알려진 치료법에 거액을 지불했다. 그 이유는 단순했다. 어린 양의 세포 주사가 젊음을 유지하는 데 도움을 줄 수 있다고 믿었기 때문이다. 그런 사람들은 동물 세포가 인체에 주사되었을 때 면역 체계에 의해 파괴된다는 것을 알지 못하는 듯하다. 비슷한 방식으로 젊음을 추구하는 다른 사람들은 중금속 제거 요법을 시도했는데, 그것은 인체로부터 납, 수은 같은 중금속을 끌어내는 것이다. 지지자들은, 그 요법이 인체에서 독을 제거함으로써 세포 기능을 개선하고, 노화 과정을 억제하며, 심장병을 예방한다고 주장하지만, 그러한 효과를 보여주는 연구가 없다. 사실, 비평가들은 인체에 독이 있다는 생각부터 의문을 제기하며, 그 치료법으로 치료할 수 있는 것이 없다는 것을 암시한다. 젊음의 샘을 찾는 다른 사람들은 인간 성장 호르몬(HGH) 정제나 스프레이를 사용한다. 이 스프레이와 알약은 주름 제거부터 기억력과 집중력 향상까지 모든 것을 해낼 수 있다고 추정된다. 그러나 그러한 치료법들은 이런 주장을 뒷받침하는 연구가 없다. 그러나 어떤 형태로든 HGH가 암과 심혈관 질환의 위험 증가 같은 부작용을 일으킬 수 있다는 증거가 있다.

VOCA

- treatment 치료, 처치
- cell therapy 세포 (주입) 요법[양(羊)의 태아의 세포를 주입하는 회춘법(回春法)]
- maintain 유지하다[지키다]
- apparently 보기에 (⋯인 듯하다), 외관상으로는
- immune system 면역 체계
- pursuit 추구, (원하는 것을) 좇음[찾음]
- chelation therapy 중금속 제거 요법
- heavy metal 중금속
- proponent 옹호자, 지지자
- question 의문을 갖다, 이의를 제기하다
- allegedly 전해지는 바에 의하면
- accomplish 이루어 내다, 성취하다
- wrinkle 주름
- back up ~을 뒷받침하다[도와주다], 지지하다
- side effect 부작용
- cardiovascular disease 심장혈관계 질병

25 난도 ★★☆ 　　　　　　　　　　정답 ③

독해 > 세부 내용 찾기 > 내용 (불)일치

정답의 이유

열 번째 문장에서 'Key examples are mustard and garlic, which contain "mucilage"—a mix of carbohydrates—that can act as emulsifiers(주요한 사례는 유화제 역할을 할 수 있는 탄수화물의 혼합물인 끈적끈적한 '점액'을 포함하고 있는 겨자와 마늘이다).'라고 했으므로 글의 내용과 일치하는 것은 ③ 'Mustard and garlic contain molecules that act as a bridge between oil and water(겨자와 마늘에는 기름과 물의 가교 역할을 하는 분자가 들어 있다).'이다.

오답의 이유

① 물과 기름의 분자는 동일한 화학적 성질을 갖고 있다. → 두 번째 문장에서 'The water and oil molecules have distinct chemical properties that don't interact well together(물과 기름의 분자는 서로 잘 상호작용하지 않는 뚜렷한 화학적 성질을 가지고 있다).'라고 했으므로 글의 내용과 일치하지 않는다.
② 흔드는 것은 오일과 식초의 영구적인 혼합 형성을 위한 필수적인 방법이다. → 다섯 번째 문장에서 'The secret to blending them together is to add an extra ingredient known as a "surfactant" or emulsifier(그것들을 함께 혼합하는 비결은 '계면활성제' 또는 유화제라고 알려진 여분의 성분을 추가하는 것이다).'라고 했으므로 글의 내용과 일치하지 않는다.
④ 시판되는 샐러드 드레싱에는 인공 식품 첨가물만 함유되어 있다. → 마지막에서 네 번째 문장에서 'Commercial salad dressings also contain naturally sourced emulsifying carbohydrates(상업용 샐러드 드레싱에도 자연적으로 공급되는 유화 탄수화물이 포함되어 있다).'라고 했으므로 글의 내용과 일치하지 않는다.
⑤ 화학첨가제가 인체에 미치는 영향이 검증되었다. → 마지막 문장에서 'It's too early to say exactly what this means for humans(이것이 인간에게 무엇을 의미하는지를 정확하게 말하기는 시기적으로 너무 이르다).'라고 했으므로 글의 내용과 일치하지 않는다.

본문해석

기름과 물이 섞이지 않는 것은 일반적인 상식이다. 물과 기름의 분자는 서로 잘 상호작용하지 않는 뚜렷한 화학적 성질을 가지고 있다. 기름과 식초(대부분 물)를 함께 흔들어 샐러드 드레싱을 만들려고 하면, 일시적으로 현탁액이 생겨 금방 분리되는 것을 본 적이 있을 것이다. 물과 기름층을 분해하고 섞는 데는 큰 에너지 비용이 든다. 그것들을 함께 혼합하는 비결은 '계면활성제' 또는 유화제라고 알려진 여분의 성분을 추가하는 것이다. 계면활성제라는 이름은 '표면 활성'에서 유래되었다. 이는 표면 또는 계면에서 작용하여 기름과 물 사이의 상호작용을 연결한다는 것을 강조한다. 이것은 세제가 접시에서 기름기를 제거하는 방법과 유사하다. 많은 비네그레트 레시피가 유화제의 결정적인 유화 역할에 대해 특별히 언급하지 않고 유화제를 요청한다. 주요한 사례는 유화제 역할을 할 수 있는 탄수화물의 혼합물인 끈적끈적한 '점액(mucilage)'을 포함하고 있는 겨

자와 마늘이다. 따라서 식초/식용유 샐러드 드레싱이 분리되고 있다면, (멋진 향의 화학 물질도 포함되어 있는) 이러한 성분을 충분히 첨가하고 있는지 확인해라. 상업용 샐러드 드레싱에도 자연적으로 공급되는 유화 탄수화물이 포함되어 있다. 이것들은 종종 '식물성 껌' 또는 이와 유사한 일반적인 명칭으로 표시되는 경우가 많으므로, 출처를 알아내려면 라벨을 읽고 식품 첨가물 번호를 좀 더 깊이 파고들어 철저히 조사할 필요가 있다. 연구원들은 가공식품에 사용되는 합성 유화제에 대해 의문을 제기하고 있는데, 생쥐 대상 연구에서 그것들이 건강상 위험성을 갖고 있다는 사실이 알려졌기 때문이다. 이것이 인간에게 무엇을 의미하는지를 정확하게 말하기는 시기적으로 너무 이르다.

VOCA

- molecule 분자
- distinct 뚜렷한, 분명한
- chemical property 화학적 성질
- interact 상호작용을 하다
- vinegar 식초
- suspension 현탁액, 부유액
- separate 분리되다, 나뉘다
- break apart 분리되다, 분해되다
- blend 섞다, 혼합하다
- ingredient 재료[성분]
- surfactant 계면[표면]활성제
- emulsifier 유화제
- interface 접속하다[되다]
- bridge 다리를 놓다, ~에게 중개 역할을 하다
- interaction 상호 작용[영향]
- detergent 세제
- carbohydrate 탄수화물
- generic 포괄적인, 총칭[통칭]의
- delve 깊이 파고들다, 철저히 조사하다
- additive 첨가물, 첨가제
- synthetic 합성한, 인조의

한눈에 훑어보기

✔ 영역 분석

독해 01 03 04 05 07 08 09 10 11 12 13 14
15 16 18 19 20 21 22 23 24 25
22문항, 88%

어법 02 06 17
3문항, 12%

✔ 빠른 정답

01	02	03	04	05	06	07	08	09	10
③	②	②	①	②	③	③	③	④	②
11	**12**	**13**	**14**	**15**	**16**	**17**	**18**	**19**	**20**
④	②	③	④	②	③	①	②	③	③
21	**22**	**23**	**24**	**25**					
③	③	①	④	③					

✔ 점수 체크

구분	1회독	2회독	3회독
맞힌 문항 수	/ 25	/ 25	/ 25
나의 점수	점	점	점

01 난도 ★☆☆ 정답 ③

독해 > 세부 내용 찾기 > 내용 (불)일치

정답의 이유

여덟 번째 문장에서 'Molaison's life was a series of firsts, as he couldn't remember anything he had done before.'라고 했고, 그 다음 문장에서 '하지만, 그는 시간이 지나면서 새로운 운동 기능을 습득할 수 있었다.'라고 했으므로, 글의 내용과 일치하지 않는 것은 ③ '살아가면서 이전에 한 일을 조금씩 기억할 수 있었지만, 시간이 지나면서 운동 능력이 약화되었다.'이다.

오답의 이유

① 두 번째 문장에서 '~ Molaison allowed surgeons to remove a section of tissue from each side of his brain to stop the seizures.'라고 했으므로, 글의 내용과 일치한다.
② 네 번째 문장 후반부에서 '~ the discovery that complex functions like learning and memory are linked to specific regions of the brain.'이라고 했으므로, 글의 내용과 일치한다.
④ 마지막 문장에서 'Studies of Molaison allowed neuroscientists to further explore the brain networks involved in conscious and unconscious memories, ~'라고 했으므로, 글의 내용과 일치한다.

본문해석

27세 남성 Henry Molaison은 1950년대에 약 10년 동안 심신을 약화시키는 발작을 겪었다. 1953년 9월 1일, Molaison은 발작을 멈추기 위해 외과의사들에게 그의 뇌의 양쪽으로부터 조직의 한 부분을 제거하기로 했다. 수술은 효과가 있었지만, Molaison은 새로운 기억을 형성할 수 없는 영구적인 기억상실증 상태로 남았다. 이 비극적인 결과는 20세기 뇌 과학에서 가장 중요한 발견들 중 하나로 이어졌는데, 학습과 기억과 같은 복잡한 기능들은 뇌의 특정한 영역과 연결되어 있다는 발견이다. Molaison은 연구에서 그의 사생활을 보호하기 위해서 'H.M.'으로 알려지게 되었다. 과학자 William Scoville은 Molaison과 비슷한 수술을 받은 9명의 환자들을 연구했는데, 그들의 내측 측두엽의 일부를 제거한 사람들만이 기억력 문제, 특히 최근 기억의 문제를 경험했다는 것을 발견했다. 그는 뇌의 특정한 구조가 정상적인 기억을 위해 필요하다는 것을 발견했다. Molaison의 삶은 그가 전에 한 일을 기억할 수 없었기 때문에 첫 번째의 연속이었다. 하지만, 그는 시간이 지나면서 새로운 운동 기능을 습득할 수 있었다. Molaison에 대한 연구는 신경과학자들에게 심지어 2008년 그의 죽음 이후에도 의식적인 기억 및 무의식적인 기억과 관련된 뇌의 연결 조직을 더 탐구할 수 있게 했다.

VOCA

- debilitating 쇠약하게 하는
- suffer from ~로 고통받다, ~을 겪다
- surgeon 외과의, 외과 전문의
- tissue (세포들로 이뤄진) 조직
- operation 수술
- permanent 영구[영속]적인
- complex 복잡한
- function (사람·사물의) 기능
- be linked to ~와 연관되다
- privacy 사생활[프라이버시]
- neuroscientist 신경 과학자
- explore 탐구[분석]하다
- unconscious memories 무의식적인 기억

02 난도 ★☆☆   정답 ②

어법 > 비문 찾기

정답의 이유

② that nature in the form of landscapes, plants, and animals 는 선행사 idea를 수식하는 관계대명사절로 are는 관계사절의 주어인 nature를 받는 동사이므로, are → is가 되어야 한다.

오답의 이유

① in which we live는 선행사 biome(생물군계)을 수식하는 관계 사절로 '전치사+관계대명사(in which)'는 where로 대체할 수 있으며, 전치사 in을 뒤로 보내 which we live in으로도 쓸 수 있다.

③ edited 다음에 목적어가 없고 by Kellert and Wilson이 있으므 로, 수동인 '편집된'의 뜻으로 과거분사가 적절하게 사용되었다. 명사(The Biophilia Hypothesis)를 수식하며, '관계대명사+be동사(which was)'가 생략되었다.

④ that은 동사 is의 보어가 되는 명사절(that humans have a universal desire to be in natural settings)을 이끄는 접속사 로 사용되었다.

본문해석

인간은 우리가 살고 있는 생물군계의 미생물, 식물, 동물로부터 유 래한 분명히 보이는 혜택을 초월하는 자연에 대한 선천적인 친밀감 을 가지고 있다. 풍경, 식물, 동물 형태인 자연이 우리의 행복에 좋 다는 생각은 오래되었으며, Charles Darwin이나 그 이전으로 거슬 러 올라갈 수 있다. 이러한 생각은 심리학자 Erich Fromm에 의해 생명애라고 불렸으며, 하버드의 개미 생물학자 Edward O. Wilson 과 Stephen Kellert에 의해 연구되었다. 1984년, Wilson은 *Biophilia* 를 출판했는데 그것은 1995년 Kellert와 Wilson이 편집한 또 다른 책인 *Biophilia Hypothesis*의 출판으로 이어졌다. 그들의 생명애 가 설(biophilia hypothesis)은 인간이 자연적인 환경에 있고 싶은 보편 적인 욕망을 가지고 있다는 것이다.

VOCA

- go beyond ~을 넘어서다
- tangible 분명히 실재하는[보이는], 유형(有形)의
- benefit 혜택, 이득
- derive from ~에서 유래하다, 파생하다
- microbe 미생물
- landscape 풍경
- well-being 행복, 웰빙
- biophilia 생명애(愛)
- biologist 생물학자
- Biophilia Hypothesis 생명애 가설(인간이 다른 생명체, 즉 자연과의 관계를 추구하는 선천적인 경향을 가지고 있다고 주장하는 가설)

더 알아보기

명사절을 이끄는 접속사 that

- 문장 앞에 붙은 의미가 없는 that은 명사절을 이끄는 접속사로, that절은 '~라는 것'으로 해석하며 문장의 주어, 목적어, 보어 역 할을 한다.
  - 예 The reason for my happiness is that I focus on the positive. (보어)
    (내 행복의 이유는 내가 긍정적인 측면에 초점을 맞추는 데에 있다.)
- know, think, guess, believe, hope 등의 동사는 that이 이끄는 절을 목적어로 가지며, that은 아무 뜻이 없고 생략 가능하다.
  - 예 I believe that imagination is stronger than knowledge. (목적어)
    = I believe imagination is stronger than knowledge.
    (나는 상상력이 지식보다 강력하다는 것을 믿는다.)
- that은 접속사의 역할만 하므로 뒤에는 완벽한 절의 형태를 갖추 어야 한다.
  - 예 It has turned out that she didn't go to school yesterday.
    (그녀가 어제 학교를 가지 않았다는 것이 밝혀졌다.)
- 앞에 나온 명사의 내용과 일치할 때 that절은 동격의 that절이다.
  - 예 The fact that he is your brother-in-law should not affect your decision. (the fact와 동격)
    (그가 네 처남이라는 사실이 네 결정에 영향을 주어서는 안 된다.)
- 전치사의 목적어로는 사용할 수 없다.
  - 예 She is aware of that he will not come back. (×)
- what vs. that: what+불완전한 절 vs. that+완전한 절
  - 예 I can't believe what he told me. (what절이 목적어가 없는 불 완전한 문장)
    (나는 그가 나에게 한 말을 믿을 수 없다.)
  - 예 What we are worried about is his too much work. (what절 이 목적어가 없는 불완전한 문장)
    (우리가 걱정하는 것은 그의 과도하게 많은 일이다.)
  - 예 I can't believe that he got married to her. (that절이 완전한 문장)
    (나는 그가 그녀와 결혼을 했다는 사실을 믿을 수 없다.)

예 That movies are based on novels seems natural today.
(that절이 완전한 문장)
(영화들이 소설을 토대로 하는 것은 오늘날 자연스러운 것처럼 보인다.)

03 난도 ★☆☆ 　　　　　　　　　　　　　정답 ②

독해 > 세부 내용 찾기 > 내용 (불)일치

정답의 이유

② 다섯 번째 문장에서 'They believe a greatly reduced amount of the sun's warmth reached the planet's surface ~'라고 했으므로, 주어진 글의 내용과 일치하는 않는 것은 ② '학자들은 "눈덩이 지구" 기간 동안에도 지구의 표면에 다다른 태양의 온기가 크게 감소하지 않았다고 믿고 있다.'이다.

오답의 이유

① 세 번째 문장에서 'But life somehow 'survived(살아남았다)' during this time called "Snowball Earth."'라고 했으므로, 글의 내용과 일치한다.

③ 여덟 번째 문장에서 'This enabled the earliest forms of complex life to survive in areas ~'라고 했으므로, 글의 내용과 일치한다.

④ 마지막에서 세 번째와 두 번째 문장에서 '~ that ice-free, open water conditions existed in place during the last part of so-called "the Ice Age" ~ the world's oceans were not completely frozen.'이라고 했으므로, 글의 내용과 일치한다.

본문해석

지구상의 생명체들은 7억 2천만 년 전에 시작된 크라이오제니아기 동안 생존 가능성에 대한 극단적인 시험에 직면했다. 그 행성은 8천 5백만 년의 대부분 기간 동안 얼어 있었다. 하지만 생명체는 '눈덩이 지구'라고 불리는 이 시기에 어떻게든 살아남았다. 과학자들은 이 시기의 시작을 더 잘 이해하려고 노력하고 있다. 그들은 태양의 복사열이 하얀 빙상에 반사되자 크게 감소한 태양의 온기가 행성 표면에 도달했다고 믿고 있다. 또한 그들이 말하기를 흑색의 혈암에서 발견되어 해초로 판명된 화석들은 살기에 적합한 물 환경이 그들이 한때 믿었던 것보다 더 널리 퍼져 있었다는 신호라고 했다. 일부 연구의 결과는 눈이 녹자 그 행성이 '슬러시볼 지구'에 더 가까웠다는 생각을 뒷받침한다. 이것은 한때 꽁꽁 얼어붙은 지역으로 여겨졌던 곳에서 가장 초기 형태의 복잡한 생명체의 생존을 가능하게 했다. 연구원들에 따르면, 가장 중요한 발견은 소위 '빙하 시대'의 마지막 시기 동안 얼음이 없는 개방된 물의 조건이 존재했다는 것이다. 그 연구 결과는 세계의 바다가 완전히 얼어 있었던 것은 아니라는 것을 입증한다. 그것은 거주 가능한 피난처 구역이 있어서 그곳에서 다세포 유기체가 살아남을 수 있었다는 것을 의미한다.

VOCA

· face (상황에[이]) 직면하다[닥쳐오다]
· extreme 극도의, 극심한
· survivability 살아 남을 수 있는 힘, 생존 가능성
· frozen 얼어붙은, 결빙된
· somehow 어떻게든
· radiation (열·에너지 등의) 복사
· fossil 화석
· shale 혈암, 이판암
· seaweed 해초
· livable 살기에 적합한[좋은]
· ice-free 얼지 않는, 결빙(結氷)하지 않는
· demonstrate 증거[실례]를 들어가며 보여주다, 입증[실증]하다
· habitable (장소가 사람이) 주거할 수 있는
· refuge 피신(처), 도피(처)
· multicellular organism 다세포 유기체

04 난도 ★★☆ 　　　　　　　　　　　　　정답 ①

독해 > 빈칸 완성 > 단어·구·절

정답의 이유

첫 번째 문장에서 '지구의 온도가 상승함에 따라 해수면도 상승하여 전 세계 해안 지역 공동체를 위협하고 있다.'라고 문제를 제시했으므로, 빈칸 문장에는 문제에 대한 'solution(해결책)'을 제시하는 내용이 와야 함을 유추할 수 있다. 빈칸 앞부분에서 '놀랍게도, 심지어 굴과 같은 작은 유기체까지도 ~이다.'라고 했고, 빈칸 다음 문장에서 'Oysters are keystone species with ripple effects on the health of their ecosystems and its inhabitants.'라고 했으므로, 빈칸에 들어갈 말로 가장 적절한 것은 ① 'can come to our defense(우리의 방어 수단이 될 수 있다)'이다.

오답의 이유

② 비상식량이 될 수 있다
③ 미세 플라스틱에 의해 오염될 수 있다
④ 지역 주민들의 수입을 증가시킬 수 있다

본문해석

지구의 온도가 상승함에 따라 해수면도 상승하여 전 세계 해안 지역 공동체를 위협하고 있다. 놀랍게도, 심지어 굴과 같은 작은 유기체까지도 우리의 방어 수단이 될 수 있다. 굴은 그들의 생태계와 거주민들의 건강에 파급효과가 있는 핵심 종이다. 성체 굴 한 마리는 하루에 최대 50갤런의 물을 여과할 수 있으며, 수로를 더 깨끗하게 만든다. 건강한 굴 암초는 또한 수백의 다른 해양 생물들에게 집을 제공하고, 생물 다양성과 생태계 균형을 촉진한다. 해수면 상승이 광범위한 홍수로 이어짐에 따라, 굴 암초는 폭풍의 충격을 완충하고 추가적인 해안 침식으로부터 보호하는 방벽 역할을 한다.

VOCA

- threaten 위태롭게 하다, 위협하다
- coastal community 연안 지역 공동체
- organism 유기적 조직체, 유기체
- oyster 굴
- keystone species 핵심 종
- ecosystem (특정 지역의) 생태계
- inhabitant 주민[서식 동물]
- filter 여과하다, 거르다
- oyster reef 굴 암초
- promote 촉진[고취]하다
- biodiversity 생물 다양성
- ecosystem balance 생태계 균형
- pervasive 만연하는, (구석구석) 스며[배어]드는
- flooding 침수
- buffer (충격을) 완화하다
- coastal erosion 해안 침식

05 난도 ★★☆ 　　　　　　　　　　　　　정답 ②

독해 > 빈칸 완성 > 단어 · 구 · 절

정답의 이유

(A) 빈칸 앞부분에서 '혀의 다른 부분들이 특정한 맛을 담당하고 있다는 주장은 현대 과학에 의해 ~라고 입증되었고'라고 했는데, 주어진 글의 첫 번째 문장에서 '~ claims that different sections of the tongue are responsible for specific tastes, is incorrect, according to modern science.'라고 했으므로, 빈칸 (A)에 들어갈 말은 'false(사실이 아닌)'가 적절하다.

(B) 빈칸 앞부분에서 '맛 선호는 ~ 역사에 의해 영향을 받는다.'라고 했는데, 주어진 글의 여섯 번째 문장에서 '우리의 조상들(our ancestors)'이 영양소와 쉽게 칼로리를 얻기 위해 과일이 필요했으므로, 우리는 자연스럽게 단맛에 끌리게 되었다고 했으므로, 빈칸 (B)에 들어갈 말은 'evolutionary(진화의)'가 적절하다.

오답의 이유

① 정확한 – 진화의
③ 사실이 아닌 – 정신의
④ 정확한 – 정신의

본문해석

현대 과학에 따르면 미각 지도에 대한 통념, 즉 혀의 다른 부분들이 특정한 맛을 담당한다는 주장은 사실이 아니다. 미각 지도는 1900년대 초 독일 과학자 David Hänig의 실험에서 비롯되었는데, 그것은 혀가 중심부가 아닌 가장자리 부분을 따라서 맛에 가장 민감하다는 사실을 발견했다. 하지만 이것은 단맛이 혀의 앞쪽에 있고, 쓴맛이 뒤쪽에 있으며, 짠맛과 신맛이 옆에 있다고 주장하는 것으로 수년간 잘못 해석되어 왔다. 실제로, 혀 전체에 있는 미뢰를 통해 다양한 맛이 감지된다. 미뢰는 우리의 장기적인 학습과 연관성에 근거하여, 우리가 어떤 음식을 갈망하거나 싫어하게 만들도록 함께 작용한다. 예를 들어, 우리 조상들이 영양소와 칼로리를 손쉽게 얻기 위해 과일을 필요로 했으므로 우리가 자연스럽게 단맛에 끌리는 반면, 몇몇 식물들의 쓴맛은 독성에 대한 경고 역할을 한다. 물론, 동물계의 다른 종들도 독특한 미각 능력을 가지고 있지만, 육식동물들은 과일을 먹지 않기 때문에 사람들처럼 설탕을 갈망하지 않는다.

⇩

혀의 다른 부분들이 특정한 맛을 담당하고 있다는 주장은 현대 과학에 의해 (A) 사실이 아닌 것으로 입증되었고, 맛 선호는 (B) 진화의 역사에 의해 영향을 받는다.

VOCA

- taste map 미각 지도
- claim 주장하다
- originate from ~에서 비롯되다
- sensitive 예민한[민감한]
- misinterpret 잘못 해석[이해]하다
- taste bud 미뢰[맛봉오리]
- crave 갈망[열망]하다
- long-term 장기적인
- ancestor 조상, 선조
- nutrient 영양소, 영양분
- serve as ~의 역할을 하다
- warning 경고, 계고
- toxicity 유독성
- carnivores 육식동물
- evolutionary history 진화의 역사

어법 > 비문 찾기

정답의 이유

③ 관계대명사 what은 선행사를 포함하며, the thing which로 바꿔 쓸 수 있는데, what 앞에 amazing thing이 있으므로 어법상 what → which가 되어야 한다. 이때 관계대명사 what 다음에는 불완전한 문장이 와야 하는데, we take for granted에서 take 뒤에 목적어가 없다는 것에 유의한다.

오답의 이유

① by which는 선행사 means를 수식하는 '전치사＋관계대명사'로 어법상 적절하게 사용되었다.

② used는 동사(is)에 연결되어 '사용된'의 뜻의 과거분사가 형용사 역할을 하는 것으로 적절하게 사용되었다.

④ 부사절(when we and others do this together)의 주어 we and others가 복수명사이므로, 어법상 동사 do가 적절하게 사용되었다.

본문해석

언어는 사람들이 서로 의사소통하는 주요한 수단이다. 대부분의 생물들이 의사소통을 하지만, 인간의 말은 다른 동물들의 의사소통 시스템보다 더 복잡하고, 더 창의적이고, 더 광범위하게 사용된다. 언어는 인간이 되는 것을 뜻하는 것의 필수적인 부분이고 모든 문화의 기본적인 부분이다. 언어인류학은 언어와 문화의 관계를 이해하는 것과 관련있다. 언어는 우리가 당연시하는 놀라운 것이다. 우리가 말할 때, 다양한 음색과 음높이를 가진 소리를 내기 위해 우리의 신체인 폐, 성대, 입, 혀, 입술을 사용한다. 그리고 어쨌든, 우리와 다른 사람들이 함께 이것을 할 때, 우리는 서로 의사소통을 할 수 있지만, 우리가 같은 언어를 사용할 때만 가능하다. 언어인류학자들은 언어들 사이의 변형과 언어가 구조화되고, 학습되고, 사용되는 방법을 이해하기를 원한다.

VOCA

- primary 주된, 주요한, 기본적인
- means 수단, 방법, 방도
- communicate with ～와 연락하다
- creative 창조적인, 창의적인
- extensively 광범위하게
- linguistic anthropology 언어인류학
- be concerned with ～에 관계가 있다, ～에 관심이 있다
- understanding 이해
- amazing 놀라운
- take A for granted A를 당연한 일로[의문의 여지가 없다고] 생각하다
- lung 폐, 허파
- vocal cord 성대(聲帶), 목청
- tone 어조, 말투
- pitch 음의 높이
- anthropologist 인류학자
- variation 변화

독해 > 글의 일관성 > 문장 삽입

정답의 이유

주어진 글은 의료서비스 챗봇은 이 문제를 해결하고 가정에서 사람들이 편안하게 적절한 진단과 조언을 받는 것을 보장한다는 내용이므로, 주어진 글 앞에는 '이 문제(this problem)'에 대한 내용이 나와야 한다. ③ 앞 문장에서 'This often proves harmful effects on the person's mental and physical health if misdiagnosed and improper medicines are consumed.'에서 문제에 대한 내용이 나오고, ③ 다음 문장에서 '～ the chatbot prescribes over the counter treatment ～'라고 문제에 대한 해결책을 설명하고 있으므로 글의 흐름상 주어진 문장이 들어가기에 적절한 곳은 ③이다.

본문해석

질병에 걸린다는 두려움 혹은 과도한 진료비 때문에 병원이나 보건소에 가는 것을 망설이는 사람들이 많아졌다. 이것은 그들로 하여금 인터넷에서 검증되지 않은 정보를 근거로 스스로 자가 진단하게 한다. 만약 오진되고 부적절한 약품을 섭취한다면 이것은 종종 사람의 정신적, 신체적 건강에 해로운 영향을 미친다는 것을 증명한다. 의료서비스 챗봇은 이 문제를 해결하고 가정에서 편안하게 사용할 수 있는 사람들을 위한 적절한 진단과 조언을 보장하는 것을 목적으로 한다. 진단의 심각성을 기초로 하여, 챗봇은 처방전이 필요 없는 일반의약품을 처방하거나 검증된 의료 전문가에게 진단을 확대한다. 광범위한 다양한 증상과 위험 요인 및 치료법에 대해 훈련받은 상호 작용 챗봇은 특히 COVID-19의 경우, 사용자의 건강 문의를 쉽게 처리할 수 있다.

VOCA

- hesitant 주저하는, 망설이는
- contract (병에) 걸리다
- consultation fee 진료비
- self-diagnose 자가 진단하다
- unverified 증명[입증]되지 않은, 미증명의
- misdiagnose (질병·문제를) 오진하다
- severity 심각성
- prescribe 처방을 내리다, 처방하다
- treatment 치료, 처치
- escalate 확대[증가/악화]되다[시키다]
- diagnosis 진단
- verify 입증하다
- interactive 상호적인, 상호 작용을 하는
- symptom 증상
- risk factor 위험 요인
- handle 다루다[다스리다/처리하다]
- query 문의, 의문

독해 > 글의 일관성 > 글의 순서

정답의 이유

주어진 글에서 스포츠팬 우울증은 특히 실망하거나 패배할 때 '다수의 열성적인 스포츠팬들(many avid sports fans)'에게 영향을 미치는 실제 현상이라고 했는데, (B)에서 '많은 팬들에게(For many fans)' 선호하는 팀이나 선수들에 대한 감정의 투자가 너무나 강렬해서 기대가 충족되지 못하면 우울증으로 이어질 수 있다고 부연·설명하고 있다. (B)의 마지막에서 스포츠팬들의 우울증이 정신적, 신체적 건강에 '부정적인 영향(negative effects)'을 끼칠 수 있다고 했으므로, 문맥상 부정적인 영향을 구체적으로 설명하는 (A)로 이어져야 한다. (A)의 마지막 부분에서 'There are many factors that can contribute to sports fan depression, ∼'이라고 스포츠팬 우울증의 원인이 되는 요소들을 나열했으므로, 스포츠팬 우울증의 부정적인 영향을 '완화하기(mitigate)' 위한 방안을 제시하는 (C)로 이어지는 것이 자연스럽다. 따라서 주어진 글 다음에 이어질 글의 순서로 적절한 것은 ② '(B) – (A) – (C)'이다.

본문해석

스포츠팬 우울증은 특히 실망하거나 패배할 때 많은 열성적인 스포츠팬들에게 영향을 미치는 실제 현상이다.

(B) 많은 팬들에게 선호하는 팀이나 운동선수들에 대한 그들의 감정의 투자는 너무나 강렬해서 패배하거나 기대를 충족시키지 못하면 슬픔, 좌절, 그리고 심지어 우울증으로 이어질 수 있다. 연구는 스포츠팬들의 우울증이 정신 건강과 신체 건강에 모두 여러 가지 부정적인 영향을 미칠 수 있다는 것을 보여주었다.

(A) 팬들은 스트레스 수준 상승과 불안 또는 우울감 발달의 위험이 증가할 뿐만 아니라 기분, 식욕, 수면의 질이 떨어지는 것을 경험할 수 있다. 스포츠팬 우울증의 원인이 될 수 있는 많은 요소들은 팀의 성공에 대한 개인적인 투자, 특정 팀을 지원하는 사회적인 압력, 종종 세간의 이목을 끄는 유명한 스포츠 행사에 동반되는 언론의 과열된 보도와 감시를 포함한다.

(C) 스포츠팬 우울증에 대한 부정적인 영향을 완화하기 위해서는 팬들이 스포츠에 대한 건강한 시각을 유지하고 결국 그것들은 단지 게임에 불과하다는 것을 기억하는 것이 중요하다. 운동을 하고, 사랑하는 사람들과 시간을 보내고, 정신 건강 전문가로부터 지원을 구하는 것처럼 자기 스스로를 돌보는 활동에 참여하는 것도 도움이 될 수 있다.

VOCA

- depression 우울함, 암울함
- affect 영향을 미치다
- frustration 불만, 좌절감
- appetite 식욕
- sleep quality 수면의 질
- heightened 고조된
- contribute to ∼에 기여하다
- intense media coverage 언론의 과열된 취재
- high-profile 세간의 이목을 끄는

- mitigate 완화[경감]시키다
- perspective 관점, 시각
- self-care 자기를 스스로 돌보기

독해 > 세부 내용 찾기 > 내용 (불)일치

정답의 이유

여섯 번째 문장에서 'After establishing himself as a writer for adults, Roald Dahl began writing children's stories in 1960 while living in England with his family.'라고 했으므로, Roald Dahl에 관한 글의 내용과 가장 일치하지 않는 것은 ④ '성인을 위한 작가가 된 뒤 영국에서 가족과 떨어져 혼자 살면서 글을 썼다.'이다.

오답의 이유

① 두 번째 문장에서 'He spent his childhood in England and, at age eighteen, went to work for the Shell Oil Company in Africa.'라고 했으므로, 글의 내용과 일치한다.

② 세 번째 문장에서 'When World War II broke out, he joined the Royal Air Force and became a fighter pilot.'이라고 했으므로, 글의 내용과 일치한다.

③ 다섯 번째 문장에서 'His first short story, which recounted his adventures in the war ∼'라고 했으므로, 글의 내용과 일치한다.

본문해석

Roald Dahl(1916∼1990)은 노르웨이인 부모님 사이에서 Wales에서 태어났다. 그는 영국에서 어린 시절을 보냈으며, 18세에 아프리카에 있는 Shell Oil 회사에서 일하기 위해 갔다. 2차 세계대전이 발발했을 때, 그는 영국 공군에 입대했고 전투기 조종사가 되었다. 26세에 워싱턴 D.C.로 이사했는데, 그가 글을 쓰기 시작한 곳은 바로 그곳이었다. 그의 전쟁에서의 모험에 대해 이야기한 첫 번째 단편 소설이 The Saturday Evening Post에 팔려서 장기간의 유명한 경력을 시작했다. 어른을 위한 작가로서의 입지를 굳힌 후, Roald Dahl은 1960년 가족과 함께 영국에서 사는 동안에 어린이들의 이야기를 쓰기 시작했다. 그의 첫 번째 이야기는 그의 많은 책들이 헌정된 그의 자녀들을 위한 오락으로 쓰였다. Roald Dahl은 이제 우리 시대의 가장 사랑받는 작가들 중 한 명으로 여겨진다.

VOCA

- fighter pilot 전투기 조종사
- recount (특히 자기가 경험한 것에 대해) 이야기하다[말하다]
- illustrious 저명한, 걸출한
- career 직업, 직장 생활, 경력
- establish 설립[설정]하다
- entertainment 오락(물), 여흥
- dedicate (책·음악·작품·공연을) 헌정하다[바치다]
- beloved 사랑받는

독해 > 글의 일관성 > 무관한 어휘·문장

정답의 이유

주어진 글은 지속 가능한 새로운 에너지원으로 부각되고 있는 해파리의 형광 단백질을 이용한 에너지 발생에 대한 내용이다. ② 앞 문장에서 해파리의 형광 단백질을 태양광 전지로 전환하여 에너지를 발생시키는 과정을 설명했고, ② 다음 문장에서 그것의 주요한 이점이 '화석 연료와 제한된 에너지원을 사용하지 않는 깨끗한 대안'이라고 했다. 따라서 문맥상 글의 전체 흐름과 관계없는 문장은 ② 'There has been constant criticism that the natural environment is being damaged by reckless solar power generation(무분별한 태양광 발전으로 자연환경이 훼손되고 있다는 계속적인 비판이 있다).'이다.

본문해석

지속 가능한 에너지의 새로운 자원 분야에서 가장 흥미로운 발견 중 하나는 해파리의 바이오 태양 에너지이다. 과학자들은 이 동물의 형광 단백질이 현재의 광전기성 에너지보다 더 지속 가능한 방법으로 태양 에너지를 발생시키는 데 사용될 수 있다는 것을 발견했다. 이 에너지는 어떻게 생성되는가? 그 과정은 해파리의 형광 단백질을 태양광 전지로 전환시키는 것을 포함하는데, 태양광 전지는 에너지를 생성해서 그것을 작은 장치로 이동시키는 것이 가능하다. 무분별한 태양광 발전으로 자연환경이 훼손되고 있다는 계속적인 비판이 있다. 이 생명체들을 천연 에너지원으로 사용하는 것의 주요한 이점은 화석 연료를 사용하지 않거나 제한된 자원을 사용할 필요가 없는 깨끗한 대안이라는 것이다. 비록 이 프로젝트가 아직 시험 단계에 있지만, 이 에너지원이 발전하여 점점 더 보편화되고 있는 소형 전기 장치 유형에 전력을 공급하기 위한 환경 친화적인 대안이 될 수 있을 것으로 기대된다.

VOCA

- sustainable energy　지속 가능한 에너지
- jellyfish　해파리
- fluorescent　형광성의, 야광의
- protein　단백질
- generate　발생시키다, 만들어 내다
- convert　전환시키다[개조하다]
- transfer　옮기다, 이동[이송/이전]하다
- reckless　무모한, 신중하지 못한
- solar power　태양 에너지
- generation　(특히 전기·열 등의) 발생
- fossil fuel　화석 연료
- limited resources　제한된 자원
- trial　시험[실험]
- phase　단계[시기/국면]
- green　환경 보호의[친환적인], 녹색의

독해 > 글의 일관성 > 글의 순서

정답의 이유

주어진 글의 첫 번째 문장에서 '인간의 수준에서, 소는 단순해 (simple) 보인다.'라고 했으므로, 문맥상 소가 풀을 먹고 우유를 생산하는 과정을 화학적인 또는 연금술처럼 '단순한(straightforward)' 변화로 설명한 (C)가 오는 것이 자연스럽다. (C)의 후반부에서 'All you need is some grass, a cow and several generations of practical knowhow.'라는 문장은 'though'로 시작한 (B)에서 '현미경으로 보면, 모든 것이 더 복잡해진다.'라는 문장과 연결된다. (B)의 후반부에서 우유는 하나의 물질이 아니라 많은 물질의 혼합물이며, 풀 또한 우리가 완전히 이해할 수 없을 정도로 복잡하다고 했으므로 'A cow's complexity is even greater.'라고 시작하는 (A)로 이어지는 것이 자연스럽다. 따라서 주어진 글 다음에 이어질 글의 순서로 적절한 것은 ④ '(C) - (B) - (A)'이다.

본문해석

인간의 수준에서, 소는 단순해 보인다. 여러분이 소에게 풀을 먹이면, 소는 우유를 여러분에게 돌려준다. 그것은 그 비밀이 소와 몇몇 다른 포유동물(대부분은 풀을 소화할 수 없음)에 국한된 마술이다.

(C) 그 과정을 이용하기 위해 세부적인 것들을 이해할 필요는 없다. 그것은 풀에서 우유로의 간단한 변화이며, 생물학보다는 화학 혹은 연금술에 더 가깝다. 그것은 그 나름대로는 마술이지만 확실하게 작동하는 합리적인 마술이다. 필요한 것은 약간의 풀과 소 한 마리, 그리고 몇 세대에 걸친 실용적인 노하우가 전부이다.

(B) 하지만 현미경으로 보면, 모든 것이 더 복잡해진다. 자세히 들여다보면 볼수록 더 복잡해진다. 우유는 하나의 물질이 아니라 많은 물질의 혼합물이다. 풀은 너무 복잡해서 우리는 아직도 풀을 완전히 이해하지 못한다.

(A) 소의 복잡성은 훨씬 더 거대하다. 특히, 소는 (황소를 더하여) 새로운 세대의 어린 소를 만들 수 있다. 이것은 인간의 수준에서는 단순한 것이지만, 미시적인 차원에서는 표현할 수 없을 정도로 복잡하다.

VOCA

- pay back　갚다[돌려주다]
- mammal　포유동물
- digest　소화하다[소화시키다]
- exploit　활용하다
- straightforward　간단한, 쉬운
- transformation　변화[탈바꿈], 변신
- alchemy　연금술
- reliably　믿을 수 있게, 확실히
- microscope　현미경
- complicated　복잡한
- substance　물질
- mixture　혼합물[혼합체]
- inexpressibly　표현하기 어려울 정도로, 대단히
- microscopic　미세한, 현미경으로 봐야만 보이는

12 난도 ★★☆　　　　　　　　　정답 ②

독해 > 글의 일관성 > 문장 삽입

정답의 이유

'But'으로 시작하는 주어진 문장에서 '여기서 주목할 점은 절반 이상의 인력이 원격 근무를 할 기회가 거의 없거나 전혀 없다는 것이다.'라고 했으므로, 앞뒤에 상반되는 내용이 있는 곳에 들어가야 한다는 것을 유추할 수 있다. ② 앞 문장에서 '이것은 COVID-19 이전보다 4~5배 더 많은 원격 근무'라고 했고, ② 다음 문장에서 'Moreover, not all work that can be done remotely should be ~'라고 한 다음에, '예를 들어, 협상, 브레인스토밍, 그리고 민감한 피드백을 제공하는 것들은 원격으로 수행할 때 덜 효과적일 수 있는 활동이다.'라고 했으므로, 글의 흐름으로 보아, 주어진 문장이 들어가기에 가장 적절한 곳은 ②이다.

본문해석

COVID-19의 확산은 원격 근무를 방해하는 문화적, 기술적 장벽을 넘어뜨렸다. 원격 근무를 이어갈 잠재력에 대한 분석에 따르면 선진 경제 근로자의 20~25%가 1주일에 3~5일의 범위에서 재택근무를 할 수 있다는 것을 보여주었다. 이것은 COVID-19 이전보다 4~5배 더 많은 원격 근무이다. 그러나 여기서 주목할 점은 절반 이상의 인력이 원격 근무를 할 기회가 거의 없거나 전혀 없다는 것이다. 게다가 원격으로 수행될 수 있다고 해서 모든 작업이 그래야만 하는 것은 아니다. 예를 들어, 협상, 브레인스토밍, 그리고 민감한 피드백을 제공하는 것들은 원격으로 수행될 때 덜 효과적일 수 있는 활동이다. 그리고 원격 근무에 대한 전망은 근무 환경, 직업 및 당면한 임무에 따라 달라지므로 일부 작업은 현장에서 수행되고 일부 작업은 원격으로 수행되는 혼합 방식의 근무 설정이 이어질 가능성이 높다. 혼합체 세계에서 지속 가능한 성과와 웰빙을 열기 위해서는 성과와 생산성에 대한 선도적인 추진 원동력은 직원들에게 제공하는 것이 보상이 아닌 목적 의식이어야 한다.

VOCA
- It's worth noting that ～하다는 것은 주목할 가치가 있다
- spread 확산, 전파
- flatten 깨부수다[넘어뜨리다]
- barrier 장애물[장벽]
- stand in the way of ～을 훼방 놓다
- remote work 원격 근무
- potential 가능성이 있는, 잠재적인
- persist 집요하게[고집스럽게/끈질기게] 계속하다
- workforce 노동 인구[노동력]
- negotiation 협상, 교섭
- brainstorming 창조적 집단 사고, 브레인스토밍
- hybrid 혼합체
- on-site 현장의, 현지의
- unlock 열다, (비밀 등을) 드러내다
- productivity 생산성
- sense of purpose 목적 의식

13 난도 ★☆☆　　　　　　　　　정답 ③

독해 > 세부 내용 찾기 > 내용 (불)일치

정답의 이유

네 번째 문장에서 '～ he began to realize that although there were events in a patient's past that she or he might not remember consciously, these events could affect the person's actions in her or his present life.'라고 했으므로, 글의 내용과 일치하지 않는 것은 ③ '기억이 나지 않는 과거는 환자에게 영향을 미치지 못한다고 주장했다.'이다.

오답의 이유

① 첫 번째 문장에서 'Sigmund Freud was a doctor of psychology in Vienna, Austria ～'라고 했으므로, 글의 내용과 일치한다.
② 두 번째 문장에서 'He treated many patients with nervous problems through his "talk cure."'라고 했으므로, 글의 내용과 일치한다.
④ 마지막 부분에서 'Freud wrote a book ～ The title of the book was "The Interpretation of Dreams."'라고 했으므로, 글의 내용과 일치한다.

본문해석

Sigmund Freud는 19세기 말 오스트리아 빈의 정신과 의사였다. 그는 자신의 'talk cure'를 통해 신경 문제가 있는 많은 환자들을 치료했다. 이런 종류의 치료를 위해 Freud는 환자들에게 그들을 괴롭히고 있는 것은 무엇이든지 그에게 말하도록 했다. 환자들을 치료하면서 그는 환자의 과거에서 그녀 또는 그가 의식적으로 기억하지 못하는 사건들이 있을 수도 있지만, 이 사건들이 현재의 삶에서 그 사람의 행동에 영향을 미칠 수 있다는 것을 깨닫기 시작했다. Freud는 과거의 기억이 숨겨져 있던 곳을 무의식이라고 불렀다. 무의식으로부터의 이미지는 사람의 꿈이나 행동을 통해 나타날 수 있다. Freud는 1899년에 무의식과 꿈에 대한 자신의 이론에 대한 책을 썼다. 그 책의 제목은 'The Interpretation of Dreams'였다.

VOCA
- treat 치료하다, 처치하다
- nervous 신경이 과민한, 신경의
- bother 신경 쓰이게 하다, 괴롭히다
- consciously 의식적으로
- affect 영향을 미치다
- unconscious mind 잠재의식, 무의식
- show up 나타나다

14 난도 ★☆☆　　　　　　　　　　정답 ④

독해 > 세부 내용 찾기 > 요지, 주장

정답의 이유

네 번째 문장 후반부에서 '우리가 실제로 어떻게 느끼는지 알아차리는 것(to notice how we actually feel)'이 더 낫다고 한 다음에, 마지막 문장에서 감정적 인식이 단순히 '여러분의 감정을 일어나는 대로 인식하고, 존중하고, 받아들이는 것(recognizing, respecting, and accepting your feelings as they happen)'을 의미한다고 했으므로 글의 요지로 적절한 것은 ④ '우리의 감정을 인식하고 존중하며 그대로 받아들여야 한다.'이다.

본문해석

모든 감정은 우리들에게 우리 자신과 상황에 대해 무언가 말해준다. 하지만 때때로 우리는 우리가 느끼는 것을 받아들이기 어렵다. 예를 들면, 마치 우리가 질투심을 느끼는 것처럼 특정한 방식으로 우리 자신을 판단할 수도 있다. 하지만 우리가 그렇게 느껴서는 안 된다고 생각하는 대신에, 차라리 우리가 실제로 어떻게 느끼는지 알아차리는 것이 더 낫다. 부정적인 감정을 피하거나 우리가 그 방식을 느끼지 않는 척하는 것은 역효과를 가져올 수 있다. 우리가 그것들을 마주하지 않고 우리가 왜 그렇게 느끼는지 이해하려고 노력하지 않는다면, 어려운 감정들을 지나치고 그것들이 사라지도록 내버려두는 것이 더 어렵다. 여러분의 감정에 대해 깊이 생각하거나 여러분이 어떻게 느끼는지 계속 말할 필요는 없다. 감정적 인식은 단순히 여러분의 감정을 일어나는 대로 인식하고, 존중하고, 받아들이는 것을 의미한다.

VOCA

- accept 받아들이다[인정하다]
- jealous 질투하는
- notice ~을 의식하다[(보거나 듣고) 알다]
- avoid (회)피하다
- pretend ~인 척하다[것처럼 굴다]
- backfire 역효과를 낳다
- fade 서서히 사라지다, 점점 희미해지다
- dwell on ~을 깊이 생각하다, 숙고하다
- awareness 의식[관심]

15 난도 ★★★　　　　　　　　　　정답 ②

독해 > 글의 일관성 > 글의 순서

정답의 이유

'At the level of lawmaking(입법 수준에서)'으로 시작하는 주어진 글은 거대 기술기업들이 기술적 자원과 혁신에 대해 변경할 수 없는 통제력을 가져야 할 이유가 없다는 내용이므로, 글의 흐름상 주어진 글 다음에는 'At the private and personal level(사적이고 개인적인 수준에서)'로 시작한 (B)에서 'control of your life(여러분의 삶을 통제)'해야 할 이유도 역시 없다는 내용이 오는 것이 자연스럽다. (B)의 후반부에서 정책과 정치, 우리의 개인적인 생활에서 우리들의 데이터가 팔리고 아이들이 게임에 중독되고, 우리들이 사이버

공간에서 살게 될 것을 '불가피한(inevitable)' 사실로 받아들여서는 안 된다고 했으므로 문맥상 'As a free people(자연인으로서)'로 시작하는 (C)에서 우리는 우리가 소비하는 디지털 제품의 종류와 양에 대해 '절대적인 통제(absolute control)'를 행사할 권리가 있다는 내용이 와야 한다. (C) 후반부의 'parents should control what tech products go to their kids.'를 받아 (A)에서 '아이에게 스마트폰을 사주지 않으면 아이는 스마트폰을 가질 수 없다.'라고 한 Daily Wire사의 Matt Walsh의 말로 이어지는 것이 자연스럽다. 따라서 주어진 글 다음에 이어질 글의 순서로 적절한 것은 ② '(B) − (C) − (A)'이다.

본문해석

입법 수준에서, 거대 기술기업들이 기술적인 자원과 혁신에 대해 이의를 제기할 수 없는 통제력을 가져야 할 이유가 없다.

(B) 사적이고 개인적인 수준에서도 그들이 여러분의 삶을 통제해야 할 이유도 역시 없다. 정책, 정치, 그리고 우리의 개인적인 생활에서 우리의 데이터가 최고 입찰자에게 팔릴 것이며 우리의 아이들이 온라인 게임에 중독될 것이고, 우리들이 사이버 공간에서 살게 될 것을 '불가피한' 것으로 받아들여서는 안 된다.

(C) 자유인으로서 우리는 우리가 소비하는 디지털 제품의 종류와 양에 대해 절대적인 통제를 행사할 권리가 있다. 특히, 부모들은 어떤 기술 제품이 아이들에게 전달되는지 통제해야 한다.

(A) Daily Wire사의 Matt Walsh가 지적했듯이, 예를 들어, 아이에게 스마트폰을 사주지 않으면 아이는 스마트폰을 가질 수 없다. 감시 없이 모든 충동을 만족시킬 수 있는 장치를 아이의 손에 쥐여 줄 필요는 없다.

VOCA

- lawmaking 입법(의)
- tech giant 거대 기술기업
- ironclad 이의를 제기할 수 없는, 변경할 수 없는
- grip 통제, 지배
- innovation 혁신, 쇄신
- inevitable 불가피한, 필연적인
- highest bidder 최고 입찰인
- be addicted to ~에 빠지다[중독되다]
- metaverse 사이버 공간, 가상공간
- be entitled to ~에 대한 권리가/자격이 주어지다, ~가 주어지다
- exert (권력 · 영향력을) 가하다[행사하다]
- absolute control 절대적인 통제
- digital products 디지털 제품
- consume 소모하다
- point out 가리키다, 지적하다
- indulge 마음껏 하다
- impulse 충동
- supervision 감독[지도]

16 난도 ★★★　　　　　　　　　　정답 ③

독해 > 글의 일관성 > 문장 삽입

정답의 이유

주어진 글이 'These may appear as challenges ~'로 시작하므로 주어진 글 앞에는 These에 해당하는 것들이 나와야 하며, 주어진 글 다음에는 'challenges'를 받는 내용이 와야 한다. ③ 앞 문장에서 미래의 식량 안보가 의지할 것들(a combination of the stresses ~, variability of weather ~, development of cultivars ~, the ability to develop effective adaptation strategies ~)을 나열하고 있는데, 주어진 문장에서 'These'로 받았으며, 주어진 문장의 challenges를 ③ 다음 문장에서 'these challenges also provide us ~'로 받고 있으므로, 글의 흐름으로 보아, 주어진 문장이 들어가기에 가장 적절한 곳은 ③이다.

본문해석

지구 온난화는 인간이 감수해야 하는 현실이다. 이것은 인식해야 할 매우 중요한 사안인데, 그것은 지구상의 인간 존재에 영향을 미치는 모든 매개 변수들 중에서 지구상의 생명체에게 가장 중요하고 지구 온난화에 의해 가장 위협받는 것은 바로 식량 안보이기 때문이다. 미래의 식량 안보는 기후 변화에 의해 부과되는 생물학적 및 비생물학적 스트레스, 식물 성장 시기 내 기후의 가변성, 서로 다른 주변 조건에 더 적합한 품종의 개발, 그리고 이러한 품종들이 변화하는 기후 조건 하에서 자신들의 유전적 잠재력을 표현할 수 있도록 하는 효과적인 적응 전략을 개발하는 능력에 의존할 것이다. 이것들은 미래의 기후를 예측하는 우리 능력의 불확실성 때문에 다루기 불가능한 도전으로 보일 수도 있다. 그러나 이러한 도전들은 또한 우리에게 토양식물대기 상호 작용에 대한 우리의 이해를 증진시킬 수 있는 기회를 제공하고, 우리가 이 지식을 활용하여 전 세계의 모든 지역에 걸쳐 향상된 식량 안보라는 궁극적인 목표를 달성할 수 있도록 할 수 있는 방법을 제공한다.

VOCA

• address　(문제·상황 등에 대해) 고심하다[다루다]
• global warming　지구 온난화
• issue　주제[안건], 쟁점, 사안
• parameter　(일정하게 정한) 한도; 매개 변수
• food security　식량 안보
• paramount　중요한, 최고의
• threatened　멸종할 위기에 직면한
• biotic　생물의, 생물에 관련된
• variability　가변성, 변동성
• genetic　유전의, 유전학의
• potential　가능성이 있는, 잠재적인
• enhance　높이다[향상시키다]
• soil-plant-atmosphere　토양식물대기
• interaction　상호 작용
• achieve　달성하다, 성취하다

17 난도 ★☆☆　　　　　　　　　　정답 ①

어법 > 비문 찾기

정답의 이유

① 밑줄 친 disputing은 '이의를 제기하다'라는 뜻의 타동사 dispute의 현재분사형인데, disputing 다음에 목적어가 없고, 주어가 '정확한 감정의 수(the exact number of emotions)'이므로 수동의 의미이다. 따라서 disputing → disputed가 되어야 한다. 'with some researchers suggesting ~'은 'with+명사+분사구문'의 부대상황을 나타내는 부사구이다.

오답의 이유

② Despite는 '~에도 불구하고'라는 뜻의 전치사로, despite 다음에 명사(these disagreements)가 왔으므로, 어법상 적절하게 사용되었다.
③ closely는 '밀접하게'라는 뜻의 부사로, 형용사 linked(연계된)를 수식하고 있으므로 어법상 적절하게 사용되었다.
④ them은 to attain의 목적어로 social rewards를 받고 있으므로, 어법상 적절하게 사용되었다.

본문해석

인류학자 Paul Ekman은 1970년대에 인간이 6가지 기본적인 감정들, 즉 분노, 두려움, 놀라움, 혐오, 기쁨, 슬픔을 경험한다고 제안했다. 하지만 감정의 수에 대해서는 논란의 여지가 있는데, 어떤 연구자들은 단지 4개에 불과하다고 제안하고, 다른 사람들은 그 수를 27개까지 보고 있다. 게다가 과학자들은 감정이 모든 인간 문화에 보편적인지 아닌지 혹은 우리가 감정을 가지고 태어났는지 아니면 경험을 통해 그것을 배우는지에 대해 논쟁한다. 이러한 의견의 불일치에도 불구하고, 감정은 뇌의 특정 영역에서의 활동의 분명한 산물이다. 편도체와 (뇌·췌장의) 섬, 즉 대뇌 피질은 감정과 가장 밀접하게 관련된 두 가지 대표적인 뇌 구조이다. 편도체는 뇌 깊숙한 곳에 있는 한 쌍의 아몬드 모양의 구조로 감정, 감정적 행동, 그리고 자극을 통합한다. 그것은 두려움을 해석하고, 친구와 적을 구별하는 것을 돕고, 사회적 보상과 그것들을 얻는 방법을 알아낸다. (뇌·췌장의) 섬은 혐오의 근원이다. 혐오에 대한 경험은 독이나 상한 음식을 섭취하는 것으로부터 여러분을 보호할 수도 있다.

VOCA

• anthropologist　인류학자
• additionally　게다가
• debate　논의[토의/논쟁]하다
• disagreement　의견 충돌[차이], 다툼, 불일치
• insula　(뇌·췌장의) 섬
• almond-shaped　아몬드형의, (한쪽 또는 양쪽의) 끝이 뾰족한 타원형의
• integrate　통합시키다[되다]
• distinguish from　~와 구별하다
• attain　이루다[획득하다]
• source of disgust　혐오의 근원
• ingest　삼키다[먹다]
• spoiled food　상한 음식

18 난도 ★☆☆　　　　　　　　　　정답 ②

독해 > 대의 파악 > 제목, 주제

정답의 이유

글의 첫 부분에서 'Do you want to be a successful anchor? If so, keep this in mind.'라고 한 다음에 뉴스 앵커로서 필요한 자질을 말하고 있으므로, 글의 주제로 적절한 것은 ② 'qualifications to become a news anchor(뉴스 앵커가 되기 위한 자격)'이다.

오답의 이유

① 생방송 뉴스 제작의 어려움

③ 언론인의 사회적 역할의 중요성

④ 올바른 여론 형성의 중요성

본문해석

성공적인 앵커가 되기를 원하는가? 그렇다면, 이 점을 명심하라. 앵커로서 개인은 뉴스 방송, 특별 보도 및 기타 유형의 뉴스 프로그램 동안 시청자에게 뉴스와 정보를 전달하도록 요청될 것이다. 이것은 뉴스 사건의 해석과 애드리브, 스크립트를 사용할 수 없을 때 뉴스 속보를 효과적으로 전달하는 것이 포함된다. 뉴스를 진행하는 앵커의 업무는 또한 이야기를 수집하고 쓰는 것을 포함한다. 앵커는 스크립트를 명확하고 효과적으로 전달할 수 있어야 한다. 견고한 글쓰기 능력, 믿을 수 있는 뉴스 판단력, 그리고 시각적 스토리텔링에 대한 강한 감각이 필수적인 기술이다. 이 사람은 본업으로 정보원을 양성하고 새로운 정보를 발견하는 자발적으로 행동하는 사람이어야 한다. 뉴스 속보를 발생하면 애드리브하고 설명하는 능력뿐만 아니라 생방송 보도기술이 중요하다.

VOCA

• anchor　앵커맨, (뉴스를) 진행하다, 앵커를 하다

• call upon　~을 청하다, 요구하다

• viewer　(텔레비전) 시청자

• newscast　뉴스 프로그램

• adlib　(연설·연기 등을) 즉흥적으로 하다, 애드리브로 하다

• communicate　(정보 등을) 전달하다

• breaking news　뉴스 속보

• solid　확실한, 믿을 수 있는

• news judgement　뉴스 판단력

• self-starter　자발적으로 행동하는 사람

• cultivate　기르다[함양하다]

19 난도 ★☆☆　　　　　　　　　　정답 ③

독해 > 세부 내용 찾기 > 내용 (불)일치

정답의 이유

네 번째 문장에서 'While he never self-identified as an Impressionist, ~ to the quick, gestural brush strokes aiming to capture a fleeting moment that was typical of the Impressionists.'라고 했으므로, 글의 내용과 일치하지 않는 것은 ③ '로댕은 자신을 인상파라고 밝히며 인상파의 전형적인 붓놀림을 보여주었다.'이다.

오답의 이유

① 첫 번째 문장에서 'Modern sculpture is generally considered to have begun with the work of French sculptor Auguste Rodin.'이라고 했으므로, 글의 내용과 일치한다.

② 두 번째 문장의 후반부에서 '~ he incorporated novel ways of building his sculpture that defied classical categories and techniques.'라고 했으므로, 글의 내용과 일치한다.

④ 마지막 문장에서 'Rodin's most original work departed from traditional themes of mythology and allegory, ~'라고 했으므로, 글의 내용과 일치한다.

본문해석

현대 조각은 일반적으로 프랑스의 조각가 Auguste Rodin의 작품에서 시작되었다고 여겨진다. 종종 조각의 인상주의자로 여겨지는 Rodin은 예술적 전통에 반항하는 것을 시작하지 않았지만, 고전적인 기술을 거부하며 자신의 조각을 만드는 새로운 방식을 통합했다. 구체적으로, Rodin은 복잡하고 격동적이며 깊게 팬 표면을 점토로 형태화했다. 그는 결코 인상파라고 자칭하지는 않았지만, 그가 작품에 사용한 격렬한 몸짓을 표현하는 모델링은 종종 인상파 화가들의 전형이었던 찰나의 순간을 포착하기 위한 재빠른 손짓의 붓놀림에 비유된다. Rodin의 가장 독창적인 작품은 신화와 우화의 전통적인 주제에서 벗어나 강렬한 사실주의로 인체를 모델링하고 개인의 기질과 신체적 특질을 찬양하는 것을 선호한다.

VOCA

• sculptor　조각가

• set out　착수하다[나서다]

• rebel against　~에 대항[저항]하다

• incorporate　통합하다

• defy　반항[저항/거역]하다

• turbulent　격동의, 격변의

• self-identify as　~로 자칭하다

• impressionist　인상파 화가

• vigorous　활발한, 격렬한

• gestural　몸짓의, 손짓의

• modeling　양감의 표현, (조각의) 살 붙임

• employ　(기술·방법 등을) 쓰다[이용하다]

• liken　(~에) 비유하다, 비기다

• brush stroke　붓놀림

• fleeting　순식간의, 잠깐 동안의

• depart from　~에서 벗어나다

• allegory　우화, 풍자

• in favor of　~에 찬성[지지]하여

• celebrate　찬양하다, 기리다

• physicality　신체적 특징, 육체적 적응 (능력)

독해 > 대의 파악 > 제목, 주제

정답의 이유

마지막 문장에서 'By drawing attention to the face and encouraging cosmetics use, portrait photography heightened the aesthetic valuation of smooth and often light-colored skin.'이라고 했으므로, 글의 주제로 적절한 것은 ③ 'active use of cosmetics to make the face look better(얼굴을 더 좋게 만들기 위한 화장품의 적극적인 사용)'이다.

오답의 이유

① 화장품 과다 사용의 부작용
② 사진작가들에 의해 조장된 화장품 남용
④ 사진술의 발달로 인해 줄어든 화장품 사용

본문해석

화장품은 인물사진 기법과 매우 밀접하게 연관되어 있어서 일부 사진 핸드북은 화장품 만드는 법을 포함했다. 미국의 사진작가들은 또한 네거티브와 프린트를 수정하기 위해 가끔 화장품을 사용하기도 했으며, 조금의 볼연지로 여성의 얼굴을 생동감 있게 만들었다. 어두운 피부를 가진 일부 고객들은 더 밝아 보이는 사진을 요청했다. 1935년 아프리카계 미국인 신문에 실린 피부 미백제 광고는 이 제품이 사진작가들에 의해 만들어진 것과 동일한 외모, 즉 잡티 하나 없는 더 밝은 피부를 얻을 수 있다고 약속함으로써 이 관행을 언급했다. 얼굴에 관심을 끌고 화장품 사용을 장려함으로써, 인물사진은 매끄러운 피부와 종종 밝은 색 피부에 대한 심미적 가치를 고조시켰다.

VOCA

- cosmetics 화장품
- portraiture 초상화법, 인물사진 기법
- retouch (그림 · 사진을) 수정[가필]하다
- enliven 더 재미있게[생동감 있게] 만들다
- skin lightener 피부 미백제
- achieve 달성하다, 성취하다
- blemish (피부 등의) 티
- draw attention to ~에 이목을 끌다
- portrait photography 인물사진
- heighten (감정 · 효과가[를]) 고조되다[고조시키다]
- aesthetic 심미적, 미학적
- valuation 판단, (판단된) 중요성
- light-colored 옅은[밝은] 색의

독해 > 글의 일관성 > 무관한 어휘 · 문장

정답의 이유

주어진 글은 '놀이'의 중요성에 대한 내용으로, 다섯 번째 문장부터 '놀이'의 이점에 대해 나열하고 있다. 다섯 번째 문장에서 놀이는 자신과 다른 사람들과의 관계를 '양성한다(nurtures)'라고 한 다음에, 연이어서 놀이는 스트레스를 '해소하고(relieves)' 행복감을 증가시키며 공감, 창의성, 그리고 협력의 감정을 형성하고, 강건함과 근성의 성장을 지원한다고 했다. 밑줄 친 ③ 앞부분에서 'When children are deprived of opportunities for play(아이들이 놀 기회를 박탈당하면)'라고 했으므로, 문맥상 뒷부분에는 부정적인 의미가 와야 함을 유추할 수 있다. 따라서 ③ 'enhanced(향상된) → impaired (손상된) 등'이 되어야 한다.

본문해석

"놀이는 그 자체를 위해 행해지는 것이다."라고 '놀이'의 저자인 정신과 의사 Stuart Brown은 말한다. 그는 그의 저서에서 쓰기를, "그것은 자발적이고, 즐겁고, 몰입감을 제공하고, 시간을 빼앗는다. 그리고 결과보다 행동 자체가 더 중요하다."라고 했다. 이 정의를 염두에 두면 놀이의 잠재적 이점을 쉽게 인식할 수 있다. 놀이는 자신과 다른 사람들과의 관계를 양성한다. 그것은 스트레스를 해소하고 행복감을 증가시킨다. 그것은 공감, 창의성, 그리고 협력의 감정을 형성한다. 강건함과 근성의 성장을 지원한다. 아이들이 놀 기회를 박탈당하면, 그들의 발달 기회는 크게 향상될(→ 저해될) 수 있다. 놀이는 너무나 중요해서 유엔고등인권위원회는 그것을 모든 어린이의 기본적인 권리라고 선언했다. 놀이는 하찮은 것이 아니다. 그것은 '진짜 일'이 끝난 후에 하는 무언가가 아니다. 놀이는 어린 시절의 진짜 일이다. 그것을 통해, 아이들은 완전하고 행복한 어른이 될 수 있는 최고의 기회를 갖게 된다.

VOCA

- for its own sake 그 자체의 목적으로
- psychiatrist 정신과 의사
- voluntary 자발적인, 임의적인, 자진한
- pleasurable 즐거운
- definition 정의
- nurture 육성[양성]하다
- relieve (불쾌감 · 고통 등을) 없애[덜어] 주다
- empathy 감정이입, 공감
- sturdiness 강건함
- grit 투지, 기개
- be deprived of ~을 빼앗기다
- enhance 높이다[향상시키다]
- declare 선언[선포/공표]하다
- fundamental 근본[본질]적인
- frivolous 경박한, 하찮은
- whole 온전한

독해 > 빈칸 완성 > 단어 · 구 · 절

정답의 이유

네 번째 문장에서 '첫 번째 시도가 실패한 후, Lewis는 해발 5,300미터에서 수영하는 가장 좋은 방법에 대해 논의하기 위한 평가회의를 가졌다.'라고 했으므로, 다음 부분에 평가회의의 결과에 대한 내용이 나와야 한다. 빈칸 앞 문장에서 'He is usually very aggressive when he swims because he wants to finish quickly and get out of the cold water.'라고 했고, 빈칸 문장이 But으로 시작하고 있으므로 빈칸에 들어갈 말로 적절한 것은 aggressive와 반대되는 ③ '겸손함(humility)'임을 유추할 수 있다.

오답의 이유

① 슬픔
② 분노
④ 자신감

본문해석

Lewis Pugh는 영국의 지구력 수영 선수로, 차가운 개빙 구역에서 장거리 수영을 하는 것으로 가장 잘 알려져 있다. 그는 기후 변화와 공해의 영향으로부터 세계의 바다와 수로를 보호해야 하는 긴급한 필요성에 대한 관심을 끄는 방법의 하나로 추운 곳에서 수영한다. 2019년에 Pugh는 Everest산 근처 네팔의 Khumbu지역에 위치한 Imja호에서 수영하기로 결정했다. 첫 번째 시도가 실패한 후, Lewis는 해발 5,300미터에서 수영하는 가장 좋은 방법에 대해 논의하기 위해 평가회의를 했다. 그는 보통 수영을 할 때 매우 공격적인데, 빨리 끝내고 차가운 물에서 벗어나고 싶기 때문이다. 하지만 이번에 그는 겸손함을 보여주었고 천천히 수영했다.

VOCA

• endurance 인내(력), 참을성
• long-distance 장거리의
• open water 개빙(開氷) 구역(부빙(浮氷)이 수면의 10분의 1 이하)
• failed 실패한
• attempt 시도
• aggressive 공격적인

독해 > 글의 일관성 > 무관한 어휘 · 문장

정답의 이유

주어진 글은 패스트 패션의 일회용 소비 문화로 인하여 버려진 물건들이 환경에 큰 부담을 더하고 있으며, 이것을 해결하기 위해 패션의 지속 가능성 개념에 주목하고 있다는 내용이다. ①의 앞 문장에서 'This means customers simply discard products ~'라고 했고, ②에서 '그 결과, 이러한 버려진 물건들은 환경에 큰 부담을 더한다.'라고 했으므로, 글의 전체 흐름과 관계없는 문장은 ① 'The consumers are generally satisfied with the quality of fast fashion brand clothing(소비자들은 일반적으로 패스트 패션 브랜드 의류의 품질에 만족한다).'이다.

본문해석

패스트 패션은 최신 패션 트렌드에 대응하기 위해 빠른 속도로 저렴한 의류를 생산하는 방식이다. 패스트 패션 시대에 쇼핑이 오락의 한 형태로 진화하면서, 고객들은 지속 가능성 전문가들이 말하는 일회용 소비문화에 기여하고 있다. 이것은 물건들이 쓸모없다고 판단되면 고객들은 재활용하거나 기부하기보다 그 물건들을 그냥 버린다는 것을 의미한다. 소비자들은 일반적으로 패스트 패션 브랜드 의류의 품질에 만족한다. 그 결과, 이러한 버려진 물건들은 환경에 큰 부담을 더한다. 일회용 소비문화와 패스트 패션의 위기를 해결하기 위해 패션의 지속 가능성 개념이 주목받고 있다. 지속 가능한 패션은 사회 경제적, 환경적 관심사를 고려하여 가능한 한 지속 가능하게 생산되고, 유통되고, 활용되는 의류, 신발류, 액세서리류를 포함한다.

VOCA

• respond 대응[반응/부응]하다
• entertainment 오락(물), 여흥
• sustainability 지속[유지] 가능성
• refer to 언급[지칭]하다
• throwaway (값싸게 만들어져) 그냥 쓰고 버리는
• discard 버리다, 폐기하다
• deem (~로) 여기다[생각하다]
• recycle 재활용[재생]하다
• donate 기부[기증]하다
• burden 부담, 짐
• resolve 해결하다
• bring to ~로 이끌다
• spotlight 스포트라이트, 환한 조명
• apparel (매장에서 판매되는) 의류
• footwear 신발(류)
• distribute (상품을) 유통시키다
• utilize 활용[이용]하다
• take into account ~을 고려하다
• socio-economic 사회 경제적
• environmental 환경의[환경과 관련된]
• concern 우려[걱정]

24 난도 ★★☆ 정답 ④

독해 > 대의 파악 > 요지, 주장

정답의 이유

두 번째 문장에서 '~ some women with deepening and worsening skin wrinkles also had lower bone density, independent of age and factors known to influence bone mass.'라고 했으므로, 글의 요지로 적절한 것은 ④ '주름은 단지 피부 노화와만 연관된 것이 아니라 뼈 건강 상태와도 연관이 있다.'이다.

본문해석

주름은 노화의 확실한 신호이며, 뼈 건강이 감소하고 있다는 것을 암시할 수도 있다. 예일 의과 대학의 연구원들은 피부 주름이 깊어지고 악화되는 일부 여성들은 나이와 골부피에 영향을 주는 것으로 알려진 요소들과는 별개로 더 낮은 골밀도를 가지고 있다는 것을 발견했다. 피부와 뼈는 나이가 들면서 소실되는 1형 콜라겐이라는 공통된 구성 요소 단백질을 공유한다고 연구 저자인 Lubna Pal 박사는 말한다. 그녀는 말하기를, 눈썹 사이의 주름, 즉 콧대 위의 수직선은 잘 부러지는 뼈의 가장 강력한 표시인 것처럼 보인다고 한다. 장기적인 연구가 필요하지만, 피부가 뼈 수준에서 일어나고 있는 것을 반영하는 것처럼 보인다고 Pal은 말한다.

VOCA

- wrinkle (특히 얼굴의) 주름
- sure sign 확실한 신호
- hint 넌지시 알려주다, 암시[힌트]를 주다
- bone health 뼈 건강
- on the decline 기울어져, 쇠퇴하여
- deepen 깊어지다, 악화되다, 악화시키다
- worsen 악화되다, 악화시키다
- bone density 골밀도
- bone mass 골부피
- share 함께 쓰다, 공유하다
- vertical line 수직선, 연직선
- the bridge of the nose 콧대
- reflect 나타내다[반영하다]

25 난도 ★☆☆ 정답 ③

독해 > 세부 내용 찾기 > 내용 (불)일치

정답의 이유

네 번째 문장에서 'Chronic stress can cause ~ which can lead to other negative effects on your health, including cardiovascular and immune systems and gut health.'라고 했으므로, 글의 내용과 일치하지 않는 것은 ③ 'Stress does not usually affect our cardiovascular systems(스트레스는 보통 우리의 심혈관계에 영향을 주지 않는다).'이다.

오답의 이유

① 명상은 우리에게 정신적으로나 육체적으로 모두 이롭다. → 첫 번째 문장에서 'Meditation can improve your quality of life thanks to its many psychological and physical benefits.'라고 했으므로, 글의 내용과 일치한다.

② 코르티솔은 스트레스가 많은 상황에서 방출된다. → 세 번째 문장에서 'When faced with a difficult or stressful moment, our bodies create cortisol, ~'이라고 했으므로, 글의 내용과 일치한다.

④ 명상은 신체에서 만성적인 스트레스를 낮추는 데 도움을 줄 수 있다. → 마지막 문장에서 'Meditation, ~ can help to reduce chronic stress in the body and lower the risk of its side effects.'라고 했으므로, 글의 내용과 일치한다.

본문해석

명상은 많은 심리적, 육체적 이점 덕분에 삶의 질을 향상시킬 수 있다. Clinical Psychology Review의 연구에 따르면, 명상과 같이 마음 챙김에 기초한 개입들은 특히 스트레스 영역에서 정신 건강을 향상시키는 것으로 나타났다. 곤란하거나 스트레스가 많은 순간에 직면했을 때, 우리의 신체는 스트레스 조절 기능을 담당하는 스테로이드 호르몬인 코르티솔과 다른 많은 기능들 가운데 우리들의 선천적인 투쟁 혹은 도피 반응을 만들어낸다. 만성적인 스트레스는 지속적이고 높은 수준의 코르티솔을 유발할 수 있는데, 그것은 심혈관계와 면역체계, 내장 건강을 포함한 여러분의 건강에 다른 부정적인 영향으로 이어질 수 있다. 마음을 진정시키고 감정을 조절하는 데 초점을 맞춘 명상은 신체의 만성적인 스트레스를 줄이고 부작용의 위험을 낮추는 데 도움을 줄 수 있다.

VOCA

- meditation 명상, 묵상
- mindfulness-based 마음 챙김에 기초한
- intervention 개입
- face with ~을 가지고 직면하다
- create 일으키다, 만들어내다
- cortisol 코르티솔(부신 피질에서 생기는 스테로이드 호르몬의 일종)
- responsible for ~에 책임이 있는, 원인이 있는
- regulate 조절[조정]하다
- fight-or-flight response 투쟁 혹은 도피 반응, 싸움 혹은 도주 반응
- chronic stress 만성적 스트레스
- cause ~을 야기하다[초래하다]
- sustained 지속된, 한결같은, 일관된
- elevated 높은
- cardiovascular 심혈관계의
- immune system 면역체계
- gut 소화관, 내장
- calm 진정시키다
- side effect 부작용

한눈에 훑어보기

✅ 영역 분석

어휘 01
1문항, 4%

독해 02 04 05 06 07 08 09 10 11 13 14 15
17 18 19 20 21 22 23 24 25
21문항, 84%

어법 03 12 16
3문항, 12%

✅ 빠른 정답

01	02	03	04	05	06	07	08	09	10
③	①	④	⑤	②	⑤	②	④	①	③
11	**12**	**13**	**14**	**15**	**16**	**17**	**18**	**19**	**20**
①	④	⑤	③	⑤	③	④	④	②	②
21	**22**	**23**	**24**	**25**					
①	②	⑤	③	④					

✅ 점수 체크

구분	1회독	2회독	3회독
맞힌 문항 수	/ 25	/ 25	/ 25
나의 점수	점	점	점

---

01 난도 ★☆☆　　　　정답 ③

어휘 > 단어

정답의 이유

밑줄 친 mitigating은 '완화하다, 경감시키다'라는 뜻의 mitigate의 분사형으로 명사 benefits를 수식하고 있다. 따라서 밑줄 친 단어와 그 의미가 가장 가까운 것은 ③ 'alleviating(완화하는)'이다.

오답의 이유

① 악화시키는
② 증대하는
④ 향상시키는
⑤ 악화시키는

본문해석

높은 에너지 비용으로부터 가정과 기업을 보호하기 위한 유럽 정부의 노력은 명백한 이점들, 특히 인플레이션 압력을 완화하는 이점들을 갖고 있다. 하지만 그것들은 훨씬 더 큰 비용을 수반하는데, 유럽연합 집행기관은 이를 무시하기보다는 강조해야 한다.

VOCA

• shield 보호하다, 가리다
• household 가정
• not least 특히
• mitigate 완화[경감]시키다
• European Commission 유럽연합 집행기관
• highlight 강조하다

---

02 난도 ★★☆　　　　정답 ①

독해 > 빈칸 완성 > 단어 · 구 · 절

정답의 이유

주어진 글은 식품 사막의 정의가 도시와 시골에 따라 다르다는 내용이다. 빈칸 문장에서 '식품 사막은 신선하고, 흠 없는 건강한 음식으로의 ~을 가지고 있는 지역이나 주민이다.'라고 한 다음에 빈칸 다음 문장에서 도시의 식품 사막에서는 상당 비율의 지역주민들이 신선한 음식 제공자로부터 1마일 이상 떨어져 살고 있으며, 시골 지역에서는 신선한 음식 공급원으로부터 적어도 10마일은 떨어져 있어야 한다고 했으므로, 문맥상 빈칸에 들어갈 알맞은 말은 ① 'limited access(제한된 접근)'이다.

오답의 이유

② 불안한 순간들
③ 복잡한 감정들

④ 한정된 배급

⑤ 불안한 선호

본문해석

식품 사막은 여러 이유 때문에 사람들이 신선하고, 흠이 없고, 건강한 음식으로의 제한된 접근을 가지고 있는 지역이나 주민이다. 많은 사람들이 미국 농무부(USDA)의 정의를 사용하는 경향이 있다. "도시의 식품 사막에서는 지역 주민의 상당 비율이 슈퍼마켓이나 농부들의 직거래 시장과 같은 신선한 음식 제공자로부터 1마일 이상 떨어져 살고 있다. 시골 지역에서는 식품 사막은 신선한 음식 공급원으로부터 적어도 10마일은 떨어져 있다."

VOCA

- food desert 식품 사막(신선한 음식을 구매하기 어렵거나 그런 음식이 너무 비싼 지역)
- whole 흠 없는, 온전한, 순수한
- tend (~하는) 경향이 있다
- urban 도시의, 도회지의
- significant 특별한 의미가 있는, 중요한
- farmers' market (농부들이 경작한 상품을 직접 내다 파는) 직거래 시장
- resident 거주자[주민]
- rural area 시골 지역

03 난도 ★★☆　　　　　　　　　정답 ④

어법 > 비문 찾기

정답의 이유

④ 앞의 전치사구인 with knowledge 다음에 by other people이 있으므로 impart는 명사 knowledge를 수식하는 과거분사가 되어야 한다. 즉, 문맥상 knowledge와 impart의 관계가 수동인 '전달받는' 것이므로, impart → imparted가 되어야 한다.

오답의 이유

① that은 선행사 something을 수식하는 목적격 관계대명사로 어법상 적절하게 사용되었다.

② develop은 관계사절의 동사로 can이 있으므로, improve와 함께 동사원형으로 적절하게 사용되었다.

③ 전치사 through는 '~을 통해'라는 뜻이며, 다음에 명사(our experiences)가 왔으므로 어법상 적절하게 사용되었다.

⑤ 'enough+to부정사'는 '충분히 ~만큼 …하다'의 뜻이므로, 어법상 적절하게 사용되었다.

본문해석

우리는 문화지능(Cultural Intelligence)을 우리가 생애 동안 지속적으로 개선하고 발전할 수 있는 무언가로 생각해야 한다. 그것을 얻는 데는 어려움이 있다. 우리는 우리의 경험을 통해서 이것을 하지만, 우리가 신뢰하고 우리에게 그들의 지식을 나눠줄 만큼 충분히 우리를 신뢰하는 다른 사람들에 의해 전달받은 지식으로도 이것을 한다.

VOCA

- Cultural Intelligence 문화지능
- think of A as B A를 B로 생각하다
- continuously 연달아
- duration of our lives 우리의 수명
- acquire 습득하다[얻다]

더 알아보기

관계대명사 that

- 관계대명사 that은 선행사가 사람, 사물, 동물에 상관없이 모두 사용할 수 있으므로 관계대명사(who, whom, which)를 대신할 수 있다. 다만, 관계대명사의 소유격(whose, of which)을 대신할 수는 없다.

  예 Movies that[which] are popular have a few characteristics in common.

  (인기 있는 영화들은 공통적인 몇몇 특징이 있다.)

  예 She is the greatest novelist that[who] has ever lived.

  (그녀는 생존했던 소설가 중에 가장 위대한 소설가이다.)

- 다음 경우에는 관계대명사 that을 쓴다.

선행사	관계대명사
사람+사물 의문사(who/what) the only[very/same]+명사　· 최상급/서수 all[little/much/any/some/nothing/ something/anything]	+관계대명사 that

  예 *Who* that has a family to support would waste so much money?

  (부양해야 할 가족을 가진 사람으로서 누가 그렇게 많은 돈을 낭비할까?)

  예 Man is *the only animal* that can speak.

  (사람은 말할 수 있는 유일한 동물이다.)

  예 You are *the very person* that I'd like to employ.

  (당신은 내가 채용하고픈 바로 그 사람이다.)

  예 *All* that glitters is not gold. (반짝이는 모든 것이 금은 아니다.)

  예 Timmy fixed almost *everything* that needed repairing.

  (Timmy는 수리가 필요한 거의 모든 것을 고쳤다.)

- 관계대명사 that은 계속적 용법(, that)과 전치사+that이 불가능하다.

  예 I said nothing, that made him angry. (×)

  → I said nothing, which made him angry. (○)

  (나는 아무 말도 안 했고, 그것이 그를 화나게 만들었다.)

04 난도 ★★☆　　　　　　　　　　정답 ⑤

독해 > 대의 파악 > 추론

정답의 이유

마지막에서 두 번째 문장에서 'A BMI of 30 to 34.9 is mildly obese, while 35 to 39.9 is substantially obese(BMI가 30에서 34.9는 약간 비만인 반면, 35에서 39.9는 상당히 비만이다).'라고 했으므로, BMI 30부터 비만으로 간주한다는 것을 추론할 수 있다. 따라서 주어진 글에서 추론할 수 있는 것은 ⑤ 'A person is usually considered obese if his or her BMI is 30(BMI가 30인 사람은 보통 비만으로 간주된다).'이다.

오답의 이유

① 미국인의 절반 이상이 BMI 30 이상이다.
② BMI 30 이상인 사람은 누구나 암에 걸릴 것이다.
③ 60퍼센트 이상의 미국인들은 그들의 BMI를 알지 못한다.
④ BMI가 35 이상인 미국인은 거의 없다.

본문해석

비만은 오늘날 미국에서 가장 심각한 건강 문제에 해당한다. 미국 성인의 거의 60%가 과체중이거나 비만이다. 이것은 단지 외모의 문제가 아니다. 비만은 종종 당뇨병, 심장마비, 고혈압, 그리고 심지어 몇몇 형태의 암과 같은 심각한 건강 문제로 이어진다.
의료 전문가들은 일반적으로 체질량지수(BMI)를 사용하여 비만을 정의한다. BMI는 개인의 체중(킬로그램 단위)을 키(미터 단위)의 제곱으로 나누어 쉽게 계산할 수 있다. 정상적이거나 건강한 BMI는 25보다 작을 것이다. 체질량지수가 25에서 29.9 사이인 사람은 과체중으로 간주된다. BMI가 30에서 34.9는 약간 비만이지만, 35에서 39.9는 상당히 비만이다. 체질량지수가 40 이상인 사람들은 고도 비만으로 여겨진다.

VOCA

- obesity 비만
- represent (~에) 해당[상당]하다
- overweight 과체중의, 비만의
- obese 비만인
- lead to ~로 이어지다
- diabetes 당뇨병
- heart attacks 심근경색, 심장마비
- high blood pressure 고혈압
- Body Mass Index (BMI) 체질량지수
- substantially 상당히, 많이

05 난도 ★★☆　　　　　　　　　　정답 ②

독해 > 세부 내용 찾기 > 내용 (불)일치

정답의 이유

주어진 글은 바퀴벌레는 많은 사람들이 싫어하지만, 실제 사람들에게 영향을 끼치는 종은 많지 않다는 내용이다. 네 번째 문장에서 'There are well over 4,000 described species of cockroach around the world, with some experts estimating that there are another 5,000 species that have yet to be classified by taxonomists.'라고 했으므로, 윗글의 내용과 일치하는 것은 ② 'There might be around 9,000 species of cockroach in the world according to some experts(일부 전문가들에 따르면, 세계에는 약 9,000종의 바퀴벌레가 있을 수 있다고 한다).'이다.

오답의 이유

① 모든 바퀴벌레는 해롭다. → 세 번째 문장에서 'But of the thousands of species out there, only a few can be considered pests.'라고 했으므로, 글의 내용과 일치하지 않는다.
③ 분류되지 않은 5천 종의 바퀴벌레가 어떤 하위 유형에 속하는지에 대해서는 의견이 일치한다. → 다섯 번째 문장에서 'Their classification is actually a point of contention ~'라고 했으므로, 글의 내용과 일치하지 않는다.
④ 대부분 미국인들은 그들의 집에서 약 24종의 다른 바퀴벌레를 만날 수 있다. → 마지막 문장에서 '~ but most people are likely to interact with no more than a dozen of them ~'라고 했으므로, 글의 내용과 일치하지 않는다.
⑤ 미국에 얼마나 많은 바퀴벌레의 과(科)가 사는지 아는 것은 쉽다. → 다섯 번째 문장의 후반부에서 '그것들이 어느 아목에 속하는지, 혹은 그것들이 얼마나 많은 과(科)로 구성되어 있는지'는 논쟁거리라고 했으므로 글의 내용과 일치하지 않는다.

본문해석

대부분의 사람들은 바퀴벌레가 역겹다고 생각한다. 그리고 만약 부엌의 불을 켰는데, 어두운 구석으로 재빨리 미끄러지듯이 사라지는 그것들을 발견한다면, 여러분은 아마도 동의할 것이다. 하지만 수천 종의 생물들 중 불과 몇몇 종만이 해충으로 간주될 수 있다. 전 세계적으로 4,000종 이상의 바퀴벌레가 기술되어 있으며, 일부 전문가들은 추측하기를 분류학자들에 의해 아직 분류되지 않은 또 다른 5,000종의 바퀴벌레가 있다고 한다. 그것들의 분류는 실제로 논쟁거리이며, 나는 그것들이 어느 아목에 속하는지 혹은 그것들이 얼마나 많은 과(科)로 구성되어 있는지에 대하여 입장을 취하지 않을 것이다. 대략 60~70여 종이 미국 대륙에서 발견될 수 있지만, 대부분 사람들은 그들이 사는 곳에 따라 그것들 중 단지 12종 정도의 바퀴벌레들만 영향을 끼칠 가능성이 높다.

VOCA

- cockroach 바퀴벌레
- disgusting 구역질나는, 정말 싫은
- skitter (잽싸게) 나아가다[달리다, 미끄러지다]
- pest 해충, 독충, 해를 끼치는 짐승, 유해물
- classify 분류[유별]하다, 등급으로 나누다
- taxonomist 분류학자
- classification 분류(법), 유별, 종별
- contention 말다툼, 논쟁, 논전
- take a position 태도[입장]를 취하다
- suborder 아목(亞目)
- interact with 상호 작용하다, 서로 영향을 끼치다
- no more than 단지 ~에 지나지 않다, ~일 뿐(only)

06 난도 ★★☆　　　　　　　　　　　　정답 ⑤

독해 > 대의 파악 > 제목, 주제

정답의 이유

주어진 글은 국가의 주권이 교통·통신 분야 기술의 발전으로 국가 간에 사람들과 경제가 서로 연결되면서 영향을 끼친다는 내용이다. 네 번째 문장에서 'International cooperation, ~ is increasingly necessary.'라고 했고, 다음 문장에서 'Technological progress ~ a trend captured by the term globalization.'이라고 했으므로 글의 흐름상 글의 제목으로 적절한 것은 ⑤ 'Globalization and International Cooperation(세계화와 국제협력)'이다.

오답의 이유

① 국가와 국가적인 과제
② 공권력과 주권
③ 세계적인 기술의 발전
④ 국제 관계와 독립

본문해석

어떤 경우에, 독립적이고 다른 국가에 속하지 않는다는 점에서 한 국가는 외부적으로 자주적일 수 있다. 그러나 국가적 과제는 외부로부터 예를 들어, 지배적인 이웃 국가에 의해 통제될 수 있다. 국가 간의 국제적인 협력과 통합은 국가의 모든 공권력이 국민이나 다른 내부적인 주권의 원천에서 나온다고 주장하는 것을 점점 더 어렵게 만든다. 국제적인 협력과 여러 국가로 구성된 상설 국제기구의 창설이 점점 더 필요해진다. 교통과 통신 분야의 기술적인 발전은 제품과 서비스가 생산되는 곳을 점점 더 상관없게 만드는데, 이는 세계화라는 용어에 의해 관심을 끌고 있는 추세이다. 사람들과 경제가 서로 연결되면서, 한 국가에서 내린 결정은 다른 국가의 사람들에게 영향을 미칠 수 있다.

VOCA

• externally 외부적으로
• sovereign 자주적인, 독립된
• dominant 우세한, 지배적인
• neighboring 근처[인근]의, 인접한
• integration 통합
• sovereignty 통치권, 자주권
• comprise 포함하다, 의미하다, 이루어지다, 구성되다
• irrelevant 부적절한, 무관한, 상관없는
• have an impact on ~에 영향을 주다

07 난도 ★★☆　　　　　　　　　　　　정답 ②

독해 > 세부 내용 찾기 > 내용 (불)일치

정답의 이유

주어진 글은 사람과 말에게 모두 전염되는 Hendra 바이러스에 대한 내용이다. 두 번째 문단의 후반부에서 질병의 원인은 박쥐에게서 나온 Hendra 바이러스라고 했고, 마지막 문장에서 'The virus passed from the bats to the horse, then to other horses and to people—with disastrous results.'라고 했으므로 Hendra 바이

러스에 대한 내용과 일치하는 것은 ② 'It can be fatal to both humans and horses(그것은 인간과 말 모두에게 치명적일 수 있다).'이다.

오답의 이유

① 사람에게 나타나는 증상은 고열, 호흡곤란, 얼굴이 붓는 것을 포함한다. → 두 번째 문단의 두 번째 문장에서 'All had high fevers, difficulty breathing, facial swelling, and blood coming from their noses and mouths.'라고 했는데, 여기서 All은 바로 앞문장의 most of the other horses를 가리키고 있으므로, 글의 내용과 일치하지 않는다.

③ 말들은 마구간 근처의 오염된 풀을 먹은 후에 감염되었다. → 마지막에서 두 번째 문장에서 'This virus had originated in bats that lived in the tree where the first horse had been eating grass.'라고 했으므로, 글의 내용과 일치하지 않는다.

④ 그것은 인간으로부터 동물로 전염될 수 있다. → 마지막 문장에서 'The virus passed from the bats to the horse, then to other horses and to people ~'이라고 했으므로, 글의 내용과 일치하지 않는다.

⑤ 인간은 박쥐로부터 직접 감염되었다. → 마지막 문장에서 'The virus passed from the bats to the horse, then to other horses and to people ~'이라고 했으므로, 글의 내용과 일치하지 않는다.

본문해석

1994년 9월, 호주의 작은 마을에서 한 무리의 경주마들 사이에서 끔찍한 질병이 시작되었다. 첫 번째 희생자는 과일나무 아래에서 풀을 먹는 것이 마지막으로 목격된 암말이었다. 몇 시간 안에, 그 말의 건강은 급속도로 악화되었다. 세 명의 사람들, 즉 말 조련사와 조수, 수의사가 이 동물을 구하기 위해 힘썼다. 그럼에도 불구하고 그 말은 이틀 후에 죽었는데, 죽음의 원인은 불확실했다.

2주 내에 마구간에 있는 대부분의 다른 말들도 역시 병에 걸렸다. 모두가 고열, 호흡곤란 증상이 있었으며, 얼굴이 붓고, 코와 입에서 피가 나왔다. 한편, 조련사와 그의 조수도 병에 걸렸는데, 며칠 만에 조련사도 죽었다. 실험실 분석을 통해 마침내 문제의 근원을 발견했다. 말과 사람들은 Hendra 바이러스에 감염되었던 것이다. 이 바이러스는 첫 번째 말이 풀을 먹던 나무에 살던 박쥐들에게서 시작되었다. 그 바이러스는 박쥐에게서 말에게로, 그런 다음 다른 말들과 사람들에게 옮겨졌으며 그것은 재앙적인 결과를 낳았다.

VOCA

• racehorse 경주마(racer)
• veterinarian 수의사
• stable 마구간, (때로) 외양간
• facial 얼굴의, 안면의
• swell 부풀게 하다, 붓게 하다
• infect 전염시키다, 감염시키다
• pass from ~에서 옮겨지다
• disastrous 재해[재난]를 일으키는

독해 > 글의 일관성 > 글의 순서

정답의 이유

주어진 글의 마지막 문장에서 'Researchers report that there is science behind our style.'이라고 했으므로, 주어진 글 다음에는 'In their research(그들의 연구에서)'로 시작하는 (B)가 오는 것이 자연스럽다. (B)의 마지막 문장에서 참가자들이 집중하는 능력을 측정하는 시험을 했다고 했으므로, 문맥상 실험 결과를 설명하는 (C)에서 흰 가운을 입은 참가자가 평상복을 입은 참가자보다 수행 능력이 낫다고 한 내용으로 이어져야 한다. (C)의 마지막 문장에서 '연구원들은 흰 가운이 참가자들을 더 자신감 있고 조심스럽게 느끼도록 만들었다고 생각한다.'라고 하였으므로, (C) 다음에는 상징적인 의복이 사람들의 행동에 영향을 미치며 그 예로 경찰관의 제복과 판사의 법복을 설명하는 (A)가 와야 한다. 따라서 주어진 글에 이어질 글의 순서로 논리적인 것은 ④ '(B) – (C) – (A)'이다.

본문해석

우리는 종종 우리의 옷 때문에 다른 사람들이 우리를 어떻게 생각할지 걱정한다. 하지만 연구원들은 우리의 옷이 우리가 우리 자신을 보는 방법에 똑같이 강력한 영향을 미친다고 생각하기 시작했다. 연구원들은 우리의 스타일의 이면에는 과학이 있다고 보고한다.

(B) 그들의 연구에서, 연구원들은 일부 참가자들에게 과학자나 의사들이 입는 것과 유사한 흰색 실험실 가운을 입도록 했다. 다른 참가자들은 평범한 옷을 입었다. 참가자들은 집중하는 능력을 측정하는 시험을 치렀다.

(C) 흰 가운을 입은 사람들이 평상복을 입은 사람들보다 더 잘 수행했다. 연구원들은 흰 가운이 참가자들에게 더 자신감 있고 조심스럽게 느끼게 만들었다고 생각한다.

(A) 과학자들은 또한 다른 종류의 상징적인 의복이 그것을 입는 사람들의 행동에 영향을 미칠 수 있다고 믿는다. 예를 들면, 경찰관의 제복이나 판사의 법복은 입은 사람에게 권력이나 확신을 증가시킨다.

VOCA

• participant 참가자, 참여자
• lab coat 실험실 가운
• measure 측정하다, 치수를 재다
• confident 확신하고 (있는)
• judge 판사
• robe 예복, 관복, 법복

독해 > 빈칸 완성 > 단어 · 구 · 절

정답의 이유

주어진 글은 대법관 임명 과정과 대법관의 권한에 대한 내용이다. 빈칸 문장에서 '대법원은 ~하는 권한을 갖고 있다.'라고 했고, 빈칸 다음 문장에서 'This means they have the power to determine if a law is constitutional.'이라고 하면서 법이 합헌인지 아닌지에 대한 결정권을 가지고 있다는 것을 부연설명하고 있다. 따라서 빈칸에 들어갈 말로 적절한 것은 ① 'judicial review(위헌법률심사권)'이다.

오답의 이유

② 사회적 담론
③ 입법 행위
④ 법률 조직
⑤ 불요(不要)의 의견

본문해석

대법관이라고 불리는 9명의 판사들은 대법원에서 일하며, 그들은 모두 그들에게 제출된 모든 사건을 경청한다. 대통령이 대법원에서 근무하기를 원하는 사람들을 선택하면 상원은 대통령의 선택을 각각 확정하거나 거부한다. 그 혹은 그녀는 평생 대법원에 남을 것이다. 대법원에서 근무하도록 선택된다는 것은 대단한 명예인데, 그것은 대통령과 상원이 여러분이 헌법을 공정하게 해석할 것을 신뢰한다는 것을 보여주는 것이기 때문이다. 대법원은 위헌법률심사권을 가지고 있다. 이것은 그들이 법이 합헌인지 아닌지에 대한 결정권을 가지고 있다는 것을 의미한다. 만약 판사들이 그 법이 헌법과 일치하지 않다고 결정한다면, 그 법은 영원히 무효이다. 그것은 매우 어려운 일이며, 법원은 종종 어려운 결정을 내릴 때 5대 4로 의견이 갈리는데 그것은 모든 사람들이 헌법을 다르게 이해하기 때문이다.

VOCA

• Justice 판사, 재판관
• Supreme Court 대법원
• Senate 상원
• confirm (지위 · 합의 등을) 확정하다[공식화하다]
• reject 거부[거절]하다
• judicial review 위헌법률심사권(미국에서 연방 대법원의 위헌여부 판단권)
• constitutional 합헌적인, 헌법에 따르는
• line up with ~과 함께 일렬로 세우다
• invalid 효력 없는[무효한]
• tough decision 어려운 결정
• extrajudicial opinion 불요(不要)의 의견(당해 사건의 판결에 필요 불가결하지 않은 사항 또는 논점 외의 사항에 관하여 진술된 법원의 의견)

10 난도 ★★★ 정답 ③

독해 > 글의 일관성 > 문장 삽입

정답의 이유

주어진 문장은 '이 증거는 전문가들에게 그 지하 도시가 적들로부터 도시의 주민들을 보호하기 위해 지어졌다는 사실을 믿게 한다.'라는 내용이다. (C) 이전 부분은 집을 수리하다가 우연히 발견한 벽 뒤에 숨겨진 방이 거대한 지하 도시로 연결되었다는 것을 발견했다는 내용이다. (C) 앞 문장에서 '그것은 안쪽에서만 열거나 닫을 수 있는 거대한 돌문을 포함하고 있다.'라고 했으므로, 주어진 문장의 'This piece of evidence(이 증거)'를 가리키고 있다는 것을 유추할 수 있다. (C) 다음 문장에서는 2만 명 이상의 사람들이 그 안에 숨을 수 있으며 600개가 넘는 문들이 기존의 집들 아래와 주변에 숨겨져 있는 도시로 이어진다고 했으므로 문맥상 주어진 문장이 들어가기에 적절한 곳은 ③ (C)이다.

본문해석

1963년, 튀르키예의 Cappadocia 지역의 한 거주자가 그의 집을 개조하고 있었다. 그의 벽들 중 하나를 철거하자, 그는 돌에 새겨서 만들어진 숨겨진 방을 발견하고 놀랐다. 그는 그 방을 탐험했고, 그것이 지하 도시로 이어진다는 것을 발견했다. 그 지하 도시는 깊이가 60미터가 넘었는데, 20층 건물을 짓기에 충분한 깊이였다. 그것은 안쪽에서만 열거나 닫을 수 있는 거대한 돌문을 포함하고 있다. 이 증거는 전문가들에게 그 지하 도시가 적들로부터 도시의 주민들을 보호하기 위해 지어졌다는 사실을 믿게 한다. 2만 명 이상의 사람들이 그 안에 숨을 수 있었다. 600개가 넘는 문들이 기존의 집들 아래와 주변에 숨겨져 있는 도시로 이어진다. 그 숨겨진 도시는 그들만의 종교 센터, 가축 마구간, 부엌, 그리고 심지어 학교까지 가지고 있었다. 하지만 전문가들은 그 지하 도시가 정확하게 얼마나 오래되었는지 정확하게 알지 못하는데, 그 지하 도시의 건설과 사용에 대한 기록이 사라졌기 때문이다.

VOCA

• renovation 수리, 수선
• knock down (건물을) 때려 부수다[철거하다]
• carve into 새겨서 ~을 만들다
• massive 거대한
• existing 기존의, 현재 사용되는
• livestock 가축
• stable 마구간

11 난도 ★★☆ 정답 ①

독해 > 빈칸 완성 > 단어 · 구 · 절

정답의 이유

빈칸 다음 문장에서 'The Portion Cap Ruling, commonly known as the soda ban, was to restrict the sale of sugary drinks larger than 16 ounces in restaurants, movie theaters, sports arenas and delis.'라고 The Portion Cap Ruling을 부연설명하고 있고, 마지막 문장에서 '뉴욕시 보건국은 어떠한 입법적 위임이나 지침도 없이 입법에 참여했으며, 그리하여 뉴욕 시의회의 입법 관할권을 위반했다.'라고 패소한 이유를 말했다. 따라서 빈칸에 들어갈 알맞은 것은 ① 'New York City lost its final appeal to limit the sale of sugary drinks larger than 16 ounces(뉴욕시는 16온스 이상의 설탕이 든 음료의 판매를 제한하는 최종 항소에서 패소했다).'이다.

오답의 이유

② 1회 제공량은 몇 년 동안 기하급수적으로 증가했고 비만율은 치솟았다.
③ 비만율을 줄이고 싶다면, 우리는 음식 환경을 바꿔야 한다.
④ 설탕이 든 음료의 과소비가 뉴욕 시민들의 건강에 미치는 부정적 영향은 명백하다.
⑤ 우리는 우리 아이들이 성장하는 더 건강한 음식 환경을 만들기 위해 모두가 함께 일할 수 있기를 바란다.

본문해석

뉴욕시는 16온스 이상의 설탕이 든 음료의 판매를 제한하는 최종 항소에서 패소했다. 일반적으로 탄산음료 금지로 알려진 Portion Cap Ruling은 식당, 영화관, 스포츠 경기장, 델리에서 16온스 이상의 설탕이 든 음료의 판매를 제한했다. 뉴욕주 항소법원은 Portion Cap Ruling에 대한 최종 판결을 내렸다. 뉴욕시 보건국은 'Sugary Drinks Portion Cap Rule'을 채택하는 데 있어서 규제 기관의 범위를 넘어섰다. 뉴욕시 보건국은 어떠한 입법적 위임이나 지침도 없이 입법에 참여했으며, 그리하여 뉴욕 시의회의 입법 관할권을 위반했다.

VOCA

• final appeal 최종 항소, 상고
• limit 한정[제한]하다
• sugary drink 설탕이 든 음료
• restrict 제한[한정]하다
• New York State Court of Appeals 뉴욕주 항소법원
• issue 발표[공표]하다
• New York City Board of Health 뉴욕시 보건국
• exceed 넘다, 상회하다
• scope (주제 · 조직 · 활동 등이 다루는) 범위
• regulatory authority 규제 기관
• legislative 입법의, 입법부의
• delegation 위임
• guidance 지침, 유도, 지표
• engage in ~에 관여[참여]하다
• legislative jurisdiction 입법 관할권

12 난도 ★★☆　　　　　　　　　　　　　정답 ④

어법 > 비문 찾기

정답의 이유

④ 'While the ship was sinking, rich people had put on a lifeboat.'는 문맥상 '배가 가라앉는 동안, 부자들이 구명보트에 올라탔다.'로 '동시 동작(주절과 부사절 시제가 동일)'이므로, had put → put[got]이 되어야 한다. get on은 '~에 타다'의 뜻이다.

오답의 이유

① who were coming은 선행사 emigrants를 수식하는 주격 관계대명사절로 어법상 적절하게 사용되었다.

② spot는 '발견하다, 알아채다'라는 뜻의 타동사인데, 주어가 an iceberg이고 목적어가 없으므로 수동태(was spotted)로 어법상 적절하게 사용되었다.

③ remove는 '~을 없애다[제거하다]'라는 뜻의 타동사인데, 주어가 12 of them이고 목적어가 없으므로 과거완료 수동(had been removed)으로 어법상 적절하게 사용되었다. to make the ship look better(배를 더 좋게 보이게 하기 위해)는 '~하기 위해서'라는 뜻을 나타내며 목적을 나타내는 to부정사의 부사적 용법으로 쓰였다.

⑤ 부사절(By the time the third-class were allowed to come up from their cabins)의 시제가 과거(were allowed)인데, 주절의 시제는 그보다 먼저 일어난 일이므로, 과거완료인 had already left가 적절하게 사용되었다.

본문해석

타이타닉호는 가장 웅장한 배였다. 그 배는 사치품과 모든 편의시설을 가지고 있었다. 그 배에는 전등과 열, 전기 엘리베이터, 수영장, 튀르키예식 목욕탕, 도서관 등이 있었다. 대부분의 승객들은 더 나은 삶에 대한 희망을 가지고 미국으로 오는 이민자들이었다. 타이타닉호는 4월 10일 대서양을 횡단하기 시작했다. 그 배에 탄 어느 누구도 그 배가 얼마나 위험에 처해 있는지 몰랐다. 4월 14일 오후 11시 40분에 빙산이 바로 앞에서 발견되었다. 선장은 배의 방향을 바꾸려고 노력했지만, 타이타닉호는 너무 빨리 가고 있었고 너무 컸기 때문에 그럴 수 없었다. 그 배는 빙산에 부딪혔고 가라앉기 시작했다. 타이타닉호는 원래 32척의 구명보트를 가지고 있었지만, 그 중에서 12척은 배를 더 좋게 보이기 위해 제거되었다. 배가 가라앉는 동안, 부자들이 구명보트에 올라탔다. 3등석이 선실에서 올라오는 것이 허락되었을 때, 대부분 구명보트는 이미 떠났다.

VOCA

- magnificent 거대한, 장대한
- comforts 편의 시설[도구]
- emigrant 이민자[이주민]
- iceberg 빙산
- spot 발견하다, 찾다, 알아채다
- reverse 후진하다, (차를) 후진시키다
- sink 가라앉다[빠지다]
- lifeboat 구명보트

- be allowed to ~하도록 허용되다
- cabin (배의) 객실, 선실

13 난도 ★★☆　　　　　　　　　　　　　정답 ⑤

독해 > 세부 내용 찾기 > 내용 (불)일치

정답의 이유

세 번째 문장에서 'The design is the fifth to emerge from the American Women Quarters Program, which highlights pioneering women in their respective fields.'라고 했고, 다음 문장에서 'The other four quarters, all put into production this year, ~'라고 했으므로 5개의 새로운 쿼터(25센트 동전)가 생산된다는 것을 유추할 수 있다. 따라서 글의 내용과 일치하는 것은 ⑤ 'Five new quarters are produced to recognize pioneering women from various fields in the US(미국의 다양한 분야의 선구적인 여성들을 인정하기 위해 5개의 새로운 25센트 동전이 생산된다).'이다.

오답의 이유

① Maya Angelou와 Sally Ride는 대중의 지지를 받아 선택되었다. → 마지막 문장에서 'The latter two were, along with Wong, selected with input from the public.'이라고 했으므로, 글의 내용과 일치하지 않는다. 여기서 the latter two는 바로 앞 문장의 Wilma Mankiller와 Nina Otero-Warren을 말한다.

② Wong의 명예는 할리우드 여성의 대표성에서 변화를 의미한다. → 첫 번째 문장에서 'Anna May Wong, ~ will become the first Asian American to appear on US currency, ~'라고 했으므로, 글의 내용과 일치하지 않는다.

③ Anna May Wong은 그녀의 일생 동안 그녀의 업적에 대해 결코 인정받지 못했다. → 첫 번째 문장에서 'Early movie star Anna May Wong, who broke into Hollywood during the silent film era, ~'라고 했으므로, 글의 내용과 일치하지 않는다.

④ Wong은 American Women Quarters Program에 고려된 유일한 여성이었다. → 세 번째 문장에서 'The design is the fifth to emerge from the American Women Quarters Program, ~'라고 했으므로, 글의 내용과 일치하지 않는다.

본문해석

초기 영화배우 Anna May Wong은 무성 영화 시대에 할리우드에 진출했으며, 처음 주연을 맡은 지 100년 만에 미국 화폐에 등장하는 최초의 아시아계 미국인이 될 것이다. 트레이드마크인 뭉툭한 앞머리와 연필처럼 얇은 눈썹을 가진 Wong의 모습이 월요일부터 새로운 25센트 동전의 뒷면에 등장할 예정이다. 이 디자인은 American Women Quarters Program에서 다섯 번째로 등장했으며, 각각의 분야에서 선구적인 여성들을 강조한다. 나머지 4개의 25센트 동전들은 모두 올해 제작에 들어갔으며, 각각 시인이자 활동가인 Maya Angelou, 우주에 간 최초의 미국 여성 Sally Ride, 체로키 민족 지도자인 Wilma Mankiller, 여성 참정권론자인 Nina Otero-Warren 등을 특별히 포함한다. 후자인 두 사람들은 Wong과 함께 대중의 의견을 받아 선정되었다.

VOCA

- break into (갑자기) ~하기 시작하다
- silent film era 무성영화 시대
- appear 나타나다
- land 차지[획득]하다
- trademark 트레이드마크(어떤 사람의 특징이 되는 행위 · 복장 등)
- blunt 무딘, 뭉툭한
- bangs (단발머리의) 앞머리
- feature (~의) 특징을 이루다
- quarter (미국 · 캐나다의) 25센트짜리 동전
- pioneering 개척[선구]적인
- in their respective fields 각각의 분야에서
- suffragist 여성 참정권론자

---

14 난도 ★★☆　　　　　　　　　　정답 ③

독해 > 빈칸 완성 > 단어 · 구 · 절

정답의 이유

첫 문장에서 '어떤 말을 하지 말라는 말을 들은 적이 있나요?'라고 했으며, 빈칸 앞부분의 '정부가 사람들이나 조직이 말할 수 있는 것을 제한하는 법을 통과시킬 때 ~'로 미루어 빈칸에 들어갈 말로 적절한 것은 ③ 'censorship(검열)'임을 알 수 있다.

오답의 이유

① 구금[구류]
② 탄압
④ 박해
⑤ 강력 단속

본문해석

어떤 말을 하지 말라는 말을 들은 적이 있는가? 가정에서는 가정에서 말할 수 있는 것과 말할 수 없는 것에 대한 규칙을 갖는 것이 매우 일반적이지만, 정부도 마찬가지이다. 정부가 사람들이나 조직이 말할 수 있는 것을 제한하는 법을 통과시킬 때, 그것은 검열이라고 불린다.

VOCA

- pass a law 법을 통과시키다
- restrict 제한[한정]하다

---

15 난도 ★☆☆　　　　　　　　　　정답 ⑤

독해 > 빈칸 완성 > 단어 · 구 · 절

정답의 이유

빈칸 문장의 부사절이 양보를 나타내는 'Though'로 시작하여 '당시 여성들은 ~ 할 것으로 기대되었지만'이라고 했고, 빈칸 다음에서 'many women became leaders of organizations and protests.'라고 했으므로 빈칸에는 'leaders'와 반대되는 뜻의 말이 들어가야 함을 유추할 수 있다. 따라서 빈칸에 들어갈 말로 적절한 것은 ⑤ 'play a background role(배경 역할을 하다)'이다.

오답의 이유

① 규칙을 시행하다
② 그들의 생각을 활성화시키다
③ 사회에 반항하다
④ 더 적극적으로 참여하다

본문해석

대부분의 사람들이 인권 운동과 그것을 주도한 사람들을 생각할 때, 그들은 Martin Luther King, Jr.와 Malcolm X, Medgar Evers, 그리고 다른 남성들을 생각한다. 하지만 실제로, 여성들은 그 운동에서 매우 중요한 참가자들이었다. 당시 여성들은 배경 역할을 할 것으로 기대되었지만, 많은 여성들은 단체와 시위의 지도자가 되었다. 하지만 그들은 종종 역사에서 잊혀진다. Rosa Parks는 인권 운동에서 가장 잘 알려진 여성이지만, 그녀의 이야기가 전해지는 방식은 그녀를 실제로 중요한 지도자라기보다는 하나의 상징처럼 보이게 한다.

VOCA

- Civil Rights Movement 인권 운동
- play a role 역할을 맡다, 한 몫을 하다

---

16 난도 ★★★　　　　　　　　　　정답 ③

어법 > 비문 찾기

정답의 이유

③ 2형식 문장에서 보어(Particularly affected)가 도치된 구문으로, 복수 주어(seals and sea lions)이므로, 동사가 is → are가 되어야 한다.

오답의 이유

① 'which is known to cause entanglement'는 주어(Marine debris)를 수식하는 주격 관계대명사절이며, includes는 Marine debris의 동사이므로 3인칭 단수형으로 적절하게 사용되었다.
② 전치사구인 'through reduced feeding efficiency, and injuries'에서 feeding은 '급식, 섭취'의 뜻으로, 전치사 through 다음에 명사로 적절하게 사용되었다.
④ 동사(have been recorded)를 받는 주어(Entanglement rates)가 복수명사 형태이며, recorded 다음에 목적어가 없고 '기록되는'이라는 수동의 의미를 표현한 현재완료 수동형태인 have been recorded가 어법상 적절하게 사용되었다.
⑤ of already reduced population size는 명사 recovery를 수식하는 형용사구이며, '줄어든'의 의미이므로 과거분사 reduced가 어법상 적절하게 사용되었다.

빠져나갈 수 없는 얽힘을 초래하는 것으로 알려진 해양 폐기물은 그물과 모노필라멘트 라인 같은 버려진 어구와 식스팩 고리, 미끼 상자 끈을 포함한다. 이 폐기물은 익사, 질식, 목 졸림, 섭취 효율 저하로 인한 굶주림과 부상 등에 의한 사망을 초래할 수 있다. 바다표범과 바다사자가 특히 영향을 받는데, 아마도 자신들의 환경에서 사물을 탐구하는 호기심 많은 그들의 습성 때문일 것이다. 이 동물들 개체수의 최대 7.9%에서 얽힘 현상이 기록되었다. 게다가, 어떤 경우에는 얽힘 현상은 이미 줄어든 개체군 크기의 회복에 위협이 된다. 대략 58%의 바다표범과 바다사자 종은 얽힘 현상에 의해 영향을 받는 것으로 알려졌는데, 그것들에는 하와이안 몽크 바다표범, 호주 바다사자, 뉴질랜드 물범, 그리고 남대양의 종들이 포함된다.

- marine debris 해양 폐기물
- cause ~을 야기하다[초래하다]
- entanglement (빠져나갈 수 없는 것에) 얽혀 듦[걸려듦]
- derelict 버려진, 유기된
- fishing gear 낚시장비
- fishing bait box 낚시미끼상자
- strap 끈[줄/띠]으로 묶다
- drowning 익사
- suffocation 질식
- strangulation 교살, 교살당함
- starvation 기아, 굶주림
- inquisitive 꼬치꼬치 캐묻는
- threat 위협(받는 상황), 위험
- Hawaiian monk seal 하와이안 몽크 바다표범
- Australian sea lion 호주 바다사자
- New Zealand fur seal 뉴질랜드 물범

17 난도 ★☆☆ 정답 ④

독해 > 대의 파악 > 추론

정답의 이유

마지막 문장에서 캐나다 퀘벡 대학의 연구에 의하면 '~ pods may not be as wasteful as preparing coffee using a traditional coffee maker ~'라고 했으므로, 주어진 글에서 추론할 수 있는 것은 ④ 'Capsules may not be as wasteful as other coffee-making methods(캡슐은 커피를 만드는 다른 방식들만큼 낭비되지 않을 수도 있다).'이다.

오답의 이유

① 캡슐은 낭비이고 금지되어야 한다.
② 새로운 연구는 커피 만들 때 나오는 쓰레기의 양 줄이는 방법을 제안한다.
③ 커피를 마시는 모든 사람들은 환경 친화적인 제품을 찾는다.
⑤ 캡슐은 세계에서 커피를 만드는 가장 인기 있는 방법이다.

커피 한 잔을 만드는 것에 관하여 캡슐은 환경 친화적이지 않다는 평판을 가지고 있는데, 그것들은 종종 재활용하기 어렵기 때문이다. 다양한 방식으로 커피가 준비되는 동안, 커피 캡슐은 인기가 많아졌다. 그 인기에도 불구하고, 캡슐은 자신들의 카페인 습관이 환경에 미치는 영향을 의식하는 커피를 마시는 사람들을 오랫동안 갈라놓았다. 소형 플라스틱 또는 알루미늄 용기는 생산하는 데 많은 에너지를 소비하고 불필요한 폐기물을 유발한다는 비판을 받아왔다. 그러나 캐나다 퀘벡 대학의 새로운 연구에 따르면, 생산에서 쓰레기 매립지에 버려지는 양에 이르기까지 커피 한 잔의 더 넓은 수명주기를 고려할 때, 전통적인 커피 제조기를 사용하여 커피를 준비하는 것만큼 낭비가 아닐 수도 있다는 사실을 시사한다.

- when it comes to ~에 관하여
- reputation 평판, 명성
- environmentally 환경적으로
- be conscious of ~을 자각하다, 알고 있다
- energy-intensive 많은 에너지를 소비하는, 에너지 집약적인
- end up 결국 (어떤 처지에) 처하게 되다
- landfill 매립지

18 난도 ★★☆ 정답 ④

독해 > 세부 내용 찾기 > 내용 (불)일치

정답의 이유

세 번째 문장에서 '~ some variants are having a slight impact on the ability of vaccines to guard against mild disease and infection(일부 변종들은 가벼운 질병과 감염이 생기지 않도록 하는 백신의 능력에 약간의 영향을 미치고 있다).'라는 내용은 있지만, 백신을 항상 작용하게 만드는 것에 대한 내용은 나오지 않았다. 따라서 주어진 글에 언급되어 있지 않은 것은 ④ 'what makes vaccines always work(백신을 항상 작용하게 만드는 것)'이다.

오답의 이유

① 변형이 등장하는 때 → 첫 번째 문장에서 'When cases increase and transmission accelerates, it's more likely that new dangerous and more transmissible variants emerge, ~'라고 했으므로, 주어진 글에 언급된 내용이다.
② 백신의 효과 → 두 번째 문장에서 '~ vaccines are proving effective against existing variants, especially at preventing severe disease, hospitalization and death.'라고 했으므로, 주어진 글에 언급된 내용이다.
③ 백신이 변종에 반응하는 법 → 네 번째 문장에서 'Vaccines are likely to stay effective against variants because of the broad immune response they cause.'라고 했으므로, 주어진 글에 언급된 내용이다.
⑤ WHO의 역할 → 마지막 문장에서 'WHO continues to constantly review the evidence and will update its guidance as we find out more.'라고 했으므로, 주어진 글에 언급된 내용이다.

환자가 증가하고 전염이 가속화되면 위험하고 전염성이 높은 새로운 변종이 나타날 가능성이 더 높은데, 그것은 더 쉽게 확산되거나 더 심각한 질병을 유발할 수 있다. 우리가 지금까지 알고 있는 것을 바탕으로 한 백신은 기존의 변종, 특히 심각한 질병과 입원 및 사망을 예방하는 데 효과적이라고 입증되고 있다. 하지만 일부 변종들은 가벼운 질병과 감염이 생기지 않도록 하는 백신의 능력에 약간의 영향을 미치고 있다. 백신은 그들이 일으키는 광범위한 면역 반응 때문에 변종에 대해 효과적으로 유지될 가능성이 높다. 그것은 바이러스의 변화나 돌연변이가 백신을 완전히 효력 없는 것으로 만들 가능성은 낮다는 것을 뜻한다. WHO는 지속적으로 그 증거를 검토하고 있으며 더 많은 것을 알게 되면 지침을 업데이트할 것이다.

VOCA

- case (질병 · 부상) 사례[환자]
- transmission 전염, 전파, 전달
- accelerate 가속화되다, 가속하다
- transmissible 보낼[전할, 전도할] 수 있는, 전염하는
- variant 변종, 이형
- emerge 나오다[모습을 드러내다]
- spread 퍼지다[확산되다]
- severe 극심한, 심각한
- illness 병[질환]
- based on ~에 근거하여
- so far 지금까지[이 시점까지]
- vaccine (예방) 백신
- hospitalization 입원
- have an impact on ~에 영향을 미치다
- guard against ~이 생기지 않도록 조심[경계]하다
- immune response 면역 반응
- mutation 돌연변이, 변화[변형]
- ineffective 효과[효력] 없는, 효과적이지 못한

19 난도 ★★☆　　　　　정답 ②

독해 > 대의 파악 > 제목, 주제

[정답의 이유]

첫 번째 문장에서 'The James Webb Space Telescope can add another cosmic accomplishment to its list'라고 한 다음에, 'The space observatory has been used to confirm the existence of an exoplanet for the first time(그 우주망원경은 외계 행성의 존재를 처음으로 확인하는 데 사용되었다).'이라고 하였다. 따라서 글의 제목으로 가장 적절한 것은 ② 'The James Webb Space Telescope's Discovery of a Planet(James Webb 우주망원경의 행성 발견)'이다.

[오답의 이유]

① 천문학에서 NASA의 필수적인 역할
③ 과학적 연구를 위한 우주탐사 사용법
④ James Webb 우주망원경이 발견한 외계 행성의 수
⑤ James Webb 우주망원경의 성능에 대한 논란

James Webb 우주망원경은 목록에 또 다른 우주 업적을 추가할 수 있다. 그 우주망원경은 외계 행성의 존재를 처음으로 확인하는 데 사용되었다. 그 천체는 지구와 거의 정확하게 동일한 크기이다. 그 바위투성이의 세계는 팔분의자리 성좌에서 41광년 떨어져 있다. NASA에 의해 수집된 이전의 데이터는 그 행성이 존재할 수도 있다는 것을 암시했다. 천문학자인 Kevin Stevenson과 Jacob Lustig-Yaeger가 이끄는 연구팀은 Webb 망원경을 사용하여 그 표적을 관찰했다. "그 행성이 그곳에 있다는 것은 의심의 여지가 없습니다. Webb의 원시 데이터가 이를 입증합니다."라고 Lustig-Yaeger가 성명서에서 말했다. 그 행성의 발견은 수요일 시애틀에서 열린 미국 천문학회 제241차 회의에서 발표되었다.

VOCA

- Space Telescope 우주망원경
- cosmic 우주의, 장대한, 어마어마한
- accomplishment 업적, 공적
- space observatory 우주망원경
- confirm 사실임을 보여주다[확인해 주다]
- exoplanet 태양계외 행성
- celestial body 천체
- rocky 바위[암석]로 된, 바위[돌]투성이의
- Octans 팔분의(八分儀)자리
- constellation 별자리, 성좌
- astronomer 천문학자
- pristine 자연[원래] 그대로의, 오염되지 않은
- validate 입증하다

20 난도 ★★☆　　　　　정답 ②

독해 > 세부 내용 찾기 > 내용 (불)일치

[정답의 이유]

두 번째 문장에서 'Certainly, as the first reports came in of pandemic book sales, it did seem that people were at least buying more books.'라고 했고, 다음 문장에서 영국에서는 첫 번째 국가 봉쇄가 내려지기 전주에 도서 판매가 6% 증가했다고 했으므로 글의 내용과 일치하는 것은 ② 'The pandemic created a moment for boosting sales of books(전염병이 도서 판매를 증가시키는 계기를 만들었다).'이다.

[오답의 이유]

① 2020년에 사람들은 인간 존재에 대한 질문에 관심을 덜 보였다. → 첫 번째 문장의 '~ in 2020 that questions about human existence really were encouraging reading.'으로 미루어 2020년에 사람들이 인간 존재에 대한 질문에 관심을 더 보였다고 유추할 수 있으므로 글의 내용과 일치하지 않는다.
③ 영국보다 덴마크에서 더 많은 책이 팔렸다. → 세 번째 문장에서 영국에서 봉쇄 전주에 도서 판매량이 6% 증가했다고 했고, 다섯 번째 문장에서 덴마크에서 2020년 도서 판매량이 5.6% 증가했다고 했으므로 글의 내용과 일치하지 않는다.

④ 2020년에는 그 어느 때보다 많은 사람들이 도서관을 방문했다.
→ 네 번째 문장에서 'Physically closed, libraries reported significant growth in new digital users(도서관이 물리적으로 폐쇄되어 새로운 디지털 사용자가 크게 증가했다고 보고했으며),'라고 했으므로, 글의 내용과 일치하지 않는다.

⑤ 팬데믹이 덴마크의 경제를 자극했다. → 다섯 번째 문장에서 2020년에 덴마크에서 도서 판매량이 5.6% 증가했지만, 후반부의 '~ in 2020 despite shops being closed'로 미루어 팬데믹이 덴마크의 경제를 자극했다고는 할 수 없으므로 글의 내용과 일치하지 않는다.

본문해석

2020년에 책에서 어떤 일이 일어나고 있었는데, 그것은 인간 존재에 대한 질문들이 실제로 독서를 장려하고 있었다는 것이다. 확실히 팬데믹 도서 판매량에 대한 첫 번째 보고서가 나오자, 적어도 사람들은 더 많은 책을 사는 것처럼 보였다. 영국에서는 첫 번째 국가 봉쇄가 내려지기 전주에 실제 도서 판매량이 6% 증가했으며, 페이퍼백 소설 판매량은 한 주 만에 35% 증가했으며, Waterstones는 온라인 판매는 한 주 만에 400% 증가했다고 보고했다. 도서관이 물리적으로 폐쇄되어 새로운 디지털 사용자가 크게 증가했다고 보고했으며, 예를 들어 Hampshire County 의회는 대여가 770% 증가했다. 덴마크에서는 가게들이 문을 닫음에도 불구하고 2020년에 도서 판매량이 5.6% 증가했다는 것을 통계가 보여주었다. 게다가 이전보다 더 많은 사람들이 2020년에 도서 스트리밍 서비스에 가입했다.

VOCA

- human existence 인간 존재
- prior to ~에 앞서, 먼저
- lockdown (움직임 · 행동에 대한) 제재
- physically 자연 법칙에 따라, 물리적으로
- loan 대출[융자](금), 대여
- statistics 통계, 통계표, 통계학
- subscribe 구독하다, (인터넷 · 유료 TV 채널 등에[을]) 가입[시청]하다
- streaming 인터넷상에서 음성이나 동영상 등을 실시간으로 재생하는 기술

21 난도 ★★☆   정답 ①

독해 > 대의 파악 > 추론

정답의 이유

첫 번째 문단의 두 번째 문장에서 '~ maintaining good relationships with your members, volunteers, and donors is critical to your success.'라고 했고, 두 번째 문단의 두 번째 문장에서 'the biggest reason that relationships matter to nonprofits is that the very nature of the operation relies on goodwill and volunteerism.'이라고 했으므로, 주어진 글에서 추론할 수 있는 것은 ① 'The success of a non-profit organization depends on the strength of its relationships with key stakeholders(비영리 단체의 성공은 주요 이해 관계자와의 관계의 강도에 달려 있다).'이다.

오답의 이유

② 비영리 단체의 역할은 사회의 생존과 성공을 위해 중요하다.
③ 사람들은 주요 기관들과의 공공 관계성을 바탕으로 많은 돈을 벌 수 있다.
④ 비영리 단체는 홍보를 위한 마케팅에 반드시 초점을 맞추는 것은 아니다.
⑤ 사람들은 그들 자신의 자기 효능감 향상을 위해 기부하고 자원하는 경향이 있다.

본문해석

관계는 모든 조직의 수익에 영향을 주지만, 비영리적인 세계에서는 관계가 훨씬 더 중요한 양상을 나타낸다. 여러분이 지역의 무료급식소를 운영하든지 토목 기사들을 위한 회원 조직을 운영하든지 간에 여러분의 회원들, 자원봉사자들, 그리고 기부자들과 좋은 관계를 유지하는 것이 여러분의 성공에 매우 중요하다.

부분적으로, 이것은 비영리 단체들이 그들 중 상당수가 수십억 달러의 예산을 가지고 있음에도 불구하고 종종 실제로는 사업체가 아닌 것으로 여겨진다는 사실에서 비롯된다. 하지만 관계가 비영리단체에게 중요한 가장 큰 이유는 운영을 선의와 자원봉사에 의존하고 있다는 바로 그 본질 때문이다. 관계는 여러분의 홍보 및 그 밖의 마케팅 노력이 쌓아온 평판과 인식의 기초이다. 그리고 그러한 관계가 없다면, 아마 누구도 어떤 것을 위해 기부하거나 자원봉사를 하지 않을 것이다. 따라서 지지층과 강력한 공동체적 관계를 맺지 않으면 조직은 곧 생존을 중단할 것이다. 이것이 바로 여러분의 관계의 본질과 효험에 대한 지속적인 측정이 중요한 이유이다.

VOCA

- impact 영향[충격]을 주다
- bottom line 수익, 핵심, 요점
- not-for-profit 비영리의
- take on 나타내다, 띠다
- run (사업체 등을) 운영[경영/관리]하다
- soup kitchen 무료급식소
- maintain 유지하다[지키다]
- donor 기부자, 기증자
- be critical to ~에 결정적이다
- be seen as ~으로 여겨지다
- rely on 기대다, 의존하다
- goodwill 친선, 호의
- volunteerism 자원봉사활동
- chances are (that) 아마 ~일 것이다, ~할 가능성이 충분하다
- communal relationships 공동체적 관계
- constituency (특정 인물 · 상품 등의) 지지층[고객층]
- cease 중단되다, 그치다, 중단시키다
- efficacy (특히 약이나 치료의) 효험

독해 > 대의 파악 > 제목, 주제

[정답의 이유]

세 번째 문장에서 'Roman concrete, in many cases, has proven to be longer-lasting than modern concrete ~'라고 했고, 마지막에서 두 번째 문장에서 연구팀이 로마 건축물의 콘크리트 안에 있는 하얀 덩어리들이 시간이 지나면서 생긴 콘크리트의 균열을 치료하는 능력을 제공한다는 것을 발견했다고 했으므로, 글의 제목으로 가장 적절한 것은 ② 'The Durability of Ancient Roman Concrete(고대 로마 콘크리트의 내구성)'이다.

[오답의 이유]

① 로마 공학의 역사
③ 현대 건축에서 콘크리트의 사용
④ 지진대 건축 구조물의 문제점
⑤ 고대 로마에서 새로운 유형의 콘크리트 발견

본문해석

고대 로마의 장엄한 건축물들은 수천 년 동안 살아남았다. 하지만 어떻게 그들의 건축 재료가 2,000년 이상 서 있는 판테온과 콜로세움 같은 거대한 건물들을 유지하는 것을 도왔을까? 많은 경우에, 로마의 콘크리트는 수십 년 안에 악화될 수 있는 현대의 콘크리트보다 더 오래 지속된다는 것이 입증되었다. 이제, 새로운 연구의 배후에 있는 과학자들에 따르면, 그들은 로마인들이 건축 자재의 내구성을 강하게 하여 부두, 하수도, 지진 지역과 같이 건축하기 힘든 장소에 정교한 구조물을 지을 수 있게 한 신비한 성분의 비밀을 알아냈다고 한다. 한 연구팀이 이탈리아 중부에 있는 도시의 벽에서 2,000년 된 콘크리트 표본을 분석했다. 그들은 콘크리트에 있는 하얀 덩어리들이 시간이 지나면서 형성된 콘크리트의 균열을 치료하는 능력을 제공한다는 것을 발견했다. 그 흰색 덩어리들은 이전에는 저품질 원료의 증거로 간과되었다.

VOCA

• majestic 장엄한, 위풍당당한
• structure 구조물, 건축물
• millennium 새로운 천년이 시작되는 시기(복수형: millennia)
• Pantheon (로마의) 판테온
• longer-lasting 더 오래 지속되는
• deteriorate 악화되다, 더 나빠지다
• uncover (비밀 등을) 알아내다[적발하다]
• mystery 신비스러운[수수께끼 같은] 사람[것]
• ingredient (특히 요리 등의) 재료[성분]
• durable 내구성이 있는, 오래가는
• sewer 하수관, 수채통
• chunk (두툼한) 덩어리
• crack (무엇이 갈라져 생긴) 금
• overlook 못 보고 넘어가다, 간과하다

독해 > 빈칸 완성 > 단어·구·절

[정답의 이유]

첫 번째 문장에서 '무리 행동'은 동물이 위험한 상황에서 포식자를 피할 때 무리지어 하는 행동에서 비롯되었다고 했으며, 네 번째 문장에서 이 용어는 인간에게도 적용된다고 했다. 빈칸 문장의 앞부분에서 '이것은 종종 ~을 가진다.'라고 했고, 빈칸 다음의 'as people's actions are driven by emotion rather than by thinking through a situation.'으로 미루어 문맥상 빈칸에는 부정적인 의미의 말이 들어가야 함을 유추할 수 있다. 따라서 빈칸에 들어갈 말로 적절한 것은 ⑤ 'implication of irrationality(불합리한 결과)'이다.

[오답의 이유]

① 합리적인 추론
② 동물과의 차이
③ 사물의 특징
④ 실증적 사건

본문해석

'무리 행동'이라는 용어는 특히 포식자를 피하는 것과 같은 위험한 상황에 있을 때 동물들의 집단적인 행위에서 유래했다. 모든 동물들은 하나의 그룹으로 긴밀하게 함께 뭉치고, 공포스러운 상태에서는 하나의 단위로 함께 움직인다. 무리의 일원이 무리의 이동에서 벗어나는 것은 매우 이례적인 일이다. 이 용어는 또한 인간의 행동에도 적용되며, 그것은 보통 대단히 많은 사람들이 동시에 같은 방식으로 행동하는 것을 묘사한다. 그것은 종종 불합리한 결과를 갖는데, 사람들의 행동이 상황을 통한 사유에 의하기보다는 감정에 이끌리기 때문이다. 인간의 무리 행동은 대규모 시위, 폭동, 파업, 종교 집회, 스포츠 행사, 그리고 폭도의 폭력 발생에서 목격될 수 있다. 무리 행동이 시작되면, 한 개인의 판단과 의견 형성 과정은 중단되는데, 그 또는 그녀가 자동적으로 무리의 움직임과 행동을 따라가기 때문이다.

VOCA

• herd behavior 무리 행동
• predator 포식자, 포식 동물
• in panic 당황하여
• unit 부대[단체]
• apply to ~에 적용되다
• implication 영향[결과]
• irrationality 불합리, 부조리
• large-scale 대규모
• demonstration 시위
• riot 폭동
• strike 파업
• religious gathering 종교 집회
• outbreak 발생[발발]
• mob violence 폭도의 폭력
• set in 시작하다[되다]
• judgment 판단, 심판, 심사

• opinion-forming 의견 형성의

24 난도 ★★☆   정답 ③

독해 > 대의 파악 > 제목, 주제

정답의 이유

첫 번째 문장에서 'California has been struck by a final round of storms, bringing more rain and snow to a state.'라고 한 다음에 폭풍의 피해를 설명하고 있다. 네 번째 문장에서 최근 캘리포니아를 강타한 폭풍으로 인해 지역사회가 침수되어 강제로 대피할 수밖에 없다고 했으며, 다섯 번째 문장에서 'The back-to-back deluges have eroded roads and felled trees, making each successive storm more liable to cause serious damage as soils weaken.'이라고 구체적인 피해 사례를 설명하고 있으므로 글의 제목으로 가장 적절한 것은 ③ 'Devastated California after a Series of Storms(일련의 폭풍 후 황폐해진 캘리포니아)'이다.

오답의 이유

① 캘리포니아 날씨의 가장 큰 패배자
② 비와 폭풍의 예측 불가능성에 대비하는 방법
④ 캘리포니아에서 홍수의 원인과 결과
⑤ 캘리포니아가 자초한 눈보라 재난

본문해석

캘리포니아는 마지막으로 한 차례 폭풍이 덮쳐서 주 지역에 더 많은 비와 눈이 내렸다. 월요일 밤 동안과 화요일 이른 아침까지 주 일부 지역에 비와 눈이 내릴 것으로 예상되었다. 이번 주에 날씨가 개선되었음에도, 현재 많은 지역이 홍수와 산사태의 위험에 처해 있다. 최근 몇 주 동안 폭풍이 캘리포니아를 강타하여 지역사회가 침수되어 강제로 대피하게 되었다. 연이은 홍수는 도로를 침식하고 나무를 쓰러뜨렸으며 연속적인 폭풍은 각각 토양이 약해지면서 심각한 피해를 받기 쉽게 만들었다. 지난 주말 캘리포니아 시에라 네바다 산맥 일부 지역에 1~3피트의 눈이 내렸다. 월요일 현재 캘리포니아 중부 해안에서는 8백만 명이 홍수의 영향권에 있으며, 월요일에 캘리포니아 주에서는 3만 8천 6백 명 이상의 고객들이 여전히 정전 상태다.

VOCA

• strike (재난·질병 등이 갑자기) 발생하다[덮치다]
• overnight 밤사이에, 하룻밤 동안
• at risk of ~의 위험에 처한
• landslide 산사태
• batter 두드리다[때리다/구타하다]
• evacuation 피난, 대피
• back-to-back 꼬리에 꼬리를 물고, 연이어
• deluge 폭우, 호우
• erode (비바람이[에]) 침식[풍화]시키다[되다]
• fell (나무를) 베어 넘어뜨리다
• successive 연속적인, 연이은, 잇따른
• liable ~의 영향을 받기[~당하기] 쉬운
• range 산맥

• as of ~현재
• remain 계속[여전히] ~이다

25 난도 ★★★   정답 ④

독해 > 글의 일관성 > 글의 순서

정답의 이유

주어진 글은 6월 9일 상하이에서 공산당 지도부에 대한 저항 시위가 일어나고 있다는 신문 기사이므로, 주어진 글 다음에는 'The demonstrators'로 시작하는 (C)로 이어지는 것이 자연스럽다. (C)는 상하이의 대학생들이 베이징 시위 당시 사망한 수천 명의 사람들을 애도하는 장송곡에 맞춰서 행진하고 있다는 내용이므로, 베이징 시위를 설명하는 (A)로 이어져야 적절하다. (A)의 마지막에서 민주화 운동에서 베이징과 상하이 두 도시의 모습이 대조적이라고 했는데, (B)에서 베이징의 분위기는 엄숙하고 두려운 반면, 상하이는 분노와 반항의 분위기라고 마무리 짓고 있다. 따라서 주어진 글에 이어질 글의 순서로 적절한 것은 ④ '(C) - (A) - (B)'이다.

본문해석

6월 9일 상하이 - 오늘 수만 명의 학생들과 사람들이 항의성 집회를 열었으며, 공산당 지도부에 대한 지속적인 반항 시위로 이 도시의 거리를 행진했다.

(C) 상하이의 많은 대학과 기술대학 학생들이 이끄는 시위자들이, 군대가 그곳에서 시위를 진압했을 때 베이징에서 사망한 수천 명의 사람들을 애도하는 녹음된 장례식 노래에 맞춰 행진했다.

(A) 기자들과 외교관들이 추정한 군중은 약 4만 명에서 10만 명 이상이었다. 보안 경찰이 베이징에서 민주화 운동 참가자들을 체포하고 있다는 보도가 나오는 가운데, 이번 집회는 두 도시 사이의 대비를 반영했다.

(B) 베이징의 분위기는 엄숙하고 무서운 반면, 상하이의 그날의 사건들은 중국의 가장 크고 경제적으로 가장 중요한 도시에서 계속되는 분노와 반항의 분위기를 나타낸다.

VOCA

• tens of thousands of 수만(萬)의
• protest rally 항의성 집회, 시위
• defiance 반항[저항]
• funeral 장례식
• lament 애통[한탄/통탄]하다
• crush (폭력으로) 진압[탄압]하다
• range from ~에서 (…까지) 걸치다
• amid 가운데[중]에
• report 발표하다, 전하다, 보도, 기록
• security police 보안(保安) 경찰
• democracy movement 민주화운동
• atmosphere 대기
• solemn 침통한, 근엄한

한눈에 훑어보기

✓ 영역 분석

독해 02 03 04 05 06 07 08 09 10 12 13 14
16 17 20 21 22 23 24 25
20문항, 80%

어법 01 11 15 18 19
5문항, 20%

✓ 빠른 정답

01	02	03	04	05	06	07	08	09	10
①	①	①	③	④	④	①	③	③	④
11	**12**	**13**	**14**	**15**	**16**	**17**	**18**	**19**	**20**
①	③	①	②	④	②	③	①	①	②
21	**22**	**23**	**24**	**25**					
③	②	③	②	③					

✓ 점수 체크

구분	1회독	2회독	3회독
맞힌 문항 수	/ 25	/ 25	/ 25
나의 점수	점	점	점

01 난도 ★☆☆   정답 ①

어법 > 정문 찾기

[정답의 이유]

(A) 주어진 문장의 주어는 The selection으로 단수이므로 be동사 역시 단수명사와 함께 쓰이는 is가 옳다.

(B) '~에 사용되다'에 해당하는 숙어는 'be used to 동사원형'이므로 to meet가 옳다.

(C) 선행사 areas를 수식하는 관계사를 찾는 문제이다. 관계사 뒤에 이어지는 문장은 문장의 구성요소를 모두 갖춘 완전한 문장(관계절 내의 동사 'exist'는 자동사이므로 목적어를 필요로 하지 않는다)이므로 관계부사 where가 옳다.

본문해석

어떤 직업 또는 작업을 위한 적절한 보호복 선택은 주로 보여지는 위험에 대한 분석 또는 평가에 의해 좌우된다. 착용자의 노출 빈도와 유형뿐 아니라 예상되는 활동은 이러한 결정에 입력되는 일반적인 변수이다. 예를 들면, 소방관은 다양한 연소 물질들에 노출된다. 따라서 전문화된 다층 직물 구조가 주어진 열 문제들을 대처하는 데 사용된다. 그 결과 일반적으로 상당히 무거우며 근본적으로 어떠한 화재 상황에서도 최고 수준의 보호를 제공하는 보호 장비가 된다. 반대로, 돌발적인 화재의 가능성이 있는 지역에서 일하는 산업 노동자는 매우 다른 일련의 위험 요소와 필요조건들을 가지고 있을 것이다. 많은 경우에, 면 작업복 위에 입는 방염 작업복이 이 위험을 적절하게 해결해 준다.

VOCA

- appropriate 적절한
- protective 보호하는
- dictate ~을 좌우하다
- analysis 분석
- assessment 평가
- determination 결정
- variable 변하는[변하기 쉬운] 것[성질], 변수
- requirement 필요조건
- adequately 적절하게, 충분히

더 알아보기

관계대명사 vs. 관계부사

- 관계대명사는 문장 속에서 주어, 보어 또는 목적어 역할, 즉 명사를 대신하므로 관계대명사절은 불완전한 문장이다.

  예 She never listened to the advice which I gave it to her.

  (그녀는 내가 그녀에게 했던 조언을 결코 듣지 않았다.)

  → which는 선행사 advice를 수식하는 목적격 관계대명사로 관계절에서 목적어 역할을 하며, 관계절은 목적어(it)가 없는 불완전한 절이다.

  예 I met a student yesterday in the cafeteria who said she knew you.

  (나는 어제 너를 알고 있다고 말한 한 여학생을 식당에서 만났다.)

  → who는 선행사 a student를 수식하는 주격 관계대명사로 관계절에서 주어 역할을 하며, 관계절은 주어(a student)가 없는 불완전한 절이다.

- 관계부사는 부사를 대신하므로 관계부사절은 부사가 없어도 가능한 완전한 문장이다.

  예 Trees must be fitted for the places where they live.

  (나무들은 그들이 살고 있는 장소에 맞아야 한다.)

  → where는 선행사 the places를 수식하는 관계부사로 관계절에서 부사의 역할을 하며, 관계절은 완전한 문장이다. 이때 관계부사 where는 전치사+관계대명사(in which)로 바꿔쓸 수 있다.

---

02 난도 ★★☆　　　　　　　　　　　　정답 ①

독해 > 빈칸 완성 > 단어 · 구 · 절

정답의 이유

① 세 번째 문장에서 'The Indian government now runs programs aimed at improving their lot(인도 정부는 숲 근처에 사는 사람들의 지역을 향상시키는 것을 목표로 하는 프로그램을 운영하는데) ~'이라고 했으므로 (A)에는 'improve(향상시키다)'가 적절하다. 마지막 문장에서 그 프로그램이 성공한다면 숲은 지속 가능하게 관리될 것이라고 했으므로 (B)에는 'ruining(파괴하는)'이 적절하다.

오답의 이유

② 통제하다 – 보존하는

③ 향상시키다 – 제한하는

④ 통제하다 – 확대하는

본문해석

인도에서는 대략 3억 6천만 명, 즉 인구의 3분의 1이 숲속에 또는 숲과 아주 가까운 곳에 산다. 이 사람들의 절반 이상은 공식적인 빈곤선 아래에 살고 있으며, 그 결과 그들은 숲으로부터 얻는 자원에 결정적으로 의존한다. 인도 정부는 현재 숲의 상업적인 관리에 그들을 참여시킴으로써 그들의 지역을 개선하는 것을 목표로 프로그램을 운영하는데, 이러한 방식으로 그들이 필요로 하는 식량과 재료를 계속해서 얻을 수 있게도 하지만, 동시에 숲에서 나오는 수확물을

판매하게 하기도 한다. 만약 프로그램이 성공하면, 숲 거주자들은 더 번영할 것이지만 그들은 자신들의 전통적인 생활 방식과 문화를 보존할 수 있을 것이고, 그래서 숲은 지속 가능하게 관리될 것이며 야생동물들이 고갈되지 않는다.

⇩

인도 정부는 숲을 (B) 파괴하지 않고 숲 근처에 사는 사람들의 삶을 (A) 향상시키기 위해 노력하고 있다.

VOCA

- depend　의존하다
- crucially　결정적으로
- obtain　얻다
- dweller　거주자
- prosperous　번영하는
- sustainably　지속 가능하게
- deplete　고갈시키다

---

03 난도 ★☆☆　　　　　　　　　　　　정답 ①

독해 > 빈칸 완성 > 단어 · 구 · 절

정답의 이유

① 병원 직원들이 마스크 때문에 환자와의 소통이 어려워지자 마스크를 끼고도 상대방의 표정과 마음을 읽을 수 있는 방법을 개발하는 내용이다. 세 번째 문장에서 'Some hospital workers have developed innovative ways to try to solve this problem(이 문제를 해결하기 위해 혁신적인 방법을 고안했다).'이라고 했으므로, 문맥상 빈칸 (A)에는 'alternative(대안적인)', 빈칸 (B)에는 'complement(보완하다)'가 적절하다.

오답의 이유

② 성가신 – 분석하다

③ 효과적인 – 방해하다

④ 충격적인 – 향상시키다

본문해석

얼굴의 신호나 접촉이 없는 팬데믹 기간 동안에는, 어조와 억양에 대한 더 많은 강조, 속도를 늦추고 성가신 소리 없이 음량을 높이는 것을 포함하여 대화의 다른 측면에 더 집중할 필요가 있다. 얼굴 표정 없이는 말의 많은 뉘앙스를 쉽게 놓칠 수 있기 때문에, 눈 맞춤이 훨씬 더 큰 중요성을 가질 것이다. 일부 병원 직원들은 이 문제를 해결하기 위해 혁신적인 방법을 고안했다. 한 전문 간호사는 만성적으로 아픈 어린 환자들이 그녀의 얼굴을 볼 수 없다는 것을 몹시 걱정해서 아이들이 가리킬 수 있는 다양한 얼굴 스티커를 인쇄했다. 또한 일부 병원들은 현재 직원들을 쉽게 식별할 수 있는 '얼굴—시트'를 환자들에게 제공하고 있다. 그리고 이것은 마스크를 착용한 채로 동료와 환자들에게 자기 자신을 다시 소개하는 데 항상 유용하다.

⇩

일부 병원들과 직원들은 팬데믹 기간 동안 환자들과의 대화를 (B) 보완할 (A) 대안적인 방법을 찾고 있다.

VOCA

- in the absence of ~이 없을 때에, ~이 없어서
- pandemic 팬데믹, 전 세계적인(전국적인) 유행병
- emphasis 강조
- assume ~을 취하다, ~을 띠다, 가지다
- innovative 혁신적인
- chronically 만성적으로
- identification 식별
- colleague 동료

04 난도 ★★☆　　　　　　　　　　　　정답 ③

독해 > 글의 일관성 > 글의 순서

정답의 이유

영장류가 새로운 음식을 검사하고 익숙해지는 과정에 대한 내용이다. 실험자 Kenneth Glander가 이 방법을 먼저 소개한 뒤, 그 방법의 구체적인 예시가 이어지는 두괄식의 글이다. 따라서 정답은 주제 – 예시에 맞는 ③ '(C) – (B) – (A)'이다.

본문해석

일단 어미를 떠나면, 영장류는 그들이 마주친 새로운 음식이 안전하고 수집할 가치가 있는지에 대해 계속 결정해야 한다.

(C) 자기 스스로를 실험 도구로 사용하는 것은 하나의 옵션이지만, 사회적 영장류는 더 나은 방법을 찾아냈다. Kenneth Glander는 이것을 '견본추출'이라고 부른다. 짖는 원숭이들이 새로운 서식지로 이동하면, 무리 중 하나가 나무로 가서 나뭇잎 몇 개를 먹고 하루를 기다릴 것이다.

(B) 만약 식물에 특히 강력한 독소가 들어있다면, 그 시식자의 몸이 그것을 분해하려 할 것이며, 이 과정에서 대개 원숭이들을 아프게 할 것이다. Glander는 "이런 것을 본 적이 있어요'라고 말했다. "무리의 다른 원숭이들이 큰 관심을 가지고 지켜보고 있습니다. 만약 그 동물이 아프면, 다른 동물들도 그 나무에 다가가지 않을 것입니다. 이것은 주어지는 신호, 즉 사회적 신호입니다."

(A) 마찬가지로 그 시식자가 괜찮다고 느껴지면, 며칠 안에 다시 나무 속에 들어가서 조금 더 먹고 다시 기다리며 천천히 많은 양을 모을 것이다. 마지막으로 그 원숭이가 건강하면 다른 원숭이들도 이것이 괜찮다는 것을 알고 새로운 음식을 택한다.

VOCA

- primates 영장류
- encounter 마주하다
- by the same token 같은 이유로[마찬가지로]
- adopt 채택하다
- experiment 실험
- habitat 서식지
- troop 무리, 떼

05 난도 ★★☆　　　　　　　　　　　　정답 ④

독해 > 세부 내용 찾기 > 내용 (불)일치

정답의 이유

④ 마지막 문장 'Other Koreans living in Japan could not afford the train fare ~ and among them who had ethnic Japanese spouses and Japanese-born, Japanese-speaking children, ~'에서 교통비가 없는 한국인들 중에서 이미 일본인과 결혼해서 일본에서 태어나 일본어를 말하는 자녀들이 있는 한국인들이 일본에 남았다고 했으므로 글의 내용과 일치하지 않는다.

오답의 이유

① 세 번째 문장에서 일본에 남은 한국인들과 그들의 후손들을 Zainichi라고 했으므로 글의 내용과 일치한다.

② 다섯 번째 문장에서 전쟁 직후 경제적 기회를 누렸던 한국인들이 일본에 머무르는 것을 선택했다고 했으므로 글의 내용과 일치한다.

③ 여섯 번째 문장에서 한국의 열악한 환경에 싫증을 느껴 일본에 돌아가기로 했다고 했으므로 글의 내용과 일치한다.

본문해석

일본이 제2차 세계대전에서 패전한 후, 많은 한국인들이 (100~140만 명) 일본을 떠났다. 1948년까지 일본에 자리잡은 한국인의 인구는 약 60만 명이었다. 이 한국인들과 그들의 후손들은 보통 Zainichi(문자 그대로 '일본에 거주하는')라고 불리며, 이 용어는 종전 직후 몇 년 동안 등장했다. 일본에 남은 한국인들은 다양한 이유로 그렇게 했다. 식민지 시대 동안 사업, 제국의 관료 사회, 군대에서 성공적인 커리어를 쌓았거나, 전쟁 직후에 열린 경제적 기회를 누렸던 한국인들은 빈곤하고 정치적으로 불안정했던 해방 직후의 한국으로 돌아오는 위험을 무릅쓰기보다는 일본 사회에서의 상대적으로 특권을 가진 지위를 유지하기로 했다. 본국으로 송환된 일부 한국인들은 그들이 본 열악한 환경에 싫증을 느껴 일본으로 돌아가기로 하기도 했다. 일본에 사는 다른 한국인들은 출발 항구까지 가는 기차비를 감당할 수 없었고, 그들 중 일본인 배우자와 일본어를 사용하는 자녀가 있는 사람들에게는 새로운 환경의 문화적이고 언어적인 도전을 처리하는 것보다 일본에 머무르는 것이 더 합리적이었다.

VOCA

- ethnic 민족의
- bureaucracy 관료
- colonial period 식민지 시대
- privileged status 특권을 가진 지위
- impoverished 빈곤한
- repulse 구역질나게 하다, 혐오감을 주다
- navigate (힘든 상황을) 다루다, 처리하다

독해 > 빈칸 완성 > 단어·구·절

정답의 이유

빈칸 다음에서 심판, 오케스트라 지휘자가 손과 팔, 몸의 움직임을 통해서 의사를 전달한다고 했고, 네 번째 문장에서 'People working at a distance from each other have to invent special signals if they want to communicate.'라고 한 다음에 공장이나 수영장 같은 시끄러운 환경에서 일하는 사람들도 자신들만의 신호가 필요하다고 했다. 따라서 빈칸에 들어갈 말로 가장 적절한 것은 ④ 'develop their signing a bit more fully(더 확실하게 그들의 신호를 발전시키다)'이다.

오답의 이유

① 부모와 자녀를 지원하다
② 완전히 새로운 업무 스타일을 도입하다
③ 기본적인 인권을 위해 법정에서 싸우다

본문해석

사람들이 좀 더 확실하게 그들의 신호를 발전시켜야 했던 직업이 있다. 우리는 심판들이 그들의 팔과 손을 사용해서 선수들에게 신호로 지시를 내리는 것을 본다.—크리켓에서 한 손가락이 위쪽을 향하는 것은 타자가 아웃되고 삼주문을 떠나야 한다는 것을 의미한다. 오케스트라 지휘자들은 그들의 움직임을 통해 연주자들을 통제한다. 서로 멀리 떨어져서 일하는 사람들은 의사소통을 원한다면 특별한 신호를 만들어야 한다. 기계들이 몹시 시끄러운 소리를 내는 공장에서와 같은 소란한 환경에서 일하는 사람들이나 학교 아이들로 가득찬 수영장 주변의 구조원들도 마찬가지이다.

VOCA

• refree   (축구, 권투, 농구 등의) 심판
• umpire   (야구, 크리켓, 테니스 등의) 심판
• conductor   지휘자
• invent   발명하다

독해 > 세부 내용 찾기 > 내용 (불)일치

정답의 이유

두 번째 문장에서 인간에게 암을 유발하는 19가지의 화학물질 중 7가지가 생쥐와 쥐에게 암을 유발한다고 했으므로 글의 내용과 일치하지 않는 것은 그와 반대되는 내용의 ①이다.

오답의 이유

② 세 번째 문장에서 항우울제인 노미펜신이 쥐, 토끼 등에게 극소의 독성을 가지고 있지만 인간에게는 간독성과 빈혈을 유발했다고 했으므로 글의 내용과 일치한다.
③ 네 번째 문장에서 동물 실험에서는 예측되지 않았던 심각한 부작용을 사람에게는 일으켜서 장애 또는 심지어 사망을 초래할 수도 있다는 것이 밝혀졌다고 했으므로 글의 내용과 일치한다.
④ 마지막 문장에서 동물 연구 중단을 요구하는 연구원들은 인간 임상 실험, 부검 실험실의 도움을 받은 관찰 같은 더 나은 방법이 있다고 했으므로 글의 내용과 일치한다.

본문해석

연구에 동물 사용을 반대하는 사람들은 약물 또는 기타 화합물들의 안전성 테스트에 동물을 사용하는 것 또한 반대한다. 제약업계에서는, 국립암연구소가 정한 기준에 의하면 복용 시 인간에게 암을 유발하는 것으로 알려진 19개 화학물질 중에서 생쥐와 쥐에게 암을 유발하는 것은 7개에 불과하다는 사실에 주목했다(Barnard and Koufman, 1997). 예를 들면 항우울제인 노미펜신은 쥐, 토끼, 개, 원숭이에게 극소의 독성을 가지고 있지만, 인간에게는 간독성과 빈혈을 유발했다. 이것과 다른 경우에서, 일부 화합물들이 동물 실험에서는 예측되지 않았던 심각한 부작용을 사람에게 일으켜서 치료받는 사람들에게 장애 또는 심지어 사망으로 이어질 수도 있는 상태를 초래한다는 것이 밝혀졌다. 그리고 동물 연구 중단을 요구하는 연구원들은 인간 임상 실험, 부검 실험실의 도움을 받는 관찰 같은 더 나은 방법이 있다고 명시한다.

VOCA

• compound   화합물
• pharmaceutical   제약의
• antidepressant   항우울제
• toxicity   유독성
• disability   장애
• autopsy   부검

독해 > 글의 일관성 > 무관한 어휘·문장

정답의 이유

'clear(확실한)' 다음에 오는 However로 시작하는 문장에서 찬물 샤워의 긍정적인 영향에 대해 서술하고 있으므로 이전 문장에서는 찬물 샤워가 체중 감량에 도움이 되는지에 대한 연구는 확실하지 않다는 내용이 서술되어야 한다. 찬물 샤워의 효과가 확실하지는 않더라도 많은 사람들의 경험과 증언을 통해 그 효과를 입증할 수 있다고 전개되어야 하므로 문맥상 낱말의 쓰임이 적절하지 않은 것은 ③ 'clear(확실한)'이다.

본문해석

찬물 샤워는 수온이 70℉ 미만인 모든 샤워이다. 이것은 건강상 이점이 있을 수 있다. 우울증이 있는 사람에게는 찬물 샤워가 일종의 가벼운 전기충격 요법으로 작용할 수 있다. 찬물은 많은 전기적 자극을 뇌에 보내준다. 찬물은 주의력, 명료함, 에너지 레벨을 높이기 위해 당신의 체계를 덜컥 움직이게 한다. 때때로 행복 호르몬이라고도 일컫는 엔돌핀 또한 분비된다. 이 효과는 웰빙과 낙관주의로 이어진다. 비만인 사람의 경우, 일주일에 2~3번 찬물 샤워를 하는 것이 신진대사 증가에 기여할 수도 있다. 이것은 장기적으로 비만을 이겨내는 데 도움이 될 수도 있다. 찬물 샤워가 사람들의 체중 감량에 정확히 어떻게 도움이 되는지에 대한 연구는 <u>확실하다(→ 확실하지 않다)</u>. 하지만 찬물이 특정 호르몬 수치를 균일하게 만들고 위장 계통을 치료할 수 있음을 보여준다. 이런 효과들은 체중 감량으로 이어지는 찬물 샤워의 능력에 추가된다. 또한 규칙적으로 하면 찬물 샤워는 순환 계통을 더 효율적으로 만들 수 있다. 일부 사람들은 또한 찬물 샤워의 결과로 피부가 더 좋아보인다고 보고했는데, 아마도 순환이 더 잘되기 때문일 것이다. 우리는 부상 후 치료를 위한 찬물을 지지하는 데이터를 최근에 봤음에도 운동선수들은 이러한 이점을 수년간 알고 있었다.

VOCA

• depression 우울, 우울증
• impulse 자극
• alertness 기민성
• obese 비만인
• metabolism 신진대사
• circulatory system 순환계
• efficient 효율적인

독해 > 빈칸 완성 > 단어·구·절

정답의 이유

③ 네 번째 문장에서 협력 스타일은 모든 사람에게 이로운 방향으로 문제를 해결하려 한다고 했으므로 (A)에는 '상호 이해'가 적절하다. 반면 마지막 문장에서 경쟁 스타일은 문제를 빠르게 해결하는 경향이 있다고 했으므로 (B)에는 '시간 효율성'이 적절하다.

오답의 이유

① 재정적 능력 – 상호작용
② 시간 절약 – 평화로움
④ 유효성 – 일관성

본문해석

연구원들은 갈등이 발생했을 때 한 개인이 대처하는 습관적인 방법에 대해 관심을 가져왔다. 그들은 이 접근 방식을 갈등 스타일이라고 불렀다. 여러 가지 분명한 갈등 스타일이 있으며 각각은 장점과 단점을 가지고 있다. 협력 스타일은 모든 사람들에게 최상의 결과가 제공될 가능성을 극대화하는 방식으로 문제를 해결하는 경향이 있다. 협력 스타일의 장점은 신뢰 형성, 긍정적인 관계 유지, 그리고 헌신 구축을 포함한다. 그러나, 그것은 시간이 걸리고 갈등 중에 다른 사람과 협력하려면 많은 에너지가 필요하다. 경쟁 스타일은 목표에 도달하지 못하는 사람에게 적대감을 키울 수 있다. 하지만, 경쟁 스타일은 갈등을 빠르게 해결하는 경향이 있다.

⇩

협력 스타일은 (A) 상호 이해에 큰 가치를 두는 사람에게 사용될 수 있는 반면, (B) 시간 효율성을 선호하는 사람은 경쟁 스타일을 선택할 수도 있다.

VOCA

• habitual 습관적인
• apparent 분명한
• pros and cons 장단점, 찬반 양론
• maximize 극대화하다
• commitment 헌신
• hostility 적의

독해 > 글의 일관성 > 글의 순서

정답의 이유

갈등 해결의 역사적 진화는 1950년대와 1960년대에 추진력을 얻었다는 주어진 글 다음에 다양한 학문 연구에서 온 한 개척자 그룹(A group of pioneers)이 일반적인 현상으로서 갈등 연구의 가치를 알았다는 내용의 (C)로 이어지는 것이 자연스럽다. 역접 연결사 'However(그러나)'로 시작하는 (B)에서 개척자 그룹을 그들(they)로 받으며 일부 사람들에게는 진지하게 받아들여지지 않았다고 하면서 국제 관계 종사자들의 예를 들고, 마지막으로 (A)에서 새로운 사상 속에 내재하는 분석과 실천의 결합이 실무자들의 전통과 조화를 이루기가 쉽지 않았다는 것으로 마무리하는 것이 적절하다. 따라서 글의 순서로 가장 적절한 것은 ④ '(C) – (B) – (A)'이다.

본문해석

갈등 해결의 역사적 진화는 핵무기 개발과 초강대국들 사이의 갈등이 인류 생존을 위협하는 것으로 보였던 냉전이 한창이던 1950년대와 1960년대에 추진력을 얻었다.
(C) 다양한 학문 연구에서 온 한 개척자 그룹은 갈등이 국제적인 관계, 국내 정치, 산업 관계, 지역사회 또는 개인 사이에서 발생하든 간에 관계없이, 유사한 특성을 가진 일반적인 현상으로서 갈등을 연구하는 것의 가치를 보았다.
(B) 하지만, 그들은 일부 사람들에게는 그리 진지하게 받아들여지지 않았다. 국제 관계 전문가들은 국제 갈등에 대한 자신들만의 이해를 가지고 있었으며 제안된 새로운 접근 방식에서 가치를 보지 못했다.
(A) 새로운 사상 속에 내재하는 분석과 실천의 결합은 전통적인 학술 기관 또는 외교관이나 정치인 같은 실무자들의 전통과 조화를 이루는 것이 쉽지 않았다.

VOCA

- momentum 추진력, 탄력
- at the height of ~의 최고조에
- superpower 초강대국
- implicit 내재된
- reconcile 조화를 이루다
- disciplines 학문

어법 > 정문 찾기

정답의 이유

(A) 타동사(is accepting) 뒤에는 목적어가 와야 한다. 이어지는 문장 'there are always unintended consequences'는 존재구문으로 주어와 술어, 보어를 모두 갖춘 완전한 문장이므로, 완전한 문장을 끌어올 수 있는 명사절 접속사인 that이 옳다.
(B) 로마의 역사를 과거 시점에서 표현하고 있으므로 과거동사 had가 사용되어야 한다.
(C) 선행사 a process를 수식하는 관계대명사절이 등위접속사 and로 연결되어 that was both constrained by reality와 병렬 구조를 이루어야 하고, 의미상 process는 '채우는'이 아니라 '채워지는'이라는 수동태 표현이 더 적절하므로 filled with가 되어야 한다.

오답의 이유

② · ③ 관계대명사 what은 주어, 보어 또는 목적어를 대신하고 있으므로 그 뒤에 나오는 문장은 불완전해야 한다.
③ · ④ 역사적 사실을 이야기하는 문장이므로 현재시제 have는 옳지 않다.
② · ④ filling with가 능동 형태로 쓰이려면 목적어가 함께 와야 하는데 현 문장에는 목적어가 없으므로 옳지 않다.

본문해석

경제학을 이해하는 열쇠는 언제나 의도되지 않은 결과가 있다는 것을 받아들이는 것이다. 사람들이 나름대로 합당한 이유로 하는 행동들은 그들이 예상하거나 의도하지 않았던 결과를 불러오기도 한다. 지정학에서도 마찬가지이다. 로마의 마을이 기원전 7세기에 확장을 시작했을 때에, 500년 후에 지중해 세계를 정복하기 위한 종합 계획을 가지고 있었는지 의심스럽다. 하지만 주민들이 이웃 마을을 상대로 취한 첫 번째 행동은 현실에 제약받으면서도 의도되지 않은 결과로 가득 찬 과정의 도화선에 불을 당긴 것이었다. 로마는 계획된 것은 아니지만, 그냥 일어난 일도 아니었다.

VOCA

- unintended 의도되지 않은
- consequences 결과
- envision 상상하다
- expansion 확장
- set in motion ~의 도화선에 불을 당기다
- constrained 제약된

더 알아보기

존재구문

• 존재구문의 형태: There＋be동사＋명사＋수식어(구)

- 존재구문의 be동사 뒤에 있는 명사가 실질주어이고, 동사는 실질주어에 수일치한다.
- 존재구문의 의미: ~(들이) 있다. ~(들)이 존재한다
- 'There is[are] ~' 구문에서 'there'는 아무런 의미 없이 문장을 이끄는 유도부사이다.

예 There was little information about her.
(그녀에 대한 정보가 거의 없었다.)

• 명사 앞에 the, this, that은 올 수 없다.

예 There is the book on the desk. (×)
There is a book on the desk. (○)

• be동사 대신 1형식 동사(go, live, exist 등)가 사용되기도 한다.

예 There has lived a beautiful woman in that house since 2002.
(2002년 이후로 저 집에 아름다운 여성이 살고 있다.)

12 난도 ★★☆ 정답 ③

독해 > 빈칸 완성 > 단어 · 구 · 절

정답의 이유

여섯 번째 문장에서 로마가 물이 곧 권력이라는 것을 이해하고 제국의 번성을 위해 수로를 건설했다는 내용이 언급되어 있으므로 빈칸에 들어갈 말로 가장 적절한 것은 ③ 'concentrating and strengthening their authority(그들의 권력을 집중하고 강화하는)'이다.

오답의 이유

① 청년들을 교육하는 것에 집중하는

② 지역 시장에서 자유로운 무역을 금지하는

④ 그들의 재산을 다른 나라에 넘겨주는

본문해석

물과 문명은 밀접한 관련이 있다. '수력 문명'이라는 개념은 물이 역사를 통틀어 많은 대규모의 문명을 위한 통일적인 맥락이자 타당한 이유라고 주장한다. 예를 들면, 여러 세기에 걸친 중국 제국은 부분적으로 황하를 따라 홍수를 통제하는 한 살아남았다. 수력학적 이론에 대한 한가지 해석은 대도시로 인구를 모으는 타당한 이유는 물을 관리하기 위함이라는 것이다. 또 다른 해석은 대규모 물 프로젝트가 대도시의 번영을 가능하게 한다고 제안한다. 로마 제국은 그들이 통제했던 땅 전체에 방대한 송수로 망을 건설했기 때문에. 로마는 물과 권력 사이의 관계를 이해했는데, 그중 상당 부분이 손상되지 않은 채로 남아 있다. 예를 들어, 프랑스 남부의 Pont de Gard가 물 공공 기반 시설에 대한 인류의 투자에 대한 증거로 오늘날 존재하고 있다. 로마 총독들은 그들의 권력을 집중하고 강화하는 방식으로 도로, 다리, 수로 시스템을 건설했다.

VOCA

• unifying 통일[통합]하는, 통일적인

• interpretation 해석

• intact 손상되지 않은 채로

• testament 증거

• infrastructure 사회[공공] 기반 시설

• governor 총독, 주지사

• authority 권한

13 난도 ★★☆ 정답 ①

독해 > 글의 일관성 > 글의 순서

정답의 이유

주어진 글의 첫 번째 문장 'Ambiguity is so uncomfortable that it can even turn good news into bad.'에서 모호함의 불편함을 언급하고 그 예로 병원에서 검사받는 상황을 들고 있으므로 검사 결과를 듣는 상황인 (B)로 이어지는 것이 자연스럽다. 검사 결과 음성이라는 (B) 다음에는 통증의 원인에 대한 설명이 필요하다는 (A)가 이어진다. 마지막으로 (C)에서 모호한 결과는 또 다른 불안감을 가져오게 될 것이고 좌절감을 느끼게 할 것이라고 마무리 짓고 있다. 따라서 주어진 글 다음에 이어질 글의 순서로 적절한 것은 ① '(B) - (A) - (C)'이다.

본문해석

모호함은 너무 불편해서 좋은 소식을 나쁜 소식으로 바꿀 수도 있다. 당신은 지속적인 복통으로 의사를 찾는다. 의사는 복통의 이유를 찾을 수 없어 검사를 위해 당신을 검사실로 보낸다.

(B) 일주일 후 결과를 듣기 위해 당신은 전화를 받는다. 당신이 마침내 그녀의 사무실에 도착하면, 당신의 의사는 웃으며 검사 결과는 모두 음성이었다고 말한다.

(A) 그리고 무슨 일이 생길까? 당신의 즉각적인 안도감은 기이한 불편감으로 바뀔 수도 있다. 당신은 여전히 그 통증이 무엇이었는지 모른다. 어딘가에는 설명이 있어야 한다.

(C) 아마도 암일 수도 있고 그들이 그것을 놓쳤을 수도 있다. 어쩌면 그것은 악화되었을지도 모른다. 분명히 그들은 원인을 찾아낼 수 있어야 할 것이다. 확실한 답이 없기 때문에 당신은 좌절감을 느낀다.

VOCA

• ambiguity 모호함

• uncomfortable 불편한

• persistent 지속적인

• negative 음성

• immediate 즉각적인

• relief 안도감

• definitive 확실한

14 난도 ★★☆　　　　　　　　　　정답 ②

독해 > 글의 일관성 > 문장 삽입

정답의 이유

주어진 문장은 however가 사용되었으므로 상반되는 내용의 중간에 들어가야 한다. ②의 앞 문장에서 '평상복 출근날' 실행의 긍정적인 의도를 서술하고, ② 다음 문장에서 '~ employees had to create a "workplace casual wardrobe"(직원들은 '직장용 평상복' 의류를 마련해야 했다).'라고 평상복 출근의 역효과를 말하고 있으므로 주어진 문장이 들어가기에 적절한 위치는 ②이다.

본문해석

출근할 때 옷 입는 방식은 새로운 선택의 요소가 되었으며, 그것과 함께 새로운 걱정거리가 되었다. 약 10년 전에 등장한 '자유 복장의 날' 또는 '평상복 출근날' 실행은 직원들의 삶을 더 편하게 만들고, 그들이 돈을 절약하고 사무실에서 더 편안함을 느낄 수 있게 하기 위해 의도되었다. 하지만 효과는 정반대였다. 일반적인 직장 출근복 외에 직원들은 '직장용 평상복' 의류를 마련해야 했다. 이 평상복은 사실 주말 동안 집에서 입고 다니던 스웨트 셔츠나 티셔츠가 될 수는 없었다. 이 평상복은 편안하면서도 진중한 어떤 특정한 이미지를 유지하는 의상이어야 했다.

VOCA
- anxiety 걱정거리
- dress-down day 약식[자유] 복장으로 근무하는 날
- reverse (정)반대
- sustain 유지하다, 지속하다

15 난도 ★★☆　　　　　　　　　　정답 ④

어법 > 비문 찾기

정답의 이유

④ 동명사구(Deciding on ~)가 주어의 역할을 하고 있는 문장으로, 동명사는 단수 취급하므로 동사는 are → is가 되어야 한다.

오답의 이유

① 주격 관계대명사 that이 선행사 method를 수식하고 있다.

② 선행사 survey online을 수식하는 관계사 that절 속에 있는 동사 enables와 provides가 등위접속사 and로 연결되어 병렬을 이루고 있다. 선행사가 단수이므로 3인칭 단수동사 provides가 올바르게 사용되었다.

③ Whichever는 복합관계대명사이다. Whichever way가 하나의 명사로 목적어의 역할을 하고 있다. 주어 you, 동사 choose와 함께 사용되어 '어떤 방법을 선택하더라도'라는 의미의 부사절로 사용되었다.

본문해석

당신은 당신이 원하는 결과에 가장 적합한 연구 방법을 선택해야 한다. 당신은 수많은 사람들에게 질문하고 리포트 형식으로 전체 분석을 제공할 수 있는 온라인 설문 조사를 실행할 수 있다. 또는 일대일 질문을 하는 것이 더 소수의 실험 대상으로 선택된 사람들로부터 여러분이 필요한 답변을 얻는 더 나은 방법이라고 생각할 수도 있다. 어떤 방법을 선택하든, 비슷한 것들끼리 비교할 필요가 있을 것이다. 사람들에게 같은 질문을 하고 답변을 비교해 보아라. 유사점과 차이점을 둘 다 찾아보아라. 패턴과 트렌드를 찾아보아라. 데이터를 기록하고 분석하는 방법을 결정하는 것은 중요하다. 간단한 자체 생성 스프레드시트는 일부 기본적인 연구 데이터를 기록하기에 충분할 것이다.

VOCA
- suit ~에 잘 맞다, 적합하다
- outcome 결과
- format 형식
- spreadsheet 스프레드시트

16 난도 ★☆☆　　　　　　　　　　정답 ②

독해 > 대의 파악 > 요지, 주장

정답의 이유

제시문은 범죄자가 범죄를 저지르는 이유를 설명하는 글로, 첫 번째 문장에서 'Some criminal offenders may engage in illegal behavior because they love the excitement and thrills that crime can provide.'라고 하면서 '범죄가 제공하는 흥분과 전율'을 범죄 이유로 제시하고 있다. 마지막 문장 'The need for excitement is a significant predictor of criminal choice.'에서 범죄에서 흥분 욕구가 범죄 선택의 주요 예측 변수라고 했으므로 글의 요지로 가장 적절한 것은 ② '범죄 행위에서 생기는 흥분과 쾌감이 범죄를 유발할 수 있다.'이다.

본문해석

일부 범죄자들은 범죄가 제공하는 흥분과 전율을 사랑하기 때문에 불법행위에 가담할 수 있다. 사회학자 Jack Katz는 매우 영향력 있는 그의 저서 *Seductions of Crime*에서 범죄 행위에는 사람들을 범죄 생활로 '유혹'하는 즉각적인 이점이 있다고 주장한다. 어떤 사람들에게는 좀도둑질과 기물파손이 매력적인데, 범죄를 잘 해내는 것이 개인의 능력을 증명하는 스릴 넘치는 일이기 때문이다. 흥분욕구는 체포와 처벌에 대한 두려움과 맞설 수 있다. 사실, 일부 범죄자들은 이 추가된 '전율' 때문에 특히 위험한 상황을 의도적으로 찾는다. 흥분욕구는 범죄 선택의 중요한 예측 변수이다.

VOCA
- offender 범죄자
- engage in ~에 관여하다
- seduction 유혹
- shoplifting 절도
- get away with ~을 잘 해내다, ~을 벌 받지 않고 (무난히) 해내다

- demonstration 증명
- apprehension 체포
- predictor 예측 변수

17 난도 ★☆☆
정답 ③

독해 > 빈칸 완성 > 단어 · 구 · 절

정답의 이유

제시문은 새끼 원숭이의 대리모 실험에 관한 내용이다. 빈칸 앞 문장에서 '~ they overwhelmingly preferred and spent significantly more time with the warm terry-cloth mother'라고 했으므로 대리모가 따뜻한 천으로 새끼 원숭이에게 심리적 편안함을 주었다고 유추할 수 있다. 따라서 빈칸에 들어갈 말로 가장 적절한 것은 ③ 'comfort(편안함)'이다.

오답의 이유

① 직업
② 약물
④ 교육

본문해석

애착의 중요성을 보여주는 한 고전적인 연구에서, Wisconsin 대학의 심리학자인 Harry와 Margaret Harlow는 어린 원숭이들의 반응을 조사했다. 새끼 원숭이들은 생물학적 어미로부터 분리되었고, 두 대리모가 우리 안으로 들여보내졌다. 하나는 철사 어미로 동그란 나무 머리, 차가운 금속 철사 그물망 그리고 새끼 원숭이가 우유를 마실 수 있는 우유병으로 구성되어 있었다. 두 번째 어미는 따뜻한 테리 직물 담요로 감싸져 있는 스펀지 고무 형태였다. 새끼 원숭이들은 음식을 위해 철사 어미에게 다가갔지만 그들은 압도적으로 따뜻한 테리 직물 어미를 선호하며 상당히 더 많은 시간을 보냈다. 따뜻한 테리 직물 어미는 음식을 제공하지 않았지만 편안함을 제공했다.

VOCA

- attachment 애착
- investigate 조사하다
- terry-cloth 테리 직물
- overwhelmingly 압도적으로

18 난도 ★☆☆
정답 ①

어법 > 비문 찾기

정답의 이유

① 등위접속사 and로 연결된 문장으로, and 앞이 과거(was released)이므로 and 다음에도 과거동사가 사용되어야 한다. 따라서 spend → spent가 되어야 한다.

오답의 이유

② what 명사절이 figure out의 목적어로 사용되었다. 명사절 속에서 what은 동사 had done의 목적어 역할을 한다.
③ 주어 I의 재귀대명사 myself가 isolate의 목적어로 사용되었다.
④ so+형용사[부사]+that ~ 구문은 '너무 ~해서 …하다'라고 해석된다. 이때 that은 문장을 이끄는 접속사이므로 that 다음에는 완전한 문장이 온다.

본문해석

나는 친부모에 의해 입양 보내졌고, 내 인생의 첫 10년을 고아원에서 보냈다. 나는 몇 년 동안 내게 무슨 문제가 있을까 고민하며 보냈다. 만약 내 부모님이 나를 원하지 않았다면, 누가 원할 수 있을까? 나는 내가 무엇을 잘못했고 왜 많은 사람들이 나를 쫓아 보냈는지 알아내려 노력했다. 나는 현재 누구에게도 가까이 다가가지 않는데 만약 내가 그것을 하면 사람들이 나를 떠날 수도 있기 때문이다. 어렸을 때 나는 살아남기 위해 감정적으로 나 스스로를 고립시켜야만 했고, 여전히 어렸을 때 가졌던 가정들을 바탕으로 움직인다. 나는 버림받는 것이 너무도 두렵기에 위험을 무릅쓰고 나아가지 않을 것이고 최소한의 모험도 하지 않을 것이다. 나는 지금 마흔 살이지만 여전히 어린아이 같은 기분이 든다.

VOCA

- release 방출하다
- adoption 입양
- orphanage 고아원
- assumption 가정, 추측
- deserted 버림받은
- venture 과감히 가다, 위험을 무릅쓰고 나아가다
- take a risk 모험을 하다

어법 > 비문 찾기

정답의 이유

① suggest는 5형식 동사가 아닌 3형식 동사로 that절이 목적어로 사용되었으며 that이 생략되었으므로 suggested people to use → suggested people (should) use가 되어야 한다.

오답의 이유

② 명사 functioning이 동사 enhance의 목적어로 사용되었다.

③ 주어 positive emotional experiences from music을 받는 본동사는 (may) improve와 (may) strengthen이며, 이 두 동사는 and로 연결되어 병렬 구조를 이루고 있다.

④ because 부사절 속에서 주어는 emotional experiences와 everyday behaviors이고, 동사는 share이다. 주어가 복수이므로 복수형 동사인 share가 사용된 것이 옳다.

본문해석

음악은 일상 생활로 옮겨갈 수 있는 심리 요법 효과를 가질 수 있다. 많은 학자들은 사람들에게 음악을 심리 요법 매개체로 사용할 것을 제안했다. 음악치료는 '그들의 심리적, 신체적, 인지적 또는 사회적 기능을 향상시키기 위한 개인의 치료 또는 재활의 부속물로써 음악을 사용'하는 것으로 광범위하게 정의될 수 있다. 음악으로부터 받은 긍정적인 감정의 경험은 치료과정을 개선할 수 있으므로 전통적인 인지적/행동적 방법과 일상적인 목표로의 전환을 강화시킬 수 있다. 이것은 아마도 부분적으로 음악과 일상적인 행동들에 의해 유발된 감정적 경험이 긍정적인 감정과 자극을 담당하는 중복된 신경학적 경로를 공유하기 때문일지도 모른다.

VOCA

- music therapy 음악치료
- adjunct 부속물
- rehabilitation 재활
- cognitive 인지의
- elicited 유발된
- neurological 신경학의

독해 > 빈칸 완성 > 단어 · 구 · 절

정답의 이유

첫 번째 문장에서 '문화적 해석은 보통 측정할 수 있는 증거보다는 ~ 에 근거하여 만들어진다.'라고 했으므로 빈칸에는 '측정할 수 있는 증거'와 대조되는 표현이 들어가는 것을 유추할 수 있다. 빈칸 이후에서 전반적으로 '가난한 사람은 게으르다.'라는 편파적인 명제가 잘못되었다고 서술하고 있고, 마지막 문장에서 '아프리카 사람들이 일을 적게 해서 가난하다는 고정관념은 남녀의 고된 노동이 일상인 마을에서 하루만 시간을 보내면 그 즉시 잠재워진다.'라고 했으므로 첫 번째 문장의 측정할 수 있는 증거와 대조되는 개념은 고정관념과 유사한 개념이라는 것을 알 수 있다. 따라서 빈칸에 들어갈 말로 적절한 것은 ② 'prejudice(편견)'이다.

오답의 이유

① 통계

③ 외모

④ 상황

본문해석

문화적 해석은 주로 측정할 수 있는 증거보다는 편견에 근거하여 만들어진다. 이 논쟁은 순환하는 경향이 있다. 사람들은 게으르기 때문에 가난하다. 그들이 게으르다는 것을 어떻게 알까? 그들이 가난하기 때문이다. 이러한 해석을 옹호하는 사람들은 낮은 생산성은 게으름이나 노력 부족의 결과가 아니라 생산에 투입되는 자금 부족의 결과라는 것을 거의 이해하지 못한다. 아프리카 농부들은 게으르지 않지만 토양 영양분, 트랙터, 지선 도로, 관개된 대지, 저장 시설 등이 부족한 것이다. 아프리카 사람들이 일을 거의 하지 않아서 가난하다는 고정관념은 남녀의 고된 노동이 일상인 마을에서 하루만 시간을 보내면 그 즉시 잠재워진다.

VOCA

- measurable 눈에 띄는, 측정할 수 있는
- productivity 생산성
- nutrient 영양분
- feeder road 지선 도로
- irrigated plot 관개된 대지
- stereotype 고정관념

21 난도 ★★★

독해 > 글의 일관성 > 문장 삽입

[정답의 이유]

주어진 문장은 But으로 시작하므로 역접 관계의 문장 사이에 들어가야 한다. 두 번째, 세 번째 문장에서 가격이 떨어지면 회사가 사람들을 해고함으로써 공급과 수요의 균형을 맞춘다고 하였는데, ③ 다음 문장에서는 농부를 해고하는 것이 공급을 줄이는 데 도움이 되지 않는다는 반대의 내용이 나왔으므로 주어진 문장이 들어가기에 적절한 곳은 ③이다.

[본문해석]

자유 시장은 농업에서 작동한 적은 없으며 앞으로도 없을 것이다. 가족 농장의 경제는 회사의 경제와 매우 다르다. 가격이 떨어지면, 회사는 사람들을 해고하고 공장을 멈출 수 있다. 결국 시장은 공급과 수요의 새로운 균형을 찾게 된다. 그러나 식량에 대한 수요는 탄력적이지 않다. 사람들은 음식이 저렴하다고 더 많이 먹지 않는다. 그리고 농부들을 해고하는 것이 공급을 줄이는 데 도움이 되지 않는다. 당신은 나를 해고할 수는 있지만 나의 토지를 해고할 수는 없다. 왜냐하면 현금 흐름이 더 필요하거나 나보다 더 효율적이라고 생각하는 다른 농부가 와서 경작할 것이기 때문이다.

VOCA

- agriculture 농업
- idle 놀리다, 쉬게 하다
- cash flow 현금 유동성

22 난도 ★★☆

독해 > 대의 파악 > 제목, 주제

[정답의 이유]

본문에서는 운동과 훈련에 건강한 식사가 없이는 훈련의 성과가 소실될 수 있으며, 규칙적인 식사 계획을 통해서 훈련이 보상을 받을 수 있다고 했다. 따라서 글의 주제는 ② 'importance of eating well in exercise(운동에서 잘 먹는 것의 중요성)'이다.

[오답의 이유]

① 몸의 유연성을 향상시키는 방법
③ 과도한 다이어트에 의해 유발되는 건강 문제들
④ 꾸준한 훈련을 통해 기술 향상시키기

[본문해석]

매일의 훈련은 운동선수, 특히 훈련에 전념하는 것이 정규 직업인 엘리트 운동선수에게는 특별한 영양분의 필요성을 만들어낸다. 하지만 레크리에이션 스포츠조차도 영양적인 어려움을 만들어 낼 것이다. 그리고 당신이 스포츠에 얼마나 참여하는지 그 정도에 상관없이, 만약 훈련으로부터 최대한의 결과치를 달성하기 위해서라면 당신은 이러한 어려움에 대처해야만 한다. 건강한 식사 없이는 당신의 훈련의 목적의 많은 부분이 소실될 수 있다. 최악의 시나리오에서는, 식습관의 문제와 결함은 훈련 성과를 직접적으로 손상시킬 수 있다. 다른 상황에서는, 당신이 향상될지라도 그 정도가 당신의 잠

재력보다 낮거나 당신의 경쟁자보다 더 느릴 수도 있다. 하지만 긍정적인 측면에서는, 올바른 매일의 식사 계획을 통해서 훈련에 대한 당신의 헌신이 충분히 보상받을 것이다.

VOCA

- nutritional 영양의
- commitment 헌신, 약속, 전념
- sound 건강한
- dietary 식습관의
- deficiency 결핍, 결함
- impair 손상시키다

23 난도 ★★☆

독해 > 대의 파악 > 제목, 주제

[정답의 이유]

본문은 '보는 사람이 작품을 완성시킨다'는 예술 역사가의 말로 시작하며 작품을 보는 사람들의 생각과 질문이 그 작품을 완성하는 데 얼마나 중요한지 설명하고 있다. 따라서 정답은 ③ '미술 작품은 감상하는 사람으로 인하여 비로소 완성된다.'이다.

[본문해석]

매우 존경받는 예술 역사가 Ernst Gombrich는 '보는 사람의 몫'이라 불리는 것에 대해 글을 썼다. Gombrich의 신념은 보는 사람이 작품을 '완성시키고' 작품의 의미의 일부가 그것을 보는 사람에게서 나온다는 것이었다. 따라서 보다시피─작품을 완성시키는 보는 사람은 바로 당신이기에 틀린 답이란 없다. 만약 당신이 갤러리에서 작품을 바라보고 있다면, 작품 옆에 있는 설명을 읽어라. 만약 직원이 있다면, 질문을 해라. 당신의 동료 방문자에게 어떻게 생각하는지 물어봐라. 질문을 하는 것은 더 많이 이해하는 것의 열쇠이고 그것은 예술뿐 아니라 삶의 모든 것에 적용된다. 하지만 무엇보다도, 작품 앞에서 자신감을 가져라. 만약 당신이 작품에 대해 고심한다면, 당신은 의도된 보는 사람이며 당신이 생각하는 것은 중요하다. 당신이 중요하고 유일한 비평가이다.

VOCA

- well-respected 존경을 받는
- beholder 보는 사람
- complete 완성시키다
- confidence 자신감
- contemplate 심사숙고하다

24 난도 ★☆☆　　　　　　　　　정답 ②

독해 > 세부 내용 찾기 > 내용 (불)일치

정답의 이유

세 번째 문장에서 아르헨티나의 문화는 스페인과 이탈리아에서 온 유럽인들의 이주에 의해 큰 영향을 받았다고 했으므로 글의 내용과 일치하지 않는 것은 ② '북미 출신 이주민들이 그 문화에 많은 영향을 끼쳤다.'이다.

오답의 이유

① 두 번째 문장에서 Jose de San Martin이 아르헨티나의 독립운동을 이끌었다고 하였으므로 글의 내용과 일치한다.

③ 네 번째 문장에서 아르헨티나에는 남아메리카에서 가장 많은 유대인들이 있다고 했으므로 글의 내용과 일치한다.

④ 마지막 문장에서 1880년에서 1930년 사이 농업의 발전으로 세계 10대 부유한 국가 중 하나였다고 했으므로 글의 내용과 일치한다.

본문해석

아르헨티나는 남아메리카의 거의 남쪽 절반을 차지하는, 세계에서 8번째로 큰 나라이다. 1500년대 초에 스페인에 의한 식민지화가 시작되었지만 1816년 Jose de San Martin이 아르헨티나의 독립운동을 이끌었다. 아르헨티나의 문화는 19세기 후반과 20세기 초반, 주로 스페인과 이탈리아에서 온 대규모의 유럽인들의 이주에 의해 큰 영향을 받았다. 대다수의 사람들은 최소한 명목상으로는 가톨릭교이고, 그 나라에는 남아메리카에서 가장 많은 유대인들(약 30만 명)이 있다. 1880년에서 1930년 사이, 농업의 발전 덕분에, 아르헨티나는 세계 10대 부유한 국가들 중 하나였다.

VOCA

- comprising 포함하는
- colonization 식민지화
- massive 거대한
- primarily 주로
- nominally 명목상으로

25 난도 ★★☆　　　　　　　　　정답 ③

독해 > 세부 내용 찾기 > 내용 (불)일치

정답의 이유

여섯 번째 문장에서 1941년, 그녀가 여배우로 출연한 영화는 아카데미 시상식 3개 부문의 후보(nominations)에 올랐다고 했으므로 ③ '출연한 영화가 1941년에 영화제에서 3개 부문에서 수상했다.'는 글의 내용과 일치하지 않는다.

오답의 이유

① 첫 번째 문장에서 스케이트장과 스크린을 누빈 세계에서 가장 유명한 피겨스케이팅 선수 중 한 명으로, 자신의 기술을 직업이 되게 한 것으로 유명하다고 했으므로 글의 내용과 일치한다.

② 두 번째 문장에서 Henie가 올림픽에서 3개의 금메달을 딴 메달리스트이자 노르웨이와 유럽 챔피언이라고 했으므로 글의 내용과 일치한다.

④ 마지막 문장에서 그녀의 가장 큰 유산은 어린 소녀들이 스케이트를 타도록 영감을 준 것이라고 했으므로 글의 내용과 일치한다.

본문해석

Sonja Henie는 스케이트장과 스크린을 누빈 세계에서 가장 유명한 피겨스케이팅 선수 중 한 명으로 자신의 기술을 직업이 되게 한 것으로 유명하다. 올림픽에서 3개의 금메달을 딴 메달리스트이자 노르웨이와 유럽 챔피언인 Henie는 스릴 넘치게 연극적이고 활발한 피겨스케이팅 스타일을 고안했다. 그녀는 짧은 스커트, 흰색 스케이트와 매력적인 움직임을 도입했다. 그녀의 화려한 회전과 점프는 모든 경쟁자들의 기준을 높였다. 1936년, 20세기 폭스사는 그녀가 영화 'One in a Million'의 주연으로 출연하도록 계약했고, 그녀는 머지않아 할리우드의 주요한 여배우들 중 한 명이 되었다. 1941년, 그녀가 여배우로 출연한 영화 'Sun Valley Serenade'는 아카데미상 3개 부문의 후보에 올랐다. Henie의 다른 영화들은 찬사를 덜 받았지만, 그녀는 아이스 스케이팅의 인기를 촉발시켰다. 1938년, 그녀는 Hollywood Ice Revues라고 하는 호화로운 순회공연을 시작했다. 그녀의 많은 모험은 그녀에게 부를 만들어 주었지만, 그녀의 가장 큰 유산은 어린 소녀들로 하여금 스케이트를 타도록 영감을 준 것이었다.

VOCA

- thrillingly 스릴 넘치게
- theatrical 연극적인
- spectacular 화려한
- raise the bar 기대치를 높이다
- nomination 후보
- acclaim 칭송하다, 찬사
- surge 급증
- extravagant 호화로운, 사치스러운
- fortune 많은 돈, 행운
- inspire 영감을 주다, 고무하다

영어 | 2022년 국회직 8급

한눈에 훑어보기

✔ 영역 분석

어휘　01　02　14　16　18
5문항, 20%

독해　04　05　06　07　08　09　11　13　17　19　20　21
　　　22　24　25
15문항, 60%

어법　03　10　12　15　23
5문항, 20%

✔ 빠른 정답

01	02	03	04	05	06	07	08	09	10
⑤	①	③	③	④	②	②	⑤	④	③
11	12	13	14	15	16	17	18	19	20
①	⑤	③	⑤	②	②	④	①	③	②
21	22	23	24	25
④	⑤	②	①	③

✔ 점수 체크

구분	1회독	2회독	3회독
맞힌 문항 수	/ 25	/ 25	/ 25
나의 점수	점	점	점

01　난도 ★☆☆　　　　　　　　정답 ⑤

어휘 > 단어

정답의 이유

밑줄 친 dispositions는 '(타고난) 기질 또는 성향'의 뜻으로 이와 의미가 가장 가까운 것은 ⑤ 'temperaments(기질)'이다.

오답의 이유

① 혐오감
② 배상금
③ 유인책
④ 미련, (사랑의) 열병

본문해석

사람들은 다른 사람들을 보는 방식과 다르게 자기 자신을 본다. 그들은 자기 자신의 감각, 감정 그리고 인지에 몰두하며 동시에 다른 사람들에 대한 그들의 경험은 외관상 관찰될 수 있는 것에 지배된다. 사람들이 자신과 다른 사람들을 인식할 때 가지게 되는 정보의 이러한 차이는 사람들이 자신과 다른 사람들의 행동을 평가하는 방식에 영향을 미친다. 사람들은 종종 자신의 행동을 상황적 제약으로 인한 것으로 보는 반면, 다른 사람들의 행동은 그들의 내부 성향으로 인한 것이라고 여긴다. 예를 들어 취업 면접에 늦게 도착한 사람이 지각을 교통 체증 탓으로 여기는 반면 면접관은 그것을 개인의 무책임 탓이라고 돌리는 경우가 있을 것이다.

VOCA

- immerse　~에 몰두하다
- sensation　느낌, 감각
- cognition　인지, 인식
- dominate　지배하다
- distinction　차이
- evaluate　평가하다
- situational　상황에 따른
- constraint　제약, 제한
- internal　내부의
- ascribe A to B　A를 B의 탓으로 여기다

02 난도 ★☆☆ 정답 ①

어휘 > 어구

정답의 이유

밑줄 친 hammered out은 '문제가 해결된, 타결된'의 뜻으로 이와 의미가 가장 가까운 것은 ① 'settled(해결된, 합의된)'이다.

오답의 이유

② 취소된

③ 비판받은

④ 단념된

⑤ ~에 대해 논쟁이 된

본문해석

최근 거래의 세부 사항은 미국 국무 장관과 러시아 국무 장관에 의해 타결되었다.

VOCA

• detail 세부 사항

• deal 거래

• counterpart 상대, 대응 관계에 있는 사람[것]

03 난도 ★★☆ 정답 ③

어법 > 비문 찾기

정답의 이유

③ position은 '~를 어디에 두다'라는 뜻의 타동사로 그 뒤에 목적어가 있어야 한다. 현재 문장에서는 목적어가 없으므로 수동태인 'be positioned'라고 해야 한다.

오답의 이유

① 시간 또는 조건을 나타내는 부사절에서는 현재시제가 미래시제를 대신한다.

② 부대 상황을 나타낼 때는 전치사구, 'with+목적어+목적격 보어' 형태가 쓰이며, 목적어와 목적격 보어의 관계가 능동이므로 현재분사가 옳게 쓰였다.

④ '지각동사(see)+목적어+목적격 보어'는 '목적어가 목적격 보어 하는 것을 보다'의 뜻인데, 'blotted' 뒤에 목적어가 없고 by the moon이 있으므로 '수동'의 의미인 과거분사(blotted)가 올바르게 사용되었다.

⑤ 동사 'appear'는 '~인 것 같다, ~ 처럼 보이다'의 의미로 쓰였고 형용사 보어 'bright'를 사용하는 것이 맞다.

본문해석

달이 하늘에 있는 태양의 원반 일부를 가리는 부분 일식은 2022년에 두 번 발생할 것이다. 첫 번째는 남아메리카 남부, 남극대륙 일부, 그리고 태평양과 남극해 일부에서 보일 것이다. 4월 30일, 달은 지구와 태양 사이를 지나갈 것이고, 최대 일식은 20시 41분 UTC*에 일어날 것이며, 그때 태양 원반의 64%까지 달에 의해 가려질 것이다. 그 일식의 최대치를 보기 위해, 관찰자들은 남극 반도의 서쪽인 남극해에 위치해야 할 것이다. 하지만 칠레와 아르헨티나의 최남단 지역에서 일식을 쫓는 사람들은 달에 의해 가려진 태양의 약 60%를 볼 수 있을 것이다. 부분 일식의 모든 단계를 안전하게 보기 위해서는 보호안경이 필요하다. 비록 태양이 하늘에서 밝게 보이지 않을지라도, 그것을 직접 응시하는 것은 당신의 눈을 심각하게 다치게 할 수 있다.

*UTC: 협정 세계시

VOCA

• visible 보이는

• occur 발생하다

• blot out 가리다

• phase 단계

• injure 다치게 하다

더 알아보기

부대 상황

• 부대 상황이란 주된 상황에 곁들여서 일어나는 상황을 말한다.

• 'with+목적어+목적격 보어'의 형태를 가진다. 목적격 보어에는 부사[부사구], 형용사, 현재분사, 과거분사가 들어갈 수 있다.

with+목적어 +부사[부사구]	예 I walked with both hands in my pockets. (나는 주머니 안에 양손을 넣고 걸었다.)
with+목적어 +형용사	예 Don't speak with your mouth full. (입을 가득 채우고 말하지 마라.)
with+목적어 +현재분사	예 He said "Yes" with his head nodding. (그는 머리를 끄덕이면서 "네"라고 말했다.)
with+목적어 +과거분사	예 She sat on the sofa with her eyes bandaged. (그녀는 눈을 붕대로 감은 채 소파에 앉았다.)

• with를 생략하여 나타낼 수도 있는데, 이때 생략된 with 앞에 쉼표(,)를 찍어 준다.

예 He sat on the chair with his legs crossed.

→ He sat on the chair, his legs crossed.

(그는 다리를 꼬고 의자에 앉았다.)

예 She told me the sad story with tears in her eyes.

→ She told me the sad story, tears in her eyes.

(그녀는 눈물을 글썽이며 나에게 슬픈 이야기를 하였다.)

04 난도 ★☆☆　　　　　　　　　정답 ③

독해 > 빈칸 완성 > 단어 · 구 · 절

정답의 이유

③ 'ignorant and ~'와 같은 병렬 구조에서는 ignorant(무지한, 무지막지한)와 같은 부정적 의미의 형용사가 와야 한다. 따라서 (A)에 알맞은 것은 '상스러운, 천박한'이라는 의미를 가진 'boorish'이다. 또한 (B)에도 'clown(광대)'과 상응하는 'vulgarity(천박함)'가 알맞다.

오답의 이유

① 근면 성실한 – 인기
② 합리적인 – 감각
④ 특이한 – 지성
⑤ 자랑하는 – 즉흥

본문해석

"그것 봐! 그것이 우리가 주도하는 삶이다. 이것은 사람을 울리기에 충분하다. 사람은 일하고 최선을 다하지만 사람은 지치고, 밤에 잠을 자지 못하고, 최선을 위해 무엇을 해야 할지에 대해 머리를 쥐어짠다. 그다음엔 무슨 일이 일어날까? 우선, 대중은 무지하고 (A) 상스럽다. 나는 그들에게 최고의 오페레타, 우아한 가극과 일류의 음악 홀 아티스트들을 선사한다. 하지만 그게 그들이 원하는 것이라고 생각하는가? 그들은 그런 종류의 어떤 것도 진가를 알지 못한다. 그들은 광대를 원한다. 그들이 요구하는 것은 (B) 천박함이다."

VOCA

· utmost 최대한
· appreciate 감상하다, 진가를 알다

05 난도 ★★☆　　　　　　　　　정답 ④

독해 > 대의 파악 > 제목, 주제

정답의 이유

글의 서두에 주제를 제시하는 두괄식 형식의 글이다. 첫 번째 문장이 주제문으로 유동적인 재료들이 아이들의 감정 표현의 훌륭한 매체라는 내용을 언급하고 있다. 그 이후 그에 대한 구체적 사례들이 제시되고 있으므로 글의 제목은 ④ 'Developing Expressivity through Play(놀이를 통한 표현력 발달)'가 가장 적절하다.

오답의 이유

① 다양한 종류의 유동적인 재료
② 놀이에서의 개인적인 차이
③ 놀이에 대한 문화의 영향
⑤ 놀이에서 유동 재료를 사용하는 것의 장점과 단점

본문해석

점토나 핑거 페인트와 같은 유동적인 재료들은 아이들이 신체 부위와 기능에 대한 호기심뿐만 아니라 분노를 표현할 수 있는 훌륭한 매체이다. 아이들은 점토로, 무해하게 찢고 두드릴 수 있고, 그들은 또한 종종 해부학적으로 정확한 부분을 가진 사람의 형태를 만들 수도 있다. 점토, 모래 또는 블록으로, 그들은 안전하게 파괴적일 수

있고 그들 자신의 파괴적인 충동이 반드시 해로운 것만은 아니며 그들을 놀라게 해서는 안 된다는 것을 배울 것이다. 때때로 창조의 즐거움은 자신이 창조한 것을 파괴할 것이라는 기대감에 의해 강화된다. 인형으로, 아이들은 가족적인 장면을 연출하고 가족과 관련된 걱정거리를 탐구할 수 있다. 만약 그들이 손인형을 사용할 때 자유롭게 의사소통을 할 수 있도록 허락된다면, 의사소통을 하는 것은 그들이 아니라 손인형이기 때문에, 아이들은 그들의 가장 깊은 감정의 일부를 행동이나 말로 드러낼 수 있다.

어른들은 어린 아이들의 행동을 통제할 필요가 있으므로, 재료를 사용해서 자유롭게 표현하는 데 제한을 두어야 한다. 예를 들어, (아이들은) 점토를 두드리고, 잡아당기고, 납작하게 짓이길 수 있지만, (그것을) 벽이나 다른 아이들에게 던져서는 안 된다. 하지만, 어른들이 지나치게 제한을 둔다면, 그 놀이는 아이들을 위한 그 감정적인 가치의 일부를 잃을 것이라는 사실을 기억하려고 노력해야 한다. 그들은 또한 심지어 어린아이도 자신이 만든 블록 구조물을 넘어뜨리는 것과 교실에 있는 가구를 넘어뜨리는 것을 구별할 수는 있다는 사실을 알아차려야 한다.

VOCA

· curiosity 호기심
· function 기능
· destructive 파괴적인
· impulse 충동
· reveal 드러내다
· restrictive 제한적인

더 알아보기

빠른 독해 비법

대부분의 지문은 글의 서두에 주제를 제시하는 두괄식 형식의 글이기 때문에 주제 또는 제목을 찾는 문제에서는 지문의 앞부분을 공략하도록 하자. 정답을 찾을 때는 핵심 내용이 어떤 단어들로 표현되는지에 집중해야 한다. 핵심 내용은 핵심 키워드를 포함하면서도 본문의 요지를 담고 있어야 한다. 지나치게 광범위하거나 지나치게 세부적인 내용은 주제나 제목으로 적절하지 않다.

06 난도 ★★☆　　　　　　　　　정답 ②

독해 > 글의 일관성 > 글의 순서

정답의 이유

내용 흐름에서 반복되는 단어들로 정답을 찾을 수 있는 문제이다. 주어진 글의 뒷부분에서 원인과 결과, 개연성과 우연의 복잡한 거미줄에 의해 각각의 상황과 사건들의 앞의 것과 뒤의 것들이 연결되어 있다고 했으므로 (B)의 현재가 사고의 결과일 수도 있고 거부할 수 없는 힘의 결과일 수도 있다는 내용으로 이어진다. (A)에서는 이 유일한 현재는 역사를 이해하지 않는 한 이해할 수 없으며, 역사의 사건들은 혼란(chaos) 그 이상이라고 하며, 이는 (C)의 첫 문장에 쓰인 과거의 혼란스러운(chaotic) 기록에 대한 언급과 이어진다. 따라서 정답은 ② '(B) – (A) – (C)'이다.

'역사의 교훈'은 정말로 친숙한 구절이기 때문에 가끔 그 교훈은 너무 잘 학습된다. 역사는 절대로 정확하게 반복되지 않는다. 어떠한 역사적 상황도 다른 것과 같지 않다. 심지어 두 가지의 유사한 사건들도 첫 번째 사건은 전례가 없는 반면 두 번째 사건은 전례가 있다는 점에서 다르다. 하지만 이런 점에서도, 역사는 교훈을 줄 수 있다. 다시 말해, 어느 것도 그대로 머물러 있지 않는다. 인간사에서 유일하게 변하지 않는 것은 변화 그 자체의 불변성이다. 역사의 과정은 유일무이하지만 그럼에도 불구하고 이해할 수 있다. 각각의 상황과 사건은 구별되지만, 각각은 원인과 결과, 개연성과 우연의 복잡한 거미줄에 의해 모든 앞의 것과 이후의 것들에 연결된다.

(B) 현재가 사고의 결과일 수도 있고, 거부할 수 없는 힘의 결과일 수도 있지만, 어느 경우든 과거 사건의 현재 결과는 현실적이고 되돌릴 수 없다.

(A) 과거의 각각의 독특한 지점과 마찬가지로, 그 독특한 현재도, 그것이 어떻게 생겨났는지에 대한 역사를 이해하지 않는 한 절대 이해할 수 없다. 역사는 독특한 사건들의 기록이지만, 그것은 혼란 그 이상이다.

(C) 과거 사건의 혼란스러운 기록에서 질서의 요소를 인식하는 것은 역사학자의 큰 임무이다. 사건, 사람, 집단, 기관은 적어도 부분적인 규칙성을 보이는 어떤 계층으로 나뉜다.

VOCA

- precedent 전례
- in this respect 이러한 점에서
- constancy 불변성
- intelligible 이해할 수 있는
- probability 개연성, 확률

07 난도 ★☆☆   정답 ②

독해 > 세부 내용 찾기 > 내용 (불)일치

정답의 이유

글의 주제인 분산 기억(transactive memory) 소스의 개념을 이해하면 쉽게 정답을 찾을 수 있는 문제이다. 본문은 인터넷과 기술이 수많은 정보를 우리의 뇌 대신 저장해 주고 있으므로 우리는 모든 것을 다 기억할 필요는 없다고 말하고 있다. 따라서 분산 기억 소스로 간주되기 어려운 것은 현대의 기술과는 거리감이 있는 ② 'A photo album of your childhood(어린 시절의 사진 앨범)'이다.

오답의 이유

① 다가오는 이벤트를 알려주는 알림 앱
③ 저장된 경로로 길을 찾는 것을 도와주는 GPS 장치
④ 다른 웹사이트의 비밀번호 서면 목록
⑤ 연락처 목록이 있는 휴대폰

검색 엔진은 우리가 인터넷을 사용하는 방식을 바꿔왔고, 클릭 몇 번만으로 방대한 정보 소스를 축적했다. 그러나 최근의 한 연구는 웹사이트와 인터넷이 기술 자체보다 훨씬 더 많이 변화하고 있다는 것을 보여준다. 그것들은 우리의 기억이 기능하는 방식을 바꾸고 있다. Dr. Wegner의 최근 연구인 'Google이 기억에 미치는 영향: 손끝에서 정보를 얻을 수 있는 것에 대한 인지적 결과'는 사람들이 검색 엔진에 접근할 때, 그들은 쉽게 사용할 수 있는 지름길로서 '검색'에 의존할 수 있다는 것을 알기 때문에 더 적은 사실과 더 적은 정보를 기억한다는 것을 보여준다. Wegner는 새로운 연구 결과들이 인터넷이 우리의 뇌가 정보를 구분하는 방법인 분산 기억 소스의 일부가 되었다는 것을 보여준다고 믿는다. 1985년에 Wegner에 의해 처음 가설된 분산 기억은 여러 형태로 존재하는데 이는 남편이 친척의 생일을 기억하기 위해 아내에게 의존하는 것과 같다. "이 기억의 전체 네트워크야말로 당신이 직접 세상의 모든 것을 기억할 필요가 없는 곳이다."라고 그는 말한다. "당신은 그저 누가 그것을 알고 있는지만 기억하면 된다." 이제 컴퓨터와 기술도 우리 기억의 가상 확장이 되고 있다.

VOCA

- cognitive 인지의
- consequence 결과
- rely on ～에 의존하다
- hypothesize 가설을 세우다, 가정하다

08 난도 ★★☆   정답 ⑤

독해 > 세부 내용 찾기 > 내용 (불)일치

정답의 이유

마지막 문장에서 'incubation period(=Latency)'란 충격적인 사고 이후 외상 후 신경증이 나타날 때까지의 잠복 기간이라고 말한다. 따라서 지문의 내용과 일치하는 것은 ⑤ 'Latency refers to the period when the impact of the shocking events remains dormant(잠재란 충격적인 사고의 영향이 휴면 상태로 남아 있는 시기를 지칭한다).'이다.

오답의 이유

① 충격적인 사고 후 고통의 재발은 잘 알려진 사실이다. → 네 번째 문장에서 'This appears quite incomprehensible and is therefore a novel fact.'라고 했으므로, 글의 내용과 일치하지 않는다.
② '외상 후 신경증'은 바이러스에 감염되었을 때 생긴다. → 두 번째, 세 번째 문장에서 언급되었으므로, 글의 내용과 일치하지 않는다.
③ 잠복기라는 용어는 전염병과 관련이 없다. → 마지막에서 두 번째, 세 번째 문장에서 '～ "incubation period," a transparent allusion to the pathology of infectious disease. It is the feature one might term latency.'라고 했으므로, 글의 내용과 일치하지 않는다.

④ '외상 후 신경증'이란 사고 직후 느끼는 충격을 지칭한다. → 두 번째 문장에서 'In the course of the following weeks, however, he develops a series of grave psychical and motor symptoms, ~'라고 했으므로, 글의 내용과 일치하지 않는다.

본문해석

예를 들어 기차 충돌과 같은 충격적인 사고를 당한 장소에서 누군가 외관상으로는 상처를 입지 않고, 그곳을 벗어나는 일이 생길 수 있다. 그러나 그 후 몇 주 동안 그는 오직 쇼크 또는 사고 당시 발생한 다른 무언가 때문에 일련의 심각한 정신적, 운동적 증상을 나타낼 수 있다. 그는 '외상 후 신경증'을 앓게 된 것이다. 이것은 상당히 이해할 수 없는 것으로 보이므로 새로운 사실이다. 사고와 최초의 증상 발현 사이의 시간은 '잠복기'라고 불리는데, 그것은 병적인 측면으로의 투명한 암시이다. 그것은 소위 'latency(잠재기)'라고 칭하기도 하는 것의 특성이다.

VOCA

• apparently 겉으로는, 보여지기로는
• collision 충돌
• be ascribed to ~때문이다
• incomprehensible 이해할 수 없는
• elapse (시간이) 지나다
• infectious 전염되는

09 난도 ★☆☆ 정답 ④

독해 > 빈칸 완성 > 단어 · 구 · 절

정답의 이유

But 바로 앞 문장에서 우리가 다른 사람에게 기울이는 주의 깊은 관심이 그들의 표정과 단서들을 포착하여 우리들이 그 사람이 어떻게 느끼는지 동조하게 한다고 하였으므로 But 다음 문장에는 그와 반대의 내용이 와야 한다. 따라서 빈칸에 들어갈 적절한 것은 ④ 'we may miss those signals(우리는 그 신호를 놓칠지도 모른다)'이다.

오답의 이유

① 우리는 그 사람에게 더 관심을 기울일지도 모른다.
② 우리의 공감이 강화될 것이다.
③ 우리는 그 사람의 행동에 덜 동조된다.
⑤ 우리는 그 사람에게 무관심을 느낀다.

본문해석

다른 사람과 함께 있는 것은 지속적이고 배려하는 관심이며, 연민의 기본적인 형태로 볼 수 있다. 다른 사람에게 기울이는 주의 깊은 관심은 또한 공감을 증진시켜, 우리가 찰나의 표정과 그와 같은 다른 단서들을 더 많이 포착하게끔 하여 그 사람이 그 순간 어떻게 느끼는지 우리가 동조하게 한다. 하지만 만약 우리의 주의가 '깜빡'한다면, 우리는 그 신호들을 놓칠지도 모른다.

VOCA

• sustained 지속적인

• compassion 연민
• enhance 강화시키다
• fleeting 순식간의, 잠깐 동안의
• attune (악기를) 조율하다, (마음을) 맞추다, 조화시키다
• empathy 공감

10 난도 ★☆☆ 정답 ③

어법 > 비문 찾기

정답의 이유

③이 포함된 문장은 등위접속사 and로 연결된 병렬 구조로, and 앞에서 'Personality plays a big part in how you react'라고 현재시제 동사가 나왔다. 따라서 and 다음에도 주어(women)에 맞는 현재시제 동사가 나와야 하므로 tending → tend가 되어야 한다.

오답의 이유

① 선행사 people을 수식하는 관계사절이 and로 이어졌으며, 앞선 관계사절 'who express ~'와도 병렬 구조를 이루어 who recognize ~라고 했으므로 옳은 표현이다.
② know의 목적어인 명사절이 'how+형용사+주어+동사'의 구조로 바르게 사용되었다.
④ realizing은 명사절(주어부)을 이끄는 동명사이며, 이때 어순인 '동명사+주어(you)+동사(are)'가 바르게 쓰였다.
⑤ 동사 recommend는 동명사(-ing)를 목적어로 취하는 동사이므로 remaining은 어법상 옳은 표현이다.

본문해석

"너 자신을 사랑하고 그 경험에서 공통된 인간성을 인식하라."라고 연구원 David Sbarra는 말한다. 이것은 '자기 연민'이라고 불린다. 자기애를 표현하고 자신은 혼자가 아니며 다른 사람들도 그들이 느끼는 것을 느낀다고 인지하는 사람들은 이별에 대처할 때 더 많은 회복력을 가진다. 당신이 겁에 질렸을 때 누군가가 당신에게 "긴장을 풀라."라고 말하면 그것이 얼마나 실망스러운지 당신은 알고 있다. 그것은 이별 후 자기 연민을 배우는 문제의 일부이다. 불안은 당신이 스스로에게 친절하고 사랑하는 것을 막을 수 있지만 당신은 그 불안에서 스스로를 몰아낼 수 없으며 당신은 분명히 더 이상 스스로를 자책할 수 없다. 성격은 당신이 어떻게 반응하는지에 큰 역할을 하며 여자들은 남자들보다 더 자기 연민으로 그것을 다루는 경향이 있다. 긴 안목에서 당신의 경험을 유지하며, 이별 후에 스스로에게 더욱 친절하라. 많은 사람들이 고통스럽고 힘든 이별을 경험하고, 당신은 혼자가 아니다. 이별은 인간의 경험의 일부이며, 당신이 집단의 일부라는 것을 깨닫는 것은 당신의 인식을 더 건강한 곳으로 옮기는 데 도움을 줄 것이다. Dr. Sbarra는 또한 현재에 유념하고 현재에 남아있을 것을 제안한다. 당신이 분노와 질투를 느낄 때를 잘 알아차리고 그것을 받아들이고 발산해라. 당신이 그것을 발산하는 것이 힘들지라도 그것을 판단하지 마라.

VOCA

• self-compassion 자기 연민
• anxiety 불안
• in perspective 전체적인 관점에서, 긴 안목에서

- realize 깨닫다, 알다, 이해하다
- release 방출

11 난도 ★★☆   정답 ①

독해 > 빈칸 완성 > 단어·구·절

정답의 이유

제시문은 과학이 이 세계를 조절할 수 있도록 과학적 이론을 구축할 수는 있지만, 인간의 여러 가지 중요한 감정의 면모들에까지 모두 적용하고 파악하는 것은 불가능하다는 내용이다. 첫 문장에서 과학적 방법론의 영구적인 진리에 도달할 수 없는 한계를 말한 다음에 (A) 앞부분에서 '이것은 또한 과학적 지식을 실존적, 본능적 본성 또는 인간의 삶에 ~하게 만들기도'라고 했고, (A) 다음의 '~which is unique and subjective and unpredictable'로 미루어 문맥상 빈칸 (A)에 들어갈 적절한 것은 'inapplicable(적용할 수 없는)'이다.

(B) 앞부분에서 'Science may provide the most useful way to organize empirical, reproducible data(과학은 경험적이고 재현 가능한 데이터를 구성하는 가장 유용한 방법을 제공할 수 있다)'라고 한 다음에 'but its power to do so is predicated on its (B) to grasp the most central aspects of human life'라고 했으므로, 빈칸에는 '부정'의 뜻을 가진 단어가 들어가야 함을 유추할 수 있다. 따라서 문맥상 빈칸 (B)에 들어갈 적절한 것은 'inability(무능함)'이다.

오답의 이유

② 무관한 – 혐오
③ 비슷한 – 나머지
④ 필수적인 – 현세, 속세
⑤ 일치된 – 장점

본문해석

그러나 역설은 과학적 방법론이 인간의 손의 산물이므로 어떤 영구적인 진리에 도달할 수 없다는 것이다. 우리는 세계를 조직하고 조종하기 위해, 현상을 다루기 쉬운 단위로 축소하기 위해 과학적 이론을 구축한다. 과학은 재현 가능성과 조작된 객관성에 기반을 둔다. 물질과 에너지에 대한 주장을 생성하는 능력이 강한 만큼, 그것은 또한 과학적 지식을 실존적, 본능적 본성 또는 인간의 삶에 (A) 적용할 수 없게 만들기도 하는데, 이는 독특하고 주관적이며 예측할 수 없다. 과학은 경험적이고 재현 가능한 데이터를 구성하는 가장 유용한 방법을 제공할 수 있지만, 그런 과학의 힘은 인간의 삶의 가장 중심적인 측면인 희망, 두려움, 사랑, 미움, 아름다움, 시기, 명예, 나약함, 노력, 고통, 미덕 등을 파악하는 과학의 (B) 무능함에 근거한 것이다.

VOCA

- paradox 역설
- permanent 영구적인
- manipulate 조작하다
- manageable 다루기 쉬운
- unpredictable 예측할 수 없는
- empirical 경험적인

12 난도 ★☆☆   정답 ⑤

어법 > 비문 찾기

정답의 이유

⑤ 문장의 주어인 Observations가 복수이므로 has been fitted → have been fitted가 되어야 한다.

오답의 이유

① to form은 to부정사의 형용사적 용법으로 명사 capability를 꾸며주고 있으므로 어법상 옳다.
② '~을 하는 것에 적응'의 의미로 adaptation to –ing 형태를 사용할 수 있으므로 오류가 없다. 이때 changing은 전치사 to의 목적어인 동명사로 사용되었다.
③ 선행사 observations를 꾸며 주는 현재분사 형태인 indicating이 사용되었다. 그 뒤에 that절이 indicating의 목적어로 사용되었다.
④ date back은 '~로 거슬러 올라간다'의 의미로 주어인 Observations가 복수 형태이므로 동사원형으로 사용하는 것이 맞다.

본문해석

기억을 형성하는 능력은 변화하는 환경적인 요구에 대한 유기체의 전략적 적응에 매우 중요하다. 수면이 기억력에 도움이 된다는 것을 나타내는 관찰은 초기의 실험적인 기억 연구로 거슬러 올라가며, 그 이후로 상당히 다른 개념들이 적용되었다.

VOCA

- strategic 전략적인
- adaptation 적응
- benefit 이롭다, 도움이 되다
- experimental 실험적인

13 난도 ★☆☆   정답 ③

독해 > 글의 일관성 > 무관한 어휘·문장

정답의 이유

본문의 내용에서는 Oedipus가 자신이 왕의 살인자라는 것을 처음부터 알고 있지만 모르는 척하고 있다고 하였으므로 문맥의 흐름상 맞지 않는 것은 ③ 'innocent(결백한)'이다. ③의 바로 뒤따르는 문장에서 그가 그저 진실을 모르는 척하고 있다는 문장이 힌트가 된다.

본문해석

수년 동안 비평가들은 고대 그리스 연극 Oedipus Rex에 대해 논쟁해 왔다. 어떤 사람들은 Oedipus가 자신의 아버지를 살해했다는 사실이 밝혀지는 연극의 마지막까지 자신의 죄를 전혀 모른다고 주장해 왔다. 다른 사람들은 Oedipus가 그의 죄에 대해 모든 것을 알고 있다고 주장해 왔다. 이러한 관점으로 보면, 뛰어난 수수께끼 해결사인 Oedipus는 자신이 왕의 살인자라는 것에 대한 늘어나는 증거를 무시할 수 없었다. 단지 이 논쟁이 어떻게 또는 왜 그토록 오랫동안 격렬해졌는지는 미스터리로 남아 있다. 정확한 해석은 너무나 명백하다. Oedipus는 처음부터 자신이 결백한(→ 결백하지 않은)

것을 알고 있다. 그는 그저 진실을 모르는 척할 뿐이다. 예를 들어, 신하는 왕의 살해 이야기를 할 때, '노상강도들(bandits)'이라는 단어를 사용한다. 하지만 Oedipus가 그의 이야기를 반복할 때, 그는 단수형인 '노상강도(bandit)'를 사용한다. 소포클레스는 연극 내내 이와 같은 단서를 제공한다. 그러므로 왜 Oedipus가 자신의 범죄에 대한 진실을 몰랐다고 생각하는지 이해하기 어렵다.

VOCA
- evidence 증거
- murder 살해하다
- aware 알고 있다
- interpretation 해석
- ignorant 무지한
- bandit 노상강도

14 난도 ★☆☆
정답 ⑤

어휘 > 단어

정답의 이유

밑줄 친 inadvertently는 '무심코, 우연히, 부주의로'의 뜻으로 이와 의미가 가장 가까운 것은 ⑤ 'unintentionally(무심결에)'이다.

오답의 이유

① 고의로
② 모순되어
③ 부수적으로
④ 몰래, 부정하게

본문해석

재능은 나쁜 것인가? 우리는 모두 똑같이 재능이 있는가? 아니, 그렇지 않다. 어떤 기술의 학습 곡선을 빠르게 올라가는 능력은 분명히 매우 좋은 것이다. 그리고 좋든, 싫든 간에, 우리들 중 일부는 다른 이들보다 이것을 더 잘한다. 그렇다면 왜 '노력하는 자'보다 '타고난 자'를 선호하는 것이 그렇게 나쁜 것일까? *America's Got Talent, The X Factor, Child Genius* 같은 TV 쇼들의 부정적인 면은 무엇일까? 우리가 일곱 살에서 여덟 살 정도의 아이들을 두 그룹, 즉 '타고난 재능'을 지닌 소수의 아이들과 그렇지 않은 수많은 아이들의 그룹으로 나눠서는 안 되는 이유는 무엇인가? 탤런트 쇼가 '탤런트 쇼'로 명명되는 것이 실제로 무슨 해가 될까? 나의 견해로는 재능에 대한 집착이 해로울 수 있는 가장 큰 이유는 단순하다. 재능에 스포트라이트를 비춤으로써 우리는 다른 모든 것들을 그림자 속에 남겨둘 위험이 있다. 우리는 무심코 이러한 다른 요인들이—투지를 포함하여—실제로 그들이 하는 것만큼은 중요하지 않다는 메시지를 보낸다.

VOCA
- separate 나누다, 분리하다
- preoccupation 집착

15 난도 ★☆☆
정답 ②

어법 > 비문 찾기

정답의 이유

② be held responsible for는 '~에 책임이 있다'의 뜻이므로 cannot hold → cannot be held가 되어야 한다. hold somebody responsible for something은 '~에게 …에 대한 책임을 지우다'의 뜻이다.

오답의 이유

① how 의문문으로 의문부사 how와 의문문의 어순인 '조동사(do)+주어(we)+동사(attribute)+목적어(responsibility)'가 바르게 쓰였다.
③ since로 시작하는 부사절로써 주어 they와 동사인 lack 그리고 목적어 consciousness, free will, emotions, the capability to form intentions, and the like를 포함하는 어법상 옳은 문장이다.
④ 주어 humans와 동사 delegate, 목적어 agency 그리고 전치사구 to the machine이 오류 없이 사용되었다. delegate A to B는 'A를 B에게 위임하다'의 뜻이다.
⑤ 콤마(,)와 관계대명사 which를 사용한 계속적 용법의 관계대명사절이다. 관계대명사 which의 선행사는 앞 문장 전체이며 3인칭 단수 취급되므로 이어지는 동사는 gives가 사용되었다. 따라서 어법상 옳은 문장이다.

본문해석

만약 인공지능(AI)이 더 많은 대리권을 받고 인간이 하던 일을 맡게 된다면, 우리는 어떻게 도덕적 책임을 돌리겠는가? 인간이 AI에게 대리권과 결정을 위임할 때 기술의 해로움과 이로움에 대한 책임은 누구에게 있는가? 첫 번째 문제는 AI 시스템이 윤리적 결과를 가져오는 조치를 취하고 결정을 내릴 수 있지만, 무엇을 하는지 알지 못하고 도덕적인 사고를 할 수 없기 때문에 그것이 하는 일에 대해 도덕적으로 책임이 없다는 것이다. 기계는 의식, 자유의지, 감정, 의도를 형성하는 능력 등이 부족하기 때문에 대리인이 될 수는 있지만 도덕적 대리인은 될 수 없다. 예를 들어, 아리스토텔레스적 관점에서는 인간만이 자발적인 행동을 수행하고 자신의 행동에 대해 신중히 생각할 수 있다. 만약 이것이 사실이라면 유일한 해결책은 기계가 하는 일에 대해 인간이 책임을 지게 하는 것이다. 인간은 그러면 기계에 대리권을 위임하지만 그 책임은 유지한다. 그러나 이 해결책은 몇 가지 문제점에 직면한다. AI 시스템은 매우 빠르게 스스로 결정을 내리고 행동할 수 있는데 예를 들면 초단타매매 또는 자동차 자율주행에서 그러하며, 이 경우 인간이 최종 결정을 내리고 개입하기에는 시간이 부족하다. 이러한 행동과 결정에 있어서 과연 인간이 책임질 수 있을까?

VOCA
- take action ~에 대해 조치를 취하다
- voluntary 자발적인
- deliberate 신중히 생각하다
- delegate A to B A를 B에게 위임하다
- intervene 개입하다

16 난도 ★☆☆
정답 ②

어휘 > 단어

정답의 이유

두 번째 문장에서 비(rain)와 눈(snow)을 언급한 것을 통해 빈칸에 적절한 것이 ② 'precipitation(강수량)'이라는 것을 쉽게 알 수 있다. 또한 그 뒤에 이어지는 문장 속의 습기(moisture)도 좋은 힌트가 된다.

오답의 이유

① 순환

③ 하수구

④ 가뭄

⑤ 관개

본문해석

사람들은 강수량이 전형적이고 예상되며 특이하지 않은 '정상적인' 양일 것이라고 기대한다. 정상적인 (양의) 비와 눈이 녹는 것은 지속적인 농업에 필수적인데, 이는 지구의 73억 명의 사람들을 먹여 살리기 위한 것이다. 모든 식물들과 동물들은 그들의 환경을 위한 정상적인 양의 습기에 적응한다. 하지만 '정상'이 항상 일어나는 것은 아니다.

VOCA

• consistent 지속적인

• agriculture 농업

17 난도 ★★☆
정답 ④

독해 > 대의 파악 > 제목, 주제

정답의 이유

글의 서두에 주제를 제시하는 두괄식 형식의 글이다. 두 번째 문장에서 '~risk taking is not binary'라고 한 다음에 사람마다 감수하는 위험의 종류가 다르다고 했다. 사람들이 저마다 느낄 수 있는 위험의 출처로 비행기에서 뛰어내리는 스포츠와 많은 사람들 앞에서의 연설을 예로 들었다. 따라서 이 글의 주제는 ④ 'Perception of riskiness differs from person to person(위험에 대한 인식은 사람마다 다르다.)'가 가장 적절하다.

오답의 이유

① 신체적·사회적 위험을 모두 감수하는 것은 우리에게 유익하다.

② 우리는 위험을 신체적 위험과 사회적 위험의 두 가지 범주로 분리해야 한다.

③ 신체적 위험을 감수하는 것은 저자에게 큰 도전을 제기한다.

⑤ 위험을 감수하려는 의지가 성공의 전제 조건이다.

본문해석

새로운 것을 시도하는 것은 위험을 감수하려는 의지가 필요하다. 하지만 위험을 감수하는 것은 이분법이 아니다. 나는 당신이 어떤 종류의 위험을 감수하는 것에는 편안함을 느끼고 다른 종류의 위험을 감수하는 것에 상당히 불편함을 느낄 것이라고 장담한다. 당신은 심지어 당신이 감당하기에 편안한 위험을 보지 못할 수도 있고, 그들의 위험을 무시할 수도 있지만, 당신을 더 불안하게 만드는 것들의 위험성을 증폭시키기 쉽다. 예를 들어, 당신은 번개처럼 빠른 속도로 스키 슬로프를 내려오거나 비행기에서 뛰어내리는 것을 좋아할 수 있으며, 이러한 활동을 위험하다고 여기지 않을 수도 있다. 만약 그렇다면, 당신은 상당한 신체적 위험을 감수하고 있다는 사실을 모르고 있는 것이다. 나처럼 신체적 위험을 감수하지 않는 사람들은 스키장에서 핫초코를 마시거나 스스로를 비행기 좌석에 단단히 묶어두고 싶어 한다. 그 대신, 많은 사람들에게 연설을 하는 것과 같은 사회적 위험에 대해서는 완전히 편안함을 느낄지도 모른다. 이것은 나에게 전혀 위험해 보이지 않는다. 하지만 비행기에서 뛰어내리는 것을 완벽히 행복해하는 다른 사람들은 파티에서 축배를 들어올릴 생각은 절대 하지 않을 것이다.

VOCA

• willingness 의지

• amplify 증폭시키다

• significant 상당한

• give a toast 축배를 들다

18 난도 ★☆☆
정답 ①

어휘 > 단어

정답의 이유

① (A) 화자의 의견(a woman must have money and a room of her own if she is to write fiction)에 대한 부연 설명으로, 'they have some (A) upon women and some upon fiction(일부는 여성과 ~하고, 일부는 소설과 ~하다)'이라고 했으므로 문맥상 빈칸 (A)에는 'have bearing upon(~와 관련이 있다)'의 bearing이 적절하다. 또한 빈칸 (B) 앞의 the chance of와 (B) 다음의 목적어 '그들의 결론(their own conclusions)'으로 미루어 빈칸 (B)에는 '결론을 도출해내다'의 의미인 draw의 동명사형인 drawing이 적절하다. 빈칸 (C) 앞부분인 'making use of all the liberties and (C) of a novelist(소설가의 모든 자유와 ~을 이용해서)'와 (C) 다음의 'to tell you the story of the two days that preceded my coming here'로 미루어 문맥상 (C)에는 소설가의 자유와 자격(면허)을 의미하는 licenses가 적절하다.

오답의 이유

② 안도감 – 쓰기 – 상상력

③ 실력, 솜씨 – 익사 – 창의력

④ 관련성 – 던지기 – 의무

⑤ 기부 – 수집 – 직업

내가 할 수 있는 일은 당신에게 한 가지 사소한 점에 대한 의견을 제시하는 것뿐이었는데, 그것은 여성이 소설을 쓰려면 돈과 자기 방이 있어야 한다는 것이다. 나는 당신 앞에서 할 수 있는 한 완전하고 자유롭게 내가 그렇게 생각하게 된 일련의 생각을 발전시킬 것이다. 아마도 내가 이 진술의 이면에 있는 생각, 편견을 밝히면, 여러분은 그것들이 여성과, 일부는 소설과 (A) 관련이 있다는 것을 알게 될 것이다. 어쨌든, 어떤 주제가 매우 논란이 많을 때—그리고 성에 관한 질문이 있는 경우에—사람은 진실을 말하는 것을 바랄 수 없다. 그는 어떤 의견을 가지고 있든지 간에 자신이 어떻게 그런 의견을 갖게 되었는지 단지 보여줄 뿐이다. 그는 단지 청중들이 연설자의 한계와 편견, 그리고 특이한 성격을 관찰하면서 그들 스스로의 결과를 (B) 도출할 기회를 줄 따름이다. 이 지점에서 소설은 사실보다 더 많은 진실을 담고 있을 가능성이 높다. 그러므로, 나는 소설가의 모든 자유와 (C) 자격을 이용하여, 이곳에 오기 전 이틀 동안의 이야기를 당신에게 들려줄 것을 제안한다.

VOCA
- have bearing upon ~와 관련이 있다
- controversial 논란이 많은
- limitation 제한, 제약
- prejudice 편견
- idiosyncrasy 특이한 성격

19 난도 ★★★ 정답 ③

독해 > 세부 내용 찾기 > 내용 (불)일치

정답의 이유

본문의 세부 내용을 묻는 문제이므로 모든 내용을 다 살펴봐야 한다. 본문 내용에 따르면 환경 옹호자들은 우리가 사는 이 시대의 명칭을 바꿈으로써 우리가 이 지구의 환경에 막대한 부정적인 영향을 끼치고 있음을 말하려고 하는 것이므로 정답은 ③ 'The environmental advocates believe that human beings will get aware of their rampant activities which cause destruction if the time period of the Earth is renamed(환경 옹호자들은 만약 지구의 시대가 다시 명명되면 인류가 파괴를 일으키는 만연한 활동에 대해 알게 될 것이라고 믿는다).'이다.

오답의 이유

① 지질학자들은 그 기간의 이름을 바꾸는 행동을 지지함으로써 환경보호론자들이 그들보다 우위에 서는 것을 원하지 않는다.

② 층서학자들은 지구의 시간대를 재명명함에 있어서 문화를 고려할 필요가 있다.

④ 지질학자들은 인간에 의해 야기된 변화가 짧은 시간 동안 계속되어 왔다고 믿는다.

⑤ 일부 인류세 지지자들은 진흙 속에서 표본을 발견하는 것이 어렵다는 층서학자들의 의견에 동의한다.

인류가 지구를 영구적으로 변화시켰는가? 겉보기에 단순한 질문은 우리가 살고 있는 기간을 무엇이라고 불러야 하는지에 대해 지질학자와 환경 옹호자들 사이의 새로운 싸움을 촉발시켰다. 국제 지질학 연합(International Union of Geological Sciences)에 따르면 우리는 공식적으로 마지막 주요 빙하기 이후 11,700년 전에 시작된 홀로세(Holocene epoch)에 살고 있다. 그러나 그 명칭은 구식이라고 일부 전문가들은 말한다. 그들은 '인류세(Anthropocene)'를 주장하는데—anthropo는 '인간'을 의미하고, cene는 '새로운'을 의미한다.—왜냐하면 인류가 다른 지속적인 영향들 중에서, 동식물종의 대량 멸종을 일으키고 바다를 오염시키고 대기를 변화시켰기 때문이다. 그러나 많은 층서학자(암층을 연구하는 과학자)들은 새로운 시대에 대한 명확한 증거가 존재하지 않는다고 하면서 이 아이디어를 비판한다. 그들에 따르면 지질학적 시간 용어에 이름을 붙이기 시작할 때, 우리는 그 경계가 정확히 무엇인지와 그것이 암석 지층에서 어디에 나타나는지를 정의해야 한다. 인류세는 자연 과학보다는 대중 문화에 관한 것이다. 중요한 질문은 인간이 언제 지구에 흔적을 남기기 시작했는지를 정확히 명시하는 것이다. 예를 들어, 원자력 시대는 지구상의 토양에 방사선의 흔적을 남겼지만, 반면에 더 깊은 암석층에서는 서기 900년까지 거슬러 올라가 유럽 농업의 특징이 발견될 수 있다. 한 층서학자는 "인류세는 눈길을 끄는 전문 용어를 제공하지만 지질학적 측면에서는 코드에 맞는 기본적인 사실이 필요하다."라고 말한다. 일부 인류세 지지자들은 그 어려움을 인정한다. 그러나 진흙탕에 빠지지 말고 날짜를 명시하고 넘어가라고 그들은 말한다. 호주국립대학교의 기후변화연구소 소장인 Will Steffen은 그 새 이름이 다음과 같은 메시지를 전달한다고 말한다. "우리가 현재 지구 전체의 규모에서 환경에 부정할 수 없는 영향을 주고 있어서 새로운 지질 시대가 시작되었다는 것을 일반적인 대중에게 강력하게 상기시켜 줄 것이다."

VOCA
- mass extinction 대량멸종
- boundary 경계
- stratigrapher 층서학자
- proponent 지지자
- undeniable 부정할 수 없는

20 난도 ★★★   정답 ②

독해 > 대의 파악 > 추론

정답의 이유

추론 유형은 지문의 모든 내용을 다 살펴봐야 한다. 지문 내용에 따르면 우리의 윤리적인 소비 패턴은 우리의 경제력과 교육 수준에 근거한다고 보여지며, 이는 존경과 지위를 불러온다고 한다. 반대로 윤리적 소비를 하지 못하는 사람은 환경을 향한 그의 관심과는 상관없이 무례함과 무시를 경험할 수도 있다고 한다. 따라서 정답은 ② 'What we buy is often related to our cultural and educational capital, and consumption patterns can reinforce existing social hierarchies(우리가 구매하는 것은 종종 우리의 문화적이고 교육적인 자본과 관련이 있고, 소비 패턴은 기존의 사회 계층을 강화할 수 있다).'이다.

오답의 이유

① 오염을 일으키는 디젤차를 하이브리드 모델로 교체하지 않는 사람은 윤리적인 소비자가 아니다.
③ 상품 소비를 늘리는 것은 윤리적 소비자의 바람직한 목표이다.
④ 소비는 진정한 윤리적인 삶을 실천하는 것의 수단이다.
⑤ 더 많은 문화적 자본을 가진 사람들이 더 낮은 수준의 문화적 자본을 가진 사람들보다 도덕적으로 더 우월할 가능성이 있다.

본문해석

전 세계의 많은 사람들은 글로벌 공급 체인을 괴롭히는 골치 아픈 상황들과 인간이 만든 기후 위기에 대응하여 소비자 윤리를 고려하고 일상 생활에서 윤리적인 소비자 선택을 하기 위해 일한다. 소비자 표시 체계에서 공정무역, 지역적으로 재배되고 지속 가능한 제품인 유기농 제품을 구매하기 위해 윤리적인 선택을 하는 사람들은 종종 이런 종류의 구매를 모르거나 신경 쓰지 않는 사람들보다 더 윤리적으로 우월한 것으로 보여진다. 소비재 분야에서 윤리적 소비자가 된다는 것은 다른 소비자에 비해 문화적 자본이 높고 사회적 지위가 높은 사람에게 수여되는 것이다. 예를 들어, 하이브리드 차량을 구입하는 것은 다른 사람들에게 환경 문제에 대해 염려하고 있다는 신호이며, 차도에서 그 차를 지나가는 이웃들은 심지어 그 차 소유자를 더 긍정적으로 볼 수도 있다. 그러나 20년 된 차를 교체할 여유가 없는 사람 역시 그만큼 환경에 관심을 가질 수도 있지만, 그것을 소비 패턴을 통해서 증명할 수는 없을 것이다. 그들이 만나는 사람들은 그들에 대해 가난하고 교육 수준이 낮다고 생각할 수도 있다. 그들은 그들이 타인에게 어떻게 행동하든 매일같이 무례와 무시를 경험할 수도 있다.

VOCA
• ethical 윤리적인
• morally 도덕적으로
• sustainable (환경 파괴 없이) 지속 가능한
• demonstrate 증명하다
• undereducated 교육을 받지 못한

더 알아보기

추론 유형 해결 비법

세부 정보 추론 유형은 본문의 내용을 전체적으로 이해해야 하고 반드시 본문에 근거하여 정답을 찾아야 한다. 추론 문제의 경우 보기를 먼저 읽고 나서, 그 후 지문을 바탕으로 추론할 수 있는 내용의 보기를 선택하는 것을 추천한다. 이때 본문의 핵심 어구를 그대로 언급하거나 의역을 바르게 한 것이 정답이 된다.

21 난도 ★★☆   정답 ④

독해 > 빈칸 완성 > 단어·구·절

정답의 이유

글의 서두에 주제를 제시하는 두괄식 형식의 글이며 그 주제가 글의 마지막에 한 번 더 반복된다. 첫 문장에서 계몽운동의 남성과 여성들의 철학적이고 지리학적인 프로젝트를 통해 동유럽을 발명했다고 했으므로 정답은 ④ 'an intellectual invention(지적인 발명품)'이다.

오답의 이유

① 허구적인 생각
② 무의식적인 투영
③ 지리적인 지도 제작
⑤ 헛된 꿈

본문해석

동유럽을 만들어낸 것은 계몽운동의 남성과 여성들에 의해 수행되었던 철학적이고 지리학적인 통합 프로젝트였다. 분명히, 동유럽의 땅은 본래 (상상력으로) 만들어진 가상의 것이 아니었다. 그 땅과 그곳에 살았던 사람들은 항상 전적으로 실제였고, 사실 상대적으로 서쪽에 있는 다른 땅들보다 상대적으로 동쪽에 있었다. 그러한 기부가 확실히 18세기에 번성했다고 해도, (동유럽을 만들어 낸) 발명 프로젝트는 단순히 진짜 땅이 발명되거나 신화적인 속성을 부여하는 문제가 아니었다. 계몽주의자들의 기록이 완전히 거짓이거나 허구인 것은 아니었다. 그와는 반대로, 야심을 품은 여행과 비판적인 관찰이 점점 더 증가한 시대에, 그 땅은 이전 어느 때보다 더 자주 방문되었으며 철저하게 연구되었다. 발명 작업은 동유럽의 일반적인 루브릭(rubric)을 생산하기 위해 사실과 허구를 이용하여 종합적인 토지 연합을 사들이는 것이다. 그 루브릭은 다양한 영역의 땅과 사람들에 대한 일반적이고 연관적인 관찰의 집합체를 나타낸다. 바로 그런 의미에서 동유럽은 문화적 건설, 즉 계몽주의의 지적인 발명품이다.

VOCA
• Enlightenment 계몽운동
• attribute 자질, 속성
• synthetic 종합적인
• aggregation 집합체, 집합

독해 > 글의 일관성 > 문장 삽입

정답의 이유

⑤ 주어진 문장에서 우리 인간이 타 동물들과는 다른 상징적 언어, 사회 제도, 종교 등을 가지고 있으며 기술의 발달을 통해 이동하고 소통한다고 말하고 있다. 본문의 마지막 문장에서 우리 인간이 유인원과 해부학적인 차이보다 행동과 제도의 차이가 훨씬 눈에 띈다고 했으므로 (E)에 문장을 삽입하는 것이 적절하다. 주어진 문장은 (E) 앞에서 언급한 행동과 제도의 차이의 예시가 된다.

오답의 이유

(A)~(D)의 앞뒤 내용에서는 인간과 침팬지 및 다른 종류의 동물들의 유사성에 대해 말하고 있으므로 인간의 독보적인 행동과 제도를 나타내는 주어진 문장이 삽입되기에는 적절하지 않다.

본문해석

침팬지는 우리 종인 호모 사피엔스의 가장 가까운 친척이다. 침팬지와 인간의 골격 사이에는 뼈 하나하나의 정확한 일치가 존재한다. 인간은 유인원과 다른 포유류처럼 새끼를 낳는다. 인간은 조류, 파충류, 양서류와 유사한 장기와 팔다리를 가지고 있다. 이 유사성은 척추동물의 공통된 진화적 기원을 반영한다. 하지만 우리 종의 뚜렷한 고유함을 알아차리는 데 많은 설명(묘사)이 필요하지는 않다. 인간과 침팬지 사이의 뚜렷한 해부학적 차이는 이족보행과 확대된 뇌를 포함한다. 해부학적인 차이보다 훨씬 더 눈에 띄는 것은 뚜렷이 구별되는 행동과 제도이다. <u>인간은 상징적 언어, 정교한 사회 및 정치 제도, 법전, 문학 및 예술, 윤리 및 종교를 가지고 있다. 인간은 도로와 도시를 건설하고 자동차, 배, 비행기로 이동하며 전화, 컴퓨터, 텔레비전을 통해 의사소통한다.</u>

VOCA

• correspondence　유사성

• reptile　파충류

• amphibian　양서류

• vertebrate　척추동물

• conspicuous　눈에 띄는, 뚜렷한

• anatomical　해부학적인

어법 > 비문 찾기

정답의 이유

② etching은 타동사로서 그 뒤에 목적어가 와야 한다. 주어진 문장에서는 목적어가 없으며, '기억에 새겨진 ~'이라는 의미인 수동태로 쓰여야 하므로 etching → etched가 되어야 한다.

오답의 이유

① which is가 생략된 관계대명사절로 determined가 알맞게 사용되었다.

③ 동사 rule out의 목적어로써 동명사 playing이 바르게 사용되었다.

④ cater for는 자동사이며 현 문장에서 현재분사 catering이 바르게 사용되었다.

⑤ helping은 전치사 by의 목적어인 동명사 형태로 바르게 사용되었다.

본문해석

만약 당신이 스포츠를 좋아하지 않는다면, 당신은 아마도 전염병처럼 대학 스포츠팀을 피할 것을 계획하고 있을 것이며, 이것은 당신의 기억 속에 새겨져 있는 학교 스포츠 수업에서의 끔찍한 기억을 떠올리는 것을 피하기로 결심한 것이다. 하지만 어느 정도는 대학에서 스포츠를 하는 것을 배제하지는 마라. 대학에는 할 수 있는 다양한 스포츠가 있을 뿐만 아니라, 매우 활동적인 사람부터 완전한 초보자의 수준에 이르기까지 광범위하다. 만약 당신이 자신에게 맞는 클럽을 찾는다면, 단지 당신이 지난밤 먹은 피자를 해결하는 것을 돕는 것이 아니라 당신의 대학의 경험을 향상시킬 수 있는 몇 가지 방법들이 있다.

VOCA

• avoid　피하다

• determine　결심하다

• etch　새기다

• cater for　~에 맞추다, 부응하다

24 난도 ★★☆   정답 ①

독해 > 대의 파악 > 제목, 주제

정답의 이유

본문은 수면 시간의 증가와 감소에 대한 연구조사를 언급하고 있으므로 제목으로 적절한 것은 ① 'Are We Really Sleep-Deprived (우리는 정말 잠이 부족한가)?'이다.

오답의 이유

② 수면 장애는 어떻게 진단되는가?

③ 수면 장애의 다른 유형들은 무엇인가?

④ 왜 우리는 충분한 잠이 필요한가?

⑤ 수면 부족의 결과는 무엇인가?

본문해석

수면 패턴을 파악하는 것은 정기적인 고품질의 설문조사가 부족해서 어렵다. 그러나 2004년의 한 설문조사는 설문에 참여한 3분의 2의 사람들이 하룻밤에 5.5~8.5시간을 잔다고 답한 것을 통해서 평균 수면 시간이 7시간이라는 것을 알아냈다. 약 3분의 1은 대부분의 밤에 최소 한 번의 수면 장애를 경험했다고 보고했다. 수면 시간이 줄었는지 아닌지는 판단하기 어렵다. 한 연구(1983~2005)에 따르면 성인의 평균 수면 시간은 50분 증가했고, 짧은 수면(6시간 미만)의 발생은 15%에서 10%로 감소했으며, 긴 수면(9시간 초과)의 발생은 16%에서 28%로 증가했다. 어린이들의 수면 경향에 대한 증거는 결론을 내릴 수 없다. 그러나, 최근의 추가적인 연구는 아이들의 수면이 지난 1세기 동안 대략 1시간 정도 증가했음을 알아냈다. 비록 수면이 악화되지는 않았더라도, 전문가들은 충분하지 않은 수면 시간은 중요한 공중보건 문제라고 강조한다.

VOCA

- prevalence 유행, 횡행, 발생
- inconclusive 결정적이 아닌, 결론에 이르지 못하는
- emphasize 강조하다
- insufficient 불충분한, 부족한

25 난도 ★★☆   정답 ③

독해 > 글의 일관성 > 무관한 어휘 · 문장

정답의 이유

본문은 지도 제작에서 지켜지고 고려되어야 하는 사항들에 대한 내용이다. 지도는 사용자로 하여금 쉽게 사용하고 이해할 수 있도록 너무 지나친 세부 사항은 생략하며 지도의 용도에 맞게 정보를 단순화하는 작업이 필요하다고 했으므로 과거의 지도 제작 방식에 대한 ③ 'Until the 1970s, most maps were being drawn with ink pens and rulers, but now they are composed on computers and printed by machine(1970년대까지는 대부분의 지도가 잉크펜과 자로 그려졌으나 지금은 컴퓨터로 작성되고 기계로 인쇄된다).'은 전체적인 글의 흐름과 맞지 않는다.

본문해석

지도 제작은 수학과 공학의 도구와 그래픽 디자인의 도구를 결합한 고도로 기술적이며 어느 정도 예술적인 추구이다. 지도는 정확해야 하며, 왜곡되거나 부적절하게 위치하거나 정보가 잘못 표기된 것이 아닌 실제 존재하는 대로 상황을 묘사해야 한다. 그것들은 시각적으로 사용하기 쉬워야 하며, 불필요한 정보로 인한 혼란 없이 사용자가 필요로 하는 자료를 눈에 띄게 보여줘야 한다. 이것이 바로, 예를 들자면, 로드맵이 보통 가장 간단한 길을 제외하고는 산과 언덕을 표시하지 않는 이유이다. 1970년대까지는 대부분의 지도가 잉크펜과 자로 그려졌으나 지금은 컴퓨터로 작성되고 기계로 인쇄된다. 그렇게 하면 도로를 나타내는 선들로 이미 채워진 지도에 많은 선들을 추가할 것이다. 지리적인 데이터를 지표면의 원래 형태에서 지도 위의 단순화된 형태로 변환할 때, 우리는 이 정보가 어떻게 표현되어야 할지에 대해 많은 결정을 내려야 한다. 우리가 지도를 어떻게 그리든 우리는 세상의 모든 상세한 부분을 있는 그대로 정확하게 보여줄 수 없으며 또 그것을 원하지도 않을 것이다. 축척과 투영은 정보가 표현되는 방식을 결정하는 지도의 두 가지의 기본적인 속성이다.

VOCA

- accurate 정확한
- distorted 왜곡된
- prominently 눈에 띄게
- ways [단수 취급] (장)거리, 길
- convert 변환하다
- fundamental 기본적인, 핵심적인

한눈에 훑어보기

✓ **영역 분석**

독해 01 02 04 06 07 08 09 10 11 12 14 15
16 17 19 20 21 22 23 24 25
21문항, 84%

어법 03 05 13 18
4문항, 16%

✓ **빠른 정답**

01	02	03	04	05	06	07	08	09	10
④	④	④	②	②	④	①	②	①	③
11	12	13	14	15	16	17	18	19	20
③	④	④	②	①	①	④	①	②	②
21	22	23	24	25					
②	③	②	②	②					

✓ **점수 체크**

구분	1회독	2회독	3회독
맞힌 문항 수	/ 25	/ 25	/ 25
나의 점수	점	점	점

01 난도 ★★☆ 정답 ④

독해 > 빈칸 완성 > 단어·구·절

[정답의 이유]

제시문의 중반부에서 Jared Diamond가 'once caused terrifying epidemics and then disappeared as mysteriously as they had come.'이라고 한 다음, 이어서 그 예로 수만 명을 죽음으로 내몬 후 사그라진 영국의 속립열을 인용했다. 마지막 문장에서 '지나친 효율성은 어떤 전염성 유기체에도 좋은 것은 아니다.'라고 했으므로 빈칸에 들어갈 말로 가장 적절한 것은 ④ '(A) infectious(전염성이 있는) - (B) disappear(사라지다)'이다.

[오답의 이유]

① 더 약한 - 사라지다
② 더 약한 - 퍼지다
③ 전염성이 있는 - 퍼지다

본문해석

미생물은 계산적인 존재가 아니다. 비누 거품 사이로 수백만에 달하는 그것들을 학살할 때 여러분이 그것들에게 어떤 고통을 주는지 신경 쓰지 않는 것처럼 그것들도 자신들이 여러분에게 무엇을 하는지 상관하지 않는다. 병원균이 유일하게 신경 쓰는 때는 여러분을 매우 잘 죽일 때뿐이다. 만일 그것들이 이동하기 전에 여러분을 제거한다면, 그것들은 아마도 스스로 멸종할 것이다. 사실 이러한 일은 때때로 일어난다. Jared Diamond는 언급하기를, 역사는 '한때 무서운 전염병을 일으켰다가 그것들이 왔던 것처럼 신기하게 사라진' 질병으로 가득하다고 한다. 그는 그 기세가 맹렬했지만 다행히 일시적이었던 영국의 속립열을 인용하는데, 그 유행병은 1485년부터 1552년까지 맹위를 떨치며 수만 명을 죽음으로 내몬 후 스스로 사그라졌다. 지나친 효율성은 어떤 전염성 유기체에도 좋은 것은 아니다.

⇩

병원체들이 (A) 전염성이 강할수록, 그것은 더 빨리 (B) 사라질 가능성이 높다.

VOCA

- microorganism 미생물
- entity 독립체, 존재(물)
- distress 고통
- slaughter 학살하다
- pathogen 병원균, 병원체
- epidemic (병의) 유행, 유행병, 전염병
- cite 인용하다

- robust 강한
- mercifully 다행히도
- transient 일시적인, 순간적인
- sweating sickness 속립열
- rage (질병·화재 등이) 급속히 번지다, 맹위를 떨치다
- infectious 전염성의, 병을 옮길 수 있는

02 난도 ★★★   정답 ④

독해 > 대의 파악 > 지칭 추론

정답의 이유

밑줄 친 'drains the mind'는 '마음을 비우다'의 뜻으로 바로 앞 문장의 '~ at last, make you stand in the middle of the writing (마침내 여러분을 글 한가운데 서게 하다)'과 의미가 비슷하다. 따라서 'drains the mind'가 뜻하는 바로 가장 적절한 것은 ④ 'to place oneself in the background(배경에 자신을 두다)'이다.

오답의 이유

① 마음을 치유하다
② 감성적이 되도록 돕다
③ 그/그녀의 호기심을 만족시키다

본문해석

만약 글이 탄탄하고 좋으면, 작가의 분위기와 기질은 그 작품을 훼손시키지 않으면서 결국 드러날 것이다. 그러므로 스타일[문체]을 얻으려면, 어떤 것에도 영향을 주지 않는 것부터 시작하라. 즉, 글의 느낌과 본질로 독자의 관심을 이끌어 내라는 것이다. 신중하고 정직한 작가는 문체에 대해 걱정할 필요가 없다. 언어 사용에 능숙해지면, 여러분의 문체가 드러날 것이며, 여러분 자신이 나타날 것이기 때문에, 이런 일이 일어나면, 여러분을 다른 마음들로부터 분리하는 장벽을 깨고, 마침내 여러분을 글 한가운데 서게 만드는 것이 점점 더 쉽다는 것을 알게 될 것이다. 다행스럽게도, 글쓰기, 즉 창작 행위는 마음을 단련시킨다. 글쓰기는 사고를 시작하는 한 가지 방식이며, 글쓰기의 연습과 습관은 마음을 비운다.

VOCA

- solid 단단한, 확실한, 훌륭한
- temper 기질, 성질
- at the expense[cost] of ~을 희생하면서
- composition 작문, 작곡
- discipline 훈련하다
- drain 배수하다, 빼내 가다[소모시키다]

03 난도 ★★☆   정답 ④

어법 > 정문 찾기

정답의 이유

(A) 'A and B'의 병렬 구조로, and 앞에 형용사(false)가 있으므로 (과거분사형) 형용사(perceived)가 적절하다.
(B) 형용사(gifted)를 수식하므로 부사(differently)가 적절하다.
(C) 앞 문장의 복수명사 talents를 대신하면서 관계절(we have been given)의 수식을 받고 있으므로 지시대명사 those가 적절하다. those는 '~ 하는 것들[사람들]'을 뜻하며 수식어[전치사구, 관계절, 분사]의 수식을 받는다. those 다음에는 관계대명사 which[that]가 생략되었다.

오답의 이유

① 인식하다 – 다른 – 그들을
② 인식하다 – 다르게 – ~ 하는 것들
③ 인식된 – 다른 – 그들을

본문해석

자신 그리고 인생에서 우리의 운명에 대한 불만 중 일부는 실제 상황을 근거로 하고 있으며, 일부는 거짓이고 단순히 현실로 인식된 것이다. 인식된 것은 정리되고 버려져야 한다. 진짜는 변경할 수 있거나 변경할 수 없는 것으로 분류될 것이다. 만약 그것이 후자에 속한다면, 우리는 그것을 받아들이기 위해 노력해야 한다. 만약 그것이 전자에 속한다면, 그런 경우 우리는 대신 그것을 제거, 교환, 수정하기 위해 노력할 수 있는 대안이 있다. 우리는 모두 인생에서 특별한 목적이 있고, 모두 재능이 있는데, 단지 다르게 타고난 재능이 있는 것일 뿐이다. 그것은 1, 5, 10개의 재능을 부여받은 것이 공평한지 불공평한지에 대한 논쟁이 아니다. 그것은 우리가 우리의 재능을 가지고 무엇을 했는가에 대한 것이다. 그것은 우리에게 주어진 것들(재능)을 얼마나 잘 투자했는가에 대한 것이다. 만약 누군가가 그들의 삶이 불공평하다는 견해를 고수한다면, 그것은 정말로 신에 대한 모욕이다.

VOCA

- lot 운명, 운
- sort out 선별하다, 분류하다; 문제를 해결하다
- discard 버리다, 폐기하다
- fall into ~로 나뉘다
- strive 분투하다
- alternative 대안, 대체, 대신의, 다른
- modify 수정[변경]하다, 바꾸다
- gifted 재능이 있는

독해 > 글의 일관성 > 글의 순서

정답의 이유

주어진 글의 마지막 문장 'This is a common fallacy(이것은 일반적인 오류이다.)'에 대한 이유를 (B)에서 'It is because ~'로 설명하고 있으므로, 주어진 글 다음에는 (B)로 이어지는 것이 자연스럽다. (B) 마지막의 'most difficult customers'와 대비되는 'the better customers'로 이어서 설명하는 (C)가 오는 것이 자연스럽다. 마지막으로 'therefore'로 시작하는 (A)에서 '시작할 때 더 적은 양으로 더 높은 이윤의 제품과 서비스를 갖는 것이 훨씬 더 낫다.'라고 마무리 짓는 내용이 오는 것이 자연스럽다. 따라서 주어진 글 다음에 이어질 글의 순서로 적절한 것은 ② '(B) – (C) – (A)'이다.

본문해석

사람들은 낮은 가격을 청구하거나 경쟁사보다 낮은 가격을 책정함으로써, 더 많은 고객을 얻을 것이라고 추측한다. 이것은 일반적인 오류이다.

(B) 그것은 경쟁사에 비해서 인하된 가격을 부과하면, 고객 시장의 하위층을 끌어들이기 때문이다. 이 고객들은 더 적은 것으로 더 많은 것을 원하며, 종종 여러분의 사업에서 더 많은 시간과 간접비를 차지한다. 그들은 또한 여러분이 가장 다루기 어렵고 행복하게 하기 어려운 고객일 수도 있다.

(C) 또한 역설적으로 더 좋은 고객들을 쫓아버리는데, 그것은 그들이 더 높은 품질의 제품 또는 서비스를 위하여 더 비싼 가격을 지불할 것이기 때문이다. 우리는 많은 경쟁사들이 시장에 나와 지속 가능하지 않은 일일 요금을 부과하는 것을 보아왔다. 그들은 종종 심지어 그들의 할당량을 채우기 위해 고군분투하다가, 곧 포기하고 다른 일을 하는 것으로 옮기기도 한다.

(A) 그러므로, 시작할 때 더 적은 양으로 더 높은 이윤의 제품과 서비스를 갖는 것이 훨씬 더 낫다. 어쩔 수 없이 가격을 낮추기 위해 언제든지 협상할 수 있지만, 인상을 협상할 수 있는 경우는 거의 없기 때문이다.

VOCA

• charge (요금을) 청구하다
• fallacy 틀린 생각, (인식상의) 오류
• end 끝, 선단, 말단
• take up (시간·장소를) 차지하다
• overhead 간접비(의)
• repel 쫓아버리다
• sustainable 지속 가능한, 지탱할 수 있는
• quota 쿼터, 할당

어법 > 비문 찾기

정답의 이유

② '출판을 위해 시를 제출하는 것(submit a poem for publication)'이 문장의 주어이므로 submit → submitting(동명사)이 되어야 한다.

오답의 이유

① 'their work in print'에서 their는 children의 소유격으로 올바르게 사용되었다.
③ 'which poems they are most proud of'는 '그들이 가장 자랑스러워하는 어떤 시'의 뜻으로, which는 의문형용사로 어법상 올바르게 사용되었다.
④ 'publicly showcase their accomplishment'에서 publicly는 동사(showcase)를 수식하는 부사로 올바르게 사용되었다.

본문해석

글쓰기를 즐기는 아이들은 종종 자신들의 작품을 인쇄물로 보는 것에 흥미를 느낀다. 한 가지 비공식적인 접근은 그들의 시를 타자로 쳐서 인쇄해서 게시하는 것이다. 또는 많은 어린이 작가들의 시를 복사한 문집을 만들 수도 있다. 하지만 진정으로 헌신적이고 야심적인 아이들에게 있어서, 출판을 위해 시를 제출하는 것은 가치 있는 목표이다. 그리고 아이들의 독창적인 시를 인쇄하는 몇 가지 웹과 인쇄 자료들이 있다. 어린이 시인들이 원고(양식, 형식 등)의 제출 프로토콜에 익숙해지도록 도움을 주어라. 그들이 가장 자랑스러워하는 시를 고르도록 하고, 제출된 모든 것의 복사본을 보관하고, 부모님의 허락을 받도록 하라. 그리고 나서 그들의 작품이 채택되어 인쇄되어 나올 때 함께 축하하라. 그들을 축하하고, 그들의 성취를 공개적으로 전시하며, 널리 알려라. 성공은 성공을 고무한다. 그리고 물론, 만약 그들의 작품이 거절당한다면, 지원과 격려를 해 주어라.

VOCA

• post 게시[공고]하다
• photocopy 복사하다
• anthology 명시 선집, 선집, 명문집
• dedicated 헌신적인, 전용의, 몰두하고 있는
• ambitious 야심 있는
• worthy 가치 있는, 훌륭한
• protocol 의례, 프로토콜, 원안
• manuscript 원고
• showcase 전시하다, 소개하다
• accomplishment 성취, 업적, 재주, 기량
• spread 퍼뜨리다
• inspire 고무[격려]하다

동명사

- 동명사는 문장 내에서 주어, 목적어, 보어, 전치사의 목적어 역할을 한다.

  예 Smoking cigarettes may kill you. → 주어
  (담배를 피우면 죽을 수도 있다.)

  예 My favorite activity is reading thrillers. → 보어
  (내가 가장 좋아하는 활동은 스릴러물을 읽는 것이다.)

  예 I *enjoy* finding a bargain when I go shopping.
  → 타동사의 목적어
  (나는 쇼핑갈 때 싼 물건을 찾는 것을 즐긴다.)

  예 We sit on the couch and ponder the idea *of* taking a walk.
  → 전치사의 목적어
  (우리는 소파에 앉아서 산책하는 것에 대해 골똘히 생각한다.)

- 동명사와 명사의 차이

동명사	명사
• 명사의 역할: 주어, 목적어, 보어로 쓰임 • 동사의 역할: 목적어를 취함	• 명사의 역할: 주어, 목적어, 보어로 쓰임 • 동사가 아니므로 목적어를 취할 수 없음

  예 The paper charged her with use(→ using) the company's money for her own purpose.
  (그 신문은 그녀가 자신의 목적을 위해 회삿돈을 사용했다고 비난했다.)

06 난도 ★★☆   정답 ④

독해 > 글의 일관성 > 문장 삽입

정답의 이유

주어진 문장의 '~ from the tribe, the tiny seeds ~'로 미루어 앞에 부족과 작은 씨앗에 대한 설명이 나와야 함을 유추할 수 있다. ④ 앞 문장에서 'one seed', 'this one seed', 'entire tribe'가 처음으로 언급되었으므로 주어진 문장이 들어가기에 적절한 곳은 ④이다.

본문해석

Pueblo 인디언 문화에서 옥수수는 사람들에게 곧 생명의 상징이다. '태양과 빛의 할머니'인 Corn Maiden이 이 선물을 가져와 사람들에게 삶의 힘을 주었다. 옥수수가 태양에 의해 생명을 부여받으면서, Corn Maiden은 태양의 불을 인간의 몸으로 가져와, 자연을 통해 인간에게 그의 사랑과 힘의 많은 표상들을 준다. 각각의 Maiden은 아이에게 주는 것처럼 사랑으로 길러지는 옥수수 씨앗을 하나씩 가져오는데, 이 하나의 씨앗이 부족 전체를 영원히 지탱할 것이다. 부족의 사랑과 힘으로 그 작은 씨앗들은 성숙하고 크게 자라서, 사람들을 위한 작물로 재배된다. Corn Maidens의 영혼은 부족 사람들과 영원히 함께 있다.

- tribe 부족
- bring 가져오다, 데려오다
- representation 묘사[표현]
- nurture (잘 자라도록) 양육하다, 보살피다
- sustain 살아가게 하다, 지속시키다
- entire 전체의, 온

07 난도 ★★☆   정답 ①

독해 > 빈칸 완성 > 단어·구·절

정답의 이유

제시문의 네 번째 문장의 '~ they pump waste products into them(그것들은 폐기물을 그것들에 퍼붓는다)'와 다섯 번째 문장의 '~ they are taking this opportunity to relieve themselves(그것들이 용변을 보기 위해 이 기회를 이용하고 있다)'로 미루어 빈칸에 들어갈 말로 적절한 것은 ① 'tree toilet paper(나무 화장지)'이다.

오답의 이유

② 그 식물 주방

③ 나무의 폐

④ 곤충의 부모

본문해석

너도밤나무, 참나무, 가문비나무, 그리고 소나무는 항상 새롭게 생장하며, 오래된 것을 없애야 한다. 가장 분명한 변화는 매년 가을에 일어난다. 나뭇잎들은 제 역할을 했다. 즉, 그것들은 이제 낡았고 충해로 인해 구멍이 숭숭 뚫렸다. 그것들에 작별을 고하기 전에, 나무들은 폐기물을 그것들에 퍼붓는다. 여러분은 그것들이 용변을 보기 위해 이 기회를 이용하고 있다고 말할 수 있다. 그러고 나서, 그것들은 연약한 조직층을 성장시켜서 각각의 나뭇잎을 그것이 나 있는 나뭇가지로부터 떼어내고, 그 잎들은 다음번 산들바람에 땅으로 굴러떨어진다. 이제 지면을 덮은 채 여러분이 그것들을 밟고 지나다닐 때 매우 만족스러운 저르륵저르륵 소리를 내는 바스락거리는 나뭇잎들은 기본적으로 나무 화장지이다.

- beech 너도밤나무
- oak 참나무
- spruce 가문비나무
- riddle 수수께끼, 구멍을 숭숭 뚫다, 벌집같이 만들다
- bid (고어·시에서) 고하다, 명하다
- adieu 작별
- relieve oneself 용변을 보다, 배변하다
- breeze 산들바람
- rustling 바스락[사각, 와작] 소리나는, 바스락거리는 소리
- scrunch 저르륵저르륵[뽀드득뽀드득] 소리를 내다
- scuffle 휙[쓱] 움직이다

08 난도 ★☆☆   정답 ②

독해 > 글의 일관성 > 무관한 어휘 · 문장

정답의 이유

제시문은 소설의 쓰임새 중 하나가 공감을 쌓는 것이라고 주장하고 나서 소설을 통해 공감을 쌓는 과정을 그리고 있다. ②는 그러한 과정과 상관없는 내용이므로 논점에서 어긋나는 문장이다. 따라서 글의 흐름상 어색한 문장은 ②이다.

본문해석

소설은 많은 쓰임새가 있는데, 그것들 중 한 가지는 공감을 쌓는 것이다. TV나 영화를 볼 때, 여러분은 다른 사람들에게 일어나는 일들을 보고 있다. 산문 소설은 26개의 글자[알파벳]와 몇 개의 구두점으로 만들어 낸 것으로 여러분은 여러분만의 상상력을 발휘하여 세상을 만들고, 그곳에서 살면서 다른 눈으로 바깥을 바라본다. 여러분은 사물을 느끼고, 그렇지 않았다면 결코 알지 못했을 장소와 세계를 방문하게 된다. 다행스럽게도, 지난 10년 동안, 세계에서 가장 아름답고 알려지지 않은 많은 장소들이 주목받았다. 저 바깥에 있는 다른 사람들도 모두 또 하나의 '나'라는 것을 알게 된다. 여러분은 다른 누군가가 되고 있고, 여러분 자신의 세계로 돌아오면, 여러분은 약간 변화될 것이다.

VOCA

- empathy 공감, 감정이입
- prose 산문, 산문의
- a handful of 소수의
- punctuation mark 구두점
- put in the spotlight 주목[관심]을 받다

09 난도 ★★☆   정답 ①

독해 > 빈칸 완성 > 단어 · 구 · 절

정답의 이유

빈칸 앞부분에서 '그것에 그늘을 드리우는 다른 식물들은 새로운 생명을 즉시 소멸시킬(Other plants casting shade on it would extinguish the new life immediately) 것'이며, '만약 이런 솜털 같은 작은 씨앗 꾸러미가 가문비나무나 너도밤나무 숲에 떨어진다면, 씨앗의 생은 시작도 하기 전에 끝난다.'라고 했으므로 문맥상 빈칸에는 작은 씨앗 꾸러미가 가문비나무나 너도밤나무 숲에 떨어지는 것보다 ① 'prefer settling in unoccupied territory(비어 있는 지역에 정착하기를 선호한다)'가 적절하다.

오답의 이유

② 초식동물의 먹이로 선택되었다
③ 인간의 개입을 피하려고 진화했다
④ 먼 겨울까지 죽은 잎을 달고 있다

본문해석

버드나무와 포플러의 씨앗은 너무 작아서 여러분은 솜털로 뒤덮여 날아다니는 털에서 작고 어두운 두 개의 점으로만 알아볼 수 있다. 이 씨앗들 중 하나는 무게가 0.0001그램밖에 나가지 않는다. 이렇게 약한 에너지를 비축해서, 묘목은 수증기가 다 떨어지기 전에 겨우 1~2밀리미터만 자랄 수 있고 어린잎을 이용해 스스로 만든 양분에 의존해야 한다. 하지만 그것은 작은 새싹을 위협하는 경쟁이 없는 곳에서만 효과가 있다. 그것에 그늘을 드리우는 다른 식물들은 새로운 생명을 즉시 소멸시킬 것이다. 그래서 만약 이런 솜털 같은 작은 씨앗 꾸러미가 가문비나무나 너도밤나무 숲에 떨어진다면, 씨앗의 생은 시작도 하기 전에 끝난다. 그래서 버드나무와 포플러는 비어 있는 지역에 정착하기를 선호한다.

VOCA

- willow 버드나무
- minuscule 아주 작은
- make out ~을 알아보다
- fluffy 솜털 같은, 솜털로 덮인
- weigh 무게[체중]가 ~이다
- meagre[= meager] 빈약한, 메마른, 결핍한
- reserve 비축[예비](물)
- seedling 묘목, 어린 나무
- run out of ~을 다 써버리다, ~이 없어지다
- steam 수증기, (작은) 물방울
- rely on 기대다, 의존하다
- threaten 위태롭게 하다, 위협하다
- sprout 싹이 트다, 새싹
- cast (그림자를) 드리우다
- shade 그늘
- extinguish 소멸시키다

10 난도 ★☆☆   정답 ③

독해 > 글의 일관성 > 무관한 어휘 · 문장

정답의 이유

제시문은 좋은 워킹화에 관해 설명하는 글이다. ③ lowered 다음에서 '~ the sole at the back of the shoe is ~ thicker(신발 뒷부분의 밑창이 ~ 더 두껍다) ~'라고 했으므로 문맥상 낱말의 쓰임이 적절하지 않은 것은 ③ 'lowered(낮아진)'이다. lowered → heightened(높여진) 또는 raised(올려진)가 되어야 한다.

오답의 이유

① 지지하는
② 충격 흡수 능력을 가진
④ 널찍한

좋은 워킹화는 중요하다. 대부분 주요 운동 브랜드들은 특히 걷기를 위해 고안된 신발을 제공한다. 스타일보다는 착용감과 편안함이 더 중요한데, 신발은 끼거나 조이지 않고, 지지감이 느껴져야 한다. 상부는 가벼우면서 통기성이 뛰어나고 유연해야 하며, 안창은 방습성이 있어야 하고, 밑창은 충격을 흡수해야 한다. 신발 뒤꿈치 굽의 쐐기가 낮아야(→ 높아야) 하므로 신발 뒷부분의 밑창이 앞부분보다 두 배 더 두껍다. 마지막으로, 운동용 양말을 신을 때도 앞심이 넓어야 한다(공간이 있어야 한다).

VOCA

- constricting 수축되는, 조이는
- insole 구두의 안창
- absorbent (특히 액체를) 잘 빨아들이는, 흡수력 있는
- heel (신발의) 굽
- wedge 쐐기
- toe box (구두 끝의 안쪽에 넣는) 앞심

11 난도 ★★☆   정답 ③

독해 > 대의 파악 > 요지, 주장

정답의 이유

첫 문장의 'If your kids fight every time ~ make sure you're close enough to be able to hear them(여러분의 자녀들이 ~ 할 때마다 싸운다면, ~ 여러분이 그들의 소리를 들을 수 있을 만큼 반드시 충분히 가까이 있도록 하라) ~'와 마지막 문장의 'They should also learn to revisit problems(그들은 또한 ~ 문제를 다시 논의하는 법을 배워야 한다) ~'로 미루어 글의 요지로 가장 알맞은 것은 ③ 'Help your kids learn to resolve conflict(여러분의 아이들이 갈등을 해결하는 법을 배우도록 도와라).'임을 유추할 수 있다.

오답의 이유

① 여러분의 아이들에게 그들의 시험을 평가해 달라고 요청하라.
② 여러분의 아이들이 서로 경쟁하도록 하라.
④ 여러분의 아이들에게 논쟁에서 이기는 법을 가르쳐라.

본문해석

여러분의 자녀들이 비디오 게임을 할 때마다 싸운다면, 아이들이 게임을 하기 위해 앉을 때 여러분이 그들의 소리를 들을 수 있을 만큼 반드시 충분히 가까이 있도록 하라. 그들이 사용하는 공격적인 특정한 단어나 목소리 톤을 듣고, 그것이 더 격해지기 전에 개입하려고 노력하라. 일단 화가 진정되면, 아이들을 앉히고 탓하거나 비난하지 말고 앉아서 그 문제에 대해 의논해 보라. 아이들 각자에게 방해받지 않고 말할 기회를 주고, 그들 스스로 그 문제에 대한 해결책을 제시하도록 노력하게 하라. 아이들이 초등학생이 될 때쯤이면, 그들은 어떤 것들이 서로에게 유리한 해결책이고, 어떤 것들이 시간이 지나면서 가장 효과가 있고 서로를 만족시킬 가능성이 있는지 평가할 수 있게 된다. 그들은 또한 해결책이 더 이상 효과가 없을 때 문제를 다시 논의하는 법을 배워야 한다.

VOCA

- aggressive 공격적인, 적극적인, 활동적인
- intervene 개입하다, 끼어들다
- temper 성격, 기질, 화
- settle 진정되다
- accuse 비난하다
- uninterrupted 방해받지 않는
- come up with 제시하다
- revisit 다시 논의하다
- resolve 해결하다

12 난도 ★★☆   정답 ④

독해 > 대의 파악 > 요지, 주장

정답의 이유

제시문은 세균의 이점을 설명하는 내용으로, '우리가 대부분의 세균과 접촉할 때, 우리 몸은 그것들을 파괴하고, 그 결과 우리의 면역 체계와 질병과 싸워 이기는 그것의 능력을 강화한다.'라고 한 다음, 결론적으로 'these "good germs" actually make us healthier(이러한 유익균은 실제로 우리를 더 건강하게 만든다).'라고 했으므로 글의 요지로 적절한 것은 ④ '과도하게 세균을 제거하려고 하는 것이 오히려 면역 능력을 해친다.'이다.

본문해석

어떤 희생을 치르더라도 세균을 피하는 게 요즘 추세이다. 우리는 욕실과 부엌, 공기를 소독한다. 우리는 세균을 죽이기 위해 손을 소독하고 구강청결제로 입안을 헹군다. 일부 사람들은 되도록 사람들과 접촉하는 것을 피하고, 세균 감염에 대한 두려움 때문에 심지어 악수도 하지 않으려 한다. 내 생각에는 어떤 사람들은 마음을 제외한 모든 것을 정화할 것이라고 해도 무방할 것 같다. 'the Boy in the Bubble' 이야기를 기억하는가? 그는 면역 체계 없이 태어났고, 사람들과의 접촉을 차단당한 채 완전히 무균 상태인 방에서 살아야 했다. 물론, 모든 사람들은 합리적인 수준의 청결함과 개인위생 상태를 유지하기 위해 신중한 조치를 취해야 하지만, 많은 경우, 우리가 너무 지나친 것은 아닐까? 우리가 대부분의 세균과 접촉할 때, 우리 몸은 그것들을 파괴하고, 그 결과 우리의 면역 체계와 더 나아가 질병과 싸워 이기는 그것의 능력을 강화한다. 따라서 이러한 '유익균'은 실제로 우리를 더 건강하게 만든다. 모든 세균을 피하고 무균 환경에서 사는 게 가능하다고 해도, 그러면 우리는 'the Boy in the Bubble'처럼 되지 않을까?

VOCA

- germ 세균, 미생물, 병원체
- disinfect 소독[살균]하다, (컴퓨터의) 바이러스를 제거하다
- sanitize 위생 처리하다, 살균하다
- for fear of ~하는 것을 두려워하여, ~할까 봐
- safe to say ~이라고 말해도 무방하다
- purify 정화하다
- take a measure 조치를 취하다
- prudent 신중한

- come in contact with ~와 접촉하다
- fight off 물리치다
- sterile 무균의

13 난도 ★★☆

정답 ④

어법 > 비문 찾기

정답의 이유

④ 부대상황 분사구문으로, 'with+목적어+현재분사[과거분사]'의 형식인데, 목적어와 관계가 능동이면 현재분사, 수동이면 과거분사를 사용한다. '~ with one quarter of its population lived within the walls, ~'에서 'population'과 'lived'의 관계가 능동이므로 lived → living이 되어야 한다.

오답의 이유

① 'Knowing as the Golden City, ~'는 분사구문으로, 주절의 주어(Jaisalmer)와 분사구문의 주어가 일치하여 생략한 경우이다. 문맥상 주어(Jaisalmer)가 Golden City로 '알려진' 수동 관계이므로 Knowing → Known으로 올바르게 고쳤다.

② 문장의 동사(rises)가 나와 있으므로 shelters는 'its 30-foot-high walls and medieval sandstone fort'를 수식하는 분사인데, 문맥상 성벽과 요새가 '보호하는' 능동 관계이므로 shelters → sheltering으로 올바르게 고쳤다.

③ '부정어구 도치(so little has life)' 문장으로, 'so little has life altered here'로 미루어 'so ~ that' 구문 문장임을 유추할 수 있으므로 which → that으로 올바르게 고쳤다.

본문해석

Golden City로 알려진 Jaisalmer는 Khyber Pass로 가는 길목에 있는 예전의 카라반 중심지였으며, 모래바다로부터 우뚝 솟아있고, 30피트 높이 성벽과 중세 사암 요새가 사파이어 빛 하늘로 치솟은 조각 첨탑과 궁전을 보호하고 있다. 꼬불꼬불한 작은 길과 숨겨진 사원으로 인해 Jaisalmer는 아라비안나이트에서 바로 나온 것 같이 생겼고, 이곳의 삶이 거의 변하지 않아서 여러분 자신이 13세기로 되돌아간 것으로 상상하기 쉽다. 이곳은 아직도 기능을 하는 인도의 유일한 요새 도시로, 인구의 4분의 1이 성벽 안에 살고 있으며 자주 다니는 길목에서 충분히 먼 거리에 있어서 관광업으로 인한 최악의 피해를 면했다. 그 도시의 부는 원래 그곳을 지나가는 낙타 카라반들에게 부과되었던 상당한 통행료에서 나왔다.

VOCA

- medieval 중세의, 중고의
- fort 요새
- shelter 보호하다
- spire 뾰족탑
- soar 우뚝 솟다
- winding 꼬불꼬불한
- alter 변하다, 바뀌다
- ravage 파괴
- substantial 실질적인, 상당한
- toll 통행료

14 난도 ★★☆

정답 ②

독해 > 대의 파악 > 요지, 주장

정답의 이유

제시문의 마지막 문장에서 '우리는 어떻게든 모든 사람들이 새로운 발견에 접근 가능한 방법을 찾아야 한다'라고 했으므로 필자가 주장하는 바는 ② '새로운 연구 결과에 모든 사람이 접근할 수 있게 해야 한다.'이다.

본문해석

학자들은 세계의 문제에 대해 냉담하지도 무관심하지도 않다. 일반 대중들의 관심을 끄는 책은 거의 없지만, 이러한 문제에 관한 책들이 그 어느 때보다 많이 출판되고 있다. 마찬가지로, 새로운 연구 발견은 대학에서 지속적으로 이루어지고 있으며, 전 세계 컨퍼런스에서 공유되고 있다. 불행히도, 이 활동의 대부분은 자기 잇속만 차리는 활동이다. 이것 또한 오직 선택적으로, 과학을 제외하고, 새로운 식견은 우리의 삶을 개선하는 데 도움이 되는 방법으로 대중에게 흘러내려 가지 않고 있다. 그러나 이러한 발견은 단순히 엘리트들의 소유물이 아니며, 선택된 소수 전문가들의 소유로 남아서도 안 된다. 각자는 그 또는 그녀의 삶의 결정을 내려야 하며, 우리가 누구인지, 무엇이 우리에게 좋은지에 대한 현재의 이해를 고려하여 그러한 선택을 해야 한다. 그 점에 있어서, 우리는 어떻게든 모든 사람들이 새로운 발견에 접근 가능한 방법을 찾아야 한다.

VOCA

- apathetic 무관심한, 냉담한
- indifferent 무관심한
- capture (흥미를) 사로잡다
- self-serving 이기적인, 자기 잇속만 차리는
- selectively 선택적으로
- property 소유물
- possession 소유
- in light of ~을 고려하여
- accessible 접근 가능한

15 난도 ★★☆

정답 ①

독해 > 대의 파악 > 제목, 주제

정답의 이유

첫 문장에서 '언어는 개인에게 정체성과 소속감을 준다.'라고 했고, 마지막 문장에서 향상된 자아 정체성과 자존감 덕분에 아이의 수업 성적 또한 향상된다고 했으므로 글의 주제로 적절한 것은 ① 'the importance of mother tongue in child development(아동 발달에서 모국어의 중요성)'이다.

오답의 이유

② 아이들의 외국어 학습에 대한 영향
③ 아이들의 자존감을 향상시키는 방안
④ 언어학적 분석의 효율성

본문해석

언어는 개인에게 정체성과 소속감을 준다. 아이들이 자랑스럽게 그들의 언어를 배우고 가정과 이웃에서 그것을 말할 수 있을 때, 아이들은 높은 자존감을 갖게 될 것이다. 게다가, 모국어의 진정한 가치를 아는 아이들은 외국어로 말할 때 자신을 성공한 사람이 된 것처럼 느끼지 않을 것이다. 향상된 자아 정체성과 자존감 덕분에, 아이의 수업 성적 또한 향상되는데, 그것은 이러한 아이는 언어적 소외감에 대한 걱정을 덜 가지고 등교하기 때문이다.

VOCA

- identity 정체성, 자신, 신원, 신분; 독자성, 동질감
- sense of belonging 소속감
- self-esteem 자부심, 자존감, 자긍심
- mother tongue 모국어
- linguistic marginalization 언어적 소외감

16 난도 ★☆☆ 정답 ①

독해 > 대의 파악 > 제목, 주제

[정답의 이유]

여섯 번째 문장에서 'Cooperation has other benefits(협력에는 다른 이점이 있다).'라고 했고, 이후 부분에서 서로 위험을 경고하고, 더 많은 먹이를 찾고, 병들거나 다친 것들을 보살피는 등 함께 생활하는 것의 이점을 나열하고 있다. 따라서 글의 주제로 적절한 것은 ① 'benefits of being social in animals(동물들이 사회적인 것의 장점)'이다.

[오답의 이유]

② 협동 행동의 단점
③ 동물과 인간의 공통적 특성
④ 짝짓기와 번식에서의 경쟁

본문해석

많은 동물들이 홀로 지내지 않는다. 그들은 함께 생활하고 일함으로써 더 효과적으로 세계와 상호작용할 수 있다는 사실을 발견했는데, 어쩌면 자연이 그들을 위해 발견해 준 것일 수도 있다. 예를 들어, 만약 동물이 홀로 먹이를 사냥한다면, 자신보다 훨씬 더 작은 동물들만 잡고 죽이고 먹을 수 있지만, 만약 동물들이 한 무리로 뭉친다면, 그들은 자신보다 더 큰 동물들을 잡고 죽일 수 있다. 한 무리의 늑대는 말 한 마리를 죽일 수 있고, 무리는 매우 잘 먹을 수 있다. 그러므로 동물들은 혼자 일하는[사냥하는] 것보다 함께 일한다면, 같은 숲에 있는 동종의 동물들이 더 많은 먹이를 얻을 수 있다. 협력에는 다른 이점이 있다. 즉, 동물들은 서로에게 위험을 경고할 수 있고, (만약 각자 탐색한 다음, 먹이를 찾는 데 성공한 동물을 따라간다면) 더 많은 먹이를 찾을 수 있으며, 심지어 병들거나 다친 것들을 어느 정도는 보살필 수 있다. 동물들이 멀리 떨어져 사는 것보다 무리를 지어 살면 짝짓기와 번식에도 더 용이하다.

VOCA

- loner 외톨이
- interact 상호작용하다

- band together 함께 뭉치다, 무리를 이루다
- pack 무리, 떼
- alert 알리다, 주의를 환기시키다
- mating 짝짓기
- reproduction 번식
- drawback 결점
- trait 특징

17 난도 ★★☆ 정답 ④

독해 > 글의 일관성 > 무관한 어휘 · 문장

[정답의 이유]

제시문은 철학은 스스로 생각할 수 있게 해주므로 초등학교 때부터 철학자처럼 생각하는 법을 배워야 한다는 취지의 글이다. ④ 앞의 문장에서 'go on reciting the rules of others as if they were sacrosanct(다른 사람들의 법칙을 마치 신성불가침이라도 되는 것처럼 계속 암송한다).'라고 했으므로 문맥상 ④에서 결과적으로 그들은 자신도 모르게 다른 사람들의 세계의 proponents(지지자들)가 된다고 하는 것이 적절하다. 따라서 문맥상 낱말의 쓰임이 적절하지 않은 것은 ④ 'opponents(반대자들)'이다.

본문해석

내 자신의 호기심은 대학에서의 철학 공부에 의해 고무되었다. 그 과정에는 우리가 공부하기로 되어 있는 수많은 철학자들이 목록에 있었고, 나는 처음에는 우리의 과제가 일종의 세속적인 성서로서 그들의 작품을 배우고 받아들이는 것이라고 생각했다. 하지만 내가 기뻤던 것은, 지도교수의 관심이 내가 그들의 이론을 암송하는 게 아니라, 과거 철학자들을 권위자가 아닌 자극제로 사용하여 내 자신의 이론을 발전시키는 데 도움을 주는 것이라는 걸 알게 된 것이었다. 그것이 내 지적 자유의 비결이었다. 이제 나는 스스로 생각하고, 무엇이든 모든 것에 의문을 제기하고, 내가 옳다고 생각하는 경우에만 동의할 공식적인 허락을 받았다. 좋은 교육을 받았더라면, 훨씬 더 일찍 그 허락을 받았을 것이다. 아아, 어떤 사람들은, 그것을 받은 적이 없는 것 같아 보이고, 다른 사람들의 법칙을 마치 신성불가침이라도 되는 것처럼 계속 암송한다. 결과적으로, 그들은 자신도 모르게 다른 사람들의 세계의 반대자들(→ 지지자들)이 된다. 이제, 나는 철학이 전문 철학자들에게만 맡겨지기에는 너무 중요하다고 생각한다. 우리는 모두 초등학교 때부터 철학자처럼 생각하는 법을 배워야 한다.

VOCA

- absorb 받아들이다
- secular 세속의, 속인의, 세속적인
- delighted 기뻐하는
- recite 암송하다
- stimulant 각성제, 자극이 되는 것, 자극성의
- authority 당국, 권한, 권위, 권위자
- intellectual 지적인
- alas 아아, 슬프도다
- unwitting 모르는, 의식하지 않은

어법 > 정문 찾기

정답의 이유

(A) 명사(evidence) 다음에 완전한 문장[주어(Mayan leaders)+동사(were aware of)+목적어(their uncertain dependence)]이 나오므로 명사(evidence)를 보충·설명하는 동격 명사절을 이끄는 'that'이 적절하다. 동격의 that은 일반적으로, '명사(fact, news, evidence, belief, idea)+that'의 형식으로 쓰인다.

(B) 문맥상 '저장하기 위해'라는 의미가 되어야 하므로 (B)에는 to부정사의 부사적 용법으로 쓰인 'to store'가 적절하다.

(C) 'as+보어+as+주어+동사'에서 as가 양보 부사절 접속사로 쓰였으므로 (C)에는 주격 보어(impressive)를 취하는 be동사 'were'가 적절하다.

본문해석

과거를 되돌아보면, 과학자들은 마야의 지도자들이 강우에 대한 자신들의 불안정한 의존에 대해 여러 세기 동안 알고 있었다는 산더미 같은 증거를 발견했다. (그들은) 물 부족에 대해 알고 있었을 뿐만 아니라 기록도 하고 계획도 세웠다. 마야인들은 강우량이 적은 해에는 재배할 작물의 종류, 공공 용수의 사용, 식량 배급을 엄격하게 통제하면서 (물) 보존을 시행했다. 3천 년 통치 기간의 처음 절반 동안 마야인들은 가뭄기에 대비해 빗물을 저장하기 위해 더 큰 규모의 지하 인공 호수와 수조를 계속 만들었다. 공들여 꾸민 그들의 신전들도 인상적이었지만, 물을 모으고 저장하기 위한 그들의 효율적인 체계는 설계와 공법에 있어서 걸작이었다.

VOCA

- look back 되돌아보다
- uncover 발견하다
- a mountain of 많은, 산더미 같은
- uncertain 불안정한, 불확실한
- dependence 의존성
- enforce 시행하다, 강요하다
- conservation 보존, 보호
- regulate 통제하다
- reign 통치, 통치 기간
- artificial 인공의
- drought 가뭄
- elaborately 공들여, 정교하게
- masterpiece 걸작

독해 > 글의 일관성 > 글의 순서

정답의 이유

② 주어진 글은 종교가 사람에게서 가장 좋은 것을 끌어내는 유일한 현상은 아니라고 했으므로 문맥상 아이를 갖는 것과 전쟁, 자연재해도 인간을 성숙하게 하는 효과가 있다고 한 (B)로 이어지는 것이 자연스럽다. 이어서 (C)에서 '하지만(But) 종교만큼 효과적인 것도 없다'라고 이야기하고 나서 (A)에서 종교가 없었다면(otherwise) 자아도취하거나 천박할 사람들도 종교에 의해 종종 고상해지고 어려운 결정을 내리는 데 도움을 주는 인생에 대한 관점(a perspective on life)을 얻게 된다고 마무리하는 것이 자연스럽다. 따라서 주어진 글 다음에 이어질 글의 순서로 적절한 것은 ② '(B) - (C) - (A)'이다.

본문해석

종교는 확실히 한 사람에게서 가장 좋은 것을 끌어낼 수 있지만, 그것이 그 속성만이 가진 유일한 현상은 아니다.

(B) 아이를 갖는 것은 종종 한 사람을 놀랄 만큼 성숙하게 하는 효과가 있다. 유명한 말이지만, 전시는 홍수나 허리케인 같은 자연재해가 그러한 것처럼, 사람들에게 능력을 발휘할 많은 기회를 제공한다.

(C) 그러나 하루하루 빠짐없이 평생을 대비하기 위해서는 아마도 종교만큼 효과적인 것은 없을 것이다. 즉, 그것은 강력하고 재능 있는 사람들을 더 겸손하고 인내심 있게 만들고, 보통 사람들이 자기 자신을 넘어설 수 있게 만들며, 음주나 마약 또는 범죄로부터 벗어나기 위해 필사적으로 도움을 필요로 하는 많은 사람들에게 견고한 지원을 제공한다.

(A) 그렇지 않았다면 자기 일만 생각하거나, 천박하거나, 조잡하거나, 그저 쉽게 단념해버렸을 사람들도, 종종 종교에 의해 고상해지고, 모두가 자랑스러워할 어려운 결정을 내리는 데 도움을 주는 인생에 대한 관점이 주어진다.

VOCA

- bring out ~을 꺼내다, ~을 끌어내다
- property 속성
- phenomenon 현상
- self-absorbed 자기도취의, 자기 일에 몰두한
- shallow 얕은, 천박한
- crude 가공하지 않은, 미숙한
- quitter 쉽게 체념해 버리는 사람, 겁쟁이, 비겁자
- ennoble 고상하게 하다
- an abundance of 많은, 풍부한
- occasion (~을 위한/~할) 시기; 기회, 호기
- rise to 능력을 발휘하다
- day in, day out (오랫동안) 해가 뜨나 해가 지나[하루도 빠짐없이]
- brace 버티다, 대응 태세를 갖추다
- sturdy 튼튼한, 견고한, 불굴의, 단단한
- desperately 절실하게, 필사적으로, 절망적으로
- stay away from ~을 가까이하지 않다

독해 > 글의 일관성 > 글의 순서

정답의 이유

주어진 글 끝부분의 'deplete more rapidly(더 빠르게 고갈되다)'는 (B)의 'The result of this depletion(이러한 고갈의 결과는)'으로 이어지고, (B) 끝부분의 'rising population numbers(증가하는 인구수)'는 (A)의 'Population growth(인구 증가)'로 이어진다. 그런 다음 (A)의 'increased greenhouse gases, mostly from CO2 emissions(주로 이산화탄소 배출로 인해 온실가스가 증가하는)'는 (C)의 'As greenhouse gases increase(온실가스가 증가함에 따라)'로 마무리된다. 따라서 주어진 글 다음에 이어질 글의 순서는 ② '(B) − (A) − (C)'이다.

본문해석

더 많은 사람들이 더 많은 자원을 필요로 하는데, 이는 인구가 증가함에 따라 지구의 자원이 더 빠르게 고갈된다는 것을 의미한다.
(B) 이러한 고갈의 결과는 인간이 증가하는 인구수를 수용하기 위해 지구에서 자원을 제거함으로써 발생하는 삼림 벌채와 생물 다양성의 손실이다.
(A) 인구 증가는 또한 온실가스 증가를 초래하는데, 이는 주로 이산화탄소 배출로 인한 것이다. 가시화해 보면, 20세기 동안, 인구는 4배로 증가했는데, 이산화탄소 배출량은 12배 증가했다.
(C) 온실가스가 증가함에 따라 기후 패턴도 그러한데[늘어나는데], 이것은 결국 기후 변화라고 불리는 장기적인 패턴을 야기한다.

VOCA

• deplete 고갈시키다, 다 써버리다, 비우다
• emission (빛 · 열 · 가스 등의) 배출, 배출물, 배기가스
• visualization 눈에 보이게 함[하는 힘], 시각화
• fourfold 4중(四重)의[으로], 4배의[로], 4배, 4중, 네 겹
• deforestation 삼림 파괴
• strip 없애다
• accommodate 편의를 도모하다, 수용하다
• ultimately 결국, 궁극적으로

독해 > 글의 일관성 > 무관한 어휘 · 문장

정답의 이유

제시문은 의학 인류학자와 전염병 학자가 협업하여, 질병의 확산에 영향을 미치는 요인과 질병의 원인과 증상, 어떻게 질병을 잘 치료할 수 있는지 등을 연구하여 효과적인 보건 의료 서비스를 제공하는 것에 대한 내용이다. 따라서 전체 흐름과 관계없는 문장은 '의사가 되고자 하는 동기(incentive)'에 대해 설명한 ②이다.

본문해석

인간 생물학 및 생리학의 광범위한 훈련을 받은 의학 인류학자들은 질병 전염 패턴과 특정 집단들이 말라리아와 수면병 같은 질병의 존재에 어떻게 적응하는지를 연구한다. 바이러스와 박테리아의 전염은 사람들의 식생활, 위생, 기타 행동의 영향을 많이 받기 때문에 많은 의학 인류학자들은 전염병 학자와 팀을 이루어 질병의 확산에 영향을 미치는 문화적 관행을 파악한다. 대부분의 학생들이 성공적인 의학 경력에 주어지는 금전적 보상보다는 인도주의적 이유로 의사가 된다는 것이 일반적인 믿음일지도 모르지만, 선진국에서는 지위와 보상에 대한 전망도 아마 하나의 동기일 것이다. 서로 다른 문화들은 질병의 원인과 증상, 질병을 가장 잘 치료하는 방법, 전통 치료사와 의사의 능력 그리고 치유 과정에서의 지역사회 참여의 중요성에 대해 저마다 생각이 다르다. 의학 인류학자들은 인류 공동체가 이러한 것들을 어떻게 인식하는지 연구함으로써, 병원 및 다른 기관이 보다 효과적으로 보건 의료 서비스를 제공할 수 있도록 지원한다.

VOCA

• anthropologist 인류학자
• physiology 생리학
• transmission 전염, 전파
• adapt 적응하다
• presence 존재
• sanitation 공중위생
• epidemiologist 유행[전염]병 학자
• identify 확인하다
• enter medicine 의사가 되다
• humanitarian 인도주의적인, 인도주의의
• prospect 전망
• deliver 전달하다, 전하다

독해 > 글의 일관성 > 글의 순서

정답의 이유

주어진 글에서 Sequoya의 출생에 대해 소개하고, (C)에서 'As a child(어린 시절) ~'로 이어지는 것이 자연스럽다. 그 다음으로 (A)와 (B) 중에서 (B)의 'More important(더 중요한 것은) ~'로 미루어, (B) 앞에 다른 '중요한 것'이 나와 있을 것으로 유추할 수 있으므로 (A) 다음에 (B)가 이어진다는 것을 유추할 수 있다. 따라서 주어진 글 다음에 이어질 글의 순서로 적절한 것은 ③ '(C) – (A) – (B)'이다.

본문해석

Sequoya(1760?~1843)는 Tennessee 주 동부에서 Cherokee 부족의 전통과 종교에 대한 지식으로 높이 존경받는 한 명문가에서 태어났다.

(C) 어린 시절, Sequoya는 Cherokee 구전을 배웠고, 그 이후 성인이 되어 유로 아메리카 문화를 소개받았다. 그의 편지에서, Sequoya는 의사소통에 사용되는 유럽계 미국인들의 글쓰기 방법에 어떻게 매료되었는지를 언급한다.

(A) 글쓰기가 그의 민족에게 갖는 가능성을 인식한 Sequoya는 1821년에 체로키 알파벳을 발명했다. 이 글자 체계로, Sequoya는 고대 부족의 관습을 기록할 수 있었다.

(B) 더 중요한 것은 그의 알파벳이 Cherokee 국가의 출판 산업 발전을 도와서 신문과 책이 발행될 수 있었다는 점이다. 따라서 학령기 아이들은 그들 자신의 언어로 Cherokee 문화와 전통에 대해 배울 수 있었다.

VOCA

- be born into[to] ~의 가정에 태어나다
- be highly regarded for ~에 대해 높이 존경받다
- prestigious 명망 있는[높은], 일류의
- recognize 인식하다, 알다
- oral tradition 구전
- fascinated 매료된

독해 > 세부 내용 찾기 > 내용 (불)일치

정답의 이유

두 번째 문단의 세 번째 문장에서 'Donations of peanut butter can be dropped off ~ on Monday through Friday, 8:00 am to 4:00 pm(월요일부터 금요일까지 매일 오전 8시부터 오후 4시까지 ~ 땅콩버터를 기부하실 수 있습니다).'이라고 했으므로 안내문의 내용과 일치하지 않는 것은 ② '토요일과 일요일에도 땅콩버터를 기부할 수 있다.'이다.

오답의 이유

① 첫 번째 문단의 두 번째 문장에서 'to benefit children, families and seniors who face hunger in Northeast Louisiana'라고 했으므로 안내문의 내용과 일치한다.

③ 두 번째 문단의 마지막 문장에서 'Monetary donations can be made here or by calling 427-418-4581.'이라고 했으므로 안내문의 내용과 일치한다.

④ 안내문의 마지막 문장에서 'For other drop-off locations, visit our website ~'라고 했으므로 안내문의 내용과 일치한다.

본문해석

사랑을 나누세요
땅콩버터 운동 동안에 배고픔과 싸우기

작은 도움이 필요한 지역 가족들을 도움으로써 우리 지역 사회에 기여하세요. Louisiana주 북동부의 굶주림에 직면한 아이들과 가족들, 노인들에게 도움이 되기 위해 올해로 제4회를 맞이한 전 지역 땅콩버터 기부 운동을 시작합니다.

땅콩버터는 어린이들과 어른들이 좋아하는 고단백 식품이기 때문에, 푸드 뱅크에서 많이 필요한 주요 식품입니다. 3월 29일 금요일 오후 4시까지 플라스틱 단지에 담긴 땅콩버터나 기금을 Monroe 푸드 뱅크에 기부해 주세요. 월요일부터 금요일까지 매일 오전 8시부터 오후 4시까지 Monroe Central Avenue 4600번지에 위치한 푸드 뱅크의 배급 센터에 땅콩버터를 기부하실 수 있습니다. 금전 기부는 이곳 또는 427-418-4581로 전화해서 하실 수 있습니다.

다른 기부처를 원하시면 저희 웹사이트인 https://www.foodbanknela.org를 방문해 주세요.

VOCA

- make a contribution 공헌하다, 기부하다
- assistance 도움
- kick off 시작하다
- benefit 도움이 되다
- staple 주요한, 주요 산물, 기본 식품
- packed ~이 가득 찬, 꽉 찬
- drop off at ~에 갖다 놓다[내려주다]
- distribution 배급, 유통
- monetary 금전적인

독해 > 대의 파악 > 분위기, 어조, 심경

[정답의 이유]

화자가 네 번째 문장에서 자신의 부족이 가난했지만, 정직함으로 유명했다(we were famous for our honesty)고 한 것과, 여섯 번째 문장의 'We put pride first, honest next, and after that we believed in right and wrong.'으로 미루어 자신의 부족에 대한 화자의 자부심을 짐작할 수 있다. 따라서 화자의 심경으로 적절한 것은 ② 'satisfied and proud(만족스럽고 자랑스러운)'이다.

[오답의 이유]

① 평화롭고 고요한

③ 겁에 질리고 무서워하는

④ 놀라고 경악한

[본문해석]

우리 부족 전체가 가난에 시달렸다. Garoghlanian 가문의 모든 지파가 세상에서 가장 놀랍고 우스꽝스러운 가난 속에 살고 있었다. 우리가 우리 뱃속을 계속해서 채울 수 있을 만한 돈을 도대체 어디서 구했는지 아무도 이해할 수 없었다. 하지만 가장 중요한 것은, 우리가 정직하기로 유명했다는 것이다. 우리는 대략 11세기 동안 정직함으로 유명했는데, 심지어 우리가 바로 세상이라고 생각하고 싶었던 곳에서 가장 부유한 일족이었을 때도 그랬다. 우리는 자부심을 최우선에 두었고, 다음으로는 정직을, 그다음으로 옳고 그름을 믿었다. 우리 중 누구도 이 세상 어느 누구도 이용하지 못했을 것이다.

[VOCA]

• branch 일가, 가족

• comical 우스꽝스러운

• belly 배, 부풀다

• something like 거의, 약(about)

• put A first A를 가장 중시하다

• take advantage of ~을 이용하다

• horrified 겁에 질린

• astonished 깜짝 놀란

독해 > 세부 내용 찾기 > 내용 (불)일치

[정답의 이유]

네 번째 문장에서 'Cooked tomatoes, however, have lower levels of vitamin C than raw tomatoes, so if you're looking to increase your levels, you might be better off sticking with the raw(하지만 조리된 토마토는 생토마토보다 비타민C의 수치가 낮으므로 만약 수치를 늘리고 싶다면, 계속해서 생토마토로 먹는 편이 더 나을 것이다).'라고 했으므로 글의 내용과 일치하지 않는 것은 ② '더 많은 비타민C를 섭취하고 싶다면 생토마토보다 조리된 토마토를 섭취하는 것이 낫다.'이다.

[오답의 이유]

① 두 번째 문장에서 '~ our body can absorb lycopene more effectively when tomatoes are cooked'라고 했으므로 글의 내용과 일치한다.

③ 여섯 번째 문장에서 'If you're buying tomato sauce or paste, choose a variety with no salt or sugar added ~'라고 했으므로 글의 내용과 일치한다.

④ 마지막 문장에서 '~ if you're eating your tomatoes raw, salt them sparingly and choose salad dressings that are low in calories ~'라고 했으므로 글의 내용과 일치한다.

[본문해석]

음식을 날로 먹는 것에 대한 인기가 점점 늘어남에도 불구하고, 여전히 조리된 야채로부터 영양분을 얻을 수 있다. 예를 들어, 우리 몸은 토마토가 익었을 때 리코펜을 더 효과적으로 흡수할 수 있다. (그러나 생토마토는 여전히 리코펜의 좋은 공급원이라는 것을 잊지 마라.) 하지만 조리된 토마토는 생토마토보다 비타민C의 수치가 낮으므로 만약 수치를 늘리고 싶다면, 계속해서 생토마토로 먹는 편이 더 나을 것이다. 익혀서 먹든 생으로 먹든, 토마토가 가진 건강상의 이점을 희석시키지 않는 것이 중요하다. 토마토 소스나 토마토 페이스트를 산다면, 소금이나 설탕이 첨가되지 않은 종류를 고르라. 아니면 그보다 좋은 것은, 집에서 자신의 소스를 만들어라. 그리고 만약 토마토를 날것으로 먹는다면, 소금을 약간만 뿌리고 칼로리와 포화 지방이 낮은 샐러드 드레싱을 선택하라.

[VOCA]

• nutrient 영양, 영양소, 영양분

• lycopene 리코펜(토마토 따위의 붉은 색소)

• stick with ~을 고수하다

• variety (같은 종류의 것에서 다른) 종류

• sparingly 조금만

• saturated fat 포화 지방

영어 | 2021년 국회직 8급

한눈에 훑어보기

✓ 영역 분석

어휘 01 02 05 15
4문항, 16%

독해 06 08 09 10 11 12 13 14 19 20 21 22
23 24 25
15문항, 60%

어법 03 04 07 16 17 18
6문항, 24%

✓ 빠른 정답

01	02	03	04	05	06	07	08	09	10
①	③	④	③	④	④	①	③	①	④
11	**12**	**13**	**14**	**15**	**16**	**17**	**18**	**19**	**20**
②	⑤	③	④	②	⑤	②	①	⑤	⑤
21	**22**	**23**	**24**	**25**					
①	③	⑤	②	④					

✓ 점수 체크

구분	1회독	2회독	3회독
맞힌 문항 수	/ 25	/ 25	/ 25
나의 점수	점	점	점

---

01 난도 ★★★　　　　　　　정답 ①

어휘 > 단어

정답의 이유

문맥상 프로 골퍼로서의 성공과 금전적인 부를 동시에 달성했다는 내용이 자연스러우므로 빈칸에 가장 적절한 것은 ① 'concomitant (수반되는)'이다.

오답의 이유

② 계속 오가는

③ 지겨운

④ 햇병아리, 풋내기

⑤ (책 속의 작은) 삽화

본문해석

Jack Nicklaus의 골프 코스에서의 성공과 그에 수반되는 그의 은행 계좌의 증가는 그를 모든 프로 골퍼들의 부러움의 대상이 되도록 하였다.

VOCA

• bank account　(예금) 계좌

• envy　부러워하다, 부러움, 선망(의 대상)

02 난도 ★★☆　　　　　　　정답 ③

어휘 > 단어

정답의 이유

빈칸 다음 문장에서 'reflects the fact that penalties laid down in the code were extremely severe'라고 했고, 좀도둑질을 살인과 같은 형벌인 사형으로 다스렸다고 했으므로 빈칸에 가장 적절한 말은 ③ 'harsh(가혹한)'이다.

오답의 이유

① 상냥한, 유순한

② 경계하는

④ 상서로운

⑤ ~에 좋은[유리한]

본문해석

Draconian법은 아테네에서 만들어진 최초의 성문법전으로, 기원전 621년 또는 620년에 Draco라는 정치인에 의해서 도입되었다고 여겨진다. 비록 그 법의 세부 사항은 불분명하지만, 그 법들은 분명히 많은 범죄행위를 다루었다. 현대 형용사 'Draconian'은 지나치게 가혹함을 의미하는데, 그 법에 명시된 형벌들이 극도로 엄격했다는 사실을 반영한다. 좀도둑질이 살인과 동일한 형벌인 사형을 처벌받았던 것이다. 기원전 4세기의 한 정치인은 Draco가 그의 법들을 잉크가 아니라 피로 썼다고 비꼬았다.

VOCA

- written code of laws 성문법전
- draw up 만들다, 작성하다
- statesman 정치인
- obscure 어두운, 분명치 않은
- offence 위법 행위, 범죄, 모욕
- lay down (법칙 · 원칙 등을 지키도록) 정하다
- pilfering 좀도둑질
- quip 비꼬다, 풍자하다

03 난도 ★★☆   정답 ④

어법 > 비문 찾기

정답의 이유

④ aspire(열망하다)는 to부정사를 목적어로 취하므로 becoming → to become이 되어야 한다.

오답의 이유

① 선행사(a person)가 단수이므로 주격 관계대명사(who) 다음에 단수동사(is skilled)가 올바르게 사용되었다.

② 주어(the term)가 단수이므로 3인칭 단수동사(originates)로 올바르게 사용되었다.

③ such as(예를 들어, ~와 같은) 다음에 명사구 Leonardo Da Vinci or Michelangelo가 올바르게 사용되었다.

⑤ 'People expected them to speak several languages, ~'의 수동태로 They were expected to speak(be expected to+동사원형)가 올바르게 사용되었다.

본문해석

르네상스적인 인물은 많은 분야에서 숙련되고, 많은 주제들에서 광범위한 학식을 가진 사람이다. '르네상스적인 인물'이란 용어는 Leonardo Da Vinci나 Michelangelo 같은 유럽의 르네상스 시대 예술가들과 학자들로부터 기원한다. 르네상스 시대에, 교육받은 사람들은 다재다능한 사람이 되기를 열망하였다. 그들은 여러 언어들을 구사하고, 문학과 예술을 감상하고, 또한 훌륭한 스포츠맨이 될 것으로 기대되었다.

VOCA

- skilled 능한, 숙련된
- term 용어
- a broad range of 광범위한, 다양하고 폭넓은

- subject 주제, 과목, 분야
- originate from ~로부터 비롯되다, ~로부터 기원[유래]하다
- multi-talented 다재다능한
- appreciate 감상하다, 이해하다, 평가하다, 고맙게 여기다

더 알아보기

to부정사를 목적어로 취하는 동사

주로 '미래' 또는 '긍정'의 뜻을 가진 동사들이 to부정사를 목적어로 취한다.

희망	want(원하다), wish(바라다), hope(희망하다), expect(기대하다), aspire(열망하다), desire(원하다), long(바라다) 예 You can't expect *to learn* a foreign language in a few months. (외국어를 몇 달 만에 배울 거라고 기대할 수는 없다.) 예 I wish *to speak* to the manager. (매니저와 이야기하고 싶어요.)
계획	plan(계획하다), intend(~하려고 하다), mean(의도하다), prepare(준비하다) 예 We intend *to go* to Australia next year. (우리는 내년에 호주에 갈 계획이다.)
시도 · 노력	try(노력하다), attempt(시도하다), seek(추구하다) 예 They sought *to reassure* the public. (그들은 대중을 안심시키려고 노력했다.)
그 외 빈출	decide(결정하다), agree(동의하다), offer(제공하다), manage(간신히 ~하다), afford(~할 여유가 되다), need(필요로 하다), demand(요구하다), ask(묻다, 요구하다), dare(감히 ~ 하다) 예 We managed *to get* to the airport in time. (우리는 간신히 시간 내에 공항에 도착했다.)

04 난도 ★☆☆   정답 ③

어법 > 정문 찾기

정답의 이유

③ 현재 사실의 반대를 표현할 때는 가정법 과거, 과거 사실의 반대를 표현할 때는 가정법 과거완료를 사용한다. 가정법 과거완료는 '만약에 ~했었다면, …했었을 텐데'의 뜻으로 'If+주어+had+p.p. ~, 주어+would[should/could/might]+have+p.p.'로 나타내므로 문법적으로 옳은 표현이다.

오답의 이유

① hold는 '열다, 개최하다'의 뜻으로 주로 수동태로 사용되므로 will held → will be held가 되어야 한다.

② hurt는 A-A-A 타입의 동사이므로 hurted → hurt가 되어야 한다.

④ 성품을 나타내는 형용사(kind)의 경우, to부정사의 의미상 주어는 'of+목적격'이므로 kind with him to invite → kind of him to invite가 되어야 한다.

⑤ 문맥상 '계획을 생각해냈다'는 과거의 시작된 일이 현재에 완료됨을 의미하므로 현재완료 시제를 써야 한다. 따라서 has came up with → has come up with가 되어야 한다.

본문해석

① 제3차 국제지리학회가 서울에서 개최될 것이다.

② Susan이 나를 떠났을 때, 나는 너무나 상처받았다.

③ 만약 날씨가 더 좋았더라면, 나는 그가 도착했을 때 정원에 앉아 있었을 텐데.

④ 그의 80번째 생일파티에 나를 초대하다니 그는 정말 친절하다.

⑤ 그녀는 자신의 수입을 두 배로 늘릴 몇몇 놀라운 계획을 생각해 냈다.

05 난도 ★★★   정답 ④

어휘 > 단어

정답의 이유

(A) stupefaction(해리 포터에 자주 등장하는 주문 stupefy의 명사형)은 '망연자실, 깜짝 놀람'의 뜻으로 ①, ②, ④와 그 의미가 비슷하다. (B) congruence는 '일치, 합치'의 뜻으로 ③, ④, ⑤와 의미가 비슷하다. 따라서 밑줄 친 (A), (B)와 의미가 가까운 것은 ④ 'astonishment(깜짝 놀람) – accordance(일치, 합치)'이다.

오답의 이유

① 놀라움 – 불일치

② 경이(로운 것) – 독특함

③ 행복 – 조화

⑤ 만족 – 일치

본문해석

"한 장의 사진 속에서, 내가 그녀를 기억할 수 있기 전에, 나는 내 어머니가 입었던 옷으로부터 나의 부재를 읽을 수 있었다. 익숙한 존재가 다르게 옷을 차려입고 있는 것을 보았을 때 일종의 (A) 놀라움이 있다."라고 Roland Barthes는 *Camera Lucida*에서 자신의 출생 이전부터의 가족 사진을 훑어보면서 썼다. Barthes는 우리에게 말하기를, 한 장의 사진에서, 어머니가 목숨을 잃은 마지막 병을 앓는 동안 자신이 간호했던 늙고 허약한 노파와 그 어린아이가 재회하고 있다고 했다. "그녀는 나의 어린 딸이 되어, 나를 위해 첫 사진 속의 소중한 아이와 하나가 되었다." 거기서 그는 자기 어머니의 확신에 찬 온화함과 친절함을 발견한다. 거기서 그는 자신의 어머니뿐 아니라 그들 사이의 관계, 즉 '내 어머니의 존재와 그녀의 죽음에 대한 내 슬픔' 사이에서 (B) 일치를 발견한다.

VOCA

• non-existence 존재하지 않음

• stupefaction 망연자실, 크게 놀람

• search through ~을 철저하게 조사하다, ~을 찾아내다

• rejoin 재회하다

• frail 허약한

• assertive 적극적인, 확신에 찬

• gentleness 온화함, 관대함, 정다움

• congruence 일치

• amazement 놀람

• accordance 일치, 조화

06 난도 ★★☆   정답 ④

독해 > 글의 일관성 > 문장 삽입

정답의 이유

주어진 글의 'It eventually turned out that the signal was indeed a false alarm due to human error(결국 그 신호는 실제로 사람의 실수로 인한 잘못된 경보임이 판명되었다)'로 미루어 주어진 글 앞에는 신호(signal)가 선행한다는 것을 유추할 수 있다. 또 주어진 글의 뒷부분에 'by mistake inserted(실수로 주입했다)'가 있으므로 주어진 글은 문맥상 'But the general concluded that the signal was probably a false alarm ~'으로 시작하는 (C) 다음에 오는 것이 적절하다. 따라서 주어진 문장이 들어갈 위치로 적절한 곳은 ④ (D)이다.

본문해석

모든 복잡한 기술들과 마찬가지로, 미사일 감지 시스템은 오작동과 해석의 모호함에 영향받기 쉽다. 우리는 미국의 감지 시스템에 의해 주어진 최소한 세 번의 잘못된 경보를 알고 있다. 예를 들어, 1979년 11월 9일에, 미국 시스템 담당 당직사관으로 근무 중이던 미 육군 장군은 그 당시 국방부 차관인 William Perry에게 한밤중에 전화를 걸어, 말하기를, "제 감시 컴퓨터상에 소련에서 미국으로 날아오는 ICBM 200개가 보입니다."라고 했다. 그러나 그 장군은 그 신호가 아마 잘못된 경보일 것이라고 결론지었고, Perry 차관은 Carter 대통령을 깨우지 않았으며, Carter 대통령은 버튼을 누르지 않았고, 불필요하게 수백만의 소련인들을 죽이지도 않았다. 결국 그 신호는 실제로 사람의 실수로 인한 잘못된 경보로 판명되었다. 컴퓨터 운영자가 실수로 소련 ICBM 200대의 발사를 가정한 훈련 테이프를 미국 경보 시스템 컴퓨터에 삽입했던 것이다. 우리는 또한 러시아 감지 시스템에 의해 유발된 잘못된 경보가 최소 한 번 발생했다는 사실도 알고 있다. 1995년 노르웨이에서 떨어진 한 섬에서 북극으로 발사된 비군사용 로켓이 러시아 레이더의 자동 추적 알고리즘에 의해 미국 잠수함에서 발사된 미사일로 오인 식별되었다. 이 사건들은 중요한 점을 보여준다. 경고 신호는 분명하지 않은 것이다.

VOCA

• insert into ~에 삽입하다

• detection 발견, 간파, 탐지

• subject to ~하기 쉬운

• malfunction 오작동

• ambiguity 모호함

• watch office 당직 사관

• Under-Secretary of Defence 국방 차관

• ICBM 대륙간 탄도 미사일(Intercontinental Ballistic Missile)

• turn out ~임이 판명되다

• simulate 모의실험을 하다

• misidentify 오인하다

• algorithm 알고리즘, 연산 방식

• unambiguous 명백한

어법 > 비문 찾기

정답의 이유

① 접속사 as가 이끄는 절의 주어(dissatisfaction with working conditions or with the nature of the job)가 단수이므로 단수동사 mount → mounts가 되어야 한다.

오답의 이유

② 'so+형용사(bad)+that절' 구문은 '너무나 ~ 해서 결국 … 하다'의 뜻으로 어법상 올바르게 사용되었다.

③ those who were the most idealistic and driven은 '가장 이상적이며 의욕적인 사람들'의 뜻이다. 'those who ~'는 '~ 하는 사람들'의 뜻으로 복수동사로 받는다.

④ 감정유발동사의 경우, 주어가 감정을 일으키는 원인일 때는 현재분사를, 감정을 느끼는 대상(주로 사람)일 때는 과거분사를 쓴다. 주어(the realization)가 감정을 일으키는 원인이므로 현재분사 'disappointing and demoralizing'이 올바르게 사용되었다.

⑤ 선행사(idealism)를 수식하는 본래의 관계절은 'they may have entered a profession with the idealism'으로 전치사가 관계대명사 앞으로 이동하여 '전치사+관계대명사(with which)'로 올바르게 사용되었다.

본문해석

중년기의 직업 만족도는 보편적이지 않다. 어떤 사람들에게는 일이 점차 스트레스가 되어가고 있는데, 직장 여건이나 직업 특성에 대한 불만족이 커지기 때문이다. 어떤 경우에는 여건들이 너무 나빠져서 그 결과로 번아웃(극도의 피로) 또는 직업을 바꿀 결심을 하기도 한다. 번아웃은 근로자가 자신의 일에서 불만족, 환멸, 좌절, 권태를 경험할 때 발생한다. 번아웃은 타인을 돕는 일과 관련된 직종에서 자주 발생하며, 일 시작 초기에는 가장 이상적이며 의욕이 넘쳤던 그런 사람들에게 종종 타격을 가한다. 어떤 면에서, 그러한 근로자들은 자기 일에 지나치게 몰두해 있어서, 빈곤이나 의료 지원 같은 거대한 사회적 문제들에서 자신들이 단지 작은 영향을 줄 수밖에 없다는 것을 인식하면 실망하고 사기가 저하될 수 있다. 그로 인하여, 그들이 직업에 입문할 때 가졌던 이상주의는, 비관주의와 문제에 대한 의미 있는 해결책 제시가 불가능하다는 태도로 대체된다.

VOCA

• dissatisfaction 불만
• mount 늘다, 증가하다
• burnout 극도의 피로, 신경 쇠약
• disillusionment 환멸
• weariness 권태, 피로
• idealistic 이상적인
• driven 동기를 부여받은, 추진력을 갖춘, 의욕이 넘치는
• overcommitted 지나치게 헌신적인
• medical care 의료 지원
• make a dent in ~에 영향을 주다
• demoralize 사기를 저하시키다
• pessimism 비관론, 염세주의

독해 > 세부 내용 찾기 > 내용 (불)일치

정답의 이유

네 번째 문장에서 'Modern environments and experiences cut across all boundaries of geography and ethnicity ~'라고 한 다음, 'modernity can be said to unite all mankind(현대성이 모든 인류를 통합한다)'라고 했으므로 글의 내용과 일치하지 않는 것은 ③ 'Modernity separates mankind according to the different geographical locations(현대성은 인류를 다른 지리적 위치에 따라 분리시킨다).'이다.

오답의 이유

① 현대성은 전 세계 사람들에 의해 공유되는 경험의 한 방식을 의미한다. → 첫 번째 문장에서 'There is a mode of vital experience—experience of space and time, ~ shared by men and women all over the world today.'라고 했으므로 글의 내용과 일치한다.

② 현대성은 우리가 가진 모든 것을 파괴할 위협적인 환경에 처해 있다는 것을 발견한다. → 세 번째 문장에서 'To be modern is to find ourselves in an environment ~ that threatens to destroy everything we have, everything we know, everything we are.'라고 했으므로 글의 내용과 일치한다.

④ 현대성은 삶의 가능성과 위험을 포함하는 경험의 한 방식이다. → 첫 번째 문장에서 '~ experience of space and time, of the self and others, of life's possibilities and perils ~'라고 했으므로 글의 내용과 일치한다.

⑤ 현대성은 민족성, 국적, 그리고 관념의 경계들을 가로지른다. → 네 번째 문장에서 'Modern environments and experiences cut across all boundaries of geography and ethnicity ~'라고 했으므로 글의 내용과 일치한다.

본문해석

오늘날 전 세계의 남성과 여성에 의해 공유되는 필수적인 경험, 즉 공간과 시간, 나 자신과 타인들, 삶의 가능성과 위험성의 경험에 대한 한 가지 양식이 있다. 나는 이 경험을 '현대성'이라고 부를 것이다. 현대적으로 된다는 것은, 우리에게 모험, 힘, 기쁨, 성장, 우리 자신과 세상의 변형 등을 약속하며, 동시에 우리가 가진 모든 것, 우리가 아는 모든 것, 우리 자신을 파괴할 수 있는 위협을 가하는 환경에 놓인 우리 스스로를 발견하는 것이다. 현대의 환경과 경험은 지리와 민족성, 계층과 국적, 종교와 이념의 모든 경계를 가로지른다. 이런 의미에서, 현대성이 온 인류를 통합한다고 말할 수 있다. 그러나 그것은 역설적 통합, 즉 분열의 통합이다. 그것은 우리 모두를 끊임없이 계속되는 분열과 회복, 갈등과 모순, 모호함과 번민의 소용돌이 속으로 몰아넣는다.

VOCA

• vital 중요한, 생명유지에 필수적인
• peril 위험
• cut cross ~을 질러가다
• ethnicity 민족성

- paradoxical 역설적인
- disunity 분열
- maelstrom 대혼란, 큰 소용돌이
- perpetual 끊임없이 계속되는
- disintegration 붕괴
- contradiction 모순, 반박, 반대
- ambiguity 모호함
- anguish 고통, 번민
- traverse 가로지르다

- autarky 경제적 자급 자족(self-sufficiency)
- hazy 흐릿한, 모호한
- flesh out ~을 더 구체화하다
- aid 원조
- ebullient 패기만만한, 사기충천한
- jingoism 맹목적 애국주의, 대외적 강경론
- cabinet 내각

09 난도 ★★☆   정답 ①

독해 > 빈칸 완성 > 단어 · 구 · 절

정답의 이유

빈칸 앞 문장 '~ billed as the most radical such review since the end of the cold war'에서 존슨 정부의 국가정책에 대한 통합 평론지가 냉전 종식 이후 가장 급진적인 비평이라고 홍보되었다고 했고, 빈칸 다음 문장에서 'The text is free of the ebullient jingoism(그 글에는 맹목적 애국주의가 없는) ~'이라고 했으므로 빈칸에 가장 적절한 것은 ① 'it defies expectations(그것은 예상을 거스른다)'이다.

오답의 이유

② 그것은 인기를 얻는다
③ 그것은 브렉시트에 부합한다
④ 이것은 당의 추천을 동의한다
⑤ 이것은 그 나라의 경제적 상황을 간과한다

본문해석

'글로벌 영국'이라는 슬로건은, 2016년 EU(유럽연합)를 탈퇴하기 위한 국민투표 몇 개월 후에 처음 통용되었다. Theresa May는 수상으로서 처음으로 보수당 총회에서 연설할 때 이 표현을 다섯 번이나 사용하였다. 며칠 뒤 그것은 Boris Johnson이 May의 외무장관으로서 한 첫 번째 정책 연설의 제목이었다. 브렉시트가 경제적 자급자족을 의미하지 않는다는 것을 영국인들에게 안심시키기 위한 시도를 뛰어넘어, 그것이 실제로 의미하는 것은 모호한 상태로 남았다. 그 개념이 드디어 구체화되고 있다. 3월 16일, 존슨 정부는 '경쟁 시대의 글로벌 영국'이라는 제목으로 국가의 외교, 안보, 국방, 원조 정책에 대한 114페이지에 달하는 '통합 비평'을 출판했는데, 그것은 냉전 종식 이후 가장 급진적인 비평이라고 홍보되었다. 여러 가지 측면에서, 그것은 예상을 거스른다. 그 글에는 Johnson과 그의 내각이 아주 좋아하는 맹목적 애국주의가 없다. 많은 관찰자들은 영국이 EU와 외교 참호전에 갇혀있는 유럽에서 벗어나 아시아의 떠오르는 강대국들을 향해 구심점을 옮길 것을 예상했다.

VOCA

- gain currency 퍼지다, 통용하기 시작하다
- deploy 배치하다, 효율적으로 사용하다, 전개하다
- Conservative Party 보수당
- in practice 실제로
- Brexit 브렉시트(영국의 유럽연합 탈퇴)

10 난도 ★★☆   정답 ④

독해 > 글의 일관성 > 글의 순서

정답의 이유

주어진 글에서 빅뱅 직후 뜨거운 우주의 상황이 제시되었으므로 다음에는 우주가 식는 상황이 이어져야 한다. 식는 상황은 (C)의 'Then, as time went on, we would see the Universe cool, ~'로 이어진 다음 (A)의 'As it continued to cool ~'로 연결되는 것이 자연스럽다. (D)에서 전자의 자유 활동으로 빛이 산란되어 우주가 불투명했다고 한 다음, (B)에서 전자가 원자 형성을 위해 흡수되면 빛 산란도 없어지므로 우주가 순간 투명해진다고 연결되는 것이 자연스럽다. 따라서 글의 순서로 알맞은 것은 ④ '(C) - (A) - (D) - (B)'이다.

본문해석

물리학 이론에 따르면, 만약 우리가 빅뱅 1초 후에 우주를 관찰한다면, 우리가 보게 되는 것은 중성자, 양성자, 전자, 반전자(양전자), 광자, 중성미립자들로 이루어진 100억 도의 바다이다.

(C) 그리고 나서 시간이 지남에 따라, 우리는 우주가 식어서 중성자가 양성자와 전자로 분해되거나, 또는 중수소(수소의 동위원소)를 만들기 위해 양성자와 결합하는 것을 보게 될 것이다.

(A) 우주가 계속 식어감에 따라, 전자가 원자핵과 결합하여 결국 중성 원자를 형성하는 온도에 이를 것이다.

(D) 이 '재결합'이 발생하기 전에, 우주는 불투명했을 것인데, 햇빛이 구름 속 물방울로부터 산란되는 방식으로, 자유 전자들이 빛(광자)의 산란을 초래했을 것이기 때문이다.

(B) 그러나 자유 전자가 흡수되어 중성 원자를 형성하게 되면, 우주는 갑자기 투명해진다.

이 동일한 광자들, 즉 우주의 배경 복사라고 알려진 빅뱅의 잔광이 오늘날 관측될 수 있다.

VOCA

- neutron 중성자
- proton 양성자
- electron 전자
- anti-electron 반전자
- positron 양전자
- photon 광자
- neutrino 중성미립자
- deuterium 중수소
- isotope 동위 원소
- nuclei 원자핵(nucleus의 복수형)

- neutral atom 중성 원자
- opaque 불투명한
- transparent 투명한
- droplet 작은 방울
- cosmic background radiation 우주 배경 복사

11 난도 ★★☆　　　　　　　　　　　　　정답 ②

독해 > 대의 파악 > 제목, 주제

[정답의 이유]

제시문의 서두에서는 인구 증가로 인해 식량 생산에 한계가 있음을 설명하고, 후반에서는 바다로부터 나오는 식량(해상 식량) 생산이 인류를 먹여 살리기 위해 필요하다는 것을 대안으로 제시한다. 따라서 글의 제목으로 적절한 것은 ② 'The Future of Food from the Sea(해상 식량 자원의 미래)'이다

[오답의 이유]

① 세계 식량 수요의 증가

③ 기후 변화와 생물 다양성의 손실

④ 해양의 식량 생산 부문

⑤ 바다와 해양 문화에서 온 먹을 수 있는 음식

본문해석

인구 증가, 소득 상승, 선호도 변화는 향후 몇십 년간 영양가 있는 식품에 대한 세계적인 수요를 상당히 증가시킬 것이다. 영양실조와 기아로 인해 많은 나라들이 여전히 고통받고 있고, 2050년까지의 인구와 소득 추정치는 향후 인류의 소비 목적으로 해마다 최소 500 메가톤의 육류가 필요할 것이라고 제안한다. 육지 재배 식용작물의 생산량을 늘리는 것은 어려운 일인데, 그것은 수확률 감소, 부족한 토지와 수자원과의 경쟁 때문이다. 육지에서 생산되는 해산물(민물 양식과 내륙 포획 수산물을 의미하며, 우리는 모든 수중 식용작물과 해양 식량, 특히 해양자원을 나타내기 위해 해산물이란 용어를 사용한다)은 식량안보와 전 세계적인 공급에 중요한 역할을 하지만, 그것의 확장 역시 제한적이다. 육지 기반의 다른 생산물들과 마찬가지로, 육지 기반 수경재배의 확장은 물, 토양, 생물 다양성, 기후에 영향을 미치는 상당한 환경적 외부 영향을 초래했으며, 이는 환경의 식량생산능력을 위태롭게 했다. 수산물 생산에서 육지 수경재배의 중요성에도 불구하고, 많은 국가들(특히 최대 내륙 수경재배 생산국인 중국)은 이 목적으로의 육지와 물 사용을 제한하여, 그 확장을 제한하고 있다. 비록 내륙 포획 어업이 식량안보에 중요하지만, 전 세계 수산물 생산에서 차지하는 비중이 제한적이고, 생태계 제약으로 인해 그 확장이 방해받는다. 따라서 미래의 수요와 (육지 기반 어류 및 다른 식량 자원 역시 해결책의 일부라는 인식)을 충족하기 위해, 우리는 바다로부터 나오는 지속 가능한 식량 생산이 미래의 식량공급에서 중요한 역할을 하는지 여부를 묻게 된다.

VOCA

- shift 변화
- nutritious 영양가 있는
- malnutrition 영양실조
- plague 역병(에) 걸리게 하다

- projection 예상, 투사
- scale up 확대하다
- challenging 힘든
- scarce 부족한
- aquaculture 수경재배
- fishery 어장, 어업
- denote 표시하다, 나타내다
- aquatic 수생의
- compromise 위태롭게 하다
- terrestrial 육지의
- notably 현저히
- hamper 방해하다

12 난도 ★★☆　　　　　　　　　　　　　정답 ⑤

독해 > 빈칸 완성 > 단어 · 구 · 절

[정답의 이유]

(A) 다음에서 현존하는 Endangered Species Act는 멸종 위기종에 대한 보호를 목적으로 하는 법이고, 의회는 이를 저해할 수 있는 법안을 고려하고 있으므로 빈칸에는 Endangered Species Act에 대한 변화를 시작할 수 있다는 의미의 ①, ⑤가 적절하다.

(B) 다음의 'courts' power to overturn decisions to lift or loosen species protections'는 멸종 위기종 보호에 대한 결정을 뒤집는 법원의 힘을 뜻하므로 빈칸에는 법원의 힘을 제한한다는 의미의 ①, ⑤가 적절하다.

(C) 앞에서 'These bills discard science, increasing the likelihood of harm to species and habitat, create hurdles to protecting species'라고 하면서 이러한 법안들이 종들과 서식지에 대한 피해 가능성을 증가시키고 종들을 보호하는 데 장애물을 만든다고 했으므로 빈칸에는 법을 집행하는 시민의 능력을 약화시킨다는 의미의 ③, ④, ⑤가 적절하다.

따라서 빈칸에 가장 적절한 것은 ⑤ '(A) institute(시작하다) − (B) limit(제한하다) − (C) undermine(약화시키다)'이다.

[오답의 이유]

① 시작하다 − 방해하다 − 고치다

② 강화하다 − 채우다 − 바로잡다

③ 무효화하다 − 확대하다 − 망치다

④ 지시하다 − 넓히다 − 막다

본문해석

의회는, 만약 법으로 통과되면, 멸종 위기종의 법에 대한 변화를 (A) 시작하게 되어 보존방법에 대한 통제력을 주와 지역 정부로 이전하고, 종들의 보호에 대한 필요여부 결정을 가속화하고, 종 보호를 해제하거나 감소하는 결정을 뒤집는 법원의 힘을 (B) 제한시킬 일련의 법안들을 고려하고 있다고, Associated Press(AP) 통신은 보도한다. 많은 민주당원들과 야생생물 옹호자들은 제시된 변화들이 세계의 생물다양성을 위험에 빠뜨릴 것이라 주장한다. "야생생물 멸종 패키지는 멸종 위기종 보호법에 대한 극단적이고 포괄적인 공격이다."라고 비영리 환경 보호단체인 야생동물 보호단체 보호

프로그램의 수석부회장 Bob Dreher는 YubaNet.com에 게시된 성명문에서 말한다. "이 법안들은 과학을 버리는 것이고, 종과 서식지에 대한 위험성을 증가시키며, 위기종을 보호하는 것에 방해물을 만들게 되며, 법원에서 법을 집행할 수 있는 시민의 능력을 (C) 약화시키는 반면, 그것을 맡을 준비가 되지 않은 각 주, 심지어 기업이나 개인에게 종 관리에 대한 권한을 위임해버리는 것이다."

VOCA

- bill 법안
- shift 변하다, 전환하다
- overturn 뒤집다
- lift 철거하다
- put at risk 위험에 빠뜨리다
- package 패키지, 일괄 프로그램
- all-encompassing 모두를 아우르는; 총괄적인, 포괄적인
- assault 공격, 폭행
- likelihood 가능성
- undermine 약화시키다
- delegate 위임하다
- be ill-equipped to ~하기에 준비가 안 된
- assume 떠맡다, 추정하다

13 난도 ★★☆ 정답 ③

독해 > 세부 내용 찾기 > 내용 (불)일치

[정답의 이유]

식수 회사에 의한 피해 보상은 제시문 어디에도 나와 있지 않으므로 글에 언급되지 않은 것은 ③ 'compensation for damage by the water company(식수 회사에 의한 피해보상)'이다.

[오답의 이유]

① 그 사건이 일어난 시간과 장소 → 첫 번째 문장에서 'In the first week of May 2000, unseasonably heavy rain drenched the rural town of Walkerton, Canada.'라고 했으므로 언급된 내용이다.

② 질병 발생의 주요 원인들 → 네 번째 문장에서 '~ the town's drinking water was contaminated with a deadly strain of E. coli'라고 했으므로 언급된 내용이다.

④ 그 마을의 사망자 숫자 → 마지막에서 두 번째, 세 번째 문장에서 '~ three adults and a baby died from their illnesses. ~ three more people succumbed'라고 했으므로 언급된 내용이다.

⑤ 그 마을의 인구 규모 → 마지막 문장에서 'In total, half of Walkerton's 5,000-strong population ~'라고 했으므로 언급된 내용이다.

본문해석

2000년 5월 첫째 주에, 계절에 어울리지 않은 폭우가 캐나다 Walkerton의 시골 마을을 흠뻑 적셨다. 폭풍우가 지나가자, 많은 Walkerton 주민들이 병에 걸리기 시작했다. 위장염과 출혈을 동반한 설사가 생기는 사람들이 점점 많아지자, 당국은 물 공급을 점검했다. 그들은 식수 회사가 한동안 밝히지 않았던 사실을 발견했다. 그 마을의 식수가 치명적인 종류의 대장균(E. coli)으로 오염되었던 것이다. 식수 회사 사장들이 마을의 우물들 중 한 곳의 염소 처리 시스템이 고장 났다는 것을 몇 주 동안 알고 있었다는 것이 밝혀졌다. 비가 내리는 동안, 그들의 부주의로 인한 농지로부터 흘러나온 빗물이 거름의 잔여물을 바로 상수도로 운반했다는 것을 의미했다. 오염이 밝혀지고 하루 뒤에 성인 세 명과 아기 한 명이 질병으로 사망했다. 그 후 몇 주 동안 세 명이 추가로 사망했다. 통틀어 Walkerton의 건강한 인구 5천 명 중 절반이 단 2주 만에 감염되었다.

VOCA

- drench 흠뻑 적시다
- fall ill 병에 걸리다
- gastroenteritis 위장염
- diarrhoea 설사
- contaminate 오염시키다
- E. coli 대장균
- strain (동식물 질병 등의) 종류[유형]
- transpire 밝혀지다
- chlorination 염소 처리
- negligence 부주의, 태만
- run-off 흘러나옴
- residue 찌꺼기
- manure 비료, 거름
- succumb 굴복하다, 죽다
- outbreak 발생

14 난도 ★★☆ 정답 ④

독해 > 빈칸 완성 > 단어 · 구 · 절

[정답의 이유]

빈칸 앞에서 '~ known as price fixing(가격 담합), is generally held to be an anticompetitive act.'라고 했고, 빈칸 다음에서 '~ in this manner are generally trying to ensure higher prices for their products ~'라고 했으므로 빈칸에 들어갈 적절한 것은 ④ 'collude(공모하다)'이다.

[오답의 이유]

① (법 등을 공공연히) 어기다
② 혹평하다
③ (능력 등을) ~에게 부여하다
⑤ 견책하다

본문해석

대개의 경우, 둘 또는 그 이상 기업의 대표들이 비밀리에 그들의 제품에 대해서 비슷한 가격을 책정하는 것은 불법이다. 가격 담합으로 알려진 이 관행은, 일반적으로 반경쟁적인 행위로 간주된다. 이런 방식으로 공모하는 기업들은 그들의 제품에 대해 만약 시장이 자유롭게 기능할 경우, 일반적으로 이용 가능한 것보다 더 높은 가격을 확보하려고 노력한다.

VOCA

- competitive 경쟁적인
- ensure 확보하다, 보장하다
- function 기능하다

15 난도 ★☆☆   정답 ②

어휘 > 어구

정답의 이유

밑줄 친 at large는 '아직 잡히지 않은'의 뜻이므로 이와 의미가 가장 가까운 것은 ② 'not yet confined(아직 붙잡히지 않은)'이다.

오답의 이유

① 분리되지 않은
③ 집단으로 변장한
④ 사람들과 함께 사라진
⑤ 은밀하게 위장한

본문해석

그 독약이 아직 잡히지 않고 공격을 실행하려고 단단히 결심한 다른 자들에 의해서, 우리가 알지 못하는 어딘가로 옮겨졌을 수도 있다는 심각한 우려가 있다.

VOCA

- poison 독, 독약
- at large (위험한 사람 · 동물이) 잡히지 않은[활개 치고 다니는]
- determined 단단히 결심한
- carry out 수행하다
- attack 폭행, 공격

16 난도 ★☆☆   정답 ⑤

어법 > 비문 찾기

정답의 이유

⑤ 분사구문의 주어와 주절의 주어(the rules)가 같아 생략되었으며, 문맥상 분사구문의 주어(the rules)가 규정들이 '승인되다'라는 수동 의미이므로 If endorsing → If (being) endorsed가 되어야 한다.

오답의 이유

① are being은 진행 수동으로 '~되어지고 있는 중이다'의 뜻으로 올바르게 사용되었다.
② 주장 동사(state) 다음의 that절에는 '(should)+동사원형'이 오므로 should give가 올바르게 사용되었다.
③ preference(우선권, 선호도)는 수여동사(give)의 직접목적어로 쓰였으며, '~에 대한 우선권'의 뜻으로 전치사 for가 올바르게 사용되었다.
④ 'make+목적어+목적격 보어'가 '목적어가 ~하게 만들다'의 뜻으로 쓰였으며, 이때 it은 가목적어로, 진목적어(to fine the companies which ignore the rules)를 대신하고 있으므로 올바르게 사용되었다.

본문해석

유럽에서, 긍정적인 차별에 대한 규정들이 각 나라에서 논의되고 있다. 그 규정들은 여성들이 이사회 전체의 40%가 될 때까지, 더 나은 자격을 갖춘 남성 후보자가 없는 한, 기업들은 여성에게 비상임직에 대한 우선권을 주어야만 한다고 명시한다. 그 법률 초안은 그 규정을 무시하는 기업들에 대한 벌금 부과를 가능하게 만들었다. 만약 승인된다면, 규정이 시행되기까지는 7년이 걸릴 것이다.

VOCA

- discrimination 차별
- non-executive post 비상임직
- boardroom 이사회실
- endorse 보증하다, 승인하다
- come into force 시행되다, 효력을 발생하다

17 난도 ★★☆   정답 ②

어법 > 비문 찾기

정답의 이유

② 'be likely to(~할 것 같다)'에서 likely는 형용사로, 조동사(would) 다음에 바로 올 수 없으므로 동사(be)를 추가하여 would likely to → would be likely to가 되어야 한다. 참고로 'would like to+동사원형(~ 하고 싶다)'은 현재의 소망을 나타낸다.

오답의 이유

① reach는 타동사로 다음에 목적어(them)가 바로 왔으므로 어법상 올바르게 사용되었다.
③ 접속사 Each time(~할 때마다) 다음에 절(they reached an island)이 왔으므로 어법상 올바르게 사용되었다.
④ 동사 posit(~라고 가정하다)의 목적어로 완전한 절(we might create ~ the same way)이 왔으므로 명사절 접속사 that이 올바르게 사용되었다.
⑤ 관계대명사 that의 수식을 받는 주어(rogue planets)와 동사가 '떠돌이 행성들이 추방되다'라는 의미의 수동 관계이므로 have been ejected from이 올바르게 사용되었다.

본문해석

별들까지의 거리는 헤아릴 수 없을 정도로 어마어마하게 보일 수 있다. Princeton의 물리학자 Freeman Dyson은, 별에 도달하기 위해서 우리는 수천 년 전 폴리네시아인들의 항해로부터 무언가 배울 것이 있을지도 모른다고 시사한다. 시도했다면 재앙으로 끝났을 것 같은, 태평양을 가로지르는 한 번의 긴 여정을 시도하는 대신에, 그들은 이 섬 저 섬으로 가며, 광활한 그 대양의 대지를 한 번에 하나씩 가로질러 나아갔다. 그들이 섬 하나에 도착할 때마다, 그들은 영구 정착지를 세우고 나서 다음 섬으로 이동했다. 그는 우리가 같은 방식으로 먼 우주에 중간 단계의 집단 거주지를 만들 수 있을 것이라 가정한다. 이 전략의 핵심은 혜성들일 것인데, 이것들은 어떤 이유로 태양계로부터 추방된 떠돌이 행성들과 함께 별들에 이르는 경로를 어지럽힐 수 있다.

VOCA

- unfathomably 헤아릴 수 없을 정도로
- immense 거대한, 어마어마한
- island–hopping 이 섬 저 섬으로 여행 다니기
- landmass 광대한 대지(양)
- posit 가정하다, 단정하다
- rogue planet 떠돌이 행성
- somehow 어떻게든, 왜 그런지, 왠지
- eject 튀어나오게 하다, 추방하다
- litter 어지럽히다[어수선하게 만들다]

18 난도 ★★☆   정답 ①

어법 > 정문 찾기

[정답의 이유]

문맥상 '그의 탄생이 봄에 일어났을지도 모른다'라는 뜻으로, 과거의 불확실한 상황에 대한 추측을 나타내는 'may have+p.p. ~(~했을지도 모른다)'가 되어야 하므로 빈칸에 들어갈 적절한 것은 ① 'may have occurred(일어났을지도 모른다)'이다.

본문해석

기독교 신앙의 초기에는 부활절이 주요 기념일이었고, 예수의 탄생은 축하받지 못했다. 4세기에 교회 성직자들이 예수의 탄생일을 기념일로 선언하기로 결정했다. 불행하게도 성경은 예수의 탄생일을 언급하지 않는다. (청교도들이 차후에 기념의 정당성을 부정하기 위해 지적한 사실이다.) 비록 몇몇 증거들이 그의 탄생이 봄에 일어났을지도 모른다고 (왜 양치기들이 한겨울에 양떼를 몰고 있겠는가?) 암시하고 있음에도 불구하고, 교황 Julius 1세는 12월 25일을 선택했다. 이것은 교회가 이교도들의 농신제 전통을 받아들이고 흡수하기 위한 노력으로 이 날을 선택했다고 흔히 믿어진다.

VOCA

- Christianity 기독교 신앙
- Easter 부활절
- declare 선언하다
- Puritan 청교도
- point out 지적하다
- legitimacy 정당성, 합법성, 타당성, 적법
- shepherd 양치기
- Pope 교황
- pagan 이교도
- Saturnalia festival 농신제(현재 크리스마스 무렵에 행해지던 고대 로마의 축제)

더 알아보기

조동사+have p.p.

- 조동사+have p.p.는 과거에 대한 '추측'과 '후회, 원망'을 나타낼 때 쓰는 표현이다.

추측	• would have p.p. : ~했을 것이다 • must have p.p. : ~했음에 틀림없다 예 The garden is all wet. It must have rained last night. (정원이 온통 젖어 있다. 어젯밤에 비가 왔음에 틀림없다.) • cannot have p.p. : ~했을 리가 없다 예 He cannot have done such a stupid thing. (그가 그렇게 어리석은 짓을 했을 리가 없다.) • may[might] have p.p. : ~했을지도 모른다 예 Amy is very late. She may have missed her train. (Amy는 매우 늦었다. 그녀는 기차를 놓쳤을지도 모른다.) • could have p.p. : ~했을 수도 있다
후회	• should[ought to] have p.p. : ~했어야 했는데 (하지 않았다) 예 Thomas should have apologized earlier. (Thomas는 더 일찍 사과했어야 했다.) • shouldn't[ought not to] have p.p. : ~하지 말았어야 했는데 (했다) 예 He ought not to have been driving so fast. (그가 그렇게 빨리 차를 몰아서는 안 되는 일이었다.)

- need have p.p. *vs.* need not have p.p.

필요	• need have p.p. : ~할 필요가 있었다 (그런데 하지 않았다) • need not have p.p. : ~할 필요가 없었다 (그런데 했다) 예 I need not have watered the flowers. Just after I finished it started raining. (나는 꽃에 물을 줄 필요가 없었다. 내가 끝나자마자 비가 내리기 시작했다.)

19 난도 ★★☆ 　　　　　　　　　　　　　정답 ⑤

독해 > 세부 내용 찾기 > 내용 (불)일치

정답의 이유

제시문 후반에 'Map these forms and conduits against each other, and you get what we think of as "the power structure" (이 형태들과 전달자들을 서로 매핑하면, 우리가 아는 '권력 구조'가 도출된다).'라고 했으므로 글의 내용과 일치하는 것은 ⑤ 'Relations between the forms and conduits of power help identify its structure(권력의 형태와 전달자들 사이의 관계들은 권력의 구조를 식별하는 데 도움이 된다).'이다.

오답의 이유

① 권력은 널리 환영받으며 편안하게 토론되는 단어이다. → 첫 번째 문장에서 'Power is something we are often uncomfortable naming and talking about explicitly.'라고 했으므로 글의 내용과 일치하지 않는다.

② 우리 시민들은 권력의 논리를 토론하고 이용할 권리가 없다. → 일곱 번째 문장에서 'Civic power is that capacity exercised by citizens in public, ~'라고 했으므로 글의 내용과 일치하지 않는다.

③ 시민 권력은 주로 정부 관리들이 행사하는 능력이다. → 일곱 번째 문장에서 'Civic power is that capacity exercised by citizens in public, ~'라고 했으므로 글의 내용과 일치하지 않는다.

④ 일상생활에서 사람들 대다수는 시민 권력을 능숙하게 매핑하는 경향이 있다. → 마지막에서 세 번째 문장에서 '~ too many people aren't able to draw, read or follow such a map.'이라고 했으므로 글의 내용과 일치하지 않는다.

본문해석

권력은 우리가 이름 붙이고 터놓고 말하기에 종종 불편한 어떤 것이다. 우리의 일상대화에서, 권력은 '권력에 미친', '권력에 굶주린', '권력의 과시' 등 도덕적으로 부정적인 분위기를 풍긴다. 그러나 권력은 본질적으로 불이나 물리학처럼 그 자체가 더 좋거나 나쁘지 않다. 권력은 그저 권력일 뿐이다. 유일한 질문은 우리가 그것을 이해하려고 노력하고 이용할 것인지 여부이다. 민주주의의 문화와 신화에서, 권력은 대중에게 귀속되어야 한다. 여기 권력에 대한 나의 간단한 정의가 있다. 그것은 여러분이 바라는 대로 타인이 하도록 보장하는 능력이다. 시민 권력은, 선거나 정부에서, 사회적 그리고 경제적 영역에서 시민에 의해 공개적으로 행사되는 능력이다. 시민 생활에서 권력은 강제력, 부, 국가배상, 이념, 사회적 규범, 수 등 여러 형태를 띠게 된다. 그리고 그것은 기관, 조직, 네트워크, 법과 규칙, 서사와 이념 같은 여러 전달자를 통해 흘러간다. 이 형태들과 전달자들을 서로 매핑하면, 우리가 아는 '권력 구조'가 도출된다. 오늘날의 문제는 너무 많은 사람들이 그런 지도를 그리거나 읽거나 이해하지 못한다는 점이다. 너무 많은 사람들이 권력에 대해 심각하게 문맹이다. 그 결과, 시민 생활에서 권력이 어떻게 작동하는지 이해하는 사람들이 불균형적인 영향력을 행사하고 다수의 무지에 의해 생겨난 빈틈을 채우는 것이 더욱더 쉬워졌다.

VOCA

- explicitly 숨김없이, 명쾌하게
- vibe 분위기, 느낌, 낌새
- inherently 선천적으로, 본래
- harness 이용하다
- reside 살다, 존재하다
- norm 기준, 규범
- conduit (정보나 물자의) 전달자[전달 기관/국가]
- map 지도를 만들다[그리다]
- profoundly 극심하게, 완전히
- illiterate 문맹의, 무식한
- wield 휘두르다
- disproportionate 불균형의
- void 빈틈

20 난도 ★★☆ 　　　　　　　　　　　　　정답 ⑤

독해 > 글의 일관성 > 글의 순서

정답의 이유

주어진 글의 마지막 문장에 등장하는 hesitant는 현대 경제학자들의 주저함을 기술하고, (C)에서 그들의 내키지 않음(their reluctance)을 설명하는 것은 어렵지 않다고 이어가는 것이 자연스럽다. 표준 가정의 만족과 복지 후생의 결과가 생기는 모형(a model)을 제시하고, (B)에서 '그렇지 않으면(Otherwise)'으로 이어지는 흐름에서 the model로 연결되는 문맥과 (A)에서 추가적인 설명의 단어 moreover를 통해 경제학자의 또 다른 특성을 설명하는 것이 자연스럽다. 따라서 글의 순서로 알맞은 것은 ⑤ '(C) - (B) - (A)'이다.

본문해석

다른 분야에서 학자들의 수가 증가하는 것과는 대조적으로, 경제학자들은 상대적으로 소비 사회에 대한 최근의 비판에 거의 기여하지 못했다. 몇 가지 주목할 만한 예외가 있지만, 현대 경제학자들은 소비와 삶의 질 사이의 관계에 대해 질문하는 것을 주저해 왔다.

(C) 그들의 내키지 않음을 설명하기는 어렵지 않다. 대부분의 경제학자들은 일반적인 표준 가정이 충족되는 한, 소비는 틀림없이 복지를 양성한다는 모형을 지지한다.

(B) 그렇지 않으면 그런 일은 일어나지 않을 것이다. 실제로 우리가 보게 되겠지만, 그 모형의 영향은 훨씬 더 강력하다.

(A) 게다가, 경제학자들은 일반적으로 가치와 선호도에 대한 비판적 논의에 끼어들기를 주저한다. 그러한 논의가 없다면, 기존 소비자 선택의 형태가 최적이라고 쉽게 가정하게 된다.

VOCA

- critique 비판, 평론
- consumer society 소비 사회
- entertain (생각 · 희망 · 감정 등을) 품다
- reluctance 내키지 않음, 꺼려함
- subscribe to ~에 동의하다
- assumption 추정
- yield 굴복하다, 양성(산)하다

- implication 영향[결과], 함축, 암시
- unwilling 마지못해 하는
- preference 우선권
- in the absence of ~이 없을 때에, ~이 없어서
- existing 기존의, 현재 사용되는
- configuration 배치, 배열, 형태, 구성
- optimal 최적의

21 난도 ★☆☆ 정답 ①

독해 > 빈칸 완성 > 단어 · 구 · 절

정답의 이유

빈칸 문장의 앞부분에서 흑사병 때문에 노동력이 급감하면서 지주들이 노동자들에게 임금 혹은 집세를 주게 되었고, 전반적인 임금 상승도 있었다고 했다. 또한, 빈칸 뒷부분의 'to the hitherto rigid stratification of society(지금까지 견고했던 사회 계층에)'로 미루어 보아 빈칸에 들어갈 말로 가장 적절한 것은 ① 'fluidity(유동성)'이다.

오답의 이유

② 폭력
③ 의학
④ 경계
⑤ 군주제

본문해석

1347년과 1351년 사이 유럽을 황폐화시킨 유행병인 흑사병은, 그 당시까지 알려진 다른 어떤 전염병이나 전쟁보다 비율적으로 더 많은 목숨을 앗아갔다. 이 끔찍한 대재앙의 결과는 엄청났다. 전쟁이 중단되고, 무역의 갑작스러운 침체가 즉시 이어졌지만, 단지 짧은 기간 동안 지속될 뿐이었다. 더 지속적이고 심각한 결과는 너무나 많은 노동자들의 사망으로 인한 경작지 면적의 급격한 감소였다. 이것은 많은 지주들의 몰락으로 입증되었다. 노동력 부족은 지주들이 소작인들을 유지하기 위한 노력으로 노동 서비스 대신에 그들의 임금 혹은 집세를 대체하도록 했다. 숙련공들과 소작농들에 대한 임금의 전반적인 상승도 있었다. 이러한 변화들이 지금까지 견고했던 사회 계층에 새로운 유동성을 가져왔다.

VOCA

- Black Death 흑사병
- pandemic 유행병
- ravage 파괴하다
- proportionately 비례해서
- toll of life 사망자 수(=death toll)
- catastrophe 재앙
- cessation 정지
- under cultivation 경작 중인
- money rent 집세
- in place of ~ 대신에
- tenant 소작인
- hitherto 지금까지

- stratification 계층화, 성층

22 난도 ★★☆ 정답 ③

독해 > 빈칸 완성 > 단어 · 구 · 절

정답의 이유

(A) 다음의 'amounts of money ~'로 미루어 문맥상 (A)에는 선지 ①~⑤가 모두 가능함을 유추할 수 있다. 빈칸 (B) 다음 문장에서 'As humans, we evolved to respond more strongly to negative stimuli than positive ones.'라고 했고, (B) 다음의 'our worst tendencies(우리의 최악의 취향)'라고 했으므로 (B)에는 ③, ④가 가능하다. 빈칸 (C) 다음에서 이러한 알고리즘은 우리를 점점 더 부정적인 토끼 굴로 내려보내는 콘텐츠를 골라낸다고 했으므로 (C)에는 'reinforce(강화하다)'가 적절하다. 따라서 빈칸에 들어갈 적절한 것은 ③ '(A) staggering(엄청난) – (B) amplify(증폭시키다) – (C) reinforce(강화하다)'이다.

오답의 이유

① 엄청난 – 단축하다 – 과소평가하다
② 놀라운 – 압축하다 – 말하다
④ 놀라운 – 확대하다 – 개조하다
⑤ 경탄할 만한 – 압축하다 – 보강하다

본문해석

현대의 온라인 허위 정보는 우리가 현재 알고 있는 것처럼 대부분 인터넷을 동력으로 작동하는 관심 집중형 사업 모델을 이용한다. 구글과 페이스북 같은 플랫폼들은 우리의 관심을 끌고 사로잡아 우리에게 유료 광고를 보여줌으로써 (A) 엄청난 금액의 돈을 번다. 이러한 관심은 우리가 어떤 콘텐츠와 관련되는지 측정하고, 자동적으로 그와 유사한 더 많은 콘텐츠를 우리에게 보여주는 알고리즘을 이용해 조작된다. 문제는, 물론, 이러한 알고리즘이 자동적으로 우리의 최악의 취향을 추천하고 (B) 증폭시킬 때 나타난다. 인간으로서, 우리는 긍정적 자극들보다 부정적 자극들에 더 강하게 반응하도록 진화했다. 이런 알고리즘은 그것을 감지하고 (C) 강화하여, 우리를 점점 더 부정적인 토끼 굴로 내려보내는 콘텐츠를 골라낸다.

VOCA

- disinformation 허위 정보
- exploit 개발하다, 이용하다
- engage with 다루다, 관여하다, ~와 맞물리게 하다
- algorithm 알고리즘
- tendency 성향, 취향
- stimuli 자극
- detect 탐지하다
- rabbit hole 토끼 굴(헤어 나오기 힘든 어떤 것)

독해 > 글의 일관성 > 무관한 어휘 · 문장

정답의 이유

첫 문장에서 'a fluctuating proportion of the world's population has believed that the end of the world is imminent.'라고 한 다음, 제시문 전반에 걸쳐 종말론이 환경주의를 비롯해 여러 사상에 미친 영향을 서술하고 있는데, ⑤의 문장은 유라시아인들이 종말론을 항상 믿은 것은 아니라는 내용이다. 따라서 글의 흐름상 어색한 문장은 ⑤ 'Eurasians have not always believed that their world will end someday(유라시아인들은 그들의 세계가 언젠간 종말을 맞이하게 될 것이라고 항상 믿어온 것은 아니었다).'이다.

본문해석

최소한 3천 년 동안, 변동을 거듭해 온 세계 인구 비율은 세상의 종말이 임박했다고 믿어왔다. 학자들은 그 기원에 대해 논쟁하지만, 오늘날의 많은 환경주의를 굴절시킨 종말론적인 서술의 독특한 구조는 대략 기원전 1200년경, 조로아스터 또는 짜라투스트라로 알려진 이란의 예언자의 생각에서 시작했던 것처럼 보인다. 세상의 점진적인 쇠퇴의 개념은 고대 문명에서 널리 퍼졌다. 하지만 조로아스터는 유대교, 기독교 그리고 그 후 역사의 세속적 모형에도 세상의 종말에 대한 긴급함을 전파하였다. 로마 유대교의 광신도들로부터 다윗교 분파에 이르기까지, 아주 많은 신자들이 임박한 종말에 대한 공포와 희망 속에서 싸우고 죽어간 반면, 나치와 공산주의자를 포함한 몇몇 사람들은 위기와 분쟁에 대한 예언이 필연적으로 자신들을 충족시켜 주었기 때문에 파멸적인 결과를 가진 종말론적 수사법을 채택했다. 그러나 거의 틀림없이 비슷한 수사 전략들은 그것의 가장 눈에 띄는 성공들을 환경 운동에 제공했다. 유라시아인들은 그들의 세계가 언젠간 종말을 맞이하게 될 것이라고 항상 믿어온 것은 아니었다. 이를 염두에 두면, 환경 보호적이고 급진적인 생태학적 담론에서 우리가 종말론적 이야기의 과거와 미래의 역할을 고려하는 것은 중요하다.

VOCA

- fluctuating 변동이 있는, 동요하는, 오르내리는
- imminent 긴박한
- distinctive 독특한
- apocalyptic 종말이 온 듯한, 종말론적인
- narrative 서술, 설화, 화술
- inflect 구부리다, 굴곡시키다
- prophet 예언자
- bequeath 물려주다, 유증하다, 계승하다
- secular 현세의, 세속의, 비종교적인
- urgency 긴급함
- demise 종말, 죽음, 사망
- catastrophic 참사의, 재난의
- inexorably 냉혹하게, 가차 없이
- arguably 주장하건대, 거의 틀림없이
- striking 현저한, 눈에 띄는
- with this in mind 이로 인하여

독해 > 빈칸 완성 > 단어 · 구 · 절

정답의 이유

빈칸 다음 문장에서 이러한 의존 관계는 상호 진화의 긴 역사를 시작했고, 바이러스는 숙주에 기생하여 살게 되면서 의존 관계를 형성했다고 했으므로 빈칸에 들어갈 말로 가장 적절한 것은 ② 'lost their autonomy as they evolved to thrive as parasites on other cells(그들이 다른 세포에서 기생충으로 자라도록 진화하면서 그들의 자율성을 잃었다)'이다.

오답의 이유

① 초기 세포의 원형들에게 많은 원시적인 특징들을 주입했다
③ 모기가 무는 것에서 침을 통해 인간에게 전해졌고 그것들로부터 독립되었다
④ 감각기를 이용해 세포막을 통해 전달되었고 지속적으로 변형되었다
⑤ 약해진 바이러스에 노출되었고 그런 특정 침입자를 인지했다

본문해석

세포는 생명의 기본으로 여겨지지만, 모든 유전적 다양성을 지닌 바이러스가 그 역할을 공유할지도 모른다. 우리 지구의 가장 초기 바이러스와 세포는 포식자와 먹이라는 뒤얽히고 때로는 공생하는 관계로 진화해왔을 것이다. 증거는 심지어 바이러스가 세포로 시작했지만 그들이 다른 세포에서 기생충으로 자라도록 진화하면서 그들의 자율성을 잃었다는 것을 시사한다. 이러한 의존 관계는 상호 진화의 긴 역사를 시작했다. 세포 안에 사는 바이러스는 그들의 숙주들이 적응하도록 만들고, 그런 변화들은 바이러스로 하여금 결코 끝나지 않는 한 수 앞서는 사이클에 적응하도록 야기시킨다.

VOCA

- genetic 유전의
- intertwine 뒤얽히다
- symbiotic 공생의
- lose one's autonomy 자율성을 잃다
- parasite 기생생물, 기생충 같은
- coevolution 상호 진화
- one-upmanship 한 발[한 수] 앞서기, 우월의식
- autonomy 자율성
- membrane 세포막
- receptor 감각기관
- invader 침입자

독해 > 대의 파악 > 제목, 주제

정답의 이유

첫 번째 문장에서 유전적 변이의 개념을 설명하고, 이를 입증하는 과정과 여러 예시들을 나열하면서 변이가 생기는 원인을 설명하고 있으므로 글의 제목으로 적절한 것은 ④ 'Inherited Causes of Variation(변이의 유전적 원인들)'이다.

오답의 이유

① 성별 차이의 원인들
② 자녀와 부모의 식별
③ 유전자 식별과 DNA
⑤ 사회적 유전성의 원인과 결과

본문해석

부모로부터의 유전적 정보의 결과물인 특질의 변이는 유전적 변이라고 불린다. 자녀들은 대개 아빠와도 약간 닮고, 엄마와도 약간 닮지만, 그들은 그들의 부모 중 어느 한쪽과도 똑같지는 않을 것이다. 이는 그들이 DNA 절반과 유전적 특징들을 각각의 부모로부터 받기 때문이다. 각각의 난자와 각각의 정자 세포는 개인에게 필요한 유전 정보의 절반을 포함하고 있다. 이것들이 수정 과정에서 합쳐질 때 새로운 세포는 개인에게 필요한 모든 유전 정보로 구성된다. 여기에 인간에게 유전된 변이의 몇 가지 예시가 있는데, 눈 색깔, 머리카락 색깔, 피부색, 귓불이 있거나 없는 귀, 혀를 말 수 있는 능력 등이다. 성별 역시 유전된 변이인데, 왜냐하면 당신이 남성인지 여성인지는 당신이 부모로부터 물려받는 유전자의 결과이기 때문이다.

VOCA

• variation 변화, 변동, 변이
• inherited 상속한, 유전의, 선천적인, 타고난
• egg cell 난자
• sperm 정자
• fertilization 수정
• lobe 귓불
• inheritance 유전성

오랫동안 꿈을 그리는 사람은 마침내 그 꿈을 닮아간다.

- 앙드레 말로 -

PART 3
한국사

한국사 | 2024년 국가직 9급

한눈에 훑어보기

 영역 분석

고대   01   08   12
3문항, 15%

중세   02   05   16   19
4문항, 20%

근세   07   13
2문항, 10%

근대 태동기   09
1문항, 5%

근대   03   04   06
3문항, 15%

일제 강점기   14   15   17   18   20
5문항, 25%

현대   11
1문항, 5%

시대 통합   10
1문항, 5%

빠른 정답

01	02	03	04	05	06	07	08	09	10
①	②	③	④	④	④	③	③	①	②
11	12	13	14	15	16	17	18	19	20
③	①	④	③	③	④	①	②	②	④

점수 체크

구분	1회독	2회독	3회독
맞힌 문항 수	/ 20	/ 20	/ 20
나의 점수	점	점	점

01 난도 ★☆☆   정답 ①

고대 > 정치사

자료해설

밑줄 친 '이 나라'는 대가야이다. 경상북도 고령 지역의 대가야는 전기 가야 연맹의 중심지였던 금관가야가 고구려 광개토 대왕의 진출로 쇠퇴하자 낙동강 유역이라는 지리적 이점과 풍부한 철을 활용하여 5세기 이후 후기 가야 연맹의 중심지가 되었다.

정답의 이유

① 대가야는 진흥왕에 의해 신라에 복속되었고, 이로 인해 후기 가야 연맹이 해체되었다.

오답의 이유

② 백제 성왕은 웅진(공주)에서 사비(부여)로 천도하고 국호를 남부여로 고쳐 새롭게 중흥을 도모하였다.

③ 발해 선왕은 지방 행정 체제를 5경 15부 62주로 정비하였고, 주현에 지방관을 파견하였다.

④ 고구려 장수왕은 수도를 국내성에서 평양성으로 옮기고 남진 정책을 추진하였다.

02 난도 ★☆☆   정답 ②

중세 > 경제사

정답의 이유

② 고려 성종 때 우리나라 최초의 화폐이자 철전인 건원중보를 주조해 전국적으로 사용하게 하려 했으나 성공하지 못하였다.

오답의 이유

① 고구려 고국천왕은 국상인 을파소의 건의에 따라 먹을거리가 부족한 봄에 곡식을 빌려주고 추수 이후에 곡식을 갚도록 하는 진대법을 실시하였다.

③ 조선 후기에 광산 개발이 활성화되면서 물주로부터 자금을 지원받아 전문적으로 광산을 경영하는 덕대가 등장하였고, 광산 경영 방식인 덕대제가 유행하였다.

④ 조선 세종 때 정초, 변효문 등을 시켜 우리 풍토에 맞는 농법을 소개한 『농사직설』을 간행하였다.

근대 > 정치사

자료해설

제시된 자료는 『조선책략』의 일부이다. 조선 고종 때 제2차 수신사로 일본에 파견되었던 김홍집은 당시 청국 주일 공사관 황쭌셴이 지은 『조선책략』을 국내에 소개하였다(1880). 『조선책략』은 러시아의 남하 정책에 대비해 청·미·일과 친하게 지내야 한다는 내용으로, 조미 수호 통상 조약 체결의 배경이 되었다.

정답의 이유

③ 김홍집이 『조선책략』을 들여온 이후 미국과 외교 관계를 맺어야 한다는 여론이 형성되자 이만손을 중심으로 한 영남 유생들이 만인소를 올려 이를 반대하였다.

오답의 이유

① 강화도 조약은 1876년에 체결된 우리나라 최초의 근대적 조약이자 일본인에 대한 치외 법권과 해안 측량권을 포함한 불평등 조약으로, 일본의 요구에 따라 부산, 원산, 인천을 개항하였다.

② 병인양요(1866)와 신미양요(1871)를 극복한 흥선대원군이 외세의 침입을 경계하고 서양과의 통상 수교 반대 의지를 알리기 위해 종로와 전국 각지에 척화비를 건립하였다.

④ 1881년 김윤식을 중심으로 청에 파견된 영선사는 텐진에서 근대 무기 제조 기술과 군사 훈련법을 배워 돌아왔다.

더 알아보기

개항 이후 사절단

구분	내용
수신사 (일본)	• 강화도 조약 체결 후 근대 문물 시찰(1차 수신사) • 김홍집 『조선책략』 유입(2차 수신사)
조사 시찰단 (일본)	• 국내 위정척사파의 반대로 암행어사로 위장해 일본에 파견 • 근대 시설 시찰
영선사 (청)	• 김윤식을 중심으로 청 텐진 일대에서 무기 공장 시찰 및 견습 • 임오군란과 풍토병으로 1년 만에 조기 귀국 • 근대식 무기 제조 공장인 기기창 설립
보빙사 (미국)	• 조미 수호 통상 조약 체결 • 미국 공사 부임에 답하여 민영익, 서광범, 홍영식 등 파견

근대 > 정치사

자료해설

'정부의 개화 정책이 추진되면서 구식 군인과 도시 하층민이 반발', '구식 군인들이 난을 일으키고 도시 하층민이 여기에 합세하였으나 청군에 의해 진압' 등으로 보아 제시된 자료는 임오군란에 대한 내용이다. 조선 고종 때 신식 군대인 별기군과 차별 대우를 받던 구식 군대가 선혜청과 일본 공사관을 습격하면서 임오군란이 발생하였고(1882), 이 사태를 수습하기 위해 흥선대원군이 다시 집권하였다. 반면, 조정의 민씨 세력들은 청에 군대 파견을 요청하였는데, 청의 군대는 군란을 진압하고 사건의 책임을 물어 흥선대원군을 본국으로 납치해 갔다. 이후 청의 내정 간섭이 심화되었고, 조선과 청은 조선이 청의 속방임을 명문화하고 청 상인의 내륙 진출을 인정하는 내용을 포함한 조청상민수륙무역장정을 체결하였다.

정답의 이유

④ 임오군란 진압 이후 청의 내정 간섭이 심화되었고, 청은 조청상민수륙무역장정을 체결하여 치외 법권과 함께 양화진에 점포 개설권, 내륙 통상권, 연안 무역권을 인정받았다(1882).

오답의 이유

① 한성 조약은 일본이 갑신정변 때 사망한 일본인에 대한 배상금과 일본 공사관 신축 부지 및 비용을 지급할 것을 조선에 요구하며 체결된 조약이다(1884).

② 텐진 조약은 갑신정변 이후 청과 일본이 향후 조선에 군대를 파견할 때 상호 통보하고 한쪽이라도 조선에 군대를 파견하면 다른 쪽도 바로 군대를 파견할 수 있도록 규정한 조약이다(1885).

③ 제물포 조약은 일본이 임오군란 직후 군란으로 인한 일본 공사관의 피해와 일본인 교관 피살에 대한 사과 사절단 파견, 주모자 처벌, 배상금 지불, 공사관 경비병 주둔 등을 조선에 요구하며 체결된 조약이다(1882).

중세 > 정치사

정답의 이유

고려 말 우왕 때 명이 원에서 관리한 철령 이북의 땅을 반환하라고 요구하자 최영을 중심으로 요동 정벌을 추진하게 되었다. 이성계는 4불가론을 제시하며 반대하였으나 왕명에 따라 출정하게 되었고, 결국 압록강 위화도에서 말을 돌려 개경으로 회군(1388)하였다. 이성계는 위화도 회군 이후 신진 사대부 세력과 결탁하여 실권을 장악하였다.

④ 황산 대첩(1380)은 고려 말 도순찰사였던 이성계가 황산에서 왜구를 크게 물리친 전투로, 위화도 회군 이전의 일이다.

오답의 이유

① 고려 말 공양왕 때 신진 사대부 조준 등의 건의로 실시된 토지 개혁법인 과전법은 지급 대상 토지를 원칙적으로 경기 지역에 한정하였다(1391).

한국사

공통과목

② 고려 말 온건 개혁파인 정몽주는 이성계 세력을 숙청하려 하였으나 오히려 이성계의 아들인 이방원 세력에게 피살되었다 (1392).

③ 한양으로 도읍을 이전한 때는 조선 태조 2년인 1394년이다. 한양은 나라의 중앙에 위치하여 통치에 유리하고 한강을 끼고 있어 교통이 편리하고 물자가 풍부하였다.

06 난도 ★★☆ 정답 ④

근대 > 정치사

자료해설

제시된 사료는 일제의 침략과 매국노 규탄, 을사늑약에 대한 굴욕적인 내용을 폭로한 항일 논설 「시일야방성대곡」의 일부이다. 을사늑약이 체결되자 『황성신문』은 장지연의 논설 「시일야방성대곡」을 게재하여 조약의 부당성을 비판하였다(1905).

정답의 이유

④ 을사늑약 체결 당시 「시일야방성대곡」을 작성한 인물은 『황성신문』의 주필이었던 장지연이다.

오답의 이유

① 『한성순보』는 박문국에서 발행한 최초의 근대적 신문으로, 개화 정책의 취지를 설명하고 국내외 정세를 소개하는 관보적 성격을 띠었다.

② 박은식은 『한국통사』에 고종 즉위 다음 해부터 국권 피탈 직후까지의 역사를 기록하였다.

③ 신채호는 『대한매일신보』에 「독사신론」을 발표하여 민족을 역사 서술의 중심에 두었으며, 민족주의 사학의 기반을 마련하였다.

07 난도 ★★☆ 정답 ③

근세 > 정치사

자료해설

'집현전을 계승한 홍문관', '훈구 세력을 견제하기 위해 사림 세력 등용'을 통해 밑줄 친 '왕'은 조선 성종임을 알 수 있다. 조선 성종 때 왕의 자문과 경연, 경서, 궁중 서적 및 문서 관리 등의 업무를 담당한 홍문관을 설치하였으며(1478), 중앙 정계를 장악하고 있던 훈구 세력들을 견제하기 위해 김종직을 비롯한 영남 지방의 사림 세력을 등용하였다.

정답의 이유

③ 조선 성종 때 노사신, 양성지, 강희맹 등이 각 도의 지리, 풍속, 인물 등을 기록한 관찬 지리지인 『동국여지승람』을 편찬하였다(1481).

오답의 이유

① 조선 정조 때 문물제도 및 통치 체제를 정리한 『대전통편』을 편찬하여 왕조의 통치 규범을 재정비하였다(1785).

② 『동사강목』은 안정복이 조선 정조 때 완성한 역사서로, 단군 조선부터 고려 공양왕까지의 역사를 정리하였다(1778).

④ 『훈민정음운해』는 조선 영조 때 여암 신경준이 저술한 한글 문자론 연구서이다(1750).

08 난도 ★★☆ 정답 ③

고대 > 정치사

자료해설

'웅천주(공주) 도독 헌창'을 통해 밑줄 친 '반란'은 김헌창의 난(822)임을 알 수 있다. 김헌창의 난은 통일 신라 헌덕왕 때 신라 무열왕계의 유력한 귀족이었던 김헌창이 자신의 부임지였던 웅천주에서 일으킨 대규모 반란이다. 반란군은 무진주·완산주·청주·사벌주의 도독과 국원경·서원경·금관경의 사신 및 여러 군현의 수령들을 위협하여 자신의 아래에 예속시키려 하였으나 결국 진압되었고 김헌창은 자결하였다.

정답의 이유

ⓛ 김헌창의 난 당시 반란 세력은 '장안'이라는 국호를 내세우고 '경운'이라는 연호를 사용하였다.

ⓒ 웅천주 도독 김헌창이 난을 일으킨 명목은 아버지인 김주원이 왕위를 계승하지 못한 불만 때문이었다.

오답의 이유

㉠ 신분 해방 운동의 성격을 가진 것은 고려 무신 정권 시기 최충헌의 사노비였던 만적이 일으킨 '만적의 난'이다. 만적은 신분 차별에 항거하여 개경(개성)에서 반란을 도모하였으나 사전에 발각되어 실패하였다.

㉣ 무열왕부터 혜공왕에 이르기까지 무열왕계가 왕위를 이었으나, '김지정의 난'으로 혜공왕이 피살된 후 난을 진압한 김양상이 선덕왕으로 즉위(780)하면서 무열왕 직계가 단절되고 내물왕계가 다시 왕위를 차지하게 되었다.

09 난도 ★★☆ 정답 ①

근대 태동기 > 정치사

자료해설

'홍서봉', '한(汗)', '대청국 황제' 등으로 보아 제시된 자료는 병자호란에 대한 내용임을 알 수 있다. 후금이 국호를 청으로 고치고 조선에 군신 관계를 강요하자 조선에서는 척화론과 주화론이 첨예하게 대립하였고, 결국 조선이 사대 요청을 거부하여 병자호란이 일어났다(1636). 홍서봉은 병자호란이 일어나자 화의를 주장한 인물이다.

정답의 이유

① 병자호란이 발발하여 남한산성으로 피란하였던 인조는 강화도로 보낸 왕족과 신하들이 인질로 잡히자 삼전도에서 굴욕적인 항복을 하였고(1637), 청 태종은 귀환하면서 삼전도비를 건립할 것을 명하였다.

오답의 이유

② 인조반정 때 큰 공을 세웠던 이괄은 공신 책봉 과정에서 2등 공신을 받은 것에 불만을 품었다. 이에 이괄이 반역을 일으킬지도 모른다는 구실로 아들인 이전을 잡아오라는 명까지 떨어지자 이괄은 반란을 일으켜 도성을 장악하였다(1624).

③·④ 후금이 조선을 침략하여 의주를 함락시킨 뒤 평산까지 남진하자 인조는 강화도로 피난하였고, 정봉수와 이립은 용골산성에서 의병을 이끌며 후금에 항전하였다. 이에 후금은 조선에 강화를 제의하여 형제의 맹약을 맺었다(정묘호란, 1627).

10 난도 ★★☆   정답 ②

시대 통합 > 정치사

정답의 이유

(나) 통일 신라 신문왕은 중앙군을 9서당, 지방군을 10정으로 편성하여 군사 조직을 정비하였다.

(라) 고려의 중앙군은 국왕 친위대인 2군과 수도 및 변경의 방비를 담당하는 6위로 구성되었다.

(다) 조선 정조는 왕권을 뒷받침하는 군사적 기반을 갖추기 위해 친위 부대인 장용영을 설치하였다.

(가) 1907년 정미의병 때 유생 의병장들은 13도 창의군을 결성하고 이인영을 총대장, 허위를 군사장으로 추대하여 서울 진공 작전을 추진하였다.

11 난도 ★★☆   정답 ③

현대 > 정치사

자료해설

'미국, 영국, 소련 3국의 외무장관', '미·소공동위원회의 설치', '최대 5년간의 신탁통치 방안 결정' 등으로 보아 밑줄 친 '이 회의'는 1945년 12월에 결정된 모스크바 삼국 외상 회의임을 알 수 있다.

정답의 이유

③ 조선 건국 동맹의 여운형은 안재홍과 함께 일본인의 안전한 귀국을 보장하는 조건으로 조선 총독부로부터 행정권의 일부를 이양받아 조선 건국 준비 위원회를 결성하였다(1945.8.).

오답의 이유

① 유엔 한국 임시 위원단의 입북이 거부당하자 유엔 총회는 가능한 지역에서만 선거를 실시하고 임시 위원단이 선거를 감시하라는 결정을 내렸다. 이에 따라 남한에서만 우리나라 최초의 보통 선거인 5·10 총선거가 실시되었다(1948).

② 광복 이후 좌우 대립이 격화되면서 분단의 위기를 느낀 중도파 세력들은 여운형, 김규식을 중심으로 좌우 합작 위원회를 수립하였다. 이후 중도적 사상의 통일 정부를 수립하는 것을 목적으로 좌우 합작 7원칙을 합의하여 제정하였다(1946).

④ 제헌 국회는 일제의 잔재를 청산하고 민족정기를 바로잡기 위해 반민족 행위 처벌법을 제정하고 반민족 행위 특별 조사위원회를 구성하였다(1948).

12 난도 ★★☆   정답 ①

고대 > 문화사

자료해설

제시된 자료는 미륵사지 석탑의 조성 내력을 적은 금판인 금제 사리봉안기의 일부이다. 미륵사지 서탑의 보수 정비를 위한 해체 조사 중 석탑 1층 사리공에서 금제 사리호와 금제 사리봉안기 등 유물 500여 점이 발견되었다. 금제 사리봉안기에는 백제 왕후가 재물을 희사하여 가람(미륵사)을 창건하고 639년(무왕 40년)에 사리를 봉안하여 왕실의 안녕을 기원했다는 내용을 담고 있다.

정답의 이유

① 백제 무왕 때 미륵사에 건립된 익산 미륵사지 석탑은 목탑의 형태로 만들어진 석탑이며, 현존하는 삼국 시대의 석탑 중 가장 크다.

오답의 이유

② 대리석으로 만든 10층 석탑으로는 원의 영향을 받아 제작된 고려의 개성 경천사지 10층 석탑과 조선 세조 때 제작된 서울 원각사지 10층 석탑이 있다.

③ 낭혜 화상의 탑비는 9산선문 중 하나인 성주산문을 개창한 낭혜 화상의 공덕을 기리기 위해 세워진 통일 신라 시대 탑비로, 충청남도 보령에 위치해 있다.

④ 돌을 벽돌 모양으로 만들어 쌓은 모전 석탑은 경주 분황사 모전 석탑으로, 신라 석탑 중 가장 오래되었다.

13 난도 ★☆☆   정답 ④

근세 > 정치사

정답의 이유

ⓒ 조선 세조는 단종 복위 운동을 계기로 집현전을 폐지하였다.

ⓔ 조선 세조는 왕권을 강화하기 위해 6조 직계제를 부활시켜 의정부를 거치지 않고 국왕이 바로 재가를 내리게 하였다.

오답의 이유

ⓐ 조선 태종은 국왕권을 강화하고 군신 간의 엄격한 위계질서를 확립하고자 권근 등의 건의를 받아들여 사병을 혁파하였다.

ⓑ 조선 성종은 세조 때 편찬되기 시작한 조선의 기본 법전인 『경국대전』을 완성하고 반포하였다.

14 난도 ★★☆   정답 ③

일제 강점기 > 정치사

정답의 이유

(다) 독립운동 단체 대표들이 침체된 임시정부의 활로를 모색하기 위해 중국 상하이에 모여 국민대표회의를 개최하였다(1923).

(가) 김구는 대한민국 임시정부의 곤경을 타개하고자 상하이에서 한인애국단을 결성하여 적극적인 투쟁 활동을 전개하였다(1931).

(나) 한국광복군은 충칭에서 대한민국 임시정부의 직할 부대로 창설되었다(1940).

(라) 대한민국 임시정부가 주석·부주석제로 개헌하여 주석에 김구, 부주석에 김규식을 임명하였다(1944).

더 알아보기

대한민국 임시정부(1919)

수립	• 최초의 민주 공화정 • 대통령 이승만, 국무총리 이동휘 • 3·1 운동 이후 독립을 체계적으로 준비
초기 활동	• 군자금 모집: 연통제와 교통국(비밀 행정 조직), 독립 공채, 이륭양행, 백산 상회 • 외교 활동: 파리 강화 회의에 대표(김규식) 파견, 구미 위원부 설치 • 문화 활동: 독립신문, 임시 사료 편찬 위원회 설치 → 『한일 관계 사료집』 간행
분열 및 변화	• 국민대표회의 개최(1923): 창조파와 개조파 대립 • 개헌(2차, 1925): 이승만 탄핵, 제2대 대통령 박은식 선출, 의원 내각제 채택
1930년대 이후 활동	• 한인애국단 조직(1931) • 충칭으로 근거지 이동(1940) • 한국광복군 창설(1940) • 건국 강령 발표(1941): 조소앙의 삼균주의 • 주석·부주석제로 개헌(1944): 김구를 주석, 김규식을 부주석으로 임명

15 난도 ★★☆   정답 ③

일제 강점기 > 정치사

자료해설

1911년 일제는 제1차 조선교육령을 발표하여 보통·실업·전문 기술 교육과 일본어 학습을 강요하고 보통 교육의 수업 연한을 4년으로 단축하였다. 이후 1922년 일제는 문화 통치를 표방하며 조선인에게 일본인과 동등한 교육을 실시한다는 명목으로 제2차 조선교육령을 실시하였다. 제2차 조선교육령은 제1차 조선교육령을 수정하여 조선어를 필수 과목으로 지정하고 보통 학교의 수업 연한을 6년으로 연장하였다.

정답의 이유

③ 일본 도쿄 유학생들이 중심이 되어 결성된 조선 청년 독립단은 도쿄에서 2·8 독립선언서를 발표하였다(1919).

오답의 이유

① 일제는 민립대학 설립 운동 전개를 저지하고자 경성제국대학을 설립하였다(1924).

② 육영공원은 최초의 관립 학교로 헐버트와 길모어를 초빙하여 상류층 자제들에게 영어, 수학, 지리, 정치 등 근대 학문을 교육하였다(1886).

④ 대한제국 때 일본은 한일의정서를 체결하고 군사 전략상 필요한 지역을 차지하기 위해 황무지 개간권을 요구하였다. 이에 보안회는 전국에 통문을 돌리며 황무지 개간권 요구 반대 운동을 전개하여 저지에 성공하였다(1904).

16 난도 ★★☆   정답 ④

중세 > 정치사

자료해설

'강조의 군사', '목종을 폐위', '김치양 부자와 유행간 등 7인을 죽였다' 등으로 보아 고려 중기 목종 때의 강조의 정변(1009)에 대한 내용임을 알 수 있다. 고려 목종 때 강조는 천추태후와 그의 정부 김치양으로 인한 국가의 혼란을 바로잡기 위해 정변을 일으켜 목종을 폐위시키고 현종을 즉위시켰다. 이를 통해 (가)는 현종(1009~1031)임을 알 수 있다.

정답의 이유

④ 고려 현종 때 거란이 강조의 정변을 구실로 2차 침입을 단행하였고, 개경이 함락되자 현종은 나주까지 피란을 갔다. 거란의 2, 3차 침입 이후 현종은 거란의 침입을 불력으로 물리치고자 초조대장경을 제작하기 시작하였다.

오답의 이유

① 고려 숙종 때 부족을 통일한 여진이 고려의 국경을 자주 침입하자 윤관이 왕에게 건의하여 별무반을 조직하였다.

② 고려 공민왕은 홍건적이 침입하자 방어하기 좋은 분지 지형인 복주(안동)로 피난하였다.

③ 고려 성종 때 거란이 침략하여 고려가 차지하고 있는 옛 고구려 땅을 내놓고 송과 교류를 끊을 것을 요구하였으나 서희가 소손녕과의 외교 담판을 통해 이를 해결하고 강동 6주를 획득하였다.

17 난도 ★★☆   정답 ①

일제 강점기 > 정치사

자료해설

(가) 6·10 만세 운동에 대한 내용이다. 학생들이 중심이 되어 순종의 인산일에 맞추어 서울 종로 일대에서 6·10 만세 운동을 전개하였다(1926).

(나) 광주 학생 항일 운동에 대한 내용이다. 광주 학생 항일 운동은 한일 학생 간의 우발적 충돌 사건을 계기로 발생하였으나, 한국인 학생에 대한 차별과 식민지 교육에 저항하는 항일 운동으로 발전하였다(1929).

정답의 이유

① 조선 공산당을 중심으로 한 사회주의 세력과 천도교를 중심으로 한 민족주의 세력이 연대하여 6·10 만세 운동을 준비하는 과정에서 민족유일당을 결성할 수 있다는 공감대가 형성되면서 좌우 합작 조직인 신간회가 결성되었다(1927).

오답의 이유

② 이병도, 손진태 등은 진단학회를 조직하고 『진단학보』를 발간하여 문헌 고증을 중시하는 실증주의 사학을 발전시켰다(1934).

③ 갑오개혁 이후 공사 노비법이 혁파되어 법적으로는 신분제가 폐지되었으나 일제 강점기 때 백정에 대한 사회적 차별은 더욱 심해졌다. 백정들은 이러한 차별을 철폐하기 위해 진주에서 조선 형평사 창립 대회를 개최하고 형평운동을 전개하였다(1923).

④ 일본의 차관 강요로 대한 제국의 빚이 1,300만 원에 달하자 서상돈, 김광제 등이 대구에서 국채보상운동을 전개하였다(1907).

일제 강점기 > 정치사

정답의 이유

② 조선의용대는 1938년 김원봉의 주도로 중국 국민당의 지원을 받아 중국 관내에서 결성된 최초의 한인 무장 부대이다.

오답의 이유

① 조선건국동맹은 1944년 여운형이 일제의 패망에 대비하여 광복 이후 민주주의 국가 건설을 목표로 결성한 조직이다.

③ 1914년 이동휘, 이상설 등은 연해주 지역에서 대한광복군 정부를 조직하고 무장 투쟁을 준비하였다.

④ 대한독립군단은 1920년 독립군들을 통합하여 서일을 총재로 조직되었으며, 러시아의 지원을 기대하고 자유시로 근거지를 옮겼으나 자유시 참변(1921.6.)으로 큰 타격을 입었다.

중세 > 문화사

자료해설

제시된 자료는 고려 때 송나라 사신 서긍이 청자의 색이 비색이며 매우 뛰어난 솜씨로 만들어졌다고 품평한 내용이다. 서긍은 고려를 방문한 뒤 저술한 『고려도경』에서 그림과 해설로 청자를 칭찬하면서 이를 비색이라 표현하였다. 따라서 밑줄 친 '이 나라'는 고려이다.

정답의 이유

② 구례 화엄사 각황전은 전남 구례군 화엄사에 있으며 국보 제67호로 지정되어 있다. 조선 숙종 때 창건되었고 정면 7칸, 측면 5칸의 다포계 중층 팔작지붕 건물로 내부 공간이 통층으로 구성되어 있다.

오답의 이유

① 안동 봉정사 극락전은 고려 시대의 건축물로 국보 제15호로 지정되어 있다. 통일 신라 시대 건축 양식을 띠고 있으며, 우리나라의 목조 건물 중 가장 오래되었다.

③ 예산 수덕사 대웅전은 고려 충렬왕 때 충남 덕숭산에 지은 불교 건축물로, 맞배지붕과 건물 옆면의 장식 요소가 특징적이다.

④ 영주 부석사 무량수전은 현재 남아 있는 고려 시대 목조 건물 중 하나로, 기둥 중간이 굵은 배흘림기둥이 사용되었으며, 공포를 기둥 위에만 짜 올린 주심포 양식으로 축조되었다.

일제 강점기 > 정치사

정답의 이유

④ 조선어연구회는 주시경을 중심으로 조선어의 정확한 법리를 연구하고자 결성(1921)되어, 가갸날을 제정하고 기관지인 『한글』을 간행하였다. 이후, 조선어학회로 개편(1931)되어 한글 맞춤법 통일안과 표준어를 제정하고 『조선말 큰사전』 편찬을 시작하였으나 일제에 의해 강제 해산되었다(조선어 학회 사건, 1942).

오답의 이유

① 국문연구소는 1907년 학부대신 이재곤의 건의로 학부 안에 설치되었으며, 지석영과 주시경을 중심으로 한글의 정리와 이해 체계 확립에 힘썼다.

② 조선광문회는 1910년 최남선, 박은식 등이 조직하여 실학자의 저서를 비롯한 고전을 다시 간행하여 보급하였다.

③ 대한자강회는 1906년 조직된 애국 계몽 단체로 교육과 산업 활동을 바탕으로 한 국권 회복을 목표로 활동하였으며, 고종의 강제 퇴위 반대 운동을 전개하다가 1907년 일제의 탄압으로 해산되었다.

한국사 | 2024년 지방직 9급

한눈에 훑어보기

✔ **영역 분석**

선사 시대와 국가의 형성   01   02
2문항, 10%

고대   03   04
2문항, 10%

중세   05   06   11
3문항, 15%

근대 태동기   12   15   17
3문항, 15%

근대   07   10   19
3문항, 15%

일제 강점기   08   09   16
3문항, 15%

현대   20
1문항, 5%

시대 통합   13   14   18
3문항, 15%

✔ **빠른 정답**

01	02	03	04	05	06	07	08	09	10
②	①	①	④	④	③	③	①	①	②

11	12	13	14	15	16	17	18	19	20
③	②	②	②	①	④	③	④	②	③

✔ **점수 체크**

구분	1회독	2회독	3회독
맞힌 문항 수	/ 20	/ 20	/ 20
나의 점수	점	점	점

01 난도 ★☆☆   정답 ②

선사 시대와 국가의 형성 > 선사 시대

〔정답의 이유〕

② 청동기 시대에는 정치적인 권력과 경제력을 가진 군장이 등장하였는데, 이들의 무덤인 고인돌의 규모를 통해 당시 지배층의 권력을 짐작할 수 있다.

〔오답의 이유〕

① 신석기 시대에는 가락바퀴를 이용하여 실을 뽑고 뼈바늘을 사용하여 옷이나 그물을 제작하였다.

③ 신석기 시대에는 동물 뼈나 조개껍데기 등으로 자신을 치장하였는데, 조가비로 사람 얼굴 모양의 탈을 만든 조개껍데기 가면 등의 예술품이 있었다.

④ 신석기 시대에는 밭농사 중심의 농경이 시작되어 조, 피, 수수 등을 재배하였다.

02 난도 ★☆☆   정답 ①

선사 시대와 국가의 형성 > 국가의 형성

〔자료해설〕

제시된 자료는 고조선의 관습법인 8조법이다. 8조법은 현재 3개 조항만 전해지는데, 이를 통해 노동력(생명) 존중과 형벌 제도의 존재, 농경 사회, 사유 재산 인정, 화폐 사용 등 고조선의 사회상을 유추할 수 있다.

〔정답의 이유〕

① 고구려는 매년 10월 추수감사제인 동맹이라는 제천행사를 열었다.

〔오답의 이유〕

② 고조선은 왕 아래 상, 대부, 장군 등의 관직을 두었다.

③ 위만은 중국 진·한 교체기에 1,000여 명의 유이민을 이끌고 고조선에 이주하여 고조선 준왕의 신임을 받았으나, 이후 세력을 확대하여 준왕을 몰아내고 왕위를 차지하였다(기원전 194).

④ 고조선(위만 조선)은 중국의 한과 한반도 남부의 진국 사이에서 중계 무역을 하며 경제적으로 크게 성장하였다. 고조선이 강성해지자 위협을 느낀 한이 고조선을 침공하면서 고조선은 멸망하였다(기원전 108).

03 난도 ★☆☆　　　　　　　　　　정답 ①

고대 > 정치사

자료해설

제시문은 백제의 정사암 회의에 대한 내용으로, (가) 국가는 백제이다. 정사암은 백제 호암사에 있던 바위로, 백제의 귀족들은 이곳에 모여서 재상 선출 등 국가의 주요 사항을 의논하고 결정하였다.

정답의 이유

① 백제 고이왕은 6좌평제와 16관등제를 마련하여 중앙 집권 국가의 기틀을 마련하였다.

오답의 이유

② 고구려 소수림왕은 인재를 양성하기 위해 교육 기관인 태학을 설립하였다.

③ 발해 무왕은 인안이라는 독자적인 연호를 사용하였다.

④ 신라는 골품제라는 특수한 신분제도를 운영하여 골품에 따라 관등 승진에 제한을 두었다.

04 난도 ★☆☆　　　　　　　　　　정답 ④

고대 > 문화사

자료해설

제시문은 신라의 승려 혜초가 저술한 『왕오천축국전』에 대한 설명으로, (가)에 해당하는 인물은 혜초이다.

정답의 이유

④ 혜초는 인도를 비롯해 현재의 카슈미르 지역, 파키스탄, 아프가니스탄 등 중앙아시아 지역을 답사하고 그 행적을 기록한 기행문인 『왕오천축국전』을 편찬하였다.

오답의 이유

① 신라의 승려 원광은 진평왕의 명에 따라 수나라에 군사적 지원을 요청하는 걸사표를 작성하고, 세속 오계를 저술하여 화랑 정신으로 정립하였다.

② 신라의 승려 원효는 일심(一心)과 화쟁(和諍) 사상을 중심으로 불교의 대중화에 힘썼으며, 『금강삼매경론』, 『대승기신론소』, 『십문화쟁론』 등을 저술하여 불교의 사상적 이해 기준을 확립하였다.

③ 의상은 당에서 승려 지엄으로부터 화엄에 대한 가르침을 받고 돌아온 후 『화엄일승법계도』를 저술하여 모든 존재는 상호 의존적인 관계에 있으면서 서로 조화를 이루고 있다는 화엄 사상을 정립하였다.

05 난도 ★★☆　　　　　　　　　　정답 ④

중세 > 정치사

자료해설

제시된 자료의 (가)에 해당하는 기구는 고려 우왕 때 남쪽에서 왜구의 노략질이 계속되자 최무선이 건의하여 설치된 화통도감이다.

정답의 이유

④ 최무선은 화통도감을 통해 화약과 화포 등 각종 화기를 제작하였으며, 이후 진포 대첩에서 이를 활용하여 왜구를 격퇴하였다.

오답의 이유

① 교정도감은 고려 무신 정권 시기 최충헌이 설치한 국정 총괄 기구이다. 최충헌은 스스로 교정도감의 최고 관직인 교정별감이 되어 인사, 재정 등을 장악하였다.

② 몽골의 침략으로 초조대장경이 소실되자, 이를 대신하여 고려 고종 때 강화도에 대장도감이 설치되어 16년에 걸쳐 재조(팔만)대장경을 조성하였다.

③ 식목도감은 고려 시대 중서문하성과 추밀원의 합좌 기구로, 국가 중대사를 귀족 합의제로 운영하며 법률·제도, 격식 등을 제정하였다.

06 난도 ★★☆　　　　　　　　　　정답 ③

중세 > 문화사

자료해설

제시된 자료에서 '청주 흥덕사에서 인쇄', '유네스코 세계 기록 유산으로 등재' 등의 내용을 통해 (가) 문화유산은 고려 우왕 때 충북 청주시의 흥덕사에서 금속 활자로 인쇄된 간행물인 『직지심체요절』(1377)임을 알 수 있다.

정답의 이유

③ 『직지심체요절』은 현존하는 세계 최고(最古)의 금속활자본으로 인정받아 유네스코 세계 기록 유산으로 등재되었으며, 현재 프랑스 국립 도서관에 소장되어 있다.

오답의 이유

① 『상정고금예문』은 12세기 고려 인종 때 최윤의 등이 왕명으로 고금의 예를 수집·고증하여 지은 의례서로, 이규보의 『동국이상국집』에 강화도에서 금속 활자로 인쇄하였다는 관련 기록이 있으나 오늘날 전해지지 않고 있다.

② 팔만대장경(재조대장경)은 고려 고종 때 부처의 힘으로 몽골군을 물리치고자 하는 염원을 담아 강화에서 16년에 걸쳐 조성되었다.

④ 『향약집성방』은 조선 세종 때 우리 풍토에 알맞은 약재와 치료 방법을 개발하여 정리한 의학서이다.

07 난도 ★★☆　　　　　　　　　　정답 ③

근대 > 정치사

정답의 이유

③ 미국 함대가 제너럴셔먼호 사건을 구실로 강화도를 공격하여 일어난 사건은 신미양요이다(1871). 미군이 강화도 덕진진을 점거하고 광성보를 공격하자 조선군은 어재연을 중심으로 맞서 항전하였으나 수많은 사상자를 내며 패배하고 어재연은 전사하였다.

오답의 이유

①·②·④ 흥선대원군 집권 시기에 천주교를 핍박하여 천주교 신자와 프랑스 선교사를 처형한 병인박해(1866.1.)가 발생하자, 프랑스 함대가 이를 구실로 강화도 양화진에 침입하였다(병인양요, 1866.9.). 프랑스군을 상대로 정족산성에서 양헌수 부대가, 문수산성에서 한성근 부대가 결사 항전하였으며, 전투에서 사상자가 발생하자 프랑스군은 결국 강화도에서 철수하였다.

퇴각 과정에서 프랑스군은 외규장각을 불태우고 의궤 등을 약탈하였다.

08 난도 ★★☆ 　　　　　　　　　　 정답 ①

일제 강점기 > 정치사

자료해설

제시된 자료의 '이 의거'는 한인 애국단 소속의 윤봉길이 상하이 훙커우 공원에서 열린 일본군의 축하 기념식에서 폭탄을 투척하여 일본군 요인을 폭살한 훙커우 공원 의거를 가리킨다. 한인 애국단은 김구가 당시 대한민국 임시 정부의 침체를 극복하고 적극적인 의열 투쟁 활동을 전개하고자 상하이에서 조직한 단체이다.

정답의 이유

① 이봉창은 한인 애국단의 단원으로, 도쿄에서 일본 국왕 행렬에 폭탄을 투척하는 의거를 거행하였다.

오답의 이유

② 임병찬은 고종의 밀명을 받아 독립 의군부를 조직하여, 복벽주의를 내세우며 의병 전쟁을 준비하는 한편 조선 총독부에 국권 반환 요구서를 발송하기도 하였다.

③ 김원봉이 조직한 의열단은 신채호가 작성한 「조선 혁명 선언」을 활동 지침으로 삼고 독립운동 방법으로 암살·파괴·테러 등 직접적인 투쟁 방식을 전개하였다.

④ 조선 총독부가 데라우치 총독 암살 미수를 조작한 105인 사건을 통해 많은 민족 운동가들이 체포당하였으며 이로 인해 신민회가 와해되었다.

09 난도 ★★☆ 　　　　　　　　　　 정답 ①

일제 강점기 > 정치사

자료해설

제시문의 내용은 1919년 3월 1일 민족대표 33인이 한국의 독립을 선언한 3·1 독립 선언서(기미 독립 선언서) 뒷부분에 추가된 공약 3장으로, 만해 한용운이 작성했다고 전해진다.

정답의 이유

① 3·1운동은 고종의 인산일을 계기로 각계각층의 사람들이 참여한 대규모 독립 만세 운동으로, 국내외 민족 주체성을 확인하고 대한민국 임시정부를 수립하는 계기가 되었다(1919).

오답의 이유

② 사회주의자와 학생들이 순종의 인산일인 6월 10일을 기하여 만세 운동을 계획하였으나, 사회주의자들이 사전에 발각되자 학생들을 중심으로 서울 시내에서 6·10 만세 운동이 전개되었다(1926).

③ 1920년대 조만식, 이상재 등은 평양에서 민족 기업을 통해 경제 자립을 이루자는 취지로 조선 물산 장려회를 발족하고, '조선 사람 조선 것'을 주장하며 물산 장려 운동을 전개하였다.

④ 1920년대 이상재, 이승훈, 윤치호 등이 주도하여 한국인을 위한 고등 교육 기관인 민립 대학 설립 운동이 시작되었으며, 이를 위해 조선 민립 대학 기성회가 조직되었다(1923).

10 난도 ★★☆ 　　　　　　　　　　 정답 ②

근대 > 정치사

자료해설

제시문은 전북 고부에서 전봉준 등 20명이 봉기를 호소한 사발통문의 결의 내용이다. 고부 군수 조병갑의 학정으로 동학교도 전봉준이 일으킨 고부 민란은 동학 농민 운동의 시발점이 되었다(1894.1.).

정답의 이유

② 동학 농민 운동이 발생하자 조정에서 이를 진압하기 위해 청에 원군을 요청하였고, 톈진 조약에 의거하여 일본도 군대를 파견하였다. 외세의 개입을 우려한 농민군은 정부와 전주 화약을 맺고 전라도 53개 군에 자치 개혁 기구인 집강소를 설치하여 폐정 개혁안을 실현하였다(1894.6.).

오답의 이유

① 박영효, 김옥균 등 급진 개화파는 근대화 추진 및 민씨 세력 제거를 위해 일본의 군사적 지원을 받아 우정총국 개국 축하연 자리에서 갑신정변을 일으켰다. 이들은 개화당 정부를 수립하고 입헌 군주제, 청과의 사대 관계 폐지, 혜상공국 폐지 등의 내용이 포함된 14개조 개혁 정강을 발표하였다(1884).

③ 신식 군대인 별기군에 비해 차별을 받던 구식 군인들이 임오군란을 일으켜 선혜청과 일본 공사관을 습격하였다(1882).

④ 한·일 신협약 체결로 대한제국 군대가 강제 해산되자 이에 반발한 군인들이 가담한 정미의병이 전국적으로 전개되었다(1907). 이듬해 양주에 집결한 의병들이 이인영을 총대장으로 추대하고 13도 창의군을 조직하여 서울 진공 작전을 추진하였으나 실패하였다.

11 난도 ★★☆ 　　　　　　　　　　 정답 ③

중세 > 정치사

자료해설

제시문의 내용은 최승로가 고려 성종에게 건의한 '시무 28조'의 일부로, 성종은 불교의 폐단을 지적하고 유교 정치를 강조한 최승로의 시무 28조 내용을 수용하여 연등회와 팔관회 등 불교 행사를 억제하고 유교 정치를 구현하였다.

정답의 이유

③ 고려 성종은 최승로가 건의한 '시무 28조'를 채택하여 지방 행정 조직을 정비하였으며 주요 지역에 12목을 설치하고 지방관을 파견하였다.

오답의 이유

① 고려 현종은 강감찬의 건의에 따라 거란의 침입에 대비하고자 개경에 나성을 축조하였다.

② 고려 경종 때 처음 실시된 전시과(시정 전시과)는 관리의 관등과 인품을 고려하여 전지와 시지를 지급하였다.

④ 고려 광종은 노비안검법을 실시하여 억울하게 노비가 된 사람들을 구제하고, 호족 세력의 경제적·군사적 기반을 약화시키고자 하였다.

더 알아보기

고려 초기 국왕의 업적

태조	• 민생 안정책, 호족 통합 정책(결혼, 기인 제도, 사심관 제도) • 북진 정책: 서경(평양) 중시
광종	노비안검법, 과거 제도 시행, 공복 제정, 칭제건원
경종	전시과 제정: 시정 전시과
성종	• 최승로의 시무 28조 수용: 12목 설치(→ 지방관 파견), 향리 제도 마련 • 중앙 통치 제도 정비: 국자감 설치(유학 교육 진흥), 과거 제도 정비

---

12 난도 ★★☆

정답 ②

근대 태동기 > 정치사

자료해설

제시문은 조선 광해군이 명과 후금 사이에서 펼친 중립 외교 정책에 대한 내용이다. 광해군은 명이 후금을 방어하기 위해 출병을 요청하자 강홍립 부대를 파견하였으나, 후금과의 충돌을 피하기 위해 명과 후금 사이에서 중립 외교 정책을 추진하였다. 이에 따라 강홍립의 부대는 후금과의 사르후 전투에서 무모한 싸움을 계속하지 않고 투항하였다.

정답의 이유

② 허준은 선조의 명으로 『동의보감』을 집필하기 시작하여 광해군 때 완성하였다. 『동의보감』은 우리나라와 중국 의서의 각종 의학 지식과 치료법을 집대성한 의서로 유네스코 세계 기록 유산으로 등재되었다.

오답의 이유

① 대동법은 방납의 폐단을 해결하기 위해 기존 지역의 특산물을 현물로 납부하던 공납을 전세화하여 쌀이나 베, 동전 등으로 납부하게 한 제도이다. 광해군 때(1608) 경기도에서 처음 시행되었으며 숙종 때에 이르러 평안도와 함경도를 제외한 전국에서 실시되었다(1708).

③ 현종 때 효종과 효종비의 국상에 대한 자의 대비(인조의 계비로 현종의 할머니)의 복상 문제로 두 차례의 예송이 발생하였다.

④ 숙종 때 간도 지역을 두고 청과 국경 분쟁이 발생하자 두 나라 대표가 백두산 일대를 답사하고 국경을 확정하여 백두산정계비를 세웠다(1712).

---

13 난도 ★★★

정답 ②

시대 통합 > 문화사

정답의 이유

(가) 고려 시대 목조 건축물인 영주 부석사 무량수전은 부석사의 중심 건물로, 기둥 중간이 굵은 배흘림기둥과 공포를 기둥 위에만 짜올린 주심포양식으로 축조되었다.

(나) 보은 법주사 팔상전은 현존하는 유일한 조선 시대 목탑이자 우리나라 목조 탑 중 가장 높은 건축물로, 석가모니의 일생을 여

덟 폭의 그림으로 나누어 그린 팔상도가 있어 팔상전이라고 불린다.

오답의 이유

①·③·④ 김제 금산사 미륵전은 조선 시대 목조 건물로, 팔작지붕으로 다포 양식을 따르며 내부는 3층 전체가 하나로 트인 통층 구조이다. 또한 합천 해인사 장경판전은 고려 팔만대장경을 보존하기 위해 15세기에 건축된 조선 전기 건축물로, 우리나라에서 현존하는 가장 오래된 도서관이다.

---

14 난도 ★★★

정답 ②

시대 통합 > 경제사

정답의 이유

(다) 고려 공양왕 때 신진 사대부 세력의 주도로 시행되어 조선 초까지 이어진 과전법 체제하에서 조세는 토지 1결당 수확량 300두의 10분의 1 수취를 원칙으로 삼았다(1391).

(라) 조선 세종은 조세 제도를 좀 더 체계적으로 운영하기 위해 공법을 제정하고 풍흉과 토지 비옥도에 따라 전세를 차등 징수하는 연분 9등법과 전분 6등법을 시행하였다(1444).

(나) 조선 인조는 농민들의 부담을 줄이기 위해 풍흉에 관계없이 전세를 토지 1결당 미곡 4~6두로 고정시키는 영정법을 실시하였다(1635).

(가) 조선 후기 군역으로 농민 부담이 가중되자 영조는 군포를 2필에서 1필로 감해주는 균역법을 제정하였다(1750). 이로 인해 부족해진 재정은 지주에게 토지 1결당 미곡 2두씩을 부담시킨 결작과 지방의 일부 상류층에게 선무군관의 칭호를 주고 군포 1필을 납부하게 한 선무군관포 등으로 보완하였다.

---

15 난도 ★★☆

정답 ①

근대 태동기 > 문화사

자료해설

제시된 자료는 중상주의 실학자인 박제가가 저술한 『북학의』에 게재된 '우물론'에 대한 내용이다. 박제가는 소비와 생산의 관계를 우물물에 비유하여 절약보다는 적절한 소비를 통해 생산을 발전시켜야 한다고 주장하였다.

정답의 이유

① 박제가는 『북학의』를 통해 청의 문물을 적극적으로 수용할 것을 주장하고 수레와 배의 이용을 권장하였다.

오답의 이유

② 정제두는 지행합일을 중요시하는 양명학을 체계적으로 연구하였으며, 강화도에서 후진 양성에 힘을 기울여 강화학파를 형성하였다.

③ 이익은 『성호사설』을 통해 한 가정의 생활을 유지하는 데 필요한 규모의 토지를 영업전으로 정하여 매매를 금지하고, 나머지 토지만 매매할 수 있도록 하자는 한전론을 주장하였다.

④ 홍대용은 『담헌서』에서 지구가 자전한다는 지전설과 지구가 우주의 중심이 아닌 무수한 별 중 하나라는 무한 우주론을 주장하며 중국이 세계의 중심이라는 중국 중심 세계관을 비판하였다.

일제 강점기 > 사회사

자료해설

제시문의 내용은 근우회의 발기 취지문이다. 신간회의 자매 단체로 국내 여성 단체들을 규합하여 조직된 근우회는 창립 이념을 여성들의 공고한 단결과 지위 향상에 두고 남녀 평등과 여성 교육 확대 등을 주장하였다(1927).

정답의 이유

④ 근우회는 강연회 개최 등 여성 계몽 활동과 봉건적 인습 타파·여성 노동자 임금 차별 철폐 등 여성 차별 반대 운동을 전개하며 여성의 권익을 옹호하였다.

오답의 이유

① 1990년대 후반부터 여성단체들이 양성평등 실현을 위해 호주제 폐지 운동을 적극적으로 전개하여 노무현 정부 때 호주제 폐지를 결정하였다(2005).

② 서울 북촌에 거주하는 양반 부인들은 한국 최초의 여성 인권 선언서인 「여권통문(여학교 설치통문)」을 발표하여 여성이 정치에 참여할 권리, 남성과 평등하게 직업을 가질 권리, 교육을 받을 권리 등을 주장하였다(1898).

③ 천도교는 소년 운동을 적극적으로 지원하였으며, 방정환·김기전 등이 활동한 천도교 소년회에서는 1922년 5월 1일을 어린이날로 정하고 잡지 『어린이』를 창간하였다.

더 알아보기

일제 강점기 사회적 민족 운동

민족 유일당 운동	• 민족주의 계열과 사회주의 계열이 합작하여 항일 민족 운동 추진 • 신간회: 비타협적 민족주의 계열과 사회주의 계열의 연합, 노동·농민·청년·여성·형평 운동 지원
농민 운동	• 1920년대: 농민의 생존권 투쟁 • 1930년대: 항일 민족 운동으로 변화, 식민지 지주제 철폐 주장
노동 운동	• 1920년대: 노동자들의 생존권 투쟁, 원산 노동자 총파업 • 1930년대: 항일 민족 운동으로 변화, 일본 자본가 타도 주장
형평 운동	• 백정에 대한 사회적 차별 철폐 주장 • 여러 사회 단체들과 연합하여 각종 파업과 소작 쟁의에 참가 • 조선 형평사: 경남 진주에서 조직
여성 운동	• 여성 지위 향상, 여성 계몽 운동 • 근우회: 신간회의 자매단체, 행동 강령 채택, 기관지 발행
소년 운동	• 천도교 소년회, 조선 소년 연합회 • 어린이날 제정
청년 운동	조선 청년 연합회, 서울 청년회, 조선 청년 총동맹 등

근대 > 정치사

자료해설

제시문은 대한 제국의 헌법인 대한국 국제의 내용이다. 고종은 아관 파천 이후 러시아 공사관에서 경운궁으로 환궁하여 자주독립 국가인 대한 제국을 선포하고 환구단에서 황제 즉위식을 거행하였다(1897). 이후 대한국 국제를 제정하여 황제의 통치권을 강조하고 군대 통수권, 입법·사법·행정권을 모두 황제가 장악하도록 규정하였다(1899).

정답의 이유

③ 주어진 연표는 갑신정변 발생(1884) → (가) → 갑오개혁 실시(제1차 1894, 제2차 1895) → (나) → 독립협회 해산(1898) → (다) → 러·일전쟁 발발(1904) → (라) → 을사늑약(1905) 체결 순으로, 제시문의 대한국 국제 반포 시기는 (다)에 해당한다.

시대 통합 > 정치사

자료해설

제시된 자료의 순서는 (다) 원종·애노의 난(889) → (가) 김사미·효심의 난(1193) → (라) 홍경래의 난(1181) → (나) 임술 농민 봉기(1862)이다.

정답의 이유

(다) 신라 하대에는 귀족의 녹읍이 확대되며 자영농이 몰락하는 등 백성들의 생활이 더욱 어려워졌다. 9세기 말 진성여왕 때는 사회 모순이 극심해져 원종·애노의 난(889), 적고적의 봉기 등 전국 각지에서 농민 봉기가 발생하였다.

(가) 고려 무신정권의 이의민 집권기에 경상도 운문과 초전에서 김사미·효심이 신라 부흥을 표방하며 난을 일으켰다(1193).

(라) 조선 순조 때 세도 정치로 인한 삼정의 문란과 서북 지역민에 대한 차별에 항거하여 홍경래의 난이 일어났다(1811).

(나) 조선 철종 때 삼정의 문란과 경상 우병사 백낙신의 수탈이 심화되자 진주 지역의 농민들이 임술 농민 봉기를 일으켜 진주성을 점령하였다(1862). 임술 농민 봉기를 수습하기 위해 안핵사로 파견된 박규수는 민란의 원인이 삼정의 문란에 있다고 보고 삼정이정청을 설치하여 이를 해결하고자 하였다.

근대 > 정치사

자료해설

(가) 제시문은 청이 조선 정부의 요청으로 임오군란을 진압한 이후 조선에 대한 경제적 영향력을 더욱 확보하기 위해 체결한 조·청 상민 수륙 무역 장정(1882)의 일부이다. 청은 조선과 체결한 조·청 상민 수륙 무역 장정을 통해 치외 법권과 함께 양화진 점포 개설권, 내지 통상권, 연안 무역권까지 인정받았다.

(나) 제시문은 청·일 전쟁 후 전쟁에서 승리한 일본이 청과 체결한 시모노세키 조약(1895)의 일부이다. '청국은 조선국이 완전무결한 자주 독립국임을 확인한다'는 제1조 조항을 통해 조선에

대한 청의 간섭을 배제하였으며, 그밖에 군비 배상금 2억 냥 지급, 요동(랴오둥)반도·타이완 등 할양, 청의 항구 개항 등의 내용이 포함되어 있다.

정답의 이유
② 한·청 통상조약은 광무 3년 대한제국과 청 사이에 체결된 통상 협정으로, 대한제국과 청이 사상 처음으로 대등한 관계에서 체결한 근대적 조약이다(1899년). 한·청 통상조약은 (나) 시모노세키 조약 이후에 체결되었다.

오답의 이유
① 임오군란과 갑신정변 이후 청의 조선에 대한 내정 간섭이 심해지자, 정부는 청을 견제하기 위해 러시아에 접근하였다. 이에 영국은 러시아의 세력 확장을 저지하기 위해 남해의 요충지인 거문도를 불법으로 점령하였다(1885).
③ 김옥균, 홍영식, 서광범 등 급진 개화파는 우정총국 개국 축하연 자리에서 갑신정변을 일으켜 정권을 장악하고 개화당 정부를 구성하였다(1884).
④ 동학 농민 운동으로 농민군이 전라도 일대를 장악하자 조선 정부는 청에 원군을 요청하였고, 텐진 조약에 의해 일본도 군대를 파견하였다. 이에 외세 개입을 우려한 동학 농민군이 조선 정부와 전주 화약을 맺고 해산하고 조선 정부는 청·일 양국에 철병할 것을 요청하였으나, 일본이 내정 개혁을 요구하며 불법적으로 경복궁을 장악하고 청군을 습격하면서 청·일 전쟁이 발발하였다(1894).

20 난도 ★★★   정답 ③

현대 > 정치사

자료해설
제시문은 1949년에 제정되어 1950년 시행된 농지 개혁법의 일부 내용이다. 농지 개혁법은 유상 매수·유상 분배 원칙, 3정보 크기 제한 등의 내용을 담고 있다.

정답의 이유
③ 1950년 시행된 농지 개혁에서는 지주가 소유한 농지는 국가가 유상 매입하여 지주에게 지가 증권을 발행해 주고, 직접 경작하는 영세 농민에게는 3정보 한도로 농지를 유상 분배하여 5년 동안 매년 생산량의 30%를 현물 상환하도록 하였다.

오답의 이유
① 농지 개혁법은 한국민주당과 지주층의 반발로 입법·개정·시행까지 오랜 기간이 소요되었으며 시행 과정 또한 순탄하지 않았으나 법 제정 이후 중단 없이 추진되었다.
② 농지 개혁법은 농지 외의 토지를 개혁 대상에 포함하지 않았으며, 주택 개량·도로 및 전기 확충 등도 추진하지 않았다.
④ 농지 개혁법 시행은 기존 지주계급이 점차 소멸하고 자작농이 증가하는 결과를 가져왔다.

한눈에 훑어보기

✔ 빠른 정답

01	02	03	04	05	06	07	08	09	10
③	③	①	④	③	②	②	①	③	①

11	12	13	14	15	16	17	18	19	20
②	④	③	②	④	①	④	②	③	④

✔ 점수 체크

구분	1회독	2회독	3회독
맞힌 문항 수	/ 20	/ 20	/ 20
나의 점수	점	점	점

01 난도 ★☆☆   정답 ③

선사 시대와 국가의 형성 > 선사 시대

[정답의 이유]

㉠ 청동기 시대에 들어와 농기구가 더욱 정교해지면서 농업 생산력이 높아졌으나 농기구는 여전히 돌이나 나무로 만들어 사용하였다. 청동은 무기나 제사용 도구, 장신구 등에만 제한적으로 사용하였다.

㉢ 청동기 시대에는 거푸집으로 비파형 동검을 제작하였고, 미송리식 토기, 민무늬 토기, 붉은 간 토기, 팽이형 토기 등을 사용하였다.

㉣ 청동기 시대에는 구릉에 마을을 형성하고 주변에 도랑을 파는 환호와 목책을 둘러 방어 시설을 갖추었다.

[오답의 이유]

㉡ 철기 시대에는 중국과의 교류가 활발하여 중국 화폐인 명도전과 반량전이 사용되었다.

02 난도 ★☆☆   정답 ③

일제 강점기 > 정치사

[자료해설]

제시된 자료에서 '무력 항쟁을 기본으로 하여 독립군을 양성', '대한제국의 회복을 추구하는 대표적 단체', '임병찬' 등의 내용으로 보아 밑줄 친 (가)에 들어갈 단체는 독립의군부이다.

[정답의 이유]

③ 독립의군부는 임병찬이 고종의 밀지를 받고 국내 잔여 의병 세력과 유생을 규합하여 조직한 단체이다(1912). 독립의군부는 조선 왕조를 부활시킨다는 복벽주의를 추구하며 일본 총리와 조선 총독에게 국권 반환 요구서를 제출하고 국권 회복을 위해 끝까지 저항할 것임을 알렸다.

[오답의 이유]

① 신민회는 안창호와 양기탁 등이 일제에게 빼앗긴 국권 회복과 공화정체에 바탕을 둔 근대 국가 수립을 목표로 서울에서 조직한 항일 비밀 결사 단체이다(1907).

② 대한광복회는 대한제국의 국권을 회복하고 공화정체의 근대 국민 국가를 세우고자 경상북도 대구에서 대한광복단(풍기 광복단)과 조선 국권 회복단의 일부 인사가 중심이 되어 조직되었다(1915).

④ 이상설은 연해주에서 공화정을 목표로 하는 대한광복군정부를 조직하였다(1914). 이후 정통령 이상설, 부통령 이동휘를 선출하여 독립운동을 전개하였다.

03 난도 ★★☆　　　　　　　정답 ①

중세 > 정치사

[정답의 이유]

㉠ 고려 성종 때 거란이 침략하자 서희가 소손녕과의 외교 담판을 통해 강동 6주를 획득하였다(거란의 1차 침입, 993).

㉡ 거란은 강조의 정변을 구실로 고려를 침입하여 흥화진을 공격하였다(거란의 2차 침입, 1010).

㉢ 거란의 2차 침입으로 개경이 함락되자 현종은 나주까지 피난하였다(1011).

㉣ 거란의 3차 침입 때 강감찬이 10만 대군에 맞서 귀주에서 대승을 거두었다(귀주대첩, 1019).

더 알아보기

거란의 고려 침입

원인	• 고구려 계승의식에 의한 친송 · 북진 정책 • 만부교 사건, 강조의 정변
전개	• 1차 침입(993): 서희의 외교 담판(vs 소손녕) → 강동 6주 획득 • 2차 침입(1010): 양규의 흥화진 전투 • 3차 침입(1018): 강감찬의 귀주 대첩(1019)
결과	• 고려 · 송 · 거란의 세력 균형 유지 • 개경에 나성 축조, 강감찬의 건의로 천리장성 축조(압록강~동해안 도련포)

04 난도 ★★★　　　　　　　정답 ④

근세 > 경제사

[정답의 이유]

④ (라)에 들어갈 것은 직전법이다. 세습 토지가 증가하면서 신진 관리에게 지급할 토지가 부족해지자 세조 때 현직 관리에게만 수조권을 지급하는 직전법이 시행되었다. 이에 따라 수신전과 휼양전도 폐지되었다.

[오답의 이유]

① (가)에 들어갈 것은 과전법이다. 조선 시대의 과전법은 전 · 현직 관리에게 토지를 지급하고, 수신전과 휼양전의 명목으로 세습까지 가능하였다.

② (나)에 들어갈 것은 수신전이다. 수신전은 과전법에서 토지를 받은 관직자가 사망한 이후 그의 처에게 재가를 하지 않는 조건으로 죽은 남편의 것을 지급받도록 한 토지이다.

③ (다)에 들어갈 것은 휼양전이다. 휼양전은 과전을 받은 관료들 중 부모가 다 죽고 자손이 어린 경우 이들을 보살피기 위해 아버지가 받은 과전을 상속하도록 한 토지이다.

더 알아보기

조선 시대 토지 제도의 변화

과전법(공양왕)	• 고려 말 신진 사대부의 토지 개혁 → 조선 시대 관리의 경제적 기반 • 경기 지역 토지에 한정 • 전 · 현직 관리에게 수조권 지급 • 수신전과 휼양전 지급
직전법(세조)	• 현직 관리에게만 수조권 지급 • 세습 가능한 수신전과 휼양전 폐지
관수 관급제(성종)	국가가 수조권 행사
직전법 폐지(명종)	수조권 폐지, 녹봉만 지급

05 난도 ★★☆　　　　　　　정답 ③

근대 > 문화사

[정답의 이유]

㉠ 한용운은 독립운동가이자 승려로, 불교의 현실 참여를 주장하였으며, 『조선불교유신론』을 저술하여 조선의 근대적인 불교 개혁론을 주장하였다.

㉢ 신채호는 『독사신론』을 발표하여 한국의 고대사를 반도 중심으로 보았던 종래의 역사 인식 체계에서 벗어나 만주와 부여족 중심으로 서술하였다.

㉣ 주시경은 우리 말과 글을 연구하고 보급하기 위한 목적으로 국어연구학회를 창립하고(1908), 우리 말을 통해 민족의식을 고취시키기 위한 많은 노력을 하였다. 이후 주시경의 제자인 임정재, 최두선 등이 주시경의 의지를 이어 국어연구학회를 계승하는 조선어연구회를 결성하였다(1921). 『말의 소리』는 1914년 발간된 주시경의 마지막 저서이다.

[오답의 이유]

㉡ 장지연은 을사늑약이 체결되자 황성신문에 논설 「시일야방성대곡」을 게재하여 조약의 부당성을 비판한 인물이다. 『동사강목』은 조선 후기 안정복이 쓴 역사서로 단군 조선부터 고려 공양왕까지의 역사를 정리한 것이다.

06 난도 ★★☆　　　　　　　정답 ②

고대 > 정치사

[정답의 이유]

㉠ 고구려 고국천왕은 국상인 을파소의 건의에 따라 먹을거리가 부족한 봄에 곡식을 빌려주고 겨울에 갚게 하는 진대법을 실시하였다(194).

㉡ 백제의 최전성기를 이끌었던 근초고왕은 고구려의 평양성을 공격하여 고국원왕을 전사시켰다(371).

㉣ 신라 지증왕 때 이사부는 왕의 명령으로 우산국(울릉도)과 우산도(독도)를 정복하고 실직주의 군주가 되었다(512).

㉢ 신라 진흥왕은 이사부와 사다함을 보내 대가야를 병합하여 영토를 확장하였다(562).

07 난도 ★★☆　　　　　　　　　　　　　　정답 ②

중세 > 문화사

자료해설

제시된 사료는 보조국사 지눌이 저술한 『권수정혜결사문』의 일부이다. 지눌은 팔공산 거조사에서 정혜쌍수를 닦는 정혜결사를 결성하였고, 이후 근거지를 순천 송광사로 옮겨 수선결사로 이름을 바꾸었다.

정답의 이유

② 고려의 승려 지눌은 정혜쌍수를 사상적 바탕으로 하여 철저한 수행을 강조하였으며, 내가 곧 부처라는 깨달음을 위한 노력과 함께 꾸준한 수행으로 이를 확인하는 돈오점수를 강조하였다.

오답의 이유

① 고려 승려 일연에 대한 설명이다. 일연이 서술한 『삼국유사』는 불교사를 중심으로 고대의 설화나 야사를 수록하였으며, 단군을 우리 민족의 시조로 보는 자주 의식을 나타내었다.

③ 고려 승려 의천에 대한 설명이다. 의천은 송에서 유학하고 돌아와 개경(개성) 흥왕사에서 교종과 선종의 불교 통합 운동을 전개하였다. 또한, 국청사를 중심으로 해동 천태종을 개창하였으며, 이후 숙종 때 대각국사로 책봉되었다.

④ 고려 승려 각훈에 대한 설명이다. 각훈이 왕명을 받아 저술한 『해동고승전』은 삼국 시대 이래의 승려 30여 명의 전기를 수록하는데, 현재는 일부만 남아있다.

08 난도 ★★☆　　　　　　　　　　　　　　정답 ①

현대 > 정치사

자료해설

제시된 자료는 1995년 김영삼 정부 때 발표된 '지방선거 실시에 즈음한 대통령 특별담화문'의 일부이다. 김영삼 대통령은 특별담화문 발표에서 "지방선거는 실시 그 자체보다도 그 본연의 뜻을 살리는 것이 중요하며, 지방자치는 지역주민이 주체가 되어 삶의 질을 향상시키고, 지역 발전을 이룩하는 주민자치"라고 규정하였다.

정답의 이유

① 김영삼 정부는 1993년에 부정부패와 탈세를 뿌리 뽑기 위해 대통령 긴급 명령으로 금융실명제를 실시하여 경제 개혁을 추진하였다. 또한, 취임 직후 문민정부의 기초를 다지기 위해 12 · 12 사건과 관련된 군의 사조직인 '하나회'를 해체시켰다.

오답의 이유

② 노태우 정부 시기에 여소야대에서 벗어나기 위해 3당 합당(민주 정의당, 통일 민주당, 신민주 공화당)을 하여 거대 여당인 민주 자유당이 탄생하였다(1990).

③ 김대중 정부 시기에 북한과의 화해 협력 기조 유지와 교류 · 확대를 발판으로, 평양에서 최초로 남북정상회담을 개최하고 6 · 15 남북공동선언을 발표하였다(2000).

④ 노무현 정부 시기에 '일제강점하 반민족행위 진상규명에 관한 특별법'이 제정(2004)되면서, 친일반민족행위의 진상규명에 관한 업무를 수행하기 위하여 대통령 소속으로 친일반민족행위 진상규명위원회가 조직되었다(2005).

09 난도 ★☆☆　　　　　　　　　　　　　　정답 ③

근대 > 정치사

자료해설

제시된 자료에서 '안창호, 양기탁, 이승훈이 중심이 되어 조직한 비밀 결사 단체', '공화정체 국가 수립'으로 보아 1907년에 서울에서 조직된 비밀 결사 단체인 신민회에 대한 내용이다. 안창호와 양기탁 등이 결성한 신민회는 일제에게 빼앗긴 국권 회복과 공화정체에 바탕을 둔 근대 국가 수립을 목표로 하였다. 신민회는 국내에서 경제적 · 문화적 실력 양성 운동을 전개하며 점차 국외의 독립군 기지 건설 등 군사적 실력 양성을 추진하였으나 조선 총독부가 데라우치 총독 암살 미수 사건을 조작하여 많은 민족 운동가들을 체포한 105인 사건으로 해체되었다.

정답의 이유

③ 신민회는 인재 양성을 위해 평양에 대성학교와 평안북도 정주에 오산학교를 세워 민족 교육을 실시하였다.

오답의 이유

① 보안회는 일본이 대한제국에 황무지 개간권을 요구하자 반대 운동을 전개하여 이를 저지하였다.

② 대한자강회는 교육과 산업의 진흥을 통한 국권 회복을 목표로 전국 각지에 지회를 설치하였고, 월보를 간행하면서 활동하였으나 고종의 강제 퇴위 반대 운동을 전개하다가 일제의 탄압으로 해산되었다.

④ 국채 보상 운동은 김광제, 서상돈 등의 제안으로 대구에서 시작된 경제적 주권 수호 운동으로, 일본에서 도입한 차관 1,300만 원을 갚아 주권을 회복하고자 하였다. 이에 따라 국채 보상 기성회가 조직되었고 국민들은 금연과 금주로 모은 돈과 반지, 비녀 등을 성금으로 냈다.

10 난도 ★☆☆　　　　　　　　　　　　　　정답 ①

근대 태동기 > 정치사

자료해설

제시된 자료에서 '규장각 설치', '화성 건설', '금난전권 폐지', '신해통공 추진'으로 보아 정조 때 실시한 정책들이다. 정조는 적극적인 탕평책으로 고른 인재 등용을 실시하였고, 왕권 강화 정책의 일환으로 초계문신제 시행, 규장각 설치 및 육성, 장용영 설치, 수원 화성 건설 등을 실시하였다. 또한, 신해통공을 시행하여 육의전을 제외한 시전 상인들의 금난전권을 폐지하고 일반 상인들의 자유로운 상업 활동을 도모하였다.

정답의 이유

① 『병학통』과 『무예도보통지』 편찬은 조선 정조의 명에 따라 편찬된 것이다. 『병학통』은 장지항 등이 편찬한 군사학서이며, 『무예도보통지』는 이덕무, 박제가 등이 군사의 무예 훈련을 위해 선조 때 편찬한 『무예제보』와 영조 때 간행된 『무예신보』의 내용에 새로운 훈련법을 더하여 편찬한 것이다.

오답의 이유

② 『속대전』, 『속오례의』는 조선 영조 때 문물제도 정비를 위해 편찬된 것이다.

③ 조선 숙종 때 간도 지역을 두고 청과 국경 분쟁이 발생하자 두 나라 대표가 백두산 일대를 답사하고 국경을 확정하여 백두산정계비를 세웠다.

④ 조선 영조는 당시 수도에 잦은 홍수로 피해가 막심하자 이를 해결하기 위해 도성 안에 하수도 역할을 할 청계천을 준설하도록 하였고, 상설 기구로 준천사를 신설하여 개천의 관리를 책임지게 하였다.

11 난도 ★★☆　　　　　　　　　　　　　정답 ②

근대 > 정치사

자료해설

- 병인박해(1866.1.): 흥선대원군은 프랑스 천주교 선교사를 통해 프랑스와 조약을 체결하고 러시아의 남하 정책을 견제하려 하였으나 실패하였고, 국내외에서 천주교에 대한 반발이 생겨나자 프랑스 선교사들을 처형하는 병인박해가 발생하였다.
- 문수산성(1866.9.)·정족산성 전투(1866.10.): 병인박해를 구실로 강화도를 공격한 프랑스 군대는 양화진을 공격하여 외규장각을 불태우고 의궤 등을 약탈해갔다. 이때 정족산성에서 양헌수 부대가, 문수산성에서 한성근 부대가 활약하였다.
- 신미양요(1871): 제너럴셔먼호 사건을 구실로 미국 함대가 강화도에 침입하여 신미양요가 발생하였다. 미국 군대가 초지진을 함락하고 광성보를 공격하였으나 어재연이 이끄는 조선 군대가 미국 군대를 막아냈다.

정답의 이유

(가) 제너럴셔먼호 사건(1866.8.): 미국 상선인 제너럴셔먼호의 선원들은 평양에서 통상을 요구하며 평양 주민을 약탈하였고, 이에 분노한 평양 주민들은 당시 평안도의 관찰사였던 박규수의 지휘하에 제너럴셔먼호를 불태워버렸다.

(나) 오페르트 도굴 사건(1868): 독일상인이었던 오페르트가 통상을 요구하다 거절당하자, 충남덕산에 있는 남연군(대원군 아버지)의 묘를 도굴하여 유해를 미끼로 통상을 요구하려 하였으나, 실패하고 도주하는 사건이 발생하였다.

(다) 척화비 건립(1871): 신미양요가 종결된 직후 흥선대원군은 서양과의 통상 수교 반대 의지를 알리기 위해 종로와 전국 각지에 척화비를 세웠다.

12 난도 ★★☆　　　　　　　　　　　　　정답 ④

근대 > 정치사

자료해설

제시된 자료에서 ⊙ '변란'은 임오군란을 말한다. 고종 때 신식 군대인 별기군과 차별 대우를 받던 구식 군대가 선혜청과 일본 공사관을 습격하면서 임오군란이 발생하였다(1882). 구식 군인들은 흥선대원군을 찾아가 지지를 요청하였고, 정부 고관들의 집과 일본 공사관을 공격하였다. 이 사태를 수습하기 위해 흥선대원군이 다시 집권하게 되었다. 또한, ⓒ '큰일'은 갑신정변을 말한다. 김옥균, 박영효, 서광범 등을 중심으로 한 급진 개화파는 일본의 군사적 지원을 약속받고 우정총국 개국 축하연 자리에서 갑신정변을 일으켰다

(1884). 이들은 국왕과 왕후를 경우궁으로 옮기고 수구파 고관들을 살해하여 정권을 장악하였다. 이후 14개조 개혁 정강을 발표하여 입헌 군주제, 청과의 사대 관계 폐지, 능력에 따른 인재 등용 등의 개혁을 추진하였다. 그러나 청군이 이를 진압하기 위해 개입하고 일본의 군사 지원이 약속대로 이행되지 않아 3일 만에 실패하였다.

정답의 이유

④ 임오군란의 결과로 청의 내정 간섭이 심화되었고, 청은 조·청 상민 수륙 무역 장정을 체결하여 치외 법권과 함께 양화진의 점포 개설권, 내륙 통상권, 연안 무역권을 인정받았다.

오답의 이유

① 임오군란 때 조선 조정의 요청으로 군대를 보낸 청은 군란을 진압하고 책임을 물어 흥선대원군을 청으로 압송하였다.

② 조선은 임오군란의 피해를 보상하라는 일본의 요구로 일본인 교관 피살에 대한 사과 사절단 파견, 주모자 처벌, 배상금 지불, 공사관 경비병 주둔 등을 명시한 제물포 조약을 체결하였다.

③ 갑신정변 이후 청과 일본은 톈진 조약을 체결하여 향후 조선에 군대를 파견할 때 상호 통보하고 한쪽이라도 조선에 군대를 파견하면 다른 쪽도 바로 군대를 파견할 수 있도록 규정하였다.

더 알아보기

임오군란과 갑신정변의 진행 과정

구분	임오군란(1882)	갑신정변(1884)
배경	신식 군대인 별기군과 구식 군대에 대한 차별 대우	• 임오군란 이후 청의 내정 간섭 심화, 친청 세력의 개화당 탄압 • 청불 전쟁으로 조선 내 청군 철수 • 일본 공사의 군사적·재정적 지원 약속
전개	선혜청 습격 → 일본 공사관 습격, 일본인 교관 살해 → 민씨 세력 축출 → 흥선대원군 재집권(군란 수습 목적) → 청군 개입(민씨의 요청) 후 군란 진압 → 흥선대원군 청으로 압송	우정총국 개국 축하연에서 급진 개화파의 정변 → 고종과 명성황후를 경우궁으로 이동시킴 → 14개조 개혁 정강 발표(청 사대 관계 폐지, 입헌 군주제, 능력에 따른 인재 등용 등) → 청군 개입 → 김옥균, 박영효, 서재필 등 일본으로 망명
결과	• 조·청 상민 수륙 무역 장정 체결(1882): 청 상인의 내지 통상권 허용 • 제물포 조약 체결(1882): 일본 공사관에 경비병 주둔, 배상금 지불 • 민씨 세력 재집권 → 청에 대한 의존 심화 • 청의 내정 간섭: 마젠창(정치 고문), 묄렌도르프(외교 고문) 파견	• 한성 조약 체결(1884): 일본 공사관 신축 부지 제공 및 비용 지불 • 톈진 조약 체결(1885): 청·일본 군대 동시 철수, 추후 조선에 군대 파병 시 상대국에 사전 통보 • 청과 일본의 대립·견제 구도 격화 • 조선 중립화론 대두: 부들러, 유길준

13 난도 ★☆☆

정답 ③

고대 > 정치사

자료해설

주어진 자료에서 '지금으로부터 1,800여 년 전', '섬을 정벌', '13년', '우산국' 등으로 보아 (가)에 들어갈 왕은 지증왕이다. 신라 지증왕은 이사부를 시켜 우산국(울릉도)과 우산도(독도)를 복속하고 실직주의 군주로 삼았다(512).

정답의 이유

③ 신라 지증왕은 당시 사로국이었던 국호를 신라(新羅)로 확정하고 마립간 대신 왕(王)의 칭호를 사용하였다.

오답의 이유

① 신라 법흥왕은 이차돈의 순교를 계기로 불교를 국교로 공인하였다.

② 백제 근초고왕은 남쪽으로 진출해 마한 세력을 통합하고 정치적으로 복속시켰다.

④ 고구려 장수왕은 수도를 국내성에서 평양성으로 옮기면서 적극적인 남진 정책을 추진하였다.

14 난도 ★☆☆

정답 ②

선사 시대와 국가의 형성 > 국가의 형성

자료해설

제시된 자료에서 '10월', '제천 행사 동맹', '서옥' 등으로 보아 고대 국가 중 고구려에 해당하는 내용이다. 고구려에는 매년 10월에 추수감사제인 동맹이라는 제천 행사를 열었으며, 혼인하면 신랑이 신부 집 뒤에 서옥이라는 집을 짓고 생활하다가 자식을 낳아 장성하면 신랑 집으로 돌아가는 서옥제라는 풍습이 있었다.

정답의 이유

② 고구려는 5부족 연맹체 국가로 왕 아래 상가, 고추가 등의 대가들이 사자, 조의, 선인 등의 관리를 거느렸고, 귀족 회의인 제가 회의를 통해 국가의 중대사를 결정하였다.

오답의 이유

① 옥저에 대한 내용이다. 옥저는 동해안에 위치해 있어 어물과 소금 등 해산물이 풍부하고 토지가 비옥하여 농경이 발달하였고, 혼인 풍습으로 민며느리제가 있다.

③ 동예에 대한 내용이다. 동예는 매년 10월 무천이라는 제천 행사를 열었으며, 족외혼, 책화 등이 풍습이 있었다. 또 단궁, 과하마, 반어피 등의 특산물이 유명하여 이를 낙랑과 왜에 수출하기도 하였다.

④ 부여에 대한 내용이다. 부여에는 왕 아래 가축의 이름을 딴 마가 · 우가 · 저가 · 구가의 가(加)들이 있어 행정 구역인 사출도를 다스렸고 왕이 통치하는 중앙과 합쳐 5부를 구성하였다.

15 난도 ★☆☆

정답 ④

근세 > 문화사

정답의 이유

④ 『향약구급방』은 고려 고종 때 대장도감에서 향약, 즉 우리나라에서 생산되는 약재로 질병을 치료하는 방법과 처방을 모아 간행한 우리나라에 전해져 오는 가장 오래된 의방서이다.

오답의 이유

① · ② 조선 전기 세종은 부국강병과 민생 안정을 위해 과학 기술 발전에 힘썼다. 이에 따라 장영실은 물시계인 자격루와 해시계인 앙부일구, 강우량을 측정하는 측우기를 제작하는 등 과학 기술 분야에서 뚜렷한 성과를 남겼다.

③ 조선 세종 때 집현전 학자들은 당시까지 전해 오던 동양의 여러 의서의 의학 이론을 수집 · 정리하여 집대성한 의학 백과 사전인 『의방유취』를 편찬하였다.

더 알아보기

조선 전기 각종 분야의 발전

과학	• 발달 배경: 부국강병과 민생 안정 중시 • 천문학: 혼의, 간의, 자격루, 앙부일구, 측우기, 인지의 • 역법: 『칠정산』 편찬 → 수시력+회회력 • 의학: 『향약집성방』, 『의방유취』
농업	• 농서: 『농사직설』, 『금양잡록』 • 농업 기술: 2년 3작, 모내기법, 시비법, 건경법, 수경법 등
기타 기술	• 인쇄술: 활자 개량(계미자, 갑인자), 주자소 설치 • 제지술: 조지서 설치 → 대량 인쇄 가능

16 난도 ★★☆

정답 ①

일제 강점기 > 정치사

자료해설

제시된 자료는 1921년 조선총독 사이토 마코토가 취임 1년을 되돌아보고 그동안의 조선 통치정책인 '문화정치'를 보완하고자 세운 방침인 '조선 통치에 대하여' 중 일부이다. 일제는 3 · 1 운동 이후 국제 여론의 악화를 의식하고, 무단 통치의 한계를 인식하여 기만적 문화 통치로 전환하였다.

정답의 이유

① 1920년대 사회주의가 확산되자 일제는 치안유지법을 시행하여 식민지 지배에 저항하는 민족 해방 운동과 사회주의 운동 및 독립운동을 탄압하였다(1925).

오답의 이유

② 일제는 1938년 제3차 조선 교육령을 발표하여 학교명을 보통학교에서 (심상) 소학교로 바꾸고 수업 연한은 6년으로 정했으나 지방의 형편에 따라 4년을 그대로 존속하게 하기도 하였다.

③ 일제는 민족 말살 통치기인 1936년 독립운동 관련자, 치안유지법 위반자들을 보호 관찰한다는 명목으로 조선사상범 보호 관찰령을 시행하였다.

④ 일제는 1910년대 무단 통치기에 조선형사령과 조선태형령을 제정하였다. 조선형사령은 1912년에 제정되어 1953년 형법이 제정될 때까지 효력을 유지하였고, 조선태형령은 1912년 제정되어 1920년에 폐지되었다.

17 난도 ★★☆

정답 ④

중세 > 정치사

정답의 이유

④ 고려가 가진 독립된 왕조로서의 지위를 박탈하고 고려를 원의 내지로 만들기 위해 지방행정기구인 성(省)으로 편입시키려는 입성책동(立省策動) 운동이 고려 충선왕 복위 때부터 시작하여 충혜왕 복위 때까지 여러 차례 일어났다.

오답의 이유

① 고려 원 간섭기에 친원파 및 권문세족이 백성들의 토지를 빼앗아 대농장을 소유하는 등 정치적·사회적 혼란이 극에 달했다. 이에 충목왕은 폐정 개혁을 목표로 정치도감을 설치하였으나 정동행성 이문소의 방해로 개혁이 제대로 이루어지지 못하였다.

② 응방은 고려와 조선 때 매의 사육과 매사냥을 맡아 보던 관청이다.

③ 원 간섭기 때에는 몽골풍이 유행하여 변발, 몽골식 복장, 몽골어가 궁중과 지배층을 중심으로 널리 퍼졌다.

18 난도 ★★☆

정답 ②

근대 태동기 > 경제사

정답의 이유

㉠ 유형원은 『반계수록』에서 토지는 국가가 공유하며 사·농·공·상 신분에 따라 토지를 차등 분배하고, 자영농을 육성하여 민생의 안정과 국가 경제를 바로잡아야 한다는 내용의 균전론을 주장하였다.

㉢ 18세기 이후 청의 선진 문화를 받아들여야 한다는 북학론이 대두하면서 청과의 관계는 새로운 국면을 맞았다.

㉣ 박지원은 『과농소초』를 저술하여 영농 방법의 혁신, 상업적 농업의 장려, 농기구의 개량 등 농업 생산력을 높이는 데 관심을 가졌다.

오답의 이유

㉡ 전라도 부안의 우반동에서 제자들을 양성한 인물은 반계 유형원이다. 성호 이익은 안산의 성호라는 호수 근처에서 은거하면서 『성호사설』, 『곽우록』을 저술하여 여러 분야의 개혁론을 제시하였다. 특히, 고리대의 근원으로 농촌 경제를 위협할 수 있는 화폐 제도 폐지를 주장하였으며 나라를 좀먹는 6가지의 폐단(노비제, 과거제, 양반 문벌제, 사치와 미신, 승려, 게으름)을 6좀이라 칭하며 비판하였다.

㉤ 『우서』는 유수원이 저술하였다. 유수원은 상공업의 진흥과 기술의 혁신을 강조하고, 사농공상의 직업적 평등을 주장하였다. 반면, 홍대용은 『의산문답』을 통해 지전설과 무한 우주론을 주장하며 중국 중심의 성리학적 세계관을 비판하였다.

19 난도 ★★★

정답 ③

중세 > 정치사

자료해설

• 고려 건국(918): 태조 왕건은 궁예를 몰아내고 왕위에 오른 뒤 고구려를 계승한다는 의미로 국호를 고려라 하였다.

• 후삼국 통일(936): 견훤의 귀순 후 신검의 후백제군과 왕건의 고려군이 일리천 일대에서 전투를 벌여 고려군이 크게 승리하였고, 후백제가 멸망하여 고려가 후삼국을 통일하였다.

• 노비안검법 실시(956): 고려 광종은 다양한 개혁을 통해 공신과 호족의 세력을 약화시키고 왕권을 강화하고자 하였다. 이에 노비안검법을 실시하여 억울하게 노비가 된 사람들을 구제하고, 호족 세력을 견제하는 동시에 국가 재정을 확충하고자 하였다.

• 시정 전시과 시행(976): 고려 경종 때 처음 시행된 시정 전시과는 관직 복무와 직역의 대가로 토지를 나눠 주는 제도였다. 관리부터 군인, 한인까지 인품과 총 18등급으로 나눈 관등에 따라 곡물을 수취할 수 있는 전지와 땔감을 얻을 수 있는 시지를 주었고, 수급자들은 지급된 토지에 대해 수조권만 가졌다.

• 거란의 1차 침입(993): 10세기 초 통일 국가를 세운 거란(요)은 송과의 대결에서 유리한 위치를 차지하기 위해 고려를 여러 차례 침략하였다. 고려 성종 때 거란이 고려가 차지하고 있는 옛 고구려 땅을 내놓고 송과 교류를 끊을 것을 요구하였으나 서희가 소손녕과의 외교 담판을 통해 강동 6주를 획득하였다.

정답의 이유

③ 고려 광종은 후주 출신 쌍기의 건의에 따라 과거 제도를 시행하여 신진 세력을 등용하였다(958).

오답의 이유

① 고려 태조는 후삼국 통일에 공을 세운 공신들에게 관등에 관계 없이 공로, 인품 등을 기준으로 차등을 두어 역분전을 지급하였다(940). 따라서 역분전을 지급한 것은 (나) 시기에 있었던 사실이다.

② 고려 성종은 최승로가 건의한 시무 28조를 받아들여 전국 주요 지역에 12목을 설치하고 지방관인 목사를 파견하였다(983). 따라서 12목을 설치한 것은 (라) 시기에 있었던 사실이다.

④ 고려 정종 때 최광윤의 의견을 받아들여 거란의 침입을 대비하기 위해 광군을 조직하고, 광군사를 설치하여 이를 관장하였다(947). 따라서 광군을 설치한 것은 (나) 시기에 있었던 사실이다.

20 난도 ★★☆

정답 ④

현대 > 정치사

정답의 이유

㉣ 이승만 정부는 장기 집권을 위해 3·15 부정선거를 자행하였다(1960.3.15.). 이로 인해 마산에서 부정선거와 이승만의 장기 집권에 저항하는 대규모 시위가 일어나자 정부는 이를 강경 진압하였고, 시위 도중 경찰의 최루탄에 맞은 채로 마산 해변가에 버려진 학생 김주열의 시신이 발견되며 4·19 혁명이 전국적으로 확산되었다(1960.4.19.).

㉢ 4·19 혁명의 결과 이승만이 하야하고 임시적으로 허정 과도 정부가 수립되었다(1960.4.27.).

㉡ 제3차 개헌을 통해 내각 책임제 개헌안이 의결되어(1960.6.15.) 제5대 국회 의원 총선거가 실시되었다(1960.7.29.). 이를 통해 내각책임제와 양원제가 적용된 장면 내각이 출범하였다.

㉠ 윤보선 대통령이 제2공화국 초대 대통령에 당선되었고(1960.8.12.), 다음날 정식 취임하였다.

한눈에 훑어보기

✔ 영역 분석

선사 시대와 국가의 형성 05
1문항, 5%

고대 01 02 03
3문항, 15%

중세 04 06 07 08
4문항, 20%

근세 11
1문항, 5%

근대 태동기 09 10 12
3문항, 15%

근대 13 14
2문항, 10%

일제 강점기 15 16 17
3문항, 15%

현대 18 19 20
3문항, 15%

✔ 빠른 정답

01	02	03	04	05	06	07	08	09	10
③	①	①	③	②	④	①	②	④	④
11	**12**	**13**	**14**	**15**	**16**	**17**	**18**	**19**	**20**
③	④	②	②	③	③	④	①	②	①

✔ 점수 체크

구분	1회독	2회독	3회독
맞힌 문항 수	/ 20	/ 20	/ 20
나의 점수	점	점	점

01 난도 ★★☆ 정답 ③

고대 > 정치사

자료해설

제시문의 사건은 ⓒ 근초고왕의 평양성 공격(371) − ㉠ 장수왕의 한성 점령(475) − ㉡ 진흥왕의 한강 유역 장악(553) − ㉣ 대가야 멸망(562) 순으로 발생하였다.

정답의 이유

ⓒ 백제 근초고왕(346~375)은 남으로는 마한을 통합하였으며, 북으로는 정예군 3만 명을 거느리고 고구려 평양성을 공격하여 고구려 고국원왕을 전사시켰다.

㉠ 고구려 장수왕(394~491)은 남진 정책을 추진하여 국내성에서 평양성으로 천도하였으며, 백제의 수도 한성을 함락시키고 죽령 지역까지 영토를 확장하였다.

㉡ 신라 진흥왕(540~576)은 백제와 함께 고구려를 공격하여 한강 상류 지역을 차지하였으며(551), 이후 나 · 제 동맹을 깨고 백제가 장악했던 한강 하류 유역까지 점령하였다(553).

㉣ 진흥왕은 한강 유역을 차지한 후 이사부를 파견하여 대가야를 병합하며 영토를 확장하였다. 이로 인해 후기 가야 연맹이 완전히 해체되었다.

02 난도 ★★☆ 정답 ①

고대 > 정치사

자료해설

제시문은 통일 신라 진성 여왕(887~897) 때 발생한 원종 · 애노의 난에 대한 내용이다. 당시 귀족 간의 권력 다툼으로 왕권이 약화되고 귀족들의 녹읍이 확대되며 자영농이 몰락하는 등 백성들의 생활이 더욱 어려워졌다. 이에 공물과 조세가 제대로 걷히지 않아 중앙 정권이 강압적으로 조세를 징수하자 원종 · 애노의 난(889), 적고적의 난(896) 등 전국 각지에서 농민 봉기가 발생하였다.

정답의 이유

① 후백제 견훤은 신라 수도 금성(경주)을 공격하여 경애왕을 죽이고 경순왕을 즉위시켰다(927).

오답의 이유

② 당나라는 백제와 고구려 멸망 후 공주에 웅진도독부, 평양에 안동도호부, 경주에 계림도독부를 설치하여 한반도를 지배하고자 하였다. 하지만 신라 문무왕이 이에 반발하여 백제 및 고구려 유민과 협력해 나 · 당 전쟁(670~676)을 일으키자 당나라는 문무왕의 동생 김인문을 신라왕으로 임명하고 대군을 동원하여 신라를 공격하였다(674).

③ 백제 의자왕은 활발한 정복 활동을 전개하여 신라의 대야성을 비롯한 서쪽 40여 개의 성을 함락시켰다(642). 이에 신라는 김춘추를 고구려로 보내 동맹 체결을 시도하였으나 실패하고, 당나라와 동맹을 체결하여 당 태종으로부터 군사 원조를 약속받았다.

④ 신라 혜공왕은 어린 나이로 즉위하여 수많은 진골 귀족들의 반란을 겪은 끝에 이찬 김지정의 반란군에 의해 피살되었다(780). 혜공왕을 마지막으로 무열왕부터 시작된 무열왕계 진골이 단절되고, 다음 왕인 선덕왕부터 내물왕계 진골이 왕위를 계승하게 되었다.

03 난도 ★★☆ 　　　　　　　　　　　　　정답 ①

고대 > 정치사

자료해설

제시문의 사건은 ㉠ 장문휴의 산둥 지방 원정(발해 무왕) – ㉡ 정혜공주 · 정효공주 묘 건설(발해 문왕) – ㉢ 해동성국(발해 선왕) 순으로 발생하였다.

정답의 이유

㉠ 발해 무왕(719~737)은 당나라가 흑수말갈과 연합하여 발해를 압박하자 장문휴의 수군을 보내 당의 산둥 지방(덩저우)을 선제 공격하였다(732).

㉡ 발해 문왕(737~793) 때 고구려 문화의 영향을 받아 굴식 돌방무덤에 모줄임 천장 구조를 가진 정혜공주 무덤과, 당의 영향을 받은 벽돌무덤인 정효공주 무덤을 만들었다.

㉢ 발해 선왕(818~830)은 말갈족을 복속시키고 요동으로 진출하여 고구려 옛 땅을 대부분 회복하는 등 최대 영토를 확보하였으며, 전성기를 누리면서 당에서 '해동성국'이라 불렸다.

04 난도 ★★☆ 　　　　　　　　　　　　　정답 ③

중세 > 정치사

자료해설

- 고려 의종이 무신들을 천대하고 향락에 빠져 실정을 일삼자 무신들의 불만이 쌓여갔다. 그러던 중 대장군 이소응이 문신 한뢰에게 뺨을 맞는 사건이 발생하였고, 이를 계기로 무신들의 분노가 폭발하여 정변이 일어났다(무신 정변, 1170). 정중부와 이의방을 중심으로 정권을 장악한 무신은 의종을 폐위하고 명종을 즉위시켰다.

정답의 이유

㉡ 정중부 등 정권을 장악한 일부 무인들은 기득권을 유지하기 위해 왕실과 혼인을 시도하기도 하였으며, 특히 최씨 무신 정권은 왕실 및 문벌 세력과의 혼인을 거듭하며 권력을 키웠다.

㉢ 무신 정권 시기 최충헌의 뒤를 이어 집권한 최우는 서방을 설치하여 능력 있는 문신들을 등용하였다.

오답의 이유

㉠ 무신 정권 시기 최충헌이 설치한 국정 총괄 최고 기구는 '교정도감'이다. 최충헌은 정권을 잡은 후 무신 정권의 최고 권력 기관인 교정도감을 설치하였으며(1209), 스스로 기구 최고 관직인 교정별감이 되어 인사 및 재정을 장악하였다.

㉢ 개태사는 충남 논산에 있는 사찰로, 고려 태조 왕건이 후백제를 멸망시킨 일리천 전투를 기념하기 위해 건립하였다. 따라서 무신정변 이전에 발생한 사건이다.

05 난도 ★☆☆ 　　　　　　　　　　　　　정답 ②

선사 시대와 국가의 형성 > 국가의 형성

자료해설

제시문은 부여에 대해 설명하고 있다. 부여는 매년 12월 '영고'라는 제천행사를 열었으며, 형이 죽으면 동생이 형수를 아내로 삼는 형사취수제, 지배 계급이 죽으면 그 부인이나 노비 등 산 사람을 함께 묻던 순장, 여름에 사람이 죽으면 얼음을 넣어 장사지내는 풍습이 있었다.

정답의 이유

② 부여에는 왕 아래 가축의 이름을 딴 마가, 우가, 저가, 구가의 가(加)들이 있었다. 이들은 행정 구역인 사출도를 다스렸으며, 왕이 통치하는 중앙과 합쳐 5부를 구성하였다.

오답의 이유

① 삼한은 국읍마다 천신에 대한 제사를 주관하는 천군이 있었으며, 정치적 지배자인 신지 · 읍차 등과 제사장인 천군이 별도로 존재했던 제정 분리 사회였다.

③ 옥저에는 혼인 풍습으로 어린 여자를 남자 집에서 대가를 주고 데려다 길러 며느리로 삼는 민며느리제가 있었다.

④ 고구려는 왕 아래 상가, 대로, 패자, 고추가 등의 대가들이 사자, 조의 선인 등의 관리를 거느렸다.

06 난도 ★★☆ 　　　　　　　　　　　　　정답 ④

중세 > 정치사

정답의 이유

④ 고려 시대 향리는 신라 말 · 고려 초기의 중소 호족 출신으로 속현과 특수 행정 구역에서 조세와 공물의 징수, 노역 징발 등의 실질적 운영을 담당하였으며, 향역의 대가로 외역전을 지급받았다. 향리 조직의 우두머리 계층인 호장, 부호장 등은 지방의 실질적 지배자로 강한 권한을 가지고 있었다.

오답의 이유

① 전민변정도감은 권문세족이 부당하게 빼앗은 토지 및 노비를 판정하고 관련 소유권 소송을 처리하여 원래 소유주에게 돌려주거나 양민으로 해방시키기 위한 임시 관서였다. 고려 원종 때 처음 설치되었으며, 이후 충렬왕, 공민왕 등 총 7차례에 걸쳐 설치되었다.

② 고려 충렬왕 때 원에서 요구하는 조공품인 사냥용 매를 사육하기 위해 처음 설치된 응방은 매 사육뿐 아니라 매와 관련한 각종 행사에 참여하고 왕과 왕비에게 자주 향연을 베풀며 왕실의 총애를 받았다. 응방은 왕의 권력을 배경으로 면역 · 면세의 특권을 가지고 많은 사전과 노비 · 소작인을 거느렸으며, 왕실도 응방을 통해 막대한 경제적 이익을 추구하였다.

③ 고려 경종 때 실시된 시정 전시과는 전 · 현직 관리를 대상으로 인품과 관등을 반영하여 전지와 시지를 지급하였다.

07 난도 ★★☆
정답 ①

중세 > 정치사

자료해설

〈보기 1〉은 고려 시대 몽골의 1차 침입 과정에서 발발한 충주성 전투에 대한 내용이다(1232). 몽골이 사신 저고여 살해 사건을 핑계로 1차 침입을 단행하여 개경을 포위하고 충주까지 공격하였다. 당시 충주성을 방어하던 장수들이 먼저 도망가고, 노군(공노비)과 잡류별초(잡역 담당 천민)를 중심으로 항전하여 몽고군을 격퇴하였다.

〈보기 2〉는 공민왕이 반원 자주 정책의 일환으로 원의 연호를 폐지한 내용이다. 원은 고려를 부마국으로 삼아 왕실 호칭과 관제를 격하하여 국왕 묘호에 '충' 자를 사용하고 2성 6부는 1부 4사로 격하하였으며, 원의 연호를 사용하도록 하였다. 하지만 공민왕이 반원 자주 정책을 펼치면서 원나라에 의해 격하된 왕실 호칭과 관제를 복구하고 원 연호를 폐지하였다(1356).

정답의 이유

① 고려 말 우왕 때 최무선은 화통도감을 설치(1377)하여 화약과 화포를 제조하였다. '화통도감 설치'는 〈보기 2〉의 '원 연호 폐지' 이후에 발생하였다.

오답의 이유

② 고려 원 간섭기 충렬왕 때 원은 고려를 일본 원정에 동원하기 위해 정동행성을 설치하였다(1280). 이후 원정이 실패하였으나 이를 폐지하지 않고 내정 간섭 기구로 삼았다.

③ 권문세족은 원과의 친분 관계를 통해 형성된 가문으로, 고려 말 원 간섭기에 새로운 지배 계층으로 자리잡았다.

④ 원 간섭기 충렬왕 때 이승휴의 『제왕운기』, 일연의 『삼국유사』 등 단군을 우리 민족의 시조로 서술한 역사서가 편찬되었다.

08 난도 ★★☆
정답 ②

중세 > 정치사

자료해설

제시문은 고려 성종에게 유학자인 최승로가 건의한 '시무 28조'의 일부이다(982). 성종은 이를 받아들여 전국 주요 지역에 12목을 설치하고 지방관을 파견하는 등 통치 체제를 정비하였다.

정답의 이유

② 오가작통제와 호패법은 조선 시대에 시행되었다. 오가작통제는 군현 아래 말단 행정 조직으로 면, 리, 통을 두고 다섯 집을 1통으로 편제하는 제도이고, 호패법은 조세 징수와 군역 부과를 위한 호구 파악을 위해 16세 이상 남자들에 호패를 발행하는 제도였다.

오답의 이유

① 고려 현종은 지방을 일반 행정 구역인 5도와 군사적 특수 지역인 양계로 나누고 5도에는 4도호부, 8목, 주·군·현을, 양계에는 진을 설치하였다.

③ 고려 시대에는 지방 행정 조직을 지방관이 상주한 지역인 주현, 지방관이 상주하지 않은 지역인 속현으로 구분하였으며, 속현과 향·소·부곡 등 특수 행정 구역은 주현을 통해 간접적으로 중앙 정부의 통제를 받았다.

④ 향·부곡·소는 고려 시대 특수 행정 구역으로 조세·공물 징수·노역 징발 등 실제적인 행정 사무를 향리가 담당하였다.

09 난도 ★☆☆
정답 ④

근대 태동기 > 문화사

자료해설

제시문은 중상주의 실학자인 홍대용이 저술한 『의산문답』의 내용이다. 홍대용은 『의산문답』을 통해 지전설과 무한 우주론을 주장하며 중국 중심의 성리학적 세계관을 비판하였다.

정답의 이유

④ 조선 후기 실학자 이긍익은 조선 시대의 정치·사회·문화를 실증적·객관적으로 서술하여 백과사전식으로 정리한 『연려실기술』을 저술하였다.

오답의 이유

① 홍대용은 중국이 세계의 중심이라는 세계관을 거부하고 지구 자전설(지전설)을 주장했다.

② 정약용은 서양 서적인 『기기도설』을 참고하여 거중기를 제작하였으며, 이는 수원 화성 축조 시 사용되어 공사 기간과 비용을 줄이는 데 큰 역할을 하였다.

③ 박지원은 청에 다녀온 뒤 견문록인 『열하일기』를 저술하여 청 문물을 소개하며 상공업 진흥과 화폐 유통, 수레 사용의 필요성을 주장하였다.

10 난도 ★★★
정답 ④

근대 태동기 > 정치사

자료해설

제시문의 (가) 시기는 세도 정치 시기이다. 조선 정조 사후 순조·헌종·철종 3대에 걸친 세도 정치기에 안동 김씨, 풍양 조씨 등 왕실과 혼인을 맺은 소수의 가문이 정권을 장악하였다. 이 시기에 세도 가문의 부정부패로 삼정의 문란이 극에 달하고 백성에 대한 수탈이 심화되었다.

정답의 이유

④ 노비종모법은 아버지가 노비여도 어머니가 양민이면 그 자녀도 양민으로 삼는 것으로, 신분 결정에 모계를 따르도록 한 법이다. 조선 후기 양인이 줄어들며 군역 부담자가 감소하자 현종 때 양인의 숫자를 늘리기 위해 적용하였으나 번복이 거듭되다가 영조 때 최종적으로 확정되었다.

오답의 이유

① 세도 정치기인 철종 때 최제우가 창시한 동학은 인간 존중과 평등 사상을 바탕으로 한 인내천 사상을 강조하였으며, 삼남 지방을 중심으로 교세를 확장하였다.

② 조선 후기 군역의 부담이 과중해지자 부농들은 신분 매매나 족보 위조 등을 통해 양반 신분을 사들이고 군역을 기피하는 경향이 심해졌다.

③ 순조 때 삼정의 문란으로 어려움을 겪던 농민들과 서북 지역 차별 대우에 불만을 품은 평안도 사람들이 홍경래의 난을 일으켰으며, 철종 때 경남 진주 지역의 농민들이 수탈에 견디다 못해

임술 농민 봉기를 일으키는 등 평안도와 삼남 지방 농민들의 불만이 민중 봉기로 표출되었다.

11 난도 ★★☆ 정답 ③

근세 > 정치사

[정답의 이유]

③ 명나라가 후금과의 교역을 단절하자 후금은 조선을 통해 물자를 확보하고자 하였으며, 시장을 열어 교역할 것을 지속적으로 요구하였다. 이에 조선은 두만강과 압록강변에 회령개시, 경원개시, 중강개시 등을 열었다.

[오답의 이유]

① 인조의 친명배금 정책으로 후금이 조선을 침략하여 의주를 함락시킨 뒤 평산까지 남진하자 인조는 강화도로 피난하고 정봉수와 이립이 용골산성에서 후금에 항전하였다(정묘호란, 1627). 이에 후금이 조선에 강화를 제의하여 형제의 맹약을 맺었다.

② · ④ 정묘호란 이후 후금이 국호를 청으로 고치고 스스로 황제국으로 칭하자 조선 조정 내부에 이에 대한 반발이 점점 커져갔다. 청은 용골대를 조선에 사신으로 보내어 군신 관계를 강요하였으나 조선 조정이 이를 거절하자 용골대는 도망쳐 돌아갔다. 청의 요구를 거절한 인조는 청에 대해 명과의 논의 없이 단독으로 선전포고의 교지를 작성하였으며, 이후 청 태종이 10만 대군을 거느리고 조선을 침략하였다(병자호란, 1636).

12 난도 ★★★ 정답 ④

근대 태동기 > 사회사

[정답의 이유]

④ 조선 고종 때 '사가노비절목'을 제정(1886)하여 노비 세습제를 폐지하였으며, 이후 갑오개혁(1894) 때 노비제가 폐지되었다.

[오답의 이유]

① · ② 공노비는 본래 소속된 국가기관에 노동력을 직접 제공(선상 · 입역)하거나 입역 대신 일정한 신공전을 납부(신공납부)하는 형태였다. 그런데 조선 후기 공노비의 선상 · 입역이 폐지되면서 이들은 신공납부의 의무만 지는 '납공노비'로 바뀌었다. 이후 공노비의 신공 부담이 지속해서 줄어들면서 공노비의 신공과 양인의 군역 부담이 군포 1필로 동일해지게 되었고 결국 공노비 유지의 실익이 없어졌다.

③ 천민 아버지와 양인 어머니 사이의 자식은 모계의 신분을 따라 양인으로 규정하는 종모법에 따라 양인이 증가하였다. 더불어 종모법 실시로 노비의 신분 세습이 제한되고 순조 때 공노비를 해방하면서 노비 제도 붕괴가 가속화되었다.

13 난도 ★★☆ 정답 ②

근대 > 정치사

[자료해설]

제시문은 독립협회가 1898년 10월 개최한 관민 공동회에서 결의한 국정 개혁안인 '헌의 6조'에 대한 내용이다. 독립협회는 중추원 개편을 통한 의회 설립 방안이 담겨 있는 헌의 6조를 고종에게 건의하였다.

[정답의 이유]

② 을미사변 이후 을미개혁(제3차 갑오개혁)이 추진되어 '건양'이라는 독자적인 연호를 제정하고 태양력을 사용하게 되었으며, 단발령이 시행되었다(1895).

[오답의 이유]

① 독립협회는 국권신장을 위해 자주독립의 상징물인 독립문을 건립하고, 우리나라 최초의 민간 신문인 『독립신문』을 발간하였다.

③ '중대 범죄를 공판하되 피고의 인권을 존중할 것' 역시 독립협회의 주도로 결의된 헌의 6조에 속하는 조항이다.

④ 독립협회는 만민공동회를 개최하여 러시아 내정 간섭을 규탄하고 러시아의 절영도 조차 요구를 저지하는 등 반러 운동을 전개하였다.

더 알아보기

갑오개혁(1, 2차 갑오개혁)과 을미개혁(3차 갑오개혁)의 주요 내용

제1차 갑오개혁	• 개국 기원 사용, 과거제 폐지, 6조를 80아문으로 개편 • 재정 일원화, 은 본위제, 도량형 통일, 조세 금납제 • 공사 노비법 혁파, 고문 · 연좌제 폐지, 조혼 금지, 과부 재가 허용
제2차 갑오개혁	• 8도를 23부로 개편, 재판소 설치(사법권 독립) • 한성 사범 학교 설립, 관제 공포
을미개혁 (제3차 갑오개혁)	• 건양 연호 사용, 친위대 · 진위대 설치 • 단발령 실시, 태양력 사용, 종두법 실시, 소학교 설치, 우편 사무 실시

14 난도 ★★★ 정답 ②

근대 > 정치사

[자료해설]

제시문은 이만손 등 영남 유생들이 황쭌셴(황준헌)의 『조선책략』 유포에 반대하며 올린 영남만인소 중 러시아에 대해 평가한 내용으로, (가) 나라는 러시아이다. 김홍집에 의해 『조선책략』이 국내에 유포되자 유생들은 서양과의 통상을 반대하며 상소 운동을 전개하였다. 이만손을 중심으로 한 영남 유생들은 만인소를 올려 청, 일본, 미국, 러시아와 관련한 『조선책략』의 내용을 조목조목 비판하며 서양 열강과의 수교를 반대하였다(1881).

[정답의 이유]

② 러시아는 러 · 일 전쟁 패배 후 일본과 포츠머스 강화 조약을 체결하여 대한제국에 대한 일본의 지배권을 인정하였다(1905).

[오답의 이유]

① 영국은 조선에 대한 러시아의 세력 확장을 저지하기 위하여 남해의 전략 요충지인 거문도를 불법 점령하였다(1885).

③ 병인양요 때 강화도에 침입한 프랑스군은 퇴각하면서 외규장각을 불태우고 조선 왕조 의궤 등 문화유산을 약탈하였다(1866).

④ 미국의 함대가 제너럴셔먼호 사건을 구실로 강화도 초지진을 점령한 후 광성보를 침공하자 조선은 어재연을 중심으로 결사 항전하였다(신미양요, 1871).

일제 강점기 > 정치사

자료해설

제시문은 황성신문의 주필인 장지연이 작성한 논설 「시일야방성대곡」이다. 제2차 한 · 일 협약(을사늑약)이 체결된 직후 황성신문은 제2차 한 · 일 협약에 대한 항일 논설인 「시일야방성대곡」을 게재하여 조약의 부당성을 비판하였다(1905. 11.).

정답의 이유

③ 러 · 일 전쟁은 1904년 2월, 「시일야방성대곡」 게재 이전에 발생하였다. 일본은 제물포에 있는 러시아 군함을 기습 공격하며 러 · 일 전쟁을 일으켰으며, 러 · 일 전쟁에서 유리해지자 한국을 식민지화하기 위한 계획안을 확정한 뒤 강제로 제1차 한 · 일 협약을 체결하였다(1904).

오답의 이유

① 고종은 헤이그에서 개최되는 만국평화회의에 특사를 파견하여 을사늑약의 불법성과 일제의 침략 행위의 부당성을 호소하려 하였으나 영국과 일본의 방해로 실패하였다(1907).

② 제2차 한 · 일 협약으로 대한제국의 외교권이 박탈되고 통감부가 설치되었다. 이후 초대 통감으로 이토 히로부미가 파견되면서 일제의 내정 간섭이 본격화되었다(1906).

④ 일본은 헤이그 특사 파견을 구실로 고종을 폐위시키고 순종을 즉위시킨 후 한 · 일 신협약(정미 7조약)을 체결하여 대한제국의 군대를 강제 해산시켰다(1907).

일제 강점기 > 정치사

정답의 이유

ⓛ 임병찬은 고종의 밀명을 받아 대한 독립 의군부를 조직하여(1912), 조선 총독부에 국권 반환 요구서를 보내고 복벽주의를 내세워 의병 전쟁을 준비하였다.

ⓒ 신채호는 의열단 단장 김원봉의 요청을 받아 「조선 혁명 선언」을 작성하였다(1923). 「조선 혁명 선언」에서 신채호는 민중의 직접 혁명을 통한 무장 독립 투쟁의 필요성을 강조하였으며, 의열단은 이를 기본 행동 강령으로 하여 직접적인 투쟁 방법인 암살 · 파괴 · 테러 등을 통해 독립운동을 전개하였다.

오답의 이유

ⓚ 민족 유일당 운동의 일환으로 사회주의 세력과 민족주의 세력이 연대하여 신간회가 결성되었다(1927). 그러나 국제 공산당 코민테른이 조선 공산당 재조직에 관한 결정서인 「조선의 농민 및 노동자의 임무에 관한 테제」를 발표(1928.12)하여 민족주의자들과의 합동 전선을 파기하고 노동자 · 농민을 기반으로 한 조직 구성 방침을 강조하자 사회주의 계열 인사들이 신간회 해체를 주장하게 되었다.

ⓔ 대한민국 임시 정부는 조소앙의 삼균주의를 바탕으로 한 「대한민국 건국 강령」을 발표하였다(1941). 조소앙의 삼균주의는 개인과 개인, 민족과 민족, 국가와 국가 사이의 완전한 균등을 전제로 정치 · 경제 · 교육의 균등이 실현되어야 한다는 것이다.

일제 강점기 > 정치사

자료해설

제시문은 민족 혁명당의 강령으로, 민족 혁명당은 중국 난징에서 중국 관내 지역의 민족주의 · 사회주의 세력의 연합 정당으로 결성되었다(1935). 효과적인 항일 투쟁을 위한 민족 독립운동의 단일 정당을 목표로 의열단, 한국독립당, 조선혁명당 등 5개 단체가 중심이 되어 조소앙의 삼균주의를 강령으로 삼고 '정치, 경제, 교육의 평등에 기초를 둔 민주공화국 건설'을 내세웠다.

정답의 이유

④ 김구 등 임시정부를 고수하려는 한국독립당 내 일부 세력은 탈당이 아니라 처음부터 불참하였다. 이후 조직 내부 갈등으로 조소앙 · 지청천 등이 탈당하면서 통일전선 정당으로서의 성격이 약해졌다.

오답의 이유

① 민족 혁명당은 의열단 · 조선혁명당 · 한국독립당 · 신한독립당 · 대한독립당의 5당 대표가 모여 결성되었다.

② 민족 혁명당은 민족 유일당 운동을 목표로 민족주의 계열과 사회주의 계열의 여러 단체들이 통합하여 만든 중국 관내 최대 규모의 통일전선 정당이었다.

③ 민족 혁명당은 삼균주의를 표방하였으며, 민주공화국 수립, 토지 및 대규모 생산기관 국유화, 민주적 권리 보장 등을 내걸고 항일 운동을 전개하였다.

현대 > 정치사

자료해설

제시문은 대한민국 제헌 헌법의 전문(前文)으로, 헌법의 제정 이유 및 나아가야 할 방향을 제시하고 있다. 5 · 10 총선거를 통해 구성된 제헌 국회는 대통령 중심제의 단원제 국회, 임기 4년의 대통령 간선제 등을 내용으로 하는 제헌 헌법을 제정(1948.7.)하였으며, 이를 바탕으로 이승만을 대통령, 이시영을 부통령으로 선출하고 대한민국 정부 수립을 선포하였다(1948.8.).

정답의 이유

① 제주 4 · 3 사건은 남한만의 단독 정권 수립에 반대한 남로당 제주도당의 무장 봉기와 이에 대한 미군정 및 경찰 토벌대의 강경 진압이 원인이 되어 발생하였다(1948.4.). 제주 4 · 3사건 발생 뒤 5 · 10 총선거가 실시되었고, 이를 통해 대한민국 정부가 수립되었다.

오답의 이유

② 제헌 국회에서 친일파 청산을 목적으로 하는 「반민족 행위 처벌법」이 제정 및 공포되었으며(1948.9.) 이에 의거하여 반민족 행위 특별 조사 위원회(반민 특위)가 구성되었다(1948.10.).

③ 1948년 9월 9일 북한에서 조선 민주주의 인민 공화국이 공식적으로 선포되었다.

④ 1949년 6월 제헌 국회에서 유상매수 · 유상분배의 원칙, 3정보 크기 제한 등의 내용을 담은 농지 개혁법이 제정되었으며, 이에 따라 1950년부터 농지개혁이 시행되었다.

19 난도 ★★☆   정답 ②

현대 > 정치사

[자료해설]

제시문의 사건은 ⓒ 부마 민주 항쟁(1979.10.) - ⓛ 12·12 군사
반란(1979.12.) - ⑤ 5·18 민주화 운동(1980.5.) - ⓔ 4·13 호
헌 조치(1987.4.) 순으로 발생하였다.

[정답의 이유]

ⓒ 부마 민주 항쟁: YH 무역 노동자들의 폐업 항의 농성이 신민당
    사 앞에서 일어나자 박정희 정부가 신민당 총재 김영삼을 국회
    의원직에서 제명하였다. 이에 김영삼의 정치적 근거지인 부산·
    마산에서 유신 정권에 반대하는 부마 민주 항쟁이 전개되었다.

ⓛ 12·12 군사 반란(12·12 사태): 10·26 사태로 박정희가 피살
    된 후 전두환을 중심으로 한 신군부 세력이 군사 반란을 일으켜
    정권을 장악하였다.

⑤ 5·18 민주화 운동: 신군부의 비상계엄 확대에 항거하여 광주에
    서 5·18 민주화 운동이 일어났다. 신군부는 공수부대를 동원하
    여 무력 진압을 강행하였고 학생과 시민들이 시민군을 결성하여
    대항하면서 시위가 격화되었다.

ⓔ 4·13 호헌 조치: 민중의 민주화 요구가 확산되며 대통령 직선
    제로의 개헌 논의가 활발해지자 전두환 정부는 이를 거부하고
    대통령 간선제를 유지하겠다는 4·13 호헌 조치를 발표하였다.
    이와 더불어 박종철 고문치사 사건이 불거지면서 6월 민주 항쟁
    이 전국적으로 전개되었다.

20 난도 ★★★   정답 ①

현대 > 정치사

[자료해설]

제시문의 사건은 ⓔ 남북조절위원회 설치(1972.11) - ⓒ 남북 동
시 유엔 가입(1991.9.) - ⑤ 남북 기본 합의서 채택(1991.12) - ⓛ
6·15 남북 공동 선언(2000.6.) 순으로 발생하였다. 따라서 세 번
째로 발생한 사건은 ⑤ 남북 기본 합의서 채택이다.

[정답의 이유]

ⓔ 남북조절위원회 설치: 박정희 정부는 남북 간의 교류를 제의하
    여 서울과 평양에서 7·4 남북 공동 성명을 발표하고 남북 조절
    위원회를 설치하였다.

ⓒ 남북 동시 유엔 가입: 노태우 정부 때 적극적인 북방 외교 정책
    을 추진하여 남북한 동시 유엔 가입이 이루어졌다.

⑤ 남북 기본 합의서 채택: 노태우 정부 때 남북한 화해 및 불가침,
    교류·협력 등에 관한 공동 합의서인 남북 기본 합의서가 채택
    되었다. 남북 기본 합의서는 남북한 정부 간 최초의 공식 합의서
    이다.

ⓛ 6·15 남북 공동 선언: 김대중 정부 때 평양에서 최초로 남북
    정상 회담이 이루어져 6·15 남북 공동 선언이 발표되었다.

한국사 | 2023년 국가직 9급

한눈에 훑어보기

✅ 영역 분석

선사 시대와 국가의 형성 01
1문항, 5%

고대 02 06 07
3문항, 15%

중세 03 04 08
3문항, 15%

근세 09 15
2문항, 10%

근대 태동기 10 14
2문항, 10%

근대 11 18 19
3문항, 15%

일제 강점기 12 16 20
3문항, 15%

현대 13 17
2문항, 10%

시대 통합 05
1문항, 5%

✅ 빠른 정답

01	02	03	04	05	06	07	08	09	10
①	②	③	④	③	③	③	②	②	②
11	12	13	14	15	16	17	18	19	20
③	④	④	②	①	④	②	①	①	③

✅ 점수 체크

구분	1회독	2회독	3회독
맞힌 문항 수	/ 20	/ 20	/ 20
나의 점수	점	점	점

---

01 난도 ★☆☆ 정답 ①

선사 시대와 국가의 형성 > 선사 시대

자료해설

제시된 자료는 청동기 시대의 유물이다. 청동기 시대에는 미송리식 토기, 민무늬 토기, 붉은 간 토기, 팽이형 토기 등을 사용하였다.

정답의 이유

① 비파형 동검은 청동기 시대에 사용된 동검으로 고인돌, 미송리식 토기와 함께 고조선의 세력 범위를 짐작할 수 있다.

오답의 이유

② 오수전은 명도전, 반량전과 함께 철기 시대에 사용된 화폐로 당시 중국과의 교류가 활발하였음을 짐작할 수 있다.

③ 아슐리안형 주먹도끼는 구석기 시대 유물로 경기도 연천군 전곡리에서 동아시아 최초로 출토되었다.

④ 삼한 중 변한은 철이 풍부하게 생산되어 낙랑과 왜에 수출하였다.

02 난도 ★☆☆ 정답 ②

고대 > 정치사

자료해설

밑줄 친 '왕'은 고구려 고국천왕으로, 제시된 자료는 진대법을 실시하게 된 배경을 보여 준다.

정답의 이유

② 고구려 고국천왕은 국상인 을파소의 건의에 따라 먹을 거리가 부족한 봄에 곡식을 빌려주고 추수 이후에 곡식을 갚도록 하는 진대법을 실시하였다(194).

오답의 이유

① 고구려 미천왕은 낙랑군(313)과 대방군(314)을 축출하고 한의 군현을 모두 몰아내어 영토를 확장하였다.

③ 고구려 고국원왕은 백제 근초고왕이 평양성을 침략하자 이에 항전하다가 전사하였다(371).

④ 고구려 광개토대왕은 즉위 후 영락이라는 연호를 사용하여 왕권을 강화하였다.

더 알아보기

진대법
- 개념
  - 고구려의 빈민 구제 제도로 봄에 농민들에게 곡식을 빌려주고 가을에 갚도록 함
  - '진'은 흉년에 기아민에게 곡식을 나누어준다는 뜻이고, '대'는 봄에 미곡을 대여하였다가 가을에 추수 뒤 회수한다는 뜻으로 '진대'는 흉년이나 춘궁기에 농민에게 양곡을 대여하는 것을 말함

- 특징
  - 194년 고국천왕 때 왕권 강화와 재정 확충을 위해 을파소의 건의를 받아들여 실시함
  - 고리대를 갚지 못한 농민들이 노비가 되는 것을 방지하기 위해 국가에서 봄에 쌀을 빌려주었다가 가을에 갚는 춘대추납(春貸秋納)의 빈민 구제책을 시행함
  - 같은 성격의 빈민 구제 제도로는 고려의 의창, 조선 시대의 의창(15세기), 환곡(16세기), 사창(19세기)이 있음

03 난도 ★☆☆ 정답 ③

중세 > 정치사

[자료해설]

'신돈이 설치하자고 요청하였다'는 내용과 '전민을 빼앗은 자들이 그 주인에게 많이 돌려주었다'는 내용으로 보아 (가)는 고려 공민왕 때 설치된 전민변정도감임을 알 수 있다. 공민왕은 승려 신돈을 등용하여 민생 안정과 국가 재정 확보, 권문세족의 경제 기반을 약화시킬 목적으로 전민변정도감을 설치하였다.

[정답의 이유]

③ 전민변정도감은 권문세족이 부당하게 뺏은 토지를 본래 소유주에게 돌려주고 권세가의 압박에 의해 노비가 된 사람들을 양인으로 해방시켰다.

[오답의 이유]

① 고려 문종 때 경시서를 두어 시전을 관리하고 감독하도록 하였다.

② 고려의 삼사는 화폐와 곡식의 출납에 대한 회계를 맡았다.

④ 몽골의 침입 이후 국가 재정난으로 인한 관료들의 녹봉 부족 현상을 해결하기 위해 원종은 녹과전을 지급하였다.

04 난도 ★☆☆ 정답 ④

중세 > 정치사

[자료해설]

제시된 자료는 고려 성종 때 거란의 소손녕이 80만 대군을 이끌고 침략해 오자, 서희가 소손녕을 찾아가 고구려의 후예임을 내세워 현재 거란이 가진 땅이 고려의 영토임을 주장하는 내용이다.

[정답의 이유]

④ 서희는 거란의 제1차 침입 때 적장인 소손녕과 외교 담판을 벌여 송나라와 단교하고 거란과 교류하는 것을 조건으로 강동 6주를 확보하였다(993).

[오답의 이유]

① 고려의 무신 강조는 천추태후와 그의 정부 김치양으로 인한 국가의 혼란을 바로잡기 위해 정변을 일으켜 목종을 폐위시키고 현종을 즉위시켰다(1009).

② 고려 현종 때 거란의 소배압이 이끄는 10만 대군이 침입하였으나(3차 침입), 강감찬이 이에 맞서 귀주에서 대승을 거두었다(귀주대첩, 1019).

③ 고려 예종 때 윤관은 별무반을 이끌고 여진을 몰아내어 동북 9성을 축조하였다(1107).

05 난도 ★★☆ 정답 ③

시대 통합 > 정치사

[자료해설]

밑줄 친 '이곳'은 평양이다. 고구려 장수왕은 남진 정책을 추진하면서 평양으로 수도를 천도(427)하여 신라와 백제를 압박하였다. 묘청은 풍수지리설을 내세워 수도를 서경(평양)으로 천도하여 서경에 대화궁을 짓고, 황제를 칭하며 연호를 사용하는 등 자주적인 개혁을 시행하였다.

[정답의 이유]

③ 미국 상선인 제너럴 셔먼호의 선원들은 평양에서 통상을 요구하며 평양 주민을 약탈하였고, 이에 분노한 평양 주민들은 당시 평안도의 관찰사였던 박규수의 지휘하에 제너럴 셔먼호를 불태워버렸다(1866).

[오답의 이유]

① 고려 고종 때 조휘와 탁청은 동북면 병마사 등을 죽이고 반란을 일으킨 뒤 옛 화주 땅에 주둔하고 있던 몽골에 투항하였다. 이에 몽골은 화주 이북의 땅을 편입하여 쌍성총관부를 설치하고 조휘를 총관, 탁청을 천호로 삼았다(1258).

② 고려 정중부 집권기에 공주 명학소에서 망이 · 망소이 형제가 신분 해방을 외치며 봉기하였다(1176).

④ 일제 강점기 때 경남 진주에서 백정에 대한 사회적 차별 철폐를 위한 형평사가 조직되어 형평 운동이 펼쳐졌다(1923).

06 난도 ★★☆ 정답 ③

고대 > 정치사

[자료해설]

제시된 자료는 매소성 전투(675)에 대한 내용이다. 신라 문무왕(661~681) 때 남침해 오던 당나라 이근행의 20만 대군을 매소성에서 격파하여 나 · 당 전쟁의 주도권을 장악하였다.

[정답의 이유]

ⓛ 김흠돌이 반란을 일으킨 시기는 통일 신라 신라 신문왕 때이다. 신문왕은 장인이었던 김흠돌의 난을 진압한 뒤 진골 귀족 세력을 숙청하여 왕권을 강화하였다(681).

ⓒ 신문왕은 유교 정치를 확립시키기 위해 유학 교육 기관인 국학을 설립하였다(682).

[오답의 이유]

ⓐ 당나라는 백제와 고구려를 멸망시킨 후 공주에 웅진도독부(660), 평양에 안동도호부(668), 경주에 계림도독부(663)를 설치하여 한반도를 지배하고자 하였다.

ⓔ 660년 사비성 함락으로 백제가 멸망한 이후, 복신과 도침 등이 부여풍을 왕으로 추대하여 주류성을 중심으로 백제 부흥 운동을 전개하였으나 나 · 당 연합군에 의해 실패하였다(663).

07 난도 ★★☆　　　　　　　　　　　정답 ③

고대 > 정치사

정답의 이유

(나) 고구려 미천왕 때 서안평을 점령(311)하고 낙랑군(313)과 대방군(314)을 축출하였다.

(가) 신라 지증왕 때 이사부는 왕의 명령으로 우산국(울릉도)을 정복하였다(512).

(라) 신라 법흥왕 때 신라가 금관가야를 병합하였다(532).

(다) 백제 의자왕은 활발한 정복 활동을 전개하여 신라의 대야성을 비롯한 40여개 성을 함락시켰다(642).

※ 오타로 인해 '복수 정답' 처리된 문항으로, 선지를 교체하여 수록함

08 난도 ★★☆　　　　　　　　　　　정답 ②

중세 > 문화사

정답의 이유

② 월정사 팔각 9층 석탑은 고려 전기의 석탑으로 송의 영향을 받았다.

오답의 이유

① 황해도 사리원 성불사 응진전은 고려 후기 다포 양식의 목조 건축물이다. 다포 양식은 고려 후기에 유행한 건축 양식으로 나무 장식이 기둥은 물론 기둥 사이 벽면에도 놓여 있다.

③ 여주 고달사지 승탑은 통일 신라 승탑의 전형적인 형태인 팔각 원당형 양식을 계승하였다.

④ 『직지심체요절』은 1377년 충북 청주시의 흥덕사에서 간행한 현존하는 세계 최고(最古)의 금속활자본으로, 현재 프랑스 국립 도서관에 소장되어 있다.

더 알아보기

고려 시대 석탑

· 대표 석탑: 개성 불일사 5층 석탑, 평창 월정사 8각 9층 석탑
· 원의 영향: 개성 경천사지 10층 석탑
· 삼국 양식 계승: 부여 무량사 5층 석탑
· 승탑과 탑비: 여주 고달사지 승탑(팔각원당형), 원주 법천사 지광 국사 탑비(특이한 형태, 뛰어난 조형미)

09 난도 ★★☆　　　　　　　　　　　정답 ②

근세 > 문화사

정답의 이유

② 혼일강리역대국도지도는 조선 전기 태종 때 편찬된 현존하는 동양 최고의 세계 지도이다(1402). 반면, 곤여만국전도는 조선 후기 청에서 활동한 서양인 선교사 마테오 리치(Matteo Ricci)가 제작한 세계 지도이다(1603).

오답의 이유

① 대동여지도는 조선 후기 김정호가 10리마다 눈금을 표시하여 거리를 알 수 있게 제작한 전국 지도첩이다. 개별 산봉우리를 그리지 않고 산줄기를 연결하여 그렸으며 굵기에 따라 산세를 표현하였다.

③ 천상열차분야지도는 조선 태조 때 제작된 것으로 하늘을 여러 구역으로 나누고 별자리를 돌에 표시한 천문도이다. 조선 숙종 때 태조 때 제작한 것이 닳아 잘 보이지 않게 되자 다시 새겼다.

④ 동국지도는 조선 영조 때 정상기가 실제 거리 100리를 1척으로 줄인 100리 척을 적용하여 제작한 것이다.

10 난도 ★★☆　　　　　　　　　　　정답 ②

근대 태동기 > 경제사

자료해설

제시된 자료의 (가)는 대동법이다. 대동법은 조선 광해군 때 좌의정 이원익이 건의하여 1608년에 처음 실시되었다. 당시에는 경기도에 한하여 실시하였으며, 점차 시행 지역이 확대되면서 숙종 때에 이르러서야 전국적으로 시행되었다(1708).

정답의 이유

② 군역의 폐단을 바로잡기 위해 영조 때 균역법을 실시하였고 이로 인해 줄어든 재정을 보충하고자 지주에게 토지 1결당 쌀 2두를 결작으로 부과하였다.

오답의 이유

① 대동법 실시로 관청에 물품을 납품하는 공인이 성장하였고, 농민도 세금 납부를 위해 특산물을 시장에 내다 팔면서 장시가 점차 발전하였다. 이에 따라 상품 화폐 경제가 크게 발달하였다.

③ 조선 광해군 때 공납의 폐단을 해결하기 위해 공납을 전세화하여 공물 대신 쌀을 납부하도록 하는 대동법을 경기도부터 실시하였다.

④ 대동법 실시로 선혜청에서는 공인이라는 특허 상인에게 비용을 미리 지급하고 필요한 물품을 독점적으로 조달하도록 하였다.

11 난도 ★☆☆　　　　　　　　　　　정답 ③

근대 > 정치사

자료해설

'천여 곳의 서원을 철폐했다'는 내용을 통해 (가) 인물이 흥선 대원군임을 알 수 있다. 흥선 대원군은 세도 정치로 인해 혼란에 빠진 국가 체제를 복구하고 왕권을 회복하기 위해 대내외적으로 각종 개혁 정책을 실행하였다. 지방의 서원이 면세 등의 혜택으로 국가 재정을 악화시키고 백성을 수탈하는 폐해를 저지르자 47개소를 제외한 모든 서원을 철폐하였고, 조선 숙종 때 명 황제인 신종과 의종의 제사를 지내기 위해 만들어진 만동묘가 유생들의 집합 장소가 되어 경제적 · 사회적 폐단이 심해지자 이를 철폐하였다.

정답의 이유

③ 흥선 대원군은 세도 가문이 장악하고 있던 비변사를 축소 · 폐지하고 의정부의 권한을 강화하였다.

오답의 이유

① 흥선 대원군은 문란해진 환곡제를 개선하여 마을 단위로 공동 운영하는 사창제를 전국적으로 시행하였다.

② 흥선 대원군은 정조 때 편찬된 『대전통편』을 보완하고 각종 조례를 정리한 법전인 『대전회통』을 편찬하여 통치 체제를 정비하였다.

④ 흥선 대원군은 외세의 침입을 경계하고 서양과의 통상 수교를 반대하는 정책을 추진하였으며, 통상 수교 반대 의지를 알리기 위해 전국 각지에 척화비를 세웠다.

더 알아보기

흥선 대원군의 서원 철폐
• 목적: 붕당의 폐해 근절로 왕권 강화와 국가 재정 확충, 민생 안정 추구
• 과정: 만동묘를 비롯하여 많은 서원 중에서 47개만 제외하고 모두 정리
• 결과
  – 서원이 가지고 있던 토지와 노비를 환수하여 재정 확충
  – 유생들이 반대하며 흥선 대원군의 입지가 좁아짐

---

12 난도 ★★☆   정답 ④

일제 강점기 > 정치사

자료해설

제시된 자료는 1919년 4월 11일 대한민국 임시의정원에서 발표한 대한민국 임시 헌장의 일부이다.

정답의 이유

④ 전환국은 조선이 개항 이후 설치(1883)한 상설 화폐 발행 기관으로 상평통보 대신 새로운 화폐인 백동화를 주조 · 발행하였다.

오답의 이유

① 대한민국 임시 정부는 국외 거주 동포들에게 독립 공채(애국 공채)를 발행하여 독립운동 자금을 마련하였다.
② 대한민국 임시 정부는 기관지 독립신문을 발행하여 독립운동 소식을 전했다.
③ 대한민국 임시 정부는 독립운동 자금을 안정적으로 확보하고 국내 외의 항일 세력과 연락하기 위해 연통부와 교통국을 조직하였다.

더 알아보기

대한민국 임시 헌장
제1조 대한민국은 민주공화제로 한다.
제2조 대한민국은 임시정부가 임시의정원의 결의에 따라 이를 통치한다.
제3조 대한민국의 인민은 남녀의 귀천(貴賤) 및 빈부의 계급(階級)이 없고, 일체 평등해야 한다.
제4조 대한민국의 인민은 종교, 언론, 저작, 출판, 결사, 집회, 신서(信書), 주소, 이전, 신체 및 소유의 자유를 향유한다.
제5조 대한민국의 인민으로 공민(公民) 자격이 있는 사람은 선거권 및 피선거권이 있다.
제6조 대한민국의 인민은 교육, 납세 및 병역의 의무가 있다.
제7조 대한민국은 신(神)의 의사에 따라서 건국한 정신을 세계에 발휘하며 나아가 인류의 문화 및 평화에 공헌하기 위해서 국제연맹에 가입한다.
제8조 대한민국은 구황실을 우대한다.
제9조 생명형, 신체형 및 공창제를 모두 폐지한다.
제10조 임시정부는 국토 회복 후 만 1년 안에 국회를 소집한다.

---

13 난도 ★★★   정답 ④

현대 > 경제사

자료해설

'수출의 날'을 통해 박정희 정부에 대한 설명임을 알 수 있다. 1960년대에 들어서면서 박정희 정부는 강력한 수출드라이브 정책을 추진했으며, 1964년 8월 26일 국무회의에서 수출 실적이 1억 달러에 이르는 날을 '수출의 날'로 정하기로 의결했다. 이에 따라 '수출 1억 달러'를 돌파한 11월 30일을 기념일로 선포하고 12월 5일 제1회 수출의 날 기념식을 열었다.

정답의 이유

④ 1966년 박정희 정부는 국군을 베트남에 파견하는 대가로 미국으로부터 한국군 현대화를 위한 장비와 경제 원조를 제공받기로 한 '브라운 각서'를 체결하였다.

오답의 이유

① 박정희 군정 시기인 제5차 개헌에서 대통령 직선제로의 개헌이 이루어졌지만 1963년을 박정희 정부의 시작으로 보는 것이 타당하다고 판단하여 정답에서 제외하였다. 우리나라 대통령 직선제 개헌은 제1차 개헌(발췌 개헌, 1952), 제5차 개헌(1962), 제9차 개헌(1987)에서 이루어졌다.
② 유신 체제에 대한 저항으로, 명동 성당에 모인 윤보선, 김대중 등 재야인사들이 긴급 조치의 철폐, 박정희 정권의 퇴진 등을 요구하는 '3 · 1 민주 구국 선언'을 발표하였다(1976).
③ 이승만 정부 시기 제헌 국회는 친일파 청산을 위해 반민족 행위 처벌법을 제정하고, 반민족 행위 특별 위원회를 설치하였다(1948).

---

14 난도 ★★★   정답 ②

근대 태동기 > 정치사

자료해설

자료는 현종 때 발생한 기해예송(1659) 당시의 상황을 나타낸 것이다. 현종 때 효종의 왕위 계승에 대한 정통성과 관련하여 자의대비의 복상 문제를 놓고 서인과 남인 사이에 예송 논쟁이 발생하였다. 기해예송 당시 서인은 효종이 둘째 아들이므로 자의대비의 복상 기간을 1년으로 주장하였고, 남인은 효종을 장자로 대우하여 3년 복상을 주장하였으나 서인 세력이 승리하였다. 따라서 자료에서 상소한 인물이 속한 붕당은 남인이다.

정답의 이유

㉠ 숙종 때 희빈 장씨 소생의 원자 책봉을 반대하는 송시열의 관작을 삭탈하고 제주도로 유배시켜 사사(賜死)하였으며, 송시열을 비롯한 서인 세력이 대거 축출되고 남인이 집권하는 기사환국이 발생하였다.
㉢ 정조는 붕당을 가리지 않고 인재를 등용하였으므로 그동안 권력에서 배제되었던 소론과 남인 계열도 기용되면서 탕평 정치의 한 축을 이루었다.

오답의 이유

ⓛ 서인 세력은 광해군의 중립 외교 정책과 영창 대군 사사 사건, 인목 대비 유폐 문제를 빌미로 인조반정을 일으켰다. 광해군이 폐위되고 인조가 왕위에 올랐으며 북인 세력인 이이첨, 정인홍 등은 처형되었다.

ⓔ 서인은 이이·성혼의 학문을 계승하였고, 동인은 서경덕·조식·이황의 학문을 계승하였다.

더 알아보기

사림의 분당(동인과 서인)

- 동인
  - 서경덕, 조식(북인), 이황(남인)의 학문 계승
  - 사족의 수기(修己; 자신의 몸과 마음을 닦는 것) 강조, 지배층의 도덕성 중시
- 서인
  - 이이, 성혼의 학문 계승
  - 치인(治人; 남을 교화하여 덕으로 이끄는 것) 강조, 개혁을 통한 부국안민 중시

15 난도 ★☆☆   정답 ①

근세 > 정치사

자료해설

삼포왜란은 1510년 조선 중종 때 일어났으며 임진왜란은 1592년 조선 선조 때 신식 무기로 무장한 20만 왜군이 부산포를 시작으로 하여 조선을 침략하면서 발발하였다.

정답의 이유

① 인종의 뒤를 이어 명종이 어린 나이로 즉위하자 명종의 어머니인 문정왕후가 수렴청정을 하였다. 이후 인종의 외척 세력인 대윤(윤임)과 명종의 외척 세력인 소윤(윤원형)의 대립이 심화되어 을사사화가 발생하였고, 이때 윤임을 비롯한 대윤 세력과 사림들이 큰 피해를 입었다(1545).

오답의 이유

② 조선 세조 때 편찬되기 시작한 『경국대전』은 조선의 기본 법전으로 성종 때 완성되어 반포되었다(1485).

③ 조선 세종 때 우리 풍토에 맞는 약재와 치료 방법을 개발하여 정리한 의학서인 『향약집성방』을 편찬하였다(1433).

④ 조선 세종 때 주자소에서 조선의 활자 인쇄술을 한층 더 발전시킨 갑인자가 주조되었다(1434).

16 난도 ★★☆   정답 ④

일제 강점기 > 정치사

자료해설

제시된 법령은 일제가 제정한 회사령이다. 무단 통치 시기 일제는 민족 기업과 민족 자본의 성장을 억제하기 위해 회사 설립 시 총독의 허가를 받도록 하는 회사령을 제정하였다(1910). 이후 일본의 자본 진출을 위해 총독부가 1920년에 회사령을 허가제에서 신고제로 바꾸었다.

정답의 이유

④ 일제는 1911년 식민지 교육 방침을 규정한 제1차 조선 교육령을 통해 보통·실업·전문 기술 교육과 일본어 학습을 강요하면서 보통 교육의 수업 연한을 4년으로 단축하였다.

오답의 이유

① 일제는 1920년부터 산미 증식 계획을 시행하였으나, 1934년 일본에서 식량 생산이 늘어나 쌀값이 하락하자, 쌀을 들여오는 데 반대하는 목소리가 커지면서 중단되었다. 이후 중·일 전쟁으로 군량미 확보가 시급해지고 대가뭄으로 식량이 부족해지자 1940년에 다시 재개하였다.

② 1930년대 중·일 전쟁과 태평양 전쟁이 일어나자 일제는 우리 민족을 전쟁에 동원하기 위해 국가 총동원법을 제정(1938)하여 인력과 물자 등을 수탈하였다.

③ 남면북양 정책은 만주 사변(1931) 이후 일제가 한반도를 공업 원료의 공급지로 이용하기 위해 시행한 경제 침탈 정책으로 남부 지방 농민들에게 면화의 재배를, 북부 지방 농민들에게 면양의 사육을 강요하였다.

더 알아보기

산미 증식 계획(1920~1934)

- 배경: 일제의 자본주의가 발전하면서 인구가 급증하고 도시화가 진행되어 쌀값이 폭등하는 등 식량 부족 문제가 발생함
- 실시: 1920년 일제가 부족한 쌀을 조선에서 수탈하기 위해 실시함
- 내용: 수리 시설 확충, 품종 개량, 개간 및 비료 사용 확대 등
- 결과: 증산량은 계획에 미치지 못하였고, 증산량보다 많은 양의 쌀을 일본으로 보내면서 조선 농민들의 경제 상황이 매우 악화됨

17 난도 ★★★   정답 ②

현대 > 정치사

자료해설

제시된 자료는 1948년 2월에 발표된 유엔 소총회의 결의문이다. 1947년 유엔 총회는 남북한 인구 비례에 따른 총선거를 실시하기로 하고 선거 감독을 위해 유엔 한국 임시 위원단을 파견하려 했으나, 소련이 38선 이북 지역의 입북을 거부하였다. 이에 유엔 소총회는 선거 실시가 가능한 남한만의 단독 선거를 지시하고 임시 위원단을 파견하여 선거를 감시하라는 결정을 내렸다.

정답의 이유

② 김구 등이 남한만의 단독 선거를 반대하며 남북 협상까지 시도했으나 결국 유엔 소총회의 결의에 따라 1948년 5월 10일 남한만 총선거가 시행되었다.

오답의 이유

① 광복 이후 38도 이남 지역에 미군정 실시가 선포되면서 미군정청이 설치되었다(1945.9.).

③ 제1차 미·소 공동 위원회가 결렬된 후 이승만이 단독 정부 수립을 주장하자 여운형, 김규식 등 중도 세력이 좌우 합작 위원회를 결성하였다(1946.7.). 이들은 좌우 합작 7원칙을 발표하고 좌우 합작 운동을 전개하였다.

④ 모스크바 3국 외상 회의의 결정에 따라 임시 정부 수립을 위해 서울에서 제1차, 제2차 미·소 공동 위원회가 개최되었다(1946, 1947).

18 난도 ★★★   정답 ①

근대 > 정치사

자료해설

(가) 1876년 2월에 체결된 강화도 조약의 치외법권(영사 재판권)에 대한 내용이다. 강화도 조약은 우리나라 최초의 근대적 조약이자 일본인에 대한 치외법권과 해안 측량권을 포함한 불평등 조약으로, 일본의 요구에 따라 부산, 원산, 인천을 개항하였다.

(나) 1882년 8월에 체결된 조·청 상민 수륙 무역 장정의 내용이다. 임오군란 이후 청은 조선과 조·청 상민 수륙 무역 장정을 체결하여 치외 법권과 함께 양화진의 점포 개설권, 내륙 통상권, 연안 무역권을 인정받았다.

정답의 이유

① 1876년 7월에 체결된 조·일 수호 조규 부록에 따라 개항장에서 일본 화폐의 유통을 허용하였으며, 일본 상인의 거류지를 설정하였다.

오답의 이유

② 1896년 러시아는 압록강 연안, 울릉도에 대한 삼림 채벌권을 획득하였다.

③ 1898년 조·청 상민 수륙 무역 장정의 체결로 어려움에 빠진 서울 도성 시전 상인들이 황국 중앙 총상회를 조직하여 상권 수호 운동을 전개하였다.

④ 1889년 조선은 흉년으로 곡물이 부족해지자 일본으로 곡물이 유출되는 것을 막기 위해 방곡령을 선포하였다. 그러나 일본은 시행 1개월 전에 일본 공사에 미리 알려야 한다는 조항 내용을 근거로 방곡령 철회를 요구하였고, 결국 조선은 방곡령을 철회하고 일본 상인에 배상금까지 지불하게 되었다.

19 난도 ★★☆   정답 ①

근대 > 정치사

자료해설

밑줄 친 '14개 조목'은 홍범 14조이다. 고종은 제1차 갑오개혁 추진 이후 종묘에서 홍범 14조를 발표하였다. 이는 청의 종주권 배제, 탁지아문으로 재정 일원화, 왕실과 국정 사무 분리 등의 내용을 담아 제1차 갑오개혁의 내용을 재확인하고, 제2차 갑오개혁의 방향성을 설정하여 강령으로 선언한 것이다(1895.1.).

정답의 이유

㉠ 조세의 징수와 경비 지출은 모두 탁지아문에서 관할한다.

㉡ 왕실 사무와 국정 사무를 나누어 서로 혼동하지 않는다.

오답의 이유

㉢ 1901년 대한 제국은 지계아문을 설치하고 토지 소유 문서인 지계를 발급하여 근대적 토지 소유권을 확립하고자 하였다.

㉣ 강화도 조약 이후 일본 금융업계 진출로 인한 일본 자본의 시장 잠식 문제 및 갑오개혁 이후 조세의 금납화 실시로 금융기관 설립 필요성이 대두하자 정부와 왕실의 적극적인 지원으로 민족계 은행인 대한 천일 은행이 설립되었다(1899).

더 알아보기

홍범 14조

1. 청나라에 의존하는 생각을 끊어 버리고 자주독립의 기초를 튼튼히 세운다.

2. 왕실 규범을 제정하여 왕위 계승 및 종친(宗親)과 외척(外戚)의 본분과 의리를 밝힌다.

3. 대군주는 정전(正殿)에 나와서 일을 보되 정무는 직접 대신들과 의논하여 재결하며, 왕비나 후궁, 종친이나 외척은 정사에 관여하지 못한다.

4. 왕실 사무와 국정 사무를 나누어 서로 혼동하지 않는다.

5. 의정부와 각 아문(衙門)의 직무와 권한을 명백히 제정한다.

6. 인민의 조세는 모두 법령으로 정한 비율에 따르고, 함부로 명목을 더 만들어 과도하게 징수할 수 없다.

7. 조세의 징수와 경비 지출은 모두 탁지아문(度支衙門)에서 관할한다.

8. 왕실 비용을 솔선하여 절약함으로써 각 아문과 지방 관청의 모범이 되도록 한다.

9. 왕실 비용과 각 관청 비용은 1년 예산을 미리 정하여 재정 기초를 튼튼히 세운다.

10. 지방 관제를 서둘러 개정하여 지방 관리의 권한을 한정한다.

11. 나라 안의 총명하고 재주 있는 젊은이들을 널리 파견하여 외국의 학술과 기예를 전수받아 익힌다.

12. 장관(將官)을 교육하고 징병법을 적용하여 군사 제도의 기초를 확립한다.

13. 민법과 형법을 엄격하고 명백히 제정하여 함부로 감금하거나 징벌하지 못하게 하여 인민의 생명과 재산을 보호한다.

14. 인재를 등용함에 있어 문벌에 구애되지 말고, 관리를 구함에 있어서 조정과 민간에 두루 걸침으로써 인재 등용의 길을 넓힌다.

20 난도 ★☆☆   정답 ③

일제 강점기 > 정치사

자료해설

만주사변은 1931년 일본이 류타오후 사건을 조작하여 만주를 병참 기지로 만들고 식민지화할 목적으로 일으킨 전쟁으로 후일 중·일 전쟁의 발단이 되었다. 태평양 전쟁은 1941년부터 1945년까지 일본과 연합국 사이에 벌어진 전쟁으로 일본군의 진주만 기습 공격으로 발발하였다.

정답의 이유

③ 1898년 순한글 신문인 제국신문을 창간하여 일반 서민층과 부녀자들을 대상으로 민중 계몽과 자주 독립 의식 고취에 힘썼다.

오답의 이유

① 일제는 제3차 조선 교육령을 발표(1938)하여 학교명을 보통학교에서 (심상) 소학교로 바꾸고 수업 연한은 6년으로 정했으나 지방의 형편에 따라 4년을 그대로 존속하게 하기도 하였다.

② 일제는 민족의 정체성을 말살하기 위해 내선일체의 구호를 내세워 황국 신민 서사 암송을 강요하였다(1937).

④ 지청천을 중심으로 북만주에서 결성된 한국 독립군은 중국 호로군과 연합하여 쌍성보 전투(1932), 사도하자 전투(1933), 대전자령 전투(1933)에서 일본군에 승리하였다.

더 알아보기

조선 교육령

• 개념: 일제강점기 조선인에 대한 일제의 식민화 교육 정책

• 내용

– 1910년 초대 총독 데라우치 마사타케가 처음으로 공포함

– 통감부 시기: 일제는 갑오개혁(1차)의 소학교령을 폐지하고 보통학교령(1907)을 내려 수업연한을 6년에서 4년으로 개정함

– 시기별 주요 정책

제1차 조선 교육령 (1911~1922)	• 보통학교 수업 연한 축소(6년 → 4년) • 실업 교육 위주 • 조선어 교육 축소
제2차 조선 교육령 (1922~1938)	• 보통학교 수업 연한 확대(4년 → 6년) • 고등 교육 가능(일본과 동일 학제) • 조선어 필수 과목
제3차 조선 교육령 (1938~1943)	• 보통학교 → (심상) 소학교 • 조선어 선택 과목 • 국민학교령(1941): (심상) 소학교 → 국민학교
제4차 조선 교육령 (1943~1945)	• 국민학교 수업 연한 축소(6년 → 4년) • 조선어 금지 • 전시 동원 교육

한국사 | 2023년 지방직 9급

✓ 빠른 정답

01	02	03	04	05	06	07	08	09	10
①	③	②	②	③	①	③	④	④	④
11	**12**	**13**	**14**	**15**	**16**	**17**	**18**	**19**	**20**
①	④	①	③	②	④	④	③	③	④

✓ 점수 체크

구분	1회독	2회독	3회독
맞힌 문항 수	/ 20	/ 20	/ 20
나의 점수	점	점	점

---

01 난도 ★☆☆　　　　　정답 ①

선사 시대와 국가의 형성 > 선사 시대

[자료해설]

제시문의 주먹도끼가 발견된 시대는 구석기 시대이다. 구석기 시대에는 주먹도끼, 슴베찌르개, 찍개 등의 뗀석기를 사용하였으며, 연천 전곡리에서 동아시아 최초로 구석기 시대의 전형인 아슐리안형 주먹도끼가 출토되어 동아시아에는 찍개 문화만 존재하였다는 기존의 학설을 뒤집었다.

[정답의 이유]

① 구석기 시대에는 동굴이나 바위 그늘, 강가의 막집에서 거주하였고 이동생활을 주로 하였다.

[오답의 이유]

② 신석기 시대에는 정착 생활이 이루어지면서 움집이 발전하였으며, 그 구조로는 상부와 하부로 나누어 볼 수 있는데, 상부 구조에는 집의 벽과 지붕이 있으며, 하부 구조로는 집터(움, 아래로 판 구멍)와 내부 시설(화덕자리, 저장구덩이, 기둥구멍 등) 등이 있었다.

③ 신석기 시대에는 빗살무늬 토기를 이용해 음식을 조리하거나 곡식을 저장하였다.

④ 청동기 시대에는 구릉에 마을을 형성하고 주변에 도랑을 파고 목책을 둘러 방어 시설을 갖추었다.

---

02 난도 ★★☆　　　　　정답 ③

중세 > 정치사

[자료해설]

제시문에 있는 '개경 환도를 반대하고 반란', '진도로 근거지를 옮기면서 항쟁' 등을 볼 때 (가)의 군사 조직은 고려 무신 집권기에 조직된 '삼별초'라는 것을 알 수 있다.

[정답의 이유]

③ 삼별초는 무신 집권기에 최우가 만든 사병 조직이었다. 최우는 강화도 천도 이후 도둑을 단속하기 위해 야별초를 조직하였다. 이후 군사의 수가 많아져 좌별초와 우별초로 나누어 구성하였고, 몽골의 포로로 잡혀 있다 탈출한 자들로 구성된 신의군과 함께 삼별초라 하였다. 고려 무신 정권 해체 이후 강화도에 있던 고려 조정은 몽골과 강화를 맺고 개경으로 환도하였는데, 삼별초는 이에 반발하여 배중손의 지휘에 따라 진도로 이동하여 대몽 항쟁을 전개하였다.

오답의 이유

① 조선 선조 때의 훈련도감은 유성룡의 건의로 설치되었으며 임진 왜란 때 왜군의 조총에 대항하기 위하여 조총으로 무장한 부대로서 포수, 사수, 살수의 삼수병으로 편제되었다.

② 별무반은 고려 숙종 때 여진과의 1차 접촉에서 패한 뒤 윤관의 건의로 편성된 군사 조직으로 기병인 신기군, 승병인 항마군, 보병인 신보군으로 편성된 특수부대였다.

④ 고려는 북계와 동계의 양계로 설정한 국경 지역에 병마사를 파견하고 상비적인 전투부대 주진군을 지방군으로 편성하여 외적의 침입에 대비하였다.

03 난도 ★★☆ 　　　　　　　　　　　　　　　정답 ②

근대 > 정치사

자료해설

제시문은 최익현이 쓴, '도끼를 가지고 궐 앞에 엎드려 화친에 반대하는 상소'라는 의미의 '지부복궐척화의소' 중 일부이다. 최익현은 일본이 강화도 조약 체결을 요구하자, 일본과 화의를 맺는 것은 서양과 화친을 맺는 것과 다름없다는 왜양일체론에 입각한 논리를 담은 상소를 올리며 반대하였다.

정답의 이유

② 최익현은 일본이 강화도 조약 체결을 요구하자 일본과 서양은 같으므로 개항할 수 없다는 '왜양일체론(倭洋一體論)'을 주장하며 개항을 반대하였다.

오답의 이유

① 박규수는 평양에서 통상을 요구한 미국 상선을 침몰시킨 제너럴셔먼호 사건 당시 평안도 관찰사였던 인물이지만, 후에는 열강의 침략을 피하기 위해 문호를 개방해야 한다고 주장하였다(통상 개화파).

③ 김홍집은 온건 개화파로 2차 수신사로 일본에 파견되었다가 『조선책략』을 가지고 들어왔으며, 통리기무아문에서 활동하였고, 군국기무처에서 총재를 역임하면서 갑오개혁을 추진하였다.

④ 김윤식은 온건 개화파로, 영선사로 청에 건너가 근대식 무기 제조법과 군사 훈련법을 습득하고 귀국 후 근대식 무기 제조 공장인 기기창을 설치하였다.

더 알아보기

위정척사 운동의 전개

시기	내용
1860년대	• 통상 반대 운동(이항로, 기정진) • 흥선 대원군의 통상 수교 거부 정책 지지(척화주전론)
1870년대	• 개항 반대 운동(최익현) • 일본과 서양은 같으므로 개항할 수 없음(왜양일체론)
1880년대	• 개화 반대 운동(이만손, 홍재학) • 유생들의 집단적 상소 운동, 척사 상소(홍재학), 영남 만인소(이만손)
1890년대	• 항일 의병 운동(유인석, 이소응) • 일본 침략이 심화되자 반침략 · 반외세 운동 전개

04 난도 ★☆☆ 　　　　　　　　　　　　　　　정답 ②

근대 > 문화사

자료해설

제시문의 '서재필이 창간', '한글판 발행', '영문판 발행' 등으로 보아 '독립신문'을 설명하고 있음을 알 수 있다.

정답의 이유

② 서재필이 창간한 독립신문은 우리나라 최초의 민간 신문이다(1896). 한글판과 영문판을 발행하였으며, 국민의 근대적 민권 의식을 고취하고 외국인에게 국내의 사정을 소개하였다.

오답의 이유

① 제국신문은 이종일이 발행한 순 한글 신문이다(1898). 서민층과 부녀자를 대상으로 민중을 계몽하고 자주 독립 의식을 고취하며, 교육과 실업의 발달을 강조하였다.

③ 한성순보는 박문국에서 발행한 최초의 근대적 신문이다(1883). 순 한문으로 쓰였으며, 개화 정책의 취지를 설명하고 국내외 정세를 소개하는 관보적 성격을 띠었다.

④ 황성신문은 국한문 혼용체로 발행(1898)된 신문으로, 을사늑약이 체결되자 장지연의 논설 「시일야방성대곡」을 게재하여 조약의 부당성을 비판하였다.

더 알아보기

개항 이후 언론의 발달

한성순보 (1883)	최초의 근대 신문, 순 한문 사용, 10일마다 발간, 국내외 정세 소개
독립신문 (1896)	서재필 창간, 우리나라 최초의 민간 신문, 정부의 지원, 최초의 한글 신문, 한글판과 영문판 두 종류 발행
제국신문 (1898)	이종일 발행, 민중 계몽과 자주독립 의식 고취, 순 한글로 간행, 주로 서민층과 부녀자 대상
황성신문 (1898)	국 · 한문 혼용, 일제의 침략 정책과 매국노 규탄, 을사늑약 체결에 맞서 장지연의 논설 「시일야방성대곡」을 게재하여 조약의 부당성 비판
대한매일신보 (1904)	양기탁 · 베델이 발행, 순 한글, 국한문, 영문판 등 세 종류로 발행, 항일 운동 적극 지원, 국채 보상 운동 주도
만세보 (1906)	국한문 혼용, 천도교 기관지, 민중 계몽, 여성 교육

05 난도 ★★☆ 　　　　　　　　　　　　　　　정답 ③

고대 > 정치사

자료해설

제시문은 삼국 시대의 역사서를 소개하고 있다. 삼국 시대의 역사서로는 고구려 영양왕 때 이문진이 편찬한 『신집』 5권, 백제 근초고왕 때 고흥이 편찬한 『서기』, 신라 진흥왕 때 거칠부가 편찬한 『국사』 등이 있다.

정답의 이유

③ 거칠부가 『국사』를 편찬한 시기는 신라 진흥왕 때이다. 진흥왕은 화랑도를 공인하여 국가적 조직으로 개편하였다. 그 외 업적으로는 불교 정비, 황룡사 건립, 한강 유역 차지(단양 적성비, 북한

산비 건립), 대가야 정복(창녕비 건립), 함경도 지역까지 진출(마운령비, 황초령비 건립) 등이 있다.

오답의 이유
① 고흥이 『서기』를 편찬한 시기는 백제 근초고왕 때이다. 백제의 수도를 사비(부여)로 천도하고 국호를 남부여로 변경한 왕은 성왕이다.

② 백제에서 동진의 마리난타로부터 불교를 받아들이고 공인한 왕은 침류왕이다.

④ 신라에서 병부를 처음으로 설치하여 군권을 장악한 왕은 법흥왕이다.

06 난도 ★★☆　　　　　　　　　　　정답 ①

고대 > 문화사

정답의 이유
① 사택지적비는 백제 의자왕 때 대좌평을 역임했던 사택지적이 남긴 비석이다. 비석에는 사람이 늙어가는 것을 탄식하여, 불교에 귀의하고 사찰을 건립하였다는 내용의 글이 새겨져 있다.

오답의 이유
② 신라 중대에 세워진 것으로 추정되는 임신서기석에는 충도와 유교 도덕에 대한 실천을 맹세하는 내용이 새겨져 있다. 이를 통하여 신라의 청년들이 유교 경전을 공부하였음을 알 수 있다.

③ 충주 고구려비는 고구려 장수왕 때 세워진 것으로, 이를 통하여 당시 고구려가 남한강 유역까지 장악하였음을 알 수 있다.

④ 호우명 그릇은 경주의 호우총에서 발굴되었다. 바닥에 '廣開土地好太王(광개토지호태왕)'이라는 글씨가 새겨져 있어 고구려에서 온 것임을 알 수 있으며, 이를 통하여 5세기 초 당시 고구려와 신라가 밀접한 관계를 맺고 있었음을 파악할 수 있다.

07 난도 ★★★　　　　　　　　　　　정답 ③

근세 > 정치사

자료해설
제시문은 『선조수정실록』에 수록된 임진왜란(1592) 당시 활약한 의병에 대한 내용이다. 임진왜란이 일어나자 각지에서 의병이 일어났는데 전직 관리, 유학자, 승려 등이 익숙한 지형과 그에 맞는 전술을 활용하여 적은 병력임에도 왜군에게 큰 타격을 주었다. 이 중 곽재우는 경상도 의령 지역에서 수천여 명의 의병을 이끌고 항전한 의병장이다.

정답의 이유
③ 임진왜란 때 조명 연합군의 공격으로 후퇴하던 왜군은 행주산성을 공격하였다. 전라 순찰사였던 권율은 서울 수복을 위해 북상하다가 행주산성에서 왜적을 크게 쳐부수어 승리하였다. 이를 행주 대첩(1593.2.)이라 한다.

오답의 이유
① 곽재우는 여러 전투에서 붉은 옷을 입고 활약하여 '홍의장군'이라 불렸다.

② 곽재우는 경상도 의령을 거점으로 봉기하였다.

④ 곽재우를 비롯한 임진왜란 당시 의병들은 지리에 밝은 이점과 향토 조건을 이용한 전술을 활용하여 왜군에 타격을 주었다.

08 난도 ★☆☆　　　　　　　　　　　정답 ④

근대 > 경제사

자료해설
제시문은 1907년 2월 대한매일신보에 발표된 국채 보상 운동 취지서의 내용을 담고 있다. 국채 보상 운동은 일본에서 도입한 차관 1,300만 원을 갚아 경제적 자주권을 지키려 한 운동이다. 김광제, 서상돈의 제안으로 대구에서 시작되었다가 전국으로 확산되었다.

정답의 이유
④ 국채 보상 운동은 1907년 김광제, 서상돈의 제안으로 대구에서 시작되었다. 이후 서울에서 조직된 국채 보상 기성회를 중심으로 전국적으로 확산되었다.

오답의 이유
① 일제 강점기 때 백정들은 사회적 차별을 타파하기 위해 조선 형평사를 조직하고 형평 운동을 전개하였다(1923).

② 물산 장려 운동은 민족 경제의 자립을 목적으로 한 운동으로 토산품 애용·근검·저축·생활 개선 등을 목적으로 평양에서 조만식의 주도로 조선 물산 장려회가 발족되면서(1920) 시작되었다. 이후 서울에서 조선 물산 장려회가 조직되면서(1923) 전국으로 확산되었다.

③ 1930년대 일제는 황국 신민화 정책을 시행하고 내선 일체를 내세워 신사 참배 등을 강요하였다. 이에 개신교 등을 중심으로 신사 참배 거부 운동이 전개되었다.

09 난도 ★★☆　　　　　　　　　　　정답 ④

근세 > 정치사

정답의 이유
④ 조선 시대의 과거 시험은 실무를 맡았던 6조 중 '예조'에서 주관하였다. 과거 시험은 문과·무과·잡과로 구성되었고 양인 이상인 자만 응시할 수 있었다. 과거는 시험 시기에 따라 3년마다 실시하는 정기 시험인 '식년시'와 부정기 시험인 '별시'로 구분하였다.

오답의 이유
'이조'는 과거 시험이 아니라 현직 문관의 인사를 담당하였다.

더 알아보기

조선 시대 6조의 역할

이조	문관 인사
호조	호구, 조세
예조	외교, 교육, 과거 총괄
병조	무관 인사, 국방, 봉수
형조	법률, 소송, 노비
공조	토목, 건축, 수공업, 파발

10 난도 ★★★

현대 > 정치사

자료해설

제시문은 좌우 합작 운동(1946~1947)에 따른 '좌우 합작 7원칙'의 내용을 담고 있다. 광복 이후 좌우 대립이 격화되면서 분단의 위기감을 느낀 중도파 세력들은 여운형, 김규식이 중심이 되어 1946년 7월에 좌우 합작 위원회를 수립하였다. 이 위원회는 모든 조직이 하나로 통합되어, 중도적 사상의 통일 정부를 수립하는 것을 목표로 삼고 1946년 10월 좌우 합작 7원칙을 합의하여 제정하였다.

정답의 이유

④ 광복 직후 모스크바 삼국 외상 회의의 결정에 따라 1946년 3월 덕수궁 석조전에서 미·소 공동 위원회가 개최되었다. 따라서 1946년 10월에 이루어진 '좌우 합작 7원칙 발표' 이전에 있었던 일이다.

오답의 이유

① 3·15 부정선거에 대항한 4·19 혁명은 1960년에 일어난 사건이다.

② 제헌 국회는 『반민족 행위 처벌법』을 제정하고 반민족 행위 특별 조사 위원회를 구성하였다(1948).

③ 5·10 총선거를 통해 구성된 제헌 국회는 제헌 헌법을 제정하였으며 이를 바탕으로 대통령에 이승만, 부통령에 이시영을 선출하고 대한민국 정부 수립을 선포하였다(1948).

정답 ④

11 난도 ★★☆

중세 > 문화사

자료해설

제시문의 '화엄종을 중심으로 교종을 통합', '해동 천태종을 창시' 등을 통하여 밑줄 친 '그'가 의천임을 알 수 있다.

정답의 이유

① 의천은 교종과 선종의 통합 운동을 뒷받침하기 위한 사상적 바탕으로 이론의 연마와 실천을 강조하는 교관겸수를 제시하였다.

오답의 이유

② 독경과 선 수행, 노동에 고루 힘쓰자는 결사 운동을 제창한 인물은 지눌이다.

③ 삼국 시대의 승려 30여 명의 전기를 수록한 『해동고승전』을 편찬한 인물은 각훈이다.

④ 백련사를 결성하고 사회 개혁을 강조하며 자신의 행동에 대한 진정한 참회를 강요하는 법화 신앙을 강조한 인물은 요세이다.

정답 ①

12 난도 ★★☆

근대 태동기 > 정치사

정답의 이유

④ 임진왜란은 1592년에 일어났고 병자호란은 1636년에 일어났다. 병자호란의 결과로 소현세자와 봉림대군이 청에 포로로 끌려갔다가 1645년 귀국해 소현세자는 죽고 봉림대군은 세자로 책봉되었다. 이후 1649년 봉림대군은 효종으로 즉위하였다.

정답 ④

오답의 이유

① 광해군의 중립 외교 정책과 영창 대군 사사 사건, 인목 대비 유폐 문제를 빌미로 서인 세력이 반정을 주도하여 광해군이 폐위되고 인조가 즉위하였다(1623).

② 광해군 때 선조의 아들 중 유일한 정비의 소생인 영창 대군을 왕으로 옹립하려 역모를 꾸몄다는 7서의 옥이 발생하여 영창 대군이 강화도에 유배되었다. 이후 광해군은 왕위를 위협할 요소를 제거하기 위해 영창 대군을 살해하였다(1614).

③ 광해군은 명의 요청으로 강홍립 부대를 파견하였다(1619). 그러나 명과 후금 사이에서 중립 외교 정책을 추진하여 후금과의 사르후 전투에서 무모한 싸움을 계속하지 않고 투항하도록 명령하였다.

13 난도 ★★☆

시대 통합 > 지역사

정답의 이유

① 1866년 병인양요 때 강화도에 침입한 프랑스군은 퇴각 과정에서 외규장각의 조선 왕조 의궤 등 문화유산을 약탈해 갔다. 동학 농민 운동의 주 격전지는 1차 전라도, 2차 충청도와 전라도였다.

정답 ①

오답의 이유

② 고려궁지는 고려가 몽골의 침입에 대항하여 개경에서 강화도로 천도한 시기(1232~1270) 때 사용하던 궁궐터이다. 몽골이 고려를 침략하자, 정권을 장악하고 있던 최우는 몽골과의 장기 항쟁을 위해 강화도로 천도(1232)하였고, 이로부터 1270년 개경으로 환도할 때까지 약 40여 년간 고려 왕궁이 강화도에 있었다.

③ 강화도 부근리, 삼거리, 오상리 등의 지역에는 청동기 시대 지배층 군장의 무덤인 고인돌 160여 기가 분포되어 있다. 세계에서 고인돌이 가장 밀집되어 있는 동북아시아 중에서도 우리나라는 그 중심에 있으며, 고창·화순·강화 고인돌 유적이 함께 유네스코 세계 유산으로도 등재되어 있다.

④ 강화도 광성보는 신미양요 때 가장 치열한 격전지였다. 제너럴셔먼호 사건을 구실로 미국의 로저스 제독이 함대를 이끌고 강화도를 공격하여 신미양요가 발생하였다(1871). 미군은 강화도 덕진진을 점거하고 광성보로 진격하였고, 조선군은 어재연을 중심으로 맞서 싸웠으나 수많은 사상자를 내며 패배하였다.

14 난도 ★★★

근대 태동기 > 정치사

정답의 이유

③ 인조(1623~1649)는 서인이 주도한 반정으로 왕위에 올랐다. 인조 대에는 서인의 우세 속에서 서인과 남인이 서로의 학문적 입장을 인정하는 토대 위에서 상호 비판적인 공존 체제를 유지하였다.

정답 ③

오답의 이유

① 선조(1567~1608)의 즉위 이후 사림이 중앙 정계에 대거 진출하여 정국을 주도하였다. 사림 세력 내 이조 전랑직을 두고 대립과 갈등이 심화되었으며, 왕실의 외척이자 기성 사림의 신망을 받던 심의겸 중심의 세력은 서인으로, 당시 신진 사림의 지지를 받던 김효원 중심의 세력은 동인으로 분당하였다.

② 광해군(1608~1623) 시기에는 북인의 집권으로 정계에서 밀려난 서인 세력이 인조반정을 일으켜 광해군이 폐위되었고 인조가 왕위에 올랐다.

④ 숙종(1674~1720)은 상황에 따라 한 당파를 일거에 내몰고 상대 당파에게 정권을 모두 위임하는 편당적인 인사 관리로 환국의 빌미를 제공하였다. 경신환국(1680) 이후 남인이 몰락하고 서인이 집권하였는데, 남인의 처분을 두고 서인이 강경한 입장의 노론과 온건한 입장의 소론으로 나뉘었다.

더 알아보기

붕당 정치의 전개

선조~광해군	• 동인이 정여립 모반 사건을 계기로 남인과 북인으로 분화 • 광해군 때 북인 집권
인조~효종	인조반정 후 서인 집권 → 서인·남인 상호 비판적 공존
현종	두 차례 예송 발생 → 서인과 남인 대립 심화
숙종	• 환국 전개 → 3사의 언론 기능 변질, 남인 몰락, 서인이 노론과 소론으로 분화 • 붕당 간 보복과 탄압으로 일당 전제화 경향
영조~정조	• 탕평책으로 붕당 간 세력 균형 및 붕당 타파 • 영조(완론탕평): 붕당을 없애자는 논리에 동의하는 탕평파를 중심으로 정국을 운영, 서원 대폭 정리 • 정조(준론탕평): 시파·벽파의 갈등 경험 후 강한 탕평책 추진, 척신과 환관 제거, 권력에서 소외되었던 소론 일부와 남인 계열도 중용

15 난도 ★☆☆   정답 ②

시대 통합 > 문화사

정답의 이유

② 고려 우왕 때 최무선의 건의로 화약과 화포 제작을 위한 화통도감이 설치되었다(1377).

오답의 이유

① 세종의 명으로 금속 활자인 갑인자가 주조되어 조선의 금속 활자 인쇄술이 한층 더 발전하였다.

③ 세종 때 중국의 수시력과 아라비아의 회회력을 참고로 내편(內篇)과 외편(外篇)으로 이루어진 역법서 『칠정산』을 편찬하였다.

④ 세종은 이천과 장영실에게 간의를 제작하고 실험하도록 지시하였고, 간의 제작에 성공하자 경복궁 경회루 북쪽에 간의대를 세우고 대간의를 설치해 천체 관측 업무를 수행하였다. 간의는 천체를 관측하기 위한 전문 관측기구이다.

16 난도 ★☆☆   정답 ④

일제 강점기 > 정치사

자료해설

제시문은 신간회의 행동 강령이다. 신간회는 1920년대 중반 정우회 선언(1926)을 계기로 사회주의 세력과 민족주의 세력이 연대하여 결성된 좌우 합작 단체이다(1927).

정답의 이유

④ 1929년 광주 학생 항일 운동이 일어나자 신간회는 광주에 조사단을 파견하고 일제의 학생 운동 탄압에 항의하였다. 그리고 사건의 진상 보고를 위한 민중 대회를 열어 이를 전국적인 항일 운동으로 확산시키려고 하였다. 그러나 이 계획은 사전에 일본 경찰에 발각되어 신간회 간부들이 체포되었고, 민중 대회는 열리지 못하였다.

오답의 이유

① 이상재 등이 중심이 된 조선 교육회의 제안으로 경성에서 조선 민립 대학 기성 준비회가 조직되었다(1922). 이를 바탕으로 출범한 조선 민립 대학 기성회(1923)는 '한민족 1천만이 한 사람이 1원씩'이라는 구호를 내걸고 전국적인 모금 운동을 벌였다(민립 대학 설립 운동).

② 대한민국 임시 정부는 파리 강화 회의에 김규식을 파견하여 독립 청원서를 제출하는 등 외교 활동을 전개하였다(1919).

③ 순종의 국장일에 사회주의자들과 학생들이 대규모 만세 운동을 준비하였으나, 사회주의자들이 사전에 일제에 발각되면서 학생들을 중심으로 6·10 만세 운동을 전개하였다(1926).

더 알아보기

신간회

창립	• 비타협적 민족주의 세력과 사회주의 계열이 연대하여 창립(1927) • 회장 이상재, 부회장 홍명희 선출
활동	• 민족 단결, 정치적·경제적 각성 촉구, 기회주의자 배격 • 민중 계몽 활동으로 순회 강연, 야학 등 전개 • 농민·노동·여성·형평 운동 등 지원 • 광주 학생 항일 운동 지원(조사단 파견, 대규모 민중 대회 계획)
해소	민중 대회 사건으로 간부 대거 구속 → 타협적 민족주의와의 협력으로 갈등 발생, 코민테른 노선 변화 → 해소론 대두 → 해소(1931)
의의	• 민족주의 계열과 사회주의 계열의 민족 연합 • 일제 강점기 최대의 합법적인 반일 사회단체
행동강령	• 우리는 정치적, 경제적 각성을 촉진함 • 우리는 단결을 공고히 함 • 우리는 기회주의를 일체 부인함

17 난도 ★★★　　　　　　　　　정답 ④

중세 > 문화사

자료해설

제시문은 이규보가 쓴 『동명왕편』의 서문이다. 『동명왕편』은 한국 문학 최초의 서사시로, 고구려를 건국한 동명왕의 업적을 칭송하고 고려가 고구려를 계승하였다는 점을 수록하여 고려인의 자부심을 표현하였다.

정답의 이유

④ 이규보는 『동명왕편』 서문에서 김부식이 『삼국사기』를 편찬할 때 동명왕의 신이한 사적을 생략하였다고 비판하였다.

오답의 이유

① '강목체'는 사실에 대한 '강', 자세한 사실 경위에 대한 '목'의 순서로 사건을 서술하는 형식으로 평가를 강조한다는 특징이 있다. 고려 충숙왕 때 민지가 우리나라 최초의 강목체 역사서 『본조편년강목』을 편찬하였다(1317).

② 충렬왕 때 이승휴가 쓴 『제왕운기』는 단군부터 충렬왕까지의 역사를 서사시로 서술하였다(1287). 중국과 우리나라의 역사를 병렬적으로 서술하여 우리 역사만의 독자성을 강조하였고, 단군의 고조선 건국 이야기를 수록하여 고조선을 한국사에 포함시켰다.

③ 『삼국유사』는 고려 충렬왕 때 승려 일연이 저술한(1281) 역사서이다. 불교사를 중심으로 왕력과 함께 기이(紀異)편을 두어 전래 기록을 광범위하게 수록하였으며, 특히 단군을 우리 민족의 시초로 여겨 단군 왕검의 건국 설화를 수록하였다.

18 난도 ★★☆　　　　　　　　　정답 ③

일제 강점기 > 정치사

정답의 이유

③ 임병찬은 고종의 밀지를 받고 국내 잔여 의병 세력과 유생을 규합하여 독립 의군부를 조직하고(1912), 대한제국의 회복을 목표로 조직적인 항일 투쟁을 전개하였다. 독립 의군부는 조선 왕조를 부활시킨다는 복벽주의를 추구하며 일본 총리와 조선 총독에게 국권 반환 요구서를 제출하고 국권 회복을 위해 끝까지 저항할 것임을 알렸다.

오답의 이유

① 조선 독립 동맹은 화북 조선 청년 연합회를 확대 · 개편하여 김두봉이 결성하였고, 그 산하에 조선 의용대 화북 지대를 개편한 조선 의용군(1942)을 두었다.

② 만주 지역의 독립군 부대들은 대한민국 임시정부 소속의 군정부로서 중국 지안을 중심으로 압록강 접경을 관할한 참의부(1924), 하얼빈 이남의 남만주를 관할한 정의부(1924), 북만주를 관할한 신민부(1925) 등 3부가 성립되었다.

④ 양세봉이 이끄는 조선 혁명군은 남만주 일대에서 중국 의용군과 연합 작전을 전개하여 영릉가 전투에서 일본군을 격파하였다(1932).

19 난도 ★★★　　　　　　　　　정답 ③

일제 강점기 > 문화사

자료해설

제시문은 백남운이 쓴 『조선사회경제사』의 일부이다. 제시문에서 우리 조선의 역사적 발전이 '세계사적인 일원론적 역사 법칙에 의해 다른 민족과 거의 같은 궤도로 발전 과정을 거쳐 왔다.'는 내용을 통해 사적 유물론을 바탕으로 한 백남운의 주장임을 알 수 있다.

정답의 이유

③ 백남운은 일제의 식민 사관을 비판하면서 마르크스의 유물 사관에 나오는 사적 유물론의 원리를 적용하여 주체적으로 역사를 해석하였다. 이를 통해 한국사를 세계사적 보편성 위에 체계화하는 과정에서 식민 사학의 정체성론을 비판하였다.

오답의 이유

① 민족정신으로서 '조선 혼(魂)'을 강조하며 『한국통사』, 『한국독립운동지혈사』 등을 저술한 인물은 '박은식'이다.

② 민족주의 사학을 계승하여 조선의 '얼'을 강조하며 『조선사연구』 등을 저술한 인물은 '정인보'이다.

④ 이병도, 손진태, 이윤재 등은 문헌 고증의 방법을 통해 한국사를 실증적으로 연구하는 진단 학회를 조직하고(1934), 『진단학보』를 발행하였다.

20 난도 ★★☆　　　　　　　　　정답 ④

현대 > 정치사

정답의 이유

④ 애치슨 선언은 미국 국무장관 애치슨이 한국을 미국의 태평양 방위선에서 제외한다는 내용을 포함하여 발표한 연설로, 6 · 25 전쟁 발발의 원인을 제공하였다(1950.1.).

오답의 이유

① 국군과 유엔군은 인천 상륙 작전(1950.9.)의 성공으로 서울을 수복하고 압록강까지 진격하였다.

② 6 · 25 전쟁 중 자유당은 이승만 대통령의 재선을 위해 부산 지역에 비상계엄을 선포하고 대통령 간선제를 직선제로, 국회 단원제를 양원제(내각 책임제)로 고치는 개헌안을 국회에 제출하여 토론 없이 기립 표결로 통과시키는 제1차 개헌(발췌 개헌)을 단행하였다(1952.7.).

③ 휴전 협정이 진행 중이던 시기에 이승만은 모든 포로를 중립국에 넘긴 다음 남한과 북한 가운데 하나를 선택하게 한다는 협정에 반발하여 전국 8개 포로수용소(부산 거제리, 부산 가야리, 광주, 논산, 마산, 영천, 부평, 대구)의 반공 포로를 석방하였다(1953.6.).

한눈에 훑어보기

✔ **빠른 정답**

01	02	03	04	05	06	07	08	09	10
①	④	④	④	③	④	②	④	①	②
11	**12**	**13**	**14**	**15**	**16**	**17**	**18**	**19**	**20**
②	④	②	③	③	③	①	③	①	①

✔ **점수 체크**

구분	1회독	2회독	3회독
맞힌 문항 수	/ 20	/ 20	/ 20
나의 점수	점	점	점

01 난도 ★☆☆ 정답 ①

선사 시대와 국가의 형성 > 선사 시대

[정답의 이유]

① 청동기 시대에는 돌도끼나 홈자귀, 괭이 등 돌이나 나무로 만든 농기구를 사용하였다. 청동은 귀했기 때문에 농기구로 사용하지 못하고, 무기와 종교 의식에 쓰이는 의기를 만들어 사용했으며, 철기 시대 이후 호미, 쇠스랑, 쟁기 등의 철제 농기구가 널리 사용되면서 농업 생산량이 늘어났다.

[오답의 이유]

② 청동기 시대에는 거푸집으로 비파형 동검을 제작하여 사용하고, 청동 거울이나 방울 등을 제작하여 의례를 주관할 때 사용하였다.

③ 청동기 시대에는 생산 경제의 발달로 사유 재산과 계급이 발생하였고, 정치권력과 경제력을 가진 지배자인 군장이 등장하였다.

④ 청동기 시대에는 민무늬 토기를 널리 사용하였다. 이외에도 청동기 시대 토기로는 미송리식 토기, 부여 송국리형 토기, 붉은 간 토기 등이 있다.

02 난도 ★★☆ 정답 ④

고대 > 문화사

[정답의 이유]

④ 백제 무왕 때 건립된 익산 미륵사지 석탑은 현존하는 삼국 시대의 석탑 중 가장 크며, 국보 제11호로 지정되어 있다. 석탑 해체 복원 과정 중 1층 첫 번째 심주석에서 금제 사리봉영(안)기가 발견되어 건립 연도가 백제 무왕 때(639)임이 명확하게 밝혀졌다. 세계 최고(最古)의 목판 인쇄물인 무구정광대다라니경은 경주 불국사 삼층 석탑에서 발견되었다.

[오답의 이유]

① 무령왕릉은 널길과 널방을 벽돌로 쌓은 벽돌 무덤으로, 이 고분 양식을 통해 백제가 중국 남조와 교류하며 영향을 받았음을 알 수 있다.

② 영광탑은 발해 때 세워진 5층 벽돌탑으로, 당의 영향을 받았다.

③ 강서대묘는 굴식 돌방 무덤의 형태로 축조되었다. 내부에는 청룡, 백호, 주작, 현무 등의 사신도가 그려져 있어 도교의 영향을 받았음을 알 수 있다.

03 난도 ★☆☆　　　　　　　　　　　정답 ④

중세 > 정치사

자료해설

제시문의 '최우', '백관의 인사를 다루었는데', '문사(文士)를 뽑아' 등을 볼 때 ㉠은 정방임을 알 수 있다. '정방'은 1225년 최우가 자신의 집에 설치한 인사 행정 기관이다.

정답의 이유

④ 정방은 무신 정권 시기 최충헌의 뒤를 이어 집권한 최우가 자신의 집에 설치하였다. 최우는 정방을 인사 행정 담당 기관으로 삼아 인사권을 완전히 장악하였다.

오답의 이유

① 교정도감은 고려 무신 정권 시기 최충헌이 설치한 국정을 총괄하는 중심 기구이다. 최충헌은 스스로 기구 최고 관직인 교정별감이 되어 인사 및 재정 등을 장악하였다.

② 도방은 경대승이 신변 보호를 위해 설치한 무신 정권의 사병 기관이다. 이후 경대승의 호위뿐 아니라 반대 세력의 움직임을 탐지하여 형벌을 내리거나 숙청하는 역할 등을 담당하였다. 도방은 경대승 사후 해체되었다가 최충헌이 정권을 잡은 이후 전보다 더 큰 규모로 재건되기도 하였다.

③ 중방은 원래 궁궐과 도성의 수비, 치안 문제를 다루는 기관이었으나 1170년 이의방 · 정중부의 무신 정변 이후 무신 집권자들이 국정 전반을 논의하는 핵심 권력 기관이 되었다. 이후 최충헌이 권력을 잡고 교정도감 · 정방 · 도방 등이 갖추어지면서 중방의 기능이 약화되었다.

04 난도 ★★☆　　　　　　　　　　　정답 ④

근세 > 문화사

자료해설

제시문의 '원나라의 『수시력』을 사용하였다', '세종이 명하여 추보하도록 하니' 등의 내용을 통해 ㉠은 『수시력』 등을 참고하여 세종 때 제작된 역법서, 『칠정산내외편』임을 알 수 있다.

정답의 이유

④ 원나라는 1281년 『수시력』을 반포하고 사용하였는데, 고려에서 이를 받아들여 사용하였다. 조선이 건국된 이후에도 『수시력』을 사용했지만 조선의 실정과 다른 부분이 많았다. 이에 따라 세종은 정인지 · 정초 · 정흠지 등에게 명하여 조선에 맞는 역법서를 만들라 명하였고, 이에 편찬된 것이 『칠정산』이다. 『칠정산』은 내외편으로 구분되는데, 『칠정산내편』은 원나라의 수시력과 명나라의 대통력을 한양의 위도에 맞게 수정 · 보완한 것이며, 『칠정산외편』은 아라비아 천문학의 영향을 받아 원나라에서 편찬한 회회력을 조선에 맞게 고친 것이다.

오답의 이유

① 『향약채취월령』은 조선 세종 때 향약 채취에 실질적인 도움을 주기 위해 편찬된 의서로, 1년 12개월 동안 전국 각지에서 생산되는 약재와 약명, 산지, 말리는 법 등을 기록하였다.

② 『의방유취』는 조선 세종 때 동양의 여러 의학 서적과 이론을 수집 · 정리하여 집대성한 의학 백과사전이다.

③ 『농사직설』은 조선 세종 때 우리나라의 풍토에 맞는 농사 기술과 농민의 실제 경험을 토대로 우리의 독자적 농법을 최초로 정리한 농서이다.

더 알아보기

세종 시기 편찬 서적

『칠정산』	중국의 수시력과 아라비아의 회회력을 참고하여 만든 우리나라 역사상 최초로 서울을 기준으로 천체 운동을 계산한 역법서
『삼강행실도』	모범이 될 만한 충신, 효자, 열녀 등의 행적을 그림으로 그리고 설명한 윤리서
『농사직설』	우리 실정에 맞는 최초의 농서. 우리나라 풍토에 맞는 씨앗의 저장법, 토질 개량법, 모내기법 등 농민의 실제 경험을 종합함
『향약집성방』	우리 풍토에 맞는 7백여 종의 국산 약재와, 1천여 종의 병에 대한 치료 예방법을 소개한 의서
『의방유취』	동양 의학을 집대성한 의학 백과사전

05 난도 ★☆☆　　　　　　　　　　　정답 ③

근대 태동기 > 정치사

자료해설

제시문에 있는 '장용영을 설치'를 통해 밑줄 친 '이 왕'이 정조임을 알 수 있다. 정조는 왕권을 뒷받침하는 군사적 기반을 갖추기 위해 국왕 친위 부대인 장용영을 설치하였다.

정답의 이유

㉡ 정조는 상공업 진흥을 위해 육의전을 제외한 시전 상인들의 금난전권을 폐지하여 상공업 활동의 자유를 보장하는 통공 정책을 실시하였다(신해통공).

㉢ 정조는 새롭게 관직에 오른 자 또는 기존 관리 중 능력 있는 관리들을 규장각에서 재교육시키는 초계문신제를 시행하였다.

오답의 이유

㉠ 영조는 붕당 정치의 폐해를 막고 능력에 따른 인재를 등용하기 위해 탕평책을 실시하였고, 성균관에 탕평비를 건립하였다.

06 난도 ★★★　　　　　　　　　　　정답 ④

일제 강점기 > 사회사

자료해설

제시문은 신고산 타령을 개작한 '화물차 가는 소리'의 일부이다. 가사 중 '쇠붙이 쇠붙이 밥그릇마저 모조리 긁어 갔고요'를 통하여 1930~40년대 일제의 민족 말살 통치 시기의 사회상이 반영된 것임을 알 수 있다. 1930년대 이후 일제는 대륙 침략 전쟁 수행을 위해 한반도를 병참 기지화하여 침략 전쟁에 필요한 인적 · 물적 자원을 수탈하였다.

정답의 이유

④ 일제가 조선 어업령(1911), 조선 삼림령(1911), 조선 광업령(1915)을 제정하여 한반도의 각종 자원을 독점하고 한국인의 소유나 경영을 억제한 시기는 1910년대 무단 통치 시기이다.

오답의 이유

① 일제는 '조선식량관리령'을 제정·공포하고(1943) 그 실행 기관으로 '조선식량영단'을 설립하였다. '조선식량영단'은 주요 식량의 전 유통 과정을 장악하고 식량 통제 업무를 수행하였고, 일제는 이를 통하여 한반도의 식량을 강제 공출하고 수탈하였다.

② 일제는 여자 정신 근로령(1944)을 공포하여 젊은 여성들을 군수 물자 생산에 동원하였고, 이 중 일부 여성들을 일본군 '위안부'로 삼는 만행을 저질렀다.

③ 일제는 1940년대 초 '기업허가령'과 '기업정비령'을 공포하여 조선인이 기업을 설립할 때 일제의 허가를 받도록 하거나, 조선인 기업을 강제로 해산시키거나 일본인 기업에 흡수시키는 등의 방식으로 조선인 기업의 통제를 강화하였다.

더 알아보기

조선 식량 관리령

- 정의: 1943년 일제가 침략 전쟁 수행을 위한 곡물 공출을 강제하기 위해 제정한 법률
- 제정 배경
  - 중일 전쟁 이후 군수 식량 확보를 위해 식량 증산 정책을 실시했으나, 전쟁의 장기화와 전황 악화로 식량 생산을 위한 조건은 점점 더 열악해짐
  - 1939년 큰 가뭄으로 인한 흉작이 미곡 사정을 더욱 더 악화시킴
- 내용
  - 일제는 미곡의 통제와 공출을 제도화하기 위해서 1939년 12월 27일 제령 제23호 「조선 미곡 배급 조정령」과 부령 제226호 「미곡 배급 통제에 관한 건」을 공포함
  - 1943년 8월 9일에는 제령 제44호로 「조선 식량 관리령」과 9월 11일 부령 제280호로 「조선 식량 관리령 시행 세칙」을 공포함
- 결과
  - 가혹한 일제의 공출에 농민들의 저항도 갈수록 높아져 갔음
  - 농민들의 저항에도 불구하고 공출의 강도가 더욱 심해져 결국 경작 포기 및 이농 발생 → 다시 생산량 감소로 이어지며 농촌의 피폐화를 가속화시킴

07 난도 ★★☆

현대 > 정치사

정답 ②

정답의 이유

㉠ 대한민국 임시정부 주석 김구와 외무부장 조소앙은 장제스를 찾아가 제2차 세계 대전 종전을 앞두고 개최될 카이로 회담에서 한국의 독립이 다루어지도록 요청하였다. 이후 열린 카이로 회담의 결과 한국 독립을 명기한 카이로 선언이 발표되었다(1943.11.).

㉣ 얄타 회담(1945.2.)은 미국·영국·소련 3국이 참여한 것으로, 소련의 대일 참전 결정과 한국의 신탁 통치 등 전후 처리 문제가 논의되었다.

㉢ 포츠담 선언(1945.7.)은 미국·영국·중국·소련이 참여하여 일본의 무조건 항복 요구, 한국의 독립을 재확인한 선언이다.

㉡ 모스크바 3국 외상회의(1945.12.)는 세계 대전 전후 문제를 처리하기 위해 소련 모스크바에서 열린 회의이다. 이 회의에서 한반도 내의 미·소 공동 위원회 설치와 최대 5년간의 신탁 통치 협정안이 결정되었다.

㉤ 1948년 2월, 유엔 소총회에서 선거가 가능한 지역에서만 선거를 시행하고 임시 위원단이 선거를 감시하라는 결정을 내렸다. 이에 따라 유엔의 감시 아래 남한 단독 총선거가 실시되었다(1948.5.10.).

더 알아보기

연합국의 한국 독립 논의

카이로 선언 (1943.11.)	미국·영국·중국 3국 수뇌, 한국의 독립을 최초로 약속
얄타 회담 (1945.2.)	미국·영국·소련 수뇌, 소련의 대일전 참전 결정, 한국 신탁 통치 등 전후 처리 문제 논의
포츠담 선언 (1945.7.)	미국·영국·중국 3국 수뇌 + 소련(8월에 추가 서명), 한국 독립 약속 재확인

08 난도 ★☆☆

근대 태동기 > 문화사

정답 ④

자료해설

제시문의 '여전(閭田)의 법', '공동으로 경작', '노동량 기록', '수확물을 모두 여장의 집으로 보내어 그 식량을 분배' 등의 내용을 통해 밑줄 친 '나'는 중농주의 실학자 '정약용'임을 알 수 있다. 정약용은 한 마을을 단위로 하여 토지를 공동으로 소유하고 경작하여 그 수확량을 노동량에 따라 분배하는 내용의 '여전론'을 주장하였다.

정답의 이유

④ 『목민심서』는 중농주의 실학자 정약용이 목민관이 지켜야 할 지침을 밝히면서 관리들의 폭정을 비판한 저서이다.

오답의 이유

① 『북학의』는 중상주의 실학자 박제가가 청에 다녀온 후 저술한 저서이다. 박제가는 이 책을 통해 청의 문물을 적극적으로 수용할 것과 절약보다는 적절한 소비를 통해 생산을 발전시켜야 한다는 내용을 주장하였다.

② 『성호사설』은 중농주의 실학자 이익이 백과사전식으로 저술한 저서이다. 이익은 이 책을 통해 한 가정의 생활을 유지하는 데 필요한 규모의 토지를 영업전으로 정하고, 영업전의 매매를 금지하는 한전론을 주장하였다.

③ 『반계수록』은 중농주의 실학자 유형원이 통치 제도에 관한 개혁안을 중심으로 저술한 책이다. 유형원은 이 책을 통해 신분에 따라 차등 있게 토지를 재분배하고 자영농을 육성하는 균전론을 주장하였다.

근대 > 정치사

자료해설

제시문 (가)의 '개화당', (나)의 '임오군란 이후', '이 사건을 일으켰던 이는 일본 당으로 지목되었다' 등의 내용을 통해 밑줄 친 '이 사건'은 1884년에 개화당(급진 개화파)이 주도한 갑신정변임을 알 수 있다. 김옥균을 중심으로 한 급진 개화파는 일본의 군사적 지원을 받아 우정국 개국 축하연 자리에서 갑신정변을 일으키고 청과의 사대 관계 폐지, 입헌 군주제, 능력에 따른 인재 등용 등을 주장하였다.

정답의 이유

① 임오군란 이후 조 · 청 상민 수륙 무역 장정을 체결하였다 (1882). 조선 정부는 임오군란을 진압하기 위해 청군의 출병을 요청하였다. 청은 임오군란을 진압한 이후 조선과 '조 · 청 상민 수륙 무역 장정'을 체결하여 치외 법권과 함께 양화진에 점포 개설권, 내륙 통상권, 연안 무역권을 인정받았다.

오답의 이유

② 김옥균, 박영효 등 개화당은 일본의 군사적 지원을 약속받고 우정총국의 낙성 축하연 자리에서 갑신정변을 일으켰다.

③ 개화당은 갑신정변을 일으켜 정권을 장악한 뒤 14개조 개혁 정강을 발표하였다. 여기에는 청과의 사대 관계 폐지, 입헌 군주제, 능력에 따른 인재 등용 등의 내용이 포함되어 있었다.

④ 갑신정변 직후 청과 일본은 조선에 군대를 파견할 경우 상대국에 사전 통보할 것 등을 내용으로 한 톈진 조약을 체결하였다.

시대 통합 > 경제사

자료해설

제시문의 '조준 등이 또 상소하여', '토지를 지급하는 법' 등을 통하여 밑줄 친 '법'이 고려 공양왕 때 시행한(1391) '과전법'임을 알 수 있다. 관원들에게 토지를 지급하는 제도인 '과전법'은 고려 말 신진 사대부 세력과 급진 개혁파의 주도로 시행되었는데, 이후 조선까지 이어져 사대부 관리들의 경제 기반을 보장하고 국가의 재정을 유지하는 토대가 되었다.

정답의 이유

② 고려 공양왕 때 신진 사대부 조준 등의 건의로 토지 개혁법인 과전법을 실시(1391)하였는데 지급 대상 토지를 원칙적으로 경기 지역에 한정하였다.

오답의 이유

① 고려 경종 때 관리의 관등과 인품에 따라 전지와 시지를 지급하는 시정 전시과가 시행되었다(976).

③ 조선 세조 때 관리의 토지 세습 등으로 지급할 토지가 부족해지자 수신전 · 휼양전을 폐지하고 현직 관리에게만 수조권을 지급하는 직전법이 시행되었다(1466).

④ 조선 인조 때 개간을 권장하여 경작지를 확충하고 농민 부담을 줄이기 위해 영정법을 실시하여 풍흉에 관계없이 토지 1결당 쌀 4~6두로 전세를 고정하였다(1635).

고대 > 정치사

자료해설

제시문의 '호암사에 있는 바위에 두었다', '도장이 찍혀 있는 사람을 재상으로 삼았다' 등의 내용을 통하여 〈보기〉의 제도가 백제의 '정사암 회의'라는 것을 알 수 있다. 백제의 귀족들은 정사암이라는 바위에서 회의를 통해 재상을 선출하고 국가의 중대사를 논의하고 결정하였다.

정답의 이유

② 백제는 성왕 때 관등제, 중앙 정치 제도, 지방 제도를 대대적으로 정비하고 통치 조직을 완비하였으며, 지방 제도로 방(方)이라는 최상위 행정 단위를 두고, 전국을 동, 서, 남, 북, 중 5방으로 나누었다. 방의 장관은 '방령'이라 칭했는데 방령은 각 방의 행정 책임자인 동시에 군사 지휘관이었다.

오답의 이유

① 고구려는 지방을 대성, 중성, 소성 3단계로 나누어 통치하였으며, 대성에는 욕살을, 중성에는 처려근지를 장관으로 두었다.

③ 신라는 새로 점령한 지역의 주요 거점을 최상위 행정 단위인 주(州)로 삼고, 그곳에 지방 단위에 주둔하는 군단인 정(停)을 두고 진골 출신의 장군이 지휘하도록 하였다.

④ 고구려에서는 국가의 중대사를 귀족들이 회의를 통해 결정하였는데, 제1관등인 '대대로'를 임명할 때에는 귀족인 가(加)들이 모여 선출하였으며, 주요 국사는 제5관등인 조의두대형 이상 귀족들의 회의에서 처리하였다.

중세 > 경제사

자료해설

제시문의 '해동통보'를 보아 〈보기 1〉의 시대는 고려 숙종(1095~1105) 때임을 알 수 있다.

정답의 이유

ⓛ · ⓔ 고려 숙종 때 승려 의천의 건의에 따라 화폐 주조를 전담하는 주전도감을 설치하고, 해동통보와 삼한통보, 해동중보 등의 동전과 활구(은병)를 발행 · 유통하였다.

오답의 이유

ⓒ 조선통보는 조선 세종 때 발행한 화폐이다(1423).

ⓓ 십전통보는 조선 효종 때 발행한 화폐이다(1651).

더 알아보기

고려 · 조선 시대의 화폐

고려	• 성종: 건원중보 • 숙종: 삼한통보, 해동통보, 해동중보, 활구(은병) • 충렬왕: 쇄은 • 충혜왕: 소은병 • 공양왕: 저화
조선	• 세종: 조선통보 • 인조: 상평통보 • 숙종: 상평통보를 법화로 지정 • 효종: 십전통보 • 고종: 당백전(흥선 대원군)

---

13 난도 ★★☆ 정답 ②

근대 > 정치사

정답의 이유

ⓒ '외국인에게 의지하지 말고 관민이 협력하여 전제황권을 공고히 한다.'는 독립 협회의 주도로 결의된 헌의 6조에 속하는 조항이다. 독립 협회는 최초의 근대적 민중 집회인 만민 공동회와 개혁적인 정부 대신들과 학생, 시민이 함께 참석한 관민 공동회를 개최하였으며, 헌의 6조를 건의하여 고종이 이를 채택하였다.

ⓜ '중대 범죄를 공판하되 피고의 인권을 존중한다.' 역시 독립 협회의 주도로 결의된 헌의 6조에 속하는 조항이다.

오답의 이유

㉠ · ㉡ · ㉣ 동학 농민군은 정부와 전주 화약을 맺어 자치 개혁 기구인 집강소를 설치하여 탐관오리 처벌, 부패한 지배층 징벌, 잡세 폐지 등의 내용이 담긴 폐정 개혁안을 실시하였다.

14 난도 ★★☆ 정답 ③

일제 강점기 > 정치사

자료해설

제시문의 '충칭', '이범석 장군', 'OSS 특별 훈련' 등의 내용을 볼 때 '한국 광복군'에 대한 내용임을 알 수 있다.

정답의 이유

③ 충칭에서 대한민국 임시정부의 직할 부대로 창설된 한국 광복군(1940)은 총사령관 지청천, 부대장 이범석 등을 중심으로 편성되었다. 한국 광복군은 영국군의 요청을 받아 인도 · 미얀마 전선에 파견되었으며 중국에 주둔한 미군(OSS부대)과 연합하여 특수 훈련을 실시하는 등 한반도 진공 작전을 준비하였다. 그러나 일본이 전쟁에서 항복하면서 작전은 무산되었다.

오답의 이유

① 대한민국 임시정부에 편입되지 않은 조선 의용대 중 일부가 중국 화북지대로 이동한 후 조선 독립 동맹으로 확대 · 개편되었으며, 산하에 조선 의용군이 조직되었다(1942). 조선 의용군은 중국 팔로군과 함께 항일 투쟁을 전개하였다.

② 김구는 대한민국 임시정부가 겪던 곤경을 타개하고 침체된 독립운동의 새로운 활로를 모색하기 위해 상하이에서 한인 애국단을 결성하여 적극적인 투쟁 활동을 전개하였다(1931).

④ 중국 공산당은 1933년 항일 세력의 규합과 노동자의 주도권 강화를 강조하면서 만주에서 활동하고 있는 조선인과 중국인의 유격대를 통합하여 동북 인민 혁명군을 편성하였다(1933). 이후 동북 항일 연군으로 개편(1936)하여 유격 활동을 계속하였다.

15 난도 ★★☆ 정답 ③

일제 강점기 > 정치사

자료해설

제시문은 황국 신민 서사의 내용이다. 일제는 1930년대 이후 대륙 침략을 위해 한반도를 병참 기지화하고 중일 전쟁과 태평양 전쟁을 일으켰다. 이 시기 일제는 국가 총동원법(1938)을 시행하여 우리 민족을 전쟁에 강제 동원하였다. 또한 민족의 정체성을 말살하기 위해 황국 신민화 정책을 시행하고 내선일체의 구호를 내세워 황국 신민 서사 암송(1937)과 창씨 개명(1939), 신사 참배 등을 강요하였다.

정답의 이유

③ 일제는 민족 말살 통치기에 조선 사상범 예방 구금령을 공포하여 사상 및 행동을 관찰한다는 명목으로 조선인들의 독립운동을 탄압하였다(1941). 이 법령은 치안 유지법 위반으로 형을 마친 자를 석방된 이후에도 법원의 영장 없이 검경이 자의적으로 계속 구금하거나 일정한 제재를 할 수 있도록 한 반인권적 조치였다.

오답의 이유

① 조선 총독부는 토지 조사국을 설치하고 토지 조사령을 발표하여 일정 기간 내 토지를 신고하도록 하는 토지조사사업을 실시하였다(1912). 총독부는 짧은 신고 기간, 복잡한 절차 등의 이유로 신고되지 않은 토지를 몰수하여 일본인에게 헐값으로 불하하였다.

② 일제는 국내의 치안 유지를 빙자하여 치안 유지법을 공포하여(1925) 식민지 지배에 저항하는 독립운동가와 사회주의 세력을 탄압하였다.

④ 일제는 도시화 등의 이유로 일본 본토에서 식량 부족 문제가 발생하자, 부족한 쌀을 조선에서 수탈하기 위해 산미증식계획을 실시하였다(1920). 이에 따라 품종 개량, 수리 시설 구축, 개간 등을 통해 쌀 생산을 대폭 늘리려 하였으나 증산량은 계획에 미치지 못하였다. 하지만 일제는 증산량보다 많은 양의 쌀을 일본으로 보냈고, 조선 농민들의 경제 상황은 더욱 악화되었다.

16 난도 ★★★ 정답 ③

고대 > 정치사

자료해설

제시문의 '견대당매물사(遣大唐賣物使)'를 통하여 ㉠ 인물이 장보고라는 것을 알 수 있다. '견대당매물사'는 통일 신라 때 청해진 대사 장보고가 무역을 하기 위하여 당나라에 파견한 무역 사절이다. 제시된 사료 『입당구법순례행기』는 일본 승려 엔닌이 당의 불교 성지를 돌아보고 기록한 여행기로, 당 입국과 귀국을 도와준 장보고의 은혜에 깊은 경의를 표하는 내용이 포함되어 있다.

정답의 이유

③ 장보고는 중국 산둥성 적산촌에 법화원이라는 사찰을 건립하고 지속적으로 지원하였다. 이 절은 이 지역 거주 신라인들을 포함한 지역 사회의 중심지로 기능하였다.

오답의 이유

① 김대문은 통일 신라 진골 귀족 출신의 문장가로, 화랑들의 전기인 『화랑세기』와 승려들의 전기인 『고승전』 등을 저술하였다.

② 발해 무왕은 장문휴의 수군을 보내 당의 등주 지역을 공격하였다.

④ 통일 신라 헌덕왕 때 웅천주 도독 김헌창은 아버지인 김주원이 왕위를 계승하지 못한 데 불만을 품고 국호를 '장안', 연호를 '경운'이라고 하여 반란을 일으켰으나 관군에 진압되어 실패하였다.

더 알아보기

장보고의 활동

국제 무역 주도	완도에 청해진을 설치하여 해적들을 소탕하고 해상 무역권을 장악하면서 당·신라·일본을 잇는 국제 무역을 주도
법화원 건립	산둥 반도 적산촌에 법화원 건립. 신라원 중 가장 유명한 사찰
무역 사절 파견	당에 견대당매물사 파견, 일본에 회역사 파견
장보고의 난	해상 무역권 장악 후 문성왕이 자신의 딸을 왕비로 삼기로 한 것을 철회하자 이에 분노하여 반란을 일으켰으나, 신라 왕실과 귀족들이 장보고를 살해

17 난도 ★★★
정답 ①

근대 > 정치사

자료해설

제시문은 '한·일 의정서' 제4조의 내용이다. 러·일 양국 간의 전운이 감돌자 대한 제국은 우리 영토가 전쟁터로 변하는 것을 막고자 국외 중립을 선언(1904.1.)하였다. 그러나 러·일 전쟁을 일으킨 일제는 이를 무시하고 한·일 의정서를 강제로 체결(1904.2.)하였다. 이로 인해 일제는 한반도의 군사적 요충지와 시설을 강제로 점유하였으며 대한제국의 외교권을 제한하였다.

정답의 이유

① 1904년 2월 일본이 제물포에 있는 러시아 군함을 기습 공격하며 러·일 전쟁을 일으켰다.

오답의 이유

② 일본은 러·일 전쟁 중 군사적 목적을 위해 조선 정부 몰래 독도를 시마네현에 불법 편입하였다(1905).

③ 일제는 을사늑약 체결 이후 고종의 헤이그 특사 파견을 구실로 한·일 신협약(정미 7조약)을 체결하여 대한제국의 군대를 강제 해산시키고 내정을 완전히 장악하고자 하였다(1907).

④ 네덜란드 헤이그에서 만국 평화 회의가 개최되자 고종은 특사(이준, 이상설, 이위종)를 파견하여 을사늑약의 무효를 알리고자 하였다. 그러나 을사늑약으로 인해 외교권이 없던 대한 제국은

일본의 방해와 주최국의 거부로 큰 성과를 거두지 못하였다. 이후 일본은 헤이그 특사 사건을 빌미로 고종을 강제로 퇴위시켰다(1907).

더 알아보기

한·일 의정서 6개조 전문

제1조 한일 양 제국간에 오래도록 변하지 않는 친교를 유지하고 동양평화를 확립함을 위하여 대한제국정부는 대일본제국정부를 확신하여 시정개선에 관하여 그 충고를 들을 것

제2조 대일본제국정부는 대한제국의 황실을 확실한 친의(親誼)로써 안전·강녕케 할 것

제3조 대일본제국정부는 대한제국의 독립과 영토 보전을 확실히 보증할 것

제4조 제3국의 침해나 혹은 내란으로 인해 대한제국의 황실 안녕과 영토 보전에 위험이 있을 경우 대일본제국정부는 속히 임기 응변의 필요한 조치를 행하며, 대한제국정부는 대일본제국정부의 행동이 용이하도록 충분히 편의를 제공할 것. 대일본제국정부는 전항(前項)의 목적을 성취하기 위해 군략상 필요한 지점을 임기 수용할 수 있을 것

제5조 대한제국정부와 대일본제국정부는 상호의 승인을 경유하지 않고 훗날 본 협정의 취지에 위반할 협약을 제3국간에 정립(訂立)할 수 없을 것

제6조 본 협약에 관련된 미비한 세부조항은 대한제국 외부대신과 대일본제국 대표자 간에 형편에 따라 협정할 것

18 난도 ★★★
정답 ③

중세 > 문화사

자료해설

제시문의 '귀법사의 주지', 『보현십원가』를 지었다', '화엄 교학을 정비' 등의 내용을 볼 때 〈보기〉의 인물이 '균여'임을 알 수 있다. 균여는 고려 광종(949~975) 때의 승려이다. 광종은 왕권을 강화하기 위해 개경에 화엄종 계열의 귀법사를 창건하고 균여를 주지로 임명하여 불교 세력을 통합하고자 하였다.

정답의 이유

③ 고려 광종은 교종과 선문으로 분산된 불교 교단의 정비 작업을 추진하는 한편, 선교일치의 경향을 띠고 있던 법안종을 수용하기 위해 중국에 승려들을 보내는 노력을 하였다.

오답의 이유

① 고려 현종 때 거란의 성종은 강조의 정변을 구실로 40만 대군을 이끌고 2차로 침입하였다. 거란의 2차 침입으로 개경이 함락되기도 하였으나, 양규가 이끄는 고려군이 강화를 맺고 물러가는 거란군을 크게 격파하였다(흥화진 전투).

② 고려 문종의 넷째 아들인 승려 의천은 대장경의 보완을 위하여 송·요·일본의 주석서를 모아 흥왕사에 교장도감을 설치하고 교장(속장경)을 간행하였다.

④ 고려 현종은 부모의 명복을 빌기 위해 현화사를 크게 창건하였으며, 성종 대에 중단되었던 연등회와 팔관회를 부활시켰다.

19 난도 ★★☆   정답 ①

근세 > 정치사

정답의 이유

ⓛ 1592년 7월, 한산도 앞바다에서 전라 좌수사 이순신, 전라 우수사 이억기, 경상 우수사 원균 등이 연합한 조선 수군이 일본 수군을 대파하였다(한산도 대첩).

ⓔ 1592년 10월, 약 2만 명의 일본군이 진주성을 공격해오자 진주목사 김시민이 격전 끝에 진주성을 지켜냈다(제1차 진주성 전투, 진주 대첩).

ⓐ 1593년 1월, 조선군과 이여송을 장수로 한 명나라 지원군이 연합(조·명 연합군)하여 일본군으로부터 평양성을 탈환하는 데 성공하였다.

ⓒ 1593년 2월, 조·명 연합군이 평양성을 공격하여 탈환하자 후퇴한 왜군은 행주산성을 공격하였다. 이에 권율을 중심으로 한 조선 군대와 백성들이 항전하여 왜군에 승리를 거두었다(행주 대첩).

20 난도 ★★★   정답 ①

일제 강점기 > 정치사

자료해설

제시문의 '집단지도체제인 국무위원제를 채택했다', '주석을 선출하되 권한을 갖지 않고' 등의 내용을 볼 때 〈보기〉의 체제 개편은 임시정부 제3차 개헌임을 알 수 있다. 임시정부는 제3차 개헌(1927)을 통해 국무위원 중심의 집단 지도 체제로 변경하였다.

정답의 이유

① 제2차 개헌의 결과로 이승만이 탄핵되었고, 박은식이 임시 대통령으로 추대되었으며 국무령 중심의 의원 내각제로 개편되었다(1925). 당시 국무령은 김구가 맡았다.

오답의 이유

② 대한민국 임시정부는 제4차 개헌으로 김구 주석의 단일 지도 체제로 전환하고(1940), 조소앙의 삼균주의를 받아들인 대한민국 건국강령을 반포하였다(1941).

③ 김구는 대한민국 임시정부의 곤경을 타개하고 침체된 독립운동의 새로운 활로를 모색하기 위해 상하이에서 한인 애국단을 결성하여 적극적인 투쟁 활동을 전개하였다(1931).

④ 김구를 중심으로 한 대한민국 임시정부의 핵심 인사들은 항저우에서 한국 국민당을 창당하여 정당 정치를 운영하였다(1935).

한국사 | 2022년 국가직 9급

빠른 정답

01	02	03	04	05	06	07	08	09	10
①	③	④	①	②	③	④	②	③	③
11	12	13	14	15	16	17	18	19	20
①	④	①	②	①	②	②	③	②	④

점수 체크

구분	1회독	2회독	3회독
맞힌 문항 수	/ 20	/ 20	/ 20
나의 점수	점	점	점

01　난도 ★☆☆　　　정답 ①

선사 시대와 국가의 형성 > 국가의 형성

자료해설

'가매장', '가족 공동 무덤'을 통해 옥저에 대한 내용임을 알 수 있다.

정답의 이유

① 옥저에는 여자가 어렸을 때 혼인할 남자의 집에서 생활하다가 성인이 된 후에 혼인을 하는 민며느리제의 풍습이 있었다.

오답의 이유

② 부여는 왕 아래 마가, 우가, 저가, 구가의 제가들이 각자의 행정 구역인 사출도를 다스렸으며, 왕이 통치하는 중앙과 합쳐 5부를 구성하는 연맹 왕국이었다.

③ 삼한은 소도라는 신성 구역을 따로 두어 제사장인 천군이 이를 관리하는 제정 분리 사회였다.

④ 동예는 매년 10월에는 무천이라는 제천 행사를 열었으며, 단궁, 과하마, 반어피 등의 특산물이 유명하여 이를 낙랑과 왜에 수출하기도 하였다.

더 알아보기

옥저와 동예

옥저와 동예의 발전	• 위치: 함경도 및 강원도 북부의 동해안에 위치 → 선진 문화의 수용이 늦음 • 발전: 고구려 압박과 수탈로 정치적으로 발전하지 못함 • 군장 국가: 옥저와 동예의 읍락은 읍군이나 삼로 등 군장이 지배
옥저의 사회상	• 경제: 토지 비옥(농경 발달), 해산물 풍부, 고구려에 공납 • 풍습: 가족 공동묘(가족이 죽으면 가매장 후 목곽에 안치), 민며느리제(혼인 풍습)
동예의 사회상	• 경제: 해산물 풍부, 토지 비옥(농경 발달), 방직 기술 발달, 특산물로는 단궁, 과하마, 반어피 등 • 풍습: 10월 무천(제천 행사), 책화(다른 부족 영역 침범 시 소와 말로 변상, 부족의 영역 중시), 족외혼

02　난도 ★★☆　　　정답 ③

시대 통합 > 문화사

정답의 이유

③ 유네스코 세계 유산인 백제 역사 유적 지구에 속해 있는 부여 능산리 고분은 규모가 작은 굴식 돌방 무덤으로 되어 있으며, 계단식 돌무지무덤은 서울 석촌동에 위치하고 있는 백제 초기 한성 시대의 고분이다.

오답의 이유

① 유네스코 세계 유산인 백제 역사 유적 지구에 속해 있는 익산 미륵사지 석탑은 백제 무왕 때 건립된 것으로 추정되며, 국보 제11호로 지정되어 있다. 목탑의 형태로 만들어진 석탑으로, 현존하는 삼국 시대의 석탑 중 가장 크며 당시 백제의 건축 기술을 확인할 수 있다.

② 유네스코 세계 유산인 백제 역사 유적 지구에 속해 있는 부여 정림사지 5층 석탑은 목탑의 구조와 비슷하지만 돌의 특성을 잘 살린 백제의 대표적인 석탑으로, 국보 제9호로 지정되어 있다.

④ 유네스코 세계 유산인 백제 역사 유적 지구에 속해 있는 무령왕릉은 널길과 널방을 벽돌로 쌓은 벽돌 무덤으로 중국 남조의 영향을 받았다. 현재 무령왕릉은 송산리 고분군 제7호분으로 분류되어 있으나, 무덤의 주인이 무령왕임을 알 수 있는 묘지석이 출토되었으므로 무령왕릉이라고 부른다.

더 알아보기

백제 역사 유적 지구(2015년 유네스코 세계 유산 등재)

• 대한민국 중서부 산지에 위치한 백제의 옛 수도였던 3개 도시에 남아 있는 유적은 이웃한 지역과의 빈번한 교류를 통하여 문화적 전성기를 구가하였던 고대 백제 왕국의 후기 시대를 대표한다.

• 백제 역사 유적 지구는 공주시, 부여군, 익산시 3개 지역에 분포된 8개 고고학 유적지로 이루어져 있다.

• 공주 웅진성과 연관된 공산성과 송산리 고분군, 부여 사비성과 관련된 관북리 유적(관북리 왕궁지) 및 부소산성, 정림사지, 능산리 고분군, 부여 나성, 사비 시대 백제의 두 번째 수도였던 익산시 지역의 왕궁리 유적, 미륵사지 등이 있다.

• 이들 유적은 475~660년 사이의 백제 왕국의 역사를 보여주고 있다.

• 백제 역사 유적은 세련된 백제의 문화를 일본 및 동아시아로 전파한 사실을 증언하고 있다.

03 난도 ★★☆   정답 ④

근세 > 정치사

정답의 이유

④ 조선 정종 때 창설된 승정원은 왕명 출납을 담당하고 모든 기밀을 취급하던 국왕의 비서 기관으로 정원(政院), 후원(喉院), 은대(銀臺), 대언사(代言司) 등으로 불리기도 하였다.

오답의 이유

① 사간원은 홍문관, 사헌부와 함께 3사를 구성하였고, 정책에 대한 간쟁과 논박을 담당하는 관청이었다. 교지를 작성·관리하는 곳은 예문관이었다.

② 춘추관의 사관들은 각 관청의 업무 기록을 종합한 시정기를 편찬하였으며, 한성부는 조선의 수도 한성의 치안과 행정을 담당하였다.

③ 춘추관은 조선 시대에 역사서를 보관하고 관리하는 관청이었으며, 이곳에 설치된 실록청에서 실록 편찬을 담당하였다. 조선 시대의 외교 문서를 작성한 곳은 승문원으로 이곳의 관원은 모두 문관으로만 임용하였는데, 주로 연소하고 총민한 자를 배치하였다.

더 알아보기

조선의 중앙 통치 조직

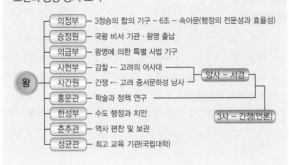

04 난도 ★★☆   정답 ①

일제 강점기 > 정치사

자료해설

'3·1 운동 직후 만들어진', '연통제라는 비밀 행정 조직', '교통국' 등으로 보아 (가)는 대한민국 임시 정부임을 알 수 있다. 대한민국 임시 정부는 '교통국'과 '연통제'라는 비밀 연락 조직을 설치하고 독립운동 자금을 모았으나 일제의 탄압으로 성과는 미흡하였으며, 독립운동 방법을 둘러싼 갈등이 발생하기도 하였다.

정답의 이유

① 대한민국 임시 정부는 비밀 행정 조직으로 연통제와 교통국을 이용하여 국내와의 연락망을 확보하고 대미 외교 업무를 수행하기 위해 미국에 구미 위원부를 두었다(1919).

오답의 이유

② 독립 의군부는 고종의 밀지를 받아 임병찬을 중심으로 전라도 지방에서 조직된 비밀 독립운동 단체이다(1912).

③ 정미의병의 유생 의병장들은 13도 창의군을 결성하고 이인영을 총대장, 허위를 군사장으로 추대하여 서울 진공 작전을 전개하였다(1908).

④ 대한매일신보는 1904년 영국인 베델과 양기탁을 중심으로 창간되었으며, 국채 보상 운동 등 항일 민족 운동을 적극적으로 지원하였다.

더 알아보기

대한민국 임시 정부의 활동

비밀 조직 운영	연통제(비밀 행정 조직), 교통국(통신 기관) 조직 → 독립운동 자금 확보, 정보 수집
자금 모금	독립 공채 발행, 국민 의연금 모금
외교 활동	• 김규식을 전권대사로 임명, 파리 강화 회의에 대표 파견 → 독립 청원서 제출 • 미국에 구미 위원부 설치(1919): 한국의 독립 문제 국제 여론화 노력
무장 투쟁	군무부를 설치하고 직할 부대로 광복군 사령부, 광복군 총영, 육군 주만 참의부 편성
문화 활동	기관지로 독립신문 간행, 외교 선전 책자 발행, 임시 사료 편찬 위원회에서 「한·일 관계 사료집」 간행

05 난도 ★★☆   정답 ②

고대 > 문화사

자료해설

(가) 신라 승려인 의상은 영주 부석사를 창건하여 많은 제자를 양성하였으며, 문무왕이 재위 말기에 경주 도성 주위에 대대적인 토목 공사인 성벽을 쌓으려고 하자 만류를 간언하여 왕이 그만둔 일화로도 유명하다.

(나) 신라 선덕 여왕 때 승려 자장이 주변 9개 민족의 침략을 부처의 힘으로 막기 위한 목탑 건립을 건의하여 황룡사 9층 목탑을 건립하였다.

정답의 이유

② 의상은 당에 가서 지엄으로부터 화엄에 대한 가르침을 받고 신라에 돌아와 『화엄일승법계도』를 저술하여 화엄 교단을 세웠다.

오답의 이유

① 원효는 일심사상을 바탕으로 종파 간의 사상적 대립·분파의 의식을 극복하려는 노력에서 『십문화쟁론』을 저술하고 화쟁사상을 주장하였다.

③ 신라의 승려 혜초는 인도와 중앙 아시아 지역을 답사한 뒤 『왕오천축국전』을 지었다.

④ 의천은 교종과 선종의 통합 운동을 뒷받침하기 위한 사상적 바탕으로 이론의 연마와 실천을 강조하는 교관겸수를 제시하였다.

06 난도 ★★☆   정답 ③

고대 > 정치사

자료해설

(가)는 대조영의 뒤를 이은 제2대 발해 무왕으로 '아들이 뒤이어 왕위에 올라', '인안'이라는 연호를 통해 유추할 수 있다.

정답의 이유

③ 발해 무왕은 영토 확장을 통해 동북방의 여러 세력을 복속하고 북만주 지역을 장악하였다. 그중 장문휴의 수군은 당의 등주를 선제공격하여 당군을 격파하였다(732).

오답의 이유

① 발해 문왕은 확대된 영토를 효과적으로 다스리고자 중경 현덕부에서 상경 용천부로 천도하였다.

② 발해 선왕은 영토를 크게 확장하여 지방 행정 체제를 5경 15부 62주로 정비하였고, 이후 전성기를 누리면서 해동성국이라 불렸다.

④ 고구려 출신 대조영은 유민들을 이끌고 지린성 동모산에서 발해를 건국하였다(698).

더 알아보기

발해의 건국과 발전

대조영 (698~719)	지린성 동모산에서 발해 건국(698)
무왕 (719~737)	연호 사용(인안), 영토 확장, 당의 산둥반도 공격(장문휴의 수군), 신라 견제, 일본과 친교
문왕 (737~793)	당·신라와 친선 관계, 3성 6부 정비, 주자감 설치, 연호 사용(대흥), 신라도를 통해 신라와 교류, 상경 용천부 천도
선왕 (818~830)	지방 행정 5경 15부 62주로 정비, 연호 사용(건흥), 대부분 말갈족 복속과 요동 진출, 최대 영토 확보 → '해동성국'이라 불림

07 난도 ★★☆   정답 ④

시대 통합 > 문화사

자료해설

(가)의 『경국대전』 완성은 성종, (나)의 『속대전』 편찬은 영조, (다)의 『대전통편』 편찬은 정조, (라)의 『대전회통』 편찬은 고종(흥선 대원군) 때의 일이다.

정답의 이유

④ 철종 때 발생한 임술 농민 봉기에 안핵사로 파견된 박규수는 삼정이정청을 설치하여 삼정의 문란을 해결하고자 하였다(1862).

오답의 이유

① 성종 때 설치된 홍문관은 집현전을 계승한 기구로 왕의 자문 역할과 경연, 경서, 사적 관리 등의 업무를 담당하였다.

② 영조는 탕평책을 통한 왕권 강화를 위해 붕당의 지지 기반이던 서원을 대폭 정리하였으며, 각 붕당의 사상적 지주였던 산림의 존재를 부정하였다.

③ 정조는 수원에 화성을 축조하여 사도 세자의 묘를 옮기고 국왕 친위 부대인 장용영의 외영을 설치하는 등 화성에 정치적·군사적 기능을 부여하였다. 또한, 수원성의 동서남북에 네 개의 호수와 축만제 등의 저수지를 축조하고 농업용수를 공급할 수 있도록 하였다.

근세 > 정치사

자료해설

개혁 추진과 위훈 삭제 등으로 인한 반발로 조광조 등 사림이 큰 피해를 입었다는 내용을 통해 밑줄 친 '사건'은 중종 때 일어난 기묘사화(1519)임을 알 수 있다.

정답의 이유

② 중종은 반정으로 왕위에 오른 뒤 훈구파를 견제하기 위해 사림을 중용하여 유교 정치를 발전시키고자 하였다. 이에 따라 등용된 조광조는 천거제의 일종인 현량과 실시를 건의하여 사림이 대거 등용될 수 있는 발판을 마련하였다. 또한, 반정 공신들의 위훈 삭제, 소격서 폐지, 향약 시행, 소학 보급 등을 주장하였으나 이에 반발한 훈구 세력이 주초위왕 사건을 일으켜 기묘사화(1519)가 발생하면서 조광조를 비롯한 사림들이 큰 피해를 입었다.

오답의 이유

① 연산군이 생모인 폐비 윤씨 사건의 전말을 알게 되면서 갑자사화(1504)가 발생하였다. 이로 인해 김굉필 등 당시 폐비 윤씨 사건에 관련된 인물들과 무오사화 때 피해를 면했던 사림들까지 큰 화를 입었다.

③ 연산군 때 사관 김일손이 영남 사림파의 영수인 김종직의 조의제문을 실록에 기록하였는데, 사림 세력과 대립 관계였던 유자광, 이극돈 등의 훈구 세력이 이를 문제 삼아 연산군에게 알리면서 무오사화(1498)가 발생하였다.

④ 인종의 뒤를 이어 명종이 어린 나이로 즉위하자 명종의 어머니 문정왕후가 수렴청정을 하였다. 인종의 외척인 윤임을 중심으로 한 대윤 세력과 명종의 외척인 윤원형을 중심으로 한 소윤 세력의 대립으로 을사사화(1545)가 발생하여 윤임을 비롯한 대윤 세력과 사림들이 큰 피해를 입었다.

시대 통합 > 문화사

자료해설

(가)는 고려 인종 때 김부식이 집필한 『삼국사기』이고, (나)는 조선 후기 유득공이 집필한 『발해고』이다.

정답의 이유

③ 정조 때 서얼 출신 유득공이 『발해고』를 통해 발해를 우리나라의 역사로 인식하면서 신라와 발해가 있던 시기를 남북국 시대라고 부를 것을 처음으로 제안하였다. 유득공은 발해사 연구의 시야를 만주 지방까지 확대하여 한반도 중심의 협소한 사관을 극복하려 하였다.

오답의 이유

① 고려 무신 정권기의 문인 이규보는 『동국이상국집』을 저술하였다. 여기에 수록된 「동명왕편」은 한국 문학 최초의 서사시로, 고구려를 건국한 동명왕의 업적을 칭송하고 고려가 고구려를 계승하였다는 고려인의 자부심을 표현하였다.

② 충렬왕 때 승려 일연이 저술한 『삼국유사』에는 불교사를 중심으로 왕력과 함께 「기이(紀異)편」을 통해 전래 기록이 수록되어 있으며, 특히 단군을 우리 민족의 시초로 여겨 고조선 건국 설화를 수록하였다.

④ 조선 성종의 명을 받아 서거정이 집필한 『동국통감』과 조선 후기 안정복의 『동사강목』 등은 고조선부터 고려 말까지의 역사를 정리하여 편찬한 역사서이다.

근대 태동기 > 경제사

자료해설

제시문은 박지원의 『한민명전의』에 실린 한전론에 대한 내용이다. 박지원은 『과농소초』에서 중국 농법 도입과 재래 농사 기술의 개량을 주장하였고, 『한민명전의』에서는 토지 소유의 상한선을 설정하는 한전론을 제안하여 심각한 토지 소유 불균형을 해소하려고 하였다.

정답의 이유

③ 박지원은 청에 다녀온 뒤 『열하일기』를 저술하여 상공업 진흥과 화폐 유통, 수레 사용의 필요성을 주장하였다. 또한, 「양반전」, 「허생전」, 「호질」 등을 통해 양반의 무능과 허례를 풍자하고 비판하였다.

오답의 이유

① 유형원은 『반계수록』에서 토지는 국가가 공유하며 신분에 따라 토지를 차등 분배하고, 자영농을 육성하여 민생의 안정과 국가 경제를 바로잡아야 한다는 내용의 균전론을 주장하였다. 그 외에도 부병제를 주장하며 병농일치를 강조하였다.

② 이익은 『성호사설』을 통해 한 가정의 생활을 유지하는 데 필요한 규모의 토지를 영업전으로 정하고, 영업전의 매매를 금지하는 한전론을 주장하였다. 또한, 나라를 좀먹는 6가지의 폐단(노비제, 과거제, 양반 문벌제, 사치와 미신, 승려, 게으름)에 대해 비판하였다.

④ 정약용은 유배 생활 중에 『목민심서』를 저술하여 지방 행정 개혁 방향을 제시하였다.

더 알아보기

조선 후기 대표적 실학자와 저서

	유형원	『반계수록』
중농 학파	이익	『성호사설』, 『곽우록』
	정약용	『목민심서』, 『경세유표』, 『흠흠신서』
	유수원	『우서』
중상 학파	홍대용	『의산문답』, 『임하경륜』
	박지원	『열하일기』, 『과농소초』, 『한민명전의』
	박제가	『북학의』

11 난도 ★★☆   정답 ①

일제 강점기 > 정치사

[자료해설]

(가)는 1910년대의 무단 통치 시기에 대한 내용이다. 이 시기에는 조선 총독부의 설치, 헌병 경찰제, 조선 태형령 등이 자행되었으며, 토지 조사 사업, 회사령 실시 등의 경제적인 침탈이 있었다.

[정답의 이유]

① 조선 총독부는 토지 조사국을 설치하고 토지 조사령을 발표하여 일정 기간 내 토지를 신고하도록 하는 토지 조사 사업을 실시하였다(1912).

[오답의 이유]

② 1939년 일제는 우리의 성과 이름을 일본식 성명으로 바꾸는 창씨 개명령을 공포하고, 1940년 창씨 개명을 실시하였다.

③ 일제는 제3차 조선 교육령을 공포하여 일왕의 칙령에 따라 소학교를 '황국 신민의 학교'라는 의미인 국민학교로 개칭하였다(1941).

④ 1930년대 중·일 전쟁과 태평양 전쟁이 일어나자 일제는 우리 민족을 전쟁에 동원하기 위해 국가 총동원법을 제정(1938)하여 인력과 물자 등을 수탈하였다.

[더 알아보기]

일제 강점기 시기별 식민 통치 방식

시기 \ 구분	통치 내용	경제 침탈
무단 통치 (1910~1919)	• 조선 총독부 설치 • 헌병 경찰제 • 조선 태형령	• 토지 조사 사업 • 회사령 실시
기만적 문화 통치 (1919~1931)	• 3·1 운동(1919)을 계기로 통치 체제 변화 • 보통 경찰제 • 경성 제국 대학 설립	• 산미 증식 계획 시행: 일본 본토로 식량 반출 • 회사령 폐지: 일본 자본 유입
민족 말살 통치 (1931~1945)	• 황국 신민화 정책 • 신사 참배, 황국 신민 서사 암송, 창씨 개명 강요 • 조선어, 조선 역사 과목 폐지	• 국가 총동원령 시행 • 병참 기지화 정책 • 남면북양 정책

12 난도 ★★☆   정답 ④

현대 > 정치사

[자료해설]

한국 국민당을 이끌고 한국 독립당을 결성하였으며 남북 협상을 위한 평양 방문을 한 사실을 통해 제시문의 밑줄 친 '그'가 백범 김구임을 알 수 있다. 김구는 광복 이후 모스크바 3국 외상 회의 결정에 따른 신탁 통치를 이승만과 함께 반대하였으며, 남한만의 단독 정부를 추진한 이승만과 달리 통일 정부 수립을 위해 평양으로 가서 남북 협상까지 시도하였으나 결국 실패하였다(1948.4.).

④ 모스크바 3국 외상 회의의 신탁 통치 결정이 알려지자 김구는 '신탁 통치 반대 국민 총동원 위원회'를 결성(1945.12.)하여 신탁 통치 반대 운동을 전개하였다.

[오답의 이유]

① 광복 이후 좌우 대립이 격화되면서 분단의 위기감을 느낀 중도파 세력들은 여운형, 김규식이 중심이 되어 1946년 7월 좌우 합작 위원회를 수립하였다. 이 위원회는 모든 조직이 하나로 통합되어, 중도적 사상의 통일 정부를 수립하는 것을 목표로 삼고 1946년 10월 좌우 합작 7원칙을 합의하여 제정하였다.

② 조선 건국 동맹의 여운형은 안재홍과 함께 일본인의 안전한 귀국을 보장하는 조건으로 조선 총독부로부터 행정권의 일부를 이양 받아 조선 건국 준비 위원회를 결성하였다(1945).

③ 박용만은 하와이에 대조선 국민 군단을 조직하여 독립군 사관 양성을 바탕으로 한 무장 투쟁을 준비하였다(1914).

13 난도 ★★☆   정답 ①

현대 > 정치사

[정답의 이유]

① 제헌 국회는 일제의 잔재를 청산하고 민족정기를 바로잡기 위해 반민족 행위 처벌법을 제정(1948)하여 반민족 행위 특별 조사 위원회를 조직하였다.

[오답의 이유]

② 1965년 6월 한·일 기본 조약(한·일 협정)이 정식으로 조인되자 전국 각 대학 및 고교 학생들의 한·일 협정 조인 무효화 시위와 시민 각계에서 회담 반대 성명이 전개되었다.

③ 박정희 정부 시기 서울과 평양에서 7·4 남북 공동 성명을 발표하고, 남북 조절 위원회를 설치하였다(1972).

④ 박정희 정부는 유신 헌법을 발표하여 대통령 임기 6년과 중임 제한 조항 삭제 및 통일 주체 국민 회의를 통한 대통령 간접 선거의 내용을 담은 제7차 헌법 개정을 단행하였다(1972).

[더 알아보기]

반민족 행위 처벌법 및 위원회

반민족 행위 처벌법	배경	친일파 청산으로 민족 정기 확립 요구, 미군정의 친일 관료 유지 정책
	과정	일제 강점기 반민족 행위자 처벌 및 재산 몰수 → 반민족 행위 특별 조사 위원회(반민 특위) 설치
반민족 행위 특별 조사 위원회 (반민 특위)	개념	친일파 청산을 목적으로 반민족 행위 처벌법을 기준으로 국회에서 구성된 특별 위원회
	활동	1949년 1월부터 시작, 이광수·박흥식·노덕술·최린·최남선 등 친일 혐의자 체포·조사
	위기	이승만 정부의 비협조와 방해, 일부 경찰의 반민 특위 습격, 국회 프락치 사건 등으로 활동 제약

14 난도 ★☆☆　　　　　정답 ②

근대 > 정치사

자료해설

'고종이 즉위한 직후에 실권을 장악', '병인박해', '고종의 친정이 시작됨에 따라 물러남', '임오군란이 일어났을 때 잠시 권력을 장악', '청군의 개입으로 물러났다'를 통해 밑줄 친 '그'는 흥선 대원군임을 알 수 있다.

정답의 이유

② 병인양요와 신미양요를 극복한 흥선 대원군은 외세의 침입을 경계하고 서양과의 통상 수교 반대 의지를 알리기 위해 전국 각지에 척화비를 세웠다(1871).

오답의 이유

① 조ㆍ미 수호 통상 조약이 체결된 후 조선 주재 미국 공사가 파견되자 조선 정부는 답례로 미국에 보빙사를 파견하였다(1883). 민영익, 홍영식, 서광범을 중심으로 한 보빙사는 서양 국가에 파견된 최초의 사절단으로 40여 일간 미국 대통령을 만나고 다양한 기관들을 시찰하였다.

③ 숙종 때 간도 지역을 두고 청과 국경 분쟁이 발생하자 두 나라 대표가 백두산 일대를 답사하고 국경을 확정하여 백두산정계비를 세웠다(1712).

④ 고종은 국내외의 군국 기무와 개화 정책을 총괄하는 업무를 맡은 관청인 통리기무아문을 설치하고 그 아래 12사(司)를 두어 행정 업무를 맡게 하였다(1880). 통리기무아문은 기존 5군영을 무위영과 장어영의 2군영으로 개편하고 신식 군대인 별기군을 설치하였다(1881).

더 알아보기

흥선 대원군의 정책

대내적	국왕 중심 통치 체제	• 세도 정치 타파 • 비변사 철폐: 의정부와 삼군부 부활 • 경복궁 중건 • 『대전회통』, 『육전조례』 편찬
	민생 안정과 국가 재정 강화	• 호포제 실시 • 사창제 실시 • 서원 정리(47개 제외)
대외적	통상 수교 거부 정책	• 프랑스군과 미국군의 침입 격퇴 • 척화비 건립 • 군비 강화

15 난도 ★★☆　　　　　정답 ①

고대 > 정치사

자료해설

제시된 자료는 '백제 개로왕이 고구려 장수왕의 밀사인 도림의 건의에 따라 성을 쌓고 궁을 화려하게 하는 등 대규모 토목 공사를 단행했지만 이로 인해 백성이 곤궁하고 나라가 위태롭게 되었다. 이때 도림이 고구려 장수왕에게 이 내용을 전달하니, 장수왕이 기뻐하며 백제를 치려고 장수에게 군사를 나누어 주었다'는 내용이다. 따라서 밑줄 친 '이 왕'은 백제 한성을 점령한 고구려 장수왕이다.

정답의 이유

① 고구려 장수왕은 수도를 국내성에서 평양성으로 옮기면서 적극적인 남진 정책을 추진하였다(427).

오답의 이유

② 고구려 고국천왕은 국상 을파소의 건의에 따라 봄에 곡식을 빌려주고 겨울에 갚게 하는 진대법을 시행(194)하여 빈민을 구제하였다.

③ 고구려 미천왕은 낙랑군을 축출(313)하고 한의 군현을 모두 몰아내어 영토를 확장하였다.

④ 고구려 광개토 대왕은 신라의 원군 요청을 받고 군대를 보내 신라에 침입한 왜를 낙동강 유역에서 격퇴(400)함으로써 한반도 남부의 세력 균형에도 영향을 미쳤다.

16 난도 ★★☆　　　　　정답 ②

시대 통합 > 문화사

자료해설

제시된 문화 유산은 고려 시대의 건축물인 안동 봉정사 극락전이다.

정답의 이유

② 안동 봉정사 극락전은 고려 시대의 건물로 국보 제15호로 지정되어 있다. 통일 신라 시대 건축 양식을 띠고 있으며, 우리나라의 목조 건물 중 가장 오래된 건물이다.

오답의 이유

① 서울 흥인지문(興仁之門)은 동대문이라고도 하며, 한성부를 보호하기 위한 서울 도성의 사대문 가운데 동쪽에 위치한 대문이다.

③ 영주 부석사 무량수전은 부석사의 중심 건물로 고려 시대 목조 건출물이다. 기둥 중간이 굵은 배흘림기둥이 사용되었으며, 지붕 처마를 받치기 위한 구조인 공포를 기둥 위에만 짜 올린 주심포 양식으로 축조되었다.

④ 합천 해인사 장경판전은 고려 팔만대장경을 보존하기 위해 15세기에 건축된 조선 전기 건축물로 한국에 현존하는 가장 오래된 도서관이기도 하다.

더 알아보기

고려 시대 건축과 조각

건축	주심포(안동 봉정사 극락전, 영주 부석사 무량수전, 예산 수덕사 대웅전), 다포(성불사 응진전)
탑	월정사 팔각 9층 석탑, 경천사지 10층 석탑(원의 양식)
불상	부석사 소조여래 좌상, 관촉사 석조 미륵보살 입상

17 난도 ★★☆　　　　　정답 ②

근대 > 정치사

자료해설

'서재필', '만민 공동회 개최' 등으로 보아 (가)는 1896년에 창립된 독립 협회임을 알 수 있다. 갑신정변 이후 미국에서 돌아온 서재필은 남궁억, 이상재, 윤치호 등과 함께 독립 협회를 창립하고 만민 공동회와 관민 공동회를 개최하여 국권ㆍ민권 신장 운동을 전개하였다. 독립 협회는 중추원 개편을 통한 의회 설립 방안이 담겨 있는 헌의 6조를 건의하였으며, 고종이 이를 채택하였다.

정답의 이유

② 독립 협회는 청의 사신을 맞던 영은문을 헐고 그 자리 부근에 독립문을 건립하였다(1897).

오답의 이유

① 갑오개혁 이후 고종은 교육 입국 조서를 발표하고 교육의 중요성을 강조하면서 교사 양성을 위해 한성 사범 학교를 세웠다(1895).

③ 고종은 제1차 갑오개혁 추진 이후 종묘에서 홍범 14조를 발표하였다(1895). 이는 청의 종주권 배제, 탁지아문으로 재정 일원화, 왕실과 국정 사무 분리 등의 내용을 담아 제1차 갑오개혁의 내용을 재확인하고 제2차 갑오개혁의 방향성을 설정하여 강령으로 선언한 것이다.

④ 국채 보상 운동은 김광제, 서상돈 등의 제안으로 대구에서 시작되었다. 이후 서울에서 조직된 국채 보상 기성회를 중심으로 전국적으로 확산되어 일본에서 도입한 차관 1,300만 원을 갚아 주권을 회복하고자 하였다(1907).

더 알아보기

독립 협회 창립과 활동

창립	배경	아관파천 이후 열강의 이권 침탈 심화, 자유 민주주의적 개혁 사상 보급, 자주 독립 국가 건설 목표
	구성	서재필, 윤치호, 이상재, 남궁억 등의 지도부와 광범위한 사회 계층(학생, 노동자, 여성, 천민 등) 참여
	과정	서재필 등이 자유민주주의 개혁 사상을 보급, 독립신문 창간 이후 독립 협회 창립
활동	민중 계몽 운동	『대조선 독립 협회 회보』 간행, 독립관에서 토론회 개최
	자주 국권 운동	• 독립문 건립 • 만민 공동회 개최 → 러시아의 절영도 조차 요구 저지
	자유 민권 운동	국민의 신체와 재산권의 자유, 언론 · 출판 · 집회 · 결사의 자유 등 요구
	의회 설립 운동	관민 공동회를 개최하여 헌의 6조 채택 → 고종의 수락, 중추원 관제 반포

헌의 6조

1. 외국인에게 의지하지 말고 관민이 한마음으로 힘을 합하여 전제 황권을 공고히 할 것
2. 외국과의 이권에 관한 계약과 조약은 각 대신과 중추원 의장이 합동 날인하여 시행할 것
3. 국가 재정은 탁지부에서 전관하고, 예산과 결산을 국민에게 공포할 것
4. 중대 범죄를 공판하되, 피고의 인권을 존중할 것
5. 칙임관을 임명할 때에는 황제가 정부에 그 뜻을 물어서 중의에 따를 것
6. 정해진 규정을 실천할 것

18 난도 ★★☆   정답 ③

중세 > 정치사

자료해설

제시된 자료의 '무신 정권 몰락(1270)'과 '공민왕 즉위(1351)'로 보아 (가)는 원 간섭기의 사실임을 알 수 있다.

정답의 이유

③ 공민왕은 개혁 정치를 실시하면서 반원 자주 정책의 일환으로 쌍성총관부를 공격하여 철령 이북 지역의 영토를 수복하였다(1356).

오답의 이유

① 충선왕은 왕위를 물려준 뒤 원의 연경에 만권당을 세우고(1314) 고려에서 이제현 등의 성리학자들을 데려와 원의 학자들과 교류하게 하였다.

② 충렬왕 때 일본 원정을 위해 원에서 설치한 정동행성(1280)은 내정 간섭 기구로 이용되었으며, 당시 지배층을 중심으로 몽골의 풍습인 변발과 호복이 유행하였다.

④ 원 간섭기인 충렬왕 때 이승휴가 저술한 『제왕운기』(1287)는 단군의 고조선 건국 이야기를 수록하여 고조선을 한국사에 포함시켰으며 이러한 역사의식은 고려 말 신진 사대부에게 전승되었다.

더 알아보기

공민왕의 정책

반원 자주 정책	• 기철 등 친원파 제거, 정동행성 이문소 폐지 • 왕실 칭호와 관제 복구, 몽골풍 금지 • 쌍성총관부 공격 → 철령 이북 지역 수복
왕권 강화 정책	• 정방 폐지: 인사권 장악 • 신진 사대부 등용 • 신돈 등용(전민변정도감 설치)

19 난도 ★★☆   정답 ②

중세 > 경제사

자료해설

'전시과 제도', '2년 3작의 윤작법 보급', '남부 지방에 이앙법 보급', '이암에 의해 『농상집요』 소개' 등을 통해 밑줄 친 '이 나라'는 고려임을 알 수 있다.

정답의 이유

② 공물의 부과 기준이 가호에서 토지로 바뀐 것은 조선 시대의 대동법에 대한 내용이다. 조선 광해군 때 공납의 폐단을 해결하기 위해 공납을 전세화하여 공물 대신 쌀을 납부하도록 하는 대동법을 경기도부터 실시하였다.

오답의 이유

① 고려 시대의 삼사는 곡식의 출납과 회계 관련 사무 등 재정 관련 사무를 담당하였다.

③ 고려 시대에는 논과 밭을 비옥도에 따라 3등급으로 나누어 생산량의 1/10을 납부하게 하였다.

④ 고려 시대 소(所) 지역의 주민들은 수공업이나 광업에 종사하였고, 지방 특산물을 생산하여 공물로 바쳤다.

근대 > 정치사

자료해설

미국이 강화도를 침략한 사건인 '신미양요'는 1871년의 일이고, 군국기무처를 통해 실시된 '갑오개혁'은 1894년의 일이다.

정답의 이유

④ 조·미 수호 통상 조약은 조선이 서양 국가와 맺은 최초의 조약으로, 청이 러시아와 일본을 견제하고 조선에 대한 청의 종주권을 확인할 목적으로 체결을 알선하였다. 이는 최혜국 대우, 거중조정, 치외 법권, 관세 규정 등의 조항이 포함된 불평등 조약이었다(1882).

오답의 이유

① 일본의 강압으로 을사늑약이 체결(1905)되어 대한제국의 외교권이 박탈되고 통감부가 설치되었다. 이후 이토 히로부미가 초대 통감으로 부임하면서 일제의 내정 간섭이 공식화되었다.

② 정미의병은 일제가 한·일 신협약으로 대한제국의 군대를 강제 해산시키자 해산된 군인들이 의병 활동에 가담하면서 의병 부대가 조직화되었다(1907).

③ 오페르트를 비롯한 서양인들이 덕산에 위치한 흥선 대원군의 아버지 남연군의 묘를 도굴하려다가 실패하였다(1868).

더 알아보기

조·미 수호 통상 조약

배경	황준헌의 『조선책략』 유포 → 미국과의 수교 주장 → 청의 알선(러시아와 일본 견제 의도)
내용	• 거중 조정, 관세 조항 규정 • 치외 법권, 최혜국 대우 인정
성격	서양과 맺은 최초의 근대적 조약, 불평등 조약

한눈에 훑어보기

✔ 빠른 정답

01	02	03	04	05	06	07	08	09	10
②	②	③	①	③	①	①	②	③	④
11	12	13	14	15	16	17	18	19	20
①	④	③	②	④	④	②	④	②	④

✔ 점수 체크

구분	1회독	2회독	3회독
맞힌 문항 수	/ 20	/ 20	/ 20
나의 점수	점	점	점

---

01 난도 ★☆☆   정답 ②

고대 > 정치사

자료해설

제시문에서 '기벌포', '황산 전투' 등의 내용을 통해 밑줄 친 '그'가 김유신임을 알 수 있다.

정답의 이유

② 진덕 여왕 사후 귀족 회의에서 알천과 김춘추가 왕위를 놓고 경쟁한 결과 김춘추가 왕위에 오르게 되었다. 이때 김유신은 진골 출신인 김춘추를 도와 신라의 왕이 될 수 있도록 많은 지원을 하였다.

오답의 이유

① 고구려 영양왕 때 수 양제가 우중문의 30만 별동대로 평양성을 공격하였으나 을지문덕이 살수에서 2,700여 명을 제외한 수군을 전멸시켰다(612).

③ 통일 신라 장보고는 완도에 청해진을 설치하고 해적을 소탕하여 당과 신라, 일본 간 해상 무역을 전개하였다(828).

④ 신라 진흥왕은 고구려가 차지하고 있던 한강 유역을 빼앗고 대가야를 병합하여 영토를 확장하였다(562).

---

02 난도 ★★☆   정답 ②

고대 > 정치사

자료해설

제시문에 나온 '이사부', '우산국' 등의 단어로 보아 신라 지증왕 대의 우산국 정복에 대한 내용임을 알 수 있다. 지증왕은 이사부를 시켜 우산국(울릉도)과 우산도(독도)를 정벌하게 하고 실직주(삼척)의 군주로 삼았다(512).

정답의 이유

② 신라 지증왕은 사로국이었던 국호를 신라로 확정하고 마립간 대신 왕이라는 칭호를 사용하였다.

오답의 이유

① 신라 원성왕은 국학의 학생들을 대상으로 독서삼품과를 실시하여 유교 경전의 이해 수준에 따라 관리를 채용하였다.

③ 신라 신문왕은 녹읍을 폐지하고 관료전을 지급하여 귀족의 경제 기반을 약화시키고자 하였다.

④ 발해 무왕은 동북방의 여러 세력을 복속하여 영토를 확장하였고, 장문휴의 수군으로 당의 등주 등을 공격하였다.

더 알아보기

신라의 우산국 정복

(지증마립간) 13년(512) 여름 6월, 우산국이 항복해 와 해마다 토산물을 공물로 바치기로 하였다. 우산국은 명주의 정동쪽 바다에 있는 섬이며, 혹 울릉도라고 부르기도 한다. 땅은 사방 100리인데, (지세가) 험한 것을 믿고 항복하지 않았다. 이찬(伊湌) 이사부(異斯夫)가 하슬라주(何瑟羅州) 군주가 되어 이르기를, "우산국 사람들은 어리석고 사나워 힘으로 복속시키기는 어렵지만 꾀로써 복속시킬 수 있다."라고 하였다. 이에 나무 사자를 많이 만들어 전선에 나누어 싣고 그 나라의 해안에 이르러 거짓으로 말하기를, "너희가 만약 항복하지 않으면 이 사나운 짐승을 풀어 밟아 죽이겠다."라고 하니, (그) 나라 사람들이 두려워하며 곧 항복하였다.

– 「삼국사기」 –

03 난도 ★☆☆　　　　　　　　　정답 ③

고대 > 정치사

자료해설

제시문에 나온 특산물인 '솔빈부의 말', 영역이 '영주의 동쪽 2천리', '신라와 접함' 등의 내용으로 밑줄 친 '이 나라'는 발해임을 알 수 있다.

정답의 이유

③ 발해는 선왕 때 지방 행정 체제를 5경 15부 62주로 정비하였고, 주현에 지방관을 파견하였다.

오답의 이유

① 백제 고이왕은 6좌평제와 16관등제를 정비하여 중앙 집권 국가의 기틀을 마련하였다.

② 통일 신라 신문왕은 중앙군을 9서당, 지방군을 10정으로 편성하여 군사 조직을 정비하였다.

④ 고구려는 귀족 회의인 제가 회의를 통해 국가의 중대사를 결정하였다.

04 난도 ★☆☆　　　　　　　　　정답 ①

근세 > 정치사

자료해설

제시문의 「농사직설」 편찬'으로 보아 밑줄 친 '왕'은 조선의 세종임을 알 수 있다.

정답의 이유

① 조선 전기 세종은 전세 제도인 공법을 제정하고 실시하기 위해 전제상정소를 설립하여 토지의 등급을 매기도록 하였다. 이에 따라 풍흉과 토지 비옥도에 따라 전세를 차등 징수하는 연분 9등법과 전분 6등법을 전라도부터 시행하였다.

오답의 이유

② 태조 이성계는 조선을 건국한 이후 도읍을 개경에서 한양으로 천도하고 경복궁을 창건하였다.

③ 조선 세조 때 편찬되기 시작한 「경국대전」은 조선의 기본 법전으로 성종 때 완성되어 반포되었다.

④ 조선 중종은 반정으로 왕위에 오른 후 사림파를 중용하기 위해 조광조를 등용하고 현량과 실시하는 등 개혁 정치를 실시하였다.

더 알아보기

세종의 분야별 업적

정치	• 의정부 서사제 • 집현전 설치, 경연 활성화
군사	• 여진: 4군 6진 개척 • 왜: 쓰시마 섬 토벌
과학	• 농업 관련 기술: 측우기, 자격루 등 발명, 「농사직설」 편찬, 연분 9등법과 전분 6등법 실시 • 역법: 최초로 한양 기준 천체 운동을 계산한 「칠정산」
문화	• 훈민정음 창제 · 반포 → 민족 문화 기반 확립 • 편찬 사업: 「고려사」, 「삼강행실도」, 「총통등록」, 「향약집성방」, 「의방유취」, 「농사직설」, 「신찬팔도지리지」 • 정간보 창안

05 난도 ★☆☆　　　　　　　　　정답 ③

근세 > 사회사

자료해설

제시문의 '경대부의 자식인데 오직 어머니가 첩이라는 이유만으로 대대로 벼슬길을 막아'라는 내용으로 보아 밑줄 친 '이들'은 서얼임을 알 수 있다.

정답의 이유

③ 조선 태종 때 서얼 금고법을 제정하여 양반의 자손이라도 서얼(첩의 자식)인 경우 관직에 진출할 수 없도록 하였으며, 「경국대전」에서 보다 구체적으로 법제화하였다. 조선 후기에 서얼들은 신분 상승 운동인 통청 운동을 전개하면서 청요직으로 진출하는 것을 허용해 달라는 상소를 올리기도 하였다.

오답의 이유

① 조선의 향리는 수령의 행정 실무를 보좌하는 지방 말단직이었으며, 호장, 기관, 장교, 통인 등으로 분류되었다. 향리직은 세습되었으나 국가로부터 녹봉을 받지 못하였고, 문과에 응시할 수 없었다.

② · ④ 조선 시대의 천민에는 백정, 무당, 창기, 공노비, 사노비 등이 있었다. 특히 노비는 비자유민으로 재산으로 취급되었고(매매 · 상속 · 증여의 대상), 교육을 받거나 벼슬을 할 수 없었다.

06 난도 ★☆☆　　　　　　　　　정답 ①

중세 > 정치사

자료해설

제시문에 나온 '쌍기의 건의로 과거를 실시' 등의 내용으로 보아 밑줄 친 '왕'은 고려 광종임을 알 수 있다.

정답의 이유

① 고려 광종은 노비안검법을 실시하여 억울하게 노비가 된 사람들을 구제하고 호족 세력을 약화시키고자 하였다.

오답의 이유

② 고려 공민왕은 전민변정도감을 설치하여 권문세족이 부당하게 빼앗은 토지를 본래 주인에게 돌려주고 억울하게 노비가 된 사람들을 양민으로 해방시켜 주었다(1366).

③ 고려 경종에 의해 처음 시행된 전시과는 관직 복무와 직역의 대가로 관료들에게 토지를 나누어 주는 제도였다(976).

④ 고려 성종은 최승로의 시무 28조(982)를 받아들여 12목을 설치하고 지방관을 파견하였다(983).

더 알아보기

고려 광종의 개혁 정치

왕권 강화	• 노비안검법(956) 실시: 억울하게 노비가 된 사람들 구제, 국가 재정을 확충, 호족 세력 약화 • 과거제(958) 실시: 후주 출신 쌍기의 건의로 실시한 과거 제도를 통하여 신진 사대부 등용 • 독자적 연호 사용: 국왕을 황제라 칭하고 광덕, 준풍 등의 독자적 연호 사용 • 기타: 왕권 강화를 위해 공신 · 호족 세력을 숙청
통치 체제 정비	• 백관공복제 정비: 관료들을 4색(자색, 단색, 비색, 녹색)으로 분류하여 지배층의 위계질서를 확립 • 기타: 주현공부법, 제위보 설치, 승과 제도 등 시행

07 난도 ★★☆　　　　　　　　　　　정답 ①

현대 > 정치사

자료해설

제시된 자료는 1960년 4 · 19 혁명 당시 대학 교수단이 발표한 시국 선언문의 내용이다.

정답의 이유

① 이승만의 장기 집권과 자유당 정권의 3 · 15 부정 선거에 저항하여 4 · 19 혁명이 발발하였고, 대학 교수단이 시국 선언문을 발표하고 대통령의 하야를 요구하는 행진을 전개하는 등 시위가 전국적으로 확산되었다(1960). 결국 4 · 19 혁명으로 이승만 대통령이 하야하고 내각 책임제를 기본으로 하는 허정 과도 정부가 구성되었다.

오답의 이유

② 신군부의 비상계엄 확대에 항거하여 광주에서 일어난 5 · 18 민주화 운동은 신군부가 공수 부대를 동원하여 무력 진압에 나서자 학생과 시민들이 시민군을 결성하여 계엄군에 대항하면서 격화되었다(1980). 5 · 18 민주화 운동은 1980년대 우리나라 민주화 운동의 밑거름이 되었고, 2011년에는 관련 기록물이 유네스코 세계 기록 유산으로 등재되었다.

③ 박정희 정부가 1964년에 한 · 일 국교 정상화를 위한 회담을 진행하면서 학생과 야당을 주축으로 이에 반대하는 6 · 3 시위가 전개되었다.

④ 6월 민주 항쟁의 결과 정부는 국민들의 민주화 요구를 수용하여 6 · 29 민주화 선언을 통해 5년 단임의 대통령 직선제 개헌을 단행하였다(1987).

더 알아보기

4 · 19 혁명의 전개

배경	• 이승만 정부의 독재와 부정부패: 상대 민주당 후보 조병옥 선거 도중 사망, 이승만 대통령 당선 확실 • 3 · 15 부정 선거: 부통령에 이기붕을 당선시키기 위한 대대적인 부정 선거 자행
전개	각 지역에서 부정 선거 규탄 시위 → 마산에서 김주열 학생의 시신 발견(4.11.), 전국으로 시위 확산 → 학생 · 시민 대규모 시위 → 경찰 발포로 여러 사상자 발생, 비상 계엄령 선포(4.19.) → 서울 시내 대학 교수단 시국 선언문 발표 및 시위(4.25.)
결과	• 이승만 대통령 하야 성명 발표(4.26.), 다음날 대통령 사임서 제출(4.27.) • 허정(대통령 권한 대행) 과도 정부 구성
의의	• 학생과 시민이 중심이 되어 독재 정권을 타도한 민주주의 혁명 • 민주주의 발전에 밑바탕이 됨

08 난도 ★★☆　　　　　　　　　　　정답 ②

시대 통합 > 문화사

자료해설

제시문에 나온 '하남 하사창동 철조 석가여래 좌상', '논산 관촉사 석조 미륵보살 입상' 등의 내용을 통해 밑줄 친 '이 시기'는 고려 시대 초기임을 알 수 있다. 고려 초기에는 조형미는 떨어지나 토속적 · 향토적인 특색이 표현된 거대 석불이나 대형 철불을 조성하였다.

정답의 이유

② 고려 초기에는 건국에 지대한 영향을 끼친 지방 호족들이 그 지역 내에서 독자적인 지배권을 인정받았다. 이들은 지방 문화의 성격이 강한 거대 불상이나 불교 건축물 등을 제작하기도 하였다.

오답의 이유

① 성골 출신이 국왕이 재위한 것은 신라 상대(박혁거세~진덕 여왕)의 일이다.

③ 조선 시대 세도 정치 시기에는 외척인 안동 김씨와 풍양 조씨 등의 특정 가문이 정권을 장악하였고, 이 시기에 삼정의 문란이 극에 달했다.

④ 16세기 이후 조선은 성리학에 투철한 사림 세력이 정국을 주도하였다.

09 난도 ★★☆　　　　　　　　　　　정답 ③

시대 통합 > 문화사

정답의 이유

ⓒ 이규보의 『동국이상국집』에 실린 「동명왕편」은 한국 문학 최초의 서사시로, 고구려를 건국한 동명왕의 업적을 칭송하고 고려가 고구려를 계승하였다는 고려인의 자부심을 표현하였다.

ⓔ 유득공의 『발해고』는 발해를 우리의 역사로 인식하고 최초로 '남북국'이라는 용어를 사용하였다.

오답의 이유

㉠ 단군 신화가 수록된 문헌에는 『삼국유사』, 『제왕운기』, 『동국여지승람』, 『응제시주』, 『세종실록지리지』 등이 있다.

㉢ 안정복이 쓴 『동사강목』은 고조선부터 고려 공양왕까지의 역사를 정리한 것으로 강목체 형식의 편년체로 편찬되었다.

10 난도 ★☆☆   정답 ④

근대 태동기 > 정치사

자료해설

제시문의 '탕평책', '균역법', '청계천 준설' 등을 통해 밑줄 친 '나'는 조선의 영조임을 알 수 있다.

정답의 이유

④ 조선 후기 영조는 각종 제도의 연혁과 내용을 정리한 백과 전서인 『동국문헌비고』를 편찬하여 문물제도를 정비하였다.

오답의 이유

① 정조는 왕권을 뒷받침하는 군사적 기반을 갖추기 위해 친위 부대인 장용영을 설치하였다(1793).

② 효종 때 러시아가 만주 지역까지 침략해오자 청은 조선에 원병을 요청하였고, 조선에서는 두 차례에 걸쳐 조총 부대를 파견하여 나선 정벌을 단행하였다(1654, 1658).

③ 세도 정치로 인한 삼정의 문란과 서북 지역민에 대한 차별에 항거하여 홍경래의 난이 일어났다(1811).

더 알아보기

영조의 업적

탕평책을 통한 왕권 강화	• 각 붕당의 사상적 지주였던 산림의 존재 부정 • 붕당의 지지 기반인 서원을 대폭 정리 • 이조 전랑의 삼사 관리 선발권 폐지
민생 안정 노력	• 균역법 실시: 백성의 군역 부담 경감 • 지나친 형벌 금지, 사형수에 대한 엄격한 삼심제 시행 • 신문고 부활: 백성의 억울함 해소 • 문물제도 정비: 『속대전』, 『동국문헌비고』 편찬

11 난도 ★★☆   정답 ①

근대 > 정치사

자료해설

제시된 자료에서 을미사변은 삼국 간섭 이후 민씨 세력이 러시아를 통해 일본을 견제하자, 일본이 경복궁에 난입하여 명성 황후를 시해한 사건이다(1895). 러·일 전쟁은 한반도와 만주 지역에 대한 지배권을 두고 러시아와 일본 간에 벌어진 제국주의 전쟁이다(1904).

정답의 이유

① 갑신정변 이후 미국에서 돌아온 서재필은 독립신문을 창간하고 독립 협회를 창립하였으며, 청의 사신을 맞던 영은문을 헐어 그 자리에 독립문을 건립하였다(1897).

오답의 이유

② 일본의 강압으로 을사늑약이 체결(1905)되어 대한제국의 외교권이 박탈되고 통감부가 설치되었다.

③ 일제 통감부는 대한제국의 토지와 자원을 수탈하기 위해 동양 척식 주식회사를 설립하였다(1908).

④ 흥선 대원군은 왕실의 권위 회복을 위해 임진왜란 때 불에 탄 뒤 방치되어있던 경복궁을 중건하였으며(1865~1868), 이에 필요한 재정을 확보하기 위해 당백전을 발행하였다.

12 난도 ★★★   정답 ④

중세 > 정치사

자료해설

제시된 자료에 있는 '모니노', '신돈의 여종 반야의 소생', '이인임 등의 권력 횡포' 등으로 보아 밑줄 친 '왕'은 고려 공민왕의 뒤를 이어 왕위에 오른 우왕(1374~1388)이라는 것을 알 수 있다.

정답의 이유

④ 고려 말의 무신 이성계는 우왕 때 왕명에 따라 요동 정벌을 위해 출병하였다. 그러나 의주 부근의 위화도에서 말을 돌려 개경으로 회군(1388)한 후, 최영을 제거하고 우왕을 폐위시켰으며 정치적 실권을 장악하였다.

오답의 이유

① 조선 전기 왜구의 약탈이 빈번하자 세종은 이종무를 대마도로 보내 왜구를 토벌하였다(1419).

② 고려 무신 정권 해체 이후 강화도에 있던 고려 조정이 개경으로 환도하면서 몽골과의 강화가 성립되었다. 최씨 무신 정권의 군사적 기반이었던 삼별초는 이에 반발하여 배중손의 지휘에 따라 진도로 이동하며 대몽 항쟁을 전개하였다(1270~1273).

③ 고려 공민왕은 반원 자주 정책을 실시하여 유인우, 이자춘, 이인임 등으로 하여금 동계 지역의 쌍성총관부를 공격하여 원에 빼앗긴 철령 이북의 땅을 수복하였다(1356).

13 난도 ★★☆   정답 ③

일제 강점기 > 사회사

자료해설

제시된 자료의 '조선 물산 팔고 사자' 등의 포스터 내용을 통해 1920년대 전개된 물산 장려 운동이라는 것을 알 수 있다.

정답의 이유

③ 물산 장려 운동은 1920년대 조만식 등을 중심으로 평양에서 전개되었다. 민족 자본 육성을 통한 경제 자립을 위해 자급자족, 국산품 애용, 소비 절약 등을 내세웠으며 자작회, 토산 애용 부인회 등의 단체가 활동하였다. 그러나 일부 사회주의 세력은 이 운동이 자본가 계급의 이익만 추구할 뿐이라는 이유로 비판하기도 하였다.

오답의 이유

① 1920년대 이상재, 이승훈, 윤치호 등의 주도로 한국인을 위한 고등 교육 기관인 민립 대학 설립 운동이 시작되어 조선 민립 대학 기성회가 조직되었다. 그러나 일제의 방해와 경성 제국 대학

의 설립, 남부 지방의 가뭄과 전국적인 수해로 모금 활동이 중단되면서 좌절되었다.

② · ④ 1920년 일제의 회사령 폐지로 일본 자본이 본격적으로 들어왔고, 일제는 한 · 일 간의 관세 철폐를 추진하였다. 여기에 맞서 민족 자본가들은 일본의 자본에 대항하기 위해 물산 장려 운동을 추진하였다.

더 알아보기

물산 장려 운동

배경	일본 기업의 한국 진출 활발, 일본 상품의 관세 철폐(1923) → 일본 상품 대량 유입으로 한국 기업 위기 → 한국인 자본을 보호 · 육성하여 민족의 경제적 실력을 향상하고자 함
전개	• 평양에서 조만식을 중심으로 평양 물산 장려회 설립(1920) → 서울과 전국으로 확산 • '내 살림 내 것으로', '조선 사람 조선 것' 등의 구호 제시 • 민족 산업 보호 · 육성을 위한 토산품 애용, 근검 · 저축 · 금주 · 금연 등 실천
결과	일부 기업가에 의해 토산품 가격 상승 → 일제의 탄압과 방해로 큰 성과 거두지 못함

14 난도 ★★☆　　　　　　　　　　정답 ②

현대 > 정치사

자료해설

제시된 자료의 '통일 주체 국민 회의에서 대통령을 무기명으로 선출한다'는 내용으로 보아 1972년에 개정된 유신 헌법임을 알 수 있다.

정답의 이유

② 대통령 임기를 7년 단임으로 정한 것은 1980년 개정된 제8차 개헌 때이다. 유신 헌법에서는 대통령의 임기는 6년으로 정하고, 중임 제한을 철폐하였으며 통일 주체 국민 회의에서 대통령을 선출할 수 있게 하였다.

오답의 이유

① · ③ · ④ 유신 헌법은 3권 분립을 무시하고 대통령의 초법적 권한을 부여하기 위해 긴급 조치권을 부여하였으며, 국회의원 1/3 추천권, 국회 해산권, 대법원장과 헌법 위원회 위원장 임명권, 정당 및 정치 활동 금지 등을 규정하였다.

15 난도 ★☆☆　　　　　　　　　　정답 ④

고대 > 정치사

자료해설

제시된 자료의 순서는 (라) 고구려 장수왕의 평양 천도(427) – (다) 백제 문주왕의 웅진 천도(475) – (가) 신라 진흥왕의 한강 유역 확보(553) – (나) 관산성 전투(554)이다.

정답의 이유

(라) 고구려 장수왕은 수도를 국내성에서 평양성으로 옮기고 남진 정책을 추진하였다.

(다) 남진 정책을 추진하던 고구려 장수왕에 의해 수도 한성이 함락되고 백제 개로왕이 전사하였다. 한강 유역을 빼앗긴 이후 즉위한 백제 문주왕은 웅진(공주)으로 천도하였다.

(가) · (나) 신라 진흥왕과 백제 성왕은 함께 고구려를 공격하여 한강 유역을 차지하였으나, 진흥왕이 나 · 제 동맹을 깨고 백제가 차지한 지역을 점령하였고, 이에 분노한 성왕은 신라를 공격하였으나 관산성 전투에서 전사하였다.

16 난도 ★★★　　　　　　　　　　정답 ③

중세 > 정치사

자료해설

제시된 자료에서 '통주성 남쪽으로 나가 진을 친', '결국 패해 거란군의 포로가 된', '고려 사람' 등의 내용으로 보아 (가) 인물은 고려 시대 무신 강조이다. 강조는 거란의 2차 침입(1010) 때 통주 전투에서 대패하여 포로가 되었으나 거란 왕에게 고려 신하의 절의를 꺾지 않고 저항하다가 죽음을 맞았다.

정답의 이유

③ 고려의 무신 강조는 천추 태후와 그의 정부 김치양으로 인한 국가의 혼란을 바로잡기 위해 정변을 일으켜 목종을 폐위시키고 현종(대량원 군)을 즉위시켰다(1009).

오답의 이유

① 묘청의 난은 묘청, 정지상 등을 중심으로 한 서경 세력이 서경 천도와 칭제건원, 금 정벌 등을 주장하였으나 받아들여지지 않자 서경에서 반란을 일으킨 사건으로, 인조의 명에 의해 김부식이 진압하였다(1135).

② 고려 숙종 때 부족을 통일한 여진족이 고려의 국경을 자주 침입하자 윤관이 왕에게 건의하여 신기군, 신보군, 항마군으로 구성된 별무반을 편성하였다(1104). 이후 예종 때 윤관은 별무반을 이끌고 여진족을 공격하여 동북 지역에 9성을 쌓았다(1107).

④ 거란의 1차 침입 때 서희가 소손녕과 외교 담판을 통해 강동 6주를 획득하였다(993).

더 알아보기

거란의 침입과 고려의 대응

거란 침입	결과
1차 침입 (993)	10세기 초 통일 국가를 세운 거란이 고려를 여러 차례 침략하였다. 고려 성종 때 거란이 고려가 차지하고 있는 옛 고구려 땅을 내놓고 송과 교류를 끊을 것을 요구하였으나 서희가 소손녕과의 외교 담판을 통해 강동 6주를 획득하였다.
2차 침입 (1010)	거란은 강조의 정변을 구실로 고려를 침입하여 흥화진을 공격하였다. 이때 고려 장수 양규는 무로대에서 거란을 기습 공격하여 포로로 잡힌 백성을 되찾았다.
3차 침입 (1018)	거란의 소배압이 이끄는 10만 대군이 다시 고려를 침입하였으나 강감찬이 이에 맞서 귀주에서 대승을 거두었다(귀주 대첩, 1019).

17 난도 ★☆☆　　　　　　　　　　　　정답 ②

근세 > 정치사

자료해설

제시문의 『성학집요』를 완성하였다는 내용으로 밑줄 친 '저'가 율곡 이이라는 것을 알 수 있다. 이이는 군주가 수양해야 할 덕목을 정리한 『성학집요』를 저술하여 선조에게 바쳤다.

정답의 이유

② 율곡 이이는 왕도 정치의 이상을 문답식으로 저술한 『동호문답』을 통해 다양한 개혁 방안을 제시하였다.

오답의 이유

① 조선 중기의 성리학자 퇴계 이황은 향촌 사회의 교화를 위해 향약의 4대 덕목 가운데 '과실상규'를 강조하는 예안향약을 만들었다.

③ 조선 중종 때 풍기 군수 주세붕이 성리학을 전래한 고려 말의 학자 안향을 기리기 위해 최초로 백운동 서원을 건립하였다. 백운동 서원은 이황의 건의로 최초의 사액 서원인 소수 서원으로 사액되었다.

④ 정도전은 태조의 막내 아들인 방석을 세자로 임명하려다가 발생한 제1차 왕자의 난 때 이방원에 의해 피살되었다.

18 난도 ★★★　　　　　　　　　　　　정답 ④

근대 > 정치사

자료해설

제시된 자료에서 '한국의 의병', '적군의 포로', '만국공법에 의해 처단' 등의 내용을 통해 밑줄 친 '나'가 안중근임을 알 수 있다. 안중근은 자신이 대한제국 용병 참모중장의 자격으로 동양의 평화를 교란한 이토 히로부미를 처단했으며, 이에 따라 범죄자가 아니라 만국공법에 따라 포로로 대우해 달라고 요청하였다.

정답의 이유

ⓒ 안중근은 뤼순 감옥에서 한국, 일본, 청의 동양 삼국이 협력하여 서양 세력의 침략을 방어하고 동양 평화를 실현해야 한다는 사상을 담은 『동양평화론』을 집필하였으나 일제가 사형을 앞당겨 집행하면서 미완성으로 남게 되었다.

ⓔ 안중근은 연해주에서 의병 운동을 했으며, 각종 모임을 만들어 애국 사상을 고취하고 군사 훈련을 담당하였다.

오답의 이유

ⓐ 안중근은 중국의 뤼순 감옥의 형장에서 순국하였다(1910.3.).

ⓑ 한인 애국단은 김구가 상하이에서 적극적인 의열 투쟁 활동을 전개하고자 결성한 단체로 대표적인 단원으로는 윤봉길, 이봉창 등이 있다.

더 알아보기

『동양평화론』

안중근은 뤼순 감옥에서 한국, 일본, 청의 동양 삼국이 협력하여 서양 세력의 침략을 방어하고 동양 평화를 실현해야 한다는 사상을 담은 『동양평화론』을 집필하였다. 원래 5편으로 구상되었으나 사형 집행이 앞당겨져 서문과 전감(前鑑)만 집필되었다. 일제의 한국 침략에 대한 비판과 진정한 동양 평화를 위한 한·중·일 삼국의 대등한 연합이 주된 내용을 이룬다.

19 난도 ★★★　　　　　　　　　　　　정답 ②

현대 > 정치사

자료해설

제시된 자료에 있는 '일본 정부와 공모하여 한·일 합병에 적극 협력한 자'와 '처벌'을 통해 1948년 제헌 국회에서 제정한 반민족 행위 처벌법의 조항임을 알 수 있다.

정답의 이유

② 5·10 총선거를 통해 구성된 제헌 국회는 1948년 9월 반민족 행위 처벌법을 제정하였으며, 다음 해인 1949년 6월 농지 개혁법을 제정하였다.

오답의 이유

①·③ 제헌 국회는 1948년 9월 「반민족 행위 처벌법」을 제정하였으며, 10월에는 반민족 행위 특별 조사 위원회와 특별 재판부를 설치하여 공소를 제기하도록 하였다.

④ 1949년 6월 특별 조사 위원회가 일제 때 친일 행위를 한 박흥식, 노덕술 등 고위 경찰 간부를 체포하여 조사하였다. 그러나 정부가 간첩 혐의로 반민족 특별 위원회 위원을 구속하는 국회 프락치 사건, 경찰의 반민 특위 습격 사건, 반민족 특별 위원회의 활동 기간 축소에 따른 공소 기간 만료 등으로 반민족 특별 위원회가 해체되어 친일파 청산은 결과적으로 실패하였다.

일제 강점기 > 정치사

자료해설

제시된 자료는 신채호의 「조선 혁명 선언」이다(1923). (나) 신채호는 의열단 단장 (가) 김원봉의 부탁으로 작성한 조선 혁명 선언을 통해 민중의 직접 혁명을 통한 무장 독립 투쟁의 필요성을 강조하였다.

정답의 이유

④ (가) 김원봉은 개인적인 폭력 투쟁의 한계를 느끼고, 조직적으로 항일 무장 투쟁을 전개하기 위해 단원들과 함께 중국의 황포 군관 학교에서 정규 군사 훈련을 교육받았다.

   (나) 신채호는 『독사신론』을 발표하여 민족을 역사 서술의 중심에 두는 민족주의 사학의 기반을 마련하였다.

오답의 이유

① (가)는 김원봉이 맞으나 (나)는 맞지 않다.

- 조선 의용대는 (가) 김원봉이 주도하여 중국 국민당의 지원을 받아 중국 관내 결성된 최초의 한인 무장 부대이다.
- 독립을 위해 '국혼'을 강조한 인물은 박은식이다.

② (가)와 (나) 모두 맞지 않다.

- 신민회의 이회영 등은 서간도 삼원보 지역에 독립군 양성 학교인 신흥 강습소를 설립하였고 이후 명칭을 신흥 무관 학교로 바꾸었다.
- 일제 강점기의 사회 운동가 강상호는 경남 진주에서 백정 이학찬 등과 함께 백정에 대한 사회적 차별 철폐를 위한 형평사를 조직하였다.

③ (가)와 (나) 모두 맞지 않다.

- 여운형은 일제의 패망에 대비하여 광복 이후 민주주의 국가 건설을 목표로 한 조선 건국 동맹을 결성하였다.
- 백남운은 『조선사회경제사』를 통해 유물 사관을 토대로 식민 사학의 정체성론을 반박하였다.

더 알아보기

일제 강점기 국학 연구

민족주의 사학	박은식	• 혼(魂) 강조 • 『한국통사』, 『한국독립운동지혈사』
	신채호	• 민족주의 역사학의 기반 확립 • 고대사 연구 • 『독사신론』, 『조선상고사』, 『조선사연구초』
	정인보	'얼' 강조, 「5천년간 조선의 얼」(동아일보 연재) → 『조선사연구』, 조선학 운동
	문일평	• 심(心) 사상(조선심) • 역사학의 대중화에 관심
사회·경제 사학	백남운	• 유물 사관을 바탕으로 정체성론 비판 • 『조선사회경제사』, 『조선봉건사회경제사』
실증 사학	손진태, 이병도	• 문헌 고증 강조 • 진단학회 조직

한국사 | 2022년 제1회 서울시 9급

한눈에 훑어보기

✅ 빠른 정답

01	02	03	04	05	06	07	08	09	10
④	③	④	②	②	④	③	①	④	②

11	12	13	14	15	16	17	18	19	20
③	③	②	④	②	③	①	①	③	②

✅ 점수 체크

구분	1회독	2회독	3회독
맞힌 문항 수	/ 20	/ 20	/ 20
나의 점수	점	점	점

---

01 난도 ★☆☆   정답 ④

선사 시대와 국가의 형성 > 국가의 형성

자료해설

제시문의 밑줄 친 '이 나라'는 동예이다. 동예는 읍군이나 삼로라는 군장들이 부족을 다스렸다. 매년 10월에는 무천이라는 제천 행사를 열었으며, 단궁, 과하마, 반어피 등의 특산물이 유명하여 이를 낙랑과 왜에 수출하기도 하였다.

정답의 이유

④ 동예에는 읍락 간의 영역을 중요시하여 다른 부족의 경계를 침범하는 경우 노비와 소, 말로 변상하게 하는 책화 제도가 있었다.

오답의 이유

① 부여에는 왕 아래 가축의 이름을 딴 마가, 우가, 저가, 구가의 가(加)들의 관직이 있었다. 이들은 행정 구역인 사출도를 다스렸고 왕이 통치하는 중앙과 합쳐 5부를 구성하였다.

② 삼한 중 변한 지역은 철 생산이 활발하여 낙랑과 왜에 수출하기도 하였다.

③ 고구려는 소노부, 계루부, 절노부, 순노부, 관노부 5부족 연맹체로서 계루부는 왕족, 절노부는 왕비족, 소노부는 계루부 이전의 왕족이었다.

더 알아보기

동예의 특징

정치	읍군, 삼로(군장)
경제	명주, 삼베, 단궁, 과하마, 반어피 등
풍속	족외혼, 책화
제천 행사	10월 무천

02 난도 ★★☆   정답 ③

근세 > 정치사

정답의 이유

③ 조선 시대에는 중앙에서 경재소를 통해 지방의 유향소를 통제하였는데, 중앙의 고위 관리가 그 출신 지역의 경재소를 관장하고 그 지역의 유향소 품관을 임명, 감독하였다.

오답의 이유

① 조선은 전국을 8도로 나누고 모든 군현에 수령을 파견하였는데 원칙적으로 고관을 출신지에 임명하지 않는 제도인 상피제의 적용을 받았다.

② 조선 시대 지방 행정 조직에는 향리들이 중앙의 6조에 상응하는 6방의 조직을 갖추어 수령을 보좌하여 지방의 행정 실무를 수행하였다.

④ 수령의 업무를 평가하는 '수령칠사'에는 농상성(농사와 양잠의 흥성), 사송간(송사의 간명한 처리), 간활식(간사하고 교활한 풍속을 없애는 일), 호구증(호구의 증가), 학교흥(학교 교육의 진흥), 군정수(군정의 바른 처리), 부역균(부역의 균등한 부과) 등이 있었는데, 이 중 호구증은 지방의 인구를 늘리는 것으로 수령의 중요한 임무 중 하나였음을 알 수 있다.

03 난도 ★☆☆　　　　　　　　　　　정답 ④

고대 > 정치사

[자료해설]

제시문에서 박사 고흥에게 역사서인 『서기』를 편찬하게 한 백제의 왕은 근초고왕이다. 근초고왕은 백제의 13대 왕으로 재위기간은 346~375년이다.

[정답의 이유]

④ 백제의 근초고왕이 평양성을 공격하여 고구려의 고국원왕이 전사하였다(371). 고국원왕은 고구려의 제16대 왕으로 재위기간은 331~371년이다.

[오답의 이유]

① 동천왕: 고구려의 11대 왕으로 재위기간은 227~248년이다.

② 장수왕: 고구려의 20대 왕으로 재위기간은 413~491년이다.

③ 문자명왕: 고구려의 21대 왕으로 재위기간은 491~519년이다.

04 난도 ★★★　　　　　　　　　　　정답 ②

근대 > 사회사

[자료해설]

제시문은 서울 북촌의 양반 여성들이 모여 발표한 『여권통문(여학교 설치통문)』이다(1898).

[정답의 이유]

② 한국 최초의 여성 인권 선언서인 『여권통문』을 통해 여성이 정치에 참여할 권리, 남성과 평등하게 직업을 가질 권리, 교육을 받을 권리 등을 주장하였으며, 이후 현실적인 여성 교육을 실현하기 위해 최초의 근대적 여성 단체인 찬양회를 조직하기도 하였다.

[오답의 이유]

① 서울 북촌에 거주하는 양반 부인들이 『여권통문』을 발표하였다.

③ · ④ 1895년 교육 입국 조서의 반포에 따라 한성 사범 학교가 설립되었다. 『여권통문』은 그 이후인 1898년에 발표되었다. 『여권통문』의 발표 후 최초의 근대적 여성 단체인 찬양회를 조직하여 여성 교육 실시와 여학교 설립을 주장하였다. 이후 찬양회는 1899년 2월 순성 여학교를 개교하여 운영하게 되었다.

05 난도 ★★☆　　　　　　　　　　　정답 ②

고대 > 정치사

[자료해설]

제시문의 녹읍 폐지와 관료전 지급의 내용을 통해 신문왕이라는 것을 알 수 있다.

[정답의 이유]

② 통일 신라 신문왕은 유교 정치를 확립시키기 위해 유학 교육 기관인 국학을 설치하였다.

[오답의 이유]

① 통일 신라 원성왕은 국학의 학생들을 대상으로 독서삼품과를 실시하여 유교 경전의 이해 수준에 따라 관리를 채용하였다.

③ 통일 신라 경덕왕은 국학을 태학감으로 개편하고 박사와 조교를 두어 논어와 효경을 가르쳤다.

④ 통일 신라 성덕왕 때에는 당에서 공자(孔子) · 10철(哲) · 72제자의 화상을 들여와 국학에 안치하였다.

더 알아보기

신라 국왕의 업적

신문왕	• 김흠돌의 난 진압 → 귀족 숙청, 왕권 강화 • 제도 정비(9주 5소경), 관료전 지급, 녹읍 폐지, 국학 설립
성덕왕	정전 지급 → 국가의 토지 지배력 강화, 수취 체제 정비
원성왕	독서삼품과 설치
경덕왕	• 녹읍 부활, 왕권 약화 → 귀족 연합 정치 • 국학을 태학으로 개편(박사와 조교)

06 난도 ★★★　　　　　　　　　　　정답 ④

일제 강점기 > 정치사

[자료해설]

제시문에서 밑줄 친 '이 단체'는 대한 광복회이다. 이 단체는 경상북도의 풍기 광복단과 대구의 조선 국권 회복단 중 일부 인사들이 이탈하여 함께 조직한 것이었다.

[정답의 이유]

④ 박상진은 공화정체의 근대 국민 국가의 수립을 지향하는 대한 광복회(1915)의 초대 총사령으로 활동하면서 독립군 양성에 힘쓰는 한편, 친일 세력들을 처단하는 의협 투쟁도 전개하였다.

[오답의 이유]

① 신민회의 이회영 등이 중심이 되어 만주 삼원보에 민족 운동 단체인 경학사를 조직하고 항일 무장 투쟁의 필요성을 인식하여 독립군 양성 학교로 신흥 강습소를 설립하였다.

② 러시아에 거주하던 한인들은 연해주 우수리스크에 본부를 둔 전로 한족회 중앙 총회를 조직하였다. 이후 3 · 1 운동 직후에 국내외를 통해 임시 정부 성격을 띤 최초의 조직인 대한 국민 의회로 개편되었다.

③ 대한 독립 선언서(무오 독립 선언서)는 만주 · 러시아 등 해외에 나가 있던 독립 운동가 39인이 조선 독립을 선언을 발표한 것으로 무장 투쟁을 독립 운동의 방향으로 설정하였다.

07 난도 ★★☆　　　　　　　　　　　정답 ③

고대 > 문화사

자료해설

제시문의 '진성왕'과 '시무 10여 조'를 통해 (가)의 인물이 최치원임을 알 수 있다.

정답의 이유

③ 『제왕연대력』은 최치원이 당에서 배운 역사 지식으로 신라의 역사를 나름대로 해석하여 편찬한 역사서이다. 현재 전해지지는 않으나 그 내용의 일부가 『삼국사기』에 인용되었으며, 책 제목을 보았을 때 연표 형식일 것으로 추측되는 문헌이다.

오답의 이유

① · ② 김대문 - 『화랑세기』, 『고승전』, 『한산기』, 『계림잡전』, 『악본』 등

④ 최치원 - 『계원필경』, 『토황소격문』, 『사산비명』, 『중산복궤집』, 『제왕연대력』 등

08 난도 ★★☆　　　　　　　　　　　정답 ①

중세 > 정치사

자료해설

제시문의 밑줄 친 인물은 고려의 현종이다. 고려의 강조는 천추 태후와 그의 정부 김치양으로 인한 국가의 혼란을 바로잡기 위해 정변을 일으켜 목종을 폐위시키고 현종(대량원군)을 즉위시켰다(1009).

정답의 이유

① 고려의 현종은 부모의 명복을 빌고 불교의 진흥을 위해 현화사를 창건하고, 연등회와 팔관회를 부활하였다.

오답의 이유

② 고려 정종 때 최광윤의 의견을 받아들여 거란의 침입에 대비하기 위한 광군을 조직하였다.

③ 고려 성종 때 거란의 소손녕이 80만 대군을 이끌고 침략해오자, 서희가 소손녕을 찾아가 고려가 고구려의 후예임을 내세워 현재 거란이 가진 땅이 고려의 영토임을 주장하였다(993). 이 외교 담판에서 친송 관계를 끊고 거란과 적대하지 않는다는 조건으로 강화를 성사시키고, 강동 6주(흥화, 용주, 통주, 철주, 귀주, 곽주)를 획득하여 영토를 확장하였다.

④ 재조대장경(팔만대장경)은 고려 고종 때 몽골의 침략을 막아 내기 위하여 강화에서 조판에 착수(1236)하여 1251년 완성하였다.

09 난도 ★★☆　　　　　　　　　　　정답 ④

근대 태동기 > 문화사

정답의 이유

ⓔ 『택리지』는 영조 때의 실학자 이중환이 현지 답사를 기초로 저술한 우리나라의 지리서이다. 이 책의 복거총론 생리편에는 경제 조건 등에 대한 내용이 담겨 있다.

ⓜ 허준이 선조의 명으로 집필한 『동의보감』은 우리나라와 중국 의서의 각종 의학 지식과 치료법을 집대성한 의서로 광해군 때 완성되었다. 이 의학 서적은 '동양 의학의 정수'라고 불린다.

오답의 이유

ⓖ 영조 때 정상기가 최초로 100리 척을 사용하여 제작한 지도는 『동국지도』이다.

ⓛ 조선 후기 국어에 대한 연구로는 신경준의 『훈민정음운해』, 유희의 『언문지』, 이의봉의 『고금석림』 등이 있다.

ⓒ 조선 후기 안정복의 『동사강목』 등은 고조선부터 고려 말까지의 역사를 정리하여 편찬한 역사서이다. 유득공은 『발해고』를 집필하였다.

더 알아보기

근대 태동기의 문화

역사	『동사강목』(안정복), 『발해고』(유득공), 『동사』(이종휘), 『연려실기술』(이긍익), 『해동역사』(한치윤), 『금석과안록』(김정희)
지리	『동국지리지』(한백겸), 『아방강역고』(정약용), 『택리지』(이중환), 『대동지지』(김정호)
지도	『동국지도』(정상기), 『대동여지도』(김정호)
국어	『훈민정음운해』(신경준), 『언문지』(유희), 『고금석림』(이의봉)
의학	『동의보감』(허준), 『침구경험방』(허임), 『마과회통』(정약용), 『동의수세보원』(이제마)

10 난도 ★☆☆　　　　　　　　　　　정답 ②

중세 > 정치사

자료해설

제시문은 고려 태조 왕건이 남긴 '훈요 10조'이다.

정답의 이유

② 고려 태조 왕건은 호족 통합의 일환으로 개국 공신과 지방 호족을 관리로 등용하였으며 역분전 등을 지급하였다. 또한 지방 호족과의 혼인 정책, 왕씨 성을 하사하여 친족으로 포섭하는 사성 정책, 호족 자치권의 인정 등 통합을 위한 회유책 등을 시행하였다.

오답의 이유

① 고려 광종은 호족의 세력을 약화시키기 위해 노비안검법을 실시하였고, 후주 출신 쌍기의 건의를 받아들여 과거 제도를 시행하기도 하였다.

③ 고려 경종에 의해 처음 시행된 전시과는 관직 복무와 직역의 대가로 관료에게 토지를 나눠 주는 제도였다. 관리부터 군인, 한인까지 총 18등급으로 나누어 곡물을 수취할 수 있는 전지와 땔감을 얻을 수 있는 시지를 주었고, 수급자들은 지급된 토지에 대해 수조권만 가졌다.

④ 고려 광종은 관료 지배층의 위계 질서를 확립하기 위해 백관의 공복(자색, 단색, 비색, 녹색)을 제정하였다.

11 난도 ★☆☆　　　　　　　　　　　정답 ③

중세 > 정치사

자료해설

'적들이 모두 말을 탔고', '우리는 보병으로 전투한 까닭에'와 『고려사』 등을 통해 제시문은 윤관이 별무반을 조직하게 된 이유를 설명하는 내용임을 유추할 수 있다.

③ 고려 숙종 때 부족을 통일한 여진족이 고려의 국경을 자주 침입하자 윤관이 왕에게 건의하여 별무반을 조직하였다. 신기군(기병), 신보군(보병), 항마군(승병)으로 구성된 별무반은 이후 여진을 정벌하고 예종 때 동북 9성을 설치하였다.

오답의 이유

① 고려 정종 때 최광윤의 의견을 받아들여 거란의 침입에 대비하기 위한 광군을 조직하였다.

② 도방은 무신 정권 시기의 경대승이 신변 보호를 위해 처음 실시한 것으로, 최씨 정권은 이를 계승·확대하여 사병 관리에 활용하였다.

④ 최우가 치안 유지를 위해 설치한 야별초가 확대되어 좌별초와 우별초로 나뉘고, 몽골의 포로가 되었다가 탈출한 신의군과 함께 삼별초를 구성하였다. 최씨 무신 정권의 군사적 기반이었던 삼별초는 무신 정권 해체 이후 강화도에 있던 고려 조정이 개경으로 환도하면서 몽골과의 강화가 성립되자 이에 반발하여 배중손의 지휘 하에 진도로 이동하여 대몽 항쟁을 전개하였다.

12 난도 ★★★   정답 ③

근대 태동기 > 사회사

자료해설

제시된 자료의 사건 순서는 ㉢『천주실의』 소개 – ㉠ 최초의 천주교 영세신자 이승훈 – ㉡ 윤지충의 진산 사건 – ㉣ 황사영의 백서 사건이다.

정답의 이유

㉢ 이수광이 백과사전식으로 저술된 『지봉유설』에서 『천주실의』 2권을 소개하면서 천주교의 교리와 교황에 대해 기술하였다 (1614).

㉠ 이승훈은 북경(베이징)에서 한국 교회 최초로 그라몽 신부에게 베드로라는 세례명을 받고 한양으로 돌아왔다(1784).

㉡ 정조 때 진산의 양반 윤지충이 신주를 불사르고 천주교 의식으로 모친상을 치르자 강상죄를 저지른 죄인으로 비난을 받았다 (신해박해, 1791).

㉣ 조선 순조 때 신유박해 이후 황사영이 베이징에 있는 프랑스 주교에게 조선으로 군대를 보내 달라는 내용의 청원서를 보내려다 발각된 사건으로 이로 인해 천주교에 대한 탄압이 더욱 심해졌다(1801).

13 난도 ★☆☆   정답 ②

일제 강점기 > 정치사

자료해설

제시문에서 '국가 총동원상 필요할 때', '칙령이 정하는 바에 따라' 등을 통해 1938년 제정된 국가 총동원법이라는 것을 알 수 있다.

정답의 이유

② 일제는 1910년대 무단 통치기에 강압적 통치를 목적으로 헌병 경찰 제도를 실시하였고, 조선 태형령을 공포하여 곳곳에 배치된 헌병 경찰들이 조선인들에게 태형을 가하였다(1912).

오답의 이유

①·③·④ 1930년대 이후 대륙 침략을 위해 한반도를 병참 기지화하고 중일 전쟁과 태평양 전쟁을 일으킨 일제는 국가 총동원법(1938)을 시행하여 우리 민족을 전쟁에 강제 동원하였다. 물적 수탈을 위해 양곡 배급제와 미곡 공출을 실시하였고, 국민 징용령(1939), 학도 지원병 제도(1943), 징병 제도(1944) 등을 실시하여 젊은이들을 전쟁터로 강제 징집하였으며, 여자 정신 근로령(1944)을 공포하여 젊은 여성들을 일본군 '위안부'로 삼는 만행을 저질렀다. 또한, 민족의 정체성을 말살하기 위해 황국 신민화 정책을 시행하고 내선일체의 구호를 내세워 한글을 사용하지 못하게 하였으며, 황국 신민 서사 암송(1937)과 창씨 개명(1939), 신사 참배 등을 강요하였다.

14 난도 ★★☆   정답 ④

근대 태동기 > 정치사

자료해설

제시문은 송시열이 효종에게 올린 『기축봉사』의 일부로 임진왜란 때 조선을 도운 명(신종)에 대한 은혜를 갚고 청에 대한 수모를 갚기 위해 북벌을 주장하였다.

정답의 이유

④ 18세기 이후 중상주의 실학자를 중심으로 청의 선진 문화를 받아들여야 한다는 북학론이 대두되었다. 북학론은 청의 정벌을 주장하는 북벌론과는 거리가 멀다.

오답의 이유

①·②·③ 송시열은 노론의 영수로, 명에 대한 의리를 지키고 청에게 당한 수모를 갚자는 북벌론을 주장하며 효종에게 『기축봉사』를 올려 북벌 계획의 핵심 인물이 되었다.

더 알아보기

북벌 운동과 북학론

북벌 운동 (17세기)	• 배경: 병자호란 이후 청에 대한 복수심 고조 • 전개: 효종이 송시열, 이완 등과 함께 청 정벌 계획 추진 → 군대 양성, 성곽 수리 • 결과: 효종의 죽음 등으로 좌절
북학론 (18세기)	• 배경: 청이 대륙 장악 후 국력 크게 신장, 서양의 문물 받아들여 문화 국가로서의 면모를 갖춤 • 전개: 조선 사신들의 기행문이나 보고서를 통해 청의 새로운 문물 소개 • 결과: 청의 선진 문물을 수용하여 부국강병을 이루자는 주장 → 북학파 실학자들이 주도

15 난도 ★★☆   정답 ②

일제 강점기 > 문화사

[자료해설]

제시문에서 '나라는 형체이고 역사는 정신' 등을 통해 민족주의 사학자 박은식이 저술한 『한국통사』 서문인 것을 알 수 있다.

[정답의 이유]

② 백남운은 『조선사회경제사』와 『조선봉건사회경제사』를 통해 사적 유물론의 원리를 적용하여 주체적으로 역사를 해석함으로써 한국사가 세계사의 보편적인 발전 법칙에 맞게 발전하였음을 강조하면서 식민주의 사관의 정체성론을 반박하였다.

[오답의 이유]

① 박은식은 서우학회를 조직하고 『유교구신론』을 저술하여 실천적인 유교 정신의 회복을 강조하는 등 애국 계몽 운동을 전개하였다.

③ 1925년에 이승만이 임시 정부 대통령에서 탄핵되면서 박은식이 제2대 임시 정부 대통령으로 선출되었다.

④ 박은식은 갑신정변부터 3·1 운동까지의 역사에 초점을 맞춰 민족의 항일 운동 역사를 다룬 『한국독립운동지혈사』를 저술하였다(1920).

16 난도 ★☆☆   정답 ③

근대 > 정치사

[자료해설]

제시된 자료의 역사적 사건 순서는 ⓒ 강화도 조약 – ㄱ 임오군란 – ⓒ 갑신정변 – ⓔ 톈진 조약이다.

[정답의 이유]

ⓒ 강화도 조약(1876): 우리나라 최초의 근대적 조약이자 일본인에 대한 치외 법권과 해안 측량권을 포함한 불평등 조약으로, 일본의 요구에 따라 부산, 원산, 인천을 개항하였다.

ㄱ 임오군란(1882): 신식 군대인 별기군과 차별 대우를 받던 구식 군대가 임오군란을 일으켜 선혜청과 일본 공사관을 습격하였다.

ⓒ 갑신정변(1884): 김옥균을 중심으로 한 급진 개화파는 일본의 군사적 지원을 받아 우정총국 개국 축하연 자리에서 갑신정변을 일으켰다.

ⓔ 톈진 조약(1885): 갑신정변 후 청과 일본 사이에 체결된 조약으로, 청과 일본 양국은 조선에서 군대를 동시 철수하고, 장차 조선에 파병 시 상대국에 사전 통보하는 것을 주요 내용으로 하고 있다.

17 난도 ★★☆   정답 ①

중세 > 문화사

[정답의 이유]

ㄱ 고려 충선왕은 왕위에서 물러난 뒤 원의 연경에 만권당을 세우고, 고려에서 이제현 등의 성리학자들을 데려와 원의 학자들과 교류하게 하였다.

[오답의 이유]

ⓒ 이색 – 공민왕 때 판개성 부사와 성균관 대사성을 겸직하였다.

ⓒ 안향 – 충렬왕 때 고려에 성리학을 본격적으로 소개하였다.

ⓔ 이제현 – 성리학적 유교 사관에 입각한 역사서 『사략』을 저술하였다.

18 난도 ★★☆   정답 ①

현대 > 정치사

[자료해설]

〈보기 1〉의 '제1조 상호 체제의 인정, 제4조 상호 불가침' 등의 내용을 통해 노태우 정부(1988~1992) 시기에 있었던 '남북 기본 합의서(1991)'에 대한 내용임을 알 수 있다.

[정답의 이유]

ㄱ·ㄴ 노태우 정부는 자본주의 국가와 공산주의 국가가 함께 참여한 서울 올림픽 대회를 성공적으로 개최(1988)하며 적극적인 북방 외교 정책을 추진하였다. 이에 공산권 국가와 수교를 체결하였으며, 남북한의 유엔 동시 가입과 남북 기본 합의서 채택, 한반도 비핵화에 관한 공동 선언 등이 이루어졌다.

[오답의 이유]

ⓒ 김영삼 정부 때 경제적 부정부패와 탈세를 없애기 위해 대통령 긴급 명령으로 금융 실명제를 실시하였다(1993).

ⓔ 6월 민주 항쟁이 일어나자 전두환 정부는 국민의 민주화 열망에 굴복하여 민주 정의당의 차기 대통령 후보인 노태우를 통해 대통령 직선제 개헌을 포함한 기본권 보장 등의 6·29 선언을 발표하였다(1987).

[더 알아보기]

현대 정부의 정책

전두환 정부	• 이산가족 최초 상봉, 예술 공연단 교환 방문 • 3저 호황(저유가, 저달러, 저금리)
노태우 정부	• 서울 올림픽 대회 개최 • 북방 외교 추진 • 남북 유엔 동시 가입 • 남북 기본 합의서 • 한반도 비핵화 공동 선언
김영삼 정부	• 금융 실명제 도입 • 경제 협력 개발 기구(OECD) 가입 • 외환 위기: 국제 통화 기금(IMF)의 구제 금융

일제 강점기 > 정치사

【 자료해설 】

제시문에서 '김원봉', '1920년대에 국내와 상하이 중심의 활발한 의거 활동 전개'등을 통해 밑줄 친 '이 조직'은 김원봉이 이끈 의열단임을 알 수 있다.

【 정답의 이유 】

③ 김구가 1931년 조직한 한인 애국단 소속의 윤봉길은 상하이 홍커우 공원에서 열린 일본군 전승 축하 기념식장에 폭탄을 투척하였다(1932).

【 오답의 이유 】

①・②・④ 김원봉이 결성한 의열단은 신채호가 작성한 조선 혁명 선언을 기본 행동 강령으로 하여 직접적인 투쟁 방법인 암살, 파괴, 테러 등을 통해 독립운동을 전개하였다. 의열단원들은 황포 군관 학교에서 군사 훈련을 받기도 하였으며 그중 김익상은 조선 총독부(1921), 김상옥은 종로 경찰서(1923)에 폭탄을 투척하였다. 나석주는 조선 식산 은행에 폭탄을 투척하였으나 불발하자 곧이어 동양 척식 주식회사에 들어가 일본인들을 사살하였다(1926).

【 더 알아보기 】

의열 투쟁

의열단 (1919)	• 만주에서 김원봉이 조직 • 활동 지침: 신채호의 조선 혁명 선언 • 의거: 박재혁(부산 경찰서 투탄 의거, 1920), 김익상(조선 총독부 투탄 의거, 1921), 김상옥(종로 경찰서 투탄 사건, 1923), 나석주(석산 은행・동양 척식 주식회사 투탄 의거, 1926)
한인 애국단 (1931)	• 상하이에서 김구가 조직 • 의거: 이봉창(도쿄에서 일왕 마차에 폭탄 투척, 1932), 윤봉길(상하이 홍커우 공원에서 폭탄 투척, 1932)

근대 > 정치사

【 자료해설 】

제시문에서 '일시적인 전쟁 때문에 설치한 것', '오늘에 와서 의정부와 6조는 그 직임을 상실'의 내용을 통해 (가)에 해당하는 기구가 비변사임을 알 수 있다. 비변사는 중종 때 삼포왜란이 발생하자 외적의 침입에 대비하기 위한 임시 기구로 처음 설치하였으나, 명종 때 을묘왜변을 계기로 상설 기구화되었다.

【 정답의 이유 】

② 고종이 즉위하자 흥선 대원군은 국왕 중심의 통치 체제를 위해 비변사를 폐지하고 의정부의 권한을 강화하였으며, 삼군부를 부활시켜 군사 및 국방 문제를 전담하게 하였다.

【 오답의 이유 】

①・③・④ 중종 때 삼포왜란을 계기로 임시 기구로 처음 설치된 비변사는 명종 때 을묘왜변을 계기로 상설 기구화되었고, 임진왜란을 거치면서 권한과 기능이 확대되어 중앙 기구로 자리 잡았다. 왜란과 호란 이후에는 군사 문제뿐만 아니라 외교, 재정, 인사 등 국정 전반을 총괄하면서 기능이 더욱 강화되었다.

【 더 알아보기 】

비변사의 변천

중종	임시 기구로 설치(1510, 삼포왜란)
명종	상설 기구화(1555, 을묘왜변)
선조	중요 핵심 기구(1592, 임진왜란)
19세기	최고 권력 기구(세도 정치기)
고종	폐지(1865, 흥선 대원군)

한국사 | 2022년 제2회 서울시 9급

한눈에 훑어보기

✅ 빠른 정답

01	02	03	04	05	06	07	08	09	10
④	③	②	①	①	③	①	②	③	③

11	12	13	14	15	16	17	18	19	20
④	②	①	④	④	②	④	③	④	②

✅ 점수 체크

구분	1회독	2회독	3회독
맞힌 문항 수	/ 20	/ 20	/ 20
나의 점수	점	점	점

---

01 난도 ★☆☆   정답 ④

선사 시대와 국가의 형성 > 선사 시대

[자료해설]

제시문의 '이 시대'는 조·기장·수수 등의 밭농사 재배, 한반도 남부 벼농사 보급 시작, 빈부 차이, 계급 발생 등의 지문을 통해 청동기 시대임을 알 수 있다.

[정답의 이유]

④ 슴베찌르개는 뗀석기의 일종으로 주로 사냥할 때 창의 용도로 쓰는 도구이며, 후기 구석기 시대의 유물이다.

[오답의 이유]

① 고인돌은 청동기 시대 때 지배 계급의 무덤이다.

② 반달 돌칼은 청동기 시대 때 곡식을 추수하는 데 사용한 석기이다.

③ 민무늬 토기는 청동기 시대에 제작된 토기로, 이외에도 청동기 시대 토기로는 미송리식 토기, 부여 송국리형 토기, 붉은 간 토기가 있다. 민무늬 토기는 신석기 시대의 이른 민무늬 토기와 구별하여 알아두어야 한다.

02 난도 ★☆☆   정답 ③

고대 > 정치사

[자료해설]

제시문의 '병부 설치', '상대등 설치', '금관가야 정복' 등의 내용을 통해 신라 법흥왕임을 알 수 있다.

[정답의 이유]

③ 신라 법흥왕은 상대등과 병부를 설치하고, 관등을 정비하여 중앙 집권적 국가 체제를 갖추었다. 특히 율령 반포와 17관등 및 공복의 제정으로 귀족들을 관료화함으로써 중앙 국가 체제의 형태를 갖추었다.

[오답의 이유]

① 신라 진흥왕은 백제의 성왕과 동맹(나·제 동맹)하여 고구려가 장악했던 한강 유역을 차지하였다.

② 신라 지증왕은 이사부를 시켜 우산국(울릉도)과 우산도(독도)를 복속하고 그를 실직주의 군주로 삼았다.

④ 신라 진흥왕은 한강 유역을 차지하여 단양 적성비와 북한산비를 세웠으며, 대가야를 병합한 후에는 창녕비를 세웠다. 또 함경도 지역까지 영토를 확장하여 마운령비, 황초령비 등으로 경계를 정하는 등 신라 역사상 가장 활발한 정복 활동으로 최대 영토를 확보했다.

03 난도 ★★☆   정답 ②

자료해설

일제가 문화 통치를 시행한 1920년대의 사실로 옳은 것을 찾는 문제이다. 일제는 3·1 운동 이후 국제 여론의 악화를 의식하고, 무단 통치의 한계를 인식하여 기만적 문화 통치로 전환하였다.

정답의 이유

② 1920년대에는 일본 본토에서 자본주의 발전에 따른 인구 급증과 도시화의 진행으로 쌀값이 폭등하는 등 식량 부족 문제가 발생하였다. 이에 부족한 쌀을 조선에서 수탈하기 위해 산미 증식 계획을 실시하게 되었다.

오답의 이유

① 조선 총독부는 토지 조사국을 설치하고 토지 조사령을 발표하여 일정 기간 내 토지를 신고하도록 하는 토지 조사 사업을 실시하였다(1912).

③ 일제는 대륙 침략을 본격화한 1930년대에 일본의 과잉 자금을 조선에 투자하고, 전쟁 물자를 조달하기 위해 군수 공업 위주의 조선 공업화 정책을 추진하였다.

④ 일제는 황국 신민화 정책을 시행하고 내선 일체의 구호를 내세워 한글 사용을 금지하였으며, 황국 신민 서사 암송(1937), 창씨 개명(1939), 신사 참배 등을 강요하는 등 민족 말살 정책을 펴서 우리 민족을 일본 천황에 충성하는 백성으로 동화시키고자 하였다.

04 난도 ★☆☆   정답 ①

자료해설

제시된 자료는 6·25 전쟁의 전개 과정 순서를 찾는 문제이다.

정답의 이유

① ㉠ 인천 상륙 작전(1950.9.15.) 성공 – ㉢ 중공군 병력 파견(1950.10.) – ㉡ 휴전 회담 개최(1951.7.) – ㉣ 반공 포로 석방(1953.6.)

더 알아보기

6·25 전쟁의 전개 과정

북한의 남침 (1950.6.25.)	북한군의 서울 점령 → 유엔군 참전 → 낙동강을 사이에 두고 공방전

↓

국군·유엔군의 반격	인천 상륙 작전으로 전세 역전(1950.9.15.) → 압록강까지 진격(1950.10.)

↓

중공군 개입 (1950.10.25.)	흥남 철수 작전(1950.12.15.) → 1·4 후퇴, 서울 함락(1951.1.4.) → 서울 재탈환(1951.3.15.) → 38선 일대 교착 상태

↓

정전 회담 개최 (1951.7.)	소련이 유엔에 휴전 제의(1951.6.) → 이승만 정부의 휴전 반대, 범국민 휴전 반대 운동 → 반공 포로 석방(1953.6.)

↓

휴전 협정 체결 (1953.7.27.)	유엔·공산군 휴전 협정 체결 → 한미 상호 방위 조약 체결(1953.10.)

05 난도 ★★☆   정답 ①

정답의 이유

① 고려 숙종 때 비서성에 보관하던 책판이 많아지자, 관학 진흥을 위해 최고 국립 교육 기관인 국자감에 서적포를 설치하여 모든 책판을 옮기고 인쇄와 출판을 담당하게 하였다.

오답의 이유

② 고려 문종 때 최충의 9재 학당이 설치되었으며, 이후 9재 학당을 비롯한 사학 12도가 융성하였다. 9재 학당은 사학 12도 중 가장 번성하였다.

③ 고려 예종은 관학 교육의 진흥을 위해 국자감을 재정비하고 장학 재단인 양현고를 설치하였다.

④ 국자감은 고려 충렬왕 때 원나라의 간섭을 받아 국학으로 개칭되었다가, 충선왕 때 다시 성균관으로 개칭되었다.

더 알아보기

국자감의 명칭 변경

구분	명칭의 변천
예종	국자감 → 국학(일시적)
충렬왕	국자감 → 국학
충선왕	국학 → 성균감 → 성균관
공민왕	성균관 → 국자감 → 성균관

06 난도 ★★☆   정답 ③

정답의 이유

③ 조선 시대에도 음서 제도가 유지되었으나, 그 범위에 제한이 있어 음서를 통한 관직 진출이 크게 축소되었다(2품 이상 자제에 적용, 고위관직으로 승진 불가).

오답의 이유

① 조선 시대 생원과 진사를 선발하는 사마시의 1차 시험(초시)에서는 각 도의 인구 비율로 강제 배분하였으나, 2차 시험인 복시에서는 도별 안배를 없애고 성적순으로 33명을 뽑았다.

② 조선 시대에는 현직 관료들이 문과 및 무과에 응시할 수 있었고, 합격할 경우 현재의 직급에서 1~4계를 올려주었다.

④ 문과의 경우 탐관오리의 아들, 재가한 여자의 자손, 서얼은 응시 제한이 있었으나 무과는 천민을 제외한 양민 누구에게나 특별한 제한이 없었다. 또한, 무과에도 문과와 마찬가지로 3년마다 한 번씩 실시되는 정기시험인 식년시와 부정기 시험인 별시가 있었다.

07 난도 ★★☆ 정답 ①

근대 > 정치사

자료해설

제시문에 있는 '최초의 민간 신문', '한글판·영문판 발행', '만민 공동회의 정치적 활동 옹호' 등의 내용을 통해 독립신문임을 알 수 있다. 이 신문은 독립 협회의 만민 공동회·관민 공동회 개최 등과 같은 활동을 옹호하고 대변하는 역할을 수행하였다.

정답의 이유

① 고종은 광무개혁을 통해 대한국 국제를 반포하였다. 이는 전제 황권의 강화를 추구하는 개혁이었다. 반면, 독립 협회는 중추원 개편을 통한 의회 설립과 서구식 입헌 군주제 실현을 목표로 하였다.

오답의 이유

② 독립 협회는 만민 공동회를 개최하고 이권 수호 운동을 전개하여 러시아의 절영도 조차 요구를 저지하는 등 반러 운동을 전개하였다.

③ 독립 협회는 자주독립의 상징물로서 청의 사신을 맞던 영은문을 철거한 자리에 독립문을 건립하였고, 독립공원 건설 조성계획을 세웠으나 기금 부족으로 원래대로는 진행되지 못했다.

④ 독립 협회는 민주주의적 기본 사상을 소개하는 강연회와 배재학당 토론회 등 다양한 강연과 토론회를 개최하여 민중을 계몽하고 정치적 의식을 높이고자 하였다.

08 난도 ★★★ 정답 ②

일제 강점기 > 정치사

자료해설

제시된 자료는 일제 강점기의 혼란을 피해 러시아 연해주(블라디보스토크)로 건너간 고려인들이 1937년 스탈린의 강제 이주 정책으로 중앙 아시아로 대규모 강제 이주된 상황을 회고하고 있다. 그러므로 ㉠ 지역은 연해주이다. 스탈린은 만주 지역이 일본의 침략을 받기 시작하자 극동 지방의 안보를 우려하여 국경 지방에 거주하는 한인을 강제로 이주시키는 정책을 실시하였다(1937). 이로 인해 연해주에 살고 있던 한인 약 20만 명이 중앙 아시아로 강제 이주되었다.

정답의 이유

② 1905년 이후 많은 조선 사람들이 연해주로 이주하여 한인 집단촌이 형성되었으며 민족 운동가들도 연해주로 망명하여 대한 광복군 정부 조직(1914)과 13도 의군(1910)을 창설하여 독립운동과 대규모 항일 운동을 전개하였다. 또한, 성명회(1910), 권업회(1911) 등의 단체가 설립되어 학교, 도서관 등을 건립하였다.

오답의 이유

① 간도 지역에서 있었던 사건이다. 일제는 봉오동 전투와 청산리 전투의 패배에 대한 보복으로 독립군 근거지 소탕을 명분으로 간도 지역에서 수많은 한국인을 학살하는 만행을 저질렀는데 이를 간도 참변(경신 참변)이라 한다(1920).

③ 관동 대학살은 1923년 관동 대지진 당시 일본 관동 지방 일대에서 일본 군경과 무장한 민중들이 조선인을 학살한 사건이다. 당시 일본 정부는 '조선인이 우물에 독을 탄다', '조선인이 폭동을 일으킨다'는 유언비어를 사실 확인 없이 유포하였고 일본 민중의 조선인 학살을 방조하다시피 하였다.

④ 1941년 일본의 진주만 공격으로 태평양 전쟁이 발발하자 미주 지역에 있던 조선 청년들이 미군에 입대하여 일본과 싸웠다.

09 난도 ★★☆ 정답 ③

근세 > 정치사

자료해설

제시문의 '진관 체제 실시', '직전법 시행', '호패법 강화', '보법' 등을 통해 세조에 대한 설명임을 알 수 있다.

정답의 이유

③ 세조는 수양 대군 시절 계유정난을 일으켜 황보인, 김종서 등을 제거하고 권력을 장악하였으며 조카인 단종을 몰아내고 왕으로 즉위하였다.

오답의 이유

① 태종은 왕자들의 권력 투쟁이 발생한 법궁(法宮)인 경복궁을 피해 이궁(離宮)인 창덕궁을 새로 건설하였다(1405). 이후 임금들은 창덕궁을 더 선호하였고, 임진왜란 이후에는 소실된 경복궁을 복구하지 못하면서 창덕궁이 실질적인 법궁의 기능을 하게 되었다.

② 조선 전기 왜구의 약탈이 빈번하자 세종은 이종무를 쓰시마 섬으로 보내 왜구를 토벌하였다(1419).

④ 『경국대전』은 세조 때 편찬을 시작하여 성종 때 완성·반포하였으며, 『동국통감』 역시 세조 때 편찬을 시작하여 성종 때 완성하였다.

더 알아보기

세조의 업적

왕권 강화	집현전 폐지, 6조 직계제 부활, 경연 폐지
정치적 안정 노력	『경국대전』 편찬 시작, 직전법 시행(현직 관료에게만 지급), 진관 체제 실시

10 난도 ★★☆ 정답 ③

근대 > 정치사

자료해설

제시된 자료에서 '1894년 신설 기관', '개혁 법령 입법 기구', '김홍집 등 주도' 등의 내용을 통해 군국기무처임을 알 수 있다.

정답의 이유

③ 김홍집과 박정양 등을 중심으로 한 군국기무처를 통해 제1차 갑오개혁이 실시되었다(1894). 청의 연호를 폐지하면서 개국 연호를 사용하였고, 공사 노비법을 혁파하여 신분제가 법적으로 폐지되었다.

오답의 이유

① 교전소는 1897년 신법과 구법의 절충 문제 논의와 그에 관한 법전을 편찬하기 위하여 중추원 내에 설치된 기관이었다. 후에 이 기관은 대한제국 국제를 제정하기 위하여 법규교정소로 개편되었다.

② 동학 농민 운동이 발생하자 조정에서 이들을 진압하기 위해 청에 원군을 요청하였고 톈진 조약에 의거하여 일본도 군대를 파견하였다. 이에 청과 일본의 군대 개입을 우려한 농민군은 정부와 전주 화약을 맺고 자치 개혁 기구인 집강소를 설치하여 폐정 개혁안을 실천하였다.

④ 조선 철종 때 삼정의 문란과 경상 우병사 백낙신의 가혹한 수탈 때문에 진주 지역 농민들이 임술 농민 봉기를 일으키자, 이를 조사하기 위해 안핵사로 파견된 박규수는 삼정이정청을 설치하여 삼정의 문란을 해결하고자 하였으나 삼정의 문란을 시정하는 데 실패했다.

11 난도 ★★☆   정답 ④

시대 통합 > 문화사

[자료해설]

제시된 자료의 '국정 운영을 매일 기록', '국왕의 일기', '유네스코 세계 기록 유산 등재' 등을 통해 정조의 세손 시절부터 순종에 이르기까지의 국왕의 국정 운영 기록물인 『일성록』임을 알 수 있다.

[정답의 이유]

④ 『일성록』은 1760년부터 1910년까지 151년 동안의 국정 운영 내용을 매일 정리한 국왕의 일기이다. 임금의 입장에서 펴낸 일기의 형식을 갖추고 있으나 실질적으로는 정부의 공식적인 기록물로 정조가 세손 시절부터 쓴 『존현각 일기』가 그 모태이다.

[오답의 이유]

① 『승정원 일기』는 편년체로 서술된 조선 왕조 최대의 기밀 기록으로, 왕의 비서 기관으로 왕명의 출납을 담당했던 승정원에서 왕과 신하 사이에 오고 간 문서와 왕의 일과를 매일 기록한 책이다. 이는 『조선왕조실록』을 편찬할 때 기본 자료로 활용하였기 때문에 실록보다 오히려 가치 있는 자료로 평가되기도 한다. 현재 1부밖에 없는 원본은 국보 제303호로 지정되어 있으며, 2001년 유네스코 세계 기록 유산으로 등재되었다.

② 『비변사등록』은 조선 중·후기 국가 최고 회의 기관이었던 비변사의 활동을 기록한 자료이며, 『비국등록』이라고도 한다. 조선 시대 정치, 군사, 경제, 사회, 문화 등 다양한 분야의 방대한 정보가 담겨 있는 중요한 역사적 기록 유산으로, 국보 제152호에 지정되어 있다.

③ 『조선왕조실록』은 조선 태조 때부터 철종 때까지의 역사를 편년체 형식으로 기록한 것으로, 1997년 유네스코 세계 기록 유산으로 등재되었다.

12 난도 ★☆☆   정답 ②

근대 > 정치사

[자료해설]

제시된 자료에서 '오늘날의 조선의 책략은 러시아를 막는 일 …(중략)… 중국과 친하고 일본과 맺고, 미국과 연결'의 내용을 통해 『조선책략』임을 알 수 있다.

[정답의 이유]

② 일본은 임오군란 직후 군란으로 인한 일본 공사관의 피해와 일

본인 교관 피살에 대한 사과 사절단 파견, 주모자 처벌, 배상금 지불, 공사관 경비병 주둔 등을 요구하며 제물포 조약을 체결하였다(1882).

[오답의 이유]

①·③ 김홍집이 『조선책략』을 들여온 이후 미국과 외교 관계를 맺어야 한다는 여론이 형성되자, 이만손을 중심으로 한 영남 유생들이 만인소를 올려 이를 비판하였다(1881). 이에 고종은 유생들의 상소에 대한 회유책으로 천주교를 배척한다는 내용을 담은 척사윤음을 발표하였다. 윤음은 임금이 신하나 백성에게 내리는 말을 의미한다.

④ 『조선책략』은 청의 황준헌이 러시아의 남하 정책에 대비하기 위한 조선, 일본, 중국 등 동양 3국의 외교 정책 방향과 미국과의 수교 필요성을 저술한 책이다.

더 알아보기

영남 만인소

영남 유생 이만손(李晩孫) 등 1만 명이 연명으로 상소하여 수신사(修信使) 김홍집(金弘集)의 죄를 논하고 이어 척사(斥邪)를 청하니, 임금께서 비답을 내리셨다.

…(중략)… 또 하물며 러시아와 미국과 일본은 모두 같은 오랑캐들이니 그 사이에 누가 더하고 덜하다는 차이를 두기 어렵습니다. …(중략)… 황제께서 비답(批答)하기를, "간사한 것을 물리치고 바른 것을 지키는 일(闢邪衛正)에 어찌 너희들의 말을 기다리겠는가. 다른 나라 사람의 『사의조선책략』은 애당초 깊이 파고들 것도 없지만, 너희들도 또 잘못 보고 지적함이 있도다."

– 『일성록』 –

13 난도 ★★☆   정답 ①

중세 > 정치사

[정답의 이유]

① 중서문하성과 추밀원의 합좌 기구인 식목도감은 법률·제도, 격식 문제 등을 논의하였다. 고려 시대의 삼사는 화폐, 곡식의 출납, 재정 회계 등을 담당하였다.

[오답의 이유]

②·④ 고려의 정치 중심 기구는 국정 총괄과 정책 결정을 담당하는 최고 중앙 관서인 중서문하성과 6부를 관리하는 상서성의 2성으로 이루어졌으며, 수상은 문하시중이 맡았다. 6부에는 이부, 병부, 호부, 형부, 예부, 공부 등이 있어 정책의 실무를 집행하였다.

③ 추밀원은 고려 중추원의 후신으로 추부라고도 하였으며, 왕명 출납, 군사 기무 관장, 임금의 숙위(宿衛) 등을 담당하였다.

14 난도 ★☆☆   정답 ④

중세 > 정치사

[자료해설]

제시된 자료의 순서는 ② 위나라의 침략으로 환도성 함락 – ② 낙랑군·대방군 축출 – ② 백제군의 평양성 공격 – ① 고구려의 평양

천도이다.

정답의 이유

ⓔ 동천왕은 요동 진출로를 놓고 위(魏)를 선제 공격하였으나 유주 자사 관구검의 침입을 받아 환도성이 함락되었다(244~245).

ⓒ 고구려 미천왕은 낙랑군과 대방군을 축출하여 한반도 내에서 한의 세력을 모두 몰아냈다(313~314).

ⓑ 백제의 최전성기를 이끌었던 근초고왕은 고구려의 평양성을 공격하여 고국원왕을 전사시켰다(371).

ⓐ 장수왕은 국내성에서 평양으로 천도하고(427) 남진 정책을 추진하여 백제의 수도 한성을 함락시키고 죽령 지역까지 영토를 확장하였다.

15 난도 ★★☆ 정답 ④

근대 태동기 > 정치사

자료해설

제시된 〈보기 1〉 자료는 '방납의 폐단'에 대한 내용이다. 대동법은 방납의 폐단을 해결하기 위해 기존 지역의 특산품을 현물로 납부하던 공납을 전세화하여 쌀이나 베, 동전 등으로 납부하게 하는 제도로, 광해군 때 경기도에서 처음 시행되었다. 이후 강원도, 충청도, 전라도, 경상도의 순으로 확대되었으며 평안도와 함경도를 제외한 전국에서 시행되었다.

정답의 이유

ⓑ · ⓒ 광해군 때 공납의 폐단을 해결하기 위해 경기도부터 대동법을 실시하였다. 공납을 전세화하여 공물 대신 쌀 · 무명 · 동전을 납부하도록 하였으며 이로 인해 국가에 필요한 물품을 공인이 조달하게 되면서 상품 화폐 경제가 발달하게 되었다.

오답의 이유

ⓐ 조선 인조는 공법의 농민 부담을 줄이기 위해 영정법을 실시하여 풍흉에 관계 없이 토지 1결당 쌀 4~6두로 전세 부담액을 고정하였다.

더 알아보기

조선 전 · 후기 수취 제도

구분	전기	후기
전세	공법 (연분 9등법, 전분 6등법)	영정법 (토지 1결당 쌀 4~6두)
군역	양인 개병제 → 방군수포제, 군적수포제 등 폐단 발생	균역법 (1년에 군포 2필 → 1필)
공납	가호별 수취	대동법 (토지 1결당 쌀 12두)

16 난도 ★★★ 정답 ②

근대 태동기 > 정치사

자료해설

조선 후기에 노론 성리학자들 사이에서 인물성동이론(인성과 물성을 같은 것으로 보는지 다른 것으로 보는지에 대한 이론)을 두고 학파의 지역적 특성에 따라 나뉘어 대립한 호락 논쟁이 벌어졌다.

정답의 이유

ⓑ 조선 후기 실학 운동으로 이어진 것은 낙론이다. 이간, 김창협 등의 낙론(서울 및 기호 지방 학자)은 인성과 물성이 같다고 보는 인물성동론(낙론)을 주장하였으며, 북학 사상과 개화 사상에 영향을 주었다.

오답의 이유

ⓐ · ⓒ · ⓔ 영조 때 한원진 · 윤봉구 등의 호론(충청도 및 호서 지방 학자)은 인성(人性)과 물성(物性)이 다르다고 보는 인물성이론을 주장하였다. 이는 청을 오랑캐로 조선을 중화로 분류하려는 명분론이 밑바탕에 깔려 있는 것으로 훗날 위정척사 사상으로 계승되었다.

더 알아보기

호락 논쟁

충청도 지방의 노론과 서울 지방의 노론 간에 벌어진 인간과 사물의 본성 논쟁

구분	주장
충청도(호론)	인물성이론(한원진 등) → 위정척사 사상으로 계승
서울(낙론)	인물성동론(이간 등) → 북학 사상(개화 사상)으로 계승

17 난도 ★★☆ 정답 ④

현대 > 정치사

자료해설

제시된 자료의 '40년 독재 정치 청산', '4 · 13 폭거를 철회' 등으로 보아 6월 민주 항쟁 전개 과정에서 발표된 6 · 10 국민 대회 선언문임을 알 수 있다.

정답의 이유

④ 전두환 정부 때 박종철 고문 치사 사건과 4 · 13 호헌 조치에 반발하여 대통령 직선제 개헌과 민주 헌법 개정을 요구하는 시위가 전개되었으며 그 와중에 이한열이 최루탄에 맞아 사망하자, 전두환 정부를 규탄하며 개최된 6 · 10 국민 대회를 기폭제로 하여 6월 민주 항쟁이 전국적으로 확산되었다. 이에 정부는 6 · 29 민주화 선언을 발표하여 5년 단임의 대통령 직선제 골자로 하는 개헌을 단행하였다(1987).

오답의 이유

① 한 · 일 회담을 진행하던 박정희 정부는 한 · 일 협정(한 · 일 기본 조약)을 체결하여 한 · 일 국교 정상화를 추진하였다(1965).

② 허정 과도 정부는 의원 내각제를 기본으로 민의원과 참의원의 양원제 국회를 구성하는 3차 개헌을 단행하였다(1960).

③ 경제 개발 5개년 계획은 1960~1970년대 박정희 정부의 주도로 본격적으로 추진되었다.

6월 민주 항쟁(1987)

배경	• 전두환 정부의 군사 독재, 대통령 간선제 유지 • 부천 경찰서 성 고문 사건, 박종철 고문 치사 사건(1987.1.) → 정부의 사건 은폐 · 조작, 4 · 13 호헌 조치(대통령 직선제 논의 금지)
전개	대통령 직선제 개헌 및 전두환 정권 퇴진 운동 → 시위 도중 이한열이 경찰의 최루탄 피격 → 민주 헌법 쟁취 국민운동 본부 민주 항쟁 선언, '호헌 철폐, 독재 타도' 구호를 내세워 전국적 시위 전개(1987.6.10)
결과	여당 대통령 후보 노태우의 6 · 29 민주화 선언 발표(대통령 직선제 개헌 요구 수용)

18 난도 ★☆☆ 정답 ③

고대 > 정치사

자료해설

제시된 사료에서 '재위 12년 신미년에 백제와 더불어 고구려 공격' 등을 통하여 551년 신라 진흥왕이 거칠부 등에게 고구려를 공격할 것을 명령한 내용임을 알 수 있다.

정답의 이유

③ 신라 선덕 여왕 때 승려 자장이 주변 9개 민족의 침략을 부처의 힘으로 막기 위한 목탑 건립을 건의하여 황룡사 9층 목탑을 건립하였다(645). 진흥왕 때는 황룡사를 건립하였다.

오답의 이유

① 대가야는 진흥왕에 의해 신라에 복속되었고 이로 인해 후기 가야 연맹이 해체되었다.

② 신라 진흥왕 때 화랑도를 국가적인 조직으로 정비하였다.

④ 신라 진흥왕은 거칠부에게 역사서인 『국사』를 편찬하게 하였다.

19 난도 ★★★ 정답 ④

일제 강점기 > 사회사

정답의 이유

㉠ 일제 강점기에는 일본인 이주자들이 감칠맛을 내기 위해 왜간장, 화학 조미료를 사용했으며, 오뎅, 초밥, 소바 등의 일본 음식도 시장에서 팔리기 시작했다.

㉡ 일제의 토지 수탈로 농민들이 대도시로 몰리면서 주택난이 심각해지자, 도시 빈민층은 서울 변두리나 성벽 아래에 토막집을 짓고 살았다. 토막집은 땅을 파고 그 위에 짚이나 거적 따위로 지붕과 출입구를 만든 움막집이다.

㉢ 1940년대 일제가 전시 체제에 돌입하자, 여성들에게 작업복인 몸뻬 착용을 강요하였다. 몸뻬는 여성의 노동력을 얻기 위해 고안해 낸 하의이다.

㉣ 일제 시대에 서울 청계천을 중심으로 이북에는 조선인이 거주하고, 남쪽에는 일본인이 거주하였다. 이들을 구분하기 위해 북촌과 남촌이라 하였다.

20 난도 ★★★ 정답 ②

고대 > 정치사

자료해설

제시된 사료는 신라 최치원이 '쟁장 사건(爭長事件)'에서 발해 사신을 신라보다 위에 앉지 않은 일'에 대해 당 황제에게 감사함을 전한 글이다. '하정사인 왕자 대봉예', '그들이 우리보다 위에 있도록 허락해 주기를' 등을 통해 ㉠에 들어갈 나라는 발해이다.

정답의 이유

② 발해는 선왕 때 영토를 크게 확장하여 지방 행정 체제를 5경 15부 62주로 정비하였고, 이후 전성기를 누리면서 해동성국이라 불렸다.

오답의 이유

① 마진, 태봉 등의 국호를 사용한 나라는 후고구려이다. 궁예는 송악에 도읍을 정하고 후고구려를 건국하였고, 이후 영토를 확장하여 천도하고 국호를 마진으로 바꿨다가 다시 태봉으로 바꾸기도 하였으며 무태라는 연호를 사용하였다.

③ 견훤은 세력을 키워 완산주(현재 전주)에 도읍을 정하고 후백제를 건국하였다.

④ 통일 신라 선덕왕 때에는 황해도 평산에 패강진을 설치하여 예성강 이북 땅을 군정 방식으로 통치하였다.

최치원의 사불허북국거상표(謝不許北國居上表)

신라의 대문장가 최치원이 발해 사신을 신라보다 위에 앉지 않은 일에 대해 당 소종(昭宗)에게 감사하는 글이다. 897년(발해 대위해 4년)에 당나라에 사신으로 파견된 발해 왕자 대봉예(大封裔)는 발해의 국세가 신라보다 강성함을 들어 발해가 신라보다 우선해야 한다고 당 소종에게 요구하였다. 그런데 소종은 이를 거절하고 신라를 우선하는 옛 관습대로 하였고, 이러한 소식을 접한 신라(최치원)에서 당 소종에게 감사의 글을 보낸 것이다.

한국사 | 2021년 국가직 9급

한눈에 훑어보기

✓ 영역 분석

선사 시대와 국가의 형성   05
1문항, 5%

고대   01 06 09
3문항, 15%

중세   02 10 14
3문항, 15%

근세   03 04
2문항, 10%

근대 태동기   15
1문항, 5%

근대   13 19 20
3문항, 15%

일제 강점기   12 17 18
3문항, 15%

현대   11 16
2문항, 10%

시대 통합   07 08
2문항, 10%

✓ 빠른 정답

01	02	03	04	05	06	07	08	09	10
③	②	③	①	①	④	④	③	③	①
11	12	13	14	15	16	17	18	19	20
④	③	②	④	②	①	④	②	②	③

✓ 점수 체크

구분	1회독	2회독	3회독
맞힌 문항 수	/ 20	/ 20	/ 20
나의 점수	점	점	점

01 난도 ★★☆   정답 ③

고대 > 정치사

자료해설

제시문은 고구려 제2대 유리왕이 지은 「황조가」이다. 이 노래는 정답게 노는 꾀꼬리의 모습과 작가의 처지를 대비하여 외로움의 정서를 우의적으로 표현하였다.

정답의 이유

③ 고구려 주몽은 압록강 중류의 졸본 지역을 첫 도읍으로 정하고 나라를 세웠다. 이후 유리왕 때 중국 지린성 지안 지역의 국내성으로 수도를 옮겼다.

오답의 이유

① 고구려 고국천왕은 국상 을파소의 건의에 따라 빈민을 구제하기 위해 먹을거리가 부족한 봄에 곡식을 빌려주고 겨울에 갚게 하는 진대법을 실시하였다.

② 고구려 미천왕은 낙랑군을 축출하고 한의 군현을 모두 몰아내어 영토를 확장하였다.

④ 고구려 소수림왕은 중국 전진으로부터 불교를 수용하고 이를 통해 왕실의 권위를 높이고자 하였으며, 율령을 반포하여 국가 조직을 정비하였다.

더 알아보기

고구려 주요 왕의 업적

1~2세기	태조왕	정복 활동 활발 → 옥저 정복, 요동 진출
	유리왕	국내성 수도 천도
	고국천왕	왕위 부자 세습, 진대법 실시(을파소 건의)
4세기	미천왕	낙랑군 축출 → 대동강 유역 확보
	소수림왕	불교 수용, 태학 설립, 율령 반포
5세기	광개토 대왕	만주 일대 장악, 신라에 침입한 왜 격퇴, 금관가야 공격, 한강 이북 차지
	장수왕	평양 천도, 남진 정책, 한강 유역 장악
6세기	영류왕	천리장성 축조
	보장왕	연개소문 집권, 고구려 멸망(668)

중세 > 문화사

자료해설

밑줄 친 '유학자'는 안향이다. 조선 중종 때 풍기 군수 주세붕은 고려 말 성리학을 전래시킨 안향을 기리고 유생들을 교육하기 위해 최초의 서원인 백운동 서원을 건립하였다. 이후 백운동 서원은 이황의 건의로 최초의 사액 서원인 소수 서원으로 공인되었다.

정답의 이유

② 안향은 원 간섭기인 고려 충렬왕 때 성리학을 국내에 처음으로 소개하였다.

오답의 이유

① 이이는 정계 은퇴 후 우리나라의 지방 행정 조직 실정에 맞는 향약인 해주향약을 만들기도 하였다.

③ 『성학십도』를 저술한 인물은 퇴계 이황이다. 이황은 『성학십도』에서 10개의 도식을 통해 군주 스스로 성학을 따를 것을 강조하였다.

④ 『해동제국기』는 통신사로 일본에 다녀온 신숙주가 일본의 지리, 사회, 정치 등에 대한 관찰을 종합적으로 기록한 책으로 성종 때 편찬되었다.

근세 > 정치사

자료해설

밑줄 친 '왕'은 원각사지 10층 석탑을 세운 인물로 조선 세조이다. 원각사지 10층 석탑은 고려의 개성 경천사지 10층 석탑을 본떠 만든 것으로 대리석을 재료로 하였으며 국보 제2호로 지정되어 있다.

정답의 이유

③ 세조는 왕권 강화를 위해 의정부 서사제를 폐지하고 6조에서 의정부를 거치지 않고 국왕이 바로 재가를 내리는 6조 직계제를 실시하였다.

오답의 이유

① 『동국병감』은 조선 문종 대에 이민족과의 전란 · 전쟁사를 정리하여 편찬한 책이다.

② 『동문선』은 조선 성종 대에 서거정이 삼국 시대부터 조선 초까지의 뛰어난 시문들을 모아 편찬한 시문집이다.

④ 경복궁의 이궁인 창덕궁이 건립된 것은 조선 태종 5년 시기의 일이다.

더 알아보기

6조 직계제 관련 사료

상왕(단종)이 어려서 무릇 조치하는 바는 모두 대신에게 맡겨 논의, 시행하였다. 지금 내(세조)가 명을 받아 왕통을 계승하여 군국 서무를 아울러 모두 처리하며 조종의 옛 제도를 모두 복구한다. 지금부터 형조의 사형수를 제외한 모든 서무는 6조가 각각 그 직무를 담당하여 직계한다.

－『세조실록』－

근세 > 정치사

자료해설

현량과 실시를 건의한 내용을 통해 (가) 인물이 조광조라는 것을 알 수 있다.

정답의 이유

① 중종 때 등용된 조광조는 현량과 실시, 소격서 폐지, 위훈 삭제 등의 급진적인 개혁을 실시하였다. 이에 반발한 훈구 세력들이 주초위왕 사건을 일으켜 기묘사화가 발생하면서 조광조를 비롯한 사림들이 피해를 입었다.

오답의 이유

② 연산군 때 사관 김일손이 영남 사림파 스승인 김종직의 조의제문을 사초에 기록하였다. 그러자 사림 세력과 대립 관계였던 유자광, 이극돈 등의 훈구 세력이 이를 문제 삼아 연산군에게 알리면서 무오사화가 발생하였다.

③ 인종의 뒤를 이어 명종이 어린 나이로 즉위하자, 명종의 어머니인 문정왕후가 수렴청정을 하였다. 이후 인종의 외척 세력인 대윤(윤임)과 명종의 외척 세력인 소윤(윤원형)의 대립이 심화되어 을사사화가 발생하였다.

④ 연산군이 생모인 폐비 윤씨 사건의 전말을 알게 되면서 갑자사화가 발생하였다. 이로 인해 연산군의 생모 윤씨를 폐비하는 데 동조한 김굉필 등의 사림파와 이미 죽은 훈구파 한명회 등을 부관참시하였다.

더 알아보기

조선 시대 사화

무오사화 (1498)	• 배경: 김일손이 스승 김종직의 조의제문을 사초에 기록한 사건 • 훈구파(유자광, 이극돈)와 사림파(김일손)의 대립
갑자사화 (1504)	• 배경: 폐비 윤씨 사사 사건 • 무오사화 때 피해를 면한 사림과 일부 훈구 세력까지 피해
기묘사화 (1519)	• 배경: 조광조의 개혁 정치 • 위훈 삭제로 인한 훈구 공신 세력의 반발 → 주초위왕 사건으로 조광조 축출
을사사화 (1545)	• 배경: 인종의 외척 윤임(대윤)과 명종의 외척 윤원형(소윤) 간 대립 심화 • 명종 즉위, 문정왕후 수렴청정 → 집권한 소윤이 대윤 공격

선사 시대와 국가의 형성 > 선사 시대

정답의 이유

㉠ 강원 양양 오산리 유적은 신석기 시대의 유적지로 덧무늬 토기, 흙으로 빚어 구운 사람의 얼굴, 흑요석기 등이 발견되었다.

㉡ 서울 암사동 유적은 신석기 시대의 대표 유적지로, 빗살무늬 토기, 돌도끼, 움집터 등이 발견되었다.

오답의 이유

㉢ 공주 석장리 유적은 구석기 시대의 대표 유적지이고, 미송리식 토기는 청동기 시대의 대표적인 유물이다.

㉣ 부산 동삼동 유적은 신석기 시대 유적지이고, 아슐리안형 주먹도끼는 연천 전곡리에서 발견된 구석기 시대의 대표적인 유물이다.

더 알아보기

구석기와 신석기 시대 유적지

구석기	• 연천 전곡리: 아슐리안형 주먹도끼 • 상원 검은모루 동굴: 동물화석, 주먹도끼 • 청원 두루봉 동굴: 어린아이 유골(흥수아이) • 충북 단양 금굴: 한반도에서 가장 오래된 유물(70만 년 전) 발굴 • 공주 석장리: 남한에서 최초 발굴 조사 • 함경북도 종성군 동관진: 한반도 최초 구석기 유물 석기와 골각기 발견 • 웅기 굴포리: 북한에서 최초 발굴
신석기	• 황해 봉산 지탑리: 탄화된 좁쌀 발견 • 강원 양양 오산리: 한반도에서 가장 오래된 신석기 집터 발견 • 부산 동삼동: 조개껍데기 가면, 빗살무늬 토기 출토 • 서울 암사동: 집터와 취락 유적, 빗살무늬 토기 출토 • 제주 한경 고산리: 이른 민무늬 토기, 덧무늬 토기 출토

---

06 난도 ★★☆   정답 ④

고대 > 정치사

자료해설

고구려 장수왕의 공격으로 한성이 함락되자(475), 백제 문주왕은 웅진으로 천도하였다(475). 이후 백제 성왕은 웅진에서 사비로 천도(538)하고 국호를 남부여로 고쳐 새롭게 중흥을 도모하였다.

정답의 이유

④ 신라 법흥왕은 이차돈의 순교를 계기로 불교를 국교로 공인하였다(527).

오답의 이유

① 신라 진흥왕은 고구려가 차지하고 있던 한강 유역을 빼앗고 대가야를 병합하여 영토를 확장하였다(562).

② 신라 진흥왕은 새롭게 편입한 영토를 순시한 후 이를 기념하여 순수비를 세웠으며, 현재까지 황초령 순수비(568)를 포함하여 총 4개의 순수비가 발견되었다.

③ 신라 진흥왕은 거칠부에게 역사서인 『국사』를 편찬하게 하였다(545).

---

07 난도 ★★☆   정답 ④

시대 통합 > 경제사

정답의 이유

④ 조선 후기 청과의 무역이 활발하였던 국경 지역을 중심으로 공적으로 허용된 개시 무역과 사적 무역인 후시 무역이 이루어졌는데 대표적인 예로 중강 개시, 책문 후시가 있다.

오답의 이유

① 노리사치계는 백제 성왕 시기에 일본으로 건너가 불경과 불상을 전하였다.

② 통일 신라 장보고는 완도에 청해진을 설치하여 해적들을 소탕하고 해상 무역권을 장악하면서 당, 신라, 일본을 잇는 국제 무역을 주도하였다.

③ 고려의 국제 무역항인 벽란도는 예성강 하구에 위치하였고 이곳을 통해 송, 아라비아 상인들과도 교역을 전개하였다.

---

08 난도 ★★☆   정답 ③

시대 통합 > 문화사

정답의 이유

㉠ 공주 송산리 고분군에 있는 송산리 6호분과 무령왕릉은 중국 남조의 영향을 받은 벽돌 무덤(전축분)이다. 2015년 유네스코 세계 문화 유산으로 선정되었다.

㉡ 양산 통도사는 자장이 창건한 절로, 우리나라의 삼보 사찰 중 하나이다. 자장이 중국 유학을 마치고 귀국할 때 가져온 불경과 불사리를 봉안하기 위해 통도사에 금강 계단을 조성하였다. 2018년 영주 부석사, 보은 법주사 등과 함께 유네스코 세계 문화 유산으로 선정되었다.

㉢ 남한산성은 2014년 유네스코 세계 문화 유산으로 선정된 곳이다. 병자호란 때 인조가 남한산성으로 피신하여 항전하였으나 강화도로 보낸 왕족과 신하들이 인질로 잡히자 삼전도에서 굴욕적으로 항복하였다(1637).

오답의 이유

㉣ 왕의 업적을 『실록』에서 뽑아 만든 것은 『국조보감』이다. 『승정원일기』는 조선 시대의 왕명 출납 기관인 승정원에서 취급 문서 및 사건을 매일 기록한 일기로 2001년에 유네스코 세계 기록 유산으로 등재되었다.

더 알아보기

유네스코 지정 세계 유산(2023년 5월 기준)

세계 문화·자연 유산	해인사 장경판전(1995), 종묘(1995), 석굴암과 불국사(1995), 창덕궁(1997), 수원 화성(1997), 경주 역사 유적 지구(2000), 고창·화순·강화의 고인돌 유적(2000), 제주 화산섬과 용암 동굴(2007), 조선 왕릉(2009), 한국의 역사 마을(2010, 하회와 양동), 남한산성(2014), 백제 역사 유적 지구(2015), 산사, 한국의 산지 승원(2018, 통도사, 부석사, 봉정사, 법주사, 마곡사, 선암사, 대흥사), 한국의 서원(2019, 소수 서원, 남계 서원, 옥산 서원, 도산 서원, 필암 서원, 도동 서원, 병산 서원, 무성 서원, 돈암 서원), 한국의 갯벌(2021), 가야 고분군(2023)

| 세계 기록 유산 | 『조선왕조실록』(1997), 『훈민정음』(해례본)(1997), 『직지심체요절』 하권(2001), 『승정원 일기』(2001), 해인사 대장경판 및 제경판(2007), 조선 왕조 의궤(2007), 『동의보감』(2009), 『일성록』(2011), 5·18 광주 민주화 운동 기록물(2011), 새마을 운동 기록물(2013), 『난중일기』(2013), 한국의 유교책판(2015), KBS 특별생방송 '이산가족을 찾습니다' 기록물(2015), 국채 보상 운동 기록물(2017), 조선 통신사 기록물(2017), 조선 왕실 어보와 어책(2017), 4·19 혁명 기록물(2023), 동학 농민 혁명 기록물(2023) |

09 난도 ★★★   정답 ③

고대 > 문화사

자료해설

제시된 지도에 표기된 장소는 ㉠ 돈화시 동모산, ㉡ 화룡 용두산 고분군(중경), ㉢ 영안 동경성(상경 용천부), ㉣ 훈춘 동경 용원부를 나타낸다.

정답의 이유

㉡ 중경 인근 용두산 고분군에 위치한 정효공주 묘는 벽돌 무덤 양식이다.

㉢ 오봉루는 상경성의 정문이다. 발해의 수도인 상경성은 당의 수도인 장안성을 본떠 만들었다.

오답의 이유

㉠ 정효공주 묘는 중경 인근 용두산 고분군에서 발견되었으며, 인물 벽화가 포함되어 있다.

㉣ 정혜공주 묘는 돈화시 동모산 인근 육정산 고분군에서 발견되었다.

더 알아보기

발해의 문화 유산

발해 석등	영광탑 (발해 오층 전탑)	발해 이불병좌상
발해 치미	정효공주 고분 벽화	발해 귀면와

10 난도 ★★☆   정답 ①

중세 > 정치사

자료해설

제시문은 고려 성종에게 최승로가 건의한 '시무 28조'의 일부이다.

정답의 이유

① 상평창은 물가 조절 기관으로, 고려 성종 때 개경·서경·12목에 설치되었다.

오답의 이유

② 고려 광종은 왕권을 강화하기 위해 개경에 화엄종 계열의 귀법사를 창건하고 균여를 주지로 삼은 뒤 제위보를 설치하여 민심을 수습하는 등 불교 정책을 펼쳤다.

③ 고려 중기에 최충의 문헌공도를 대표로 하는 사학 12도의 발전으로 관학이 위축되자 예종은 국자감을 재정비하여 전문 강좌인 7재를 설치하였다.

④ 문종은 현직 관리에게만 전지와 시지를 지급하는 경정 전시과를 실시하였다.

더 알아보기

고려의 국가 기틀 확립

태조	• 호족 통합 정책: 유력 호족과 혼인, 성씨 하사, 사심관 제도와 기인 제도 실시 • 민생 안정: 조세 부담 축소 • 북진 정책: 고구려 계승 의식, 서경(평양) 중시
광종	노비안검법 실시(호족, 공신의 경제력 약화), 과거제 실시, 관리 공복 제정, 황제 칭호와 독자적 연호 '준풍' 사용
성종	• 유교 정치: 최승로의 시무 28조 수용, 불교 행사 억제, 국자감 설치 • 통치 체제: 중앙 관제 2성 6부제 구성, 12목에 지방관 파견, 향리제 정비

11 난도 ★★☆   정답 ④

현대 > 경제사

정답의 이유

④ 제1차 경제 개발 5개년 계획은 박정희 정부 시기인 1962년부터 추진되었다.

오답의 이유

① 한·미 원조 협정은 미국 정부의 한국 정부에 대한 원조를 규정한 협정으로, 이승만 정부 시기인 1948년에 체결되었다.

② 이승만 정부는 3정보를 상한으로 하고 이를 초과하여 지주가 소유한 농지는 국가가 유상 매입하고 지주에게 지가 증권을 발행해주는 '농지 개혁'을 실시하였다.

③ 이승만 정부 시기인 1950년대에는 미국의 원조로 제분, 제당, 면방직 등 삼백 산업이 성장하였다.

12 난도 ★★☆   정답 ③

일제 강점기 > 정치사

정답의 이유

③ 남면북양 정책은 만주 사변(1931) 이후 일제가 한반도를 공업 원료의 공급지로 이용하기 위해 시행한 경제 침탈 정책이다. 남부 지방 농민들에게 면화의 재배를, 북부 지방 농민들에게 면양의 사육을 강요하였다.

오답의 이유

①·② 일제는 1937년 발발한 중·일 전쟁 이후 궁성요배, 황국 신민 서사 암송, 창씨 개명 등의 민족 말살 정책을 자행하였다.

④ 1941년 국민학교령의 제정에 따라 소학교가 국민학교로 개칭되었다.

더 알아보기

황국 신민화 정책(민족 말살 통치)

내선 일체 강요	황국 신민 서사 암송, 궁성 요배, 신사 참배, 창씨 개명 강요
교육·언론 통제	소학교 명칭을 국민학교로 변경, 우리말 사용 및 교육 금지, 한글 신문·잡지 폐간
사상 탄압	조선 사상범 예방 구금령(1941): 독립운동가들을 재판 없이 구금

13 난도 ★★☆   정답 ②

근대 > 정치사

자료해설

'1882년에 맺은'과 '거중 조정 조항'을 통해 밑줄 친 '조약'은 조·미 수호 통상 조약이라는 것을 알 수 있다. 미국과 맺은 조·미 수호 통상 조약은 조선이 서양 국가와 맺은 최초의 조약으로, 청이 러시아와 일본을 견제하고 조선에 대한 청의 종주권을 확인할 목적으로 체결을 알선하였다.

정답의 이유

② 조·미 수호 통상 조약은 1882년 6월 임오군란이 발생하기 전인 1882년 4월에 체결되었다. 임오군란을 계기로 체결된 조약은 '제물포 조약', '조·청 상민 수륙 무역 장정'이 있다.

오답의 이유

① 조·미 수호 통상 조약 제4관에는 미국 국민이 조선에서 죄를 저지른 경우 미국 영사나 그 권한을 가진 관리가 미국 법률에 따라 처벌하는 영사재판권(치외법권)이 포함되어 있다.

③ 조·미 수호 통상 조약은 최혜국 대우 조항을 처음 규정하였다.

④ 제2차 수신사 김홍집이 황준센의 『조선책략』을 가져오면서 러시아의 남하 정책에 대비하여 미국과 외교관계를 맺어야 한다는 여론이 형성되기 시작하였고, 이후 청의 알선으로 조·미 수호 통상 조약이 체결되었다.

더 알아보기

열강과 체결한 조약 및 주요 내용

국가	조약	주요 내용
일본	강화도 조약 (조·일 수호 조규, 1876)	• 청의 종주권 부인 • 치외 법권, 해안 측량권 • 부산, 원산, 인천 개항
미국	조·미 수호 통상 조약 (1882)	• 서양과 맺은 최초의 조약 • 치외 법권, 최혜국 대우 • 거중 조정
청	조·청 상민 수륙 무역 장정(1882)	• 치외 법권, 최혜국 대우 • 청 상인에 대한 통상 특권
러시아	조·러 수호 통상 조약 (1884)	최혜국 대우
프랑스	조·불 수호 통상 조약 (1886)	• 천주교 신앙의 자유 • 포교 허용

14 난도 ★★☆   정답 ④

중세 > 사회사

정답의 이유

㉠ 사심관 제도는 중앙의 고관을 자기 출신지의 사심관으로 임명하는 제도이다. 이를 통해 사심관은 부호장 이하의 향리를 임명하고 감독할 수 있었으며, 풍속 교정뿐만 아니라 지방 치안에 대한 연대 책임 등의 임무도 맡았다.

㉡ 고려 시대의 상층 향리는 호족 출신으로, 지방의 실제 지배층이었으며 과거로 중앙 관직에 진출할 수 있었다.

㉢ 고려 시대의 기인 제도는 지방 향리의 자제를 수도인 개경에 인질로 잡아 두어 지방 세력을 견제하기 위한 제도이다.

㉣ 고려 시대의 향리는 속현과 특수 행정 구역의 실질적인 운영을 담당하였다.

15 난도 ★★★   정답 ②

근대 태동기 > 경제

자료해설

'옛 흙을 떠나 새 흙으로 가서', '논에는 물을 끌어들일 수 있는 하천이나 물을 댈 수 있는 저수지가 꼭 필요' 등으로 볼 때 밑줄 친 '이 농법'은 서유구의 『임원경제지』에 실린 이앙법(모내기법)이다.

정답의 이유

㉠ 세종 때 편찬된 『농사직설』(1429)에는 모내기법, 우리나라 풍토에 맞는 씨앗의 저장법 등이 실려 있다.

㉣ 모내기법은 직파법보다 제초 노동력을 절약할 수 있었으므로, 농민들은 경작지의 규모를 확대할 수 있었다.

오답의 이유

㉡ 밭고랑에 씨를 뿌려 작물을 심도록 한 농법은 견종법이다.

㉢ 수령칠사는 수령이 힘써야 할 일곱 가지 임무에 관한 것으로, 그 내용에는 이앙법이 들어가 있지 않다.

더 알아보기

수령칠사

1. 농상성(農桑盛): 농업과 양잠 장려
2. 호구증(戶口增): 호구의 증가
3. 학교흥(學校興): 학교 교육의 진흥
4. 군정수(軍政修): 군정의 바른 처리
5. 부역균(賦役均): 부역의 균등 부과
6. 사송간(詞訟簡): 소송의 간명한 처리
7. 간활식(奸猾息): 간교한 풍속을 없앰

16 난도 ★★☆   정답 ①

현대 > 정치사

자료해설

제시문의 밑줄 친 '헌법'은 유신 헌법이다. 박정희 정부는 유신 헌법을 발표하여 대통령 임기 6년과 중임 제한 조항 삭제 및 통일 주체 국민 회의를 통한 대통령 간선제의 내용을 담은 제7차 헌법 개정을 단행하였다. 유신 헌법은 1972년 12월에 공포되어 8차 개헌(1980. 10.) 전까지 유지되었다.

정답의 이유

① 부·마 민주 항쟁은 유신 헌법이 시행되던 중인 1979년 10월에 일어났다. 부·마 민주 항쟁 진압 문제를 두고 집권층이 대립하던 도중 10·26 사태로 박정희 대통령이 피살되면서 유신 체제가 붕괴되었다.

오답의 이유

② 국민 교육 헌장의 선포는 제3공화국 시기의 일이다(1968). 박정희 정부는 국민 교육 헌장을 제정하여 우리나라 교육이 지향해야 할 이념과 근본 목표를 세우고자 하였다.

③ 7·4 남북 공동 성명은 제3공화국 시기로 박정희 정부가 유신 헌법을 공포하기 직전 서울과 평양에서 공동으로 발표되었고, 이때 남북 조절 위원회 설치에 합의하였다(1972.7.).

④ 6·3 시위는 제3공화국 시기로 박정희 정부가 한·일 회담 진행 과정에서 추진한 한·일 국교 정상화에 대한 협정 내용이 공개되자 학생과 야당을 주축으로 굴욕적 대일 외교에 반대하여 일어난 시위이다(1964).

17 난도 ★★★   정답 ④

일제 강점기 > 정치사

자료해설

제시문은 '국민 대표 회의 선언서'의 일부로 밑줄 친 '회의'는 1923년 개최된 국민 대표 회의이다.

정답의 이유

④ 국민 대표 회의는 대한민국 임시 정부의 활동과 독립운동의 방법을 놓고 격론을 벌인 회의로 임시 정부를 유지·개편하자는 개조파와 임시 정부를 해체하고 새로운 정부를 만들자는 창조파가 분열되면서 눈에 띄는 성과를 거두지는 못하였다.

오답의 이유

① 대한민국 건국 강령은 충칭 임시 정부 시기인 1941년에 반포되었다.

② 박은식은 이승만의 탄핵 이후인 1925년 임시 대통령으로 선출되었다.

③ 1935년에 의열단(김원봉)을 중심으로 한국 독립당(조소앙), 조선 혁명당(지청천) 등 여러 단체들이 민족 유일당 운동을 목표로 민족 혁명당을 창건하였다.

더 알아보기

국민 대표 회의(1923)

배경	일제의 탄압으로 임시 정부의 연통제·교통국 마비, 외교 활동 성과 미약, 이승만의 위임 통치 청원서 제출 → 독립운동의 노선을 둘러싼 논쟁 발생(외교 독립론, 무장 투쟁론, 실력 양성론 등)
전개	독립운동의 새로운 활로를 모색할 목적으로 개최 → 창조파(임시 정부 해산 후 새 정부 수립 주장)와 개조파(임시 정부 유지)로 대립 → 결렬
결과	많은 독립운동가들이 임시 정부에서 이탈 → 임시 정부의 세력 약화

18 난도 ★★☆   정답 ②

일제 강점기 > 정치사

자료해설

제시문은 1912년 공포된 '토지 조사령'으로, 이 법령에 따라 토지 조사 사업이 시행되었다.

정답의 이유

② 토지 조사 사업을 통해 조선 총독부는 역둔토(역에 주둔하는 군대의 둔전), 궁장토(궁에 지급된 토지), 공공 기관이 소유한 토지, 소유권이 불분명한 토지 등을 무상으로 점유하였다.

오답의 이유

① 토지 조사 사업은 조선 총독부 안의 임시 토지 조사국에서 실시되었다. 농상공부는 제2차 갑오개혁 때 농상아문과 공무아문이 통합된 관청이다.

③ 동양 척식 회사는 토지 조사 사업 시행 이전인 1908년 설립되었다.

④ 춘궁 퇴치, 농가 부채 근절을 목표로 내세운 것은 1932년부터 실시된 농촌 진흥 운동이다.

19 난도 ★★★   정답 ②

근대 > 경제사

정답의 이유

② 조·청 상민 수륙 무역 장정의 체결로 청과 일본 상인들의 경쟁이 치열해졌다. 하지만 일본이 개항 후 6년간 대조선 무역을 독점하다시피 하여 조선은 완전히 일본의 독점적 경제 침투 체제에 놓여 있었으므로 청이 일본의 수입액을 앞서지는 못하였다.

오답의 이유

① 개항 초기 일본 상인의 활동 범위가 개항장으로부터 10리 이내로 제한되었기 때문에 조선 상인(객주·여각·보부상 등)을 매개로 무역활동을 하였다.

③ 일본 상인들은 중계 무역을 통하여 주로 영국산 면제품을 가지고 와서 팔고, 쇠가죽·쌀·콩 등을 수입해 갔다.

④ 조선은 일본과의 무역에 대한 관세권을 회복하기 위해 조·일 통상 장정을 체결하였다(1883). 조항 중에 천재·변란 등에 의한 식량 부족의 우려가 있을 때 방곡령을 선포하는 조항이 포함되어 있었다.

20 난도 ★★☆ 　　　　　　　　　　　　　　정답 ③

근대 > 정치사

자료해설

밑줄 친 '그'는 호포제를 실시했던 흥선 대원군이다.

정답의 이유

③ 흥선 대원군은 임오군란 때 일시적으로 재집권하여 통리기무아문을 폐지하고 5군영을 부활시켰다.

오답의 이유

① 만동묘는 숙종 때 송시열의 건의에 따라 명나라 신종의 제사를 지내기 위해 건립한 사당이다. 흥선 대원군은 만동묘를 철폐하였다.

② 군국기무처 총재를 역임한 인물은 김홍집이다. 군국기무처는 1894년 6월에 설치되어 김홍집과 박정양 등을 중심으로 갑오개혁을 추진하였다.

④ 『만기요람』은 서영보, 심상규 등이 순조의 명에 따라 편찬한 국가 재정 및 군정에 관한 책이다(1808).

한국사 | 2021년 지방직 9급

한눈에 훑어보기

✓ **영역 분석**

선사 시대와 국가의 형성   01
1문항, 5%

고대   02 06 07 12
4문항, 20%

중세   03 04 09 10
4문항, 20%

근세   05
1문항, 5%

근대 태동기   08 13
2문항, 10%

근대   14 16 18
3문항, 15%

일제 강점기   15 17
2문항, 10%

현대   19 20
2문항, 10%

시대 통합   11
1문항, 5%

✓ **빠른 정답**

01	02	03	04	05	06	07	08	09	10
③	①	④	①	①	②	③	③	③	④
11	12	13	14	15	16	17	18	19	20
②	②	③	②	②	③	④	④	①	②

✓ **점수 체크**

구분	1회독	2회독	3회독
맞힌 문항 수	/ 20	/ 20	/ 20
나의 점수	점	점	점

---

01   난도 ★☆☆   정답 ③

선사 시대와 국가의 형성 > 국가의 형성

자료해설

제시문의 영고라는 제천 행사를 열었다는 내용을 통해 부여라는 것을 알 수 있다.

정답의 이유

③ 부여에는 왕 아래 가축의 이름을 딴 마가, 우가, 저가, 구가가 있었으며, 이들 가(加)는 각각 행정 구획인 사출도를 다스려, 왕이 직접 통치하는 중앙과 합쳐 5부를 이루었다.

오답의 이유

① 가족이 죽으면 시체를 가매장하였다가 나중에 그 뼈를 추려서 가족 공동 무덤인 커다란 목곽에 안치한 골장제는 옥저의 풍습이다.

② 읍군, 삼로 등이 통치한 것은 옥저와 동예이다.

④ 삼한에서는 정치적 지배자인 군장 외에 소도에서 농경과 종교에 대한 의례를 주관하는 천군이 존재했다.

더 알아보기

부여의 정치와 풍속

위치	송화강 유역의 평야지대
발전 과정	• 1세기 초 왕호 사용, 중국과 외교 시작 • 3세기 말 선비족의 침입으로 크게 쇠퇴 • 4세기 말 연의 침입 • 494년 고구려 문자왕에 의해 편입되면서 멸망
정치	• 왕 아래 마가, 우가, 저가, 구가의 가(加)들이 각자의 행정 구역인 사출도를 다스림 • 왕이 통치하는 중앙과 합쳐 5부를 구성하는 연맹 왕국

경제 및 사회	• 경제는 반농반목, 말·주옥·모피 등의 특산물 생산
	• 풍속으로는 순장, 형사취수제, 우제점법, 1책 12법, 제천 행사 영고(12월)
	• 4조목 법
	  – 살인자는 사형에 처하고, 그 가족은 노비로 삼음(연좌제)
	  – 절도자는 12배의 배상을 물림(1책 12법)
	  – 간음자는 사형에 처함
	  – 질투가 심한 부인은 사형에 처함

부여의 의복

나라 안에 있을 때의 의복은 흰색을 숭상하여, 흰 베로 만든 큰 소매 달린 도포와 바지를 입고 신발은 가죽신을 신는다. 외국에 나갈 때는 비단옷과 수놓은 옷·모직(毛織) 옷을 즐겨 입고, 대인(大人)은

그 위에 여우 · 살쾡이 · 원숭이, 희거나 검은 담비 가죽으로 만든 갖
옷을 입으며, 또 금 · 은으로 모자를 장식하였다.

– 『삼국지』 위서 동이전 –

02 난도 ★☆☆   정답 ①

고대 > 문화사

자료해설

제시문에서 '구지', '수로왕' 등의 내용을 통해 (가) 나라는 금관가야
인 것을 알 수 있다. 『삼국유사』에 기록된 가야의 건국 설화에 따르
면, 김수로왕은 하늘에서 내려온 알에서 태어나 금관가야를 세우고
인도에서 온 허황옥과 결혼하였다.

정답의 이유

① 금관가야는 풍부한 철의 생산과 해상 교통이 유리한 지역적 특
색을 통해 낙랑과 왜에 철을 수출하였다.

오답의 이유

② 초기의 신라는 박, 석, 김의 3성이 교대로 왕위를 계승하였다.

③ 고구려 장수왕은 지방에 경당을 설치하여 평민 자제들에게 학문
과 무술을 가르쳤다.

④ 백제의 귀족들은 정사암이라는 바위에서 회의를 통해 재상을 선
출하고 국가의 중대사를 결정하였다.

더 알아보기

가야 연맹의 특징

구분	내용
정치	• 2~3세기경: 금관가야(김해) 주축 → 5세기경 고구려의 진출로 타격 • 5세기 이후: 대가야(고령)로 중심 이동 • 6세기: 신라에 병합(법흥왕–금관가야, 진흥왕–대가야)
경제	중계 무역 장악: 낙랑 · 왜 등에 철을 수출
문화	• 철기 문화 발달(금동관, 철제 무기, 갑옷 등) • 토기: 수레 토기 → 일본 스에키 토기에 영향을 줌

03 난도 ★☆☆   정답 ④

중세 > 정치사

자료해설

제시문은 고려의 도병마사와 함께 국가 중대사를 합의제로 운영하
며, 법률 · 제도 · 격식을 제정하는 식목도감을 묻는 문제이다.

정답의 이유

④ 고려는 2성 6부의 중앙 관제를 갖추고 있으면서 중서문하성의
재신과 중추원의 추밀이 참여하는 두 개의 회의기관을 만들었
다. 도병마사는 대외적인 국방과 군사 문제를 관장하였고, 식목
도감은 대내적인 법제와 격식을 관장하였다.

오답의 이유

① 고려의 삼사는 화폐와 곡식의 출납에 대한 회계를 맡았다.

② 상서성은 6부를 관리하고 정책을 집행하였다.

③ 어사대는 관리의 비리를 감찰하는 역할과 풍속 교정 업무를 수
행하였다.

더 알아보기

고려의 중앙 정치 기구

2성 6부	• 중서문하성(국정 총괄 → 수상은 문하시중), 상서성 (6부 관리) • 당의 제도 모방	
중추원	• 왕의 비서 기구, 군사 기밀(추밀)과 왕명 출납(승선) 담당 • 송의 제도 모방	
도병마사	국방 문제 논의	귀족 합의체: 재신(중서문하성)과 추밀(중추원)의 합의
식목도감	법률 · 제도 제정	
어사대	감찰 기구, 풍속 교정	
삼사	화폐 · 곡식의 출납, 회계	
대간	어사대의 관원 + 중서문하성의 낭사 → 간쟁, 봉박, 서경권	

04 난도 ★☆☆   정답 ①

중세 > 정치사

자료해설

발해를 멸망시킨 (가)는 거란이다. 거란은 3차례에 걸쳐 고려에 침
략하였는데, 1차 침입(993) 때에는 서희가 소손녕과의 외교 담판으
로 강동 6주를 획득하였고, 2차 침입(1010)에는 양규가 무로대에서
거란을 기습 공격하여 포로로 잡힌 백성들을 되찾았다. 3차 침입
(1018) 때는 소배압의 10만 대군에 맞서 강감찬이 귀주에서 대승을
거두었다(1019).

정답의 이유

① 거란이 강조의 정변을 구실로 고려를 침입하여 흥화진을 공격하
였다. 이때 고려 장수 양규는 무로대에서 거란을 기습 공격하여
포로로 잡힌 백성을 되찾았다(1010).

오답의 이유

② 동북 9성 반환을 요구한 것은 여진이다. 윤관은 숙종 때 부족을
통일한 여진족이 국경을 자꾸 침입하자 왕에게 건의하여 별무반
을 편성했으며, 예종 때 별무반을 이끌고 여진을 정벌해 동북 9
성을 축조했다(1107).

③ 다루가치는 몽골이 고려의 내정을 간섭하기 위해 파견한 감찰관
이다.

④ 쌍성총관부는 몽골과의 전쟁이 진행되던 1258년에 몽골이 철령
이북 지역을 직접 통치하기 위해 설치하였다.

더 알아보기

거란(요)의 침입

1차 침입 (993)	• 배경: 송과의 교류 단절과 옛 고구려 영토를 요구하며 침입(소손녕) • 전개: 서희의 외교 담판 • 결과: 압록강 동쪽의 강동 6주 획득하여 영토 확장
2차 침입 (1010)	• 배경: 강조의 정변을 구실로 침입 • 전개: 양규의 활약으로 흥화진 전투 승리 • 결과: 거란과의 친교를 약속
3차 침입 (1018)	• 배경: 고려의 친요 약속 불이행에 대한 불만으로 침입(소배압) • 전개: 귀주에서 강감찬 승리(1019, 귀주 대첩) • 결과: 거란군을 귀주에서 크게 격파

05 난도 ★☆☆   정답 ①

근세 > 정치사

자료해설

제시문에서 '관직을 받는 자가 5품 이하일 때 서경한다'는 내용과 '관원 규찰, 풍속을 바르게 한다'는 내용으로 보아 (가)에 들어갈 기구는 사헌부임을 알 수 있다.

정답의 이유

① 사헌부는 조선 시대에 언론 활동, 풍속 교정, 백관에 대한 규찰과 탄핵 등을 관장하던 관청으로, 사간원과 함께 양사 또는 대간이라 하여 5품 이하 관리의 임명과 관련된 서경권을 행사하였다.

오답의 이유

② 교서관은 궁중의 서적을 간행·관리하고 제사나 축하 전문을 보내는 것을 관장하던 기구이다.

③ 승문원은 조선의 사대교린에 관한 외교 문서를 관장하기 위해 설치한 관서이다. 이문(관용공문서)의 교육도 담당하였다.

④ 승정원은 국왕의 비서 기관으로 국가 기밀과 왕명 출납을 맡아보던 기구이다.

06 난도 ★★★   정답 ②

고대 > 정치사

자료해설

제시문은 연개소문이 보장왕에게 도교를 수용할 것을 청한 내용으로, 밑줄 친 '그'는 연개소문을 가리킨다.

정답의 이유

② 연개소문은 천리장성 공사를 감독하면서 요동의 군사력을 장악한 뒤 정변을 일으켜, 영류왕과 자신을 반대하는 대신들을 죽이고 보장왕을 세우는 동시에 스스로 대막리지가 되었다(642).

오답의 이유

① 김춘추는 진덕 여왕의 명을 받고 당으로 건너가 나·당 동맹을 성사시키고(648) 나·당 연합군을 결성하였다.

③ 고구려 영양왕 때 수 양제가 우중문의 30만 별동대로 평양성을 공격하였으나, 을지문덕이 살수에서 2,700여 명을 제외한 수군을 전멸시켰다(612).

④ 고구려 장수왕은 평양으로 천도하며 남진 정책을 추진하였다. 이를 바탕으로 백제의 수도 한성을 함락하고 백제 개로왕을 전사시킨 뒤 한강 유역을 차지하였다(475).

07 난도 ★☆☆   정답 ③

고대 > 정치사

자료해설

제시문에서 원광은 신라 진평왕에게 화랑도의 생활 규범으로 사군이충(事君以忠)·사친이효(事親以孝)·교우이신(交友以信)·임전무퇴(臨戰無退)·살생유택(殺生有擇)의 내용이 담긴 세속 5계를 제시하였다.

정답의 이유

③ 원광은 608년(진평왕 30) 수나라에 군사를 청하기 위해 걸사표를 작성하였다. 원문은 전하지 않지만 『삼국사기』에 의하면, 611년 신라에서는 수나라에 사신을 파견하여 이 걸사표로 군사를 청했고, 이에 수나라 양제가 100만의 대군을 이끌고 612년 고구려를 침략하였다고 한다.

오답의 이유

① 원효는 일심 사상으로 불교 종파의 사상적인 대립을 조화시키고, 분파의식을 극복하려는 『십문화쟁론』을 통해 화쟁 사상을 제시하였다.

② 의상은 『화엄일승법계도』를 저술하여 모든 존재는 상호 의존적인 관계에 있으면서 서로 조화를 이루고 있다는 화엄 사상을 정립하였다.

④ 혜초는 인도와 중앙 아시아(서역) 여러 나라의 성지를 순례하고 풍물을 생생하게 기록한 『왕오천축국전』을 남겼다.

08 난도 ★★☆   정답 ③

근대 태동기 > 경제사

정답의 이유

③ 박제가는 청에 다녀온 후 저술한 『북학의』에서 청 문물의 적극적 수용, 청과의 통상 강화, 수레와 선박의 이용, 신분제 타파 등을 주장하고, 검약보다는 소비를 권장하였다. 『해동역사』는 조선 후기 실학자 한치윤이 단군 조선부터 고려 시대까지의 역사를 서술한 책이다.

09 난도 ★☆☆   정답 ③

중세 > 정치사

자료해설

제시된 자료의 사건 순서는 (라) 이자겸의 난 - (가) 무신 정변 - (나) 최충헌의 집권 - (다) 충주성 전투이다.

정답의 이유

(라) 1126년 인종은 이자겸의 권력에 불안을 느껴 그를 제거하려 했으나 실패하고, 이자겸이 이에 반발하여 척준경과 함께 난을 일으켰다.

(가) 1170년 정중부, 이의방 등의 무신들이 정변을 일으켜 정권을 장악하여 의종이 폐위되고 명종이 즉위하였다(무신 정변).

(나) 1196년 최충헌은 이의민을 제거하고 권력을 장악한 후 명종에게 봉사 10조를 올렸다.

(다) 1253년 몽골의 5차 침입 때 김윤후가 천민(관노)들과 함께 충주성에서 몽골군에 맞서 싸웠다.

10 난도 ★★☆   정답 ④

중세 > 정치사

자료해설

제시문은 고려 태조의 훈요 10조의 일부 내용으로 (가)는 서경(평양)을 가리킨다.

정답의 이유

④ 원종 10년(1269) 서북면 병마사의 최탄 등이 난을 일으켜 서경을 비롯한 북계 지역을 거느리고 원에 항복하였다. 원에서는 서경에 동녕부(東寧府)를 설치(1270)하여 이 지역을 직접 지배하다가, 충렬왕 16년(1290) 고려에 돌려주었다.

오답의 이유

① 몽골 침략으로 소실된 초조대장경을 대신하여 고려 고종 때 강화도에 대장도감을 설치하고 16년(1236~1251) 만에 재조(팔만)대장경을 완성하였다.

② 지눌은 무신 정권 시기 순천 송광사(길상사)를 중심으로 결사 운동을 전개했다.

③ 정중부 집권기에 공주 명학소에서 망이 · 망소이 형제가 신분 해방을 외치며 봉기하였다(1176).

더 알아보기

고려 서경(평양)의 역사

태조	분사 제도 시행, 처음 평양대도호부로 삼았다가 서경으로 개편
광종	서도(西都)로 개칭
인종	묘청의 서경 천도 운동
원종	몽골이 서경에 동녕부 설치
충렬왕	다시 반환되어 서경으로 불림
충선왕	평양부로 격하
공민왕	평양부에서 다시 서경으로 변경
우왕	위화도 회군 당시 서경에서 출발

11 난도 ★★☆   정답 ②

시대 통합 > 문화사

자료해설

제시문은 김부식이 『삼국사기』 편찬 후 이를 인종에게 진헌하면서 함께 지어 올린 표문인 「진삼국사기표」이다.

정답의 이유

② 『삼국사기』는 고려 인종의 명을 받아 김부식이 편찬한 현존하는 우리나라 최고(最古)의 역사서이다. 이는 유교적 사관을 바탕으로 본기, 연표, 지, 열전 등으로 구성된 기전체 형식으로 서술되었다.

오답의 이유

① 불교사를 중심으로 고대의 민간 설화나 전래 기록을 수록하는 등 우리의 고유 문화와 전통을 중시한 것은 일연의 『삼국유사』이다.

③ 조선 초기 성종 때 편찬된 『동국통감』은 서거정 등이 고조선(단군 조선)부터 고려 말까지의 역사를 연대순으로 기록한 편년체 통사이다.

④ 신라 진흥왕은 거칠부에게 역사서인 『국사』를 편찬하게 하였다.

12 난도 ★☆☆   정답 ②

고대 > 정치사

자료해설

『삼국유사』에 따르면 문무왕은 부처의 힘을 빌려 왜구를 물리치기 위해 절을 짓기 시작하였으나 절의 완성을 보지 못하였고, 뒤를 이어 왕위에 오른 신문왕이 문무왕의 뜻을 이어 완성한 뒤 감은사라 칭하였다고 전한다.

정답의 이유

② 신문왕은 유교 정치 이념의 확립을 위하여 유학 사상을 강조하고, 유학 교육을 위한 국학을 설립하였다.

오답의 이유

① 신라 법흥왕은 건원이라는 독자적인 연호를 사용하였다.

③ 통일 신라 성덕왕은 토지가 없는 백성들에게 정전을 지급하였다. 이는 국가의 토지 지배력을 강화하고 수취 체제를 정비하려는 목적에서 시행되었다.

④ 무열왕 김춘추는 신라 최초의 진골 출신 왕으로, 나 · 당 연맹 결성을 주도하였고 나 · 당 연합군을 동원하여 백제를 멸망시켰다.

더 알아보기

통일 신라 국왕의 업적

무열왕	• 최초의 진골 출신 왕 • 시중의 권한 강화(신라 중대 시작) → 상대등 세력 약화, 왕권 전제화 • 백제 멸망(660)
문무왕	• 고구려 멸망(668) • 나 · 당 전쟁 승리 → 삼국 통일 완수(676) • 외사정 파견(지방 감시)
신문왕	• 김흠돌의 난 진압 → 귀족 숙청, 왕권 강화 • 제도 정비(9주 5소경), 관료전 지급, 녹읍 폐지, 국학 설립
성덕왕	• 정전 지급 → 국가의 토지 지배력 강화, 수취 체제 정비
경덕왕	• 녹읍 부활, 왕권 약화 → 귀족 연합 정치 • 국학을 태학으로 개편(박사와 조교)
혜공왕 이후	• 김헌창의 난 • 장보고의 청해진 설치 • 6두품의 사회 비판, 개혁 시도 • 왕위 쟁탈전 → 지방 통제 약화 → 호족 등장, 선종 발달

13 난도 ★☆☆   정답 ③

근대 태동기 > 정치사

자료해설

제시문의 '노론과 소론, 남인을 두루 등용', '초계문신제', '서얼 출신의 유능한 인사를 규장각 검서관으로 등용' 등을 통하여 밑줄 친 '왕'은 조선 후기 정조임을 알 수 있다.

정답의 이유

③ 정조 때에는 당시 좌의정이었던 채제공의 건의로 육의전을 제외한 시전 상인의 금난전권을 폐지(신해통공, 1791)하여 자유로운 상업 행위를 진작시켰다.

오답의 이유

① 세도 정치기인 철종 때 최제우는 천주교의 확산에 대항하여 동학을 창시하고 마음속에 한울님을 모시는 시천주와 '사람이 곧 하늘'이라는 인내천 사상을 강조하였다.

② 흥선 대원군은 정조 때 편찬된 『대전통편』을 보완하고 각종 조례를 정리한 법전인 『대전회통』을 편찬하여 통치 체제를 정비하였다.

④ 조선 순조 때 세도 정치와 삼정의 문란으로 인해 어려움을 겪던 농민들과 서북 지역 차별 대우에 불만을 품은 평안도 지방 사람들이 몰락 양반 출신 홍경래를 중심으로 난을 일으켰다.

14 난도 ★☆☆   정답 ②

근대 > 정치사

자료해설

제시문에서 '고종의 아버지', '경복궁 중건', '원납전 징수', '당백전 발행' 등의 예시를 통해 (가) 인물이 흥선 대원군이라는 것을 알 수 있다.

정답의 이유

② 흥선 대원군은 전국의 서원을 47개소만 남기고 철폐하였다. 당시 서원은 지방 양반들의 세력 기반이 되어 각종 면세와 면역의 특권을 누렸고, 지역 농민을 가혹하게 수탈하여 원성을 사기도 하였다. 서원 철폐로 국가 재정이 늘고 민생이 안정되자 백성은 이를 크게 환영하였다.

오답의 이유

① 대한제국을 선포한 고종은 대한국 국제를 제정한 후 원수부를 설치하여 대원수로서 모든 군대를 통솔하고자 하였다(1899).

③ 1884년 김옥균을 중심으로 한 급진 개화파는 우정총국의 개국 축하연을 이용하여 민씨 세력 중 핵심 인물들을 제거하고 개화당 정부를 구성하였다(갑신정변).

④ 1880년대에 김홍집이 청에서 황쭌셴의 『조선책략』을 국내에 소개했다. 이로 인해 러시아의 남하 정책에 대비하기 위해 미국과 수교를 맺어야 한다는 여론이 형성되었고, 서양 열강 중 미국과 최초로 조 · 미 수호 통상 조약을 체결하게 되었다(1882).

15 난도 ★☆☆   정답 ②

일제 강점기 > 정치사

자료해설

제시문에서 3 · 1 운동 이후 독립운동을 더 조직적으로 전개하기 위해 설립된 (가) 단체는 대한민국 임시정부이다. 대한민국 임시정부는 결성 초기 미국에 구미 위원부를 설치하여 외교 활동을 전개하였다(1919).

정답의 이유

② 대한민국 임시정부는 독립운동 자금을 안정적으로 확보하고 국내외의 항일 세력과 연락하기 위해 연통제와 교통국을 조직하였다.

오답의 이유

① 신규식 등 해외에 거주하던 독립운동가 14명이 국내외 여러 독립운동 단체를 하나의 통합된 조직으로 결성하고 민족 대회를 개최하기 위해 상하이에서 「대동단결 선언」을 발표하였다(1917).

③ 서간도 삼원보 지역에서 신민회 회원인 이상룡, 이회영 등이 중심이 되어 독립군 양성 학교인 신흥 강습소(이후 신흥 무관 학교)를 설립하였다.

④ 김원봉이 결성한 의열단(1919)은 신채호가 작성한 「조선 혁명 선언」을 기본 행동 강령으로 하여 직접적인 투쟁 방법인 암살, 파괴, 테러 등을 통해 독립운동을 전개하였다.

더 알아보기

대한민국 임시정부의 초기 활동

연결망	• 비밀 행정망인 연통제 조직 → 군자금 조달, 국내외 업무 연락 • 비밀 통신망 교통국 조직 → 정보 수집 및 분석
자금 모금	• 독립 공채 발행 • 국민 의연금 모금
외교	• 파리 강화 회의에 김규식을 대표로 파견(독립 청원서 제출) • 미국에 구미 위원부 설치
문화	• 독립신문 간행 • 사료 편찬소 설치와 『한 · 일 관계 사료집』 간행
군사	• 광복군 사령부 · 광복군 총영 마련 • 독립군을 군무부 산하로 편제

16 난도 ★☆☆   정답 ③

근대 > 정치사

자료해설

제시문의 (가) 시기는 제너럴셔먼호 사건(1866)과 신미양요(1871)의 중간 시기에 발생한 사건이다.

정답의 이유

③ 독일 상인이었던 오페르트가 통상을 요구하다 거절당하자, 충남 덕산에 있는 남연군(대원군 아버지)의 묘를 도굴하여 유해를 미끼로 통상을 요구하려 하였으나, 실패하고 도주하는 사건이 발생하였다(오페르트 도굴 미수 사건, 1868년).

오답의 이유

① 고종은 제1차 갑오개혁 추진 이후 종묘에서 홍범 14조를 발표하였다. 이는 청의 종주권 배제, 탁지아문으로 재정 일원화, 왕실과 국정 사무 분리 등의 내용을 담아 제1차 갑오개혁의 내용을 재확인하고, 제2차 갑오개혁의 방향성을 설정하여 강령으로 선언한 것이다(1895.1.).

② 일본은 조선의 해안을 조사한다는 구실로 군함 운요호를 동원하여 강화 해역 깊이 들어와 조선 수비군의 발포를 유도하고 초지진과 영종도를 포격하여 파괴하였다(운요호 사건, 1875). 이에 조선이 방어적 공격을 하자 이를 구실로 일본은 조선에 통상 조약 체결을 요구하여 강화도 조약이 체결되었다.

④ 구식 군대는 신식 군대와의 차별 대우로 인한 불만이 폭발하면서 임오군란을 일으켜 선혜청과 일본 공사관을 습격하였다(1882).

17 난도 ★☆☆

정답 ④

일제 강점기 > 사회사

자료해설

신간회는 1920년대 중반 정우회 선언(1926)을 계기로 사회주의 세력과 민족주의 세력이 연대하여 결성된 좌·우 합작 단체이다(1927).

정답의 이유

④ 1929년 11월 광주 학생 항일 운동이 일어나자 신간회는 광주에 조사단을 파견하고 일제의 학생 운동 탄압에 항의하였다. 그리고 사건의 진상 보고를 위한 민중 대회를 열어 이를 전국적인 항일 운동으로 확산시키려고 하였다. 그러나 이 계획은 사전에 일본 경찰에 발각되어 신간회 간부들이 체포되었고, 민중 대회는 열리지 못하였다.

오답의 이유

① 1920년 조만식 등이 평양에서 조선 물산 장려회를 조직하여 물산 장려 운동을 시작하였고, 1923년 경성에서도 조선 물산 장려회가 만들어지는 등 물산 장려 운동은 전국적으로 퍼져 나갔다.

② 이상재 등이 중심이 된 조선 교육회의 제안으로 경성에서 조선 민립 대학 기성 준비회가 만들어졌다(1922). 이를 바탕으로 출범한 조선 민립 대학 기성회(1923)는 '한민족 1천만 한 사람이 1원씩'이라는 구호를 내걸고 전국적인 모금 운동을 벌였다(민립 대학 설립 운동).

③ 동아일보는 1931년부터 학생 계몽대를 만들어 브나로드 운동을 전개하였다. 각 지방의 마을마다 야학을 만들어 한글 등을 가르쳤다.

18 난도 ★☆☆

정답 ④

근대 > 정치사

자료해설

제시문의 '한국 황제 밑에 1명의 통감을 두되, 통감은 전적으로 외교에 관한 사항을 관리하기 위하여'라는 문항을 통해 1905년에 체결된 을사늑약임을 알 수 있다. 일제는 이 조약으로 대한제국의 외교권 박탈뿐만 아니라 내정에도 간섭하였다.

정답의 이유

④ 일본의 강압으로 을사늑약이 체결(1905)되어 대한제국의 외교권이 박탈되고 통감부가 설치되었다.

오답의 이유

① 일제는 한·일 병합 조약을 공포하면서 대한제국을 조선으로 개칭하고, 통치 기구로 조선 총독부를 설치하여 일체의 정무를 관할하도록 하였다. 또한, 통감부의 군사적 지배 방침을 계승하여 무단 통치를 실시하였다(1910).

② 일제는 고종의 헤이그 특사 파견을 구실로 '한·일 신협약'을 체결하여 대한제국 군대를 강제 해산시키는 등 대한제국의 내정을 완전히 장악하고자 하였다(1907).

③ 조·일 통상 장정의 조항 중에는 천재·변란 등에 의한 식량 부족의 우려가 있을 때 방곡령을 선포하는 조항이 포함되어 있었다(1883).

더 알아보기

일제의 국권 침탈 과정

조약	주요 내용
한·일 의정서 (1904.2.)	• 러·일 전쟁 발발 직후 체결 • 대한제국의 군사적 요지 점령
제1차 한·일 협약 (1904.8.)	고문 정치: 외교 고문 스티븐스, 재정 고문 메가타
을사늑약 (제2차 한·일 협약, 1905.11.)	• 외교권 박탈 • 통감부 설치: 초대 통감 이토 히로부미
한·일 신협약 (정미 7조약, 1907.7.)	• 차관 정치: 일본인 차관, 통감부의 내정 간섭 심화 • 대한제국 군대 해산
기유각서 (1909)	사법권 박탈
한·일 병합 조약 (1910.8.)	• 대한제국 국권 상실 • 조선 총독부 설치: 초대 총독 데라우치, 총리대신 이완용

19 난도 ★☆☆   정답 ①

현대 > 정치사

자료해설

제시문의 모스크바 3국 외상 회의의 결정에 따라 서울 덕수궁 석조전에서 제1차 미·소 공동 위원회가 개최되었다(1946.3.).

정답의 이유

① 1946년 미국과 소련은 모스크바 3국 외상 회의의 결정 사항을 이행하기 위해 제1차 미·소 공동 위원회를 개최하였으나 미국과 소련의 입장 차이로 결렬되었다.

오답의 이유

② 조선 건국 동맹의 여운형은 일본인의 안전한 귀국을 보장하는 조건으로 조선 총독부로부터 행정권의 일부를 이양 받아 조선 건국 준비 위원회를 결성하였다(1945).

③ 5·10 총선거를 통해 제헌 국회가 구성되었고, 민주 공화국 체제의 제헌 헌법이 제정되었다(1948.7.).

④ 유엔 총회에서는 유엔 한국 임시 위원단을 설치하고, 유엔 감시 하에 인구 비례에 의한 남북한 총선거를 통해 통일 정부를 수립할 것을 결정하였다(1947.11.).

더 알아보기

미·소 공동 위원회

제1차 회의(1946.3.)	제2차 회의(1947.5.)
• 안건: 미·소 공동 위원회 설치, 신탁 통치(최대 5년) 협정 결정 • 경과: 미국은 신탁 반대 운동의 단체를 협의 대상에 포함할 것을 주장한 반면 소련은 반탁 정당과 단체의 제외를 주장 • 휴회: 미·소의 의견 차이로 무기한 휴회	• 미·소 냉전 격화: 트루먼 독트린 선언 • 회담 결렬: 자국에 우호적인 정부를 세우려는 미·소의 정책으로 결렬 • 유엔 이관: 미국이 한반도 문제를 유엔 총회에 상정(1947.10.)

20 난도 ★★☆   정답 ②

현대 > 정치사

자료해설

제시된 자료에서 (가) 시기에 있었던 사건은 4·19 혁명(1960)과 유신 헌법 공포(1972.12.) 사이에 일어난 것이다.

정답의 이유

② 박정희 정부가 남북 간의 교류를 제의하였고, 1972년 7월 '7·4 남북 공동 성명'이 서울과 평양에서 동시에 발표되었다.

오답의 이유

① 제헌 국회는 일제의 잔재를 청산하고 민족 정기를 바로잡기 위해 반민족 행위 처벌법을 제정하여 반민족 행위 특별 조사 위원회를 조직하였다(1948).

③ 노태우 정부의 북방 외교를 바탕으로 남북한의 유엔 동시 가입이 이루어졌으며, 남북 기본 합의서와 한반도 비핵화에 관한 공동 선언이 채택되었다(1991).

④ 신군부의 비상 계엄 확대, 공수 부대를 동원한 무력 진압에 항거하여 광주에서 5·18 민주화 운동이 일어났다(1980).

더 알아보기

「반민족 행위 처벌법」

일제 강점기 때 일본에 협력하며 반민족적 행위로 민족에게 해를 끼친 자를 처벌하기 위하여 제정한 법률이다. 대한민국 독립 정부가 성립된 후 제헌 의회 안에서 다시 친일파 처리 문제가 재논의되기 시작하였고, 국회의 결의로 긴급 구성된 기초 특별 위원회는 미군정 시대에 마련된 「민족 반역자, 부일 협력자, 모리간상배에 관한 특별 법률 조례」안을 참고하여 전문 32조로 된 「반민족 행위 처벌법」 초안을 만들어 국회에 제출하였다. 이 법이 발효됨에 따라 특별 조사 위원회가 설치되어 조사에 착수했으나 단 10명의 국회 의원이 그 방대한 업무를 처리하기에는 과중하였고, 특히 이 법의 표적이 된 친일 세력이 노골적으로 저항과 방해를 하고, 이승만 정부의 비협조적인 태도로 조사 활동이 극히 제한을 받았다. 이후 대법원과 대검찰청에서 반민족 행위자에 대한 공판을 계속했으나 재판을 받아 실형을 선고받고 복역한 사람은 10여 명에 불과했다. 결국 이 법은 실효를 보지 못하고 소멸되었다.

한눈에 훑어보기

✅ 영역 분석

선사 시대와 국가의 형성 01
1문항, 5%

고대 05 06 12 13
4문항, 20%

중세 08 10 16 17
4문항, 20%

근세 18
1문항, 5%

근대 태동기 03 15 19
3문항, 15%

근대 04 11 20
3문항, 15%

일제 강점기 07 14
2문항, 10%

현대 02 09
2문항, 10%

✅ 빠른 정답

01	02	03	04	05	06	07	08	09	10
④	①	①	③	④	②	①	④	②	②
11	12	13	14	15	16	17	18	19	20
④	④	①	②	①	③	②	③	②	③

✅ 점수 체크

구분	1회독	2회독	3회독
맞힌 문항 수	/ 20	/ 20	/ 20
나의 점수	점	점	점

한국사

연도과목

---

01 난도 ★☆☆ 　　　　　　　　　　정답 ④

선사 시대와 국가의 형성 > 선사 시대

자료해설

제시된 자료에서 '움집', '농경 생활 시작' 등을 통해 신석기 시대임을 알 수 있다. 농경 생활이 시작된 신석기 시대에는 조 · 피 등을 재배하였고 갈돌과 갈판으로 곡식을 갈아서 음식을 만들어 먹었으며, 가락바퀴로 실을 뽑아 뼈바늘로 옷을 지어 입었다.

정답의 이유

④ 신석기 시대에는 빗살무늬 토기를 이용하여 음식을 조리하거나 저장하였다.

오답의 이유

① 고인돌은 청동기 시대에 정치 권력과 경제력을 가진 군장이 등장하면서 생긴 족장의 무덤으로, 당시 지배층의 권력을 짐작할 수 있다.

② 세형 동검은 청동기 시대 후반부터 초기 철기 시대 때 거푸집을 이용하여 제작되었다.

③ 거친무늬 거울은 청동기 시대에 사용된 청동제 거울이다.

더 알아보기

신석기 시대

도구	간석기, 빗살무늬 토기, 가락바퀴, 뼈바늘
생활	정착 생활, 강가나 바닷가 움집 거주
경제	농경과 목축 시작, 사냥과 채집
사회	씨족 마을 형성, 계급 없는 평등 사회

---

02 난도 ★☆☆ 　　　　　　　　　　정답 ①

현대 > 정치사

자료해설

제시된 자료는 대한민국 헌법 개정 과정을 나열한 것으로, (가) 시기에는 전두환 등 신군부 세력이 대통령 간선제를 골자로 하는 8차 개헌을 추진하였고, (나) 시기에는 대통령의 임기를 5년 단임으로 하는 대통령 직선제를 명시하였다.

정답의 이유

(가) 전두환 신군부 세력은 제8차 개헌을 단행하여 대통령 선거인단에서 7년 단임의 대통령을 선출하는 대통령 간선제를 실시하였다.

(나) 전두환 정부가 대통령 간선제를 유지하겠다는 4 · 13 호헌 조치를 발표하자, 이에 반대한 국민들이 6월 민주 항쟁을 전개하

였고, 그 결과 정부는 6 · 29 민주화 선언을 발표하여 5년 단임의 대통령 직선제를 골자로 하는 9차 개헌을 단행하였다.

03 난도 ★★☆ 정답 ①

근대 태동기 > 정치사

자료해설

제시된 자료에서 '군포를 징수하여 1년에 2필 납부' 등의 내용을 통해 영조 때의 균역법에 대한 내용임을 알 수 있다.

정답의 이유

① 영조는 『경국대전』 편찬 이후에 시행된 법령을 통합한 『속대전』을 편찬하여 통치 체제를 정비하였다.

오답의 이유

② 정조 때 문물 제도 및 통치 체제를 정리한 『대전통편』을 편찬하여 왕조의 통치 규범을 재정비하였다.

③ 흥선 대원군은 법전인 『대전회통』을 편찬하여 통치 체제를 정비하였다.

④ 조선 세조 때 편찬되기 시작한 『경국대전』은 조선의 기본 법전으로 성종 때 완성되어 반포되었다.

더 알아보기

조선 시대 법전

명칭	시기	내용
『조선경국전』	태조	정도전이 조선의 유교적 이념을 성문화하고 통치 제도를 정비하기 위해 저술
『경제문감』	태조	정도전이 재상 중심의 정치 제도를 제시하기 위해 편찬
『경제육전』	태조	정도전과 조준이 주도한 최초의 성문 법전
『경국대전』	성종	세조 때 편찬되기 시작하여 성종 때 완성 · 반포, 이 · 호 · 예 · 병 · 형 · 공 6전으로 구성
『속대전』	영조	『경국대전』 편찬 이후에 시행된 법령을 통합하여 편찬, 통치 체제를 정비
『대전통편』	정조	『경국대전』과 『속대전』 등 다른 여러 규정들을 하나로 통합하여 편찬
『대전회통』	고종	흥선 대원군이 편찬한 것으로 『대전통편』 이후 수교 및 각종 조례 등을 보완 · 정리한 마지막 법전

04 난도 ★☆☆ 정답 ③

근대 > 정치사

자료해설

제시된 자료는 동학 농민 운동 전개 과정을 표로 나타낸 것이다. 고부현 봉기(1894.1., 전봉준 중심), 황토현 전투(1894.4., 농민군 승리), 전주 화약 체결(1894.5.), 삼례 2차 봉기(1894.9., 남접 · 북접 연합), 우금치 전투(1894.11.)이다.

③ 동학 농민 운동으로 농민군이 전라도 일대를 장악하자 조정에서는 이들을 진압하기 위해 청에 원군을 요청하였다. 그러나 톈진 조약에 의해 일본군까지 군대를 파견하였고, 결국 1894년 6월 청 · 일 양국 간의 전쟁이 발발하였다.

더 알아보기

동학 농민 운동의 제2차 봉기(1894.9.)

배경	전주 화약 체결 후 조선 정부가 청군과 일본군의 철수 요구 → 일본이 내정 개혁을 요구하며 경복궁 기습 점령, 청일 전쟁 발발(1894.6.)
전개	동학 농민군의 재봉기 → 논산 집결(남 · 북접 연합) → 공주 우금치 전투에서 관군과 일본군에게 패배 → 전봉준 등 동학 농민군 지도자 체포

05 난도 ★★☆ 정답 ④

고대 > 정치사

자료해설

제시된 사료에서 '고구려 왕 거련(장수왕)이 군사를 이끌고 한성 포위', '고구려인이 쫓아가 그(개로왕)를 살해' 등을 보아 475년 고구려 장수왕이 백제 개로왕을 죽이고 한성을 함락한 사건임을 알 수 있다.

정답의 이유

④ 5세기 고구려 장수왕은 평양으로 천도하여 남진 정책을 추진하였고, 중국 남 · 북조와 동시에 교류하면서 두 나라가 서로 견제하도록 유도하는 등 실리 위주의 외교 정책을 펼쳤다.

오답의 이유

① 백제 성왕은 신라 진흥왕이 나 · 제 동맹을 깨고 백제가 차지한 지역을 점령한 것에 분노하여 신라를 공격하였으나 관산성 전투에서 전사하였다(554).

② 신라 법흥왕은 건원이라는 독자적인 연호를 사용하였다(536).

③ 고구려 영양왕 때 수 양제가 우중문의 30만 별동대로 평양성을 공격하였으나 을지문덕이 살수에서 2,700여 명을 제외한 수군을 전멸시켰다(살수 대첩, 612).

06 난도 ★★☆ 정답 ②

고대 > 문화사

정답의 이유

㉠ · ㉢ 발해 문화가 고구려 문화를 계승하였음을 보여 주는 것으로는 일본과 주고 받은 외교 문서, 발해 석등, 굴식 돌방 무덤과 모줄임 천장 구조로 된 정혜공주 묘, 발해 수도인 상경성 내 궁궐 터의 온돌 장치 등이 있다.

오답의 이유

㉡ 발해의 벽돌 무덤은 중국(당)의 무덤 양식의 영향을 받았다.

㉣ 주작대로는 발해의 수도 상경에 있는 큰 도로로 당의 장안성에 있는 도로를 모방하여 만들었다.

일제 강점기 > 정치사

[자료해설]

(가) 한국 광복군은 1940년 9월 충칭에서 대한민국 임시 정부의 직할 부대로 창설되었다.

(나) 한인 애국단은 김구가 임시 정부의 위기 타개 목적으로 상하이에서 조직(1931)하였으며, 적극적인 항일 무장 투쟁을 전개하였다.

(다) 한국 독립군은 1931년 지청천을 중심으로 북만주에서 결성되었다.

(라) 조선 혁명군은 1929년 양세봉이 주도하여 남만주에서 조직되었다.

[정답의 이유]

① 한국 광복군은 미 전략 사무국(OSS)과 협력하여 국내 진공 작전을 계획하였으나, 일본의 무조건 항복으로 무산되었다.

[오답의 이유]

② 중국 관내 최초의 한인 무장 부대는 조선 의용대로 김원봉이 주도하였으며, 중국 국민당의 지원을 받았다.

③ 양세봉이 주도하여 영릉가 전투와 흥경성 전투에서 일본군을 격퇴하여 승리로 이끈 부대는 조선 혁명군이다.

④ 지청천을 중심으로 한 한국 독립군은 쌍성보 전투, 동경성 전투에서 일본군을 격퇴하였다.

[더 알아보기]

1930년대 독립운동 단체

조선 혁명군 (1929)	조선 혁명당 산하 군사 조직, 총사령관 양세봉, 중국 의용군과 연합 작전, 영릉가 · 흥경성 전투에서 승리
한국 독립군 (1931)	한국 독립당 산하 군사 조직, 총사령관 지청천, 북만주 일대에서 중국 호로군과 연합 작전 전개, 쌍성보 · 사도하자 · 동경성 전투 · 대전자령 전투 등에서 승리
동북 인민 혁명군 (1933)	중국 공산당이 만주 주변의 항일 유격대를 통합하여 조직 → 동북 항일 연군으로 개편
한인 애국단 (1931)	• 위축된 대한민국 임시 정부의 활로를 모색하기 위해 김구가 상하이에서 조직 • 이봉창은 도쿄에서 일본 국왕에게 폭탄 투척(실패,1932), 윤봉길은 상하이 홍커우 공원 전승 축하 기념식장에 폭탄 투척(1932)
민족 혁명당 (1935)	의열단, 한국 독립당, 조선 혁명당 등이 모여 결성(민족주의 · 사회주의 계열 연합)
조선 의용대 (1938)	김원봉을 중심으로 중국 국민당 정부의 지원을 받아 조직, 중국 관내 결성된 최초 한인 무장 부대
한국 광복군 (1940)	• 충칭에서 대한민국 임시 정부의 직할 부대로 창설 • 영국군의 요청으로 인도 · 미얀마 전선에 파견, 미 전략 사무국(OSS)과 협조하여 국내 진공 작전 추진, 일본의 항복으로 무산

중세 > 정치사

[자료해설]

제시된 사료에서 '아버지는 소금을 팔고 어머니는 노비'와 '중랑장으로 임명되었다가 장군으로 승진' 등으로 보아 집권자는 천민 출신인 이의민에 대한 내용이다.

[정답의 이유]

④ 이의민은 고려 무신 정권기의 집권자로 김보당의 난 때 의종을 살해하였고, 경대승이 병사 후 집권하였으나, 최충헌에 의해 제거되었다.

[오답의 이유]

① 최충헌은 고려 무신 정권 시기에 권력을 장악하고 있던 이의민을 몰아내고 최고 권력자가 되었고, 국정을 총괄하는 교정도감을 설치하였다.

② 김준은 무신 집권 시기 무오정변을 일으켜 최씨 정권을 붕괴시켰다. 그러나 이후 임연 일파에 의해 제거되었다.

③ 임연은 김준을 제거하고 집권한 인물로, 원종을 폐위시키고 안경공 창을 왕위에 올렸으나, 몽골의 위협으로 원종을 다시 복위시켰다.

[더 알아보기]

무신 집권자의 변화

정중부(중방 중심) → 경대승(도방 설치) → 이의민(천민 출신, 의종 시해) → 최충헌(교정도감 설치) → 최우(정방 · 서방 설치, 강화도 천도) → 김준(무오정변) → 임연(김준 제거) → 임유무(무신 정권의 붕괴)

현대 > 정치사

[자료해설]

제시된 자료에서 '9차례 발표된 법령', '헌법을 부정 · 반대 또는 개정을 요구, 보도하면 영장 없이 체포' 등으로 보아 유신 체제 때 발표된 긴급조치이다.

[정답의 이유]

② 3 · 1 민주 구국 선언은 박정희 정부 시기에 김대중 등의 정치인, 기독교 목사, 대학 교수 등이 유신 독재 체제에 저항하여 긴급 조치 철폐 등을 요구한 것이다(1976).

[오답의 이유]

① 1969년 박정희는 대통령 3선 연임을 허용하는 헌법 개정을 추진하였다. 이에 야당인 신민당 의원들은 재야 인사들과 함께 3선 개헌 반대 범국민 투쟁 위원회를 결성하고 반대 투쟁을 전개하였다.

③ 민주헌법쟁취 국민운동본부는 1987년 전두환 정부가 대통령 간선제를 그대로 유지한다는 내용의 4 · 13 호헌 조치를 발표하자, 4 · 13 호헌 조치 철회와 대통령 직선제로의 개헌을 위해 야당 정치인, 시민 단체, 학생운동권, 종교계 등 민주 세력들이 결성한 단체이다.

한국사

응용과목

④ 신민당은 직선제 개헌론을 12대 국회의 중요 의제로 공식화하였으며, 김대중과 김영삼은 '민주화 추진 협의회(민추협)'을 중심으로 '민주제 개헌 1천만 명 서명 운동'을 추진하였다(1986).

더 알아보기

유신 체제의 전개와 붕괴

유신 반대 운동	김대중 납치 사건 → 장준하 · 함석헌 등이 개헌 청원 100만' 인 서명 운동 전개 → 긴급 조치 발표, 제2차 인혁당 사건 조작 → 명동 성당에서 유신 체제 반대 3 · 1 민주 구국 선언 발표(1976)
유신 체제 붕괴	• 배경: YH 무역 사건에 항의하는 야당(신민당) 총재 김영삼 국회 의원직 제명, 부마 민주 항쟁 발생(1979) • 전개: 시위 진압을 두고 정권 내 갈등 발생 → 중앙정보부장 김재규가 박정희 암살(10 · 26 사태, 1979)

10 난도 ★☆☆ 　　　　　　　　　　　　　정답 ②

중세 > 정치사

자료해설

제시된 자료에서 '노비를 안검하고 시비를 살펴 분별하게 하였다'로 보아 밑줄 친 왕은 광종이다. 광종은 노비안검법을 실시하여 억울하게 노비가 된 사람들을 구제하고 호족 세력의 경제적 · 군사적 기반을 약화시키고자 하였다.

정답의 이유

② 고려 광종은 다양한 개혁을 통해 공신과 호족의 세력을 약화시키고 왕권을 강화하고자 국왕을 황제라 칭하고 광덕, 준풍 등의 독자적 연호를 사용하였다.

오답의 이유

① 고려 정종은 개경 호족들의 반대에도 풍수지리설을 내세워 서경 천도를 추진했지만 정종이 사망하면서 무산되었다.

③ 고려 성종은 지방 행정 조직을 정비하여 주요 지역에 12목을 설치하고 지방관을 파견하였으며, 향리 제도를 마련하여 지방 세력을 견제하였다.

④ 고려 태조는 지방 호족 세력을 견제하기 위해 기인 제도를 실시하였다.

11 난도 ★★☆ 　　　　　　　　　　　　　정답 ④

근대 > 정치사

자료해설

제시된 (가)는 고종 때 공포된 대한국 국제이며, (나)는 독립 협회가 관민 공동회를 개최하여 채택한 헌의 6조이다.

정답의 이유

④ 독립 협회가 민의를 국정에 반영하려는 운동으로 추진한 의회 설립 운동(1898)은 대한국 국제 공포(1899) 이전에 전개한 것이다.

오답의 이유

① 고종은 대한국 국제를 통해 황제의 통치권을 강조하고, 입법 · 사법 · 행정권을 황제가 모두 장악하도록 규정하였다.

② 헌의 6조에서는 국가의 모든 재정은 탁지부에서 관할하게 하고, 정부의 예산과 결산을 인민들에게 공표할 것을 주장하였다.

③ 고종은 관민 공동회의 헌의 6조를 수용하고 조칙 5조를 추가로 반포하여 향후 권력 기구의 정비와 개혁 정책의 추진을 약속하였다.

더 알아보기

대한국 국제(國制)

제1조 대한국은 세계 만국의 공인되온 바 자주독립한 제국(帝國)이니라.

제2조 대한제국의 정치는 과거 오백년 전래하시고 앞으로 만세 불변하오실 전제정치(專制政治)이니라.

제3조 대한국 대황제께옵서는 무한한 군권(君權)을 향유하옵시나니 공법(公法)에 이른 바 자립정체(自立政體)이니라.

제4조 대한국 신민(臣民)이 대황제의 향유하옵시는 군권을 침손(侵損)하는 행위가 있으면 이미 행했건 행하지 않았건 막론하고 신민의 도리를 잃은 자로 인정할지니라.

제5조 대한국 대황제께옵서는 국내 육해군을 통솔하옵서 편제를 정하옵시고 계엄과 해엄(解嚴)을 명하옵시나니라.

…(이하 중략)…

－ 『고종실록』, 관보1346호 「대한국 국제」 －

12 난도 ★☆☆ 　　　　　　　　　　　　　정답 ④

고대 > 정치사

자료해설

자료 (가)에서 '고국원왕 전사'의 내용으로 보아 371년의 일이다. 고구려 고국원왕은 먼저 백제를 공격했으나 패한 후 백제 근초고왕이 평양성을 침략하였을 때 전사하였다. (나)에서 '신라의 구원'과 '낙동강 하류 진출'로 보아 400년의 일이다. 고구려 광개토 대왕은 신라의 원군 요청을 받고 군대를 보내 신라에 침입한 왜를 격퇴하였다.

정답의 이유

④ 소수림왕은 372년에 교육 기관인 태학을 설립하여 인재를 양성하였고, 373년에는 율령을 반포하여 중앙 집권 체제를 확립하였다.

오답의 이유

① 고구려 장수왕은 427년 수도를 국내성에서 평양성으로 옮기면서 남진 정책을 추진하였다.

② 고구려 미천왕은 313년 낙랑군을 축출하고 대동강 유역을 차지하였으며, 314년 대방군을 축출하여 한반도 내의 한의 세력을 모두 몰아냈다.

③ 고구려 영양왕은 598년 수나라와 갈등이 깊어지자 이를 견제하기 위해 수나라의 요서 지방을 선제 공격하여 군사적 대결을 결행하였다.

고대 > 정치사

자료해설

제시된 자료에서 '태조가 공산에서 크게 싸웠으나 패했다'는 내용으로 보아 (가)는 견훤임을 알 수 있다.

정답의 이유

① 견훤은 중국의 후당과 오월에 외교 사절을 보내 외교를 맺는 등 국제적으로 인정받고자 하였다.

오답의 이유

② · ③ 신라 왕족 출신인 궁예는 기훤과 양길의 부하로 들어가 세력을 키워 송악에 도읍을 정하고 후고구려를 세웠다(901). 이후 영토를 확장하여 도읍을 철원으로 옮기고 국호를 마진으로 바꿨다가 다시 태봉으로 바꾸기도 하였다.

④ 왕건은 예성강의 해상 세력과 힘을 합하여 그 일대의 지배 세력으로 성장하였으며, 궁예의 휘하에서 공을 세워 높은 자리에 오른 후 포악한 궁예를 몰아내고 왕으로 추대되어 고려를 건국하였다.

더 알아보기

후삼국의 통일 과정

견훤의 후백제 건국(900) → 궁예의 후고구려 건국(901) → 왕건의 궁예 축출과 고려 건국(918) → 발해 멸망(926) → 신라 항복(경순왕)과 견훤의 귀순(935) → 후백제 정복(936)

---

14 난도 ★★☆   정답 ②

일제 강점기 > 정치사

자료해설

제시된 사건의 순서는 ㉢ 2 · 8 독립 선언서 발표 – ㉠ 동아일보 · 조선일보 창간 – ㉢ 6 · 10 만세 운동 – ㉣ 한글 맞춤법 통일안 발표이다.

정답의 이유

㉢ 일본 도쿄 유학생들이 중심이 되어 결성된 조선 청년 독립단은 도쿄에서 2 · 8 독립 선언서를 발표하였다(1919).

㉠ 3 · 1 운동에서 발현된 우리 민족의 강력한 독립 의지에 놀란 일제는 문화 통치를 표방하면서 동아일보와 조선일보의 창간을 허용하였다(1920).

㉢ 순종의 국장일에 사회주의자들과 학생들이 대규모 만세 운동을 준비하였으나 사회주의자들이 일제에 발각되면서 학생들을 중심으로 6 · 10 만세 운동을 전개하였다(1926).

㉣ 조선어 학회는 한글의 연구와 통일을 목적으로 한글 맞춤법 통일안과 표준어를 제정하였다(1933).

더 알아보기

한글 연구 단체

국문 연구소(1907)	• 정음청 이후 최초의 한글 연구 기관 • 주시경, 지석영 등 활동
조선어 연구회(1921)	• 가갸날 제정 • 잡지 『한글』 간행
조선어 학회(1931)	• 『조선말 큰사전』 편찬 시작 • 한글 맞춤법 통일안, 표준어 제정 • 조선어 학회 사건(1942): 일제가 관련 인사 체포, 학회 강제 해산
한글 학회(1949)	『조선말 큰사전』 완성

---

15 난도 ★☆☆   정답 ①

근대 태동기 > 정치사

자료해설

제시된 사건의 순서는 ㉠ 제2차 갑인예송 – ㉢ 경신환국 – ㉣ 기사환국 – ㉢ 갑술환국이다.

정답의 이유

㉠ 현종 때 효종비(인선 왕후) 국상 당시 인조의 계비인 자의 대비의 복상 문제로 9개월을 주장(대공설)하는 서인과 1년을 주장(기년설)하는 남인이 대립하였고, 남인의 주장이 채택되어 남인이 집권하게 되었다(갑인예송, 1674).

㉢ 숙종 때 남인인 허적이 궁중에서 쓰는 천막을 허락 없이 사용한 문제로 왕과 갈등을 겪은 후 허적의 서자 허견의 역모 사건으로 첫 환국이 발생하여 허적, 윤휴 등의 남인이 대거 축출되고 서인이 집권하게 되었다(경신환국, 1680).

㉣ 숙종 때 희빈 장씨 소생의 원자 책봉을 반대하는 송시열의 관작을 삭탈하고 제주도로 유배시켜 사사(賜死)하였다. 이때 서인 세력이 대거 축출되고 남인이 집권하였다(기사환국, 1689).

㉢ 서인 세력을 중심으로 인현 왕후 복위 운동이 전개되자 남인인 민암 등이 서인들을 무고하다 도리어 숙종의 불신을 받게 되어 몰락하고 다시 서인이 집권하게 되었다(갑술환국, 1694).

더 알아보기

예송 논쟁

구분	기해예송	갑인예송
시기	효종 사후	효종비 사후
내용	자의 대비의 복상 기간	
서인	1년설	9개월설
서인	• 효종은 적장자가 아님 • 왕과 사대부에게 적용되는 예가 같음 → 신권 강조	
남인	3년설	1년설
남인	• 효종이 적장자가 될 수 있음 • 왕과 사대부에게 적용되는 예는 다름 → 왕권 강조	
결과	서인 승리	남인 승리

한국사

응용과목

16 난도 ★★★

정답 ③

중세 > 문화사

정답의 이유

ⓒ 영주 부석사 조사당 벽화는 부석사 조사당 안쪽 벽면에 사천왕과 제석천, 범천을 6폭으로 나누어 그린 그림으로 율동감 넘치는 유려한 선에서 고려 말 불화의 특징이 잘 표현되고 있다. 현재 우리나라에 남아 있는 벽화 가운데 가장 오래된 작품이다.

ⓒ 예성강도는 고려 초 화가 이령이 그린 작품으로 예성강의 경관을 그린 실경산수화이다. 문헌상의 기록으로 전할 뿐 작품은 남아 있지 않다.

오답의 이유

㉠ 고사관수도는 조선 전기 강희안의 작품으로 깎아지른 듯한 절벽을 배경으로 바위 위에 양팔을 모아 턱을 괸 채 수면을 바라보며 명상을 하는 선비의 모습을 묘사하였다.

㉣ 송하보월도는 조선 전기 이상좌의 작품으로 바위틈에 뿌리박고 거친 비바람을 이겨 내고 있는 늙은 소나무를 통하여 강인한 정신과 굳센 기개를 표현하였다.

17 난도 ★★★
정답 ②

중세 > 정치사

자료해설

제시된 자료에서 충주에 몽골군이 쳐들어오자 양반들은 도망가고 노군·잡류별초가 몽골을 물리친다는 내용으로 보아 1231년 몽골의 1차 침입 과정에서 발발한 충주성 전투임을 알 수 있다.

정답의 이유

② 진주의 공·사노비와 합주(합천)의 부곡민이 합세하여 일으킨 난은 1200년(최충헌 집권기)에 일어난 광명·계발의 난이다.

오답의 이유

① 몽골의 2차 침입 때 승장 김윤후가 이끄는 민병과 승군이 처인성에서 몽골군에 대항하여 적장 살리타를 사살하고 승리를 거두었다(1232).

③ 집권자인 최우는 몽골의 침입에 대항하기 위해 강화도로 천도하고 장기 항쟁을 준비하였다(1232).

④ 몽골의 3차 침입 때 경주 황룡사 9층 목탑 등의 문화재가 소실되었다(1238).

더 알아보기

몽골의 침입과 전개 과정

침입	내용
1차	• 몽골 사신 저고여의 피살(1225)로 몽골 침입 • 박서의 귀주성 전투 항전(1231) • 충주성 전투에서 노비·잡류별초 항전(1231)
2차	• 최우 정권 때 강화도로 천도(1232) • 김윤후가 처인성에서 적장 살리타를 사살하고 승리(1232) • 대구 부인사 대장경 소실(1232)
3차	• 팔만대장경 조판 시작(1236) • 경주 황룡사 9층 목탑 등의 문화재 소실(1238)
4차	몽골 정종의 죽음으로 몽골군 철수(1247)
5차	충주성 전투에서 김윤후의 승리(1253)
6차	충주 다인철소의 주민들이 몽골에 항전(1254)

18 난도 ★★☆
정답 ③

근세 > 정치사

자료해설

제시된 자료에서 '군사에 보인을 지급하는 데 차등이 있다', '장정 2인을 1보'를 통해 조선 전기 군사 제도에 대한 내용임을 알 수 있다. 조선 시대에는 16~60세의 양인에게 군역이 부과되었으며 군역 대상자는 군사 활동을 하는 현역 군인인 정군과 군역 수행에 필요한 비용을 부담하는 보인으로 구분되었는데, 조선 전기 세조 때 2정(장정 2인)을 1보로 하는 보법을 제정하였다.

정답의 이유

③ 조선 전기 세조 때 지역 단위의 방위 체제는 진관 체제로 개편되었다. 진관 체제는 '읍(邑)'을 군사 조직 단위인 '진(鎭)'으로 편성하고, 각 읍의 수령이 군사 지휘권을 가지도록 규정한 제도이다.

오답의 이유

① 조선 후기에는 훈련도감, 어영청, 총융청, 수어청, 금위영이 설치되면서 중앙군으로서 5군영 체제가 편성되었다.

② 고려의 중앙군은 국왕 친위대인 2군과 수도 및 국경 방어를 담당하는 6위로 구성되었다.

④ 속오군은 임진왜란 중에 정비된 지방 방어 체제로, 양반에서부터 노비에 이르기까지 편제되어 평상시에는 생업에 종사하다 적이 침입해 오면 전투에 동원되었다.

19 난도 ★☆☆
정답 ②

근대 태동기 > 문화사

자료해설

제시된 자료에서 '토지 소유를 제한하는 법령', '제한된 토지보다 많은 자는 더 가질 수 없다', '적발하면 관아에서 몰수' 등으로 보아 박지원의 한전론에 대한 내용이다. 박지원의 한전론은 토지 소유 상한선을 규정하여 대토지 소유를 막으려고 했던 개혁안이었다.

정답의 이유

② 박지원은 「양반전」, 「허생전」, 「호질」 등을 통해 양반의 무능과 허례를 풍자하고 비판하였다.

오답의 이유

① 박제가는 『북학의』를 저술하여 청의 문물을 적극적으로 수용할 것과 수레와 배의 이용, 적극적인 소비를 권장하였다.

③ 이익은 『성호사설』을 통해 폐전론을 주장하였다. 이익은 『곽우록』에서 화폐는 재화의 유통 및 매개를 위해 필요하지만 고리대의 근원이 되며 농촌 경제를 위협한다고 여겨 화폐 제도 폐지를 주장하였다.

④ 정약용은 여전론을 통해 마을 단위로 토지의 공동 소유, 공동 경작, 노동력에 따른 수확물의 분배를 주장하였다.

20 난도 ★★☆   정답 ③

근대 > 정치사

자료해설

제시된 자료는 제2차 갑오개혁 때 발표한 홍범 14조이다. 김홍집 내각은 홍범 14조를 반포하고 개혁의 기본 방향을 제시하였다.

정답의 이유

③ 제2차 갑오개혁에서 중앙 행정 기구인 의정부와 8아문을 각각 내각과 7부로, 지방 행정 구역을 8도에서 23부로 개편하였고, 재판소를 설치하여 사법권을 행정권에서 분리하였다.

오답의 이유

① 을미사변 이후 을미개혁이 추진되어 건양이라는 독자적인 연호를 제정하고, 중앙군인 친위대와 지방군인 진위대를 설치하였다.

② 갑신정변 때 발표된 정강 14조의 내용에 내각 제도의 수립, 인민 평등 확립, 조세 개혁 등이 제시되어 있다.

④ 청과 일본의 군대 개입을 우려한 농민군은 정부와 전주 화약을 맺고 전라도의 53개 군에 자치적 민정 기구인 집강소를 설치하여 폐정 개혁안을 실천하였다.

한눈에 훑어보기

✔ 빠른 정답

01	02	03	04	05	06	07	08	09	10
③	④	③	②	④	②	①	④	③	④

11	12	13	14	15	16	17	18	19	20
③	①	②	①	③	②	②	④	③	④

✔ 점수 체크

구분	1회독	2회독	3회독
맞힌 문항 수	/ 20	/ 20	/ 20
나의 점수	점	점	점

01　난도 ★☆☆　　　　정답 ③

선사 시대와 국가의 형성 > 선사 시대

〔자료해설〕

제시문의 (가) 시기는 구석기 시대이다. 함경북도 종성 동관진에서 한반도 최초로 석기와 골각기(뼈와 뿔로 만든 도구) 등의 구석기 시대 유물이 발견되었다.

〔정답의 이유〕

③ 구석기 시대 사람들은 동굴이나 강가에 막집을 짓고 살았으며 사냥과 채집을 하며 계절에 따라 이동 생활을 하였다.

〔오답의 이유〕

① 청동기 시대에는 조, 보리, 콩 등의 밭농사와 함께 벼농사도 짓기 시작하였으며 반달 돌칼 등을 이용하여 곡식을 수확하였다.

② 농경 생활이 시작된 신석기 시대에는 조·피 등을 재배하였고 갈돌과 갈판으로 곡식을 갈아서 음식을 만들어 먹었으며, 가락바퀴로 실을 뽑아 뼈바늘로 옷을 지어 입었다.

④ 영혼 숭배와 조상 숭배가 나타난 것은 신석기 시대로, 애니미즘(자연의 정령 숭배), 토테미즘(동·식물 숭배), 샤머니즘(무당의 주술적 힘)의 신앙이 나타났다.

02　난도 ★★☆　　　　정답 ④

중세 > 정치사

〔자료해설〕

제시된 자료는 노비 해방 운동인 만적의 난에 대한 것으로 (가) 인물은 만적의 주인인 최충헌임을 알 수 있다. 최씨 무신 정권 시기에 최충헌의 사노비인 만적이 개경(개성)에서 노비들을 규합하여 신분 차별에 항거하는 반란을 도모하였으나 사전에 발각되어 실패하였다(1198).

〔정답의 이유〕

④ 최충헌은 고려 무신 정권 시기 권력을 장악하고 있던 이의민을 몰아내고 최고 권력자가 되었다. 이후 명종에게 봉사 10조라는 사회 개혁안을 제시하였으나, 이는 민생 안정보다는 본인의 권력 유지에 목적을 둔 것이었다(1196).

〔오답의 이유〕

① 무신 정권 시기 최충헌의 뒤를 이어 집권한 최우는 자신의 집에 정방을 설치하고 이를 인사 행정을 담당하는 기관으로 삼아 인사권을 완전히 장악하였다(1225).

② 고려 무신 정권 시기 최우가 치안 유지를 위해 설치한 야별초(1232)가 확대되어 좌별초와 우별초로 나뉘고, 몽골의 포로가 되었다가 탈출한 신의군과 함께 삼별초가 구성되었다.

③ 정중부는 무신 정변 이후 권력을 잡은 이의방 등을 제거하고 정권을 잡았으나 1179년 경대승에 의해 제거되었다.

더 알아보기
고려 무신 정권의 권력 기구

정치 기구	교정도감	최충헌 설치, 국정 총괄 최고 기구
	정방	최우 설치, 인사 행정 기구
	서방	최우 설치, 능력 있는 문신 등용, 자문 기구
군사 기구	도방	경대승 설치, 무신 정권의 사병 기관, 해체되 었다가 최충헌 때 재설치
	삼별초	최우 설치, 치안·전투 담당

03 난도 ★★☆   정답 ③

근세 > 문화사

정답의 이유

③ 『동문선』은 15세기 조선 전기 성종 때 서거정 등이 왕명을 받들어 편찬한 역대 시문선집이다. 이 책은 중국과 다른 조선의 독자성을 강조하였다.

오답의 이유

① 유몽인이 지은 『어우야담』은 조선 후기에 성행한 야담류의 효시이며, 설화 기술이 과감하고 획기적인 작품으로 평가되고 있다.

② 유서로 불리는 백과사전은 조선 후기에 널리 편찬되었다. 조선 후기 백과사전에는 이수광의 『지봉유설』, 이익의 『성호사설』, 이덕무의 『청장관전서』, 서유구의 『임원경제지』, 이규경의 『오주연문장전산고』, 홍봉한의 『동국문헌비고』 등이 있다.

④ 조선 후기에는 중인층의 시인들이 서울 주변 지역에서 시사를 조직하여 문학 활동을 전개하면서 자신들의 사회적 지위를 높였고, 역대 시인의 시를 모아 시집을 간행하기도 하였다.

04 난도 ★★☆   정답 ②

근대 > 정치사

자료해설

제시문에 나타난 사상은 김홍집, 김윤식, 어윤중 등 온건 개화파의 개화사상인 동도서기론이다. 동도서기론은 1880년대 우리나라가 내세웠던 서구 문명 수용 논리로 우리의 정신세계는 유지하고 서양의 과학 기술만 받아들이자는 주장이다.

정답의 이유

② 동도서기론은 동양의 유교 사상은 그대로 유지한 채 서양의 과학 기술만을 받아들여 부국강병을 이룩하자는 것으로, 근대 문물 수용의 사상적 기반이 되었다.

오답의 이유

① 최익현은 일본이 강화도 조약 체결을 요구하자 왜양일체론에 입각하여 '지부복궐척화의소'라는 상소를 올려 이에 반대하였다(1876).

③ 김옥균, 홍영식, 서광범 등이 중심이 된 급진 개화파(개화당)는 문명 개화론에 입각하여 갑신정변을 주도하였다(1884).

④ 사회진화론은 약육강식과 적자생존의 국제 사회에서 제국주의 열강의 약소국 지배를 정당화하는 논리로 이용되었다.

05 난도 ★★☆   정답 ④

중세 > 사회사

자료해설

'역질에 걸렸으니 마땅히 ∼ 치료하고', '시신과 유골은 거두어 묻어서', '굶주린 백성을 진휼하라'를 통해 (가)는 의료 기관인 구제도감임을 알 수 있다.

정답의 이유

④ 구제도감은 고려 예종 때 환자 치료, 병사자의 매장, 감염병 확산 대처 및 빈민 구제를 목적으로 설치한 임시 기관이다.

오답의 이유

① 의창은 고려 성종 때 흑창을 개칭한 것으로서 봄에 곡식을 빌려주고 가을에 갚게 하였다(춘대추납).

② 제위보는 고려 광종 때 설치한 것으로서 일정한 기금을 마련하여 백성에게 빌려주고 그 이자로 빈민을 구제하는 기능을 담당하였다.

③ 혜민국은 고려 예종 때 서민의 질병 치료를 위한 약을 제공하기 위해 설치한 의료기관이다.

더 알아보기
고려의 민생 안정 기관 및 정책

사회 시설	의창, 상평창
상설 의료 기관	동서 대비원, 혜민국
임시 구휼 기관	구제도감(예종), 구급도감(고종)
빈민 구제 기금	제위보

06 난도 ★★☆   정답 ②

시대 통합 > 정치사

자료해설

제시된 자료의 밑줄 친 '이 지역'은 한성이다. 5세기 고구려 장수왕은 백제의 수도 한성을 함락시켜 개로왕을 살해하고 한강 전 지역을 포함하여 죽령 일대로부터 남양만을 연결하는 선까지 영토를 확장하였다.

정답의 이유

② 고려 문종 때 한양을 남경으로 승격시켜 개경, 서경과 함께 3경이라 하였다.

오답의 이유

① 고려 무신 집권기 공주 명학소의 망이, 망소이가 과도한 부역과 차별 대우에 항의하여 농민 반란을 일으켰다.

③ 고려 승려 지눌은 불교의 타락을 비판하였고 순천 송광사를 중심으로 승려의 기본인 독경, 수행, 노동에 힘쓸 것을 주장하는 정혜결사 운동(수선사 결사 운동)을 전개하였다.

④ 고려 태조는 서경(평양)을 북진 정책의 전진 기지로 삼으며 강력한 북진 정책을 추진하였다.

07 난도 ★☆☆　　　　　　　　　　정답 ①

근대 > 정치사

자료해설

제시된 자료는 신미양요에 대한 내용이다. 1866년 미국의 상선 제너럴 셔먼호 사건을 계기로 1871년 미국 함대가 강화도에 침입하였다. 이 시기는 고종의 재위 기간(1863~1907)으로, 흥선 대원군이 섭정을 하고 있었다.

정답의 이유

① 흥선 대원군은 호포제를 실시하여 양반에게 군포를 징수하며 양반들의 면세 특권을 없애는 개혁을 실시하였다.

오답의 이유

② 정조는 상공업 진흥을 위해 육의전을 제외한 시전 상인들의 금난전권을 폐지하여 상공업 활동의 자유를 보장하는 통공 정책을 실시하였다(1791, 신해통공).

③ 영조는 균역의 부담을 줄여주기 위해 군포의 부담을 2필에서 1필로 경감시키는 균역법을 실시하였으며(1750), 이로 인해 부족해진 재정을 보충하고자 상류층을 대상으로 결작세(토지 1결당 쌀 2두 부과), 어염세, 선무군관포 등을 부과하였다.

④ 인조는 풍흉에 관계없이 전세를 토지 1결당 미곡 4~6두로 고정하여 거두는 영정법을 실시하였다(1635).

더 알아보기

흥선 대원군 집권 시기의 역사적 사건

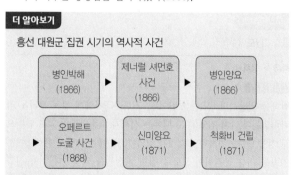

08 난도 ★★☆　　　　　　　　　　정답 ④

고대 > 정치사

자료해설

낙랑군 축출(4세기 미천왕, 313) → 광개토대왕릉비 건립(5세기 장수왕, 414) → 살수 대첩 승리(7세기 영양왕, 612) → 안시성 전투 승리(7세기 보장왕, 645) → 고구려 멸망(7세기 보장왕, 668)

정답의 이유

④ 신라군이 당나라 군대 20만 명을 매소성에서 크게 격파하여 나 · 당 전쟁에서 승기를 잡은 것은 675년이다.

오답의 이유

① 4세기 말 침류왕 때 동진의 승려 마라난타에 의해 불교가 전파되었으며, 침류왕은 불교를 공인하여 중앙 집권 체제를 사상적으로 뒷받침하였다(384).

② 7세기 영양왕은 말갈 군대 1만여 명을 거느리고 수나라의 요서 지방을 선제 공격하였고(598), 이로 인해 수나라 문제가 고구려를 침입하였다.

③ 7세기 백제 의자왕은 신라의 요충지인 대야성을 함락하였다 (642). 대야성 전투에서 패배한 신라는 수세에 몰리게 되면서 김춘추를 고구려로 파견하여 도움을 요청하였지만 연개소문이 이를 거절하였고, 신라는 당에 도움을 요청하게 되면서 훗날 나 · 당 연합군이 결성되었다.

09 난도 ★★☆　　　　　　　　　　정답 ③

중세 > 문화사

자료해설

중국은 반고부터 금국에 이르기까지, 동국은 단군으로부터 본조에 이르기까지 다 찾아서 같고 다른 것을 비교하여 요점을 취하고 읊조렸다는 내용으로 보아 밑줄 친 '이 책'은 이승휴의 『제왕운기』임을 알 수 있다.

정답의 이유

③ 고려 충렬왕 때 이승휴가 쓴 『제왕운기』는 단군부터 충렬왕까지의 역사를 7언시, 5언시의 운문체로 서술하였다(1287). 중국과 우리나라의 역사를 구분하고, 병렬적으로 서술하여 우리 역사만의 독자성을 강조하였으며, 단군의 고조선 건국 이야기를 수록하여 고조선을 한국사에 포함시켰다.

오답의 이유

① 이제현은 『사략』에서 성리학적 유교 사관에 입각하여 고려 태조~숙종까지 임금들의 치적을 정리하였다.

② 조선 성종 때 서거정 등이 편찬한 『동국통감』은 고조선부터 고려 말까지의 역사를 국왕, 훈신, 사림이 서로 합의하여 편년체로 정리한 최초의 관찬 통사이다.

④ 조선 세종 때 권제 등이 편찬한 『동국세년가』는 단군 조선에서 고려 말까지의 역사를 노래 형식으로 엮은 악장 형태의 사서이다.

더 알아보기

고려 역사서 편찬

고려 전기	『왕조실록』 · 『7대 실록』(태조~목종): 황주량. 편년체 사서 편찬. 모두 현존하지 않음
고려 중기	김부식의 『삼국사기』: 기전체. 유교적 합리주의 사관. 현존하는 가장 오래된 역사서
고려 후기	• 무신 집권기 　- 이규보의 『동명왕편』: 고구려 계승 의식 반영 　- 각훈의 『해동고승전』: 화엄종 중심의 불교사 정리 • 원 간섭기 　- 이승휴의 『제왕운기』 　- 일연의 『삼국유사』: 단군을 민족의 시조로 서술 • 이제현의 『사략』: 성리학적 유교 사관

10 난도 ★★★　　　　　　　　　　정답 ④

현대 > 경제사

자료해설

제시된 자료는 1945년 8월부터 1946년 1월까지의 물가 지수를 보여주는 그래프이다.

정답의 이유
④ 1946년 9월 철도 노동자들의 총파업을 시작으로 10월 대구에서 시작된 파업이 전국적으로 확대되었다. 대구 10·1 사건에서는 미곡 수집제 폐지, 토지 개혁 실시 등을 요구하였다.

오답의 이유
① 광복 직후 해외로부터의 귀환 동포와 북한으로부터의 월남 동포의 인구가 급증하여 식량이 부족했다.
② 남한 지역은 38도선 분할 점령 이후 원료와 기술자의 부족, 심각한 전력난 등으로 공업 생산력이 더욱 감소하여 식료품 부문의 생산이 크게 위축되었다.
③ 미군정은 재정 적자를 메우기 위해 화폐를 과도하게 발행하였고, 그 결과 통화량이 급증하여 물가 상승의 원인이 되었다.

11 난도 ★☆☆ 　　　　　　　　　　　　　　 정답 ③

고대 > 정치사

자료해설
제시된 자료는 진성여왕 때 일어난 원종·애노의 난이다. 신라 하대에는 귀족의 녹읍이 확대되며 자영농이 몰락하는 등 백성들의 생활은 더욱 어려워졌다. 9세기 말 진성여왕 때는 사회 모순이 극심해져 원종·애노의 난(889), 적고적의 봉기(896) 등 전국 각지에서 농민 봉기가 발생하였다.

정답의 이유
③ 최치원은 통일 신라 말 6두품 출신 유학자로 당에서 빈공과에 급제하여 관리 생활을 하다 귀국하여 진성여왕에게 시무 10조를 건의하였으나 받아들여지지 않았다.

오답의 이유
① 발해는 통일 신라 경애왕 시기에 거란 야율아보기의 침략으로 멸망하였다(926).
② 신문왕은 유교 정치 이념을 수용하기 위한 국학을 설립하였다(682). 이를 통해 중앙 집권적 관료 정치가 발달하면서 왕권은 더욱 강화되었다.
④ 흥덕왕 때 장보고는 서남해안 일대의 해적을 소탕하려는 목적으로 완도에 청해진을 설치(828)하였고, 이후 당·일본·한반도를 연결하는 동아시아 무역의 중심지가 되었다.

12 난도 ★★☆ 　　　　　　　　　　　　　　 정답 ①

시대 통합 > 정치사

정답의 이유
㉠ 일본의 『은주시청합기』는 사이토 호센이 지은 역사서이다. 일본 서북쪽 경계를 오키섬으로 정하여 울릉도와 독도가 고려의 영토라고 저술하고 있다(1667).
㉡ 일본의 「삼국접양지도」는 일본인 하야시 시헤이가 그린 지도로, 일본을 중심으로 주변 3국의 색채를 달리했는데 울릉도와 독도를 조선의 영토 색인 노란색으로 칠하였다(1785).
㉢ 일본의 최고 권력 기관인 태정관에서 지령문을 통해 울릉도와 독도가 자국의 영토가 아니라고 확인하였다(1877).

오답의 이유
㉣ 일본은 시마네현 고시에서 독도의 이름을 '다케시마로 정하고 일본 땅으로 하기로 했다'고 발표함으로써 일방적으로 일본 영토라고 선언하였다(1905).

13 난도 ★★☆ 　　　　　　　　　　　　　　 정답 ②

일제 강점기 > 사회사

자료해설
제시문은 일제 강점기의 동아일보에 대한 설명이다. 동아일보는 일제의 식민 지배를 인정하였다는 비판을 받은 이광수의 「민족적 경륜」을 연재(1924)하여 불매운동이 일어나기도 하였으나, 1930년대 초에는 문맹 퇴치의 일환인 브나로드 운동을 전개하였으며 베를린 올림픽 마라톤 대회에서 우승한 손기정 선수의 가슴에 있는 일장기를 삭제하여 일제의 언론 탄압을 받기도 하였다.

정답의 이유
② 동아일보는 문맹 퇴치 및 미신 타파, 근검절약 등의 생활 개선을 목표로 브나로드 운동을 전개하였다.

오답의 이유
① 국민 계몽과 문맹 퇴치 운동은 주로 언론사가 주도하여 이루어졌으며 조선일보의 문자 보급 운동이 대표적이다. 조선일보는 『한글 원본』 등을 교재로 하여 문자 보급 운동을 전개했다.
③ 천도교는 『개벽』, 『신여성』, 『어린이』 등의 잡지를 발행하여 민중의 자각과 근대 문물의 보급에 기여하였다.
④ 조선일보는 1927년 민족 유일당인 신간회가 창설되자 신간회 본부와 같은 역할을 맡았다.

14 난도 ★☆☆ 　　　　　　　　　　　　　　 정답 ①

고대 > 정치사

자료해설
제시문은 당나라에서 돌아온 김춘추와 김유신이 재회한 내용으로 (가) 인물은 김유신이다.

정답의 이유
① 신라 김유신은 황산벌 전투에서 백제 계백이 이끄는 군대를 격파하고 사비성을 함락시켰다(660).

오답의 이유
② 삼국 시대 신라의 승려인 원광은 진평왕에게 수나라에 군사적 지원을 요청하는 걸사표를 지어 바쳤고, 화랑의 기본 계율인 세속오계를 저술하여 청년들에게 가르치는 등 사회 윤리와 국가 정신 확립을 위해 노력하였다.
③ 진덕여왕의 뒤를 이어 신라왕에 즉위한 인물은 김춘추(태종 무열왕)로 최초의 진골 출신 왕이다.
④ 김춘추의 둘째 아들인 김인문은 진덕여왕의 명으로 당에서 숙위(宿衛; 제후의 자제로 궁에 머무르며 황제를 가깝게 모시는 것)한 이래 22년간이나 당나라에 체류하면서 대당 외교에 주력하다가 백제 정벌의 당나라측 부사령관인 부대총관이 되어 신라로 돌아왔다.

15 난도 ★☆☆   정답 ③

근대 태동기 > 사회

자료해설

제시된 자료는 중인의 통청 운동과 관련된 내용으로 (가)는 서얼, (나)는 중인이다.

정답의 이유

③ 정조는 규장각을 강력한 정치 기구로 육성시켜 서얼 출신인 유득공, 박제가, 이덕무 등을 검서관으로 등용하여 정치에 참여할 수 있도록 하였다.

오답의 이유

① 중인들은 서얼의 통청 운동에 자극받아 19세기 중엽에 대규모의 연합 상소 운동(소청 운동)을 벌였다.

② 서얼은 여러 차례의 집단 상소 운동을 벌여 홍문관 같은 청요직으로의 진출을 허용해 줄 것을 요구하였다.

④ 중인은 주로 기술직에 종사하며 역량이 뛰어날 경우에는 요직에 오를 수 있도록 법제적으로 보장되어 있었다. 이들은 축적한 재산과 탄탄한 실무 경력을 바탕으로 신분 상승을 추구하였다.

더 알아보기

조선 중인층의 신분 상승

서얼	• 영·정조의 개혁 분위기에 편승하여 적극적인 신분 상승 시도(상소 운동) → 서얼들의 청요직 통청 요구 수용 • 정조 때 유득공, 이덕무, 박제가 등 서얼 출신들이 규장각 검서관에 기용
기술직 중인	• 축적된 재산과 실무 경력을 바탕으로 신분 상승 운동 추구 • 철종 때 관직 진출 제한을 없애 달라는 대규모 소청 운동 전개 → 실패(전문직의 역할 부각)

16 난도 ★★☆   정답 ②

근대 태동기 > 사회

자료해설

제시된 자료에서 나타난 사상은 동학에서 주장한 '인내천 사상'에 대한 내용을 담고 있다. 최제우가 창시한 동학은 유·불·선 3교의 교리를 절충하고 민간 신앙의 요소도 결합하였으며, 마음속에 한울님을 모시는 시천주와 사람이 곧 하늘이라는 인내천 사상을 강조하였다.

정답의 이유

② 동학의 2대 교주 최시형은 동학의 경전인 『동경대전』과 동학 포교 가사집인 『용담유사』를 정리·편찬하여 동학 교리를 이론화하였다.

오답의 이유

① 순조가 즉위하여 노론 벽파가 득세하자, 남인 및 시파 계열을 탄압하고자 정순 왕후 김씨가 천주교 신자를 박해한 사건은 신유박해를 말하는 것으로 이는 천주교에 대한 설명이다.

③ 홍경래의 난(1811)은 순조 때에 발생한 사건으로 동학은 철종 때 창시되었으므로 홍경래의 난은 동학이 창시되기 이전의 일이다.

④ 임술 농민 봉기(1862)는 철종 때 단성에서 시작하여 진주로 이어졌다. 이 봉기는 동학과는 관련이 없다.

더 알아보기

동학

동학의 창시 (1860, 최제우)	인내천(인간 존중, 평등 사상), 사회 개혁 사상(후천개벽), 삼남 지방을 중심으로 확산, 정부의 최제우 처형(1864, 혹세무민의 죄명)
최시형의 활동 (제2대 교주)	『동경대전』과 『용담유사』를 편찬, 포접제를 활용한 동학 조직
교조 신원 운동	최제우의 명예 회복, 정부의 탄압 중지 요청

17 난도 ★☆☆   정답 ②

현대 > 경제사

자료해설

수출액 100억 달러 돌파는 1977년, 제2차 석유 파동은 1978~1980년, 경제 협력 개발 기구 가입은 1996년이다. 따라서 (가) 시기는 1980년부터 1996년까지이다.

정답의 이유

② 한국 경제는 1980년대 중반부터 저달러·저유가·저금리의 이른바 3저 호황을 맞이하였다. 이에 따라 중화학 공업의 과잉 설비와 수출 부진을 없애고 외채 위기를 극복할 수 있었으며, 수출의 급신장에 따라 1986년에는 처음으로 무역 흑자를 실현하였다.

오답의 이유

① 제3차 경제 개발 5개년 계획이 실시된 것은 1972부터 1976년까지이다.

③ 박정희 정부는 미국의 요청으로 베트남에 국군을 파병한 것에 대한 보상으로 한국군의 현대화, 장비 제공 및 차관 제공을 약속한 브라운 각서를 체결하였다(1966).

④ 박정희 정부는 경제 개발 계획에 필요한 자본 확보를 위해 일본과의 국교 정상화를 추진하여 한·일 기본 조약(한·일 협정)을 체결하였다(1965).

18 난도 ★☆☆   정답 ④

일제 강점기 > 정치사

자료해설

제시된 자료는 1925년 일제가 식민지 지배에 저항하는 민족 해방 운동과 사회주의 및 독립운동을 탄압하기 위해 제정한 치안 유지법의 내용이다. 이 법은 1925년부터 1945년까지 적용되었다.

정답의 이유

④ 일제는 중·일 전쟁과 태평양 전쟁을 치르면서 병력이 부족해지자, 1943년 재학 중인 조선인 학생들을 전쟁에 동원하는 학도 지원병 제도를 실시하였다.

오답의 이유

① 조선 태형령은 일제가 한국인을 억압하고 통제하기 위해 1912년에 제정되었다.

② 민립 대학 설립 운동의 회유책으로 1924년 경성 제국 대학이 설립되었다.

③ 물산 장려 운동은 1920년대 초에 평양에서 조만식 주도하에 시작되었다.

더 알아보기

조선 태형령(1912)

- 태형은 감옥 또는 즉결 관서에서 비밀리에 행한다.
- 조선인에 한하여 5대 이상의 태형에 처할 수 있다.
- 태는 길이 1척 8촌, 두께 2푼 5리, 넓이는 위가 7푼, 아래가 4푼 5리로 한다.
- 수형자를 형판 위에 엎드리게 하고 손과 발을 묶은 후 볼기를 노출시켜 태로 친다.

---

19 난도 ★★☆ 정답 ③

근대 태동기 > 사회

자료해설

제시된 자료는 조선 후기 향촌 사회에서 새롭게 등장한 신향과 기존 사족 세력인 구향이 대립한 향전과 관련된 사료이다. 조선 후기 일부 부농층이 양반으로 신분 상승을 하게 되어 향촌 사회에서 기존 양반인 구향과 새롭게 형성된 부농층인 신향이 대립하는 향전이 발생하였다.

정답의 이유

③ 경재소가 운영된 것은 조선 전기의 일로, 경재소는 중앙과 지방의 연락 업무를 맡았다. 선조 때 경재소가 폐지되면서 유향소의 명칭이 향청(향소)으로 변경되었다.

오답의 이유

① 조선 후기 향전의 발생으로 양반의 권위가 약화되면서 수령과 향리의 권한이 강해지는 결과를 가져왔다.

② 조선 후기 경제력을 갖춘 부농(신향)층은 수령, 향리층과 결탁하여 향촌 사회를 장악하고, 향안(鄕案)에 이름을 올렸다.

④ 조선 후기 재지사족(구향)은 군현 단위로 농민을 지배하기 어렵게 되자, 촌락 단위의 동계과 동약을 실시하고 문중 서원과 사우를 건립하는 등 향촌 사회에 대한 영향력을 유지하였다.

더 알아보기

조선 후기 양반의 분화

원인		• 납속책, 공명첩(양반 수 증가) • 지주전호제 강화(신분 관계 → 경제 관계)
분화	구향	• 권반: 중앙의 특권층 → 특권 유지(향안, 청금록) • 향반: 지방 양반, 향촌에서 겨우 위세 유지 세력 • 잔반: 몰락 양반
	신향	부농: 양반 신분 획득(신분 매매 · 족보 위조), 관권과 결탁

---

20 난도 ★★★ 정답 ④

일제 강점기 > 정치사

자료해설

'한 개의 전투 단위로서 추축국에 선전한다'를 통해 대한민국 임시 정부가 1941년 12월에 발표한 대일 선전 포고의 내용임을 알 수 있다.

정답의 이유

④ 대한민국 임시 정부는 1940년 10월 4차 개헌으로 김구 주석의 단일 지도 체제로 전환하고, 1941년 11월에 조소앙의 삼균주의를 받아들인 대한민국 건국 강령을 반포하였다.

오답의 이유

① 한국 광복군에 김원봉이 이끄는 조선 의용대가 편입되면서 군사 면에서 좌우 통일이 이루어졌다(1942).

② 한국 광복군은 대일 선전 포고문을 발표하고 연합군의 일원으로 참전하여 인도, 미얀마 전선에서 활약(1943)하였다. 또한 일본군의 문서 번역, 포로 심문, 일본군을 상대로 한 회유 방송 등의 심리전에도 참여하였다.

③ 김두봉은 화북 조선 청년 연합회를 확대 · 개편하여 조선 독립 동맹을 결성하였고, 그 산하에 조선 의용대 화북 지대를 개편한 조선 의용군(1942)을 두었다.

한국사 | 2020년 지방직 9급

✔ 빠른 정답

01	02	03	04	05	06	07	08	09	10
④	①	②	①	④	①	②	③	③	④
11	**12**	**13**	**14**	**15**	**16**	**17**	**18**	**19**	**20**
②	③	②	③	②	②	④	①	①	③

✔ 점수 체크

구분	1회독	2회독	3회독
맞힌 문항 수	/ 20	/ 20	/ 20
나의 점수	점	점	점

01 난도 ★☆☆   정답 ④

고대 > 정치사

자료해설

제시문은 거칠부에게 명하여 역사서인 『국사』를 편찬하게 한 내용으로 밑줄 친 '왕'은 신라 진흥왕이다.

정답의 이유

④ 신라 진흥왕(6세기)은 백제와의 한강 유역 주도권 싸움을 통해 한강 하류를 점령하고 북한산 순수비를 건립하였다.

오답의 이유

① 통일 신라 성덕왕은 토지가 없는 백성들에게 정전을 지급하였다 (722). 이는 국가의 토지 지배력을 강화하고 수취 체제를 정비하려는 목적에서 시행되었다.

② 통일 신라 신문왕은 유교 정치를 확립시키기 위해 유학 교육 기관인 국학을 설립하였다(682).

③ 신라 선덕 여왕 때 천체 관측을 위한 건축물인 첨성대가 설치되었다(7세기).

더 알아보기

신라 진흥왕 때의 영토 확장

한강 유역 차지	• 나 · 제 동맹 결렬, 관산성 전투로 백제 성왕 전사 • 단양 적성비(한강 상류 진출)와 북한산 순수비(한강 하류 진출)를 세움
대가야 정복	• 대가야는 진흥왕에 의해 신라에 복속되었고 이로 인해 후기 가야 연맹 해체 • 대가야 정복 후 이를 기념하여 고령에 창녕비를 세움
함경도 진출	• 진흥왕은 한강을 차지한 후 동해안을 따라 계속 진격하여 함경도까지 진출 • 함경도 지역까지의 영토 확장을 기념하여 마운령비 (568), 황초령비(568)를 세움

02 난도 ★☆☆   정답 ①

중세 > 정치사

자료해설

제시문은 고려 광종에 대한 설명으로 그는 '광덕'과 '준풍' 등의 독자적 연호를 사용하였으며, 수도였던 개경을 '황도(皇都)'로 높여 부르고 서경을 제2의 수도로 승격시켜 '서도'로 칭하였다.

정답의 이유

① 고려 광종은 본래 양인이었던 사람이 불법으로 노비가 된 경우 억울한 노비를 양인으로 환원시키는 노비안검법을 실시하였다.

이로 인해 호족의 지지 기반이 약화되고 양인의 증가로 국가 재정이 확충되었다.

오답의 이유

② 전시과 제도를 처음 실시한 왕은 고려 경종이다. 이후 목종 때 개정 전시과, 문종 때 경정 전시과로 개정되었다.

③ · ④ 고려 성종은 개경에 국립 대학인 국자감을 설치하였고, 최승로의 시무 28조를 받아들여 다양한 제도를 시행하고 통치 체제를 정비하였다. 당의 제도를 모방하여 2성 6부로 이루어진 중앙 관제를 구성하였고, 전국의 주요 지역에 12목을 설치하고 목사를 파견하였다. 또한 향리제를 마련하여 지방의 중소 호족을 향리로 편입하여 통제하였다.

03 난도 ★☆☆   정답 ②

일제 강점기 > 문화사

자료해설

제시문은 박은식에 대한 내용이다. 그는 양기탁과 베델이 발행한 대한매일신보에 신채호 등과 함께 주필로 참여하였으며, 1909년 실천적인 유교 정신 회복을 강조한 『유교구신론』을 저술하였다.

정답의 이유

② 박은식은 조선의 국혼을 강조하며, '나라는 형(形, 형체)이나 역사는 신(神, 정신)'이라는 내용을 담은 『한국통사』를 저술하여 일제의 불법적인 한국 침략 과정을 폭로하였다.

오답의 이유

① 김구는 적극적인 의열 활동으로 임시 정부의 침체를 극복하기 위해 1931년 상하이에서 한인 애국단을 결성하였다.

③ 이병도, 손진태 등은 1934년 진단학회를 조직하고 진단 학보를 발간하여 문헌 고증을 중시하는 실증주의 사학을 발전시켰다.

④ 김원봉은 신채호에게 의열단의 행동 강령 및 투쟁 목표를 문서화해 줄 것을 요청하였다. 신채호는 이를 받아들여 1923년 「조선 혁명 선언」을 작성하였다.

더 알아보기

박은식

- 『한국통사』: 19세기 근대 이후 일본의 침략 과정으로 인한 민족의 수난을 밝히기 위해 저술
- 『한국독립운동지혈사』: 민족의 항일 투쟁을 서술
- 『연개소문전』, 『안중근전』: 민족의식과 애국심을 고취
- 사상: 만주 벌판을 우리 민족의 활동 무대로 인식하고 민족 정신을 혼(魂)으로 파악하여 혼이 담겨 있는 민족사의 중요성을 강조

04 난도 ★☆☆   정답 ①

일제 강점기 > 정치사

자료해설

제시문은 근우회 발기 취지문의 내용으로, (가)는 신간회의 자매 단체로 조직되어 신간회와 함께 여성 차별 반대 운동 등을 전개한 근우회(1927)이다.

정답의 이유

① 신간회의 창립은 여성 운동계에도 적지 않은 영향을 끼쳐, 국내의 여성 단체들을 규합한 근우회가 창립되었다(1927). 근우회는 창립 이념을 여성들의 공고한 단결과 지위 향상에 두고 남녀평등과 여성 교육의 확대 등을 주장하였다.

오답의 이유

② 신간회는 1920년대 중반 사회주의 세력과 민족주의 세력이 연대하여 민족 유일당 운동의 일환으로 결성된 좌우 합작 단체이다.

③ 신민회는 공화정체의 근대 국가 수립을 목표로 결성된 비밀 결사 단체로, 오산 학교와 대성 학교를 세워 민족 교육을 실시하는 등 활발한 실력 양성 운동을 전개하였다.

④ 사회주의 단체인 정우회가 민족주의 세력과 협동을 도모하자는 정우회 선언(1926)을 발표하였고, 이는 신간회 결성의 계기가 되었다.

더 알아보기

근우회(槿友會) 행동 강령

1. 여성에 대한 사회적 · 법률적인 일체의 차별을 철폐한다.
2. 일체의 봉건적인 인습과 미신을 타파한다.
3. 조혼을 폐지하고 결혼의 자유를 확립한다.
4. 인신 매매 및 공창(公娼)을 폐지한다.
5. 농민 부인의 경제적 이익을 옹호한다.
6. 부인 노동의 임금 차별을 철폐하고 산전 및 산후 임금을 지불하도록 한다.
7. 부인 및 소년공(少年工)의 위험 노동 및 야근을 폐지한다.

– 동아일보 –

05 난도 ★☆☆   정답 ④

시대 통합 > 문화사

자료해설

제시된 자료는 덕수궁에 대한 설명이다. 선조는 임진왜란 때 의주로 피난을 떠났다가 이후 한양에 돌아왔으나 경복궁이 불에 타 월산대군의 집을 행궁으로 삼았다. 광해군 때에는 이 행궁을 경운궁이라고 하였다. 근대 시기에는 아관파천 이후 고종이 이곳에 머물렀으며, 주요 건물로는 중화전 · 함녕전 · 석조전 등이 있다.

정답의 이유

④ 경운궁은 덕수궁의 옛 이름으로, 덕수궁의 명칭은 순종이 즉위 후 고종이 거처하는 궁궐 이름을 '덕수(德壽)'라고 올린 것에서 유래하였다. 왕위에서 물러난 고종의 덕과 장수를 비는 뜻이 담겨 있다.

오답의 이유

① 경복궁은 조선 태조 때 한양에 도성을 건설하면서 처음 만든 궁궐로, 임진왜란 때 소실된 후 19세기 흥선 대원군 때 다시 중건되었다.

② 경희궁은 광해군 때 건립되었다.

③ 창덕궁은 조선 태종 때 건설된 궁궐로 조선 후기에는 경복궁을 대신하여 정궁의 역할을 하였다.

선사 시대와 국가의 형성 > 국가의 형성

자료해설

제시된 자료는 옥저에 대한 내용이다. 옥저는 고구려와 같이 부여족의 한 갈래였기 때문에 음식 · 주거 · 의복 등이 고구려와 유사하였다. 또한 장사를 지낼 적에는 시체를 가매장하였다가 나중에 목곽(가족공동묘)에 옮기는 골장제(세골장)가 행해졌는데, 크기가 크고 문이 달린 것은 식구들을 모두 같은 곽에 넣어 두었기 때문이다.

정답의 이유

① 옥저에는 왕은 없고 '읍군 · 삼로'라는 군장이 각자 자신의 읍락을 다스렸다. 또한, 혼인 풍습으로 어린 여자를 남자 집에서 대가를 주고 데려다 길러 며느리로 삼는 민며느리제가 실시되었다.

오답의 이유

② 위만 조선(고조선)은 철기 문화를 바탕으로 진번, 임둔 등 여러 부족을 통합하여 세력을 크게 확장하였으나, 우거왕 때 한의 침입으로 멸망하였다(기원전 108).

③ 삼한은 정치적 지배자 외에 천군이라는 제사장을 두는 제정 분리 사회였다. 천군은 제사를 주관하는 소도라는 신성 지역을 다스렸으며, 이곳에는 군장의 세력이 미치지 못하여 죄인이 도망가도 잡지 못하였다.

④ 부여에서는 왕 아래에 가축의 이름을 딴 마가 · 우가 · 저가 · 구가가 존재하여 자신들의 사출도를 각각 지배하였으며, 왕의 중앙과 합쳐 5부를 이루었다.

근세 > 정치사

자료해설

제시된 자료는 임꺽정의 난에 대한 내용이다. 임꺽정은 백정 출신으로 조선 명종 때 황해도 구월산에서 활동하였다(1559~1562).

정답의 이유

② 명종이 즉위하면서 명종의 어머니인 문정 왕후가 수렴청정을 했으며, 외척들이 정국을 주도하였다. 문정 왕후는 승려인 보우를 중용하고 교 · 선 양종을 부활시켰으며, 승과와 도첩 제도를 부활하는 등 일시적으로 불교를 중흥시켰다.

오답의 이유

① 선조 때 사림 세력은 이조 전랑 임명권을 놓고 김효원을 중심으로 한 동인과 심의겸을 중심으로 한 서인으로 분화되어 붕당 정치가 시작되었다(1575).

③ 조선 세종 때 삼포(부산포 · 제포 · 염포)를 개방하고 계해약조를 체결하였으나, 왜구가 조선 정부의 통제에 반발하며 중종 때 삼포왜란을 일으켰다(1510). 이를 계기로 외적의 침입에 대비하기 위한 임시 기구로 비변사를 처음 설치하였다.

④ 중종 때 조광조는 도교 기관인 소격서의 폐지, 왕실의 고리대 역할을 한 내수사 장리의 폐지 등을 주장하였다.

중세 > 정치사

자료해설

제시문의 밑줄 친 '이 부대'는 윤관의 건의로 창설된 고려의 특수군인 별무반이다.

정답의 이유

③ 별무반은 고려 숙종 때 윤관의 건의로 여진족 축출을 위하여 설치되었으며, 신기군, 신보군, 항마군으로 구성되었다.

오답의 이유

① 정종 때 설치된 것은 거란에 대비한 광군이다.

② 귀주 대첩은 고려 현종 때 거란의 3차 침입과 관련된 사건으로 거란의 소배압이 이끄는 10만 대군이 고려를 침입하였으나, 강감찬이 이에 맞서 귀주에서 대승을 거두었다(1019).

④ 고려 현종 때 응양군과 용호군을 2군으로 구성하여 국왕 친위 부대로 배치하였으며, 수도 및 변경의 방비를 담당하는 전투 부대로는 6위(좌우위, 신호위, 흥위위, 금오위, 천우위, 감문위)를 두었다.

더 알아보기

여진 정벌과 동북 9성

배경	여진이 12세기 초 완옌부를 중심으로 강성해져 고려의 동북쪽 국경 지대를 침략
전개	• 여진과의 1차 접전에 패한 고려는 여진을 상대하기 위해서는 기병이 필요하다고 판단함 • 숙종 때 윤관의 건의로 기병인 신기군, 보병인 신보군, 승병인 항마군으로 구성된 별무반 편성 • 윤관의 2차 여진 정벌 결과 함경도 지방의 여진족을 토벌하고 동북 지방 일대에 9성을 쌓았으나(1107), 수비의 어려움으로 여진에 다시 반환(1109, 예종)

고대 > 정치사

자료해설

제시된 자료는 5세기 후반 국왕 하지가 중국 남제에 사신을 보내 자신의 존재를 알렸던 대가야와 중국 남조의 남제와의 교류에 대한 내용이다. 고령 지역의 대가야는 후기 가야 연맹의 맹주국이었다. 고령의 지산동 고분군을 비롯한 유적지에서 지배 계층의 무덤군이 발견되었고, 여기서 금동관과 판갑옷, 투구 등이 출토되었다.

정답의 이유

③ 대가야는 전성기에 소백 산맥을 넘어 호남 동부까지 세력을 확장하였다.

오답의 이유

① 6세기 중반에 가야가 백제를 도와 관산성 전투에 참여한 것은 맞으나, 관산성 전투에서 사망한 왕은 백제의 성왕이다(554).

② 신라 지증왕은 이사부를 시켜 우산국(울릉도)과 우산도(독도)를 정벌하게 하고 실직주의 군주로 삼았다.

④ 고구려 광개토 대왕이 신라 내물왕의 요청으로 신라에 침입한 가야와 왜를 격파하였고, 이후 광개토 대왕의 군대가 신라에 주둔하면서 그 영향으로 전기 가야 연맹이 쇠퇴하게 되었다.

10 난도 ★★★　　　　　　　　　정답 ④

자료해설

제시된 내용은 발해의 문왕에 대한 설명이다. 발해 문왕의 재위 기간은 737년부터 793년까지로, 이 시기에 통일 신라는 성덕왕(702~737)부터 원성왕(785~798)까지 재위하였다.

정답의 이유

④ 신라 원성왕 때 일종의 국가시험 제도인 독서삼품과를 실시하였다(788). 독서삼품과는 국학의 졸업생을 성적에 따라 3등급으로 나누어 관리로 채용하는 제도이다. 골품제의 한계와 귀족들의 반발로 제대로 시행되지 못했으나 학문과 유학을 널리 보급시키는 데 이바지하였다.

오답의 이유

① 신라 신문왕은 귀족 세력을 약화시키기 위해 관료전을 지급하고 녹읍을 폐지하였다(689).

② 통일 신라 때 장보고는 완도에 청해진을 설치하고 해상 무역을 장악하였다(828).

③ 각간 위홍과 대구 화상은 통일 신라 진성 여왕의 명을 받아 향가 집인 『삼대목』을 편찬하였다(888).

11 난도 ★☆☆　　　　　　　　　정답 ②

자료해설

제시문에서 『양반전』, '한전론' 등을 통해 밑줄 친 '그'가 조선 후기 실학자 박지원임을 알 수 있다. 박지원은 청에 다녀온 뒤 『열하일기』를 저술하여 상공업 진흥과 화폐 유통, 수레 사용의 필요성을 주장하였으며, 「양반전」, 「허생전」, 「호질」 등을 통해 양반의 무능과 허례를 풍자하고 비판하였다.

정답의 이유

② 박지원은 『과농소초』를 저술하여 영농 방법의 혁신, 상업적 농업의 장려, 농기구의 개량 등 농업 생산력을 높이는 데 관심을 가졌다.

오답의 이유

① 박제가는 『북학의』를 저술하여 절약보다는 적절한 소비를 통해 생산을 발전시켜야 한다고 주장하였다.

③ 홍대용은 『의산문답』을 통해 지전설과 무한 우주론을 주장하며 중국 중심의 성리학적 세계관을 비판하였다.

④ 이수광은 『지봉유설』을 저술하여 중국과 우리나라의 문화 전통을 폭넓게 정리함으로써, 우리의 문화 수준이 중국과 대등하다고 강조하였다.

12 난도 ★☆☆　　　　　　　　　정답 ③

자료해설

제시된 표에서 (가)는 세종 대의 두 사건 사이에 일어난 일을 묻는 것이다. 세종은 왜구의 침입이 빈번해지자 이종무를 보내 대마도를 정벌하였으며(1419), 풍흉과 토지 비옥도에 따라 전세를 차등 징수하는 전분 6등법 · 연분 9등법을 시행하였다(1444).

정답의 이유

③ 세종 때 정초, 변효문 등을 시켜 우리 풍토에 맞는 농법을 소개한 농서인 『농사직설』을 간행하였다(1429).

오답의 이유

① 고려 말 공양왕 때 신진 사대부 조준 등의 건의로 실시된 토지 개혁법인 과전법은 지급 대상 토지를 원칙적으로 경기 지역에 한정하였다(1391).

② 세조의 중앙 집권적 정책으로 인해 북방민의 등용이 억제되자 이시애가 함길도민을 규합하여 반란을 일으켰고 이를 계기로 유향소가 폐지되었다(1467).

④ 정도전은 조선 태조 때 요동 정벌을 추진했으나 성공하지 못했다.

13 난도 ★★☆　　　　　　　　　정답 ②

자료해설

강화도 조약은 1876년에 체결되었고, 청나라에 영선사를 파견한 것은 1881년의 일이다.

정답의 이유

② 조선 정부는 국내외의 군국 기무와 개화 정책을 총괄하는 업무를 맡은 관청인 통리기무아문을 설치하고 그 아래에 12사를 설치하여 외교, 군사, 산업 등 여러 분야의 업무를 담당하게 하였다(1880).

오답의 이유

① 동학 농민군과 전주 화약을 체결한 후 조선 정부에서는 교정청을 설치하여 자주적인 내정 개혁을 시도하였으나, 일본군이 경복궁을 포위하고 고종을 협박하여 내정 개혁 기구로 군국기무처를 설치하였다(1894).

③ 김홍집 내각은 홍범 14조를 반포하여 제2차 갑오개혁의 기본 방향을 제시하였다(1895). 이는 왕실 사무와 국정 사무를 분리하는 조항 등 근대적 개혁 내용을 담고 있다.

④ 고종은 대한제국을 선포하고 대한국 국제를 제정하였다(1899). 이후 군 통수권 장악을 위해 원수부를 설치하고 대원수로서 모든 군대를 통솔하고자 하였다.

더 알아보기

개항 후 추진된 개화 정책

개혁 기구	1880년 통리기무아문 설치(그 아래 12사 설치)
군제 개편	5군영을 2영(무위영, 장어영)으로 통합, 신식 군대인 별기군 창설(1881)
해외 시찰 파견	• 수신사 파견: 1차 김기수(1876), 2차 김홍집(1880), 3차 조병호(1881), 4차 박영효(1881) • 조사 시찰단(1881): 비밀리에 일본 파견, 박문국 · 전환국 설치 • 영선사(1881): 청에 김윤식 파견, 기기창 설치(1883) • 보빙사(1883): 조 · 미 수호 통상 조약 체결 이후 민영익, 홍영식, 서광범을 미국에 파견

14 난도 ★☆☆　　　　　　　　　　정답 ③

시대 통합 > 문화사

[정답의 이유]

③ 문화재청은 한양 도성을 유네스코 세계 문화 유산으로 등재하려고 노력했으나 등재에 실패하였다.

[오답의 이유]

① 종묘는 1995년 유네스코 세계 문화 유산으로 등재되었다.

② 수원 화성이 유네스코 세계 문화 유산으로 등재된 것은 1997년이다.

④ 남한산성은 2014년 유네스코 세계 문화 유산으로 등재되었다.

더 알아보기

유네스코 세계 문화 유산

- 석굴암 · 불국사(1995)
- 해인사 장경판전(1995)
- 종묘(1995)
- 창덕궁(1997)
- 수원 화성(1997)
- 경주 역사 유적지구(2000)
- 고창 · 화순 · 강화 고인돌 유적(2000)
- 제주 화산섬과 용암 동굴(2007)
- 조선 왕릉(2009)
- 한국의 역사 마을: 하회와 양동(2010)
- 남한산성(2014)
- 백제 역사 유적 지구(2015)
- 산사, 한국의 산지 승원(2018)
- 한국의 서원(2019)
- 한국의 갯벌(2021)
- 가야 고분군(2023)

15 난도 ★★☆　　　　　　　　　　정답 ②

근대 > 정치사

[자료해설]

제시된 자료는 독립 협회의 주최로 진행된 민중 집회인 만민 공동회의 토론 내용이다.

[정답의 이유]

② 독립 협회는 강연회와 만민 공동회의 개최, 『대조선 독립 협회 회보』 등을 간행하며 국권 · 민권 사상을 고취시켜 민중을 계몽하였다.

[오답의 이유]

① 대한 자강회는 헌정 연구회를 모체로 하여 창립된 단체로, 월보를 간행하고 전국 각지에 25개 이상의 지회를 설치하였다.

③ 독립 협회에 대항하여 조직된 보부상 중심 단체인 황국 협회에 대한 설명이다.

④ 보안회는 일본의 황무지 개간권 요구에 대항하기 위해 서울에서 항일 단체를 조직하여 반대 운동을 벌였다.

더 알아보기

애국 계몽 단체들의 활동

독립 협회	국권 신장	• 독립문 건립, 독립신문 발간 • 고종 환궁 요구(1897.2.) • 러시아의 절영도 조차 요구 저지 • 러시아의 군사 교련단과 재정 고문단 철수, 한러 은행 폐쇄
	민권 신장	• 만민 공동회 개최 • 신체 · 재산권 보호 운동 • 언론 · 집회의 자유권 쟁취 운동
	자강 개혁	• 헌의 6조 채택(관민 공동회) • 박정양 진보 내각 설립(의회 설립 운동) → 중추원 관제 반포
보안회		• 독립 협회의 정신 계승 • 황무지 개간권 요구 반대 운동
대한 자강회		• 교육 · 산업 진흥 • 전국에 25개 지회를 두고 월보 간행 • 고종의 강제 퇴위 반대 운동 중 강제 해산
헌정 연구회		• 입헌 정체 수립 목적 • 일진회 규탄 중 해산
신민회		• 안창호, 양기탁 등이 조직한 항일 비밀 결사 • 최초로 공화 정체 지향 • 실력 양성 운동: 태극 서관, 평양 자기 회사, 대성 학교, 오산 학교, 경학사 • 군사력 양성: 신흥 무관 학교 • 일제가 조작한 105인 사건으로 와해

16 난도 ★★☆　　　　　　　　　　정답 ②

일제 강점기 > 정치사

[자료해설]

제시된 자료의 '만주에 신흥 강습소 설립' 등의 내용을 통해 밑줄 친 '그'가 이회영임을 알 수 있다. 국권이 피탈되자 이회영을 비롯한 6형제는 전 재산을 처분하고 가족 모두가 만주로 망명하였다.

[정답의 이유]

② 이회영 등은 삼원보에 최초의 자치 단체인 경학사를 조직하여, 한인의 이주와 정착 · 항일 의식 고취 등을 위해 노력하였다.

[오답의 이유]

① 이회영은 조선어 학회 사건(1942)이 일어나기 이전인 1932년에 사망하였다.

③ 이회영은 3 · 1 운동 당시 민족 대표 33명에 속하지 않았다.

④ 김구는 중국 항저우에서 삼균주의를 정치강령으로 하는 한국 국민당을 조직하고 대한민국 임시정부를 재정비하였다.

더 알아보기

이회영(1876~1932)의 활동

- 1905년 이상설. 이시영과 전개한 을사늑약 파기 운동 실패
- 1907년 신민회 발족 및 헤이그 밀사 파견 주도
- 1910년 한·일 합방 이후 일가족 전체 만주로 이주
- 1911년 경학사, 신흥 강습소(훗날 신흥 무관 학교) 설립
- 1918년 고종의 해외 망명을 계획했으나 고종의 죽음으로 실패
- 1931년 항일 구국 연맹 창설 주도, 흑색 공포단 조직
- 1932년 상하이 밀정의 신고로 일본에 체포, 심한 고문 끝에 옥사
- 1962년 건국 훈장 독립장 추서

17 난도 ★☆☆ 　　　　　　　　　정답 ④

현대 > 정치사

자료해설

제시된 자료는 1960년 3차 개헌에 대한 설명으로, 허정 과도 정부는 양원제와 내각 책임제를 골자로 하는 새 헌법을 마련하였다.

정답의 이유

④ 4·19 혁명 이후 허정을 중심으로 수립된 과도 정부는 의원 내각제를 기본으로 민의원과 참의원의 양원제 국회를 구성하는 3차 개헌을 단행하였다(1960).

오답의 이유

① 1952년 이승만과 자유당은 임시 수도인 부산에서 재선을 목적으로 대통령·부통령 직선제, 민의원과 참의원의 양원제 국회 등의 내용을 포함한 제1차 개헌을 단행하였다.

② 이승만은 자신의 대통령 3선을 위해 초대 대통령에 한해 중임 제한을 철폐한다는 내용의 헌법 개정안을 발표하였으나 국회에서 의결 정족수의 3분의 2를 채우지 못하여 부결되었다. 그러나 1인 이하의 소수점 자리는 계산하지 않는다는 '사사오입' 논리로 제2차 개헌안을 통과시켜 장기 집권을 시도하였다.

③ 박정희 정부는 유신 헌법을 발표하여 대통령 임기 6년과 중임 제한 조항 삭제 및 통일 주체 국민 회의를 통한 대통령 간접 선거의 내용을 담은 제7차 헌법 개정을 단행하였다(1972).

18 난도 ★★☆ 　　　　　　　　　정답 ①

중세 > 정치사

자료해설

제시된 자료는 고려 공민왕 때인 1361년 홍건적의 2차 침입에 대한 설명이다. 이때 홍건적 반성·사유 등이 10여만 명을 이끌고 침입하여 개경이 함락되고 공민왕이 복주(안동)로 피난하였다.

정답의 이유

① 고려 말 우왕 때 최무선이 화통도감의 설치를 건의하여 화약과 화포를 제작하였고, 화포를 활용하여 진포 대첩에서 왜구를 격퇴하였다(1380).

오답의 이유

② 몽골의 2차 침입 때 승장 김윤후가 이끈 민병과 승군이 처인성에서 몽골군에 대항하여 적장 살리타를 사살하고 승리를 거두었다(1232).

③ 고려 공민왕은 반원 자주 정책의 일환으로 기철 일파 등 친원 세력을 숙청하고, 쌍성총관부를 공격하여 원에 빼앗긴 철령 이북의 땅을 수복하였다(1356).

④ 고려 고종은 몽골의 3차 침입 때 부처의 힘으로 몽골군을 물리치고자 대장도감을 설치하여 16년에 걸쳐 팔만대장경을 조성하였다(1236~1251).

19 난도 ★★☆ 　　　　　　　　　정답 ①

근대 태동기 > 정치사

자료해설

제시문의 (가)는 경신환국(1680), (나)는 갑술환국(1694)이다.

정답의 이유

① 기사환국(1689)에 대한 내용이다. 숙종 때 희빈 장씨 소생에 대한 원자 책봉 문제를 계기로 이를 반대하던 서인(노론)이 몰락하고, 남인이 재집권하였다. 이때 송시열과 김수항 등 노론의 핵심 인물들이 처형되었다.

오답의 이유

② 현종 때 효종 국상(기해예송, 1659)과 효종비 국상(갑인예송, 1674) 당시에 자의 대비의 복상 문제로 발생한 두 번의 예송 논쟁으로 서인과 남인 사이의 대립이 심화되었다.

③ 선조 때 발생한 정여립 모반 사건으로 기축옥사(1589)가 일어나 서인이 정국을 주도하였다.

④ 효종 때 러시아가 만주 지역까지 침략해오자 청은 조선에 원병을 요청하였고, 조선에서는 나선 정벌을 위해 두 차례에 걸쳐 조총 부대를 영고탑(지금의 지린성) 일대에 파병하였다(1654, 1658).

더 알아보기

조선 시대의 환국

경신환국 (1680)	남인의 영수 허적이 궁중에서 쓰는 천막을 허락 없이 사용한 문제로 숙종과 갈등 → 허적의 서자 허견의 역모 사건 → 허적을 비롯한 남인 몰락, 서인 집권
기사환국 (1689)	희빈 장씨 소생에 대한 원자 책봉 문제 → 서인 세력의 반대 → 서인이 물러나고 남인 집권
갑술환국 (1694)	서인의 인현 왕후 복위 운동 → 남인 민암 등이 서인을 국문하다 숙종의 불신을 받아 몰락, 서인 집권 → 인현 왕후 복위, 장씨는 희빈으로 강등

현대 > 정치사

자료해설

제시된 자료의 사건 순서는 (다) 조선 건국 준비 위원회 결성 – (라) 제1차 미·소 공동 위원회 개최 – (나) 좌·우 합작 위원회 결성 – (가) 제헌 헌법 제정이다.

정답의 이유

(다) 조선 건국 동맹의 여운형은 일본인의 안전한 귀국을 보장하는 조건으로 조선 총독부로부터 행정권의 일부를 이양받아 조선 건국 준비 위원회를 결성하였다(1945).

(라) 모스크바 3국 외상 회의의 결정에 따라 서울 덕수궁 석조전에서 제1차 미·소 공동 위원회가 개최되었다(1946.3.).

(나) 제1차 미·소 공동 위원회가 결렬된 후 이승만이 단독 정부 수립을 주장하자 여운형, 김규식 등 중도 세력이 미군정의 지원을 받으면서 좌·우 합작 위원회를 결성하였다(1946.7.).

(가) 우리나라 역사상 최초의 민주주의 선거인 5·10 총선거를 통해 2년 임기의 국회 의원이 선출되고 제헌 국회가 구성되어 제헌 헌법이 제정되었다(1948).

더 알아보기

조선 건국 동맹

결성	국내에서 여운형 주도로 사회주의자와 민족주의자를 망라하여 결성
활동	• 건국 방침: 일본 제국주의 세력 축출, 조선 민족의 자유와 독립 회복, 민주주의 국가 수립, 노농 대중 해방 • 전국에 조직망 설치, 농민 동맹 조직, 군사 위원회 조직 (일본군 후방 교란과 무장 봉기 목적) • 8·15 광복 후 조선 건국 준비 위원회로 개편

한국사 | 2020년 서울시 9급

✓ **빠른 정답**

01	02	03	04	05	06	07	08	09	10
②	③	②	①	④	①	②	③	④	①
11	12	13	14	15	16	17	18	19	20
③	④	①	④	③	②	①	③	②	④

✓ **점수 체크**

구분	1회독	2회독	3회독
맞힌 문항 수	/ 20	/ 20	/ 20
나의 점수	점	점	점

01 난도 ★☆☆   정답 ②

고대 > 문화사

[자료해설]

제시된 자료에 밑줄 친 '그'는 원효이다. 원효는 신라의 승려로 일심(一心)과 화쟁(和諍) 사상을 중심으로 불교의 대중화에 힘썼으며 수많은 저술을 남겨 불교 사상의 발전에 크게 기여하였다.

[정답의 이유]

② 현전하고 있는 원효의 저술은 『금강삼매경론』, 『대승기신론소』, 『십문화쟁론』 등이 있다.

[오답의 이유]

① 『해동고승전』은 고려 후기 승려 각훈이 삼국 시대 이래 승려들의 전기를 모아 편찬한 사서로, 현재는 일부만 남아 있다.

③ 『왕오천축국전』은 신라의 승려 혜초가 인도를 비롯해 현재의 카슈미르 지역, 파키스탄, 아프가니스탄 등 중앙 아시아 지역을 답사한 뒤 편찬한 순례기이다.

④ 의상은 당에 가서 지엄으로부터 화엄에 대한 가르침을 받고 돌아와 신라에서 화엄 사상을 펼치고 부석사를 중심으로 수많은 제자들을 양성하였으며 『화엄일승법계도』를 저술하여 화엄 교단을 세웠다.

02 난도 ★★★   정답 ③

현대 > 정치사

[자료해설]

제시된 사건의 순서는 ⓒ 제1차 개헌(발췌 개헌) - ㉠ 제6차 개헌(3선 개헌) - ㉣ 제7차 개헌(유신 헌법) - ㉢ 제9차 개헌(현행 헌법)이다.

[정답의 이유]

ⓒ 6 · 25 전쟁 중 자유당은 이승만 대통령의 재선을 위해 부산 지역에 비상계엄을 선포하고 대통령 간선제를 직선제로, 국회 단원제를 양원제(내각 책임제)로 고치는 개헌안을 국회에 제출하여 토론 없이 기립 표결로 통과시키는 제1차 개헌(발췌 개헌)을 단행하였다(1952).

㉠ 박정희 정권 때 대통령 직선제, 대통령 3회 연임 허용, 국회 의원의 국무위원 겸직 등을 허용하는 제6차 개헌을 실시하였다(1969).

㉣ 박정희 정권 때 대통령의 임기를 6년으로 조정하면서 대통령의 중임 · 연임 제한 철폐, 통일 주체 국민 회의를 통한 대통령 간선제, 대통령 권한 강화, 국회 권한 축소, 대통령의 국회 의원 1/3 추천권 등을 골자로 한 제7차 개헌(유신 헌법)을 단행하였다(1972).

ⓒ 6월 민주 항쟁의 결과로 여야의 합의에 의해 5년 단임의 대통령 직선제, 국회의 권한 강화를 주 골자로 하는 제9차 개헌이 이루어졌다(1987).

더 알아보기

대한민국 헌법 개정

제헌 헌법	1948	• 대통령 간선제, 대통령 임기 4년, 1회에 한해 중임 가능 • 단원제 국회
제1차 개헌 (발췌 개헌)	1952	• 대통령, 부통령 직선제 → 이승만 재선 목적(전쟁 중) • 민의원 · 참의원의 양원제 국회 • 국회의 국무위원 불신임 제도
제2차 개헌 (사사오입 개헌)	1954	초대 대통령에 한해 중임 제한 철폐 → 이승만 3선 목적
제3차 개헌	1960.6.	• 국회에서 대통령 선출 • 의원 내각제, 양원제(장면 내각) • 국회의 국무위원 불신임 제도
제4차 개헌	1960.11.	• 3 · 15 부정 선거 관련자 처벌 • 특별 재판소, 검찰부 설치
제5차 개헌	1962	• 대통령 직선제 • 단원제 국회 • 5 · 16 군사 정변 → 공화당 정권 수립
제6차 개헌 (3선 개헌)	1969	• 대통령 직선제, 대통령 3선 허용 • 국회 의원의 국무위원 겸직 허용
제7차 개헌 (유신 헌법)	1972	• 대통령 간선제(통일 주체 국민 회의) • 대통령 임기 6년, 중임 및 연임 제한 철폐 • 대통령 권한 강화, 국회 권한 축소 • 대통령의 국회 의원 1/3 추천권
제8차 개헌	1980	• 7년 단임의 대통령 간선제(선거인단) • 12 · 12 사태로 비상계엄 발령
제9차 개헌	1987	• 5년 단임의 대통령 직선제 • 국회 권한 강화 • 6월 민주 항쟁의 결과로 여야의 합의 개헌

03 난도 ★★☆　　　　　　　　　　　정답 ②

근대 태동기 > 경제사

자료해설

제시된 자료에서 '검소하다는 것은 물건이 있어도 남용하지 않는 것을 말하는 것이지 자신에게 물건이 없다 하여 스스로 단념하는 것을 말하는 것이 아니다.' 등의 내용을 통해 소비를 강조한 박제가의 주장임을 알 수 있다.

정답의 이유

② 박제가는 청에 다녀온 후 청의 문물을 적극적으로 수용할 것을 주장하며 상공업의 발달, 청과의 통상 강화, 수레와 선박의 이용 등을 제안하였다. 그는 생산과 소비와의 관계를 우물물에 비유

하면서 생산을 자극하기 위해서는 절약보다 소비를 권장해야 한다고 주장하였다.

오답의 이유

① 유형원은 균전론을 내세워 직업에 따라 토지를 차등 지급하고, 조세 및 요역을 토지에 일괄 부과함으로써 농민의 최저 생활 보장, 국가 재정의 안정적 확보를 주장하였다.

③ 정약용은 처음에는 여전론을 주장하였으나, 이후 현실적인 정전제를 내세워 자영농 육성을 위한 토지 제도 개혁을 주장하였다.

④ 유득공은 『발해고』에서 발해와 신라를 병립시켜 '남북국 시대'로 부를 것을 제안하였다.

더 알아보기

중농 학파와 중상 학파의 비교

구분	중농주의(18세기 전반)	중상주의(18세기 후반)
학파	경세치용 학파	이용후생 학파, 북학파
목표	농민 생활의 안정 (토지 제도 개혁)	적극적 부국 강병
문제점	대토지 소유의 증가 → 자영농 몰락	국가의 소극적 경제 발전 → 상업 발전 미약
해결책	토지의 균등 분배, 자영농 육성, 지주제 부정적, 화폐 사용 부정적	청과 교역 증가, 수레와 선박의 이용, 지주제 긍정적, 화폐 사용 긍정적, 국가 통제하의 상공업 육성
주요 학자	• 유형원: 『반계수록』, 균전론 • 이익: 『성호사설』, 한전론 • 정약용: 『목민심서』, 『경세유표』, 여전론, 정전제	• 유수원: 『우서』, 사농공상의 직업 평등화 • 홍대용: 『임하경륜』, 『의산문답』, 지전설 • 박지원: 『열하일기』, 수레 · 선박 이용, 「양반전」 · 「허생전」 · 「호질」 • 박제가: 『북학의』, 소비 권장
공통점	부국 강병, 민생 안정, 자유 상공업 비판, 농업 진흥	

04 난도 ★★☆　　　　　　　　　　　정답 ①

근대 태동기 > 경제사

정답의 이유

① 조선 후기에는 광업에 대한 정부의 통제가 해이해지고, 국가의 허가 없이 몰래 채굴하는 잠채가 성행하였다.

오답의 이유

② 조선 후기 광산 경영은 경영 전문가인 덕대가 상인 물주에게 자본을 조달받아 채굴업자와 채굴 노동자, 제련 노동자 등을 고용하여 광물을 채굴하는 것이 일반적이었다.

③ · ④ 조선 후기 청과의 무역이 활발해지는 과정에서 은의 수요가 증대되면서 은광 개발이 활기를 띠게 되자, 정부는 국가 재정의 확충을 위하여 17세기 중엽부터 민간인에게 광산 채굴을 허용하고 세금을 받는 정책을 실시하였다(설점수세제).

05 난도 ★★☆　　　　　　　　　　정답 ④

중세 > 정치사

정답의 이유

ⓒ 주현(主縣)은 지방관이 상주한 지역을, 속현(屬縣)은 지방관이 상주하지 않은 지역을 통칭하는데, 고려 전기에는 주현이 130개, 속현이 374개 정도로 지방관이 파견되지 않은 속현의 수가 더 많았다.

ⓒ 고려 성종 때 지방의 주요 지역에 12목을 설치하고 지방관인 목사를 파견하였다.

ⓔ 고려 시대에는 향·소·부곡 등의 특수 행정 조직이 있었다. 이곳의 주민들은 신분상 양민이었으나 일반적인 양민과 달리 국자감 입학과 과거 응시가 불가하였고, 거주 이전의 자유가 없는 등 차별을 받았다.

오답의 이유

ⓐ 고려 시대에 군사 행정 구역인 양계(동계, 북계)에는 병마사를 파견하였다. 계수관은 지방의 행정 구역을 담당하는 수령을 가리키는 말로, 고려 시대에는 양계 지역을 제외한 경·목·도호부 등의 유수, 목사, 도호부사 등이 계수관으로 칭해졌다.

더 알아보기

고려의 지방 행정 조직

5도	• 상설 행정 기관이 없는 일반 행정 단위로, 안찰사 파견 • 도 아래에 주·군·현이 설치되고 지방관이 파견됨(주·군에는 자사, 현에는 현령이 파견되나 모든 지역에 다 파견되지는 못함) • 지방관이 파견된 주현보다 파견되지 않은 속현이 더 많음 • 지방관이 파견되지 않은 속현과 향·소·부곡 등 특수 행정 구역은 주현을 통하여 간접적으로 중앙 정부의 통제를 받았으며, 조세, 공물 징수, 노역 징발 등 실제적인 행정 사무는 향리가 담당
양계	북방의 국경 지대에 동계·북계의 양계를 설치, 병마사 파견
8목, 4도호부	• 성종 때 지방 주요 지역에 12목 설치, 현종 때 8목으로 정비 • 4도호부는 군사적 요충지에 설치
향·소·부곡	특수 행정 구역으로, 일반적인 양민과 달리 차별을 받음

06 난도 ★☆☆　　　　　　　　　　정답 ①

중세 > 정치사

자료해설

제시된 자료에 나오는 '만적'은 최충헌의 사노비이므로, ㉠에 해당하는 인물은 최충헌이다.

정답의 이유

① 최충헌은 1209년에 무신 정권의 최고 권력 기관인 교정도감을 설치하였다. 또한, 경대승 때 설치되었던 사병 집단인 도방을 다시 확대 설치하여 군사적 기반을 강화하였다.

오답의 이유

② 고려 광종은 노비안검법을 실시하여 호족의 세력을 약화시키고 국가의 수입 기반을 확대하였다(956).

③ 묘청은 풍수지리설을 내세워 서경에 대화궁을 짓고, 황제를 칭하며 연호를 사용하는 등 자주적인 개혁을 시행하였고, 금의 정벌을 주장하였다(1135).

④ 이자겸은 자신의 딸들을 예종과 인종에게 시집 보냄으로써 권력을 장악해 나갔으며, 척준경과 함께 자신을 반대하던 왕의 측근 세력을 제거한 뒤 모든 실권을 장악하였다(1126).

07 난도 ★★☆　　　　　　　　　　정답 ②

근대 > 정치사

자료해설

제시문은 황성신문 주필인 장지연이 일제의 침략과 매국노 규탄, 을사늑약에 대한 굴욕적인 내용을 폭로한 항일 논설 「시일야방성대곡」이다.

정답의 이유

② 러·일 전쟁에서 일본이 유리해지자 한국을 식민지화하기 위한 계획안을 확정한 뒤 강제로 제1차 한·일 협약을 체결하고(1904), 1905년 11월 제2차 한·일 협약(을사늑약)을 체결하여 조선의 외교권을 박탈하고 통감부를 설치하였다.

오답의 이유

① 을미사변 이후 신변 보호 명목으로 고종은 러시아 공사관으로 거처를 옮겼고(1896, 아관파천), 이로 인해 친러 내각이 구성되었으며, 이후 러시아 등 열강의 이권 침탈이 심화되었다.

③ 헤이그 특사 파견 사건을 빌미로 고종을 강제 퇴위시키고 순종을 즉위시킨 일본은 한·일 신협약을 체결하여 대한제국 군대를 강제 해산시켰다(1907).

④ 1910년 8월 총리 대신 이완용과 데라우치 조선 통감 사이에 한·일 병합 조약이 체결되어 국권을 상실하였다.

더 알아보기

제2차 한·일 협약(을사늑약)

제2조 일본국 정부는 한국과 타국 간에 현존하는 조약의 실행을 완수하는 임무를 담당하고 한국 정부는 지금부터 일본국 정부의 중개를 거치지 않고서는 국제적 성질을 가진 어떤 조약이나 약속을 맺지 않을 것을 서로 약속한다.

제3조 일본국 정부는 그 대표자로 한국 황제 폐하 밑에 1명의 통감을 두되 통감은 오로지 외교에 관한 사항을 관리하기 위하여 경성에 주재하고 친히 황제 폐하를 알현할 수 있는 권리를 가진다.

– 『고종실록』, 권46, 42년(광무9년) 11월 17일 –

08 난도 ★★☆ 정답 ③

중세 > 경제사

자료해설

제시문에서 (가)는 태조 때 지급한 역분전, (나)는 경종 때의 시정 전시과, (다)는 목종 때의 개정 전시과, (라)는 문종 때의 경정 전시과를 설명한 것이다.

정답의 이유

③ (다) - 목종 때 시행된 개정 전시과는 시정 전시과와 함께 전ㆍ현직 관리를 대상으로 과전을 지급하였다. 실직이 없는 산관이 지급 대상에서 제외된 것은 경정 전시과이다.

오답의 이유

① (가) - 고려 태조 때 시행된 역분전은 후삼국 통일 후, 통일 과정에 기여한 공신들에게 그 공로에 대한 보상으로 토지를 분배한 것이다.

② (나) - 고려 경종 때 시행된 시정 전시과는 관품과 인품을 기준으로 토지의 수조권을 지급하였다.

④ (라) - 고려 문종 때 시행된 경정 전시과에서는 산관이 지급 대상에서 제외되고 현직 관리만을 지급 대상으로 하였으며, 문ㆍ무 차별이 완화되었다.

09 난도 ★☆☆ 정답 ④

근대 태동기 > 정치사

자료해설

제시된 자료에서 백성들이 육의전(六矣廛) 이외에 허가받은 시전 상인들과 같이 장사를 할 수 있도록 했다는 것을 통해 이는 정조 때 시행한 신해통공(1791)임을 알 수 있다.

정답의 이유

④ 정조는 초계문신제를 시행하여 신진 인물이나 중ㆍ하급 관리 가운데 유능한 인사를 재교육시켜 등용하였다.

오답의 이유

① 조선 영조는 『속대전』과 더불어 『속병장도설』, 『동국문헌비고』 등의 서적을 편찬하였다.

② 조선 숙종은 1712년 백두산정계비를 세워 조선과 청 사이의 국경을 정하였다.

③ 조선 인조는 풍흉에 관계없이 전세를 토지 1결당 미곡 4~6두로 고정시킨 영정법을 시행하였다.

더 알아보기

정조의 개혁 정치

탕평책	적극적인 탕평책(준론탕평): 붕당과 신분을 가리지 않고 인재 등용
왕권 강화 정책	• 초계문신제 시행: 새로운 관리 및 하급 관리 중 유능한 인재들의 재교육 목적 • 규장각 설치 및 육성: 인재 양성, 정책 연구 기능, 왕실 도서관이자 왕을 보좌하는 업무 담당 • 장용영 설치: 왕의 친위 부대, 왕권의 군사적 기반 강화 • 수원 화성 건립: 정치적ㆍ군사적 기능 부여, 상업 활동 육성
문물 제도 정비	• 서얼 차별 완화: 서얼 출신을 규장각 검서관에 등용(유득공, 이덕무, 박제가 등) • 신해통공: 육의전을 제외한 시전 상인의 금난전권 폐지 • 편찬: 『대전통편』, 『동문휘고』, 『무예도보통지』 등

10 난도 ★☆☆ 정답 ①

근세 > 문화사

자료해설

제시문에서 '세종 대 편찬', '각종 병론과 처방', '전통적 경험', '조선의 약재 중시' 등의 내용을 통해 『향약집성방』인 것을 알 수 있다.

정답의 이유

① 조선 세종은 왕명으로 우리 풍토에 알맞은 약재와 치료 방법을 개발ㆍ정리한 『향약집성방』을 편찬하게 하였다.

오답의 이유

② 선조의 명으로 허준이 집필하기 시작한 『동의보감』은 우리나라와 중국 의서의 각종 의학 지식과 치료법을 집대성한 의서로 광해군 때 완성되었다.

③ 조선 성종 때 강희맹은 사계절의 농법과 농작물에 대한 주의사항 등에 대해 직접 경험한 것을 종합하여 『금양잡록』을 저술하였다.

④ 세종 때 이순지와 김담은 중국의 수시력과 아라비아의 회회력을 참고로 내편(內篇)과 외편(外篇)으로 이루어진 역법서 『칠정산』을 완성하였다.

더 알아보기

『향약집성방』의 편찬

명의가 병을 진찰하고 약을 쓸 때, 모두 기질에 따라 처방하지 처음부터 한 가지 방법에 매달리지 않았다. 대개 백 리만 떨어져 있어도 풍속이 같지 않고 천 리가 떨어져 있으면 풍토가 다르다. …(중략)… 그러므로 옛 성인은 모든 풀과 나무의 맛을 보고 각 지역의 환경에 따라 병을 고쳤다. 우리나라 역시 동방의 한 지역으로 자리 잡아 산과 바다에는 여러 가지 보호가 있고, 풀과 나무와 약재들이 자란다. 무릇 백성들의 생명을 기르고 병자를 치료할 만한 조건을 갖추지 못한 것이 아니다.

– 『세종실록』 15년, 6월 11일 –

11 난도 ★☆☆　　　　　　　　　정답 ③

자료해설

제시된 자료에서 밑줄 친 '이 법'은 공납의 모순인 방납의 폐단을 시정하기 위해 광해군 때 시행한 대동법이다.

정답의 이유

ⓛ 대동법은 광해군 때 경기도에서 처음 시험적으로 시행되었고, 숙종 때 평안도와 함경도를 제외한 전국에서 실시되었다.

ⓒ 대동법은 가호를 기준으로 공물을 징수하던 방식을 토지의 결수에 따라 쌀, 삼베나 무명, 동전 등으로 납부하게 바꾼 것으로, 공납의 전세(田稅)화가 이루어졌다.

오답의 이유

㉠ 대동법이 실시된 뒤에도 농민들은 부정기적인 진상이나 별공을 통해 토산물이나 특산물을 여전히 부담하였다.

㉣ 풍흉의 정도에 따라 조세 액수를 조정한 것은 조선 전기의 답험 손실법이다.

12 난도 ★☆☆　　　　　　　　　정답 ④

선사 시대와 국가의 형성 > 선사 시대

자료해설

제시된 자료에서 '이른 민무늬 토기, 빗살무늬 토기' 등의 내용으로 보아 유물들이 발견되는 시대는 신석기 시대이다.

정답의 이유

④ 갈돌과 갈판은 신석기 시대부터 출현하였고, 열매나 씨앗의 껍질을 벗기거나 가루를 만드는 도구로 사용되었다.

오답의 이유

① 세형 동검과 잔무늬 거울은 후기 청동기 시대와 초기 철기 시대에 사용되었던 유물이다.

② 고인돌과 돌널무덤은 청동기 시대의 무덤 양식이다. 고인돌은 청동기 시대가 계급 사회였음을 입증하는 유물이기도 하다.

③ 공주 석장리 유적, 청원 두루봉 동굴 및 단양 수양개, 연천 전곡리 등은 구석기 시대의 대표적인 유적지이다.

13 난도 ★☆☆　　　　　　　　　정답 ①

선사 시대와 국가의 형성 > 국가의 형성

자료해설

제시된 자료에서 영고(迎鼓)라는 제천 행사를 시행한다는 내용을 통해 설명하는 나라가 부여임을 알 수 있다.

정답의 이유

① 남에게 상처를 입힌 자는 곡식으로 갚게 한 것은 고조선의 8조법의 내용이다.

오답의 이유

② 부여는 남의 물건을 훔쳤을 때 물건 값의 12배를 배상하게 하는 1책 12법이 존재하였다.

③ 부여는 형벌이 엄격하여 살인자는 사형에 처하고, 그 집안 사람은 노비로 삼는 연좌 제도가 있었다.

④ 부여는 남녀 간에 간음을 하거나 투기가 심한 부인은 사형에 처하고, 시체를 가져가려고 할 때에는 소와 말을 바쳐야 했다.

14 난도 ★★☆　　　　　　　　　정답 ④

일제 강점기 > 문화사

자료해설

제시문에서 '조선의 역사적 발전이 세계사적 역사 법칙에 의해 다른 민족과 같은 궤도로 발전 과정을 거쳤다'는 내용을 통해 사회 경제 사학자 백남운의 주장임을 알 수 있다.

정답의 이유

④ 백남운의 사회 경제 사학은 일제 식민 사관의 정체성 이론을 비판하면서 사적 유물론을 바탕으로 한국사의 발전 과정을 세계사적 보편성 위에 체계화할 수 있다고 주장하였다.

오답의 이유

①·② 민족주의 사학은 우리 민족의 자주성과 우수성, 한국사의 주체적 발전을 강조하려는 연구 활동을 전개하였다. 신채호는 민족을 역사 서술에 중심에 두고 우리 고대 문화의 우수성과 독자성을 강조하는 등 민족주의 사학의 기반을 마련하였으며, 박은식은 독립운동의 수단으로 민족사 연구에 몰두하여 나라가 망하였으나 국혼(國魂)을 유지하면 부활할 수 있음을 강조하였다.

③ 친일 단체인 청구학회의 왜곡된 한국사 연구에 반발하여 이병도, 손진태, 이윤재 등은 진단학회를 조직하고 『진단학보』를 발행하였다. 이들은 개별적인 사실을 객관적으로 밝히려는 순수 학술 활동을 목표로 실증 사학을 도입하였다.

더 알아보기

일제 강점기 한국사 연구

민족주의 사학	• 역사 연구를 독립운동의 한 방법으로 인식, 민족사의 자주성과 주체성 강조 • 대표 학자: 박은식, 신채호, 정인보, 문일평, 안재홍 등
사회 경제 사학	• 사적 유물론을 바탕으로 한국사가 세계사적 발전 과정과 같다고 강조, 일제의 식민 사관(정체성론) 비판 • 대표 학자: 백남운, 이청원 등
실증주의 사학	• 문헌 고증의 방법을 통해 한국사를 실증적으로 연구, 진단학회 조직(1934), 『진단학보』 발행, 청구학회(친일 단체)에 대항 • 대표 학자: 이병도, 손진태, 이윤재 등

15 난도 ★★☆　　　　　　　　　정답 ③

고대 > 정치사

자료해설

제시된 자료를 시간순으로 나열하면 ⓒ 고구려의 낙랑군 축출 – ㉣ 백제의 웅진 천도 – ㉠ 신라의 건원 연호 제정 – ⓛ 대가야 멸망이다.

정답의 이유

ⓒ 4세기 고구려 미천왕은 서안평을 점령(311)하고 낙랑군(313)과 대방군(314)을 축출하였다.

㉣ 5세기 백제 문주왕은 웅진으로 천도하였다(475).

ⓐ 6세기 신라 법흥왕은 처음으로 건원이라는 독자적인 연호를 사용하였다(536).

ⓑ 6세기 신라 진흥왕이 파견한 장군 이사부에 의해 대가야가 멸망하면서 가야 연맹이 완전히 해체되었다(562).

16 난도 ★☆☆　　　　　　　　　　정답 ②

고대 > 정치사

자료해설

제시된 자료에서 만파식적이 언급되고 있으므로, 밑줄 친 왕은 신문왕이다.

정답의 이유

② 신문왕은 전국을 9주로 나누고, 수도가 동남쪽으로 치우쳐 있는 것을 보완하기 위하여 행정·군사상 요충지에 5소경을 설치하였다.

오답의 이유

① 신문왕은 귀족의 경제기반을 약화시키기 위해 녹읍을 폐지하고 관료전을 지급하였으나, 이후 경덕왕 때 관료전을 폐지하고 녹읍을 부활시켰다.

③ 성덕왕은 농민에게 정전(丁田)을 지급하여 국가의 토지 지배권을 강화하였다.

④ 문무왕은 고구려 유민들을 금마저(익산)에 자리잡게 하고, 안승을 보덕국 왕으로 임명하여 고구려 부흥군을 지원했으며, 고구려 유민을 모아 당의 세력을 축출하는 데 이용하였다.

더 알아보기

통일 신라 주요 국왕의 업적

문무왕	• 고구려 멸망(668) • 나·당 전쟁 승리 → 삼국 통일 완수(676) • 외사정 파견(지방 감시)
신문왕	• 김흠돌의 난 진압 → 귀족 숙청, 왕권 강화 • 제도 정비(9주 5소경), 관료전 지급, 녹읍 폐지, 국학 설립
성덕왕	정전 지급 → 국가의 토지 지배력 강화, 수취 체제 정비
경덕왕	• 녹읍 부활, 왕권 약화 → 귀족 연합 정치 • 국학을 태학으로 개편(박사와 조교)
혜공왕 이후	• 김헌창의 난 • 장보고의 청해진 설치 • 6두품의 사회 비판, 개혁 시도 • 왕위 쟁탈전 → 지방 통제 약화 → 호족 등장, 선종 발달

17 난도 ★☆☆　　　　　　　　　　정답 ①

근대 > 정치사

자료해설

제시된 자료에서 '조선은 자주국이며 일본과 평등한 권리 보유', '일본이 조선 해안 측량권을 가짐' 등을 통해 1876년에 체결된 강화도 조약(조·일 수호 조규)임을 알 수 있다.

정답의 이유

① 만동묘 철폐(1865)는 흥선 대원군 집권기 때 이루어진 것으로, 강화도 조약 체결 이전의 사실이다. 흥선 대원군은 만동묘를 비롯하여 붕당의 온상으로 인식되어 온 서원을 47개소만 남긴 채 대폭 정리하였다.

오답의 이유

② 이범윤은 1902년 간도에 시찰원으로 파견되어 간도에 관청을 세워 간도 백성의 권익을 보호할 것을 조정에 건의하였고, 이듬해에는 북간도에 간도 관리사(북변도관리)로 파견되었다.

③ 고종은 강화도 조약 이후 국내외 정세에 대응하기 위해 개화 정책 전담 기구인 통리기무아문을 설치하였다(1880).

④ 황쭌센(황준헌)의 『조선책략』의 유포에 반대한 이만손 등의 영남 유생들이 영남 만인소를 올렸다(1881).

18 난도 ★★☆　　　　　　　　　　정답 ③

근세 > 정치사

자료해설

제시된 사건을 시간순으로 나열하면 ⓒ 계유정난(1453) − ⓔ 무오사화(1498) − ⓐ 기묘사화(1519) − ⓑ 을묘왜변(1510)이다.

정답의 이유

ⓒ 계유정난(1453): 수양대군(세조)이 왕위를 찬탈하기 위해 정변을 일으켜 김종서, 황보인 등을 제거하고 정권을 장악한 사건이다.

ⓔ 무오사화(1498): 연산군 때 사관 김일손이 영남 사림과 스승인 김종직의 조의제문을 사초에 기록하였다. 그러자 사림 세력과 대립 관계였던 유자광, 이극돈 등의 훈구 세력이 이를 문제 삼아 연산군에게 알리면서 무오사화가 발생하였다.

ⓐ 기묘사화(1519): 중종 때 조광조가 반정 공신들의 비리를 척결하기 위해 공신의 위훈을 삭제하자 이에 반발하여 일어났으며, 조광조를 비롯한 사림들이 제거되었다.

ⓑ 을묘왜변(1555): 명종 때 왜선 70여 척이 전라남도 연안을 습격해 온 사건이다. 을묘왜변 이후 조선과 일본의 국교는 단절되었으며, 삼포왜란(1510)을 계기로 설치되었던 임시 군사 기구인 비변사는 상설 기구화되었다.

더 알아보기

김종직의 『조의제문』

정축 10월 어느 날에 나는 밀성으로부터 경산으로 향하면서 답계역에서 자는데, 그날 밤 꿈에 한 신인(神人)이 나타나, "나는 초나라 회왕의 손자인데 우리 조부께서 항우에게 죽임을 당하였다."라고 말하고는 갑자기 사라져 보이지 않았다. 나는 꿈을 깨어 놀라 '회왕은 남초 사람이요, 나는 동이 사람으로, 거리가 만여 리가 될 뿐만 아니라, 세대의 전후도 역시 천 년이 훨씬 넘는데, 꿈속에 나오다니, 이것이 무슨 일일까?'라고 생각하였다.

− 『연산군일기』 −

근대 > 정치사

자료해설

제시된 폐정 개혁안 12개조 일부 내용 중 갑오개혁에 반영된 것은
㉠, ㉣이다.

정답의 이유

㉠ 무명의 잡다한 세금은 일체 거두지 않는다는 내용은 '인민의 조
세는 모두 법령으로 정한 비율에 따르고, 함부로 명목을 더 만들
어 과도하게 징수할 수 없다(제2차 갑오개혁, 홍범 14조 제6조)'
는 내용으로 반영되었다.

㉣ 젊어서 과부가 된 여성의 재혼을 허용한다는 내용은 '과부가 재혼
하는 것은 귀천을 막론하고 자신의 의사대로 하게 한다(제1차 갑
오개혁, 군국기무처에서 제정한 법령)'는 내용으로 반영되었다.

오답의 이유

㉡ · ㉢ 토지의 균등 분배, 왜와 통하는 자의 엄중 징벌은 폐정 개혁
안 12조에는 제시되었으나 갑오개혁에는 반영되지 않았다.

더 알아보기

폐정 개혁안 12개조

조항	개혁 내용
1. 동학교도는 정부와의 원한을 씻고 서정에 협력한다.	조선 왕조 체제 유지
2. 탐관 오리는 그 죄상을 조사하여 엄징한다.	부패한 봉건 세력 타도
3. 횡포한 부호를 엄징한다.	
4. 불량한 유림과 양반의 무리를 징벌한다.	
5. 노비 문서를 불태운다.	봉건적 신분 질서 폐지, 봉건적 폐습 개선 (갑오개혁에서 반영)
6. 칠반천인의 대우를 개선하고 백정이 쓰는 평량갓을 없앤다.	
7. 청상 과부의 재혼을 허가한다.	
9. 관리 채용에는 지벌을 타파하고 인재를 등용한다.	
10. 왜와 통하는 자는 엄하게 징벌한다.	반침략 · 반외세 성격
8. 공사채를 물론하고 기왕의 것을 무효로 한다.	조세 제도 개혁, 농가 부채 탕감, 토지 평균 분작(토지 개혁)
11. 무명의 잡세는 일절 폐지한다.	
12. 토지는 균등히 나누어 경작한다.	

일제 강점기 > 정치사

자료해설

제시된 자료의 독립운동 단체의 결성 시기를 순서대로 나열하면 ㉣
대한 광복회 – ㉡ 의열단 – ㉢ 참의부 – ㉤ 근우회 – ㉠ 조선 의용
대이다.

정답의 이유

㉣ 대한 광복회(1915): 대구에서 박상진 등이 군대식으로 비밀리에
조직한 무장 독립 단체이다.

㉡ 의열단(1919): 만주 길림에서 김원봉, 윤세주 등이 중심이 되어
조직하였으며, 일제의 요인 암살, 주요 기관 폭파 등의 무장 투
쟁 운동을 전개하며 1920년대의 의열 투쟁을 이끌었다.

㉢ 참의부(1924): 남만주에서 대한민국 임시정부의 직할대로 설립
된 무장 독립군 단체이다.

㉤ 근우회(1927): 신간회의 자매 단체로 조직되어 여성 계몽 활동
과 여성 지위 향상 운동을 전개하였다.

㉠ 조선 의용대(1938): 김원봉이 주도하여 중국 국민당의 지원을
받아 중국 관내에서 결성된 최초의 한인 무장 부대로 정보 수집,
교란, 선전 등의 활동을 하였고, 중국군과 함께 항일 전쟁에 참
가하는 등 활발한 독립운동을 전개하였다.

한눈에 훑어보기

빠른 정답

01	02	03	04	05	06	07	08	09	10
①	③	①	③	③	③	③	③	④	②
11	**12**	**13**	**14**	**15**	**16**	**17**	**18**	**19**	**20**
④	④	①	②	④	②	②	②	①	③
21	**22**	**23**	**24**	**25**					
③	②	①	②	①					

점수 체크

구분	1회독	2회독	3회독
맞힌 문항 수	/ 25	/ 25	/ 25
나의 점수	점	점	점

---

01 난도 ★★☆   정답 ①

고대 > 정치사

자료해설

(가) 백제 근초고왕(346~375) 대의 지도이다. 한성을 도읍으로 하여 백제의 전성기를 이끈 근초고왕은 남으로 마한을 통합하였으며, 북으로는 황해도를 놓고 고구려와 대항하며 평양성을 공격하여 고국원왕을 전사시켰다(371).

(나) 활발한 정복 활동으로 신라 최대 전성기를 이끈 진흥왕(540~576) 대의 지도이다. 진흥왕은 북으로는 고구려가 차지하고 있던 한강 유역을 빼앗고 함경도까지 진출하였으며, 남으로는 대가야를 병합하는 등 신라 역사상 최대 영토를 확보하였다.

정답의 이유

① 고구려 태조왕(53~146)이 옥저를 복속시키고 영토를 확장한 것은 56년의 일로, (가) 시기 이전에 발생하였다.

오답의 이유

② 신라 진흥왕 때 화랑도가 국가적인 조직으로 정비되었다.

③ 고구려 장수왕(413~491)은 남진 정책을 추진하여 수도를 평양으로 천도하였으며, 백제 수도 한성을 함락하고 한강 유역을 차지하였다.

④ 신라 지증왕(500~514)은 사로국이었던 국호를 '신라'로 확정하고 마립간 대신 왕이라는 칭호를 사용하였다.

02 난도 ★★★   정답 ③

일제 강점기 > 정치사

자료해설

제시된 자료는 대한민국 임시 정부의 건국 강령이다. 대한민국 임시 정부는 충칭 시기에 삼균주의를 정치 이념으로 삼고 독립운동의 방향과 독립 후 건국 과정을 명시한 대한민국 건국 강령을 제정·공포하였다(1941). 건국 강령은 조소앙의 삼균주의에 입각하여 새로운 민주주의 확립, 사회 계급 타파, 경제적 균등주의 실현을 주창하였다.

정답의 이유

③ 대한민국 임시 정부에 편입되지 않은 조선의용대 중 일부가 중국 화북지대로 이동한 후 조선 독립 동맹으로 확대·개편되었으며, 산하에 조선의용군이 조직되었다(1942).

오답의 이유

① 대한민국 임시 정부는 충칭에서 총사령관 지청천, 부대장 이범석을 중심으로 직할 부대인 한국광복군을 창설하였다(1940).

② 대한민국 임시 정부는 충칭 시기에 일본군의 진주만 기습 공격으로 태평양 전쟁이 발발하자 일본에 대한 선전포고를 명문화한 대일 선전 성명서(대일 선전 포고문)를 발표하였다(1941).

④ 민족혁명당 출신 김원봉을 비롯한 민족혁명당과 다른 사회주의 계열 단체 인사들도 적극적인 대일 항전을 위하여 대한민국 임시 정부에 합류하였다(1942).

더 알아보기

1930년대 이후 무장 투쟁

조선 혁명군 (1929)	• 양세봉 주도로 창설, 중국 의용군과 연합 • 영릉가 전투(1932), 흥경성 전투(1933)
한국 독립군 (1931)	• 지청천 주도로 창설, 중국 호로군과 연합 • 쌍성보 전투(1932), 사도하자 · 대전자령 전투 (1933)
조선 의용대 (1938)	• 김원봉 주도로 창설 • 중국 관내 최초의 한인 무장 부대
한국 광복군 (1940)	• 대한민국 임시 정부 직할 부대 • 인도 · 미얀마 전선에 파견 • 국내 진공 작전 준비
조선 의용군 (1942)	• 조선 독립 동맹 소속 군대 • 중국 공산당 팔로군에 편제되어 항일 전선 참여

03 난도 ★★☆ 정답 ①

근세 > 정치사

자료해설

(가) 임진왜란 당시 조 · 명 연합군의 평양성 탈환에 대한 내용이다. 임진왜란으로 수도 한양까지 함락되자 조선은 명에 군사를 요청하였고, 조 · 명 연합군이 결성되어 왜군을 물리치고 평양성을 탈환하였다(1593).

(나) 청과 화친해야 한다는 최명길 등의 '주화론'에 반대하여 청과 싸워야 한다는 '주전론'을 주장한 척화파 윤집의 상소문이다. 정묘호란 후 후금은 국호를 청으로 바꾸고 군신 관계를 강요하였다. 이에 주화론과 주전론의 극렬한 대립 끝에 주전론이 대세가 되면서 청의 제의를 거절하였고, 결국 청은 조선을 다시 침입하는 병자호란을 일으켰다(1636).

정답의 이유

① 광해군은 명의 요청으로 강홍립 부대를 파견하였으나, 명과 후금 사이에서 중립 외교 정책을 펼치면서 강홍립에게 후금과 무모하게 싸우지 말라고 명하였다. 이에 강홍립 부대는 사르후 전투에서 싸움을 계속하지 않고 후금에 항복하였다(1619).

오답의 이유

② 임진왜란 당시 신립 장군은 충주 탄금대에서 배수진을 치고 왜군에 대항하였으나 일본군에게 패배하였다(1592).

③ 병자호란 당시 청나라군의 공격으로 인조는 남한산성으로 피신하여 항전하였으나 강화도로 피신한 왕족과 신하들이 인질로 잡히자 결국 삼전도에서 굴욕적인 항복을 하였다(1637).

④ 조선 세종 때 왜구의 약탈이 빈번해지자 이종무를 왜구의 소굴인 쓰시마(대마도)로 보내 왜구를 토벌하였다(1419).

더 알아보기

임진왜란의 전개 과정

시기	전투 내용
1592	4.13. 임진왜란 발발(부산포)
	4.14. 부산진성 전투(첫 전투)
	4.28. 충주 전투 패배(신립) → 선조 의주 피난
	5.2. 한양 함락
	5.7. 옥포 해전(이순신) → 첫 승리
	5.29. 사천포 해전(거북선 사용)
	7. 한산도 대첩(학익진 전법)
	10. 진주 대첩 승리 → 김시민 전사
1593	1. 평양성 탈환(조 · 명 연합군)
	2. 행주 대첩 승리(권율)
1597	1. 정유재란
	9. 명량 해전(이순신)
1598	11. 노량 해전 → 이순신 전사

04 난도 ★★☆ 정답 ③

시대 통합 > 경제사

자료해설

제시문은 조선 후기 정민교의 한시 「군정탄(군정을 탄식하며)」 중 일부 내용으로, 군정의 폐단 중 군역의 대상이 아닌 15세 이하의 어린아이에게도 군포를 징수하는 '황구첨정(黃口簽丁)'의 문제점을 다루었다. 조선 후기 군정의 문란으로 군역으로 인한 농민들의 부담이 가중되자 영조는 균역법을 제정하여 기존 1년에 2필이었던 군포를 1필만 부담하게 하였다.

정답의 이유

③ 균역법의 실시로 줄어든 군포 수입을 보충하기 위해 지주에게 토지 1결당 쌀 2두씩 결작을 부과하고 부유한 양민에게 선무군관의 칭호를 주어 선무군관포를 거두었으며, 어장세 · 선박세 · 염세 등의 잡세를 부과하였다.

오답의 이유

① 통일 신라 신문왕은 귀족 세력을 약화시키고 왕권을 강화하기 위하여 귀족의 경제 기반인 녹읍을 폐지하고 관료전을 지급하였다.

② 조선 인조 때 농민들의 부담을 줄이기 위해 영정법을 실시하여 풍흉에 관계없이 토지 1결당 쌀 4~6두로 전세를 고정하였다.

④ 조선 광해군 때 방납의 폐단을 해결하기 위해 경기도부터 대동법을 실시하였다. 이에 따라 공납을 기존에 현물(토산물)로 납부하던 방식에서 토지의 결수에 따라 쌀 · 삼베 · 무명 · 동전 등으로 납부하게 하였다.

05 난도 ★★☆　　　　　　　　정답 ③

중세 > 정치사

자료해설

- 첫 번째 제시문은 고려 광종 때 왕권 강화를 위하여 실시한 노비안검법에 대한 내용이다(956). 광종은 노비안검법을 실시하여 억울하게 노비가 된 사람을 구제하고, 호족 세력을 견제하는 동시에 국가의 재정을 확충하였다.
- 두 번째 제시문은 고려 성종 때 실시한 노비환천법에 대한 내용이다(987). 성종은 최승로가 신분제의 문란을 들어 노비안검법의 폐단을 지적하자 이를 받아들여 노비환천법을 실시하고 면천된 노비들 중 옛 주인을 경멸하는 자를 다시 노비 신분으로 환원시키도록 하였다.

정답의 이유

③ 고려 경종 때 전시과(시정 전시과)가 처음으로 제정되어, 전지와 시지를 관리의 관등과 인품에 따라 지급하도록 하였다(976).

오답의 이유

① 고려 목종 때 강조는 천추 태후와 그의 정부 김치양으로 인한 국가의 혼란을 바로잡고자 정변을 일으켜 목종을 폐위시키고 현종(대량원군)을 즉위시켰다(1009).

② 고려 현종 때 거란의 성종이 강조의 정변을 구실로 고려에 2차 침입을 단행하였다(1010). 거란의 2차 침입으로 개경이 함락되면서 현종은 나주로 피난하였다.

④ 고려 태조 왕건은 후삼국 통일에 기여한 공신들에게 관등에 관계없이 공로, 인품 등으로 차등을 두어 역분전을 지급하였다(940).

06 난도 ★☆☆　　　　　　　　정답 ③

고대 > 정치사

자료해설

제시문은 2023년 9월 한국의 16번째 유네스코 세계 문화 유산으로 등재된 가야 고분군에 대한 내용으로, (가) 국가는 가야이다.

정답의 이유

③ 신라는 골품제라는 특수한 신분 제도를 운영하여, 개인이 승진할 수 있는 관등 승진의 상한을 골품으로 정하고 관직을 맡을 수 있는 관등의 범위를 한정하였다.

오답의 이유

① 삼한 중 하나인 변한이 위치한 낙동강 하류 유역에서 철기를 바탕으로 농경문화가 발달하면서 여러 정치 집단이 나타나게 되었고, 2~3세기경 김해 지방에 위치한 금관가야를 중심으로 연맹 왕국으로 발전하였다.

② 금관가야가 위치한 김해 지방에는 질 좋은 철이 많이 나서 각종 철제 무기를 만들어 사용하였으며, 풍부한 철 생산과 해상교통이 유리한 지역적 특색을 통해 낙랑과 왜에 철을 수출하였다.

④ 금관가야는 2~3세기경 전기 가야 연맹을 주도하였다. 하지만 고구려 광개토 대왕의 군대가 신라의 요청을 받고 왜구를 격퇴하는 과정에서 고구려의 영향력이 확대되면서 쇠퇴하게 되었고, 5세기 이후 고령 지역의 대가야가 가야 연맹의 중심이 되었다.

07 난도 ★★☆　　　　　　　　정답 ③

근세 > 정치사

자료해설

(가) 조선 초기 왕위 계승권을 둘러싸고 발생한 제1차 왕자의 난에 대한 내용이다. 정도전 · 남은 등이 태조의 막내 아들인 방석을 세자로 임명하려 하자 이방원이 난을 일으켜 이들을 제거하였으며, 2대 정종이 왕위에 올랐다(1398).

(나) 조선 세종 때 이루어진 대마도 정벌에 관한 내용이다. 세종 초기 왜구의 약탈이 빈번하자 당시 상왕으로서 병권을 갖고 있던 태종이 명을 내려 이종무를 삼군 도체찰사로 임명하고 대마도를 토벌하도록 하였다(1419).

정답의 이유

③ 조선 태종은 국왕 중심의 통치 체계를 강화하기 위하여 6조에서 의정부를 거치지 않고 국왕이 바로 재가를 내리는 6조 직계제를 실시하였다(1414).

오답의 이유

① 조선 세조는 사육신들이 단종 복위를 계획하다가 발각되자 관련 신하들을 모두 사형에 처하였으며, 집현전을 없애고 경연을 폐지하였다(1456).

② 조선 성종은 집현전을 계승한 홍문관을 설치하여 왕의 자문 역할과 경연 · 경서 · 사적 관리 등의 업무를 담당하도록 하였다(1478).

④ 고려 우왕 때 우왕과 최영에 의해 요동 정벌이 강행되었다. 이성계는 4불가론을 내세워 반대하였으나 결국 왕명에 따라 요동 정벌을 위해 출병하였고, 의주 부근의 위화도에서 말을 돌려 개경으로 회군하였다(1388). 회군 후 이성계는 최영을 제거하고 우왕을 폐위시키며 정권을 장악하였다.

08 난도 ★★☆　　　　　　　　정답 ③

선사 시대와 국가의 형성 > 국가의 형성

자료해설

제시문의 (가) 국가는 삼한으로, 삼한은 신지, 견지, 읍차와 같은 정치적 지배자와 더불어 천군이라는 제사장을 둔 제정 분리 사회였다.

정답의 이유

③ 삼한은 마한 · 진한 · 변한의 여러 소국으로 구성된 연맹 왕국이었다. 삼한 중 마한의 세력이 가장 강력하였으며, 마한을 이루고 있는 소국 중 하나인 목지국의 지배자가 삼한을 대표하였다.

오답의 이유

① 동예는 매년 10월 무천이라는 제천행사를 개최하였다.

② 신라는 귀족 합의체인 화백회의를 만장일치제로 운영하여 국가의 중대사를 결정하였다.

④ 부여에는 왕 아래 가축의 이름을 딴 마가 · 우가 · 저가 · 구가의 가(加)들이 있었다. 이들은 행정 구역인 사출도를 독자적으로 다스렸으며, 왕이 통치하는 중앙과 합쳐 5부를 구성하였다.

고대 > 정치사

자료해설

제시문은 백제·가야·왜 연합군이 신라를 침략하여 내물왕이 원병을 요청하자 고구려 광개토 대왕이 5만 명의 병사를 신라에 보내 토벌하게 한 내용이다(400). 따라서 밑줄 친 '왕'은 고구려의 광개토 대왕이다.

정답의 이유

④ 광개토 대왕은 숙신과 비려(거란)를 정벌하여 만주 일대를 장악하고, 후연(선비)을 공격하여 요동을 확보하였다.

오답의 이유

① 고구려 소수림왕은 국가 교육 기관인 태학을 설립하여 인재를 양성하고자 하였으며, 율령을 반포하여 국가 조직을 정비하였다.

② 백제 근초고왕은 남으로는 마한을 통합하였으며, 북으로는 고구려 평양성을 공격하여 고국원왕을 전사시켰다.

③ 신라 내물왕은 '가장 높은 우두머리'라는 뜻을 지닌 '마립간'이라는 칭호를 처음으로 사용하였다. '마립간' 칭호는 17대 내물왕부터 22대 지증왕까지 사용되었으며, 지증왕 때 마립간 대신 '왕(王)'의 칭호를 사용하게 되었다.

10 난도 ★★★   정답 ②

근대 태동기 > 정치사

자료해설

제시문은 조선 현종 때 서인과 남인 사이에서 효종의 정통성과 관련하여 전개된 예송 논쟁에 대한 내용이다. 효종의 국상 당시 자의 대비의 복상 문제를 놓고 효종의 왕위 계승에 대한 정통성과 관련하여 서인과 남인 사이에 두 번의 예송이 발생하였다. 서인은 효종의 정통성을 인정하지 않고 장자가 아닌 둘째 아들로 대우함으로써 신권을 강화하려 하였으며, 반면 남인은 효종의 정통성을 인정하여 장자로 대우함으로써 왕권을 강화하려 하였다. 따라서 효종이 적장자가 아니므로 왕과 사대부에게 같은 예가 적용되어야 한다고 주장한 (가) 집단은 서인, 왕은 사대부와 다른 예를 적용하여 장자로 대우해야 한다고 주장한 (나) 집단은 남인이다.

정답의 이유

② 숙종 때 남인의 영수였던 허적이 궁중에서 쓰는 천막을 허락 없이 사용한 문제로 왕과 갈등을 겪은 후 허적의 서자 허견의 역모 사건으로 환국이 발생하여(경신환국) 허적, 윤휴 등 남인이 대거 축출되고 서인이 정권을 장악하였다.

오답의 이유

① 광해군 시기 북인의 집권으로 정계에서 밀려났던 서인 세력은 인조반정을 주도하여 광해군을 폐위시키고 인조를 왕위에 올리며 집권 세력이 되었고, 북인 세력인 이이첨·정인홍 등은 처형되었다.

③ 숙종 때 발생한 경신환국 이후 서인은 남인에 대한 처벌 문제로 강경파인 노론과 온건파인 소론으로 분화되었다.

④ 서인에 뿌리를 둔 노론은 송시열을 영수로 하여 세력을 확대하였다.

11 난도 ★★★   정답 ④

근대 태동기 > 사회사

자료해설

제시문의 사건은 (다) 윤지충의 진산 사건(1791) – (나) 신유박해(1801) – (가) 황사영 백서 사건(1801) 순으로 발생하였다.

정답의 이유

(다) 윤지충의 진산 사건(신해박해): 정조 때 진산의 양반 윤지충이 신주를 불사르고 천주교 의식으로 모친상을 치르자 강상죄를 저지른 죄인으로 비난받았다. 이에 천주교인이었던 권상연이 이를 옹호하자 모두 사형에 처해졌다.

(나) 신유박해: 순조 때 노론 벽파가 남인 시파를 탄압하기 위한 목적으로 천주교에 대한 대대적인 탄압을 가해 이승훈, 최창현, 홍낙민, 정약종 등 300여 명의 천주교 신자들이 처형되는 신유박해가 발생하였다.

(가) 황사영 백서 사건: 신유박해 발생 후 황사영이 베이징에 있는 프랑스 주교에게 조선으로 군대를 보내 달라는 내용의 백서(청원서)를 보내려다가 발각되었다. 이로 인해 천주교에 대한 탄압이 더욱 심화되었다.

더 알아보기

조선 후기 천주교 박해

신해박해 (1791)	진산 사건: 천주교 의식으로 모친상을 치름, 신주 소각 → 윤지충, 권상연 처형
신유박해 (1801)	• 본격적인 천주교 탄압: 노론 벽파가 남인 시파 제거 • 주문모(중국인 신부), 이승훈, 정약종 처형 • 정약용, 정약전 유배 • 황사영 백서 사건: 천주교 탄압
기해박해 (1839)	• 벽파인 풍양 조씨가 시파인 안동 김씨 공격 • 프랑스 선교사 3명 처형
병오박해 (1846)	최초의 한국인 신부 김대건 순교
병인박해 (1866)	• 배경: 흥선 대원군이 러시아 견제를 위해 프랑스와 접촉 → 실패, 천주교 반대 여론 확산 → 천주교 신자, 프랑스 신부 처형 • 결과: 로즈 제독이 이끄는 프랑스 군함이 강화도 침공 (병인양요, 1866)

12 난도 ★★☆   정답 ④

근대 > 정치사

자료해설

제시문은 고종 때 해외 시찰을 위해 파견한 사절단에 관한 내용이다. 조선은 강화도 조약 이후 개화 정책을 추진하며 일본의 발전상을 시찰하기 위해 1차 김기수(1876), 2차 김홍집(1880) 등을 수신사로 파견하였으며, 청에는 근대 무기 제조 기술과 군사 훈련법을 배우기 위해 김윤식을 영선사로 파견하였다(1881). 또한 조·미 수호 통상 조약 체결 이후 미국에 민영익, 홍영식, 서광범을 중심으로 한 사절단인 보빙사를 파견하였다(1883). 따라서 (가) 국가는 일본, (나) 국가는 청, (다) 국가는 미국이다.

정답의 이유

④ 일본과 청은 갑신정변 직후 조선에 군대를 파견할 경우 상대국에 사전 통보할 것 등을 내용으로 한 톈진 조약을 체결하였다(1885).

오답의 이유

① 청은 조선 조정의 요청으로 임오군란을 진압한 후, 군란을 부추긴 혐의로 흥선 대원군을 체포하여 톈진으로 압송하였다(1882).

② 일본은 조선의 해안을 조사한다는 구실로 군함 운요호를 강화 해역 깊숙이 들여보내 조선군의 발포를 유도하고 초지진과 영종도를 포격하였다(1875). 이에 조선이 방어적 공격을 하자 이를 구실로 조선에 통상 조약 체결을 요구하여 강화도 조약이 체결되었다(1876).

③ 영국은 러시아의 한반도 남하를 견제하기 위하여 거문도를 불법으로 점령하고 포대를 설치하였다(1885).

13 난도 ★★☆   정답 ①

중세 > 정치사

자료해설

제시문은 고려 태조가 신라의 마지막 왕인 경순왕이 스스로 투항하자 그를 경주의 사심관으로 임명한 내용이다. 고려를 건국한 태조는 지방의 호족을 견제하고 지방 통치를 보완하기 위하여 지방에 연고가 있는 중앙의 고관을 자기 출신지의 사심관으로 임명하여 향촌 사회에서의 지배권을 부분적으로 인정해 주었다. 이를 통해 사심관은 부호장 이하의 향리를 임명하고 감독할 수 있었으며, 풍속 교정·지방 치안에 대한 연대 책임 등의 임무도 맡았다.

정답의 이유

① 고려 태조는 지방의 호족을 견제하기 위하여 지방 호족의 자제를 수도인 개경에 인질로 잡아 관리하는 기인제도를 실시하였다. 태조는 기인제도와 사심관 제도를 활용하여 지방 호족을 견제하고 지방 통치를 원활하게 하였다.

오답의 이유

② 고려 태조는 고구려 계승 의식을 가지고 강력한 북진정책을 추구하여 고구려의 수도였던 평양을 '서경'이라 하며 북진정책의 전진 기지로 삼았다.

③ 고려 승려 지눌은 무신 정권 최충헌 집권기에 순천 송광사를 거점으로 수선사 결사 운동을 전개하였으며, 정혜쌍수를 사상적 바탕으로 하여 철저한 수행을 강조하였다.

④ 통일 신라 원성왕은 국학 학생들을 대상으로 독서삼품과를 실시하여 유교 경전의 이해 수준에 따라 관리를 채용하였다.

14 난도 ★★☆   정답 ②

중세 > 정치사

자료해설

제시문은 고려의 중앙 통치 기구 중 '대간'에 대한 설명이다.

정답의 이유

② 중서문하성의 2품 이상인 재신과 중추원의 2품 이상인 추밀은 합좌 기구인 식목도감에서 법률·제도, 격식 문제 등을 논의하였다.

오답의 이유

①·③·④ 고려 시대 중서문하성의 낭사와 어사대의 소속 관원은 '대간'으로 불리며 왕의 잘못을 논하는 간쟁, 잘못된 왕명을 시행하지 않고 되돌려 보내는 봉박권과 함께 관리 임명에 대한 서경권을 가지고 있었다.

15 난도 ★★☆   정답 ④

근대 > 정치사

자료해설

제시문의 사건은 (나) 만석보 파괴(고부 농민 봉기, 1894.1) - (가) 집강소 설치(1894.6) - (다) 시모노세키 조약 체결(1895) 순으로 발생하였다.

정답의 이유

(나) 고부 농민 봉기: 전라도 고부 군수 조병갑이 농민들을 동원하여 만석보를 쌓고 수세를 강제로 징수하자 견디다 못한 농민들이 동학교도 전봉준을 중심으로 봉기를 일으켜 고부 관아를 점령하고 만석보를 파괴하였다.

(가) 집강소 설치: 동학 농민 운동 발생 후 조정에서 이를 진압하기 위해 청에 원군을 요청하자 일본도 톈진 조약에 의거하여 군대를 파견하였다. 이에 청과 일본의 군대 개입을 우려한 동학 농민군은 정부와 전주 화약을 맺고 자치 개혁 기구인 집강소를 설치하여 탐관오리 처벌, 부패한 지배층의 징벌, 잡세 폐지 등의 내용이 담긴 폐정 개혁안을 실시하였다.

(다) 시모노세키 조약 체결: 청·일 전쟁에서 승리한 일본은 청과 시모노세키 조약을 체결하여 요동 반도와 타이완을 장악하였다.

16 난도 ★★★   정답 ②

중세 > 정치사

자료해설

제시문의 사건은 (나) 의천의 천태종 창시(1097) - (가) 망이·망소이의 난(1176) - (다) 성균관 정비(1367) 순으로 발생하였다.

정답의 이유

(나) 고려 승려 의천은 송에서 유학하고 돌아와 개경 흥왕사에서 교종과 선종의 불교 통합 운동을 전개하였고, 고려 숙종 때 국청사를 중심으로 해동 천태종을 개창하였다. 또한 고려 선종 때 대장경의 보완을 위하여 송과 요·일본의 주석서를 모아 흥왕사에 교장도감을 설치하고 『속장경(교장)』을 간행하였다.

(가) 고려 무신 정권기에 공주 명학소에서 망이·망소이가 과도한 부역과 소·부곡민에 대한 차별대우에 항거하여 농민 반란을 일으켰다. 당시 조위총의 난을 진압하면서 어려움을 겪고 있던 고려 조정은 반란 세력을 진압하려고 하였으나 실패하고 명학소를 충순현으로 승격시켜 현령을 파견하는 등 저항 세력을 회유하였다. 그러나 망이·망소이가 재차 봉기하자 군대를 보내 다시 토벌하였다.

(다) 고려 공민왕은 성리학자인 이색을 판개성 부사 겸 성균관 대사성으로 삼고 성균관을 대대적으로 개혁하여 유학 교육을 전담하는 최고 학부로 개편하였다(1367).

17 난도 ★★☆   정답 ②

고대 > 정치사

자료해설

- 첫 번째 제시문은 중국 사서인 『구당서』에 실린 내용으로, 고구려 출신 대조영이 유민들을 이끌고 고구려 계루부의 옛 땅이었던 지린성 동모산에서 발해를 건국한 일을 말한다. 따라서 (가)는 '대조영'이다.
- 두 번째 제시문은 유득공의 『발해고』 서문에 기술된 내용으로, 발해를 우리의 역사로 인식하여 신라를 남국, 발해를 북국으로 일컬으며 최초로 '남북국'이라는 용어를 사용하였다. 따라서 (나)는 '발해'이다.

정답의 이유

ⓒ 발해는 제14대 경애왕(대인선) 때에 이르러 거란 야율아보기의 침략으로 멸망하였다(926).

오답의 이유

㉠ 대조영은 고구려의 유민이지만 왕족 출신은 아니다.

㉡ 당의 산둥반도를 공격한 것은 대조영의 뒤를 이은 제2대 무왕 때의 일이다. 발해 무왕은 영토 확장을 위해 동북방의 여러 세력을 복속하고 북만주 지역을 장악하였으며, 장문휴의 수군으로 당의 등주(산둥반도) 등을 공격하였다.

㉣ 통일 신라 신문왕은 군사 조직을 정비하여 중앙군을 9서당, 지방군을 10정으로 편성하였다.

18 난도 ★★☆   정답 ②

고대 > 정치사

자료해설

제시문의 밑줄 친 왕은 '진성 여왕'으로, 제시문의 내용은 9세기 말(통일 신라 하대) 진성 여왕(887~897) 때의 사회상을 설명하고 있다. 당시 귀족 간의 권력 다툼이 심화되어 왕권이 약화되고 귀족들의 녹읍이 확대되며 자영농이 몰락하는 등 백성들의 생활이 더욱 어려워졌다. 이에 공물과 조세가 제대로 걷히지 않아 중앙 정권이 강압적으로 조세를 징수하자 농민들이 반발하며 곳곳에서 봉기를 일으켰다.

정답의 이유

㉠ 진성 여왕 때 서남쪽 지방에서 붉은 바지를 입고 다닌다 하여 '적고적'이라고 불리는 도적들이 반란을 일으켜 수도인 경주 근방까지 진출하였다(적고적의 난, 896).

㉣ 진성 여왕 때 원종과 애노가 사벌주에서 중앙 정권의 무분별한 조세 징수에 반발하여 농민 봉기를 일으켰다(원종·애노의 난, 889).

오답의 이유

㉡ 통일 신라 헌덕왕 때 웅천주 도독 김헌창은 아버지인 김주원이 왕위를 계승하지 못한 데 불만을 품고 반란을 일으켰으나 실패하였다(822).

ⓒ 고려 무신 정권기에 최충헌의 사노비였던 만적이 사람은 누구나 공경대부가 될 수 있다고 주장하며 개경에서 신분 해방 운동을 일으켰으나 사전에 발각되어 실패하였다(1198).

19 난도 ★★☆   정답 ①

중세 > 문화사

자료해설

제시문의 밑줄 친 '후(煦)'는 고려 왕족 출신으로 승려가 된 대각국사 의천이다. 의천은 고려 문종의 넷째 아들로 태어나 자원하여 11세에 출가하였다. 이후 조정의 반대를 무릅쓰고 송에 유학하여 화엄종과 천태종의 교리를 배웠으며, 귀국 후 개경 흥왕사에서 교종과 선종의 불교 통합 운동을 전개하고 국청사에서 해동 천태종을 개창하였다.

정답의 이유

① 의천은 교종과 선종의 통합 운동을 전개하며 그 사상적 바탕으로 이론의 연마와 꾸준한 실천을 강조하는 교관겸수를 제시하였다.

오답의 이유

② 신라 승려 혜초는 인도와 중앙아시아 지역을 답사한 뒤 여행기인 『왕오천축국전』을 저술하였다.

③ 고려 승려 혜심은 유교과 불교가 다르지 않다는 유·불 일치설을 주장하여 장차 성리학을 수용할 수 있는 사상적인 토대를 마련하였다.

④ 고려 승려 지눌은 순천 송광사를 중심으로 수선사 결사 운동을 전개하여 불교의 타락을 비판하고 승려 본연의 자세로 돌아가 독경과 선 수행·노동에 힘쓸 것을 주장하였다.

20 난도 ★★☆   정답 ③

근대 > 정치사

자료해설

제시문의 사건은 (나) 병인양요(1866) – (가) 오페르트 도굴 사건(1868) – (다) 신미양요(1871) – (라) 강화도 조약 체결(1876) 순으로 발생하였다.

정답의 이유

(나) 병인양요: 프랑스군이 병인박해를 구실로 강화도를 침공하자 양헌수 군대는 정족산성에서, 한성근 부대는 문수산성에서 결사 항전하였다. 이로 인해 사상자가 발생하자 프랑스군은 강화도에서 철수하였다.

(가) 오페르트 도굴 사건: 독일이 조선 정부에 통상 수교를 요구하였으나 거절당하자, 독일 상인 오페르트가 흥선 대원군의 아버지인 남연군 묘 도굴을 시도하다가 잡혔다. 이에 흥선 대원군은 통상 수교 거부 정책을 더욱 강하게 추진하였다.

(다) 신미양요: 제너럴셔먼호 사건을 구실로 미국 함대가 강화도에 침입하여 초지진을 점령하고 광성보를 공격하였다. 어재연이 이끄는 조선군이 미군을 상대로 항전하였으나 패배하고 어재연은 전사하였다.

(라) 강화도 조약 체결: 일본은 운요호 사건을 구실로 조선에 통상 조약 체결을 요구하여 우리나라 최초의 근대적 조약인 강화도 조약이 체결되었다. 강화도 조약은 일본인에 대한 치외법권과 해안 측량권 허용 등을 포함한 불평등 조약으로, 일본의 요구에 따라 부산, 원산, 인천 3개 항을 개항하였다.

21 난도 ★★★   정답 ③

근대 > 정치사

자료해설

(가) 제1차 한·일 협약의 조문으로, 대한 제국에서 고문 정치를 실시하겠다는 내용을 담고 있다. 일본은 러·일 전쟁에서 유리해지자 대한 제국을 식민지화하기 위한 계획안을 확정한 뒤 강제로 제1차 한·일 협약을 체결하였다(1904.8.). 제1차 한·일 협약의 결과 고문 정치가 실시되었고, 메가타가 재정 고문으로, 스티븐스가 외교 고문으로 파견되어 일본의 내정 간섭이 본격화되었다.

(나) 제2차 한·일 협약(을사늑약) 제2조로 대한 제국의 외교권을 제한하는 내용을 담고 있다. 일본은 제2차 한·일 협약을 체결하여 외교권을 박탈하고 통감부를 설치하였다(1905.11.).

(다) 포츠머스 조약 제2조로, 일제가 대한 제국에 대한 독점적 우위권을 갖는 데에 러시아가 동의한다는 내용을 담고 있다. 일본은 러·일 전쟁 승리 후 러시아와 포츠머스 조약을 체결하여 열강들로부터 사실상 대한 제국에 대한 지배권을 인정받았다(1905.9.).

정답의 이유

③ 일본은 러·일 전쟁 중에 군사적 목적을 위하여 조선 정부 몰래 독도를 시마네 현에 불법 편입하였다(1905.2.). (다) 포츠머스 조약은 러·일 전쟁 이후에 체결되었다.

오답의 이유

① 제1차 한·일 협약에 의해 재정 고문으로 임명된 메가타는 대한 제국의 경제권을 장악하기 위하여 화폐 정리 사업을 추진하여 백동화를 제일 은행권으로 교환하였다(1905).

② 제2차 한·일 협약(을사늑약) 체결로 대한 제국의 외교권을 박탈한 일제는 대한 제국의 의사를 무시하고 만주 안봉선 철도부설권과 푸순 탄광 채굴권을 얻는 대가로 간도를 청의 영토로 인정하는 간도 협약을 체결하였다(1909).

④ (가) 제1차 한·일 협약(1904) - (다) 포츠머스 조약 - (나) 제2차 한·일 협약(을사늑약) 순서로 조약이 체결되었다.

22 난도 ★★☆   정답 ②

일제 강점기 > 정치사

자료해설

제시문은 일제가 한국 내에서 회사 설립을 제한하기 위해 제정한 '회사령'이다. 1910년대 무단 통치 시기 일제는 민족 자본 성장을 억제하기 위해 회사 설립 시 총독의 허가를 받도록 하는 회사령을 제정하였다(1910). 무단 통치 시기에는 한국인을 억압하기 위해 헌병 경찰제, 조선 태형령 등이 자행되었으며, 토지조사사업, 회사령 실시 등의 경제적인 침탈이 있었다.

정답의 이유

② 일제는 1910년대 무단 통치기에 강압적인 통치를 목적으로 헌병에게 경찰 업무를 부여한 헌병 경찰 제도를 실시하였다. 대한 광복회는 대구에서 박상진 등이 공화 정체의 근대 국민 국가 수립을 지향하며 비밀리에 조직한 무장 독립 단체(1915)로, 무단 통치기에 활동하였다.

오답의 이유

① 일제는 중·일 전쟁(1937) 이후 황국 신민화 정책(민족 말살 통치)을 실시하였으며, 국민학교령을 제정하여 소학교를 '황국 신민의 학교'라는 의미인 국민학교로 개칭하였다(1941).

③ 1920년대 문화통치기에 일제는 국내의 치안 유지를 빙자하여 치안 유지법을 공포하였으며(1925), 이를 통해 식민지 지배에 저항하는 독립운동가와 사회주의 세력을 탄압하였다.

④ 일제는 소작농들의 불만을 무마하기 위해 춘궁 퇴치, 농가 부채 근절 등을 목표로 내세우며 농촌 진흥 운동을 실시하였다(1932).

23 난도 ★★☆   정답 ①

근대 태동기 > 정치사

자료해설

제시문은 조선 순조 때 발생한 홍경래의 난(1811)에 대한 내용이다. 세도 정치로 인한 삼정의 문란과 평안도 사람(서북 지역민)에 대한 차별에 항거하여 몰락 양반 홍경래를 중심으로 난이 일어났다.

정답의 이유

① 조선 정조 사후 순조·헌종·철종 3대에 걸친 세도 정치기에 안동 김씨, 풍양 조씨 등 왕실과 혼인을 맺은 소수의 가문이 정권을 장악하였다. 이 시기에 세도 가문의 부정부패로 삼정의 문란이 극에 달하고 백성에 대한 수탈이 심화되었다.

오답의 이유

② 조선 정조는 유득공·이덕무·박제가 등 학문이 뛰어난 서얼 출신 인사들을 규장각 검서관에 등용하였다.

③ 조선 광해군 때 공납의 폐단을 해결하기 위해 대동법을 실시하여, 공납을 가호에 따라 공물(현물)로 부과하던 방식을 바꾸어 토지의 결수에 따라 쌀·무명·동전 등으로 납부하도록 하였다. 대동법은 광해군 때 경기도에서 처음 시험적으로 시행되었고, 이후 숙종 때 평안도·함경도를 제외한 전국에서 실시되었다.

④ 정조는 신해통공을 시행하여 육의전을 제외한 시전 상인들의 금난전권을 폐지하고 일반 상인들의 자유로운 상업 활동을 도모하였다.

24 난도 ★★☆   정답 ②

중세 > 정치사

자료해설

제시문은 고려 무신 정권기에 최충헌이 동생 최충수와 함께 당시 권력을 장악하고 있던 이의민 일파를 제거하는 과정을 설명한 내용이다. 제시문에 등장하는 이지영, 이지순, 이지광은 이의민의 아들들로, 최충헌 형제는 이의민과 그 아들들을 제거하여 정권을 장악하고 명종을 폐위시켰다.

정답의 이유

② 최충헌은 정권을 장악하여 최고 권력자가 된 후 국정을 총괄하는 교정도감을 설치하고 스스로 기구 최고 관직인 교정별감이 되어 인사 및 재정 등을 장악하였다.

오답의 이유

① 하층민 출신의 권력자는 이의민이다. 이의민은 아버지가 소금 장수, 어머니가 노비인 천민 출신이었다.

③ 최충헌은 권력을 장악한 후 명종에게 봉사 10조라는 사회 개혁안을 제시하였다.

④ 정방은 무신 정권 시기 최충헌의 뒤를 이어 집권한 최우가 자신의 집에 설치하였다. 최우는 정방을 인사 행정 담당 기관으로 삼고 인사권을 완전히 장악하였다.

25 난도 ★★☆　　　　　　　　　　　　　　정답 ①

근대 태동기 > 정치사

자료해설

제시문의 밑줄 친 '국왕'은 조선 정조로, 제시문의 내용은 정조가 사도세자의 묘인 현륭원을 방문할 때 한강을 건너기 위해 만든 주교(배다리)와 관련된 것이다. 정조는 아버지인 사도 세자의 묘를 수원으로 옮기고 자주 행차하였는데, 그곳을 방문할 때 한강을 건너는 비용 및 노력을 줄이기 위해 옛 규례에서 사용한 용배(부교) 대신 배를 이용한 주교를 설치하게 하고, 친히 주교의 설치 관련하여 새로운 운영 방안을 제시한 『주교지남(舟橋指南)』을 편찬하였다.

정답의 이유

① 조선 영조는 붕당 정치의 폐해를 막고 능력에 따른 인재를 등용하기 위해 탕평책을 실시하고 성균관에 탕평비를 건립하였다.

오답의 이유

② 정조는 왕권을 뒷받침하는 군사적 기반을 갖추기 위하여 국왕 친위 부대인 장용영을 설치하였다.

③ 정조는 군사의 무예 훈련을 위하여 이덕무, 박제가 등에 명을 내려 선조 때 편찬된 『무예제보』, 영조 때 간행된 『무예신보』에 새로운 훈련법을 더한 훈련 교범인 『무예도보통지』를 간행하였다.

④ 정조는 새롭게 관직에 오른 자 또는 기존 관리 중 능력 있는 자들을 규장각에서 재교육시키는 초계문신제를 시행하였다.

한국사 | 2023년 법원직 9급

✓ 빠른 정답

01	02	03	04	05	06	07	08	09	10
②	②	④	③	③	②	③	③	②	②
11	**12**	**13**	**14**	**15**	**16**	**17**	**18**	**19**	**20**
④	②	④	③	④	④	①	②	④	③
21	**22**	**23**	**24**	**25**					
③	①	④	③	②					

✓ 점수 체크

구분	1회독	2회독	3회독
맞힌 문항 수	/ 25	/ 25	/ 25
나의 점수	점	점	점

---

01 난도 ★★☆   정답 ②

근대 > 정치사

자료해설

제시문은 헌의 6조에 대한 내용으로, 밑줄 친 '이 단체'는 독립 협회임을 알 수 있다. 독립 협회는 관민 공동회를 개최하고, 여기서 중추원 개편을 통한 의회 설립 방안이 담겨 있는 헌의 6조를 건의하여 고종이 이를 채택하였다(1898.10.).

정답의 이유

㉠ 독립 협회는 자주 국권 확립을 촉구하는 구국 선언 상소문 (1898.2.)을 지어 고종에게 올리고, 만민 공동회를 열어 자주 국권 운동을 전개하였다.

㉣ 독립 협회는 러시아 재정 · 군사 고문 철수 요구, 러시아의 절영도 조차(租借) 요구 저지 등 반 · 러 운동을 전개하였다.

오답의 이유

㉡ 고종의 강제 퇴위 반대 운동에 앞장선 단체는 대한 자강회이다. 대한 자강회는 교육과 산업 활동을 바탕으로 한 국권 회복을 목표로 활동하였고, 고종의 강제 퇴위 반대 운동을 전개하다가 일제의 탄압으로 해산되었다(1907).

㉢ 일제의 황무지 개간권 요구에 반대한 단체는 보안회이다. 보안회는 일본이 대한 제국에 황무지 개간권을 요구하자 반대 운동을 전개하여 이를 저지하였다(1904).

더 알아보기

헌의 6조

1. 외국인에게 의지하지 말고 관민이 한마음으로 힘을 합하여 전제 황권을 공고히 할 것
2. 외국과의 이권에 관한 계약과 조약은 각 대신과 중추원 의장이 합동 날인하여 시행할 것
3. 국가 재정은 탁지부에서 전관하고, 예산과 결산을 국민에게 공포할 것
4. 중대 범죄를 공판하되, 피고의 인권을 존중할 것
5. 칙임관을 임명할 때에는 황제가 정부에 그 뜻을 물어서 중의에 따를 것
6. 정해진 규정을 실천할 것

02 난도 ★★☆   정답 ②

일제 강점기 > 정치사

자료해설

제시된 자료는 1912년 8월에 제정된 토지 조사령 제1조와 제4조 내용이다. 조선 총독부는 토지 조사국을 설치하고 1912년 토지 조

사령을 발표하여 일정 기간 내 토지를 신고하게 하는 토지조사사업 (1910~1918)을 실시하였다.

정답의 이유

② 1914년 이상설은 러시아 연해주에서 공화정을 목표로 하는 대한 광복군 정부를 조직하였다. 이후 정통령 이상설, 부통령 이동휘를 선출하여 독립운동을 전개하였다.

오답의 이유

① 조선 혁명당은 1929년 국민부가 기존의 민족유일당 조직동맹을 개편함에 따라 결성된 단체이다.

③ 『신여성』은 1923년 천도교의 주도로 발행된 잡지이고, 『삼천리』는 1929년 대중지를 표방하며 창간된 월간 잡지이다.

④ 1937년 러시아 스탈린은 만주 지역이 일본의 침략을 받기 시작하자 극동 지방의 안보를 우려하여 국경 지방에 거주하는 한인을 강제로 이주시키는 정책을 실시하였다. 이로 인해 러시아 연해주에 살고 있던 한인 약 20만 명이 중앙 아시아로 강제 이주되었다.

03 난도 ★★☆ 정답 ④

중세 > 정치사

정답의 이유

(다) 이자겸 · 척준경의 난(인종, 1126): 인종은 1126년 이자겸의 권력에 불안을 느껴 그를 제거하려 했으나 실패하고, 이자겸이 이에 반발하여 척준경과 함께 난을 일으켰다. 그러나 얼마 후 인종은 이자겸의 부하인 척준경을 시켜 이자겸을 제거하였다.

(나) 묘청의 난(인종, 1135): 고려 인종 때 묘청은 서경 천도와 칭제 건원, 금 정벌 등을 주장하였으나 받아들여지지 않자 서경에서 반란을 일으켰고, 1136년에 김부식의 관군에 의해 진압되었다.

(가) 정중부의 난(무신정변, 1170): 고려 의종이 무신들을 천대하고 향락에 빠져 실정을 일삼자 무신들의 불만이 쌓여갔으며, 그러던 중 보현원에서 대장군 이소응이 문신 한뢰에게 뺨을 맞는 사건이 발생하였다. 이를 계기로 분노가 폭발한 무신들이 정변을 일으켰으며, 정중부와 이의방을 중심으로 조정을 장악한 무신들은 의종을 폐위하여 거제도로 추방한 뒤 명종을 즉위시켰다.

더 알아보기

무신정변(1170)

배경		고려 의종의 무신에 대한 차별과 하급 군인들의 불만 고조
과정		정중부와 이의방을 중심으로 조정 장악 → 문신 제거와 의종 폐위, 명종 즉위로 정권 장악(중방을 중심으로 권력 행사) → 무신 집권에 반발한 김보당, 조위총 난 진압
변천		무신들이 토지 · 사병 · 노비를 늘려 세력 확대 → 무신 간 권력 싸움 발생
최씨 무신 정권	최충헌	이의민 제거 후 권력 장악, 명종에게 봉사 10조 올림, 교정도감(최고 권력 기구) 설치, 도방(사병 기관) 확대
	최우	정방 설치(인사권 장악), 문신 등용

04 난도 ★★☆ 정답 ③

근대 > 정치사

자료해설

(가) 1881년 황쭌셴(황준헌)의 『조선책략』 유포에 반대한 이만손 등의 영남 유생들이 올린 영남 만인소의 내용이다.

(나) 1895년 10월 명성황후를 시해한 을미사변과 단발령(11월)에 대한 반발로 전국의 유생들이 주도하고 농민들이 가담하여 일으킨 을미의병에 대한 내용이다.

정답의 이유

ⓒ 1895년 2월 제2차 갑오개혁 당시 고종은 교육의 기본 방향을 제시한 교육 입국 조서를 반포하여 교육의 중요성을 강조하였다.

ⓒ 1885년 조선에 대한 러시아의 세력 확장에 불안을 느낀 영국이 이를 저지하기 위해 거문도를 불법으로 점령하였다.

오답의 이유

ⓒ 1898년 독립 협회는 만민 공동회와 관민 공동회를 개최하여 민중에게 근대적 국권 · 민권 사상을 고취시켰다.

ⓒ 나철은 한 · 일 병합 조약으로 국권을 완전히 빼앗기자, 1909년 대종교를 창시하고 단군 숭배를 통해 민족의식을 고취하며 교세를 확장하였다.

05 난도 ★★☆ 정답 ③

중세 > 정치사

자료해설

제시문에서 '향리', '중방', '원종' '도병마녹사' 등이 언급되는 것으로 보아 고려 시대에 대한 내용이다. 고려 성종 때 최승로의 시무 28조를 받아들여 지방 세력을 견제하기 위해 지방관을 파견하고 향리제를 마련하였다. 도병마녹사는 고려 시대 도병마사의 한 벼슬에 해당한다.

정답의 이유

ⓒ 고려 시대 주현은 지방관이 상주한 지역을, 속현은 지방관이 상주하지 않은 지역을 통칭하는데, 고려 시대는 지방관이 파견되지 않은 속현의 수가 더 많았다.

ⓒ 고려 시대 어사대의 관원과 중서문하성의 낭사는 대간으로 불리며 간쟁 · 봉박권과 함께 관리 임명에 대한 서경권을 가지고 있었다.

오답의 이유

ⓒ 모든 군현에 수령이 파견된 것은 조선 시대이다. 조선 시대 수령은 지방의 행정 · 사법 · 군사권을 행사하였다.

ⓒ 전국을 8도로 나누고, 그 밑에 부 · 목 · 군 · 현을 둔 것은 조선 시대이다.

더 알아보기

조선 초기 중앙 집권 체제 강화

지방 행정 조직	8도 – 부 · 목 · 군 · 현 – 면리제 실시
지방관 파견	• 관찰사: 8도에 파견되어 관할 지역의 수령을 감찰 • 수령: 모든 군현에 파견되어 행정 · 사법 · 군사권을 행사 • 향리: 고려 때와 달리 수령을 보좌하는 세습적 아전으로 격하
유향소 설치	수령의 통치를 돕거나 향리를 감찰하고 풍속을 바로 잡기 위해 지방 품관들이 자발적으로 설치한 조직
경재소 설치	중앙의 지방 통치 체제 강화를 위해 설치한 기구, 중앙 고위 관리가 출신 지역 경재소를 관장하고 그 지역 유향소 품관을 임명 · 감독

06 난도 ★★☆   정답 ②

근대 태동기 > 경제사

자료해설

제시문은 담배가 추위를 막지도 못하고 요깃거리도 못 되면서 심는 땅은 기름져야 하므로 매우 재배하기가 까다롭고, 전황(錢荒)도 담배에서 비롯되었으니 담배 재배를 철저히 금해달라는 상소문이다. 담배는 '조선 후기'에 상품화되어 재배가 활발하게 이루어졌다.

정답의 이유

㉠ 조선 후기에는 이수광의 『지봉유설』, 이익의 『성호사설』, 이덕무의 『청장관전서』, 서유구의 『임원경제지』, 이규경의 『오주연문장전산고』, 홍봉한의 『동국문헌비고』 등의 백과사전이 널리 편찬되었다.

㉡ 조선 후기에는 평시조보다 글이 길고 형식이 자유로운 사설시조가 유행하였다. 사설시조는 서민 작가의 참여가 많아지면서 남녀 간의 사랑, 양반에 대한 풍자 등이 솔직하게 표현되었다.

오답의 이유

㉢ 주자소를 설치하고 계미자를 주조하여 금속 활자 인쇄술이 한층 더 발전한 것은 조선 초기 태종 때이다.

07 난도 ★★☆   정답 ③

시대 통합 > 지역사

자료해설

제시문은 고려 최씨 무신 정권 시기 권력을 장악하고 있던 최우가 몽골의 침입에 대비하여 강화도로 천도하고자 대신들을 모아 놓고 논의할 때 신하 참지정사 유승단이 강화도 천도를 반대하고 있는 내용이다. 따라서 (가) 지역은 강화도이다.

정답의 이유

㉡ 조선 효종 때 전주사고본이 보관되어 있던 마니산 사고가 실록각의 실화 사건으로 많은 사적들이 불타게 되자 강화도 정족산성 안 전등사 서쪽에 정족산 사고를 새로 건립하였다. 이후 마니산 사고에 보관되었던 조선왕조실록과 서책들을 정족산성의 정족산 사고로 옮겼다.

오답의 이유

㉠ 동녕부는 고려 원종 때부터 충렬왕 때까지 서경을 포함한 고려 서북면 일대에 설치되었던 원의 통치기관이다.

㉢ 고려 무신 정권기에 공주 명학소에서 망이 · 망소이가 과도한 부역과 소 주민에 대한 차별 대우에 항의하여 농민 반란을 일으켰다.

08 난도 ★★☆   정답 ③

일제 강점기 > 문화사

자료해설

제시문에서 '최현배', '표준어 및 외래어 표기법 통일안' 등이 언급되는 것으로 보아 (가) 단체는 조선어 학회(1931~1942)이다.

정답의 이유

㉡ · ㉢ 조선어 학회는 한글 맞춤법 통일안과 외국어 표기법 통일안을 제정하고 우리말의 체계화를 위해 노력하였으며, 우리나라 최초의 국어학 학술지인 『한글』을 발행하였다. 이후 『조선말 큰사전(우리말 큰사전)』의 편찬을 시작하였으나 일제는 조선어 학회를 독립운동 단체로 간주하여 관련 인사를 체포한 후 학회를 강제 해산시켰고(조선어 학회 사건, 1942), 이때 이극로, 최현배 등이 구속되어 옥고를 치렀다. 이로 인해 중단되었던 『조선말 큰사전』의 편찬은 해방 이후 완성되었다.

오답의 이유

㉠ 국문 연구소는 1907년 학부대신 이재곤의 건의로 대한 제국 학부 안에 설치된 것으로, 지석영과 주시경을 중심으로 한글의 정리와 국어의 이해 체계 확립에 힘썼다.

㉣ 천도교는 3 · 1 운동 이후 제2의 3 · 1 운동을 계획하여 자주독립 선언문을 발표하였고, 『개벽』, 『신여성』, 『어린이』 등의 잡지를 간행하여 민족의식을 높였다.

09 난도 ★★★   정답 ②

근대 > 정치사

자료해설

제시문은 1905년 을사늑약 강제 체결로 인해 고종 황제가 대프랑스 대통령에게 보낸 친서의 내용이다. 포츠머스 조약을 통해 열강들로부터 사실상 한국에 대한 지배를 인정받은 일본은 을사늑약을 체결하여 대한 제국의 외교권을 박탈하였고, 한국을 식민지로 만들려는 계획을 진행하였다.

정답의 이유

② 을사늑약 강제 체결(1905.11.) 이후 일제는 통감부 설치와 함께 한국의 각 지방에서 일본인들의 활동과 이익을 보장하고, 지방 행정을 장악하기 위해 이사청을 설치, 운용하였다.

오답의 이유

① 일본은 러 · 일 전쟁에서 승리하자 러시아와 포츠머스 조약을 체결(1905.9.)하여 국제 사회로부터 대한 제국에 대한 지배권을 인정받았다.

③ 만주에 주둔하고 있던 러시아군이 군사적 근거지 확보를 위해 용암포와 압록강 하구를 강제 점령하여 대한 제국에 조차를 요

구하였다. 일본과 영국의 간섭으로 성공하지 못하였지만 이후 이 사건은 러 · 일 전쟁의 발단이 되었다(1903).

④ 러 · 일 전쟁에서 일본이 유리해지자 일본은 한국을 식민지화하기 위한 계획안을 확정한 뒤 강제로 제1차 한 · 일 협약을 체결하였다(1904).

10 난도 ★★☆ 정답 ②

고대 > 정치사

[자료해설]

(가) 사료의 '영락 5년', '패려', '친히 군사를 이끌고' 등으로 보아 광개토 대왕 때이다. 광개토 대왕은 숙신(여진)과 비려(거란)를 정벌하여 만주 일대를 장악하고 후연(선비)을 공격하여 요동을 확보하였다(391~413).

(나) 사료의 '고구려왕 거련', '한성을 포위', '고구려 병사에게 살해' 등으로 보아 장수왕 때이다. 고구려 장수왕은 백제의 수도 한성을 함락하고 백제 개로왕을 전사시킨 뒤 한강 유역을 차지하였다(475).

[정답의 이유]

② 고구려 장수왕은 수도를 국내성에서 평양성으로 옮기고 남진 정책을 추진하였다(427).

[오답의 이유]

① 신라에 병부가 설치된 것은 법흥왕(514~540) 때이다. 신라 법흥왕은 병부와 상대등을 설치하였고 공복 제정, 율령 반포를 통해 국가 통치 체제를 갖추었다.

③ 백제 고이왕(234~286)은 6좌평제와 16관등제를 정비하여 중앙집권 국가의 기틀을 마련하였다.

④ 백제의 최전성기를 이끈 근초고왕은 정예군 3만 명을 거느리고 고구려 평양성을 공격하였고, 이때 고구려 고국원왕이 전사하였다(371).

11 난도 ★★★ 정답 ④

근세 > 경제사

[자료해설]

제시된 사료에서 임금은 수령에게 '수령칠사'에 대한 내용을 묻고 있다. 수령칠사는 수령이 힘써야 할 일곱 가지의 임무에 대한 것이다.

[정답의 이유]

〈수령칠사〉

• 농상성(農桑盛): 농업과 양잠 장려
• 호구증(戸口增): 호구의 증가
• 학교흥(學校興): 학교 교육의 진흥
• 군정수(軍政修): 군정의 바른 처리
• 부역균(賦役均): 부역의 균등 부과
• 사송간(詞訟簡): 소송의 간명한 처리
• 간활식(奸猾息): 간교한 풍속을 없앰

따라서 ㉠, ㉡, ㉢, ㉣ 모두 해당된다.

12 난도 ★★☆ 정답 ②

현대 > 정치사

[자료해설]

제시된 조약의 내용은 한 · 미 상호 방위 조약(1953)의 내용이다. 한 · 미 상호 방위 조약은 전문(前文)과 본문 6개 조로 구성되며, 외부로부터의 무력 공격에 대한 공동방위 결의가 전문에 명시되어 있다.

• 대한민국 정부 수립(1948)
• 6 · 25 발발(1950)
• 제2차 개정헌법 공포(1954)
• 5 · 16 군사 정변(1961)
• 한일 기본 조약 조인(1965)

[정답의 이유]

② 이승만 정부 때 한국과 미국 간 경제 및 군사 원조에 관한 협약인 한 · 미 상호 방위 원조 협정이 체결되었다(1950). 그러나 1950년 6월 북한의 남침으로 6 · 25 전쟁이 발발한 당시에 한 · 미 상호 방위 원조 협정은 겨우 실현 단계에 이르렀고, 이후 1953년 실질적인 군사동맹인 한 · 미 상호 방위 조약이 조인되었다.

더 알아보기

한 · 미 상호 방위 조약(6조)

제1조 당사국은 관련될지도 모르는 어떠한 국제적 전쟁이라도 국제 평화와 안전과 정의를 위태롭게 하지 않는 방법으로 평화적 수단에 의하여 해결하고 또한 국제관계에 있어서 국제연합의 목적이나 당사국이 국제연합에 대하여 부담한 업무에 배치되는 방법으로 무력에 의한 위협이나 무력의 행사를 삼갈 것을 약속한다.

제2조 당사국 중 어느 1국의 정치적 독립 또는 안전이 외부로부터의 무력 공격에 의하여 위협을 받고 있다고 어느 당사국이든지 인정할 때에는 언제든지 당사국은 서로 협의한다. 당사국은 단독으로나 공동으로 자조(自助)와 상호 원조에 의하여 무력 공격을 저지하기 위한 적절한 수단을 지속 강화시킬 것이며 본 조약을 이행하고 그 목적을 추진할 적절한 조치를 협의와 합의하에 취할 것이다.

제3조 각 당사국은 타 당사국의 행정 지배하에 있는 영토와 각 당사국이 타 당사국의 행정 지배하에 합법적으로 들어갔다고 인정하는 금후의 영토에 있어서 타 당사국에 대한 태평양 지역에 있어서의 무력 공격을 자국의 평화와 안전을 위태롭게 하는 것이라 인정하고 공통한 위험에 대처하기 위하여 각자의 헌법상의 수속에 따라 행동할 것을 선언한다.

제4조 상호적 합의에 의하여 미합중국의 육군, 해군과 공군을 대한민국의 영토 내와 그 부근에 배치하는 권리를 대한민국은 이를 허여(許與)하고 미합중국은 이를 수락한다.

제5조 본 조약은 대한민국과 미합중국에 의하여 각자의 헌법상의 수속에 따라 비준되어야 하며 그 비준서가 양국에 의하여 워싱턴에서 교환되었을 때 효력을 발생한다.

제6조 본 조약은 무기한으로 유효하다. 어느 당사국이든지 타 당사국에 통고한 후 1년 후에 본 조약을 종지(終止)시킬 수 있다.

13 난도 ★★☆　　　　　　　　　　정답 ④

현대 > 경제사

자료해설

제시된 자료는 김영삼 대통령이 취임 직후 발표한 금융실명제에 대한 내용이다. 김영삼 정부는 부정부패와 탈세를 뿌리 뽑기 위해 대통령 긴급명령으로 금융실명제를 실시하여 경제 개혁을 추진하였다 (1993).

정답의 이유

④ 김영삼 정부는 국제 경제의 세계화와 개방 경제 체제 확산에 따른 대응을 위해 경제 협력 개발 기구(OECD)에 가입하였다 (1996).

오답의 이유

① YH 무역 사건은 YH 무역 노동자들이 폐업에 대한 항의로 신민 당사 앞에서 농성 시위를 벌이던 중 경찰의 강제 진압으로 해산당한 사건(1979)으로 박정희 정부 때의 일이다. 이 사건으로 박정희 정부는 야당 총재인 김영삼을 국회의원직에서 제명하였고, 이로 인해 부산 · 마산에서 유신 정권에 반대하는 부마 민주 항쟁이 전개되었다.

② 박정희 정부는 제4차 경제개발 5개년 계획을 1977~1981년에 추진하였으며, 이때 중화학 공업 비중이 경공업을 앞질렀다.

③ 국민 기초 생활 보장법은 생활이 어려운 사람에게 필요한 급여를 실시하여 이들의 최저생활을 보장하고 자활을 돕는 것을 목적으로 김대중 정부 시기인 1999년 9월 7일에 제정되어 2000년 10월 1일에 시행되었다.

14 난도 ★☆☆　　　　　　　　　　정답 ③

고대 > 정치사

정답의 이유

(다) 고구려 광개토 대왕은 신라의 원군 요청을 받고 군대를 보내 신라에 침입한 왜를 격퇴하였다(400).

(나) 신라 신문왕은 귀족 세력을 약화시키기 위해 관료전을 지급하였다(687).

(라) 발해 선왕(818~830) 때 국력이 강성하여 주변국들로부터 해동성국이라 불렸다.

(가) 신라의 군인 출신인 견훤은 세력을 키워 완산주(현재 전주)에 도읍을 정하고 후백제를 건국하였다(900).

15 난도 ★☆☆　　　　　　　　　　정답 ④

선사 시대와 국가의 형성 > 국가의 형성

자료해설

제시된 자료는 고조선의 8조법에 대한 내용이다. 고조선은 사회 질서를 유지하기 위해 8개의 조항으로 이루어진 범금 8조를 만들었으나 현재는 3개의 조항만 전해진다.

정답의 이유

④ 고조선은 위만의 손자인 우거왕 때 한 무제의 침공으로 왕검성이 함락되면서 멸망하였다.

오답의 이유

① 고구려에는 혼인을 하면 신랑이 신부 집 뒤에 서옥이라는 집을 짓고 생활하다가 자식을 낳아 장성하면 신랑 집으로 돌아가는 서옥제라는 풍습이 있었다.

② 부여는 매년 12월 수확에 대한 감사제의 성격을 지닌 영고라는 제천행사를 열었다.

③ 삼한 중 마한의 세력이 가장 셌으며, 마한을 이루고 있는 소국 중 하나인 목지국의 지배자가 삼한을 대표하였다.

16 난도 ★★☆　　　　　　　　　　정답 ④

중세 > 정치사

자료해설

제시문은 고려 성종 993년 거란의 1차 침입이 있었을 때 서희가 벌인 협상의 내용이다. 거란 장수 소손녕이 옛 고구려의 영토가 거란의 소유라고 하자, 서희는 고려는 고구려를 계승하였고, 거란이 동경으로 삼고 있는 요양(遼陽)도 고구려의 땅이었으므로 고려에 복속되어야 한다고 주장하였다.

정답의 이유

④ 고려 성종은 당의 제도를 모방하여 2성 6부로 이루어진 중앙 관제를 구성하였고, 전국의 주요 지역에 12목을 설치하고 목사를 파견하였다.

오답의 이유

① 고려 태조 때, 발해는 거란의 침략으로 멸망하였다(926).

② 고려 인종은 문벌 귀족 이자겸이 최고 권력을 누리며 왕의 자리까지 넘보자 그를 제거하려고 시도하였으나 실패하였다. 이에 이자겸은 척준경과 함께 난을 일으켰다(1126).

③ 고려 문종 때 최충이 세운 9재 학당은 사학 12도 중 가장 번성하여 많은 후진을 양성하였다.

17 난도 ★★★　　　　　　　　　　정답 ①

일제 강점기 > 경제사

자료해설

제시된 사료는 백남운이 집필한 『조선사회경제사』 서문의 일부이다. 백남운은 후쿠다 도쿠조가 주장한 한국 사회의 정체성 논리에 맞서 마르크스주의 역사학의 관점에서 『조선사회경제사』를 저술하여 식민사관을 극복하고, 한국사의 보편적 발전 과정을 증명하려 하였다.

정답의 이유

① 백남운은 『조선사회경제사』를 통해 유물 사관을 토대로 식민 사학의 정체성론을 반박하였다.

오답의 이유

② 이병도, 손진태, 이윤재 등은 친일 단체인 청구학회의 왜곡된 한국사 연구에 반발하여 진단학회를 조직하였고 『진단학보』를 발행하면서 한국사 연구에 힘썼다.

③ 조선사 편수회는 1925년 조선 총독부가 한국사의 왜곡과 식민 지배의 합리화를 위해 설치하였으며, 1930년에 조선사 편수회 출신 어용 역사학자들이 청구학회를 조직하였다.

④ 신채호는 대한매일신보에 『독사신론』을 발표하여 민족을 역사 서술의 중심에 두었으며, 민족주의 사학의 기반을 마련하였다.

18 난도 ★☆☆   정답 ②

고대 > 문화사

자료해설

제시된 사료에서 '당에서 유학', '부석사', '관음 신앙 전파' 등이 언급되는 것으로 보아 (가)는 의상임을 알 수 있다. 의상은 당에 가서 승려 지엄으로부터 화엄에 대한 가르침을 받고 돌아와 신라에서 화엄 사상을 펼치고 부석사를 중심으로 수많은 제자들을 양성하였으며, 현세에서 고난을 구제받고자 하는 관음 신앙을 강조하였다.

정답의 이유

② 신라 승려 의상은 당에서 돌아와 『화엄일승법계도』를 저술하여 모든 존재는 상호 의존적인 관계에 있으면서 서로 조화를 이루고 있다는 화엄 사상을 정립하였다.

오답의 이유

① 신라 승려 원효는 불교의 대중화를 위해 불교의 교리를 쉬운 노래로 표현한 「무애가」를 지었다.

③ 고려 승려 의천은 송에서 유학하고 돌아와 개경(개성) 흥왕사에서 교종과 선종의 불교 통합 운동을 전개하였고, 국청사를 중심으로 해동 천태종을 개창하였다.

④ 신라 승려 혜초는 인도와 중앙아시아 지역을 답사한 뒤 『왕오천축국전』을 저술하였다.

19 난도 ★★★   정답 ④

근세 > 경제사

자료해설

제시된 사료는 조선 세종 때 전제상정소에서 올린 최종 공법 내용 중 일부이다. 전제상정소는 세종 때 공법의 제정과 실시를 위해 설치된 관서로, 이를 통해 전분 6등법과 연분 9등법을 시행하였다.

정답의 이유

④ 경시서는 고려 문종 때 개경에 설치되어 시전을 관리·감독하던 기관으로, 조선 건국 후에도 불법적인 상행위를 감시하기 위해 계속 경시서를 두었다. 세조 때는 경시서의 이름을 평시서로 변경하였다.

오답의 이유

① 조선 중종 때 왜구가 조선 정부의 통제에 반발하며 삼포왜란을 일으켰다(1510).

② 고려의 국제 무역항인 벽란도는 예성강 하구에 위치하였고 이곳을 통해 송, 아라비아 상인들과도 교역을 전개하였다.

③ 조선 효종 때 신속은 『농가집성』을 펴내 벼농사 중심의 농법을 소개하고, 이앙법의 보급에 공헌하였다.

20 난도 ★☆☆   정답 ③

근대 태동기 > 경제사

자료해설

제시된 자료는 성호 이익의 한전론에 대한 내용이다. 중농학파 실학자 이익은 『성호사설』을 통해 한 가정의 생활을 유지하는 데 필요한 규모의 토지를 영업전으로 정하고, 영업전의 매매를 금지하는 한전론을 주장하였다.

정답의 이유

③ 이익은 나라를 좀먹는 6가지의 폐단(노비제, 과거제, 양반 문벌제, 사치와 미신, 승려, 게으름)을 6좀이라 칭하며 비판하였다.

오답의 이유

① 안정복은 『동사강목』을 저술하여 독자적 정통론을 체계화하였다. 안정복의 『동사강목』에서는 삼국을 무통으로 하고 단군-기자-마한-통일 신라를 정통으로 하였다.

② 정약용은 조선 후기의 대표적인 실학자로 지방 행정 개혁 방향을 제시한 『목민심서』, 형법 개혁에 대한 『흠흠신서』, 중앙 행정 개혁에 대한 내용을 다룬 『경세유표』, 홍역에 대해 연구한 의서인 『마과회통』 등을 저술하였다.

④ 유형원은 균전론을 내세워 직업에 따라 토지를 차등 지급하고, 조세 및 요역을 토지에 일괄 부과함으로써 농민의 최저 생활 보장, 국가 재정의 안정적 확보를 주장하였다.

21 난도 ★★☆   정답 ③

근세 > 정치사

자료해설

제시된 사료는 1504년에 일어난 갑자사화에 대한 내용이다. 연산군이 생모인 폐비 윤씨 사건의 전말을 알게 되면서 갑자사화가 발생하였다. 이로 인해 김굉필 등 당시 폐비 윤씨 사건에 관련된 인물들과 무오사화 때 피해를 면했던 훈구 세력까지 큰 화를 입었다.

정답의 이유

③ 연산군은 생모인 폐비 윤씨 사건의 전말을 알게 되면서 생모 윤씨를 폐비하는 데 동조한 김굉필 등의 사림파를 제거하고, 이미 죽은 훈구파 한명회 등을 부관참시하였다.

오답의 이유

① 세조는 수양대군 시절 계유정난을 일으켜 황보인, 김종서 등을 제거하고 권력을 장악하였으며 조카인 단종을 몰아내고 왕으로 즉위하였다(1453).

② 중종 때 조광조가 반정 공신들의 비리를 척결하기 위해 공신의 위훈을 삭제하자 이에 반발하여 기묘사화가 일어났으며, 조광조를 비롯한 사림들이 제거되었다(1519).

④ 선조 때 사림 세력은 이조 전랑 임명권을 놓고 김효원을 중심으로 한 동인과 심의겸을 중심으로 한 서인으로 분화되었다(1575).

한국사

응용과목

22 난도 ★★☆   정답 ①

중세 > 정치사

자료해설

제시된 자료에서 '짐은 미천한 가문에서 일어나 그릇되게 사람들의 추대를 받아', '19년 만에 삼한을 통일', '훈요를 지어 후세에 전하니' 등의 내용으로 보아 밑줄 친 ㉠ 기간은 고려 태조(왕건) 시기(918~943)임을 알 수 있다.

정답의 이유

① 공산 전투(927)는 후백제의 견훤이 경주를 기습 공격하자 고려 태조 왕건이 신라를 돕기 위해 출전하였으나, 대구 팔공산 근처에서 후백제군의 기습 공격을 받아 크게 패한 전투이다. 이때 후백제군에게 포위된 왕건을 대신하여 왕건의 옷을 입고 맞서던 신숭겸과 장수 김락 등이 전사하였다.

오답의 이유

② 고려 광종은 다양한 개혁을 통해 공신과 호족의 세력을 약화시키고 왕권을 강화하고자 노비안검법을 실시하여(956) 억울하게 노비가 된 사람들을 구제하고, 호족 세력을 견제하는 동시에 국가 재정을 확충하고자 하였다.

③ 후고구려를 세운 궁예는 철원으로 천도 후 국호를 태봉, 연호를 수덕만세로 정하였다(911).

④ 고려 성종 때 최승로는 시무 28조를 건의하였고(982), 성종은 이를 받아들여 다양한 제도를 시행하면서 통치 체제를 정비하였다.

23 난도 ★★☆   정답 ④

고대 > 정치사

자료해설

제시된 (가)는 대가야의 멸망과 관련 있는 사료이다. 신라 진흥왕은 활발한 정복 활동을 전개하여 고구려가 차지하고 있던 한강 유역을 빼앗았으며, 또한 이사부와 사다함을 보내 대가야를 병합(562)하여 영토를 확장하였다.

제시된 (나)는 백제의 멸망과 관련 있는 사료이다. 백제 계백의 결사대는 황산벌에서 당의 장수 소정방과 김유신이 이끄는 나당 연합군에 맞서 항전하였으나 패배하였다. 결국 수도 사비가 함락되고 의자왕과 태자 융이 당으로 송치되면서 백제는 멸망하였다(660).

정답의 이유

④ 고구려 영양왕 때 수 양제가 우중문의 30만 별동대로 평양성을 공격하였으나 을지문덕이 살수에서 2,700여 명을 제외한 수군을 전멸시켰다(살수 대첩, 612).

오답의 이유

① 백제는 고구려의 남진 정책으로 수도 한성이 함락되고 개로왕이 전사하자, 이후 즉위한 문주왕이 웅진(공주)으로 천도하였다(475).

② 고구려 소수림왕은 중국 전진으로부터 불교를 수용하고 이를 통해 왕실의 권위를 높이고자 하였다(4세기 후반).

③ 신라 문무왕은 기벌포 전투에서 설인귀가 이끄는 당군에 승리하고 당의 세력을 한반도에서 몰아내면서 삼국을 통일하였다(676).

24 난도 ★★☆   정답 ③

현대 > 정치사

자료해설

제시된 자료는 3선에 성공한 박정희의 장기 집권을 위해 1972년 10월에 개정하여 1980년 9월까지 시행된 유신 헌법의 일부이다. 유신 헌법은 3권 분립을 무시하고 대통령의 초법적 권한을 부여하기 위해 긴급 조치권을 부여하였으며, 국회의원 1/3 추천권, 국회 해산권, 대법원장과 헌법 위원회 위원장 임명권, 정당 및 정치 활동 금지 등을 규정하였다.

정답의 이유

③ 국가보위비상대책위원회는 신군부가 5·18 민주화 운동을 무력으로 진압한 후 국가 주요 조직을 장악하고, 대통령을 보좌하기 위해 설치한 임시 행정 기구이다(1980.5.).

오답의 이유

① 광주 대단지 사건은 1971년 박정희 정부 때 정부의 무계획적인 도시 정책과 졸속 행정에 반발하여 경기도 광주 대단지(현재 경기도 성남시) 주민들이 대규모 시위를 전개한 것을 말한다.

② 1972년 박정희 정부는 남북 간의 교류를 제의하여 서울과 평양에서 7·4 남북 공동 성명을 발표하고 남북 조절 위원회를 설치하였다.

④ 1970년 박정희 정부 때 서울 청계천 평화시장의 노동자였던 전태일은 저임금과 열악한 노동 환경을 사회에 알리기 위해 근로기준법 준수를 요구하며 분신하였다.

25 난도 ★★☆   정답 ②

근대 태동기 > 정치사

자료해설

제시된 자료는 조선 현종 때 발생한 기해예송 때 허목의 상소 일부이다. 조선 현종 때 효종의 국상 당시 자의 대비의 복상 문제를 놓고 효종의 왕위 계승에 대한 정통성과 관련하여 서인과 남인 사이에 예송 논쟁이 발생하였다(기해예송). 서인은 효종이 둘째 아들이므로 자의 대비의 복상 기간을 1년으로 해야 한다고 주장하였고, 남인은 효종을 장자로 대우하여 3년 복상을 주장하였다. 따라서 밑줄 친 '신(臣)'은 상소를 올린 남인의 허목이다.

정답의 이유

② 조선 숙종 때 희빈 장씨의 소생에 대한 원자 책봉 문제로 기사환국이 발생하여 서인이 물러나고 남인이 재집권하였다. 이때 서인 세력의 영수인 송시열이 사사되고 중전이었던 인현 왕후가 폐위되었다(1689).

오답의 이유

① 숙종 시기인 1680년 경신환국 이후 서인은 남인에 대한 처벌 문제로 노론과 소론으로 나뉘었다.

③ 북인 정권은 광해군과 함께 왕권의 안정을 위하여 영창 대군의 생모인 인목대비의 폐위를 주장하였다.

④ 성혼 학파는 17세기 후반 서인이 노론과 소론으로 갈라질 때 소론의 학문적 기반이 되었다.

한국사 | 2022년 법원직 9급

✓ 빠른 정답

01	02	03	04	05	06	07	08	09	10
②	④	④	①	②	①	①	③	③	①
11	**12**	**13**	**14**	**15**	**16**	**17**	**18**	**19**	**20**
①	①	②	②	②	④	②	④	①	②
21	**22**	**23**	**24**	**25**					
③	③	③	④	①					

✓ 점수 체크

구분	1회독	2회독	3회독
맞힌 문항 수	/ 25	/ 25	/ 25
나의 점수	점	점	점

---

01 난도 ★★☆ 정답 ②

중세 > 정치사

자료해설

제시된 자료에서 (가)는 충렬왕(1274)부터 충정왕(1351)까지 원 간섭기에 포함되는 시기이다.

정답의 이유

② 충렬왕 때 원은 고려를 일본 원정에 동원하기 위해 정동행성을 설치(1280)하였으나, 원정 실패 이후에도 폐지하지 않고 내정 간섭 기구로 삼았다. 정동행성의 부속 관서인 이문소는 본래 범죄를 단속하는 기관이었으나 반원 세력을 억압하는 역할을 수행하였다.

오답의 이유

① 무신 집권기에 서경 유수 조위총이 난을 일으켰다(1174).
③ 홍건적의 제2차 침입 때 공민왕은 복주(안동)로 피신하였다(1361).
④ 고려 원종 때 강화도에서 개경으로 환도하자 배중손, 김통정을 중심으로 한 삼별초가 이에 반대하여 강화도, 진도, 제주도로 이동하며 대몽 항쟁을 전개하였다(1270~1273).

더 알아보기

공민왕의 반원 자주 정책

원의 내정 간섭	
• 일본 원정에 동원	• 영토 상실
• 관제 격하	• 정동행성 이문소 설치
• 인적 · 물적 수탈(공물, 공녀)	• 몽골풍 유행(변발, 호복 등)

↓

공민왕의 반원 자주 정책	
• 친원 세력 숙청(기철 등)	• 쌍성총관부 수복
• 관제 복구	• 정동행성 이문소 폐지
• 원의 연호 폐지	• 몽골풍 금지

---

02 난도 ★★☆ 정답 ④

근세 > 사회사

자료해설

제시문에서 '아전을 견제하고 풍속을 바로 잡는 것', '좌수 · 별감' 등의 내용을 통해 밑줄 친 '이 기구'가 유향소임을 알 수 있다.

정답의 이유

④ 향약에 대한 설명이다. 향약은 지방의 향인들이 공동체 생활을 하면서 서로 돕는 풍습으로 조선 시대에 들어 전통적 공동 조직

한국사

공통과목

과 미풍양속을 계승하면서 삼강오륜을 중심으로 한 유교적 가치를 더하여 백성들의 교화 및 질서 유지에 알맞게 재편하였다.

오답의 이유

① 중앙의 고위 관리에게 출신 지역의 경재소를 관장하게 하고 그 지역의 유향소 품관을 임명·감독하게 하여 조선 전기 중앙의 지방 통치 체제를 강화하였다.

②·③ 유향소는 조선 초기 지방 수령의 통치를 돕거나 향리를 감찰하고 풍속을 교화하기 위해 지방 품관들이 자발적으로 설치한 조직으로, 좌수와 별감 등의 향임이 회의를 주도하였다.

03 난도 ★★☆ 정답 ④

고대 > 정치사

자료해설

제시문에서 이차돈이 왕에게 "자신의 목을 베어 여러 사람들의 논의를 진정시키십시오."라고 아뢰는 내용을 통해 밑줄 친 왕이 법흥왕임을 알 수 있다. 법흥왕은 이차돈의 순교를 계기로 불교를 신라의 국교로 공인하였다.

정답의 이유

④ 신라 법흥왕은 병부와 상대등을 설치하였고 공복 제정, 율령 반포를 통해 국가 통치 체제를 갖추었다.

오답의 이유

① 신라 지증왕 때 이사부는 왕의 명령으로 우산국(울릉도)과 우산도(독도)를 복속하고 실직주의 군주가 되었다.

② 백제와 가야, 왜가 연합하여 신라에 침입하고 금성을 공격하는 등 많은 피해를 입혔다. 그러자 신라 내물왕은 고구려 광개토 대왕에게 원군을 요청하여 왜구를 격퇴하였다.

③ 신라 진흥왕은 활발한 정복 활동을 전개하여 고구려가 차지하고 있던 한강 유역을 빼앗고 대가야를 병합하여 영토를 확장하였다.

더 알아보기

신라 국왕의 업적

내물왕	• 김씨에 의한 왕위 계승권 확립 • 고구려 광개토 대왕의 도움으로 왜를 물리침 • 마립간 칭호 사용
지증왕	• 국호 '신라', '왕' 칭호 사용 • 우경 실시, 동시전 설치 • 전국의 주·군·현 정비 • 우산국 복속(이사부)
법흥왕	• '건원' 연호 사용 • 불교 공인, 율령 반포, 병부 설치 • 골품제 정비, 상대등 제도 마련 • 금관가야 복속
진흥왕	• 화랑도를 국가 조직으로 개편 • 불교 정비, 황룡사 건립 • 한강 유역 차지(나·제 동맹 결렬, 관산성 전투로 백제 성왕 전사) → 단양 적성비, 북한산비 • 대가야 정복 → 창녕비 • 함경도 지역까지 진출 → 마운령비, 황초령비

04 난도 ★☆☆ 정답 ①

근대 > 정치사

자료해설

제시문의 별기군을 창설한 시기는 1881년이다. 고종은 개화 정책의 일환으로 기존 5군영을 무위영과 장어영의 2영으로 개편하고 신식 군대인 별기군을 창설하였다. 별기군은 군사 기술을 가르칠 일본인 교관을 초빙하였는데 이로 인해 별기군은 '왜별기', 즉 일본의 별기군이라는 비난을 받기도 하였다.

정답의 이유

① 주어진 연표는 통리기무아문 설치(1880) − (가) − 기기창 설치(1883) − (나) − 군국기무처 설치(1894) − (다) − 원수부 설치(1899) − (라) − 통감부 설치(1906) 순으로, 제시문의 별기군 설치(1881) 시기는 (가)에 해당한다.

05 난도 ★★☆ 정답 ②

현대 > 정치사

자료해설

(가) '상대방을 무력으로 침략하지 아니한다', '경제 교류와 협력' 등으로 보아 남북한 화해 및 불가침, 교류·협력 등에 관한 공동 합의서인 남북 기본 합의서(1991)임을 알 수 있다(노태우 정부).

(나) '남측의 연합제 안과 북측의 연방제 안이 서로 공통성', '통일을 지향'을 통해 6·15 남북 공동 선언 발표(2000)임을 알 수 있다(김대중 정부).

정답의 이유

② 김대중 정부는 햇볕 정책을 실시하여 화해와 협력을 통한 평화 통일을 추구하였다. 이러한 정책의 일환으로 해로를 통한 금강산 관광을 추진하여 금강산 관광선인 금강호가 처음으로 출항하였다(1998).

오답의 이유

① 박정희 정부는 남북 간의 교류를 제의하여 서울과 평양에서 7·4 남북 공동 성명을 발표하고 남북 조절 위원회를 설치하였다(1972).

③ 노무현 정부는 제2차 남북 정상 회담을 진행하여 남북의 경제 협력을 강조하면서 10·4 남북 공동 선언을 발표하였다(2007).

④ 전두환 정부 때 서울과 평양에서 최초로 남북 이산 가족 상봉이 이루어졌다(1985).

더 알아보기

현대 정부의 통일 정책

이승만 정부	북진 통일론, 반공 정책
박정희 정부	• 남북 적십자 회담 • 7 · 4 남북 공동 성명: 자주 · 평화 · 민족 대단결의 3대 통일 원칙 합의, 남북 조절 위원회 설치(1972)
전두환 정부	이산 가족 최초 상봉, 예술 공연단 교환 방문
노태우 정부	• 북방 외교 추진 • 남북 유엔 동시 가입 • 남북 기본 합의서(1991) • 한반도 비핵화 공동 선언
김대중 정부	• 대북 화해 협력 정책(햇볕 정책): 금강산 관광 사업 전개 • 제1차 남북 정상 회담 개최(2000) – 6 · 15 남북 공동 선언 – 개성 공단 조성 합의, 금강산 육로 관광 추진
노무현 정부	• 제2차 남북 정상 회담 개최(2007) – 10 · 4 남북 공동 선언 – 개성 공단 착공식

06 난도 ★☆☆   정답 ①

시대 통합 > 경제사

자료해설

제시된 제도의 시행 순서는 (가) 역분전(태조) – (나) 전시과(경종) – (다) 과전법(공양왕) – (라) 공법(세종)이다.

정답의 이유

(가) 고려 태조는 후삼국 통일에 공을 세운 공신들에게 관등에 관계 없이 공로, 인품 등을 기준으로 차등을 두어 역분전을 지급하였다(940).

(나) 고려 경종 때 처음 시행된 전시과는 관직 복무와 직역의 대가로 토지를 나눠 주는 제도였다. 관리부터 군인, 한인까지 총 18등급으로 나누어 곡물을 수취할 수 있는 전지와 땔깜을 얻을 수 있는 시지를 주었고, 수급자들은 지급된 토지에 대해 수조권만 가졌다(976).

(다) 고려 말 공양왕 때 신진 사대부 조준 등의 건의로 실시된 토지 개혁법인 과전법은 지급 대상 토지를 원칙적으로 경기 지역에 한정하였다(1391). 이후 조선 시대 사대부 관리들의 경제 기반을 보장하고 국가의 재정을 유지하는 기반이 되었다.

(라) 조선 세종은 공법의 제정과 실시를 위해 전제상정소를 설립하였고, 세제 개혁에 대한 논의가 더욱 진전되면서 토지의 비옥도에 따라 전세를 차등 징수하는 전분 6등법을 제정하여 시행하였다(1444).

07 난도 ★★☆   정답 ①

근대 > 정치사

자료해설

(가) 안핵사 이용태가 고부 농민 봉기의 참가자와 주도자를 탄압하자 전봉준, 김개남 등은 보국안민, 제폭구민의 기치를 내걸고 농민군을 재조직하였고, 백산에서 봉기하여 4대 강령을 발표하였다(1차 봉기, 1894.3.).

(나) 일본군이 경복궁을 점령하는 등 일본의 내정 간섭이 심해지자 외세를 몰아내기 위해 동학 농민군의 남접과 북접이 연합하여 다시 봉기하였다(2차 봉기, 1894.9.).

정답의 이유

㉠ 동학 농민군과 전주 화약을 체결한 후 조선 정부에서는 교정청을 설치하여 자주적인 내정 개혁을 시도하였다(1894.6.). 그러나 일본군이 경복궁을 포위하고 고종을 협박하여 내정 개혁 기구로 군국기무처를 설치하였다.

㉡ 동학 농민군은 백산 봉기 이후 황토현 전투에서 관군에 승리(1894.4.)하고 전주성을 점령하면서 전라도 일대를 장악하였으며, 이후 정부와 전주 화약을 맺고 해산하였다(1894.5.).

오답의 이유

㉢ 전라도 고부 군수 조병갑의 횡포에 견디다 못한 농민들이 동학교도 전봉준을 중심으로 고부에서 봉기를 일으켜 고부 관아를 점령하였다. 보고를 받은 조선 정부는 조병갑을 파면하고 박원명을 신임 고부 군수로 임명하였다(1894.1.).

㉣ 동학교도들은 삼례 집회에서 혹세무민의 죄로 처형당한 최제우의 교조 신원 운동을 전개하였다(1892).

08 난도 ★★☆   정답 ②

근세 > 정치사

자료해설

제시문에서 정몽주의 난(정몽주 선죽교 살해)과 정도전의 난(1차 왕자의 난)에 공을 세우고, 임금의 "나의 동복(同腹) 아우인 그를 세자로 삼겠다."라는 말을 통해 임금은 '정종'이고 밑줄 친 '그'는 태종 이방원임을 알 수 있다.

정답의 이유

㉡ 태종은 정확한 호구 파악을 통한 조세 징수와 군역 부과를 위해 16세 이상의 남자들에게 호패를 발행하는 호패법을 실시하였다.

㉣ 태종은 6조에서 의정부를 거치지 않고 국왕이 바로 재가를 내리는 6조 직계제를 시행하여 의정부의 권한을 약화시키고 왕권을 강화하였다.

오답의 이유

㉠ 인조는 개간을 권장하여 경작지를 확충하고 농민 부담을 줄이기 위해 영정법을 실시하여 풍흉에 관계없이 토지 1결당 쌀 4~6두로 전세를 고정하였다.

㉢ 조선의 기본 법전인 『경국대전』은 세조 때 편찬되기 시작하여 성종 때 완성 · 반포되었다.

09 난도 ★☆☆　　　　　　　　　　정답 ③

중세 > 정치사

자료해설

제시문의 '여진을 정벌한 후 동북쪽에 9개의 성을 쌓았다'는 내용을 통해 밑줄 친 왕이 고려 예종임을 알 수 있다. 고려 숙종 때 부족을 통일한 여진족이 고려의 국경을 자주 침입하자 윤관이 왕에게 건의하여 별무반을 편성하였다(1104). 이후 예종 때 윤관은 별무반을 이끌고 여진을 토벌하여 동북 9성을 설치하였다(1107).

정답의 이유

③ 고려 중기 최충의 문헌공도를 대표로 하는 사학 12도의 발전으로 과거 응시를 희망하는 사람들이 대부분 사학으로 모여들자 예종은 관학 교육의 진흥을 위해 국자감을 재정비하고 장학 재단인 양현고를 설치하였다.

오답의 이유

① 고려 광종은 다양한 개혁을 통해 공신과 호족의 세력을 약화시키고 왕권을 강화하고자 하였으며, 국왕을 황제라 칭하고 광덕, 준풍 등의 독자적 연호를 사용하였다.

② 고려 성종은 최승로의 시무 28조를 받아들여 중앙의 통치 기구를 개편하고, 전국 12목에 지방관을 파견하여 지방 세력을 견제하였다.

④ 고려 숙종 때 승려 의천의 건의에 따라 화폐 주조를 전담하는 주전도감을 설치하고 해동통보와 삼한통보, 해동중보 등의 동전과 활구(은병)를 발행 · 유통하였다.

더 알아보기

고려의 교육 제도

사학	최충의 문헌공도(9재 학당) 등 사학 12도 융성
관학	• 중앙−국자감, 지방−향교 • 관학 진흥책 실시 　− 숙종: 서적포(도서 출판) 　− 예종: 국학(국자감)에 7재(전문 강좌) 설치, 양현고 　　(장학 재단) 　− 인종: 경사 6학(개경) 정비 　− 충렬왕: 섬학전(교육 기금), 국학의 대성전 완공

10 난도 ★☆☆　　　　　　　　　　정답 ①

근세 > 정치사

자료해설

제시문에서 '사림의 여론을 바탕으로 왕도 정치를 실현하고자 하였으나 훈구 대신들의 반발로 사사(기묘사화)되었다'는 내용을 통해 밑줄 친 '개혁'은 조선 중종 때 조광조의 개혁 정치임을 알 수 있다.

정답의 이유

① 중종 때 등용된 조광조는 천거제의 일종인 현량과를 실시하여 사림이 대거 등용될 수 있는 발판을 마련하였으며 소격서 폐지, 위훈 삭제 등의 급진적인 개혁을 실시하였으나, 이에 반발한 훈구 세력들이 주초위왕 사건을 일으켜 기묘사화가 발생하면서 조광조를 비롯한 사림들이 피해를 입었다(1519).

오답의 이유

② 고종 즉위 이후 정치적 실권을 잡은 흥선 대원군은 비변사를 폐지하고 의정부의 권한을 강화하였으며, 삼군부를 부활시켜 군사 및 국방 문제를 전담하게 하였다.

③ 고려 문종 때 최충이 세운 9재 학당은 사학 12도 중 가장 번성하여 많은 후진을 양성하였으며, 최충의 사후 그의 시호를 바탕으로 문헌공도라 칭하였다.

④ 임술 농민 봉기를 수습하기 위해 안핵사로 파견된 박규수는 민란의 원인이 삼정의 문란에 있다고 보고 삼정이정청을 설치하였으나 근본적인 문제를 해결하지는 못하였다.

더 알아보기

조선 시대의 사화

무오사화 (연산군)	• 원인: 김일손이 김종직의 조의제문을 사초에 기록 → 이극돈이 이를 고함 • 결과: 훈구파의 사림파 탄압
↓	
갑자사화 (연산군)	• 원인: 연산군 생모 폐비 윤씨 사건 • 결과: 연산군에 의해 사림파 및 훈구파 일부까지 피해
↓	
기묘사화 (중종)	• 원인: 조광조의 급진적 개혁 정책(현량과 실시, 위훈 삭제 등) • 결과: 훈구파의 반발로 조광조를 비롯한 사림파 제거
↓	
을사사화 (명종)	• 원인: 왕실 외척 간의 권력 다툼 • 결과: 소윤(윤원형)이 대윤(윤임)을 몰아내고 정권 장악 → 양재역 벽서 사건

11 난도 ★★☆　　　　　　　　　　정답 ①

중세 > 정치사

자료해설

제시문에서 '주전도감, 은병을 만들어 화폐로 사용하였고 민간에서는 이를 활구로 불렀다'는 내용 등을 통해 밑줄 친 '왕'은 고려 숙종임을 알 수 있다.

정답의 이유

㉠ · ㉡ 고려 시대에는 상업 활동이 활발해지면서 국가 재정 관리의 효율성을 위해 화폐 발행의 필요성이 대두되었다. 이에 따라 숙종은 승려 의천의 건의에 따라 화폐주조를 전담하는 관서인 주전도감을 설치하고 삼한통보, 해동통보, 해동중보 등의 동전과 활구(은병)를 만들어 통용을 추진하였다.

오답의 이유

㉢ 지원보초는 원 황제 세조의 연호인 '지원'을 원나라 화폐인 '보초' 앞에 붙인 화폐명으로, 고려 후기 원 간섭기에는 지원보초, 중통보초 등의 원나라의 화폐가 유입되어 통용되었다.

㉣ 저화는 고려 말 공양왕 때 처음 등장하였으나 제대로 사용되지 못하다가, 조선 전기 태종 때 제작되어 사용되던 지폐이다.

더 알아보기

고려 시대의 화폐

성종	건원중보
숙종	삼한통보, 해동통보, 은병(활구)
충렬왕	쇄은
충혜왕	소은병
공양왕	저화(지폐)

12 난도 ★★☆ 　　　　　　　　　정답 ①

일제 강점기 > 정치사

자료해설

제시문의 '진주성 내 동포들이 궐기하여 형평사라는 조직을 조직하였다'는 내용을 통해 일제 강점기 때의 형평 운동임을 알 수 있다.

정답의 이유

① 갑오개혁 이후 공사 노비법이 혁파되어 법적으로는 신분제가 폐지되었으나 일제 강점기 때 백정에 대한 사회적 차별은 더욱 심해졌다. 백정들은 이러한 차별을 철폐하기 위해 진주에서 조선 형평사 창립 대회를 개최하고 형평 운동을 전개하였다(1923).

오답의 이유

② 김홍집과 박정양 등을 중심으로 한 군국기무처를 통해 제1차 갑오개혁이 실시되었다(1894). 이때 문벌을 폐지하고 재능에 따라 인재를 등용하기 위해 과거제를 폐지하였고, 공사 노비법을 혁파하여 신분제가 법적으로 폐지되었다.

③ 고려의 특수 행정 구역이었던 향·부곡·소는 조선 전기에 들어와 일반 군현으로 승격되거나 일반 군현에 포함되어 소멸되었다.

④ 조선 순조 때 세도 정치와 삼정의 문란으로 인해 어려움을 겪던 농민들과 서북 지역 차별 대우에 불만을 품은 평안도 지방 사람들이 몰락 양반 출신 홍경래를 중심으로 봉기를 일으켰다(홍경래의 난, 1811).

13 난도 ★★☆ 　　　　　　　　　정답 ②

시대 통합 > 정치사

자료해설

제시문의 '건주의 여진족이 왜적을 무찌르는 데 병력을 지원하겠다', '명과 조선의 병력, 조선의 산천 형세를 알 수 있어 거절했다'는 내용을 통해 임진왜란에 대한 설명임을 알 수 있다.

정답의 이유

② 임진왜란 당시 많은 도공과 활자 기술자 등이 일본에 납치되었고 이 도공들에 의해 만들어진 도자기가 유럽에서 크게 인기를 끌게 되면서 일본의 도자기 문화가 발달하였다.

오답의 이유

① 조선 세종 때 여진족을 몰아낸 뒤 최윤덕이 압록강 상류 지역에 4군을 설치하고(1443), 김종서가 두만강 하류 지역에 6진을 설치하였다(1449).

③ 조선 세종은 대마도주의 요구를 받아들여 부산포, 제포, 염포를 개방하였고(1426), 이곳에 왜관이 형성되어 일본인의 숙박과 무역이 이루어졌다. 이렇게 일본과의 교류를 확대해 나가다가 제한된 범위 내에서 무역을 허락하는 계해약조를 체결하였다(1443).

④ 신라 선덕 여왕 때 승려 자장의 건의로 황룡사 9층 목탑이 세워졌으나(645), 몽골의 고려 침입 당시 소실되어(1238) 지금은 경주에 터만 남아 있다.

14 난도 ★★☆ 　　　　　　　　　정답 ②

고대 > 정치사

자료해설

(가) '백제왕이 군사 3만 명을 거느리고 평양성 공격', '방어하다가 왕이 죽었다' 등으로 볼 때 백제의 최전성기를 이끌었던 근초고왕 때이다. 근초고왕은 고구려의 평양성을 공격하여 고국원왕을 전사시켰다(371).

(나) '신라를 습격', '왕이 살해되었다', '시호를 성이라 하였다' 등으로 볼 때 백제의 중흥을 도모한 성왕 때이다. 성왕은 신라 진흥왕이 나·제 동맹을 깨고 백제가 차지한 지역을 점령하자 이에 분노하여 신라를 공격하였으나 관산성 전투에서 전사하였다(554).

정답의 이유

② 고구려 장수왕은 평양으로 천도하며 남진 정책을 추진하였다(427). 이를 바탕으로 백제의 수도 한성을 함락하고 백제 개로왕을 전사시킨 뒤 한강 유역을 차지하였다.

오답의 이유

① 고구려 영양왕은 군사적으로 유리한 지역을 차지하기 위해 요서 지방을 공격하였으나 수나라의 방어로 실패하였다. 이에 수나라 문제가 30만의 병력을 이끌고 고구려를 침입하였다(598).

③ 신라와 당의 연합군은 백제를 공격하여 황산벌에서 계백의 결사대를 물리치고 백제를 멸망시켰다(660).

④ 신라 문무왕은 매소성 전투(675)와 기벌포 전투(676)에서 승리하여 당의 세력을 한반도에서 몰아내고 삼국 통일을 완성하였다.

15 난도 ★★☆ 　　　　　　　　　정답 ②

중세 > 사회사

자료해설

제시문에서 '부호정, 호정, 부호장, 호장' 등의 신분과 『고려사』 등을 통해 밑줄 친 '이들'은 고려 시대의 향리임을 알 수 있다.

정답의 이유

② 고려 시대 향리는 속현과 특수 행정 구역에서 조세와 공물의 징수, 노역 징발 등의 실질적인 운영을 담당하였다.

오답의 이유

① 음서 제도는 귀족의 자손들을 시험 없이 관리에 등용하는 것으로서 공신과 종실의 자손, 5품 이상 고위 관료의 아들, 동생, 친·외손자, 사위, 조카 등이 혜택을 받았다.

③ 칠반천역은 신분은 조선 시대 양인이지만 천한 역을 담당했던 계층으로 신량역천이라고도 하며, 수군, 조례, 역졸, 조졸 등 힘든 일에 종사하였다.

④ 고려 시대의 토착 세력이었던 향리는 조선 시대에 아전으로 격하되어 수령의 행정 실무를 보좌하였다.

더 알아보기

칠반천역

개념	조선 시대 양인이지만 천한 역을 담당했던 신분(신량역천)
부류	수군(해군), 조례(관청의 잡역 담당), 나장(형사 업무 담당), 일수(지방 고을 잡역), 봉수군(봉수 업무), 역졸(역에 근무), 조졸(조운 업무) 등

---

16 난도 ★★☆　　　　　　　정답 ④

고대 > 문화사

자료해설

제시문의 '불로장생과 신선이 되기를 추구'하였으며, '연개소문이 귀족과 연결된 불교 세력을 억누르기 위해 장려했다'는 내용을 통해 (가)의 종교가 도교임을 알 수 있다.

정답의 이유

④ 충남 부여 능산리 고분군 절터에서 출토된 백제 금동 대향로는 불교 유물이지만 도교적 이상향을 표현한 것으로, 국보 제287호로 지정되어 있다.

오답의 이유

① 전라남도 화순군 쌍봉사에 있는 철감 선사 승탑은 신라 말에 만들어졌으며, 국보 제57호로 지정되어 있다. 승탑은 통일 신라 후기 지방 호족 세력의 지원으로 선종 불교가 유행하면서 발달하였다.

② 일본에서 발견된 칠지도는 백제 근초고왕이 왜에 하사하였다고 알려져 있다. 이를 통해 백제가 왜와 교류하면서 다양한 선진 문물을 제공하였다는 것을 확인할 수 있다.

③ 금동 미륵보살 반가 사유상은 머리에 3면이 둥근 산 모양의 관을 쓰고 있어서 삼산 반가 사유상으로도 불리는 삼국 시대의 불상이며, 국보 제83호로 지정되어 있다.

---

17 난도 ★★★　　　　　　　정답 ②

근대 태동기 > 정치사

자료해설

제시문의 '반정을 주도하여 정권을 잡았다', '훈련도감, 어영청, 총융청, 수어청의 병권을 장악하였다'는 내용을 통해 임진왜란 이후 발생한 인조반정이라는 것을 알 수 있다. 그러므로 (가)는 인조반정을 주도하여 정권을 잡은 서인이다.

정답의 이유

㉠ 인조반정을 주도한 서인 세력은 두 호란과 명의 멸망으로 조선의 정통성이 크게 손상되자 명에 대한 의리를 지키고 청에게 당한 수모를 갚자는 북벌론을 주장하였다.

㉢ 현종 때 효종과 효종비의 국상 당시 자의 대비의 복상 문제로 두 번의 예송 논쟁이 발생하여 서인과 남인 사이의 대립이 심화되었다.

오답의 이유

㉡ 광해군과 북인 정권은 왕권의 안정을 위하여 영창 대군의 생모인 인목 대비의 폐위를 주장하였다.

㉣ 조식 학파와 서경덕 학파를 중심으로 북인이 형성되었다.

---

18 난도 ★★☆　　　　　　　정답 ④

근대 > 정치사

자료해설

제시된 사건의 순서는 (라) 병인양요 – (나) 오페르트 도굴 사건 – (다) 신미양요 – (가) 운요호 사건이다.

정답의 이유

(라) 병인박해를 구실로 강화도를 공격한 프랑스 군대는 양화진을 공격하여 외규장각을 불태우고 의궤 등을 약탈해갔다(병인양요, 1866).

(나) 오페르트를 비롯한 서양인들이 덕산에 위치한 흥선 대원군의 아버지 남연군의 묘를 도굴하려다가 실패하였다(오페르트 도굴 사건, 1868).

(다) 제너럴셔먼호 사건을 구실로 미국 함대가 강화도에 침입하여 신미양요가 발생하였다. 미국 군대가 초지진을 함락하고 광성보를 공격하였으나 어재연이 이끄는 조선 군대가 미국 군대를 막아냈다(신미양요, 1871).

(가) 일본 군함 운요호가 강화도 초지진에 침입해 공격한 후 영종도에 상륙해 조선인들을 죽이거나 약탈하는 등의 만행을 저질렀다(운요호 사건, 1875).

더 알아보기

흥선 대원군 집권 시기의 역사적 사건

병인박해 (1866.1.)	프랑스의 천주교 선교사 9명과 신도 8천여 명 처형
제너럴셔먼호 사건 (1866.8.)	미국 상선 제너럴셔먼호의 통상 요구 → 평양 관민들의 저항(평안도 감사 박규수)
병인양요 (1866.9.)	병인박해를 구실로 프랑스군이 강화도 양화진 침략 → 정족산성에서 양헌수 부대 활약 → 외규장각 의궤 등 약탈
오페르트 도굴 사건 (1868)	독일 상인 오페르트가 충남 예산의 남연군 묘 도굴 시도
신미양요 (1871)	미군의 강화도 초지진, 덕진진 침략 → 광성보의 어재연 부대 활약 → 수(帥)자기 약탈 → 전국에 척화비 건립

19 난도 ★☆☆　　　　　　　　　　　정답 ①

선사 시대와 국가의 형성 > 국가의 형성

[자료해설]

제시문의 '소노부에서 왕이 나왔으나 계루부에서 왕위를 차지하고 있다', '대인은 고추가의 칭호를 더하였다' 등을 통해 (가) 국가가 고구려임을 알 수 있다.

[정답의 이유]

① 고구려에는 혼인을 하면 신랑이 신부 집 뒤에 서옥이라는 집을 짓고 생활하다가 자식을 낳아 장성하면 신랑 집으로 돌아가는 서옥제라는 풍습이 있었다.

[오답의 이유]

② 삼한은 제정 분리 사회였으며, 소도라는 신성 지역을 따로 두어 제사장인 천군이 이를 관리하였다.

③ 부여는 매년 12월 수확에 대한 감사제의 성격을 지닌 영고라는 제천 행사를 열었다.

④ 동예에는 읍락 간의 영역을 중요시하여 다른 부족의 경계를 침범하는 경우 노비와 소, 말로 변상하게 하는 책화 제도가 있었다.

20 난도 ★☆☆　　　　　　　　　　　정답 ②

일제 강점기 > 정치사

[자료해설]

제시문에서 '이 날은 태황제의 인산날이었으며 만세 소리가 울려 퍼졌다', '융희제(순종)와 두 분의 친왕' 등의 내용을 통해 3·1 운동임을 알 수 있다.

[정답의 이유]

② 국내외 독립운동가들은 3·1 운동을 계기로 민족의 주체성을 확인하고 조직적인 독립운동을 전개하기 위해 중국 상하이에 모여 대한민국 임시 정부를 수립하였다(1919).

[오답의 이유]

①·④ 한국인 학생과 일본인 학생 간의 충돌 사건을 계기로 조선인 학생에 대한 차별과 식민지 교육에 저항한 광주 학생 항일 운동이 발생하였다(1929). 이에 당시 신간회 중앙 본부는 진상 조사단을 파견하여 지원하기도 하였다.

③ 조선 공산당을 중심으로 한 사회주의 세력과 천도교를 중심으로 한 민족주의 세력이 연대하여 순종의 인산일을 기회로 삼아 6·10 만세 운동을 준비하였다(1926).

21 난도 ★★☆　　　　　　　　　　　정답 ③

근대 태동기 > 정치사

[자료해설]

(가) 영조는 붕당 정치의 폐해를 막고 능력에 따른 인재를 등용하기 위해 탕평책을 실시하였고, 성균관에 탕평비를 건립하였다 (1742).

(나) 정조는 인재 양성을 위하여 새롭게 관직에 오르거나 기존 관리들 중 능력 있는 문신들을 규장각에서 재교육시키는 초계문신제를 실시하였다(1781).

[정답의 이유]

③ 정조 때 문물제도 및 통치 체제를 정리한 『대전통편』을 편찬하여 왕조의 통치 규범을 재정비하였다(1785).

[오답의 이유]

① 정조는 왕권을 뒷받침하는 군사적 기반을 갖추기 위해 친위 부대인 장용영을 설치하고 서울 도성에는 내영, 수원 화성에는 외영을 두었다(1793).

② 숙종 때 간도 지역을 두고 청과 국경 분쟁이 발생하자 두 나라 대표가 백두산 일대를 답사하고 국경을 확정하여 백두산정계비를 세웠다(1712).

④ 철종 때 발생한 임술 농민 봉기에 안핵사로 파견된 박규수는 삼정이정청을 설치하여 삼정의 문란을 해결하고자 하였다(1862).

[더 알아보기]

영조와 정조의 업적

영조	• 탕평책 실시: 탕평비 건립 • 민생 안정책: 균역법 실시, 신문고 부활 • 문물제도 정비: 『속대전』, 『속오례의』 편찬
정조	• 탕평책 실시 • 왕권 강화 정책: 장용영 설치, 수원 화성 건립 • 인재 등용: 규장각 설치, 초계문신제 시행 • 문물제도 정비: 『대전통편』, 『동문휘고』 편찬

22 난도 ★★★　　　　　　　　　　　정답 ③

시대 통합 > 문화사

[자료해설]

제시문을 순서대로 나열하면 (다) 『농상집요』 도입(원 간섭기) – (라) 『농사직설』 편찬(세종) – (가) 『금양잡록』 편찬(성종) – (나) 『농가집성』 편찬(효종)이다.

[정답의 이유]

(다) 고려 충정왕 때 이암이 중국 화북 지방 농법을 소개한 『농상집요』를 처음 들여왔으나 한반도 농업의 실정과 맞지 않았다.

(라) 조선 세종은 정초, 변효문 등을 시켜 우리 풍토에 맞는 농법을 기술한 『농사직설』을 간행하였다.

(가) 조선 성종 때 강희맹은 사계절의 농법과 농작물에 대한 주의사항 등에 대해 직접 경험한 것을 종합하여 『금양잡록』을 저술하였다.

(나) 조선 효종 때 신속에 의해 편찬된 『농가집성』은 모내기법을 소개하였고 이후 조선 후기 모내기법의 보급과 수리 시설의 확충으로 농업 생산량이 증가하였다.

23 난도 ★☆☆　　　　　　　　　　　정답 ③

중세 > 문화사

[자료해설]

제시문의 '일연의 저서', '기이(紀異)', '불교사와 관련된 일화를 중심으로 서술하였다'는 내용 등을 통해 밑줄 친 '이 책'은 『삼국유사』임을 알 수 있다.

③『삼국유사』는 불교사를 중심으로 왕력과 함께 기이(紀異)편을 두어 전래 기록을 수록하였으며, 특히 단군을 우리 민족의 시초로 여겨 단군 왕검의 건국 설화를 수록하였다.

오답의 이유

① · ② 고려 인종의 명을 받아 김부식이 편찬한 『삼국사기』는 현존하는 우리나라 최고(最古)의 역사서이다. 이는 유교적 사관을 바탕으로 본기, 연표, 지, 열전 등으로 구성된 기전체 형식으로 서술되었다.

④ 고려 공민왕 때 이제현을 중심으로 편찬한 『사략』은 성리학적 유교 사관에 입각하여 임금들의 치적을 정리하였다.

24 난도 ★★☆ 　　　　　　　　　정답 ②

근세 > 정치사

자료해설

제시문에서 '김종서 등이 반란을 꾀하였으나 한명회 등이 그 기미를 밝혀 그들을 제거했다(계유정난)', '집현전을 없애고 경연을 정지한다'는 내용 등을 통해 (가)의 인물이 세조임을 알 수 있다.

정답의 이유

② 세조는 간경도감을 설치하여 『석보상절』, 불교 경전 등을 한글로 번역하여 간행하고 보급하는 등 적극적인 불교 진흥책을 펼쳐 일시적으로 불교가 중흥되기도 하였다.

오답의 이유

① 고려 말 공민왕은 신돈을 등용하고 전민변정도감을 설치하여 권문세족에 의해 점탈된 토지를 돌려주고 억울하게 노비가 된 자를 풀어주는 등 개혁을 단행하였다.

③ 조선 세종은 숭유억불 정책을 펼쳐 7개의 불교 종단 중 조계 · 천태 · 총남종을 선종으로 합치고, 화엄 · 자은 · 중신 · 시흥종을 교종으로 묶었다. 선종과 교종에 각각 18개, 총 36개의 사찰만을 공식적으로 인정하였다.

④ 조선 선조 때 발생한 정여립 모반 사건으로 기축옥사가 일어나 서인이 정국을 주도하였고, 이때 피해를 입은 동인이 북인과 남인으로 분화되었다.

25 난도 ★☆☆ 　　　　　　　　　정답 ①

선사 시대와 국가의 형성 > 국가의 형성

자료해설

제시된 자료는 '비파형 동검'과 '고인돌'로, (가)의 나라가 고조선임을 알 수 있다.

정답의 이유

① 고조선은 왕 밑에 상 · 대부 · 장군 등의 관직을 두었다.

오답의 이유

② 옥저와 동예는 읍군이나 삼로라는 군장들이 부족을 다스렸다.

③ 고구려는 5부족 연맹체 국가로 왕 아래 상가, 고추가 등의 대가들이 사자, 조의, 선인 등의 관리를 거느렸으나, 점차 왕권이 성장하면서 태조왕 이후에는 계루부 고씨에 의한 왕위의 독점적 세습이 이루어지게 되었다.

④ 옥저는 가족이 죽으면 가매장하였다가 나중에 큰 목곽에 함께 안치하는 가족 공동묘의 풍습이 있었다.

더 알아보기

고조선

성립	• 청동기 문화를 바탕으로 건국 • 제정 일치 사회: 단군(제사장)+왕검(정치적 지도자인 군장)
성장	• 부왕, 준왕 때 왕권 강화(왕위 세습) • 연과 대립할 만큼 강성(진개의 공격) • 정치 체제: 왕 밑에 상 · 대부 · 장군 등의 관직 존재
위만 조선	• 준왕을 몰아내고 위만이 고조선 계승 • 철기 문화 본격적 수용
발전	• 중계 무역 • 범금 8조를 통해 사회 질서 유지
멸망	한 무제의 공격으로 왕검성 함락 → 멸망(기원전 108년)
유물	비파형 동검, 고인돌

한국사 | 2021년 법원직 9급

✓ 빠른 정답

01	02	03	04	05	06	07	08	09	10
③	③	③	①	①	④	③	①	②	③
11	12	13	14	15	16	17	18	19	20
①	②	③	①	③	③	②	②	③	③
21	22	23	24	25					
①	②	②	③	④					

✓ 점수 체크

구분	1회독	2회독	3회독
맞힌 문항 수	/ 25	/ 25	/ 25
나의 점수	점	점	점

01 난도 ★★☆ 　　　　　　　정답 ③

일제 강점기 > 정치사

【자료해설】

제시문은 1938년에 제정된 국가 총동원법이다. 1930년대 이후 대륙 침략을 위해 한반도를 병참 기지화하고 중·일 전쟁과 태평양 전쟁을 일으킨 일제는 국가 총동원법을 시행하여 인적·물적 자원을 수탈하였다.

【정답의 이유】

③ 조선 사상범 예방 구금령은 국가 총동원법의 제정 이후인 1941년에 제정되었다. 이 법령은 치안 유지법 위반으로 형을 마친 자를 석방된 이후에도 법원의 영장 없이 검경이 자의적으로 계속 구금하거나 일정한 제재를 할 수 있도록 한 반인권적 조치였다.

【오답의 이유】

① 중·일 전쟁은 중국과 일본 양국 간에 벌어진 전쟁으로 1937년 중국 베이징 서남부에 있는 루거우차오에서 시작하였다 (1937~1945).

② 백남운은 『조선사회경제사』를 통해 유물 사관을 토대로 식민 사학의 정체성론을 반박하였다(1933).

④ 1930년대 초 남만주 지역에서 조선 혁명군을 이끈 양세봉은 중국 의용군과 연합하여 영릉가 전투에서 일본군에 승리하였다 (1932).

02 난도 ★★★ 　　　　　　　정답 ③

근대 > 정치사

【자료해설】

제시문은 한·일 신협약 체결 이후 해산된 군인들이 정미의병으로 활약하면서 서울 진공 작전을 추진한 내용이다.

【정답의 이유】

ⓒ 한·일 신협약(정미 7조약) 체결과 군대 해산에 반발하여 이인영을 총대장으로 두는 13도 창의군이 결성되었다. 이들은 1908년 서울 진공 작전을 전개하였으나 실패하였다.

ⓒ 13도 창의군 총대장 이인영은 서울 진공 작전을 앞두고 서울 주재 각국 영사관에 의병을 국제법상의 교전 단체로 인정해 줄 것을 요구하는 서신을 발송하였다.

【오답의 이유】

㉠ 고종의 해산 권고 조칙에 따라 해산한 것은 을미의병이다. 을미 의병은 단발령의 철회와 고종의 해산 권고 조칙에 따라 대부분 해산하였다.

㉣ 을미의병의 잔여세력들이 활빈당을 조직하여 충청도와 경기도 지방을 중심으로 활동하였다(1900~1905).

항일 의병 활동

구분	배경	활동
을미의병	• 을미사변 • 단발령	• 동학 농민군 잔여 세력 참여 • 고종의 해산 조칙으로 자진 해산
을사의병	을사늑약	대표적 의병장: 신돌석(최초의 평민 의병장), 최익현(대마도 유배 중 사망), 민종식(홍주성 점령)
정미의병	• 고종 강제 퇴위 • 군대 강제 해산	• 해산 군인 참여 이후 의병 전쟁화 • 각국 공사관에 국제법상 교전 단체 승인 요구 • 서울 진공 작전 시도(실패) • 만주, 연해주로 이동 → 독립군으로 계승

03 난도 ★☆☆ 정답 ③

현대 > 정치사

자료해설

제시문은 '이 헌법 공포 당시의 대통령에 한해서는 중임 제한 규정을 적용하지 않는다(제55조 단서 제한)'는 내용을 통해 이승만 정부의 제2차 개헌(사사오입 개헌)임을 알 수 있다(1954).

정답의 이유

③ 이승만 정부는 진보당의 조봉암 등을 북한의 주장과 유사한 평화 통일 방안을 주장하였다는 혐의로 1958년에 체포하였고, 조봉암은 이듬해 사형에 처해졌다.

오답의 이유

① 노태우 정부는 북방 외교 정책을 추진해 소련, 중국과의 교류를 확대하였다. 이를 토대로 소련(1990) · 중국(1992)과의 외교 관계를 수립하였다.

② 박정희 정부는 경제 개발 계획에 필요한 자본 확보를 위해 일본과의 국교 정상화를 추진하여 한 · 일 협정을 체결하였다(1965).

④ 김영삼 정부에 들어서서 지방 자치 단체장 선거를 포함한 지방 자치제가 전면적으로 시행되었다(1995). 장면 정부 때도 지방 자치제가 전면적으로 시행되었지만, 5 · 16 군사 정변으로 중단되었다.

더 알아보기

진보당 사건의 재심 무죄 판결

피고인은 일제 강점기에 독립운동가로서 조국의 독립을 위하여 투쟁하였다. 광복 이후 제헌 국회의 국회 의원, 제2대 국회 의원과 국회 부의장을 역임하였으며, 1952년과 1956년 제2, 3대 대통령 선거에 출마하기도 하였다. 또한, 초대 농림부 장관 재직 시에는 농지 개혁의 기틀을 마련하여 우리나라 경제 체제의 기반을 다진 정치인이다. 그러나 재심 대상 판결로 사형이 집행되었다. 이 사건 재심에서 피고인에 대한 공소 사실 대부분이 무죄로 밝혀졌으므로 이제 뒤늦게나마 재심 판결로서 그 잘못을 바로잡고, 형의 선고를 유예한다.

– 대법원 종합 법률 정보: 2011.1.20. 2008재도11 –

04 난도 ★★☆ 정답 ①

근세 > 정치사

자료해설

제시된 자료의 (가)는 1519년 발생한 기묘사화, (나)는 1623년 발생한 인조반정에 대한 내용이다.

정답의 이유

① 선조 대 정여립 모반 사건(1589)과 건저의 사건(1591)을 계기로, 동인은 온건파인 남인과 강경파인 북인으로의 분파가 이루어졌다.

오답의 이유

② 숙종 시기인 1680년 경신환국 이후 서인은 남인에 대한 처벌 문제로 노론과 소론으로 나뉘었다.

③ 1차 예송은 현종 때 일어난 기해예송(1659)이다. 당시 서인은 신권을 강조하며 1년설을, 남인은 왕권 강화를 강조하며 3년설을 주장하였다. 그 결과 서인이 주장한 기년복(1년설)이 채택되었다.

④ 기묘사화(1519)의 배경이다. 조광조가 훈구 세력의 위훈 삭제를 주장한 것이 기묘사화의 직접적 원인으로 작용하였다.

더 알아보기

4대 사화

무오사화	김종직, 조의제문
갑자사화	폐비 윤씨
기묘사화	위훈 삭제, 조광조 제거
을사사화	윤임(대윤)과 윤원형(소윤)

05 난도 ★☆☆ 정답 ①

선사 시대와 국가의 형성 > 선사 시대

자료해설

제시된 자료의 유물은 신석기 시대의 유물인 가락바퀴와 갈돌 · 갈판이다.

정답의 이유

① 신석기 시대에는 조 · 피 등을 재배하는 농경 생활이 시작되었으며, 갈돌과 갈판으로 곡식을 갈아서 음식을 만들어 먹었다. 또한 가락바퀴로 실을 뽑아 뼈바늘로 옷을 지어 입었다.

오답의 이유

② 청동기 시대에 정치권력과 경제력을 가진 군장이 등장하였는데, 이들의 무덤인 고인돌의 규모를 통해 당시 지배층의 권력을 확인할 수 있다.

③ 구석기 시대에는 주먹도끼, 찍개, 긁개 등의 뗀석기를 제작하여 사용하였다.

④ 구석기 시대 사람들은 주로 동굴이나 막집에 거주하였으며 계절에 따라 이동 생활을 하였다. 신석기 시대 사람들은 강가나 바닷가에 움집을 짓고 정착생활을 하였다.

선사 시대와 국가의 형성 > 국가의 형성

자료해설

제시문의 밑줄 친 '나라'는 동예이다. '북쪽으로는 고구려 · 옥저와 맞닿아 있었다.'는 것과 '대군장이 없고 후 · 읍군 · 삼로가 하호를 다스렸다.'는 내용을 통해 이를 파악할 수 있다.

정답의 이유

④ 동예는 읍군이나 삼로라는 군장들이 부족을 다스렸다. 매년 10월에는 무천이라는 제천 행사를 열었으며, 단궁, 과하마, 반어피 등의 특산물이 유명하여 이를 낙랑과 왜에 수출하기도 하였다.

오답의 이유

① 1세기 초 왕호를 사용한 나라는 부여와 고구려이다.

② 민며느리제는 옥저의 혼인 풍습이다. 여자가 어렸을 때 남자 집으로 가서 생활하다가 성장한 후에 남자가 예물을 치르고 혼인하는 제도로, 일종의 신부 매매혼 풍습이다. 동예의 혼인 풍습으로는 족외혼이 있다.

③ 삼한 중 마한의 세력이 가장 셌으며, 마한을 이루고 있는 소국 중 하나인 목지국의 지배자가 삼한을 대표하였다.

07 난도 ★☆☆   정답 ③

선사 시대와 국가의 형성 > 국가의 형성

자료해설

제시문은 고조선의 단군 건국 신화의 내용이다.

정답의 이유

③ 특정 동물을 수호신으로 여기는 원시 신앙은 토테미즘이다. 샤머니즘은 인간과 영혼, 하늘을 연결해 주는 존재인 무당을 믿는 원시 신앙이다.

오답의 이유

① 고조선 건국 설화에서는 환웅이 하늘의 아들이라는 천손 사상을 내세워 자기 부족의 우월성을 과시했다.

② 환웅이 인간 세상에 내려올 때 거느렸던 풍백(바람) · 우사(비) · 운사(구름)는 농경과 밀접한 관계가 있는 날씨를 주관하는 존재이다. 이를 통해 고조선이 농경이 매우 발달한 사회였음을 알 수 있다.

④ 단군은 제사장, 왕검은 정치적 지배자를 의미한다. 단군 왕검이라는 이름을 통해 고조선이 제정 일치 사회였음을 알 수 있다.

더 알아보기

고조선의 건국과 멸망

단군 조선	• 건국: 선민 사상, 농경 사회, 사유 재산과 계급 분화, 홍익인간, 제정 일치 사회 • 관련 문헌: 「삼국유사」, 「제왕운기」, 「동국여지승람」, 「응제주」 • 세력 범위: 비파형 동검, 미송리식 토기 출토 지역과 일치
위만 조선	• 집권: 기원전 194 • 성격: 유이민 집단(철기 문화)과 토착 세력의 연합 정권 • 성장: 본격적인 철기 문화 수용, 영토 확장, 중계 무역 • 멸망: 한의 침입으로 멸망(기원전 108)

08 난도 ★★☆   정답 ①

일제 강점기 > 정치사

자료해설

(가) 임시정부의 위기 상황: 교통국과 연통제 조직이 일제에 발각되어 임시정부의 위기 상황

(나) 독립운동의 노선 갈등: 무장 투쟁론, 외교 독립론, 실력 양성론 등의 갈등 심화

(다) 개조파와 창조파의 대립: 무장 투쟁론자로 구성된 창조파의 외교 활동 비판

(라) 지도 체제의 개편: 국무령 중심의 내각 책임제

정답의 이유

㉠ 일제의 탄압으로 임시정부의 교통국과 연통제 조직이 일제에 발각되어 와해되었다(1921). 그로 인해 자금난과 인력난의 어려움을 겪기도 하였다.

㉡ 외교 활동에 대한 무장 투쟁론자들의 비판이 거세지면서 임시정부 내에서 무장 투쟁론, 외교 독립론, 실력 양성론 등의 독립운동 방향에 대한 노선 갈등이 심화되었다.

오답의 이유

㉢ 외교론을 비판하는 무장 투쟁론자들로 구성된 것은 창조파였다. 창조파인 신채호, 박용만, 박은식 등은 임시정부의 해체와 연해주에 새로운 공화국 수립을 주장하였다. 안창호 등 외교 독립론을 주장한 개조파는 임시정부의 개편과 실력 양성론 등을 주장하였다.

㉣ 국민 대표 회의 결렬 이후, 임시정부는 2차 개헌(1925)을 통해 대통령 중심 체제에서 국무령 중심의 내각 책임제로 개편되었다.

09 난도 ★★☆   정답 ②

현대 > 정치사

자료해설

제시문은 조선 건국 준비 위원회가 발표한 강령 내용이다.

정답의 이유

② 조선 건국 준비 위원회는 미군과의 협상에서 유리한 입장을 차지하기 위해 1945년에 '조선 인민 공화국의 수립'을 선포하고 각 지방에 인민 위원회를 조직하였다.

오답의 이유

① 자유당은 이승만 계열의 보수 정당으로 1951년에 창당하여 반공을 구실로 반대파를 탄압하였으며, 독재 정치의 기반을 구축하였다.

③ 독립 촉성 중앙 협의회는 이승만을 중심으로 한 민족주의 정당과 단체들이 조직한 정치 단체이다(1945).

④ 유엔 소총회에서 선거가 가능한 지역에서만 총선거를 실시하라는 결정이 내려진 후 남북 분단을 우려한 김구와 김규식은 평양으로 가서 김일성과 남북 협상을 전개하였으나 큰 성과를 거두지는 못하였다(1948).

한국사

공통과목

더 알아보기

조선 건국 준비 위원회 강령

• 우리는 완전한 독립 국가의 건설을 기한다.
• 우리는 전 민족의 정치적 경제적 사회적 기본 요구를 실현할 수 있는 민주주의적 정권의 수립을 기한다.
• 우리는 일시적 과도기에 있어서 국내 질서를 자주적으로 유지하며 대중생활의 확보를 기한다.

— 『조선해방연보』 —

10 난도 ★☆☆   정답 ③

근세 > 정치사

자료해설

제시문의 (가)는 환국, (나)는 탕평책이다.

정답의 이유

ⓒ 정조는 영조의 탕평 정치를 계승하여 붕당을 가리지 않고 인재를 등용하였다. 영조가 비교적 온건한 탕평책(완론 탕평)을 실시하였다면, 정조는 특권 정치 세력을 배제하고 적극적인 탕평책(준론 탕평)을 실시하였다. 이에 따라 노론과 소론을 가리지 않았을 뿐만 아니라 학문이 뛰어난 서얼 출신들을 규장각 검서관으로 기용하기도 하였다.

ⓒ 숙종은 희빈 장씨 소생의 원자 책봉을 반대하는 송시열의 관작을 삭탈하고 제주도로 유배시켜 사사(賜死)하였으며, 송시열을 비롯한 서인 세력이 대거 축출되고 남인이 집권하는 기사환국이 발생하였다(1689).

오답의 이유

㉠ (가)에 들어갈 용어는 환국이다. 숙종 대에 일어난 환국으로는 남인의 영수 허적이 궁중의 천막을 무단으로 사용한 문제로 발생한 경신환국(1680), 희빈 장씨의 소생을 원자로 책봉하는 문제로 발생한 기사환국(1689), 인현 왕후의 복위 문제로 발생한 갑술환국(1694) 등이 있다. 예송 논쟁은 현종 때 효종의 왕위 계승에 대한 정통성과 관련하여 자의 대비의 복상 문제를 놓고 서인과 남인 사이에 두 차례 전개되었다.

㉣ 숙종은 금위영을 창설하여 5군영 체제를 확립하고 국왕 수비와 수도 방어를 강화하였다(1682). 5군영 설치는 영·정조 시기의 탕평책과는 관련이 없다.

11 난도 ★★★   정답 ①

일제 강점기 > 정치사

자료해설

(가)는 충칭, (나)는 류저우, (다)는 창사, (라)는 상하이이다. 제시된 자료는 대한민국 임시정부가 충칭 시기에 발표한 대일 선전 포고문의 내용이다.

정답의 이유

① 대한민국 임시정부 충칭 시기(1940~1945)에 일본군의 진주만 기습 공격으로 태평양 전쟁이 발발하자, 대한민국 임시정부의 김구 주석과 조소앙 외교부장 명의로 일본에 대한 선전 포고를 명문화한 자료(대일 선전 포고문)이다(1941.12.).

오답의 이유

② (나)는 류저우로 1938~1939년 임시정부의 수도였다.

③ (다)는 창사로 1937~1938년 임시정부의 수도였다.

④ (라)는 상하이로 1919~1932년 임시정부의 수도였다.

더 알아보기

대한민국 임시정부 이동 경로

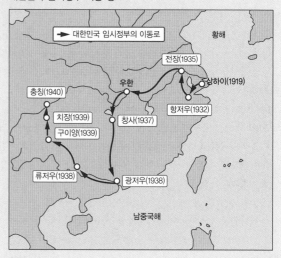

12 난도 ★★☆   정답 ②

현대 > 정치사

자료해설

제시문의 밑줄 친 ㉠은 1972년에 제정된 유신 헌법, ㉡은 1980년에 이루어진 8차 개헌이다.

정답의 이유

② 박정희는 장기 집권을 위해 제7차 개헌(유신 헌법)을 선포하여 대통령에게 국회의원 1/3 추천 임명권, 국회 해산권, 헌법 효력을 정지시킬 수 있는 긴급 조치권 등 강력한 권한을 부여하였다(1972).

오답의 이유

① 박정희는 장기 집권을 위해 대통령의 3선 연임을 허용하는 제6차 개헌(3선 개헌)을 강행하여 통과시켰다(1969). 유신 헌법에서는 대통령의 연임 제한이 없었다.

③ 전두환 정권은 제8차 개헌을 단행하여 대통령 선거인단에서 7년 단임의 대통령을 선출하는 대통령 간선제를 실시하였다(1980).

④ 박정희 정부는 유신 헌법을 발표하여 대통령 임기 6년과 중임 제한 조항 삭제 및 통일 주체 국민 회의를 통한 대통령 간선제의 내용을 담은 제7차 헌법 개정(유신 헌법)을 단행하였다(1972).

13 난도 ★★☆   정답 ③

중세 > 경제사

자료해설

제시된 자료는 (나) 시정 전시과(경종) - (가) 은병 주조(숙종) - (다) 과전법(공양왕) 시행에 대한 내용이다.

정답의 이유

(나) 경종 대의 시정 전시과(976)에 대한 내용이다. 사료에는 '관품의 높고 낮음은 따지지 않는다.'라고 되어 있으나, 실제로는 관등과 인품을 고려하여 전·시지를 분급하였다.

(가) 고려 숙종 때 은병을 주조하였으나(1101), 널리 유통되지는 못하였다. 은병은 은(銀) 1근으로 우리나라 지형을 병(瓶) 양식을 본떠 만들었다.

(다) 고려 말 공양왕 때 신진 사대부 조준 등의 건의로 실시된 과전법은 지급 대상 토지를 원칙적으로 경기 지역에 한정하였다(1391). 이후 과전법은 조선 시대 사대부 관리들의 경제 기반을 보장하고 국가의 재정을 유지하는 기반이 되었다.

14 난도 ★☆☆ 정답 ①

고대 > 정치사

자료해설

제시된 지도는 백제 근초고왕 대의 대외 진출 모습이다.

정답의 이유

㉠ 근초고왕은 남으로 마한을 통합하였으며, 북으로는 고구려 평양성을 공격하여 고국원왕을 전사시켰다.

㉡ 4세기 근초고왕 대 부자 상속에 의한 왕위 계승을 확립하였다.

오답의 이유

㉢ 백제 성왕에 대한 설명이다. 성왕은 중앙 관청을 22부로 확대하고, 수도를 5부로 지방을 5방으로 정비하였다.

㉣ 백제 고이왕에 대한 설명이다. 고이왕은 6좌평 16관등제를 정비하고 관복제를 도입하는 등 중앙 집권 국가의 토대를 형성하였다.

15 난도 ★★☆ 정답 ③

근대 > 경제사

자료해설

제시문의 (ㄱ)은 개항장에서의 일본 화폐 사용을 명시한 조·일 수호 조규 부록(1876.7.), (ㄴ)은 일본인의 양곡 유출 허용 등을 내용으로 하는 조·일 무역 규칙(1876.7.)이다.

(ㄱ) 조·일 수호 조규 부록은 개항장에서 일본 화폐의 유통을 허용하였으며, 일본 상인의 거류지를 설정하고 일본 외교관의 여행의 자유를 허용하였다.

(ㄴ) 조·일 무역 규칙은 일본에 양미와 잡곡의 무제한 유출을 허용하였으며, 일본 상선에 대한 무항세와 일본 상품에 대한 무관세 조항을 포함하였다.

정답의 이유

③ (다) 시기인 1876년에 조선과 일본 사이에 강화도 조약(조·일 수호 조규)이 체결되었다. 이후 부속 조약인 조·일 수호 조규 부록과 조·일 무역 규칙이 체결되었다.

더 알아보기

강화도 조약(조·일 수호 조규, 1876)

배경	운요호 사건
내용	• 조선이 자주국임을 명시(청의 간섭 배제 의도) • 부산·원산·인천 개항, 해안 측량권 허용, 영사 재판권(치외 법권) 인정
성격	외국과 맺은 최초의 근대적 조약, 불평등 조약
부속 조약	• 조·일 수호 조규 부록: 개항장 내 일본인 거류지(외국인 무역 활동과 거주가 허용된 지역) 설정, 일본 화폐 유통 • 조·일 무역 규칙: 양곡의 무제한 유출, 일본의 수출입 상품에 대한 무관세 허용

16 난도 ★★☆ 정답 ③

일제 강점기 > 문화사

자료해설

제시문은 백남운이 저술한 『조선사회경제사』의 일부로, 사회 경제 사학에 대한 내용이다.

정답의 이유

③ 백남운은 사회 경제 사학의 대표적인 학자로, 한국사를 세계사적 보편성 위에 체계화하는 과정에서 식민 사학의 정체성론을 비판하였다.

오답의 이유

① 일선 동조론은 일제가 한국 지배를 정당화·합리화하기 위해 한국인의 저항을 무마시키려는 의도로 만든 식민 사관의 일종으로 조선인과 일본인의 조상이 같다는 주장이다.

②·④ 실증 사학은 이병도, 손진태, 이윤재 등이 문헌 고증의 방법을 통해 한국사를 실증적으로 연구한 학문으로, 이에 영향을 받은 것은 진단학회이다. 진단학회는 1934년 조직되었으며 진단학보 등을 발행하여 청구학회(친일 단체)에 대항하였다.

17 난도 ★☆☆ 정답 ②

근대 > 정치사

자료해설

제시문에서 '만동묘', '큰 서원의 철폐' 등의 내용을 통해, (가)는 흥선 대원군이며, 서원 철폐에 관한 내용임을 알 수 있다.

정답의 이유

② 흥선 대원군은 삼정의 문란을 개혁하고자 하였다. 첫째 전정의 문란은 양전 사업 시행, 은결 색출, 토지 겸병 금지로, 둘째 군정의 문란은 호포제 실시, 양반에게 군포를 징수하는 것으로, 셋째 환곡의 문란은 환곡제를 사창제로 개편하였다.

오답의 이유

① 고종은 개화 반대 여론을 의식해 암행어사 형태로 비밀리에 조사 시찰단을 일본에 파견하였다. 이때 파견된 박정양 등은 일본의 근대 문물을 시찰하고 돌아왔다(1881). 조사 시찰단은 흥선 대원군이 하야한 이후의 일이다.

③ 조선 영조는 붕당 정치의 폐해를 막기 위해 탕평파를 중심으로 국정을 운영하였고, 성균관에 탕평비를 건립하였다(1742).

④ 정조 때 문물제도 및 통치 체제를 정리한 『대전통편』을 편찬하여 왕조의 통치 규범을 재정비하였다(1785).

18 난도 ★★☆　　　　　　　　　　　　정답 ②

고대 > 정치사

자료해설

제시문의 사건을 일어난 순서대로 배열하면 (나) 백제 건국 – (다) 고구려 옥저 복속 – (라) 신라 법흥왕 통치 체제 정비 – (가) 백제 성왕 한강 하류 수복이다.

정답의 이유

(나) 온조는 한강 유역의 토착 세력과 고구려 계통의 유이민을 규합하고 하남 위례성에 백제를 건국(기원전 18)하였다.

(다) 고구려 태조왕은 동옥저를 복속(56)시키고 영토를 확장하였다.

(라) 신라 법흥왕은 병부와 상대등 설치, 공복 제정, 율령 반포(520) 등을 통해 통치 질서를 확립하였다.

(가) 백제 성왕은 신라 진흥왕과 함께 고구려를 공격(551)하여 한강 하류 지역을 차지하면서 백제의 중흥을 도모하였다.

19 난도 ★★★　　　　　　　　　　　　정답 ③

중세 > 정치사

자료해설

제시된 표는 고려 건국(918) – (가) – 후백제 멸망 및 후삼국 통일(936)에 대한 내용으로 두 사건 사이에 발생한 사건을 찾는 문제이다.

정답의 이유

③ 궁예의 수하로 들어간 왕건은 한강을 점령한 후 수군을 이끌고 후백제의 금성(나주)을 점령하였다(903).

오답의 이유

① 고려 왕건이 고창(안동) 전투에서 후백제군에 크게 승리하여 경상도 일대에서 견훤 세력을 몰아내고 후삼국 통일의 기반을 마련하였다(930).

② 신라 경순왕 김부가 스스로 고려에 투항하면서 신라가 멸망하였고(935), 경순왕은 경주의 사심관으로 임명되었다.

④ 발해 멸망 직후 세자 대광현은 유민들과 고려에 망명하였다(934). 태조 왕건은 이들을 받아들이고 관직을 하사하였으며 대광현에게 왕씨 성을 하사하였다.

20 난도 ★★☆　　　　　　　　　　　　정답 ③

현대 > 정치사

자료해설

제시된 자료는 1948년 2월에 발표된 김구의 '삼천만 동포에게 읍고함'으로 이 성명서는 남한만의 단독 정부 수립에 반대한다는 내용이 담겨 있다.

순서대로 나열하면 8 · 15 광복(1945.8.) – (가) – 정읍 발언(1946.6.) – (나) – 제2차 미 · 소 공동 위원회 개최(1947.5.) –

(다) – 5 · 10 총선거(1948.5.) – (라) – 대한민국 정부 수립(1948.8.)이다.

정답의 이유

③ 김구의 '삼천만 동포에게 읍고함' 성명서가 발표된 시점은 (다)이다. 유엔 총회에서 결의한 전체 한반도 내 선거가 무산되자 유엔 소총회에서 가능한 지역에서만 선거를 실시하라는 결정이 내려졌다. 이에 남북 분단을 우려한 김구는 북한에서 김일성을 만나 남북 협상을 개최하였으나 큰 성과를 거두지는 못하였다(1948.4.).

더 알아보기

남북 협상(1948)

배경	이승만 · 한국 민주당 등이 남한만의 단독 선거 결정 찬성. 좌익 세력은 반대 → 김구와 중도 세력이 통일 정부 수립을 위한 남북 정치 지도자 회담 제의
전개	김구, 김규식 등이 평양 방문 → 남북 주요 정당 및 사회 단체 연석회의와 남북 지도자 회의 개최(1948.4.) → 단독 정부 수립 반대. 미 · 소 양군 철수 요구 등을 담은 결의문 채택
결과	미국과 소련이 합의안 미수용. 남북에서 각각 단독 정부 수립 절차 진행. 김구 피살로 남북 협상 중단

21 난도 ★★☆　　　　　　　　　　　　정답 ①

중세 > 정치사

자료해설

제시된 표에서 고려 지배층의 변화 중 (가) 세력은 신진 사대부이다.

정답의 이유

① 신진 사대부는 사상적으로 성리학을 수용하여 학문적 기반으로 삼았으며, 불교를 배척하여 불교의 폐단을 시정하려 하였다.

오답의 이유

② 신진 사대부는 대체로 과거를 통해 중앙의 관리로 진출하였다.

③ 신진 사대부는 주로 지방 향리 출신이거나 중소 지주층이었다.

④ 친원적 성향을 가지고 도평의사사를 장악한 것은 권문세족이다. 신진 사대부는 권문세족을 비판하고 친명적인 성향을 가지고 있었다.

22 난도 ★★☆　　　　　　　　　　　　정답 ②

일제 강점기 > 정치사

자료해설

제시문은 광주 학생 항일 운동 당시의 격문이다. 광주 학생 항일 운동은 한 · 일 학생 간의 우발적 충돌 사건을 계기로 발생하였으나, 한국인 학생에 대한 차별과 식민지 교육에 저항하는 항일 운동으로 발전하였다(1929).

정답의 이유

② 광주 학생 항일 운동은 전국적으로 확산되었고 이듬해까지 학생들이 동맹 휴학을 단행하기도 하였다. 이로써 광주 학생 항일 운동은 3 · 1 운동 이후 최대 규모의 민족 운동으로 발전하였다.

오답의 이유

① 원산 노동자 총파업은 일제 강점기에 영국인이 경영하는 회사에서 일본 감독관이 조선인 노동자를 구타한 사건을 계기로 시작되어 노동 조건 개선을 요구하는 노동 운동으로 발전하였다(1929).

③ 평양에서 조만식을 중심으로 조직된 조선 물산 장려회는 '조선 사람 조선 것'을 주장하며, 국산품 장려 운동을 통해 물산 장려 운동을 전개하였다(1920).

④ 순종의 인산일에 사회주의자들과 학생들이 대규모 만세 운동을 준비하였으나 사회주의자들이 일제에 발각되면서 학생들을 중심으로 6 · 10 만세 운동을 진행하였다(1926).

23 난도 ★★★   정답 ②

일제 강점기 > 정치사

자료해설

제시된 자료는 (나) 청산리 전투(백운평 · 천수평 · 어랑촌 전투) – (다) 간도 참변 – (가) 자유시 집결과 참변 – (라) 혁신 의회와 국민부 재편 순으로 발생 하였다.

정답의 이유

(나) 청산리 전투의 일부로서 김좌진의 북로군정서군이 길림성 백운평 전투(1920.10.21.), 천수평 · 어랑촌 전투(1920.10.22.)에서 대승을 거두었다.

(다) 일제는 봉오동 전투와 청산리 전투의 패배에 대한 보복으로 독립군의 근거지를 소탕하기 위해 간도 지역의 수많은 한국인을 학살하는 만행을 저질렀는데 이를 간도 참변이라 한다(1920.10.~1921.4.).

(가) 대한 독립 군단은 간도 참변으로 인해 러시아 자유시로 근거지를 옮겼으나 독립군 내부의 지휘권을 둘러싼 갈등과 적색군에 의한 무장 해제 요구 과정에서 다수의 사상자가 발생하는 자유시 참변을 겪었다(1921.6.).

(라) 1920년대 후반 3부 통합 운동이 시작됐다. 이로 인해 참의부 · 정의부 · 신민부가 북만주의 혁신 의회(1928)와 남만주의 국민부(1929)로 재편되었다.

더 알아보기

무장 독립 투쟁의 전개

봉오동 전투(1920.6.) → 훈춘 사건 → 청산리 대첩(1920.10.) → 간도 참변(1920.10.) → 대한 독립 군단 조직(1920) → 자유시 참변(1921) → 3부 설립(1923~1925) → 미쓰야 협정(1925) → 3부 통합 운동(1929) → 만주사변(1931) → 한 · 중 연합 작전(1931~1934)

24 난도 ★★☆   정답 ③

근대 태동기 > 경제사

자료해설

제시문은 조선 후기의 경제 상황을 그린 박지원의 『허생전』 중 일부 내용이다.

정답의 이유

③ 조선 후기, 관영 수공업이 쇠퇴하고 민영 수공업이 발달하였다. 특히 민간 수공업자들이 상인들로부터 원료와 자금을 미리 받아 물품을 생산하는 선대제가 유행하였다.

오답의 이유

① 조선 후기의 지대 납부 방식은 타조법(수확량의 일정한 비율을 지대로 납부)에서 도조법(일정한 액수의 지대 납부)으로 변화되어 갔다. 그렇지만 여전히 일반적 지대 납부 방식은 타조법이었다.

② 조선 후기에 상업의 발달로 담배, 면화, 인삼 등 상품 작물의 재배가 활발해졌다. 특히 쌀의 상품화가 활발해지고 그 수요가 크게 증가되어 밭을 논으로 바꾸는 현상이 발생하기도 하였다.

④ 조선 후기에는 광산 경영 전문가인 덕대가 물주에게서 자본을 조달받고, 채굴업자 · 채굴 노동자 · 제련 노동자 등을 고용하여 광물을 채굴하고 제련하였다.

더 알아보기

조선 후기 수공업과 광업

수공업	• 관영 수공업 쇠퇴: 장인세를 내고 물품을 직접 만들어 판매 • 민영 수공업 발달: 상인 자본의 지원을 받아 제품을 만드는 선대제 유행, 임노동자를 고용해 공장제 수공업 형태로 물품 생산, 독립 수공업자가 등장하여 생산과 판매까지 주관(18세기 후반)
광업	• 설점수세제(민간인의 광산 채굴을 허용하고 세금 징수), 잠채(광물을 몰래 채굴) 성행 • 전문 광산 경영인 덕대 등장

25 난도 ★★☆   정답 ④

근대 > 정치사

자료해설

제시된 내용은 러 · 일 전쟁 후 러시아와 일본 간에 체결된 포츠머스 조약에 대한 내용이다. 연표를 순서대로 나열하면 임오군란(1882) – (가) – 거문도 사건(1885) – (나) – 갑오개혁(1894) – (다) – 대한제국 설립(1897) – (라) – 국권 강탈(1910)이다.

정답의 이유

④ 한반도와 만주 지역에 대한 지배권을 두고 제국주의 전쟁인 러 · 일 전쟁이 벌어졌다. 일본은 인천 제물포에 있던 러시아 군함을 격침시키고 선전 포고한 뒤 압록강을 거쳐 만주까지 진입하였다. 결국 미국의 중재로 러 · 일 양국이 포츠머스 강화 조약을 체결하였고 이를 통해 일본은 한국과 만주 지역에 대한 지배권을 확립하며 승리를 거두었다(1905).

무언가를 시작하는 방법은 말하는 것을 멈추고 행동을 하는 것이다.

– 월트 디즈니 –

좋은 책을 만드는 길, 독자님과 함께하겠습니다.

2025 시대에듀 기출이 답이다 9급 공무원 공통과목 5개년 기출문제집

개정9판1쇄 발행	2024년 10월 15일 (인쇄 2024년 08월 19일)
초 판 발 행	2015년 10월 05일 (인쇄 2015년 08월 12일)
발 행 인	박영일
책 임 편 집	이해욱
편 저	시대공무원시험연구소
편 집 진 행	박종옥 · 정유진
표지디자인	박종우
편집디자인	박지은 · 고현준
발 행 처	(주)시대고시기획
출 판 등 록	제10-1521호
주 소	서울시 마포구 큰우물로 75 [도화동 538 성지 B/D] 9F
전 화	1600-3600
팩 스	02-701-8823
홈 페 이 지	www.sdedu.co.kr

I S B N	979-11-383-7592-4 (13350)
정 가	31,000원

※ 이 책은 저작권법의 보호를 받는 저작물이므로 동영상 제작 및 무단전재와 배포를 금합니다.
※ 잘못된 책은 구입하신 서점에서 바꾸어 드립니다.